# 阿克苏市志

1990 - 2016

阿克苏市地方志编纂委员会 编

社会科学文献出版社
SOCIAL SCIENCES ACADEMIC PRESS (CHINA)

1
2 3

1. 斑头雁
2. 赤狐
3. 大天鹅

| 1 | |
|---|---|
| 2 | 3 |

1. 多浪河畔一景
2. 胡杨林
3. 多浪河一期景观

1

2

1. 远眺多浪河

2. 多浪河夜景

国家湿地公园

阿克苏森林公园
AKSU FOREST PARK

幸福公园

| 1 | | | |
|---|---|---|---|
| 2 | 3 | 5 | 6 |
| 4 | | | |

1. 阿克苏市城市远景
2. 阿克苏国家湿地公园
3. 阿克苏森林公园
4. 幸福公园
5. 多浪河二期姑墨亭图腾柱
6. 威戎城

1. 湿地公园一景
2. 凤泉河公园一景
3. 丝绸之路雕塑
4. 孔子雕像
5. 街头绿地一角
6. 道路绿化

AMBULANCE

| 1 | 5 |
|---|---|
| 2 | 6 |
| 3 4 | 7 |

1. 世纪广场
2. 东大街和环东路天桥
3. 市民垂钓休闲场所
4. 多功能除尘车除尘抑尘作业
5. 棚户区改造安置房
6. 农村保障性住房
7. 市民服务中心

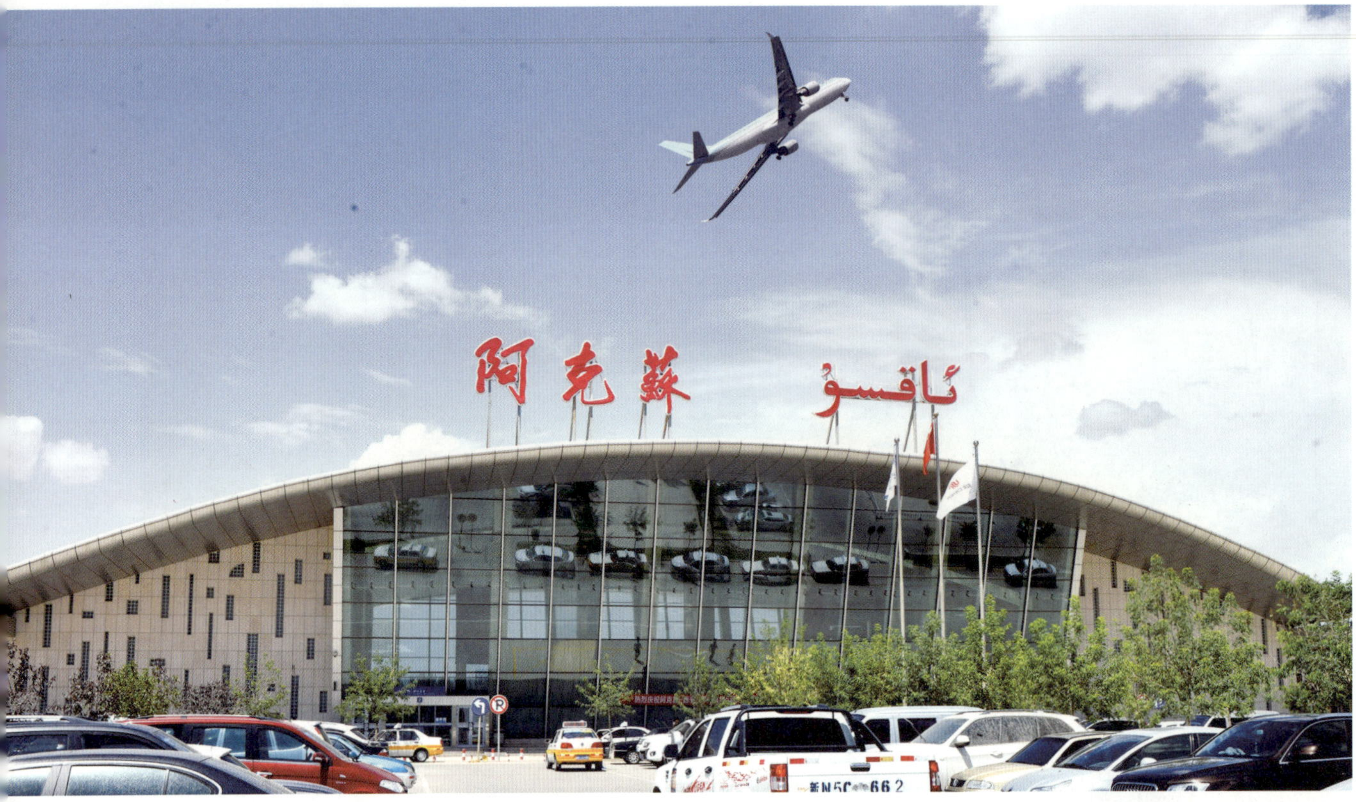


| | |
|---|---|
| 1 | |
| 2 | 3 |
| 4 | |

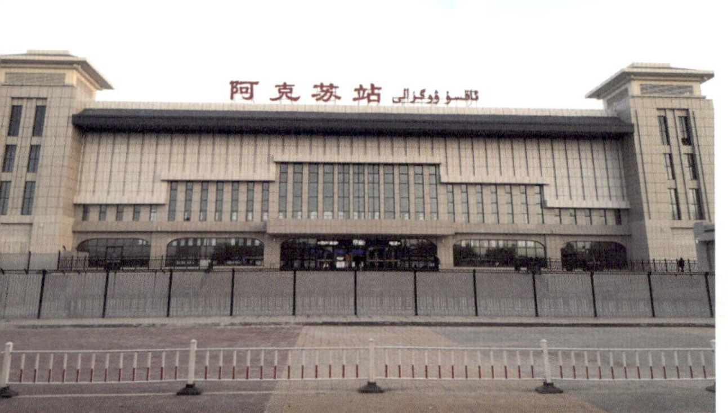

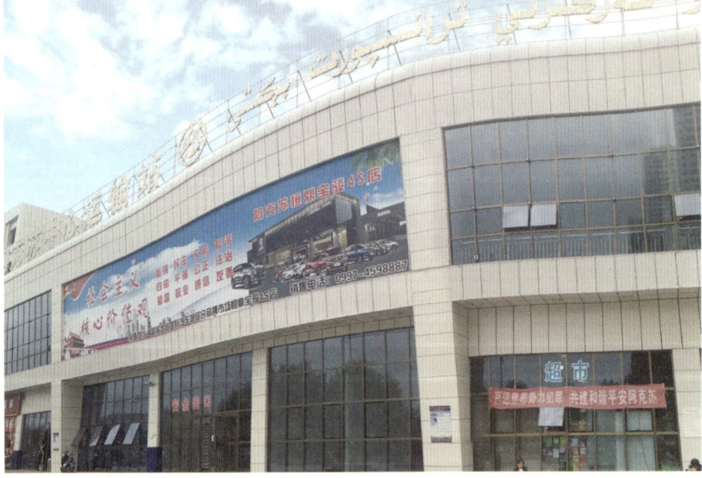

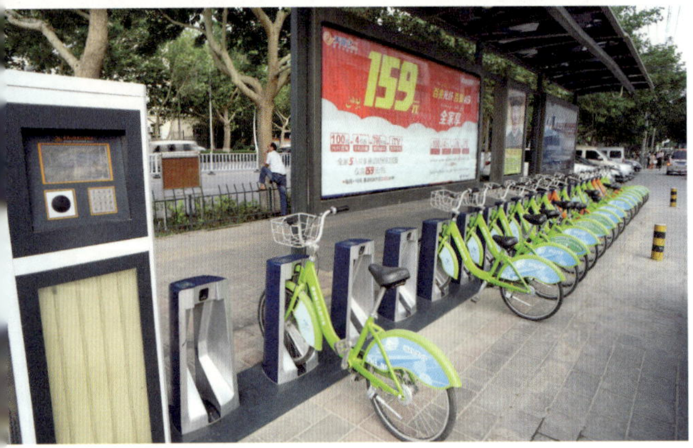

1. 飞机场
2. 火车站
3. 客运站
4. 公共自行车停放点

| 1 |
|---|
| 2 |
| 3 |

1. 高速公路
2. 城市道路
3. 农村公路

| 1 | 5 |
| --- | --- |
| 2 | 6 |
| 3 4 | 7 |

1. 收割水稻
2. 收割麦草
3. 机采棉花
4. 收玉米
5. “阿克苏的苹果红了”网络文化节
6. 农民喜收苹果
7. 晾晒红枣

| 1 | | 6 | |
|---|---|---|---|
| 2 | 3 | 7 | 8 |
| 4 | 5 | | |

1. 冰糖心苹果
2. 香梨
3. 葡萄
4. 薄皮核桃
5. 红枣
6. 规模养鸡场
7. 标准化种羊场
8. 奶牛场

www.xy7.cc

| 1 | | 5 | |
|---|---|---|---|
| 2 | 3 | 6 | 7 |
| 4 | | | |

1. 光伏发电
2. 热电厂
3. 纺织车间
4. 本地生产的电动车
5. 自来水厂
6. 新疆佳林万家木业车间——生产中高密度纤维板设备
7. 经济技术开发区浙江产业园项目开工剪彩仪式

新疆核桃产业协会
新疆核桃产业协会
阿克苏地区阿克苏市

阿克苏商贸物流产业园
阿克苏市电商快递物流分拣中心

阿克苏娃哈哈饮料有限公司
AKSU WAHAHA BEVERAGE CO., LTD.

| 1 | | 5 | 6 |
|---|---|---|---|
| 2 | 3 | 7 | 8 |
| 4 | | 9 | |

1. 展销会
2. 商贸物流产业园
3. 农产品交易中心
4. 娃哈哈饮料有限公司
5. 电子商务产业园
6. 小商品批零中心
7. 汽配城
8. 购物商城
9. 农村巴扎

特色民俗街

| 1 | 4 | |
|---|---|---|
| 2 | 5 | 6 |
| 3 | 7 | |

1. 依干其乡民俗街入口
2. 赶制工艺葫芦
3. 阿丽木雕公司制作出来的成品茶具
4. 环塔拉力赛一瞬
5. 农家乐文化旅游节开幕式
6. 阿克苏迎宾馆
7. 明华大酒店

| 1 | 2 | 3 |
|---|---|---|
| 4 | | |
| 5 | | |

1. 烤肉串
2. 抓饭
3. 烤包子
4. 篝火晚会
5. 美食节大赛

| 1 | 2 |
| --- | --- |
| 3 | 4 |

1.2009 年 3 月 3 日，阿克苏市第七届人民代表大会第三次会议
2.2011 年 8 月 16 日，阿克苏市政协八届一次全委会议
3.2015 年 1 月 22 日，中共阿克苏市委七届五次全委（扩大）会议
4.2016 年 9 月 27 日，中共阿克苏市第八次代表大会第一次全体会议

| 1 | 2 |
|---|---|
| 3 | 4 |

1. 2011 年 9 月，中共阿克苏市第七次代表大会召开，代表步入会场
2. 2016 年 4 月，阿克苏市召开民族团结表彰大会
3. 2016 年 4 月，阿克苏市召开创建“全国文明城市”推进会
4. 阿克苏市召开 2016 年度“访惠聚”驻村工作表彰大会

1. 访惠聚工作队员帮助村民采摘蔬菜
2. 访惠聚工作队员到田间了解生产情况
3. 访惠聚工作队员教新工人扎扫把

1. 访惠聚工作队员开展入户走访
2. 访惠聚工作队员帮助村民春耕
3. 访惠聚工作队员看望老人
4. 访惠聚工作队员组织村民开展技能培训

| 1 | 2 |
| --- | --- |
| 3 | 4 |

1. 2007 年，上海白玉兰重点扶贫村整村推进项目现场交流会
2. 2006 年 6 月，上海援建良种场寄宿制学校奠基仪式
3. 上海援助的“春蕾计划”启动仪式
4. 上海市浦东新区人民政府在阿克苏市召开捐赠仪式

| 1 | |
|---|---|
| 2 | 3 |
| 4 | |

1. 浙江省杭州市援建的阿克苏市高级中学
2. 浙江省援疆干部欢迎仪式
3. 2011 年 11 月，浙江省杭州市援建的卫生院交付仪式
4. 杭阿经贸合作交流活动

1. 2016年12月，"王三街兴隆街民族团结一家亲"结亲启动仪式
2. 干部、群众结对认亲现场
3. 民族团结一家亲百家宴活动
4. 王三街民族团结展馆

| 1 | 2 |
|---|---|
| 3 | 4 |

1. 人民英雄纪念碑
2. 双拥模范城纪念碑
3. 烈士纪念活动
4. “八一”建军节慰问

| 1 | 2 |
|---|---|
| 3 | 4 |

1. 军警兵民联合汇演
2. 检察机关开展法律咨询
3. 新任法官面向宪法宣誓履新
4. 普法宣传动员

饮水思源

乐学合作自信进取

| 1 | 2 | 5 | 6 |
|---|---|---|---|
| 3 | 4 | 7 | |

1. 1998 年的农村教室
2. 20 世纪初的中学环境
3. 现代校园环境
4. 课堂教学
5. 诵读经典活动
6. 传统文化教育活动
7. 学校运动会开幕式

| 1 | 2 |
|---|---|
| 3 | |

1. 防震减灾科普教育基地
2. 科技兴市大会
3. 村史馆

1

2 3

1. 文艺汇演
2. 万人麦西热甫舞蹈
3. 元宵节社火活动

1 2
3

1. 好日子跳起来
2. 农村民间艺术团演出
3. 廉政书画展

| 1 | | |
|---|---|---|
| 2 | 3 | 4 |

1. 农牧民运动会叼羊比赛
2. 斗羊比赛
3. 斗鸡比赛
4. 骑驴比赛

| 1 | 2 | 3 |
|---|---|---|
| 4 | | |

1. 摔跤
2. 长跑
3. 拔河
4. 万人徒步

| 1 | 2 |
|---|---|
| 3 | 4 |

1. 阿克苏市人民医院门诊大楼
2. 浙江省援建的村卫生室
3. 阿克苏市人民医院新址剪彩
4. 阿克苏市脊髓灰质炎疫苗补充免疫工作动员大会

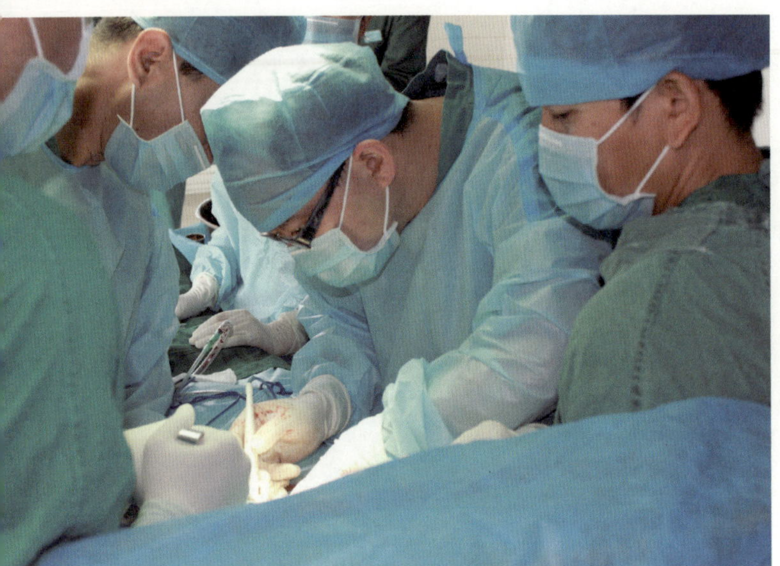

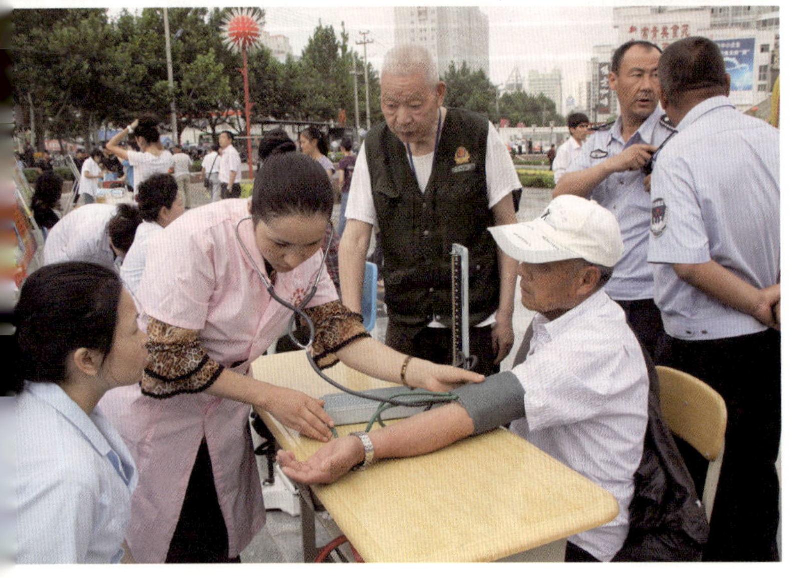

| 1 |
|---|
| 2 |
| 3 |

1. 外科手术
2. 发放医疗惠民小药箱
3. 义诊活动

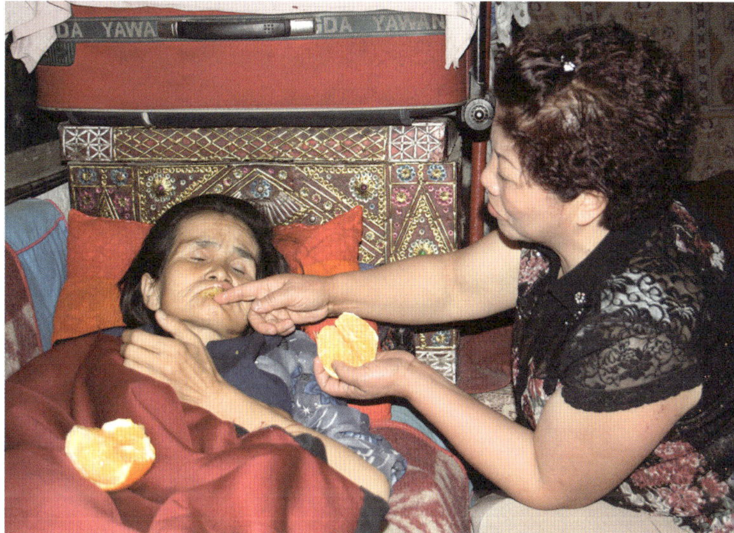

| 1 | 2 |
|---|---|
| 3 | 4 |

1. 美丽的维吾尔族姑娘
2. 幸福的微笑
3. 农村集体婚礼
4. 全国“孝亲敬老之星”章华生看望孤寡老人

乡村文化大

nín hǎo zhōng guó
您好中国

宗旨观念
服务群众
推动科学发
促进社会和谐

| 1 | 2 | 5 | |
|---|---|---|---|
| 3 | 4 | 6 | 7 |

1. 宣讲活动现场
2. 返乡大学生教国语
3. 寓教于乐的农村双语幼儿园
4. 困难群众喜得扶贫物资
5. 招聘会现场
6. 阿丽木雕手工制作
7. 枣农大户为枣农讲解灰枣环割技术

| 1 | 2 | 3 |
|---|---|---|
| 4 | | |

1. 自治区及地区地方志编委会指导召开阿克苏市志初稿分析会
2. 自治区地方志编委会到阿克苏市指导修志工作
3.《阿克苏市志》评审会现场
4.《阿克苏市志》评审会成员合影

# 阿克苏市地貌图

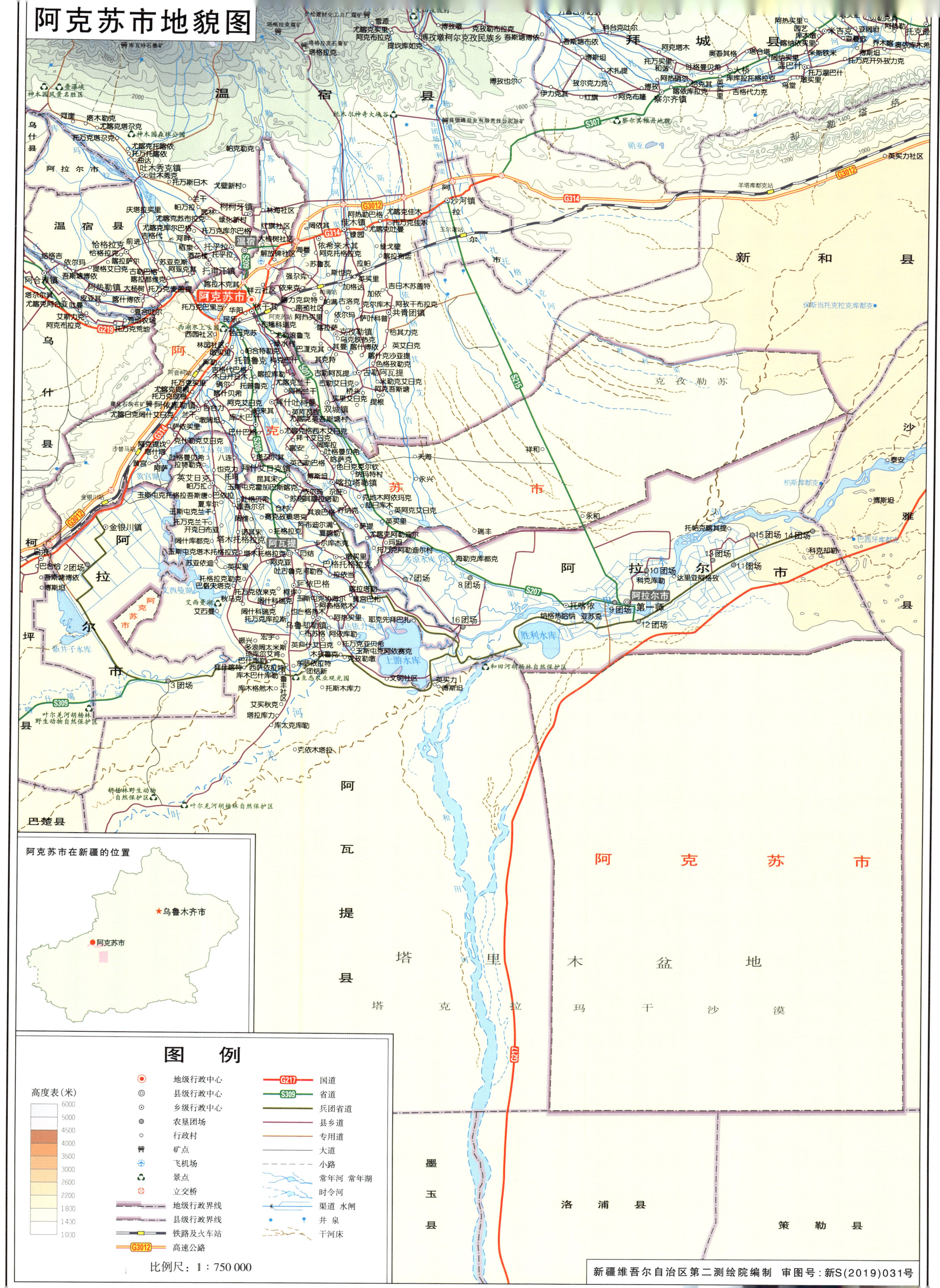


新疆维吾尔自治区第二测绘院编制 审图号：新S(2019)031号

# 阿克苏市行政区划图

阿克苏市
温宿县
乌什县
阿瓦提县
阿拉尔市
新和县
拜城县
柯坪县
巴楚县
墨玉县
洛浦县
策勒县
沙雅县
塔里木盆地
塔克拉玛干沙漠
阿克苏市在新疆的位置
乌鲁木齐市
阿克苏市
图例
地级行政中心
县级行政中心
乡级行政中心
农垦团场
行政村
矿点
飞机场
景点
立交桥
地级行政界线
县级行政界线
铁路及火车站
高速公路
G217 国道
S309 省道
兵团省道
县乡道
专用道
大道
小路
常年河 常年湖
时令河
渠道 水闸
井 泉
干河床
G3012
比例尺：1 : 750 000
新疆维吾尔自治区第二测绘院编制 审图号：新S(2019)031号

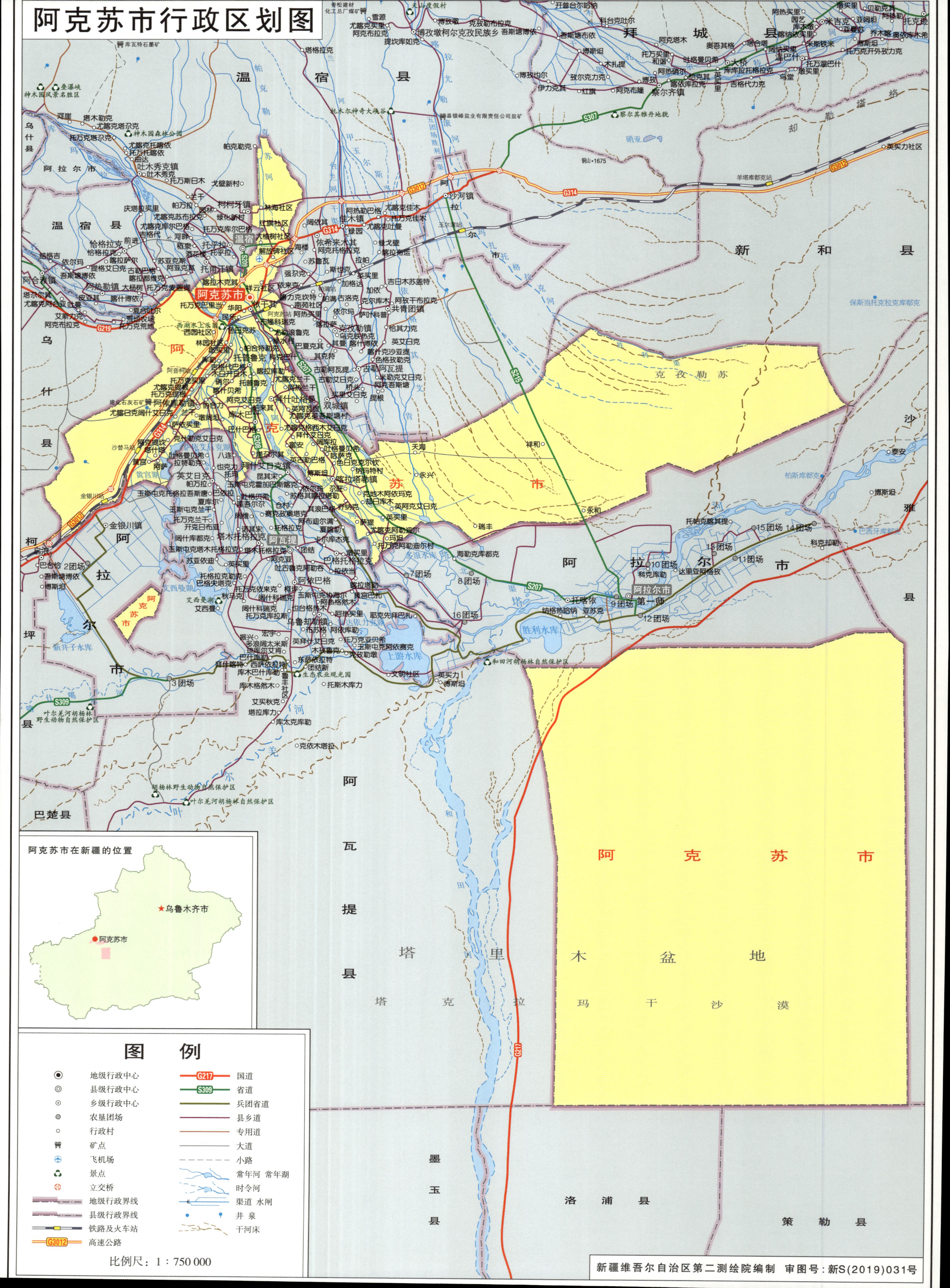

# 阿克苏市行政区划图

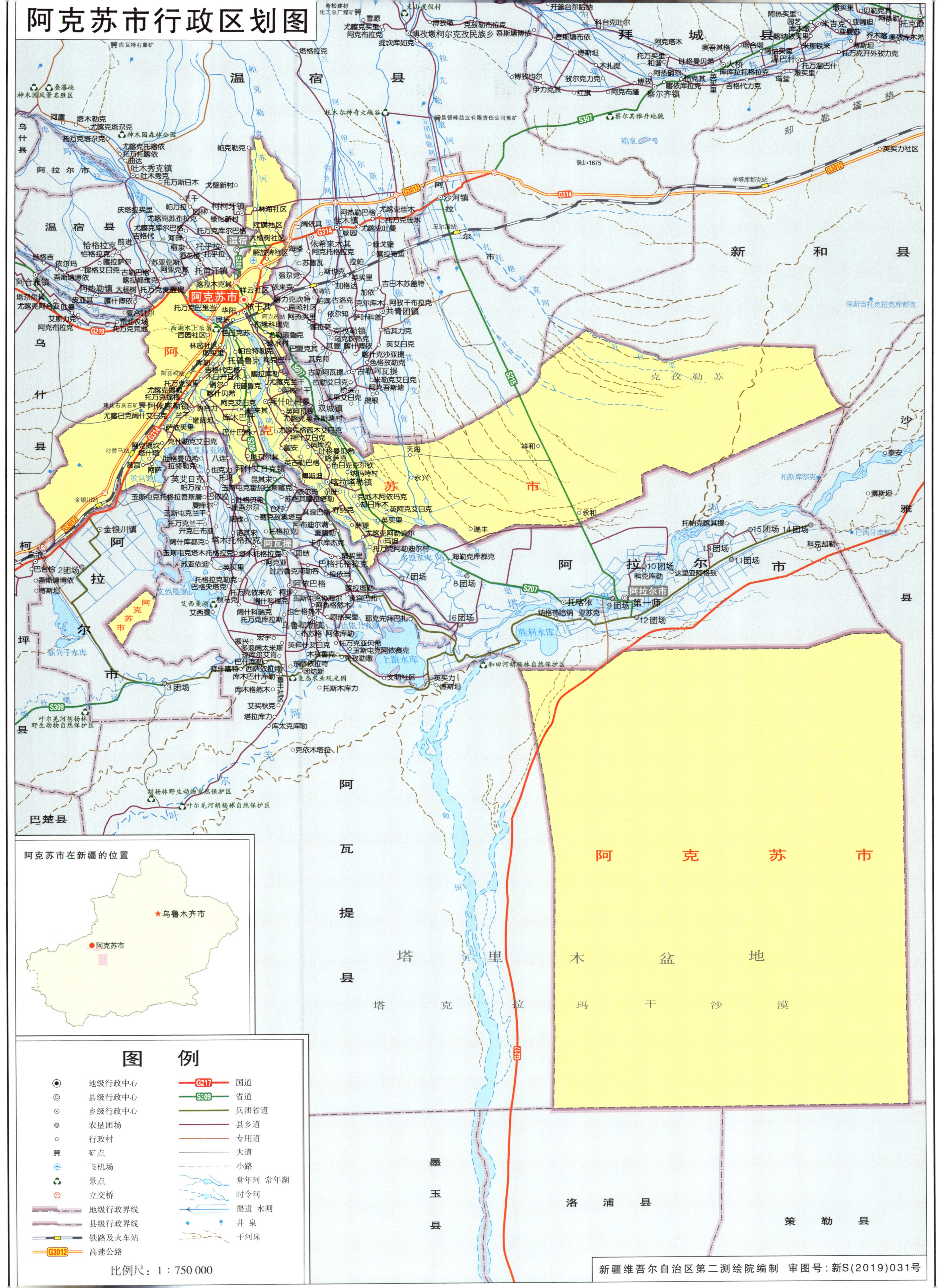

# 阿克苏市地貌图

温宿县
拜城县
新和县
沙雅县
阿拉尔市
阿瓦提县
乌什县
柯坪县
巴楚县
墨玉县
洛浦县
策勒县
阿克苏市
塔克拉玛干沙漠
塔里木盆地
克孜勒苏
阿克苏市
温宿
阿拉尔市
阿瓦提
第一师
胜利水库
上游水库
新井子水库
G314
G3012
G219
G217
S307
S215
S207
S208
S209
S309
阿克苏市在新疆的位置
乌鲁木齐市
阿克苏市
图例
地级行政中心
县级行政中心
乡级行政中心
农垦团场
行政村
矿点
飞机场
景点
立交桥
地级行政界线
县级行政界线
铁路及火车站
高速公路
国道
省道
兵团省道
县乡道
专用道
大道
小路
常年河 常年湖
时令河
渠道 水闸
井 泉
干河床
高度表(米)
6000
5000
4500
4000
3500
3000
2600
2200
1800
1400
1000
比例尺：1：750 000
新疆维吾尔自治区第二测绘院编制 审图号：新S(2019)031号

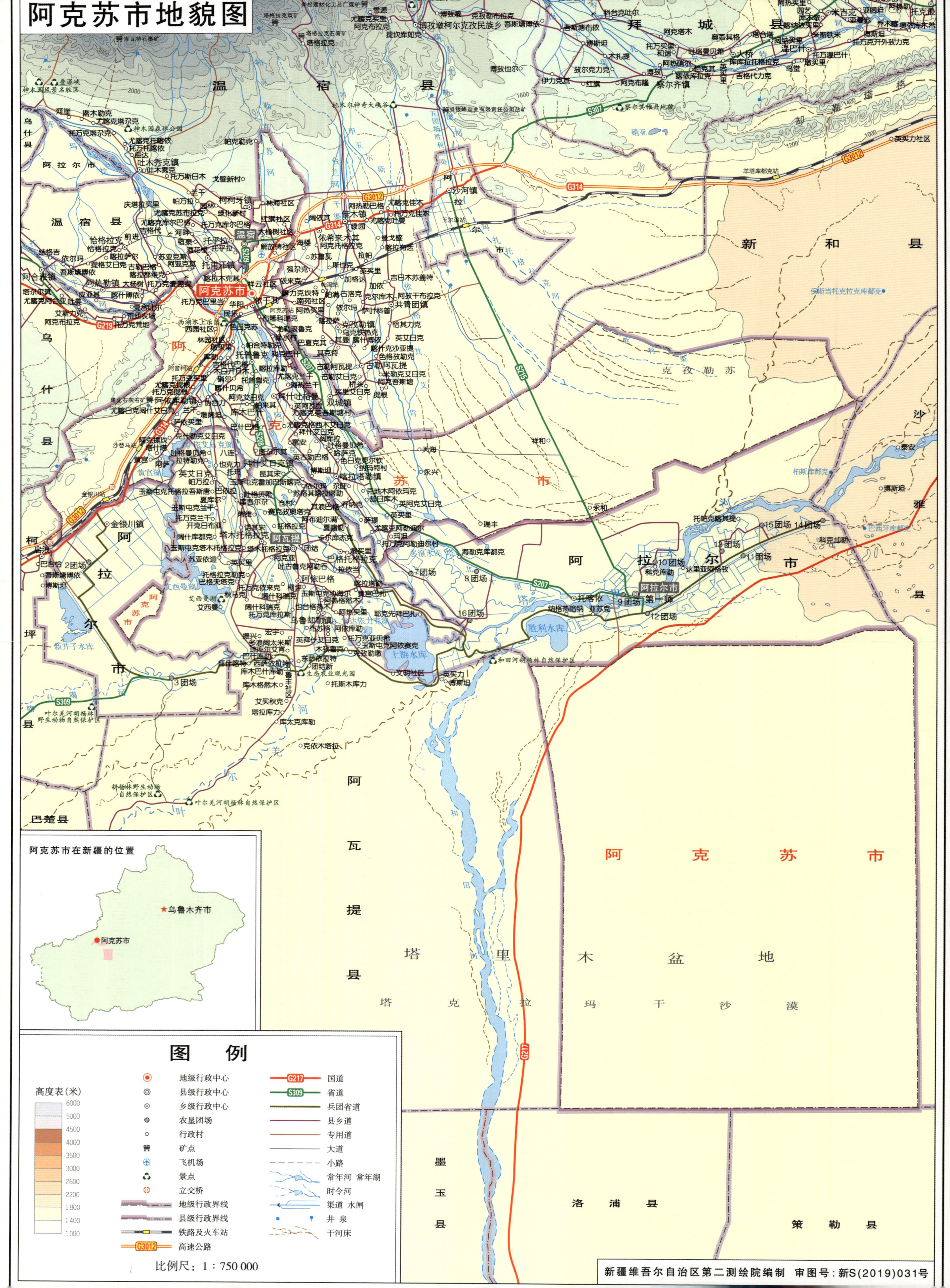

## 《阿克苏市志（1990～2016）》编纂人员

主　　编　白　云

副 主 编　马新军

编　　辑　王家才　张　平　柏小丽

徐雁滨　王雯雯　童金茹

康新晨　罗　鹏

## 《阿克苏市志（1990～2016）》审定人员

主　　审　廖运建

责任审定　殷红梅

# 凡　例

## 一　指导思想

本志以马列主义、毛泽东思想、邓小平理论、“三个代表”重要思想和科学发展观、习近平新时代中国特色社会主义思想为指导，运用历史唯物主义与辩证唯物主义立场、观点、方法，力求全面、准确、系统、真实地记述阿克苏市1990～2016年的自然、政治、经济、文化、社会的发展历程和改革开放成果，力求思想性、科学性、资料性统一。

## 二　框架结构

本志以编、章、节、目为基本结构，共设37编196章758节。为突出地方特色，特设“阿克苏苹果”编，将“多浪河景观带建设”升格为章。

## 三　编纂规范

本志从材料收集、结构层次、文体符号、图表、大事记、数据等，按科学分类和社会分工相结合的原则归类设置。行文力求严谨、朴实、简洁。采用文、图、表相结合的形式，彩页集中编排于志首。为保证记述资料的系统和完整，根据掌握的文献资料，横排门类，纵述事物的发展变化过程，只记述而不加评论。

## 四　记述时限

本志是1991年版《阿克苏市志》的续志，上限为1990年，下限为2016年。为保持某些事物的连续性和衔接前志，方便读者查阅有关资料，适当上溯，部分事物贯通全志。

## 五　记述方法

本志采用语体文记述。采用述、记、志、传、表、图、录等多种体裁，以志为主体，横列门类，纵写史实。全书首设序言、凡例、概述、大事记，尾缀编后记。附录设2017～2018年大事记、文献辑存、《阿克苏市志（1990～2016）》主要供稿人员名单等部分。

## 六　资料来源

本志以档案、史籍、报刊资料为主，网络、口碑、调查资料为辅。志书中除采用统计局提供的数据资料外，同时也采用各业务部门提供的有关数据和资料。各种资料已考证、审核，文中一般不再注明出处。

## 七　称谓

本志一律以第三人称书写。记述单位或机构名称时，首次出现用全称，其后用习惯性简称。其他机构名称、文件名称、会议名称，首次出现时使用全称，后使用简称。志书中“自治区”指新疆维吾尔自治区，“地委”指中共阿克苏地委，“地区”指阿克苏地区，“市委”指中共阿克苏市委，“市政府”指阿克苏市人民政府，“市法院”指阿克苏市人民法院，“市检察院”指阿克苏市人民检察院。志书中记述事物的名称，第一次出现时用全称，以后用简称。人物第一次出现冠以职务，后直书姓名；少数民族人名力求全称，在本名和父名中加“·”间隔；地名演变加括注。

## 八　数字、计量单位、标点符号

本志数字用法执行中华人民共和国国家标准《出版物上数字用法》（GB/T15835—2011），计量单位用法执行中华人民共和国国家标准《量和单位》（GB3100～3102—93），标点符号用法执行中华人民共和国国家标准《标点符号用法》（GB/T15834—2011）。个别不易换算的和习惯的计量单位除外。

## 九　人物收录

本志为倡导社会主义核心价值观，弘扬社会正能量，收录人物以对社会贡献较大者为准。下设“人物传”“人物名表”。“人物传”坚持生不立传原则，入传传主均为在阿克苏市有较大影响的人物，传主不受籍贯限制，排列以卒年为序；革命烈士、离休干部等人物以列表的方式收录 。“人物名表”收录自治区级以上劳动模范、先进工作者，以获得荣誉时间先后为序；离休干部排列以离休时间为序。机构中收录市委、市人大、市政府、市政协领导。

## 十　图表

本志照片均属阿克苏市实物实景之照。表格均经统计部门和相关单位审定。地图均系相关部门专业审定。

## 十一　注释

本志对重要的引文和需要说明的专用名词、特定事物，采取括注方式。

## 十二　驻市单位收录

本志自治区级以上驻市单位的收录见《阿克苏地区志》。兵团第一师以驻阿克苏市单位为主。

# 序　一

郡邑之有志，犹国之有史。编修地方志是一项代代相传、永不断章的事业，阿克苏市历届党委和政府都十分重视。20世纪80年代以来，阿克苏市地方志事业硕果累累，保存了大量珍贵的历史资料，为社会稳定和发展提供了可靠的历史依据。1991年阿克苏市出版了第一部《阿克苏市志》，获得了全国社会主义新方志一等奖，其后阿克苏市全面开展读志用志活动，得到了社会各界的广泛关注。如今《阿克苏市志（1990～2016）》也要付梓，可谓是阿克苏市的盛事，可喜可贺！

三十年晃如一瞬。阿克苏市各族人民抢抓改革开放历史机遇，解放思想、开拓进取、艰苦创业，全面推进经济建设、政治建设、文化建设、社会建设和生态文明建设，用艰辛、智慧和汗水谱写出了满城绿荫、经济腾飞、祥和兴旺的崭新篇章。农牧业连年丰收，工业生产突飞猛进，城市建设日新月异，交通、邮电、通信、环保、防灾、水电气暖等城市基础设施日趋完善，文化教育、医疗卫生等社会公益事业发展迅速，民族团结、文明敬业的良好社会风尚深入人心，各项事业发展蒸蒸日上。《阿克苏市志（1990～2016）》正是以高度的政治观和历史观，宏览全局，微及百科，较为详尽地记录了这一历史时期的发展脉络，展现了阿克苏市从自然到社会、从政治到经济、从文化到人物的完整全貌，也较完整地体现了中国共产党的各项方针、政策。

《阿克苏市志（1990～2016）》续编工作启动于2007年，成立了二轮续志编纂委员会，制订编纂计划，并开始搜集资料，其间历经困难和挫折，编修工作一度搁浅。2017年，阿克苏市委加大对地方志工作的领导和支持力度，配齐编纂人员，加强编纂力量，重新调整篇目大纲，收集整理资料，多次召开动员会、专题会及协调会议，倒排工期，加快编纂进度，切实履行为党立言、为国存史、为民修志的职责使命，经过2年多的时间终于形成定稿。它的出版少不了编纂人员的艰辛劳动和汗水，少不了社会各界的广泛关注和鼎力支持，少不了上级部门领导和同仁的指导帮助，我谨代表市委、市政府向所有关心、支持《阿克苏市志（1990～2016）》编修工作的领导和专家，以及为志书编纂出过力、操过心的同志们表示诚挚的感谢和崇高的敬意！

《阿克苏市志（1990～2016）》内容丰富，资料翔实，观点鲜明，可为今后的决策提供科学依据，也可作为乡土教材，值得各族干部群众学习了解。它以改革和发展作为主线贯穿全书，突出改革开放以来阿克苏市贯彻落实党和国家的各项决策部署以及具体行业的发展变化过程。它具有鲜明的时代特征和地方特色，突出记述了阿克苏苹果、阿克苏多浪河景观带及农林果业等内容，反映了阿克苏市独有的特点与面貌。是一部具有深远意义和实用价值的资料性文献，也是一部横陈阿克苏市百业的百科全书，更是了解阿克苏市、认识阿克苏市、研究阿克苏市必不可少的参考资料。

历史是一面镜子，鉴古知今，学史明智。修志旨在激励当代，启迪后世。本书出版后，希望各族干部群众都能读志、传志、用志，尤其是各级干部要把读志用志活动作为提高自身修养和提升工作素质的重要方式，用历史的智慧推进治理体系和治理能力的现代化，更好地推动阿克苏市稳定和发展。同时，历史是人类最好的老师，诚望全市各族父老乡亲学好志、用好志，继承先辈壮志，发扬拼搏精神，凝心聚力，艰苦奋斗，为全面建成小康社会，建设团结和谐、繁荣富裕、文明进步、安居乐业的南疆宜居宜业中心城市和文化休闲旅游生态城市再谱新篇章。

愿阿克苏市明天更加美好！

是为序！

中共阿克苏市委书记　马国强

2019年6月

# 序　二

盛世修志，志载盛世，以文存史是中华民族的优良传统。编修地方志是一项浩繁巨大的综合文化系统工程，功在当代，利在千秋。《阿克苏市志（1990～2016）》付梓出版，是全市人民政治经济和文化生活中的一件大事，可喜可贺！志书的出版是社会各界通力合作的结果，也是史志工作者集体智慧的结晶，其间的辛苦和困难难以估量。全体编纂人员本着对历史和对人民高度负责的精神，攻坚克难，精雕细刻，默默奉献，孜孜以求，充分发扬了“修志问道、直笔著史”的方志精神。

阿克苏市历史文化悠久，是古丝绸之路上的重要驿站。新中国成立后，特别是改革开放以来，阿克苏市沐浴着西部大开发、中央新疆工作座谈会的春风，发生了翻天覆地的变化。十八大以后，在以习近平同志为核心的党中央的领导下，阿克苏市各族人民艰苦奋斗，聚焦聚力社会稳定和长治久安总目标，不断推进社会主义现代化进程，使社会大局持续稳定，综合实力明显增强，城乡面貌焕然一新，各民族关系更加和谐团结。先后获得“国家森林城市”“国家卫生城市”“中国优秀旅游城市”“全国双拥模范城市”“全国园林绿化先进城市”“中国人居环境范例奖”“全国文明城市”提名资格等荣誉称号，多次受到党中央的关注。这些成就全都离不开上级党委、政府的坚强领导、对口援疆省份的大力支援、全市各族干部群众的努力，借此机会，真诚地表达一声感谢！

《阿克苏市志（1990～2016）》上限1990年，下限2016年，正是改革开放后快速发展时期，它运用辩证唯物主义和历史唯物主义的观点，与时俱进，独特创新，实事求是、较为详尽地记述了阿克苏市1990年以来在政治、经济、文化、社会建设等方面的历程，再现了阿克苏市发展及全貌。相比上部志书，它更加深入、全面、系统，更加注重调查研究，突出记述了事件过程与方法，具有鲜明的地方特点和时代特征，基本做到了点线面结合。当然，任何事物都难全其美，存在的一些不足后续必将引起议论。议论是好的，便于今后再次修志时纠谬补遗，有助于志书的优化和方志事业的发展。

《阿克苏市志（1990～2016）》出版发行后，我们要组织好全市各族干部群众学习，使各族干部群众知历史、明市情，忆改革、明方向，真正发挥《阿克苏市志（1990～2016）》“资政、育人、存史”的作用；认真做好《阿克苏市志（1990～2016）》对外发行、宣传，使《阿克苏市志（1990～2016）》真正成为世人了解阿克苏市情和资源优势的一个新的亮丽窗口。

阿克苏市委副书记、市长　吾拉木江·热依木

2019年6月

# 目 录



## 第一编 建置区划

## 第二编　自然环境与资源



## 第三编　人口民族宗教

## 第四编 城乡建设与管理



## 第五编 环境保护

## 第六编　交通运输



## 第七编　通　信



## 第八编　经济综述

## 第九编 农 业



## 第十编 林 业

## 第十一编 阿克苏苹果



## 第十二编 畜牧业

## 第十三编 水 利

## 第十四编　农牧机械



## 第十五编　工　业

## 第十六编 商业与对外贸易



## 第十七编 旅游业

## 第十八编　金　融



## 第十九编　财政　税务

## 第二十编 经济管理

## 第二十一编　中共阿克苏市地方组织

## 第二十二编　阿克苏市人民代表大会



## 第二十三编　阿克苏市人民政府

## 第二十四编　政协阿克苏市地方组织



## 第二十五编　民主党派群众团体

## 第二十六编　法　治



## 第二十七编　军　事

## 第二十八编　民　政



## 第二十九编　民族宗教事务管理

## 第三十编　编制人力资源和社会保障



## 第三十一编　教　育

## 第三十二编　科学技术



## 第三十三编　文化　体育

## 第三十四编　卫　生

## 第三十五编　精神文明建设



## 第三十六编　人民生活



## 第三十七编　人　物

# 概　述

阿克苏市地处新疆维吾尔自治区西南部，塔里木盆地西北边缘，天山南麓，塔里木河上游；北靠温宿县，南邻阿瓦提县，西与乌什、柯坪两县相毗连，东与新和、沙雅两县接壤；东南部伸入塔克拉玛干沙漠，与和田地区的洛浦、策勒两县交界；东北距新疆维吾尔自治区首府乌鲁木齐市1010千米。为阿克苏地区政治经济文化中心。阿克苏机场坐落境内，南疆铁路、高速公路穿境而过，市境道路纵横交错，使阿克苏市成为南疆重要的交通枢纽。

翻开阿克苏市的历史卷轴，虽历经王朝更替，称谓变更，但始终是中国领土不可分割的一部分。秦汉时期，阿克苏市为西域三十六国姑墨国和温宿国的一部分，自汉代以来，就是中国版图的一部分。清光绪八年（1882），设温宿直隶州，受阿克苏分巡兵备道管辖。清光绪九年（1883），修建阿克苏新城，为温宿直隶州的驻地。光绪二十八年（1902），温宿直隶州升为温宿府。民国2年（1913），温宿本府改为阿克苏县，阿克苏首次成为县级行政区。1949年，中华人民共和国成立后，阿克苏县各族人民在中国共产党的领导下，开启了社会主义革命和社会主义建设的崭新篇章。1983年8月19日，撤县设市（县级市）。1984年，阿克苏市人民政府成立，设7个乡、4个街道办事处。至2016年，市辖2镇4乡、5个街道办事处和2个片区管委会。

阿克苏市环境优美，被誉为“塞外江南”。20世纪90年代，阿克苏市植被还很稀少，盐碱逞凶，风沙肆虐，自然生态系统十分脆弱。为改变恶劣的自然条件，阿克苏市轰轰烈烈地掀起了植树造林热潮，继地区柯柯牙绿化工程被联合国环境资源保护委员会列为“全球500佳境”之一后，阿克苏市又相继启动了阿克苏河生态工程建设和空台里克荒漠化治理工程，用30年的时间孕育出一条逾百万亩的绿色天然屏障。如今的阿克苏市绿树成荫，生机盎然，人均公共绿地面积12.9平方米，比1990年的5平方米增长1.58倍；绿化覆盖率由1990年的27.5%提高到2016年的42.1%，“城在林中、水在城中、人在园中”的城市框架已初步形成，2008年获得“国家森林城市”荣誉称号，成为南疆最负盛名的绿洲生态城市。

阿克苏市资源富集，被誉为“瓜果之乡”。区域总面积1.44万平方千米。地形西北高东南低，相对平缓。水资源丰富稳定，阿克苏河、塔里木河穿城而过，老大河、新大河常年不冻，地下水蕴藏量十分可观，孕育着阿克苏市万物生灵。阿克苏市属暖温带大陆性气候，降水少，蒸发量大，气候干燥，昼夜温差大，光照时间长，无霜期长，因积温多、温差大、光热资源丰富，特别适宜棉花、苹果、红枣等作物生长，曾被确定为国家级商品棉、商品粮基地。阿克苏苹果以“红富士”“冰糖心”最为出名，因其肉质细嫩、汁多味甜，曾被指定为2008年北京奥运会推荐果品，被国家工商总局认定为“中国驰名商标”。阿克苏核桃质地密、汁液多，红枣个大、皮薄、肉厚、味甜汁多，被国家工商总局核准为国家地理标志产品。“矮密早丰”红枣科技核心示范园，因亩产高，2009年创吉尼斯世界纪录。阿克苏市特有的地质结构和地层特点，为矿产的形成提供了条件，市境内发现的矿种有钒、磷、铜等17种。野生动植物品种繁多，哺乳类有66种，鸟类有约200种，已查明的野生植物有497种。

阿克苏市风光独特，被誉为“歌舞之乡”。周边有世界第二大沙漠——塔克拉玛干沙漠、中国最长的内陆河——塔里木河、天山最高峰——托木尔峰及总面积最大的原始胡杨林，有世界地质奇观——天山神秘大峡谷，有千姿百态的雅丹地貌，有奇泉怪树的神木园等，境内还有全长7.8公里的国家4A级景区——多浪河景区。阿克苏市的魅力更来自浓郁的民族风情。盛大的“麦西来甫”舞蹈，欢快的多浪木卡姆演奏，加上摔跤、赛马等体育活动，令人酣畅淋漓；在充满民族特色的王三街、依干其乡民俗街上，玲珑剔透的金银玉器和巧夺天工的手工艺品琳琅满目，抓饭、拉面、烤肉、薄皮包子、穆塞莱斯等美食、美酒随处可尝，令人流连忘返。美食特色旅游节、乡村旅游节节节出新，生态旅游逐渐兴起热潮，使阿克苏市旅游呈现出方兴未艾的态势。

独具魅力的阿克苏市，自古以来就是多民族聚居地区，也是多种文化并存的荟萃之地。阿克苏市流动人口较多，常住人口中祖籍来自全国各地，包含39个民族，分布上交错杂居，经济上相互依存，文化上兼收并蓄，情感上相互亲近，形成你中有我、我中有你、谁也离不开谁的多元一体格局。极具特色的民族文化与中原文化长期交流交融，形成了多元文化荟萃、多种文化并存的格局，促进了阿克苏市文化繁荣发展。在历史的长河中，阿克苏市各民族手足相亲、守望相助，休戚相关、荣辱与共，共同生产生活，共同抵御外来侵略，为维护祖国统一、建设开发阿克苏市奉献了自己的力量。

90年代初期，阿克苏市经济生产水平还比较低下。“九五”时期（1996～2000年），阿克苏市抓住国家经济发展战略西移机遇，迅速推进经济结构战略性调整，第二产业增加值增长169.6%，国内生产总值平均递增7.2%。“十五”时期（2001～2005年），阿克苏市实施优势资源转换战略，城乡居民生活水平明显提高，国内生产总值平均递增15.1%。“十一五”时期（2006～2010年），阿克苏市抓住西部大开发机遇，加快新型工业化、农业现代化、城市化、“阿克苏市－温宿县联盟”一体化建设，经济得到快速发展，国内生产总值平均递增21%。“十二五”时期（2011～2015年），阿克苏市克服经济下行压力，加快推进产业化发展、新型工业化和城镇化建设步伐，国内生产总值平均递增15.89%。

得天独厚的光热资源使阿克苏市农业资源禀赋优越。1992年后，阿克苏市优化农业产业结构，确立以棉花为优势产业，棉花播种面积呈总体增加态势，粮食作物面积总体保持平稳，林果业的种植面积大幅度增加。2011年，阿克苏市不断提高农业现代化水平，形成以核桃、红枣为主，苹果、香梨为辅的特色林果基地，在全市推行果树和棉花、粮食作物、瓜果蔬菜等作物套种，林果业产值占农村经济收入一半以上。2016年，阿克苏市粮食产量15.89万吨，比1990年9.77万吨增长0.63倍；棉花产量13.03万吨，比1990年0.76万吨增长16.14倍；果品产量45.91万吨，比1990年1.30万吨增长34.32倍。阿克苏市畜牧业以家庭圈养为主，随着三区分离庭院改造，住宅和畜禽圈养混杂问题得到改善。2016年牲畜存栏70.40万头（只），比1990年35.44万头（只）增长0.99倍。

阿克苏市工业经历了由弱变强的发展历程，以轻工业为主。90年代初，阿克苏市工业企业基本为国有企业和集体企业，工业门类不全，“九五”时期（1996~2000年），阿克苏市实施国有、集体企业兼并、改组等措施，个体私营企业逐渐兴起。到2000年后，工业进入快速发展时期，一批规模以上、龙头企业如雨后春笋落地扎根，股份制、个体私营经济成为工业经济的主力军。2005年后，阿克苏相继成立纺织工业城、经济技术开发区，企业逐渐向园区集聚。至2016年，企业已从1990年的28个发展为259个，形成以纺织业、农副产品加工业、建材及新能源等优势资源为核心的产业体系，工业总产值827022.6万元，比1990年9456万元增长86.46倍。

因独特的地缘优势，阿克苏市商业向来较为发达。早在汉朝时，就是古丝绸之路上的重要驿站。1990年，阿克苏市商贸以百货公司、五金公司、糖烟酒公司等国营企业为主，2000年后，专业特色市场、商业特色街、超市及连锁店遍地兴起，成为南疆商贸流通集散地和区域商贸中心。华能商贸城一跃成为南疆规模最大、年交易额最高、经营种类最全的综合专业批发市场，疆域农产品批发市场成为全疆最大的农副产品批发市场。二手车交易市场、大型机械租赁市场、钢材交易市场三大专业市场及电商快递物流分拣中心应运而生，商贸物流业集聚发展，电子商务发展持续2年领跑全疆，形成以大十字商业圈、农产品商业圈、建筑建材商业圈、汽车服务商业圈为主的四大商圈，2016年，社会消费品零售总额达72.18亿元，比1990年9924万元增长71.9倍。

阿克苏市素有尊师重教的传统。90年代初期，阿克苏市在经济水平较低的情况下，广泛动员社会力量征集教育基金，发动捐款，开展勤工俭学活动等筹措教育经费，提高教学水平，此后全市教育经费占比也一直保持逐年增长的势头，展现出阿克苏市“科教兴市”的坚强决心。2010年后，阿克苏市更加注重国语教育和学前教育，大量建设幼儿园，选派大批干部到农村幼儿园支教，推动学生国语水平快速提升，促进城乡教育一体化发展，基本普及九年义务教育、学前三年教育，实现幼有所育，学有所教。积极引进、推广科学技术和科技成果，加快科技成果商品化步伐，至2016年，先后获自治区奖励科研成果8项，获地区奖励科技成果49项；2016年全市共有中小学校86所，班级1743个，在校生86563人；有学前教育90所，市境内有中等专业学校2所，高等教育学校3所。加大文化产业投入力度，初步形成以文化馆为“龙头”、乡镇文化中心为“枢纽”、村组文化室为“基脚”的文化网络，群众精神文化生活更加丰富，连续13年获得自治区“百日广场文化活动”“农村百日文体活动竞赛”先进县市等称号。2016年，全市有文化馆1个，文化站13个，市级公共图书馆1个，农家书屋115家，东风工程阅报栏163个；电影院4座，乡级广播站6座，有线数字电视用户19.87万户，广播电视农村直播卫星用户9.10万户，实现了广播电视信号全覆盖。不断强化市民文明素质提升，重视军民共建，拥政爱民、拥军优属成为常态，阿克苏市连续六次获得“全国双拥模范城”称号。

随着阿克苏市经济社会的持续快速发展，阿克苏市城乡面貌日新月异，人居环境显著改善。80年代，阿克苏市曾被老一辈评价为“晴天灰蒙蒙，雨天路泥泞，垃圾靠风刮，路无三尺平”，2000年后，阿克苏市加快城市建设步伐，大力实施棚户区改造，“拆墙透绿、见缝插绿”，国家湿地公园、森林公园、胡杨公园和儿童公园盛装开园，城区面貌焕然一新。2016年城市建成区面积已由1990年的24平方千米扩展为53.9平方千米，城区道路“四横七纵”，公共交通便捷高效，高楼大厦鳞次栉比，公共设施配套齐全，居住环境优雅舒适，“百米见绿、500米见园”“常年有绿、四季有花”，城市品质不断提升。一幅幅远山如黛、近水含烟、鸟语花香、蝶舞蹁跹的美丽乡村景象如画卷般徐徐展开，吸引了大批外地游客观光旅游。阿克苏市先后获得“中国人居环境范例奖”，被评为“国家卫生城市”“中国优秀旅游城市”“全国园林绿化先进城市”。

民生是人民幸福之基，社会和谐之本。阿克苏市始终坚持在发展中改善民生。1990 年以来，阿克苏市城乡居民生活实现了由“温饱型”向“小康型”、“时尚富裕型”跨越。80 年代，阿克苏市居民还过着“四斤白面二两油，一壶砖茶一个馕”“土豆、萝卜、大白菜过一冬”的生活，如今水、电、路、通信、广播电视等配套工程实现村村通、全覆盖，各种智能化电器设备一应俱全，汽车、电脑屡见不鲜，脱贫攻坚取得决定性进展，“民亦劳止，汔可小康”的梦想正在一步步变成现实。2016 年，农牧民人均纯收入 15554 元，比 1990 年的 642. 97 元增长 23. 19 倍；城镇居民人均可支配收入 27673 元，比 2006 年的 8534. 86 元增长 2. 24 倍。新农村建设、美丽乡村建设如火如荼，农村高楼别墅拔地而起，上万名棚户区居民喜迁新居。随着社会保障机制的日臻完善，劳有所得、住有所居、病有所医、老有所养、弱有所扶的保障体系基本形成，人民群众的生活质量和幸福指数不断得到提升。

阿克苏市进步与发展的背后，凝聚的是党中央扶持边疆的决心，汇聚的是阿克苏市励精图治、自强不息的奋斗精神。2000 年后，党中央、国务院相继提出西部大开发战略，启动对口援疆工作，召开中央新疆工作座谈会，为阿克苏市社会发展提供了千载难逢的机遇。这一时期，中共阿克苏市委立足市情及时调整战略部署，统筹推进经济、政治、文化、社会、生态文明建设，不断完善社会治理体系，提高社会治理能力和水平，打通党同人民群众连接的“最后一公里”，确保社会安定有序。这一时期，阿克苏市人民秉承先辈艰苦奋斗、自力更生的光荣传统，以强大的创造力和意志力充实发展了阿克苏市精神。从“军垦精神”到“柯柯牙精神”，再到“团结拼搏、艰苦创业、负重加压、争先创优”的阿克苏市精神，无一不反映出阿克苏市人民敢为人先的实干精神和创业激情，成为阿克苏市最宝贵的精神财富。

阿克苏市的跨越式发展，离不开各族群众的艰苦奋斗，更离不开援疆省市的无私援助。1997 ~ 2010 年，上海市响应中央援疆的号召，选派 6 批 152 名优秀干部和专业技术人员到阿克苏市挂职，投入大量资金在教育、卫生、基础设施等方面，为阿克苏市注入了新思想、新理念和新技术，推动阿克苏市的快速发展。2010 年起，浙江省杭州市对口支援阿克苏市，至 2016 年已有 2 批 105 名援疆干部人才在阿克苏市各部门挂职，其中 1 批援疆干部分别担任阿克苏市委书记、副书记、常委及重要部门负责人，从政治体制上推动先进经验和新思想的落实。同时围绕产业、项目、智力、民生、文化等方面开展援疆工作，推动杭阿两地产业投资、经贸往来、市场拓展和资源开发等方面的合作交流，使一大批浙江企业落户阿克苏市，一大批本地特色产品销往浙江，为阿克苏市工、农业产品开辟了广大的市场，为推动阿克苏市发展和建设发挥了重要作用。

当前，阿克苏市正处于历史上最好的发展时期，面临着前所未有的机遇和挑战。阿克苏市将继续贯彻落实新发展理念，发挥特色优势，实施三大战略（产业强市、生态立市、科教兴市），打造“三大中心”（区域性交通枢纽中心、商贸物流中心、金融服务中心），壮大“五大基地”（纺织工业基地、装备制造业基地、农副产品精深加工基地、现代物流产业基地、国家电子商务示范基地），加快打造宜居宜业公园城市和阿温同城区域性中心城市建设，加快全面建成小康社会，使阿克苏市真正成为阿克苏地区领头雁、南疆地区排头兵。

# 大事记

## 1990年

**1月3~5日** 阿克苏市委召开三级干部会议，传达贯彻中共中央十三届五中全会、自治区党委（扩大）会议和地委扩大会议、地区三级干部会议精神，做出《关于进一步治理整顿、深化改革的决定》。

**1月6日** 中共阿克苏市纪检委印发《关于干部、职工有私房必须尽快搬出公房的通知》，要求建有私房的干部必须严格落实通知要求。

**2月17日** 自治区党委副书记、自治区人大常委会主任阿木冬·尼牙孜到阿克苏市考察。

**2月19~21日** 自治区党委常委、自治区副主席黄宝璋到阿克苏市考察。

**3月2日** 阿克苏市塑料厂转为全民所有制，隶属市经贸委，职工身份不变，财务纳入市财政预算外管理。

**3月15日** 阿克苏市成立中国少年先锋队阿克苏市工作委员会，是团市委和教育部门指导少先队工作的职能部门。30~31日，首届阿克苏市少先队员代表大会召开。

**3月16~19日** 政协阿克苏市第三届委员会第一次会议召开。会议通过《关于维护阿克苏市稳定》和《开展向雷锋同志学习》的决议；选举新一届政协主席。

**3月20~24日** 阿克苏市第三届人民代表大会第一次会议召开。会议听取并审议政府工作报告，选举市人大常委会主任和市政府市长。

**4月11日** 阿克苏市成立消费者协会。

**5月25~28日** 自治区（南疆片区）老年门球赛在阿克苏市举行。

**5月26日下午** 阿克苏市依干其乡、托普鲁克乡、拜什吐格曼乡、喀拉塔勒乡、阿依库勒乡和良种场的24个行政村83个自然村（村民小组）遭受冰雹袭击，受灾作物面积4303.2公顷，死亡牲畜52头（只），倒塌房屋1间，直接经济损失550余万元。

**5月29日** 召开阿克苏市工商业联合会第一届会员代表大会。选举31名执行委员，组成阿克苏市工商业联合会第一届执行委员会。

**6月5日** 自治区党委书记宋汉良到阿克苏市考察，其间深入阿克苏市农村了解乡村文化室、宗教管理方面的情况，并看望依干其乡福利院各族群众。

**6 月 26 ~ 28 日** 阿克苏市举办首届民歌、民乐演唱（演奏）音乐会。

**7 月 12 日下午 5 时** 阿克苏市遭受冰雹袭击，阿依库勒、喀拉塔勒、托喀依 3 个乡的 8 个行政村 21 个村民小组的 917 公顷农作物受灾，死亡牲畜 27 头（只），直接经济损失 180.22 万元。

**7 月 25 日** 中共中央政治局常委乔石到阿克苏市考察柯柯牙绿化工程，并参观大光毛纺厂。

**是月** 阿克苏市人民医院第二次获得“全国精神文明单位”称号。

**8 月 1 日** 阿克苏市工商银行开办外币储蓄业务。

**8 月 12 ~ 14 日** 联合国教科文组织“丝绸之路”考察团到阿克苏市参观柯柯牙绿化工程、红旗坡农场园林队和多浪公园，对阿克苏市治沙漠、战荒原，在丝绸之路上建设绿色长城的精神给予高度评价。

**9 月 11 日** 自治区、地区科委联合举办阿克苏柯柯牙绿化造林工程成果鉴定会，通过鉴定验收，21 位专家认为工程达到全国先进水平，是新疆绿化造林的一面旗帜，是全社会办林业的典型。

**11 月 5 日** 阿克苏市发布《关于收缴车船使用税的通告》，要求市辖区凡拥有并使用一切机动车辆的个人（含公车由个人承担者），于 20 日内向税务机关缴纳 1990 年度车船使用税。

**11 月 17 日** 拜城至阿克苏 110 千伏高压输电线架通，并向阿克苏输电。

**11 月 27 日** 阿克苏市第四次人口普查结束，至 1990 年 7 月 1 日零时，阿克苏市总人口 383015 人，其中兵团第一师驻阿克苏市人口 150019 人，占全市总人口的 39.17%。

**11 月 30 日至 12 月 1 日** 自治区党委常委、纪检委书记石庚等一行到阿克苏市工商局、税务局、教育局和依干其乡等单位考察。

**12 月** 阿克苏市被自治区绿化委员会授予“绿化造林先进单位”称号。

## 1991年

**3 月 5 ~ 7 日** 阿克苏市召开三级干部会议，学习传达党的十三届七中全会、自治区党委三届十六次全委会和地委扩大会议精神，总结上年工作，安排全年任务，讨论“八五”计划。

**4 月 30 日** 阿克苏市召开第三届人大常委会第七次会议，审议批准多浪河改建工程两岸道路绿化带规划方案。

**5 月 27 日** 阿克苏市召开农村开展争创“十星级文明户”活动动员大会，推进农村精神文明建设。

**7 月 4 ~ 6 日** 自治区城市建设工作会议暨现场交流会在阿克苏市召开，自治区建设厅及全疆各地、州、市、县 200 余人参加会议。

**8 月** 阿克苏市被自治区人民政府授予“双拥工作先进集体”称号。

**9 月 7 ~ 11 日** 阿克苏市举行第二届农牧民体育运动会，设有赛马、摔跤、骑车、叼羊、斗羊、排球、篮球、田径、射击等 10 个比赛项目，520 名农牧民运动员参赛。

**9 月 9 ~ 12 日** 自治区第三届县级市科协协作网会议在阿克苏市召开，全疆各地、州、市科协负责人参加此次会议。

**10 月 8 日** 阿克苏市召开计划生育协会成立大会，通过《阿克苏市计划生育协会章程》和

《关于进一步加强计划生育工作，严格控制人口增长的决议》。

**10月15日** 阿克苏市被国家土地管理局授予“全国土地开发先进县市”称号。

## 1992年

**1月1日** 阿克苏市政府讨论通过的《阿克苏市国营企业退休费用社会统筹暂行办法》和《阿克苏市集体所有制企业职工退休养老保险暂行办法》开始实施。

**1月7~10日** 中共阿克苏市第三次党员代表大会召开，会议审议通过中共阿克苏市第二届委员会工作报告和中共阿克苏市第二届纪律检查委员会工作报告，选举产生市委书记。

**1月20~21日** 阿克苏市召开三级干部会议，传达中共十三届八中全会和自治区党委四届二次全委会议精神。市委书记赵群作题为《总结经验，团结奋斗，为全面完成1992年的各项经济任务而努力》的工作报告。

**2月22日** 地区首家乡办公司——阿克苏市拜什吐格曼乡贸工农公司举行开业典礼。

**5月1日** 阿克苏市举办第二届职工运动会，参赛项目有篮球、排球、拔河、乒乓球、广播体操等，参赛运动员600余人。

**5月4日** 阿克苏市召开整顿机关作风动员大会，传达《中共阿克苏地委关于进一步加强思想作风建设的决定》。

**5月6日** 阿克苏市第一所文明市民学校在新城办事处成立。

**5月11日** 阿克苏市召开《阿克苏市志》发行会，地、市、兵团农一师领导，离退休老干部等30余人出席。

**6月5日** 自治区第二届县级艺术表演团体（南疆片区）文艺会演在阿克苏市举办。参加会演的有13个县级文艺团体，400余名演员。

**6月10日** 阿克苏市举办社火欢度古尔邦节。参加活动的有彩车、麦西热甫等20个方队共850人。

**7月10日** 阿克苏市成立综合改革试点领导小组，负责全市经济体制改革的组织领导和综合改革的试点工作，推动改革开放的进程。

**8月7日** 阿克苏市获“自治区最佳卫生城市”称号。

**9月5日** 阿克苏市与吉尔吉斯斯坦共和国伊塞克湖州卡拉科尔市结为友好城市。9月13日，阿克苏市代表团一行7人到吉尔吉斯斯坦共和国伊塞克湖州卡拉科尔市进行为期8天的经贸考察访问，并正式签订友好城市协定书。9月30日，吉尔吉斯斯坦共和国伊塞克湖州卡拉科尔市代表团一行7人到阿克苏市参观访问。

**9月26~27日** 自治区副主席李东辉一行到阿克苏市考察。

**10月1日** 阿克苏市内电话扩容1000门开通运行。

**10月5日** 与阿克苏市签订经贸协议。

**10月10日** 阿克苏市获1991~1992年度自治区“精神文明建设先进城市”称号。

**10月29日** 中共阿克苏市委书记赵群因病医治无效逝世，享年50岁。

**11月2日** 阿克苏市获自治区1992年度农田水利基本建设“天山杯”竞赛二等奖。

**11 月 8 日** 阿克苏市政府召开贯彻落实转换企业经营体制条例和第三轮承包工作会议，部署全民所有制企业第三轮承包工作。

**11 月 20 日** 阿克苏市公共汽车公司投资 60 余万元购进 20 座中型客车 20 辆，投入城区 1、2 路公交线路运营。

**12 月 29 日** 阿克苏市成立老年活动服务中心。

**12 月 31 日** 阿克苏市红桥水电站建成发电。装机容量 3 × 630 千瓦，年发电量 14 万千瓦小时。

**是日** 阿克苏市少工委获得国家教委、团中央、文化部和新闻出版署联合颁发的“全国红领巾读书、读报先进集体”称号。

## 1993年

**2 月 2 日** 阿克苏市喀拉塔勒乡被定为“阿克苏地区第一个奔小康示范乡”。

**2 月 7 ~ 10 日** 政协阿克苏市第四届委员会第一次会议召开。会议通过《阿克苏市四届一次全委会议政治决议》。

**2 月 8 ~ 11 日** 阿克苏市召开第四届人民代表大会第一次会议，选举产生人大常委会主任和市政府市长。

**3 月 8 ~ 10 日** 阿克苏市召开三级干部会议。会议传达地委委员扩大会议及加快南疆四地州经济工作座谈会精神，总结 1992 年工作，安排部署 1993 年工作。

**3 月 13 日** 阿克苏市召开住房制度改革工作会议，讨论修改阿克苏市住房制度改革实施方案，部署住房制度改革工作。

**3 月 25 日** 阿克苏市制定颁发《阿克苏市义务教育实施办法》。

**4 月** 阿克苏市委党史研究室（地方志办公室）被自治区人民政府授予“修志工作先进集体”称号。

**7 月 5 日** 阿克苏市出台《阿克苏市住房制度改革实施方案》。

**8 月 18 日** 阿克苏市迎宾馆落成开业。

**8 月 20 日晚** 中国新疆阿克苏首届龟兹文化艺术节在阿克苏地区体育场开幕。近 3 万名阿克苏市民和数百名中外群众出席观看艺术节开幕式表演。艺术节期间，阿克苏市与客商签订意向协议 3 个、合同 21 项，成交额 5244 万元。8 月 26 日晚，阿克苏首届龟兹文化艺术节闭幕。

**8 月 21 日** 阿克苏市与巴音郭楞州库尔勒市结为友好城市。

**9 月 6 日** 《阿克苏市志》（汉文版）获全国新编地方志优秀成果一等奖。

**11 月** 阿克苏市防疫站被卫生部、铁道部、中国人民解放军后勤卫生部授予“全国卫生防疫防治工作先进集体”称号。

## 1994年

**2 月 6 日北京时间 12 时** 阿克苏市人民广播电台开机试播，分别用维吾尔、汉两种语言播出，除转播中央人民广播电台、新疆人民广播电台节目外，还自办新闻、经济信息、音乐欣赏、广告等节目。

**3月7~8日** 阿克苏市召开三级干部会议，会议传达地委（扩大）会议精神，总结上年工作，安排部署1994年工作。

**3月31日** 阿克苏市农业局能源办被国家计委、农业部授予“全国省柴节煤先进集体”称号。

**4月6日** 阿克苏市动工兴建第一家股份合作制企业——托峰棉纺厂，设计规模为2.5万纱锭，总投资3500万元。

**4月30日北京时间零时** 阿克苏市6000门程控电话工程进行割接并即时升位，市内电话直接进入全国长途直拨网，电话号码由5位数升至6位数。

**9月12~15日** 阿克苏市举办第二届农牧民体育运动会。

**10月18日** 地委、行署决定在全地区广泛深入开展向赖宁式少年英雄努尔买买提·肉孜学习活动。努尔买买提·肉孜为阿克苏市喀拉塔勒乡阿得日小学六年级学生，于6月27日傍晚放学回家途中救起3名落水儿童后不幸遇难。

**10月22~27日** 阿克苏市举办第二届农牧民文艺汇演。

**11月** 阿克苏市获“自治区最佳卫生城市”称号。

## 1995年

**2月25~27日** 阿克苏市召开三级干部会议，传达地区三级干部会议精神，总结1994年工作，安排部署1995年工作。

**3月25日** 阿克苏市首家街道企业——新城办事处信诚鞋厂挂牌生产。

**4月6日** 阿克苏市托峰棉纺厂二期扩建工程动工兴建。

**4月29日** 阿克苏市第一家以产业工人为主的托峰棉纺织有限公司工会成立。

**5月17日** 阿克苏市遭受特大风灾，最大风级8级，持续2~4小时，全市受灾总面积1979公顷，直接经济损失1248.44万元。

**6月28日** 阿克苏市商业饮食服务公司冰宝冷冻食品厂正式建成投产，总投资491万元，引进上海最新技术、意大利配方生产的高档花式冰激凌，是自治区“九五”重点技改项目，结束南疆四地州不能生产高档冰激凌的历史。

**7月1日** 阿克苏市通过国家初级卫生保健评审验收。

**7月7日** 阿克苏市成立市出租汽车公司，为个体经营者联营组织。

**8月12日** 阿克苏市举行电视录转台维吾尔语频道开播典礼。

**9月10~11日** 中共中央政治局常委、国务院副总理朱镕基一行到阿克苏市考察。

**9月29日** 总投资1168万元、全长3.19千米的阿克苏市西出口公路工程竣工通车。

**10月6日** 中央艺术团到阿克苏进行慰问演出。

**10月30~31日** 阿克苏市人民法院、市工商局通过档案管理升级考核验收，晋升为自治区档案管理二级单位。

**是月** 阿克苏市被评为全国“‘二五’普法先进县（市）”。

**11月1日** 阿克苏市市话6000线二期扩容工程开通并交付使用。

**11月7日** 阿克苏市喀拉塔勒乡阿克日克村和市良种场乔格塔勒村被全国绿化委员会授予“千佳村”称号。

**12月17日** 阿克苏市电话号码于零时从6位数升至7位数。

**是月** 阿克苏地区第一部党史大事记《中共阿克苏市历史大事记》出版发行。

## 1996年

**2月13～15日** 阿克苏市召开三级干部会议，贯彻落实地区三级干部会议精神，总结1995年工作，安排部署1996年工作任务。

**4月13～19日** 自治区主席阿不来提·阿不都热西提一行在地委书记熊辉银、行署专员吐尔逊·沙迪尔陪同下，到阿克苏市考察。

**4月24日** 阿克苏市蔬菜批发交易市场建成营业，占地0.3公顷，日蔬菜成交量约40吨。

**4月27日** 阿克苏团市委在第二小学举办首次十八岁成人宣誓仪式，1000余名18岁青年参加。

**7月16日** 阿克苏市城区有线电视光缆开通。

**8月6日** 南疆首家生产高级烹调油的乡镇企业油脂化工厂在阿克苏市库木巴什乡破土动工。

**是月** 自治区重点科技开发项目——PVC管材生产线在阿克苏市塑料厂建成投产。

**10月11日** 阿克苏市创建自治区卫生城市。

**10月25～26日** 阿克苏市与伊宁市结为友好城市。

**是月** 阿克苏市天南工业品综合市场被国家工商行政管理局授予“国家级文明市场”称号。

## 1997年

**1月6日** 阿克苏市成立城市居民最低生活保障线工作领导小组，率先在地区进行试点工作。

**1月8～9日** 中共阿克苏市第四次党员代表大会召开，审议通过中共阿克苏市第三届委员会工作报告和中共阿克苏市纪律检查委员会纪律检查工作报告。

**1月15日** 阿克苏市被民政部、总政治部命名为“全国双拥模范城”。

**2月26～29日** 阿克苏市召开三级干部会议。会议传达贯彻地区三级干部会议精神，总结1996年工作，安排部署1997年工作。

**3月7～11日** 上海市第一批援疆干部到阿克苏市，开始援阿工作。

**5月19日** 阿克苏市遭冰雹袭击，受灾棉田1063公顷，其中重灾150公顷。

**5月30日** 投资1900万元建成全长13.1千米的阿克苏市多浪干渠整治防渗暨库克瓦什电站工程项目竣工。

**7月30日** 阿克苏市全国双拥模范城纪念碑在西广场落成，并将全国双拥模范城的牌匾永久性地镶嵌在18.9米高的纪念碑上。南疆军区、阿克苏地委、行署、阿克苏军分区、农一师、阿克苏市人民政府领导、老红军和数千名群众在纪念碑前参加落成剪彩活动。

**9月16日** 阿克苏市获得“全国共青团工作百佳县市”称号。

**10月12日** 阿克苏市举办第四届农牧民体育运动会。

**10月17日** 中央委员、国务委员、民族事务委员会主任司马义·艾买提到阿克苏市，先后考察阿依库勒镇、托峰棉纺厂和生利塑料厂。

**11月23日** 自治区党委书记王乐泉到阿克苏市阿依库勒镇视察集中整治工作。

**12月29日** 阿克苏市获“自治区科技兴新先进市”称号。

## 1998年

**2月18~20日** 政协阿克苏市第五届委员会第一次会议召开。会议通过《市政协第四届常务委员工作报告的决议》、《市政协第四届提案委员会提案工作报告的决议》和《市政协第五届委员会第一次会议政治决议》，选举产生新一任政协主席。

**2月20~23日** 阿克苏市召开第五届人民代表大会第一次会议，通过阿克苏市第五届人民代表大会常委会主任和市政府市长的任命决定。

**3月16日** 自治区爱国卫生总结表彰大会在阿克苏市召开，全疆16个地州市160名代表参加会议。阿克苏市获卫生红旗城市（区）称号。

**4月17日** 阿克苏市第一小学教学大楼奠基。项目总投资400万元，面积4200平方米，有36间教室。

**5月6日** 自治区副主席熊辉银到阿克苏市就国家粮食购销体制改革、粮棉价格调整和农业生产等工作考察。

**5月13日21时48分至14日2时55分** 阿克苏市突发10级左右风灾，依干其乡棉田受灾面积100%，其中严重受灾55%，直接经济损失988.8万元。

**7月5日** 中共中央总书记、国家主席、中共军委主席江泽民在中共中央政治局委员、国务院副总理钱其琛，中央政治局候补委员、书记处书记曾庆红，自治区党委书记王乐泉，自治区主席阿不来提·阿不都热西提等领导陪同下到阿克苏市考察，察看喀拉塔勒镇博斯坦村的棉花生长情况。

**8月12日** 由于温宿县克孜勒克哈马塔格山前山区一带骤降暴雨，山洪暴发，阿克苏市兰干、新城街道办事处辖区、驻依干其乡的部分地、市机关、单位、学校、企业、居民委员会及地区红旗坡农场、实验林场等地居民房屋、农田、生产设施遭受特大山洪灾害，受灾面积12平方千米，受灾2乡25个单位，110户民营企业，居民1990户，人口8792人，受灾农田1557.07公顷，其中重灾面积356公顷，倒塌房屋902间，面积7803.3平方米，死亡16人，直接经济损失2.02亿元。

**8月20日** 团中央书记处书记崔波一行到阿克苏市调研。

**9月2日** 陕西省委书记李建国、省长程安东及陕西省党政代表团一行到阿克苏市考察，察看阿克苏市喀拉塔勒镇博斯坦村棉田滴灌技术。

**9月10日** 中央政治局委员、全国人大常委会副委员长田纪云在自治区人大常委会副主任李逢滋、自治区副主席熊辉银的陪同下，到阿克苏市考察。

**12 月 1 日** 阿克苏市举行南疆铁路阿克苏至库尔勒段正式运营通车典礼。自治区人大常委会副主任海里且姆·斯拉木、南疆铁路建设指挥部总指挥长盛宪昌及阿克苏地、市、部队及兵团农一师领导参加通车典礼仪式。南疆铁路库尔勒至阿克苏段全长 506.9 千米，自 1997 年 4 月 20 日开始铺轨，1998 年 6 月 20 日铺轨到阿克苏，12 月 1 日正式运营。

## 1999年

**2 月 7 ~ 9 日** 阿克苏市召开三级干部会议，会议总结 1998 年工作，安排部署 1999 年工作。

**2 月 26 日** 阿克苏市委做出向依干其乡依干其村第五村民小组农民、村管水员麦麦提·阿布拉学习的决定。

**8 月 20 日** 阿克苏市正式开通市长专线电话。

**8 月 21 日** 共青团中央书记处书记胡春华一行到阿克苏市考察。

**9 月 28 日** 阿克苏市获“自治区级文明城市”称号。

**是日** 阿克苏市入选自治区首批园林城市。

**10 月 5 ~ 6 日** 以水利部副部长张春园为团长的水利专家考察团一行，在自治区党委书记王乐泉陪同下，到阿克苏市考察协合拉引水枢纽工程、塔里木河拦河闸等。

**10 月 12 日** 阿克苏市消费者投诉服务专用电话“12315”正式开通。

**10 月 23 日** 阿克苏市殡仪馆通过自治区殡仪馆等级评定论证验收，达到国家二级殡仪馆水平。

**10 月 28 ~ 30 日** 全国政协副主席钱正英一行到阿克苏市考察水利及水资源情况。

**11 月 8 日** 农业部副部长刘坚一行在自治区副主席熊辉银、地委书记侯长安的陪同下，到阿克苏市进行考察。

**12 月 4 日** 自治区党委副书记艾斯海提·克里木拜到阿克苏市调研。

## 2000年

**1 月** 阿克苏市被授予全国“爱心献功臣先进市”称号。

**2 月 9 日** 阿克苏市召开三级干部会议，会议总结 1999 年工作，安排部署 2000 年工作。讨论研究阿克苏市 2000 年国民经济发展计划和进一步强化农民负担管理工作的实施意见。

**2 月 27 日** 自治区党委副书记周声涛到阿克苏市调研社会稳定工作。

**4 月 19 日** 阿克苏市拜什吐格曼乡 26 名民工发生集体食物中毒，经医治，中毒民工在 20 日上午全部康复。

**4 月 26 日** 阿克苏市总投资 1200 万元、设计保鲜储存果品 2000 吨的果品保鲜库破土动工。

**6 月 15 日** 全国人大常委会副委员长铁木尔·达瓦买提在自治区人大常委会副主任米吉提·纳斯尔、自治区副主席买买提明·扎克尔陪同下，到阿克苏市进行考察。

**6 月 24 日** 阿克苏市遭受暴雨袭击，降雨量 18.4 毫米，造成直接经济损失 948 万元。共有 401 间民房受灾，其中倒塌 63 间，2732 公顷农作物受到不同程度灾害，死亡牲畜 125 头（只），倒塌棚圈 84 间、围墙 2516 米、桥梁 1 座。

**7 月 17 日** 阿克苏市喀拉塔勒镇文化站被自治区第二批乡（镇、场、街道）文化站定为特级文化站，阿依库勒镇文化站、库木巴什乡文化站被定为一级文化站，拜什吐格曼乡文化站、托喀依乡文化站、托普鲁克乡文化站被定为标准文化站。

**8 月 2 日** 由地区和阿克苏市共同出资兴建的阿克苏文化艺术中心建设动工，该中心建筑面积 1.2 万余平方米，可同时容纳 3000 余人。

**8 月 8 日** 上海市委副书记、市长徐匡迪，人大常委会主任陈铁迪，市委副书记刘云耕，市委常委、副市长韩正，市委常委、市委秘书长宋仪侨，市委常委、市政协副主席董跃金一行到阿克苏市考察慰问，自治区党委副书记周声涛、自治区人民政府副主席熊辉银一行陪同。

**9 月 6 ~ 8 日** 中共中央政治局常委、国务院总理朱镕基到阿克苏市考察，自治区党委书记王乐泉、自治区主席阿不来提·阿布都热西提等陪同考察。

**9 月 8 日** 阿克苏地区第一所老年大学——阿克苏老年大学在市老年活动中心召开成立大会。市五大机关及市直单位的领导、离退休老人共 180 余人参加会议。

**9 月 11 日** 阿克苏市第十一小学被教育部授予全国中小学德育工作先进集体称号。

**10 月 18 日** 阿克苏火车站站前广场落成，该广场总投资 1000 万元，占地 6.9 万平方米。

## 2001年

**2 月 6 日** 阿克苏市第一家青少年社区服务中心在康居小区成立，开设电脑、英语、作业辅导培训班。

**2 月 8 日** 阿克苏市召开三级干部会议，会议总结 2000 年工作，安排部署 2001 年工作。

**2 月 23 日** 阿克苏市被自治区文明委授予“1999 ~ 2000 年度自治区级文明城市”称号，实现自治区级文明城市三连冠。

**2 月 26 日** 阿克苏市委出台村干部工资补贴实施办法，确保落实农村“三老”（老党员、老干部、老模范）人员政治生活待遇。

**2 月 27 日** 阿克苏市召开开放住房二级市场新闻发布会，提高优惠力度，鼓励住房上市交易。

**2 月 28 日** 阿克苏市西广场免费开放，不再收取门票。

**3 月 1 日** 阿克苏市区中小学生乘坐公共汽车享受七折票价。

**3 月 12 日** 阿克苏市启动大十字改造工程。

**4 月 7 日** 阿克苏市遭受特大沙尘暴袭击，最大风力 11 级，持续时间 11 小时，全市经济损失 3866 万元。造成全市已播 4000 公顷棉花全部被毁，温室大棚受损 1241 个，完全被毁 115 个，房屋倒塌 146 间，棚圈倒塌 57 个，死亡牲畜 203 头、家禽 5.6 万只，果园受损 546 公顷。城市基础设施损失 298 万元。

**4 月 12 日** 第五次全国人口普查结果公布，阿克苏市总人口 56.15 万人。

**4 月 17 日 17 时** 阿克苏市再次遭受特大风灾，最高风力 11 级，气温最低 -2℃。至 4 月 18 日，造成经济损失 3764.82 万元。

**4 月 25～26 日** 自治区社会文化重点工程建设工作暨艺术创作会议在阿克苏市召开。全疆 16 个地、州、市的文化工作者和艺术家 180 余人参加会议。

**7 月 24 日** 阿克苏市政府被全国绿化委员会授予全国绿化先进集体称号。

**8 月 12～14 日** 中共阿克苏市第五次代表大会召开。审议通过中共阿克苏市第四届委员会工作报告和中共阿克苏市第四届纪律检查委员会纪律检查工作报告。

**9 月 2 日** 阿克苏市被农业部命名为“中国红富士苹果之乡”。

**9 月 10 日** 投资 4005 万元的阿克苏市污水处理厂建成并投入运行。项目于 1998 年立项批准建设，日处理能力 12 万立方米。

**10 月 8～12 日** 自治区党委副书记周声涛一行到阿克苏市喀拉塔勒镇考察基层组织建设、“三个代表”重要思想学习教育活动、农业产业结构调整情况。

**10 月 11 日** 阿克苏市普降大雨，并伴有冰雹，次日中午开始降雪，降水量 27.2 毫米。造成 12 间房屋倒塌，1374 户房屋漏水，95 米围墙倒塌，小麦受灾面积 1041.73 公顷，棉花受灾面积 7893.87 公顷，倒塌畜圈 62 座，死羊 253 只，死亡鸡 7410 只、鸽子 3280 只，经济损失近 300 万元。

## 2002年

**1 月 18 日** 由香港肯莱实业开发有限责任公司投资 2 亿余元兴建的阿克苏市世纪商厦一期工程全面竣工并投入运营。

**2 月 2 日** 中央歌舞团“文化下乡”慰问团到阿克苏市区和良种场慰问演出。

**2 月 3 日** 阿克苏市召开三级干部会议，会议总结 2001 年工作，安排部署 2002 年工作。

**2 月 5 日** 阿克苏市被建设部授予中国人居环境范例奖，成为西北五省区中第一个获得这一奖项的城市。

**3 月** 阿克苏市被全国爱卫会命名为国家卫生城市。

**5 月 11 日** 阿克苏市至乌鲁木齐市 5808 次火车始发车举行首发仪式。列车全线运行 18 小时 02 分，共设 16 节车厢，为大列空调车。

**5 月 20 日** 阿克苏市首届人才交流洽谈会在市劳动就业保险局召开。有 300 名下岗失业人员和大、中专院校毕业生前来洽谈，其中 93 人与招商单位达成用工意向。

**5 月 28 日** 自治区主席阿不来提·阿不都热西提，自治区政协副主席、劳动保障厅党组书记黄昌元一行在阿克苏地委书记侯长安等陪同下，到阿克苏市调研。

**6 月 1 日** 阿克苏市第一个民营企业党支部——阿克苏市利农机械制造有限公司党支部成立。

**7 月 5 日** 阿克苏市住宅小区第一个业主委员会——东苑小区业主委员会成立。

**7 月 25 日** 自治区副主席阿不都卡德尔·乃斯尔丁一行到阿克苏市丽园社区居委会检查指导工作。

**8 月 3 日** 由阿克苏市委史志办编纂的《中共阿克苏市历史大事记（1994～2001）》出版发行。

**8 月 28 日** 阿克苏市第五届农牧民体育运动会在托普鲁克乡举行。

**9 月 30 日** 地、市合一的阿克苏行政服务中心投入使用。

**10 月 31 日** 投资 2400 万元兴建的阿克苏金龙地下商业街开始营业。

**12 月 5 日** 阿克苏市决定为全市 68 名离休干部及无固定收入的离休干部遗孀每年增发 1000 元冬季取暖费补贴。

**12 月 6 日** 投资 1600 万元、总建筑面积 6400 多平方米的南疆首家专业幼教中心在阿克苏市金桥商贸城动土兴建。

## 2003年

**1 月 1 日** 阿克苏市正式启动医疗救助保险。

**1 月 11 日** 阿克苏市召开三级干部会议，会议总结 2002 年工作，安排部署 2003 年工作，动员全体党员干部和群众解放思想、实事求是、与时俱进、开拓创新，加快经济结构战略性调整，努力推进阿克苏市经济快速发展。

**1 月 19 ~ 21 日** 政协阿克苏市第六届委员会第一次会议召开，会议选举产生新一届政协主席。

**3 月 15 日** 阿克苏市动员全市人民共创全国园林城市，上千名干部群众走向街头，开展植树造林宣传活动。

**4 月 2 日** 阿克苏市首家劳动保障服务机构——红桥街道劳动保障事务所挂牌成立。

**是日** 阿克苏市获自治区“天山杯”竞赛城市基础设施、城市环境卫生管理、城市客运管理、市政建设管理 4 个奖项。

**4 月 9 日** 总投资 3000 余万元、日处理垃圾 300 吨的阿克苏市鼎泽洲生活垃圾处理厂破土动工。

**5 月 18 日** 阿克苏市养猪协会成立，有会员 127 名。

**5 月 26 日** 阿克苏市开展自治区首届环卫工人节庆祝活动，780 余名环卫工人参加活动。

**是月** 阿克苏市环卫处获得全国城市市容环境卫生先进集体“时传祥”奖。

**8 月 11 日** 阿克苏市被自治区命名为自治区社区建设示范市（区）称号。

**10 月 22 日** 阿克苏市被建设部授予 2002 年“全国园林绿化先进城市”称号。

**是日** 阿克苏市南城街道办事处托万克巴格社区党支部书记孙传英被民政部授予全国优秀社区工作者称号。

**10 月 23 日** 阿克苏市土地有形市场交易大厅正式启用。

**11 月 13 日** 阿克苏市兰干街道办事处机关工会获“全国模范职工之家”称号。

**12 月 26 日** 阿克苏市举办第 27 届冬季环城长跑比赛，45 个单位近 6000 名干部职工、部队官兵和中小学生参加比赛。

## 2004年

**1 月 29 日** 阿克苏市召开三级干部会议，会议总结 2003 年工作，安排部署 2004 年工作，动员全市各族干部群众扎实工作，为不断开创阿克苏市国民经济和社会各项事业的新局面而努力奋斗。

**3 月 6 日** 阿克苏市托峰染织有限责任公司被浙江巨鹰集团收购。

**3月11日** 阿克苏市良种场的西芹、牛角辣椒通过农业部农产品质量安全中心认证，被准许使用全国统一的无公害农产品认证标志。

**3月24日** 阿克苏市成立第一次全国经济普查工作领导小组。至9月15日，阿克苏市第一次经济普查试点工作完成。共清查出辖区单位273个，其中法人单位31个，产业活动单位31个，个体工商户211个。

**5月1日起** 阿克苏市企业人员最低工资标准调整到每月350元，非全日制就业人员的工资标准为每小时3元（用人单位参保）。

**5月15日** 自治区党委副书记、自治区人民政府主席司马义·铁力瓦尔地一行到阿克苏市依干其乡尤勒滚鲁克村调研。

**5月18日** 阿克苏市面向社会公开招聘社区党支部书记，首创全疆社区组织建设工作新方式。

**5月26日** 劳动和社会保障部副部长张小建到阿克苏市检查就业工作，召开座谈会，听取就业与再就业工作汇报。

**6月3日** 阿克苏市（多浪、青松、天山银花、新农、狄夏特）等5件商标成功申报为新疆著名商标。

**6月9日** 阿克苏市民政局被民政部评为全国先进婚姻登记机关。

**6月26～27日** 自治区街道社区劳动保障平台建设经验交流会在阿克苏市召开。

**7月2日** 阿克苏市投资8.4亿元启动城市生态环境改善项目，打造中国优秀旅游城市。

**7月19日** 阿克苏市政府对出租车客运市场施行改革。在原有夏利出租车退出客运市场的同时，依法组建出租车经营公司，按照改革分批投放新型出租车，形成以企业为经营主体的出租汽车管理格局。至此，阿克苏市1457辆夏利出租车全部退出出租客运市场。

**7月22日** 阿克苏市公交车开始实行无人售票。

**8月24日** 阿克苏火车站铁路子弟小学移交阿克苏市，更名为阿克苏市第十二小学。

**9月4～5日** 阿克苏市举办首届美食文化节暨餐饮大赛，19个餐饮企业代表队的79名代表参加比赛。

**9月12日** “中坤杯”南疆国际热气球节暨中国热气球巡回赛在阿克苏市举行。

**9月28日** 阿克苏市阿依库勒镇获得农业部、国家体育总局和中国农民体协承办的“亿万农民健身活动”先进乡镇称号。

**11月20日** 阿克苏市获得西部大开发投资环境最佳城市称号。

**是日** 阿克苏市红桥街道多浪社区获全国文化先进社区称号。

**12月** 地区第六中学、第八中学、第九中学和第二中学初中部的管理权限下放到阿克苏市，分别更名为阿克苏市第六中学、市第八中学、市第九中学、市第四中学。

## 2005年

**1月5日** 阿克苏市被评为自治区级文明城市。

**1月6日** 阿克苏市旅游局挂牌成立。

**1月16日** 由上海市政府援建100万元、总投资300余万元的阿克苏－上海干部培训中心投入使用。

**1月30日** 阿克苏市连续三次获得“全国双拥模范城”称号。

**1月31日** 阿克苏市召开三级干部会议，会议总结2004年工作，安排部署2005年工作。

**2月2日** 香港·新疆红十字会为阿克苏市托普鲁克乡医院捐赠价值约8万元的医疗设备。

**2月6日** 阿克苏市获自治区“基层组织建设示范县市”称号。

**3月9日** 阿克苏市公交旅游公司正式成立。公司隶属阿克苏市公交有限责任公司，投资总额300万元，拥有旅游专用车10辆。

**4月1日** 联合国亲善大使、国际著名影视明星成龙到阿克苏市参加“龙子心、献爱心”慈善募捐活动。

**4月5日** 中央先进性教育活动督导组一行到阿克苏市调研先进性教育活动开展情况。

**4月6日** 阿克苏市发放首批全疆通用的《老年人优待证》（65岁以上，含65岁）和《老年人优惠服务证》（60岁以上，含60岁）。

**4月13日** 阿克苏市人大常委会正式任命首批27名人民陪审员。

**4月30日** 阿克苏市环保局被自治区环保厅授予环境宣传教育工作先进集体称号。

**5月4日** 在新疆首届青少年电脑机器人竞赛活动中，阿克苏市代表队获得初中组单项竞技项目的3个一等奖、1个二等奖和1个三等奖。

**5月15日** 阿克苏市红桥街道办事处多浪社区居委会获得“全国百家学习型社区”称号。

**5月22日** 阿克苏市举行首次动物疫病防治国家职业技能鉴定考试。

**5月25日** 阿克苏市托喀依乡整体移交给阿拉尔市。

**5月30日** 由阿克苏市政府、库车县政府主办，《阿克苏日报》与地区旅游局、新疆“新丝路”模特经纪有限公司联合承办的2005“龟兹杯”国际旅游小姐大赛新疆区总决赛举行。

**5月31日** 阿克苏市首次对领取“计划生育光荣证”的135户家庭进行表彰，每户一次性奖励2000元。

**6月1日** 阿克苏市在全市餐饮、洗浴等5个行业推行有奖发票。

**6月9日** 阿克苏地区国土资源局正式将“两场所”（实验林场、红旗坡农场）办证范围内的土地全部移交阿克苏市国土资源局，同时移交2000～2004年的地籍档案6883卷。

**是日** 投资200万元建成的阿克苏市托万克阿热勒水厂、赛克巴其水厂投入使用，解决6000多名农牧民吃水难的问题。

**6月15日** 阿克苏市举行轻纺工业园区巨鹰棉业有限公司等8家入驻企业开工奠基仪式。

**6月15～16日** 自治区党委副书记、自治区主席司马义·铁力瓦尔地在地委书记朱昌杰等陪同下，到阿克苏市阿依库勒镇万克提根村了解“三农”问题，到托普鲁克乡木日开旦木村看望第十届全国人大代表、自治区人大代表、村党支部书记阿依先木·沙木沙克。

**6月19日** 自治区南（东）疆片区农作物田管工作现场会在阿克苏市召开。

**6月26日** 阿克苏市和喀拉塔勒镇被全国老龄工作委员会分别授予“全国老龄工作先进县（市）”、“全国老龄工作先进单位”称号。

**7月10～11日** 阿克苏市代表队在国家第五届青少年电脑机器人竞赛中，获得1银2铜的成绩。

**7 月 14 日** 第二届南疆国际旅游节——“中坤杯”南疆国际热气球赛在阿克苏市火车站广场举行，共有 60 只热气球 120 名运动员参加。

**7 月 15 日** 阿克苏市遭受严重冰雹灾害，有 4 个乡镇 10 个行政村受到影响。

**8 月 1 日** 中国作家协会副主席叶辛一行 11 人到阿克苏市，开展以“龟兹”“多浪”为主题的采风考察活动。

**8 月 5 日** 阿克苏市三江养殖有限责任公司、阿克苏市巨鹰棉业有限责任公司、阿克苏市安利达果业有限责任公司被自治区农业产业化领导小组批准认定为第三批自治区农业产业化“重点龙头”企业。

**8 月 6 日** 阿克苏市民政局被全国双拥工作领导小组、中共中央宣传部、民政部、解放军总政治部联合命名为全国军民共建社会主义精神文明先进单位称号。

**8 月 9 日** 阿克苏市首次选派 10 名汉族农民技术员到村级组织任职，提供技术服务，帮助维吾尔族群众发展生产。

**8 月 12 日** 阿克苏市在阿依库勒镇举行计划生育家庭奖励扶助金首发仪式，为全市农村 142 户符合政策的家庭每户奖励 600 元，共发放奖励扶助金 8.52 万元。

**8 月 15 日** 阿克苏市依干其乡成功申请注册“狄夏特”知名品牌商标。

**10 月 1 日** 阿克苏市重点工程——塔北路立交桥正式通车。塔北路立交桥桥长 304.46 米、宽 17 米，工程总造价 2800 余万元。

**10 月 8 日** 阿克苏市依干其乡、喀拉塔勒镇、库木巴什乡、阿依库勒镇的档案管理工作达到自治区档案管理二级标准。全市 4 乡 2 镇 1 场均跨入自治区档案管理先进单位行列。

**10 月 19 日** 阿克苏市阿依库勒镇获全国亿万农民健身活动先进乡镇称号。

**11 月 16 日** 自治区人大常委会副主任达列力汗・马米汗和自治区人大常委会执法检查组，对阿克苏市贯彻执行《中华人民共和国劳动法》情况进行检查。

**11 月 21 日** 以全国政协委员、云南省政协主席杨崇汇为组长的中央保持共产党员先进性教育活动第八巡回检查组一行，对阿克苏市“先教”活动开展情况进行检查。

**11 月 27 日** 阿克苏市红桥街道多浪社区获全国文化先进社区荣誉称号。

**12 月 1 日** 阿克苏市经济普查办公室获全国经济普查先进集体称号。

## 2006年

**1 月 1 日** 阿克苏市被科技部评为 2003～2004 年度全国科技进步先进县（市）。

**1 月 6 日** 阿克苏市首届多浪民俗油画展在阿克苏文化艺术中心举行。

**2 月 1 日** 阿克苏市被确定为国务院纠风工作联系点。

**2 月 8 日** 阿克苏市召开三级干部会议，会议总结 2005 年工作，安排部署 2006 年工作。

**2 月 10 日** 阿克苏市获得“中国优秀旅游城市”称号。

**2 月 15 日** 阿克苏市获得自治区“纺织工业发展先进县（市）”称号。

**2 月 18 日** 自治区党委常委、党委组织部部长韩勇在阿克苏地委书记朱昌杰等陪同下，对阿克苏市党员先进性教育活动和基层组织建设等工作进行调研。

**3月1日** 阿克苏市农村零散税收征管实现计算机开票。

**3月5日** 阿克苏市设立特困党员救助基金，采取“个人捐一点、集体出一点、党费划拨一点”的方式筹集救助基金，实行专款专用，用于救助年老孤寡、长期患病、下岗失业、生活困难的特困党员。

**3月13日** 阿克苏市从机关中选拔出首批100名年轻干部到村、社区和企业进行为期两年的挂职锻炼。

**4月18日** 阿克苏市人民政府获自治区级推进依法行政先进单位称号。

**5月8日** 2006“中坤杯”环塔汽摩越野赛阿克苏—喀什赛段在阿克苏市举行发车仪式。

**6月12日** 阿克苏市南城街道铁热克买里社区获“全国学习型家庭创建示范社区”荣誉称号。

**6月20日** 阿克苏市对原有52个街道社区进行全面整合，按照科学布局、合理搭配的原则整合为28个社区，撤销24个社区。

**7月2日** 2006年度南疆国际旅游节暨第三届阿克苏龟兹文化旅游节开幕式在阿克苏市举行。

**是日** 由中央电视台、阿克苏地区行署与北京中坤投资集团联合举办的“激情广场——和谐南疆·神奇阿克苏”大型文艺演出在阿克苏市世纪广场举行。

**7月4日** 阿克苏市第二代居民身份证办理工作正式开始。

**7月12～24日** 阿克苏市兰干办事处英阿瓦提社区发生一起H5N1亚型高致病性禽流感疫情，共死亡3045只鸡。市各族干部群众协同作战，有效控制疫情，未发生人感染禽流感病例。8月10日，阿克苏市解除疫区封锁。

**7月14日** 阿克苏市代表队在全国第六届青少年电脑机器人竞赛中获3银2铜。

**7月26日** 阿克苏市红桥街道办事处获“全国和谐社区建设自主创新先进单位”称号。

**8月11日** 自治区党委、人民政府在“电视扶智”工程中，向阿克苏市低收入农牧民家庭赠送300台电视机，其中依干其乡50台、拜什吐格曼乡50台、喀拉塔勒镇65台、托普鲁克乡30台、库木巴什乡30台、阿依库勒镇65台、良种场10台。

**8月13日** 阿克苏市南城街道办事处铁热克买里社区被授予“全国学习型家庭创建示范社区”称号。

**8月15～16日** 自治区“光明行动”医疗队免费为阿克苏市41名贫困户、低保户及重点优扶对象实施白内障复明手术。

**8月21～22日** 全疆城市语言文字工作评估经验交流观摩现场会在阿克苏市召开。

**8月22～24日** 中共阿克苏市第六次代表大会在阿克苏文化艺术中心召开。会议审议通过中共阿克苏市第五届委员会工作报告和中共阿克苏市第五届纪律检查委员会工作报告。

**9月26日** 总投资258万元的大型沼气生态示范工程——沼气发电项目在阿克苏市三江养殖有限责任公司建成投产。

**10月5日** 全国政协委员、中央电视台原著名主持人、中阿友好使者陈铎先生一行到阿克苏市托普鲁克乡希望小学，为学校捐赠一批价值2万余元的电脑及学习用品。

**10月10日** 香港邵逸夫基金会向阿克苏市捐款30万元（港币），用于阿克苏市托普鲁克乡中心小学、阿依库勒镇萨依日克村小学基础设施建设。

**11 月 2 日** 阿克苏市公安局刑警大队破获 1 起新中国成立以来阿克苏市最大的假币案，涉案金额 100 万元。

**11 月 26 日** 阿克苏市西红柿首次出口俄罗斯并正式启运。

**11 月 30 日** 阿克苏市获得自治区第五届“百日文化广场”先进县市称号。

**12 月 25 日** 以全国助残先进个人吐尼沙汗·吐尔地为创作原型、由阿克苏地委宣传部和北京泽锋艺视文化传播有限公司联合摄制的电影《阿克苏的馕》完成录制，在阿克苏市世纪广场举行关机仪式。

## 2007年

**1 月 22 日** 阿克苏市委统战部获中共中央统战部授予的“全国统战系统先进集体”荣誉称号。

**2 月 6～7 日** 阿克苏市 2007 年三级干部会议在文化艺术中心召开，会议总结 2006 年工作，安排部署 2007 年工作。

**2 月 20 日** 阿克苏市依干其乡西郊无公害蔬菜基地获全国“科普惠农兴村”先进单位称号。

**2 月 27 日** 阿克苏市被国家林业局确定为全国经济林产业示范县（市）。

**2 月 28 日** 从乌鲁木齐驶往阿克苏的 5807 次列车在吐鲁番境内遭遇特大沙尘暴，第 11 节车厢被狂风刮翻，导致 4 人死亡。

**3 月 12 日** 阿克苏市正式开通林果业科技“110”便民服务热线。

**3 月 15 日** 阿克苏市决定对阿克苏红枣、核桃实施地理标志产品保护。

**4 月 1 日** 阿克苏市被自治区列为 2007 年知识产权区域试点市。

**4 月 10 日** 市公安局巡警大队、市法院民事庭两个单位被评为全国老年维权示范岗，红桥街道办事处热斯特社区、喀拉塔勒镇尤喀克沙提村分别被评为国家级、自治区级敬老模范村（社区）。

**4 月 19 日** 阿克苏至兰州的 2662 次列车正式发车。

**4 月 28 日** 《阿克苏市城市总体规划（调整）方案》获得自治区批准，阿克苏市城市建设用地由原来的 28.1 平方千米增加到 36 平方千米。

**是日** 市委、市政府决定启动第二轮《阿克苏市志》编修工作。

**5 月 2 日** 中央政治局委员、自治区党委书记王乐泉到阿克苏市依干其乡调研，察看抗震房建设、基层阵地建设情况，视察高密度红枣种植园。

**5 月 10 日** 阿克苏市工业园区科技公园奠基。科技公园占地 23 万平方米，总投资 7800 万元。

**5 月 26 日** 自治区党委副书记、兵团政委聂卫国一行到阿克苏市依干其乡依干其村、哈尼喀村红枣丰产示范基地进行调研。

**6 月 21 日** 阿克苏市南城街道火车站社区被国家环保总局评为全国绿色社区。

**7 月 9 日** 阿克苏市房产局房产交易服务中心投入使用。

**7 月 12 日** 自治区副主席钱智在地委书记朱昌杰陪同下，到阿克苏市红枣种植基地调研。

**7 月 26 日** 阿克苏市制定出台《农村居民最低生活保障制度》，对年人均纯收入不足 700 元的农村居民实行差额救助。全市有20116名农村居民享受农村低保。

**8月18日** 阿克苏市在世纪广场举办“创文明城市、做文明市民、向不文明言行告别”大型主题宣传实践活动。

**10月8日** 北京农科院产学研究基地揭牌仪式在阿克苏市工业园区新疆天海绿洲农业科技有限公司举行。

**是日** 阿克苏市城镇居民基本医疗保险启动。

**10月12日** 阿克苏市上报的维吾尔族舞蹈“却日库木麦西热甫”项目，被自治区确定为首批上报国家级非物质文化遗产保护项目。

**10月15日** 阿克苏市依干其乡红富士苹果首批出口吉尔吉斯斯坦共和国。

**11月1日** 阿克苏市福昌纸业有限公司高档彩印瓦楞纸箱生产线投产。该项目的投产，填补了阿克苏无果品包装箱自动生产线的空白。

**是日** 自治区党委副书记、自治区主席司马义·铁力瓦尔地在地市领导的陪同下到阿克苏市依干其乡调研。

**11月3日** 阿克苏市首家农民专业合作社——万发绿色（有机）蔬菜生产专业合作社成立。

**11月15日** 阿克苏市与阿拉尔市行政区域勘界确权工作全面展开。

**11月23～25日** 政协阿克苏市第七届委员会第一次会议召开。

**11月24日** 阿克苏市少数民族传统表演项目——“恰克皮来克”在全国民运会上获金奖。

**11月24～27日** 阿克苏市召开第七届人大一次会议，选举产生人大常委会主任和市政府市长。

**是月** 阿克苏市生产的“新疆天枣”红枣亩产量创大世界基尼斯之最纪录，获得上海基尼斯总部颁发的“大世界基尼斯之最”证书。

## 2008年

**1月5日** 阿克苏市连续四次获得“全国双拥模范城”称号。

**1月9日** 阿克苏市依干其乡无公害蔬菜基地和良种场无公害蔬菜协会获得“全国科普惠农兴村计划先进单位”称号。

**1月11日** 阿克苏市举行第一批国家补贴农机发放仪式，共发放补贴农机具63台（架），享受补贴农民22户。

**1月16日15时07分许** 在国道314线1070千米＋300米（农一师一团金银川火车站路口）处，发生一起交通事故，一辆新N－29780号五菱小客车由南向北行驶与一辆由东向西行驶的新N－11290号亚星大型客车相撞，造成5人死亡、5人受伤。

**1月29日** 阿克苏市利农机械有限责任公司技术人员研制开发的棉花精量播种机通过自治区科技成果鉴定现场会专家组鉴定。

**1月31日** 阿克苏市各中等职业学校开始享受国家助学金资助政策。

**2月8日** 阿克苏苹果首次进入印度尼西亚市场。

**2月15日** 阿克苏市召开三级干部会议，会议总结2007年工作，安排部署2008年工作。

**2月16日** 自治区副主席钱智一行到阿克苏市拜什吐格曼乡对果树越冬管理情况进行调研。

**2月21日** 自治区林果业冬季管理现场会在阿克苏市召开，自治区副主席钱智出席会议。与会代表深入阿克苏市拜什吐格曼乡红枣、核桃生产基地现场观摩果树安全越冬管理技术措施。

**是日** 阿克苏市在步行街举办以“2008和谐阿克苏·喜迎奥运”为主题的元宵节灯会。800余盏灯笼参展，近万名群众观看灯展。

**2月22日** “阿克苏红枣”被国家工商总局核准注册，获得地理标志证明商标。

**3月5日** 自治区政协副主席、自治区人民政府党组成员黄昌元一行对阿克苏市城镇居民参加基本医疗保险工作进行调研。

**是日** 阿克苏市旅游网站正式开通。网站全面介绍阿克苏市旅游资源、人文历史、景区景点、饭店餐饮、交通住宿等内容。

**3月28日** 阿克苏市被列为自治区2008年测土配方施肥补贴项目实施县（市）之一，获得国家直补资金100万元。

**4月1日** 阿克苏市—和田市沙漠邮路开通运营。

**4月15日** 阿克苏市被农业部确定为肉牛重点监测县。

**4月17日** 阿克苏市遭受大风、降温天气，造成经济损失2180.2万元，其中4000公顷棉花叶片受损，7333.33公顷盛花期苹果、香梨授粉受影响，63.4公顷小拱棚温室受灾，680只家禽死亡、丢失，25米围墙倒塌。

**4月22～23日** 中共中央政治局委员、自治区党委书记王乐泉一行到阿克苏市考察调研。

**4月23日** 科技部“十一五”科技支撑计划项目——“棉花高产优质高效栽培技术研究”课题在阿克苏市实施。项目试验区设在市良种场、喀拉塔勒镇以及市有害生物预警控制区域站。

**4月26日** 阿克苏市人力资源市场投入使用，总投资300余万元，占地面积330平方米。

**4月27日** 全国政协常委、自治区抗震办主任张国文一行到阿克苏市依干其乡、良种场对抗震安居工程建设情况进行调研。

**5月4～25日** 历时22天的阿克苏市基本农田核查工作结束，阿克苏市基本农田面积5.34万公顷。

**5月16日** 阿克苏市开展文物普查工作，普查范围为阿克苏市城区地上、地下不可移动文物。普查内容以调查、登记新发现的不可移动文物为重点，同时对已登记的近40处不可移动文物进行复查。

**5月20日** 自治区抗震安居现场会在阿克苏市依干其乡、良种场召开。

**6月16日** 地委书记朱昌杰到阿克苏市工业园区调研工业建设情况。

**6月20日** 阿克苏市申报的维吾尔族舞蹈“却日库木麦西热甫”项目入选第二批国家级非物质文化遗产保护名录。

**6月23日** 阿克苏市首个地源热泵住宅供暖制冷系统获自治区科技创新奖。

**7月1日** 阿克苏市启动城市公交出租汽车燃油补贴发放工作。

**7月23日** 由自治区投资90万元，在市依干其乡布隆克瑞克村兴建的大型沼气池封顶，这是阿克苏地区首个大型沼气池，规划面积91464平方米，容积150立方米，规划74户共237人。

**7月28日** 地委书记朱昌杰带领地区8县1市农业生产观摩团，参观阿克苏市拜什吐格曼乡阔库勒艾日克村三组杂交棉高产攻关示范田。该示范田是集杂交棉引进、精量播种、膜下滴灌、测土配方施肥等多项综合技术为一体的棉花高产示范田，面积6.67公顷。

**8月2～3日** 自治区特色林果业工作会议在阿克苏市召开。国家林业局党组副书记、副局长李育材出席会议。与会代表在阿克苏市观摩红枣、核桃高密种植及果品优选分级、果品加工等特色林果业发展亮点。

**8月27日** 阿克苏市提前完成新中国成立前中华民国时期档案的抢救与保护工作，累计裱糊案卷141卷8420张。

**9月23日** 阿克苏市对农村领取“独生子女父母光荣证”和“计划生育父母光荣证”人员给予一次性奖励，奖励标准由以往的2000元提高到3000元。

**9月29日** 阿克苏市在文化艺术中心组织全市各单位干部及教师代表1000余人，召开“反分裂斗争再教育、揭批暴力恐怖罪行活动”动员大会。

**10月8日** 阿克苏市依干其乡布隆科瑞克村大型沼气池点火成功，标志新疆首个农村集中供沼气工程正式建成并投入使用。

**10月21日** 阿克苏市召开阿克苏市—台湾地区代表人士招商引资推介会。

**11月17～18日** 阿克苏市获得国家森林城市称号。

**11月21日** 阿克苏市首个地质环境治理项目——阿克苏市西大桥地质环境保护治理项目通过自治区验收。

**是日** 阿克苏市英巴扎街道获得“全国和谐社区自主创新先进单位”称号。

**是日** 自治区绿化委员会、自治区林业厅和阿克苏地委、行署在乌鲁木齐市联合举行阿克苏市获国家森林城市称号新闻发布会。

**11月26日** 阿克苏市出口哈萨克斯坦共和国的80吨无公害西红柿启运。

**11月27日** 阿克苏市喀拉塔勒镇获得国家级环境优美乡镇称号。

**12月12日** 阿克苏市工业园区通过专家审查论证，晋升为自治区级园区。

**12月15日** 阿克苏市至台湾地区实现双向通邮。邮政网点正式开办两岸邮政业务。

**12月22日** 阿克苏市成立市老年人法律援助工作站。

**12月26日** 阿克苏市举行第32届全民健身冬季长跑活动。

## 2009年

**1月7日** 阿克苏市电视录转台经国家广播电影电视总局批准升级为阿克苏市广播电视台，可在原有转播上级台节目的基础上自办广播电视节目。

**1月20日** 阿克苏市新闻出版局（版权局）挂牌成立。

**1月22日** 阿克苏市被确定为国家劳动保障监察“两网化”（网格化、网络化）管理工作试点城市。

**1月25日** 阿克苏市在大十字街头举行城区迎新春社火活动，由3000人组成21个方队，表演各式彩车、彩龙、舞狮、腰鼓、旱船、秧歌、麦西热甫等节目。

**2月6日** 阿克苏市获自治区2008年度“百日文化广场活动”竞赛先进县市称号。

**2月9日** 阿克苏市首批222套廉租房竣工。

**2月15日** 阿克苏市获得“中国民营经济最佳投资县（市、区）”称号。

**2月17日** 阿克苏市街道办事处第一个社区党总支——阿克苏市新城街道办事处党总支成立。

**2月22日** 近20万套二维码耳标和3台动物防疫标识溯源设备在阿克苏市投入使用，标志着阿克苏市动物防疫标识溯源工作正式启动。

**2月25～27日** 阿克苏市委召开全委（扩大）会议，会议总结2008年工作，安排部署2009年工作。

**3月1日** 阿克苏市家电下乡活动正式启动。阿克苏市辖区农民在指定网点购买规定家电产品时，国家财政将按产品销售价格的13%直接予以补贴。

**是日** 阿克苏多浪人家休闲园景区被自治区旅游景区质量等级评定委员会批准为国家4A级旅游景区，齐曼扎休闲园被批准为国家3A级旅游景区。

**3月5日** 阿克苏市妇联被全国妇联授予“全国首批妇联基层组织建设示范市”称号。

**3月11日** 阿克苏市多浪公园等12个景点免费向游客开放。

**3月14日** 阿克苏市民政局婚姻登记处被民政部授予“全国婚姻登记规范化单位”称号。

**3月17日** 自治区粮食局调研组对阿克苏市“放心粮油”工程开展情况进行调研。

**3月26日** 阿克苏市组织全市各族干部职工，在阿塔公路两侧开展春季植树造林。

**4月11日** 阿克苏市获得“中国民营经济最佳投资县市”称号。

**4月16日** 阿克苏市阿依库勒镇遭受大风沙尘灾害，棉花受灾4960公顷，占已播种面积的95%以上。林果业受灾328公顷，果蔬受灾258.87公顷，造成直接经济损失824.25万元。

**4月16～17日** 阿克苏市遭受7级大风，5家棉花加工厂相继发生火灾，全市出动灭火人员1000余人，各种救助车辆93辆对火灾进行扑救。火灾未造成人员伤亡。

**4月20日** 阿克苏市申报的《阿克苏市可持续发展实验区建设示范》被自治区列入科技攻关项目，成为《新疆可持续发展实验区建设示范》项目之一。

**5月1～3日** 中共中央政治局委员、自治区党委书记王乐泉等一行到阿克苏市考察调研。

**5月11日** 自治区“放心粮油”现场观摩会在阿克苏市召开。

**5月15～20日** 新疆国际旅游文化美食节在阿克苏市多浪河畔开幕。

**5月19日** 自治区劳动和社会保障厅实践科学发展观调研组一行4人到阿克苏市金桥房产、新伟建筑等企业调研农民工权益保障工作。

**是日** 由20余家中央媒体的40余名记者组成的中央新闻采访团到阿克苏市，对多浪河景观改造工程现场、清清家园廉租房、解危解困房安置小区和依干其乡多浪新村、依干其乡布隆科瑞克村等地，就城市发展、廉租房建设、社会主义新农村建设等情况进行专题采访。

**5月20日** 自治区粮棉高产创建暨“多熟制”现场经验交流会在阿克苏市召开。

**5月24日** 美国林务局一行在国家林业局造林司总工程师吴坚等陪同下对阿克苏市林果病虫害的生物防治情况进行考察。

**5月25日** 阿克苏市获得“国家科技进步先进县（市）”称号。

**5月29日** 国家人口计生委委托中国人口福利基金会与美国国际整形组织在阿克苏市合作开展“幸福微笑”公益活动，对阿克苏市21名唇腭裂患儿进行免费整形手术。

**6月1日** 历时2个多月的阿克苏市非物质文化遗产普查工作结束，筛选归纳整理民间文学、音乐、舞蹈、美术、传统手工技艺、传统医药、民俗等300余件9大类39项内容。

**6月10日** 国家国防教育调研组一行到阿克苏军分区军史馆、阿克苏市双拥展厅、阿克苏市第四小学、多浪河景观带等地对阿克苏市国防教育工作进行调研。

**6月14日** 阿克苏市第二届旅游房地产交易会及汽车展在阿克苏多浪河畔开幕。

**6月20日** 自治区人大常委会执法检查与立法调研组一行，对阿克苏市贯彻《中华人民共和国传染病防治法》实施情况进行执法检查。

**7月4日** 阿克苏市对全市289个事业单位全部重新确定机构名称、隶属关系、机构规格、职责任务、内设机构、编制员额、人员结构、领导职数、经费形式（简称“九定”）。

**7月15日** 阿克苏市开展万名干部入户走访大宣讲活动。

**7月20日** 阿克苏市5623名群众向“7·5”事件无辜受害群众自发进行民族团结互助捐款40.22万元。

**7月25日** 阿克苏市首家现代化标准化无公害鸡蛋生产基地——阿克苏市康源养鸡场存栏5万羽商品蛋鸡生产基地建成。

**7月28日** 阿克苏市兰干街道被民政部授予“全国和谐邻里建设示范街道”称号。

**8月1日** 总投资825万元的阿克苏市中医院新址落户多浪河，新中医院总建筑规模3.5万平方米，为二级甲等医院。

**8月10日** 阿克苏市司法局被司法部授予“全国法律援助先进集体”称号。

**8月11日** 阿克苏市全国第三次文物普查田野遗址采集工作结束，全市共有11处被列入正式采集古遗址行列。

**8月18日** 阿克苏市建立地名数据库，对辖区所有街、路、巷、建筑物、单位、小区、居民点进行全面普查，对国道、省道、乡道地名标志，各乡、镇（场）、街道办事处的社区、村委会的行政驻地和指示设标进行复查与设定。

**8月19日** 乌鲁木齐市商业银行落户阿克苏市。

**8月22~25日** 中共中央总书记、国家主席、中央军委主席胡锦涛到阿克苏考察，参观阿克苏市良种场尤喀克乔格塔勒村，号召村民要共同建设团结和谐美好家园。

**9月5日** 阿克苏市遭受大雨、冰雹自然灾害，全市农作物受灾面积5745.83公顷，造成直接经济损失13460.89万元。

**9月18日** 由自治区人民政府主办、中央电视台农业频道协办的新疆特色林果业发展高峰论坛暨特色林果业产品洽谈会在阿克苏市文化艺术中心举行。

**10月8日** 阿克苏市民族团结宝鼎在市红桥转盘处建成。

**10月10日** 首批由农民自愿入股成立的阿克苏市“铁牛·银山”农机专业服务合作社正式挂牌成立。

**10月12日** 阿克苏市入选2009年度中国最具区域带动力中小城市百强市。

**10 月 13 日** 阿克苏市义务教育学校教师绩效工资改革工作正式启动，全市有 4000 余名教师涉及改革。

**11 月 22 日** 阿克苏市天然气长输管道工程建成通气，标志着阿克苏市将结束依靠罐车运输天然气的历史。

**11 月 30 日** 阿克苏市被中央文明委授予“全国未成年人思想道德建设先进城市”称号。

**12 月 20 日** 阿克苏市华能商贸城发生大火，大火造成商城内 9 家商铺的 21 间门面房被烧，过火面积约 1700 平方米，无人员伤亡。

## 2010年

**1 月 1 日凌晨 4 时 50 分** 阿克苏市供水管网阿瓦提路管口突然爆裂，致使全市 1/3 市民的供水中断，7 条城市道路漫水结冰。紧急施救 14 个小时后，城市供水管网全部恢复正常供水。19 时，城市道路恢复正常通行。

**1 月 19 日** 阿克苏市首次对烟花爆竹临时经营网点进行公开拍卖，有 26 家单位和个人参加竞拍，20 处经营网点全部拍卖成功，拍卖总金额 5.89 万元。

**1 月 26 日** 阿克苏市成立青少年气象科普教育基地。

**2 月 27～28 日** 阿克苏市委（扩大）会议在文化艺术中心召开，会议总结 2009 年工作，安排部署 2010 年工作。

**3 月 4 日** 阿克苏市获得“全国无公害农产品示范基地创建县（市）”称号。

**3 月 9 日** 阿克苏市第八中学被全国妇联、教育部等八部门联合授予“全国示范家长学校”称号。

**3 月 21 日** 中共中央政治局常委、国务院副总理李克强在中共中央政治局委员、自治区党委书记王乐泉陪同下，到阿克苏市依干其乡依干其村进行调研。

**3 月 28 日** 阿克苏市出现强沙尘天气，沙尘最强时能见度为 50 米。

**4 月 2 日** 总投资约 230 万元的阿克苏市党政机关、事业单位车辆“油改气”工程启动。

**4 月 10 日** 2010 年城区春季义务植树工作全面结束，全市各单位共出动 2.5 万人次、大型机械 163 台，平整土地 6.09 万平方米，植树 29.86 万株。

**4 月 14 日** 首届新疆南疆农资订货会在阿克苏市举行。疆内外 60 多家农资企业参加订货会，展出百余种产品。

**4 月 20～21 日** 自治区未成年人思想道德建设工作经验交流会在阿克苏市召开。

**4 月 26～27 日** 自治区“五五”普法工作调研组一行 8 人到阿克苏市，就“五五”普法规划实施情况进行调研。

**4 月 27 日** 阿克苏市养老统筹缴费基数实行新标准，每月最高为 2146 元，最低为 1288 元，医疗保险基数每月为 1997 元。

**5 月 5～8 日** 杭州市党政代表团到阿克苏市考察调研。

**5 月 13 日** 阿克苏市香港街商贸中心建成并正式对外营业，项目总投资 3.8 亿元，总建筑面积

23.27 万平方米，可容纳商户近 2000 户。

**5 月 17 日** 阿克苏市被命名为自治区科普示范县（市）。

**5 月 18 日** 阿克苏市国土资源违法举报电话“12336”开通。

**5 月 19 日** 阿克苏市“全民终身学习活动周”活动获教育部、中国成人教育协会授予的“成功组织奖”称号。

**5 月 20 日** 阿克苏市创业孵化基地——南疆农民综合交易市场中的粮油交易区、农产品交易区 4 万平方米场地及配套建设落成。

**是日** 阿克苏市全面启动“五七工”（20 世纪六七十年代，在自治区国有企业从事生产自救或企业辅助性岗位工作的人员）、“家属工”（20 世纪 70 年代末至 80 年代末，在自治区国有企业从事生产自救或企业辅助性岗位工作的人员）纳入基本养老统筹工作。

**6 月 12 日** 杭州市对口支援阿克苏市指挥部成立。浙江省委常委、杭州市委书记黄坤明，阿克苏地委书记黄三平、市委书记牛学兴参加揭牌仪式。

**6 月 22 日** 阿克苏市召开创先争优动员大会，阿克苏市创先争优活动全面启动。

**是日** 新疆县级广电系统第一台电视转播车落户阿克苏市。该转播车能够在大型室内外活动、新闻现场、电视栏目采访以及突发事件应急广播等各种不同场合使用。

**6 月 24 日** 阿克苏市创作的维吾尔语少儿电视节目《儿童乐园》获 2009 年度全国少儿精品发展专项资金优秀少儿电视栏目鼓励奖，并获得专项资金奖励 3 万元。

**是日** 阿克苏市英巴扎街道被评为自治区第二次全国经济普查先进集体。

**7 月 1 日** 自治区民生档案工作经验交流会在阿克苏市召开，来自全疆各地州、县市档案局的 140 多名代表观摩市社会保险管理局、新型农村合作医疗管理中心等处的民生档案规范化管理工作。

**7 月 7 日** 阿克苏市喀拉塔勒镇棉花专业协会获“全国科普惠农兴村先进单位”称号。

**7 月 8 日** 阿克苏市获得 2010 年“浙商投资（中国）最佳城市荣誉”称号。

**7 月 9 日** 阿克苏市第一个农民画培训基地在库木巴什乡挂牌，并展出农民画 100 余幅。

**7 月 15 日** 第六届阿克苏多浪·龟兹文化旅游节开幕仪式暨多浪河景观带一期改造工程竣工仪式在水韵广场举行。

**是日** 中央电视台 7 套“《乡村大世界》走进阿克苏市”文艺演出在阿克苏市多浪河畔举行。

**7 月 19 日** 全国工商联党组副书记、副主席宋北杉率调研组一行到阿克苏市，对工商联（商会）系统创建“会员之家”活动和基层组织建设等工作进行考察调研活动。

**8 月 3 日** 阿克苏市启动村级养老示范基地建设试点工作。

**8 月 19 日** 阿克苏市发生一起爆炸袭击案。依干其乡巡逻队整队时，被暴力恐怖分子袭击，造成人员伤亡。至 22 日，案犯全部被抓获归案。

**是日** 杭州市支援阿克苏市的首批试点项目——3000 公顷农业高效节水项目投入试运行。

**8 月 30 日** 浙江省委副书记、省长吕祖善一行到阿克苏市，出席杭州市试点项目——阿克苏市社会福利中心、双语幼儿园、廉租房、友谊路（杭州大道）、社区阵地建设等 5 个项目开工仪式。

**9 月 6 日** 阿克苏市委、市政府公文无纸化传输系统投入运行。

**9 月 7 日** “文化中国——海外华文媒体新疆记者团”一行 50 人到阿克苏市参观采访双语教

学工作、柯柯牙绿化工程、工业园区和多浪河景观带等。

**9月20日** 由台北自由新闻通讯社等10余家台湾媒体组成的“台北—新疆交流团”到阿克苏市依干其乡新农村示范点、多浪河景观带等地参观访问。

**10月13日** 由阿克苏市委史志办编纂的《阿克苏市年鉴（2009）》被自治区地方志编委会评为新编地方志书、年鉴优秀成果二等奖。

**10月15日** 阿克苏市首次注册三家畜牧类农民专业合作社，注册资金160余万元，主要从事以肉牛、肉羊为主的养殖、销售。

**10月26日** 由上海红十字会、中国衣恋集团和地区红十字会资助24万元在良种场新建的3个村级卫生室揭牌并投入使用。各卫生室面积100平方米，配套设施齐全。

**10月28日** 阿克苏市杭州大道（原友谊路）全线通车。工程为杭州市全额援建阿克苏市首批试点项目，总造价4198.3万元，全长2.8千米，8月13日正式动工改造。

**11月18日** 阿克苏市喀拉塔勒镇被自治区评为第三次乡村百日文体活动竞赛先进乡镇。

**是日** 阿克苏市在杭州成立驻杭州合作发展联络处，作为阿克苏市政府派出机构。

## 2011年

**1月2日** 阿克苏市全国第一次水利普查工作启动，确定普查员和普查指导员291人。

**1月20日** 阿克苏市委召开全委（扩大）会议，会议总结2010年工作，安排部署2011年工作。

**2月11日** 杭州市江干区采荷街道与阿克苏市新城街道签署友好共建协议。

**2月12日** 《阿克苏市年鉴（2009）》在全国地方志系统第二届年鉴评比活动中获得三等奖。

**2月14日** 阿克苏市首次将西北联合医院、市宝科达医院、市友好医院等民营医院纳入地、市2011年城镇基本医疗保险定点范围。

**2月21日** 阿克苏市多浪河景观改造二期工程正式启动。

**3月9日** 阿克苏市完成控规编制面积43.214平方千米，主要为阿温新区7.984平方千米，多浪新区8.24平方千米，城西新区9.07平方千米，老城区9.18平方千米，多浪河三期8.74平方千米。

**3月10日** 自治区退耕还林工作座谈会在阿克苏市召开，各地州林业系统参会人员在阿克苏市依干其乡、拜什吐格曼乡退耕还林工程示范点进行现场观摩。

**3月11日** 国务院第一次全国水利普查领导小组到阿克苏市督导检查水利普查工作的工作准备、人员培训、场地落实、前期工作开展情况。

**3月23日** 阿克苏市地方公益林区划界定通过自治区评审。此次阿克苏市地方公益林面积17.86万公顷。其中林地2843.73公顷、疏林地1694.47公顷、灌木林地65843.07公顷、灌丛地84468.73公顷、宜林地23748.2公顷。

**3月25日** 阿克苏市多浪河国家湿地公园被国家林业局批准为湿地公园。公园规划区总面积1291.4公顷，湿地面积581.13公顷，湿地率45%，规划建设期于2011～2018年分三个阶段实施。

**3月31日** 自治区首家农机超市——阿克苏合众农机超市在阿克苏市挂牌营业。

**4 月 2 日**　阿克苏市成立首个劳务派遣培训班工会委员会。

**4 月 7 日**　阿克苏市启动第一批新型工业化重点产业工人培训工作，220 名农村富余劳动力和城镇各类人员报名参加。

**4 月 20 日**　浙江杭州市规划局所属的杭州市勘测设计研究院测绘人员到阿克苏市开展援疆测绘项目工作。

**5 月 1 日**　阿克苏市首次实行城区居民家庭生活用天然气、城市营运出租汽车用天然气、城市公交车用天然气价格补贴。

**5 月 16 日**　阿克苏市被自治区纳入首批南疆三地州计划生育特殊奖励政策扩面实施县（市）。

**5 月 24 日**　阿克苏市实行国有建设用地使用权挂牌竞拍出让模式。

**是日**　阿克苏市大山多浪水泥有限责任公司被确定为自治区第二批工业经济领域循环经济试点单位。

**5 月 26 日**　阿克苏市《鼓舞塔河》节目获得第十届中国民间文艺山花奖·民间艺术表演奖金奖。

**是日**　阿克苏市成立阿克苏台州商会和浙江商会。

**5 月 27 日**　阿克苏市被中国科协命名为“2011～2015 年度全国科普示范县（市、区）”。

**5 月 30 日**　阿克苏市首个乡镇开发投资公司——喀拉塔勒镇飞翔村镇建设开发经营有限公司注册成立。

**6 月 3～4 日**　全疆基层医疗卫生机构实施国家基本药物制度工作现场会在阿克苏市召开。

**6 月 7 日**　《杭州市对口支援阿克苏市产业发展财政扶持专项资金管理办法》正式实施。

**6 月 8 日**　阿克苏市栏杆路齐曼扎风情园成立首个少数民族民间摔跤馆，摔跤馆面积 1200 平方米，可容纳观众 500 名。

**6 月 12 日**　中共中央政治局常委、中央纪委书记贺国强到阿克苏市依干其乡布隆科瑞克村调研，听取杭州市援疆指挥部关于杭州援建的安居富民工程建设情况汇报。

**是日**　自治区党委常委、纪检委书记、政法委书记符强到阿克苏市调研。

**是日**　浙江舟山市捐赠 150 万元建设希望小学捐赠仪式在阿克苏市依干其乡中心小学举行。学校将取名为阿克苏市·舟山·依干其博爱希望小学。

**6 月 14 日**　阿克苏市第一次全国水利普查清查工作完成，共确定水利工程清查对象 453 个、地下水取水井清查对象 22402 眼、灌区清查对象 3 个、河湖开发治理保护清查对象 12 个、水利行业能力建设清查对象 76 个、经济社会用水清查对象 330 个。

**6 月 22 日**　阿克苏市工业园区更名为阿克苏市经济技术开发区。

**6 月 26 日**　阿克苏市举办首届“天力杯”手工艺品、旅游纪念品大赛。

**6 月 27～29 日**　阿克苏市 816.8 公顷退耕还林地通过国家林业局退耕还林验收核查组检查验收，面积合格率、苗木保存率、建档率、管护率 100%。

**7 月 4 日**　阿克苏市第一家民办街道社区服务中心——新城街道社区服务中心注册成立。

**7 月 9 日**　阿克苏市大学生创业园揭牌。

**7 月 12 日**　阿克苏市启动农村社区建设工作，实行“一村一社区”建设模式，每个建制村设置 1 个农村社区。

**7 月 30 日**　阿克苏市南城街道托万克巴扎巴格社区阵地首次启用。该阵地由杭州市援建，项目总投资 340 万元，占地面积 1355 平方米，建筑面积 1483.11 平方米，内设一站式服务大厅、党员电教室、社区培训中心、圆桌会议室、图书阅览室、健身娱乐房等。

**8 月 1 日**　中共浙江省委常委、组织部部长蔡奇一行到阿克苏市看望慰问省、市援疆干部和专业技术人才，并召开援疆干部人才管理工作座谈会。

**8 月 4 日**　国务委员、公安部部长孟建柱到阿克苏市视察工作。

**8 月 15 日**　阿克苏市全面启动新型农村社会养老保险工作，全市参保登记的 60 周岁以上人员有 9604 人，16 ~ 59 周岁参保登记并缴费人员 57554 人。

**8 月 16 ~ 19 日**　政协阿克苏市第八届委员会第一次会议召开。会议审议通过政协阿克苏市第八届委员会提案委员会关于八届一次会议提案审查情况的报告，选举产生新一届政协主席。

**8 月 17 ~ 20 日**　第八届人民代表大会第一次会议在城区举行。会议选举产生阿克苏市人大常委会主任和市政府市长。

**9 月 3 ~ 5 日**　中共浙江省委常委、宣传部部长茅临生一行到阿克苏市，察看浙江援疆楼、杭州援建杭州大道项目和社会福利中心项目。

**9 月 7 ~ 9 日**　中共阿克苏市第七次代表大会在阿克苏文化艺术中心召开。会议审议通过中共阿克苏市第六届委员会工作报告和中共阿克苏市第六届纪律检查委员会工作报告。

**9 月 26 日**　自治区党委副书记、组织部部长韩勇一行到阿克苏市调研基层组织建设、村级阵地建设、安居富民工程情况，看望慰问全体援疆干部。

**9 月 29 日**　阿克苏市启动扶贫助学基金，首批 64 名贫困大学生受到资助，本科学生每人每年获得资助 4000 元，大专学生每人每年获得资助 3000 元。

**9 月 30 日**　南疆最大热电工程——徐矿阿克苏热电厂 2 × 20 万千瓦工程项目 1 号机组正式并网发电，项目总投资 18 亿元。

**是日**　2011 年杭州第二届休闲博览会新疆阿克苏市城市日活动启动仪式在杭州市滨江区白马湖休博会主题馆举行。

**10 月 3 ~ 5 日**　自治区党委书记张春贤到阿克苏市调研，听取基层干部群众意见和建议，看望慰问节日期间仍在工作岗位的基层干部、公安民警、“四老”人员等，表达节日问候和祝福。

**10 月 18 日**　自治区党委常委、政法委书记熊选国一行到阿克苏市调研稳定工作。

**10 月 26 日**　阿克苏市红桥街道多浪社区被评为自治区级星级社区（充分就业社区）。

**10 月 27 日**　慈善家龙凤翔女士率团到阿克苏市开展轮椅车捐赠仪式，共为残疾人捐赠价值 16 万余元的轮椅车 205 辆、现金 12250 元和一些外用药品。

**是日**　杭州市对口援建的阿克苏市社会福利中心（老年福利院）竣工验收。

**10 月 31 日至 11 月 2 日**　由中共杭州市委宣传部牵头，《杭州日报》、《都市快报》、杭州网、杭州电视台综合频道、杭州电台 FM89 频道组成的杭州主流媒体，到阿克苏市集中报道杭州对口援疆工作。

**11 月 2 日**　杭州—阿克苏党员远程教育“阿克苏党员远程教育红色新干线”正式开通。

**11 月 10 日**　国务院水利普查办一行，到阿克苏市调研水利普查工作组织实施、清查对象名录建立及录入、清查数据质量控制、取用水台账建设、取用水量等情况。

**11 月 15 日** 阿克苏市城区供水管网铺设改造工程完成。

**是日** 阿克苏市检察院控告申诉科被最高人民检察院授予全国检察机关文明接待室称号。

**11 月 28～29 日** 中共杭州市委副书记、杭州市纪委书记叶明一行到阿克苏市看望慰问杭州市全体援疆干部，参加阿克苏市“1＋4”乡镇卫生院改扩建工程暨库木巴什乡卫生院交付使用仪式、杭州市对口支援阿克苏市高级中学项目开工奠基仪式。

**12 月 22 日** 浙江省杭州市首个金融援疆项目——杭州联合银行阿克苏分行开业。

**12 月 29 日** 阿克苏市委召开七届二次市委全委（扩大）会议，会议总结 2011 年工作，安排部署 2012 年工作。

## 2012年

**1 月 8 日** 阿克苏市被自治区科技厅批准为可持续发展试验区。

**1 月 16 日** 阿克苏市开展“长治久安大宣教”活动动员会。

**2 月 14 日** 自治区“两后生”（初、高中毕业未能继续升学的贫困家庭中的富余劳动力）就业工作观摩组到阿克苏经济技术开发区实地观摩。

**2 月 25 日** 阿克苏市召开干部赴基层转变作风、服务群众、化解矛盾暨基层组织建设年活动动员大会。

**2 月 27 日** 阿克苏市连续 5 次获得“全国双拥模范城”称号。

**3 月 9 日** 阿克苏市首个车载气瓶检测站项目落户阿克苏经济技术开发区。

**3 月 20 日** 浙江·阿克苏综合商贸物流园落户阿克苏市。

**3 月 28～29 日** 人力资源和社会保障部副部长信长星一行到阿克苏市调研就业工作情况。

**4 月 11 日** 自治区政协主席艾斯海提·克里木拜一行到阿克苏市多浪小镇、多浪河景观带和依干其乡多浪新村调研。

**4 月 18 日** 阿克苏市举行首届“创业有功、劳动光荣”职业技能大赛，全市 210 名选手参加旅游、餐饮、美容美发、创业成果展览 4 个技能项目比赛，其中 10 名选手将代表阿克苏市参加地区级比赛。

**4 月 18～19 日** 国务院农村综合改革办公室副主任黄维健一行到阿克苏市调研。

**5 月 8 日** 浙江援建阿克苏地区首家国际农机产业园在阿克苏市开工建设。

**5 月 11 日** 国务院妇女儿童工作委员会副主任，全国妇联党组书记、副主席、书记处第一书记宋秀岩到阿克苏市，就妇联民生建设、妇女小额担保贴息贷款及“妇女之家”建设情况进行调研。

**5 月 18 日** 地区农牧民生殖健康项目推进会暨“和谐家庭促进项目”启动仪式在阿克苏市举行。地区、各县（市）分管人口计生工作的 100 名领导参加仪式。

**5 月 18～19 日** 自治区监察厅督察组到阿克苏市督察工程专项治理、对口援疆项目和重大民生工程建设情况。

**6 月 15 日** 阿克苏市被国家林业局确定为首批全国农民林业专业合作社示范县（市）。

**是日** 阿克苏市首家乡镇总工会——喀拉塔勒镇总工会成立。

**6 月 24 日** 阿克苏市标志性雕塑“沙漠绿洲”动工拆迁，安装在阿克苏市南工业园区。

**7 月 19 日** 全国人大常委会委员、全国人大民族委员会副主任委员周声涛到阿克苏市，对新农村建设等情况进行调研。

**7 月 23 日** 自治区副主席铁力瓦尔地·阿布都热西提对阿克苏市农村文化建设情况进行调研。

**7 月 26 日** 自治区工商联非公经济南疆东疆片工作座谈会在阿克苏市召开。

**是日** 自治区副主席艾尔肯·吐尼亚孜，自治区人力资源和社会保障厅党组书记田文一行到阿克苏市调研就业工作。

**7 月 29 ~ 30 日** 浙江省委副书记、省长夏宝龙一行到阿克苏市考察杭州对口援疆工作。

**8 月 3 日** 由新疆泰合农业科技有限公司投资建设的年产 20 万吨生物有机肥及万吨滴灌肥生产线项目开工建设。

**9 月 6 日** 2012 年新疆核桃产业发展高峰论坛在阿克苏文化艺术中心开幕。

**9 月 10 日** 在乌鲁木齐市举办的第二届中国 – 亚欧博览会上，阿克苏市签约项目 16 个，签约 101 亿元。

**9 月 22 日** 阿克苏市首届健身操大赛在世纪广场开幕。

**10 月 10 日** 中石油 4580 大化肥项目在阿克苏经济技术开发区浙江产业园（西园）举行开工奠基仪式。

**11 月 7 日** 阿克苏市民政局被中央宣传部、中央统战部、教育部、国家民委、自治区党委表彰为热爱伟大祖国建设美好家园主题教育活动先进单位。

**11 月 9 日** 阿克苏市首次举行经济适用住房公开摇号仪式。

**11 月 13 ~ 14 日** 民政部办公厅巡视员戚学森一行到阿克苏，对阿克苏市重点青少年群体服务管理和预防犯罪试点工作进行终期评估考核。

**11 月 28 ~ 29 日** 自治区党委常委、自治区常务副主席黄卫一行到阿克苏东工业园区、纺织工业城、经济开发区、市良种场等地进行调研。

**12 月 6 日** 自治区转变作风服务群众活动调研组一行到阿克苏市调研。

**12 月 21 日** 阿克苏市公共资源交易中心挂牌成立。

## 2013年

**1 月 1 日** 阿克苏市第一代居民身份证停止使用。

**1 月 7 日** 康师傅饮品（中国）有限公司投资 420 万美元（约合人民币 2772 万元），在阿克苏市特色产业园东园成立阿克苏顶津饮品有限公司，占地面积 1. 32 公顷。

**1 月 9 日** 中共阿克苏市委七届三次全委（扩大）会议在阿克苏文化艺术中心召开。地委委员、市委书记高国飞作题为《深入实施“432”发展战略，为与全国同步全面建成小康社会而努力奋斗》的工作报告。会议总结 2012 年工作，安排部署 2013 年工作。

**1 月 11 日** 阿克苏市第八届人民代表大会第三次会议开幕。会议听取审议市政府、市人大常委会、市人民法院、市人民检察院等工作报告。

**1月13日** 政协阿克苏市第八届委员会第三次会议开幕。会议表彰优秀政协委员、委员活动先进小组、优秀提案、提案承办先进单位和优秀调研课题。

**1月21日** 地委书记黄三平到阿克苏市慰问部分老党员、老干部和劳模代表。

**1月22日** 阿克苏市被商务部确定为2012年流通领域市场监管与放心肉服务体系试点城市。

**1月28日** 阿克苏市举行上海浦发银行阿克苏分行开业暨阿克苏市政府－浦发银行阿克苏分行战略合作签约仪式，浦发银行落户阿克苏。

**2月2日** 阿克苏市在文化艺术中心举办“春之声”2013年迎新春晚会，近150名演员表演节目14个，观众1300余人。

**2月6日** 阿克苏市实施农业清洁项目，项目总投资500万元（中央补助350万元），在各乡镇（场）建立16个残膜回收点和3300平方米的加工点。

**2月28日** 新疆首个河底隧道工程——阿克苏市多浪河底隧道工程获得批准立项。项目总投资2.6亿元，由钱江路隧道和西湖大道隧道两部分组成，隧道长1461.7米、宽18.8米。

**3月6日** 阿克苏贝斯特陶瓷有限公司年产3000万平方米釉面砖生产线项目落户阿克苏市经济技术开发区。

**3月12日** 阿克苏市重点民生项目——天然气综合利用工程动工建设。项目总投资2500万元，完成天然气入户1万户，新建加气站1座。

**3月22日** 自治区安委会组织全疆部分地州、县市交警管理人员在阿克苏市对摩托车、电动车集中整治情况进行现场观摩。

**3月24日** 国家计生协会调研组到阿克苏市调研农牧民生殖健康项目工作。

**4月1日** 阿克苏市正式启动人民路市场向怡和浪琴市场搬迁工作。5月23日，怡和商业创业孵化基地揭牌并投入使用。基地面积2.42公顷，总投资2278万元，集经营、仓储、餐饮为一体。

**4月6日** 总投资4.46亿元的阿克苏市城市机场候机楼五星级大酒店工程在阿克苏市水韵路南侧举行剪彩仪式。

**4月10日** 阿克苏市首个社区“大党委”——阿克苏市新城街道丽园社区委员会成立。

**4月12日** 阿克苏市首次成功移植萨福克肉羊胚胎。

**4月15日** 新疆三江实业股份有限公司生产的“永望”牌鲜猪肉，符合绿色食品A级标准，被中国绿色食品发展中心认定为国家级绿色食品A级产品，是阿克苏市畜产品品牌首次获此殊荣。

**4月28日** 阿克苏市在凤凰广场举行公共自行车交通系统启动仪式，公共自行车交通系统正式投入使用。市民缴纳200元的信用保证金和100元的消费资费，就可租用公共自行车。

**5月5日** 阿克苏市村（社区）级干部赴杭州市轮训工作开始。第一批79名基层干部启程赴杭州进行培训和挂职锻炼。

**5月10日** 阿克苏市“12358”（物价局专用举报电话）价格举报管理信息系统开通。

**5月14日** 阿克苏市喀拉塔勒镇、托普鲁克乡、阿依库勒镇遭受暴雨和冰雹灾害袭击，喀拉塔勒镇受灾面积1186公顷，经济损失602.5万元；托普鲁克乡受灾面积215.75公顷，经济损失155.5万元；阿依库勒镇受灾面积193.33公顷，经济损失156.26万元。

**5 月 16 日** 阿克苏市浙 - 阿首期“银龄行动”正式启动。

**5 月 20 日** 阿克苏市成立农村饮水安全水质检测中心。

**5 月 25 日** 国家宗教事务局三司司长马劲到阿克苏市调研民族宗教工作。

**5 月 26 日** 阿克苏市新增 40 辆公交车投入 1 路线路运营，新增公交车车身长 12 米，每车可载客 112 人。

**5 月 30 日** 位于阿克苏市文化西路的金桥地下街工程全部完工并投入使用。工程总投资 3800 万元，建筑面积 0.76 万平方米。

**6 月 26 日** 杭州市援建阿克苏市高级中学举行杭州师范大学附属阿克苏市高级中学授牌仪式。

**是日** 杭州市政府副市长陈红英带领考察组到阿克苏市考察援疆工作情况，先后到杭州市援建的兰干双语幼儿园、库木巴什卫生院、托普鲁克安居富民示范点、社会福利中心等地，了解援建项目资金投入、监管、项目使用、任务规划等情况。

**7 月 25 日** 阿克苏市首个台湾援建项目阿克苏市柯柯牙学校全面竣工。项目总建筑面积 5100 平方米，总投资 798 万元，其中台湾台塑公司援赠 150 万元，自治区补助抗震改造（更新）资金 97.2 万元，地区财政配套资金 180 万元，市财政配套资金 370.8 万元。

**7 月 26 日** 阿克苏市开展散葬烈士墓就地修缮工作。

**7 月 30 日** 文化部为阿克苏市 6 个乡（镇）场综合文化站配发公共电子阅览室电脑设备。

**8 月 3 日** 湖北省委常委、组织部部长，原阿克苏地委书记侯长安一行到阿克苏市调研。

**8 月 3 ~ 4 日** 自治区发改委经济研究院社会所所长李红带领自治区“十二五”规划中期评估调研组到阿克苏市调研《阿克苏市国民经济和社会发展第十二个五年规划纲要》中期评估工作。

**8 月 7 日** 浙江省委副书记、省长李强率浙江省党政代表团到阿克苏市，实地考察杭州援建阿克苏市社会福利中心、阿克苏市高级中学等项目，并看望慰问援疆干部。

**8 月 16 日** 自治区集中整治工作队进驻阿克苏市阿依库勒镇开展集中整治工作。

**8 月 26 日** 阿克苏市培养输送的青年运动员在第二届亚洲青年运动会上，代表中国在 2000 米障碍比赛中获得亚军。

**8 月 30 日** 阿克苏市佰玲畜禽养殖农民专业合作社和阿克苏市众志生猪养殖专业合作社入选新疆维吾尔自治区首批农民专业合作示范社。

**9 月 3 日** 在第三届中国亚欧博览会上，阿克苏市签约项目 14 个，签约金额 40 亿元。

**9 月 11 日** 国家安全监管总局职业安全健康司副司长周永平一行到阿克苏市，对有关部门和重点行业领域企事业单位的安全生产情况进行督察。

**9 月 14 日** 中华见义勇为基金会秘书长郭玉英一行到阿克苏市，慰问见义勇为英雄刘福的家属。

**10 月 23 日** 阿克苏贝斯特陶瓷有限责任公司陶瓷生产线在阿克苏市经济技术开发区建成投产，项目总投资 2 亿元。

**10 月 25 日** 阿克苏市 2013 年畅通富民农村公路建设工程全面竣工投用。

**是日** 阿克苏市重点民生建设项目——天然气综合利用工程竣工并投入使用。项目投资总额 2500 万元，入户安装天然气 1 万户，新建加气站 1 座。

**10 月 28 日** 阿克苏市新建污水再生利用水厂竣工。

**10 月 29 日**　“网络·文化·群众”新疆首届网络文化节进乡村活动在阿克苏市阿依库勒镇举行。

**是日**　阿克苏市供销社创办的阿克苏市星源果品农民专业合作社联社完成注册，成为阿克苏市第一家农民专业合作社联社。

**11 月 5 日**　阿克苏市阿克苏河防洪工程下段 6 千米河道开挖工程开工建设。

**11 月 6 日**　由阿克苏市利海养殖有限责任公司投资 2600 万元的喀拉塔勒镇工业园区大型规模化标准化良种肉羊育肥繁育基地开工建设。

**11 月 22 日**　浙江省政府副秘书长、浙江省援疆指挥部指挥长、阿克苏地委副书记徐纪平和浙江省援疆指挥部副指挥长、党委副书记、兵团第一师党委委员、副师长劳泓一行，到阿克苏市经济技术开发区调研。

**12 月 1 日**　自治区专家评审组对阿克苏市中医院按照二级甲等医院标准进行等级医院评审。

**12 月 19 日**　人力资源和社会保障部党组副书记、副部长、新疆工作协调组组长杨志明到阿克苏市，专题调研普通高校毕业生赴援疆省市的培养工作情况。

## 2014年

**1 月 7 ~ 8 日**　中国侨联慰问团一行到阿克苏市，走访慰问归侨、困难归侨侨眷。

**1 月 9 日**　以自治区发改委副巡视员焦广辉为组长的节能减排、循环经济、资源综合利用调研组一行到阿克苏市，重点勘察调研阿克苏市污水处理、垃圾填埋项目。

**1 月 27 日**　阿克苏火车站新站台建成投入使用。新建成的站台长 500 米，使用双站台设计，两个站台通过地下通道相连，改变阿克苏火车站只有露天站台的历史。

**2 月 10 ~ 11 日**　交通运输部党组书记、副部长翁孟勇率领调研组一行到阿克苏市，调研农村公路建设、农村客运、扶贫等工作情况。

**2 月 13 日**　水利部副部长、党组副书记矫勇带领水利部、自治区水利厅等部门组成的调研组到阿克苏市，调研高效节水及设施农业发展情况。

**是日**　国家经济社会发展调研组一行到阿克苏市，调研经济社会发展工作情况。

**2 月 19 日**　阿克苏市召开第七届第四次市委全委（扩大）会议，会议总结 2013 年工作，安排部署 2014 年工作。

**是日**　教育部民教中心副主任郭岩率中央新疆工作协调小组教育组一行到阿克苏市，专题调研第一次中央新疆工作座谈会召开以来阿克苏市教育工作发展情况。

**2 月 21 日**　阿克苏市被自治区授予“第 11 次百日广场文化活动竞赛活动先进县（市）”称号。

**3 月 19 日**　自治区南疆春季田管暨春耕备耕现场经验交流会在阿克苏市召开，来自南疆五地州的分管农业的领导及农业专业口负责人参加现场经验交流会。

**3 月 20 日**　国务院安委会安全生产重点工作督察组到阿克苏市，督察安全生产重点工作，召开安全生产事故警示会。

**3 月 21 日**　自治区党委副书记韩勇到阿克苏市，调研党的群众路线教育实践活动开展情况。

**4月8日** 阿克苏市地产品展示及促销会在地区体育中心开幕。阿克苏市签约2个项目，签约项目总金额864万美元。

**是日** 南疆四地州中小学校课外阳光体育和艺术展示活动启动仪式在阿克苏市举行。

**5月6日** 国家林业局党组书记、局长赵树丛到阿克苏市调研特色林果业发展情况。

**5月13日** 自治区南疆教育系统家庭教育工作会议在阿克苏市举行。

**5月26日** 国家第一测绘大队承建的南疆首座测量标志基岩点在阿克苏市落成。

**6月5日** 香港特别行政区文学艺术联合会主席、香港文联美术家协会主席、香港文联书法家协会主席、中国美术家协会会员、著名华人艺术家张孝勇一行到阿克苏文化艺术中心龟兹展厅开展书画文化交流活动。

**6月16日** 阿克苏市建成全疆首个“的士停靠站”。至8月20日，“的士停靠站”全部建设完毕并投入使用。

**6月18日** 全国工商联党组副书记、副主席黄小祥一行到阿克苏市调研工商联基层组织、商会建设情况。

**6月29日** 浙报传媒集团股份有限公司董事项宁一、浙江传媒学院党委副书记王文科、浙江大学传媒与国际文化学院副院长李杰等浙江媒体专家团一行到阿克苏市，开展第三次新闻工作业务培训。

**7月8日** 团中央书记处第一书记秦宜智一行到阿克苏市实地调研共青团工作情况。

**7月20～21日** 农业部副部长、中国农科院院长、中国科学院院士李家洋一行到阿克苏市实地调研。

**8月5日** 华疆物流园铁路专用线落户阿克苏市。

**8月12日** 全国政协常委、自治区政协常委、民盟新疆区委会主委、自治区科技厅副厅长陈旗一行到阿克苏市调研。

**9月2日** 新疆电视台《欢乐乡村》栏目组走进阿克苏市，分别在阿依库勒镇和喀拉塔勒镇录制节目。

**9月29日** 国家发展改革委价格司副司长周望军一行到阿克苏市调研2014年籽棉收购及棉花价格预测等工作。

**10月1日** 新疆首个河底隧道——阿克苏市多浪河二期河底隧道工程竣工。

**10月9日** 阿克苏市首座过街人行天桥竣工通行，该桥位于东大街东环十字。

**10月15日** 由杭州市援建的阿克苏市首个远程互动教室开始启用。

**10月16日** 首届中国·新疆特色果品交易会在阿克苏市举行。

**10月17日** 阿克苏市依干其乡获得国家级生态乡镇称号。

**10月23日** 全国总工会“送法进疆”法制宣传教育报告会在阿克苏文化艺术中心举行。

**11月7日** 国家档案局副局长段东升一行到阿克苏市检查贯彻实施《中华人民共和国档案法》情况。

**是日** 中央纪委副书记陈文清一行到阿克苏市实地调研意识形态和党风廉政建设等工作情况。

**12月8日** 自治区农田水利基本建设“天山杯”竞赛检查组到阿克苏市检查2010～2014年农田水利基本建设。

**12月22日** 阿克苏市开通与陕西省西安市、海南省异地就医及时结算业务。

# 2015年

**1月19日**　国礼画家、国家一级画师郭学忠到阿克苏市阿依库勒镇开展“大爱边疆行，心系民族团结”慰问活动，看望、慰问50名特困群众和“四老”人员。

**1月22日**　中共阿克苏市委召开七届五次全委（扩大）会议，会议总结2014年工作，安排部署2015年工作。

**3月25日**　自治区党委常委、自治区副主席艾尔肯·吐尼亚孜到阿克苏市调研职业教育工作。

**3月26日**　自治区艺术剧院歌剧团“四个一批”文化惠民演出队到阿克苏市阿依库勒镇举行“文化惠民、送戏下乡”的主题惠民演出，5000余名农牧民观看演出。

**3月31日**　阿克苏市15个重大项目集中开工仪式在阿克苏市经济技术开发区举行。项目总投资13.5亿元，涉及仓储物流、食品加工、纺织、建材等领域。

**4月3日**　新疆木卡姆艺术团到阿克苏市依干其乡尤勒滚鲁克村开展文艺惠民演出。

**4月29日**　新疆浙源农机产业科技发展有限公司和新疆阿克苏果业有限责任公司分别获得新疆国际农机产业园小企业创业基地和新疆特色林果阿克苏中小企业创业服务示范平台称号。

**6月19日**　阿克苏市通过国家卫生城市自治区级复审。

**6月20日**　全长428.493千米的阿克苏至喀什高速公路正式通车。

**6月23日**　总投资19.6亿元的阿克苏市金路广场项目一期竣工，项目位于阿克苏市塔南路与交通路交汇处。

**7月1~2日**　自治区党委副书记车俊一行到阿克苏市调研社会稳定工作。

**7月22日**　全国政协常委、自治区政协常委、民进新疆区委会主委牛汝极带领调研组到阿克苏市，就双语教育设备投入和使用情况进行实地调研。

**7月29日**　在第15届中国青少年机器人竞赛中，阿克苏市代表队取得2银1铜的好成绩。

**9月7日**　浙江省委常委、常务副省长袁家军一行到阿克苏市柯柯牙街道柯柯牙社区文化礼堂考察调研。

**9月9日**　由自治区党委宣传部配备的“流动网络大巴扎”路演车首次在阿克苏市托普鲁克乡流动巡演。

**9月27日**　中共中央政治局委员、国务院副总理刘延东及中央代表团二分团一行到阿克苏市慰问各族干部群众。

**10月13日**　中央新疆办副主任杜鹰一行到阿克苏市调研农业节水、水资源分布及可开发利用情况。

**10月14~16日**　自治区发改委督导组一行到阿克苏市实地调研棉花种植信息核查、棉花加工企业籽棉收购、政策宣传、人员培训等工作情况。

**10月16日**　自治区援疆工作重点问题调研组一行到阿克苏市，实地调研产业援疆、促进就业、人才援疆、教育和卫生援疆及“两居工程”实施等工作情况。

**10月23~27日**　阿克苏市在首届中国西部进口展暨国际投资大会上，签约企业4家、金额3.35亿元。

**10月26日** 国家民委文化宣传司与中国社会科学联合调研组一行到阿克苏市，对民族工作进行调研。

**11月25～26日** 自治区农村电子商务工作会议暨电子商务进农村示范工作现场会在阿克苏市召开。

**12月8日** 自治区劳动保障监察“两网化”管理工作现场推进会在阿克苏市举行。

**12月8～9日** 自治区党委常委哈尼巴提·沙布开一行到阿克苏市，调研卫生、人才队伍建设、公共卫生服务、抗菌药物使用等情况。

**12月9日** 自治区党的十八届五中全会和自治区党委八届十次全委（扩大）会议精神宣讲团到阿克苏市举行示范性宣讲报告会。

**12月10日** 由自治区党委政法委、新疆法学会联合组织的“双百”（百名法学家、百场报告会）法制宣讲报告会在阿克苏文化艺术中心举行。

**12月30日** 阿克苏市召开七届六次全委（扩大）会议，会议总结2015年工作，安排部署2016年工作。

## 2016年

**1月5日** 由乌鲁木齐机场起飞的中国南方航空公司REJ190型飞机CZ6859航班降落阿克苏机场，再从阿克苏机场起飞前往和田，标志着首条疆内环飞航班首航成功。

**1月19日** 以“体验冰雪激情，感受魅力白水城”为主题的阿克苏市首届冰雪文化旅游节，在阿克苏市西湖滑雪场开幕。

**1月22日** 国家发改委稽查办副司长郭文艺一行到阿克苏市调研2015年中央预算内投资项目执行情况。

**2月6日** 阿克苏市第四次被全国爱国卫生委员会命名为国家卫生城市。

**2月24日** 阿克苏市召开创建全国文明城市动员大会。

**3月18日** 阿克苏市召开撤市设区备选名称讨论座谈会，市人大代表、政协委员、老干部代表等参加会议。

**4月11日** 自治区草原总站专家组到阿克苏市检查指导草原生态保护和退牧还草项目开展情况。

**4月13日** 新疆大学重大科技需求座谈会在阿克苏市召开。

**4月19日** 阿克苏市国税局办税服务大厅24小时自助办税终端服务机正式运行，开启自助纳税服务新模式。

**5月10日** 阿克苏市实行阶梯水价。调整后的居民用水终端水价每立方米2.58元，其中供水价为每立方米1.54元，污水处理费每立方米0.95元，水资源费每立方米0.09元。

**5月11日** 由浙江省杭州市援建的阿克苏市首个社区电商服务站——兰干社区电商服务站正式投入运营。

**5月14日** 阿克苏市召开机关事业单位养老保险制度改革动员大会暨基础数据信息采集培训会议。

**5月18日** 阿克苏市在市少年宫举办首期刀郎木卡姆艺术传承人培训班，全市各乡镇30名刀郎木卡姆艺术传承人参加。

**是日** 自治区党委副书记朱海仑一行到阿克苏市调研社会稳定、经济发展、基层组织建设等工作。

**5 月 23 日** 总投资 2 亿元的新疆金正大农佳乐生态工程有限公司年产 20 万吨新型作物专用肥、10 万吨水溶肥、10 万吨功能性液体肥料项目建成投产。

**7 月 22 日** 经中共新疆维吾尔自治区委员会研究决定，马国强同志被任命为中共阿克苏地委委员、阿克苏市委书记。

**7 月 23 日** 国家林业局退耕办副主任李青松到阿克苏市调研退耕还林工作。

**8 月 2 日** 自治区林果管理质量提升工作推进会在阿克苏市依干其乡、拜什吐格曼乡、喀拉塔勒镇召开。

**8 月 9 日** 国家林业局湿地保护管理中心巡视员程良一行，到阿克苏市检查验收多浪河国家湿地公园试点建设情况。

**是日** 自治区脱贫攻坚民生改善专项行动调研组一行到阿克苏市调研扶贫攻坚工作开展情况。

**8 月 16 日** 自治区棉花目标价格改革试点督察组一行到阿克苏市调研执行政策确保棉农利益方面的情况。

**8 月 18 日** 阿克苏市天山多浪水泥有限责任公司入选工信部、国家发改委、国家质量监督检验检疫总局三部委组织开展的 2016 年度乙烯、合成氨、水泥、平板玻璃、电解铝行业能效“领跑者”企业名单，居第二位。

**9 月 2 日** 阿克苏市多浪河湿地公园通过国家林业局评审验收，正式成为国家湿地公园，也是南疆首个国家湿地公园。

**9 月 6 ~ 9 日** 政协阿克苏市第九届委员会第一次会议召开。听取和审议政协阿克苏市第八届委员会常务委员会工作报告和市政协第八届委员会常务委员会五年来提案工作情况的报告，听取和审议市委、市政府关于八届政协提案办理情况的报告。选举产生新一届政协主席。

**9 月 6 ~ 10 日** 阿克苏市第九届人民代表大会第一次会议举行。会议选举产生阿克苏市第九届人大常委会主任和市政府市长。

**9 月 28 日** 中共阿克苏市第八次代表大会召开。会议审议通过中共阿克苏市第七届委员会工作报告和中共阿克苏市第七届纪律检查委员会工作报告。

**10 月 15 ~ 17 日** 阿克苏市首届住宅博览会在阿克苏体育馆举办。阿克苏市房地产、婚庆、家电、餐饮等行业 28 家企业参展。展会期间销售商品房 1016 套，成交金额 3.5 亿元。

**10 月 17 日** 中国国际电子商务中心培训学院阿克苏教学基地授牌仪式在阿克苏市电商产业园举行。

**10 月 19 日** 自治区全民健康体检工程进展情况专项督察组到阿克苏市，督察全民健康体检工作的进度、质量及效果。

**10 月 21 ~ 22 日** 第三届新疆特色果品交易会在阿克苏国际博览中心召开。阿克苏市获第三届新疆（阿克苏）特色果品交易会“中国好果品”和包装产品大赛 5 项一等奖、5 项二等奖及 6 项三等奖。

**11 月 16 日** 阿克苏市举行不动产登记中心揭牌仪式，颁发首本“不动产权证书”，启动全市不动产统一登记工作。

**是日** 自治区、地区、阿克苏市选派的352名支教教师到阿克苏市新增的54所农村双语幼儿园开展支教工作。

**11月24日** 国道219线阿克苏市至乌什县公路改建工程全线贯通，公路全长170千米，总投资7.3亿元。公路等级为二级公路，设计时速80千米。

**12月14日** 阿克苏市各学校正式为学生提供营养午餐，72所中小学的4.48万余名农村学生享受这一惠民政策。

**12月29日** 阿克苏市启动村党组织书记及后备人选培养“托峰”计划确定260名有培养潜力的村党组织书记后备人选。

# 第一编　建置区划

阿克苏市位于新疆维吾尔自治区西南部，塔里木盆地的西北边缘，天山南麓，塔里木河上游，阿克苏河冲积扇上。1983年8月19日，国务院决定撤销阿克苏县，设阿克苏市。1984年5月，完成撤县设市工作。1990年，阿克苏市有7个乡、128个村民委员会、526个村民小组和4个街道办事处、16个居民委员会。至2016年，辖5个街道办事处、2镇4乡和2个片区管委会。

# 第一章　地理位置

## 第一节　位　置

阿克苏市北靠温宿县，南邻阿瓦提县，西与乌什、柯坪两县毗连，东与新和、沙雅两县接壤，东南部伸入塔克拉玛干沙漠，与和田地区的洛浦、策勒两县交界。地理坐标为北纬39°30′~41°27′，东经79°39′~82°01′。市城区坐落在多浪河畔，扼南、北疆交通要道，为南疆重镇。中共阿克苏地委、阿克苏地区行署、阿克苏军分区均驻市内，为阿克苏地区政治、经济、文化中心。东北距自治区首府乌鲁木齐市直线距离666千米，公路里程1010千米，铁路里程1200千米。

## 第二节　面　积

1990年，阿克苏市总面积18183.61平方千米。2004年阿拉尔市成立，阿克苏市部分土地陆续划归阿拉尔市，全市总面积14415.15平方千米（含兵团）。2016年，阿克苏市总面积13563平方千米（不含兵团），其中建成区面积53.9平方千米，沙漠面积8430平方千米，农用地面积2830平方千米，建设用地面积7073平方千米，湿地面积14.20万公顷，森林面积20.32万公顷，土地利用率26.10%。

# 第二章　行政区划和历史沿革

## 第一节　区划变更

1990年，阿克苏市辖7个乡、128个村民委员会、526个村民小组和4个街道办事处、16个居民委员会。1996年，阿克苏市喀拉塔勒乡撤乡改镇，成立喀拉塔勒镇人民政府，下辖28个行政村、101个村民小组。1998年，阿依库勒乡改为阿依库勒镇。

2004年1月19日，阿拉尔市正式挂牌，新疆生产建设兵团农一师党政机关从阿克苏市陆续搬迁至阿拉尔市，七团、八团、九团、十团、十一团、十二团、十三团、十四团、十五团、十六团归阿拉尔市管辖。2005年5月20日，托喀依乡移交新疆生产建设兵团农一师管理。2016年3月25

日，阿克苏地区蚕种场并入托普鲁克乡，新组建蚕种场村；同时，批准良种场并入依干其乡。2016年9月20日，依干其乡新组建村社区合一4个，其中农村社区2个。

2000年初，成立南城街道办事处，下辖6个居民委员会。2001年10月，阿克苏市全面启动城市社区建设。2012年2月，成立柯柯牙街道办事处（正科级）。2014年11月，成立多浪街道办事处（正科级）。2016年4月，多浪街道办事处升格为多浪片区管委会（副县级），下辖9个社区；柯柯牙街道办事处升格为红旗坡片区管委会（副县级），下辖11个社区。2016年，兰干街道办事处下辖8个社区，英巴扎街道办事处下辖6个社区，红桥街道办事处下辖7个社区，新城街道办事处下辖12个社区，南城街道办事处下辖6个社区。

2016年底，市辖5个街道办事处、2镇4乡和2个片区管委会，共有122个行政村和65个社区。

**表1－1　2016年阿克苏市行政区划表**

| 乡镇街道名称 | 数量(个) | 所辖村、社区名称 |
|---|---|---|
| 红桥街道 | 社区7 | 双拥社区、古勒巴格社区、热斯特社区、多浪社区、长安社区、托喀依买里斯社区、红桥社区 |
| 兰干街道 | 社区8 | 兰干社区、海江社区、英阿瓦提社区、朝阳社区、迎宾社区、绿苑社区、红光社区、前进社区 |
| 英巴扎街道 | 社区6 | 霍加买里社区、英买里社区、英巴扎社区、巴格其社区、晨光社区、春华社区 |
| 新城街道 | 社区12 | 建设社区、百合园社区、文化社区、兴隆社区、团结社区、健康社区、育园社区、教育社区、阿苏克社区、康居社区、晶水社区、丽园社区 |
| 南城街道 | 社区6 | 铁热克买里社区、托万克巴扎巴格社区、火车站社区、古勒阿瓦提社区、托峰社区、丽都社区 |
| 喀拉塔勒镇 | 村28 | 阔库拉村、英古勒巴格村、喀让古托格拉克村、博斯坦村、克喀克博孜其村、阿热博孜其村、托吾热其村、喀拉喀什村、托万克博孜其村、乔纳克村、托万克乔纳克村、尤喀克萨提村、萨提村、托万克萨提村、尤喀克阿勒地尔村、托万克阿勒地尔村、玛坦村、英阿克艾日克村、英买里村、却日库木村、克地木阿依玛克村、尕旺村、纳玛特村、色日克喀尔钦村、哈萨克村、吐格曼巴什村、阿热多斯库里村、多斯库里村 |
| 阿依库勒镇 | 村21 | 墩买里村、吉格代巴格村、库勒村、托万买力村、协合力村、尤卡克提根村、恰其村、阔纳巴扎村、昆其买力村、栏杆村、托万克提根村、帕依那普村、塔木巴格村、阔什艾日克村、萨依买力村、克什勒克艾日克村、阿克提坎村、塔什塔村、阿萨村、黄宫村、墩阔坦村 |
| 依干其乡 | 村21 | 英巴格村、巴格其村、喀拉木克其村、尤喀克巴里当村、阔什托格拉克村、依尔玛村、托万科巴里当村、哈尼喀村、依干其村、良种托万克乔格塔勒村、良种库木克什拉克村、良种尤喀克科克巴什村、良种托万克科克巴什村、托万克科克巴什村、尤喀克科克巴什村、尤勒滚鲁克村、布隆科瑞克村、良种尤喀克乔格塔勒村、赛克帕其村、阿苏克村、古勒巴格村 |
|  | 社区6 | 依干其村依干其社区、阿苏克栏杆村永安社区、赛克帕其村(赛克帕其)北苑社区、良种尤喀克乔格塔勒村(良种二队)柳园社区、长兴社区、绿源社区 |
| 拜什吐格曼乡 | 村26 | 科克巴什村、尤卡克兰杆村、阿热兰干村、托万克兰干村、玉素甫乎加艾日克村、尤喀克海力派艾日克村、托万克海力派艾日克村、尤卡克阿不来西艾日克村、托万克阿不来西艾日克村、尤卡克格西木艾日克村、吉勒尕博依村、托万克格西木艾日克村、阔尕西艾日克村、果勒买里村、萨依干买里村、艾尼瓦提村、欧吐拉艾日克村、阔纳艾日克村、吉格代阔坦村、拜什艾日克村、色盖艾日克村、阔库勒艾日克村、托万克英吾斯塘村、吾甫尔巴什村、尤喀克英吾斯塘村、英阿瓦提村 |
| 托普鲁克乡 | 村12 | 喀拉库勒村、喀拉央塔克村、色日克苏村、帕合特勒克村、吾斯塘博依村、木日开旦木村、硝尔村、喀什贝希村、尤喀克喀拉喀勒村、托万克喀拉喀勒村、托普鲁克村、蚕种场村 |
| 库木巴什乡 | 村14 | 巴什巴格村、巴格万村、帕来其村、阿克艾日克村、托帕克阿热里村、尤喀克卡日纳斯村、索勒尕依村、托万克喀日纳斯村、阔什艾日克村、尤卡克玉特其村、托万克玉特其村、塔尕尔其村、阿亚巴格村、阿热买里村 |

续表

| 乡镇街道名称 | 数量(个) | 所辖村、社区名称 |
| --- | --- | --- |
| 红旗坡片区管委会 | 社区 11 | 柯柯牙社区、祥云社区、库木巴扎社区、解放碑社区、苹果园社区、红旗坡社区、大榆树社区、红旗社区、萨合提社区、天山社区、林海社区 |
| 多浪片区管委会 | 社区 9 | 吾斯塘博依社区、巴格莞社区、西园社区、巴里当社区、依尔玛社区、英巴格社区、林园社区、友谊社区、努尔巴格社区 |

## 第二节 区划界线勘定

1990 年 1 月至 1991 年 1 月 30 日，阿克苏市完成市行政界线的划定和标绘图工作。

1991 年 2 月 1 日，阿克苏地区行署发出《关于印发〈阿克苏地区各县市行政区划界线〉的通知》，确定阿克苏市的行政区域界线。阿克苏市在既定边界线安设市（县）界碑（桩）34 座。1991 年上半年，阿克苏市勘定市属各乡（场）间的行政界线，并埋设界桩 18 座。同时以大十字为基点，以东西南北四条大街的中心线为界线，划出四个街道办事处的行政区域。1995 年，依据农村集体土地初始登记，勘定阿克苏市各行政村的界线，绘制村地图 128 幅，签署地区红旗坡农场、实验林场、市良种场土地权属界线确认书 152 份。

1996 年 1 月，阿克苏市政府开展兵团农一师使用国有土地确权发证工作。4 月底，各团场按照要求完成土地使用权申报工作。全师团级单位 18 个，土地 28 宗，总面积 579436.32 公顷，同时根据发展需要，申请划拨尚未利用土地 416382.88 公顷。8～10 月，阿克苏市确权领导小组拟订《农一师各团场使用阿克苏市国有土地确权意见》，初步确权面积 33.62 万公顷，同时按 1996 年各团场实际使用面积（16.33 万公顷）增划 17.27 万公顷荒地，供其发展开垦利用。1998 年 7 月，市确权领导小组会同有关团场进行多次勘测协商，拟订农一师在市辖区内使用国有土地的确权方案。1998 年 10 月，阿克苏市与柯坪县交界的 67 号界桩地区（阿克苏市行政区）的 0.57 万公顷土地调整给柯坪县启浪乡使用，并具体确定使用土地的范围界线。行政区界线只是土地使用界线，不是行政区界域。

2000 年 5 月，市确权领导小组开始与农一师 3 个农牧团场签订 9 宗土地确权协议。同年 12 月 20 日，阿克苏市对农一师 18 个农牧团场 28 宗土地的确权工作全部完成。此后，不断补充完善。2006 年初，阿克苏市建立以图管地制度，形成全市土地规划、农用地转用、土地征用、土地整理、土地执法监察等工作涉及的权属、地类和面积等数据。

2014 年 12 月，经阿克苏市和第一师六团土地资源联合调查，根据 2000 年 5 月阿克苏市人民政府、农一师六团确权协议和 2009 年全国第二次土地调查成果，确定第一师六团双城镇和阿克苏市 8 宗土地使用的四至界线。

## 第三节 历史沿革

阿克苏市自汉代以来就是中国领土不可分割的一部分。

西汉神爵二年（前 60），西汉王朝在乌垒城（今新疆轮台县境内）设立西域都护府，姑墨、温宿（今阿克苏市境是两国领域一部分）归西域都护府管辖。

三国时期，今阿克苏市境受魏西域戊己校尉管辖。西晋时期，今阿克苏市境由西晋西域长史府管辖。东晋时期由西凉管辖。

唐贞观二十二年（648），唐安西都护府移驻今库车，今阿克苏市境受其管辖。

北宋宣和五年（1123），今阿克苏市境归西辽王朝管辖。

南宋开禧二年（1206），铁木真统一蒙古各部，称成吉思汗，建立蒙古汗国，并于南宋宝庆元年（1225），将其领地分封诸子，今新疆的大部分地区为其次子察合台、三子窝阔台领地，阿克苏市境为察合台管辖。

明永乐四年（1406），明朝中央政府在哈密设卫，哈密卫是明朝政府在新疆地区设立的行政和军事机构，同时，明朝政府通过册封地方头目为王，管辖天山南北，今阿克苏市境由东察合台部管辖。

乾隆二十年（1758），清政府在阿克苏设办事大臣。光绪三年（1877），清政府在阿克苏设善后总局。光绪八年（1882）清政府在东四城（焉耆、库车、阿克苏、乌什）设阿克苏分巡兵备道（简称阿克苏道），在今阿克苏市境设温宿直隶州。光绪九年（1883）完成设置工作，温宿直隶州受阿克苏道管辖。光绪二十八年（1902）升温宿直隶州为府，今阿克苏市境由温宿府直接管辖。

民国 2 年（1913），温宿府（包括今阿克苏市、阿瓦提县）改为阿克苏县，隶属阿克苏道。民国 17 年（1928），阿克苏道改为阿克苏行政区。民国 22 年（1933），阿克苏行政区更名为第四行政区并设行政长公署。民国 32 年（1943），阿克苏行政长公署改为第四区行政督察专区公署，阿克苏县受其管辖。

1949 年 10 月，中华人民共和国成立后，阿克苏县受阿克苏区行政督察专员公署管辖。1958 年 5 月 29 日经国务院会议批准，阿克苏县与温宿县合并为阿克苏县，1962 年 10 月又恢复温宿县，阿克苏县不变。1983 年 8 月 19 日，经国务院批准，撤销阿克苏县，设立阿克苏市（县级市）。以原阿克苏县的行政区域及温宿县境内阿克苏地区红旗坡农场和实验林场的五、六队为阿克苏市的行政区域。1984 年 5 月 7 日，召开阿克苏市首届人民代表大会，成立阿克苏市人民政府，完成撤县设市工作，阿克苏市仍隶属阿克苏地区行政公署管辖。

# 第三章 街道办事处

## 第一节 红桥街道办事处

### 一 概况

阿克苏市红桥街道办事处位于阿克苏市城区西北部，辖境东以北大街及阿温公路为邻，南与西大街和英巴扎街道办事处、多浪片区管委会接壤，西至新314国道英巴格路、立交桥相连，北至新314国道阿温路立交桥及依干其乡赛克帕其村为界，整体呈扇形。总面积25平方千米。

红桥街道办事处驻阿克苏市南昌路20号。

红桥街道取名来源于辖区标志性建筑物——红桥。红桥街道辖区原为阿克苏旧城，主要街路有北大街、西大街、王三街、虹桥路等，辖区内有民族特色街——王三街，以及多浪河二期景观带。阿克苏地委、行署、阿克苏市人民医院、地区维吾尔医院等单位均驻此地。

### 二　社会事务

1990年，红桥街道有编制18名，实有18人。下辖7个居委会、29个居民小组，总人口3.1万人。辖区内党政企事业单位54个，学校3所，幼儿园3所。有党支部1个，党员12名。

2006年12月30日，红桥街道办事处获全国和谐社区建设示范街道称号。

2016年，红桥街道在编干部87人，聘用干部153人。下辖7个社区居委会，总人口43162人，其中常住人口37798人，流动人口5364人，出租房屋1883间。下辖党政企事业单位33个，有学校3所，幼儿园6所，医院2所。有直属党工委1个，党支部15个，党员426名。

## 第二节　兰干街道办事处

### 一　概况

阿克苏市兰干街道办事处位于阿克苏市城区的东北部，东至阿克苏市红旗坡片区管委会，西至北大街，南至东大街，北至柯柯牙西路。总面积约21.36平方千米。

兰干街道办事处驻阿克苏市南昌东路8号。

兰干维吾尔语意为“驿站”。兰干街道主要街路有迎宾路、英阿瓦提路、兰干路等，辖区商业区比较集中，辖区内有阿克苏世纪广场、温州路商业街、太百购物中心、天龙地下街、金龙地下街、和顺地下街、兰干路地下街等。2014年，阿克苏市推行朝阳街棚户区改造项目，朝阳家园小区建设入住1000余户。兰干街道朝阳小区内共有7个不同民族人口相互混居，实行嵌入式居住。

### 二　社会事务

1990年，兰干街道有编制24名，实有23人。下辖5个居委会、35个居民小组，总人口33019人。

2016年，兰干街道在编干部人员84人，聘用干部162人。下辖8个社区居委会，总人口28664户77772人，其中常住人口62625人，流动人口15147人，出租房屋2704套。下辖党政企事业单位67个，学校5所，幼儿园21所，医院2所，部队驻地1个。有直属党委1个，党支部18个，党员648名。

## 第三节 英巴扎街道办事处

### 一 概况

阿克苏市英巴扎街道办事处位于阿克苏城区西南部，东以南大街与新城办事处相邻，西至杭州大道，南界乌喀路与南城办事处相接，北抵西大街至红桥街道。总面积10.21平方千米。

英巴扎街道办事处驻阿克苏市杭州大道36号。

英巴扎维吾尔语意为“新市场”。英巴扎街道主要街路有南大街、杭州大道、滨河路、水韵路、晶水路等，多浪河一期景观带、多浪公园、人民市场等均在辖区。2008年，阿克苏市多浪河景观带一期主体工程完工，沿河两岸近4000户居民告别低矮破旧房屋，迁入新居。

### 二 社会事务

1990年，英巴扎街道有编制22名，实有24人。下辖3个居委会、12个居民小组，总人口31468人。辖区内党政企事业单位70个，学校7所，幼儿园10所，医院1所。有党支部4个，党员22名。

2008年11月21日，阿克苏市英巴扎街道办事处荣获全国和谐社区自主创新先进街道称号。2009年5月31日，英巴扎街道被民政部授予全国和谐社区共建共享先进单位称号。

2016年，英巴扎街道在编干部人员77人，聘用干部115人。下辖6个社区居委会，总人口19635户50831人，其中常住人口36547人，流动人口14284人，出租房屋680套。下辖党政企事业单位42个，学校2所，幼儿园19所，医院4个。有直属党委1个，党支部5个，4个“两新”组织党支部，党员498名。

## 第四节 新城街道办事处

### 一 概况

阿克苏市新城街道办事处位于阿克苏市东南部，以乌喀东路和乌喀西路为界，东至三角地，南至314国道，西至南大街，北至东大街（迎宾路）。总面积12.6平方千米。

新城街道办事处驻阿克苏市文化路12号。

新城街道辖区内商贸、物流业比较集中，全市主要的物流市场、客运站、大中院校及医疗机构均在此。主要街路有乌喀路、民主路、教育路、文化路、解放路等，辖有阿克苏华能综合市场、美家物流园、地区人民医院、阿克苏地区客运站、农一师客运站、金桥超市、东环小商品批发市场等。

### 二 社会事务

1990年，新城街道有编制22名，实有22人。下辖4个居委会，总人口45312人。辖区内有学校10所，医院3所。有党支部4个，党员5名。

2016 年，新城街道在编干部 100 人，聘用干部 210 人。下辖 12 个社区居委会，总人口 42896 户 116730 人，其中常住人口 107951 人，流动人口 8779 人，出租房屋 3674 间。下辖党政企事业单位 87 个，学校 16 所，幼儿园 41 所，医疗机构 9 个，加油站 9 个，客运站 4 家。有直属党委 7 个，党支部 33 个，党员 1116 名。

### 第五节　南城街道办事处

#### 一　概况

阿克苏市南城街道办事处位于阿克苏市城区东南部，辖区东至三角地实验林场 8 队路口，西至南大街延伸段，南至鸿沟、铁路沿线，北至乌喀路。总面积 17.7 平方千米。

南城街道办事处驻阿克苏市经三路 20 号托万克巴扎巴格社区院内。

南城街道主要街路有交通路、中原路、塔南路、解放南路等。辖区内有火车站、金土地汽车城、农哈哈农产品交易中心等，是阿克苏市铁路交通、客货集散和国家及新疆粮食、棉花储备等单位较为集中的区域。

南城街道原为新城街道办事处管辖。1999 年 8 月，从新城街道析出筹设。2000 年 5 月 18 日成立南城街道办事处，将新城街道 5 个社区划归到南城街道，受市政府直辖。

#### 二　社会事务

2000 年，南城街道有编制 19 名，实有 19 人。下辖 5 个社区居委会，总人口 33250 人。辖区内党政企事业单位 37 个，学校 4 所。有党支部 2 个，党员 10 名。

2016 年，南城街道在编干部 97 人，聘用干部 104 人。下辖 6 个社区居委会，总人口 20662 户 49405 人，其中常住人口 28931 人，流动人口 20474 人。下辖党政企事业单位 11 个，学校 3 所，医院 1 所，铁路沿线 3.24 千米，广场 1 个。有直属党委 1 个，党支部 13 个，党员 247 名。

## 第四章　镇（乡）场

### 第一节　喀拉塔勒镇

#### 一　概况

喀拉塔勒维吾尔语意为“黑树条”。喀拉塔勒镇位于阿克苏市的中南部，距市区直线距离 47.5 千米。东与阿拉尔市托喀依乡和温宿县古勒阿瓦提乡接壤，西以阿克苏新大河为界与阿瓦提县相望，南邻阿拉尔市托喀依乡，北接拜什吐格曼乡。总面积770.3平方千米。是自治区农业重点示范镇。

1990年，为喀拉塔勒乡。1996年，喀拉塔勒乡撤乡改镇，成立喀拉塔勒镇人民政府，镇人民政府驻阿热买里村。

喀拉塔勒镇地处塔里木盆地北部边缘，阿克苏河和多浪河下游，地形东、南部低，西、北部较高，平均海拔1050米。属典型大陆性荒漠气候，温差较大，多风尘，年降雨量65.3毫米。地势平坦，土质沙壤，水土资源较为丰富。灌排系统发达，水利设施基本配套。拥有干支斗等各类灌溉渠道总长300千米，建筑设施2700座，东、西两条排干渠总长36千米。自然条件好，主要农作物为棉花、小麦等。

### 二　经济发展

1990年，喀拉塔勒乡下辖28个行政村、103个村民小组，共4680户26010人。有耕地面积7186.7公顷。农村年经济总收入5835.17万元，人均年纯收入884.7元。粮食播种面积6600公顷，棉花播种面积2686.7公顷。牲畜存栏9.13万头（只），出栏6.43万头（只）。

2000年，喀拉塔勒镇下辖28个行政村、102个村民小组，共6853户32240人。有耕地面积10257公顷。农村经济总收入18524.9万元，人均纯收入2089元。粮食播种面积4133公顷，棉花播种面积7007公顷。牲畜存栏8.72万头（只），出栏9.08万头（只）。

2010年，喀拉塔勒镇下辖28个行政村、101个村民小组，共7070户37510人。有耕地面积17200公顷。农村经济总收入74145.05万元，人均纯收入7837.4元。粮食播种面积4855.47公顷，棉花播种面积11786.8公顷。牲畜存栏8.34万头（只），出栏10.2万头（只）。

2016年，喀拉塔勒镇下辖28个行政村、101个村民小组，共7623户45100人。有耕地面积21333公顷。农村经济总收入17.4亿元，人均纯收入16815元。粮食播种面积4433公顷，棉花播种面积19440公顷。林果挂果总面积11586.7公顷，果品总量12.119万吨。牲畜存栏12.1万头（只），出栏14.48万头（只）。

### 三　社会事务

1990年，喀拉塔勒乡有学校8所，乡村卫生院29个。广播电视覆盖率68%。

2008年11月27日，喀拉塔勒镇获国家级环境优美乡镇称号。

2016年，喀拉塔勒镇有学校14所，乡村卫生院29个。文化站1个，广播站1个，活动室1个，广播电视覆盖率100%。有党委1个、党支部43个，党员1435名。

## 第二节　阿依库勒镇

### 一　概况

阿依库勒维吾尔语意为“月亮湖”。阿依库勒镇位于阿克苏市西南部，距市区直线距离32千米。东临阿克苏老大河，西接柯枰县，南到阿瓦提县英艾日克乡，北以阴干山山脉的分水岭与乌什县阿合雅乡接壤，南疆铁路干线和314国道贯穿全境。面积1086.41平方千米。

1990年，为阿依库勒乡。1996年，阿依库勒乡撤乡改镇，成立阿依库勒镇人民政府，镇人民政府驻喀拉玉吉买村。

阿依库勒镇地处阿克苏老大河上游，水资源充沛，农田水利基础设施较好。阿依库勒干渠全长22千米，灌溉总面积7706.7公顷。有干、支排渠90条，总长136千米，农渠607条。农产品以小麦、棉花、玉米、油菜等为主。境内有月亮泊、黄宫湖等旅游景点。

### 二　经济发展

1990年，阿依库勒乡下辖20个行政村、100个村民小组，共5244户27874人。有耕地面积5760公顷。农村经济总收入2742.63万元，人均纯收入594.3元。粮食播种面积5606.7公顷，棉花播种面积1153.3公顷。牲畜存栏4.68万头（只），出栏4.23万头（只）。

2000年，阿依库勒镇下辖21个行政村、102个村民小组，共7092户33884人。有耕地面积6308公顷。农村经济总收入8565.7万元，人均纯收入1285.9元。粮食播种面积4493公顷，棉花播种面积2967公顷。牲畜存栏6.85万头（只），出栏6.22万头（只）。

2010年，阿依库勒镇下辖21个行政村、102个村民小组，共10547户45300人。有耕地面积4800公顷。农村经济总收入33742.7万元，人均纯收入5819元。粮食播种面积5350.07公顷，棉花播种面积5366.67公顷。牲畜存栏7.54万头（只），出栏5.19万头（只）。

2016年，阿依库勒镇下辖21个行政村、102个村民小组，共6527户56000人。有耕地面积8516公顷。农村经济总收入92150.5万元，人均纯收入6858.5元。粮食播种面积5568公顷，棉花播种面积8085公顷。牲畜存栏9.5万头（只），出栏9.87万头（只）。林果挂果总面积5800公顷，果品总量3.06万吨。

### 三　社会事务

1990年，阿依库勒镇有学校12所，乡村卫生院1个。广播电视覆盖率63%。

2016年，阿依库勒镇有小学13所，中学1所，幼儿园22所。有镇卫生院1个，村卫生院21个。有文化站1个，广播站1个，村级文艺演出队21个；文化综合活动室1个，广播电视覆盖率100%。有党委1个、党支部38个，党员1001名。

## 第三节　依干其乡

### 一　概况

依干其维吾尔语意为“马鞍匠”。依干其乡位于阿克苏市郊，属城郊乡镇。环绕阿克苏市南、北、西三面，东临市城区，西至阿克苏新大河，南接拜什吐格曼乡，北与温宿县托乎拉乡接壤，314国道和南疆铁路横穿而过。面积204.60平方千米。乡人民政府驻依干其村。

依干其乡交通便利快捷，土地肥沃，水源丰富，无霜期较长，是全市水稻、水果和蔬菜等农产品的生产基地。2009 年，全乡共发展蔬菜面积 1080 公顷，种菜专业户 890 余户，蔬菜总产量达 59.83 万吨，总产值 6539 万元，占全乡农村经济总产值的 40%，蔬菜产业在全乡人均纯收入比重达 20% 左右。畜牧业以农户和专业户饲养的家畜为主。

## 二　经济发展

1990 年，依干其乡下辖 14 个行政村、57 个村民小组，共 3246 户 15181 人。耕地面积 3173.3 公顷。农村经济总收入 2440.33 万元，人均纯收入 675.22 元。粮食播种面积 2766.7 公顷，棉花播种面积 166.7 公顷。牲畜存栏 3.37 万头（只），出栏 9.967 万头（只）。

2000 年，依干其乡下辖 16 个行政村、66 个村民小组，共 3985 户 17539 人。耕地面积 3863 公顷。农村经济总收入 9159.066 万元，人均纯收入 1906.48 元。粮食播种面积 2658 公顷，棉花播种面积 500 公顷。牲畜存栏 3.758 万头（只），出栏 11.812 万头（只）。

2010 年，依干其乡下辖 17 个行政村、68 个村民小组，共 4510 户 19824 人。耕地面积 4800 公顷。农村经济总收入 36448.9 万元，人均纯收入 7766.67 元。粮食播种面积 2646.67 公顷，棉花播种面积 560 公顷。牲畜存栏 3.57 万头（只），出栏 9.967 万头（只）。果树挂果面积 2886.67 公顷。

2016 年 3 月 25 日，经自治区民政厅批准，市良种场并入依干其乡。年末，依干其乡下辖 21 个行政村、76 个村民小组，共 4714 户 35419 人。耕地面积 8095 公顷。农村经济总收入 10.25 亿元，人均纯收入 16366 元。粮食播种面积 11932 公顷，棉花播种面积 11464 公顷。牲畜存栏 3.57 万头（只），出栏 9.967 万头（只）。林果挂果面积 4066.7 公顷。

## 三　社会事务

1990 年，依干其乡有学校 10 所，乡村卫生院（室）16 个。广播电视覆盖率 70%。

2014 年 10 月 17 日，依干其乡获国家级生态乡镇称号。

2016 年，依干其乡有学校 10 所，乡村卫生院（室）17 个。文化站 1 个，广播站 1 个，活动室 1 个，广播电视覆盖率 100%。有党委 1 个、党支部 37 个，党员 1149 名。

# 第四节　拜什吐格曼乡

## 一　概况

拜什吐格曼维吾尔语意为“五盘水磨”。拜什吐格曼乡位于阿克苏市境中部，距市区直线距离 24.8 千米。北接依干其乡，南至喀拉塔勒镇，东北与兵团第一师六团毗邻，西隔阿克苏新大河与库木巴什乡和托普鲁克乡相邻。面积 213.59 平方千米。乡人民政府驻托万克海力派艾日克村。

拜什吐格曼乡位于多浪灌区中部，引水和灌溉条件较好，多浪总干渠自北向南从中间流过。有引水干渠 4 条，支斗农渠 866 条，排水渠 17 条，是全市水稻、棉花、粮食、水果和蔬菜等农产品生产基地。

### 二　经济发展

1990 年，拜什吐格曼乡下辖 26 个行政村、90 个村民小组，共 3394 户 15972 人。耕地面积 5206 公顷。农村经济总收入 2414. 86 万元，人均纯收入 670. 1 元。粮食播种面积 4573. 3 公顷，棉花播种面积 1473. 3 公顷。牲畜存栏 5. 06 万头（只），出栏 4. 68 万头（只）。

2000 年，拜什吐格曼乡下辖 26 个行政村、90 个村民小组，共 4637 户 21281 人。耕地面积 6184 公顷。农村经济总收入 11023. 3 万元，人均纯收入 1836 元。粮食播种面积 2734 公顷，棉花播种面积 4100 公顷。牲畜存栏 6. 48 万头（只），出栏 6. 31 万头（只）。

2010 年，拜什吐格曼乡下辖 26 个行政村、90 个村民小组，共 4925 户 21068 万人。耕地面积 7562. 4 公顷。农村经济总收入 50453. 1 万元，人均纯收入 7650. 56 元。粮食播种面积 3491 公顷，棉花播种面积 6668. 2 公顷。牲畜存栏 7. 3 万头（只），出栏 3. 3 万头（只）。

2016 年，拜什吐格曼乡下辖 26 个行政村、90 个村民小组，共 5810 户 27181 万人。耕地面积 8917. 9 公顷。农村经济总收入 100080 万元，人均纯收入 16210. 57 元。粮食播种面积 4436. 7 公顷，棉花播种面积 19440 公顷。牲畜存栏 12. 1 万头（只），出栏 14. 48 万头（只）。林果挂果面积 7580 公顷。

### 三　社会事务

1990 年，拜什吐格曼乡有学校 10 所，乡村卫生院 27 个。广播电视覆盖率 67%。

2016 年，拜什吐格曼乡有学校 14 所，乡村卫生院 27 个。文化站 1 个，广播站 1 个，活动室 1 个，广播电视覆盖率 100%。有党委 1 个、党支部 36 个，党员 1188 名。

## 第五节　托普鲁克乡

### 一　概况

托普鲁克维吾尔语意为“团结、友爱”。托普鲁克乡位于阿克苏市境中部，距市区直线距离 21 千米。北接西大桥，南与库木巴什乡接壤，西临老大河与阿依库勒镇相望，东隔新大河和依干其乡相望。面积 140. 88 平方千米。乡人民政府机关驻吾斯塘博依村。

托普鲁克乡地势平坦，平均海拔 1103. 8 米。地处暖温带大陆性气候区，光照充足，热量资源丰富，昼夜温差大，平均无霜期 188 ~ 207 天，适宜于北方各种农作物生长。渠系发达，东岸大渠和托库排干渠纵贯乡境，灌溉总面积 7500 余公顷。

### 二　经济发展

1990 年，托普鲁克乡下辖 11 个行政村、59 个村民小组，共 1997 户 9527 人。耕地面积 3486. 7 公顷。农村经济总收入 2328. 57 万元，人均纯收入 833. 15 元。粮食播种面积 721 公顷，棉花播种面积 3120 公顷。牲畜存栏 3. 58 万头（只），出栏 2. 22 万头（只）。

2000 年，托普鲁克乡下辖 11 个行政村、59 个村民小组，共 3073 户 13115 人。耕地面积 4533 公顷。农村经济总收入 6556.6 万元，人均纯收入 2309.66 元。粮食播种面积 1978 公顷，棉花播种面积 2676 公顷。牲畜存栏 4.38 万头（只），出栏 2.42 万头（只）。

2010 年，托普鲁克乡下辖 11 个行政村、59 个村民小组，共 3491 户 15944 人。耕地面积 4800 公顷。农村经济总收入 23354 万元，人均纯收入 7145.19 元。粮食播种面积 2334.7 公顷，棉花播种面积 3320 公顷。牲畜存栏 5.02 万头（只），出栏 3.32 万头（只）。林果挂果总面积 4056 公顷，果品总量 1.72 万吨。

2016 年 3 月 25 日，经自治区民政厅批准，阿克苏地区蚕种场并入托普鲁克乡，新组建蚕种场村；年末，托普鲁克乡下辖 12 个行政村、63 个村民小组，共 3714 户 17329 人。耕地面积 5800 公顷。农村经济总收入 64400 万元，人均纯收入 15232.19 元。粮食播种面积 2739.6 公顷，棉花播种面积 3806.3 公顷。牲畜存栏 6.48 万头（只），出栏 5.78 万头（只）。林果挂果总面积 5007 公顷，果品总量 4.2 万吨。

### 三　社会事务

1990 年，托普鲁克乡有学校 3 所，乡村卫生院 12 个。广播电视覆盖率 62%。

2016 年，托普鲁克乡有学校 6 所，乡村卫生院 13 个。文化站 1 个，广播站 1 个，活动室 1 个，广播电视覆盖率 100%。有党委 1 个、党支部 19 个，党员 772 名。

## 第六节　库木巴什乡

### 一　概况

库木巴什维吾尔语意为“沙滩的前沿”。库木巴什乡位于阿克苏市南部，距市区直线距离 29.2 千米。北接托普鲁克乡，南至阿瓦提县拜什艾日克乡，东隔阿克苏新大河与拜什吐格曼乡和喀拉勒镇相望，西与阿克苏老大河与阿瓦提县英艾日克乡相邻。面积 121.90 平方千米。乡人民政府驻巴格万村。

库木巴什乡地处阿克苏新大河冲积平原中部，地势平坦、水土资源丰富，盛产核桃，是阿克苏市粮、棉、畜和林果的重要产区之一。

### 二　经济发展

1990 年，库木巴什乡下辖 14 个行政村、93 个村民小组，共 3089 户 15724 人。耕地面积 4000 公顷。农村经济总收入 2655.18 万元，人均纯收入 699.63 元。粮食播种面积 407.2 公顷，棉花播种面积 1273.3 公顷。牲畜存栏 3.26 万头（只），出栏 2.25 万头（只）。

2000 年，库木巴什乡下辖 14 个行政村、91 个村民小组，共 4260 户 19537 人。耕地面积 4099 公顷。农村经济总收入 5611.32 万元，人均纯收入 2309.66 元。粮食播种面积 2571 公顷，棉花播种面积 2740 公顷。牲畜存栏 3.26 万头（只），出栏 13.13 万头（只）。

2010 年，库木巴什乡下辖 14 个行政村、91 个村民小组，共 4452 户 21970 人。耕地面积 5646.8 公顷。农村经济总收入 29252 万元，人均纯收入 7104 元。粮食播种面积 3568 公顷，棉花播种面积 4690.8 公顷。牲畜存栏 5.12 万头（只），出栏 8.76 万头（只）。果品总产量 6823 吨。

2016 年，库木巴什乡下辖 14 个行政村、93 个村民小组，共 6515 户 26690 人。耕地面积 7000 公顷。农村经济总收入 7.4 亿元，人均纯收入 1.58 万元。粮食播种面积 2140 公顷，棉花播种面积 4120 公顷，核桃种植面积 4400 公顷。牲畜存栏 14.48 万头（只），出栏 13.13 万头（只）。林果挂果总面积 4213.33 公顷，果品总产量 1.37 万吨。

### 三　社会事务

1990 年，库木巴什乡有学校 2 所，乡村卫生院 15 个。广播电视覆盖率 65%。

2016 年，库木巴什乡有学校 10 所，乡村卫生院 14 个。文化站 1 个，广播站 1 个，活动室 1 个，广播电视覆盖率 100%。有党委 1 个、党支部 27 个，党员 1033 名。

## 第七节　托喀依乡

托喀依乡现位于阿拉尔市境内，东接沙雅县，西接阿瓦提县，东北与新和县相邻，北接阿克苏市喀拉塔勒镇，东南伸入塔克拉玛干沙漠与和田地区的洛浦县、策勒县相接，塔里木河横穿乡境。总面积 1255.1 平方千米，是一个点多、线长、面广的大乡。

2005 年前，托喀依乡属阿克苏市管辖，2005 年 5 月划归新疆生产建设兵团农一师阿拉尔市。乡政府位于阿塔公路 106 千米处。

托喀依乡下辖喀尔墩村、纳格热哈纳村、达利亚阿格孜村、托帕克喀其提村、海热克库都克村、亚苏克村、科克库勒村、阿尕登村。

## 第八节　良种繁育场

### 一　概况

良种繁育场（简称市良种场）位于阿克苏市南郊，距市区直线距离 4 千米。东邻多浪河，西依阿克苏新大河，南与拜什吐格曼乡毗连，北与依干其乡接壤，场境内有阿（克苏）—喀（拉塔勒）市乡公路通过。面积 20.68 平方千米。以冲积平原地形为主，北高南低，水土资源丰沛，农田水利基础设施较好，机械化作业水平较高。属暖温带干旱气候区，光照充足，热量资源丰富，昼夜温差大，无霜期 205 ~219 天。

2016 年 3 月，良种场合并至依干其乡。

### 二　经济发展

1990 年，良种场下辖 5 个行政村、12 个村民小组，共 539 户 2501 人。耕地面积 546.7 公顷。

农村经济总收入512.68万元，人均纯收入950.61元。粮食播种面积600公顷，棉花播种面积100公顷。牲畜存栏4320头（只），出栏2450头（只）。

2000年，良种场下辖5个行政村、12个村民小组，共519户2530人。耕地面积699公顷。农村经济总收入1205.3万元，人均纯收入2302.5元。粮食播种面积524公顷，棉花播种面积136公顷。牲畜存栏6066头（只），出栏4200头（只）。

2010年，阿克苏市良种场下辖5个行政村，12个村民小组，共1429户5378人。耕地面积720公顷。农村经济总收入8230万元，人均纯收入7764.6元。粮食播种面积356.7公顷，棉花播种面积242公顷。牲畜存栏8900头（只），出栏16972头（只）。林果挂果面积480公顷，果品总产量1.36万吨。

2015年，阿克苏市良种场下辖5个行政村、12个村民小组，共1692户9209人。耕地面积720公顷。农村经济总收入2.27亿元，人均纯收入15863元。粮食播种面积161.9公顷，核桃播种面积114.7公顷。牲畜存栏15370头（只），出栏22060头（只）。林果挂果面积416.22公顷，果品总产量1.182万吨。

# 第五章　片区管委会

## 第一节　红旗坡片区管委会

### 一　概况

阿克苏市红旗坡片区管委会位于阿克苏市城区东部，东邻温宿开发区、西至柯柯牙路、南至卡尔亚斯洪沟、北与温宿镇相望，属典型的城乡结合部，具有点多、线长、面广、流动人口多等特点。辖区总面积208平方千米。

红旗坡片区管委会驻东工业园区宇杭路6号。

2012年2月，阿克苏市成立柯柯牙街道办事处，下辖6个社区居委会，面积63.1平方千米，总人口39335人。2016年4月，在柯柯牙街道办事处基础上组建阿克苏市红旗坡片区管委会，将原阿克苏地区红旗坡农场所辖区域的社会事务交由阿克苏市红旗坡片区管委会管理，为市委、市政府派出机构。柯柯牙街道办事处自此不再存在。

### 二　社会事务

2016年，红旗坡片区管委会在编干部人员107人，红旗坡农场分流人员97人，聘用干部83人。下辖11个社区居委会，总人口19822户52889人，其中常住人口25388人，流动人口27501人。少数民族4544户13177人。下辖党政企事业单位121个，学校6所，医院3所。有直属党委1个，党支部18个，党员270名。

### 第二节　多浪片区管委会

#### 一　概况

多浪片区管委会距阿克苏市城区直线距离约 8 千米，东至国道 314 南线，西至阿克苏市外环路，南至阿克苏市经济技术开发区，北邻英巴格路，属城镇化进程中形成的城乡结合部。总面积 112 万平方千米。

多浪片区管委会驻英巴格社区。

2014 年 3 月，阿克苏市在英巴扎街道办事处基础上筹备组建多浪街道办事处，是年 11 月，成立多浪街道办事处，将英巴扎街道办事处 4 个社区划入多浪街道办事处，面积 11.8 平方千米，总人口 7324 户 31715 人。2016 年 4 月，在原阿克苏市多浪街道办事处基础上组建成立阿克苏市多浪片区管委会，将多浪街道 4 个社区、英巴扎街道 5 个社区划至多浪片区管委会，为市委、市政府派出机构。

#### 二　社会事务

2016 年，多浪片区管委会在编干部 58 人，聘用干部 17 人。下辖 9 个社区居委会，总人口 27655 户 89008 人，其中常住人口 11102 户 33655 人，流动人口 16553 户 55353 人。下辖党政企事业单位 13 个，学校 6 所，幼儿园 6 所，私立医院 2 所。有直属党委 1 个，党支部 11 个，党员 154 名。

## 第六章　兵团驻市单位

### 第一节　兵团第一师一团

#### 一　位置面积

兵团第一师一团地处塔里木盆地西北边缘，天山支脉喀拉铁克山南麓，沙井子垦区中部。东接阿克苏市艾西曼湖，北依胜利一渠，西南连第一师二团，南与阿瓦提县接壤，西北与柯坪县为邻。全团土地总面积 366.06 平方千米，有耕地面积 13125.5 公顷，林地面积 1133.81 公顷，园地面积 1749.08 公顷，水域面积 3710.24 公顷。团部驻地金银川镇。

#### 二　经济社会事务

1990 年，兵团第一师一团总人口 15834 人。有基层单位 38 个，其中连队 29 个，自然村 35 个。

耕地面积8620公顷。

2016年，兵团第一师一团总人口21816人，其中少数民族6693人，占总人口的30.7%。国民生产总值18.65亿元，职均收入4.8万元。下辖基层单位42个，其中农业单位22个，工副业单位8个，建筑单位1个，城镇社区管理单位7个，文教单位3个，卫生单位1个。有职工2866人。

## 第二节　兵团第一师二团

### 一　位置面积

兵团第一师二团位于天山支脉哈拉铁克山南麓的沙井子西南部，地名新井子。东北与兵团第一师一团相邻，西南与兵团第一师三团接壤，东到阿克苏市艾西曼湖，西与柯坪县启浪乡相接。海拔高度1053.52米。全团土地总面积160平方千米，其中耕地面积16666.7公顷。团部驻地新井子镇。

### 二　经济社会事务

1990年，兵团第一师二团总人口9611人。有基层单位38个，其中连队32个，自然村37个。耕地面积5853.33公顷。

2016年，兵团第一师二团总人口11942人，其中少数民族253人，占总人口的2.12%。国内生产总值168846万元，职均收入30127元。下辖47个基层单位，其中农业生产连队27个。有从业人员6289人，其中国有单位从业人员3183人，个体劳动者1776人。拥有大中型拖拉机338台。

# 第二编　自然环境与资源

阿克苏市地处欧亚大陆深处、塔里木盆地西北边缘，东南部伸入塔克拉玛干沙漠，地形呈西北高东南低，由西北向东南倾斜。属暖温带大陆性干旱气候，降水稀少，蒸发量大，无霜期较长。盐碱荒漠和沙地多，形成土地面积大、总体质量差的特点。阿克苏河由北向南流经市境西部，多浪河自温宿县入境，上游汇集众多泉水，偏西穿过阿克苏市区南下，年径流量114亿立方米，水能理论蕴藏量6.64万千瓦，地下水动储量5亿立方米。阿克苏市矿产资源丰富，已发现的矿种有17种。市境野生动物有66种，鸟纲有约200种，野生植物有497种。

# 第一章　地质地貌

## 第一节　地　质

### 一　地质演变

早震旦纪时期，新疆大部分地区被海水覆盖，阿克苏市处于塔里木河和天山河之中。

石炭纪早期，受华力西构造运动影响，地壳变动强烈，格局发生重大变化，塔北丘陵形成长条形的塔北岛（天山南麓坡前平原一带），并向西南延伸，塔里木平原复变为塔里木河。阿克苏市处于狭长的塔北岛中心线地段。早二叠纪时期，受华力西晚期构造运动影响，南天山海往南推移，阿克苏市大部处于南天山海上，南绿洲地带处于塔西海中。晚二叠时期，南天山海消失，其东部形成库车盆地，阿克苏市处于库车盆地。早三叠纪时期，库车盆地向南扩展，形成巨大的库车—满加尔盆地。

古天山经长期的侵蚀作用，形成丘陵和丘陵低地，而塔里木低地和库车盆地（塔里木盆地一带）成为一片汪洋——塔西海，市东南均深入大海中。中新世时期，新构造运动强烈，山区上升，塔里木成为统一的盆地。市地域在塔里木盆地里。至第四纪，形成与今基本相似的地理环境，北为天山，南为塔里木盆地。

### 二　地质结构

阿克苏市的大地构造整个处在库车山前抛陷区与塔东台坳及其过渡区。其北部为塔里木地台、库车山前坳陷，乌什—新和褶皱束，为中生代地层发育不全的新生代相对隆起区；西部为柯坪断隆，阿克苏拱褶皱断束前寒武纪地层出露区；市境南部和东南部的绝大部分地区为巴楚台隆塔东台坳，充填中生代沉积的新生代强烈下沉区，以及中生代地层发育不全、局部分布的新生代相对坳陷区。阿克苏市地处沙井子断裂、琼木兹杜克深断裂与却勒塔格深断裂的交汇处。

阿克苏属地台型构造，华力西晚期运动和喜马拉雅运动表现都十分显著。在地史发展过程中，阿克苏曾经历过多期构造变动和海陆变迁。

（一）塔里木运动

形成塔里木地台结晶基底的塔里木运动，发生在晚元古代晚期，使元古界地层发生区域变质，并形成紧闭的揉皱和发生断裂位移，还伴有基性岩脉侵入活动。塔里木运动使本区褶皱，上升成陆，地形差异较大。经过长期剥蚀作用，地形渐趋平缓。至晚震旦纪末期，西部地壳相对平衡，并平稳下降，浅海广阔，沉积一套厚度不大但岩性相对稳定的镁质碳酸盐岩。

（二）桐湾运动

桐湾运动使阿克苏窝形隆起和木扎尔特河隆起等两单元所在地段升幅较大，并使这两个构造初具雏形。

（三）加里东运动

桐湾运动之后，塔里木地台经历着长达1亿多年平静发展过程。加里东运动中期使塔里木地台区，在早奥陶世期间一直延续由晚寒武世以来的那种稳定的浅海环境，从而连续沉积着碳酸盐建造。中奥陶世，地壳缓慢上升，在退却中的浅海环境下陆续发育碳酸盐，含石炭泥质和泥灰质沉积；晚奥陶世，地台大部分地域上升成陆，但地形平缓，只在局部残留水域中沉积百余米厚发育一套陆源碎屑沉积，假整合于奥陶系之中。至中、晚志留世，地台区全面上升成陆。

（四）华力西运动

早期华力西运动使地台区长时期上升，直至晚石炭世才复又下降，中期运动不强烈，显示深断裂活动的存在。晚期运动在塔里木地台北缘表现强烈，褶皱变动明显，形成一系列平缓的向斜和紧闭的背斜褶皱，并伴有断裂活动。华力西运动使地台上升成陆，并由此基本结束本区海的历史。

（五）印支运动、燕山运动和喜马拉雅运动

塔里木地台在印支、燕山期表现为上升，喜马拉雅期则表现下降运动。其西北部的柯坪断隆区，从三叠纪开始一直处在较强烈上升状态。更新世以后的新构造运动表现为较强烈的断裂活动。这些活动性的断裂主要分布在天山山前一线和柯坪断隆的南北两侧及山间盆地的边缘地带，它是本区地震发生主要根源。

## 三　地层

在沙井子至市境以东一线，从南天山褶皱带边缘至塔里木河南岸，整个区域内中、新生界发育完整，古生界以下仅在北部出露，乌喀公路阿克苏段以南全被第四系覆盖，为风积、洪积、冲积砂渍、盐渍化砂质黏土、漂砾淤泥层。在多浪河下游，和田河与和田河旧河床注入塔里木河前一带地段为洪积、冲积砂质黏土、漂砾层。二叠系仅见有上统出露于本区北部，主要是河流沼泽相沉积。三叠系中、下统主要是干旱气候下的河流相粗碎屑沉积夹沼泽相泥岩；中统和上统是河流相和沼泽相的交互沉积。

## 四　工程地质

根据地质岩性的构成及地貌，阿克苏市境可分为4个工程地质区。

（一）冲洪积平原工程地质区

即古木别孜山山前冲洪积平原与西部黑山（喀拉提克山）山前冲洪积平原。根据岩性又可分为3个亚区。

1. *砂卵砾石松软岩石地基亚区*

分布于乌—喀公路以北，地面向南倾斜，这个亚区由上更新统卵石、砂砾石构成，较密实，潜水位20～100米，属第二类松软岩石。

2. 砂砾石松软岩石地基亚区

分布于阿克苏河西黑山山前冲洪积平原，地形平坦，向南倾，坡度 0.01 左右，没有切割，下伏第三系埋藏浅，水位埋深 3 ~ 13 米，山前浅，平原边缘深。由上更新统洪积砾石构成，为第二类松软岩石，密实度比亚区差。本亚区为地震烈度活动区，需充分考虑防震，裂度Ⅷ级以上。

3. 黄土状土及一般黏性土松软岩石地基亚区

分布于乌—喀公路至温宿县青年农场一线，地形平坦，向东南倾斜，地面坡度 0.0034，南北向河谷，切割深 4 米，潜水位埋深 2 ~ 20 米，东部局部地段有自流水，植被发育，多已开垦，由黄土状土及砂砾土、黏砂土夹薄层砂组成，为黄土状及一般黏性土松软地基。

（二）淤泥质土粉砂质土松软地基亚区

分布于古木别孜山山前冲洪积平原南半部，地形平坦，地面坡度 0.0017 ~ 0.002，切割深 2 ~ 3 米，地表强烈盐渍化，有 0.03 ~ 0.1 米厚的盐结壳，植被稀疏，并有零星的固定灌木沙丘，岩性为灰色淤泥质砂黏土，粉砂夹细砂层，8 ~ 13 米以下埋藏青灰色淤泥，潜水位 2 ~ 5 米，为淤泥质松软地基。

（三）冲积平原工程地质区

包括阿克苏河冲积平原，3 河（喀什噶尔河、叶尔羌河与和田河）下游冲积平原及塔里木河湖冲积平原，分 3 个亚区。

1. 卵砾石松软岩石地基亚区

阿克苏河冲积平原库木巴什乡以北地区，地形平坦，河网发育，1 ~ 2 级阶地比高分别为 2 ~ 4 米，水量丰富，由卵石、砾石组成。

2. 一般黏性土松软岩石地基亚区

分布于库木巴什乡以南的阿克苏河冲积平原，地形平坦，2 级阶地、1 级阶地比高 2 ~ 4 米，2 级阶地 6 ~ 8 米，北面高差大，向南减少。植被发育，潜水位埋深 2 ~ 3 米。组成岩性，上部为黏砂土—砂黏土，下部为砾砂—细砂。工程地质岩性分组属一般黏性土松软岩石及第一类松软岩石。

3. 均匀细砂松软地基亚区

分布于 3 河下游冲积平原及塔里木河冲积平原，地形更加平坦，植被较发育，有半固定灌丛沙丘，沙丘较高大，地下水位 6 ~ 7 米，水质差，地表有灰色黏砂土，厚仅 1 米，下为厚层均匀细砂。塔里木河西岸最上部为细砂、粉砂与黏性土互层，属第一类松软岩石地基。

（四）沙漠工程地质区

位于本区最南之塔克拉玛干沙漠，不能进行工程建筑。

阿克苏市城区最大冻土深度 0.8 米，工程地质以市区卡坡为界，可分为西城区和东城区两部分。

1. 西城区（老城区）

位于卡坡以下，以河流冲积为主，为冲积平原工程地质区，卵砾石松软岩石地基亚区。这里地势平坦，河道网发育。1 ~ 2 级阶地，比高分别为 2 ~ 5 米。潜水位深 1.5 ~ 2 米，丰枯季节相差 0.8 米。地层在垂直分布上，上部为细颗粒沉积物，包括黏土、砂质黏土、砂壤土、粉砂、细砂和小面积淤泥质黏土、人工堆积物等。一般厚度为 0.4 ~ 2 米。下部为砂卵石、砾石，磨圆度好，分选中等。在水平分布上，东部土层厚，向西土层渐薄，岩性分布不稳定。整个地形北高南低，沉积物东部颗粒极细，基本以粉质黏土为主，向西粉质黏土逐渐减薄。砂卵石层埋深是东深西浅。壤土承载力为 13 ~ 14 吨/平方米。

2. 东城区（新城区）

位于卡坡以上，为冲洪积平原工程地质区的黄土状土及一般黏性土松软岩石地基亚区。地层岩性依次为：黏土、粉砂黏土、砂质黏土、中细砂、粗砂等。砂卵石层埋深大，潜水位埋深主要受岩性和高度控制。一般潜水贮藏在粗砂中，粗砂埋藏浅，潜水位则浅，反之则深。10 米以内为砂壤土和黏土层覆盖，洪沟周围和沿河谷地一线有孔洞，地下水位一般在 8 ~ 12 米，承载力 12 ~ 13 吨/平方米。

## 第二节　地　貌

阿克苏市地形呈西北高东南低。西北部阴干山山区，属干燥地貌。海拔 1200 ~ 1410 米。山岭由古生代的石灰岩、砂岩和泥板岩等组成，其上覆有中生代的第三纪砂岩、砂砾岩。山地非常干燥，坡面岩石裸露，稀疏地生长一些荒漠类型的植被。

阿克苏市境以冲积平原和沙漠为主，西北部的阴干山山区面积仅占 4.6%。根据基本形态分为 5 个类型。

### 一　山区地貌

处阴干山山区，在低山干旱荒漠气候条件控制下，基缘裸露，植被稀疏，机械风化作用强烈，除个别矿点外均无法利用。

### 二　山前洪积倾斜平原地貌

阴干山至国道 314 线一带，因受洪水冲积形成的洪积扇，洪积裙带地貌，组成山前洪积平原，旱生植被生长稀疏。

### 三　河流冲积平原地貌

阿克苏河水量稳定丰富，河道进入平原以后，坡降变缓，河流挟带的泥沙沉积成阿克苏河冲积平原，是阿克苏市主要的农业区和土地待开发区。

### 四　风沙地貌

阿克苏市东南部是塔克拉玛干沙漠北缘，由于气流对疏松地表的剥蚀和搬运堆积，形成各种形状的大小沙丘，呈现大面积的风沙地貌，沙丘连绵。

### 五　绿洲地貌

在阿克苏河和塔里木河两岸，各族劳动人民经过挖渠引水，植树造田，形成广大的绿洲农业区。区内渠网密布，村落相连，绿树成荫，阡陌纵横，道路四通八达，是阿克苏各族人民生活和工农业生产基地。

# 第二章 气候物候

## 第一节 气候类型

阿克苏市北靠天山汗腾格里峰，东望塔里木河，西界天山山地，南邻塔里木盆地。海拔高度1105.3米。阿克苏市因地处欧亚大陆深处，远离海洋，具有典型的暖温带大陆性干旱型气候特征：降水稀少，蒸发量大，气候干燥，无霜期长达190～219天，年平均太阳总辐射量为130～141千卡/平方厘米，年日照时数2855～2967小时，年均气温7.9℃～11.7℃，平均降雨量44.6～75.4毫米，年蒸发量1980～2602毫米，年均风速1.7～2.4米/秒。春季干旱多大风，伴有浮尘沙尘暴天气，夏季多阵性雷雨天气，局地有暴雨、冰雹等局地性强对流天气，秋季天气情况较好，降雨天气明显减少，气温适宜，冬季相对温暖。

## 第二节 四　季

### 一　四季划分

春夏秋冬四季划分，一般按照太阳对地球的照射角度把公历12、1、2三个月称为冬，3、4、5三个月称为春，6、7、8三个月称为夏，9、10、11三个月称为秋。气象上的划分考虑到不同年份的气温差异，以候（5天）平均温度稳定跨越0℃、20℃划分作为春、夏、秋、冬的开始。即候平均气温<0℃为冬（一般5天1候，每月6候），≥20℃为夏，0℃～20℃为春、秋季。

### 二　四季时间表

阿克苏市四季长短比较均匀，其中春、夏季基本相等，冬季略长，秋季最短。

**表2-1　1990～2016年阿克苏市四季平均开始日期和长度**

| 项目 | 春季 | | 夏季 | | 秋季 | | 冬季 | |
|---|---|---|---|---|---|---|---|---|
| | 开始 | 长度 | 开始 | 长度 | 开始 | 长度 | 开始 | 长度 |
| | 日/月 | 天 | 日/月 | 天 | 日/月 | 天 | 日/月 | 天 |
| 阿克苏 | 26/2 | 94 | 30/5 | 95 | 2/9 | 79 | 21/11 | 98 |

### 三　四季特点

阿克苏市四季分明，春季天气变化较为复杂。习惯上以3～5月为春季，6～8月为夏季，9～11月为秋季，12～2月为冬季。四季气候特点如下。

（一）春季

气温回升快，但升温不稳定，天气多变，多大风，冷空气活动频繁，常出现春寒或倒春寒天气。一般于 2 月底至 3 月初开春，平均气温为 13℃～14℃，降水量仅次于夏季，占全年总降水量的 20%。多风沙、浮尘天气，能见度较差，春季平均浮尘日数 32 天，占全年浮尘天气的三分之二；局地性暴雨和冰雹等灾害性天气也时有发生。3 月上中旬土壤化冻，2 月底至 3 月下旬为泛浆期，重霜冻 3 月下旬结束，轻霜冻 4 月上旬基本结束。

（二）夏季

气温高而稳定、降水多、日照长、蒸发量大，阵性风雨天气频繁。夏季各月气温为 22℃～25℃，≥35℃高温日数平均为 5 天，极端最高气温可达 40℃。总降水量一般 25～60 毫米，历年平均降水量 22.8 毫米，占全年降水量的 60% 左右。夏季易发生暴雨、冰雹等强对流灾害性天气，其特点是历时短、来势猛、相对强度大、局地性强。

（三）秋季

秋高气爽，降温比较快，有“一阵秋雨一阵寒”之说。入秋后，大风、暴雨、冰雹等灾害性天气逐渐减少乃至终止，晴好天气较多，降雨少。阿克苏市秋季平均降水量 9 毫米，占全年总降水量的 12%；10 月中旬出现轻霜，下旬出现重霜。

（四）冬季

比较寒冷，晴天多，风速小，大风罕见，平均风速 1 米/秒左右。阿克苏市入冬期一般在 11 月 18～30 日，各月平均气温为 -2.2℃～-7.8℃，最低气温为 -15℃～-20℃，霜冻日数 50～70 天。阿克苏市冬季降雪少，降雪日数一般 10～25 天，降雪量占全年总降水量的 8%。

## 第三节　日照辐射

### 一　日照

阿克苏市年最大日照时数是 1995 年的 3136.6 小时，年最小日照时数是 2008 年的 2505.1 小时。

**表 2-2　1990～2016 年阿克苏市各月平均日照时数和日照百分率**

| 月份 | 1月 | 2月 | 3月 | 4月 | 5月 | 6月 | 7月 | 8月 | 9月 | 10月 | 11月 | 12月 | 全年 |
|---|---|---|---|---|---|---|---|---|---|---|---|---|---|
| 日照时数（小时） | 189.3 | 186.3 | 205.9 | 222.8 | 265.4 | 291.3 | 306.0 | 283.0 | 285.9 | 251.3 | 209.5 | 187.6 | 2857.6 |
| 日照百分率（%） | 64 | 62 | 56 | 56 | 60 | 65 | 67 | 67 | 69 | 74 | 72 | 66 | 65 |

阿克苏市全年日照时数夏季较多，春、秋次之，冬季较少。全市日照百分率最高值多出现在秋高气爽的季节，平均在 70% 以上，主要因为秋季大气透明度好，晴天多，风沙天气少。春季日照百分率较低。

## 二　辐射

阿克苏市太阳总辐射量夏季较多，春、秋次之，冬季较少。

**表 2－3　1990～2016 年阿克苏市月平均太阳总辐射量**

单位：千卡/平方厘米

| 月份 | 1月 | 2月 | 3月 | 4月 | 5月 | 6月 | 7月 | 8月 | 9月 | 10月 | 11月 | 12月 | 全年 |
|---|---|---|---|---|---|---|---|---|---|---|---|---|---|
| 总辐射量 | 5.9 | 6.9 | 9.8 | 12.0 | 15.3 | 16.5 | 16.7 | 14.9 | 11.2 | 9.3 | 6.5 | 5.4 | 130.4 |

# 第四节　气温气压

## 一　气温

（一）气温年变化

阿克苏市年平均气温为 10℃～11℃，年际变化不大，最暖年份为 11.7℃，最冷为 9.4℃，冷暖年最大相差 2.3℃左右。年平均最高气温为 2009 年的 19.2℃。

20 世纪 90 年代，年平均气温为 10.6℃，较历年偏高 0.3℃。受全球气候变暖的影响，阿克苏市气温也明显上升，2012～2016 年，年平均气温为 11.3℃，较 90 年代增长 0.7℃，较历年增长 1℃。冬季气温增长尤为明显，自 1997 年以来，阿克苏市已经连续 20 年气温偏高。

（二）气温月变化

气温月变化明显，全年气温成单峰型，一年之中 7 月最热，月平均气温为 20.7℃～25.4℃。1 月最冷，月平均气温暖年大约为－5℃～－7℃，冷年为－9℃～－12℃。20 世纪 90 年代以来受气候变暖带来的影响，1～11 月平均气温均突破历史极大值。

**表 2－4　1990～2006 年阿克苏市突破月平均气温极大值一览表**

| 月份 | 1月 | 2月 | 3月 | 4月 | 5月 | 6月 | 7月 | 8月 | 9月 | 10月 | 11月 |
|---|---|---|---|---|---|---|---|---|---|---|---|
| 月气温（℃） | －5.0 | 0.8 | 9.2 | 16.9 | 21.3 | 24.7 | 25.4 | 25.0 | 20.2 | 14.0 | 5.0 |
| 突破年份 | 1997 | 1998 | 2005 | 2004 | 2001 | 2005 | 1994 | 2002 | 2005 | 2006 | 2006 |

（三）气温日变化

阿克苏市因属大陆性干旱型气候特征，气温日变化显著，昼夜温差较大，有“早穿皮袄午穿纱”之说。一天中最低气温一般出现在清晨，最高气温一般出现在午后。

阿克苏市平均日较差为 10℃～16℃，年日较差为 13℃～14℃。一年中平均日较差以秋季最大，冬季最小。各月最大日较差为 18℃～21℃。

（四）最高、最低气温

阿克苏市日最高气温≥20℃日数 172～204 天，≥25℃日数 120～150 天，≥35℃高温日数平均为5天；全年平均最高气温为16.4℃~19.0℃，7月平均最高气温为29.1℃~33.8℃，极端最高气温达40.7℃。

最低气温≤0℃日数130~147天，≤-5℃日数72~105天，≤-10℃日数40~60天。年平均最低气温为3.0℃~5.1℃，1月平均最低气温一般为-11℃~-14℃；极端最低气温-27.6℃。1990年以来最高、最低气温没能突破历史极值，2015年7月18日出现的日最高气温39.7℃，居历史第二位；日最低气温为2003年的-20.2℃，居历史第三位。

## 二　积温

阿克苏市光热条件较好，热量资源丰富。全年≥10℃界限积温达3900℃~4100℃，≥15℃界限积温达3300℃~3500℃，≥20℃界限积温达2300℃~2500℃，适合棉花等喜温农作物的生长。1991年以来，随着气温的升高，各界限积温都有所增加，其中≥20℃界限积温尤为明显。

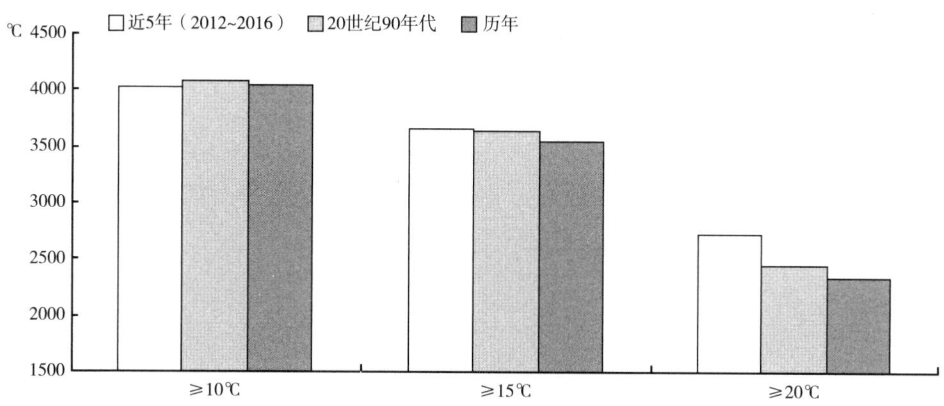


**图2-1　阿克苏近年来界限积温变化**

## 三　无霜期

阿克苏市无霜期较长，一般在190~215天，历年平均无霜期为200天。无霜期最长可达242天，最短160天。由于无霜期较长，热量丰富，昼夜温差大，因此能够满足棉花、水稻、瓜果蔬菜等各种作物生长的气候条件。

轻霜初日变化幅度较大，一般在9月下旬到10月中下旬之间，历年平均轻霜初日在10月11日，2000年以后初霜日均较历年偏晚。重初霜出现日期变化幅度较小，一般在10月20~30日，历年平均重霜初日在10月23日，20世纪90年代以来大部分年份重初霜晚于历年平均日期。

## 四　土壤温度

### （一）地面温度

阿克苏市地面平均温度12.0℃~14.3℃，比气温高3℃左右，一年之中12月至次年2月地面平均温度低于0℃，1月一般在-6℃~-8℃，冷年达到-10℃左右；夏季地面平均温度在27℃以上，

7 月在 30℃ ~33℃。

阿克苏市地面极端最高温度 71.0℃，出现在 1998 年 7 月 8 日；极端最低 -27.4℃，出现在 1995 年 1 月 12 日。

（二）冻土

阿克苏市平均封冻日期一般在 11 月底至 12 月初，最早 11 月 10 日，最晚 12 月 21 日。冻土层深度一般在 40 ~60 厘米，最深可达 1 米以上。开春后土层开始解冻，解冻日期南部早、北部晚，本市 10 厘米土层解冻日期在 3 月 7 ~20 日，平均在 3 月 11 日。阿克苏市冻土深度最大出现在 2011 年 2 月 7 日，达到 99 厘米。

### 五　气压

阿克苏市一年之中，秋冬季比春夏季气压高。一天中，气压有一个最高值、一个最低值，分别出现在 9 ~10 时和 15 ~16 时，还有一个次高值和一个次低值，分别出现在 21 ~22 时和 3 ~4 时。气压日变化幅度较小，一般为 0.1 ~0.4 千帕，并随纬度增高而减小。阿克苏市气象局的海拔高度为 1108.1 米，历年气压年平均值变化范围不大，一般为 890.2 ~891.6 百帕。近 5 年内的气压极端最大值 916.5 百帕，出现在 2014 年 12 月 5 日；气压极端最小值 870.7 百帕，出现在 2013 年 6 月 12 日。

## 第五节　降水蒸发

### 一　降水

（一）年降水量

阿克苏市年降水量一般在 60 ~80 毫米，历年平均为 74.5 毫米，但年际变化很大，年最大降水量达 186.2 毫米，最小降水量仅 18.7 毫米，降水量相差 10 倍。20 世纪 90 年代后，阿克苏市进入一个多降水时段，除 1999 年和 2006 年与历年持平外，其余年份年降水量均偏多，其中 1996 年、2002 年和 2003 年 3 年降水量均超过 100 毫米。

（二）降水量月季分布

阿克苏降水量月变化也比较显著，主要降雨时段集中在 5 ~9 月，占全年降水量的 70% ~80%；11 月降水量最少，平均月降水量仅 0.5 毫米。1990 年后，各月降水量都有所增加，5 ~9 月降水量所占比例有所下降，占全年的 60% ~70%。1996 年仅 7 月全月降水量就达到 72.4 毫米。历史月降水量最大 93.2 毫米，出现在 2013 年 6 月。

一年四季中，夏季（6 ~8 月）降水最多，占全年总降水量的 60% 左右；春季（3 ~5 月）次之，占全年的 20%；秋季和冬季各占 12% 和 8%。20 世纪 90 年代，阿克苏市春季和平均降水量较历年分别增加 25% 和 75%。夏、秋季增长 10%。近 5 年，春季和秋季降水量分别为 26.7 毫米和 24.9 毫米，较历年增长 70% 和 180%。

（三）日雨量

阿克苏市全年≥0.1 毫米降水日数平均为 36 天，≥2.0 毫米为 9.3 天，≥5.0 毫米为 3.8 天。

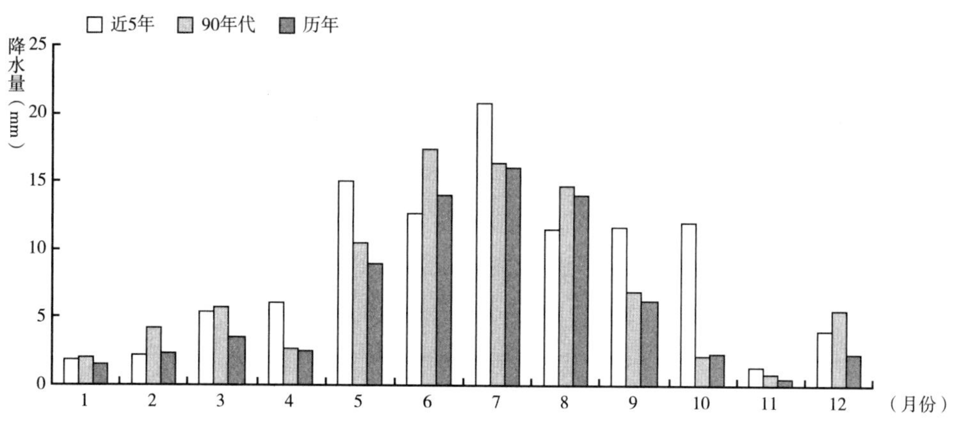


图 2－2 阿克苏市月降水量分布图

20 世纪 90 年代有所增加，分别为 41.8 天、11.4 天、5.0 天。近 30 年内阿克苏市的日降水量≥25.0 毫米，分别为 1996 年 7 月 2 日、1997 年 6 月 29 日、2001 年 10 月 12 日、2010 年 7 月 29 日、2013 年 6 月 17 日，近 30 年的一日最大降水出现在 2013 年 6 月 17 日，达 31.8 毫米。

## 二 降雪

阿克苏市降雪主要集中在 12 月到次年 2 月之间，降雪日数一般为 10～25 天，历年平均降雪日数 16.3 天，最多降雪日数为 38 天，最少 2 天。降雪初日一般在 11 月中下旬到 12 月，最早出现在 10 月 27 日，最晚出现在 1 月 22 日；降雪终日一般在 2 月下旬到 3 月中旬，最早降雪终日出现在 11 月 17 日，最晚出现在 3 月 25 日。

测站积雪深度≥1 厘米日数平均为 12.4 天，≥5 厘米为 1.2 天，测站最大积雪深度为 20 厘米，出现在 2003 年 3 月 5 日，山区最大积雪深度可达 1 米以上；测站最长连续积雪日数为 2012 年和 2014 年，均为 82 天，终止日期最晚的是 2012 年 3 月 6 日。

## 三 蒸发

阿克苏市年蒸发量 1750～2070 毫米，是年降水量的 24～28 倍。一年之中以 5～8 月最大，月平均蒸发量 262～326 毫米，冬季最小，仅 20 毫米左右，夏季和冬季相差 13 倍以上，日最大蒸发量 22.5 毫米。

表 2－5 1990～2016 年阿克苏市全年各月平均蒸发量

单位：毫米

| 月份 | 1月 | 2月 | 3月 | 4月 | 5月 | 6月 | 7月 | 8月 | 9月 | 10月 | 11月 | 12月 | 全年 |
|---|---|---|---|---|---|---|---|---|---|---|---|---|---|
| 蒸发量 | 21.0 | 41.8 | 122.4 | 227.5 | 283.6 | 309.8 | 297.1 | 245.6 | 173.9 | 112.0 | 43.4 | 18.4 | 1896.5 |

# 第六节 霜

阿克苏市的初霜一般在每年的 10 月上旬出现，次年开春后，一般 3 月中、下旬，随着气温的升高，地面温度达到0℃以上时就不再出现。近10年中最早出现初霜的时间是2012年10月2日，最晚出现初霜的时间是2006年10月31日，最晚终霜日是2002年4月30日。

## 第七节 湿 度

1990年以来，阿克苏市随着降水的增多，各月平均相对湿度也略高于历史同期。

表2－6 1990～2016年阿克苏市各月平均相对湿度

单位：%

| 月份 | 1月 | 2月 | 3月 | 4月 | 5月 | 6月 | 7月 | 8月 | 9月 | 10月 | 11月 | 12月 | 全年 |
| --- | --- | --- | --- | --- | --- | --- | --- | --- | --- | --- | --- | --- | --- |
| 湿度 | 68 | 62 | 50 | 41 | 44 | 52 | 58 | 60 | 64 | 62 | 68 | 74 | 59 |

## 第八节 风

### 一 平均风速变化

阿克苏市受天山屏障作用，全年风速较小，年平均风速1.2～1.8米/秒，一年之中以春季风速最大，夏季次之，秋冬季风速最小。按月而言，4～6月风速最大，达1.7～2.6米/秒，10～12月最小，为0.6～1.4米/秒。一天之中，中午风力最小，午后到傍晚风力有所增加，大风出现一般在夜间。

### 二 风向及季节变化

阿克苏市全年盛行偏北风，西北风次之。春季多北风和西北风，夏季以西北风为主，南风和东南风有所增强，秋冬季主要为偏北风。

### 三 最大风速及风向

阿克苏市最大风速一般在10～15米/秒，风向多为西北风或西风，近30年出现最大风速为2009年4月16日的18.5米/秒（西北风），极大风速为2001年4月8日的30.2米/秒（西北风）。

表2－7 1990～2016年阿克苏市全年各月最大风速及风向

单位：米/秒

| 项目＼月份 | 1月 | 2月 | 3月 | 4月 | 5月 | 6月 | 7月 | 8月 | 9月 | 10月 | 11月 | 12月 | 全年 |
| --- | --- | --- | --- | --- | --- | --- | --- | --- | --- | --- | --- | --- | --- |
| 风速 | 6.3 | 11.1 | 26.0 | 20.0 | 17.3 | 16.0 | 15.0 | 13.7 | 14.0 | 13.0 | 14.0 | 9.0 | 26.0 |
| 风向 | 东南风 | 西北风 | 西北风 | 西北风 | 西北风 | 西北风 | 西北风 | 西北风 | 西北风 | 西北风 | 西北风 | 西北风 | 西北风 |

## 第九节　物　候

阿克苏市是新疆特色林果的主产区，苹果、红枣等尤为有名。

**表 2－8　1990～2016 年阿克苏市主要树种生长周期表**

单位：日/月

| 项目<br>树种 | 萌芽 | 展叶 | 开花 | 落叶 |
|---|---|---|---|---|
| 杏树 | 3/3 | 9/4 | 26/3 | 20/11 |
| 沙枣树 | 4/4 | 2/4 | 7/5 | 18/12 |
| 苹果树 | 24/3 | 2/4 | 12/4 | 8/12 |
| 柳树 | 25/2 | 20/3 | 26/3 | 19/11 |

# 第三章　水文

## 第一节　地表水

### 一　河流

（一）阿克苏河

阿克苏河（西大桥水文站合成）年径流总量为 80.59 亿立方米，其中中国境内产流 24.37 亿立方米，占河流径流总量的 30.26%；平原灌区区间产流 6.08 亿立方米，占河流径流总量的 7.54%；国外产流 50.14 亿立方米，占河流径流总量的 62.20%。出境流量 33.66 亿立方米，实际可利用河流径流量为 46.94 亿立方米，其中阿克苏市可利用 11.26 亿立方米，占阿克苏河实际可利用径流总量的 23.99%。

**表 2－9　1990～2016 年阿克苏河地表径流及国外来水量表**

单位：亿立方米

| 河流名称 | 年径流量 | 国外来水 | 国内径流 | 区间产流 | 径流总量 | 出境水量 |
|---|---|---|---|---|---|---|
| 托什干河 | 26.63 | 12.48 | 14.15 | 4.57 | 31.20 | |
| 库玛拉克河 | 47.88 | 37.66 | 10.22 | 1.51 | 49.40 | |
| 阿克苏河(合成) | 75.41 | 50.14 | 24.37 | 6.08 | 80.59 | 33.66 |

说明：采用 1990～2016 年水文资料分析计算。

1990～2016 年，阿克苏河年平均径流量为 59.90 亿立方米，其中偏丰年来水保证率为 65.9 亿立方米，平水年来水保证率为 59.3 亿立方米，枯水年来水保证率为 54.5 亿立方米，特枯年来水保证率为 49.1 亿立方米。

**表 2 - 10　1990 ~ 2016 年阿克苏河年径流频率计算表**

单位：亿立方米

| 水文站 | 平均径流量 | 变差系数 | 偏差系数 | 不同保证率径流量 | | | | 汛期 |
|---|---|---|---|---|---|---|---|---|
| | | | | 偏丰年径流量 | 平水年径流量 | 枯水年径流量 | 特枯年径流量 | 平均径流量 |
| 西大桥合成 | 59.9 | 0.12 | 4.00 | 65.9 | 59.3 | 54.5 | 49.1 | 43.5 |
| 沙里桂兰克 | 27.67 | 0.18 | 4.00 | 32.24 | 25.73 | 23.17 | 21.11 | 19.74 |
| 协合拉 | 48.62 | 0.15 | 4.00 | 53.04 | 47.30 | 44.17 | 40.40 | 39.04 |

阿克苏河水资源比较丰富，但年内分配极不均匀，春少夏多。据阿克苏水文水资源勘测局近 50 年水文资料统计分析，阿克苏河春季（3 ~ 5 月）来水量约占河道全年来水总量的 10.01%，夏季（6 ~ 8 月）占 60.63%，秋季（9 ~ 11 月）占 19.02%，冬季（12 ~ 2 月）占 10.33%。汛期（6 ~ 9 月）占 70.97%，最大来水量是 8 月，占河道年来水总量的 25.97%；非汛期（10 ~ 5 月）占 29.02%，最小来水量是 4 月，占河道年来水总量的 2.08%。

**表 2 - 11　1990 ~ 2016 年阿克苏河径流年内分配表**

单位：亿立方米

| 水文站 | 径流季节分配 | | | | 最大月径流量 | | 最小月径流量 | |
|---|---|---|---|---|---|---|---|---|
| | 春季（3 ~ 5 月） | 夏季（6 ~ 8 月） | 秋季（9 ~ 11 月） | 冬季（12 ~ 2 月） | 径流量 | 年月 | 径流量 | 年月 |
| 西大桥合成 | 10.01 | 60.63 | 19.02 | 10.33 | 26.1885 | 2002.8 | 0.7206 | 1989.4 |
| 沙里桂兰克 | 18.72 | 59.59 | 16.08 | 4.80 | 10.2315 | 1987.7 | 0.2272 | 1991.2 |
| 协合拉 | 8.73 | 69.48 | 16.99 | 4.83 | 23.0900 | 1999.8 | 0.5637 | 1986.2 |

（二）多浪河

多浪河为人工开挖河，导源于昆玛力克河。上游集沿河众多泉水，故常年不冻。因渠水冲刷，渠道越来越宽，形成小河。每年 3 月上旬至 11 月下旬，在温宿县艾地卡其地段从昆玛力克河引水，入市境后，由北向南穿过市区，流经 3 个乡，有支渠 33 条，最终注入多浪水库。北自温宿县境起，南至多浪水库，灌区南北长 78 千米，西界新大河东西宽 2 ~ 10 千米，平均年径流量 7.85 亿立方米，其中泉水 3.643 亿立方米，占年总径流量的 46.4%，水情稳定，是市境多浪河灌区的总灌渠。

（三）塔里木河

塔里木河是国内最长的内陆河，上游源流为阿克苏河、叶尔羌河与和田河。在阿克苏市东南汇合后自西北向东南流下，经阿瓦提、阿克苏、沙雅、库车等县市，最后注入若羌县的台特玛湖。流经地区境长 164 千米，年径流量 49.8 亿立方米。塔里木河地处极度干旱的冲积平原，本身不产流，河道水全部仰赖上游 3 条源流供给。注入水源多为上游洪水和上游灌区回归水。农田排水和回归水占阿克苏河注入塔里木水量的 38.4%。随着农业生产的发展，叶尔羌河、和田河水减少，阿克苏河成为塔里木河的最大水量来源，占总径流的 80%。径流年内分配洪枯悬殊和高度集中，除洪水期受 3 条源流来水的综合影响外，其余时间受阿克苏河和上游水库的制约。7 ~ 9 月为夏秋洪水期，水量较丰富，10 ~ 3 月为秋冬平水期，此时因受地下水补给为主，各月水量比较稳定。4 ~ 6 月为春夏枯水期，因地下水补给枯竭和春季农业大量引水，各月水量变化较大，而且日趋变枯，产生下游个别月份断流现象。夏季河水流量集中，河水矿化度较低，为0.5克/升，以硫酸盐为主，阳离子、钙、钠含量较多。到下游水量减少，矿化度在1克/升以上，以氯化钠为主。河道纵坡平缓，河曲发育，漫滩宽阔，1000～3000米。洪水侵蚀强烈，含大量泥沙，淤积严重。主流摆动不稳，常使河流改道。枯水期流量小，主要为各灌区渗水及排水。有径流量约36亿立方米流入巴音郭楞蒙古自治州。

### 二　平原湖泊

（一）艾西曼湖

艾西曼湖位于阿克苏市与阿瓦提县之间，由阿音柯湖、沙依艾日克湖、黄宫湖（黄工湖）以及兵团第一师一团、二团的海子组成，水面相接，连成一片。湖泊水面积1333余公顷。湖岸不规则，湖中有许多小岛及芦苇荡，四季水位变化不大，水草丰盛，栖息着多种水禽，属微碱水质，适于发展水产业。

（二）唐木托乎拉克湖

唐木托乎拉克湖位于阿克苏市库木巴什乡政府西南老大河床以北，湖连接成长形，水面积约200公顷，水质清，有水草，水深1～4米。

（三）依干其乡湖

依干其乡湖位于阿克苏市依干其乡新大河左岸，沿河有数处湖泊，总水面积53.6公顷。

（四）喀拉塔勒镇湖

喀拉塔勒镇湖位于阿克苏市喀拉塔勒镇灌区内及河滩荒地中，湖群有阿克塔西湖、多浪草湖、喀拉塔勒湖、分水闸草湖，总水面积933公顷。

### 三　泉溪

阿克苏市内有泉溪4条，年产径流总量约5.483亿立方米，其中喀拉布拉克山泉产流0.079亿立方米、五一石场山泉产流0.032亿立方米、沙尔布拉克山泉产流0.019亿立方米、大甫代尔山泉产流1.71亿立方米、多浪渠泵泉产流3.643亿立方米，水量较少，特别是在5.483亿立方米的水量中有1.84亿立方米的水量在山前冲积扇上消耗已尽，难以满足农牧业生产用水的需要。因此，阿克苏市农牧灌溉水源主要来自阿克苏河。

## 第二节　地下水

### 一　地下水资源量

根据水均衡法分析计算，阿克苏市规划区地下水补给资源量4.4097亿立方米，可开采资源量为1.5亿立方米。

### 二　地下水资源补给量

阿克苏市规划区的地下水补给量主要来自阿克苏河、柯克亚尔河地表水，通过渠系、田间等入渗转化补给，这部分入渗水量占地下水总补给量的99.66%。其次是山地地下水通过河谷的侧向潜流补给，此为天然补给量，占地下水总补给量的0.34%。

**表2－12　1990～2016年阿克苏规划区地下水资源分区表**

| 项目 | | 灌溉面积比 | | 补给资源量(万立方米/年) | | | 可采资源量(万立方米/年) | |
|---|---|---|---|---|---|---|---|---|
| | | 二级区、三级区项目灌溉面积(万公顷) | 灌溉面积比(%) | 补给总量 | 补给总资源量 | 可采资源量 | 2015年预计开采量 | 剩余可采量 |
| 多浪灌区 | 阿克苏城镇 | 0.77 | 21 | 14678 | 7480 | 5498 | 4000 | 1498 |
| | 依干其乡 | | | | | | | |
| | 拜什吐格曼乡 | 1.16 | 31.62 | 4756 | 2416 | 1458 | 1100 | 358 |
| | 喀拉塔勒镇 | 1.74 | 47.38 | 6836 | 3625 | 1094 | 846 | 248 |
| | 合计 | 3.67 | 100 | 26270 | 13521 | 8050 | 5946 | 2104 |
| 老大河灌区 | 托普鲁克乡 | 0.80 | 27.77 | 5772 | 5563 | 1014 | 680 | 334 |
| | 库木巴什乡 | 0.87 | 29.91 | 6217 | 5991 | 1092 | 749 | 343 |
| | 阿依库勒镇 | 1.23 | 42.32 | 8796 | 8433 | 1544 | 1086 | 458 |
| | 合计 | 2.90 | 100 | 20785 | 19987 | 3650 | 2515 | 1135 |
| 红旗坡灌区 | 红旗坡农场 | 0.36 | 49.32 | 56.93 | 5237 | 1550 | 1415 | 135 |
| | 实验林场 | 0.38 | 50.68 | 5850 | 5382 | 1750 | 1683 | 67 |
| | 合计 | 0.74 | 100 | 11543 | 10619 | 3300 | 3098 | 202 |
| 一级区 | | 7.18 | 100 | 58598 | 44127 | 15000 | 11559 | 3441 |

### 三　地下水水质评价

阿克苏市境内地下水化学类型一般含碳酸根、碳酸氢根、钙、镁、钠、钾或硫酸根、氯离子，个别地区含少量的铅、铬和汞，含盐量多在500～1830毫克/升，个别地区（喀拉塔勒镇以东地区）高达2400～4700毫克/升，不适宜农业灌溉。

阿克苏市区境内地下水矿化度淡水分布面积较广，除拜什吐格曼乡以南、喀拉塔勒镇以东和黄宫湖地区外，地下水矿化度均在0.46～0.92克/升，总硬度一般为0.46～1.51克/升，低于8度（德国度），水质较好，宜于农业灌溉及居民安全饮用。

# 第四章　土　壤

## 第一节　土壤类型

阿克苏市土壤有棕漠土、灌淤土、潮土、草甸土、沼泽土、盐土、胡杨林土、水稻土和风砂土等，计9个土类，11个亚类，33个土种。

## 一 棕漠土

广泛分布在天山南麓砾质戈壁上，在阿克苏市西大桥至柯坪公路沿线西侧的洪积冲积扇扇缘上。植被为干旱的灌木半灌木荒漠，有麻黄、泡果白刺、琵琶柴等。地表有砾石覆盖，剖面石多土少。表层为多孔状结皮层，片状结构，其下为淡红棕色的紧实层，再下为砂砾质层，有盐和石膏沉积。组成物质较粗，粒径大于1毫米的砾质部分占40%以上。有机质含量0.3%~0.4%，无明显的腐殖质层。

## 二 灌淤土

分布在市属乡场村庄和地势较高的老灌区，是阿克苏古老绿洲上重要耕作土壤。面积1.34万公顷，占全市耕地面积41118公顷的34.7%。质地为壤—粉砂壤。土层较厚，通透性能好，保水保肥，多为一、二等地，含有机质0.89%、氮0.13%~0.35%、五氧化二磷0.17%~0.35%、盐0.1%~0.2%。PH值为8。

## 三 潮土

分布在市境河阶地、河滩地、冲积扇缘地带。面积2.34万公顷，是阿克苏市主要耕作土壤。

## 四 草甸土

是在草甸草木植被下，受地下水浸润所形成的水层土壤。分布在阿克苏河的河滩地、河阶地、三角洲、扇缘及艾西曼湖滨的低洼地带，面积为1.09万公顷，是开垦的重要对象和天然的良好放牧场，一般以轻壤、中壤为主。

## 五 沼泽土

面积小，仅零星分布于河滩地、冲积洪积扇扇缘、湖滨等洼地中。地表经常淹水，地下水位一般为30~40厘米。植被有芦苇、香蒲、毛蜡、苔草等。有机质积累较多。由于面积小，无较大的农用价值，可作草场。

## 六 盐土

土体中含有大量的可溶性盐类的土壤。分布于市境阿克苏河扇缘、三角洲下部或边缘，河间地、湖滨等部位。在阿克苏河新三角洲的下部和边缘，因受塔里木河阻拦，地下水位高，末部又受台兰河高矿化地下潜流的影响，矿化度10~20克/升，形成强烈积盐区，以典型盐土为主。表层为盐结壳或盐结皮，其下为盐土混合层，再下土体中有较多盐斑，逐渐过渡到母质。

## 七 胡杨林土

属水成土壤，分布在市境塔里木河胡杨林区的河滩阶地、天然堤和冲积扇扇缘。一般地下水位2~5米，矿化度2~5克/升。地表有枯枝落叶层，表层是粗腐殖质层，其下为淡棕色腐殖质，剖面下部有锈斑。

### 八　水稻土

分布在阿克苏绿洲老灌区水源充足较为低洼的地带上，因长期种植水稻进行灌溉发育而成。

### 九　风砂土

在本市有分布，可利用的价值低。

## 第二节　土地特征

阿克苏市受地理位置影响，地形相对平缓，具有典型绿洲地貌和灌溉农业的特征。

### 一　土地面积大

阿克苏市地处亚欧大陆腹地、塔里木盆地西北边缘，自然条件差，盐碱荒漠，沙地多，土地面积大、总体质量差。全市土地总面积 135.63 万公顷（不含兵团），其中未利用土地 100.25 万公顷，土地利用率 26.10%；沙漠面积 84.3 万公顷，占总面积的 62.15%。

### 二　生产潜力和开发潜力大

市境未利用土地中有大片可垦荒地。耕地总面积 10.25 万公顷，其中水田 2714.61 公顷，水浇地 99784.39 公顷，水资源相对丰富，农林牧业生产基础较好，开发潜力大。

### 三　林地面积小

林地大部分属于荒漠疏林地和红柳灌木林地。1997 年，全市拥有林地总面积 2.39 万公顷。按总面积计算，林木覆盖率 1.3%，占已利用土地面积的 3.9%。有林地总面积 1.49 万公顷（包括胡杨林），市属各乡场农田防护林 0.45 万公顷，占耕地面积的 7.1%。2016 年，全市林地面积 1.72 万公顷，有林地 0.64 万公顷，自然保护区面积 1.92 万公顷，湿地面积 14.20 万公顷，森林面积 20.32 万公顷。塔里木河两岸的胡杨林地，因长期缺少灌溉，除河边生长情况尚良好外，其他均呈现生长衰退、林相残败的局面。老旧灌区和村庄附近的农田防护林，林地配套，生长繁茂，而边缘农田和新垦耕地的防护林，长势不好。

### 四　牧草地面积大

阿克苏市牧草地面积较大，但载畜量小，退化较严重。2016 年，牧草地面积 23.83 万公顷，其中天然牧草地 19.59 万公顷。

### 五　土地利用程度不高

阿克苏市属于丰水区，但水的有效利用系数低。排渠配置少，排水不畅，低洼盐渍耕地上配挖部分排支渠，但沿条田边的斗排不足，在蒸降比 26∶1 的情况下，地下水降不到 2.5 米以下，土地表层积盐，造成优良耕作区逐渐发生次生盐渍化，影响一播全苗。

## 第三节　土地利用

阿克苏市土地利用受自然条件的制约，分为 4 个大区 10 个亚区。

### 一　裸岩石砾沙漠难以利用区

该区包括阴干山山区、山前石砾地和塔克拉玛干沙漠三个亚区，总面积 84.69 万公顷，占辖区面积的 46%。

（一）阴干山荒漠裸岩亚区

海拔 1200～1410 米，面积 0.85 万公顷，低山裸岩遍布，由于风蚀、水蚀形成大小冲沟及垄坡，人畜鸟兽罕见，基本为无人区。主要矿藏有大理石、磷灰石、煤等矿种，20 世纪 60 年代开始开采利用。

（二）山前石砾荒漠亚区

面积 4.46 万公顷，位于阴干山山前至 314 国道，宽约 20 千米的山前石砾地带。由于极度干旱，仅有散生琵琶柴、麻黄等旱生植物。314 国道和南疆铁路平行从南缘通过，依托南部绿洲，沿线形成一些村镇。

（三）沙漠亚区

面积 79.39 万公顷，属塔克拉玛干沙漠的一部分，由沙山、沙链等流动沙丘和半固定沙丘组成，属于沙漠无人区。

### 二　古旧绿洲农牧综合利用经济区

该区包括老大河—阿依库勒灌区、托库灌区和多浪灌区等 4 个亚区，是阿克苏市经济发展比较集中的区域，属于古绿洲体系，总面积 30.88 万公顷。

（一）老大河—阿依库勒古绿洲亚区

该区包括阿依库勒镇，总面积 12.94 万公顷，农业经济比较发达。除山地和戈壁 5.31 万公顷外，有绿洲 7.63 万公顷。本区距离水源近，开发利用较早。境内有图什旦古城、黄宫古城、喀拉玛克沁等遗址。区内有耕地 0.67 万公顷，以种植棉花为主。南部有黄宫湖，养殖水面达 1386.25 公顷。

（二）托库灌区—旧绿洲经济亚区

该区包括地区蚕种场、托普鲁克乡、库木巴什乡等，土地面积 2.63 万公顷，其中耕地 1.36 万公顷，以农业经济为主，种植业以棉花、甜菜、小麦、玉米为主。

（三）多浪灌区—旧绿洲经济亚区

该区包括阿克苏城区、依干其乡、拜什吐格曼乡、市良种场、喀拉塔勒镇等，土地总面积 14.12 万公顷，是阿克苏市政治、经济、文化中心，工农业生产相对发达。种植业以棉花、小麦、玉米为主。城郊养殖业、蔬菜种植业相对发达。

（四）柯柯牙灌区—新开发农林果经济亚区

该区包括红旗坡农场，实验林场五、六、七队和柯柯牙防风固沙绿化区，位于城区东部卡坡边缘，土地面积1.18万公顷。本区有耕地0.34万公顷，果园0.18万公顷，防风固沙林地0.11万公顷。该区种植业和养殖业均较发达。

### 三　沙井子农垦区经济区

包括兵团第一师建化厂、一团、二团、沙井子水管处等单位，以生产水稻、棉花为主。该区在示范带动和支援地方农业生产建设、推广大型农业机械、引进新品种、改进耕作技术等方面发挥较大作用。

### 四　空台力克新开发利用区

位于省道50线（阿塔公路）以北，包括台兰河、玉尔兖河冲积洪积扇缘地带，地势平坦，土层深厚，植被以孔柳、骆驼刺、花花柴为主，总面积18.6万公顷。

# 第五章　野生动植物和矿藏

## 第一节　野生动物资源

市境野生动物中，哺乳纲有7目，18科，3亚科，66种；鸟纲有19目，42科，4亚科，约200种。随着人口增加，大面积垦荒造田，栖息地减少，野生动物有逐渐减少的趋势。

### 一　兽类

主要有马鹿、兔狲、鹅喉羚（黄羊）、赤狐。其他兽类有野猪、狼、草兔、塔里木兔、河狸、大耳猥、蝙蝠、伶鼬、香鼬、草原斑猫、大耳鼠兔、帕氏鼠兔、拉达克鼠兔、黄鼠、沙黄鼠、旱獭、跳鼠、象鼠、仓鼠。

### 二　禽类

主要有黄毛喜鹊、柳莺、鹌鹑、鹰、环颈雉（野鸡）。中日候鸟保护协定包含的鸟类有大天鹅、小天鹅、赤麻鸭、绿头鸭、潜鸭、黄鸭、角百灵。其他禽类有猫头鹰、啄木鸟、金黄鹂、山斑鸠、鹭鸶、小海鸥、斑头雁、鹞、秧鸡、野鸽、家燕、黑雨燕、沙百灵、云雀、掠鸟、乌鸦、地鸦、稻田苇莺、树麻雀、象麻雀、沙雀、漠雀。

### 三　鱼类

主要有塔里木裂腹鱼（夹嘴）、扁吻鱼（大头鱼）2种，小杂鱼有条鳅1种。引进鱼类有青、草、鲢、鳙（四大家鱼）和鲤、鲫、鳊、鲂等养殖鱼类。由外地自然流入的小型杂鱼有麦穗鱼、棒花等鱼。

### 四 两栖与爬行

主要有蟾蜍、牛蛙、蜥蜴、林蛙、沙蜥。

### 五 虫类

主要有蜜蜂、蚂蚱、马蜂、蝼蛄、蜘蛛、水蛭、螳螂、潮虫、蚂蚁、蝴蝶、蜻蜓、萤火虫、蝎、虻、蠓。

## 第二节 野生植物资源

市境的野生植物，经调查采集整理的标本共有51科、232属、497种。

### 一 木本

主要有胡杨、灰叶胡杨、白榆、沙枣、沙棘、柽柳（毛柽柳、多枝柽柳、垂枝柽柳）、野刺玫、大叶白麻等。

### 二 草本

主要有芦苇、蒲草、芨芨草、碱蓬、碱茅、裸果木、铁线莲、水葫芦、草木樨、黄花苜蓿（野苜蓿）、帚状委棱草、芝麻菜、独行菜、荠菜、海乳草、点地梅、报春、荒漠栖草、北方拉拉藤、羊角芹、草原糙苏、浦散亚菊、紫缨乳菊、蒿、银穗草、新疆早熟禾、鹅观草、牛毛毡、苔草、野韭菜、多叶葱、马莲。

### 三 药材

主要有甘草、党参、大芸、麻黄、阿魏、当归、羌活、赤芍、板蓝根、黄芪、大黄、列当、罗布麻、龙胆、苍紫草、乌头、锁阳、贝母、车前、枸杞、青兰、蓟、蒲公英、菟丝子、红花。

## 第三节 矿 藏

市境地质构造和地层特点，为多种矿产的形成提供成矿条件。矿产资源主要分布于天山南麓浅山区。市境阿依库勒北山—四石场一带，形成相对集中的矿产资源富集区，是重要的磷、铀、钒和建材非金属矿产成矿远景区。钒矿开发条件好，潜在价值大；磷矿赋存于下寒武地层中，是主要含磷层位，成矿前景可观，向深部和东部扩大的可能性很大；建材非金属石灰岩、白云岩和玄武岩规模巨大，优势明显。

市境内已发现的矿种有钒、磷、铜、汞、煤、石灰岩、石英砂岩、白云岩、玄武岩、陶粒页岩、泥岩、大理岩、片岩、砖瓦黏土、砂石料、冰洲石、玛瑙等17种，已经开发利用的有磷、石灰岩、石英砂岩、片岩、砖瓦黏土、砂石料等6种；拟开发利用的有钒、玄武石等。辖区内共有各种矿产地27处，其中大型4处、中型3处、小型4处、矿化点16处。优势矿产资源有钒、白云岩、玄武岩、石灰岩、磷等。主要分布空间为天山南麓浅山区（沙依里克矿区）以钒、磷、石灰岩、白云岩、玄武岩、片岩、石英砂岩、陶粒页岩、大理岩等为主，河道、平原、戈壁以砂石料为主，阿温公路沿线以砖瓦黏土为主。

表 2 - 13　2016 年阿克苏市主要矿产资源储量表

| 矿产 | 单位 | 储量 | 资源量 | 预测资源量 | 资源储量 | 备注 |
| --- | --- | --- | --- | --- | --- | --- |
| 钒矿 | 万吨 | | | 15 | 15 | 地质储量 |
| 磷矿 | 万吨 | | 0.7 | 929.14 | 929.14 | D 级储量 |
| 石灰岩 | 万吨 | 1493.4 | 1529.3 | | 1672.7 | C + D 级储量 |
| 白云岩 | 万吨 | | | 26 | 26 | 地质储量 |
| 石英砂岩 | 万吨 | | | 610 | 610 | 地质储量 |
| 陶粒页岩 | 万吨 | | | 500 | 500 | 地质储量 |
| 泥岩 | 万吨 | | | 5000 | 5000 | 地质储量 |
| 玄武岩 | 亿吨 | | | 13 | 13 | 地质储量 |

## 一　磷矿

位于市区西南45千米的沙依里克。矿层赋存于下寒武统底部，自下而上分4层，仅下部一层磷块岩呈稳定层状，具有工业价值。矿层连续出露延长29千米，厚0.7～3.5米，一般厚1米左右。地质储量922.14万吨。平均品位（五氧化二磷）12.05%。矿区距主干公路9～10千米，有矿山公路相通，运输方便。

## 二　钒矿

主要分布在沙依里克，是与磷矿伴生的沉积矿床。在含磷分布29千米长的范围内均伴有钒的分布，含矿层一般厚1～10米，平均厚2.5米以上，含矿层延伸达300米。钒的平均品位0.4%，最高品位1.5%，地质储量（五氧化二钒）15万吨，属中型矿床，浅部可露天开采，深部坑采需支护，适于综合开采利用。

## 三　石灰岩矿

市境有2处，1处在沙依里克，1处在沙井子。

### （一）沙依里克石灰岩矿

位于市区西南37千米处。矿区分东西两个矿段，东矿段称Ⅰ号矿体，矿体出露长500米，厚80～150米；西矿段称Ⅱ号矿体，矿体出露长1200米，厚130～200米。矿石自然类型单一，品位稳定，可机械化露天开采。

### （二）沙井子石灰岩矿

位于市区西南60千米处。主矿层长8800米，平均厚3米，矿体内无夹石，属巨厚的单一矿体，矿石品位稳定，出露良好，地质储量4.19亿吨，适于露天开采。

### 四 白云岩矿

主要分布在沙依里克，位于市区西南45千米处。矿体呈巨厚层状展布，出露长达29千米。下矿层平均厚110米，出露在山北坡，宽150~500米，矿石为灰色白云岩。中矿层平均厚110米，出露宽150~540米，多居山脊地带，矿石呈黑色，含沥青质，通称臭灰岩。上层出露不全，宽100~250米，厚30~50米，最大出露62米，矿石为灰白色白云岩。矿石绝大部分为1级品，储量26亿吨，矿层厚度大，层位稳定，大部分矿体裸露地表，可露天开采。

### 五 玄武岩矿

主要分布在沙井子，位于市区西南70千米处，层状产于二叠统比尤列提组中，共7层，总厚446.6米，各层延长2.2万~3万米。从整体看，1、2、3、5等4层为隐晶玻质基性玄武岩，4、6、7等3层为粗粒斑状结构的中性玄武岩，第6层玄武岩基本符合一般工业要求，地质储量约13.8亿吨。

### 六 沙井子煤田四石场煤矿

位于市区西南60千米处，储量369万吨，已采83万吨。矿柱80万吨，估计保有地质储量206万吨。煤质差，煤层薄，薄处仅0.42~0.5米。发热量8092~7789千卡/千克。

# 第六章 自然灾害

## 第一节 风 灾

阿克苏市因地理位置特殊，属风灾重发区。

### 一 大风

阿克苏市除隆冬的月份无大风外，其他各月均有大风出现，而以夏季最多，占55%~60%；春季次之，占30%~35%；冬季很少，占7%~10%；冬初末罕见。大风一般从3月开始，9月基本结束，年平均大风日数20~21天。

1995年5月17日，阿克苏市7乡1场遭受特大风灾，最大风级8级，持续2~4小时，1979公顷作物受灾，直接经济损失1248.44万元。

1998年5月13日21时48分至14日2时55分，阿克苏市出现大风天气，风力10级左右，依干其乡棉田损失严重，受灾面积100%，其中严重受灾55%，直接经济损失988.8万元。

2001年4月17日17时至18日12时，阿克苏市遭受特大风灾，风力最高达11级，气温最低-2℃。造成全市经济损失3764.82万元，其中农业损失3466.82万元。

2007 年 5 月 20 日 15 时，阿克苏市遭受大风袭击，最高风力 8 级。经济损失 3701.10 万元。大风天气造成棉花、果树、小麦和牲畜不同程度受灾，其中棉花 3881.33 公顷，经济损失 3107.28 万元；小麦 213.87 公顷，经济损失 82.40 万元；水稻 20 公顷，经济损失 6 万元；果园 1152.47 公顷，经济损失 360.22 万元；温室大棚 267.07 公顷，经济损失 120.80 万元；死亡、丢失家禽 6919 只。受灾面积总计 5534.74 公顷，经济损失 3701.10 万元。

2010 年 5 月 14 日和 20 日，阿克苏市出现两次大风天气，各地出现 5 ~ 7 级西北风，经济损失 4022.8 万元。

2011 年 3 月 11 日、6 月 5 日、7 月 19 日、7 月 26 日、8 月 8 日、10 月 9 日，阿克苏市相继出现 6 次大风天气，极大风速 19.6 米/秒，并伴有扬沙，造成农业和蔬菜小拱棚设施受灾，致使阿克苏市工业园区联发纺织有限公司在建施工的 10 万锭钢结构厂房发生倒塌，造成 1 人死亡，经济损失 4444.81 万元。

2012 年 4 月 22 日 16 时至 23 日 20 时，阿克苏市出现 5 级西北或偏北风，市区极大风速 13.1 米/秒，库木巴什乡极大风速 18.4 米/秒（6 级大风），重工业园区极大风速 20.9 米/秒（7 级）。大风天气造成阿克苏市托普鲁克乡、阿依库勒镇 534.7 公顷棉田地膜被风刮破，经济损失 95.65 万元；阿克苏市至乌鲁木齐火车停运 1 天。

2013 年 8 月 24 日夜间至 25 日，阿克苏市受大风天气影响，全市受灾林果面积达 8163.3 公顷，其中苹果受损 801.4 公顷，香梨受损 2472.9 公顷，红枣受损 4889 公顷；受灾农户 1.2 万户、4.8 万人，经济损失 6000 余万元。大风吹倒阿克苏市南工业园区电杆 27 根。

2014 年 7 月 2 日夜间至 3 日白天，阿克苏市出现大风，极大风速 19.9 米/秒。大风持续 3 个小时，造成阿克苏市 5704 公顷林果和 2191 公顷农作物受灾，经济损失分别为 5509.67 万元和 2393.35 万元。其中依干其乡果园受灾 311 公顷，经济损失 1114.7 万元；拜什吐格曼乡果园受灾 1777 公顷，经济损失 1251.57 万元；喀拉塔勒镇果园受灾 2493 公顷，经济损失 1666.6 万元；托普鲁克乡果园受灾 1039 公顷，经济损失 1446.8 万元；库木巴什乡棉花受灾 94 公顷，经济损失 1450 万元；阿依库勒镇农作物受灾 2097 公顷，经济损失 943.35 万元；良种场果园受灾 84 公顷，经济损失 30 万元。

2015 年 5 月 17 日、6 月 9 ~ 12 日和 8 月 26 日，阿克苏市出现 3 次大风天气，阿克苏市南工业园区极大风速达 26.5 米/秒，经济损失共计 4.93 亿元。

2016 年 7 月 29 日和 10 月 2 日，阿克苏市先后出现两次大风天气，极大风速为 22.5 米/秒。经济损失 1.7 亿元。

## 二　干热风

干热风又称干旱风。每年从 4 月中旬至 9 月下旬均有出现，主要出现在 5 月上旬至 8 月下旬，最多为 7 月。平均 37 天左右，年际变化比较大。小麦扬花一般在 5 月下旬开始，成熟在 6 月中旬至 7 月上旬，在此期间出现的干热风，对小麦危害最大。阿克苏市沙井子一带干热风最重，重干热风两年一遇。干热风对小麦的危害是高温、干燥，风速较大的情况下植株和叶片的蒸腾强度增大，田间耗水量多，一旦土壤水分不足或根系吸水不能弥补植株蒸腾所消耗的水分时，就会引起植株体内水分平衡失调，导致生理脱水，组织细胞和叶绿素受损，营养的输送也受到抑制。小麦从叶尖、芒尖开始自上而下干枯，出现“未老先衰”，使千粒重大大下降而减产。另外，阿克苏河流域由于缺水，土壤持水量不足，小麦生长瘦弱，当发生干热风时，小麦灌浆期缩短而被逼熟，千粒重减轻，导致减产。

## 第二节　沙尘暴

沙尘暴是阿克苏市比较常见的自然灾害，主要出现在春夏季节，同时伴有大风天气，对农作物的萌芽、生长造成极大的破坏。

2001 年 4 月 7 日 16 时至 8 日 12 时，阿克苏市遭受特大沙尘暴袭击，最大风力 11 级，持续时间达 11 小时。造成经济损失 3866 万元，其中 0. 4 万公顷已播棉花被毁，损失 903. 76 万元；温室大棚受损 1241 个，损失 1782. 72 万元；房屋倒塌 146 间，棚圈倒塌 57 个；死亡牲畜 203 头、家禽 5. 6 万多只，损失 85. 5 万元；果园受损 546. 33 公顷，损失 486. 12 万元；城市基础设施损失 298 万元。

2009 年 4 月 16 ~ 17 日，阿克苏市遭遇春季最强沙尘暴，风力达 6 ~ 8 级，最低能见度为 150 米。全市受灾人口 7 户，死亡 1 人，房屋倒塌 1 间，棉花、瓜菜受灾面积 12924. 5 公顷，直接经济损失 3217 万元。

2010 年 3 月 28 日，阿克苏市出现大风天气，并伴有沙尘暴，最低能见度为 50 米。造成 1493. 9 公顷农作物受灾，死亡家禽 4860 只，损失林木 29 棵，50 个小拱棚受损，964 户温室庭院受灾。依干其乡、托普鲁克乡和良种场经济损失共计 108 万元。

2014 年 4 月 23 日和 29 日，阿克苏市出现沙尘暴，最低能见度 600 米。受灾面积达 1 万公顷，经济损失 8167. 16 万元。

## 第三节　冰　雹

阿克苏市冰雹年平均 18 次，最多年 43 次。冰雹最早出现在 3 月 7 日，最迟 11 月 16 日，主要出现在 5 ~ 9 月，夏季占 63%。全天 24 小时内都有降冰雹的可能，其中出现在 15 ~ 20 时的占 70% ~ 80%。降雹范围多呈带状，降雹带有时宽，有时窄，一般几百米至 5000 米，长度 10 ~ 20 千米。小冰雹（直径 5 毫米）占 50% 左右，大冰雹（直径20 ~ 40 毫米）占 10% 左右。目前，测得最大冰雹直径为 75 毫米，重 65 克。

1990 年 5 月 26 日，阿克苏市遭受冰雹袭击，冰雹直径 10 ~ 20 毫米，地面积雹 50 ~ 60 毫米。4303. 2 公顷农作物及果树受灾，经济损失 550 余万元。

1997 年 5 月 19 日，阿克苏市遭冰雹袭击，受灾棉田 1063 公顷，其中重灾 150 公顷。

1998 年 7 月 2 日下午，阿克苏市沙井子突降暴雨、冰雹，3 小时降雨量 52. 0 毫米，冰雹最大直径 30 毫米，经济损失 8088. 5 万元。

1999 年 6 月 24 日，阿克苏市遭受暴雨和冰雹袭击，降雨量 18. 4 毫米，造成直接经济损失 948 万元。401 间民房受损，其中倒塌 63 间；2731. 93 公顷农作物受到不同程度灾害；死亡牲畜 125 头（只）；倒塌棚圈 84 间、围墙 2516 米、桥梁 1 座。

2001 年 10 月 11 日 11 时 28 分，阿克苏市普降大雨，并伴有冰雹，降雹时间持续 17 分钟、冰雹直径为 7 毫米左右，次日中午开始降雨，到 16 时 30 分逐渐停息，降水量达 27.2 毫米。致使倒塌农民房屋 12 间、围墙 95 米、畜圈 62 座，死亡羊 253 只、鸡 7410 只、鸽子 3280 只，小麦受灾面积 1041.73 公顷，棉花受灾面积 7893.87 公顷（棉花降级），经济损失近 300 万元。

2005 年 7 月 15 日 21 时 40 分，阿克苏市遭受冰雹先后袭击，冰雹直径 10～15 毫米，最大直径 20 毫米左右，持续时间约 15 分钟。其中阿依库勒镇雹灾最为严重，部分棉田积雹 180 毫米，砸死羊近百只、鸡和鸽上千只。冰雹造成 2245.2 公顷农作物受灾，损失共计 2359.16 万元，其中棉花受灾面积达 1529.33 公顷，损失 2064.6 万元。

2009 年 9 月 5 日 19 时 10 分前后，阿克苏市南部乡镇场出现冰雹天气，冰雹最大直径 20 毫米，积雹厚度 100 毫米，降雹时间持续 20～30 分钟，致使棉花、玉米、瓜菜受灾 4038.3 公顷，直接经济损失达 13460.89 万元。

2010 年 5 月 25 日 18 时 40 分至 19 时 20 分，阿克苏市红旗坡农场出现冰雹，最大冰雹直径 20 毫米，造成红旗坡农场 446.7 公顷香梨、苹果受灾，间作棉花 33.3 公顷受灾。

2011 年 5 月 20 日 20 时前后，阿克苏市拜什吐格曼乡、喀拉塔勒镇出现冰雹，造成棉花、林果业受灾面积 2349.2 公顷，绝收面积 1102.4 公顷，直接经济损失 2979.4 万元。8 月 17 日 19 时 30 分至 21 时 00 分，阿克苏市出现冰雹，并伴有 5 级阵风，造成阿依库勒镇、托普鲁克乡 91.3 公顷农作物受灾，经济损失 112.5 万元，其中阿依库勒镇 46.7 公顷棉花、8 公顷香梨受损，经济损失 96 万元。

2012 年 5 月 3 日、6 月 16 日，阿克苏市托普鲁克乡、喀拉塔勒镇先后出现冰雹天气，造成托普鲁克乡 226.7 公顷棉花、2.7 公顷蔬菜受灾，受损程度 30%～50%，经济损失 157.15 万元；喀拉塔勒镇托万克阿迪尔村 136 公顷农作物受灾，受损程度达 50% 以上，经济损失 262.5 万元。

2013 年 6 月 7 日 16 时，阿克苏市出现短时强降水和冰雹天气，并伴有雷雨大风。冰雹持续 2～15 分钟，造成依干其乡、拜什吐格曼乡、托普鲁克乡、库木巴什乡、阿依库勒镇 1886.7 公顷棉花受灾，经济损失 3272.32 万元。

2014 年 9 月 10 日凌晨 2 时至 3 时，阿克苏红旗坡农场、柯柯牙等地出现局地强对流天气，并伴有冰雹，持续时间 11 分钟左右。造成红旗坡农场等地成灾面积 1760.86 公顷，绝收面积 1483.78 公顷，经济损失达 44860.54 万元。

2015 年 5 月 18 日 19 时 30 分，阿克苏市部分乡镇场出现短时强对流天气，局部地区出现冰雹，造成棉花受灾 604 公顷，直接经济损失 305.68 万元。

2016 年 7 月 8 日、8 月 9 日、8 月 23 日和 9 月 9 日，阿克苏市依干其乡、拜什吐格曼乡和喀拉塔勒镇先后遭受冰雹，受灾面积 7113.07 公顷，经济损失 11963.18 万元。

## 第四节　雪　灾

阿克苏市冬季降雪量偏少，偶有雪灾发生，常伴有低温。

1999 年 4 月 24 日，阿克苏市发生雪灾，造成受灾人口 142918 人，死亡 2 人，受灾面积 3.17 万公顷，成灾 2.94 万公顷，绝收 8553.8 公顷，倒塌房屋 943 间，危房 765 间，死亡牲畜 7167 头

（只），经济损失 13477.2 万元。

2014 年 11 月 9～10 日，阿克苏市出现降雪降温天气，上午为小雨，下午转为雨夹雪和雪，累计降雪量 23 毫米，达到暴雪标准。暴雪天气造成阿克苏市依干其乡、拜什吐格曼乡和喀拉塔勒镇共 2005.3 公顷农作物受灾，经济损失 1441.57 万元。

## 第五节　冻　灾

阿克苏市轻霜冻一般在 10 月中旬出现，西部、北部靠山区略早，出现在 10 月上旬。重初霜冻一般在 10 月下旬出现，靠山区在 10 月中旬。轻霜冻一般在 4 月上旬终止，靠山区略晚，平均在 4 月下旬结束。重霜冻一般在 3 月下旬结束。全年无重霜冻期约 210 天。

2007 年 4 月 21 日和 5 月 20 日，阿克苏市出现风沙浮尘天气，气温骤然下降，全市农作物受灾 5433.8 公顷，经济损失 3763.3 万元。

2008 年 1 月 11 日至 2 月 20 日，阿克苏市断续出现阴雪天气，气温大幅下降，普遍有微到小雪，气温较历年偏低 10℃左右，26 日以后日最低气温降至 －22℃以下，最低达 －22.6℃，果树受冻面积 173.4 公顷，红枣苗木有近 20% 表皮受冻，新植的红枣未埋土部分表皮受冻，造成经济损失 2.5 亿元。

2011 年 1 月和 4 月 4～6 日，阿克苏市出现异常低温天气，最低气温分别为 －19.1℃、－1.0℃，造成 2.12 万公顷果树受灾，经济损失 1.23 亿元。

2014 年 11 月 9 日，阿克苏市出现降雪降温天气，气温下降 5℃左右，造成经济损失 1441.57 万元。

2015 年 4 月 27～29 日，受冷空气东移影响，阿克苏市出现 5～7 级偏北风，局地伴有扬沙或沙尘暴，并出现微到小雨（0.4～5.0 毫米），气温下降 3℃。造成棉花受灾 1668.5 公顷，直接经济损失 735.72 万元。

## 第六节　洪　涝

阿克苏市洪水灾害次数不多，但危害大，大多是暴雨形成洪灾。夏季山区多雨，气温偏高，冰川积雪融水增加，往往汇流成洪，冲垮渠系、桥梁、道路，冲毁房屋、田禾，淹死牲畜，危及群众生命。洪水一般发生在 6～9 月，10 月不多见。初冬多雪且气温偏高年份亦有偶发性洪灾。暴雨洪水多发生在海拔 1500～2000 米的主要暴雨带，即中低山带。暴雨汇成洪流，猛涨猛落，夹杂大量泥沙石头，冲渠溃坝，农牧业深受其害。暴雨的主要特点是历时短、强度大，局部性强。

1998 年 7 月 2 日下午，阿克苏市沙井子突降暴雨、冰雹，3 小时降雨 52.0 毫米，冰雹最大直径 30 毫米，造成经济损失 8088.5 万元。

1998 年 8 月 12 日，阿克苏北部山区及浅山带突降暴雨，降水面积约 1125 平方千米，降水量 43 毫米，形成由依来克沟和柯柯牙尔沟西大山洪沟汇流而成的强暴雨山洪，推算洪峰流量 404 立方米/秒。洪水冲毁东城区 3 处永久性防洪堤坝，淹没城区，造成交通、通信、供电、供水全部中断，1990 户、8792 人受灾，死亡 16 人，倒塌房屋 902 间，造成危房 2318 间，并冲走大量粮食和其他生活用品，直接经济损失 2.02 亿元。

2010 年 7 月 29 日，阿克苏市及北部山区出现暴雨天气，阿克苏降水量 28. 5 毫米，新大河水位上涨，导致库木巴什乡 24 公顷棉花受灾。

2013 年 6 月 16 ~ 18 日，阿克苏市出现连续强降水，发生暴雨洪水，致使 1 人死亡，85 人被洪水围困，冲毁河堤、干渠 4 千米，淤平 7 千米，2100 只羊、38 头牛、2830 只家禽被淹死，全市受灾面积 1538. 8 公顷，其中棉花、小麦、蔬菜受灾面积 1438. 7 公顷，果园受灾面积 100 公顷，总经济损失 6823. 44 万元，受灾农户 3919 户、2. 3 万人。

2015 年 8 月 2 日，阿克苏市受前期高温天气以及 8 月 1 日山区降水影响，洪水流量超过干渠校核流量，引发混合型洪水。库玛拉克河流东岸干渠延伸段淤积长度约 10 千米，多浪干渠洪水冲刷渠道长度 27 千米、泥沙淤积段长度 49 千米。

## 第七节　碱　灾

阿克苏河流域地下水位高，蒸发量大，往往把深层盐水带到地面，土壤含盐量大，给农作物带来极大危害。阿克苏市盐渍化面积占全市播种面积的 44. 21%。盐碱成灾主要在农作物苗期。苗期遇雨，土壤中盐碱上升，土壤表层形成盐碱壳，造成出苗困难或卡断幼苗颈部。雨越大，碱害越重。大雨将土壤表层盐碱淋透到作物根部，可致 1 米多高的玉米、现蕾开花的棉花死亡。

## 第八节　旱　灾

春旱是阿克苏市重要灾害之一，其危害程度仅次于碱害。由于自然降水对农业生产作用很小，河水年径流量季节分配不平衡，夏季径流量占全年的 59. 8%，春季仅占 9. 9%，而春季又正值春播和冬小麦拔节、抽穗灌浆期，需水量大，河流满足不了春耕生产的需要，从而造成春旱，使冬小麦拔节水、孕穗水、灌浆水受到影响，影响棉花、玉米、水稻的播种。

## 第九节　病虫害

阿克苏市农作物常见的病害有果树腐烂病、棉花立枯病、小麦黑腐病等；常见的虫害有棉蓟马、棉铃虫、麦蚜、地老虎、小麦棉铃虫、玉米叶螨、棉蚜、棉盲蝽蟓、果树红蜘蛛、葡萄斑叶蝉等，其已成为严重影响农业生产的重大病虫害。阿克苏市的虫害整体重于病害。

2010 年，阿克苏市农作物病虫害发生面积 10. 42 万公顷次；果树病虫害发生总趋势为中度（3 级）发生，发生面积 2. 89 万公顷次；蔬菜病虫害发生总趋势为中度（3 级）发生，发生面积 0. 19 万公顷次。

2016 年，农作物病虫害发生面积 8. 12 万公顷次；果树病虫害发生总趋势为中度（3 级）发生，发生面积 2. 81 万公顷次；蔬菜病虫害发生总趋势为中度（3 级）发生，发生面积 0. 13 万公顷次。

# 第三编　人口民族宗教

阿克苏市自古以来就是一个各民族共同聚居的地区，在这片广袤的土地上，各民族共同繁衍生息，休戚与共，同呼吸、共命运、心连心，互相交流、交往、交融，实现了民族平等和各民族大团结，各民族之间的交往和合作的密切程度前所未有，形成平等、团结、互助、和谐的社会主义民族关系。随着人民生活水平的提高，阿克苏市人口规模和人口数量总体呈上升趋势，人均寿命也普遍提高。1990 年，阿克苏市有维吾尔、汉、回等 30 个民族，总人口 38.13 万人。至 2016 年，达到 39 个民族，总人口 51.31 万人。各民族在党的民族宗教政策指引下，共同繁荣、共同发展、共同进步、共同创造美好和谐的家园，切实促进民族团结和宗教和谐，齐心协力奔小康。

# 第一章　人　口

## 第一节　人口数量

1990年起，阿克苏市人口数量总体呈上升趋势。1990年，阿克苏市总户数10.19万户，总人口38.13万人，人口出生率18‰，死亡率5‰，人口自然增长率13‰。2000年后，人口增长速度加快，总户数15.51万户、总人口51.92万人，人口自然增长率8.33‰。至2016年，总户数14.05万户、总人口51.31万人。人口出生率22.83‰，死亡率9.02‰，人口自然增长率13.81‰。

**表3-1　1990~2016年阿克苏市人口统计表**

| 年份 | 总户数（万户） | 总人口（万人） | 人口自然增长率（‰） | 年份 | 总户数（万户） | 总人口（万人） | 人口自然增长率（‰） |
|---|---|---|---|---|---|---|---|
| 1990 | 10.19 | 38.13 | 13.00 | 2004 | 17.20 | 56.87 | 10.23 |
| 1991 | 10.08 | 39.75 | 10.00 | 2005 | 17.62 | 58.28 | 24.35 |
| 1992 | 10.82 | 41.24 | 10.00 | 2006 | 16.06 | 43.46 | 10.63 |
| 1993 | 11.18 | 42.59 | 8.05 | 2007 | 13.09 | 45.24 | 8.91 |
| 1994 | 11.91 | 43.45 | 6.21 | 2008 | 13.36 | 46.50 | 10.47 |
| 1995 | 12.62 | 44.42 | 6.01 | 2009 | 13.71 | 47.64 | 12.99 |
| 1996 | 13.62 | 46.38 | 6.14 | 2010 | 14.04 | 48.55 | 12.43 |
| 1997 | 14.30 | 48.14 | 5.54 | 2011 | 14.63 | 49.62 | 11.76 |
| 1998 | 15.13 | 49.89 | 5.85 | 2012 | 14.18 | 49.50 | 9.11 |
| 1999 | 15.57 | 51.68 | 6.15 | 2013 | 14.48 | 50.92 | 11.77 |
| 2000 | 15.51 | 51.92 | 8.33 | 2014 | 14.46 | 51.49 | 5.91 |
| 2001 | 16.23 | 54.35 | 8.98 | 2015 | 13.98 | 50.77 | 6.27 |
| 2002 | 16.87 | 56.14 | 6.74 | 2016 | 14.05 | 51.31 | 13.81 |
| 2003 | 17.14 | 57.27 | 5.19 | | | | |

说明：1990~2006年人口含市辖新疆生产建设兵团第一师一团、二团、七团、八团、九团、十团、十一团、十二团、十三团、十四团、十五团、十六团人口，2007~2016年人口含市辖新疆生产建设兵团第一师一团、二团人口，下同。

## 第二节　人口分布与密度

### 一　人口分布

阿克苏市境地域辽阔，人口分布的总体特点是农牧区人口比例小，城镇人口比例大。随着政治、经济、文化、教育等各项事业迅速发展，人口稳定增长，国民经济结构呈现农牧结合、多种经营、全面发展的多元经济结构。随着商品经济的发展，非农业人口比重逐年增加。

1990 年，全市总人口 38.13 万人，其中农业人口 21.72 万人，非农业人口 16.41 万人。

2000 年，全市总人口 51.92 万人（不包括外来人口 4 万人）。其中农业人口 29.19 万人，非农业人口 22.73 万人；少数民族人口 21.43 万人，汉族人口 30.49 万人。

2010 年，全市总人口 48.55 万人（不含暂住人口，含未落户常住人口）。其中非农业人口 26.15 万人，农业人口 22.40 万人。

2016 年，全市常住人口 51.31 万人（不含暂住人口）。其中非农业人口 27.29 万人，农业人口 24.02 万人。

**表 3-2 1990~2016 年阿克苏市农业、非农业人口统计表**

单位．万人

| 年份 | 总人口 | 非农业 | 农业 | 年份 | 总人口 | 非农业 | 农业 |
|---|---|---|---|---|---|---|---|
| 1990 | 38.13 | 16.41 | 21.72 | 2004 | 56.87 | 26.48 | 30.38 |
| 1991 | 39.75 | 16.84 | 22.91 | 2005 | 58.28 | 34.16 | 24.13 |
| 1992 | 41.24 | 17.40 | 23.84 | 2006 | 43.46 | 22.27 | 21.19 |
| 1993 | 42.59 | 18.46 | 24.13 | 2007 | 45.24 | 24.40 | 20.84 |
| 1994 | 43.45 | 19.37 | 24.08 | 2008 | 46.50 | 25.05 | 21.45 |
| 1995 | 44.42 | 20.17 | 24.25 | 2009 | 47.64 | 25.61 | 22.03 |
| 1996 | 46.38 | 20.89 | 25.49 | 2010 | 48.55 | 26.15 | 22.40 |
| 1997 | 48.14 | 21.32 | 26.82 | 2011 | 49.62 | 26.77 | 22.85 |
| 1998 | 49.89 | 22.04 | 27.85 | 2012 | 49.50 | 27.12 | 22.38 |
| 1999 | 51.68 | 22.09 | 29.59 | 2013 | 50.92 | 27.75 | 23.17 |
| 2000 | 51.92 | 22.73 | 29.19 | 2014 | 51.49 | 28.19 | 22.76 |
| 2001 | 54.35 | 24.20 | 30.15 | 2015 | 50.77 | 27.30 | 23.47 |
| 2002 | 56.14 | 25.13 | 31.00 | 2016 | 51.31 | 27.29 | 24.02 |
| 2003 | 57.27 | 25.65 | 31.62 | | | | |

## 二 人口密度

阿克苏市人口在自然地理分布上极不均衡，城乡人口密度与农牧区人口密度的差别很大。

1990 年后，由于农业机械化水平的提高及第三产业的发展，农村富余劳动力向城镇非农产业的大量转移、城镇地域的扩大等因素，城镇化的发展也出现新局面。

1990 年，阿克苏市按人口计算，平均每平方千米 16.43 人。

2016 年，阿克苏市按人口计算，平均每平方千米 35.59 人。

**表 3-3 1990~2016 年阿克苏市人口密度变化表**

单位：万人，人/平方千米

| 年度 | 人口数 | 人口密度 | 年度 | 人口数 | 人口密度 | 年度 | 人口数 | 人口密度 |
|---|---|---|---|---|---|---|---|---|
| 1990 | 38.13 | 16.43 | 1999 | 51.68 | 22.18 | 2008 | 47.50 | 20.44 |
| 1991 | 39.75 | 17.05 | 2000 | 51.92 | 22.28 | 2009 | 47.64 | 35.22 |
| 1992 | 41.24 | 17.75 | 2001 | 54.35 | 23.32 | 2010 | 48.55 | 35.79 |
| 1993 | 42.59 | 18.28 | 2002 | 56.14 | 24.09 | 2011 | 49.62 | 34.42 |
| 1994 | 43.45 | 18.65 | 2003 | 57.27 | 24.58 | 2012 | 49.50 | 34.34 |
| 1995 | 44.42 | 19.06 | 2004 | 56.87 | 24.83 | 2013 | 50.92 | 35.32 |
| 1996 | 46.38 | 19.90 | 2005 | 58.28 | 25.01 | 2014 | 51.49 | 35.71 |
| 1997 | 48.14 | 20.66 | 2006 | 43.46 | 25.73 | 2015 | 50.77 | 35.22 |
| 1998 | 49.89 | 21.41 | 2007 | 45.24 | 19.41 | 2016 | 51.31 | 35.59 |

## 第三节　人口变动

### 一　人口自然增长

1990 年起，阿克苏市人口呈高出生、低死亡的态势。当年，出生人数 0.65 万人，死亡人数 0.17 万人。2000 年，阿克苏市出生人数 0.64 万人，死亡人数 0.20 万人。2010 年，阿克苏市出生人数 0.77 万人，死亡人数 0.17 万人。2016 年，阿克苏市出生人数 1.17 万人，死亡人数 0.46 万人。

**表 3 -4　1990 ~2016 年阿克苏市人口变动统计表**

单位：万人

| 年份 | 出生人数 | 其中 | | 出生率(‰) | 死亡人数 | 其中 | | 死亡率(‰) |
|---|---|---|---|---|---|---|---|---|
| | | 男 | 女 | | | 男 | 女 | |
| 1990 | 0.65 | 0.32 | 0.32 | 18.00 | 0.17 | 0.10 | 0.07 | 5.00 |
| 1991 | 0.57 | 0.30 | 0.27 | 15.00 | 0.20 | 0.12 | 0.08 | 5.00 |
| 1992 | 0.59 | 0.29 | 0.30 | 14.00 | 0.18 | 0.10 | 0.08 | 5.00 |
| 1993 | 0.51 | 0.27 | 0.25 | 12.20 | 0.18 | 0.11 | 0.07 | 4.20 |
| 1994 | 0.45 | 0.23 | 0.23 | 10.56 | 0.19 | 0.11 | 0.08 | 4.34 |
| 1995 | 0.45 | 0.24 | 0.21 | 10.32 | 0.19 | 0.11 | 0.08 | 4.30 |
| 1996 | 0.49 | 0.25 | 0.24 | 10.85 | 0.21 | 0.13 | 0.08 | 4.71 |
| 1997 | 0.49 | 0.26 | 0.23 | 10.39 | 0.23 | 0.14 | 0.09 | 4.85 |
| 1998 | 0.47 | 0.24 | 0.23 | 9.55 | 0.18 | 0.11 | 0.07 | 3.69 |
| 1999 | 0.50 | 0.27 | 0.24 | 9.79 | 0.19 | 0.11 | 0.07 | 3.64 |
| 2000 | 0.64 | 0.33 | 0.31 | 12.27 | 0.20 | 0.12 | 0.08 | 5.12 |
| 2001 | 0.62 | 0.31 | 0.31 | 11.41 | 0.13 | 0.08 | 0.05 | 2.43 |
| 2002 | 0.51 | 0.27 | 0.25 | 9.33 | 0.14 | 0.09 | 0.06 | 2.59 |
| 2003 | 0.47 | 0.24 | 0.23 | 8.33 | 0.18 | 0.10 | 0.07 | 3.14 |
| 2004 | 0.56 | 0.29 | 0.27 | 9.89 | 0.17 | 0.10 | 0.07 | 3.00 |
| 2005 | 1.03 | 0.54 | 0.49 | 17.94 | 0.24 | 0.14 | 0.09 | 4.13 |
| 2006 | 0.60 | 0.30 | 0.29 | 13.77 | 0.14 | 0.08 | 0.05 | 3.14 |
| 2007 | 0.57 | 0.29 | 0.29 | 12.95 | 0.18 | 0.11 | 0.07 | 4.04 |
| 2008 | 0.65 | 0.33 | 0.32 | 14.08 | 0.17 | 0.10 | 0.06 | 3.61 |
| 2009 | 0.74 | 0.38 | 0.36 | 15.82 | 0.13 | 0.09 | 0.05 | 2.83 |
| 2010 | 0.77 | 0.40 | 0.37 | 15.91 | 0.17 | 0.11 | 0.06 | 3.48 |
| 2011 | 0.81 | 0.42 | 0.38 | 16.45 | 0.23 | 0.14 | 0.08 | 4.69 |
| 2012 | 0.81 | 0.41 | 0.39 | 16.33 | 0.36 | 0.19 | 0.16 | 7.22 |
| 2013 | 0.81 | 0.42 | 0.40 | 16.18 | 0.22 | 0.13 | 0.08 | 4.41 |
| 2014 | 0.81 | 0.42 | 0.39 | 15.73 | 0.33 | 0.18 | 0.15 | 6.22 |
| 2015 | 0.72 | 0.37 | 0.35 | 14.27 | 0.40 | 0.22 | 0.18 | 8.00 |
| 2016 | 1.17 | 0.60 | 0.57 | 22.83 | 0.46 | 0.26 | 0.20 | 9.02 |

## 二　人口机械变动

1990年以来，随着阿克苏市经济持续快速发展，外来人口数量增多，人口流动比较活跃，但总体人口迁出、迁入差异不大。2005年，兵团第一师户籍制度改革，阿克苏市农业户口转非农业户口较多，变动数量较大。2010年后，迁入的人数略有减少。

**表3-5　1990～2016年阿克苏市人口机械变动一览表**

单位：人

| 年份 | 迁入 | 迁出 | 年份 | 迁入 | 迁出 |
|---|---|---|---|---|---|
| 1990 | 9647 | 8241 | 2004 | 20439 | 8826 |
| 1991 | 14367 | 8550 | 2005 | 91276 | 80569 |
| 1992 | 12905 | 8353 | 2006 | 14822 | 5512 |
| 1993 | 21518 | 8222 | 2007 | 14436 | 5182 |
| 1994 | 9740 | 3924 | 2008 | 12348 | 4679 |
| 1995 | 15684 | 8010 | 2009 | 10588 | 4836 |
| 1996 | 16852 | 9019 | 2010 | 8699 | 6052 |
| 1997 | 15047 | 9175 | 2011 | 15047 | 9175 |
| 1998 | 17057 | 8874 | 2012 | 17057 | 8874 |
| 1999 | 9771 | 7910 | 2013 | 12957 | 5172 |
| 2000 | 10452 | 7279 | 2014 | 15952 | 10269 |
| 2001 | 20696 | 4632 | 2015 | 20696 | 4632 |
| 2002 | 18573 | 9116 | 2016 | 18573 | 9116 |
| 2003 | 38335 | 17362 | | | |

# 第四节　人口构成

## 一　民族构成

阿克苏市是阿克苏地区政治、经济、文化中心。1990年，全市有30个民族，共38.13万人，其中汉族19.74万人，占全市总人口的51.76%；维吾尔族17.95万人，占全市总人口的47.07%；回族3410人，占全市总人口的0.9%；其他27个少数民族1020人，占全市总人口的0.27%。

2016年底，阿克苏市共有39个民族，常住人口51.31万人（不含暂住人口，含兵团），其中汉族22.72万人，占总人口的44.28%；少数民族有维吾尔、回、柯尔克孜、俄罗斯、蒙古、哈萨克、乌孜别克、壮、满、锡伯、布依、土家、苗族等，占总人口的55.72%，其中维吾尔族有27.72万人。

表 3-6　1990 ~ 2016 年阿克苏市各民族人口结构数量表

单位：万人

| 年份 | 总人口 | 维吾尔族 | 汉族 | 回族 | 其他民族 |
|---|---|---|---|---|---|
| 1990 | 38.13 | 17.95 | 19.74 | 0.34 | 0.10 |
| 1991 | 39.75 | 18.29 | 20.96 | 0.38 | 0.12 |
| 1992 | 41.24 | 18.59 | 22.11 | 0.41 | 0.13 |
| 1993 | 42.59 | 18.88 | 23.11 | 0.43 | 0.17 |
| 1994 | 43.45 | 18.99 | 23.84 | 0.43 | 0.19 |
| 1995 | 44.42 | 19.05 | 24.71 | 0.44 | 0.21 |
| 1996 | 46.38 | 19.43 | 26.26 | 0.44 | 0.25 |
| 1997 | 48.14 | 19.92 | 27.53 | 0.43 | 0.26 |
| 1998 | 49.89 | 20.33 | 28.88 | 0.43 | 0.25 |
| 1999 | 51.68 | 20.35 | 30.57 | 0.46 | 0.29 |
| 2000 | 51.92 | 20.66 | 30.49 | 0.47 | 0.30 |
| 2001 | 54.35 | 21.16 | 32.34 | 0.50 | 0.36 |
| 2002 | 56.14 | 21.25 | 33.99 | 0.51 | 0.39 |
| 2003 | 57.27 | 22.30 | 34.01 | 0.52 | 0.44 |
| 2004 | 56.87 | 21.73 | 34.12 | 0.54 | 0.47 |
| 2005 | 58.28 | 22.35 | 34.85 | 0.52 | 0.57 |
| 2006 | 43.46 | 22.31 | 20.46 | 0.49 | 0.20 |
| 2007 | 45.24 | 22.88 | 21.63 | 0.46 | 0.27 |
| 2008 | 46.50 | 23.21 | 22.19 | 0.48 | 0.61 |
| 2009 | 47.64 | 23.91 | 22.91 | 0.49 | 0.33 |
| 2010 | 48.55 | 24.73 | 22.99 | 0.49 | 0.35 |
| 2011 | 49.62 | 25.27 | 23.50 | 0.49 | 0.36 |
| 2012 | 49.50 | 25.49 | 23.15 | 0.49 | 0.37 |
| 2013 | 50.92 | 26.52 | 23.53 | 0.49 | 0.38 |
| 2014 | 51.49 | 27.23 | 23.37 | 0.50 | 0.39 |
| 2015 | 50.77 | 21.22 | 22.68 | 0.48 | 0.39 |
| 2016 | 51.31 | 27.72 | 22.72 | 0.48 | 0.39 |

## 二　性别构成

1990 年，阿克苏市常住人口中，男性 19.94 万人，占全市总人口的 52.29%；女性 18.19 万人，占全市总人口的 47.71%。此后，男性人口数量一直略高于女性人口数量，男女人口比例保持相对稳定。

2016 年，阿克苏市常住人口中，其中男 25.76 万人，女 25.55 万人，性别比为 100.82∶100。

表 3－7　1990～2016 年阿克苏市人口性别表

单位：人

| 年份 | 总人口 | 男 | 女 | 性别比例 | 年份 | 总人口 | 男 | 女 | 性别比例 |
|---|---|---|---|---|---|---|---|---|---|
| 1990 | 381287 | 199367 | 181920 | 109.59:100 | 2004 | 568663 | 302707 | 265956 | 113.81:100 |
| 1991 | 397517 | 211085 | 186432 | 113.22:100 | 2005 | 582839 | 306937 | 275902 | 111.25:100 |
| 1992 | 412357 | 217849 | 194508 | 112.00:100 | 2006 | 434599 | 222658 | 211941 | 105.06:100 |
| 1993 | 425856 | 226056 | 199800 | 113.14:100 | 2007 | 452388 | 231144 | 221244 | 104.47:100 |
| 1994 | 434467 | 231170 | 203297 | 113.71:100 | 2008 | 464955 | 238649 | 226306 | 105.45:100 |
| 1995 | 444203 | 236888 | 207315 | 114.26:100 | 2009 | 476437 | 242612 | 233825 | 103.76:100 |
| 1996 | 463798 | 246578 | 217220 | 113.51:100 | 2010 | 485499 | 247148 | 238351 | 103.69:100 |
| 1997 | 481364 | 257991 | 223373 | 115.49:100 | 2011 | 496183 | 252388 | 243795 | 103.52:100 |
| 1998 | 498937 | 267174 | 231762 | 115.27:100 | 2012 | 495002 | 250786 | 244216 | 102.60:100 |
| 1999 | 516761 | 277508 | 239053 | 116.08:100 | 2013 | 509234 | 258142 | 251092 | 102.81:100 |
| 2000 | 519195 | 279841 | 239354 | 116.91:100 | 2014 | 514887 | 260750 | 254137 | 102.60:100 |
| 2001 | 543539 | 290751 | 252788 | 115.01:100 | 2015 | 507700 | 255500 | 252200 | 101.31:100 |
| 2002 | 561378 | 301041 | 260337 | 115.63:100 | 2016 | 513100 | 257600 | 255500 | 100.82:100 |
| 2003 | 572694 | 306824 | 265870 | 115:100 | | | | | |

## 第五节　家　庭

1990 年后，阿克苏市城乡居民家庭观念发生很大变化，城镇汉族家庭 1 户只生育 1 个孩子、少数民族家庭生育 2 个孩子，农村汉族家庭生育 2 个孩子、少数民族家庭生育 3 个孩子的计划生育政策已深入人心。家庭户均人口数和 65 岁及以上老人的家庭数同比都明显下降。

1990 年，第四次全国人口普查显示，全市总户数为 101869 户，家庭平均人口 3.74 人。

2000 年，第五次全国人口普查显示，全市总户数为 155142 户，家庭平均人口 3.34 人。

2010 年，第六次全国人口普查显示，全市总户数为 140447 户，家庭平均人口 3.47 人。

# 第二章　人口普查

## 第一节　全国人口普查

### 一　第四次全国人口普查

1990 年，阿克苏市开展第四次全国人口普查。成立全国第四次人口普查领导小组，由各部门抽调人员担任普查员开展工作。以 1990 年 7 月 1 日零时为标准登记时间，对具有中华人民共和国国籍，并在阿克苏市境内常住的人口进行直接调查登记，11 月完成手工汇总。全市总人口为 383015 人，与 1982 年全国第三次人口普查的 339274 人相比，增加 43741 人，年均增长率 1.53%。常住人口 349929 人，占人口总数的 91.36%。有家庭户 92012 个、357557 人，占总人口的 93.35%。全市总人口中，男性 202264 人，占 52.81%，女性 180751 人，占 47.19%，性别比例为 1.119∶1；汉族人口 197725 人，占总人口 51.62%，各少数民族人口 185290 人，占 48.38%；1990 年出生人口 8683 人，死亡人口 2439 人，出生率为 22.86%，死亡率为 6.42%，人口自然增长率为 16.44‰；城市人口 258005 人，占总人口的 67.36%；大专以上文化程度 7486 人，高中（含中专）文化 46894 人，小学文化 126521 人。

### 二　第五次全国人口普查

1999 年 4 月，阿克苏市成立第五次全国人口普查领导小组。2000 年，阿克苏市开展第五次全国人口普查。根据第五次全国人口普查统计，阿克苏市总人口 561822 人，其中兰干街道 47179 人、英巴扎街道 31687 人、红桥街道 21849 人、新城街道 57031 人、南城街道 27086 人、喀拉塔勒镇 34277 人、阿依库勒镇 33822 人、依干其乡 29608 人、拜什吐格曼乡 21006 人、托普鲁克乡 13093 人、库木巴什乡 18975 人、托喀依乡 3337 人、林园虚拟街道 8492 人、兵团阿拉尔局虚拟镇 17884 人、良种繁育场虚拟乡 4271 人、红旗坡农场虚拟乡 17503 人、兵团一团虚拟乡 23049 人、兵团二团虚拟乡 11503 人、兵团七团虚拟乡 13025 人、兵团八团虚拟乡 11160 人、兵团九团虚拟乡 20958 人、兵团十团虚拟乡 12417 人、兵团十一团虚拟乡 11479 人、兵团十二团虚拟乡 19722 人、兵团十三团虚拟乡 14341 人、兵团十四团虚拟乡 13511 人、兵团十五团虚拟乡 9885 人、兵团十六团虚拟乡 13672 人。

### 三　第六次全国人口普查

2010 年，阿克苏市按照第六次全国人口普查领导小组办公室工作部署，对辖区实有人口实行档案管理、制度管理、动态管理。11 月 1 日零时为标准时点开展第六次全国人口普查，阿克苏市总人口 535657 人，其中兰干街道 71746 人、英巴扎街道 43346 人、红桥街道 31228 人、新城街道 87368 人、南城街道 37766 人、喀拉塔勒镇 36308 人、阿依库勒镇 39893 人、依干其乡 40737 人、拜什吐格曼乡 23798 人、托普鲁克乡 14587 人、库木巴什乡 21075 人、良种场 5375 人、红旗坡农场 21228 人、实验林场 20161 人、西工业园区 7480 人、新疆生产建设兵团农一师一团 21970 人、新疆生产建设兵团农一师二团 9542 人、新疆生产建设兵团农一师沙井子 2049 人。

## 第二节　专项人口统计

2003 年，阿克苏市开始老年人口专项统计。至 2016 年，全市有老年人口 44860 人，其中健在的百岁老人 11 人。

表 3-8 2003~2016 年阿克苏市老龄人口情况表

单位：人

| 年份 | 老年人口 | | | 备注 |
|---|---|---|---|---|
| | 总数 | 城市 | 农村 | |
| 2003 | 51134 | 15948 | 35186 | 包括金银川、沙井子 |
| 2004 | 32670 | 18521 | 14149 | |
| 2005 | 53079 | 19943 | 33136 | |
| 2006 | 34570 | 20546 | 14024 | |
| 2007 | 42256 | 21965 | 20291 | |
| 2008 | 42752 | 25141 | 17611 | 包括兵团第一师一团、二团 |
| 2009 | 43571 | 22816 | 22705 | |
| 2010 | 50365 | 27035 | 23330 | |
| 2011 | 47084 | 24566 | 22518 | |
| 2012 | 47914 | 25218 | 22696 | |
| 2013 | 48153 | 26509 | 21644 | |
| 2014 | 46143 | 28052 | 18091 | |
| 2015 | 44109 | 27486 | 16613 | |
| 2016 | 44860 | 29716 | 15144 | |

## 第三节 人口抽样调查

1995 年 7 月，阿克苏市开展全国 1% 人口抽样调查。

2015 年 5 月，阿克苏市开展全国 1% 人口抽样调查工作。共调查 17 个乡级单位的 25 个村级单位作为样本单位，以每 80 户、常住人口 250~300 人为标准进行调查小区划分，共划分出 455 个调查小区，进行小区编号、地图绘制等工作。11 月 1 日零点对 25 个调查小区的 1899 户、6219 人进行 PDA 网络平台登记和纸质登记表入户调查，摸清被调查户的收入、住房、性别、年龄、流动分布等家庭基本情况，登记出生率 15.76‰，死亡率 4.46‰，基本符合阿克苏市状况。

表 3-9 2015 年阿克苏市 1% 人口抽样调查汇总表

单位：人

| 按处理地 | 登记数据 | | |
|---|---|---|---|
| | 总人数 | 出生人数 | 死亡人数 |
| 阿克苏市 | 6219 | 105 | 19 |
| 兰干街道办事处 | 456 | 8 | 0 |
| 英巴扎街道办事处 | 727 | 15 | 0 |
| 红桥街道办事处 | 446 | 2 | 0 |
| 新城街道办事处 | 895 | 6 | 1 |
| 南城街道办事处 | 221 | 4 | 0 |
| 柯柯牙街道办事处 | 253 | 5 | 0 |
| 喀拉塔勒镇 | 150 | 0 | 0 |

续表

| 按处理地 | 登记数据 | | |
|---|---|---|---|
| | 总人数 | 出生人数 | 死亡人数 |
| 阿依库勒镇 | 809 | 21 | 5 |
| 依干其乡 | 340 | 11 | 2 |
| 拜什吐格曼乡 | 305 | 9 | 2 |
| 托普鲁克乡 | 288 | 5 | 3 |
| 库木巴什乡 | 279 | 6 | 2 |
| 良种场 | 295 | 4 | 1 |
| 红旗坡农场 | 278 | 6 | 1 |
| 实验林场 | 0 | 0 | 0 |
| 兵团一团 | 0 | 0 | 0 |
| 兵团二团 | 221 | 3 | 2 |
| 西工业园区管理委员会 | 0 | 0 | 0 |
| 兵团农一师沙井子水利管理处 | 0 | 0 | 0 |
| 纺织工业城 | 0 | 0 | 0 |
| 经济技术开发区 | 256 | 0 | 0 |
| 特色产业园区 | 0 | 0 | 0 |

# 第三章　民　族

## 第一节　汉　族

汉族是阿克苏市主要民族之一。1990 年，有汉族人口 19.74 人；2016 年，有汉族人口 22.72 万人，占总人口的 44.28%。汉族群众的生活习惯及衣食住行与内地汉族群众无差别。

1990 年后，阿克苏市汉族的穿着变化较大，衣服样式层出不穷。男的穿西装，打领带；女的穿裙子、旗袍、喇叭裤、牛仔裤、牛仔服、休闲装。主食多以小麦面、大米为主，也吃黄米、小米、玉米面，面食中偏向于馒头和拉条子。本地汉族饮食味道以酸、辣为主。喜饮烈性酒。除吃猪肉外，都习惯吃牛羊肉。

20 世纪 90 年代以来，砖木结构、砖混结构的住宅在农村增多。城市居民逐渐住上楼房。到 21 世纪后，越来越多的城里人住上楼房，农村居住条件也大为改善。室内摆设开始讲究系列化、舒适化和电气化。一般家庭普遍添置有组合柜、沙发、席梦思床、书橱，收录机、电视机、洗衣机、电风扇、电冰箱等家用电器也得到普及。到 2016 年，城区有 90% 的人住上楼房，讲究室内装修；家用电器向更高级发展。

阿克苏市汉族人的婚俗与时俱进，男女婚姻讲究自由恋爱，结婚过程中省去许多烦琐礼仪。丧葬习俗也随着时代的变迁，越来越简化，越来越文明。

## 第二节　维吾尔族

1990 年，阿克苏市有维吾尔族 17.95 万人；2016 年，全市有维吾尔族 27.72 万人，占总人口的 54.03%。

20 世纪 90 年代以来，阿克苏市的维吾尔族从事农业生产居多，部分从事手工业、饮食服务，如经营饭馆、肉铺等。很多人掌握文化知识和科学技术，走上管理岗位和技术岗位。

阿克苏市维吾尔族婚礼一般举行 2 天。第一天在女家举行出嫁仪式，第二天在男方家举行揭盖头仪式。婚礼少不了维吾尔族舞蹈，如刀郎舞、麦西热甫舞蹈，城市里的大多举行舞会。

维吾尔族与他人见面要握手、问候，宴请客人，先请年长者在炕上面坐，然后其他人才可入座。若有喜事，有请必到；如遇丧事，亲朋好友、街坊邻居不请自到，前来问安或帮前忙后。饮食主要有馕、抓饭、水饺、汤面、拉条子（拉面）、手抓肉、肉汤等，喜饮茯茶。一般实行土葬。

## 第三节　回　族

1990 年，阿克苏市有回族 3410 人；2016 年，有回族 0.48 万人。

阿克苏市回族服饰与汉族大体相近，城乡服饰相同。

阿克苏市的回族主食以米、面为主，肉食以牛、羊肉为主。擅长煎、炒、烩、炸、爆、烤等各种烹调技法，风味独特。逢年过节，家家宰牛、羊等招待亲友庆贺，并要做油香、馓子等节日食品，以及粉汤、手抓肉和各种特色菜肴招待客人。

回族人在日常生活中，见面都要问安。客人来访，要先倒茶，还要端上瓜果点心或自制面点招待，所有家庭成员都来与客人见面、问好。送客时，全家人一一与客人道别、祝福。一般实行土葬。

## 第四节　其他民族

1990 年，阿克苏市除有汉族、维吾尔族、回族外，其他少数民族有 27 个，共 1020 人；2016 年，有柯尔克孜、俄罗斯、蒙古、哈萨克、乌孜别克、壮、满、锡伯、布依、土家、苗等 36 个其他少数民族，共 0.39 万人。尽管各民族居住本市的历史长短不一，人口有多有少，但在长期的共同生活中，在开发边疆、建设边疆和保卫边疆的共同事业中，建立起亲密情谊。

# 第四章　宗　教

## 第一节　佛　教

佛教在阿克苏市历史悠久，20 世纪 90 年代后，在民间有少量佛事活动。

## 第二节 伊斯兰教

阿克苏市有维吾尔、哈萨克、回、柯尔克孜等民族的部分群众信仰伊斯兰教。2016 年，全市有伊斯兰教宗教人士 394 名。

## 第三节 基督教

1990 年，阿克苏市有基督教堂 1 座。2015 年拆迁重建，位于阿克苏市新城街道团结路南侧，占地面积 667 平方米，建筑面积 1035 平方米，下设 2 个活动点，分别位于兰干街道红光社区、南城街道铁热克买里社区。有 3000 余名信教人员。

# 第四编　城乡建设与管理

1990年，阿克苏市建成区面积24平方千米。1996年，以城市道路改造为标志，城乡建设步入发展的快车道。2000年后，市委、市政府紧紧抓住西部大开发战略机遇，不断加强城市道路、住房、供排水、电、暖、公共绿地、公厕、垃圾处理等基础设施建设，涉及领域越来越广，发展速度越来越快。一大批基础设施的建成，极大改善了城乡面貌，方便了群众生产生活，优化了投资环境，促进了经济社会发展。2010年后，市委、市政府坚持以规划为引领，以打造宜居宜业、水韵森林之城的南疆区域性中心城市为目标，不断完善城市功能，提升城市品位，提高城乡综合服务功能水平，美化、优化、亮化城市环境和生态环境。以“北联、南扩、东优、西进”城市发展思路为指导，实施“三横四纵”路网结构，建成多浪河景观带一期、二期，规划建设多浪河湿地公园、森林公园等。到2016年，城市建成区面积53.9平方千米。绿化覆盖率42.1%，城市森林覆盖率51%。

1990年后，阿克苏市城乡建筑业快速发展，市内国有、集体建筑企业经过发展，建筑技术水平、施工能力大幅度提升。城市推行住房制度改革，实行住房分配货币化，从标准价售房、成本价售房过渡为商品价售房，职工住房逐步实现货币化、商品化，房地产业应运而生，成为阿克苏市新的经济增长点。2016年，全市共核发建筑工程施工许可证96件，建筑面积78.02万平方米，工程总造价12.94亿元。

# 第一章　机　构

## 第一节　行政机构

### 一　住房和城乡建设局

1990 年，阿克苏市城乡建设环境保护局负责城乡建设和环境保护工作，机构规格正科级。

1992 年 1 月，阿克苏市城乡建设环境保护局环境保护职能析出，更名为阿克苏市城乡建设局，内设办公室、财务室、市政科、建管科、质监站、规划科、路灯所、城建档案馆、统筹站。

1998 年 4 月，阿克苏市城乡建设局更名为阿克苏市城乡建设委员会。核定编制 55 名，内设党办、行办、规划管理科、建管科、市政科、财务科、项目办、绿委办、质监站、城市规划科、村镇规划科、城建档案馆、路灯所、供热筹建办、统筹站、节水办 16 个科室。下设阿克苏市园林处、环卫处、城管大队、供排水公司、公共汽车公司、水泥制品厂、市政公司、市一建、市二建等企事业单位。

1999 年，水泥制品厂析出。

2002 年 6 月，阿克苏市城乡建设委员会更名为阿克苏市建设局。

2005 年 11 月，阿克苏市建设局撤销规划管理科、城市规划科、村镇规划科，增设城市供排水和节水管理办公室、燃气管理办公室。

2012 年，阿克苏市建设局与阿克苏市房产管理局合并为阿克苏市住房和城乡建设局，内设办公室、财务审计股、市政公用事业管理股、房地产业管理股、建筑业管理股。

2016 年，阿克苏市住房和城乡建设局下设建筑工程质量监督站、城乡建设档案馆、供热管理办公室、建筑企业劳保费用行业统筹管理站、村镇建筑市场管理站、燃气管理办公室、供排水管理办公室、城镇住房保障管理办公室（参照）、房产交易管理所、园林绿化管理处、拆迁管理办公室、路灯管理所、城市景观管理办公室。编制 230 名，实有 204 人。

### 二　市房产管理局

1987 年 10 月，阿克苏市成立房地产管理局，编制 15 名。

1997 年 8 月，阿克苏市房地产管理局更名为阿克苏市房产管理局，土地管理职能析出。内设办公室、财务室、住房制度改革办公室、产权产籍科、房产科、档案科、拆迁和抵押科。

2007 年 1 月，阿克苏市房产管理局内设办公室、财务室、住宅建设科、档案科、房产交易所，下设房改办。

2012 年，阿克苏市房产管理局与阿克苏市建设局合并为阿克苏市住房和城乡建设局。

### 三　城市管理行政执法局

2012 年 2 月，阿克苏市城市管理行政执法局正式挂牌成立，核定编制 10 名。将原建设局下属市城建管理监察大队和市环境卫生管理处、市规划局下属规划监察大队 3 个单位的职责、编制、在编人员一并调整至阿克苏市城市管理行政执法局，下设党政办公室、财务室、行政审批科、督察科、法制办、人事档案办、执法局停车场管理办公室、违章处理办公室 8 个职能科室。

2014 年，阿克苏市城市管理行政执法局编制 12 名，其中领导职数 3 名，工勤事业编制 2 名。内设办公室、行政审批股、督察股、市容市貌股，下设城市管理行政执法大队、市容和环境卫生管理处，有行政执法人员 130 人，协管员 30 人。

2016 年，阿克苏市城市管理行政执法局有在编人员 10 人。

## 第二节　事业机构

### 一　市建筑企业劳保费用行业统筹管理站

1990 年成立，相当于股级，核定事业编制 3 名，其中领导职数 1 名。有专业技术人员 2 人。自收自支预算管理。2016 年，实有 3 人。

### 二　园林绿化管理处

1990 年为阿克苏市园林绿化队，有编制 60 名。

1995 年，市园林绿化队更名为阿克苏市园林绿化管理处（以下简称市园林处）。

1996 年，编制增加至 105 名。

1997 年，市园林处设办公室、综合业务科、财务室、监察科、绿化一队、绿化二队、绿化三队、西广场管理办公室、苗圃管理办公室。

1998 年，转为全额预算管理。

1999 年，市园林处由股级事业单位升格为副科级事业单位。

2000 年，阿克苏市多浪公园归属于市园林绿化管理处。

2001 年，市园林处编制减至 96 名。

2009 年，市园林处为全额事业单位，副科级，核定编制 126 名，实有 85 人，下设行政办、监察科、综合业务科、科研所、绿委办 5 个科室及绿化一队、绿化二队、绿化三队、绿化四队、世纪广场、东城公园等 6 个管理部门。根据工作需要，聘用 400 名临时工。

2016 年，阿克苏市园林处核定编制 101 人，其中领导职数 4 名；实有 92 人，下设行政办、监察科、综合业务科、督查办、植保科、绿委办等 6 个科室及绿化一队、绿化二队、绿化三队、绿化四队、世纪广场、苗圃队、东城公园、西广场等 8 个管理部门。

### 三　城市景观管理办公室

2009 年 3 月，阿克苏市多浪公园更名为阿克苏市多浪河景区管理办公室，隶属阿克苏市建设局管理的事业单位，规格为股级，核定事业编制 30 名。8 月，多浪河景区管理办公室更名为城市景观管理办公室，增加编制 10 名。

2010 年 12 月，城市景观管理办公室规格由股级升格为副科级。

2011 年，市城市景观管理办公室编制 40 名，实有 29 人，聘用临时人员 145 人。

2012 年，有正式职工 33 人，聘用人员 238 人，其中政府公益性岗位人员 73 人，4050 人员（女 40 周岁、男 50 周岁以上的无业人员）20 人，临时工 145 人。

至 2016 年底，有正式职工 26 人，聘用合同工 266 人，其中政府公益性岗位人员 32 人、4050 人员 14 人，临时工 220 人。内设主任办、书记办、财务科、行政办、督察管理科、园林绿化管理科、综合科。

### 四　环境卫生管理处

1990 年，阿克苏市环境卫生管理处编制 112 名，隶属阿克苏市城乡建设和环境保护局。

1994 年，阿克苏市环境卫生管理处编制 132 名。

2012 年 2 月，市环境卫生管理处从市建设局析出，隶属阿克苏市城市管理行政执法局。

### 五　城市客运管理办公室

1994 年 10 月，阿克苏市成立城市客运管理办公室。1999 年 1 月，阿克苏市城市客运管理办公室编制 20 名，内设财务室、培训室、党办及宣教室、违章投诉业务办理大厅、稽查队。

2011 年 10 月，阿克苏市城市客运管理办公室从阿克苏市建设局析出，隶属阿克苏市交通运输局。

### 六　规划局

2005 年 10 月，阿克苏市成立规划局，内设行政办公室、建设用地规划管理科、建设工程规划管理科、市政工程规划管理科、村镇管理科、批后管理科，编制 30 名，其中领导职数 3 名。下设阿克苏市规划监察大队。

2012 年 2 月，规划监察大队划归阿克苏市城市管理行政执法局。

2014 年 7 月，阿克苏市成立规划信息中心，隶属阿克苏市规划局，编制 5 名。

2016 年 12 月，阿克苏市规划局编制 22 名，实有 21 人；阿克苏市规划信息中心编制 9 名，实有 8 人。为参照公务员管理事业单位。

### 七　拆迁办公室

2001 年 2 月，阿克苏市成立拆迁办公室，副科级单位，全额拨款事业单位，核定编制 7 名，其中领导职数 2 名，实有 6 人。

2010 年，编制 6 名，增加副主任职数 1 名。

2016 年 6 月 28 日，市拆迁办编制 15 名，实有 14 人。

### 八　城建管理监察大队

1990 年，阿克苏市城市综合管理队为全民所有制事业单位，股级建制，隶属城建局管理，编制 20 名。1992 年 11 月，城市综合管理队更名为阿克苏市城建管理监察大队。1996 年 10 月，编制增加至 70 名。2003 年 10 月，编制增加至 90 名。2012 年，城建管理监察大队职能、人员编制等划转至阿克苏市城市管理行政执法局。

2016 年，城建管理监察大队共有编制 65 名，实有 47 人，有 10 个建制中队，为全额预算管理的参照公务员管理事业单位。

### 九　抗震安居工程建设领导小组办公室

2004 年 5 月，阿克苏市成立抗震安居工程建设领导小组办公室，有工作人员 6 人，办公室下设综合组、技术质量组、资金组。2011 年 8 月，阿克苏市抗震安居工程建设领导小组办公室增设安居富民工程建设领导小组办公室，两块牌子，一套班子，对外沿用抗震安居工程建设领导小组的名称。2016 年 12 月，阿克苏市安居富民工程建设领导小组办公室实有 2 人。

## 第三节　企业机构

### 一　市政养护公司

2016 年 9 月，阿克苏市成立市政养护公司，下设阿克苏市公共自行车交通服务发展有限公司。

### 二　职业技能鉴定站

2000 年 1 月，阿克苏第七职业技能鉴定站成立，隶属阿克苏市住房和城乡建设局管理，主要职责为规范建筑业农民工技能水平、保证工程质量和安全生产。技能鉴定工种有瓦工、抹灰工、钢筋工、水暖工、油漆工、木工、防水工、架子工、混凝土工，鉴定等级为初级和中级。

### 三　水务集团

1990 年，阿克苏市供排水公司是一家集自来水生产、销售、污水处理、供排水管网维护和施工、安装为一体的国有事业单位，有职工 105 人，内设行政办、财务室、生产科、自动化小组、用水管理所、排水管理所、污水厂、自来水厂、新城泵站、车辆管理办。

2011 年 12 月，公司有职工 194 人。

2012 年 3 月，阿克苏市供排水公司改制成立水务集团有限公司。

2013 年 3 月，阿克苏市成立公共自行车交通服务发展有限公司，为阿克苏市水务集团子公司。

2016年9月，阿克苏市水务集团从阿克苏市住建局析出，隶属阿克苏地委；阿克苏市公共自行车交通服务发展有限公司从水务集团析出，归阿克苏市市政养护公司管理。

## 四 液化气公司

1998年，市液化气公司成立。2003年8月，阿克苏市液化气公司从市住建局析出，与阿克苏浩燃液化气有限公司、温宿县三环液化气有限公司和农一师广厦液化气有限公司整合成立阿克苏久鑫燃气有限责任公司，主要业务为民用液化气充装销售，注册资本200万元，民营企业。

## 五 浩源天然气公司

2006年2月，阿克苏市成立浩源天然气公司，主要业务为天然气销售、运输，注册资本4.2亿元。2010年9月，从市住建局析出，改制为股份制民营独立机制。

## 六 宏翔置业公司

1990年，宏翔置业公司主要经营房地产开发、建筑安装。1999年，阿克苏市宏翔置业公司从市住建局析出，由国有企业改制为民营性质企业，主要从事房地产开发和建筑安装。

## 七 抗震加固公司

1990年，市抗震加固公司主要业务为建设施工安装。1999年，阿克苏市抗震加固公司从市住建局析出，并入宏翔置业公司。

## 八 市第一建筑公司

1990年，市第一建筑公司主要业务为建筑施工与安装。1996年从市住建局析出，改制为民营性质企业。

## 九 市第二建筑公司

1990年，市第二建筑公司主要业务为建筑施工与安装。1996年，阿克苏市第二建筑公司与第三建筑公司合并，从市住建局析出，更名为金石置业公司，改为民营性质企业，主要从事建筑施工与安装。

## 十 市第三建筑公司

1992年成立，主要业务为建筑施工与安装，注册资本50万元，1996年从市住建局析出，与第二建筑公司合并为金石置业公司，为民营性质企业。

## 十一 砂石料厂

1992年成立，主要从事砂石料的运营，注册资本50万元，2002年破产。

# 第二章　城乡规划

## 第一节　城市总体规划

1990 年后，阿克苏市历经数轮城市总体规划编制。2005 年，阿克苏市对《阿克苏市城市总体规划（1997～2015)》进行调整，委托上海同济城市规划设计研究院承担城市总体规划修编工作，制定《阿克苏市城市总体规划（2005～2015)》。新规划中指明阿克苏市新的城市发展方向，确定中心城区跨越多浪河向西发展，建设多浪新城。2006 年，在总体规划修编的基础上，编制完成《阿克苏市多浪河景观水系整治规划》。2007 年 1 月 24 日，《阿克苏市城市总体规划（2005～2015)》获自治区批准实施。

2010 年 7 月，阿克苏市新一轮城市总体规划修编和市区 120 平方千米 1∶500 地形图测绘工作纳入杭州首批对口科技援疆、智力援疆项目，经费为 600 万元，总体规划修编由杭州市城市规划设计研究院承担。2012 年 7 月，《阿克苏市城市总体规划（2011～2030)》获得自治区批准实施，12 月 12 日获杭州市城乡规划优秀设计一等奖。

2011 年开始，编制完成 94.5 平方千米 19 个单元的控制性详细规划，其中 2012 年编制完成 61 平方千米，2013 年编制完成 24 平方千米，2015 年编制完成 9.5 平方千米，控规覆盖率占总体规划建设用地规模的 100%。

2012 年 12 月 12 日，《阿克苏市城市总体规划（2011～2030)》获杭州市城乡规划优秀设计一等奖。阿克苏市在全疆率先完成城乡规划体系建设，主要包括阿克苏市总体规划、乡镇总体规划、122 个行政村规划、85 平方千米控制性详规、专项规划、多浪河二期核心区城市设计、多浪河景观设计，借鉴杭州及疆内其他城市的先进理念和经验，制定并出台《阿克苏市城乡规划专家评审制度（试行)》《阿克苏市城乡规划公示制度（试行)》《阿克苏市城乡规划行政许可听证事项的规定》《阿克苏市新建居住区配套设施建设管理办法（试行)》《选址论证管理规定》《城乡规划批后管理办法》等规章制度。

## 第二节　乡镇规划

1990 年，阿克苏市开始集中技术力量开展村镇规划工作。规划方案确定，市属乡镇、场为七大商品基地，各乡镇驻地都规划本乡镇最大的贸易集市，俗称巴扎。乡镇驻地以供销商业占主导地位，设有乡镇、党政机关、工商、税务、邮电、银行、营业所、信用社、外贸收购站、粮站、中小学校及公安派出所等机构；团场场部驻地设有团部及团部所属各种管理机构。较有名的巴扎有一团的沙井子巴扎、八团的塔门镇巴扎和九团的阿拉尔巴扎。地区红旗坡农场、实验林场、依干其乡和市良种场为城乡瓜果、蔬菜基地；依干其乡为奶禽、肉食基地；喀拉塔勒镇为粮、棉、油生产基地；托喀依乡为牧业基地，库木巴什乡为蚕桑基地；托普鲁克乡为甜菜基地；阿依库勒镇为渔业基地。各建制镇和自然镇是当地政治、经济、文化中心。

2011 年，阿克苏市编制喀拉塔勒镇、阿依库勒镇、托普鲁克乡、拜什吐格曼乡、库木巴什乡 5 个乡镇的集镇总体规划和喀拉塔勒镇、阿依库勒镇、托普鲁克乡 3 个乡镇的工业园区规划，于 2012 年 8 月完成审批报备工作。编制完成全市 122 个行政村规划，其中 2012 年编制完成 78 个行政村规划，2013 年编制完成 37 个行政村规划，其余 7 个城市近郊村由于在城市总体规划建设用地范围内，因此，结合中心城区控规一并编制完成。2013 年 11 月，获自治区住建厅验收通过。

## 第三节　城市专项规划

2006 年，阿克苏市委托同济大学风景科学研究所编制完成《阿克苏市多浪河景观水系整治规划》。工程规划全长 7. 7 千米，分三期工程。2007 年，开始实施多浪河一期景观（红桥到乌喀路之间，以旅游、观光、休闲、娱乐为一体的景观带）改造工程，全长 2. 5 千米。多浪河河面最宽 379 米，最窄 76 米，规划用地规模约 89 公顷。一期工程规划布局为四段，共设有 8 座景观不同的桥，两座溢流堰及两座控制水位的橡皮坝，四段分别为：现代之光、多浪之魂、龟兹神韵、军民鱼水。

2011 年 3 月，阿克苏市规划局委托上海同济大学设计院、长安大学设计院、杭州市规划设计研究院三家具有甲级资质的规划设计院参与多浪河二期景观设计，2012 年初完成。景观布局以龙为主题，水系布局呈“苍龙取水”式。规划用地规模约 138 公顷，全长 3. 2 千米。规划景观分 A 区临水休闲商业街、B 区印象西域文化主题乐园及 C 区生态湿地公园。多浪河湿地公园景观北起 G314 国道北线，南至西大街、英巴格路，东至河东路，西至杭州大道。

2013 年，阿克苏市完成文化设施、燃气两个专项规划。

2014 年，阿克苏市对供水、排水、供热、绿地系统、医疗卫生设施、教育设施、社会福利设施、综合交通等 8 个方面进行专项规划。

2015 年，阿克苏市对特色产业园区（东园、南园）、王三街及机场路重点片区进行专项改造规划，并对喀拉塔勒镇、阿依库勒镇、托普鲁克乡、拜什吐格曼乡、库木巴什乡 5 个乡镇进行镇区控制性详细规划。

2016 年，阿克苏市编制完成《阿克苏市抗震防灾专项规划》、《阿克苏市特色风貌专项规划》和《阿克苏市夜景照明专项规划》，完成对多浪新城和多浪河东岸城市规划设计。同时对停车设施、市场、户外广告、城市色彩 4 个方面进行专项规划，并启动 6 个乡镇特色小城镇规划编制工作。

# 第三章　城市建设

## 第一节　道路桥涵建设

### 一　道路建设

1990 年，阿克苏市城区道路总长度不足 30 千米，只有部分主干道为沥青路面，其余次、支干道基本上为砂石或土路面。1996 年后，阿克苏市实施城市改造工程，城市基础设施建设进入一个新的时期。

2006 年底，阿克苏市区道路总面积扩展到 411 万平方米，长度 154 千米，人均道路面积 16.31 平方米。市区内主要道路路面硬化率达到 100%。

2008 年，阿克苏市实施新建、改扩建解放路、塔南路、乌喀路、英阿瓦提路、温州路步行街、东大街、栏杆路、中原路、交通路、工业园区路等 20 余条城市主次干道，建成城市道路总里程 158 千米、大中型桥梁 11 座，道路总面积 419 万平方米。

2010 年，阿克苏市对小南街实施改造工程，修建阿克苏市第一条彩色路。

2013 年，阿克苏市实行道路机非分离，对东西大街进行改造，修建第一条自行车道。

2016 年，阿克苏市区道路总面积扩展到 530 万平方米，长度 196 千米，人均道路面积 19.10 平方米，初步形成以方格网为基础的道路网系统。主干路呈“三横四纵”的路网结构，其中东西向较为完善，市区路网总体服务水平较好，货运交通主要集中于乌喀公路沿线。

**表 4－1　1990～2016 年阿克苏市城市道路建设情况表**

| 道路名称 | 道路长度 | 建设时间及建设内容 | |
| --- | --- | --- | --- |
| 杭州大道（原友谊路） | 主干道全长 2860 米 | 1995 年 | 铺设沥青砼路面，道路宽 58 米，结构为四块板式，机动车道为双车道各宽 12 米，中间为 4 米的绿化隔离带，两侧非机动车道各宽 5 米，人行道各宽 6 米，绿化带 4 道各宽 2 米 |
| | | 2010 年 | 道路宽 56 米，其中机动车道宽 26 米，非机动车道宽 6 米，绿化带宽 12 米，人行道宽 12 米 |
| 友谊北路 | 主干道全长 2570 米 | 2012 年 | 沥青路面总宽 50 米，其中机动车道宽 14 米，非机动车道宽 10 米，绿化带宽 14 米，人行道宽 12 米 |
| 东大街 | 主干道全长 1335 米 | 1984 年 | 沥青路面总宽 12 米 |
| | | 1985 年 | 沥青路面总宽 16 米 |
| | | 1996 年 | 路面拓宽至 42 米，其中机动车道宽 16 米，非机动车道宽 6 米，绿化带宽 6 米，人行道 14 米 |
| | | 2012 年 | 路面拓宽至 50 米，其中机动车道宽 26 米，非机动车道宽 6 米，绿化带宽 4 米，人行道 14 米 |

续表

| 道路名称 | 道路长度 | 建设时间及建设内容 | |
|---|---|---|---|
| 西大街 | 主干道全长 1205 米 | 1984 年 | 沥青砼路面总宽 12 米 |
| | | 1985 年 | 沥青砼路面总宽 16 米 |
| | | 1996 年 | 路面拓宽至 42 米,其中机动车道宽 16 米,非机动车道各宽 4 米,两侧绿化带各宽 3 米,人行道 12 米 |
| | | 2012 年 | 路面拓宽至 50 米,其中机动车道宽 26 米,非机动车道宽 6 米,绿化带宽 4 米,人行道 14 米 |
| 南大街 | 主干道全长 2297 米 | 1984 年 | 砂石路面 |
| | | 1985 年 | 沥青路面,在原道路基础上增设非机动车道 |
| | | 1996 年 | 沥青路面,原道路基础上增设人行道 |
| | | 2016 年 | 路面拓宽至 50 米,机动车道宽 22 米,非机动车道宽 6 米,两侧绿化带宽 6 米,人行道 16 米 |
| 北大街 | 主干道全长 1194 米 | 1985 年 | 沥青路面总宽 12 米,原道路基础上增设非机动车道 |
| | | 1996 年 | 沥青路面总宽 20 米,在原道路基础上增设人行车道 |
| | | 2016 年 | 路面拓宽至 50 米,其中机动车道宽 22 米,非机动车道宽 6 米,两侧绿化带 6 米,人行道 16 米 |
| 迎宾路 | 主干道全长 3081 米 | 1987 年 | 沥青路面宽 60 米 |
| | | 1996 年 | 沥青路面总宽 82 米,主车道宽 22 米,为双向六车道,绿化带各宽 2 米,两侧非机动车道各宽 5 米,草坪各宽 17 米,人行道各宽 6 米 |
| | | 2010 年 | 路面宽 80 米,其中机动车道宽 22 米,两侧绿化带宽 4 米,非机动车道宽 6 米,两侧绿化带宽 24 米,人行道宽 24 米 |
| 塔中路 | 主干道全长 2313 米 | 1988 年 | 砂石路面总宽 10 米 |
| | | 1989 年 | 沥青砼路面总宽 16 米 |
| | | 1998 年 | 路面拓宽至 54 米,其中主车道宽 24 米,两侧绿化带各 4 米,非机动车道各 5 米,人行道各 6 米 |
| | | 2016 年 | 路面拓宽至 55 米,其中机动车道宽 24 米,非机动车道宽 11 米,人行道宽 12 米,两侧绿化带宽 8 米 |
| 塔南路 | 主干道全长 1282 米 | 2005 年 | 12 米宽的 S208/306 省道 |
| | | 2006 年 | 路面拓宽至 55 米,其中机动车道宽 24 米,非机动车道宽各 5.5 米,两侧绿化带各宽 4 米,人行道各宽 6 米 |
| | | 2016 年 | 路面拓宽至 80 米,其中机动车道宽 24 米,非机动车道宽 10 米,两侧绿化带宽 34 米,人行道宽 12 米 |
| 交通路 | 主干道全长 2600 米 | 2006 年 | 道路宽 52 米,其中机动车道宽 24 米,非机动车道宽 10 米,两侧绿化带宽 8 米,人行道宽 10 米 |
| | | 2017 年 | 路面宽 50 米,其中机动车道宽 22 米,非机动车道宽 10 米,人行道宽 10 米,两侧绿化带为 8 米 |
| 解放中路 | 主干道全长 2320 米 | 1988 年 | 沥青砼路面 |
| | | 2003 年 | 水泥混凝土路面 |
| | | 2016 年 | 路面拓宽至 50 米,其中机动车道宽 28 米,非机动车道宽 6 米,人行道宽 12 米,两侧绿化带为 4 米 |
| 解放南路 | 主干道全长 2344 米 | 1988 年 | 沥青砼路面 |
| | | 2005 年 | 路面拓宽至 50 米,其中机动车道宽 16 米,非机动车道宽 10 米,人行道宽 10 米,两侧绿化带为 14 米 |
| 解放北路 | 主干道全长 1340 米 | 2012 年 | 沥青路面宽 50 米,其中机动车道宽 22 米,非机动车道宽 10 米,人行道宽 10 米,两侧绿化带为 8 米 |

**续表**

| 道路名称 | 道路长度 | 建设时间及建设内容 | |
|---|---|---|---|
| 乌喀东路 | 主干道全长 3500 米 | 2002 年 | 路面宽 78 米，其中机动车道宽 24 米，非机动车道各宽 6 米，两侧绿化带宽 28 米，人行道宽 14 米 |
| | | 2011 年 | 路面拓宽至 84 米，其中机动车道宽 24 米，非机动车道各宽 10 米，两侧绿化带 38 米，人行道 12 米，均为沥青路面 |
| 乌喀中路 | 主干道全长 6124 米 | 2002 年 | 路面宽 78 米，其中机动车道宽 24 米，非机动车道宽 10 米，两侧绿化带 30 米，人行道 14 米 |
| 乌喀西路 | 主干道全长 7100 米 | 2002 年 | 路面宽 78 米，其中机动车道宽 24 米，非机动车道宽 10 米，两侧绿化带 30 米，人行道 14 米 |
| | | 2012 年 | 增至宽 84 米，其中机动车道宽 24 米，非机动车道宽 10 米，两侧绿化带 38 米，人行道 12 米 |
| 中原路 | 主干道全长 4500 米 | 2004 年 | 路面宽 58 米，其中机动车道宽 16 米，非机动车道宽 10 米，人行道 12 米，两侧绿化带 20 米 |
| 机场路 | 主干道全长 2220 米 | 2015 年 | 路面总宽 43 米，其中机动车道宽 24 米，非机动车道宽 7 米，人行道 6 米，两侧绿化带 6 米 |
| 阿温路 | 主干道全长 1800 米 | 2005 年 | 沥青路面宽 42 米，其中机动车道宽 24 米，机非共板，人行道 8 米，两侧绿化带 10 米 |
| 前进东路 | 主干道全长 1681 米 | 2014 年 | 路面宽 45 米，其中主车道宽 24 米，非机动车道宽 7 米，两侧绿化带宽 8 米，人行道宽 6 米 |
| 前进西路 | 主干道全长 680 米 | 2011 年 | 路面宽 45 米，其中主车道宽 24 米，非机动车道宽 7 米，两侧绿化带宽 8 米，人行道宽 6 米 |
| 西湖大道 | 主干道全长 2876 米 | 2013 年 | 沥青路面宽 50 米，其中机动车道宽 24 米，非机动车道宽 10 米，人行道宽 8 米，两侧绿化带为 8 米 |
| 府前路 | 主干道全长 594 米 | 2013 年 | 沥青路面宽 36 米，其中机动车道宽 15 米，非机动车道宽 7 米，人行道宽 8 米，两侧绿化带为 6 米 |
| 阿温大道 | 主干道全长 3000 米 | 2016 年 | 沥青路面宽 60 米，其中机动车道宽 30 米，非机动车道宽 10 米，人行道宽 10 米，两侧绿化带为 10 米。 |
| 虹桥路 | 主干道全长 2900 米 | 2015 年 | 沥青路面宽 50 米，其中机动车道宽 32 米，非机动车道宽 7 米，人行道宽 5 米，两侧绿化带为 6 米 |
| 江南大道 | 主干道全长 980 米 | 2015 年 | 沥青路面宽 50 米，其中机动车道宽 24 米，非机动车道宽 10 米，人行道宽 5.5 米，两侧绿化带宽 10.5 米 |
| | 3408 米 | 2017 年 | 主干道全长 3408 米，道路宽 50 米，其中机动车道宽 24 米，非机动车道宽 6 米，绿化带宽 14 米，人行道宽 6 米 |
| 机场快速路 | 次干道全长 1817 米 | 2015 年 | 沥青路面宽 36 米，其中机动车道宽 30 米，机非共板，人行道宽 6 米 |
| 环景路 | 次干道全长 1817 米 | 2014 年 | 沥青路面宽 26 米，其中机动车道宽 20 米，机非共板，人行道宽 6 米 |
| 河东路 | 次干道全长 2870 | 2015 年 | 沥青路面宽 30 米，其中机动车道宽 14 米，非机动车道宽 6 米，人行道宽 6 米，绿化带为 4 米 |
| 府九路 | 次干道全长 720 米 | 2015 年 | 沥青路面宽 36 米，其中机动车道宽 15 米，非机动车道宽 7 米，人行道宽 8 米，绿化带为 6 米 |
| 府十路 | 次干道全长 730 米 | 2015 年 | 沥青路面宽 36 米，其中机动车道宽 15 米，非机动车道宽 7 米，人行道宽 8 米，绿化带为 6 米 |
| 府七路 | 次干道全长 796 米 | 2016 年 | 沥青路面宽 30 米，其中机动车道宽 14 米，非机动车道宽 6 米，人行道宽 6 米，绿化带为 4 米 |
| 文博路 | 次干道全长 1130 米 | 2016 年 | 沥青路面宽 30 米，其中机动车道宽 14 米，非机动车道宽 6 米，人行道宽 6 米，绿化带为 4 米 |
| 国泰路 | 次干道全长 1130 米 | 2016 年 | 沥青路面宽 30 米，其中机动车道宽 14 米，非机动车道宽 6 米，人行道宽 6 米，绿化带为 4 米 |

续表

| 道路名称 | 道路长度 | 建设时间及建设内容 | |
|---|---|---|---|
| 健康南路 | 次干道全长 901 米 | 2016 年 | 沥青路面宽 30 米，其中机动车道宽 14 米，非机动车道宽 6 米，人行道宽 6 米，绿化带为 4 米 |
| 朝阳街 | 次干道全长 400 米 | 2015 年 | 沥青路面宽 36 米，其中机动车道宽 21 米，机非共板，人行道宽 9 米，绿化带为 6 米 |
| 托万克巴里当村路 | 次干道全长 1570 米 | 2015 年 | 沥青路面宽 24 米，其中机动车道宽 14 米，非机动车道宽 6 米，绿化带为 4 米 |
| 民主路 | 次干道全长 2315 米 | 1992 年 | 砂石路面 |
| | | 1993 年 | 沥青混凝土路面宽 32 米，其中机动车道宽 14 米，两侧绿化带各宽 4 米，人行道各宽 5 米 |
| | | 2013 年 | 对塔中路至解放中路进行改造，全长 963 米，宽 42 米，其中机动车道宽 14 米，非机动车道宽 6 米，人行道宽 10 米，两侧绿化带为 12 米 |
| | | 2015 年 | 对解放中路至天山路进行改造，全长 1352 米，道路宽 43 米，其中机动车道宽 15 米，非机动车道宽 6 米，人行道各宽 10 米，两侧绿化带各宽 6 米 |
| 塔北路 | 次干道全长 770 米 | 2007 年 | 沥青路面宽 26 米，其中主车道宽 16 米 |
| | | 2016 年 | 沥青路面宽 36 米，其中机动车道宽 20 米，非机动车道宽 6 米，人行道宽 6 米，绿化带为 4 米 |
| 文化路 | 次干道全长 1505 米 | 1992 年 | 砂石路面 |
| | | 1993 年 | 沥青混凝土路面宽 32 米，其中机动车道宽 14 米，两侧绿化带各宽 4 米，人行道各宽 5 米 |
| | | 2002 年 | 从塔中路延伸至健康路段，道路宽 36 米，其中机动车道宽 15 米，非机动车道宽 6 米，人行道宽 6 米，两侧绿化带宽 9 米 |
| | | 2013 年 | 对健康路至南大街段 420 米进行改造建设，道路宽 36 米，其中机动车道宽 15 米，非机动车道宽 6 米，人行道宽 9 米，两侧绿化带宽 6 米 |
| | | 2016 年 | 对乌喀路至塔中路段进行改造，路面拓宽至 36 米，其中机动车道宽 15 米，非机动车道宽 5 米，人行道宽 6 米，两侧绿化带宽 10 米 |
| 栏杆路 | 次干道全长 1201 米 | 1986 年 | 8 米宽的砂石路 |
| | | 1987 年 | 沥青混凝土路面 |
| | | 1997 年 | 路面扩宽至 30 米，其中主车道宽 14 米，两侧绿化带各宽 2 米，人行道各宽 6 米 |
| | | 2008 年 | 对新华路至东大街路段进行两次改造，全长 387 米，宽 32 米，其中机动车道宽 16 米，非机动车道宽 6 米，两侧绿化带宽 4 米，人行道宽 6 米 |
| | | 2016 年 | 对新华路至前进路段进行改造，拓宽至 36 米，其中机动车道宽 21 米，非机动车道宽 6 米，两侧绿化带宽 4 米，人行道宽 5 米 |
| 前进路 | 次干道全长 442 米 | 1997 年 | 沥青路面 |
| | | 2014 年 | 路面拓宽至 32 米，其中机动车道宽 14 米，非机动车道宽 6 米，两侧绿化带宽 4 米，人行道宽 8 米 |
| 新华东路 | 次干道全长 756 米 | 1987 年 | 沥青混凝土路面 |
| | | 1997 年 | 路面拓宽至 30 米，其中主车道宽 14 米，两侧绿化带宽 4 米，人行道各宽 12 米 |
| 英阿瓦提西路 | 次干道全长 1357 米 | 1988 年 | 沥青砼路面，后多次进行维修，宽 36 米，其中机动车道宽 16 米，绿化带各宽 4 米，两侧人行道宽各 6 米 |
| | | 2015 年 | 路面拓宽至 36 米，其中主车道宽 20 米，非机动车道宽 6 米，两侧绿化带宽 4 米，两侧人行道宽 5 米 |

**续表**

| 道路名称 | 道路长度 | 建设时间及建设内容 | |
|---|---|---|---|
| 英阿瓦提东路 | 次干道全长 2193 米 | 2003 年 | 土路 |
| | | 2009 年 | 沥青砼路面，宽 32 米，其中机动车道宽 16 米，两侧绿化带各宽 2 米，人行道各宽 6 米 |
| | | 2016 年 | 路面拓宽至 36 米，其中机动车道宽 16 米，非机动车道宽 6 米，两侧绿化带宽 4 米，人行道宽 10 米 |
| 团结路 | 次干道全长 1998 米 | 1989 年 | 沥青混凝土路面 |
| | | 1997 年 | 路面拓宽至 30 米，其中主车道宽 14 米，两侧绿化带宽 4 米，人行道宽 12 米 |
| 晶水路 | 次干道全长 3441 米 | 1984 年 | 沥青混凝土路面 |
| | | 2002 年 | 路面拓宽至 32 米，其中主车道宽 10 米，两侧绿化带各宽 6 米 |
| | | 2007 年 | 改扩建南大街向西延伸至杭州大道，全长 2317 米，道路宽 34 米，其中主车道宽 14 米，机非共板，两侧绿化带宽 4 米，人行道各宽 8 米 |
| | | 2012 年 | 对塔中路至南大街路段进行改造，全长 1124 米，道路宽 42 米，其中主车道宽 18 米，机非共板，两侧绿化带宽 12 米，人行道宽 12 米 |
| 教育路 | 次干道全长 1463 米 | 2001 年 | 沥青砼路面宽 32 米，其中主车道宽 10 米，两侧绿化带宽 6 米 |
| | | 2015 年 | 路面拓宽至 36 米，其中主车道宽 19 米，非机动车道 6 米，两侧绿化带宽 6 米，人行道宽 5 米 |
| 健康路 | 次干道全长 814 米 | 1986 年 | 8 米宽的砂石路 |
| | | 1987 年 | 8 米宽沥青混凝土路面 |
| | | 1997 年 | 路面宽 30 米，其中主车道宽 14 米，两侧绿化带各宽 2 米，人行道各宽 6 米 |
| | | 2013 年 | 路面拓宽至 32 米，其中主车道宽 14 米，非机动车道 6 米，两侧绿化带为 6 米，人行道宽 6 米 |
| 建设路 | 次干道全长 1745 米 | 1990 年 | 沥青混凝土路面道路总宽 34 米，主车道宽 16 米，绿化带各宽 6 米，人行道宽 6 米 |
| | | 2003 年 | 路面拓宽至 40 米，其中主车道宽 22 米，绿化带各宽 6 米，人行道宽 6 米 |
| 建设北路 | 次干道全长 370 米 | 2014 年 | 沥青路面宽 36 米，其中机动车道宽 16 米，非机动车道宽 7 米，两侧绿化带宽 8 米，人行道 5 米 |
| 人民路 | 次干道全长 1311 米 | 1997 年 | 道路宽 30 米，主车道宽 14 米，绿化带各宽 2 米，人行道各 6 米 |
| | | 2016 年 | 进行建设改造，道路宽 30 米，其中机动车道宽 14 米，非机动车道宽 6 米，绿化带宽 4 米，人行道 6 米 |
| 南昌路 | 次干道全长 686 米 | 1993 年 | 沥青混凝土路面，时宽 24 米 |
| | | 1998 年 | 路面拓宽至 30 米，其中主车道 14 米，两侧绿化带宽 4 米，人行道宽 12 米 |
| | | 2015 年 | 路面拓宽至 30 米，其中主车道 14 米，非机动车道宽 6 米，两侧绿化带宽为 4 米，人行道宽 6 米 |
| 南昌西路 | 次干道全长 570 米 | 2015 年 | 沥青混凝土路面宽 36 米，其中主车道 20 米，两侧绿化带宽 6 米，人行道宽 10 米 |
| 南昌东路 | 次干道全长 710 米 | 2014 年 | 沥青混凝土路面，宽 36 米，其中主车道 21 米，两侧绿化带宽 6 米，人行道宽 9 米 |
| 王三街 | 次干道全长 804 米 | 1966 年 | 沥青路面 |
| | | 1988 年 | 沥青混凝土路面 |
| | | 1997 年 | 路面拓宽至 30 米，其中主车道宽 14 米，绿化带宽 4 米，人行道宽 12 米 |
| | | 2007 年 | 路面拓宽至 36 米，其中主车道宽 14 米，非机动车道宽 6 米，绿化带宽 4 米，人行道宽 12 米 |
| 环东路 | 次干道全长 809 米 | 2009 年 | 沥青混凝土路面，宽 36 米，其中主车道 16 米，两侧绿化带宽 4 米，人行道宽 16 米 |
| | | 2014 年 | 道路宽 36 米，其中主车道拓宽至 18 米，人行道宽 18 米 |

续表

| 道路名称 | 道路长度 | 建设时间及建设内容 | |
|---|---|---|---|
| 环南路 | 次干道全长 1678 米 | 1999 年 | 沥青路面 |
| | | 2009 年 | 沥青混凝土路面，宽 36 米，其中主车道 16 米，两侧绿化带各宽 4 米，人行道各宽 6 米 |
| | | 2016 年 | 对团结路至健康路段进行改造，宽 36 米，其中主车道 12 米，两侧绿化带各宽 6 米，人行道各宽 6 米 |
| 天山路 | 次干道全长 1163 米 | 1989 年 | 土路 |
| | | 1993 年 | 天山南路改建，铺设沥青砼路面，宽 33 米，其中主车道宽 14 米 |
| | | 1994 年 | 天山北路改建，铺设沥青混凝土路面 |
| 兴隆街 | 次干道全长 439 米 | 2008 年 | 10 米宽沥青路面 |
| | | | 路面拓宽至 30 米，其中机动车道宽 18 米，两侧绿化带宽 4 米，人行道两侧宽 8 米 |
| 水韵路 | 次干道全长 2109.3 米 | 2006 年 | 沥青路面宽 36 米，其中机动车道宽 16 米，两侧绿化带宽 10 米，人行道两侧宽 10 米 |
| 心怡路 | 次干道全长 453 米 | 2007 年 | 沥青路面宽 30 米，其中机动车道宽 16 米，两侧绿化带宽 6 米，人行道两侧宽 8 米 |
| 富达路 | 次干道全长 1283 米 | 2004 年 | 混凝土路面，道路总宽 36 米，其中机动车道宽 15 米 |
| 东三路、余杭路 | 次干道全长 2100 米 | 2012 年 | 沥青路面宽 30 米，其中机动车道宽 14 米，两侧绿化带宽 6 米，人行道宽 10 米 |
| 江苏路 | 次干道全长 758.7 米 | 2009 年 | 沥青路面宽 36 米，其中主车道宽 16 米 |
| 长沙路 | 次干道全长 597.9 米 | 2009 年 | 道路为沥青路面宽 30 米，其中主车道宽 14 米 |
| 小南街 | 支路全长 450 米 | 1997 年 | 宽为 20 米，其中机动车道 8 米，人行道各宽 6 米 |
| 温州路 | 支路全长 275 米 | 2001 年 | 南段（东大街至步行街）为花岗岩路面，北段（新华东路至步行街）为沥青混凝土路面，宽 12 米 |
| 海南路 | 支路全长 938 米 | 2008 年 | 道路宽 18 米，其中主车道宽 10 米，两侧人行道宽 8 米 |
| 福建路 | 支路全长 922 米 | 2008 年 | 道路宽 18 米，其中主车道宽 10 米，两侧人行道宽 8 米 |
| 金桥路 | 支路全长 686 米 | 2000 年 | 宽 22 米，其中机动车道宽 8 米，两侧绿化带宽 2 米，两侧人行道宽 12 米 |
| 新源路 | 支路全长 1215 米 | 2009 年 | 沥青路面宽 8 米 |
| 黑孜乡路 | 支路全长 2300 米 | 2009 年 | 沥青路面宽 7 米 |
| 滨河路 | 支路全长 2125 米 | 2005 年 | 沥青路面宽 10 米，其中两侧人行道宽 4 米 |
| 柯柯牙路 | 支路全长 10300 米 | 2007 年 | 沥青路面宽 10 米 |
| 滨湖路 | 支路全长 330 米 | 2015 年 | 混凝土路面宽 8 米 |
| 幸福路巷道 | 巷道全长 4550 米 | — | 沥青路面宽 5 米 |
| 红光社区巷道 | 巷道全长 3370 米 | — | 沥青路面宽 4 米 |
| 阿苏克北巷道 | 巷道全长 800 米 | — | 沥青路面宽 5 米 |
| 齐曼扎巷道 | 巷道全长 480 米 | — | 沥青路面宽 4 米 |
| 人民路巷道 | 巷道全长 700 米 | — | 沥青路面宽 3.5 米 |
| 团结西路巷道 | 巷道全长 1500 米 | — | 沥青路面宽 4 米 |
| 英巴扎街道巷道 | 巷道全长 18800 米 | — | 沥青路面宽 4 米 |
| 南大街巷道 | 巷道全长 2450 米 | — | 沥青路面宽 8 米 |
| 英巴格社区巷道 | 巷道全长 16500 米 | 2016 年 | 沥青路面宽 4 米 |
| 库木巴扎社区巷道 | 巷道全长 6000 米 | 2016 年 | 沥青路面宽 6 米 |
| 中原路托万克巴扎巴格社区 | 巷道全长 3200 米 | — | 沥青路面宽 4 米 |
| 柯柯牙社区巷道 | 巷道全长 2200 米 | — | 沥青路面宽 4 米 |
| 红光社区巷道 | 巷道全长 8200 米 | — | 沥青路面宽 4 米 |

续表

| 道路名称 | 道路长度 | 建设时间及建设内容 | |
|---|---|---|---|
| 柯柯牙库万克巴扎社区道路 | 巷道全长 6000 米 | — | 沥青路面宽 4 米 |
| 塔南路古勒阿瓦提社区巷道 | 巷道全长 3600 米 | — | 沥青路面宽 4 米 |
| 城区巷道 | 巷道全长 64170 米 | — | 沥青路面宽 4 米 |

## 二　桥涵建设

（一）红桥

位于阿克苏市西城区，横跨于多浪河上。1996 年前，红桥桥宽 18 米，桥面通行状况很差。1996 年，阿克苏市进行城市道路桥梁改建工程，对红桥进行全面改造，改造后桥宽 32 米，长 36 米，为预应力空心板结构。

（二）阿温路立交桥

2001 年修建，位于阿克苏市兰干路北阿温路，横跨于 314 国道高速公路上，是阿克苏市第一座立交桥，成为连接阿克苏和温宿的纽带。桥宽 18 米，长约 600 米，为钢筋混凝土结构。

（三）阿塔路高架桥

2002 年修建，位于阿克苏市塔南路，横跨于乌喀路（314 国道）上，是市区通往火车站、连接塔里木垦区农垦团场的必经之路，也是连接阿拉尔市的重要桥梁。桥宽 18 米，长约 600 米，为钢筋混凝土结构。

（四）水韵路桥

2007 年修建，位于西城区，横跨于多浪河上。桥长 32 米，桥宽 26. 6 米，桥面沥青砼铺设 684 平方米，伸缩缝安装 62 米，为钢筋混凝土结构。

（五）晶水路桥

2007 年修建，位于西城区，横跨于多浪河上。桥长 32 米，桥宽 26. 6 米，桥面铺设天然花岗岩 406 平方米，为钢筋混凝土结构。

（六）友谊路桥

2007 年修建，位于西城区，横跨于多浪河上。桥长 29. 74 米，桥宽 28 米，沥青砼路面铺设 7000 平方米，安装路沿石 454 米，为钢筋混凝土结构。

（七）英巴格路桥

2006 年 9 月开工，2007 年 10 月竣工通车。位于西城区多浪河，横跨导流渠、英巴格路。桥长 29. 74 米，桥宽 20. 5 米，为钢筋混凝土空心板桥。

（八）环东路与东大街十字口过街天桥

2014 年 8 月开工建设，11 月 9 日投入使用，是阿克苏市第一座人行天桥。天桥呈“□”字形，桥长 128 米，桥宽 5 米，踏步引道宽 3 米。上部主桥结构采用装配式钢桁梁，单跨跨径 32 米，下部结构采用柱式桥墩、踏步采用柱式墩，并配套建设隔离栏、安全岛、信号灯、警示牌等设施。

（九）环东路与新华东路十字交叉口地下人行过街通道

2014 年建设。总面积 2200 平方米，地下过街主通道长约 117 米，宽 5~6 米，净高 4 米。

（十）大十字人行过街天桥

2015 年建设。桥面面积 1057 平方米，圆环半径 30 米，桥面宽度 5 米，为钢结构环形天桥。

（十一）天山路地下通道

2015 年建设。通道总长 66 米，宽 4.4 米。

（十二）府九路桥、府十路桥

2015 年建设。长 36 米。

（十三）多浪河底隧道

2013 年建设，2014 年 10 月 1 日竣工使用。隧道总长 1461.7 米，宽 18.8 米。

## 第二节　广场建设

2000 年后，阿克苏市广场数量逐渐增加，随着街头绿地小广场的兴起，大广场的主导作用越来越小，市民通常会选择离家距离较近的街头绿地小广场活动、娱乐。至 2016 年，相对较大的广场仅有 3 个。

### 一　西广场建设

1993 年，阿克苏市建成集休闲、娱乐、观赏为一体的园林式广场——西广场，广场内有“全国双拥模范城”纪念碑，占地面积 3.4 公顷，绿地面积 87.22%。

2000 年，改建西广场。

### 二　火车站艺苑广场建设

2001 年，修建火车站艺苑广场，占地面积 12.68 公顷。

### 三　世纪广场建设

2003 年 3 月，阿克苏市世纪广场竣工。世纪广场位于阿克苏市东大街中段的城市繁华区，与阿克苏市的商业街毗邻。占地面积 8 公顷，是阿克苏市第一家由社会投资建设完成的广场。

## 第三节　城市街头雕塑

阿克苏市街头雕塑有 4 个，2010 年前作为城市道路的标志性建筑，具有较大的影响力，2012 年随着城市建设规划需要，大部分雕塑已搬迁。

### 一　民族团结宝鼎雕塑

于 2009 年修建，立于红桥转盘，2012 年因城市道路规划，对红桥转盘进行改建，将其搬迁至多浪河二期。

### 二　沙漠绿洲雕塑

于1996年修建，立于迎宾路与塔北路十字。因雕塑中间有一个棉花桃形状的建筑，因此又被俗称为“棉花桃”，寓意着阿克苏为沙漠绿洲中的一颗明珠。是阿克苏市曾经的标志性建筑，因城市建设规划及道路改扩建，于2012年迁至南工业园区。

### 三　三女迎宾雕塑

于1998年修建，立于解放路与迎宾路十字，又称“西域歌女雕塑”。2012年因迎宾路改扩建，搬迁至西大街文化艺术中心院内。

### 四　马踏飞燕雕塑

于2006年修建，立于三角地，是中国旅游标志，城雕高16米。

## 第四节　停车场建设

2014年8月，阿克苏市投资建设第一家立体停车场，建设地点为新华西路7号。总投资780万元，面积约3500平方米，共4层80个车位，2016年6月投入使用。

2016年，阿克苏市投资建设第一家平面停车场，建设地点为迎宾路市政府院内。总投资353万元，面积约840平方米，机械车位共108个，2016年底投入使用。

## 第五节　公共自行车投放

2013年1月15日，阿克苏市作为新疆首家引进公共自行车的城市，总投资620万元，建设一期站点30个，投放自行车720辆，于3月4日正式运行。4月28日，阿克苏市公共自行车交通系统启动仪式在凤凰广场举行，公共自行车交通系统正式投入使用。

2014年，投资800万元实施公共自行车二期工程，建设公共自行车站点25个，投放自行车1700辆，在阿克苏市区300~500米范围内设有公共自行车站点。

至2016年底，累计办理借车卡1.08万张，借还车总量约197.1万次，日均借还次数1800余次。

公共自行车租赁项目采取国内通行的计时计费办法：0~60分钟免费，61~120分钟收费1元，121~180分钟收费4元，180分钟以上按每小时3元收取占用公共资源费，24小时最高收费20元。居民可凭个人有效证件或房产证（固定住所）以实名制形式办理公共自行车绿色出行卡，每人限办一张。市民凭卡可在阿克苏市区内55个站点通借通还公共自行车。

## 第六节　路灯园林绿化

### 一　路灯

1990 年后，阿克苏市不断加强路灯设施建设，城市亮灯率 90% 以上。1990 ~1995 年，对建设路、民主路、文化路等地新增路灯 140 套，架空铝芯电缆 5978 米，输电线路长 28917 米，城市亮灯率 93% 。

1996 ~2000 年，阿克苏市对友谊路、新华东路、团结路等地安装 9 米双挑灯、单臂路灯 742 套，城市道路亮灯率在 95% 以上。

2001 ~2005 年，阿克苏市在乌喀路、文化路、晶水路、火车站广场安装 9 米、15 米和 20 米路灯 1322 套，安装电缆 3. 27 万米，城市亮灯率 93% 。

2006 ~2010 年，阿克苏市对主要道路安装和改造路灯、景观灯、交通信号灯共计 4400 套，安装电缆 2. 28 万米，城市道路亮灯率在 98% 以上。

2011 ~2016 年，阿克苏市加大路灯投入力度，强化城市夜景亮化照明工程，安装终端设备 40 台，实现远程自动控制功能。安装各类路灯 9322 套，维修各类故障路灯 6670 盏，对全城红绿灯时间进行调试、改装，确保城区亮灯率在 95% 以上，设施完好率为 85% 以上。

### 二　园林绿化

（一）城区绿化

1990 年，阿克苏市城市园林绿化纳入政府议事日程，道路绿化在树种配置上结合各条道路立地条件，坚持以绿为主、以美制胜，选定法国梧桐为市树，种植在主要街道，次干道以白腊、国槐等为主，保证绿化效果。1994 年，阿克苏市重点打造南昌路水杉大道，形成南疆地区独有的水杉特色景观。

1995 年，阿克苏市街道基本实现绿化、美化，绿化普及率 85% 以上，形成以法国梧桐、国槐、白腊、刺柏、侧柏为基调树种的绿化模式。1999 年 9 月，阿克苏市被命名为自治区级园林城市，获得“全国园林绿化先进城市”称号。2000 年，阿克苏市被授予全国绿化先进集体称号。

2005 年，阿克苏市道路绿化建设发展迅速，在全面绿化的基础上，建成 314 国道南线、迎宾路、晶水路、文化西路、塔北路等宽幅绿化带，改造解放中路、塔北路、东西南北大街等绿化带，在道路两侧新植金叶女贞、红叶小蘗、水腊等彩叶植物和法国梧桐、合欢等树木。

2008 年，阿克苏市新增城市绿地面积 15 公顷，人均公园绿地面积超过 9 平方米。获得国家森林城市称号。

2015 年，阿克苏市投资 2. 22 亿元建设园林绿化项目，完成健康路与环南路十字街头游园、南昌路与人民路街头绿地、英阿瓦提路与解放路街头绿地、阿温路互通区立交东南侧等街头绿地建设。

2016 年，建设完成街头绿地 7 处，共 5. 6 公顷。新增城市绿地 15 公顷，园林绿地面积达到

1551.53 公顷，公共绿地面积 440 公顷，人均公共绿地面积 12.9 平方米，建成区绿化覆盖率 42.1%。

**表 4－2　1990～2016 年阿克苏市园林绿化情况表**

| 年份 | 育花（万株） | 植草坪（万平方米） | 种树（万株） | 育苗 | | 园林绿地面积（公顷） | 公共绿地面积（公顷） | 公园个数 | 公园面积（公顷） |
|---|---|---|---|---|---|---|---|---|---|
| | | | | 扦插（万株） | 播种（平方米） | | | | |
| 1990 | 5 | 0.1 | 0.3 | 0.5 | 400 | | 11.65 | 1 | 28.33 |
| 1991 | 10 | 0.3 | | 5.3 | | | 13.4 | 1 | |
| 1992 | | 0.5 | 0.23 | 10 | 500 | 145.7 | 16.5 | 1 | 28.33 |
| 1993 | 17 | | | | | 172.4 | 19.7 | 1 | 28.33 |
| 1994 | 3 | 0.7 | 0.12 | 8 | 800 | | 26.3 | 1 | |
| 1995 | 1 | 0.3 | | 1.2 | | | 36.5 | 1 | 28.33 |
| 1996 | 16.4 | 3.1 | 0.03 | 3 | 1200 | 145.7 | 68.7 | 1 | |
| 1997 | | | | | | | 96.8 | 1 | 28.33 |
| 1998 | 33.7 | 3.0 | 1.1 | 4 | 3700 | | 103.6 | 1 | |
| 1999 | | | 5.6 | | 200 | 200 | 107.02 | 3 | 67.04 |
| 2000 | 10 | 7.3 | 1.2 | 12.7 | 1500 | 998 | 211.6 | 3 | 67.04 |
| 2001 | 1.5 | 3 | 1.5 | 3 | | 1009 | 151.35 | 3 | 67.04 |
| 2002 | 2.3 | 6.8 | 7.0 | 3 | 300 | 988.5 | 164.85 | 3 | 67.04 |
| 2003 | 13 | 7.5 | 2.53 | | | 1007 | 181 | 3 | 67.04 |
| 2004 | 7 | 0.5 | 0.4 | 14 | 1000 | 1075.3 | 209 | 3 | 67.04 |
| 2005 | 10 | 11.3 | 45.77 | 8.5 | 185 | 1038 | 230.8 | 3 | 67.04 |
| 2006 | 15 | 13.8 | 68 | 42 | 3000 | 1049 | 230.8 | 3 | 67.04 |
| 2007 | 17 | 6 | 12 | 48 | 200 | 1057 | 236.9 | 3 | 67.04 |
| 2008 | 3 | 1.5 | 3 | 10 | | 1072 | 237 | 3 | 127.71 |
| 2009 | 13 | 16 | 10 | 46 | 500 | 1085 | 244 | 3 | 127.71 |
| 2010 | 12.3 | 6.10 | 11.3 | 26.4 | 600 | 1094 | 253 | 3 | 127.71 |
| 2011 | 5 | 3.2 | 6.4 | 121 | 350 | 1108 | 432 | 3 | 127.71 |
| 2012 | 12.3 | 23.6 | 13.5 | 32 | 436 | 1497 | 434 | 4 | 138.91 |
| 2013 | 2.1 | 9.4 | 0.76 | 16 | 400 | 1508 | 434 | 4 | 138.91 |
| 2014 | 4 | 2.15 | 3.8 | 11.8 | 135 | 1522.25 | 434.82 | 4 | 138.91 |
| 2015 | 2.5 | 6.4 | 2.46 | 14.2 | 249 | 1536.56 | 440 | 5 | 245.97 |
| 2016 | 3.7 | 4.5 | 3.17 | 8.7 | 367 | 1551.53 | 440.42 | 5 | 245.97 |

（二）公园绿地建设

1990 年，阿克苏市多浪公园占地面积 28.33 公顷。

1992 年，阿克苏市对规划的公共绿地按照“先绿起来，后围起来，再建起来、美起来”的计划，分步实施，逐步建设，整体推进，建成功能齐全的公园绿地。多浪公园是阿克苏市唯一开放的市级综合公园，占地 24 公顷，内有亭廊、花架、瀑布、游湖、假山、各类树种等景物设施。

1993 年，建成带状游园迎宾路绿色长廊。

1998～1999 年，阿克苏市在新城区、栏杆区、南城区、英巴扎区新建儿童公园、胡杨林公园、民主路游园、迎宾路小游园等公园绿地。

2003～2004 年，建成新伟游园、火车站站前广场等游园绿地。公园绿地在设计上均以突出植物景观为重点，本着因地制宜的原则，除选用乡土树种外，还选择引种驯化成功的部分优良树种，配植上注重乔冠结合，常绿树与落叶树搭配，形成“三季有花，四季常青”的植物景观效果。

2008 年，修建多浪河景观带一期，占地面积 89 公顷。

2012 年，对新伟游园进行改造，占地 3.5 万平方米。

2013 年，修建多浪河景观带二期，占地面积 107.06 公顷。

2015 年，阿克苏市贯彻地委、行署的要求，加大对小广场的建设力度，在街头规划建设大量绿地及小广场。年底建有健康游园、好家乡游园、文化游园、海棠园、朝阳游园、莲园、河东路游园、福园、南昌路等街头绿地。2016 年，建有玫瑰园、信合园、沁园、机场路绿地、友谊路街头绿地、御景湾绿地、环景路北侧景观绿地等。

至 2016 年底，阿克苏市已有多浪公园、西广场、世纪广场、胡杨公园、儿童公园、民主路游园、新伟游园、解放路游园、齐曼扎休闲园、博兹坦风情园、西湖游乐园、度假村等 14 个休闲娱乐场所，19 个街头绿地，公共绿地面积达 440 公顷。

**表 4-3　1990～2016 年部分年份阿克苏市城市绿化情况表**

| 年份 | 人均公共绿地面积（平方米） | 建成区绿化覆盖率（%） | 年份 | 人均公共绿地面积（平方米） | 建成区绿化覆盖率（%） |
|---|---|---|---|---|---|
| 1990 | 5.0 | 27.5 | 2005 | 6.15 | 36.7 |
| 1991 | | 28.7 | 2006 | 6.97 | 37.0 |
| 1992 | 5.0 | 29.3 | 2007 | 7.5 | 37.6 |
| 1993 | 5.5 | 30.1 | 2008 | 7.8 | 38.3 |
| 1994 | | 30.5 | 2009 | 8.23 | 39.6 |
| 1995 | 5.7 | 30.9 | 2010 | 8.6 | 37.7 |
| 1996 | 6.5 | 35.8 | 2011 | 9.3 | 39.7 |
| 1998 | 6.5 | 35.8 | 2012 | 10.7 | 39.9 |
| 2000 | 2.1 | 20.5 | 2013 | 11.2 | 40.3 |
| 2001 | 3.0 | 24.3 | 2014 | 12.05 | 41.5 |
| 2002 | 3.46 | 25.8 | 2015 | 12.07 | 41.9 |
| 2003 | 4.6 | 27.1 | 2016 | 12.9 | 42.1 |
| 2004 | 5.8 | 35.8 | | | |

## 三　庭院绿化

1992 年，阿克苏市把单位庭院绿化作为城市绿化建设中重要的组成部分，对阿克苏市 240 家单位庭院绿化面积进行测算，单位庭院绿化面积 380.63 万平方米，单位庭院绿化覆盖面积 409.28 万平方米。

2002 年，阿克苏市由绿化委员会办公室牵头，开展花园式单位和绿化合格单位创建工作，有 12 个单位被授予花园式单位称号，30 个单位经验收为绿化合格单位。

2005 年，为改善城市中心区绿地面积不足的状况，市政府开始在城区广泛开展拆墙透绿工程，年内，拆除面积 1.49 万平方米，透绿面积 1.25 万平方米。

2011 年，为提高小区单位安防能力，拆墙透绿工程暂停。

2014～2016 年，阿克苏市在城区开展拆房建绿工程，建成街头游园绿地 18 个，新增加绿化面积 12.93 万平方米。

**表 4－4　1993～2016 年阿克苏市街头庭院绿化面积增加情况表**

| 年份 | 新增庭院绿地单位（个） | 新增庭院绿化面积（平方米） | 新增庭院绿化覆盖面积（平方米） | 拆墙透绿拆除面积（平方米） | 透绿面积（平方米） | 建成街头游园绿地（个） | 增加游园绿化面积（平方米） | 增加花园式单位（个） | 增加绿化合格单位（个） |
|---|---|---|---|---|---|---|---|---|---|
| 1993 | 1 | 2000 | 2150 | | | | | | |
| 1994 | 1 | 5000 | 5376 | | | | | | |
| 1995 | 1 | 8000 | 8602 | | | | | | |
| 1996 | 1 | 10000 | 13978 | | | | | | |
| 1997 | 1 | 18000 | 19354 | | | | | | |
| 1998 | 1 | 9000 | 9677 | | | | | | |
| 1999 | 2 | 20000 | 21505 | | | | | | |
| 2000 | 1 | 10000 | 10752 | | | | | | |
| 2001 | 3 | 32000 | 34408 | | | | | | |
| 2002 | 2 | 38000 | 40860 | | | | | 12 | 30 |
| 2003 | 3 | 39200 | 42150 | | | | | 10 | 33 |
| 2004 | 4 | 40100 | 43188 | | | | | 21 | 35 |
| 2005 | 5 | 50100 | 53870 | 14933 | 12487 | | | 15 | 35 |
| 2006 | 5 | 49000 | 52688 | 2270 | 1590 | | | 18 | 32 |
| 2007 | 6 | 5200 | 40860 | 1999.6 | 729 | | | 20 | 26 |
| 2008 | 5 | 51020 | 54860 | 3381 | 1381 | | | 3 | 2 |
| 2009 | 5 | 51015 | 54854 | 880 | 670 | | | | 1 |
| 2010 | 5 | 54854 | 54870 | 3500 | 3500 | | | 2 | 1 |
| 2011 | 15 | 51056 | 54898 | | | | | 2 | 2 |
| 2012 | 5 | 51108 | 54954 | | | | | 2 | 1 |
| 2013 | 10 | 51241.3 | 55098 | | | | | 2 | |
| 2014 | 4 | 51057 | 54900 | | | 1 | 2270 | | |
| 2015 | 5 | 52000 | 55913 | | | 10 | 67473 | | |
| 2016 | 5 | 50847.8 | 54675 | | | 7 | 59591 | | |

## 第七节　供水供气供热

### 一　供水

（一）设施建设

1990 年，阿克苏市投资 43.17 万元铺设供水管网，供水干管长度累计 21.84 千米，售水量 467.85 万吨。

1992 年，阿克苏市率先运用无线微机三遥供水调度系统，实现一级水源地和三级新城加压泵站全部无线自动遥控。自来水厂及各所、站点参数均实现数字化管理，在生产一线管理上实现自动化控制。

1999 年，阿克苏市运用 MAPGIS 地理信息系统将城市地下管网进行数字化、信息系统化管理，使信息化、自动化、系统化的经营管理更上一个台阶。

2002 年，阿克苏市成立供排水水质监测站，可监测供水水质 40 项、污水水质 8 项，成为南疆片区唯一一家自治区级计量认证单位。

2003 年，阿克苏市通过自治区水质监测资质认证。供水量 1516. 30 万吨，售水量 1379. 60 万吨。

2013 年，阿克苏市投资 9. 8 亿元建设中水回用工程，解决西工业园区工业用水需求。

2016 年，阿克苏市投资 1500 万元用于供水管网改扩建三期工程，敷设供水管网 20 千米；新增水源井 10 眼，增加水源供水能力 6 万吨/日，新增单位、居民给水用户 102 户；完成供水主管道清洗、消毒 80 余处，巡检区域供水管网 200 余次，修复暗漏点 20 余处，处理爆管等突发事件 32 次。供水 2600 万吨，城市供水水质合格率 99. 8%。

（二）供水价格

2004 年 9 月，阿克苏市供水价格分为五类：居民生活用水 1. 11 元/立方米；工业用水 1. 25 元/立方米；经营服务用水 2. 14 元/立方米；绿化、环卫、消防用水 0. 54 元/立方米；特种经营用水 7. 05 元/立方米。污水处理费统一为 0. 56 元/立方米。

2016 年 4 月 17 日，阿克苏市召开听证会，在南疆率先实行城市用水阶梯水价。供水价格分为以下几类：居民生活用水水价为 2. 58 元/立方米，上调 0. 91 元/立方米。非居民用水中行政事业单位用水水价为 3. 03 元/立方米；经营服务业用水水价为 3. 90 元/立方米，上调 1. 20 元/立方米；工业用水水价为 3. 05 元/立方米，上调 1. 24 元/立方米；基建用水水价为 3. 60 元/立方米。特种行业用水（包括高档洗浴业、洗车业、纯净水制造业等）水价为 13. 60 元/立方米，上调 5. 99 元/立方米。其他行业用水（城市绿化、环卫、消防用水等）水价为 0. 63 元/立方米。

## 二　供气

1990 年，阿克苏市城市燃气使用家庭为 1. 1 万户，年供气量 350 吨。

1995 年，城市燃气使用家庭增至 3. 5 万户，年供气量 2800 吨。

1998 ~2002 年，阿克苏市对全市燃气点进行规范整顿，查处一大批假冒伪劣燃气器具，共建成销售网点 18 个，销售液化气 8859. 5 吨。

2003 年 8 月，阿克苏市液化气公司与阿克苏浩燃液化气有限公司、温宿县三环液化气有限公司和农一师广厦液化气有限公司整合成立阿克苏久鑫燃气有限责任公司。公司拥有液化气储配站 4 个，储配能力 1000 立方米。2004 年，阿克苏久鑫燃气有限责任公司储气能力 300 万立方米，供气总量 13523. 4 万立方米，用气人口 10. 5 万人。

2006 年 2 月，新疆浩源天然气股份有限公司进驻阿克苏市，建成天然气门站 1 座、CNG 母站 1 座、汽车加气站 7 座、CNG 罐车 20 辆，天然气入户 8. 9 万户。同时，阿克苏天然气工程正式开工建设，建设规模为年供气能力 4876 万立方米。

2007 年，阿克苏天然气综合利用工程完成城市天然气中压管线 64 千米，形成包括乌喀路、迎宾路、东大街、西大街、南大街、北大街、解放路、塔北路、塔中路等道路的市区干管中压环的天然气输供气管网系统。

2013 年，阿克苏久鑫燃气有限责任公司拥有储配站 3 个，液化气储配能力 800 立方米，年供应能力 10 万户，液化气配送网点 22 个。浩源天然气新建加气站 3 座，铺设天然气中压管线 25 千米，供气总量 9304 万立方米，用气人口 27 万人。

2014 年，阿克苏市加大燃气普及率，燃气入户安装 9000 户，燃气（含液化气）日供气能力达 6.7 万立方米，城市液化石油气供气总量 6100 吨，液化气用户 4.5 万户，燃气普及率接近 100%。同时加大对废旧钢瓶管理查处力度，严格落实实名登记制度，对存在无证经营、私自充装、倒卖报废无检验标签气瓶的 5 家黑窝点，以及非法回收、切割废旧钢瓶作为他用的 10 余黑点强制关停。

2016 年，阿克苏市铺设天然气中压管线 2.8 千米，天然气供气总量 12135 万立方米，用气人口 36 万人。阿克苏久鑫燃气有限责任公司液化石油气供气总量 10819 万立方米，用气人口 8.5 万人。

## 三　供热

1990 ~ 1994 年，阿克苏市的供热业随着城市建设的迅速发展，每年投入使用的各类建筑平均以 35 万平方米的速度增加，单位供暖工程也相继加快。由原来的一家一炉、锅炉房分散、一墙之隔双囱双炉，逐渐向小联片供热和区域锅炉供热为主过渡。全市锅炉容量 4 吨/小时以上的锅炉房有 43 座，锅炉 51 台，采暖面积为 370 万平方米。供热工程分散独立，锅炉吨位小，环境污染严重，管理难度大。

1999 年，阿克苏市制定出台《阿克苏市供热管理办法》，严格控制锅炉数量增加。

2002 年，阿克苏成立塔里木供热中心，隶属于农一师电力公司，正式向市区集中供热，供热区域为东到塔北路，南到东西大街，北到军分区，西至多浪河一带。建设汽水换热站 1 座，换热能力为 200 万平方米；建设二级换热站 10 座，供热面积 90 万平方米。年内建成第一个天然气锅炉供热小区——世纪佳园小区，供热面积 7 万平方米。

2007 年，阿克苏塔里木供热中心实施二期供热工程，建设 12 座换热站，铺设管网 10.46 千米，供热面积达到 180 万平方米。年内建成第一个壁挂炉小区——金桥现代城小区，供热面积 10 万平方米。

2009 年，阿克苏市开始在小区内推广燃气壁挂炉供热方式，水韵明珠小区、怡和浪琴小区率先采用地源热泵技术供热。年内供热总面积 890 万平方米。

2013 年，阿克苏市共有供热企业 44 家，供热面积 1145 万平方米（公共建筑 127 万平方米，居民住宅 1018 万平方米），其中燃煤集中供热 655 万平方米，小型天然气供热 143 万平方米，片区燃煤供热 96 万平方米，地源热泵供热 116 万平方米，燃气壁挂炉供热 134 万平方米，电采暖供热 1 万平方米。

2016 年，阿克苏市城区共有供热企业 34 家，总供热面积 1451.44 万平方米，其中热电联产集中供热面积达 600 万平方米，燃煤锅炉片区供热面积 496.26 万平方米，小型天然气锅炉供热面积 122 万平方米，燃气壁挂炉供热面积 222 万平方米，地源热泵供热面积 110 万平方米。

## 第八节　拆迁安置

### 一　城市房屋拆迁

2001 年，为加强城市房屋拆迁管理，保障城市建设顺利进行，保护拆迁当事人的合法权益，阿克苏市印发《阿克苏城市房屋拆迁管理办法》。2001～2005 年，共完成世纪广场、步行街、老飞机场拆迁 5130 户，发放拆迁补偿资金 1. 21 亿元。

2006～2010 年，阿克苏市完成多浪河景观带、南大街、阿温大道、环南路、香港街片区拆迁 5697 户，发放拆迁补偿资金 9. 52 亿元。

2011～2016 年，阿克苏市加大多浪河沿岸棚户区改造及英阿瓦提路朝阳街区域、地区建筑公司区域、环南路、团结西路、英巴扎区域、柯柯牙等旧城改造房屋征收工作力度，拆迁 9799 户，发放拆迁补偿资金 17. 85 亿元。

### 二　拆迁补偿安置

2002～2007 年，阿克苏市拆迁补偿安置主要采取货币补偿和就地安置方式。

2008 年，为妥善解决被拆迁户的安居问题，共出具楼房安置单 495 套，划地安置单 560 套。

2009 年，阿克苏市建设拆迁安置房，建造专供被拆迁户购买的定销安置楼房 610 户、划地安置 690 户，为原地区毛厂、丝厂、外贸局等破产企业职工提供解危解困房 146 套。对因身患重症、身体残疾或年龄偏大等过渡性安置有困难的群众，通过协调和简化手续，在统一规划区内安置，解决部分群众买不到房和居住难的问题。

2010 年后，阿克苏市拆迁补偿安置主要采取货币补偿和异地安置方式。

2012～2013 年，阿克苏市旧城区拆迁点累计发放临时过渡费 130. 82 万元，多浪河沿岸棚户区改造二期工程支付征收补偿款 16. 36 亿元。安置拆迁户 1960 户 3760 套，办理农转非 1315 人，办理社会保险 631 人。旧城区拆迁点发放临时过渡费 72. 23 万元。

2016 年，阿克苏市拆迁面积 6. 42 万平方米，发放补偿安置资金 1. 25 亿元。

**表 4－5　2001～2016 年阿克苏市拆迁和补偿安置情况表**

| 年份 | 拆迁面积(平方米) | 补偿安置资金(元) | 年份 | 拆迁面积(平方米) | 补偿安置资金(元) |
|---|---|---|---|---|---|
| 2001 | 125025. 4 | 17984024. 66 | 2009 | 386860. 4 | 109018750. 15 |
| 2002 | 146521. 2 | 45117852. 79 | 2010 | 114125. 32 | 144721971. 00 |
| 2003 | 135465. 32 | 33010030. 73 | 2011 | 164938. 16 | 330077965. 67 |
| 2004 | 1152502. 3 | 5573178. 17 | 2012 | 55547. 62 | 793545233. 02 |
| 2005 | 113673. 5 | 18887491. 80 | 2013 | 49836. 67 | 313344695. 68 |
| 2006 | 146531. 4 | 243697133. 45 | 2014 | 108880. 23 | 75495062. 28 |
| 2007 | 148941. 5 | 245499878. 26 | 2015 | 43532. 48 | 147620001. 34 |
| 2008 | 138941. 5 | 209500619. 04 | 2016 | 62400. 87 | 124801736. 10 |

## 第九节　“天山杯”创建

1995 年，自治区城市建设“天山杯”竞赛活动中，阿克苏市获得精神文明建设 5 个单项杯（城市规划管理、市政养护、供水节水管理、环境卫生管理、城建资金管理）第二名的成绩。

2001 年，阿克苏市在自治区城市建设“天山杯”竞赛活动中，获得综合奖和 1 个单项奖（城市环卫杯），并获得“解放牌”洒水车 1 辆。

2001～2002 年，阿克苏市在自治区城市建设“天山杯”竞赛活动中，获得 4 项单项奖（城市基础设施建设杯、城市环境卫生管理杯、城市客运管理杯、市政建设管理杯），是全疆获单项奖最多的城市。5 人获得先进个人称号。

2003、2006、2008 年，阿克苏市在自治区城市建设“天山杯”竞赛活动中分别获得城市基础设施、城市环境卫生管理、城市客运管理、市政建设管理等奖项。

2009～2011 年，阿克苏市获得自治区城市建设“天山杯”竞赛活动先进城市称号。

2011 年，“天山杯”活动结束。

## 第十节　国家森林城市创建

### 一　部署与实施

1990～2005 年，阿克苏市投入大量资金保护湿地，对湿地内的植被进行复壮、封育，恢复其生态原貌，对湿地内的野生动物进行有效保护，对乱捕猎杀野生动物的行为进行严厉打击。持续开展植树造林活动，实施库克瓦什治沙绿化工程，与城市东北郊的柯柯牙荒漠绿化工程相连接，形成环绕城市北、东、南三面较为完整的城市防护林体系。加大胡杨次生林的封育力度，使绿洲屏障得到有力保护和发展。绿洲农区森林覆盖率 40% 以上，城乡生态环境明显好转。

2005 年，阿克苏市决定创建国家森林城市，编制《阿克苏市森林城市建设总体规划》，成立以市主要领导为组长的创建国家森林城市工作领导小组，将创建国家森林城市工作的各项指标和具体建设工程任务细化落实到相应的责任单位和责任人，并纳入年度目标考核。制定落实创建国家森林城市联席会议、督察督办和绩效考评等多项制度，形成市委统一领导、人大政协监督、政府牵头组织实施、各单位分工落实、广大市民积极参与的良好运行机制。

2008 年，阿克苏市获国家森林城市称号，成为中国西北地区首个国家森林城市。

### 二　持续与推进

阿克苏市以成功创建国家森林城市为契机，着力构建生态环境保护的长效机制。

2008 年，阿克苏市公路和主要河道的宜林地段全部实现绿化，建成区绿化覆盖率达到 38.3%。

2010 年，阿克苏市狠抓农田防护林体系建设工程，实现农田林网化 5 万多公顷。

2015 年，阿克苏市建成区绿化覆盖率 41.9%，人均公共绿地面积 12.07 平方米，城市森林覆盖率49%，城市郊区森林覆盖率60%，建成以林木为主，乔、灌、草分布自然，结构合理，功能高效，景观优美，林水相依的城市森林生态景观。

2016年，阿克苏市建设30多处供市民休闲娱乐的公共绿地，城区生态环境得到改善。控制道路绿化带宽度，干道绿化带面积占道路用地面积的25%以上，道路绿化普及率100%，达标率80%以上。完成人工造林3.6万公顷，封沙育林4600公顷，人工林资源3.33万公顷，城市森林覆盖率51%。城市建成区绿化覆盖率42.1%。

**表4－6　2008年阿克苏市森林城市建设指标与国家森林城市指标对照表**

| 项目内容 | 国家标准 | 阿克苏市现状 |
|---|---|---|
| 城市森林覆盖率 | >25% | 40.3% |
| 城市建成区绿化覆盖率 | >35% | 39.5% |
| 城市绿地率 | >33% | 37.6% |
| 城市人均公共绿地面积 | >9平方米 | 9.2平方米 |
| 城市中心区人均公共绿地面积 | >5平方米 | 5.4平方米 |
| 城市郊区森林覆盖率 | >20% | 40.35% |
| 道路、河流绿化率 | >80% | 100% |
| 乡土树种占城市绿化树种的比例 | >80% | 83% |
| 全民义务植树建卡率 | >80% | 95% |
| 生态科普教育基地数量 | 2处 | 3处 |
| 每年举办生态科普活动数量 | >3处 | 5处 |
| 1000平方米以上的休闲绿地数 | 1处/500米 | 1处(300～1500米) |

# 第四章　多浪河景观带建设

## 第一节　第一期工程建设

### 一　规划与建设

2006年，阿克苏市完成多浪河景观带改造工程规划，规划全长7.7千米，分三期进行。第一期工程于2006年6月开始建设，2009年1月建成并投入使用。长2.45千米，占地89公顷。位于红桥到乌喀路之间，是集观光、旅游、休闲、娱乐为一体的景观带。东岸景观最宽356米，最窄48米，平均宽约70米；西岸景观最宽121米，最窄78米，平均宽约100米；湖面最宽379米，最窄43米，平均宽约80米。

### 二　主要景观

一期景观带坚持传统文化与现代文明、军垦文化相交融，地域特色与民族特色相结合，工程质量、科技含量和艺术水准并举的特点，以龙凤呈祥、多浪清波、龟兹神韵、鱼水情深为主题将景观带分为4段，每一段分别建有凤凰广场、水韵广场、麦西来甫广场、国庆广场以及若干小型广场，使每一段景观都呈现出不同的风韵。配有1个神龟湖、7座岛屿、1棵人工仿造天山神木、2处瀑布、3处喷泉、5个观景平台、7处水景、8种大型雕塑和巨型壁画以及10个景墙。

（一）现代之光

主要体现阿克苏现代文明发展。建有凤凰广场和九大行星，形成一个丹阳朝凤的场景，寓意着阿克苏各族人民团结一心、追求光明、追求理想、探索宇宙的美好愿望。

（二）多浪之魂

主要体现多浪文化。建有多浪文化民俗馆、热瓦甫广场以及小品雕塑，并有多浪凯歌、多浪魂、多浪木卡木3个大型雕塑，全面展现多浪文化。

（三）龟兹神韵

主要体现龟兹文化。建有丝路文化广场、龟兹文化广场、舞步飞旋广场等3个小型广场，与鸠摩罗什广场遥遥相应，构成层次丰富的园林景观空间。

（四）军民鱼水情

主要体现军垦文化。建有三五九旅广场，设计3个景墙，5颗五角星，9棵常青树，反映三五九旅革命精神“生在井冈山，长在南泥湾，屯垦在天山”的历史片段。

## 第二节　第二期工程建设

### 一　规划与建设

第二期工程于2009年1月开工建设，2012年1月建成并投入使用。长3.25千米，占地107公顷，位于314国道北线至红桥之间。该工程以绿色水岸为主线，贯穿沿河商业街、主题公园和文化主题广场。2014年10月1日，新疆首个河底隧道——阿克苏市多浪河二期河底隧道工程竣工。

### 二　主要景观

整个河道以白水路为脉系，久安桥、樟木桥、团结桥、白水桥、观亭桥、观水桥六座桥梁为支点，仙居亭、梨花亭、百会亭、千秋亭、万象亭五座亭廊为憩点，将姑墨亭、威戎城两大历史文化景观以及西域、乐舞、多浪文化、雪莲四大广场凸显出来。在注重整体景观处理的基础上还兼顾单个景点打造，从南到北依次建设威戎城、西域广场、西域三十六国图腾柱、三十六国地砖图、多浪文化广场、乐舞广场、雪莲广场、鸠摩罗什法坛、三潭映月、露天游泳池、多浪瀑布、水帘洞等精致景点，在河道及两岸建设游船码头、栈道、亭廊，充分挖掘阿克苏市独特的文化底蕴，打造阿克苏市宜居环境。

**久安桥** 位于景区最南端，以大理石为主要材料，寓意“长治久安”。桥长37米。

**樟木桥** 由俄罗斯进口樟子松为桥面材料而得名。桥长35米。

**团结桥** 樟木桥以北，桥下5孔，寓意“民族团结”。桥长56米。

**白水桥** 团结桥以北，桥下11孔，因水得名。桥长126米。

**观亭桥** 地处仙居亭最近的桥，此桥直连仙居亭与观水桥，为仙居亭的兄弟桥，桥下3孔，桥长49米。

**观水桥** 地处仙居亭东南的石桥，长16米。此桥可观景区烟雨云霞。

**雪莲广场** 位于景区东岸。广场基座由8瓣莲花组成。广场内建有鸠摩罗什讲经法坛，法坛四周有36幅龙凤呈祥浮雕。

**水帘洞、多浪瀑布** 多浪瀑布全长118米，落差6米，瀑布后有118米的水帘洞通道。

**仙居亭** 位于多浪河东岸，寓指多浪河景区乃至阿克苏绿市洲为阿克苏市人安居圣地。

**梨花亭** 位于白水路西侧，梨花园南侧，与梨花园相邻。

**百会亭廊** 位于多浪瀑布上游，景区北端，寓指各方游客来此相会。

**千秋亭廊** 位于百会亭廊以南，寓指民族复兴事业千秋万代。

**万象亭廊** 位于千秋亭廊以南，与百会亭廊、千秋亭廊组成百、千、万字头的亭廊群，寓意阿克苏市日新月异、万象更新。

## 第三节 景观带管理与养护

### 一 景观管理

多浪河景观带建成后，为阿克苏市民提供了旅游、休闲娱乐的去处，阿克苏市每年投入大量资金对其进行维护和管理。成立城市景观管理办公室，具体负责多浪河景观带的维护与管理，景观带的植被及绿化设施养护工作由市园林处负责。

### 二 景观维护

2009年，在多浪河二期景观带种植树木47.55万株、花卉9万株、草坪7.82万平方米。

2012年，在多浪河景观带种植乔木5500棵、灌木30万棵、宿根花卉40.95万株、草花28.28万株，补种草坪面积达4.55万平方米，实现景区绿化植物90%的成活率。

2014年，在多浪河景观带栽植乔木3500株、花灌木40万株、花卉27万株，补植草坪面积达1万平方米，维修花岗岩、大理石路面497平方米，飘带桥、水韵桥、七彩桥、凤凰广场等处各类景观灯具337盏。

2016年，在多浪河景观带种植乔木6696棵、灌木170.6万株，宿根花卉101.7万株，补种草坪面积达4.4万平方米，景区绿化植物成活率95%。

# 第五章　城市行政执法

## 第一节　城市执法管理

1990～2012 年，阿克苏市城市管理行政执法局成立以前，阿克苏市城市行政执法工作主要由市建设局的下属机构城管大队负责。

2012 年，阿克苏市成立城市管理行政执法局，进一步规范行政执法力度，制定《阿克苏市开展相对集中行政处罚权工作的实施方案》及各项规章制度，规范各类执法行为，行政处罚工作更加规范、严谨。

2014 年，阿克苏市健全政务公开渠道，设立“12319”城市管理服务热线和微信公众平台，及时收集、处理市民群众意见、建议及各类投诉，监督执法行为。

2016 年，阿克苏市打造 13 条严管示范街，每条示范街定人定岗，不间断巡查管控，城市管理模式更加精细化。

## 第二节　城市卫生集中整治

2012 年，阿克苏市制定《阿克苏市环境卫生管理工作实施细则》《阿克苏市城市道路清扫保洁管理办法》《阿克苏市环卫工人管理细则》《城区公共设施清洗保洁制度》等相关制度，建立以制度管人、以制度管事的长效管理机制。

2014 年，阿克苏市对部分路段的道路等级重新进行核定和调整，对部分清扫区域、道路进行重新调整和划分。将主次干道分为三个等级，一级道路为城区核心区域，实行“两扫三保”“两班四次交叉”清扫保洁，工作时间 16 小时；二级道路为人流和机动车较密集道路，“两扫两保”，工作时间 12 小时；三级道路为人流和机动车稀少道路，采取“两扫一保”和巡回保洁措施。

2016 年，阿克苏市实行包片责任制度。将责任片区进行划分并责任到人，对机械化车辆保洁区域路段进行详细划分，明确作业路线和时间，做到定人、定车、定时间、定路线。城区环卫保洁水平有效提升，城区环境卫生面貌明显改善。

## 第三节　违法建筑集中整治

2012 年，阿克苏市加大对违章建筑的整治力度，制定《违章建筑管控拆除责任追究办法》《执法大队夜间机动备勤机制》等工作机制，违章建筑行为得到有效治理。

2014 年，阿克苏市大力宣传违章建筑的危害，广泛深入发动广大人民群众对违法建设行为进行举报和投诉。

2016 年，阿克苏市集中拆除一批面积较大、矛盾突出、影响恶劣的违章建筑，并对重点工程拆迁区域的违法建筑进行大力查处管控。

# 第六章 乡村建设

## 第一节 农村道路建设

1990 年后，阿克苏市大力修建、改建农村道路，解决农村居民出行难题。

1992 年，修建连接托喀依乡政府所在地的主要道路阿（克苏）—塔（里木）公路，出动劳动力 300 余人，共挖垫土方 6500 立方米，填连砂石 6500 立方米。

1995 年，新修建乡村道路 2 条，总长 11 千米，总投资 12.14 万元，新修建桥涵 3 座。总投资 2.4 万元，在原有道路基础上新增铺 3 条沥青路面，总长 24 千米，其中拜什吐格曼乡 9 千米、喀拉塔勒镇 15 千米，总面积 14.4 万平方米，总投资 136.8 万元。

1998 年，完成阿克苏城区至喀拉塔勒镇 8 千米路段的改建工作，投入资金 130.73 万元，拉运砂石料 2.898 万立方米，出动劳动力 2.74 万人，路基加宽 10.5 米，加高 50 厘米；其后投资 130 万元，铺设柏油路面。完成阿克苏市西郊路（地区气象处至度假村）总长 12 千米路段的铺柏油工程，投入资金 254 万元。

2001～2002 年，阿克苏市投资 219 万元修建阿依库勒镇—托普鲁克乡公路，改建四级路，铺沥青路面 17 千米；修建阿依库勒镇至皇宫村公路改建四级路，长 15 千米。

2003 年，总投资 1217 万元，修建农村公路 32.517 千米，主要为阿克苏至喀拉塔勒镇公路（0KM～28KM 路段）改建三级公路 28.317 千米；乌喀路至实验林场 8 队公路，总长 4.2 千米。

2004 年，完成阿克苏市依干其乡至 9 个行政村的通村柏油路项目，建设里程 31 千米，沿线受益人口 5860 人；阿克苏市至依干其乡乡村公路，建设里程 14.7 千米，沿线受益人口 4996 人；阿克苏市喀拉搭勒镇—拦河闸乡村公路，建设里程 16.2 千米，沿线受益人口 6276 人；阿克苏市喀拉塔镇喀拉央帕村—木日开旦村公路，建设里程 7.8 千米，沿线受益人口 1640 人；阿克苏市良种场农村公路，建设里程 13.1 千米，沿线受益人口 5120 人；阿克苏市喀拉塔勒镇—玛塔村公路，建设里程 21 千米，沿线受益人口 8244 人；阿克苏市拜什吐格曼乡—X300 线岔口公路，建设里程 28.018 千米，沿线受益人口 7056 人；阿克苏市—喀拉塔勒镇公路二期工程，建设里程 27.47 千米，沿线受益人口 5 万人；阿克苏市喀拉塔勒镇—托万克博孜其村公路，长 13 千米，沿线受益人口 4600 人。

2005 年，修建农村公路 64.84 千米，总投资 700 万元，主要为 Z624 线岔口—哈尼喀村、度假村公路岔口—伊尔玛村公路、Y044 线岔口—Y067 线岔口公路、G314 线岔口—古勒巴格村公路、Z624 线岔口—巴格其村公路、阿克苏市—S209线岔口公路、军分区农场—Y045线岔口—温宿县交界。

2008年，修建农村公路38.4千米，总投资384万元，分别为喀拉塔勒镇—托万克博孜其村—托万克乔纳克村公路、乡中心小学—尤喀克喀拉喀勒村—托万克喀拉喀勒村公路、G314线岔口—阿萨村—黄宫村—沙井子交界；阿依库勒镇—镇中学—兰干村—墩阔坦村—交界路。

2010年，修建农村公路30千米，总投资300万元，分别为阿艾日克村—巴格万村—帕来其村—Y613线岔口公路、喀拉喀什村—色日克喀尔钦村—吐格曼巴什村—阔库拉村公路。

2012年，总投资2272.05万元，修建农村公路103.47千米，项目主要分布在依干其乡和托普鲁克乡。

2016年，阿克苏市总投资13467万元，修建农村公路224.8千米，项目分布在4乡2镇。至年末，全市拥有乡镇等级公路969.4千米。

## 第二节 安居富民建设

### 一 工程建设

（一）抗震安居房

2004～2011年，阿克苏市大力修建抗震安居房，建成抗震安居房44641户，主要集中在农村。

（二）安居富民房

2011年起，为满足更多农民的住房需求，阿克苏市开始大力建设安居富民房。至2016年，共建设安居富民房31529户。

**表4－7 2011～2016年阿克苏市建设安居富民房情况表**

单位：户

| 年份 | 合计 | 其中 | | | | | | |
|---|---|---|---|---|---|---|---|---|
| | | 依干其乡 | 拜什吐格曼乡 | 喀拉塔勒镇 | 托普鲁克乡 | 库木巴什乡 | 阿依库勒镇 | 良种场 |
| 2011 | 1769 | 100 | 400 | 300 | 150 | 360 | 400 | 59 |
| 2012 | 6940 | 1839 | 1000 | 1189 | 700 | 952 | 1100 | 160 |
| 2013 | 6940 | | 1425 | 1405 | 1100 | 1385 | 1305 | 320 |
| 2014 | 6230 | | 1280 | 1280 | 1000 | 1280 | 1190 | 200 |
| 2015 | 7650 | 20 | 1600 | 1630 | 1200 | 2000 | 1000 | 200 |
| 2016 | 2000 | 450 | 165 | 180 | 140 | 165 | 900 | |

### 二 资金管理及使用

2004～2013年，阿克苏市根据《新疆维吾尔自治区抗震安居工程建设补助资金管理办法（试行）》进行管理。

2014～2016年，阿克苏市制定《阿克苏市安居富民资金管理办法》，规避安居富民工程资金管理中违规操作和资金管理问题。

## 三 质量监督管理

2004 年，阿克苏市建立市、乡、村三级安居富民工程质量管理监督机构，充实乡、村二级质检人员，明确职责和责任主体，职责到村、检查到户、责任到人。

2013 年，阿克苏市制定《安居富民工程质量监督管理办法》，规定各村支部书记、质量监督员、施工工匠为第一责任人，各驻村领导为主要责任人，并纳入村干部年终绩效考核中。

2016 年，为保证工程质量，阿克苏市规定建房户在建房选址时须遵守村委会建房规划，经村委会审核同意后才能办理建房手续。

## 四 安居富民资金补助

（一）补助标准

2004 年，自治区城乡抗震安居工程建设补助资金按户均 50 平方米发放，具体补助标准为年人均收入 670 元以下的农村特困户建房补助 3000 元；年人均收入 670 ~865 元的农村低收入贫困户建房补助 2000 元。

2011 年 8 月，自治区将安居富民工程补助标准由 4000 元/户提高至 8000 元/户；2012 年 8 月，国家对新疆安居富民工程补助标准由 6000 元/户提高至 1. 05 万元/户，对口援疆省市援建资金也达到户均 1 万元。

2013 年，自治区安排专项资金用于支持安居富民工程配套基础设施建设，对一般农户建房贴息 3 年，贫困户建房贴息 5 年。

（二）补助发放

2004 ~2007 年，阿克苏市拨付安居富民房补助资金 1142. 34 万元，其中市财政补助资金 301. 9 万元，乡、村补助资金 371. 96 万元。

2011 ~2016 年，安居富民建设工程总投资 227797. 35 万元，其中中央补助资金 33103. 35 万元，每户补助资金 10500 元；杭州援建补助资金 31529 万元，每户补助资金 1 万元；自治区补助资金 25223. 2 万元，每户补助资金 8000 元；阿克苏地区财政补助资金 6305. 8 万元，每户补助资金 2000 元；农民自筹 131636 万元。

**表 4 -8 2011 ~2016 年阿克苏市安居富民房资金补助情况统计表**

| 年份 | 总投资（万元） | 中央 | | 杭州援建 | | 自治区 | | 阿克苏地区 | | 农民自筹资金（万元） |
|---|---|---|---|---|---|---|---|---|---|---|
| | | 补助资金（万元） | 每户补助资金（元） | 补助资金（万元） | 每户补助资金（元） | 补助资金（万元） | 每户补助资金（元） | 补助资金（万元） | 每户补助资金（元） | |
| 2011 | 20990 | 1855. 35 | 10500 | 1769 | 10000 | 1415. 2 | 8000 | 353. 8 | 2000 | 15596. 65 |
| 2012 | 55000 | 7287 | 10500 | 6940 | 10000 | 5552 | 8000 | 1388 | 2000 | 33833 |
| 2013 | 44013 | 7287 | 10500 | 6940 | 10000 | 5552 | 8000 | 1388 | 2000 | 22846 |
| 2014 | 43728. 5 | 6541. 5 | 10500 | 6230 | 10000 | 4984 | 8000 | 1246 | 2000 | 24727 |
| 2015 | 50665. 85 | 8032. 5 | 10500 | 7650 | 10000 | 6120 | 8000 | 1530 | 2000 | 27333. 35 |
| 2016 | 13400 | 2100 | 10500 | 2000 | 10000 | 1600 | 8000 | 400 | 2000 | 7300 |

## 第三节　农村改水改厕

### 一　农村改水

1990年起，阿克苏市为提高农民生活质量，方便群众用水，开始修建农村供水设施。年内，在库木巴什乡修建2座日供水量250立方米的水厂，安装管网30千米，解决库木巴什乡2个村0.5万人、1万头牲畜的饮水问题。

1995~2003年，阿克苏市共修建、改扩建38个水厂，安装管道2110千米，解决15万人、42.6万头牲畜的饮水困难。

2004~2016年，阿克苏市建成改水工程11处，安装管道258.58千米，解决7.08万人、14.16万头牲畜的饮水问题。

### 二　农村改厕

1990年后，阿克苏市随着农民收入的增加、卫生意识的增强，农村卫生状况明显好转，卫生厕所开始普及。

2000年，阿克苏市农村3万余人用上卫生厕所，总户数7997户，占农村总户数约30%。

2002年，阿克苏市改厕3500座，卫生厕所普及率达到52%。

2008年，阿克苏市良种场率先在全疆建设集中连片的大三格式化粪池卫生厕所，受到自治区改厕专家的肯定。

2011年，阿克苏市将农村改厕项目与安居富民工程结合起来，建设2260座（户）无害化卫生厕所，其中三联沼气式70座、水冲式160座、大三格式100座、双瓮漏斗式无害化卫生厕所1930座。同年，获得自治区农村改厕先进县（市）称号。

2014~2016年，阿克苏市结合安居富民工程，建造双瓮漏斗式无害化卫生厕所。举办农村改厕培训班，强化对卫生厕所的认识，并加大对卫生厕所的监督检查力度。

## 第四节　新农村建设

2006年7月起，阿克苏市正式开展新农村建设试点工作，启动首批示范点11个。

2011年，阿克苏市新农村建设与安居富民工程相结合，把增加农民收入、农村基础设施建设等指标都纳入全市目标考核指标体系中，实施常态化管理。

2014~2016年，阿克苏市按照统一规划、合理布局、设施配套、安全适用的原则，建设安居富民示范点32个，新建安居富民房6941户，庭院改造6941户，农村改厕400户，庭院经济收益1000元以上的农户6000户，发展太阳能、沼气等新能源的农户2458户。

# 第七章　建筑业管理

## 第一节　建筑市场管理

阿克苏市对建筑市场的管理主要通过建筑工人职业技能培训与鉴定、企业审查及招投标等方式进行。

### 一　建筑施工许可

1990 年以后，阿克苏市建设项目逐步增多，建筑业队伍不断发展壮大，阿克苏市加大对建筑市场的管理力度。

2003 年，全市建筑企业施工面积 16.25 万平方米，竣工面积 5.3 万平方米，完成产值 9015.81 万元，实现利税 541.22 万元。

2011 年，阿克苏市办理村镇建筑工程施工许可证 15 项，工程造价 1945.37 万元，建筑面积 21303.38 平方米。

2016 年，全市办理施工许可项目 96 个，总建筑面积 78 万平方米，工程造价 12.94 亿元。

**表 4 -9　1990 ~ 2016 年阿克苏市建筑工程施工许可证发放统计表**

| 年份 | 工程项目(个) | 建设规模(平方米) | 合同价格(万元) |
|---|---|---|---|
| 1990 | 27 | 13254.70 | 6302.00 |
| 1991 | 39 | 19707.304 | 8609.3281 |
| 1992 | 46 | 19058.00 | 3675.30 |
| 1993 | 46 | 19497.00 | 2660.00 |
| 1994 | 52 | 27508.30 | 3539.32 |
| 1995 | 66 | 16412.34 | 3651.15 |
| 1996 | 56 | 80188.60 | 9440.85 |
| 1997 | 41 | 82119.43 | 6579.19 |
| 1998 | 99 | 78587.56 | 6789.473 |
| 1999 | 95 | 61049.90 | 5815.89 |
| 2000 | 87 | 53254.70 | 6302.00 |
| 2001 | 69 | 59707.304 | 8609.3281 |
| 2002 | 74 | 99058.00 | 4675.30 |
| 2003 | 86 | 94972.00 | 6620.00 |
| 2004 | 47 | 75048.30 | 34539.32 |
| 2005 | 87 | 64112.34 | 36551.15 |
| 2006 | 96 | 78188.60 | 19440.85 |
| 2007 | 186 | 782119.43 | 65795.19 |
| 2008 | 99 | 478587.56 | 65789.473 |

续表

| 年份 | 工程项目(个) | 建设规模(平方米) | 合同价格(万元) |
|---|---|---|---|
| 2009 | 95 | 613049.90 | 58815.89 |
| 2010 | 217 | 1583254.70 | 166302.00 |
| 2011 | 69 | 519707.304 | 81609.3281 |
| 2012 | 146 | 1989058.00 | 304675.30 |
| 2013 | 86 | 1494972.00 | 296620.00 |
| 2014 | 112 | 2075048.30 | 345239.32 |
| 2015 | 116 | 1264112.34 | 336551.15 |
| 2016 | 96 | 780188.60 | 129440.85 |

## 二　技能培训和招投标

1990 年后，阿克苏市建筑市场日趋繁荣，建筑企业及从业人员逐年增加。1992 年，阿克苏市有建筑企业 5 家，从业人员 2000 多人。1993 年，为提高建筑从业人员专业技能，市建设局举办专业技术人员培训，为建筑企业培训专业技术骨干 10 余人。

2006 年，阿克苏市有 3032 名建筑工人通过职业技能培训与鉴定，其中取得职业技术等级资格证书的有 2454 人。

2011 年，全市有 770 名建筑职工参加职业技能培训和鉴定。

2016 年，阿克苏市审核和监督国有投资建设项目招投标 110 项，中标金额 6.1 亿元，其中建筑施工 75 项，中标价 5.6 亿元，建筑面积 22.88 万平方米；监理 21 项，中标金额 0.1 亿元；设备采购及其他 14 项，中标金额 0.4 亿元。非国有投资建设项目直接发包备案共计 10 项，总造价 3.5 亿元，建筑面积 24.16 万平方米。

## 三　建筑市场整顿

1994 年 3 月，阿克苏市成立整顿建筑市场领导小组，对市属建筑企业进行规范整顿。共涉及建筑工程 47 项，建筑面积 29.33 万平方米，查出质量安全隐患 53 处，下达整改通知单 16 份，停工通知单 3 份。

2009 年 4～10 月，阿克苏市对在建工程进行质量安全生产大检查 5 次，涉及工程 88 项，建筑面积 53360.8 平方米，查出质量安全隐患 24 条，下达整改通知单 81 份，停工通知单 7 份。

2011 年，查处违规招投标行为 2 起，检查工地 40 个，涉及建设单位 20 家，施工单位 25 家，监理单位 9 家，停工 30 个，整改 3 个。

2013 年，加大建设工程项目执法检查力度，着重检查在建项目的工程基本建设程序、工程质量、安全生产和文明施工、各方主体市场行为和预拌混凝土生产企业资质及质量保证体系运行情况。全年共检查建筑工程 113 项，总建筑面积 133 万平方米，涉及建设单位 18 家，施工单位 26 家，监理单位 12 家，共发出整改通知书 38 份，停工整改通知书 17 份。

2016 年，执法检查 6 次，累计检查建筑工程 116 项，发出整改通知书 68 份，停工整改通知 32 份。

表4 -10　1994 ~2016 年阿克苏市建筑市场整顿情况表

| 年份 | 开展执法大检查（次） | 涉及建筑工程（项） | 检查建筑面积（万平方米） | 发现质量安全隐患（处） | 下发整改通知单（份） | 下发停工通知单（份） |
|---|---|---|---|---|---|---|
| 1994 | | 47 | 29.33 | 53 | 16 | 3 |
| 1995 | 2 | 55 | 28.33 | | 27 | 4 |
| 1996 | 2 | 57 | 27.13 | | 25 | 5 |
| 1997 | 2 | 66 | 32.17 | | 31 | 4 |
| 1998 | 2 | 63 | 31.15 | | 27 | 4 |
| 1999 | 2 | 66 | 29.37 | | 29 | 2 |
| 2000 | 2 | 78 | 36.5 | | 25 | 4 |
| 2001 | 2 | 95 | 28.9 | | 35 | 3 |
| 2002 | 2 | 63 | 31.9 | | 27 | 5 |
| 2003 | 2 | 69 | 23.91 | | 21 | 4 |
| 2004 | 2 | 65 | 33.21 | | 27 | 2 |
| 2005 | 2 | 72 | 33.93 | | 31 | 3 |
| 2006 | 2 | 84 | 37.13 | | 33 | 5 |
| 2007 | 2 | 89 | 33.17 | | 34 | 3 |
| 2008 | 2 | 91 | | 40 | 10 | 37 |
| 2009 | 5 | 88 | 5.33 | 24 | 81 | 7 |
| 2010 | 2 | 215 | 127.48 | | 52 | 5 |
| 2011 | | 40 | 62.41 | | 22 | 8 |
| 2012 | 2 | 427 | 364.56 | | 83 | 21 |
| 2013 | | 113 | 133 | | 38 | 17 |
| 2014 | 3 | 216 | | | 123 | 52 |
| 2015 | 6 | 116 | | | 68 | 32 |
| 2016 | 6 | 116 | | | 68 | 32 |

## 四　工程质量管理

1990 年，有受监工程 12 个，建筑面积 1.56 万平方米。

1999 年，阿克苏市建成日生产量为 416 立方米的混凝土集中搅拌工程，实现当年立项、当年建设、当年投产，改变传统的混凝土生产方式，从源头杜绝建设工程立体质量隐患。

2001 年，阿克苏市建筑工程质量管理由政府授权转变为政府委托，对参与建筑工程建设的各方责任主体质量行为进行监督检查。监督建设工程 95 项，面积 28.9 万平方米，其中跨年度工程 29 项，面积 9.3 万平方米，工程优良率 30%，建设工程质量和安全生产稳步提高。

2002 年，阿克苏市推行建设工程竣工验收备案制度。

2004 年，阿克苏市建材检测室更加完善，已具有十几大类 50 多项检测参数的检测能力，工程建筑质量安全监督和实验室检测水平不断提高，建筑工程质量安全监督和建筑材料检测工作进入发展阶段。

2012 年，检查施工工地 560 余次，查出质量、安全隐患 513 条（处），下发整改通知书 83 份、停工通知书 21 份，规范施工围挡搭设 4300 米。同时组织在建工地召开文明施工现场观摩会，参观学习 3 个施工规范的建设项目，提升文明施工水平。

2014 年，阿克苏市加强实体质量监管，强化监理企业履责监管，实施精品工程战略，全年共创自治区建筑工程安全生产文明工地 4 项，申报自治区“优质工程奖”1 项，工程建设质量稳步提升，建筑工程质量验收合格率达 100%。

2016 年，阿克苏开展住宅工程质量样板引路工作，组织全市各建设项目负责人 70 余人开展“样板引路”现场会。进一步提高施工现场作业工人操作技能，加强关键部位、关键工序质量控制，预防、消除工程质量通病，市建设工程质量安全监督覆盖率 100%。

## 第二节　城建档案

1990 年，阿克苏市城建档案馆馆藏包括综合类、城市勘察类、城市规划基础资料类、城乡建设管理类、市政工程类、公用设施类、交通运输工程类、城市环境卫生类、工业建筑类、民用建筑类、园林绿化类、城乡建设声像类、地下管线类等 13 个类别。档案来源于阿克苏市范围内各机关、团体及企事业单位。

1991～2016 年，阿克苏市制定实施《阿克苏市城市建设档案管理办法》《阿克苏市建设工程竣工档案归档规范及要求》《阿克苏市建设工程电子档案归档范围、内容及报送要求的规定》《建设档案验收工作流程》等城建档案管理办法，规范建设工程纸质、电子档案审核验收和归档入库各项流程。

1998 年 8 月，阿克苏市城建档案馆被自治区档案馆评为自治区一级先进城建档案馆。2007 年，获 2005～2006 年度自治区城市建设“天山杯”竞赛城市城建档案杯单项杯。

**表 4－11　1990～2016 年阿克苏市城建档案管理情况表**

| 年份 | 馆室面积(平方米) | 工程项目(个) | 馆藏卷数(卷) | 照片档案(张) | 查档人数(人) | 查档份数(页) |
|---|---|---|---|---|---|---|
| 1990 | 550 | 31 | 98 | 31 | 6 | 15 |
| 1991 | 550 | 34 | 129 | 34 | 8 | 17 |
| 1992 | 550 | 51 | 162 | 51 | 10 | 18 |
| 1993 | 550 | 57 | 171 | 57 | 9 | 17 |
| 1994 | 550 | 32 | 78 | 32 | 11 | 23 |
| 1995 | 550 | 39 | 83 | 39 | 5 | 25 |
| 1996 | 550 | 21 | 68 | 21 | 10 | 28 |
| 1997 | 550 | 29 | 67 | 29 | 8 | 26 |
| 1998 | 1110 | 46 | 813 | 46 | 12 | 27 |
| 1999 | 1110 | 68 | 775 | 68 | 19 | 30 |
| 2000 | 1110 | 89 | 965 | 89 | 16 | 42 |
| 2001 | 1110 | 40 | 134 | 40 | 19 | 30 |
| 2002 | 1650 | 49 | 143 | 49 | 23 | 28 |
| 2003 | 1650 | 131 | 1212 | 131 | 20 | 38 |
| 2004 | 1650 | 35 | 138 | 35 | 27 | 30 |
| 2005 | 1650 | 95 | 978 | 95 | 19 | 65 |
| 2006 | 1823 | 43 | 798 | 43 | 24 | 77 |

续表

| 年份 | 馆室面积(平方米) | 工程项目(个) | 馆藏卷数(卷) | 照片档案(张) | 查档人数(人) | 查档份数(页) |
|---|---|---|---|---|---|---|
| 2007 | 1823 | 96 | 982 | 96 | 26 | 69 |
| 2008 | 1823 | 92 | 945 | 92 | 30 | 87 |
| 2009 | 1823 | 106 | 2864 | 106 | 29 | 65 |
| 2010 | 1823 | 94 | 965 | 94 | 35 | 97 |
| 2011 | 1823 | 40 | 750 | 40 | 38 | 88 |
| 2012 | 1823 | 113 | 2321 | 113 | 37 | 85 |
| 2013 | 1823 | 107 | 4200 | 107 | 39 | 97 |
| 2014 | 1823 | 175 | 2735 | 175 | 42 | 116 |
| 2015 | 2029.99 | 184 | 4547 | 184 | 44 | 98 |
| 2016 | 2029.99 | 152 | 2503 | 152 | 47 | 125 |

# 第八章　房地产业

## 第一节　住房制度改革

### 一　城镇住房制度改革

（一）住房分配制度改革

1990年起，阿克苏市城镇住房制度总体经历四个阶段。

1. 住房实物分配阶段

1990~1993年，阿克苏市城镇居民住房以单位福利性住房为主，住户只需要向单位缴纳水电费用。

2. 住房实物分配向住房市场化改革过渡阶段

1994~1998年，阿克苏市开始大规模实施住房制度改革，停止住房实物分配，逐步实行住房分配货币化，各单位原福利房以成本价向住户进行销售。同时，向住户颁发《房屋产权证》和《国有土地使用证》。1999年，阿克苏地区第一个商品房住宅小区——康居小区正式竣工并投入使用，住户除缴纳水电费用外，还需缴纳物业管理费。

3. 住房市场化阶段

1999~2004年，阿克苏市房地产业发展迅速，商品化住宅小区大规模化涌现，实现住房市场化的根本转变。房产开发企业增长到35家。

4. 房地产调控

2005~2016年，阿克苏市受全国房价的影响，房价由2006年均价1050元/平方米增长到2013年的4800元/平方米，个别小区最高达到5100元/平方米。2013~2016年，国家大力调控房产政策，阿克苏市房价回落到3500元/平方米。

（二）住房供应制度改革

1. 商品房

1999年开始，阿克苏市建立以高收入家庭为对象的商品房供应体系。

2000年，全市销售商品房387套，面积3.08万平方米。2000年后，房地产业市场化程度日益提高，商品房市场进入快速发展阶段，购买商品房成为更多家庭的选择。

2016年，全市共销售商品房4750套，面积48.08万平方米。

2. 集资房

2005年起，阿克苏市开始以集资建房的形式向单位职工分配住房，解决职工住房的困难。2012年8月，阿克苏市第一个单位职工集资房建设完成并投入使用。至2016年，阿克苏市新建集资房小区39万平方米，解决3246名职工住房难题，有效平抑房价过快增长的问题。

3. 公租房、廉租房

2008年起，为切实解决城市低收入家庭住房困难，阿克苏市开始大规模兴建公租房、廉租房、棚户区改造房等民生工程。2008年6月阿克苏市第一家廉租房小区——清清家园竣工并投入使用。

（三）房屋产权证制度改革

1995年，根据《新疆维吾尔自治区划拨土地使用权管理规定》文件精神，阿克苏市开始颁发《国有土地使用证》。

2002年，阿克苏市正式为康居小区住户颁发《房屋产权证》和《国有土地使用证》，房屋产权证正式实施。

2016年11月15日，阿克苏市成立不动产登记局，取消《房屋产权证》，核发《不动产登记证》。12月2日，阿克苏市不动产登记局为群众刁某某颁发第一本《不动产登记证》，标志着《不动产登记证》正式走入群众生活。

（四）住房公积金制度改革

1996年3月，阿克苏市根据《关于发布〈新疆维吾尔自治区深化城镇住房制度改革实施办法〉的通知》精神，开始建立住房公积金制度，起步阶段单位和个人住房公积金的缴交率分别定为5%。随着经济发展和职工收入变化情况，对缴交比例适时进行调整，具体缴交比例由自治区房改领导小组确定后，报自治区人民政府批准执行。

1999年6月，根据国务院颁发的《住房公积金管理条例》精神，住房公积金的缴存、提取、使用、管理和监督进入规范化轨道。住房公积金开始用于住房贷款。

2002年11月，根据《国务院关于修改〈住房公积金管理条例〉的决定》，经阿克苏地区行署批准，组建成立阿克苏地区住房公积金管理中心，下辖阿克苏地区住房公积金管理中心地（市）直管理部，阿克苏市住房公积金由其统一管理。

（五）住房信贷制度改革

1995年8月，中国人民银行印发《关于商业银行自营住房贷款管理暂行规定》，开始在阿克苏市各银行网点进入宣传阶段，购房商业贷款进入阿克苏市人民生活。

1997年4月，中国人民银行颁布《个人担保住房贷款管理办法》，个人住房贷款只能用于购买用公积金建造的自用普通住房。

1998年4月，中国人民银行发出《关于加大住房信贷投入、支持住房建设与消费的通知》和《个人住房贷款管理办法》，个人住房贷款开始用于购买所有自用普通住房。

1999年，中国人民银行下发《关于鼓励消费贷款的若干意见》，将住房贷款与房价款比例从70%提高到80%，亦将个人住房贷款最长期限延长到30年。同年6月，阿克苏市第一位商业贷款购房者刘某，购买房屋位于丽园五区，总房款80467元，首付20467元，贷款金额6万元，贷款年限20年。至此，住房商业贷款成为阿克苏市人民购买商品房资金的主要来源。

### 二　农村住房改革

1990年，阿克苏市开始进行村镇规划和建设，农村农民个人建房进入规范化、法制化轨道。

1993年，为减轻农民负担，取消农村农民宅基地有偿使用费。

2003年，阿克苏开始大规模建设抗震安居房，农民住房进入有序建设时期。

2007年，根据《新疆维吾尔自治区农村宅基地管理办法》，阿克苏市农村宅基地管理进一步规范。

2012年，根据《关于印发〈新疆维吾尔自治区村庄规划建设导则（试行）〉的通知》，阿克苏市启动村镇规划，农民住房建设标准提升。

2016年，阿克苏市启动特色小镇建设，农民住房建设进入快速发展阶段。

## 第二节　房地产开发

### 一　房地产开发企业

1990年，阿克苏市房地产开发处于起步阶段，全市有房地产开发企业2家，其中三级1家，暂定1家。2001年，随着阿克苏市经济的快速发展，居民收入水平不断提高，住房制度改革不断深入，改善住房条件成为人民群众的消费需求，房地产开发市场逐渐兴起热潮，房地产企业数量猛增至25家。此后，阿克苏市房地产开发进入飞速发展阶段，房地产开发企业逐年递增。至2016年，阿克苏市有房地产开发企业137家，其中二级8家，三级28家，四级25家，暂定76家。

表4－12　1990～2016年阿克苏市房地产开发企业资质情况表

单位：家

| 年度 | 合计 | 其中 | | | |
|---|---|---|---|---|---|
| | | 二级 | 三级 | 四级 | 暂定 |
| 1990 | 2 | | 1 | | 1 |
| 1991 | 2 | | 1 | | 1 |
| 1992 | 2 | | 1 | 1 | |
| 1993 | 3 | | 1 | 1 | 1 |
| 1994 | 3 | | 1 | 1 | 1 |
| 1995 | 3 | | 1 | 2 | |

续表

| 年度 | 合计 | 其中 | | | |
|---|---|---|---|---|---|
| | | 二级 | 三级 | 四级 | 暂定 |
| 1996 | 3 | | 2 | 1 | |
| 1997 | 4 | | 2 | 1 | 1 |
| 1998 | 4 | | 2 | 1 | 1 |
| 1999 | 6 | | 2 | 1 | 3 |
| 2000 | 10 | | 2 | 2 | 6 |
| 2001 | 25 | | 2 | 8 | 15 |
| 2002 | 29 | | 2 | 11 | 16 |
| 2003 | 31 | | 2 | 11 | 18 |
| 2004 | 35 | | 2 | 12 | 21 |
| 2005 | 35 | | 2 | 12 | 21 |
| 2006 | 38 | | 2 | 13 | 23 |
| 2007 | 45 | 1 | 1 | 15 | 28 |
| 2008 | 46 | 1 | 1 | 15 | 29 |
| 2009 | 59 | 1 | 2 | 15 | 41 |
| 2010 | 62 | 2 | 4 | 17 | 39 |
| 2011 | 88 | 4 | 5 | 20 | 59 |
| 2012 | 105 | 6 | 12 | 20 | 67 |
| 2013 | 114 | 6 | 23 | 22 | 63 |
| 2014 | 128 | 8 | 27 | 23 | 70 |
| 2015 | 131 | 8 | 28 | 24 | 71 |
| 2016 | 137 | 8 | 28 | 25 | 76 |

## 二　商品房预售

2000 年，阿克苏市开始建立预售许可制度，允许房地产开发企业实施商品房预售。年内，阿克苏市商品房预售 8 套，总建筑面积 3.09 万平方米，总预售面积 3.09 万平方米。

2016 年，阿克苏市商品房预售 55 件（套），总建筑面积 77.84 万平方米，总预售面积 65.14 万平方米。

**表 4－13　2000～2016 年阿克苏市商品房预售情况表**

| 年份 | 预售件数（套） | 总建筑面积（万平方米） | 总预售面积（万平方米） | 其　中 | | | | | | | | | |
|---|---|---|---|---|---|---|---|---|---|---|---|---|---|
| | | | | 住宅套数（套） | 住宅面积（万平方米） | 商铺套数（套） | 商铺面积（万平方米） | 廉租房套数（套） | 廉租房面积（万平方米） | 安置房套数（套） | 安置房面积（万平方米） | 其他套数（套） | 其他面积（万平方米） |
| 2000 | 8 | 3.09 | 3.09 | 387 | 3.08 | 10 | 0.01 | | | | | | |
| 2001 | 11 | 4.24 | 4.24 | 528 | 4.22 | 12 | 0.02 | | | | | | |
| 2002 | 16 | 6.16 | 6.16 | 768 | 6.14 | 14 | 0.02 | | | | | | |
| 2003 | 18 | 6.94 | 6.94 | 864 | 6.91 | 12 | 0.03 | | | | | | |
| 2004 | 23 | 77.84 | 64.38 | 4750 | 48.08 | 722 | 16.3 | | | | | | |
| 2005 | 76 | 97.43 | 77.72 | 4829 | 44.27 | 341 | 24.47 | | | | | 21 | 8.98 |
| 2006 | 98 | 107.29 | 107.29 | 9761 | 92.33 | | | | | | | 22 | 14.96 |

续表

| 年份 | 预售件数（套） | 总建筑面积（万平方米） | 总预售面积（万平方米） | 其中 | | | | | | | | | |
|---|---|---|---|---|---|---|---|---|---|---|---|---|---|
| | | | | 住宅套数（套） | 住宅面积（万平方米） | 商铺套数（套） | 商铺面积（万平方米） | 廉租房套数（套） | 廉租房面积（万平方米） | 安置房套数（套） | 安置房面积（万平方米） | 其他套数（套） | 其他面积（万平方米） |
| 2007 | 223 | 112.38 | 112.38 | 10034 | 96.97 | 1144 | 14.49 | | | | | 13 | 0.92 |
| 2008 | 122 | 53.41 | 53.41 | 4966 | 46.23 | 541 | 4.98 | | | | | 18 | 2.19 |
| 2009 | 77 | 65.43 | 65.43 | 5160 | 52.29 | 1936 | 12.90 | | | | | 2 | 0.23 |
| 2010 | 179 | 118.49 | 117.16 | 9615 | 89.50 | 1067 | 26.14 | 225 | 1.12 | 510 | 0.34 | 30 | 0.06 |
| 2011 | 48 | 50.11 | 47.62 | 3749 | 41.88 | 510 | 4.44 | 64 | 0.31 | | | 93 | 0.99 |
| 2012 | 102 | 79.51 | 75.73 | 4769 | 50.46 | 1084 | 21.19 | 145 | 0.67 | | | 11 | 3.41 |
| 2013 | 112 | 149.20 | 145.05 | 9661 | 98.30 | 1155 | 24.01 | 170 | 0.81 | 831 | 6.97 | 222 | 14.96 |
| 2014 | 92 | 152.76 | 146.37 | 9089 | 91.05 | 3683 | 37.42 | 754 | 3.84 | 468 | 3.93 | 12 | 10.13 |
| 2015 | 71 | 96.43 | 85.04 | 4992 | 43.27 | 2013 | 24.47 | 578 | 2.85 | 537 | 5.47 | 21 | 8.98 |
| 2016 | 55 | 77.84 | 65.14 | 4750 | 48.08 | 722 | 13.96 | 184 | 0.84 | 165 | 1.63 | 72 | 0.63 |

## 三　房地产交易

2002年起，随着阿克苏市房地产开发的兴起和人民群众住房需求的增长，阿克苏市房地产交易量逐年上升，新房和二手房交易件数逐年增加，2008年达到最高峰，共8109件。2009年以后，房地产交易次数和办证件数呈缓慢下降趋势。

**表4－14　2002～2016年阿克苏市房地产办证情况表**

单位：件，万平方米

| 年份 | 件数 | 发证面积 | 其中 | | | | 抵押 | |
|---|---|---|---|---|---|---|---|---|
| | | | 新房办证件数 | 新房面积 | 二手房交易件数 | 二手房交易面积 | 件数 | 面积 |
| 2002 | 1873 | 11.28 | 1789 | 10.77 | 84 | 0.51 | 540 | 37.15 |
| 2003 | 2462 | 16.24 | 2365 | 15.6 | 97 | 0.64 | 611 | 24.87 |
| 2004 | 3189 | 28.46 | 2987 | 26.66 | 202 | 1.8 | 440 | 10.98 |
| 2005 | 3240 | 30.12 | 2845 | 25.54 | 395 | 4.58 | 261 | 40.77 |
| 2006 | 4215 | 36.78 | 3794 | 32.1 | 421 | 4.68 | 311 | 24.79 |
| 2007 | 7764 | 95.36 | 6531 | 79.08 | 1233 | 16.28 | 587 | 40.94 |
| 2008 | 8109 | 104.79 | 5255 | 67.78 | 2854 | 37.01 | 381 | 384 |
| 2009 | 8072 | 102.2 | 5548 | 69.77 | 2561 | 33.43 | 740 | 49 |
| 2010 | 7947 | 98.44 | 5485 | 68.99 | 2462 | 29.45 | 948 | 46.88 |
| 2011 | 6890 | 92.65 | 4738 | 64.23 | 2152 | 28.42 | 1028 | 65.08 |
| 2012 | 6634 | 89.3 | 3755 | 51.25 | 2879 | 38.05 | 1025 | 64.86 |
| 2013 | 4593 | 94.5 | 1795 | 60.2 | 2798 | 48.85 | 1253 | 83 |
| 2014 | 5573 | 64.88 | 3552 | 42.56 | 2021 | 22.32 | 1267 | 79.61 |
| 2015 | 5640 | 65.72 | 3094 | 40.18 | 2546 | 25.54 | 1362 | 79.31 |
| 2016 | 4938 | 62.18 | 2149 | 27.06 | 2789 | 35.12 | 1639 | 74.45 |
| 合计 | 81139 | 992.9 | 55682 | 681.77 | 25494 | 326.68 | 12393 | 1105.69 |

## 四　住博会

2016年，阿克苏市召开首届住博会，对在住博会期间购买住宅的实行每平方米88元财政补贴，对购买二手住房和新建商品住房的实行契税财政全额补贴。阿克苏市共有 30 家房地产开发企业、1 家二手房经纪公司、4 家银行参加住博会，销售商品房 1072 套，成交面积 11.37 万平方米，成交金额 4.2 亿元。政府财政补贴 979.5 万元。契税返还补贴 3814 套，补贴税款 1805 万元。

## 第三节　保障性住房管理

### 一　工程建设

2008 年 3 月 28 日，阿克苏市为解决低收入、低保家庭住房问题，开始开工建设首批廉租房。项目位于阿克苏市友谊路，总投资 770 万元，总建筑面积 10049 平方米。此后在新星小区、清清家园、南疆农民市场、建设家园、天成福都、怡和浪琴小区等 6 个小区配建廉租住房 440 套。至 2016 年，阿克苏市共建设各类保障性安居住房 24202 套，其中廉租房 6768 套、公租房 3524 套、棚户区改造房 13910 套。

**表 4-15　2008～2016 年阿克苏市保障性安居工程建设任务表**

| 年度 | 保障房类型 | 建设任务(套) | 总投资(万元) | 建设项目(个) | 建筑面积(平方米) |
|---|---|---|---|---|---|
| 2008 | 廉租房 | 440 | 3300 | 6 | 22000 |
| 2009 | 廉租房 | 1088 | 8160 | 15 | 54400 |
| 2010 | 廉租房 | 640 | 5520 | 11 | 32000 |
| 2011 | 廉租房 | 1100 | 9487.5 | 11 | 55000 |
| | 公租房 | 488 | 5050.8 | 11 | 29300 |
| | 棚户区 | 6925 | 107510.6 | | 620000 |
| 2012 | 廉租房 | 2000 | 17250 | 12 | 100000 |
| | 公租房 | 200 | 2400 | 5 | 12000 |
| | 棚户区 | 3525 | 52875 | | 264000 |
| 2013 | 廉租房 | 1500 | 16500 | 6 | 75000 |
| | 公租房 | 500 | 6600 | 4 | 30000 |
| | 棚户区 | 1500 | 29700 | | 135000 |
| 2014 | 公租房 | 700 | 9240 | 15 | 42000 |
| | 棚户区 | 500 | 11250 | | 45000 |
| 2015 | 公租房 | 1136 | 14995 | 9 | 68000 |
| | 棚户区 | 960 | 19008 | | 86000 |
| 2016 | 公租房 | 500 | 4030.44 | 3 | 24015 |
| | 棚户区 | 500 | 9900 | | 45000 |

### 二　管理办法

2008 年，阿克苏市出台《阿克苏市廉租房住房管理办法》，规定凡具有本市户口（不含通过购买商品房迁移户口）、符合阿克苏市低收入认定标准的无房户或住房困难家庭，可以向户口所在地的街道和社区申请廉租住房实物配租和廉租住房租赁补贴。同时，制定《阿克苏市城市低收入家庭认定办法（试行)》，城市低收入家庭是指共同生活的家庭成员实际月收入低于当地低保标准 1.3 倍的城市居民家庭（阿克苏市城市低保标准全额为 130 元/月，按照 1.3 倍计算阿克苏市城市低收入家庭的标准为低于 169 元/月的城市居民家庭）。低收入家庭认定工作实行属地管理，由申请人户籍所在地的社区、街道和市民政部门进行审核认定，申请人户籍地与居住地不一致的，由实际居住地社区、街道进行审核认定。

2012 年，阿克苏市制定《阿克苏市公共租赁住房管理暂行办法》，规定申请人应年满 18 周岁，在阿克苏市有稳定工作和收入来源，具有租金支付能力，符合政府规定收入限制的本市无住房或家庭人均住房建筑面积低于 13 平方米的住房困难家庭、大中专院校毕业后就业和进城务工及外地来阿工作的无住房人员。但直系亲属在阿克苏市具有住房资助能力的除外。

2016 年，阿克苏市规定公共租赁住房保障对象包括无住房的城市低保、低收入和中等偏下收入住房困难家庭、新就业大中专毕业生、引进人才和稳定职业并在阿克苏市居住满一定年限、符合保障条件的外来务工人员。

### 三　入住

2009 年开始，阿克苏市开始入住廉租房，当年入住 244 人。至 2016 年，共入住保障性住房 3405 人。

**表 4－16　2009 ~2016 年阿克苏市保障性住房入住情况表**

| 年份 | 住房类型 | 申请人数 | 入住人数 | 退出人数 |
|---|---|---|---|---|
| 2009 | 廉租房 | 568 | 244 | 0 |
| | 公租房 | 0 | 0 | 0 |
| 2010 | 廉租房 | 617 | 352 | |
| | 公租房 | 0 | 0 | 0 |
| 2011 | 廉租房 | 585 | 195 | |
| | 公租房 | 0 | 0 | 0 |
| 2012 | 廉租房 | 778 | 489 | 0 |
| | 公租房 | 0 | 0 | 0 |
| 2013 | 廉租房 | 941 | 627 | 58 |
| | 公租房 | 0 | 0 | 0 |
| 2014 | 廉租房 | 0 | 0 | 0 |
| | 公租房 | 769 | 532 | 0 |
| 2015 | 廉租房 | 0 | 0 | 0 |
| | 公租房 | 544 | 398 | 22 |
| 2016 | 廉租房 | 0 | 0 | 0 |
| | 公租房 | 698 | 568 | 47 |

## 第四节　物业管理

### 一　物业企业

1999 年，阿克苏市成立建安物业公司，负责管理丽园小区和康居小区。此后，阿克苏市住房维修和管理由单位后勤管理转为物业公司社会化管理。

2001 年，阿克苏市成立金石物业公司、新伟物业公司。

2002 年，随着《物业管理条例》《新疆维吾尔自治区城市住宅区物业管理办法》的出台，阿克苏市物业管理进入法制化轨道。新增 6 家物业公司，担负着全市商业开发小区、下岗安置小区、政府房改小区、单位庭院等物业管理工作。

2004 年，根据《新疆维吾尔自治区物业服务收费管理办法》规定，阿克苏市物业实行有偿服务，多层建筑 6 层以下每平方米 0.3 元，收费项目主要是物业管理费、垃圾清运费、保洁费等。物业公司已有 20 家。

2007 年 10 月 1 日，阿克苏市第一家业主委员会（丽园小区）正式成立。物业公司有 32 家，管理小区 95 个。

2012 年，根据《新疆维吾尔自治区物业服务收费管理办法》，阿克苏市规范物业服务收费行为。物业服务收费实行统一政策，分级管理。

2013 年，阿克苏市召开 10 次物业管理工作例会，登记注册物业服务企业 70 家，其中具备三级资质的有 57 家。物业服务从业人员 2000 余人。

2014 年，阿克苏市加强小区专项维修资金管理，设立专项维修资金专户，对物业公司收取、存储、使用进行统一监管。45 家物业小区创建“平安物业小区”称号。

2016 年，《新疆维吾尔自治区物业服务收费管理办法》出台，物业服务收费遵循 2013 年收费标准。阿克苏市物业管理企业 83 家，物业协会理事及监事单位 12 家。从业人员 3000 余人，其中持证上岗的专业管理人员 300 余人。管理住宅小区 265 个，其中建筑面积 5 万平方米以下的小区有 188 个，5 万～10 万平方米的小区有 39 个，10 万～20 万平方米的小区有 21 个，20 万平方米以上的小区有 17 个。

## 二　物业协会

2014 年 5 月 6 日，阿克苏市成立物业协会，有理事单位 12 家，成员单位 63 家。

2016 年，阿克苏市物业协会牵头规范物业管理行为标准，开展小区专项整治工作。

## 三　物业收费

### （一）费用计算

2012 年起，阿克苏市物业服务收费按照房屋权属证书记载的建筑面积计算；尚未进行权属登记的，暂按购房合同记载的建筑面积计算。住宅小区内的物业已完成竣工验收交付使用，但小区内的道路、绿化、部分公共设施未达到设计要求或使用要求的，物业服务费用由房屋建设单位承担。纳入物业服务范围的已竣工但尚未出售的、房屋建设单位出租的、因房屋建设单位原因未按时交给物业买受人的，物业服务费用由房屋建设单位缴纳。为住宅小区配套建设的非住宅用房（商业用房、幼儿园、诊所等）及改变用途的住宅，其物业服务收费在统一的住宅物业服务收费标准基础上加价。原则上用于商业的加收不超过 100%，用于办公的加收不超过 50%。

（二）收费标准

1. 住宅物业费

多层住宅及不带电梯的 7 层住宅，四级 0. 80 元/月/平方米，三级 0. 60 元/月/平方米，二级 0. 45 元/月/平方米，一级 0. 35 元/月/平方米；高层住宅中，四级 1. 80 元/月/平方米，三级 1. 40 元/月/平方米，二级 1. 10 元/月/平方米，一级 1. 00 元/月/平方米。

2. 停车服务费

住宅小区未规划建设地下车库或规划建设地下车位配比率≤30%：中型车 50 元/辆/月，小型车 80 元/辆/月；住宅小区有规划建设地下车库：小、中型车 100 ~180 元/辆/月，含物业综合服务费 50 ~70 元/辆/月；地面车位中小型车 30 元/辆/月，摩托车 15 元/辆/月（包含燃油车），自行车 5 元/辆/月，电动车 7 元/辆/月，三轮车 15 元/辆/月（包括机动三轮车、非机动三轮车），临时停车 5 元/次，临时停车计次时间为 1 小时以上 12 小时以内，超过 12 小时按 15 元/次。

## 四　维修资金管理

2008 年以前，维修资金按每户每年每平方米 2 元的标准收取。

2008 年，阿克苏市出台《阿克苏市住宅专项维修资金管理办法》，对维修资金收费标准进行调整，按总房款 2% 收取维修资金。

2012 年 5 月 5 日，阿克苏市对维修资金实施专项管理，业主委员会、街道社区、市住建局共同对维修资金进行监管。

**表 4 －17　2012 ~2016 年阿克苏市维修资金基本情况一览表**

单位：元

| 年份 | 收取 | 支出 | 余额 |
|---|---|---|---|
| 2012 | 68126682. 26 | | 68126682. 26 |
| 2013 | 36603062 | 760397. 50 | 103969346. 76 |
| 2014 | 20233409. 61 | 772695. 07 | 123430061. 30 |
| 2015 | 3115303. 05 | 3601372. 70 | 150993991. 65 |
| 2016 | 35407124. 03 | 4183120. 54 | 182217995. 14 |

# 第五编 环境保护

20世纪90年代初，受全球气候变化和区域性生态环境恶化的影响，阿克苏市时常发生沙尘暴天气、浮尘天气，影响环境质量的主要因素为颗粒物和降尘。20世纪90年代中期后，随着经济的快速发展和人口数量的增加，工业污染日益严重，成为影响环境质量的重要因素之一。阿克苏市在发展经济的同时，坚持生态立市，积极推进可持续发展战略，致力于生态环境的保护与建设，持续推进生态环境治理，1998年起，相继出台大气、水、噪声、固废污染监督等管理办法。2000年起，阿克苏市通过实施环境保护目标责任制，将环保目标责任分解至全市相关部门，形成政府主抓、环保部门牵头、相关部门配合的工作格局。通过污染治理、城市环境综合整治和植树造林、退耕还林还草、防风固沙、遏制土壤退化等一系列生态保护建设工程，全市生态环境得到明显改善。2005年后，局部沙尘暴和浮尘天气影响强度明显减弱，二氧化硫、二氧化氮浓度均达到国家二级标准，可吸入颗粒物浓度呈逐年下降趋势，人居环境进一步改善。至2016年，阿克苏市先后获得全国园林绿化先进城市、中国人居环境范例奖、自治区环境保护模范城市，成为南疆较有名的绿洲生态城市。

# 第一章　机　构

## 第一节　行政机构

1990 年，阿克苏市环境保护工作由市城乡建设环境保护局负责。

1992 年 1 月，阿克苏市环境保护局（以下简称环保局）从市城乡建设环境保护局析出。行政机构，正科级建制，全额预算管理。核定行政编制 6 名，工勤编制 1 名，事业编制 12 名，其中领导职数 2 名。

1998 年，人事制度改革，人员全部依照公务员进行过渡。

2016 年，市环保局核定行政编制人员 6 名，实有 6 人。

## 第二节　事业机构

### 一　环境监测站

1990 年，阿克苏市城乡建设环境保护局下设环境监测站，核定编制 15 名。

1992 年 1 月，阿克苏市环境保护局成立后，环境监测站（股级）与环境监理站实行一套班子两块牌子，合署办公。

2014 年，经阿克苏市机构编制委员会同意，单独设立市环境监测站，核定编制 5 名。2016 年，实有 5 人。

### 二　环境监察大队

1992 年 1 月，阿克苏市成立环境监理站，股级，与环境监测站一套班子两块牌子，合署办公。

1998 年，市环境监理站更名为市环境监察大队。

2002 年 9 月，经机构编制委员会核定，环境监察大队编制 15 名。2016 年，实有 11 人。

# 第二章　环境质量监测

## 第一节　大气环境质量监测

### 一　大气质量监测项目

1992 年，阿克苏市开始开展环境监测工作。空气质量监测项目有二氧化硫、氮氧化物、颗粒物、降尘和硫酸盐化速率，监测频率为每年 4 次（每年 1、4、7、10 月中旬进行），每次连续 5 天，每天 4 次，采样时间 8:00、12:00、16:00、20:00，遇特殊情况延续，共设立 5 个监测点，即工程团（代表工业区）、地区八大队（代表混合区）、大十字（代表交通枢纽）、市政公司（代表居民区）、实验林场（代表清洁区）对照点。

2001～2004 年，阿克苏市对二氧化硫、氮氧化物、颗粒物进行隔日采样，每月监测 15 天，共设 3 个监测点，即友谊宾馆、地区电视台、西广场，均代表二类混合区。2005 年以后，设为每日 24 小时连续采样取平均值，共设 2 个监测点，地区电视台和文化艺术中心为二类混合区，监测数据上报自治区和地区并向社会公布。

降尘为每年监测，每年 12 次，1992～2000 年硫酸盐化速率为每两个月监测一次，全年监测 6 次。2000～2016 年，为每月监测 1 次，每年共监测 12 次。

### 二　大气环境质量状况

阿克苏市春季为颗粒物和降尘污染最严重的季节，较其他季节都高。1992 年，阿克苏市沙尘暴天气、浮尘天气频繁发生。1996 年，沙尘暴出现时间提前。1999 年，阿克苏市污染天气颗粒物超标严重。2002 年，机动车保有量的增加及冬季取暖锅炉排放，造成烟尘污染现象严重。2005 年，空气质量好转，达标率达到 76.6%。2008 年空气质量达标率达到 77%。2011 年，空气质量优良天数 253 天，达标率 68.97%。2014 年空气质量优良天数 240 天，达标率 81%。2016 年空气质量以 AQI（空气质量指数）为指数评价，受沙尘天气的影响，优良天数达标率 34%。

**表 5－1　1992～2016 年阿克苏市空气污染物年均值表（一）**

| 年份 | 颗粒物（毫克/立方米） | | | 氮氧化物（毫克/立方米） | | | 二氧化硫（毫克/立方米） | | | 降尘（万吨/平方公里） | | |
|---|---|---|---|---|---|---|---|---|---|---|---|---|
| | 浓度范围 | 超标率（%） | 平均值 | 浓度范围 | 超标率（%） | 平均值 | 浓度范围 | 超标率（%） | 平均值 | 浓度范围 | 超标率（%） | 平均值 |
| 1992 | 0.510～2.463 | 88.52 | 0.870 | 0.006～0.052 | 0 | 0.025 | 0.008～0.186 | 0 | 0.026 | 32.74～47.79 | 1.46 | 39.41 |
| 1993 | 0.116～3.599 | 23.4 | 0.367 | 0.001～0.136 | 0 | 0.030 | 0.002～0.021 | 0 | 0.016 | 13.78～128.13 | 2.16 | 50.64 |
| 1994 | 0.081～2.454 | 30 | 0.190 | 0.003～0.119 | 0 | 0.029 | 0.002～0.092 | 0 | 0.027 | 11.61～71.50 | 1.05 | 32.84 |
| 1995 | 0.091～0.816 | 43.8 | 0.221 | 0.007～0.091 | 0 | 0.044 | 0.004～0.064 | 0 | 0.016 | 11.83～87.35 | 1.70 | 43.25 |
| 1996 | 0.102～2.615 | 91 | 0.633 | 0.005～0.102 | 0 | 0.031 | 0.008～0.160 | 0 | 0.039 | 11.35～40.37 | 0.89 | 30.32 |

续表

| 年份 | 颗粒物(毫克/立方米) | | | 氮氧化物(毫克/立方米) | | | 二氧化硫(毫克/立方米) | | | 降尘(万吨/平方公里) | | |
|---|---|---|---|---|---|---|---|---|---|---|---|---|
| | 浓度范围 | 超标率(%) | 平均值 | 浓度范围 | 超标率(%) | 平均值 | 浓度范围 | 超标率(%) | 平均值 | 浓度范围 | 超标率(%) | 平均值 |
| 1997 | 0. 050 ~37. 52 | 97 | 0. 724 | 0. 005 ~0. 141 | 0 | 0. 031 | 0. 008 ~0. 313 | 0 | 0. 031 | 11. 54 ~84. 94 | 1. 15 | 34. 41 |
| 1998 | 0. 100 ~8. 090 | 95 | 0. 952 | 0. 005 ~0. 194 | 0 | 0. 031 | 0. 008 ~0. 153 | 0 | 0. 020 | 13. 31 ~61. 67 | 1. 15 | 34. 38 |
| 1999 | 0. 050 ~4. 533 | 95 | 0. 573 | 0. 005 ~0. 146 | 0 | 0. 027 | 0. 008 ~0. 143 | 0 | 0. 027 | 20. 09 ~143. 73 | 2. 3 | 52. 8 |
| 2000 | 0. 050 ~10. 558 | 91 | 1. 049 | 0. 005 ~0. 159 | 0 | 0. 031 | 0. 008 ~0. 186 | 0 | 0. 026 | 21. 48 ~115. 6 | 1. 9 | 46. 32 |
| 2001 | 0. 001 ~3. 469 | 97. 2 | 0. 910 | 0. 005 ~0. 038 | 0 | 0. 010 | 0. 002 ~0. 021 | 0 | 0. 016 | 32. 74 ~47. 79 | 1. 46 | 39. 41 |
| 2002 | 0. 104 ~16. 893 | 94. 5 | 1. 144 | 0. 002 ~0. 091 | 0 | 0. 017 | 0. 002 ~0. 092 | 0 | 0. 027 | 13. 78 ~128. 13 | 2. 16 | 50. 64 |
| 2003 | 0. 510 ~2. 463 | 100 | 0. 817 | 0. 006 ~0. 052 | 0 | 0. 025 | 0. 004 ~0. 064 | 0 | 0. 016 | 11. 61 ~71. 50 | 1. 05 | 32. 84 |
| 2004 | 0. 116 ~3. 599 | 88. 52 | 0. 870 | 0. 001 ~0. 136 | 0 | 0. 030 | 0. 002 ~0. 053 | 0 | 0. 010 | 11. 83 ~87. 35 | 1. 70 | 43. 25 |
| 2005 | 0. 081 ~2. 454 | 23. 4 | 0. 367 | 0. 003 ~0. 119 | 0 | 0. 029 | 0. 002 ~0. 06 | 0 | 0. 024 | 11. 35 ~40. 37 | 0. 89 | 30. 32 |
| 2006 | 0. 091 ~0. 816 | 30 | 0. 190 | 0. 007 ~0. 091 | 0 | 0. 044 | 0. 006 ~0. 057 | 0 | 0. 023 | 10. 65 ~96. 8 | 0. 95 | 40. 6 |
| 2007 | 0. 003 ~1. 274 | 43. 8 | 0. 221 | 0. 01 ~0. 056 | 0 | 0. 022 | 0. 006 ~0. 065 | 0 | 0. 026 | 9. 38 ~137. 09 | 0. 62 | 48. 86 |
| 2008 | 0. 034 ~0. 612 | 23 | 0. 224 | 0. 003 ~0. 061 | 0 | 0. 023 | 0. 005 ~0. 053 | 0 | 0. 023 | 10. 29 ~178. 83 | 1. 12 | 57. 26 |
| 2009 | 0. 028 ~0. 787 | 29. 9 | 0. 132 | 0. 001 ~0. 05 | 0 | 0. 023 | 0. 003 ~0. 052 | 0 | 0. 024 | 14. 5 ~79. 98 | 0. 6 | 35. 3 |
| 2010 | 0. 022 ~0. 745 | 23. 7 | 0. 134 | 0. 005 ~0. 076 | 0 | 0. 022 | 0. 005 ~0. 06 | 0 | 0. 024 | 14. 8 ~102. 4 | 0. 96 | 36 |
| 2011 | 0. 025 ~0. 965 | 26. 8 | 0. 139 | 0. 004 ~0. 053 | 0 | 0. 021 | 0. 006 ~0. 053 | 0 | 0. 026 | 14. 3 ~142. 3 | 1. 20 | 36. 2 |
| 2012 | 0. 024 ~0. 685 | 27. 3 | 0. 125 | 0. 002 ~0. 050 | 0 | 0. 025 | 0. 004 ~0. 050 | 0 | 0. 023 | 6. 1 ~67. 61 | 0. 5 | 21. 8 |
| 2013 | 0. 037 ~2. 272 | 36. 2 | 0. 222 | 0. 012 ~0. 032 | 0 | 0. 023 | 0. 004 ~0. 034 | 0 | 0. 015 | 9. 4 ~53. 6 | 0. 81 | 27. 1 |
| 2014 | 0. 005 ~2. 328 | 40. 5 | 0. 202 | 0. 013 ~0. 078 | 0 | 0. 034 | 0. 003 ~0. 052 | 0 | 0. 015 | 9. 2 ~43. 5 | 0. 53 | 22 |
| 2015 | 0. 03 ~2. 901 | 45 | 0. 210 | 0. 004 ~0. 074 | 0 | 0. 028 | 0. 002 ~0. 078 | 0 | 0. 016 | 7. 1 ~31. 5 | 0. 75 | 21. 5 |
| 2016 | 0. 049 ~3. 65 | 58. 6 | 0. 244 | 0. 013 ~0. 08 | 0 | 0. 035 | 0. 002 ~0. 036 | 0 | 0. 013 | 11 ~42. 5 | 0. 78 | 23. 35 |

**表 5 -2　1992 ~2016 年阿克苏市空气污染物年均值表（二）**

单位：t/km$^2$ · 30d，%

| 年份 | 硫酸盐化速率浓度范围 | 超标率 | 平均值 |
|---|---|---|---|
| 1992 | 0. 25 | 0 | 0. 025 |
| 1993 | 0. 25 | 0 | 0. 25 |
| 1994 | 0. 25 | 0 | 0. 25 |
| 1995 | 0. 25 | 0 | 0. 25 |
| 1996 | 0. 025 ~0. 398 | 0 | 0. 142 |
| 1997 | 0. 030 ~0. 250 | 0 | 0. 166 |
| 1998 | 0. 025 ~0. 052 | 0 | 0. 118 |
| 1999 | 0. 025 ~0. 028 | 0 | 0. 030 |
| 2000 | 0. 25 | 0 | 0. 025 |
| 2001 | 0. 25 | 0 | 0. 25 |
| 2002 | 0. 25 | 0 | 0. 25 |
| 2003 | 0. 25 | 0 | 0. 25 |
| 2004 | 0. 25 | 0 | 0. 25 |
| 2005 | 0. 25 | 0 | 0. 25 |
| 2006 | 0. 25 | 0 | 0. 25 |
| 2007 | 0. 25 | 0 | 0. 25 |
| 2008 | 0. 25 | 0 | 0. 25 |

续表

| 年份 | 硫酸盐化速率浓度范围 | 超标率 | 平均值 |
|---|---|---|---|
| 2009 | 0.25 | 0 | 0.25 |
| 2010 | 0.25 | 0 | 0.25 |
| 2011 | 0.25 | 0 | 0.25 |
| 2012 | 0.25 | 0 | 0.24 |
| 2013 | 0.25 | 0 | 0.22 |
| 2014 | 0.25 | 0 | 0.16 |
| 2015 | 0.12～0.21 | 0 | 0.16 |
| 2016 | 0.11～0.26 | 0 | 0.18 |

## 第二节 水环境质量监测

### 一 水质监测项目

阿克苏市境内有两大水系，分别为多浪河和阿克苏—塔里木河，阿克苏市饮用水源为多浪河饮用水源地。1992 年，阿克苏市城市饮用水源地、多浪河、阿克苏—塔里木河水质质量监测项目为氢离子浓度、悬浮固体、总硬度、溶解氧、高锰酸钾指数、5 天生化需氧量、亚硝酸盐氮、硝酸盐氮、砷、汞元素、六价铬、铅、镉、氟离子、氯离子、石油类、硫酸盐、矿化度等 21 个项目。2005 年开始，阿克苏市地下水设监测点位 2 个，每月对地下水质进行常规采样监测 24 项；每年 7 月对地下水质进行采样监测 37 项。多浪河、阿克苏—塔里木河常规监测项目 32 项。

### 二 水质监测

（一）饮用水质监测

1992 年，阿克苏市饮用水质监测结果为地下水环境标准Ⅱ类；1994～2016 年，饮用水质监测结果为地下水环境标准Ⅲ类。

（二）多浪河水质监测

1992～1995 年，多浪河水质监测达到环境地表水Ⅰ类标准；1997 年，多浪河水质监测达到环境地表水Ⅱ类标准；2001 年多浪河水质监测达到环境地表水Ⅰ～Ⅲ类标准；2004～2010 年，多浪河水质监测达到环境地表水Ⅲ类标准。2015 年，多浪河水质达到Ⅰ～Ⅲ类，水质为优良。

（三）阿克苏—塔里木河水质监测

1992～2011 年，阿克苏—塔里木河水质监测达到环境地表水Ⅲ类标准。2015 年，阿克苏—塔里木河水质在枯水期水质为Ⅳ～Ⅴ类水质，枯水期水质较差。

### 三 水环境质量状况

经对阿克苏市饮用水源地（进口、出口）水质进行监测，阿克苏市多浪河城市饮用水源地水质稳定，虽硬度稍有偏高，但水质完全符合《地下水质量标准》（GB/T14848－93）Ⅲ类标准。

## 第三节　噪声环境质量监测

### 一　噪声监测项目

噪声监测主要项目为道路交通噪声监测、功能区噪声监测和区域环境噪声监测。

阿克苏市交通干线总长29.51千米，实际监测昼间干线长度29.51千米，应监测交通噪声环境点位43个，按要求每年5月对每个点位进行一次昼夜分别监测，各点位测量周期20分钟，采样时间0.5秒/个，昼夜平均值达到自治区要求的上限70分贝考核要求。

功能区噪声定期监测为每季度一次，在市区选择有代表性的地区宾馆、天福大酒店、温州宾馆、广州宾馆、航空宾馆、地区二医院、徐矿集团阿克苏热电有限责任公司、好想你枣业8个点作为功能区测点，24小时定点监测。

阿克苏市应监测区域噪声122个点位，按要求每年9月对每个点位进行一次监测，各点位监测周期10分钟，采样时间0.5秒/个，每个点位昼间和夜间各监测一次。

### 二　区域环境、交通干线噪声监测

经监测，1992年阿克苏市区域环境噪声为56.4分贝、交通干线噪声平均值为69.1分贝。

2016年，阿克苏市区域环境噪声为56.6分贝、交通干线噪声平均值为68.8分贝。

**表5－3　1992～2016年阿克苏市区域环境噪声、交通干线噪声平均值表**

单位：分贝

| 年份 | 区域环境噪声平均值 | 交通干线噪声平均值 | 年份 | 区域环境噪声平均值 | 交通干线噪声平均值 |
|---|---|---|---|---|---|
| 1992 | 56.4 | 69.1 | 2005 | 51.5 | 69.1 |
| 1993 | 55.0 | 70.4 | 2006 | 53.4 | 66.5 |
| 1994 | 51.5 | 69.1 | 2007 | 55.2 | 69.3 |
| 1995 | 53.4 | 66.5 | 2008 | 54.0 | 66.7 |
| 1996 | 56.8 | 67.5 | 2009 | 52.1 | 62.0 |
| 1997 | 56.4 | 68.0 | 2010 | 51.1 | 66.9 |
| 1998 | 53.9 | 72.7 | 2011 | 49.5 | 67.2 |
| 1999 | 55.4 | 65.3 | 2012 | 46.1 | 64.8 |
| 2000 | 56.5 | 70.7 | 2013 | 51.7 | 64.4 |
| 2001 | 56.4 | 69.4 | 2014 | 51.7 | 65.7 |
| 2002 | 53.9 | 69.7 | 2015 | 56.3 | 65.0 |
| 2003 | 56.4 | 69.1 | 2016 | 56.6 | 68.8 |
| 2004 | 55.0 | 70.4 | | | |

### 三　噪声环境质量状况

（一）环境噪声

1992年，阿克苏市区域环境噪声平均等效声级53.6分贝。

1993～2013年，市区域环境噪声质量级别为较好，声环境质量总体保持稳定。

2015～2016 年，阿克苏市受城市大规模道路改造施工影响，整体区域噪声和各功能区噪声均呈现上升趋势，区域噪声环境质量变差。

（二）交通噪声

1992 年，阿克苏市交通噪声平均等效声级 69.1 分贝，交通噪声质量有所下降。

1997～2009 年，阿克苏市加大对市区交通噪声治理，市区域交通噪声质量逐年好转。

2010～2015 年，阿克苏市区域交通噪声质量级别为好。

2016 年，由于车辆保有量逐年增加，道路负荷不断加重，区域交通噪声平均等效声级为 68.8 分贝，质量略有下降。

# 第三章 环境污染防治

## 第一节 水污染防治

### 一 污水处理

2001 年 7 月，阿克苏市二级污水处理厂正式投入运行，污水处理设备运转良好，日平均处理污水量 4.06 万立方米，有效改善城市水环境。2001～2016 年，阿克苏市推进城镇污水处理设施、污水管网建设与改造，进一步提高城市污水收纳率及处理率。“十一五”开始实施企业污染治理，达标排放；“十三五”开始实施重点企业提标改造，启动阿克苏市第二污水处理厂建设工程。

### 二 水源地保护

2009 年，阿克苏市着手编制饮用水源地保护区划分报告。2011 年，阿克苏市饮用水源地保护区划分报告得到自治区人民政府批复。2014 年，对饮用水源地保护区进行修复建设，加固保护区围栏、标识牌等。2016 年，阿克苏市将饮用水源地建设项目纳入国家环保部项目库，加大水源地保护力度，强化饮用水水源保护区内的建设项目管理，清理一批饮用水源保护区内违法违规建设项目，持续改善饮用水水质。

## 第二节 大气污染防治

2002 年，阿克苏市开始实行集中供热，逐步进行锅炉治理，拆除燃煤小锅炉。2006 年，阿克苏市开始建设运行首家地源热（水韵明珠小区）项目，以后逐步推广。2007 年，阿克苏市开展创建环保模范城市，继续加大大气污染治理。2011 年 9 月，徐矿集团阿克苏热电厂投入运营，阿克苏市集中供热项目的发展进度加快。2012 年底，启动机动车环保标志管理；2013 年 6 月开始机动车尾气检测工作。2013 年 9 月，国务院发布大气污染防治行动计划，阿克苏市制定大气污染防治行动方案，加大大气污染防治的工作力度。2015 年，开展阿克苏河生态工程拆迁，取缔燃煤小锅炉 65 台。2016 年，取缔燃煤小锅炉 36 台，阿克苏市空气质量得到较大改善。

### 第三节　噪声污染防治

2000 年开始，阿克苏市加大噪声污染防治工作，市区内禁止鸣笛，严格控制噪声敏感区域夜间施工作业，加大居民区加工作坊噪声扰民治理。2007 年，开展“宁静工程”，禁鸣距离扩大至 6 千米，有效控制市区内交通噪声。2008 年开始，在中、高考期间进行噪声监测，张贴停工告示，为考生营造良好的学习考试环境。2012 年，加大噪声监测的范围，对噪声监测点位进行调整，交通噪声监测点位从 37 个增加到 43 个，区域噪声监测点位从 110 个增加到 122 个，功能区噪声点位从 6 个增加到 8 个。2016 年，阿克苏市加大噪声污染防治力度，严格控制夜间施工噪声，高、中考期间出动巡查 36 人次，保障考场周边环境安静。

## 第四章　环境管理

### 第一节　环境执法监察

1992 年，阿克苏市环保局开展环境监察工作，开始立案查处环境违法案件。

2015 年，根据新《中华人民共和国环境保护法》规定，阿克苏市查处一起严重违法排污案件，对该企业罚款 10 万元，对企业法定代表人处以 10 日行政拘留，成为《中华人民共和国环境保护法》实施以来全疆首例因环境违法，企业法人被移送公安机关司法拘留的案件。

2016 年，共进行现场监察 540 人次，查处违法行为 10 起。

表 5 -4　1992 ~2016 年阿克苏市环境执法案件办结情况表

| 年份 | 现场监察(人次) | 案件(件) | 罚款(万元) | 年份 | 现场监察(人次) | 案件(件) | 罚款(万元) |
|---|---|---|---|---|---|---|---|
| 1992 | 230 | 0 | 0 | 2005 | 630 | 5 | 2.2 |
| 1993 | 205 | 0 | 0 | 2006 | 652 | 13 | 4.3 |
| 1994 | 180 | 11 | 0.1 | 2007 | 1230 | 9 | 5.2 |
| 1995 | 324 | 1 | 0.2 | 2008 | 1870 | 6 | 3.1 |
| 1996 | 320 | 2 | 0.3 | 2009 | 785 | 12 | 6.4 |
| 1997 | 397 | 2 | 0.2 | 2010 | 650 | 11 | 5.45 |
| 1998 | 370 | 0 | 0 | 2011 | 798 | 8 | 4.62 |
| 1999 | 254 | 5 | 0.62 | 2012 | 837 | 5 | 3.3 |
| 2000 | 263 | 4 | 0.3 | 2013 | 511 | 26 | 9.4 |
| 2001 | 350 | 5 | 0.65 | 2014 | 1520 | 6 | 3.65 |
| 2002 | 436 | 3 | 0.7 | 2015 | 1260 | 2 | 12.3 |
| 2003 | 369 | 5 | 1.0 | 2016 | 540 | 10 | 19 |
| 2004 | 432 | 6 | 1.5 | | | | |

## 第二节　排污费征收

1992 年开始，阿克苏市开展排污费征收工作。2010 年起，阿克苏市环保局按照《排污费征收管理条例》有关规定，抓好辖区内的排污费征收工作，进一步加大排污费征收力度。至 2016 年，共征收排污费 3935 万元。

**表 5－5　1992～2016 年阿克苏市排污费征收情况表**

单位：万元

| 年份 | 排污费 | 年份 | 排污费 | 年份 | 排污费 |
|---|---|---|---|---|---|
| 1992 | 10.3 | 2001 | 29.8 | 2010 | 351 |
| 1993 | 11.4 | 2002 | 45.4 | 2011 | 312 |
| 1994 | 8.85 | 2003 | 79.6 | 2012 | 323 |
| 1995 | 9.24 | 2004 | 90.6 | 2013 | 402 |
| 1996 | 11.5 | 2005 | 95.0 | 2014 | 450 |
| 1997 | 17.6 | 2006 | 120.5 | 2015 | 328 |
| 1998 | 20.1 | 2007 | 166.39 | 2016 | 449.7 |
| 1999 | 19.7 | 2008 | 265.5 | | |
| 2000 | 16.6 | 2009 | 301.2 | | |

## 第三节　环境影响评价

2002 年 10 月 28 日，根据《中华人民共和国环境影响评价法》，阿克苏市正式开展环境影响评价工作。至 2016 年，共完成环境影响评价登记表审批 3180 个、环境影响评价报告书（表）565 份。

**表 5－6　2003～2016 年阿克苏市环境影响评价办结情况表**

| 年份 | 环境影响评价登记表(个) | 环境影响评价报告书(份) | 年份 | 环境影响评价登记表(个) | 环境影响评价报告书(份) |
|---|---|---|---|---|---|
| 2003 | 62 | 7 | 2010 | 280 | 54 |
| 2004 | 70 | 9 | 2011 | 245 | 75 |
| 2005 | 65 | 6 | 2012 | 195 | 71 |
| 2006 | 112 | 16 | 2013 | 298 | 60 |
| 2007 | 163 | 21 | 2014 | 353 | 54 |
| 2008 | 210 | 33 | 2015 | 415 | 70 |
| 2009 | 204 | 26 | 2016 | 508 | 63 |

## 第四节　环境信访

1997 年 4 月 29 日，国家环保局发布《环境信访办法》，阿克苏市设立市长信箱及“12369”热线投诉电话，方便市民投诉建议等，市民主要通过书信、电话、上访方式投诉影响环境案件。2000 年后，市民的维权意识越来越强，环境信访工作也愈加重要。

表5－7　1998～2016年阿克苏市环保局办结环境信访案件情况表

| 年份 | 投诉案件(件) | 办结案件(件) | 处理率、结案率(%) | 年份 | 投诉案件(件) | 办结案件(件) | 处理率、结案率(%) |
|---|---|---|---|---|---|---|---|
| 1998 | 11 | 11 | 100 | 2008 | 102 | 102 | 100 |
| 1999 | 9 | 9 | 100 | 2009 | 95 | 95 | 100 |
| 2000 | 8 | 8 | 100 | 2010 | 72 | 72 | 100 |
| 2001 | 17 | 17 | 100 | 2011 | 108 | 108 | 100 |
| 2002 | 30 | 30 | 100 | 2012 | 127 | 127 | 100 |
| 2003 | 21 | 21 | 100 | 2013 | 132 | 132 | 100 |
| 2004 | 54 | 54 | 100 | 2014 | 236 | 236 | 100 |
| 2005 | 68 | 68 | 100 | 2015 | 194 | 194 | 100 |
| 2006 | 93 | 93 | 100 | 2016 | 124 | 124 | 100 |
| 2007 | 85 | 85 | 100 | | | | |

## 第五节　环保模范城市创建

2007年3月，阿克苏市开始筹备创建环保模范城市，成立领导小组，由市政府组织领导，市环保局作为牵头单位，在各成员单位的配合下，着手创建自治区级环境保护模范城市。相继组织万人开展“创建自治区级环保城市”知识竞赛、“地球日”“6·5”世界环境日少儿现场绘画比赛等宣传教育活动。在城区各中小学校、机关和企事业单位开展“环保小卫士”“绿色学校”“绿色机关”“友好环保企业”创建活动。同时开展“蓝天工程”“碧水工程”“污染控制工程”，加强大气污染治理，经过创建自治区环保模范城市六大系列工程活动，2011年，阿克苏市正式被自治区人民政府授予环保模范城市称号。

市委、市政府不断巩固创建国家环境保护模范城市工作成果，开展建设生态城市工作。从继续完善城市环境基础设施建设入手，进一步加强生态环境建设，加大工业污染防治力度，推行循环经济和清洁生产，继续加大环境保护工作力度，在巩固和提高已取得成绩的基础上，推动全市环保事业向更高层次迈进，促进阿克苏市经济社会快速、稳定、健康、持续发展，为全面建设绿色环保美丽阿克苏做出新的贡献。

## 第六节　农村环境综合整治

### 一　农村环境综合整治项目建设

2011年起，阿克苏市开始实施农村环境综合整治项目。至2013年，共实施农村环境综合整治项目6个，为17个村共配备各类垃圾箱1300余个、垃圾清运及吸污车辆23辆。通过农村环境综合整治示范工程建设，有效解决行政村生活垃圾污染环境问题，使农村环境连片综合整治区域农村环境明显改善。

### 二　生态创建活动

2010年后，阿克苏市各乡镇开展生态文明乡镇、生态文明村申报工作。至2016年，全市被命名国家级生态乡镇2个，自治区级生态乡镇3个，自治区级生态村3个，地区级生态村50个。生态乡村创建工作有效推动农村环境整治工作，提高农村居民环境保护意识。

# 第六编　交通运输

阿克苏市地缘优势突出，交通业发达，近年来公路、铁路、民航等行业的迅速发展，为阿克苏市经济、社会、文化等事业发展发挥着较大作用。1990 年，全市城乡公路仅有 210 千米。2000 年以后，阿克苏市抓住国家西部大开发战略和历史机遇，大力实施“村村通”工程，初步形成以阿克苏市为中心，G3012 线为主轴，国道 314 线、219 线和 3 条省道为主干，农村公路为支线的公路网络。到 2016 年，阿克苏市城乡公路总里程 1828.27 千米，其中乡镇等级公路 969.4 千米，农村公路沥青柏油公路里程 1041 千米。有公交车 247 辆，出租车 1536 辆，初步形成便捷、高效、绿色、安全的交通运输体系。

随着南疆铁路的破土动工，1999 年 2 月 1 日，乌鲁木齐—阿克苏直达列车开通。到 2016 年底，阿克苏至乌鲁木齐列车每天达 8 列，南联喀什、和田，北达乌鲁木齐、伊犁，东抵西安、兰州。

2010 年，阿克苏机场改扩建。至 2016 年，已开通 8 条航线，使阿克苏市成为南疆重要的交通要道，民航班机北达乌鲁木齐延伸至全国各地，南飞喀什地区、和田地区，极大方便了阿克苏市人民的出行。

# 第一章　公路运输

## 第一节　机　构

### 一　管理机构

1990 年，阿克苏市交通局为正科级单位，核定编制 6 名，实有 6 人。

2008 年，增加编制 4 名。年末，实有 10 人。

2011 年 11 月，阿克苏市交通局更名为阿克苏市交通运输局，由参照公务员管理的事业机构调整为行政机构，核定编制 5 名，实有 11 人。内设办公室、交通建设股和交通管理股。

2016 年，阿克苏市交通局编制 5 名，其中领导职数 3 名，实有 7 人。内设办公室、交通建设股和交通管理股。下辖 3 个事业单位，分别为：市养路队，核定编制 10 名，其中领导职数 1 人，实有 11 人，全额预算管理；市农村公路工程质量监督站，核定编制 5 名，其中领导职数 1 名，实有 4 人，全额预算管理；市城市客运管理办公室，核定编制 27 名，其中领导职数 3 名，实有 22 人，自收自支管理。

### 二　营运机构

（一）出租车市场

1993 年，阿克苏市出现第一辆在市区从事运营的夏利车。

1995 年，阿克苏市有出租汽车 700 辆。有 3 家出租车公司，分别为笑好出租公司、一路顺风出租公司和阿克苏市出租有限公司，车型主要为夏利、铃木等，由阿克苏市城市客运管理办公室进行管理。

1996 年，阿克苏市有出租车公司 7 家，分别为笑好出租公司、一路顺风出租公司、阿克苏市出租有限公司、金秋出租公司、博蓝特出租车公司、一运出租公司和客运联运出租公司，全市拥有出租车 1470 辆，车型主要为夏利、铃木等。

2002 年，为规范出租车市场，阿克苏市将原有的 7 家出租车公司整合为 2 家，分别是阿克苏市凌翔出租汽车有限责任公司和阿克苏市五星出租汽车有限责任公司。同时，新成立阿克苏市发展旅游出租汽车有限公司。全市拥有出租车 1100 辆，主要车型为捷达、桑塔纳、富康。

2007 年，阿克苏市人民政府分别将 1436 辆出租汽车特许经营权出让给阿克苏市凌翔出租汽车有限责任公司、阿克苏市五星出租汽车有限责任公司和阿克苏市发展旅游出租汽车有限公司。

2014 年 6 月 16 日，阿克苏市建成首个“的士停靠站”。至 8 月 20 日全部建设完毕投入使用。

2016 年，阿克苏市共拥有 3 家出租公司，有出租车 1536 辆，出租车驾驶人员 3000 余人。其中 2 家出租公司获得 AAA 级资质。出租车客运量 3618 万人次。

1. 发展旅游出租汽车有限公司

2002 年 3 月，阿克苏发展旅游出租汽车有限公司经市人民政府批准成立，是一家由外商投资的出租汽车有限公司。公司于 2002 年 5 月 1 日分批量投放一汽捷达三代二型出租专用车用于出租汽车营运。至 2016 年，公司有运行车辆 800 辆。公司下设财务科、业务科、稽查科和收费大厅，实现微机电算化、系统化、科学化，提高效率并推出驾驶员管理智能卡计价器，起到管理和监督检查作用。

2. 五星出租汽车有限责任公司

2002 年 6 月，由阿克苏笑好、客运联运、博蓝特、一运司、一路顺风 5 家委托管理出租汽车公司改制重组成立阿克苏市五星出租汽车有限责任公司，注册资本 150 万元。至 2016 年，有桑塔纳、富康型营运出租车 475 辆，管理人员 15 人，下设 2 个车队。公司制定《出租汽车驾驶员行为准则》，开展五星（一星，态度热情，主动周到，顾客如同回家归故里；二星，行车安全平稳、快捷，顾客乘车心满意；三星，仪表端庄，车貌整洁，西部开发形象美；四星，民族风情，历史地理心中装，西部旅游好向导；五星，帮老扶幼，中华美德万里扬）服务。公司开通 24 小时服务电话，每辆出租车上安装车载对讲机，使出租汽车的调度更加灵活迅速，也增加驾驶员的安全性。

3. 凌翔出租汽车有限责任公司

2002 年 6 月，由市出租汽车公司和金秋出租汽车公司合并重组成立阿克苏市五星出租汽车有限责任公司，是以从事城市出租汽车营运服务、汽车租赁等为主的运输企业。至 2016 年，有 261 辆小型轿车，总资产 1000 多万元。公司下设财务室、调度室、业务室、汽车租赁 4 个职能科室，有管理人员 10 人，间接从业人员逾 400 人。

（二）城市公共交通

1990 年，阿克苏市公共汽车公司与阿克苏市汽车运输公司属一套班子。开设市内公交车线路 2 条，有运营车辆 10 辆，职工 13 人。1993 年，运营车辆增加到 27 辆，职工 51 人。1998 年，开设公交线路 4 条，运营车辆 40 辆，职工 96 人。

1999 年 8 月，经阿克苏市委、市政府批准，市公共汽车公司改制，更名为阿克苏市公交有限责任公司，为股份制企业，公司注册资金 519. 8 万元，其中国有股占股本总额的 25. 91%，企业职工股占股本总额的 74. 09%。企业改制后，建立产权清晰、责权分明、政企分开、管理科学的企业管理模式，企业步入自主经营、自负盈亏、自我发展、自我约束的现代企业之路，企业体制和内部机制得以根本转变。公司内设行政办公室、财务部、收银中心、安全技术科、稽查队、保卫科、后勤部等 7 个科室。设有营运一分公司、营运二分公司、营运三分公司、平安客运分公司、平安客运站、公交广告分公司、汽配修理分公司、旅游分公司、一卡通分公司。公司拥有公交线路 4 条，运营车辆 40 辆，职工 96 人。

2003 年，阿克苏市公交线路增加到 11 条，运营车辆 192 辆，员工 241 人。

2013 年，在阿克苏市公交有限责任公司的基础上，成立阿克苏市公交集团有限责任公司，有营运车辆 401 辆，其中城市公交车辆 212 辆、温宿县恒安客运有限责任公司挂靠车辆 160 辆、平安客运分公司挂靠车辆 29 辆，从业人数 481 人。

2016 年，阿克苏市公交集团有限责任公司车辆数为 397 辆，其中城市公交车辆 237 辆，温宿县恒安客运有限责任公司挂靠车辆 160 辆，从业人数 436 人，公共汽车客运量 2080 万人次。

## 第二节　路政管理和安全监管

### 一　路政管理

1992～2005 年，市交通局加大农村公路的路政执法力度，加强日常巡查，清除路障，共开展公路巡查 1.05 万千米，共处理损害路面案件 28 起。

2008～2016 年，重点开展法律宣传、路政执法、公路巡查等工作。共发放宣传资料 4 万余份，查处路政案件 198 起，开展公路巡查累计达到 2.4 万千米。

### 二　安全监管

1990 年后，阿克苏市交通局规范交通运输市场，每年结合安全生产工作，开展路查，主要针对黑车非驾、超速超载、酒后驾车、客货混装、违章载人、拼装改装车辆等违法违章行为进行整治查处。在每年各个时期、不同阶段，制定交通安全防范措施，建立重特大事故应急救援预案。

2010 年，阿克苏市加大执法监督检查。组织执法人员加大对客运车辆环境卫生、拼客、甩客、不按照计价器收费等违法违规行为进行查处，进一步规范客运行业。

2013 年，市交通运输局开展对车辆乱停乱放及车辆宰客等专项整治活动。

2014 年，共查处非法营运车辆 341 辆次，查处违章违规出租车 2460 起，其中查处车容不整出租车 1163 起，处理乘客投诉 2054 起，受理率 100%，结案率 100%。

2016 年，全年共查处非法营运车辆 208 辆次，查处违章违规出租车 2439 起，其中查处车容不整出租车 2310 起，未按照计价器显示金额收费等违规行为 129 起，处理乘客投诉 821 起，受理率 100%，结案率 100%。

## 第三节　公　路

### 一　高速公路(国道3012线阿克苏段)

2010 年 5 月 29 日，国道 314 线库车县至阿克苏市（阿克苏市至温宿县）高速公路开工建设，全长 260 千米，投资 67.7 亿元。2011 年，国道 314 线库车县至阿克苏市高速公路实现主线通车试运营，是国家高速公路网规划的重要路段。2012 年 11 月 20 日，国道 314 线高速公路全线通车。2014 年，阿克苏—喀什高速公路（国道 3012 线）阿克苏境内段建成。

### 二　国道

#### （一）国道314线

阿克苏市境内有乌鲁木齐—红其拉甫（国道 314 线），全程 1948 千米。于 2004 年 8 月开工建设，2005 年 9 月完工。境内途经阿克苏市南段。

（二）国道219 线

阿克苏市境内有阿克苏市—阿合奇县境（国道 219 线），全长 172.48 千米。于 2015 年开工建设。

### 三　省道

阿克苏市境内有阿克苏—塔什兰干线、阿克苏—阿拉尔线、阿克苏—阿瓦提线省道 3 条。

### 四　阿温大道

2011 年 7 月 1 日，阿克苏市至温宿县主车道全线建成通车。阿温大道是阿温联盟重点工程之一，总投资 1.6 亿元，宽 31 米，全长 8.6 千米。

### 五　乡镇公路

1990 年，阿克苏市通往各乡镇（场）主要干线全部贯通。1996 年，农区乡镇至县城公路均实现柏油化。2016 年，全市城乡公路总里程 1828.27 千米，其中乡镇等级公路 969.4 千米，农村公路沥青柏油公路里程 1041 千米。

## 第四节　公路运输

### 一　货运

1990 年，全市公路完成货运量 0.2 万吨，货物周转量 122 万吨/千米。

2000 年后，随着国家放开运输市场，个体运输发展迅速，个体自筹资金购买大型运输车辆，开始从事长途运输。全市完成货运量 67 万吨，货物周转量 9625 万吨/千米。

2016 年，全市货运全部由个体和私营运输公司承担。

### 二　客运

1990 年，阿克苏市拥有民用汽车 11 辆，其中载客汽车 3 辆。完成客运量 10 万人次，旅客周转量 384 万人/千米。

2000 年，全市完成客运量 168 万人次，旅客周转量 19540 万人/千米。

2016 年，全市营运客车中，大型客车以“宇通”为主，中型客车以“依维柯”“金杯”为主，小型客车以微型面包车为主。全市完成客运量 303.6 万人次，客运周转量 58224.01 万人/千米。全市乡镇均通班车，通车率 100%。

## 第五节　公路养护

1990 年，阿克苏市公路养护工作主要由 6 名养护工人和各乡镇有关人员对 52 千米的农村公路进行日常养护。全年拉运500多立方米砂石料对公路路面进行填补。同时，对公路桥涵进行疏通、对边沟进行清挖。

1992 ~2000年，公路养护工作主要是人工对农村公路进行日常养护，对路肩边坡进行修正，对公路路面进行填补、清扫，对公路桥涵进行疏通，对边沟进行清挖。

2005年，争取养护资金12.6万元，开展公路桥涵疏通、边沟清挖、路肩边坡整修等工作，对沥青面破损路段、沉陷路段、裂缝、断板进行维修和处理。完成小修养护面积4200平方米。

2010年，市交通局将农村公路养护工作纳入乡镇场年度目标考核内容，实现市、乡（镇）、村三级管养目标。采取岗前培训、平时监督、定期考核等一系列措施，增强农村公路养护的可操作性和实效性。全年投入85万元小修养护资金，完成小修养护面积1.88万平方米。每季度对乡（镇）场养护站的工作情况进行一次督促检查，全年对农村公路养护管理工作进行一次全面考核验收，提高阿克苏市农村公路完好率。

2012年，投入238.33万元小修养护资金，完成小修养护面积3.97万平方米。

2016年，强化养护人员培训和监管力度，组织业务技术骨干对乡镇路管员、协管员进行短期培训，提高养护工作能力和水平。全年总投资170万元小修养护资金，完成小修养护面积2.55万平方米。

## 第六节　城市客运管理

1994年，阿克苏市交通局成立城市客运管理办公室，开始对出租汽车进行注册登记，建立车辆档案。同时，阿克苏市人民政府制定并颁发《阿克苏市城市客运管理办法》。当年，管理3家出租车公司。

2001年，市城市客运管理办公室规范出租车市场，实行统一颜色、统一车型、统一标识、统一门徽、统一座套、统一顶灯标志。

2010年，阿克苏市城市客运管理办公室通过加强驾驶人员的教育培训，督促各企业围绕文明行车、安全行车等内容，组织对驾驶人员进行学习教育培训，加大执法监督检查。

2013年，市交通运输局健全城市公交和出租车车辆、企业档案等。结合城市客运管理实际，制定统一的安全生产目标责任书、驾驶员服务承诺书、驾驶员个人信息履历表、车辆档案。

2014年，市交通运输局统一印制城市公交和出租汽车经营许可证、营运证，实行统一编码、统一管理。为进一步落实国家公交优先发展战略，解决人民群众出行难、乘车难问题，阿克苏市政府规划建设公交专用道和停靠站，市公交公司投资1600余万元新购50辆大容量公交车。市城市客运管理办公室围绕文明行车、安全行车、出租行业相关法律法规知识等内容，对约3000名出租车驾驶人员开展专题培训教育，进一步提升驾驶人员的服务意识和服务水平；组织各出租公司每年向出租车驾驶员无偿提供统一的工作制服和出租车座套（每季度一次），并提醒出租车驾驶人员进行定期更换。为出租车驾驶人员免费洗车，确保出租车行业的形象统一和环境整洁。

2015年，根据《新疆维吾尔自治区出租汽车服务质量信誉考核实施细则》规定，阿克苏市开展服务质量信誉考核工作，经自治区城市出租车协会专家组评定，阿克苏市五星出租汽车有限公司获 2014 年度出租汽车服务质量信誉考核 AAA 级企业称号。

2016 年，阿克苏市加大推进城市公交、出租汽车安装车载图像监控系统和运营管理系统进度，阿克苏市 247 辆公交车安装插卡式摄像头，1386 辆营运出租汽车安装车载图像监控系统。

## 第七节　农村公共交通

1990 年，阿克苏市的农村公路里程为 210 千米，以砂石料路面为主，拥有一条从阿克苏市至喀拉塔勒乡 52 千米沥青路面的农村公路。当年，阿克苏市有乡村客运车辆 50 辆，包括运输公司班车、私营小客车；货运车辆为 143 辆。

1992 年，阿克苏市农村公路里程为 380 千米，拥有沥青柏油公路 64 千米。新组建阿克苏市第二运输公司。年末，阿克苏市拥有乡村客运车辆 187 辆，主要为运输公司的班车、私营小客车等；货运车辆 312 辆。

1998 年，阿克苏市农村公路里程 492 千米，其中沥青柏油路面为 94 千米。阿克苏市有乡村客运车辆 3025 辆，其中大客车 122 辆，小客车 2903 辆，大货车 997 辆，小货车 826 辆。发往各县、乡、镇及兵团农一师营运路线 30 条，固定站点 5 个，有 90% 的乡、镇和 50% 的自然村通客车，人民群众出行更加方便快捷。

2002 年，随着国企改革力度加大，阿克苏市运输市场所有制结构中，民营个体股份制道路运输企业占很大比重，形成多种经济成分共同发展的新格局。

2016 年，阿克苏市农村公路总里程 2040 千米。其中农村公路沥青柏油公路里程达到 1041 千米。

## 第八节　汽车维修

1990 年，阿克苏市共有合格的各类汽车维修点 126 家（户），其中一类 4 家、二类 25 家、三类 97 家，包括摩托车维修 15 家，主要对全市各单位、各部门的车辆进行维修。

1992 年，阿克苏市拥有汽车维修企业 150 余户。市交通局采取全面检查为主、定期抽检为辅的方式，抽派有关人员，深入各维修企业户，对各企业户的内部技术管理、安全生产、设施、维修质量和经营范围进行检查。

1995 年，阿克苏市共拥有汽车维修企业 228 户，其中一类 3 户、二类 59 户、三类 166 户，从业人员 1812 人，其中技术人员 789 人。取消额度管理制度，实施只要技术条件合格就可审批的政策。全年调解维修质量纠纷 15 起。

1998 年，全市共有汽车维修企业 244 户，其中一类维修企业 3 户，二类维修企业 69 户，三类维修企业 172 户，从业人员 898 人，年产值 919. 6 万元。

2000 年后，随着人民生活水平的提高，阿克苏市汽车保有量激增，汽车维修业呈现多元化趋势，形成以民营和个体经济为主的多种经营方式。

# 第二章　铁路运输

## 第一节　机　构

1998 年 5 月，乌鲁木齐铁路局阿克苏车务段成立，下设客运、货运、运转三个车间。有职工 88 人。

2007 年，阿克苏车务段内设办公室、劳动人事科、财务收入科、技术教育科、安全路风监察科、党群工作办公室（工会、团委），有职工 660 人。

2016 年，阿克苏车务段有职工 531 人。

## 第二节　铁路建设

1996 年 4 月 18 日，铁道部决定续建南疆铁路库尔勒—喀什段。建设单位为乌鲁木齐铁路局，代表铁道部全权负责南疆铁路的续建工作。

1996 年 4 月，南疆铁路第二期工程库尔勒至阿克苏段动工修建，1997 年 4 月 20 日正式铺轨，全长 500 千米。1998 年 6 月 22 日提前铺轨到阿克苏。

1999 年 12 月 6 日，通车喀什，南疆铁路全线贯通。

2000 年 10 月，总投资 1000 万元、占地 6.9 万平方米的阿克苏火车站站前广场落成。

## 第三节　列车运输

1998 年 12 月 1 日，南疆铁路库尔勒—阿克苏段开通运营，开行旅客列车 5 对、货物列车 4 对，规划运输能力为每年 1200 万吨。

2000 年 1 月 24 日，乌鲁木齐—库尔勒“天鹅号”双层旅游列车延伸到阿克苏市。1 月 25 日 15 时 20 分，首趟列车驶向乌鲁木齐市。

2015 年，阿克苏车务段发送旅客 169.4 万人，发送货物 925.2 万吨，运输收入 3.296 亿元。

2016 年，阿克苏车务段管辖南疆铁路东起铁门关站，西至一间房站，包括库俄新线，地跨阿克苏、库尔勒两地州，营业里程 774.771 千米。范围内有 1 个区段站，21 个中间站，负责运输组织和客运组织工作，其中轮台、库车、新和、阿克苏为客货运站，雅克拉站为货运站，货物运输主要有石油、化工、煤、矿石、建材和棉花、化肥等农副产品。阿克苏到乌鲁木齐列车每天达到 8 列，南联喀什、和田，北达乌鲁木齐、伊犁，东抵西安、兰州。

# 第三章 航空运输

## 第一节 机 构

1990 年，阿克苏机场为军民合用机场，产权隶属于空军。2004 年 4 月，新疆机场集团（有限）责任公司成立，阿克苏机场分为机场集团公司阿克苏机场和新疆空管局阿克苏空管站。至 2016 年，机场有正式职工 36 人，下设综合办公室、保障部、地面服务部、营销部、运行协调部、派出所、安检消防护卫部 7 个科室。

## 第二节 机场建设

1990 年，阿克苏机场占地面积 340 公顷，跑道长 2800 米，宽 45 米，距乌鲁木齐直线距离 700 千米，离阿克苏市城区 12. 5 千米、温宿县城 5 千米。

2004 年，随着国家西部大开发战略和阿克苏地区经济的跨越式发展，人流、物流大幅增长促进阿克苏地区航空运输量的快速增加，原有机场已不能满足和适应实际需求。地区抽调专人成立机场铁路项目组，专门负责机场铁路项目的各项前期工作，把阿克苏机场改扩建工程列入自治区“十一五”期间重点建设项目。2005 年 8 月，兰州空军勘测设计院完成《阿克苏机场改扩建预可行性研究报告》。2006 年 2 月 16 日，签订阿克苏机场改扩建协议。

2010 年 10 月，阿克苏机场完成改造，改扩建后的阿克苏机场设计年旅客吞吐量 44 万人次、货邮吞吐量 5700 吨，主要建设规模为飞行区 4C 等级。新建航站楼 5000 平方米、站坪 3. 3 万平方米，可满足 B－757 及以下机型起降，工程总投资 2. 13 亿元。

2016 年 8 月 29 日，阿克苏机场实施扩建，自治区环保厅网站公布《新疆阿克苏机场二期改建项目环境影响评价公众参与第二次公示》，阿克苏机场近期规划为国内支线机场，飞行区等级为 4C，使用机型以 ERJ145、ERJ190、A320、B737－700、B737－800 等飞机为主。扩建主要内容为新建一条民航垂直联络道；新建东端局部平行滑行道；新建西端局部平行滑行道；新建东、西端联络道，西端联络道含民航西端掉头坪；新建面积达 2. 85 万平方米的 T2 航站楼，同时完善其他相应配套设施等。工程总投资 9. 759 亿元，其中环保投资 1466. 6 万元，项目于 2017 年 2 月正式开工建设。

## 第三节 航线和机场吞吐量

### 一 航线

1990 年，阿克苏机场民航班机仅能通航乌鲁木齐、喀什、和田。

2010 年，阿克苏机场扩建完成后，机场通航能力得到较大增强。2011 年，开通阿克苏经停乌鲁木齐至杭州航线。

至 2016 年，阿克苏机场共开通 8 条航线，分别为阿克苏—乌鲁木齐—阿克苏、阿克苏—乌鲁木齐—杭州、阿克苏—上海虹桥、阿克苏—成都、阿克苏—乌鲁木齐—北京、阿克苏—乌鲁木齐—郑州、阿克苏—西安—青岛、阿克苏—重庆，每周有航班 120 余班次。

（一）阿克苏—乌鲁木齐—阿克苏

每天12 ~13 班。

（二）阿克苏—乌鲁木齐—杭州

为往返航线，每日一班。去程从阿克苏机场起飞时间为17 时40 分，19 时00 分到达乌鲁木齐地窝堡国际机场，19 时50 分从乌鲁木齐起飞，23 时55 分抵达杭州萧山国际机场。回程于8 时10 分从杭州起飞，13 时35 分到达乌鲁木齐，短停55 分钟后从乌鲁木齐起飞，15 时45 分抵达阿克苏。

（三）阿克苏—上海虹桥

为每日航班。

（四）阿克苏—成都

定期航班，每周三、五、日执行，当日往返。14 时30 分从成都机场起飞，19 时10 分抵达阿克苏机场，空中飞行时间为4 小时40 分钟；在阿克苏机场停留1 小时后，于20 时10 分从阿克苏机场起飞，零时10 分抵达成都机场，空中飞行时间为4 小时。

（五）阿克苏—乌鲁木齐—北京

当日往返，每日一班。航班时间为上午10 时15 分从首都机场起飞，14 时45 分到达乌鲁木齐；经停后，于15 时35 分从乌鲁木齐起飞，16 时55 分抵达阿克苏机场。当日17 时45 分从阿克苏机场起飞，19 时05 分到达乌鲁木齐；经停后，于20 时15 分从乌鲁木齐起飞，23 时35 分抵达首都机场。

（六）阿克苏—乌鲁木齐—郑州

每周二、四、六各执行一班。9 时50 分由郑州起飞，14 时00 分抵达乌鲁木齐，14 时50 分由乌鲁木齐起飞，16 时10 分到达阿克苏；回程由阿克苏17 时00 分起飞，18 时10 分抵达乌鲁木齐，22 时50 分到达郑州新郑机场。

（七）阿克苏—西安—青岛

当日往返，每日一班。11 时05 分从青岛机场起飞，13 时10 分到达西安，14 时10 分西安起飞，18 时10 分抵达阿克苏机场；在阿克苏机场停留1 个小时后，于19 时从阿克苏机场起飞，22 时50 分到达西安，23 时45 分由西安起飞，01 时30 分抵达青岛机场。

（八）阿克苏—重庆

定期往返航班，每周一、二、四、日各执行一班，当日往返。14 时50 分从重庆机场起飞，19 时40 分到达阿克苏，20 时35 分阿克苏起飞，00 时55 分抵达重庆，空中飞行时间为4 小时。

## 二　吞吐量

1990 年，阿克苏机场进出港旅客吞吐量8740 人次，货运量54 吨。

2010 年，随着机场新航站楼的建成启用，机场综合保障能力和服务功能得到全面提升，运输业务大幅增长，阿克苏机场旅客吞吐量突破20 万人次。

2011 年，阿克苏机场进出港旅客41. 21 万人次，货邮吞吐量833. 6 吨。

2015 年12 月，阿克苏机场年度旅客吞吐量首次突破100 万人次，成为新疆内支线机场中第三个年旅客吞吐量突破100 万人次的机场。

至2016 年，阿克苏机场进出港旅客吞吐量110 万人次，货邮吞吐量5182 吨。

# 第七编　通　信

1990 年后，阿克苏市引进先进通信技术和设备，市内电话由人工传输向自动化过渡，并实现程控化向数字化迈进。传输方式采用明线、短波、电缆、光缆、微波和卫星等多种手段，信息传输体系更加立体化、多功能。邮电服务领域不断拓宽，相继恢复和新开办商包、邮政储蓄、邮政快件、特快专递、有声信函、电子信函、用户电报、礼仪电报、用户传真、移动电话、磁卡电话、无线寻呼等数十种通信业务。2000 年后，计算机技术在全市各行各业得到广泛运用。邮政服务网点布局随着全市行政区划调整和业务发展需要而不断调整，邮政服务网络覆盖全市及各乡村，设施不断更新。邮政业务逐步从函件、包裹、汇兑、报刊发行、机要通信等传统业务向集邮、邮政储蓄、邮政快件、特快专递和物流业等新领域拓展，邮件处理也向机械化、自动化迈进。固定电话和移动电话迅速普及，互联网业务迅速发展。2005 年后，通信事业飞速发展，网络整体水平进一步提高，从传统基础网络运营向现代综合信息服务转型，实现全市城乡电话交换程控化，移动通信由模拟网向数字网转换。至 2016 年底，全市有邮政局（所）24 个，邮政收入 6938.27 万元；电信业务收入 6.52 亿元。固定电话用户 10.88 万户，固定电话普及率 21.20 部/百人；移动电话用户 62.45 万户，移动电话普及率达到 121.71 部/百人。互联网有线宽带用户 10.88 万户；手机上网用户 35.36 万户。

# 第一章　邮　政

## 第一节　机　构

### 一　邮政局

1990～2016 年，阿克苏市邮政业务归阿克苏地区邮政局运营管理。

1990 年，地区邮电局属一级管理机构，对所属县（市）邮电局实行全面管理，在经济上是一个统一的单独核算单位。至 1995 年底，地区邮电局设 23 个科室，辖 10 个县（市）级邮电企业。

1998 年，地区邮政局分设为地区邮政局和地区电信局。地区邮政局内设综合办公室、党群工作办公室、经营服务部、运行维护部、计划财务部、人事教育部。

2003 年，地区有邮政局（所）26 个，其中邮政支局 19 个，自办邮政所 6 个，农村邮政局 6 个；有邮政储蓄点 13 个，邮政信筒信箱 75 个。

2009 年，地区邮政局下设 13 个职能部室、6 个专业局、8 个县局，从业人员 954 人。

2014 年 3 月 5 日，新疆邮政公司阿克苏地区分公司挂牌成立。内设 8 个职能部室、5 个专业局，下辖 9 个县市邮政局。有职工 925 人，其中合同工 594 人，劳务工 331 人。

2015 年 4 月 13 日，中国邮政集团公司阿克苏地区分公司挂牌成立。

2016 年，中国邮政集团公司阿克苏地区分公司有职工 951 名，内设 8 个职能部室、5 个专业局，下辖 9 个县市分公司。

### 二　服务网点

1996 年，阿克苏地区邮政局（所）110 处，其中农村 91 处，邮政全功能服务的 43 处，邮政自办 99 处，代办 11 处。

2000 年，地区邮政局（所）136 个，其中农村局（所）102 处，提供邮政全功能服务的局（所）95 个，电子化局（所）37 个，自办局（所）96 个。

2009 年，阿克苏地区有邮政营业网点 155 处，服务人口 240 余万人。其中电子化支局 79 个，农村邮政局所 116 个，邮政“三农”服务站 190 个，城市报刊亭 5 个，委代办点 16 个。

2012 年，地区邮政局购置营业网点 4 处，服务网点 119 个，其中城市网点 38 个，团场网点 19 个，农村网点 62 个。邮政“三农”服务站 192 个，城市报刊亭 2 个，委代办点 21 个。

2014 年 3 月 5 日，新疆邮政公司阿克苏地区分公司有邮政营业网点 113 个，其中城市网点 38

个，团场网点 19 个，农村网点 56 个（含代办网点 10 个）。

2016 年，中国邮政集团公司阿克苏地区分公司有服务网点 142 个，其中城市主城区普服网点 37 处，城乡接合部普服网点 4 处，乡、镇人民政府所在地普服网点 79 处，团场普服网点 15 处，乡、镇其他普服网点 7 处，服务范围通达地区 8 县 1 市各乡镇、生产建设兵团一师、阿拉尔市及各农牧团场。

## 第二节　邮　路

1990 年，阿克苏地区邮路总计 46 条，总长度为 1.26 万千米。

1995 年，阿克苏地区邮路总计 46 条，总长度 1.37 万千米（包括农村投递线路），比 1990 年增长 8.9%。其中自办汽车邮路 2138 千米，委办汽车邮路 839 千米，摩托车邮路 851 千米，自行车邮路 8907 千米，畜力邮路 88 千米，其他机动邮路 30 千米，航空邮路 857 千米。阿克苏航空邮路随着民航班次的不断加密，邮运班期也改为逐日班，航空邮件通达全疆、全国。

2001 年，撤销温宿局到阿热力、温宿局到恰格拉克两条农村代办汽车邮路，两个局所的进出口邮件由阿克苏至阿合奇的二级干路经转。全地区 136 个自委办、局所中 115 个局所由干线邮路交接邮件，使一、二级干线邮路覆盖阿克苏地区 84.5% 以上的邮政网点。

2009 年，全地区邮政系统共有投递段道 195 条，投递里程 1.16 万千米，其中城市（含县城）投递段道 67 条，投递里程 2435 千米；县以下农村投递段道 128 条，投递里程 9195 千米。邮运网路四通发达、遍布城乡，邮运车辆 170 余辆，年转运量达 220 余万袋。

2012 年，阿克苏地区邮路及城乡投递段道单程 2 万多千米，其中一级干线邮路 3265 千米，二级干线邮路 3587 千米。共有投递段道 195 条，投递里程 11630 千米，其中城市（含县城）投递段道 67 条，投递里程 2435 千米；县以下农村投递段道 128 条，投递里程 9195 千米。全年输送各类邮件 220 万袋，成为南疆邮件运输、集散和中转中心。

2016 年，阿克苏有一级干线邮路 1174 千米，二级干线邮路 4016 千米。邮路及城乡投递段道单程为 2 万多千米。全地区邮政系统共有投递段道 195 条，投递里程 11630 千米，其中城市（含县城）投递段道 67 条，投递里程 2435 千米。农村投递段道 128 条，投递里程 9195 千米。

## 第三节　设施设备

### 一　设施

1990 年，阿克苏地区邮政枢纽楼建筑面积 3.2 万平方米，为 3 层结构。附设解放路支局为 1 层混合结构，建筑面积 511 平方米，邮运汽车库为 2 层框架结构，建筑面积 1018 平方米，其他附属设施 10456 平方米。

2000 年，地区邮政局（所）自有房屋建筑面积 38664 平方米。

2002 年，主体建筑面积 6850 平方米的邮政生产办公综合楼竣工。

### 二　邮政设备

1990 年，地区邮政局开始普及邮政内部作业机，邮件装卸使用装卸升降机和托盘进行操作。有自行车 240 辆。

1996 年，地区邮政设备有邮运汽车 65 辆、摩托车 35 辆、自行车 239 辆、拖拉机 1 辆、畜役 1 头、报刊捆扎机 2 台、邮件升降机 2 台、邮件传送机 2 台、挂号登单机 2 台、自动过戳机 16 台、利息计算机 84 台、点钞机 32 台、电子秤 48 台、保险柜 143 个、邮政生产用微型计算机 33 台。

2009 年，地区邮政局投入 980 余万元对辖区 10 个营业网点进行装修改造，投入 160 万元对生产设备进行更新维护；投入 95 万元改造投递生产场地 3 处及休息室、卫生间、淋浴室、更衣室等。统一配置各类生产用车 23 辆，新增投递摩托车 48 辆。完成“11185”客服中心、电子商务信息平台工程、省内网改造二期工程、邮政储蓄物理大集中工程建设和综合服务平台迁移。新增 ATM 机 18 台，POS 机 19 部，对部门、网点的网络设备、电源设备、打印机、终端、刷卡器进行更新，邮政信息网处理能力进一步增强。

2010 年，阿克苏地区邮政局先后投入 1000 余万元，改造营业网点，更新生产服务车辆，新增 7 辆五菱微型车、2 辆江铃全顺流动服务车和 2 辆江铃皮卡车，装修改造新购迎宾路支局、邮件处理中心。加大城市网点的购置力度，新增 ATM 设备 10 台。地区共有邮运车辆 170 余辆，年转运量 220 余万袋。

2012 年，地区邮政局新增运钞车 4 辆，更新投递用车 10 辆，流动服务车 1 辆。自筹资金对阿克苏市塔北路支局等 5 个陈旧、老化储蓄网点进行改造升级，购置近 30 万元安防器具。完成阿克苏地区邮政局主机房改造及网络带宽的升级改造项目，增强农村邮政局（所）服务能力，推进基本公共服务均等化，全年完成选址 29 处，开工建设 20 处，代建 6 处。实施居住区信报箱安装项目，安装信报箱 1.3 万余户，补建新建 7872 户。

2014 年，新增 1 台大功率伸缩式邮件传输机，安装二频次分拣显示设备，干线运输车辆 41 辆，大功率传输皮带机 2 台，托盘 50 辆，叉车 1 台，分拣封发终端 24 套，网运环节、投递环节使用手持 PDA 终端 65 台，实行全网干线运输实时监控和预警系统。签订住宅信报箱安装协议 13566 户。完成中心局域网网络构架改造工程，完善自治区公司至阿克苏高清、阿克苏至县局标清、阿克苏至团场金融网点三级视频会议网络架构，完成业务库异地值守监控系统集中联网工程网络建设。

2016 年，新疆邮政阿克苏分公司优化内部处理流程，推行车间合并、分转合一的运行模式，实行转运分拣合并，人员场地整合，减少内部交接手续，加快内部处理作业速度；加大网运、投递自助设备的投入和使用，建立散件化、流水化作业模式，降低用工成本和职工劳动强度。阿克苏—和田邮路更换大吨位车辆。

## 第四节　邮政业务

### 一　函件

1990 年，函件业务主要是传递公民书面通信、公文、报表、票据、特种挂号、有价证券和稿件。1990 年 7 月 31 日，取消邮件回执和代收货业务。

1992 年，阿克苏地区邮政局开办邮政贺年（有奖）明信片业务。当年收寄函件 717.97 万件。

1995～1996 年，全地区收寄函件 1700 余万件。

1997 年，大力发展商业信函，全年完成商业信函 56.8 万件。4 月 1 日，阿克苏局开办“中国邮政回音卡”服务。全年完成函件业务量 638.56 万件。

1998 年后，随着光缆的开通，电信通信能力增强，长途电话、移动电话、传真电报等快捷的电信手段逐渐代替传统的函件通信手段，使函件业务量逐年下降。7 月 1 日，停办邮政快件业务。全年，函件业务量完成 529 万件。

1999 年，由于传统函件业务不断受到电子通信技术的冲击和自然经济环境的影响，国内、国际函件业务量呈下降趋势，明信片、广告类商业函件发展较快，全年揽收企业金卡 20 万枚，揽收普通明信片、广告信函等创收 24 万元。

2000 年，地区邮政增加邮送广告、商业信函、电子信函、邮资明信片等业务，其中商业信函完成 3.8 万件，电子信函完成 1.36 万件，函件总量比上年增长 36.48%。

2009 年，地区邮政局利用自治区 G3 杯第二届感动新疆十大人物评选活动，销售邮资明信片选票 74 万枚，创收 74 万元；制作《盛世大中国和谐阿克苏》本册式扶贫明信片，创收 66 万元；开发“综治杯”有奖知识竞答明信片，创收 20 余万元。12 月 15 日，阿克苏至台湾实现双向通邮，邮政网点正式开办两岸邮政业务。

2015 年，邮政阿克苏分公司与社保局合作为农村居民提供社保账单寄递服务，全年寄递社保账单 12.93 万份。

2016 年，邮政阿克苏分公司制作开发阿拉尔苗圃景点门票、温宿帕克勒克旅游景点门票、2016 中国环塔拉力赛门票和丽都宾馆十三冬明信片。

## 二 包件

1990 年，阿克苏地区包裹分为民用包裹、商品包裹和纸质品包裹。全年共收寄包裹 9.57 万件，其中阿克苏市收寄包裹 3.75 万件。

1996 年，地区包裹业务出口业务达 14.93 万件。地区全年揽收商包 2.72 万件，其中阿克苏揽收 9254 件。

1999 年，阿克苏地区邮政局利用棉花、羊绒和土特产优势，加大揽收商包力度，设立大用户上门服务，实现收入 466 万元。

2000 年，完成包件业务量 13.72 万件，其中国内包件 13.71 万件，国际包件 31 件，国内特快专递物品 919 件，国内同城特快专递物品 119 件。实现收入 512 万元。增加特快专递、同城专递等，满足用户用邮需要。

2009 年，地区邮政局以家乡包裹作为包件业务的重点，全新包装，打入全疆联动产品系列，累计创收 42 万元。开展爱心包裹上门募捐服务，捐赠学校型爱心包裹 31 件，学生型爱心包裹 3515 件，累计捐款 38.25 万元。

2015～2016 年，邮政阿克苏分公司重点加大棉花收寄力度，打造冰糖心红富士、薄皮核桃、黑枸杞、越光米等特色资源产品的线上线下销售模式。在阿克苏市建立4处农村电商示范点，对存款用户实行购买农资优惠政策。提高邮政代办业务在农村市场占有率。

## 三　汇兑

1990年，阿克苏地区邮政汇兑开办普遍汇兑、电汇、小额汇票、高额汇票、代收货价汇票等业务。汇兑业务突破50万张。

1999年，在做好传统普汇款的同时，加强国内电报汇款，全年完成汇票业务量65万张，其中普汇31万张，电汇34万张。开发汇票金额2.17亿元，实现收入621万元。

2008年，开发汇票52.3万张，办理回执业务12.51万笔，实现收入累计完成523.69万元。

2010年以后，随着科技的发展和银行卡的普及，汇兑业务逐渐退出市场。

## 四　报刊发行

1991～1995年，阿克苏地区共发行报纸670余种，杂志2500余种。有社会报刊发行站（点）850个。

1996年，地区订销报纸期发数为15.19万份，累计数2223.69万份，杂志期发数为16.3万份，累计222.6万份，报刊流转额合计1218.26万元。11月1日，阿克苏局报刊发行微机联网，县级局全部完成报刊业务微机化。

1997年9月，自治区邮政管理局制定《新疆邮政开办音像业务处理办法（试行）》，对经营方式、网点建设、费率分成、结算等方面做出明确的规定，作为开展报刊零售业务的重要依据。全年完成订销报纸期发数14万份，订销报纸2423万份，杂志期发数19万份，订销杂志累计数210万份，完成报刊流转额1431万元。

1998～2000年，完成订销报纸累计7000余万份，报纸期发数117万份，订销杂志累计600余万份。

2008年，完成报刊一次性大收订流转额2021.26万元，完成一次性报刊流转额473万元（不含东风工程），实现党报党刊发行量的稳步攀升。邮政单元式信报箱在全疆率先纳入城镇新建住宅区住宅楼建设规划，城区共安装信报箱8900户，其中单口式信报箱1348户，使用率达100%。

2009～2011年，地区邮政局开展报刊营销工作，加快社区信报箱、报刊亭、委代办点建设步伐，加强投递队伍建设。承担投递东风工程赠阅的9种党报党刊，涉及全地区8县1市84个乡镇1064个行政村，涉及投递点194个。

2012年，阿克苏地区党报党刊年订阅和投递量7.19万份，累计流转额1551万元。

2014～2016年，地区邮政局通过调整阿克苏—阿瓦提、阿克苏—柯坪等邮路及尝试以线路车带运等办法，优化网路运行结构，加快邮件的传递时限，使全地区所有县及团场都能实现《阿克苏日报》当天见报，部分地区的邮件传递时限较以往提高12小时，投送各类报纸3万余份。

## 五　邮政速递

### （一）邮政快件

1990年，阿克苏邮电局开办有邮政快件与特快专递业务。邮政快件通达全国2000多个县市，寄往全国主要城市的运递天数，最长 7～8 天就可寄达。当年，邮政快件业务迅速增长，地区全年收寄 34 万件。

1993 年，邮政快件大幅度增长，地区收寄 85.58 万件。

1996 年，阿克苏地区邮电局所属分支机构开办邮政快件业务，全年完成业务量 99 万件。

1997 年，邮政快件和其他函件一样，受电信通信的冲击逐年下降，全年完成业务量 75 万件。

1998 年 7 月 1 日，邮电部取消邮政快件业务。

（二）特快专递

1990 年，阿克苏地区邮电局开办特快专递业务，阿克苏市特快专递收寄 528 件。

1996 年，邮政特快专递业务越来越受到用户的欢迎，保持稳定持续发展。阿克苏地区出口业务量为 3.77 万件。

1998 年，邮、电分营，全地区特快专递国内出口业务量为 4.55 万件，国际出口业务量 21 件。

2008～2009 年，速递业务开发“次日递”、录取通知书速递和邮政礼仪承诺服务等业务以及法院文书、一代证冲刺和机动车“补牌补证”揽收活动，开展新年邮礼暨五节联送、开门红国际专项营销和端午节专项营销、二代证营销、思乡月营销等主题营销活动，速递业务稳定快速发展。

2013 年，地区特快专递共完成业务量 31.45 万件。

2016 年，邮政阿克苏地区分公司为满足群众网购需要，提供邮件投递、揽收等一体化服务，开展包裹速递市场开发、区域特色农产品寄递市场开发、“TV 巴扎”项目快速推进、棉包、军包、校园包裹等特殊市场开发。

## 六　电子商务

2008 年，地区邮政局逐渐推广普及邮政短信业务，开展代办电信、移动、联通话费业务、航空机票、奥运“顶呱刮”彩票等电子信息业务。

2009 年，设立代收费专柜，短信业务实现跨越式发展。电子商务业务实现收入 301.5 万元。

2014 年，与 6 家“日日鲜便利店”连锁店签订便民业务协议，完善邮政便民服务平台建设。

2016 年，邮政阿克苏分公司依托新疆邮政微信商城、新邮寄、阿克苏邮政等平台优势，加大阿克苏特色产品线上销售。三大平台 6 个农村电商示范点上线 8 种特色产品，全年累计寄递特色农产品 5685 件，实现销售额 30.85 万元，寄递收入 9.4 万元。推进邮掌柜布放，全地区共布放 244 户，成功激活 180 户，建点完成率 205%。

## 七　农资分销配送

2004～2007 年，地区邮政局紧贴“三农”，发展农资分销为主的物流配送业务。建成农资连锁店 95 个，各类产品 37 种。

2008 年，地区出台按月如实兑现农资销售奖励款等激励政策，召开邮政农资分销业务叶面肥销售现场会，建立“邮政农资专用示范田”，新增农村配送点 8 个，对 8 个村级连锁店进行升级改造。实现收入 643 万元。

2009～2011 年，地区邮政局建成 192 个邮政“三农”服务网点，其中县级服务网点 10 个，乡镇服务网点 55 个、村级服务网点 127 个，共配送农资化肥 1.69 万吨，叶面肥 150 余吨，酒水、洗涤日化品 200 余吨。

2016 年，邮政阿克苏地区分公司以农村农资配送服务为重点，加大连锁经营和加盟合作模式推进力度。

## 八　代理业务

2001 年，地区邮政局代办业务收入 43 万元。

2003 年，成立代办电信专业分局，负责代收话费、销售充值卡、IP 超市建设等工作。全年完成业务收入 182 万元。与保险公司签订代收协议，代收保费 99.5 万元，实现收入 12.59 万元。

2007 年，地区邮政局进一步拓宽代理保险业务合作领域，积极组织各类竞赛活动，全年完成代理保险业务量 2912.96 万元。

2011 年，地区邮政局重点开发代开国税临时经营发票业务。有代开税票网点 26 个，代开国税发票业务 5.45 万笔，代收税额 3124.32 万元；代开地税发票业务 4.02 万笔，代收税额 4871.53 万元。扩大代收费业务种类，加大代收电费、代收团场电视费、代收石油款、代收电话费、代收过路过桥费业务发展力度。

2016 年，邮政阿克苏地区分公司丰富完善邮政综合便民服务平台，拓展缴费一站通业务，全年代征国税、地税 14.38 万笔，车购税 4.85 万笔。开展代售火车票业务，全地区累计设立代售点 28 处，累计销售 8.6 万张。销售航空意外险 3635 份，比上年增长 69.54%，配比率 81.74%。拓展车务代办市场，累计实现保险费 208 万元，比上年增长 420%。

## 九　集邮

1990 年，阿克苏地区有地区级集邮协会 1 个，县级集邮协会 3 个，共有会员 344 人。

1992 年 6 月 25 日，阿克苏市集邮协会成立。

1993 年 3 月 1 日，地区邮协创办的《阿克苏集邮》会刊出版发行。

1995 年，为庆祝新疆维吾尔自治区成立 40 周年和阿克苏地区集邮协会第四届代表大会的召开，阿克苏地区邮协举办第五届邮展，并发行纪念封一枚。全年集邮收入 92.2 万元。

1996 年，集邮业务量完成 215.66 万枚，集邮业务收入 115.22 万元，首次突破 100 万元。

2008 ~ 2009 年，地区邮政局以《龟兹石窟壁画》特种邮票发行为重点，扩大集邮文化影响力，完成“我与共和国同成长”个性邮票制作 6183 版，创收 30.9 万元。

2011 年，阿克苏地区邮政局针对不同的客户群体，定制不同档次的邮品。先后开发阿克苏地区援疆工作纪念专题邮册、安徽商会个性化邮折、阿克苏—乌市—杭州通航首航封等，提升集邮文化氛围。

2012 ~ 2015 年，阿克苏地区邮政局制作阿克苏风光明信片、龟兹系列邮品，举办《丝绸之路》特种邮票首发式暨集邮展览、集邮巡展活动，宣传和推介阿克苏。培育集邮文化市场，做好网厅注册，发展网上会员 2300 户。

2016 年，邮政阿克苏地区分公司召开丙申年猴票首发仪式，开展集邮品鉴会、联动巡展品鉴会活动29次，2400余人参与活动。搭建阿克苏集邮网上专厅，建立“阿克苏集邮”微信公众服务号。

# 第二章　电　信

## 第一节　中国电信阿克苏分公司

### 一　机构

1990～1997年，阿克苏市电信归地区邮政局运营管理。

1998年，阿克苏地区成立电信局，内设综合办公室、党群工作办公室、经营服务部、运行维护部、通信建设部、计划财务部、人事教育部。

2000年8月，更名为新疆电信股份有限公司阿克苏分公司，有职工485人。

2003年，阿克苏电信大厦竣工。

2004年6月，更名为中国电信股份有限公司阿克苏分公司（以下简称中国电信阿克苏分公司），历经公司化改制、重组上市等改革。

2008年，公司下辖11个县级电信企业。全年公司五环双链格局的2.5G自愈保护环覆盖全地区8县2市16个团场。无线市话网实现对全地区县以上城市的全面覆盖；DDN、ISDN、ADSL、LAN多元化数据接入能力不断增强；互联网出口带宽达到2个10G以上；局用交换总容量达41万线，PHS无线接入总容量达18万线，CDMA无线容量达到12万户。

2016年，中国电信阿克苏分公司设立14个部门，有营业网点136个，从业人员465人。

### 二　设施建设与维护

1990年，阿克苏地区邮政各局均安装进口MT－100型电子电传机。安装DD16长途电话直拨设备，进入全国长话自动网，开通阿克苏—乌鲁木齐自动电路9条。有市话杆路294.1千米，电缆180.3皮长千米，其中地下电缆15.4皮长千米，市话管道4.4千米。全地区农话交换机容量2810门，农话交换点71处，用户交换机容量3030门。

1991年，新增2端ZM305载波机，增加阿克苏—库车、阿克苏—喀什的通信容量。购置JX－150－100C型100W发射机1台，PC计算机编码器2台，频经自动转换器、电源自动转换器各1台，无线寻呼基站1个。

1992～1994年，地区境内建成微波通信站10座。全地区农村线路总长3621对千米，电缆48.1皮长千米，用户交换机总容量为3040门，电话机总数3689部。全地区有程控长途自动交换机300路端，长途人工交换500门。完成9000门程控交换机更新改造工程，其中阿克苏市6000门。开通移动电话，配备ST&T公司800M移动通信系统，设1个基站，16个信道。阿克苏市内开始设置公用电话亭。

1995年，地区有载报设备终端总容量71路，有33部汉字终端电传机，可直接译出汉字。还配有2台BYM－03型维吾尔、汉文译码终端电传机。有微波站10个，微波通信机站波道10个，卫星通信地球站1座。新装西班牙西萨公司产S－1240程控长途自动交换机，容量为1620路端。全地区对市话交换更新改造，以数字程控交换设备代替机电制纵横交换机，全年实现3.5万门的交换通信能力，全地区实现市话交换数字程控化。新建市话扩建管道10.6沟千米、77孔千米。完成市话装机1.25万部。拥有公用电话亭217个。

1996年，地区邮电局装备有电报分集器、256路自动转报设备、智能电报终端机（电子电传机）5部。阿克苏市至乌什县传输光缆架设完成并投入运行。6000线长途电话自动交换扩建工程竣工投产，实现长途电话交换自动化。市话出局线5000对扩容工程竣工投产，使出局线达到2.73万对。其中阿克苏市市话中心局第三期扩建工程建成投产，容量达到1.7万线。地区无线寻呼设备进行第二次扩容，增设10个站点，各安装宇龙发射机1台。移动电话设备有模拟蜂窝基站2个，模拟蜂窝信道32个，用户数779户。

1998年，地区传输光缆相继建成投产。

2000年，地区长途电话自动交换容量6000路，实占容量6720路；长途数字终端复用设备容量5760路，实占容量4470路；光纤数字终端复用设备容量5760路，实占容量470路。电话交换机总容量达到50756路。地区无线寻呼再次扩容，增设寻呼操作席位15个，系统容量10万户，基站27个，用户数2.71万户。移动电话设备有GSM蜂窝14个，GSM蜂窝信道309个，用户数1.28万户。全地区农村电话光缆长度1501.78皮长千米，交换机总容量7.02万门。

2001～2003年，地区新增无线市话容量2.5万线；完成阿克苏市城市接入网的二期工程，新增容量1.27万线；全地区本地风优化扩容9.96万线；配合新疆电信公司完成多媒体网三期扩容工程，使地区3万人可同时拨号上网。全地区电话交换机总容量达到32.57万线，长途电话总数达到3.77万条。新增模拟市话容量1.21万线、农话容量6704线、DDN用户端口424个、ISDN192线和ATM端口126个；完成阿克苏光纤接入网扩容工程，新增容量6000线。建成阿克苏四环双链2.5G光环网，本地网新增912个2M电路，数据和多媒体通信网端口总容量达到1.2万余个，互联网出口带宽达到2.5G以上。

2006年，中国电信阿克苏分公司完成滚动性投资6000余万元，相继实施6期网优工程、IP宽带城域风8期扩容工程、本地风传输光缆新建工程等。

2008年，中国电信阿克苏分公司完成三期DSLAM下移工程及全地区县城以上区域的“光进铜退”规划、EPON网络规划和城域网规划工作。新增补基站74个，新建及扩容ADSL端口。全地区宽带覆盖率96.05%，平均宽带端口速率达标率95.75%，宽带障碍修复及时率提升至99.02%，平均宽带端口掉线率7.94%。为全面推进阿克苏本地网C网接收和网格营销工作，建立“商务领航”和“我的e家”服务支撑体系，规范面向政企、家庭及个人客户信息服务产品的服务流程。强化管线代维管理，电缆障碍修复及时率99.5%，主干电缆保气率99%，工单完成及时率、业务开通及时率100%，PHS全局来话接通率53.1%。

2009年，中国电信阿克苏分公司开通互联网接入以及公文无纸化传输系统、电子政务系统、公文短信平台系统等通信服务。与各财政局合作开通财政专网、与工商局合作开通零售物流批发企业的工商 E 通等项目。

2010～2012 年，中国电信阿克苏分公司加大 CDMA 网基站建设，开展“光进铜退”、FTTH（指将光网络单元安装在住家用户或企业用户处，提供更大的带宽，增强网络对数据格式、速率、波长和协议的透明性）建设，提升宽带网的能力。CDMA 基站中断率下降至 0.23%，EVDO 无线网络连接成功率提升至 99.41%；新建楼宇、政企、商务楼宇和新建工业园区 100% 实现光纤到楼；城市和乡镇用户接入带宽已普遍具备 8M 以上接入能力，城市中心区域具备 20M 接入能力，宽带 8M 占比达 85.05%；政企客户业务开通和保障履约率 100%；宽带用户装移机履约准时率 VIP 用户 99.54%，普通用户 99.43%；宽带用户障碍修复及时率 99.86%。

2014～2015 年，中国电信阿克苏分公司累计建设开通基站 75 座；组织开展清网排障和退铜工作，完成 10 万线对千米退铜任务。农村区域光网和铜缆资源准确率从上年末的 50% 提升到 91%。投资网络建设 2 亿元，重点开展 4G 网络建设和光网阿克苏建设，开通 LTE 基站 745 个，FTTH/O 端口能力 40 万个，完成 TDM 端局退网任务，宽带平均速率 21.64M。

2016 年，中国电信阿克苏分公司完成八县一市城市区域及乡镇区域、兵团一师各团团部、连部光纤通达工作，FTTH 城市覆盖率 99.32%、乡镇 83.65%、农村 63.87%，年新增光端口能力 18.2 万，端口总能力 51.04 万，实现阿克苏地区城镇区域光网化。

## 三　电信业务

1990～2016 年，阿克苏地区电信业务主要有电报、传真、固定电话、声讯、寻呼、网络通信、移动电话等项。

### （一）电报

1990 年，阿克苏地区电报业务量 52.32 万份。1992 年为电报业务量的最高年份，达到 68.21 万份。1993 年，随着微波通信的开通和程控电话的使用，电报逐年下降，电报业务量为 63.54 万份。

2000 年，全地区电报业务量为 41.58 万份。随着电话程控交换机的普及，长途电话业务量的不断增加，电报业务快速下滑，除汇款电报外，公众电报业务逐渐退出历史舞台。

### （二）电话宽带

1990 年，全地区长途电话出口量 40 多万张；农话用户 1101 户，业务量 30.5 万张；国际电话 109 张，港、澳、台地区电话 50 张。

1991 年，地区开通无线寻呼，当年有用户 60 户。

1992 年，地区开通微波电路，改变长途电话紧张的局面。

1993 年，地区邮电局开通 800 兆移动电话。年底，全地区移动用户 154 户，其中阿克苏市 75 户。

1995 年，全地区本地电话网升级为程控电话，去话量猛增为 437 万多张。电信业务量完成 2352 万元，市话交换实现 3.5 万线，市话户数 1.94 万户。农话业务量 49 万张。办理国际电话 519 张，港、澳、台地区电话 151 张。无线寻呼 2862 户，其中阿克苏市 2431 户；移动电话 553 户，其中阿克苏市 353 户。12 月 17 日零点，阿克苏市电话号码由 6 位升至 7 位，通用“0997”区号。

2000 年，阿克苏地区电话总数达到 13.75 万部，其中市话用户 9.12 万部，公用电话 4710 部。

电话普及率达到6.96部/百人。全年新增基础数据用户110户，新增多媒体业务注册用户2352户，非注册用户1010户；完成IP上网时长1224万分钟。

2005年，阿克苏地区有固定电话用户28万户；增值业务发展迅速，农家乐、灵通短信等新业务渗透率不断提高；公话用户2.5万户。全地区宽带用户2.2万户。

2008年，成立C网专项领导小组，完成与联通公司承接工作。10月1日，C网交割和运营承接工作正式启动，阿克苏电信实现全业务运营。全年净增宽带2万余户。

2011年，中国电信阿克苏分公司抓住3G机遇，推广融合业务，强化基础管理，固定电话、手机、宽带等各类电信用户达到60余万户。

2013年，中国电信阿克苏分公司全力推进3G移动互联网战略、“光网城市”战略。全年收入4.72亿元，固话、手机、宽带等各类电信用户达100余万户，其中阿克苏市年末固定电话用户13.55万户，固定电话普及率26.61部/百人。

2016年，阿克苏电信业务收入5.25亿元，年末固定电话用户10.88万户；固定电话普及率21.20部/百人。互联网有线宽带用户18.7万户，50M及以上宽带用户占比达到30%，iTV（互动电视）用户12.2万户。

（三）无线寻呼

1991年10月，阿克苏市首次开通“126”人工无线寻呼业务，首批用户60个。1995年末，地区无线寻呼用户2862户，其中阿克苏市2431户。1996年，开通“127”自动寻呼系统，用户可自动寻呼。无线寻呼缴费一般包括开户费、服务费、月租费和其他费用。数字寻呼机（自动、人工）开户费每部100元，本地服务费每部每月10～15元，不满半个月按半个月计算，超过半个月不满1个月按1个月计算。汉字机本地服务费每部每月不超过40元。随着市场开放，各台收费不一致。

阿克苏地区无线寻呼业务开办初期由邮电部门经营和管理。随着无线寻呼业务的发展，有些系统和单位为便于联系，经申请获得批准后，开办单位内部使用的无线寻呼台。1995年以后，阿克苏市辖区陆续办起教育寻呼台、马兰寻呼台、宏景寻呼台等。后随手机用户的迅速增加，寻呼业务迅速萎缩，2003年底被取消。

（四）小灵通业务

2002年，阿克苏地区小灵通业务逐渐兴起，小灵通用户达到2万户；2005年，小灵通业务发展到10.8万户，此后小灵通逐渐被移动电话取代；2007年小灵通用户减少至28202户。2009年后，随着移动电话的普及，小灵通业务退出通信市场。

## 第二节　中国移动阿克苏分公司

### 一　机构

1999年7月26日，新疆移动通信有限公司阿克苏地区分公司成立，下设市场经营部、网络运行部、综合办公室。

2000年，有职工94人。

2016 年，中国移动阿克苏分公司内设市场部、集团客户部、网络部、综合部、财务部、人力资源部、党群工作部。

### 二 移动业务

1993 年，阿克苏市移动业务开通。1994 年 8 月 15 日全地区联网。

1999 年 6 月 25 日，组建阿克苏地区移动通信分公司。7 月 26 日，新疆移动公司阿克苏分公司正式宣布成立，移动电话业务归新疆移动公司阿克苏分公司管理。年内，移动通信业务遍布整个地区。

2009 年，阿克苏移动分公司以全业务运营为契机，加强与广电、铁通合作，推广家庭大手机、家庭 V 网、互联网宽带业务，客户达 120 万户。

2011 年，阿克苏移动公司推出维吾尔语手机，客户规模突破 150 万。

2013 年，阿克苏移动公司建成地区电子政务外网，接入单位 600 余家；拓展二维码溯源在地区特色林果业中的应用，试点企业 5 家，累计发码超过 1000 万枚。实施信息化惠民的“阿克苏无线城市”工程，“阿克苏无线城市”上线应用 89 项，活跃用户超过 4 万户。

2014 年，中国移动阿克苏分公司有线宽带覆盖全区 400 余个小区、24 万用户，通过降低宽带使用价格、提高带宽速度（带宽由 4M 提升至 8M、10M）等方式，提升地区宽带接入水平。至年底，注册用户数达 4. 8 万户，移动宽带覆盖 40 万用户。

2016 年，中国移动阿克苏分公司有用户 130. 34 万户。4G 网络总规模 2726 个，网管开通 2630 个。乐播 TV 净增 5. 11 万户，宽带用户 12. 64 万户，乐播 TV 用户 10. 11 万户。

## 第三节 中国联合网络通信有限公司

### 一 机构

2000 年 11 月 8 日，中国联合通信有限公司阿克苏分公司成立。公司设综合部、计划财务部、市场营销部。有职工 117 人。

2007 年，内设 8 个部室，下辖 11 个分公司及 2 个营业部。

2008 年，中国联通与中国网通合并。重组后的中国联合网络通信有限公司阿克苏地区分公司设有党委、工会、团总支，内设 11 个部室，下辖 10 个分公司及 3 个营业部。

2016 年，中国联通阿克苏分公司有员工 214 人，下设 13 个办公室，有基站 1929 个，营业网点 471 个。

### 二 联通业务

2001 年，阿克苏联通公司独立运作。至年底，共开通 GSM 移动基站 47 个，CDMA 网移动基站 28 个。完成 30 千米架空光环网络建设。有自办营业厅 5 个，营销网点 60 多个。移动用户累计 4. 36 万户，寻呼用户累计 6. 25 万户。发展互联网用户 69 户。完成收入 3310. 98 万元。

2007 年，建成光缆线路 2600 千米，建成城域风管道 28 千米。完成 175. 8 千米营业网点光缆引入工程。

2008 年，建成基站 404 个，建成固网局站 15 个，160A 接入点 10 个。公司移动网络覆盖率县市级达 99.8%。乡镇农牧团场级覆盖率达 91%。

2010 年，中国联通阿克苏地区分公司开展 3G 业务营销工作，用户规模快速扩大。

2016 年，中国联通阿克苏分公司用户 49.5 万户，其中新发展用户 39.5 万户。

## 第四节　铁通阿克苏分公司

### 一　机构

2001 年 3 月 1 日，铁道通信信息有限责任公司新疆阿克苏分公司成立。

至 2006 年，有 7 个营业部和 11 个营业厅。

2008 年，阿克苏铁通公司业务并入移动公司。

### 二　业务

铁通阿克苏分公司承担库尔勒火车西站至喀什火车站间 996 千米长途铁路专用通信线路、沿线 29 个火车站的通信设备的维护工作，及阿克苏地区所属各市、县、团场的电信市场经营工作。

2001 年，铁通阿克苏分公司接入能力 3.6 万线，敷设通信管道 13 千米，新建通信交通端局、模块局 9 个，在火车站周边地区发展用户。

2002 年，分公司新增用户 1.14 万户，经营收入 547.66 万元。

2005 年，分公司固定电话用户总数 3 万户，宽带用户累计达到 2400 户。全年完成业务收入 1900 万元。

2006 年，固话在网用户 5 万户，宽带用户 1.2 万户。完成投资 2500 万元，完成收入 3000 万元，实现利润 200 万元。

## 第五节　网通阿克苏分公司

### 一　机构

2003 年，中国网络通信集团公司阿克苏地区分公司开始筹备，2005 年 1 月成立。2008 年 10 月 15 日，中国联通与中国网通合并。

### 二　业务

网通阿克苏分公司主要经营国内、国际各类固定电信网络设施及相关电信服务。在提供传统电话业务的基础上，提供“宽带商务”网站建设、“CNCMAX 宽带我世界”、“金色俱乐部”、“116114”电话查询、宽世界网络监控、“10060”咨询服务等业务。2008 年，拥有用户 2.6 万户。

2008 年，中国联通阿克苏地区分公司完成与中国网通阿克苏分公司的业务融合。

# 第八编　经济综述

20 世纪 90 年代初，阿克苏市经济结构单一，二三产业发展缓慢，城乡基础设施薄弱，经济发展相对滞后，城乡居民收入水平较低。2000 年后，随着改革开放的深入和国家西部大开发战略的实施，阿克苏市通过调整产业结构，加快产业发展速度，生产总值不断提高；通过财政、税务、金融、价格体制改革，达到宏观调控的目的；通过流通领域体制改革和市场体系的培育与建立，计划经济体制逐步转变为社会主义市场经济体制。2010 年后，阿克苏市对发展规划、经济运行、农村经济、工业企业、经济贸易等方面进行全方位管理调控，全市经济呈现稳步、有序发展态势。

# 第一章　经济发展

## 第一节　发展概况

1990 年，阿克苏市实现地方生产总值 78975 万元。至 2016 年，全市实现地方生产总值 1800996 万元。

### 一　第一产业

1990 年，全年完成农林牧渔业总产值 24200.39 万元，其中种植业产值 20613.28 万元，林业产值 478.78 万元，畜牧业产值 2560.5 万元，渔业产值 171.25 万元，农业服务业产值 376.58 万元。实现增加值 43114 万元。

2016 年，阿克苏市完成农林牧渔业总产值 572140 万元，其中种植业产值 441744 万元，林业产值 4378 万元，畜牧业产值 103564 万元，渔业产值 4362 万元，农业服务业产值 18092 万元。实现增加值 265058 万元。

### 二　第二产业

1990 年，阿克苏市第二产业实现增加值 19645 万元。全年完成工业总产值 72792 万元，建筑业总产值 8719 万元。49 家乡及乡以上企业实现总产值 8179 万元，其中：轻工业实现产值 5864 万元，占 71.70%；重工业实现产值 2315 万元，占 28.30%。

2016 年，全市第二产业增加值 395287 万元。全年完成工业增加值 186500 万元，其中纺织业实现增加值 29969 万元，农副产品加工业实现增加值 24195 万元。工业经济“三去一降”成效显现。部分严重过剩行业产品产量有所下降。

### 三　第三产业

1990 年，阿克苏市第三产业实现增加值 16114 万元，其中运输邮电业实现增加值 3495 万元，占 21.69%；批发零售餐饮业实现增加值 4226 万元，占 26.22%。

2016 年，全市第三产业实现增加值 1140651 万元。

## 第二节　固定资产投资

1990 年，阿克苏市基础设施建设和企业技术改造投资有重大突破，全年完成固定资产投资

9573 万元。1996 年后，阿克苏市扩大投资需求，社会投资、民营投资增势明显。2000 年，固定资产投资 8.13 亿元。2001 年后，坚持以招商引资、项目推进为主线，投资总额保持快速增长态势。2005 年，全社会固定资产投资 17.02 亿元，比 2000 年增长 1 倍。

2006 年以来，阿克苏市坚持新型工业化和城镇化“双轮”驱动，强力主攻招商引资，实施项目推进。2010 年，完成全社会固定资产投资 45.02 亿元，比 2005 年增长 1.65 倍。2011 年后，加大固定资产投入力度，基础设施和房地产开发投资得到强化，2016 年，完成全社会固定资产投资 190.12 亿元，比 2010 年增长 3.2 倍。

**表 8－1　1990～2016 年阿克苏市全社会固定资产投资统计表**

| 年份 | 固定资产投资(万元) | 比上年增长(%) | 年份 | 固定资产投资(万元) | 比上年增长(%) |
|---|---|---|---|---|---|
| 1990 | 9573 | 18.6 | 2004 | 177873 | 18 |
| 1991 | 9519 | －0.56 | 2005 | 170239 | －1.6 |
| 1992 | 13978 | 46.8 | 2006 | 199823 | 17.38 |
| 1993 | 14108 | 0.9 | 2007 | 244806 | 22.51 |
| 1994 | 20523 | 45.5 | 2008 | 293400 | 19.85 |
| 1995 | 34522 | 68.2 | 2009 | 350610 | 19.5 |
| 1996 | 42227 | 22.3 | 2010 | 450218 | 28.41 |
| 1997 | 43573 | 3.2 | 2011 | 605403 | 40.3 |
| 1998 | 51303 | 17.7 | 2012 | 974020 | 60.9 |
| 1999 | 69799 | 36.1 | 2013 | 1203500 | 23.6 |
| 2000 | 81254 | 16.4 | 2014 | 1437728 | 19.5 |
| 2001 | 98197 | 20.9 | 2015 | 1693000 | 17.8 |
| 2002 | 149816 | 52.6 | 2016 | 1901214 | 12.3 |
| 2003 | 150726 | 0.6 | | | |

说明：按当年价格计算，下同。

## 第三节　重点项目建设

2000 年，阿克苏市开始建设重点项目。年内引进库尔勒市的民营企业安利达公司，投资建设阿克苏市安利达果业储藏销售中心，一期开工建设，二期 8000 吨气调保鲜库及综合水果批发市场项目通过审批。全年共争取自治区投资补助资金 165 万元，完成托峰棉纺二期、三期工程，市水泥厂 10 万吨高标号水泥生产线扩建带余热发电项目，市塑料厂大口径 PVC 管材生产线，建材厂门窗改造，万吨气调储藏保鲜库一期工程等重点项目。

2001～2005 年，全市招商引资到位资金 18.9 亿元。争取上级资金 2079 万元，用于农业农村建设补助、改造生态环境、改善校舍等。争取国债项目 15 个，其中农业、农村、塔里木河治理项目 6 个，公检法建设项目 4 个，科教文卫建设项目 4 个，改善城市生活条件项目 1 个。一批重点项目竣工投产。

2006～2010 年，阿克苏市完成重点项目投资额 57.76 亿元。加大对重点项目监管力度，将重点项目的目标及任务层层分解，下达至各相关单位，责任落实到人，切实做到一个重点项目一个领导牵头、一个班子运作、一套保障措施，通过深入调研、召开联席会议、专题会议等方式，及时排解项目建设中的困难和问题。

2011 ~2015 年，阿克苏市继续加大重点建设项目投资力度，共完成重点建设项目投资 270. 33 亿元。加强对重点建设项目的监督和管理，对重点项目进行跟踪督察，随时掌握重点项目进展动态，建立做实重点项目投资管理台账，项目责任单位每月按时上报项目建设进展情况，及时协调解决项目建设过程中存在的问题和困难，确保重点项目顺利推进。

2016 年，阿克苏市确定重点建设项目 29 个，年内累计完成投资 59. 73 亿元。发挥重点项目对固定投资项目的投资拉动，为全市发展注入强大动力，推动阿克苏市经济向高质量发展。

## 第四节　利用外资

### 一　世界银行贷款实施塔里木盆地农业灌排与环保第二期工程项目

阿克苏市于1999 年与地区行署签订《关于“塔里木盆地二期项目”的转贷协议》，经双方最终确定债务总额1333. 52 万美元，折合人民币约为11036. 85 万元。项目建设内容包括水利、开荒、低改、农业支持服务、环境保护与监测、机构支持与发展。还款资金来源主要为市财政通过向各乡镇场人民政府征收世行还贷金方式筹措。

### 二　日本协力银行贷款实施节水灌溉项目

2007 年 12 月，阿克苏市与行署签订《外国政府贷款再转贷协议》，将地区申请到位的日本协力银行贷款中转贷4970. 44 万日元（238. 23 万元人民币）给阿克苏市，该项目由市水利局负责监督实施，地点位于喀拉塔勒镇区域，结合当地种植结构实施 286. 67 公顷滴管安装工程，主要建设内容为建设 4 座水源首部系统、安装 4 套滴管系统管网及配套土建工程。

### 三　德国政府贷款实施阿克市中医医院引进医疗设备项目

阿克苏市中医医院利用自治区转贷德国政府贷款 180 万美元，折合人民币 1494 万元，自 2007 年 1 月至 2017 年 1 月止，贷款期限为 10 年，其中宽限期 3 年。该项目购置医疗设备 21 台，主要为螺旋 CT 机、X 光机、高频电刀、彩色多普勒超声机等。

### 四　以色列政府贷款实施农田水利建设节水滴灌项目

该项目计划申请中央财政统借统还以色列政府贷款 600 万美金，折合人民币 3780 万元，市筹措 689. 96 万元。该项目由市水利局负责监督实施，地点位于喀拉塔勒镇英克艾日克村（空台力克）区域，总面积 1613. 33 公顷，其中种植面积 1353. 33 公顷。

### 五　阿克苏市亚行贷款城市综合发展及环境改善项目

阿克苏市亚行贷款城市综合发展及环境改善项目总投资 154344 万元。2015 ~2016 年，亚行项目在建工程 17 个（2015 年土建工程 5 个，设备采购工程 6 个；2016 年土建工程 4 个，设备采购工程 2 个），其中 2 个土建工程和 5 个设备采购工程已经完工投入使用，包括土建工程（阿克苏城市道路和相关基础设施工程、大十字天桥工程）、设备采购工程（南大街等供排水管线管材采购、垃圾运输车采购、广告清洗机、挖掘机铲车采购、保洁三轮车采购、垃圾果皮箱采购）。2016 年，为阿克苏市亚行贷款项目请款 158451.65 万元。

# 第二章　经济结构

## 第一节　产业结构

### 一　第一产业结构

1990 年，第一产业增加值（当年价，下同）43114 万元。受产业结构调整的影响，第一产业增加值比重不断下降。2016 年，第一产业增加值 265058 万元，在全市生产总值中占比由 1990 年的 54.59% 下降到 14.7%。

### 二　第二产业结构

1990 年，阿克苏市第二产业增加值（当年价，下同）19645 万元，占全市生产总值的 24.9%。随着经济结构的转型，第二产业增加值比重不断上升，2006 年超过第一产业。2016 年，第二产业增加值 395287 万元，占全市生产总值的 22.0%。

### 三　第三产业结构

1990 年，第三产业增加值（当年价，下同）16114 万元，占全市生产总值的 20.51%。1996 ~ 2005 年，以交通运输、邮政电信、金融保险、社会服务为主的行业迅速发展，基本形成门类齐全的第三产业体系。2006 ~ 2016 年，金融保险、信息通信、房地产、中介等服务业快速发展，物业管理、休闲健身、医疗保健、家政服务不断完善。2016 年，第三产业增加值 1140651 万元，占全市生产总值的 63.3%，逐渐成为阿克苏市规模越来越大、增速越来越快的产业。

**表 8－2　1990 ~ 2016 年部分年份阿克苏市产业结构一览表**

| 年份 | 第一产业 | | 第二产业 | | 第三产业 | |
|---|---|---|---|---|---|---|
| | 产值(万元) | 占总产值(%) | 产值(万元) | 占总产值(%) | 产值(万元) | 占总产值(%) |
| 1990 | 43114 | 54.59 | 19645 | 24.9 | 16114 | 20.51 |
| 1995 | 140398 | 49.1 | 56542 | 20.0 | 89053 | 31.1 |
| 2000 | 151742 | 40.0 | 83930 | 22.1 | 144256 | 38.0 |

续表

| 年份 | 第一产业 | | 第二产业 | | 第三产业 | |
|---|---|---|---|---|---|---|
| | 产值(万元) | 占总产值(%) | 产值(万元) | 占总产值(%) | 产值(万元) | 占总产值(%) |
| 2005 | 256127 | 36.2 | 155811 | 22 | 296365 | 41.8 |
| 2010 | 130598 | 16.3 | 213360 | 26.7 | 455081 | 57 |
| 2016 | 265058 | 14.7 | 395287 | 22.0 | 1140651 | 63.3 |

## 第二节　产品结构

1990 年，阿克苏市农产品占全市生产总值的比重高于工业产品，农产品与工业产品分别占全市生产总值的 55% 和 25%；2000 年、分别占比 40% 和 22%，农产品中，以棉花、粮食、果品、畜产品为主。2000 年后，大力发展林果业，果品产量与产值迅速上升，到 2010 年，仅次于棉花，成为市内主要农产品之一。2010 年，全市农产品与工业产品分别占全市生产总值的 16% 和 26.7%。2016 年，分别占比 14.7% 和 22%。

## 第三节　所有制结构

1990 年，阿克苏市工业企业以国有企业和集体企业为主，有工业企业 93 家，其中国有企业 43 家，占 46.2%；集体企业 50 家，占 53.8%。

2000 年后，市委提出推进股份制、股份合作制，实施国有、集体企业兼并、改组等改革措施，发展国有、集体、股份制经济和私有经济、个体经济成分并存的多种经济类型。全市有工业企业 87 家，其中国有企业 31 家，占 35.6%；集体企业 46 家，占 52.9%。轻工业 51 家，占 58.6%；重工业家 36，占 41.4%。

2005 年后，大举招商引进工业企业，股份制、个体私营经济为主的工业体系成为工业经济的主力军，全市工业进入快速发展时期。有工业企业 120 家，其中国有企业 2 家，占 1.7%；集体企业 25 家，占 20.8%；股份合作企业 2 家，占 1.7%；有限责任公司 26 家，占 21.7%；私营企业 62 家，占 51.6%；其他企业 3 家，占 2.5%。轻工业 49 家，占 40.8%；重工业 71 家，占 59.2%。

2010 年，全市有工业企业 185 家，其中国有企业 2 家，占 1.1%；集体企业 2 家，占 1.1%；联营企业 1 家，占 0.5%；股份合作企业 1 家，占 0.5%；有限责任公司 27 家，占 20%；私营企业 151 家，占 81.6%；外商投资企业 1 家，占 0.5%。轻工业 75 家，重工业 86 家。

至 2016 年，全市工业企业中，有限责任公司 25 家，占 39.7%；股份有限公司 1 家，占 1.6%；私营企业 32 家，占 50.8%；港澳台商投资企业 3 家，占 4.8%；外商投资企业 2 家，占 3.1%。

## 第四节　行业结构

1990 年，阿克苏市工业企业按行业分，有 13 家制造业、1 家采掘业、1 家水生产和供应企业。

随着经济改革的逐步深入和商品市场的放开搞活，阿克苏加强传统产业的技术改造，兴办一批以本地农副产品为生产原料的加工企业。2000 年后，市委提出“工业强市”的产业化发展方向，确定以生态工业为前提，培植工业支柱产业，市内逐步建立起涵盖纺织、农副产品加工、建材生产、石材加工、电力热力生产和供应、水生产和供应业等 6 个工业行业种类、9 个小类的行业体系，使全市的优势资源得到开发利用，推动工业结构变革。

至 2016 年，阿克苏市工业结构以建材生产的非金属矿物制品业为主，占全市规模以上工业经济总量的 22%；以棉纺加工生产为主导的纺织业，占全市工业的比重为 19%；以饲料加工、水果坚果加工为主的农副产品加工业，占全市工业的比重为 15%；以石油和天然气为代表的新能源产业，占全市工业的比重为 12%；电力和燃气生产供应业分别占全市工业比重的 11% 和 12%。到 2016 年，阿克苏市轻、重工业比值进一步优化，产业结构日趋合理。

# 第三章 主要经济指标

## 第一节 总产出

1990 年，阿克苏市总产出 209448 万元（按当年价格计算，下同），其中第一产业 61185 万元，第二产业 92272 万元，第三产业 55991 万元。

2016 年，阿克苏市总产出 4003846 万元，其中第一产业 492048 万元，第二产业 1813495 万元，第三产业 1698302 万元。

**表 8－3 1990～2016 年部分年份阿克苏市总产出统计表**

单位：万元

| 年份 | 总产出 | 其中 | | | | | | |
|---|---|---|---|---|---|---|---|---|
| | | 第一产业 | 第二产业 | 其中 | | 第三产业 | 其中 | |
| | | | | 工业 | 建筑业 | | 交通运输及邮电通信业 | 批发和零售贸易餐饮业 |
| 1990 | 209448 | 61185 | 92272 | 80925 | 11347 | 55991 | 6754 | 21541 |
| 1991 | 278926 | 78152 | 126209 | 112926 | 13283 | 74565 | 8995 | 28687 |
| 1992 | 326293 | 84018 | 155048 | 134699 | 20349 | 87227 | 10523 | 33559 |
| 1993 | 385573 | 103607 | 176839 | 150753 | 26086 | 105127 | 13587 | 40864 |
| 1994 | 522003 | 172640 | 215061 | 179926 | 35135 | 134302 | 15294 | 51924 |
| 1995 | 748130 | 228884 | 353423 | 306137 | 47286 | 165823 | 18905 | 64089 |
| 1996 | 702219 | 211626 | 262359 | 200756 | 61603 | 228234 | 26623 | 99840 |
| 1997 | 778263 | 282854 | 242263 | 172644 | 69619 | 253146 | 28806 | 107827 |
| 1998 | 869223 | 300438 | 313685 | 213924 | 99761 | 255100 | 33354 | 98566 |
| 1999 | 784039 | 243245 | 279600 | 167688 | 111912 | 261194 | 35264 | 99860 |
| 2000 | 830988 | 292390 | 275780 | 157629 | 118151 | 262818 | 38414 | 98218 |
| 2001 | 940744 | 290137 | 336931 | 180629 | 156302 | 313676 | 44094 | 92724 |

续表

| 年份 | 总产出 | 其中 | | | | | | |
|---|---|---|---|---|---|---|---|---|
| | | 第一产业 | 第二产业 | 其中 | | 第三产业 | 其中 | |
| | | | | 工业 | 建筑业 | | 交通运输及邮电通信业 | 批发和零售贸易餐饮业 |
| 2002 | 1105379 | 338872 | 419398 | 206543 | 212855 | 347109 | 43528 | 140348 |
| 2009 | 1681795 | 215588 | 717669 | 392864 | 324805 | 748538 | 185489 | 88730 |
| 2010 | 2007706 | 253573 | 872780 | 489911 | 382869 | 881354 | 204373 | 128634 |
| 2011 | 2561021 | 284306 | 1224636 | 719786 | 504838 | 1052080 | 227735 | 136142 |
| 2012 | 2915838 | 332726 | 1458637 | 848793 | 609844 | 1124475 | 219901 | 141663 |
| 2013 | 3282094 | 327286 | 1852611 | 1041356 | 811255 | 1102197 | 138129 | 93951 |
| 2014 | 3846308 | 362264 | 2098377 | 1149192 | 440696 | 1385667 | 159957 | 231513 |
| 2015 | 3498025 | 414150 | 1713042 | 822455 | 890587 | 1370833 | 152041 | 237001 |
| 2016 | 4003846 | 492048 | 1813495 | 848412 | 965084 | 1698302 | 156670 | 382348 |

说明：按当年价格计算，下同。

## 第二节　国内生产总值

1990年，阿克苏市国内生产总值90157万元（按当年价格计算，下同），其中第一产业42114万元，第二产业19645万元，第三产业28398万元。一、二、三次产业结构百分比分别为46.7∶21.8∶31.5。人均生产总值2137元。

2016年，阿克苏市国内生产总值1800996万元，其中第一产业265058万元，第二产业395287万元，第三产业1140651万元。一、二、三次产业结构百分比分别为14.7∶21.9∶63.4。人均生产总值37756元。

**表8－4　1990～2016年阿克苏市国内生产总值统计表**

单位：万元

| 年份 | 生产总值 | 其　中 | | | | | | | |
|---|---|---|---|---|---|---|---|---|---|
| | | 第一产业 | 第二产业 | 其　中 | | 第三产业 | 其　中 | | |
| | | | | 工业 | 建筑业 | | 交通运输仓储及邮电业 | 批发和零售业 | 金融保险业 |
| 1990 | 90157 | 42114 | 19645 | 16508 | 3137 | 28398 | 6159 | 7448 | 922 |
| 1991 | 114242 | 51557 | 25216 | 21481 | 3735 | 37469 | 7174 | 13601 | 1086 |
| 1992 | 129048 | 54235 | 28283 | 22695 | 5588 | 46531 | 7161 | 16427 | 9638 |
| 1993 | 144978 | 58768 | 32000 | 25771 | 6229 | 54210 | 6859 | 19302 | 12176 |
| 1994 | 219283 | 108239 | 38919 | 28600 | 10319 | 72125 | 4893 | 21875 | 19425 |
| 1995 | 285993 | 140398 | 56542 | 42321 | 14221 | 89053 | 5553 | 22994 | 23984 |
| 1996 | 292763 | 103236 | 66957 | 50320 | 16637 | 122570 | 7820 | 35821 | 27390 |
| 1997 | 344793 | 144389 | 68367 | 47550 | 20817 | 132037 | 10315 | 38502 | 30077 |
| 1998 | 355008 | 147884 | 71903 | 48459 | 23444 | 135221 | 11911 | 35137 | 31097 |
| 1999 | 333656 | 115755 | 75711 | 49971 | 25740 | 142190 | 12795 | 36400 | 29358 |
| 2000 | 379928 | 151742 | 83930 | 54743 | 29187 | 144256 | 13895 | 44660 | 20067 |
| 2001 | 431269 | 149879 | 104335 | 62134 | 42201 | 177055 | 17212 | 48242 | 19053 |
| 2002 | 482274 | 169600 | 112323 | 61161 | 51162 | 200351 | 17643 | 53474 | 22616 |

续表

| 年份 | 生产总值 | 其中 | | | | | | | | |
|---|---|---|---|---|---|---|---|---|---|---|
| | | 第一产业 | 第二产业 | 其中 | | 第三产业 | 其中 | | |
| | | | | 工业 | 建筑业 | | 交通运输仓储及邮电业 | 批发和零售业 | 金融保险业 |
| 2003 | 478919 | 183790 | 115514 | 60648 | 54867 | 179615 | 33392 | 48688 | 19435 |
| 2004 | 629609 | 225915 | 155769 | 86044 | 69725 | 247925 | 44595 | 53920 | 22155 |
| 2005 | 708302 | 256127 | 155811 | 91266 | 64545 | 296365 | 37036 | 74334 | 23260 |
| 2006 | 418453 | 81043 | 95625 | 54578 | 41047 | 241785 | 25993 | 49113 | 26711 |
| 2007 | 495815 | 89538 | 115742 | 68751 | 46991 | 290535 | 30638 | 58829 | 30827 |
| 2008 | 586128 | 101622 | 135669 | 82015 | 53654 | 348837 | 27720 | 78740 | 34624 |
| 2009 | 692264 | 114146 | 180893 | 114278 | 66615 | 397225 | 54924 | 52783 | 58298 |
| 2010 | 799039 | 130598 | 213360 | 137199 | 76161 | 455081 | 58681 | 89455 | 64128 |
| 2011 | 1012430 | 147785 | 294538 | 191013 | 103526 | 570106 | 64839 | 95958 | 73747 |
| 2012 | 1214508 | 166189 | 338854 | 212795 | 126059 | 709464 | 75199 | 115851 | 90837 |
| 2013 | 1405729 | 183403 | 375496 | 229267 | 146228 | 846830 | 74228 | 114295 | 111778 |
| 2014 | 1612080 | 184772 | 424014 | 256071 | 167943 | 1003294 | 96613 | 141361 | 136612 |
| 2015 | 1473318 | 181997 | 395791 | 171328 | 224463 | 895530 | 48891 | 141359 | 159081 |
| 2016 | 1800996 | 265058 | 395287 | 173547 | 221740 | 1140651 | 51574 | 196255 | 170905 |

## 第三节　经济发展速度

### 一　人均生产总值

1990 年，阿克苏市人均生产总值 2137 元（按当年价格计算，下同）。

2016 年，全市人均生产总值 37756 元。

**表 8－5　1990～2016 年阿克苏市人均生产总值统计表**

| 年份 | 人均生产总值(元) | 年份 | 人均生产总值(元) | 年份 | 人均生产总值(元) | 年份 | 人均生产总值(元) |
|---|---|---|---|---|---|---|---|
| 1990 | 2137 | 1997 | 6666 | 2004 | 8311 | 2011 | 20706 |
| 1991 | 2545 | 1998 | 7021 | 2005 | 10766 | 2012 | 27198 |
| 1992 | 3020 | 1999 | 6747 | 2006 | 11866 | 2013 | 31087 |
| 1993 | 5176 | 2000 | 7318 | 2007 | 12979 | 2014 | 34196 |
| 1994 | 5587 | 2001 | 7790 | 2008 | 13822 | 2015 | 36505 |
| 1995 | 6106 | 2002 | 8422 | 2009 | 15553. 39 | 2016 | 37756 |
| 1996 | 5749 | 2003 | 8208. 32 | 2010 | 17805 | | |

说明：不包含行政区域内兵团数据。

### 二　发展速度

1990 年，阿克苏市经济发展速度 22. 02%，2000 年经济发展速度 24. 4%，2005 年经济发展速度 11. 47%，2010 年经济发展速度 11. 7%，2016 年经济发展速度 10. 5%。

表 8－6　1990～2016 年阿克苏市经济发展速度统计表

| 年份 | 发展速度（%） | 年份 | 发展速度（%） | 年份 | 发展速度（%） | 年份 | 发展速度（%） |
|---|---|---|---|---|---|---|---|
| 1990 | 22.02 | 1997 | 30.9 | 2004 | 14.15 | 2011 | 20.13 |
| 1991 | 20.14 | 1998 | 12.2 | 2005 | 11.47 | 2012 | 20.5 |
| 1992 | 37.80 | 1999 | －7.9 | 2006 | 14.79 | 2013 | 16.4 |
| 1993 | －2.0 | 2000 | 24.4 | 2007 | 13.7 | 2014 | 13.5 |
| 1994 | 18.4 | 2001 | 13.0 | 2008 | 13.92 | 2015 | 9.6 |
| 1995 | 13.4 | 2002 | 16.1 | 2009 | 13.5 | 2016 | 10.5 |
| 1996 | －1.1 | 2003 | 14.1 | 2010 | 11.7 | | |

# 第九编　农　业

阿克苏市气候宜人、地势平坦、土地肥沃、水源丰富、光照充足、无霜期长，适宜各类农作物生长，是国家重要的商品粮、商品棉基地。1990 年以来，阿克苏市委、市政府以提高农业在农民收入中的基础地位为着力点，围绕“稳粮、调经、兴棉”的总体思路，调整优化种植业内部结构，农作物的单产和总产不断提高。2000 年后，阿克苏市放开农民生产经营自主权，取消农业税及其附加税，落实各项惠农补贴，较大提高农民生产积极性，农业和农村经济实现飞跃发展。2008 年后，阿克苏市实施“科技兴农”战略，以农民持续增收、农村和谐稳定为核心，进一步优化种植业结构，转变农业发展方式，强化农业基础能力建设。2011 年，阿克苏市开始实施农产品品牌建设工程，建设农业标准化基地，实施原产地域产品保护，实施生态农业战略，使阿克苏市农业走上优质高效的路子，大幅提高农业经济整体实力，农业综合效益和竞争力不断增强。

# 第一章　机　构

## 第一节　行政机构

1990 年，阿克苏市农业局为正科级建制，有编制 15 名，其中领导职数 3 名。内设机构有 20 个，包括乡（场）农村经营管理站。

1994 年，市农业局增加编制 4 名。

1999 年，阿克苏市农业局核定编制 23 名（含菜篮子办公室人员编制 6 名），其中领导职数 4 名。

2002 年 7 月，市农业局与市畜牧局合并成立阿克苏市农牧局。

2003 年 9 月，阿克苏市畜牧局析出，单设阿克苏市农业局，核定行政编制 21 名（含菜篮子办公室 5 名），其中领导职数 3 名，机关后勤事业编制 1 名，全额预算管理。内设行政办公室、业务办公室、菜篮子办公室、农业执法办公室。

2009 年 4 月，由市农村工作办公室承担的农业产业化管理职能及由市经贸委承担的乡镇企业管理职能及两部门承担的农产品加工管理职能一并划归阿克苏市农业局管理。

2012 年，阿克苏市农业局核定行政编制 23 名，其中领导职数 4 名，机关工勤事业编制 1 名。内设机构 6 个，分别为办公室、农业股、菜篮子办公室、农业执法股、农业产业化发展股、计划财务股。

2014 年 12 月，市农业产业化管理职能由市委农村工作办公室析出，管理职能由阿克苏市农业局承担。

2016 年，市农业局下设事业单位 8 个，分别为农业技术推广中心（正科级）、农经局（副科级，参照公务员管理）、种子管理站（副科级）、农业检验检测中心（副科级）、农广校（副科级）、防雹队（副科级）、农业产业化服务办公室（副科级）、农村能源环境监测站（股级）。内设办公室、农业股、菜篮子办公室、农业执法股、农业产业化发展股、计划财务股 6 个科室；核定编制 24 名，其中行政编制 23 名，事业编制 1 名；实有 23 人。

## 第二节　事业机构

### 一　农业综合开发办公室

1990 年，阿克苏市水土开发办亦称农业综合开发办公室（以下简称农发办）为市农业综合开发领导小组下设的办事机构。1999 年 1 月，“塔里木二期”世界银行贷款项目执行办公室成立，隶属市

“塔二”世行项目执行领导小组下设的临时办事机构（简称世行项目办）。市农业综合开发领导小组办公室和世行项目办实行合署办公，一套机构，两块牌子，为依照国家公务员制度管理的事业单位。1999 年，核定编制 17 名，其中领导职数 4 名，内设综合股、财务股、计划股、水利股、农业股 5 个股室。2002 ~2004 年，为世行项目执行期，2005 年为收尾期，2006 年 1 月世行项目办撤销，在编人员仍编入农业综合开发办，编制 17 名，其中领导职数 4 名，下设行政办、党建办、业务科、财务科、项目科。2009 ~2013 年，农业综合开发办核定事业编制 11 名，其中领导职数 3 名，实有 8 人。

2016 年，编制 9 名，实有 9 人，内设行政办、党建办、业务科、财务科、项目科。

### 二　农业技术推广中心

1990 年，阿克苏市农业技术推广站为市财政全额拨款事业单位，副科级建制，隶属于市农业局。1994 年 3 月，更名为阿克苏市农业技术推广服务中心；2009 年 4 月改为阿克苏市农业技术推广中心。核定事业编制 29 名，其中领导职数 3 名。

2016 年，阿克苏市农技推广中心核定编制 34 名，实有 33 人。技术干部中从事农学栽培专业 24 人、植保专业 5 人、土肥专业 2 人；有高级职称 14 人、中级职称 10 人、初级职称 7 人。

### 三　农村合作经济管理局

1990 年，阿克苏市农村合作经济经营管理服务站隶属阿克苏市农业局，属全额拨款事业单位，编制 7 名。

2004 年 11 月，市农村合作经济经营管理服务站更名为阿克苏市农村合作经济管理局。

2005 年 10 月，阿克苏市农村合作经济管理局列入依照公务员制度管理范围。

2009 年 5 月，编制增加至 9 名，核定领导职数 3 名。

2016 年 6 月，升格为正科级。年末，核定编制 8 名，实有 8 人。

### 四　菜篮子工程办公室

1990 年，阿克苏市菜篮子工程办公室为市政府下属机构，正科级，编制 5 名。2002 年 8 月，机构调整，划归至市农业局，为市农业局内设科室，未专门设置编制数。至 2016 年底，市菜篮子工程办公室性质、级别、编制、隶属关系不变。

### 五　农业广播电视学校

1990 年，阿克苏市农业广播电视学校隶属于阿克苏市农业局，副科级单位，事业编制 5 名，其中领导职数 2 名，全额预算单位。

至 2016 年底，市农业广播电视学校性质、级别、编制、隶属关系不变。

### 六　农村能源环境监测站

1990 年，阿克苏市农村能源环境监测站为股级，事业编制 3 名，全额预算管理。2011 年，增编 2 名。2016 年底，核定编制 5 名，实有 5 人。

## 七　种子管理站

1990年，市种子站承担全市良种选育、引进、试验、推广及种子市场监管、种子检验工作。

1999年3月，阿克苏市政府对市种子站进行政企分设，成立阿克苏市种子管理站，隶属阿克苏市农业局，属全额拨款事业单位，编制13名，其中领导职数2名，设站长、副站长各1名。

2009年，市种子管理站核减编制2名，核定编制11名，其中领导职数2名。

2016年底，核定编制8名，实有7人。

## 八　防雹队

1990年12月，阿克苏市成立人工影响天气办公室，隶属农业局，属全额拨款事业单位，副科级建制，编制10名。

2009年3月，更名为阿克苏市防雹队，编制45名，实有39人。

2016年，阿克苏市防雹队编制45名，实有40人。

## 九　农业产业化服务办公室

2009年4月，阿克苏市成立农业产业化发展局、农产品加工局，与农业局实行三块牌子、一套人马模式，原经贸委承担的乡镇企业管理职能、市农村工作办公室承担的农业产业化职能划归市农业局管理。市农业产业化发展局局长由市农业局局长兼任，日常工作由市农业局1名副局长负责。

2009年8月6日，阿克苏市成立农业产业化领导小组，下设办公室，办公室设在农村工作办公室，工作职能由市农业局承担。

2012年7月，确定农业产业化发展股为农业局内设科室，负责农业产业化各项工作。

2014年12月，阿克苏市成立农业产业化服务办公室，隶属于阿克苏市农业局（农业产业化发展局），全额预算事业单位，核定事业编制4名，其中副科级领导职数1名，编制从阿克苏市防雹队调剂。市农业局（农业产业化发展局）承担农业产业化管理行政职能，阿克苏市农业产业化服务办公室主要承担农业产业化服务工作。2016年，编制4名，实有4人。

## 十　农业检验检测中心

2009年11月，成立阿克苏市农业检验监测中心，相当于副科级，全额拨款事业单位，编制12名，其中领导职数3名；内设办公室、农化检测室、种子检验室、农产品质量检测室4个科室。

2016年底，阿克苏市农业检验检测中心核定编制10名，其中领导职数2名。实有11人，其中技术干部9人：高级农艺师1人、农艺师5人、初级职称3人。

## 十一　空台力克区域土地整治管理委员会

2011年，经市委常委会议研究通过，成立阿克苏市空台力克区域土地整治管理委员会和阿克苏市富民农业科技有限责任公司（国有性质），与市农业综合开发办三块牌子、一套班子，合署办公，办公室设在空台力克项目区，由国土局、林业局、水利局、畜牧兽医局和喀拉塔勒镇派出所在管委会分别设立土管所、林管所、水管所、畜牧站和警务室，有工作人员 17 人，其中在编 9 人（相关单位抽调人员），聘用 8 人，经市政府授权开展管理和执法工作。2016 年，有工作人员 17 人。

## 第三节　专业合作社

2007 年 7 月 1 日，颁布实施《中华人民共和国农民专业合作社法》，阿克苏市农民专业合作社发展迅速。10 月，阿克苏市第一个农民合作社——阿克苏市意源有机果蔬生产专业合作社在依干其乡成立，合作社成员 7 名，注册资金 80 万元。12 月，阿克苏市第一个养殖类合作社——阿克苏地区众志生猪养殖农民专业合作社挂牌成立，注册资金 4225 万元，吸收社员 306 户。

2008 年，阿克苏市无公害蔬菜专业合作社、依干其乡奶牛养殖专业合作社成为地区级合作社经营运作试点示范社。年末，全市农民合作社发展到 9 个。

2009 年底，有阿克苏市悯农农民专业合作社、阿克苏市疆南枣业农民专业合作社等农民专业合作社 28 个，涉及设施农业、林果业、种植业和技术服务类。

2010 年，全市注册登记 34 个，全市农民合作社总数达到 62 个。

2012 年，阿克苏市被国家林业局授予全国农民林业专业合作社示范市称号。

至 2016 年，全市农民合作社发展到 495 个，注册资金 14.1 亿元，发展社员 8232 户。

**表 9－1　2016 年阿克苏市农业合作社自治区级示范社一览表**

| 序号 | 名称 | 地址 | 注册时间 | 注册地点 | 主营业务 | 经营规模（万元） |
|---|---|---|---|---|---|---|
| 1 | 阿克苏地区众志生猪养殖专业合作社 | 阿克苏市英巴格路 10 号（地区畜牧兽医局院内） | 2007－12－08 | 阿克苏市工商局 | 畜牧养殖业 | 32 |
| 2 | 阿克苏市三农果蔬农民专业合作社 | 阿克苏市幸福路 4 号 4 栋 8 号 | 2008－04－30 | 阿克苏市工商局 | 林果业 | 126 |
| 3 | 阿克苏悯农果蔬生产农民专业合作社 | 阿克苏市红旗坡园艺一分场 345 号院内 | 2008－04－30 | 阿克苏市工商局 | 林果业 | 6330 |
| 4 | 阿克苏市疆南枣业农民专业合作社 | 阿克苏市喀拉塔勒镇尤喀日萨提村 3 组 82 号 | 2009－01－08 | 阿克苏市工商局 | 林果业 | 300 |
| 5 | 阿克苏市天泉有机农业专业合作社 | 阿克苏市依干其乡巴格其村村委会 | 2009－01－05 | 阿克苏市工商局 | 技术服务 | — |
| 6 | 阿克苏市佰玲畜禽养殖农民专业合作社 | 阿克苏市西郊老飞机场 | 2009－05－06 | 阿克苏市工商局 | 畜牧养殖业 | 1100 |
| 7 | 阿克苏市富仓林果业专业合作社 | 阿克苏市三角地水果批发市场 305 室 | 2009－05－25 | 阿克苏市工商局 | 林果业 | 510 |
| 8 | 阿克苏戈壁枣业农民专业合作社 | 阿克苏市喀拉塔勒镇吐格曼巴希村老大队部 | 2009－08－20 | 阿克苏市工商局 | 林果业 | 530 |
| 9 | 阿克苏市田园丰果业专业合作社 | 阿克苏市依干其乡政府院内 | 2009－09－01 | 阿克苏市工商局 | 林果业 | 550 |
| 10 | 阿克苏市从众果业农民专业合作社 | 阿克苏市依干其乡依尔玛村村委会 | 2009－09－11 | 阿克苏市工商局 | 林果业 | 320 |
| 11 | 阿克苏市万兴果业农民专业合作社 | 阿克苏市依干其乡托万克巴格其村委会 | 2009－09－15 | 阿克苏市工商局 | 瓜菜设施农业 | 110 |

续表

| 序号 | 名称 | 地址 | 注册时间 | 注册地点 | 主营业务 | 经营规模（万元） |
|---|---|---|---|---|---|---|
| 12 | 阿克苏万绿园果品农民专业合作社 | 阿克苏市托普鲁克乡基层供销社院内 | 2009－11－17 | 阿克苏市工商局 | 林果业 | 500 |
| 13 | 阿克苏金香源农产品农民专业合作社 | 阿克苏市喀拉塔勒镇阿塔公路51千米处（克地木阿依玛克村） | 2009－12－23 | 阿克苏市工商局 | 林果业 | 1176 |
| 14 | 阿克苏茂源果业农民专业合作社 | 阿克苏市红旗坡农场园艺九分场 | 2010－03－01 | 阿克苏市工商局 | 林果业 | 320 |
| 15 | 阿克苏市志翔有机蔬菜专业合作社 | 阿克苏市良种场尤库日乔格勒村二组 | 2010－05－06 | 阿克苏市工商局 | 瓜菜设施农业 | 142 |
| 16 | 阿克苏市沙河果业农民专业合作社 | 阿克苏市依干其乡托万克科克巴什村沙河农场 | 2010－08－09 | 阿克苏市工商局 | 林果业 | 2400 |
| 17 | 阿克苏强盛果蔬农民专业合作社 | 阿克苏南大街22号南城小区1幢2—602室 | 2010－10－18 | 阿克苏市工商局 | 林果业 | 200 |
| 18 | 阿克苏市劲松果蔬农民专业合作社 | 阿克苏市托普鲁克乡变电所对面 | 2011－01－12 | 阿克苏市工商局 | 林果业 | 53 |
| 19 | 阿克苏金叶果蔬农民专业合作社 | 阿克苏市库木巴什乡 | 2011－02－16 | 阿克苏市工商局 | 林果业 | — |
| 20 | 阿克苏依尔玛果品农民专业合作社 | 阿克苏市英巴格路依干其乡依尔玛村 | 2011－09－29 | 阿克苏市工商局 | 林果业 | 37 |
| 21 | 阿克苏市多浪红果品农民专业合作社 | 阿克苏市依干其乡尤喀克巴里当村 | 2011－10－19 | 阿克苏市工商局 | 林果业 | 5700 |
| 22 | 阿克苏市盈利农产品农民专业合作社 | 阿克苏市柯柯牙水管站 | 2012－01－17 | 阿克苏市工商局 | 林果业 | 67 |
| 23 | 阿克苏百绿田园棉果农民专业合作社 | 阿克苏市交通路古勒阿瓦提居民点9巷1号 | 2012－03－01 | 阿克苏市工商局 | 林果业 | 37 |
| 24 | 阿克苏歌歌哒蛋鸡养殖农民专业合作社 | 阿克苏市水利局砂石料场（依干其乡哈尼喀村） | 2012－03－07 | 阿克苏市工商局 | 畜牧养殖业 | 59 |
| 25 | 阿克苏宏达兔业农民专业合作社 | 阿克苏市柯柯牙街道办事处库木巴扎社区(3－7－19号) | 2012－03－26 | 阿克苏市工商局 | 畜牧养殖业 | 28 |
| 26 | 阿克苏天山弘枣业农民专业合作社 | 阿克苏市塔北路丽园三区1栋3单元302室 | 2012－03－29 | 阿克苏市工商局 | 林果业 | 34 |
| 27 | 阿克苏明辉林果农民专业合作社 | 阿克苏市良种场 | 2012－05－09 | 阿克苏市工商局 | 林果业 | 89 |
| 28 | 阿克苏大漠红果业农民专业合作社 | 阿克苏市阿依库勒镇314国道1032千米处 | 2012－06－19 | 阿克苏市工商局 | 林果业 | 1800 |
| 29 | 阿克苏市丰硕林果业农民专业合作社 | 阿克苏市库木巴什乡索勒尕依村7组 | 2012－06－19 | 阿克苏市工商局 | 林果业 | 54 |
| 30 | 阿克苏沙洲绿源果业农民专业合作社 | 阿克苏市喀拉塔勒产业园内（阿塔公路50千米处） | 2012－07－10 | 阿克苏市工商局 | 林果业 | 345 |
| 31 | 阿克苏市智丰枣业农民专业合作社 | 阿克苏市特色产业园区（南园） | 2012－07－10 | 阿克苏市工商局 | 林果业 | |
| 32 | 阿克苏万合园果品农民专业合作社 | 阿克苏市喀拉塔勒镇基层供销社院内 | 2012－10－27 | 阿克苏市工商局 | 林果业 | 38 |

续表

| 序号 | 名称 | 地址 | 注册时间 | 注册地点 | 主营业务 | 经营规模（万元） |
|---|---|---|---|---|---|---|
| 33 | 阿克苏永丰果蔬农民专业合作社 | 阿克苏市实验林场八队 | 2012-08-29 | 阿克苏市工商局 | 林果业 | 586 |
| 34 | 阿克苏市利民果业农民专业合作社 | 阿克苏市拜什吐格曼乡尤喀克英吾斯塘村 | 2012-09-11 | 阿克苏市工商局 | 林果业 | |
| 35 | 阿克苏市老农果业农民专业合作社 | 阿克苏市喀拉塔勒镇尤喀日萨提村2组23号 | 2013-05-14 | 阿克苏市工商局 | 林果业 | |
| 36 | 阿克苏交友源枣业果品农民专业合作社 | 阿克苏市库克瓦什林管站院内（阿塔公路9千米处） | 2013-07-04 | 阿克苏市工商局 | 林果业 | 38 |
| 37 | 阿克苏蜜思蜜养蜂农民专业合作社 | 阿克苏市纺织工业城（开发区）甬江路8号 | 2013-08-06 | 阿克苏市工商局 | 畜牧养殖业 | 300 |
| 38 | 阿克苏市星源果品农民专业合作社联社 | 阿克苏市北大街30号市供销社院内 | 2013-10-22 | 阿克苏市工商局 | 林果业 | |
| 39 | 阿克苏市园丁林果业农民专业合作社 | 阿克苏市喀拉塔勒镇多斯库里村 | 2013-12-30 | 阿克苏市工商局 | 林果业 | |
| 40 | 阿克苏市庆丰林果业农民专业合作社 | 阿克苏市依干其乡依尔玛村 | 2014-01-07 | 阿克苏市工商局 | 林果业 | 60 |
| 41 | 阿克苏市皖疆枣业农民专业合作社 | 阿克苏市314国道1032千米处（阿依库勒工业园区内） | 2014-01-15 | 阿克苏市工商局 | 林果业 | 55 |

# 第二章 农村经济体制改革

## 第一节 农村土地承包与流转

### 一 第一轮土地承包

1990年起，阿克苏市在第一轮家庭联产承包责任制的基础上，进一步深化农村经济体制改革，完善家庭联产承包责任制，在“大稳定、小调整”的前提下，每3～5年进行一次小调整。1992年1月，《新疆维吾尔自治区农村合作经济组织土地承包合同管理办法》（以下简称《办法》）颁布后，根据《办法》规定，市成立农村土地承包合同管理委员会，村一级也成立农村土地承包合同管理领导小组，对农村土地承包合同进行补充和完善。至1997年底，第一轮土地承包结束时，农村经济总收入59573万元，农牧民人均收入达到1623元。

### 二 第二轮土地承包

1998年开始，阿克苏市实行农村土地承包30年不变的政策，各乡镇发放土地承包权证22316

本，涉及承包面积 24255.58 公顷，人均 0.22 公顷地。

2000 年，随着第二轮土地承包的延续，市场经济发生很大的变化。阿克苏市在继续推行土地承包的前提下，以增加农民收入为主线，放开农民经营自主权，盘活土地，允许土地所有者、承包者和生产者相互分离，建立土地的流转机制，使生产者用好用活现有承包土地。

2003 年，全市进行税费改革，对第二轮土地承包中土地面积核实不准的村户进行重新核实。

2005 年底至 2006 年初，阿克苏市对各乡（镇）场农村集体经营土地进行全面核实，重新丈量，确定权属关系。全市有村集体经营土地 2.06 万公顷，比清理前增加 0.46 万公顷，清理整顿后村集体经营土地年发包收入 1565 万元，较清理前增加 541.2 万元。乡（镇）级集体经营土地有 3251.45 公顷，比清理前增加 414.53 公顷，清理整顿后乡（镇）级集体经营土地年发包收入 297 万元，比清理前增加 64 万元。农村集体资产总额达到 9272 万元，比清理前增加 1394 万元。农村集体经济实力得到发展壮大，农村基层组织建设进一步增强，使全市薄弱村整体向实力村迈进。

阿克苏市再次清理核实土地承包面积，丈量土地总面积为 64588.30 公顷，超出上报面积 5835.04 公顷。其中第二轮土地承包上报面积为 27458.15 公顷，实际测量面积 31207.17 公顷，超出实报面积 3749.02 公顷；集体土地上报面积为 31295.11 公顷，实际测量面积 33381.13 公顷，超出面积 2086.02 公顷。清理工作结束后，市委、市政府制定《阿克苏市规范国有、集体土地管理的实施方案》，统一印制《阿克苏市农村集体经营土地承包合同文本》，规范农村集体经营土地承包环节，签订农村土地承包合同 1.6 万份。村集体经营土地发包收入全部交由各乡（镇）、场农村集体财务核算中心统一管理（一村一账户），实行报账制。部分乡村集体经营土地面积虽较少，但因发包价格较高，集体承包收入份额较大；部分乡村土地面积虽较多，但因承包期限过长，发包价较低，承包收入相对较低。全市 122 个行政村中，集体经营土地发包收入在 10 万元以下的村有 27 个，10 万 ~20 万元的村有 38 个，20 万 ~30 万元的村有 24 个，30 万 ~40 万元的村有 15 个，40 万 ~50 万元的村有 2 个，50 万元以上的村有 16 个。

## 三　土地承包经营权证确权

1998 年，阿克苏市根据《中共中央办公厅、国务院办公厅关于进一步稳定和完善农村土地承包关系的通知》和《新疆维吾尔自治区人民政府印发关于做好延长农村土地承包期工作意见的通知》文件精神，按照承包期内“增人不增地、减人不减地”的原则，向农民发放土地承包权证 22316 本，涉及承包面积 24255.58 公顷。

2005 年，阿克苏市根据自治区《关于做好农村土地承包经营权证书发放工作的通知》精神，开展农村土地承包清理及经营权证发放工作，发放土地承包经营权证 23018 本。

2013 年起，阿克苏市以探索建立健全土地承包经营权登记制度和经营权登记簿为重点，以确保土地承包关系长久稳定不变为目标，稳步开展农村土地承包经营权确权登记颁证试点工作。2015 年起，在试点成功的基础上，开展农村土地承包经营权确权登记颁证整市推进工作。至 2016 年底，共发放各种宣传资料 2 万余份，悬挂横幅 141 条，张贴宣传标语 920 张，填写 3.9 万套入户登记调查，完成 123 个行政村 524 个村民小组 3.9 万户农民的 6.212 万公顷 12.47 万块土地的地籍测绘、地块成图等外业工作及农户地块指认、信息核对等工作，建立《农村土地承包经营权确权登记入户登记台账》4万余套，绘制地籍测绘图册7008套，归档整理装订农村土地确权综合管理类档案131件，确权登记类（农户）档案37987卷，确权登记类（综合）56卷，图纸1976张，声像档案照片类6册360张；建立农村土地确权登记颁证信息化管理平台。

2016年12月，阿克苏市通过自治区、地区农村土地承包经营权确权登记颁证成果检查验收。

## 四　土地流转

2006年，阿克苏市制定农村土地经营权流转管理办法，实行农村土地承包经营权流转备案登记制度。阿克苏市实行农村土地承包档案微机化管理，全市土地承包档案全部录入计算机管理。

2008年，阿克苏市根据《中华人民共和国农村土地承包法》、《农村土地承包经营权流转管理办法》以及《新疆维吾尔自治区实施〈农村土地承包法〉办法》等法律、法规的要求，制定《农村土地承包经营权流转的实施办法》。全市涉及土地流转经营的农户有216户，实现土地流转经营面积413.33公顷，占第二轮土地承包面积的1.38%，其中农民流转36.67公顷，专业户流转376.67公顷。流转的土地没有改变其基本用途，全部用于农业生产。到2010年，全市土地流转面积达到0.33万公顷，其中第二轮承包流转面积为0.19万公顷；村集体经营土地流转面积为0.17万公顷。

2011年，全市土地流转面积达到3304.2公顷，其中第二轮承包土地流转面积为1913.47公顷，村集体经营土地流转面积为1390.6公顷。在第二轮承包土地流转面积中，转包面积523.8公顷，转让面积654.8公顷，出租面积681.07公顷，互换面积53.83公顷；在村集体经营土地流转面积中，转包面积397.27公顷，转让面积446.73公顷，出租面积546.53公顷，无互换面积。

2012年，随着农村经济的发展，《农村土地承包法》的深入贯彻，农村土地流转出现新的变化。2014年，经过清理规范，土地流转农户3723户，流转面积4737.53公顷。12月，阿克苏市托普鲁克乡被确定为地区农村土地承包经营权确权登记试点乡，启动农村土地承包经营权确权登记试点工作。2016年，土地流转农户1288户，流转面积1592公顷。

**表9-2　1990~2016年部分年份阿克苏市农村土地承包合同份数情况表**

单位：份

| 年份 | 合计 | 依干其乡 | 拜什吐曼乡 | 喀拉塔勒镇 | 托普鲁克乡 | 库木巴什乡 | 阿依库勒镇 | 良种场 |
|---|---|---|---|---|---|---|---|---|
| 1990 | 25534 | 3902 | 3686 | 7302 | 1976 | 3159 | 4980 | 529 |
| 1992 | 5598 | 3173 | 232 | 1650 | 252 | 145 | 80 | 66 |
| 1993 | 4753 | 3419 | 252 | 536 | 241 | 160 | 80 | 65 |
| 1995 | 16303 | 3767 | 3450 | 5243 | 170 | 3011 | 128 | 534 |
| 1996 | 26349 | 4251 | 3895 | 5730 | 2234 | 3965 | 5704 | 570 |
| 1997 | 24198 | 3872 | 3586 | 5015 | 2024 | 3209 | 5958 | 534 |
| 1998 | 24542 | 3883 | 3586 | 5364 | 2078 | 3217 | 5879 | 535 |
| 1999 | 24298 | 3765 | 3522 | 5494 | 2062 | 3078 | 5880 | 497 |
| 2000 | 25112 | 3765 | 4059 | 5520 | 2029 | 3154 | 6088 | 497 |
| 2001 | 25159 | 3765 | 4059 | 5572 | 2029 | 3159 | 6088 | 487 |
| 2002 | 30723 | 3980 | 4085 | 5572 | 7029 | 3148 | 6088 | 482 |
| 2003 | 24014 | 3339 | 3932 | 4631 | 2030 | 3190 | 5969 | 491 |

续表

| 年份 | 合计 | 依干其乡 | 拜什吐曼乡 | 喀拉塔勒镇 | 托普鲁克乡 | 库木巴什乡 | 阿依库勒镇 | 良种场 |
|---|---|---|---|---|---|---|---|---|
| 2004 | 24014 | 3339 | 3932 | 4631 | 2030 | 3190 | 5969 | 491 |
| 2005 | 28766 | 4881 | 3586 | 7724 | 3144 | 3867 | 4948 | 616 |
| 2006 | 22311 | 1597 | 3808 | 4100 | 1941 | 3190 | 7200 | 475 |
| 2007 | 30757 | 5100 | 4580 | 7282 | 3318 | 3190 | 6787 | 500 |
| 2008 | 30232 | 4713 | 4580 | 7282 | 3362 | 3190 | 6787 | 318 |
| 2009 | 32343 | 4489 | 4959 | 7282 | 3362 | 3175 | 8506 | 570 |
| 2010 | 32131 | 4510 | 4970 | 7700 | 2620 | 3175 | 8586 | 570 |
| 2011 | 32854 | 4510 | 5154 | 7850 | 2700 | 3453 | 8617 | 570 |
| 2012 | 32854 | 4510 | 5154 | 7850 | 2700 | 3453 | 8617 | 570 |
| 2013 | 32854 | 4510 | 5154 | 7850 | 2700 | 3453 | 8617 | 570 |
| 2014 | 33119 | 4530 | 5180 | 7850 | 2650 | 3453 | 8886 | 570 |
| 2015 | 33119 | 4530 | 5180 | 7850 | 2650 | 3453 | 8886 | 570 |
| 2016 | 37987 | 5520 | 5250 | 7950 | 3115 | 7187 | 8965 | |

## 第二节　农村经营体制改革

1990 年 9 月 13 日，阿克苏市委、市人民政府下发《关于强化“五统一”，进一步完善农业双层经营管理体制的决定》，强调完善双层经营管理体制，强化集体统一经营。在农业生产上，统一作物布局、品种、生产、上缴、提留；在农村建设上，统一农村“五好”（好条田、好道路、好渠道、好林带、好居民点）建设；在林业生产上，统一规划、统一育苗、统一灌溉、统一防治病虫害、统一采伐更新；在牧业生产上，统一生产和销售计划，统一牲畜品种改良，统一管理草场，统一疫病防治，统一新技术推广和应用等。

2000 年以后，农民生产经营自主权的放开，极大地调动了农民生产积极性，计划经济条件下的农村“五统一”已不再适合农村经济发展，被逐步取消。粮食和主要经济作物不再由政府统一销售，价格遵行市场规律，实行市场化管理。

## 第三节　减轻农民负担

1990 年，阿克苏市农村“两工”（劳动积累工和农村义务工）中的劳动积累工主要用于农田水利基本建设和植树造林，按标准工日计算，每个男劳动力全年承担不超过 30 个劳动积累工，女劳动力承担不超过 15 个劳动积累工。农村义务工主要用于植树造林、种草、治沙、防汛、农村电网建设、公路建设、修缮校舍等，按标准工日计算，每个农村劳动力全年承担 5 ~ 10 个义务工。逐步实行以资代劳，乡村征收“三提五统”（三提指村提留，包括公积金、公益金和管理费；五统指乡统筹，包括乡村两级办学、计划生育、优抚、民兵训练、修建乡村道路等），以乡镇为单位，不得超过上年农牧民人均纯收入的 5%。

1995 年，《新疆维吾尔自治区农民负担监督管理条例》颁布。阿克苏市成立减轻农民负担领导小组，统一印制农民负担专用收据。从 1997 年起，向农民收取“三提五统”，一律使用自治区农民负担监督管理部门印制的专用收据。

1998 年，根据农业部下发的《全面推行农民负担定项限额一定三年不变管理办法的通知》要求，阿克苏市农民承担的“三提五统”绝对额控制在上年农民人均纯收入的 5% 以内，并保持 3 年不变。

2000 年 9 月，根据阿克苏地区下发的《关于进一步做好减轻农民负担的通知》文件精神，阿克苏市继续坚持农民合理负担一定三年不变，严禁向农民乱收费、乱集资、乱摊派。

2003 年，阿克苏市进行农村税费改革工作，取消“三提五统”，改为每亩（0.067 公顷）征收农业两税及附加，并规定三年内取消“两工”。2004 年，阿克苏市取消农业特产税，降低农业税 1 个百分点。2005 年，全部取消农业税及其附加税。

2006 ~ 2010 年，阿克苏市贯彻落实涉及减轻农民负担工作的方针政策，执行减负制度，深入开展农民负担专项治理，将中央、自治区各项惠农补贴落实到位，维护农牧民合法权益。

2011 年 ~ 2016 年，阿克苏市开展农民负担涉农价格自查收费工作，主要涉及土地管理、新农村建设、农村供水、有线电视等部门。抓好对农民收费价格“公示制”、农村订阅报刊费用“限制额”、义务教育“一费制”和涉及农民负担案件“责任追究制”的监管，减轻农民负担。

## 第四节　农村集体资产管理

1990 年，阿克苏市建立各级审计委员会，设置专职或兼职审计人员，对村级财务实行审计。1995 年，成立农村集体财务整顿工作领导小组，对 1991 年以来的农村集体财务进行全面清理整顿。

2001 ~ 2003 年，阿克苏市村级集体财务管理工作以农村财务审计与财务监督为主要任务，结合农村财务审计，推进农村财务管理制度化、规范化建设，95% 以上的村基本上达到农村财务管理规范化标准。2003 年，制定《阿克苏市发展壮大农村集体经济实施意见》，消灭农村集体经济空壳村，增强集体经济实力，清理整顿集体经营土地。

2004 年，阿克苏市开展农村财务管理体制与管理方式改革试点，以乡镇为单位挂牌成立农村财务管理核算中心，实行村账集中统一管理。使用专业农村财务管理软件，实行电算化管理。

2005 年，阿克苏市推行“村财乡管市监督”管理体制，村财务管理与公开规范率达 95% 以上。

2006 ~ 2011 年，阿克苏市建立村级财务管理中心，推行“村财乡管村用”制度，实行财务电算化管理和钱账统管模式，村级财务规范化公开率达 94% 以上。

2012 ~ 2016 年，阿克苏市制定《农村集体“三资”清理工作实施意见》，建立市、乡两级联网的“三资”网络管理平台，加强对农村集体“三资”管理。

# 第三章 作物种植

## 第一节 粮食作物

### 一 小麦

小麦是阿克苏市主要粮食作物，种植历史悠久，面积、产量居粮食作物之首。

1990 年，阿克苏市种植的小麦品种主要是“唐山 6898”，种植面积在 1.28 万公顷左右；1995 年改换品种为“冀麦 5418”，种植面积缩减到约 1 万公顷，单产由每公顷 4500 千克左右提高到 5295 千克。2002 年以后大面积改种“邯郸 5316”，面积在 0.8 万公顷上下，单产一直稳定在每公顷 6750 千克左右。2006 年推广小麦半精量播种技术，开始种植新冬 22 和邯郸 5316，2 个品种一直延续到 2016 年都在种植。随着阿克苏市产业结构调整，小麦面积进一步缩减，2007 年小麦面积调减到 0.36 万公顷。2008 ~2010 年种植面积增加，2011 ~2016 年种植面积都稳定在 0.83 万公顷左右，每公顷单产在 6700 千克以上。

**表 9 –3 1990 ~2016 年阿克苏市小麦种植一览表**

| 年份 | 主栽品种 | 面积(公顷) | 每公顷产量(千克) | 总产(吨) |
|---|---|---|---|---|
| 1990 | 唐山 6898 | 12820 | 3915 | 50268 |
| 1991 | 唐山 6898 | 12693 | 4035 | 51268 |
| 1992 | 唐山 6898 | 12980 | 4020 | 52104 |
| 1993 | 唐山 6898 | 13950 | 4087. 5 | 57028 |
| 1994 | 唐山 6898 | 9650 | 4702. 5 | 45387 |
| 1995 | 冀麦 5418 | 9640 | 5295 | 51051 |
| 1996 | 冀麦 5418 | 9107 | 5730 | 82181 |
| 1997 | 冀麦 5418 | 9820 | 5970 | 58559 |
| 1998 | 冀麦 5418 | 9333 | 6208. 5 | 57938. 2 |
| 1999 | 冀麦 5418 | 10435 | 6043. 5 | 63065 |
| 2000 | 冀麦 5418 | 10253 | 6279 | 64380. 4 |
| 2001 | 冀麦 5418 | 8129 | 6513 | 52856 |
| 2002 | 邯郸 5316 | 8421 | 6561 | 55256. 5 |
| 2003 | 邯郸 5316 | 8340 | 6640. 5 | 55394. 7 |
| 2004 | 邯郸 5316 | 7014 | 6702 | 47010. 9 |
| 2005 | 邯郸 5316 | 9372 | 6759 | 63351. 3 |
| 2006 | 邯郸 5316 | 8036 | 6811. 5 | 54739 |
| 2007 | 邯郸 5316 | 3628 | 6879 | 24970. 4 |
| 2008 | 邯郸 5316 | 6278 | 6960 | 43697 |
| 2009 | 邯郸 5316 | 11503 | 7029 | 80852 |

续表

| 年份 | 主栽品种 | 面积(公顷) | 每公顷产量(千克) | 总产(吨) |
| --- | --- | --- | --- | --- |
| 2010 | 邯郸 5316 | 10983 | 6720 | 73651 |
| 2011 | 邯郸 5316 | 8039 | 6675 | 53689 |
| 2012 | 邯郸 5316 | 8227 | 6750 | 55568 |
| 2013 | 邯郸 5316 | 8833 | 6828 | 60318. 5 |
| 2014 | 邯郸 5316 | 9000 | 6828. 45 | 61000 |
| 2015 | 邯郸 5316 | 8780 | 6837 | 60000 |
| 2016 | 邯郸 5316 | 10467 | 6840 | 71000 |

## 二　玉米

玉米是阿克苏市仅次于小麦的粮食作物，也是粮食作物种植面积第二的种类。在阿克苏市主要为饲用，正播面积较少，一般为小麦收获后地膜复播玉米。20 世纪 90 年代初玉米主要选用的品种有和单 1 号、墨单 8621。2000 年以后开始推广石玉 901、石玉 905、中原单 32 等。1995 年开始在复播玉米种植上使用覆膜播种技术，产量明显增加。2000 年以后推广平衡施肥、科学水肥管理和病虫害综合防治配套栽培技术体系，使阿克苏市玉米产量有很大提高，并依托项目推广实施复播玉米公顷产 7500 千克高产栽培技术。

**表 9－4　1990～2016 年阿克苏市复播玉米一览表**

| 年份 | 主栽品种 | 面积(公顷) | 每公顷产量(千克) | 总产(吨) |
| --- | --- | --- | --- | --- |
| 1990 | 和单 1 号 | 11613 | 3090 | 35864 |
| 1991 | 和单 1 号 | 9153 | 3150 | 36398 |
| 1992 | 和单 1 号 | 11067 | 3345 | 36961 |
| 1993 | 和单 1 号 | 10560 | 3373. 5 | 35633 |
| 1994 | 和单 1 号 | 7200 | 4458 | 32097 |
| 1995 | 墨单 8621 | 8940 | 3654 | 32676 |
| 1996 | 墨单 8621 | 8840 | 3960 | 34982 |
| 1997 | 墨单 8621 | 6713 | 4110 | 27590 |
| 1998 | 墨单 8621 | 6719 | 3876 | 28765 |
| 1999 | 墨单 8621 | 6552 | 3991. 5 | 26162 |
| 2000 | 墨单 8621 | 6380 | 4986 | 31814 |
| 2001 | 石玉 901、905 | 4247 | 4851 | 20604. 8 |
| 2002 | 石玉 901、905 | 6380 | 4986 | 31814 |
| 2003 | 石玉 901、905 | 4673 | 5083. 5 | 23762. 6 |
| 2004 | 石玉 901、905 | 3839 | 6210 | 23842 |
| 2005 | 石玉 901、905 | 4574 | 6271. 5 | 28442 |
| 2006 | 石玉 901、905 | 4801 | 6354 | 30514. 9 |
| 2007 | 石玉 901、905 | 1731 | 6393 | 11021 |
| 2008 | 石玉 901 | 5517 | 6603 | 36426 |
| 2009 | 石玉 901 | 10196 | 6735 | 77388 |
| 2010 | 石玉 901 | 9372 | 7590 | 71168 |
| 2011 | 石玉 901 | 5115 | 7635 | 39053 |

续表

| 年份 | 主栽品种 | 面积(公顷) | 每公顷产量(千克) | 总产(吨) |
|---|---|---|---|---|
| 2012 | 石玉901 | 5575 | 7680 | 42826 |
| 2013 | 石玉901 | 6120 | 7890 | 48286 |
| 2014 | 石玉901 | 3767 | 7402.5 | 27882 |
| 2015 | 石玉901 | 4413 | 8200.5 | 36190.73 |
| 2016 | 石玉901 | 6744 | 7978.5 | 53798.4 |

## 三　水稻

20世纪90年代以来，阿克苏市水稻种植面积一直稳定在0.2万～0.33万公顷，水稻种植品种以“781”为主。1996年引进“秋田小町”系列，一直种植。产量从每公顷不到4500千克提高到6000千克以上。在栽培方式上，从旱地直播转变为育秧移栽，育秧技术从小拱棚育秧发展到旱育秧稀植。2000年以后每公顷单产提高到7500千克以上，在推广高产栽培技术后，水稻每公顷单产提高到2016年底的11112千克左右。

表9－5　1990～2016年阿克苏市水稻种植一览表

| 年份 | 主栽品种 | 面积(公顷) | 每公顷产量(千克) | 总产(吨) |
|---|---|---|---|---|
| 1990 | 781 | 2800 | 3630 | 10167 |
| 1991 | 781 | 2667 | 3810 | 10167 |
| 1992 | 781 | 2413 | 4350 | 10516 |
| 1993 | 781 | 1700 | 4813.5 | 8185 |
| 1994 | 781 | 2100 | 5358 | 11254 |
| 1995 | 781 | 2420 | 5847 | 14150 |
| 1996 | 秋田小町 | 2413 | 6570 | 15855 |
| 1997 | 秋田小町 | 3280 | 7140 | 23399 |
| 1998 | 秋田小町 | 3197 | 8091 | 25867.7 |
| 1999 | 秋田小町 | 3417 | 6706.5 | 22919 |
| 2000 | 秋田小町 | 3554 | 7935 | 28201 |
| 2001 | 秋田小町 | 2773 | 7935 | 21987 |
| 2002 | 秋田小町 | 3467 | 8404.5 | 29136 |
| 2003 | 秋田小町 | 2560 | 8712 | 22301 |
| 2004 | 秋田小町 | 2673 | 8835 | 23620 |
| 2005 | 秋田小町 | 2002 | 9478.5 | 18979 |
| 2006 | 秋田小町 | 2133 | 9807 | 20886 |
| 2007 | 秋田小町 | 1915 | 9874.5 | 18913 |
| 2008 | 秋田小町 | 1567 | 10105.5 | 15837 |
| 2009 | 秋田小町 | 2521 | 10297.5 | 25964 |
| 2010 | 秋田小町 | 2551 | 10350 | 26243 |
| 2011 | 秋田小町 | 2417 | 10560 | 25514 |
| 2012 | 秋田小町 | 2509 | 10635 | 26684 |
| 2013 | 秋田小町 | 2440 | 10845 | 26461 |
| 2014 | 秋田小町 | 2052 | 11085 | 22746 |
| 2015 | 秋田小町 | 2103 | 11110 | 23366.77 |
| 2016 | 秋田小町 | 3000 | 11112 | 33355.6 |

### 四 其他粮食作物

（一）豆类

阿克苏市历来有种植豆类作物历史，以黑豆和蚕豆为主。各种豆类栽培多采用粮豆间作、套种、林下栽培等方式，充分利用土地，增加粮食产量。为满足食品加工和社会日益增长的保健品的需要，红豆、黄豆、绿豆等受到重视。1990～2016 年，各种豆类种植多为农户零星种植，播种面积每年 100 公顷，总产量约为 800 吨。

（二）薯类

阿克苏市的薯类种植以马铃薯、红薯为主。薯类作物的用途为菜用、淀粉、加工等，多为农户零星种植。1990～2016 年，薯类种植面积每年 100 公顷，总产量 400 吨。

## 第二节 经济作物

### 一 棉花

棉花是阿克苏市农业的主要支柱产业，也是农民收入的重要经济来源之一，主要分为陆地棉和长绒棉。20 世纪 90 年代后，陆地棉以军棉 1 号和中棉早系列为主。1995 年开始种植中棉系列（中棉 16、中棉 17、中棉 23），单产每公顷产量提高到 2250 千克。1999 年以后开始种植中棉 35 号，该品种抗逆性较强，适于密植。到 2016 年，主栽品种为中棉 35 号和中棉 40（38），棉花单产每公顷 2100 千克以上。长绒棉一直主栽“新海”系列品种，20 世纪 90 年代初为新海 3 号，以后更换为新海 14 号、新海 17 号。到 2016 年，主栽品种为新海 21 号。

**表 9－6 1990～2016 年阿克苏市陆地棉种植一览表**

| 年份 | 主栽品种 | 面积（公顷） | 每公顷产量（千克） | 总产（吨） |
|---|---|---|---|---|
| 1990 | 军棉 1 号 | 5427 | 1005 | 5460 |
| 1991 | 军棉 1 号 | 9267 | 1387. 5 | 12858 |
| 1992 | 军棉 1 号 | 12573 | 1152 | 14485 |
| 1993 | 军棉 1 号、中棉 12 | 15330 | 1170 | 17953 |
| 1994 | 军棉 1 号、中棉 12 | 18980 | 1344 | 25526 |
| 1995 | 中棉 16、中棉 17 | 10958 | 2250 | 29856. 6 |
| 1996 | 中棉 16、中棉 17 | 20419 | 1731 | 35354. 7 |
| 1997 | 中棉 17、中棉 23 | 25730 | 1399. 5 | 36018. 9 |
| 1998 | 中棉 23、中棉 35 | 24416 | 1524 | 37202. 4 |
| 1999 | 中棉 35 | 23277 | 1467 | 34151 |
| 2000 | 中棉 35 | 19213 | 1680 | 32272. 3 |
| 2001 | 中棉 35 | 15358 | 1827 | 28063. 2 |
| 2002 | 中棉 35 | 13440 | 1891. 5 | 25427. 8 |
| 2003 | 中棉 35 | 15542 | 1960. 5 | 30459. 2 |
| 2004 | 中棉 35、中棉 40（38） | 17840 | 2026. 5 | 36156. 4 |
| 2005 | 中棉 35、中棉 40（38） | 16910 | 2062. 5 | 34870. 3 |

续表

| 年份 | 主栽品种 | 面积(公顷) | 每公顷产量(千克) | 总产(吨) |
| --- | --- | --- | --- | --- |
| 2006 | 中棉35、中棉40(38) | 18099 | 2098. 5 | 37990. 8 |
| 2007 | 中棉35、中棉40(38) | 21607 | 2166 | 46787. 8 |
| 2008 | 中棉35、中棉40(38) | 23544 | 2253 | 53045 |
| 2009 | 中棉35、中棉40(38) | 34328 | 2220 | 76208 |
| 2010 | 中棉35、中棉40(38) | 35890 | 2025 | 72678 |
| 2011 | 中棉35、中棉40(38) | 35241 | 2115 | 74534 |
| 2012 | 中棉35、中棉40(38) | 35298 | 2145 | 75714 |
| 2013 | 中棉35、中棉40(38) | 35533 | 2070. 75 | 73580 |
| 2014 | 中棉35、中棉40(38) | 44476 | 1978 | 87976 |
| 2015 | 新陆中37、27 | 29047 | 2272. 2 | 66000 |
| 2016 | 新陆中37、27 | 29651 | 2239. 8 | 66411 |

**表9－7　1990～2016年部分年份阿克苏市长绒棉种植一览表**

| 年份 | 主栽品种 | 面积(公顷) | 每公顷产量(千克) | 总产(吨) |
| --- | --- | --- | --- | --- |
| 1990 | 新海3号 | 2127 | 1020 | 2172 |
| 1991 | 新海3号 | 1380 | 1155 | 1600 |
| 1992 | 新海14号 | 960 | 1140 | 1095 |
| 2000 | 新海14号、17号 | 1105 | 1276. 5 | 1410. 7 |
| 2001 | 新海14号、17号 | 3749 | 1458 | 5465. 5 |
| 2002 | 新海14号、17号 | 277 | 1482 | 6153. 8 |
| 2003 | 新海14号、17号 | 331 | 1213. 5 | 6022 |
| 2004 | 新海17号、21号 | 5246 | 1221. 6 | 6409. 4 |
| 2005 | 新海21号 | 5788 | 1246. 5 | 7213. 9 |
| 2006 | 新海21号 | 7350 | 1380 | 10139. 2 |
| 2007 | 新海21号 | 8775 | 1486. 5 | 13049. 6 |
| 2008 | 新海21号 | 8379 | 1489. 5 | 12480 |
| 2009 | 新海21号 | 7955 | 1516. 5 | 12064 |
| 2010 | 新海21号 | 8776 | 1575 | 13809 |
| 2011 | 新海21号 | 8592 | 1575 | 15071 |
| 2012 | 新海21号 | 9602 | 1590 | 15310 |
| 2013 | 新海21号 | 7800 | 1425. 75 | 11120 |
| 2014 | 新海21号 | 18797 | 1327. 2 | 24947 |
| 2015 | 新海21号 | 38195 | 1431. 45 | 54673 |
| 2016 | 新海21号 | 40878 | 1573. 5 | 64322 |

## 二　孜然

阿克苏市孜然种植历史悠久。2010年前，均为少量种植，一般采用棉田套种模式，近年来随着价格上涨，种植面积有所扩大。

## 三　甜菜

阿克苏市甜菜种植面积不稳定，根据市场价格及需求情况波动。甜菜的种植模式一般采用前茬作物秋翻地，在合墒的条件下，及早整地，达到齐、平、净、墒、松、碎六字标准。抢墒播种，抓好出苗、定苗、中耕、除草，田间水肥管理，加强病虫害综合防治技术。

**表 9－8　1990～2015 年部分年份阿克苏市甜菜种植一览表**

| 年份 | 主栽品种 | 面积(公顷) | 每公顷产量(千克) | 总产(吨) |
|---|---|---|---|---|
| 1990 | 新甜 2 号 | 2000 | 49635 | 99268 |
| 1991 | 新甜 2 号 | 1553 | 53550 | 83178 |
| 1992 | 新甜 2 号 | 1627 | 49875 | 81138 |
| 1993 | 新甜 2 号 | 1160 | 71250 | 82650 |
| 1994 | 新甜 2 号 | 1090 | 69600 | 75865 |
| 1995 | 新甜 2 号 | 1110 | 30790. 5 | 34178 |
| 1996 | 新甜 2 号 | 1500 | 47745 | 71620 |
| 1997 | 新甜 2 号 | 1013 | 44505 | 45100 |
| 1998 | 新甜 2 号 | 840 | 75615 | 63513 |
| 2001 | 新甜 2 号 | 80 | 50100 | 4008 |
| 2002 | 新甜 2 号 | 560 | 38700 | 21672 |
| 2003 | 新甜 2 号 | 20 | 39000 | 780 |
| 2004 | 新甜 2 号 | 30 | 34995 | 1050 |
| 2005 | 新甜 2 号 | 15 | 15750 | 5250 |
| 2008 | 新甜 2 号 | 388 | 52560 | 20393 |
| 2009 | 新甜 2 号 | 2290 | 21780 | 49869 |
| 2010 | 新甜 2 号 | 829 | 38880 | 32224 |
| 2011 | 新甜 2 号 | 69 | 55425 | 3806 |
| 2012 | 新甜 2 号 | 360 | 56685 | 20406 |
| 2013 | 新甜 2 号 | 2012 | 56700 | 114080 |
| 2014 | 新甜 2 号 | 987 | 56970 | 56225 |
| 2015 | 新甜 2 号 | 2703 | 57135 | 154457 |

## 四　蔬菜

（一）种类

阿克苏市主要栽培蔬菜种类有叶菜、瓜菜、块根块茎、茄果菜、葱蒜、菜用豆。主要品种有黄瓜、菜瓜、南瓜、冬瓜、丝瓜、苦瓜、西葫芦、葫子瓜、洋姜、恰玛古、莲花白、白菜、油白菜、胡萝卜、白萝卜、红萝卜、大葱、小葱、皮芽子、韭菜、菠菜、芹菜、豆腐菜、莴苣、西红柿、樱桃西红柿、辣椒、茄子、蘑菇、金针菇、豇豆、四季豆、扁豆、豌豆、刀豆、甘蓝、花菜、西兰花、大蒜、香菜、空心菜、黄花菜、苋菜、雪里蕻、茴香、芥菜、茼蒿等。

（二）面积

阿克苏市蔬菜种植面积呈现稳步上升趋势，1990 年种植 746. 67 公顷。2000 年种植面积为 3640 公顷，2016 年种植面积为 4322. 67 公顷。

（三）产量

1990 年后，随着蔬菜种植技术的提高、温室大棚生产的普及，蔬菜产量逐年增加。1990 年蔬菜产量 2. 92 万吨，1998 年蔬菜产量达到 9. 85 万吨。至 2016 年，全市蔬菜产量达 20. 14 万吨。

表 9－9　1990 ~ 2016 年部分年份阿克苏市蔬菜种植一览表

| 年份 | 面积(公顷) | 产量(吨) | 年份 | 面积(公顷) | 产量(吨) |
|---|---|---|---|---|---|
| 1990 | 746. 67 | 29200 | 2005 | 3828. 67 | 178700 |
| 1991 | 1105. 33 | 33200 | 2006 | 3859. 33 | 189800 |
| 1992 | 1453. 33 | 48600 | 2007 | 4200 | 188900 |
| 1993 | 1726 | 51320 | 2008 | 4105. 33 | 197450 |
| 1994 | 1864 | 56740 | 2009 | 4032 | 213500 |
| 1995 | 2102. 67 | 64620 | 2010 | 3980. 07 | 255674 |
| 1996 | 2580 | 73251 | 2011 | 4860. 4 | 304476 |
| 1997 | 2908 | 96320 | 2012 | 4694. 93 | 298316 |
| 1998 | 3251. 33 | 98500 | 2013 | 3853. 33 | 193100 |
| 1999 | 3486. 67 | 113200 | 2014 | 5053. 33 | 257100 |
| 2000 | 3640 | 139688 | 2015 | 4293. 33 | 165372 |
| 2004 | 3866. 67 | 179000 | 2016 | 4322. 67 | 201382 |

## 五　西瓜、甜瓜

1990 年，阿克苏市西瓜、甜瓜播种面积 353. 3 公顷，其中甜瓜 286. 67 公顷。总产 7303 吨。

2000 年，阿克苏市西瓜、甜瓜播种面积 1167 公顷，其中甜瓜播种面积 171 公顷。总产 36199 吨，其中甜瓜 2892 吨。

2016 年，全市西瓜、甜瓜播种面积 2195 公顷，其中西瓜 1747 公顷，甜瓜 448 公顷。总产量 85330 吨，其中西瓜产量 65775 吨，甜瓜 19555 吨。

表 9－10　1990 ~ 2016 年阿克苏市瓜类种植一览表

| 年份 | 面积(公顷) | 产量(吨) | 年份 | 面积(公顷) | 产量(吨) |
|---|---|---|---|---|---|
| 1990 | 353. 3 | 7303 | 2004 | 1460 | 21038 |
| 1991 | 340 | 8405 | 2005 | 2330 | 29714 |
| 1992 | 413. 33 | 6589 | 2006 | 740 | 76284 |
| 1993 | 510 | 4007 | 2007 | 1943 | 67217 |
| 1994 | 300 | 5511 | 2008 | 820 | 40659 |
| 1995 | 530 | 9823 | 2009 | 1818 | 58493 |
| 1996 | 460 | 12368 | 2010 | 2805 | 104051 |
| 1997 | 626 | 18974 | 2011 | 3453 | 133265 |
| 1998 | 598 | 21774 | 2012 | 2073 | 81769 |
| 1999 | 892 | 27195 | 2013 | 2484 | 95760 |
| 2000 | 1167 | 36199 | 2014 | 1710 | 68844 |
| 2001 | 1211 | 37413 | 2015 | 1969 | 75376 |
| 2002 | 1621 | 41731 | 2016 | 2195 | 85330 |
| 2003 | 1312 | 33890 | | | |

# 第四章　耕作制度及栽培技术

## 第一节　耕　作

### 一　耕作制度

阿克苏市种植农作物主要是棉花、冬小麦、复播玉米和水稻，其中小麦和玉米为轮作种植，棉花、水稻为一年一茬种植。冬小麦一般在9月20日至10月20日玉米或者棉花收获后种植，种植前进行机械深翻整地，入冬前进行一次冬灌，复播玉米在6月中旬小麦收获后种植，种植前进行机械深翻整地。

棉花一般在4月初种植，播种前采取如下操作。

（一）秋翻冬灌

秋季深翻冬灌，治虫压碱蓄墒，将地整成待播状态。

（二）播前水

灌水量1500～1800立方米/公顷。已秋翻冬灌地，墒情较好，不需再灌；跑墒严重，墒情较差，仍需春灌。盐碱较重的地块，播前灌水量增加到2250立方米/公顷以上。

（三）土壤封闭

机械深翻后进行土壤封闭，严格选用专用除草剂进行土壤封闭，每公顷用48%氟乐灵1200～1500毫升，或使用施田补每公顷2550～3000毫升，兑水600～750千克，均匀喷洒，及时耙耱混入土壤表层，晾1～2天，防除杂草。

（四）播前整地

犁过的地立即进行耙耱保墒，防止耕层水分蒸发。播前整地质量达到“齐、平、墒、碎、净、松、直”标准，要求土壤上松下实，便于提高播种质量。

### 二　施肥

1990年后，采取测土配方施肥，配方施肥重视氮、磷、钾及微肥合理搭配使用，以满足作物生长的需求。2000年后大力发展测土配方平衡施肥技术，至2005年阿克苏市土地基本吃上“营养餐”，测土配方施肥面积达到2.67万公顷以上。

### 三　连作、轮作

阿克苏市棉花连作种植情况普遍，棉花倒茬时一般选择种植粮食作物，以冬小麦复播玉米或小麦复播西瓜为主。

（一）小麦、地膜复播玉米一年两收粮田栽培模式

在小麦收割以后，地膜复播玉米，6月20日前全部播完。采用4行宽膜播种机播种，行距35厘米+

50 厘米+35 厘米，接行 60 厘米，株距 23～25 厘米，平均行距 44.5 厘米，公顷理论株数 9 万株/公顷，播量每公顷 45～60 千克种子，主要选用“石玉 901”“石玉 905”等优质、高产、早熟的品种。在玉米现行时及时用“敌杀死”防治地老虎，播种 25～30 天后揭膜开沟追肥、灌水。全生育期灌水 3～4 次。

（二）小麦、地膜复播西瓜栽培模式

在小麦 6 月收割以后，地膜复播西瓜，选用新优 2 号、红优 2 号等优良品种，播种前每公顷施 30 立方米农家肥、75 千克磷酸二铵、75 千克尿素，机械深翻平整土地，采用 1.45 米膜一膜两行，行距 50～65 厘米，株距 70 厘米，每公顷株数 9000～12000 株。

## 四　间作、套种

（一）果棉间作模式

以红枣、核桃、香梨、苹果间作棉花为主，根据果树行间距选择 1.25 米膜、1.8 米或者 2.3 米宽膜种植。棉花株行距配置为 60 厘米+10 厘米宽窄行种植，平均行距 35 厘米、株距 10 厘米。

（二）果树间作小麦模式

在果树行间间作种植冬小麦，小麦收获后复播种植瓜菜等。

（三）粮豆间作模式

复播玉米间作黄豆，采取 1.45 米膜/4 行，3 行玉米一行黄豆。参照复播玉米管理。

（四）2～4年生新植果园套种瓜、菜模式

在果树行间套种西瓜、蔬菜，西瓜选用新优 2 号、红优 2 号等优良品种，2 月 20～25 日育苗，4 月初移栽至大田，行距 50～65 厘米，株距 70 厘米，公顷株数 9000～12000 株。5 月初在西瓜与果树间套种胡萝卜等蔬菜，因地制宜（以地面不裂口为准）适时灌溉。

## 五　粮食作物和经济作物栽培技术

（一）小麦栽培技术

20 世纪 90 年代初，阿克苏市在小麦栽培技术上，采取“两早配套”（小麦和玉米）和小麦根际固氮菌技术，以后大力发展吨粮田。1998 年倒茬轮作棉花播种采取地膜小麦技术，因棉花正常成熟后小麦播种太晚影响出苗和作物复播，因而没有继续推广使用。在栽培技术推广上，主要依托小麦项目示范推广新技术，开展的项目主要有吨粮田技术推广项目、小麦公顷产 6750 千克高产技术推广和小麦公顷产 7500 千克高产技术推广等。2016 年，主要选用邯郸 5316、新冬 18 号和新春 6 号等良种，每公顷用种 225～270 千克，每公顷施农家肥 30～45 吨，每公顷基施化肥 450～600 千克，其中尿素 150～225 千克、磷酸二铵 300 千克、硫酸钾 45～75 千克。

（二）玉米栽培技术

玉米在阿克苏市正播面积较少，一般为小麦收获后地膜复播玉米。20 世纪 90 年代初玉米种植没有覆膜，直到 1995 年大力推广“三膜”技术，即地膜棉花、地膜甜菜和地膜玉米，才开始在复播玉米种植上使用覆膜播种技术，地膜复播玉米以来产量明显增加。2000 年以后推广平衡施肥、科学水肥管理和病虫害综合防治配套栽培技术体系，使阿克苏市玉米产量有很大提高，并依托项目推广实施复播玉米公顷产 7500 千克高产栽培技术推广。2016 年，采用 4 行宽膜播种机播种，在追施小喇叭口肥后 3 天浇灌头水，确保田间湿度，同时对麦田、老埂、旧渠100%进行破埂，喷施生物农药，确保丰产丰收。

（三）水稻栽培技术

20世纪90年代以来，水稻栽培从旱地直播已转变为育秧移栽，育秧技术从小拱棚育秧发展到旱育秧稀植，选用的主要品种为秋田小町系列。2016年，阿克苏市普遍选用“秋田小町”系列品种，推广旱育壮秧。

（四）棉花栽培技术

20世纪90年代初，棉花栽培模式中，为“矮、密、早”窄膜种植，密度在15万～18万株/公顷。1996年以后改为宽膜种植，2000年以后发展为带状高密度种植，每公顷株数在25.5万～28.5万株，棉花株高也有所增加，以增加果枝数和结铃数。技术的推广主要依托项目的推广和应用展开，实施棉花每公顷产皮棉1500千克、1800千克、2250千克和2700千克高产攻关和大面积推广项目。项目的示范推广同时也普及栽培技术的推广。

2016年，在全市范围推广带状高密度栽培模式，采用1.8米宽膜，一膜六行，播种前整地质量达到“齐、平、墒、碎、净、松、直”标准，以提高播种质量。棉花宜在4月5日左右开播，4月15日前后播种完毕。

## 第二节 种 子

### 一 良种繁育

1990年以来，阿克苏市种子管理站开展棉花、玉米、小麦新品种区域试验和新品种示范展示工作。引进陆地棉新品种军棉一号、中棉12、中棉35、鲁棉研21、中棉43、中棉49、新陆27、新陆中40、新陆中48等，长绒棉品种新海14、新海21、新海37；引进玉米新品种SC－704、掖单12、京早8号，复播玉米和单1号、新玉9号、墨单8621、石玉905、新玉29、金顿302；引进小麦品种新冬2号、唐山6898、731、邯5418、邯5316、邯6172、邯00－7086、新冬22。通过小面积示范，对棉花、玉米、小麦新品种做出评价，筛选出适合阿克苏市气候特点和生产条件的品种。对引进的新品种进行试验、示范、推广，示范中筛选出的新品种可使棉花皮棉每公顷增产5%～8%，每公顷增产皮棉90～144千克，按2016年底国家棉花补贴标准每千克皮棉18.1元计算，每公顷净增效益1629～2606.4元；玉米增产7.5%～12.5%，每公顷增产450～750千克，按每千克玉米1.50元计算，每公顷净增效益675～1125元；小麦增产8%，每公顷增产480千克，按每千克2.25元计算，每公顷净增效益1080元。

开展小麦三圃田工作，2012～2015年，阿克苏市小麦种植面积累计2.66万公顷，每公顷增产204.9千克，每千克小麦按2.5元计，每公顷净增效益512.25元，三年增产增收和节约成本两项合计，产生效益1602.79万元。

### 二 良种推广

（一）小麦

1990～1992年，阿克苏市小麦主栽品种是唐山6898、731。1993～1998年，小麦主栽品种为冀麦 5418。1999 ~ 2016 年，小麦主栽品种为邯郸 5316。

（二）玉米

1990 ~ 1998 年，阿克苏市复播玉米主栽品种是墨单 8621、和单 1 号，正播玉米的主栽品种是 SC - 704。1999 ~ 2001 年，复播玉米主栽品种是石玉 905，正播玉米的主栽品种是 SC - 704。2002 ~ 2016 年，复播玉米主栽品种是石玉 901、新玉 29，正播玉米的主栽品种是 SC - 704。

（三）棉花

陆地棉中，1990 ~ 1994 年，阿克苏市棉花主栽品种是军棉 1 号。1995 ~ 1997 年，棉花主栽品种是中棉 12。1999 ~ 2014 年，棉花主栽品种为中棉 35。2004 年开始引进棉花新品种中棉 40、鲁研棉 21、中棉 49、中棉 43 等品种。

长绒棉中，1990 ~ 2004 年，阿克苏市棉花主栽品种是军海 1 号，新海 3、5、9 号，新海 14 号，新海 17 号。2005 ~ 2016 年，棉花主栽品种是新海 21、新海 37。

（四）水稻

1990 ~ 1998 年，阿克苏市水稻主栽品种是 781。1996 ~ 2016 年，水稻主栽品种是秋田小町。

（五）甜菜

1990 ~ 2016 年，阿克苏市甜菜主栽品种是新甜 2 号。

## 三　种子管理

1990 ~ 1999 年，阿克苏市供种单位单一，供种范围小，种子纠纷较少。2000 年以后，种子市场放开，供种企业多，供种范围大，纠纷与投诉较多。到 2016 年底，在开展种子市场检查中，共出据证据保存清单 232 份、整改通知书 180 份，发现违法行为立案调查 163 起，依法查处 180 起，接待农民投诉 280 起。

## 四　良种效果

随着阿克苏市对各类种子新技术的应用，棉花种子播量从 1990 年的每公顷 120 千克减少到 2016 年底的精量播种每公顷 30 ~ 37. 5 千克，棉花、玉米的苗期病虫害明显减少，有效降低生产成本，推动粮棉生产综合水平进一步提高。

2008 年小麦三圃田重建后，阿克苏累计生产原种 850 吨，可为 0. 28 万公顷种子田供种，生产良种 14875 吨。2014 ~ 2016 年，累计推广 2. 66 万公顷，增产 545. 31 万千克，增收 1363. 27 万元。随着良种的大面积应用推广，单产不断增加，为粮食安全打下种子基础；面粉加工企业通过收购商品粮，面粉的等级、品质都有一定的提高，有效提高市民的生活水平。

## 五　种子生产新技术运用

（一）棉花种子泡沫酸脱绒技术应用

1992 年，阿克苏市为推动植棉水平的进一步提高，筹建阿克苏市良种棉加工厂，引进泡沫酸种子加工生产线设备。主要应用泡沫酸脱绒技术加工棉花种子，促进机械播种技术应用于棉花生产中，使阿克苏市棉花种子加工水平有一个质的飞跃。

（二）种子棉轧花和剥绒新技术应用

1996 年，阿克苏市进一步提高棉花种子的加工质量，建立阿克苏市良种棉轧花厂，其中轧花生产线两条（陆地棉生产线一条，长绒棉生产线一条），棉花种子脱绒设备一套（主要生产陆地棉棉种），应用当时较为先进的轧花和脱绒设备，使阿克苏市的棉花种子加工质量明显提高。

（三）种子包衣技术应用

1997 年，阿克苏市全面应用种子包衣技术，全市棉花种子包衣率 100%、玉米种子包衣率 100%。

（四）冬小麦三圃田建设

2008 年，阿克苏市开展小麦“三圃田”建设项目，形成集中、连片，条田平整、道路通畅、土壤肥沃的标准化小麦良繁基地“三圃田”，改善阿克苏市优质小麦生产条件，提高良种覆盖率。项目完成后，阿克苏市种植小麦穗行圃 0.13 公顷，小麦穗系圃 1.33 公顷，原种圃 5.87 公顷，原种田 133.33 公顷，良种田 800 公顷，每年可生产小麦良种 270 万千克，满足 0.87 万公顷小麦大田安全用种。

### 六 种子市场监管

2000～2016 年，阿克苏市加大对种子市场的检查力度，累计开展种子市场检查 840 次，参加人员 3600 人次，大规模检查种子市场 100 次，检查店面 5000 余次，并对种子违法行为依法进行处罚。

### 七 种子质量管理

2000～2016 年，市种子管理站开展对各主要农作物及蔬菜种子的室内质量抽检，小麦种子、棉花种子、玉米种子的田检工作。从种子加工厂、农户、种子市场 3 个方面累计抽检样品 6000 余份，累计代表种子总数量 8.1 万吨，对不合格的种子禁止企业销售；在小麦进入蜡熟期，对全市小麦种子田进行田间检验，累计实检总面积为 21266.67 公顷，田检率达到 100%。累计田间检验棉花种子田 6.67 万公顷，淘汰不合格种子田，田检率为 100%。

## 第三节 肥 料

1990 年，阿克苏市耕地施肥以施农家肥为主、化肥为辅，同时开始推广测土配方施肥技术，分为配方施肥和测土配方施肥。

### 一 配方施肥

90 年代初期，阿克苏市主要以配方施肥为主。配方施肥主要为氮、磷、钾及微肥进行定量搭配后使用无需对土壤进行化验。2000 年后，施肥方式逐渐改变。

### 二 测土配方施肥

20 世纪 90 年代初期，阿克苏市受技术、农民科技意识及推广资金的影响，测土配方施肥推广面积不大。

1995 年以后，阿克苏市测土配方平衡施肥技术有所完善，加大取土化验的面积，并建立长期的土壤监测试验点，下派技术干部，发放施肥指导卡，推广测土配方平衡施肥技术。2000 年开始实施测土配方平衡施肥系列化服务项目，以项目实施普及测土配方平衡施肥技术的推广。先在基层高产示范点率先开展取土、测土化验、配方施肥到条田、到农户，后辐射带动测土配方施肥技术大面积普及。

2006 年，开始实施测土配方施肥系统，依托国家、自治区土肥项目在阿克苏市各乡（镇）、场广泛取土化验并开展棉花、小麦“3414”肥效试验，实行土壤调查、化验分析数据信息化、计算机化，通过计算机专家施肥系统及时提出作物最佳产量施肥量，使土壤、种植、肥力情况直观明了，便于生产指挥者了解和决策，方便基层农技人员测土配方施肥技术服务，推动科学施肥技术落实到农田，提高肥料利用率，起到节资、增收、提高效益的效应和平衡施肥、减少肥料流失、污染、保持环境的生态效益，推动农业的可持续发展。测土配方采取的主要技术措施为取土化验，重点针对各级科技示范点的高产攻关示范田开展取土化验工作，按自然条田面积 6. 67 ~10 公顷取一个土壤样品，化验土壤有机质、碱解氮、速效磷、速效钾和部分土样的盐分，开展测土配方。根据阿克苏市土壤养分化验、调查结果进行分析，结合实际施肥条件、作物及目标产量，为各乡（镇）场制定配方施肥技术指导卡，特别对各示范点和高产攻关田做到配方到条田，保证投入。同时利用“科技之冬”“科技三下乡”活动，委派土肥技术干部深入各乡（镇）场开展技术培训，指导大面积测土配方施肥。到 2016 年底，完成测土配方面积 6. 05 万公顷（棉花 4. 22 万公顷、小麦 0. 75 万公顷、玉米 0. 41 万公顷、水稻 0. 13 万公顷、果树 0. 53 万公顷），推广配方肥面积 2. 81 万公顷，配方肥施用量 2. 76 万吨。

## 第四节　农作物保护

### 一　病虫害预测预报

1990 年后，针对主要农作物病虫害，阿克苏市开展定点调查和大田普查，加大病虫害预测预报工作力度，掌握病虫害发生情况，预测发展趋势，及时发布重大病虫信息，指导农民科学防治。同时，依托阿克苏市农业有害生物预警与控制区域站建设，完善测报仪器设备，配套病虫害电视预报编辑设备，在市电视台播放《病虫害电视预报》节目，使广大农民群众掌握病虫动态和防治技术，科学开展病虫害防治，提高科技覆盖范围、传播速度和防治效果。

### 二　病虫草害防治

#### （一）病虫草害种类

阿克苏市地下害虫有地老虎，其他害虫有金针虫、棉铃虫、春尺蠖、蝗虫。农田杂草危害中，麦田杂草有野燕麦、灰藜、碱蒿；玉米、棉田杂草有灰藜、苍耳、旋花草、刺儿草；瓜地主要杂草有菟丝子、列当；稻田杂草有稗、芦苇、三棱草、眼子草等 10 余种。

表 9－11　1990～2016 年阿克苏市农作物主要病虫害种类表

| 作物 | 主要虫害 | 主要病害 |
|---|---|---|
| 棉花 | 棉蚜、棉铃虫、红蜘蛛、棉蓟马、棉盲蝽 | 棉腐病、枯黄萎病、立枯病、茨萎病、角斑病 |
| 小麦 | 蚜虫、线虫 | 锈病、黑穗病、白粉病 |
| 水稻 | 螟虫、稻叶蝉、稻飞虱 | 稻瘟病、纹枯病 |
| 玉米 | 地老虎、红蜘蛛、棉铃虫 | 条纹病、玉米瘤黑粉病、玉米丝黑穗病 |
| 蔬菜 | 蚜虫、地老虎、斑潜蝇、棉铃虫、跳甲、白粉虱、红蜘蛛 | 霜霉病、疫霉病、软腐病、病毒病、白粉病 |
| 瓜类 | 地老虎、蛴螬、蝼蛄、蚜虫、叶螨 | 白粉病、疫霉病、枯萎病、叶枯病、蔓枯病、病毒病 |
| 甜菜 | 斑潜蝇、地老虎、蛴螬、蝼蛄、象甲、跳甲、甘蓝夜蛾 | 立枯病、褐斑病、腐烂病 |

（二）防治

阿克苏市病虫草害防治主要采用化学防治、生物防治和综合防治。坚持统一综防技术措施，统一测报，统一供药，统一配药，统一施药方法，统一施药时间。通过强化培训提高综合防治水平；重点抓好秋翻冬灌、害虫越冬场所防治、种植诱集带作物、统一化防、应用频振式杀虫灯等措施，严禁乱用农药。在预防病虫害工作中，采取播种前地面喷药封闭、药物拌种方式，抓好作物生长周期各个环节预防病虫害工作。先进行小区实验，再进行大田示范、推广、应用，并在工作中探索出一条适合全市预防病虫害工作的有效途径。

1. 粮食作物病虫害防治

（1）小麦锈病防治

小麦是阿克苏市主要粮食作物，小麦锈病是危害小麦生产的主要病害。在小麦锈病防治工作中，采取加强动态监测、分类指导、分区治理、科学用药、示范带动、应急连片的策略，坚持以种植抗病品种为主、以药剂防治为辅的方式。

①采用粉锈宁、羟锈宁以及丙环唑等药剂进行茎叶喷雾防治，将小麦锈病控制在初发阶段。

②选用抗（耐）锈丰产良种，合理布局，加强病虫监测工作。早春预测，一般在秋季调查的地块进行病情观察，对条锈和叶锈分别在返青后 20 天和 30 天左右开始调查和消灭当地早期条锈病菌源。

（2）玉米红蜘蛛防治

①秋耕冬灌，消灭越冬成虫。秋季深翻 16～20 厘米，再适量灌水，可将田间的越冬叶螨全部杀死，并有兼治棉铃虫、黄地老虎越冬虫源的作用。

②保护和利用天敌。天敌有瓢虫、草蛉、捕食性螨等。

③合理栽培，尽量避免玉米田连作，不与豆类等作物邻作。田间灌水，尤其是在玉米喇叭口期浇灌第一水，使玉米田温度大增，使叶螨受到较大的抑制。

④结合冬春积肥，清除田间杂草和残存秸秆，减少虫口基数。

⑤药剂防治。采取药剂挑治，适期施药。早播玉米在 6 月上、中旬，晚播玉米根据情况推后。

⑥化学防治以杀螨剂为主，不施用杀虫剂，以免杀伤天敌。

2. 棉花病虫害防治

阿克苏市棉花主要病虫害是棉蚜、棉铃虫和棉花枯黄萎病。

（1）棉蚜

1997～1998 年，阿克苏市棉蚜发生较重。由于前期忽视越冬场所防治，农民在大田防治中大面积喷施农药，造成棉蚜发生量多面广，后期产生抗药性，难以控制。自 1998 年以来，阿克苏市针对棉蚜防治，采取黄板诱蚜、涂茎点心、洗尿合剂喷雾等防治措施，基本形成从抓好早春室内花卉和温室大棚防治、大田涂茎点心等点片防治为主的一系列棉蚜综合防治措施，通过几年的试验、示范、推广，有效控制棉蚜发生危害。

（2）棉铃虫

1998 年，阿克苏市棉铃虫发生较重，全市开展大规模的人工捉虫，并采用杨树枝把、性诱剂、黑光灯诱杀成虫。2000 年后，开始引进频振式杀虫灯，并得到广泛应用。棉铃虫发生期间，对棉铃虫采取物理和生物防治为主，减轻棉田化防的压力，缓解稚铃虫和蚜虫化防的矛盾。

（3）棉花枯、黄萎病

棉花枯、黄萎病是阿克苏市棉花生产的主要病害，是主要的检疫对象。由于一些单位和个人未经检疫擅自从外地大量调种以及品种不抗病等原因，棉花枯、黄萎病疫情进一步扩大蔓延。1998 ~ 1999 年，阿克苏市进行不同棉花品种的田间抗病性调查，严格筛选种子品种，防止病区带菌棉籽、棉壳、棉饼传入无病区；对棉种进行硫酸脱绒，降低种子带菌率；积施净肥，高温堆肥，减少棉田的菌源和含菌量；轮作倒茬，实行小麦、玉米作物轮作，减少土壤中的含菌量。到 2016 年底，基本实现有效控制棉花枯、黄萎病大面积发生危害。

## 三　植物检疫

2002 年，阿克苏市开始执行植物检疫工作。年内共检验种子田 2155. 27 公顷，淘汰种子田 102. 67 公顷。

2004 年，完成作物产地检疫 2668. 87 公顷，其中棉花 2369. 33 公顷，合格率 47. 2%；小麦 299. 53 公顷，合格率 100%。检查种子经营户及种子加工厂 58 家，抽检瓜菜、玉米、棉花种子 211 个，查获无检疫证编号 8 个、无标签 3 个、套用其他产品检疫证编号 2 个、包装袋产地与标签不符 1 个，不合格产品总量 469. 2 吨。

2005 ~ 2006 年，共开展种子田产地检疫 6540. 33 公顷，其中棉花种子田 5184 公顷、小麦种子田 1343 公顷、玉米种子田 13. 33 公顷。完成对省外种子调运检疫 11 批次 210 吨、省内调运检疫 18 批次 431. 5 吨。

2007 年，开展小麦产地检疫面积 116. 73 公顷，棉花种子田 2636 公顷，共抽查蔬菜、瓜、棉花、玉米等种子品种 123 个，合格品种 84 个，占抽查品种的 68. 29%；共查处过期种子产品 1802. 61 千克，标签不规范种子产品 171066. 214 千克，套证种子产品 976. 985 千克。全年完成调运检疫 8 批次 272. 3 吨。

2008 ~ 2010 年，完成种子田产地检疫 6261. 64 公顷。

2011 ~ 2016 年，完成种子田产地检疫面积 9353 公顷，其中小麦产地检疫面积 4146. 4 公顷，棉花种子田 5206. 7 公顷。共完成省内种子调运检疫 9 批次 116. 3 吨。

## 四　农药管理

2002 年开始，阿克苏市以《农药管理条例》、《农药管理实施办法》以及相关法律、法规来规范管理农资市场，加强涉农案件的技术鉴定，建立探讨商业保险和农资产品违约赔偿制度，推动农资市场有序发展。

2002～2014 年，对农药店、乡（镇）场库、集市摊点等 2300 余家进行 53 次检查、抽查，对不合格销售网点勒令停业整顿，对地下窝点进行捣毁，没收或封存过期农药。

2015 年，对农药市场的管理工作大部分时间放在调查阿克苏市区的农药批发零售市场和乡镇零售企业的业务开展情况，重点是对农药销售企业的宣传和培训工作，当年共发放关于《农药管理条例》的宣传单共计 2300 份，开展农药经营户培训 2 次。

2016 年，对城区及各乡（镇）农药市场进行 16 次检查，出动执法车辆 47 台次，抽调执法人员 80 余人次。共检查农资销售店 470 家次、农药库房 11 个次。查处销售过期农药违规案件 5 起，罚款 4500 元；查处农药标签不清违规案件 1 起，罚款 900 元；查获销售剧（高）毒案件 3 起，共没收剧（高）毒农药 110 千克，其中 3911 农药 15 千克，发放整改通知书 11 份。

## 第五节 防 雹

### 一 网点与设施

1990 年，阿克苏市共有 7 个固定作业点，分别分布在乡镇（场）。2000 年，有固定作业点 10 个。2009 年，新建 3 个固定发射点。

2011 年，由于城市整体规划，在西大桥附近进行选址重建，工程总投资 100 余万元。

2016 年，有 13 个固定作业点，14 个流动点，12 辆流动作业车，4 辆运输车，1 辆指挥车。

### 二 防雹作业

1990～2005 年，年均作业 30 次。

2008～2011 年，阿克苏市有强天气过程共计 153 天，作业 104 次。

2012～2015 年，阿克苏市共有强天气过程 161 天，作业 228 次，保护耕地面积 7400 公顷。

2016 年，出动流动作业车 105 辆次，保护耕地面积 7.4 万公顷，把灾害降低到最低限度。

# 第五章 农业开发

## 第一节 农业综合开发项目

1990 年，阿克苏市被自治区列为第一批农业综合开发项目基地县（市）。

1992～1995 年，阿克苏市成功争取国家农业综合开发土地治理低产田改造项目 0.66 万公顷，产业化经营项目1个，累计完成投资1293万元，争取扶持资金497.2万元。

1998年，争取国家农业综合开发土地治理低产田改造项目0.54万公顷，完成产业化经营项目2个，累计完成投资2515万元，争取扶持资金886万元。完成阿克苏市秸秆养畜和园艺项目，累计完成投资300万元；完成低产田改造0.54万公顷，累计完成投资2215万元。

2003年，阿克苏市农发办争取国家农业综合开发土地治理低产田改造项目0.87万公顷，完成产业化经营项目3个，完成投资11398.9万元，争取扶持资金3021.4万元。完成安利达果业4000吨气调保鲜库、依干其乡塔里木果业3000吨、三江养殖公司全机械化生猪定点屠宰场3个产业化项目，完成投资2816万元。完成低产田改造0.87万公顷，完成桥、涵、闸、渡槽、跌水等配套建筑物445座，防渗渠道27.76千米，疏浚清淤排渠99.4千米，平整土地0.08万公顷。

2006～2010年，阿克苏市实施土地治理项目7个，产业化项目11个，项目总投资7590.3万元。

2011～2016年，阿克苏市农发办实施项目20个，其中土地治理项目9个，多种经营项目1个，产业化经营贷款贴息项目8个、部门项目2个，总投资8942.9万元。

## 第二节　世行项目

1997年，阿克苏市编制《“塔里木二期”世界银行贷款项目实施计划》（简称“塔二”世行项目）。1998年，完成“塔二”世行项目阿克苏市子项目各单项工程设计、报批及开工手续的办理、项目的招投标，并对项目实施的进度、质量和投资进行检查。子项目分为水利、开荒、低产田改造、农业、环保与监测、机构支持与发展6大方面，总投资21550.61万元，涉及全市4乡2镇1场，项目建设期为6年，即1998年10月至2004年12月。

1998～2004年，为世行贷款项目执行期，其间共完成投资21739.05万元，完成概算总投资的101%，其中水利工程累计完成投资11651.2万元，建成防渗渠4条、100.84千米，排水渠1条、30千米，支渠1条、3.7千米；开荒累计投资795.2万元，完成开荒面积0.17万公顷；低产田改造累计完成投资5682.9万元，完成低改面积1.07万公顷。农业支持与服务完成投资1283.58万元，建成种子生产基地1座、1370平方米，种子脱绒厂1座、397平方米，农业乡站5座、2541.5平方米，优质供种站3座、2083.18平方米，种子鉴定基地1座、300平方米，采购种畜370头（西门塔尔牛）；环保与监测完成投资1447.54万元，采购各类苗木507.87万株，定植面积0.84万公顷；机构发展与支持完成投资878.61万元。

1999～2004年，完成项目管理信息系统（MIS）的建立、运行，为项目的实施及运行管理提供服务，完成各单项工程投资进度的监测和评价。

2000～2004年，市世行项目办会同有关部门完成多浪干渠、托喀依干渠、东岸大渠、阿依库勒干渠及多浪水源地等水利工程的设计报批前期工作，完成各单项工程的招投标，组织各项目的竣工验收和移交工作。

2006年，世行贷款项目办公室撤销。

## 第三节　引进外资项目

2004 年，阿克苏市开始申报争取由英国国际发展部赠款在中国实施的面向农村贫困人口的水利改革项目（简称 DFID 项目）。2006 年，成功争取英国国际发展部赠款 124.4 万元。

2008 年，市农业综合开发办利用英国国际发展部赠款，为 10 个农民用水者协会分别采购一套办公用品、档案柜及量水设施流速仪等，并投资 45 万元修建 65 座无喉道量水堰和闸口。年底此项目结束。

## 第四节　空台力克区域土地综合管理

2011 年，为进一步遏制非法开荒和破坏生态环境等违法行为，减少因土地资源无序开发利用引发的社会矛盾，阿克苏市委决定成立空台力克管委会。

2012 年 4 月 17 日，空台力克管委会和富民农业科技有限责任公司正式揭牌，办公地点位于省道 207 线（即阿塔公路）53 千米处东侧大院。

2012 ~ 2013 年，实施完成阿克苏市现代农业产业园区项目 0.18 万公顷土地规划建设，工程投资 4850 万元。

2012 ~ 2016 年，由国土、公安、农业、林业、畜牧等部门组成联合专项整治工作组，对空台力克重点区域进行不间断巡查，协调电力部门、水利部门对非法开荒行为依法给予严厉打击，遏制非法开荒行为的蔓延。

## 第五节　农业产业化

### 一　基地建设

2001 年开始，阿克苏市按照国家无公害食品行动计划，先后开展无公害农产品及基地的认证、认定工作，建成城郊 4000 公顷的蔬菜瓜果、花卉及反季节生产基地，33.33 千公顷优质香梨生产基地，26.67 千公顷优质杏生产基地，20 千公顷优质核桃生产基地。

2002 年底，被自治区农业厅授予“全疆首家自治区级无公害农产品基地县（市）”称号，有西红柿、黄瓜、芹菜、辣椒等 8 种主要农副产品通过无公害农产品认证。

2003 年 8 月，被农业部确定为创建国家级无公害农产品（蔬菜）生产示范基地县（市）。

2003 年 11 月，良种场辣椒和芹菜通过国家无公害农产品质量安全认证。

2005 年 5 月，阿克苏市通过验收，被农业部命名为“全国第二批无公害农产品（蔬菜）生产示范基地县（市）”。

### 二　市场流通

1990 年后，阿克苏市逐步改造和新建节能日光温室和塑料大棚，随着规模的不断扩大，上市蔬菜品种和数量越来越多。2000 年，阿克苏市全面普及反季节蔬菜，不断扩大温室面积，在满足市内四季新鲜菜供应的同时，还销售到周边县（市）及农牧团场，并在春季来临前做好温室育苗、大田种植的准备工作，蔬菜产量直线上升。阿克苏市全年蔬菜市场供应总体上呈现出供大于求的态势，但在深冬季节，地产蔬菜又远不能满足市民消费，2016 年全市蔬菜年消费量约 6 万吨，外销约 10 万吨。一年当中，春、夏、秋三季蔬菜生产供大于求，大部分地产蔬菜外销周边县市、兵团第一师各团场及北疆乌鲁木齐、石河子等地，而深冬季节产能明显不足，其间市场上叶菜类蔬菜以本地供应为主，个别种类叶菜缺少时从周边地县调运补充。而对温度及光照要求较高的茄子、苦瓜、豇豆等果菜类蔬菜阿克苏市冬季基本没有种植。大部分菜农为降低生产风险，将果菜类蔬菜分秋延后和春提前两茬种植，深冬季节果菜类蔬菜 80% 由内地调入，每日调入量约为 50 吨，地产蔬菜日均产量约 12 吨，自给率 20% 左右。2010 年后，阿克苏市发展深冬反季节蔬菜生产，重点提高冬末春初反季节蔬菜产量，但受冬季低温条件制约，生产成本较高，加之深冬生产对技术及温室要求较高，阿克苏市蔬菜生产及市场供应淡季到 2016 年底还主要集中在 1 ~2 月，辣椒、茄子、西红柿等果菜主要由内地供应。

### 三　农产品市场

2011 年开始，阿克苏市为打开农产品销路，实施农产品品牌建设工程，由市农业局、林业局带领各大企业参加各类展会，推介阿克苏果品。

2014 年，阿克苏市农产品加工企业中，有专利产品 4 个，中国著名商标 2 个，中国著名品牌 3 个，新疆名牌产品 6 个，新疆著名商标 3 个，新疆农业名牌 5 个。组织各农产品加工企业、合作社参与区内外各类交易会、展销会、推介会 10 余次，累计 97 家企业参加，5 家企业的产品获得产品金奖。通过参加北京、上海、青岛、杭州、乌鲁木齐等地的展销会，阿克苏市与大量客商建立长年的供销关系，三大林果产品（苹果、红枣、核桃）得到区内外广大消费者的认可。

2015 年，阿克苏市引进上千万元规模的农产品加工企业 1 家。申请专利产品 4 个，有中国著名商标 2 个，中国著名品牌 3 个，新疆名牌产品 6 个，新疆著名商标 3 个，新疆农业名牌 5 个。组织企业开展农超对接，组织全市龙头企业、合作社参与区内外各类交易会、展销会、推介会 30 余次，组织阿克苏市 29 家企业和合作社参加新疆第二届特色果品（阿克苏）交易会；引导恒丰糖业等龙头企业及专业合作社参与新疆农产品华东市场开拓办公室旗下的新疆农产品产销企业联盟创建工作，协助恒丰糖业等企业投资 4000 万元建成占地 2. 67 公顷的上海新疆特色农产品物流服务中心。

2016 年，阿克苏市农业产业化以促进产业转型升级为重点，组织自治区农业产业化龙头企业监测、申报工作，新增自治区级龙头企业 4 家，建设果蔬热风烘干房 139 座、冷藏库 50 座。组织本地龙头企业参加各类国内、国际展会活动，参展企业 80 家次，签订合作协议 16 项，签约 5000 万元以上的农产品采购和贸易项目 1 个，贸易金额 3 亿元；在杭州建设 5 家阿克苏名优特产品直营店；在浙江援疆指挥部的支持下，投入资金 50 万元，在杭州市进行为期 20 天的果品大宣传活动。

## 第六节　农业标准化基地建设

2011 年，阿克苏市开始农业标准化基地建设，以集中连片、农民种植经验丰富的地块作为标准化示范区，通过示范区的建设，辐射带动全市粮、棉、蔬菜高产种植的推广和普及。年内，全市落实农业标准化生产示范基地面积 2.33 万公顷，其中棉花 1.6 万公顷，小麦 0.67 万公顷，水稻 333.33 公顷，蔬菜 333.33 公顷。

2016 年，阿克苏市标准化生产基地面积 2.82 万公顷。通过实施名牌战略，并进行原产地产品保护，提高农业经济整体实力。阿克苏市对标准化示范基地采取分类实施的办法，完成标准制定、修订及基地规范工作。

# 第六章　科技培训与基地建设

## 第一节　农技培训

1990～2016 年，阿克苏市农广校按照自治区关于大力发展职业教育的精神，实施“百万中专生”计划。坚持培养新农民、服务新农村的办学宗旨，以开展农村初中分流生全日制中等职业教育为重点，不断提高职业教育办学能力。至 2016 年底，阿克苏市农广校共培养出大、中专毕业生 2830 人，其中中专生 2457 名，大专生 373 名。在校学员 196 名。每年完成农村实用技术培训 3000 人次，职业技能鉴定培训人数 500 人次；绿色证书培训 500 人次，发放“绿色证书”1500 本，开展培训“三进村”示范户 20 户，发放明白纸 1 万份，图书 3500 册，VCD 光盘 1000 片；利用广播、“致富早班车”培训，在电视广播“农村视野”专题栏目开展科技宣传普及 2510 小时（每天各播出 30 分钟）。

**表 9－12　1990～2016 年阿克苏市农业广播学校招生培训人员表**

单位：人

| 年份 | 招生人员 | | 毕业人员 | | 年份 | 招生人员 | | 毕业人员 | | 年份 | 招生人员 | | 毕业人员 | |
|---|---|---|---|---|---|---|---|---|---|---|---|---|---|---|
| | 大专 | 中专 | 大专 | 中专 | | 大专 | 中专 | 大专 | 中专 | | 大专 | 中专 | 大专 | 中专 |
| 1990 | 无 | 35 | 无 | 28 | 1999 | 无 | 85 | 无 | 110 | 2008 | 50 | 210 | 42 | 68 |
| 1991 | 无 | 50 | 无 | 14 | 2000 | 98 | 120 | 无 | 130 | 2009 | 52 | 无 | 38 | 162 |
| 1992 | 无 | 70 | 无 | 30 | 2001 | 无 | 65 | 无 | 110 | 2010 | 43 | 55 | 40 | 176 |
| 1993 | 无 | 98 | 无 | 35 | 2002 | 无 | 207 | 无 | 58 | 2011 | 30 | 64 | 45 | 194 |
| 1994 | 无 | 115 | 无 | 48 | 2003 | 无 | 45 | 98 | 104 | 2012 | 无 | 130 | 40 | 98 |
| 1995 | 无 | 90 | 无 | 65 | 2004 | 无 | 112 | 无 | 48 | 2013 | 无 | 无 | 25 | 45 |
| 1996 | 无 | 128 | 无 | 97 | 2005 | 无 | 200 | 无 | 198 | 2014 | 无 | 无 | 无 | 35 |
| 1997 | 无 | 142 | 无 | 66 | 2006 | 50 | 162 | 无 | 160 | 2015 | 无 | 64 | 无 | 129 |
| 1998 | 无 | 120 | 无 | 86 | 2007 | 60 | 189 | 45 | 163 | 2016 | 无 | 135 | 无 | 无 |

## 第二节　农业示范基地建设

1990 年开始，阿克苏市在全市设立农业科技示范点，各示范点以引进试验示范农业新技术、新品种、新模式为主，通过集成推广各类先进适用技术，使示范点成为引导产业发展的新亮点，起到点上创优、面上创新、整体推进的示范带动作用，为全市农业科技推广树立样板。

至 2016 年，示范点重点推广的新技术有：棉花"矮密早"栽培技术，测土配方施肥技术，棉花膜下滴灌栽培技术，农作物病虫害绿色防控技术，阿克苏市耕地质量提升技术，多作物间作套种高效栽培技术，林下套种棉花、小麦、油菜、瓜菜类立体栽培技术，棉花亩产皮棉 140 千克、150 千克、160 千克、180 千克高产栽培技术，小麦亩产 450 千克、500 千克、550 千克高产栽培技术，优质饲用玉米高产栽培技术，建园式枣园棉花亩产皮棉 120 千克栽培技术，棉花高密度带状精量播种技术，莫比朗防治蚜虫技术，小麦滴灌栽培技术，棉花亩产 600 千克、小麦亩产 600 千克高产栽培技术，滴灌农作物水肥一体化配套技术等。

## 第三节　农业科技信息服务与体系建设

2011 年，阿克苏市开始实施农技推广体系服务建设，建立市、乡、村农业科技试验示范推广攻关网络，加强主导品种和主推技术的筛选与推广，主导品种和主推技术入户率与到位率达到 95% 以上；加大对村级农技推广员扶持力度和农业科技示范户的培育力度，加强农技人员知识更新培训，每年集中培训农技人员 100 名左右；整合资源，进一步完善基层农技推广机构工作和技术条件，提高服务现代农业的技术装备水平。

2015 年 10 月起，阿克苏市实施农技推广云平台"农技宝"建设，免费为农民、合作社安装"农技宝"软件，构造农户交流平台、工作任务平台、专家会诊平台、农技知识平台、影视图片平台、价格信息平台、产销供给平台、生资购销平台和通知公告平台，实现农业技术推广网络化管理、智能化服务、专业化培训及个性化指导。到 2016 年底，"农技宝"推广实现基本全覆盖。

# 第七章　生态农业

## 第一节　农业环境保护

2002 年后，阿克苏市制定《阿克苏市农田地膜治理实施方案》，开展农作物病虫害统防统治，提高专业化统防统治覆盖和农药利用，推进农业清洁生产。在棉花种植区开展农田残膜回收示范，推广使用农膜技术，减少白色污染。推广农作物秸秆还田技术和秸秆肥料化、饲料化、基料化、原料化利用，合理安排大田耕作制度，改进耕作方式，加大保护性耕作。

2013 年，阿克苏市实施中央投资 750 万元的农业清洁生产示范项目。2014 年，投资 180 万元实施旱作农业示范项目。2015 年，投资 840 万元实施旱作农业残膜污染治理项目，组织发动广大农民群众清捡田间农田地膜，共推广农业清洁生产技术面积 5.6 万公顷，残膜回收利用达到 80% 以上。2016 年，阿克苏市推广高效低毒低残留农药，开展以虫治虫、以菌治菌等生物防治示范，减少农药使用量，有效降低污染。回收残膜 2500 余吨。

## 第二节　农村能源综合利用

2003 年，阿克苏市开始大力建设农村沼气工程。至 2007 年，阿克苏市共有可使用沼气池 5189 口，遍及全市各个乡镇场。2007 年后，未开展农村沼气建设工程。

**表 9－13　2003～2007 年阿克苏市农村沼气池建设情况表**

| 年份 | 户数(户) | 中央投资(万元) | 地方配套(万元) | 总投资(万元) |
|---|---|---|---|---|
| 2003 | 1700 | 204 | 67 | 271 |
| 2004 | 1180 | 141.6 | 46 | 187.6 |
| 2006 | 500 | 50 | 29.7 | 79.7 |
| 2007 | 1809 | 217 | 99.5 | 316.5 |
| 合计 | 5189 | 612.6 | 242.2 | 854.8 |

## 第三节　绿色无公害农产品

2013 年开始，阿克苏市开展绿色、无公害农产品申报认证。2014 年，完成 7 个蔬菜品种无公害的认证工作（芹菜 30 公顷，黄瓜 20 公顷，辣椒 20 公顷，番茄 18.5 公顷，茄子 17.5 公顷，西瓜 10 公顷，辣椒 18.5 公顷）；完成 2 万公顷绿色食品原料（红枣 1.13 万公顷、核桃 0.67 万公顷、苹果 0.2 万公顷）基地的申报工作；完成 7 个企业的 8 个绿色食品（3 个红枣，2 个核桃，3 个苹果）和 2 个有机食品的申报认证。

2015 年，阿克苏市完成 7 个蔬菜、水果品种（番茄、辣椒、芹菜、黄瓜、红枣、核桃、苹果）无公害的认证工作、2 万公顷绿色食品原料（红枣 1.13 万公顷、核桃 0.67 万公顷、苹果 0.2 万公顷）基地的申报工作和 6 个企业绿色食品（红枣、玉枣、核桃、苹果）申报工作。

2016 年，全市申报无公害农产品 9 个（黄瓜、剥皮甜瓜、西瓜、番茄、辣椒、茄子、芹菜、洋葱、萝卜），产地面积 0.22 万公顷；绿色食品 2 个（阿克苏红富士、阿克苏冰糖心苹果），产地面积 33.33 公顷；有机食品 1 个（红枣），产地面积 66.67 公顷。

# 第十编　林　业

阿克苏市林业资源丰富，林木储量大。20世纪90年代后阿克苏市开展大规模造林绿化活动，全市95%以上的农田受到林网保护，农区生态得到明显改善，土地沙化得到初步遏制。2002年起，依托退耕还林、“三北”防护林四期工程等林业重点工程的支撑，造林工作连续多年保持高速发展态势，实现林业生态建设的跨越式发展，全市建成以绿洲内部农田林网、绿洲外缘大型防风固沙林带为主体的立体绿色屏障，绿洲内部生态趋于稳定，抵御自然灾害的能力显著增强。加强林业有害生物防治工作，制止乱砍滥伐林木和乱捕（挖）滥猎（采）野生动植物。林木病虫害的监测预测和检疫防治的开展，有效防止林业有害生物特别是重大危险性病虫害的发生。健全各级护林防火组织，强化林火监测和综合治理力度，重视天然林保护，有力维护封育成果。至2016年，全市天然林保护面积18.19万公顷，人工造林面积5.43万公顷，蓄积137.43万立方米；乔木林面积4.2万公顷（含经济林3.52万公顷）；国家特别规定的灌木林地7.69万公顷。

# 第一章　机　构

## 第一节　行政机构

1990 年，阿克苏市林业局为正科级建制，编制 7 名，其中领导职数 3 名，机关后勤事业编制 1 名，全额预算管理。

2001 年，市林业局有行政编制 15 名，事业编制 24 名，内设资源林政管理办公室，下设市林业技术推广站、森林防护办公室（三防办）、林业公安派出所、胡杨林管理站、库克瓦什林管站。局机关行政编制 7 名，事业编制 5 名，其中领导职数 3 名。

2002 年，阿克苏市成立防风治沙工作办公室，相当于股级，事业单位（参照管理），核定事业编制 4 名，其中领导职数 1 名，全额预算管理。

2004 年，阿克苏市林业局有行政编制 15 名，事业编制 26 名，胡杨林管理站划归阿拉尔市管理。

2009 年，阿克苏市林业局有行政编制 17 名，事业编制 42 名，内设行政办公室、资源林政管理办公室、防沙治沙工作办公室，下设林业技术推广站、森林防护办公室（三防办）、林业公安派出所、库克瓦什林管站。10 月，阿克苏市成立林果业管理办公室，相当副科级，核定事业编制 18 名，其中领导职数 3 名，全额预算管理，办公室设在市林业局。

2014 年，阿克苏市成立非法开荒专项整治工作领导小组办公室，办公室设在林业局。

2016 年，阿克苏市林业局内设行政办公室、资源林政管理办公室、防沙治沙工作办公室、林果业管理办公室、非法开荒专项整治工作领导小组办公室，下设林业技术推广站、森林防护办公室（三防办）、森林派出所、库克瓦什林管站、阿克苏河流域湿地自然保护区管理站。有行政编制 15 名，事业编制 44 名，实有 62 人。

## 第二节　事业机构

### 一　林业技术推广站

1994 年，阿克苏市成立林业技术推广站，隶属阿克苏市林业局，全额拨款事业单位，相当于副科级。核定事业编制 19 名，专业技术人员占总编制的 80% 以上。2016 年，编制 19 名，实有 23 人。

### 二　森林派出所

1998 年，阿克苏市成立林业公安派出所，副科级建制，参照公务员管理事业单位，核定事业编制 8 名，其中领导职数 3 名，全额预算管理。

2005 年，更名为阿克苏市公安局森林公安分局。

2008 年 6 月，阿克苏市森林公安分局更名为阿克苏市公安局森林派出所，加挂市森林公安警察大队的牌子，副科级建制，实行林业和公安部门双重领导，核定政法专项（行政）编制 8 名，其中领导职数 3 名。

2016 年，核定编制 8 名，实有 6 人。

### 三　森林防护办公室（三防办）

1991 年 6 月，阿克苏市成立森林防护办公室（三防办），对外分别挂护林防火办公室、森林病虫害防治检疫站、自然保护办公室。副科级事业机构，隶属于市林业局领导，编制 6 名。至 2016 年 12 月，市森林防护办公室（三防办）编制 6 名，实有 3 人。

### 四　库克瓦什林管站

1990 年，阿克苏市库克瓦什林管站隶属市林业局，为事业单位，实有 5 人。2016 年，编制 9 名，实有 6 人。

### 五　阿克苏河流域湿地自然保护区管理站

2010 年 8 月，阿克苏市成立阿克苏河流域湿地自然保护区管理站，核定事业编制 10 名，实有 5 人。2016 年，编制 10 名，实有 5 人。

### 六　乡镇林业管理站

1990 年，阿克苏市有乡镇林业管理站 7 个，隶属市林业局，实有 14 人。2005 年，有乡镇林业管理站 6 个，实有 15 人。2014 年，6 个乡镇林业管理站合并到各乡镇农业综合服务中心。2016 年，在职林业技术人员 20 人。

# 第二章　林业改革

## 第一节　林权制度改革

林权制度改革是农村生产责任制的丰富和发展。

1990 年，阿克苏市发放林权证总面积 8.32 万公顷，其中有林地 1.77 万公顷，疏林地 5.62 万公顷，灌木林地6833.3公顷。1991年，阿克苏市通过对国有林地进行测量，开展发放国有林权证工作。1992年，对塔里木胡杨林站、林科所、阿克苏市林业技术推广站发放国有林权证。

1995年，阿克苏市发放林权证总面积89840公顷，其中有林地14399公顷，疏林地19510.85公顷，灌木林地55930.51公顷。1998年发放林权证总面积为33186公顷，其中有林地18348公顷，疏林地12315公顷，灌木林地2523公顷。

2001年起，阿克苏市对森林区划进行界定，重新发放林权证。2002年，结合退耕还林工程，阿克苏市开始向实施退耕还林的农户发放林权证，林权证有效期为30~50年。2003年，发放林权证总面积为69918.49公顷，其中有林地3267.69公顷、疏林地3886.99公顷、灌木林地62763.81公顷。至2010年，退耕还林涉及农户5787户。

2012年2月，阿克苏市正式启动集体林权制度改革工作，核发林权证。应纳入改革的林地面积2.04万公顷，覆盖3乡、2镇、83个村，涉及农户1.72万户，参改人口9.86万人；完成确权面积为1.94万公顷，其中经济林1.81万公顷，防护林0.12万公顷，确权率95%以上。发放林权证1.98万本，林权权利人申请登记面积1.79万公顷，其中经济林1.67万公顷，防护林0.12万公顷，填写林权证1.98万本，面积1.43万公顷。发生林权纠纷3起，发生面积5.53公顷，调处3起，调处面积5.53公顷，件数调处率为100%。

2013~2015年，完成确权面积17028.34公顷，涉及农户17154户，发放林权证数量19797本。

2016年，林权证的办理工作移交国土资源局不动产登记局。

**表10－1 2012~2015年阿克苏市林权制度改革面积及发放林权证统计表**

| 年份 | 涉及农户数(户) | 发放面积(公顷) | 发放林权证数量(本) |
|---|---|---|---|
| 2012 | | 17900 | 19800 |
| 2013 | 11964 | 11655.27 | 13857 |
| 2014 | 3650 | 3625.2 | 3968 |
| 2015 | 1540 | 1747.87 | 1972 |

## 第二节　分类经营改革

1990年，阿克苏市林业发展由用材林转向果品林，经济林面积迅速扩大。1992年，阿克苏市开始寻求林业经济体制改革的切入点和突破口。1995年，阿克苏市正式提出实行林业分类经营。

2001年，阿克苏市按照新的林业分类经营管理体制，以生态利用为主要目的的森林划为公益林，以直接经济效益为主要目的的森林划为商品林，介于二者之间的划为兼用林，以最大限度地发挥林业的整体效益，保护生态环境。

2004年，阿克苏市以林果业商品林为主。

2008年，阿克苏市先后建立两个天然林保护站。为抓好森林管护工作，建立健全双向目标责任制，层层签订森林管护责任书，落实森林管护责任制。

2010年，建立以市级中心管护站、林区管护站点、专职管护人员组成的森林管护体系，设立森林生态效益基金专账，用于国家级公益林管护、抚育、营造等各项林业工作。建立公益林管护长效机制，落实各项规章制度，促进公益林管理工作步入规范化、制度化和长效化。2013 年，生态林资源得到显著改观，林木种类和数量明显增加。

2016 年，阿克苏市林果商品林面积达 4. 61 万公顷，纳入重点公益林保护的补助面积 2. 63 万公顷。

# 第三章　林业资源

## 第一节　林地面积

1990 年，阿克苏市林地总面积 221037. 6 公顷，其中国家级公益林面积 26360. 67 公顷，占林地总面积的 11. 9%；地方公益林面积 152238. 2 公顷，占林地总面积的 68. 9%。

2003 年，阿拉尔市成立后，将托喀依乡整体移交阿拉尔市，塔里木河两岸胡杨、红柳天然荒漠次生林也划归阿拉尔市，仅余少部分归阿克苏市。此后，对天然林未进行过调查，面积不详。2008 年 6 月，自治区规划设计院对阿克苏市进行地方公益林区划界定，暂界定面积 2132344. 07 公顷，其中有林地 2330. 04 公顷、疏林地 2735. 96 公顷、灌木林地 823674. 71 公顷、沙生灌丛 98574. 71 公顷、宜林地 27226. 19 公顷。

2016 年，阿克苏市林地总面积 178799 公顷，其中有林地 7575. 07 公顷、疏林地 1551. 33 公顷、灌木林地 65843. 33 公顷、沙生灌丛 7578. 13 公顷、宜林地 27398. 87 公顷，未成林地 529 公顷。森林面积 20. 32 万公顷，森林覆盖率 15. 32%。

## 第二节　天然林

阿克苏市的天然林主要为天然荒漠次生林，树种主要是胡杨（乔木）、红柳（灌木）等，分布在塔里木河两岸及空台力克区域。

阿克苏市天然林主要分布在和田河古道、空台力克区域。林地总面积 20. 98 万公顷，其中有林地面积 0. 29 万公顷，灌木林地面积 7. 69 万公顷，疏林地面积 0. 15 万公顷，宜林地面积 12. 84 万公顷（宜林荒山荒地 0. 1 万公顷、宜林沙荒地 12. 73 万公顷）。

阿克苏市天然林拟扩大的实施范围主要分布在空台力克区域，面积 18. 19 万公顷，其中有林地 0. 02 万公顷，树种为胡杨；灌木林地（国家规定特灌林）为 5. 83 万公顷，树种为红柳、盐穗木等；其他林地（宜林地）12. 33 万公顷。

## 第三节　人工林

阿克苏市平原农区植被多为人工栽植。上层是以杨树为主的平原人工林，附以果园、沙枣、柳树等其他经济林、薪炭林，下层主要是各类草本植物。平原人工林杨树占总株数的一半以上。平原农区已完善的防护林能固定沙漠，减少灾害，有效抵御自然灾害对农作物生长的危害，保护农牧业生产。

1990 年，阿克苏市人工林主要分布在各乡镇场。阿克苏市是自治区列入“三北”防护林体系建设工程重点县（市）之一，林业生产按照“三北”防护林总体规划，顺利完成防护林体系一、二、三期工程建设，“三北”四期工程正在实施中，累计完成人工造林面积 54361. 01 公顷。其中一期工程（1989 ~ 1993 年）完成 5547. 2 公顷，二期工程（1993 ~ 1996 年）完成 3092 公顷，三期工程（1996 ~ 1999 年）完成 1681. 67 公顷；四期工程（1999 ~ 2002 年）完成人工造林 7662. 33 公顷、封沙育林 0. 47 万公顷，至 2016 年，“三北”四期已完成人工造林 30639. 79 公顷。

2015 年 9 月，阿克苏市启动阿克苏河生态建设工程。至 2016 年秋季，共植树造林 2. 28 万公顷，其中城区段共植树造林 0. 07 万公顷，各乡镇沿河规划区域共植树 2. 21 万公顷，完成投资 12. 56 亿元。

表 10 – 2　1990 ~ 2016 年阿克苏市植树造林统计表

单位：公顷

| 年份 | 造林 | 年份 | 造林 | 年份 | 造林 | 年份 | 造林 | 年份 | 造林 |
|---|---|---|---|---|---|---|---|---|---|
| 1990 | 401. 87 | 1996 | 468 | 2002 | 4931. 99 | 2008 | 2034. 27 | 2014 | 450. 4 |
| 1991 | 763. 47 | 1997 | 521 | 2003 | 5459. 87 | 2009 | 670 | 2015 | 5386. 67 |
| 1992 | 698 | 1998 | 692. 67 | 2004 | 5335. 2 | 2010 | 459. 47 | 2016 | 6181. 67 |
| 1993 | 814 | 1999 | 750. 33 | 2005 | 4454 | 2011 | 704. 13 | | |
| 1994 | 1277 | 2000 | 1074 | 2006 | 654. 04 | 2012 | 504. 53 | | |
| 1995 | 1001 | 2001 | 906 | 2007 | 1267. 38 | 2013 | 550 | | |

## 第四节　林木蓄积

至 2016 年，阿克苏市天然林保护面积 18. 19 万公顷，人工造林面积 5. 43 万公顷，蓄积 137. 43 万立方米；乔木林（不含乔木经济林）面积 6775. 19 公顷，蓄积 137. 43 万立方米；国家特别规定的灌木林地 7. 69 万公顷。

### 一　按龄组分

幼龄林面积 658. 83 公顷，蓄积 8. 17 万立方米，分别占 9. 72% 和 5. 95%；中龄林面积 558. 30 公顷，蓄积 59942 立方米，分别占 8. 24% 和 4. 36%；近熟林面积 3666. 72 公顷，蓄积 267254 立方米，分别占 54. 12% 和 19. 45%；成熟林面积 1617. 17 公顷，蓄积 792423 立方米，分别占 23. 87% 和 57. 66%；过熟林面积 274. 17 公顷，蓄积 172961 立方米，分别占 4. 05% 和 12. 59%。乔木林单位面积蓄积量 202. 84 立方米。各龄组中，面积近熟林最大，过熟林最小；蓄积成熟林最大，中龄林最小。

## 二 按起源分

以人工林为主，其中人工林面积 3909.60 公顷，蓄积量 128.78 万立方米，分别占 57.70% 和 93.71%，人工林单位面积蓄积量 329 立方米；天然林面积 2866 公顷，蓄积量 8.65 万立方米，分别占 42.30% 和 6.29%，天然林单位面积蓄积量 30 立方米。

## 三 按林木使用权分

个人面积、蓄积分别占乔木林面积、蓄积的 24.53% 和 42.63%；国有面积、蓄积分别占乔木林面积、蓄积的 44.62% 和 7.86%；集体面积、蓄积分别占乔木林面积、蓄积的 30.85% 和 49.51%。乔木林按林木使用权分，面积国有最大，集体最小；蓄积集体、个人最大，国有最小。

## 四 按林种分

防护林面积 6773.54 公顷，蓄积 137.43 万立方米，分别占乔木林面积、蓄积的 99.98% 和 100.00%；特种用途林 1.65 公顷，占乔木林面积的 0.02%；经济林 3.52 万公顷。乔木林按林种分，面积以经济林为主，蓄积以防护林为主。

## 五 按树种分

乔木林优势树种中，杨树面积 3610.05 公顷，占 8.59%，蓄积 128.69 万立方米，占 93.64%；胡杨面积 2881.02 公顷，占 6.86%，蓄积 8.74 万立方米，占 6.36%。

**表 10－3 阿克苏市乔木林按优势树种（组）面积蓄积统计表**

| 优势树种 | 面积(公顷) | 占比(%) | 蓄积(立方米) | 占比(%) |
|---|---|---|---|---|
| 侧柏 | 2.64 | 0.01 | | |
| 榆树 | 1.03 | 0.00 | | |
| 桑树 | 11.50 | 0.03 | | |
| 沙枣 | 91.53 | 0.22 | | |
| 杨树 | 3610.05 | 8.59 | 1286934 | 93.64 |
| 柳树 | 177.42 | 0.42 | | |
| 胡杨 | 2881.02 | 6.86 | 87369 | 6.36 |
| 苹果 | 5997.50 | 14.27 | | |
| 梨 | 4414.13 | 10.50 | | |
| 桃 | 131.93 | 0.31 | | |
| 杏 | 118.96 | 0.28 | | |
| 枣 | 13259.95 | 31.56 | | |
| 山楂 | 28.62 | 0.07 | | |
| 核桃 | 11289.69 | 26.87 | | |
| 巴旦 | 5.48 | 0.01 | | |
| 合计 | 42021.45 | 100.00 | 1374303 | 100.00 |

表 10－4　1990～2016 年阿克苏市林木蓄积统计表

单位：立方米

| 年份 | 用材林 | 防护林 | 年份 | 用材林 | 防护林 |
|---|---|---|---|---|---|
| 1990 | 21324 | 245025 | 2004 | 33025 | 823911 |
| 1991 | 22520 | 261774 | 2005 | 26303 | 999890 |
| 1992 | 23527 | 283983 | 2006 | 37081 | 1075870 |
| 1993 | 27445 | 307309 | 2007 | 40544 | 1121550 |
| 1994 | 29542 | 320722 | 2008 | 30500 | 1191880 |
| 1995 | 32904 | 336617 | 2009 | 25687 | 1232880 |
| 1996 | 39146 | 383130 | 2010 | 20145 | 1290552 |
| 1997 | 23893 | 421612 | 2011 | 18752 | 1339838 |
| 1998 | 25962 | 452810 | 2012 | 15902 | 1339990 |
| 1999 | 27923 | 477493 | 2013 | 13250 | 1349820 |
| 2000 | 30203 | 510778 | 2014 | 10587 | 1359720 |
| 2001 | 32709 | 547091 | 2015 | 7452 | 1361952 |
| 2002 | 28586 | 583404 | 2016 | 1380 | 1374304 |
| 2003 | 30257 | 619717 | | | |

## 第五节　湿地资源

### 一　概况

阿克苏河流域湿地位于塔里木河的上游，源于库玛力克河，其上游集沿河众多泉水，常年不冻，每年初春至冬从库玛力克河引水，入境后由北向南，纵贯阿克苏市而过，河流经市境的总长 78 千米，总计年径流量 114 亿立方米，多年平均径流量 8.22 亿立方米。

2004 年 9 月，阿克苏市建立阿克苏河流域湿地自然保护区（市级），总面积 192.06 平方千米，地理坐标北纬 39°30′～41°27′，东经 79°39′～82°01′。

### 二　多浪河国家湿地公园

阿克苏多浪河湿地公园生态保护区内有柽柳、甘草、梭梭等 10 余种国家二级保护植物，金雕、黑鹳、新疆大头鱼等 7 种国家一级保护动物和塔里木兔、白鹭、苍鹭等 20 余种国家二级保护动物，以及 70 余种自治区重点保护动物。因生态环境改善，野生动物资源得到保护，湿地内野生动物数量逐年增加。成为人鸟自然和谐相处的一大景观。

2009 年，阿克苏市启动创建多浪河国家湿地公园工作，先后 2 次派干部到杭州、北京等地考察学习湿地建设工作。2010 年 5 月，委托国家林业局规划设计院编制《新疆阿克苏多浪河国家湿地公园总体规划文本》。

2011 年 3 月，阿克苏多浪河湿地被国家林业局正式批准命名为国家湿地公园（试点）。阿克苏多浪河国家湿地公园规划建设期为2011～2018年，公园地理坐标北纬41°06′～41°13′，东经80°12′～80°18′，南北长15千米，东西宽4千米，规划总面积1291.4公顷，其中生态保护恢复区面积489.57公顷，占湿地公园面积的37.91%；科普宣教区面积184.27公顷，占湿地公园面积14.27%；合理利用区面积597.20公顷，占湿地公园面积的46.24%；管理服务区面积20.35公顷，占湿地公园面积的1.58%。规划区主要包括多浪渠、唐阿克渠、青年渠及其上游沉沙池、鱼塘以及周边部分水稻田，湿地面积581.13公顷，湿地率45%，属于河流、库塘及水稻田湿地类型。

2013年2月，成立阿克苏市多浪河国家湿地公园管理办公室。

2016年8月，阿克苏多浪河国家湿地公园通过国家林业局验收，正式挂牌，成为塔里木盆地第一个国家级湿地公园。

# 第四章　植树造林

## 第一节　育　苗

自“三北”防护林工程实施以来，阿克苏市林业生产逐步规范，在提高造林质量上，不断完善育苗技术。

1990年，全市育苗面积19公顷，其中防护林7.47公顷，经济林1.61公顷，城市绿化3.27公顷。

1991～2010年，全市育苗面积398.11公顷。

2013年，育苗面积74.34公顷，其中防护林31.77公顷，经济林26.9公顷，城市绿化15.67公顷。

2016年，育苗面积84.4公顷，其中经济林37.73公顷，苗产量224万株；生态林面积33.33公顷，苗产量400万株，城市绿化苗木6.67公顷，苗产量52万株，建立各类采穗圃113.8公顷，采用自育和外地购进相结合的办法，提高苗木的良种率和自给率，对外地购进的苗木，派人到苗木提供的单位进行定点查看，现场指导挖苗、起苗、包扎、运输。组织森防检疫人员乡镇场对购进的苗木进行检疫检验，对质量达标的苗木统一发放森防检疫合格证、种苗检验合格证，确保苗木质量。

**表10－5　1990～2016年阿克苏市育苗统计**

单位：公顷

| 年份 | 育苗面积 | 年份 | 育苗面积 | 年份 | 育苗面积 | 年份 | 育苗面积 |
|---|---|---|---|---|---|---|---|
| 1990 | 19.00 | 1997 | 19.87 | 2004 | 17.97 | 2011 | 23.37 |
| 1991 | 14.37 | 1998 | 20.67 | 2005 | 21.97 | 2012 | 37.21 |
| 1992 | 17.53 | 1999 | 15.67 | 2006 | 25.80 | 2013 | 74.34 |
| 1993 | 13.00 | 2000 | 21.67 | 2007 | 17.93 | 2014 | 75.81 |
| 1994 | 13.47 | 2001 | 19.87 | 2008 | 18.27 | 2015 | 64.77 |
| 1995 | 22.87 | 2002 | 24.17 | 2009 | 25.27 | 2016 | 84.40 |
| 1996 | 19.00 | 2003 | 21.75 | 2010 | 27.02 | | |

## 第二节　退耕还林

2002 年，阿克苏市开始实施退耕还林工程，至 2016 年共完成退耕还林 1 万公顷，其中上一轮退耕还林工程总面积 0.63 万公顷（形态林 0.22 万公顷，经济林 0.03 万公顷，荒地造林 0.38 万公顷），涉及 7 个乡（镇）、89 个行政村、6391 户、409 个小班。新一轮退耕还林工程总面积 0.36 万公顷，工程总投资 8250 万元，退耕地第一年补助 12000 元/公顷，第三年补助 4500 元/公顷，第五年补助 6000 元/公顷，凡纳入退耕还林计划的承包耕地，退耕还林验收合格后，按国家政策向农户兑现退耕还林补助。

2002 年，阿克苏市退耕还林工程开始实施。当年退耕还林面积 0.23 万公顷，其中退耕地还林 0.13 万公顷，荒地造林 0.1 万公顷。

2006 年，随着退耕还林项目的实施，阿克苏市造林绿化速度加快，当年退耕还林面积 0.15 万公顷，其中退耕地还林 133.33 公顷，荒地造林 0.13 万公顷。

2007～2014 年，阿克苏市未开展退耕还林工程。2015 年，退耕还林面积 0.1 万公顷。

2016 年，阿克苏市退耕还林面积 0.27 万公顷，实现农村劳动力向第二、三产业转移。

**表 10－6　2002～2016 年阿克苏市退耕还林工程统计表**

单位：公顷

| 年份 | 合计 | 退耕地还林 | 荒地造林 |
|---|---|---|---|
| 2002 | 2333.33 | 1333.33 | 1000 |
| 2003 | 2200 | 1000 | 1200 |
| 2005 | 333.33 | 0 | 333.33 |
| 2006 | 1466.67 | 133.33 | 1333.33 |
| 2015 | 1000 | 1000 | 0 |
| 2016 | 2666.67 | 2666.67 | 0 |
| 合计 | 10000 | 6133.33 | 3866.66 |

## 第三节　林区建设

### 一　公益林面积

至 2016 年，阿克苏市林地面积为 24.4 万公顷，其中公益林面积 22.1 万公顷，占林地面积的 90.6%；商品林 2.3 万公顷，占林地面积的 9.4%。

### 二　公益林结构

（一）公益林权属结构

2016 年，全市公益林面积 22.1 万公顷，其中国有 21.29 万公顷，占全市公益林面积的 96.3%；

其他 8139. 4 公顷，占全市公益林面积的 3. 7%。

（二）公益林林种结构

2016 年，公益林中，防风固沙林 20. 53 万公顷，占全市公益林面积的 92. 9%；护岸林 7995. 53 公顷，占全市公益林面积的 3. 6%；其他林种 7758. 6 公顷，占全市公益林面积的 3. 5%。

（三）公益林地类结构

2016 年，阿克苏市公益林中，有林地 765. 07 公顷，占全市公益林面积的 3. 5%；疏林地 1824. 8 公顷，占全市公益林面积的 0. 8%；灌木林地 81041. 8 公顷，占全市公益林面积的 36. 7%；灌丛地 102448. 06 公顷，占全市公益林面积的 46. 3%；未成林造林地 649 公顷，占全市公益林面积的 0. 3%；宜林地 27398. 86 公顷，占全市公益林面积的 12. 4%。

# 第五章　林果业

## 第一节　品种及产量

阿克苏市林果业品种以苹果、红枣、核桃、香梨为主。红枣以灰枣和骏枣为主栽品种，弱碱沙壤种植，红枣花期长，16 小时日照，自然挂枝风干，因此口感极佳。核桃以温 185、新新 2、扎 343 等品种为主，以皮薄、个大、出仁率高，风味酥脆浓香闻名。香梨果实皮薄肉细，汁多味甜，酥脆爽口、香味浓郁独特。

1990 年，阿克苏市林业发展由用材林转向果品林，鼓励农民在承包的林地种植果树。当年，农民在原有 0. 11 万公顷果园的基础上，加强果树栽植力度，引栽红富士等优质苹果和库尔勒香梨、红枣、核桃等优质品种，全年总产果品 0. 96 万吨。

1996 年，新植苹果、梨树、核桃 0. 20 万公顷，全市果园面积进一步扩大，总面积 0. 44 万公顷，总产量 2. 71 万吨。

2001 年，开始实施“三北”四期工程，林木种植转为向生态经济林方面发展。

2007 年，阿克苏市在调整林果种植结构中，瞄准核桃栽培。市、乡政府投入近千万元，用于新品种的引进、推广和技术培训、技术服务等，开通林果科技“110”热线服务，建立科技特派员制度，建立优质核桃示范、繁育、推广基地。全市林果面积 2. 52 万公顷，其中核桃栽培总面积 0. 88 万公顷，产量 4000 余吨，远销深圳、广州、上海等地，总收入达 1 亿元，核桃种植户人均收入达 1600 元。

2010 年，阿克苏市将低产果园及老果园改造更新为高产优质新品种，形成以红枣、核桃为主，香梨、苹果为辅的特色林果基地，使经济林向高产、优质、高效的方向发展。红枣种植成为阿克苏市林果业的一大亮点。实施“矮密早”红枣栽培模式，培训果农 2. 3 万人次。年末，阿克苏市果树种植面积 4. 11 万公顷，其中红枣 2. 33 万公顷、核桃 1. 01 万公顷、苹果 0. 31 万公顷、香梨 0. 4 万公顷、其他 0.06 万公顷；总产果品 24.08 万吨，其中红枣 3.43 万吨、核桃 1.29 万吨、苹果 8.46 万吨、香梨 9.08 万吨。以红枣、核桃、苹果、香梨为主的特色林果业格局的形成，成为农民收入新的增长点，林果业收益获历史性突破。

2012 年，阿克苏市以环塔里木盆地 80 万公顷特色林果业基地建设为契机，以建设中国枣园、中国红富士苹果之乡为目标，实施 3.46 万公顷优质特色林果发展战略，以林果提质增效工程为抓手，调整产业结构，通过抓点联线扩面，强化基地精细化管理，培育和扶持龙头企业，使特色林果业真正成为农民脱贫致富的支柱产业。

2014 年，阿克苏市有林果加工企业 46 家，其中国家级农业产业化龙头企业 1 家，自治区级农业龙头企业 10 家，地区级农业产业化重点龙头企业 27 家；在工商局注册的林果农民专业合作社达 146 家，其中林果示范社 23 家，已注册商标的合作社 46 家，获得有机、绿色、无公害等“三品”认证的农民合作社 23 家，获得国家驰名商标的合作社 1 个，具有储藏、保鲜能力的企业、合作社 31 家，果品加工能力达到 49.2 万吨，保鲜能力达到 35 万吨；农民合作社生产、加工的果品销往全国 24 个大中城市，23 家合作社已开展农超对接、农社对接。

2016 年，全市林果业面积 4.6 万公顷，其中红枣 1.78 万公顷、核桃 1.61 万公顷、苹果 0.74 万公顷、香梨 0.37 万公顷、其他 0.1 万公顷。挂果面积 4.03 万公顷，总产果品 45.91 万吨，其中红枣 1.75 万公顷、产量 11.93 万吨，平均每公顷产 6805.5 千克；核桃 1.43 万公顷、产量 3.01 万吨，平均每公顷产 2100 千克；苹果 0.43 万公顷、产量 16.01 万吨，平均每公顷产 37.5 吨；香梨 0.37 万公顷、产量 14.02 万吨，平均每公顷产 37.5 吨；其他 0.04 万公顷、产量 0.93 万吨。实施果树标准化管理 2.33 万公顷，建立两级示范园 281 个，总面积 0.28 万公顷，其中高产高效示范园 130 个 0.14 万公顷，低产示范园 151 个 0.13 万公顷。实现林果业总收入 28.17 亿元，林果业人均纯收入达到 7439.38 元，占农民人均纯收入的 47.8%。

## 第二节　传统果园改造

1990 年，是阿克苏市林业发展由用材林转向果品林的关键时期，阿克苏市委、市政府鼓励农民在承包的林地种植果树。到 1996 年，在政府的引导宣传下，阿克苏市林果业面积由 1990 年的 0.11 万公顷发展到 0.44 万公顷。

2004 年，市委、市政府调整优化林果产业结构，实施林果提质增效工程，特色林果面积得到快速扩张，基地管理水平不断提升，为发展林果产业创造良好的环境。

2006 年，阿克苏市为确保林果业的稳产优质发展，推行大树改造修剪技术，解决果树内膛光照不足、下部枝条衰弱枯死、结果部位不断外移、结果枝和营养枝发展失衡等问题。

2009 年，阿克苏市以老果园改造为核心，宣传引导果农观念转变，先后组织种植大户、企业、合作社、果农，学习老果园标准化间伐改造技术，提出品种改良、间密补缺、科学施肥、合理修剪、花果管理、病害防治、合理间作及建立灾害预防机制的改造措施。

2013 年，阿克苏市对园相不齐、产量较低的 0.65 万公顷红枣、0.43 万公顷核桃进行改造，建立领导干部双向示范园，即高产高效示范园及低产低质示范园。实施果树标准化管理，建立两级示范园。通过双向示范园建设，辐射推动标准化生产，巩固林果基地管理水平不断提升。

2016 年，阿克苏市加大丰产果园疏密改造，对进入丰产期的红枣、核桃，按照规范建园模式，在确定有效株数、保证产量不降低的前提下，对过密株及时进行疏密处理，将移除的苗木按照品种、大小分类，用于对缺株断垄地块的补植补造工作。发展林下经济，推动种植业结构由粮经二元结构向粮经草（特色作物）三元结构加快转变，推广林—草—畜（禽）种养模式，促进林下经济特色作物品种结构优化和农、林、牧协调发展。

## 第三节　果树基地建设

1990 年，阿克苏市的果园主要分布于各乡镇。

1992 年，全市林果业面积 0. 17 万公顷，其中苹果面积增长最快，达 510. 13 公顷，主要集中在依干其乡、喀拉塔勒镇。

1995 年，全市林果业面积 0. 29 万公顷，其中苹果面积 0. 15 万公顷，主要分布在依干其乡、喀拉塔勒镇、阿依库勒镇；香梨 0. 09 万公顷，主要分布在阿依库勒镇、依干其乡。至 1998 年，阿克苏市林果业经过不断扩张，面积达 0. 33 万公顷，其中香梨面积达 0. 09 万公顷，苹果 0. 17 万公顷。

2000 年，阿克苏市大规模建香梨园，形成 0. 1 万公顷以喀拉塔勒镇和拜什吐格曼乡为重点的香梨生产基地。

2005 年，阿克苏市建设以红枣、核桃为主的 23. 33 万公顷特色林果基地。红枣、核桃面积迅速扩张，红枣主要集中在阿依库勒镇，面积达 0. 23 万公顷。

2008 年，全市香梨挂果面积 0. 21 万公顷，香梨总产量 6. 08 万吨。根据《地理标志产品保护规定》，国家工商总局发布《关于批准对清原龙胆、国胜茶、汉中附子、阿克苏红枣、阿克苏核桃实施地理标志产品保护的公告》，阿克苏红枣、核桃成为地理标志保护产品。

2010 年，全市香梨总面积 0. 4 万公顷，其中依干其乡 0. 04 万公顷、拜什吐格曼乡 0. 15 万公顷、喀拉塔勒镇 0. 15 万公顷、托普鲁克乡 0. 01 万公顷、库木巴什乡 20 公顷、阿依库勒镇 106. 67 公顷、良种场 46. 67 公顷、库克瓦什 193. 33 公顷。在香梨基地建设过程中，通过落实定植模式，普及推广幼龄香梨园综合配套栽培技术和低产香梨园改造综合配套栽培技术，建立市、乡、村三级香梨科技示范园与培训网络和技术服务体系以及质量管理年、时限考核、百分责任目标验收与奖励等有效管理措施，使基地香梨园管理技术指标、生长技术指标均达到较高的水平。全市红枣种植基地建设规模达 2. 33 万公顷，其中依干其乡 0. 01 万公顷、拜什吐格曼乡 0. 45 万公顷、喀拉塔勒镇 0. 74 万公顷、托普鲁克乡 0. 27 万公顷、阿依库勒镇 0. 45 万公顷、良种场 3. 67 公顷、城区 0. 40 万公顷。核桃种植基地建设规模达 1. 02 万公顷，其中依干其乡 0. 06 万公顷、拜什吐格曼乡 0. 17 万公顷、喀拉塔勒镇 0. 26 万公顷、托普鲁克乡 0. 17 万公顷、库木巴什乡 0. 34 万公顷、阿依库勒镇 93. 33 公顷、良种场 100 公顷、库克瓦什 46. 67 公顷。

2016 年，阿克苏市林果业总面积 4. 6 万公顷，其中红枣 1. 78 万公顷，核桃 1. 61 万公顷，香梨 0. 37 万公顷，苹果 0. 74 万公顷，其他鲜食果树 0. 1 万公顷。

## 第四节　病虫害防治

随着防风固沙防护林建设及经济林的逐年发展，从1990年，阿克苏市将境内林木虫害分为平原人工林木病虫害和特色林果业病虫害，共9目、17科、175种。

### 一　平原人工林木病虫害

（一）平原人工林木虫害

**杨毒蛾**　阿克苏市各乡镇场均有分布，一年三代，蔓延快，危害大，危害杨树。

**杨盾蚧**　阿克苏市各乡镇场均有分布，轻度危害。

**蓝叶甲**　阿克苏市各乡镇场均有分布，危害杨树、柳树。

**春尺蠖**　阿克苏市各乡镇场均有分布，是阿克苏市主要人工林木虫害，主要危害杨树、胡杨、苹果、核桃、香梨等经济林木。

**桃条麦蛾**　阿克苏市各乡镇场均有分布，主要危害桃树、杏树。

**杨白潜夜蛾、杨梦尼夜蛾、白杨头刺蛾**　阿克苏市各乡镇场均有分布，主要危害钻天杨。

**蚜虫**　阿克苏市各乡镇场均有分布，主要危害柳树、榆树。

**卷叶蛾**　阿克苏市各乡镇场均有分布，主要危害沙枣树、柳树、杨树。

**榆叶蝉**　阿克苏市各乡镇场均有分布，危害轻，主要危害榆树、新疆杨幼苗。

**沙拐枣木虱**　阿克苏市各乡镇场均有分布，主要危害沙拐枣。

**沙枣蛀干螟**　阿克苏市各乡镇场均有分布，主要危害沙枣树。

（二）平原人工林木病害

有15种，叶部病害有杨树褐斑病、杨树斑枯病、杨锈病、柳树毛毡病、榆叶黑斑病。

枝干部病害有杨柳腐烂病、沙枣腐烂病、桑树腐烂病、杨树心腐病、杨树破腐病、柳树丛树病、文冠果根茎腐烂病。

果实病害有沙枣黑斑病。

### 二　特色林果业病虫害

（一）特色林果业虫害

阿克苏市林果业病虫害在各乡镇场均有分布，主要有春尺蠖、杨梦尼夜蛾、蓝叶甲、杨二尾舟蛾、孤目大蚕蛾、苹果全爪螨、李始叶螨、土耳其斯坦叶螨、白杨透翅蛾、皱小蠹、杨十斑吉丁虫、双条杉天牛、苹果蠹蛾、梨小食心虫、桃小食心虫、桃条麦蛾、杨片盾蚧、橄榄片盾蚧、吐伦球坚蚧、糖槭蚧、红枣大球蚧、草履蚧、梨园蚧、梨茎蜂、香梨优斑螟、杏仁蜂、梨木虱、大青叶蝉、沟框象、黄刺蛾、枣叶瘿蚊等33种。

（二）特色林果业病害

特色林果业病害主要有果树腐烂病、病毒病、流胶病、褐斑病、枣疯病、苦痘病、白粉病、黄化病、缺素症、果树冻害。

## 三 防治措施

以药物防治为主，配合以物理防治和天敌防治。

（一）物理防治

深翻土地，铲除杂草，防止害虫寄生。用黑光灯捕杀害虫。树干涂抹石灰水或缠绕塑料膜。

（二）天敌防治

阿克苏市林木虫害天敌有 9 目 40 种。捕食性昆虫有螳螂、蜻蜓、草蛉、瓢虫、虎虫甲、步甲虫、猎蝽、食蚜蝇、食虫虻、胡蜂等。捕食寄生性昆虫有膜翅目的寄生蜂类，有小蜂科跳小蜂科、小蚕蜂科、姬蜂科、双翅目寄蝇科。食虫鸟类有山鹊、乌鸦、燕子、麻雀。

（三）药物防治（化学防治）

1. 春尺蠖

药剂防治幼虫于 3 龄前。使用药剂如 50% 以马拉硫磷乳油 1000 倍液，或 2.5% 敌杀死乳油 3000 倍液。

2. 苹果蠹蛾

严格执行检疫条例。果树休眠期，刮除老翘树皮，填补树洞树缝，涂抹粘虫胶、束纸诱集等。药剂防治有 2.5% 敌杀死或 5% 来福灵乳油 2000 倍液，80% 敌敌畏乳油加 40% 乐果乳油 2∶1 混合液 2000 倍液，10% 天王星乳油或 95% 巴丹可湿性粉剂 3000 倍液，2.5% 功夫乳油 2500 ~ 3000 倍液。

3. 梨小食心虫

早春，使用性诱剂诱集成虫，既可以准确测报，又可以消灭一部分雄虫。药剂种类参见苹果蠹蛾。

4. 苹果全爪螨、李始叶螨、土耳其斯坦叶螨

用诱集带进行人工诱杀。药剂防治有 45% 晶体石硫合剂 300 倍液，5% 尼素朗乳油 1000 ~ 2000 倍液，15% 扫螨净乳油或 73% 克螨特乳油 3000 倍液，10% 天五星乳油 4000 ~ 5000 倍液，20% 螨卵酯可湿性粉剂 800 ~ 1000 倍液。

5. 吐伦球坚蚧、糖槭蚧、红枣大球蚧、草履蚧、梨园蚧

树休眠期结合冬季修剪，春、夏季结合疏花疏果，剔除受害较重的虫口密度大的枝条，并集中烧毁。药剂有喷洒 5 波美度石硫合剂溶液或 45% 晶体石硫合剂 300 倍液；2.5% 敌杀死乳油或 20% 灭扫利乳油 400 倍液，速灭杀丁 3000 倍液，10% 氯氰菊酯乳油 2000 倍液，40% 速扑杀乳油或乐果乳油 1000 倍液。

6. 梨木虱

清园，降低越冬虫口基数。化学防治有 3 月上中旬梨树开花前喷 5 波美度石硫合剂，或用 40% 水胺硫磷 1500 倍液 + 虱螨净 2000 倍液；7 月上旬前后，针对蜜露中的潜伏若虫先用洗衣粉 500 倍液喷洗蜜露，经数小时叶面干后，再用 22% 敌木虱乳油 200 倍液、20% 扑虱灵乳油 1000 倍液、20% 梨虱霸乳油 1500 倍液或 20% 叶蝉散乳油 800 倍液喷雾。

7. 枣叶瘿蚊

黄板诱杀成虫。4 月下旬至 5 月上中旬，选用 25% 辛硫磷乳油 1000 倍液，90% 的敌百虫乳油 1000 倍液地面喷 1 ~ 2 次药；树冠喷药：枣树萌芽前在枣园树体喷洒 5 波美度石硫合剂，在枣树萌

芽而尚未展叶时，喷洒10%吡虫啉乳油3000倍液、0.3%印楝素乳油3000倍液或48%乐斯苯乳油2000倍液防治第一代幼虫。

8. 梨茎蜂

5月上旬剪除被害树枝并烧毁。药剂防治喷施0.5%印楝素乳油2000~3000倍液，或1.2%苦烟，或乳油1000倍液。

9. 果树腐烂病

清除菌原，及时焚烧。药剂防治：早春发芽前应全树喷40%福美胂可湿性粉剂100倍液，也可用5%水剂菌毒清20~50倍液，或配方为甲基托布津:福美胂:凡士林油为（1:1:8）的托福油膏等。

10. 枣疯病

枣树发芽后结合防治其他害虫喷杀虫剂，喷0.3%印楝素乳油2000倍液加复果1000倍液，或喷20%灭杀丁2000倍液加复果1000倍液进行防治，用抗菌土霉素、盐酸四环素等，同时选用抗病品种也是预防枣疯病的最好方法。

11. 流胶病

化学防治：果树落花后和林木新梢生长期各喷1次浓度为0.2% ~0.3%的比久（B9）溶液，可抑制流胶病发生；喷洒0.01% ~0.1%矮壮素，促进枝条木质化，可减少流胶病发生。

## 四 防治措施及效果

1990年，阿克苏市开展林木虫害普查，把防治重点放在严重危害平原人工林的虫害上。

1991年，阿克苏市成立森防站，主要承担森林病虫害防治、检疫法律法规和规章的行政执法，进行森林病虫害发生的预测预报，开展森林植物检疫，组织森林病虫害防治的科学研究和技术推广，从事森林病虫害防治的技术指导和服务工作。

1993年，阿克苏市林木病虫害严重，以春尺蠖、天幕毛虫、蚧壳虫为主。市林业部门采取分工负责、统一行动的措施，将15台高压喷药器全部配发到各乡林管站，病虫害得到有效防治。

1995年，阿克苏市森林病虫害防治检疫站成立，自治区林业厅配备2.5吨喷雾器汽车。当年对全市所有虫害发生的林带喷药，共投入资金5万元，有3辆打药汽车、20台拖拉机投入喷药工作，参加人数2300人，用药品2600千克。

2000年，阿克苏市对林木病虫害防治确定谁受益、谁防治的原则，并将防治责任落实到人和田间的每一片（条）林带，将林木病虫害程度降到最低的限度。

2005年，阿克苏市天幕毛虫、春尺蠖、蓝叶虫甲、蚜虫大面积发生。对此，在依干其乡召开防治现场会，要求国家、集体、个人同时参加，各乡镇场配合，以综合防治为主，在短时间内有效防止害虫的扩大蔓延。

2008年，市林业局设立5个检测点，重点监测春尺蠖、红枣大球蚧、苹果蠹蛾等严重的病虫害。释放赤眼蜂133.33公顷，释放捕食螨面积24公顷。果树束膜面积3482.67公顷，涂抹粘虫胶666.67公顷。使用频振式杀虫灯2310盏。通过筑巢引雀工程，新建麻雀塔550个，在房顶上修建麻雀窝3550户。组织森防及种苗检疫人员深入各乡镇对苗圃进行产地检疫，种苗产地检疫率100%。开展果树病虫害测报，准确率达97.6%，成灾率0%，无公害防治率82%。

2010 年，阿克苏市林业局发放森林病虫害防治宣传单 1500 余份，利用广播播放累计达 100 余小时。成立 8 支机防队伍，总人员 579 人。有大小型机械 1321 台，防治作业面积 1000 余公顷。完善 6 个自治区级林果有害生物虫情测报点及 1 个测报站，发布各类林果病虫害预测预报 9 期，180 余份。喷施石硫合剂 31926.67 公顷，喷施庭院 1.85 万户。人工释放赤眼蜂防治食心虫总面积 533.33 公顷，检疫苗木 75 万株，面积 40 公顷，苗木产地检疫率 100%。

2016 年，全市共建立两级示范园 281 个，总面积 2893 公顷。喷施石硫合剂 4.08 万公顷，完成束膜面积 2.28 万公顷，共悬挂杀虫灯 6700 盏、黄板 102 万张、糖醋液罐 2.5 万个，修整防水圈 1.91 万公顷。全市 7 个测报监测点发布各类林果病虫害预测预报 12 期 360 份，及时指导果农开展病虫害防治工作。按照虫情测报信息，开展枣瘿蚊、红蜘蛛等病虫害统防统治工作，发挥林果业服务队作用和职能。全市完成红枣枣瘿蚊统防 1.67 万公顷，红枣、苹果、香梨红蜘蛛统防 2.7 万公顷，苹果、香梨食心虫防治面积 6667 公顷。2016 年飞机防治枣瘿蚊、核桃黑斑蚜林果病虫害 1 万公顷，防治效果良好。

## 第五节　特色林果

### 一　红枣

阿克苏市红枣主要品种为灰枣、骏枣，都属于干鲜兼用型，具有抗寒性强、遗传性稳定、早产早丰等特性。骏枣果实大，圆柱形或长倒卵形，平均果重 22.9 克，最大果重 36.1 克，大小不均匀；果肩较小，略耸起，梗洼较深、中广，果顶平，果柄较粗长，果面光滑，果皮薄，深红色；果肉厚，白色或绿白色，质地略松脆，汁液中等，稍具苦味，含可溶性固形物 33%，可食率 96.3%，品质上等，适宜制干、加工醉枣和蜜枣；果核重 0.85 克，30% 核内含有种子。灰枣果实长倒卵形，胴部稍细，略歪斜，平均果重 12.3 克，最大果重 13.3 克；果肩圆斜，较细，略耸起，梗洼小，中等深，果顶广圆，顶点微凹，果面较平整；果皮橙红色，白熟期前由绿变灰，进入白熟期由灰变白；果肉绿白色，质地致密，较脆，汁液中多，含可溶性固形物 30%，可食率 97.3%，适宜鲜食、制干和加工，品质上等，出干率 50% 左右。干枣果肉致密，有弹性，受压后能复原，耐贮运；果核较小，含仁率 4% ~5%。阿克苏市红枣 4 月中旬萌芽，5 月下旬始花，9 月中旬成熟采收，果实生育期 100 天左右。

1990 年，阿克苏市红枣种植面积较少，有 12 公顷左右。品种以新郑灰枣、骏枣及赞新、冬枣等为主。

1995 年，全市红枣面积 152 公顷，红枣总产量 60 吨，品种主要是从地区引种栽植的 10 多个品种，此时也是阿克苏市寻找适宜品种的一个关键时期。

1998 年，全市红枣面积 68 公顷。此时主要品种为灰枣、骏枣，是从地区引种栽植的多个红枣品种中经过市场、产量、品质、效益等多方对比后优中选优筛选出来的。

2000 年，阿克苏市红枣由于含糖量高、口感好、个头大受到群众的喜爱，红枣面积逐年扩张，产量也因引进新技术、管理趋于精细化而逐渐增加。到 2004 年，全市红枣面积 0.22 万公顷，产量 1568 吨。

2006 年，阿克苏市开始试点推行高密度种植模式，因所需成本较高，主要通过招商引资方式或本地集体土地承包大户出资推行。红枣种植模式有多种，一般采用枣棉间作、枣农间作、高密植建园等。为兼顾农民当年收益，阿克苏市探索出尽快实现果树早产早丰，提高土地利用率，全面推广红枣 1×1.5 米高密度栽培模式，4×1.5 米果棉间作模式。为提高单位面积效益，增加有效株树，对稀植果园进行加密补植，使红枣每公顷有效株数达 1650 株以上，同时，大胆尝试“矮密早”栽培模式，探索红枣每公顷 6600 株的高密度矮化栽培模式。2007 年 11 月，“新疆天枣”——红枣亩产量创大世界基尼斯之最，获上海基尼斯总部颁发的《大世界基尼斯之最》证书。2009 年，阿克苏市“矮密早丰”红枣科技核心示范园，每公顷产量 39163.5 千克，创造吉尼斯世界纪录并获得证书。

2013 年，阿克苏市红枣面积达 1.67 万公顷，基本处于红枣规模最大时期，全市红枣总产量 9.17 万吨。

2014 年，受整个市场经济下行压力的影响，农产品市场销售不畅，果品销售价格走低，尤其是红枣销售价格持续低迷，直接影响农民果树管理和果园投入的积极性，到 2016 年底全市红枣面积 1.78 万公顷。

**表 10－7　1990～2016 年阿克苏市红枣面积及产量统计表**

| 年份 | 面积(公顷) | 产量(吨) | 年份 | 面积(公顷) | 产量(吨) | 年份 | 面积(公顷) | 产量(吨) |
|---|---|---|---|---|---|---|---|---|
| 1990 | 12 | 48 | 1999 | 41 | 69 | 2008 | 14728.2 | 16157 |
| 1991 | 14.4 | 50 | 2000 | 40 | 67 | 2009 | 15527.33 | 16762 |
| 1992 | 21 | 58 | 2001 | 51 | 71 | 2010 | 16662.47 | 39975 |
| 1993 | 30 | 35 | 2002 | 619 | 2360 | 2011 | 16351.53 | 59685 |
| 1994 | 148 | 98 | 2003 | 444 | 1066 | 2012 | 16312.33 | 76925 |
| 1995 | 152 | 60 | 2004 | 2216 | 1568 | 2013 | 16760 | 91706 |
| 1996 | 153 | 70 | 2005 | 2955 | 1732 | 2014 | 16215.27 | 135481 |
| 1997 | 69 | 65 | 2006 | 7935 | 2019 | 2015 | 19833.33 | 119107 |
| 1998 | 68 | 66 | 2007 | 14535 | 14954 | 2016 | 17837.67 | 119354 |

## 二　核桃

阿克苏市核桃以温 185 为主栽品种，皮薄，仅 0.88 毫米，易取整仁，嫁接第二年就开始结果，出油率高，品质优良，适合密植栽培，授粉树种选择新新 2，壳厚 1.22 毫米，易取整仁，结果早，品质优良，也可作为主栽品种。其次选择扎 343、新丰作为补充品种。

1990 年，阿克苏市核桃种植面积 124.33 公顷。1992 年，随着人民生活水平不断提高，核桃内需迅速扩大，生产前景广阔，核桃生产发展迅速，面积达 164.8 公顷。

1998 年，全市核桃面积 204.53 公顷，主要集中在库木巴什乡。该乡被称为中国核桃之乡。

2001 年，阿克苏市按照适地适树的原则，科学规划发展区域，坚持因地制宜的原则，选择、确定扎 343、新丰、温 185、新新 2 号为适栽品种。年末，全市核桃面积 304.27 公顷。

2004 年，阿克苏市按照上规模、抓管理、增效益、树品牌的思路，引导农民发展以核桃为主的优质特色林果业，推广绿色有机果品生产技术，打造名优特果品品牌。2006 年，核桃成为阿克苏主要果树品种之一。2008 年，国家工商总局核准阿克苏核桃地理标志证明商标。

2013 年，阿克苏市为发展壮大核桃产业，组织农民进行核桃种植和核桃产业开发，采取财政贴息、税收优惠等激励政策，培育壮大龙头企业、专业合作组织。

2016 年，全市核桃种植面积达 1.61 万公顷。全市各乡镇核桃管理由技术人员统一牵头，指导农民开展修剪、摘心、病虫害防治等工作。

**表 10－8　1990～2016 年阿克苏市核桃面积及产量统计表**

| 年份 | 面积(公顷) | 产量(吨) | 年份 | 面积(公顷) | 产量(吨) | 年份 | 面积(公顷) | 产量(吨) |
|---|---|---|---|---|---|---|---|---|
| 1990 | 124.33 | 305 | 1999 | 193 | 279 | 2008 | 4774.67 | 6010 |
| 1991 | 157.07 | 320 | 2000 | 224.53 | 439 | 2009 | 5508.67 | 7541 |
| 1992 | 164.8 | 330 | 2001 | 304.27 | 589 | 2010 | 10160 | 12946 |
| 1993 | 171.2 | 350 | 2002 | 312.2 | 427 | 2011 | 10458 | 14689 |
| 1994 | 197.07 | 517 | 2003 | 372.13 | 557 | 2012 | 10615.6 | 15732 |
| 1995 | 200.67 | 649 | 2004 | 510.27 | 775 | 2013 | 15440 | 16953 |
| 1996 | 193.6 | 626 | 2005 | 584.2 | 809 | 2014 | 15501.13 | 20808 |
| 1997 | 210.13 | 656 | 2006 | 1780.33 | 2330 | 2015 | 15690.87 | 24183 |
| 1998 | 204.53 | 531 | 2007 | 2550.27 | 3661 | 2016 | 16108.67 | 30132 |

## 三　香梨

阿克苏香梨皮薄肉细，汁多味甜，酥脆爽口，香味浓郁独特，极耐贮藏。果农采收后，置于无人居住的房间或土窖中，到第二年春（3、4 月）不霉不烂，不发绵，而且变得更加金黄诱人，香气浓郁。在具备冷库和冷藏运输条件下，可实现季产年销，周年供应。香梨平均果重 110 克左右，果形不规则，多为倒卵圆形或纺锤形，萼洼凹或凸，萼片脱落或宿存，近果心膨大为肉质。果面光滑或有纵沟，蜡质厚，成熟后果皮青黄色、阳面微带红晕，果肉白色，质细酥脆，汁多，近果心微酸，耐贮藏。

1990 年，阿克苏市处在香梨种植的探索阶段，种植面积 216 公顷。

1998 年，阿克苏市为促进管理，形成优质香梨标准化管理基地 1000 公顷。

2004 年，香梨优斑螟危害严重，制约香梨产业发展。2005 年开始利用糖醋液诱杀及物理防治技术，取得较好的防治效果。

2008 年，阿克苏市被国家质量监督局和国家工商局核定为库尔勒香梨原产地。全市香梨挂果面积 2000 公顷，香梨总产量 6.08 万吨。

2010 年，阿克苏市通过普及推广幼龄香梨园综合配套栽培技术和低产香梨园改造综合配套栽培技术，取得一定成效。

2013 年，阿克苏市为规范香梨管理技术，建立市、乡、村三级香梨科技示范园与培训网络和技术服务体系，以及质量管理、时限考核、百分责任目标验收与奖励等有效管理措施，使基地香梨园管理技术指标、生长技术指标均达到较高的水平。

到 2016 年，香梨储藏、保鲜能力明显提高，其中具有储藏、保鲜能力的企业、合作社 31 家，果品加工能力达到 49.2 万吨，保鲜能力达到 35 万吨。

表 10 －9　1990 ~2016 年阿克苏市香梨面积及产量统计表

| 年份 | 面积(公顷) | 产量(吨) | 年份 | 面积(公顷) | 产量(吨) | 年份 | 面积(公顷) | 产量(吨) |
|---|---|---|---|---|---|---|---|---|
| 1990 | 216 | 628 | 1999 | 998 | 6931 | 2008 | 3847 | 60888 |
| 1991 | 196. 2 | 539 | 2000 | 1990 | 8583 | 2009 | 3648. 67 | 108614 |
| 1992 | 250. 4 | 726 | 2001 | 2641 | 11696 | 2010 | 4024. 6 | 115323 |
| 1993 | 767 | 2291 | 2002 | 2810. 33 | 18402 | 2011 | 4482. 33 | 114286 |
| 1994 | 875 | 4191 | 2003 | 3176. 33 | 19983 | 2012 | 4285. 73 | 104630 |
| 1995 | 944 | 5043 | 2004 | 3432. 67 | 23756 | 2013 | 3480 | 120600 |
| 1996 | 940. 07 | 5610 | 2005 | 3673. 67 | 23830 | 2014 | 3485. 8 | 128770 |
| 1997 | 882 | 10649 | 2006 | 3795. 67 | 24034 | 2015 | 4327. 2 | 138810 |
| 1998 | 978. 67 | 6764 | 2007 | 3356. 67 | 38824 | 2016 | 377. 27 | 141090 |

## 第六节　林果企业

2001 年，阿克苏市为满足林果业发展需求，成立世纪中天实业发展有限公司、阿克苏市安利达果业有限责任公司、新疆恒丰糖业有限公司 3 家林果业企业，推动阿克苏市林果业产业化发展进程。经过几年的发展，到 2009 年，全市林果企业 15 家，林果业农民专业合作社 20 家。

2010 年后，阿克苏市主要发展林果产业，提高红枣种植、加工生产、外销渠道，有效提高红枣深加工能力，提升红枣产品的科技含量，增强红枣的市场竞争能力。

2011 年，阿克苏市有林果业龙头企业 12 家，这些企业大多数以筛选、分级、烘干、精细包装的粗加工为主，也有一些企业具有一定规模。

2012 ~2016 年，阿克苏市重点扶持林果业龙头企业，实施自治区特色林果业项目。阿克苏市疆南农民专业合作社实施的阿克苏市疆南枣业加工能力建设项目，建成 1000 平方米红枣加工生产线、66. 67 公顷红枣种植基地，建立以阿克苏农副产品为主的电子商务交易平台，形成种植、加工、销售、电商网销平台，带动红枣加工生产体系；阿克苏地区天山枣业公司实施的阿克苏地区天山枣业红枣酒生产加工项目，加工红枣酒初级专业生产线，改扩建 4 公顷生产车间，年产 2000 吨干红枣专业生产线；阿克苏戈壁枣业农民专业合作社实施的阿克苏市红枣加工能力转化建设项目，完成温控烘干房、冷库建设、加工生产线。

2012 年开始，阿克苏市林业局开展中央财政林业贷款贴息资金的申报工作，是年申报贷款额 6500 万元。至 2016 年，申报林业贷款额增长至 4. 5 亿元。

2014 年，阿克苏市立足林果资源优势，以质量、安全、效益为重点，加快实施林果业提质增效工程。实现果品质量效益提高的同时，全面提升林果产品的加工转化能力，以培育壮大果品加工龙头企业为重点，突出发展特色果品为主的精深加工业。阿克苏市林果加工及销售按照“三个一批”（一批客商及经纪人通过原果销售；一批果品通过当地企业、合作社收购、加工销售；一批果品农民通过让当地企业、合作社进行代加工、代储藏，等待果品市场行情好转时再进行销售）的方式进行。

2016 年，阿克苏市有林果产品加工企业、合作社 50 家，形成 49. 2 万吨的果品加工能力，具有储藏、保鲜能力的企业、合作社 31 家，果品储藏、保鲜能力达 35 万吨。林果加工企业中，国家级农业产业化龙头企业 1 家，自治区级农业龙头企业 10 家，地区级农业产业化重点龙头企业 27 家。在工商局注册的林果农民专业合作社 146 家，其中林果示范社 23 家，已注册商标的合作社 46 家，获得有机、绿色、无公害等“三品”认证的农民合作社 23 家，获得国家驰名商标的合作社 1 个，农民合作社生产、加工的果品销往全国 24 个大中城市，23 家合作社已开展农超对接、农社对接。

# 第六章　林业资源保护

## 第一节　森林防火

1991 年 6 月，阿克苏市森林防护办公室成立，有空台力克和和田河故道管护站 2 个管护站。1992 ~ 2000 年，市森林防护办公室广泛宣传《中华人民共和国森林法》《森林防火条例》等森林防火法律、法规，提高群众森林防火的法律意识。

由于森林资源地处沙漠，在管护过程中一般交通工具不能有效及时发挥消防指挥、检查监管等作用，2011 年，市林业局为提高应对森林火灾的能力和效率，成立森林消防队，总人数 23 人，队员由市林业局“三防办”和两个管护站护林员抽调组成，防护面积 2.63 万公顷。队长由森林公安派出所所长担任，配备有值班电话 1 部、车辆 1 辆、对讲机 4 部、风力灭火机 10 台、水枪 4 支及油锯、GPS 和常规扑火工具等，队员服装等劳保用品及其他随身装备统一配发到位。消防队先后建立健全《消防队长职责》《消防队员职责》《请销假制度》《学习培训制度》《值班制度》等规章制度，制定《防火工作预案》等。

## 第二节　野生动物保护

1991 年 6 月，阿克苏市成立野生动植物保护管理办公室。按照野生动物保护法和上级有关部门安排，不定期对阿克苏市辖区公益林管护区域进行检查与摸排，加大爱护和保护野生动物工作宣传力度。

1993 ~ 1995 年，市野生动植物保护管理办公室加强对野生动植物资源的保护管理，坚决打击各种破坏野生动植物资源的违法行为。有针对性地开展巡山管护，涉及水库的乡（镇）在候鸟迁飞季节开展库区周边重点巡护，集中力量打击猎杀鸟类的行为。

1998 年，市野生动植物保护管理办公室对野生动物栖息地的乡（镇）采取不定期的巡护，重点开展清理猎夹、猎套，捣毁陷阱、收缴非法猎捕工具的专项活动，确保辖区野生动物资源安全。

2001 年，对涉及辖区野生植物较多的乡（镇），落实专人加强巡护；林区森林管护站及保护区认真履行巡山管护职责，发现问题及时报告，确保辖区野生动植物安全。

2006 年，市森林公安、资源林政、野生动植物保护管理办公室加强配合，严厉打击盗伐林木、乱占林地和非法猎捕（捕捉）、出售、收购、运输、经营野生动物及其制品的违法犯罪，处理涉及案件5起。

2009 ~2011年，市野生动植物保护管理办公室加大宣传《国家重点保护野生动物驯养繁殖许可证管理法》等法律法规，规范驯养繁殖，严控疫源疫病，加强辖区内野生动物养殖管理。大力宣传林木资源保护、植树造林、打击毁林犯罪、森林防火、病虫害防治等知识及林业法律法规和方针政策。

2013 ~2016年，全面启动湿地保护工程，对全市192.06平方千米的湿地及城郊200公顷的原始胡杨林实行强制性保护。重点围绕湿地保护与恢复、国家级野生动物疫源疫病监测，建立阿克苏河流域湿地国家级野生动物疫源疫病监测站1个，重点对阿依库勒镇艾西曼湖湿地面积1533.33公顷，西湖499.27公顷，阿克苏河两岸湿地5876.56公顷，喀拉塔勒镇阿克库木须水库4600公顷，多浪水库4847.57公顷实施保护。开展保护巡护工作，森林管护站、保护区结合日常巡护，开展重点区域、重点时段巡护，加大保护力度。

## 第三节　自然保护区和生态恢复区管理

2004年，阿克苏市建立阿克苏河流域湿地自然保护区（市级），面积192.06平方千米。

2008年，阿克苏河流域湿地自然保护区生态保护恢复区内伴生有罗布麻、甘草等国家二级保护植物10多种，栖息着金雕、黑鹳、新疆大头鱼等7种国家一级保护动物和塔里木兔、灰鹤等20多种国家二级保护动物，有70余种水禽和候鸟为自治区、地区重点保护动物。

2011年，阿克苏市林业局森林派出所和湿地保护管理站加强对阿克苏河流域天然湿地的监管和越冬期、迁徙期候鸟及禽流感的监控，防止出现破坏湿地、侵占湿地和网鸟、毒鸟、捕鸟及非法收购珍稀鸟类的违法行为。累计出动工作人员2863人次，其中森林公安出动民警521人次，破获1起破坏湿地案件，未发现大面积破坏湿地现象发生。

2013年、2015年，分别争取中央项目资金600万元，实施阿克苏多浪河国家湿地公园湿地保护恢复工程，通过扩渠引水、筑渠引洪等措施，在湿地公园上游扩展水域面积40多公顷，恢复水生植物20余公顷，增加上游3 ~5个来水量，保证多浪河湿地充足用水，为湿地沉沙、净化水体和城市景观用水提供保障。

2014年后，阿克苏市利用气象观测站，收集分析阿克苏多浪河区域气象变化情况，定期公布气象资料；设立鸟类观测点4处，并配有鸟类观测设备，调查分析鸟类迁徙、栖息地、繁殖及生活习性，设有野生动物疫源疫病监测及救护中心1处，先后救治各类国家一、二级保护动物数10只，救治地方保护性鸟类上百只。争取与中国科学院新疆理化技术研究所和中国科学院新疆生态与地理研究所合作，申请立项多浪河退化湿地恢复与功能重建关键技术集成与示范项目。针对阿克苏多浪河湿地过度开发农业和渔业导致的湿地萎缩、水体污染、生物多样性和生态服务功能下降等问题，开展受损湿地植被重建与修复、退耕还湿、退塘还湿、水质修复关键技术集成研发，扩大湿地动物自然栖息地，恢复和提升湿地生态服务功能，为区域内同类湿地的生物多样性保育和生态修复提供科学依据与技术支撑。

2016年，阿克苏市出动工作人员300多人次，在保护区内查处危害野生动物案件70起，其他各类违规行为200余起，预防不利于湿地保护与恢复的行为发生。

## 第四节 天然林资源保护

1990 年后，阿克苏市有 2 个天然林保护站，纳入重点公益林保护的补助面积 0.17 万公顷。阿克苏市天然林资源保护围绕阿克苏市自然生态脆弱的现状，以改善生态环境、提高人民生活质量、实现可持续发展为目标，以科学技术为先导，实现治理与保护、建设与管理并重，生态效益与经济效益和社会效益协调统一，人与自然和谐发展，为构建社会主义和谐社会奠定坚实的基础。主要方式有招聘护林员、修建基础、基层管护设施，加大对采伐、偷伐及过度放牧、偷牧行为监管及惩处力度，避免生态恶化、土地沙化、荒漠化，维护封育成果。至 2016 年，共招聘 258 名专职护林员，有 3 个管护站，有 3 辆巡护车，修建林区道路 100 千米。

## 第五节 林业执法

1991 年 6 月，阿克苏市成立森林防护办公室。每年组织人员对荒漠林进行调查，对砍伐荒漠林以及采挖甘草等行为进行处罚，有效制约对天然林的破坏。针对乱垦滥占林地、乱砍盗伐林木、乱捕滥猎野生动物、乱采滥挖野生植物等破坏森林资源违法行为，相继开展“护绿”“天保”“绿剑”“春雷”“绿盾”“天鹰”等一系列专项打击涉林违法犯罪活动，对保护森林和野生动植物资源、维护林区社会治安秩序、巩固生态成果、保障林业建设事业的顺利进行发挥重要作用。

1998 年，成立市林业公安派出所，林政执法工作得到强化，滥伐和盗伐林木的案件均被及时查处。1999～2007 年，查处各类涉林行政案件 786 件，罚款 73.05 万元，没收木材 106.91 立方米，治安拘留 28 人，责令补种树木 531 株。

2008～2016 年，市森林公安派出所每年派出车辆和人员，对重点公益林区、野生动物栖息越冬场所巡查，查处涉林违法案件 439 件，其中森林刑事案件 18 件，涉案人员 66 人；林业行政案件 357 件，罚款 80.50 万元，涉案人员 264 人。通过对重点公益林区管护人员宣传教育、发放涉林行业法律法规宣传材料等方式，涉林违法行为得到遏制。

**表 10－10 1999～2016 年阿克苏市林业执法情况表**

| 年份 | 处理林业案件（起） | 其中 | | | | 没收林木（立方米） | 行政罚款（元） |
|---|---|---|---|---|---|---|---|
| | | 刑事案件（起） | 涉案（人） | 行政案件（起） | 涉案（人） | | |
| 1999～2007 | 786 | | | | | 106.91 | 730500 |
| 2008 | 64 | 2 | | 62 | | 24.47 | 6590 |
| 2009 | 35 | 4 | 20 | 31 | 36 | 16.516 | 57502 |
| 2010 | 68 | 5 | 7 | 63 | 82 | 22.471 | 109560.4 |
| 2011 | 51 | 2 | 3 | 49 | 56 | 29.151 | 125127.3 |
| 2012 | 64 | | | | | 23.5256 | 148678 |
| 2013 | 49 | 2 | 3 | 47 | 40 | 36.997 | 134665 |
| 2014 | 58 | | | 58 | 50 | 12.22 | 131215 |
| 2015 | 38 | | 33 | 38 | | | 55725 |
| 2016 | 12 | 3 | | 9 | | | 35906.40 |

# 第十一编　阿克苏苹果

阿克苏苹果栽培历史悠久。20世纪90年代初期，阿克苏市城乡大量种植各种各样的苹果树，主栽品种为红玉、青香蕉等老品种。2000年前后，阿克苏开始引进红富士系等一些新品种，经过驯化培育，形成具有独特品质的阿克苏“冰糖心”红富士。产于新疆南部天山南麓塔里木盆地北缘的阿克苏红旗坡农场及周边的阿克苏“冰糖心”苹果，果形为扁平形，平均果重150克，果面光滑细腻、色泽光亮自然，皮薄肉厚、质地较密、味甜汁多、含糖量高，苹果富含丰富的维生素C、纤维素、果胶，先后获亚太经合会48届会议荣誉证书、国家颁发的《绿色食品证书》，国际林业博览会金奖、银奖，国家第二届农业博览会铜奖，“新疆农业名牌产品”“中华名果”称号以及成为北京奥运会指定果品；2014年9月，阿克苏苹果获得中国驰名商标，成为阿克苏乃至新疆的一张亮丽的名片，产品远销新加坡、泰国、马来西亚及中亚各国和地区。

# 第一章 苹果种植和管理

## 第一节 种植环境

阿克苏地处北半球的中纬度地带，属于暖温带大陆性气候，素有“塞外江南”、瓜果之乡的美称，气候干燥、降雨稀少，但上游雪山融水多，水系密布，水流量丰富。阿克苏地势北高南低，光热资源丰富，年平均太阳总辐射量130～141千卡/平方厘米；日照2855～2967小时，无霜期长达227天，昼夜温差20多℃，年均气温7℃～8℃，盆地边缘绿洲区斜坡地形又增加光能的有效利用率。阿克苏的苹果产区基本是沙子地，气温上升的速度快，果子积累热量多，同时降温也快一些，温差的变化，让糖分积累更充分，因此产出的果子果肉密度略大，甜度更高，果子的品相较好。阿克苏苹果采用冰川雪融河水浇灌，果品生长期病虫害发生极少。苹果采摘时间严格控制在每年的10月25日之后，使果核部分糖分凝结于心，堆积成透明状，形成世界上独一无二的“冰糖心”。

阿克苏独特的气候光热资源和区域优势，为阿克苏苹果的发展提供得天独厚的自然条件。

## 第二节 主要品种

阿克苏苹果品种结构调整与优化经过3个重要的发展阶段，每个阶段苹果品种的结构布局都会发生一些新变化，尤其是2000～2012年苹果大发展时期的品种结构变化，奠定阿克苏苹果现有主要栽培品种的基本格局。

2000年，引进红富士优系（烟富3、烟富6等）、蜜脆、粉红女士等。

2007年，红旗坡农场成功选育“新红一号”苹果新品种，并推广种植。

2011年，阿克苏林科所建立1.33公顷苹果资源汇集圃，从内地引进新富1号、早富1号、昌红、华红、寒富、望山红、岳冠、新红等品种（引种试验阶段）。

富士系、元帅系，尤其是富士系，是阿克苏市苹果主栽品种，其栽培面积之和占总面积的80%以上。嘎拉、乔纳金、金冠、秦冠等授粉品种约占总面积的20%。苹果品种结构处在优化调整阶段，主产区良种化程度普遍提高，品种结构有多元化发展趋势。

### 一 富士

阿克苏市20世纪80年代末90年代初开始引入富士。至2016年，富士是阿克苏苹果栽培面积最大的品种。果形呈扁圆形或短圆形，顶端微显果棱。果体呈中、大型，单果重170～220克，许多果实大于250克。成熟时底色近淡黄色，片状或条纹状着鲜红色。果肉淡黄色，细脆汁多，风味浓甜，或略带酸味，具有芳香，品质极上。苹果10月下旬至11月初成熟，极耐贮运。树势中等，结果较早、丰产。阿克苏市栽培的富士主要有芽变品种长富2、长富6、秋富、烟富3、烟富6、寒富等，以烟富3、长富2为主栽品种，外形美观、色泽自然、肉质细嫩、香气浓郁、汁多味甜、酸甜适口，尤其是冰糖心因风味独特而享誉海内外。

（一）长富2

1986年，从辽宁省果树研究所引进。晚熟品种，味道好，贮藏性强，树势强健，成枝力较强，萌芽率中等，开花期在4月末至5月初，收获期在10月下旬至11月上旬，单果重300克，最大果重500克以上，果实圆或长圆形，整齐，成熟后着红或鲜红色霞和条霞。果肉质密，较细脆，果汁较多，酸甜适度，芳香味浓，品质极佳，耐贮运。在幼树期，枝条直立生长，随着树龄的增长，逐渐开张，易形成短果枝，结果较早，具有丰产性强的特点。

（二）烟富3号

2003年，由山东选出，系长富2号的浓红型芽变。大果型，单果重245～314克，果实圆形或长圆形，易着色，浓红艳丽，果肉淡黄色，肉质致密甜脆，风味佳。果实成熟期为10月中下旬。

（三）烟富6号

1995年，从惠民短枝富士选出。果实大，单果重253～314克。果实长圆形、端正，色泽浓红，果面光洁。果肉淡黄色，致密脆甜，固形物含量15.2%。果实10月下旬成熟。树势健壮，树姿较直立，树冠紧凑矮小，适于密植。枝条粗壮，节间短，萌芽率高，成枝力稍低，短枝量多。结果早，丰产性好。

（四）寒富

1995年，以东光为母本、富士为父本育成，抗寒品种。寒富苹果果实短圆锥形，果形端正，全面着鲜红色，特别是摘掉果袋经摘叶转果后，果色更美观。单果均重250克以上，最大果重达515克，是苹果当中单果重最大品种之一。果肉淡黄色，肉质酥脆，汁多味浓，有香气，耐贮性强。该品种树冠紧凑，枝条节间短，短枝性状明显，再生能力强，以短果枝结果为主，有腋花芽结果习性。早果性强，定植后第二年见花，第三年即有产量，第四年株产即可达20千克，适于密植栽培。抗逆性强，尤其抗寒性明显超过国光等大型果，抗蚜虫和早期落叶病，较抗粗皮病。果实成熟比国光和富士早。

（五）秋富

1995年引进，该品种树势强健，一般定植后5～6年开始结果，有隔年结果现象。果实近圆形，平均单果重200克，最大果重360克，大小整齐。果实底色黄绿色，全面着浓红，鲜艳。果肉淡黄色，肉脆致密，风味甜，有元帅品种的香气。果汁多。含可溶性固形物13.5%～14%。极耐贮存，在冷藏条件下可贮存至翌年5月。果实10月中旬成熟，果实发育期160天。

（六）宫崎富士

1995年引进，品种性状为主干树皮浅灰褐色，皮面粗糙。多年生枝条浅褐色，皮孔稠密，椭圆形，凸出明显。1年生枝浅灰褐色，较粗壮，节间长约1.82厘米。叶片多为椭圆形，少数卵圆形，先端渐尖，基部圆形，叶片稍有光泽，叶背茸毛多，叶缘平展，呈锯齿状，多单式锐齿。叶柄平均长2.77厘米，基部稍带紫红色。叶芽大，长卵圆形，鳞片紧，茸毛较多。该品种萌芽率高，为68.4%。短枝性状明显，短枝系数为0.6。果实近圆形，平均单果重180克。果面较平滑，果实底色黄绿色，阳面披淡红霞，着色面积为2/3。果点圆形，不明显。梗洼周围有不明显的棱起，萼片直立，闭合，果皮较厚而韧，果实去皮硬度8.70千克/厘米。果汁多，味甜，酸味少，含可溶性固形物13.7%、酸0.537%、维生素C75毫克/千克果肉，食之爽口，微有芳香，品质上等。耐贮性与普通富士相似，一般可贮存5~6个月，贮后肉质不变，风味尤佳。该品种适性强，耐盐碱，丰产性强。

（七）蜜脆

2016年引进，该品种树势中庸、强健、树姿较开张。萌芽率高，成枝力中等。果实圆锥形，果形指数0.88，单果重310~330克，最大果重500克。果实底色黄色，果面着鲜红色，条纹红，色泽艳丽。果点密，果皮薄，光滑，有光泽，有蜡质，果肉乳白色，微酸，甜酸可口，有蜂蜜味，质地极脆但不硬，汁液特多，香气浓郁，口感特别好。果实采收时果实去皮硬度为9.2千克/厘米，含可溶性固形物15.03%。果实成熟期为9月上中旬。蜜脆苹果有采前落果现象，主要原因是中心果柄较短和树势不强等。

## 二　元帅

1975年引进，又名红香蕉。元帅系苹果果实圆锥形，顶部有明显的五棱，果个大，一般单果重250克，大者可达450克。成熟时底色黄绿色，多披有鲜红色霞和浓红色条纹，着色系芽变为紫红色。果肉淡黄白色，肉质松脆，汁中多，味浓甜，或略带酸味，具有浓烈芳香。成熟期为9月中旬，栽种品种以红元帅、红星、新红星、超红等为主。

## 三　金冠

1975年引进，又名金帅、黄香蕉、黄元帅。果个较大，单果重200克。成熟时底色绿黄色，稍贮后，全面金黄色，阳面偶有淡红晕；果皮薄，较光滑，梗洼处有辐射状锈。果肉黄白色，肉质甚细，刚采收时食之脆而多汁，贮藏后稍变软；味浓甜，稍有酸味，芳香气味浓。成熟期在9月中下旬，耐贮运。金冠植株生长中庸，枝条密挤，开张，丰产性佳。

## 四　国光

1975年引进，果实扁圆形或扁圆锥形，果个较小，单果重为140~150克。成熟时底色黄绿色，被有暗红色彩霞和粗细不匀的断续条纹。果肉黄白色，肉质鲜脆，汁多，味酸甜可口。成熟期为10月中下旬，极耐贮运。植株生长健壮，枝条较多，结果较晚，丰产、抗寒。

## 五　秦冠

1988年引进，果实短圆锥形，大小整齐。果个中大，单果重200克。成熟时底色黄绿，阳面红晕，光滑无锈。果肉乳白，松脆汁多，味酸甜，稍有香气。9月中下旬成熟，耐贮性强。树姿开张，幼树腋花芽结果较多，早果、丰产、稳产。

### 六　嘎拉

2003 年引进，果实近圆形或圆锥形，大小较整齐。果个中大，平均单果重 180 克。成熟时，果皮底色黄，果皮红色，有深红色条纹；果皮薄，有光泽，洁净美观。果肉乳黄色，肉质松脆，汁中多，酸甜味淡，有香气，可存放 25 ~ 30 天。树势中等，幼树腋花芽结果较多，盛果期以短枝结果为主。嘎拉很容易发生芽变，阿克苏市栽培的嘎拉是芽变品种皇家嘎拉，主要作为授粉品种。

### 七　乔纳金

1995 年引进，果实圆形至圆锥形。果个大，单果重 300 克。成熟时底色绿黄至淡黄色，被有橘黄色或红紫色短条纹；果皮较厚，蜡质较多。果肉乳黄色，肉质稍粗，较松软，汁中多，味甜酸。成熟期为 9 月上中旬，果实成熟期不一致，需分期采收。耐贮性一般，不耐贮运，易碰伤。植株生长旺盛。结果早、丰产，但苦痘病较重，生长季节宜补钙。在阿克苏市无大面积栽培，主要作为授粉品种。

### 八　新红星

1986 年引进，树体矮小，树冠紧凑并多呈圆锥形，树姿直立，为短枝型品种。树皮灰褐色，叶片浓绿色，有光泽，椭圆形或长椭圆形。花朵的大小、颜色及性状完全与红星相似。萌芽力很强，发枝力较弱。结果早，生理落果和采前落果较元帅轻，丰产，稳产。果实圆锥形，常有不明显的纵棱起，平均纵径 7.1 厘米、横径 7.6 厘米，平均单果重 180 克，最大果重 270 ~ 300 克。果实底色黄绿色，全面浓红。果面光滑，富有光泽，无锈，蜡质多，果粉薄。果顶部果点多，胴部和肩部果点少，粉白色，平或稍凹陷，少数为浅褐色，明显可见淡红晕圈。果梗平均长 2.4 厘米，多数为浅紫褐色，梗洼内无锈。萼片宿存，直立，先端稍反卷，半开或闭合。萼洼深，有皱，果顶有极明显的 5 个棱。果皮厚韧。初采时果肉呈绿白色，稍贮后为黄白色，肉质较细，松脆，初采时去皮硬度 8.2 千克/平方厘米，汁液较多。味淡甜或酸甜，有香气，初采时品质中上等，稍贮藏后香气浓，肉质松脆，品质上等。含可溶性固形物 13.5%。9 月下旬果实成熟。

## 第三节　栽培技术和管理

1990 ~ 2016 年，阿克苏苹果栽培技术在不断发生变化，苹果栽培方式以乔化中密或密植为主，即 5 米 ×6 米或 3 米 ×5 米，矮化密植栽培还处在起步发展阶段。全市苹果园 95% 以上为乔化果园，且以乔化密植为主，矮化密植的苹果园不足 5%。

### 一　乔化密植栽培

#### （一）乔化密植栽培技术要点

苹果乔化密植是阿克苏苹果栽培的主要模式。

1. 适度密植，提高前期产量

1999～2003 年，栽植密度一般为 330～495 株/公顷。2004 年，栽植密度逐渐加大到 840～1650 株/公顷。栽植密度的增大使果枝量迅速增加，有利于提高前期产量水平。但随着树龄增大、树冠扩张，行间交接、果园郁闭问题变得十分突出。

2. 简化树形，强化生长季修剪技术运用

随着栽植密度增加，选用小冠型的垂直立体结果树形，如小冠疏层形、自由纺锤形、改良纺锤形等树形。330～495 株/公顷的模式主要采用的是小冠疏层形；840～1650 株/公顷的模式主要采用自由纺锤形、改良纺锤形等树形。在修剪技术上强调冬剪与生长修剪相结合，尤其重视生长季修剪；在“轻剪、长放”的基础上，重视拉枝、开角、刻芽、抹芽、摘心、扭梢等综合技术措施的运用。在幼树期，拉枝是乔化密植果园生长季不可或缺的技术措施。

3. 控冠、促花，以果压冠

修剪采用多种措施控制树冠，促进花芽形成。人工措施以环割、环剥、拉枝、回缩修剪等手法为主，化学措施主要采用生长调节剂。进入结果期树冠，增加留果量，以负载控制树冠扩张。

4. 套袋栽培，改善果实色泽

乔化密植园通风透光条件较差，采用果实套袋技术。结合用摘叶、铺反光膜等配套措施，促进果实着色，提高商品质量。

（二）栽培与管理技术规范

1. 园地选择

选择在无污染和土壤 pH 小于 7.5、有机质含量 1% 以上、土层厚度 1 米以上、地下水位 1.5 米以下、生态条件良好的地区。园地土质较差时，加强土壤深翻施肥和其他肥水管理措施。园地选好后，根据建园的规模和苹果生长发育的特点，对园地进行整体规划与设计。

2. 定植

（1）选择品种纯正的苗木，苗高为 100 厘米以上，距地面以上 10 厘米处的粗度大于 0.8 厘米，主根长度大于 25 厘米，侧根数目 8～10 根，根系完整；无病虫害；地上部整形带处的芽饱满，枝干充实并无机械损伤；嫁接口愈合良好的一级苗。

（2）定植时间。栽植时期分为春栽和秋栽。一般常用的是在春季果树萌芽前，3 月 25 日进行。栽植后及时定干。

（3）栽植密度。一般常规栽培以 5 米 ×6 米密度定植；密植栽培按照 3 米 ×5 米，后期间伐 6 米 ×5 米；高密度栽培 1.5～2 米 ×4 米。

（4）品种与授粉树配置。主栽品种与授粉树实行行间配置，其配置比例主要根据主、授品种经济价值而定。以红富士为主栽品种，以嘎拉、新红星等为授粉品种。授粉比例按照 5～6∶1 进行配比。

（5）定植。按深 60 厘米、宽 60 厘米挖好定植穴后，将挖出的表土和腐熟的农家肥、过磷酸钙或三料等充分混合后施入坑底，上面再填上 10～15 厘米的土，然后放入处理好的苗木，使苗木根系伸展，然后埋土，分层踩实，并轻提苗木，使根与土密接。栽植深度以覆土略高于根茎部 3～5 厘米为宜，栽植当天及时浇头水。水渗下去后，及时扶苗培土，保证根茎部位与地面相平。7 天后再浇第二水。灌完水后全沟铺膜，保墒增温，提高苗木成活率。栽后 80 厘米处及时定干。

3. 整形修剪

苹果修剪以夏季修剪为主，冬季修剪为辅助。树形以小冠疏层形为主。

（1）1～5 年树龄

①冬季修剪：这个时期修剪的任务是培养树形、开张角度轻短剪少疏剪，尽早培养各级骨干枝，扩大树冠，为丰产打下基础。定植第一年，选上部中央直立枝作为中心领导干，在中心领导干 80 厘米处进行短剪，疏除竞争枝。对剪口下第 36 个芽进行刻芽，为来年发枝培养三大主枝打下基础；定植第二年，疏除中干上的竞争枝，在中心干延长枝饱满芽处短剪中心干。对上年中心干刻芽后发出的枝条，选出 3 个开张角度 60 度、方位角约 120 度的枝条作为第一层主枝。对选留的三大主枝在饱满芽（外芽）进行短剪。剪口下第三个芽留在第一侧枝的位置上，且三个主枝的第一侧枝均在同一方向上。

②夏季修剪：在 5 月底，对主枝进行拉枝，拉枝角度在 60 度；对辅养枝拉平，对直立的旺枝，在其长到 20～25 厘米时扭梢、摘心控制生长，促进成花。疏除过密枝、背上枝和徒长枝。

（2）6～10 年树龄

①冬季修剪：这个时期苹果树虽形成部分花芽，但产量不高，修剪的主要任务是继续选留和培养各级骨干枝，形成坚固的骨架，迅速扩大树冠，完成整形任务。冬剪时，根据树势的强弱和树体结构，调节骨干枝的延长头。根据树形，对二层主枝进行选择，继续培养各级主枝。同时掌握好辅养枝的去与留，做到去强留弱、去直留斜。

②夏季修剪：5 月底，对开张角度不好的枝，进行拉枝；5～8 月进行抹芽，及时疏除背上枝、徒长枝、过密枝等；8 月及时打顶，控制秋梢生长。对不结果且营养过旺的树，可在层间较强的大型辅养枝基部和上强下弱的二层主枝之间的主干上用环割专用刀进行双道环割，促进早结果、早丰产。

（3）11 年以上树龄

①冬季修剪：对主枝延长枝有空间的进行轻剪，没有空间的进行甩放。对行间、株间郁闭的园子，进行及时回缩。疏除层间大枝、部分无花营养枝、病虫枝、徒长枝、过密枝、背上直立枝、轮生枝、重叠枝，短截下垂枝；中干达到 3.5 米时换至弱枝带头，或甩放不剪。将树高控制在 4.5 米以内。

②夏季修剪：5 月底，对开张角度不好的枝进行拉枝；5～8 月进行抹芽、疏除并生的果台副梢、疏除影响光照的过密枝和背上直立枝，保持树体通风透光，增强树势，积累养分。8 月及时控制秋梢生长。

4. 土肥水管理

（1）土壤管理

果园保持土松、草净、肥足。生长季灌水后，及时中耕松土、除草，保持土壤疏松无杂草。中耕深度 10～15 厘米，以利调温保墒。每年进行 2～3 次。秋季结合施肥可进行深翻。

（2）肥水管理

基肥：重施、早施，最好在果实采收后尽快施入。时间一般在 9 月中旬至 10 月中旬。成龄树以环状沟施，即沿树冠边沿向里开挖深宽各50厘米的环状沟施入腐熟的农家肥，并混合施入磷、钾肥以及微量元素，如硫酸锌、硫酸亚铁、硼酸等。幼树以条沟施入。秋季没有施基肥的果园，必须在春季土壤解冻后补施。

追肥：根据不同树龄在不同生育期的需肥特性进行分配施入。幼龄树一年追肥2次以上，结果树追肥3次以上。

①1～5年树龄

基肥（9月中旬至10月中旬）：每株施腐熟有机肥（10～30千克）＋磷酸二铵（0.05～0.1千克）＋硫酸钾（含量50%，0.1～0.1千克）。施肥后及时冬灌。

追肥：第一次在3月底萌芽前，追尿素0.15～0.25千克/株、磷酸二铵0.10～0.15千克/株，追肥后及时灌水；第二次速生期5月中下旬，施尿素0.15～0.25千克/株、磷酸二铵0.2～0.25千克/株、硫酸钾（含量50%）0.15～0.25千克/株，追肥后及时灌水；8月中旬以后控制灌水。

②6～10年树龄

基肥（9月中旬至10月中旬）：每株施腐熟有机肥（60～90千克，缺乏农家肥的果农可选用高活性有机肥5～8千克/株）＋磷酸二铵（0.2～0.25千克）＋硫酸钾（含量50%，0.1～0.15千克），施肥后及时冬灌。

追肥：3月底第一次萌芽前，追尿素0.25～0.4千克/株、磷酸二铵0.5～1.0千克/株，追肥后及时灌水；5月中下旬施第二次助果肥，施尿素0.2～0.25千克/株、磷酸二铵0.5～1.0千克/株、硫酸钾（含量50%）0.3～0.5千克/株，追肥后及时灌水、中耕、除草；7月中旬施第三次膨果肥，追磷酸二铵0.4～0.8千克/株、硫酸钾（含量50%）0.3～0.5千克/株，追肥后及时灌水。

③11年以上树龄

基肥（9月中旬至10月中旬）：每株施腐熟有机肥（80～120千克，缺乏农家肥的果农可选用高活性有机肥5～8千克/株）＋磷酸二铵（0.2～0.25千克）＋硫酸钾（含量50%，0.1～0.15千克）。施肥后及时冬灌。

追肥：第一次在3月底萌芽前，追尿素0.3～0.6千克/株、磷酸二铵0.6～1.0千克/株。追肥后及时灌水；第二次施助果肥在5月中下旬，施尿素0.2～0.25千克/株、磷酸二铵0.8～1.5千克/株、硫酸钾（含量50%）0.4～0.6千克/株，追肥后及时灌水；第三次施膨果肥在7月中旬，追磷酸二铵0.8～1.5千克/株、硫酸钾（含量50%）0.4～0.6千克/株，追肥后及时灌水。

（3）微肥

缺锌（小叶病）用硫酸锌20～40克/株与基肥混合秋施，也可在生长季节喷施硫酸锌（浓度0.1%～0.2%）2～3次；即使未出现小叶症状，每年仍须施硫酸锌10克/亩。缺铁施硫酸亚铁25～30克/株（与有机肥混合施入），也可在生长季节喷施2～3次；即使未出现缺铁症状，每年仍须施硫酸亚铁20克/亩。缺硼施硼砂15克/株，与基肥混合秋施。

5. 花果管理

（1）花前复剪。果树花前复剪是在冬季修剪的基础上在果树开花前进行的以弥补冬剪不足的一种修剪方法。复剪时间一般在萌芽后能辨别花芽和叶芽时进行，在开花以前完成。主要是对大年树，重点调整花量，提高坐果率，剪除瘦弱和叶片较少的花枝，对果台枝，没有结果能力的回缩到叶芽处，串花枝留 2 ~3 个花芽短截，以花换花。

（2）花期放蜂。每十亩果园放蜂 2 ~3 箱，间距不超过 200 米。放蜂期间禁止喷农药。建议可引进壁蜂授粉。

（3）对没有授粉树的或达不到授粉比例的苹果园可通过以下措施提高坐果率。

①主干上嫁接授粉枝。即在第一层层间枝上嫁接授粉品种，花期过后，及时疏除授粉枝上的果实，以减少树体营养消耗和保持授粉枝生长强壮。

②人工辅助授粉。对授粉树不足的果园，或遇到倒春寒、高温、空气干燥、连日阴雨等不良天气时，可进行人工辅助授粉。购买的花粉，最好在无毒、无味、无污染的环境中，1℃ ~5℃低温贮藏，确保授粉质量。

授粉技术：在花开放 25% 时进行授粉。可采用“小粉包”授粉法、专用授粉器或人工点授等。授粉的最佳时间一般在上午无露水后进行，避开中午高温时间，下午继续授粉到太阳落山前 2 小时止。授粉最佳气温为 15℃ ~25℃。人工授粉一般进行两次。

③挂花枝。将授粉品种的花枝采后，插入瓶中挂到苹果树上。

（4）叶面喷肥。花期喷施 1 ~2 次 0.3% 尿素 +0.3% 硼砂，提高坐果率。果实套袋前喷钙肥，防苦痘病；果实着色期（9 月底）施 0.2% ~0.3% 磷酸二氢钾，促进着色。

（5）疏果。根据当年坐果情况，5 月下旬结合套袋进行，主要疏除花序上的多果和密集果，疏果时保留自然下垂、果个较大的中心果，疏除较小的边果。

（6）环割。针对进入结果期、营养生长过旺、不结果或产量低的苹果树的主干、生长过旺的主枝或大型辅养枝进行双道环割，促进花芽分化。环割时期一般在 5 月下旬。环割深达木质部，而不伤及木质部。环割前，用 75% 的酒精消毒刀子，避免传染病菌；环割后，用杀虫杀菌农药涂抹环割口，防止感染病菌和虫害。

（7）套袋。套袋时期一般在花后 35 ~55 天完成（6 月上中旬最佳）。套袋时避开高温天气（上午、下午进行，中午不套袋）。

（8）摘袋时期。套袋后，果实在袋内生长发育 100 天就摘袋，一般在采果前 10 天摘袋。摘袋后可及时铺反光膜。

6. 树体保护

（1）控水打顶：8 月 25 日以后开始控水，及时抹除秋梢（所有树龄的树），或喷施磷酸二氢钾，促进枝条成熟，保证幼树安全越冬。

（2）埋土防寒：对 1 ~3 年生的苹果进行埋土防寒，土壤封冻前完成，埋土厚度达 30 厘米以上。

（3）主干涂白或包扎：11 月初对不能埋土的 4 ~5 年幼树，对主干进行涂白（涂白配料为 0.5 千克盐，12 千克石灰，30 千克水），以涂抹到主干分叉处为佳。或用布、草、麻袋等保温材料进行主干包扎。

（4）打保暖墙、早春覆膜、提早春灌等措施防治苹果幼树枝条抽干。

（三）乔化密植园改造技术

阿克苏市大部分的苹果园树形都是采用小冠疏层形树体结构，随着树龄增长、树冠不断扩大，乔化密植苹果园普遍开始出现郁闭。这不仅严重影响果品产量和品质的提升，同时也给果园管理造成一定困难。

2004 年，阿克苏派出苹果专家和苹果主产区技术人员到北京昌平区学习苹果高光效树形改造技术，探索“上落头，下提干”高光效树形。主要在红旗坡农场和林科所试验地开展小面积试验，推广力度不大。随着树龄的增长，郁闭矛盾更加突出。2013 年，提出加大密植园改造力度。

1. 1. 5 米 ×6 米以上密植园的修剪

落头控高，按照行距的 80% 确定树冠高度，落头至中干分叉处，中心干高度控制在 4 米以下；分年疏除层间扰乱树形、影响光照的大型辅养枝、交叉枝、重叠枝；对冗长的细弱枝、下垂枝、衰老的结果枝组，及时进行回缩，抬高枝条角度，增强长势，更新、复壮结果枝组。

2. 3 米 ×5 米密植园改造

对 8 年以上，株间相互交接郁闭的园子，确定永久株和临时株。按照 5 米 ×6 米隔株确定临时株，并用油漆标记。永久株修剪仍按照上述 5 米 ×6 米方法进行。临时株进行控冠修剪，疏除或回缩影响永久株生长的枝条，小枝疏除、大枝回缩，按照向行间伸展的“扇形”或不断缩小的“塔形”修剪。通过 2 ~ 3 年过渡期临时株无保留价值时，待果实采收后，可将临时株整株挖除或移栽。

3. 永久株和临时株过渡园的肥水管理

对永久株和临时株施肥量区别对待。通过减少施肥量来控制临时株树冠的生长，控制氮素施入量，禁止施尿素。

## 二　矮化密植技术

2010 ~ 2016 年，阿克苏市多次组织苹果主产区技术人员到山东、陕西、山西、甘肃等省市考察学习先进的苹果种植管理技术，苹果矮砧密植栽培技术逐步在阿克苏推广应用。引进的苹果矮化中间砧米 26 系、SH 系、自根砧米 9T337、主干纺锤形、高密栽培等综合配套技术彻底解决苹果常规管理公顷株数少、结果晚的问题，矮砧、密植、主干形、早果、高产、省工、省水、省肥、机械化耕作是其最主要特点。

（一）砧穗组合

采用新疆野苹果或八棱海棠为基砧，米 26、SH 系为中间砧，品种为烟富 6 号、宫崎短富，达到矮化目的。

（二）宽行窄株定植

栽植模式采取宽行距（解决果园通风透光、机械化作业）、窄株距（集约密植，提高产量）。行距采用 4 米以上行距，1. 5 米的株距，顺行每 10 米栽 3. 5 米高的水泥支架，顺行拉三道铁丝，支撑树体。

（三）树形培养、栽培管理与定植模式相配套

果树中干在铁丝上直立固定，第二年开始选留 20 厘米的小主枝或结果枝组，拉枝开角角度为 110 度，第三年、第四年角度拉至 130 度，其余长枝、粗枝全部疏除，采用刻芽技术一次性培养 30 ~ 40 个结果小枝，呈螺旋状排列，小枝与中干角度为 110 ~ 130 度，同侧小枝距离为 40 厘米，树高不超过行距的 80%。

（四）覆盖

采用黑膜或地布覆盖、秸秆覆盖、果园生草（低杆油菜、白三叶、紫三叶）等措施，提温、压草、保墒、改良土壤，有效解决干旱缺水、土壤肥力不足等问题。

（五）肥水一体技术

采用肥水一体化解决果树各个时期对肥水需求。一种采用自压式滴灌系统，另一种是加压式追肥枪施肥系统，肥料选用水溶性有机肥和水溶性好的化肥，一般全年施 35 次，每次施入优质有机液体肥和中微量元素，春季追肥以氮、磷为主，夏季以磷、钾为主，每次灌水量为 10 立方米，追肥枪亩施肥水总量在 1500 千克，全年 56 次。

（六）早果丰产

双矮红富士栽植第 5 年逐步进入结果盛期。每公顷产量控制在 4.5 万千克，单株留果 100 个，第 7 年以后每公顷产量控制在 6 万千克，单株留果量在 120 ~ 150 个。

## 第四节 果树灾害防治

### 一 低温冻害和抽干

（一）预防措施

阿克苏苹果栽培中，选育栽培抗旱、抗寒能力强的果树品种；建园时，果园四周营造防风林；提倡增施有机肥和全面推广科学施肥技术；提早冬灌，10 月下旬至 11 月上旬，结合秋施基肥灌一次透水，以促进基肥分解，增加入冬前树体内营养储备，提高幼树的越冬能力；果树埋土，1 ~ 3 年生苹果用干土全埋，埋土厚度 30 厘米以上，4 年生以上无法埋土的幼树，可采用主干培土，保护根茎；主干涂白或包扎，用涂白剂将果树树干和主枝进行涂白（涂白配料为 0.5 千克盐，12 千克石灰，30 千克水），最好涂抹到主干分叉处；树杈覆盖，11 月初对树干枝杈处覆盖稻草或落叶，可起到防寒、抗冻、防积雪的作用。于 2 月底前集中烧毁；清扫积雪。冬季强降雪后，及时震落树枝上的积雪，清扫根茎周围 30 ~ 50 厘米积雪，特别是及早清除南面的积雪，避免反射光造成树干反复解冻复冻，过早出现抽干；2 月底提早春灌，防止早春幼树抽条；药物防冻。冬春，对未能埋土越冬的果树喷洒防冻剂，并配有机硅，间隔 7 天。为防止发生抽条，可以在上冻前和春节后各喷一次 1% ~2% 聚乙烯醇。

（二）补救措施

1. 对已经冻裂的树干立即进行树干刷白或涂抹果树愈合剂等进行树干保护，防止腐烂病的发生。
2. 对造成冻害的果树，延迟到春季萌芽展叶，分清枝条冻害部位，进行适时适度修剪。
3. 受冻树解冻后，尽早对树盘进行一次中耕松土，并保证施足有机肥和一定比例的化肥。
4. 加强腐烂病巡回检查和防治工作。
5. 合理负载，避免受冻果树结果过多，树势衰弱，引发腐烂病。

### 二 倒春寒（霜冻）

倒春寒多发生在 3 月和 4 月，此时正是苹果的开花期或幼果期，会造成果树花芽冻害、授粉不良或嫩叶幼果受冻的现象。

（一）预防措施

1. 密切关注天气变化情况，详细观察和记录果树物候变化，花前灌水，降低地温延迟发芽，推迟花期 2 ~3 天。

2. 烟熏御寒。在果园上风头，挖坑深 50 厘米，将易燃的干草、刨花、秸秆等，与潮湿的落叶、草根等分层放入、交互堆起，烟堆不高于地面 1 米，每亩 34 堆，花期预告低于 1℃时的天亮前 2 个小时，点燃熏烟防寒。

3. 在果树萌动后至开花前，喷保利丰、保得、植病灵 83 增抗剂、PBO 等，预防霜冻。

（二）补救措施

1. 及时进行人工辅助授粉或补授。

2. 进行果园花期放蜂。

3. 霜冻后及时喷施 1 ~2 次 0. 3% 硼砂或硼酸或 +0. 3% 的尿素和蔗糖，提高坐果率和抗病性。

## 三　大风

（一）预防措施

加强农田防护林林网化建设；尽可能采取低干矮冠树形，加强牢固紧凑型树形培养，提高抗风性；选择优良砧木并注重良种良砧组合，避免发生“小脚”和浅根及嫁接部位愈合不良的现象；对嫁接苗木和改接树及时捆绑立柱和支架。对坐果量过大的结果树枝可用立柱撑顶等。

（二）补救措施

检查防风桩、拉枝支撑棍棒和板条，及时扶正和加固被大风吹歪的绑缚支架。对刚灌过水的幼龄果园或新植果园，及时培土扶正苗木；及时剪除或锯除被大风吹断的枝干或枝条。对伤口大的创面，及时涂抹油漆或愈合剂；及时清理被大风吹落的果实、树叶，深埋或清出果园。避免诱发病害；处于花期的果树，及时喷施尿素或磷酸二氢钾和保花肥，并加入适量的杀菌剂，洗淋叶片、柱头上的浮土，补充营养，增强树势，提高坐果率，防止病菌感染伤口。

## 四　冰雹

（一）预防措施

雹灾具有偶发性，因而进行预防有一定的难度。果实越大，其对果实的危害越重。

1. 加强降雹预报，以便及时采取有效的防雹减灾措施。

2. 采取人工防雹。

3. 采取果实套袋。

4. 使用防雹网，阻挡冰雹冲击，从而起到保护果树、果实的作用。

（二）补救措施

1. 对冰雹砸过的果园及时淋喷杀菌剂，防止病菌感染伤口。

2. 及时中耕，疏松土壤、清除杂草、保墒保肥。

3. 及时追施磷钾肥，增加树体营养，恢复树势。

4. 清理果园中的残枝、落叶和落果，人工摘除树上受伤严重的果实，避免诱发病害。

5. 对改接树或落头等伤口较大的树，涂愈合剂，防止树体伤口流出液体，以利伤口愈合。

### 五 强降雨

强降雨后，对雨水积涝严重的黏重土果园，及时做好排水工作，以免由于长期积水影响果树正常生长。水后及时中耕、松土、除草，保证土壤疏松透气。

同时降雨会造成果园湿度增加，引发黑斑病。雨后及时喷施 10% 多抗霉素 1000 倍液、43% 戊唑醇 5000 倍液等杀菌剂，预防黑斑病及下雨造成的裂果发生霉变。

### 六 高温干旱

在果树花期遇到异常高温干旱天气，柱头会很快干枯，缩短花期，影响花粉发芽，影响果树授粉受精，降低坐果率。幼果生长期遇到干旱高温，会造成落果和发育受阻。因此，及时做好预防和补救措施。为果园安装节水滴管和喷灌设施。根据果树对水分的需求，及时灌水或喷水增加湿度。实行果园生草制，或果园覆草，行间覆地布（膜）等措施。高温干旱期果园连续喷施清水、磷酸二氢钾叶面肥或氨基酸复合微肥，有利降温、补充水分和养分。

## 第五节 采收 加工 贮藏

### 一 采收

（一）采收时间

嘎拉等早熟品种采收期为 8 月中下旬，元帅系（新红星、金矮生等）采收期为 9 月上中旬，红富士苹果于 10 月 25 日至 11 月 10 日进行分批采摘。套袋苹果在 10 月中旬采收。

（二）采摘

采果筐需带有筐系和挂钩，内壁用麻袋片和柔软物铺衬，每筐容量不得超过 15 千克。采果梯要求坚固而轻便。采果人员必须戴线织手套，用手采果。轻摘轻放，尽量减少倒筐次数。严禁摇落或击落。采摘顺序应先外后内，先下后上，避免拽掉果柄以防碰伤。

（三）分级

阿克苏苹果分级标准严格执行《地理标志产品阿克苏苹果 DB65/T35032013》自治区地方标准。

### 二 加工

（一）包装材料

必须符合食品卫生要求，不得使用有毒、有害、对食品有污染的包装材质。

（二）标志、标签

包装容器上系挂或粘贴标有品名、品种、等级、产地、执行标准编号、毛重（千克）、净含量（千克）、包装日期、封装人员或代号的标签和符合 GB/T191 规定的防雨、防压等相关储运图示的标记，标志字迹清晰无误。

（三）统一标识

采取“政府引导、统一整合、品牌一致、商标各异、注明基地、保护产地”，实行统一区域“阿克苏苹果”品牌包装，企业、合作社注明果品产地和企业注册商标。如：“新疆阿克苏市××乡××生产基地”字样（经批准达到相关生产标准的，也可在“××生产基地”前冠上“无公害”“绿色食品”等字样）。企业自主绘制的外包装图案，经阿克苏果品品牌主管部门审核后使用。

### 三　冷库储藏

用专用红富士苹果发泡网装红富士苹果后装入冷库专用纸箱中，果箱堆码采用直立式、梅花式或井式等，库温保持在0℃ ~1℃，空气相对湿度在90%以上。

# 第二章　种植产业化

## 第一节　基地建设

阿克苏市大规模种植苹果是在20世纪70年代中期，从内地引进红元帅、黄元帅、国光等品种。到80年代初，苹果总面积2400公顷，产量不足6000吨。

1990年，阿克苏市鼓励农民在承包的林地种植果树。当年，农民在原有果园的基础上，加强果树栽植力度，开始大规模引栽红富士、金帅、青香蕉、国光等优质苹果，栽培规模迅速增加，产量大幅度提高。年内，阿克苏市苹果种植面积435.87公顷。至1995年，阿克苏市苹果种植面积0.16万公顷，总产量8467吨。

2001年，阿克苏市苹果面积0.14万公顷，产量1.79万吨。

2007年6月，红旗坡农场通过有机产品认证，成为国内为数不多的通过有机认证企业之一。

2008年，阿克苏地区科技兴阿项目——阿克苏市依干其乡红富士苹果标准化综合技术集成生产示范基地建设项目全部完成并通过地区科技兴阿项目督查验收组验收。该项目2005年7月被列为地区科技兴阿项目，实施期为3年。

2009年，阿克苏市有机红富士苹果认证面积达到230.87公顷。

2010年，全市苹果种植基地建设规模0.31万公顷，其中依干其乡0.23万公顷、拜什叶格曼乡73.33公顷、喀拉塔勒镇133.33公顷、托普鲁克乡100公顷、库木巴什乡26.67公顷、阿依库勒镇100公顷、良种场233.33公顷、库克瓦什46.67公顷。

2012年，在政府推动、部门助动、协会主动的品牌创建机制下，阿克苏建成苹果良木繁育基地18个，有1.03万公顷的果园通过绿色果品和无公害基地认证。

至2016年，阿克苏市苹果面积达到0.74万公顷，产量16.01万吨，平均每公顷产值达到1.2

万余元，总产值6.96亿元，占果品总产值的24.7%。阿克苏市苹果标准化生产基地形成规模，已成为阿克苏“冰糖心”苹果的核心区。

**表 11－1　1990～2016年阿克苏市苹果面积及产量统计表**

| 年份 | 面积(公顷) | 产量(吨) | 年份 | 面积(公顷) | 产量(吨) | 年份 | 面积(公顷) | 产量(吨) |
|---|---|---|---|---|---|---|---|---|
| 1990 | 435.87 | 3879 | 1999 | 1420 | 13063 | 2008 | 6273.67 | 76886 |
| 1991 | 482.2 | 2198 | 2000 | 1503 | 18436 | 2009 | 3123.47 | 86227 |
| 1992 | 510.13 | 2745 | 2001 | 1361 | 17905 | 2010 | 3100.13 | 93539 |
| 1993 | 1265 | 7336 | 2002 | 1883 | 19593 | 2011 | 2910.13 | 103857 |
| 1994 | 1445 | 7192 | 2003 | 1970 | 21467 | 2012 | 3085.33 | 80369 |
| 1995 | 1578 | 8467 | 2004 | 2412 | 24820 | 2013 | 2866 | 95623 |
| 1996 | 1644 | 11671 | 2005 | 3031 | 26538 | 2014 | 2878.27 | 115111 |
| 1997 | 1584 | 20224 | 2006 | 3322.33 | 30862 | 2015 | 3793.53 | 139706 |
| 1998 | 1714 | 12219 | 2007 | 3330.4 | 68676 | 2016 | 7381.33 | 160138 |

## 第二节　标准化建设

2006年，阿克苏重视标准化基地建设。建立苹果标准化示范园30个，并制定形成阿克苏苹果标准化体系。

2006年，阿克苏地区质量技术监督局颁布《阿克苏红富士苹果 DBN6529/T096－2006》。

2009年，地区质量技术监督局颁布《红富士苹果精细化管理栽培技术规程 DBN6529/T0122－2009》。2012年，由阿克苏地区质量技术监督局、阿克苏地区林业局、阿克苏地区红旗坡农场起草，地区质量技术监督局颁布《地理标志产品阿克苏苹果 DBN6529/T096－2012》代替《阿克苏红富士苹果 DBN6529/T096－2006》。2013年，阿克苏地区质量技术监督局颁布《生态健康果园，苹果栽培管理技术规程 DBN6529/T0154－2013》。2015年，地区质量技术监督局颁布《阿克苏苹果优质丰产栽培技术规程 DBN6529/T0168－2015》。阿克苏市红富士苹果种植基地建设得到落实。

阿克苏市在苹果种植中均严格执行地区各项规范要求，通过政府与企业、农户、产业协会、产业基地＋地理商标＋销售终端的互联推进，从“阿克苏苹果”产业基地建设入手，努力打造“生态、绿色、有机”林果产品。实行统一标准、统一收购、统一分类、统一包装、统一品牌，不断提高苹果基地的标准化建设，提升林果产品质量和效益，通过项目示范带动全市苹果产业的发展。

## 第三节　项目建设

2005～2009年，阿克苏市承担自治区科技转化项目——阿克苏红富士苹果标准化基地建设，项目建设期限为5年。

2006～2008年，阿克苏市承担自治区林业厅项目——苹果绿色示范基地建设。

2006～2009 年，阿克苏林科所与自治区农科院土肥所共同承担自治区科研项目——苹果不同配方肥田间试验。

2008～2009 年，阿克苏林科所申报立项自治区林业科技专项资金项目——苹果精细管理化技术推广与示范项目。

2010～2012 年，阿克苏林科所申报立项中央财政林业科技专项资金项目——苹果精细化管理技术推广与示范项目。

2010～2015 年，阿克苏林科所申报立项自治区林业科技专项资金项目——苹果优良品种引进、筛选与汇集项目，试引进筛选红富士换代新品种。

2011 年，阿克苏市承担自治区林业厅项目——苹果蠹蛾防治项目。

2011～2013 年，阿克苏市依干其乡开展“苹果生态健康果园建设项目”试验示范推广工作。

2016 年，阿克苏林科所申报立项自治区林业科技专项资金项目——新疆特色林果苹果岗位专家团队建设项目，推广富士苹果全果实套袋、果园生草与覆盖、高光效树形改造、营养诊断配方施肥、滴灌、昆虫迷向、性诱剂等生物、物理措施防治病虫等实用技术。部分种植大户在建园时借鉴内地高纺锤形、矮砧、密植栽培技术，建立高产高效现代化苹果示范园，为配套早果、高产、优质、高效、省工、省力、省水、省肥、机械化耕作打下基础。

### 第四节　苹果协会组织

2006 年 10 月 12 日，阿克苏成立苹果协会，并召开阿克苏苹果协会一届一次理事会。

2013 年 9 月，阿克苏苹果协会进行协会换届选举。至 2016 年，协会有理事单位 24 个，业务覆盖阿克苏红旗坡农场、实验林场、柯柯牙林管站以及阿克苏市、阿拉尔市、库车、沙雅、新和、温宿等 2 市 4 县。

## 第三章　苹果品牌

### 第一节　品牌创建

1999 年，红旗坡农场注册“红洁蜜”牌商标，2001 年被自治区工商局评为著名商标。红富士苹果被评为“新疆农业名牌产品”。

2000 年，阿克苏市被农业部评为中国红富士苹果之乡。

2001 年，红旗坡苹果生产基地被自治区认定为无公害农产品生产基地，同时颁发无公害农产品资格证书。红旗坡农场成功注册“红旗坡”商标，新疆第一个地理性著名商标就此诞生。阿克苏市依干其乡政府把全乡果农联合起来，成立阿克苏市依干其乡林果协会。之后，又成立阿克苏市狄夏特果业有限责任公司，注册狄夏特红富士苹果品牌。当年，依干其乡被中国特产委员会命名为中国红富士苹果之乡。

2002 年，阿克苏被自治区评定为无公害红富士苹果基地。

2003 年，阿克苏市苹果被自治区消费者协会评选为推荐产品。“红旗坡”牌系列水果被自治区消费者协会评为“推荐商品”。

2005 年 11 月，“红旗坡”牌被自治区工商局评为著名商标。“红洁蜜”牌商标不再使用。

2007 年，在“北京奥运会推荐商品评选”活动中，“红旗坡”牌红富士苹果获得一等奖。红旗坡农场被列为北京奥运会指定果品生产基地。

2008 年，“红旗坡”牌红富士苹果被评为“中国知名品牌”，并成为 2008 年北京奥运会指定果品。

2010 年，“阿克苏苹果”获得“中国著名品牌”称号。

2011 ~ 2016 年，阿克苏地委、行署把推进林果产业化和农民增收致富作为重头戏来抓。出台《阿克苏地区关于加快商标战略的实施意见》《阿克苏地区名牌产品、驰（著）名商标奖励办法》《阿克苏地区农产品品牌培育发展规划》等；颁布实施《“阿克苏苹果”地理标志证明商标使用管理规则》。

在“阿克苏苹果”大品牌下，各协会、企业自行注册“红洁蜜”“红旗坡”“西域王”“狄夏特”等商标。

2012 年，“红旗坡”牌红富士苹果获得中国国家林业博览会金奖。

2014 年，成功举办“阿克苏的苹果红了”网络文化节。是年，“阿克苏苹果”获中国驰名商标，阿克苏实现“中国驰名商标”零的突破。阿克苏被列为全国苹果产业知名品牌创建示范区。

2015 年，举办“核・苹・枣——援疆情”“果园里的阿克苏”等活动。

2014 ~ 2016 年，在阿克苏连续 3 年组办新疆农产品交易会，并开展果品评比活动。

## 第二节　品牌保护

2009 年，经农业部实地调研，红旗坡农场成为新疆首个实施农产品质量追溯的农业企业。

2011 年 2 月，在农业部的支持协助下，阿克苏苹果龙头基地红旗坡农场通过质量追溯项目验收和农产品质量追溯体系认证。

2011 年 5 月，在阿克苏地区质量技术监督局的协助下，阿克苏红旗坡农场正式使用中国地理标志产品保护。统一规范阿克苏苹果品牌的包装、标识和二维码，利用二维码的不可仿制性和极高的保密性，让“阿克苏苹果”有自己合法的“身份证”。

2013 年，阿克苏市为加快特色红富士苹果产业化进程，提高市场竞争力，以实施红富士苹果农业标准化示范区建设项目为突破口，推进红富士苹果无公害产品质量认证和产地认证，推广苹果无公害栽培技术、幼龄苹果园优质高效早产早丰综合配套栽培技术、疏花疏果和苹果套袋栽培技术等，并发布实施阿克苏市红富士苹果地方标准，促进苹果基地建设。

## 第三节　品牌推介

阿克苏市大力塑造阿克苏苹果品牌形象，全力开展苹果品牌的推介工作，动员组织苹果协会及林果企业参加博览会、推介会，举办宣传周、网络文化节等活动，宣传阿克苏苹果。

2007 年，在北京举办的“2008 北京奥运推荐果品评选”活动中，阿克苏苹果夺得苹果类唯一的一等奖，被确定为 2008 年北京奥运会指定果品。

2011 年起，阿克苏市在浙江杭州市举办“阿克苏市特色林果产品杭州宣传周”活动，阿克苏市领导向十个大城市的宾客推介阿克苏市特色农产品。阿克苏市红富士苹果、红枣、核桃及香梨受到其他城市欢迎。

2014 年 10 月 24 日，“2014 新疆网络文化节 · 阿克苏的苹果红了”大型网络文化活动在阿克苏市启动，阿克苏红旗坡的苹果被分成 1 万份和 1 万张祝福卡一起寄往全国各地，传递祝福。27 ~ 31 日，开展淘宝向 3500 名援疆干部亲友、1200 名新疆群众及支持新疆发展的各界人士赠送苹果，宣传苹果活动 5000 份苹果包装盒上印制“阿克苏的苹果红了”专题网游及“最后一公里”微信公众二维码，并以每份 1 分钱的价格出售，使全国各地都能了解品尝阿克苏苹果，收到了较好效果。

# 第十二编　畜牧业

阿克苏市畜牧业以农区为主。1990年，阿克苏市有草场总面积36.62万公顷，可利用面积36.13万公顷，其中农区可利用草场面积10.66万公顷。1995年，城郊工厂化养殖、牛羊育肥等迅速发展，促进了农业种植和畜牧养殖的有机结合。1998年，按照“集中连片，扩大规模”的原则，大力推广以村为单位的养殖小区建设。2001年开始，阿克苏市确定规模化养殖、产业化经营的发展思路，全力抓好棚圈建设及牲畜品种改良、畜群结构调整等重点工作，集中力量，重点突破，建设一批以活畜交易、屠宰和牛羊肉、乳品、肠衣等畜产品加工为主的企业及设施，建设与之相配套的畜产品和饲草料生产基地，使畜牧业发展的基本物质基础条件得到较大改善。到2016年，使畜种结构向多元化发展，形成肉毛兼用型细毛羊、肉羊、奶牛、肉牛、猪、蛋鸡、特畜禽养殖并存的发展格局，养殖业实现由数量型向质量效益型转变，养殖方式实现由散养向规模化迈进，畜产品精深加工产业链不断延伸，极大地满足了人民群众的生活所需。

# 第一章　机　构

## 第一节　行政机构

1990 年，阿克苏市政府畜牧科负责全市畜牧业生产发展。

1996 年，市政府畜牧科更名为阿克苏市畜牧局，独立成为政府下属部门。

2002 年 7 月，与市农业局合并成立阿克苏市农牧局。

2003 年 9 月，单设阿克苏市畜牧局，事业机构，参照公务员管理，编制 9 名，实有 9 人。

2007 年 4 月，更名为阿克苏市畜牧兽医局，编制 12 名，其中行政编制 9 名，事业编制 3 名。

2010 年，市畜牧兽医局机关在编人员 10 人，内设畜牧股、兽医股、草原股、业务股，下设兽医站、动物防疫监督站、草原工作站、育种站、良种场兽医站、库木塔木兽医站、苏盖特艾日克兽医站。

2012 年 7 月，因机构改革，编制减为 5 名。内设办公室、畜牧股和兽医股。下设草原工作站、动物卫生监督所、兽医站、畜禽育种改良站、苏盖特艾日克畜牧兽医站、库木塔木畜牧兽医站。

2015 年 11 月，阿克苏市畜禽定点屠宰管理办公室由市商务局划转至市畜牧兽医局进行管理。

2016 年 12 月，市畜牧兽医局有行政编制 5 名，实有 7 人。下设草原工作站、动物卫生监督所、兽医站、畜禽育种改良站、苏盖特艾日克畜牧兽医站、库木塔木畜牧兽医站、畜禽定点屠宰管理办公室。

## 第二节　事业机构

### 一　阿克苏市兽医站

1990 年，阿克苏市兽医站下设防疫股、检疫股、化验室、监督股、门诊等，由市政府畜牧科管理，属全额拨款事业单位。

2001 年 12 月 14 日，市兽医站更名为市动物防疫监督站。

2009 年 1 月，市动物防疫监督站分为市兽医站和市动物卫生监督所，隶属市畜牧兽医局，全额预算管理，事业单位，副科级建制，核定编制 10 名。至 2016 年无变化。

### 二　阿克苏市动物卫生监督所

2009 年 1 月，市动物防疫监督站分为市兽医站和市动物卫生监督所，市动物卫生监督所由市畜牧兽医局管理，全额预算管理，事业单位，核定编制 18 名，实有 18 人。

2010 年，市动物卫生监督所编制 20 名。

2016 年，市动物卫生监督所实有 13 人。

### 三　阿克苏市库木塔木畜牧兽医站（阿克苏市库木塔木动物防疫检疫站）

2010 年 8 月，市库木塔木畜牧兽医站（市库木塔木动物防疫检疫站）成立，隶属于畜牧兽医局，全额预算管理，事业单位，核定编制 5 名。

2016 年，市库木塔木畜牧兽医站实有 4 人。

### 四　阿克苏市苏盖特艾日克畜牧兽医站（阿克苏市苏盖特艾日克动物防疫检疫站）

2010 年 8 月，市苏盖特艾日克畜牧兽医站（市苏盖特艾日克动物防疫检疫站）成立，隶属于市畜牧兽医局，全额预算管理，事业单位，核定编制 5 名。

2013 年，市苏盖特艾日克畜牧兽医站实有 3 人。

2016 年，市苏盖特艾日克畜牧兽医站实有 4 人。

### 五　阿克苏市草原工作站（阿克苏市草原监理所）

1990 年，阿克苏市草原工作站隶属于市畜牧局，与草原站一套班子两块牌子，行使草原监理职责，所长、副所长由市畜牧局局长、草原工作站站长兼任。全额预算管理，事业编制，股级建制，编制 12 名。

2003 年，阿克苏市草原工作站实有 12 人，草原监理员 10 人。

2016 年，阿克苏市草原工作站实有 9 人，草原监理员 9 人。

### 六　阿克苏市畜禽育种改良站

1990 年，市畜禽育种改良站为股级，有干部职工 12 人。

2016 年，市畜禽育种改良站实有 12 人。

### 七　阿克苏市畜禽定点屠宰管理办公室

2015 年 11 月，市畜禽定点屠宰管理办公室由市商务局连人带编整体划转至市畜牧兽医局，继续承担市畜禽屠宰监督管理职责。股级建制，公益一类全额预算管理，事业单位，编制 5 名；实有 5 人。

2016 年，实有 6 人。

# 第二章　牧业体制改革

## 第一节　生产责任制

1990 年，阿克苏市巩固和完善牧业家庭承包制，坚持履行牧业家庭承包合同。取消肉食、羊毛定购，实行价格、销售放开。集体畜牧业已实行作价归户生产责任制，一家一户放牧管理一群牲畜。集体规定每户应完成的各项生产指标，主要包括牲畜的繁殖成活率、成年畜越冬春保活率、母畜数量以及畜产品数量，实行宏观调控，给集体上缴一定的提留，其余归牧民所有。农区由一家一户饲养。

1990 年后，阿克苏市牧业由集体所有制逐渐向家庭承包制过渡，实行草场分户承包，牧民除每年向集体上缴一定的数额外，其余牲畜归牧民个人所有。

至 2016 年，农区牲畜养殖由政府、村委会帮助村民制订生产计划，实行统一计划、统一管理、统一品种改良、统一疫病防治、统一基本建设。

## 第二节　草场有偿使用责任制

1997 年后，阿克苏市开始实行草场长期分户有偿承包制度，对长期承包草场的征收相关费用，明确规定草场承包期限，每年征收的草场使用费一半上缴市财政局，一半交由乡镇财政所。

至 2016 年，阿克苏市共颁发草场有偿承包合同书 246 份，承包草原 121. 4 万公顷，涉及承包户 246 户，承包牲畜头数 6. 55 万头（只）。

# 第三章　草　场

## 第一节　草场面积

1990 年，阿克苏市各类草场总面积 36. 62 万公顷，实际可利用面积 36. 13 万公顷，其中农一师团场使用面积 0. 3 万公顷，乡（镇）与农垦团场公用面积 8. 91 万公顷，乡（镇）场自用面积 26. 89 万公顷。由于草场优良牧草稀少，毒草、害草生长旺盛，阿克苏市牧草植被覆盖度大为降低，全市四季缺水草场面积 12. 35 万公顷，其中可利用面积 11. 62 万公顷；四季严重缺水草场面积 4. 99 万公顷，可利用面积 4. 69 万公顷。退化的天然草场面积 34. 03 万公顷，滥垦荒（指大片的弃耕地、植被尚未恢复的地方）1.67 万公顷，沙化（指 1960 年以来被风沙侵袭而造成植被覆盖率下降到 10%左右的草场地带）3.19 万公顷，鼠害（指危害较严重的草场，包括旱獭造成的危害）1.03 万公顷。

2005 年 5 月，阿克苏市托喀依乡整体移交阿拉尔市，托海牧场也从阿克苏市划至阿拉尔市，阿克苏市草场面积减少。

2016 年，全市各类草场总面积 34 万公顷，实际可利用面积 31.78 万公顷，市属各乡场自用面积 27.11 万公顷。

## 第二节　草场类型与利用

### 一　草场类型

阿克苏市草场根据地理位置和牧草质量分为 3 大类、6 个亚类。

（一）盐漠草场

1990 年，总面积 9.89 万公顷，可利用面积 9.39 万公顷。主要分布在托海牧场北部的盐碱滩上，草场上生长碱蓬、盐节木、盐穗木等。平均产草量 4002 千克/公顷，每绵羊单位需草场 0.77 公顷。2016 年，总面积 7.96 万公顷，可利用面积 7.46 万公顷。主要分布在空台力克区域盐碱滩上，草场上生长多枝柽柳、盐穗木等。平均产草量 11577.6 千克/公顷，每绵羊单位需草场 1.17 公顷。

（二）低地草甸草场

1990 年，总面积 26.64 万公顷。2016 年，面积约 13.31 万公顷，可利用面积 12.94 万公顷。主要分布在空台力克区域盐碱滩上，草场上生长多枝柽柳、盐穗木等。平均产草量 5120.1 千克/公顷，每绵羊单位需草场 1.68 公顷。

1. 盐化草地低草甸草场

1990 年，面积约 22.6 万公顷，主要分布在河滩、湖畔、农田外围。草场上多生长柽柳、小芦苇、拂子茅、铃铛刺、骆驼刺、小獐茅等，平均产草量 1555.5 千克/公顷，每绵羊单位需草场 1.87 公顷。2016 年，面积约 9.27 万公顷。可利用面积 8.62 万公顷。平均产草量 4559.5 千克/公顷，每绵羊单位需草场 1.81 公顷。

2. 沼泽化低地草甸草场

1990 年，面积 256.6 公顷，主要分布在喀拉塔勒乡南部及农一师十团场东部的低洼地。草场上多生长小芦苇、海乳草、牛毛毡等。平均产草量 1449 千克/公顷，每绵羊单位 2.02 公顷。2003 年，划至阿拉尔市。

3. 灌丛化低草甸草场

1990 年，面积 3.24 万公顷。主要分布在喀拉塔乡东北部与温宿县南缘交界处。草场上多生长柽柳、小芦苇、铃铛刺、罗布麻等。平均产草量 801 千克/公顷，每绵羊单位需草量 1.21 公顷。2016 年，面积 27.77 万公顷。可利用面积 26.82 万公顷。平均产草量 5403 千克/公顷，每绵羊单位需草量 1.21 公顷。

4. 疏林低地草甸草场

1990 年，面积 7720 公顷。主要分布在托海牧场二、四队，远近河滩及胜利水库外围。草场上多生长胡杨、芦苇、赖草、柽柳、甘草、黑果枸杞等。平均产草量 4152 千克/公顷，每绵羊单位需草量 0.7 公顷。2003 年，划至阿拉尔市。

（三）沼泽草场

1990 年，面积 981.6 公顷。2016 年面积 726 公顷，可利用面积 673 公顷。优良牧草的种类稀少，生机不旺。平均产草量 5730.6 千克/公顷，每绵羊单位需草量 1.28 公顷。

1. 高草沼泽草场

1990 年，面积 408.3 公顷，主要分布在托海牧场二队西南部及托海四队北部河滩地，多生长荆三棱、蔗草、芦苇、菖蒲等，平均产草量 11457 千克/公顷，每绵羊单位需草量 0.25 公顷。2003 年，划至阿拉尔市。

2. 低草沼泽草场

1990 年，面积 573.3 公顷，主要分布在库木巴什乡东南河滩地及阿依库勒南部的湖泊积水地段，多生长蔗草、牛毛毡、灯芯草、小芦苇等，平均产草量 2536.5 千克/公顷，每绵羊单位需草量 1.15 公顷。2016 年，面积 724.67 公顷，可利用面积 673.9 公顷，优良牧草的种类稀少，生机不旺。平均产草量 5730.6 千克/公顷，每绵羊单位需草量 1.28 公顷。

### 二　草场利用

1990 年，阿克苏市草场面积 36.62 万公顷，可利用面积 36.13 万公顷，平均产草量 2358 千克/公顷，每绵羊单位所需草场 1.28 公顷。

2016 年，阿克苏市草场面积 34 万公顷，可利用面积 31.78 万公顷，平均产草量 5730.6 千克/公顷，每绵羊单位所需草场 1.28 公顷。

## 第三节　人工草场建设

1990 年，阿克苏市建成人工草场 0.13 万公顷。在接近农区的地带主要是栽植沙枣作为防沙、治碱措施，待基本成林后再播种苜蓿或其他牧草（有一部分是在沙枣林保护下的自然草地，可作打草场）。改良草场 0.13 万公顷，种苜蓿 0.11 万公顷。

1992 年，市托海牧场营造人工草场项目初步建设意见经阿克苏市计划委员会批准立项。项目规划设计面积 218.47 公顷，其中开荒造田 200 公顷，道路 4 公顷，林地 9.75 公顷，排灌渠面积 4.72 公顷，修建配套建筑 22 座，全部工程填挖土方 21.6 万立方米。

1992 年，阿克苏市托海牧场规范营造人工草场面积 218.47 公顷，1991～1993 年被列为国家立项的农业综合开发（草原开发）项目区。

2003 年，阿克苏市建成人工草场 0.55 万公顷，农区利用秸秆养畜。2007 年，阿克苏市建成人工草场 0.11 万公顷。2009 年，阿克苏市建成人工草场 0.60 万公顷，2012 年，阿克苏市建成人工草场 0.67 万公顷，2016 年，阿克苏市建成人工草场 0.84 万公顷。

## 第四节　草场保护

### 一　以草定畜

2007 年，阿克苏市开展以草定畜工作，为全市 367 户牧民发放草畜平衡管理卡。2009 年，阿克苏市 2667 公顷草原开始休牧。2012 年，草原禁牧 2 万公顷，草畜平衡 25. 1 万公顷。

2016 年，实施草畜平衡 26. 24 万公顷，草原禁牧面积 2 万公顷，涉及牧户 260 户，实现有效合理的草原管护。

### 二　草原执法

1990 ~ 1997 年，阿克苏市规范草原使用年限为 30 年；1998 ~ 2016 年，使用年限增至 50 年，对草原非法开荒的进行依法查处。2007 年后，草原使用证由合同形式转为证件形式进行发放。

**表 12 - 1　1990 ~ 2016 年阿克苏市草原使用证发放情况及案件办理情况表**

| 年份 | 草原使用证年限（年） | 发放个数（个） | 案件数（件） | 破坏草场面积（万公顷） | 造成经济损失（万元） | 结案数（件） |
|---|---|---|---|---|---|---|
| 1990 | 30 | 917 | 0 | 0 | 0 | 0 |
| 1991 | 30 | 870 | 0 | 0 | 0 | 0 |
| 1992 | 30 | 800 | 3 | 0. 04 | 31. 03 | 3 |
| 1993 | 30 | 750 | 0 | 0 | 0 | 0 |
| 1994 | 30 | 710 | 0 | 0 | 0 | 0 |
| 1995 | 30 | 687 | 0 | 0 | 0 | 0 |
| 1996 | 30 | 650 | 0 | 0 | 0 | 0 |
| 1997 | 30 | 620 | 0 | 0 | 0 | 0 |
| 1998 | 50 | 603 | 1 | 0. 02 | 20. 23 | 1 |
| 1999 | 50 | 575 | 0 | 0 | 0 | 0 |
| 2000 | 50 | 540 | 1 | 0. 03 | 30. 03 | 1 |
| 2001 | 50 | 506 | 3 | 0. 02 | 20. 21 | 3 |
| 2002 | 50 | 470 | 3 | 0. 03 | 21. 01 | 3 |
| 2003 | 50 | 455 | 3 | 0. 02 | 20. 23 | 3 |
| 2004 | 50 | 420 | 0 | 0 | 0 | 0 |
| 2005 | 50 | 411 | 0 | 0 | 0 | 0 |
| 2006 | 50 | 404 | 0 | 0 | 0 | 0 |
| 2007 | 50 | 393 | 6 | 0. 05 | 25. 08 | 6 |
| 2008 | 50 | 393 | 0 | 0 | 0 | 0 |
| 2009 | 50 | 380 | 5 | 0. 02 | 5. 96 | 5 |
| 2010 | 50 | 362 | 0 | 0 | 0 | 0 |
| 2011 | 50 | 341 | 2 | 0. 11 | 22. 76 | 2 |
| 2012 | 50 | 335 | 0 | 0 | 0 | 0 |
| 2013 | 50 | 328 | 0 | 0 | 0 | 0 |
| 2014 | 50 | 320 | 3 | 0. 95 | 18. 15 | 3 |
| 2015 | 50 | 306 | 0 | 0 | 0 | 0 |
| 2016 | 50 | 286 | 2 | 0. 04 | 23. 63 | 2 |

### 三　草原防火

1990 年，阿克苏市严格落实草原防火责任制，加强火源管理，每年对火灾隐患区进行火情监测。实行防火值班制度和火情报告制度，建立春秋两季草原防火 24 小时值班制度，做好草原火灾预防工作。

2000 年，阿克苏市草原工作站组织工作人员收集草原面积、地势等资料。2004 年 3 月 31 日，气象卫星遥感监测到托普鲁克乡喀拉央塔克村东部河滩草原可能发生火灾，紧急电告。阿克苏市立即派出联防队，及时扑灭草场火灾。2013 年，阿克苏市草原工作站建立草原防火机制，配备物资，专设草原物资储备库，储备各类防火器材，包括风力灭火机、防火服、防火帐篷、铁锨等各类灭火器材，做到有备无患，能及时投入使用。

2016 年，共有风力灭火机 10 台、防护服 10 套、防火帐篷 2 顶、铁锨 120 把等设备。

## 第五节　饲草料加工

阿克苏市农区畜牧业十分发达，全市 90% 以上的牲畜在农区饲养，合理加工利用饲草料，服务于畜牧业生产。

### 一　饲草料种类

阿克苏市喂养牲畜饲料主要有青饲料、粗饲料、青贮饲料、微贮饲料、氨化饲料、蛋白饲料、配合饲料。

### 二　饲草饲料产量

1990 年，全市饲草饲料产量中，鲜饲草（包括天然草场）产量 41.55 万吨，附带利用草场（天然林地、灌木林、天然疏林、疏灌木林、稀疏植被、农田隙地间地）产量 3.17 万吨，人工草场产量 3750 吨，合计 45.1 万吨；农作物秸秆、林副产品饲料 24.37 万吨。干饲料有糠 2256 吨，麦麸 3776 吨，棉籽壳 1085 吨，合计 7117 吨。

1996 年后，每年种植 0.3 万～0.4 万公顷苜蓿、0.33 万～0.4 万公顷玉米用作牲畜饲料。

2000～2002 年，阿克苏市实施国家级秸秆养畜示范县建设项目，全市畜牧业基础设施建设得到很大改善。2007～2016 年，阿克苏市相继取得国家草原生态保护补奖机制项目。2007 年，全市饲草饲料产量 16.96 万吨，其中鲜饲草 16.8 万吨，玉米秸秆 0.16 万吨。2016 年，全市饲草饲料产量 20.68 万吨，其中鲜饲草 20.6 万吨，玉米秸秆 0.08 万吨。

### 三　青贮饲料

1990 年，阿克苏市全面推广青贮饲料、微贮饲料的加工应用技术。1996 年，全市加工青贮（微贮）饲料 7.33 万吨，畜均占有秸秆加工饲料 180 多千克，农牧民投入物资和资金 80 多万元，并保持 3 个青贮饲料万吨乡。

2003 年，修建水泥青贮池 6400 多座，有各类铡草机械 1134 台，年加工制作青贮饲料 14 万吨，铡短粉碎 12 万吨。2007 年，修建水泥青贮池 6820 多座，有各类铡草机械 1198 台，年加工制作青贮饲料 15. 7 万吨，铡短粉碎 20. 6 万吨。2009 年，累计修建水泥青贮池 7570 多座，有各类铡草机械 1300 台。

2010 年，年加工制作青贮饲料 16. 8 万吨，铡短粉碎 16. 8 万吨。

2016 年，累计修建水泥青贮池 11578 座，有各类铡草机械 2142 台，年加工制作青贮饲料 20. 6 万吨，铡短粉碎 20. 6 万吨。

# 第四章　畜禽品种与改良

## 第一节　畜禽品种

### 一　牛

1990 年，阿克苏市农牧民饲养黄牛的比较多。至 2000 年户均养牛 3 头，有养牛大户 250 户。2012 年，有养牛大户 340 户。2016 年底，全市养牛 3. 12 万头，占牲畜总头数的 4. 4%，有养牛大户 295 户。主要引进的品种有阿拉塔乌、黑白花、良种荷斯坦奶牛、西门塔尔杂种牛、新疆褐牛等。

### 二　羊

阿克苏市家畜中绵羊数量最多，其次是山羊，品种以土山羊为主。本地土山羊耐粗饲粗放，对灌木丛和低劣的荒漠草地都能适应，体质坚实，抗病力强，体型清秀，活泼好动，性温驯，高产多胎，毛、绒、肉、乳兼用，抗病力强，生产成本低，受农牧民喜爱。主要引进品种中，绵羊品种以卡拉库尔黑羊为主，先后引进多浪羊、萨福克羊、杜泊羊、湖羊和小尾寒羊等肉用羊品种杂交；山羊引进盖县绒用山羊、新疆绒山羊、波尔山羊等。成年公羊体重 35 ~50 千克，母羊 28 ~35 千克，产毛量 0. 35 ~0. 4 千克/只，产绒量 0. 08 ~0. 15 千克/只，屠宰率 45% ~48%，肉质细嫩。一般繁殖成活率 75% ~95%。在优越的管理条件下，繁殖率可达 95% ~110%。一般管理的当年羔羊，6 个月后屠宰，胴体重 11 千克（不计油重）。2007 年，羊存栏数 27. 04 万只，户均 14 只。至 2016 年，羊存栏数 54. 76 万只。

### 三　马

阿克苏本地以南疆马为主要品种。曾多次从伊犁地区引进役用的哈萨克马、伊犁马等，使部分马匹血液来源复杂，个体表现不一致，总的具有个体大、体质结实、抗病力强、耐粗饲、性温顺、易管理等特点。成年公马体高145厘米左右，体重360千克左右；成年母马体高135厘米左右，体重325千克，繁殖率18% ~20%。以骝毛、栗毛为主，也有青、白、花等毛色。20世纪90年代，随着农业的机械化水平普遍提高，养马数量逐渐下降。1999年，全市养马0.71万匹。2007年，全市养马0.62万匹。2016年，全市养马0.13万匹。

## 四 驴

阿克苏市本地驴个体偏小，一般体高约110厘米，繁殖成活率40% ~70%，驮车不强，但适应力强，特耐粗饲，草料消耗低，容易驾驭，在生产和运输上，历来是城乡群众广泛使用的畜力。20世纪90年代后，随着农业机械化水平普遍提高，阿克苏市农户养驴数量逐渐下降。1999年全市养驴0.96万头。2007年全市养驴0.81万头。2016年，全市养驴0.26万头。

## 五 猪

主要品种有引进丹系长白种猪、英系大白种猪、美系杜洛克种猪、乌克兰大白猪、新疆白猪等品种，杂交繁育培育出适合阿克苏市生长的瘦肉型猪品种。20世纪90年代，随着阿克苏市人口的不断增长和饲料行业的崛起，养猪业得到迅猛发展，先后建起2家万头养猪场。1999年，全市养猪1.11万头。2007年全市有各类养猪专业户200户，全市养猪12.25万头。2011年，建立养猪协会1个。至2016年，全市猪存栏13.65万头。

## 六 鸡

阿克苏市农村养鸡由农家分散饲养。本地土鸡毛杂、体型小、尾羽长，体重一般1.5 ~2千克，肉、蛋产量均低，但就巢性强，对饲养条件要求不高。20世纪90年代，阿克苏市农民每家每户都或多或少养一些鸡，1995年后，全市养鸡专业户逐年增多。1998年有养鸡专业户85家，年存栏65.50万羽。2003年，为鼓励农民发展养鸡业，开始小鸡共育的办法，由当地政府组织，专业技术单位（市动物防疫监督站、乡镇场畜牧兽医站）负责指导，专业人员开展温控集中饲养到15 ~30天不等（大雏脱温），采取统一引鸡苗、统一防疫程序、统一饲养规程，统一发售，以成本价发放给农牧民饲养，由乡畜牧专业技术人员作好后期免疫，提高后期成活率，调动广大农牧民发展养禽业的积极性。2003年，全市共育小鸡322万羽。2007年，有各类专业户500户，年存栏340.04万羽。

2016年，全市鸡饲养量249.2万羽，养禽大户有225户。引进肉鸡品种有来航鸡、澳洲黑、芦花鸡、白洛克、红羽、九斤黄、尼克、星杂579、新杂288、AA、络岛红、星波罗、红波罗、罗斯鸡等，蛋鸡品种有288、三黄、罗斯鸡、京白、伊莎褐等20余个品种。

## 七 鸽

2003年，全市鸽子饲养量达180万羽，养禽大户有300多户。2016年全市鸽的饲养量达69万羽，养禽大户有225户。

## 第二节　品种改良

阿克苏市重点改良的畜禽品种是黄牛、绵羊、山羊，其次是鸡、马、驴、猪等。黄牛改良率由2004年的83.26%提高到2007年的91.75%；绵羊改良率由2004年的69.45%提高到2007年的78.02%；山羊改良率由2004年的64.75%提高到2007年的65.35%。2016年，黄牛改良率达到95.75%；绵羊改良率达到96.02%、山羊改良率达到84.76%。

### 一　黄牛改良

1990年，阿克苏市用西门塔尔、黑白花和瑞士褐牛做人工授精，全市8个乡场27个配种站配种改良黄牛。

2003年，阿克苏市良种牛及改良牛比例已达76%。

2007年，全市54个配种站共配种改良黄牛2.18万头，占可繁母牛的91.75%，其中冷配2万头，常温配种2万头，怀胎率平均达85%。有杂交西门塔尔3.2万头，黑白花1.88万头。各种黄牛共6.77万头，占牲畜总头数的14.67%。阿克苏市良种牛及改良牛比例已达85%以上。

2012年，阿克苏市良种牛及改良牛比例达90%以上。

2013年，修建家畜配种站32个，根据有些牧区流动放牧的特点，设置活动配种点11处、黄牛改良冷配点32个，共配种改良黄牛1.88万头，占可繁母牛的92.25%，其中冷配1.8万头，常温配种1.8万头，怀胎率平均达87%。有杂交西门塔尔2.2万头，黑白花1.68万头。各种黄牛共6.57万头，占牲畜总头数的17.67%。

2016年，阿克苏市调整家畜品种改良方向，坚持以荷斯坦奶牛为主拉动养牛业发展，确定以拜什吐格曼乡、喀拉塔勒镇为西门塔尔牛养殖基地，其余各乡均以荷斯坦牛为改良方向，全市共有40个冷配站、点，年内完成黄牛改良1.82万头，占可繁母牛的94.25%，其中冷配17013头，常温配种1.7万头，怀胎率平均达89%。根据有些牧区流动放牧的特点，设置活动配种点15处、黄牛改良冷配点40个。阿克苏市良种牛及改良牛比例达92%以上。与上述公牛杂交所生后代中，母牛产奶量均比本地牛高20%，但因技术水平低，受胎率低，配种时间长。

**表12-2　1990~2016年阿克苏市杂种牛与当地牛对比试验结果表**

| 名称 | | 平均日增重(克) | 屠宰率(%) | 净肉率(%) |
|---|---|---|---|---|
| 10月龄 | 西门塔尔杂种牛 | 650 | 51.5 | 36.5 |
| | 荷斯坦杂种牛 | 510 | 52.6 | 37.6 |
| | 本地黄牛 | 350 | 48.8 | 33.9 |
| 18月龄 | 西门塔尔杂种牛 | 897 | 56.9 | 43.6 |
| | 荷斯坦杂种牛 | 941 | 56.1 | 42.9 |
| | 本地黄牛 | 768 | 54.2 | 40.0 |

## 二　绵羊改良

绵羊品种以卡拉库尔黑羊为主，其次为白色羊和褐色羊。这些品种耐粗饲，抗病力强。成年公羊体重35～40千克，母羊24～35千克，春秋产毛量1.7～2.5千克/只，屠宰率40%～50%，繁殖成活率一般为81%～88%，在优越的条件下可达95%。

2000年以后，绵羊以引进多浪羊、小尾寒羊等肉用羊品种杂交改良本地绵羊品种，以提高繁殖率及个体产肉量为目标进行改良，2000～2007年，共引进种羊1万多只，改良绵羊81.74万只。2016年，引进种羊3070只，改良绵羊34.52万只。

## 三　山羊改良

山羊繁殖主要是从土种山羊中选育、提纯、复壮。

1990年后，阿克苏市全部引进地区山羊中心培育的新疆绒山羊进行改良本地山羊品种，绒产量得到全面提高，而且品质较好。2003年底，全市绒山羊存栏数已达10.52万只。2016年底，全市绒山羊存栏数6.56万只。

## 四　猪改良

1990年，阿克苏市引入苏联大白猪、长白猪的约克夏、巴克夏种猪、宁乡猪、杜洛克瘦肉型猪。存栏3700多头。1990年后，阿克苏市培育出专门的瘦肉型猪，从生产到加工，基本实现工厂化生产。通过扶持以阿克苏三江养殖有限公司为代表的一批规模猪场建设，先后引进丹系长白种猪、英系大白种猪、美系杜洛克种猪，杂交繁育培育出适合阿克苏市生长的瘦肉型猪品种。2003年，阿克苏市猪禽良种率90%以上。2003年，全市规模养猪场、户160多个，猪存栏5.44万头。建成肉食加工厂等屠宰、分割肉加工生产线一条。猪肉加工及深加工能力达60%以上。2016年，猪存栏13.65万头。全市猪禽良种率97%以上。

## 五　鸡改良

20世纪90年代中期，阿克苏市开始少量引入父母代，引入数量不断增加，不仅有父母代，还引进祖代和曾祖代鸡，推动阿克苏市的肉鸡业发展。1990年，阿克苏市养鸡业主要是饲养白肉鸡、288蛋鸡品种，年饲养量达40万只，万只以上养鸡户达13户。

2000年后，不断引进国内外新品种进行培育适合本地饲养的肉鸡品种，引进艾维茵、爱拔益加（AA）、罗曼、星布罗等几个品种的肉鸡，生产性能表现较好，而且饲养量大。2003年，全市鸡饲养量已达160万羽，养禽大户有300多户。2016年，全市鸡饲养量已达249.2万羽，养禽大户有225户。

# 第五章　畜禽结构与经济效益

## 第一节　生产布局

### 一　经营分区

阿克苏市多数农村的农户是农牧兼营，种植业与畜牧业结合。按其经营方式，分为农区畜牧业经营区和城郊畜牧业经营区。

（一）农区畜牧业经营区

主要采取种草种料、近田养畜、农牧结合的办法经营。夏季在田间路边、附近草地放牧和用农副产品、人工干草半舍饲饲养，以禽、奶牛及牛、羊育肥饲养为主。1990 年以后，发挥农区秋、冬、春棚圈设施齐全和农副产品丰足、饲草料加工方便的优势，发展牧区繁殖仔畜、农区育肥出栏的易地育肥畜牧业生产。人工草场建设和青贮饲料制作是解决饲料来源的主要措施之一。

（二）城郊畜牧业经营区

1990 年后，阿克苏市城郊以工厂化、专业化养禽、养奶牛和牛羊育肥为主。用舍饲和配合饲料工厂化、集约化饲养的方法，为城镇居民和厂矿职工提供鲜奶、蛋、肉。

### 二　品种分布

阿克苏市家畜家禽种类较多，其中以牛、羊、猪为主。1997 年以来，把发展养禽业作为农民增收的重要渠道。特种养殖从无到有，发展较快。

## 第二节　畜禽结构

阿克苏市以农区畜牧业为主，牲畜存栏由大牲畜和小牲畜组成。大牲畜主要包括牛、马、驴，小牲畜包括羊、猪。1990 年，全市牲畜存栏 35.44 万头只，其中牛存栏 4.30 万头，羊存栏 29.52 万只，猪存栏 0.17 万头，驴存栏 0.78 万头，马存栏 0.66 万头。2016 年，全市牲畜存栏 70.40 万头只，其中牛 3.12 万头，羊存栏 54.76 万只，猪存栏 12.13 万头，马驴等大牲畜存栏 0.39 万头。2016 年与 1990 年相比，牛、马等大牲畜存栏比例降低，羊、猪存栏比例增加。

**表 12－3　1990 ~2016 年阿克苏市年末牲畜存栏数表**

单位：万头（只）

| 年份 | 年末牲畜存栏数 | 牛 | 绵羊 | 山羊 | 猪 | 驴 | 马 | 骡 |
|---|---|---|---|---|---|---|---|---|
| 1990 | 35. 44 | 4. 30 | 18. 08 | 11. 44 | 0. 17 | 0. 78 | 0. 66 | |
| 1991 | 36. 53 | 4. 46 | 19. 03 | 11. 40 | 0. 20 | 0. 76 | 0. 67 | |
| 1992 | 37. 22 | 4. 48 | 19. 27 | 11. 87 | 0. 23 | 0. 75 | 0. 61 | |
| 1993 | 39. 40 | 4. 06 | 21. 34 | 11. 45 | 0. 34 | 0. 83 | 0. 67 | |
| 1994 | 40. 38 | 4. 82 | 22. 26 | 11. 34 | 0. 46 | 0. 83 | 0. 66 | |
| 1995 | 41. 73 | 5. 30 | 23. 01 | 11. 33 | 0. 50 | 0. 88 | 0. 70 | |
| 1996 | 42. 60 | 5. 35 | 23. 85 | 10. 99 | 0. 83 | 0. 87 | 0. 71 | |
| 1997 | 43. 24 | 5. 35 | 24. 10 | 11. 46 | 0. 83 | 0. 89 | 0. 60 | 0. 01 |
| 1998 | 44. 52 | 5. 37 | 25. 25 | 11. 42 | 0. 86 | 0. 95 | 0. 66 | 0. 01 |
| 1999 | 44. 75 | 4. 89 | 25. 76 | 11. 31 | 1. 11 | 0. 96 | 0. 71 | 0. 01 |
| 2000 | 46. 63 | 5. 15 | 27. 58 | 10. 52 | 1. 61 | 1. 03 | 0. 72 | 0. 01 |
| 2001 | 46. 18 | 4. 80 | 27. 36 | 10. 45 | 1. 88 | 1. 04 | 0. 74 | 0. 01 |
| 2002 | 49. 13 | 5. 49 | 26. 79 | 9. 86 | 5. 29 | 1. 02 | 0. 67 | 0. 01 |
| 2003 | 50. 17 | 6. 36 | 26. 62 | 10. 31 | 5. 41 | 0. 86 | 0. 60 | 0. 01 |
| 2004 | 43. 58 | 6. 65 | 23. 91 | 6. 10 | 5. 52 | 0. 80 | 0. 59 | 0. 01 |
| 2005 | 45. 38 | 6. 68 | 25. 51 | 6. 15 | 5. 64 | 0. 79 | 0. 60 | 0. 01 |
| 2006 | 46. 14 | 6. 77 | 25. 86 | 6. 22 | 5. 87 | 0. 8 | 0. 61 | 0. 01 |
| 2007 | 47. 42 | 6. 69 | 20. 83 | 6. 21 | 12. 25 | 0. 81 | 0. 62 | 0. 01 |
| 2008 | 48. 08 | 5. 91 | 24. 55 | 6. 18 | 10. 07 | 0. 79 | 0. 58 | 0. 00 |
| 2009 | 48. 19 | 2. 89 | 26. 26 | 5. 64 | 12. 14 | 0. 65 | 0. 61 | 0. 00 |
| 2010 | 49. 75 | 2. 81 | 27. 84 | 5. 27 | 12. 70 | 0. 61 | 0. 52 | 0. 00 |
| 2011 | 50. 23 | 3. 12 | 32. 61 | 5. 19 | 8. 41 | 0. 56 | 0. 34 | 0. 00 |
| 2012 | 53. 03 | 2. 97 | 35. 75 | 5. 89 | 7. 63 | 0. 52 | 0. 26 | 0. 00 |
| 2013 | 57. 04 | 3. 20 | 38. 24 | 6. 02 | 8. 73 | 0. 52 | 0. 33 | 0. 00 |
| 2014 | 38. 22 | 1. 67 | 30. 20 | 4. 36 | 1. 70 | 0. 22 | 0. 07 | 0. 00 |
| 2015 | 68. 53 | 5. 45 | 33. 68 | 7. 85 | 12. 99 | 0. 22 | 0. 15 | 0. 00 |
| 2016 | 70. 40 | 3. 12 | 49. 35 | 5. 41 | 12. 13 | 0. 26 | 0. 13 | 0. 00 |

**表 12－4　2016 年阿克苏市肉类生产情况表**

| 产肉量 | 牛 | 马 | 肉猪 | 山羊 | 绵羊 | 家禽 | 兔 | 总计 |
|---|---|---|---|---|---|---|---|---|
| 总产肉量(吨) | 18750 | 243 | 9783 | 4953 | 22248 | 15733 | 0. 52 | 71711. 04 |
| 平均产肉(千克) | 150 | 120 | 90 | 14 | 18 | 2 | 2. 5 | |

**表 12－5　2016 年阿克苏市畜产品生产情况表**

| 年份 | 绵羊毛(吨) | 山羊毛(吨) | 山羊绒(吨) | 牛奶(吨) | 牛皮(张) | 绵羊皮(张) | 山羊皮(张) | 禽蛋(吨) |
|---|---|---|---|---|---|---|---|---|
| 2016 | 787 | 0 | 0 | 31900 | 16689 | 94529 | 44381 | 39500 |

## 第三节 牲畜繁殖

20 世纪 90 年代开始，阿克苏市贯彻调整、巩固、充实、提高方针，做好牲畜的繁殖工作。有的农业队为解决缺羊户困难，给每户解决一只母羊，以利繁殖。许多村在群众自愿的前提下，集中代牧自留羊，羊的繁殖率不断提高。有的乡举行赛膘会，对优秀牧工、饲养员及牧业先进集体进行表彰奖励。农区繁殖的绵羊，为全市绵羊总繁殖数的 88.72%，牧区占 11.245%。牛的繁殖率为 87%。2000 年以后，绵羊以引进多浪羊、小尾寒羊等肉用羊品种杂交改良本地绵羊品种，以提高繁殖率及个体产肉量。

### 一 人工授精

20 世纪 90 年代，阿克苏市采用人工授精的方法对绵羊、山羊进行改良，后逐步开始推广牛冷配工作。用西门塔尔、黑白花和瑞士褐牛做人工授精，全市设输精点 26 个。2013 年，修建家畜配种站 32 个，根据有些牧区流动放牧的特点，设置活动配种点 11 处、黄牛改良冷配点 32 个。2016 年，修建家畜配种站 40 个，根据有些牧区流动放牧的特点，设置活动配种点 15 处、黄牛改良冷配点 40 个。

### 二 接羔育幼

1990 年，阿克苏市抓好棚圈修缮工作，重点对接羔暖圈进行维修和加固，做好取暖保温；拓宽饲草料来源，做好牲畜越冬度春饲草料收集、贮备；抓好防疫物资（疫苗、消毒药品、防护用品）贮备、发放，及时做好补免接种；加强畜群补饲，突出抓好母畜补饲和新生幼畜保育。1995 年，繁殖成活数 18.14 万头（只），其中犊牛 0.87 万头、羔羊 16.72 万只（绵羊羔 10.97 万只、山羊羔 5.75 万只）、猪 0.27 万头、驴 1000 匹、马驹 800 匹，年内仔畜死亡 1.29 万头（只）。2007 年，繁殖成活数 30.35 万头（只），其中犊牛 2.11 万头、羔羊 23.1 万只（绵羊羔 18.98 万只、山羊羔 4.12 万只）、猪 4.68 万头、马驹 1800 匹、驴 2800 匹，年内仔畜死亡 0.11 万头（只）。2016 年，繁殖成活数 55.27 万头（只），其中犊牛 1.4 万头、羔羊 33.81 万只（绵羊羔 30.16 万只、山羊羔 3.65 万只）、猪 19.76 万头、马驹 0.08 万匹、驴 0.22 万匹，年内仔畜死亡 1.21 万头（只）。

### 三 母畜保胎

1990 年后，阿克苏市减少或减轻母畜，尤其是妊娠母畜役用频度、强度，加强母畜补饲，尤其是妊娠母畜补饲，保障母畜妊娠营养需要，做好母畜疫病筛查、空怀期疫病疫苗接种和驱虫。1995 年母畜保胎 5.5 万头（只）。2007 年母畜保胎 1.3 万头（只）。2016 年，母畜保胎 1.9 万头（只）。

### 四 种畜管理

1990 年开始，对种畜品种随时进行鉴定，不合格的淘汰，合格的给予发放合格证，当年淘汰不合格种畜 3150 头（只），发放合格证 2.38 万头（只）。2007 年淘汰不合格种畜 7.35 万头（只），发放合格证 1.79 万头（只）。

20世纪90年代，引进种畜，采用杂交方法改变绵羊、山羊品质。1990年，杂交改良的羔皮羊繁殖成活率一般为81%～88%，在优越的条件下可达95%。2000年以后，以引进多浪羊、小尾寒羊等肉用羊品种杂交改良本地绵羊、山羊品种，以提高繁殖率。2000～2003年，共引进种羊1万多只，改良绵羊18.4万只。2004～2007年，共引进种羊2338只，改良绵羊63.33万只。2015年，引进种羊3250只，改良绵羊33.2万只。2016年，引进种羊3070只，改良绵羊34.52万只。

## 五　增加母畜比例

2004年开始，阿克苏市把增加母畜比例作为加快畜牧发展的重点工作，主要采取购买优质生产母牛、增加母畜存栏基数来增加母畜比例，购买生产母牛3500头；通过集中购买生产母羊、发放扶贫羊的方式增加母羊存栏基数，增加母畜比例。2005年购买生产母羊340只，2006年购买生产母羊400只。2010年购买生产母羊1860只。2015年购买生产母羊2590只。2016年购买生产母羊3260只。

**表12－6　1990～2016年部分年份阿克苏市畜牧繁殖情况表**

单位：万头，只，匹

| 年份 | 年末存栏数 | 适龄母畜数 | 繁殖成活数 | 幼畜死亡数 | 畜类结构 | | | |
|---|---|---|---|---|---|---|---|---|
| | | | | | 马 | 牛 | 绵羊 | 山羊 |
| 1990 | 35.44 | 16.99 | 10.88 | 0.96 | 0.66 | 4.30 | 18.08 | 11.44 |
| 1991 | 36.53 | 19.67 | 13.95 | 4.3 | 0.67 | 4.46 | 19.03 | 11.40 |
| 1992 | 37.22 | 20.28 | 15.91 | 1.55 | 0.61 | 4.48 | 19.27 | 11.87 |
| 1993 | 39.40 | 21.42 | 17.16 | 1.02 | 0.67 | 4.06 | 21.34 | 11.45 |
| 1994 | 40.38 | 21.60 | 17.72 | 1.05 | 0.66 | 4.82 | 22.26 | 11.34 |
| 1995 | 41.73 | 22.78 | 18.14 | 1.29 | 0.70 | 5.3 | 23.01 | 11.33 |
| 1996 | 42.60 | 22.54 | 18.89 | 0.31 | 0.71 | 5.35 | 23.85 | 10.99 |
| 1997 | 43.24 | 23.28 | 19.45 | 1.13 | 0.60 | 5.35 | 24.10 | 11.46 |
| 1998 | 44.52 | 24.52 | 19.36 | 1.12 | 0.66 | 5.37 | 25.25 | 11.42 |
| 1999 | 44.75 | 26.09 | 22.11 | 1.68 | 0.71 | 4.89 | 25.76 | 11.31 |
| 2000 | 46.63 | 26.58 | 23.17 | 0.54 | 0.73 | 5.15 | 27.58 | 10.52 |
| 2001 | 46.18 | 28.03 | 23.12 | 0.26 | 0.74 | 4.80 | 27.36 | 10.45 |
| 2002 | 49.13 | 29.34 | 30.37 | 0.28 | 0.67 | 5.49 | 26.79 | 9.86 |
| 2003 | 50.17 | 30.61 | 30.02 | 0.28 | 0.60 | 6.36 | 26.62 | 10.31 |
| 2004 | 43.58 | 26.80 | 26.48 | 0.07 | 0.59 | 6.65 | 23.91 | 6.10 |
| 2005 | 45.38 | 26.99 | 29.04 | 0.09 | 0.60 | 6.68 | 25.51 | 6.15 |
| 2006 | 46.14 | 26.10 | 32.73 | 0.12 | 0.61 | 6.77 | 25.86 | 6.22 |
| 2007 | 47.42 | 31.22 | 30.35 | 0.11 | 0.62 | 6.69 | 20.83 | 6.21 |
| 2008 | 48.08 | 26.11 | 42.73 | 0.14 | 0.58 | 5.91 | 24.55 | 6.18 |
| 2009 | 48.19 | 25.31 | 37.60 | 0.45 | 0.61 | 2.89 | 26.26 | 5.64 |
| 2010 | 49.75 | 26.59 | 37.92 | 0.56 | 0.52 | 2.81 | 27.84 | 5.27 |
| 2011 | 50.23 | 25.30 | 33.23 | 1.01 | 0.34 | 3.12 | 32.61 | 5.19 |
| 2012 | 53.03 | 28.99 | 35.37 | 0.93 | 0.26 | 2.98 | 35.75 | 5.89 |
| 2013 | 57.04 | 36.68 | 36.59 | 1.07 | 0.33 | 3.20 | 38.24 | 6.02 |
| 2014 | 67.13 | | 23.65 | 1.02 | 0.07 | 1.67 | 30.20 | 4.36 |
| 2015 | 69.59 | | | 1.69 | 0.15 | 5.45 | 33.68 | 7.85 |
| 2016 | 70.40 | 41.96 | 55.27 | 1.21 | 0.13 | 3.12 | 49.35 | 5.41 |

## 第四节　牲畜育肥

1990 年，阿克苏市大力发展城郊牲畜育肥，城郊、依干其乡、良种场等地为市民提供大量肉，育肥收入非常可观。1999 年全市有各类育肥大户 125 户，育肥场 26 个，育肥牲畜 16.23 万头(只)。2007 年，全市有各类育肥大户 206 户，育肥场 38 个，育肥牲畜 22.2 万头。2015 年，全市有各类育肥大户 215 户，育肥场 43 个，育肥牲畜 36.12 万头。2016 年，全市有各类育肥大户 225 户，育肥场 48 个，育肥牲畜 36.72 万头。

## 第五节　特禽养殖

1990 年后，阿克苏市一些农民饲养马鹿、鸵鸟等。2000 年后，阿克苏市特色养殖品种越来越多，有肉鸽、狐狸、鹿等。2016 年，阿克苏市特色养殖品种增加到家兔、鸵鸟、珍珠鸡、野鸡等品种，养殖数量大幅提高。

## 第六节　经济效益

1990 年后，阿克苏市农区畜牧业发展较快，兴起暖圈养畜、养殖小区等规模化养殖群体。

1998 年，全市做出加快发展畜牧业的决定，全面加强农区畜牧业基础设施建设，初步完成传统畜牧业改造。

2000 年后，通过实施国家级、自治区级畜牧业项目，畜牧业成为促进农牧民致富增收新的经济增长点。

2002 年，自治区做出传统畜牧业向现代畜牧业转变的决定，阿克苏市畜牧业步入快车道，畜牧业经济在农业总产值所占比重不断提高，成为农牧民增收的重要途径。2003 年末，畜牧业总产值占农业总产值的 16.8%，牧业人均纯收入 479.3 元。

2010 年，全市牧业总产值突破 3 亿元，达到 3.59 亿元，占国民生产总值的 4.5%。

2016 年，全市畜牧业总收入 9.56 亿元，畜牧业人均纯收入达到 2686.14 元，占农牧民人均纯收入的 17.3%。

# 第六章　疫病防治

## 第一节　畜禽疫病

### 一　畜禽常见病

（一）中毒病

阿克苏市常见的畜禽中毒病有犬、猪有机磷农药中毒，牛羊棉籽饼中毒，农药中毒，尿素中毒，亚硝酸盐中毒，马铃薯中毒，磺胺类药物中毒，痢特灵、氯霉素中毒等。

1. 亚硝酸盐中毒

本病发生于家畜身上，以猪多见。据不完整资料记载，1990～2002年有3例，1990年西郊农场6头猪发病，全部死亡；1991年良种场有13头猪发病，11头死亡；1995年西郊农场8头猪全部死亡。1995年以后，由于青饲料使用较少，没有病例报告。

2. 棉籽饼中毒

本病在阿克苏市发病较少见。2000年1月在拜什吐格曼乡2头犊牛发病。

3. 霉玉米中毒

本病始发于鸡和猪。1999年3月，柯柯牙3000只鸡发病，死亡112只，死亡率3.7%；2000年2月，实验林场八队1700只鸡发病，死亡69只，死亡率4%。

4. 农药中毒

阿克苏市有机磷农药中毒多发。1991年托海乡7头羊因服敌百虫过量中毒死亡；2000年，依干其乡1头犊牛因误食被农药污染的饲草中毒死亡。

（二）营养代谢病

阿克苏市发生的畜禽营养代谢病的有奶牛酮病、维生素A缺乏症、佝偻病、骨软病、异食癖等。

1. 奶牛酮病

本病在阿克苏市各乡（场）都有发生，主要因饲料日粮中营养不平衡，亦碳水化合物摄食不足及蛋白质和脂肪成分摄食过多，或者三种营养物质均摄食不足。

2. 维生素A缺乏症

最常发生于犊牛和幼禽，其他动物亦可发生，但极少发生于马。该病主要影响动物视色素的正常代谢，骨骺的生成和上皮组织的维持，表现夜盲症、皮脂溢出和皮炎，本市在阿克苏市无发病记录。

3. 佝偻病

佝偻病是生长快的幼畜和幼禽维生素D、钙缺乏导致的病症，在阿克苏市无发病记录。

（三）内科病

常见有肠炎、肠膨气、瘤胃膨气、感冒、肺炎、口炎、食道梗塞、胃肠炎、腹下水肿等。

（四）外科病

常见病有创伤、跛行、血肿、脓肿、肿瘤、风湿、马疝痛、骨折等。

（五）产科病

多发有乳腺炎、难产、胎衣不下、产后瘫痪、子宫内膜炎、流产、子宫脱出等。

## 二　人畜共患传染病

（一）炭疽

1992年6月，喀拉塔乡克喀克博孜其村1头牛发病死亡。1995年6月，依干其乡英巴格村1头牛发病死亡。2001年7月，依干其乡依尔玛村1头牛、6只羊死亡。2004年5月，依干其乡巴格其村1头鹿死亡。2004年后没有发生。

（二）禽流感

2006 年前，阿克苏市没有禽流感疫情记载。2006 年 7 月，阿克苏市栏杆办事处阿瓦提社区兵团农一师八团砖厂附近发生 H5N1 亚型禽流感，疫点为 2 个鸡场，其中 1 家蛋鸡场，1 家肉鸡场，发病数为 2965 只，死亡 2965 只，发病率 0. 16%，死亡率 100%，扑杀家禽 36. 81 万只。疫源不详。

2004 年开始，阿克苏市狠抓禽流感强制免疫，至 2016 年免疫 4468. 94 万羽。2006 年，阿克苏市动物防疫监督站开始监测禽流感免疫抗体水平，至 2016 年监测 2. 57 万份，合格率 86. 2%。

（三）破伤风

本病在阿克苏市经常发生，主要是散发型，多由于去势或牲畜在被使役过程中引起的创伤感染所致。常发生在春秋两季，各种家畜均易感，其中又以马、驴、牛、羊发病最常见。1990 ~ 2002 年，阿克苏市发生 6 例。2003 ~ 2007 年，阿克苏市发生 1 例。由于各乡站对破伤风抗毒素的保存受条件限制，破伤风发病治愈率很低。

1990 年，依干其乡因去势造成 1 头马、13 只羊发病，死亡马 1 头，羊 10 只。1992 年，依干其乡因去势造成 7 只羊发病，死亡 6 只。1995 年，阿依库勒乡 2 头驴发病，死亡 2 头。1996 年，拜什吐格曼乡 1 头牛、1 头驴发病，治愈。1998 年，托喀依乡 23 只羊发病，死亡 2 只。2000 年，托海乡 15 只羊发病，死亡 12 只。2007 年，拜什吐格曼乡玉素甫霍加艾日克村 1 头驴发病，死亡。2007 年后，无发病记录。

（四）大肠杆菌病

1993 年，在阿克苏市城乡接合部有 142 头仔猪发病，死亡 37 头，病死率 26%。1995 年，在阿克苏市西郊农场有 37 头仔猪发病，死亡 9 头，病死率 24. 3%。2007 年，在阿克苏市良种场有 44 头仔猪发病，死亡 10 头，病死率 12%。

（五）巴氏杆菌病

2000 年前，在阿克苏市以猪肺疫比较多见，后由于疫苗的使用，只有零星散发。1993 年 10 月，西郊农场 7 头猪发病，死亡 3 头，病死率 42. 8%。1999 年 2 月，西郊农场 11 头猪发病，死亡 6 头，病死率 54. 5%。

（六）布鲁氏菌病

布鲁氏菌病在阿克苏市流行时间长、范围广，没有区域和季节性，各乡镇均有发生，每年冬末春初常引起羊大批流产。阿克苏市对布鲁氏菌病的防控采取检疫净化处理，在各乡镇开展有计划的检疫，对检出的阳性牲畜一律做淘汰处理，以消灭传染源。2016 年，阿克苏市开始对牛羊进行布鲁氏菌病强制免疫，种畜场检疫净化。

（七）结核病

结核病在阿克苏市主要感染牛，其流行无区域性和季节性，各乡镇均有发生。阿克苏市对牛结核的诊断主要采用结核菌素点眼或者皮内注射，检出率较高。1990 ~ 2016 年，阿克苏市共检疫牛 3. 22 万头，阳性率 0. 04%，2010 年后各乡站检疫未见阳性。

## 三　家畜禽传染病

（一）口蹄疫

2010 年之前没有发病记录。2010 年 6 月 19 日，阿克苏市西郊生猪养殖区 3 户养殖户从喀什购进的猪有24头出现口蹄疫临床症状，发病率为6.8%，死亡率为零，经国家参考实验室确诊为O型口蹄疫，扑杀病畜及同群猪355头。1999年开始，阿克苏市开展口蹄疫强制免疫工作。2000年，把口蹄疫免疫作为出具产地检疫的重要项目之一。2004年以后，开始O型和亚洲1型口蹄疫强制免疫。2006年开始进行口蹄疫免疫效果监测。2006年后，口蹄疫免疫效果监测2.46万份，合格率76.4%。

（二）牛羊传染病

1. 小反刍兽疫

该病为外来病。2014年，根据地区要求，阿克苏市将该病列入强制免疫范围，当年免疫羊42.33万只，至2016年共免疫羊106.22万只。

2. 气肿疽

在阿克苏市比较罕见，危害不大。1990～2002年，有记录的病例为1例。2000年，在喀拉塔勒镇有1头牛发病、死亡，死亡率100%。近年无本病的发病记录。

3. 肺结核

1997年阿依库勒乡1头犊牛发病死亡。诊断时通过细菌学和变态反应检查确诊。

4. 羊梭菌病

1990年3月，阿克苏市托海乡23只羊发病，死亡21只，死亡率91.3%。1997年4月，阿克苏市托海乡11只羊发病，死亡11只，死亡率100%。2000年，依干其乡4只羊发病，死亡3只，死亡率75%。

5. 羊痘

本病在阿克苏市主要在冬末春初发生，本病1990年后仅在个别乡呈散发。2001年1月，屠宰场宰前检疫发现绵羊1只发病。

6. 山羊传染性胸膜肺炎

1990年以后阿克苏市无发病记录。

7. 羊链球菌病

本病在阿克苏市主要发生于冬春季节，以2～3月间为甚，呈散发性或地方流行性。1997年3月，依干其乡15头绵羊发病，死亡12头，死亡率80%。1999年12月，良种场7头绵羊发病，死亡6头，死亡率85%。2007年，拜什吐格曼乡6只绵羊发病，死亡5只，死亡率83%。

8. 羔羊传染性口膜炎

本病由羊口疮病毒引起，特征为口唇等处的皮肤和黏膜形成丘疹、脓疱、溃疡和结成疣状厚痂。在阿克苏市多见，呈散发或地方流行性。多发于春季，病死率低。1990～2016年，本病发生4起。1994年，依干其乡23只羊发病，死亡1只。1995年，拜什吐格曼乡17只羊发病，无死亡。1999年，依干其乡11只羊发病，无死亡。2010年，喀拉塔勒镇7只羊发病，无死亡。

（三）马传染病

1. 马腺疫

本病在1990年以后再无发病记录。

2. 马流行性感冒

本病在阿克苏市经对症治疗病死率很低，无死亡资料记载。

3. 马传染性脑脊髓炎

本病在阿克苏市无发病的资料记载。

（四）猪传染病

1. 猪瘟

1990 年后，随着猪瘟疫苗的推广使用，本病的发病率逐年降低，只在个别地方呈散发，并且典型的猪瘟也较罕见，多呈现温和型。1992 年，依干其乡 23 头猪发病，死亡 17 头，死亡率 73.9%。1995 年，西郊农场 30 头猪发病，死亡 12 头，死亡率 40%。

2. 猪蓝耳病

2007 年 9 月，阿克苏实验林场八队养猪场发生高致病蓝耳病 43 头，全群扑杀 81 头，随后进行全市范围紧急免疫接种 12.44 万头。2007 年后养殖户使用蓝耳病疫苗进行免疫。

3. 猪传染性胃肠炎

本病在阿克苏市呈散发或地方性流行，各种年龄均可发生，10 日龄以内仔猪病死率很高。从养殖户反映的情况看，本病在阿克苏市经常发生，但资料不全。1997 年，西郊农场 27 头猪发病，死亡 27 头。1999 年，六三六居民点 42 头猪发病，死亡 34 头，死亡率 80.9%。2000 年，实验林场八队 80 头猪发病，死亡 69 头，死亡率 86.2%。

4. 猪丹毒

本病一年四季都可发生，主要发病于架子猪。阿克苏市在屠宰场检疫时发现多例丹毒病例。1993 年，依干其乡渔场 5 头猪发病，无死亡。1996 年，良种场 11 头猪发病，无死亡。2000 年，屠宰检疫时发现 8 例。2001 年，屠宰检疫时发现 12 例。2002 年，屠宰检疫时发现 10 例。

5. 猪霉形体肺炎

本病不同年龄、性别和品种的猪均能感染，一年四季都可发生。在阿克苏市呈散发或地方性流行。

（五）禽的传染病

1. 鸡新城疫

1992 年，阿依库勒乡 321 只鸡发病，死亡 193 只，死亡率 60.1%。1997 年，西部农场 37 只鸡发病，死亡 29 只，死亡率 78.3%。

2. 鸡马立克氏病

1990 年后，因商品肉鸡饲养周期缩短及疫苗的广泛使用，本病罕见发生。没有本病发生的资料记载。

3. 鸡白血病

1996 年，一养殖场引进 3000 只罗曼白父母代蛋种鸡因发生白血病被迫淘汰。

4. 禽霍乱

本病在阿克苏市呈散发或地方流行性，常呈急性发病症状，巴氏杆菌在鸡场长期存在，可由于气候剧变、潮湿、拥挤、圈气通风不良、营养长期缺乏、寄生虫病等诱因，导致鸡群发病。1998

年，城郊1750只鸡发病，死亡430只，死亡率24.5%。2001年，六三六1330只鸡发病，死亡220只，死亡率16.5%。2002年，西郊农场2100只鸡发病，死亡180只，死亡率8.57%。

5. 禽沙门氏菌病

1990年3月，城郊一养鸡场2000只雏鸡发病，死亡315只，死亡率15.7%。1992年5月，西部农场890只鸡发病，死亡112只，死亡率12.5%。2002年，城郊一养鸡户1700只鸡发病，死亡135只，死亡率7.94%。

## 四　畜禽寄生虫病

畜禽寄生虫病在阿克苏市存在已久，虫体繁多，分布广泛，根据资料记载，其中感染率较高，造成损害的有50余种，尤以猪蛔虫、猪消化道线虫、鸡蛔虫、牛羊消化道线虫、犬绦虫、肺线虫、肝片吸虫、双腔吸虫、肝包虫、猪囊虫、牛囊虫、焦虫、鸡球虫、牛羊疥螨、蜱病、牛皮蝇、羊鼻蝇等常见。

畜禽寄生虫病在阿克苏市发病高峰是春秋季节，春季是大高潮，秋季是小高潮，形成春秋大量感染，冬春严重危害季节规律。依据这一规律，阿克苏市对寄生虫病的防治，采用科学有效的方法。坚持每年推行早春驱虫和深秋药浴。驱虫使用的药物有敌百虫、左旋咪唑、硝氯酚吡喹酮、克辽林、丙硫苯咪唑等，对外寄生虫使用螨净药治。经多年努力，阿克苏市寄生虫防治工作取得一定的成效。

（一）线虫病

1. 反刍兽消化道线虫病

阿克苏市绵山羊感染消化道线虫属种，主要是马歇尔、奥斯特他、细颈、夏伯特、毛圆、血矛等，消化道线虫感染以美丽筒线虫、牛仰口线虫、捻转血矛线虫为主，但是对此病阿克苏市缺乏具体的寄生虫病学调查资料。

2. 猪消化道线虫病

猪消化道线虫病在阿克苏市以蛔虫和毛首线虫为主。2010年后，由于养殖户普遍采用驱虫药驱虫，此病的感染率已很低。

3. 家禽消化道线虫

阿克苏市家禽消化道线虫感染主要有蛔虫和异刺线虫2种。鸡蛔虫病对雏鸡的生长发育影响很大，感染严重者可引起死亡。1991年，依干其乡养鸡户73只鸡发病，感染率19.7%。

4. 犬消化道线虫病

犬消化道线虫病在阿克苏市主要是蛔虫感染，但没有具体的病例记录。

5. 肺线虫病

肺线虫病主要寄生于反刍兽的肺，可造成家畜发育障碍、畜产品质量降低，并能引起死亡。在阿克苏市有肺线虫感染，但没有具体资料记载。

6. 吸虫病

家畜吸虫病是各种吸虫寄生于家畜的体内而引起的各种疾病总称。吸虫病在阿克苏市反刍动物中感染较高，呈地方流行性。近几年在屠宰场检宰时常见，感染率牛5% ~8%，羊10% ~20%，但对阿克苏市牲畜感染吸虫的具体种属未做过调查，尚不清楚各属所占比例。

（二）绦虫病和绦虫虫幼病

该病呈地方性流行，患畜食欲减退、下痢、消瘦。

1. 反刍兽绦虫病

据资料记载，本病以前在阿克苏市有流行，主要是莫尼茨绦虫感染。1990 年后，未做过寄生虫病学调查，没有详细感染数据。

2. 家禽绦虫病

家禽绦虫主要寄生于鸡的十二指肠，可导致结肠炎、肠梗塞、肠破裂、腹膜炎等症状。

3. 棘球蚴病

棘球蚴病又称包虫病，是由细粒棘球绦虫的中绦期——棘球蚴寄生于哺乳动物的脏器所引起的寄生虫病，可寄生于人畜的任何部位，严重威胁人畜健康。阿克苏市对包虫病防治采取综合措施，坚持对犬定期驱虫，以消灭病原，并对感染脏器做无害化处理。

4. 多头蚴病

阿克苏市有绵羊发生过此病，但缺乏具体的感染数据及病例资料。

5. 细劲囊尾蚴病

细劲囊尾蚴是泡状带绦虫的幼虫，寄生于多种家畜及野生动物的肝脏浆膜、肉膜及肠系膜等处，严重感染时还可进入胸腔，寄生于肺部。本病在阿克苏市无详细病例资料。

6. 牛囊尾蚴

牛囊尾蚴是由牛带吻绦虫的幼虫引起的疾病，人是终末宿主。牛囊尾蚴病不仅影响肉的质量造成经济损失，而且人吃含牛囊尾蚴的肉，也会被感染，对人身体健康危害很大。本病在阿克苏市屠宰检宰时发现过 34 例。

7. 猪囊尾蚴病

猪囊尾蚴病是由猪带绦虫的幼虫——猪囊尾蚴寄生于活动肌肉中，人是终末宿主。1990 ~ 2002 年，阿克苏市在屠宰检疫时发现过 34 例。后因养猪普遍采用圈养并定期驱虫，未有发生。

（三）原虫病

1. 锥虫病

本病在阿克苏市未做过寄生虫病学调查，疫情不明。

2. 焦虫病

本病是由焦虫寄生于各种家畜的红细胞内引起的。1990 年后未见资料记载。

3. 球虫病

本病在阿克苏市广泛流行，危害严重的是鸡球虫病。

（1）鸡球虫病　1997 年，阿克苏城郊 1274 只鸡发病，死亡 86 只，死亡率 8.3%。1999 年，良种场 873 只鸡发病，死亡 52 只，死亡率 5.8%。2000 年，阿依库勒镇 1883 只鸡发病，死亡 37 只，死亡率 1.9%。2001 年，六三六居民点 3215 只鸡发病，死亡 68 只，死亡率 2.1%。2002 年，西郊农场 2300 只鸡发病，死亡 113 只，死亡率 4.3%。

（2）兔球虫病、弓形虫病　本病在阿克苏市无具体的资料记录。

（四）蜱螨病

1. 螨病

1992 年，阿克苏市托海乡 320 只羊发病。1994 年，阿克苏市托海乡 170 只羊发病，之后未有记载。

2. 蜱病

蜱病主要侵害绵山羊，在阿克苏市牧区多发，危害较大。做好圈舍的环境卫生，并根据蜱的生活规律采取牧地轮换制，可取得一定效果。

（五）昆虫病

蝇蛆病是有翅的部分蝇类的幼虫寄生于家畜体内所引起的寄生虫病，阿克苏市以羊鼻蝇蛆病、牛皮蝇蛆病多见。羊鼻蝇蛆病主要侵害绵羊，病羊表现为流脓性鼻液、打喷嚏、呼吸困难等症状；患病牛在背部皮下可摸见肿瘤样隆起。本病在阿克苏市多发，没有具体的病例记载。

## 第二节　畜禽疫病防治

1990 年后，阿克苏市动物防疫工作按照畜主自愿的原则，畜牧兽医技术人员上门实施防疫。1999 年，开展 O 型口蹄疫病的强制免疫工作，每年对偶蹄动物进行两次强制免疫和普查。2000 年，动物防疫工作实施“政府保免疫密度，业务部门保免疫质量、财政部门保免疫经费”原则，实行“春秋集中强制免疫、日常补免为辅”工作方针，每年推行早春驱虫和深秋药浴。驱虫使用的药物有敌百虫、左旋咪唑、硝氯酚吡喹酮、克辽林、丙硫苯咪唑等，对外寄生虫使用螨净药治。此后，一直沿用此疫病防控工作方式。

2003 年，为推进全市动物防疫体系建设，市畜牧局在村级配备村级动物防疫员，为村级防疫员每人配备 1 个疫苗冷藏箱，主要负责各村动物疫病防疫和兽医技术服务。市畜牧兽医局制定《村级防疫员管理办法》，明确防疫员的职责、任务和报酬，年底考核兑换报酬。2004 年，将畜禽重大动物疫病免疫密度、抗体水平列入每年农村经济目标考核责任书，实行“一票否决制”和责任追究制。2008 年 2 月，按照“一户一页、一村一册、一乡一档”的要求建立畜禽免疫档案。同时，将《动物免疫档案》列入重大动物疫病防控责任制，作为乡镇工作检查和考核的一项重要内容，确保重大动物疫病防控工作落实到位。2009 年，开始实行乡站与村级防疫员签订工作责任书制度，并从防疫密度和免疫抗体检测水平方面进行考核后兑现工资。2010 年，全市市、乡、村三级防疫体系建立健全，每个月向上一级防疫监测站测报疫情信息。

**表 12－7　1990 ~ 2016 年阿克苏市畜禽疫病防治情况表**

单位：万头

| 年份 | 检疫 | 防病注射 | 药浴 | 驱虫 | 治疗 |
|---|---|---|---|---|---|
| 1990 | 85 | 140.3 | 10.5 | 9.6 | 0.3 |
| 1991 | 82 | 150.65 | 16.8 | 8.6 | 0.5 |
| 1992 | 86 | 170 | 10.88 | 6.7 | 0.8 |
| 1993 | 84 | 176.31 | 18 | 9.4 | 0.9 |

续表

| 年份 | 检疫 | 防病注射 | 药浴 | 驱虫 | 治疗 |
|---|---|---|---|---|---|
| 1994 | 84 | 178. 9 | 10. 12 | 9. 2 | 0. 7 |
| 1995 | 84 | 180. 1 | 9. 33 | 6. 7 | 0. 8 |
| 1996 | 86 | 180. 63 | 8. 4 | 4. 5 | 0. 9 |
| 1997 | 89 | 196. 20 | 9. 2 | 4. 2 | 1. 11 |
| 1998 | 83 | 200 | 9. 8 | 4. 23 | 1. 12 |
| 1999 | 91 | 213 | 11. 2 | 6. 7 | 1. 1 |
| 2000 | 100 | 250 | 11. 4 | 7. 4 | 1. 3 |
| 2001 | 98 | 246 | 12. . 5 | 9 | 1. 4 |
| 2002 | 113 | 238 | 14 | 10. 1 | 1. 45 |
| 2003 | 115 | 295 | 12. 3 | 9. 4 | 1. 65 |
| 2004 | 130 | 264 | 19. 7 | 7. 1 | 1. 8 |
| 2005 | 140 | 260 | 25. 2 | 13. 1 | 1. 9 |
| 2006 | 189 | 300 | 24. 2 | 13. 2 | 2 |
| 2007 | 220 | 302. 99 | 38. 6 | 22. 88 | 3. 1 |
| 2008 | 256 | 304. 56 | 31. 3 | 23. 6 | 3. 4 |
| 2009 | 275 | 316. 52 | 36. 5 | 20 | 2. 4 |
| 2010 | 278 | 345. 21 | 37. 6 | 21. 4 | 2. 3 |
| 2011 | 280 | 320. 5 | 36. 32 | 20. 1 | 3. 7 |
| 2012 | 290 | 316. 77 | 34. 7 | 26. 3 | 4. 2 |
| 2013 | 300 | 321. 66 | 34. 6 | 26. 7 | 3. 6 |
| 2014 | 300. 23 | 361. 32 | 36. 3 | 28. 9 | 4. 2 |
| 2015 | 311. 6 | 326. 45 | 44. 14 | 27. 21 | 3 |
| 2016 | 335. 26 | 348. 83 | 42. 65 | 37. 73 | 12. 1 |

## 第三节　动物检疫

阿克苏市动物检疫以屠宰检疫、运输检疫、产地检疫、市场检疫 4 种方式为主。

### 一　屠宰检疫

1990 年，阿克苏市实行屠宰场地和检验人员双固定，设立屠宰点，固定专职肉检人员 4 名。

1999 年后，逐年规范屠宰场条件，到 2016 年阿克苏市共有屠宰场点 6 个，其中牛羊屠宰场 2 个，生猪屠宰场 3 个，家禽屠宰场 1 个。

1990～2016 年，阿克苏市屠宰检疫共 1072 余万头（只、羽）。2015 年，开展家畜屠宰检疫 31. 83 万头（只），家禽定点屠宰检疫 100. 98 万羽。2016 年，家畜屠宰检疫 30. 08 万头（只），其中生猪 8. 55 万头，牛羊 21. 53 万头（只），开展家禽屠宰检疫 100. 05 万羽。

### 二　流通领域检疫

1990 年，阿克苏市开展活畜检疫，检疫方式为交易市场门口进行临床检查，2002 年开始产地检疫，活畜市场检疫逐渐被取缔。

## 三　产地检疫

2000 年，阿克苏地区开始开展产地检疫工作，但执行的是市场活畜检疫程序，在交易市场门口开具产地检疫证。2007 年，阿克苏市实施产地检疫工作试点，将动物产地检疫作为动物防疫工作重点，列入政府目标考核内容。2008 年，对动物产地检疫开展专项整治活动，全年完成畜禽产地检疫 47 万头（只、羽）。2009 年，根据地区制定《阿克苏地区动物检疫证章管理暂行办法》，阿克苏市完善产地检疫报检点设置，初步建立各种形式报检点 10 个。2 月，近 20 万套二维码耳标和 3 台动物防疫标识溯源设备在阿克苏市投入使用，市动物防疫标识溯源工作正式启动。

2010 年，阿克苏市向服务型模式转变，基层检疫员和协检人员每周两次上门临检、一次市场督察，保证基层人员每周有 3 天时间主要负责检疫工作，将定时、定人、依规检疫机制落实到实处。2010 ~2014 年，完成产地检疫 1400 余万头（只、羽）。2015 年，开展家畜产地检疫 42.11 万头（只），家禽产地检疫 404 万羽。2016 年，共开展产地检疫 185.14 万头（只、羽），其中牛羊 24.67 头、家禽 150.03 万羽、生猪 10.43 万头、其他牲畜 0.01 万头（只）。

## 四　执法督察

1990 年，阿克苏市主要是固定 1 名兽药卫生监督员专门负责抓兽药卫生监督工作。1998 年1 月 1 日，国家颁布《中华人民共和国动物防疫法》，明确规定动物防疫监督机构依法对动物防疫工作进行督察。全年共发放各类证章 142 次，办理案件 4 起。2005 年，阿克苏市对活畜及畜产品流通监管严格按照自治区下发的《易感动物调运、监督管理办法》执行，对养殖大户调运数额比较大的，派当地兽医跟踪免疫。2007 年，按照农业部、卫生部、工商总局联合下发的《活畜经营市场高致病性禽流感管理办法》，建立畜禽交易市场、屠宰场、动物产品加工场所定期休市，定期消毒制度。牲畜调运提前 15 天报检，经抗体检测合格后方可调运。2009 年，市动物检疫部门开始依法开展动物防疫条件审核监管，指导全市推进养殖场规模化，养殖小区、屠宰场的饲养标准化和防疫规模化。建立和完善养殖场养殖档案、免疫记录、兽医使用记录、休药记录、兽医诊疗记录，对 27 个规模养殖场、养殖小区防疫条件实施监管。全年，查处各类违法案件 10 例。

2016 年，共出动执法人员 456 人次，车辆 152 车次，集中开展 4 次整治，规范兽药经营企业 35 家，动物诊疗场所 4 个。查处各类违规案件 4 件，立案 4 件，结案 4 起，罚款金额 0.48 万元。依法没收无资质和过期的兽药 34 种，总计 314 盒（袋、瓶），总价值折合人民币 2464 元。立案办理动物卫生监督案件 15 件，执结 15 件，罚款金额 2.45 万元。

# 第四节　产品质量监督

2005 年，按照自治区人民政府办公厅下发的《关于转发自治区质量技术监督局等部门〈新疆维吾尔自治区农产品质量安全标准体系发展规划（2005 ~2010 年）〉的通知》，阿克苏市开始进行畜产品安全检查，对肉类食品开展安全大检查 4 次，主要检查上市肉品是否经过检验。

2007 年，阿克苏市检查所有市场、超市、集体食堂、餐饮单位销售和使用的猪肉，均来自定点屠宰企业。根据地区畜牧兽医局制定的《阿克苏地区畜产品质量安全专项整治实施方案》和《阿克苏地区畜产品兽药残留监测方案》，在春节、“五一”、“十一”前组织3次联合大检查，重点打击经营未检验肉品和收购经营病死畜禽行为。

2008年4月15日，阿克苏市被农业部确定为肉牛重点监测县，确定依干其乡英巴格村、拜什吐格曼乡尤喀克栏杆村、喀拉塔勒镇喀拉哈什村、托普鲁克乡卡勒库里村、库木巴什乡阔什艾日克村15户肉牛养殖户作为重点监测户。对出栏肉牛销售收入、出栏肉牛养殖成本等情况进行监测。2016年，阿克苏市畜牧兽医局配合地区开展节前大检查，严查生产加工、销售病死牛、羊、生猪、禽产品的违法行为。

2009年，阿克苏市兽医站把“三聚氰胺”检测作为重点，每年检测牛奶122份。2012年，阿克苏市动物卫生监督所把瘦肉精检测作为畜产品检测重要项目，每年开展检测1400余份。为严厉打击养殖过程中使用违禁添加物的违法行为，保障畜产品质量安全，阿克苏市动物防疫监督站每半月到屠宰场采集一次尿样，每月到养殖场、牲畜交易市场采集一次尿样，用试剂盒（纸、条）对尿液进行快速检测。2015年，共开展“瘦肉精”检测尿样2147份，三聚氰胺和抗生素残留检测122份，检测结果全部合格。2016年，开展专项检查和扫雷行动等治理工作，开展瘦肉精检测1730份、三聚氰胺检测194份、兽药残留检测42份，检测结果全部为合格。

## 第五节　兽医兽药管理

2010年前，地区畜牧兽医局负责全地区兽医兽药管理工作。

2010年，根据《兽医管理条例》规定，将兽医日常监管权力交予阿克苏市畜牧兽医局。全年，阿克苏市畜牧局对34家兽药经营场所检查48次，查处违法案件18起。2015年，市动物防疫监督站配合地区畜牧兽医局，共出动执法人员133人次，车辆47余车次，集中开展兽药市场专项整治，共检查兽药经营企业75家次，办理兽药违规经营案件1件。2016年，阿克苏市畜牧局对39家兽药经营场所检查140次，查处违法案件4起。

**表12－8　2012～2016年阿克苏市主要兽药价格表**

| 类型 | 名称 | 剂型 | 价格(元) |
|---|---|---|---|
| 兽用非处方药 | 安乃近注射液 | 10ml×10支/盒 | 8 |
| 兽用非处方药 | 安痛定注射液 | 10ml×5支/盒 | 4 |
| 兽用非处方药 | 穿心莲注射液 | 10ml×5支/盒 | 2 |
| 兽用非处方药 | 柴胡注射液 | 10ml×5支/盒 | 1.5 |
| 兽用非处方药 | 鱼腥草注射液 | 10mlx5支/盒 | 1.5 |
| 兽用处方药 | 乙酰甲喹注射液 | 10mlx5支/盒 | 1.5 |
| 兽用处方药 | 地塞米松注射液 | 5mlx10支/盒 | 3.5 |
| 兽用非处方药 | 板蓝根注射液 | 10mlx5支/盒 | 2 |
| 兽用处方药 | 青霉素钾 | 160万单位x50瓶/盒 | 25 |
| 兽用处方药 | 链霉素 | 100万单位x50瓶/盒 | 35 |

# 第七章　畜禽产业化

## 第一节　定点屠宰

2000 年前，阿克苏市民食用的肉类大部分是养殖户自行屠宰。

2000 年 7 月，阿克苏市根据《国务院生猪屠宰管理条例》和《新疆维吾尔自治区畜禽屠宰管理条例》规定，开始定点屠宰。在城区建立 8 个屠宰厂（场、点）。其中生猪 3 家，牛羊 2 家，家禽 1 家，毛驴 1 家，鸽子 1 家。

2001 年，阿克苏市建立多浪牛羊畜产品定点屠宰场，主要对牛羊屠宰，年屠宰量 3.6 万头（只），牛羊肉基本实行定点屠宰。

2008 年 4 月 1 日，市定点屠宰管理办公室、阿克苏市宏盛生猪定点屠宰场被自治区人民政府评为 2007 年畜禽定点屠宰管理工作先进单位。

2014 ~2016 年，阿克苏市生猪屠宰场屠宰生猪 38.4 万头，牛羊定点屠宰场屠宰量为牛 2.55 万头、羊 56.7 万只。市畜禽屠宰办公室在强化日常监督检查的同时，发挥牵头部门的作用，在重大节假日期间会同工商、食药、公安等相关成员单位联合开展屠宰及肉品市场大检查，共出动执法人员 1865 人次，检查各类经营主体经营户 2300 家次，没收家禽屠宰设备脱毛机 10 余台，取缔家禽、羊私屠滥宰摊点 30 多处，没收私屠销售未经检疫检验胴体羊 50 余只，有效规范畜禽屠宰及肉品市场经营秩序。

至 2016 年，阿克苏市共有 8 个屠宰厂（场、点）。

## 第二节　科学养畜

1990 年，阿克苏市把农村养殖小区建设作为扩大畜牧业的抓手，至 2007 年，有养殖小区 65 个。2010 年，阿克苏市转变畜禽养殖方式，改变传统的家庭式养殖为集中养殖，全市有规模化养殖小区 18 个、暖圈 230 座。2013 年，规模化养殖小区增加到 20 个、暖圈增加到 430 座。2015 年，开展科学养畜示范工作，全市有肉羊繁育示范户 18 户，科学养畜示范村 3 个，科学养畜示范户 35 户。2016 年，有规模化养殖小区 28 个，暖圈 836 座，新增暖圈 13 个。肉羊繁育示范户 30 个，科学养畜示范村 3 个，科学养畜示范户 30 户。

## 第三节　重点企业

### 一　新疆三江实业股份有限公司

2010 年，由新疆阿克苏三江养殖有限公司、浙江荣华纺织品有限公司和新疆三宝实业出口贸易有限公司等股东共同发起的新疆三江实业股份有限公司成立，注册资金 8500 万元，总投资 2.5 亿元，其中生猪屠宰冷链项目 1.5 亿元，生猪养殖场 0.5 亿元，饲料厂 0.5 亿元。主要经营生猪养殖、屠宰、肉食品深加工、饲料生产销售。养殖场有各类猪舍 75 栋，占地面积 33.33 公顷，年生猪存栏量 2.5 万头，品种有皮特兰、大约克、长白、杜洛克等。其中种猪 5000 余头，育肥猪 9857 头，仔猪 1 万头。饲料加工厂建筑面积 6000 平方米，年产 10 万吨无公害畜禽饲料。屠宰场建筑面积 4000 平方米，屠宰生产线日屠宰生猪能力 1000 头。公司在饲养营养体系建设方面依靠新疆塔里木农业大学雄厚的技术力量支持，取得优异的成果；在健康管理方面，尤其在动物防疫体系建设方面进行探索和实践，建立完善的科学防疫管理措施，已形成饲料加工、生猪养殖、屠宰加工、沼气发电、生态有机果园一体化的循环经济产业链雏形。

## 二　阿克苏市宏盛牧业有限责任公司

2010 年，阿克苏市宏盛牧业有限责任公司成立。公司位于阿克苏市古勒巴格路 35 号（农牧连），距阿克苏市 8 千米，占地面积 2.67 公顷。主要从事商品肉猪生产、优良种猪生产和人工授精技术推广等业务，拥有年屠宰加工生猪 15 万头的生猪定点屠宰厂和年出栏商品肥猪 1.5 万头、出栏优良种猪 3000 头的养殖场。公司主营生猪养殖、屠宰加工、分割、冷储、种畜生产、生猪产品销售、饲料原料采购、销售等业务。2011 ~ 2013 年，公司年均存栏生猪 8000 头，年均出栏生猪 1.5 万头以上，年均采购销售豆粕、玉米等饲料、原料 3 万吨以上，是自治区地方储备肉生猪和冻肉储备（共 250 吨、3000 头）承储企业。2010 年获得自治区生猪标准化示范场称号，2011 年获得自治区畜牧厅无公害（猪肉）产地认证，获得阿克苏地区农业产业化龙头企业称号。2013 年获得自治区种畜禽经营许可证，同年 9 月获得食品安全质量体系认证证书（北京中食恒信质量认证中心有限公司）。2015 年获得自治区农业产业化重点龙头企业称号。

## 三　新疆多浪畜产品开发有限责任公司

2010 年，新疆多浪畜产品开发有限责任公司成立，注册资金 560 万元。公司位于阿克苏市塔南路 23 号，主要经营牛、羊养殖、屠宰；农作物、饲草料作物种植；肉制品进出口及配送。2011 年，公司选址 14.46 公顷投资 1500 万元建设年出栏万只肉羊养殖基地，建成羊舍 6 栋 7200 平方米，库房 650 平方米，办公室及住宅 480 平方米，青贮窖 2 座（容量各有 500 吨，共 1000 吨）。至 2016 年，饲养湖羊 3000 只，其中生产母羊 2000 只，年产羔羊 2000 只，培育生产母羊 1000 只。场区内配套有兽医室、防疫检测设备、消毒池、化粪池以及排粪管道，并根据生产需要，逐步完善管理制度、防疫制度和科学合理的饲养管理操作规程。建立养殖档案、生产记录，包括肉羊繁殖情况、生产性能、饲养来源及消耗情况、发病用药情况、疫苗免疫种类及免疫时间、死亡率及死亡、无害化处理情况、肉羊销售记录等。公司重点推进畜禽良种化、养殖设施化、生产规模化、防疫制度化、粪污无害化等“五化”建设，加强重大动物疫病防控体系建设、畜产品质量安全体系建设，实现畜牧业的标准化、规模化、产业化发展。2016 年获得自治区农业产业化重点龙头企业称号。

## 四　阿克苏中天牧业公司

2008 年 8 月，阿克苏中天牧业公司注册成立，属阿克苏市世纪中天实业发展有限公司子公司。

公司以良种繁育、育肥养殖、屠宰加工、冷链配送、饲草基地建设为主，是集产、供、销为一体的标准化农产品经营公司。公司位于阿克苏市南工业园区内，占地面积6.67公顷，拥有现代化羊舍6000平方米，设有办公室、消毒室、治疗室及人工授精站等配套设施。有技术人员20多人。投资2500万元建立良种繁育体系和肉羊储备基地，成立绿色羊肉食品生产基地，全力实施放心肉工程。公司以“公司+基地+农户+科技”的商业运作模式，于2008年底从国外引进优秀肉用种公羊杜泊、道赛特、萨福克430只。杂交改良3000余只，产羔500余只，双胎产羔率高达60%，成活率高达100%。公司将冷库仓储配送、活畜交易屠宰市场、肉产品分割等行业向养殖产业延伸，适用胚胎移植、冻精冷配等高新繁育技术，以提高优秀种公羊的繁育率。2015年获得自治区农业产业化重点龙头企业称号。

# 第十三编 水 利

阿克苏市气候干燥，降水稀少，蒸发强烈，呈典型的干旱大陆性水文特征。但境内河流水资源较为丰富，总计年径流量114亿立方米，水能理论蕴藏量6.64万千瓦，地下水动储量5亿立方米。天然河、湖，人工引、排渠系，水库等组成密布的水网，滋养着农田和绿林，使阿克苏成为全疆的粮棉生产基地。自1990年以来，市委、市政府逐步调整水资源配置方向，坚持“优化农业用水，保障生活用水，增加工业和生态用水”，把水资源从低效领域向高效领域配置。始终坚持水资源一体化管理与调配，全力推进以高效节水技术置换水资源，为全市农业产业化、新型工业化、生态环境的改善和可持续发展奠定坚实的基础。从1999年开始，借助国家、自治区和地区的财力支持，全市以抗旱、灌溉与防洪并重，推广、采用节水新技术，先后实施低产田改造“世行”项目、农业综合开发项目、塔河综合治理项目、小型农田水利重点建设项目等一系列水利工程建设项目，全市农田水利基础设施不断加强，防汛抗旱、水土保持、水资源保护、人畜饮水安全等工作取得明显成效。

# 第一章　机　构

## 第一节　行政机构

1990 年，阿克苏市水电局有职工 20 名。

1998 年，阿克苏市水电局更名为阿克苏市水利局，核定行政编制 21 名，内设办公室、财务审计股、水管股、水政股、水电股 5 个股（室）。

2002 年 9 月，阿克苏市人民政府批准市水利局“三定”方案，核定行政编制 15 名，领导职数 3 名，机关后勤服务事业编制 2 名。内设办公室、计划财务股、建设与管理股、水政水资源水管股、水土保持股 5 个股（室）。

2005 年，阿克苏市水利局行政编制 17 名。

2015 年，市各乡、镇、场水管站根据工作需要，将人员、财务及编制全部移交给各乡、镇、场管理。

2016 年，阿克苏市水利局实有 18 人。

## 第二节　事业机构

### 一　市灌区内农田水利工程规划设计队

1990 年，阿克苏市水电局水利水电勘测设计队隶属水电局领导，事业编制 30 名，实有 16 人。

1995 年，水利水电勘测设计队编制 30 名，实有 17 人。

1998 年，水利水电勘测设计队更名为灌区内农田水利工程规划设计队，编制 30 名，相当于股级，全额事业预算管理，实有 20 人。

2002 年，市灌区内农田水利工程规划设计队减编，定编 20 名，实有 20 人。

2005 年，市灌区内农田水利工程规划设计队实有 19 人。

2016 年底，阿克苏市灌区内农田水利工程规划设计队实有 18 人。

### 二　市防病改水办公室（市农村自来水管理站）

1990 年，阿克苏市防病改水办公室核定事业编制 2 名，挂靠市水电局。

1996 年底，成立阿克苏市农村自来水管理站，与市防病改水办公室实行“两块牌子、一套班子”，编制 7 名（包括防病改水办编制 2 名），副科级事业单位，全额预算管理，隶属水电局领导，实有 4 人。

2016 年，市防病改水办公室实有 5 人。

## 三　市渔业技术推广站（市渔政管理站）

1998 年，阿克苏市成立渔业技术推广站（市渔政管理站），相当于股级，全额预算管理，事业编制 3 名。

2002 年，市渔业技术推广站实有 3 人。

2016 年，市渔业技术推广站编制 3 名，实有 5 人。

## 四　市水政监察大队

2001 年 10 月，阿克苏市成立水政监察大队，隶属水利局，全额预算管理，核定编制 8 名，实有 7 人。

2016 年底，市水政监察大队实有 13 人。

## 五　市水利质量监督与造价管理站

2002 年，阿克苏市成立水利质量监督与造价管理站，相当于股级，核定编制 4 名，全额预算管理，实有 3 人。

2016 年，市水利质量监督与造价管理站实有 5 人。

## 六　市防汛抗旱办公室

2002 年，阿克苏市成立防汛抗旱办公室，相当于股级，核定编制 3 名，全额预算管理。实有 3 人。

2016 年底，市防汛抗旱办公室实有 5 人。

## 七　市农田水利基本建设办公室

1990 年，阿克苏市成立农田水利基本建设办公室，核定编制 5 名，隶属水电局领导，实有 3 人。

1995 年，市农田水利基本建设办公室实有 4 人。

2002 年，阿克苏市农田水利基本建设办公室撤销。

## 八　老大河水管站

1990 年，老大河水管站隶属于阿克苏市水电局，主要负责老大河灌区工程管理、灌溉管理及托普鲁克乡、库木巴什乡、阿依库勒乡 3 个乡的供水、配水工作。

2002 年，老大河水管站内设行政办公室、财务股、灌溉股、工程股、综合经营股 5 个股（室），下辖托普鲁克、库木巴什、阿依库勒 3 个乡（镇）水管所和西大桥、东岸大渠二号闸、托普鲁克、阿克艾日克、库木巴什、塔卡其、沙克沙克二号闸、沙克沙克三号闸、协合里克三号闸、恰其干渠渠首等14个水管股，共有各类水利管理人员120人。

2005年，老大河水管站总编制数86名，共有各类水利管理人员132人。

2016年底，老大河水管站共有各类水利管理人员140人，主要负责辖区配水口的水位观测、流量测验、分水配水、工程管理、巡渠护堤、防洪抢险和“供水到户”等项工作任务。

### 九　多浪河水管站

1990年，多浪河水管站隶属于阿克苏市水电局，主要负责多浪河灌区工程管理、灌溉管理、综合经营及依干其乡、拜什吐格曼乡、喀拉塔勒乡、良种场等4个乡（镇）场的供水、配水工作。

2002年，多浪河水管站内设行政办公室、财务股、灌溉股、工程股、综合经营股5个股（室），下辖依干其、拜什吐格曼、喀拉塔勒、良种场等4个乡（镇）场水管所和多浪渠龙口、依尔玛、团结闸、双渡槽、阿苏克、南效闸、黄宫渠、乔格塔、拜什吐格曼干渠一号闸、拜什吐格曼干渠二号闸、苛苛巴什、英吾斯塘、库库力、托乎尔其、纳玛特等15个水管段。

2005年，多浪河水管站总编制数86名，共有各类水利管理人员211人。

2010年，多浪河水管站总编制数98名，共有各类水利管理人员227人。

2016年底，共有各类水利管理人员225人。主要负责本辖区各配水口的水位观测、流量测验、分水配水、工程维护、巡渠护堤、防洪抢险和“供水到户”等项工作任务。

# 第二章　水利建设

## 第一节　输水工程

### 一　库玛拉克河东岸总干渠工程

2000～2003年，阿克苏市修建库玛拉克河东岸总干渠。按照阿克苏河流域规划新建的库玛拉克河东岸流区引水工程，也是多浪渠上游的延伸工程，负担库玛拉克河东岸灌区温宿县、阿克苏市和兵团农一师六团12.14万公顷灌溉面积的输水任务。干渠自协合拉引水枢纽引水，渠线沿库河的一、二级阶地布置，全长48千米，设计流量90立方米/秒，断面全防渗、全衬砌，是混凝土板加塑膜护砌的抗冲双防渗渠道。主要建筑物有塔尕克一级电站的分水闸1座，过洪渡槽1座，混凝土交通桥4座，陡坡跌水若干座，下游总分水闸在总干渠尾部，为温宿县革命大渠、恰克拉克渠和阿克苏多浪渠分水，分水闸以后，经24千米混凝土防渗渠与老多浪河龙口相连接，是库玛拉克河和阿克苏河东岸灌区输水总干渠，由阿克苏河流域管理处管理。

## 二　多浪河灌区多浪总干渠工程

多浪总干渠为库河东岸干渠的下段延伸渠道，由古老的多浪河改建而成，2004 年有灌溉面积 4.28 万公顷，包括兵团农一师，共有灌溉面积 5.39 万公顷。灌区渠系利用系数 0.35，引河水流量 35 立方米/秒，引泉水流量 15 立方米/秒，2000 年渠系利用系数 0.42，总计引水流量 53 立方米/秒，其中引泉水流量 15 立方米/秒，2050 年远景规划渠系利用系数 0.6，总计引水流量 63.68 立方米/秒，其中引泉水流量 10 立方米/秒，2050 年规划扩大引水流量 18.68 立方米/秒，渠道断面设计采用“一次设计成型，分期加大水深”的办法，避免扩建时返工浪费。

1998～1999 年，利用世行项目进行总干渠改建，从英乌斯坦水闸至乃玛提水闸 30 千米渠段进行垂直塑模防渗，有的渠段进行裁弯取直，维修改造闸口，使渠水渗漏减少，扩大灌溉面积。总干渠自渠首至团结闸，长 7 千米，团结闸设分水闸，供依干其乡的依尔玛等村用水。总干渠 24.4 千米处为阿克苏城西公路桥，26.85 千米处为城南公路大桥，27.25 千米处为大龙口，过水流量 60 立方米/秒，兵团农一师六团灌区在此分水。32.75 千米处与柯柯牙河洪水相交，洪水入渠后增加渠道泥沙淤积。后改涵洞，穿过多浪渠，设计流量 80 立方米/秒，流入新大河。

**表 13－1　阿克苏市多浪河灌区不同水平年灌溉面积发展表**

单位：万公顷

| 单位 | 1985 年 | 2000 年 | 2020 年 | 2050 年 |
|---|---|---|---|---|
| 阿克苏市 | 2.40 | 2.83 | 4.13 | 5.26 |
| 农一师六团 | 0.32 | 0.55 | 0.96 | 0.96 |
| 市区机关 | 0.13 | 0.23 | 0.30 | 0.30 |
| 合计 | 2.85 | 3.61 | 5.39 | 6.52 |

## 三　老大河灌区东岸大渠工程

2003 年，利用世行项目对老大河东岸大渠进行防渗改造，2010 年结束。从艾里西进水闸引水，至 4.2 千米处建老大河总分水闸。该闸为阿瓦提县、胜利渠、东岸大渠及沙克沙克渠分水。

东岸大渠全长 32.50 千米，设计流量 20 立方米/秒。由西大桥水电厂尾水渠总分闸分水。有干渠 15 条，全长 277 千米；支渠 61 条，全长 336.2 千米；斗渠 436 条，全长 889.4 千米；农渠 1878 条，全长 1362.4 千米。同时，完成总干渠闸口 9 座，支干渠闸口 6 座，支渠闸口 9 座，斗渠闸口 29 座，农渠闸口 2 座，大、小桥 60 座，涵管桥 932 座，渡槽 17 座，陡坡及跌水 14 座。

## 四　老大河灌区阿依库勒干渠工程

阿依库勒干渠从二级电站前池引水，引入流量为 14.7 立方米/秒，渠道全长为 21.8 千米，与胜利渠平行排列。2001 年，对老大河灌区阿依库勒干渠进行防渗改造，2010 年结束。干渠上游 53 个引水口，改建为 8 座分水闸，修建 12 条干渠和支干渠，干渠水量利用率由 0.75% 提到 0.92%，节水 1400 万立方米。

### 五　老大河灌区沙克沙克干渠工程

老大河灌区沙克沙克干渠由老大河总分水闸引水，引入流量 1.0 立方米/秒，渠道长约 8 千米。

## 第二节　提水工程

### 一　东岸大渠农用水源地工程

阿克苏市东岸大渠农用水源地工程位于阿克苏市西部。15 千米的阿克苏河老大河灌区上游北起阿克苏老大河，南至托普鲁克乡—库木巴什乡分界线，东以新大河为界，西到阿瓦提总干渠，总面积 23 平方千米。阿克苏市东岸大渠水源地工程属于塔里木河流域近期综合治理项目 2002 年计划建设项目，项目区渠系、条田、林带和道路基本配套，机井的布置充分利用现有的道路、渠道，既减少工程量，也有利于灌溉和井群汇流，又便于机井施工、输电线路架设和运行管理。建成后可置换地表水 1281 万立方米。工程于 2003 年 8 月开工，2004 年 8 月完工，总投资 1284.08 万元，全部为 2003 年中央预算内西部专项资金。

### 二　依干其乡多浪渠水源地工程

阿克苏市依干其乡多浪渠水源地工程项目区位于阿克苏市多浪渠灌区上部、依干其乡北部灌区。规划井数 40 眼，10 千伏高压输电线路 30.59 千米，旧渠改造及新建渠道 16.7 千米，出水池 40 座，以及相应的管理站房土建工程。年开采水量 2121 万立方米，控制灌溉面积 3106.67 公顷，单井出水量每小时为 300 立方米和 200 立方米，置换总水量为 3080 万立方米。

工程分为两个阶段进行。第一阶段水源地工程（土建、凿井、水泵材料、输变电、自动化控制）五个标段于 2006 年 3 月 1 日开工，10 月 20 日完工；第二阶段渠道防渗改建工程于 2007 年 5 月开工，11 月完工。工程总投资 1966 万元，其中建筑投资 1129 万元，其他费用 188 万元，基本预备费 91 万元，水保及环保费 52 万元。资金来源为申请中央西部预算内专项资金。

### 三　阿克苏市拜什吐格曼乡水源地工程

阿克苏市拜什吐格曼水源地工程属于塔里木河流域近期综合治理 2005 年度建设项目，该工程位于拜什吐格曼乡境内，工程于 2008 年 9 月开工，2009 年 6 月完工。工程年开采地下水 960 万立方米，总投资 1787.93 万元，资金来源主要是中央预算内专项资金和地方配套资金。

## 第三节　排水治碱工程

### 一　多浪渠灌区排水治碱工程

多浪渠灌区排水治碱工程始建于 20 世纪 60 ~70 年代，主要由人工开挖，较大排水治碱工程有伯什吐曼排干、依干旗排干、英乌斯坦排干、库苦力排干、托乎其排干和乃玛提排干。在 20 世纪 80 ~ 90 年代又用挖掘机扩大加深，多浪渠灌区上游排水出路是新大河，排水水质较好，可以补充阿克苏新大河和塔里木灌区枯水期的水源；但多浪河下游灌区喀拉塔乡排水系统出路较差，其中有喀拉塔东排干，东排干绕多浪水库汇入塔北总排干，而西排干下段则穿塔北干渠，沿兵团农一师七团南干渠泄入新大河。1990 ~ 2016 年，两条排干曾几次清淤挖深，使其发挥作用。

### 二　东岸大渠灌区排水治碱工程

阿克苏市东岸大渠灌区排水治碱工程始建于 20 世纪 90 年代初，在新大河与老大河之间。东岸大渠东边，因受新大河河床下切影响，地下水位很低，一般都在 2.5 ~ 8.0 米，不需要排水；东岸大渠以西，因受地形条件和老大河渗透补给影响，地下水位较高，一般都在 0.5 ~ 2.5 米，形成大面积的草滩和低产田。

1990 ~ 1993 年，托普鲁克乡—库木巴什乡总排水治碱干渠由世行项目修建，排干挖深 3 ~ 4 米，渠口宽 18 ~ 25 米，从托普鲁克乡西边为起点至阿瓦提司的克桥附近投入老大河；接下游老大河排干渠，老大河排干渠是利用老大河河床，以玉曼水闸为起点，在司的克桥汇入托普鲁克乡—库木巴什乡排干渠，穿越上游水库引水渠至新大河。托普鲁克乡—库木巴什乡总排水治碱干渠工程，控制排水面积 3.33 万公顷，改造低产田和扩大耕地面积 1.2 万公顷。按照阿克苏河流域灌区规划老大河经整治改建以后，上段作为输水总干渠，下段作为总排干兼退水渠，将老大河下段河道加深 2 米，拆除老大河上游水库排水闸处的堵坝，使老大河恢复原废河道至新大河。

### 三　阿依库勒灌区排水治碱工程

阿依库勒灌区排水治碱工程从 20 世纪 60 年代开始修建，但因人工开挖深度不够，排水效果不佳。1990 年后，阿克苏市开始扩深排水干道，较大的有阿依库勒北排干、阿依库勒南排干、沙依里克排干、黄宫排干等。不断清淤河道，修建支排干，阿依库勒灌区盐碱地耕地得到深度改良。至 2016 年，扩大灌区面积 0.53 万公顷，改造低产田 0.4 万公顷。

## 第四节　塔里木河治理工程

自 2000 年开始，塔里木河流域综合治理工程列入国家投资计划，成立塔里木河阿克苏河流域近期综合治理项目领导协调执行办公室，全面负责阿克苏市塔河综合治理项目建设。

阿克苏市共有塔里木河综合治理项目 32 项，工程遍布阿克苏市所有乡、镇、场。计划总投资 43711 万元，其中常规节水项目 26 项，防渗渠道 696.2 千米，计划投资 38406 万元，年节水 1.07 亿立方米；高新节水项目 3 项，节水面积 673.33 公顷，计划投资 805 万元，年节水 371 万立方米；地下水开发利用项目 3 项，新打机井 152 眼，计划投资 4815 万元，年增水 5380 万立方米。

至 2016 年底，阿克苏市塔里木河综合治理项目共完成建设项目 32 项，完成投资 41246.95 万元，其中常规节水项目 26 项，完成防渗渠道 578.94 千米，完成投资 35721.27 万元；高新节水项目

3 项，完成节水面积 620 公顷，完成投资 783. 748 万元；地下水开发利用项目 3 项，新打机井 152 眼，完成投资 4751 万元。

表 13－2　2002～2014 年塔里木河治理工程完成情况统计表

| 年份 | 工程名称 | 面积（公顷） | 流量（立方米/秒） | 控制灌溉面积（万公顷） | 投资（万元） | 节约水量（万立方米） |
|---|---|---|---|---|---|---|
| 2002 | 阿依库勒镇协合力克其干渠防渗改建工程 | 9466. 67 | 4. 5 | 0. 73 | 779. 86 | |
| | 依干其乡 200 公顷滴灌工程 | 200 | | | 277 | |
| 2003 | 依干其乡乔格塔干渠防渗改建工程 | 12200 | 3. 38 | 0. 36 | 1311. 83 | |
| | 喀拉塔勒镇库库力西干渠防渗改建工程 | 7800 | 3. 6 | 0. 4 | 946. 98 | |
| | 拜什吐格曼乡英吾斯塘西干渠防渗改建工程 | 6200 | 4. 28 | 0. 47 | 1136 | |
| | 拜什吐格曼乡拜什吐格曼干渠防渗改建工程 | 9466. 67 | 5. 23 | 0. 6 | 1228. 23 | |
| | 托普鲁克乡东岸大渠水源地工程 | 52(眼) | | | 1147 | |
| | 托普鲁克乡 266. 67 公顷滴灌工程 | 266. 67 | | 266. 67 | 314 | |
| 2004 | 阿依库勒干渠工程 | 14333. 33 | 14. 0 | 0. 11 | 1265 | |
| | 托普鲁克乡东岸大渠防渗工程 | 20800 | 16. 6 | 1. 53 | 1918 | |
| 2006 | 良种场 153. 3 公顷滴灌工程 | 153. 33 | | | 213 | |
| 2007 | 多浪灌区依干其水源地工程 | 40(眼)<br>12933. 33 | | | 1816. 11 | |
| | 纳玛特东干渠灌区渠道防渗工程 | 17394. 67 | 1. 95 | 0. 37 | 1889. 2 | |
| 2008 | 纳玛特中干渠灌区渠道防渗工程 | 23653. 33 | | | 2243 | 432. 8 |
| | 纳玛特西干渠灌区渠道防渗工程 | 10866. 66 | | | 1068. 16 | 489. 2 |
| | 东岸大渠灌 1 ~2 号闸斗支渠防渗工程 | 22946. 67 | | | 1773 | 359. 7 |
| | 沙克沙克灌区防渗工程 | 15228 | | | 1456 | 404 |
| | 良种场及乔格塔灌区干支斗渠防渗工程 | 15228 | | | 1047 | 321. 66 |
| | 阿依库勒灌区 5 ~8 号闸干支斗渠防渗工程 | 14777. 33 | | | 1154 | 146 |
| | 东岸大渠灌区 3 号闸西灌区渠道防渗工程 | 22457. 33 | | | 2005 | 444 |
| | 东岸大渠灌区 3 号闸东灌区渠道防渗工程 | 8769. 33 | | | 673 | 111. 31 |
| | 东岸大渠灌区 4 ~5 号闸灌区渠道防渗工程 | 14236. 4 | | | 1121 | 365. 75 |
| 2009 | 多浪灌区上部干支斗渠防渗工程 | 23776 | | | 2322 | 485 |
| | 拜什吐格曼灌区干支斗渠防渗工程 | 20487. 33 | | | 1363 | 174 |
| | 拜什吐格曼水源地工程 | 60(眼) | | | 1787. 93 | 1200 |
| 2010 | 英吾斯塘西东中灌区干支斗渠防渗工程 | 24466. 67 | | | 1952 | 434 |
| 2011 | 阿依库勒干渠灌区 1 ~4 号闸支斗渠防渗改建工程 | 6980 | | | 488 | 130 |
| | 协合力灌区干支渠防渗改建工程 | 9733. 33 | | | 701 | 94 |
| | 东岸大渠 6 ~10 号闸支渠防渗改建工程 | 10343. 33 | | | 951. 75 | 108 |
| 2012 | 阿克苏市托吾热其灌区干支渠防渗改建工程 | 11853. 33 | | | 1561 | 113 |
| | 阿克苏市阔库拉西灌区干支渠防渗改建工程 | 18086. 67 | | | 2260 | 325. 48 |
| 2014 | 阿克苏市多浪总干渠中上段渠道防渗改建工程 | 1686. 67 | | | 2597 | 992. 77 |
| 合计 | | 385960 | | | 41246. 95 | |

## 第五节　节水工程

阿克苏市为全疆的粮棉生产基地，水资源相对紧缺，随着灌溉面积不断扩大，用水矛盾十分突出，2007 年在中央、自治区农业高效节水相关政策的支持下，阿克苏市开始推广农业高效节水工程技术，成立农业高效节水项目建设领导小组办公室，全面负责阿克苏市农业高效节水项目建设。

至 2016 年底，阿克苏市农业高效节水建设面积 3. 95 万公顷，完成投资 4. 7463 亿元。

**表 13 – 3　2006 ~ 2016 年阿克苏市农业高效节水滴灌建设完成情况表**

| 时间 | 滴灌面积(公顷) | 首部系统(座) | 投资额(万元) |
|---|---|---|---|
| 2006 | 602. 67 | | 583. 96 |
| 2007 | 4828. 87 | | 3476. 78 |
| 2008 | | | |
| 2009 | 5301. 33 | | 4680 |
| 2010 | 5200 | | 5560. 7 |
| 2011 | 559. 33 | 53 | 5705. 2 |
| 2012 | 3916. 93 | 42 | 3995. 27 |
| 2013 | 4213. 87 | 64 | 4298. 14 |
| 2014 | 3346. 67 | 38 | 6630. 09 |
| 2015 | 2626. 67 | | 4952 |
| 2016 | 3672. 67 | | 7580. 85 |
| 合计 | 39453. 33 | | 47463 |

### 第六节　水电工程

1992 年，阿克苏市投资 550 万元，建成红桥水电站，装机容量 4 ×600 千瓦，位于依干其乡境内；1996 年，投资 800 万元，建成柯柯瓦什水电站，装机容量 6 ×600 千瓦，位于红旗坡柯柯牙境内。1999 年，随着体制改革，水电分开管理，这两座水电站和 1979 年建成的乔格塔拉水电站全部交由阿克苏地区电力公司管理。

## 第三章　水土保持

### 第一节　水土流失

#### 一　水土流失范围

1998 年，阿克苏市多浪灌区农业占地面积 4. 21 万公顷，可垦荒地为 33. 33 万公顷，灌区续建配套节水改造规划，按 2005 年、2015 年两个水平年分别进行，规划面积分别为 4. 74 万公顷和 5. 25 万公顷，由此确定灌区续建配套与节水改造规划水土流失责任范围 5. 25 万公顷及周边地区。

## 二　水土流失类型及原因

根据多浪灌区现状，水土流失类型以水力侵蚀和风力侵蚀为主。其原因：阿克苏市由于渠道水流对排水渠岸及两侧的冲刷、淘蚀和破坏，造成水土流失；灌区局部裸露的地表，在强劲的风力作用下，加快土地沙化，造成对农田、渠道、交通等方面的影响。同时，人们对植被保护、水土保持的意识不强，有乱砍滥伐、乱放牧等现象，这在一定程度上造成水土流失，使环境遭到很大破坏。

## 三　水土流失危害

浪费水土资源，降低土壤肥力，淤塞下游渠道，影响生态环境；水流对渠岸的侵蚀，增加破坏性，缩短工程寿命，使下游农田、村庄也有不同程度的损害。1990 ~2016 年，全市水土流失面积 17.04 万公顷。

**表 13 –4　1990 ~2016 年部分年份阿克苏市完成水土流失面积统计表**

单位：万公顷

| 年份 | 流失面积 | 年份 | 流失面积 | 年份 | 流失面积 | 年份 | 流失面积 |
|---|---|---|---|---|---|---|---|
| 1990 | 1.11 | 2004 | 1.00 | 2009 | 0.87 | 2014 | 0.71 |
| 2000 | 1.01 | 2005 | 0.97 | 2010 | 0.89 | 2015 | 0.69 |
| 2001 | 1.03 | 2006 | 0.95 | 2011 | 0.76 | 2016 | 0.67 |
| 2002 | 0.98 | 2007 | 0.93 | 2012 | 0.73 | | |
| 2003 | 0.99 | 2008 | 0.89 | 2013 | 0.74 | 合计 | 17.04 |

# 第二节　水土保持治理

## 一　水土流失重点防治区划

（一）重点保护区

防止灌区边缘的天然荒漠植被超载放牧，人为砍伐、樵采，在灌区开发规划中采取保护生态耗水，加强人工维护、人工种植等措施，保护天然荒漠植被，避免植被退化而诱发水土流失。

（二）重点监督区

工程区内所有土地被扰动的区域，在施工期以及工程运行期间，对可能发生的水土流失实行监督检查。

## 二　水土保持防治措施

（一）土地整平

根据工程区的实际情况，工程区内剥离坑凹的土地整治主要是回填、推平或垫高，适应新的地形，形成新的合适坡度，并尽可能覆土，实施程序是回填、整平。

（二）防风固沙治理

根据工程区内的自然条件，坚持发展灌木为主，乔、灌结合的方针，种植的灌木为柽柳，乔木为速生杨。

1. 乔草结合治理方案

实行“因地制宜，因害设防”的原则，结合工程地理环境的特点，有道路的做到农、林、渠、路相结合，乔草相结合，人工营造和天然植被封育相结合，形成既注意当前利益，又有长远打算的林草结构。

2. 林草和造林结合治理方案

草本植物在设计初期对表层土壤可有效地发挥蓄水保土作用，种草可有效地防止表层土壤的侵蚀，但只种草不造林，其长期控制水土流失的效益不显著。林草能防止较深层土壤的侵蚀，如浅沟、切沟、崩塌、滑坡等现象，故把种草和造林结合起来。

**表 13－5　1990～2016 年阿克苏市完成水土保持治理面积统计表**

面积：万公顷

| 年份 | 治理面积 | 年份 | 治理面积 | 年份 | 治理面积 | 年份 | 治理面积 |
|---|---|---|---|---|---|---|---|
| 1990 | 0.60 | 2004 | 0.59 | 2009 | 0.74 | 2014 | 0.89 |
| 2000 | 0.51 | 2005 | 0.59 | 2010 | 0.89 | 2015 | 0.89 |
| 2001 | 0.57 | 2006 | 0.63 | 2011 | 0.98 | 2016 | 1.01 |
| 2002 | 0.52 | 2007 | 0.69 | 2012 | 0.97 | | |
| 2003 | 0.66 | 2008 | 0.71 | 2013 | 1.00 | 合计 | 14.11 |

# 第四章　水资源利用

## 第一节　地表水利用

1990 年，阿克苏市农业灌溉用水量 9.16 亿立方米，灌溉面积 4.15 万公顷，综合毛灌溉定额 2.2 万立方米/公顷。到 2016 年，阿克苏市农业灌溉用水量 7.186 亿立方米，灌溉面积 9.01 万公顷，综合毛灌溉定额 1.85 万立方米/公顷，其中多浪渠灌区农业灌溉面积 5.96 万公顷，老大河灌区农业灌溉面积 3.06 万公顷。2016 年，阿克苏市地表水限额用水量 6.89 亿立方米，实际引用水量 7.9 亿立方米，市规划区地下水处开采量 1.5 亿立方米，实际用水量 1.23 亿立方米，水资源供需矛盾十分突出。

## 第二节　地下水利用

1996 年，阿克苏市开始开发利用地下水。在全民打井抗旱高潮的推动下，至 2001 年，阿克苏市共打农业灌溉用水井 79 眼，其中已配套机井 73 眼、电井 6 眼。城区各单位及各乡镇也有工业及居民生活用水井。出于管理不善和农民群众不习惯使用地下水灌溉庄稼等原因，至 20 世纪 90 年代

**表 13 - 6　1990 ~ 2016 年阿克苏市用水量统计表**

单位：万立方米

| 年份 | 灌区名称 | 1月 | 2月 | 3月 | 4月 | 5月 | 6月 | 7月 | 8月 | 9月 | 10月 | 11月 | 12月 | 合计 |
|---|---|---|---|---|---|---|---|---|---|---|---|---|---|---|
| 1990 | 多浪河 | | | | 3884.00 | 3379.00 | 5313.00 | 7656.00 | 7586.00 | 7682.00 | 5430.00 | 3985.00 | 0.00 | 44915.00 |
| | 老大河 | | | | 1993.00 | 2253.00 | 4575.00 | 7455.00 | 5596.00 | 7874.00 | 4996.00 | 4996.00 | 0.00 | 39738.00 |
| | 小计 | | | | 5877.00 | 5632.00 | 15201.00 | 15111.00 | 13182.00 | 15556.00 | 10426.00 | 8981.00 | 0.00 | 84653.00 |
| 1991 | 多浪河 | 0.00 | 0.00 | 4611.00 | 3940.00 | 5240.00 | 5925.00 | 7356.00 | 6592.00 | 6763.00 | 1532.00 | 2471.00 | 0.00 | 44428.00 |
| | 老大河 | 0.00 | 0.00 | 2946.00 | 2460.00 | 4786.00 | 7543.00 | 8426.00 | 7155.00 | 6948.00 | 3434.00 | 3504.00 | 0.00 | 47202.00 |
| | 小计 | 0.00 | 0.00 | 7557.00 | 6400.00 | 10026.00 | 13472.00 | 15782.00 | 13747.00 | 13711.00 | 4957.00 | 5978.00 | 0.00 | 91630.00 |
| 1992 | 多浪河 | 0.00 | 0.00 | 3619.00 | 2913.00 | 3611.00 | 1943.00 | 6005.00 | 6213.00 | 6203.00 | 1633.00 | 2895.00 | 0.00 | 37935.00 |
| | 老大河 | 0.00 | 0.00 | 1601.00 | 933.00 | 2414.00 | 5806.00 | 6446.00 | 6717.00 | 5479.00 | 3460.00 | 2722.00 | 0.00 | 35578.00 |
| | 小计 | 0.00 | 0.00 | 5220.00 | 3846.00 | 5925.00 | 10749.00 | 12451.00 | 12930.00 | 11682.00 | 5093.00 | 5617.00 | 0.00 | 73513.00 |
| 1993 | 多浪河 | 0.00 | 0.00 | 2952.00 | 4138.00 | 3789.00 | 6967.00 | 7288.00 | 6325.00 | 6206.00 | 3572.00 | 2598.00 | 0.00 | 43835.00 |
| | 老大河 | 0.00 | 0.00 | 2616.00 | 2259.00 | 1703.00 | 3711.00 | 6375.00 | 7067.00 | 5994.00 | 3961.00 | 2816.00 | 0.00 | 36460.00 |
| | 小计 | 0.00 | 0.00 | 5568.00 | 6397.00 | 5492.00 | 10681.00 | 13663.00 | 13392.00 | 12200.00 | 7488.00 | 5414.00 | 0.00 | 80295.00 |
| 1994 | 多浪河 | 0.00 | 0.00 | 3308.00 | 356 + 2.00 | 4858.00 | 6787.00 | 8521.00 | 6857.00 | 5726.00 | 3296.00 | 5543.00 | 0.00 | 48458.00 |
| | 老大河 | 0.00 | 0.00 | 2219.00 | 4515.00 | 4611.00 | 6638.00 | 7583.00 | 7702.00 | 7181.00 | 4560.00 | 3572.00 | 420.00 | 46001.00 |
| | 小计 | 0.00 | 0.00 | 5527.00 | 5077.00 | 9469.00 | 13425.00 | 16104.00 | 14559.00 | 12907.00 | 7856.00 | 9115.00 | 420.00 | 94459.00 |
| 1995 | 多浪河 | 0.00 | 0.00 | 2618.00 | 3103.00 | 4478.00 | 6454.00 | 7453.00 | 6733.00 | 5814.00 | 3273.00 | 7288.00 | 333.00 | 47547.00 |
| | 老大河 | 0.00 | 0.00 | 2469.00 | 4611.00 | 2838.00 | 5701.00 | 6947.00 | 6399.00 | 6606.00 | 1913.00 | 4319.00 | 133.00 | 38966.00 |
| | 小计 | 0.00 | 0.00 | 5087.00 | 4744.00 | 7316.00 | 12155.00 | 14400.00 | 13132.00 | 12420.00 | 5186.00 | 11607.00 | 466.00 | 86513.00 |
| 1996 | 多浪河 | 0.00 | 0.00 | 2967.00 | 3732.85 | 4273.69 | 5411.00 | 7260.83 | 5945.73 | 5659.70 | 3174.29 | 4937.81 | 351.13 | 43718.20 |
| | 老大河 | 0.00 | 0.00 | 2504.00 | 2216.22 | 2742.40 | 4690.71 | 7328.72 | 6227.16 | 6129.86 | 2919.24 | 4149.12 | 258.12 | 39165.96 |
| | 小计 | 0.00 | 0.00 | 5471.00 | 5949.07 | 7016.09 | 10105.41 | 14589.55 | 12172.89 | 11789.56 | 6093.53 | 9086.93 | 609.25 | 82884.16 |
| 1997 | 多浪河 | 0.00 | 0.00 | 2848.91 | 3046.57 | 4585.08 | 4470.37 | 7964.69 | 5868.60 | 7639.74 | 4215.66 | 4705.44 | 0.00 | 45345.06 |
| | 老大河 | 0.00 | 0.00 | 2045.87 | 3111.73 | 2686.49 | 5663.69 | 5823.39 | 5294.05 | 5214.52 | 3011.62 | 3509.06 | 80.52 | 36440.94 |
| | 小计 | 0.00 | 0.00 | 4894.78 | 6158.30 | 7271.57 | 10134.06 | 13788.08 | 11162.65 | 12854.26 | 7227.28 | 8214.50 | 80.52 | 81786.00 |
| 1998 | 多浪河 | 0.00 | 0.00 | 2865.95 | 3513.98 | 3211.98 | 6115.55 | 8426.38 | 5926.12 | 5267.79 | 4093.41 | 5842.74 | 0.00 | 45263.90 |
| | 老大河 | 0.00 | 0.00 | 2549.22 | 3471.49 | 1849.58 | 5677.61 | 6807.41 | 4963.31 | 4849.68 | 2528.34 | 3714.15 | 256.78 | 36367.57 |
| | 小计 | 0.00 | 0.00 | 5445.17 | 6685.47 | 5061.56 | 11793.19 | 15233.79 | 10889.43 | 10117.47 | 6621.72 | 9556.89 | 256.78 | 81631.47 |

续表

| 年份 | 灌区名称 | 1月 | 2月 | 3月 | 4月 | 5月 | 6月 | 7月 | 8月 | 9月 | 10月 | 11月 | 12月 | 合计 |
|---|---|---|---|---|---|---|---|---|---|---|---|---|---|---|
| 1999 | 多浪河 | 0.00 | 0.00 | 2573.49 | 2911.12 | 4723.90 | 7878.43 | 9337.56 | 5490.52 | 5309.07 | 5451.71 | 5872.08 | 186.07 | 49733.95 |
| | 老大河 | 0.00 | 0.00 | 2175.01 | 2208.76 | 2603.86 | 5883.64 | 8197.20 | 5992.54 | 5586.53 | 2960.39 | 4186.45 | 1518.22 | 41360.12 |
| | 小计 | 0.00 | 0.00 | 4748.50 | 5119.88 | 7327.76 | 13762.07 | 47534.76 | 11483.06 | 10895.60 | 8412.10 | 10058.53 | 1704.29 | 91094.07 |
| 2000 | 多浪河 | 0.00 | 0.00 | 27941.03 | 3692.22 | 4816.60 | 8653.95 | 10406.06 | 7414.60 | 3571.97 | 3141.85 | 5402.37 | 2262.45 | 52336.10 |
| | 老大河 | 0.00 | 52.36 | 2278.46 | 2059.68 | 3688.06 | 6282.30 | 8998.67 | 6040.68 | 4941.19 | 2788.73 | 4288.10 | 4345.51 | 42772.74 |
| | 小计 | 0.00 | 52.36 | 5252.49 | 5751.90 | 8504.66 | 14936.25 | 19404.73 | 13455.28 | 8513.16 | 5930.58 | 9690.17 | 3616.96 | 95108.84 |
| 2001 | 多浪河 | 0.00 | 0.00 | 3549.52 | 2941.61 | 4132.08 | 7824.47 | 7758.73 | 6030.75 | 5033.45 | 738.51 | 3114.70 | 0.00 | 41123.82 |
| | 老大河 | 0.00 | 369.19 | 3265.05 | 3355.48 | 2499.04 | 6215.91 | 7885.59 | 6186.96 | 5666.73 | 2453.40 | 4044.67 | 134.65 | 42076.67 |
| | 小计 | 0.00 | 369.19 | 6814.57 | 6297.09 | 6631.12 | 14040.91 | 15644.32 | 12217.71 | 40700.18 | 3191.91 | 7159.37 | 134.65 | 83200.49 |
| 2002 | 多浪河 | 0.00 | 1834.29 | 4280.87 | 3566.13 | 6072.25 | 8482.20 | 11173.44 | 10125.22 | 4428.19 | 1270.73 | 4468.25 | 1893.90 | 57595.47 |
| | 老大河 | 0.00 | 1036.63 | 2429.44 | 2730.71 | 4205.64 | 7317.72 | 8757.19 | 6450.27 | 6010.83 | 2993.06 | 3754.20 | 623.76 | 46309.44 |
| | 小计 | 0.00 | 2870.91 | 6710.31 | 6296.84 | 10277.89 | 15799.92 | 19930.63 | 16575.49 | 10439.02 | 4263.79 | 8222.45 | 2517.66 | 103904.90 |
| 2003 | 多浪河 | 0.00 | 4652.93 | 4234.25 | 3218.92 | 4318.47 | 6347.97 | 10451.80 | 5195.52 | 4487.46 | 5706.37 | 6203.05 | 1946.50 | 56763.54 |
| | 老大河 | 0.00 | 923.74 | 2173.51 | 2064.87 | 3225.08 | 4585.91 | 7864.41 | 3850.03 | 4875.43 | 2428.80 | 4227.66 | 1590.72 | 37810.16 |
| | 小计 | 0.00 | 5576.67 | 6407.76 | 5283.79 | 7543.55 | 10933.88 | 18316.21 | 9045.85 | 9362.89 | 8135.17 | 10430.71 | 3537.22 | 94573.70 |
| 2004 | 多浪河 | 0.00 | 576.39 | 3872.94 | 2662.78 | 4968.04 | 8364.60 | 8727.59 | 6197.33 | 5421.77 | 3018.13 | 5676.72 | 2476.12 | 51944.41 |
| | 老大河 | 0.00 | 484.71 | 1811.90 | 1361.83 | 3065.10 | 6051.66 | 6893.77 | 4001.94 | 5260.99 | 1716.23 | 3881.23 | 2032.10 | 36561.46 |
| | 小计 | 0.00 | 1061.10 | 5684.84 | 4024.61 | 8033.14 | 14416.17 | 15621.36 | 10181.27 | 10682.76 | 4734.36 | 9557.95 | 4508.22 | 88505.87 |
| 2005 | 多浪河 | 0.00 | 52.41 | 4372.39 | 3362.67 | 5752.87 | 8556.17 | 10411.92 | 6630.58 | 4266.22 | 2114.39 | 4866.13 | 8187.77 | 58573.52 |
| | 老大河 | 0.00 | 595.98 | 1452.46 | 1724.25 | 3036.72 | 5544.39 | 6713.80 | 4501.14 | 4923.11 | 1493.95 | 3306.72 | 4543.35 | 34835.87 |
| | 小计 | 0.00 | 648.39 | 5824.85 | 5086.92 | 8789.59 | 14100.56 | 17125.72 | 11131.72 | 9189.33 | 3608.34 | 8172.85 | 9731.12 | 93409.39 |
| 2006 | 多浪河 | 0.00 | 3610.52 | 4233.18 | 3360.92 | 4325.18 | 8207.81 | 11447.40 | 6947.94 | 3204.21 | 2842.38 | 8193.58 | 2583.26 | 58956.14 |
| | 老大河 | 0.00 | 1260.93 | 1568.94 | 1792.97 | 2443.20 | 48921.86 | 6586.35 | 4121.94 | 3636.70 | 545.33 | 2541.25 | 1804.14 | 31194.61 |
| | 小计 | 0.00 | 4871.45 | 5802.12 | 5153.64 | 6768.38 | 13100.67 | 18033.75 | 11069.88 | 6840.91 | 3387.71 | 10734.83 | 4387.40 | 90150.74 |
| 2007 | 多浪河 | 0.00 | 2183.02 | 4905.58 | 4406.97 | 5559.07 | 7881.45 | 8669.29 | 9546.35 | 2252.58 | 3144.53 | 7373.73 | 2107.35 | 57729.92 |
| | 老大河 | 0.00 | 737.45 | 2020.96 | 2085.09 | 2180.33 | 4495.64 | 5271.25 | 4585.79 | 2653.46 | 64.08 | 3394.14 | 1262.15 | 28750.34 |
| | 小计 | 0.00 | 2920.47 | 6926.54 | 6192.06 | 7739.40 | 12377.09 | 13940.54 | 14132.14 | 4906.04 | 3208.61 | 10767.87 | 3369.50 | 86480.26 |
| 2008 | 多浪河 | 0.00 | 1125.40 | 4240.09 | 4172.06 | 5392.87 | 6776.90 | 11720.78 | 3079.28 | 2070.05 | 74.43 | 7314.73 | 4122.91 | 50086.49 |
| | 老大河 | 0.00 | 482.97 | 2337.56 | 2040.37 | 1562.47 | 3000.06 | 6460.84 | 3023.91 | 2959.62 | 742.74 | 3374.82 | 1008.60 | 26993.96 |
| | 小计 | 0.00 | 1608.37 | 6577.65 | 6212.43 | 6955.34 | 9776.96 | 18181.62 | 6103.19 | 5029.67 | 814.17 | 10689.55 | 5131.51 | 77080.45 |

续表

| 年份 | 灌区名称 | 1月 | 2月 | 3月 | 4月 | 5月 | 6月 | 7月 | 8月 | 9月 | 10月 | 11月 | 12月 | 合计 |
|---|---|---|---|---|---|---|---|---|---|---|---|---|---|---|
| 2009 | 多浪河 | 0.00 | 2493.11 | 4081.06 | 2830.60 | 4182.35 | 7592.84 | 11991.70 | 4609.86 | 4636.05 | 2978.83 | 6865.65 | 4240.49 | 5648.53 |
|  | 老大河 | 0.00 | 1341.33 | 2466.97 | 1785.36 | 1400.98 | 4330.26 | 5475.95 | 2654.57 | 2277.75 | 1535.52 | 3627.71 | 1885.92 | 28782.40 |
|  | 小计 | 0.00 | 3780.43 | 6548.03 | 4615.96 | 5583.32 | 11923.10 | 17467.65 | 7264.43 | 6913.80 | 4511.35 | 10493.45 | 6126.41 | 85230.93 |
| 2010 | 多浪河 | 0.00 | 1919.70 | 4286.71 | 2871.68 | 2300.71 | 8922.79 | 10193.04 | 1753.32 | 3321.30 | 1290.38 | 6400.17 | 3961.01 | 47220.84 |
|  | 老大河 | 0.00 | 413.91 | 1789.09 | 1886.04 | 1022.83 | 4575.18 | 5507.77 | 1197.57 | 1953.50 | 1342.35 | 3333.28 | 1332.04 | 24353.85 |
|  | 小计 | 0.00 | 1333.61 | 6075.84 | 1757.71 | 3323.54 | 13498.27 | 15700.81 | 2950.89 | 5274.80 | 2632.73 | 9733.45 | 5293.05 | 71574.69 |
| 2011 | 多浪河 | 0.00 | 2261.20 | 2600.99 | 3306.22 | 3367.53 | 7959.77 | 11194.42 | 6603.21 | 1731.89 | 2649.54 | 5426.96 | 7044.11 | 54148.82 |
|  | 老大河 | 0.00 | 636.53 | 1728.39 | 1881.58 | 984.61 | 1773.39 | 6303.12 | 2865.59 | 1644.07 | 1900.96 | 2918.08 | 1121.48 | 26757.79 |
|  | 小计 | 0.00 | 2900.72 | 4329.37 | 5187.80 | 4352.13 | 12733.17 | 17497.54 | 9468.79 | 3375.96 | 1550.50 | 8345.04 | 8165.59 | 80906.64 |
| 2012 | 多浪河 | 0.00 | 898.21 | 3430.68 | 2344.92 | 3339.94 | 8190.21 | 11203.29 | 4101.31 | 814.45 | 2649.54 | 5427.30 | 7044.11 | 49443.98 |
|  | 老大河 | 0.00 | 1930.56 | 1511.27 | 1560.91 | 839.08 | 4917.79 | 6060.42 | 2399.36 | 669.60 | 1900.96 | 29418.08 | 1121.48 | 25829.51 |
|  | 小计 | 0.00 | 2828.78 | 4941.95 | 3905.83 | 4179.02 | 13108.00 | 17263.70 | 6500.68 | 1484.06 | 4550.50 | 8345.38 | 8165.59 | 75273.49 |
| 2013 | 多浪河 | 0.00 | 709.95 | 5229.32 | 1693.12 | 2583.76 | 7486.98 | 7410.82 | 4889.33 | 2496.93 | 1989.91 | 5704.39 | 6865.91 | 47060.41 |
|  | 老大河 | 0.00 | 466.83 | 2063.07 | 1710.38 | 835.11 | 5241.93 | 5473.83 | 2173.57 | 2198.18 | 2133.97 | 2398.26 | 3565.22 | 28260.35 |
|  | 小计 | 0.00 | 1176.78 | 7292.39 | 3403.50 | 3418.87 | 12728.91 | 12884.65 | 7062.90 | 4695.11 | 4123.88 | 8102.65 | 10431.13 | 75320.76 |
| 2014 | 多浪河 | 0.00 | 1992.49 | 3876.54 | 3289.84 | 3337.10 | 6740.84 | 8617.33 | 7419.76 | 2483.49 | 1777.82 | 5168.16 | 6428.36 | 51131.71 |
|  | 老大河 | 0.00 | 1131.43 | 1913.93 | 1998.39 | 937.96 | 4804.72 | 5074.09 | 3186.65 | 560.07 | 1935.15 | 3049.70 | 1042.21 | 26234.30 |
|  | 小计 | 0.00 | 3123.92 | 5790.47 | 5288.23 | 4275.06 | 11545.56 | 13691.42 | 10606.41 | 3043.56 | 3712.97 | 8217.86 | 7470.57 | 77366.01 |
| 2015 | 多浪河 | 450.64 | 1601.07 | 3593.49 | 3659.05 | 2758.78 | 6319.34 | 10342.98 | 8008.98 | 3533.69 | 706.80 | 7794.31 | 6078.02 | 53847.16 |
|  | 老大河 | 0.00 | 1363.77 | 2001.29 | 1935.83 | 356.42 | 4104.41 | 6097.80 | 4620.66 | 1536.54 | 798.01 | 3221.21 | 2729.98 | 28765.92 |
|  | 小计 | 450.64 | 2964.84 | 5594.78 | 5594.88 | 3115.20 | 10423.75 | 16440.78 | 12629.64 | 5057.23 | 1504.81 | 11015.52 | 8808.09 | 82613.08 |
| 2016 | 多浪河 | 0.00 | 1501.07 | 3503.40 | 3559.02 | 2658.78 | 6211.30 | 10242.91 | 8018.98 | 3633.67 | 704.79 | 7894.30 | 6175.02 | 50847.15 |
|  | 老大河 | 0.00 | 1262.07 | 2011.23 | 1835.83 | 306.42 | 4104.41 | 6077.80 | 4600.63 | 1636.53 | 796.02 | 3421.21 | 2527.98 | 27764.92 |
|  | 小计 | 0.00 | 2763.14 | 5514.63 | 5394.85 | 3965.20 | 10315.70 | 16320.71 | 12619.61 | 5257.21 | 1500.81 | 11315.51 | 8703.09 | 78611.07 |

末，抗旱井全部淤死，填平报废。同时，城区各单位所打的自备井随着自来水公司的建立与发展也大部分进行封存。

随着塔里木河流域限额用水制度的不断完善，阿克苏市农业灌溉用水矛盾日益突出，严重制约着灌区农业经济的持续发展。2003 年，市政府抓住塔河综合治理项目的契机，争取国家投资 1211 万元在老大河灌区东岸大渠水源地开工打井 52 眼，2004 年 8 月 30 日竣工运行，当年提取地下水 1221 万立方米。2006 年 3 月 1 日，市政府争取国家投资 1816.10 万元，在多浪渠灌区依干其水源地打井 40 眼，11 月 30 日竣工，当年提取地下水 938 万立方米。2009 年，阿克苏市共有机井 1031 眼，提取地下水 6121 万立方米。至 2016 年末，阿克苏市共有机井 1401 眼。2016 年共提取地下水 10048 万立方米。

## 第三节 渠系水利用

1990 ~ 2006 年，阿克苏市渠系水利用情况逐年好转，水利用系数也有所提高，但因无实测记录，一直没有具体数字统计说明。

2007 年，阿克苏市根据各单元灌区所处的地理位置，结合灌区渠系防渗率、土质及地下水埋深等因素，按照中华人民共和国《灌溉与排水设计规范》有关渠道利用系数的计算方法，参照渭干河灌区总干、干、支、斗、农五级渠道的实测成果，对阿克苏市 3 个灌区典型渠道的总干、干、支、斗、农进行渠道水利用系数计算，得出阿克苏市渠系水利用系数为 0.504，田间水利用系数为 0.83，灌溉水利用系数为 0.399。2010 年，阿克苏市渠系水利用系数为 0.534，田间水利用系数为 0.83，灌溉水利用系数为 0.437。2016 年，阿克苏市渠系水利用系数为 0.534，田间水利用系数为 0.85，灌溉水利用系数为 0.47。

## 第四节 灌溉制度

阿克苏水源条件虽然好，但受塔里木河流域限额用水制度的约束和灌区灌溉面积不断扩大等因素的影响，较难形成一套完整而固定的灌溉制度。阿克苏市遵循以水定地的原则，按照《阿克苏河流域节水改造工程五年实施方案》中所确定的灌溉定额拟定灌溉制度，实行计划有偿用水。

**表 13 - 7 1990 ~ 2016 年阿克苏市各灌区灌溉制度表**

| 作物名称 | 生育阶段 | 灌水时间 | | 灌水定额（立方米/公顷） | 灌溉定额（立方米/公顷） |
|---|---|---|---|---|---|
| | | 始 | 终 | | |
| 冬小麦 | 播前 | 8 月 26 日 | 9 月 14 日 | 5.33 | 23.33 |
| | 冬灌 | 10 月 17 日 | 11 月 15 日 | 4.66 | |
| | 分蘖 | 4 月 5 日 | 4 月 15 日 | 4.66 | |
| | 拔节孕穗 | 4 月 25 日 | 5 月 5 日 | 4.66 | |
| | 成熟 | 6 月 1 日 | 6 月 10 日 | 4.00 | |

续表

| 作物名称 | 生育阶段 | 灌水时间 | | 灌水定额（立方米/公顷） | 灌溉定额（立方米/公顷） |
|---|---|---|---|---|---|
| | | 始 | 终 | | |
| 玉米 | 播前 | 3月11日 | 3月30日 | 5.33 | 22.00 |
| | 苗期抽穗 | 5月25日 | 6月5日 | 4.00 | |
| | 抽穗 | 6月20日 | 6月30日 | 4.00 | |
| | 去雄灌浆 | 7月15日 | 7月26日 | 4.00 | |
| | 灌浆 | 8月5日 | 8月20日 | 4.66 | |
| 复播玉米 | 拔节期 | 7月20日 | 8月5日 | 4.66 | 14.00 |
| | 孕期 | 8月15日 | 8月30日 | 4.66 | |
| | 灌浆 | 9月6日 | 9月25日 | 4.66 | |
| 水稻 | 播前 | 4月21日 | 6月5日 | 13.55 | 82.00 |
| | 幼苗期 | 6月6日 | 6月30日 | 12.00 | |
| | 分蘖期 | 7月1日 | 7月31日 | 14.66 | |
| | 孕穗 | 8月1日 | 8月20日 | 8.66 | |
| | 抽穗开花 | 8月21日 | 8月31日 | 5.33 | |
| | 成熟期 | 9月1日 | 9月10日 | 6.00 | |
| 棉花 | 播前 | 2月20日 | 3月10日 | 5.33 | 24.00 |
| | 现蕾 | 6月11日 | 6月20日 | 4.66 | |
| | 花期 | 7月11日 | 7月21日 | 4.66 | |
| | 结铃 | 8月10日 | 8月20日 | 4.66 | |
| | 吐絮期 | 8月25日 | 9月5日 | 4.66 | |
| 油料 | 播前 | 3月17日 | 4月5日 | 6.00 | 20.00 |
| | 苗期 | 5月10日 | 5月25日 | 4.66 | |
| | 开花 | 6月15日 | 6月25日 | 4.66 | |
| | 成熟 | 7月10日 | 7月25日 | 4.66 | |
| 其他经作 | 播前 | 3月16日 | 4月4日 | 4.66 | 21.33 |
| | 苗期 | 5月1日 | 5月10日 | 4.00 | |
| | 生育期 | 6月5日 | 6月15日 | 4.00 | |
| | 生育期 | 7月10日 | 7月20日 | 4.00 | |
| | 生育期 | 8月21日 | 9月5日 | 4.66 | |
| 果园 | 春水 | 3月5日 | 3月20日 | 4.66 | 26.66 |
| | 二水 | 5月20日 | 6月10日 | 5.33 | |
| | 三水 | 7月1日 | 7月10日 | 5.33 | |
| | 四水 | 8月10日 | 8月30日 | 5.33 | |
| | 五水 | 11月1日 | 11月20日 | 6.00 | |
| 林地 | 一水 | 2月20日 | 3月10日 | 4.66 | 20.00 |
| | 二水 | 6月20日 | 7月5日 | 4.66 | |
| | 三水 | 8月1日 | 8月10日 | 4.66 | |
| | 四水 | 11月5日 | 11月25日 | 6.00 | |
| 草场 | 一水 | 4月1日 | 4月15日 | 4.66 | 23.33 |
| | 二水 | 5月10日 | 5月25日 | 4.66 | |
| | 三水 | 6月20日 | 6月30日 | 4.66 | |
| | 四水 | 7月25日 | 10月30日 | 4.66 | |
| | 五水 | 10月15日 | 10月30日 | 4.66 | |

## 第五节　灌溉定额

为节约用水、战胜干旱、夺取丰收，结合阿克苏市老大河灌区西大桥包括东岸大渠渠首、沙克沙克渠首、胜利二级电站阿依库勒干渠渠首和多浪河灌区团结渠首、依尔玛渠首、阿苏克渠首、双渡槽渠首、枯木斯坦渠首、乔格塔渠首、柯柯巴什退水渠、纳玛特退水渠等11个节水计量控制点，于1990年在全市实行计划用水，按立方米收费制度。阿克苏市灌区农业灌溉用水量由1990年的84659万立方米下降到2016年的82613.08万立方米，实际灌溉面积由1990年的3.62万公顷增加到2016年的7.87万公顷，综合毛灌溉定额由1990年的23386立方米/公顷下降到2016年的10497立方米/公顷。

**表13－8　1990～2016年阿克苏市综合毛灌溉定额计算表**

| 年份 | 灌区名称 | 农业用水量（万立方米） | 灌溉面积（万公顷） | 综合毛灌溉定额（立方米/公顷） |
|---|---|---|---|---|
| 1990 | 多浪河灌区 | 44915.00 | 1.92 | 23393 |
| | 老大河灌区 | 39738.00 | 1.70 | 23375 |
| | 合计 | 84659.00 | 3.62 | 23386 |
| 1991 | 多浪河灌区 | 44429.00 | 1.88 | 23632 |
| | 老大河灌区 | 47202.00 | 1.62 | 29137 |
| | 合计 | 91631.00 | 3.50 | 26180 |
| 1992 | 多浪河灌区 | 37935.00 | 1.93 | 19655 |
| | 老大河灌区 | 35573.00 | 1.56 | 22803 |
| | 合计 | 73508.00 | 3.50 | 21002 |
| 1993 | 多浪河灌区 | 41837.00 | 2.18 | 19191 |
| | 老大河灌区 | 36520.00 | 1.71 | 21357 |
| | 合计 | 78357.00 | 3.89 | 20143 |
| 1994 | 多浪河灌区 | 48459.00 | 2.40 | 20191 |
| | 老大河灌区 | 46001.00 | 2.31 | 19734 |
| | 合计 | 94460.00 | 4.71 | 20055 |
| 1995 | 多浪河灌区 | 47547.00 | 2.61 | 18217 |
| | 老大河灌区 | 39875.00 | 2.20 | 18125 |
| | 合计 | 87422.00 | 4.81 | 18175 |
| 1996 | 多浪河灌区 | 43718.20 | 2.85 | 15340 |
| | 老大河灌区 | 39165.96 | 2.41 | 16251 |
| | 合计 | 825884.16 | 5.26 | 15757 |
| 1997 | 多浪河灌区 | 45345.06 | 2.83 | 16023 |
| | 老大河灌区 | 36440.94 | 2.76 | 13203 |
| | 合计 | 81786.00 | 5.59 | 14631 |
| 1998 | 多浪河灌区 | 45263.90 | 2.87 | 15771 |
| | 老大河灌区 | 36367.57 | 2.72 | 13370 |
| | 合计 | 81631.47 | 6.01 | 13583 |
| 1999 | 多浪河灌区 | 49733.95 | 3.37 | 14758 |
| | 老大河灌区 | 41360.12 | 2.95 | 14020 |
| | 合计 | 91094.07 | 6.31 | 14436 |

续表

| 年份 | 灌区名称 | 农业用水量（万立方米） | 灌溉面积（万公顷） | 综合毛灌溉定额（立方米/公顷） |
|---|---|---|---|---|
| 2000 | 多浪河灌区 | 52336.10 | 4.23 | 12373 |
| | 老大河灌区 | 42772.74 | 3.19 | 13408 |
| | 合计 | 95108.84 | 7.42 | 12818 |
| 2001 | 多浪河灌区 | 41123.82 | 3.77 | 10908 |
| | 老大河灌区 | 42076.67 | 3.34 | 12598 |
| | 合计 | 83200.49 | 7.11 | 11702 |
| 2002 | 多浪河灌区 | 57595.47 | 4.50 | 12799 |
| | 老大河灌区 | 46309.44 | 2.80 | 16539 |
| | 合计 | 103904.91 | 7.31 | 14214 |
| 2003 | 多浪河灌区 | 56763.54 | 4.31 | 13170 |
| | 老大河灌区 | 37810.16 | 2.64 | 14322 |
| | 合计 | 94573.70 | 6.95 | 13608 |
| 2004 | 多浪河灌区 | 51944.41 | 4.50 | 11543 |
| | 老大河灌区 | 36561.46 | 3.03 | 12066 |
| | 合计 | 88505.87 | 7.54 | 11738 |
| 2005 | 多浪河灌区 | 58573.52 | 4.17 | 14046 |
| | 老大河灌区 | 34835.87 | 2.78 | 12531 |
| | 合计 | 93409.39 | 6.95 | 13440 |
| 2006 | 多浪河灌区 | 58956.14 | 4.22 | 13971 |
| | 老大河灌区 | 31194.61 | 2.78 | 11221 |
| | 合计 | 90150.75 | 7.04 | 12806 |
| 2007 | 多浪河灌区 | 57729.92 | 4.25 | 13584 |
| | 老大河灌区 | 28750.34 | 2.69 | 10688 |
| | 合计 | 86480.26 | 6.95 | 12443 |
| 2008 | 多浪河灌区 | 50086.49 | 4.42 | 11332 |
| | 老大河灌区 | 26993.49 | 2.69 | 10035 |
| | 合计 | 77080.45 | 7.11 | 10841 |
| 2009 | 多浪河灌区 | 56448.53 | 4.25 | 13282 |
| | 老大河灌区 | 28782.40 | 2.82 | 10202 |
| | 合计 | 85230.93 | 7.08 | 12038 |
| 2010 | 多浪河灌区 | 47220.84 | 4.25 | 11111 |
| | 老大河灌区 | 24353.85 | 2.91 | 8369 |
| | 合计 | 71574.69 | 7.17 | 9983 |
| 2011 | 多浪河灌区 | 54148.82 | 4.25 | 12740 |
| | 老大河灌区 | 26757.79 | 2.91 | 9195 |
| | 合计 | 80906.61 | 7.17 | 11284 |
| 2012 | 多浪河灌区 | 49443.98 | 4.05 | 12208 |
| | 老大河灌区 | 25829.51 | 2.85 | 9063 |
| | 合计 | 75273.49 | 6.91 | 10893 |
| 2013 | 多浪河灌区 | 47060.41 | 4.75 | 9907 |
| | 老大河灌区 | 28260.35 | 2.82 | 10021 |
| | 合计 | 75320.76 | 7.57 | 9950 |
| 2014 | 多浪河灌区 | 51131.71 | 4.92 | 10393 |
| | 老大河灌区 | 26234.30 | 3.00 | 8745 |
| | 合计 | 77366.01 | 7.92 | 9768 |

续表

| 年份 | 灌区名称 | 农业用水量（万立方米） | 灌溉面积（万公顷） | 综合毛灌溉定额（立方米/公顷） |
|---|---|---|---|---|
| 2015 | 多浪河灌区 | 52745.11 | 4.91 | 10811 |
| | 老大河灌区 | 27664.91 | 2.83 | 9673 |
| | 合计 | 80410.02 | 7.74 | 10275 |
| 2016 | 多浪河灌区 | 53847.16 | 4.93 | 10922 |
| | 老大河灌区 | 28765.92 | 2.94 | 9784 |
| | 合计 | 82613.08 | 7.87 | 10497 |

# 第五章　水利管理

## 第一节　工业用水管理

1990 年，阿克苏市节约用水办公室对全市工业用水进行管理。

2001 年，由市水利局对全市各行各业的用水实行统一管理。2016 年，全市用水企业共 277 家，限额用水量 2500 万立方米，实际用水量 2280 万立方米。

**表 13－9　2001～2016 年阿克苏市工业用水统计表**

单位：万立方米

| 年份 | 用水企业 | 限额用水 | 实际用水 |
|---|---|---|---|
| 2001 | 156 | 2600 | 2275 |
| 2002 | 157 | 2600 | 2158 |
| 2003 | 161 | 2550 | 2348 |
| 2004 | 163 | 2550 | 2297 |
| 2005 | 167 | 2600 | 2482 |
| 2006 | 167 | 2600 | 2436 |
| 2007 | 189 | 2550 | 2318 |
| 2008 | 193 | 2550 | 2229 |
| 2009 | 214 | 2500 | 2399 |
| 2010 | 246 | 2550 | 2467 |
| 2011 | 269 | 2600 | 2519 |
| 2012 | 271 | 2500 | 2391 |
| 2013 | 271 | 2550 | 2380 |
| 2014 | 277 | 2550 | 2414 |
| 2015 | 277 | 2500 | 2481 |
| 2016 | 277 | 2500 | 2280 |

## 第二节　农业用水管理

### 一　灌溉方法

1990年后，随着农业生产不断发展，水的供需矛盾日益突出，阿克苏市在实行计划用水和按立方米收费工作的基础上，不断推广小畦灌、沟灌、膜上灌等常规节水灌溉技术。2016年，阿克苏市农业灌溉总面积发展到9.01万公顷，引用地下水1.21亿立方米，地表水7.1542亿立方米。

表13－10　2001～2016年阿克苏市农业用水统计表

| 年份 | 灌溉面积（万公顷） | 地表水（亿立方米） | 地下水（亿立方米） |
|---|---|---|---|
| 2001 | 6.4250 | 8.8608 | 0.91 |
| 2002 | 6.5051 | 8.8376 | 0.93 |
| 2003 | 7.1016 | 7.7447 | 0.97 |
| 2004 | 7.0461 | 7.7639 | 1.01 |
| 2005 | 7.4830 | 8.0661 | 0.99 |
| 2006 | 7.8430 | 8.0906 | 1.09 |
| 2007 | 8.0949 | 7.5273 | 1.23 |
| 2008 | 8.5126 | 7.5230 | 1.19 |
| 2009 | 8.6658 | 7.7366 | 1.25 |
| 2010 | 8.6984 | 7.2351 | 1.13 |
| 2011 | 8.7351 | 7.0249 | 1.26 |
| 2012 | 9.0119 | 7.1754 | 1.34 |
| 2013 | 9.0065 | 7.1753 | 1.24 |
| 2014 | 9.0088 | 6.7294 | 1.22 |
| 2015 | 9.0117 | 7.1842 | 1.23 |
| 2016 | 9.0105 | 7.1542 | 1.21 |

### 二　限额用水

2001年，阿克苏市首次推行限额用水制度。主要领导签订限额用水责任状，实行“节水有奖，超用则罚”的用水管理制度。制度规定对超限额用水的水量除按原水价的两倍计收水费外，根据所超水量的水费按30%对有关责任人进行罚款。当年，阿克苏市限额用水计划指标为96533.5万立方米，实际用水88608.86万立方米，比地区下达的用水指标少引约8000万立方米，节水0.08%；比2000年少引0.325%。2016年，限额用水计划指标为67903.55万立方米，实际用水67865.07万立方米。

**表 13-11　2001～2016 年阿克苏市限额用水情况表**

单位：万立方米

| 年份 | | 全市合计 | 依干其乡 | 良种场 | 拜什吐格曼乡 | 喀拉塔勒镇 | 农场 | 多浪灌区 | 托普鲁克乡 | 库木巴什乡 | 东岸大渠 | 阿依库勒灌区 |
|---|---|---|---|---|---|---|---|---|---|---|---|---|
| 2001 | 限额用水 | 96533.50 | 7982.44 | 1489.18 | 13789.39 | 26496.52 | 8716.50 | 58474.03 | 10259.81 | 10543.65 | 20803.46 | 17256.02 |
| | 实际用水 | 88608.86 | 7637.12 | 1290.38 | 12977.47 | 30112.83 | 4021.53 | 56039.34 | 9551.40 | 9476.85 | 19028.25 | 13541.28 |
| 2002 | 限额用水 | 82100.40 | 6891.51 | 1306.22 | 11446.51 | 24791.45 | 3595.04 | 48030.72 | 8631.49 | 10255.71 | 18887.20 | 15182.48 |
| | 实际用水 | 88376.42 | 6769.27 | 1041.66 | 16052.44 | 28890.51 | 6295.39 | 59049.26 | 7448.34 | 8865.68 | 16314.02 | 13013.14 |
| 2003 | 限额用水 | 80061.00 | 6312.00 | 1320.00 | 11336.00 | 21157.00 | 8960.00 | 49085.00 | 8456.00 | 8664.00 | 17120.00 | 13856.00 |
| | 实际用水 | 77447.72 | 6294.66 | 928.76 | 13145.21 | 23838.96 | 6823.86 | 51031.45 | 7085.55 | 8284.55 | 15370.10 | 11046.17 |
| 2004 | 限额用水 | 77639.00 | 6343.10 | 1118.00 | 12321.30 | 22693.90 | 10147.41 | 52623.70 | 7034.09 | 7173.89 | 14207.98 | 10807.31 |
| | 实际用水 | 80661.29 | 5715.15 | 916.10 | 13416.97 | 24002.81 | 9822.41 | 53873.44 | 7467.10 | 7462.44 | 14929.53 | 11858.31 |
| 2005 | 限额用水 | 76592.00 | 5990.76 | 1207.44 | 11971.20 | 26300.52 | 6130.08 | 51600.00 | 6600.39 | 7245.18 | 13845.57 | 11146.43 |
| | 实际用水 | 74652.84 | 4589.60 | 957.04 | 11749.87 | 24416.76 | 7543.43 | 49256.71 | 6276.94 | 7919.07 | 14196.01 | 11200.12 |
| 2006 | 限额用水 | 77530.00 | 5272.83 | 977.67 | 11301.97 | 23521.37 | 9606.16 | 50680.00 | 6422.14 | 8035.46 | 12392.40 | 26850.00 |
| | 实际用水 | 80906.61 | 5212.18 | 951.67 | 10542.74 | 22008.96 | 11965.20 | 54148.82 | 6549.05 | 7748.81 | 12527.07 | 26757.79 |
| 2007 | 限额用水 | 75344.00 | 4762.12 | 872.15 | 11260.76 | 23196.40 | 9388.57 | 49480.00 | 5952.26 | 7726.58 | 15864.00 | 29542.84 |
| | 实际用水 | 75273.49 | 3590.55 | 814.15 | 9429.10 | 21128.22 | 14481.96 | 49443.98 | 6287.95 | 7747.74 | 15829.51 | 25829.51 |
| 2008 | 限额用水 | 75450.85 | 4536.30 | 903.11 | 11012.69 | 21934.63 | 10845.87 | 49232.60 | 6101.60 | 7726.57 | 12390.08 | 26218.19 |
| | 实际用水 | 75320.76 | 2701.27 | 451.78 | 11059.20 | 20061.85 | 12786.31 | 47060.41 | 5776.42 | 9393.74 | 13090.19 | 28260.35 |
| 2009 | 限额用水 | 73899.47 | 2519.53 | 525.82 | 10412.07 | 20505.27 | 14288.58 | 51131.71 | 5837.81 | 7587.38 | 12223.01 | 25648.20 |
| | 实际用水 | 77366.01 | 1922.55 | 577.79 | 11090.47 | 23244.47 | 14296.43 | 51131.71 | 5391.15 | 7684.03 | 13159.12 | 26234.36 |
| 2010 | 限额用水 | 72392.00 | 2486.20 | 530.00 | 10010.08 | 20712.85 | 13527.87 | 47267.00 | 5627.50 | 7864.62 | 11632.87 | 25124.99 |
| | 实际用水 | 72351.11 | 2469.97 | 315.78 | 10676.09 | 21473.68 | 13066.58 | 48045.59 | 5586.19 | 6745.62 | 12017.23 | 24349.04 |
| 2011 | 限额用水 | 71474.00 | 2543.83 | 457.51 | 8827.42 | 20051.28 | 14986.96 | 46867.00 | 5418.66 | 7794.28 | 11394.04 | 24607.00 |
| | 实际用水 | 72754.27 | 2881.73 | 382.41 | 9692.46 | 22000.32 | 12771.22 | 47728.15 | 5886.76 | 7647.16 | 11492.20 | 25026.12 |
| 2012 | 限额用水 | 70249.00 | 2047.53 | 400.82 | 9413.53 | 22513.52 | 11688.61 | 46064.00 | 5337.50 | 7440.10 | 11407.40 | 24185.00 |
| | 实际用水 | 71753.51 | 2509.57 | 300.93 | 10114.01 | 21639.36 | 12404.55 | 46968.42 | 5472.90 | 7524.89 | 11787.30 | 4785.09 |
| 2013 | 限额用水 | 67903.50 | 1921.00 | 376.00 | 8831.30 | 22121.10 | 11276.60 | 44526.00 | 5007.37 | 6979.92 | 11390.21 | 23377.50 |
| | 实际用水 | 66915.42 | 2017.74 | 344.91 | 9128.70 | 19703.53 | 12683.22 | 43878.10 | 5209.48 | 6898.14 | 10929.70 | 23037.32 |
| 2014 | 限额用水 | 70867.09 | 1505.97 | 207.22 | 10403.67 | 21401.04 | 15104.53 | 48622.43 | 4262.16 | 6607.47 | 11375.03 | 22244.66 |
| | 实际用水 | 67294.17 | 2397.33 | 306.97 | 92126.50 | 18152.21 | 13828.73 | 43811.80 | 4741.02 | 6798.06 | 11943.30 | 23482.37 |
| 2015 | 限额用水 | 67903.50 | 2047.53 | 350.00 | 9263.50 | 19994.47 | 12870.50 | 44526.00 | 5110.82 | 7175.59 | 11091.09 | 23377.50 |
| | 实际用水 | 71842.19 | 1906.15 | 368.41 | 10894.04 | 21104.20 | 14714.69 | 48987.49 | 4691.44 | 6740.86 | 11422.40 | 22854.70 |
| 2016 | 限额用水 | 67903.55 | 2015.75 | 350.91 | 9110.70 | 19886.53 | 11683.26 | 43778.15 | 5259.59 | 6998.13 | 11920.70 | 22045.31 |
| | 实际用水 | 67865.07 | 1516.04 | 213.47 | 10207.68 | 21131.04 | 13104.99 | 47622.42 | 4988.16 | 6617.48 | 11274.03 | 21246.66 |

## 三　农民用水协会

2000 年，阿克苏市 4 乡 2 镇 1 场分别成立农民用水协会，当年成立用水协会 10 个，涉及农户 3716 户，涉及人口 1.51 万人，管理面积 1.09 万公顷。至 2016 年，共有用水协会 47 个，涉及农户 1.4 万户，农民 6.22 万人，灌溉面积 4.87 万公顷。

## 第三节　农业水费征收

### 一　水价

1990 年，阿克苏市农业水费标准为 0.0012 元/立方米。

1991 年 10 月，根据自治区人民政府批转的自治区水利厅、物价局、财政厅《关于调整水利工程水费计收标准的请示》和阿克苏地区批转地区水利处、物价处《关于调整阿克苏地区水价的报告》进行第三次水价调整，调整后的农业水费由 0.0012 元/立方米提高到 0.0060 元/立方米，每公顷均水费约 108 元，占每公顷产值的 2.1% 左右，低于自治区 5% 的规定标准，调整后的水费标准不足供水生产成本的 21%，调整后的水费收入仍难维持灌区内部工程维修养护和更新改造能力。

1996 年 3 月，根据自治区水利厅《关于 1994 年自治区水利工程供水水费改革方案的报告》和阿克苏地区批转地区水利处、物价处《关于调整阿克苏地区水价的报告》精神，将农业水费由 0.006 元/立方米提高到 0.009 ~0.01 元/立方米，其中粮食作物用水水费按 0.009 元/立方米计收，经济作物用水按 0.01 元/立方米计收，每公顷均水费约 142.5 元，公顷均水费占公顷产值的 2.8%，占生产成本的 4.4%，结束水管单位依靠国家财政补贴的历史。

1998 年 2 月，根据《自治区党委、自治区人民政府关于大力加强水利建设的决定》和阿克苏地区行署批转地区水利局、物价局《关于调整阿克苏地区水价的报告》精神，将农业水费由 0.009 ~0.01 元/立方米调整到 0.02 元/立方米，相当于 1997 年供水成本的 59.3%，每公顷均水费占当年公顷产值的 2.11% ~4.64%，占生产成本的 5.18% ~7.88%，均未超过自治区 5% 和 10% 的规定标准，基本实现水利工程自我维持的目标。

2005 年 1 月和 2007 年 12 月，阿克苏市人民政府根据自治区发展计划委员会、自治区水利厅《关于水利工程供水价格分步调整意见的通知》精神，先后两次将原水价 0.02 元/立方米分别调整到 0.038 元/立方米和 0.048 元/立方米，相当于 2000 年水利工程供水成本的 95.8%。

2007 ~2016 年，阿克苏市水利工程供水价格执行 0.048 元/立方米的水价标准。

### 二　水费计收

阿克苏市多浪河灌区和老大河灌区是阿克苏河流域三个大型灌区的重要组成部分。阿克苏河流域管理处是地区水行政主管部门（地区水利局）派出的流域管理机构，主要负责流域 4 县 1 市和兵团农一师 5 个农垦团场的供、配水工作，是阿克苏河流域的一级供水经营单位。根据《阿克苏地区水利工程水费核订、计收和管理办法规定》，阿克苏市水利局与阿克苏河流域管理处的水费按比例分成，其中阿克苏河流域管理处按阿克苏市年应收水费的 35% 分成，阿克苏市水利局留成 65%。

阿克苏市多浪河灌区和老大河灌区均实行限额供水、计划用水、按方收费和水价公示制度。农业水费一年计收两次，即夏收和秋收后各一次，年终结清，工业和城镇居民生活用水实行按月按立方计收水费。

水费征收一般由各乡、镇、场水管所直接向用水农户征收。征收后的水费及时上缴市水利局，由市水利局再统一上缴市财政局，由财政局监督使用与管理。

### 三 水费使用

阿克苏市的水费收入主要用于供水生产人员直接工资、直接材料费和其他费用。1990～2016年，应收水费8.4亿元，因有拖欠或减免，实收水费7.71亿元。

**表13-12 1990～2016年阿克苏市水费征收情况统计表**

| 年份 | 应收水费(万元) | 实收水费(万元) | 面积(公顷) | 水费计收率(%) |
|---|---|---|---|---|
| 1990 | 136.70 | 107.56 | 2034 | 78.68 |
| 1991 | 617.82 | 489.38 | 1383 | 79.21 |
| 1992 | 577.20 | 464.18 | 2423 | 80.42 |
| 1993 | 551.27 | 449.89 | 2405 | 81.43 |
| 1994 | 593.04 | 495.6 | 2445 | 83.57 |
| 1995 | 635.01 | 518.29 | 2446 | 81.62 |
| 1996 | 1051.26 | 687.31 | 2492 | 65.38 |
| 1997 | 1008.15 | 678.59 | 2510 | 67.31 |
| 1998 | 1716.01 | 1126.39 | 2596 | 65.64 |
| 1999 | 1795.90 | 1127.47 | 2622 | 62.78 |
| 2000 | 1795.23 | 947.52 | 2623 | 52.78 |
| 2001 | 1785.66 | 1622.66 | 2622 | 90.87 |
| 2002 | 1737.80 | 1712.57 | 2628 | 98.55 |
| 2003 | 2531.64 | 2531.64 | 2624 | 100 |
| 2004 | 1935.29 | 1935.29 | 2655 | 100 |
| 2005 | 3300.06 | 3300.06 | 3511 | 100 |
| 2006 | 3981.21 | 3981.21 | 3496 | 100 |
| 2007 | 4048.53 | 4042.98 | 3820 | 99.86 |
| 2008 | 4106.73 | 4106.73 | 3760 | 100 |
| 2009 | 4535.38 | 4535.38 | 4148 | 100 |
| 2010 | 4283.20 | 4283.20 | 4002 | 100 |
| 2011 | 4337.27 | 4337.27 | 4162 | 100 |
| 2012 | 4367.27 | 4367.27 | 4031 | 100 |
| 2013 | 5838.17 | 5838.17 | 3966 | 100 |
| 2014 | 8919.69 | 8919.69 | 4295 | 100 |
| 2015 | 8098.08 | 8098.08 | 4231 | 100 |
| 2016 | 9621.02 | 9621.02 | 4245 | 100 |

## 第四节 水政执法

1990年，阿克苏市成立专门水政水资源管理办公室，办公室设在市水利局，负责水利执法和水资源管理。至1999年底，全市已初步形成依法管水、依法用水的水资源管理体制。2000年，全部实现由市水利局统一发放取水许可证的工作，到2001年原由城建部门负责城市水资源管理和水资源费的征收工作全部交由市水利局管理和征收，实现全市城乡水资源的统一管理。

2001年7月，在水政水资源管理办公室的基础上，成立阿克苏市水政监察大队，并对执法工作人员进行培训，发放自治区统一印制的行政执法证件。至2016年底，水政监察大队依法查处违法案件共计35起，纠正违规151起，调解水事纠纷83起、违法打井61起，挽回经济损失237万元。

表13-13　2001~2016年阿克苏市水政执法案件统计表

单位：件

| 年份 | 违法案件 | 纠正违规 | 违法打井 | 水事纠纷 | 年份 | 违法案件 | 纠正违规 | 违法打井 | 水事纠纷 |
|---|---|---|---|---|---|---|---|---|---|
| 2001 | 1 | 7 | 3 | 4 | 2009 | 2 | 9 | 5 | 4 |
| 2002 | 3 | 9 | 5 | 6 | 2010 | 2 | 10 | 6 | 6 |
| 2003 | 2 | 11 | 5 | 5 | 2011 | 3 | 11 | 3 | 7 |
| 2004 | 3 | 9 | 6 | 4 | 2012 | 3 | 12 | 5 | 6 |
| 2005 | 2 | 8 | 3 | 7 | 2013 | 2 | 9 | 3 | 7 |
| 2006 | 3 | 13 | 5 | 5 | 2014 | 2 | 8 | 2 | 5 |
| 2007 | 4 | 11 | 5 | 7 | 2015 | 1 | 7 | 1 | 4 |
| 2008 | 2 | 12 | 4 | 3 | 2016 | 0 | 5 | 0 | 3 |

# 第六章　防洪抗旱

## 第一节　防　洪

### 一　东城区防洪工程

柯克亚河流域及台兰河流域西半部的山前戈壁带，南北宽约20千米，东西长约50千米，面积近1000平方千米，夏季区间的暴雨汇入柯克亚河下游的勾尔得坎沟和依来克沟，两洪沟分别穿越革命大渠和314国道，在地区实验林场汇合为卡尔斯亚沟。由西北向东南，经阿克苏市东城区，给阿克苏市城区多次带来洪水灾害。

1998年8月12日凌晨2点，东城区发生404立方米/秒的特大洪水，洪水淹没城区面积12平方千米，共有25个单位和110户个体和私营企业受灾，1990户8792人被淹，死亡16人。直接经济损失达2.02亿元。1998年，阿克苏市政府为做好东城区防洪，开始规划建设东城防洪工程，工程位于柯克亚东支干渠分水闸附近。

2002年7月20日凌晨，东城区柯克亚洪沟11时45分洪水已达150立方米/秒，对已建成的防洪坝造成6处险情、2处决口，经广大军民奋力抢救保住600米堤坝，洪水冲毁400米堤防。柯克亚洪沟纵坡大，土质疏松，洪水使坝基处河道下切，坝基外露。实验林场五队溢流堰前后护底遭到破坏，工程失去效益。洪水造成直接经济损失120万元。

### 二　新大河两岸各乡镇场和多浪渠上段防洪工程

阿克苏新大河由于切割较深，且岸坡质地多为类黄土，疏松多孔，多年来由于河道变迁，塌岸毁田，危及村舍，危害全市各族人民生命财产安全。阿克苏新大河两岸各乡镇场和多浪渠城区和多浪渠引清排洪闸维修加固防洪工程，全长56.5千米，流经阿克苏市3乡1镇1场，直接影响着沿岸近4.67万公顷农、林、牧用地和农牧民的生命财产安全。为防洪，每年需投入大量机械、劳动力和各类防洪资金。1990年后，春洪对下游的危害得到控制，但是夏洪危害仍然是防洪的重点。2016年，阿克苏市在新大河维修加固临时性防洪坝38处、12.76千米，新建临时性防洪坝41处、4.82千米。共投入树梢3674吨、木料342根、旧塑料387.7吨，拉运建筑垃圾51578立方米、土石方30074立方米、片石2497立方米，用编织袋38.2万条、铅丝笼4947张、铁丝36.96吨，发动农民47814人/天，动用大车333车次、拖拉机24191车次、铲车660小时。总投资1907万余元，其中各乡镇自筹1715万元，政府补贴192万元。

### 三　阿克苏河阿克苏良种场防洪工程

阿克苏河阿克苏良种场防洪工程位于阿克苏市郊良种场境内，总长度12.165千米，总投资6000万元，上段于2012年9月开工，2013年5月全部完工，下段于2013年9月15日开工，2014年5月底完工。

### 四　阿克苏市山洪灾害防治建设项目

阿克苏市山洪预警预报系统一期主要监测预报阿克苏东城山洪灾害区，项目投资500万元，2012年5月开工，2012年8月完工；二期主要监测预报阿依库勒山洪灾害区，2015年5月开工，8月底完工，总投资95万元。山洪预警预报系统大大提高对山洪检测预报的能力。

### 五　阿克苏市拜什吐格曼防洪工程

阿克苏市拜什吐格曼乡2大队防洪工程1994年建成，全长1千米，投资1110万元，拜什吐格曼乡1大队防洪工程1973年建成，长度1.2千米，投资160万元。

## 第二节　抗　旱

阿克苏市水资源丰富，但由于季节分布不匀，春季抗旱一直是防洪抗旱工作的一个重点。1990～2016年，阿克苏市大力兴办水利项目，扩大灌溉面积，为发展农牧业生产创造良好条件。由于气象水文变化异常，丰枯水年份周期性出现，在枯水少雨季节或年份，除依靠已有的水利基础设施外，还采取紧急抗旱防旱措施，缓解旱情，减轻旱灾对农牧业生产造成的损失。

### 一　开挖防渗渠

20 世纪 90 年代以来，阿克苏市陆续建成一批挖掘性水利工程，进行渠道防渗工程。进入 21 世纪后，阿克苏市开展一批水库除险加固工程，实施一批防渗工程。

### 二　开发地下水

20 世纪 90 年代以来，阿克苏市采取打井的方式，利用地下水进行抗旱。至 2016 年末，阿克苏市共有机井 1401 眼。2016 年共提取地下水 10048 万立方米。

### 三　高新节水技术灌溉

随着节水技术的逐步发展，阿克苏市滴灌、喷灌、低压管道灌溉等高新节水技术应用越来越广泛，形成综合应用性的灌溉体系，较大地提高了农牧业抗旱保丰收的能力。至 2016 年底，阿克苏市农业高效节水建设面积 3.95 万公顷，完成投资 4.7463 亿元。

# 第七章　水　产

## 第一节　水产资源

阿克苏市自然捕捞主要在湖域相互串连的阿依库勒湖、月亮湖、沙依力克湖、黄宫湖，呈“反弓”形带状分布。原湖湖底平坦，水深 1～3 米，湖域面积 26.57 平方千米。其中阿依库勒湖 1.51 平方千米、月亮湖 1.62 平方千米、沙依力克湖 9.61 平方千米、黄宫湖 13.83 平方千米。

自 2007 年以后，阿克苏市地下水位逐年下降，原有的自然湖泊水位也随之下降，蒸发水量大于补充水量，大部分自然水面水质恶化，矿化度逐年提高，鱼类生存环境和生态环境遭到严重破坏，自然湖泊已失去鱼类养殖条件。2016 年，全市共有水域面积 4.48 万公顷，其中河渠 4.03 万公顷、湿地 0.25 万公顷、自然湖泊约 0.2 万公顷，人工池塘养殖水面 233.33 公顷。

## 第二节　水产品养殖

阿克苏市水产品以鱼类为主，主要养殖品种有草鱼、鲢鱼、鲤鱼、鳙鱼四大家鱼，从外地引进一些鱼类新品种，经过几年的试养，难以适应当地的气候环境，因此不再引进新品种。为满足阿克苏市场的水产品需求，大力发展人工养殖，水产品由 1990 年的年产量 304 吨猛增到 2007 年的年产量 2220 吨。

2007 年，共开挖人工池塘 233.33 公顷。人工池塘的主要分布区域为阿克苏市渔场 26.67 公顷，依干其乡 100 公顷，拜什吐格曼乡 86.67 公顷，其他乡（镇）零星池塘 15 公顷。

2010 年，阿克苏市共有鱼塘 185 公顷，水产品产量在全地区排名第一，水产品人均占有量 6.7 千克。随着阿克苏河流域限额供水、节约用水工作的不断深入和灌溉定额的不断降低，到 2010 年底，所有水产品养殖面积不再增加，水产品的供给主要靠周边区域提供补充，以满足消费需求。

2016 年，阿克苏市渔业总产量 1969 吨，总产值 4362 万元。

**表 13－14　1990～2016 年阿克苏市年渔业产量统计**

单位：吨

| 年份 | 产量 | 年份 | 产量 |
|---|---|---|---|
| 1990 | 304 | 2004 | 760 |
| 1991 | 350 | 2005 | 2130 |
| 1992 | 380 | 2006 | 2150 |
| 1993 | 430 | 2007 | 2220 |
| 1994 | 457 | 2008 | 2028 |
| 1995 | 615 | 2009 | 2046 |
| 1996 | 669 | 2010 | 2095 |
| 1997 | 702 | 2011 | 2030 |
| 1998 | 666 | 2012 | 2019 |
| 1999 | 713.5 | 2013 | 2003 |
| 2000 | 715 | 2014 | 1896 |
| 2001 | 740 | 2015 | 1983 |
| 2002 | 720 | 2016 | 1969 |
| 2003 | 730 | | |

# 第十四编　农牧机械

20世纪90年代，随着改革开放的不断深化，阿克苏市农村经济快速发展，农民购买农业机械的数量、品种也迅速增多，农业机械化程度不断提高。适合联产承包生产经营方式的小型拖拉机及配套机具遍及阿克苏市各乡村，大中型拖拉机及配套机具向农机大户（农机专业户）集中，服务于农机作业市场。自2000年后，销售和维修市场逐渐多元化，农业机械从以耕种机械为主向特色农业、设施农业、林果园艺业、畜牧业及副业机械方向全面发展，服务领域逐步拓宽。自2005年起，国家实行农机购置补贴政策，补贴力度逐年加大，并从补贴大中型拖拉机为主逐渐向小型农机具及特色农业机械普及。国家对农机化事业的高度重视以及对购置农机具持续实行的补贴优惠政策，极大地激发农民群众投资农机的热情。至2016年底，阿克苏市主要农作物耕地、播种、收获作业综合机械化程度达到70%以上，农业机械总动力27.07万千瓦，拥有大中小型拖拉机1.06万台、大中小型农具3.2万台。

# 第一章　机　构

## 第一节　行政机构

1990 年，阿克苏市农牧机械局（简称农机局）定编 11 名。1999 年更名为市农牧业机械管理局，是市政府直属事业单位，定编 16 名。2002 年机构改革，核定编制 13 名，参照公务员管理，负责全市农牧业机械的行政管理工作。下属单位有市农机安全监理站、市农机技术推广站、市农机化技术学校、市农机修造厂、农机供应公司及 8 个乡（镇、场）农机管理服务站。实行财政全额拨款，共有 134 人。2005 年核定编制 60 名，实有 58 人。2009 年核定编制 60 名，实有 55 人。至 2016 年，核定编制 52 名。

## 第二节　事业机构

### 一　阿克苏市农机安全监理站

1990 年，市农机安全监理站隶属市农机局管理，编制 6 名，实有 6 人。2002 年，编制 16 名，实有 16 人。2006 年编制 24 名，实有 24 人。2016 年底核定编制 21 名，实有 13 人，参照国家公务员管理，承担全市农机安全监理工作。

1990 年，阿克苏市各乡镇场配备 2 ~3 名农机监理人员；1998 年，各乡镇场配备 4 ~5 名农机监理人员；2007 年，随着农业机械数量的增加，各乡镇场有农机监理人员 6 ~8 人，农机监理队伍逐年壮大，使农机监理工作步入系统化管理。2009 年各乡镇场共有农机监理人员 26 人。2016 年各乡镇农机监理人员 18 人。

### 二　阿克苏市农机技术培训推广站

1990 年，阿克苏市农机技术培训推广站核定编制 23 名，与农机化技术学校是两个机构一套班子，与农机局合署办公。农机推广站主要负责农机新技术、新机具的引进推广应用。2002 年，机构改革，市农机技术推广站核定事业编制 23 名，实有 22 人。2009 年，市农机技术推广站升格为副科级。2010 年，定编 20 人。2016 年，核定人员编制 16 人，实有 23 人。

### 三　阿克苏市农机化技术学校

1990 年，阿克苏市农机化技术学校与农机技术培训推广站是“两个机构、一套班子”，与农机局合署办公，阿克苏市农机化技术学校主要负责对全市培训拖拉机驾驶员、农机职工和农机操作手。2013 年 10 月，在依干其乡布隆科瑞克村新建农机培训学校，2014 年投资 10 万元完善各项配套设施，购置办公设备，维修、改建旧教室，并购置 400 型轮式拖拉机 1 台、170 型轮式拖拉机 1 台用于教学。

至 2016 年，农机化技术学校有教师 12 人。拥有建筑面积 1200 平方米的办公培训综合楼和 380 平方米的电教室，一次可容纳 300 名学员，配有教练车 6 台、电子示教板 4 块、温室大棚微耕机械 1 台、配套农具 13 台（架）、机具库棚 7 间、保养修理间 2 间，年培训能力 2000 人次。2016 年 10 月，市农机培训学校移交给市教育局。

### 四　乡镇农机站

1990 年，全市各乡镇设立农机服务站和机耕队，两个机构一套班子。1993 年，全市各乡（镇）有农机人员 79 人。1998 年各乡（镇）设立农机管理服务站，有农机人员 98 人。2002 年各乡（镇）农机管理服务站有农机人员 110 人。2012 年各乡（镇）农机管理服务站有农机人员 98 人。2016 年，全市有乡镇农机站 6 个，农机管理人员 68 人。

### 五　农机修造厂

1990 年，市农机修造厂有职工 55 人，市农机局为其业务主管部门。1999 年，农机修造厂实行企业改制，买断工人工龄。

### 六　农机公司

1990 年，农机公司有职工 35 人，市农机局为其业务主管部门。2001 年，农机公司实行企业改制，工人工龄买断。

# 第二章　机械种类

## 第一节　传统农具

### 一　人工农具

1990 年，阿克苏市农村有铁锹（分尖头圆锹、方锹）和砍土镘（用于小块地翻整、打埂、修渠以及田间地头施肥、追肥）。运输工具有胶轮二轮车、独轮手推车等。翻地除铁锹外，还有四齿耙。平地用的有六齿、九齿钉耙。镘子是呈三角形的播种耧沟工具。平耙用于播种后平整地面，刨耙作打埂器用。磙板作镇压保墒用。中耕锄地农具有小锄、中锄、大锄。小手铲用于栽苗、间苗、锄草。还有一些栽苗挖穴器、韭镰、镰刀等专用手工农具。至2016年，还有部分农具在使用。

### 二　畜力农具

1990年，阿克苏市还有山地步犁（现个别农户时有用之）、双轮双铧犁、十行播种机、中耕机等畜力机具。2000年后，这些传统的畜力农具被现代化农业耕作机械所替代。

## 第二节　动力机械

1990年，阿克苏市拥有大中型农机具389台，农机总动力达到4.65万千瓦。2005年，由于农机购置补贴政策的实施，各类农机具突飞猛进增长，全市大中型农机具达到7165台，农机总动力达15.17万千瓦。至2016年，随着阿克苏市农牧业机械化程度的不断提高，全市拥有大中型农机具1.99万台，农机总动力达到27.07万千瓦。

表14－1　1990～2016年阿克苏市农业机械情况一览表

| 年份 | 农业机械总动力（千瓦） | 拖拉机 | | 大中型 | | 小型 | | 大中型农机具（台） | 小型农具（台） | 联合整地机具（台） | 铺膜机（台） | 收割机（台） |
|---|---|---|---|---|---|---|---|---|---|---|---|---|
| | | 台 | （千瓦） | 台 | （千瓦） | 台 | （千瓦） | | | | | |
| 1990 | 46462 | 1650 | 29162 | 510 | 46603 | 1140 | 12559 | 389 | 2024 | | 545 | 2 |
| 1991 | 42534 | 1857 | 32594 | 528 | 18053 | 1329 | 14541 | 427 | 2640 | | 798 | 4 |
| 1992 | 48909 | 2009 | 35939 | 519 | 73414 | 1490 | 16525 | 597 | 3066 | | 984 | 5 |
| 1993 | 57662 | 2298 | 40117 | 557 | 20936 | 1741 | 19181 | 753 | 3593 | | 1119 | |
| 1994 | 76919 | 3660 | 57249 | 640 | 24230 | 3020 | 33019 | 800 | 4138 | | 1217 | |
| 1995 | 89655 | 4658 | 75150 | 746 | 29952 | 3912 | 45198 | 1016 | 5143 | | 1202 | |
| 1996 | 102845 | 5056 | 81528 | 918 | 35832 | 4138 | 45705 | 1572 | 5462 | | 1194 | |
| 1997 | 114222 | 5642 | 90007 | 930 | 37529 | 4712 | 52748 | 1604 | 5553 | | 1330 | |
| 1998 | 105455 | 5145 | 86846 | 800 | 33270 | 4345 | 53576 | 1679 | 5711 | | 1300 | 5 |
| 1999 | 107069 | 5126 | 84471 | 856 | 31423 | 4270 | 53048 | 2403 | 1037 | | 1175 | 8 |
| 2000 | 113895 | 4908 | 97630 | 669 | 27591 | 4239 | 52039 | 1760 | 5283 | | 785 | 11 |
| 2001 | 118020 | 4983 | 84525 | 744 | 32486 | 4239 | 52039 | 2232 | 5733 | | 1201 | 19 |
| 2002 | 106849 | 5172 | 78559 | 546 | 22824 | 4626 | 55735 | 2340 | 7623 | | 1289 | 13 |
| 2003 | 116300 | 6060 | 95986 | 668 | 23586 | 5392 | 72400 | 2809 | 7751 | 25 | 1289 | 21 |
| 2004 | 125853 | 7787 | 112742 | 1020 | 28189 | 6767 | 84553 | 4610 | 7987 | 138 | 1289 | 24 |
| 2005 | 151700 | 9117 | 139891 | 1665 | 46778 | 7452 | 93113 | 7165 | 8879 | 138 | 1240 | 24 |
| 2006 | 161349 | 9924 | 154316 | 1919 | 54296 | 8005 | 100022 | 8828 | 9217 | 162 | 1246 | 24 |
| 2007 | 170527 | 10340 | 163318 | 2188 | 61459 | 8152 | 101859 | 9997 | 9497 | 183 | 1507 | 24 |
| 2008 | 178419 | 10588 | 168388 | 2296 | 64707 | 8292 | 103681 | 10449 | 9727 | 205 | 1617 | 24 |
| 2009 | 190692 | 11022 | 178570 | 2681 | 74468 | 8341 | 104102 | 10932 | 9810 | 355 | 1685 | 38 |
| 2010 | 201605 | 10740 | 179610 | 3380 | 88452 | 7360 | 91158 | 12685 | 19396 | 855 | 2015 | 38 |
| 2011 | 210085 | 11185 | 189427 | 3825 | 98269 | 7360 | 91158 | 15790 | 18110 | 1055 | 2015 | 38 |

续表

| 年份 | 农业机械总动力（千瓦） | 拖拉机 | | 大中型 | | 小型 | | 大中型农机具（台） | 小型农具（台） | 联合整地机具（台） | 铺膜机（台） | 收割机（台） |
|---|---|---|---|---|---|---|---|---|---|---|---|---|
| | | 台 | （千瓦） | 台 | （千瓦） | 台 | （千瓦） | | | | | |
| 2012 | 228811 | 11765 | 205632 | 4405 | 114474 | 7360 | 91158 | 17040 | 18279 | 11500 | 2605 | 38 |
| 2013 | 238993 | 12065 | 212542 | 4705 | 122484 | 7360 | 90058 | 18204 | 18325 | 1271 | 2655 | 42 |
| 2014 | 252612 | 10979 | 216060 | 5619 | 148081 | 5360 | 67979 | 18307 | 14571 | 1271 | 2655 | 47 |
| 2015 | 259733 | 10783 | 223141 | 6133 | 164167 | 4650 | 58974 | 19820 | 14268 | 1250 | 2455 | 53 |
| 2016 | 270665 | 10633 | 232288 | 6543 | 180238 | 4120 | 52050 | 19910 | 12160 | 1120 | 2120 | 95 |

## 第二节　田间作业农机具

自 20 世纪 90 年代以来，随着现代农业的快速发展，广大农民群众对田间作业农机具的需求逐渐增长，数量和种类也不断增加。1990 年，阿克苏市推广和引进棉花窄膜铺膜播种机，宽膜、超宽膜播种机，液压翻转犁等农机具，共引进悬挂犁 15 台、播种机 12 台。1993 年，引进棉花高密度播种机、棉花（小麦、玉米）精量铺膜播种机、中耕机、悬挂架等各类农机具 152 台。2003 年引进旋耕机、中耕机、挖坑机等各类农机具 851 台。2016 年，阿克苏市引进和推广青贮饲料收获机、秸秆捡拾打捆机、林果采摘升降机等农业机械共 2148 台，悬挂犁、播种机、中耕机、旋耕机、挖坑机等农业机械共 13628 台。

**表 14－2　1990～2016 年阿克苏市田间作业农机具一览表**

| 年份 | 悬挂犁 | 播种机 | 中耕机 | 旋耕机 | 开沟(挖坑)机 |
|---|---|---|---|---|---|
| 1990 | 15 | 12 | 5 | | |
| 1991 | 27 | 20 | 10 | | |
| 1992 | 44 | 25 | 30 | | |
| 1993 | 57 | 40 | 55 | | |
| 1994 | 89 | 65 | 70 | 10 | |
| 1995 | 101 | 90 | 90 | 25 | |
| 1996 | 132 | 140 | 130 | 50 | |
| 1997 | 166 | 190 | 208 | 85 | |
| 1998 | 190 | 380 | 290 | 110 | |
| 1999 | 210 | 505 | 400 | 135 | |
| 2000 | 244 | 620 | 447 | 170 | |
| 2001 | 287 | 710 | 504 | 195 | |
| 2002 | 305 | 785 | 565 | 220 | 1 |
| 2003 | 530 | 840 | 600 | 250 | 1 |
| 2004 | 760 | 925 | 620 | 290 | 2 |
| 2005 | 1010 | 990 | 715 | 315 | 2 |
| 2006 | 1335 | 1100 | 760 | 340 | 2 |
| 2007 | 1970 | 1249 | 820 | 360 | 5 |
| 2008 | 2740 | 1315 | 875 | 415 | 12 |
| 2009 | 3005 | 1520 | 920 | 500 | 20 |

续表

| 年份 | 悬挂犁 | 播种机 | 中耕机 | 旋耕机 | 开沟(挖坑)机 |
|---|---|---|---|---|---|
| 2010 | 3910 | 1618 | 980 | 595 | 43 |
| 2011 | 4390 | 1690 | 1060 | 620 | 55 |
| 2012 | 5450 | 1730 | 1120 | 688 | 70 |
| 2013 | 6110 | 1785 | 1175 | 720 | 85 |
| 2014 | 6820 | 1840 | 1240 | 780 | 100 |
| 2015 | 7150 | 2100 | 1280 | 830 | 120 |
| 2016 | 8450 | 2750 | 1400 | 896 | 132 |

## 第四节　作物收获机械

1990 年后，阿克苏市引进小麦、水稻、青贮、玉米等联合收割机，结束长期人工手镰收割的时代。收获机械主要是小型拖拉机配套的割晒机、脱粒机。1997 年引进麦稻收割机、脱粒机等 42 台。2000 年引进联合收割机、麦稻收割机、脱粒机等 52 台。2016 年，全市新引进麦稻收割机、联合收割机、脱粒机等 229 台。阿克苏市农作物收获机械的适用范围主要为小麦、玉米、水稻等农作物。

**表 14 –3　部分年份阿克苏市作物收获机械一览表**

单位：台

| 年份 | 脱粒机 | 收割机 | 联合收割机 | 年份 | 脱粒机 | 收割机 | 联合收割机 |
|---|---|---|---|---|---|---|---|
| 1990 | 2 | 5 | 1 | 2007 | 32 | 40 | 15 |
| 1993 | 8 | 12 | 5 | 2011 | 40 | 75 | 21 |
| 1997 | 15 | 20 | 7 | 2014 | 45 | 98 | 45 |
| 2000 | 17 | 26 | 9 | 2016 | 51 | 115 | 63 |
| 2003 | 25 | 32 | 11 | | | | |

## 第五节　农产品加工机械

从 2010 年开始，阿克苏市加快农产品加工机械的发展，引进核桃清洗机 10 台、脱皮机 10 台。2012 年，全面提升果品产后附加值，推广果品加工机械，新引进烘干房 178 套、红枣分级机 145 台、红枣清洗组 147 条。2014 年，引进烘干房 15 套，共有农产品加工机械 550 套。2016 年，全市引进农机加工机械 30 台，年末共有农产品加工机械 605 套。

## 第六节　农业运输机械

随着农业机械的快速发展，拖拉机、农用车成为农村运输的主力军，承担着生产资料、农副产品、水利、道路、抗震、安居房、异地跨区作业等运输任务。1990 年，阿克苏市有大中型拖拉机

482 台。2000 年，全市拥有大中型拖拉机 262 台。2010 年，全市有大中型拖拉机 1612 台。2016 年，全市拥有大中型拖拉机 3860 台。

**表 14－4　1990～2016 年阿克苏市农业运输机械表**

单位：台（辆）

| 年份 | 小型拖车 | 大中型拖拉机 | 农用载重汽车（三轮农用运输车） | 农用机动三轮车（四轮农用运输车） | 农用运输车 |
|---|---|---|---|---|---|
| 1990 | 1115 | 482 | 46 | | |
| 1991 | 1289 | 393 | 49 | | |
| 1992 | 1535 | 439 | 75 | | |
| 1993 | 1701 | 442 | 91 | 48 | |
| 1994 | 2596 | 442 | 91 | 49 | |
| 1995 | 3728 | 480 | 70 | 40 | |
| 1996 | 3828 | 504 | 93 | 8 | |
| 1997 | 4819 | 550 | 95 | 51 | 70 |
| 1998 | 4268 | 430 | 86 | 79 | 11 |
| 1999 | 4149 | 372 | 75 | 78 | 9 |
| 2000 | 1404 | 262 | 93 | 64 | |
| 2001 | 3574 | 449 | 107 | 69 | |
| 2002 | 4626 | 373 | 138 | 66 | |
| 2003 | 4753 | 309 | 168 | 145 | |
| 2004 | 5193 | 389 | 243 | 147 | |
| 2005 | 5293 | 1144 | 243 | 127 | |
| 2006 | 6078 | 1226 | | | |
| 2007 | 6275 | 1520 | | | |
| 2008 | 6635 | 1531 | 110 | 60 | 170 |
| 2009 | 6609 | 1557 | 110 | 60 | 170 |
| 2010 | 6715 | 1612 | 110 | 60 | 170 |
| 2011 | 5750 | 2650 | 110 | 60 | 170 |
| 2012 | 5728 | 2672 | 110 | 60 | 170 |
| 2013 | 4785 | 3727 | 110 | 60 | 170 |
| 2014 | 4884 | 3835 | 55 | 20 | 75 |
| 2015 | 7925 | 3850 | 55 | 20 | 75 |
| 2016 | 5060 | 3860 | 55 | 20 | 75 |

## 第七节　畜牧机械

1990 年，阿克苏市畜牧业的机械种类较少，畜牧业机械化程度较低。2000 年，为改良天然草场，引进牧草播种机。从 2005 年开始，全市使用机械进行铺膜种植青贮玉米、建青贮窖，开始引进青贮饲料收获机。2006 年，国家农机购置补贴政策出台，为加快畜牧业机械化发展，在农机购置补贴资金上向畜牧业机械倾斜，畜牧业机械种类增多，一大批畜牧业机械被引进。2016 年，全市有畜牧机械 1612 台。

# 第三章　农业机械化作业

## 第一节　机械化作业水平

1990 年，阿克苏市农机局引进各类动力、耕整、种植（植保）等农业机械，农业机械化普及工作全面启动，并走在全地区前列，全年完成机耕面积 42.73 千公顷，完成机播面积 40.28 千公顷，机植保面积 20.69 千公顷，机收面积 2.8 千公顷。

1993 年，引进林果、畜牧等方面农牧收获机械。

2000 年阿克苏市机械化作业水平达到 15%。完成机耕面积 40.8 千公顷，完成机播面积 42.67 千公顷，机中耕面积 23.4 千公顷，机植保面积 3.18 万公顷，机收面积 9.8 千公顷。

2002 年，全市机械化作业水平达到 18.5%，主要用于机械耕整地。

2011 年，农作物田间管理实现机械化，小麦、玉米基本实现全程机械化作业，全市农机化作业水平达到 40%。

2014 年，林果业、设施农业等广泛实施机械化，全市机械化作业水平大幅提高，达到 58%。

2016 年，小麦、玉米、棉花等农业生产实现机械化作业，作业面积 417.5 千公顷，全市机械化作业水平达到 68.5%。完成机耕面积 99.39 千公顷，完成机播面积 88.44 千公顷，机中耕面积 4 千公顷，机植保面积 61.8 千公顷，机收面积 15.4 千公顷。

**表 14－5　1990 ~2016 年阿克苏市农业机械化作业情况表**

单位：千公顷

| 年份 | 机耕面积 | 机播面积 | 机中耕面积 | 机植保面积 | 机收面积 |
|---|---|---|---|---|---|
| 1990 | 42.73 | 40.28 | 7.58 | 20.69 | 2.8 |
| 1991 | 43.34 | 41.41 | 18.6 | 21.48 | 7.17 |
| 1992 | 33.24 | 24.94 | 15.5 | 25.75 | 6.67 |
| 1993 | 31.6 | 40.85 | 19.79 | 31.72 | 7.73 |
| 1994 | 35.6 | 36.97 | 22.02 | 38.77 | 4.4 |
| 1995 | 34.4 | 38.68 | 16.42 | 39.87 | 3.59 |
| 1996 | 35 | 40.77 | 25.73 | 35.19 | 3.97 |
| 1997 | 38.4 | 47.43 | 2.5 | 23.77 | 4.77 |
| 1998 | 40.34 | 47.03 | 25.5 | 35.19 | 6.68 |
| 1999 | 40.78 | 46.17 | 29.77 | 33.86 | 22.92 |
| 2000 | 40.8 | 42.67 | 23.4 | 31.8 | 9.8 |
| 2001 | 40.8 | 43.33 | 26.68 | 39.87 | 8.8 |
| 2002 | 36.09 | 41.95 | 26.82 | 39.87 | 8.8 |
| 2003 | 40.24 | 43.4 | 28.07 | 31.33 | 8.68 |
| 2004 | 39.74 | 42 | 28.7 | 33.3 | 9.33 |
| 2005 | 44.57 | 42 | 28.7 | 34.5 | 9.4 |

续表

| 年份 | 机耕面积 | 机播面积 | 机中耕面积 | 机植保面积 | 机收面积 |
|---|---|---|---|---|---|
| 2006 | 44.57 | 45.33 | 29.6 | 35.1 | 7.5 |
| 2007 | 44.57 | 43.38 | 30.1 | 37.4 | 4.53 |
| 2008 | 77.53 | 49.8 | 28.3 | 39.1 | 4.8 |
| 2009 | 77.53 | 78.3 | 27.9 | 42.1 | 7.69 |
| 2010 | 77.53 | 75.88 | 26.2 | 45.1 | 8.4 |
| 2011 | 75.21 | 70.9 | 25.1 | 50.6 | 9.42 |
| 2012 | 74.1 | 69.7 | 22.1 | 60.1 | 9.73 |
| 2013 | 73.4 | 69.8 | 20.5 | 60.2 | 10.08 |
| 2014 | 68.46 | 68.91 | 15.6 | 60.3 | 9.39 |
| 2015 | 85.28 | 81.24 | 10.2 | 60.8 | 9.99 |
| 2016 | 99.39 | 88.44 | 4.0 | 61.8 | 15.4 |

## 第二节　机械化引进推广

1990 年，阿克苏市农业机械化技术推广工作由市农机推广站负责，按照农业部规定，主要承担农机新技术、新机具推广。农机推广站相继引进、实验、示范的棉花机械铺膜播种、棉花膜下滴灌播种、棉花机械拔杆、化肥深施、设施农业二氧化碳增施、臭氧病害防治、微耕机等各种新技术、新机具得到推广和普及，成为改善种植条件、提高产量、提高功效、减轻劳动强度、增加农民收入的新的生产力。

1990 年，阿克苏市引进推广棉花地膜覆盖种植。在全市畜牧业发展上，青贮饲料、利用铡草机将农作物秸秆铡短，通过氨化微生物发酵，制作青贮料 6400 吨。

1993 年，全市引进以色列的滴灌技术，在喀拉塔勒镇进行棉花膜下滴灌推广 40 公顷。并引进棉花窄膜、宽膜。

1997 年，引进棉花超宽膜。分别在喀拉塔勒镇、拜什吐格曼乡推广残膜回收技术，推广面积 66.67 公顷。

2000 年，引进高密度种植技术。在喀拉塔勒镇博斯坦村示范推广机采棉高密度栽培模式，种植面积 42 公顷。

2003 年，引进超高密度种植技术。2004 年开始推广棉花精量播种，实施面积 333.33 公顷。

2005 年，超高密度种植推广到棉花、小麦、水稻、玉米、红枣、瓜、小茴香、黄豆等农作物。

2007 年，推广实施棉花精量播种面积 3000 公顷。

2008 年，开始推广玉米、棉花、花生等农作物超高密度种植技术。

2011 年，推广实施棉花精量播种面积 5000 公顷。

2012 年，推广应用林果业机械化技术。

2014 年，推广实施棉花机械机采摘技术。以喀拉塔勒镇农机专业合作社、市属农场、植棉大户为重点，开展机采棉配套机械化技术推广，全市投入机采棉播种机达 130 台，安排 10 余名农机技术人员深入机采棉示范区，组织开展相关农户技术培训 3 期 126 人次，共完成机采棉播种面积 9800

公顷，建立棉花全程机械化作业核心示范区700公顷。

2015～2016年，阿克苏市重点推广一些科技含量高，精准、高效型粮食种植业机械和特色农业机械。在种植业、畜牧业、林果业上引进推广小麦联合收割机、玉米联合收割机、农机深松机具、饲草打捆机、青贮饲料机等新机具、新技术，有效降低生产费用，减轻农民负担，提高农业生产效率。推广实施林果、棉花全程机械化技术。农机技术推广范围不断扩大，棉花全程机械化技术推广取得新进展。2016年，完成机采棉模式推广种植面积1万公顷，建立棉花全程机械化作业核心示范区700公顷。

### 第三节　农机跨区作业

2002年，阿克苏市首次开展农机跨区作业，当年完成作业面积340公顷，总收入40万元。

2007年，举办小麦跨区作业培训安全技能培训班，对联合收割机手进行收割机结构原理、维修保养技术、农机安全作业知识、跨区作业等理论与实践方面的免费培训。

2007年，全市参加跨区作业的机械30台次，作业面积1333.33公顷，总收入150万元。

2014年，全市农机跨区作业面积5100公顷，总收入340万元。

2016年，全市参加跨区作业的机械120台次，作业面积1.26万公顷，农机跨区作业总收入785万元。

## 第四章　农机管理

### 第一节　农机补贴

按照党中央、国务院的部署，2006年阿克苏市启动实施农机购置补贴政策。制定印发《阿克苏市2006年规范农机购置补贴产品经营行为的通知》，规范农机购置补贴产品经营行为，切实维护农民和诚信企业的合法权益。认真审核农机购置补贴实施方案、补贴额等，从源头上严把政策实施关。利用广播、电视、报纸、网络等媒体开展补贴政策宣传，提高广大农牧民对政策的知晓率、政策的透明度，扩大政策的影响力。

2006～2016年，阿克苏市不断加大投入力度，补贴资金规模连年大幅度增长，实施范围逐年扩大，中央、地方财政累计安排农机购置补贴项目资金12080万元，其中2014年安排2600万元，比2006年增长520%。严厉查处农机购置补贴过程中出现的违法违规，确保补贴落到实处。

至2016年，全市共补贴各类农机具1.02万台（套），受益农户5230户。农机购置补贴政策实施以来，推动全市农机总动力快速增长，耕种收综合机械化水平持续提高，为保障全市粮食安全和农民增收、巩固农业在国民经济中的基础地位发挥了重要作用。

## 第二节　机务管理

1990 年，阿克苏市结合秋收工作，对拖拉机大修 150 台，中修 49 台，小修 2 台。

1997 年以来，每年冬季都要对农村拖拉机进行检修，对各种农业机械进行调试，以确保农机具安全作业。当年共检修各类农业机械 1120 台，其中拖拉机 680 台、农机具 440 台。

2007 年，检修本着“四定”原则（定人、定岗、定编、定责），带膜带种对检修好的农机具进行调试，机具完好率达 100%，共检修各类农业机械 3180 台，其中拖拉机 1920 台，农机具 1260 台。

2011 年，加强春耕春播、“三夏”“三秋”各类农机具的检修，层层签订农机检修工作责任书，明确农机检修工作目标任务、时间和具体要求，确保各类农机检修质量和进度，共检修各类农业机械 11727 台，其中拖拉机 4959 台，各类农机具 6768 台，检修合格率达 100%。

2014 年，利用电视、村村通广播、“安全日”活动、“科技之冬”培训班，走村入户等多种形式，加强农机检修工作宣传，确保农机检修工作家喻户晓，农机手按时参加集中维修。共检修各类农机具 2.25 万台，其中拖拉机 7070 台，农机具 1.54 万台，检修合格率达 100%。

2016 年，阿克苏市农业机械检修坚持谁检修、谁负责、谁验收、谁签字的原则，做到人、机、证三见面，检修 1 台、合格 1 台、验收 1 台，对检修合格的机具及时张贴合格证，确保检修质量，共检修各类农业机械 1.8 万台。

## 第三节　安全生产

1990 年，阿克苏市通过定责、定人、分片管理的方式，对拖拉机和其他农业机械进行安全监管，对不符合安全作业标准的禁止作业。

1997 年，利用村村通广播、宣传车、横幅、板报、标语等多种形式，深入开展农机法律法规和安全生产知识的宣传教育培训，营造农机安全生产的良好氛围，促使广大农民群众遵守农机法律法规和强化安全操作意识。

2000 年，阿克苏市在每个关键农时及节假日制定专门的农机安全大检查方案，完善农机重特大事故预案和演练预警机制，并开展预案演练，最大限度保障广大人民群众的生命财产安全，确保全市农村和谐稳定。

2003 ~ 2006 年，市农机安全监理站按照安全第一、预防为主、综合治理的原则，每年通过“三下乡”活动，开展农机安全宣传教育。

2007 年，组织农机监理员深入各乡（镇）、村组、田间地头，针对安全技术不符合农业机械安全技术运行标准的农业机械以及违规开展农机田间作业的农业机械进行查处，确保全市农机安全生产无事故。

2011 年，加大春节、“两会”、五一、十一及春播、“三夏”、三秋期间农机安全执法检查力度，对黑车非驾、违法载人、拖车超载超限、报废拖拉机上路、未粘贴反光警示标示和牵引超长超宽拖车等进行专项治理，严厉打击农业机械无证驾驶、无牌行驶、违章载人、客货混装、反光标识不全、改装超长超宽拖车等违法违章行为。共计检查各类拖拉机7660台次，查处违法违章行为683次。

2014年，阿克苏市利用巴扎日宣传有关农机安全法律法规、安全生产知识，共制作、悬挂标语12幅；农机安全生产版面28块、农机安全生产警示横幅22条，发放安全知识挂图35张、宣传单7800余份，利用乡村广播宣传19次，使安全生产宣传教育家喻户晓。严厉查处拖拉机非法载人、黑车非驾、改拼装农业机械等违法违章行为。共检查拖拉机1.3万台次，纠正违章869台次，其中查处无牌拖拉机105台，查处无证操作人员113人次，查处拖拉机载人358台次，查处未安装反光标志拖拉机182台，查处其他农机违法违章行为111次。

2016年，阿克苏市全面落实市、乡、村三级农机安全生产责任，确保农机安全管理全覆盖、零死角；通过开展农机安全管理红、绿、黄、黑旗排名，坚持月考核、季督察，倒逼各乡镇实抓严抓农机安全；建立阿克苏市农机工作群，各乡镇、科室每天将工作亮点、创新及问题整治情况在群内曝光亮相，互相学习借鉴、监督促进。市农机监理站常态化监督各乡（镇）农机安全责任主体的落实，各乡（镇）每天开展农机安全隐患排查、田检路查等农机安全监管工作。

## 第四节　农机监理

### 一　牌照换发

阿克苏市换发办理拖拉机牌证共经历3次换牌工作。1985年的27式（公安）牌照换成29牌照，1995年的27式（公安）牌照换63式，1997年的63式换新N牌照。2003年10月28日《中华人民共和国道路交通安全法》颁布后，拖拉机归农机部门管理，新N式牌照换成新29牌照（全国统一牌照）。2003年换发新29牌照后，全市拖拉机均悬挂新29牌照。

### 二　农机安全监理

1990年后，市农机安全监理站每年针对超速超载、酒后驾车、客货混装、违章载人、拼装改装拖车等违法违章行为进行查处整治；组织开展农机安全示范村、示范户创建活动，先后创建依干其乡托万克科克巴什村、托普鲁克乡托万克喀拉喀勒村、阿依库勒镇吉格代巴格村等7个市级农机安全示范村。在每年各个时期、不同阶段，制定春耕、夏收防火，“三秋”及节假日农机安全防范措施，建立重特大农机事故应急救援预案。2004年9月，市农机监理人员开始统一着装，每年对全市拖拉机号牌、行车证及驾驶证进行检审验。加大农机市场监管力度，和强化拖拉驾驶员年度审验工作，2007年9月起，对上道路行驶的拖拉机安装反光警示标志，共安装反光膜1.04万副，安装率达100%。

2016年，通过公开招投标的方式，以每对最低价1.54元、筹资6.8万元对全市拖拉机拖车尾部张贴反光膜进行采购，并跟车免费发放。累计免费发放农机安全标志（反光膜）3.45万条，受益群众1.4万人。

**表 14－6　部分年份阿克苏市检验拖拉机、拖拉机驾驶员一览表**

单位：台，人

| 年份 | 检验数 | 驾驶员审验 | 年份 | 检验数 | 驾驶员审验 | 年份 | 检验数 | 驾驶员审验 |
|---|---|---|---|---|---|---|---|---|
| 1990 | 842 | 190 | 2000 | 4773 | 603 | 2011 | 10066 | |
| 1993 | 1878 | 289 | 2003 | 5560 | 875 | 2014 | 9015 | |
| 1997 | 4791 | 415 | 2007 | 9104 | 7272 | 2016 | 10999 | |

## 第五节　农机服务体系建设

2003 年 5 月，阿克苏市成立农机专业协会。2007 年，协会共有会员 162 人。协会发挥引导作用，完善农机社会化服务体系建设，从政策、资金、信息、经营管理等方面给予帮助扶持。建立农机中介服务中心，为农民提供技术信息、法律咨询等，通过开展机械作业公开招标工作，实行优质优价的农机服务，解决计划式安排农机作业的问题。全市 4 乡 2 镇 1 场农机站有油库 9 个，年贮油能力 670 吨，农油供应服务能力明显增强。各乡站结合自身实际抓面粉加工、果园、门面房出租、农机修理等多种经营服务项目，年经营纯收入 56 万元，部分乡站建立技术示范基地，种植水稻等作物。市农机局在喀拉塔勒镇建立机采棉技术示范田，面积 10.47 公顷，产生良好的经济效益和社会效益。加强各管理区和村级服务组织建设，引导鼓励农机户组建多种形式的农机专业服务队，提高农机综合服务整体功能，加快规模化作业进程。加强作业质量、收费标准的监督管理，防止作业质量差、向农民乱收费现象的发生，把减负工作落到实处。加强乡站财务监督，落实政务公开制度。

2011 年，阿克苏市扶持发展农机专业合作社，全市成立农机专业合作社 3 家，引导农机服务逐步向社会化、市场化、专业化、产业化推进，推动阿克苏市农机服务体系蓬勃发展。

2014 年，全市农机专业合作社发展到 12 个。通过农机专业合作社将农机手与作业市场联结起来，提高机具利用率，增加农机手收入。通过合作社，把乡、村拥有的农业机械组织起来，开展农机田间作业，开辟作业市场，实现规模化生产，通过合作社寻找作业市场、协调关系、调解矛盾，为农机手作业创造良好的环境。从作业规模和作业市场上，为农机手增收创造条件。

2016 年底，阿克苏市有农机专业合作社 12 个，其中新建精准扶贫农机专业合作社 6 个，注册总资产达 1740.2 万元。合作社社员总人数 562 人，其中致富领头人及技术人员等非贫困户 28 人，贫困户 534 人，占 95%。新购大中型动力机械 37 台（含挖掘机 3 台、收割机 4 台），耕整地、播种、田间管理等配套作业农具 56 台（架），申请国家农机补贴 340 万元，拉动社会投资 1700 余万元；新建机具库棚、经营办公场所等基础设施 8030 平方米，合作社的各项规章制度、管理规范等统一制作上墙。

## 第六节　驾驶员培训

1990 年，阿克苏市农机校培训合格拖拉机驾驶员 422 人。

1991～2000 年，共培训合格拖拉机驾驶员 4374 人。

2002年起，市农机校每年分批组织广大农民群众开展农业机械职业和技能培训，定期举办小麦联合收割机驾驶员培训班。

2003年，自治区职业技能鉴定会议在阿克苏市召开，地区农机产品展示演示会议在阿克苏市召开，促进阿克苏市农机培训工作。当年全市培训拖拉机驾驶员1264人。

2016年，阿克苏市首次对拖拉机驾驶员实行无纸化及远红外线检测操作考试。

表14－7　1990～2016年阿克苏市农用机械驾驶员培训情况表

| 年　份 | 参加培训人数（人） | 取证人数（人） | 办班次数（次） | 年　份 | 参加培训人数（人） | 取证人数（人） | 办班次数（次） |
|---|---|---|---|---|---|---|---|
| 1990 | 430 | 422 | 2 | 2004 | 1639 | 1393 | 4 |
| 1991 | 470 | 451 | 3 | 2005 | 1636 | 1405 | 2 |
| 1992 | 396 | 380 | 2 | 2006 | 1491 | 1284 | 4 |
| 1993 | 412 | 402 | 2 | 2007 | 1554 | 1360 | 3 |
| 1994 | 404 | 387 | 3 | 2008 | 810 | 650 | 4 |
| 1995 | 485 | 462 | 3 | 2009 | 420 | 370 | 3 |
| 1996 | 497 | 483 | 3 | 2010 | 500 | 460 | 3 |
| 1997 | 422 | 403 | 3 | 2011 | 520 | 480 | 3 |
| 1998 | 220 | 206 | 2 | 2012 | 410 | 380 | 2 |
| 1999 | 463 | 414 | 3 | 2013 | 420 | 390 | 2 |
| 2000 | 813 | 786 | 3 | 2014 | 580 | 530 | 3 |
| 2001 | 1299 | 1244 | 4 | 2015 | 600 | 570 | 2 |
| 2002 | 1212 | 990 | 5 | 2016 | 1100 | 1056 | 2 |
| 2003 | 1264 | 1060 | 4 | | | | |

# 第五章　农机供应与修配

## 第一节　农机供应

### 一　农机供应种类

自1990年以来，阿克苏市农机供应品种有大、中、小型拖拉机，种植机械，农用排灌机械，植保机械，收获机械，脱粒烘干机械，农副产品加工机械，设施农业设备，畜牧业机械，林果业机械，运输机械，农田基本建设机械和其他机械，大到联合整地机，小到点播器、手动喷雾机等共1500余种。农机零配件种类繁杂，供应充足。油料供应品类有各型号柴油、汽油以及机油、润滑油、液压油等。

1995年，市农机公司经营的主要产品有大、中、小型拖拉机，大中小型机引农具，大小型拖车，畜牧机械、脱粒机械、电动机、柴油机、磨面机、榨油机、饲料粉碎机、半机械化农具等，以及各种配件。随着农村经济体制改革的不断深入，市个体经营农机具规模的不断壮大，农机公司实行企业改制，买断工人工龄。

2001 年以来，阿克苏市农机产品流通完全市场化，农机产品经营方式以集体和个体经营为主。由于农民购买农机的需求不断增加，加之国家从 2005 年开始逐年加大农机购置补贴力度，农机市场空前活跃。

2007 年，阿克苏市主要经营各种拖拉机、农用机动三轮车、联合收割机、胶管、水泵、粉碎机、榨油机、脱粒机、农产品加工机械、植保机械等 100 多个品种，销售额 1 亿元。

2016 年，全市农机具供应种类有动力机械、耕整地机械、种植业机械、收获机械、林果业机械、设施农业机械、特色农业机械、果品初加工机械和园艺植保机械等，农机销售额 2 亿元。

### 二　农机销售市场

2016 年，阿克苏市有农机销售市场 2 个，分别为阿克苏农哈哈金土地农机专业市场和阿克苏南疆农产品综合市场。

#### （一）阿克苏农哈哈金土地农机专业市场

阿克苏农哈哈金土地农机专业市场 2007 年 6 月成立，由阿克苏农哈哈金土地房产开发有限公司提供经营场地，场地面积 8 公顷，房屋面积 3 万平方米，有 40 家农机经营户入场经营，年销售农机及农机具约 0.25 万台（套），年成交额 7500 余万元。主要经销机具种类有动力机械、耕整地机械、种植业机械、收获机械、林果业机械、设施农业机械、特色农业机械、果品初加工机械和园艺植保机械等。

#### （二）阿克苏南疆农产品综合市场

阿克苏南疆农产品综合市场 2008 年 5 月成立，由阿克苏市南疆农民综合市场有限责任公司提供经营场地，农机场地面积 2.5 万平方米，房屋面积 7700 平方米，库存面积 1.73 万平方米，有 77 家农机经营户入场经营，年销售农机及农机具约 2 万余台（套），年成交额 3 亿余元。主要经销机具种类有动力机械、耕整地机械、种植业机械、收获机械、林果业机械、设施农业机械、特色农业机械、果品初加工机械和园艺植保机械等。

### 三　农机销售网点

1990 年，阿克苏市有农机供应销售网点 3 个。1993 年增加至 7 个。

1997 年，全市有农机销售网点 13 个。2000 年达到 25 个。

2007 年，全市有农机销售网点 67 个。

2016 年，有农机销售网点 31 个。

## 第二节　农机制造和维修

### 一　农机制造

2016 年，全市有农机制造企业 30 家，固定资产在 1000 万元以上的有 9 家，平均年生产销售额在 2 亿元左右，平均年纯收入 1000 万元，生产各类农机具总量达 6000 余台。

## 二　农机维修

1990 年，阿克苏市有农机修理点 18 个，其中公有制农机修造厂 1 家。1993 年有农机修理点 15 个，公有制农机修造厂 1 家。

1995 年，市农机修造厂主要承接全市拖拉机、柴油机的修理。随着农村经济体制改革的不断深入，农机修造厂实行企业改制，工人工龄买断。

2000 年，全市有农机修理点 19 个，公有制农机修造厂改制为私企。

2003 年开始，个体农机修理业逐步发展，全市有农机修理点 24 个。至 2007 年，全市有农机维修点 29 个，修理工 35 人，审验率达 90%。

2016 年，全市有农机维修点 42 个，修理工 169 人，审验率达 95%。

# 第十五编 工 业

1990年，阿克苏市工业经济坚持“稳定、团结、发展”的指导思想，以提高产品质量和经济效益为着力点，深化改革，依靠科技，依靠职工，结合资源优势，以市场为导向，不断调整工业结构。1994年以来，市工业企业大力推行改革、重组、技术改造，加强管理，进入全面实施改组改制阶段，非国有经济的工业从无到有，从小到大，竞相发展，工业经济在由计划经济向市场经济转化中逐步壮大。2000年以来，走以优势资源转换为重点的新型工业化道路，积极建立现代企业制度，初步形成以电力、化工、建材、棉纺为主体的工业体系。阿克苏市企业改制面达100%，初步建立现代企业制度的企业有22家，占改制企业总数的95.7%。2006年，全市国有企业全面完成改制工作，形成国有、集体、股份制、私营、中外合资等多种经济成分的工业经济体系，初步构筑起适应社会主义市场经济要求的新的经济体制框架。至2016年，阿克苏市形成以工业园区为引领，以高新科技为支撑，以纺织、农副产品加工、建材、新能源为核心的产业体系，实现工业增加值18.7亿元，其中规模以上工业企业累计实现工业增加值16亿元。

# 第一章　机　构

## 第一节　行政机构

### 一　市经济和信息化委员会

1990年，阿克苏市经济委员会挂乡镇企业管理局、二轻总会牌子，统管全市工业、交通等企业，编制19名，下设5个办公室。1993年，并入计划经济委员会。

1998年8月，更名为阿克苏市经济贸易委员会（以下简称经贸委），同时对外保留经济协作办公室，是管理阿克苏市经济和组织协调、经济运行的综合部门。内设办公室、企业管理科、商贸科、经协科、墙改办5个科室，行政编制18名，其中领导职数3名，实有18人。撤销经济委员会党支部，成立阿克苏市经济贸易工作委员会党（工）委。

1998年12月，撤销市商业局，行政职能划归市经贸委。隶属于经济工作部的企业政工人员职称评定工作职能移交市经贸委管理。

1999年11月，成立中共阿克苏市经贸工作委员会，机构设置为经贸委和经贸工委实行“一套班子、两块牌子”。

2002年9月，机构改革，不再保留经济体制改革委员会、乡镇企业管理局，其行政职能并入经济贸易委员会，对外挂经济体制改革办公室、乡镇企业管理局的牌子，撤销二轻总会，其职能交经济贸易委员会，由经贸委、人事劳动和社会保险局承担的安全生产管理职能和监督职能集中划归安全生产监督管理局。内设办公室、经济运行股、企业改革股、科技进步股、行业贸易管理办公室、产业政策股、乡镇企业股、畜禽定点屠宰办公室8个科室，行政编制25名，机关后勤事业编制2名（全额预算），对外经济协作职能划转市招商局，散装水泥、墙改专项资金的征收与管理移交地区经贸委。

2003年10月，市二轻企业管理办的3名事业编制人员纳入经济贸易委员会全额拨款事业编制。

2006年3月，市安全生产监督管理局增加行政编制1名，所增编制从市经济贸易委员会行政编制中调整。

2007年3月，市经贸委承担的经济体制改革方面的职能划转市发展计划委员会，划出行政编制2名。

2007年4月，市经济贸易委员会行政编制22名，机关后勤事业编制2名，事业编制3名。

2009年4月，撤销市经贸委内设机构乡镇企业股，将市经贸委承担的乡镇企业管理职能、市农办承担的农业产业化管理职能及两部门承担的农产品加工管理职能一并划归市农业局，市经贸委划出行政编制 2 名。

2012 年 7 月，市经济贸易委员会分设为市经济和信息化委员会及商务局，设办公室、经济运行股、资源综合管理与产业政策股、信息化与技术改造股，增设墙改办和油气办。核定行政编制 12 名，事业编制 2 名。

2016 年，市经济和信息化委员会实有 12 人。

### 二　市乡镇企业管理局

1990 年，市乡镇企业管理局下设行政办公室和业务办公室，编制 7 名。2002 年，编制、人员和职能并入经贸委，挂乡镇企业管理局牌子。2009 年，机构、编制、人员和职能划归农业局。

### 三　市经济体制改革办公室

1990 年，经济体制改革办公室成立，编制 4 名。2002 年，机构撤销，编制、人员和职能并入经贸委。2007 年，体制改革职能划入市发展计划委员会。

### 四　市经济技术协作办公室

1990 年，经济技术协作办公室行政编制 3 名，2002 年，机构撤销，编制、人员和职能并入经贸委。

### 五　市二轻局

1990 年，市第二轻工业局（简称二轻局）为集体合作经济实体机构，承担二轻工业管理职能。核定行政编制 2 名。2003 年，机构撤销，编制、人员和职能并入经贸委。

## 第二节　园区机构

2002 年 8 月，阿克苏市委、市政府在阿克苏市东郊规划建设阿克苏工业园区，规划面积 7.33 平方千米，由市政府直管，招商引资企业陆续入驻。

2005 年 10 月，为加快工业建设步伐，阿克苏市委、市政府在阿克苏市西部（现阿克苏经济技术开发区）、南部（现纺织工业城）和东部（现特色产业园）交通便利区域规划 150 平方千米的阿克苏工业园区。

2006 年，经市委、市政府研究，决定成立阿克苏工业园区管委会。阿克苏工业园区管委会核定编制 11 名，内设综合办公室、规划建设管理办公室，实有 11 人。

2009 年，阿克苏工业园区经自治区人民政府批准为自治区级工业园区。阿克苏工业园区管委会内设综合办公室、规划建设管理办公室，实有 8 人。

2010 年 10 月，自治区批准设立新疆阿克苏纺织工业城（开发区），将纺织工业区由阿克苏工业园南园区划入并更名为新疆阿克苏纺织工业城（开发区），机构规格为正县级，隶属于阿克苏地委、行署管理的派出机构。

2011 年 5 月，阿克苏工业园西园区更名为阿克苏经济技术开发区，机构规格为副县级，隶属于阿克苏市委、阿克苏市人民政府管理的派出机构。7 月，阿克苏市在工业园东园区筹建特色产业园区，并在阿塔公路 12 千米处设特色产业园南园区。阿克苏工业园区管委会内设综合办公室、综合业务办、园区管理监察办、工程建设管理办、财务科，在编 28 人，其中领导 2 人。

2013 年，阿克苏经济技术开发区管委会内设综合办、行政服务中心、经济发展合作分局、规划建设分局、国土资源分局、财政分局、环保分局、人力资源和社会保障分局，在编人员 45 人，其中领导 4 人。

2016 年 8 月，经市委、市政府研究，决定将特色产业园并入阿克苏经济技术开发区统一管理。年末，阿克苏经济技术开发区管委会在编人员 44 人，其中领导 4 人。

# 第二章　工业体制改革

## 第一节　承包经营责任制

1990 年，阿克苏市共有 6 家企业一期承包到期，工业产值（或销售收入）较上一年增长 21.5%，上缴税金较上年增长 35.4%，利润增长 13.96%，上缴利润增长 10.4%，体现了承包经营责任制的优越性。

1994 年，按照既有利于国家财政收入又兼顾企业生产发展的原则，将市建材厂、塑料厂、石膏纤维板厂、物资公司的承包指标做适当的调整，5 家企业的续包工作得以顺利进行。年内，市国营预算内企业共有 17 户，全部实行承包经营，实现利税 1258.8 万元，比上年增加 45.2%。全市推行国有民营、社有私营改革措施的企业门店 19 个，其中国有民营 10 个；基本实现新税制与承包制的平稳过渡，对承包企业按老合同、老制度考核兑现，按新税制照章纳税，保证新税制新财务制度的顺利实施。年底，市属国有企业全部参加养老保险和失业保险；进行劳动体制综合改革试点工作，在市水泥厂、市面粉厂、市塑料厂、市一建、市商业饮食公司等单位推行全员劳动合同制的试点工作。

1995 年，全市 20 家承包企业 100% 进行改制，实现利润 1011.4 万元，较上年增长 80.5%。

1996 年，加快企业改革步伐，组建企业集团 3 户，总资产 49269.23 万元，阿克苏市被列为自治区区县级综合改革试点市。

1999 年，阿克苏市有股份合作企业 3 家 599 人，总产值 9584.4 万元，销售总产值 8190.8 万元。

2000 年，全市列入计划的国有企业共有 23 户，其中改组为股份合作制公司的 11 户，改组为国有控股的有限责任公司 5 户，实行租赁经营的 3 户，上划 1 户，兼并 1 户，破产 2 户。安排下岗再就业职工 50 名，其余待岗职工按月享受基本生活保障金。年底，全市企业整体买断国有净资产 13

户，除职工一次性经济补偿和安置费及内退、伤残职工的各项费用1635.66万元外，收回国有资本255万元。阿克苏市有股份合作企业20家，从业人员3330人，工业总产值9806万元，销售产值9620.4万元；民营独资企业1家24人，总产值3.2万元。

2001年，阿克苏市企业改制面达100%，初步建立现代企业制度的企业有22家，占改制企业总数的95.7%。

2003年，阿克苏市对全市23家国有企业建立现代企业制度推广情况进行调查。实施股份制形式改制的有10家企业；国有控股和参股企业4家；兼并1家、租赁2家；上划地区2家，依法破产4家。企业改制工作与建立现代企业制度基本上同步实施，改制企业均依照《中华人民共和国公司法》的规定，相应建立健全股东大会、董事会、监事会等组织，推广面达80%。

2004年10月8日，为进一步盘活国有资产，推进国有企业改组和殡葬事业的发展，建立适应企业发展的现代企业制度，世纪中天实业发展有限公司整体收购阿克苏市殡仪馆。

2006年，改制3家国有企业，至此改制工作全面完成。

## 第二节　企业管理

1990年，阿克苏市开展第二轮企业承包经营责任制签订，签约率达98.7%，承包企业利用内部管理经验、宽松的社会环境，大力开拓、积极开发新产品，取得明显成效。

1991年8月7日，地委、行署决定对第一轮承包中坚持社会主义方向，经济效益突出，党、政、工关系协调，内部改革配套，精神文明、物质文明互相促进的阿克苏市磷肥厂，授予地区一轮承包先进企业称号；授予阿克苏市石膏纤维板厂厂长邓政仁地区一轮承包优秀企业工作者称号。

1992年，阿克苏市国有企业改革以建立现代企业制度为目标，以产权制度改革为重点，在国家政策指导下，实现国退民进、盘活国有资产，增加财政收入，增强企业活力，转变企业经营机制。通过转变机制使企业的经营方式适合社会主义商品经济的发展，使企业逐步成为自主经营、自负盈亏、自我发展、自我约束的社会主义生产者和经营者，成为相对统一的经济实体和具有一定权利和义务的法人，推动全市经济快速健康发展。

1993年4月17日，地委、行署决定对在二轮承包中成绩优异、贡献突出的企业和个人给予表彰奖励。对阿克苏市水泥厂授予二轮承包先进企业称号，阿克苏市建材厂厂长闫明英被授予二轮承包先进个人称号。

1993年11月12日，阿克苏市召开企业第三轮承包工作会议，全市完成17户国有企业的承包签约工作。第三轮承包中，根据《全民所有制工业企业转换经济机制条例》的精神，只聘任承包人，合作者都由承包人提名，依干部管理权限聘任。中层干部的聘任权交给厂长，改变过去管得过细的做法，实行政府只管承包人和合同两大项，在合同中，侧重上缴利润指标、国有资产保值增值指标和核定企业工资总额，其他指标均交企业自主管理。

1999年3月6日，阿克苏市成立由市委副书记担任组长，市经贸、体改、财政、审计、劳动人事、社保、计委、国资、房产、土地、工商、税务等部门为成员单位的国有企业改革领导小组，下设办公室在市经贸委。年末，全市完成改制企业15家。

2000 年 2 月 23 日，阿克苏市调整充实市国有企业改革领导小组，增加市供销社、乡镇企业局、二轻总会、建委等部门为成员单位。

1998 ~2000 年，阿克苏市对市汽车检测站、石油公司、物资公司、公共汽车公司、修造厂等全市 23 家国有企业、3 家集体企业实行股份制、国有控股和参股、租赁、依法破产等形式改革。通过实施企业改制，实现增资减债、减员增效。同时，产权投资多元化，经营机制的转换，为改制企业注入活力，扭转连续多年亏损的局面，完成国企改革和 3 年基本脱困的目标和任务。

2002 年，阿克苏市 23 家国有企业有序退出国有序列。同时，按照《公司法》不断完善法人治理结构，建立、健全并明确股东会、董事会、监事会和经理层的职责，使之各负其责、协调运转、有效制衡，逐步建立起产权清晰、权责明确、政企分开、管理科学的现代企业管理制度。

2006 年 10 月，市迎宾馆和政府大楼资产整体拍卖，改名为阿克苏市迎宾馆有限责任公司。

# 第三章　工业结构

## 第一节　所有制结构

1990 年，全市工业企业以国有企业和集体企业为主。有工业企业 28 家，其中国有企业 11 家，占 39.3%；集体企业 17 家，占 60.7%。“九五”计划期间，市委提出推进股份制、股份合作制，实施国有、集体企业兼并、改组等改革措施，发展国有、集体、股份制经济和私有经济、个体经济成分并存的多种经济类型。2000 年后，股份制、个体私营经济为主的工业体系成为工业经济的主力军，全市工业进入快速发展时期。2010 年，全市有工业企业 180 家，其中国有企业 2 家，集体企业 2 家，股份合作企业 1 家，有限责任公司 27 家，私营企业 151 家，港澳台商投资企业 1 家外商投资企业 1 家。至 2016 年，全市工业企业中，有有限责任公司 25 家，占 39.7%；股份有限公司 1 家，占 1.6%；私营企业 32 家，占 50.8%；港澳台商投资企业 3 家，占 4.8%；外商投资企业 2 家，占 3.1%。

**表 15 -1　1990 ~2016 年阿克苏市工业企业所有制结构统计表**

单位：个

| 年份 | 企业单位数 | 按经济类型分 | | |
|---|---|---|---|---|
| | | 国有经济 | 集体经济 | 其他经济 |
| 1990 | 28 | 11 | 17 | 0 |
| 1991 | 28 | 11 | 17 | 0 |
| 1992 | 26 | 11 | 15 | 0 |
| 1993 | 45 | 25 | 20 | 0 |
| 1994 | 47 | 28 | 19 | 0 |
| 1995 | 45 | 27 | 18 | 0 |

续表

| 年份 | 企业单位数 | 按经济类型分 | | |
|---|---|---|---|---|
| | | 国有经济 | 集体经济 | 其他经济 |
| 1996 | 50 | 29 | 20 | 1 |
| 1997 | 49 | 24 | 23 | 2 |
| 1998 | 29 | 24 | 3 | 2 |
| 1999 | 28 | 23 | 2 | 3 |
| 2000 | 23 | 15 | 3 | 5 |
| 2001 | 13 | 3 | 0 | 10 |
| 2002 | 12 | 1 | 1 | 10 |
| 2003 | 120 | 2 | 25 | 93 |
| 2004 | 129 | 2 | 25 | 102 |
| 2005 | 132 | 1 | 3 | 128 |
| 2006 | 145 | 1 | 3 | 141 |
| 2007 | 135 | 1 | 2 | 131 |
| 2008 | 182 | 3 | 3 | 176 |
| 2009 | 190 | 2 | 3 | 185 |
| 2010 | 185 | 2 | 2 | 181 |
| 2011 | 202 | 3 | 2 | 197 |
| 2012 | 221 | 3 | 1 | 217 |
| 2013 | 241 | 1 | 1 | 239 |
| 2014 | 252 | 1 | 1 | 250 |
| 2015 | 249 | 1 | 1 | 247 |
| 2016 | 259 | 1 | 1 | 257 |

## 第二节　行业结构

1990 年，阿克苏市工业企业按行业分，有 14 家制造业、1 家采掘业、1 家水的生产和供应业。随着经济改革的逐步深入和商品市场的放开搞活，加强传统产业的技术改造，兴办一批以本地农副产品为生产原料的加工企业。2000 年后，市委提出“工业强市”的产业化发展方向，确定以生态工业为前提，培植工业支柱产业，市内逐步建立起食品加工、纺织业、化工业、非金属矿物制品业、电力煤气生产和供应业、水的生产和供应业等 6 个工业行业种类、9 个小类的行业体系，2010 年以来，全市产业结构持续优化，轻重工业平衡发展，使阿克苏市的优势资源得到开发利用，推动工业结构变革。

至 2016 年，全市工业主要分为石油天然气开采、农副食品加工、纺织业、化工业、非金属矿物制品业、燃气生产和供应业、电力生产，其中非金属矿物制品业比重较大，占全市规模以上工业经济总量的 22%；以果品加工等为重点的农副产品加工业，占全市工业经济总量的 15%；以棉纺加工为主的纺织业，占全市工业经济总量的19%；以石油天然气开采为代表的新能源产业，占全市工业经济总量的12%。

## 第三节 经济效益

### 一 工业总产值

1990～2016年，阿克苏市的工业经济，通过所有制、投资体制、价格形成机制等多方面的改革，规模逐步扩大，产值逐年上升。

1990年，全市工业总产值（按当年价格计算，下同）7773万元，工业增加值5520万元，工业销售产值7837万元。

2016年，全市工业总产值827022.6万元，比1990年增加105.4倍；全市工业销售产值574280.4万元，比1990年增加72.28倍。

**表15－2 1990～2016年阿克苏市工业总产值统计表**

单位：万元

| 年份 | 工业总产值 | 年份 | 工业总产值 | 年份 | 工业总产值 | 年份 | 工业总产值 |
|---|---|---|---|---|---|---|---|
| 1990 | 7773 | 1997 | 645582 | 2004 | 1072321 | 2011 | 6479446 |
| 1991 | 12588 | 1998 | 695240 | 2005 | 1217731 | 2012 | 7850438 |
| 1992 | 18905 | 1999 | 670312 | 2006 | 1610323 | 2013 | 10691463 |
| 1993 | 386796 | 2000 | 605403 | 2007 | 2294252 | 2014 | 11459771 |
| 1994 | 555591 | 2001 | 732680 | 2008 | 3070595 | 2015 | 9703044 |
| 1995 | 552368 | 2002 | 995000 | 2009 | 3548784 | 2016 | 827022.6 |
| 1996 | 650541 | 2003 | 866640 | 2010 | 4311324 | | |

说明：按当年价格计算。

**表15－3 1990～2016年阿克苏市工业增加值统计表**

单位：万元

| 年份 | 工业增加值 | 年份 | 工业增加值 | 年份 | 工业增加值 | 年份 | 工业增加值 |
|---|---|---|---|---|---|---|---|
| 1990 | 5520 | 1997 | 173660 | 2004 | 328934 | 2011 | 1791000 |
| 1991 | 11410 | 1998 | 171909 | 2005 | 371078 | 2012 | 2127947 |
| 1992 | 14010 | 1999 | 154248 | 2006 | 545787 | 2013 | 2292674 |
| 1993 | 76114 | 2000 | 203075 | 2007 | 687508 | 2014 | 2560031 |
| 1994 | 95931 | 2001 | 175288 | 2008 | 957205 | 2015 | 2870000 |
| 1995 | 288334 | 2002 | 228777 | 2009 | 1120619 | 2016 | 1735472 |
| 1996 | 179650 | 2003 | 137040 | 2010 | 1370835 | | |

说明：按1990年不变价计算。

表 15－4　1990～2016 年阿克苏市工业销售产值统计表

单位：万元

| 年份 | 工业销售产值 | 年份 | 工业销售产值 | 年份 | 工业销售产值 | 年份 | 工业销售产值 |
|---|---|---|---|---|---|---|---|
| 1990 | 7837 | 1997 | 585971 | 2004 | 1668301 | 2011 | 5418171 |
| 1991 | 18803 | 1998 | 666707 | 2005 | 1341575 | 2012 | 6902082 |
| 1992 | 14094 | 1999 | 656877 | 2006 | 1427810 | 2013 | 8524472 |
| 1993 | 253512 | 2000 | 645183 | 2007 | 2092469 | 2014 | 9941083 |
| 1994 | 540043 | 2001 | 727790 | 2008 | 3184239 | 2015 | 6582874 |
| 1995 | 301661 | 2002 | 1046831 | 2009 | 3479058 | 2016 | 574280.4 |
| 1996 | 608489 | 2003 | 1217135 | 2010 | 4039578 | | |

说明：按当年价格计算。

## 二　主要产品产量

1990 年，阿克苏市生产红砖 6150 万块，水泥销售 1.02 万吨，石膏纤维板生产 9 万平方米，水泥花砖完成 1354 平方米，羊皮加工 4683 件，服装 1.8 万件，塑料地板 1.03 万平方米，面粉加工 3.9 万吨，植物油 711 吨，自来水生产量 543 万吨，水泥预制构件 577 立方米，电石 164 吨。

1992 年，与上年可比的 9 种产品中，除石膏纤维板受基建规模压缩因素影响，产量有所下降外，其余 8 种产品全部呈增长之势。其中水泥完成年计划的 143.4%；机制砖完成年计划的 121.8%；面粉加工完成年计划的 327.5%；食用植物油完成年计划的 246.7%；发电量完成年计划的 99.4%；自来水完成年计划的 120.5%；皮棉加工完成年计划的 120.3%；塑料制品完成年计划的 112.8%。

1995 年，在 10 种主要产品中，除机制砖、石膏纤维板、面粉因基建规模压缩和劳力、电力不足而调整、压低产量外，其余各项都按照抓住销售旺季、开足马力生产的原则，合理组织生产并全部超额完成产量计划。

1998 年，全市 9 种可比产品中，除面粉加工有所下降外，其余产品均有不同程度的增长，平均涨幅达 26%。

2008 年，阿克苏市完成的主要工业产品产量中，水电 16825 万千瓦小时，自来水（生产量）1538 万吨，精制食用植物油 64765 吨，化纤浆粕 3595 吨，水泥熟料 948844 吨，纱 19796 吨，成品糖 22559 吨，商品混凝土 117933 立方米，纸制品 2133 吨，塑料制品 2238 吨。

2010 年，阿克苏市主要工业产品产量中，发电量 16159 万千瓦时，自来水生产量 1613 万立方米，商品混凝土 434079 立方米，塑料制品 5960 吨，水泥 1763618 吨，纸制品 3410 吨，饲料 59103 吨，成品糖 23099 吨，饮料酒 182 千升，发电量 16159 万千瓦时。

2016 年，阿克苏市成品糖产量 2.99 万吨，较上年增长 18.8%；饲料产量 12.71 万吨，增长 9.3%；肥料产量 6.4 万吨（折纯），较上年增长 7.1%。其他工业产品产量较上年有所下降。

表 15－5　1990～2016 年部分年份阿克苏市主要工业产品产量表

| 年份 | 面粉（吨） | 饲料（吨） | 塑料制品（吨） | 食用油（吨） | 成品糖（吨） | 棉纱（吨） | 白酒（千升） | 葡萄酒（千升） | 水泥（吨） | 发电量（万千瓦时） | 自来水（万吨） |
|---|---|---|---|---|---|---|---|---|---|---|---|
| 1990 | 39032 | 1089 | 2102 | 711 | | 6636 | | | 10211 | 779 | 543 |
| 1991 | 38852 | 16826 | 2216 | 409 | | 9744 | | | 18299 | 926 | 735 |
| 1992 | 32076 | 2460 | 2891 | 2314 | | 18332 | | | 30258 | 823 | 784 |
| 1993 | 42400 | 5244 | 5197 | 3752 | 25800 | 15726 | 1850 | | 49100 | 4508 | 994 |
| 1994 | 50400 | 4279 | 6814 | 3936 | 15716 | 11815 | 1914 | | 82700 | 4306 | 1230. 93 |
| 1995 | 49700 | 7320 | 7925 | 6425 | 19703 | 30284 | 2325 | | 102400 | 4656 | 1111 |
| 1996 | 68600 | 5482 | 10773 | 5608 | 16499 | 35427 | 2392 | | 163900 | 4734 | 1280 |
| 1997 | 57400 | 6475 | 11847 | 6011 | 23162 | 25122 | 2420 | | 218600 | 4678 | 1393 |
| 1998 | 42500 | 6810 | 9971 | 7113 | 33003 | 40599 | 2089 | | | 5488 | 1553 |
| 2000 | 27600 | 2103 | 6712 | 2492 | | 44128 | 433 | | 330000 | 56275 | 1916. 4 |
| 2001 | 26300 | 8948 | 2826 | 2372 | 13754 | 19261 | 428 | | 417400 | 56564 | 1762. 1 |
| 2002 | 36700 | 39266 | 3027 | 9466 | 20099 | 20284 | 547 | 136 | 524600 | 3994. 16 | 1556 |
| 2006 | 12608 | 55860 | 137 | 42488 | 22840 | 9130 | 277 | 18 | 1004251 | 18737 | 1401 |
| 2007 | 17774 | 78104 | 162 | 60797 | 29967 | 17972 | 429 | 9 | 1133577 | 18816 | 1440 |
| 2008 | 24061 | 61670 | 2238 | 85658 | 22559 | 19796 | 267 | 38 | 1216364 | 18274 | 1538 |
| 2009 | 22127 | 72675 | 6986 | 83463 | 20303 | 14553 | 150 | 0 | 1847553 | 17505 | 1473 |
| 2010 | 14035 | 59103 | 5960 | 44231 | 23099 | 15933 | 143 | 39 | 1763618 | 16159 | 1613 |
| 2011 | 31824 | 106686 | 9662 | 97643 | 22791 | 16049 | 35. 2 | 74 | 2470834 | 42354. 7 | 1850 |
| 2012 | 20844. 5 | 95544 | 5582 | 103158 | 25246 | 22126 | 20. 7 | 93. 8 | 3107996 | 206792. 4 | 2276 |
| 2013 | 19696. 5 | 123952 | 11767 | 103718 | 24959 | 58885 | 15. 4 | 29. 9 | 2506002 | 245190. 4 | 2271. 7 |
| 2014 | 12039 | 125314 | 18838 | 100831 | 22278 | 57563 | 16. 8 | 43. 3 | 2205174 | 421000 | 2545 |
| 2015 | | | | 43000 | 25175 | 60949 | | | 1748597 | 163000 | 2765 |
| 2016 | 17326 | 127137 | 17791 | 15581 | 29918 | 35549 | 165 | 41. 7 | 1423251 | 148037 | 2798 |

## 第四节　企业技改

1990 年，阿克苏市面粉厂精粉车间技术改造、市水泥厂的水泥散装线技改项目提前完成。阿克苏市石膏纤维板厂纤维板生产线技术改造，使用资金 12 万元，用 2 个月时间完成技术改造。

1991 年，完成大棚膜、防渗膜、中空容器、复合肥、玫瑰香酒、针织内衣等 6 项新产品的开发。进行浸出油技术改造，年内投入技改资金近 500 万元。

1992 年，阿克苏市技术改造项目共 17 项，总投资 2265 万元，其中跨年度项目 3 项，年内完成项目 9 项，新增产值 940 万元，新增效益 281 万元；新产品开发 2 项；新上项目 8 项，总投资 1072 万元，其中跨年度项目 4 项，年内完成项目 4 项，新增产值 210 万元，新增效益 43 万元。

1995 年，阿克苏市技改资金投入达 10013 万元，比上年增加 35. 76%。年内，完成市水泥厂三期技改，棉纺厂二期扩建，面粉厂 200 吨等级粉车间、市饮食高档花色冰激凌、2 万吨石膏制酸生产线为代表的大型高起点、高回报的技改续建项目 7 个，增强全市工业的技术装备水平和市场竞争力。

1999 年，阿克苏市在做好争创全国科技先进县（市）工作的同时，加大对以往新建项目的达产达效监控及重点在建项目的管理力度。市托峰棉纺有限公司投资1500万元引进德国先进设备改造气流纺生产线项目的设备招投标工作经过组织和谈判，签订进口设备合同，为国家节约数百万元设备资金。市多浪水泥有限公司投资7800万元扩建10万吨高标号水泥带余热发电项目，由企业自行设计施工，节省资金数百万元，项目建成后公司生产规模将达到45万吨以上，并跨入国家中型水泥生产企业行列。

2003年，全市工业企业技术改造投入575万元。其中天山多浪水泥公司技术改造投入资金205万元；宝发化工建材实业公司技术投入70万元；纵横糖业对酒精生产设备投入技改资金300万元。

2005年，全市工业企业完成技改投入1553.70万元，其中巨鹰棉业完成1277万元，天山多浪水泥有限责任公司完成276.70万元。

2007年，推荐上报技术改造项目8个，其中被列为自治区导向计划4个。

2009年，阿克苏市推荐上报技术改造和技术创新项目共计17个，5个项目被列为自治区导向计划。完成技改投资到位资金4125万元，比上年增长33.1%，完成计划技改投资到位资金4000万元的103.1%。

2013年，阿克苏市推荐上报3家重点企业完成技术改造投入资金8580万元，分别是：阿克苏新粮油脂有限公司200吨/天精炼及100吨/天分提技改项目2500万元；阿克苏新圣源果业有限公司1500吨和泰系列产品深加工项目3000万元；阿克苏泉枣果业有限责任公司3000吨绿色有机干枣清洗设备及生产线技术项目3080万元。

2014年，阿克苏市完成技改到位资金9300万元，分别是阿克苏新粮油脂有限公司200吨/天全连续精炼及100吨/天分提生产线项目2500万元；阿克苏地区天山枣业有限责任公司GMP车间改造及新建年产2000吨中药饮片生产线项目1000万元；阿克苏金刚商贸有限公司机械动力装配维修生产线项目800万元；阿克苏巨鹰棉业有限责任公司20万锭生产线及配套设施5000万元。

2015年，阿克苏市推荐上报阿克苏鸿奇利聚合新型建材制品有限责任公司年产25万立方米发泡混凝土墙体保温板生产线项目，项目获评为自治区技术改造项目。

# 第四章　主要工业

## 第一节　纺织业

1990年，阿克苏市生产皮棉6636吨，工业产值3927万元（按不变价格计算，下同）。

1990年以来，阿克苏市纺织业持续发展，尤其在2006年以后，阿克苏通过招商引资、调整产业结构，大力发展纺织业，引进一批内地优秀棉纺企业在阿克苏落地扎根。

2016年，阿克苏市有纺织企业18家，其中棉纺纱企业16家，家用纺织制成品企业2家，贡献工业产值171177万元。纺织行业已占全市工业总产值的20.7%，是阿克苏市工业发展的主要支柱。重点纺织企业有阿克苏联发纺织、阿克苏华孚纺织有限公司、阿克苏市同旺纺织有限责任公司等。

表 15-6 1990~2016 年阿克苏市纺织业产值表

| 年份 | 产值(万元) | 年份 | 产值(万元) |
|---|---|---|---|
| 1990 | 3927 | 2004 | 15489 |
| 1991 | 14963 | 2005 | 15918 |
| 1992 | 9060 | 2006 | 20028 |
| 1993 | 1093 | 2007 | 32724.2 |
| 1994 | 4104 | 2008 | 37058.7 |
| 1995 | 10124 | 2009 | 35076.6 |
| 1996 | 13688 | 2010 | 57687.1 |
| 1997 | 10645 | 2011 | 74250.7 |
| 1998 | 9979 | 2012 | 97187.2 |
| 1999 | 11868 | 2013 | 166464.9 |
| 2000 | 10338 | 2014 | 138969 |
| 2001 | 9017 | 2015 | 146318 |
| 2002 | 7909 | 2016 | 171177 |
| 2003 | 10774 | | |

说明：按不变价，下同。1993~2016 年产值数据为规模以上企业。

## 第二节 农副产品加工业

1990 年，阿克苏市农副产品加工业主要有谷物磨制、饲料加工、植物油加工、制糖业等细分行业，从 2007 年起，果品加工企业开始在阿克苏市成长发展，逐步为工业经济注入新动力，至 2016 年，农副产品加工业已占全工业的 15%。阿克苏市农副产品加工业重点企业有阿克苏市安利达果业有限责任公司、阿克苏华星面粉有限公司、阿克苏市新天果业有限责任公司等。

### 一 谷物磨制

1990 年，阿克苏市小麦粉 39032 吨，工业产值 1396 万元。

2000 年，阿克苏市小麦粉 27600 吨，工业产值 2954.4 万元。

2010 年，阿克苏市小麦粉 14035 吨，工业产值 2256 万元。

2016 年，阿克苏市小麦粉 17326 吨，工业产值 7311.1 万元。

### 二 饲料加工

1990 年，阿克苏市饲料 1089 吨，工业产值 119 万元。

2000 年，阿克苏市饲料 39266 吨，工业产值 7713.7 万元。

2010 年，阿克苏市饲料 59103 吨，工业产值 16663 万元。

2016 年，阿克苏市饲料 127137.33 吨，工业产值 41183.3 万元。

## 三　食用植物油加工

1990 年，阿克苏市食用植物油加工 711 吨，工业产值 632.8 万元。

2000 年，阿克苏市食用植物油加工 2492 吨，工业产值 3623.3 万元。

2010 年，阿克苏市食用植物油加工 44231 吨，工业产值 81388.6 万元。

2016 年，阿克苏市食用植物油加工 15581.42 吨，工业产值 25130.5 万元。

## 四　制糖

1994 年，阿克苏市机制糖 15716 吨，工业产值 6332.7 万元。

2000 年，阿克苏市成品糖 13754 吨，工业产值 4674 万元。

2010 年，阿克苏市成品糖 23099 吨，工业产值 11996.6 万元。

2016 年，阿克苏市成品糖 29918.5 吨，工业产值 14856.8 万元。

**表 15－7　1990～2016 年阿克苏市农副产品加工业产值表**

单位：万元

| 年份 | 产值 | 年份 | 产值 |
|---|---|---|---|
| 1990 | 3453 | 2004 | 36313 |
| 1991 | 4233 | 2005 | 33894.4 |
| 1992 | 5722 | 2006 | 46691.3 |
| 1993 | 10525.9 | 2007 | 75003.3 |
| 1994 | 10551.4 | 2008 | 125393.3 |
| 1995 | 13144.7 | 2009 | 113919.3 |
| 1996 | 15233.9 | 2010 | 139286 |
| 1997 | 15946 | 2011 | 182346.4 |
| 1998 | 16665.3 | 2012 | 191111.3 |
| 1999 | 13479.5 | 2013 | 183403 |
| 2000 | 2954.4 | 2014 | 221594.2 |
| 2001 | 9817.3 | 2015 | 208866 |
| 2002 | 16274.8 | 2016 | 137020.7 |
| 2003 | 29071.6 | | |

# 第三节　非金属矿物制品业

阿克苏市自然资源丰富，为非金属矿物制造提供了便利条件。1990～2016 年，阿克苏市非金属矿物制品业发展持续稳定。龙头企业为阿克苏天山多浪水泥有限责任公司。

## 一　水泥、石灰和石膏制造

1990 年，阿克苏市有水泥厂 1 个，生产水泥 10211 吨，工业产值 141 万元。

2000 年，阿克苏市生产水泥 33 万吨，工业产值 7809 万元。

2010 年，阿克苏市有水泥厂 1 个，生产水泥 1763618 吨，工业产值 59519. 4 万元。

2016 年，阿克苏市有水泥厂 2 个，生产水泥 1423251. 4 吨，工业产值 31769 万元。

### 二　水泥和石膏制品制造

1990 年，阿克苏市水泥制品 15. 3 万块，黏土砖 6160 万块，工业产值 24 万元。

2010 年，阿克苏市有水泥制品厂 7 个，生产商砼 434079 立方，黏土砖 282 万块，工业产值 12289. 6 万元。

2016 年，阿克苏市有水泥制品厂 15 个，生产商砼 960930. 9 立方米，黏土砖 1110. 96 万块，工业产值 9461. 3 万元。

**表 15 –8　1990 ~2016 年部分年份阿克苏市非金属矿物制品产值统计表**

单位：万元

| 年份 | 产值 | 年份 | 产值 |
|---|---|---|---|
| 1990 | 482 | 2003 | 19316. 1 |
| 1991 | 713 | 2004 | 26080. 2 |
| 1992 | 1103 | 2005 | 22368. 5 |
| 1993 | 2404. 6 | 2006 | 28331. 9 |
| 1994 | 3117. 1 | 2007 | 34727 |
| 1995 | 3681 | 2008 | 41080. 1 |
| 1996 | 6107. 9 | 2009 | 72026. 3 |
| 1997 | 7784. 8 | 2010 | 72276. 3 |
| 1998 | 7428. 2 | 2011 | 125605. 7 |
| 1999 | 7891. 9 | 2012 | 160299 |
| 2000 | 7809. 6 | 2013 | 128970. 9 |
| 2001 | 12126. 2 | 2014 | 102051. 5 |
| 2002 | 15365. 1 | 2016 | 96682. 7 |

说明：1993 ~2016 年产值数据为规模以上企业。

## 第四节　电力（热力、燃气）及水生产和供应业

1990 ~2007 年，阿克苏市电力及水生产和供应业发展稳定，工业产值随经济发展持续壮大。2008 年后，随着阿克苏市天然气生产和供应产业的加入，整个产业发展突飞猛进。至 2016 年，阿克苏市电力（热力、燃气）及水生产和供应业总产值占全市工业总产值的 23%。重点企业有阿克苏大唐新能源有限公司、阿克苏舒奇蒙光伏发电有限公司、阿克苏融创光电科技有限公司等。

### 一　电力生产和供应

1990 年，阿克苏市生产电量 7719 万千瓦时，工业产值 56 万元。

2000 年，阿克苏市生产电量 56275 万千瓦时，工业产值 18492 万元。

2010 年，阿克苏市生产电量 16159 万千瓦时，工业产值 117298.6 万元。

2016 年，阿克苏市生产电量 141851.7 万千瓦时，工业产值 44429.5 万元。

## 二　水生产和供应

1990 年，阿克苏市自来水生产 543 万吨，工业产值 76 万元。

2000 年，阿克苏市自来水生产 1916.4 万吨，工业产值 850 万元。

2010 年，阿克苏市自来水生产 1313 万吨，工业产值 1861.1 万元。

2016 年，阿克苏市自来水生产 2798 吨，工业产值 5071.3 万元。

## 三　燃气生产和供应

2008 年，阿克苏市燃气生产和供应工业产值 2090.8 万元。

2010 年，阿克苏市燃气生产和供应工业产值 7579.5 万元。

2016 年，阿克苏市燃气生产和供应工业产值 33986.9 万元。

**表 15－9　1990～2016 年阿克苏市电力（热力、燃气）及水生产和供应产值统计表**

单位：万元

| 年份 | 产值 | 年份 | 产值 |
|---|---|---|---|
| 1990 | 132.0 | 2004 | 24023.9 |
| 1991 | 157.9 | 2005 | 43343.1 |
| 1992 | 169.8 | 2006 | 55522.3 |
| 1993 | 1493.5 | 2007 | 71063.4 |
| 1994 | 1609.4 | 2008 | 88879.7 |
| 1995 | 3202.6 | 2009 | 103844.8 |
| 1996 | 4237.8 | 2010 | 126739.2 |
| 1997 | 4302.6 | 2011 | 180488.3 |
| 1998 | 9656.3 | 2012 | 282657.9 |
| 1999 | 13921.0 | 2013 | 351480.6 |
| 2000 | 19342.0 | 2014 | 432421.0 |
| 2001 | 24138.3 | 2015 | 66064.8 |
| 2002 | 13880.4 | 2016 | 83487.7 |
| 2003 | 22234.3 | | |

# 第五节　塑料制品业

阿克苏市塑料制品业自 2000 年以来，发展逐步稳定向好。2013 年后，迅猛发展，产值持续破亿元，成为工业经济的一股生力军。

1990 年，阿克苏市生产塑料薄膜 2105 吨，工业产值 1374 万元。

2000 年，阿克苏市生产塑料薄膜 6712 吨，工业产值 6373.9 万元。

2016 年，阿克苏市生产塑料薄膜 8900 吨，工业产值 33335.3 万元。

表 15－10　1990 ~ 2016 年阿克苏市塑料制品产值统计表

单位：万元

| 年份 | 产值 | 年份 | 产值 |
|---|---|---|---|
| 1990 | 1374 | 2004 | 1080 |
| 1991 | 1545 | 2005 | 5250 |
| 1992 | 2116 | 2006 | 4700 |
| 1993 | 3392 | 2007 | 2045.3 |
| 1994 | 4446 | 2008 | 2192.1 |
| 1995 | 7921.5 | 2009 | 3990.5 |
| 1996 | 10600 | 2010 | 8765.6 |
| 1997 | 11583.2 | 2011 | 9662 |
| 1998 | 9871 | 2012 | 5582 |
| 1999 | 8564 | 2013 | 14382.3 |
| 2000 | 6373.9 | 2014 | 24492.7 |
| 2001 | 2684.7 | 2015 | 26858.1 |
| 2002 | 2875.6 | 2016 | 33335.3 |
| 2003 | 2000 | | |

## 第六节　化学原料和化学制品制造业

阿克苏市化学原料和化学制品制造业主要为肥料制造，生产企业从 1990 年的 1 家，发展到 2016 年全市开花，化肥制造企业达 10 家，工业产值从 1990 年的 71 万元增加到 2016 年的 3.2 亿元，尤其是 2010 年以后，肥料制造业迅猛增长，为推动阿克苏市工业发展提供了极大动力。

1990 年，阿克苏市生产化肥 931 吨，工业产值 71 万元。

2000 年，阿克苏市生产化肥 187 吨，工业产值 1986.5 万元。

2010 年，阿克苏市生产化肥 3991.2 吨，工业产值 2193.0 万元。

2016 年，阿克苏市生产化肥 64034.85 吨，工业产值 32020.4 万元。

## 第七节　石油天然气开采业

2016 年，混合制企业改革取得实质性进展，新疆塔中西部油田公司顺利注册，当年天然原油生产 110027 吨，实现工业总产值 24143.9 万元，成为阿克苏市工业经济发展的新的支柱产业。

**表 15－11　1990～2016 年阿克苏市化学原料和化学制品产值统计表**

单位：万元

| 年份 | 产值 | 年份 | 产值 |
|---|---|---|---|
| 1990 | 71. 0 | 2004 | 558. 3 |
| 1991 | 176. 0 | 2005 | 590. 6 |
| 1992 | 131. 0 | 2006 | 338. 2 |
| 1993 | 306. 9 | 2007 | 203. 5 |
| 1994 | 299. 6 | 2008 | 825. 1 |
| 1995 | 1486. 1 | 2009 | 1181. 1 |
| 1996 | 856. 0 | 2010 | 2193. 0 |
| 1997 | 691. 0 | 2011 | 5831. 7 |
| 1998 | 183. 0 | 2012 | 6332. 8 |
| 1999 | 897. 6 | 2013 | 19051. 8 |
| 2000 | 1986. 5 | 2014 | 20568. 2 |
| 2001 | 2675. 2 | 2015 | 25577. 6 |
| 2002 | 2978. 2 | 2016 | 32020. 4 |
| 2003 | 1370. 1 | | |

## 第八节　重点企业

### 一　阿克苏博大彩钢有限责任公司

2005 年成立，注册资金 1000 万元，占地总面积 10 余公顷，有两个生产厂区，分别在南纺织工业园区（阿塔公路 7. 5 千米向右 3 千米处和阿克苏市特色产业园 10 千米处），办公区设在阿克苏市迎宾路公安局后 100 米。公司有员工 150 多人，其中工程技术、研发 34 人，有技术精湛车间制作人员 85 人、施工人员 43 人。公司主要生产销售钢结构、苯板、C 型钢、夹芯板、冷库板、折弯件、地槽、钢板开平（0. 3～16 毫米）可根据客户的要求设计、安装。产品广泛用于大跨度厂房、展厅、高层建筑、桥梁等领域。2012 年，公司实现工业总产值 3802 万元。公司产品以精湛设计、合理价格、优良品质及快捷售后服务与技术支持，得到客户肯定。公司以“顾客的满意”为追求目标，使客户群逐年上升、市场份额不断增加，特别是新产品不断推出，各种高科技设备及时更新，实现高新技术规模化生产，加强企业管理，并通过 ISO9001 质量体系认证。公司在 2010 年 3 月成为中国钢结构协会团体会员，成为南疆唯一钢结构制造二级资质单位、钢结构安装资质单位，同年被阿克苏市工商局评为“重合同守信用”单位，被阿克苏地区评为阿克苏钢结构行业龙头企业。

### 二　新疆恒丰糖业有限公司

2001 年 4 月成立，位于阿克苏市乌喀东路 8 号，是一家生产、销售白砂糖及其副产品，兼营红枣、油脂加工和酿酒等产业的“国家扶贫龙头企业”“国家标准化良好行为企业”“国家农业产业化重点龙头企业”。注册资金 2560 万元，资产总额 31727 万元。公司主要产品有“升奇”牌白砂糖、“绿洲龙枣”、“梅赛莱斯酒”以及甜菜颗粒粕、食用酒精等副产品。年加工甜菜25万吨，生产优质白砂糖3万吨、颗粒粕1万吨、食用酒精2500吨、低聚木糖500吨、低聚果糖2000吨、“绿洲龙枣”系列保鲜枣5000吨、红枣深加工产品3000吨。公司旗下子公司有：恒丰酒业、刀郎果业、溢丰油脂、升奇果业、恒丰热力等。公司主要产品通过ISO9001：2008国际质量管理体系认证、ISO14001：2004环境管理体系认证、中国“绿色食品”和“有机食品”认证。

## 三 新疆天海绿洲农业科技股份有限公司

2004年成立，2011年5月完成股改，围绕红枣产业从红枣种植、种苗繁育、技术推广、基地建设、原生态枣加工、枣酱加工、天枣素生产、红枣销售市场终端建设，打造完整产业链条，旗下全资控股麦盖提天海绿洲枣业有限公司、泽普天海绿洲枣业有限公司、阿拉尔天枣源果业有限公司、山西运城空港天海绿洲农业科技有限公司、北京天海绿洲农业科技有限公司5家子公司，在上海、广州、重庆、沈阳、乌鲁木齐等地设立营销中心，有员工近2000人。公司注册资金8807.946万元，公司位于阿克苏市乌喀路工业园区，是自治区级农业产业化重点龙头企业、自治区重点扶贫龙头企业、自治区民营科技型企业、自治区专利试点企业、国家红枣深加工企业、阿克苏地区重点扶优扶强企业。公司通过ISO9001认证、HACCP认证和QS认证。公司拥有1项发明专利、5项实用技术性专利，申请专利14项。以“从大枣中提取红枣素”专利技术为支撑，开发出第一代“天枣素”软胶囊（纯红枣素），填补了国内外空白，在国际上处于领先水平。公司利用骏枣芽变培育出红枣新品种，申请“新疆天枣”红枣新品种的审定。公司基于科技成果红枣矮化密植种植技术模式为新疆培训农民技术员3万多人次。

## 四 阿克苏天山多浪水泥有限责任公司

公司前身是国有阿克苏市水泥厂，始建于1973年5月，坐落在阿克苏市南郊路9号，2016年是中国中材集团（央企）控股新疆天山水泥股份有限公司（上市公司：000877sz）全资子公司，是南疆水泥生产龙头企业。公司建厂40年来，历经多次技改、扩建和新建，发展成为拥有阿克苏（本部）、库车、克州、喀什、叶城、和田等10家公司，产能1200万吨、员工2200余人、各类专业技术人1000余人、总资产45亿元的大型水泥制造企业。公司生产“天山”牌和“多浪”牌水泥，连续多年被新疆维吾尔自治区人民政府授予“新疆名牌”产品称号，并获“新疆著名商标”称号。

## 五 阿克苏惠鑫油脂有限公司

公司成立于2005年，是以生产棉籽油为主的大型油脂工业企业，公司位于阿克苏市西湖路3号，注册资本7000万元。公司生产线工艺技术设备均为德国、瑞士、美国、以色列等国家全套不锈钢配套设备，在国内属于最先进的高级棉油生产线。工艺特点为剥壳、膨化、一次性浸出、混合油碱炼等物理与化学精炼、脱胶、脱色、脱臭等工艺。日处理棉籽350吨，其工艺精湛、设备先进，产品档次高，品种多样，原料充足而质优。公司采用先进工艺技术，膨化浸出、混合油碱炼、物理精炼等技术具有产油率高、能耗低、成品油质量好档次高等特点，棉粕含蛋白质高，是饲料生产最佳原料，在同行业中具备较强优势和竞争力。

## 六　阿克苏巨鹰棉业有限责任公司

公司成立于2003年12月，是在原国有阿克苏托峰棉纺织有限公司、新疆托峰棉业股份有限公司塔河分公司基础上，由浙江巨鹰集团股份有限公司承债式收购整合改制而成的中型棉纺企业。公司现有纺纱规模9万锭（普梳5万锭，精梳4万锭），主要生产$60^{s}$～$120^{s}$电清无接头一等品纱，公司有万亩棉花生产基地和4个棉花加工厂，每年可加工皮棉10000吨以上。2016年，企业实现产值12206万元，实现增加值2633万元。

## 七　新疆华孚纺织有限公司

公司隶属亚洲最大色纺民营企业——浙江华孚集团，成立于2006年6月，由浙江华孚集团整体收购原新疆纵横棉业有限公司后投资5000万元成立的独资纺织企业。公司占地面积40公顷，职工920人。生产规模达8万锭，其中环锭纺2.4万锭，精梳5.6万锭。主要生产$32^{s}$～$60^{s}$中高档棉纱及特种纱线，年生产各类棉纱8000吨（精梳纱4000吨，精梳棉网4000吨），产品畅销国内外市场。“华孚”牌棉纱是我国当前三大品牌纱线之一。2016年，企业实现产值12705万元，实现增加值2356万元。

## 八　徐矿集团新疆阿克苏热电有限公司

公司于2007年登记注册成立，位于阿克苏市经济技术开发区，一期投资18亿元建设2×200MW热电联产项目，是以库拜煤田开发建设俄霍布拉克煤矿为基础，形成煤、电、铁路一体化发展战略的重要投资项目，同时也是自治区重点项目，两台机组分别于2011年9月、2012年12月并网发电，年发电量20亿千瓦时。2014年3月，由阿克苏水务集团有限公司、徐矿集团新疆阿克苏热电厂、阿克苏鹏达投资有限责任公司共同出资组建阿克苏阳光热力有限公司，是阿克苏市一项热电联产集中供热重大民生工程。2015年10月15日开始供汽，2016年供热面积已达608万平方米。2016年，实现产值25817万元，实现增加值11265万元。

## 九　新疆塔中西部油田有限责任公司

公司于2015年12月29日在阿克苏地区注册登记，2016年3月31日股东出资到位，同年4月1日起正式投入运营，属法人企业，实施财务独立核算。塔中西部公司经营范围：塔中西部合作区块的油气资源勘探开发、油气产品销售。生产运行模式：除需报请公司股东会审议批准事项外，日常生产依托中石油塔里木油田分公司，中石油塔里木油田分公司向公司提供生产、技术、人员及其他生产经营服务和支持，按照有偿等价原则进行。油气产品销售：塔中西部公司油气产品纳入中石油塔里木油田分公司配置计划，由中国石油塔里木油田分公司统购统销。2016年企业实现产值25898万元，实现增加值20718万元。

## 十　阿克苏联发纺织有限公司

阿克苏联发纺织有限公司是江苏联发纺织股份有限公司的全资子公司。公司位于阿克苏纺织工业城，占地面积220余亩，累计投资2.6亿元。主要产品为40$^{S}$、50$^{S}$、60$^{S}$、80$^{S}$高档纯棉环纺、紧密纺纱，60$^{S}$精梳纱线经国家棉印染产品质量监督检验中心检测，被评为“色织用纱精品奖”，50$^{S}$纱线获“色织用纱优秀奖”，各类纱线全部销往江苏联发纺织股份有限公司，产品质量达到同行标杆企业水平，满足客户要求，2016年有员工300人，其中少数民族员工179人。2016年，实现产值14532万元，实现增加值2964万元。

### 十一　阿克苏心孜造纺织有限公司

位于阿克苏纺织工业城（开发区）许昌路。成立于2010年10月，投资10亿元，建设总规模为40台气流纺、20万锭环锭纺及1600万米高档纺织面料生产线。2012年7月一期18台气流纺运行生产，月平均产量为1300吨。2013年7月二期10台气流纺进入调试生产并投产，月增产700～800吨，月平均产量为2100吨。年产量可达22000吨；公司现有190人，少数民族员工占25%。

### 十二　阿克苏贝斯特陶瓷有限责任公司

公司成立于2013年1月，公司位于阿克苏市经济技术开发区，占地200亩，注册资本1000万元，是专业生产建筑卫生陶瓷墙砖、地砖企业。该公司设计年产釉面砖总规模可达3000万平方米，市场预测销售收入20000万元，抗市场风险能力较强。年内，一期生产线建成，有员工160人。2016年企业实现产值6475万元，实现增加值2475万元。

### 十三　阿克苏鸿奇利聚合新型建材制品有限责任公司

公司位于阿克苏西工业园区温州路，是一家集研发、制造、销售、施工于一体的大型新型企业，生产销售改性防火酚醛板、A级发泡水泥板、聚氨脂板、聚苯乙烯阻燃苯板、XPS挤塑板、城市美容保温装饰一体板、干粉砂浆等系列。公司占地面积8.5万平方米，累计投资1.4亿元。公司生产的各种保温产品系列，各项物理性能经新疆维吾尔自治区非金属建材检测中心检测，均达到国家相关标准，并获得新疆维吾尔自治区消防产品质量监督检验站颁发的保温材料防水性能检测证书。2016年企业实现产值4909万元，实现增加值2058万元。

### 十四　阿克苏大唐新能源有限公司

公司隶属顺风国际清洁能源有限公司全资子公司，位于阿克苏经济技术开发区西园，占地面积60余公顷，累计投资1.8亿元。主要设备均为国内外先进装备，其中箱变、逆变器、光伏板为国际最先进设备。公司投运至今累积发电量为1400万千瓦时。每日所发电量通过新疆阿克苏国网公司220千伏白水变输送至阿克苏地区国网。极大减少煤炭消耗、减少二氧化碳的排放。2016年，企业实现产值2051万元，实现增加值886万元。

### 十五　阿克苏舒奇蒙光伏发电有限公司和阿克苏融创光电科技有限公司

两公司分别成立于2012年2月、2011年9月，是专业从事太阳能光伏发电产业投资开发和管理运营的发电企业，公司位于阿克苏经济技术开发区，两电站相互毗邻。两公司分别于2012年10月、2013年10月先后建成并网发电。为促进公司区域性发展、实现资源整合，于2014年1月3日、2014年1月20日由中节能太阳能科技有限公司全权收购，并完成工商变更，2016年，两公司总装机容量达到140兆瓦，实现产值3362万元，实现增加值1452万元。

## 十六　阿克苏统一企业有限公司

阿克苏统一企业有限公司于2010年12月15日注册成立，是由台湾统一企业集团设立在上海的统一企业（中国）投资有限公司与其子公司新疆统一企业食品有限公司共同投资设立的，公司位于阿克苏特色产业园区富达路15号，占地9.8公顷。公司有员工230人，公司年产9万吨茶、果汁饮料生产线项目于2012年6月28日正式投产，“统一绿茶”“统一冰红茶”“统一冰糖雪梨”产品主要满足日益增长的南疆消费者需求。年产8万吨碳酸饮料生产线于2012年12月正式建成投产，该项目产品主要满足健力宝品牌在南疆市场的消费者需求。2016年，企业实现产值14727万元，实现增加值3648万元。

## 十七　阿克苏娃哈哈饮料有限公司

阿克苏娃哈哈饮料有限公司成立于2012年3月1日，是杭州娃哈哈集团下属分公司，也是杭州娃哈哈集团在新疆建立的第五家分公司、第三个生产基地，注册资金1200万美元，总投资2980万美元。公司坐落于阿克苏市特色产业园区（东园）。占地7公顷，是一座集工作、生活于一体的现代化工厂，拥有超净热灌装生产线一条，以生产果蔬饮料、茶饮料、含乳蛋白饮料等产品为主。2016年，实现工业总产值18177万元，实现增加值4502万元。

## 十八　阿克苏江南宏达纸业有限公司

阿克苏江南宏达纸业有限公司位于阿克苏市阿塔公路12千米处，阿克苏特色产业园南园，于2012年4月成立，注册资金1000万元，占地面积6.2公顷，总投资1.4亿元，2013年5月建成投产，拥有职工42人。公司引进国内最先进三叠网4000/200型多缸造纸机、制浆机，各种高档烘干泵、磨浆泵以及整套造纸设备。公司年产A级箱板纸、高强瓦楞纸10万吨，产品质量达到国际B级精度。2016年，实现产值3966万元，实现增加值432万元。

## 十九　阿克苏地区天山枣业有限责任公司

阿克苏地区天山枣业有限责任公司成立于2005年6月，注册资本5000万元，固定资产1.3亿元。公司现有员工165人，有专业管理及科技专业技术人员28人，其中高级专业9人、中级专业16人，临时季节性用工400多人。公司是阿克苏地区最早从事优质红枣苗木繁育、嫁接、收购加工与销售一体化的红枣龙头企业。从全国各地引进优良红枣品种350多种，建立新疆第一家红枣基因库。2013年建成GMP车间，并按照制药标准生产加工红枣。是自治区农业产业化重点龙头企业、自治区林果业重点龙头企业、自治区扶贫龙头企业。2012年，公司被自治区总工会授予“开发建设新疆奖状”。公司注册的“天杉”“天山贡”牌大枣，以其优良的品质、独特新颖的包装，受到广大消费者青睐。2016 年实现产值 2559 万元，实现增加值 594 万元。

# 第五章　工业园区建设

## 第一节　经济技术开发区

### 一　招商举措

2005 年，阿克苏工业园区树立招商引资一号工程的理念，加强招商引资一站式服务管理，发挥行政服务中心的服务平台作用，提高服务质量和水平。建立完善的领导带头、部门负责人分工负责、全员参与的招商责任制和企业服务责任制。

2008 年，阿克苏工业园区为提高招商服务质量，借助地、市招商部门、经济部门开展的组团招商活动，与内地大企业大集团沟通、对接，加强与行业主管部门、行业协会、中介机构和商会的联系，引导知名企业到开发区投资兴业。

2011 年，阿克苏经济技术开发区深化实施“走出去、请进来”战略，通过产业招商、驻点招商、联合招商、以商招商等方式，广泛捕捉招商信息，开展点对点招商，有针对性地拜访大型企业、民营企业和上市公司，争取引进一批天然气化工、装备制造、新型建材项目。

2014 年，阿克苏经济技术开发区开始转变招商理念，实行从招商引资向选商引资转变，提出补链招商。围绕国家、自治区出台的各项政策、本地市场需求和开发区主导产业进行补链招商，寻找和弥补产业链的薄弱环节，确定目标企业和项目，有目的、有针对性地招商，引进一批投资额度大、市场前景好、带动能力强的领军企业，不断发展壮大产业集群。

2016 年，阿克苏经济技术开发区持续转变招商理念，创新招商方式。以阿克苏市重点发展产业为基础，进一步梳理招商引资项目，结合阿克苏市资源承载力，根据园区产业定位，坚持走低耗能、轻污染、少排放的良性生态可持续发展道路。精心包装宣传项目、策划系列宣传活动、构思全新宣传渠道，全力推进企业主体招商和政府主导下的资源招商，大胆与境外、域外资本寻求合作机会，实现传统产业改造升级和优势企业快速扩张的大好局面。

### 二　入驻企业

（一）企业入驻数量

2005 年 10 月，阿克苏成立工业园区，2006 年 1 月，部分企业入驻阿克苏工业园区。

2016 年，阿克苏经济技术开发区入驻企业 92 家。

表 15－12　2006～2016 年阿克苏经济技术开发区（阿克苏工业园区）企业入驻情况表

单位：家

| 年份 | 南园 | 东园 | 西园 | 合计 |
|---|---|---|---|---|
| 2006 | 16 | 15 | | 31 |
| 2007 | 24 | 17 | | 41 |
| 2008 | 35 | 16 | | 51 |
| 2009 | 41 | 16 | | 57 |
| 2010 | 41 | 16 | 4 | 61 |
| 2011 | 上交地区管辖 | 13 | 10 | 23 |
| 2012 | | 13 | 35 | 48 |
| 2013 | | 13 | 54 | 67 |
| 2014 | | 16 | 59 | 75 |
| 2015 | 10 | 15 | 64 | 89 |
| 2016 | 11 | 23 | 58 | 92 |

（二）入驻企业类别

2006 年，阿克苏工业园区共入驻企业 31 家，其中纺织类 4 家、仓储类 3 家、农副产品加工类 4 家、其他企业 20 家。

2016 年，阿克苏经济技术开发区入驻企业 92 家，其中建材企业 48 家、化肥生产企业 4 家、电力能源企业 4 家、化工企业 3 家、物流企业 5 家、其他企业 28 家。

表 15－13　2006～2016 年阿克苏经济技术开发区（阿克苏工业园区）企业入驻情况统计表

单位：家

| 年份 | 入驻企业 | | | | | | 合计 |
|---|---|---|---|---|---|---|---|
| | 建材企业 | 化肥生产 | 电力能源（农副产品加工） | 化工企业（纺织类） | 物流（仓储类）企业 | 其他 | |
| 2006 | | | 4 | 4 | 3 | 20 | 31 |
| 2007 | | | 7 | 16 | 3 | 15 | 41 |
| 2008 | | | 7 | 16 | 4 | 24 | 51 |
| 2009 | | | 8 | 17 | 7 | 25 | 57 |
| 2010 | | | 8 | 17 | 7 | 29 | 61 |
| 2011 | 11 | 2 | 2 | | | 8 | 23 |
| 2012 | 26 | 3 | 3 | 1 | 2 | 13 | 48 |
| 2013 | 40 | 3 | 3 | 1 | 2 | 18 | 67 |
| 2014 | 44 | 3 | 3 | 2 | 4 | 19 | 75 |
| 2015 | 47 | 4 | 3 | 3 | 4 | 28 | 89 |
| 2016 | 48 | 4 | 4 | 3 | 5 | 28 | 92 |

## 三　资金引进

2006 年，阿克苏工业园区招商引资到位资金 0. 905 亿元。

2010 年，阿克苏工业园区招商引资到位资金 3. 150 亿元。

2016 年，阿克苏经济技术开发区招商引资到位资金 22. 10 亿元。

表 15－14　2006 ~2016 年阿克苏经济技术开发区资金引进统计表

单位：亿元

| 年份 | 资金引进 | 年份 | 资金引进 |
|---|---|---|---|
| 2006 | 0.905 | 2012 | 15.00 |
| 2007 | 2.196 | 2013 | 20.76 |
| 2008 | 3.000 | 2014 | 19.46 |
| 2009 | 3.000 | 2015 | 22.10 |
| 2010 | 3.150 | 2016 | 22.10 |
| 2011 | 10.50 | | |

## 四　园区建设与管理

2005 年，阿克苏市以工业园区建设为重点，按照定位准确、特色鲜明、功能齐全、设施配套的要求，坚持先地下、后地上，逐年实施、稳步推进、量力而行的建设原则，重点抓好两大园区公用设施配套建设，引导各类企业和项目向园区集聚，增强园区要素集聚、产业吸纳功能。

2007 年，组织工作人员赴疆内园区建设发展得比较成熟的经济技术开发区进行参观学习，借鉴其“封闭运行”模式，即工业园区管理委员会作为一级党委和政府的派出机构，管理辖区内部的党务、行政、经济和社会事务的运行模式。

2010 年，阿克苏工业园区按照贴心服务的要求和无事不插手、好事不伸手、有事不撒手、难事伸援手的服务理念，对入园企业在审批过程中，实行全方位服务、企业开工投产后的经常性服务，开展引导服务、即时服务、延时服务、跟踪服务、上门服务等活动，逐步实现由承诺式向需求式、由被动式向主动式服务转变，做好企业生产经营过程中的全套服务，打造亲商、招商、稳商、富商的良好发展软环境。

2012 年，阿克苏经济技术开发区管委会完善项目审批“跟章制”、服务承诺制、首问负责制、限时办结制，推行一个项目、一名领导、一名责任人的重点项目“三个一”领导责任制，为重点项目从洽谈签约到竣工投产提供“一站式”和“保姆式”服务，提高项目的落户率、开工率、竣工投产率。并通过不断深化审批制度改革，制定出行政审批效率提速、业务流程再造、申报材料瘦身的一系列规范，全面实行项目代办制，做到“投资者只管投资建设，其他一切由我们来办”，营造服务高效的政务环境。为推进新型工业化进程，开发区管理委员会设立规划建设分局、国土资源分局、财政分局、环保分局、经发分局、综合办、行政服务中心等 8 个相应分支机构，创建全方位、全过程、全天候、保姆式的诚信服务环境，进一步树立亲商、安商、富商的理念，促进园区经济跨越式发展。

2016 年，阿克苏经济技术开发区管委会围绕提供高效优质服务、优化经济发展环境及服务理念，为投资者制定相关的投资指南及一系列优惠政策，在各办、局、中心指派专人跟踪服务办理各项手续，全面简化审批程序，压缩审批环节，力争构建开工前、建设中、投产后 3 大环节“一站式”服务，制定和实施“一条龙”办事制度，减少办事环节，简化手续程序，限时办结各类证照，大幅度提高办事效率，做到真正为企业解危解困。

表 15－15　2006～2016 年阿克苏经济技术开发区（阿克苏工业园区）工业总产值、工业增加值一览表

单位：万元

| 年份 | 工业总产值 | 工业增加值 | 年份 | 工业总产值 | 工业增加值 |
|---|---|---|---|---|---|
| 2006 | 38885 | 3291.2 | 2012 | 203934.9 | 83926.9 |
| 2007 | 31520 | 6743.5 | 2013 | 287531.17 | 100149 |
| 2008 | 71686 | 18276.5 | 2014 | 438455.9 | 108213.7 |
| 2009 | 80381 | 19796.7 | 2015 | 481025.16 | 115927.34 |
| 2010 | 168172 | 41358 | 2016 | 487142.25 | 115909.41 |
| 2011 | 121511 | 28435.7 | | | |

## 第二节　特色产业园

2011 年，阿克苏市在原东工业园区基础上筹建特色产业园。开发区特色产业园总规划面积 13.73 平方千米，分为东园和南园两大区块，其中东园位于城市东北部，临 314 国道南线两侧，规划面积 7.33 平方千米，产业规划以电子商务、高新技术、农副产品加工、快递、商贸物流为主。南园位于城市东南部，临阿塔公路以西，距市区 11 千米，规划面积 6.4 平方千米，产业规划为农副产品、包装材料生产加工等相关产业。至 2016 年，特色产业园累计投入建设资金 1.47 亿元，其中东园投入约 1.3 亿元（近 1 亿元为 2002 年投入），包括土地征迁补偿费、六条道路建设及电力、供排水、绿化设施等，基础配套设施较为完善；南园投入约 1700 万元，主要为土地征迁补偿费约 1430 万元，其余为 4 条简易砂石道路建设费用。

至 2016 年，开发区特色产业园有各类企业 88 家（含新、续建），其中 2012 年园区筹建以来落户 60 余家，签约金额近百亿元。按产业分类，有纯净水饮料生产企业 5 家，保鲜储藏企业 11 家，商贸物流企业 7 家，电子电器生产企业 6 家，农副产品加工企业 43 家、服务企业 6 家、加工制造及其他企业 10 家。除落户企业外，园区电商产业园进驻电商企业 40 余家，金洲、恒鑫、同旺物流园进驻物流信息部 200 余家。娃哈哈、统一企业、康师傅等国内知名企业落户园区，初步形成集电子商务、快递物流、农副产品加工储藏等于一体的产业格局。

## 第三节　纺织工业城

阿克苏纺织工业城位于阿克苏轻纺及农副产品加工园区内，规划建设占地总面积约 54 平方千米，建设内容主要包括棉纺、化纤、针织、梭织、染整、家纺、服装、仓储物流、动力能源、生活商贸等十大功能区。按照一次规划、分步实施、滚动发展的要求，一期规划建设 300 万锭棉纺规模，规划面积约 15 平方千米，规划期限为 2010～2020 年。2010 年 10 月，自治区人民政府批准设立新疆阿克苏纺织工业城（开发区），将纺织工业区由阿克苏工业园南园区划入并更名为新疆阿克苏纺织工业城（开发区），机构规格为正县级，隶属于阿克苏地委、行署管理的派出机构。

## 第四节　乡镇园区建设

2011 年，阿克苏市按照“一乡（镇）一集镇，一乡（镇）一园区”的要求，加大集镇建设力度，拓宽农副产品销售渠道，优先在喀拉塔勒镇、托普鲁克乡、阿依库勒镇建设乡镇工业园区。发挥本地优势、特色，做好中小项目的引进开发工作，并引导扶持其在乡镇工业园区集聚发展、做大做强，推动全市工业由量增到质变。喀拉塔勒镇、托普鲁克乡、阿依库勒镇 3 个乡镇工业园区规划总面积为 25.4 平方千米；至 2016 年，已入园投产企业共 24 家，其中喀拉塔勒镇 18 家、托普鲁克乡 2 家、阿依库勒镇 4 家。

### 一　喀拉塔勒镇工业园区

2011 年，成立阿克苏市飞翔村镇投资建设发展公司和喀拉塔勒镇产业园区管委会，完成工业园区初期规划，规划面积 10 平方千米，园区定位棉纺和农副产品加工园区。投资 200 万元修建 16 千米绿化带，总面积 320000 平方米，引进中国联通阿克苏分公司投资 500 万元在园区建设信息化基站，保证园区企业网络通信畅通。至 2016 年，入园企业 20 家，其中建成投产企业 18 家，新签订投资企业 2 家。

### 二　托普鲁克乡工业园区

2011 年，完成工业园区初期规划，规划面积约 7.9 平方千米。成立园区管理委员会和阿克苏丝绸之路开发建设有限公司，根据国土资源部门提供的相关数据，规划面积中有约 0.364 平方千米的土地为可建设用地，约占园区规划总面积的 4.6%，其余部分土地均属一般农田、草场以及果园地。2012 年，共平整土地 80 余公顷，修筑园区内部砂石路基主、支线 1.2 万余米。园区绿化、供排水、电力、通信、供热等基础设施建设工作已纳入规划并正在协调实施。至 2016 年，园区入驻企业 6 家，其中有 2 家建成投产。

### 三　阿依库勒镇工业园区

2011 年，完成工业园区初期规划，规划面积 7.5 平方千米，成立镇园区管理委员会，注册阿克苏市月亮湖村镇建设投资经营有限责任公司，园区已实现供水、道路、电力“三通一平”。2013 年，投入 2 万元平整绿化带 500 米，植树 2100 棵，投入 20 万元铺设供水管道 5 千米。至 2016 年，园区入驻企业 5 家，其中建成投产企业 4 家，新签订投资企业 1 家。

# 第十六编　商业与对外贸易

阿克苏市是古丝绸之路上的重镇，自古以来商贸发达。自1990年以后，阿克苏市商贸流通业在管理体制、市场结构、流通主体、流通方式等方面发生深刻变化。自1992年开始，阿克苏市商贸领域进行一系列改革，放开市场，搞活流通，国营、合作商业运行机制改革从承包经营开始，到基本实现民营化；从职工买断身份、企业买断资产的“双买清”到产权制度改革，原公有制企业经过改制、改组，或公有民营或民有民营；原政府商贸主管部门逐步转变职能，退出政府系列，或转为经济实体，或成为政府直属事业单位，受政府委托履行新的管理职能。改革促进了商贸的发展，专业市场从无到有。至2005年底，流通领域国企改制面达90%以上。到2016年，各种非公有制经济经营成分已经成为流通业发展的主体，开放式的流通业格局日趋成熟。城乡市场繁荣，消费结构明显改善，城乡居民在满足“吃”的同时，用于发展和消费的支出逐年增加。新兴流通业逐步兴起，产业结构趋于合理。城乡商品交易市场服务功能健全，辐射能力增强。全市生产、生活资料市场形成多层次、多门类的市场体系，交易品种覆盖全国80%以上的生活资料和新疆重要的生产资料。城乡市场信息服务平台逐步建立，调整能力逐步增强。

# 第一章 商 业

## 第一节 机 构

1990 年，阿克苏市商业局负责管理全市商务活动。1998 年 12 月，撤销市商业局，行政职能划归市经济贸易委员会商贸科。

2011 年 11 月，重建阿克苏市商务局，将市经济贸易委员会的内、外贸管理职能划入商务局。2012 年 2 月，市商务局正式挂牌成立。

2013 年 11 月，市畜禽定点屠宰管理办公室隶属于阿克苏市商务局，事业单位，相当于股级，核定事业编制 5 名，全额预算管理。下设办公室、对外贸易股、市场体系建设股、市场运行监测调节股、畜禽定点屠宰管理办公室，核定行政编制 9 名，实有 9 人；机关工勤编制 1 名，实有 1 人。事业编制 5 名。

2015 年 11 月 2 日，市畜禽定点屠宰办公室连人带编移交至市畜牧兽医局。年内，市商务局核定行政编制 9 名，机关工勤 1 名，实有行政人员 9 人。

2016 年 6 月 28 日，阿克苏市成立电子商务和信息管理办公室，隶属于阿克苏市商务局，事业单位，核定全额事业编制 3 名。年末，市商务局核定行政编制 9 名，实有 9 人。

## 第二节 商业体制改革

1990 年，商业企业是阿克苏市地方国营企业的主力军，基本承担全市市场流通和市民生活保障作用。商业局下辖百货公司、五金公司、糖烟酒公司、纺织品公司、饮服公司、食品公司、蔬菜副食品公司、物资公司及食品厂等专业批发公司，零售网点遍布商店、饭店、服装加工及其他服务部门，为居民生活起到流通保障和物质保障作用。由于经济体制改革的推进，市商业企业也受到很大的冲击，市场份额逐步缩小，国营商业多年经营沉淀的人员、库存、残次商品、不良资产等成本费用增大，企业经营效益减少，竞争能力受到很大制约，商业企业的改革被提到议事日程上。

1992 年，阿克苏市委把深化改革作为推动企业发展、提高企业经济效益的主要措施。重点抓好国有企业改革，组建企业集团，按照“抓大放小”的原则，对市彩印厂、果汁厂、羊毛衫厂等债息包袱沉重、资不抵债、无力生产的企业，采取破产、兼并和联合的方法，使企业彻底摆脱困境。通过存量资产的流动和重组，对国有企业实施战略性改组，以市场和产业政策为导向，以龙头企业、骨干企业为核心，组建企业集团。组建以供销社为龙头，集棉麻、生产资料、边贸、土产、工贸于一体的供销集团总公司；组建以粮油供应、加工为龙头，集城区 10 家国有粮店、5 个乡粮店、8 个分公司、1 个粮油综合加工厂、1 个中心储备库于一体的粮油工贸集团总公司；组建以房地产开发为龙头，集建筑、加工、土地开发、商品房出售于一体的房地产开发总公司。经过组建企业集团，工商协调、优势互利，使资金、资产、人员优势得以充分发挥，呈现工商互补、整体联动的效果。同时，推行企业劳动合同制，全市 90% 以上的企业实行全员劳动合同制。

1994 年，市委根据经济发展阶段性特点和实际需要，把市场经济建设作为综合改革的突破口，依靠地缘、资源优势，发展以粮、棉、油加工为主体的农副产品加工业；发展以化工原料、化肥为主体的化学工业；发展以棉纺、丝纺为主体的纺织工业；发展以水泥、新型建材为主体的建材工业；根据棉花生产的迅猛发展趋势，改建和扩建棉花加工企业；充分利用铁路西延、塔里木石油开发和大石化基地建设对建材的巨大需求，推动生产高标准水泥和特种水泥的中型水泥厂的发展。尤其是通过国有企业的挖潜改造，促进农副产品、食品加工业由粗放型向集约型转变，建材由传统向优质、新型转变，塑料由单一地膜生产向多种优质农用管材、居民生活用品、建材生产转变，农机由修理向制造转变，棉花变轧花外调为纺纱精加工外售。这些企业发展战略的制定和实施，促进全市商业大踏步前进。

1996 年，中央出台《关于建立社会主义市场经济体制若干问题的决定》后，市委根据中共十四届三中全会精神，坚持公有制为主体、多种经营主体共同发展，建立产权清晰、责权明确、政企分开、管理科学的现代企业制度，制定《阿克苏市“九五”发展计划和2010 年远景奋斗目标》等，提出以建材、轻纺、塑料化工、机械制造、农副产品加工为发展重点，确定“九五”末期和 2010 年产品调整的若干定量和定性指标，制定行业、产品发展规划和保证措施。工作重点的确定和发展规划的制定，避免产业、产品的盲目发展，使市属商业逐步走上有计划、分层次、按步骤、合理、协调的发展之路。市水泥厂通过四次技改，产值、销售、利税连年翻番，一跃跨入自治区建材行业先进企业和地区十大利税企业行列。市托峰棉纺织有限公司一、二期工程，从施工到投产仅用 13 个月时间，共投入资金 7000 万元，建成年产纱锭 3. 5 万锭、创产值 1. 5 亿元的现代企业。

2000 年，市委明确以产权为突破口，结合阿克苏市国有企业现状，组织开展企业清产核资、资产评估、产权界定工作，将资产评估结果作为确定企业改制形式的主要参考依据，保障国有资产的保值和增值。对股份合作制企业，鼓励职工出资购买企业股份，将国有土地使用权以优惠办法出让给企业。对破产企业的变现资金，在分配时依法优先拨付欠发职工工资、医疗费、统筹费、职工安置费，确保职工利益和社会稳定。对租赁企业，通过全员租赁和一次性经济补偿两种方式，解除企业职工与原企业的劳动关系。对整体买断的企业，将企业评估确认后的资产，按照先内后外的原则出售给企业职工或其他法人、自然人。

在国企改革工作中，对实行产权制度改革的企业职工，在对工龄进行一次性经济补偿的基础上，鼓励职工购买企业净资产入股；对愿意自谋职业的人员，给予一次性经济补偿和安置费后，支持其自谋职业；未得到安置的，作为下岗职工对待，在 3 年内发给基本生活保障金。2001 年，全市下岗职工 386 人全部安置完毕。

2004 年，国有企业改制目标基本完成，先后有 20 家国有企业完成改制，其中股份合作制企业

12 家，国有控股有限责任公司 3 家，上划地区 1 家，兼并企业 1 家，破产 1 家，采取租赁形式改制企业 2 家。同时，完成 8 家集体企业股份合作制的改制工作。全市各类企业实现总产值 48870 万元、增加值 14883 万元，产品销售率达 97.9%。盈亏相抵后实现利润 4746 万元。

## 第三节　市场建设

### 一　专业市场

（一）红旗坡农贸市场

1996 年，阿克苏市开始规划新建专业市场，并于当年 7 月建成阿克苏市第一家大型专业市场。市场位于迎宾路路口，占地面积 0.67 公顷，总投资 100 万元。营业面积 6660 平方米，共 60 个摊位，主营蔬菜、水果等农副产品。市场的建成，填补了阿克苏市没有大型农贸市场的空白，同时满足了市民日常购物的需要。

（二）祥云机电城

1999 年，位于乌喀路的祥云机电城建成并投入使用，市场占地总面积 4 万平方米，总投资 500 万元，主营二手车、汽车配件等业务。

（三）华能商贸城

2001 年，华能商贸城投入运营。累计投资 5 亿多元，形成以家具家电、窗帘布艺、家装建材、五金机电等项目为主的综合专业批发市场。市场共有 1000 多个经营户，提供 5000 多个就业岗位，年交易额 8 亿元，年进口货物量达 30 多万吨，已发展成为南疆规模最大、年交易额最高、经营种类最全的专业市场。

（四）东环批发大楼

2002 年前，位于东大街的“香港街”，是阿克苏市较早经营服装批发的市场，有经营摊位 200 余个。随着城市的快速发展，市场的硬件和软件设施均无法满足市场的需求，2002 年在原址建成全市第一家大型服装综合批发市场——东环批发大楼，并投入运营，大楼占地 0.33 公顷，营业面积 1.5 万平方米，经营摊位 600 余个。

（五）世纪商厦电脑城

2003 年，阿克苏市第一家手机、电脑专卖场在世纪商厦开业。市场营业面积 1.3 万平方米，经营摊位 500 余个。

（六）金土地农哈哈大世界

2007 年，阿克苏市第一家农业机械销售市场在金土地农哈哈大世界开业。项目占地 66.67 公顷，总投资 8.1 亿元，总建筑面积 60 万平方米。项目包括农资市场、农机市场、农用车市场、机械配件市场和配套的住宅小区及商务中心等工程。

（七）金土地汽车城

2008 年，阿克苏市第一家汽车专卖市场——金土地汽车城投入运营，项目占地 46.67 公顷，投资 3.2 亿元，建筑面积 20 万平方米。功能规划区分为进口国产轿车销售区、客车销售区、运输载重车销售区、工程机械销售区、修理区、汽车装潢区、配件销售区及建筑面积达7200平方米的大型会展中心。50余个汽车4S店布局为集群态势，单体4S店采取前厅后院式布局，全钢结构玻璃通透展示前厅和各品牌车销售商具体要求的门面装饰，风格个性独特，造型时尚，具有现代气息。同年，全市建成南疆最大的农副产品批发市场——疆域农产品批发市场。市场位于314国道1003千米处。占地面积6.4公顷，总投资8000万元，营业面积63963平方米，经营摊位共有700余个。

（八）苏杭吧美食街

2011年，苏杭吧美食街营业。美食街位于阿克苏市民主路，总占地面积0.46公顷，投资额4000余万元，总营业面积2.2万平方米，300个经营摊位，主要经营餐饮、干果等。

2016年，全市有大型综合批发市场12家，主要有华能商贸城、美家物流园、国大商贸城、东环商贸城、祥云机电汽车城、金洲汽配城、金土地农哈哈农资汽配交易市场、南疆农产品综合市场、疆域农产品批发市场、众富农产品批发市场、金龙汽配城、农机物流园。经营范围涉及建材、家具、化工产品、五金机电、汽车、摩托车、农机、农资、服装、果品、干果、蔬菜等。地下商业街7条，主要有天龙、金龙、和顺、栏杆路名品城、兴隆街、教育路、文化西路等地下商业街。电子产品交易市场有3处，主要有世纪商厦、人民商厦、香港街电脑城。果品保鲜企业3家，主要有阿克苏市源兴农产品有限公司5000吨气调保鲜、阿克苏市安利达果业有限公司1万吨保鲜库、阿克苏中塔果业有限责任公司1万吨保鲜库，储存保鲜能力达11万吨。

## 二　商场超市

1990年，阿克苏市较有规模的一家百货商场是位于大十字的人民商厦百货公司。随着企业改制、城市改造推进，商场大多解体、拆迁，股份制商场逐步兴起，超市等新型商贸业成为主体。阿克苏市大西北超市兴起。

1993年，随着城市经济的发展，阿克苏市的商场也增至3家。

1997年，阿克苏市新建2处专业商场。至年底，阿克苏市大型百货商场5家。

2000年，阿克苏市祥龙商贸城建成并开门营业。祥龙商贸城共有商户382家，主营服装批发与零售。至此，阿克苏市共有商场6家。

2002年，阿克苏市第一家大型综合超市金桥超市开门营业。超市位于塔北路15号，占地面积3.33公顷，总投资800万元，营业面积5000平方米，经营三大类（食品类、生鲜食品类、非食品类），单品3万余种，年销售额1.5亿元。

2010年，阿克苏世纪太百购物中心有限责任公司经地区工商局批准成立。太百购物中心位于阿克苏市新华东路33－1号金都大厦，主营日用百货、文化用品、服装鞋帽、箱包、家具家电、洗涤化妆品、针纺织品、机电产品及花卉等。

2013年，新疆友好集团阿克苏天百购物中心开业。购物中心位于阿克苏市塔北路2号，是一家集百货、超市、家电、餐饮、影院、休闲于一体的大型综合购物中心。

2016年底，阿克苏市共有大型购物中心及日用小商品批发零售市场9家，主要有阿克苏天百时尚购物中心、太百购物中心、世纪商厦购物中心、香港街商贸中心、温州商业步行街、国美电器有限公司、祥龙商贸城、蓝岛鞋城、新农鞋城。大型超市 10 家，主要有金桥超市、好家乡超市、太百生活超市、天百超市、亿家超市、新宜家超市、热瓦超市。

## 三　早市夜市

1990 年，阿克苏市交通便利的市区街头巷尾，开始出现以卖早餐和蔬菜为主、自发性的小摊小贩，没有形成规模。

1992 年，阿克苏市兰干街道为加强市容市貌管理，在新华东路设置集中点，引导摊贩集中经营，并在当年初步形成规模。

1993 年，阿克苏市对新华东路进行整体整治，形成阿克苏市最早的夜市——新华东路夜市，以蔬菜、特色小吃为主。

1996 年，阿克苏市各街道纷纷效仿兰干街道做法，依托市委、市政府建立便民市场，引导摊贩集中经营早市和夜市。

2000 ~ 2005 年，各街道鼓励社区发展早市、夜市，以方便辖区群众。阿克苏市凡是人员相对集中、交通便利的区域，遍布早市、夜市。

2007 年，阿克苏市早市、夜市进一步发展繁华，在以蔬菜、吃食为主的同时，日用百货、服装鞋帽等大量出现。

2010 年，随着城乡经济的发展，阿克苏市各乡镇以中心村为核心，以特色小吃为主的乡镇夜市迅速发展。

2016 年，阿克苏市早市发展由民间自发向政府统一规划建设转变。为方便群众生活，阿克苏市在城区统一规划建设 5 处早市，分别是苹果广场早市、体育馆早市、东环早市、新伟美食街早市、原教育局早市。

**苹果广场早市**　位于多浪河二期河东路，主要经营各类小吃、服装、水果、蔬菜、肉类以及饰品等商品，共有 150 余个摊位，市场占地面积为 2600 平方米，有安全管理人员 4 名。早市运营时间为 8 时至 11 时。

**体育馆早市**　位于解放中路体育馆处，主要经营各类小吃、服装、水果、蔬菜、肉类以及饰品等商品，共有 110 余个摊位，市场占地面积为 900 余平方米。市场安全管理人员 6 名，早市运营时间为 8 时至 10 时。

**东环早市**　位于东大街东环批发大楼后，主要经营各类小吃、水果、蔬菜、肉类，共有 25 个摊位，市场占地面积为 600 平方米。市场安全管理人员 6 名，早市运营时间为 8 时至 10 时 30 分。

**新伟美食街早市**　位于晶水路，主要经营各类小吃、服装、水果、蔬菜、肉类以及饰品等商品，共有 125 个摊位，市场占地面积为 1500 平方米。市场安全管理人员 6 名，早市运营时间为 8 时至 11 时。

**原教育局早市**　位于南大街原教育局院内，为 2016 年底新设立的早市，未形成规模，基本无商贩在此经营。

## 四　集贸市场

1990 年，阿克苏市第一家农贸市场是位于塔南路的塔南路农贸市场，采用个体承包的经营方式。

市场共有20个经营摊位和80个门面房。摊位采用包月的方式进行经营，具体费用是蔬菜250元/月，猪肉500元/月，牛羊肉500元/月，禽类660元/月，水产660元/月，调味品及其他660元/月。

1994年，全市集贸市场由24个增加到28个，年成交额9249万元。

1995年以来，阿克苏市集市贸易活跃，形式多样。市场交易由过去单一农副产品，发展为农副产品、生产资料和工业品、土特产品、食品、食盐、副食品、饮食服务等综合性市场。个体、集体和国有商业均进入市场。

1996年，全市集贸市场达到33个，年成交额1.87亿元。城乡个体工商业也呈现迅猛发展的势头。

2000年，集贸市场达45个。随着城市人口的不断增多和阿克苏市城市经济的快速发展，市委、市政府决定在全市不同区域修建农贸市场，以满足居民日常所需。

2001年，阿克苏市委下发《关于设立阿克苏市个体私营经济实验区并实施优惠办法的通知》，决定将人民路市场和多浪餐饮广场设立为阿克苏市个体私营经济试验区，凡是到试验区从事个体经营活动的经营者，均享受免收个体工商户管理费，公共卫生、公共场所监测费，市政公用基础设施增容费，粮食、粮油、饮料检验费，流动人口计划生育管理费，排污、专业服务、监测、测定等环保费，歌舞娱乐场所管理费，副食品价格调节金，人民教育基金，特别消费税等10项行政性收费的优惠。试验区房屋、摊位租费比照同类市场收费标准，给予最大限度的照顾和优惠。

2004年，阿克苏市新建、扩建集贸市场23个。

至2016年底，全市共有农贸市场13家，分布在6个街道内，总共有摊位2481个、门面609个。

**表16-1 2016年阿克苏市集贸市场经营情况一览表**

| 所在辖区街道名称 | 市场名称 | 经营主体 | 运营时间、面积 | 市场摊位及门面 | 各项承包收费(元/月) | 市场管理人员 |
|---|---|---|---|---|---|---|
| 红桥街道 | 新华腾龙农贸市场 | 阿克苏市新华东路农贸市场 | 1997年<br>0.25公顷 | 摊位:50个<br>门面房:40个 | 蔬菜:180 猪肉:300<br>牛肉:120 羊肉:120<br>禽类:180 水产:120<br>调味品:300 | 管理人员:2名<br>保安人员:2名 |
| 兰干街道 | 步行街农贸市场 | 国大商贸城 | 2005年<br>0.2公顷 | 摊位:30个<br>门面房:30个 | 蔬菜:300 猪肉:400<br>牛肉: 羊肉:<br>禽类:400 水产:400<br>调味品: | 管理人员:2名<br>保安人员:2名 |
| | 636农贸市场 | 国兴公司 | 2001年<br>0.21公顷 | 摊位:5个<br>门面房:11个 | 蔬菜:100 猪肉:150<br>牛肉: 羊肉:<br>禽类:250 水产:<br>调味品:100 | 管理人员:3名<br>保安人员:2名 |
| 新城街道 | 民主路农贸市场 | 新华建筑公司 | 1996年<br>0.23公顷 | 摊位:200个<br>门面房:11个 | 蔬菜:200 猪肉:600<br>牛肉:400 羊肉:400<br>禽类:400 水产:1000<br>调味品:400 | 管理人员:2名<br>保安人员:3名 |
| | 塔西南综合市场 | 中石油塔西南指挥部 | 2004年<br>1.287公顷 | 摊位:200个<br>门面房:15个 | 蔬菜:200 猪肉:800<br>牛肉:400 羊肉:400<br>禽类:900 水产:900<br>调味品:800 | 管理人员:5名<br>保安人员:9名 |

续表

| 所在辖区街道名称 | 市场名称 | 经营主体 | 运营时间、面积 | 市场摊位及门面 | 各项承包收费(元/月) | 市场管理人员 |
|---|---|---|---|---|---|---|
| 柯柯牙街道 | 三角地农贸市场 | 红旗坡农场 | 0.67 公顷 | 摊位:85 个<br>门面房:38 个 | 蔬菜:80 猪肉:150<br>牛肉:80 羊肉:120<br>禽类:150 水产:200<br>调味品:60 其他:90 | 管理人员:5 名<br>保安人员:4 名 |
| | 银三角农贸市场 | 个体承包 | 2012 年<br>0.12 公顷 | 摊位:82 个<br>门面房:31 个 | 蔬菜:120 猪肉:300<br>牛肉:120 羊肉:120<br>禽类:200 水产:200<br>调味品:100 其他: | 管理人员:2 名<br>保安人员:7 名 |
| | 柯柯牙捷达农贸市场 | 阿克苏市加豪商贸中心 | 1999 年<br>1.52 公顷 | 摊位:300 个<br>门面房:53 个 | 蔬菜:300 猪肉:400<br>牛肉:200 羊肉:400<br>禽类:250 水产:250<br>调味品:220 其他:400 | 管理人员:7 名<br>保安人员:4 名 |
| | 红旗坡农贸市场 | 红旗坡农场 | 2004 年<br>0.25 公顷 | 摊位:6 个<br>门面房:11 个 | 蔬菜:101 猪肉:100<br>牛肉:150 羊肉:100<br>禽类: 水产:<br>调味品:150 其他: | 管理人员:2 名<br>保安人员:2 名 |
| 南城街道 | 金洲菜市场(实验林场 6 队) | 阿克苏市金州房地产公司 | 2006 年<br>0.8 公顷 | 摊位:3 个<br>门面房:8 个 | 蔬菜: 猪肉:<br>牛肉: 羊肉:<br>禽类:200 水产:<br>调味品:150 其他: | 管理人员:1 名<br>保安人员:1 名 |
| | 塔南路农贸市场 | 个体 | 1990 年<br>1.1 公顷 | 摊位:20 个<br>门面房:80 个 | 蔬菜:250 猪肉:500<br>牛肉:500 羊肉:500<br>禽类:660 水产:660<br>调味品:660 其他:660 | 管理人员:3 名<br>保安人员:6 名 |
| | 众富农贸市场 | 阿克苏地区众富市场开发有限公司 | 2008 年<br>0.56 公顷 | 摊位:300 个<br>门面房:45 个 | 蔬菜:300 猪肉:500<br>牛肉:500 羊肉:400<br>禽类:600 水产:800<br>调味品:400 其他: | 管理人员:5 名<br>保安人员:8 名 |
| 英巴扎街道 | 依干其乡托克逊巴扎 | 依干其乡 | 1995 年成立,2007 年扩展,总 4.6 公顷 | 摊位:1200 个<br>门面房:外 36 个,里 200 个 | 蔬菜: 猪肉:<br>牛肉: 羊肉:<br>禽类: 水产:<br>调味品: 其他: | 管理人员:13 名<br>保安人员:4 名 |

## 专记：

### 百年老街——王三街

王三街，位于阿克苏市红桥街道，东西走向，西起多浪河二期景观带，东至大十字商业中心，总长 1.7 千米。至 2016 年，沿街共有 480 家门面商铺及 4 个商城，经营面积近 4 万平方米，从业人员2000余人。经营范围涵盖酒店餐饮、民族手工艺、教育培训、医疗保健、装潢维修、商业零售、生活服务等领域，以民族特色手工艺品和民族特色小吃最为知名，是阿克苏市最具民族特色的商业街。

## 名 起

清末，天津商人王福才赶大营（指天津杨柳青人追随左宗棠的西征军大营做生意）来到阿克苏，结识维吾尔族小伙肉孜，两人在互帮互助间建立深厚友谊。为使这段情谊长久延续，肉孜将自己双胞胎儿子中的一个托付给准备回天津的王福才抚养，这个孩子名叫玉山。王福才将玉山带回天津后，为他取名“王三”。

王三18岁时，王福才带他回到阿克苏认亲。在那个战乱年代，肉孜一家已搬迁他乡，不知所踪。为了留下希望，王福才在今王三街地界上买下一块地安顿下来，他一边领着王三四处学医，一边寻找肉孜一家的下落。

40年后，王福才去世。学到一身医术的王三继续在这块土地上悬壶济世、治病救人，还为自己的孩子们取了汉族名字，希望子孙后代都成为民族团结的纽带。由于心地善良的王三在当地群众中有口皆碑，他行医的这片街区后来被人们称为“王三街”。

## 变 迁

旧时王三街由于地处旧城中心边缘，街巷杂乱，建筑陈旧，店铺林立，外来流动人口多、人员密集，场所众多，随着时间的推移，王三街基础设施损坏情况日趋严重，上下水达不到使用要求，下水道堵塞造成污水横流；电路老化严重，商户私搭乱接；消防配套设施损坏、消防管道无水成为王三街重大的安全隐患；人行步道坑坑洼洼，大部分都已损坏，街面违法建筑随意加盖现象严重，造成王三街整体功能和形象下滑。

随着2006年被命名为全国优秀旅游城市，阿克苏市渐成南疆乃至新疆重要的旅游目的地。为提升城市整体形象和品位，优化城市功能，美化城市面貌，全力打造文化民俗、特色美食为一体的民族文化旅游品牌，阿克苏市委、市政府决定对王三街进行科学规划、合理改造，将王三街基础设施进行提升改造，重新规划上下水和供电设施，并对商户门头牌匾进行统一设计，达到风格统一、美观；重新改造电线线路，强弱电全部入地，将消防设施重新完善改造以达到使用要求，将天然气接入商户，消除消防安全隐患，实现王三街民族特色文化空间的再生。

为进一步推进优秀文化的传承和发扬，阿克苏市着力打造王三街就业孵化基地，依托王三街街区资源优势，一方面扶持商铺发展经济，一方面通过进店实训的方式，为辖区无业青年提供实训平台和就业机会，通过电商创业的大中专毕业生越来越多。借助杭州援疆指挥部在阿克苏推广电子商务的时机，基于互联网技术，成立王三街+互联网运营中心，扩宽民族餐饮、特色干果和民族手工艺品的销售渠道和市场，带动创业和就业，将王三街培育成具有产业特色、经营特色、文化特色的多功能、多业态商业街区，发挥电子商务拓市场、促消费、带就业、稳增长重要作用的同时，提升商户珍惜维护安定团结局面的决心和能力。目前，已有50余家商户实现线上线下“一店双铺”，线上交易额最高每月可达50余万元。

王三街和兴隆街相距3千米，皆为阿克苏市著名商业街，王三街有商户580余家，少数民族占绝大部分，兴隆街有商户400多家，汉族商户占大多数，2016年“民族团结一家亲”活动开展后，王三街与兴隆街商户结对认亲，还建起民族团结一家亲主题餐厅，他们生意上互帮，生活上互助，在交流交往中增进了友谊，在这里，曾经的和正在发生的民族团结故事交织演绎，不仅带给人们温暖和感动，更赋予了这条百年老街新的活力。

**特　色**

如今的王三街，商铺林立，地域特色浓厚，汇集汉族、维吾尔族各色美食、民族风情首饰服饰、手工艺品和地毯编织，成为集购物、餐饮、娱乐于一体的特色街区，民族传统服饰、手工艺品、特色饮食文化备受本地群众和外地游客的青睐，每逢阿克苏本地和周边各类应季、反季瓜果上市，四面八方来到王三街的游客络绎不绝。逢重大节假日，每天客流量达上万人，极大地促进了辖区经济和商贸的繁荣。

王三街是几代阿克苏人的情怀，历史的长河记录了王三街的蜕变。王三街的历史也是阿克苏市历史发展的缩影，今日的王三街已成为阿克苏市对外展示的窗口和金名片。

## 第四节　商业网点商品零售

### 一　商业网点

1990 年，阿克苏市商业网点由于城市规模较小、人口少，主要以城区大十字为核心。

1995 年，随着城市的不断发展，阿克苏市的商业网点向东西南北 4 个方向不断扩张，东西南北 4 条大街上，沿街的各类商铺不断增多。

2000 年，随着全市经济的不断发展，全市商业网点也在不断增加，年底全市共有商业网点 4536 家，职工 6598 人。

2004 年，阿克苏市调整市场营销策略，扩大市场占有率。各种商场、专卖店、便民店如雨后春笋，不断崛起，多元化的商场流通竞争格局初步形成。

2008 年，阿克苏市逐步建立以区域型连锁经营企业、大型专业批发市场、物流配送中心为支撑的流通骨干网络，初步建成连接城乡、覆盖南疆、辐射全疆、渗透中亚的新型商贸城。以建成南疆最大的商贸集散地和物流中心为目标。

2012 年，全市共有商业网点 1.39 万个，职工 3.03 万人；果品保鲜、专业化商品交易市场、物流业、餐饮业、购物中心、汽车交易等新型商业业态发展迅速，源兴 5000 吨气调保鲜、安利达果业万吨保鲜库、中塔果业万吨保鲜库、金土地农哈哈农资汽配交易市场、华能商贸城、金洲汽配城、美家物流园、农机物流园、阿克苏天泰商贸有限公司国家二类口岸建设项目（国际货运代理、仓储服务、集装箱装卸、涉外物流服务）、苏杭吧水文化小吃城、水韵绿洲生态园、浙江会馆、鸿福金兰、温州商业步行街、金桥超市、金度村超市、太白购物中心、天百国际购物中心、国美电器有限公司、5 条地下街（天龙、金龙、和顺、栏杆路名品城、兴隆）等相继建成。

2016 年底，阿克苏市已形成较为成熟的商业圈，各类零售服务网点主要分布在三大商圈——中心商圈、东北副中心商圈和东南副中心商圈。中心商圈以大十字为核心，东起新城街道解放中路，西至人民路，北起兰干街道前进路，南至环南路，主要辐射东大街、南大街、西大街、北大街、环南路、环东路、团结路、兰干路、健康路、王三街、新华路。东北副中心商圈主要是柯柯牙街道，东起柯柯牙，西至S209省道，北起314国道北线，南至英阿瓦提路。主要辐射英阿瓦提路、解放北路、朝阳街。东南副中心商圈主要是南城街道和新城街道，东起乌喀路、解放南路，西至塔南路；北起教育路，南至交通路火车沿线。主要辐射教育路、乌喀中路、塔南路、交通路、中原路。市区共有各类零售服务网点2222个，其中大型零售服务网点（营业面积1000平方米以上）21个，小型零售服务网点2201个。总营业面积185284平方米。

（一）商圈

**中心商圈**　有传统服务业1068家，其中饮食类24家，占2.01%；便利店423家，占35.34%；服装、布艺类504家，占42.11%；五金交化、建材86家，占7.18%；电子通信25家，占2.09%；农资批发销售5家，占0.42%；文体用品娱乐1家，占0.08%。

**东北副中心商圈**　有传统服务业304家，其中饮食类25家，占7.4%；便利店165家，占48.82%；服装、布艺类26家，占7.69%；五金交化、建材81家，占23.96%；电子通信3家，占0.89%；农资批发销售4家，占1.18%。

**东南副中心商圈**　有传统服务业640家，其中饮食类30家，占4.37%；便利店194家，占28.24%；服装、布艺类8家，占1.16%；五金交化、建材390家，占56.77%；电子通信3家，占0.44%；农资批发销售14家，占2.04%。

（二）街道商业网点

**新城街道**　有传统服务业有3355个，其中餐饮占1.90%，便利店占23.05%，服装占20.26%，五金占44.54%，电子占3.04%，农资占0.25%，文体占0.42%，娱乐占0.06%；现代服务业106家，其中物流快递占0.47%，银行占2.12%；公共服务业147家，其中医疗占2.29%，教育占1.62%。具有代表性的华能市场有传统服务业1042家，电子1035家，五金7家。新城街道办事处辖区有9个专业市场，塔南市场、塔西南综合市场、民主路菜市场主要经营蔬菜水果农副产品的零售，新城蔬菜水果批发市场主要经营蔬菜水果农副产品的批发，华能商贸城及美家物流园经营家电建材五金产品的批发、零售，天龙地下街、金龙地下街主要经营服装鞋帽的零售；金桥市场经营综合类产品的批发和零售。

**兰干街道**　有传统服务业2783家，其中餐饮占2.63%，便利店占21.92%，服装比例最大，占59.42%，五金占8.89%，电子占2.25%，农资占0.25%，文体占0.04%，娱乐占0.13%；现代服务业43家，其中物流快递占0.33%，银行占0.25%；公共服务业124家，其中医疗占1.75%，教育占2.13%。具有代表性的街道东环路传统服务业546个，便利店93个，服装453个。兰干街道办事处有5个专业市场，新华东路农贸市场主要经营蔬菜水果农副产品的零售，名品地下街经营服装鞋帽的零售，东环商贸城、国大商贸城经营服装鞋帽的批发和零售，中信电脑城经营电子产品的零售。

**红桥街道**　有传统服务业1070家，其中餐饮占1.59%，便利店占22.92%，服装比例最大，占57.70%，五金占8.23%，电子占3.36%，农资占0.35%，文体占0.35%，娱乐占0.18%；现代服务业85家，其中物流快递占0.80%，银行占0.88%；公共服务业31家，其中医疗占2.74%，教育占0.88%。具有代表性的祥龙路传统服务业316个，餐饮1家，便利店7

家，服装308家。红桥街道办事处有2个专业市场，分别是祥龙商贸城、新世纪购物中心，均经营服装鞋帽的零售。

**南城街道** 有传统服务业691家，其中餐饮占5.67%，便利店占43.08%，服装占1.98%，五金占24.51%，电子占0.79%，农资占13.97%，文体占0.53%，娱乐占0.53%；现代服务业86家，其中物流快递占1.45%；公共服务业44家，其中医疗占4.35%，教育占3.16%。具有代表性的金土地传统服务业153家，餐饮8家，五金71家，农资74家。南城街道办事处有2个专业市场，火车站众富市场经营蔬菜水果农副产品的批发零售，金土地农哈哈经营农资农机产品的批发零售。

**红旗坡片区管委会** 有传统服务业298家，其中餐饮占8.04%，便利店占67.20%，服装占8.04%，五金占9.32%，电子占0.96%，农资占1.61%，文体占0.32%，娱乐占0.32%；现代服务业1家；公共服务业12家，其中医疗占3.86%。具有代表性的红旗路传统服务业有189家，餐饮13家，便利店146家，服装15家，五金3家，医疗8个，电子2个，农资2个；现代服务业1个，总计190个。柯柯牙街道办事处有2个专业市场，红旗坡农场集贸市场、捷达综合农贸市场均经营综合类产品的零售。

**英巴扎街道** 有传统服务业810家，其中餐饮占3.67%，便利店占43.74%，服装占11.45%，五金占19.55%，电子占3.24%，农资占4.32%，文体占1.30%，娱乐占0.22%；现代服务业29家，其中物流快递占0.65%，银行占2.70%；公共服务业64家，其中医疗占6.91%。英巴扎街道有3个专业市场，托克逊农副产品交易市场经营综合类产品的零售，紫荆花园电脑城经营电子产品的零售，南疆农民综合市场经营农资农机产品的批发零售。

**表16－2 2016年阿克苏市街道服务业网点分布表**

单位：家

| 街道名称 | 传统服务业 | 现代服务业 | 公共服务业 |
|---|---|---|---|
| 新城街道 | 3355 | 106 | 147 |
| 兰干街道 | 2783 | 43 | 124 |
| 红桥街道 | 1070 | 85 | 31 |
| 南城街道 | 691 | 86 | 44 |
| 红旗坡片区管委会 | 298 | 1 | 12 |
| 英巴扎街道 | 810 | 29 | 64 |

## 二 商品零售

1990年后，阿克苏市商贸流通业以结构调整为主线，以改革创新为动力，以增强竞争力为目标，不断加快发展。至2016年底，商品流通规模不断扩大，商业网点快速增长，现代流通方式成为新的增长点，初步建立起统一、开放、竞争、有序的市场经济体系，城乡市场繁荣活跃。社会消费品零售总额从1990年的0.99亿元增加到2016年的72.18亿元，增长71.9倍。

表 16－3　1990～2016 年阿克苏市社会消费品零售总额统计表

| 年份 | 社会消费品零售总额(亿元) | 其中城乡社会消费品零售总额 | |
|---|---|---|---|
| | | 城镇(亿元) | 农村(亿元) |
| 1990 | 0.99 | 0.83 | 0.16 |
| 1991 | 1.04 | 0.84 | 0.20 |
| 1992 | 1.41 | 1.09 | 0.32 |
| 1993 | 4.74 | 4.69 | 0.05 |
| 1994 | 4.20 | 4.05 | 0.15 |
| 1995 | 5.62 | 5.60 | 0.02 |
| 1996 | 5.19 | 5.12 | 0.07 |
| 1997 | 5.30 | 5.15 | 0.15 |
| 1998 | 5.32 | 5.13 | 0.18 |
| 1999 | 6.22 | 5.50 | 0.72 |
| 2000 | 6.11 | 5.93 | 0.18 |
| 2001 | 6.79 | 6.52 | 0.27 |
| 2002 | 8.75 | 8.23 | 0.51 |
| 2003 | 10.32 | 9.78 | 0.54 |
| 2004 | 13.98 | 13.42 | 0.56 |
| 2005 | 17.37 | 16.59 | 0.78 |
| 2006 | 15.22 | 14.65 | 0.57 |
| 2007 | 17.97 | 17.35 | 0.62 |
| 2008 | 24.53 | 23.85 | 0.68 |
| 2009 | 29.26 | 28.50 | 0.76 |
| 2010 | 34.63 | 27.79 | 6.84 |
| 2011 | 39.80 | 31.67 | 8.11 |
| 2012 | 48.14 | 45.86 | 2.28 |
| 2013 | 55.21 | 53.19 | 2.02 |
| 2014 | 61.22 | 55.15 | 6.07 |
| 2015 | 63.85 | 57.65 | 6.20 |
| 2016 | 72.18 | 65.52 | 6.66 |

## 第五节　商业服务

### 一　餐饮住宿

（一）餐饮

20 世纪 90 年代，市内餐饮业发展缓慢，餐馆规模较小，饭菜品种少，以供三餐为主，少有招待性酒店及娱乐设施。

2000 年以后，市内餐饮业发展较快，可举办婚庆宴席。城区大部分居民举办婚礼都在酒店。城区一些饭馆内设雅座，档次也不断提高。农村各乡镇小餐馆也越来越多。到 2016 年底，全市有餐厅 547 家。6 个乡镇餐馆相对规模小、饭菜品种少、档次较低。

民族特色餐饮多以抓饭、拌面、炒面、菜盖面（凉面）、薄皮包子、烤包子、烤羊肉、油塔子、汤面、饺子等为主。随着人口的流动，餐饮品种不断增多，部分饭馆以豪华拌面、烤全羊、馕坑肉、馕包肉、盆盆肉等为其特色美食，还有羊肉丸子、羊肉汤、手抓羊肉、羊杂碎等。

（二）住宿

1990 ~ 1996 年，阿克苏市城区宾馆住宿条件相对较差，政府部门出差住宿主要集中在市政府招待所。2000 年，市内招待所大多条件有限，床位少，收费低。

2005 年前后，随着经济的快速发展，市区陆续建成一批现代化的宾馆，这些宾馆装修精良，房间干净整洁、设施完善，为客人提供舒适的居住环境。同时，小型招待所也存在于市区各处，大多房屋空间小、档次低、床位少、收费低，设施不够齐全。到 2016 年，市内共有宾馆 98 家，其中星级宾馆 12 家；招待所 8 家。

## 二　修理美容美发照相

（一）修理

修理业主要集中在市区，其次是乡镇集贸市场。走村串户的古老修理业有磨刀、修木盆木碗、修灯、修锁、补锅、修木轮牛车等行当，随着群众生活的改变和交通的便捷，现已基本不存在。城镇修理业除汽车、拖拉机修理外，主要有农机配套农具（犁具、耙具、耱具、播种器、中耕器、喷雾器等）修理，电视机、放映机、电冰箱、电饭锅等家用电器修理，摩托车、自行车修理，耳环、戒指等饰物修理，钟表修理，修锁配钥匙，补鞋等。修理业均由个体户私营。2016 年，市区有 503 家，乡镇有 106 家，多为固定店铺，极少流动者。

（二）美容美发

2000 年前，理发、美容业大多以理发、烫发为主，后出现染发、焗油。部分乡镇集贸市场日仍然有固定的剃头、刮胡须修面摊点，消费者基本为农村村民。随着人们生活水平的提高，2000 年后，理发店又逐渐被美发美容店取代。美发美容店所经营业务除传统项目外，更增添不少新花样，如皮肤保养、皮肤护理等。美发美容店朝上档次、综合性方向发展。各大美发美容店都很注意店内外装修格调，为顾客提供舒适的环境。不少规模较大的美发美容店除美发美容外，还设有美甲、形象设计、新娘化妆、化妆品超市和美发美容学习培训。在美容美发业中也有不少经营者在激烈的市场竞争中引领着潮流。2016 年底，全市有美容美发店 156 家。

（三）照相

1990 年，全市只有 1 家照相馆，照片大多以冲洗为主。1995 年后，随着科技的不断进步，去照相馆照相的人数日益减少。之后数码相机逐渐推广，传统照相馆受到冲击。全市大多数专业照相彩扩店都配置数码相机。数码相机的推广使一些传统相机店迅速衰败，特别是数码冲印设备的有无，成了顾客光顾与否的依据。2000 年后，社会办照相馆、彩照冲扩流水线等迅速发展，成为热门行业。特别是婚纱摄影，已是新婚夫妇的必需，形成照相业的新型特色服务项目。

2005 年后，照相馆购置摄像设备，可摄像，根据顾客需要刻录光盘，主要用于结婚等有纪念意义的日子。到 2016 年底，市内共有摄影扩印店 143 家，设备先进、自动化程度高、照相和冲洗档次较高的均在城区。

## 三　家政服务

1990 年后，随着阿克苏市城市经济的不断发展以及阿克苏市民日常生活的需要，阿克苏市社会服务业也在日益发展壮大。1995 年有家政服务公司 2 家。至 2016 年，发展到 87 家。

## 四　中介服务

1990 年后，基于阿克苏市城市经济的发展以及市民的需要，中介服务开始兴起。1995 年有 1 家。到 2016 年底，阿克苏市共有中介服务中介公司 77 家。

## 五　婚庆服务

2000 年后，阿克苏市开始出现婚庆服务业。随着市场需求的增加，至 2016 年底，发展到 34 家婚庆公司。

## 六　物流快递

2006 年以前，阿克苏市农业、工业和商贸企业的物流主要依靠铁路、公路运输，个人物流主要依靠邮政业。

2006 年，依托电子商务、以服务个人为主体的申通快递进驻阿克苏市。

2011 年，专业化物流企业逐步发展，服务功能和辐射能力有所增强。阿克苏市从事交通运输、仓储业的企业 488 家，其中实力、服务和辐射功能较强的有阿克苏金土地物流服务中心、新疆欧亚大陆桥农产品运输有限责任公司阿克苏分公司、新疆中邮物流有限责任公司阿克苏分公司、新疆纵横物流有限责任公司、中央储备粮阿克苏直属库、华能商贸城、金桥商贸城、美佳物流园、新疆农资集团阿克苏配送中心、中国石油天然气运输公司阿克苏物流分公司等 10 余家。私营快递公司 24 家，共计 4 个品牌、4 家法人企业，解决就业人员 240 余人。

2014 年，以铁路运输物流及棉花副产品、仓储、物流等为主营业务的综合性大型民营企业——华疆物流园落户阿克苏市经济技术开发区，对完善开发区交通基础设施，提高货物运输率，节约运输成本，促进区域经济发展具有重要的作用。

2015 年，阿克苏市开始落实物流快递收寄验视、实名登记、过机安检三个百分百。

2016 年，阿克苏市有从事交通运输、仓储业的企业 209 家，其中实力、服务和辐射功能较强的 20 余家；私营快递公司 14 家，共计 14 个品牌、22 家法人企业，解决当地就业人员达 1500 余人。

## 七　电子商务

2006 年，阿克苏市首次引进依托电子商务、以服务个人为主体的申通快递进驻，开网购业务的先河，这也是电子商务的雏形，主要经营模式有直营和加盟两种。

2010 年，部分企业开始尝试运用电子商务销售企业产品，由于宣传不到位，企业销售情况不理想。

2012 年，阿克苏市第一家电子商务企业新疆汇宗农副产品电子交易市场落户阿克苏市，并投入运营。

2015年7月，阿克苏市被商务部、财政部列为第二批国家电子商务进农村综合示范县（市），市委、市政府落实商务部“互联网+流通”行动计划，围绕建设市域电子商务大生态和打造电子商务全产业链的目标，培育壮大农村电子商务经营主体，支持搭建农村电子商务平台，加快促进农村电子商务普及应用。创建阿克苏电子商务产业园区，以一园二中心三基地（电子商务产业园，电子商务公共服务中心、农村电商运营中心，阿里巴巴商学院阿克苏培训基地、电商创业孵化基地和电子商务示范基地）为载体，辐射全市及全地区。创建以新疆农副产品和旅游特色产品上行为主渠道的本地电商平台“赶巴扎”网上商城。2015年9月，相关网络交易数据和商务部大数据平台畅通连接，平台交易额达7000余万元，商城累计注册用户1.2万人，开设店铺840家，涵盖新疆农副产品2100余种，日点击量2万余次，转换率达46%。“京东—阿克苏馆”“淘宝—阿克苏馆”“苏宁—阿克苏馆”等全国知名第三方平台阿克苏特色馆落户阿克苏。经浙江杭州市援疆指挥部牵线搭桥、和亲联姻，阿克苏市与阿里巴巴集团建立战略合作关系，在阿克苏市设立阿里巴巴商学院（阿克苏）培训基地，阿克苏市成为阿里巴巴除杭州之外唯一的外埠培训基地，并由中国国际电子商务中心设立新疆唯一的（阿克苏）电商教学基地，颁发由工信部认证的第一批阿克苏本地电子商务师资格证书。2015年10月，市供销社依托供销社系统内的村级综合服务社、农资经营网点、基层社等，发展农村电子商务，先后投资17万余元在拜什吐格曼乡、喀拉塔勒镇、托普鲁克乡、库木巴什乡、阿依库勒镇5个乡镇新建1个农村电子商务服务中心和5个农村电子商务服务站。2015年11月25~26日，自治区农村电子商务工作会议暨电子商务进农村示范工作现场会在阿克苏市举行。国家商务部、自治区、地市领导和各地（州）市参会代表在市供销社拜什吐格曼乡尤卡克格西木艾日克村的村级综合服务社农村电子商务服务站观摩。

2016年底，全市共发展网商1.03万家、微商9041家，直接或间接带动就业2万余人。全市实现网络交易额25.77亿元，比上年增长26.30%，网络零售额4.67亿元，同比增长37.39%。其中农副产品零售额2.88亿元，增长53%，居西北地区256个示范县的首位，其中红枣、核桃、苹果3个单品销量居全国示范县首位。快递业务投递量683.81万件，增长76.53%，寄递量200余万件，增长45%，网商创业活跃度居南疆第一位。年底，全市建成运营农村电子商务服务站（点）81个。市供销社为农村电商服务站免费接收和送达网购商品6000余件，为农民群众节约资金近2万元，帮助农民销售各类农产品70余吨，销售金额120余万元。

**表16-4　1990~2016年部分年份阿克苏市社会服务行业数量一览表**

单位：家

| 年份 \ 行业 | 美容美发 | 摄影扩印 | 家政服务 | 中介服务 | 婚庆服务 |
|---|---|---|---|---|---|
| 1990 | 1 | 1 | 0 | 0 | 0 |
| 1995 | 12 | 14 | 2 | 1 | 0 |
| 2000 | 35 | 29 | 14 | 11 | 1 |
| 2005 | 56 | 45 | 28 | 31 | 11 |
| 2010 | 89 | 98 | 65 | 54 | 22 |
| 2016 | 156 | 143 | 87 | 77 | 34 |

# 第二章　供销合作

## 第一节　机　构

1990 年，阿克苏市供销联合社（以下简称市供销联社）内设办公室、财务审计科、综合业务科和项目管理科，下辖 7 个乡（镇）基层供销社。1993 年，市供销联合社投资 330 万元组建阿克苏市供销企业集团总公司（后更名为阿克苏市供销企业总公司），实行“一套班子，两块牌子”的管理模式，单位性质为集体所有制。

2009 年，市供销社由集体企业改为市人民政府直属事业单位，相当于科级。当年，成立阿克苏万绿园果品农民专业合作社，从事农产品供销。2012 年 1 月，共有在职员工 23 人。2013 年 1 月，纳入全额事业单位管理，有在编人员 16 人。2014 年，项目科与综合业务科合并，下设办公室、财务审计科、综合业务科。2016 年，市供销社有在编人员 10 人，其中领导干部 3 人。

## 第二节　供销体制改革

### 一　管理体制改革

1990 年，市供销社在供销系统内推行公司经理责任制，将人、财、物权下放给公司经理，并把“三权”与责、权、利相结合，自主经营，自负盈亏，有效提高企业的效益。市供销社系统逐步完善经营责任制，并把经理负责制扩大到供销社所有企业及基层社。与市政府签订为期三年的承包经营合同，约定企业所得税在上年的基础上每年递增 20%，亏损由供销社自补，增额部分由市财政返还供销社，用于联社企业营业网点设施建设和技术改造。在企业内部推行租赁经营，实行集体与个体经营相结合的双层管理模式。1993 年，组建阿克苏市供销企业集团总公司。

2000 年，市供销联社加大企业结构调整工作力度，以减员增效为突破口，全面推进供销社企业改制工作。2000 年 3 月，市供销联社将不孕籽棉加工厂与依干其乡基层社合并，关闭城区供销社基层社，2000 年 6 月，关闭供销贸易公司、民族贸易公司、茶叶畜产品公司 3 个企业，职工在进行身份置换后离开企业自谋出路。2001 年 3 月，边境贸易公司关闭。到 2001 年 4 月底，通过工龄置换、内部退养等方法，供销社系统共计减员 235 人，一次性发放经济补偿金 410 万元。

### 二　职能转换

1992 年，市供销合作总公司正式挂牌成立，与供销社联合社一套班子、两块牌子。总公司行使双重职能，对下属单位实行统一领导、统一发包、分级管理、单独核算、自主经营的管理体制；对市以下单位，行使领导、管理服务职能。总公司成立后，市联社转变职能，由单一的管理型改变为经营、管理、服务型，归并职能、精简机构。

## 三　经营方式改革

1999 年，市供销联社为改变系统农资经销环节多、费用高、效益不佳现状，组建以市供销联社农资公司为龙头、6 个基层供销社为成员单位的阿克苏市供销社农资销售联营公司，联营公司实施统一计划、统一资金、统一价格、统一购货、统一调运的“五统一”的管理办法。

2002 年 3 月，宏业娱乐中心终结经营业务，按照租赁经营方式承包给原职工经营。4 月，撤销依干其基层社建制，其人、财、物收归联社管理。5 月，旧货交易市场改制，组建由联社相对控股、原企业职工和部分联社机关职工共同出资的股份制企业——华宝日杂公司。7 月，市供销社在妥善安排好原茶畜公司职工住房的同时，利用沿街资产优势，与宏翔房地产开发公司合作，从事房产开发工作。

市供销社发挥供销社推动、引领、创办农民专业合作社发展的职能，使供销社真正融入市域经济的发展大潮和社会主义新农村建设之中。同时按照大力发展资源开发型、生产协作型、原料加工型等多类型专业合作社建设要求，提高农产品就地加工转换能力，依托当地资源，实行开放办社，以“公司 + 农民专业合作社 + 农户 + 基地 + 经纪人”为一体的模式组建、发展专业合作社。

阿克苏市供销社围绕市域优势资源和特色产业，带动农民专业合作社开展信息、营销、技术、农产品加工储运等服务，推进专业合作社规模化种养、标准化生产、品牌化经营发展，提高农产品质量安全水平和市场竞争力。加强对农民专业合作社经营发展的指导、协调和服务工作，建立健全农民专业合作社财务管理制度，建立稳定的资本、产销关系，帮助农民专业合作社开拓市场，开辟合作社产品进超市、进社区、进批发市场的便捷通道，立足于推动市林果产业可持续发展，为资源优势转化为巨大经济优势起到积极推动作用。

## 四　产权制度改革

市供销合作社联合社理事会是本级社集体财产和所属单位财产所有权代表，因城市建设、道路拓宽等需要拆迁或占用供销合作社资产的，要根据供销合作社性质和开展业务需要，按原有规模和性质予以回迁、重建或给予合理补偿。对已经平调或占用供销合作社财产的，予以纠正或给予合理补偿。基层供销合作社改制后剩余资产，由市供销合作社联合社代为行使所有权和管理权，鼓励基层供销合作社与专业合作社一体化经营，对新建（恢复重建）或改建基层供销合作社按有关法律规定予以登记注册。基层供销合作社重组后组建为农民专业合作社的，享受国家规定的农民专业合作社各项扶持政策。

2004 年 7 月，市供销社农资公司改制，职工在进行一次性身份置换后，农资公司退出集体企业行列，组建民营企业德丰农资有限责任公司。

2005 年 3 月，由市供销社控股，联社机关全体职工入股出资 50 万元组建星源物业管理有限责任公司，专职处理联社辖区的物业管理工作。因管理的住宅小区商业化后，2012 年 8 月，小区物业全部交由阿克苏众汇鑫物业管理公司进行管理，星源物业管理有限责任公司随即注销，市供销社退出物业管理工作。

2005 年 8 月，由供销社发起和出资 31%，各基层社职工和联社部分职工共同出资 300 万元组建的阿克苏市供销社农资有限责任公司成立。2005 年，市供销社在下属的 6 个乡级基层社农资经营点基础上，创办村级农资直营店 26 个、乡级网点 5 个，使供销社的网点总数达到 31 个。2006 年，市供销社以国家商务部把市供销社确定为万村千乡试点企业为契机，加大网络建设力度，在阿克苏市的乡、镇（场）新建改建农资网点 139 个，日用消费品店 68 个，供销社的网点总数达到 207 个。2008 年 8 月，阿克苏市供销社农资有限责任公司更名为阿克苏众合农资有限责任公司。随着农资市场的放开，供销社农资经营出现萎缩，有农资经营网点 16 个，日用品店 70 个，总数 86 个。

2007 年 9 月，市供销社实施产权制度改革。后根据国务院《关于加快供销合作社改革发展的若干意见》精神，市供销社产权制度改革工作暂停。

2012 年，根据国务院《关于加快供销合作社改革发展的若干意见》、自治区人民政府《关于加快供销合作社改革发展的意见》和地区行署《关于加快供销合作社改革发展的实施意见》及自治区编委《关于理顺县级供销社管理体制有关问题的通知》、地区编委《关于理顺县（市）供销社管理体制有关问题的通知》和市编委《关于阿克苏市供销社机构编制有关问题的通知》文件精神，市供销社机关人员 16 人于 2012 年 11 月办理完成入编手续，从 2013 年 1 月 1 日起，机关人员纳入事业单位人员管理，所需经费全额纳入市财政预算。

## 第三节　农业生产资料供销

### 一　农资经销

1990～1999 年，市生产资料购销基本上是由供销社独家经营。1990 年，市供销社化肥销量猛增，共销售各类化肥 9664 吨。1991 年磷酸二氨和尿素供应短缺，出现购进难、分配也难的现象，销售量明显出现萎缩，全年销售各类化肥 1. 33 万吨。1993 年，阿克苏市棉花生产进入快速发展轨道，播种面积扩大，农资需求量猛增，从上年度的 1. 4 万多吨猛增到 4. 1 万多吨，并以每年 10% 的速度递增，到 1997 年全市销售各类化肥 5. 68 万吨。1998 年农资市场由专营转变为多渠道经营，市场竞争激烈，供销社化肥销售从递增向递减转移，到 1999 年末，全系统共销售各类化肥 3. 3 万吨。

2000 年，农资市场全面放开，化肥市场出现混乱，呈现无序竞争状态，供销社的化肥销售市场份额快速萎缩。为改变农资经营中购销环节多、价格高、缺乏竞争力的现状，由市供销社牵头，组建以市供销社农业生产资料公司为龙头，6 个基层供销社为成员单位的松散型的阿克苏市供销社农资销售联营总公司。联营公司实施“五统一”管理办法，降低销售成本，使销售市场份额不断萎缩现象得到缓解，销售在震荡中上升。2001 年销售各类化肥 3. 4 万吨。

2016 年，销售化肥 0. 09 万吨。

### 二　农药经营

1990 年，阿克苏市农药市场实施计划经济管理模式，严禁私人从事农药经营。经营品种以滴滴涕、敌敌畏、乐果、敌百虫、菊酯类杀虫剂为主，全年共销售各类农药1.28吨。随着阿克苏市农业生产的快速发展，农药销售也进入一个快速增长时期，至1994年，市供销社年销售各种杀虫剂、除草剂达10吨。

1999年农资农药市场放开，供销社农药销售量快速萎缩，并呈现逐年下降趋势，当年销售各种杀虫剂、除草剂2.68吨。

2003~2004年供销社农资公司改制，农药销售基本处于停滞状态。2005年8月，由基层社职工出资组建的供销社农资有限责任公司成立，农药销售得以恢复，并呈现逐年增长之势，2005年销售各种杀虫剂、除草剂1.87吨。由于生态农业战略的实施，及受市场环境的影响，农药销量逐年下滑。2016年农药销售量仅为0.2吨。

## 三　农具、农药械经营

1990年，农具主要有铁锹、镰刀和砍土镘等。农药械以喷雾器和喷粉器为主。由于中小农具及农药械不是专营商品，参与经营的个体商户很多，供销社的销售快速下降，1996年销售农具1000件。1999年销售农具85件，年内退出经营，不再购进农具和农药械。

## 四　农用塑料膜

1990年，农用塑料薄膜与其他农业生产资料一样，由供销社独家经营，广泛使用于棉花、甜菜、复播玉米和蔬菜种植等。随后，阿克苏市农业生产进入快速发展轨道，农用膜销量不断增加。1990年，销售量达1177.8吨。1996年销量达4221吨。1999年后市场放开，出现多渠道经营，供销社农膜销售量锐减，当年销售1997吨。2004年销售1532吨。2016年销售25.3吨。

**表16-5　2005~2016年阿克苏市供销联主要农资销售情况表**

| 年份 | 二氨、复合肥、尿素（万吨） | 杀虫剂、除草剂（吨） | 农用塑料薄膜（吨） |
|---|---|---|---|
| 2005 | 1.8 | 1.87 | 219.3 |
| 2006 | 2.3 | 1.73 | 195 |
| 2007 | 1.45 | 2.5 | 353 |
| 2008 | 0.45 | 6.5 | 171.6 |
| 2009 | 0.45 | 4.5 | 139.1 |
| 2010 | 0.25 | 2.5 | 46.6 |
| 2011 | 0.18 | 3.5 | 56.7 |
| 2012 | 0.23 | 4.7 | 63.7 |
| 2013 | 0.23 | 0.8 | 67.1 |
| 2014 | 0.11 | 0.84 | 35 |
| 2015 | 0.15 | 0.6 | 39 |
| 2016 | 0.09 | 0.2 | 25.3 |

**表 16－6 1990～2016 年阿克苏市供销联社农具、农药械及农用塑料薄膜经营表**

| 年份 | 化肥经营(吨) | | 农药经营(千克) | | 农具(件) | | 农药(架) | | 农用塑料薄膜(千克) | |
|---|---|---|---|---|---|---|---|---|---|---|
| | 销售 | 购进 | 销售 | 购进 | 销售 | 购进 | 销售 | 购进 | 销售 | 购进 |
| 1990 | 9664 | 8833 | 12886 | 15515 | 428 | 764 | 336 | 0 | 1177853 | 167453 |
| 1991 | 13292 | 16122 | 16605 | 9251 | 4034 | 4368 | 1429 | 1623 | 586215 | 466405 |
| 1992 | 14438 | 16591 | 17539 | 15684 | 3561 | 1200 | 878 | 1308 | 211215 | 904219 |
| 1993 | 41204 | 41814 | 22973 | 31407 | 986 | 1274 | 759 | 418 | 2667668 | 2603610 |
| 1994 | 43654 | 50830 | 103196 | 14483 | 1460 | 3194 | 1300 | 1610 | 921432 | 1125988 |
| 1995 | 46397 | 63200 | 29070 | 3298 | 625 | 200 | 445 | 40 | 1893894 | 3558138 |
| 1996 | 58252 | 99855 | 172198 | 367023 | 1000 | 2074 | 56 | 147 | 4221358 | 3806615 |
| 1997 | 56888 | 47478 | 143332 | 11468 | 690 | 554 | 4 | 0 | 2060183 | 2119924 |
| 1998 | 41397 | 41749 | 137910 | 165262 | 1260 | 400 | 251 | 172 | 528754 | 385565 |
| 1999 | 33491 | 36815 | 26883 | 70742 | 85 | | | | 1997393 | 2672740 |
| 2000 | 36219 | 24669 | 17505 | 49319 | | | | | 1923826 | 1347252 |
| 2001 | 34449 | 34925 | 12005 | 0 | | | | | 1697097 | 1942621 |
| 2002 | 19934 | 23557 | 14214 | 12644 | | | | | 591294 | 994314 |
| 2003 | 17085 | 25746 | 0 | 22999 | | | | | 1116499 | 771587 |
| 2004 | 11460 | 8467 | 0 | 0 | | | | | 1532094 | 1445244 |
| 2005 | 92515 | 10816 | 1875 | 10636 | | | | | 219337 | 256100 |
| 2006 | 11600 | 7592 | 1730 | 1730 | | | | | 195764 | 219366 |
| 2007 | 7287 | 8584 | 2528 | 3628 | | | | | 353025 | 344645 |
| 2008 | 4391.7 | 6289.3 | 6500 | 10500 | | | | | 171590 | 97780 |
| 2009 | 4467.9 | 2868.2 | 4500 | 2500 | | | | | 139080 | 164460 |
| 2010 | 2461.4 | 2552 | 2500 | 1500 | | | | | 46620 | 62100 |
| 2011 | 1847.2 | 2298.2 | 4000 | 3200 | | | | | 56660 | 49000 |
| 2012 | 2339.4 | 3088 | 4700 | 4700 | | | | | 63760 | 103570 |
| 2013 | 2253.6 | 710.4 | 800 | 900 | | | | | 67070 | 27480 |
| 2014 | 1107.9 | 1005.9 | 840 | 820 | | | | | 35000 | 34420 |
| 2015 | 1453.1 | 1244.5 | 600 | 600 | | | | | 39000 | 40640 |
| 2016 | 881.3 | 780 | 215 | 192 | | | | | 25340 | 26000 |

## 第四节 生活资料经营

市供销社销售的生活资料有铁锅、菜刀、日用陶器、瓷器、食盐、煤油、茶叶、麻袋、电灯泡、保温瓶、铁丝、铁钉、棉布、化纤布、缝纫机、各种家具、纤维板、玻璃、各类干瓜果、干菜及调味品。随着改革开放的深入，人民生活条件逐年改善，供销社生活资料的销售量不断增加，1990 年销售收入达 92 万元。1992 年 203 万元。1993 年、1994 年两年销售出现滑坡，1994 年销售收入 69 万元。随后，市供销系统落实适销货源，增加有效供给，扩大业务，增加销售，有效提升业绩，1995 年实现销售收入 256 万元。1997 年生产资料市场全面放开，供销社销售出现快速萎缩。2000 年销售 41 万元，2004 年退出经营。

表 16－7　1990～2003 年阿克苏市供销社生活资料购销情况表

| 年份 | 铁锅（口） | 菜刀（把） | 日用陶器（个） | 麻袋（件） | 茶叶（千克） | 棉（百米） | 各种服装（件） | 缝纫机（台） | 煤油（千克） |
|---|---|---|---|---|---|---|---|---|---|
| 1990 | 9295 | 2298 | 177863 | 15881 | 15097 | 2406 | 3077 | 475 | 30151 |
| 1991 | 6210 | 2011 | 204807 | 25843 | 10290 | 1521 | 3112 | 277 | 13165 |
| 1992 | 8921 | 438 | 102575 | 14279 | 5449 | 1076 | 2778 | 255 | 3509 |
| 1993 | 10503 | | 132699 | 0 | 8360 | 1474 | 1824 | 254 | |
| 1994 | 7149 | | | 6087 | 6978 | 659 | 3216 | 502 | |
| 1995 | 4609 | | | 3732 | 5333 | 468 | 5431 | 194 | |
| 1996 | 2288 | | | 3220 | 6210 | 219 | 3667 | 318 | |
| 1997 | 3860 | | | 3412 | 5578 | 459 | 9739 | | |
| 1998 | 4047 | | | 1837 | 7150 | 505 | 13733 | | |
| 1999 | 3671 | | | 16550 | 7692 | 470 | 23622 | | |
| 2000 | | | | | 1125 | | | | |
| 2001 | | | | | 870 | | | | |
| 2002 | | | | | 947 | | | | |
| 2003 | | | | | 727 | | | | |

## 第五节　棉花经营

1990 年，阿克苏市棉花生产快速发展，产量增幅较大，收购量达 2.5 万吨。1993 年棉花减产，当年收购 1.6 万吨。1996 年，棉花市场供大于求，棉花收购价格低，棉农种棉积极性不高，当年皮棉收购量下滑。1997 年、1998 年，阿克苏市大力倡导发展棉花生产，种植面积逐年扩大，产量也随之增加。1999 年，国家放开棉麻公司棉花销售自主权，棉花企业有权按市场价自主销售收购加工的皮棉，但收购仍然按照当地政府限定价格执行，当年棉麻公司亏损 2.7 亿元。2000 年 8 月，按照地委、行署指示精神，地区成立阿克苏地区塔里木棉花（集团）公司（简称塔棉集团），市供销社棉麻公司更名为阿克苏地区塔里木棉花（集团）公司阿克苏市分公司。按照管理权和所有权分离的现代企业管理要求，市供销社以出资人的身份成为塔棉集团的法人股东之一。

2000 年以来，国家放开棉花购销市场，但加工仍然实行质量标准准入制度。棉花购销市场竞争激烈，全市有收购加工资格的棉花加工企业 49 家（包括棉麻公司 10 个加工厂），棉麻公司因缺乏收购资金使收购工作严重滑坡。2007 年以后，阿克苏市棉麻公司破产，棉花购销与阿克苏市供销社完全脱离。

表 16－8　1990～2007 年阿克苏市供销社棉花购销情况表

单位：吨

| 年份 | 购进总量 | 销售总量 | 年份 | 购进总量 | 销售总量 |
|---|---|---|---|---|---|
| 1990 | 24981.9 | 16530.8 | 1999 | 24915 | 25981 |
| 1991 | 14486 | 10149 | 2000 | 12980 | 32275 |
| 1992 | 28055.6 | 30837.5 | 2001 | 13994 | 3630 |
| 1993 | 16038 | 18638 | 2002 | 2085 | 15546 |
| 1994 | 25703 | 17779 | 2003 | 1168 | 852 |
| 1995 | 30777 | 28445 | 2004 | 894 | 463 |
| 1996 | 17962 | 23515 | 2005 | 13883 | 7938 |
| 1997 | 24386 | 28314 | 2006 | 6076 | 6390 |
| 1998 | 44861 | 26652 | 2007 | 6859 | 6468 |

## 第六节　废旧物资收购

1990 年，废旧物资回收由供销社独家经营，价格由自治区回收中心制定。当年收购杂铜 8 吨，废铝 12 吨，废铅 2.8 吨，废塑料不再收购。自 1991 年后，废轮胎、杂骨不再收购。自 1992 年开始，旧物资回收业务出现明显滑坡，供销社废旧物资回收改变以往以自收为承包管理经营模式，仅向各收购点收取年度管理费，同时对各收购点进行业务监督。2000 年 5 月，旧货交易市场进行股份制改造，组建由联社相对控股，原企业职工和部分联社机关职工共同出资的股份制企业——阿克苏市华宝日杂有限责任公司，退出供销社集体企业行列，供销社也退出废旧物资回收经营业务。

# 第三章　粮油贸易

## 第一节　机　构

### 一　管理机构

1990 年，市粮食局实行政企合一的管理模式。内设行政办公室、会计、业务、农管、食品加工 5 个股室，下辖 1 个中心仓库、8 个城区粮店、1 个议价公司，有职工 250 人。

1994 年 3 月，经市委、市政府批准，粮食系统将粮食局、面粉厂两个科级单位合二为一，成立阿克苏粮油工贸集团总公司，原粮食局政企合一的管理模式也改变为纯企业性质。

1995 年 11 月，阿克苏市军粮供应站成立；12 月粮油批发中心成立，隶属市粮食局。

1999 年 1 月，市粮食局政企分开，从总公司中分出，成为市政府的职能部门，核定行政编制 10 名，实有 10 人，内设行政办公室、财务股、企业管理股。下设 2 个自收自支、相当股级的事业单位，其中军粮供应站核定事业编制 10 名（领导职数 1 名），实有 6 人；粮油交易市场核定事业编制 10 名（领导职数 2 名），实有 6 人。

2000 年 8 月，经过企业改革，市粮食局下辖企业只有国有独资的粮食购销公司，有员工 47 人。

2002 年 7 月，市粮食局合并到市发展计划委员会，保留粮食局牌子，内设粮食科；下属自收自支事业单位军粮供应站、粮油交易市场、国有独资企业粮食购销公司一同并入发展计划委员会。

2004 年 6 月，市军粮供应站整体上划到地区粮食局。

2005 年 1 月，市粮食局从市发展计划委员会分出单列，核定行政单位，正科级建制，行政编制 6 名，机关后勤事业编制 1 名，实有 6 人。

2006 年 9 月，粮油交易市场停止运行。

2008 年 5 月，阿克苏市粮食监督稽查大队成立，核定全额事业编制 5 名，其中副科级领导职数1名。

2010年底，阿克苏市粮食局下辖粮食监督稽查大队、粮油交易市场、粮食购销公司。有行政编制6人，其中正科级领导2人；全额预算事业编制4人，自收自支事业编制6人；企业聘用员工46人。

2011年底，市粮食局合并到市发展和改革委员会，挂阿克苏市粮食局牌子。内设购销市场调控股、仓储管理股。粮食局局长由市发改委主要领导兼任。阿克苏市粮食监督稽查大队核定全额事业编制5名，其中副科级领导职数1名。至2016年底粮食局职责由市发改委履行。

## 二　经营机构

### （一）阿克苏粮油工贸集团总公司

1994年3月，阿克苏粮油工贸集团总公司成立，与阿克苏市粮食局实行“两块牌子、一套班子”，办公地点在粮食局办公室楼。集团总公司是粮食商业和粮油工业合一、站店合一、厂仓合一的联合体，内设办公室、财统科、综合科、政保科，直接管理阿克苏市面粉厂、粮油中心储备库、粮油食品供应公司、粮油贸易公司、多种经营公司、粮油食品厂、华丽贸易公司、总公司车队8个独立核算、自主经营、自负盈亏的企业单位。当年，离退休、在职，正式、临时职工总计821人（粮食局417人、面粉厂404人）。1999年1月，市粮食局从总公司中分出，成为市政府的职能部门之一。

1998～2003年，粮食系统实行“四分开一完善”、减员增效改革，将国有企业变更性质为国有独资企业，1000多万元的国有资产全部上交给国资局，全体职工一次性安置，发给经济补偿金，标准为每人每年工龄1000元，职工成为社会自然人，粮油工贸集团总公司解体，实现真正意义上的由计划经济向市场经济的转变。到2003年底，粮食系统直属企业只有粮食购销公司，返聘员工46名，集体租赁经营国有粮食资产，每年向国资委上缴利润，确保国有资产保值增值。

### （二）粮食购销公司

1990年，阿克苏市粮食局中心仓库是市粮食局独立核算部门之一，相当于股级，内设财务科、业务科、后勤科，下辖7个乡粮站。1993年中心仓库更名为粮油中心储备库，城区有房式仓、圆拱仓12栋，仓容2.75万吨，乡（镇）有各种粮仓29栋，仓容2.05万吨。1998年，粮油中心储备库更名为粮食收储公司，定员108人，定性为国有独资企业；总仓容4.8万吨。2000年更名为阿克苏市粮食购销公司。每年根据经营情况，新聘用或解聘员工，2010年，有人员50名。2006年3月，阿克苏市城市改造，将粮食购销公司二层办公楼、城区12栋、仓容2.75万吨的粮仓及地面附着物一并拆除，2007年6月，粮食购销公司机关搬迁到环东路9号，2008年10月，搬迁重建城区粮库，定址在南工业园区内。到2010年底，建成1栋2500吨粮库。2014年年底公司中心储备库有仓容2.5万吨及3700平方米的机械大棚，职工定员44名。2016年，职工定员43名。

### （三）粮油食品供应公司

1990年，阿克苏市粮油供应公司下辖8个城区国有粮店。1994年更名为阿克苏粮油食品供应公司，下辖1～10城区粮店，1995年6月新增5个粮油供应点，即11～15国营粮店。每个粮店5～8人不等。1999年12月粮食流通体制改革，撤销公司及15个城区粮店，资产划归国资委，100多人一次性买断安置，个人档案由总公司政保科统一交到阿克苏市社会保障局管理，政保科统一为下岗人员办理下岗证。

（四）粮油贸易公司

1990 年，阿克苏市粮油议价公司主要从事国家平价粮油以外的议价销售，当时平价面粉 0. 34 元/千克，议价面粉 0. 50 元/千克。1994 年更名为粮油贸易公司，当年有正式职工 20 人。1999 年粮改时撤销。人员分流到总公司内其他公司。

（五）华丽贸易公司

1990 年，市粮食局独家经营商场。1994 年更名为华丽贸易公司，有职工 32 人，发展成为一个集百货、糖烟酒、五金、交电、布匹、服装于一体，拥有固定资产 14. 3 万元、流动资金 48 万元的较大型商场。1997 年机构撤销，人员分流到总公司内其他公司。

（六）多种经营公司

1990 年，市粮食局多种经营部主要从事牛羊养殖，补充国家定量肉食的不足。1994 年更名为多种经营公司，1997 年机构撤销，人员并入粮油食品供应公司。

（七）边贸公司

1993 年成立，有职工 5 人，将总公司生产的粮油、挂面产品销往周边县市、团场，出口吉尔吉斯斯坦、乌兹别克斯坦、塔吉克斯坦等国。1996 年机构撤销，人员分流到总公司内其他公司。

（八）粮油食品加工厂

1990 年 6 月成立，有职工 10 人，大部分为临时工，先后探索生产加工面包、糕点、餐巾纸等；1997 年机构撤销，人员并入粮油食品供应公司。

（九）总公司车队

1994 年 12 月成立，有职工 6 人，承担着阿克苏市国营粮油加工厂粮油产品调运到内地、口岸，粮食系统与周边州县的粮油调运，系统内中心粮库与各乡粮站粮油的调运等；1999 年粮食流通体制改革，机构撤销，人员一次安置。

（十）阿克苏市面粉厂

1994 年 3 月，面粉厂并入阿克苏粮油工贸集团总公司之前，有职工 404 人。

1999 年粮改前，阿克苏市面粉厂有职工 274 人，其中在职职工 175 人，设置有办公室、医务室、中心化验室、财务科、生产技术科、购销科、制粉车间、油脂车间、饲料车间、食品车间、修造车间、油脂公司、生活服务公司。

2000 年，阿克苏市面粉厂整体改制，国有资产置换、职工身份置换、企业性质置换，面粉厂名称变更为万佳粮油食品有限责任公司，单位性质变成由社会自然人租用国有资产经营的租赁制企业。

2003 年，万佳粮油食品有限责任公司单位撤销，人员解散。

## 第二节 粮油购销体制改革

### 一 管理体制改革

1997 年以前，实行政企合一体制。1998 年，根据《关于自治区县市粮食行政机构有关问题的通知》，确定市粮食局为市政府职能部门，正科级建制。企业职能分出，成立粮油收储公司。2004年9月，市编制委员会决定，重新单独设置粮食局，作为市政府的一个工作部门，将市发展计划委员会的粮食宏观调控与储备职能和市经济贸易委员会的粮食流通企业体制改革职能划入粮食局。

### 二　部门职能转换

1992年以前，市粮食局是市政府负责全市粮食收购、销售、加工、储存等经营管理工作的职能部门。1993年，按照粮食企业政企分开的要求，成立市粮油贸易总公司，与市粮食局实行“一套班子、两块牌子”，履行管理和经营两种职能，实行两级法人、两级核算（总公司、分公司）经营机制。2004年，撤销市粮食局，由市粮油贸易总公司履行经营和管理职能。2012年，撤销市粮油贸易总公司，复设市粮食局，为市政府直属正科级事业单位，负责贯彻粮食流通领域产业政策，完善粮食储备制度，管理各级粮食储备，落实国家粮食购销政策，调剂丰歉，应付突发事故，保证粮食安全。

### 三　经营方式改革

2000年前，粮食部门是典型的计划经济部门，粮食购销体制，即统购统销体制是典型的计划经济体制。实施农产品收购办法，每年都由政府层层下达指令性收购计划。2001年10月，取消粮食订购任务，放开粮食市场、粮食收购和粮食购销价格。此后经过几年实践和制定各项配套政策、完善法规，宏观调控下市场化收购秩序基本形成。在经济层面上，以前是低价收购，依靠工农产品价格差，从种粮农民那里积累资金，支持工业化发展进程。随着改革的发展，从市场形成价格到取消农业税，再到向种粮农民发放直接补贴，实现工业反哺农业历史性转变。在粮食销售环节，经历两个重大变化，一是从凭证、凭票计划供应，从有时限品种供应，到市场供应、满足消费者需求供应；二是从压缩统销、控制销量，到鼓励销售。这种历史性变化烘托出社会经济生活的演变，标志着老百姓从普遍贫穷到初步实现小康的转变。

## 第三节　粮油购销

### 一　粮油收购

1990 ~1993年，阿克苏市粮食局主要任务是收购辖区农民种植的除农民口粮、种子粮、牲畜用粮外的商品粮油，保存保管，委托阿克苏市面粉厂加工，供应城镇人口。每年，阿克苏市粮食局按照市政府下达给每个乡（镇）场的粮食收购任务，组织各乡粮站收购，其中良种场以生产良种为主，对其生产的粮食不下达统购指标，每年能收购多少就收购多少。

1993年4月，粮食市场放开，合同定购实行“保六放四”政策（即60%由国家定购，40%放开市场调节）。阿克苏市按照国家政策，粮食价格放开，农民完成国家任务后的余粮全部进入市场，粮食企业也进入市场，议价收购，议价销售。

1994年，恢复合同定购。

1998 年，粮油改革后，按照中央和自治区的粮食政策，不再议价收购粮油，定购以外的粮油，按保护价由粮食部门敞开收购。

2013 ~ 2015 年，自治区每年都不同程度地提高小麦、水稻的合同收购指导价格。国家也以粮食风险金直接补贴给种粮农民。2003 年，小麦直补标准为 0.10 元/千克，自 2004 年起，提高补贴标准到 0.20 元/千克，政策一直持续到 2010 年。自 2007 年开始，国家在实行粮食直补政策的同时，制定农资综合补贴、良种补贴、购买农机补贴等，继续加大对农业的扶持力度。大米指导计划 2008 年恢复，也实行价外补贴，标准为水稻 0.21 元/千克、大米 0.30 元/千克，同年交由粮食部门收购。从 2005 年起，玉米收购全面放开，不下达指导计划，粮食部门根据情况自行决定是否收购、收多少。

## 二　粮油销售

1990 年，阿克苏市粮油销售继续贯彻执行统销政策，对城镇居民口粮实行以人定量，凭证（票）供应。凭户口统一发给城镇居民口粮供应证，凭证在指定粮店购买粮油，价格为统销价。机关干部和一般居民每人每月粮食定量 14.5 千克；10 岁以下儿童按年龄核定粮食定量，不满 1 周岁婴儿月口粮定量 3.5 千克，满 1 周岁 4.5 千克，满 2 周岁 5.5 千克，3 ~ 5 周岁 7.5 千克，6 ~ 7 周岁 9 千克，8 ~ 10 周岁 13 千克。中学生口粮定量中，初中生 15.5 千克，高中生 16.5 千克，特重体力劳动者口粮定量 26 千克，重体力劳动者 22 千克，轻体力劳动者 16.5 ~ 15 千克。食油供应统一每人每月 0.25 千克。

临时过往的野外工作队团体自己起伙需要粮油，必须持有粮票或户口所在地粮食部门出具的证明，经审查后发给临时供应证，凭票证购买粮油。菜农口粮供应，以原粮计算，每人每年 200 千克，核实人口，折成标准面粉，发给菜农。牧民口粮供应，以原粮计算，每人每年 160 千克，牧区农业人口每人每年 180 千克，折成标准面粉，发给牧民口粮供应证，凭证到指定粮店（站）购粮。牧民的粮油销售价格倒挂，口粮没有价格补贴，根据政策规定，以低于市场价而又高于统销价的价格，供应牧民的粮油。食品加工和工业用粮，由计划部门核定指标，凭指标到粮食部门购粮。

1990 年，市国营粮食部门城乡粮油统销中，粮食统销 2.5 万吨，食用油 618 吨，副产品 3291 吨。

1993 年后，不再实行计划供应，统一按议价销售。粮油统销历史结束。

1994 年 3 月，为稳定粮食市场，阿克苏市粮食局恢复城镇居民的口粮定量供应，规定按统销价每人每月供应特二面粉 11 千克，大米、食油、小杂粮按议价销售。

1995 年，价格回落，取消定量供应，恢复议价销售。

1999 年，阿克苏市个体粮店遍布城乡，粮食市场竞争激烈，国营粮食部门的粮食价格偏高，个体粮油经营者从内地、北疆、周边其他地州贩运来的粮油价格优惠，导致国营粮食部门的粮油销售量逐年减少。同年 12 月，粮食流通体制改革、减员增效改革，城区、农村 21 个国有粮店全部由财政局下属的国资委拍卖，拍卖所得资产全部收归国资委。粮油议销历史结束。

表 16 - 9　1994 ~ 1999 年阿克苏市粮食部门粮油议销表

单位：吨

| 年份 | 粮食 | 食用油 | 年份 | 粮食 | 食用油 |
|---|---|---|---|---|---|
| 1994 | 16924 | | 1997 | 24150 | |
| 1995 | 24350 | 1580 | 1998 | 2616 | 820 |
| 1996 | 17564 | | 1999 | 12701 | 1900 |

## 第四节　粮油储运与调拨

### 一　粮食仓储

1990 年，阿克苏市市区有中心粮库 10 幢，仓容量 2. 5 万吨；7 个乡粮站共有粮仓 24 栋，仓容量 1. 8 万吨。1994 年 10 月，粮食仓容量达到最高，总计 4. 8 万吨。2006 年 3 月，阿克苏市城市改造，将中心粮库 12 栋、仓容 2. 75 万吨的粮仓拆除，2009 年 3 月起，开始新建粮库，到 2010 年底，建成 1 栋 2500 吨粮库。2011 年建成两栋 2500 吨仓容的粮库，2012 年 8 月建成 1 栋 2500 吨仓容的粮库，2013 年 10 月建设成 2 栋 2500 吨仓容的粮库，2014 年 10 月建设成 2 栋 5000 吨仓容、3700 平方米的大棚。到 2016 年年底，公司中心储备库有仓容 2. 5 万吨、3700 平方米的机械大棚。

表 16 - 10　2016 年阿克苏市粮食仓储情况表

单位：吨，个

| 单位 | 合计数量 | | 其中 | | | |
|---|---|---|---|---|---|---|
| | | | 土木结构 | | 砖混结构 | |
| | 仓容 | 栋数 | 仓容 | 栋数 | 仓容 | 栋数 |
| 中心储备库 | 25000 | 8 | | | 25000 | 8 |
| 拜什吐格曼乡粮站 | 4500 | 3 | 2000 | 2 | 2500 | 1 |
| 喀拉塔勒镇粮站 | 6500 | 5 | 2000 | 2 | 4500 | 3 |
| 托普鲁克乡粮站 | 4000 | 3 | 1500 | 2 | 2500 | 1 |
| 库木巴什乡粮站 | 5500 | 4 | 2000 | 2 | 3500 | 2 |
| 阿依库勒镇粮站 | 2000 | 2 | | | 2000 | 2 |
| 总计 | 47500 | 25 | 7500 | 8 | 40000 | 17 |

### 二　粮油调运

1990 年，阿克苏市的粮油调运，按照自治区和阿克苏地区粮食局的调运计划进行。

1993 年 4 月，粮食价格放开，粮油销售不再实行统一调拨。市场上个体粮油经营者数量增加，粮食部门的调运量减少。

1999 年，粮油改革后，国有粮食部门的粮油调运，品种主要是原粮，另有少量的食用油、面粉调运。阿克苏市粮食局的粮油运输，以汽车运输为主。1993 年粮食市场放开、国有粮食部门粮食销量减少后，阿克苏市粮食局对运输车辆不再实行统一管理，4 吨以上汽车或由司机个人承包，或转卖，小型客货两用车，由各公司自行管理。

## 第五节　粮油加工

### 一　粮食加工

1990 年，阿克苏市城镇居民所需的粮油食品，主要由阿克苏市面粉厂加工。有日处理小麦 150 吨标准粉生产线 1 条，可以同时生产标准粉、特二粉。

1992 年 2 月 28 日，阿克苏市面粉厂进行技术改造，项目总投资 700 万元，其中银行贷款 500 万元、地区财政配套 200 万元，改造日处理小麦 200 吨等级粉生产线。项目 1994 年 10 月投产。但由于市场需求有限，生产线投产后一直未能满负荷生产。

2000 年，面粉厂名称变更为万佳粮油食品有限责任公司，性质变为由社会自然人租用国有资产经营的租赁制企业。

2003 年，万佳粮油食品有限责任公司撤销，阿克苏市城镇居民的口粮加工，由辖区 40 多家私营粮油加工厂承担。

### 二　食用油加工

1990 年，阿克苏面粉厂有日处理油料 30 吨的食用油生产线 1 条。1991 年，生产线随面粉厂整体移交给阿克苏市管理，成立市面粉厂食油车间。1992 年，新增浸出工艺。1995 年对压榨工艺进行技改。1996 年对脱绒工艺进行技改。2003 年，随着市面粉厂整体改制，停产解体。面粉厂油脂车间产加工生产的食用油，主要加工品种为棉籽油，个别年份生产少量菜籽油。

**表 16－11　1992～2003 年阿克苏市面粉厂产量、利润情况表**

单位：吨，万元

| 年份 | 面粉 | 挂面 | 食用油 | 饲料 | 玉米粉 | 棉短绒 | 利润 |
|---|---|---|---|---|---|---|---|
| 1992 | 16067 | 682.5 | 1798.6 | 2460 | 474.1 | 176 | 130.5 |
| 1993 | 15192 | 543 | 1049.1 | 2145.3 | 127 | 132 | 135.1 |
| 1994 | 16532 | 847.1 | 1701.6 | 1519.6 | 67.8 | 72.3 | 202.9 |
| 1995 | 20099 | 836.9 | 1167 | 3077.7 | 70.2 | 140 | 216.7 |
| 1996 | 23092 | 934.6 | 1571 | 1471.9 | 84 |  | 273 |
| 1997 | 24226 | 783 | 1325 | 2371 |  |  | 203 |
| 1998 | 13304 | 826 | 1500 | 1560 |  |  | 110 |
| 1999 | 13670 | 530 | 1700 | 1051 |  |  | 33 |
| 2000 | 8867 | 1028 | 1938 | 383 |  |  |  |
| 2001 | 12325 | 1026 | 1537 | 800 |  |  | 36.4 |
| 2002 | 7735 | 1150 | 1827 | 740 |  |  | 20 |
| 2003 | 5676 | 1150 | 850 | 780 |  |  | 31 |

# 第四章　烟草专卖与盐业经营

## 第一节　烟草专卖

### 一　机构

1999 年 7 月，阿克苏地区成立烟草公司。

2000 年 1 月，成立阿克苏地区烟草专卖局，与阿克苏地区烟草公司实行“一套班子、两块牌子”的管理体制。内设专卖办公室、专卖稽查队、办公室、微机室、业务科、财务科，编制 47 名，实有 47 人。4 月 6 日，成立流动批发部。5 月 10 日，成立阿克苏地区烟草专卖分局（金叶烟草公司）工会委员会和经费审查委员会。

2002 年 8 月，自治区烟草专卖局（公司）按照“进一退一”的原则，出资买断阿克苏地区糖烟酒公司和农一师商业总公司的股权。阿克苏地区金叶烟草有限公司更名为新疆维吾尔自治区烟草公司阿克苏地区公司。

2003 年 1 月起，直接由自治区烟草公司供货，享有二级批发权。3 月，将各县公司名称变更为“阿克苏地区烟草公司××县物流配送中心”。取消 9 个县级局的法人资格；将 7 县 1 市（阿拉尔市）烟草公司更名为物流配送中心，阿克苏市丽园、西大街、沙井子、柯坪及各县批发部更名为“访销部”，将业务科更名为“访销信息科”。4 月，成立新疆维吾尔自治区烟草专卖局阿克苏地区分局党组，内设办公室、政工科、财务室、访销信息科、专卖监督管理科 5 个科室；下设库车县、沙雅县、新和县、拜城县、温宿县、阿瓦提县、乌什县、阿拉尔市等 8 个县级局（物流配送中心）。核定编制 219 名。

2004 年，成立客户服务中心，与配送中心合署办公。实有员工 232 人。

2006 年 6 月，公司名称变更为新疆维吾尔自治区烟草公司阿克苏地区公司。

2007 年 3 月，地区烟草专卖分局（公司）成立烟草专卖零售许可证管理监督领导小组，规范阿克苏地区烟草专卖许可证，监管发放烟草专卖许可证。

2008 年 1 月，成立柯坪县烟草专卖局，负责柯坪县、农一师沙井子垦区及农一师一团、二团、三团辖区的卷烟市场专卖专营管理。12 月，内设办公室（综合计划、整顿办）、人事政工科（法规、工会）、督察考评中心、专卖管理监督科（内部专卖管理监督科、稽查支队）、财务管理科（审计、资金结算）、卷烟营销中心（网建办）、物流配送中心、安全保卫科（物业管理）、经济信息中心（统计）。

2010 年 2 月成立阿克苏市卷烟营销部，负责阿克苏市辖区卷烟营销和市场稽查工作。3 月，督察考评中心从人事政工科分出来，设人劳督察科和政工科，成立阿克苏市区专卖管理办公室（客户服务部)；6 月，将原阿克苏市卷烟营销中心名称变更为阿克苏市区烟草专卖管理办公室（客户服务部)，职责不变，为分局（公司）内设机构。

2011 年 3 月，阿克苏地区烟草专卖分局名称更名为阿克苏地区烟草专卖局，成立监督科，负责全地区纪检监察、党风廉政、法规、审计、督察考评等工作。7 月，成立专卖稽查机动队。

2012 年 1 月 20 日，阿克苏地区烟草专卖局阿克苏市区专卖管理办公室（客户服务部）名称更改为阿克苏地区阿克苏市烟草专卖局。

2016 年 12 月，地区烟草专卖局（公司）机关内设办公室、人事政工科、监督科、卷烟营销中心、专卖监督管理科、物流配送中心、财务管理科、安全保卫科、物业管理科、经济信息中心 10 个部门及工会。共有干部职工 238 人。

## 二　卷烟经营与管理

阿克苏市区域内的烟草专卖业务由阿克苏地区烟草专卖局统一经营管理。

### （一）烟草专卖管理

1990 ~ 1998 年，市内烟草销售由食品公司代销，烟草零售户可以多渠道进货。

1999 ~ 2005 年，全地区烟草专卖工作实行“三公开”（办证公开、稽查公开、处罚公开)。2003 年，全区烟草系统实行集团化管理，地区烟草专卖局按照“集团化管理、集约化经营”的要求，完善专卖专营工作机制，与全地区 4000 余户零售客户签订《规范经营管理协议书》，实行客户户籍化动态管理。2004 年，将户籍化管理提升为诚信等级管理，实现专卖工作由管理服务型向服务管理型转变。2005 年，结合整顿和规范市场经济秩序以及治理卷烟体外循环，专卖管理工作的重心放在治本和行业规范上。地区烟草专卖局开始接管喀什地区烟草公司阿合奇县物流配送中心的卷烟营销业务。

2006 ~ 2010 年，地区烟草专卖局加强卷烟市场监管。加大查处大案要案及窝点力度，把重点放在打击销售假冒卷烟网络和藏匿莫合烟窝点上，规范和净化卷烟市场。组织各县（市）局专卖骨干力量开展交叉检查，对集贸市场、重点区域及重点商户，采取守候、盯梢监督管理，防止出现变相批发、违规经营和销售假冒、走私、扰乱卷烟渠道等行为。成立阿克苏市烟草专卖管理办公室（客户服务部)，理顺中心城市的专卖管理和营销服务体制。扩大持证户覆盖面，增加专卖证投放量，逐步缓解城乡部分个体户“办证难”问题。至 2010 年，全地区共有持证户 5512 户，其中城市 2675 户、农村 2837 户，全地区消除空白村 39 个。发挥监督功能，严格市场控制，制定《阿克苏烟草“12313”（全国烟草专卖行政执法机关统一专用举报电话）监督举报工作规范》《阿克苏地区烟草专卖分局“12313”工作职责》及《阿克苏地区烟草专卖分局“12313”工作流程》，建立健全与“12313”相配套的制度。加强专项整治，形成严管态势。发挥“春雷”专项行动作用，把“端窝点、断源头、破网络、抓主犯”作为重点，对运输、销售假冒卷烟、走私烟、非法渠道购进卷烟、莫合烟、无证经营烟草专卖品等涉烟违法行为进行专项清理整顿，共查处各类案件 41 起，涉案金额 8. 14 万元，查获各类违法卷烟 13. 19 件。

2011 ~ 2016 年，全地区烟草专卖工作突出规范管理，坚持市场检查与打假破网同步、诚信建设与服务终端同步。成立专卖稽查机动队，加大对涉烟大要案件的有效打击力度。制定下发《联合开展卷烟市场“百日”清理整顿工作方案》。在全地区范围内组织开展专项整治行动，对重点地域加强集中清理，严厉打击销售假冒伪劣卷烟行为。加强诚信建设，全地区评选出诚信经营示范店1138户，创建诚信示范街42条、示范村24个、示范乡20个。制定《查扣卷烟和大要案件上报制度》《卷烟非法流通重大案件查办制度》《卷烟非法流通通报和奖惩制度》《卷烟大要案件、窝点查处标准及奖励办法》，形成查扣卷烟定时上报、大要案件实时上报、督办案件限时办结、工作情况及时通报的内管机制。建立打假任务目标责任制、案件快速反应机制、市场信息网络共享机制。加强与公安、工商等执法协作单位的业务对接与办案合作，强化卷烟零售市场监管，对重要涉烟案件线索进行深入调查，对托运部、客运站、莫合烟市场等重点区域、重点户进行重点监管，形成地区、县市两级联动查处机制，有效解决专卖人员在当地执法时碍于情面不好查、不敢查、查不得、罚不得的“瓶颈”问题。

**表16－12　2001～2016年阿克苏地区烟草专卖局专卖案件查处情况表**

| 年份 | 查处案件（起） | 查扣烟草专卖品（万支） | 收购没收烟草专卖品原料（吨） | 罚没款（万元） | 年份 | 查处案件（起） | 查扣烟草专卖品（万支） | 收购没收烟草专卖品原料（吨） | 罚没款（万元） |
|---|---|---|---|---|---|---|---|---|---|
| 2001 | 278 | 86.5 | | 11.59 | 2009 | 127 | 34.04 | 20.24 | 5.34 |
| 2002 | 423 | 25.5 | | 17 | 2010 | 74 | 20.87 | 10.23 | 6.14 |
| 2003 | 1028 | | | 30.2 | 2011 | 55 | 18.81 | 11.1 | 2.3 |
| 2004 | 685 | | 20 | 10.6 | 2012 | 233 | 71.72 | 2.4 | 11.71 |
| 2005 | 389 | 109.5 | 26 | 4.02 | 2013 | 237 | 77.68 | | 7.4 |
| 2006 | 324 | 90.52 | 11.96 | 11.61 | 2014 | 212 | 38.4 | | 9.06 |
| 2007 | 247 | 143.61 | 13.4 | 17.34 | 2015 | 203 | 28.09 | 3.32 | 6.28 |
| 2008 | 177 | 73.98 | 23.36 | 11.97 | 2016 | 333 | 47.96 | 0.25 | 9.84 |

（二）卷烟销售

1999～2002年，地区完成烟草系统企业改制和网建工作，推广订单供货。

2003年，由新疆卷烟厂和云南大理卷烟厂合作开发的新品牌“三星雪莲”在地区上市，主推“三星雪莲”“蓝雪莲王”“金色雪莲”“珍品雪莲”“醇香混合雪莲”等品牌。

2004～2005年，全地区卷烟批发价执行全区统一批发价格，卷烟零售实行统一社会零售价。

2006年，地区建立以公司为市场主体的“集中呼叫、统一订单、统一配送、统一结算、集中管理”运行模式，宣传和培育“软甲天下”“软红三环（特醇）”“软哈德门（新品）”、大丰收、红梅春、吉庆福等品牌。

2007年，地区实施推广“按客户订单组织货源”工作，举办“数据大集中软件推广和运用”培训。对5个牌号卷烟价格进行调整，制作卷烟标价签13万张，加强明码实价管理。

2008年，以“按客户订单组织货源”推广工作为抓手，不断加强网络建设工作。全地区解决居住人口300人以上的空白村34个，深入推进农村网络建设。农网实施动态管理，全地区农村在网零售客户达到2226户。仅农村销售卷烟2.1万箱，占卷烟总销量的41%。

2009年，全地区在销全国重点骨干品牌24个，销量占总量的比重为71.4%。共引导具有转型条件的便利店、食杂店转为烟酒店 48 家。新增农网零售客户 340 余户，占全地区新增卷烟零售客户的 58.30%，消除 300 人以上的空白村 288 个。农网电话订货成功率达 99.20%，电子结算成功率达 98.30% 以上。

2011～2012 年，全年新引入 16 个品牌 32 个规格卷烟，退市 9 个品牌 11 个规格。持续完善"零售终端服务消费者工作法"，增强客户服务功能，提升服务品质。开展"天价烟"和卷烟过度包装专项治理工作，规范市场经营行为。组织各分会开展"树标杆，评选一批诚信金质客户""写纪实，拍摄一部 DV 作品"等系列活动。

2016 年，全地区共销售国产卷烟 37 个品牌 173 个规格。10 个价区中有 120 个规格价区份额大于 0.5%。共引入新品卷烟 18 个品牌 23 个规格。共有退市卷烟 39 个规格。销量较好的是雪莲（3000）、天子（金）、红塔山（细支传奇）、好猫（细支长乐）、真龙（凌云）、牡丹（软）及云烟（云龙），上柜率都在 20% 以上。全地区累计销售卷烟销量在全疆排名第四，占全疆销量的为 9.74%，较上年提升 0.10 个百分点。

**表 16－13　2001～2016 年阿克苏地区卷烟购销统计表**

单位：箱，%

| 年份 | 购进卷烟 | 销售卷烟 | 销量同比 | 年份 | 购进卷烟 | 销售卷烟 | 销量同比 |
|---|---|---|---|---|---|---|---|
| 2001 | 24310 | 23144 | 34 | 2009 | 57330 | 56000 | 7.57 |
| 2002 | 29380 | 27784 | 22 | 2010 | 59660 | 58860 | 5 |
| 2003 | 34184 | 32986 | 24.52 | 2011 | 65823 | 65821 | 11.83 |
| 2004 | 38332 | 37900 | 15 | 2012 | 78432 | 77286 | 17.42 |
| 2005 | 41350 | 40218 | 6 | 2013 | 78440 | 78000 | 1.49 |
| 2006 | 46056 | 45500 | 13.18 | 2014 | 74550 | 76593 | －2.35 |
| 2007 | 51938 | 51000 | 11.95 | 2015 | 75163 | 74688 | －2.49 |
| 2008 | 52222 | 52100 | 2.16 | 2016 | 71786 | 69541 | －6.89 |

## 第二节　盐业经营

### 一　机构

1997 年 12 月 18 日，地区机构编制委员会批准成立地区盐务局，1999 年 2 月 26 日正式成立地区盐务局、阿克苏地区盐业有限责任公司，局与公司实行"一套班子、两块牌子"，为国有独资企业，具有法人资格。注册资金 50 万元，是阿克苏地区经贸委管理的二级局、一级公司，在职人数 11 人。2010 年 1 月 4 日，阿克苏地区盐业有限责任公司整体上划给中盐新疆维吾尔自治区盐业有限公司，2010 年 6 月 29 日更名为中盐新疆阿克苏盐业有限公司。2016 年，内设行政办公室、销售科、盐政管理办公室、财务科 4 个科室，在职 15 人。

### 二　购销业务

阿克苏市区域范围内的盐业经营与管理由地区盐务局（后盐业专卖调至中盐阿克苏盐业有限公

司）负责。

1998 ~ 2005 年，地区盐务局通过强化盐政市场管理，打击土盐、私盐贩销，使地区的碘盐销量逐年提高，由 2001 年的 8455 吨提高到 2005 年的 1. 04 万吨，增长 22. 7%。

2006 ~ 2010 年，地区盐业市场健康有序发展，碘盐销量均完成计划任务。

2011 ~ 2016 年，地区盐务局组织盐政稽查人员长期到各县农贸市场巡回检查，严查土盐、假盐、私盐，使地区盐业市场规范有序，进入稳定期，碘盐销量均超额完成计划任务。

**表 16 – 14　2001 ~ 2016 年阿克苏盐业公司盐产品销量一览表**

单位：吨

| 年份 | 盐产品销售量 | 碘盐销售量 | 年份 | 盐产品销售量 | 碘盐销售量 | 年份 | 盐产品销售量 | 碘盐销售量 |
|---|---|---|---|---|---|---|---|---|
| 2001 | 10862 | 8455 | 2007 | 18334 | 13670 | 2013 | 22398. 8 | 12065. 2 |
| 2002 | 10637 | 8087 | 2008 | 16113 | 10416. 6 | 2014 | 24071. 55 | 12254. 1 |
| 2003 | 11867 | 9185 | 2009 | 18885. 99 | 11513 | 2015 | 24286 | 12137. 8 |
| 2004 | 14065 | 9598 | 2010 | 20302 | 11822. 5 | 2016 | 22563 | 12394 |
| 2005 | 14630 | 10377 | 2011 | 22336 | 12136 | | | |
| 2006 | 17026 | 11620 | 2012 | 24038 | 14684 | | | |

## 三　盐政管理

2001 ~ 2006 年，地区市场上充斥着大量土盐，地区盐业局共查获各类盐业违法案件 897 起，查没各类盐产品 1704. 43 吨，罚没款 175920 元，整顿地区盐业市场秩序。

2007 ~ 2014 年，地区盐务局每年在全国“防治碘缺乏病日”，与相关成员单位一起，以集贸市场、人员流动量大的路口为重点宣传地点，开展碘缺乏病防治知识宣传活动，展示合格碘盐和土盐、工业盐、假盐的样品，宣传食用碘盐、防治碘缺乏病的益处，解答真假碘盐识别等方面的问题。食用碘盐得到较好普及，土盐在市场上较少出现。

2015 ~ 2016 年，市场开始出现用无碘盐冒充碘盐销售、将工业盐分装成食用盐销售等现象。地区盐务局联合地区食药监局，对市场进行联合检查，严厉打击违法行为。

**表 16 – 15　2001 ~ 2016 年阿克苏盐务局盐政执法结果一览表**

| 年份 | 查处违法案件（件） | 查获各类盐产品（吨） | 罚没款（元） | 年份 | 查处违法案件（件） | 查获各类盐产品（吨） | 罚没款（元） |
|---|---|---|---|---|---|---|---|
| 2001 | 249 | 650. 46 | 33735 | 2009 | 164 | 102. 94 | 37387 |
| 2002 | 126 | 196. 3 | 0 | 2010 | 102 | 64. 9 | 12257 |
| 2003 | 141 | 165. 94 | 5560 | 2011 | 73 | 31. 814 | 21440 |
| 2004 | 194 | 197. 36 | 23647 | 2012 | 51 | 17. 416 | 3100 |
| 2005 | 34 | 169. 5 | 12180 | 2013 | 146 | 12. 712 | 7260 |
| 2006 | 153 | 159. 57 | 100798 | 2014 | 343 | 37 | 0 |
| 2007 | 24 | 29. 66 | 5786 | 2015 | 73 | 48. 197 | 23000 |
| 2008 | 48 | 48. 42 | 1550 | 2016 | 76 | 111. 61 | 24900 |

表 16－16　2001～2016 年阿克苏地区“防治碘缺乏病日”宣传情况一览表

| 年份 | 出动人员（人次） | 发放资料数(份) | 接受咨询数（人次） | 发放碘盐数（千克） | 展出宣传板面（块） | 年份 | 出动人员（人次） | 发放资料数(份) | 接受咨询数（人次） | 发放碘盐数（千克） | 展出宣传板面（块） |
|---|---|---|---|---|---|---|---|---|---|---|---|
| 2001 | 160 | 11500 | 6000 | 0 | 12 | 2009 | 460 | 53000 | 13500 | 3350 | 68 |
| 2002 | 183 | 16000 | 5100 | 0 | 24 | 2010 | 360 | 35000 | 20000 | 230 | 56 |
| 2003 | 154 | 17500 | 5000 | 0 | 27 | 2011 | 290 | 21500 | 8800 | 2000 | 64 |
| 2004 | 180 | 14580 | 8000 | 0 | 29 | 2012 | 426 | 64000 | 7200 | 2400 | 220 |
| 2005 | 160 | 16800 | 8500 | 0 | 25 | 2013 | 432 | 40000 | 8000 | 2000 | 260 |
| 2006 | 150 | 16000 | 8000 | 0 | 26 | 2014 | 326 | 24000 | 7000 | 2000 | 134 |
| 2007 | 250 | 10000 | 10000 | 280 | 40 | 2015 | 386 | 21000 | 6700 | 2300 | 140 |
| 2008 | 260 | 11000 | 11300 | 300 | 43 | 2016 | 367 | 18700 | 7600 | 2500 | 210 |

## 四　扶贫碘盐发放

2007 年 4 月，自治区党委、自治区人民政府召开自治区防治碘缺乏病重点地区工作会议，做出《农村贫困农牧民食用碘盐实行政府补贴》的决定，由自治区财政给阿克苏地区补贴 83 万元，为地区登记在册的 22.01 万人按每人年均 5 千克的碘盐标准发放扶贫碘盐。补贴标准为柯坪、乌什两个贫困县，自治区承担 50%，地区承担 40%，县市级财政承担 10%；其余县（市）自治区承担 50%，县（市）本级财政承担 50%。

2007～2009 年，地区各级盐业部门与卫生、财政等部门密切配合，遵照《阿克苏地区贫困人口碘盐补助工作方案》《阿克苏地区贫困人口免费发放碘盐工作管理办法》，2007 年 9 月至 2008 年 9 月对地区 22.01 万贫困人口及时发放扶贫碘盐 1100.51 吨，2008 年 9 月至 2009 年 9 月对地区 24.07 万贫困人口及时发放扶贫碘盐 1268.66 吨。乌什县是国家级贫困县和碘缺乏病重点会战县，2008 年 8 月，中国盐业总公司和自治区盐务局向乌什县农村人口捐赠 500 吨扶贫碘盐。

2009 年 9 月至 2016 年 9 月，地区每年度对 28.1 万贫困人口及时发放扶贫碘盐 1405 吨。保证所有贫困农牧民都食用上合格碘盐。

表 16－17　2007～2016 年地区扶贫碘盐发放情况一览表

单位：万人，吨

| 年份 | 贫困人口数量 | 碘盐发放数量 | 年份 | 贫困人口数量 | 碘盐发放数量 |
|---|---|---|---|---|---|
| 2007 | 22.01 | 1100.51 | 2012 | 28.1 | 1405 |
| 2008 | 24.07 | 1268.66 | 2013 | 28.1 | 1405 |
| 2009 | 24.07 | 1268.66 | 2014 | 28.1 | 1405 |
| 2010 | 28.1 | 1405 | 2015 | 28.1 | 1405 |
| 2011 | 28.1 | 1405 | 2016 | 28.1 | 1405 |

# 第五章　对外贸易

## 第一节　对外进出口贸易

2003 年以前，阿克苏市对外贸易出口量较小，出口商品单一，对外贸易经营多以非本地企业为主。

2003 年起，阿克苏市加大对外贸易扶持工作力度。科学指导，实施“走出去、请进来”战略，强化重点企业联系制度，抓好重点企业的进出口推动工作，落实外经贸发展促进政策，加强外贸企业人员培训。指导鼓励具有进出口经营资格的企业及地区评定的“扶优扶强”企业开展出国贸易、商务洽谈、市场考察、经济技术交流等活动。主要出口产品有调味品、百货、香梨、苹果、哈密瓜等。产品主要销往吉尔吉斯斯坦、哈萨克斯坦、巴基斯坦、马来西亚、印度尼西亚、新加坡等国家和地区，以边境小额贸易出口方式为主。

2003 ~2006 年，阿克苏市外贸进出口总额 860. 39 万美元，进出口贸易额逐渐递增。出口商品有白砂糖、面粉、大米、香梨、蔬菜、针织服装等共 16186. 36 吨，主要销往巴基斯坦、吉尔吉斯斯坦、哈萨克斯坦及东南亚等国。

2007 年，为适应国际市场对出口果品实行市场准入制的规范化要求及鼓励企业加大出口，市政府制定《阿克苏市外经贸发展扶持基金管理（暂行）办法》。

2008 年，全市完成外贸进出口额 5722. 3 万美元，其中宝联贸易有限责任公司自申办旅游购资质后，呈现放量增长，填补阿克苏市无旅购资质创汇的空白，成为阿克苏市出口创汇支撑。阿克苏市专门设立扶持外贸企业发展专项基金，用于支持扩大出口，对在当地出口的各类产品统一实行每出口 1 美元补贴 0. 05 元人民币，出口非地产的各类产品实行每出口 1 美元补贴 0. 03 元人民币的补贴优惠制度，根据政策的内容，阿克苏市 8 家外贸企业获得共计 39. 3 万元的扶持基金。

2009 年，阿克苏市 7 家外贸企业获得 68. 57 万元扶持基金，帮助企业办理因公护照手续 38 件，增强企业“走出去”的发展后劲。

2012 年，全市具备一般贸易进出口经营及边境小额贸易资质的外贸企业 31 家，出口产品以地产品和旅购产品为主。出口的品种主要为苹果、香梨、调味品、瓦楞纸、百货等，主要出口到中亚国家。

2016 年，全市完成外贸进出口额 7977 万美元。相继组织宝联、阿达等外贸企业到生产型企业进行参观调研，为企业产品出口对接搭建交流平台，对有出口业绩的外贸企业及时兑付外贸企业发展扶持资金。为联发纺织、恒丰糖业等 5 家外贸进出口企业落实自治区进口贴息项目、外经贸区域协调发展促进项目资金，帮助企业加快出口基地建设。

表 16 - 18　2003 ~ 2016 年阿克苏市外贸进出口情况表

| 年份 | 进出口额完成情况（万美元） | 进出口同比（%） | 年份 | 进出口额完成情况（万美元） | 进出口同比（%） |
|---|---|---|---|---|---|
| 2003 | 63.29 | 29.6 | 2010 | 12000 | 55.6 |
| 2004 | 82 | 124.5 | 2011 | 16100 | 15 |
| 2005 | 184.12 | 188.7 | 2012 | 20498 | 27.5 |
| 2006 | 531.48 | 98.3 | 2013 | 10000 | -51.2 |
| 2007 | 1053.67 | 443 | 2014 | 12000 | 23.9 |
| 2008 | 5722.3 | 71.5 | 2015 | 12500 | 4.2 |
| 2009 | 9814 | 22.3 | 2016 | 7977 | -36.2 |

## 第二节　外贸企业

2003 年 2 月，阿克苏市第一家外贸企业——阿克苏宝联贸易有限责任公司注册，自营和代理各类商品和技术的进出口、边境小额贸易、旅游购物、出入境中介服务、农副产品购销，以及建材、化工、农用物资、玩具、家电、机械设备、医疗器械的进出口，翻译、咨询服务等。

至 2016 年，阿克苏市共有外贸企业 42 家。阿克苏市外贸企业主要出口蔬果（香梨、苹果等）、服装百货等地产品及一些外地产品，主要销往东南亚、巴基斯坦、吉尔吉斯斯坦、俄罗斯等国家。

表 16 - 19　2016 年阿克苏市外贸企业一览表

| 企业名称 | 企业地点 | 备案时间 | 资质情况 |
|---|---|---|---|
| 阿克苏宝联贸易有限责任公司 | 阿克苏市北大街 18 号 | 2003.4 | 一般、边境、旅游购物 |
| 阿克苏宝新外贸有限公司 | 阿克苏北大街 32 号 8 号楼 2 单元 301 室 | 2013.8 | 一般、边境、旅游购物 |
| 阿克苏阿达进出口有限责任公司 | 阿克苏市南昌路 4 号 5 号楼 2 单元 202 室 | 2006.2 | 一般、边境、旅游购物 |
| 阿克苏融远进出口贸易有限责任公司 | 阿克苏市南城区红旗坡工程队（果业公司） | 2009.1 | 一般、边境、旅游购物 |
| 阿克苏盛泰贸易有限公司 | 阿克苏市东大街 26 号龙泰大厦 5 - 36 号 | 2011.5 | 一般、边境、旅游购物 |
| 阿克苏德恒进出口贸易公司 | 阿克苏新世纪广场 15 楼 B 座 1502 室 | 2004.7 | 一般、边境、旅游购物 |
| 阿克苏市金绿地农场有限责任公司 | 阿克苏市柯柯牙总干渠以西二公里 | 2009.7 | 一般、边境、旅游购物 |
| 阿克苏市安利达果业有限公司 | 阿克苏艺园路 4 号 | 2006.5 | 一般贸易 |
| 阿克苏地区塔克拉玛干有限公司 | 阿克苏友谊路 38 号 | 2010.12 | 一般贸易 |
| 阿克苏君实进出口贸易有限责任公司 | 阿克苏市南城区红旗坡农场机场路北侧 | 2010.5 | 一般贸易 |
| 阿克苏热夏提进出口贸易有限公司 | 阿克苏市小南街 25 号 5 幢 101 号 | 2008.9 | 一般、边境小额贸易 |
| 阿克苏鑫通贸易有限公司 | 阿克苏市南昌西路 5 号 2 栋 2 - 401 号 | 2011.5 | 一般、边境小额贸易 |
| 阿克苏首开顺风有限责任公司 | 阿克苏市阿瓦提路左岸明珠小区 15 栋 3 单元 101 号 | 2012.3 | 一般、边境小额贸易 |
| 阿克苏腾飞致远有限责任公司 | 阿克苏市解放中路 16 号新运小区 5 号楼 3 单元 402 室 | 2012.3 | 一般、边境小额贸易 |
| 阿克苏金刚商贸有限公司 | 阿克苏市乌喀中路 38 号（鸿福源汽车市场内） | 2012.8 | 一般，边境小额贸易 |
| 新疆正坤投资有限公司 | 阿市人民北路虹桥花园小区 10 号 1 单元 402 室 | 2012.2 | 一般、边境小额贸易 |
| 阿克苏伟佳果业有限公司 | 阿克苏市南大街 11 号 2 号楼 1 单元 502 室 | 2011.2 | 一般、边境小额贸易 |
| 阿克苏惠百利商贸有限公司 | 阿克苏市城区中原路绿洲小区 1 号楼 2 - 201 室 | 2012.4 | 一般、边境小额贸易 |
| 阿克苏易正贸易有限公司 | 阿克苏北大街 52 号楼 1 号楼 1 单元 301 室 | 2012.9 | 一般、边境小额贸易 |
| 阿克苏德鑫源贸易有限公司 | 阿克苏市红桥区人民北路 32 号月亮泉小区 3 号楼 302 | 2012.1 | 一般贸易 |

续表

| 企业名称 | 企业地点 | 备案时间 | 资质情况 |
|---|---|---|---|
| 阿克苏鑫朋商贸有限公司 | 阿克苏市香格里拉小区 30 号楼 1 单元 603 室 | 2012. 1 | 一般、边境小额贸易 |
| 阿克苏中塔果业有限责任公司 | 阿克苏市阿塔公路 53 公里处 | 2010. 7 | 一般、边境小额贸易 |
| 阿克苏市新圣源果业有限责任公司 | 阿克苏市托普鲁克乡 | 2008. 9 | 一般、边境、旅游购物 |
| 阿克苏聚成果蔬农民专业合作社 | 阿克苏市依干其乡多浪新村市场二楼 | 2010. 1 | 一般、边境小额贸易 |
| 阿克苏华夏进出口有限责任公司 | 阿克苏市迎宾路 24 号 2 楼 201 室 | 2007. 6 | 一般贸易 |
| 新疆木扎提国际贸易有限公司 | 阿克苏市迎宾大厦 26 楼 | 2008. 5 | 一般、边境小额贸易 |
| 阿克苏地区银华源实业发展公司 | 阿克苏地区实验林场五队(重庆大酒店对面) | 2008. 5 | 一般、边境小额贸易 |
| 新疆阿迈特商贸有限公司 | 阿克苏市东工业园区 | 2011. 7 | 一般、边境小额贸易 |
| 阿克苏怡合房地产开发有限公司 | 阿克苏市多浪路 4 号 | 2007. 5 | 一般贸易 |
| 阿克苏麟港果业公司 | 阿克苏市实验林场八队(厂部门口) | 2008. 6 | 一般小额贸易 |
| 阿克苏泉枣果业有限公司 | 阿克苏步行街 B－1－1 号 | 2012. 8 | 一般,边境小额贸易 |
| 新疆天海绿洲农业科技股份有限公司 | 阿克苏市乌喀路工业园区 | 2006. 7 | 一般、边境小额贸易 |
| 新疆神木药业有限责任公司 | 阿地纺织工业园区温州路 1 号 | 2013. 5 | 一般、边境小额贸易 |
| 浙江物产新疆物流公司 | 阿地纺织工业园区河南路 | 2013. 6 | 一般、边境小额贸易 |
| 新疆伟易达科技有限公司 | 阿克苏特色产业园东园徐杭路以上 | 2013. 5 | 一般、边境小额贸易 |
| 新疆兴发化工有限公司 | 阿克苏市经济技术开发区浙江产业园 | 2013. 5 | 一般、边境小额贸易 |
| 阿克苏市恒泰新型建材有限公司 | 阿克苏市经济技术开发区 | 2013. 6 | 一般、边境小额贸易 |
| 新疆好地方果业有限公司 | 阿克苏市新华东路金都国际社区 A 幢 22 层 01 号 | 2013. 12 | 一般、边境小额贸易 |
| 阿克苏联发纺织公司 | 阿地纺织工业园区 | 2011. 5 | 一般贸易 |
| 阿克苏恒丰糖业有限公司 | 乌喀路 314 国道 | 2001. 6 | 一般小额贸易 |
| 阿克苏方源彩印包装有限公司 | 阿克苏南工业园区 | 2013. 4 | |
| 阿克苏宇通进出口贸易公司 | 阿克苏英阿瓦提路 | 2015. 1 | 一般、边境小额贸易 |
| 阿克苏统一有限公司 | 阿克苏特色产业园区富达路 15 号 | 2012. 5 | 一般贸易 |
| 阿克苏益海粮油 | 阿克苏南工业园区 | 2012. 5 | 一般贸易 |
| 阿克苏娃哈哈公司 | 阿克苏东工业园区 | 2012. 3 | 一般贸易 |

# 第十七编　旅游业

阿克苏市旅游资源丰富，有神奇的自然风光、独特的人文景观和厚重的历史文化，风景优美，绿树成荫，素有鱼米之乡、瓜果之乡的美誉，拥有沙漠、戈壁、绿洲、山地、草原等地貌单元，是西域文化旅游的理想之地。1990 年以来，随着市场经济的开拓，产业结构的调整，市委、市人民政府加快了发展旅游的步伐。旅游业发展从无到有、从小到大、从弱到强，由无序、散乱到规范有序，不断做大、做强，阿克苏市旅游业迸发出强劲的发展动力，产业地位不断提高，成为国民经济的重要组成部分。2010 年，编制和修订旅游规划，狠抓基础设施配套服务，打造精品旅游线路，发展农家乐旅游，促进文化游、民俗游、乡村游互相发展。旅游业对全市经济的拉动、社会就业的带动以及对文化和环境的促进作用日益显现。2006 年，阿克苏市被国家旅游局命名为中国优秀旅游城市。2012 年，阿克苏市获得中国十佳最具投资潜力文化旅游目的地城市称号。2016 年，全市接待国内外游客 71.2 万人次，旅游直接收入 13102 万元，实现旅游消费 6.42 亿元。

# 第一章　机　构

## 第一节　行政机构

2002年10月，阿克苏市旅游挂靠政府办公室，设专门办事机构。

2004年11月，阿克苏市旅游局成立，是阿克苏市旅游行业的行政主管部门，直属市政府管理。2004年，市旅游局核定编制4名，实有4人，内设办公室、业务股。质量监督检查所（旅游执法监察大队）为市旅游局所属参照公务员事业单位，核定编制4名，实有2人。

2016年，市旅游局核定编制4名，实有5人。质量监督检查所（旅游执法监察大队）为市旅游局所属参照公务员事业单位，核定编制4名，实有2人。

## 第二节　服务机构

至2016年，阿克苏市有旅行社总数18个（含分社），为游客提供国内外旅游服务。

### 一　新疆康辉大自然国际旅行社有限责任公司

成立于2009年10月，经营范围包括出入境旅游、国内旅游及会展商务等全方位旅游服务。

### 二　新疆省心之旅国际旅行社有限公司阿克苏分公司

成立于2012年2月，是省心国旅在南疆开设的第一家分公司。位于南大街18号丽园七区11～9号门面房。业务包含散客、团体的接待及出疆出境旅游、会议接待、护照办理、旅游包车、团队拓展训练、酒店预订、机票预订等。

### 三　新疆多浪龟兹国际旅行社有限公司

成立于2010年11月8日，是阿克苏首家旅行社总社。位于阿克苏市锦绣路迎宾馆一楼，业务包含团队、散客国内及入境旅游，旅行商品销售，机票代理，会议，汽车租赁，团队户外拓展，团队景区门票预订，酒店预订等。

### 四　港中旅国际新疆旅行社有限责任公司阿克苏分社

成立于2015年2月，位于阿克苏市小南街2～8号，业务包括国内旅游、入境旅游，国内机票、火车票预订。

### 五　新疆春秋之旅国际旅行社有限公司阿克苏分公司

成立于2015年3月25日，位于阿克苏市金桥现代城B座15层1908室。业务范围包括入境旅游业务、国内旅游业务、出境旅游业务，机票代理、汽车租赁、商务信息咨询。

### 六　中青旅新疆国际旅行社有限责任公司第一分公司

成立于2016年3月15日，位于东大街32号鸿福酒店1楼，业务包括出境旅游业务、国内旅游业务、入境旅游业务，机票预订、代购火车票、门票代售服务、住宿、餐饮代购服务，客运代理，会议、会展服务，旅游信息咨询服务及软件系统开发，与经营范围相关的咨询服务。

### 七　中青旅新疆国际旅行社有限责任公司第二分公司

成立于2016年5月25日，位于栏杆路19号上东国际E栋2－503室，业务包括出境旅游业务、国内旅游业务、入境旅游业务、机票预订、代购火车票、门票代售服务、食宿、餐饮代购服务，客运代理，会议、会展服务，旅游信息咨询服务及软件系统开发，与经营范围相关的咨询服务。

### 八　港中旅国际新疆旅行社有限责任公司阿克苏凯旋分公司

成立于2016年2月，位于英阿瓦提路10号凯旋大酒店1楼大厅，业务包括国内、入境、出境旅游业务，旅游咨询服务，会议接待、商务考察服务、旅游汽车租赁、票务代理。

# 第二章　旅游规划

## 第一节　总体规划

2004年8月，阿克苏市开始编制《阿克苏市旅游业发展“十一五”（2006～2010年）总体规划》，市委、市政府和相关部门多次对《规划》进行讨论修改。2006年2月，《规划》通过地区专家评审委员会的评审。2006年6月，《规划》经阿克苏市第六届人民代表大会常务委员会第二十次会议审议通过。《规划》中，对10个重点旅游项目开发规划和3个重点旅游项目发展提升规划均做出详细概述。

## 第二节　分区规划

2006年，阿克苏市根据旅游资源的总体特征和各旅游景点的特点，将阿克苏市划分为6个大的旅游功能区，分别是城市及周边观光休闲旅游区、圣泉阁水疗山庄——艾西曼湖休闲度假旅游区、喀拉塔勒农业观光旅游区、塔里木银沙湾休闲娱乐旅游区、现代大农业观光旅游区以及塔里木和塔克拉玛干沙漠旅游区。

表 17－1　2006 年阿克苏市旅游功能区划分一览表

| 旅游功能区名称 | 功能区位置 | 功能区定位 | 功能区内主要景区、景点 |
| --- | --- | --- | --- |
| 多浪文化展现和城区周边观光休闲旅游区 | 城市及周边地区 | 通过多种方式和场地展现多浪文化，并兼有观光休闲娱乐等产品 | 多浪公园、新建多浪宫、胡杨公园、儿童公园、“双拥”纪念碑、博斯坦风情园、齐曼扎杏园和周边的依干其无公害蔬菜产业基地、依尔玛休闲庄园、依干其果林观光区、“三北”四期河滩旅游、昆旦巴哈民俗村景区、柯柯牙“三北”防护林景观、胡杨林岛景区、多浪河人家等 |
| 圣泉阁水疗山庄——艾西曼湖休闲度假旅游区 | 阿克苏市西南部 | 休闲度假，兼有水疗和健身 | 圣泉阁水疗山庄景区、黄宫湖景区、艾西曼湖景区、月亮湖景区 |
| 塔里木银沙湾休闲娱乐旅游区 | 阿克苏市东南部 | 休闲、娱乐 | 区内有多项娱乐设施和食宿设施 |
| 喀拉塔勒农业观光旅游区 | 阿克苏市东南部 | 农业、果园观光及参与性旅游活动 | 喀拉塔勒镇博斯坦村、葡萄长廊、农业观光景区 |
| 现代大农业观光旅游区 | 阿克苏市东南部 | 大型农业观光 | 现代化大农业观光，兵团垦荒成就展 |
| 塔里木盆地和塔克拉玛干大沙漠旅游区 | 阿克苏市东南部 | 观光、探险、猎奇 | 要逐步创造条件，在中远期进行开发 |

## 第三节　项目规划

### 一　总体情况

2005 年，阿克苏市加强旅游规划项目建设，强化旅游业的管理，指导和协调重点旅游业的开发。

2009 年，阿克苏市研究制定旅游业中长期项目规划，指导重点旅游区域的规划建设。

2013 年，市旅游局对阿克苏市重大旅游项目建设进行评审论证和上报立项。

2016 年，阿克苏市针对旅游资源项目开展普查，对旅游项目进一步规划。

### 二　规划项目

（一）阿克苏多浪河国家湿地公园5A 级景区规划项目

该区域占地面积 1291. 4 公顷，湿地动植物资源丰富。野生植物有 497 种，其中柽柳、罗布麻、甘草、梭梭等国家二级保护植物 10 余种。野生动物 266 种，其中金雕、黑鹤、新疆大头鱼 3 种国家一级保护动物，鹅喉羚、塔里木兔、白鹭、苍鹭、苍鹰等 20 余种国家二级保护动物，70 余种自治区地方保护动物，生态多样性良好；周边人文资源价值突出，民族文化底蕴厚重。

（二）智慧旅游规划项目

包括软件部分和硬件设备部分，其中软件部分主要包括云数据中心系统软件、云引擎支撑系统、一云多屏全媒体智慧服务系统、旅游电子政务系统、游客统计分析与智能疏导系统、旅游目的地营销系统、旅行社助手（导游助手）以及新媒体推广等内容；硬件设备部分包括视频监控系统、公共广播系统、停车场管理系统、LED 大屏显示系统、SOS 呼叫系统、GPS 车辆调度系统、指挥调度中心系统、电子门禁票务系统、云数据中心硬件系统（中心机房）、云数据中心硬件系统（集散中心）以及免费 WiFi 覆盖系统等。

（三）旅游商品规划项目

包括铜器、彩陶、土陶、绣品、花帽、民族乐器等民族工艺品，还有奇石怪石、土特产、书法、绘画、印章、雕刻等特色工艺品。

（四）多浪度假村规划项目

包括水上娱乐项目、水上主题公园建设项目、特色水产品养殖项目等。

（五）塔克拉玛干沙漠旅游规划项目

包括沙漠探险游、沙漠徒步游、沙画、沙雕展示、沙漠赛车、沙滩排球等竞技活动，以及沙漠迷宫、沙疗等项目。

（六）胡杨生态园旅游规划项目

包括胡杨林野蘑菇采摘区、特色果品采摘区、花卉观赏区、室外影楼、林间徒步、滑冰、滑雪场等项目。

（七）西湖游乐园规划项目

包括大型水上游乐项目、游船游艇环游西湖项目、水上龙舟比赛项目、潜水运动项目等。

（八）温泉小镇规划项目

包括利用圣泉阁 6 眼天然温泉井，借助特色乡镇建设，在阿克苏市阿依库勒镇打造温泉小镇，形成集吃住、养生、休闲、度假于一体的高品位场所。

（九）特色小镇规划项目

包括特色民居、特色小吃（吸纳全国地方菜系）一条街、特色商品购物一条街、特色文化演艺一条街等项目。

# 第三章 旅游资源

## 第一节 资源分类

阿克苏市特殊的地质构造与地理环境造就丰富的旅游资源。按照 2003 年 5 月 1 日实施的《中华人民共和国国家标准（1972～2003）》和《旅游资源分类、调查与评价》，确定阿克苏市旅游资源。至 2016 年，全市共有旅游资源 28 处，其中自然景观资源 3 处，人文景观资源 25 处。

表 17－2　2016 年阿克苏市旅游资源分类表

| 主类 | 亚类 | 资源名称 | 等级 |
|---|---|---|---|
| A 地文景观 | AA 自然景观综合体 | 天山及托木尔峰 | 五 |
| | | 塔克拉玛干沙漠 | 五 |
| | AB 地质与构造形迹 | 碛砾岩 | 二 |
| | AC 地表形态 | 沙丘 | 三 |
| B 水域景观 | BA 河系 | 塔河漂流河段 | 三 |
| | | 阿克苏河 | 三 |
| | | 阿克苏 | 四 |
| | | 库玛拉克河 | 二 |
| | | 老大河 | 二 |
| | | 托什干河 | 二 |
| | BB 湖沼 | 皇宫湖 | 四 |
| | | 月亮泊 | 三 |
| | BC 地下水 | 阿依库勒温泉 | 四 |
| | BD 冰雪地 | 托木尔冰川(辖区内较少) | 五 |
| C 生物景观 | CA 植被景观 | 柯柯牙绿化工程 | 四 |
| | | 古桑树 | 二 |
| | | 三棵古胡杨 | 三 |
| | | 哈拉塔勒镇草场 | 二 |
| | | 塔里木胡杨岛 | 三 |
| | CB 野生动栖息地 | 阿克苏市城市森林公园 | 三 |
| | | 阿克苏国家湿地公园 | 四 |
| D 天象气候景观 | DA 天象景观 | 托峰日月星辰 | 二 |
| | DB 天气与气候现象 | 天山云海 | 二 |
| E 建筑与设施 | EA 人文景观综合体 | 芦花村农家乐、佳乐农庄、兴林农庄、如意农庄、四合源农庄、余三农庄、水韵农庄、沙河庄农庄、熊熊农庄、阿杜农庄、浏洋合庄园、姑墨农家乐、龙骧休闲园、鱼友农庄、兄弟农家乐、葡萄园休闲庄、风雨林庄园、汗迪亚尔休闲园 | 二 |
| | | 多浪人家旅游休闲园、旺角庄园、柯柯牙生态园、西湖印象农家乐、西部农庄 | 三 |
| | | 齐曼扎休闲园 | 三 |
| | | 双渠水上度假村、铁热克博斯坦度假村 | 二 |
| | | 圣泉阁水疗山庄 | 三 |
| | | 丝绸之路文化主题园 | 三 |
| | | 奇石玉石旅游文化中心 | 三 |
| | | 铁热克博斯坦风情园 | 二 |
| | | 阿克苏市多浪河景区 | 四 |
| | | 东城公园 | 二 |
| | | 胡杨公园 | 三 |
| | | 塔里木祥龙湖风景区 | 三 |
| | | 阿克苏植物园 | 三 |
| | | 嘉鑫农业观光园 | 三 |
| | | 鑫湖游乐园 | 三 |
| | | 依干其果林观光园 | 三 |
| | | 阿克苏市电影小镇(暨 2049 文创园) | 四 |
| | | 阿克苏广播电视大学 | 二 |
| | | 阿克苏中国旅行社 | 二 |

续表

| 主类 | 亚类 | 资源名称 | 等级 |
|---|---|---|---|
| E 建筑与设施 | EB 实用建筑与核心设施 | 阿克苏博物馆 | 四 |
| | | 阿克苏国际博览中心 | 三 |
| | | 多浪餐饮广场 | 三 |
| | | 阿克苏世纪广场 | 二 |
| | | 民俗街区 | 二 |
| E 建筑与设施 | EB 实用建筑与核心设施 | 喀热萨喀里阿塔木穆斯林墓地 | 二 |
| | | 阿克苏火车站、阿克苏机场、公共汽车站 | 三 |
| | | 多浪水库 | 三 |
| | | 塔河大桥 | 三 |
| | | 阿克苏市托海牧场 | 一 |
| | | 红旗坡原艺厂 | 二 |
| F 历史遗迹 | FA 物质类文化遗存 | 丝绸之路北道 | 二 |
| | FB 非物质类文化遗存 | 叼羊、斗鸡、赛马、排球、拔河 | 二 |
| | | 多浪文化 | 五 |
| | | 龟兹文化 | 五 |
| | | 老子文化及西游文化 | 三 |
| G 旅游购物 | GA 农业产品 | 天山雪莲、阿克苏苹果、红枣、鲜核桃 | 四 |
| | GB 工业产品 | 新农乳制品 | 二 |
| | | 棉花 | 二 |
| | GC 手工艺产品 | “王子碗”维吾尔族手工木雕 | 二 |
| | | 卡拉库尔胎羔皮帽 | 二 |
| | | 手工彩色达甫鼓 | 二 |
| | | 多浪文化产品 | 三 |
| H 人文活动 | HA 人事活动记录 | 海热提 · 阿布都提 | 二 |
| | | 包尔汉 | 一 |
| | HB 岁时节令 | 古尔邦节 | 二 |
| | | 诺鲁孜节 | 二 |
| | | 阿克苏龟兹文化旅游节 | 三 |
| | | 阿克苏市农副产品展销会 | 三 |

## 第二节　景区景点

### 一　阿克苏市多浪河景区

多浪河景区工程计划分三期建设，一期工程于2005年规划，2006年动工，2010年全面完工，累计完成投资资金15亿元，共治理河道2.45千米，以河道绿色水岸为轴线，结合阿克苏市社会经济和不同时期历史文化，突出表现了现代之光、多浪之魂、龟兹神韵、军民鱼水四个主题。二期工程，于2010年启动，2013年动工，2014年10月1日全面完工。河道景观工程规划用地138公顷，河道全长3.24千米，分为ABC三段。A段以商业构筑为主，建成了8.3万平方米商业街。B段以阿克苏历史文化为主题，以西域广场、姑墨亭、威戎城、乐舞广场、多浪文化广场及雪莲广场为主要构筑物。C 段主要以游泳池、多浪瀑布、水帘洞及大面积绿地为主，体现人与自然的和谐统一，最大化将人们的活动空间拓展到室外，满足了人们亲水、爱水、戏水的心理需求。多浪河三期工程计划于 2011 年开工，将与多浪河一期、二期工程整体贯通。整个多浪河景区是阿克苏河流域生态建设工程的重要组成部分，成为阿克苏人民休闲、娱乐的好去处，也成为阿克苏乃至南疆一道靓丽的城市名片。

## 二　阿克苏国家湿地公园

阿克苏国家湿地公园位于阿克苏市西北侧，北至阿克苏职业技术学院，东至稻香路，南至 G314 国道南线以北，西至依干其乡巴格其村，总占地 133 公顷，总投资 2 亿元。项目自 2016 年 8 月开工，其主要功能为沉淀泥沙、保育水源、蓄水滞洪、净化水质、调节气候，维持自然生态健康平衡，为野生动植物提供一个生存、栖息和繁衍的环境。湿地公园作为国家级生态保护项目，实现人与水、自然与文化的和谐融合，改善和提升城市人居环境质量，为生态文明城市建设奠定基础。

## 三　柯柯牙生态旅游景区

柯柯牙生态旅游景区位于阿克苏市东郊与温宿县接壤的荒原上，距阿克苏市区约 10 千米处，柏油路贯通全景区，交通便利。景区以 25 千米长、300 米宽的人工防护林为主体，绿树成荫，鸟语花香，蓝天之下象征柯柯牙精神的拓荒牛雕塑屹立其间，错落有致的居民点，硕果累累的葡萄架，以及苗圃、果园，承载着深刻的自然与人文内涵，与景区外茫茫荒原形成鲜明的对比，使中外观光来访者浮想联翩，赞叹不已。

## 四　多浪人家旅游休闲园

多浪人家旅游休闲园是一家四星级农家乐，位于阿克苏市依干其乡，距离阿克苏市 4 千米，占地 13 公顷。休闲园彩砖路、瓷砖路、独具喀什风格的蓝砖路与葡萄长廊路，与楼亭接壤的梯形路交相辉映，是一道亮丽的风景线，以民族风情和民族传统为主的且装饰个性化的 500 平方米雅座，房顶上修建别有特色的凉亭供观光。修建在多浪河上的民族特色和欧式风格一体化的水上楼亭，面积约 700 平方米。高档的仪式大厅内部墙面按传统形式由特种木材制成，适合各种大型演出及典礼仪式，独具民族风情的休闲楼亭使整个景区文化韵味十足。欧洲样式装饰的套式别墅四间，总面积为 800 平方米，500 米长的架式葡萄长廊上雕刻独具民族特色的彩图。园中修建一个 1.5 万平方米的旅游湖，湖周植有胡杨树，湖中修建人工岛屿，为游客提供小船等娱乐设施，还修建 4000 平方米娱乐式钓鱼池塘 2 个，600 棵风景树及鲜花。休闲园以现代康体娱乐、度假休闲为主，水利工程观光浏览、立体生态农业参观等丰富的旅游项目，成为阿克苏市民族特色和欧式风格一体化的著名农家乐之一。2009 年 3 月 1 日，被自治区旅游景区质量等级评定委员会批准为国家 AA 级旅游景区。

## 五　柯柯牙生态园

位于柯柯牙路人造林风景区 3.5 千米高架桥处，创建于 2013 年，占地 4 公顷，2016 年被地区旅游局评为四星级农家乐。功能区有餐饮区、娱乐区（乒乓球、羽毛球、篮球、儿童游乐场）、垂钓园、民族演艺大舞台、动物观赏区（鸵鸟、孔雀、天山马鹿、羊驼、肉鸽、果园鸡）、观光园（香蕉、火龙果采摘）、拓展训练区，打造有核桃、樱桃、苹果示范园及葡萄长廊。园内餐饮主要为新疆特色美食，烤全羊、馕坑肉、手抓饭、大盘鸡、烤包子、拌面以及南北大菜，为吸引游客和市民，园内推出有机蔬菜生态大棚，用于农家采摘项目。园内果品众多，环境优美。

## 六　西部农庄

坐落于柯柯牙森林公园 2 千米处。创建于 2012 年，主营业务有餐饮、冬季观光采摘、棋牌、垂钓、自助采摘、团队拓展训练、骑马、骑骆驼等项目，是一家可四季营业的农农乐。2013 年，被地区旅游局评定为三星级农家乐。农庄拥有 1 个可供 300 人同时活动就餐的生态大厅、1 个多功能特色凉亭和 10 个豪华包厢。2014 年，农庄种植各种蔬菜水果，让游客体验采摘及农事劳动，通过良田、果园、庭院、鱼塘、牧场等展示农村风貌、农业生产过程、农民生活场景。2015 年，农庄举办首届农家乐文化旅游节，自制具有汉族特色的花轿和维吾尔族风情的马车，让游客体验到不同的观光乐趣。2016 年，西部农庄推出反季节有机水果蔬菜采摘，补充冬季旅游市场的空白。

## 七　兴林农庄

位于柯柯牙路 5.5 千米处。2012 年开业，2014 年被地区旅游局评定为三星级农家乐。园内设有篮球场、自助烧烤、餐饮区，特色餐饮主要有烤全羊、大盘鸡、红烧牛排、面肺子、咸鹅蛋、农家酱鸭等品种菜肴。

## 八　旺角庄园

位于解放南路 18 号，创建于 2004 年，2006 年正式开始营业，2009 年被地区旅游局评定为三星级农家乐。庄园内设有婚纱摄影拍摄基地、水疗养生会所、观赏鱼鱼塘。园内果树种类繁多，景色宜人。特色餐饮是烤全羊，有柯坪羊羔肉、羊肉汤锅等新疆菜系，民族特色小吃风味独特。餐饮均采用绿色、有机食材制作。

## 九　农夫山庄

农夫山庄是一家具有田园农家风格的度假村，位于阿克苏市解放南路，果树环绕、空气新鲜、环境清幽，占地面积 1 万多平方米。山庄有 14 间豪华包间（内设冷暖空调，可供 400 人就餐），总建筑面积 1200 平方米，设有 KTV 专业点歌系统及自动麻将设备。还设有 2 个多功能厅（具备中小型会议使用的现代投影设备），每个多功能厅可容纳 50 余人。葡萄娱乐长廊 800 平方米，长廊下有休闲藤椅、木质桌子、篝火。园内还修建具有浓厚乡村气息的茅草屋。山庄不仅具有酒店式的豪华享受，而且有农家田园的乡土风情。园内有种类繁多的水果（苹果、香梨、红枣、核桃、葡萄、李子）等供游客采摘。同时还有自种的有机蔬菜十余种。园内还养殖有品种丰富和原生态的家禽野味（土鸡、鸭子、鹅、鸽子、鹧鸪、火鸡、珍珠鸡、野鸡等），尊崇健康、文明、有益身心的服务理念，为广大休闲旅游爱好者营造一个欢乐温馨、自主参与、家庭同乐、老少同游的共享空间。

## 十　西湖滑雪场

位于阿乌路 7.5 千米，2013 年评审通过为 2S 滑雪场，每年 12 月中旬到 2 月中旬进行营业。西湖滑雪场是南疆最大的滑雪场，雪质晶莹漂亮。滑雪场有初、中级滑雪道3条，伸缩拉杆式牵引索道3条，并配置了1000多套进口滑雪板和滑雪服装供游人使用。西湖滑雪场聘请来自全国各个专业运动队、具有多年执教经验的教练执教，为滑雪爱好者进行安全教育和技术指导。

# 第四章　旅游服务

## 第一节　旅游交通

阿克苏市以314国道为基本骨架形成交通网络，主要以314国道和省道与各乡镇联系，各乡镇之间的联系通过市乡、乡级公路联系。市区北侧有高速公路，南侧有铁路穿过，火车站位于市区南部，通往南北疆各地和内地省市。市域内大部分景点都在已有交通网络之内。

1990年以来，阿克苏市以做好旅游交通配套设施等基础工作为目标，推进阿克苏市旅游业的发展。

2005年2月5日，阿克苏公交公司成立旅游分公司，隶属阿克苏市公交有限责任公司下属分公司，投资700万元，购进旅游专用车辆36辆，其中高档大巴2辆，高档中巴6辆，高档小型面包车2辆，观光巴士26辆，方便广大游客、市民的观光出行。投入旅游专用车辆10辆，后备车辆10辆，配备阶梯型车辆，车辆达国家高2级客车以上。车辆型号为华新牌中高档空调车，车辆座位数分30座、27座、11座三类。车内配备有VCD、电视等视频播放设备。车体宽敞、舒适安全、方便快捷、服务热情文明，可为来阿克苏地区旅游的团队、游客、团体、企事业单位，提供大、中、小型客车的租赁业务。

2007年，阿克苏市飞机场、火车站、汽车站和主要街区设有旅游咨询服务中心，在显著位置设有旅游地图广告牌，并提供飞机、火车、汽车时刻表、宾馆联系电话等信息服务。在城市的主要干道上，设置规范、醒目的道路牌267个，在市区交通干线设有交通标线，有进出市区的标志牌及主要街道的中、英、维吾尔文对照牌，旅游景区内设置景区介绍牌，有重点地介绍景区、景点等内容，另外还有免费停车点，市区有人行横道线，通往景点的道路安全畅通，公用电话遍布全市，方便游客游览。形成包括飞机、火车、汽车在内的旅游交通网络。

2016年，阿克苏市推进温—昭公路项目，打通伊犁—阿克苏—喀什旅游环线，使阿克苏成为连接南北疆旅游的关键节点、重要目的地。市交通运输部门做好与各县（市）通往景区道路与高速公路、铁路、机场及国省干线公路、乡村公路等交通路网建设的对接，实施交通干线与3A级以上景区最后一千米通达工程。将通往旅游景区标志纳入交通标志建设范围，完善旅游标识标牌体系。推进高速公路不停车电子收费系统（ETC）建设。完善国（省）道加油站点服务设施，在具备条件的地区把建设较高标准的公用厕所作为新建加油站（点）准入标准之一。开通阿克苏至喀什、伊犁、喀纳斯等疆内主要旅游客源城市航班，并增加阿克苏至北京、上海、杭州、西安、郑州、南京、兰州等国内旅游热点城市的航班密度，提升航空通达性。在旅游旺季增开阿克苏至主要客源地的客运列车和旅游专列，优先办理旅游团队火车票预定。积极推进阿克苏—库尔勒铁路电气化改造，为旅游业提供交通便利。

## 表 17－3　2016 年阿克苏公路客运信息表

阿克苏新城客运站时刻表

| 终点 | 发车时间 | 沿途 | 型号 | 线路 |
|---|---|---|---|---|
| 拜城 | 09:00～20:00 | 每 35 分钟一班 | 快车 | 阿克苏—拜城 |
| 库车 | 09:30～20:00 | 每 50 分钟一班 | 快车 | 阿克苏—库车 |
| 沙雅 | 10:00～16:10 | 每 70 分钟一班 | 快车 | 阿克苏—沙雅 |
| 新和 | 10:00～20:00 | 每 90 分钟一班 | 快车 | 阿克苏—新和 |

阿克苏新城客运站　地址:阿克苏民主路 36 号　电话:0997—2514720

阿克苏地区客运站时刻表

| 终点 | 发车时间 | 线路 |
|---|---|---|
| 乌鲁木齐 | 每日两班 | 阿克苏—乌鲁木齐 |
| 乌什县 | 每日两班 | 阿克苏—乌什县 |
| 阿瓦提县 | 每小时一班 | 阿克苏—阿瓦提县 |
| 柯坪县 | 一天两班 | 阿克苏—柯坪县 |
| 阿拉尔 | 每小时一班 | 阿克苏—阿拉尔 |

阿克苏地区客运站　地址:塔中路与文化路交汇处南侧　电话:0997—2612229

第一师客运站时刻表

| 终点 | 发车时间 | 班次 | 车种 | 线路 |
|---|---|---|---|---|
| 五团 | 08:30～20:30 | 每 20 分钟一班 | 普客(小车) | 阿克苏—五团 |
| 六团 | 08:30～20:30 | 每 30 分钟一班 | 普客 | 阿克苏—六团 |
| 一团 | 09:00～20:30 | 每 42 分钟一班 | 普客 | 阿克苏—一团 |
| 三团 | 09:00～20:30 | 每 41 分钟一班 | 普客(小车) | 阿克苏—三团 |
| 四团 | 12:00～15:00 | 每天三班 | 普客(大车) | 阿克苏—四团 |
| 乌鲁木齐 | 19:30 | 每天一班 | 快客 | 阿克苏—乌鲁木齐 |

阿克苏地区第一师客运站　地址:阿克苏市迎宾路　电话:0997—2574946

阿克苏中心客运站时刻表

| 发车站 | 终点站 | 发车时间 | 车型 | |
|---|---|---|---|---|
| 阿克苏中心客运站 | 乌鲁木齐 | 每天 18:00 | 普快 | |
| 阿克苏中心客运站 | 阿拉尔 | 20 分钟/班 | 普快 | |

地址:阿克苏市中原路与乌喀路交汇处西侧　电话:0997—2613969

## 表 17－4　2016 年阿克苏火车列车时刻表

| 车次 | 类型 | 始发站 | 始发时间 | 到站时间 | 终点站 | 里程(千米) |
|---|---|---|---|---|---|---|
| 7556/7557 | 普客 | 乌鲁木齐南 | 11:28 | 04:33 | 喀什 | 1466 |
| T9518/T9515 | 特快 | 喀什 | 15:50 | 21:29 | 乌鲁木齐 | 1466 |
| K9774/K9771 | 普快 | 阿克苏 | 20:45 | 20:45 | 乌鲁木齐 | 1003 |
| K1661 | 快速 | 宝鸡 | 20:10 | 13:22 | 喀什 | 3623 |
| K9775/K9778 | 普快 | 阿克苏 | 18:40 | 18:40 | 乌鲁木齐 | 1003 |
| K1662 | 普快 | 阿克苏 | 22:54 | 22:54 | 宝鸡 | 3160 |
| K9788 | 直快 | 喀什 | 19:22 | 01:09 | 乌鲁木齐 | 1466 |
| K9787 | 直快 | 乌鲁木齐 | 16:21 | 04:13 | 喀什 | 1126 |
| 7561/7564 | 直快 | 和田 | 16:13 | 04:43 | 乌鲁木齐 | 1951 |

**表 17 –5　2016 年阿克苏飞机航班信息表**

| 阿克苏—乌鲁木齐 | | | | 乌鲁木齐—阿克苏 | | | |
|---|---|---|---|---|---|---|---|
| 航空公司 | 航班号 | 起飞时间 | 机型 | 航空公司 | 航班号 | 起飞时间 | 机型 |
| 南方航空 | CZ6862 | 9:50 | 73G | 南方航空 | CZ6861 | 8:00 | 73G |
| 天津航空 | GS6556 | 10:55 | E90 | 天津航空 | GS6555 | 9:05 | E90 |
| 天津航空 | GS6588 | 14:55 | E90 | 天津航空 | GS6587 | 12:50 | E90 |
| 东方航空 | MU6546 | 16:30 | 320 | 东方航空 | MU6545 | 14:20 | 320 |
| 天津航空 | GS7496 | 16:50 | E90 | 天津航空 | GS7495 | 15:00 | E90 |
| 南方航空 | CZ6866 | 17:10 | 73G | 南方航空 | CZ6865 | 15:10 | 73G |
| 海南航空 | HU7354 | 17:35 | 738 | 海南航空 | HU7353 | 15:15 | 738 |
| 天津航空 | GS6570 | 18:50 | E90 | 天津航空 | GS6569 | 16:55 | E90 |
| 南方航空 | CZ6870 | 21:55 | E90 | 南方航空 | CZ6869 | 19:50 | E90 |
| 东方航空　每周一/三/六执行　海南航空　每周二/四/六执行 | | | | | | | |
| 阿克苏—杭州 | | | | 杭州—阿克苏 | | | |
| 航空公司 | 航班号 | 起飞时间 | 机型 | 航空公司 | 航班号 | 起飞时间 | 机型 |
| 东方航空 | NU5646 | 16:30 | 320 | 东方航空 | NU5645 | 8:15 | 320 |
| 阿克苏—和田 | | | | 阿克苏—西安 | | | |
| 航空公司 | 航班号 | 起飞时间 | 机型 | 航空公司 | 航班号 | 起飞时间 | 机型 |
| 南方航空 | CZ8613 | 14:00 | JET | 山东航空 | SC8816 | 18:25 | 738 |
| 阿克苏—成都 | | | | 阿克苏—重庆 | | | |
| 航空公司 | 航班号 | 起飞时间 | 机型 | 航空公司 | 航班号 | 起飞时间 | 机型 |
| 国际航空 | CA4244 | 12:00 | 319 | 国际航空 | CA4576 | 13:40 | JET |
| 上海—阿克苏 | | | | 北京—阿克苏 | | | |
| 航空公司 | 航班号 | 起飞时间 | 机型 | 航空公司 | 航班号 | 起飞时间 | 机型 |
| 海南航空 | HU7353 | 08:40 | 738 | 中国航空 | CA1275 | 11:25 | 73K |

## 第二节　旅游线路

### 一　阿克苏市区内旅游线路

阿克苏市内的景点和线路有：黄宫湖、银沙湾、胡杨生态园、农家乐（柯柯牙生态园农家乐集聚区）、农业观光（依干其日光温室农业科技观光园）、城市观光游，世纪广场—商业步行街—国家湿地公园—多浪河景区、圣泉阁生态水疗山庄游等。

### 二　阿克苏地区内旅游线路

阿克苏市至周边线路：阿克苏市—温宿神木园、阿克苏市—库车天山神秘大峡谷、阿克苏市—温宿神木园—库车天山神秘大峡谷、阿克苏市—阿瓦提塔里木河观光。

（一）精品线路一日游

（1）温宿红层大峡谷一日游；（2）阿瓦提刀郎部落民俗风情一日游；（3）阿拉尔红色旅游一日游；（4）温宿天山神木园一日游。

（二）精品线路二日游

1. 阿克苏访古 2 日游

第一天从阿克苏出发，前往温宿大峡谷、天山神木园游览，回到市区参观阿克苏博物馆；第二天，从阿克苏出发，前往新和县加依民俗乐器村、克孜尔千佛洞、克孜尔尕哈烽燧、库车博物馆、苏巴什古城、库车王府。

2. 阿克苏文化精品2日游

第一天从阿克苏出发，前往克孜尔千佛洞、克孜尔尕哈烽燧、库木吐拉千佛洞、龟兹故城遗址；第二天，昭怙里大寺古城堡、库车大寺、森穆塞姆千佛洞。

（三）精品线路三日游

丝绸之路——世界文化遗产探险之旅3日游。第一天，游览阿克苏—温宿托木尔大峡谷—库车王府、克孜尔尕哈烽燧。第二天，游览库车天山神秘大峡谷、拜城克孜尔千佛洞、返回阿克苏。第三天，游览乌什燕泉山、乌什原始沙棘林、阿克苏多浪河景观带。

（四）精品线路四日游

阿克苏探险游4日游线路。第一天，游览阿克苏—温宿吐木秀克小麻扎—神木园—神奇峰冰川；第二天，阿克苏—平台子牧场—托木尔峰登山大本营—琼台兰冰川—天山主峰托木尔峰；第三天，阿克苏—天山托木尔—博孜墩乡；第四天，破城子牧业队—天山玉矿—木扎特冰川—昭苏县夏特乡—昭苏县城。

（五）精品线路五日游

跨越天山南北自然风光5日游。第一天，阿克苏天山神秘大峡谷、大小龙池、巴音布鲁克草原；第二天，巴音布鲁克·特克斯—喀拉峻—伊宁市；第三天，伊宁市—薰衣草基地（70团伊帕尔汗）—霍尔果斯口岸—赛里木湖；第四天，赛里木湖—那拉提；第五天，那拉提—阿克苏。

## 第三节 餐饮住宿

### 一 特色美食

阿克苏是一个多民族聚居区，全国各地的特色菜在阿克苏基本都可以吃到。特色美食以民族风味的美食为主，其品种之多、花样之新、味道之香、技术之精，颇受群众喜爱，在传承的同时，还注重学习吸收兄弟民族的烹调经验，并加以改进，形成独特的风味。具有代表性的民族美食有抓饭、抓饭包子、馕（窝窝馕、苞谷馕、油馕、芝麻馕、瓜子馕、皮牙子馕、牛奶馕、玫瑰花馕、核桃馕）、馕坑肉、烤全羊、烤包子、薄皮包子、油塔子、大盘鸡、土火锅、馓子、烤羊肉、烤鱼、面肺子、米肠子、羊杂、牛杂、拉条子拌面、炒面（揪片子炒面、丁丁炒面、二节子炒面）、汤面包子、馄饨、饺子、臊子面、面旗子、粉汤、凉粉、凉皮、切糕，各类美食风味浓郁，口齿留香。极具人气的特色餐饮店有聪英美食（小南街原市委对面、红桥路多浪河一期旁）、迪亚热木餐厅（南大街二小旁）、卡尔罗餐厅（王三街路口）、比西巴克餐厅（南大街金石花园对面）、诺鲁孜餐厅（小南街原市委对面）、食为天水饺馆（小南街）、蘑菇肉拌面（塔北路）、老字号迎春鸽子店（王三街）、大权鸽子店（团结路）、馕坑烤包子（小南街、环南路）、小羊羔抓饭店（314国道）、回民羊杂店（英阿瓦提路）、金山饭店（英阿瓦提路）、津帮辣子鸡（北大街）、胡子王扁豆面旗子（小南街市委对面）、我的拉面（杭州大道五校旁）。阿克苏市多年来各民族之间的交往交融交流，带动餐饮的融会贯通，各地菜系风味糅杂，在视觉和味觉上带给游客和市民不一样的感受，形成阿克苏市独特风味。

## 二　星级饭店

至2016年，阿克苏市有星级饭店12家。

### （一）辰茂鸿福酒店

阿克苏辰茂鸿福酒店是一家四星级豪华商务型涉外酒店（隶属于尊茂酒店集团旗下品牌酒店），位于阿克苏市商业、金融中心，与世纪广场隔街相望。酒店于2005年6月开业，2013年对酒店硬件设施进行全面升级。酒店拥有不同规格的豪华套房92间，3个主题餐厅提供中式、西式、穆斯林美食，宴会厅可同时容纳200人就餐，多功能厅设施先进，可接待20～300人不等的会议。

### （二）地区宾馆

地区宾馆是阿克苏市集住宿、餐饮、娱乐、保健于一体的四星级旅游饭店。宾馆有高中档接待服务楼4座，拥有豪华套房、标准间、单人间，还有可同时容纳600张就餐席位的中餐厅、清真餐厅、自助餐厅、宴会厅，雅座包间格调高雅，菜肴齐全。同时还有会议厅、歌舞厅、美体美容美发中心等。

### （三）东方国际酒店

东方国际酒店是一家四星级豪华商务型涉外酒店。酒店成立于2003年，地处阿克苏市繁华的商业黄金地段——温州路步行街，地理位置优越，交通便利。酒店设施齐全，装修豪华典雅。酒店拥有7种类型的客房共计145间，相配套的宴会厅、餐饮包厢、多功能厅、大小会议室等一应俱全。为满足宾客的多层次需求，设有商务中心、大堂吧、KTV包厢、水疗会所、棋牌室等娱乐设施。

### （四）浦东假日酒店

浦东假日酒店是一家集客房、餐饮、休闲娱乐于一体的四星级涉外酒店。酒店位于阿克苏市交通西路1号，毗邻火车站，距飞机场8千米，交通便利。酒店拥有143间舒适豪华客房，现代风格的东方明珠西餐厅及咖啡吧、名品超市、各种名贵玉石的奇玉石和大漠根雕。酒店同时拥有商务圆桌会议室及课桌会议室、20余间豪华包厢、3个大型多功能宴会厅。

### （五）华龙大酒店

华龙酒店是一家四星级涉外商务酒店，聘请酒店专业管理公司及国内外专业酒店管理精英进行管理。酒店拥有128间不同类型的客房，并配有长途电话、卫星电视、宽带上网、送餐、洗衣等服务。酒店设有大堂吧和13间装饰风格迥异的豪华贵宾包厢及可容纳200多人的多功能厅。

### （六）億隆大酒店

億隆大酒店坐落于阿克苏市繁华的商业金融中心地段世纪广场正对面，是一家完全按照国际四星级标准设计兴建、设施设备齐全、现代服务项目完善的高档商务酒店，拥有6种类型的192间豪华客房。酒店设中清餐厅、西餐厅、茶苑、大堂酒吧和会员俱乐部，另有可容纳300人同时就餐的多功能宴会厅2个，可满足不同口味的客人不同的需求，亦可举办各种宴会及接待会议；酒店的娱乐、休闲设施分别设在负1楼和12层，可供客人放松及娱乐；酒店还设有5、6两层共90间智能化写字楼，可以为客人提供办公、购物的便利条件。

（七）峨嵋凯旋酒店

峨嵋凯旋酒店位于阿克苏市英阿瓦提路10号，是一家由地区旅游局正式授牌的三星级集餐饮、客房、休闲、娱乐、商务于一体的现代化酒店。毗邻阿克苏市世纪广场、商业步行街，距机场、火车站仅15分钟车程，交通便利。酒店一楼提供总台服务、商务中心及美食火锅城，2、3楼为风格独特、装修典雅的各类宴会大厅及豪华大中小22个包厢，可同时容纳800人进餐，3楼多功能厅拥有全套多媒体投影设备及全套音响设施，可容纳200人参加会议，4~7楼拥有豪华套房、行政套房、豪华标准间单人间共86间（套）。酒店负1层拥有先进的康娱设备。

（八）中天大酒店

中天大酒店是三星级酒店，位于阿克苏市区繁华商业地段环东路，临近东大街。酒店集客房、餐饮、娱乐、会议于一体，设计风格独特，功能齐全。酒店拥有各类客房，并设有大、小豪华包厢30余间，可同时容纳250余人的多功能宴会厅及星光宴会厅各1个。

（九）新华世纪酒店

新华世纪酒店由阿克苏地区新华书店投资管理，位于阿克苏市中心繁华地段新华西路2号，距火车站5千米，距机场15分钟车程，交通便利。酒店整体楼高17层，是一家集客房、餐饮、商务会议于一体的国家三星级酒店。酒店拥有客房96间，其中标准间84间，单人间6间，并拥有6间豪华套房。17楼会议室可容纳200人，16楼会议室可容纳100人，设施设备一应俱全。餐厅位于酒店6楼，提供新疆本土美食。

（十）华鑫大酒店

华鑫大酒店是由阿克苏华鑫房地产开发有限责任公司按照星级标准投资兴建的一座14层集客房、餐饮、茶苑于一体的三星级商务酒店。酒店占地10942.6平方米。餐饮拥有宴会大厅、多功能大厅、汉餐厅各1个，豪华包间20间，可同时容纳800余人就餐。拥有豪华套房、豪华单间、标准客房、普通标准间共112间（套）。另有大、小会议室，可同时容纳600人举办会议。有大小豪华包厢10个，雅座16座，健身区等休闲娱乐设施。酒店地处上海路（乌喀路）160号（迎宾路与三角地国道交汇处），南距阿克苏火车站5千米、华能商贸城2千米，并距阿克苏机场6千米，交通方便快捷。

（十一）天福大酒店

天福大酒店是一家由本土民营企业独资兴建的三星级旅游饭店。酒店拥有客房265间（套），设施齐备，功能齐全。可提供川菜、淮扬菜、徽菜、潮州菜等各式风味菜肴，拥有歌舞厅、美容美发、桑拿中心、棋牌室等娱乐服务设施。

（十二）京广大酒店

京广大酒店前身是京广烤鸭店，是一家有20余年历史，集餐饮、住宿、各种会议、商务洽谈、旅游观光于一体的综合性酒店。宾馆拥有各类客房52间，大型宴会厅以及8种风格各异的豪华包厢，酒店还设有能容纳100余人的大小会议室。

# 第五章　旅游管理

## 第一节　旅游城市创建

2003 年，阿克苏市把创建全国优秀旅游城市工作纳入市委、市政府重要议事日程，确定 3 年内达标的奋斗目标和具体措施。即 2003 年为基础年，2004 年为创建年，2005 年为达标年。

是年，市委、市政府加大旅游宣传力度，开展“十个一”（制作出版一部旅游风光光碟；建立一个旅游信息网站；制作一份旅游交通图；开辟一个《旅游视窗》宣传栏目，如我们新疆好地方，神奇还在阿克苏、今日阿克苏、塞外明珠——阿克苏；邀请中央、自治区电视台拍摄一部体现阿克苏市旅游景区的电视专题片；在《新疆日报》《工人时报》媒体上各制作一版阿克苏市旅游宣传专版；围绕创建中国优秀旅游城市在当地新闻媒体上举办一次《我与阿克苏旅游》征文和评选反映阿克苏市旅游的好新闻活动；编印一本《阿克苏市旅游》画册；各街道办事处、辖区单位均制作一块创优工作宣传版面）宣传活动。

2004 年，阿克苏市成立创建中国优秀旅游城市工作领导小组，下设创建办公室，成立 10 个小组，将 20 项内容 100 多项指标逐项分解到 33 个责任单位，签订责任书。市政府先后 3 次召开大规模的全市创优动员会、推进会、协调会。创建领导小组 6 次召开全体会议，认真依照国家旅游局制定的《中国优秀旅游城市检查标准》，相继制定《阿克苏市 2005～2020 年旅游远景发展规划》和《旅游发展规划图册》，印发《阿克苏市创建优秀旅游城市实施方案》《阿克苏市创建中国优秀旅游城市标准任务分解表》。

此后，借助举办 2003 年国庆多浪欢歌焰火活动、2004 年首届南疆旅游节暨首届阿克苏龟兹文化旅游节和首届国际旅游城市市长论坛、生命之源中亚国际诗会及 2005 年中坤杯南疆国际热气球赛、梦幻南疆狂欢节暨南疆旅游节和第二届阿克苏龟兹文化旅游节、环塔里木汽车摩托车拉力赛、2005 年龟兹杯国际旅游小姐大赛中国·新疆总决赛等系列活动广造声势，宣传阿克苏市的旅游优势、旅游特色和持续快速发展的旅游潜力。参加新疆旅游风情周、2004 年中国国内旅游交易会、2005 年中国国内旅游交易会、洽谈会等旅游招商活动。在“五一”“十一”等黄金周集中举办旅游资源、民俗文化、特色食品、手工艺品和艺术品促销活动。至 2005 年，电视台、广播电台、报纸（刊）共播出创优新闻 763 条、广告字幕 988 条次，悬挂横幅 284 条次，印发创优招贴画 8000 张，车贴 8000 张，设置创优广告宣传牌 180 多块，编印《文明礼仪手册》《旅游知识百题问答》2.2 万本，使创优活动家喻户晓、人人皆知，形成政府主导、社会参与、上下联动、全社会关心创优的浓厚氛围。

2005 年 3 月 22 日，阿克苏市召开旅游工作会议暨创建中国优秀旅游城市动员大会，5 月 20 日，邀请国家创优评定委员会成员、巴音郭楞州旅游局副局长马彦成到阿克苏市开展创优指导工作，为推进阿克苏市创优工作奠定坚实的基础。7 月 22 日，阿克苏市以全疆第一名的成绩通过自治区旅游局初验，9 月 22 日，通过国家旅游局的检查验收。

2006 年 1 月 10 日，阿克苏市被国家旅游局正式命名为中国优秀旅游城市。

## 第二节　行业管理

### 一　安全管理

2010 年，阿克苏市旅游局组织全市各旅游企业召开旅游企业环保工作会议，分别与 22 个旅游企业签订相关目标责任书。联合市文明办、环保局、爱卫办、卫生局、建设局等部门，对各旅游饭店、景区（点）、农家乐环境卫生进行检查。就存在的问题现场办公，坚决纠正。要求 A 级景区（点）全部编写环境影响评价报告书，加大对公厕的环境卫生治理力度，逐步实现 A 级景区（点）全部设置冲水环保公厕。全市改建、新建星级农家乐厕所水冲式（蹲位）分别为 133 个和 180 个。在旅游行业抓好创建活动，制定实施方案、规划、年度计划，与 22 家旅游企业签订创建责任书，确保创建活动顺利开展。

从 2011 年以后，市旅游局每年“五一”节日期间，联合安监、公安、消防、环保、卫生等相关部门对辖区内各旅游景区（点）、旅行社、旅游星级饭店安全生产管理制度、安全事故紧急处理预案的制定情况、景区（点）环境卫生、公共旅游娱乐设施、消防设施、安全通道、节日带班、值班、安全巡查制度的落实及各种突发事件应急处理预案等情况进行全面检查。对存在安全隐患的企业，责令限期整改。与公安、工商等有关部门加强对旅游市场的整顿，防止“黑车”“黑导”“黑店”“黑社”进入阿克苏市旅游市场，营造诚信旅游市场。

2016 年，市旅游局将旅游安全监管工作与应急、维稳与安全生产实行统一安排。每月 3～10 日，联合商务局、工商局、公安局、科技局、消防大队等部门对各旅游景（区）点、旅行社区、宾馆、旅社进行联合大检查。5 月 12 日，对辰茂鸿福大酒店、中青旅阿克苏分公司、华鑫大酒店等旅游企业进行安全生产、旅游市场、环境保护、应急管理监督检查。针对“五一”“十一”“两会”“两节”等时间节点，组织相关单位对旅游企业食品安全、人员安全、消防安全等各环节进行安全检查，发现问题及时督促整改。

至 2016 年，阿克苏市涉旅企业未发生安全事故。

### 二　规范旅游市场

2007 年后，阿克苏市旅游局在受理游客投诉意见上加大力度，建立旅行社、旅游饭店投诉受理责任机制，监督被投诉单位进行整改，并对有关情况进行登记记录，做到件件有登记，件件有回音。要求各旅游企业将旅游投诉电话设置在醒目位置，将服务承诺事项和服务项目予以公示。

2008～2010 年，阿克苏市旅游局引进阿克苏巨星实业有限公司项目，新增多浪人家风情园、齐曼扎休闲园 2 个农家乐，分别被评为四星级、三星级农家乐；完成水韵绿洲生态园申报 AAA 级旅游景区（点）初评工作，姑墨农家乐、旺角庄园申报星级农家乐初评工作；相继完成京广大酒店、明山宾馆、新美丽华宾馆、银花宾馆、中天大酒店、华龙酒店、億隆大酒店申报星级饭店的初评工作。

2012 ~2013 年，市旅游局完成多浪人家旅游休闲果园创建 AAA 级景区，华鑫大酒店、新华世纪酒店创建三星级饭店，姑墨农家乐、农夫山庄创建三星级农家乐，西湖滑雪场创建 S 级滑雪场的初审、整改和申报工作；完成浦东假日酒店四星级饭店初审申报、旺角庄园三星级农家乐初审申报，完成姑墨农家乐 A 级景区初审申报。

2014 ~2016 年，市旅游局结合旅游产业发展规划，加强宾馆、饭店、农家乐上星培育和指导工作，完成浦东假日酒店、兴林农庄等 12 家饭店、宾馆的评星申报、评定工作。完成億隆大酒店、辰茂鸿福大酒店等 5 家四星级酒店复核工作，浦东假日酒店上星工作，柯柯牙生态园、豪玛农家乐申报工作。豪玛农庄、如意农庄通过“三星级”农家乐验收，百特康农庄通过“二星级”农庄验收。

### 三　旅游人员培训

2013 年，阿克苏市旅游局组织旅游企业管理人员、导游员进行培训。3 月 27 ~29 日，市旅游局组织旅游企业参加地区旅游局在市迎宾馆举办的导游员、讲解员培训班。5 ~6 月，与杭州市联系，组织两批企业、街道办事处工作人员组成旅游考察团赴杭州进行培训考察学习。6 月，邀请浙江中旅集团讲师到阿克苏市进行旅游业务培训，参培学员覆盖整个旅游行业。7 月、9 月，分两批输送 20 名酒店管理人员赴杭州酒店进行跟班实习。

2015 年 7 月 6 ~7 日，市旅游局为加强阿克苏市旅游行业人才培养，推动新疆旅游人才队伍建设，在阿克苏辰茂鸿福大酒店开展旅游行业职业技能大赛初选活动。7 月 13 ~15 日，9 名入围选手在阿克苏地区旅游局带领下参加在乌鲁木齐市瑞豪国际酒店举办的第十二届新疆旅游行业职业技能竞赛。

2016 年 4 月 5 ~6 日，市旅游局为使旅游行业技术能手、精英骨干脱颖而出，推动新疆旅游人才队伍建设，在阿克苏市旅游局对 35 名星级饭店中高层领导进行服务技能与统计培训。5 月 7 ~8 日，阿克苏市旅游局对 60 名星级饭店、农家乐、旅行社的工作人员进行旅游安全生产培训。

# 第六章　旅游开发和经济效益

## 第一节　市场开发

阿克苏市旅游市场经规划定位、引资建设、推广促销，推动多行业、多方位融合发展，旅游市场初具规模，旅游开发建设在以自然景观为特点的同时，挖掘地缘文化，以文化为根基，吸引旅游消费人群。

2009 年 3 月 11 日，阿克苏博物馆、阿克苏市多浪公园等 12 个景点正式免费向游客开放。

2011 年 8 月 24 日，中国科学院新疆生态与地理研究所研究员杨兆萍一行 5 人到阿克苏市考察《阿克苏地区旅游业发展总体规划》的修改、充实和完善、编制。对阿克苏市胡杨林景区、多浪河景观带、多浪人家休闲园和多浪人家度假村进行实地考察，为阿克苏市深入开发旅游产业奠定了基础。

2012 年以来，阿克苏市实施旅游与民航、铁路、交通部门的协作，完善旅游交通服务体系。大力发展农业旅游、林业旅游、畜牧旅游、水利旅游等产品，融入现代旅游元素，推进农林牧园区服务设施建设，培育一批以田园观光、果蔬采摘、农业科普等为特色的农业休闲示范区。推动旅游业与工业融合发展，引导纺织、石油化工、食品生产、制造、医药等工业企业，利用现有厂房、厂区，发展工业旅游项目。推进旅游与其他服务业融合发展，加大对风味餐饮、茶楼酒吧、康体养生、旅游养老、运动健身等特色新兴行业的培育力度，推动特色休闲康体养生产业发展，促进旅游消费。推进文化体育旅游融合发展，发挥地区非物质文化遗产资源优势，开发传承文化旅游项目。开展体育表演、民族传统体育项目展示、健身休闲等体育旅游活动。

2013 年以来，阿克苏市与周边地区共同推出旅游精品线路，以旅游线路合作促进资源互补、客源共享的互利共赢。兵地旅游合作，发挥兵团第一师在市旅游业发展中的重要作用，建立兵地旅游工作联席会议制度，推进市场共享、客源互送、红绿结合、产业整合，共同开发旅游产品、旅游线路和客源市场，实现优势互补、共赢发展，促进兵团、地方文化旅游大发展。联合组织旅游企业参加旅游交易会，联合推广旅游品牌形象，实现兵地旅游业的互利双赢。

## 第二节　旅游宣传

### 一　市内旅游宣传

（一）旅游美食文化节

2009 年 5 月 15 ~ 20 日，阿克苏市在晶水西路举办新疆国际旅游文化美食节暨阿克苏市首届旅游文化美食节，参与者达 20 余万人次。

2010 年 5 月 21 ~ 25 日，在晶水西路举办新疆国际旅游文化美食节暨阿克苏市第二届旅游文化美食节，聚集 5 个国家、18 个省市和地区、300 多个品种小吃参展。至 2016 年，已连续举办 8 届。每一届文化节都由市委、市人民政府举行开幕仪式和文艺演出，邀请各主要媒体记者参加。年均参与者达 20 余万人次。

（二）农家乐文化旅游节

2015 年 8 月，在西部农庄举行首届农家乐文化旅游节，进行农家乐文化旅游节徽标征集评选活动的颁奖仪式，举行“恒鑫之星”阿克苏旅游形象大使初赛，为到场嘉宾呈现马术、叼羊表演、“花儿欢歌会”、农家乐风情摄影展、徽标征集优秀作品展示，自助烧烤、文艺会演、美食大赛“珍爱相约”浪漫啤酒节等节目纷呈。

（三）其他旅游节庆活动

2008 年 4 月 29 日，在世纪广场举办“阿克苏人游阿克苏”旅游宣传促销活动，27 家旅游企业 89 人参加促销，发放宣传资料 1 万余（册），宣传版面 14 块：6 月 3 ~ 5 日，组织企业参与地区举办的“情系多浪——魅力阿克苏”系列文化产品展示会；8 月 27 ~ 29 日，组织旅游企业参加 2008

阿克苏地区旅游行业职业技能竞赛，市旅游局获优秀组织奖，选手分别获得前厅服务、客房服务和中餐宴会服务第一、二、三等七个奖项。

2009年7月10日至8月5日，市人民政府主办，市委宣传部、市旅游局承办阿克苏市市民评选“十佳景区（点）”活动，16家景区（点）参与评选，共收到各类选票96710张。

2010年4月3～10日，在世纪广场开展全国百城世博旅游宣传推广周大型世博旅游主题推广活动。23家旅游企业参加促销，悬挂横幅、宣传展板共20余块，上千名群众亲临活动现场，销售五一假日旅游门票优惠券近千张，售出上海“世博会”门票近200张，销售“世博会”期间单程、联程、往返程优惠机票30余张。

2011年6月24～26日，举办首届民间手工艺品暨旅游纪念品大赛，评出金、银、铜奖、最佳展台奖及优秀组织奖等奖项，组织获奖作品参加克拉玛依博览会、义乌小商品博览会、国际休闲博览会。

2012年5月5日，组织500余人参加第八届阿克苏“多浪·龟兹”文化旅游节开幕式暨温宿县首届万人徒步天山（托木尔峰）健康行活动。10月7日，组织旅游纪念品企业参加阿克苏第八届多浪龟兹文化旅游节闭幕式活动。

2016年，举办首届“天力杯”手工艺旅游纪念品大赛、阿克苏市第二届“大欣杯”民间手工艺品暨旅游纪念品大赛、“阿克苏人游阿克苏”活动、首届“多浪风韵”征文活动、“环球中心杯阿克苏市第一届冰雪文化旅游节”等活动。

## 二　市外旅游宣传

2008年3月5日，阿克苏市旅游网站正式开通。网站全面介绍阿克苏市旅游资源、人文历史、景区景点、饭店餐饮、交通住宿等内容。4月1～13日，阿克苏市旅游局组织13家旅游企业参加乌鲁木齐、昌吉市、石河子三地州举办的“新疆人游阿克苏”旅游宣传促销活动。与当地旅行社签订组团业务合同28份；9月8～9日，组织企业参加“第四届旅游纪念品设计大赛暨展示会”；10月19～24日，组织企业参加第二届新疆旅游行业文艺展。11月19～21日，组织企业参加上海国际旅交会；10月19～24日，组织企业参加第十届新疆旅游行业职业技能竞赛；11月14～16日，组织参加新疆第三届冬季博览会暨龟兹·多浪系列文化展示推介活动。

2009年4月6～10日，阿克苏市选送的民族风情系列旅游纪念品获南疆四地州首届旅游纪念品大赛金奖，彩绘葫芦系列获三等奖；5月9日，阿克苏市邀请国家社科院著名旅游专家王伟教授作《贯彻落实科学发展观，加快推进阿克苏市旅游产业跨越式大发展》的专题报告，1000余人聆听报告会；6月，阿克苏市旅游局为企业排忧解难，为3家旅行社暂退18万元质量保证金；7月30日至8月31日，阿克苏市所有A级旅游景区一律实行半价优惠，推出VIP卡申购活动，凭卡可以享受客房半价优惠，政府协调税务部门免征或降低全市旅游企业下半年的有关税费，协调金融部门对全市旅游企业积极提供短期流动资金贷款。

2010年7月1日，市旅游局组织各旅游景区（点）、旅行社、星级宾馆（大酒店）中高层营销管理人员和旅游局的相关负责人到上海参加旅游营销专题培训。7月15日，第六届阿克苏多浪·龟兹文化旅游节开幕仪式在阿克苏市多浪水韵广场举行，中央电视台7套、《新疆日报》、《新疆经济报》等十几家媒体记者对开幕式进行报道。11 月 26～28 日，市旅游局组织旅游企业参加阿克苏地区旅游局在浙江省杭州市、舟山市、宁波市举办的阿克苏地区旅游推介会，发放宣传资料、名片、报价等 7000 余份。

2011 年 9 月 17 日，阿克苏市代表团参加 2011 杭州世界休闲博览会，发放宣传册 1.5 万余册，销售旅游纪念品 1000 余件，播放宣传资料片，把阿克苏市城市风貌、历史文化、现代文明、生态美景和旅游产品展示给世界各地的公众，利用世界休闲博览会巨大的集聚和辐射功能，展示阿克苏市城市整体形象。

2012 年 5 月 19 日，阿克苏多浪河景观获地区旅游局举办的地区十佳景区（点）评选地区最聚人气景区，阿克苏多浪人家、浏园度假村获地区最聚人气农家乐等荣誉称号。6 月 28 日至 7 月 2 日，市经贸、旅游代表团参加第八届中国新疆喀什・中亚南亚商品交易会（喀交会），发放旅游宣传资料 3500 余份，向参会游客宣传《阿克苏市旅游业发展优惠政策》、旅游景区（点）、特色旅游产品等。8 月 12～15 日，市旅游局组织旅游企业参加 2012 中国新疆・克拉玛依旅游商品博览会。8 月 30 日，阿克苏市在全国范围内开展有奖征集阿克苏市旅游形象宣传口号的活动，征集口号 4583 条。11 月，市旅游局组织旅游企业参加在上海举办的 2012 中国国际旅游交易会。11 月，阿克苏市获得中国十佳最具投资潜力文化旅游目的地城市称号。

2013 年，阿克苏市借助《航空旅游报》，宣传旅游文化；在乌鲁木齐机场 T2T3 航站楼、地州 6 个机场、人民电影院（LED 屏）、时代广场（LED 屏）每天滚动播放阿克苏市城市宣传片、宣传标语；为旅游宣传征集口号；在全市所有党政机关、事业单位办公室固定电话设定统一的旅游宣传彩铃；为四套班子领导及部门领导设计规范的具有宣传作用的名片；设计城市旅游宣传册，进行宣传光碟拍摄、剪辑和后期工作；在自治区旅游局“新疆是个好地方”大型宣传活动和新疆旅游服务热线指南首页位置设置独立版面进行阿克苏城市宣传，投放至乌市三星级以上饭店、旅行社等企业。

2014 年，阿克苏市投资 168.84 万元，在乌鲁木齐机场 T1、T2 航站楼，出港 5 屏，乌鲁木齐人民电影院 360°LED 显示屏，乌鲁木齐西大桥时代广场巨幕屏，全疆 4 星级饭店，银行显示屏等场所广泛宣传阿克苏市。在自治区旅游局面向全国发行的“12301”旅游热线杂志上刊载阿克苏市——中国十佳最具投资潜力文化旅游目的地城市彩页，面向全国宣传阿克苏文化、自然风光、风土人情以及丰富的物产和发展现状。组织全市旅游企业参加在宁波市国际会展中心举办的“浙洽会”，阿克苏阿里木匠木雕公司生产加工的手工雕花木碗、木勺等旅游纪念品深受内地人士喜爱，交易金额 23 万元；在杭州和平国际会展中心参加 2014 中国（杭州）工艺美术精品博览会，购置 10 个标准展位，展示阿克苏市奇石、玉石、木雕工艺品、手工刺绣工艺品、美工陶艺等产品，成交金额 31 万元。

2015 年 5 月，阿克苏市 16 家旅游企业参加在阿克苏市国际博览中心举办的阿克苏地产品展示及促销会，制作宣传版面 24 块，印制宣传册千余份。7 月，组织旅游企业参加在西安、郑州举办的“西洽会”。阿克苏阿里木匠木雕公司生产加工的手工雕花木碗、木勺等旅游纪念品深受参观者关注和喜爱，交易金额 2.31 万元。

2016 年，阿克苏市旅游局参与“中国新疆・克拉玛依旅游商品博览会”“乌鲁木齐旅交会”

“杭州第二届世界休闲博览会”“中国国际旅游交易会”“中国（杭州）工艺美术精品博览会”等旅游促销活动。

## 第三节　经济效益

1990 年，阿克苏市旅游设施不全、简陋，接待能力薄弱，入不敷出。2000 年后，随着旅游招商引资、市场开发和建设设施投入的逐年增加，游客人数增多，收入亦逐年增多。至 2016 年，阿克苏市接待国内外游客 71. 2 万人次，旅游直接收入 13102 万元，实现旅游总消费 6. 42 亿元。

**表 17 –6　2005 ~2016 年阿克苏市接待中外游客及旅游收入一览表**

| 年份 | 接待国内外游客(万人次) | 旅游业直接收入(万元) | 旅游总消费(亿元) |
|---|---|---|---|
| 2005 | 73. 58 | 4100 | 1. 75 |
| 2006 | 85 | 5100 | 2. 10 |
| 2007 | 87. 12 | 5244 | 2. 20 |
| 2008 | 103. 72 | 7731 | 3. 25 |
| 2009 | 61. 31 | 5449 | 2. 67 |
| 2010 | 85. 1 | 9694 | 4. 75 |
| 2011 | 90 | 8600 | 4. 8 |
| 2012 | 103 | 10612 | 5. 2 |
| 2013 | 106 | 11041 | 5. 41 |
| 2014 | 93. 3 | 17346. 9 | 8. 5 |
| 2015 | 73 | 13469 | 6. 6 |
| 2016 | 71. 2 | 13102 | 6. 42 |

# 第十八编　金　融

1990年，阿克苏市辖区的银行业有中国人民银行阿克苏地区分行、中国工商银行阿克苏地区中心支行、中国农业银行阿克苏地区中心支行、中国建设银行阿克苏地区中心支行、中国银行阿克苏地区分行、中国人寿保险公司阿克苏分公司、中保财产保险阿克苏分公司及城乡信用合作社。其中中国人民银行阿克苏地区分行、中国工商银行阿克苏地区中心支行、中国农业银行阿克苏地区中心支行分别在阿克苏市设立支行。在20世纪90年代末的体制改革中，又相继合并到地区相应分行。

随着改革开放的深入，阿克苏市金融体制改革不断深化，人行阿克苏中心支行行使中央银行的职能和职责。按照专业分工，建立以中国工商银行阿克苏地区中心支行、中国农业银行阿克苏地区中心支行、中国建设银行阿克苏地区中心支行、中国银行阿克苏地区分行为主的国有商业银行分支机构及农发行阿克苏分行、邮储银行阿克苏分行、阿克苏农商银行等组成的银行业体系。各类银行机构并存、功能齐全、形式多样、分工协作、互为补充，为阿克苏市经济跨越式发展奠定了基础。至2016年，阿克苏地区共有金融机构22家，其中政策性银行1家、商业银行12家、农村合作金融机构7家、村镇银行2家，有保险机构网点18个、证券期货机构2个、融资性担保机构6家、小额贷款公司14家。地区各银行机构在兵团设立分支机构56个，其中农行兵团支行在兵团设立机构18个，阿克苏农村商业银行在兵团设立机构10个，工商银行、中国银行、建设银行、邮储银行均在兵团设立分支机构。全地区农村（含兵团第一师）银行机构网点193个，助农取款服务点220个，布设ATM机、POS机和其他自助服务终端11248台，覆盖所有乡、镇和兵团第一师所有团场。全地区有19家保险公司（中心支）分公司，其中财产险公司11家、寿险公司8家，有82家县（市）支公司，分布在地区八县一市及生产建设兵团第一师阿拉尔市及各团场。保险从业人员4982人。

# 第一章　金融管理

## 第一节　机　构

### 一　中国人民银行阿克苏地区中心支行

1990 年，中国人民银行阿克苏地区分行内设办公室、政工科、计划科、会计科、货币发行科、金融行政管理科、稽核科、调研室、外汇管理科、金融系统纪检科、金融系统监察室、保卫科、国库科。

1998 年，中国人民银行阿克苏地区分行更名为中国人民银行阿克苏地区中心支行，直属中国人民银行西安分行管辖。内设 11 个科室、1 个清算中心，人员编制 134 名。

2004 年后，人行阿克苏地区中心支行不再承担对金融机构的监管职能，专司国家货币管理，维护金融稳定。

2016 年，人行阿克苏地区中心支行内设 16 个科室，有人员 128 人。

### 二　中国银行业监督管理委员会阿克苏银监分局

2004 年 3 月 26 日，阿克苏银监分局正式挂牌成立。内设办公室、人事科、统计信息科、监管一科、监管二科、监管三科。有 68 人从中国人民银行阿克苏地区支行划转到银监分局工作。

2013 年，阿克苏银监分局将案防和处置非法集资工作职能从监管一科剥离出来，单设案防与安保办公室，使银行监管功能进一步增强，监管效能得到提升。

2016 年，阿克苏银监分局内设 8 个科室，有人员 64 人。

### 三　国家外汇管理局阿克苏地区中心支局

1990 年，国家外汇管理局阿克苏分局隶属国家外汇管理局新疆分局领导，与中国人民银行阿克苏分行合署办公。1999 年 1 月 1 日，国家外汇管理局阿克苏分局更名为国家外汇管理局阿克苏中心支局，业务上属国家外汇管理局新疆分局领导。2002 年 3 月，国家外汇管理局阿克苏地区中心支局成立外汇案件审议委员会。

## 第二节　金融体制改革

### 一　多种金融机构建立

自 20 世纪 90 年代以后，随着金融体制改革的深入，人民银行履行中央银行的职能，各专业银行按分工职能定位，逐步进入市场化运作和管理。1995年，《中华人民共和国人民银行法》和《中华人民共和国国有商业银行法》颁布实施，原来的专业银行转变为国有商业银行。1996年起，粮棉油主要农副产品收购资金、扶贫、开发等政策性专项贷款业务，划归农业发展银行，各国有商业银行、农村信用社按照市场经济发展需要，实行信贷业务综合管理。1997年成立中国农业发展银行阿克苏地区支行营业部，专门行使国家政策性贷款职能。2003年，各县中国建设银行县支行撤销，其业务和资产移交县（市）农村信用合作社接管和清算。根据国务院的决定，将人民银行金融监管职能与货币政策服务清算职能分离，成立阿克苏银监分局。

2016年底，随着金融业体制改革不断深化，人民银行阿克苏地区中心支行行使中央银行的职能和职责，阿克苏银监分局行使监督管理。阿克苏市金融办监管农发行阿克苏地区分行营业部、中国农业银行阿克苏分行、中国工商银行股份有限公司阿克苏分行、中国建设银行阿克苏地区分行、中国银行阿克苏地区分行、中国邮政储蓄银行阿克苏地区分行营业部、阿克苏农商银行、农行阿拉尔兵团分行、中国交通银行阿克苏分行、天津滨海银行阿克苏支行、乌鲁木齐银行股份有限公司阿克苏分行、杭州联合农村商业银行股份有限公司阿克苏分行、浦东发展银行阿克苏分行13家银行等组成的银行业体系，各类银行机构相互并存、功能齐全、分工协作、互为补充。保险事业发展为以人保财险阿克苏分公司、中国人寿阿克苏分公司、新华保险阿克苏分公司、中华财险阿克苏分公司等为主体的阿克苏保险市场体系。各金融机构在监管机构的宏观调控和监督管理下，逐步建立多种成分、多种形式的金融体系，现代金融体系初具规模，形成多元化竞相发展的市场格局，为阿克苏市经济快速发展奠定基础。

### 二　金融监管机构成立

2004年3月，阿克苏银监分局从人民银行阿克苏中心支行分离，是银监会派出单位，全称中国银行业监督管理委员会阿克苏监管分局。根据银监会的授权，监管范围包括辖区各国有商业银行、农业发展银行、农村信用社、邮政储蓄银行机构。主要职能是在授权范围内受理、审批辖区内银行业金融机构及分支机构的设立、变更、终止；对辖区内银行业金融机构实行现场和非现场监管，依法查处违法违规行为；审查辖区内银行业金融机构高级管理人员任职资格；负责编制辖区内银行数据、报表；承办上级交办的其他事项。

阿克苏银监分局成立后，先后完成建设银行各县支行的撤并、工商银行县支行金融体制改革、各县（市）农村信用社统一法人的改革、协同当地党政部门做好创建信用工程等工作。

## 第三节　货币管理

### 一　现金管理

1990年，人行阿克苏地区分行根据人行自治区分行《关于开展现金管理大检查的通告》，组织开展制止多头开户、多头提现等违规问题。人民银行会同各专业银行，共同对辖区重点开户单位进行现金大检查，共检查463个单位，发现超限额、坐支、“白条”领库、扩大提现范围等问题，边查边纠正，该处罚的坚决处罚。同时，组织开展清理多头开户和对城市信用社拆借资金清理整顿工作。

1993 年，人行阿克苏地区分行根据当年货币投放大幅度上升的情况，加强现金管理，开展现金管理大检查。共检查 342 个开户单位，检查面达到 30% 。同时对开户管理的库存现金进行压缩，压缩面控制在 50% 以内。

1994 ~ 2000 年，人行阿克苏地区分行根据《金融机构大额贷款报备制度暂行办法》和《大额提现报告制度暂行办法》，全面加强现金管理，控制货币投放。采取自查与抽查相结合、重点检查与全面检查相结合的方式，组织开展现金大检查。共检查金融机构 137 家，560 家开户单位，处罚 12 家金融机构，处罚金额 15. 9 万元。

2001 ~ 2010 年，人行阿克苏地区分行根据《中国人民银行关于严禁公款私存套取现金的公告》和人行自治区分行印发《大额现金支付登记备案实施办法》《大额现金支付管理的通知》等关于加强现金管理的文件，加大现金管理力度。对 282 家金融机构进行现金检查，查出违规问题涉及金额 248. 7 万元，给予经济处罚 10. 69 万元。

2010 ~ 2016 年，人行阿克苏地区中心支行采取多种形式对金融机构和企事业单位现金使用、管理情况进行检查。经抽查 23 家金融机构，没有发现严重违规问题。

## 二　发行管理

1990 年，人行阿克苏地区分行调拨发行基金 27806. 8 万元，调运国库券 815 万元，以工代赈券 30 万元。销毁损伤券 2492 万元。

1992 年，人行阿克苏地区分行批准地区 5 家企业发行内部集资债券，金额为 602. 8 万元。促使兵团第一师胜利商场采取公开发行债券的方式筹资 1000 万元，是地区有史以来第一次面向社会公开发行企业债券。

1993 ~ 1994 年，人行阿克苏地区分行调运发行基金 202868 万元，调运国库券 4300 万元、融资债券 1000 万元。查出未经人民银行批准的集资 3394 起。

1997 ~ 2000 年，人行阿克苏地区分行调运发行基金 139. 23 亿元，收回损伤券 36 亿元，销毁损伤券人民币 80656. 2 万元。

2001 年，人行阿克苏地区中心支行加强现金发行和管理，确保发行基金安全。

2002 年，共调运发行基金 22. 69 亿元，复点发行基金 13. 6 亿元；销毁损伤券 11. 6 亿元。发行国债 10722 万元，兑付到期国债本息 82. 46 万元。全年受理结算纠纷 7 起，结算举报 2 起，行政复议 1 起。为企事业单位开立账户 2273 户，撤销账户 1624 户，协助司法部门查询账户 84 次。落实武装守库制度和发行基金调运管理规定，确保发行基金安全。

2010 年，有 1286 户预算单位纳入国库集中支付，实现全年“零差错”目标。县级农村金融机构营业网点大小额支付系统接入率 100% ，率先在农牧团场推广小额支付同城清算业务，推动辖区 8 家农村信用社营业部全部接入支票影像交换系统。

2014 年，中央银行会计核算数据集中系统（ACS）在阿克苏辖区上线运行拓展网上银行、手机银行的应用范围，鼓励、支持、引导商业银行开展支付业务创新。拓展银行卡在水、电、气等公用事业以及学校、医院、公路、保险等领域的应用，扩大各级财政预算单位的公务卡覆盖范围，完善公务卡产品服务。至11月，办理中职学生卡3924张。在乡、镇设立助农取款服务点84个，办理查询业务1061笔，取款业务910笔，取款金额45.17万元。全地区金融机构共布放ATM机（含存取一体机）1167台，POS机（含转账电话和电话POS）19880部。现金投放量下降38.52%。

2015年，人行阿克苏中心支行对签发空头支票违规行为单位发出违规告知书64份，处罚金额184582.39元。对辖区县支行和地方法人机构、农行等数十家机构实现现场检查全覆盖，实现查询安全合规。全年个人信用报告查询1024笔，企业信用报告查询154笔，机构信用代码发放2559户，异议处理15笔。新增应收账款融资12.82亿元，融资金额为上年度的20倍。向公安机关移送重点可疑交易16份。

2016年，中国人行阿克苏中心支行支付服务环境和服务水平显著提升。开通人行阿克苏中心支行12363投诉咨询受理电话，开展金融消费者权益保障工作。

### 三　反假人民币

1990～2000年，人行阿克苏地区分行配合各专业银行和公安机关开展反假币工作，共发现并没收假人民币1119499元。公安机关分别在1991年破获1起伪造人民币案件、1993年破获贩卖假币案1起、1995年破获假币案5起、1997年破获10万元以上的大案2起。1996年，对协助侦破假币案的单位及个人给予奖励。

1991年4月，人行阿克苏地区分行举办一期反假币培训班，培训业务骨干20余人。1994年起，统一刻制启用“假币”“变造币”戳记。自1996年起，按年度组织召开人民币反假工作联席会议。

1996～2000年，人行阿克苏地区分行组织开展形式多样的反假人民币宣传活动，散发宣传材料10万余份，出动宣传车40多辆，设立宣传咨询点80多处。提高全民反假币意识。举办反假币培训班4次，通过电视播放《爱护人民币》专题宣传片6集。发放反假币奖金4.35万元。

2001～2005年，根据《中国人民银行假币收缴、鉴定管理办法》，开展人民币反假宣传周活动，通过《阿克苏日报》、电视台进行宣传，加强监督和管理。举办7期金融机构反假货币知识培训班，进行2005版人民币发行前的反假培训，并颁发《反假货币上岗资格证书》。

2006～2010年，地区金融系统组织共出动宣传车880多辆，印发各种宣传材料20万余份，悬挂宣传横幅980多条，举办反假培训班8次，通过电视播放《爱护人民币》专题宣传片6集。

2011～2016年，开展“3·15”反假币宣传日、“4·10”反假货币法律宣传日、9月反假币宣传月活动，通过宣传，广大群众反假防假意识明显提高。利用《阿克苏日报》维吾尔、汉文版面，组织开展“爱护人民币、反假人民币”有奖征文竞赛活动；举办金融系统反假人民币专业培训12期。

## 第四节　存贷款管理

### 一　存款

1990年，阿克苏地区金融机构各项存款15.99亿元，其中阿克苏市9.62亿元。1991年后，存款快速增加，1999 年突破 100 亿元大关，2015 年突破 1000 亿元，2016 年达到 1206.21 亿元。其中阿克苏市 2016 年各项存款余额达到 460.44 亿元。

### 二　贷款

20 世纪 90 年代，阿克苏地区贷款呈稳中有升态势。1990 年，各项贷款余额 13.72 亿元，其中阿克苏市 7.13 亿元。2016 年达到 707.4 亿元，其中阿克苏市贷款余额 258.31 亿元。

**表 18 –1　1990 ~2016 年阿克苏市金融机构存贷款余额表**

单位：万元

| 年份 | 各项存款 | 各项贷款 | 年份 | 各项存款 | 各项贷款 |
|---|---|---|---|---|---|
| 1990 | 96178 | 71274 | 2004 | 1071131 | 596300 |
| 1991 | 118771 | 90551 | 2005 | 1207133 | 587587 |
| 1992 | 142607 | 128230 | 2006 | 1277052 | 673329 |
| 1993 | 179673 | 152995 | 2007 | 1430371 | 811898 |
| 1994 | 242075 | 191000 | 2008 | 1249512 | 785747 |
| 1995 | 323902 | 264056 | 2009 | 1572067 | 913700 |
| 1996 | 393801 | 304283 | 2010 | 2132729 | 1238094 |
| 1997 | 465291 | 412076 | 2011 | 2567177 | 1619410 |
| 1998 | 559189 | 504227 | 2012 | 3283761 | 1886227 |
| 1999 | 648700 | 498600 | 2013 | 3654793 | 2281425 |
| 2000 | 753347 | 435932 | 2014 | 3942522 | 2361429 |
| 2001 | 653544 | 412213 | 2015 | 4419725 | 2466931 |
| 2002 | 795979 | 366713 | 2016 | 4604415 | 2583056 |
| 2003 | 964216 | 489456 | | | |

## 第五节　外汇管理

1990 年，阿克苏地区外汇管理主要是执行外汇额度留成制度。年内，地区出口产品创汇留成 1057.3 万美元额度。全年用汇 471.1 万美元额度。调出外汇 174 万美元额度，增加人民币资金 161.1 万元。

1992 年，阿克苏地区各项外汇收入 1203 万美元，各项外汇支出 917 万美元。各项外汇存款余额达 26.35 万美元。批准中国银行阿克苏地区分行、中国工商银行阿克苏地区分行国际业务部和 3 个支行开办部分外汇业务。建设银行阿克苏地区分行开办外汇业务。

1994 年，银行开始实行结汇、售汇制。

2003 年，地区中心支行做好外汇收支和结售汇分析，完成外汇指定银行大额和可疑外汇资金交易报告管理办法执行情况、业务合规性和内控制度建设情况以及收汇、结汇情况等三项检查。

2007 年，地区中心支行规范国际收支、经常项目、资本项目等业务操作，开展合规性现场检查，主动指导企业外汇业务操作，为出口企业解决实际问题。

2016 年，阿克苏地区有 7 家指定办理外汇业务银行，办理外汇业务银行网点 57 个，外汇存款余额800万美元。全地区有外商投资企业16家，境外投资企业3家，进出口贸易名录企业150家。全地区贸易出口总额15225.59万美元。

## 第六节　金融监管

1990～2004年3月，人行地区中心支行承担金融监管职责，依法管理金融秩序和货币。2004年3月，阿克苏银监分局成立，人行地区中心支行负责货币和其他金融业管理，对银行业的监管由阿克苏银监分局负责。

### 人民银行监管

1990年，人行阿克苏地区分行对辖区金融机构利率执行情况进行检查，共检查存款利率10794笔，金额989.4万元；检查贷款金额14892.6万元。

1993年，人行阿克苏地区分行终止人民银行和各金融机构资金拆借活动，收回违章拆借资金6440万元，清理邮政储蓄拆借资金4240万元。查处信托部超范围吸收信托存款，追缴利息20.1万元。共检查清理各种金融机构202个。

2000年，人行阿克苏地区中心支行参与地区150家企业改制、破产工作，落实金融债权30972万元，其中货币资金7221万元。

2003年，人行阿克苏地区中心支行关注企业改革、重组行为，向有关银行提出警示，并通过银行信贷登记管理系统进行有效监管。

2004年，“德隆事件”事发后，人行阿克苏地区中心支行快速向地方党政报告其引发辖区潜在的信用风险和支付风险，规定预案启动程序，合理调度再贷款资金，加大头寸监控频度，增大备付比例，使辖区金融度过最敏感的危险期，有效保护金融资产。

2005～2016年，人行阿克苏地区中心支行根据《国家金库条例》的相关规定，督促所辖金融机构做好金融机具升级、验证工作。

### 二　银监分局监管

（一）金融机构监管

2004年，阿克苏银监分局完成监管报告、不良资产分析报告等59份，向被监管机构发出银行业监管指导书、风险提示书、限期纠改通知书等23份。分别开展14项检查。依法对丢失《金融业务许可证》的2家信用社进行处罚。

2005～2010年，先后印发非现场操作规程、监管访问制度、监管提示警告制度等相关制度。组织开展对法人机构的监管评级，开展同质同类比较分析，在此基础上实施分类监管。

2013年，完成辖区内农村中小法人机构2012年监管评级工作，将评级结果靠后的农村信用联社作为重点监管对象，进行风险监测和现场检查。开展现场检查工作，全年共检查项目21个，涉及金额45.2亿元，发现各类违规问题154个，提出整改建议147个。

2014～2016年，根据辖区银行业金融机构特点，组织开展票据转贴现业务、负债业务、新发放贷款等检查项目33个，发现违规问题523个，提出监管意见106条，对两家机构提出限制性监管措施。发挥非现场监管的风险监测和预警功能，提升监管统计数据质量。

（二）宏观调控

2004年，阿克苏银监分局对贷款投放情况进行专项检查，对在建、拟建项目固定资产贷款进行认真清理检查。加强授权授信管理，强化贷后风险监控、风险管理能力，贷款行为日趋审慎。贷款结构得到优化和调整，国家宏观调控政策落到实处。加大对设施农业、林果业等农业产业的信贷投入，加大农户小额信用贷款、农户联保贷款的推广力度，推进信用村镇创建工作和信用工程建设。全地区农户贷款证发放比年初增加4.69万户，信用村由5个增加到90个，创建信用乡3个，被评定为信用户的农户比年初增加2.56万户，农户小额信用贷款余额比年初增加12804万元，增长199.6%；农户联保贷款比年初增加9689万元，增长88.78%。

2005～2009年，重点支持石油、化工、矿业、铁路、电力、农业等基础产业和支柱产业。进一步督促辖区农村信用社加大对“三农”的支持力度，切实发挥支农主力军作用。落实银监会《银行对小企业贷款业务指导意见》，推动地区小企业贷款的发展。

2010年，督促银行业加大对中小企业的支持力度，解决金融服务空白乡镇问题。银行监管工作扎实推进，银行业运行平稳。各银行业机构实现账面利润6.65亿元，比上年增加2.04亿元，增长44.25%。

2013年，阿克苏银监分局引导银行业发挥信贷投放在推动经济结构调整转型升级中的导向作用，督促银行机构加大对地区现代农牧业、新型工业化、现代服务业和民生领域等实体经济的支持力度。举办阿克苏银行业中小企业融资签约大会，辖区20家银行机构与355家企业签订贷款合同或融资合作协议，金额达212亿元。

2016年，阿克苏银监分局支持地区工业、基础设施和民生建设等重点建设项目103个，累计发放贷款27.17亿元。

（三）行政许可

2004～2005年，阿克苏银监分局对32名银行业金融机构高级管理人员进行任职资格审查，对52名高管人员进行例行谈话，审查批准撤并商业银行县支行及以下机构41个，批准机构迁址、更名、升格29个，批准6个储蓄机构升格为分理处，2个分理处（营业所）升格为支行。对11家规模小、无发展前景的农村信用社分支机构进行撤并，新增3家信用分社，搬迁6家。4月，完成全辖《金融许可证》的换发工作。

2006年，审查高级管理人员任职资格84人，其中不予核准3人、取消任职资格1人。优化金融机构布局，审查批准撤销、合并银行机构18个，机构迁址、更名、升格27个。

2007年，阿克苏银监分局组织实施《银行业金融机构高管人员履职情况考核评价办法》，先后6次组织辖区银行业机构负责人共213人次进行综合考试。审核高管人员任职资格36人次，否决16人次。审查银行机构撤并、迁址、更名、升格等38个，否决14个。

2008～2010年，核准高管人员任职资格67人，否决高管人员任职资格19人。对1名硬件不符合相关规定的高管人员，向新疆银监局提出个案申请；审核银行机构迁址、更名、升格等变更事项79项，对1家银行机构设立自助银行申请提出审核意见；组织开展4次银行业机构高管人员履职考试工作。审核受理行政许可事项 145 项，换（颁）发金融许可证 11 份，办理各类信访件 14 件。

2011～2013 年，阿克苏银监分局共审核办理行政许可事项 233 项，其中机构设立、变更、迁址、升格等 78 件，核准高级管理人员任职资格 150 件，否决 5 件。

2014～2016 年，全面梳理分局行政许可工作，对“不予核准”事项没有说明不核准理由、许可超时限等问题及时纠正。审核行政许可事项 257 个。37 件行政许可事项由审批改为报告。

（四）风险防范

2004 年，阿克苏银监分局把工商银行阿克苏地区中心支行、农业银行阿克苏地区支行确定为地区的重点监测行，对中国银行阿克苏地区中心支行、建设银行阿克苏地区支行两行关注股份制改革进程以及投资房地产等过热行业风险监测；对中小银行业金融机构，以“管法人、管内控、管风险”为重点；对农业发展银行的监管重点放在对不良贷款消化吸收方面；对邮政储蓄的监管主要是督促其依法合规经营。

2005～2006 年，开展对农村信用社的序时性检查、对国有商业银行偏离度的检查等现场检查工作。共检查机构数 96 个，发现问题涉及金额 14.61 亿元，提出整改措施 157 条。开展对农村信用社案件专项治理大检查，发现各类问题 1376 个。全面推进辖区农村信用社贷款 5 级分类工作，辖区农村信用社在自治区联社对资产风险分类的检查验收中全部获得通过。成立阿克苏地区农村信用社改革工作领导小组，对辖区 8 个县市农村信用联社统一法人社的组建申请和开业申请做出初审，并上报新疆银监局审核通过。与辖内银行业金融机构签订安全保卫工作目标责任书，会同地区公安局组成联合工作组，对辖区银行业机构（包括各县）的安全保卫工作进行检查，督促辖内银行业金融机构扎实做好安全保卫工作。

2007～2009 年，阿克苏银监分局开展内控风险评价工作，发出《年度综合评定书》14 份。按季召开辖区农村信用社风险监管分析会，分析、通报辖区农村信用社总体运行和风险情况。组织完成对辖区农村信用联社 2006 年度风险试评级工作、非信贷资产风险分类工作。共向各家银行业金融机构发出 10 份《风险提示书》，15 份《年度综合评定书》。

2010 年，阿克苏银监分局开展银行业案件防控工作，辖区银行业机构连续 7 年实现百万元以上大要案“零案件”目标。

2011 年，加强贷款新规执行、政府融资平台贷款风险缓释以及中长期贷款合同整改 3 项重点工作。针对个别农村信用社不良贷款率大幅反弹的局面，督促各农村信用社问题整改，辖区农村信用社风险管控能力得到增强。

2013 年，阿克苏银监分局与邮政企业、邮储银行签订三方联动协议，完善三方互动机制，形成监管部门、邮储银行与邮政企业三方合力防范风险，提高邮储银行风险管理能力。

2015～2016 年，阿克苏银监分局现场检查网点数 43 个，检查涉及违规金额 14.45 亿元。建立 100 万元以上不良贷款预警制度。建立百万元以上客户不良贷款月度监测制度，以全面掌握辖区大额信贷资产质量状况，并逐月逐笔跟进不良贷款处置情况，有效摸清隐形不良贷款存量底数。

# 第二章　银行业

## 第一节　中国农业发展银行阿克苏地区分行营业部

### 一　机构

1997年3月1日，中国农业发展银行阿克苏地区分行营业部（以下简称农发行阿克苏地区分行营业部）成立，内设信贷业务室、会计结算部和办公室。有工作人员14人。

2016年，农发行阿克苏地区分行营业部有工作人员23人。

### 二　存贷款业务

1997年，农发行阿克苏地区分行营业部各项贷款余额107830万元，其中粮油及储备类贷款余额3800万元，棉花类贷款余额100290万元，其他类（农业技术改造、农业综合开发等）3740万元。各项存款余额2616万元。贷款构成主要为粮棉油收购贷款，存款构成主要为企业单位存款和部分财政性存款，企业存款主要为贷款企业存款。

2015～2016年，累计获批9笔8个项目、投资总额8.97亿元的中国农发重点建设基金，用于阿克苏地区重点项目建设。

### 三　中间业务

自2007年起，农发行阿克苏地区分行营业部陆续开办代理保险业务、咨询顾问业务等中间业务，以及政府基础设施建设、新农村建设、棚户区改造、水利、农村路网、易地扶贫搬迁等中长期项目贷款资金的投放与管理，为农业和农村经济发展服务。全年中间业务收入14万元。

2015年，开办中国农发重点建设基金业务。至2016年，中间业务累计收入570.88万元。

**表18－2　1997～2016年中国农业发展银行阿克苏地区分行营业部存贷款业务开展情况表**

单位：万元

| 年份 | 各项贷款余额 | 其中 | | | | | 各项存款余额 | 中间业务收入 |
|---|---|---|---|---|---|---|---|---|
| | | 粮油及储备类 | 棉花类 | 其他类 | 其他类中长期贷款 | 贴现 | | |
| 1997 | 107830 | 3800 | 100290 | 3740 | | | 2616 | |
| 1998 | 186252 | 18793 | 167459 | | | | 5190 | |
| 1999 | 224833 | 18305 | 206528 | | | | 3370 | |
| 2000 | 155393 | 23862 | 131531 | | | | 19408 | |
| 2001 | 187732 | 22897 | 164835 | | | | 2396 | |

续表

| 年份 | 各项贷款余额 | 其中 | | | | | 各项存款余额 | 中间业务收入 |
|---|---|---|---|---|---|---|---|---|
| | | 粮油及储备类 | 棉花类 | 其他类 | 其他类中长期贷款 | 贴现 | | |
| 2002 | 107280 | 20975 | 83605 | | | | 30527 | |
| 2003 | 117814 | 23370 | 94444 | | | | 43992 | |
| 2004 | 221586 | 27968 | 193318 | 300 | | | 22148 | |
| 2005 | 229622 | 36454 | 192968 | 200 | | | 20132. 6 | |
| 2006 | 322599 | 104422 | 218045 | 132 | | | 28436 | |
| 2007 | 345990 | 77614 | 257804 | 92 | | 10480 | 21771 | 14 |
| 2008 | 368464 | 91919 | 263348 | 52 | | 13141 | 35502 | 55 |
| 2009 | 206527 | 86663 | 117864 | | 2000 | | 54401 | 49 |
| 2010 | 272075 | 131361. 89 | 139314. 20 | | 1399 | | 54401 | 55. 52 |
| 2011 | 495202 | 85839 | 387964 | 8249 | | 13150 | 57829 | 84. 5 |
| 2012 | 420457 | 100932 | 263007 | | 56518 | | 74300 | 71. 3 |
| 2013 | 595860 | 90633 | 442427 | | 62800 | | 161198 | 78. 09 |
| 2014 | 475316 | 71330 | 341966 | | 62020 | | 100190 | 78. 5 |
| 2015 | 404018 | 80908 | 291910 | | 31200 | | 175997 | 55. 97 |
| 2016 | 316097 | 114086 | 167482 | | 34529 | | 120008 | 29 |

## 第二节 中国农业银行股份有限公司阿克苏分行

### 一 机构

1990 年，农业银行阿克苏地区中心支行内设行政办公室、人事科、工会办、保卫科、教育科、金融研究室、会计科、计划科、信贷科、存款科、信用合作科、审计稽核科、监察室、信托投资公司、干部培训中心。

1997 年 10 月 28 日，中国农业银行阿克苏地区中心支行更名为中国农业银行阿克苏地区分行。

1998 年 6 月，经自治区人民银行批准，撤销中国农业银行阿克苏市支行。原中国农业银行阿克苏市支行全部债权债务及所属分支机构人员由农行阿克苏分行管辖。由此，中国农业银行阿克苏地区分行由原来单纯型管理机关改变为既管理又经营的授权法人实体。机关内部机构设置 6 部 1 室 2 个中心，即行政保卫部、稽核监察部、财务会计部、资金筹划部、综合业务部、专项业务部，行政办公室，信息电脑中心、干部培训中心。7 月，原中国农业银行阿克苏市支行 17 个所属分支机构更名。全辖共有机构 116 个，其中地区分行 1 个、县支行 8 个、营业部 9 个、营业所 76 个、储蓄所 22 个。

2005 年，农行阿克苏地区分行内设办公室、人事部、计划财务部、客户经理部、个人业务部、信贷管理部、农业信贷部、风险资产经营部、科技部、监督保障部、保卫部。全辖共有机构 50 个，其中二级分行 1 个、县支行 8 个、翻牌支行 1 个、营业部 9 个、营业所（分理处）31 个。共有职工 658 人。

2009 年 2 月，中国农业银行改制为股份有限公司，中国农业银行阿克苏地区分行更名为中国农业银行股份有限公司阿克苏分行（以下简称农行阿克苏分行）。

2016 年，农行阿克苏分行内设农村产业金融部/公司业务部/小企业业务部、机构业务部、农户金融部/个人金融部、信用卡与电子银行部、信贷管理部/三农风险管理中心/三农信贷管理中心（信贷审查审批中心、个贷审查审批中心）、特殊资产经营部、内控与法律合规部、财务会计部/三农资本和资金管理中心/三农核算与考评中心、运营管理部、信息技术管理部、党委办公室/党委宣传部/机关党委/团委/综合管理部、党委组织部/人力资源部/三农人力资源管理中心、纪委/监察部、安全保卫部、工会委员会办公室 15 个科室。有营业机构 32 个。

## 二　存贷款业务

（一）存款

2002 年，农行阿克苏地区分行各项存款余额 237046 万元，其中储蓄存款余额 149981 万元，对公存款余额 87004 万元，其他存款余额 61 万元。

2016 年，农行阿克苏分行各项存款余额 1467519 万元，较年初增加 120034 万元，其中对公存款余额 567218 万元，储蓄存款余额 900297 万元，其他存款余额 4 万元。

（二）贷款

2002 年，农行阿克苏分行各项贷款余额 116291 万元，比年初减少 11777 万元，其中常规贷款余额 88943 万元。累计发放贷款 59593 万元。不良贷款余额 46229 万元，不良贷款占比 39. 75%。两种贷款本息累计清收 5708 万元，盘活 742 万元，保全 5619 万元。

2013 年，农行阿克苏分行累计发放法人客户贷款 313201 万元、自然人客户贷款 194514 万元（农户贷款 133830 万元），贷款投放量达历史最高水平。

2016 年，农行阿克苏分行各项贷款余额 390526 万元，比年初减少 17728 万元。累计发放各项贷款 259117 万元，其中法人客户贷款 185664 万元，自然人贷款 73453 万元，其中农户贷款 49840 万元。累计投放涉农贷款 23. 54 亿元、县域贷款 25. 9 亿元。全年累计投放农户贷款 49840 万元。全年累计投放收购法人贷款 9. 77 亿元，投放非农个人贷款 2. 36 亿元，投放住房按揭贷款 10340 万元，投放农民安家贷款 1367. 4 万元。发放个人保证保险贷款 49. 2 万元，投放个人理财自助质押贷款 464. 5 万元。投放小微企业贷款 15361 万元。全行不良贷款余额 10571 万元，不良率 2. 71%，不良贷款实现双降。累计处置自营不良贷款 5353. 98 万元，清收委托不良贷款 162. 45 万元。

**表 18 -3　2002 ~2016 年部分年份中国农业银行股份有限公司阿克苏分行存贷款统计表**

单位：万元

| 年度 | 各项存款余额 | 各项贷款余额 | 年度 | 各项存款余额 | 各项贷款余额 |
|---|---|---|---|---|---|
| 2002 | 237046 | 116291 | 2010 | 841500 | 243100 |
| 2003 | 290889 | 127041 | 2012 | 1112708 | 405717 |
| 2004 | 353357 | 126939 | 2013 | 1167432 | 546316 |
| 2005 | 422826 | 136623 | 2014 | 1178159 | 471865 |
| 2006 | 502200 | 158900 | 2015 | 1347485 | 408253 |
| 2007 | 573786 | 172207 | 2016 | 1467519 | 390526 |
| 2008 | 639198 | 149393 | | | |

### 三 中间业务

2002 年，农行阿克苏分行已开办的业务有代收移动电话费、固定电话费、电费及代理发行基金等 10 余种，10 月 29 日，开办网上银行业务。全年中间业务收入 120 万元。

2003 年，与阿克苏 5 家保险分公司签订合作协议，代理保险收入 37 万元，占中间业务收入的 16.08%。

2012 年，中间业务收入首次突破 5000 万元。

2013 年，实现跨境人民币结算、交易资金托管、金市通、电子商务以及汽车分期等新兴中间业务“零”的突破，全年实现中间业务收入 5988 万元，比上年增加 958 万元，增长 19.05%。

2016 年，农行阿克苏分行实现中间业务收入 6359 万元，其中 IC 卡业务收入 1105 万元，贵金属收入 150 万元，理财业务收入 440 万元。在县以下区域共建立“金穗惠农通”工程点 440 个、助农取款点 103 个，累计布放电子机具 456 台，覆盖 44 个乡镇、158 个行政村，覆盖率分别达到 51.76%、14.29%。信用卡有效客户新增 5948 户，新增分期交易额 6004.84 万元。

### 四 外币业务

2004 年，农行阿克苏地区分行外币存款余额 8 万美元，累计办理结售汇业务 5 笔，成功地为一家外商投资企业办理 502 万美元的资本金结汇业务，实现国际业务“零”的突破，占地区各家商业银行市场份额的 38.8%。

2005 年，农行阿克苏地区分行外币存款余额 12 万美元，比年初增加 4 万美元。争取到法院执行款 400 万美元存入农行，全年实现外汇经营利润 6.37 万美元。

2016 年，外币存款余额为 20 万美元，比年初增加 15 万美元，实现国际业务收入折合人民币 45 万元。

## 第三节 中国工商银行股份有限公司阿克苏分行

### 一 机构

1990 年，工商银行阿克苏地区中心支行内设办公室、政工科、工会办、纪检组、稽核科、会计出纳科、计划统计科、储蓄科、信贷科、调研信息科、保卫科、行政管理科、监察科。辖县支行 9 个，分理处 17 个，储蓄所 48 个。

1999 年，工商银行阿克苏地区中心支行更名为工商银行阿克苏地区分行（简称工行阿克苏地区分行）。辖分支机构 58 个，其中县级支行 7 个、营业部 1 个、分理处 17 个、储蓄所 33 个。

2010 年，工行阿克苏地区分行内设部门进行整合，设办公室、运行管理部、财务会计部、个人金融业务部、机构与公司业务部、风险管理部 5 部 1 室。全行机构总数 17 个，其中地区分行营业部 1 个、县支行 5 个，二级支行 8 个，分理处 3 个。

2016 年，工行阿克苏分行内设部门 11 个，辖属分支机构 16 个，其中二级分行营业部 1 个、县支行 5 个、二级支行 10 个。

## 二　存款业务

2001 年，工行阿克苏地区分行各项存款余额 23. 69 亿元。

2005 年，中行阿克苏地区分行各项存款余额 391749 万元，其中储蓄存款余额 214285 万元，对公存款余额 177464 万元。

2011 年，工行阿克苏地区分行储蓄存款 506584 万元，首次突破 50 亿元大关。

2016 年，工行阿克苏地区分行各项存款余额为 1490255 万元。

**表 18 –4　2010 ~ 2016 年工商银行阿克苏分行各项存款余额表**

单位：万元，%

| 年份 | 存款余额 | 比上年增加 | 增长 | 其中 | | | | | |
|---|---|---|---|---|---|---|---|---|---|
| | | | | 储蓄存款 | 增加 | 增长 | 对公存款 | 增加 | 增长 |
| 2010 | 812645 | 170764 | 26. 6 | 406876 | 71844 | 21. 44 | 405769 | 103284 | 34. 15 |
| 2011 | 981985 | 169340 | 20. 84 | 506584 | 99708 | 24. 51 | 470564 | 64795 | 15. 97 |
| 2012 | 1128609 | 146624 | 14. 93 | 601117 | 94533 | 18. 66 | 511259 | 40695 | 8. 65 |
| 2013 | 1223539 | 94930 | 8. 41 | 674368 | 73251 | 12. 19 | 549171 | 37912 | 7. 42 |
| 2014 | 1246328 | 22789 | 1. 86 | 673076 | – 1292 | –0. 19 | 573252 | 24081 | 4. 38 |
| 2015 | 1311429 | 65101 | 5. 22 | 722748 | 49672 | 7. 38 | 588681 | 15429 | 2. 69 |
| 2016 | 1490255 | 178836 | 13. 64 | 786270 | 63522 | 8. 79 | 703985 | 115304 | 19. 59 |

## 三　贷款业务

2001 年，工行阿克苏地区分行各项人民币贷款余额 7. 06 亿元，全年累计发放各项人民币贷款 2. 37 亿元，发放短期贷款余额 5. 16 亿元，中长期贷款余额 1. 9 亿元。

2002 年，工行阿克苏地区分行在贷款投向上重点支持地区基础建设、运输、重点建材企业等效益好的行业。各项贷款中，工商流动资金及项目贷款 55626 万元，住房开发及个人住房贷款 9477 万元，个人消费贷款 3034 万元。各类消费贷款（含住房贷款）余额 9083 万元。清收转化不良贷款 10051 万元。

2004 年，发放各项贷款 73969 万元，各项贷款余额 93646 万元。流动资金贷款增加 3089 万元，住房贷款增加 673 万元，综合消费贷款增加 520 万元。新发放贷款全部投入 A + 级以上优质重点客户和低风险担保贷款及住房贷款等其他个人消费贷款，贷款结构得到进一步优化。清收转化不良贷款 3869 万元。

2005 年，各项贷款余额 56788 万元，其中剥离不良资产 21260 万元。累计签发银行承兑汇票 4900 万元，累计办理银票贴现 713 万元。不良贷款比年初下降 29625 万元，不良贷款率占比 0. 96% 。

2016 年，工行阿克苏分行加大结构调整力度，进一步控制产能过剩行业贷款，防范各类金融风险。年内，各项贷款余额 606654 万元，比年初减少 48332 万元，降幅为 7. 38% ，其中个人贷款余额为 146250 万元，比年初减少 13645 万元，下降 8. 53% ，法人贷款余额 460404 万元，比年初减少 34687 万元，下降 7. 01% 。

表18－5　2010～2016年工商银行阿克苏地区分行各项贷款余额表

单位：万元，%

| 年份 | 贷款余额 | 比上年增加 | 增长 | 其中 | | | | | |
|---|---|---|---|---|---|---|---|---|---|
| | | | | 个人贷款 | 增加 | 增长 | 法人贷款 | 增加 | 增长 |
| 2010 | 173224 | 76186 | 78.51 | 71494 | 21404 | 42.73 | 101730 | 54782 | 116.39 |
| 2011 | 283831 | 110607 | 63.85 | 88953 | 17459 | 24.42 | 194878 | 91488 | 91.56 |
| 2012 | 467478 | 183647 | 64.70 | 100822 | 11869 | 13.34 | 366656 | 171778 | 88.15 |
| 2013 | 561085 | 93607 | 20.02 | 130494 | 29672 | 29.43 | 430591 | 63935 | 17.44 |
| 2014 | 622746 | 61661 | 10.99 | 149545 | 19051 | 14.60 | 473201 | 42610 | 9.90 |
| 2015 | 654986 | 32240 | 5.18 | 159895 | 10350 | 6.92 | 495091 | 21890 | 4.63 |
| 2016 | 606654 | －48332 | －7.38 | 146250 | －13645 | －8.53 | 460404 | －34687 | －7.01 |

## 四　中间业务

2001年，工行阿克苏地区分行开办各类中间业务31种，累计办理中间业务215万笔，金额161万元。

2006年，开办8大类17个业务品种中间业务，涉及166个收费项目，中间业务收入1180万元（剔除小额账户），增幅51.6%。

2010年，实现中间业务收入3671万元。

2016年，工行阿克苏地区分行受“营改增”以后的价税分离影响，给中间业务收入的增长带来一定压力。至年末，实现中间业务收入7527万元。

表18－6　2010～2016年工商银行阿克苏地区分行中间业务收入表

单位：万元，%

| 年份 | 中间业务收入 | 比上年增加 | 增长 | 其　中 | | |
|---|---|---|---|---|---|---|
| | | | | 银行卡 | 电子银行 | 理财 |
| 2010 | 3671 | 815 | 28.54 | 344.09 | 393 | 159 |
| 2011 | 5495 | 1824 | 49.69 | 551.77 | 602 | 150 |
| 2012 | 5179 | －316 | －5.75 | 827.17 | 932 | 172 |
| 2013 | 5893 | 714 | 13.79 | 977.71 | 996 | 166 |
| 2014 | 6463 | 570 | 9.67 | 1212.98 | 1176 | 400 |
| 2015 | 7443 | 980 | 15.16 | 1620.69 | 1691 | 780 |
| 2016 | 7527 | 84 | 1.13 | 1894.16 | 1657 | 958 |

## 五　外汇业务

2001年，工行阿克苏分行各项外汇存款（外币储蓄存款）余额58.04万美元，比年初增加10.01万美元，增长20.84%；办理国际结算业务53.40万美元，比年初增加48.32万美元，增长951.18%；办理结售业务42.18万美元，比年初增加37.75万美元，增长852.14%。

2010年，工行阿克苏分行办理国际结算业务1545万元，出口贸易结算量达到408万美元，进口贸易结算量26万美元，办理结售汇业务1566万美元。年末，外汇存款余额31.82万美元，较年初下降4.05万美元，下降11.29%。

2011~2015年，工行阿克苏分行办理国际结算业务2204万美元，其中贸易结算量1991万美元，办理结售汇2218万美元。外汇存款余额154.39万美元。

2016年，工行阿克苏分行办理国际结算业务563万美元，其中贸易结算量413万美元，本年办理结售汇693万美元，年末，外汇存款余额49.04万美元，比年初增加11.79万元，增长率为31.65%。

## 第四节　中国建设银行阿克苏地区分行

### 一　机构

1990年，中国建设银行阿克苏地区中心支行内设计划信贷科、投资科、财务会计科、人事教育科、建筑经济科、办公室、稽核科、房地产开发信贷部、储蓄科、保卫科、监察室。

1996年3月26日，中国建设银行阿克苏地区中心支行更名为中国建设银行阿克苏地区分行。

2005年3月，中国建设银行阿克苏地区分行更名为中国建设银行股份有限公司阿克苏地区分行（以下简称建行阿克苏分行）。

2016年，建行阿克苏分行有营业机构15个，其中县支行营业部4个、城区支行8个、直属营业部1个、县支行所属支行（分理处）2个。内设部门11个，其中前台经营部门6个，中后台部门5个，网均人数18.5人。全行在册员工278人。

### 二　存款

1990年，建设银行阿克苏地区中心支行发挥管理固定资产投资的优势，大力吸收企业存款和个人存款，全行各类存款快速发展。

2001年，一般性存款余额176566万元。

2004年，全口径存款达238353.23万元，信贷资产总额达99381.99万元。

2010年，中国建设银行股份有限公司阿克苏地区分行新增存款15.1亿元。

2016年，建行阿克苏地区分行存款余额1411548万元。

### 三　贷款

2001年，建行阿克苏地区分行累计发放贷款32180万元，清收不良贷款925万元。

2004年，累计投放公司客户贷款51100万元，收回到期贷款29462万元。其中关注类贷款比年初上升2852万元。不良贷款额2183.02万元，不良贷款率为2.2%，贷款利息实收率为105.63%。

2010年，新增贷款7.4亿元。全行A级（含）以上客户贷款余额占比96.5%，中长期贷款余额占比达72%。

2016年，建行阿克苏分行各项贷款余额59.50亿元，其中公司业务类贷款余额比年初新增1.17亿元。个人类贷款余额比上年新增2.02亿元。不良贷款余额6475.26万元，剔除按政策调整下迁的 6330 万元不良贷款，全行实际不良贷款 145 万元，比上年下降 363.2 万元。非信贷资产不良额 38.81 万元，不良率为 0.005%。

### 四 中间业务

2001 年，建行阿克苏地区分行中间业务收入 286 万元，其中代理保费 32 万元。

2003 年，累计签发银行承兑汇票 4094 万元，累计办理贴现 1170 万元。实现中间业务收入 306 万元。

2006 年，建行阿克苏地区分行开办代理保险业务、银行承兑汇票业务、财务顾问业务、“速汇通”业务、信用卡业务、代理发行基金业务、国债业务、电子账单业务和网上银行业务，不断提高中间业务收入水平。

2008 年，建行阿克苏分行加强对其他新兴中间业务产品的营销，收入过百万的业务品种由上年的 3 个增加到 8 个，公司类中间业务收入比上年增长 462.7%。

2011 年，建行阿克苏分行实现中间业务毛收入 3628 万元，超百万元中间业务产品数量增至 12 类。

2016 年，实现中间业务收入 7378 万元，其中信用卡业务实现经营性收入 3594 万元。

## 第五节 中国银行阿克苏地区分行

### 一 机构

1992 年 4 月 29 日，中国银行阿克苏地区支行正式成立，主要行使外汇外贸专业银行职能。5 月 15 日，开始办理外汇业务和国际结算。内设 6 个部门。

2000 年，中国银行阿克苏地区支行更名为中国银行阿克苏地区分行。下设行政管理科、人事科、会计科、信贷业务科、信贷管理科、保卫科、稽核科、电脑科、监察室、市场开发部。辖属机构 1 个。

2005 年 8 月，中国银行进行股份制改革，原中国银行阿克苏地区分行更名为中国银行股份有限公司阿克苏地区分行（简称中国银行阿克苏地区分行）。根据股份制机构改革方案要求，内设综合管理部、计划财务部、风险管理部、监察保卫部、公司业务部、个人金融部、营业部。

2010 年，中国银行阿克地区分行 IT 蓝图成功上线。

2016 年，中国银行阿克苏地区分行辖属库车县支行、拜城县支行、阿拉尔市支行 3 个县（市）支行，其中库车县支行为管辖性支行，设有 2 个部门即业务发展部及综合管理部，2 个机构分别是库车县支行营业部、文化路支行。阿克苏市区 6 个城区支行、9 个部门。在册总人数 245 人（含离、退休员工）。

### 二 存款

2001 年，中国银行阿克苏地区分行各项人民币存款余额 62539 万元，其中企业存款余额 30106

万元，储蓄存款余额32423万元，其他存款余额10万元。

2005年，实现人民币各项存款余额127112万元，其中储蓄存款余额75267万元，企业存款余额51845万元。

2010年，人民币各项存款余额42.3亿元，其中企业存款余额20.27亿元，储蓄存款余额18.28亿元，金融机构存款余额3.75亿元。

2016年，中国银行阿克苏地区分行存款余额达703022万元，其中企业存款331486万元，比上年增加57797万元，增长21.12%，其中个人储蓄存款余额371536万元，比上年增加3.63万元，增长10%。

表18－7 2011～2016年中国银行阿克苏地区分行储蓄存款余额情况表

单位：万元

| 年份 | 储蓄存款余额 | 比上年增加 | 增长(%) |
|---|---|---|---|
| 2011 | 440521 | 14815 | 3.48 |
| 2012 | 477434 | 73576 | 16.7 |
| 2013 | 559701 | 82267 | 17.23 |
| 2014 | 553783 | －5918 | －1.06 |
| 2015 | 608920 | 55137 | 9.96 |
| 2016 | 703022 | 94102 | 15.45 |

## 三 贷款

2001年，中国银行阿克苏分行各项人民币贷款余额18307万元，比年初增加5629万元（剔除银行承兑汇票贴现，贷款余额实际增加5609万元），增幅达144%。累计发放贷款16446万元，累计收回贷款10817万元。其中对重点客户新增贷款7100万元，个人消费贷款余额2119万元，个人住房担保贷款1732万元，贷款余额2001万元。年末，不良贷款余额2053万元，核销呆账贷款428万元、利息坏账395万元。现金清收不良贷款488万元。

2005年，各项贷款余额54965万元，不良贷款余额4070万元。正常类贷款余额45292万元，关注类贷款余额5603万元，次级贷款49万元。

2010年，实现人民币各项贷款余额19亿元，其中公司贷款（不含贴现和贸易融资）余额13.31亿元。

2016年，中国银行阿克苏分行人民币贷款余额25.36亿元，其中公司贷款16.19亿元，零售贷款9.17亿元。零售贷款中住房按揭贷款73535.12万元，商铺按揭贷款9117.14万元，国家助学贷款145.91万元，投资经营贷款8316.38万元，质押贷款104.05万元，汽车贷款81.35万元，信用贷款375.67万元。不良贷款余额为11772万元，较年初新增2188万元，不良率为4.64%。

**表 18-8 2001～2016 年中国银行阿克苏地区分行贷款增减变化表**

单位：亿元，%

| 年份 | 各项人民币贷款余额 | 增长额 | 增幅 |
|---|---|---|---|
| 2011 | 17.47 | -1.55 | -8.15 |
| 2012 | 26.41 | 8.94 | 51.17 |
| 2013 | 24.73 | -1.68 | -6.36 |
| 2014 | 22.89 | -1.84 | -7.44 |
| 2015 | 23.52 | 0.63 | 2.75 |
| 2016 | 25.36 | 1.84 | 7.82 |

## 四 中间业务

2001 年，中国银行阿克苏分行银行卡累计发卡量 27843 张。其中长城信用卡 2336 张，长城电子借记卡 25507 张。特约商户 26 户，信用卡直接消费交易额 415 万元。“四代”业务交易额 2105 万元。

2002 年，共办理代收税费 52397 笔，累计代收金额 915 万元，代收户数 6 户。办理代付业务 10521 笔，累计金额 845 万元，代理单位 16 家，主要是办理代发工资业务；代理国寿鸿泰两全型保险共办理业务 7 万元。

2004 年，办理代理业务收付交易累计 4242 万元，比上年增加 1963 万元，代理 72327 笔。其中代收业务 64686 笔，交易额 2748 万元；代付业务 7416 笔，交易额 1051 万元；代理保险业务 225 笔，交易额 99 万元；代理基金 322 万元；代理业务手续费收入 6 万元；其他业务交易额 16 万元。

2010 年，中国银行阿克苏分行开始推出个人理财产品，个人理财余额达到 21119 万元。实现中间业务净收入 1743 万元。

2016 年，中国银行阿克苏分行个人理财余额 66381 万元，其中保本型理财 15546 万元，非保本型理财产品 50835 万元。

## 五 外汇

2001 年，中国银行阿克苏地区分行各项工作外汇存款余额 226 万美元。全年累计结售汇 697 万美元。

2004 年，外币存款余额 407 万美元，外币储蓄存款余额为 232 万美元，外币对公存款余额为 175 万美元。完成结售总额 526 万美元，比上年增加 415 万美元。其中国际结算完成 163 万美元，结算收益 9.99 万美元。

2016 年，中国银行阿克苏分行公司外币存款余额 46 万元，储蓄存款余额 666 万元。结售汇业务保持良好态势，市场份额 70.71%。

表 18－9　2011～2016 年中国银行阿克苏地区分行外币存款增减变化表

单位：万元，%

| 年份 | 储蓄存款余额 | 增长额 | 增幅 |
|---|---|---|---|
| 2011 | 342 | 42 | 14 |
| 2012 | 608 | 266 | 77.78 |
| 2013 | 416 | －192 | －31.58 |
| 2014 | 391 | －25 | －6.01 |
| 2015 | 479 | 88 | 22.51 |
| 2016 | 666 | 187 | 39.04 |

## 第六节　中国邮政储蓄银行阿克苏地区分行

### 一　机构

1990 年，地区邮电局单设储汇科隶属邮政科，统管全地区邮政储蓄业务。

1999 年，地区邮政局成立储汇分局，有局长 1 人，业务管理人员 3 人。

2008 年 3 月 27 日，邮政储蓄银行阿克苏地区分行成立，承继原阿克苏地区邮政局、阿克苏地区邮政储汇局经营的邮政金融业务，有员工 134 人。内设综合办公室、综合业务部、财务会计部、审计部。

2013 年，邮政储蓄银行阿克苏地区分行全面改革，内设办公室、计划财务部、个人金融部（电子银行部）、公司业务部、授信管理部、零售信贷部/三农金融部、法律与合规部、风险管理部、会计与营运部、人力资源部、纪检监察部。

2016 年，有员工 268 人。

### 二　邮政储蓄

20 世纪 90 年代初，地区邮电局扩大邮政宣传，大力改善服务，使邮政储蓄得到迅速发展。

1990～1994 年，地区邮政储蓄余额 59929.61 万元。1994 年地区邮政储蓄余额突破 2 亿元大关，达 20316 万元，跃居全疆各地州局之首。

1999 年，地区邮政储蓄金额达 51885.4 万元。

2001 年，地区邮政储蓄余额 6.77 亿元，比上年增加 21.21%，其中定期 4.94 亿元，活期 1.83 亿元。完成储蓄业务收入 1827 万元。34 个储蓄网点全面实现微机联网运行。配置 8 台 ATM 机，完成安装、调测、使用，对没有上自动取款机的支局，安装磁卡读写器设备，使地区所有储蓄网点开办同城、异地刷卡交易。

2005 年，地区邮政储蓄余额 14 亿元，年累计净增 1.9 亿元，其中农村 19 个网点余额合计为 4.55 亿元，城市 15 个网点余额合计为 9.45 亿元。

2006 年，新增 9 个储蓄网点，网点余额均超过 500 万元。

2010 年，成立柯坪县盖孜力乡营业所，填补金融空白乡镇。

2016 年，全地区共有 45 个金融网点。储蓄余额 69.53 亿元，客户数 783639 户，结存卡量 852142 张。全地区布放 ATM、存取款一体机等自助设备 116 台。

### 三　贷款

2008 年 9 月 27 日，中国邮政储蓄银行阿克苏地区分行正式开办小额贷款业务。全年共计发放小额贷款 258 笔，金额计 1151.6 万元。贷款结余 253 笔，余额 1141.6 万元。

2009 年，放款 1.4 亿元，贷款余额达到 8700 万元。

2010 年，挑选信用度高、还款及时、信贷市场潜力较大的村进行重点支持，为农牧民融资提供便利，加大放贷额度，促进信贷业务快速发展。

2012 年，发挥网点优势，为城乡居民提供便捷的金融服务，拓展小额贷款服务，探索农村信贷服务站发展新模式，将邮政金融服务触角延伸到乡镇、农牧团场，累计放贷 5.17 万笔，金额 18.81 亿元。

2008 ~ 2016 年，邮储银行阿克苏地区分行各类贷款累计发放 14.37 万笔，金额 107.23 亿元。

### 四　中间业务

2007 年 4 月，中国邮政储蓄银行阿克苏地区分行开办基金业务。

2008 年 3 月，开办理财业务和国债业务。

自 2009 年开始，中国邮政储蓄银行阿克苏地区分行于内部运行办理信用卡业务。全年，人民币理财产品销售 60 万元。

2010 年正式对外开办信用卡业务，年内发卡量 409 张。

2013 年，开办贵金属业务。

2015 年 12 月，开办第三方存管业务。

2016 年，邮政储蓄银行阿克苏地区分行全年累计销售国债 1238.4 万元、理财有效销量 40329.81 万元、理财期末日均余额 28101.92 万元、保险销售 1750.59 万元、贵金属销售 476.32 万元，邮储银行信用卡结存卡量为 18319 张。

## 第七节　阿克苏农商银行

### 一　机构

1990 年，阿克苏市农村信用合作社有下属独立法人机构 11 个。

2005 年，阿克苏市联合社有辖属 20 家信用社，其中联社 1 个、独立核算信用社 12 个、分社 7 个。

2006 年 12 月 22 日，阿克苏市农村信用合作联社正式挂牌（简称阿克苏市联社），归自治区联社管理。

2008 年 3 月，阿克苏市农村信用合作联社内设综合办公室、财务信息部、审计部、检察保卫部、业务拓展部、信贷管理部、风险管理部和存款部。有营业机构 24 个，其中市区营业网点 13 个，从业人员 300 名。

2010 年，市农村信用合作联社有营业网点 24 个（含联社营业部），其中城区信用社 14 个、农区信用社 10 个；正式在岗职工 275 人，劳务派遣工 4 人，领导 6 人。

2015 年 6 月，阿克苏市农村信用合作联社改制为新疆阿克苏农村商业银行股份有限公司。下设营业网点 31 个（含 2 个分理处）。内设综合管理部、人力资源部、计划财务部、纪检监察部、信贷管理部、合规与风险管理部、运营管理部、金融市场部、电子科技部、审计部、机构业务部、兵团银行部、个人银行部、公司银行部 14 个部门。有员工 422 人。

2016 年，阿克苏农商银行下设营业网点 33 个（含 2 个分理处），其中城区网点 12 个，农区网点 9 个，生产建设兵团第一师网点 12 个。阿克苏农商银行营业网点覆盖阿克苏市区和 6 个乡镇、柯坪县 3 个乡镇（含 2 个分理处）以及生产建设兵团第一师 10 个团场。

## 二　存款

1990 年，阿克苏市联合社储蓄存款 2232 万元，其中活期 817 万元，定期 1415 万元。

1991 ~2000 年，随着经济的发展，人民生活水平日益提高，储蓄意识日益增强，联社储蓄事业快速发展。

2000 年后，阿克苏市联社从改变服务方式、改善服务质量、提高服务效率入手，以优质的服务稳住老客户、发展新客户。以“三农”为基础，把涉农领域延伸扩大，对中小企业坚持以双赢为目的，实现以贷引存、以存促贷。

2016 年，阿克苏农商银行各项存款余额 122.35 亿元，存款占市辖金融机构市场份额的 26.87%。

**表 18 –10　1990 ~2016 年阿克苏市农商银行各项存款情况表**

单位：万元，%

| 年份 | 各项存款 | 其中 | | | |
|---|---|---|---|---|---|
| | | 单位存款 | 占比 | 储蓄存款 | 占比 |
| 1990 | 2871 | 639 | 22.26 | 2232 | 77.74 |
| 1991 | 3256 | 567 | 17.41 | 2689 | 82.59 |
| 1992 | 3335 | 651 | 19.52 | 2684 | 80.48 |
| 1993 | 4102 | 854 | 20.82 | 3248 | 79.18 |
| 1994 | 7788 | 788 | 10.12 | 7000 | 89.88 |
| 1995 | 11765 | 1482 | 12.60 | 10283 | 87.40 |
| 1996 | 8105 | 471 | 5.81 | 7634 | 94.19 |
| 1997 | 10379 | 1260 | 12.14 | 9119 | 87.86 |
| 1998 | 13596 | 2107 | 15.50 | 11489 | 84.50 |
| 1999 | 14194 | 2799 | 19.72 | 11395 | 80.28 |
| 2000 | 19489 | 3198 | 16.41 | 16291 | 83.59 |
| 2001 | 67820 | 23616 | 34.82 | 44204 | 65.18 |
| 2002 | 96508 | 39285 | 40.71 | 57223 | 59.29 |
| 2003 | 124497 | 51694 | 41.52 | 72803 | 58.48 |

续表

| 年份 | 各项存款 | 其　中 | | | |
|---|---|---|---|---|---|
| | | 单位存款 | 占比 | 储蓄存款 | 占比 |
| 2004 | 140987 | 42692 | 30.28 | 98295 | 69.72 |
| 2005 | 181502 | 56978 | 31.39 | 124524 | 68.61 |
| 2006 | 204691 | 85400 | 41.72 | 119291 | 58.28 |
| 2007 | 188310 | 69331 | 36.82 | 118979 | 63.18 |
| 2008 | 223848 | 82063 | 36.66 | 141785 | 63.34 |
| 2009 | 293989 | 119030 | 40.49 | 174959 | 59.51 |
| 2010 | 419462 | 195334 | 46.57 | 224128 | 53.43 |
| 2011 | 544888 | 288644 | 52.97 | 256244 | 47.03 |
| 2012 | 686411 | 360759 | 52.56 | 325652 | 47.44 |
| 2013 | 814400 | 413500 | 50.77 | 400900 | 49.23 |
| 2014 | 918700 | 441700 | 48.08 | 477000 | 51.92 |
| 2015 | 957700 | 469000 | 48.97 | 488700 | 51.92 |
| 2016 | 1223533 | 550006 | 44.95 | 673527 | 55.05 |

## 三　贷款

1990 年，阿克苏市农村信用社联合社各项贷款余额 389 万元，其中个体经济户贷款 141.3 万元。

2016 年，阿克苏农商银行各项贷款余额 79.66 亿元，贷款占市辖金融机构市场份额的 31.02%。不良贷款余额 9950.26 万元，不良贷款占比 1.25%。

**表 18－11　1990～2016 年阿克苏市农商银行贷款余额情况表**

单位：万元，%

| 年份 | 各项贷款余额 | 增长比例 | 其　中 | | |
|---|---|---|---|---|---|
| | | | 农业贷款 | 增长比例 | 占比 |
| 1990 | 389 | 2.64 | 313 | -6.8 | 80.5 |
| 1991 | 546 | 40.4 | 373 | 19.2 | 68.3 |
| 1992 | 712 | 30.4 | 561 | 50.4 | 78.8 |
| 1993 | 642 | -10 | 227 | -59.5 | 35.4 |
| 1994 | 1256 | 95.6 | 1013 | 346 | 80.7 |
| 1995 | 2581 | 105 | 1878 | 85 | 72.8 |
| 1996 | 3975 | -54 | 3257 | 73.4 | 81.9 |
| 1997 | 2477 | -37.7 | 1431 | -56 | 57.8 |
| 1998 | 4107 | 65.8 | 2499 | 74.6 | 60.8 |
| 1999 | 5105 | 24.3 | 1906 | -23.7 | 37.3 |

续表

| 年份 | 各项贷款余额 | 增长比例 | 其中 | | |
|---|---|---|---|---|---|
| | | | 农业贷款 | 增长比例 | 占比 |
| 2000 | 5492 | 7.58 | 1726 | 9.44 | 31.4 |
| 2001 | 11114 | 102 | 3495 | 102 | 31.4% |
| 2002 | 16272 | 46.4 | 5724 | 63.8 | 35.2% |
| 2003 | 39540 | 143 | 9801 | 71.2 | 24.8 |
| 2004 | 59109 | 49.5 | 22357 | 128 | 37.8 |
| 2005 | 75935 | 28.5 | 22284 | -0.327 | 29.3 |
| 2006 | 69753 | -8.14 | 20371 | -8.58 | 29.20 |
| 2007 | 87102 | 24.87 | 26687 | 31.00 | 30.64 |
| 2008 | 106809 | 22.63 | 54133 | 102.84 | 50.68 |
| 2009 | 154297 | 44.46 | 60736 | 12.20 | 39.36 |
| 2010 | 245459 | 59.08 | 107605 | 77.17 | 43.84 |
| 2011 | 345955 | 40.94 | 300214 | 179.00 | 86.78 |
| 2012 | 445840 | 28.87 | 387066 | 28.93 | 86.82 |
| 2013 | 532402 | 19.42 | 458390 | 18.43 | 86.10 |
| 2014 | 591732 | 11.14 | 516587 | 12.70 | 87.30 |
| 2015 | 679187 | 14.78 | 578093 | 11.91 | 85.12 |
| 2016 | 796600 | 21.56 | 647400 | 13.96 | 81.27 |

## 四　中间业务

2000 年，阿克苏市联合社开始办理代办、代理等部分中间业务。

2005 年初，阿克苏市联合社开办代付业务（代发工资），共办理代发工资业务 1236 笔、金额 23 万元。当年代办寿险业务 13.9 万元，收手续费 3476 元；代售充值卡 45 万元，收手续费 8300 元。

2005 年 7 月，阿克苏市联合社 11 个网点开通实时电子汇兑业务。至 2012 年共办理跨系统汇款业务 1506 笔、金额 50213 万元；省辖汇兑业务 462 笔、金额 14211 万元；县辖汇兑业务 524 笔、金额 11002 万元。

2007 年 12 月，阿克苏市联社开始发行玉卡，年末发卡 309 张。

2010 年，阿克苏市联社开始开办银信通业务和 ATM 业务。当年开通银信通 18921 户，ATM 上线台数 6 台。

2012 年，阿克苏市联社开办企业网上银行业务。年末共计开通企业网上银行 135 户，累计交易额 58282 万元。自助设备上线 34 台，其中 ATM 机 30 台，存取款一体机 4 台。累计交易笔数 208 万笔，交易金额 268397 万元。

2016 年 8 月，阿克苏农商银行获得银行间债券市场的资格，10 月获得理财业务资格。开办债券投资和理财业务。至年末，债券投资余额 21 亿元，成功发售 10 期 12.3 亿元的“金胡杨”机构保本理财产品和 9 期 2.65 亿元的“金苹果”个人保本理财产品，填补农商银行自营理财产品的空白。全年共代销南京银行、平安银行理财产品 8.78 亿元和 2.44 亿元。代理保险合作机构 6 家，代理保险业务 2.42 万笔，代缴燃气业务 3.3 万笔。浩源车用燃气圈存机自助缴费项目研发上线，完成“农贷通”系统上线全疆试点工作，新业务、新产品、新系统的研发上线，使服务客户的能力持续增强。累计发卡 365175 张，其中城区网点累计发卡 172670 张，占 47.3%；兵团网点累计发卡 84716 张，占 23.2%；农区网点累计发卡 107789 张，占 29.5%；当年银行卡新增发卡量达 66068 张，卡存款余额达 274734 万元；公务卡当年累计发卡 564 张，透支余额 78.53 万元。自助设备布放 100 台，全年累计交易笔数 617.3 万笔，交易额 1058673.5 万元；特约商户数 1306 户（含助农取款 121 户），机具数 1581 台，当年新发展商户 515 户，机具 640 台。

## 第八节　中国交通银行阿克苏分行

### 一　机构

2011 年 10 月 25 日，交通银行股份有限公司阿克苏分行（以下简称交通银行阿克苏分行）开始筹建。2012 年 6 月 21 日，开始对外试营业；11 月 29 日，全面开办各项交行业务。

2015 年，交通银行阿克苏分行有 1 家市内综合网点，1 家县域支行、2 家普惠型网点、7 个离行式自助网点。

### 二　业务

2016 年，人民币各项存款余额 16.37 亿元，较年初减少 1.19 亿元；人民币贷款余额 27.7 亿元，较年初增加 3.08 亿元；发行借记卡 5 万余张；共设立 4 家在行自助银行、4 家离行自助银行和 5 个自助单点。

## 第九节　天津滨海银行阿克苏支行

### 一　机构

2010 年 8 月 28 日，天津滨海银行阿克苏支行成立，主要服务社区、支持“三农”、支持中小微企业。至 2016 年，内设信贷部、风险部、综合管理部、理财部，下设营业部 1 个、分理处 1 个，有工作人员 22 人。

### 二　存贷款业务

2010 年，公司成立初期，总行拨付运营资金 1000 万元。

2011 年，天津滨海银行阿克苏支行存款 31584.86 万元；贷款 38800 万元，实现利润 2907.47 万元。

2012 年，存款金额 42414.7 万元，比上年增加 10829.84 万元；贷款 38549 万元。实现利润 2744.61 万元。

2013 年，积极营销、加强全员考核和激励机制，存款稳步增长。组织信贷人员深入企业、农牧团场和各县市加大贷款营销力度，累计新发放贷款 3470 万元，贷款余额 10970 万元。

2016 年，天津滨海银行阿克苏支行存款 41562.60 万元，贷款 16839.24 万元。

## 第十节　乌鲁木齐银行股份有限公司阿克苏分行

### 一　机构

2009 年 12 月 28 日，乌鲁木齐银行股份有限公司阿克苏分行成立，隶属于乌鲁木齐银行股份有限公司。至 2016 年，乌鲁木齐银行股份有限公司阿克苏分行各项资产 22.25 亿元，开设 3 家网点，设立 5 个部室。

### 二　业务

2009 年，乌鲁木齐银行股份有限公司阿克苏分行主要业务为吸收公众存款，发放短期、中期和长期贷款，办理国内外结算，办理票据承兑与贴现，发行金融债券，提供担保，代理发行、代理兑付、承销政府债券，买卖政府债券，从事同业拆借，代理收付款项及代理保险业务，提供保险箱服务等。

至 2016 年，乌鲁木齐银行股份有限公司阿克苏分行开办的业务除传统的存、贷款业务以外，先后推出小微企业贷款、银行承兑汇票、贵金属交易、票据贴现、信贷证明、住房按揭贷款、雪莲借记卡、雪莲贷记卡等业务。并开通国库代理、银税一体等代收代付业务，开办“金雪莲理财产品”、手机银行、网上银行等业务。授信领域涉及工业、制造、农林牧渔、批发零售、交通仓储等行业。

## 第十一节　中国农业银行阿拉尔兵团分行

### 一　机构

中国农业银行阿拉尔兵团分行先后几经更名。1991 年，新疆生产建设兵团被列为计划单列省级单位后，根据兵团经济发展的需要，成立农行新疆生产建设兵团分行。1992 年为中国农业银行阿克苏兵团支行，2003 年 7 月为中国农业银行阿拉尔兵团支行，2009 年 10 月为中国农业银行股份有限公司阿拉尔支行，2013 年为中国农业银行股份有限公司阿拉尔市兵团支行。

2016 年 11 月，中国农业银行股份有限公司阿拉尔市兵团支行升格为阿拉尔兵团分行。年末，有员工 393 人。全行 28 个营业网点遍布阿克苏市、兵团第一师阿拉尔市各农牧团场。

### 二　存款业务

2016 年，中国农业银行阿拉尔兵团分行人民币各项存款时点余额 140.78 亿元，人民币各项日均存款余额 145.29 亿元。

### 三　贷款业务

2016 年，中国农业银行阿拉尔兵团分行人民币各项贷款日均余额 69.23 亿元，比年初增加 15.07 亿元，不良贷款率保持为零。全行累计发放贷款 57.63 亿元，其中投向法人优质客户信贷资金 43.99 亿元，占法人贷款投放额的 92.53%，主要投向第一师优质团场、直属企业、上市公司及重点客户。

### 四　中间业务

中国农业银行阿拉尔兵团分行具有借记卡、准贷记卡和信用卡等银行卡业务，借记卡品种近 20 余种，其中针对中职类、普通中学助学卡 2 万余张，针对团场职工办理惠农卡近 10 万张，信用卡业务品种近 30 余种。

2016 年，中国农业银行阿拉尔兵团分行网点覆盖 16 个农牧团场、243 个行政连队，布放智付通机具 794 台，POS 机 361 台，自助终端 86 台，取款机及存取款一体机 146 台，有效改善了农村金融服务环境。

## 第十二节　杭州联合农村商业银行股份有限公司阿克苏分行

### 一　机构

2011 年，为响应中央援疆政策号召，落实浙江省、杭州市金融援疆工作部署，杭州联合银行在阿克苏成立分行，12 月正式对外营业。主要业务为存款、取款、贷款、结算业务、财税库银（扣缴税）、普通借记、定期借记（扣缴水、电、社保及公积金）、代发工资、出售理财、基金、手机银行等。坚持“做农、做小、做援疆”的市场定位，服务“三农”、小微企业、援疆企业。

2016 年 12 月，杭州联合农村商业银行股份有限公司阿克苏分行有营业网点 1 个，员工 30 人，其中总行派驻干部 3 人，本地员工 27 人。设有行长室、综合管理部、运营管理部、风险合规部、业务一部、业务二部、营业部。

### 二　存款

截至 2016 年底，杭州联合农村商业银行阿克苏分行各项存款余额 12.3 亿元。

### 三　贷款

截至 2016 年底，杭州联合农村商业银行阿克苏分行各项贷款余额 6.49 亿元。阿克苏分行大额贷款以政府背景贷款为主，小额贷款以中小微企业为主，主推“政融易”产品，对接市经信委、招标办、公共资源交易中心等主推“政融易”，以平台进行批量获客。立足服务三农、服务当地实体经济、民生工程和援疆产业，做小做深做精。推出银行承兑汇票全额质押业务，累计进行票据质押 1.6 亿元。积极引入浙江农信联社和杭州总行的优质金融产品，提高金融服务水平和填补金融空白，聚焦当地民生的重大项目和援疆项目，为当地的经济发展注入新的活力，努力打造金融援疆品牌。

# 第三章　保险业

## 第一节　中国人民财产保险股份有限公司阿克苏地区分公司

### 一　机构

1990 年，中国人民保险公司阿克苏地区中心支公司内设政工科、计财科、业务科、办公室。主要开展各种财产损失险、责任险、农业保险和附加险等 20 余种。

1994 年，更名为中国人民保险公司阿克苏分公司中心支公司。内设 9 个科室，设编 31 人。

1996 年，中国人民保险公司实行分业经营，分为财产、人寿险公司。中国人民保险公司阿克苏分公司中心支公司更名为中保财产保险有限公司阿克苏分公司，设编 13 人，内设办公室、计财科。分设 3 个县支公司。

1998 年 10 月，中保财产保险有限公司恢复中国人民保险公司名称。

1999 年，恢复中国人民保险公司阿克苏分公司名称。设编 18 人，内设党办、行办、监审科、计财科、综合业务科、定损中心。

2003 年，中国人民保险公司阿克苏分公司更名为中国人民财产保险股份有限公司阿克苏分公司（以下简称人保财险阿克苏分公司）。下辖 1 个市区营业部、7 个县支公司、3 个营销服务部。内设综合部、信息技术部、业务管理/法律部、营销管理部、财务中心、承保中心、理赔/客户服务中心。有在编职工 50 人。

2016 年，人保财险阿克苏分公司下辖 8 个县支公司、阿克苏市中心支公司和车商业务部，设有 40 个营销服务部。公司机关内设办公室、人力资源部、财务会计部、出单中心、理赔中心（下设理赔管理分部、车险分部、非车险分部、人伤理赔分中心）、法律部、合规部、纪检监察部、信息技术部、机动车辆保险事业部、财产保险事业部、货运保险事业部、农村保险事业部、农村普惠金融事业部、意外健康保险事业部、责任信用保险事业部、个人贷款保证保险业务部、销售管理部、银行保险业务部、电子商务部。有从业人员 348 人，个人代理 758 人。

### 二　保费收入

1991 ~ 1995 年，人保财险阿克苏分公司保险费收入 13315.3 万元，其中储金收入 2586.4 万元。

1996 ~ 1998 年，共收保费 16133 万元。

1999 年，保险金额 338530 万元，保费收入 6627.3 万元。

2000年，人保财险阿克苏分公司保险金额999981万元，其中财产险378425万元、机动车辆保险94026万元、货物运输保险55725万元、农业保险471805万元。保费收入7633万元，其中财产险3386万元、机动车辆保险2134万元、货物运输保险89万元、农业保险2024万元。

2012年，保费总收入6.54亿元，比上年增加1.48亿元，增幅29.2%。其中，非农险保费4.28亿元，农业保险2.26亿元。

2016年，人保财险阿克苏地区分公司实现保费收入103619.46万元；其中农险保费43348.7万元，非农险保费收入60270.76万元，车险保费收入39346.17万元，中心支公司保费收入突破2.75亿元。

## 三　理赔

1991～1995年，人保财险阿克苏分公司共支付赔款5645.15万元。

1996～1998年，共支付赔款5469.9万元。

1999年，支付赔款3602万元，其中财产险602万元，机动车保险1074万元，货物运输保险2万元，农业保险1924万元。

2000年，支付赔款2682万元，其中财产险1015万元，赔付率达29.9%。机动车保险742万元，赔付率达34.8%。货物运输保险1万元，赔付率达1.1%。农业保险924万元，赔付率达45.6%。

2012年，共承保28万辆机动车（包括拖拉机和摩托车），承担风险金额45亿余元，出险2.5万辆次，赔付金额1.3亿余元。政策性农业保险参保户数32万户，实现保费收入2.25亿元（其中政策性种植业保险2.08亿元，林果业试点保险980.8万元），共计承担风险32.4亿元。全年出险950件，赔款1.38亿元。非车非农保险收入1.23亿元，累计承担风险金额1159.7亿元。

2014年，人保财险阿克苏分公司政策性农业保险承保棉花28933.33公顷，参保户数1.78万户。承保林果8653.33公顷，参保农户8629户。承保奶牛、能繁母猪18608头。支付政策性农业保险赔款28325.3万元。责任险业务直接赔款1708.6万元。大病保险直接赔款2289.27万元，间接理赔费用41.22万元。

2015年，承保政策性种植业面积45.58万公顷，林果业面积0.92万公顷，养殖业5.04万头。全年累计支付赔款1.97亿元。为全地区27万城镇居民和154万农牧民群众提供大病补充医疗保险服务，赔付5000余名参保群众2900余万元。全年承保机动车34.01万辆，承担风险675.96亿元，出险30514万辆次，赔付19008.29万元。

2016年，共承保41.95万辆机动车，赔付金额20786.71万元。农险签单保费43348.7万元，其中种植业保险签单保费38532.71万元，养殖业签单保费4816万元。农险赔付金额21134万元。其中种植业赔款18656.2万元，养殖业赔款2477.8万元。非车非农保险年内赔款人次为7886人，赔款共计4807.39万元。为地区25万余城乡人员提供补充医疗保险服务，累计赔款2200万元。驻村干部人身安全累计赔付223.92万元，公路受损累计赔款171万元。

## 第二节　中国人寿保险股份有限公司阿克苏分公司

### 一　机构

1996 年，中国人民保险公司阿克苏中心支公司成立，主要业务有人寿保险、养老保险、健康保险和意外伤害保险 4 大类。

1998 年，有职工 49 人，新增设寿险农村代办站 57 个。

1999 年，更名为中国人寿保险股份有限公司阿克苏分公司，全地区有营销机构 11 个。

2016 年，中国人寿保险股份有限公司阿克苏分公司拥有 10 个营业机构，其中地级分公司 1 个、县级支公司 8 个、营销服务部 1 个，从业人员 1400 人。

### 二　保费收入

1996～2000 年，中国人寿保险公司阿克苏分公司保费收入 24324 万元。

2001 年，实现保费收入 7310 万元，其中个人营销业务保费收入 5574. 3 万元，直销业务保险费 1735. 7 万元。

2002～2004 年，保费收入 47754. 76 万元。随着公民保险意识的增强，保费收入逐年增长。

2015 年，实现保费收入 5. 35 亿元。其中股份保费 51518. 72 万元，长险首年保费 13223 万元，首年期缴 9019. 60 万元，十年期以上保费 4411. 99 万元，标准保费 4945. 32 万元，短险保费 6040. 89 万元，意外险保费 3628. 17 万元。为客户提供各种风险保障约 31. 5 亿元。

2016 年，保费收入 6. 56 亿元，占寿险公司市场份额 39. 76%。实现股份保费 64279. 24 万元，增长 24. 7%，长险首年保费 20457. 09 万元，达成率为 122. 09%，增长 54. 7%；首年期缴 14298. 17 万元，达成率 123. 92%，增长 58. 52%；十年期以上保费 7075. 67 万元，达成率为 118. 54%，增长 60. 37%，标准保费 6494. 96 万元，达成率为 124. 66%，增长 31. 33%；短险保费 5944. 02 万元，达成率为 96. 2%；意外险保费 3333. 02 万元，达成率为 99. 49%。提供各种风险保障 31. 5 亿元。

### 三　理赔

1996～2000 年，中国人寿保险公司阿克苏分公司已决赔款 1101 万元。满期返还寿险 1197 万元。

2001 年，各类人身保险赔款 621. 8 万元，满期给付 1140. 33 万元，短期险种实现利润 253 万元。

2004 年，累计兑现赔付 2483 万元，综合赔付率为 47. 75%。其中人寿险赔付 1602 万元，意外险赔付 315 万元，健康险赔付 566 万元。

2013 年，共计受理理赔案件 4031 起，赔款 4770. 19 万元。

2014～2016 年，累计支出各项赔（给）付款 14663. 15 万元。

## 第三节　新华人寿保险股份有限公司阿克苏中心支公司

### 一　机构

2004 年 9 月，新华人寿保险公司乌鲁木齐分公司阿克苏营销服务部成立。公司的经营范围包括各类人寿保险、健康保险和人身意外伤害保险业务。

2006 年 6 月 2 日，更名为新华人寿保险股份有限公司阿克苏中心支公司（以下简称新华保险阿克苏中心支公司）。有 1 家中心支公司，1 家支公司，6 家营销服务部（四级机构）。有员工 350 余人。

2016 年，新华保险阿克苏中心支公司内设行政部、计划财务部、客户服务部、营销业务部、培训部、银行代理部、团体业务部、保费部 8 个综合职能管理部门，有员工 620 余人。

### 二　保费收入

2004 年，新华保险阿克苏中心支公司保费收入 439. 39 万元。

2005 年，保费收入 2349. 9 万元。其中个险新契约保费 881. 3 万元，续期保费 120. 2 万元，银行代理业务保费收入 1326. 8 万元，团险保费收入 21. 7 万元。

2007 年，保费收入 6057. 11 万元。银行代理业务保费 3430. 92 万元。

2012 年，实现总规模保费约 1. 92 亿元。累计上缴税款 279 万余元，提供近 150 个就业岗位，为解决社会就业、服务各族人民及地方经济建设做出贡献。

2016 年，保费总规模 2. 71 亿元。

### 三　理赔

2005 年，新华保险阿克苏中心支公司理赔金额 31. 21 万元。

2016 年，赔付案件 433 起，理赔金额 1044. 37 万元。

## 第四节　平安人寿阿克苏支公司

### 一　机构

2003 年 8 月 5 日，中国平安人寿保险股份有限公司阿克苏中心支公司成立。

2006 年，公司有保险代理销售人员 345 名。

2016 年，阿克苏中支内设销售管理室、销售企划室、培训室、财务室、人事行政室、运营室、运营督导专员管理室等部门。下辖 5 个县支公司。有保险代理销售人员 650 名。

### 二　业务

公司主营业务为承保人民币和外币的各种人身保险业务，包括各类人寿保险、健康保险（不包括团体长期健康保险）、意外伤害保险等保险业务；办理各种法定人身保险业务；证券投资基金销售业务；代理国内外保险机构检验、理赔及其委托的其他有关事宜；经中国保监会批准的其他业务。

2006 年，公司有客户 2.7 万户，保费规模 7000 多万元，理赔 80 余万元。

2016 年，公司有客户 4.56 万户，保费规模首期 4781 万元、续期保费 1.33 亿元，理赔 1168.65 万元。

# 第四章　证券业

## 第一节　华融证券股份有限公司阿克苏东大街证券营业部

### 一　机构

1995 年，新疆金新信托投资股份有限公司在阿克苏市筹建证券交易营业部，地址设在阿克苏市北大街 23 号。

1996 年，营业部正式成立，全称为新疆金新信托投资股份有限公司阿克苏证券交易营业部。经营范围为代理发行、兑付、买卖、自营有价证券等业务。

1998 年 6 月，营业部地址迁移至阿克苏市东大街 17 号。

2002 年 4 月，营业部更名为德恒证券阿克苏营业部。

2005 年，德恒证券阿克苏营业部更名为华融证券股份有限公司阿克苏东大街证券营业部。

2010 年，营业部下设机构有客户服务部、营销管理部和运营保障部。其中运营保障部含信息技术部、计划财务部、综合管理部 3 个部门。

2016 年，华融证券阿克苏证券营业部搬迁至阿克苏市英阿瓦提路 1 号，营业部用地面积 1050 平方米，其中一楼设立 28 台终端客户交易区，二楼设立带座位 20 台交易终端开放式交易区及 8 个 VIP 交易区和办公区。

### 二　业务

2000 年，营业部投资者有效户数 9468 户。

2001 年，累计开户 9131 户，年成交金额 13.3 亿元。

2002 年，全年交易额 80655.8 万元，其中 A 股交易额 77181 万元，基金交易额 1354.1 万元，国债交易额 2016.8 万元，其他交易额 103.9 万元。累计开户数 9250 户，其中新增开户 321 户，转户 500 户。

2006 年，营业部全年交易额 176725.67 万元，比上年增长 145.35%，其中 A 股交易额

175796.76 万元，基金交易额 914.56 万元。资金余额 4942.92 万元。累计开户数 10725 户，其中新增开户 270 户，转户 132 户。

2009 年，托管客户资产总额 107284.82 万元，累计新增客户 3135 户，新增客户资产 9920.81 万元；全年累计股票基金交易量 1343285.63 万元。

2012 年，将经纪业务、中间零售业务、投行及融投资项目承揽作为全年工作主线，将“华融稳健 2 号”（指华融证券第二只集合理财产品，6 月 18 日正式对外发行）和“融资融券”业务作为工作重点，营业部的“华融稳健 2 号”银行渠道销售总数占新疆区银行销售总量 89.5% 的份额；“融资融券”信用账户开户数位居公司第一名。

2015 年，阿克苏营业部新增开户 5641 户，产品销售规模 6543 万元。

2016 年，营业部累计新增客户 3139 户，金融产品销售规模 2.57 亿元，全年新增客户资产 5579.4 万元。

## 第二节　申万宏源西部证券有限公司阿克苏东大街证券营业部

### 一　机构

2008 年 7 月，宏源证券股份有限公司乌鲁木齐友好南路证券营业部阿克苏服务部成立。

2009 年，宏源证券友好南路营业部阿克苏服务部升级为宏源证券股份有限公司阿克苏新华东路证券营业部，企业性质由原来的证券公司所辖网点升级为证券公司分支机构。

2010 年，宏源证券阿克苏营业部有正式员工 6 人。

2013 年 11 月，搬入阿克苏市东大街 29 号，更名为宏源证券股份有限公司阿克苏东大街证券营业部，办公场所面积 800 平方米，员工 21 人，内设客服部、存管部、综合部、市场营销部。

2015 年 3 月，由于宏源证券与申银万国证券公司联合，阿克苏营业部更名为申万宏源西部证券有限公司阿克苏东大街证券营业部。营业部具备开展股票、基金、债券、理财产品、创业板、期货、融资融券、股票期权等各项业务资格。年末，营业部有员工 26 名。

2016 年，申万宏源证券阿克苏证券营业部搬迁至阿克苏东大街 26 号億隆大酒店二层。年末，有员工 27 名。

### 二　业务

2010 年，宏源证券阿克苏营业部客户开户数 5 万多户，托管市值 76 亿元。

2013 年，客户开户总数 18653 户，个人客户资产共计 44185 万元，托管大非客户（高端客户和机构客户）资产共计 295060 万元；融资融券累计开户数 66 户，客户获批可使用授信额度 10359 万元。

截至 2016 年，申万宏源证券阿克苏证券营业部新开户 2643 户，累计客户 3 万余户。

# 第五章　其他金融业

## 第一节　小额贷款

2016 年，阿克苏市金融办监管 6 家小额贷款公司，分别为阿克苏市汇力小额贷款有限责任公司、阿克苏市温商小额贷款有限责任公司、阿克苏市鸿源小额贷款有限责任公司、阿克苏市百盛小额贷款有限责任公司、阿克苏市华泰小额贷款有限责任公司、阿克苏市浙信小额贷款有限公司。

### 一　阿克苏市汇力小额贷款有限责任公司

阿克苏市汇力小额贷款有限责任公司是经自治区及地区两级财政部门批准成立的正规专业贷款公司。公司注册资金 5300 万元，主要致力于各类小额贷款，公司本着“精干、高效、稳健、灵活”的原则拓宽借贷市场、激活企业活力，为“三农”和中小企业搭建安全、快捷、诚信的融资平台。实行董事长领导下的总经理负责制，并建立风险管理制度、财务管理制度、考勤管理制度及岗位职责制度；公司下设财务部、市场部、综合部。

### 二　阿克苏市温商小额贷款有限责任公司

阿克苏市温商小额贷款有限责任公司是经自治区人民政府批准，以温州商会企业为基础，于 2009 年 12 月在阿克苏地区工商局注册成立的地区第一家专业贷款公司。公司下设总经理室、业务部、财务部、办公室、档案室 5 个部门，高管人员 3 名，员工 9 名，原自然人股东 7 人，注册资本金 5030 万元。2010 年 1 月正式运营。2011 年公司自然人股东增加为 9 人，增资扩股 5000 万元，注册资本金由 5030 万元增加到 1.03 亿元。2014 年 8 月 19 日经公司股东会决议，批准 3 名股东退出申请，所持股份平摊转让给内部股东。2016 年公司自然人股东有 6 名，注册资本金 1.03 亿元。

### 三　阿克苏市鸿源小额贷款有限责任公司

2012 年 7 月 4 日经自治区人民政府批准，以温州商会企业为基础，在阿克苏地区工商局注册成立。

### 四　阿克苏市百盛小额贷款有限责任公司

2011 年 1 月 17 日成立，4 月正式营业，注册资金 5000 万元；公司职员 9 人，分客户部、信贷部、审贷部、贷后管理部等。

2014 ~ 2016 年，公司累计发放贷款 4949 万元。

### 五　阿克苏市华泰小额贷款有限责任公司

2012 年开始筹建，2014 年 8 月 6 日经阿克苏地区金融工作办公室批准设立，2014 年 8 月 13 日经阿克苏地区工商局批准营业，主要经营小额贷款业务。公司由地方重点骨干企业和知名自然人作为股东，投资注册资本 1 亿元。公司位于阿克苏市英阿瓦提路 4 号，内设信贷业务部、风险控制部、财务管理部。有员工 14 人，董事长 1 人，总经理 1 人，部门经理 3 人。

### 六　阿克苏市浙信小额贷款有限公司

2013 年 11 月成立，注册资本 1 亿元（由 4 名股东组成），位于新疆阿克苏市塔北路 10 号绿景公寓 1 - 1 - 01 号。公司以“三农”、个体工商户和小微企业为目标，提供优质的信贷服务，坚持执行国家金融方针和政策，在法律、法规规定范围内开展小额贷款业务，做好金融服务的补充。有从业人员 4 人。贷款品种为“三农”贷款、个体工商户贷款、中小企业贷款。

## 第二节　融资担保与租赁

2016 年，阿克苏市金融办监管 1 家融资担保公司，为新疆财通融资担保有限公司。公司股东分别为阿克苏信诚资产投资经营有限责任公司、拜城县国有资产投资经营有限公司、新疆天鼎晟矿业有限公司、库车新桥管业股份有限公司。下设业务部、风控部、财务部 3 个部门。年内，共为 8 家企业提供担保业务服务，担保金额 5250 万元，比上年担保金额减少 49. 86%，其中 8 家企业全部为续贷业务，个人及“三农”业务共开展 3 笔，担保金额 630 万元，比上年担保金额减少 3. 08%；政策性小额贴息贷款担保 101 人，担保额 845 万元，比上年担保金额增长 126. 54%；年末，在保责任余额 6535 万元。因市场经济持续下行，业务部共出现不良业务 6 笔，合计代偿金额 1860 万元，占全年开展业务额的 16. 5%。

# 第十九编　财政　税务

20世纪90年代初，阿克苏市按照“划分税种、核定收支、分级包干”的财政管理体制，开始实行分税制财政体制改革，与地区分灶吃饭。随着市域经济的快速发展，财政收入也随之高幅增长。阿克苏市始终坚持开源节流，一方面加强税收征管，另一方面优化支出结构，紧紧围绕保工资、保稳定、保改革、保机构正常运转的原则，坚持向基层倾斜、向重点项目倾斜、向重点部门倾斜，落实“稳定压倒一切”和“稳定、兴疆、巩固边防”方针政策，提高财政资金使用效率。全面推行财政统一发放工资制度，加强预算执行管理、国有资产管理、会计事务管理和政府采购等工作，不断提升财政管理水平，确保财政资金使用安全高效，切实发挥服务经济社会发展的职能作用。在税务征收过程中，落实国家一系列税收优惠政策，让利于民，支持地方经济建设，围绕全市中心工作，依法收税治税，为阿克苏市稳定和社会发展做出贡献。

# 第一章　财　政

## 第一节　机　构

1990 年，阿克苏市财政局为正科级行政单位，内设办公室、预算股、企财股、农财股、文行股、社保股、农税股。有编制 58 名，实有 58 人。1991 年 4 月，成立市农业发展基金管理局，隶属于市财政局，核定事业编制 5 名，其中领导职数 1 名，全额预算管理。1998 年 3 月，成立阿克苏市国有资产管理局，隶属市财政局。2000 年 1 月，市税收、财务、物价大检查办公室更名为审计监督科。2001 年 2 月，成立市政府采购管理办公室，隶属市财政局，股级，核定事业编制 4 名，其中领导职数 1 名，全额预算管理。2004 年 10 月，成立国库集中支付中心，隶属市财政局。2006 年，成立乡财股。2007 年 11 月 19 日，成立基本建设工程项目及政府采购评审中心，隶属市财政局。2009 年，成立乡镇财政管理局，副科级建制，隶属市财政局。2012 年 12 月 26 日，成立国有资产监督管理办公室，副科级建制，隶属市财政局。2015 年，乡镇财政所交由当地一级政府管理。

至 2016 年，市财政局核定行政编制 32 名，事业编制 50 名，实有 72 人。内设行政办公室、预算股、企财股、农财股、经建股、综合股、会计管理办、审计监督股等 15 个职能股室，国库支付中心、政府采购管理办公室、农村综合改革办公室、农业项目资金管理局、投资评审中心、国有资产监督管理办公室、乡镇财政管理局等 7 个所属事业单位。

## 第二节　财政体制改革

### 一　市财政体制

1990 年后，阿克苏市财政管理体制大致经历五个时期：实行分税制财政体制试点时期（1992 ~ 1993），1994 年正式实行分税制财政体制时期；2002 年所得税分享改革时期；2004 年出口退税机制改革时期；2005 年分税制财政管理体制改革时期。

（一）分税制财政体制试点

1990 年，为分灶吃饭财政体制，阿克苏市与地区实行“划分税种、核定收支、分级包干”的财政管理体制。

1992 年 8 月，根据财政部“分税制”财政体制试点办法的决定，自治区财政厅制定《新疆维吾尔自治区试行“分税制”财政体制实施办法》，并由自治区人民政府批转各地执行。至 1993 年，阿克苏市执行“分税制”财政体制试点。1993 年以来，全面推行“分税制”财政体制。阿克苏市根据市委关于“一保工资，二保重点，三保急需”的财政要求，对市财政体制进行改革，将 20 多个行政事业单位由全额预算管理分别改为差额预算管理、自收自支或一次性经费削减，同时对乡财政实行核定收支、定额补助、超收全留、歉收自补、一定三年不变的财政体制。

（二）分税制财政体制实施

1994 年，按照国务院分税制财政体制要求，自治区在 1992 年分税体制试点基础上，全面实行分税制，重新划分中央、自治区、各地固定收入和中央、自治区、各地共享收入与固定分成收入。

阿克苏市对乡级财政继续实行“包死基数，一定三年不变，超收全留，歉收自补”的管理体制；对市属行政事业单位的经费按不同的情况分别实行“包死基数，一定两年不变”“以收抵支，差额补助”“自收自支，企业化管理”“按收入比例，定额上缴”的财政管理办法。

1995 年，对乡财政实行“核定基数，定额补贴，逐年递减，五年减完，超收全留，歉收自补”的管理体制。将行政事业单位的行政性收费纳入预算管理，上解财政；属预算外收入的要纳入财政专户储存管理，实行收支两条线。

1998 年，在财政支出上，规范财政资金的支出范围，遏制人头经费的过快增长；严格控制公务经费和集团性消费支出，大力精简会议；加强对车辆费、差旅费、电话费等费用的管理，节约非生产性支出。在财政增收上，对市辖区域的农牧业税征收加大力度。取消各单位的预算外资金收入过渡账户，统一缴存财政专户。开征文化事业费和度假村的特别消费附加费。

1999 年，阿克苏市对乡财政管理体制进行微调，超收返还比例由 100% 调整为 50%。根据自治区、地区财政工作会议关于事业单位 3 年脱钩的精神，对全市事业单位只预算个人支出部分，不安排公用经费，为 3 年脱钩创造条件。实行“公费医疗经费包干，超支不补，节余留用”的管理办法。

（三）所得税分享改革

2002 年 1 月 1 日，国务院在全国范围内实行所得税分享改革。所得税分享改革规定：除铁路运输、国家邮政、中国工商银行、中国农业银行、中国银行、中国建设银行、国家开发银行、中国农业发展银行、中国进出口银行以及海洋石油天然气企业交纳的所得税继续作为中央收入以外，其他企业所得税和个人所得税收入由中央与地方按比例分享。分享比例，2002 年为“五五”分享；2003 年中央分享 60%，地方分享 40%。同时规定，以 2001 年为基期，按改革方案规定的分享范围和比例计算，地方分享的所得税收入如果少于地方实际所得税收入，差额部分由中央作为基数返还地方；如果多于地方所得税实际收入，差额部分由地方作为基数上解。跨地区经营、集中交库的中央企业所得税等收入，按相关因素在有关地区之间进行分配。阿克苏市根据自治区、地区出台的相关规定和要求，认真加以落实。

（四）出口退税机制改革

2003 年，国务院决定自 2004 年起，在全国范围内实施出口退税机制改革。改革规定：以各地 2003 年出口退税实退指标为基数，基数内部分由中央财政负担，超基数部分的应退税额由中央和地方按 75∶25 的比例共同负担。2004 年，阿克苏市根据自治区、地区出口退税机制改革要求，开始实施出口退税机制改革。

（五）分税制财政管理体制改革

2004 年 10 月，自治区人民政府下发《关于进一步完善自治区分税制财政管理体制的通知》，新财政体制取消原来对补助地区实行的超拨资金办法，重新划分各级财政收入范围，调整上解市的上缴办法，明确各级财政支出的责任，建立相对规范的对下转移支付制度，基本保证各地个人部分支出和正常的公用经费需求。

按照重新确定的分享范围，阿克苏市财政收入为：固定收入、业税、城市维护建设税、房产税、印花税、城镇土地使用税、土地增值税、车船使用和牌照税、屠宰税、农业税、牧业税、耕地占用税、契税、国有资产经营收益、国有企业计划亏损补贴、行政性收费、罚没收入、专项收入和其他收入等各项税、费固定收入。

2005 年，自治区党委、自治区人民政府决定免征农业税，自此，农业三税（农业税、牧业税、农业特产税）全面取消。同时，按照自治区规定，城镇土地使用税不再作为自治区本级与地、县市分享税种，收入全部留归地、县市；个人所得税、上市公司所得税作为中央与地、县市分享税种，自治区不再分享。年内土地出让金定额上解 1000 万元。

2008 年，除石油、天然气资源税分享比例仍维持自治区 75%，地、县市 25% 以外，其他资源税全留地、县市。

2010 年 7 月起，石油、天然气资源税由从量计征改为从价计征，分享比例仍维持自治区 75%，地、县市 25%。

2007 ~ 2016 年，实行“基数上解”的财政体制，即原“确定税种、总额分成”体制中分别缴入地区和县（市）的税收收入，扣除中央、自治区分享部分后，全额形成县（市）级财政收入，上解基数按上述税种的 20% 确定，按税种逐笔上解。2016 年 5 月，“营改增”改革全面启动，标志着营业税改增值税改革全面实施，营业税彻底退出税收征管体制。是年，取消土地出让金定额上解。

## 二　乡镇财政体制

1990 年，阿克苏市各乡镇均有乡镇财政所，主要任务是征收和管理本乡镇区域范围的各种税收和财政收支工作。乡镇财政所业务按预算、会计、出纳、农税征收分工，各负其责。

2005 年初，财政部下发《关于切实缓解县乡财政困难的意见》，明确规定各地要逐步取消农业税等农村税费，大力推进乡镇财政管理方式改革试点。对经济欠发达、财政收入规模小的乡镇，探索试行由县（市）财政统一管理其财政收支的办法；对一般乡镇，在保持乡镇资金所有权和使用权、财务审批权不变的前提下，原则上都要推行“乡财县管”财政管理方式。同时，县级财政要完善体制，加强对困难乡镇的扶持和帮助。

2005 年 12 月 9 日，阿克苏市按照自治区“乡财县管”改革试点工作会议精神，结合实际提出实施意见。

2006 年，阿克苏市在财政局设立乡镇财务管理股。2009 年撤销乡镇财务管理股，成立乡镇财政管理局，副科级建制，隶属于市财政局，核定事业编制 3 名，全额预算管理。

（一）乡镇财政管理方式改革的基本原则

按照“保工资、保运转、保改革”的原则，优先保证人员工资正常发放和乡镇机构正常运转，坚持乡镇的预算分配权不变。按照《中华人民共和国预算法》及其实施条例的有关规定，保持一级政府、一级预算。乡镇政府要在市级财政部门的指导下，编制本级预算、决算草案和本级预算的调整方案，组织本级预算的执行。坚持资金的所有权、使用权以及财务审批权不变的原则。乡镇财政资金的所有权和使用权归乡镇，资金结余归乡镇所有。属于乡镇财权和事权范围的支出，其审批权，仍按乡镇原有规定程序办理。实行“乡财市管乡用”后，市级财政不得截留，挪用或平调乡镇财政的资金。债权债务关系不变，乡镇的债权、债务仍由乡镇享有和承担。

（二）乡镇财政管理方式改革的主要内容

1. 预算编制

市财政局按照政策规定提出乡镇财政预算安排指导意见报同级政府审批后，乡镇政府根据指导意见负责编制本级预算并按程序报批。执行中负责组织本级预算的执行和调整。将乡镇预算内外收入统一纳入预算管理，预算编制、预算调整、决算必须按法定程序报同级人大审查和批准，市财政局要进行指导和调整。

2. 机构和岗位设置

乡镇财政管理方式改革实行市财政监管模式，各乡镇财政所、农税所在现有机构前提下，增设乡镇财务核算站，实行“三块牌子一套班子”，主要对乡镇各站所财务进行核算，并由市财政垂直管理。乡镇核算站设会计核算员、出纳员、专项资金管理员、票据管理员位，人员从各站所、文教办、乡政府财务人员中进行人员编制调剂。乡镇各站所撤销原有会计（除农经站可保留村级各资金核算的财务人员外），设报账员 1 名，主要对本站所的收入进行管理，支出实行报账。市财政局设乡镇财务管理股，人员从财政局内部调剂，主要负责对乡镇预算编制、预算执行、收支管理、票据管理及财务管理全过程监管。

3. 银行账户设立

实行账户统设，撤销乡镇各站所在多种机构开设的所有账户，由乡镇财务核算站统一在金融机构开设“收入待解户”“基本支出户”“专项资金专户”“村级资金专户”四个账户。

4. 账户管理

各乡镇开设“收入待解户”，仅限于乡镇所收契税、耕地占用税两项税收，纳入预算管理行政事业性收费、罚没收入、预算外收入及乡镇各站所上级补助收入报解，禁止其他收入的核算。“基本支出户”主要用于各乡镇人员经费、公用经费及其他项目收支核算。“专项资金专户”主要用于粮食直补、退耕还林、抗震安居等国家明文规定需要进行专户核算专项基金，实行一个账户、分账核算办法。“村级资金专户”主要用于村级转移支付资金的收支核算。

5. 收支管理方式

乡镇收支实行两条线管理方式，乡镇财政的预算收入和非税收入按有关规定分别上缴市国库财政专户，支出根据乡镇预算和用款计划及时拨付；对于需要调整支出预算的，严格按照市财政预算调整有关规定执行，工资支出严格按统发工资有关规定执行。

6. 采购管理

乡镇采购需求若属市政府采购目录范围内，且资金达到采购额的，按市有关政府采购规定程序办理，先由乡镇提出采购计划，经市财政部门审核后，交市政府采购中心办理。

7. 票据管理

乡镇使用财政票据统一由市财政部门发放，实行“限量供给，定期核销，票款同行”管理办法，做到以票管收、金额入库。

（三）配套措施

1. 完善市乡财政管理体制

进一步加大对乡镇财政支持力度，保证乡村组织正常运转，调动乡镇发展经济积极性。乡镇财政要确保上级财政转移支付足额到位，不得截留和挪用，加强“收支两条线”管理工作，实行综合预算，提高预算内外资金使用效益。

2. 规范乡镇财政支出管理

明确乡镇财政支出范围，健全各项开支标准，完善财务审批程序，从严控制一般支出，确保重点支出需要。对不符合规定支出，市财政有权拒付，对农村税费改革后原由乡统筹费开支的乡村两级办学、计划生育、优抚、乡村道路经费支出，全部纳入乡镇财政预算，专款专用。

3. 开展乡镇“五项清理”

清理银行账产，不符合规定账产坚决撤销；清理票据，收费票据要统一管理，统一使用自治区财政部门印制收费票据，不符合规定票据一律作废并销毁；清理乡镇资产，登记造册，防止资产流失；清理债权债务，严格控制新债，积极化解旧债，加大清欠力度；清理乡镇财政供养人员，积极推进乡镇机构改革，严格控制乡镇财政供养人数增长。

4. 建立和完善监督考核机制

市乡两级要建立督察和责任追究制度，加强对改革各阶段的检查。对借机私分集体财产、滥发钱物等现象进行责任追究。建立健全相关规章制度，建立各岗位制度，加强乡镇资金、用款财务审批、债务管理以及账务核对等管理工作制度建设。

5. 加强市乡财政自身建设

按照乡镇财政管理改革的需要，加快微机现代化办公设备配备，积极推广应用网络基数和市乡联网，加强市乡财政干部培训，不断提高市乡财政管理水平。2015 年，依干其乡创建自治区级标准化财政所，拜什吐格曼乡、喀拉塔勒镇、托普鲁克乡、库木巴什乡、阿依库勒镇创建地区级标准化财政所。

6. 加强和改进村级财务管理

农村税费改革后，村级经费来源主要依靠财政转移支付资金，建立健全管理制度，切实管理好这部分资金，保证专款专用，充分发挥资金使用效益。在“乡财市管”取得成效基础上试行“村财乡管村用”改革。

7. “乡财市管”

乡镇财政管理方式改革采取先试点、后推广的办法进行。2007 年，选择 2 个乡镇实施“乡财市管”改革。2008 年，完成 6 个乡镇“乡财市管乡用”改革。通过改革乡镇财政管理方式，规范乡镇财政收支行为，促进乡镇依法组织收入，确保乡镇基本支出需要；防范和化解债务风险，缓解乡镇财政困难，防止农牧民负担反弹，维护农村基层和社会政治稳定，促进市域经济和社会事业健康发展。

## 第三节 预算决算

### 一 预算编制

20 世纪 90 年代初，市财政预算管理沿用传统管理模式，一般在每年 10 月开始编制下一年度预算，再提交人代会审批，用 3 个月时间完成预算编制工作。

1995 年 1 月 1 日，《中华人民共和国预算法》正式颁布实施。此后，阿克苏市的预算编制工作，严格按照《中华人民共和国预算法》和《中华人民共和国预算法实施细则》的规定进行。

2000 年，市财政局在决算编审中，深入各个业务科室，发现问题，及时处理。对于不符合财务制度的开支，当时就予以剔除，把支出控制在预算范围内，把赤字压缩到最低限度。对没有财力保障的项目一律不予以结转，从而保障财政决算的真实性、准确性和合理性。

2002 年，阿克苏市按照地区部门预算编制改革要求，预算编制坚持秉承综合预算和收支平衡、零基预算和公开透明、科学合理和突出重点、厉行节约和勤俭办事、强化约束和注重绩效的五大原则。稳步推进深化“收支两条线”管理改革。实行收支脱钩、收缴分离，逐步淡化和取消预算外资金，全市各单位的预算外资金全部实现财政“收支两条线”专户管理，并将财政性资金全部纳入预算内管理，有效治理乱收费、乱罚款、乱摊派“三乱”问题。清理和查处“小金库”，堵塞财政收入流失漏洞。

2003～2004 年，市财政实行部门预算改革，推行零基预算、综合预算管理，按照基本支出和项目支出编制部门预算；分别采用定员定额和项目库管理方式进行编制。通过推进“收支两条线”管理，逐步将预算外资金、政府性基金等纳入预算管理，初步实现综合预算。将非税收入全部纳入财政管理范围，堵塞收入流失漏洞，改变“谁收谁用、多收多用、多罚多返”的陈规，扭转财政部门在非税收入管理上的被动局面，澄清多年来难以弄清的非税收入情况。

2006 年，市财政为做好部门预算改革各项基础性工作，实行政府收支分类改革。推行乡财市管试点工作，乡镇政府管理的法律主体地位不变，财政资金的所有权和使用权不变，乡镇政府的债权和债务不变，属于乡镇事权范围内的支出，仍由乡镇按照规定程序审批。

2007 年，市财政全面实行国库集中支付改革，规范财政决算编报，发挥决算在财政财务管理中的作用。增加教育、科技、文化、卫生、体育等方面的支出，科学文教卫生等项事业费支出均高于同期财政收入增长幅度。同年，全面推行国库集中支付改革，建立国库单一账户公共财政管理体系，对财政资金从预算分配、预算拨付及收款人账户实行财政直接全过程监督、控制，规范资金拨付渠道，强化预算执行力度，提高财政资金的使用效益，提升财政管理行为的透明度、公开性和约束力。

2012 年，市财政拨款单位全部实行部门预算管理，部门预算改革面 100%。加强基础数据信息库建设，建立健全基础数据动态采集、更新和共享机制，全面掌握预算单位人员、工资及津贴补贴、资产负债、收费项目和标准以及财政收支、财力结构、财政保障人口等基础信息。加强行政事业资产管理，将资产购置纳入预算编审范围，加强国有资产更新、处置和报废的管理，确保国有资产科学合理配置，提高使用效益。加强项目库建设，推进项目预算滚动管理，将所有项目预算纳入项目库。建立财政与预算单位相互协调的动态项目库，完善项目论证评审、遴选排序机制，实现项目的预算滚动管理。项目支出的预算安排实行项目控制数管理。加强结余结转资金的统筹管理，将预算外专户结余资金列入年初部门预算管理系统，提高预算编制的完整性，严格控制结余结转资金规模。启动公务卡制度改革，把推行公务卡改革作为强化财政财务管理的重要举措，逐步完善并加以落实，有效减少公务人员接触现金，防止腐败问题的发生。

2013～2015 年，市财政部门进一步规范预算编制管理，建立以月支出计划为核心的预算执行工作机制，明确预算执行主体，细化预算执行责任，加强支出预算管理，加快资金支付进度，做好支出预算执行分析评价，财政预算执行进度更加均衡有效。同时，深化部门预算改革，各部门预算编制模块依托财政大平台上线启用，实现财政资金从预算编制到预算执行全过程的监管。推行编制《权责发生制政府综合财务报告》，除国库部门以外，选取 4 个预算单位作为试点编报《权责发生制政府综合财务报告》。

2016 年，市财政部门提高预算单位公用支出定员定额财政补助标准，试编政府购买服务预算。

### 二　决算执行管理

阿克苏市财政决算按预算年度的岁入、岁出收付实现数编制，严格划分预算年度，分清资金界限，落实收支数字，保证数字准确、内容完整、报送及时。各部门、各单位加强对决算工作的领导，从紧从严审查决算数据，认真执行财政包干形式下有关财政编审工作的新规定。“十五”时期，财政决算的科目发生变化，决算的要求更加细化科学。市财政每年年终对欠缴的税利和挪用预算收入的情况进行清理，及时收缴入库。

## 第四节　财政收入

1990 年后，市域经济快速发展，财政收入高幅增长。1994 年，实行分税制财政体制后，增值税的 75% 和消费税上划中央，其余为地方财政收入。1998～2016 年，阿克苏市主要从开源和节流两方面入手，加强收入征管，优化支出结构，把预算内、外资金捆绑使用，提高资金使用效益，落实“收支两条线”管理规定，对预算外资金实行统一财务管理、统一账户管理、统一收支挂钩，防止坐收坐支、公款私存、私设“小金库”等现象。扩大政府采购的规模和范围，做好财政基本建设项目管理工作，加强工程的概、预、决算审核工作，支持国有企业改革；加大对重点企业、重点纳税大户和高收入群体的征管工作力度；将所有非税收入全部纳入预算管理，将公安、法院、工商、环保、计生等执收执罚部门的预算外收费收入全部上缴国库，纳入预算管理；其他行政事业单位收费一律缴入财政专户管理，逐步取消包括垂直管理部门在内的执收执罚单位的收入过渡户，实行“单位开票、银行代理、财政统管”的征管体制。推行国库集中支付制度。加大政府采购工作力度，规范采购行为，完善采购办法，保证各项事业对资金的需要。

**表 19－1 1990～2016 年阿克苏市财政收入情况表**

单位：万元

| 年度 | 合计 | 企业收入 | 各项税收 | 专项收入 | 其他各项收入 |
|---|---|---|---|---|---|
| 1990 | 4662 | －86 | 4711 | 24 | 13 |
| 1991 | 5278 | －109 | 5329 | 14 | 44 |
| 1992 | 5485 | －106 | 5434 | 61 | 96 |
| 1993 | 6791 | －112 | 6764 | 69 | 70 |
| 1994 | 5956 | －23 | 5692 | 150 | 137 |
| 1995 | 8061 | －4 | 7513 | 279 | 273 |
| 1996 | 9804 | －3 | 8996 | 349 | 462 |
| 1997 | 11211 | －2 | 10344 | 67 | 802 |
| 1998 | 12823 | 24 | 12091 | 282 | 426 |
| 1999 | 13357 | 29 | 12305 | 371 | 652 |
| 2000 | 15330 | 88 | 14102 | 233 | 907 |
| 2001 | 17559 | — | 16684 | 273 | 602 |
| 2002 | 20735 | 61 | 18881 | 450 | 1343 |
| 2003 | 24030 | 839 | 21521 | 479 | 1191 |
| 2004 | 26414 | 2494 | 21655 | 507 | 1758 |
| 2005 | 28452 | 830 | 24699 | 648 | 2275 |
| 2006 | 32491 | 723 | 28359 | 640 | 2769 |
| 2007 | 38026 | 620 | 34117 | 906 | 2383 |
| 2008 | 48589 | — | 44836 | 1030 | 2723 |
| 2009 | 64680 | — | 58541 | 1586 | 4553 |
| 2010 | 81544 | — | 72897 | 1938 | 6709 |
| 2011 | 109909 | — | 100136 | 2624 | 7149 |
| 2012 | 126117 | — | 109638 | 3076 | 13403 |
| 2013 | 150419 | — | 133466 | 3564 | 13389 |
| 2014 | 153588 | — | 134303 | 3234 | 16051 |
| 2015 | 165032 | — | 138883 | 5876 | 20273 |
| 2016 | 172864 | — | 129586 | 6296 | 36982 |

## 第五节 财政支出

阿克苏市地方财政支出包括一般预算支出和基金支出。市财政坚持贯彻“一要吃饭、二要建设”的原则，紧紧围绕保工资、保稳定、保改革、保机构正常运转，大力压缩财政支出，提高财政资金使用效益。按照“集中财力办大事”的原则，不断优化财政支出结构，重点支持新兴工业化建设、支持社会主义新农村建设、公共财政支出和重点基础设施，将有限的财政资金用在刀刃上。

1990 年，市地方财政支出 4011 万元。由于受领薪人员增长、政策性调资、城市建设等因素影响，财政支出逐年递增，至 2001 年达 2.34 亿元。

2003 年，市财政合理安排和调度资金，确保机构正常运转及社会保障资金、再就业资金、维护社会稳定、国有企业改革等重点支出。贯彻落实节支措施，压缩一般性支出，严格控制“人、车、会、话、房、出国（境）”等方面的支出。

2004 年，市财政加大对城市基本维护的支持力度，确保低保、社保、医保及就业再就业经费的及时足额到位。

2007 年，市财政以各族群众学有所教、劳有所得、病有所医、老有所养、住有所居为目标，支持医疗、住房、教育、就业等工作。

2009 ~ 2010 年，市财政支持新型工业化建设，重点支持农副产品加工、棉纺织产业的发展，推进工业园区以及城市基础设施建设。

2011 ~ 2015 年，市财政部门将有限财力向民生、基层、稳定倾斜，力促民生改善，力促社会和谐稳定，力促公共财政服务均等化。

2016 年，市财政部门坚持“保基本、保重点、保民生、保稳定、压一般”的支出原则，集中财力足额保障工资、机构运转等各项重点支出，做到刚性支出不留硬缺口，确保收支平衡。年末，全市财政支出 40.94 亿元。

**表 19 – 2　1990 ~ 2016 年阿克苏市财政支出情况表**

单位：万元

| 年份 | 合计 | 基本建设支出 | 挖潜资金 | 支援农业生产支出 | 农林水气等部门事业费支出 | 工交商事业费支出 | 城市维护费支出 | 文化科学卫生事业费支出 | 行政事业费支出 | 其他各项支出 |
|---|---|---|---|---|---|---|---|---|---|---|
| 1990 | 4011 | 167 | 152 | 468 | 142 | 18 | 232 | 985 | 567 | 1280 |
| 1991 | 3879 | 95 | 130 | 427 | 154 | 22 | 284 | 1080 | 649 | 1038 |
| 1992 | 4626 | 289 | 314 | 425 | 249 | 34 | 306 | 1371 | 760 | 878 |
| 1993 | 4968 | 326 | 132 | 392 | 268 | 28 | 380 | 1605 | 946 | 891 |
| 1994 | 6236 | 357 | 395 | 363 | 333 | 41 | 439 | 2121 | 1264 | 923 |
| 1995 | 8930 | 1053 | 170 | 386 | 461 | 60 | 638 | 3033 | 1831 | 1298 |
| 1996 | 10720 | 787 | 627 | 372 | 522 | 83 | 1314 | 3270 | 1902 | 1843 |
| 1997 | 10524 | 671 | 175 | 399 | 629 | 90 | 1094 | 3807 | 2317 | 1342 |
| 1998 | 12624 | 1071 | 249 | 351 | 640 | 60 | 1800 | 3877 | 1929 | 2647 |
| 1999 | 13023 | 314 | 73 | 353 | 693 | 48 | 1890 | 3969 | 2223 | 3460 |
| 2000 | 15655 | 1437 | 97 | 301 | 866 | 54 | 2222 | 4250 | 2356 | 4072 |
| 2001 | 23408 | 5113 | 40 | 411 | 1186 | 84 | 2214 | 5533 | 3101 | 5726 |
| 2002 | 25134 | 2889 | 880 | 317 | 1437 | 103 | 2237 | 6540 | 3730 | 7001 |
| 2003 | 29632 | 2399 | 535 |  | 2044 | 85 | 4085 | 7503 | 3575 | 9406 |
| 2004 | 35680 | 2254 | 459 |  | 2269 | 165 | 6205 | 8398 | 5606 | 10324 |
| 2005 | 38989 | 2928 | 193 |  | 2311 | 164 | 4174 | 10822 | 6767 | 11630 |
| 2006 | 55796 | 4356 | 201 |  | 2839 | 170 | 12004 | 13291 | 8477 | 14458 |
| 2007 | 66591 |  |  |  | 3802 | 306 | 15129 | 19986 | 9968 | 17400 |
| 2008 | 88003 |  |  |  | 6716 | 392 | 18704 | 26496 | 11483 | 24212 |
| 2009 | 121559 |  |  |  | 12556 | 1346 | 17716 | 40496 | 14187 | 35258 |
| 2010 | 151980 |  |  |  | 13464 | 555 | 21420 | 47413 | 18688 | 50440 |
| 2011 | 213794 |  |  |  | 17258 | 578 | 19096 | 65825 | 19520 | 91517 |
| 2012 | 238065 |  |  |  | 24141 | 908 | 14553 | 72423 | 28409 | 97631 |
| 2013 | 273555 |  |  |  | 28452 | 1435 | 20493 | 89248 | 33514 | 100413 |
| 2014 | 278246 |  |  |  | 30150 | 1726 | 38854 | 92790 | 32527 | 82199 |
| 2015 | 358281 |  |  |  | 31713 | 1150 | 62908 | 124359 | 46082 | 92069 |
| 2016 | 409409 |  |  |  | 45806 | 876 | 61942 | 131729 | 44021 | 125835 |

## 第六节　国有资产管理

### 一　国有企业管理

1998 年，为加快国有企业股份制改革，转换经营机制，阿克苏市对 23 家国有企业、8 家集体企业进行改制，健康有序的退出国有序列。国有企业中，股份合作制改制的有 10 家，国有控股和参股的企业有 4 家，兼并 1 家，租赁 2 家，上划地区 2 家，依法破产 4 家；集体企业中，股份合作制改制的有 7 家，有限公司 1 家。通过改革建立新的国有资产管理体制，推进企业调整重组，形成一批具有较强竞争力的公司企业。

2001 年，为加强国有资产监管营运，阿克苏市成立阿克苏信诚资产投资经营有限责任公司，是由市国有资产管理委员会授权市财政局国资部门管理的国有企业，具有一级法人资格，在国家有关政策指导下，实行市场经营、目标管理，代表同级政府对授权范围内的国有资产行使出资者的职能，通过投资、控股、参股、置换方式从事资本经营和产权运作，不侵犯企业法人的财产权，不干预企业的日常经营管理，对国资委负责并接受其监督，对授权范围内的国有资产承担保值增值责任。

2003 年，阿克苏市通过对国有企业进行改制，转换企业经营机制，形成多种经济成分并存的城市经济发展格局，经济效益明显提高。同时，企业改制工作进入收尾阶段。

2005 年，阿克苏市制定《阿克苏市国有企业资产管理办法》及《行政事业单位国有资产管理办法》。参与塔棉集团、阿克苏市供排水公司、阿克苏市市政公司等单位的改制工作。以信诚经营公司作为融资平台，加大中小企业担保公司的改革力度，进行资本运作，完成利用开发银行 5.35 亿元贷款筹建项目的落实及评审工作，对阿克苏市国有资产管理体制改革起到推进作用，同时加强了国有资产监管工作。

2010 年 10 月，阿克苏市成立阿克苏城乡建设发展集团有限公司，是国资委授权作为阿克苏城市基础设施国有资产的投资主体并对其实施运营的国有独资公司。主要经营政府授权的城市基础设施项目、重大产业项目和社会事业项目的实施建设以及经营管理；政府授权范围内国有土地的盘活、管理和保值、增值工作。并于 2012 年开始阿克苏市多浪河二期的拆迁及安置工作，开展相关多浪河二期工程项目。成立阿克苏经济发展有限公司，是国资委授权作为阿克苏市西工业园区基础设施国有资产投资管理、建设、运营的国有独资公司，主要经营项目投资及管理、土地及房产开发、市政公共设施管理、园林绿化工程施工、建筑装潢、建筑工程施工等。

2012 年 10 月，阿克苏市信诚资产投资经营有限责任公司成功发行 10 亿元企业债，主要用于阿克苏市城西新区棚户区改造、依干其乡棚户区改造项目。

2015 年，根据《阿克苏市深化国有资产管理体制改革试点工作实施方案》，制定《阿克苏市国有企业负责人经营业绩考核暂行办法（试行）》及《国有企业经营业绩考核指标》，进一步完善考核办法，引导国有企业建立起更加完善的重业绩、讲回报、强激励、硬约束的工作机制，努力提高国有产权管理队伍的综合素质和业务能力。4 月，阿克苏市信诚资产投资经营有限责任公司成功发行 8 亿元企业债，主要用于阿克苏市棚户区改造项目及城区热电联产集中供热工程项目。

2016 年，阿克苏市为推进国有企业的改革和发展，全面落实国有资产监管责任，确保国有资产保值增值，将企业进行分类管理，同时将部分企业作为改革试点。以金盾保安公司为代表，加强保安队伍整合提质，建设一支国有控股的专业化保安队伍，增强社会治安防范、控制和管理能力，完善保安人员培训和保障机制，实行安保人员全员“派遣制”，实行街面公共停车场属地管理制度，发挥保安人员作用。年底，全市有国有控股企业 21 家，年营业收入 9.13 亿元，上缴税金 6188 万元，实现国有资产保值增值率达 110%。

### 二　行政事业单位资产管理

自 1998 年起，阿克苏市行政事业单位连续执行产权登记和年检制度，通过国有固定资产卡片登记管理等措施来加强监管。

2006 年，根据财政部 2006 年颁布的 35 号令《行政单位国有资产管理暂行办法》和 36 号令《事业单位国有资产管理暂行办法》，阿克苏市财政部门和各单位转变“重资金、轻资产”“重购置、轻管理”的思想观念，理顺管理体制，建立健全财政部门—主管部门—行政事业单位 3 个层面的监督管理体系，实行国家所有、政府分级监管、单位占有使用的国有资产管理体制。各级财政部门、主管部门和行政事业单位各司其职、各负其责，齐抓共管，进一步落实行政事业单位对占有使用国有资产的管理主体责任，实现对行政事业单位国有资产的有效管理。

2012 年，阿克苏市根据自治区、地区出台的资产配置和处置管理办法，结合实际制定出台《阿克苏市行政事业单位国有资产配置管理办法（暂行）》和《阿克苏市行政事业单位固定资产报废、报损管理办法》，改进和优化资产管理与预算管理相结合工作机制，建立健全资产配置标准体系，完善工作流程和审核机制，通过资产管理信息系统，实现对资产的动态监管，切实加强国有资产收入管理，并根据《阿克苏市政府公物仓管理暂行办法》做好重点资产与大型资产的配置工作。进一步规范资产处置工作，有效遏制随意处置资产的行为，防止处置环节国有资产的流失。引入市场机制，实现资产处置的公开化、透明化。同时，建立财政部门、主管部门和行政事业单位全方位、多层次的行政事业单位资产管理监督体系，以及资产配置、使用、处置等全过程的监督制约机制，将单位内部监督与财务监督和审计监督相结合，事前监督与事中监督和事后监督相结合，日常监督与专项检查相结合，提高国有资产使用效益。

## 第七节　会计事务管理

### 一　日常会计

1990 年，阿克苏市开展会计证申报工作。至 12 月底，全市申报会计证 518 人，其中按学历、年龄免考 354 人，需要参加考试人员 164 人。

1991 年 1 月 22 日，阿克苏市首次颁发会计证。

1992 年，市财政局按照会计账册标准化、规范化、现代化要求，做好新式账册票据的供应工作，全市企事业单位基本使用标准账证处理会计事务。发放会计专业知识辅导教材近 1000 册，全市共有 255 名专业人员参加全国会计资格考试。

1994 年，市财政局按照自治区财政厅要求，完成全市 602 余名会计人员的调查摸底工作。

1995 年，地区财政局开始举办电算化培训班，市财政局做好动员宣传组织工作。当年，阿克苏市 15 名人员参加培训。2004 年底，有 70% 的财会人员持有会计电算化上岗证。

1997 年，阿克苏市开展会计证注册登记、验证、年检工作。1998 年，年检换证 686 本。

1999 年，市财政局按照自治区开展会计人员的基础情况、会计人员管理情况的要求，全面调查建立会计信息数据库工作。

2001 年 3 ~9 月，市财政局抽调 36 人组成 4 个检查组，对全市单位执行《中华人民共和国会计法》情况重点检查，遏制会计信息失真等造假行为。

2002 年，阿克苏市开展会计委派试点工作。2004 年，全面开始会计从业资格证的年检换证工作。全市持有会计从业资证书人员 770 人。

2010 ~2016 年，阿克苏市共新增会计人员 2972 名。

**表 19 -3 1990 ~2016 年阿克苏市会计在册人员信息统计表**

单位：人

| 年份 | 全市会计在册人员 | 性别 | | 民族 | | 学历 | | | | | |
|---|---|---|---|---|---|---|---|---|---|---|---|
| | | 男 | 女 | 汉族 | 少数民族 | 研究生 | 本科 | 大专 | 中专 | 高中 | 初中以下 |
| 1990 | 518 | 108 | 410 | 306 | 212 | — | 42 | 65 | 135 | 210 | 66 |
| 1991 | 539 | 114 | 425 | 324 | 215 | — | 49 | 69 | 151 | 215 | 55 |
| 1992 | 560 | 120 | 440 | 342 | 220 | — | 47 | 72 | 170 | 199 | 72 |
| 1993 | 582 | 126 | 456 | 360 | 222 | — | 41 | 64 | 198 | 218 | 61 |
| 1994 | 602 | 132 | 470 | 378 | 224 | — | 52 | 82 | 158 | 226 | 84 |
| 1995 | 623 | 138 | 485 | 396 | 227 | — | 63 | 76 | 184 | 208 | 92 |
| 1996 | 641 | 144 | 497 | 411 | 230 | — | 72 | 83 | 228 | 184 | 74 |
| 1997 | 665 | 153 | 512 | 432 | 233 | — | 81 | 90 | 212 | 193 | 85 |
| 1998 | 686 | 156 | 530 | 450 | 236 | — | 91 | 97 | 238 | 184 | 76 |
| 1999 | 706 | 162 | 544 | 468 | 238 | — | 100 | 104 | 258 | 176 | 68 |
| 2000 | 728 | 168 | 560 | 486 | 242 | — | 110 | 111 | 241 | 193 | 73 |
| 2001 | 749 | 174 | 575 | 504 | 245 | — | 119 | 118 | 247 | 187 | 78 |
| 2002 | 770 | 179 | 51 | 522 | 248 | — | 129 | 125 | 252 | 181 | 83 |
| 2003 | 791 | 186 | 605 | 540 | 251 | — | 139 | 132 | 257 | 175 | 88 |
| 2004 | 810 | 192 | 618 | 558 | 252 | — | 148 | 139 | 261 | 169 | 93 |
| 2005 | 862 | 198 | 634 | 576 | 268 | 1 | 158 | 146 | 286 | 163 | 98 |
| 2006 | 914 | 204 | 650 | 594 | 320 | 1 | 167 | 153 | 322 | 168 | 103 |
| 2007 | 966 | 209 | 757 | 612 | 354 | 1 | 177 | 160 | 347 | 173 | 108 |
| 2008 | 1200 | 216 | 984 | 844 | 356 | 1 | 217 | 167 | 355 | 178 | 113 |
| 2009 | 1243 | 222 | 1021 | 881 | 362 | 1 | 239 | 174 | 372 | 183 | 118 |
| 2010 | 1327 | 254 | 1073 | 989 | 338 | 3 | 342 | 282 | 396 | 180 | 124 |
| 2011 | 2067 | 316 | 1751 | 1739 | 328 | 3 | 416 | 616 | 513 | 346 | 173 |
| 2012 | 3285 | 423 | 2862 | 2927 | 358 | 3 | 613 | 1089 | 629 | 643 | 308 |
| 2013 | 4043 | 503 | 3540 | 3651 | 392 | 3 | 726 | 1291 | 811 | 831 | 464 |
| 2014 | 4126 | 526 | 3600 | 3682 | 444 | 3 | 726 | 1291 | 811 | 831 | 464 |
| 2015 | 4253 | 542 | 3711 | 3725 | 528 | 4 | 732 | 1358 | 821 | 842 | 496 |
| 2016 | 4299 | 560 | 3739 | 3741 | 558 | 4 | 734 | 1364 | 824 | 848 | 525 |

## 二　教育培训

1998 ~ 2015 年，市财政局举办会计人员继续教育培训班 34 期，培训财务人员 1.21 万人次。2012 年，举办阿克苏市第一届会计知识竞赛。2015 年，根据自治区财政厅要求，阿克苏市财务人员继续选择面授与网授相结合，当年行政事业单位财务人员参加面授，企业财务人员参加网上继续教育。

2016 年，阿克苏市全面启动财务人员继续教育网上培训。至年底，全市 4299 名财务在册人员参加网上继续教育。

**表 19 －4　1998 ~ 2015 年阿克苏市会计培训情况表**

单位：人次

| 年份 | 培训人员 | 年份 | 培训人员 | 年份 | 培训人员 |
|---|---|---|---|---|---|
| 1998 | 421 | 2004 | 700 | 2010 | 712 |
| 1999 | 562 | 2005 | 724 | 2011 | 831 |
| 2000 | 520 | 2006 | 723 | 2012 | 812 |
| 2001 | 610 | 2007 | 632 | 2013 | 721 |
| 2002 | 584 | 2008 | 653 | 2014 | 732 |
| 2003 | 689 | 2009 | 812 | 2015 | 632 |

## 三　行政事业单位会计

### （一）会计科目

自 1998 年起，市财政局执行《事业单位会计制度》和《行政单位会计制度》，会计记账采用借贷记账方法。通用会计科目共分资产类、负债类、净资产类、收入类、支出类 5 大类。

2002 年 1 月 14 日，修改事业单位支出核算内容。

2012 年 12 月 19 日，财政部修订印发《事业单位会计制度》。《会计制度》主要配套新增与国库集中支付、政府收支分类、部门预算、国有资产管理等财政改革相关的会计核算内容；创新引入“虚提”固定资产折旧和无形资产摊销；明确规定基建数据定期并入事业单位会计“大账”；着力加强对财政投入资金的会计核算；进一步规范非财政补助结转、结余及其分配的会计核算；突出强化资产的计价和入账管理；全面完善会计科目体系和会计科目使用说明；系统改进财务报表结构和体系。

2013 年 12 月 18 日，财政部印发《行政单位会计制度》。自 2014 年 1 月 1 日起施行。

### （二）会计账簿

1998 ~ 2016 年，阿克苏市事业单位根据需要设置总账、明细账（收入明细账、支出明细账、往来款项明细账）。行政单位根据需要设置总账、明细账（收入明细账、支出明细账、往来款项明细账）、银行存款日记账、现金日记账。

### （三）会计报表

1998 ~ 2016，阿克苏市行政事业单位会计报表主要包括资产负债表、收入支出表、附表及会计报表附注和收支情况说明书等；报表分为月报、季报和年报（决算）三种。

## 第八节　政府采购管理

1999 年，阿克苏市开始实行政府采购工作，是全地区开展政府采购工作最早的县（市）。2000 年，阿克苏市政府采购管理工作全面运行。

2000 年，阿克苏市陆续出台《政府采购暂行规定》《政府采购实施细则》，制定《政府采购招标管理暂行办法》《政府采购履约验收办法》等规章制度，确定政府采购的适用对象，明确市财政局作为政府采购的主管部门和履行管理监督的职能，确定采购中心办理采购业务的职责，对违反政府采购制度、办法采取处罚措施，初步实现政府采购的管理、执行和资金支付三权分离，确保政府采购工作顺利开展，使采购工作从起步就步入规范化管理的轨道，逐步拓宽采购领域。

2004 年，阿克苏市政府采购从统一保险开始逐步扩展到办公设备、办公用品定点采购、车辆定点维修等。

自 2007 年 4 月 1 日起，全市办公用品等实行定点采购，从而杜绝长期以来各单位随意购买等现象。10 月 1 日，政府采购管理机构与政府采购中心正式分离并开始工作，做到监督、执行、支付（国库支付）三权分离。

2008 年，阿克苏市政府采购办对货物类、物资类、服务类三大采购项目，采取公开招标、邀请函招标、竞争性谈判、单一来源采购和询价采购等方式。2008 年 11 月底至 2009 年 10 月底，阿克苏市政府采购办对货物类、物资类、服务类三大采购项目，共进行 81 场政府采购，完成预算 9180 万元，实际采购 8300 万元，节约资金 880 万元，节约率为 9.6%。

2010 年 11 月底至 2012 年 11 月底，阿克苏市政府采购办完成采购预算 15715 万元，实际采购 13870.45 万元，节约资金 1844.55 万元。

2013～2015 年，阿克苏市政府采购办共进行 2000 余场政府采购，完成预算 6.36 亿元。

2016 年，阿克苏市政府采购办共进行 1490 余场政府采购，完成预算 4.74 亿元。5 月，开始推行货物和服务采购必须进行市场询价的前置审批条件，杜绝采购单位“高价预算”和“天价成交”的问题，共节约资金 563.67 万元，节约率为 6.83%。

## 第九节　非税资金管理

20 世纪 90 年代初，阿克苏市执行国务院《关于加强预算外资金管理的通知》规定，在坚持预算外资金所有权、使用权不变的前提下，财政部门实行专户存储、计划管理、财政审批、银行监督办法。对部门单位预算外资金实行“收支两条线”管理办法。90 年代中期，市政府制定管理细则，指明预算外资金为财政性资金，资金的所有权归同级政府，由同级政府统筹安排。市财政部门负责预算外资金的管理和监督，对预算外资金实行以收定支、计划管理。对行政性收费实行统收统支，全额纳入财政预算。事业性收费实行收支两条线、政府适当集中的管理办法。

1998～2002 年，阿克苏市逐步将预算外资金纳入预算内管理，主要界定预算内外收入项目，有计划有步骤地将部分行政性收费、罚款、基金收入纳入预算内管理；将预算外收支纳入单位统一会计核算，在一个会计核算体系中核算，在一个会计报表中反映；预算安排时一并安排单位预算外资金，避免单位之间“苦乐不均”现象；继续执行预算外资金“收支两条线”管理。

2002 年初，根据自治区非税收入管理改革的意见，阿克苏市非税收入资金实行财政专户管理，落实“收支两条线”规定。年底，以“金财工程”建设为先导，全面推行非税收入管理改革。

2004 年 5 月，阿克苏市房管局第一笔房产交易费 80 元缴入专户，成为阿克苏市的第一笔非税收入。10 月起，财政非税票据实施机打，通过财政票据电子化管理，财政部门能及时掌握预算单位详细准确的非税收入资金规模、项目收入进度、资金往来情况等第一手会计核算信息，有利于科学地编制部门预算、基金预算，设定合理的收入调控比例，规范单位的收支行为，并对专项收入的资金安排使用做到有效监管。

2005 年，阿克苏市严格执行自治区财政厅下发的《关于下发〈新疆维吾尔自治区行政事业性收费票据管理办法实施细则〉的通知》，建立以计算机网为依托的单位开票、银行代收、财政统管的政府非税收和管理体制。

2007 ~2010 年，阿克苏市“金财工程”全面实施，加强对预算外资金监管、非税系统管理，无论预算内外非税收入，均通过非税系统收缴，预算外资金收入规模继续缩小。

2011 ~2012 年，阿克苏市根据非税收入管理改革要求，将除教育收费以外的非税收入全部纳入预算管理，并按照非税收入资金划解规程，在规定的期限内及时足额划解入库，严格落实收支两条线管理规定。建立非税收入按月通报制度。

2013 ~2014 年，推行非税票据管理博思软件单机版。2014 年，推行非税票据管理博思软件网络版。

2015 ~2016 年，阿克苏市实行非税收入年终考核机制，对预算单位收入征收计划执行情况按月跟踪统计、分析、通报，确保非税收入及时足额均衡入库。对不属于非税征缴范围的，指导单位及时领取税票、按规定及时足额纳税。政府性基金收入中人民教育基金、残疾人事业保障金、育林基金等纳入预算内公共财政预算管理。

**表 19 －5　2004 ~2016 年阿克苏市非税收入情况表**

单位：万元

| 年份 | 专项收入 | 行政事业性收费收入 | 罚没收入 | 国有资本经营收入 | 国有资源（资产）有偿使用收入 | 其他收入 | 基金收入 | 合计 |
|---|---|---|---|---|---|---|---|---|
| 2004 | 507 | 931 | 677 | 2494 | | 150 | | 4759 |
| 2005 | 648 | 1128 | 1130 | 830 | | 17 | | 3753 |
| 2006 | 640 | 1152 | 1602 | | 738 | | | 4132 |
| 2007 | 906 | 1037 | 1211 | 391 | 229 | 135 | | 3909 |
| 2008 | 1030 | 1143 | 1154 | 188 | 238 | | | 3753 |
| 2009 | 1586 | 992 | 1038 | 351 | 2167 | 5 | | 6139 |
| 2010 | 1938 | 1307 | 1416 | 1016 | 2970 | | | 8647 |
| 2011 | 2624 | 1727 | 2239 | 107 | 3053 | 23 | | 9773 |
| 2012 | 3076 | 2080 | 3920 | 768 | 4843 | 1792 | | 16479 |
| 2013 | 3564 | 2295 | 3377 | 5093 | 2133 | 491 | | 16953 |
| 2014 | 3234 | 5164 | 4116 | 299 | 5187 | 1285 | | 19285 |
| 2015 | 5876 | 5773 | 4785 | 1743 | 6176 | 1796 | | 26149 |
| 2016 | 6296 | 5308 | 8739 | 10377 | 10806 | 1383 | 369 | 43278 |

## 第十节 财政监督与检查

20 世纪 90 年代初，市财政局配有财政监察员，负责一年一度的税收、财务、物价大检查，处理各种违反财经纪律问题。

1999 年，阿克苏市加强预算外资产管理。对执法部门行政性收费和罚没收入“收支两条线”工作进行检查。发挥财政审计监督职能，对财政局下属部门 1998 ~ 1995 年财务收支情况进行内部审计；并对 1997 ~ 1998 年扶贫发展资金、财政扶贫资金、以工代赈资金、扶贫贴息资金、财政减免农业税收补助资金、扶贫培训费等进行自查。

2000 年，阿克苏市取消一年一度的税收、财务、物价大检查，财政监督转入经常性工作。财政监督由原来集中性突击式的事后纠错检查变为事前、事中、事后监督检查相结合，财政监督与财政具体业务管理相结合，日常事务管理与专项检查相结合。每年年初制定财政监督检查计划和工作要点，然后开展专项资金监督检查。

2001 ~ 2003 年，市财政局加大财政监督检查力度，开展《中华人民共和国会计法》执法和会计信息质量检查工作。开展政府采购、会计基础规范化等执行情况检查工作。帮助 10 个单位建立健全和完善内部管理制度，对其财务管理和会计工作提出近 20 条合理化建议。

2004 年，进行财务收支、政府采购、会计基础规范化等执行情况检查工作。开展对农村“三老”人员生活补助费、社会治安集中整治经费、国家贫困地区义务教育工程专项资金、改善边境地区中小学办学条件专项资金、寄宿制学校改造专项资金、免费中小学义务教育专项资金、中小学布局调整专项资金及下岗失业再就业补助资金的检查。开展扶贫专项资金及国债项目专项资金检查工作。

2008 年，将专项资金事后监督向事中、事前转变。汇集整理财政各项专项资金的使用范围和资金流向，提前掌握专项资金的使用动态等基础信息，并要求相关单位对 2007 ~ 2008 年农村义务教育保障经费等 34 项专项资金的执行的合法性、合规性、有无挤占、挪用、截留、拖欠等 10 个方面进行自查；对教育、水利、卫生、民政等部门和中小学校、医院、疾控中心及 2 个乡镇开展专项资金的重点检查。4 月，对托普鲁克乡财政所、依干其乡财政所、经建科、农发局 2007 年度财务收支状况、转移支付财务收支情况、专项资金的使用情况进行内部审计，查出违规资金 33.20 万元。

2010 年，市财政局规范会计基础工作，推动会计基础工作规范化。开展会计信息质量检查，整顿和规范会计秩序。对 50 个财务独立核算单位进行检查，针对检查出来的会计基础工作不规范、会计核算不准确等问题，下发《限期整改通知书》及通报批评，并对其整改情况进行回访，对专项资金进行专项检查工作，完成涉及民生的专项资金绩效考核。对 2009 年的城市居民最低生活保障经费 2191.32 万元、农村居民最低生活保障经费 1142.35 万元、城市医疗救助经费 59.56 万元、农村医疗救助经费 41.56 万元进行绩效检查评价。针对 2009 年“小金库”专项治理中查出存在问题的单位，进行跟踪监督检查，并对检查中存在的问题出具检查报告和整改建议。

2011 ~ 2014 年，市财政局开展全市预算单位“小金库”专项治理工作，对各预算单位中央、自治区财政补助下级财政专项资金、会计监督、专项资金进行监督检查。

2015 ~ 2016 年，阿克苏市按照全疆财政联动检查项目，对市粮油购销公司、市广电局、市检察院专项资金进行检查；盘活财政存量资金检查项目，安排全市 224 户预算单位进行自查，挑选 12 个预算单位进行重点检查；涉农资金检查项目，安排全市 224 户预算单位进行自查，选取 19 个预算单位进行重点检查；对 23 个单位挪用、挤占专项资金的现象和“小金库”现象进行检查，查出违规资金 44.38 万元。对全市行政事业单位财政存量资金进行重点检查，盘活资金 9481.30 万元。

# 第二章　税　务

## 第一节　税制改革

1990 ~ 1993 年，阿克苏市实行地方包干财政管理体制。1994 年后，全国推行分税制财政体制，将税种统一划分为中央税、地方税和中央与地方共享税，建立中央税收和地方税收体系，分设中央和地方两套税务机构分别征管。阿克苏市税务机构分设为国家税务局和地方税务局。

## 第二节　国家税务

### 一　机构

1990 年，市税务局内设稽查队、征收管理股、监察股，全局总人数 167 人，其中干部 143 人，工人 12 人，临时工 12 人。

1994 年 7 月，市税务局各股室改为科室，同时将稽查队和监察室合并，实行“一套机构、两块牌子”。是月，国税、地税机构分设，阿克苏市税务局机构撤销。

1994 年 8 月，阿克苏市国家税务局（以下简称市国税局）启用公章。同年 10 月，经阿克苏地区国税局批复同意阿克苏市国税局下设办公室、人事教育科、监察科、计划财务科、征收管理科、发票管理所、行政管理科、东城税务所、红桥税务所、兰干税务所、英巴扎税务所、拜什吐格曼税务所、喀拉塔勒乡税务所、托普鲁克乡税务所、库木巴什乡税务所、阿依库勒乡税务所、沙井子税务所、塔门税务所、阿拉尔税务所、花桥税务所。

1996 年 4 月，阿克苏市国税局原征收科、计财科、发票管理所合并办公，对外称征收服务大厅。

2005 年 10 月，阿克苏地区国税局车购办正式划入阿克苏市国税局管理。12 月，阿克苏地区车购办人员编制归入阿克苏市国税局。阿克苏市国税局内设办公室、人事教育科、监察室、综合业务科、计划征收科、登记管理科、发票管理科、评估监控一科、评估监控二科，派出机构 1 个，为托普鲁克税务分局。

2007 年 7 月 6 日，根据《自治区国家税务局关于阿克苏地区国税系统基层税源管理机构设置的批复》和《自治区国家税务局关于进一步理顺基层税源管理机构设置的指导意见》，阿克苏地区国税局批复阿克苏市国税局税源管理机构、编制通知，撤销阿克苏市国税局原有的登记管理科、发票管理科、评估监控一科、评估监控二科，设立税源管理一科、税源管理二科；派出机构为东城税务所、西城税务所。各乡镇税务分所全部撤销。

2016 年，阿克苏市国税局共有 115 人。内设办公室、人事教育科、财务管理科、监察室、机关党委办公室、征收管理科、税政科、政策法规科、税源管理一科、税源管理二科、纳税服务科，派出机构为东城税务所、西城税务所。

## 二 税制税种

1993 年 1 月 1 日，开始在全市实行“全国统一发票监制章”和统一发票联底纹纸，旧版发票一律停止使用。1993 年底，税种共 32 个。

1994 年 1 月 1 日，国家新税制正式实施，将 32 个税种改为 18 个税种。市国家税务局负责征收的税种有增值税、消费税、中央企业所得税，及中央与地方所属企事业单位组成的联营企业、股份制企业所得税、证券交易税，地方和外资银行及非银行金融企业所得税、海洋石油企业所得税、出口产品退税、中央税的滞补罚收入。同时征收个人所得税、城市维护建设税、国家预算调节基金、国家能源交通重点建设基金、教育费附加。

自 1995 年 1 月 1 日起，对非国有企业免征国家能源交通重点建设基金和国家预算调节基金。

1997 年 1 月，对金融、保险企业新增的 3% 部分营业税，由国税局负责征收，将个人所得税、城市维护建设税、教育费附加划转地税局征收。

自 1999 年 11 月 1 日起，开征储蓄存款利息个人所得税。

2000 年 5 月，暂停征收固定资产投资方向调节税。

自 2001 年 1 月 1 日起，车辆购置附加费改为车辆购置税。

自 2002 年 1 月 1 日起，新办企业所得税由国税局征收。之前成立的企业，所得税仍由地税局征收。

2007 年 1 月，《车船税暂行条例》《城镇土地使用税暂行条例》正式实施。12 月，税制中的税种设置进一步减少为 18 个。

2011 年 11 月，国家财政部和国税总局发布《营业税改征增值税试点方案》。

2014 年 1 月 1 日，国务院将铁路运输和邮政服务业纳入营业税改征增值税试点。6 月 1 日，国务院将电信业纳入营业税改征增值税试点范围。

自 2016 年 5 月 1 日起，全面实施营改增。将试点范围扩大到建筑业、房地产业、金融业、生活服务业，并将所有企业新增不动产所含增值税纳入抵扣范围。

## 三 税收收入

1990 年，阿克苏市税务局税收征管范围包括市属、地区和农一师驻市各工商企业。1993 年，完成税收达到 7794 万元。1994 年 7 月，国税、地税机构分设，分别管理各自税务。

1995 年，市国税局实际征收完成 7309.94 万元，超收 820 万元，其中中央累计入库 5457 万元。

2010 年，市国税局累计组织各项税收 5.08 亿元，税收首次突破 5 亿元大关。

2016 年，市国税局累计组织各项税收收入 12.66 亿元，比上年增收 2.6 亿元，增幅 26%。

表 19－6　1994～2016 年阿克苏市国家税务局税收收入表

单位：万元

| 年份 | 收入 | 年份 | 收入 | 年份 | 收入 |
|---|---|---|---|---|---|
| 1994 | 4549 | 2002 | 13216.3 | 2010 | 50845 |
| 1995 | 7309.94 | 2003 | 12529.51 | 2011 | 70695 |
| 1996 | 9000 | 2004 | 15529.51 | 2012 | 72427.1 |
| 1997 | 10992 | 2005 | 15405.32 | 2013 | 85344.13 |
| 1998 | 12972 | 2006 | 22142.01 | 2014 | 91805.19 |
| 1999 | 10968.18 | 2007 | 26988.91 | 2015 | 100598.01 |
| 2000 | 10468.59 | 2008 | 30360.52 | 2016 | 126600.00 |
| 2001 | 9825 | 2009 | 36697.2 | | |

## 四　征收管理

1990～1993 年，市税务局实行征收、管理、检查相分离的三层次管户方式，并开展对私营企业、个体工商户的税法宣传活动。开展税收票证大检查工作，共检查 5 个企业、128 个商场、商店，纠正税收票证使用不符合规定和不规范问题 31 个。对各纳税企业建立纳税档案。举办 3 期企业新税制学习班。

1994 年 9 月，市国税局开展税收计会统票综合检查，对全市纳税户进行清查登记，经统计，全市有一般纳税人 431 户，小规模纳税人 1946 户，其中个体工商户 1584 户。年底完成税收 4549 万元。

1998 年 3 月，阿克苏市国税局对城区的一般纳税人和小规模纳税人进行首次年审，共年审 2583 户。7～8 月，开展漏征漏管清查工作，共清查出漏征 88 户、漏管 433 户，补交税款 16.45 万元，罚款 1.1 万元。年底，共完成税收 12972 万元，清理欠税入库 795.8 万元，罚款 60.88 万元。

自 1999 年 7 月 1 日起，换发新版发票。

2006 年 9 月 1 日，市国税局对市辖区的 239 户企业纳税人推行网上申报缴税，截至 2007 年 11 月，网上申报增值税 898 户、企业所得税 827 户。

2009 年，市国税局将纳税 10 万元以上的纳税人纳入重点税源监控。纳入重点税源监控的增值税纳税人 91 户，所得税纳税人 66 户。分阶段深入重点税源企业调研，督促全市棉花加工企业对纳税情况进行自查，棉花商贸、加工、纺织、油脂加工等行业增值税比上年增收 1000 余万元。对物业公司、大型超市、建材企业进行检查评估，查补税款 20 余万元。对酒类行业进行专项检查，补缴税款 7919 元。通过日常检查，查处未办理税务登记、变更，未按期申报等行为 240 户次，补缴税款 90 余万元。对发票使用情况进行检查，共检查 1 万户次 25 万份发票，查处有问题发票 546 户次 8000 余份，补缴税款 6.7 万元。

2010～2011 年，市国税局重点对棉花加工企业开展专项检查，棉花加工企业共入库增值税

2.31 亿元，入库企业所得税 3.29 亿元。对农机行业发票使用进行专项检查，采取以票控税、网络对比、税源监控、综合管理等手段，打击税收违法行为，营造依法诚信使用发票的氛围。对房地产、建筑安装、药品销售、交通运输、建材、油脂加工等企业进行纳税评估，查补各项税款 1038 万元，其中增值税 200 万元，企业所得税 577 万元，滞纳金 261 万元。落实国家税收优惠政策，受理、审批企业所得税减免企业 1004 户，减免企业所得税 1.43 亿元。

2014 年 4 月，市国税局同阿克苏市邮政局签订 2014 年《委托代开发票代征税款框架协议》和《委托代征车辆购置税框架协议》。代征协议明确双方的权利和义务，要求委托代征单位健全各项手续，对 2014 年委托代开发票和委托代征车辆购置税各项业务中注意事项及车购税移交问题进一步做明确和统一。

2015 年 7 月，按照《财政部国家税务总局关于小型微利企业所得税优惠政策的通知》规定，市国税局辖区 196 户定额征收企业均享受小型微利企业所得税税收优惠，年减免税额 77.97 万元；符合政策的小型微利企业共 1959 户，其中盈利企业 648 户，盈利面达 33.08%，政策实际受惠面达 100%，减免税款 133.57 万元。

2016 年 4 月 7 日，市国税局迎来第一位前来办理跨地域涉税申报业务的来自温宿县的纳税人，“同城通办”正式推行。

## 五　纳税服务

1994 年，市国税局设立征收大厅，由征收大厅负责组织实施纳税服务工作规范和操作规程。

1994～1999 年，实行纳税人上门申报，税务机关人员手工接收申报数据。个体纳税人按照双定户进行管理，即定期定额，按月到办税大厅现金缴纳税款，纳税人开具发票执行超定额补税。企业纳税人分为一般纳税人和小规模纳税人。一般纳税人适用 17% 的标准税率、13% 的优惠税率，商业小规模纳税人适用 4% 的征收率，加工修理修配小规模纳税人适用 6% 的征收率。

2000 年 5 月 8 日，计算机代开发票、个体户纳税登记卡在阿克苏市国税局开始使用。

2000 年以来，不断优化纳税服务，推行多元化申报方式。个体纳税人通过税银合作批量扣划方式缴纳税款，企业纳税人通过数据信息采集电子申报方式完成申报。

2002 年，办税服务厅综合服务窗口全力推行“一窗多能”“一窗通办”，统一受理除发票领购和代开以外的所有涉税事项。按照窗口受理、内部流转、限时办结、窗口出件的程序办理。实行“一站式”服务、全程服务、限时服务、预约服务、延时服务、绿色通道服务、导税服务和咨询服务等多样化、人性化的办税服务方式。

2005 年，为进一步优化纳税服务，解决纳税人现金缴税难题，广泛推行刷卡缴税（费）。通过 POS 机，纳税人办理代开发票、申报纳税、领购发票、办理税务登记等业务时，可以使用带有“银联”标记的银行卡刷卡缴税（费），款项刷完即达国库，实现即时入库。

2010 年，阿克苏市国税局本着以纳税人需求为导向，为纳税人服务的宗旨，就简并税收业务流程做一些探索，对能够下放的审批权限和前移的审批事项进行集中梳理，前移至办税服务厅前台受理。

2015 年，将增值税普通发票票种核定的审批工作流程由原来的两级审批、2 个工作日简化为纳税服务科办税服务厅一级审批、2 个工作日；增值税专用发票票种核定的审批工作流程由原来的四级审批、5 个工作日简化为纳税服务科办税服务厅一级审批、2 个工作日；延期申报审批手续由原来的四级审批、2 个工作日不定简化为三级审批；特别是对那些急需办理上述手续的纳税人，纳税服务科办税服务厅可以做到特事特办，所有手续即时办结，最大限度地满足纳税人的需求，方便纳税人。

2016 年 8 月，市国税局进驻阿克苏市为民服务中心，与地税局办税服务窗口相邻，优化纳税服务，进一步提升纳税服务水平。

### 六　信息化建设

1994 ~ 2016 年，阿克苏市国税局共使用过 3 个征管软件，各个征管软件在各自历史时间段为税务征管起到重要的作用，方便税务机关和纳税人。

1998 年 10 月 1 日至 2005 年 9 月 30 日，使用新疆维吾尔自治区国税局开发的 XJMIS 综合征管软件。

2005 年 10 月 1 日至 2015 年 12 月 31 日，使用国家税务总局开发的 CTAIS 综合征管软件。

2016 年 1 月 1 日起，使用国家税务总局开发的金税三期综合征管软件。

## 第三节　地方税务

### 一　机构

1994 年前，地方税务归市税务局管理。1994 年 7 月，地税分设，阿克苏市税务局机构撤销。7 月 6 日，阿克苏市地方税务局（以下简称市地税局）成立。有工作人员 61 人。设办公室、人事监察科、计划财务科、征收管理科、税收政策管理科、发票管理所 6 个业务科室，有新城税务所、红桥税务所、兰干税务所、英巴扎税务所、拜什吐格曼税务所、喀拉塔勒税务所、托普鲁克税务所、库木巴什税务所、阿依库勒税务所、沙井子税务所、塔门税务所、阿拉尔税务所、花桥税务所 13 个基层税务所。

1996 年，阿克苏市地税局有人员 82 人。10 月，阿克苏市地方税务局分别设立稽查队、征收大厅，撤销原征管科和发票所，成立阿拉尔中心税务所、喀拉塔勒中心税务所、库木巴什中心税务所和阿依库勒税务所。

1998 年，阿克苏市地税局有人员 97 人。7 月，稽查分局改为稽查局，下设一所（综合内勤）、二所（企业、个体）、三所（临商）、四所（车辆管理）。同时撤销新城税务所、兰干税务所、红桥税务所和英巴扎税务所，在城区对企业和个体税收实行集中征收。

2010 年，阿克苏市地税局有人员 100 人。设置办公室、人事科、监察室、税政法规科、计会征收科、管理科、第一税务所（管理企业税收）、第二税务所（管理个体税收）、第三税务所（管理运营车辆税收）、第四税务所（管理农村企业、个体税收）、第五税务所（发票违法举报受理）。

2016 年，阿克苏市地方税务局有人员 82 人。内设办公室、人事科、监察室、绩效办、税政法规科、计划会计科、纳税服务科、管理科、第一税务所、第二税务所、第三税务所等 11 个科室。

## 二　税制税种

1994 年，阿克苏市地税局负责管理的税种有营业税（不含中央收入部分）、企业所得税（不含地方银行、外资银行及非银行金融企业包括信用社）、个人所得税、城镇土地使用税、固定资产投资方向调节税、城市建设维护税、房产税、车船使用税、印花税、屠宰税、土地增值税、资源税、筵席税和待开征的燃油税及其他收入中的教育费附加、文化事业费、教育基金等。

自 1995 年 1 月 1 日起，对非国有企业免征国家能源交通重点建设基金和国家预算调节基金。

1997 年 1 月，个人所得税、城市维护建设税、教育费附加划转地税局征收。

自 1999 年 11 月 1 日起，开征储蓄存款利息个人所得税。

2000 年，暂停征收固定资产投资方向调节税。

自 2001 年 1 月 1 日起，车辆购置附加费改为车辆购置税。

自 2002 年 1 月 1 日起，新办企业所得税由国税局征收。之前成立的企业，所得税仍由地税局征收。

自 2006 年 1 月 1 日起，农业税取消。

自 2007 年 1 月 1 日起，车船使用税和车船使用牌照税同时废止，开征车船税。当年 7 月，契税划转地税局征收。8 月，根据国家规定，个人储蓄利息所得税率由 20% 调整为 5%。

自 2010 年 1 月 1 日起，自治区人民政府确定娱乐业营业税率：歌厅、卡拉 OK（夜总会、练歌房）、舞厅、音乐茶座（酒吧、棋牌室）、网吧、游戏机等适用 20% 的税率；台球、保龄球、游艺场（射击、狩猎、跑马、蹦极及蹦极类项目、卡丁车、热气球、动力伞、射箭、飞镖等）、高尔夫球等适用 5% 的税率。

2011 年 10 月 1 日至 2014 年 9 月 30 日，家政服务企业由员工制家政服务员提供的家政服务取得的收入免征营业税。

2016 年 5 月 1 日，营业税改为增值税，深化国地税合作，营业税自此退出历史舞台。

## 三　税收收入

1994 年末，市地税局完成税收 3510. 2 万元。

2001 年，市地税局组织税收收入 1. 23 亿元，超收 1701 万元，首次突破亿元大关。

2016 年，市地税局累计组织各项收入 11. 74 亿元。

## 四　征收管理

1994 年，市地税局对国营、集体企业投资方的调节税进行专项检查。共检查 81 户企业，应交税款 96 万元，实际入库 70 万元；重新核定部分餐饮、娱乐业的营业额；加强对工薪阶层个人所得税的征管，征收个人所得税 2. 1 万元。

1995 年，与养路费征稽站配合，加强个体运输业各项税收的征管。全年，委托养路费征稽站代征代扣个体运输营业税、所得税款 350 万元。对阿克苏市区 120 户投资单位进行投资方向调节税的专项检查，查补入库税款 93. 4 万元，清理欠税 97. 02 万元。

表 19 －7　1994 ~2016 年阿克苏市地方税务局税收收入表

单位：万元

| 年份 | 收入 | 年份 | 收入 | 年份 | 收入 |
| --- | --- | --- | --- | --- | --- |
| 1994 | 3510. 2 | 2002 | 15370 | 2010 | 78123 |
| 1995 | 4000 | 2003 | 18556 | 2011 | 96766 |
| 1996 | 4708. 77 | 2004 | 19188 | 2012 | 113965 |
| 1997 | 5872. 18 | 2005 | 25542. 8 | 2013 | 142479 |
| 1998 | 7898 | 2006 | 23010 | 2014 | 134659 |
| 1999 | 8276 | 2007 | 33756 | 2015 | 144146 |
| 2000 | 9871. 5 | 2008 | 42805 | 2016 | 117411 |
| 2001 | 12251 | 2009 | 52605. 1 | | |

1999 年 8 月，开展 3 年一次税务登记换证工作，新开业户和换证户共办理 5906 户。

2000 ~2003 年，市地税局开展企业所得税汇算清缴工作，共汇算企业 130 户。查补企业所得税 521. 4 万元。全面开展票证清理检查和临时经营代开发票管理工作。共清理核查各类票证 3. 86 万份，累计入库 855 万元。

2005 年 6 月开始，在 5 种行业正式启用有奖发票，奖项分 1 万元、3000 元、1000 元、500 元、100 元、50 元、5 元 7 挡。当年，市地税局征管的纳税户中有 1258 户领取有奖发票，总计领取发票 2 万本，票面金额 2000 万元。

2007 年，完成年所得 12 万元以上个人所得税申报工作，共计征收税款 455 万元。开展对房地产行业、建筑安装企业、教育系统及涉外企业的专项检查，共检查 131 户，查补税款 3201. 56 万元。开展“两税”信息比对工作，共完成应比对信息户 2671 户，查出有问题户 237 户，查补税款 95. 06 万元。强化对委托代征的管理，与 26 个单位签订委托代征协议，委托代征单位税收累计入库 2590. 08 万元。

2009 年，加大对个体税收的征管力度，不断规范集贸市场税收征管。对 766 户商户取消委托代征，所有商户办理税务登记证自行申报纳税。

2010 年，市地税局加强对通信、金融和房地产开发重点行业的调查。调查企业入库营业税 1. 02 亿元。

2012 年 12 月，有奖发票停用。

2013 年，做好“营改增”纳税人确认和基础信息、征管资料移交工作，共向国税局移交“营改增”纳税人 360 户。其中有形动产租赁服务 50 户，鉴证咨询服务 94 户，广播影视服务 4 户，交通运输业 44 户，研发技术服务 21 户，信息技术服务 12 户，文化创意服务 43 户，物流辅助服务 92 户。

2016 年，市地税局建立风险应对欠税台账，对纳税人进行涉税预警及评估疑点告知，及时查找涉税疑点，有针对性地开展风险核查，完成风险应对户 136 户，共查补各类税款 2992. 7 万元。

## 五　纳税服务

1994 ~1996 年，实行税务申报、税务代理、税额稽查“三位一体”的模式。由专管员管户制度转为征、管、查“两分离”或“三分离”的征管模式。分三步完成税务申报、税务代理、税额稽查“三位一体”的征管模式。第一步，全面实行纳税申报制度；第二步，对纳税人实行分类管理；第三步，建立系统的税务代理机制，规范代理行为，服务于纳税人，服务于征管改革，构建起一座连接征纳双方的桥梁。

1997 年，按照国家税务总局提出的以申报纳税和优化服务为基础，以计算机网络为依托，集中征收、重点稽查的征管模式进行新一轮征管改革，在市区建立 300 平方米的征收服务大厅，实行税务、银行办公计算机的联网，纳税人到征收大厅可一次办完所有申报纳税事宜。

2000 年，市地税局在优化纳税服务、引导纳税人依法、自觉、主动纳税，切实保护纳税人合法权益方面进行大量卓有成效的尝试，按照科学管理标准规范纳税服务工作，建立纳税服务工作体系。

2003 年，按照为纳税人提供简便、快捷、优质、高效服务和集中征收的要求，进一步规范和完善办税大厅和服务窗口的“岗责体系”建设，全面推行“一站式”服务、限时服务、承诺服务和首问责任制，全力推行文明办税，办税效率和工作质量大幅度提高，顺利实现固定个体工商户的自觉申报纳税和城区临时经营代开发票业务的集中办理。同时，采取对纳税人做纳税鉴定的办法，在纳税人办理税务登记注册时，对其应纳各税、计税依据以及申报期限予以明确，方便纳税人。

2008 年 4 月，建立阿克苏市地税系统网站，运用现代信息技术改进管理方式和手段，优化工作流程。

自 2009 年 2 月起，市地税局实行纳税咨询热点问题收集公布制度。9 月 1 日起，推广使用全国统一办税服务厅门牌标识。

2011 年，开辟自助办税区，推行财税库银横向联网系统、银行批量划扣、网上申报等多元化申报方式。在全系统开展创建优秀办税服务厅活动，严格落实首问责任制、限时办结制、延时服务和导税服务等各项服务制度，实行阳光办税。为办税服务厅申报征收窗口电脑加装显示器，实现一机双屏同显，使纳税人能够实时、同步看到窗口人员工作流程，随时了解工作进度，体现办税服务的公开、透明。

2014～2015 年，纳税服务建成集一窗受理、内部流转、限时办结、窗口出件服务于一体的办税服务平台，在全市企业纳税户中继续推广税企互动平台使用。

2016 年 8 月，市地税局进驻阿克苏市为民服务中心，与国税局办税服务窗口相邻，优化纳税服务，进一步提升纳税服务水平。

## 六　税务稽查

1998 年，市地税局成立稽查局。当年开展专项稽查和对举报案件、重点案件的稽查，全面清理漏征漏管户，清理欠税。从 2 月开始对全市辖区国有企业 88 户、集体企业 70 户、私营企业 12 户、个体工商户 4300 户进行检查，受理举报案件 26 起，查处 23 起，查补税款 1430 万元。

2001～2005 年，市地税局加强日常检查和专项检查，共查补入库税款 4421 万元，其中滞纳金 102 万元，罚款 225 万元。

2006 年，地区地税局深化税务稽查体制改革，实施一级稽查体制。阿克苏市地税局的稽查局予以撤销，由地区地税局稽查局实施一级稽查。

## 七 信息化建设

1995 年，阿克苏地区地税系统为自治区地税系统的征管改革和信息化建设试点，市地税局完成计算机局域网建设和广域网连接，是全疆地税系统网络应用最早的单位之一。

1996 ~ 2000 年，使用自治区地税局和新疆大学合作开发的税务征收管理软件。

2000 ~ 2009 年，使用自治区地税局新疆地税管理信息系统 XDSMIS。

2009 ~ 2016 年，使用国家税务总局推荐综合征管软件（广东版）。

2010 年，辅助使用新疆地税网上申报系统，纳税人通过互联网申报，自行打印缴款书完成缴税申报工作。

2013 年，引入金税三期税收风险管理平台，为开展税收专业化管理奠定基础。

2014 年，引入国家税务总局金税三期外部信息交换系统，为获取第三方数据提供渠道。同年推广应用新疆地税网络发票系统，提升发票真伪查询效率，实时监控纳税人用票。

2015 年，网上办税服务厅实现分税种明细申报，为后续管理提供更加翔实的数据基础。

自 2016 年 1 月 1 日起，使用国家税务总局开发的金税三期综合征管软件。

# 第二十编　经济管理

20世纪90年代以后，阿克苏市坚持以经济建设为中心，不断解放和发展生产力，坚定不移地推进改革开放，实施优势资源转换战略，推进经济结构战略性调整，有力推动经济快速发展和人民生活水平的改善。随着改革开放不断向纵深发展，经济管理模式从计划管理向市场调节转变，经济管理职能从管理型向服务型转变。自1991年起，市委、市政府先后编制第八至第十三个五年规划。2000年以来，阿克苏市牢牢把握稳中求进、改革创新总基调，以富民强市为目标，发挥资源、区位、交通优势，切实推进经济结构和经济增长方式的转变，种植业结构得到优化，农业产业化经营迈出重要步伐，工业化建设、商贸物流业取得重要进展。逐步完善农村集体土地使用制度，建立基本农田保护区，推进城镇国有土地使用制度改革，建立从无偿到有偿，从行政配置到市场配置的城镇国有土地使用制度。加强产品质量监督管理，加强对假冒伪劣产品和不合格产品计量器具的查处，推广国家标准和国际先进标准。坚持不懈抓食品药品的安全监管和安全生产宣传、教育、检查督办工作，促进全市安全生产形势不断好转。完善企业登记管理，加强市场建设、市场监管、经济合同和商标广告管理，支持发展个体私营经济，保护消费者权益，维护市场经济秩序。在全市各族干部群众的积极努力下，阿克苏市的综合经济实力显著增强。

# 第一章　规划与调控

## 第一节　机　构

1990 年，阿克苏市计划委员会核定编制 15 名，实有 15 人。

1991 年 4 月，成立市信息中心，隶属市计划委员会，核定编制 4 名，副科级事业单位，中心主任由计划委员会领导兼任。

2002 年 6 月，阿克苏市计划委员会更名为市发展计划委员会，核定行政编制 30 名，事业编制 3 名。市物价检查局归并到发展计划委员会，保留市物价检查局的牌子。

2003 年 3 月，市粮食局归入市发展计划委员会。

2007 年 3 月，市发展计划委员会更名为市发展和改革委员会（以下简称市发改委），市经济贸易委员会承担的有关经济体制改革方面的职能划入市发改委，由市发展计划委员会承担的粮食宏观调控与储备职能划归市粮食局。内设办公室、国民经济综合股、经济体制改革股、固定资产投资股（市重点建设项目办公室）、农村经济发展股（市优质棉基地建设领导小组办公室）、公交能源交通股、商贸流通股、价格管理股。核定行政编制 23 名，其中领导职数 3 名。

2011 年 10 月，成立阿克苏市对口援市工作领导小组办公室，归口阿克苏市发展和改革委员会管理，主要负责对口援市办公室日常工作。核定事业编制 5 名。市对口援市工作领导小组办公室主任由市发展和改革委员会主要领导兼任，配备 1 名专职副主任。

2016 年，市发展和改革委员会挂阿克苏市粮食局、阿克苏市价格监督检查局（价格成本调查监审局）牌子，为市政府工作部门，下设 10 个内设机构，5 个事业单位。有行政编制 28 名、行政工勤编制 2 名、事业编制 26 名，其中领导职数 4 名，实有 45 人。

## 第二节　规划编制

阿克苏市发改委对全市国民经济发展实行计划调控管理，主要编制的计划有 3 类：年度计划、中长期规划和专项计划（规划）。

### 一　年度计划

由市发改委每年度组织编制全市国民经济和社会发展计划。于每年 10 月提出下一年度国民经济和社会发展建议计划，对本年度全市国民经济和社会发展计划执行情况进行总结，对全年度各项经济指标进行预测分析，提出下一年度各项指标的建议计划。年度末正式编制完成年度计划，撰写《阿克苏市国民经济和社会发展计划执行情况和下年度计划安排的报告》，提交市人民代表大会审议通过。计划编制通常综合考虑全市经济和社会发展面临的内外部环境、国家政策导向、经济发展需求、五年规划总体目标以及现实可能性，本着积极、可预见性、可行性并留有余地的原则，编制切实可行的目标计划，主要内容包括全市生产总值、一二三产业结构比、财政收入、规模以上工业增加值、全社会固定资产投资、农作物总播面积、牲畜年末存栏、社会消费品零售总额、农牧民人均纯收入和人口自然增长率等。

### 二　中长期规划

阿克苏市发改委每隔5年牵头编制一次中长期规划，1991～2016年，共编制6个国民经济和社会发展五年计划，即“八五”（1991～1995）、“九五”（1996～2000）、“十五”（2001～2005）、“十一五”（2006～2010）、“十二五”（2011～2015）和“十三五”（2016～2020）规划。

### 三　专项规划

五年规划包括规划纲要及重点专项规划，重点专项规划由各行业部门在明确本行业初步思路的基础上，认真开展调研、编制、衔接、论证工作，完成重点专项规划送审稿，报送市发改委，涉及课题的部门报送相关课题的研究报告。1990年后，有石油产品分配计划、主要物资分配计划、农转非计划等。

2000年后，由各专业部门负责编制，内容涉及工业、农林牧渔、商业、旅游、城市建设、科教卫生、广播电视等各个行业。

2010年后，全市编制23个重点行业专项规划，内容涉及种植业、畜牧业、林业、工业、城市建设、人口、金融业、土地利用、文教卫生等，涉及新农村建设、农业产业化、畜牧现代化、新型工业化、服务业、可持续发展等。

2016年，根据“十三五”规划编制工作的要求，编制35个重点专项规划。

## 第三节　规划实施

### 一　第八个五年计划（1991～1995年）

“八五”期间，阿克苏市借助粮棉生产丰收以及能源、交通、通信条件改善，拉动全市棉花加工、粮油加工等以农副产品精、深加工为主的轻工业生产增长，呈现产值效益同步增长局面。1995年，全市国内生产总值36708万元（按1990年不变价计算），比1990年的21783万元增长68.5%，年均递增11.0%。人均国内生产总值由1990年的1343元增加到1995年的1911元，增长42.3%，年均递增7.4%。工农业总产值由1990年的30384万元增加到1995年的69531万元，比1990年增长128.8%，完成“八五”计划的157.2%，年均递增18.0%。工农业总产值翻一番。国民经济比例关系在发展中得到调整，一、二、三产业结构比例由 1990 年的 73∶10∶17 发展到 65∶13∶22。工农业总产值比例由 1990 年的 31. 1∶68. 9 发展到 46. 4∶53. 6。

## 二　第九个五年计划（1996 ~ 2000）

“九五”计划中，阿克苏市利用铁路西延和国家政策向西倾斜的机遇，调整产业、产品结构，加快发展能源、通信、建材等基础产业和轻纺、食品工业，以大农业为基础，建立粮、棉基地，突破畜牧业，发展园艺业，依托本地资源，加快水土开发，发展以乡镇企业为主的二、三产业，尽快形成以棉花产品为主的轻纺体系和以粮、棉及副产品为主的粮、油加工体系。逐步实现从传统计划经济体制向社会主义市场经济体制和经济增长方式从粗放型向集约型的两个转变。“九五”期间，阿克苏市实现从传统与计划经济体制向社会主义市场经济体制转变，经济增长方式从粗放型向集约型转变。2000 年，全市国内生产总值（1990 年不变价）达到 5. 194 亿元，比 1995 年增长 41. 5%，年均递增 7. 2%。国民经济结构进一步趋向合理，第一产业增加值达到 23320 万元，下降 2. 4%；第二产业增加值达到 1. 27 亿元，增长 169. 6%；第三产业增加值达到 1. 59 亿元，增长 96. 5%。以农业经济占主导的经济格局逐步被打破，一、二、三产业比例由 1995 年的 65∶13∶22 发展到 44. 9∶24. 5∶30. 6。农牧民人均纯收入 2000 年达到 1892. 4 元，年均递增 6%。

2000 年，全市农业总产值达到 5. 43 亿元（1990 年不变价），比 1995 年增长 39. 1%，年均递增 6. 8%，完成“九五”计划的 100%；粮食作物增长 26. 0%，棉花增长 13. 3%，蔬菜增长 52. 7%。各类牲畜年末存栏达 45 万头（只），比 1995 年增长 12. 5%，肉类总产 1. 48 万吨，增长 168. 1%。水产品增长 147. 2%，年均递增 19. 8%。果园比 1995 年增长 117. 1%，平均递增 16. 8%；五年累计完成低产果园改造 0. 37 万公顷。修建引水渠首工程 3 座，总灌溉面积达到 7. 47 万公顷；建成各级引水灌溉渠道 1234. 94 千米；修建各类防洪堤坝 25. 54 千米，治理水土流失 0. 13 万公顷；完成灌区条田配套面积 3. 65 万公顷，平整土地 1. 27 余公顷。农业机械化水平提升 43. 9%。到 2000 年，全市乡镇企业总产值达到 27523 元，增长 42. 8%。

城市经济快速发展，主导产业初具规模，国企改革成绩显著。全市实现乡及乡以上工业增加值 10038 万元（现价），比 1995 年增长 67. 6%，年均递增 10. 9%。全市财政收入达到 1. 606 亿元，增长 99. 3%，年均递增 14. 8%。2000 年全市社会消费品零售总额达到 42550 万元，比 1995 年增长 64. 5%，年均递增 10. 5%。五年间共完成 75 千米县、乡道路的改建、新建工作。

全市各行业中引进、示范、运用、推广的科学技术项目达 180 余项。阿克苏被评为自治区级科技兴新先进县（市）、全国科技工作先进县（市）全国“两基”教育工作先进县（市）称号。荣获自治区“两基”验收第一名。“九五”期间，共举办两届农牧民文艺汇演、两届农牧民运动会和其他各种丰富多彩的文化体育活动，丰富各族群众的精神、文化生活。提前 2 年实现国家提出的至 2000 年实现全国“村村通”的目标，“村村通”广播覆盖率达 100%。社会保障事业全面推进，2000 年，企业及自收自支事业单位养老保险投保率 98%，企业及自收自支的事业单位退休费社会投保率 100%，失业保险投保率 99%。共发放城镇居民最低生活保障金 116 万余元。

“九五”期间，累计用于工业污染治理的资金达 3503. 8 万元，有效地防止新污染源的产生。城市市政基础设施总投资 4. 5 亿元，城市日供水能力五年新增 5 万吨，达到 10 万吨，城市排水管道五年新增42千米，污水日处理能力达到10万吨；新增及改、扩建城市道路13万平方米。在自治区城市建设“天山杯”竞赛中，连续三年成绩优异。城市绿化覆盖率31.7%，比“八五”末提高5.4个百分点。获全疆首批自治区园林城市称号，并被国家评为全国园林绿化先进城市。

## 三 第十个五年计划（2001~2005）

“十五”计划中，阿克苏市以富民强市为目标，切实推进经济体制和经济增长方式的转变，实施以优势资源转换为基础的市场开拓战略，以提高经济增长质量和效益为中心，以体制创新、扩大开放和科教兴市为动力，积极调整经济结构，走壮大支柱产业、发展特色经济的路子，突出重点，扶优扶强，着力培育新的经济增长点，实现人口、资源、环境与经济社会的可持续发展。“十五”期间，阿克苏市生产总值34.43亿元，年均增长13%，人均生产总值达到1万元；一、二、三次产业结构比重由“九五”末的27.18:21.01:51.81调整为22.44:17.04:60.52，地方财政收入3.24亿元，年均增长15.1%；累计完成全社会固定资产投资75.7亿元，比“九五”期间增长近2.5倍；社会消费品零售总额达到17.37亿元，年均增长32.45%。种植业结构得到优化，农业综合生产能力稳步提高，粮食总产11.96万吨；牲畜良种率由70%提高到近88%，肉类产量由1.48万吨提高到2.34万吨；林果面积由“九五”末的0.41万公顷提高到1.73万公顷，果品产量由2.1万吨提高到6.59万吨；农业产业化经营迈出重要步伐，拥有专业协会超过20个，各类产业化协会带动万户农户生产。

工业化建设取得重要进展，第二产业增加值达到5.87亿元，其中工业增加值4.24亿元，年均增长8.41%；第三产业增加值20.83亿元，年均增长16.54%；棉纺业生产规模达到20万锭，轻纺工业园区初具雏形。改革开放取得重要突破，国有企业改制全面完成，招商引资取得较大进展，五年引资达22.1亿元。

城市服务功能日趋完善，建成区面积达到28.1平方千米，城市道路总长139千米；城市日供水能力达10万立方米，污水日处理能力6万立方米，城市污水处理率达90%；城市绿地总面积1025公顷，绿化覆盖率38.4%，绿地率36.4%；人均公共绿地面积8.4平方米；城区液化气普及率达到80%，集中供热率达到35%。城市旧城区改造和住房建设稳步推进，到2005年，累计拆迁面积80.77万平方米，房地产开发累计33.2万平方米；城镇建设步伐加快，村镇基础设施投入超过6000万元，村镇示范点完成投资超过3000万元。

城乡居民生活水平明显提高，居民生活质量得到改善，在职职工年均货币工资由“九五”末的8543元提高到1.4万元，农民人均纯收入由“九五”末的1892元提高到3789元。城市综合竞争力稳步提高，“十五”期间，先后获全国双拥模范城、全国园林绿化先进城市、国家卫生城市、最佳人居环境范例、中国优秀旅游城市等荣誉称号。

## 四 第十一个五年规划（2006~2010）

“十五”期间，国家深入实施西部大开发战略，阿克苏市受益于中央不断加大对新疆建设资金投入和财政转移支付的力度，以及在税收、土地、资源、地区协作、人才和劳动力等方面实行的一系列优惠政策；农田水利、电力等基础设施日趋完备。加快新型工业化、农业现代化、城市化、

“阿（克苏市）—温（宿县）联盟”一体化建设，推动经济可持续发展。到2010年，全市生产总值达到89亿元，占地区生产总值的38.7%，年均增长21%；全社会固定资产投资累计达到120亿元以上；财政收入达到8亿元以上。其中第一产业增加值达到9.7亿元，年均增长4.6%；第二产业增加值达到36亿元，年均增长43.8%；第三产业增加值达到43.3亿元，年均增长15.8%，一、二、三产业增加值比例为10.9∶40.4∶48.7。城镇居民人均可支配收入年均增长12%以上，达到1万元左右；农民人均纯收入年均增长520元以上，达到6500元以上。

城市建设“八大基地”初具规模，建成区规模扩大到45平方千米，基本建成“一轴两翼”城市发展框架，城市面貌焕然一新，城市综合竞争力进一步增强，城市的区域龙头带动作用更加显著。可持续发展能力显著增强，环境污染得到控制，生态环境得到改善，万元GDP能源消耗下降20%，噪声生活功能区达标率80%，工业固体废弃物综合治理率达95%，绿化覆盖率40%以上，饮用水质达标率100%。

文化、卫生、体育等事业与时俱进，实现长足发展，城镇登记失业率控制在3.8%以内。总人口70万人左右，人口自然增长率11‰，机械人口增长率25‰。小学入学率99%，初中入学率95%以上，高中入学率达到45%。

## 五 第十二个五年规划（2011 ~2015）

“十二五”期间，阿克苏市围绕社会稳定和长治久安总目标，牢牢把握“稳中求进，改革创新”总基调，发挥资源、区位、交通优势，积极应对维稳形势严峻的挑战，克服经济下行压力，经济社会呈现良好发展势头，开创社会稳定和长治久安的新局面。全市综合经济实力显著增强。地方生产总值由2010年的79.6亿元增长到2015年的172.8亿元，年均增长14.8%；一、二、三产业结构由15.6∶25.9∶58.5调整为12.1∶27.4∶60.5；公共财政预算收入16.8亿元，年均增长15.6%；固定资产投资完成169.3亿元，年均增长30.3%；社会消费品零售总额63.8亿元，年均增长13.0%。多项指标位居地区前列，经济实力跃上新台阶。

人民生活明显改善。累计新增城镇就业4.2万人次，转移农村富余劳动力6.7万人次，城镇登记失业率控制在3.8%以内。“五险”参保人数54.5万人，城乡居民养老保险参保率97%，城乡低保补助标准和医疗救助限额得到提高。累计建设安居富民房2.9万套，15个示范点建设全面完成。城镇居民人均可支配收入25125元，农牧民人均纯收入14668元，分别是“十一五”末的1.71倍和2.03倍。

产业发展步伐加快。努力克服经济下行压力增大等不利因素影响，新型工业化进程快速推进。初步形成纺织业、电力工业、农产品加工业、新型建材业四大工业体系。建成粮食、棉花、林果、畜牧、设施农业五大基地，农业产业化进程加快。商贸物流业规模快速扩大，金融、信息、中介、电子商务等现代服务业快速发展，先后被命名为自治区电子商务示范基地，国家级、自治区级电子商务进农村综合示范县（市）。2015年实现工业增加值28.7亿元，年均增长15.89%。第一、第二、第三产业增加值年均增长率分别为11.0%、18.08%、17.56%。

城镇化推进取得新发展。“水韵宜居·森林之城”建设步伐加快，更新老旧路面、疏通交通梗阻、拓展新城道路、打通断头路网，多浪河二期河道景观、街头绿地广场等工程相继建成。城区供水普及率、生活垃圾无害化和污水处理率均达到100%，城市集中供热普及率达90.5%，集中供气普及率提高到89%，城市绿化率40.8%。城市综合承载能力进一步提升，城镇化率达60.5%。

生态建设取得新成效。生态环境保护和建设全面加强，多浪河湿地恢复性保护工程和阿克苏河生态建设一期工程全面启动，在水源涵养区、地下水源、饮用水源等生态敏感区域实施最严格的环境保护政策。环境污染综合整治力度加大，四项主要污染物排放总量持续减少。经济园林和生态环境建设有机结合，生态效益和经济效益显著提升。

社会事业实现新突破。连续五年开展民生建设年活动，财政支出的70%以上投向基层、困难群众和重点社会事业，累计投入资金122亿元实施244个民生项目。基础教育得到加强，学前双语入园率达到90.4%，“双百”目标全面落实，高考升学率95%；农牧民新农合参合率99%以上；文化基础设施建设得到加强，建成多个文化广场、农村文化大院和社区文化中心（室）；开通阿克苏市人民广播电台，农村电视“户户通”工程实现全覆盖。城乡社会保障体系不断完善，符合条件的城乡贫困居民医疗保险和新农合实现应保尽保。全面落实城乡低保、医疗救助、社会救助等民生政策。人口自然增长率为11.67‰。

### 六　第十三个五年规划（2016～2020）

“十三五”规划中，到2020年阿克苏市国内生产总值270亿元，比2015年增加97.2亿元，年均递增8%。地方财政一般公共预算收入21.5亿元，比2015年增加4.7亿元，年均递增6.5%。全社会固定资产投资300亿元，比2015年增加130.7亿元，年均递增11%。社会消费品零售总额110亿元，比2015年增加46.2亿元，年均递增10%。九年义务教育普及率达到100%，人口自然增长率控制在14.9‰以内。2015年数据从172.8亿元调整到147.33亿元。2016年，全市生产总值160.19亿元，全市地方公共财政预算收入为17.29亿元，年均增长8.3%，快于6.5%的规划增速。全社会固定资产投资（不含纺织园区）完成129.61亿元。社会消费品零售总额67.93亿元，增速高于10%的规划增速。

## 第四节　项目管理

### 一　项目审批

20世纪90年代初期，阿克苏市项目审批是宏观调控重要内容。

（一）企业开办审批

由开办者或承包者出具报告和相关材料，根据产业政策和相关规定，会同工商等相关职能部门进行审查调查，认定具备开办条件后行文批复。

（二）项目开发审批

由开发单位出具报告及项目认证等相关材料，根据有关政策审核认定后报上级部门审批。

（三）基建项目审批

对基建规模、资金来源、用地面积和是否符合相关政策法律等进行审查，认定后行文批复。

（四）“农转非”指标审批

每年由地区计划委员会根据市总人口下达控制数，市计划委员会本着保证重点原则，控制审批，重点保证科级干部家属、转业军人及对全市工农业生产有特殊贡献人员所需。

（五）重要生产资料等物资计划审批

重要生产资料如钢材、木材、水泥、生铁、成品油、水泥制品等由上级计划部门按年度计划控制数量，市计划委员会依此确定指令性计划，分解下达，审批下达原则是“保证重点，兼顾一般”，农业生产用材优先，重点技改项目用材优先，抢险救灾特需用材优先，成品油供应在保证农业生产的同时，优先保证交通运输和一些特种行业用油。

（六）固定投资计划审批

依据国家投资方向，按照权限范围进行审批。

20 世纪 90 年代中后期，项目审批逐渐弱化，企业开办审批手续简化，除特殊行业（化学危险品、易燃易爆、废金属回收）外，市计委不再审批，由工商部门审批，对“农转非”指标、重要生产资料物资计划等均不再审批。

2005 年后，阿克苏市保留审核、备案或转报的有固定资产投资项目、使用国家财政建设资金（包括国债、贴息和资助等）工业类政府投资项目、工业技术改造项目、国外贷款项目、外商投资项目和境外撮资项目及企事业改革方案等。

2016 年，为进一步优化阿克苏市行政审批工作环境，着力推进“放管服”改革工作，努力实现“最多跑一次”，以企业投资一般性建设项目为重点，推行联审联办机制，大力压缩办理时限，实施行政审批制度改革，市发改委坚持依法行政、简政放权、放管并重，优化审批流程，压缩审批时限，提高审批效率，运用投资项目在线审批平台，实现审批事项最少、审批时限最短的目标。根据国务院、自治区对行政审批制度改革的部署，市发改委行政审批进驻大厅投资项目行政审批事项 3 项：权限内政府投资项目审批、权限内企业投资项目备案、政府投资项目竣工验收。实现“最多跑一次”事项 2 项：权限内政府投资项目审批、权限内企业投资项目备案。

## 二　基本建设项目

1990 年，阿克苏市共完成基本建设项目 31 个，总投资 1565. 93 万元，总建筑面积为 47995. 5 平方米。

1992 年，完成投资市面粉厂油车间改造，市建材厂 36 门新窑建设，市水泥厂 4 万吨水泥生产线建设等工业项目；一批重点项目中红桥电站一台机组于 1992 年底建成发电，同时还有磷肥厂石膏制酸项目、市面粉厂等级粉车间、市水泥厂 8 万吨水泥生产线、市宾馆新楼建设等。

1996 年，市新上技改项目和跨年度项目 10 个，其中地区级项目 4 个，项目总投资 12294 万元。

1997 年，项目建设方面主要是库木巴什乡通电工程经自治区计委批准立项并下达投资规模和补助资金，项目于年底竣工通电，工程总投资 270 万元，其中自治区无电乡项目建设补助 95 万元。建成 1 ×1000 千瓦变电所一座，架设 35 千伏线路 27. 5 千米，同时完成市水泥厂 10 万吨扩建项目的立项、可研工作，重点工程——托峰纺织有限公司三期工程牛仔布生产线的建设。1997 年基本建设项目共追回固定资产调节税 100 多万元，罚款 1 万元。

1998 年，项目建设主要有阿克库木须水库建设项目，水泥厂 10 万吨高标号水泥扩建项目，农村电网改造项目（包括乔格塔电站—喀拉塔勒镇 35 千伏农网改造，阿克库木须水库变电所及 35 千伏输电线路工程，库克瓦什水电站至拜什吐格曼乡变电所35 千伏输电线路工程，市水电公司调度室改造，红桥水电站至乔塔格塔水电站联网线路改建工程及乔电至托海育肥基地线路改造，托普鲁克乡 35 千伏农网改造，依干其乡依尔玛 10 千伏农网改造工程）；市供水扩建工程和污水处理工程已立项，城市垃圾无害化处理场、集中供热项目已建设；2200 吨气调储藏保鲜库项目已建设。

1999 年，投资 1500 万元完成市托峰纺织有限公司四期技改，投资 7800 万元完成市多浪水泥有限公司 10 万吨高标号水泥生产线扩建工程，投资 1300 万元完成 10 万吨混凝土集中搅拌站工程。

2000 年，完成基本建设项目 30 个，总投资 1 亿元，总建筑面积 12. 4 万平方米。其中经济适用房面积 7 万平方米，投资 6500 万元，职工住房建设建筑面积 5. 4 万平方米，投资 3600 万元。2000 吨气调保鲜库、多浪牛羊屠宰中心及年产 5000 锭棉纱民营纺织厂项目建成投产，多浪水泥有限公司 10 万吨高标号水泥生产线、市托峰棉纺织有限公司四期技改和市宝发建材化工有限公司“阿姆斯”生产线完成收尾工程建设。

2001 年，完成固定资产投资 5. 5 亿元，比上年增长 120. 9%，其中基本建设项目投资 27584 万元，更新改造投资 1890 万元，房地产开发投资 13018 万元，其他投资 12508 万元。

2002 ~2003 年，全市共上报、审批基本建设项目 49 个，总投资 13. 52 亿元，总建筑面积 81. 22 万平方米，其中经济适用房 12 万平方米，投资 8400 万元；文教卫生基建项目 9940 平方米，投资 700 万元。

2005 年，共争取国债项目 26 个，到位资金 6142 万元。其中基础设施项目 2 个，到位资金 1900 万元；文化教育项目 10 个，到位资金 1241 万元；农、林、水利、防病改水项目 11 个，到位资金 2820 万元，公安、司法项目 3 个，到位资金 180 万元。

2006 年，集中投入 1. 9 亿元资金启动两大园区一期道路、供排水管网、绿化灌溉系统和道路绿化建设，投入资金 2. 1 亿元进行多浪河景观带改造工程，共完成拆迁 1790 户、征地 13. 34 万平方米、建成多浪渠 7. 5 千米，城市西区的发展空间大为拓展。城市天然气入户工程进展顺利。

2007 年，全市完成固定资产投资 240614. 41 万元，完成年计划的 102. 8%，国债项目工作中新建项目 8 项，续建项目 10 项，预备项目 8 项，总投资 81843 万元。其中新建项目总投资 44633 万元，续建项目总投资 37210 万元。全年实际完成投资 13513 万元。至 2007 年底，争取到中央及自治区预算内资金 8563. 88 万元。

2008 年，阿克苏市重点围绕煤化工、加工制造、农副产品加工储运、现代物流、旅游等产业，储备一批能够切实带动全市产业升级的财源项目、增收项目，年内新增入库项目 60 个，累计项目库储备项目 128 个。国家扩大内需投资政策出台后，深入挖掘收集民生工程建设类、基础设施建设类、生态环境类、自主创新和结构调整类项目 204 个，申请国补资金 162 亿元。多方筹集经费 200 余万元，完成部分电力、农田水利、商贸流通、农副产品加工等项目的可研编制。地区下达固定资产投资计划 29. 1 亿元，完成固定资产投资 29. 34 万元。

2009 年，全社会固定资产投资完成 350586 万元，比上年增长 19. 3%，分城乡看，城镇以上固定资产投资完成 253899 万元，比上年增长 27. 58%；农村固定资产投资完成 40252 万元，增长 78. 71%。按产业分，第一产业完成投资 22077 万元，比上年下降 1. 98%；第二产业完成投资 118157 万元，增长 41. 77%；第三产业完成投资 210352 万元，增长 12. 21%。全年房地产开发投资完成 56435 万元，比上年下降 21.47%。商品房房屋施工面积 977676 平方米。商品房房屋竣工面积 101644 平方米，比上年下降 48.38%。全年商品房销售面积 342890 平方米，比上年增长 82.25%，其中商品住宅销售面积 307881 平方米，比上年增长 8.95%。商品房销售额 70141 万元。

2010 年，以国家扩大内需为契机，结合阿克苏市发展状况，编制支撑“十二五”规划的项目库、跨越式发展项目库、“十二五”争取资金项目库及 2011 年确保和积极争取上级资金项目库等。加大项目前期工作力度，完成新增入库项目可研或初设 66 个，其中工业项目可研 37 个。

2011 ~2014 年，全社会固定资产投资完成 750.74 亿元，分城乡看，城镇固定资产投资完成 462.18 亿元，农村固定资产投资完成 79.82 亿元。按产业分，第一产业完成投资 14.65 亿元，第二产业完成投资 348.45 亿元，第三产业完成投资 385.45 亿元。房地产开发投资完成 95.55 亿元。商品房房屋施工面积 894.09 万平方米，竣工面积 179 万平方米。商品房销售面积 276.23 万平方米。建设廉租房 2600 套、公租房 1688 户，棚户区改造 8925 户。农村安居富民工程投入资金 114326.5 万元，14975 户受益。

2015 年，全社会固定资产投资完成 169.3 亿元，比上年增长 17.8%。全年争取到位上级资金 4.61 亿元，争取专项债券资金 2.62 亿元；全市 36 个重点项目完成投资 90.56 亿元，完成目标任务的 127.97%。65 个重点民生工程累计完成投资 26.1 亿元，完成年度计划的 130.2%。65 个政策项目有序落实。21 个援疆项目完成投资 6.18 亿元，完成年度计划的 100.1%；完成招商引资项目 93 个，到位资金 60.78 亿元，招商引资取得明显成效。

2016 年，全社会固定资产投资完成 190.1 亿元，增长 12.5%。全年争取中央预算内资金 2.09 亿元，争取专项建设基金 9.9 亿元。29 个重点项目完成投资 59.7 亿元，完成计划的 169.7%。26 个援疆项目完成投资 31398 万元，完成计划的 100%。111 个民生项目顺利实施，完成投资 28.9 亿元。

# 第二章　国土资源管理

## 第一节　机　构

### 一　国土资源局

1990 年 5 月，市土地管理局增加 9 名事业干部编制。其中局机关 5 名，乡、镇、场 4 名。同时，各乡（镇）场、街道办事处成立土地管理所，所长由所属机构土地主管领导兼任，各所配备 1 ~2名土地管理员，编制从所属机构行政编制中调整解决。年末，市土地管理局有编制 20 名，其中行政编制 9 名，事业编制 11 名。下辖市土地监察大队。

1993 年 4 月，市土地管理局在市属 7 乡 1 场任命土地管理所所长。

1995 年 10 月，市土地管理局开始对市属各乡、镇、场土地管理所实行垂直管理。阿克苏市土地管理局下辖土地管理所 13 个，共有乡镇土地管理员 25 人。

2002 年 9 月，阿克苏市土地管理局和市地质矿产局合并组建为阿克苏市国土资源局，内设行政办公室、地籍管理办公室、耕地保护与土地利用管理办公室、矿产资源管理办公室。编制 25 名，其中行政编制 14 名，事业编制 7 名，工勤编制 4 名，全额预算。各乡（镇）、街道国土资源所均属市国土资源局的派出机构，市国土资源局对其实行垂直领导。国土资源所的编制均为事业编制，共计 32 名，其中乡（镇）国土资源所 20 名，街道办事处国土资源所 12 名。乡（镇）国土资源所有依干其乡良种场国土资源所、拜什吐格曼乡国土资源所、喀拉塔勒镇国土资源所、托普鲁克乡国土资源所、库木巴什乡国土资源所、阿依库勒镇国土资源所、沙井子国土资源所、托喀依乡国土资源所 8 个；街道办事处国土资源所有英巴扎国土资源所、兰干国土资源所、红桥国土资源所、新城国土资源所。原市土地监察大队改为阿克苏市国土资源执法监察局，事业编制 7 名。规划测绘办、土地收购储备中心和档案馆，事业编制数总计 51 名。

2006 年 1 月，成立阿克苏市国土资源执法大队，由自治区国土资源执法总队垂直管理，参照公务员编制，编制数 6 名。在市国土资源局办公，配合市国土资源局执法工作。

2008 年 8 月，阿克苏市国土资源局挂阿克苏市测绘局牌子，实行一个机构、两块牌子，负责全市土地资源、矿产资源等自然资源规划、管理、保护与合理利用以及测绘工作。2009 年，根据阿克苏市机构编制委员会文件精神，阿克苏市国土资源局核定编制 67 名。

2012 年 5 月，成立柯柯牙国土资源所，为全额事业单位，核定编制 3 名。

2015 年 6 月，成立多浪国土资源所，为全额事业单位，核定编制 4 名；成立库木塔木国土资源所，核定编制 5 名。11 月，根据阿克苏市机构编制委员会文件，6 个乡镇国土资源所核定编制与实有人员一并移交给各乡镇政府，阿克苏市国土资源局移交编制 16 名。

2016 年 6 月，阿克苏市对国土资源局、住建局、水利局、林业局、畜牧局、农业局承担的土地、房屋、林地、草原、水域等不动产登记职责进行整合，统一交由市国土资源局，其他部门不再承担此项职责。是年，成立阿克苏市不动产登记局，在市国土资源局挂牌，与国土资源局合署办公，实行两块牌子、一套班子。成立阿克苏市不动产登记中心，隶属于国土资源局管理，事业单位，职级为副科级，核定事业编制 20 名，其中领导职数 2 名，从阿克苏市国土资源局规划测绘办连人带编划转 8 名，其余 12 名由其他各相关单位进行划转。

## 二　地质矿产局

1990 年，阿克苏市矿产资源管理办公室核定事业编制 10 名，其中领导职数 2 名，隶属阿克苏市经济贸易委员会，设综合业务办公室和财务办公室。

1998 年，更名为阿克苏市地质矿产局，正科级单位，核定事业编制 10 名，其中领导职数 2 名，为自收自支事业单位。2002 年 9 月，市地质矿产局与市土地管理局合并组建阿克苏市国土资源局。

## 第二节　土地资源管理

### 一　土地使用制度

（一）城镇土地使用

1990 年，阿克苏市根据宪法和土地管理法的规定，按照土地所有权与使用权分离的原则，采取国有土地可以依法确定给全民所有制单位或者集体所有制的单位使用、国家土地和集体土地可以依法给个人使用的规定。

1992 年 3 月，国务院颁布《划拨土地使用权管理办法》，规定经划拨方式取得的土地使用权，由政府办理出让手续，交付出让金后，可以转让、出租、抵押土地使用。

1995 年，阿克苏市开始城镇国有土地有偿使用工作。5 月，召开全市各部门单位负责人参加的土地使用权改革工作会议。根据会议精神，市土地局对当年 17 宗建设用地中的 5 宗进行有偿出让，迈出阿克苏市国有土地使用权有偿出让第一步。

2002 年，国务院颁布《国有土地使用权招标拍卖挂牌出让暂行规定》。根据规定，7 月 1 日起，凡属经营性用地一律采用招标拍卖和挂牌的方式取得国有土地的使用权。2003 年起，阿克苏市对经营性用地一律采用招标拍卖挂牌的方式通过土地资产处置。

2008 年，阿克苏市为满足重点工程和工业、基础设施等项目用地，按照新增建设用地预审相关规定，完成徐矿集团阿克苏电厂灰厂用地；完成阿克苏市实施城市规划项目用地两个项目农用地转用，总面积 172. 24 公顷，其中包括机场改扩建项目、地区第二中学分校建设项目。土地出让金的征收严格执行收支两条线管理，实行征收与票款分离，收款全部委托银行代理，全额纳入财政专户管理。

2010 年，为保障重点建设项目用地供应，完成报批 2010 年两个批次用地报件，面积 131. 22 公顷，单独选址 2 件、面积 39. 53 公顷。年内共组织挂牌成交土地 30 宗，总面积 146. 84 公顷，成交总额 26723 万元，全年土地经营性收入为 3. 3 亿元。

2011 年，市国土资源局按照《建设用地审查报批管理方法》，共审查建设用地报件 58 件，其中包括徐矿热电厂项目、徐矿铁路专用线、阿克苏市高级中学建设项目、南疆利民工程等。制定《阿克苏市建设用地使用拍卖挂牌实施细则》，举办国有建设用地使用权挂牌出让现场竞拍模拟演练，年内共组织土地使用权挂牌出让用地 27 宗、面积 72. 62 公顷，全年土地经营性收入 3. 1 亿元。依照土地储备工作开展情况，制订并实施土地储备中心工作计划，共储备 3 块土地，总面积 56. 06 公顷。

2012 年，市国土资源局全面推行净地竞拍制度，重点做好建设项目用地报批材料的审查，共审查呈报自治区人民政府批准报件 112 件，面积 1634. 92 公顷；地区行署审批项目 93 个报件，面积 792. 54 公顷。全面推进经营性土地招拍挂制度。年内共组织土地使用权招拍挂用地 25 宗，面积 143. 28 公顷，全年土地经营性收入为 3. 8 亿元。依照土地储备工作开展情况制订并实施土地储备中心计划，共储备 7 宗土地，储备面积 30. 47 公顷。

2013年，开展建设项目审查报批工作，共审查建设项目用地20个报件，面积782.21公顷，其中报自治区人民政府审批项目14个报件，面积675.53公顷，报地区行署审批项目2个报件，面积26.84公顷。稳步推进土地经营与管理工作，全年共组织土地使用权挂牌出让用地18宗，总面积21公顷，全年土地经营性收入4.1亿元。制定并实施土地储备中心工作计划，共储备15宗土地，总面积36.13公顷。

2015年，根据《中华人民共和国土地管理法》《中华人民共和国矿产资源管理法》及相关法律、法规和规章规定的程序，依法对土地矿产资源开发利用项目实施审批，进一步简化审批程序，规范审批行为，提高审批效率，引导和促进矿产资源综合开发利用。重点做好招商引资、富民安居、多浪河二期等建设项目用地报批材料和预审上报。共审查并组织上报建设用地报件17件，面积573.01公顷。在国土资源经营中，各类经营性用地一律以招、拍、挂方式出让，以报纸、中国土地市场网站两种方式公布土地使用权招拍挂信息，经营性及工业用地100%招拍挂出让。受经济下行和维稳形势的影响，房地产业受到冲击，年内共组织土地使用权挂牌出让用地15宗地，面积68.84公顷，全年土地经营性收入1.3亿元。

2016年，市国土资源管理局按照建设用地审查报批的相关规定，共组织建设用地项目报件7件，面积140.14公顷；各类经营性用地一律以招、拍、挂方式出让，在报纸、中国土地市场网站上公布国有土地使用权招拍挂出让信息，经营性及工业用地100%招拍挂出让，因受经济下行影响，房地产业、工业供地量明显下降，年内共组织土地使用权挂牌出让用地11宗，面积76.92公顷，全年土地经营性收入1.14亿元。

（二）农村土地使用制度

1990年，阿克苏市农村普遍推行家庭联产承包责任制，明确规定农民拥有集体土地的使用权和行使使用权的权利和义务。

1992年，阿克苏市建立国有土地使用权有偿使用制度，开展无非法用地、无非法占地、无非法批地的“三无”乡镇活动。1993年，建立土地执法检查制度，加强土地违法案件查处。1996年，市政府与各乡、镇、农场签订《基本农田保护责任书》，制定《阿克苏市国有荒地开发承包管理办法》。1999年，实行家庭联产承包责任制第二轮土地承包制度，颁发农村土地承包证，确定土地30年承包制度不变。

2003年，执行土地利用年度计划，落实土地用途管制制度，保证全市耕地总量动态平衡。建立土地利用信息库。2004年，推行国有土地招标拍卖挂牌制度。2005年，落实耕地“占一补一”制度。开始执行国家《关于深化改革严格土地管理的决定》，引导广大农牧民农民依法流转土地。

（三）土地规费

**契纸费** 1990年，市土地管理局在非农业用地和城镇国有土地申报登记期间，工本费收费标准为每本5元。1992年始，证照工本费为10元，“三资”企业土地证照工本费标准为20元。

**土地管理费** 1990年，阿克苏市土地管理费行政事业性收费项目主要有土地征迁管理费2%～4%；划拨无收益土地管理费150元/公顷。1992年，自治区物价局为统一收费标准，印发《自治区土地管理系统行政事业性收费目录》，土地管理费的项目和标准为，土地征迁管理费：收取征收费（土地补偿费、青苗和地上附着物补偿费、安置补助费）总额的3%～4%；非农业建设征拨无收益土地收费300～600元/公顷；农民新建住房用地收费450～1500元/公顷（1993年起停收）；农用土地开发管理费7.5元/公顷（1993年起停收）；临时用地管理费0.1～1.0元/平方米；采挖用地管理费0.3～1.5元/平方米。

**土地登记费** 阿克苏市土地登记费的项目和标准主要有土地权属调查费，党政机关团体200～700元/宗地，厂矿企业100～40000元/宗地，事业单位300～10000元/宗地，城镇居民个人建房13～30元/宗地；农村居民5元/宗地（1993年起停收）。注册登记发证费个人5元/宗地，单位10元/宗地。

1992年始收国有土地使用费，其项目和标准有城镇空闲地使用费，阿克苏市属于4等城镇，建成区收6元/平方米，建成区以外为3元/平方米。土地增值费，土地增值标准不易明显计算，故而土地增值费标准沿用空闲地使用费标准收取。

**其他收费** 复垦押金，在耕地上挖沙取土，需先付一定押金，完成取土并复垦成耕地后退还。标准1500～6000元/公顷。土地荒芜费，凡征用耕地后闲置时间超过一年者，征收耕地年产值2倍的土地荒芜费。

## 二 土地调查

市土地管理局成立以来，先后承担并完成国家和自治区下达的土地利用现状详查、城镇的地籍调查、荒地普查、耕地后备资源调查和耕地沙漠化调查、耕地盐碱化调查等调查工作。

1992年6月，根据国务院和自治区人民政府的统一部署，按照国家统一制定的《土地利用现状调查技术规程》及其补充规定，阿克苏市在全市范围内开展土地利用现状详查工作，历时1年，到1993年完成。绘制出阿克苏市及各乡场土地利用现状图、农一师土地利用现状图、荒地调查图，求积图，编制阿克苏市及各乡镇土地面积统计表，签署村与村土地权属界限（村界）认可书，撰写《阿克苏市土地利用现状调查报告》等。阿克苏市土地总面积为1818379.20公顷，其中兵团农一师用地277026.40公顷，占总面积的15.2%。

1997年5月，阿克苏市政府委托新疆第一测绘院对城区25平方千米建成区进行地籍调查。城区地籍调查采用权属调查和地籍勘丈相结合的方法，以地籍平面控制测量为基本手段，按照市、城区、街道、组、巷、宗地、建筑物的关系，进行地类、权属、界址、用途和建筑物类别的调查，作地籍编号，绘制宗地图。并在此基础上，完成阿克苏城区单位和个人用地的产权调查，确权定界；完成城区25平方千米的地籍勘查图和城区基础控制测量；建立城区用地与地籍调查相适应的地籍信息管理系统。1999年，阿克苏城镇地籍调查全部完成。共计勘测地籍31平方千米，涉及宗地6000余宗，绘制宗地图5283幅，使地籍管理工作进一步走向科学化和规范化。

2000年，根据国土资源部和自治区、地区相关工作会议精神，按照《西部大开发土地资源调查评价技术规定》和《自治区土地资源调查评价技术补充规定》，阿克苏市对所属的5乡2镇1场耕地后备资源的数量、质量、分布、类型及权属状况进行调查。经过两个月的工作，工作组收集调阅水利、农业、林业等部门有关数据资料，经过实地查勘，内业统计绘图、数据分析等程序，撰写《阿克苏市土地资源调查评价技术报告》，并通过有关单位评审验收。调查结果显示，阿克苏市宜用土地693998.97公顷，其中宜农地313485.72公顷，占宜用土地的45.2%；宜林土地13205.5公顷，占宜用土地的 1.9%；宜牧土地 342708.47 公顷，占宜用土地的 49.4%；其他土地 24599.27 公顷，占宜用土地的 3.5%。沙漠化严重的耕地 165.46 公顷，占全市耕地面积的 2.7%。

2002 年 10 月，阿克苏市被列为 2002 年度土地利用现状数据库建设单位。

2005 年 10 月，根据自治区和地区国土资源部门的统一部署，在市辖乡镇场的 128 个行政村开展土地变更登记工作。经过调查统计，全市土地总面积为 152.95 万公顷（不含兵团农一师），其中耕地面积 5.65 万公顷，当年净减 0.11 万公顷；园地 1.49 万公顷，当年净增 0.14 万公顷；林地 1.03 万公顷；牧草地 33.91 万公顷；其他农用地 0.24 万公顷；居民点及工矿用地 0.86 万公顷；交通用地 0.07 万公顷；水利设施用地 0.31 万公顷；未利用地 109.89 万公顷，当年净减 310.67 公顷。

2007 年，阿克苏市启动全国第二次土地调查工作，至 2008 年 3 月，根据国家《第二次全国土地调查总体方案》《新疆维吾尔自治区第二次土地调查实施方案》和《阿克苏地区第二次土地调查实施方案》，编制《阿克苏市第二次土地调查实施细则》，于 3 月 12 日由阿克苏市人民政府批准。与新疆国地测绘工程有限责任公司签订第二次土地调查工作合同，从 2008 年 3 月开始全面组织实施，对辖区内基本农田的质量、数量、分布和保护情况及存在的问题进行认真梳理，对土地初始登记的完整性和权属界线的情况进行全面的核查。经过外业调查、内业制图及面积量算、数据统计、资料汇总及报告编制等工作程序，利用阿克苏市 1∶10000 土地利用数据库，按照各村行政界线，制作全市 128 个行政村新增基本农田及退耕还林、农业结构调整和抗震安居工程占用基本农田的 MAPGIS 数据格式土地利用现状图，并量算每一保护块、退耕还林、农业结构调整、错划、补划等相关地块的面积。

2008 年，阿克苏市国土资源局根据《全国第二次土地调查技术规程》和《自治区第二次土地调查技术补充规定》的要求，将全市农村土地调查土地利用现状分为 8 个一级类型，32 个二级类型，划定阿克苏市第二次土地调查城市地籍调查范围为 60 平方千米，制定《阿克苏市第二次土地调查城镇地籍调查工作方案》，拟订工作计划，通过地区第二次土地调查办公室招投标，确定新疆国地测绘有限责任公司为阿克苏市第二次土地调查城镇地籍调查项目承担单位，发布城镇地籍调查公告，准备土地登记申请书、地籍调查表等资料和调查工具。阿克苏市城镇地籍调查分为两部分，老城区 27.7 平方千米采用已经完成的阿克苏市城镇地籍调查的权属资料，对城市周边新增区域 35.5 平方千米进行实地调查。自 2008 年 5 月正式开始，对新增区域 58 个街坊制作工作底图，预编宗地号，阿克苏市国土资源局与新疆国地测绘有限责任公司抽调人员成立 10 个调查组，全面完成阿克苏市城市外围 12365 宗土地的权属调查，收集权属证明材料 8000 余套，填写地籍调查表和土地登记申请书 12365 套，勘丈界址边 5 万余条，设置界址点 5 万余个，绘制宗地草图 12365 幅。阿克苏市新增区域的权属调查于 2009 年 5 月全面完成。2011 年 5 月，自治区专家组对阿克苏市地籍调查成果进行全面检查，综合评定为优良项目。

2009 年，根据自治区土地调查办公室《关于开展自治区第二次土地调查标准时点统一更新工作的通知》《自治区第二次土地调查标准时点统一更新调查实施方案》的要求，阿克苏市 2009 年度变更调查工作结合第二次土地调查统一时点更新、一张图工程和卫星遥感监测等工作，以 2008 年变更调查成果数据为基础，按时对各乡镇场 2009 年度土地利用变化情况进行调查、统计、汇总和抽查验收，汇总村、乡（镇）、市 10 套数据统计表格，分析 309 幅遥感影像图，完成 1∶1 万比例尺标准分幅图266幅，1∶5万比例尺标准分幅图43幅，5份文字报告，取得资料最新、最细，图、文、表、数据最全的丰硕成果。2010~2016年，以此类推进行全市土地利用现状调查工作。

2015年，市国土资源局开展新一轮耕地后备资源调查评价工作，要求以第二次土地调查成果和2012年度土地变更调查成果为基础，结合土壤普查、农业普查、土地利用总体规划、土地整治规划、生态环境保护规划等成果和资料信息，综合考虑区位、交通等相关条件，以图斑为单元，调查评价可开垦土地和可复垦采矿用地的宜耕性；分析耕地后备资源开发的经济、生态、社会效益，提出合理开发利用的政策建议。阿克苏市耕地后备资源总面积为30582.04公顷，其中可开垦其他草地面积18918.08公顷，占总面积的61.86%；可开垦内陆滩涂面积655.80公顷，占总面积的2.14%；可开垦盐碱地面积5534.61公顷，占总面积的18.1%；可开垦沼泽地面积112.78公顷，占总面积的0.01%；可开垦沙地面积5321.80公顷，占总面积的18.09%；可开垦裸地面积38.97公顷，占总面积的0.01%。

**表20－1　1992年阿克苏市土地利用现状详查表**

单位：公顷，%

| 土地利用分类 | 总面积 | 其中 | |
|---|---|---|---|
| | | 农一师团场 | 所占比例 |
| 耕地面积 | 123661.46 | 68468.8 | 55.36 |
| 园地面积 | 7870.40 | 2960.86 | 37.6 |
| 林地面积 | 24400.77 | 13746.06 | 56.28 |
| 牧草地面积 | 344985.90 | 419.53 | 0.12 |
| 居民点及工矿用地面积 | 14919.32 | 5896.54 | 39.5 |
| 交通用地面积 | 4608.74 | 2017.6 | 43.5 |
| 水域面积 | 70674.10 | 52832.13 | 74.76 |
| 未利用土地面积 | 1227258.60 | 12690.18 | 10.6 |

**表20－2　2009~2015年阿克苏市农村土地利用现状一级分类面积汇总表**

单位：公顷

| 年份 | 行政区总面积 | 耕地 | 园地 | 林地 | 草地 | 城镇村及工矿用地 | 交通运输用地 | 水域及水利设施用地 | 其他土地 |
|---|---|---|---|---|---|---|---|---|---|
| 2009 | 1356357.35 | 69436.96 | 27743.40 | 15027.25 | 239630.32 | 14323.60 | 5025.63 | 26222.56 | 958947.63 |
| 2010 | 1356357.38 | 69699.10 | 27495.34 | 15016.06 | 239049.17 | 14813.53 | 5164.63 | 26446.79 | 958672.76 |
| 2011 | 1356357.35 | 69866.17 | 27178.27 | 15006.50 | 238791.30 | 15415.86 | 5189.44 | 26443.01 | 958466.80 |
| 2012 | 1356357.31 | 69702.49 | 26731.95 | 14994.22 | 238697.53 | 16724.27 | 5371.55 | 26435.55 | 957699.75 |
| 2013 | 1356357.31 | 69769.29 | 26720.84 | 14991.60 | 238591.52 | 17022.98 | 5453.75 | 26427.74 | 957379.59 |
| 2014 | 1356314.88 | 69754.14 | 26670.06 | 14969.66 | 238207.64 | 17805.48 | 5478.28 | 26523.44 | 956906.18 |
| 2015 | 1356314.81 | 69598.55 | 26234.69 | 14880.42 | 237950.12 | 19207.68 | 5471.85 | 26620.13 | 956351.37 |

## 三　用地规划管理

### （一）土地利用总体规划

从1997年7月开始，阿克苏市历时半年，完成《阿克苏市土地利用总体规划》以及《阿克苏市土地利用总体规划图》。总体规划分为 4 个时期，即为基础期、近期、目标期、展望期。

2010 年，市国土资源局根据《中华人民共和国土地管理法》的有关规定和《阿克苏地区土地利用总体规划（2010 ~ 2020 年）》《阿克苏市土地利用总体规划大纲（2010 ~ 2020 年）》的总体要求，委托新疆大学开展土地利用总体规划（2010 ~ 2020）修编工作，通过与各相关单位、部门沟通联系，对土地需求进行调研，为规划修编做好准备。2011 年完成各级规划大纲的审批。2012 年经自治区国土资源厅通过专家评审并备案。2014 年阿克苏市开展土地利用总体规划中期评估，对需要调整的用地指标进行局部调整，并于 12 月在自治区国土资源厅评审备案。作业单位每年对建设项目边界规模调整进行入库，报自治区国土资源厅审核。规划期限为 2010 ~ 2020 年，基期年为 2009 年，规划近期年为 2015 年，规划目标年为 2020 年。规划范围为阿克苏市辖区地方使用的全部土地，规划区土地总面积为 1356357. 34 公顷。

**表 20 - 3　1996 ~ 2010 年阿克苏市土地利用规划面积表**

单位：公顷

| 单位 | | 年份 | 耕地 | 园地 | 林地 | 牧草地 | 城镇村及工矿用地 | 交通用地 | 水域 | 未利用土地 |
|---|---|---|---|---|---|---|---|---|---|---|
| 全市 | | 1996 | 143979. 18 | 9104. 03 | 23913. 43 | 343458. 84 | 15323. 54 | 5064. 56 | 71588. 14 | 1205928. 11 |
| | | 2000 | 194278. 87 | 10504. 03 | 35389. 40 | | 18229. 12 | 6173. 86 | 79390. 98 | 1136476. 44 |
| | | 2010 | 245812. 20 | 11137. 16 | 48759. 35 | 311568. 24 | 20853. 14 | 8473. 06 | 89226. 98 | 1082530. 50 |
| 其中 | 地方 | 1996 | 633374. 54 | 5657. 21 | 10087. 69 | 342932. 51 | 9092. 43 | 2594. 43 | 16723. 17 | 1090872. 47 |
| | | 2000 | 78267. 56 | 5657. 21 | 19156. 99 | 337391. 91 | 10345. 45 | 3980. 71 | 18346. 01 | 1068260. 71 |
| | | 2010 | 98267. 56 | 5657. 21 | 29480. 27 | 311041. 91 | 11623. 92 | 4928. 71 | 23296. 01 | 1057038. 85 |
| | 兵团 | 1996 | 80604. 64 | 3446. 82 | 13825. 74 | 526. 33 | 6231. 11 | 2470. 13 | 54864. 97 | 115056. 65 |
| | | 2000 | 1116011. 31 | 4846. 82 | 16232. 41 | 526. 33 | 7883. 67 | 2265. 15 | 61044. 97 | 68215. 73 |
| | | 2010 | 147544. 64 | 5480. 15 | 19279. 08 | 526. 33 | 9229. 22 | 3544. 35 | 65930. 97 | 25491. 65 |

**表 20 - 4　2014 年阿克苏市土地利用结构调整表**

单位：公顷，%

| 地类 | | 规划基期年 | | 规划近期年 | | 目标年 | | 规划期间 |
|---|---|---|---|---|---|---|---|---|
| | | 面积 | 比例 | 面积 | 比例 | 面积 | 比例 | 规划期增减面积 |
| 农用地 | 耕地 | 69436. 92 | 5. 12 | 72145. 5 | 5. 32 | 73360. 06 | 5. 41 | 3923. 14 |
| | 园地 | 27743. 37 | 2. 05 | 28277. 01 | 2. 08 | 27983. 49 | 2. 06 | 240. 12 |
| | 林地 | 15027. 25 | 1. 11 | 17283. 1 | 1. 27 | 17499. 7 | 1. 29 | 2472. 45 |
| | 牧草地 | 196358. 31 | 14. 48 | 196347. 79 | 14. 48 | 196339. 36 | 14. 48 | - 18. 95 |
| | 其他农用地 | 17409. 92 | 1. 28 | 16736. 66 | 1. 23 | 16547. 41 | 1. 22 | - 862. 51 |
| | 合计 | 325975. 77 | 24. 03 | 330790. 07 | 24. 39 | 331730 | 24. 46 | 5754. 23 |

续表

| 地类 | | | 规划基期年 | | 规划近期年 | | 目标年 | | 规划期间 |
|---|---|---|---|---|---|---|---|---|---|
| | | | 面积 | 比例 | 面积 | 比例 | 面积 | 比例 | 规划期增减面积 |
| 建设用地 | 城乡建设用地 | 城镇用地 | 5819.59 | 0.43 | 6503.61 | 0.48 | 7760.2 | 0.57 | 1940.61 |
| | | 农村居民点用地 | 6910.77 | 0.51 | 7092.91 | 0.52 | 7197.63 | 0.53 | 286.86 |
| | | 采矿用地 | | | 9.19 | 0 | 9.19 | 0 | 9.19 |
| | | 其他独立建设用地 | 541.85 | 0.04 | 3022.74 | 0.22 | 3659.18 | 0.27 | 3117.33 |
| | | 小计 | 13272.21 | 0.98 | 16628.45 | 1.23 | 18626.2 | 1.37 | 5353.99 |
| | 交通水利用地 | 铁路用地 | 128.09 | 0.01 | 135.87 | 0.01 | 152.55 | 0.01 | 24.46 |
| | | 公路用地 | 514.15 | 0.04 | 1639.96 | 0.12 | 2744.33 | 0.20 | 2230.18 |
| | | 民用机场用地 | | | 36.49 | 0 | 36.49 | 0 | 36.49 |
| | | 管道运输用地 | | | 0.03 | | 0.03 | | 0.03 |
| | | 水库水面 | 3973.29 | 0.29 | 3028.25 | 0.17 | 2328.25 | 0.17 | -1645.04 |
| | | 水工建筑用地 | 18.06 | 0.00 | 2264.87 | 0.24 | 3264.87 | 0.24 | 3246.81 |
| | | 小计 | 4633.59 | 0.34 | 7105.47 | 0.52 | 8526.52 | 0.63 | 3892.93 |
| | 其他建设用地 | 特殊用地 | 1051.45 | 0.08 | 1154.29 | 0.09 | 1304.52 | 0.10 | 253.07 |
| | | 小计 | 1051.45 | 0.08 | 1154.29 | 0.09 | 1304.52 | 0.10 | 253.07 |
| | 合计 | | 18957.25 | 1.40 | 24888.2 | 1.83 | 28457.25 | 2.10 | 9500 |
| 其他土地 | 水域 | | 10158.99 | 0.75 | 10092.45 | 0.74 | 10063.66 | 0.74 | -95.33 |
| | 自然保留地 | | 1001265.3 | 73.82 | 990586.65 | 73.03 | 986106.43 | 72.70 | -15158.9 |
| | 合计 | | 1011424.3 | 74.57 | 1000679.1 | 73.78 | 996170.09 | 73.44 | -15254.23 |
| 土地总面积合计 | | | 1356357.34 | 100.00 | 1356357.34 | 100.00 | 1356357.34 | 100.00 | 0 |

（二）村镇规划和建设

1990 年，阿克苏市开始集中技术力量开展村镇规划工作。至 2011 年，编制完成喀拉塔勒镇、阿依库勒镇、托普鲁克乡、拜什吐格曼乡、库木巴什乡 5 个乡镇的集镇总体规划和喀拉塔勒镇、阿依库勒镇、托普鲁克乡 3 个乡镇的工业园区规划。

**表 20－5　2014 年阿克苏市各乡（镇）土地用途区面积表**

单位：公顷

| 乡镇 | 土地总面积 | 基本农田保护区 | 一般农地区 | 城镇（村）建设用地区 | 独立工矿用地区 | 风景旅游用地区 | 生态环境安全控制区 | 林业用地区 | 牧业用地区 | 其他用地 |
|---|---|---|---|---|---|---|---|---|---|---|
| 阿克苏市 | 1356357.34 | 61754.97 | 61094.22 | 17247.24 | 6978.9 | 23.18 | 5712.08 | 13710.75 | 196543.55 | 993292.45 |
| 喀拉塔勒镇 | 77030.85 | 21550.37 | 19462.23 | 2011.78 | 208.38 | | 536.1 | 3558.05 | 11107.64 | 18596.3 |
| 阿依库勒镇 | 108639.82 | 12310.6 | 7696.05 | 3479.91 | 4498.51 | | 321.17 | 656.42 | 1462.66 | 78214.5 |
| 依干其乡 | 20456 | 2044.82 | 7747.18 | 3858.77 | 1459.69 | 12.82 | 2062.98 | 293.68 | | 2976.06 |
| 拜什吐格曼乡 | 21405.63 | 10184.06 | 7013.11 | 1047.22 | 27.34 | | 959.84 | 291.6 | | 1882.46 |
| 托普鲁克乡 | 14087.67 | 6357.35 | 4201.28 | 874.01 | 462.46 | | 1274.51 | 342.45 | | 575.61 |
| 库木巴什乡 | 12190.18 | 5719.3 | 4527.53 | 835.74 | 13.92 | | 435.21 | 257.45 | 4.96 | 396.07 |
| 阿克苏市属 | 1088437.8 | 1765.98 | 2494.79 | 2441.27 | 217.63 | 10.26 | 89.08 | 8011.6 | 183968.29 | 889438.9 |
| 良种繁育场 | 2068.04 | 396.42 | 1289.17 | 248.15 | | | 22.9 | 27.73 | | 83.67 |
| 红旗坡农场 | 11239.96 | 1426.07 | 6214.22 | 2188.03 | 40.87 | | 8.1 | 271.1 | | 1091.57 |
| 实验林场 | 402.26 | | 109.54 | 235.25 | 50.1 | | | 0.67 | | 6.7 |
| 阿克苏军分区 | 399.13 | | 339.12 | 27.11 | | 0.1 | 2.19 | | | 30.61 |

（三）建设用地管理

1990 年，阿克苏市人民政府土地审批领导小组负责用地申报审批工作。实施国家《土地管理法》和《新疆维吾尔自治区实施〈土地管理法〉办法》。阿克苏市除农民建房和兴办村集体公益用地免收补偿费外，集体建设用地补偿费，按土地前 3 年平均值的 2 ~5 倍收取，并妥善安置承包户的生产与生活。在个人建房用地管理中，城镇个人建房，充分利用老城区外围空闲地、棚户区改的方法，解决城镇居民用地。农村个人建房用地，按照由农民个人提出申请，村委会审查同意后报乡镇政府，由乡镇土地管理所汇总平衡，集中上报市土地管理局，市土地管理局根据各乡当年占用耕地指标平衡审批，而后乡镇土地管理所按所批准的地类面积项目进行划拨。农村农民个人建房的用地标准，阿克苏市参照自治区文件和本地实际情况规定，城区附近社员宅基地为 3 ~4 分地，边远地区 5 ~7 分地。农村实行土地家庭联产承包责任制以后，新划社员宅基地除已执行原标准外，宅基地与庭院经济用地（自留地、果园地、养殖地等）合并划拨，每户标准不得超过 0. 16 公顷。

1992 年 6 月，市政府在依干其乡依干其村开展农民宅基地有偿使用工作试点，所收费用绝大部分作为村委会提留，用于村的公益事业。但试点工作并未全面铺开。1993 年，为了减轻农民负担，市土地管理部门根据自治区和地区土地管理处通知，取消农村农民宅基地有偿使用费、农村宅基地超占罚款、农村土地登记费、农民建房用地管理费、农民宅基地使用证费等收费项目。

1998 年 8 月，第九届全国人民代表大会常务委员会第四次会议修订的《中华人民共和国土地管理法》颁布实施后，阿克苏市土地管理局在建设用地管理上，严格执行土地利用总体规划，强化土地用途管制。凡城乡建设用地占有耕地的，首先要依照占用耕地补偿制度，由占用单位开垦与所占的耕地数量和质量相当的耕地，经审查验收后，再办理用地申报手续；其次在审批权限上，执行国土资源部 1999 年 3 月下发的《建设用地审查管理办法》，除农民不占用农用地的宅基地由市政府审批外，其他非农业建设用地一律报请国务院、自治区人民政府审批，确保行政区内耕地总量的动态平衡。

1999 年，《中华人民共和国土地管理法》修订并颁布实施，实行土地用途管制制度后，综合报表制度进行修改，土地使用权审批按照土地用途进行统计。

2000 年后，市土地管理局严格执行国家规定，在建设用地审批和管理工作中，坚决按照土地利用总体规划，严格执行土地利用年度计划，严格控制建设用地总量，严格落实非农业建设项目占用耕地的“补占平衡”措施，对城乡建设需占用耕地，若无农用地转用计划指标或超指标的，坚决不予供地，对非农业建设经批准占用耕地的，按照占多少垦多少的原则，由占用耕地的单位负责开垦与所占耕地数量和质量相当耕地并经验收合格后，方可办理农用地转用审批手续。同时，严格控制划拨供地范围，各类经营性用地，一律以招、拍、挂方式出让，协议出让用地执行最低价标准。

（四）审批权限与征地费用

1. 审批权限

1990 年，市政府土地审批领导小组有成员 9 名，由市长兼任组长，副市长兼任副组长。至 1998 年，审批执行占用耕地、园地 0. 2 公顷以下，林地、草地 0. 33 公顷以下，其他土地 1. 33 公顷以下的，由市人民政府批准。农民宅基地利用村内闲地或旧宅基地改造的，由乡人民政府批准，同时填写用地呈报表及附件，报市土地管理局批准。占用耕地、园地超过0.2公顷不足0.67公顷，林地、草地超过0.33公顷不足1公顷，其他土地超过1.33公顷不足2.67公顷的，填写用地呈报表及附件，报地区土地管理局批准。占用耕地、园地超过0.67公顷，林地、草地超过1公顷，其他土地超过2.67公顷的报自治区土地管理局并转国务院批准。

自1999年以后，根据国家修订后的《土地管理法》和国土资源部《建设用地审查管理办法》，阿克苏市对建设用地审批权限进行调整，除农民不占用耕地的宅基地由市政府审批外，凡城乡非农业建设用地占用耕地的，一律报请国务院、自治区人民政府审批。同时坚持占用耕地补偿制度，按照占多少、垦多少的原则，由建设单位开垦出与所占耕地数量和质量相当的耕地，或者交纳耕地开垦费，以保持辖区内耕地的动态平衡。

2. 征地费用

1992年后，阿克苏市征地费用标准执行《新疆维吾尔自治区关于国家建设征拨用地补偿标准的若干规定》，阿克苏市为一类市（县），土地补偿基数依据产量的高低、草地的优劣分为几个等级，随行就市。征地补费包括土地补偿费、青苗和地上附着物补偿费、安置补助费。各项补偿费以土地赔偿基数为标准，或为其5~6倍，或为其4~5倍，或为其2~3倍，其中的安置补助费变化幅度较大，但不超过基数的10倍。以上补偿费和补助费的总和不得超过被征土地赔偿基数的20倍。同年，阿克苏市开始对征拨城镇规划区以外的土地，收取土地管理费，根据有无收益、耕地闲田、建成区内外，区别不同情况，制定收费标准。

2001年，阿克苏市在征地过程中，征地补偿以货币补偿为主，严格按照《新疆维吾尔自治区实施〈土地管理法〉办法》和自治区发展计划委员会、自治区财政厅《关于下发自治区国土资源系统土地管理行政事业性收费标准的通知》文件规定的土地补偿费、安置补助费、地上附着物及青苗补偿费的标准执行。2009年在自治区重点项目征地过程中，对地上附着物严格按照《自治区重点建设项目征地拆迁补偿标准》文件中规定的标准严格执行。2011年自治区国土资源厅颁布《关于公布实施自治区征地统一年产值标准的通知》后，阿克苏市对征地补偿基数、土地补偿倍数、安置倍数进行及时调整。在实际征地工作中，征地补偿标准就高不就低；在就业中，首先考虑被征地农民；新建的富民安居房优先安排房屋被征收的农民；将部分土地全部被征收的农民纳入社会保障范围。

## 四 耕地保护

1995年3月，根据国务院颁布的《基本农田保护条例》，阿克苏市组织相关部门的专业技术人员，开展永久基本农田划定工作。经过外业查定、内业测算，历时6个月，于9月全面完成基本农田保护规划，并通过地区及自治区两级专家评审验收。

保护期以1994年为基础期（年），分为近、中、远三个时期。到2000年为近期规划，2010年为中期规划，到2020年为远期规划。规划方案以行政村为单位，以保护区、片、块为系统，并结合作物种类、土地条件的级别，把基本农田保护区的55192.67公顷耕地分解落实到市属各乡村。境内保护率（占保护区内耕地的百分比），1994年为77%，2010年为81%。建立基本农田保护牌

407 块。阿克苏市在实施基本农田保护规划的进程中，不断强化农田保护措施，按照“占补平衡”原则，确保耕地总量不变，适时扩大基本农田保护区。2014 年，阿克苏市规划基期年基本农田保护面积为 53388.93 公顷。规划到 2020 年，阿克苏市实际划定基本农田保护面积 55534.26 公顷。科学划定基本农田保护区，将下达的基本农田保护指标分解落实到各乡（镇），确保完成地区下达基本农田保护任务。

2015 年，阿克苏市开展永久基本农田调整工作，以已有基本农田保护成果为基础，根据新一轮土地利用总体规划确定的基本农田保护目标，综合运用耕地质量等级调查与评定成果和耕地地力评价结果，科学划定永久基本农田，全面提升基本农田保护水平，实现基本农田保护与建设并重、数量与质量并重、生产功能与生态功能并重。根据自治区国土厅、农业厅《关于进一步做好永久基本农田划定工作的通知》，阿克苏市被列为自治区永久基本农田划定重点城市，为严守 1.2 亿公顷耕地红线，确保耕地面积基本稳定，实行耕地数量和质量并重，进一步加强耕地保护、加强基本农田管理。

2016 年，阿克苏市根据《自治区国土资源厅关于加快地州市、县（市）土地利用总体规划调整完善工作的通知》的要求，按照全面落实创新、协调、绿色、开放、共享发展的理念，要求市直各部门与市国土资源局强化沟通，做好“十三五”期间各类规划的衔接，以保障社会经济发展各类用地需求。

**表 20－6　2014 年阿克苏市耕地保有量变化情况表**

单位：公顷

| 期限 | 基期耕地面积 | 规划期间补充耕地面积 | | | | 规划期间减少耕地面积 | | | 规划期间净增耕地 | 规划期末耕地保有量 |
|---|---|---|---|---|---|---|---|---|---|---|
| | | 增加合计 | 土地整理 | 土地开发 | 其他 | 减少合计 | 建设占用 | 其他 | | |
| 规划近期 | 69436.92 | 5512.58 | 2583.22 | 2929.36 | | 2804.00 | 953.95 | 1850.05 | 2708.58 | 72145.50 |
| 规划期 | 69436.92 | 6945.93 | 3546.0 | 3399.88 | | 3022.82 | 1160.00 | 1862.82 | 3923.11 | 73360.03 |
| 年均增减 | | 631.45 | 322.37 | 309.08 | | 274.80 | 105.45 | 169.35 | 356.65 | |

## 五　地籍管理

### （一）土地申报登记和发证

1990 年，市政府在城区对国有土地进行申报、登记，依法为使用国有土地的单位签发《国有土地使用证》。全年，阿克苏市共向单位发放《国有土地使用证》156 份，宗地 359 宗，占地 2612.32 公顷；向个人发放《国有土地使用证》6129 户，占地 148.07 公顷。此后，发放土地使用证工作成为地籍管理的一项经常性业务，凡符合权属合法、界址清楚，面积准确，有地籍图或宗地图的 4 条标准的单位或个人，经申报复核，可及时发放《国有土地使用证》。到 2000 年，累计发放各种土地证 11002 本（宗），其中《国有土地使用证》10702 本（单位 1121 本、私人 9581 本）；《集体土地所有证》124 本（宗）；《集体土地使用证》159 本；《土地他项权利证书》17 本。

1994 年 8 月，阿克苏市对农村集体土地所有权进行初始登记，历时 5 个月，到年底共清查土地 1568 宗，面积 298521.4 公顷。其中集体所有土地 669 宗，面积 66823.15 公顷，包括耕地、园地、林地、牧草地、建设用地及未利用土地。使用国有土地 509 宗，面积 78706.07 公顷，国有后备荒地 391 宗，面积 152992.19 公顷。通过土地初始登记，编绘出市级土地权属图 3 份，乡级土地权属图 28 份，村级土地权属图 592 份。建立村级土地档案 148 套，签发村集体所有证 124 册。阿克苏市农村集体所有土地的初始登记，明确农村集体土地与国有土地的界限，解决历史的土地边界纠纷，为农村土地开发、土地规划、土地利用奠定基础。并通过自治区、地区和县（市）三级验收，评为良级。1995 年，市人民政府根据农村土地初始登记，颁发《集体土地所有证》。

1996 年 5 月 17 ~ 22 日，阿克苏市开展“八五”土地开发面积调查工作。1991 ~ 1995 年，全市共开发土地 10216.23 公顷。

1997 年 8 月，《阿克苏市地籍调查项目论证、设计审定、调查方案》通过专家论证。

（二）农牧区土地变更调查与登记

1996 年，国家土地管理局下发《关于开展土地变更调查有关问题的紧急通知》，要求把土地利用现状调查各类用地数据，统一变更到 1996 年 10 月 31 日的同一时点上，同时完成变更后的数据汇总工作。1996 年 8 月，阿克苏市开展土地变更调查工作，并组建专门工作机构。通过外业补测、内业量算、编绘变更地类图、变更面积汇总等程序，完成阿克苏市土地变更登记表和地类变化汇总表等原始资料。此后每年都要对当年土地变更进行调查、登记、统计，形成年度的土地利用现状地类表。

2001 年 9 月，市土地管理局与新疆国地测绘工程有限责任公司签订阿克苏市辖区航空摄影合同。2002 年 1 月，市土地管理局利用地籍调查成果启动地籍数字化建库工作，到 6 月，中间数据库已建立，并进行所有宗地的属性录入工作。

2004 年，阿克苏市制定《阿克苏市集体土地使用权登记发证工作办法》和《阿克苏市农村地籍调查设计方案》，并报自治区批准。同年，市土地管理局开始对所辖乡镇集体土地使用权中的农民宅基进行调查。历时两年多，2007 年底完成 4 乡 2 镇 1 场 25446 户农民宅基的地籍测量，并以户为单位审核验证，填写土地登记申请书、审批表、地籍调查表等相关资料。共打印 330233 份集体土地使用证，按宗地整理装订成档案资料。

2013 年，阿克苏市贯彻落实《国土资源部、财政部、农业部关于加快推进农村集体土地确权登记发证工作的通知》《国土资源部、中央农村工作领导小组办公室、财政部、农业部关于农村集体土地确权登记发证的若干意见》以及《关于印发新疆维吾尔自治区农村集体土地所有权确权登记发证工作实施方案的通知》。阿克苏市国土资源局委托开展阿克苏市农村集体土地所有权确权登记发证工作，确权登记发证共涉及阿克苏市 7 个乡级行政单位，共发放集体土地所有权证书 126 本。全面开展地方国有农林牧场土地登记发证工作，共发放国有土地使用权证书 2 本。

2016 年，根据自治区人民政府办公厅《关于加快推进自治区不动产统一登记工作的通知》及地区行署办公室《关于加快推进不动产统一登记有关工作的通知》文件精神，为确保不动产统一登记工作的顺利实施，按照地区国土资源局的部署，阿克苏市国土资源局扎实做好不动产统一登记工作。11 月 16 日，阿克苏市不动产登记中心揭牌暨不动产权证首证颁发仪式在阿克苏行政服务中心举行。

**表 20－7　阿克苏市农村集体土地所有权确权登记发证工作成果分析表**

单位：公顷

| 行政区域名称 | 2012 年总面积合计 | 国家所有1995 年 | 国家所有2012 年 | 国有土地增减情况(＋、－) | 集体所有1995 年 | 集体所有2012 年 | 集体土地增减情况(＋、－) |
|---|---|---|---|---|---|---|---|
| 阿克苏市 | 1441515.82 | 1367253.32 | 1367912.38 | 659.06 | 74262.50 | 735527.87 | 661265.37 |
| 喀拉塔勒镇 | 77014.29 | 56382.94 | 56367.05 | －15.89 | 20646.97 | 20647.24 | 0.27 |
| 阿依库勒镇 | 108639.96 | 93613.31 | 93731.19 | 117.88 | 15026.64 | 14908.77 | －117.87 |
| 依干其乡 | 20831.73 | 13552.98 | 13340.54 | －212.44 | 6903.19 | 7491.19 | 588 |
| 拜什吐格曼乡 | 21310.40 | 8520.08 | 9365.38 | 845.3 | 128885.77 | 11945.02 | －116940.75 |
| 托普鲁克乡 | 14070.10 | 4980.71 | 5622.43 | 641.72 | 9107.07 | 8447.67 | －659.4 |
| 库木巴什乡 | 12262.11 | 3346.86 | 3655.05 | 308.19 | 8843.49 | 8607.06 | －236.43 |
| 良种繁育场 | 1676.02 | 1248.50 | 195.11 | －1053.39 | 819.59 | 1480.91 | 661.32 |
| 阿克苏市市属 | 1088437.83 | 108841.00 | 1088437.83 | 979596.83 | 27.81 | 0 | －27.81 |
| 红旗坡农场 | 10074.57 | 11240.02 | 10074.57 | －1165.45 | 0 | 0 | 0 |
| 实验林场 | 402.27 | 402.27 | 402.27 | 0 | 0 | 0 | 0 |
| 阿克苏军分区 | 399.13 | 397.36 | 399.13 | 1.77 | 1.79 | 0 | －1.79 |
| 农一师沙水处 | 17861.77 | 17861.71 | 17861.77 | 0.06 | 0.18 | 0 | －0.18 |
| 农一师一团 | 37540.56 | 37541.52 | 37540.56 | －0.96 | 0 | 0 | 0 |
| 农一师二团 | 21468.19 | 21468.76 | 21468.19 | －0.57 | 0 | 0 | 0 |
| 农一师三团 | 3553.36 | 3553.53 | 3553.36 | －0.17 | 0 | 0 | 0 |
| 农一师塔水处 | 1210.61 | 1210.61 | 1210.61 | 0 | 0 | 0 | 0 |
| 农一师六团 | 2296.74 | 2297.06 | 2296.74 | －0.32 | 0 | 0 | 0 |
| 农一师八团 | 140.71 | 140.72 | 140.71 | －0.01 | 0 | 0 | 0 |
| 农一师十二团 | 950.13 | 950.13 | 950.13 | 0 | 0 | 0 | 0 |
| 农一师十三团 | 134.25 | 134.25 | 134.25 | 0 | 0 | 0 | 0 |

（三）城市土地证书年检

1999 年 6 月，根据国土资源部和自治区土地管理局的部署，阿克苏市土地管理局启动新中国成立以来的首次土地证书年检工作。40 多名年检工作人员组成 4 个工作小组，深入街道办事处开展工作。至 10 月底，完成年检土地证书 7 批 5283 宗，涉及土地总面积 1600 公顷，约占应年检土地证的 48%；收回旧土地证书 3400 余本，约占年检宗地的 64%。

2002 年 10 月，经过外业调查、内业审验和对违法用地的处理，全市共换发新版《国有土地使用证》8837 本，完成年检换证总任务的 97%，核发《土地他项权利证书》174 本，《集体土地使用证》6 本，换发《建设用地许可证》87 本，因土地变更登记核发《国有土地使用证》1934 本，整理装订地籍档案 2204 卷、建设用地档案 245 卷。

2007 年，共发放《国有土地使用证》4010 本，其中《建设用地许可证》换证 106 本、年检 2 本，初始登记其他情况 100 本，城镇住房证 2488 本，变更其他情况如转让、土地内容变化等 1130 本；城镇住房用地登记发证 2488 户。发放《土地他项权利证书》275 本，面积 978.63 万平方米，共计抵押贷款金额 36390.52 万元；因抵贷到期或贷款已还清收回《土地他项权利证书》120 本，发放《国有土地使用证》120 本。

2010 年，城镇住房分割登记 2067 宗，发放城镇住房土地使用证 2067 本。

2011 ~ 2012 年，完成土地登记 11552 宗，发放土地证证书 6660 本，其中登记国有土地 10525 宗，发放《国有土地使用证》10525 本。他项权利登记 940 宗，发放《土地他项权利证书》940 本。集体土地登记 87 宗，发放《集体土地使用证》87 本。

2014 年，完成土地登记 4107 宗，发放土地证证书 3330 本，其中登记国有土地 3374 宗。他项权利登记 709 宗，发放《土地他项权利证书》709 本。集体土地登记 71 宗，发放《集体土地使用证》24 本。

2015 年，土地登记 3994 宗，发放土地证书 3994 本，其中登记国有土地 3946 宗。他项权利登记 645 宗，发放《土地他项权利证书》645 本，解押《土地他项权利证书》607 本。集体土地登记 48 宗，发放《集体土地使用证》48 本。

## 六　土地定级与估价

（一）城镇土地定级估价

1994 年 8 月，阿克苏市开展土地定级评估试点工作。

1995 年 5 月，阿克苏市开展城区土地的定级估价工作。从制定工作方案到调查研究分析资料，到最后编绘成果图件，历时半年，12 月，全面完成城区土地定级估价工作。

1. 土地定级

根据国家土地管理局颁布的《城镇土地定级规程（试行）》的要求，按照城镇土地的经济和自然两方面的属性及其在社会经济活动中的地位作用，结合所在地的具体情况，最后综合评定划出土地等级。阿克苏市城区土地一共分为 5 个等级，并以城区为中心，以道路为界线，由内到外具体界定五个等级范围。

2. 土地估价

根据国家土地管理局颁布的《城镇土地估价规程（试行）》的要求，在土地定级的基础上，通过对土地收益资料的调查、筛选、整理、测算等综合分析过程，最后确定土地基准地价，并且规定 1995 年 12 月为基准期。

**表 20 - 8　1995 年 12 月阿克苏市土地基准地价表**

单位：元/平方米

| 土地类别 | | 一级 | 二级 | 三级 | 四级 | 五级 |
|---|---|---|---|---|---|---|
| 基准地价 | 商业用地 | 598.00 | 355.00 | 213.00 | 80.00 | 40.00 |
| | 住宅用地 | 300.00 | 212.00 | 154.00 | 55.00 | 35.00 |
| | 工业用地 | 180.00 | 150.00 | 102.00 | 50.00 | 30.00 |
| | 综合 | 598.00 | 355.00 | 213.00 | 80.00 | 40.00 |
| 面积（$km^2$） | | 1.5759 | 4.833 | 13.5934 | 28.6953 | |
| 占总面积（%） | | 3.24 | 9.93 | 27.91 | 58.92 | |

2001 年 3 月，根据国务院和自治区关于城镇基准地价每三年更新一次的精神，市土地管理局委托新疆大学环境科学系对阿克苏市 1995 年完成的城镇基准地价进行修编，于 2003 年完成，并通过

自治区专家组的验收和自治区有关部门的批准。

（二）农用地分等定级估价

2001 年 8 月，市土地管理局委托新疆国地不动产评估有限责任公司对阿克苏市 4 乡 2 镇 1 场总面积为 65065. 04 公顷的耕地和全部受保护的园地，进行农用地分等定级估价工作，2003 年全部完成并通过自治区专家组的验收。

## 七　行政执法

1990 年，阿克苏市土地监察大队总监察由副市长和土地管理局领导担任，监察员由土地管理局监察干部和各乡镇场土地管理员组成。1994 年 6 月，阿克苏市成立土地管理综合领导小组，下设办公室，组织开展农村土地初始登记工作。

1999 年始，市土地管理局在各乡镇行政村设置土地监察员，营建市、乡、村三级土地监察网，同时推行耕地保护巡查制、土地执法报告制度和违法案件查处督办制度，并签订市、乡、村三级土地目标责任书。

2002 年，开展土地市场专项整治工作，重点整治 6 条公路西侧以及城区规划控制范围内土地行为。整治工作抽调专项调查工作人员 22 人次，出动车辆 12 次，制止乱占、乱建用地行为 7 起，涉地总面积为 37500 平方米。

2006 年 1 月，市国土资源执法监察大队正式成立，受自治区国土资源执法监察机构垂直管理，履行阿克苏市国土资源执法监察职能。

2009 年，阿克苏市国土资源执法监察大队在阿克苏市辖区范围内共巡查 68 次，巡查 241 人次，其中土地巡查 36 次，矿产巡查 32 次。发现违法案件 6 件，立案 6 件，办结 6 件。其中土地案件 2 件，矿产案件 4 件，办结率 100%，收缴罚没款 50 万元。

2015 年，市国土资源执法监察大队在辖区内共巡查 80 余次，发现违法占地建房的违法行为 18 起，其中拆除违建围墙 120 余米；立案查处非法占地案 18 起，结案 18 起，结案率达 100%，收缴罚没款 83. 79 万元。市国土资源局移交土地卫片图斑 30 个（26 宗），其中立案查处 14 件，结案 14 件，结案率达 100%，收缴罚没款 34. 53 万元；责令恢复土地原状 10 宗，国家重点建设项目 1 宗，民生项目 1 宗。矿产资源卫片图斑 2 个，收缴罚没款 30. 12 万元；共收缴罚没款 148. 45 万元，全部上缴自治区财政。

2016 年，市国土资源局向市国土资源执法监察大队移交关于阿克苏市 2015 年度土地卫片违法图斑 8 个，立案 8 件，结案 7 件，收缴罚没款 7. 48 万元；责令恢复土地原状 4 件。矿产资源卫片图斑 4 个，立案查处 4 件，结案 4 件，结案率达 100%，收缴罚没款 9. 2 万元；共收缴土地、矿产卫片违法案件罚没款 16. 68 万元，立案率达 100%、履职到位率达 100%。按照预防为主、查防并重的原则，建立健全国土资源违法行为预防、发现、查处、监督和责任追究制度，对交通沿线、城乡结合区域、基本农田保护区等重点区域开展全面的动态巡查，在辖区重点区域巡查 60 余次，发现非法占地、开荒等违法行为 10 起，群众举报 1 起，拆除违建围墙 150 余米，立案查处案件 11 件，结案 11 件，结案率达 100%；巡查发现滥采滥挖、非法开采等矿产违法行为 4 起，立案查处 4 件，结案 4 件，结案率达 100%；收缴土地、矿产案件罚没款 705. 2 万元。共收缴罚没款 721. 8758 万元，全部上缴自治区财政。

（一）土地违法案件查处

土地违法案件主要表现为越权审批，未批自占，少批多占，长期闲置，买卖租赁，骗取批文，化整为零等。1990 ~1997 年，全市共立案查处土地违法案件 725 件，涉及土地面积 86 公顷，其中全民单位 21 件，集体单位 30 件，个人 429 件。经立案查处，共结案 650 件，涉及土地面积 67 公顷。遗留 75 件，涉及土地面积 19 公顷，其中全民单位 5 件 0. 8 公顷，集体单位 8 件 5 公顷，个人 21 件 3 公顷，其他 41 件。1998 ~2007 年，阿克苏市查处土地违法案件 131 起，处理 119 件，结案率达 90. 8%，其中 2003 ~2007 年的结案率均达 100%。2008 ~2016 年，阿克苏市国土资源执法监察大队共立案查处土地、矿产类违法案件 207 件，结案 206 件。

（二）土地纠纷调处

解决土地权属的争议或纠纷一般由市人民政府或者乡级人民政府负责，土地管理局（所）负责办理土地权属争议或纠纷的具体事务。解决土地权属纠纷的原则是尊重历史，面对现实，调解为主，仲裁为辅，依据国家有关法规和土地管理规章制度，通过行政调解和比照有关仲裁条例进行仲裁的方式找到纠纷各方满意或者比较满意的解决方案。1993 ~1997 年，阿克苏市与邻县、团场与乡村、乡（镇）场之间，发生土地权属争议 558 起，其中个人纠纷 537 起，经调解和处理 550 起，遗留历史问题 8 起，结案率达 98. 6%。1998 年，开始启动土地证书年检工作，土地属权争议问题在发放新土地证书过程中得到很好解决。至 2007 年发生土地权属纠纷案 2 起，调处 2 起，结案率为 100%。

（三）土地问题清理

1. 非农业建设用地清理

1997 年 4 月，中共中央、国务院下发《关于进一步加强土地管理，切实保护耕地》的通知，阿克苏市根据文件精神，冻结非农业建设占用耕地一年，同时组织人员对 1991 年以来各类建设用地和 1988 年以来国有荒地开发情况进行一次全面彻底的清查清理。历时 4 个月，实际调查 102 个单位，清查出土地 123. 95 公顷，其中办证单位 17 个，正在办证单位 8 个。对违法用地单位进行及时处理，其中补办用地手续 30 宗，用地面积 28. 16 公顷，拆除非法用地 4 宗，占地面积 0. 11 公顷。同时，清查出水利系统各类建筑设施、副业用地等 106 宗，面积 8284. 07 公顷，并责成有关单位补办用地手续。2007 年在自治区和地区主管部门的统一部署和安排下，开展国土资源执法检查和土地执法百日行动。行动期间，查出违法用地 3 起，涉及土地总面积 6. 593 公顷（未利用土地面积 4. 5333 公顷，基本农田 2. 06 公顷）。其中倒卖土地 1 宗，面积 2. 06 公顷；未批先用 2 宗，土地面积 4. 5333 公顷，分别依法进行处理。

2. 非农业闲置土地和国有荒地开发清理

1997 年 7 月，阿克苏市成立非农业闲置土地和国有荒地开发清理工作领导小组，对全市 1992 年以来新增非农业建设用地中的闲置土地，特别是征占未用耕地进行清理。共清查用地单位 102 个，涉及土地面积 123. 95 公顷，其中办证 17 宗，补办证 30 宗，面积 28. 16 公顷。宗教建筑违法用地 18 公顷，其中耕地 7. 33 公顷。闲置土地 6 宗，面积 28. 89 公顷。其中闲置一年不满 2 年的 2 宗，面积 1. 79 公顷；闲置满 2 年的 4 宗，面积 27. 1 公顷。6 宗土地全部为荒地。对清查中发现的问题，分别依法做出处理，收缴土地出让金 54 万元。

1998 年，制定《阿克苏市国有土地开发清理办法》，把国有荒地开发纳入依法管理的轨道。1999 年，再次进行国有荒地开发大清查，并和乡（镇）政府联合，签订土地使用权承包合同 200 余份。2001 年城区清查出 36 宗闲置土地，根据市《关于城区部分闲置土地处置办法》，收回其中的 26 宗土地，总面积 13.55 公顷。2002 年，第三次开展全市国有荒地开发清理工作。对不符合国有荒地开发手续的，均依法进行纠正或处置。2006 年 8 月，市土地管理局设立国有荒地管理办公室，出台《阿克苏市国有荒地管理办法》。是年，阿克苏市新开荒地 8924.71 公顷。

3. 土地隐形市场清理

1991～1997 年，阿克苏市为落实国家《关于城镇国有土地使用权出让和转让暂行条例》，多次组织开展土地隐形市场清理工作。累计清理出公用土地交易 67 宗，面积 34.11 公顷；个人交易 500 余宗，均依照《条例》处以罚款或实缴出让金后，准予变更登记，土地面积达 6.92 公顷，追收出让金 87.59 万元。1999 年，市土地管理局对城区重点单位和个人使用划拨的国有土地擅自进入市场情况进行调查。全城区计有行政划拨使用权铺面房屋租赁 816 户、4683 宗，涉及土地面积 35.2 万平方米，年租金总额达 2912.7 万元，每平方米租金 106 元。针对上述情况，市政府制定《划拨土地租赁管理办法》，规范划拨土地租赁行为，并以年租金为底数，按一定比例收取划拨土地使用权土地增值费。2007 年，阿克苏市成立市纪检委、国土资源局、财政局、发改委、国资局、审计局等 13 个成员单位的追缴土地出让金、规费、税费工作领导小组，共发放还款通知单 113 份，收回拖欠款 16688.429 万元。

4. 开展“三无”乡镇达标活动

1994 年始，阿克苏市在各乡镇场开展“三无”（无违法批地、无违法用地、无违法管地）乡镇达标活动。年初制定工作计划，年终进行验收评比。市与乡、乡与村分别签订合同，层层落实任务，每年评选一次，不搞终身制。“三无”乡镇达标活动调动基层部门的积极性。全市 8 个乡镇场中，1994 年有 3 个乡镇场达“三无”标准，1997 年有 5 个乡镇场达“三无”标准，2001 年全市 7 个乡（镇）有 6 个达到“三无”标准，达标率 85.7%。同年，阿克苏市开展创建“土地执法模范市”活动，把“三无”达标活动推向更高的目标。

## 八　土地档案管理

1990 年，阿克苏市政府执行《房地产产权、产籍管理条例》。1996 年，市土地管理局安排专人设立档案室，逐步将分散在各业务科室或有关单位的资料收集整理，立案设卷进行编号登记。同时建立严格的资料归档制度，规定各业务科室当年发生的文件、表册、地籍档案，必须在次年的 3 月交档案室立卷保存。下半年，档案升级达标工作开始。同年年底，除红旗坡居民点外，立卷共 8651 卷，其中初始登记 6579 卷、变更登记 1772 卷、建设用地 222 卷、监察类 78 卷，为市土地档案系统化、科学化奠定基础。

1997 年，建立档案库和办公室，有档案柜 30 套、检索柜 2 套、图件柜 4 套，并配置微机、相机、录放像机等设施，在硬件建设上为档案管理的升级达标创造有利条件。是年，档案室存档 15885 卷，共分 8 大类，87 个目录号。

1999 年，档案室装备标准的档案柜、图表柜、音像柜共 38 组，并严格按照“六统一”的管理方法（统一标准、统一卷皮、统一分类、统一格式、统一打印、统一管理）更新档案库。同时，在专门聘请的自治区专家的指导下，建立健全档案检索、登记、保护一系列制度和办法，使土地档案管理很快进入科学规范的轨道。年内，档案管理达标升级工作被评为自治区土地档案管理一级单位。

2001 年，阿克苏市土地管理局先后购置数字化仪、绘图仪、扫描仪等先进设备，在地籍测量的基础上，全面启动地籍数字化建库和档案微机扫描、查询工作。是年，完成 4 乡 2 镇 1 场（托海乡除外）1∶1 万土地详查数字化采图 97 幅。

2003 年，城镇地籍数据库在完成 7813 宗地的属性数据和空间数据录入的基础上，建立工作流程和简单的应用操作，并完成从 MAPG1S6. 0 到 MAPG1S6. 5 的升级工作；档案的微机扫描入库工作全面完成，共输入档案 8538 卷，初步实现档案查询和调阅的微机化。

2006 年，建立档案资料电子管理目录，提高档案查阅和利用效率。

2007 年，阿克苏市建成区 1∶500 地籍图的平面坐标系统由阿克苏市城市坐标系改建为阿克苏市相对独立平面坐标系，经过外业联测、内业资料整理，完成约 27 平方千米 537 幅 1∶500 地籍图的坐标系统转换和格式转换等工作，入库宗地 10351 宗，32409 条属性数据，并于 3 月通过自治区国土资源厅的检查验收，获得验收合格证书。档案馆库存各类档案 103570 卷，其中综合类 1404 卷，计划财务类 622 卷，地籍管理类 97709 卷，土地利用规划类 229 卷，建设用地类 3285 卷，土地监察类 307 卷，土地宣教类 6 卷，声像类 8 卷。档案中，永久类为 66528 卷，长期类 608 卷，短期类 3034 卷。2001 ~2016 年，档案馆共接待查档 4030 人次，调档 13279 卷。

## 九　土地法规宣传

1990 年，市第三届人大常委会组织土地管理法检查组，到阿依库勒、库木巴什、喀拉塔勒和依干其乡、城区各街道办事处及地区红旗坡农场等单位检查《中华人民共和国土地管理法》执行情况。

1991 年 5 月 24 日，国务院决定每年的 6 月 25 日为全国土地日，同时要求在土地日前后掀起学习宣传贯彻土地法规的热潮。阿克苏市自 1991 年开始，每年土地日活动规定一个主题，土地日宣传活动围绕着当年的主题有序开展。

1998 年始，阿克苏市用维吾尔、汉两种语言录制修订后的《土地管理法》宣传录音带 150 盘，其中维吾尔语 128 盘，分发到各村委会广播站（室），村均一盘，播出 70 余天，实现有线广播网络宣传的全覆盖。

2003 年，市土地管理局与电视台、广播电台联合编辑、拍摄的国家《土地管理法》电视讲座专题片和专题广播节目 2 部，累计使用维吾尔语、汉语频道黄金时段播放 1200 分钟，播放或播报国家和自治区关于土地法规的文件和宣传口号多次，累计 200 余小时。

2005 ~2010 年，市各乡（镇）、场利用有线广播宣传国家《土地管理法》及修订后的《土地管理法》多达 4000 余次。办宣传板报累计 1168 期，设立永久性土地宣传牌 306 块、土地法规牌 68 块。各街道、各乡（镇）场及各单位悬挂横幅、竖幅 900 余条次，制作宣传版面 48 块；书写固定标语 1600 余条，张贴临时性标语（维吾尔语、汉语）17.6 万余条。

2014 年，全市设立咨询点 221 个，累计接待咨询 11.05 万人次；发放宣传资料 38 万余份；城乡巡回宣传车出动 34 辆次，举办大规模的送法下乡、送法下矿 10 余次；在城镇、乡场举办领导和群众参加的座谈会 14 场，出席人员 800 余人次；在《阿克苏报》开设维吾尔、汉语 8 个专版宣传土地法规知识。

2016 年，阿克苏市和地区、农一师国土资源局联合举办土地法规知识竞赛 10 余场，参赛人员 200 余人；各乡（镇）场举办干部土地法规学习班 80 余期，参加学习人员 1200 余人次；聘请地区歌舞团编排一批宣传土管法规的文艺节目，到各乡（镇）场巡回演出 10 余场，观众近万人。

## 第三节　矿产管理

### 一　矿产资源勘查

1993 ~ 1997 年，新疆地调院第一地质调查所在阿克苏市区西邻地区进行 1∶50 万区域化探扫面工作，圈出元素组分复杂、浓集中心明显的综合异常多处，特别是铜（AU）异常延入本区西北部。

1998 年，新疆地调院开展 1∶2.5 万铜矿普查工作，发现 5 号矿点为本区具有进一步工作价值的铜矿。1997 ~ 2001 年，中国地科学地质力学所等单位完成的国家 305 项目“东昆仑—阿尔金大型矿床成矿地质条件分析及远景预测（B 专题）”在投标区开展路线地质找矿工作。2006 ~ 2007 年，阿克苏市库如克一带铜矿项目开展地质工作，采用地质、地表系统、槽探、钻探工程等工作方法，对库如克地区铅铜矿项目进行评查评价。

2007 ~ 2010 年，阿克苏市分别对喀拉塔格钒矿、黑山钒矿、沙依里克石灰岩矿和阿克苏四石场石英砂岩矿、库如克一带铅铜矿、启浪铅锌矿、沙井子铜矿、阿克苏市—乌什县沙依里克钒矿等项目进行勘查。

2011 年，勘查项目为黑山钒矿详查，勘查面积 8.75 平方千米，勘查总投入 85.38 万元。

2014 年，有 5 个勘查项目，分别是（招拍挂）四石厂石灰岩二矿普查、阿依库勒镇苦水泉 2 号白云岩矿普查、（招拍挂）黑山白云岩矿普查、四石厂石灰岩一矿勘探和黑山钒矿勘探。

2015 ~ 2016 年，有 2 个勘查项目（黑山钒矿详查、黑山白云岩矿普查）。

### 二　矿产资源规划管理

#### （一）编制矿产资源发展规划

2002 年，阿克苏市进行矿产资源和矿业发展规划研究工作，并完成规划研究报告初稿工作。2004 年 10 月，根据自治区国土资源厅关于编制县（市）级矿产资源规划的要求，重新修编并编制《2005 ~ 2015 年阿克苏市矿产资源规划》文本，上报自治区国土资源厅。2007 年 6 月，获自治区国土资源厅批准实施。

2016 年 5 月，阿克苏市依据《中华人民共和国矿产资源法》、《国土资源部关于开展第三轮矿产资源规划编制工作的通知》、《国土资源部专题会议纪要第 68 期》（研究第三轮矿产资源规划编制工作有关事宜）、国土资源部办公厅印发的《省级矿产资源总体规划编制技术规程》和《市县级矿产资源总体规划编制指导意见》，以及《中华人民共和国环境保护法》《新疆维吾尔自治区矿产资源总体规划（2016～2020年）》《新疆维吾尔自治区阿克苏地区矿产资源总体规划（2016～2020年）》《新疆维吾尔自治区阿克苏市国民经济和社会发展第十三个五年规划纲要》等法律法规、文件通知、规划要求，进行《规划》的编制。

（二）编制地质环境治理保护与地质灾害防治项目

2000年，阿克苏市编制《阿克苏市地质环境保护规划》，制定具体实施办法，重点是黏土砂石料采空区的回填治理，与采矿企业签订地质环境保护责任书，督促企业履行职责。是年，治理采矿土地面积65.33公顷。其中采区平整土地面积19.33公顷，采区复垦利用面积46公顷。此后，每年采空区治理面积都在3.33公顷以上，形成较好的发展态势。2006年、2007年，申报地区环境保护项目2个。

2007年，为摸清阿克苏市地质灾害种类、分布、危害程度，根据《阿克苏市地质灾害防治方案》，开展阿克苏市地质灾害调查区划工作。7月，调查与区划项目完成《阿克苏市地质灾害调查与区划文本编制工作》，申报地质灾害防治项目1个。

## 三　矿产资源开发利用

（一）开发利用

1995年，阿克苏市共有各类矿山企业42家。其中国营矿山企业30家，乡镇集体私营矿山企业12家。其中砖厂25家、石灰岩矿7家、砂石料2家、片石矿2家、磷矿3家，水泥配料黏土矿3家。全市矿山企业矿石产量76.88吨（黏土28.04万吨、石灰石46.8吨、砂石料2.04万吨），矿业产值1672.9万元，从业人员2050人。

2000年，全市共有各类矿山企业47家，从业人员2111人，国有矿山企业13个，乡镇集体矿山企业17个，私营矿山企业16个，股份制企业1个。其中砖厂24个，石灰石矿9个，砂石料矿7个，磷矿1个，片石企业5个，矿石生产总量121.47万吨，其中黏土33.67万吨，石灰岩72.08万吨，砂石料9.202万吨，磷矿石1.64万吨，砖瓦用砂0.5万吨，片石2.28万吨，矿石总产值2734.66万元，利润26.98万元，税金196.38万元。

2007年，市辖区持证生产矿山企业16家（其余停产），从业人员625人，矿石总产量130.22万吨。其中砖瓦黏土9家，产量30.52万吨，石灰岩5家，产量98.58万吨；砂石料1家，产量1.12万吨。矿石总产值2718.08万元，占市工业产值的1.57%。

2010年，阿克苏市辖区持有效采矿许可证的矿山企业（矿）共69家。全市范围内已开发利用的矿种有8种，其中石灰岩矿12个，磷矿1个，钒矿1个，水泥用砂岩矿2个，水泥用绿土矿2个，水泥用黄土矿2个，建筑用玄武岩矿5个，建筑石料用灰岩矿2个，建筑用砂矿31个，砖瓦用黏土矿9个。

2011年，阿克苏市辖区持有效采矿许可证的矿山企业（矿）共74家，其中年内政策性关闭8家，剩余66家矿山企业，其中按发证权限划分，厅发证矿山企业（矿）14家，地区发证14家，县（市）发证38家。全市范围内已开发利用的矿种有10种，其中石灰岩矿12个，磷矿1个，钒矿1

个，水泥用砂岩矿 2 个，水泥用绿土矿 2 个，水泥用黄土矿 2 个，建筑用玄武岩矿 6 个，建筑石料用灰岩矿（片石）2 个，建筑用砂矿 26 个，砖瓦用黏土矿 12 个。

2016 年，阿克苏市境内共有采矿权矿山企业 54 家，自治区办证 16 家，地区办证 16 家，市级办证 21 家，其中砖瓦用黏土企业 8 家，砂石料企业 13 家；探矿权企业有 2 家。矿山企业从业人员 1318 人，矿石采出量 512.02 万吨，利润总额 449.27 万元，矿业总产值 10610.01 万元。

**表 20－9　2000 年阿克苏市各经济类型矿山企业矿产开发一览表**

| 经济类型 | 矿山数（个） | 从业人员（人） | 年产值矿石量（万吨） | 矿石产值（万元） | 利润总额（万元） | 税金总额（万元） |
|---|---|---|---|---|---|---|
| 国有 | 13 | 1179 | 89.515 | 1948.53 | 125.32 | 130.09 |
| 集体 | 17 | 687 | 17.85 | 517.91 | －108.26 | 44.56 |
| 私营 | 16 | 187 | 13.155 | 237.82 | 17.52 | 20.92 |
| 股份 | 1 | 58 | 0.95 | 30.40 | －7.6 | 0.81 |
| 合计 | 47 | 2111 | 121.47 | 2734.66 | 26.98 | 196.38 |

**表 20－10　2000 年阿克苏市矿产开发利用情况一览表**

| 矿种名称 | 矿山数（个） | 从业人员（人） | 年产矿石量（万吨） | 矿业产值（万元） | 利润总额（万元） | 税金总额（万元） |
|---|---|---|---|---|---|---|
| 砖瓦用黏土 | 24 | 1626 | 33.675 | 1006.53 | －125.32 | 75.97 |
| 石灰石 | 9 | 258 | 72.08 | 1474.06 | 127.76 | 109.09 |
| 砂石料 | 7 | 80 | 9.202 | 117.54 | 3.7 | 8.01 |
| 磷矿 | 1 | 60 | 1.643 | 90.37 | 14.22 | 0.82 |
| 砖瓦用砂 | 1 | 25 | 0.59 | 7.4 | 0.8 | 0.19 |
| 片石 | 5 | 62 | 2.28 | 38.76 | 6.1 | 2.3 |
| 合计 | 47 | 2111 | 121.47 | 2734.66 | 26.98 | 196.38 |

### （二）矿产利用

阿克苏市的矿业开发利用受诸多因素的制约，产量低，规模小，人工开采，时采时停，生产处于不稳定状态。

#### 1. 化工业

阿克苏市的化工原料非金属矿产资源主要是磷矿，是自治区的主要磷矿产区。生产企业主要是青松建材化工总厂。

#### 2. 建材业

阿克苏市建材非金属矿产资源丰富，水泥灰岩、玄武岩、陶粒页岩、泥岩、砖瓦黏土、建筑砂石等不但品种较多，而且资源储量也较丰富，具有发展建筑材料工业可靠的基础条件。已建成生产水泥及其系列制品、饰面瓷砖、饰面花岗石板材、砖瓦及其饰面材料系列制品、陶粒制品等多种矿制品的企业和厂矿多家，在阿克苏市形成一定规模，为建材业的进一步扩展打下一定的基础。其中青松建材化工总厂水泥厂设计生产能力为 70 万吨/年；多浪水泥厂设计生产能力 30 万吨/年，且有较多的品种面市。阿克苏市建材厂除生产砖瓦外还正在研制生产多品种、多用途的釉面瓷砖，具有较高的实用、经济价值。

3. 其他矿业

阿克苏市除已开发的化工、建材矿产资源外，还有一些尚待开发的矿种，如沙依里克的钒矿、白云岩矿、大理岩矿等，都具有较丰富的储量和良好的开发前景。2006 年，市国土资源局通过招商引资渠道，促成甘肃敦煌钒业公司在阿克苏市投资钒矿的意向，并协助公司同有关单位签订地质勘查合同及采矿权转让协议。是年，甘肃敦煌钒业公司投资的阿克苏建元钒业公司注册成立，一期工程投资 3000 万元，厂房、炉窑主体建设和安装工程相继完成。

阿克苏市已经探明矿产 17 种，到 2016 年开发利用的有 4 种，包括砖瓦黏土、建筑砂石、水泥石灰岩、磷矿。全市共有矿山企业 17 家，其中国有企业 8 家、集体企业 5 家、股份有限公司 4 家、股份合作企业 1 家。

阿克苏市矿产资源开发利用程度相对较高，且已经形成产业优势。如依托石灰岩矿产建设的青松水泥厂和多浪水泥厂，具有较大的生产规模，成为阿克苏和南疆主要的水泥生产基地，市场占有率较大；磷矿自然开采规模不大。

表 20－11　2016 年阿克苏市矿产资源利用情况表

| 矿种 | 矿山数 | 从业人数 | 年产矿石量(万吨) | 产值(万元) | 利润总额(万元) |
|---|---|---|---|---|---|
| 砖瓦黏土 | 12 | 944 | 13.33 | 357 | 14.67 |
| 建筑砂石 | 2 | 28 | 1.6 | 20 | 0 |
| 水泥石灰岩 | 2 | 125 | 90.0 | 1800 | 96.4 |
| 磷矿 | 1 | 60 | 0.953 | 52.4 | 12.11 |

## 四　矿产资源管理

（一）矿山储量管理

1996 年，阿克苏市矿山企业制定“三率”（开采回采率、采矿贫化率和选矿回收率）指标的矿山 30 家，考核 30 家，考核率 100%；乡镇集体矿山制定“三率”指标 10 个，考核率 89%。考核中，“三率”指标考核与矿产资源补偿费征收挂钩，促进矿山企业提高资源利用效率。

2000 年，全市持证 47 家矿山企业，国有企业 13 家，集体企业 17 家，私营企业 16 家，股份制企业 1 家，全部进行储量登记和储量占用统计工作，其中黏土企业 24 家、砂石料企业 7 家、磷矿 1 家、片石 5 家、生产用砂企业 1 家、石灰岩企业 9 家。

2006 年，开展矿山储量动态管理工作，到 2007 年底，全市 95% 的矿山企业开展储量动态监测工作，各矿山企业完成储量动态监测报告的编写，通过地区专家评审组的评审。

2016 年，有 20 家矿山企业编制储量动态监测报告。各矿山企业完成储量动态监测报告的编写，通过地区专家评审组的评审，为矿山储量动态管理打下良好的基础。

**表 20 - 12　2007 ~ 2016 年阿克苏市矿山企业编制储量动态监测报告数量表**

单位：家

| 年份 | 编制储量动态监测报告 | 年份 | 编制储量动态监测报告 |
| --- | --- | --- | --- |
| 2007 | 17 | 2012 | 15 |
| 2008 | 16 | 2013 | 10 |
| 2009 | 39 | 2014 | 14 |
| 2010 | 38 | 2015 | 20 |
| 2011 | 18 | 2016 | 20 |

（二）采矿登记

1990 年，阿克苏市完成市辖区 17 家矿山企业 26 个矿点的定点划界、矿区范围核定和登记发证工作。随着国家矿业开发形势的发展，以行政审批方式出让采矿权工作持续到 2002 年。2002 年 9 月，自治区国土资源厅下发《关于停止以行政审批方式出让建材类矿产采矿权的通知》。根据该通知的精神，阿克苏市停止建材类矿产采矿权行政审批，权限内新办延续采矿权全部以有偿出让的方式出让采矿权，并于 2004 年 4 月 1 日对西大桥 2 块砂石料采矿权进行拍卖，拍卖采矿权价款 141 万元。2002 ~ 2007 年，全市共出让采矿权 48 宗，收取采矿权价款 299. 8 万元。2008 ~ 2012 年，共收取采矿权价款 201. 92 万元。2013 年收取采矿权价款 70. 05 万元，2014 年收取采矿权价款 78. 52 万元，2015 年收取采矿权价款 57. 72 万元，2016 年收取采矿权价款 24. 49 万元，严格按照采矿权价款的收费程序开展工作。

（三）矿产资源补偿费征收

1994 年，国务院颁布《矿产资源补偿费征收管理规定》后，阿克苏市于 1995 年全面开始征收矿产资源补偿费工作。随着矿山管理的日趋完善和各项制度的不断完善，矿产资源补偿费征收呈逐年上升的状态，2007 年征收 70 万元，征收面达到 100%；2016 年征收补偿费 102. 1 万元。

**表 20 - 13　1995 ~ 2016 年阿克苏市矿产资源补偿费征收情况表**

单位：万元

| 年份 | 征收费用 | 年份 | 征收费用 |
| --- | --- | --- | --- |
| 1995 | 11. 0 | 2006 | 65. 8 |
| 1996 | 13. 0 | 2007 | 70. 0 |
| 1997 | 15. 0 | 2008 | 88. 5 |
| 1998 | 17. 0 | 2009 | 130. 7 |
| 1999 | 21. 0 | 2010 | 200. 7 |
| 2000 | 35. 7 | 2011 | 235. 2 |
| 2001 | 43. 3 | 2012 | 316. 3 |
| 2002 | 52. 3 | 2013 | 263. 1 |
| 2003 | 60. 3 | 2014 | 246. 8 |
| 2004 | 62. 5 | 2015 | 181. 3 |
| 2005 | 63. 1 | 2016 | 102. 1 |

（四）年检年报

1992 年，阿克苏市实行年检年报制度。1993 年进一步加强年检年报工作。统一受检矿山 65 家。年检中，因越界开采注销采矿许可证 1 家，不符年检规定限期整改 5 家，年检合格矿山 38 家，基本合格 22 家，不合格 1 家。1996 年，对 7 家采矿许可证到期矿山企业采取暂扣采矿许可证方式，督促其限期办理延续变更手续。矿山企业年检与工商营业执照验照相结合，每年在开展矿山企业年检的时候，地矿部门联合工商部门，采取先年检后验照的方式确保年检工作顺利进行。年检率 100%。

2011 年，阿克苏市辖区持有效采矿许可证的矿山企业（矿）共 74 家，年内政策性关闭 8 家，剩余 66 家矿山企业。

2016 年，阿克苏市境内共有采矿权矿山企业 54 家，其中砖瓦用黏土企业 8 家，砂石料企业 13 家，探矿权企业 2 家。

表 20－14　2008 ~ 2016 年阿克苏市参加年检矿山企业数量表

| 年份 | 参加年检矿山企业（家） | 其中 | | | 年份 | 参加年检矿山企业（家） | 其中 | | |
|---|---|---|---|---|---|---|---|---|---|
| | | 自治区发证（个） | 地区发证（个） | 阿克苏市发证（个） | | | 自治区发证（个） | 地区发证（个） | 阿克苏市发证（个） |
| 2008 | 43 | 12 | 7 | 24 | 2013 | 79 | 14 | 21 | 44 |
| 2009 | 55 | 10 | 10 | 35 | 2014 | 74 | 16 | 17 | 41 |
| 2010 | 69 | 14 | 15 | 40 | 2015 | 50 | 15 | 16 | 19 |
| 2011 | 74 | 14 | 14 | 38 | 2016 | 54 | 16 | 16 | 21 |
| 2012 | 68 | 13 | 16 | 39 | | | | | |

## 五　行政执法

1996 年，阿克苏市开展矿业秩序治理整顿工作，在市矿业秩序治理整顿工作领导小组的领导下，查处无证开采企业 2 家，没收风钻 1 台、钻杆 2 根、炸药 112 千克，责令 5 家采矿许可证到期矿山企业办理采矿延续手续，追缴 3 家未按期足额缴纳税费企业补交税费。1998 年，在区市矿业秩序治理整顿工作领导小组人员变动的情况下，调整充实由市地矿局、公安局、工商局、地税局、乡镇企业局为成员的阿克苏市矿业秩序治理整顿工作领导小组，下设办公室，办公室设在市地矿局。建立完善矿业秩序根本好转联络员制度，制定《阿克苏市矿业秩序根本好转工作规划》。1998 ~ 2000 年，对市辖区各采矿区域进行大规模清查 11 次，查处违法采矿 16 起，清理在河道附近乱采滥挖影响水利防洪设施安全事件 5 起，没收管理不规范炸药 1000 千克、雷管 350 发、导火索 50 米、没收非法采矿工具风钻 6 台，追回拖欠资源税费 4.6 万元，查处非法转让采矿权 1 起，解决矿界纠纷 1 起。通过治理整顿，违法采矿、乱采滥挖现象得到有效遏制，地质环境破坏得到初步治理和恢复，勘查、开采活动正常有序，到 2016 年底，阿克苏市实现矿业秩序根本好转的目标。

# 第三章　工商行政管理

## 第一节　机　构

1990 年，阿克苏市工商行政管理局（以下简称工商局）内设办公室、财务股、工商企业管理股、个体经济管理股、经济合同管理股、经济检查股、市管股、经济合同仲裁委员会 8 个股室，行政编制 37 名。下设新城、东城、南城、沙井子、喀拉塔勒、库木巴什、阿拉尔、托普鲁克 8 个工商所，事业编制 92 名。

1994 年 10 月，阿克苏市工商行政管理局撤销经济检查股，挂牌成立阿克苏市工商行政管理局经济检查大队（股级），同时增设法制科；1995 年 7 月设立纪检监察室和车辆运输市场管理办公室。

1999 年，工商系统实行重大改革，省以下工商局人、财、物实行垂直管理。阿克苏市工商局隶属阿克苏地区工商局，并成立体制改革工作领导小组。5 月，市工商局成立党组，将原党总支撤销；6 月，政工科改为组织人事教育科，财务科改为财务装备统计科。根据自治区工商局拓宽职能、小局大所的要求，将 9 个工商所合并压缩为 5 个，即新城工商所、英巴扎工商所、红桥工商所、库木巴什工商所、沙井子工商所。年底，市工商局有编制 129 名，其中行政编制 37 名，下设办公室、组织人事教育科、财务装备统计科、法制科、纪检监察室、经济检查科、经济合同监督管理科、商标广告科、注册登记科、市场管理科、运输市场管理办公室 11 个职能科室；3 个外围组织，即私营企业协会、个体劳动者协会、消费者协会。

2004 年，市工商局根据“三定”方案进行机构调整，内设办公室、组织人事教育科、计划财务科、法规科、注册登记监督管理科、市场合同监督管理科、商标广告监督管理科、消费者权益保护科、纪检监察室等 11 个职能科室；下辖新城、红桥、英巴扎 3 个城镇工商所和库木巴什、沙井子 2 个农村工商所；2 个外围组织：私营个体企业协会、消费者协会。年底，市工商局有编制 124 名，实有 117 人。

2013 年 8 月，按照自治区工商局的要求，阿克苏市工商局将管辖区沙井子交给阿拉尔工商局，原设在沙井子的工商所搬至建化厂，名称未发生变化。

2016 年 12 月，阿克苏市工商局与阿克苏市质量技术监督局、阿克苏市食品药品监督管理局合并为阿克苏市市场监督管理局。

## 第二节　企业个体登记管理

### 一　企业登记管理

1990 年，阿克苏市共有全民、集体企业 904 户。按经济类型划分，全民企业 450 户，集体企业

447 户，合营企业 7 户，注册资金总额达 62671. 3 万元。

1991 年，在全面贯彻《企业法人登记管理条例》的同时，贯彻国家有关调整产业结构和产品结构的政策，开展“质量、数量效益年”活动，发挥工商行政管理职能，引导企业依照国家法规和政策搞活经营、搞活经济，做好假集体、挂靠企业的清理工作，净化市场环境。同时，市工商局配备专门的企业档案室，对 1059 户企业档案进行系统的规范管理。

1992 ~1993 年，为进一步贯彻中央经济工作会议精神，支持搞好国有企业和市属骨干企业，市工商局不断改进企业登记管理制度，改革企业登记注册办法，简化审批环节，放宽企业生产经营范围，为企业创造良好的外部环境。同时，围绕建立现代企业制度，强化勤政意识，提高管理水平和工作效率。1993 年秋季，市工商局与地区工商局联合检查城区 898 户企业，共查处假集体企业 47 户，清理 23 户，查处无照经营 10 户。当年，全市共有企业 959 户，注册资金 39021. 38 万元。其中全民企业 298 户，集体企业 661 户。

1994 年，《中华人民共和国公司法》颁布实施后，阿克苏市企业登记管理以直接登记为主、审批设立为辅的原则，严把市场准入关。当年，全市共有企业 1264 户，其中全民企业 407 户，集体企业 857 户。

1995 ~1996 年，企业注册登记采取“事前参与，事中辅导，事后服务”的办法，向企业进行工商法规咨询和宣传，帮助解决企业登记上的问题。同时，改革企业登记制度，弱化注册登记前置审批，简化登记程序，放宽经营范围，扶持企业发展。

1997 年后，随着社会主义市场经济的逐步建立，市场主体日趋多元化，市工商管理部门严把市场准入关、进一步规范市场主体准入行为，企业登记强化服务功能，创建文明窗口，提高办事效率和服务质量。以年检为重点，确认市场主体资格，对新开办企业，认真审查，重点解决企业注册资金到位和各种经济成分的产权界定，从加强对中介验资机构的监管入手，防止企业虚假出资，创造公平交易的市场环境。至年底，全市共有企业 787 户，注册资金 6. 4 亿元。其中全民企业 282 户，集体企业 505 户。

1999 年 1 月，设立工商登记注册大厅，对投资项目实行“一口受理，一门发照”。同时，重点加强对国有集体改制企业的咨询服务工作，积极参与国有企业改革与发展指导工作，对企业专题调研，召开座谈会，提供法律、法规及经营发展方面的咨询服务，派专人参加指导组，对改制企业提前介入、参与论证、帮助指导，协助做好市属国有企业的改革、改制、破产、清理工作。至年底，全市共有企业 676 户，其中全民企业 211 户，集体企业 459 户，联营企业 6 户，注册资金 5. 88 亿元。

2000 年，全市 10 家企业完成公司改制。至年底，全市共有各类企业 633 户，其中国有企业 208 户，集体企业 364 户，法人企业 189 户，联营企业 7 户，公司 23 户，注册资金 55851 万元。对未按规定参加年检的 147 家企业予以吊销营业执照。

2002 年，阿克苏市企业登记注册窗口进驻行政服务大厅，实行企业注册互联审批。

2004 年，首次开展“诚信企业”评定活动。在 300 多家参评试点企业中拟选出的 36 家“AA”级企业公开征信，在《阿克苏报》刊登企业相关诚信资料，走访银行、税务、公安等 10 个相关部门，广泛征集社会意见，评选出 26 家符合诚信条件的“AA”企业，并向地区推荐 15 家“AAA”

级信用企业。同时，开展“百朵鲜花送诚信”活动，本着“贴近企业、贴近百姓、贴近生活”的原则，为全市100家诚信企业和个体工商户送去鲜花，大力弘扬诚信的良好风尚。

2008年3月5日，市工商局启动企业网上年检工作。

2011年，实施企业登记畅通工程，对政府的重大投资项目和招商引资项目实行提前介入、跟踪服务、专人专办、限时办结。对22户招商引资项目企业提供导办服务，涉及注册资金1.2亿元。

2013年，推行证照核发一体化，简化注册审批环节，缩短办事时限。全年审核企业设立登记628户，变更登记1232户，办理注销登记86户，办理企业集团1户。全市登记在册各类企业3490户，其中内资企业247户、私营企业3052户、农民专业合作社191户。

2016年，深化三证合一、一照一码改革。全年换发加载社会统一代码营业执照2712户，先后办理先照后证登记2883户。围绕去产能、消除僵尸企业，办理企业简易注销登记13户，各类企业备案登记255户。年底，全市在册企业6160户，注册资本153.4亿元，从业人员3万人。

## 二　个体户与私营企业登记管理

1990年，市工商局在城乡广泛宣传地区工商局与地区税务处联合发布的《保护个体工商户和私营企业合法权益的布告》，在社会上引起强烈反响。同时，开展“五好文明个体工商户”活动，共评选出文明个体工商户668个。至年底，全市共有个体工商户3393户，从业人员4532人，注册资金564.96万元。

1992年，市政府制定继续鼓励发展个体经济的政策和规定，引导个体经济向第三产业、手工业及方便群众生活的行业发展，允许一业为主兼营其他，也可以跨行业经营，并打破地域界线，引进外地客商在阿克苏市经商，在办照、收费、管理方面坚持与当地个体、私营工商户同等待遇。认真落实国家工商总局颁布的《私营企业登记程序》，严把市场主体准入关，加强个体、私营经济的年检验照和监督管理。

1993年，自治区人民政府发布《关于发展个体私营经济的若干规定》，自治区工商局、阿克苏地区工商局分别下达《关于大力发展个体私营经济的措施》，采取“放宽政策，降低门槛”的方法，取消一些不适应本地实情的限制。为提高质量和办事效率，市工商局向工商所下放办照权，对农牧区个体工商户只监管免收费。

1996年，阿克苏市成立发展个体私营经济协调领导小组，对个体私营企业实行“缴费明白卡”制度，加强运输市场管理工作，全年登记注册运输户1862户，注销196户。为适应市场经济的要求、强化职能管理，市工商局将原个体私营经济监督管理股改为个体私营经济监督管理科。当年，全市有私营企业85户。

1999年1月，市工商局将个体工商户档案移交辖区工商所。

2002年，市工商局在工商所全面实行微机化管理，个体工商户的初审、开业登记在工商所全面开展。年底，全市个体私营经济GDP为5.26亿元，占阿克苏市GDP的21.3%。

2006年7月，开展个体私营企业结对帮扶联系活动，阿克苏市华能实业有限责任公司等11家个私企业被确定为第一批帮扶对象。8月，市工商局为依干其乡奶牛协会发起人、农民党员陈光荣登记办理第一例农村经纪人的合法市场主体资格证书，解决农民长期以来因无合法的主体资格，不能对外签订合同、申请银行贷款和注册商标的困难，免费为38 人登记办理农村经纪人的合法主体资格，并聘请专职讲师进行培训。

2008 年，阿克苏市新登记农民专业合作社3 户，吸纳社员318 人。全市登记在册农民专业合作社5 户，成员总数343 人，成员出资额4333. 5 万元，登记数量居全地区首位。

2013 年，推行“证照核发一体化”，简化注册审批环节，缩短办事时限。受理、审核个体设立登记3197 户，变更登记1434 户，注销登记522 户。

2015 年，继续深化商事制度改革，“先照后证”，便捷市场准入。先后办理“先照后证”登记1264 户，受益最大行业主要有居民服务业、批零业、餐饮业。认真做好新版营业执照换发工作，为企业换发新版营业执照3553 户，换照率为90%。在换照中修改数据4540 条。

2016 年，市工商局探索建立个体、企业简易程序注销流程，构建便捷有序的市场退出机制。年底，全市在册农民专业合作社495 户，注册资本14. 1 亿元，参社人员8232 人；个体工商户2. 44 万户，注册资本14 亿元，从业人员5. 39 万人。引导条件成熟的23 户个体转型为有限公司。

## 第三节　市场监督管理

1990 年后，市工商局规范市场管理工作的重点从查处投机倒把及其他违法违章活动，逐步转向查处不正当竞争行为、开展公平交易等执法活动。对制售假冒伪劣商品行为进行有力打击，对扰乱市场秩序、损害消费者权益行为进行查处，加强对农贸市场的监督管理，对仿冒欺诈行为进行专项整治，取缔无证照经营，维护公平竞争秩序。

### 一　市场建设

1990 年，阿克苏市市场建设贯彻“政府决策、统一规划、多方集资兴建、工商部门统一管理”及“谁投资谁受益”的方针，在市区和乡村、团场建设集贸市场。

1991 年，投资37 万元重新调整、修建西城市场；投资1. 6 万元把南城蔬菜市场地摊改建成砖混结构的售货台。1992 年，改建多浪市场，制作388 个铁制货柜台，铺设水泥地坪2000 多平方米。1993 年，投资200 万元修建农贸市场、新华东路夜市。

1994 年，阿克苏市登记各类市场30 个，其中消费市场28 个、生产资料市场1 个、生产要素市场1 个，市场建设总投资1468. 55 万元，建筑面积74146. 52 平方米。

1995 年，市工商局管理的32 个市场中，棚顶市场面积达7. 33 万平方米，室内市场面积5244 平方米，楼层市场面积4. 78 万平方米。协助有关部门在南昌路、前进路、滨河路设立3 个简易蔬菜市场。

1999 年，为贯彻落实国务院关于工商部门与所办市场实施“管办”脱钩的要求，阿克苏市所有市场移交阿克苏市国资委管理。

### 二　市场监管

1990 年，市工商局坚持“放而有序、活而有序、管而有法”的原则，正确处理放、治、管三者间的关系，完善市场管理制度。在打击制售假冒伪劣商品方面进行 8 次市场整顿，共查处违法经营 864 户，查处假冒伪劣商品标值达 3500 多元。

1993 年，市工商局与地区工商局联合检查城区 898 户企业，共查处假集体企业 47 户，清理 23 户。查处无照经营 10 户。查获假烟 82 条、假酒 85 箱、伪劣化妆品 66 件。

1995 年，市工商局会同公安、交通等部门，按照《阿克苏地区汽车交易市场管理办法》，加强对汽车交易市场的管理。同时，加强对市场注册登记的管理，开展市场规范化达标工作，引导个体经营者协会充分发挥自律机制，按行、摊设立自我管理流动牌，在南城副食品市场、民主路市场、阿克苏巷等市场，率先推进使用双面弹簧秤。

1996 ~ 1998 年，市工商局开始推行市场巡查制，与市场规范达标活动相结合。先后组织开展扫黄、打非双项治理活动，农资市场专项治理等，共查处各类经济违法违章案件 1230 余件，罚没款 16. 5 万元。

2000 年，市工商部门突出重点、严格执法、强化市场监管、加大执法力度。开展节日市场整治、农资市场整治、粮食市场和棉花市场整治等专项整治。共查处各类违法违章案件 198 件，案值 1152. 1 万元，罚没款 17. 69 万元，案值 5 万元以上大要案件 27 件。

2003 年，以专项检查与日常巡查、市场预警相结合，实现监管长效机制。全年开展农资、成品油、边销茶等 23 项专项整治，查处各类违法案件 784 件，涉案值 1618. 12 万元，罚款 72 万元。查办大要案件 148 件，捣毁各类窝点 14 个。

2004 ~ 2007 年，全市开展节日市场、畜禽市场、食品、“百日红盾护农”、文化娱乐场所、网吧、扫黄打非等 24 项专项整治，查处各类违法案件 2758 件，涉案值 5033. 36 万元，罚款 438. 26 万元。

2009 年，以食品安全为重点，开展食品快速检测 81 次，捣毁食品加工窝点 4 家，立案查处案件 14 件，案值 13. 7 万元。全年立案查处各类经济违法违章案件 317 件，案值 1245. 88 万元，罚没款 151. 03 万元，罚没款万元以上大要案件 50 件，占案件总数的 15. 77% 。

2010 ~ 2013 年，市工商局强化食品安全监管，先后开展 26 项专项治理，清理取缔无照经营 134 户。共立案查处各类违法案件 745 件，案值 1819. 42 万元，罚没款 321. 37 万元。

2014 ~ 2016 年，深入开展节日市场整治。采取拉网式检查和交叉检查的方式，立案查处各类案件 418 件，结案 363 件，案值 448. 81 万元，罚没款 178. 15 万元。

## 第四节　商标广告监督管理

### 一　商标管理

1990 年，市工商行政管理部门开展酒类商标的清理整顿，对市区酒类生产企业的注册商标和瓶贴进行全面清理，对不规范的瓶贴商标予以纠正，对不符合规定的商标，要求企业重新设计。通过整顿，解决酒类商标的混乱状况。

1991 ~ 1992 年，全市有效注册商标 70 件，受理商标印制案件 22 起。

1994 ~ 1997 年，市工商局新注册商标 16 件，查处商标侵权案件 10 起，查获假冒商标标识 5000 套。代办注册商标 4 起。

2000 年，以商标管理为切入点，清理整顿各类专卖店 76 户，并依法打击假冒“恒源祥”等商标侵权行为 3 起，标值达 5.04 万元。协助依干其乡果农注册“狄夏特”商标，全年，新办理申请注册商标 8 件，办理商标案件 8 件。

2001 年，市工商局对商标注册单位开展登记验证工作，共注册商标 84 件，使用 41 件，歇业、破产的 18 件，申请注销的 7 件，查无下落的 14 件。查处商标违法违章案件 5 起，罚没款 1.35 万元。2002 年，引导企业走名牌创优之路，帮助企业申请商标注册 12 件，推荐新疆著名商标5 件，获得新疆著名商标 1 件。2003 年，开展新疆著名商标认定活动，推荐符合条件的“青松”“新农”“多浪”“天山银花”“狄夏特”5 家企业申报新疆著名商标，指导企业商标注册 14 件。

2005 年，阿克苏市加大地理标志宣传力度，发挥工商职能作用，召开推动农产品商标品牌发展战略座谈会。全年，新发展注册商标 21 件，查处商标侵权案件 17 件，罚没款 1.29 万元，收缴和消除商标标识 35530 件。

2006 年，实施商标战略，引导企业进行商标注册，注重培育地理标志注册商标，将阿克苏苹果、阿克苏核桃、阿克苏红枣申报为农产品原产地证明商标，并与农业、林业部门联合开展农产品地理资源的普查工作，将“金九”“升奇”“托峰”“多浪”4 件商标申报新疆著名商标。全年，新发展注册商标 17 件，办理商标转让 2 件，帮助查询注册商标 68 起，查处各类商标侵权 45 件，案值 417.24 万元，罚没款 10.27 万元。

2007 年，推选出全市符合条件的新疆著名商标 19 件，同时将享有较高声誉的“青松”“新农”2 件新疆驰名商标推荐为中国驰名商标。共立案查处商标违法案件 40 件，罚没款 16.6 万元。

2010 年，“阿克苏苹果”等 4 件商标分别申报中国驰名商标及新疆著名商标，“阿克苏红枣”等 4 件商标通过新疆著名商标核审。查处商标侵权案件 12 起，案值 7.58 万元。年末，全市累计有效注册商标 693 件，注册商标数量占企业总数的 30.5%。其中农副产品商标 164 件、工矿产品商标 249 件、服务商标 134 件，分别占商标总数的 23.67%、35.93%、19.34%。在 693 件商标中，真正使用的商标有 547 件，发挥作用、产生效益的商标数量已占注册商标总数的 78.9%。全市拥有新疆著名商标 12 个，分别为“天山雪米”“红旗坡苹果”“红洁蜜香梨”“天山银花牌棉花”“新农棉花”“青松水泥”“多浪水泥”“塔河种业”“阿克苏苹果”“天杉红枣”“雪鹰白酒”“升奇白糖”。

2013 年，建立著名驰名商标信息储备库，推荐申报新疆著名商标 3 件，重点培育驰名商标 3 件，申请注册印象西域商标 7 件。全年新注册申请商标 256 件。查处商标侵权及假冒伪劣商品案件 56 件，案值 126.84 万元。

2014 年，市工商局重点推荐“阿克苏红枣”“阿克苏核桃”“天杉”“新农”录入驰名商标发展名录，重点培育“西域王”“西域神”“阿开电器”为新疆著名商标。全年受理注册商标 30 件。

2016 年，开展商标注册、运用、培育服务。全年新注册商标 178 件，上报 4 家新疆著名商标复审材料。查处商标侵权案件 10 起，案值 20.69 万元。

**表 20－15　2005～2016 年阿克苏市获得商标名牌表**

| 名称 | 所在地 | 授予时间 | 授予单位 |
|---|---|---|---|
| 阿克苏苹果 | 阿克苏 | 2014. 9 | 国家工商总局授予全国驰名商标 |
| 阿克苏红枣 | 阿克苏 | 2010. 4 | 自治区工商局授予新疆著名商标 |
| 阿克苏核桃 | 阿克苏 | 2010. 4 | 自治区工商局授予新疆著名商标 |
| 青松牌水泥 | 阿克苏 | 2005. 11 | 自治区工商局授予新疆著名商标 |
| 新农皮棉 | 阿克苏 | 2005. 11 | 自治区工商局授予新疆著名商标 |
| 红旗坡苹果 | 阿克苏 | 2005. 11 | 自治区工商局授予新疆著名商标 |
| 天山雪大米 | 阿克苏 | 2008. 7 | 自治区工商局授予新疆著名商标 |
| 天杉干枣 | 阿克苏 | 2010. 12 | 自治区工商局授予新疆著名商标 |
| 升奇白砂糖 | 阿克苏 | 2010. 12 | 自治区工商局授予新疆著名商标 |
| 雪鹰白酒 | 阿克苏 | 2010. 12 | 自治区工商局授予新疆著名商标 |
| 多浪水泥 | 阿克苏 | 2010. 4 | 自治区工商局授予新疆著名商标 |
| 塔里木河植物种子 | 阿克苏 | 2010. 4 | 自治区工商局授予新疆著名商标 |
| 天杉红枣 | 阿克苏 | 2010. 2 | 自治区工商局授予新疆著名商标 |
| 巨鹰棉本色紧密纺纱 | 阿克苏 | 2013. 12 | 自治区质量技术监督管理局授予新疆名牌产品 |
| 西域王红枣 | 阿克苏 | 2014. 9 | 自治区工商局授予新疆著名商标 |

## 二　广告管理

1990 年，市工商局建立健全广告经营单位内部的各项规章制度，完善各类广告登记管理的审查、登记、验证、建档、监督检查等各项工作。

1993 年，实行广告制作与发布相分离制度，重点查处药品、行医的违章广告。年底，全市有广告经营单位 8 家。

1996 年起，开始实施户外广告登记管理工作。

2001～2006 年，市工商局重点开展打击“虚、假、乱”广告专项治理，引导企业进一步增强以广告战略开拓市场的意识。开展“反误导、打虚假”专项行动，查处广告违法经营案 122 起，罚款 19. 9 万元。监测广告 10629 条，没收违法印刷品广告 2. 7 万余份。

2007～2010 年，市工商局对阿克苏市 2 家电视媒体广告和阿克苏地区邮政局信函广告局、阿克苏一家广告传媒有限公司等 10 家固定形式印刷品广告进行实时监测，对传播的虚假违法广告及时发现查处；并通过日常巡查，加大对城区街道、广场等建筑物设置的橱窗、灯箱等户外广告，以及公交车、出租车等交通工具上设置、张贴广告的监管力度，严厉打击未经登记许可擅自发布户外广告的行为。

2010～2012 年，市工商局查处商标侵权案件 62 件，案值 7. 58 万元。监测固定形式印刷品广告信息 27 万条，电视广告 1. 48 万条次，下达责令改正通知书 52 份，立案查处广告案件 30 件，罚没款 5. 47 万元。

2013 ~ 2016 年，强化广告专项整治。监测各类广告 10.87 万条，指导广告经营者规范广告内容 384 条，限期整改 59 条。受理广告发布前咨询 166 件，立案查处广告案件 13 件。组织广告经营单位重复播放公益广告 1525 条。

## 第五节　经济合同监督管理

1990 年，市工商局全面推行经济合同示范文本制度，加强经济合同法律法规宣传。鉴证各类经济合同 121 份，金额达 2647.9 万元。检查各类经济合同 2897 份，金额达 21847.9 万元。

1991 ~ 1995 年，市工商局鉴证各类经济合同 197 份，金额达 7278.5 万元。检查各类经济合同 9977 份，金额达 59485.8 万元。受理合同仲裁案件 6 件，解决争议金额 28.46 万元，发放合同示范文本 1714 份。

1998 年，市工商局建立经济合同争议行政调解中心，启动调解工作。鉴证各类合同 2424 份，检查各类合同 5920 份。命名 60 家企业为“重合同、守信用”企业。

2003 ~ 2010 年，市工商局检查各类合同 5.84 万份，查处合同违法案件 14 件，示范指导企业使用合同 3372 份。

2012 年，市工商局开展整治利用合同格式条款侵害消费者合法权益行为，检查商业广告、店堂告示、声明、通知等各类合同 616 份，提出行政指导意见 12 条，备案合同 28 份，查处合同违法案件 9 件。

2015 ~ 2016 年，阿克苏市工商局立案查处合同案件 21 件。

## 第六节　消费者权益保护

### 一　消费维权网络建设

阿克苏市消费者协会在加强与各理事单位协作的同时，积极进行基层网络建设。1993 年，在 8 个基层工商所分别成立阿克苏市消费者协会分会，即东城分会、西城分会、南城分会、拜什吐格曼分会、喀拉塔勒分会、库木巴什分会、阿依库勒分会、沙井子分会。

1997 年，阿克苏市消费者协会在阿克苏市设立 14 个消费者投诉站，流动投诉车 4 辆，为消费者解决各类投诉。

1998 年，新设立种子、农机、农资 3 个投诉站，4 辆流动投诉车，为消费者解决各类投诉。

1999 年 3 月，阿克苏市消费者协会围绕“安全、健康消费年”主题，共举办各类培训班 4 起，现场受理消费者投诉服务 6 天，咨询服务达 1000 余人次，建立投诉网点 14 个，在阿克苏地区率先开通 12315 投诉举报电话。

2001 年，阿克苏市“12315”消费申诉举报中心揭牌成立。

2005 年，建立 1 个 12315 申诉举报指挥中心，5 个分级 12315 投诉申诉举报站，正式启动 12315 申诉举报网络。从而使消费者投诉更加快捷、便利，使解决消费者投诉问题步入快车道。

2006～2008 年，阿克苏市消费者协会在阿克苏市 6 个乡镇建立消费者协会分会，在村、社区、市场和部队、学校建立 126 个消费者投诉站和“12315”联络站。

2011 年，市消费者协会在全市挂牌规范运作消费维权服务站 22 个。

2014 年，在阿克苏市有 17 家商场超市加入消费维权“快速通道”，在 31 所学校和老龄委设立消费维权工作站，在职工较多的企业和老年大学设立消费教育基地 4 个。阿克苏市“快速通道”和维权工作站自行解决消费者纠纷 145 起，约占投诉总量的 15%，调解成功率达 97%，提高消费维权效能。

2016 年，在阿克苏市工商局一楼大厅成立“12315”消费维权网络举报中心，配备工作人员 6 名。

## 二　消费者维权工作

1990 年 4 月，阿克苏市消费者协会成立，当年受理消费者投诉 35 起，调解 30 起，为消费者挽回经济损失 12351.34 元。

1995 年，市消费者协会受理消费者投诉 365 起，调解消费者投诉 360 起，挽回经济损失 5.12 万元。

1998 年，移交法院起诉案件 2 起。

2011 年，市 12315 指挥中心通过法规培训和典型案例讲解，提高消费维权工作人员业务素质。发布消费警示 72 期，建立消费教育基地 4 个，开展维权知识讲座 8 期，参训人员 2430 人次。做好“3·15”宣传咨询服务月的各项工作。设立宣传版面 45 块、电子屏 35 个，悬挂横幅 68 条，发放宣传材料 1.1 万余份。开展消费维权诚信单位评选活动，申报市级消费维权诚信单位 40 家，自治区级消费维权单位 5 家。

**表 20－16　1990～2016 年阿克苏市消费者投诉情况表**

| 年份 | 受理消费者投诉(起) | 调解消费者投诉(起) | 挽回经济损失(万元) | 年份 | 受理消费者投诉(起) | 调解消费者投诉(起) | 挽回经济损失(万元) |
|---|---|---|---|---|---|---|---|
| 1990 | 35 | 30 | 1.23 | 2004 | 859 | 859 | 55.66 |
| 1991 | 65 | 61 | 2.89 | 2005 | 778 | 778 | 51.94 |
| 1992 | 97 | 93 | 3.92 | 2006 | 1453 | 1414 | 68 |
| 1993 | 110 | 110 | 2.88 | 2007 | 1909 | 1807 | 114.6 |
| 1994 | 185 | 180 | 3.1 | 2008 | 1906 | 1906 | 199.7 |
| 1995 | 365 | 360 | 5.12 | 2009 | 1667 | 1667 | 297.1 |
| 1996 | 398 | 798 | 15.9 | 2010 | 2103 | 2103 | 200.1 |
| 1997 | 358 | 349 | 11.3 | 2011 | 1680 | 1680 | 291.49 |
| 1998 | 305 | 305 | 15.3 | 2012 | 2041 | 2020 | 366.28 |
| 1999 | 329 | 329 | 19.8 | 2013 | 2672 | 2672 | 2672 |
| 2000 | 356 | 356 | 20.71 | 2014 | 2342 | 2300 | 381.06 |
| 2001 | 359 | 359 | 22.54 | 2015 | 2151 | 2133 | 171.1 |
| 2002 | 699 | 699 | 35.71 | 2016 | 2039 | 1978 | 107.8 |
| 2003 | 896 | 896 | 44.84 | | | | |

# 第四章　价格管理

## 第一节　机　构

1990 年，阿克苏市物价局人员编制 15 名，实有 13 人。

2002 年 6 月，机构改革，市物价局与市发展计划委员会合并，保留市物价局的牌子，物价检查所归属于市发展计划委员会。

2007 年 3 月，市物价检查所更名为市价格监督检查局。副科级建制，核定事业编制 10 名，其中领导职数 2 名，全额预算管理。

2009 年 2 月，阿克苏市价格认证中心更名为阿克苏市价格认定局，隶属于阿克苏市发展和改革委员会，事业单位，股级，核定编制 6 名，其中领导职数 2 名。

2010 年 8 月，成立价格监测中心，市价格监督检查局承担的价格监测职能划归市价格检测中心。隶属于阿克苏市价格监督检查局（价格成本调查监审局），事业单位，股级。核定编制 6 名，其中领导职数 2 名。

2016 年，市发展和改革委员会同时挂阿克苏市粮食局、阿克苏市价格监督检查局（价格成本调查监审局）牌子。

## 第二节　价格管理体制

1990 年，阿克苏市物价管理以调查为主，治理为辅。实行价格改革，少数商品和劳务价格由国家管理，绝大多数商品价格放开，形成国家定价、国家指导价、市场调节价 3 种价格形式。随着各类产品实行“双轨制”，产品价格大战此起彼伏，价格改革进入治理整顿阶段。

1992 ~ 1995 年，物价管理“以放调结合、深化改革”为重点，大部分商品价格放开，对没放开的价格进行调整。加强对外开放的商品价格和各项收费价格管理，全市物价上涨得到有效遏制。

1996 ~ 2016 年，阿克苏市深化价格改革，建立和完善价格机制。进一步加大物价监管力度，制定市场价格管理规则，维护市场价格秩序，平抑市场物价，遏制通货膨胀，确保物价涨幅控制在规定范围内。加强收费价格管理，对全市 82 个部门进行收费价格年审和检查，规范收费行为。

## 第三节　监督检查

1990 年，市物价所采取价格检查、督察、巡查等方法管理市场价格，维护市场秩序。共查处违纪案件 243 件，违纪金额 8.33 万元，没收非法所得 6.07 万元，罚款 2868 元，退给相关用户

1127.83 元，上缴国库额为 6.24 万元。

1993 年，放开粮油价格，取消城镇居民粮食定量供应政策，粮票停止流通。

1994 年，针对物价上涨过快情况，把稳定市场、稳定物价提高到稳定人心、稳定社会、促进改革发展的高度来认识。强化明码标价，组织物价人员深入市场，监控检查市场，抓好一物一标，分发标价签，处罚违反最高限价者。

1997 年起，实行企业自主定价为主、政府指导价为辅、以市场形成的价格为主体的管理方式，共查处各类价格违法案件 310 起，其中一般价格违法案件 298 起，较大价格违法案件 6 起，查出违纪金额 53.6 万元，没收上缴财政 32.9 万元，退还用户 0.1 万元。

1998 年起，《中华人民共和国价格法》颁布施行，物价检查人员专项检查居民基本生活必需品、企业生产资料、成品油和服务性收费。采取调查、提醒、告诫、劝阻等方式，对粮、油、医药、液化气等 300 余种物品的价格，开展日常价格监督检查，防止价格违法行为发生。在元旦、春节、古尔邦节、劳动节、中秋节、国庆节期间整顿市场价格秩序，查处虚假折扣、虚假馈赠、短斤缺两、“搭车”涨价行为。棉花收购价格定价为政府指导价。市物价检查所共查处各类价格违法案件 116 起，收缴违纪金额 15 万元，经济制裁总额 15 万元。

2002 年，物价部门开始监测重要商品及服务价格，定期公布主要市场商品价格信息，指导经营和消费。当年放开个体诊所、私立医院服务价格。共查处各种案件 96 起，查处价格违法所得 70 多万元，其中退还消费者 8.2 万元。

2003 年，全面放开粮食购销价。当年起，价格调控方面主要有价格补贴、价格法规及价格监测 3 种。补贴范围由最初的消费资料扩大到生产资料，补贴金额由小到大。价格补贴对于缓解价格波动、促进生产、稳定物价起到重要作用。共查出价格违纪 16 起，办理各类价格违法案件 46 起，收缴各类违法所得 58.43 万元，罚款 8850 元。

2004 年，放开棉花收购价。共检查各类单位 223 个，查处价格违法案件 36 起，收缴违法所得 69.33 万元。

2005 年，召开供水价格听证会。共开展价格专项检查 7 项，查处各类价格违法案件 16 起。

2006 年，调整供暖价格。

自 2006 年后，市发改委监测 20 类 90 余种商品，涉及农产品、水产品、肉、蛋、建材等。建立价格波动应急预案，分析商品价格波动原因；加强市场价格监管，拓宽监测面；落实涉及民生重要商品的备案制度；严格调价审批程序，保障市场供应，稳定市场物价。至 2008 年，除卷烟、部分药品和部分农业生产资料由国家定价外，其余商品价格全部放开，实行市场调节。

2009 年，先后开展涉农收费、中介服务收费、教育收费、夏粮收购最低保护价、防控甲流药品和相关物品价格等专项检查，对 236 个单位的收费和价格政策落实情况进行仔细核查；协调解决各类社会价格纠纷和矛盾 23 起；全年共立案处理各类价格违法案件 7 起，没收上缴财政价格违法所得 0.9 万元，退还消费者（用户）12.6 万元。

2011 年，市发改委牵头设立阿克苏市价格补贴专项资金 300 万元，启动 120 万元粮油肉食补贴，共取消行政事业性收费项目 48 项，降低收费标准 2 项；规范房地产市场秩序，实施商品房销售明码标价制度；组织开展农资、医药、粮油等市场专项检查，严厉打击价格串通、价格欺诈、哄抬价格、囤积居奇等不正当价格行为。

2013 年，先后开展涉农收费、药品最高零售价和医疗服务价格、物业服务收费、殡葬服务收费、大型零售企业收费等各不同行业、不同领域的专项检查。重点对关系民生的物业服务收费进行全覆盖清理整顿，共立案查处 3 家物业公司，涉案违法金额 277 万元，其中责令清退 249 万元，上缴财政专户 28 万元。

2014 ~2016 年，重点围绕民生热点，开展涉农收费、医药卫生服务、药品最高零售限价执行、物业小区收费、殡葬管理收费、乡镇民营加油站收费、快递公司计费、银行业收费等专项检查。市纪检委、信访局转办案件 15 起，立案查处案件 6 起，化解物业、停车、天然气、垃圾处理、驾校等各类收费纠纷 45 起。责令整改 85 件，共答复并处理各类举报、咨询案件 265 件，其中市长、专员信箱 99 件，12358 价格举报案件 161 件。配合公、检、法、司等部门，公正、公平、科学、实事求是地做好涉案财产价格鉴证工作。价格违法案件查处率达 100%，市长、专员信箱案件投诉处理率达 100%。退还业主 42.8 万元，没收并上缴市财政专户 28.25 万元。

## 第四节　收费管理

1990 年，市物价局对全市行政事业性收费进行清理整顿，清理项目累计 258 项，对不合理的 15 项给予取缔。发放收费许可证 21 个。

1991 年，共对全市 73 个行政事业性单位发放收费许可证，其中城区 49 个单位，农村基层单位 24 个，准予收费的项目共计 878 项。

1993 ~1995 年，对全市 133 个行政事业性收费单位进行年审，其中农村基层单位有 49 个，年审率达 98%，查出重复收费项目 1 项，自定收费项目及标准 5 项，查出乱收费达 15.39 万元。

1996 ~1999 年，对全市收费单位年审。共查违纪收费项目 68 个，违纪金额 106.6 万元，移送物价检查所案件 5 件。

2002 年，取消和降低不合理收费项目 14 个，减轻企业、农民负担 45 万元。

2003 年，对全市 208 个收费单位进行年审，注销收费许可证 17 个，新办证 6 个，年审率达 100%。

2004 ~2010 年，对全市 196 个单位的收费许可证进行年审，年审率 100%。注销收费许可证 15 个，取消收费项目 29 项，减负总额 120 万元。

2016 年，市发改委围绕民生热点，开展涉农收费、医药卫生服务、药品最高零售限价执行、物业小区收费、专用停车场收费、殡葬管理收费等专项检查。全年责令整改物业公司 15 家。共答复并处理各类举报、咨询案件 139 件，其中市长、专员信箱 34 件，12358 价格举报案件 105 件。

## 第五节　价格认证

1991 ~2000 年，受公、检、法等部门的委托，市物价局受理各类案件 1320 起，对被盗抵押、查封物品财产评估价达 122.52 万元。对房地产交易出租评估价 219 起。

2001 ~2005 年，受公、检、法等部门的委托，受理各类资产评估、价值认定案件 2209 起，评估资产总额达 2821 万元。

2008 年，办理价格鉴定案件 1014 件，收入评估费 57 万元，结案率和准确率都达到 100%。

2011 年 4 月，市发改委价格认定局结束与地区发改委价格认定局的合署办公后，阿克苏市范围内的价格认定工作由市价格认定局受理，全年共完成评估案件 255 起，评估标的 694.2 万元，受理、结案率皆为 100%。

2012～2016 年，依据价格鉴证工作要求，共受理公、检、法、司等执法部门委托各类价格鉴证案件 2157 起，评估标的 4959.69 万元。受理、结案率皆为 100%。

# 第五章　质量技术监督

## 第一节　机　构

1990 年，阿克苏市标准计量局隶属于市人民政府，科级建制，编制 7 名，内设行政办公室、业务室、稽查队，主管全市标准化、计量、质量监督工作。

1998 年，阿克苏市标准计量局落实省以下垂直管理。

1999 年 9 月 1 日，阿克苏市技术监督局更名为阿克苏市质量技术监督局，同年完成体制改革，核定编制 9 名，科级建制，全面履行生产领域的综合管理、行政执法、锅容管特和食品安全监察。

2009 年 8 月，阿克苏市质量技术监督稽查队与阿克苏市质量技术监督局合署办公，局内设办公室、业务室、法规室、监管室。

2012 年 12 月，阿克苏市质量技术监督稽查队从市质量技术监督局撤出，市质量技术监督局编制 9 名，实有 9 人。

至 2016 年 11 月，阿克苏市质量技术监督局内设办公室、业务科、稽查队、法规室，编制 15 名，实有 12 人。12 月，阿克苏市质量技术监督局与阿克苏市工商局、阿克苏市食品药品监督管理局合并为阿克苏市市场监督管理局。

## 第二节　计量监督管理

1990 年，阿克苏市标准计量局开展对台秤、案秤改用法定计量单位的工作。

1991 年，市标准计量局围绕“质量、品种、效益”年活动，制定计量器具实施强检的 3 年规划，指导市二轻局电子衡器厂取得临时制造许可证；市西河电石厂通过三级计量定级；市水泥厂通过复查换证；市建材厂晋升为二级计量企业。同年，要求液体商品的计量单位由质量改为容积，查处计量违法案件 116 起。

1993 年，自治区测试研究所技术人员到阿克苏市首次实地开展燃油加油机检定，完成建标工作，填补地区的一项空白。同年，协助阿克苏市汽车检测站通过计量认证。

1998 年，市标准计量局取缔无证制造计量器具 5 家，开展电话计费器、加油机、电表、水表、汽车计价器的计量检定，检验覆盖率首次超过 80%。

2000 年，市质量技术监督局检查计量器具 3278 台，没收不合格计量器具 56 台，查处计量违法案件 4 起，将南城副食品市场列为计量合格市场，将阿克苏市面粉厂和食品一厂列为定量包装合格企业示范单位。通过开展企业诚信体系建设、计量职能试点等系列活动，使广大业主对《中华人民共和国计量法》的认识有所提高，明白配合工作人员按期检定计量器具是自己应尽的义务；一些长期在市场中利用计量器具欺行霸市的钉子户受到教育和惩治；市场中缺斤短两、坑害消费者的现象得到有效控制，购物环境得到净化。

2010 年，阿克苏市辖区内集贸市场的整治覆盖面达到 95% 以上，各市场固定摊点计量器具的检定率达到 98% 以上，全市 1310 台出租车计价器检定率达 100%，对 32 家加油站的加油机进行检验，合格率为 100%，4.42 万余台民用燃气表首检率达 97.6%，医用强检器械检定率达 94%。

2011 年 6 月，市质量技术监督局启动集贸市场计量器具免费检定，实现检定工作全覆盖，通过对粮站和加工企业的检查，保证农产品收购公平公正，通过开展能源计量调查、安全防护计量检查，计量诚信承诺单位扩大到 65 家。

2012 年，开展计量工作围绕强制性认证、计量资质许可、安检机构等领域专项检查。年内对市天山多浪水泥、恒丰糖业等 5 家标准煤耗万吨的企业开展调查，进一步摸清规模企业的能耗构成和计量实际控制水平。对辖区 21 个集贸市场 1564 台计量器具进行检定，诚信计量活动通过 3 年努力，在年度的互查互评活动中得到自治区互查组好评。

2013 年，市质量技术监督局对商贸、医疗、餐饮等 5 个行业中的 49 家单位签订诚信计量承诺书，集贸市场计量器具总体合格率为 97%，5 家获证企业强制性认证证书均在有效期，3 家规模企业开展能效计量监测与国家标准的核对，阿克苏市 30 万平方米已建成的住宅小区安装的热能计量表完成验收。

2015 年，对全市加油机、加气机检验监督，年内受检率和合格率达到 100%。在强制性认证领域开展高低压配电柜、钢化玻璃、背负式喷雾器等生产企业的巡查，重点查看各行业试验报告和企业生产能力的保持情况，阿克苏市 11 家获证企业强制性认证证书均在有效期。在推行节能减排工作中，对阿克苏市 3 家规模企业开展能效对标，确保能耗数据真实可靠。

2016 年，市质量技术监督局扶持社会检验机构的运行，年内有 26 家社会检验机构，均取得计量认证资质，为社会提供 103 个项目的检验服务，有效弥补地区检验机构检验项目不全、检验时效低的状况。

## 第三节　标准化监督与管理

1990 年，阿克苏市标准计量局启动农业标准化体系建设，围绕特色农产品资源，从标准化入手，加大资金和人力的投入。

1991 年，市标准计量局通过举办标准化质量管理学习班，进一步提升企业标准化意识，对全市 67 个企业的 81 个产品摸底，标准覆盖率 90%。帮助企业制定《塔里木葡萄酒》等 6 项企业标准。

1998 年，阿克苏市工业生产企业增加 73 家。通过消灭无标准生产活动的开展，阿克苏市各类产品生产企业 220 余家根据自身实际将采标工作纳入规范化工作进程，标准覆盖率 98% 以上。

2003 年，市质量技术监督局结合《中华人民共和国标准化法》的发布实施和周庆活动，通过学习班、出板报、讲座等多种形式，宣传标准化在工业生产中的重要作用，促进阿克苏市的生产企业数和工业产品数的迅速增加。

2006 年 10 月，完成以三江肉猪养殖为中心的国家活体肉猪储备中心《肉猪养殖标准体系》基本框架的制定和备案；通过《阿克苏苹果》地方标准的制定并报自治区局备案。

2009 年，《中华人民共和国食品安全法》颁布实施后，原归属质量监督系统职能的食品企业标准的制定、修订转归卫生部门，保留下来的企业标准有 21 个，主要为农业生产资料和农业机械制造类；完成《阿克苏核桃》《阿克苏红枣》地方标准的制定和备案。

2012～2013 年，建成阿克苏肉猪养殖、阿克苏苹果、阿克苏红枣 3 个国家级农业标准化示范基地建设项目。对 3 家企业创地区标准化良好行为试点工作进行指导，企业均建立相关标准体系，经自查评价和地区局确认，达到地区级 3A 水平 2 家，全市 331 家生产加工型企业共执行产品标准 67 个，均为有效标准。加快推进《预包装食品营养标签》标准的落实，指导全市食品获证企业（除酒类、纯净水）重新按照标准印制营养成分表。

2014 年，市质量技术监督局全面启动地理标志产品保护工作，阿克苏市先后获得阿克苏核桃、阿克苏红枣、阿克苏苹果 3 个产品的地理标志认定，为特色产品拓展市场提供有力的资质保障。

2016 年，对废旧标准进行清理，督促 3 家企业重新修订企业标准。加强地理标志产品保护，围绕阿克苏红枣、核桃、苹果开展 3 项执法检查，对冒用地理标识的行为进行查处。进一步健全完善标准体系，围绕种植、养殖标准体系进一步完善体系建设，围绕特色农产品地方标准的适用性进行对照和修订，提高标准的可操作性和适用性。

## 第四节　质量监督与管理

阿克苏市的质量监督工作在市质量技术监督局实行省以下垂直管理前由技术检验机构负责。1998 年后职能保留综合管理和行政执法，原先的计量检定、商品检验职能由地区局直属的质量与计量检测所、纤维检验所、锅炉检验所履行。

1990 年，阿克苏市标准计量局组织协调有关部门，贯彻执行国务院办公厅《关于严厉惩处经销伪劣商品的意见》，组织人员对生产流通领域生产商品进行查处。

1991 年，在开展的食品标签检查中，国营单位、集体单位和批发部标签合格率分别为 61%、52%、24%。针对小型企业检验技术薄弱的现状，率先对 11 家企业的 28 个产品实施产品质量试产试销证制度。

1993 年，《中华人民共和国产品质量法》颁布实施，市标准计量局对生产领域商品的计量、质量查处力量得到进一步增强。年内，阿克苏市水泥厂 325# 普通硅酸盐水泥、市塑料厂农用地膜、市建材厂的烧结普通砖及内燃空心砖获得地区质量信得过产品称号，市水泥厂被自治区授予质量信得过企业称号。

1999 年，阿克苏市质量技术监督局以开展“百城万店无假货”活动为契机，创建购物放心一条街、购物放心市场、购物放心店等活动，确定 11 种危及人身财产安全的重点专项整顿商品，全年查处假冒伪劣商品货值 113 万元，查处案件 431 起，捣毁制假售假窝点 3 个。

2003 年，国家质检总局对 28 类食品和 64 类工业产品实行许可证管理制度，开展食品和重点产品专项整治，阿克苏市质量技术监督局围绕食品、建材、农资、棉花加工等行业实行重点监管，通过开展百村、千点、万户行动，深入生产企业普查摸底，通过建立质量档案、获证企业年审、食品企业硬件初审、企业日常巡查回访等有效方式，确保生产企业的产品质量持续稳定。

2007 年，开展食用油小作坊、乳制品企业驻厂监管、地沟油、餐具洗涤剂、食品包装容器、一次性发泡餐具、饮料纯净水等专项整治，市质量技术监督局根据自治区质量技术监督局、阿克苏地区质量技术监督局的安排开展“飓风行动”“亮剑行动”，逐步建立食品安全监管体系，通过落实百村、千点、万户的巡查，建立健全监管模式。

2011 年，印发《2011 ~2015 年质量兴市战略实施意见》《2011 ~2015 年名牌战略实施意见》《名牌产品、驰名（著名）商标奖励办法》，列出“十二五”期间重点培育的 8 家企业，龙头企业的引领和带动作用日益明显。

2012 年，市质量技术监督局先后开展企业落实主体责任自查和企业法人履职报告工作，开展机动车配件、清新居室、打击假冒伪劣、打击侵犯知识产权、工业产品生产企业保证能力综合检查。围绕名牌战略工作，提出服务培育和稳步推进的办法，在继续巩固保持已有的新疆名牌产品外，帮助 3 个企业到期复评的产品顺利通过复评，对佳乐水泥制品、南疆酒业等 3 家企业开展标准化良好行为试点服务，为企业后续的名牌申报工作夯实基础。

2013 年，阿克苏市制定质量兴市实施方案，市巨鹰棉纺、恒丰糖业、天海绿洲科技有限公司 3 家企业通过新疆名牌推荐委员会终审。质量月期间，邀请社会代表 20 余人参加质检开放日宣传。

2014 年，围绕规模以上企业深挖潜力，鼓励企业在市场环境低迷的状态下保持质量稳定，顺利通过三家新疆名牌企业的届满复评工作。

2016 年，在工业产品生产企业质量监督管理工作中，重点围绕水泥、蒸压加砌块、钢材、防水卷材、复合（混）肥等许可范畴的企业进行专项检查，抽查产品 18 个批次，总体合格率为 94.5%。年内，阿克苏市获得新疆名牌产品 9 个，其中获得 HACCP 认证企业 3 家，取得工业产品生产许可证企业 25 家，取得 3C 强制性认证证书企业 5 家，涌现出金谷集团、青松建化、多浪水泥、恒丰糖业、南疆酒业、统一食品、娃哈哈饮料等一批上规模高质量的企业。

## 第五节　安全监察

### 一　特种设备安全监察

2002 年以前，阿克苏市质量技术监督局特种设备安全监察工作由市安全生产监督管理局主管。

2002 年 1 月，市安全生产监督管理局划转市质量技术监督局管理。

2002 年，市质量技术监督局对在用的 473 台（部）特种设备进行普查登记（锅炉 245 台、压力容器 52 台、电梯 41 部、起重机械 102 台、厂内机动车辆 4 台、游乐设施 29 台），开展“查市场、保四节”“查安全、保建设”“查农资、保春耕”“查旅游商品，保旅游环境”“查棉花市场，保棉花秩序”专项检查，全年查案 291 个，协助 7 家企业对产品质量保证体系进行考核，对 44 家销售店发放计量器具销售许可证。

2004 年，市质量技术监督局对市区的多浪公园和儿童公园内的碰碰车、海盗船、过山车、摩天轮等 14 种游乐设施进行现场检查，同时对步行街、肯莱集团世纪商厦、国际大酒店、金桥超市等单位的 66 台电梯，丽园小区、康居小区、洗浴中心、豆腐作坊等 16 家单位的 25 台供暖锅炉，以及 10 家供气点、久鑫液化气公司、宇飞常压锅炉厂等单位在用的特种设备从设备检定周期和运行、操作人员持证、设备运行记录等方面进行现场监察，针对公园内个别游乐设施操作人员未能挂牌上岗、部分特种设备使用单位无设备安全运行记录内容流于形式、未制定突发事件的处置方案等行为，对 3 家单位做出限期检验、责令改正的处理。

2006 年，市质量技术监督局对全市特种设备进行排查，对人员聚集的场所及储存易燃易爆、有毒介质的特种设备实施重点监控，把全市 49 个重点单位的 236 台特种设备确定为重点监控对象，建立健全重点监控设备的安全技术档案，对监控设备定期检验、事故隐患整改、应急预案等 6 个方面进行跟踪管理，每台监控设备均明确监控部门和责任人，并实行分类分级管理，制定特种设备事故应急救援预案和应急措施，严防重大事故的发生。全年特种设备使用单位 72 家，共检查特种设备 210 余台次，发现不安全因素和事故隐患 60 多个，下发《特种设备安全监察意见书》10 余份，取缔土锅炉 6 家，查封关停存在安全隐患的特种设备及场所 7 处，整改率达到 98%，消除大量的事故隐患。

2007 年前，阿克苏市民用燃气只有液化石油气，社会流动民用气瓶有 22 万余只，经过市场发展和整合，有民用液化气充装站 1 家，车载液化气充装站 3 家。气瓶管理制度随着气瓶产权制度改革，气瓶在流转循环过程中，安全性能被大多数人所忽视。2008 年，市质量技术监督局以安全隐患、检验率和重点危险源安全为目标，查检验质量和重点设备的安全状况和管理情况，查重点岗位操作人员的操作水平和责任心，重点检查游乐设施、电梯、超市小锅炉和危险化学品压力容器以及学校大型商场等人员密集场所的特种设备。以落实安全事故的预警机制为目的，查抢险方案的制定和演练情况，查各类人员到岗到位情况，查各种警示、报警、抢险工具、设备配备和维护情况。要求各单位进一步健全各项规章制度，保证安全工作时时有人管、事事有人问，消除死角。年内，阿克苏市民用液化气瓶周期检定率 45%。市特种设备安全监察机构召集充装站、钢瓶检测站制定整治措施，按月增加钢瓶检验数量，对超周期使用的气瓶强制报废，对无手续气瓶不予充装，同时协同交警对运输气瓶车辆进行检查。

2011 年，市质量技术监督局围绕安全生产，全年累计派出人员 287 人次，共检查特种设备 620 余台件，分门别类对 746 台在用设备进行清理，与 217 个使用单位签订落实安全主体责任书，对新装 178 台设备建立动态台账，确定东、南工业园区、市内 4 个商业区为重点区域，查出安全隐患 68 处，全部下达安全监察指令书，限期整改，责令 40 家食用油小作坊停止使用土制导热油炉，检查车改气企业9家，对12家气体充装企业开展资质复查，督促企业选派40余名人员参加地区特设科举办的特种设备操作人员培训班，为企业培训一大批能独立操作的工作人员。

2013～2014年，市质量技术监督局在做好特种设备使用单位调查摸底的基础上实行使用单位落实主体责任承诺的办法，与各使用单位签订安全责任书，全面要求使用单位从维护保养、使用记录、人员资质、应急事故处理方面加强自查自律，结合节假日，对公众场所、游乐场所的特种设备重点检查。对特种设备的监管形成日常巡查常态化、节日检查重点化、季节使用密集化的监管模式。

2016年，阿克苏市新登记安装特种设备212台（件），通过气体充装许可、车载气瓶检验许可考核2家。年内，针对燃气改装、气体充装、电梯维护保养、游乐设施使用单位、液氨制冷企业分类开展专项整顿，累计下达监察指令书46份。对12家改装厂、14座燃气充装站、20家电梯维保单位、4家气瓶检测站开展专项检查，保证全年不发生特种设备安全事故。除民用液化气瓶外，登记使用其他特种设备2132台（件），其中锅炉274台、电梯1432台、自动扶梯264台、起重机械147台、大型游乐设施15台，通过有效监管，确保城市经济发展中未发生特种设备重大安全事故。

## 二　食品安全监管

2002年，国家质检总局推行食品生产许可市场准入制。

2004年，阿克苏市食品生产加工企业尚停留在米、面、油、酱油、食醋等老五类产品。年底，取得食品生产许可证企业达到21家。企业普遍存在规模小、检验力量薄弱、市场竞争力不强的情况。

2005年，推行名牌产品战略后，通过质监部门的大力帮扶和技术支持，尤其是2007年9月落实国务院部署的产品质量和食品安全专项整治活动，市质量技术监督局相继开展食用油小作坊、乳制品企业驻厂监管、地沟油、餐具洗涤剂、食品包装容器、一次性发泡餐具、饮料纯净水等专项整治，根据自治区质量技术监督局、阿克苏地区质量技术监督局的安排开展“飓风行动”“亮剑行动”，逐步建立食品安全监管体系，通过落实百村、千点、万户的巡查调查，建立健全监管模式。

2008年10月，市质量技术监督局举办食品安全事故应急演练，来自企业、执法机构、卫生救护机构、学校代表的共60余人参加演练，地区食品安全领导小组的成员、市安委办对演练活进行观摩并对演练达到的效果予以肯定。

2010年，阿克苏市取得食品生产许可证企业达到70家，占全地区总数的1/3，取得食品生产许可证书86张，产品种类达到15类，涌现恒丰糖业、益海粮油、金谷集团等规模以上企业10家，一些企业通过高起点建设，对外承揽“乐百氏”“娃哈哈”“康师傅”等国内知名企业的异地加工业务。

2011年，阿克苏市将136家食品生产企业全面纳入管理范围，其中68家获得食品生产许可证，以添加剂整治工作为核心，全年开展企业巡查544家次，下发公告和举报奖励办法300余份，为食品企业负责人举办食品添加剂和食品标签讲座培训班，参与177人次，出台《阿克苏市食品生产小作坊和食品摊贩管理办法》，对“毒豆芽”“染色馒头”“纯净水”进行清查，为净化食品市场、增强消费者信心打牢基础。

至2013年，阿克苏市获证企业92家，持证101张，有符合基本条件允许生产的9类食品小作坊40户。相继开展饮料、酒类、豆制品、肉制品等检查。

2015年末，市质量技术监督局监管的食品加工移交给市食品药品监督管理局进行监管，市质量技术监督局继续保留食品相关产品的监管。

2016年，市质量技术监督局组织各类食品相关产品安全监管培训2次，提高安全监管员业务水平和综合素质。组织开展食品相关产品质量监督抽查工作，共抽取4批次食品用塑料制品和1批次食品用纸制品，经检验均合格；结合6月的全国食品安全宣传周和9月的质量月，向市民发放宣传图册10余种、450份。

## 第六节　行政执法与打假

1990年，市标准计量局执法活动重点以查处市场上短斤少两的情况为主。

1994年，对猖獗一时的销售假冒伪劣汽车配件、摩托车配件、电线电缆、农机配件等违法行为进行专项整治。

1995年，对销售假冒伪劣皮鞋、烟、酒和群众反映强烈的违法行为进行专项整顿。

2001年，市质量技术监督局将打假治劣、打假保优作为一号工程予以落实，年内办理各类案件898起，结案率达98%，其中万元以上的大要案件53起，接待投诉261起，解决261起，为消费者挽回经济损失130余万元。

2005年，阿克苏市开展农资市场重点检查，主要针对建材、食品、强制性认证产品开展执法检查，对以锅炉为主的特种设备进行监管。

2011~2012年，市质量技术监督局共出动执法人员949人次，查办各类案件133起，落实市长和专员信箱事项3件，办理群众举报投诉6起。

2016年，市质量技术监督局开展重大节日执法打假，广泛开展执法稽查工作，年内累计查处各类案件12起，主要涉及化肥、棉花、汽柴油、食品包装、特种设备和计量器具等。

**表20-17　2011~2016年阿克苏市质量技术监督局执法稽查情况表**

| 年份 | 出动各类检查人员(人次) | 查处案件数量(件) | 处理举报投诉案件数量(件) | 涉案货值(万元) |
|---|---|---|---|---|
| 2011 | 729 | 116 | 6 | 35 |
| 2012 | 220 | 17 | 9 | 40 |
| 2013 | 263 | 24 | 5 | 30 |
| 2014 | 140 | 12 | 4 | 40 |
| 2015 | 260 | 21 | 6 | 42 |
| 2016 | 150 | 12 | 6 | 40 |

# 第六章　安全生产监督管理

## 第一节　机　构

1997 年 6 月，阿克苏市成立安全生产委员会，办公室设在劳动人事局。2002 年 6 月，阿克苏市成立安全生产监督管理局（以下简称市安监局），与安全生产委员会办公室（以下简称安委办）一个机构两块牌子，副科级建制，由经贸委管理，核定行政编制 4 名，其中局领导职数 1 名，机关行政后勤编制 1 名，全额预算管理。2006 年 2 月增加行政编制 1 名。同年 4 月，阿克苏市安全生产监督管理局机构规格为正科级，从阿克苏市经济贸易委员会析出。2008 年 9 月成立阿克苏市安全生产监察大队，股级，参照公务员管理，核定事业编制 7 名，其中事业后勤编制 1 名。2012 年，市安监局内设办公室、业务股、综合股。至 2016 年，阿克苏市安监局内设办公室、业务股、综合股，实有 14 人。

## 第二节　安全生产责任体系建设

1990 ~ 1996 年，阿克苏市对安全生产管理实行企业负责、行业管理、国家监察、群众监督的管理机制。各企业根据实际制定安全生产制度，行业部门进行监督，劳动部门不定期地深入企业检查制度落实情况，查出不安全因素，制定整改措施。市政府每年均进行一两次安全大检查，对存在安全隐患的，责令停产整顿。

1997 ~ 2010 年，阿克苏市成立安全生产委员会后，全面推行安全生产责任制，形成政府统一领导、部门监管、企业全面负责的安全生产责任体系。贯彻落实全国、自治区、地区关于安全生产的一系列方针、政策及法律、法规，强化安全生产监管工作。围绕市经济和社会发展的大局，把安全生产工作纳入国民经济和社会发展目标管理考核中的一级考核指标，层层落实，把安全生产目标责任纳入市目标考核的重要内容进行考核。

2011 ~ 2015 年，阿克苏市坚持“安全第一、预防为主、综合治理”的方针，以贯彻《中华人民共和国安全生产法》为重点，强化隐患排查治理，加大安全宣传，把牢安全生产行政许可关。层层落实安全生产责任，把安全生产目标作为目标管理考核的重要内容之一。市长与各副市长、各副市长与其分管的行业单位、市长与各乡镇层层签订安全生产责任书，强化各级政府安全生产监管责任和企业安全生产主体责任。研究制定完善《阿克苏市安全生产约谈制度（试行）》《阿克苏市安全生产“党政同责、一岗双责”制度（试行）》《阿克苏市安全生产目标责任管理办法》《阿克苏市安全生产责任追究办法》等规范性文件，使全市安全生产自上而下形成有人抓、有人管、有人干的工作格局。

2016 年，阿克苏市全面推进安全生产“党政同责、一岗双责、失职追责”责任体系建设，根据管行业必须管安全、管生产必须管安全、谁主管谁负责的工作要求，全面落实安全生产责任制，进一步强化安全生产组织领导力度，切实将安全生产“一岗双责”和安全生产“三个必须”落到实处。

## 第三节　安全生产责任

2002 年 6 月，阿克苏市安监局成立后，为建立完善阿克苏市安全生产责任制，于 2002 年 11 月组织人员赴其他地区进行经验学习。

2003 年，阿克苏市成立以市长为主任的安全生产委员会，并健全安全生产委员会成员单位。落实主要行政领导为第一责任人的安全生产责任制，制定成员单位安全生产责任制，层层签订安全生产责任书 33 份。

2004 ~ 2005 年，阿克苏市安全生产委员会主任与各成员单位签订安全生产责任书 78 份。

2006 ~ 2013 年，市政府市长与分管副市长、各乡镇场、街办事处签订安全生产责任书 118 份；分管副市长与分管的行业部门、单位签订安全生产责任书 240 份；乡（镇）场与 121 个村 500 多个村民小组签订安全生产责任书，街道办事处与 48 个居委会签订安全生产责任书，行业主管部门与 9300 多个下属基层单位、主管企业、个体经营户签订安全生产责任书。

2014 ~ 2016 年，阿克苏市调整充实以市委主要领导和政府主要领导共同担任安全生产委员会第一责任人的责任制。由政府主要领导、安委会主任分别与政府分管副市长、乡镇（街道）党政主要领导签订安全生产责任书，政府各分管副市长与全市 44 个安委会成员单位签订年度安全生产责任书。市安委会办公室制定安全生产考核办法和考核细则，实行安全生产“一票否决”，每年对市各乡镇、街道、行业主管部门及企事业单位落实安全生产责任制督察。

## 第四节　安全生产专项整治及大检查

### 一　安全生产专项整治

2003 ~ 2004 年，市安委办开展道路交通、农机、公众聚集场所、危险化学品、非煤矿山、建筑工地、木材加工等安全生产专项整治检查 16 次，组织执法检查人员 1560 余人次，出动车辆 510 台次，检查各级单位 2620 余家，下发安全生产整改指令书 169 份，提出限期整改意见 530 余条、现场整改意见 1980 余条。

2005 ~ 2006 年，开展道路交通、农机、公共场所、危险化学品、非煤矿山、建筑工地、木材加工等安全生产专项整治检查 29 次，组织执法检查人员 3430 余人次，出动车辆 630 台次，检查各级单位 2480 余家，下发安全生产整改指令书 240 余份，提出限期整改意见 870 余条、现场整改意见 2650 余条。

2007 年，市安委办组织协调市公安、消防、建设、农机、安监等相关部门分别开展非煤矿山、危险化学品、道路交通、农机安全、公众聚集场所消防安全、建筑工地、烟花爆竹等重点行业和领域的15次生产安全隐患排查整治检查，组织执法检查人员2080人次，出动车辆370台次，检查各级单位2480余家，下发安全生产整改指令书160份，提出限期整改意见870余条、现场整改意见2650条。

2008年，按照隐患整治年和安全生产百日督察工作方案要求，开展道路交通、农机、人员密集场所消防安全、危险化学品、烟花爆竹、非煤矿山、建设系统、特种设备专项整治，共检查生产经营单位、个体户3000多家，消除各类安全隐患5000余条，有效将安全隐患消除在萌芽状态。

2010年，市安委办组织协调相关部门分别开展非煤矿山、危险化学品、道路交通、农机安全、公众聚集场所消防安全、建筑工地、烟花爆竹、农副产品收购加工等重点行业和领域的21次生产安全隐患排查整治检查，监督指导全市生产经营单位加强和改进安全生产基础管理工作，对不按要求进行整改或违法违规经营的单位坚决予以关闭。同时结合节假日、安全生产月、南疆文化美食旅游节、“11·9”等重大活动，开展安全生产大检查7次，检查并提出各类安全隐患整改意见1100余条，整改率均达95%。

2011~2015年，阿克苏市深化安全生产领域“打非治违”专项行动。重点在道路交通、消防、非煤矿山、危险化学品、建筑施工、烟花爆竹、民用爆炸物品等重点领域、行业严厉打击各类非法违法生产经营建设行为，深入排查治理安全生产隐患，确保“打非治违”专项落到实处，取得实效。

2016年，深化道路交通、消防、非煤矿山和烟花爆竹、建设施工及城市燃气、特种设备、油气输送管道、职业卫生、农机等重点行业领域隐患排查治理。共计检查各类营运机动车2.1万辆次，纠正各类违法行为15.6万余起，罚款2803.38万元，共修复损毁路面1万平方米，共计排查社会消防单位2139家，查处各类隐患2229处，督促整改隐患2223处，查封单位13家，责令“三停”单位21家，罚款52.67万元。累计检查非煤矿山企业13家，排查各类隐患60条，下达执法文书13份，检查烟花爆竹库房和3家销售点6次，对全市范围内所有工程建设项目高空坠落、起重机械、临时用电和应急预案及安全生产工作进行拉网式全面排查，共巡检巡查建设项目167个、供排水企业1家、供暖企业31家、燃气企业3家、加气站点16个、液化气供气点26个，排查各类隐患216余条，下发督办通知76份、停工通知单13份。检查特种设备生产、使用单位310余家次，检查特种设备470余台次，下达安全监察指令书33份，排查安全隐患19处，已整改19处，整改率达到100%。查处非法占压油气长输管道等各类安全隐患6处，全部整改完成，隐患整改率为100%。对75家企业进行职业健康检查，检查人数350人。开展农机安全大检查280次，联合执法220次，并对重点乡镇、村组进行集中整治65次。

## 二　安全生产联合大检查

2003~2004年，市安全生产委员会在每年的重要时期和重要节假日期间开展安全生产联合大检查，出动人员450人次，检查单位500余家，查出各类事故隐患110余处，提出整改意见160余条，下发整改指令书30余份。

2005~2006年，根据地、市对重点节日期间安全大检查的要求，开展行业专项联合检查220

次，出动人员1964余人次，检查单位4500余家，查出事故隐患及问题890余处，提出整改意见1500余条，下发整改指令书130余份。

2008年，组织单位执法人员及有关部门针对元旦、春节、古尔邦节、五一、奥运、十一等重大节日深入各个企业、单位、部门进行安全生产大检查16次，共组织执法检查人员1000余人次，出动车辆100多台次，检查各类企事业单位1000余家，共下发安全生产监察整改指令书50余份，提出书面整改意见300余条，现场提出整改意见1200余条，整改率达95%以上。

2009年，市安委办组织市各有关单位分别开展以道路交通、公众聚集场所、危险化学品、非煤矿山、建筑工地、木材加工等为重点的生产安全专项整治大检查计8次，出动车辆150多台次，下发安全生产监察整改指令书70份，提出整改意见约200余条，对检查中发现的问题责令有关单位要认真进行整改，对不按要求进行整改的单位，或有违法违规经营行为的，坚决予以关闭，责令1家企业停产关闭。

2010年，市安委办加强联勤机制，联合消防、工商局、质量技术监督局、派出所等职能部门对易燃易爆场所、东环批发大楼等商场进行为期数周的专项治理行动。在开展安全隐患整治中做到确保重点、万无一失，共检查商场、市场37家，宾馆、饭店65家，公共娱乐场所49家，其他公共聚集场所11家，易燃易爆场所116家，其他场所23家，检查单位230家次，发现火灾隐患251处，督促整改火灾隐患169处，下发《责令改正通知书》44份，办理行政处罚案件8起，处罚单位7家，处罚个人1人，“三停”单位1家，查封1家，罚款2.65万元。

2011～2013年，全市每年分市政设施组，农业农村组，非煤矿山、危险化学品、烟花爆竹组，道路交通组，消防安全组，文教卫生组，工业商贸组，工业园区组8个督察组对全市各行业领域进行全面的安全生产检查。

2014～2016年，市安委办在每年节日前，对全市节前安全生产工作做全面的安排部署，年均检查20余次，共出动人员1560余人次，检查单位3040余家，查出各类事故隐患及问题600余处，提出整改意见1200余条，下发整改通知书450余份，有效预防安全生产事故的发生。

## 第五节　安全生产法制宣传教育

2002～2005年，阿克苏市在全国安全生产月期间，由宣传、公安、安监、总工会、团市委等部门牵头，组织开展安全生产大型宣传活动，通过发放宣传单（册）、事故板报展、横幅、流动宣传车、现场咨询等方式，宣传行业监管部门安全生产法律法规和安全知识。活动中，播放《中华人民共和国消防法》《农机管理条例》《危险品化学安全管理条例》《道路交通管理条例》等安全生产方面的有关法律、法规，发放安全生产宣传单年均2万余份，悬挂横幅880条，展出安全生产版面90块，出动宣传车8辆，张贴宣传标语760余条。2005年，市安监局举办以安全生产法律法规知识培训、生产经营单位（或政府各部门及乡镇有关副职）主要负责人安全生产知识培训、生产经营单位安全管理人员培训、特种作业人员操作技能培训、公共安全常识与自我防护知识培训等各类安全生产技术、技能培训班6期，培训人员700人次。

2009年，市安委办和安监局围绕“安全发展、预防为主”主题，开展一系列面向社会、面向基层、面向群众的安全生产宣传教育活动。在专题活动中，采取少数民族用汉语表演、汉族用维吾尔语表演的方式，着重宣传阿克苏市安全生产活动中涌现出的民族团结的好人好事，提高各族群众的安全生产意识，增进民族团结。6 月 14 日，地、市联合在世纪广场举行安全生产宣传活动，共设咨询台 47 个，张贴安全生产挂图 200 余张，散发各类宣传资料 10 万余份。在城区六条主干道悬挂 24 条过街横幅，并组织 4 辆安全生产宣传车在全市辖区进行巡回宣传。

2011 年，市安委办启动“我与安全责任”主题演讲竞赛活动。组织市安委会各成员单位、市辖区各有关部门、企（事）业单位，中央、自治区驻阿市各有关企业组织人员参加自治区安监局组织的职业健康知识网上答题竞赛活动。在阿克苏市电视台各频道每晚滚动播放安全生产公益广告、开办维吾尔、汉语专题节目，宣传报道安全生产法、道路交通法、消防法及安全生产方面的法律、法规、事故案例、问题解答等节目，广泛宣传安全生产知识。组织教育、建设交通、交警、经贸、工商、环保、国土、公安、消防、农机、供电、建设和相关企业等 49 个单位和部门，于 6 月 11 日上午在阿克苏市世纪广场开展以“安全责任重在落实”为主题的宣传咨询活动。同时出动宣传车 3 台次，在城区各工地、各乡镇进行巡回宣传。共发放各类安全知识宣传彩页 3 万余份；悬挂横幅 70 条，悬挂安全宣教挂图和展板 150 余张（块），连续播放警示教育片一套（6 张 VCD 光碟）。

2012 ~ 2014 年，市安委办组织安委会成员单位在城区开展市领导向企业赠书活动、“科学发展、安全发展”万人签名活动、安全生产专题板报评比活动。共设立咨询台 16 个、悬挂安全生产挂图 200 余张、接待咨询群众 2 万余人，发放安全生产宣传单 2 万余张。安全生产月活动期间，由安监、消防、公安、交通、运管等单位牵头，组织相关单位和企业举办警示教育培训班、观看警示教育片、观摩事故案例展览、召开座谈交流会、开展应急救援预案演练，进一步强化重点领域、高危企业负责人、从业人员的安全生产意识。

2016 年，市安委办向全市城乡 132 个党（政）事业单位、389 个企业和 123 个行政村、45 个社区无偿赠送 8600 册《安全生产知识手册》。全市相关单位和部门均在醒目位置和 LED 灯上悬挂（播出）“安全生产月”横幅标语，张贴标语，设置宣传栏。同时，出动宣传车 1730 辆（公交车 270 辆、出租车 1460 辆），购买安全生产宣传片一套，在阿克苏市电视台每晚 21 点半的黄金时间和世纪广场进行播出，利用中国移动、联通、电信和阿克苏气象短信平台向全市各族手机用户发送安全生产提示信息；开展安全生产下基层宣讲活动，派出宣讲员到 6 个乡镇、7 个街道和 2 个园区（经济技术开发区和特色产业园区）开展宣讲，将安全知识渗透到农村、社区、企业、学校、机关、家庭，进一步增强全市各族干部职工和人民群众的安全意识和自防自救能力。

## 第六节　安全生产管理

### 一　非煤矿山安全管理

2003 年，市安监局严格按申报程序进行非煤矿山《矿山安全条件合格证》的初审上报工作，全面推进安全生产许可证制度。严格加强非煤矿山安全监管，对全市 35 家非煤矿山企业开展安全评价、评估工作，其中因不符合安全条件责令停产整顿 6 家，关闭 3 家，28 家取得安全条件合格证。

2005 年，33 家非煤矿山企业按要求做安全评价。对 26 家非煤矿山企业进行安全评估，达到 A 类矿山企业 12 家、B 类矿山企业 14 家。取得《安全生产许可证》的非煤矿山企业 26 家。

2008 年，市安监局做好辖区 18 家非煤矿山企业到期换证工作和企业申报《安全生产许可证》工作，有 5 家企业办理换证工作，受理 4 家企业申报《安全生产许可证》，有 2 家取得《安全生产许可证》。

2009 年，市安监局牵头，重点对市属石灰石矿、砖厂、砂石料厂进行专项整治，做好安全生产许可证换证的服务指导工作，加大安全检查工作力度，督促企业及时消除事故隐患。在小型露天矿山推广中深孔爆破技术，规范企业的开采方式，全面提高矿山企业的安全开采水平，对 33 家企业进行多次检查，提出整改意见 70 条，下达停产通知书 6 份。

2011 ~ 2012 年，市安监局引导、监督 66 家非煤矿山生产企业从业单位自查隐患，整改率达 98% 以上。做好非煤矿山企业春季复产验收工作。制定验收工作方案，指导督促企业在复产前自查自检，做到申请一个、验收一个、复工一个。开展非煤矿山建设和化工项目建设排查和清理工作，对未经安全许可或项目审批手续不完整的非煤矿山建设项目，予以停建整顿。换发非煤矿山《安全生产许可证》59 家。

2016 年，检查非煤矿山企业 13 家，排查各类隐患 60 条，下达执法文书 13 份。同时，全力抓好非煤矿山“三项监管”工作，全市共有 18 家非煤矿山企业聘请安全生产专家对矿山开展专家会诊，累计排查各类安全隐患 108 处，督促整改 108 处，整改率达 100%。强力推进非煤矿山整顿关闭工作，对哈拉塔勒镇砖厂和托普鲁克乡砖厂进行关闭。

## 二　危险化学品安全管理

2003 年，市安监局对危险化学品经营企业进行登记。市属行政区域内危险化学品经营单位共 170 家，其中农药经营单位 74 家、加油站 48 家、液化气充装站 2 家、化学试剂经营单位 5 家、换气点 41 家。

2005 年，市安监局全面普查危险化学品生产、储存运输、销售和使用单位的安全状况，按要求做好安全评价，有危险化学品企业及个体经营户 402 家。取得《危险化学品安全生产许可证》的危险化学品生产企业 2 家，取得《危险化学品经营许可证》的危险化学品经营企业及个体经营户379 家。

2010 年，市安监局会同相关部门加强对危化品企业的安全宣传和培训及事故隐患的排查和治理工作，重点对市辖区内的油库、加油（气）站、液化气充装站、制氧厂等危险化学品的生产、储存、经营单位进行检查。共检查企业 30 余家，提出整改意见 60 条，责令停业整改 5 家。

2012 年，市安监局对阿克苏市 2 个农资市场和城郊 32 家危化经营单位下发整改通知书 21 份、限期整改通知书 14 份、强制措施决定书 2 份，提出整改意见 50 余条，对市辖区内两处占压天然气管道存在的重大安全隐患下发督办通知，及时消除安全隐患。

2015 年，先后组织自治区、地区专家对阿克苏市 2 家制氧企业进行全面隐患排查 2 次，督促整改隐患 13 处，邀请自治区化工专家对阿克苏中石油油库存在的安全隐患进行整改消除，并组织工商、质监、环保对阿克苏辖区 11 家使用液氨的保鲜库进行隐患排查整治 2 次，整改隐患 13 项，临时关停 2 家，对阿克苏金土地、南疆农民综合市场和 6 个乡镇的 61 家农药店进行抽查，督促整改隐患 86 条。

2016 年，市安监局对新疆兴发化工有限公司和阿克苏胜通工贸有限公司 2 家重点企业及中石油新疆阿克苏油库、新疆兴发化工有限公司、徐矿集团新疆阿克苏热电厂 3 家重大企业开展 HAZOP 分析工作。不间断地对阿克苏市辖区涉及生产经营销售民用爆炸物品、硝酸铵、硫磺、油气、高锰酸钾、橡胶水、硝酸等剧毒、易爆化学品的 6 家农资生产企业，加油加气站、液化气网点，9 家涉氨制冷企业，6 所中学、1 所职业大学、12 家各类医院、42 家药店、28 家油漆店进行全面检查，从源头消除社会隐患，防止对社会造成危害。

## 三　烟花爆竹安全管理

2005 年 6 月，阿克苏市烟花爆竹发证管理工作由市公安局移交给市安全生产监督管理局。当年，市安监局完成全市烟花爆竹经营单位的摸底工作，长期销售点为地区供销社兴合日杂公司、市供销社华宝公司和市宝地公司 3 个，临时销售点 17 个。地区安全生产监督管理局将原有的地区供销社兴合日杂公司、阿克苏市供销社华宝公司和阿克苏市宝地公司 3 家烟花爆竹批发公司整合为 1 家公司，名称为阿克苏吉祥烟花爆竹有限责任公司。

2006 年，地区安全生产监督管理局在市辖区批准设立阿克苏华宝日杂烟花爆竹批发公司。

2009 年，市安监局严格按照相关法律法规，加大烟花爆竹安全监管工作力度，全面落实安全责任制，加大对经营人员的培训力度，实现全员培训。针对排查出的地区吉祥烟花爆竹公司和万福烟花爆竹公司的原库房存在安全隐患，市相关部门督促两家公司进行全面整改。同时，阿克苏市严格控制烟花爆竹批发和临时零售点的设立，阿克苏市将烟花爆竹长期批发零售点控制在 2 家。

2010 年，加大烟花爆竹安全监管工作力度，全面落实安全责任制，加大对经营人员的培训力度，实现全员培训。市安监部门会同公安、质监、工商等相关部门对地区吉祥烟花爆竹公司和阿克苏市万福烟花爆竹公司仓库进行 9 次安全隐患排查，两家公司对存在的隐患进行全面整改。同时，严格控制烟花爆竹批发零售点的设立。至 2011 年，全市烟花爆竹经营长期点 12 处，批发企业 2 家，长期销售点 10 家，全部持证。

2013 年，加强烟花爆竹安全管理工作。成立以安监、公安、质监、工商、交通等部门主要领导为成员的烟花爆竹安全专项整治工作领导小组，明确各有关部门对烟花爆竹储存、销售、运输、燃放等各个环节的安全监管职责，建立联合执法和群众举报机制。春节期间，通过采取例行检查、日常巡查、监督整改、依法处罚、联合督察等手段，累计查处违法经营行为 2 起，打击非法经营烟花爆竹窝点 1 个，处理群众举报 1 件，查处非法运输储存烟花爆竹窝点 1 个，累计收缴各类烟花爆竹 1380 余箱，案值 100 余万元。

2014 年，市安监局按照《烟花爆竹安全管理条例》《烟花爆竹经营许可实施办法》等国家有关法律法规，全面落实安全责任制，签订安全生产责任书，完善各类安全设施，定期对销售烟花爆竹经营单位进行巡查巡检，查处并销毁非法储存、经营销售烟花爆竹案件共 84 件。

2015 年开始，阿克苏市落实烟花爆竹流向信息采集制度，推进烟花爆竹零售网点连锁经营。

2016 年，市安监局对辖区 2 家烟花爆竹库房和 3 家销售点进行安全和安保检查 6 次，春节期间全市 3 家长期销售点和 15 家临时零售点均完成 100% 连锁销售和流向登记工作。

## 第七节 安全生产事故

阿克苏市安全生产事故统计工作开始于2004年。

2004～2005年，阿克苏市发生各类安全生产事故905起，死亡139人，直接经济损失204.92万元。

2006～2010年，阿克苏市加强安全检查，开展隐患排查治理专项行动，发生安全生产事故2265起，死亡267人，受伤1024人，直接经济损失750.32万元。

2011～2015年，阿克苏市对每起职责范围内发生的生产安全事故，按照“四不放过”原则，严格依法进行查处，将事故查处结果向社会公开，接受新闻媒体和社会监督。对发生生产安全事故的单位依法顶格进行处理，特别加大对事故单位管钱、管物、管人的企业法定代表人、主要负责人的责任追究力度，增大违法成本，增强安全生产的意识。共发生安全生产事故3368起，死亡151人，受伤1257人，直接经济损失1042.57万元。

2016年，全市共发生各类事故723起，死亡67人，受伤344人，直接经济损失765.30万元，其中经营性事故发生65起，死亡12人，受伤90人，直接经济损失215.05万元。

**表20－18 2004～2016年阿克苏市生产安全事故统计表**

| 年份 | 事故起数(起) | 死亡人数(人) | 受伤人数(人) | 直接经济损失(万元) |
|---|---|---|---|---|
| 2004 | 481 | 63 | 175 | 77.50 |
| 2005 | 424 | 76 | 196 | 127.42 |
| 2006 | 420 | 56 | 245 | 135.99 |
| 2007 | 421 | 57 | 170 | 158.16 |
| 2008 | 409 | 52 | 170 | 132.91 |
| 2009 | 485 | 53 | 180 | 183.40 |
| 2010 | 530 | 49 | 259 | 139.86 |
| 2011 | 538 | 48 | 200 | 179.14 |
| 2012 | 657 | 49 | 292 | 217.85 |
| 2013 | 733 | 23 | 284 | 327.15 |
| 2014 | 748 | 20 | 239 | 245.13 |
| 2015 | 692 | 11 | 242 | 1173.30 |
| 2016 | 723 | 67 | 344 | 765.30 |

# 第七章 食品药品监督管理

## 第一节 机 构

2012年5月前，阿克苏市食品药品监督管理工作归卫生局管理。

2012 年 6 月，成立阿克苏市食品药品监督管理局，正科级行政单位，编制 13 名，内设办公室、行政审批股、食品监管股、药械监管股 4 个股室。8 月，阿克苏市食品药品监督管理局党组成立。10 月，成立阿克苏市食品安全监督执法大队，隶属于阿克苏市食品药品监督管理局，股级建制，事业单位，核定事业编制 10 名。

2014 年，市食品药品监督管理局加挂阿克苏市食品安全委员会办公室牌子，食品安全监督执法大队增加事业编制 10 名。

2016 年 2 月，根据新修订的《中华人民共和国食品安全法》及国务院对食品流通领域的职责分工，阿克苏市工商局流通领域食品安全监管职能划转到食品药品监督管理局，随同划入行政编制 20 名、执法人员 6 名。11 月，市食品药品监督管理局内设办公室、财务室、综合协调与应急管理股（食品安全办公室）、食品生产监管股、食品流通监管股、药械监管股、行政法制股、餐饮监督股、化妆品监管股 9 个股室，下设稽查大队（投诉举报中心），共有行政编制 26 名，实有 16 人；事业编制 20 名，实有 19 人；工勤编制 2 名，实有 1 人。12 月，市食品药品监督管理局与阿克苏市质量技术监督局、阿克苏市工商局合并为阿克苏市市场监督管理局。

## 第二节　食品监督管理

### 一　食品质量监管

2012 年，阿克苏市食品药品监督管理局制定阿克苏市餐饮服务分级量化管理工作实施方案，成立餐饮服务分级量化管理领导小组。共分级量化学校食堂 34 家，餐饮服务单位 145 家。全年，对全城区 1402 家餐饮（包括餐饮店、单位职工食堂、学校食堂、工地食堂等）进行摸排，建立数据库。

2013 年，市食品药品监督管理局协同市政府与 13 个乡（镇）场、街道签订《餐饮食品药品安全工作目标责任书》，各乡（镇）场、街道也分别与村、社区签订《餐饮食品药品安全工作目标责任书》。建立健全以餐饮服务食品安全监管、餐饮服务行业自律、社会监督为主要内容的食品安全监管信息化网络体系。

2015 年，阿克苏市食品药品监督管理局健全组织协调机制，成立食品安全委员会办公室，将阿克苏市食药监、农业、质监、工商、卫生等 38 个部门（单位）列为成员单位，签订责任状，将食品安全工作列入对乡镇和部门绩效考核的一级考核指标。推进餐饮卫士建设，全市学校食堂（含幼托机构）100% 安装餐饮卫士，大中型以上餐饮单位 50% 安装餐饮卫士，构筑餐饮电子监管，提升监管效能。在 14 个乡镇场、街道聘任 60 名义务监督员、30 名协管员、155 名信息员，并为监督员、协管员、信息员制作工作牌，建立健全工作、考评、奖惩制度，全年通过“三员”完成全市食品生产经营主体的摸底工作、协助办理餐饮服务许可 47 家、农村集体用餐备案 319 次、监督举报食品药品违法行为 15 起，其中制售食品黑窝点 4 起。实施餐饮百千万示范创建工程，创建餐饮示范店 41 家、餐饮食品安全示范街 1 条。完成 1790 家餐饮单位的量化评定工作（A 级餐饮服务单位

195 家、B 级餐饮服务单位 1085 家、C 及餐饮服务单位 510 家），评定三星级餐饮单位 90 家、二星级餐饮单位 231 家、一星级餐饮单位 304 家。

2016 年，阿克苏市食品药品监督管理局在全市食品生产企业内加强食品安全信用体系，完善诚信制度、规范诚信体系和标准，健全诚信评价制度，建立食品工业企业诚信体系运行长效机制。在全市村（社区）共聘请义务监督员 159 名，发放食品安全、日常监督管理自查表 446 份，收回备案 446 份，签订食品安全责任书 446 份，建成诚信企业档案 122 份。

## 二 食品安全监管

2012 年起，市食品药品监督管理局每年组织开展“3·15”“安全生产月”“食品安全周”食品药品安全宣传活动。

2012 年，阿克苏市食品药品监督管理局开展学校食堂食品安全专项整治，监督检查学校食堂 33 所，开展餐饮店、餐饮服务食用油、旅游景区食品安全专项整治。出动执法人员 234 人次，车辆 56 台次，检查餐饮单位 648 家次，下达整改通知书 104 份，其中投诉举报 3 份，立案 5 起；开展餐饮服务单位环境综合整治，共检查餐饮服务单位 1200 家，出动执法人员 350 人次、车辆 75 台次，下达整改意见通知书 473 家，停业整顿 28 家，立案处理 11 家。

2013 年，对市区餐饮服务单位 1822 家（大型餐饮服务单位 30 家，中型餐饮单位 80 家，小型餐饮单位 736 家，快餐店、小吃店、饮品店等 920 家，幼托机构及学校食堂 56 家）进行专项督察，全年受理餐饮服务许可申请 1012 份，核发《餐饮服务许可证》900 家；加大餐饮服务环节食品安全抽验力度。

2014 年，组织开展春季学校食堂、肉及肉制品、“魔爽烟”、食用油、餐饮具、小餐饮、农家乐、副食品市场专项整治，立案查处餐饮食品案件 161 起，收缴罚没 36 万元，发放《餐饮服务许可证》416 家，全年监督检查餐饮单位 2643 家次，立案查处餐饮食品案件 149 起，收缴罚没 33 万元。

2015 年，市食品药品监督管理局组织开展涉及春秋季学校食堂、农家乐、交通要道餐饮、迎接国家卫生城市复审、全国高考、第四届国际舞蹈节、自治区成立 60 周年等的 20 余次专项整治；针对餐饮服务经营者的不同情况，区分大中型餐饮企业和小型餐馆，分别制定餐饮服务许可条件及食品安全管理制度。受理餐饮服务许可 813 家，现场核查 1954 家次，验收合格 621 家，发放《餐饮服务许可证》621 家，备案登记受理 74 家，发放餐饮服务备案登记证 35 家。

2016 年，狠抓重点环节整治和重大节假日、重要时段的食品市场专项整治，共出动执法人员 1786 人次，出动执法车辆 760 辆次，监督检查餐饮服务单位 2860 家次，下达责令改正通知书 375 份，停业 28 家，立案 61 起，查处各类违法案件 1034 起，结案 1023 起（含简易程序 890 件），结案率为 98.94%，收缴罚没款 94.1 万元，行政处罚案卷评查 2 次。受理《餐饮服务许可证》639 家、《食品经营许可证》申办 896 家，颁发《餐饮服务许可证》592 家、《食品经营许可证》304 家，完成现场核查 2256 家次，指导录入电子档案数据 1413 家。

## 第三节　药品质量监管

### 一　药品质量监管

2012年，阿克苏市食品药品监督管理局对单体药品经营企业145家进行摸排，并建立数据库。实施数字药监，对145家药品经营企业、医疗机构安装新疆傲世博翔软件科技有限公司的监管软件，并开通联网使用，上传率100%。

2013年，利用监控网络优势，对特殊药品流向进行实时监控，组织特殊药品现场检查，对全市10家使用毒麻、精神类药品单位的特殊药品使用情况进行专项检查，加强药品不良反应监测工作，安排专人负责ADR、MDR监测上报工作，上报药品不良反应447例，上报医疗器械不良事件17例。完成药品抽验66批次。全年受理红旗药店创建申请31家，规范化药房创建申请13家。

2014年，创建红旗药店31家、规范化药房1家，开展药械经营单位星级评定65家，评定出一星级药品经营单位3家，二星级药品经营单位44家，三星级单位18家。

2016年，完成药品抽验65批次，其中中药饮片专项抽验9批次，抽检不合格1批次，配合自治区化妆品抽检70批次，完成上级下达的抽验任务。做好药械经营、使用单位专人负责ADR及MDR监测上报工作，推行责任管理，定期督促进展缓慢的单位及时上报，指导网上直报，共上报药品不良反应418例，医疗器械不良反应117例。

### 二　药品安全监管

2012年起，市食品药品监督管理局每年利用“3·15”消费者权益保护日、“4·26”世界知识产权日、“食品安全宣传周”等系列宣传活动，通过印制发放宣传册、展示假劣药品、现场咨询等形式，宣传普及药品安全知识及法律法规。在新建6个科普宣传站的基础上，在辖区12个民营医疗机构建立12个饮食用药安全科普宣传站，全年开展饮食用药科普宣传进社区宣讲活动。

2012年，开展含麻黄碱复方制剂、非药品冒充药品等10多次专项检查，出动执法人员153人次，检查涉药品单位254家次。日常督察共出动执法人员200人次、车辆60台次，查办案件1起。

2014年，组织开展15次专项整治，立案查处药品案件30起，收缴罚没22.6万元。共检验药品66批次（1批不合格），抽检合格率为98.4%；督导涉药械单位上报药品不良反应410例，其中新的、严重的病例78例，上报医疗器械不良事件23例。

2015年，组织开展医疗器械、脊髓灰质炎疫苗、安徽联谊药业股份有限公司问题药品等专项整治，共完成药保化抽验73批次，其中中药饮片9批次，其他药品56批次，保健食品4批次、化妆品4批次，抽检不合格2批次。督导上报药品不良反应358例、医疗器械不良反应69例。立案查处药械违法案件34起，没收物品货值3.5万元。

2016年，全市出动执法人员786余人次，执法车辆217台次，检查涉药单位1540余家次，其中药品经营企业1010家次、医疗机构149家次、个体诊所341家次、牙科诊所40家次。监测药品广告23起，向市工商部门移送违法药品广告10起。全年共立案查处药品违法案件36起，收缴罚没款18.93万元，没收物品货值4.1万元。简易案件113起。医疗器械违法案件3起，收缴罚没款6万元。化妆品违法案件4起，收缴罚没款1.64万元。

## 第四节　保健品化妆品监管

### 一　保化品质量监管

2012年，阿克苏市食品药品监督管理局对全城区48家保健食品经营企业、30家化妆品经营企业进行摸排，建立数据库。

2016年，阿克苏市食品药品监督管理局配合自治区化妆品抽检70批次，完成上级下达的抽验任务。

### 二　保化品安全监管

2012~2016年，市食品药品监督管理局每年利用“3·15”消费者权益保护日等系列宣传活动，共印制发放宣传册1.5万册。

2012年，阿克苏市食品药品监督管理局通过开展调查摸底，全面掌握辖区内保健食品化妆品经营企业现状，明确监管思路和目标。对全市78家化妆品经营企业进行监督检查，对经营企业的持证情况、经营条件、进货渠道、经营产品的合法性、人员管理等情况进行现场检查。结合自治区、地区食品药品监督管理局下发的关于开展螺旋藻、夜来香利眠胶囊等保健食品专项整治，开展保健食品质量安全和化妆品违法使用禁限用物质专项整治，重点对假冒保健食品，减肥类、缓解体力疲劳类、改善睡眠类保健食品和祛斑类化妆品加大整治力度。共出动执法人员85人次，监督检查保化经营单位75家次。

2013年，共摸排保健食品经营企业240家，其中药品零售企业153家，化妆品经营企业188家，保健食品、化妆品两者兼有的经营企业42户。建立和完善保健食品化妆品监督工作规则、备案登记流程等相关规章制度，专项检查查处医圣天下无斑美白霜等化妆品、健康牌减肥胶囊等假冒伪劣保健食品、化妆品。全年查办保健食品案件10起，罚没款3.3万元，没收违法保健食品59个品种，货值金额14.97万元。向违法违规经营企业下达责令改正通知书52份，停业整顿保健食品经营企业5家。制定保化诚信店创建实施方案及检查验收标准，命名并授牌2家保健食品、2家化妆品诚信店。

2014年，开展祛斑美白产品和打击保健食品“四非”（保健食品非法生产、非法经营、非法添加和非法宣传）专项整治，查处保健食品、化妆品案件6起，罚没收缴2.15万元，开展保健食品化妆品经营单位星级评定13家，其中评定二星级2家、三星级单位11家。监测违法广告7起，其中药械违法广告4起、保健食品化妆品违法广告3起，发放保健食品化妆品备案通知书241家。

2016 年，统一落实化妆品经营企业登记建档、第一责任人、索证索票、购销台账等制度，确保企业严把产品进货关、销售关和退市关，做到有台账、登记全、信息准、可追溯。全年检查化妆品经营企业 289 家次，化妆品违法案件 4 起，收缴罚没款 1.64 万元。

# 第八章　统　计

## 第一节　机　构

1990 年，阿克苏市统计局下设阿克苏市城市物价抽样调查点，事业编制 3 名；阿克苏市农村社会经济调查队，事业编制 8 名，相当于副科级，其中领导职数 1 人；市普查中心，事业编制 5 名，相当于股级。4 月，市政府下达《关于启用各乡场统计站公章的通知》，各乡场统计站开始启用公章。

1992 年 12 月，阿克苏市统计协会恢复。

2002 年，根据阿克苏市政府办印发的《阿克苏市统计局职能配置和人员编制规定》，核定行政编制 10 名，其中领导职数 2 名，事业编制 1 名。

2003 年 12 月，阿克苏市政府下达《关于在阿克苏市街道办事处成立统计工作领导小组的通知》，各街道办事处成立统计工作领导小组。

2004 年 5 月，阿克苏市政府下达《关于成立阿克苏市社会经济调查队的批复》，阿克苏市成立社会经济调查队，为市统计系统的事业单位，主要负责农村居民调查、城乡企业调查和城市居民调查。核定事业编制 5 名，其中领导职数 2 名。

2007 年 3 月，阿克苏市农村社会调查队从统计局分离。11 月，市编委为市普查中心增加事业编制 1 名。

2012 年，阿克苏市统计局成立党组。

2016 年，市统计局内设行政办、业务科、财务室。下设市普查中心、市社会经济调查队。共有编制 21 名，其中事业编制 11 名、工勤编制 1 名，实有 17 人。

## 第二节　统计工作

### 一　统计内容

1990 年，阿克苏市统计局统计内容主要有农业、工业、贸易、交通、邮电、基本设施、劳动工资、物资、农村两项抽样、农业产量抽样调查、农村住户调查、城镇建设等。

1997 年，新增非农户畜牧业生产情况季、年报。

2001 年，新增执法内容。

自 2002 年后，农业增产值指标改为农业增加值指标，农业增加值增加季、年报表，增加蔬菜及特种作物生产情况年报表。

2003 年，城镇居民养老、失业、医疗等纳入统计。

2005 年，恩格尔系数纳入统计。

2006 年，国家抚恤、补助纳入统计。

2008 年，城镇就业率纳入统计。

截至 2016 年，统计内容主要有农业、工业、商业、交通、邮电、基本单位、劳动工资、农村住户调查、固定资产、房地产、执法、能源等。

## 二　统计调查

1990～2016 年，全国及自治区范围内统一组织实施 19 次普查。阿克苏市各级政府和有关部门及单位成立普查机构，选调普查员，进行依法普查。

1990 年 7 月 1 日，阿克苏市开展第四次全国人口普查工作。

1993 年 1 月，阿克苏市开展全国第三产业调查工作。3 月，开展全国投入产出调查工作。年内开展全国人口变动抽样调查工作。

1995 年 7 月，阿克苏市开展全国 1% 人口抽样调查。8 月，阿克苏市开展全国第三次工业普查，普查对象为全部工业企业，重点是国有企业、乡镇企业和外商投资企业。普查的主要内容为 1995 年工业生产经营基本情况，包括生产、销售、库存和成本、费用、价格、盈利等情况，资产负债情况及其构成，生产能力利用及技术装备状况等。1996 年 8 月完成普查，历时 1 年。

1995 年，根据国务院关于开展第一次农业普查的决定，阿克苏市开始农业普查。普查的主要内容包括农业生产经营单位的数量、规模和结构，农业用地在各生产经营单位的分布和使用情况，农业生产性固定资产的数量、结构和性能，农村劳动力的数量、素质、从事的行业和流动情况，乡镇企业和建制镇的基本情况。普查时间是 1996 年 12 月 31 日，采用普查员直接访问普查对象、当场询问登记的方式进行。1997 年 1 月结束。

1996 年 8 月，阿克苏市组织实施第一次基本单位普查，1997 年 12 月结束。普查标准时点为 1996 年 12 月 31 日，普查资料调查年度为 1996 年。普查对象为所有法人单位及法人单位所附属的产业活动单位。普查内容主要有经济类型、所属行业、从业人员、企业规模、经营状态等各类单位的基本属性和主要标志。对全部调查对象采用直接下发调查表的方法。

1998 年，阿克苏市完成新疆接待国内旅游者抽样调查工作。

2000 年 11 月 1 日，阿克苏市开展第五次全国人口普查工作。

2001 年 9 月起，阿克苏市开展第二次全国基本单位普查工作。普查标准时点为 2001 年 12 月 31 日，普查资料调查年度为 2001 年。普查对象和范围为阿克苏市所有从事社会经济活动的法人单位和产业活动单位。普查内容主要有单位的基本标志、主要属性、基本状态和主要数据。2002 年底结束。当年，完成国内旅游抽样调查工作，完成中国烟草消费情况调查工作。

2004 年 1 月，阿克苏市开展全国第一次经济普查。完成普查单位登记、数据收集、录入、汇总上报工作，通过地区检查组的检查。

2007 年 1 月，阿克苏市开展全国第二次农业普查，阿克苏市农业普查办公室共组织、培训、投入普查指导员、普查员 1000 余人，经历 25 天的工作，完成对全市 9 个乡级调查单位、162 个普查区、644 个普查小区、60 个农业法人单位、143 个农业服务单位、149 个农业生产单位的调查，及 3.79 万户农村住户基本情况表、34798 张农业生产经营户表、55 张农村集体户表等，共完成约 7.39 万张调查表的统计工作。

2008 年 1 月，阿克苏市开展全国第二次经济普查。根据国家、自治区、地区的统一部署，下发《关于在全市开展第二次经济普查的通知》，成立领导小组，抽调人员与市统计局专业人员组成普查工作机构，制定活动方案，完成普查区域划分、普查地图绘制、地址编码、清查摸底工作。2009 年，完成普查登记及数据收集、录入、汇总上报等工作，审核分行业普查数据，通过地区抽查组的检查。

2010 年 11 月，阿克苏市开展全国第六次人口普查。

2015 年 5 月，阿克苏市开展全国 1% 人口抽样调查工作。11 月 1 日零点对 25 个调查小区的 1899 户、6725 人进行 PDA 网络平台登记和纸质登记表入户调查，登记出生率 15.76‰、死亡率 4.46‰。

2016 年 8 月，阿克苏市开展全国第三次农业普查工作。市统计局共组织、培训、投入普查指导员、普查员 752 人。阿克苏市农业普查办公室完成对全市 6 个乡级调查单位、160 个普查区、722 个普查小区、117 个农业法人单位、122 个农村委员会的调查，及 34689 张农村住户基本情况表、752 张农业生产经营户表，共计完成约 5 万张调查表的统计工作。

## 三　统计服务

1993 年起，市统计局每年编写《阿克苏市国民经济和社会发展统计公报》，到 2016 年共编写 23 本。从 1990 年开始，市统计局按年度编写《阿克苏市统计年鉴》，至 2016 年，共编写 10 本。同时，收集整理《阿克苏市统计历史资料汇编》（上、下）两册。

## 四　统计监督与执法

### （一）统计宣传

1991～1995 年，市统计局通过宣传版面、广播、设置咨询台、发放宣传单等方式进行宣传，解答群众提出的问题，共计发放宣传单 1000 余份。

1997 年 10 月，《新疆维吾尔自治区统计管理条例》（以下简称《条例》）公布实施，阿克苏市利用广播、电视、报纸，广泛宣传《条例》。2003 年 12 月 8 日，开展《中华人民共和国统计法》颁布 20 周年纪念活动。2004 年，市统计局通过继续深入开展统计普法工作，提高广大公民特别是各级领导干部和统计人员、统计执法人员的法律素质，全面推动依法统计。

2005～2008 年，利用电视台宣传《统计法》，组织参加统计法规知识测试。以每年“全国法制宣传月”为契机，开展统计宣传。在“五五”普法和“法制进机关”活动中，加强对《统计法》和相关法律的宣传，并制作“学法用法，依法统计”的宣传横幅和专题展板，发放宣传单 1 万余份。

2009 年，利用全国第二次经济普查之机，通过电视、广播、横幅、广告牌等形式，开展《统计法》宣传工作。在日常入户调查工作中对2009年5月1日起正式实施的《统计违法违纪行为处分规定》进行宣传。

2010年，将新《统计法》和《统计违法违纪行为处分规定》纳入专业培训内容当中。

2011～2016年，共发放宣传单3万余份。

（二）统计执法

1990～1993年，检查统计基础工作，重点检查1992年报送。1994～1995年，主要检查农村人口出生数指标。1996年，全面检查1995年第三次全国工业普查数据质量，规范工业统计制度。1997年，开展统计执法大检查，纠正部分单位重报、漏报现象。1998～1999年，开展商业、劳动工资等统计报表制度执行情况检查。2000年，开展以工业数据为主的专项检查。

2006～2016年，共处理统计违法行为304余件，共涉及企业200余家、个人280余人。

**表20－19　2006～2016年阿克苏市统计执法情况表**

| 年份 | 统计违法行为（件） | 立案（件） | 结案（件） | 年份 | 统计违法行为（件） | 立案（件） | 结案（件） |
|---|---|---|---|---|---|---|---|
| 2006 | 28 | 28 | 28 | 2012 | 27 | 27 | 27 |
| 2007 | 28 | 28 | 28 | 2013 | 28 | 28 | 28 |
| 2008 | 28 | 28 | 28 | 2014 | 27 | 27 | 27 |
| 2009 | 28 | 28 | 28 | 2015 | 27 | 27 | 27 |
| 2010 | 28 | 28 | 28 | 2016 | 27 | 27 | 27 |
| 2011 | 28 | 28 | 28 | | | | |

# 第九章　审　计

## 第一节　机　构

1990年，阿克苏市审计局核定编制20名，其中行政编制19名、事业编制1名。

2002年，市审计局内设财政金融、行政事业、固定资产投资、经济责任审计股及办公室。

2016年，市审计局核定行政编制19名，事业编制5名。实有18人。

## 第二节　审计工作

### 一　本级财政预算执行情况审计

1993年起，市审计局开始财政同级审，依照《中华人民共和国审计法》《中华人民共和国预算法》《新疆维吾尔自治区地方预算执行情况审计操作办法》，开展审前调查，通过调查掌握的情况，编制审计工作方案，抽调审计人员组成财政预算、地方税收、国库审计小组。至2016年，审计78个单位，违规金额16239.3万元，上缴财政8386.6万元。

表20－20　1993～2016年部分年份阿克苏市审计局本级财政预算审计情况表

| 年份 | 财政预算执行情况 | | | 年份 | 财政预算执行情况 | | |
|---|---|---|---|---|---|---|---|
| | 单位数（个） | 违规金额（万元） | 上缴财政（万元） | | 单位数（个） | 违规金额（万元） | 上缴财政（万元） |
| 1993 | 1 | 3.2 | | 2005 | 5 | 1659 | 28 |
| 1994 | 0 | 0 | | 2006 | 5 | 298 | 11 |
| 1995 | 1 | 17.7 | | 2007 | 4 | 20 | 3 |
| 1996 | 2 | 41 | 4 | 2008 | 6 | 2473 | 1875 |
| 1997 | 3 | 126 | | 2009 | 4 | 2033 | 1998 |
| 1998 | 4 | 180.8 | | 2010 | 4 | 5480 | 4064 |
| 1999 | 4 | 1.6 | 1.6 | 2011 | 4 | 200 | 200 |
| 2000 | 5 | 1040 | 54 | 2012 | 2 | 82 | 38 |
| 2001 | 3 | 351 | 8 | 2013 | 2 | | |
| 2002 | 4 | 574 | 25 | 2014 | 2 | | |
| 2003 | 4 | 550 | 17 | 2015 | 2 | | |
| 2004 | 5 | 1109 | 60 | 2016 | 2 | | |

## 二　行政、事业、企业单位财务收支审计

1990年后，市审计局每年开展行政、事业、企业单位财务收支审计，根据年初制定的审计计划，合理安排和组织人员，分别进驻被审计单位，进行审计。截至2016年，审计行政、事业、企业单位408个，查出违规资金9069.3万元，上缴财政1952.29万元。

表20－21　1990～2016年阿克苏市审计局行政、事业、企业单位财务收支审计表

| 年份 | 行政事业单位审计 | | | 年份 | 行政事业单位审计 | | |
|---|---|---|---|---|---|---|---|
| | 单位数(个) | 违规金额（万元） | 上缴财政(万元) | | 单位数(个) | 违规金额（万元） | 上缴财政(万元) |
| 1990 | 65 | 57.5 | 0.5 | 2004 | 6 | 517 | 180 |
| 1991 | 49 | 101 | 6.67 | 2005 | 1 | | |
| 1992 | 31 | 270 | 52.4 | 2006 | 6 | 1054 | 5 |
| 1993 | 20 | 295.3 | 128 | 2007 | 5 | 391 | 168 |
| 1994 | 16 | 200.7 | 74.8 | 2008 | 5 | 29 | 12 |
| 1995 | 17 | 65.7 | 4.8 | 2009 | 10 | 228 | |
| 1996 | 20 | 63 | | 2010 | 5 | 157 | |
| 1997 | 19 | 100 | 8 | 2011 | 12 | 230 | 474 |
| 1998 | 23 | 70.1 | 0.12 | 2012 | 10 | | |
| 1999 | 27 | 906 | 14 | 2013 | 14 | 2316 | 528 |
| 2000 | 14 | 302 | 26 | 2014 | 5 | | |
| 2001 | 17 | 1360 | 210 | 2015 | 8 | | |
| 2002 | | | | 2016 | 1 | | |
| 2003 | 2 | 356 | 60 | | | | |

## 三　专项资金审计

1993 年，市审计局开展专项资金审计，审计项目包括社保资金审计、防病改水审计、抗震安居工程审计、国外援贷项目审计、塔二项目审计、扶贫资金审计、农业综合开发资金审计等。至 2000 年，共审计单位 20 个，查出违规资金 8458 万元，上缴财政 39.6 万元。2001～2016 年，共审计 150 个单位，查出违规资金 3089 万元，上缴财政 1 万元。

## 四　金融、固定资产投资审计

1993 年，市审计局开展金融、固定资产投资审计。至 2016 年，市审计局共审计金融、固定资产投资审计项目 229 项，查出违规资金 41761.4 万元。

## 五　经济责任审计

2002 年，市审计局开展经济责任审计工作。至 2016 年，共对 87 个党政及事业、企业单位领导干部进行经济责任审计，审计查出违规资金 28029 万元。

## 六　审计调查

1993 年，阿克苏市开展审计调查工作，至 2016 年，审计调查 65 个单位，主要调查内容包括对农村中小学危房修理专项资金审计调查、对市农业发展资金使用及管理情况的调查、对市民政局扶贫专项资金调查、对市棉麻公司有关问题的调查、对宏达建安公司有关问题的调查、对市养老保险专项资金调查、对国家秸秆养畜项目资金的调查、对军供粮站移交地区的审计调查、对市教育局有无乱收费情况的调查、拆迁资金使用情况调查、政府性债务情况调查、卫七项目后期资产移交调查、塔二项目有关问题的调查等。

## 七　审计违法案件

1990～2016 年，市审计局审计违法案件 4 件，移送司法机关和纪检部门 4 件，案件的突出问题是贪污或挪用公款，决策失误造成重大损失，经费支出中虚报冒领、多报电话费，固定资产流失等。

## 八　内部审计

1993 年 1 月，阿克苏市开始成立内部审计机构。至 2016 年，供销社、城建局、教育局、财政局 4 个市直单位设有内部审计机构。

## 九　社会审计

1993 年，阿克苏市社会审计机构阿克苏市审计事务所成立，有工作人员 6 人，至 1995 年人员增到 8 人。主要职能是监督、评价、控制和咨询 4 项。因市审计事务所的资质未达到有关要求，于 1998 年撤销。

# 第十章　项目建设服务

## 第一节　行政服务

### 一　机构

2010年12月，根据市机构编委会《关于成立阿克苏市行政服务中心的通知》，成立阿克苏市行政服务中心，隶属于阿克苏市政府管理的直属事业单位，机构规格相当于正科级，核定全额事业编制4名，领导职数1名。2016年12月，根据《关于给市行政服务中心增加人员编制的通知》的精神，增加市行政服务中心全额事业编制2名，年末实有4人。

### 二　主要工作

2012年，市行政服务中心规范和加强中心建设，巩固各项行政审批改革成果，共受理各类行政许可事项17256件，其中办结行政许可事项17102件，办结率为99.1%；办结非行政许可事项10920件，办结率为100%。

2016年，市行政服务中心以打造服务型政府平台为目标，以行政审批制度改革和优化投资软环境为抓手，共受理各类行政许可事项22万余件，其中即办件21万余件，承诺件1万余件，办结21.91万件，办结率达98.9%；受理并答复网上业务咨询9件。

表20－22　2012～2016年阿克苏市行政服务中心受理行政许可事项统计表

| 年份 | 受理行政许可事项(件) | 办结(件) | 办结率(%) | 受理非行政许可事项(件) | 办结(件) | 办结率(%) |
|---|---|---|---|---|---|---|
| 2012 | 17256 | 17102 | 99.1 | 10920 | 10920 | 100 |
| 2013 | 18486 | 18214 | 99 | 80 | 80 | 100 |
| 2014 | 40099 | 39706 | 98 | 393 | 393 | 100 |
| 2015 | 44654 | 43760 | 98 | 978 | 978 | 100 |
| 2016 | 221548 | 219110 | 98.9 | | | |

## 第二节　公共资源交易

### 一　机构

2012年12月，根据市机构编制委员会印发的《关于成立阿克苏市公共资源交易中心的通知》，成立阿克苏市公共资源交易中心，隶属于阿克苏市人民政府管理的事业单位，机构规格相当于正科级，核定全额事业编制16名，领导职数3名。中心下设政府采购科、工程建设科、国土资源交易科。2015年，经市直机关工委批准成立阿克苏市公共资源交易中心党支部。2016年底，核定编制16名，领导职数3名，实有13人。

### 二　主要工作

2012年，市公共资源交易中心制定实施中心内部各项管理制度33项，纳入公共资源交易中心交易的项目共4大类53种；共完成公共资源交易63场，其中受理政府采购交易46场，交易金额200万元；工程建设交易17场，交易金额310万元。

2013～2015年，市公共资源交易中心按照公开透明、公平竞争、公正诚信、廉洁高效、利民便民的服务宗旨，共完成公共资源交易2673场，交易总额达71.87亿元，其中工程建设完成进场交易595场，中标金额67.41亿元；政府采购完成采购业务2085场，采购金额5.6亿元；出让土地62块，共145公顷。拍卖公务用车2辆，拍卖金额1.86万元。发布交易项目信息1500余条，信息公开率达100%。

2016年，市公共资源交易中心按照阳光、廉洁、高效、便民宗旨，共完成公共资源交易1007场，交易总额达69042.54万元，其中工程建设完成进场交易84场，中标金额333626.7万元，节约2456.48万元；政府采购完成采购业务923场，采购金额20629.23万元，节约资金3732.20万元，节约率达15.32%，发布交易项目信息1100余条。

**表20－23　2012～2016年阿克苏市公共资源交易中心项目交易金额一览表**

单位：亿元

| 年份 | 政府采购金额 | 工程建设金额 | 国土资源交易金额 |
|---|---|---|---|
| 2012 | 0.002 | 0.0031 | — |
| 2013 | 1.427 | 51.28 | 0.88 |
| 2014 | 1.74 | 11.23 | 1.73 |
| 2015 | 2.43 | 4.90 | — |
| 2016 | 2.06 | 33.36 | — |

## 第三节　投资项目代建管理

### 一　机构

2015年6月，根据《关于阿克苏市浙阿合作交流中心更名为阿克苏市政府投资项目代建管理中心的通知》精神，成立阿克苏市政府投资项目代建管理中心，隶属于阿克苏市人民政府管理，正科级事业单位。2016年，核定全额事业编制20名，实有12人。

### 二　主要工作

2015年，市政府投资项目代建管理中心完善内部机构设置、人员配置，规范项目管理，编制

《阿克苏市政府投资建设项目代建管理暂行办法》《代建项目前期工作制度》《代建项目管理办法》，受市委、市政府委托代建多浪河二期导流渠东西侧绿地项目、公安局办公大楼维修改造工程（食堂及信访大楼）的建设，完成项目前期工作及招投标管理，固定资产投资5000万元。

2016年，代建中心对项目逐步实施规范化、标准化、制度化管理，确保项目进展无事故、无意外、无上访，在各时间节点有序推进。共代建项目13个，总投资达35650万元，分别为阿克苏市多浪河二期导流渠东西侧绿地项目，阿克苏市市民服务中心项目，阿克苏市政府办公楼维修改造工程，教育系统7个项目［阿克苏市托普鲁克乡中心小学教学楼、宿舍楼、食堂、厕所和浴室项目，阿克苏市托普鲁克乡中学教学楼及附属设施项目，阿克苏市第五中学塑胶跑道及看台项目，阿克苏市拜什吐格曼乡中心小学教学楼项目，阿克苏市喀拉塔勒镇托吾尔其村小学教师周转宿舍、喀拉塔勒镇双语幼儿园、尤喀克阿勒迪尔村双语幼儿园项目，阿克苏市依干其乡依尔玛学校（教学楼、食堂、厕所、锅炉房及附属）项目，阿克苏市英巴扎双语幼儿园项目，累计总投资5260万元］，安居富民工程2个批次（2016年安居富民工程道路项目一批次道路全长41.44千米，安居富民工程道路项目二批次道路全长17.34千米）。项目开工率100%，累计完成固定资产总投资1.44亿元。

# 第二十一编　中共阿克苏市地方组织

1990～2000年，中国共产党阿克苏市委员会（简称市委）经历第三届、第四届委员会换届选举。其间，中共阿克苏市委员会以邓小平理论和“三个代表”重要思想为指导，坚持“一个中心，两个基本点”的基本路线，解放思想，重点抓党的建设、干部培训、领导班子等方面的工作，加强党的思想建设、组织建设和作风建设，推动全市改革开放和经济建设。

2001～2016年，中共阿克苏市委员会历经第五届、第六届、第七届、第八届委员会。其间，中共阿克苏市委员会解放思想，抢抓机遇，不断保障和改善民生，经济建设及社会各项事业快速发展，各级党组织战斗力不断提升；加速推进农牧业现代化、新型工业化和新型城镇化，推进经济建设、政治建设、文化建设、社会建设以及生态文明建设，呈现出社会稳定有序、经济繁荣发展、各民族团结奋进、全社会欣欣向荣的可喜局面。

# 第一章　党员及党的代表大会

## 第一节　党　员

1990年，阿克苏市有党员4562名，其中男性3337名，女性1225名。严格按照标准和组织程序发展党员，对确定的发展对象，规定培养期限。1990～2010年，共发展党员7060名。

2011年，全市向党组织提交入党申请书2419人，发展党员331名。

2013年，严格入党程序及发展比例，坚持成熟一个、发展一个。全年向党组织提交入党申请书2556人，培养入党积极分子1704人，发展党员374名。

2016年末，阿克苏市共有党员14179名，其中男性9672名，女性4507名。

**表21－1　1990～2016年阿克苏市党员基本情况统计表**

单位：人

| 年份 | 总计 | 其中 | | 年份 | 总计 | 其中 | |
|---|---|---|---|---|---|---|---|
| | | 男 | 女 | | | 男 | 女 |
| 1990 | 4562 | 3337 | 1225 | 2004 | 9427 | 6991 | 2436 |
| 1991 | 4868 | 3347 | 1521 | 2005 | 9592 | 7052 | 2540 |
| 1992 | 5308 | 3695 | 1613 | 2006 | 9923 | 7316 | 2607 |
| 1993 | 5402 | 3780 | 1622 | 2007 | 10237 | 7603 | 2634 |
| 1994 | 5838 | 4127 | 1708 | 2008 | 10571 | 7759 | 2812 |
| 1995 | 6427 | 4683 | 1744 | 2009 | 11063 | 8035 | 3028 |
| 1996 | 6691 | 4828 | 1863 | 2010 | 11622 | 8348 | 3274 |
| 1997 | 7010 | 5027 | 1983 | 2011 | 11953 | 8499 | 3454 |
| 1998 | 7360 | 5368 | 1992 | 2012 | 12299 | 8645 | 3654 |
| 1999 | 7490 | 5495 | 1995 | 2013 | 12673 | 8837 | 3836 |
| 2000 | 7616 | 5596 | 2021 | 2014 | 13049 | 9034 | 4015 |
| 2001 | 7725 | 5667 | 2058 | 2015 | 13648 | 9380 | 4268 |
| 2002 | 8439 | 6225 | 2214 | 2016 | 14179 | 9672 | 4507 |
| 2003 | 9093 | 6675 | 2418 | | | | |

## 第二节　党的代表大会

1989年1月至2016年9月，先后召开中共阿克苏市第二至八次代表大会。每次党的代表大会选举产生委员和候补委员，组成这一届中共阿克苏市委员会（以下简称市委）。每届委员会第一次会议，选举产生常务委员、书记、副书记，代表大会闭幕期间，由常务委员会主持市委日常工作。常务委员会根据工作需要决定召开全体委员会议。

## 一　中共阿克苏市第二次代表大会

1989 年 1 月 24～27 日，中共阿克苏市第二次代表大会在阿克苏市召开。应到代表 200 名，实到代表 196 名。其中列席代表 24 人，占 12.24%；特邀代表 6 人，占 3.1%；妇女代表 76 人，占 38.77%；具有大学学历 21 人，占 10.71%；高中学历 103 人，占 52.55%；35 岁以下党员 31 人，占 15.82%。会议听取、审议并通过中共阿克苏市第一届委员会工作报告和中共阿克苏市纪律检查委员会工作报告。大会选举产生中共阿克苏市第二届委员会和中共阿克苏市第二届纪律检查委员会委员。中共阿克苏市二届一次全委会议上，赵群当选为中共阿克苏市第二届委员会书记，白振中当选为中共阿克苏市第二届纪律检查委员会书记；届中调整市委副书记 2 人，增选市委常委 4 人，调整市纪委书记。

## 二　中共阿克苏市第三次代表大会

1992 年 1 月 7～10 日，中共阿克苏市第三次代表大会在阿克苏市召开。出席会议的代表应到 250 名，实到代表 231 名。代表中具有大学学历 39 人，占 16.88%；高中学历 147 人，占 63.64%；妇女代表 88 人，占 38.1%；农民党员代表 54 人，占 23.38%。会议听取、审议并通过中共阿克苏市第二届委员会工作报告和中共阿克苏市纪律检查委员会工作报告。大会选举产生中共阿克苏市第三届委员会和中共阿克苏市第三届纪律检查委员会委员。中共阿克苏市三届一次全委会议上，赵群当选为中共阿克苏市第三届委员会书记，王运科当选为中共阿克苏市第三届纪律检查委员会书记。因 1992 年 10 月赵群病故，1993 年 3 月，地委任命高烈卿为阿克苏市委书记；届中调整市委副书记 5 人，增选市委常委 6 人，调整市纪委书记。

## 三　中共阿克苏市第四次代表大会

1997 年 1 月 8～10 日，中共阿克苏市第四次代表大会在阿克苏市召开。出席会议的代表应到 299 名，实到 292 名。代表中具有高中以上文化程度 193 人，占 66.1%；领导干部 149 人，占 51.03%；妇女代表 102 人，占 34.93%；少数民族代表 168 人，占 57.53%。与会代表听取、审议并通过中共阿克苏市第三届委员会向大会工作报告和中共阿克苏市纪律检查委员会纪律检查工作报告。大会选举产生中共阿克苏市第四届委员会和中共阿克苏市第四届纪律检查委员会委员。中共阿克苏市四届一次全委会议上，高烈卿当选为中共阿克苏市第四届委员会书记，巴哈古丽·赛买提当选为中共阿克苏市第四届纪律检查委员会书记。1999 年 12 月高烈卿离任，地委任命岳秀诚为阿克苏市委书记；届中调整市委副书记 10 人，调整市委常委 8 人，调整市纪委书记。

## 四　中共阿克苏市第五次代表大会

2001 年 8 月 12～14 日，中共阿克苏市第五次代表大会在阿克苏市召开。出席会议的代表应到 299 名，实到 285 名。少数民族代表 169 人，占 59.30%；研究生 3 人，占 1.05%；具有大学学历

71人，占24.91%；中专学历47人，占16.49%；妇女代表79人，占27.72%。与会代表听取、审议并通过中共阿克苏市第四届委员会工作报告和中共阿克苏市纪律检查委员会纪律检查工作报告。大会选举产生中共阿克苏市第五届委员会委员和中共阿克苏市第五届纪律检查委员会委员。在中共阿克苏市五届一次会议上，岳秀诚当选为中共阿克苏市第五届委员会书记，阿里木江·瓦依提当选为中共阿克苏市第五届纪律检查委员会书记。2005年4月，岳秀诚离任，地委任命牛学兴为阿克苏市委书记；届中调整市委副书记7人，调整市纪委书记。

## 五　中共阿克苏市第六次代表大会

2006年8月22～24日，中共阿克苏市第六次代表大会在阿克苏文化艺术中心召开。出席会议的代表309名，其中少数民族代表177人，占57.28%；妇女代表81人，占26.21%。与会代表听取、审议并通过中共阿克苏市第五届委员会工作报告和中共阿克苏市第五届纪律检查委员会所作中共阿克苏市纪律检查工作报告。大会选举产生中共阿克苏市第六届委员会委员和中共阿克苏市第六届纪律检查委员会委员。在中共阿克苏市六届一次全委会上，牛学兴当选为中共阿克苏市第六届委员会书记，吾布力喀斯木·艾买提当选为中共阿克苏市第六届纪律检查委员会书记。2010年8月，牛学兴离任，自治区党委任命浙江省援疆干部高国飞任阿克苏市委书记；届中调整市委副书记2人，调整市委常委4人，调整市纪委书记。

## 六　中共阿克苏市第七次代表大会

2011年9月7～9日，中共阿克苏市第七次代表大会在阿克苏文化艺术中心召开。应到代表315名，实到代表315名。代表中，党员干部178人，占56.5%；科教文代表75人，占23.8%；劳动模范代表56人，占17.78%；少数民族代表179人，占56.8%；妇女代表89人，占28.3%。与会代表听取、审议并通过中共阿克苏市第六届委员会工作报告和中共阿克苏市第六届纪律检查委员会纪律检查工作报告。大会选举产生中共阿克苏市第七届委员会委员和中共阿克苏市第七届纪律检查委员会委员。在中共阿克苏市七届一次全委会上，高国飞当选为中共阿克苏市第七届委员会书记，秦加友当选为中共阿克苏市第七届纪律检查委员会书记。2013年12月，高国飞离任，地委任命刘洪俊为阿克苏市委书记。2016年7月，刘洪俊离任，中共新疆维吾尔自治区委员会任命马国强为阿克苏市委书记；届中调整市委副书记11人，调整市委常委16人，调整市纪委书记。

## 七　中共阿克苏市第八次代表大会

2016年9月27～30日，中共阿克苏市第八次代表大会在阿克苏市公安局会议室召开。应到代表315名，实到代表302名。代表中，党员干部178人，占56.5%；科教文代表75人，占23.8%；劳动模范代表56人，占17.78%；少数民族代表179人，占56.8%；妇女代表89人，占28.3%。与会代表听取、审议并通过中共阿克苏市第七届委员会工作报告和中共阿克苏市第七届纪律检查委员会纪律检查工作报告。大会选举产生中共阿克苏市第八届委员会委员和中共阿克苏市第八届纪律检查委员会委员。在中共阿克苏市八届一次全委会上，马国强当选为中共阿克苏市第八届委员会书记，库尔班江·玉苏甫当选为中共阿克苏市第八届纪律检查委员会书记。

# 第二章　组织机构

## 第一节　领导机构

1990～2016年，阿克苏市共历经第二至第八届中共阿克苏市委员会。至2016年，先后产生七任市委书记。

表21－2　1990～2016年中共阿克苏市委员会第二至八届领导名表

| 届次 | 职务 | 姓名 | 性别 | 族别 | 籍贯 | 任职起止时间 | 备注 |
|---|---|---|---|---|---|---|---|
| 第二届 | 书记 | 赵群 | 男 | 汉 | 甘肃武威 | 1990.01～1992.01 | |
| | 副书记 | 张纪 | 男 | 汉 | 河南安阳 | 1990.01～1992.01 | |
| | | 买买提塔吾拉·尼牙孜 | 男 | 维吾尔 | 新疆阿克苏 | 1990.01～1990.05 | 去世 |
| | | 杨文 | 男 | 汉 | 黑龙江依兰 | 1990.01～1992.01 | |
| | | 托乎提·白克力 | 男 | 维吾尔 | 新疆阿克苏 | 1990.05～1992.01 | |
| | | 巴塞提·毛拉买提 | 男 | 维吾尔 | 新疆阿克苏 | 1991.10～1992.01 | |
| | 常委 | 尼牙孜·嘎衣提 | 男 | 维吾尔 | 新疆阿瓦提 | 1990.01～1992.01 | |
| | | 施锦云 | 男 | 汉 | 江苏海门 | 1990.01～1992.01 | |
| | | 戴宗科 | 男 | 汉 | 陕西勉县 | 1990.01～1992.01 | |
| | | 布维尼牙孜汗·色提尼牙孜 | 女 | 维吾尔 | 新疆阿克苏 | 1990.01～1992.01 | |
| | | 白振中 | 男 | 汉 | 甘肃天水 | 1990.05～1992.01 | |
| | | 王运科 | 男 | 汉 | 河南西平 | 1991.09～1992.01 | |
| | | 韩建章 | 男 | 汉 | 天津 | 1991.10～1992.01 | |
| 第三届 | 书记 | 赵群 | 男 | 汉 | 甘肃武威 | 1992.01～1992.10 | 病故 |
| | | 高烈卿 | 男 | 汉 | 河北沧县 | 1993.03～1997.01 | |
| | 副书记 | 张纪 | 男 | 汉 | 河南安阳 | 1992.01～1993.03 | |
| | | 杨文 | 男 | 汉 | 黑龙江依兰 | 1992.01～1992.08 | |
| | | 兰其建 | 男 | 汉 | 河北沧州 | 1992.05～1993.07 | 挂职 |
| | | 巴塞提·毛拉买提 | 男 | 维吾尔 | 新疆阿克苏 | 1992.01～1997.01 | |
| | | 艾克拜尔·吾甫尔 | 男 | 维吾尔 | 新疆阿克苏 | 1993.05～1995.12 | |
| | | 戴宗科 | 男 | 汉 | 陕西勉县 | 1994.05～1997.01 | |
| | | 阿不列孜·木沙 | 男 | 维吾尔 | 新疆乌鲁木齐 | 1995.12～1996.12 | 挂职 |
| | | 亚力昆·艾力米丁 | 男 | 维吾尔 | 新疆温宿 | 1996.05～1997.01 | |
| | 常委 | 尼牙孜·嘎衣提 | 男 | 维吾尔 | 新疆阿瓦提 | 1992.01～1993.07 | |
| | | 韩建章 | 男 | 汉 | 天津 | 1992.01～1997.01 | |
| | | 戴宗科 | 男 | 汉 | 陕西勉县 | 1992.01～1997.01 | |
| | | 王运科 | 男 | 汉 | 河南西平 | 1992.01～1997.01 | |
| | | 亚力昆·艾力米丁 | 男 | 维吾尔 | 新疆温宿 | 1992.01～1997.01 | |
| | | 施锦云 | 男 | 汉 | 江苏海门 | 1992.01～1997.01 | |
| | | 屈迁 | 男 | 汉 | 浙江平湖 | 1993.12～1996.04 | |
| | | 孙青跃 | 男 | 汉 | 甘肃靖远 | 1994.04～1995.12 | |
| | | 李谦明 | 男 | 汉 | 陕西武功 | 1994.05～1997.01 | |
| | | 陈龙林 | 男 | 汉 | 四川巴中 | 1996.01～1997.01 | |
| | | 宋大梁 | 男 | 汉 | 江苏无锡 | 1996.05～1997.01 | |

续表

| 届次 | 职务 | 姓名 | 性别 | 族别 | 籍贯 | 任职起止时间 | 备注 |
|---|---|---|---|---|---|---|---|
| 第四届 | 书记 | 高烈卿 | 男 | 汉 | 河北沧县 | 1997. 01 ~ 1999. 12 | 1998. 10 任地委委员 |
| | | 岳秀诚 | 男 | 汉 | 山东文登 | 1999. 12 ~ 2001. 08 | |
| | 副书记 | 戴宗科 | 男 | 汉 | 陕西勉县 | 1997. 01 ~ 1998. 07 | |
| | | 亚力昆·艾力米丁 | 男 | 维吾尔 | 新疆温宿 | 1997. 01 ~ 1999. 06 | |
| | | 李谦明 | 男 | 汉 | 陕西武功 | 1997. 01 ~ 1998. 03 | |
| | | 闻淼 | 男 | 汉 | 上海崇明 | 1997. 02 ~ 2000. 01 | 上海援疆 |
| | | 阿不力孜·阿不都热依木 | 男 | 维吾尔 | 新疆温宿 | 1997. 11 ~ 1999. 12 | |
| | | 张礼清 | 男 | 汉 | 山东临清 | 1997. 10 ~ 2001. 08 | |
| | | 宋大梁 | 男 | 汉 | 江苏无锡 | 1998. 07 ~ 1999. 04 | |
| | | 常诚 | 男 | 汉 | 江苏盱眙 | 1998. 07 ~ 2001. 08 | |
| | | 李忠儒 | 男 | 汉 | 甘苏酒泉 | 1999. 04 ~ 2001. 04 | |
| | | 阿里木江·瓦依提 | 男 | 维吾尔 | 新疆阿克苏 | 1999. 04 ~ 2001. 08 | |
| | | 嵇绍荣 | 男 | 汉 | 上海 | 1999. 06 ~ 2001. 08 | 上海援疆 |
| | | 艾克拜尔·吾甫尔 | 男 | 维吾尔 | 新疆阿克苏 | 1999. 12 ~ 2000. 12 | |
| | | 买买提江·阿不拉 | 男 | 维吾尔 | 新疆乌鲁木齐 | 2000. 12 ~ 2001. 08 | |
| | 常委 | 宋大梁 | 男 | 汉 | 江苏无锡 | 1997. 01 ~ 1998. 07 | |
| | | 巴哈古丽·赛买提 | 女 | 维吾尔 | 新疆乌什 | 1997. 01 ~ 2001. 07 | |
| | | 常诚 | 男 | 汉 | 江苏盱眙 | 1997. 01 ~ 1998. 07 | |
| | | 吐尔洪·艾买尔 | 男 | 维吾尔 | 新疆阿克苏 | 1997. 01 ~ 1998. 03 | |
| | | 陈龙林 | 男 | 汉 | 四川巴中 | 1997. 01 ~ 1999. 08 | |
| | | 施锦云 | 男 | 汉 | 江苏海门 | 1997. 01 ~ 2001. 08 | |
| | | 刘新胜 | 男 | 汉 | 河南汝南 | 1997. 12 ~ 1999. 01 | |
| | | 艾尼瓦尔·莫明 | 男 | 维吾尔 | 新疆阿瓦提 | 1997. 12 ~ 2001. 06 | |
| | | 宁为民 | 男 | 汉 | 甘肃正宁 | 1999. 06 ~ 2001. 08 | |
| | | 王林 | 男 | 汉 | 陕西勉县 | 1999. 08 ~ 2000. 09 | |
| | | 徐延利 | 男 | 汉 | 陕西扶风 | 2000. 09 ~ 2001. 05 | |
| 第五届 | 书记 | 岳秀诚 | 男 | 汉 | 山东文登 | 2001. 08 ~ 2005. 05 | |
| | | 牛学兴 | 男 | 汉 | 甘肃临泽 | 2005. 05 ~ 2006. 08 | |
| | 副书记 | 买买提江·阿不拉 | 男 | 维吾尔 | 新疆乌鲁木齐 | 2001. 08 ~ 2005. 04 | |
| | | 张礼清 | 男 | 汉 | 山东临清 | 2001. 08 ~ 2002. 05 | |
| | | 嵇绍荣 | 男 | 汉 | 上海 | 2001. 08 ~ 2002. 07 | 上海援疆 |
| | | 常诚 | 男 | 汉 | 江苏盱眙 | 2001. 08 ~ 2003. 10 | |
| | | 闫明英 | 男 | 汉 | 河北赵县 | 2001. 08 ~ 2005. 09 | |
| | | 阿里木江·瓦依提 | 男 | 维吾尔 | 新疆阿克苏 | 2001. 08 ~ 2003. 04 | |
| | | 陈太明 | 男 | 汉 | 四川巴中 | 2001. 08 ~ 2005. 03 | |
| | | 杨彪 | 男 | 汉 | 上海 | 2002. 08 ~ 2005. 07 | 上海援疆 |
| | | 申海涛 | 男 | 汉 | 河南郑平 | 2004. 02 ~ 2006. 07 | |
| | | 穆塔里甫·瓦依提 | 男 | 维吾尔 | 新疆柯坪 | 2004. 02 ~ 2006. 06 | |
| | | 艾尼瓦尔·赛依提 | 男 | 维吾尔 | 新疆新和 | 2005. 04 ~ 2006. 08 | |
| | | 马水 | 男 | 汉 | 山东栖霞 | 2005. 05 ~ 2006. 08 | |
| | | 刘卫江 | 男 | 汉 | 北京 | 2005. 09 ~ 2006. 08 | |
| | | 程敏 | 男 | 汉 | 湖南醴陵 | 2005. 08 ~ 2006. 08 | 上海援疆 |
| | 常委 | 阿里木江·瓦依提 | 男 | 维吾尔 | 新疆阿克苏 | 1999. 06 ~ 2001. 08 | |
| | | 宁为民 | 男 | 汉 | 甘肃正宁 | 2001. 08 ~ 2004. 02 | |

**续表**

| 届次 | 职务 | 姓名 | 性别 | 族别 | 籍贯 | 任职起止时间 | 备注 |
|---|---|---|---|---|---|---|---|
| 第五届 | 常委 | 阿里木江·瓦依提 | 男 | 维吾尔 | 新疆阿克苏 | 1999.06~2001.08 | |
| | | 宁为民 | 男 | 汉 | 甘肃正宁 | 2001.08~2004.02 | |
| | | 李丽萍 | 女 | 汉 | 山西临县 | 2001.08~2005.11 | |
| | | 帕尔哈提·纳曼 | 男 | 维吾尔 | 新疆阿克苏 | 2001.08~2005.11 | |
| | | 何辉 | 男 | 汉 | 甘肃天水 | 2001.08~2005.04 | |
| | | 高荣强 | 男 | 汉 | 江苏徐州 | 2002.08~2005.07 | 上海援疆 |
| | | 顾松山 | 男 | 汉 | 江苏江都 | 2003.09~2006.06 | 挂职 |
| | | 王武民 | 男 | 汉 | 陕西蓝田 | 2004.02~2005.11 | |
| | | 蔡世彦 | 男 | 汉 | 江苏铜山 | 2004.02~2006.08 | |
| | | 阙镇文 | 男 | 汉 | 陕西勉县 | 2004.02~2005.11 | |
| | | 陆恒炯 | 男 | 汉 | 江苏扬州 | 2005.08~2006.08 | 上海援疆 |
| | | 易善华 | 男 | 汉 | 河南罗山 | 2005.07~2006.08 | |
| | | 俱伟 | 男 | 汉 | 陕西乾县 | 2005.11~2006.08 | |
| | | 帕尔哈提·艾尼瓦尔 | 男 | 维吾尔 | 新疆阿克苏 | 2005.11~2006.08 | |
| | | 曹萍 | 女 | 汉 | 山东宁津 | 2005.11~2006.08 | |
| | | 吾不力喀斯木·艾买提 | 男 | 维吾尔 | 新疆阿克苏 | 2006.06~2006.08 | |
| | | 杨发森 | 男 | 汉 | 甘肃古浪 | 2006.06~2006.08 | |
| 第六届 | 书记 | 牛学兴 | 男 | 汉 | 甘肃临泽 | 2006.08~2010.08 | |
| | | 高国飞 | 男 | 汉 | 浙江杭州 | 2010.08~2011.09 | 浙江援疆 |
| | 副书记 | 艾尼瓦尔·赛依提 | 男 | 维吾尔 | 新疆新和 | 2006.08~2007.08 | |
| | | 马水 | 男 | 汉 | 山东栖霞 | 2006.08~2008.12 | |
| | | 刘卫江 | 男 | 汉 | 北京 | 2006.08~2009.04 | |
| | | 程敏 | 男 | 汉 | 湖南醴陵 | 2006.08~2008.06 | 上海援疆 |
| | | 穆塔里甫·肉孜 | 男 | 维吾尔 | 新疆温宿 | 2007.08~2011.07 | |
| | | 余浩 | 男 | 汉 | 浙江宁波 | 2008.07~2010.12 | 上海援疆 |
| | | 杨发森 | 男 | 汉 | 甘肃古浪 | 2008.12~2010.11 | |
| | | 徐谨 | 男 | 汉 | 河南三门峡 | 2009.04~2011.09 | |
| | | 谢建华 | 男 | 汉 | 浙江杭州 | 2011.01~2011.09 | 浙江援疆 |
| | | 秦加友 | 男 | 汉 | 甘肃武威 | 2011.02~2011.09 | |
| | | 库尔班·吐尔逊 | 男 | 维吾尔 | 新疆疏勒 | 2011.07~2011.09 | |
| | 常委 | 蔡世彦 | 男 | 汉 | 江苏铜山 | 2006.08~2009.04 | |
| | | 俱伟 | 男 | 汉 | 陕西乾县 | 2006.08~2009.04 | |
| | | 帕尔哈提·艾尼瓦尔 | 男 | 维吾尔 | 新疆阿克苏 | 2006.08~2007.11 | |
| | | 曹萍 | 女 | 汉 | 山东宁津 | 2006.08~2006.12 | |
| | | 杨发森 | 男 | 汉 | 甘肃古浪 | 2006.08~2010.11 | |
| | | 陆恒炯 | 男 | 汉 | 江苏扬州 | 2006.08~2008.06 | 上海援疆 |
| | | 吾布力喀斯木.艾买提 | 男 | 维吾尔 | 新疆阿克苏 | 2006.08~2009.07 | |
| | | 易善华 | 男 | 汉 | 河南罗山 | 2006.08~2007.03 | |
| | | 孙秀琴 | 女 | 汉 | 安徽庐江 | 2007.03~2008.09 | |
| | | 高正存 | 男 | 汉 | 陕西米脂 | 2007.03~2011.09 | |
| | | 徐谨 | 男 | 汉 | 河南三门峡 | 2008.07~2011.09 | |
| | | 陈卫东 | 男 | 汉 | 上海 | 2008.07~2010.12 | 上海援疆 |
| | | 阿依先木·热合曼 | 女 | 维吾尔 | 新疆阿克苏 | 2008.12~2011.09 | |
| | | 周传金 | 男 | 汉 | 河南夏邑 | 2009.04~2011.09 | |
| | | 程绪明 | 男 | 汉 | 重庆 | 2009.04~2011.09 | |

续表

| 届次 | 职务 | 姓名 | 性别 | 族别 | 籍贯 | 任职起止时间 | 备注 |
|---|---|---|---|---|---|---|---|
| 第六届 | 常委 | 杨勇 | 男 | 汉 | 甘肃镇原 | 2009.07~2011.03 | |
| | | 艾买尔·阿吾提 | 男 | 维吾尔 | 新疆库车 | 2009.08~2010.09 | |
| | | 谢建华 | 男 | 汉 | 浙江杭州 | 2011.01~2011.09 | 浙江援疆 |
| | | 吐尔洪·阿不拉 | 男 | 维吾尔 | 新疆阿克苏 | 2010.09~2011.07 | |
| | | 周涛 | 男 | 汉 | 浙江杭州 | 2011.01~2011.09 | 浙江援疆 |
| | | 李广军 | 男 | 汉 | 重庆 | 2011.02~2011.09 | |
| | | 吴多生 | 男 | 汉 | 新疆阿克苏 | 2011.06~2011.09 | |
| | | 张建和 | 男 | 汉 | 新疆乌鲁木齐 | 2011.08~2011.09 | |
| | | 吐尔逊·肉孜 | 男 | 汉 | 新疆阿克苏 | 2011.08~2011.09 | |
| 第七届 | 书记 | 高国飞 | 男 | 汉 | 浙江杭州 | 2011.09~2013.12 | 浙江援疆 |
| | | 刘洪俊 | 男 | 汉 | 江苏丰县 | 2013.12~2016.07 | 地委委员(兼) |
| | | 马国强 | 男 | 汉 | 河南郑州 | 2016.07~2016.09 | 地委委员(兼) |
| | 副书记 | 库尔班·吐尔逊 | 男 | 维吾尔 | 新疆疏勒 | 2011.09~2013.06 | |
| | | 徐谨 | 男 | 汉 | 河南三门峡 | 2011.09~2014.01 | |
| | | 谢建华 | 男 | 汉 | 浙江杭州 | 2011.09~2013.12 | 浙江援疆 |
| | | 秦加友 | 男 | 汉 | 甘肃武威 | 2011.09~2014.01 | |
| | | 居来提·卡斯木 | 男 | 维吾尔 | 新疆喀什 | 2013.06~2016.09 | |
| | | 楼建忠 | 男 | 汉 | 浙江东阳 | 2013.08~2016.09 | 浙江援疆 |
| | | 李广军 | 男 | 汉 | 重庆 | 2014.01~2016.01 | |
| | | 吾布力喀斯木·艾买提 | 男 | 维吾尔 | 新疆阿克苏 | 2014.01~2014.12 | |
| | | 何天平 | 男 | 汉 | 四川南部 | 2014.12~2016.09 | |
| | | 刘勇 | 男 | 汉 | 重庆 | 2016.01~2016.06 | |
| | | 陈彤 | 男 | 汉 | 四川云阳 | 2016.08~2016.09 | |
| | 常委 | 吴多生 | 男 | 汉 | 新疆阿克苏 | 2011.09~2013.08 | |
| | | 高正存 | 男 | 汉 | 陕西米脂 | 2011.09~2012.12 | |
| | | 程绪明 | 男 | 汉 | 重庆 | 2011.09~2013.08 | |
| | | 周涛 | 男 | 汉 | 浙江杭州 | 2011.09~2013.12 | 浙江援疆 |
| | | 李广军 | 男 | 汉 | 重庆 | 2011.09~2014.01 | |
| | | 阿依先木·热合曼 | 女 | 维吾尔 | 新疆阿克苏 | 2011.09~2014.12 | |
| | | 周传金 | 男 | 汉 | 河南夏邑 | 2011.09~2014.08 | |
| | | 张建和 | 男 | 汉 | 新疆乌鲁木齐 | 2011.09~2013.11 | |
| | | 吐尔逊·肉孜 | 男 | 汉 | 新疆阿克苏 | 2011.09~2014.11 | |
| | | 谢强仁 | 男 | 汉 | 甘肃民勤 | 2012.10~2014.01 | |
| | | 苏剑杭 | 男 | 汉 | 甘肃正宁 | 2012.12~2016.09 | |
| | | 吾布力喀斯木·艾买提 | 男 | 维吾尔 | 新疆阿克苏 | 2013.08~2014.01 | |
| | | 金虎 | 男 | 汉 | 甘肃榆中 | 2013.08~2016.04 | |
| | | 方真 | 男 | 汉 | 湖北黄冈 | 2013.08~2016.02 | |
| | | 蔡德全 | 男 | 汉 | 浙江嘉善 | 2013.08~2016.09 | 浙江援疆 |
| | | 刘勇 | 男 | 汉 | 重庆 | 2014.01~2016.01 | |
| | | 彭刚 | 男 | 汉 | 重庆 | 2014.01~2015.12 | |
| | | 姚朝平 | 男 | 汉 | 重庆 | 2014.08~2016.02 | |
| | | 艾斯卡尔·托乎提 | 男 | 维吾尔 | 新疆阿克苏 | 2014.12~2016.09 | |
| | | 胡金浩 | 男 | 汉 | 浙江杭州 | 2015.11~2016.09 | 浙江援疆 |
| | | 秦研科 | 男 | 汉 | 河南滑县 | 2015.12~2016.09 | |
| | | 张振军 | 男 | 汉 | 河南唐河 | 2016.02~2016.09 | |

续表

| 届次 | 职务 | 姓名 | 性别 | 族别 | 籍贯 | 任职起止时间 | 备注 |
| --- | --- | --- | --- | --- | --- | --- | --- |
| 第七届 | 常委 | 库尔班江·玉苏甫 | 男 | 维吾尔 | 新疆乌什 | 2016.02～2016.09 | |
| | | 王云凤 | 女 | 汉 | 山东淄博 | 2016.02～2016.09 | |
| | | 赵立新 | 男 | 汉 | 河南郑州 | 2016.04～2016.09 | |
| | | 陈彤 | 男 | 汉 | 四川云阳 | 2016.06～2016.08 | |
| 第八届 | 书记 | 马国强 | 男 | 汉 | 河南郑州 | 2016.09～ | 地委委员(兼) |
| | 副书记 | 居来提·卡斯木 | 男 | 维吾尔 | 新疆喀什 | 2016.09～ | |
| | | 何天平 | 男 | 汉 | 四川南部 | 2016.09～2016.12 | |
| | | 刘琛 | 男 | 汉 | 江苏镇江 | 2016.12～ | |
| | | 陈彤 | 男 | 汉 | 四川云阳 | 2016.09～ | |
| | 常委 | 楼建忠 | 男 | 汉 | 浙江东阳 | 2016.09～ | 浙江援疆 |
| | | 苏剑杭 | 男 | 汉 | 甘肃正宁 | 2016.09～ | |
| | | 赵立新 | 男 | 汉 | 河南郑州 | 2016.09～ | |
| | | 胡金浩 | 男 | 汉 | 浙江杭州 | 2016.09～ | 浙江援疆 |
| | | 蔡德全 | 男 | 汉 | 浙江嘉善 | 2016.09～ | 浙江援疆 |
| | | 艾斯卡尔·托乎提 | 男 | 维吾尔 | 新疆阿克苏 | 2016.09～ | |
| | | 秦研科 | 男 | 汉 | 河南滑县 | 2016.09～ | |
| | | 张振军 | 男 | 汉 | 河南唐河 | 2016.09～ | |
| | | 库尔班江·玉苏甫 | 男 | 维吾尔 | 新疆乌什 | 2016.09～ | |
| | | 王云凤 | 女 | 汉 | 山东淄博 | 2016.09～ | |

## 第二节　工作机构

1990 年，阿克苏市委设立办公室、组织部、宣传部、统一战线工作部（以下简称统战部）、经济工作部、政法委员会、市直机关党委、老干部工作科、党史办公室暨地方志办公室、档案局、党校 11 个工作机构。

1991 年，市委政法委下设社会治安综合治理委员会办公室。1993 年 3 月，中共阿克苏市纪律检查委员会与市监察局合署办公。

1995 年 7 月，市老干部工作科更名为老干部工作局，归属组织部管理。

1998 年 4 月 8 日，市委成立阿克苏市农牧区基层组织建设办公室，设在组织部；4 月，市委经济工作部改称市委农村工作领导小组办公室。

1999 年 6 月，市委机关党委更名为中共阿克苏市直属机关工作委员会。

2000 年 11 月，阿克苏市编制委员会办公室更名为阿克苏市机构编制委员会办公室，正科级建制，既是政府的职能部门，又是市委的工作机构。同时，在市机构编制委员会办公室设立阿克苏市事业单位登记管理局。

2001 年 5 月，市委成立基层组织建设办公室，取消阿克苏市农牧区基层组织建设办公室，其职能并入阿克苏市基层组织建设办公室。

2002 年 2 月，市委农村工作领导小组办公室改称市委扶贫开发领导小组办公室。

2002 年 10 月，成立市考核办，正科级建制，隶属市委办公室管理，2006 年从市委办公室析出。

2005 年 12 月，市委扶贫开发领导小组办公室恢复市委农村工作领导小组办公室称谓。

2012 年 8 月，阿克苏市社会治安综合治理委员会办公室更名为社会管理综合治理委员会办公室。

至 2016 年，中共阿克苏市委设立办公室、组织部（基层组织建设领导小组办公室）、宣传部、统一战线工作部、政法委员会（社会管理综合治理委员会办公室）、群众工作部、农村工作领导小组办公室、机构编制委员会办公室、市直机关工作委员会、党史研究（地方志）办公室、党校、档案局（馆）、老干部局、督查考评办 14 个工作机构。

## 第三节　基层党组织

1990 年，阿克苏市委辖基层党组织 336 个，其中党委 15 个（8 个乡镇场党委、4 个街道办事处党委和市直机关党委、供销社、公安局党委），党总支部 28 个，党支部 293 个。

1997 年，市委完善企业党组织建设。全市有国有企业 25 个，其中有党总支 1 个，党支部 28 个，党小组 38 个。

1999 年 5 月，市委成立南城街道办事处党委，全市街道办事处党委增至 5 个。

2005 年 10 月，阿克苏市托海乡移交兵团农一师阿拉尔市，乡镇场党委由 8 个减至 7 个。

2008 年，全市 26 家规模以上非公有制企业单独建立党支部，32 个“两新”（新社会组织、新经济组织）组织建立党组织，党员达 900 余名。

2011 年，全市新组建“两新”组织党组织 56 个，全市非公有制组织和社会组织党组织达 124 个。

2012 年，新建市委机关、政府机关等基层党委 4 个，新成立商务局、安监局等党支部 5 个，改选、补选党组织班子 8 个，任命支委班子成员 191 人。指导 14 家企业组建党组织，其中独立组建党支部 12 个，联合组建党支部 1 个。年内，新成立党委（党组）16 个，共有党委 29 个、党组 9 个。

2016 年末，市委下辖基层党委 25 个，有党总支 37 个、党支部 513 个。

**表 21－3　1990 ~ 2016 年阿克苏市党组织统计表**

单位：个

| 年份 | 总计 | 党委 | 党总支 | 党支部 | 年份 | 总计 | 党委 | 党总支 | 党支部 |
|---|---|---|---|---|---|---|---|---|---|
| 1990 | 336 | 15 | 28 | 293 | 2001 | 480 | 16 | 52 | 412 |
| 1991 | 367 | 16 | 37 | 314 | 2002 | 527 | 16 | 41 | 470 |
| 1992 | 382 | 16 | 37 | 329 | 2003 | 443 | 16 | 37 | 390 |
| 1993 | 385 | 16 | 38 | 331 | 2004 | 448 | 16 | 37 | 395 |
| 1994 | 414 | 16 | 40 | 358 | 2005 | 454 | 16 | 37 | 401 |
| 1995 | 384 | 16 | 35 | 333 | 2006 | 441 | 16 | 28 | 397 |
| 1996 | 446 | 16 | 43 | 387 | 2007 | 469 | 17 | 37 | 415 |
| 1997 | 464 | 16 | 43 | 405 | 2008 | 499 | 18 | 45 | 436 |
| 1998 | 471 | 16 | 49 | 406 | 2009 | 514 | 18 | 45 | 451 |
| 1999 | 468 | 16 | 41 | 411 | 2010 | 514 | 18 | 45 | 451 |
| 2000 | 467 | 16 | 46 | 405 | 2011 | 523 | 18 | 50 | 455 |

续表

| 年份 | 总计 | 党委 | 党总支 | 党支部 | 年份 | 总计 | 党委 | 党总支 | 党支部 |
|---|---|---|---|---|---|---|---|---|---|
| 2012 | 557 | 29 | 47 | 481 | 2015 | 580 | 30 | 44 | 506 |
| 2013 | 565 | 33 | 54 | 478 | 2016 | 575 | 25 | 37 | 513 |
| 2014 | 570 | 34 | 46 | 490 | | | | | |

# 第三章　重要会议

## 第一节　市委常委会

1990～2016年，阿克苏市委常委会议主要研究贯彻党的路线、方针、政策和重大决策，传达中央、自治区和地区重要会议、重要文件精神；制定具体工作方针和政策措施；组织实施市党代会和全委会决议，讨论决定全市经济建设、社会发展和改革开放政策及工作部署；审议国民经济、社会发展中长期规划、年度计划，财政预决算，城市建设和管理规划，重大建设项目，重要改革方案及其他重大事项；讨论决定全市党的思想、组织、作风建设和纪律检查工作部署及重大事项；研究决定宣传思想、精神文明建设、政法综治、民主法治建设、统一战线、老干部等工作中的重大问题和工作部署；审理市管干部推荐、提名、任免和奖惩，讨论需报请上级党委审批人事事项；审议副科级及以上机构设置与变动，乡镇一级行政区划调整方案；审核市委有关先进评选、表彰、奖励事项和报送上级党委、政府表彰先进单位及个人名单；审议市人大常委会党组、市政府党组、市政协党组、市纪委、市法院党组、市检察院党组及市人武部重大事项，审议各乡镇街道、市委各部委办局和群众团体报请研究的重大问题；讨论并决定以市委名义发布涉及全市工作部署、政策性文件和市委领导代表市委所作重要工作报告、讲话，审定每年向地委、行署及有关上级部门请示、报告反映的重要问题；审定召开市党代表大会、市党代表会议、市委全委会及其他重要会议事项，检查会议决定、决议贯彻落实情况；讨论上级党委规定由党委具体研究决定的问题；书记、副书记和常委需要提交常委会讨论的其他重要议题；研究处理突发性事件；研究决定应由市委常委会决定的其他事项。

阿克苏市委常委会出席人员为市委常委，市人大常委会党组书记或主持工作的副书记、市政协党组书记列席会议。必要时邀请其他人员列席会议。

阿克苏市委常委会议由市委书记召集并主持，市委书记因故不能出席会议时，则由市委书记委托副书记召集并主持，一般每月召开2次，如遇重要情况则随时召开。

## 第二节　市委全委（扩大）会议

阿克苏市委全委会出席人员为市委委员和候补委员。主要对全市经济建设、社会发展、党的建设及其他涉及全市重大问题做出决策，研究部署工作任务以及特别重大事项。全委（扩大）会议一般扩大到各部门主要负责人，有时也扩大到村一级，一般每年召开一次，特殊情况可随时召开。2009 年前，称三级干部会议或市委全委会。2009 年 2 月，改为市委全委（扩大）会议。2011 年 12 月，阿克苏市委全委（扩大）会议按届次划分，为几届几次市委全委（扩大）会议。

1991 年，阿克苏市委三级干部会议主要研究治理经济环境、整顿经济秩序、深化改革工作，把“大力发展经济，摆脱贫困面貌”作为工作中心任务。

1992 ~2016 年，阿克苏市委全委（扩大）会议主要总结全市经济建设、稳定建设、民生建设、政治建设等方面取得的成绩，提出奋斗目标，布置工作任务，学习传达上级会议精神，表彰先进集体和个人等。

**表 21 -4　1990 ~2016 年阿克苏市委全委（扩大）会议情况表**

| 届次 | | 召开时间 | 参加范围 |
|---|---|---|---|
| 第二届 | | 1990 年 1 月 3 ~5 日 | 各乡党委、各街道办事处党委、市委、市政府各部委办局、各人民团体 |
| | | 1991 年 3 月 5 ~7 日 | 市委委员、市六套班子领导、各乡（场）及街道、市机关各部门 |
| 第三届 | 一次 | 1992 年 1 月 20 ~21 日 | 市委委员、市六套班子领导、各乡（场）及街道、市机关各部门 |
| | 二次 | 1993 年 3 月 8 ~10 日 | 市委委员、市六套班子领导、各乡（场）及街道、市直各单位 |
| | 三次 | 1994 年 3 月 7 ~8 日 | 全体市委委员、候补委员，六大机关领导，各乡（场）、街道，各部委办局，各群团组织，市直各企事业单位 |
| | 四次 | 1995 年 2 月 25 ~27 日 | 市六套班子领导，各乡（场）、街道 |
| | 五次 | 1996 年 2 月 13 ~15 日 | 市委委员、市委候补委员，市六套班子领导，各乡（镇）场、街道，各部、委、办、局，各群团组织、企事业单位 |
| 第四届 | 一次 | 1997 年 2 月 26 ~28 日 | 市委委员、市委候补委员，市六套班子领导，各乡（镇）场、街道，各部、委、办、局，各群团组织、企事业单位 |
| | 二次 | 1998 年 9 月 15 ~16 日 | 市委委员、市委候补委员，市六套班子领导，各乡（镇）场、街道，各部、委、办、局，各群团组织、企事业单位、部分村党支部书记 |
| | 三次 | 1999 年 2 月 7 ~9 日 | 市委委员、市委候补委员，市六套班子领导，各乡（镇）场、街道，各部、委、办、局，各群团组织、企事业单位 |
| | 四次 | 2000 年 2 月 9 日 | 市委委员、市委候补委员，市六套班子领导，各乡（镇）场、街道，各部、委、办、局，各群团组织 |
| | 五次 | 2001 年 2 月 8 日 | 市委委员、市委候补委员，市六套班子领导，各乡（镇）场、街道，各部、委、办、局，各群团组织 |
| 第五届 | 一次 | 2002 年 2 月 3 日 | 市六套班子领导，公、检、法；各乡（镇）场，各管理区、村党支部；各街道、社区；市直各部、委、办、局，各单位、非公有制企业、老干部代表及列席代表 |
| | 二次 | 2003 年 1 月 11 日 | 市六套班子领导，公、检、法，各乡（镇）场、管理区书记、村党支部书记；各街道、社区；各市直单位，部、委、办、局；经贸、教育、建设党工委及供销社党政主要领导，非公有制企业、老干部代表、列席代表 |
| | 三次 | 2004 年 1 月 29 日 | 市六套班子领导，公、检、法，各乡（镇）场、管理区书记、村党支部书记；各街道、社区；各市直单位、部、委、办、局；经贸、教育、建设党工委及供销社党政主要领导，非公有制企业、老干部代表、列席代表 |
| 第五届 | 四次 | 2005 年 1 月 31 日 | 市六套班子领导，公、检、法，各乡（镇）场、管理区书记、村党支部书记；各街道、社区；各市直单位、部、委、办、局；经贸、教育、建设党工委及供销社党政主要领导，非公有制企业、老干部代表、列席代表 |
| | 五次 | 2006 年 2 月 8 日 | 市六套班子领导，公、检、法，各乡（镇）场、管理区书记、村党支部书记；各街道、社区；各市直单位、部、委、办、局；经贸、教育、建设党工委及供销社党政主要领导，非公有制企业、老干部代表、列席代表 |

续表

| 届次 | | 召开时间 | 参加范围 |
|---|---|---|---|
| 第六届 | 一次 | 2007年2月6日 | 市六套班子领导，公、检、法，各乡（镇）场、管理区书记、村党支部书记；各街道、社区；各市直单位、部、委、办、局；经贸、教育、建设党工委及供销社党政主要领导，非公有制企业、老干部代表、列席代表 |
| | 二次 | 2008年2月15～16日 | 四套班子领导，全市各乡（镇）场、街道，市直各部、委、办、局，村（社区）、非公有制企业、老干部代表及列席代表 |
| | 三次 | 2009年2月25～27日 | 四套班子领导，全市各乡（镇）场、街道，市直各部、委、办、局，村（社区）、非公有制企业、老干部代表及列席代表 |
| | 四次 | 2010年2月27～28日 | 四套班子领导，全市各乡（镇）场、街道，市直各部、委、办、局，村（社区）、非公有制企业、老干部代表及列席代表 |
| | 五次 | 2011年1月20日 | 四套班子领导，全市各乡（镇）场、街道，市直各部、委、办、局，村（社区）、非公有制企业、老干部代表及列席代表 |
| 第七届 | 一次 | 2011年12月29日 | 四套班子领导，全市各乡（镇）场、街道，市直各部、委、办、局，村（社区）、非公有制企业、老干部代表及列席代表 |
| | 二次 | 2013年1月9日 | 四套班子领导，全市各乡（镇）场、街道，市直各部、委、办、局，村（社区）、非公有制企业、老干部代表及列席代表 |
| | 三次 | 2014年2月19日 | 四套班子领导，全市各乡（镇）场、街道，市直各部、委、办、局，村（社区）、非公有制企业、老干部代表及列席代表 |
| | 四次 | 2015年1月22日 | 市四套班子领导，杭州援疆指挥部，市直各单位，全市各乡（镇）场、街道、村（社区）、中小学校、重点企业、金融机构、老干部代表及列席代表 |
| | 五次 | 2015年12月30日 | 市四套班子领导，杭州援疆指挥部，市直各单位，全市各乡（镇）场、街道、村（社区）、中小学校、重点企业、金融机构、部队代表及列席代表 |

# 第四章　重大决策

## 第一节　第二届委员会决策

第二届委员会提出加强农业和农村工作，促进农业经济发展的决策。强调继续调整农村产业结构，促进农村经济全面发展；稳定和完善党在农村的基本政策，继续深化农村改革（稳定和完善农村家庭承包经营制，发挥集体统一经营的作用，发展农业社会化服务体系，深化流通体制改革）；依靠科技，增加收入，增强农业综合生产力（推进科技、教育兴农，组织常规技术的组合配套和新技术推广普及，增加对农业的投人，兴修水利和农田基本建设，建设防雹体系）；加强农村精神文明建设和民主法制建设；加强农村基层组织建设；加强党对农业和农村工作的领导。

1990年10月，市委制定下发《贯彻中央精神，加强党同人民群众联系的意见》，提出各级领导必须做到深入基层，深入群众、深入生产第一线，为群众办实事。建立、完善和落实联系群众的各项制度，在农村掀起社会主义教育热潮。

## 第二节 第三届委员会决策

中共阿克苏市第三届委员会贯彻十四大精神，加强党的思想、组织、作风建设，深化经济体制改革，促进阿克苏市经济社会事业发展。先后制定下发《关于加强和改进国有企业党建工作五个问题的意见》《阿克苏市委关于任用干部公开制度的规定》，强化党组织建设，加强国有企业党的建设工作，深化干部制度改革。制定《阿克苏市委关于加强企业党的建设的意见》，要求各级党组织围绕经济抓党建、抓好党建促经济，围绕企业改革、发展、稳定，从严治党，抓好党的思想、组织、作风建设，发挥党组织在企业中的政治核心作用和监督作用。制定《中共阿克苏市委关于贯彻民主集中制的若干规定》《加强阿克苏市后备干部队伍建设的暂行规定》《阿克苏市机关干部挂职锻炼工作的暂行规定》《民主推荐领导干部制度》等，加强干部培训、任用和管理。

1993 ~1996 年，中共阿克苏市第三届委员会制定《阿克苏市关于抓住有利时机，进一步改革，加快产业调整，推动全市各项事业发展的决定》，提出稳农业，兴工业，调结构，促流通，抓住粮食不放松。农业上实现三个全面增产（各乡镇场全面增产，粮、棉、畜三大指标全面增产，单产和总产一起增）；工业上实现四个提高（工业总产值提高，产品质量提高，经济效益提高，财政收入提高）。

## 第三节 第四届委员会决策

中共阿克苏市第四届委员会实行适度从紧的财政货币政策，降低物价上涨幅度，加强农业基础地位，加快国有企业改革步伐，加大结构调整力度，党的建设、精神文明建设不断向前发展。

1997 ~1998 年，中共阿克苏市第四届委员会坚持“两手抓，两手都要硬”的方针，深化农村改革，强化农业的基础地位，推进经济增长方式的转变。加强党建工作，强化农牧区党组织整顿力度，推进城市经济体制改革，对国有企业实行改制。做出延长农村土地承包期 30 年的决定，大力扶持发展个体和私营经济，加强个体私营经济组织的协会、党、团、工会组织建设，依法保护个体私营经营者合法权益。

1999 年，中共阿克苏市第四届委员会作出加强“两基”（基本实施九年义务教育和基本扫除青壮年文盲）工作的决定。2000 年，开展以“讲学习、讲政治、讲正气”为主题的“三讲”学习教育活动。2001 年，大力扶持畜牧业，建立畜产品商品基地，改变牧区传统生产经营方式和单一经济结构，发展畜牧科技，建立畜牧业社会化服务体系，建设畜牧基地和养殖示范小区。

## 第四节 第五届委员会决策

中共阿克苏市第五届委员会以发展为主题、结构调整为主线、改革开放和科技进步为动力，把提高人民生活水平作为发展经济根本出发点和落脚点。

2003 年，中共阿克苏市第五届委员会强化调整经济结构，整顿干部作风，加强村级管理。决定开展乡村财务整顿工作，下派工作队，对3年来欠款较严重、村级财务管理混乱、群众反映问题多的乡村做重点整顿，核销和收回呆账、无头账及集体、个人之间的债权债务，查处以权谋私、侵占集体利益行为，清缴乡村集体各项欠款。提出发展农民合作经济组织意见，发展农业产业化经营组织、农民股份合作经济组织、农民专业生产合作组织、农民专业协会组织，把科技进步摆在农业和农村经济发展的战略地位，推动农业产业化进程。

2004～2006年，中共阿克苏市第五届委员会对农村党支部书记、村委会主任实行星级化管理，开展保持共产党员先进性学习教育活动，强化对党员干部履职尽责情况监督，开展争先创优活动。

## 第五节　第六届委员会决策

中共阿克苏市第六届委员会强化稳定、和谐、生态立市理念，加大招商引资，国民经济实现持续稳定发展。

2006～2007年，中共阿克苏市第六届委员会着重加快发展特色林果业，实行绿色果品标准化生产。提出建设西部纺织名城的发展战略，规划建设阿克苏轻纺工业园区。2008年，提出“农业攀新高、工业跃台阶、商贸大提升、城建上水平、党建创辉煌、社会更和谐”的总体要求，围绕“五大工程”（强工、重农、靓城、活商、兴旅），提升市域经济综合实力。2009年，开展深入学习科学发展观活动，提出贯彻落实《建立健全惩治和预防腐败体系2008～2012年工作规划》实施意见。

2010年，中共阿克苏市第六届委员决定在全市基层党组织和全体党员中开展以创建“五个好”（领导班子好、党员队伍好、工作机制好、工作业绩好、群众反映好）先进基层党组织，争做“五带头”（带头学习提高素质、带头维护团结稳定、带头争创一流佳绩、带头服务基层群众、带头遵守党纪国法）优秀共产党员为主要内容的创先争优活动。把宗教工作纳入各级党委、政府和基层工作目标考核重要内容，市委常委会每半年至少听取一次宗教干工作汇报。

## 第六节　第七届委员会决策

中共阿克苏市第七届委员会深化干部人事制度改革，在全疆率先推行“两轮推荐、两轮票决”的选人用人机制。确定工业强市战略，实行新型工业化、新型城镇化两轮驱动构想，开展园区推进年、项目突破年、招商引资年、作风建设年，实施工业、城市建设、农业、社会事业四个“十大工程”。把解决好“三农”问题作为市委工作重中之重，施行工业反哺农业、城市支持农村方针，落实支农惠农政策，加大农业投入，优化农村公共服务，深化农村综合改革，促进农业结构优化、农民持续增收、农村更加和谐。实施优势资源转换战略，扩大招商引资，加快电力、农副产品加工等重点产业发展，提升规模和发展水平，加快推进新型工业化进程。

2012年，中共阿克苏市第七届委员会开展干部赴基层转变作风服务群众化解矛盾活动。2014年，开展“访民情、惠民生、聚民心”活动，自治区、地区和市三级下派1033名干部组成157个工作组到阿克苏市122个行政村和35个社区开展“访民情、惠民生、聚民心”活动。同时，在全市基层党组织和全体党员中开展党的群众路线教育实践活动，7个乡镇（场）、6个街道、75个市直单位及群团组织共12673名党员干部全程参加活动。

2015年5月，中共阿克苏市第七届委员会决定在县级领导干部中开展“三严三实”（严以修身、严以用权、严以律己，谋事要实、创业要实、做人要实）专题教育活动。2016年，强化反分裂斗争教育。开展“学党章党规、学系列讲话，做合格党员”的“两学一做”主题教育活动，25个党（工）委、507个党组织、13646名党员参加“两学一做”学习教育活动。

### 第七节　第八届委员会决策

2016年，中共阿克苏市第八届委员会坚决落实社会稳定和长治久安总目标，把维护社会稳定放在各项工作的首位，开展民族团结进步年活动。强化基层组织建设，投入大量人力、物力、财力用于改善民生。提出创新、协调、绿色、开放、共享发展理念及“335”战略（“三大战略”：产业强市、生态立市、科教兴市；打造“三大中心”：区域性交通枢纽中心、商贸物流中心、金融服务中心；壮大“五大基地”：纺织工业基地、装备制造业基地、农副产品精深加工基地、现代物流产业基地、国家电子商务示范基地）。加快转方式、调结构、增效益，推动经济发展逆势上扬，稳中有升。“粮、棉、果、畜、设施农业”五大基地初步形成，粮棉单产、总产再创新高，菜肉奶蛋供应基本满足市场需求，林果业成为农民增收致富的“摇钱树”。扎实推进新型工业化，逐步壮大纺织服装、新型建材、商贸物流等优势产业，逐步完善开发区、特色产业园基础设施建设。餐饮娱乐、星级酒店等产业健康发展，电子商务全年网络零售额位列全疆第一。

## 第五章　党务工作

### 第一节　市委办公室工作

#### 一　机构

1990年，市委办公室有编制45名。1992年，成立市委保密局，隶属市委办公室管理。1999年机构改革，市委办下设保密局、机要科、目标考核办公室，有编制51名。2005年，目标考核办公室与市委办分离，机要科更名为机要局，编制4名，仍归市委办领导。2009年8月成立市委信息化办公室，事业编制2名，由市机要局领导，2012年8月，市委信息化办公室增加事业编制5名，核定事业编制7名。2013年9月25日，成立阿克苏市委信息综合室（原市委办信息科更名为市委信息综合室），组建市委督察办，隶属于市委办公室管理，机构规格为副科级。2015年4月，成立阿克苏市委全面深化改革领导小组办公室，隶属于中共阿克苏市委员会办公室管理，核定事业编制7名。

2016年3月，市委督察办与市考评办合并为市督察考评办，机构规格为正科级，为独立办公室。至年底，市委办下设保密局、机要局、信息室、深化改革办，有编制61名，实有48人。

## 二　综合协调

1990年后，阿克苏市委办公室合理确定内部分工，细化信息调研、督促、检查、文稿起草、公文处理、会议安排、行政后勤、机要保密、信访档案、文印等任务，简化程序，提高服务质量。

## 三　督察督办

1990年以来，阿克苏市委办公室始终重视督察督办工作。1980～1995年，共办理地区级以上督察147件，办结率100%，下发市级督察223件，办结率100%。1996～2000年，共办理地区级以上督察173件，办结率100%，下发市级督察276件，办结率100%。2001～2005年，共办理地区级以上督察182件，办结率100%，下发市级督察328件，办结率100%。2006～2010年，共办理地区级以上督察207件，办结率100%，下发市级督察490件，办结率100%。2011～2016年，共办理地区级以上督察227件，办结率100%，下发市级督察473件，办结率100%。

## 四　信息工作

1990年，阿克苏市委办公室围绕党的中心工作和各级党委（党组）需求报送信息，以市委中心工作为主线，围绕改革、发展、稳定中的大事、要事，围绕领导和群众关注的热点、难点问题，及时上报各类信息，为市委科学决策发挥参谋助手作用。1990～1995年，共上报地区信息1470篇，其中被地区采用543篇，自治区采用40篇。

1996～2005年，共上报地区信息3180篇，其中被地区采用1400余篇，自治区采用146篇。

2006年，市委办公室将市委信息分为《阿克苏市信息》《信息简报》两种刊物，分成上报和下发两种类型，进一步提高信息质量。

2009年，增办《阿克苏市经济工作信息》，围绕市委中心工作及市委重要决策，为上级领导了解阿克苏市经济社会发展等工作进展情况提供参考。

2006～2010年，共上报地区信息1860篇，其中被地区采用735篇、自治区采用89篇。

2012年，制办《决策与参考》，对群众普遍反映、关系群众切身利益的热点问题进行及时、准确上报，为领导决策提供有效依据。10月，市委正式开始建立党委办公室系统信息网络，通过中共阿克苏市委员会信息督察综合应用系统平台编报信息，实现市直各单位、街道、乡（镇）信息网络全覆盖，培训人员156人次。

2013年，创办《昨日要情》刊物，每个工作日编发1期，供市委领导参阅，重点刊发各市委常委日程、阿克苏市经济社会发展动态、区外要情及网络热点等方面的内容，为市级领导了解下情及国内外社会动态提供全方位、多领域、多角度的信息服务。

2014年，开展作风整顿，取消《阿克苏市经济工作信息》《决策与参考》《昨日要情》等信息篇目，保留《阿克苏市信息》《信息简报》《阿克苏市要情》。

2011～2015年，共向地区编报信息3560篇，其中被地区采用978篇、自治区采用94篇。

2016年，市委开展全市信息员队伍培训，运用党委综合应用系统、党委信息督察平台，实现全市无纸化信息报送。全年累计编发《信息简报》112期、编发《阿克苏市信息》561期、《阿克苏市要情》125期，上报信息被地区采用85篇、被自治区采用20篇。

## 五 办文

1990年以来，市委办公室建立健全办文、办会、办事责任制，按照“服务、精简、高效”的原则，对会议通知、文件起草、修改、校对、翻译、印发、会场布置、会后反馈等每一个环节层层把关，不断提高办文、办会、办事质量。1990～2000年先后完成全委（扩大）会议，人大、政协换届选举工作会议，干部大会，常委会议及组织、纪检、政法、宣传等各类会议文稿506件。2001～2010年，先后完成全委（扩大）会议，人大、政协换届选举工作会议，干部大会，常委会议及组织、纪检、政法、宣传等各类会议文稿829件。

2009年，改革文风，市委办公室整顿文号种类，统一发文制式为党发、党纪、党办3种。

2011年，贯彻落实中央、自治区、地区八项规定，规范发文标准和办会程序，精简下发文件和召开会议数量。2011～2016年，先后完成全委（扩大）会议，人大、政协换届选举工作会议，干部大会，常委会议及组织、纪检、政法、宣传等各类会议文稿1428件。

**表21－5 1990～2016年阿克苏市委办公室办理各种文件情况表**

单位：件

| 年份 | 办文数 | 党发 | 党纪 | 党办 | 年份 | 办文数 | 党发 | 党纪 | 党办 |
|---|---|---|---|---|---|---|---|---|---|
| 1990 | 109 | 50 | 6 | 53 | 2004 | 146 | 25 | 9 | 112 |
| 1991 | 141 | 54 | 8 | 79 | 2005 | 166 | 27 | 9 | 130 |
| 1992 | 119 | 34 | 5 | 80 | 2006 | 259 | 68 | 5 | 186 |
| 1993 | 131 | 44 | 16 | 71 | 2007 | 266 | 53 | 6 | 207 |
| 1994 | 133 | 43 | 12 | 78 | 2008 | 213 | 41 | 6 | 166 |
| 1995 | 112 | 38 | 8 | 66 | 2009 | 202 | 36 | 4 | 162 |
| 1996 | 142 | 66 | 12 | 64 | 2010 | 190 | 30 | 8 | 152 |
| 1997 | 158 | 42 | 9 | 107 | 2011 | 333 | 35 | 15 | 283 |
| 1998 | 153 | 30 | 7 | 116 | 2012 | 194 | 18 | 10 | 166 |
| 1999 | 165 | 47 | 11 | 107 | 2013 | 254 | 37 | 12 | 205 |
| 2000 | 143 | 34 | 8 | 101 | 2014 | 197 | 24 | 11 | 162 |
| 2001 | 146 | 30 | 10 | 106 | 2015 | 198 | 17 | 15 | 166 |
| 2002 | 188 | 42 | 10 | 136 | 2016 | 252 | 31 | 24 | 197 |
| 2003 | 134 | 37 | 8 | 89 | | | | | |

## 六 办会

1990年以后，市委重要会议主要是每年召开的全委扩大会议，除市委委员外，参与的还有市直属单位领导、乡镇副科及以上干部、村党支部书记和村委会主任，以及先进模范人物和特邀人士。其次是5年一次的党代会。办公室要为会议打印文件，安排食宿，制作会标。2002年开始使用桌签，由办公室制作。还要为会议安排翻译，为会议提供记录器材和自助服务等工作。

1990～1995年，共召开各类会议119次；1996～2000年，共召开各类会议127次；2001～2005年，共召开各类会议143次；2006～2010年，共召开各类会议139次；2011～2016年，共召开各类会议191次。1990～2016年，共召开重要会议27次，参加人数达20000余人次。

## 七　后勤工作

1990～1997年，市委实施房改房，在市委家属院盖6栋6层楼。

1994年10月，市委制定《机关值班人员岗位责任制及市委家属院卫生管理办法》，对机关值班带班及家属院内卫生加强监管。

1996年4月，市委对公车维修加强监管，明确公车维修、报修程序。

1997年2月，市委制定《中共阿克苏市委机关考勤、财务、会议、公物管理、保密、车辆使用管理规定、办公室管理、安全防火、机要科安全防火责任安全防火奖惩制度》，明确公车使用规范。

2000年3月，市委制定《阿克苏市车辆统一投保办法》，规范公车投保方式。4月，与保安公司签订合同，聘请专业安保人员，加强市委的安保防范。

2004年4月，市委对办公楼的水、暖、电设施进行全面排查和维修。

2006年4月，市委转发地委《关于进一步加强地区公务车辆管理的暂行规定》，对公车使用加强监管。

2010年3月，市委加强公车油料监管。8月，市委制定《关于进一步做好市委大院车辆通行证管理发放有关工作的通知》，对院内车辆进一步加强监管。

2015年8～9月，市委对家属院、市委办公楼的全部暖气主管道进行更换。

2016年6月，市委严肃值班带班纪律，严格车辆出入管控。12月15日，阿克苏市委从小南街团结西路8号老市委办公楼搬至北京路47号老公安局办公楼。

## 八　保密工作

### （一）机构

1992年，阿克苏市委成立保密委员会办公室，隶属市委办公室领导，副科级单位，核定编制2名。1998年3月，保密委员会办公室同时挂国家保密局牌子。2002年9月，市委保密委员会办公室（国家保密局），升格为正科级单位，核定编制2名，实有2人。2008年，市委保密委员会办公室（国家保密局）核定编制2名，实有4人。2011年，实有3人。2016年，市委保密委员会办公室（国家保密局）核定编制3名，实有2人。

### （二）保密宣传与执法

1992～1999年，市委保密委员会办公室根据《中华人民共和国保密法》相关规定，保密工作只对内不对外宣传。

2000年5月起，举办涉密人员培训班，增强涉密人员的保密责任意识和保守国家秘密的自觉性，加强对新进党政机关公务员队伍的保密知识培训和教育。

2001年起，市委国家保密局每年开展保密工作检查，并采取多种形式加强保密法规宣传教育。

2009年5月起，市委国家保密局每年在干部队伍中进行保密知识测试。

## 第二节　组织工作

### 一　机构

1990年，阿克苏市委组织部核定编制15名。1995年9月，在市委组织部成立阿克苏市党员电化教育工作站，核定事业编制3名。

1998年4月8日，阿克苏市机构改革，市委组织部内设办公室、干部科、组织科、调研室、干部审查监督科、干部培训科、知识分子工作科7个科室。

1999年1月20日，市委办公室印发《中共阿克苏市委组织部职能配置和人员编制方案》，确定市委组织部的职能和主要职责，核定行政编制18名。在市委组织部设阿克苏市农牧区基层组织建设办公室，编制2名（从市委组织部核定的行政编制中调整）。市委组织部下设的党员电化教育工作站，为股级事业建制，编制3名，全额预算管理。

2001年5月，阿克苏市成立基层组织建设办公室，隶属组织部管理，正科级建制，事业编制4名。取消阿克苏市农牧区基层组织建设办公室，其工作并入阿克苏市基层组织建设办公室。

2009年，市委组织部核定行政编制16名，事业编制8名，实有19人；阿克苏市党员电化教育工作站核定编制5名，在编4人；阿克苏市基层组织建设办公室核定编制8名，在编6人。

2012年6月，阿克苏市人才领导小组办公室成立，机构设在市委组织部，系副科级事业单位，编制5名，年末在编4人。

2016年，阿克苏市委组织部核定编制25名，其中远程办4名、人才办编制5名，实有16人。市委基层办核定编制8名，实有6人，内设农村党建科、社区党建科、党代表联络办、综合科。

### 二　基层组织建设

1990年起，阿克苏市委逐年加大基层组织建设工作的力度。抽调34名干部，分8个组对全市党组织和党员现状进行全面调查，梳理农村党组织中存在的问题，为市委加强农村基层组织建设、解决问题提供依据。成立阿克苏市农村基层组织配套建设工作领导小组，抽调128名干部组成23个工作组，开展社会主义教育活动，制定下发《关于加强企业党的建设的意见》，制定企业党组织行使监督职能的具体制度，规定厂长、经理定期（每季度）向党支部报告一次执行制度的情况。同时规定各企业要健全党的组织机构，较大的集体企业必须配备专职书记。

1991年，市委结合乡镇场党委换届工作，从市直机关中选拔9名年轻干部充实到各乡镇场担任领导干部。从1991年起，市委每年召开基层党建工作观摩会。

1993年3月，市委成立党建目标管理责任制领导小组，对市委每个书记、副书记和常委都进行责任分工，确定责任目标和任务。5月6日，市委党建目标管理领导小组办公室印发《阿克苏市党建目标管理责任制奖惩办法》，对经考核完成党建目标任务得分在90分以上的党委、总支、支部和优秀党务工作者、党员进行表彰奖励；对未完成目标任务的进行通报批评，对书记和班子成员予以100～300元罚款。

1993～1996年，市委开展以整顿后进村党支部为重点的农村基层组织建设工作。1993年12月派出36人组成的2个农牧区基层组织建设试点工作组，分别到拜什吐格曼乡和喀拉塔勒乡开展基层组织建设工作。下派机关干部到重点乡（镇）、村挂职，建立完善基层党组织的各项规章制度，调整村党支部书记6人、支部委员30人，配备科技副村长118人，村级领导班子平均年龄由42岁下降到39.5岁，初中以上文化程度的由原来的61%上升到73%。1994年，市委选派20余名城区机关的干部充实到乡（镇）场领导班子中，抽调地、市、乡三级干部176人组成37个工作组，在农村开展基层组织整顿工作。各乡（镇）场选拔出204名村级后备干部担任村党支部书记助理或村委会主任助理，以强化村级组织建设。1996年11月5日，市委召开农牧区基层组织整顿和建设工作会议，抽调政治素质好、工作能力强的8名县处级干部、60名科级干部和23名一般干部到各乡镇（场）指导农牧区基层组织建设工作，开展党员教育和村干部培训活动，建立完善规章制度，落实稳定工作和建设小康村的目标任务。

1997年，市委成立由市委书记任组长的阿克苏市基层组织建设领导小组。随后，各乡镇场也相应成立基层组织建设领导小组，重点在农村和街道办事处开展党员学习教育活动。1999年4月，市委制定《阿克苏市实施基层组织建设责任制规定》《阿克苏市村级干部工资待遇管理暂行办法》《阿克苏市基层党组织干事工作管理暂行办法》，增强基层党组织的负责人抓党的建设的责任意识，对壮大党的基层组织、发挥党组织的战斗堡垒作用等具有重要意义。考虑到当时一些村经济发展缓慢，党支部的战斗力、凝聚力不强，严重影响到农村奔小康目标的实现，市委做出下派干部任村支书的重大决策。年内，下派任村支书的干部11人，全市农村“三弱一乱”（党支部班子弱、党员队伍弱、集体经济弱、社会秩序乱）问题得到治理，至2000年，全市7个乡（镇）场党委中有6个达到“六好”标准，创建“五好”村党支部104个。

2000年，市委改进乡镇机构改革，各乡镇设置党政党建办公室、农业和农村办公室、稳定办公室、社会事务办公室、人民武装部4办1部。

2003年，市委为改变乡镇基础设施落后和乡镇干部吃住困难、文化匮乏的状况，在依干其乡、拜什吐格曼乡、喀拉塔勒镇、托普鲁克乡、库木巴什乡、阿依库勒镇6个乡镇实施“五小工程”（宿舍、食堂、浴室、阅览室、图书室）建设。“五小工程”总投资423.54万元，其中中央财政投资279万元、地方财政自筹资金144.54万元，工程总建筑面积5008.67平方米，2004年5月1日前全部投入使用。“五小工程”的实施，解决了376名乡镇干部吃住困难、文化生活匮乏的难题。

2004年起，市委按照布局整齐、摆设规范、内容全面的总体要求，开展城乡组织活动场所配套设施规范化建设活动，投入7000多万元对120个村委会和7个社区办公场所进行改扩建和重建，2009年全部投入使用。在各社区实行书记、主任一肩挑。选派32名社区主任助理和32名社区党支部书记到自治区培训，为每个社区选派7名干部，招聘工作人员15名。下发《关于建立县级领导干部联系规模以上非公有制企业党建工作的通知》，从市直部门、街道选派49名党政主要领导干部到全市49家规模以上非公有制企业、新社会组织兼任党建指导员，从5个街道选派工作人员到非公有制企业担任党建联络员，在规模以上、生产稳定、发展前景好、有3名以上正式党员的非公有制企业单独建立党组织。2009年，全市26家规模以上非公有制企业单独建立党支部，32个“两新”（即新社会组织、新经济组织）组织建立党组织，党员达900余名。

2010年，阿克苏市在建成自治区下达的第二轮28个村级阵地的基础上，投入2958万元，新建村级阵地19个、社区阵地5个。成立阿克苏市非公有制经济组织和新社会组织党工委，为42个“两新”组织拨付党组织活动经费5万元，纳入财政预算。采取单独建、联合建、挂靠建等方式，对符合条件的97家“两新”组织全部建立党组织，调整补充“两新”组织党建指导员50名，选派32名优秀机关干部到社区、250名乡（镇）站所干部到122个行政村进行挂职锻炼。

2011年，阿克苏市各街道党委成立党建工作指导委员会，社区建立由辖区单位共同参与的社区党建工作联席会议制度，确定县级领导干部、市直部门主要领导对口社区和部分企业基层党建联系点，从市直部门、街道选派53名党政领导干部、120名优秀社区干部到全市173家“两新”组织兼任党建指导员（联络员），对200余名非公有制经济组织和社会组织党务工作者、党建指导员进行集中培训，提升党务工作能力。为57家有独立党组织的非公有制经济组织和社会组织拨付1000元的党建工作经费，并纳入财政预算长期执行。全年新组建“两新”组织党组织56个，使全市非公有制组织和社会组织党组织达124个。

2012年，市委实施县级领导干部分别联系一个村、社区、非公企业、学校和5名贫困户，32名县级干部分别担任32个社区第一书记，12名乡镇场党政主要领导到条件最差、情况最复杂的村担任第一书记，18名市直单位党政正职领导干部到对口帮扶村任第一书记。落实社区“三有一化”（有人管事、有钱办事、有场所议事，推进城市基层党建社区化建设）措施，通过配建、援建、新建、置换等方式，投入资金1150万元新建社区阵地5个，配建12个，实现社区阵地面积达标、功能齐全。

2013~2014年，市财政投入基层组织阵地建设经费约1亿元，新建、改扩建村级阵地42个、社区阵地7个，购置配套设施1000余万元。投入基层组织建设经费1.7亿元，其中落实村、社区运转经费1298万元，将村、社区年工作经费分别提高到7万元和12万~16万元。新组建社区党委14个，推进社区党委实体化运行，形成“社区大党委－网格党支部－楼栋党小组”三级组织网络体系。在企业开展“双强六好”党组织创建活动，每个非公企业和社会组织党组织落实年工作经费5000元，为非公有制企业党组织配备赠送价值11.74万元电脑、文件柜、报刊架等设备，新组建非公企业党支部4个。

2015年，市委投入2800万元重点解决街道（社区）无阵地难题，全市45个社区阵地总面积达到52477平方米。市委组织部推进党代表联络服务工作，在7个乡镇（街道）、75个中心村（社区）分别设立党代表工作站、联络室，为309名市级党代表建立联系村、社区，联系基层党员群众6000余人，实现党代表联络服务场所、联系党员群众、接待活动场所向一线延伸。

2016年，选派22名国家干部到重点村、软弱涣散村任职，公选36名国家干部任重点复杂社区书记、主任。选聘76名优秀大学生村官、11名“天池计划”人员进入村“两委”班子。整顿软弱涣散基层党组织，制定《阿克苏市软弱涣散基层党组织“摘帽”实施方案》和《村级软弱涣散考核验收办法和工作方案》，市、乡镇（街道）领导班子成员全部担任村（社区）第一书记，选派207名干部驻扎在软弱涣散村开展整顿工作，采取一村一台账、一月一计划、一月一推进、一月一检查、一月一通报、一月一点评等“六个一”措施，落实先整顿后换届要求，明确工作任务。至8月底，全市26个软弱涣散基层党组织（软弱涣散村23个、软弱涣散社区3个）均已摘帽。

## 三　干部管理

1990年，阿克苏市干部总数2337人，其中行政干部1416人，事业干部529人，企业干部392人，少数民族干部1269人。当年，任命34名科级干部，其中任命45岁以下的干部15名、大专以上文化程度的干部26名。市人代会结束后，两次对31名副科级以上干部进行调整，提拔副科级干部44人，其中45岁以下、中专以上文化程度的干部32人，占总数的73%，51岁以上的干部6人，占14%。

1992年，市委成立以市委书记为组长的市整顿机关作风领导小组。整顿分动员教育、学习文件、揭摆问题、对照检查、召开民主生活会、检查验收、组织处理等7个步骤。通过整顿机关作风工作，干部中的门难进、脸难看、事难办、话难听的现象得到遏制，作风明显好转。

1993年3月30日，市委组织部下发《关于禁止干部调动时搞迎送宴请的通知》，规定凡在调动中搞宴请活动的，对宴请者和接受宴请者要予以组织处理。

1996~1999年，市委共考察干部321人，调整干部4人，提拔干部168人，轮岗使用干部77人，建立后备干部库，确定后备干部176人。在干部选拔任用中，注重选拔少数民族干部作为重点对象，采取多种方式进行培养，选派12名少数民族干部赴兵团农一师团场挂职锻炼，并建立挂职干部工作、学习、请假等制度。

1999年12月，市委成立干部考核领导小组，对全市党政机关、事业单位干部职工进行年度考核。

2000年，为调动乡镇干部的工作积极性，在5乡2镇推行“4211”工作机制，即2/4的干部在岗在位，1/4的干部轮休，每月连续工作20天、集中休息10天，保证全年每天都有干部坚守岗位；按照大规模培训干部、大幅度提高干部素质的要求，1/4的干部脱产培训、异地挂职。

2001年3月29日，市委下发《党政领导干部考察工作暂行规定》《乡科级领导干部任前公示制暂行办法》《党政机关干部职务轮换（轮岗）暂行规定》《领导干部任职培训暂行规定》等4项规定。当年公示46名拟提拔干部，14名干部通过竞争走上领导岗位。

2006年，市委建立党政领导干部述职述廉制度，市委、人大、政府、政协等市级领导干部在大会上向参加会议的各部门、单位的领导干部进行述职述廉，各部门和单位的领导干部分别向本单位的干部职工述职述廉。在述职述廉之后，进行民主评议和测评。通过每年的述职述廉活动，让干部职工监督领导干部，增强领导干部的工作责任心和廉政意识。2006~2010年，市委组织部考察干部387人，提拔干部247人，轮岗使用干部148人。

2011年，按照《干部任用条例》的要求，组织部加强与纪检、计生等部门的沟通、配合，规范干部民主推荐、考察对象确定等关键环节，使干部选拔任用工作更加规范化。结合换届工作，共调整提拔交流干部170人次。

2013年，市委采取推荐报名、公开考试、强化培训、择优选任等措施，为乡（镇）场（街道）配备28岁以下年轻干部15名。调整提拔交流干部8批296名，对拟提拔（重用）的59名干部，书面征求纪检委、反贪局、信访局、审计局、计生委等相关部门的意见，未发生带病提拔上岗现象。

2014年，市委制定《阿克苏市考实考准干部政治坚定性的实施方案》，将干部政治坚定性作为考察考核最重要的一项内容，提拔任用政治坚定性考核优秀的21名干部，调整提拔交流干部133人。对在维稳一线敢于挺身而出，不顾个人安危、政治表现突出的16名干部火线提拔。

2016年，市委落实个人有关事项报告制度，对全市769名科级干部及92名后备干部个人有关事项报告进行核查，对71名未如实报告个人有关事项的科级领导进行提醒谈话，责令限期整改并进行补报。落实干部请销假、婚丧嫁娶等各项制度，登记备案请销假人员163人次，通报批评3名未履行请销假手续的科级干部。

## 四　党员教育

1990年，市委成立处置不合格党员工作领导小组，利用一个月的时间，对不合格党员进行劝退、除名等。

1995年，建立基层党员远程教育制度，成立阿克苏市党员电化教育工作站，通过发放播放设备和光盘，利用网络、电视等媒体，向广大党员开展教育活动。

1997年，阿克苏市各级党组织把坚持“三会一课”制度作为加强党员教育的重要手段，在基层党支部建立“五簿”（支委、支部会议记录簿，党费收缴登记簿，评选优秀党员登记簿，发展新党员登记簿，党员做好人好事登记簿）制度，对党课教育的形式和内容进行改革，讲课内容统一命题，聘请专人讲课，针对不同对象，分别进行不同内容的教育，使党员素质普遍提高。

2000年，市委在县级领导班子和领导干部中开展讲学习、讲政治、讲正气的“三讲”集中教育活动。

2001年，市委在全市党员和干部中开展“三个代表”重要思想学习教育活动，下发《“三个代表”重要思想学习教育读本》36110册，913名副科级以上领导干部和260名村支部书记参加市委党校举办的专题培训班。

2005年，市委在全市开展保持共产党员先进性学习教育活动，引导广大党员学习贯彻《党章》，坚定理性观念，坚持党的宗旨，增强党的观念，发扬优良传统，认真解决稳定和涉及群众切身利益的实际问题，不断增强党组织的创造力、凝聚力，为实现全面建设小康社会目标提供坚强的政治保证和组织保证。

2006年3月5日，市委组织部设立特困党员救助基金，采取全市组工干部“个人捐一点、集体出一点、党费划拨一点”的方式筹集救助基金，实行专款专用，用于救助年老孤寡、长期患病、下岗失业、生活困难的特困党员。

2009年，市委分两批在全体党员中开展学习实践科学发展观活动。通过学习实践科学发展观活动，提高广大党员干部理论素养、思想认识、工作质量、辨别是非能力、解决问题能力等。

2010 年，强化党员学习教育工作，利用远程教育平台组织全市 7 个乡镇（场）、6 个街道党（工）委、70 余个接通 IPTV 频道的市直机关站点开展各类学习教育活动 2000 余场，各级站点学习平均监控率 98%。各级党组织采用学用党章知识测试、理论征文、演讲比赛、知识竞赛、讨论交流，及撰写读书笔记、心得体会等形式，增强党员教育活动的灵活性、多样性，提高学习效果。

2014 年，市委开展党的群众路线教育实践活动，市委、人大、政府、政协及 7 个乡镇（场）、6 个街道、75 个市直单位群团组织的 12673 名党员干部全程参加。在活动中，各级党组织、党员采取入户走访、问卷调查等方式，共征集意见建议 39945 条，经梳理汇总 15978 条，查找出突出问题 209 条，确定 531 项立查立改突出问题，完成整改 511 项，完成率达 96%，党员干部作风得到转变。

2015 年，全市各级党组织开展“三严三实”教育活动，重点学习有关加强作风建设各项制度、规定，查摆“不严不实”6 个方面的具体问题和表现，把解决不作为、乱作为等损害群众利益方面存在的突出问题作为重要内容，采取群众提、自己找、上级点、互相帮、集体议等方式，查找问题，制定整改措施，推动机关作风建设不断好转。

2016 年，阿克苏市各级党组织开展“两学一做”专题教育活动，主动接受群众和社会各界的监督，全市 1.3 万余名党员共查出约 9.6 万余条涉及七大方面的问题。以支部为单位，按照“一名党员、一个台账”的办法，为党员制定近期、中期、长期整改清单，明确整改内容、整改时限，做到整改任务不彻底、不销号。至 7 月底，销号整改 1.5 万余条。

## 五　人才工作

1990 年，全市获得技术职称人员 722 人（不含教师），其中高级职称 6 人，中级职称 91 人，初级职称 625 人。阿克苏市委在乡（镇）场领导班子中配备科技副职领导干部，为其每天发生活补贴 2.4 元，1995 年增加至 5 元。

1992 年，阿克苏市推选出 1 名科技拔尖人才，落实科技活动经费 3 万元。

至 1998 年，全市人才交流 696 人。在拔尖人才和知识分子选拔管理中，完善领导机制，成立以市委书记为组长的知识分子领导小组、人事分配领导小组，召开知识分子座谈会，帮助解决知识分子工作、生活中的困难。对大中专毕业生的工作问题，主动牵线搭桥，进行供需见面、双向选择、双向收益，为知识分子的合理流动创造条件。

2006 年，阿克苏市落实市级拔尖人才待遇，每人每月由财政补助 100 元。全市享受市级拔尖人才待遇的有 30 人。

2009 年，全市通过招聘及人才配置和流动等方式引进人才 761 人，纳入人才储备库 75 人，为各类企业引进大中专毕业生 980 人。完善拔尖人才的选拔管理办法，建立一支 14 人的拔尖人才队伍。

2010 年，市委编制《阿克苏市 2010～2020 年人才工作规划》，制定市党政领导联系服务优秀专家工作制度和拔尖人才管理（约谈）制度，对优秀专家实行目标管理，健全全市优秀专家、中级以上职称人员信息库，由市科协牵头实施农村实用人才培训工程。

2011 年，市委组织优秀中青年干部和宣传系统专业技术骨干赴杭州进修培训，52 名少数民族大学生和50名双语骨干教师赴杭州培训，11名党政领导干部赴杭州挂职。

2013年，阿克苏市委制定《阿克苏市引进优秀人才管理办法》，引进教育、卫生等方面人才97人，其中硕士研究生18人。评选表彰2012年度引进人才先进个人20名。制定《阿克苏市拔尖（优秀）人才评选管理办法》，选拔并命名拔尖人才24人，组织各类技术人才开展服务基层活动30余场，发放政府津补贴14.4万元。建立市级人才项目库，入库项目35个，涵盖教育、科技、农业、工业等多个领域，申报地区级人才项目15个，获批10个，争取人才项目（人才小区）支持资金250万元，在名优企业、农民专业合作社等处建立人才工作站15个。

2014年，阿克苏市开展“优秀人才项目（课题）征集”活动，共征集有价值人才课题（项目）46个，建立《阿克苏市各类优秀人才储智卡》，加强各类优秀人才的服务与管理工作。

2015年，阿克苏市启动名校优才引进计划，赴内地大学院校重点引进卫生、教育、经济、规划等方面的急需紧缺人才87人，其中硕士研究生学历19人。选派专业技术人才36人赴杭州参加为期2~3个月的教育培训工作，选派2名高层次人才和3名青年科技英才赴浙江省参加为期3~6个月的培训。

2016年，市委建立教育系统学科工作室5个，其中拔尖人才工作室1个、医学工作室3个。通过网上招录、自荐等各类形式，引进优秀人才43名，其中硕士研究生3名、本科毕业生40名。申报清华大学研究生社会实践项目3个，柔性引进高层次人才42人到阿克苏市开展专业技术指导、讲座等工作。

**表21-6　2011~2016年阿克苏市引进人才情况表**

单位：人

| 年份 | 数量 | 年份 | 数量 | 年份 | 数量 |
|---|---|---|---|---|---|
| 2011 | 24 | 2013 | 97 | 2015 | 87 |
| 2012 | 121 | 2014 | 106 | 2016 | 43 |

## 六　老干部管理

### （一）机构及设施建设

1990年，市委组织部设有老干部工作科，配备科长1人、一般干部2人、医务人员1人、驾驶员1人，配有双排座小汽车1辆。

1995年7月19日，市老干部工作科更名为老干部工作局（以下简称老干局），归口市委组织部管理，系正科级行政单位，编制8名，其中领导职数2人。

1996年10月，阿克苏市老年活动中心竣工。活动中心位于小南街，占地0.26公顷，建筑面积1955平方米，设有象棋室、麻将室、扑克室、乒乓球室、台球室、健身房、保健室、阅览室、排练厅等，有可容纳200人的大会议室1个。

2008年初，阿克苏市在多浪河景观带投资600万元兴建老干部活动中心，当年11月完工。

2013年，市委老干局行政编制15名。下设阿克苏市关心下一代工作委员会办公室、老干部老年活动中心，实有 13 人。

2016 年，市老干局编制 15 名，实有 12 人。下设关心下一代工作委员会办公室、老年活动中心。

（二）老干部队伍

1990 年，阿克苏市共有离退休干部 186 人，其中 1949 年 9 月 30 日前参加工作的离休干部 60 人。

1998 年，全市有离退休干部 1067 人，其中离休干部 82 人，退休干部 985 人，副县级以上（含享受副县级待遇的干部）48 人，副科级以上干部 135 人，少数民族离退休干部 650 人。当年为 42 名干部办理退休手续。

2007 年，阿克苏市安置到异地的离休干部 4 人，异地安置在阿克苏市的代管人员 6 人。对异地安置的离休干部，做到一视同仁，使离休干部安享晚年生活。至 9 月，全市共有老干部 2248 人，其中离休干部 53 人，退休干部 2195 人（包括企业单位干部）。

2016 年，阿克苏市有离休干部 14 人、退休干部 2406 人，其中机关 1040 人，事业单位 1367 人，企业单位 13 人。

（三）老年大学

2000 年 9 月 8 日，阿克苏市老年大学在市老年活动中心成立，内设书画班、书法班，实行每周上课制。2002 年开始，每年在“五一”“七一”“十一”等重大节日期间举办书画作品展。2010 年，市财政加大对老年学校的投入，为老年大学配齐电视、VCD 等教学设施，老年人入校实行全免费制，教职员工的工资及教学费用由市财政承担。至 2016 年，市老年大学有教室 3 间，计 450 平方米，排练厅 1 个，计 150 平方米。有钢琴、电子琴、手风琴等乐器和各民族服装 150 余套。开设有音乐、舞蹈、书法、柔力球、麦西莱普、太极拳剑、腰鼓、模特 8 个专业班，学员人数达 300 余人，学员平均年龄 73 岁。通过学习，大部分学员走出校门后，有的担任老年学校的教师，有的成为各类文体活动的骨干，有的学员在各社区发挥着积极的作用。

（四）老干部待遇

1990 年，市委为关爱离退休老干部，对全市离退休干部过冬准备情况进行检查，主要查看过冬用煤、冬菜、衣物等准备情况，帮助一些老干部解决困难。

1994 年起，在落实老干部政治待遇上，按时组织副县级以上干部阅读重要文件、开展学习、召开座谈会向老干部通报情况。每年走访慰问离退休干部以及离休干部遗孀，审批建房补助费、办理领取护理费手续，组织离退休干部参加健康休养活动，落实特殊困难离退休干部帮扶机制。每年为离退休老干部订阅《老年康乐报》《老同志之友》50 余种报纸杂志。

2000 年，阿克苏市 12 名离退休老干部自发组成反对民族分裂、维护社会稳定宣讲团，分两组到各乡（镇）场开展宣讲活动。

2016 年，市委邀请地区人民医院心血管专家对 180 名老干部开展日常保健知识讲座，邀请阿克苏市红十字会专业人员为 120 名退休干部开展自我防范、自我救护知识讲座。在春节前，市四套班子主要领导对 10 名离退休干部及遗孀进行走访慰问，各单位自行组织走访慰问老干部 400 余人次。

（五）老干部文化体育活动

1996 年，阿克苏市老年活动中心竣工后，设有门球、舞蹈、象棋、太极拳、乒乓球、台球、棋牌（麻将）、体育舞蹈等十几个活动项目，各项活动有序开展。市老干局每年组织老干部开展象棋、麻将、扑克、乒乓球、台球比赛。1997 年起，组织老干部参加马拉松比赛。

1999 年起，市老年活动中心的活动室全天向老干部开放，在老年活动中心修建门球场。将老年文体比赛活动贯穿全年，举办每月 1 次、每次 3 天的棋牌、台球、门球等马拉松比赛活动。筹建老干部合唱团。

2002 年，组织老干部运动员参加地区老年运动会、文艺会演等活动。

2016 年，组织老年大学及活动中心 90 余名离退休老干部参观画展，与市老龄委联合举办阿克苏市龟兹杯第九届老年人运动会。选派 37 名老干部参加地委老干部局组织的运动会。

（六）关心下一代工作

1991 年，阿克苏市成立关心下一代工作委员会（以下简称关工委），设专职副主任 1 人，与老干部局合署办公。全市各有关单位和乡镇相继成立基层关工委机构。市关工委成立后，每年组织关工委成员到乡镇学校进行爱国主义励志教育，及民族团结和法制、安全等方面的教育活动。市关工委将阿克苏监狱作为法制教育基地，采取现身说法的形式，对青少年进行教育。

2008 年，组织成员多次深入城镇和农村各中小学校开展讲课活动，在全市 86 所中小学中开展“模拟法庭”法制教育活动，受教育学生 2.5 万余名。

2009 ~ 2016 年，以发挥老干部余热为目标，支持老干部参与社会公益活动，有 56 名老干部被聘任为法制副校长，有 28 位老干部被聘请为“行风评议义务监督员”，有 7 名老干部被聘请为“文化市场义务监督员”。

## 第三节　宣传工作

### 一　机构

1990 年，阿克苏市委宣传部为正科级，编制 10 名；阿克苏市“五四三”办公室设在宣传部，股级，事业编制 3 名，全额预算管理。宣传部实有 8 人。

1991 年 8 月，市“五四三”办公室更名为市精神文明建设委员会办公室，归宣传部管理。

2002 年，党政机构改革，中共阿克苏市委宣传部编制 10 名，其中行政编制 9 名、机关后勤事业编 1 名；内设办公室、理论宣传股 2 个职能科室，下设阿克苏市精神文明建设活动委员会办公室（副科级），事业编制 3 名，实有 11 人。

2004 年 8 月，成立市委外宣办（副科级），办公室设在市委宣传部，增设编制 2 名。

2012 年，阿克苏市对外宣传办公室挂政府新闻办公室牌子。

2014 年 4 月 11 日，成立阿克苏市互联网信息管理办公室，与外宣办合署办公，增加 2 名事业编制。11 月 18 日，成立阿克苏市宣传教育中心，与外宣办合署办公，增加 15 名事业编制。

2016 年，阿克苏市委宣传部内设理论股和行政办公室 2 个职能科室，编制 10 名，实有 8 人。

下设阿克苏市精神文明建设活动委员会办公室、阿克苏市对外宣传办公室。其中阿克苏市互联网信息管理办公室与对外宣传办公室合署办公；阿克苏市宣教中心编制 26 名，从外宣办带编划转 15 人。

## 二　市委中心组理论学习

1990 年，阿克苏市委中心组以学习党的十三届四中、五中全会精神和江泽民讲话为主要内容，通过书记领学、班子成员讨论，认真领会精神，坚持做到每月 1 次市委中心组学习。

1992 年，阿克苏市委中心组围绕改革开放和经济建设，认真学习党的十四大会议精神、邓小平南方重要谈话精神、江泽民在中央党校重要讲话精神，开展“奔小康”大讨论。年内市委中心组学习 12 次。

1995 年，阿克苏市制定干部理论学习安排意见，对全市干部理论学习内容、方法进行具体安排。重点抓好市委中心学习小组学习，明确学习时间、学习内容、学习人员。年内，市委中心组学习 12 次，做到每月学习 1 次。

1999 年，阿克苏市把思想政治建设放在首位，围绕学习邓小平理论、党的十五大精神、十五届三中四中全会精神、江泽民视察新疆时的重要讲话及江泽民在纪念党的十一届三中全会二十周年大会上的讲话精神，强化理论学习，制定阿克苏市干部理论学习安排意见，坚持每月学习 1 次，严格学习考勤制度，严肃学风，在要求干部职工学习内容上做到先学一步。

2002 年，阿克苏市委中心组坚持学习制度，制定中心组学习计划、专题学习和研讨交流制度、档案管理制度等，对中心组学习情况、撰写调研文章检查 2 次，并在集中学习时进行通报；全年集中学习 16 天以上，平均参学率 96% 以上；中心组成员写学习笔记达 2 万字，撰写调研文稿 3 篇以上，制定印发《关于在全市领导干部中大兴调查研究之风的通知》。年内，市委中心组成员和各党委撰写的 5 篇调研文稿均获地区三等奖。

2005 年，市委中心组带头开展保持共产党员先进性教育，对十六届四中全会、中央一号文件、地市三干会议精神进行系统学习，全年进行理论学习 10 次，使理论教育工作走上制度化、规范化的轨道。

2008 年，阿克苏市完善和加强理论教育的安排和检查制度，抓好市委中心组学习，以“共产党好、社会主义好、祖国大家庭好、改革开放好、民族团结好、人民解放军好”教育为核心，以深化马克思主义“五观”“四个认同”“三个离不开”为教育主题，对学习构建和谐社会、十七大及地市三干会精神进行认真系统的学习，共组织 10 次集中学习，学习 21 个专题，平均参加率 96% 以上，为全市的政治理论教育活动的展开提供指导依据。

2010 年，坚持加强领导干部理论学习，抓好市委中心组学习，深入学习贯彻党的十七届四中、五中全会精神，中央新疆工作座谈会、自治区党委七届九次全委扩大会议精神，做到市委中心组成员带头参加学习，带头带问题调查研究、带头发言。全年组织中心组学习 10 次，重点学习 31 个重要专题，平均参学率 96% 以上。

2013 年，阿克苏市委推行集体学习、中心组报告会、党员干部培训、理论宣讲、调查研究及个人自学制度，做到有学习计划、辅导资料、考勤制度、讨论记录、调研总结，引领党员干部学习风尚，带领全市广大党员干部深入开展以贯彻党的十八大、十八届二中全会和自治区党委八届六次全委（扩大）会议精神，树立和落实科学发展观、荣辱观，构建社会主义和谐社会等内容为重点的学习教育活动，形成多形式、多渠道、多手段开展理论武装工作的格局。全年组织市委中心组学习14次。

2016年，阿克苏市委按照建设学习型、服务型、创新型社会的要求，发挥党委中心组学习的示范带动作用，确保每人年均自学120个学时、全年集中学习12次以上，组织全市科级干部理论学习考试1次。将市委中心组学习扩大到13个乡镇、街道、片区管委会和38个市直单位正科级以上实职领导干部，把理论学习纳入班子建设的目标管理、文明单位的达标要求、年终考评和选任干部的重要内容。年内，结合“两学一做”学习教育，市委中心组把开展适应新常态、展现新作为大学习、大讨论活动，“去极端化”宣传教育，民族团结、总目标再动员会议等学习内容作为专项检查评比项目，对全市基层党委中心组的学习制度、计划、考勤册、集中学习记录本及经费落实、理论调研成果等学习档案进行专项检查4次。

## 三　干部理论思想教育

1990年，阿克苏市委强化爱国主义教育。组织城区广大干部职工3000余人次参观反分裂教育图片展，组织各界人士召开座谈会。举办2期副科级以上干部学习班，227名干部参加学习。

1992年，市委重点抓好学习宣传邓小平南方讲话、江泽民在中央党校的讲话和党的十四大精神，全市参加学习讨论、收看录像的人数8000多人次，出墙报、板报、简报240期，出动1辆宣传车；举办副科级以上干部经济学习班4期，240人参加学习。

1994年，市委抓好市六套班子中心组理论学习工作，会同有关部门举办《邓小平文选（第三卷）》骨干学习班，参加人数270人；举办学习《邓小平文选（第三卷）》座谈会讨论会110次，报告60次，专题讲座30次，出板报、墙报320期。在地区理论学习检查中，阿克苏市名列8县1市榜首。举办副科级以上领导干部及离退休干部反分裂宣传教育学习班3期，培训骨干370人；举办反分裂教育知识电视竞赛1次；会同有关部门举办十四届四中全会精神知识电视大奖赛，选派代表队参加地区比赛，获地区第二名。

1997年，市委以十五大精神、邓小平理论和十四届六中全会精神为学习重点。举办党员干部十五大精神理论学习班2期，350余名副科级领导干部参加学习；组织大规模学习报告会17次，演讲比赛14场、知识竞赛8次、座谈讨论11次；给基层提供学习材料7类6万余册。

1999年，市委抓好邓小平理论再学习、再教育，加强学习十五大精神，坚持开展反对民族分裂、维护祖国统一活动，举办党员学习班3期，一般干部学习班2期，培训教育面达95%。组织城乡6000余名干部职工进行政治理论考试；举办副科级以上领导干部稳定工作学习班2期；举办副科级以上干部市场经济大学习、大讨论学习班2期。

2003年，市委组织开展十六大精神学习，抓好市委中心组及各基层党（工）委中心组学习，形成以市委书记为第一责任人，19个党（工）委书记为具体责任人的理论学习格局。年内，举办副科级以上干部理论教育培训班4期，540人参加学习；组织基层书记、主任培训班11期，920人参加学习；举办宣讲团、流动党校、巡回宣讲110场，听讲人数22301人次；邀请学者、专家召开专题报告会3场，受教育干部近2000人；组织全市11485名干部职工理论考试，通报批评、取消评优资格干部77名。

2005年，市委开展保持共产党员先进性教育及十六届四中全会精神学习宣传教育活动；开展地、市三干会精神宣讲报告5场；组织教师宣讲团，对全市95所农村中小学进行反邪教基本知识宣讲；邀请清华大学、新疆大学2位教授到阿克苏市做形势报告会4场；组织十六届四中全会精神，地、市三干会精神，农村反邪教警示教育，民族团结教育，推进新型工业化建设巡回宣讲活动163场，受教育人数5万多人次；开展“优化八大环境”8人巡回宣讲活动，宣讲41场，听讲人数1.6万人次；分层组织33名县级、504名科级和5000多名普通干部，分层次参加理论考试1次。

2010年，市委深入学习中央新疆工作座谈会、自治区党委七届九次全委扩大会议文件精神，十七届四中、五中全会精神，组织全市干部理论考试1次、巡回宣讲178场。

2013年，市委组织召开全市开展党的十八大精神进村（社区）入户宣教活动动员大会，抽调干部628人，派驻到122个村、35个社区开展面对面宣教，实现全覆盖。抽调20名专家、骨干教师组成讲师团，开展各类讲座、宣讲62场，培训基层宣讲员2.4万人，宣讲87场，宣传教育群众达2.04万余人次。开展黑板报设计比赛80场，有奖征文和主题班会活动1200余场。编印下发9万余册《阿克苏市学习贯彻党的十八大精神惠民政策知识问答》90题、《阿克苏市学习党的十八大精神法律法规知识问答》54题等系列维吾尔、汉文学习宣教“口袋书”。年内，组织开展各类群众性文化活动950场，放映红色电影210余场，召开座谈会、集中宣讲、知识问答3100余场，参与群众近13万人次。

2014年，市委深入推进理论下基层活动，开展下乡进村讲形势、走家入户谈发展形势政策宣传教育，举办“访民情、惠民生、聚民心”活动宣讲骨干培训班，160名领导干部参加培训；组织全市示范性宣讲团、各乡（镇）场宣讲团、各街道办事处宣讲团、各部门行业宣讲团、基层工作队宣讲组5个层次宣讲团在城乡进行宣讲，分别对各乡（镇）场、街道办事处、城区各党工委、教育系统等行业、系统进行宣讲79场，受教育人数23435人。

2016年，市委以全员学习、人人受教育为目标，开展阿克苏市全民村（居）民知识大奖赛活动，成立以市委书记为组长的村（居）民知识大奖赛领导机构，落实专项知识竞赛经费240万元，编印15万册涵盖基础知识、民族宗教、创新理论、惠民政策、法律法规5种题型160道题的《阿克苏市村（居）民知识竞赛题库》，发放到各乡镇（街道）、社区，确保户均1册，实现“五个百分之百”（人员参学率100%，材料入户率100%，内容知晓率100%，问答准确率100%，督察考核率100%）目标。

## 四　外宣工作

2004年市委外宣办成立后，每年利用乌洽会、龟兹文化旅游节、农资农副产品商贸洽谈会等重大活动，先后邀请中央电视台、新疆日报社、新疆人民广播电台、新疆电视台、中央媒体驻疆记者到阿克苏市采访报道。先后制作《阿克苏投资指南》画册、《走进阿克苏》电视宣传片、《多浪神韵》折页、《中国红富士苹果之乡》《阿克苏市旅游》《今日阿克苏市》画册、VCD光盘等外宣品，介绍阿克苏城市建设、经济发展、独特民俗民风、神奇迷人的旅游资源等图片专栏，全面向国内外宣传阿克苏市、推介阿克苏市。

至2016年，先后在《人民日报》、《光明日报》、中央电视台、中央人民广播电台、《新疆日报》、《新疆经济报》、新疆电视台、新疆人民广播电台等自治区级以上新闻媒体累计刊稿12768篇。

## 五　宣传品制作与编印

1990年，阿克苏市拍摄电视专题片1部——《团结繁荣阿克苏》；9月，市精神文明建设活动委员会同地区精神文明建设活动委员会、地区电视台联合录制5集电视系列片《万紫千红总是春》。

1995年，市委宣传部为地区编辑的《辉煌的40年》提供成就篇章10篇，人物篇4篇。

1996 ~ 2012年，先后编印《精神文明建设文件12编》《阿克苏市精神文明建设大事记》《精神文明建设上报材料》《长治久安大宣教百题问答》手册。

2013年，市委宣传部投入16万元，编印下发9万余册《阿克苏市学习贯彻党的十八大精神惠民政策知识问答90题》、《阿克苏市学习党的十八大精神法律法规知识问答54题》等一系列维吾尔、汉文学习宣教“口袋书”。

2014年，市委宣传部发放“热爱伟大祖国、建设美好家园”连环画出版物8726套，发放文化惠民产品汉文电视剧120套、汉文电影120套、维吾尔文电视剧600套、维吾尔语电影600套、维吾尔文舞台剧350套、民汉互译书籍（13套）1230本。11月，编印《爱国主义教育图册》1万本；编印《阿克苏市社会主义核心价值观中国梦》一书1万本。

2015年，市委宣传部发放《高考1977》《周恩来的四个昼夜》《雷锋》等电影维吾尔语480套、汉语116套；发放《毛泽东》《焦裕禄》《郑培民》等电视剧维吾尔语530套、汉语200套；发放《美丽新疆》《新疆是个好地方》等舞台剧维吾尔、汉合集520套；发放1200套“热爱伟大祖国，建设美好家园”连环画（口袋书）；发放新疆民族文学原创作品维吾尔语210套；发放新疆民汉互译作品维吾尔语204套。2月，编印《阿克苏市“去极端化”百题知识画册和知识问答》；6月编印《阿克苏市流动人口“去极端化”百题知识问答》（宣传单折页纸）和《流动人口“去极端化”知识读本——阿克苏市爱国主义教育百题问答》共6.4万份；8月编印《阿克苏市流动人口“去极端化”知识读本——社会主义核心价值观教育图册》5000册，编印《阿克苏市流动人口便民服务手册》1万册；9月编印《阿克苏市“去极端化”正反典型案例选编》4000本。

2016年4月，市委宣传部编印《阿克苏市民族团结先进典型汇编》1000本，《阿克苏市民族团结先进典型汇编》（宣传单）1万份；5月编印《阿克苏市民族团结倡议书》《阿克苏市民族团结公约》《民族团结进步年致市民的一封信》各6000份；6月编印《阿克苏市流动人口“去极端化”工作成果汇编》2000本，《阿克苏市宣讲稿件汇编》3000本；11月编印《阿克苏市村（居）民知识竞赛题库》13.2万本。

## 六　互联网信息管理

2014年4月11日，阿克苏市成立互联网信息管理办公室，主要负责网络舆情监管。

2015年2月10日，市互联网信息管理办公室创办“阿克苏市零距离”。年内共推出稿件235期，开展各类互动活动38次，开展各类政策法规、便民指南宣传42期，紧急辟谣5次，解决市民各类问题留言300余次，关注人群达12.3万余人，排名全疆第二、阿克苏地区第一。

2016年，市互联网信息管理办公室利用“阿克苏零距离”“文明阿克苏”“阿克苏微动力”“阿克苏市人民政府网”等网络宣传平台，加强建设管理，提高互联网对外宣传水平。年末，“阿克苏市零距离”粉丝17.3万余人，成为阿克苏市最具规模和权威的政府信息发布平台。年内举办网络宣传干部培训班1期。

## 第四节　统战工作

### 一　机构

1990年，阿克苏市委统战部有干部5人。

2002年，市委统战部与市民族宗教事务管理局合署办公，一个机构两块牌子，核编14名，其中领导职数3名，机关后勤事业编制2名，全额预算。内设办公室、民族宗教事务办公室、语言文字办公室3个。2003年，乡（镇）设统战（宗教）办公室。

2005年，市委统战部与市民族宗教事务管理局分开办公，统战部实有5人。

2007年5月，成立党的民族宗教政策法规领导小组办公室。

2015年9月，成立“去极端化”工作领导小组办公室。

2016年，市委统战部有7人，工勤人员1人。内设办公室、民族宗教科、去极端化办公室。

### 二　台胞台属、华侨统战工作

1990～2016年，市委每年在春节前都要组织召开台胞台属、海外华侨春节茶话会，对台胞台属进行慰问。

2014年，全市共有台属11家。

### 三　非党人士统战工作

1993年10月23日，市委召开40名党外人士参加毛主席100周年诞辰纪念座谈会。

1994年，召开8次党外人士座谈会，参加人数达336人。

1998年，阿克苏市对党外知识分子的情况进行一次全面检查，全市有知识分子5751人，其中党外知识分子3954人，少数民族知识分子2502人，女知识分子2249人。在所有党外知识分子中有两级人大代表6人，各级政协委员8人，在各级人民政府工作的15人。

1999年，登记知识分子5751人，其中非党知识分子3954人，少数民族知识分子2502人，女知识分子2249人，各级人大代表6人，政协委员8人，在各级政府工作的15人。

2000年，阿克苏市对党外知识分子的情况进行调查摸底，全市共有知识分子5780名，其中党外知识分子3961名，少数民族知识分子2600名，女知识分子2231名。在党外知识分子中，市人大代表6名，政协委员8名，在各级人民政府工作的17名。全市少数民族后备干部280名，提拔使用86名。

2001 年，全市共有知识分子 5700 名，其中党外知识分子 3900 名，少数民族知识分子 2590 名，在党外知识分子中市人大代表 6 名，政协委员 8 名，在各人民政府工作的有 17 名。

2013 年 12 月，市委召开党外知识分子座谈会，选派 1 名无党派人士到内地参观考察。

## 第五节　政法工作

### 一　机构

（一）阿克苏市委政法委员会

1990 年，阿克苏市委政法委员会（简称市委政法委），属市委工作机构，市委政法委员会内设办公室，有编制 7 名。

1998 年，市委政法委办公室与社会治安综合治理领导委员会办公室合署办公，有编制 10 名。2009 年，增加事业编 3 名，编制总数 16 名。2014 年 12 月 9 日，增加 5 名全额预算管理事业编制。年末，市委政法委有编制 30 名，实有 21 人。2016 年，市委政法委编制 35 名，实有 29 人。

（二）阿克苏市社会治安综合治理委员会

1990 年，阿克苏市社会治安综合治理领导小组有成员 21 人。领导小组下设办公室，有专职干部 2 名，兼职干部 4 名。

1991 年 11 月，撤销阿克苏市社会治安综合治理领导小组，成立阿克苏市社会治安综合治理委员会。下设社会治安综合治理委员会办公室，与政法委合署办公，编制 12 名。

2012 年 8 月 6 日，阿克苏市社会治安综合治理委员会办公室更名为阿克苏市社会管理综合治理委员会办公室。至 2016 年，阿克苏市社会管理综合治理委员会办公室有主任 1 人，副主任 2 人。

### 二　维护社会稳定

（一）维稳工作

1990 年，阿克苏市成立以市委书记、市长为正副组长的市防暴指挥部，组建公安防暴警察队伍和民兵应急分队，开展“严打”斗争，破获一批影响大的案件，处理一批违法犯罪分子。

1991 年 8 ~ 10 月，阿克苏市委开展“严打”战役行动，先后开展“反盗窃自行车”“反扒窃”“反抢劫”等 6 次专项斗争，打击各类刑事犯罪活动。

1993 ~ 1995 年，坚持“严打”方针，以防盗窃为重点，开展查禁取缔“六害”，打击制、贩、吸食毒品的专项治理和打击经济犯罪工作。建立军警民联防网络，加强和巩固城区治安巡逻队、乡镇街道联防队。加强对公共场所和特种行业的治安管理。

1997 年，成立阿克苏市维护稳定、严厉打击暴力犯罪活动专项整治领导小组，在重点地区开展集中整治工作，打击暴力恐怖犯罪活动。

1999 年，根据中央取缔邪教组织的通知精神，对阿克苏市从事非法宗教活动的人员进行摸底登记、教育和制止。

2002 ~ 2003 年，市委政法委开展“严打”整治、禁毒专项斗争、特种行业整顿、学校周边环境的治安整顿，加强治安联防队伍建设。

2006 年，阿克苏市加强对宗教事务的管理，强化意识形态领域反分裂斗争，严厉打击各类刑事犯罪和经济犯罪，深入开展社会治安专项整治和治安防范，以平安建设工作为载体，推进社会治安防控体系建设和社会治安综合治理工作。

2008 年，市委政法委以奥运安保工作为重点，狠抓各项维稳工作的落实。深入开展社会不稳定因素大排查行动，对非法宗教活动、邪教组织、突出信访问题、流动人口和重点人口管理及各项维稳措施落实情况进行排查清理。

2009～2011 年，市委政法委健全反邪教工作长效机制，运用法律、行政、文化、经济、思想教育等手段，做好意识形态领域反分裂斗争。以“法治进乡村”和科技、文化、卫生“三下乡”、党的民族宗教政策法律法规学习教育月等活动为载体，引导各族群众上交、检举揭发制售传播非法宣传品等违法活动及人员的自觉性。

2012～2016 年，市委严防严打“三股势力”破坏活动，坚决遏制非法宗教活动高发势头，强力解决信访突出问题。加大校园周边环境治理工作力度，建立群防群治队伍，完善处突应急预案和开展处突应急演练。采取教育、管理、防控、打击“四位一体”综治工作举措，认真查找综治工作薄弱点，开展试点工作，强化流动人口服务管理，深入推进各项专项行动，确保社会大局稳定。

（二）集中整治

1997 年 4 月起，阿克苏市连续开展集中整顿社会治安、严厉打击暴力恐怖犯罪的专项斗争（以下简称集中整治）。针对存在的治安隐患或热点、难点问题，实行市级领导包乡、包村，乡级领导干部包村、包户，市直部门和乡镇机关干部及村干部包户、包人，做到村不漏户、户不漏人，全面覆盖，并抽调县级领导和科级干部 335 人组成工作队分驻 6 个乡镇、4 个街道办事处开展集中整治工作，打击各类严重刑事犯罪活动。

1998～1999 年，阿克苏市选调干部组成集中整治工作团、宣讲团、巡视组和集训工作队，对 1 个镇开展集中整治工作。

2000 年，阿克苏市印发《关于在阿克苏市普遍开展集中整治工作的意见》，组织 447 名队员进驻 26 个村（居）委会开展集中整治工作。全市各乡镇、街道成立集中整治工作领导小组和宣讲团。

2008 年，抽调 50 名干部成立 8 个工作队，开展整治工作，11 月 12 日，地区集中整治办对阿克苏市集中整治工作进行检查验收，人民群众对集中整治工作的满意率达 92%，当年整治的重点村、社区、单位社情转好率达 61% 以上。

2010 年，确定 5 个集中整治工作重点区域为集中整治的重点区域。各乡（镇）场、街道办事处根据本辖区的实际情况确定 2～4 个点位。

2013 年 5 月，选派 11 名市级领导、43 名科级干部和 36 名一般干部组成 10 个工作组到阿依库勒镇（其他各乡镇场自行组建工作队），开展农村长治久安综合整治工作。

2015 年，自治区、地区、市共选派 162 名干部和 1 名镇政府杭培生、熟悉掌握基本情况的村官或镇干部一同进驻，并成立第二批整治工作队临时党委，组建 21 个村工作组，以 5 个管理区为单位成立临时党支部，制定《自治区驻阿克苏市阿依库勒镇集中整治、“访惠聚”工作实施方案》。全年，累计走访群众 5234 户 2.67 万人次，共召开村干部、宗教人士、农民代表座谈会 414 场，召开集中整治例会385次；开展拉网式大排查310次；开展爱国主义歌曲比赛、民间艺人文艺会演等活动686场；发放自编自印“财政惠农补贴政策”宣传材料1000余份；开展集中宣讲活动384场，受教育群众6.25万余人次。

2016年，阿克苏市驻阿依库勒镇集中整治工作队累计走访群众5234户26687人次，共召开村干部、宗教人士、农民代表座谈会500场，召开集中整治例会385次；开展拉网式大排查310次；开展爱国主义歌曲比赛、民间艺人文艺会演等活动686场；发放自编自印“财政惠农补贴政策”宣传材料1000余份；开展集中宣讲活动384场，受教育群众6.25万余人次。共争取资金3000余万元，大力发展“短平快”民生工程，有效转移富余劳动力，实现就地就近就业。

### （三）取缔邪教组织

阿克苏市对查获的邪教组织案件，审讯深挖、追根溯源，对带头组织者、骨干人员严查到底、项格处理。加强宣传教育，讲明邪教组织对个人、家庭、社会带来的危害性，最大限度减少社会对立面，争取更多积极的、有利于社会和谐稳定的因素。

1998年后，阿克苏市开展涉邪教人员摸底排查等区域性专项整治行动。

2000年，阿克苏市加强警示教育，加强专案打击，加强办班转化，加强无邪创建活动。在进一步做好教育转化工作的同时，对扰乱治安秩序的顽固分子依法及时处理。

2002～2005年，阿克苏市继续深挖、打击非法宗教活动的幕后组织者和策划者，协助有关部门和单位做好非法宗教人员的教育转化工作。

2006～2008年，阿克苏市利用大众传播工具做好舆论宣传工作和深入揭批工作。协调配合公安机关，按照有关法规对屡教不改的顽固分子坚决予以处理。

2013年，阿克苏市举办3期法制教育培训班，强化对邪教组织人员进行教育转化工作。

2015年，开展“无邪教社区创建示范工程”。选定兰干街道和10个社区作为“无邪教社区创建示范工程”示范点。加强反邪教警示教育宣传工作。开展居民教育活动，加深群众对邪教违法性和危害性的认识，按照《公民道德建设实施纲要》要求，开展文明户、文明进万家创建的各类宣传教育活动，印制发放反邪教宣传画、刻录光碟上万余份，营造良好的宣传氛围。

2016年，阿克苏市深入开展“无邪教社区创建示范工程”。选定新城街道办事处和团结社区、红光社区、火车站社区、柯柯牙社区、英巴扎社区等社区作为“无邪教社区创建示范工程”示范点。开展居民教育活动，加深群众对邪教违法性和危害性的认识，发挥育活动，协调市电视台、报社等媒体印制发放播放反邪教宣传画、刻录光碟上万余份，营造良好的宣传氛围。

## 三　社会治安综合治理

### （一）治理体系建设

1990年，阿克苏市社会治安综合治理领导小组实行层层签订综合治理责任书。按照属地原则先后与7乡1场4个办事处签订综合治理责任书。各乡镇、场、街道办事处先后与辖区548个单位525个自然村130个村民委员会签订综合治理责任书。制定《阿克苏市文明市民公约》《阿克苏市守法公约》，实现在治安管理上单位有制度、家庭有公约、处理有章程、行动有规范。

1991年，阿克苏市社会治安综合治理委员会加强群防群治组织建设，全市共建立治保组织

570个，成员2395人；调解组织405个，拥有成员1624人。抓好对群众的普遍教育，提高群众的参与度。

1993年，阿克苏市社会治安综合治理委员会按照谁主管、谁负责的原则，与7乡1场4个街道办事处的社会治安综合治理委员会签订社会治安综合治理责任书，各乡镇、场、街道办事处又分别与175个行政村和548个单位签订责任书。加强基层基础工作和信息网络建设，建立治安巡逻体制。

1995年，阿克苏市社会治安综合治理委员会开展“扫黄”“禁毒”工作，净化社会环境，遏制黄、毒滋生蔓延，加强对文化市场的清理工作，清除淫秽、色情、暴力、非法宗教磁带42盒。

1998年，市社会治安综合治理委员会推行综合治理目标管理制度。自上而下签订《社会治安综合治理维护政治稳定责任书》123份。年末，全市共有综合治理委员会14个，成员192人；综治领导小组144个，成员1890人；调解委员会和治保小组508个，成员1918人。建成安全文明小区166个。2000年，阿克苏市制定《社会治安综合治理暂行办法》。

2004年，市综治委将各级政法、综治成员单位纳入各乡、各成员单位党政主要领导任期目标、工作目标之中。出台《阿克苏市社会治安综合治理目标考核办法》《综合治理工作一把手述职制度》以及相配套的制度。推行楼长（单元长）制度，制定工作职责，主要抓好管区的治安防范工作，组织对居民进行综治宣传教育，开展群防群治，排查调解矛盾纠纷，组织开展安全文明创建活动，帮助刑释解教人员。

2006年，市委成立市平安建设工作领导小组，启动实施平安阿克苏建设工作。市委发布《关于印发〈阿克苏市实行社会治安综合治理一票否决权制的实施细则〉（试行）的通知》，在全市开始实行社会治安综合治理“一票否决”权制。

2009~2010年，阿克苏市12个乡（镇）街道全部配齐专抓社会治安综合治理工作的副职和1~2名以上的专（兼）职综治工作人员。全市各乡（镇）街道有专抓综治工作的副职领导17名，有专（兼）职工作人员26名。市综治委把流动人口管理和服务、刑释解教人员安置帮教、预防青少年违法犯罪、铁路护路联防、校园周边治安整治、电力设施保护作为重点，协调有关部门齐抓共管。

2015~2016年，阿克苏市全面加强安全防范工作，确保特殊时期及自治区成立60周年、纪念反法西斯战争和中国人民抗日战争胜利70周年期间的安全稳定。为进一步维护全市社会治安稳定，筹备资金在城区重要部位增建办公与休息一体化的警务服务站，服务站内配备视频监控系统、电脑、日常办公用品和休息区，全面提高全市安全防范能力，有效预防各类案件发生。大力开展流动人口服务管理宣传活动。将流动人口“限时工作法”宣传、居住证办理、便民联系卡办理等流动人口服务管理流程图，用维吾尔、汉两种文字，印制传单3万余份，制作张贴户外宣传单2400份，积极动员广大居民群众主动参与和支持流动人口服务管理工作。

### （二）社会治安重点区域排查整治

2009年，阿克苏市委按照《信访条例》及有关法律法规，发挥政法委执法监督职能，开展涉法涉诉信访积案化解年活动，严格执法过错责任制追究，完善干警执法档案建设及落实业绩考核奖惩挂钩，及时化解、处理、协调、督办涉法涉诉信访案件，做好年度执法监督工作，确保社会政治大局持续稳定。全年接待、办理涉法涉诉信访案件74件85人次，其中自办案件28件33人次，上级政法机关及领导交办46件52人次，下达交办函55期，下达执法监督函8期，纠正、督办重大案件8件。开展集中清理执行积案等工作，执法监督巡视2次。全年组织地、市听证会11次，召开案件协调会15次23件，实现涉法涉诉信访案件接访率100%、办结率100%、息诉罢访率99%。

2010年3~11月，阿克苏市开展社会治安重点区域排查整治工作。通过加强排查整治工作，实现重点领域、重点行业和重点部位的社会稳定、交通有序、管理规范的良好局面，特别是挂牌整治的红桥转盘、二手手机市场社会稳定、交通有序，管理都得到全面加强，群众对此表示十分满意。

2012~2015年，阿克苏市按照没有问题抓预防、潜在问题抓排查、发现问题抓调处的思路，坚持不稳定因素超前排查、集体上访苗头超前介入、突发性上访问题超前预案、普遍性信访问题超前调研、重点信访老户超前稳控的原则，采取领导包案、集中会办、调解仲裁、公开听证、救助救济等有效措施，确保案结事了、息诉息访。

2016年，阿克苏市各单位共摸排矛盾纠纷3308件，调解率100%；调处成功3268件，调处成功率达98.8%。

（三）铁路护路

1999年，阿克苏市铁路正式开通，市辖区有铁路46.875千米，辖区的南城办事处、良种场、阿依库勒镇靠近铁路沿线，以后每年铁路沿线的辖区单位开展铁路护路工作，积极保护铁路畅通无阻。

2002年，阿克苏市加强铁路护路工作，开展“平安铁路创建”工作，根据地区综治办《开展铁路护路联防安全检查活动实施方案》的通知要求，阿克苏市综治委召集沿线乡（镇）场、街道办事处，武装部、公安局、教育局、安监局、工商局等部门主要领导召开铁路护路联防安全检查工作联席会议，传达地区的通知精神，结合实际制定下发《阿克苏市铁路护路联防安全检查活动实施方案》，并提出相关要求。

2010年，制定铁路护路安全检查联席会议制度、督察检查制度、考核检查等相关制度，市铁路护路联防协调领导小组办公室与铁路沿线各乡镇、单位分别签订《铁路护路联防工作治安管理责任书》，严格落实领导带班巡逻和民兵24小时不间断巡逻。开展爱路护路宣传教育活动，宣传《中华人民共和国铁路法》《铁路运输安全保护条例》等法律法规。对护路队员进行铁路安全常识教育培训和军事训练。

2011~2013年，阿克苏市围绕平安铁路示范段和保稳定、保安全、保畅通目标，构建铁路沿线社会治安群防群治的整体联动网络。强化保护铁路护路预案，发放铁路护路设施宣传资料3.6万余份（张），在重点铁路段悬挂大型宣传画60余幅，确保辖区沿线铁路的安全稳定运行。

2014~2016年，阿克苏市制定《铁路护路民兵分队安全管理规定》。提升群众的铁路安全知识知晓率，提升沿线各族群众和中小学生的防伤害意识，杜绝各类影响铁路运输安全的案（事）件发生。制定涉路矛盾纠纷排查调处机制，把预防工作摆在各项工作的前面，为铁路安全畅通创造良好的社会环境。并通过建立健全路地联防长效机制和护路联防工作制度，认真构建铁路沿线“网格化”的治安防控体系，开展平安铁路示范段创建工作，进一步推动护路联防工作整体提升。

（四）电力保护

1990 年后，随着居民用电、工业用电的逐步增加，各种电力事件频繁发生，保护电力成为市委、政府十分关注的问题。阿克苏市抓好电力保护工作，加强政企协作，推动联合执法。由市政府及电力管理部门认真执行《自治区电力设施保护办法》和《自治区加强施工管理保护电力设施安全暂行办法》相关法律法规，进一步加强政策研究和沟通协调，积极推动执法工作进程，使电力行政执法真正落到实处，为保护电力设施工作创造良好的法制环境。

2007 年 9 月 20 日，阿克苏市保护电力设施领导小组对照《阿克苏市保护电力设施模范乡镇考核标准》，决定命名依干其乡、托普鲁克乡、良种场为阿克苏市保护电力设施模范乡镇。

2010 年，阿克苏市落实保护电力设施各项制度、措施，加强电力设施保护工作的组织领导和宣传教育工作，落实电力设施技防和群众护线措施，加强对发电厂、变电站（所）等周边地区社会治安的综合治理，防止发生冲击电力企业和哄抢电力器材、阻碍电力施工等案（事）件的发生。对影响电力设施安全和电网安全运行的树障、违章建筑、汽车撞杆等问题及时协调解决，协调解决率达 98% 以上。确保不发生因外力破坏造成 35 千伏及以上倒塔（杆）引起的大面积停电事故。年内无严重破坏电力设施的案（事）件，不发生 5 万元以上破坏电力设施的重大案（事）件。

2011 ~ 2015 年，阿克苏市围绕保民生、保安全，构建以综治为中心、电力部门为主、其他部门配合的联动工作运行机制。强化保护电力设施预案，开展打击盗窃破坏电力设施专项行动，发放保护电力设施宣传资料 3.6 万余份（张），确保辖区电力设施的安全稳定运行。

2016 年，阿克苏市全面落实保一线平安、保护电力设施目标责任书，构建电力设施周边社会治安群防群治的整体联动网络，强化保护电力设施、铁路护路预案，在重点铁路段悬挂大型宣传画 60 余幅，确保辖区电力设施和沿线铁路的安全稳定运行。

## 四　平安建设

（一）平安创建

2005 年 2 月，阿克苏市开展平安创建活动，提出 10 项机制，制定下发《2005 年度创建平安重点工作实施方案》。

2006 年 4 月 16 日，阿克苏市委、市人民政府下发《关于在全市深入开展“平安阿克苏”建设实施办法》，在全市范围内开展以“平安市、乡（镇）、街道、边境、村（社区）、机关（企事业）单位、家庭”为重点的“平安阿克苏”建设，把平安创建工作纳入目标考核责任体系。坚持定期召开全市政法工作会议、综治委全委会、公检法司联席会等专项会议，健全完善平安创建工作领导小组和基层综治组织。

2007 年，阿克苏市在全市开展实施平安社区，平安乡镇、街道，平安村组，平安企业，平安集市，平安家庭，平安校园，平安铁路，平安单位，平安寺院十大“平安细胞”工程。

2008 年，推进“平安阿克苏市”建设。全市命名“平安单位”250 家，创建率为 91.2%；“平安校园”97 家，创建率为 91%；“平安清真寺”387 座，创建率为 95%；“平安村”112 个，创建率为 91%；“平安社区”28 个，创建率为 90%；“平安企业”91 家，创建率为 85%。已命名挂牌“平安家庭”92963 户，占全市总户数的 92%。4 乡 2 镇 1 场，5 个乡、街道通过市平安办验收，已达到平安乡镇、街道的标准，完成率达100%。

2010年，市委、市政府按照“抓城区带社区、抓乡镇带村居、抓系统带单位”的思路，分期分批开展平安创建活动，并根据行业系统特点，将平安创建任务分解到宣传、公安、教育、民宗、经贸、卫生、妇联等部门，具体负责各行业创建工作的指导督察和考核验收。

2011年，阿克苏市被自治区命名为平安市。

2013年，阿克苏市在城区主要街道开展创建以“平安阿克苏市”为主要内容的街面宣传活动，分别在1200辆出租车电子显示屏和230辆公交车上显示和张贴平安创建宣传标语。开展以“维护社会治安人人有责、平安建设人人参与”为主题的“万人签名”宣传活动，在13个乡（镇）场、街道办事处建立平安建设宣传服务队13支，并配备宣传车，开通专线服务电话，深入田间、集市广泛开展平安建设知识宣传。悬挂平安建设宣传横幅2230条，发放宣传画21274幅、《创建自治区级平安地区宣传教育知识读本》13.85万册，制作宣传版面2160块、警示牌9400块、大型广告宣传牌15块，并在全市张贴《揭发暴力恐怖犯罪人员的公告》5万余张。

2014年，阿克苏市广泛发动职工群众参与综治和平安创建活动，形成社会治安人人关心、平安建设人人参与、平安成果人人共享的良好局面。全市平安乡镇（街道）12个，创建率达92.3%；平安村（社区）154个，创建率达98.1%；平安家庭137570个，创建率达98.1%；平安单位229个，创建率达97.3%；平安学校72个，创建率达100%；平安医院18个，创建率达90%；平安宗教场所386个，创建率达97.5%；平安文化场所305个，创建率达100%；平安边界13个，创建率达100%；平安铁路示范段5段，创建率达100%；各平安细胞复验率均达100%。为进一步扩大平安建设创建工作范围，在原来“平安细胞”工程的基础上，拓展平安建设范围，制定《阿克苏市2014年“平安物业管理小区”创建活动实施方案》《阿克苏市“平安商户”创建活动实施方案》等平安细胞创建实施方案，新创建命名“平安商铺”5120家、“平安物业小区”39家、“平安质量企业”3家、“平安道路”1段。

2016年，阿克苏市坚持“以小细胞覆盖大领域、以小平安带动大和谐”的工作思路，成立市乡村三级组织机构，制定创建标准和考核办法，在村（社区）、小区（物业）、企业、商场、校园、医院、机关、铁路、宗教场所、家庭10个领域开展各具特色的“平安和谐细胞”工程创建活动，把平安建设延伸到各个行业、各种组织、千家万户，实现基层平安建设全覆盖。坚持点面结合原则，以村（社区）为主网格，对本辖区内各行各业平安和谐创建进行评价。按照属地管理、条块结合、全面覆盖的原则，不断拓展、提升、示范、带动平安创建活动，对达不到标准的及时摘牌，对新创建的及时命名，把创建平安家庭与创建“星级文明户”相结合，从制度层面上保证平安建设的持久生命力。至年底，平安乡镇、平安医院、平安学校创建率达到100%，平安村（社区）创建率达到95.63%，平安家庭创建率达到95.04%，平安企业创建率达到95.5%，平安宗教场所创建率达到95.98%，平安文化市场创建率达到95.04%，“平安细胞”创建工作全覆盖。将托普鲁克乡报为自治区优秀平安乡，已验收完毕。

（二）技防建设

2000年，阿克苏市开始加强技防建设。全市油库、粮站、银行等单位、行业开展技防建设工作。

2005～2016 年，阿克苏市逐步加强重点部位、重点行业、重点单位的技防建设，通过技防工作落实社会治安的各项措施，确保社会稳定。

### 五　执法监督

1990～2016 年，市委政法委开展执法监督工作，处理一批重大疑难案件和涉法涉诉信访案件。督促和引导公、检、法、司等政法部门建立完善内部监督机制和错案责任查究机制，对政法干警违法违纪问题定期不定期进行检查，对违反政治纪律的干警严肃处理，对群众反映强烈的问题或在执法检查中发现的突出问题，组织专门调查小组进行专项调查。在具体个案监督中，多次参与市法院组织的重大疑难案件协调会，促进多案疑难案件正确处理。

2008 年，市委政法委制定《关于加强党委政法委执法监督工作规范化建设考评意见（试行）》，建立政法系统涉法涉诉信访联系会议制度，完善督察员制度。加大涉法涉诉信访案件化解工作力度。全年共受理涉法涉诉来信来访案件 34 件，其中自办涉法涉诉信访案件 24 件，办结 24 件，办结率 100%；上级交办案件 10 件，办结 10 件，办结率 100%。注意发挥司法救助作用，对符合救助条件的案件，给予一定救助。做好日常来信来访工作。全年协调疑难案件 6 件，接待来信来访群众 102 件 214 人次，其中来信 10 件，来访 204 人次，接待率达 100%，督办率达 100%。

2010～2014 年，建立矛盾纠纷调解、社会治安调解等制度，加强疑难纠纷调处网络建设，设立矛盾纠纷调处中心和调解庭，严格实行分管领导包案制和责任查究制，市、乡、村（社区）、组四级矛盾纠纷排查调处体系进一步建立健全，初步形成“大调解”工作格局。全市设立 169 个调解委员会，其中村级 152 个、乡镇级 12 个、企事业单位 5 个。做到小纠纷不出村、大纠纷不出乡镇，有效地防止各类矛盾的激化。

2015～2016 年，开展“涉法涉诉信访积案化解年”活动，采取调解、听证会、联合接访、协商会诊、司法救助、挂牌督办等形式，化解一批多年未解决的复杂疑难案件。

### 六　见义勇为表彰

1992 年，阿克苏市把见义勇为奖励基金列入计划，报请市政府审批。

1993 年，阿克苏市设立见义勇为奖励基金 1 万元。

1996 年 4 月 1 日，阿克苏市成立见义勇为奖励基金会，制定《阿克苏市见义勇为奖励基金会章程》，共 7 章。

2001 年 2 月 1 日，阿克苏市制定《阿克苏市见义勇为奖励基金会奖励办法》。至 2016 年，阿克苏市召开见义勇为表彰大会 3 次，表彰先进个人 15 人次。

## 第六节　机关党建

### 一　机构

1990 年 6 月，中共阿克苏市委批准市直机关党委设置纪律检查委员会，设纪检书记 1 名，由市直机关党委副书记兼任。1997 年 7 月，市直属机关党委更名为市直机关工委，核定行政编制 5 名，其中领导职数 3 人（含专职纪检书记 1 人）。2002 年机构改革，核定行政编制 5 名，其中领导职数 2 名（含专职纪检书记 1 名）。2010 年，实有 5 人。2014 年 7 月 23 日，经地委机构编制委员会审批，增加领导职数 1 名，机关工委行政编制 5 名，其中领导职数 3 名（含专职纪检书记 1 名）。机关后勤事业编制 1 名，全额预算。2016 年，有行政编制 5 名，机关后勤 1 名。

## 二　组织建设

1990 年，市机关党委加强规章制度建设，坚持“三会一课”制度、民主生活会制度、党员民主评议制度。做好支部改选、调整工作，合理配置支部班子成员。按照党员发展要求，做好党员发展工作，壮大党组织力量。

1991 年，市直机关党委加强机关基层党组织班子建设，组织市基层党组织开展集中换届工作，56 个党支部完成换届改选。

1994 年，狠抓党组织班子建设，增补、调整总支或支部班子成员 32 人。

1997 年，市直机关工委集中开展党组织换届改选，完成 48 个党组织、137 名班子成员调整工作。

2002 年，完成市直机关党组织班子换届改选 52 个，调整班子成员 246 人。

2004 年，市直机关工委对不健全班子的支部进行调整充实，加强党的基层组织建设，增补、调整总支或支部班子成员 21 人，新成立总支 1 个。验收 36 个支部，命名“五好”党支部 20 个。

2006 年，市直机关工委调整基层党组织 40 个，配备基层党组织成员 145 名。

2009 年，市直机关工委下辖 7 个党总支（含 51 个党支部）、18 个独立党支部，共有党组织 76 个、党员 1332 名。其中女性党员 454 名，少数民族党员 390 名，离退休党员 177 名。

2010 年，对 12 个任期届满的基层党组织进行换届选举，任命或增补党组织委员 59 人。命名 3 家“五好”党支部。年底，市直机关工委下辖 7 个党总支（55 个党支部）、18 个独立党支部，有“五好”支部 53 个。

2012 年，组织开展基层组织建设年活动，确定好的基层党组织 10 个，较好的基层党组织 33 个，一般的基层党组织 16 个，差的基层党组织 6 个，摘牌基层党组织 2 个，12 个基层党支部实现晋位升级。按照有利于党的工作开展的原则，新建市委机关、政府机关、法院机关、检察院机关等 4 个基层党委，商务局、安监局等 5 个党支部，改选、补选党组织班子 8 个，任命支委班子成员 191 人。

2014～2016 年，完成对所属党组织的分类定级工作，确定好支部 20 个、较好支部 43 个、一般支部 14 个、差支部 1 个。完成 37 个支部换届选举工作和 1 个新支部的成立工作（市伊协党支部），调整支部班子 148 人。

1990 年以来，市直机关工委每年在七一前夕采取知识竞赛，座谈会，重温入党誓词，表彰先进基层党组织、优秀共产党员、优秀党务工作者等形式开展党的生日纪念活动。1990～2016 年，共表彰 207 个先进基层党组织，568 名优秀共产党员，149 名优秀党务工作者。

## 三　党风廉政建设

1990 年后，阿克苏市认真学习贯彻市委《关于实现党风好转的规划》《关于禁止用公款大吃大喝、反对铺张浪费的规定》《关于阿克苏市党政机关整治腐败、廉洁奉公的决定》等文件精神，进一步规范机关作风纪律建设，加强对党员干部的监督管理，开展廉政教育等专题活动。

1993 年，落实市纪委关于党风廉政建设的各项规定要求，组织开展廉政知识专题培训辅导，配合市纪委开展党政干部超标准修建住房问题查处。

1998 年，把加强党风廉政建设作为机关党的建设一项重要工作，开展各种形式的党纪党规教育，筑牢思想道德防线。认真执行各项廉政制度，加强监督工作。每年机关工委都与各党总支、（支部）签订党风廉政建设工作责任书，把党风廉政建设纳入督察、考核之中。

2006 年，学习贯彻中纪委第六次全会和国务院第四次廉政工作会议精神，坚持预防为主、教育先行、惩治结合、综合治理的方针，紧密联系党风廉政建设和反腐败工作的现实需要，牢记两个“务必”，贯彻“八个坚持、八个反对”，对机关党员干部进行思想道德教育、纪律教育、典型教育。

2009 年，重点抓好学习贯彻《中共阿克苏市委员会贯彻落实〈建立健全惩治和预防腐败体系 2008～2012 年工作规划〉实施办法》，下发《阿克苏市直机关纪工委 2009 年工作要点》《市直机关工委 2009 年反腐倡廉宣传教育及调研工作要点》，制定《阿克苏市直机关 2009 年落实党风廉政建设责任制工作责任书》，同各党（总）支部签订责任书，进一步明确工作任务和具体事项。

2010 年，建立工委委员党风廉政建设联系制度、责任追究制度，召开学习党风廉政专题会议 4 次，与 7 个党总支、16 个独立党支部签订党风廉政建设责任书。对开展第 12 个党风廉政教育月活动进行安排部署，观看党风廉政教育警示片，开展座谈讨论，张贴《廉政准则》宣传画，发放学习资料，工委中心组进行党风廉政专题学习 2 次，党员干部集中学习 3 次，开展党员干部廉政承诺宣誓活动。

2011～2014 年，开展示范教育、警示教育和岗位廉政教育，抓好廉洁自律有关规定落实情况的督促检查。推进党务公开工作，制定《关于在市直机关党的基层组织中推行党务公开工作的实施方案》《市直机关党的基层组织党务公开目录》。组织开展党风廉政教育月活动。开展警示教育、座谈讨论、知识竞赛等活动。深入推进廉政文化进机关活动。抓好典型的“双示教育”，做到用先进典型引领人，用反面典型警示人。

2016 年，以纪律教育年活动为契机，结合“两学一做”学习教育和“三项治理”活动，组织工委班子和普通党员深入查找作风建设方面存在的问题 131 条，召开专题组织生活会深入开展批评与自我批评。结合人员变动实际，及时完善班子成员分工，落实“四个不直接分管”要求，严格落实“三重一大”制度，全年研究大项经费开展 5 次。结合“两学一做”边学边查边改及纪律教育年、“三项治理”活动，市直机关工委组织强化工委作风纪律建设，提升工作效能。

## 四 党员发展

1990～2016年，市直机关工委指导和监督所属各党支部，按照党员发展工作的基本方针和基本原则，制定和实施发展党员工作计划，建立入党积极分子档案，做好对入党积极分子的培养、教育和考察。每年举办入党积极分子培训班，对培训合格者发放结业证书，共举办培训班60期。机关工委对各支部党员发展对象的档案材料进行审查，经考察、谈话和政审及党委会议讨论批复后方可入党。

表21－7 1990～2016年阿克苏市直机关工委党员发展情况表

单位：名

| 年份 | 转正党员 | 发展新党员 | 入党积极分子 | 总计 | 年份 | 转正党员 | 发展新党员 | 入党积极分子 | 总计 |
|---|---|---|---|---|---|---|---|---|---|
| 1990 | 44 | 51 | 121 | 216 | 2004 | 34 | 39 | 160 | 233 |
| 1991 | 37 | 54 | 158 | 249 | 2005 | 40 | 52 | 147 | 239 |
| 1992 | 38 | 47 | 180 | 265 | 2006 | 40 | 46 | 163 | 249 |
| 1993 | 37 | 42 | 162 | 241 | 2007 | 37 | 45 | 158 | 240 |
| 1994 | 26 | 39 | 152 | 217 | 2008 | 46 | 51 | 151 | 248 |
| 1995 | 26 | 40 | 140 | 206 | 2009 | 41 | 49 | 145 | 235 |
| 1996 | 39 | 52 | 152 | 243 | 2010 | 35 | 44 | 139 | 218 |
| 1997 | 34 | 48 | 146 | 228 | 2011 | 34 | 23 | 121 | 178 |
| 1998 | 23 | 39 | 130 | 192 | 2012 | 26 | 18 | 89 | 133 |
| 1999 | 34 | 45 | 132 | 211 | 2013 | 17 | 13 | 73 | 103 |
| 2000 | 36 | 47 | 157 | 240 | 2014 | 35 | 14 | 45 | 94 |
| 2001 | 24 | 32 | 152 | 208 | 2015 | 17 | 25 | 32 | 74 |
| 2002 | 31 | 44 | 157 | 232 | 2016 | 31 | 14 | 48 | 93 |
| 2003 | 40 | 48 | 168 | 256 | | | | | |

## 五 法治进机关

1990～1995年，市直机关党委全面开展“二五”普法教育宣传活动，制定市直机关“二五”的普法规划，建立健全普法领导机构，编印和发行各种普法教材40余万册，组织培训班8期，培训普法骨干460余人次。开展《中华人民共和国宪法讲话》《社会主义法制建设若干问题讲话》《宪法修正案》学习活动，1200余名干部参加；开展税法、水法、森林法、土地管理法、产品质量法等法律法规宣传活动，12万名普法对象参加；组织各类法律咨询活动104场，举办法律知识竞赛16场。

1996～2000年，按照阿克苏市“三五”普法规划要求，推进依法治市，促进经济发展和社会进步等各项事业依法管理。组织市直机关1000余名党员干部以《社会主义法制建设基础理论》为主要学习内容，采取多种方式学习法律知识，累计举办各级领导干部法律知识讲座300余次，听课人员达2万多人次。结合宪法法律宣传、法制宣传等主题活动，组织市直机关开展街面宣传10次，发放各类宣传资料2万余份，接待来访群众320余人次。举办普法骨干培训、法律法规专题辅导培训16场，1000余人次参加学习培训。通过持续不断开展法制宣传教育，广大群众的宪法和法律意识进一步增强，为促进阿克苏市经济发展和社会稳定创造了较好的法制环境。

2001～2005年，市直机关共有2000余名干部接受“四五”普法教育，领导干部和国家公务员（机关工作人员）普及率100%。投入普法专项经费58万元，征订和编辑各类普法教材和资料20万多册，培训普法师资骨干126人，建立普法教育基地3个，有各类普法宣传员、联络员、信息员1000多人，开展专题普法宣传活动14场，发放宣传资料8万余份。

2007～2010年，根据市普法办公室的安排，市直机关工委启动“法治进机关”活动。参加《927法制直播室》专栏直播节目3期，督察指导“法治进机关”示范点单位。

2012～2014年，在机关各单位开展“宪法法律宣传月”法制宣传教育活动，坚持做到一月一法、一月一考。深入开展“法治进机关”创建活动，建立市直机关法制宣传志愿者队伍，做好对机关党员干部的法制教育培训工作。

2015年，组织全体干部职工参加全国百家网站微信公众号“尊法学法实法用法”法律知识竞赛活动、自治区开展的“学习宪法尊法守法”知识竞赛、自治区“六五”普法网上成果展及评议活动和法治书画展评，开展“与法同行万人宣讲”“12·4”宪法法律宣传月法制宣传日教育活动，组织市直机关各基层党组织开展普法宣传活动2次，出动人员200余人次，发放宣传品2000余份。至2016年底，市普法办命名“法治进机关”单位84个，全市所有单位成为法治进机关合格单位。

## 第七节　党校工作

### 一　机构

1990年，阿克苏市委党校核定编制数30名，其中领导职数3名。从1991年2月起，党校校长由市委副书记或市委常委组织部长兼任。

1995年，党校实行校委会负责制，由校领导及各科室负责人组成校委会，决策学校的日常重大事宜。

2004年，市委党校进行内部改革，设立党办室、后勤办公室、教务室、教研室4个科室，教研室内部设维吾尔语、汉语两个教研组。2009年，经市机构编制委员会批准设置4个内设科室，并对人员结构进行调整，专业技术岗位比例占总编制的65%以上。

2006年，市委党校列入参照公务员法管理范围，党校党务和行政管理人员实行参照管理。

2016年，市委党校编制30名，实有行政领导3名，在岗教职工19名，教师15名，其中讲师5名、助理教师10名；专业技术人员占到职工总数的70%以上。

## 二 设施建设

1993 年，市委党校建设综合教学办公楼，由市财政投资 105 万元，建筑面积 2150 平方米，砖混结构四层。

2004 年，上海长宁政府捐赠 100 万元，阿克苏市财政投入配套资金 170 万元，建设阿克苏市—上海干部培训中心，建筑面积 2400 平方米，砖混结构三层，局部四层。

2005 年，市科技局在阿克苏市—上海干部培训中心投入 60 万元，建设阿克苏市科技培训中心，包括语音室 1 个、微机室 1 个以及阶梯教室部分多媒体设备。

2016 年 7 月，市委党校校址由原来的人民路搬迁至西湖大道阿克苏市就业培训中心院内。

## 三 干部培训

中共阿克苏市委党校培训对象主要是阿克苏市科级领导干部及村（社区）党支部书记、村委会（社区）主任和中青年干部、后备干部、理论骨干。

1990 年，市委党校对村委会主任和中青年后备干部、理论骨干 417 人进行培训。以短期轮训、培训为主，每期 3 ~7 天，每年举办 10 期以上，轮训对象是乡（镇）场、街道办事处党员领导干部，农村（社区）党支部书记和后备干部，学习内容为党的基础知识、党建理论等。

1993 年，加大对农村党务工作者轮训力度，培训人员 2108 人次。市委组织部、宣传部和党校一起，每季度组织召开一次工作例会，做好党员培训、理论研究工作，及时交流办学情况。

1997 年，先后举办任前干部培训班、副科级领导辅导班、中青年后备干部强化培训班、村支部书记村主任培训班、双语培训班共 12 期，轮训党员干部 583 人次。

2001 年，针对经济形势及社会结构的变化，培训对象由原来的科级干部和乡镇领导干部，逐步扩大为科级干部、乡镇干部、中青年后备干部、街道及社区干部、少数民族优秀干部双语强化培训。培训内容主要开设社会主义市场经济、世界金融知识和经济形势分析、领导艺术教程、马克思主义基本理论、中国共产党历史、党的民族宗教政策及马克思主义“五观”教育、“四个认同”等领导干部必修课程。培训班次和力度逐年加大。

2008 年，市委党校分别对阿克苏市科级领导干部、中青年后备干部、各单位政治业务骨干、乡镇领导干部进行轮训和强化培训。全年共举办主体班次 10 期，培训人数 942 人。配合纪检、宣传、司法、计生、劳动保障、农业、统战、卫生等部门举办各类专业知识技能培训班 43 期，培训 4908 人次。

2010 年，共举办培训班 12 期，培训 1500 余人次。

2015 ~2016 年，共举办各类培训 90 期，其中主体班次 18 期，非主体班次 72 期，培训 1 万余人次。

# 第八节 党史地方志

## 一 机构

1990 年，阿克苏市委党史资料征集领导小组与市地方志办公室是“一套班子、两块牌子”，开展党史、地方志工作，编制5名，实有5人。1996年，编制6名，实有6人。1999年，更名为阿克苏市委党史研究室暨阿克苏市地方志办公室。2000年4月，单位性质为参照公务员管理单位。2009年4月，更名为阿克苏市地方志办公室（中共阿克苏市委党史研究室），核定编制6名，其中领导职数2名。2016年6月，编制6名，其中领导职数3名，实有4人。

## 二　党史资料征编

1993年12月，市委史志办协助组织部编纂《中国共产党新疆维吾尔自治区阿克苏市组织史资料》并出版发行，记录阿克苏市（县）党、政、军、统、群、企事业单位组织机构的沿革及领导人名录。

1995年12月，《中国共产党阿克苏市历史大事记（1949.10～1993.12）》出版发行。

1999年11月，《中国共产党阿克苏市委员会文献选集（1985～1997）》印刷出版。2001年12月，《中国共产党阿克苏县委员会文献选集（1955～1984）》印刷出版。

2000年11月，《中国共产党阿克苏市历史大事记（1985～1999）》（维吾尔文版）印刷出版。

2002年6月，《中国共产党阿克苏市历史大事记（1994～2001）》出版发行。

2006年11月，《中国共产党阿克苏市历史大事记（1949.10～1993.12）》获得自治区党史系统党史丛书优秀奖。

2013年6月，《中国共产党阿克苏市简史》出版发行，记录和反映阿克苏市（县）委在政治、军事、经济、文化各个方面领导人民进行斗争和建设的历史原貌。

## 三　地方志编纂

1991年11月，首部《阿克苏市志》出版问世，1993年获全国社会主义新方志一等奖。1995年9月，《阿克苏市志》（维吾尔文版）出版发行。而后相继出版《今日阿克苏（画册）》《阿克苏市年鉴汇编》《塞外江南——阿克苏》等书。

1994年5月，阿克苏市良种场成立《阿克苏市良种繁育场志》编纂委员会，编纂《阿克苏市良种繁育场志》，1997年印刷出版。全书共13万字，15章62节，上限1963年，下限1996年，全面记载良种繁育场自成立以来的发展历程，是阿克苏市首部乡（场）志。1997年4月，阿克苏市土地局成立《阿克苏市土地志》编纂委员会，编纂《阿克苏市土地志》，1999年12月出版发行。全书共35万字，16章62节，上起公元前48年，下延1997年，记述阿克苏市土地资源的历史发展进程，是阿克苏市第一部关于国土资源开发和利用的专业性著述。1998年7月22日，阿克苏市库木巴什乡成立《阿克苏市库木巴什乡志》编纂委员会，编纂《阿克苏市库木巴什乡志》，初稿经自治区地方志编委会审定通过，但未印刷出版。

2009年11月，《阿克苏市年鉴（2009刊）》创刊，2010年10月13日获自治区年鉴优秀成果二等奖，2011年2月12日在全国地方志系统第二届年鉴评比活动中获得三等奖。至2016年，逐年公开出版。

## 四　资政服务

1991年，《阿克苏市志》出版后，市委、市政府要求市各单位开展读志用志活动，以了解阿克苏市的历史。1999 年 9 月，自治区读志用志现场会在阿克苏市召开。

至 2016 年，先后为市直单位修志及其他查阅资料者提供帮助 1320 人次，为市领导及上级领导提供志书 1800 余册。

## 第九节 信访工作

### 一 机构

1990 年，阿克苏市信访局定编 8 名。1998 年 7 月机构改革，市信访局同时挂中共阿克苏市委信访办公室牌子，受市委、市政府双重领导，核定行政编制 5 名。1999 年 8 月，市长专线办公室成立，设在信访局，核定行政编制 6 名。2002 年，机构改革，设置阿克苏市信访局，正科级建制，同时挂中共阿克苏市委信访办公室和市长专线办牌子，核定行政编制 8 名，其中机关后勤事业编制 1 名，全额预算管理。

2011 年 10 月，撤销阿克苏市委信访办公室，在阿克苏市委信访办公室的基础上组建阿克苏市委员会群众工作部，与市信访局（市长专线办）一个机构、一套班子，两块牌子，既是党委工作机构，又是政府职能部门。市委群众工作部（市信访局、市长专线办）内设办公室、督察股、接待股。核定行政编制 8 名，机关工勤 1 名，实有 12 人。下设群众信访接待中心，核定事业编制 8 名，全额预算管理，实有 8 人。

2016 年，市委群众工作部（市信访局、市长专线办）行政编制 9 名，实有 7 人。内设办公室、督察股、接待股。下设群众信访接待中心，核定事业编制 8 名，实有 7 人。

### 二 群众来信来访

1990 年，阿克苏市信访局共受理信访案件 430 件，其中来信 124 封，来访 303 件，自治区交办 1 件，地区交办 2 件，结案率 100%，其中转办各职能部门 205 件，交办各职能部门 173 件，立案处理 38 件，成立联合工作调查组调查处理 14 件。

1991～1995 年，市信访局共受理信访案件 2189 件。

1999 年，市信访局共受理信访案件 573 件 1326 人次，其中市领导接待 28 件 454 人次，立案查办 25 件 74 人次，来访 452 件 695 人次，来信 36 封，地区交办 14 件 27 人次，自治区交办 10 件 21 人次，中办、国办转交 8 件 19 人次，结案率 100%。

2000～2002 年，市信访局共受理信访案件 2271 件 3813 人次，其中个人访 1869 件 2803 人次，集体访 52 件 620 人次，来信 312 封。

2003～2007 年，市信访局共受理信访案件 3193 件 6261 人次，其中个人访 2585 件 3503 人次，集体访 95 批 999 人次，自立自办 124 件 460 人次，市领导批转件 34 件 167 人次，地区批转件 60 件 175 人次。

2008～2010 年，市信访局共受理信访案件 1438 件 3450 人次，其中个体访 1038 件 1637 人次，集体访 143 件 957 人次，来信 36 封。

2011～2015年，阿克苏市委群众工作部（信访局）共受理信访案件2636件6878人次，其中集体访423件3307人次，个人访1582件2043人次，全国信访信息系统录入率100%。

2016年，市委群工部（信访局）共受理信访案件1008件3572人次。市信访局依托阿克苏市政府政务专网和互联网，为建设网上信访投诉平台投入15.2万元资金，为20个部门和单位配备扫描仪和身份证读卡器，34家单位接入全国信访信息系统，实现信访信息与国家、自治区、地区共享。为推进依法办信、方便广大群众办事，将32家分类处理信访投诉清单在阿克苏市政府网上予以公布，群众在日常工作和生活中遇到困难或问题时，可根据自己遇到的困难和问题分类，在信访投诉清单中找到相应的管理部门或科室及联系电话。

## 三　领导接待日

1990年，阿克苏市实行市领导轮流接待上访群众日制度。

1992年，阿克苏市副县以上领导带头按季度定期在市信访局接待群众来访，根据信访工作的实际需要，采取不定期下访和约访以督促重大信访事项的办理化解。市委、市政府全体班子成员按制度定期接待上访群众，共接待群众来访153人次。

1995年，市委、政府主要领导每人每季度接访不少于1天，市委其他成员每人每月接访不少于1天。年内，县级领导共接待来访群众200多人次，解决问题120多件。

1998年，市委、市政府制定下发《关于领导干部接待群众来访和下访工作的意见》。年内，县级领导共接待来访群众102人次，解决矛盾纠纷16件。

2001年，市委、市政府进一步强化服务意识，多为群众解难题、做好事、办实事。年内，县级党政领导共接待来访群众反映问题135件331余人次，结案率100%。

2004年，市委、政府下发《关于开展党政领导干部开门接访、带案下访活动的通知》，采取领导排班方式，实行半月接访、每周接访及定期约访等制度，要求领导带头执行制度、带头了解情况、带头出面协调、带头集中办公、带头过问督办，构建一把手亲自抓、相关领导全力抓、部门领导配合抓的格局。年内，副县级以上领导接访285件537人次，群众来访受理率100%，结案率100%。

2007年，市委、政府下发《关于贯彻落实〈阿克苏市党政领导信访接待日制度〉的实施方案》，建立并落实领导接待日制度。主要采取定期接待、预约接待和现场接待3种形式，以定期接待为主，预约接待和现场接待相结合，每周分别由市委、政府领导轮流接待一次。年内，市委书记、市长共接待群众来访、下访案件42件162人次，副县级领导接待信访案件124件243人次。

2009年，市信访局进一步完善市党政领导接待日实施方案，继续贯彻《关于开展领导大接访活动的通知》精神，建立书记大接访长效机制。始终坚持领导信访接待日制度，每周一分别由市委、政府主要领导接待来访群众。在重大活动期间，阿克苏市每天安排2名市领导全天接待来访群众。市信访局通过领导信访接待日有效地预防和处置群体性事件，解决大量社会矛盾。年内，市委书记、市长共接待群众来访、下访案件63件，副县级领导共接待群众来访、下访案件232件。

2012 年，根据自治区党委办公厅、自治区人民政府办公厅转发《自治区处理信访突出问题及群体性事件联席会议关于深入推进领导干部接待群众来访的意见》的通知要求，阿克苏市开展各级领导大接访、大化解活动，每天安排县级领导和委、办局领导各 1 名在阿克苏市信访局坐班接待来访群众。年内，市委书记、市长接访 37 件 56 人次，副县级领导接访 178 件 494 人次，群众来访受理率 100%，结案率 98.9%。

2013 ~2015 年，阿克苏市委书记、市长每月安排 1 天时间接待群众来访，市委和政府领导班子成员编排定期接待群众来访，副县级领导共接访 519 件 1766 人次，群众来访受理率 100%，结案率 100%。

2016 年，阿克苏市委书记、市长每月安排 1 天时间接待群众来访，市委和政府领导班子成员编排定期接待群众来访。年内，副县级以上领导接访 91 件 107 人次，其中个体访 72 件 107 人次，集体访 19 件 233 人次，书记市长接访 25 件 58 人次，化解 59 件，办结 32 件，群众来访受理率 100%，结案率 100%。

四　市长热线

1999 年 8 月 15 日，阿克苏市市长专线办公室正式成立，8 月 20 日 12 时整（北京时间），市人民政府市长专线电话正式开通，24 小时服务。年末，共受理群众来电 231 件。

2000 ~2010 年，市长专线办公室共接到群众来电 14751 件。

2011 ~2016 年，市长专线办公室共接到群众来电 1096 件，受话热点主要集中在劳动保障、供水供电、冬季供暖、农业农村、文化教育及公路交通等 6 个方面。

## 第十节　督察考评

### 一　机构

2002 年 10 月，阿克苏市目标管理考核委员会办公室成立，隶属市委办公室管理。2006 年从市委办公室析出，行政单位，正科级建制，编制 7 名，其中机关工勤事业编制 1 名，实有 5 人。2016 年 3 月，名称变更为阿克苏市督察考评工作领导小组办公室，核定行政编制 12 名，其中机关工勤事业编制 1 名，实有 9 人。

### 二　督察

2003 ~2011 年，市目标管理考核委员会办公室每年年初制定下发《阿克苏市国民经济和社会发展目标管理办法》和《阿克苏市目标管理重点指标领导责任分解表》，对各项指标内容进行详细的任务分解，并开展不定期的督察，将各项目标任务完成情况在全市范围内予以通报，督促各责任单位按时间进度和要求有序推进责任范围内的各项重点工作。建立健全目标管理考核工作台账，对全市各单位目标考核职责落实情况和职能发挥情况实行动态管理。

2012 ~2015 年，除每年制定考评办法外，加大督察和责任追究力度，重点围绕社会稳定、党的建设等工作进行督察，及时发现工作中存在的不足和缺点，限期进行整改。每年迎接自治区、地区督察组近20次。

2016年，落实地区督办通知14件次，审核印发各类专项督察通知38期，参与开展各类专项督察25次，印发工作督办通知34件（次）。通过跟踪督办、电话核查、现场督办等方式，确保各级决策部署得到贯彻落实。

## 三　考评（考核）

2002～2016年，阿克苏市各乡（镇）场、街道办事处、市直单位根据年终考核成绩确定目标管理等次情况。

**表21－8　2002～2016年阿克苏市目标管理考核情况表**

| 年份 | 考核对象 | 奖次 | 考核结果 |
| --- | --- | --- | --- |
| 2002 | 乡镇(场) | 一等奖 | 喀拉塔勒镇 |
| | | 二等奖 | 依干其乡、托普鲁克乡 |
| | | 三等奖 | 拜什吐格曼乡、良种场、库木巴什乡、托喀依乡、阿依库勒镇 |
| | 街道办事处 | 一等奖 | 英巴扎街道办事处 |
| | | 二等奖 | 红桥街道办事处 |
| | | 三等奖 | 兰干街道办事处、南城街道办事处、新城街道办事处 |
| | 市直单位 | 优秀单位 | 市委办、农业局、组织部、财政局、民政局、发展计划委员会、文体局、宣传部、总工会、地税局、国土资源管理局、公安局 |
| | | 优良单位 | 审计局、爱卫办、经贸委、教育局、农机局、科技局、监察局、老干局、档案局、法院、政协办、工商局、林业局、政法委、政府办、人大办、计生委、建设局 |
| | | 成绩突出单位 | 科协、畜牧局、国税局、广电局、机关工委、统战部(宗教局)、统计局、党校、房产局、交通局、水利局、工商联、史志办、卫生局、编委办、人事劳动和社会保障局、检察院、世行项目办 |
| 2003 | 乡镇(场) | 一等奖 | 依干其乡、喀拉塔勒镇 |
| | | 二等奖 | 良种场、拜什吐格曼乡、库木巴什乡 |
| | | 三等奖 | 托普鲁克乡、阿依库勒镇、托喀依乡 |
| | 街道办事处 | 一等奖 | 兰干街道办事处 |
| | | 二等奖 | 红桥街道办事处、英巴扎街道办事处 |
| | | 三等奖 | 南城街道办事处、新城街道办事处 |
| | 市直单位 | 优秀单位 | 市委办、组织部、宣传部、扶贫办、政府办、纪检委机关、财政局、建设局、民政局、经贸委、计生委、国土资源管理局、农机局、法院、地税局 |
| | | 优良单位 | 政法委、总工会、人大机关、政协机关、农业局、畜牧局、水利局、林业局、统计局、发展计划委员会、招商局、广播电视局、文体局、卫生局、人事劳动和社会保障局、工商局、国税局 |
| | | 成绩突出单位 | 教育局、老干局、机关工委、档案局、检察院、爱卫办、老龄委、残联、史志办、世行办、工商联、房产局、党校、审计局、科技局、妇联、信访局、安监局 |

续表

| 年份 | 考核对象 | 奖次 | 考核结果 |
| --- | --- | --- | --- |
| 2004 | 乡镇(场) | 一等奖 | 喀拉塔勒镇、依干其乡 |
| | | 二等奖 | 拜什吐格曼乡、托普鲁克乡、阿依库勒镇 |
| | | 三等奖 | 良种场、库木巴什乡 |
| | 街道办事处 | 一等奖 | 红桥街道办事处 |
| | | 二等奖 | 兰干街道办事处 |
| | | 三等奖 | 英巴扎街道办事处、南城街道办事处、新城街道办事处 |
| | 市直单位 | 优秀单位 | 市委办、政府办、农业局、农办(扶贫办)、财政局、建设局、经贸委、招商局、宣传部、广播电视局、民政局、组织部、人事劳动和社会保障局、法院、纪检监察机关、统战部 |
| | | 优良单位 | 人大办、政协办、林业局、畜牧局、世行项目办、工商局、地税局、统计局、发展计划委员会、国税局、审计局、国土资源局、计生委、文体局、教育局、卫生局、总工会、老龄委、老干局、编委办、司法局、公安局、检察院 |
| | | 成绩突出单位 | 农机局、水利局、工商联、安监局、交通局、房产局、环保局、质量技术监督局、信访局、政法委、民宗局、残联、机关工委、妇联、团市委、史志办、党校、科技局、爱卫办、档案局、科协 |
| 2005 | 乡镇(场) | 一等奖 | 依干其乡、拜什吐格曼乡 |
| | | 二等奖 | 托普鲁克乡、良种场 |
| | | 三等奖 | 库木巴什乡、阿依库勒镇 |
| | 街道办事处 | 一等奖 | 英巴扎街道办事处 |
| | | 二等奖 | 红桥街道办事处、兰干街道办事处 |
| | | 三等奖 | 南城街道办事处、新城街道办事处 |
| | 市直单位 | 优秀单位 | 市委办、政府办、纪检(监察)机关、组织部、宣传部、政法委、农办(扶贫办)、发展计划委员会、经贸委、财政局、人事劳动和社会保障局、农业局、招商局、旅游局、科协、工商局、地税局 |
| | | 优良单位 | 人大办、政协办、统战部、科技局、民宗局、公安局、检察院、建设局、文体局、审计局、统计局、广电局、林业局、房产局、畜牧局、总工会 |
| | | 成绩突出单位 | 市直机关工委、教育局、民政局、司法局、国土资源局、水利局、卫生局、计划生育委员会、环保局、编委办、爱卫办、国税局、质量技术监督局、史志办、档案局、农机局、交通局、团市委、妇联、工商联、老龄委、残联、老干局、信访局、安全生产监督管理局、党校、粮食局、世行办 |
| 2006 | 乡镇(场) | 一等奖 | 依干其乡、喀拉塔勒镇 |
| | | 二等奖 | 库木巴什乡、良种场 |
| | | 三等奖 | 拜什吐格曼乡、托普鲁克乡、阿依库勒镇 |
| | 街道办事处 | 一等奖 | 英巴扎街道办事处 |
| | | 二等奖 | 红桥街道办事处、兰干街道办事处 |
| | | 三等奖 | 南城街道办事处、新城街道办事处 |
| | 市直单位 | 优秀单位 | 农业局、农办、建设局、招商局、经贸委、计委、地税局、检察院、政法委、市委办、政府办、政协办、宣传部、档案局 |
| | | 优良单位 | 水利局、畜牧局、财政局、房产局、国土局、统计局、国税局、公安局、司法局、组织部、人大办、编委办、计生委、科技局 |
| | | 合格单位 | 农机局、林业局、农业综合开发办、扶贫办、科协、旅游局、粮食局、规划局、审计局、交通局、工商局、质监局、环保局、安监局、民宗局、法院、信访局、纪检(监察)机关、人事局、总工会、机关工委、统战部、团市委、工商联、老干局、老龄委、妇联、史志办、残联、广电局、爱卫办、卫生局、教育局、文体局、民政局 |
| 2007 | 乡镇(场) | 一等奖 | 依干其乡、托普鲁克乡 |
| | | 二等奖 | 库木巴什乡、拜什吐格曼乡 |
| | | 三等奖 | 良种场、喀拉塔勒镇、阿依库勒镇 |

续表

| 年份 | 考核对象 | 奖次 | 考核结果 |
|---|---|---|---|
| 2007 | 街道办事处 | 一等奖 | 英巴扎街道办事处 |
| | | 二等奖 | 红桥街道办事处、兰干街道办事处 |
| | | 三等奖 | 南城街道办事处、新城街道办事处 |
| | 市直单位 | 优秀单位 | 农业局、农机局、财政局、发改委、招商局、统计局、地税局、纪检（监察）机关、法院、市委办、政府办、组织部、宣传部、科技局 |
| | | 优良单位 | 林业局、农办、经贸委、拆迁办、国土局、粮食局、国税局、检察院、信访局、政协办、人事局、人大办、计生委、档案局 |
| | | 合格单位 | 科协、畜牧局、农业综合开发办、水利局、扶贫办、工商局、质监局、交通局、建设局、旅游局、环保局、规划局、审计局、房产局、园区办、安监局、统战部、政法委、公安局、民宗局、司法局、工商联、机关工委、编委办、史志办、总工会、团市委、老干局、老龄委、党校、残联、妇联、广电局、文体局、教育局、卫生局、爱卫办、民政局 |
| 2008 | 乡镇（场） | 一等奖 | 依干其乡、拜什吐格曼乡 |
| | | 二等奖 | 托普鲁克乡、库木巴什乡 |
| | | 三等奖 | 良种场、喀拉塔勒镇 |
| | | 鼓励奖 | 阿依库勒镇 |
| | 街道办事处 | 一等奖 | 英巴扎街道办事处 |
| | | 二等奖 | 兰干街道办事处、新城街道办事处 |
| | | 三等奖 | 红桥街道办事处、南城街道办事处 |
| | 市直单位 | 优秀单位 | 水利局、农业局、财政局、招商局、发改委、拆迁办、地税局、政法委、纪检（监察）机关、市委办（包括目标考核办）、政府办、组织部、宣传部、民政局 |
| | | 优良单位 | 林业局、农办、国税局、规划局、国土局、建设局、房产局、信访局、法院、政协办、人大办、编委办、人事局、计生委、科技局 |
| | | 合格单位 | 农机局、畜牧局、农业综合开发办、扶贫办、统计局、粮食局、旅游局、环保局、交通局、安监局、审计局、工商局、园区办、质监局、公安局、司法局、检察院、民宗局、统战部、工商联、总工会、老干局、机关工委、残联、团市委、党校、史志办、妇联、老龄委、科协、档案局、文体局、广电局、爱卫办、卫生局、教育局 |
| | | 一票否决单位 | 经贸委 |
| 2009 | 乡镇（场） | 一等奖 | 依干其乡、喀拉塔勒镇 |
| | | 二等奖 | 拜什吐格曼乡、良种场 |
| | | 三等奖 | 托普鲁克乡、库木巴什乡、阿依库勒镇 |
| | 街道办事处 | 一等奖 | 兰干街道办事处 |
| | | 二等奖 | 英巴扎街道办事处、红桥街道办事处 |
| | | 三等奖 | 南城街道办事处、新城街道办事处 |
| | 市直单位 | 优秀单位 | 林业局、水利局、政府办、财政局、发改委、统计局、招商局、地税局、人大办、纪检（监察）机关、组织部、市委办（包括目标考核办）、机关工委、政协办、宣传部 |
| | | 优良单位 | 农业局、畜牧兽医局、建设局、规划局、经贸委、国土资源局、审计局、国税局、民宗局、信访局、妇联、编委办、老龄办、科技局、文体局 |
| | | 合格单位 | 农办、农机局、农业综合开发办、扶贫办、交通局、安监局、工业园区办、工商联、房产局、粮食局、旅游局、拆迁办、环保局、工商局、质量技术监督局、政法委、公安局、检察院、法院、统战部、司法局、党校、总工会、人事劳动和社会保障局、老干局、团市委、残联、史志办、教育局、民政局、广电局、科协、人口和计划生育委员会、爱卫办、档案局、卫生局 |

续表

<table>
<tr><th>年份</th><th>考核对象</th><th>奖次</th><th>考核结果</th></tr>
<tr><td rowspan="9">2010</td><td rowspan="3">乡镇(场)</td><td>一等奖</td><td>拜什吐格曼乡、喀拉塔勒镇</td></tr>
<tr><td>二等奖</td><td>托普鲁克乡、库木巴什乡</td></tr>
<tr><td>三等奖</td><td>依干其乡、良种场、阿依库勒镇</td></tr>
<tr><td rowspan="3">街道办事处</td><td>一等奖</td><td>英巴扎街道办事处</td></tr>
<tr><td>二等奖</td><td>兰干街道办事处、红桥街道办事处</td></tr>
<tr><td>三等奖</td><td>南城街道办事处、新城街道办事处</td></tr>
<tr><td rowspan="3">市直单位</td><td>优秀单位</td><td>林业局、水利局、发改委、政府办、财政局、招商局、统计局、工商局、人大办、纪检(监察)机关、市委办(包括目标管理考核办)、组织部、文体局、宣传部、广电局</td></tr>
<tr><td>优良单位</td><td>农业局、农办、房产局、经贸委、粮食局、建设局、国土资源局、地税局、国税局、质量技术监督局、政法委、公安局、人事劳动和社会保障局、编委办、科技局、民政局、政协办</td></tr>
<tr><td>合格单位</td><td>畜牧兽医局、农机局、农业综合开发办、扶贫办、安监局、环保局、旅游局、工业园区办、交通局、审计局、规划局、工商联、拆迁办、统战部、检察院、民宗局、法院、司法局、信访局、机关工委、老干局、党校、总工会、团市委、妇联、老龄办、史志办、人口计生委、档案局、科协、爱卫办、教育局、卫生局、残联</td></tr>
<tr><td rowspan="6">2011</td><td rowspan="3">乡镇(场)<br>街道办事处</td><td>一等奖</td><td>拜什吐格曼乡、喀拉塔勒镇、兰干街道办事处</td></tr>
<tr><td>二等奖</td><td>托普鲁克乡、良种场、英巴扎街道办事处、红桥街道办事处</td></tr>
<tr><td>三等奖</td><td>库木巴什乡、依干其乡、阿依库勒镇、新城街道办事处、南城街道办事处</td></tr>
<tr><td rowspan="3">市直单位</td><td>优秀单位</td><td>市委办公室(考核办)、市人大办公室、市政府办公室、市政协办公室、发改委、招商局、财政局、建设局、地税局、水利局、政法委、公安局、人事劳动和社会保障局、组织部、科技局、文体局</td></tr>
<tr><td>优良单位</td><td>统战部、纪检(监察)机关、交通局、开发区管委会、统计局、经贸委、工商局、林业局、农业局、农办、党校、市直机关工委、宣传部、民政局</td></tr>
<tr><td>合格单位</td><td>其余单位为合格单位</td></tr>
<tr><td rowspan="8">2012</td><td rowspan="4">乡镇(场)<br>街道办事处</td><td>一等奖</td><td>喀拉塔勒镇、拜什吐格曼乡、新城街道办事处</td></tr>
<tr><td>二等奖</td><td>库木巴什乡、阿依库勒镇、英巴扎街道办事处、兰干街道办事处</td></tr>
<tr><td>三等奖</td><td>良种场、托普鲁克乡、红桥街道办事处、柯柯牙街道办事处</td></tr>
<tr><td>末位处理单位</td><td>依干其乡、南城街道</td></tr>
<tr><td rowspan="4">市直单位</td><td>优秀单位</td><td>市委办公室(考评办、保密局、机要局)、市人大办公室、市政府办公室(法制办、驻乌办、机关事务管理中心、扶贫办)、市政协办公室、纪检(监察)机关、组织部(老干局)、群工部(信访局)、宣传部、政法委、发改委、招商局、经信委、交通局、工商局、农业局、畜牧兽医局、人事劳动和社会保障局、民政局</td></tr>
<tr><td>优良单位</td><td>农办、统战部、机关工委、住建局、国土局、统计局、审计局、地税局、林业局、检察院、科协、科技局、教育局</td></tr>
<tr><td>末位处理单位</td><td>财政局、行政执法局、文广局</td></tr>
<tr><td>合格单位</td><td>其余单位为合格单位</td></tr>
</table>

续表

| 年份 | 考核对象 | 奖次 | 考核结果 |
| --- | --- | --- | --- |
| 2013 | 乡镇(场)街道办事处 | 一等奖 | 拜什吐格曼乡、喀拉塔勒镇、英巴扎街道办事处、兰干街道办事处 |
| | | 二等奖 | 依干其乡、托普鲁克乡、良种场、库木巴什乡、新城街道办事处、红桥街道办事处、南城街道办事处 |
| | | 三等奖 | 阿依库勒镇、柯柯牙街道办事处 |
| | 市直单位 | 优秀单位 | 市委办公室(考评办、保密局、机要局)、人大办公室、政府办公室(行政服务中心、法制办、驻乌办、扶贫办)、政协办公室、机关事务管理办公室(后勤服务中心)、招商局、发改委、经信委、规划局、开发区管委会、住建局、安居富民办、水利局、农办、政法委、公安局、组织部(老干局、人才办)、人社局、纪检(监察)机关、总工会、科技局、药监局、卫生局、质监局、工商局、地税局、国税局、气象局 |
| | | 良好单位 | 审计局、统计局、商务局、财政局、安监局、国土局、交通运输局、环保局、旅游局、执法局、工商联、拆迁办、公共资源交易中心、农业局、畜牧局、农业综合开发办、农机局、林业局、供销社、检察院、民宗委、群工部(信访局)、统战部、司法局、科协、档案局、编委办、机关工委、老龄委、党校、史志办、妇联、团市委、宣传部、文广局、爱卫办、教育局、民政局、计生委、残联 |
| | | 合格单位 | 法院 |
| 2014 | 乡镇(场)街道办事处 | 一等奖 | 喀拉塔勒镇、依干其乡、英巴扎街道办事处、兰干街道办事处 |
| | | 二等奖 | 拜什吐格曼乡、托普鲁克乡、阿依库勒镇、新城街道办事处、柯柯牙街道办事处 |
| | | 三等奖 | 良种场、库木巴什乡、南城街道办事处、红桥街道办事处 |
| | 市直单位 | 优秀单位 | 市委办公室(考评办、保密局、机要局)、政府办公室(行政服务中心、法制办、驻乌办、扶贫办、外侨办、电子政务办、应急办)、人大办公室、政协办公室、机关事务管理办公室、畜牧兽医局、林业局、农办、发改委、经济技术开发区、财政局、经信委、招商局、交通运输局、商务局、公安局、政法委、组织部(老干局、人才办、基层办)、人社局、纪检委(监察局)、机关工委、宣传部、教育局、工商局、质监局、国税局、地税局 |
| | | 良好单位 | 农业局、气象局、供销社、安居富民办、公共资源交易中心、国土资源局、统计局、安监局、审计局、规划局、执法局、工商联、旅游局、检察院、法院、民宗委、群工部(信访局)、统战部、档案局、编办、老龄委、科协、总工会、团市委、党校、史志办、文广局、人口计生委、爱卫办、食品药品监督管理局、科技局、民政局、卫生局 |
| | | 合格单位 | 农机局、环保局、拆迁办、妇联、残联、住建局、水利局、司法局、农业综合开发办 |
| 2015 | 乡镇(场) | 一等奖 | 喀拉塔勒镇、阿依库勒镇 |
| | | 二等奖 | 拜什吐格曼乡、托普鲁克乡、良种场 |
| | | 三等奖 | 库木巴什乡、依干其乡 |
| | 街道办事处 | 一等奖 | 兰干街道、英巴扎街道 |
| | | 二等奖 | 柯柯牙街道、新城街道、多浪街道 |
| | | 三等奖 | 红桥街道、南城街道 |
| | 市直单位 | 优秀单位 | 纪检委(监察局)、市委办公室(考评办、保密局、机要局、深化改革办、信息化管理办)、人大办公室、政府办公室(法制办、驻乌办、行政服务中心、扶贫办、电子政务办、应急办)、政协办公室、机关事务管理办公室(后勤服务中心)、组织部(老干局、人才办、基层办)、宣传部、政法委、机关工委、编委办、农办、检察院、法院、公安局、经信委、发改委、财政局、商务局、招商局、审计局、畜牧兽医局、农机局、人社局、爱卫办、气象局、国税局、地税局、工商局、质监局 |
| | | 良好单位 | 安居富民办、水利局、农业局、林业局、供销社、统计局、交通运输局、安监局、工商联、公共资源交易中心、国土资源局、环保局、经济技术开发区、旅游局、住建局、执法局、统战部、群工部(信访局)、总工会、妇联、科协、档案局、团市委、党校、老龄办、卫生局、食品药品监督管理局、人口计生委、科技局、残联(红十字会) |
| | | 合格单位 | 农业综合开发办、司法局、民宗委、史志办、教育局、规划局、拆迁办、文广局、民政局 |

续表

| 年份 | 考核对象 | 奖次 | 考核结果 |
|---|---|---|---|
| 2016 | 乡镇(场) | 一等奖 | 依干其乡、喀拉塔勒镇 |
| | | 二等奖 | 库木巴什乡 |
| | | 三等奖 | 拜什吐格曼乡、阿依库勒镇、托普鲁克乡 |
| | 片区管委会、街道办事处 | 一等奖 | 红旗坡片区管委会、红桥街道 |
| | | 二等奖 | 英巴扎街道、南城街道、多浪片区管委会 |
| | | 三等奖 | 兰干街道、新城街道 |
| | 市直单位 | 优秀单位 | 纪检委(监察局)、市委办(督查考评办、保密局、机要局、深化改革办、信息化管理办)、政府办(法制办、行政服务中心、扶贫办、电子政务办、应急办)、组织部(老干局、人才办、基层办)、政法委、宣传部(文明办、外宣办、网信办、大宣教中心、社科联)、公安局、检察院、编委办、财政局、环保局、招商局、住建局(安居富民办)、行政执法局、经信委、国税局、林业局、畜牧局、机关事务管理办(后勤服务中心)、文广局、人社局 |
| | | 良好单位 | 发改委、质监局、交通运输局、公共资源交易中心、审计局、统计局、开发区管委会、工商联、商务局、安监局、农办、农机局、供销社、农业综合开发办、统战部、法院、民宗委、群工部(信访局)、档案局、机关工委、总工会、团市委、妇联、科协、党校、卫计委、爱卫办、民政局、科技局 |
| | | 合格单位 | 人大办、政协办、工商局、拆迁办、地税局、规划局、农业局、气象局、老龄办、史志办、教育局、残联(红十字会) |
| | | 不合格单位 | 国土资源局、旅游局、水利局、司法局、食药监局 |

## 第十一节　农村工作

### 一　机构

1990 年，阿克苏市委经济工作部主管全市经济发展工作，核定编制 14 名，实有 9 人。

1998 年，市委经济工作部更名为农村工作办公室，隶属市委职能部门，主管农业农村工作。将经济工作部的企业政工人员职称评定工作职能移交市经贸委。

2002 年，自治区、阿克苏地委农村工作办公室撤销，阿克苏市农村工作办公室也随之撤销，组建成立阿克苏市扶贫开发领导小组办公室，农村工作办公室业务、人员整体划转到阿克苏市扶贫开发领导小组办公室，同时承担扶贫开发职能，隶属市政府职能部门。核定编制 8 名，其中行政编制 4 名，事业编制 4 名。

2004 年，阿克苏市正式开展农业产业化工作，机构设置在市委农办。

2005 年，阿克苏市农村工作办公室恢复，与阿克苏市扶贫开发领导小组办公室实行一套班子、两块牌子，隶属市委职能部门。核定编制 8 名，其中行政编制 4 名，事业编制 4 名，实有 4 人。

2007 年，阿克苏市扶贫开发领导小组办公室析出，把市农村工作办公室 3 个事业编制划转到市扶贫开发领导小组办公室，增加 2 名事业编制，市扶贫开发领导小组办公室事业编制为 5 名。阿克苏市农村工作领导小组办公室隶属关系不变，编制缩减为 6 名，其中行政编制 4 名，事业编制2名。

2009年4月，把由市农村工作办公室承担的农业产业化管理职能及由市经贸委承担的乡镇企业管理职能及两部门承担的农产品加工管理职能一并划归阿克苏市农业局管理。8月，成立阿克苏市农业产业化领导小组，领导小组下设办公室，办公室设在市委农村工作办公室，农业产业化领导小组实际工作职能由市农业局承担，管理职能由市农办履行。

2014年12月，农业产业化管理职能从市委农村工作办公室析出，管理职能由阿克苏市农业局承担。

2016年12月，市扶贫办与政府办脱钩，扶贫办职责任务整体划入农村工作办公室，实行“一套班子、两块牌子”，隶属市委职能部门。市政府不再保留扶贫办机构设置及职能。农村工作办公室内设机构按照整合归并的原则进行重新设置。核定编制8名，其中行政编制4名，事业编制4名，实有6人。

## 二 农业发展战略研究

### （一）棉花发展战略

1990年，市委经济工作部政策研究主要侧重于粮食种植，对其他农作物经济发展研究较少。

1993年，市委正式确立“一白（棉花）”战略，提出到1999年，阿克苏市棉花种植面积由1993年的0.33万公顷增加到1999年的2万公顷，每公顷单产由1993年的900~1050千克上升到1999年的1350千克。

2000年，制定主攻单产、提高产量、降低成本、提高效益的方针，大力推广良种繁育，“早、密、矮”加“地膜”的棉花栽培技术全面推广，棉花面积达到2.07万公顷，单产达到每公顷1395千克，获“中国长绒棉之乡”美誉。

2006年，市委、市政府初步提出建设西部纺织名城的发展战略，规划建设阿克苏轻纺工业园区。当年，阿克苏市种植棉花2.54万公顷，棉花总产达到85万担。棉纺工业快速发展，以巨鹰棉业、华孚棉业、同旺纺织和益盛纺织为代表的棉纺织企业的总生产能力达到24.2万锭，初步形成一定的轻纺产业链，轻纺工业的发展已初具规模。

2009年，自治区党委、人民政府确定在阿克苏市规划建设总规模1000万锭的新疆纺织工业城。当年，阿克苏轻纺及农副产品加工园区累计入驻企业62家，2009年实现产值8.04亿元，就业总人数4000余人，其中纺织产业累计入驻企业5家，总规模22万纱锭（精梳6.6万锭），实现产值2.4亿元，具备承载东部沿海地区纺织产业转移和建设纺织工业城的条件。

2010年10月，自治区人民政府批准设立新疆阿克苏纺织工业城（开发区），将纺织工业区由阿克苏工业园南园区划入新疆阿克苏纺织工业城（开发区）。

2016年，阿克苏市棉花面积达4.25万公顷，单产达到每公顷1747.5千克，占农民总收入的61%。棉花产业成为农民收入的重要来源。

### （二）林果业发展战略

2001年，为进一步拓宽农民增收渠道，市委农办经过密集调研，向市委、政府提出大力发展林果业发展战略，突出发展一乡一品（依干其乡、良种场突出发展红富士苹果，拜什吐格曼乡、喀拉塔勒镇突出发展香梨，托普鲁克乡突出发展石榴，库木巴什乡突出发展核桃，阿依库勒镇突出发展红枣）的决策。

2005 年，地区提出大力发展以红枣、核桃为主的林果业大发展战略，转而大力发展红枣、核桃种植，但阿克苏市结合实际，适当发展“一乡一品”，依干其乡、拜什吐格曼乡、喀拉塔勒镇、库木巴什乡发展势头较好，形成中国红富士苹果之乡、中国核桃之乡等美誉。

2011 年，阿克苏市进一步加大果品规范化生产标准和产品质量标准建设力度，先后注册的阿克苏红枣、阿克苏核桃、阿克苏苹果等品牌获得新疆著名商标称号。

2016 年，阿克苏市林果面积发展到 4.61 万公顷，其中红枣 1.78 万公顷、核桃 1.61 万公顷，占全市果品总面积的 73%，已达到农村人均果园面积 0.35 公顷，占农民总收入的 50.5%，良好的经济效益促进农民收入持续增加。

（三）农业产业化发展战略

1997 年，市委经济工作部开展农业产业化的政策研究，从农业产业化的概念、范围等进行深入的研讨，形成农业产业化“公司 + 农户”“市场 + 农户”、基地带农户的产业化思想。

2003 年，市委农办根据市场发展，再次提出并强化农村工业化思维，农村引进多家棉花、粮油加工企业，果品储藏保鲜运销企业，实现农产品生产的升级换代，农业产业化为农民带来实惠。

## 三　农业政策性保险

2010 年，市委农村工作领导小组办公室联合阿克苏地区人保财险公司，下发《关于转发〈关于做好 2010 年政策性保险工作的通知〉的通知》，正式启动农业政策性保险工作，从林果政策性保险逐步扩展到林果业保险、种植业保险、养殖业保险等，将棉花、林果、奶牛保险纳入政策性保险的范围，实行应保尽保。农业政策性保险金 8% 来源于自治区、地区财政拨款，20% 资金来源于个人自筹。

**表 21 -9　2010 ~2016 年阿克苏市农业政策性保险理赔情况表**

单位：万元

| 年份 | 理赔种类 | 理赔金额 | 合计 |
|---|---|---|---|
| 2010 | 林果业 | 1262.06 | 1735.98 |
| | 种植业 | 473.92 | |
| 2011 | 林果业 | 551.96 | 1013.14 |
| | 种植业 | 461.18 | |
| 2012 | 林果业 | 609.62 | 732.58 |
| | 种植业 | 36.45 | |
| | 养殖业 | 86.51 | |
| 2013 | 林果业 | 1011.68 | 3012.55 |
| | 种植业 | 884.9 | |
| | 养殖业 | 1115.97 | |

续表

| 年份 | 理赔种类 | 理赔金额 | 合计 |
|---|---|---|---|
| 2014 | 林果业 | 908.65 | 1436.01 |
| | 种植业 | 527.36 | |
| 2015 | 林果业 | 1223.72 | 3197.64 |
| | 种植业 | 1644.79 | |
| | 养殖业 | 329.13 | |
| 2016 | 林果业 | 1130.92 | 3724.5 |
| | 种植业 | 2098.07 | |
| | 养殖业 | 495.51 | |

## 四　农口综合协调工作

从 1998 年开始，市委农村工作领导小组办公室每年牵头开展农口单位及乡镇场的目标管理考核工作，下达农业生产各项指标及生产任务，对任务完成情况进行督促检查，协助市领导确定农口系统目标考核评奖等次。

2000 年后，阿克苏市每年开展棉花高产攻关年、林果业管理增效年、高效节水管理增效年等活动，市委农办组织农口系统相关单位完成以上重大农业生产任务。

自 2006 年起，阿克苏市每年按照农业生产节点要求，开展季度督察、专项督察、农业农村专项工作汇总等。

## 五　新农村建设

2006 年 7 月，阿克苏市开展新农村建设工作，制定《阿克苏市社会主义新农村建设标准》《阿克苏市社会主义新农村建设试点工作实施意见》《阿克苏市社会主义新农村建设规划工作机制实施方案》《关于阿克苏市推进社会主义新农村建设整合优化涉农项目资金的实施意见》等文件，启动村庄规划工作，正式开展新农村建设试点工作，启动首批示范点 11 个。

2009 年，市委农村工作领导小组办公室有序推进新农村建设、村庄整治、庭院改造等新农村建设工作，着力改善村容村貌。提升和完善新农村建设示范村 26 个，启动建设新农村示范村 14 个，村庄整治 100 个，基本符合庭院“三区”分离、环境整洁，利用庭院土地种植林果、园艺作物和发展养殖三项改造要求的合格农户 15558 户，完成家用沼气建设 2400 户，完成养殖小区沼气工程 1 座、联户沼气工程 1 座，并投入使用。

2012 年，将新农村建设的两个重点指标：庭院经济“五个一”（一群羊，一群鸡，一架葡萄，一片高产瓜菜园，一亩庭院果园）发展年收入达 1000 元以上 2450 户列入全市目标考核指标体系中，实施常态化管理。全年主要开展以“一池三改”和庭院“六改”为主要内容的新农村建设。

2014 年，市委农村工作领导小组办公室按照统一规划、合理布局、设施配套、安全适用的原则，高起点、高标准、高效益建设安居富民示范点 32 个，新建安居富民房 6941 户，完成庭院改造

6941户，农村改厕400户，大力发展庭院经济，实施安居增畜工程，实现庭院经济户均1000元以上农户6000户，发展太阳能、沼气等新能源农户2458户，倡导健康文明生活新风尚，改善农民居住环境，提高农牧民生活水平。

2016年，新建抗震安居房2000户，宣告安居富民工程建设基本结束。全年新农村建设工作主要以巩固提高、提升品质为主，继续做好三区分离、庭院改造，提升农民庭院经济效益水平。

# 第六章　主题教育实践活动

## 第一节　社会主义教育活动

### 一　第一期活动

1990年10月上旬，阿克苏市制定社会主义教育活动的方案。举办2期副区级以上干部脱产学习班，227名干部参加。确定每周三、周五为学习日，强化社会主义教育学习。确定拜什吐格曼乡尤卡克格西木艾日克村为社会主义教育试点，之后在农村掀起社会主义教育热潮。

### 二　第二期活动

1991年10月至1992年3月，阿克苏市开展第二期社会主义教育活动。举办2期副科级以上领导干部社会主义理论学习班，开展反对民族分裂活动。巡回宣传播放社会主义教育内容，共播放40场，收听人数5500余人，营造爱祖国、爱家乡、爱社会主义的浓厚氛围。

### 三　第三期活动

1992年11月至1993年3月，阿克苏市开展第三期社会主义教育活动，成立农村社会主义教育工作办公室，以学习贯彻党的十四大精神，爱党、爱社会主义教育为主要学习内容，加强农村基层组织的整顿和配套建设，强化党支部的核心作用，做到社教、选举、生产三不误，圆满地完成社会主义教育工作任务。

## 第二节　反对民族分裂主义宣传教育活动

1994年，阿克苏市委把反对民族分裂主义主题宣传教育活动作为干部群众思想教育重点，与市直106个单位（部门）、7乡1场签订反分裂宣传教育责任书。于10月上旬与有关部门联合举办三期副科级以上领导干部及离退休干部反分裂宣传教育学习班，培训骨干 370 人。征订、印发反分裂宣传材料 7336 册（份），出动宣传车在市区进行广泛宣传，举办反分裂宣传教育知识电视竞赛 1 次，收到良好的社会效益。

## 第三节　“三讲”教育活动

### 一　总体部署

2000 年 5 月 15 日，阿克苏市委召开常委扩大会议，研究部署市委、人大、政府、政协四大班子和领导干部的“三讲”教育工作，制定《阿克苏市四大班子领导干部“三讲”教育实施方案》，成立市委书记任组长，3 名副书记、2 名副市长任副组长的“三讲”教育领导小组，设立办事机构，决定从 5 月 16 日起，分四个阶段开展“三讲”教育工作，即思想发动，学习提高阶段；自我剖析，听取意见阶段；交流思想、开展批评与自我批评阶段；认真整改，巩固成果阶段。

### 二　主要内容

全市 34 名县级领导干部采取分散自学、集中学习、座谈讨论等多种形式，有计划、有步骤地学习中央规定的“三讲”学习篇目，对照学风、政治立场和政治鉴别力、清正廉洁、工作作风、组织纪律等方面的问题进行深刻剖析。市“三讲”教育活动领导小组办公室广泛向全市各族干部群众征求意见，梳理出群众对领导干部的意见 1282 条、建议 2057 条，对四大班子的意见 530 条、建议 512 条。每个成员认真撰写剖析材料。6 月 8 日，市委召开民主评议动员大会，向干部群众发放 182 份《民主评议表》和班子及领导干部个人剖析材料，回收《民主评议表》171 份，整理出对四大班子的意见和建议 126 条，对领导干部的意见和建议 229 条，剖析材料也得到绝大多数干部群众的认可。6 月 27 ~ 28 日，四大班子全体成员进行两天的封闭学习和谈心活动。6 月 29 ~ 30 日，分别召开四大班子民主生活会，围绕剖析检查和群众评议中反映出来的突出问题，开展批评和自我批评，对存在的问题进一步进行检查和反思。7 月 1 日召开干部大会，通报四大班子民主生活会的情况。各班子及成员根据反映出来的突出问题，相继制定整改方案和措施，印发各单位，接受广大干部群众的监督，确保整改到位。2000 年 7 月 11 日，市委历时 2 个月的“三讲”教育活动结束。

### 三　目标和成效

通过“三讲”教育，提升全市党政领导班子和领导干部学习党的理论和方针、政策的热情，提高政治素质，增强政治敏锐性和政治鉴别力，一些突出问题得到整改，学风、工作作风、组织纪律等方面有明显改进。

## 第四节 “三个代表”重要思想学习教育活动

### 一 总体部署

2001 年 1 月，阿克苏市委根据党中央的部署和要求，开展“三个代表”重要思想学习教育活动，成立以市委书记岳秀诚任组长的“三个代表”重要思想学习教育活动领导小组，召开“三个代表”重要思想教育活动动员大会和四套班子领导会议，全面系统地对落实学教活动做安排。全市 8 个乡镇场、5 个街道办事处、86 个市直单位、106 个站所、115 所学校、130 个行政村、50 个社区共 5 个层次的 500 个各级班子、8367 名城乡干部参加“三个代表”重要思想学习教育活动。

### 二 主要内容

学教活动分学习培训、对照检查、整改提高、检查验收四个阶段。为保证学习教育活动的效果，市委抽调 510 名干部，其中副县级以上干部 12 名、副科级以上干部 136 名，作为巡视、督察、指导人员，解决工作用车 12 辆，财政拨活动专款 60 余万元。市学习教育活动领导小组办公室下发《“三个代表”重要思想学习教育读本》《新疆农村基层干部读本》等 36110 册，将 12 篇必读篇目编成册印发 1000 余册。913 名副科级以上干部和 260 名村支部书记参加市委党校举办的专题培训班。市委组织宣讲团，在城区各单位和农村巡回宣讲，受教育群众 2 万余人。各级党组织、各部门通过学习，开展查找问题活动，8 个乡（镇）场收集领导班子及成员意见 2352 条、建议 1970 条，对村“两委”班子征求意见 2352 条、建议 3886 条。市直各系统、部门征求意见 1650 条、建议 3439 条。对征求的意见和建议，原汁原味地反馈给班子和个人，要求每名领导干部按照建议和意见认真撰写对照检查材料，制定整改措施，并向群众公示，开展民主测评活动，对群众不满意的，责令重新检查，重新制定整改措施。

### 三 目标和成效

通过“三个代表”重要思想教育活动，全市党员干部经受一次思想上的洗礼，学习自觉性提高，工作作风明显好转。查处 648 名干部及其家属侵占 819 公顷土地的问题，收回村干部拖欠集体款 627 万元。

## 第五节 保持共产党员先进性教育活动

### 一 总体部署

2005 年 2 月 1 日，市委按照党中央、自治区党委、地委决定，开展保持共产党员先进性学习教育活动。市委召开动员大会，对活动进行全面安排，成立以市委书记任组长的保持共产党员先进性学习教育活动领导小组。

## 二　主要内容

活动分三批进行，第一批先进性教育活动时间为2005 年1 月至6 月，活动对象是党政机关、人大、政协、法院、检察院等市直单位和各事业单位（不包括学校）、群团组织、企业。第二批先进性教育活动时间为 2005 年 6 ~ 12 月，活动对象是街道社区、社会团体和社会中介组织、中小学校、乡镇机关等。第三批先进性教育活动时间为 2006 年 1 月至 6 月，活动对象是村、党组织关系在乡（镇）村的企事业单位和农村中小学校。全市参加先进性教育活动的党组织共计 470 个、党员 9906 名，各批次的活动均按学习动员、分析评议、整改提高三个阶段运行。

活动中，下发简报 423 期，悬挂宣传横幅 359 条，制作宣传板报 289 块，张贴标语 3200 多条，在分析评议阶段，共梳理意见、建议 1370 条。每名党员干部都撰写党性分析材料，各党组织都召开民主生活会，开展批评与自我批评。在整改提高阶段，召开专题座谈会，广泛征求意见，制定整改措施，发放意见表 37658 份，收回 36985 份，基于群众意见和建议的整改率达 96. 3% 。

## 三　目标和成效

通过开展保持共产党员先进性教育的活动，加强党组织和党员队伍建设，党支部凝聚力增强，党员干部运用“三个代表”重要思想的立场、观点和方法分析问题、解决问题的能力得到提高。

# 第六节　学习实践科学发展观活动

## 一　总体部署

2009 年 3 月 11 日，阿克苏市委开展深入学习科学发展观活动。按照活动方案，学习实践科学发展观活动自上而下分两批进行，每批约半年时间。第一批的参学对象是市直各党政机关和群团组织，参学党员 3919 人，从 3 月开始，8 月结束。第二批的参学对象是各乡（镇）场和街道办事处（包括社区）、学校等，参学党员 8049 人，从 9 月开始，次年 2 月结束。每一批活动都分为学习调研、分析检查、整改落实 3 个阶段。把市良种场、兰干街道办事处等 5 个单位作为学习实践活动试点，以点带面，促进学习活动开展。市委班子围绕“党员受教育、科学发展上水平、长治久安固根基、人民群众得实惠”的总体要求，在广泛征求意见和召开民主生活会的基础上，形成《阿克苏市委班子落实科学发展观分析检查报告》，制定《阿克苏市委班子学习实践科学发展观活动整改落实方案》，集中解决一批热点难点民生问题，并对中后期落实可持续发展整改项目做出计划。

## 二　主要内容

活动中，共确定调研课题 97 个，现场解决疑难问题 28 个，503 名科级以上领导干部进乡村、社区、企业等开展调研活动，开展不同层次座谈会 180 场。同时开展千名干部进万家问需于民活动，利用 5 天时间组织 400 余人深入社区居民家听取居民的诉求和意见，经过梳理，汇总出 3 大类

9 个方面居民期盼解决的问题，市委认真研究、制定解决的措施。在整改落实抓机制中，全市共列出整改任务 2510 项，当年完成整改 1881 项，废止不符合科学发展观要求的规章制度 482 项，完善制度 489 项，新建制度 414 项。

### 三 目标和成效

通过学习实践科学发展观活动，广大党员干部实现“八个明显提高”，即理论素养明显提高，思想认识明显提高，工作质量明显提高，辨别是非能力明显提高，解决问题的能力明显提高，科学决策的水平明显提高，服务群众的意识明显提高，维护稳定的能力明显提高。

## 第七节 创先争优活动

### 一 总体部署

2010 年 6 月 9 日，阿克苏市委印发《关于在全市党的基层组织和党员中深入开展创先争优活动的实施意见》，决定在全市基层党组织和全体党员中开展以创建“五个好”（领导班子好、党员队伍好、工作机制好、工作业绩好、群众反映好）先进基层党组织、争做“五带头”（带头学习提高素质、带头维护团结稳定、带头争创一流佳绩、带头服务基层群众、带头遵守党纪国法）优秀共产党员为主要内容的创先争优活动。

### 二 主要内容

活动总体安排两年半时间，分宣传动员学习、制定实施方案阶段；查摆存在问题，确定具体目标；紧紧围绕主题，丰富活动内容；深入整改落实，巩固扩大成果；搞好总结完善，构建长效机制五个阶段进行。活动针对农村、街道社区、国有企业、党政机关、城镇中小学校、非公有制经济组织和新社会组织、医疗卫生、科研文化等事业单位党组织的特点和实际情况，确定不同的活动主题和重点，提出不同的活动要求。成立创先争优活动领导小组，下设办公室，督察指导各部门、单位的活动，制定各阶段的活动计划，编发信息简报等。

### 三 目标和成效

通过开展创先争优活动，在全市掀起人人“学习先进、争当先进”的良好氛围。在建党 90 周年庆祝大会上，35 个先进基层党组织、109 名优秀共产党员、42 名优秀党务工作者受到表彰。

## 第八节 热爱伟大祖国、建设美好家园活动

2010 年 6 月，阿克苏市开展“热爱伟大祖国、建设美好家园”主题教育活动，到 2012 年 10 月基本结束，历时两年半，分三个阶段进行。

## 一　第一阶段活动

成立阿克苏市热爱伟大祖国建设美好家园领导小组，下设办公室，办公室分综合组、秘书组、宣传组和指导督察组 4 个工作组。制定出台《阿克苏市开展“热爱伟大祖国、建设美好家园”主题教育活动实施方案》，明确主题教育活动的内容、目标和方法步骤。阿克苏市将主题教育活动覆盖机关、学校、乡村和社区，深入各行各业、千家万户。广泛收集反映阿克苏市历经沧桑与辉煌巨变的文字材料和图片资料，筹划编印 3 本书、1 部专题片。编印《阿克苏市“热爱伟大祖国、建设美好家园”知识问答》、民族团结图书《阿克苏您好》。制作《民族团结教育系列专题片》，在市电视台播放。全市各单位分类建立学教人员花名册，确定学习对象，确保参学人员全覆盖。开展百人宣讲团活动，从各乡（镇）场、街道办事处、中小学选派 30 人参加自治区、地区的培训。在市委党校分 6 期对 395 名宣讲骨干和各单位负责主题教育的工作人员进行专题培训，年内举办专题培训班 6 期，开展大讨论 198 场，开展专题宣讲 2464 场，受教育群众达 18 万人次。把主题教育活动纳入中小学生思想道德建设。邀请中央电视台七套《乡村大世界》栏目录制一期特别节目，向外界宣传阿克苏市、推介阿克苏市，提升阿克苏市的知名度和影响力。在多浪河水韵广场组织一次摄影展，用 300 余幅照片从不同角度展现阿克苏市今昔的巨大变化。各参学单位悬挂横幅、标语 12560 条，刷制永久性横幅 336 条，制作宣传栏 286 块、学习园地 332 个、板报 523 块；全市广播喇叭和电视累计播出时间为 6800 余小时，宣传覆盖率在 99% 以上。

## 二　第二阶段活动

第二阶段各单位将离退休干部、在职干部、辖区群众全部纳入参学人员对象。在 1400 余辆出租车上制作滚动主题教育宣传标语，在 300 余辆公交车上张贴主题宣传标语；在全市悬挂横幅、竖幅 2200 余条；制作主题教育电子滚动显示屏标语 330 余条、学习展板 400 多块、专题版面 1500 余块、主题黑板报展板 5200 余块。结合“百日文化广场”文艺表演节目，穿插主题教育活动有奖知识问答，调动广大干部群众参与主题教育活动的积极性。举办“百日文化广场”活动 85 场，受教育群众 22 余万人。开辟“热爱伟大祖国建设美好家园”主题教育活动电视专栏 170 余期。运用阿克苏市党建网站、《党建文萃》等宣传载体，及时报道各单位主题教育活动的进展情况，总结、交流、推广各单位好的经验和做法。利用校园广播、校报、校园学习园地、主题教育班会等形式宣传教育，增强广大师生对伟大祖国、中华民族、中华文化和中国特色社会主义道路的认同。

## 三　第三阶段活动

第三阶段提出并下发 2012 年阿克苏市开展“热爱伟大祖国建设美好家园”主题教育活动第三阶段实施意见、细化操作表和新疆“三史”集中学习的通知，指导全市的主题教育活动。在电视台新闻开设专栏，宣传党的十七大以来尤其是中央新疆工作座谈会以来，阿克苏市经济建设、政治建设、文化建设、社会建设和党的建设取得的巨大成就和历史性变化，宣传各级党委、政府实施惠民工程和为各族群众办的实事好事。组织开展民族团结主题教育影视展播活动。5月，播放《元帅的童年》《建国大业》等10部反映民族团结、爱国主义的优秀影片280场。在电视台播出优秀电影《阿克苏的馕》《塔里木河的呼唤》《马背电影队》《拾花妹》等弘扬爱国主义精神的优秀影视片。组织开展阿克苏市第十一届“百日广场文化活动”，组织群众性文艺演出150场，观众达8.5万人次。市图书馆收集民族团结及新疆“三史”方面的图书50余册摆放在图书馆，提供给读者阅览。市电视台举办“民族团结典型”人物事迹展播、“民族团结之星”评选、先进典型人物学习宣传活动。在《阿克苏市新闻》《晚间5分钟》中播出相关稿件80条次（首播、重播）。制作一批以民族团结宣传教育为主题的标语口号、公益广告词、广告语，在新闻节目、板块节目前后播出160条次，营造浓厚的社会舆论氛围。开展“万村千乡文化产品惠民行动”，发放新疆《三史》193盒、《西域遗珍》790盒、《简明读本》7085本、《资料汇编》7085本、《示范百例》维吾尔文与汉文130本、《双语教育光碟》196套、《优秀电视剧》（维吾尔语380盒、汉语140盒）。对开展“热爱伟大祖国、建设美好家园”主题活动中涌现出的14个先进集体和30名先进个人进行表彰。

## 第九节　转变作风服务群众活动

### 一　总体部署

2012年2月25日，阿克苏市委召开干部赴基层转变作风服务群众化解矛盾活动动员大会。将整个活动分五个阶段，即统一思想、宣传动员部署阶段（2月15日至2月底）；体察民情、摸排梳理阶段（3月1日至4月30日）；转变作风、狠抓落实阶段（5月1日至8月30日）；建章立制、巩固提高阶段（9月1日至10月中旬）；总结验收、表彰奖励阶段（10月中旬至11月中旬）。全市选派127名优秀干部与自治区、地区选派的工作队员混编成20个工作组，到14个村和6个社区开展干部赴基层转变作风服务群众化解矛盾活动。各乡镇场、街道选派589名干部驻村和社区。各个工作组进驻村和社区后，入户走访，面对面开展党的政策宣传教育，受教育范围全覆盖。全市组成宣讲小组224个，宣讲1020场，开展文化活动117场、科技知识培训567场，放映红色电影132场，受教育群众58.5万人次。发挥农村“四老人员”、爱国宗教人士、党员致富能手、十户长的作用，用身边的人和事深入开展民族团结、“四个认同”、爱国感恩、礼俗民情等教育，引导群众认清“三股势力”的反动本质和“三非”社会危害。市、乡、村（社区）三级和各工作组共走访群众12万户，办理实事好事1.5万余件，化解矛盾纠纷1000余件，群众来信来访较上年下降12%。

### 二　主要内容

各工作组结合基层组织建设年活动，全力推进基层党组织晋位升级，439个基层党组织全面晋位升级，基层基础工作得到巩固。投入100万元，率先在全疆建成2个农村群众丧葬服务中心，引领群众婚丧活动新风尚。全面落实农村“四老人员”的待遇，解决农村党员和“四老人员”后顾之忧。

结合民生服务周、扶贫周等活动，强化领导挂点、部门包村、干部帮户工作，开展送政策、送温暖、送理念、送服务、送法制、送医疗活动，每个党组织联系1个以上村（社区），每名干部职工联系1～2户群众、至少解决1～2个实际困难，每名群众家中都有民情联系卡，让干部在一线得到锻炼和教育，从而转变作风。全力推进民生工程建设，涉及群众利益的交通、住房、教育、就业、社保等条件明显改善。选派377名未就业学生赴援疆省份进行上岗学习培训。扩大城乡医疗救助范围，将救助上限从1万元提高到3万元，资助城镇低保对象参加城镇居民医疗保险13904人次，资助金额150余万元，资助农村低保对象参加新型农村合作医疗16531人次，资助金额100余万元。大力发展特色林果种植348公顷、特色养殖棚圈建设5000平方米。加快棚户区改造和富民安居工程建设，棚户区改造3525套、26.4万平方米，建设廉租房2000套、10万平方米，公共租赁房200套、1.2万平方米，建设安居富民工程6941户，改善居民医疗卫生和居住条件。教育资源均等化分布工作稳步实施，教育基础设施工程建设顺利完工，实施学校抗震改造面积13600平方米，初中毕业生升入普通高中升学率达到50.3%，高考升学率达到97%，教育质量明显提高。建立实施“41111”创业模式（即四个孵化基地、一个创业园区、一个创业项目库、一个创业绿色通道、一个专家志愿指导团），实现就业10903人次，将城镇失业率控制在1.39%之内。

12月，市委组织验收组对各工作队开展活动情况进行验收。通过开展活动，工作组14人得到提拔或重用，4人受到自治区表彰，14人受到地区表彰。

## 第十节　长治久安若干政策学习教育活动

### 一　总体部署

2013年，阿克苏市委根据地委“长治久安若干政策学习教育活动”的方案要求，分为4个阶段开展“长治久安若干政策学习教育活动”工作。5月15～24日为第一阶段（动员部署学习阶段），5月25日至6月4日为第二阶段（讨论深化和对照检查阶段），6月5～10日为第三阶段（深入宣讲阶段），6月11～16日为第四阶段（巩固提高和总结验收阶段）。

阿克苏市成立长治久安若干政策学习教育活动领导小组，下设办公室，抽调8名工作人员，成立城乡巡回宣讲团2个，全市各行业、各系统成立宣讲组150个，实现组织机构、活动部署、工作人员、办公场所、活动经费、组织协调“六到位”。5月18日召开阿克苏市长治久安若干政策学习教育活动动员大会，市委书记做动员讲话，对全市各单位开展长治久安若干政策学教活动进行全面动员部署，并下发《实施方案》。全市各单位层层召开动员会，成立相应的领导小组，结合本单位实际，制定学习教育活动方案；定期召开长治久安若干政策学习教育活动工作推进会，形成上下齐抓共管、党员干部群众全员参与的工作格局。在全市成立4个由县级领导任组长的督察指导组，负责对全市73个单位的长治久安若干政策学习教育活动开展进度指导、日常检查、阶段验收。

### 二　主要内容

主题教育活动期间，阿克苏市出动6辆宣传车在全市大街小巷巡回播放阿克苏市长治久安若干政策知识问答，悬挂过街宣传横幅1300余条，张贴宣传标语1万余条，在电子屏幕滚动播出宣传标语728条次，发放宣传资料3.2万份（页），制作宣传栏（板报）425块（期），车载LED屏播放宣传标语3251条次；在平面广告媒体每期刊登宣传标语及知识问答3~5个，市电视台开辟长治久安知识问答新闻及电视专题栏目，滚动播出学习教育活动宣传标语和相关知识问答208条次。

印发《阿克苏市长治久安若干政策知识问答》1000册，发放《中共阿克苏地委、阿克苏地区行署关于长治久安若干政策汇编》725本，各单位印制各类宣传单达22万份。召开座谈会152场，参加人员14350人次，开展面对面宣讲和入户宣讲活动2651场，受教育人员32万人次。开展文艺演出等系列活动85场，参与群众达4.6万余人次；播放红色电影200余场。

## 第十一节　党的群众路线教育实践活动

### 一　总体部署

2014年3月13日，阿克苏市党的群众路线教育实践活动正式启动，成立党的群众路线教育实践活动领导小组，下设办公室，内设综合组、督导组、信息宣传组。市委、人大、政府、政协机关和7个乡镇（场）、6个街道、75个市直单位及群团组织共12673名党员干部全程参加活动，至2014年10月中旬基本结束。

### 二　主要内容

阿克苏市党的群众路线教育实践活动以政治坚定、反对“四风”和长治久安为主要内容，按照“照镜子、正衣冠、洗洗澡、治治病”的总要求进行安排落实。市委领导班子通过视频会议聆听学、市委中心组集中学、重点科目讨论，引领全市各级党组织做好群众路线教育学习活动。市委中心组累计学习25次，各级党组织集中学习3278场，确保参学率达100%。全市各级党组织、党员采取入户走访、问卷调查等方式，共征集到意见和建议4万条，经梳理汇总1.6万条，查找出突出问题209条。人大、政府、政协、检法两院主要领导分别联系一个乡（镇）场、街道、村（社区），对活动的开展进行全程指导。35名县处级干部深入对口联系乡（镇）场、街道、部门指导专题民主生活会，以普通党员身份参加所在支部组织生活会。全市党员结合个人思想和成长经历，对照党章、焦裕禄精神，撰写个人对照检查材料。

全市共确定立查立改突出问题531项，完成整改511项，完成率达96%。其中市委班子确定三批立查立改20个事项，整改20项，完成率达100%。针对干部作风方面存在的问题开展42项正风肃纪专项整治行动，出台《阿克苏市改进工作作风密切联系群众的十条规定实施办法》《阿克苏市公务接待管理办法》及《阿克苏市公车使用管理办法》等制度。市委组织部、市教育实践活动办公室对34个违反公车管理规定和63个“庸懒散”单位予以通报曝光，对68名单位负责人进行诫勉谈话。各督导组与督导单位领导班子成员普遍开展谈心谈话活动，审核各级党组织整改方案。督促开展“回头看”，对学习不深入、问题查找不准确、整改落实不到位的8个单位及时督促、限期改正。开设市广播电视台“立查立改进行时”专栏节目79期，领导现场答复群众关心的热点难点问题；开展阳光立查立改行动，选聘905名义务监督员进行跟踪督办。

### 三　目标与成效

通过群众路线教育实践活动，增强贯彻落实中央八项规定、坚决反对“四风”的自觉性。1～9月，全市“三公”经费支出2331.26万元，与2013年相比，减少499.25万元，下降17.6%。

## 第十二节　“访民情、惠民生、聚民心”活动

### 一　第一批活动

2014年，自治区、地区和市三级下派1033名干部组成157个工作组，到阿克苏市122个行政村和35个社区开展“访民情、惠民生、聚民心”活动。市委成立“访民情、惠民生、聚民心”活动领导小组。各级工作组干部与各族群众结对子1256个，结穷亲1548户，促进各民族间的互信。各级工作组组织开展技能培训、政策教育、文艺演出、婚丧嫁娶等活动5500余场，举办林果业管理、畜牧养殖、农机维修等切磋会630余场，组建青年篮球队、排球队等文体组织204个。市财政和三级工作组筹资992万元，实施民生项目109个，解决一批群众吃水行路难、用电住房难、看病就医难、儿童上学难问题；发放慰问品和慰问金162万元，帮助821名青年就业。开展服务型基层党组织创建工作，加强村班子和党员干部队伍建设，推进“十个起来”（阵地用起来、村务议起来、服务做起来、五星红旗升起来、守法意识树起来、喇叭响起来、活动搞起来、人气聚起来、时代新风倡起来、党员形象立起来）的落实；加强村级服务场所建设，投入1300万元改善村委会供暖条件，解决群众无活动场所的难题。培养入党积极分子1016名，村级后备干部854名，“十支队伍”（村干部、村民小组、“四老”人员、宗教人士、协警、十户长、民兵、团员青年、妇女代表、乡土人才）人员6632名。各级工作组妥善解决群众反映强烈的信访案件323件，累计化解群众矛盾纠纷870件次，遏制信访苗头136件。

### 二　第二批活动

2015年，自治区、地区和市三级下派干部803名，组成152个工作组，覆盖阿克苏市115个行政村和37个社区。各级工作组累计投入1230余万元，帮助基层和群众改善生产生活环境，1010名工作组成员、1365名基层干部和14640名农村“十支队伍”人员开展联乡包村入户工作，乡镇场机关、站所干部做到每人包联30户。实施小项目带动大民生工程，启动农村通路、垃圾处理、路灯改造、水利灌溉等项目120个。组织开展烹饪、刺绣、计算机、现代农业新技术、双语等就业技能培训3500余次，培训农牧民5.8万余人次。为困难群众协调农业种植和畜牧养殖贷款5000余万元，无偿配送耕播物资100余万元，惠及各族群众2万余人。针对“无经济来源、耕播物资短缺、

家庭劳动力少、生活困难”的“四类群体”制定帮扶方案，落实慰问帮扶资金365万元，解决困难群众生产生活中的燃眉之急。开展“去极端化”宣传教育活动1.1万场。全年到位民生项目资金5544万元；联系医疗卫生机构组建20支流动医疗队，入户为群众义诊1.2万人次，发放价值20余万元的药品。为200余名孤寡、高龄、空巢和离退休老人提供全方位的服务。各级工作组动员各族群众成立联防联控、群防群治小组，推进村民小组政治功能改革，配齐村民小组管理层（1正3副小组长），在农村形成村党支部—村委会（村团委、妇联）—村民小组（组长、副小组长）—农村“十支队伍”的“四级”组织架构；深化社区区域化党建格局，扩大社区党组织网格化覆盖，在社区形成社区党委—网格党支部（居民自治组织）—楼栋（巷道）党小组—楼栋长（巷道长）四级组织体系；狠抓村级组织“星级化”创建管理工作。

### 三　第三批活动

2016年，自治区、地区和市三级下派1073名干部、组成154个工作队，覆盖阿克苏市116个行政村和38个社区。各级工作队参与村“两委”班子成员的考察关、程序关、选举关，促使123个村顺利完成换届工作。3000余名群众主动撰写入党申请书，培养入党积极分子2000余名，发展党员595名，实现每个村发展党员不少于3名。各级工作队深入全市183个村（社区），遍访8万多户、50余万名群众，收集梳理群众意见及建议5800余条，与5000余户群众“认亲戚”，解决困难群众的热点难点问题1164个。为确保惠民政策落到实处，市“访惠聚”办下发379套3.79万本《自治区惠民政策明白册》，做到农村每户一本，并结合冬季农闲时间，组建宣讲队，逐村逐户上门宣讲惠民政策，帮助农村妇女、未就业青年开办农村电子商务30家、网店微店126个，实现增收创收双赢。帮助农村恢复修缮红枣、面粉、轧花等加工厂16个、发展庭院经济1016户。全市68个单位、45家企业、4325名党员分别与123个村、1479户贫困户结成扶贫帮困对子，实施帮扶项目48个，投入帮扶资金983万元，惠及群众8000余人。全年，各级工作队建设农村惠民生项目135个，投入建设资金7000余万元，启动新建排碱渠、防渗渠661千米，维修滴灌井35座，修建就业培训中心13个，硬化农村道路150千米，安装农村路灯800余盏，建成村民服务中心32个、村级幼儿园18个，受益群众32万人。

## 第十三节　“三严三实”专题教育

### 一　总体部署

2015年5月15日，阿克苏市“三严三实”（严以修身、严以用权、严于律己，谋事要实、创业要实、做人要实）专题教育活动拉开帷幕。34名县级领导干部相继在各自分管领域带头讲“三严三实”党课，市四套班子和法检两院组织学习39场，累计参加学习3599人次。市委中心组集中学习24场，累计参加学习4523人次，参学率100%。邀请2名浙江省委党校、自治区专家教授对全市县级以上领导干部进行“三严三实”专题教育培训。市委组织部作为开展教育的牵头组织单位，在重点抓好全市县处级以上领导干部专题教育工作的同时，将“三严三实”要求辐射到全体党员干部中。

## 二　主要内容

市委成立“三严三实”专题教育协调指导组，制定《阿克苏市县处级以上领导干部“三严三实”专题教育宣传方案》，对“三严三实”专题教育和党委（党组）书记带头讲专题党课等进行督察指导。全市34名县处级领导干部全部授课，累计听党课人数3599人。集中讲党课工作结束后，面向基层党员干部征求对党课效果的评价意见，分期分阶段开展专题学习讨论，确保党课达到预期效果。全市县级以上领导干部以自己找、互相帮、集体议、群众提等形式收集班子“不严不实”问题144条，领导干部个人问题840条。对查摆的“不严不实”问题及整改措施，在公示栏、市电视台进行公开，确保“不严不实”问题整改受群众监督、让群众满意。

制定《深化“三严三实”专题教育着力解决基层干部不作为乱作为等损害群众利益的实施方案》，明确整治不作为、乱作为、贪婪谋私、执法不公等4大类16项具体问题。在排查基层干部不作为问题中，梳理出对群众办事态度冷漠、对上级布置的任务敷衍应付、工作不在状态、不敢担当等问题74个，发现不讲规矩不按程序办事、不善于听取群众意见决策、乱收费乱罚款乱摊派、不给好处不办事、给了好处乱办事等问题5个；排查基层干部贪腐谋私问题，揪出贪占挪用挥霍集体财物、套取骗取国家补贴补助款、截留克扣冒领惠民资金、滥用权力中饱私囊等问题3个；查处基层涉及暴力执法、选择性执法、随意性执法、办“关系案”“人情案”“金钱案”等问题1个。为确保专项整治不走过场，建立完善督察、通报等工作机制，成立6个督察组，选聘30名“两代表一委员”作为党风党纪监督员。从10月开始，每半月开展一次督察和暗访，对专项督察和明察暗访情况，及时反馈，限期整改，对整改不力的5家单位进行全市通报，对5名主要负责人进行组织约谈。查办不作为、乱作为等损害群众利益案件56件，批评教育26人，诫勉谈话3人，党纪政纪处分56人，移送司法机关2人。加大对党员干部懒政怠政的召回教育和问责调整力度，对39名不作为驻村干部进行召回教育培训，对11名不适宜担任现职的领导干部进行岗位调整。对涉事人员单位或上级主管部门主要领导进行组织谈话，取消相关单位年终评优资格。

# 第十四节　“两学一做”主题教育活动

## 一　总体部署

2016年，阿克苏市开展“学党章党规、学系列讲话，做合格党员”的“两学一做”主题教育活动，成立活动领导小组。全市25个党（工）委、507个党组织，13646名党员（其中县处级以上党员领导干部38人、科级以上党员领导干部728人）参加“两学一做”学习教育活动。

## 二　主要内容

市委先后3次举办为期10天的“两学一做”学习教育专题培训班，358名基层支部书记参加培训，编印“两学一做”学习教育读本。组织全市党员干部远学焦裕禄、孔繁森、黄群超，近学艾买尔·依明、章华生等正面典型事迹，并在全市 16 条主干街道统一制作英模、劳模以及优秀共产党员等事迹人物宣传牌，用先进事迹教育党员干部。开通阿克苏市手机报、阿克苏市零距离、阿克苏市党员远程教育专栏，设立“两学一做”学习教育平台，阶段性上传《党章党规》、领导讲话内容。举办“两学一做”学习教育知识竞赛，开展“组织找党员、党员找党员、党员找组织”活动，使 445 名失联党员重新回归党组织。针对非公企业党员难召集、流动党员难聚集、农场党员难组织的“三难”问题，组建“两学一做”学习教育宣讲队，采取企业党员班前班后送学、流动党员夜校送学、农场党员走访入户送学，实现党员学习教育全覆盖。

活动中，加强党支部规范化建设，对排查出的 143 名无法取得联系的党员进行集中除名，对三年届满仍然未进行换届的 40 个支部进行集中换届，要求未按时缴纳党费的 720 名失联党员、离退休党员限期补交党费。集中开展民生大走访、矛盾大调处、隐患大整治活动，建立纪委、组织、人事、统战等部门整体联动督察机制，采取明察暗访等形式，对 26 个市直部门服务窗口和 60 个社区服务大厅进行不定时督察，对督察中发现的 12 名党员干部上班玩游戏、看股票等违纪行为进行组织处理，约谈主要领导。

开展“为什么当村干部”“为什么当党员”“如何当好村干部、争做合格村干部”和“如何当好党员、争做合格党员”大学习、大讨论 181 场，增强农村干部和党员的政治意识、大局意识、核心意识、看齐意识。

# 第七章　纪检监察

## 第一节　机　构

1990 年，中共阿克苏市纪检委内设办公室、检查科、审理科。1992 年 4 月，增设教育室。1993 年 3 月，监察局与纪检委合署办公，增设教育调研室、执法监察室。年末，内设办公室、纪检监察室、审理室、教育调研室、执法监察室和控告申诉室 6 个室，编制 35 名，实有 29 人。2011 年 5 月，根据自治区、地区纪委要求，阿克苏市纪委增设效能监察室、党风廉政建设室，原教育调研室更名为干部和教育调研室，调整后共有内设科室 9 个，为办公室、检查室、审理室、信访室、党风室、干部和教育调研室、效能监察室、执法监察室、纠风室，共有编制数 34 名，其中行政编制 29 名，工勤编制 2 名，参照公务员编制 3 名，实有在编人员 29 人。2016 年 4 月，根据自治区、地区纪委要求，阿克苏市纪委增设党风政风监督室（阿克苏市人民政府纠正行业不正之风办公室）、组宣部、第一纪检监察室（政治纪律监察室）、第二纪检监察室、案件监督管理室、纪检监察干部监督室，调整后共有内设科室 9 个，有编制数 32 名，其中行政编制 29 名，参照公务员法管理事业编制 3 名，实有 31 人。

## 第二节　工作机制

### 一　党风党纪教育

1990年，中共阿克苏市纪检委巩固完善党风监督制度，利用电视、知识竞赛等多种形式加强党风廉政宣传教育。1993年，市纪检委实行党风廉政建设目标责任制，制定《领导干部个人重大活动申报制度》，对全市副区级以上领导干部个人重大活动实行监督，先后协助市委制定《关于新提拔干部谈话制度》《关于建立廉政档案制度》《关于阿克苏市领导干部廉政建设制度》《关于阿克苏市领导干部接待工作制度》《关于阿克苏市领导干部住房用车的规定》。1995年，市纪检委制定《市副科级以上领导干部党风廉政检查制度》《市领导干部离任审计制度》《领导干部在公务活动中收受贵重礼品、礼金登记上交制度》，对151名副科级以上领导干部建立廉政档案，首次在全市范围内推行信访目标管理责任制及党风廉政教育目标管理责任制。1996年，市纪检委同市委组织部、市委宣传部在全市开展“十佳公仆”评选活动，编辑《阿克苏市党风廉政建设制度汇编》。1997年，市纪检委在全市90个单位试行民主生活会双向报告制度。

2000年，阿克苏市纪检委建立完善民主考核制度、目标管理制度、任前公示制度、对领导干部8小时外监督制度等一系列廉洁自律制度。2006年，制定《阿克苏市关于加强农村基层党风廉政建设工作实施方案》，编制《阿克苏市纪检监察信访举报工作手册》，调动群众举报的积极性和主动性。

2010年，联合下发《2010年阿克苏市反腐倡廉宣传教育及调研工作要点》；举办2期学习班，受教育120余人；向各单位发放党风廉政法规学习图书114本、《廉政准则》学习光碟135张；征订《中国共产党党员领导干部廉洁从政若干准则》学习资料1343册，赠送廉政台历250套；发送廉政短信3000余条。2012年，市纪检委组织播放廉政公益广告、标语1.27万条次，宣传廉政格言警句3.1万条，在党政机关、事业单位悬挂廉政横幅300条，播放廉政电视剧和电影8部，发送廉政短信息7000条次，发放廉政扇2000把，办廉政宣传专栏60个；举办廉政业务专题培训班2期；举办多场群众喜闻乐见的廉政文艺节目，创作16件具有阿克苏市特色的廉政文艺作品，1件获自治区优秀奖。2014年，市纪检委建立典型案件通报制度，通报违反“八项规定”、违反政治纪律、违反工作纪律的典型案例20起；组织125名干部到监狱接受廉政警示教育；在市委党校组织的公务员培训班、中青班、科级干部培训班上设置廉政课程，各级党组织书记上廉政党课85场，受教育党员干部达6013人。

2016年，市纪检委在阿克苏廉政网开展“纪律知识微考堂”网络答题活动，全市答题人数达15万人次；组织全市各单位全体党员干部开展《论述摘编》《党章》《准则》《条例》等党章党规知识闭卷考试6次；组织全市万余名党员领导干部进行学党章、守纪律专题测试；创建地区级廉政文化示范点4个。

## 二　领导干部廉洁自律

1990 年，阿克苏市纪律检查委员会制定《关于政务公开工作的暂行规定》，组织指导基层党委、政府开展以政务公开为主要内容的廉政建设，各乡镇（场）、管理区和村设立政务公开栏。

1991 ~1993 年，组织开展评选“廉洁机关、廉洁干部”活动，共表彰廉洁勤政集体 30 个，廉洁勤政干部 97 人。

1994 ~2000 年，阿克苏市制定《党风廉政责任制》和《党风廉政建设基层联系制度》，定期对各乡镇（场）、市直各单位党委、党组进行党风党纪、廉洁勤政教育，并建立考核档案。落实领导干部个人生活重大事项报告、公务活动收受礼品登记、个人收入申报等廉洁自律的制度和规定，建立全市科级领导干部廉政档案。实行一把手廉政责任工程，对各级党政一把手实行严定、严管、严查、严处。年内，领导干部主动退出住房 12 套，免除正科级干部职务 1 人，诫勉干部 9 人。市委主要领导与各乡镇（场）、市直各部门“一把手”签订《党风廉政建设和反腐败工作责任书》，对市领导班子、党政机关和事业单位领导干部落实党风廉政建设责任制情况进行考核。

2002 年，市纪检委先后清理党政机关工作人员借欠公款和清理行政事业单位银行账户，全市清理借欠公款单位 17 个，清理借款 72.3 万元，清理银行账户 328 个，撤销账户 25 个。

2006 年，市领导共与 41 名基层领导干部进行党风廉政建设工作谈话，对 33 名新提拔干部进行任前廉政谈话，对 14 名领导干部进行警示诫勉谈话。年内，32 名县级领导干部对个人收入进行申报，86 名领导干部在换届选举前进行述职述廉，9 名领导干部报告个人重大事项。

2008 年，推行“勤廉双述”制度，32 名县级领导及 850 名村干部进行述职述廉；对 122 个行政村的财务收支进行检查审计，追回村干部拖欠集体款 49 万元，实现村级“零”接待目标。制定《阿克苏市农村经营性土地管理办法》，建立领导干部公开廉政承诺制度，3000 多名机关党员干部作廉政公开承诺。

2011 年，印发《关于节日期间严格执行廉洁自律各项规定的通知》，明确提出制止奢侈浪费、公款消费、公款送礼、收受礼金（礼品）等不正之风的禁令，组织 33 名县级干部向地区纪委和地委组织部报告个人有关事项，对 123 名领导干部进行任前廉政谈话，两次对全市的公务用车进行摸底调查，建立公车信息档案。

2016 年，市纪检委推动“四个不直接分管”和最后表态机制落实，提升权力运行透明度。推行高风险岗位轮岗交流，对 102 个任职年限长、问题反映多、风险因素高的关键岗位进行轮岗交流。

## 三　党风廉政建设

1990 年，阿克苏市党政机关利用学习日、党课、训练班、会议、广播等多种方式，对党员进行以《关于党内政治生活的若干准则》和《党章》为主要内容的思想教育，受教育党员 1.3 万人次。其间，实行民主生活会制度，围绕领导干部廉洁自律进行自查自纠。

1993 年，开展以反腐败、防演变为主要内容的党风党纪教育，举办培训班 13 期，培训骨干 623 人，受教育党员干部 4074 人；印发辅导材料 700 册，播放录像片 5 部 20 多场，收看人数 1 万多人次。

1996年，阿克苏市在党员干部中开展政治纪律、经济纪律、思想道德、工作作风四个专题党纪法规教育活动。组织全市党员开展党纪政纪条规知识竞赛，参赛党员989人。

2001年，在党员干部中开展学党章、守纪律、正党风和普及党纪政纪条规教育活动，在阿克苏市电视台、阿克苏广播电台开辟党风廉政建设宣传栏目21期。

2004年，以“为民、务实、清廉”教育活动作为教育工作的核心，组织3000余名党员干部参加党内法规知识竞赛。

2007年，对国债资金、扶贫资金、社保资金、教育资金、抗震安居资金等专项资金管理使用情况进行多次检查审计，审计资金3641.67万元，确保专项资金的运行安全。

2011年，建立8项党风廉政建设和反腐败工作机制，制定《阿克苏市关于实行党风廉政建设责任制的实施办法》《阿克苏市党风廉政建设责任制检查考核办法》，纳入全市目标管理考核。

2013年，印发《阿克苏市乡镇（街道）便民服务中心规范化建设方案》，制定《阿克苏市转变作风密切联系群众的十条规定》，市委常委会6次对市纪委提交的11项党风廉政建设议题进行研究部署，对抓党风廉政工作不利的7个单位党政“一把手”实施责任追究。

2015年，组织市人大、政府、政协、法院、检察院5个党组、47个基层党委（党组）以及市委、政府班子的18名成员就履行党风廉政建设工作主体责任和“一岗多责”落实情况进行述职。制定《阿克苏市党政机关事业单位党政正职“四个不直接分管”和“最后表态”实施细则》，对落实不力的4个单位主要领导进行函询提醒，对6名党委书记和3名纪委书记进行约谈提醒。

2016年，市委调整落实党风廉政建设责任制领导小组，成立落实自治区党委巡视反馈意见领导小组，听取巡察汇报，高位推动党风廉政建设和巡视巡察问题整改。印发《巡察工作实施方案》《加强作风建设“三项治理”实施方案》。

## 第三节 信访举报

1990年起，阿克苏市实行政务公开制度，设立举报站、举报电话和举报信箱，当年共受理信访举报123件次，其中检举控告类119件次，申诉类4件次。

1993年，纪检监察机关合署办公，信访举报工作同时具有党纪检查、行政监察两项职能。是年，市、乡镇、村三级建立健全信访组织网络，有信访信息员852人。

1998年，实行信访双向责任监督制度和信访答复意见书制度。

2004年，全市纪检监察系统开展信访举报选题年活动。市纪委首次设立网上举报电子邮箱，方便群众举报违法违纪案件。至年底，共受理群众信访举报6027件次，其中检举控告类5885件次，申诉类64件次；处理5886件次，处结率97.66%；向案件检查部门提供案件线索1453条，转立案1013起，占立案总数的86.1%。

2007～2015年，市纪检监察机关共受理信访举报600件，初核389件，立案206件，结案206件。

2016年，市纪检监察机关共受理信访举报133件，其中地区纪委转送79件，占信访总数的59%；市纪检监察机关直接受理54件，占信访总数的40%；署实名举报68件，占信访总数的51%。

## 第四节　案件查办

1990 年，市纪检委查处违纪问题 97 件，处分违纪党员 34 人，其中开除党籍 4 人，留党察看 8 人，撤销党内职务 4 人，严重警告 8 人，警告 10 人。

1992 年后，重点查处违反政治纪律案件、经济违法违纪案件、腐化堕落道德败坏案件，及以权谋私、贪污受贿、腐化堕落等案件。至 1995 年，立案查处各类案件 95 起，受党纪政纪处分 95 人。

2000 年，查处经济犯罪，侵犯党员权利、公民权利，违反社会主义道德和社会管理秩序等案件 26 起，受党纪政纪处分 47 人。

2001 ~2003 年，查处贪污、职务侵占等各类违法违纪案件 118 起，其中大案要案 35 起，挽回经济损失 355. 03 万元；受党纪政纪处分 74 人，其中副科级以上干部 3 人。

2004 年，重点查办影响社会稳定的案件和破坏社会主义市场经济秩序的案件，共查处违法违纪案件 37 起，其中大案要案 8 起。

2005 年，市纪检监察机关共受理信访举报 298 件，初核 211 件，立案 118 件，结案 118 件，其中给予党纪处分 73 人、政纪处分 26 人、双重处分 19 人，为国家挽回经济损失 521. 14 万元。

2014 ~2016 年，查处党员 194 人，其中科级党员干部 14 人，农民党员 52 人。通过查办案件，追缴违纪款 1721. 9 万元。

**表 21 -10　2007 ~2016 年阿克苏市受处分党员情况表**

单位：人

| 年份 | 人数 | 处分类别 | | | | | | |
|---|---|---|---|---|---|---|---|---|
| | | 开除党籍 | 留党察看 | 撤销职务 | 严重警告 | 警告 | 免处 | 批评教育 |
| 2007 | 11 | 1 | 4 | 0 | 3 | 1 | 2 | 0 |
| 2008 | 11 | 2 | 0 | 0 | 4 | 5 | 0 | 0 |
| 2009 | 6 | 1 | 0 | 0 | 3 | 2 | 0 | 0 |
| 2010 | 15 | 0 | 1 | 1 | 3 | 10 | 0 | 0 |
| 2011 | 8 | 1 | 0 | 0 | 3 | 4 | 0 | 0 |
| 2012 | 13 | 4 | 1 | 0 | 5 | 3 | 0 | 0 |
| 2013 | 17 | 7 | 0 | 0 | 3 | 7 | 0 | 0 |
| 2014 | 22 | 3 | 0 | 2 | 10 | 7 | 0 | 0 |
| 2015 | 67 | 20 | 1 | 2 | 21 | 22 | 1 | 0 |
| 2016 | 105 | 28 | 6 | 0 | 38 | 33 | 0 | 0 |

## 第五节　纠正行业不正之风

1990 年，市纪检委采用民主评议的方法，对全市 7 个乡镇党委及 24 个部、委、办党组的领导班子成员进行党风检查，收到群众建议和意见 1077 条，给领导成员提出意见 4240 条，给市委、市纪委提出建议和要求 41 条。

1993 年，清理纠正党政机关、团体无偿占用企业人财物问题，对清理出的借占企业人员 11 名、资金 4 万元全部退还。

1998 年，由市监察局牵头，市经贸委、市工商局共同整治企业收费中“三乱”（乱收费、乱罚款、乱检查）现象。全市共减少各种不合理收费 85.3 万元。制定《关于进一步保护企业合法权益的若干意见》和《关于保证全市制度改革顺利进行的六条纪律》。

1999 年，制定《关于贯彻〈中共中央关于农业和农村工作若干重大问题的决定〉做好支持服务农业和农村工作的意见》，农民承担的提留、统筹费绝对额控制在上年农民人均收入的 5% 以内。落实农民负担预决算、监督卡、专项审计三项制度，纠正借收购农副产品之机代扣代缴各种搭车收费现象。

2002 年，组织有关单位集中整治医药购销中的不正之风，清理整顿村级卫生室 448 个、个体诊所 129 家，取缔无证经营、擅自批发药品、游医药贩等 78 家，查处假药 10 种，没收、销毁不合格药品价值 10.74 万元；组织民主评议教育系统师德行风活动，向全市 60 处中小学发问卷 4000 份，提出意见和建议 76 条。

2004 年，开始实施争创“人民满意政府”和“人民满意单位”活动，有 43 个单位挂牌。民主评议 65 个管理部门、执法部门、服务部门和行业，发放问卷调查表 1029 份，评选出全市“行风建设十佳单位”。有 5 所市属医疗卫生机构实行药品集中招标采购，采购药品总额 350 万元，占医院购药总额的 40% 左右，让利于患者 65 万元，清理整顿全市村级卫生室 448 个、个体诊所 129 家，取缔非法药品经营户 4 个，清理销毁过期药品价值 1 万元。查处 3 处学校的乱收费问题，涉及金额 17 万元。药品集中招标采购总金额 656 万元，占医院购药总额的 29%，让利患者 66 万元。

2006 年，全面开展反商业贿赂工作，对工程建设、医疗行业、土地出让、政府采购等领域进行专项检查，对 3 个擅自变更工程建设项目、扩大工程建设投资规模的建设单位在全市进行通报批评，对 8 个农村小型建设工程存在的违法问题进行纠正，追回损失 10 万余元。及时发现并纠正 3 起招投标活动中存在的违规问题，责成四个单位就此做出书面检查。查处 3 家医疗单位违纪违规问题，追回违规违纪款 545.6 万元。查处 1 起挪用和私存内招班专项资金案件，2 人移送司法机关，追回损失 3.5 万元。查处 1 起低改资金中的违法违纪案件，1 人移送司法机关，7 人受到处理，追回损失 20 余万元。查处商业贿赂案件 10 起，涉案金额 27.96 万元。

2008 年，在市监察局、行政服务中心大厅和 77 个单位建立效能案件受理窗口，受理效能投诉 27 件，办结 27 件，投诉人满意率达 100%；14 个服务窗口单位获得自治区“行风示范窗口”的称号；安置 11 名来自四川灾区的学生；严厉打击非法行医，取缔“黑诊所”27 家；全面推行药品、器械集中采购制度，采购价值 657.66 万元的药品和器械，招标采购率达 95%；加强专项资金监督检查，检查审计各类资金 1.18 亿元，确保专项资金的安全运行；严格落实各项减负政策，减轻农民负担 1271.7 万元，人均减负 91.18 元，为企业减负 6655.52 万元；组织多次公路检查，纠正 1 起违规行为；清欠农民工工资 14.6 万元，查处各类环境污染问题 86 个，累计支付拆迁补偿费 1.25 亿元。

2009 年，市纠风办从各单位抽调 20 名专职行风评议员，从社会各界聘请 600 名义务监督员，通过发放调查问卷、明察暗访，收集群众对政府部门工作作风、办事效率的意见、建议 700 余条，监督 54 个单位召开行风评议大会，对存在的问题做整改，创办精品纠风节目。

2011 年，创办精品“行风热线”栏目，围绕群众关心的热点、难点问题，进一步扩大栏目的覆盖面，着力提高热线栏目在政策宣传、化解民怨、维护公平正义方面的功效。共播出维吾尔语、汉语节目 45 期，共受理群众各类咨询 235 件次，对群众反映、咨询都做现场或线下解答，办结率 100%，群众满意率为 100%。

2014 年，查处医德医风、非法行医案件 57 起，取缔无证行医机构 44 个。开播“行风热线”节目 58 期，受理解决群众咨询、投诉 377 件，查处损害群众利益的纠风案件 6 起。

2016 年，通过上级转办、行风热线反馈、群众投诉等渠道受理问题投诉 426 件，投诉问题涉及不作为、乱作为、政策咨询、意见建议等方面。采取责令纠错、政策解释、现场调解等措施，对问题进行妥善合理解决，群众满意率 100%。

## 第六节　执法监察

1990 年，阿克苏市专项检查夏粮收购政策执行、棉花专项资金管理使用、公款吃喝、制止“三乱”情况，受党纪政纪处分 29 人。抽调有关人员组成 10 个工作组，集中清理检查 1989 年以来党员执行计划生育政策情况，受党纪政纪处分 119 人。

1993 年，成立执法监察室。1994 年，市纪委、市监察局先后治理公款装饰住房、公车公款钓鱼等行为。

1999 年，清理全市党政机关事业单位、企业负责人住房，共清理 4779 户，6 名领导干部退出多占住房，3 人补缴超面积房款。

2002 年，对市直及乡镇 6 家单位开展行政效能监察，监察项目 11 个，涉查资金 3104 万元，提出监察建议 25 件。对 7 个国有企业进行企业效能监察，协助企业建章立制 12 项，提出监察建议 17 件。

2005 年，认真贯彻《中华人民共和国行政许可法》，加强对贯彻落实国家宏观调控措施以及执行行政许可法等情况的监督检查。根据有关法律法规共清理出收费项目 107 个。48 个行政单位规范办事程序，缩短办事时限，公开办事标准，优化投资软环境。

2006 ~ 2009 年，对重要工程的招标进行全程监督，查处 3 起招标过程的违规问题；完善经营性土地有偿使用和公开招标拍卖挂牌出让制度，共有 40 宗经营性土地挂牌出让，总面积 99.47 公顷、成交价款 1.84 亿元；对药品、治疗费价格公开制度、药品器械集中采购制度执行情况进行监督检查，取缔“黑诊所”118 家，没收价值 21.63 万元的药品和器械；加强支农惠农政策实施、涉农收费、财政转移支付资金的监督检查，减轻农民负担 2571.39 万元，人均减负 189.3 元。

2010 ~ 2016 年，制定健全行政执法各项制度，提高行政执法指导的可操作性。先后开展教育收费专项检查、保障性住房分配、政府投资项目、药品和医疗器械、民生工程援疆项目监督检查，发现和督促整改各类问题 240 多个。

# 第八章　扶贫开发

## 第一节　机　构

2002 年前，阿克苏市扶贫工作由民政部门负责。

2002 年 8 月，阿克苏市成立扶贫开发领导小组办公室，同时挂阿克苏市农村工作领导小组办公室牌子，一套班子，两块牌子，正科级，隶属市委职能部门。

2007 年，单设阿克苏市扶贫开发领导小组办公室，市农村工作办公室 3 名事业编制划转到市扶贫开发领导小组办公室，增加 2 名事业编制，共有事业编制 5 名。

2012 年，阿克苏市扶贫开发办公室挂靠阿克苏市人民政府办公室。

2016 年，市扶贫办与政府办脱钩，扶贫办职责任务整体划入农村工作办公室，实行一套班子、两块牌子。市政府不再保留扶贫办机构设置及职能。年底，有编制 3 名。

## 第二节　扶贫规划

1990 ~ 2010 年，每 10 年为一个周期实施扶贫开发规划，自 2011 年起，按 5 年一个周期实施扶贫开发规划。

### 一　十年扶贫开发规划

（一）1991 ~2000年扶贫开发规划

1990 年 10 月 13 日，自治区人民政府《转发自治区贫困地区经济开发领导小组关于认真贯彻国发〔1990〕15 号文件进一步加强扶贫开发工作的意见的通知》，对自治区“八五”期间扶贫开发工作做出部署，阿克苏市坚决贯彻落实自治区、地区扶贫开发安排部署，结合市国民经济和社会发展实际，制定阿克苏市扶贫开发规划。

1991 年开始，阿克苏市在解决贫困地区大多数群众温饱问题的基础上，转入以脱贫致富为主要目标的扶贫开发阶段。依靠种养业，发展加工业，改善基础设施和生产生活条件，基本解决人畜饮水问题，控制地方病，普及初等教育，搞好计划生育，改善生态环境。解决“七五”期间未解决温饱的 1.1 万人的温饱问题，达到“七五”期间扶贫检查验收标准；做好巩固温饱成果工作。控制返贫率在 5% 以内。稳定解决温饱问题，使贫困户有稳定经济收入来源。到 1995 年，贫困户的年人均收入达到 500 元。

1994 年后，根据国家和自治区扶贫开发统一部署，阿克苏市实施“八七”扶贫攻坚计划和落实自治区百万人温饱工程。加强基本农田建设，提高粮食产量，发展多种经营，进行农业资源开发，逐年稳步提高贫困户收入。加强贫困地区基础设施建设、文教卫生事业建设；普及初等教育，开展扫盲行动；开展成人职业技术教育和实用技术培训；改善医疗卫生条件，控制地方病。

2001 年，经地区检查验收，阿克苏市累计解决 10327 贫困人口温饱问题，贫困发生率降低到 4.8%，新增机井 89 眼，防渗渠 76.9 千米，新增耕地和改造中低产田 420 公顷，新修、改造农村道路 132 千米，拥有医疗卫生设施的村比例上升到 55.7%。

（二）2001 ~2010年扶贫开发规划

2001 年，阿克苏市根据国务院《中国农村扶贫开发纲要（2001 ~ 2010 年）》和自治区收缩战线，整村推进总体目标、要求，部署 2001 ~ 2010 年扶贫开发工作任务。

2001 ~ 2010 年，贫困农牧民能够稳定地解决温饱，多数人初步实现小康目标，力争做到大多数行政村通电、通路、通电话、通广播电视，并解决人畜饮水困难。大多数贫困乡有卫生院，村有卫生室，逐步提高初级卫生保健水平，重点控制影响群众小康生活的地方病和传染病，普及九年义务教育，使贫困落后状态得到有效改变，促进贫困地区、贫困人口经济、社会、文化的协调发展。重点解决特困人口的温饱问题（2000 年的温饱标准是以户为单位人均纯收入 670 元，高于国家标准 35 元），并巩固提高低收入贫困人口收入（标准是人均纯收入 870 元，高于国家标准 5 元）。

2010 年底，经地区验收，阿克苏市累计解决 9547 名贫困人口温饱问题，贫困发生率降低到 3%以内，新增机井 189 眼，防渗渠 50.7 千米，新增耕地和改造中低产田 27.33 公顷，新修、改造农村道路 228 千米，乡级拥有学校比例 100%，基本普及九年义务教育，实现乡级卫生院全覆盖，拥有医疗卫生设施的村比例上升到 90.7%，圆满完成阿依库勒镇黄宫村整村推进验收工作。

## 二　2011 ~ 2015年扶贫开发规划

2011 年，阿克苏市根据《中国农村扶贫开发纲要（2011 ~ 2020 年）》《新疆维吾尔自治区〈中国农村扶贫开发纲要（2011 ~ 2020）〉实施办法》制定“十二五”扶贫规划。2011 ~ 2015 年地方扶贫标准为人均纯收入 2300 元。

“十二五”期间，自治区确定阿克苏市贫困村 2 个，占总村数的 1.6%。阿克苏市按照“收缩战线、突出重点、进村入户、整村推进”的方针，坚持扶贫项目覆盖到户、对口帮扶到户、贫困户受益的原则，通过积极争取项目资金和对口帮扶资金，使贫困村、贫困户的生产生活水平有明显提高。2012 年完成阿萨村整村推进验收工作，2013 年完成克什勒克艾日克村整村推进验收工作。“十二五”期间完成 1857 户 7085 人脱贫，新建安居房 340 套。

## 三　2016 ~ 2020年扶贫开发规划

2016 年，阿克苏市根据《中国农村扶贫开发纲要（2011 ~ 2020 年）》《自治区党委、自治区人民政府关于贯彻落实〈中共中央、国务院关于打赢脱贫攻坚战的决定〉的意见》精神，编制 2016 ~ 2020 年扶贫开发规划，2016 年重点推进阿克苏市整体脱贫项目。

按照“不愁吃、不愁穿，保障义务教育、基本医疗、安全住房”标准，2016 年底实现 1479 户 4822 人脱贫，阿依库勒镇阔纳巴扎村退出贫困村序列，阿克苏市在阿克苏地区率先整体脱贫。至 2016 年底，阿克苏市有已脱贫建档立卡贫困户 2596 户 8814 人，脱贫人口以户为单位人均年收入达 3985.4 元。

## 第三节　扶贫措施

### 一　政策扶贫

1994 年 12 月起，按照《自治区百万人温饱工程计划》，自治区党委、政府每年向阿克苏地区增拨 400 万元扶贫水利水电基本建设投资，用于综合治理春旱、夏洪、风沙、盐碱；每年下拨 600 万元道路补助费，用于县、乡道路建设；每年下拨 90 万元，用于流浪儿童收管教育。

1996 年 10 月，按照《关于贯彻〈中共中央、国务院关于尽快解决农村贫困人口温饱问题的决定〉的意见》，对尚未解决温饱问题的贫困农牧民，减免农业税、牧业税和农林特产税，阿克苏市新建乡镇企业项目的扶贫贷款自筹比例由 30% 降为 10%。

2001 年 6 月，经自治区党委五届八次全委（扩大）会议决定，年人均收入低于 670 元的特困农牧户或三年内收入水平未达到动态温饱标准的，继续享受免征农业税、牧业税和农林特产税 1 ~ 2 年的扶贫优惠政策。

2003 年秋季起，阿克苏市对义务教育阶段学生实施免费提供教科书和免收杂费、补助贫困寄宿生的“两免一补”政策。

2005 年起，阿克苏市全面取消农业税、牧业税。

2006 年起，阿克苏市免除农村义务教育阶段学生学杂费，向贫困户子女免费提供教科书，并向家庭经济困难寄宿生每年每生补助 500 元。

2016 年 5 月 27 日，国务院扶贫办将阿克苏地区列入南疆四地州连片特殊困难地区，阿克苏市享受扶贫小额信贷“两免一补”政策（贫困户申请小额扶贫贷款时免抵押、免担保、补利息，每户最高贷款额度 5 万元，贷款期限最长 3 年）、贷款贴息政策（扶贫龙头企业每带动一名建档立卡贫困户稳定、长期脱贫，可享受 5 万元贷款额度 3% ~ 5% 贴息），以及实行新农合、大病救助等政策。

### 二　社会事业建设扶贫

2016 年以前，阿克苏市扶贫开发以个人生活收入为关注点。2016 年起，实施精准扶贫政策，大力推进社会事业建设扶贫。

#### （一）文化引领

2016 年，围绕弘扬正信、扶智治愚、扶志励志、文化引领四大行动，加强贫困青少年的思想引导、整合社会公益力量和公益资源，开展结对帮扶，向贫困家庭青少年捐赠书包、文化用品等。年内，开展“扶智治愚”行动 1 次，组织集中宣讲 42 场，开展百日广场文化竞赛活动 12 场，“周末大舞台”送文化下基层活动 12 场、“优秀电影进农村” 4 场。

#### （二）民生改善

2016 年，投入安居富民工程建设资金 13460 万元，新建垃圾处理点 37 个、新建卫生厕所

672 户，建成 11 个村级卫生室、1 个社区卫生服务中心和 1 个村级活动服务中心；建设喀拉塔勒镇袜业园、阿依库勒镇袜业园二期。总投资 1058.77 万元，推进农村建设与生活品质提升工程 6 项；推进惠农补贴富民增收工程 4 项，农机具购置补贴累计 1078 台（架），受益农户 697 户。争取退耕还林工程补助资金 295.9 万元。棉花补贴 6.6 亿元，粮食补贴 777.9 万元。完成扶贫开发和兴边富民工程 1 项、基本医疗公共卫生服务提升工程 1 项；完成养老爱老服务工程 2 项，为 2208 名 80 周岁以上老人发放生活补助费 38.4 万元，其中贫困户 51 人，发放资金 10140 元。

（三）教育扶贫

2016 年底，阿克苏市按照"扶贫先扶智，彻底阻断贫困代际传递"的总体思路，整合宣传、教育、科技等资源，推进教育扶贫。建设阿依库勒镇中学高中部教学楼和宿舍楼、依干其乡双语小学、库木巴什乡中学教学楼、托普鲁克乡中心小学；为家庭经济困难寄宿学生下拨生活补助资金 1548.41 万元；下达学生营养餐资金 2271.4 万元，为贫困义务教育学生提供营养改善计划膳食补助，惠及学生 56738 人；落实义务教育阶段"两免一补"政策，实行 14 年免费教育，教育经费重点向基础教育倾斜。

（四）社会兜底

2016 年，阿克苏市对无劳动能力的贫困户，采取政府供养方式帮助脱贫，确定政府供养脱贫人员 941 户 2762 人。其他困难人员实行城乡低保、农村合作医疗和基本医疗保险、大病救助、临时救助"四重保障"，推进农村低保线和扶贫线"两线合一"。

年内，发放农村低保金 16.09 万元，临时救助 83 人、115 万元，向 4 人发放"四老人员"生活补贴 9720 元，发放养老保险 411240 元。向 381 人发放残疾人燃油补贴 99060 元，向 45 名精神病患者提供免费服药或住院治疗服务，向重度肢体残疾贫困人口免费发放轮椅车 85 辆、辅助器具 160 件；对 10 名农村贫困妇女进行创业扶持 1 年。对阿依库勒镇 214 户受灾贫困户拨付灾民建房款 300 万元，拨付冬煤款 20 万元；拨付困难学生帮扶资金 3.6 万元。

（五）劳务输出扶贫

2016 年，阿克苏市开展"订单式"式职业技能培训 7 个班次，培训贫困富余劳动力 347 人，确保每名富余劳动力至少掌握一门实用技术。优先吸纳当地贫困家庭劳动力就业，结合林果业嫁接、庭院改造、田间管理、富民安居工程建设等，实现贫困劳动力就近就地就业 697 人。引导贫困劳动力参与短期性及特色餐饮、商贸服务等灵活就业达 487 人次。对有创业意愿及能力的贫困劳动力，结合产业发展，给予各种培训指导、政策支持。建立农村电商服务站，解决 250 余人就业问题。组织农村富余劳动力到兵团第一师一团、三团进行季节性务工 1.2 万人次，其中贫困劳动力 1800 人次。

（六）残疾人扶贫

阿克苏市贯彻落实《农村残疾人扶贫开发计划（2001 ~ 2010 年）》《农村残疾人扶贫开发纲要（2011 ~ 2010 年）》，调整发展思路，完善服务体系，广泛动员社会力量，落实帮扶措施，残疾人贫困状况得到改善。自 2001 年以来，累计扶持贫困残疾人约 1.8 万人次。

**表 21－11　2001～2016 年阿克苏市残疾人扶贫帮扶统计表**

单位：人次

| 年份 | 帮扶人次 | 年份 | 帮扶人次 |
|---|---|---|---|
| 2001 | 650 | 2009 | 998 |
| 2002 | 732 | 2010 | 1025 |
| 2003 | 745 | 2011 | 1126 |
| 2004 | 752 | 2012 | 1235 |
| 2005 | 765 | 2013 | 1362 |
| 2006 | 841 | 2014 | 1852 |
| 2007 | 869 | 2015 | 1878 |
| 2008 | 984 | 2016 | 1952 |

（七）抗震安居扶贫

阿克苏市根据自治区“富民安居”工程的要求，按照“面积、功能、质量、产业二十年不落后”的标准，推进工程建设。2005～2016 年累计为贫困户新建（改造）富民安居房 1097 套。

**表 21－12　2005～2016 年阿克苏市贫困户新建（改造）富民安居房表**

| 年份 | 新建/改造（套） | 金额（万元） | 年份 | 新建/改造（套） | 金额（万元） |
|---|---|---|---|---|---|
| 2005 | 150 | 100 | 2012 | 68 | 102 |
| 2008 | 20 | 30 | 2013 | 100 | 150 |
| 2009 | 20 | 30 | 2014 | 53 | 53 |
| 2010 | 21 | 31.5 | 2015 | 26 | 52 |
| 2011 | 93 | 42.3 | 2016 | 546 | 546 |

（八）社会扶贫

2009 年 5 月，阿克苏市发动社会力量，开展募捐式扶贫，各级党员干部捐赠科技图书 2417 册，大米、清油 26.67 吨；衣物 3666 件，小鸡、羊 12456 只，水泥 65 吨，砖 78900 块，化肥 27 吨，现金 26 万元。

2014 年，阿克苏市开始开展扶贫日活动。强化扶贫开发宣传，调动社会各界参与扶贫开发的积极性，引导企业、社会组织和爱心人士等参与和支持，吸引社会资金参与扶贫开发，形成全社会集中帮扶的工作格局。阿克苏市扶贫日活动共募捐资金 441.65 万元，其中捐款 115.38 万元，捐物折价 326.26 万元。

2015 年，全市各定点帮扶单位（企业）申请上级资金项目及投入帮扶村资金和物品折合人民币 4065 余万元。主要开展村阵地建设、基础设施建设、富民安居房建设、医疗救助、科技教育培训、文体活动和节日慰问等帮扶活动。

2016 年，阿克苏市社会帮扶资金共计 992.14 万元。其中市直包联单位捐助资金 375.1429 万元，全部用于乡镇贫困户生产发展类补助；湖南商会捐助资金 601 万元，为阿依库勒镇贫困农民捐赠100台大型喷雾机及豆腐制作设备；福建商会捐助资金16万元，发放种羊100只，开展心电诊疗、B超、妇科等免费义诊项目，免费体检人数115人；投入546万元援疆资金，为546户新建抗震房贫困户每户补贴资金1万元。市财政筹集新增债券资金1000万元用于小额信贷风险补偿金。由贫困户自愿提出申请，以贷款入股的方式成立互助社（合作社），由致富带头人带动管理，全市共成立农机合作社6个，447户贫困户贷款2050万元入股。行业部门帮扶资金2940万元，其中地区农业救灾资金300万元，地区财政局400万元，地区畜牧局90万元，地区文广局50万元，全部用于扶持阿依库勒镇产业发展；自治区林业厅合计投入资金2100万元，全部用于改扩建小市场和扶持产业发展。2016年底有自治区级扶贫龙头企业8个。

（九）产业扶贫

2004年起，阿克苏市着力培育适合本地发展的优势产业，大力发展贫困地区农村合作经济组织和专业技术协会，对贫困村建立和贫困农户加入农村合作组织给予特殊扶持，促进企业和贫困农户结成利益共同体共同发展；加大扶贫贴息贷款的投放力度，完善贫困村互助资金试点，帮助扶贫对象参与特色产业开发；鼓励企业在贫困村建立产业基地，为贫困农民提供技术、市场、信息等服务，优先吸纳安置贫困劳动力就业，优先收购贫困农户农副产品。

2005年，阿克苏市围绕地区扶贫工作目标和《阿克苏市扶贫工作十一五规划》，通过对口帮扶、开发式扶贫、整村推进、调整农业产业结构、劳务输出、项目培训等，取得成效。当年扶贫资金投入总额1142万元，实施的扶贫项目覆盖7个乡镇场，涵盖93个行政村，扶贫项目11个，共计扶持农户600户1932人；减免1372户贫困户农牧业“三税”305956元，减免1372户农牧特三税附加金额61191.2元；减免1372户贫困户义务工和累计工折合人民币246960元，减免1960户贫困户子女课本费、学杂费29.4万元。利用2004年扶贫项目结余资金和农业发展资金，以实用技术为内容培训低收入人口550人次。3月农闲时节，组织部分乡镇场，对富余劳动力进行劳务输出技能培训，全年完成培训农村低收入人口3天以上689人次；实施并完成到村入户的扶贫发展资金项目2项，使用项目资金55万元采购1015只“多浪”羊和8只“萨福克”种公羊，帮助210余户贫困户发展畜牧业养殖。全年共投放财政扶贫“抗震安居工程”资金100余万元，解决150余户贫困户住房问题。全市60余个党政机关单位在节假日期间，无偿扶持贫困户1379户，为农村贫困户送去粮食57.5吨、清油14.3吨，并为贫困户发放救助款18.3万元。贫困户无偿筹集生产备用资金达130万元，受益贫困户达到2480户。年底879户2321人脱贫，返贫率控制在3%以内。

2010年，阿克苏市申报并审批财政扶贫项目1个（阿依库勒镇皇宫村防渗渠建设），争取财政扶贫资金38万元，连续接受培训7天以上的农牧民初级技术员300人；贫困户稳定转移就业225人；贫困劳动力实用技术培训325人；就业265人，就业率88%。对口帮助温宿县博孜墩乡，落实抗震房建设资金75万元，送去饲养小鸡5万羽，共计25万元，投入63.7万元培训该乡农村富余劳动力260余名，85%以上的培训学员实现转移就业。全年有165户503人脱贫。

2011年，全市脱贫265户1195人。

2012年，阿克苏市安排144个市直单位（企业）对全市58个重点村实行帮扶，再次发出以部门包村、定点帮扶活动为主要形式的社会扶贫。市财政拿出50万元专项资金用于扶贫助学，并在财政局设立专户。制定出台《阿克苏市扶贫助学基金管理办法》。开展农业实用技能培训，各乡镇（场）培训贫困户子女1145余人次，200余名贫困户子女通过缝纫、纺织、烹调、泥瓦工等技能培训就业。经地区扶贫办确认的低收入贫困人口有7003户、28987人。重点村2个，列入"整村推进"任务的村有1个。扶贫到户工程项目为富民安居房建设、生产母羊、暖圈建设、水利基础设施等项目，争取项目资金146万元，各单位共捐款35万元，赠送面粉、大米和清油价值达20.89万元。按照市委《关于阿克苏市2011~2015年对口帮扶温宿县博孜墩乡实施意见》精神，就对口帮扶温宿县博孜墩乡在小鸡供育、富民安居房建设、优质驴补助、富余劳动力培训等方面给予帮扶，资金共计74.5万元。脱贫303户1375人。

2014年，自治区下达市财政扶贫资金项目3个，下达资金226万元。全年各乡镇场在建筑行业、畜牧养殖和林果业丰产等方面进行培训，共完成1071人次。有648户2495人脱贫。

2016年，阿克苏市完成1479户4822个贫困人口退出，阿依库勒镇阔纳巴扎村通过自治区贫困退出核查验收。

## 第四节　扶贫项目

2008~2016年，阿克苏市有整体脱贫项目2个，主要在阿依库勒镇实施。

2008年，阿克苏市在阿依库勒镇黄宫村实施8个项目，主要包括林果业项目（红枣密植园），投入苗木款资金16.5万元；畜牧业及配套设施项目（托牛所建设），投入资金60万元；牛圈项目，投入资金60万元；危房改造项目，投入资金30万元；科技培训经费项目，投入资金5万元；电视扶贫项目，投入资金5万元；弱势群体医疗救济项目，投入资金10万元；助学帮困项目，投入资金12万元。

2009~2010年，市阿依库勒镇黄宫村实施21个项目。

2016年，阿克苏市作为地区脱贫摘帽的唯一县（市），投入各类资金8725.44万元。1479户、4822人实现脱贫，阿依库勒镇阔纳巴扎村通过自治区贫困退出核查验收。脱贫人口人均年收入达3985.4元，超过3026元的贫困退出标准，实现阿克苏市贫困人口整体脱贫。参加新型农村合作医疗的贫困人口有4822人，占退出贫困人口总数的100%；16岁以上非在校生参加农村基本养老保险2917人，参保率100%；退出贫困户家庭子女无辍学生，就学率100%。

## 第五节　对口扶贫

### 一　自治区定点扶贫

2016年前，阿克苏市无自治区级定点扶贫单位。2016年开始，自治区林业厅对阿克苏市进行定点扶贫，组成集中整治工作队。林业厅集中整治工作队发挥行业优势，加大资金、技术、人才投入，实施精准扶贫、精准脱贫。投入3200万元项目资金，用于21个行政村的惠民生建设；建设16

家就业创业基地、生活便民中心、文化活动广场、农产品交易市场、村集体经济“五位一体”的小市场，建成商铺130间、市场摊位1200个，提供就业创业岗位1500余个。扶持壮大5家由本村村民领办创办的小型加工厂，打造地毯村、服装村、刺绣村；扶持建设织袜厂、服装厂、冰糖厂、水磨面粉厂、果品保鲜库等7家小型加工厂。阿依库勒镇21个行政村增加村集体固定资产2200余万元，每村每年可获得承包费10万元以上。建立扶贫帮困基金，共募捐帮扶资金21.9万元；发动募捐献爱心活动，帮助贫困户重症患者筹集医治费用3万余元。邀请新疆农科院、自治区林科院、阿克苏地区林科所有关专家举办农业技术培训班，现场讲授林果、瓜菜、棉花种植技术和家禽养殖技术。

### 二　援疆扶贫

2006 ~ 2008年，上海市对口支援阿克苏市人力资源开发扶贫培训项目15个，主要围绕“白玉兰”、职业技能和实用技术方面开展培训。

**表21－13　2006 ~ 2008年上海对口支援阿克苏市人力资源开发扶贫培训项目**

| 年份 | 帮扶项目 | 帮扶人次（人次） | 资金（万元） |
|---|---|---|---|
| 2006 | “白玉兰”培训项目 | 28 | 2.26 |
| 2007 | 职业技能培训 | 150 | 12.1 |
| 2008 | 实用技术培训 | 160 | 12.92 |

2010 ~ 2016年，浙江杭州对口援助阿克苏市。在2014年后，援疆扶贫向贫困地区、贫困人口倾斜。

**表21－14　2014 ~ 2016年浙江杭州对口援助阿克苏市主要项目表**

单位：万元

| 年份 | 金额 | 主要项目 | 备注 |
|---|---|---|---|
| 2014 | 360 | 喀拉塔勒镇3000平方米袜业 | |
| | 220 | 喀拉塔勒镇博斯坦村等4个农村文化礼堂 | |
| 2015 | 7650 | 7650户安居富民 | |
| | 300 | 10个乡镇街道文化礼堂 | |
| 2016 | 1084 | 阿依库勒、喀拉塔勒镇、依干其共计1万平方米标准厂房 | |
| | 8575 | 安居富民工程、袜业园新扩建、教育矫治中心监控设备、多浪河二期导流渠东西两侧绿地建设、阿克苏市民服务活动中心等 | 其中贫困户546户 |

## 第六节　移民安置

阿克苏市认真贯彻落实《国务院关于完善大中型水库移民后期扶持政策的意见》及《新疆维吾尔自治区大中型水库移民后期扶持资金使用管理办法》，做好水库移民的后期扶持工作。

### 一　移民搬迁

2013 年，阿克苏市按照不多、不重、不漏的原则，出台《阿克苏市大中型水库农村移民后期扶持人口登记办法实施细则》等后期人口登记实施办法，完成移民人口登记申报、公示、审查复核、确认入档，核定水库移民 153 人。2014 年核减为 145 人，其中汉族移民 14 户 55 人，13 户为疆外水库移民，1 户为疆内水库移民；维吾尔族移民 14 户 90 人，全部为疆内水库移民；2015 年核减为 143 人，2016 年核减为 141 人。疆内水库移民来自阿克库木须水库和多浪水库。

### 二　移民补偿

2016 年，阿克苏市为妥善解决水库移民生产生活困难，发放移民直补资金 141 人，共 8.46 万元。

### 三　迁入地

阿克苏市水库移民分布于喀拉塔勒镇的英阿克艾热克村、切日库木村、克迪阿依玛克村、色日克科尔庆村，良种场、依干其乡、托普鲁克乡，库克瓦什林管站、柯克亚水管站、红旗坡农场、实验林场等；其中喀拉塔勒镇英阿克艾热克村有移民 14 户 102 人。

# 第九章　援疆工作

## 第一节　上海援助阿克苏市

1997 年，党中央、国务院做出东中部省份对口援助新疆的重大决策，上海市被确定为首批援助阿克苏市的对口省份。1997 年 2 月，上海市首批 3 名援疆干部到阿克苏市开展工作。

至 2001 年，上海市先后援助 60 万元修建阿依库勒镇 1 所希望小学，援助 25 万元为阿克苏市装置路名牌，援助 15 万元为市医院购置医疗器械，援助 20 万元设立教育基金，上海市水利局援助 30 万元用于水利建设，援助车辆 60 辆，援疆干部结对帮困 13 户，结对助学 17 名，为阿克苏市培养教师、医生等各类人才 21 名，有 35 项新技术、新项目填补阿克苏、南疆、自治区空白。援疆干部每人捐款 2500 元设立上海援疆干部精神文明奖励金，援疆干部用于扶贫帮困、助学的资金达 10 万元。

2002 年 7 月，上海市选派第四批 51 名援疆干部，平均年龄 38.2 岁，专科以上占 96.1%、本科以上占 74.5%，共产党员占 74.5%。其中有 9 名援疆干部到阿克苏市开始第四批援助工作，市委安排 1 名副书记负责协调工作，各单位在生活上对援疆干部住宿给予安排。10 月，市委组织部制定《阿克苏市援疆干部管理工作暂行规定的通知》，提供 10.68 万元资金安排 20 余名教师、医生赴上海学习培训，上海市的 3 家医院向阿克苏市人民医院、中医院援助 10.2 万元的医疗器械。

到 2005 年初，通过在上海市举行阿克苏市经济技术项目推介会、走访一批大中型企业和部分行业协会负责人等途径，与上海的众多企业进行广泛接触和联系，宣传介绍阿克苏的投资环境、资源优势、发展前景、优惠政策等，推进阿克苏市的对外经济技术合作，达成总价值2000万元的农业、畜牧合作项目。阿克苏市培训各类专业人员68次，组织7批52人次的两地间考察交流活动。

2005年6月至2008年5月，上海市选派第五批9名援疆干部到阿克苏市，其中党政干部7人，卫生口干部2人。第五批9名援疆干部中，有2名是市委常委（1名副书记、1名副市长），分管经贸、招商、教育等重要的工作，其他7名是财政、招商、卫生、建设等重要部门的副职领导。2006年，上海市总投资945万元，其中援助资金270万元，建设阿克苏市村级阵地27个。到2008年，上海市以技术援疆为着眼点，成立招投标代理中心，完善工程招投标、勘察、设计、施工、监理、竣工验收备案管理运行机制，在阿克苏市率先推行建筑市场主体不良行为记录措施，培训专业技术人员2000人次。以经济协作为链接点，先后为阿克苏市争取上海援助资金2668万元，援建学校、幼儿园4所，完成农村阵地建设3个，实现1个卫生监督所和64个行政村的政权建设目标。落实招商引资重点项目162个，到位资金突破30亿元，争取无偿援助资金439.5万元。以扶贫帮困为切入点，无偿捐助贫困学生31人，捐助助学资金4.2万元，无偿扶贫帮困捐助资金4万余元。

2008年7月，第六批上海援疆干部9人到阿克苏市开展工作。国务院对援疆工作提出援疆省份以干部支援为龙头，实行经济、科技、文化全方位的支援，援疆工作思路从此开始由智力、技术援助向以经济援助为主转变。

2008年7月至2010年6月，上海市选派第六批9名援疆干部到阿克苏市，其中党政干部5人，医生2人，教师2人。有2名是市委常委（1名副书记、1名副市长），分管经贸、招商、教育等工作，其他7名是财政、招商、卫生、建设、教育等重要部门的副职领导。其中副处级2名、科级2名、高级职称3名、中级职称2名。以技术援疆为着眼点，制定《阿克苏市行政事业单位公务用车实行定点加油管理暂行办法》《阿克苏市政府集中采购目录和分散采购限额标准》等制度，两年来以公开招标、邀请函招标、竞争性谈判等方式，组织379场政府采购，完成预算15710万元，实际采购14360万元，节约资金1350万元，节约率8.9%。以经济协作为链接点，实施涉及教育、卫生、社区新农村建设等4大类9个援疆建设项目，援助资金达3000余万元。促进长宁区、阿克苏市两地党政领导的交流，促成合作交流项目11个，上海市、对口单位累计帮扶资金达360万元。招商总金额达38亿元。协调上海援助资金480万元；阿克苏市喀拉塔勒镇中心小学建设项目协调上海援助资金210万元，同时为市第三中学提供价值20万元交通用车一辆、教学设备资金10万元、教师培训和校际交流费用10万元。以扶贫帮困为切入点，促成各项合作交流项目11个，上海市、对口单位累计帮扶资金达360万元。个人合计捐款3.5万元。

1999～2010年，上海市先后完成阿克苏市喀拉塔勒镇吐格曼巴村、库木巴什乡尤卡喀纳斯村、依干其乡哈尼喀村“上海白玉兰村”建设项目，援助资金完成村道路、农田水利、教育、卫生、基础设施、种植区建设等项目建设，并建抗震安居房339户。投资2855.9万元与市财政的配套资金共同修建市良种场学校场舍、市拜什吐格曼乡和托普鲁克乡幼儿园、市第十二小学、第五中学综合楼、市卫生监督所办公楼、市喀拉塔勒镇中心小学教室和水暖电器工程、市兰干街道社区卫生服务中心、拜什吐格曼乡卫生院等。在新农村建设中，援助363万元对拜什吐格曼乡5个村进行村容改造，援助290万元为南城街道古勒阿瓦提社区修建办公楼、警卫室等。

**表 21－15　1997～2010 年上海市援阿克苏市干部名表**

| 姓名 | 性别 | 族别 | 援疆批次 | 援疆所在单位职务 | 援疆起止时间 |
|---|---|---|---|---|---|
| 华建国 | 男 | 汉 | 第一批 | 阿克苏市财政局副局长 | 1997.2～2000.1 |
| 盛伯荣 | 男 | 汉 | 第一批 | 阿克苏市副市长 | 1997.2～2000.1 |
| 闻　淼 | 男 | 汉 | 第一批 | 阿克苏市委副书记 | 1997.2～2000.1 |
| 陈　前 | 男 | 汉 | 第二批 | 阿克苏市第三中学教师 | 1998.3～2001.1 |
| 雷红星 | 男 | 汉 | 第二批 | 阿克苏市第三中学教师 | 1998.3～2001.1 |
| 陈培贤 | 男 | 汉 | 第二批 | 阿克苏市第三中学教师 | 1998.3～2001.1 |
| 田小波 | 男 | 汉 | 第三批 | 阿克苏市人民医院眼科主任 | 1999.6～2002.5 |
| 赵爱民 | 男 | 汉 | 第三批 | 阿克苏市人民医院妇产科主任 | 1999.6～2002.5 |
| 马立雄 | 男 | 汉 | 第三批 | 阿克苏市人民医院医技科主任 | 1999.6～2002.5 |
| 艾开兴 | 男 | 汉 | 第三批 | 阿克苏市人民医院副院长、外科主任 | 1999.6～2002.5 |
| 胡险峰 | 男 | 汉 | 第三批 | 阿克苏市副市长 | 1999.6～2002.5 |
| 嵇绍荣 | 男 | 汉 | 第三批 | 阿克苏市委副书记 | 1999.6～2002.5 |
| 高荣强 | 男 | 汉 | 第四批 | 阿克苏市委常委、副市长 | 2002.6～2005.5 |
| 杨　彪 | 男 | 汉 | 第四批 | 阿克苏市委副书记 | 2002.6～2005.5 |
| 张驰东 | 男 | 汉 | 第四批 | 阿克苏市中医院副院长兼外妇科主任 | 2002.6～2005.5 |
| 王一心 | 男 | 汉 | 第四批 | 阿克苏市中医院副院长 | 2002.6～2005.5 |
| 陈亚平 | 男 | 汉 | 第四批 | 阿克苏市人民医院副院长 | 2002.6～2005.5 |
| 李　春 | 男 | 汉 | 第四批 | 阿克苏市第三中学教师 | 2002.6～2005.5 |
| 孟　勇 | 男 | 汉 | 第四批 | 阿克苏市第三中学教师 | 2002.6～2005.5 |
| 张斯恒 | 男 | 汉 | 第四批 | 阿克苏市第三中学党支部书记、副校长 | 2002.6～2005.5 |
| 徐剑宏 | 男 | 汉 | 第四批 | 阿克苏市教育局副局长 | 2002.6～2005.5 |
| 温朝阳 | 男 | 汉 | 第五批 | 阿克苏市妇幼保健站副站长 | 2005.6～2008.5 |
| 董兰强 | 男 | 汉 | 第五批 | 阿克苏市卫生局副局长 | 2005.6～2008.5 |
| 施学军 | 男 | 汉 | 第五批 | 阿克苏市招商局副局长 | 2005.6～2008.5 |
| 田国强 | 男 | 汉 | 第五批 | 阿克苏市财政局副局长 | 2005.6～2008.5 |
| 毛贤良 | 男 | 汉 | 第五批 | 阿克苏市发改委副主任 | 2005.6～2008.5 |
| 陆恒炯 | 男 | 汉 | 第五批 | 阿克苏市副市长 | 2005.6～2008.5 |
| 程　敏 | 男 | 汉 | 第五批 | 阿克苏市委副书记 | 2005.6～2008.5 |
| 史永亮 | 男 | 汉 | 第五批 | 阿克苏市建设局副局长 | 2005.6～2008.5 |
| 刘　佳 | 男 | 汉 | 第五批 | 阿克苏市广电局副局长 | 2005.6～2008.5 |
| 汤　伟 | 男 | 汉 | 第六批 | 阿克苏市第四中学副校长 | 2008.6～2010.6 |
| 徐帮林 | 男 | 汉 | 第六批 | 阿克苏市招商局副局长 | 2008.6～2010.6 |
| 乔璟文 | 男 | 汉 | 第六批 | 阿克苏市财政局副局长 | 2008.6～2010.6 |
| 陈卫东 | 男 | 汉 | 第六批 | 阿克苏市委常委、副市长 | 2008.6～2010.6 |
| 俞　浩 | 男 | 汉 | 第六批 | 阿克苏市委副书记 | 2008.6～2010.6 |
| 韩晓明 | 男 | 汉 | 第六批 | 阿克苏市第三中学副校长 | 2008.6～2010.6 |
| 杨耀忠 | 男 | 汉 | 第六批 | 阿克苏市中医院副院长 | 2008.6～2010.6 |
| 魏红勇 | 男 | 汉 | 第六批 | 阿克苏市卫生局副局长 | 2008.6～2010.6 |
| 刘鸿鸣 | 男 | 汉 | 第六批 | 阿克苏市建设局副局长 | 2008.6～2010.6 |

## 第二节　杭州市援助阿克苏市

### 一　机构

2010 年 5 月，中央召开新疆工作座谈会，调整内地省（市）对口支援新疆工作，由浙江省对口支援阿克苏地区，浙江省杭州市对口支援阿克苏市，这是第七批援疆工作，杭州市是全国新一轮对口援疆工作的 5 个试点之一。2010 年 6 月 3 日，杭州市援疆指挥部全体成员进驻阿克苏市。2010 年 6 月 12 日，浙江省委常委、杭州市委书记黄坤明率领杭州市党政代表团到阿克苏市为指挥部揭牌，确定杭州市 2010 年试点项目，标志着第七批杭州市对口支援阿克苏市工作正式全面开展。援疆指挥部下设办公室、产业发展与资金管理组、规划建设组、专业技术人才管理组。高国飞（援疆干部）担任阿克苏地委委员、阿克苏市委书记、援疆指挥部党委书记，谢建华（援疆干部）担任市委副书记，指挥部党委副书记、指挥长，周涛（援疆干部）担任市委常委、常务副市长、指挥部党委副书记、副指挥长，卓信宁（援疆干部）担任指挥部党委委员、副指挥长，建设局、财政局、发改委一把手由援疆干部担任；杭州市共选派援疆干部人才 57 人，包括党政干部、城市建设类人才、经济管理类人才、公安系统专家、教育卫生类专业技术人才等。57 名援疆干部人才中，本科及以上学历 38 人，占 66.7%，其中研究生学历 9 人，占 15.8%。

2011 年 10 月，阿克苏市成立对口援市工作领导小组办公室，归口阿克苏市发展和改革委员会管理，主要负责市对口援市办公室日常工作。核定事业编制 5 名，办公室主任由市发展和改革委员会主要领导兼任，配备 1 名专职副主任。

2013 年 8 月 28 日，杭州市第八批 3 名援疆干部骨干到阿克苏市，开始第八批的援疆工作。2013 年 12 月 22 日，杭州市第八批其余 11 名援疆干部全体抵阿，开始与第七批的压茬交接工作。2014 年 2 月，杭州市第八批第一期 17 名援疆专业技术人才进疆开展援疆工作。杭州援疆指挥部下设办公室，综合信息组，规划建设组，产业、就业与资金组，人才管理与开发组。楼建忠（援疆干部）担任杭州市援疆指挥部党委书记、指挥长，胡金浩（援疆干部）担任指挥部党委副书记、副指挥长，蔡德全（援疆干部）担任党委委员、副指挥长。2017 年 1 月，第八批援疆干部全部返回杭州。

**表 21－16　2010～2016 年浙江省杭州市援阿干部名表**

| 姓名 | 性别 | 族别 | 援疆批次 | 援疆所在单位职务 | 援疆起止时间 |
|---|---|---|---|---|---|
| 高国飞 | 男 | 汉 | 第七批 | 阿克苏地委委员、阿克苏市委书记，杭州市援疆干部领队、杭州市援疆指挥部党委书记，浙江省援疆指挥部党委委员、副指挥长 | 2010.5～2013.12 |
| 谢建华 | 男 | 汉 | 第七批 | 阿克苏市委副书记，杭州市援疆指挥部党委副书记、指挥长，浙江省指挥部党委委员、副指挥长 | 2010.5～2013.12 |
| 周　涛 | 男 | 汉 | 第七批 | 阿克苏市委常委、常务副市长，杭州市指挥部党委副书记、副指挥长，浙江省指挥部纪委委员，杭州市指挥部纪委书记 | 2010.5～2013.12 |
| 卓信宁 | 男 | 汉 | 第七批 | 杭州市援疆指挥部党委委员、副指挥长 | 2010.5～2013.12 |
| 应革新 | 男 | 汉 | 第七批 | 杭州市援疆指挥部党委委员兼办公室主任 | 2010.5～2013.12 |

续表

| 姓名 | 性别 | 族别 | 援疆批次 | 援疆所在单位职务 | 援疆起止时间 |
|---|---|---|---|---|---|
| 邵京华 | 男 | 汉 | 第七批 | 杭州市援疆指挥部规划建设组组长 | 2010.5～2013.12 |
| 辛嘉良 | 男 | 汉 | 第七批 | 阿克苏市招商局副局长、杭州市援疆指挥产业发展与资金管理组长 | 2010.5～2013.12 |
| 吴小敏 | 男 | 汉 | 第七批 | 杭州市援疆指挥部专业技术人才管理组组长 | 2010.5～2013.12 |
| 朱春根 | 男 | 汉 | 第七批 | 阿克苏市纪委副书记，杭州市援疆指挥部纪委副书记、机关党委副书记 | 2010.5～2013.12 |
| 张　驰 | 男 | 汉 | 第七批 | 阿克苏地区发改委党组成员、副主任，阿克苏市发改委主任 | 2010.5～2013.12 |
| 陈少杰 | 男 | 汉 | 第七批 | 阿克苏地区财政局党组成员、副局长，阿克苏市财政局局长 | 2011.12～2013.12 |
| 边伟校 | 男 | 汉 | 第七批 | 阿克苏地区住房和城乡建设局党组成员、副局长，阿克苏市住房和城乡建设局局长 | 2011.12～2013.12 |
| 魏　强 | 男 | 汉 | 第七批 | 阿克苏市公安局副局长 | 2011.8～2013.12 |
| 朱鹏魁 | 男 | 汉 | 第七批 | 阿克苏市商务局副局长，杭州市援疆指挥部办公室副主任 | 2010.5～2013.12 |
| 卢小强 | 男 | 汉 | 第七批 | 阿克苏市规划局副局长，杭州市援疆指挥部规划建设组副组长 | 2010.5～2013.12 |
| 姚　卫 | 男 | 汉 | 第七批 | 杭州市援疆指挥部规划建设组副组长 | 2010.7～2013.12 |
| 张柏平 | 男 | 汉 | 第七批 | 阿克苏市卫生局副局长，杭州市援疆指挥部专业技术人才管理组副组长 | 2010.5～2013.12 |
| 罗　勉 | 男 | 汉 | 第七批 | 阿克苏市教育局副局长，杭州市援疆指挥部专业技术人才管理组副组长 | 2010.5～2013.12 |
| 朱世权 | 男 | 汉 | 第七批 | 杭州市援疆指挥部规划建设组副组长 | 2010.5～2013.12 |
| 陈润军 | 男 | 汉 | 第七批 | 杭州市援疆指挥部规划建设组成员 | 2010.7～2013.12 |
| 蒋泽峰 | 男 | 汉 | 第七批 | 杭州市援疆指挥部产业发展与资金管理组成员 | 2010.7～2013.12 |
| 王克诰 | 男 | 汉 | 第七批 | 阿克苏市第三中学副校长 | 2011.2～2012.7 |
| 祝　毅 | 男 | 汉 | 第七批 | 阿克苏市第三学教务主任 | 2011.2～2012.7 |
| 姚　旻 | 男 | 汉 | 第七批 | 阿克苏市第三中学高中语文教师 | 2011.2～2012.7 |
| 王　刚 | 男 | 汉 | 第七批 | 阿克苏市第三中学高中数学教师 | 2011.2～2012.7 |
| 林允琪 | 男 | 汉 | 第七批 | 阿克苏市第四中学副校长 | 2011.2～2012.7 |
| 郑纯旺 | 男 | 汉 | 第七批 | 阿克苏市第四中学教务主任 | 2011.2～2012.7 |
| 曹明凤 | 男 | 汉 | 第七批 | 阿克苏市第六中学副校长 | 2011.2～2012.7 |
| 胡国才 | 男 | 汉 | 第七批 | 阿克苏市第六中学教务副主任 | 2011.2～2012.7 |
| 徐　平 | 男 | 汉 | 第七批 | 阿克苏市第八中学副校长 | 2011.2～2012.7 |
| 饶海青 | 男 | 汉 | 第七批 | 阿克苏市第八中学教务主任 | 2011.2～2012.7 |
| 周道泉 | 男 | 汉 | 第七批 | 阿克苏市第八中学初中数学教师 | 2011.2～2012.7 |
| 张正雄 | 男 | 汉 | 第七批 | 阿克苏市第八中学初中物理教师 | 2011.2～2012.7 |
| 黄世恩 | 男 | 汉 | 第七批 | 阿克苏市人民医院副院长 | 2011.2～2012.7 |
| 侯育国 | 男 | 汉 | 第七批 | 阿克苏市人民医院泌尿外科医生 | 2011.2～2012.7 |
| 俞　科 | 男 | 汉 | 第七批 | 阿克苏市人民医院普外科医生 | 2011.2～2012.7 |
| 欧阳栋 | 男 | 汉 | 第七批 | 阿克苏市人民医院妇产科医生 | 2011.2～2012.7 |
| 余志华 | 男 | 汉 | 第七批 | 阿克苏市人民医院心脑血管医生 | 2011.2～2012.7 |
| 王　斌 | 男 | 汉 | 第七批 | 阿克苏市中医院副院长 | 2011.2～2012.7 |
| 姚叶东 | 男 | 汉 | 第七批 | 阿克苏市第三中学副校长 | 2012.7～2013.12 |
| 王明峰 | 男 | 汉 | 第七批 | 阿克苏市第四中学副校长 | 2012.7～2013.12 |
| 高利方 | 男 | 汉 | 第七批 | 阿克苏市第六中学副校长 | 2012.7～2013.12 |
| 戴衍义 | 男 | 汉 | 第七批 | 阿克苏市第八中学副校长 | 2012.7～2013.12 |
| 陈伟祥 | 男 | 汉 | 第七批 | 阿克苏市第三中学教务主任 | 2012.7～2013.12 |
| 翁　强 | 男 | 汉 | 第七批 | 阿克苏市第四中学教务主任 | 2012.7～2013.12 |

续表

| 姓名 | 性别 | 族别 | 援疆批次 | 援疆所在单位职务 | 援疆起止时间 |
|---|---|---|---|---|---|
| 谭　鑫 | 男 | 汉 | 第七批 | 阿克苏市第八中学教务主任 | 2012.7～2013.12 |
| 詹仁春 | 男 | 汉 | 第七批 | 阿克苏市第三中学高中语文教师 | 2012.7～2013.12 |
| 林子仪 | 男 | 汉 | 第七批 | 阿克苏市第三中学高中物理教师 | 2012.7～2013.12 |
| 卢学序 | 男 | 汉 | 第七批 | 阿克苏市第六中学高中数学教师 | 2012.7～2013.12 |
| 吴红英 | 女 | 汉 | 第七批 | 阿克苏市第八中学初中数学教师 | 2012.7～2013.12 |
| 孙　健 | 男 | 汉 | 第七批 | 阿克苏市第八中学初中物理教师 | 2012.7～2013.12 |
| 邵忠红 | 男 | 汉 | 第七批 | 阿克苏市人民医院副院长、儿科副主任医师 | 2012.7～2013.12 |
| 王秀蓉 | 男 | 汉 | 第七批 | 阿克苏市中医院副院长、中医妇科副主任医师 | 2012.7～2013.12 |
| 陆红全 | 男 | 汉 | 第七批 | 阿克苏市人民医院外科泌尿外科副主任医师 | 2012.7～2013.12 |
| 程根苗 | 男 | 汉 | 第七批 | 阿克苏市人民医院外科副主任医师 | 2012.7～2013.12 |
| 刘冬云 | 男 | 汉 | 第七批 | 阿克苏市人民医院妇产科副主任医师 | 2012.7～2013.12 |
| 段　徐 | 男 | 汉 | 第七批 | 阿克苏市人民医院心内科副主任医师 | 2012.7～2013.12 |
| 楼建忠 | 男 | 汉 | 第八批 | 中共阿克苏市委副书记，杭州市援疆指挥部党委书记、指挥长，浙江省援疆指挥部党委委员、副指挥长 | 2013.8～2017.1 |
| 胡金浩 | 男 | 汉 | 第八批 | 阿克苏市委常委、副市长，杭州市援疆指挥部党委副书记、纪委书记、副指挥长 | 2013.8～2017.1 |
| 蔡德全 | 男 | 汉 | 第八批 | 阿克苏市委常委、市人民政府副市长，杭州市援疆指挥部党委委员、副指挥长 | 2013.8～2017.1 |
| 韩更新 | 男 | 汉 | 第八批 | 阿克苏市委办公室副主任，杭州市援疆指挥部办公室主任 | 2013.12～2017.1 |
| 高胜明 | 男 | 汉 | 第八批 | 阿克苏市纪检委副书记，杭州市援疆指挥部综合信息组组长 | 2013.12～2017.1 |
| 陈　军 | 男 | 汉 | 第八批 | 阿克苏市规划局局长 | 2013.12～2017.1 |
| 高征兵 | 男 | 汉 | 第八批 | 阿克苏市委组织部副部长，杭州市援疆指挥部人才管理与开发组组长 | 2013.12～2017.1 |
| 蒋冬青 | 男 | 汉 | 第八批 | 阿克苏市发改委副主任，杭州市援疆指挥部产业、就业与资金组组长 | 2013.12～2017.1 |
| 袁国荣 | 男 | 汉 | 第八批 | 阿克苏市财政局副局长，杭州市援疆指挥部产业、就业与资金组副组长 | 2013.12～2017.1 |
| 章燃灵 | 男 | 汉 | 第八批 | 阿克苏市住房和城乡建设局副局长，杭州市援疆指挥部规划建设组组长 | 2013.12～2017.1 |
| 辛军波 | 男 | 汉 | 第八批 | 阿克苏市公安局副局长，杭州市援疆指挥部办公室副主任 | 2013.12～2017.1 |
| 李冰涛 | 男 | 汉 | 第八批 | 阿克苏市规划局总规划师，杭州市援疆指挥部规划建设组副组长 | 2013.12～2017.1 |
| 戚建江 | 男 | 汉 | 第八批 | 阿克苏市卫生局副局长，杭州市援疆指挥部人才管理与开发组副组长 | 2013.12～2017.1 |
| 潘长青 | 男 | 汉 | 第八批 | 阿克苏市教育局副局长，杭州市援疆指挥部人才管理与开发组副组长 | 2013.12～2017.1 |
| 吴　懿 | 男 | 汉 | 第八批 | 阿克苏市人民医院普外科腔镜医生 | 2014.2～2015.8 |
| 孙国权 | 男 | 汉 | 第八批 | 阿克苏市人民医院妇科医生 | 2014.2～2015.8 |
| 金九如 | 男 | 汉 | 第八批 | 阿克苏市人民医院心内科医生 | 2014.2～2015.8 |
| 倪卫星 | 男 | 汉 | 第八批 | 阿克苏市人民医院超声影像科 | 2014.2～2015.8 |
| 梁　超 | 男 | 汉 | 第八批 | 阿克苏市中医院副院长、妇产科医生 | 2014.2～2015.8 |
| 陈利民 | 男 | 汉 | 第八批 | 杭州师范大学附属阿克苏市高级中学数学教师、副校长 | 2014.2～2015.8 |
| 汤晓风 | 男 | 汉 | 第八批 | 杭州师范大学附属阿克苏市高级中学英语教师、副校长 | 2014.2～2015.8 |
| 舒　波 | 男 | 汉 | 第八批 | 阿克苏第三中学数学教师、副校长 | 2014.2～2015.8 |
| 周子游 | 男 | 汉 | 第八批 | 阿克苏市第三中学物理教师 | 2014.2～2015.8 |
| 朱建虎 | 男 | 汉 | 第八批 | 阿克苏市第四中学数学教师、副校长 | 2014.2～2015.8 |
| 陶慧芳 | 女 | 汉 | 第八批 | 阿克苏市第四中学英语老师 | 2014.2～2015.8 |

续表

| 姓名 | 性别 | 族别 | 援疆批次 | 援疆所在单位职务 | 援疆起止时间 |
|---|---|---|---|---|---|
| 谌爱丽 | 女 | 汉 | 第八批 | 阿克苏市第六中学数学教师 | 2014.2～2015.8 |
| 娄雨奇 | 男 | 汉 | 第八批 | 阿克苏市第六中学物理教师 | 2014.2～2015.8 |
| 毛雪玉 | 女 | 汉 | 第八批 | 阿克苏市第八中学数学教师、副校长 | 2014.2～2015.8 |
| 朱德才 | 男 | 汉 | 第八批 | 阿克苏市第八中学语文教师 | 2014.2～2015.8 |
| 陶　森 | 男 | 汉 | 第八批 | 阿克苏市第二小学语文教师 | 2014.2～2015.8 |
| 崔建军 | 男 | 汉 | 第八批 | 阿克苏市第四小学数学教师 | 2014.2～2015.8 |
| 李国梁 | 男 | 汉 | 第八批 | 阿克苏市人民医院普外科腔镜医师、兼副院长 | 2015.8～2017.1 |
| 李　芳 | 女 | 汉 | 第八批 | 阿克苏市人民医院妇科医师 | 2015.8～2017.1 |
| 刘　巍 | 女 | 汉 | 第八批 | 阿克苏人民医院妇产科医师 | 2015.8～2017.1 |
| 徐　鹏 | 男 | 汉 | 第八批 | 阿克苏市人民医院心血管内科医师 | 2015.8～2017.1 |
| 陈　艳 | 女 | 汉 | 第八批 | 阿克苏市人民医院超声影像科医师 | 2015.8～2017.1 |
| 王国灿 | 男 | 汉 | 第八批 | 杭师大附属阿克苏高级中学数学教师、兼副校长 | 2015.8～2017.1 |
| 郑　虹 | 女 | 汉 | 第八批 | 杭师大附属阿克苏高级中学英语教师、兼副校长 | 2015.8～2017.1 |
| 张建峰 | 男 | 汉 | 第八批 | 杭师大附属阿克苏高级中学语文教师 | 2015.8～2017.1 |
| 杨延丰 | 男 | 汉 | 第八批 | 杭师大附属阿克苏高级中学数学教师 | 2015.8～2017.1 |
| 徐广平 | 男 | 汉 | 第八批 | 杭师大附属阿克苏高级中学物理教师 | 2015.8～2017.1 |
| 陈建鑫 | 男 | 汉 | 第八批 | 阿克苏市第四中学初中数学教师、兼副校长 | 2015.8～2017.1 |
| 翁　一 | 男 | 汉 | 第八批 | 阿克苏市第四中学初中英语教师 | 2015.8～2017.1 |
| 汪迎祥 | 男 | 汉 | 第八批 | 阿克苏市第八中学初中语文教师 | 2015.8～2017.1 |
| 孙立敏 | 女 | 汉 | 第八批 | 阿克苏市第四小学语文教师、兼副校长 | 2015.8～2017.1 |
| 毛水和 | 男 | 汉 | 第八批 | 阿克苏市第二小学数学教师、兼副校长 | 2015.8～2017.1 |
| 刘　昀 | 男 | 汉 | 第八批 | 新疆大学科技学院（阿克苏）工商管理（电子商务专业）教师 | 2015.8～2017.1 |
| 谢联恒 | 男 | 汉 | 第八批 | 新疆大学科技学院（阿克苏）市场营销专业教师 | 2015.8～2017.1 |

## 二　援阿工作

### （一）项目建设

2010年6月，浙江省和自治区确定杭州市对口支援阿克苏市。在阿克苏市实施9个试点项目，投资总额17622万元，其中中央、自治区投资1484万元，杭州市援助资金14338万元。投资8823.53万元，实际拨付6235.61万元用于实施民生服务项目5个，基础设施项目2个，智力支持项目2个。全额投资项目分别是阿温路西侧廉租房建设项目、兰干（八一）双语幼儿园建设项目、社会福利中心建设项目、社区阵地建设项目、友谊路（杭州大道）改造建设项目；资金补助项目分别是农业高效节水项目物资器材援助项目、医疗急救车辆援赠项目、智力援助项目阿克苏市总体规划修编、控制性详规及地形图测绘项目。年末，阿克苏市医疗急救车援赠、智力援助、农业高效节水、杭州大道改造建设等4个项目实现竣工。

2011年，阿克苏市实施6个试点项目，其中民生服务项目4个，基础设施项目1个，智力支持项目1个，投资额10602万元，杭州市援疆资金7318万元。全额投资项目有阿温路西侧保障性住房、兰干双语幼儿园、阿克苏市社会福利中心、5个社区阵地；资金补助项目有农业高效节水；智力援助项目有阿克苏市总体规划修编及城市地形图测绘。年末，6 个试点项目全部竣工。

2012 ~ 2013 年，阿克苏市实施援阿项目 14 个，全部完工。累计完成投资 12.59 亿元，到位援阿资金 2.59 亿元。

2014 ~ 2016 年，浙江杭州市共安排援疆项目 68 个，项目总投资 15.3 亿元，安排援疆资金 4.33 亿元。

（二）民生援疆

2010 ~ 2013 年，杭州市对口支援阿克苏市安居富民工程及保障性住房等项目 7 个，援助资金 21802 万元，建设安居富民房和保障性住房 16397 户，新建扩建房屋面积 100 多万平方米；投资 15321 万元（安排杭州援助资金 1250 万元），建成 9.8 万吨供水能力的阿克苏市城乡供水工程；投资 290 万元（安排杭州援助资金 200 万元），完成农村饮水安全入户项目，使 5761 户农户、23124 人喝上安全卫生饮用水；实施阿克苏市兰干双语幼儿园和高级中学等 2 个援建项目，安排杭州援助资金 11649 万元，建筑面积 58355 平方米；实施阿克苏市乡镇卫生院“1 + 4”改造建设、急救车辆援赠、医疗设备援赠等 4 个项目，投入资金 1973 万元，涉及阿克苏市 4 家直属医疗机构和 6 个乡镇卫生院。实施农民增收工程，累计安排杭州援助资金 2100 万元，建成 0.7 万公顷农业高效节水滴灌工程，每年可增加棉花产量 840 万千克（按每公顷增加产量 1200 千克计），为农民增收 5000 万元以上，每年节水达 10.5 万吨以上；实施关爱温暖工程，投资 4300 万元，建成“新疆一流、南疆最好”的阿克苏市社会福利中心（包括老年社会福利院、儿童福利院、残疾人康复中心），总体建筑面积 1.9 万平方米；实施基层组织阵地建设工程，累计安排杭州援助资金 1800 万元，按照“九站一室”标准建成红旗坡、托万克巴扎巴格、建设、铁热克买里、霍加买里、西园等 6 个社区阵地；实施城建基础工程，援助 4200 万元，建成杭州大道项目；实施城市应急抢险设备援赠项目，援助资金 300 万元，购置大型道路清扫车、高空作业车、多功能应急抢修车、多功能清洗车等市政用车 5 辆。

2014 ~ 2016 年，浙江省杭州市实施安居富民工程，改善群众生活条件。安排援助资金 15880 万元，实施新建、改建 15880 户安居富民房工程，引导农户因地制宜发展庭院经济。安排援疆资金 500 万元，用于补助农牧民经营大棚蔬菜。安排援疆资金 3000 万元，新建阿克苏市就业培训中心，安排援助资金 600 万元，在阿依库勒镇新建村级幼儿园 5 个，解决 2100 户家庭子女的入园问题。设立杭州援疆助学金，资助贫困家庭大学生入学。每年按阿克苏市报名参加高考人数的 10% 确定受助人数，对符合资助条件的贫困家庭大学生发放一次性入学助学金，每人 6000 元。累计资助 104 人，发放助学金 196.2 万元。安排援疆资金 3970 万元，新建 10 个村级基层组织阵地和 3 个社区便民服务中心；安排援疆资金 26 万元，用于购置全社会节能监察设备和柯柯牙街道卫生设施补助项目；安排援疆资金 5414 万元，用于阿克苏市民服务活动中心和多浪河二期绿地建设项目。

（三）产业援疆

2010 ~ 2013 年，做好浙江杭州产业项目在阿克苏落地发展，共投资项目 17 个，到位资金 20.99 亿元。其中 9 个项目建成投产，实现产值 7.88 亿元，解决就业 1800 余人。加快推进阿克苏经济技术开发区浙江产业园（西园）建设，完善园区配套设施，增强园区承载能力。鼓励引导浙商杭商以各种形式参与阿克苏市开发建设、投资兴业，会同阿克苏市委、市政府策划“阿克苏市（杭州）投资环境说明暨项目推介会”“杭州－阿克苏产业合作交流”“弘扬多浪龟兹文化 缔造边塞水韵传奇”休博会阿克苏城市活动日等活动。在杭州、宁波、乌鲁木齐、西安等地组织大型招商活动，浙江天达、浙天塑业、浙江永翔等14家企业先后入驻阿克苏经济技术开发区。推动杭阿两地经济交流合作，多次组织举办经贸洽谈会、特色农产品和旅游项目推介会，促成阿克苏农民合作社赴杭参加浙江省农产品产销对接暨阿克苏地区农产品推介会和阿克苏市特色林果产品杭州宣传周活动，培育拓展阿克苏市农产品、旅游市场。开通杭州与阿克苏直航航线，促进杭阿两地人员的来往。

2014～2016年，浙江省杭州市紧抓产业援疆，促进创业就业。系统实施电商培育工程，先后组织各类普训、实训班40期，参加培训4075人次。与阿里巴巴商学院签订战略合作协议，在阿克苏设立阿里巴巴商学院搭建成阿克苏电子商务产业园，引进47家电商应用和电商服务企业入驻园区。在杭州设立阿克苏电子商务实训基地，实施电商人才培育“蒲公英计划”，共组织9期170名电商骨干人才赴杭开展电商技能实训。开展电子商务进农村综合示范县创建和阿里巴巴“千县万村”电商进农村计划，2015年在28个乡村建成农村电商服务站，开展试点示范，2016年推广52个村级服务站，创建阿克苏市农村电商服务中心——赶巴扎网上商城运营平台。搭建以纺织产业为重点的招商引资平台，强化以商招商，吸引更多企业进驻阿克苏，帮助解决2200余人就业问题。永翔纺织集团二期投资0.5亿元的5万锭扩建项目完工投产；浙江胜达集团投资2亿元的10万锭纺织项目和浙江新世纪家纺有限公司投资1.5亿元的8万锭纺织项目建成投产；实施“两扩建一新建”袜业园标准厂房工程，帮助近千人实现就业。

（四）智力援疆

2010～2013年，浙江杭州市共组织开展智力援助项目110个（包括省统筹项目），投入杭州援助资金4300余万元。共选派援疆干部人才57人，两期36名援疆专业技术人才累计承担教学任务9000余课时、师徒结对24人次，举办教育、学术讲座170场，开展门诊诊治患者2000余例，参与会诊近500起，手术800余例，抢救危重症患者350人，开展新技术、新手术7项，业务查房750余次。阿克苏市共选派97名党政干部和教育、卫生管理干部赴杭州挂职锻炼，19名县处级领导、78名科级干部和154名村级干部赴杭州轮训。选送376名阿克苏市高校毕业生分3期到浙江省14所高校接受培养，其中第一期52人、第二期109人、第三期215人。选派110名少数民族骨干教师和100名骨干校长、教师到杭州进行双语和教育教学培训。杭州市教育、卫生、民政、建设及杭州路桥有限公司派遣30多批次200多名专家到阿克苏市开展教育、卫生、医疗协作、社会福利、道路交通等技术管理、培训、指导、调研，受益人数达5000余人。组织杭州援疆医生和医疗专家深入阿克苏市各乡镇（街道）、村（社区）开展巡回义诊16次，培训卫生管理和医疗技术人员3500余人次。

2014～2016年，浙江省杭州市先后选派633名阿克苏市各级各类干部及专业技术人才到杭州挂职或培训，开展百名大学生服务家乡志愿计划。建立高中数学、小学语文、数学、外科、心血管科、妇产科6个青蓝工作室和机器人创新工作室，34名援疆人才与106名干部人才建立一对一、一对多的师徒结对关系。发挥杭州“互联网＋”的优势，在阿克苏市高级中学建设首个杭阿远程互动教室，开展远程教学辅导、远程专题师训、课堂教学诊断、精品课程点播等活动。举办22期杭派教育展示活动、5期医疗业务培训班，杭州市20批次120多位教师到阿克苏市开展教学指导活动，4

批次24名专家等到阿克苏市送医，开展医学指导交流活动。在阿克苏地、市电视台录制并播出《健康阿克苏》8期，义诊89场，发放价值13万余元的药品。新建新城街道康居社区、兰干街道兰干社区、多浪街道依尔玛社区卫生服务站，依干其乡依尔玛村、喀拉塔勒镇博斯坦村卫生室。援赠医疗救护车、疫苗冷链车6辆，援赠新建社区办公设备价值120万元，援建信息化干部档案室，促进阿克苏市基层基础。

（五）平安援疆

2014~2016年，浙江省杭州市投入大量资金用于阿克苏市平安建设。2014年实施天网工程。2015年，投入近8000万元援疆资金，将天网工程从城市覆盖到农村；助建“DNA”实验室，推动科技强警发展。注重公安基层建设和专技人才培训，援建阿克苏市公安局兰干派出所，选派相关人员到杭州参加专训。2016年，投入援疆资金近900万元，用于实施阿克苏市公安局电子物证检验鉴定实验室建设和乡镇维稳设备购置项目。先后投入3000万元资金，捐赠200辆公交车及巡逻车用于支持阿克苏市维稳建设。

（六）文化援疆

2014~2016年，浙江省杭州市加强基层文化阵地建设。投入580万元在阿克苏市15个村（社区）建设文化礼堂，投入100万元购买民族乐器等文化活动用品，投入55万元用于激励文化活动开展，投入10万元用于“同心杯”农村体育联赛活动。投入100万元用于开展庆祝自治区成立60周年系列文化宣传活动，投入10万元用于开展杭－阿书法、绘画和乐舞等文化艺术交流活动。投入30万元为阿克苏市4所小学鼓乐队援赠器材。联合杭师大教育学院，为40多名阿克苏市维吾尔族小学生，开展假期汉语、音乐、舞蹈、书法、体育等假期课程培训。联合杭、阿两地团委开展两地少年儿童手拉手暑期交流营活动，阿克苏市20名少年儿童到杭州开展为期一周的暑期交流营活动。

# 第二十二编　阿克苏市人民代表大会

1990～2016年，阿克苏市人大常委会共召开7届人民代表大会，分别选举产生各届人大常委会组成人员、人民政府组成人员、法院和检察院组成人员。市人大常委会以代表工作和常委会制度建设为重点，推进依法治市，认真履行宪法和法律赋予的职责。加强一府两院监督，依法审查批准阿克苏市国民经济和社会发展计划、财政预算和决算等，组织工委委员和人大代表调查视察评议国家机关工作人员，开展法制宣传教育和执法检查，督办人大议案、建议批评和意见。加强和改进人民代表工作，加强民主法制建设和人民代表制度的宣传，促进决策的民主化和科学化。对乡（镇）人大工作进行指导，提高人大代表履职水平。团结和带领各族群众维护阿克苏市社会大局稳定，加强民族团结，为推动实现全面建成小康社会做出贡献，阿克苏市的政权建设逐步走上法制化、民主化的轨道。

# 第一章　人民代表代表大会

## 第一节　代表选举与构成

1990年起，阿克苏市、乡两级人大代表的产生均采取直接差额选举办法，自治区人大代表采取间接选举。按照选民居住地点、工作单位划分为若干选区，按选区提出代表候选人。代表名额由选举委员会按照城乡人口比例分配。代表候选人由各团体联合或单独推荐，选民10人以上联名也可以推荐候选人，人数多于应选代表人数1/3至1倍。选举采用无记名、选民过半数投票且候选人获得参加投票选民过半数支持始得当选。

市人大常委会设选举委员会及办公室，具体负责人大代表换届选举工作。选举委员会委员由市委组织部、宣传部、公检法司、人民团体和地方组织组成。

**表22－1　阿克苏市第三至第九届人大代表构成情况表**

| 界别 | 代表人数 | 民族构成 | | | 界别构成 | | | | | 妇女代表 | 党员代表 |
|---|---|---|---|---|---|---|---|---|---|---|---|
| | | 维吾尔族 | 汉 | 其他民族 | 工农牧民 | 干部代表 | 专业技术员 | 知识分子 | 宗教人士 | | |
| 第三届 | 230 | 127 | 97 | 6 | 94 | 75 | 21 | 33 | 7 | 56 | 114 |
| 第四届 | 230 | 124 | 100 | 6 | 101 | 73 | 8 | 39 | 9 | 59 | 119 |
| 第五届 | 230 | 125 | 100 | 5 | 101 | 70 | 15 | 33 | 11 | 61 | 137 |
| 第六届 | 208 | 122 | 82 | 4 | 102 | 71 | 8 | 18 | 9 | 55 | 141 |
| 第七届 | 208 | 122 | 82 | 4 | 105 | 46 | 8 | 32 | 17 | 56 | 131 |
| 第八届 | 208 | 122 | 82 | 4 | 106 | 45 | 40 | 8 | 9 | 57 | 127 |
| 第九届 | 208 | 122 | 82 | 4 | 107 | 44 | 27 | 22 | 8 | 58 | 127 |

## 第二节　换届选举

### 一　市第三届人大代表换届选举

1989年12月11日，阿克苏市第三届人大代表换届选举开始，1990年2月25日结束。全市划分121个选区，抽调1151名选举工作队员参加选举工作，符合《中华人民共和国选举法》规定的选民共计207835人。选举市人大代表230人，其中，维吾尔族代表127人，占55．22%；汉族代表97人，占42．17%；回族代表5人，占2．17%；柯尔克孜族1人，占0．43%。

## 二　市第四届人大代表换届选举

1992 年 9 月 25 日，阿克苏市第四届人大代表换届选举开始，11 月 20 日结束。全市划分 136 个选区，抽调 1313 名选举工作队员参加选举工作。全市参加选举 194953 人，占选民总数的 82.68%。选出人大代表 230 人，其中，维吾尔族代表 124 人，占 53.91%；汉族代表 100 人，占 43.48%；回族代表 5 人，占 2.17%；柯尔克孜族代表 1 人，占 0.43%。

## 三　市第五届人大代表换届选举

1997 年 11 月 1 日，阿克苏市第五届人大代表换届选举开始，12 月 26 日结束。全市划分选区 136 个，抽调选举工作队员 2050 人。全市参加选举的选民 248890 人，参选率达 90.4%。选出市人大代表 230 人，其中，维吾尔族代表 125 人，占 54.35%；汉族代表 100 人，占 43.48%；回族代表 3 人，占 1.3%；柯尔克孜族代表 1 人，占 0.43%；满族代表 1 人，占 0.43%。

## 四　市第六届人大代表换届选举

2002 年 10 月 25 日，阿克苏市第六届人大代表换届选举开始，12 月 14 日结束，历时 55 天。全市参加选举的选民 150759 人，参选率达 86.7%，划分选区 113 个，依法选举市人大代表 208 名，其中，维吾尔族代表 122 人，占 58.65%；汉族代表 82 人，占 39.42%；回族代表 3 人，占 1.44%；柯尔克孜族代表 1 人，占 0.48%。

## 五　市第七届人大代表换届选举

2007 年 8 月 17 日，阿克苏市第七届人大代表换届选举开始，9 月 24 日结束，历时 37 天。参加选举的选民 235610 人，划分市选区 157 个、乡（镇）选区 157 个，依法选举市人大代表 208 名。其中，妇女代表 56 名，占 26.92 %；汉族代表 82 人，占 39.42%，维吾尔族代表 122 名，占 58.65 %，回族代表 3 名，占代表总数的 1.44%；柯尔克孜族代表 1 名，占 0.48%。

## 六　市第八届人大代表换届选举

2011 年 5 月 10 日，阿克苏市第八届人大代表换届选举开始，7 月 15 日结束，历时 65 天。参加选举的选民 235610 人，划分市选区 157 个、乡（镇）选区 157 个，依法选举市人大代表 208 名。其中，妇女代表 57 名，占 27.40 %；汉族代表 82 人，占 39.42%，维吾尔族代表 122 名，占 58.65 %，回族代表 3 名，占代表总数的 1.44%；柯尔克孜族代表 1 名，占代表总数的 0.48%。

## 七　市第九届人大代表换届选举

2016 年 4 月 15 日开始，阿克苏市第九届人大代表换届选举开始，7 月 13 日结束。参加选举的选民 242690 人，划分市选区 131 个、乡（镇）选区 154 个，依法选举市人大代表 208 名。其中，妇女代表 58 名，占 27.88 %；汉族代表 82 人，占 39.42%，维吾尔族代表 122 名，占 58.65 %，回族代表 3 名，占 1.44%；柯尔克孜族代表 1 名，占 0.48%。

## 第三节 代表大会

1990 ~ 1993 年，阿克苏市人民代表大会每届任期 3 年，由市人大常委会召集。1993 ~ 2016 年 12 月，每届任期 5 年，每次会议前举行预备会议，由市人大常委会召集。市人民代表大会每年举行一次会议。

### 一 市第三届人民代表大会

阿克苏市第三届人民代表大会自 1990 年 3 月至 1992 年 12 月，共举行 4 次会议。

（一）第一次会议

1990 年 3 月 20 ~ 24 日，阿克苏市第三届人民代表大会第一次会议在城区举行。出席代表 230 人。会议听取并审议市长尼牙孜・嘎依提作的《政府工作报告》、市计委副主任铁力瓦提作的《1989 年国民经济执行情况和 1990 年计划（草案）报告》、市财政局局长史久荣作的《1989 年预算执行情况和 1990 年财政预算安排报告》、市人大常委会主任买买提・玉素甫作的《人大常委会工作报告》、市人民法院院长买提尼牙孜・艾衣提作的《人民法院工作报告》和市人民检察院检察长克比尔・阿西木作的《人民检察院工作报告》。选举产生阿克苏市第三届人大常委会委员 20 人（暂缺 1 人），其中主任 1 名，副主任 4 名。选举尼牙孜・嘎依提为市长，沙迪克・达吾提为市人民法院院长，克比尔・阿西木为市人民检察院检察长。

（二）第二次会议

1991 年 3 月 25 ~ 28 日，市第三届人民代表大会第二次会议在城区举行。出席代表 209 人，列席 41 人。会议听取审议市长尼牙孜・嘎依提作的《政府工作报告》、市计委主任屈迁作的《关于阿克苏市 1990 年国民经济和社会发展计划执行情况和 1991 年计划安排的报告》、市财政局局长史久荣作的《1990 年预算执行情况和 1991 年财政预算安排报告》、市人大常委会主任买买提塔吾提・尼牙孜作的《人大常委会工作报告》、市法院院长买提尼牙孜・艾衣提作的《人民法院工作报告》和市人民检察院检察长克比尔・阿西木作的《人民检察院工作报告》。

（三）第三次会议

1992 年 3 月 17 ~ 19 日，市第三届人民代表大会第三次会议在城区举行。出席代表 221 人，列席代表 39 人。会议听取审议市长尼牙孜・嘎依提所作的《政府工作报告》、市计委主任屈迁所作的《关于阿克苏市 1991 年国民经济和社会发展计划执行情况和 1992 年计划安排的报告》、市财政局局长史久荣所作的《关于阿克苏市 1991 年预算执行情况的报告》、市人大常委会主任买买塔吾提・尼牙孜所作的《人大常委会工作报告》、市人民法院院长买提尼牙孜・艾依提作的《人民法院工作报告》和市人民检察院检察长克比尔・阿西木所作的《人民检察院工作报告》。

（四）第四次会议

1992 年 11 月 27 ~ 28 日，市第三届人民代表大会第四次会议在城区举行。出席代表 221 人，列席代表37人。会议选举出席自治区第八届人民代表大会代表16人。会议听取审议市人民政府所作的《关于市1991年财政决算的报告》和《关于深化改革和对外开放形势与任务的报告》，听取市人大常委会作的《关于市人民政府1991年度财政决算审查情况的报告》。

## 二　市第四届人民代表大会

阿克苏市第四届人民代表大会自1993年2月至1997年12月，共举行6次会议。

（一）第一次会议

1993年2月8～11日，市第四届人民代表大会第一次会议在城区举行。出席代表222人，列席42人。会议听取并审议代市长巴塞提·毛拉买提所作的《政府工作报告》、市计委主任屈迁所作的《关于阿克苏市1992年国民经济和社会发展计划执行情况和1993年计划（草案）的报告》、市财政局局长史久荣所作的《关于阿克苏市1992年预算执行情况和1993年财政预算（草案）报告》、市人大常委会主任买买提塔吾提·尼牙孜所作的《人大常委会工作报告》、市人民法院院长沙迪克·达吾提所作的《人民法院工作报告》和市人民检察院代检察长尼牙孜·托乎提所作的《人民检察院工作报告》。会议选举市三届人大常委会组成人员21人，买买提塔吾提·尼牙孜为市人大常委会主任，副主任4人；选举巴塞提·毛拉买提为市长，选举沙迪克·达吾提为市人民法院院长、尼牙孜·托乎提为市人民检察院检察长。

（二）第二次会议

1994年1月29日至2月1日，市第四届人民代表大会第二次会议在城区举行。出席代表219人，列席43人。会议听取审议市长巴塞提·毛拉买提所作的《政府工作报告》、市计委副主任木塔里甫·毛尼牙孜所作的《关于阿克苏市1993年国民经济和社会发展计划执行情况和1994年计划安排的报告》、市财政局局长胡彩珠所作的《关于阿克苏市1993年财政预算执行情况和1994年财政预算（草案）报告》、市人大常委会主任买买提塔吾提·尼牙孜所作的《人大常委会工作报告》、市人民法院院长沙迪克·达吾提所作的《人民法院工作报告》和市人民检察院检察长尼牙孜·托乎提所作的《人民检察院工作报告》。

（三）第三次会议

1995年2月11～13日，市第四届人民代表大会第三次会议在城区举行。出席代表217人，列席44人。会议听取审议市长巴塞提·毛拉买提所作的《政府工作报告》、市计委副主任木塔里甫·毛尼牙孜所作的《关于阿克苏市1994年国民经济和社会发展计划执行情况和1995年计划安排的报告》、市财政局局长裴海文所作的《关于阿克苏市1994年财政预算执行情况和1995年财政预算（草案）报告》、市人大常委会主任买买提塔吾提·尼牙孜所作的《人大常委会工作报告》、市人民法院院长沙迪克·达吾提所作的《人民法院工作报告》和市人民检察院检察长尼牙孜·托乎提所作的《人民检察院工作报告》。

（四）第四次会议

1996年2月5～8日，市第四届人民代表大会第四次会议在城区举行。出席代表218人，列席45人。会议听取审议市长巴塞提·毛拉买提所作的《政府工作报告》、市计委主任邹中亚所作的《关于阿克苏市1995年国民经济和社会发展计划执行情况和1996年计划安排的报告》、市财政局局长裴海文所作的《关于阿克苏市 1995 年财政预算执行情况和 1996 年财政预算（草案）报告》、市人大常委会主任买买提塔吾提・尼牙孜所作的《人大常委会工作报告》、市人民法院院长沙迪克・达吾提所作的《人民法院工作报告》和市人民检察院检察长尼牙孜・托乎提所作的《人民检察院工作报告》。

（五）第五次会议

1997 年 3 月 5 ~ 8 日，市第四届人民代表大会第五次会议在城区举行。出席代表 219 人，列席 46 人。会议听取审议市计委主任邹中亚所作的《关于阿克苏市 1995 年国民经济和社会发展计划执行情况和 1996 年计划安排的报告》、市财政局副局长李晨欣所作的《关于阿克苏市 1996 年财政预算执行情况和 1997 年财政预算（草案）报告》、市人大常委会主任买买提塔吾提・尼牙孜所作的《人大常委会工作报告》、市人民法院院长沙迪克・达吾提所作的《人民法院工作报告》和市人民检察院检察长尼牙孜・托乎提所作的《人民检察院工作报告》。

（六）第六次会议

1997 年 11 月 14 ~ 15 日，市第四届人民代表大会第六次会议在城区举行。出席代表 221 人，列席 45 人。会议听取审议市政府副市长李安金所作的《阿克苏市人民政府关于当前形势和今冬明春主要任务的报告》和市政府常务副市长闫明英所作的《阿克苏市人民政府贯彻依法治国方针，依法行政，推进依法治市进程的工作报告》。

## 三　市第五届人民代表大会

阿克苏市第五届人民代表大会自 1998 年 2 月至 2002 年 12 月，共举行 6 次会议。

（一）第一次会议

1998 年 2 月 20 ~ 23 日，市第五届人民代表大会第一次会议在城区举行。出席代表 226 人，列席 51 人。会议听取审议市长阿不力孜・阿不都热依木所作的《政府工作报告》、市计委主任邹中亚所作的《计划执行情况报告》、市财政局局长李晨欣所作的《财政预算（草案）报告》、市人大常委会主任买买提塔吾提・尼牙孜所作的《人大常委会工作报告》、市人民法院院长沙迪克・达吾提所作的《人民法院工作报告》和市人民检察院检察长尼牙孜・托乎提所作的《人民检察院工作报告》。大会对人大常委会、“一府两院”五年来的工作表示满意，并做出相应决议。会议选举市五届人大常委会组成人员 23 人，亚力昆・艾力米丁为市人大常委会主任，副主任 4 人；选举阿不力孜・阿不都热依木为市长，选举阿不都热依木・西日甫为市人民法院院长、尼牙孜・托乎提为市人民检察院检察长。

（二）第二次会议

1999 年 2 月 26 ~ 28 日，市第五届人民代表大会第二次会议在城区举行。出席代表 219 人，列席 45 人。会议听取审议市长阿不力孜・阿不都热依木所作的《政府工作报告》、市计委主任邹中亚所作的《计划执行情况报告》、市财政局局长李晨欣所作的《财政预算（草案）报告》、市人大常委会主任亚力昆・艾力米丁所作的《人大常委会工作报告》、市人民法院院长阿不都热依木・西日甫所作的《人民法院工作报告》和市人民检察院检察长尼牙孜・托乎提所作的《人民检察院工作报告》。

（三）第三次会议

2000 年 1 月 19 ~ 21 日，市第五届人民代表大会第三次会议在城区举行。出席代表 215 人，列席 47 人。会议听取审议代市长艾克拜尔・吾甫尔所作的《政府工作报告》、市计委主任邹中亚所作的《阿克苏市 1999 年国民经济和社会发展计划执行情况及 2000 年计划（草案）报告》、市财政局局长李晨欣所作的《阿克苏市 1999 年财政预算执行情况和 2000 年财政预算（草案）报告》、市人大常委会主任亚力昆・艾力米丁所作的《人大常委会工作报告》、市人民法院院长阿不都热依木・西日甫所作的《人民法院工作报告》和市人民检察院检察长尼牙孜・托乎提所作的《人民检察院工作报告》。

（四）第四次会议

2001 年 2 月 13 ~ 21 日，市第五届人民代表大会第四次会议在城区举行。出席代表 218 人，列席 45 人。会议听取审议代市长买买提江・阿不拉所作的《政府工作报告》、市计委主任邹中亚所作的《计划工作报告》《阿克苏市国民经济和社会发展第十个五年计划纲要》、市财政局局长李晨欣所作的《财政预算工作报告》、市人大常委会主任亚力昆・艾力米丁所作的《人大常委会工作报告》、市人民法院院长阿不都热依木・西日甫所作的《人民法院工作报告》、市人民检察院检察长尼牙孜・托乎提所作的《人民检察院工作报告》。

（五）第五次会议

2002 年 3 月 14 ~ 16 日，市第五届人民代表大会第五次会议在城区举行。出席代表 211 人，列席 49 人。会议听取审议市长买买提江・阿不拉所作的《政府工作报告》、市计委主任邹中亚所作的《计划工作报告》、市财政局局长李晨欣所作的《财政预算工作报告》、市人大常委会主任亚力昆・艾力米丁所作的《人大常委会工作报告》、市人民法院院长阿不都热依木・西日甫所作的《人民法院工作报告》、市人民检察院检察长尼牙孜・托乎提所作的《人民检察院工作报告》。

（六）第六次会议

2002 年 11 月 19 ~ 20 日，市第五届人民代表大会第六次会议在城区举行。出席代表 210 人，列席 50 人。会议听取审议阿克苏市人民政府关于农业产业结构调整及收效情况的报告，选举产生自治区第十届人大代表。

## 四　市第六届人民代表大会

阿克苏市第六届人民代表大会自 2003 年 1 月至 2007 年 10 月，共举行 5 次会议。

（一）第一次会议

2003 年 1 月 20 ~ 23 日，市第六届人民代表大会第一次会议在城区举行。出席代表 189 人，列席 57 人。会议听取审议市长买买提江・阿不拉所作的《政府工作报告》、市计委主任邹中亚所作的《计划工作报告》、市财政局局长李晨欣所作的《财政预算工作报告》、市人大常委会主任亚力昆・艾力米丁所作的《第五届人大常委会工作报告》、市人民法院院长阿不都热依木・西日甫所作的《人民法院工作报告》、市人民检察院检察长尼牙孜・托乎提所作的《人民检察院工作报告》。会议对以上报告表示满意，并做出相应决议。会议选举第六届人大常委会委员 21 人；亚力昆・艾力米丁为市人大常委会主任，副主任 4 人；选举买买提江・阿不拉为市长，选举安尼瓦尔・阿不都拉为市人民法院院长、穆塔里甫·毛一丁为市人民检察院检察长。

（二）第二次会议

2004年2月17~19日，市第六届人民代表大会第二次会议在城区举行。出席代表197人，列席55人。会议听取审议市长买买提江·阿不拉所作的《政府工作报告》、市计委主任杨军所作的《关于阿克苏市2003年国民经济和社会发展计划执行情况和2004年计划安排的报告》、市财政局局长李晨欣所作的《关于阿克苏市2003年财政预算执行情况和2004年财政预算（草案）报告》、市人大常委会主任亚力昆·艾力米丁所作的《人大常委会工作报告》、市人民法院副院长张长城所作的《人民法院工作报告》和市人民检察院检察长穆塔里甫·毛一丁所作的《人民检察院工作报告》。

（三）第三次会议

2005年4月20~22日，市第六届人民代表大会第三次会议在城区举行。出席代表199人，列席65人。会议听取审议市长买买提江·阿不拉所作的《政府工作报告》、市计委主任杨军所作的《关于阿克苏市2004年国民经济和社会发展计划执行情况和2005年计划安排的报告》、市财政局局长李晨欣所作的《关于阿克苏市2004年财政预算执行情况和2005年财政预算（草案）报告》、市人大常委会主任亚力昆·艾力米丁所作的《人大常委会工作报告》、市人民法院副院长张长城所作的《人民法院工作报告》和市人民检察院检察长穆塔里甫·毛一丁所作的《人民检察院工作报告》。

（四）第四次会议

2006年2月23~25日，市第六届人民代表大会第四次会议在城区举行。出席代表202名，列席68人。会议听取审议市长艾尼瓦尔·赛依提所作的《政府工作报告》、市发展计划委员会主任杨军所作的《关于阿克苏市国民经济和社会发展第十一个五年规划纲要（草案）的说明》、市发展计划委员会主任杨军所作的《阿克苏市2005年国民经济和社会发展计划执行情况及2006年计划（草案）的报告》、市财政局局长周立华所作的《阿克苏市2005年财政预算执行情况和2006年财政预算（草案）的报告》、市人大常委会主任亚力昆·艾力米丁所作的《阿克苏市人大常委会工作报告》、市人民法院院长安尼瓦尔·阿卜杜拉所作的《人民法院工作报告》和市人民检察院检察长穆塔里甫·毛一丁所作的《人民检察院工作报告》。

（五）第五次会议

2007年3月8~10日，市第六届人民代表大会第五次会议在城区举行。出席代表196名，列席68人。会议听取审议市长艾尼瓦尔·赛依提所作的《政府工作报告》、市发展计划委员会主任杨军所作的《阿克苏市2006年国民经济和社会发展计划执行情况及2007年计划（草案）的报告》、市财政局所作的《阿克苏市2006年财政预算执行情况和2007年财政预算（草案）的报告》、市人大常委会主任亚力昆·艾力米丁所作的《阿克苏市人大常委会工作报告》、市人民法院院长安尼瓦尔·阿卜杜拉所作的《人民法院工作报告》和市人民检察院检察长穆塔里甫·毛一丁所作的《人民检察院工作报告》。

## 五　市第七届人民代表大会

阿克苏市第七届人民代表大会自2007年11月至2011年1月，共举行5次会议。

（一）第一次会议

2007 年 11 月 24 ~ 27 日，市第七届人民代表大会第一次会议在城区举行。出席代表 208 名，列席 68 人。会议听取审议代市长穆塔里甫·肉孜所作的《政府工作报告》、市人大常委会副主任买买提·毛来克所作的《阿克苏市人大常委会工作报告》、市人民法院代院长吐尼牙孜·吐尔地所作的《人民法院工作报告》和市人民检察院副检察长安尼瓦尔·坎吉所作的《人民检察院工作报告》。大会对以上报告表示满意，并做出相应决议。会议选举第七届人大常委会委员 27 人；穆塔里甫·瓦依提为阿克苏市人大常委会主任，副主任 4 人；选举穆塔里甫·肉孜为阿克苏市人民政府市长，选举吐尼牙孜·吐尔地为阿克苏市人民法院院长、安尼瓦尔·坎吉为阿克苏市人民检察院检察长；选举出席自治区人民代表大会代表 10 人。

（二）第二次会议

2008 年 3 月 19 ~ 20 日，市第七届人民代表大会第二次会议在城区举行。出席代表 208 名，列席 62 人。会议听取审议市长穆塔里甫·肉孜所作的《政府工作报告》、市发展计划委员会主任杨军所作的《阿克苏市 2007 年国民经济和社会发展计划执行情况及 2008 年计划（草案）的报告》、市财政局局长周新平所作的《阿克苏市 2007 年财政预算执行情况和 2008 年财政预算（草案）的报告》。

（三）第三次会议

2009 年 2 月 27 ~ 28 日，市第七届人民代表大会第三次会议在城区举行。出席代表 203 名，列席 64 人。会议听取审议市长穆塔里甫·肉孜所作的《政府工作报告》、市发展计划委员会主任杨军所作的《阿克苏市 2008 年国民经济和社会发展计划执行情况及 2009 年计划（草案）的报告》、市财政局局长周新平所作的《阿克苏市 2008 年财政预算执行情况和 2009 年财政预算（草案）的报告》、市人大常委会主任穆塔里甫·瓦依提所作的《阿克苏市人大常委会工作报告》、市人民法院院长吐尼牙孜·吐尔地所作的《人民法院工作报告》和市人民检察院检察长安尼瓦尔·坎吉所作的《人民检察院工作报告》。会议选举徐瑾为阿克苏市第七届人大常委会委员。

（四）第四次会议

2010 年 3 月 3 ~ 5 日，市第七届人民代表大会第四次会议在城区举行。出席代表 203 名，列席 80 人。会议听取审议市长穆塔里甫·肉孜所作的《政府工作报告》、市发展计划委员会主任杨军所作的《阿克苏市 2009 年国民经济和社会发展计划执行情况及 2010 年计划（草案）的报告》、市财政局局长周新平所作的《阿克苏市 2009 年财政预算执行情况和 2010 年财政预算（草案）的报告》、市人大常委会主任穆塔里甫·瓦依提所作的《阿克苏市人大常委会工作报告》、市人民法院院长吐尼牙孜·吐尔地所作的《人民法院工作报告》和市人民检察院检察长安尼瓦尔·坎吉所作的《人民检察院工作报告》。会议选举邹中亚为阿克苏市第七届人民代表大会常务委员会副主任，张琪、罗壹中、马步信、买米提力·热米提力、伊力哈木·托乎提、余君为阿克苏市第七届人大常委会委员。

（五）第五次会议

2011 年 1 月 23 ~ 25 日，市第七届人民代表大会第五次会议在城区举行。出席代表 198 名，列席 86 人。会议听取审议市长穆塔里甫·肉孜所作的《政府工作报告》、市发展计划委员会主任张弛所作的《阿克苏市国民经济和社会发展第十二个五年规划纲要》、市发展计划委员会主任张弛所作的《阿克苏市2010年国民经济和社会发展计划执行情况及2011年计划（草案）的报告》、市财政局局长陈少杰所作的《阿克苏市2010年财政预算执行情况和2011年财政预算（草案）的报告》、市人大常委会主任穆塔里甫·瓦依提所作的《阿克苏市人大常委会工作报告》、市人民法院院长吐尼牙孜·吐尔地所作的《人民法院工作报告》和市人民检察院检察长安尼瓦尔·坎吉所作的《人民检察院工作报告》。

## 六　市第八届人民代表大会

阿克苏市第八届人民代表大会自2011年8月至2016年1月，共举行6次会议。

（一）第一次会议

2011年8月17 ~ 20日，市第八届人民代表大会第一次会议在城区举行。出席代表208名，列席69人。会议听取审议代市长库尔班·吐逊所作的《政府工作报告》、市发展计划委员会主任张弛所作的《关于2007年至2011年阿克苏市国民经济和社会发展计划执行情况的报告》、市财政局局长陈少杰所作的《阿克苏市2007年至2011年财政预算执行情况的报告》、市人大常委会副主任李长明所作的《阿克苏市人大常委会工作报告》、市人民法院代院长艾山江·玉素甫所作的《人民法院工作报告》和市人民检察院检察长安尼瓦尔·坎吉所作的《人民检察院工作报告》。大会对以上报告表示满意，并做出相应决议。会议选举帕尔哈提·艾尼瓦尔为阿克苏市人大常委会主任，副主任4人；选举库尔班·吐逊为阿克苏市人民政府市长，选举艾山江·玉素甫为阿克苏市人民法院院长、安尼瓦尔·坎吉为人民检察院检察长。

（二）第二次会议

2012年2月14 ~ 16日，市第八届人民代表大会第二次会议在城区举行。出席代表208名，列席69人。会议听取审议市长库尔班·吐逊所作的《政府工作报告》、市发展计划委员会所作的《阿克苏市2011年国民经济和社会发展计划执行情况及2012年计划（草案）》、市财政局局长陈少杰所作的《阿克苏市2011年财政预算执行情况和2012年财政预算（草案）的报告》、市人大常委会主任帕尔哈提·艾尼瓦尔所作的《阿克苏市人大常委会工作报告》、市人民法院院长艾山江·玉素甫所作的《人民法院工作报告》和市人民检察院检察长安尼瓦尔·坎吉所作的《人民检察院工作报告》。

（三）第三次会议

2013年1月11 ~ 12日，市第八届人民代表大会第三次会议在城区举行。出席代表170名，列席69人。会议听取审议市长库尔班·吐逊所作的《政府工作报告》、市发展计划委员会所作的《阿克苏市2012年国民经济和社会发展计划执行情况及2013年计划（草案）》、市财政局局长陈少杰所作的《阿克苏市2012年财政预算执行情况和2013年财政预算（草案）的报告》、市人大常委会主任帕尔哈提·艾尼瓦尔所作的《阿克苏市人大常委会工作报告》、市人民法院院长艾山江·玉素甫所作的《人民法院工作报告》和市人民检察院检察长安尼瓦尔·坎吉所作的《人民检察院工作报告》。

（四）第四次会议

2014 年 2 月 20～21 日，市第八届人民代表大会第四次会议在城区举行。出席代表 170 名，列席 83 人。会议听取审议代市长居来提·卡斯木所作的《政府工作报告》、市发展计划委员会主任杨平所作的《阿克苏市 2013 年国民经济和社会发展计划执行情况及 2014 年计划（草案）》、市财政局副局长李广清所作的《阿克苏市 2013 年财政预算执行情况和 2014 年财政预算（草案）的报告》、市人大常委会主任帕尔哈提·艾尼瓦尔所作的《阿克苏市人大常委会工作报告》、市人民法院院长艾山江·玉素甫所作的《人民法院工作报告》和市人民检察院代检察长阿不都热依木·阿不拉所作的《人民检察院工作报告》。

（五）第五次会议

2015 年 4 月 9～10 日，市第八届人民代表大会第五次会议在城区举行。出席代表 163 名，列席 85 人。会议听取审议代市长居来提·卡斯木所作的《政府工作报告》、市发展计划委员会主任杨平所作的《阿克苏市 2014 年国民经济和社会发展计划执行情况及 2015 年计划（草案）》、市财政局局长王云凤所作的《阿克苏市 2014 年财政预算执行情况和 2015 年财政预算（草案）的报告》、市人大常委会副主任李长明所作的《阿克苏市人大常委会工作报告》、市人民法院院长艾山江·玉素甫所作的《人民法院工作报告》和市人民检察院检察长阿不都热依木·阿不拉所作的《人民检察院工作报告》。会议选举吾布力喀斯木·艾买提为阿克苏市人大常委会主任，罗壹中为阿克苏市人大常委会副主任，何天平、彭刚为阿克苏市第八届人大常委会委员。选举居来提·卡斯木为市长。

（六）第六次会议

2016 年 1 月 15～16 日，市第八届人民代表大会第六次会议在城区举行。会议听取审议市长居来提·卡斯木所作的《政府工作报告》、市发展计划委员会主任杨平所作的《关于阿克苏市国民经济和社会发展第十三个五年规划（草案）的编制说明》和《阿克苏市 2015 年国民经济和社会发展计划执行情况及 2016 年计划（草案）》、市财政局局长王云凤所作的《阿克苏市 2015 年财政预算执行情况和 2016 年财政预算（草案）的报告》、市人大常委会副主任李长明所作的《阿克苏市人大常委会工作报告》、市人民法院院长艾山江·玉素甫所作的《人民法院工作报告》和市人民检察院检察长阿不都热依木·阿不拉所作的《人民检察院工作报告》。

## 七　阿克苏市第九届人民代表大会

阿克苏市第九届人民代表大会 2016 年 9 月召开，至年底，举行 1 次会议。

2016 年 9 月 6～10 日，市第九届人民代表大会第一次会议在市公安局举行。出席代表 195 名，列席 75 人。会议听取审议市长居来提·卡斯木所作的《政府工作报告》、市常务副市长陈彤所作的《阿克苏市人民政府关于第八届人民代表大会代表建议、批评和意见办理情况的报告》、市发展计划委员会主任杨平所作的《阿克苏市“十二五”国民经济和社会发展计划执行情况及“十三五”国民经济和社会发展计划（草案）的报告》、市财政局局长刘晓峰所作的《阿克苏市“十二五”时期财政预算执行情况及“十三五”时期财政工作规划的报告》、市人大常委会主任吾布力喀斯木·艾买提所作的《阿克苏市人大常委会工作报告》、市人民法院代院长艾力·沙依提所作的《人民法院工作报告》和市人民检察院代检察长依明江·买买提所作的《人民检察院工作报告》。大会对以上报告表示满意，并做出相应决议。会议选举吾布力喀斯木·艾买提为阿克苏市第九届人大常委会主任，副主任4人，委员33人；选举居来提·卡斯木为阿克苏市第九届人民政府市长，选举艾力·沙依提为阿克苏市人民法院院长、依明江·买买提为阿克苏市人民检察院检察长。

# 第二章　组织机构

## 第一节　领导机构

1990~2016年，阿克苏市人民代表大会换届选举7次，产生第三届（1990~1992）、第四届（1993~1997）、第五届（1998~2002）、第六届（2003~2006）、第七届（2007~2011）、第八届（2011~2015）、第九届（2016~2020）市人民代表常务委员会。每届委员会由主任、副主任、委员组成。

1990年，市人大常委会机关实有22人。2005年，市人大常委会实有24人。2010年，市人大常委会实有26人。2016年，市人大常委会实有24人。

表22-2　1990~2016年阿克苏市人民代表大会常务委员会领导人名表

| 届次 | 职务 | 姓名 | 性别 | 民族 | 籍贯 | 任职时间 |
|---|---|---|---|---|---|---|
| 第三届 | 主任 | 买买提塔吾拉·尼牙孜 | 男 | 维吾尔 | 新疆阿克苏 | 1990.3~1993.2 |
| | 副主任 | 毛仁安 | 男 | 汉 | 湖北枣阳 | 1990.3~1993.2 |
| | | 卡德尔·司马义 | 男 | 维吾尔 | 新疆阿克苏 | 1990.3~1993.2 |
| | | 买买提·沙依提 | 男 | 维吾尔 | 新疆阿克苏 | 1990.3~1993.2 |
| | | 布维尼牙孜汗·色提尼牙孜 | 女 | 维吾尔 | 新疆阿克苏 | 1990.3~1993.2 |
| | | 孙家广 | 男 | 汉 | 江苏泗阳 | 1990.3~1993.2 |
| 第四届 | 主任 | 买买提塔吾拉·尼牙孜 | 男 | 维吾尔 | 新疆阿克苏 | 1993.2~1998.2 |
| | 副主任 | 刘海臣 | 男 | 汉 | 天津宝坻 | 1993.2~1998.2 |
| | | 布维尼牙孜汗·色提尼牙孜 | 女 | 维吾尔 | 新疆阿克苏 | 1993.2~1998.2 |
| | | 赵玉清 | 男 | 满 | 辽宁沈阳 | 1993.2~1998.2 |
| | | 毛拉买提·买买提 | 男 | 维吾尔 | 新疆阿克苏 | 1993.2~1995.2 |
| 第五届 | 主任 | 亚力昆·艾力米丁 | 男 | 维吾尔 | 新疆温宿 | 1998.2~2003.1 |
| | 副主任 | 刘海臣 | 男 | 汉 | 天津宝坻 | 1998.2~2003.1 |
| | | 布维尼牙孜汗·色提尼牙孜 | 女 | 维吾尔 | 新疆阿克苏 | 1998.2~2003.1 |
| | | 赵玉清 | 男 | 满 | 辽宁沈阳 | 1998.2~2003.1 |
| | | 沙迪克·达吾提 | 男 | 维吾尔 | 新疆阿图什 | 1998.2~2003.1 |

续表

| 届次 | 职务 | 姓名 | 性别 | 民族 | 籍贯 | 任职时间 |
| --- | --- | --- | --- | --- | --- | --- |
| 第六届 | 主任 | 亚力昆·艾力米丁 | 男 | 维吾尔 | 新疆温宿 | 2003. 1 ~ 2007. 11 |
|  | 副主任 | 刘海臣 | 男 | 汉 | 天津宝坻 | 2003. 1 ~ 2007. 11 |
|  |  | 布维尼牙孜汗·色提尼牙孜 | 女 | 维吾尔 | 新疆阿克苏 | 2003. 1 ~ 2007. 11 |
|  |  | 买买提·毛来克 | 男 | 维吾尔 | 新疆阿克苏 | 2003. 1　2007. 11 |
|  |  | 谢斌 | 男 | 汉 | 陕西黄陵 | 2003. 1 ~ 2007. 11 |
|  |  | 沙迪克·达吾提 | 男 | 维吾尔 | 新疆阿图什 | 2003. 1 ~ 2007. 11 |
| 第七届 | 主任 | 穆塔里甫·瓦衣提 | 男 | 维吾尔 | 新疆柯坪 | 2007. 11 ~ 2011. 8 |
|  | 副主任 | 邹中亚 | 男 | 汉 | 河南许昌 | 2009. 5 ~ 2010. 9 |
|  |  | 苏建华 | 男 | 汉 | 河南新郑 | 2007. 11 ~ 2009. 4 |
|  |  | 李长明 | 男 | 汉 | 河南项城 | 2007. 11 ~ 2011. 8 |
|  |  | 阿不都外力·依明 | 男 | 维吾尔 | 新疆阿克苏 | 2007. 11 ~ 2011. 8 |
|  |  | 买买提·毛来克 | 男 | 维吾尔 | 新疆阿克苏 | 2007. 11 ~ 2013. 10 |
| 第八届 | 主任 | 帕尔哈提·艾尼瓦尔 | 男 | 维吾尔 | 新疆阿克苏 | 2011. 8 ~ 2014. 6 |
|  |  | 吾布力喀斯木·艾买提 | 男 | 维吾尔 | 新疆阿克苏 | 2015. 4 ~ 2016. 9 |
|  | 副主任 | 李长明 | 男 | 汉 | 河南项城 | 2011. 8 ~ 2016. 9 |
|  |  | 阿不都外力·依明 | 男 | 维吾尔 | 新疆阿克苏 | 2011. 8 ~ 2015. 10 |
|  |  | 桂萍 | 女 | 汉 | 甘肃酒泉 | 2011. 8 ~ 2014. 4 |
|  |  | 吐尼牙孜·托乎尼牙孜 | 男 | 维吾尔 | 新疆阿克苏 | 2011. 8 ~ 2016. 9 |
|  |  | 谢爱玲 | 女 | 汉 | 江苏睢宁 | 2012. 2 ~ 2014. 1 |
|  |  | 罗壹中 | 男 | 汉 | 陕西武功 | 2015. 4 ~ 2016. 8 |
| 第九届 | 主任 | 吾布力喀斯木·艾买提 | 男 | 维吾尔 | 新疆阿克苏 | 2016. 9 ~ |
|  | 副主任 | 杨军 | 男 | 汉 | 陕西南郑 | 2016. 9 ~ |
|  |  | 吐尼牙孜·托乎尼牙孜 | 男 | 维吾尔 | 新疆阿克苏 | 2016. 9 ~ |
|  |  | 迪力木热提·麦麦提 | 男 | 维吾尔 | 新疆阿克苏 | 2016. 9 ~ |
|  |  | 张帆 | 女 | 汉 | 甘肃天水 | 2016. 9 ~ |

## 第二节　工作机构

### 一　市人大常委会办公室

1990 ~ 2016 年，阿克苏市第三届至第九届人大常委会设办公室，主要负责做好人民代表大会、常务委员会会议和主要会议及其他重要会议的文秘和会务工作；常委会党组和主任会议决定事项的组织实施和监督检查工作以及机关日常事务的管理协调和服务。每届均设代表资格审查委员会，负责人大代表管理工作。

### 二　专门委员会

1990 ~ 2016 年，阿克苏市第三届至第九届人大常委会设代表人事工作委员会、法制民族工作委员会、财政经济工作委员会和教科文卫工作委员会。代表人事工作委员会是常委会人事任免和代表工作的常设工作机构，在常委会的领导下，负责有关人事任免事项的审查、换届选举和代表工作。法制民族工作委员会是人大常委会的法制、民族工作机构，负责研究处理市人大代表提出的有关法制、民族工作的建议、批评和意见，开展法制宣传等工作。财政经济工作委员会是人大常委会的财政经济工作机构，负责为人大常委会审议决定国民经济和社会发展计划执行情况、预算部分变更和有关方面议案做好初审等工作。教科文卫工作委员会主要调查了解市人民政府贯彻实施教科文卫方面的法律、法规和市人民代表大会及其常务委员会有关教科文卫方面的决议、决定的情况及工作情况。

## 第三节　基层人大组织

### 一　乡镇人大主席团

1990年初，阿克苏市各乡镇正式成立7～9人的人大主席团，依法选举产生人大主席团主席。1990年3月，阿克苏市人大常委会下发文件，正式启用各乡镇人大主席团公章。1990～2002年间，市乡（镇）人民代表大会每届任期为三年；2002年以后，乡（镇）人民代表大会每届任期为五年。乡（镇）人民代表大会每年至少举行一次会议，会议听取和审议本级政府工作报告、乡（镇）人大主席团工作报告，决定经济、文化事业和公共事业的建设计划，选举人民代表大会主席、副主席和乡长、副乡长，镇长、副镇长，并提出方案及建议意见。

阿克苏市乡（镇）第八届人大代表换届选举于2007年8月17日开始，9月24日结束，依法选举乡（镇）人大代表339名。其中妇女代表86人，占25%；非党代表109人，占32%；工农代表220人，占65%；干部代表70人，占20.6%；知识分子代表32人，占9.4%；宗教人士代表17人，占5%。代表中，维吾尔族代表321人，占94.7%；汉族代表18人，占5.3%。

阿克苏市乡（镇）第九届人大代表换届选举于2011年5月10日开始，7月15日结束，依法选举乡（镇）人大代表339名。其中妇女代表86人，占25%；非党代表109人，占32%；工农代表220人，占65%；干部代表70人，占20.6%；知识分子代表32人，占9.4%；宗教人士代表17人，占5%。代表中，维吾尔族代表321人，占94.7%；汉族代表18人，占5.3%。

阿克苏市乡（镇）第十届人大代表换届选举于2016年4月15日开始，7月13日结束。依法选举乡（镇）人大代表339名。其中非党代表118名，占总代表数的35%；妇女代表86名，占总代表数的25%；工农代表221名，占总代表数的65.2%；干部代表69名，占总代表数的20.3%；知识分子代表32名，占总数的9.4%；其他代表和宗教人士代表17名，占总数的5%。代表中，维吾尔族代表321名，占总代表数的94.7%；汉族代表18名，占总代表数的5.3%。

### 二　片区、街道人大工委

2003年，阿克苏市人大常委会在各街道办事处设立人大工作委员会，是全疆率先成立街道人大工作机构的城市之一。街道人大工委的建立，加强了组织、协调、服务职能，有利于市人大常委会作用的发挥，有利于人大代表发挥主体作用。

2005 年，全市有 5 个街道人大工委，5 名工委专职副主任，每个工委配备 5 ~7 名工委委员。

2014 年，新增红旗坡片区管委会人大工委，全市有 6 个街道人大工委，6 名工委专职副主任，每个工委配备 5 ~7 名工委委员。

2015 年，新增多浪片区管委会人大工委，有 7 个街道人大工委，7 名工委专职副主任，每个工委配备 5 ~7 名工委委员。

# 第三章　人大重要会议

## 第一节　常委会会议

### 一　市三届人大常委会会议

阿克苏市第三届人大常委会召开会议 19 次，听取和审议工作报告 54 个，其中有关政府工作的 35 个，有关人大常委会的 11 个，有关法院的 4 个，有关检察院的 4 个，做出重要决定、决议 11 项。

### 二　市四届人大常委会会议

阿克苏市第四届人大常委会召开会议 31 次，听取和审议工作报告 60 个，其中有关政府工作的 43 个，有关人大常委会的 7 个，有关法院的 5 个，有关检察院的 5 个，做出重要决定、决议 8 项。

### 三　市五届人大常委会会议

阿克苏市第五届人大常委会召开会议 31 次，听取和审议工作报告 75 个，其中有关政府工作的 50 个，有关人大常委会的 7 个，有关法院的 6 个，有关检察院的 6 个，做出重要决定、决议 16 项。

### 四　市六届人大常委会会议

阿克苏市第六届人大常委会召开会议 25 次，听取和审议工作报告 64 个，其中有关政府工作的 43 个，有关人大常委会的 7 个，有关法院的 6 个，有关检察院的 6 个，做出重要决定、决议 13 项。

### 五　市七届人大常委会会议

阿克苏市第七届人大常委会召开会议 20 次，听取和审议工作报告 94 个，其中有关政府工作的 72 个，有关人大常委会的 8 个，有关法院的 7 个，有关检察院的 7 个，做出重要决定、决议 34 项。

### 六　市八届人大常委会会议

阿克苏市第八届人大常委会召开会议 36 次，听取和审议工作报告 63 个，其中有关政府工作的

36 个，有关人大常委会的11 个，有关法院的8 个，有关检察院的8 个，做出重要决定、决议18 项。

#### 七　市九届人大常委会会议

阿克苏市第九届人大常委会在2016 年召开会议2 次，听取和审议工作报告14 个，其中有关政府工作的5 个，有关人大常委会的5 个，有关法院的2 个，有关检察院的2 个，做出重要决定、决议7 项。

### 第二节　主任会议

市人大主任会议由常委会主任、副主任组成，会议由常委会主任或主任委托一名副主任主持，主任会议一般每月举行1 次。2002 年，阿克苏市第六届人大常委会第十二次会议按照有关法律规定，制定《主任会议议事规则》，主任会议进一步制度化、规范化。

1990 ~ 2016 年，阿克苏市第三届人大常委会举行主任会议38 次，市第四届人大常委会举行主任会议71 次，市第五届人大常委会举行主任会议74 次，市第六届人大常委会举行主任会议81 次，市第七届人大常委会举行主任会议86 次，市第八届人大常委会举行主任会议94 次，市第九届人大常委会举行主任会议5 次。

## 第四章　主要工作

### 第一节　决定和决议

#### 一　第三届人大常委会

阿克苏市第三届人大常委会做出重大决定和决议11 项。1990 年7 月27 日，第三届人大常委会二次会议做出《关于阿克苏市人大常委会与“一府两院”工作联系方法的决议》；1991 年9 月21 日，第三届人大常委会九次会议做出《关于阿克苏市第二个五年普法计划的决议》。

#### 二　第四届人大常委会

第四届人大常委会做出重大决定和决议8 项。1993 年6 月，第四届人大常委会三次会议做出《关于阿克苏市流域灌区规划的决议》；1996 年7 月10 日，第四届人大常委会二十二次会议做出《关于阿克苏市城市建设总体规划方案的决议》。

#### 三　第五届人大常委会

第五届人大常委会做出重大决定和决议16 项。1998 年4 月21 ~ 22 日，第五届人大常委会一次会议做出《关于阿克苏市出租车出城登记管理办法的决议》；2000 年 12 月 26 日，五届人大常委会十八次会议做出《关于批准阿克苏市调整 2000 年财政预算的决议》；2002 年 6 月 17 日，第五届人大常委会二十七次会议做出《关于阿克苏市党政机关机构改革方案的决议》。

### 四　第六届人大常委会

第六届人大常委会做出重大决定和决议 16 项。2003 年 4 月 1 日，第六届人大常委会十八次会议做出《关于阿克苏市 2000 ~ 2015 年城市总体规划消防专项规划的决议》。

### 五　第七届人大常委会

第七届人大常委会做出重大决定和决议 15 项。2007 年 12 月 26 日，第七届人大常委会主任会议做出《关于阿克苏市政府动用预备经费的决议》；2011 年 5 月 30 日，第七届人大常委会十八次会议做出《阿克苏市新型农村社会养老保险试点管理办法（试行）的决议》。

### 六　第八届人大常委会

第八届人大常委会做出重大决定和决议 34 项。2011 年 10 月 28 日，第八届人大常委会二次会议做出《阿克苏市“六五”普法规划的决议》；2015 年 12 月 29 日，第八届人大常委会二次会议做出《关于批准调整阿克苏市 2015 年收支预算的决议》。

### 七　第九届人大常委会

第九届人大常委会做出重大决定和决议 7 项。2016 年 9 月 10 日，阿克苏市九届人大一次会议做出《关于阿克苏市“十二五”国民经济和社会发展计划执行情况及“十三五”国民经济和社会发展计划（草案）的决议》。

## 第二节　依法监督

1990 年 3 月至 1993 年 2 月，阿克苏市第三届人大常委会组织召开全体会议 4 次、委员会议 19 次，听取和审议工作报告 54 个，其中有关政府工作的 35 个，有关人大常委会的 11 个，有关法院的 4 个，有关检察院的 4 个，做出重要决定、决议 11 项。听取和审议市政府、人大常委会、法院、检察院工作报告，国民经济和社会发展计划报告，财政预算执行和计划安排报告，审计工作报告，文化市场、菜篮子工程、“二五”普法规划、社会综合治理、计划生育、农村医疗卫生等工作报告，组织驻阿克苏市全国人大代表和自治区人大代表、市人大代表组成执法检查组检查 3 次，分别对《中华人民共和国行政诉讼法》（简称《行政诉讼法》）、《婚姻法》、《土地管理法》、《自治区实施办法》、《食品卫生法》的贯彻执行情况进行检查，提出建议。

1993 年 2 月至 1998 年 2 月，阿克苏市第四届人大常委会组织召开全体会议 6 次、委员会议 31 次，听取和审议工作报告 60 个，其中有关政府工作的 43 个，有关人大常委会的 7 个，有关法院的 5 个，有关检察院的 5 个，做出重要决定、决议 8 项。听取和审议市政府、人大常委会、法院、检察院工作报告，国民经济和社会发展计划报告，财政预算执行和计划安排报告，审计工作报告，财政预算调整报告，阿克苏市流域灌区规划报告，以及依法治市、制度改革、卫生保健、评议司法部门、市场管理、城市建设、“三五”普法等报告，召集组织驻阿克苏市全国人大代表和自治区人大代表、市人大代表组成执法检查组检查 2 次，开展对《民族区域自治法》《宗教管理条例》的执法检查。1995 年 4 月 19 日至 9 月 25 日，对检察院开展为期 5 个月的工作评议。1995 年 10 月 17 日至 12 月 22 日，对法院开展为期 2 个月的工作评议。人大常委会会议期间，听取和评议畜牧局局长艾买尔江・阿吾提、乡（镇）企业局局长崔家平、民宗局局长阿不都热西提・卡德尔、司法局局长高士勇、法院刑庭庭长阿不力米提・卡得、检察院检察长尼牙孜・托乎提、计生委主任赵秀英、林业局局长艾买尔江・吐尼牙孜、检察院批捕科科长张良、公安局局长冯刚、法院院长阿不都热依木・西日甫、检察院反贪污贿赂局检察员胡明、土地管理局苗福良、人社局局长文建民的述职报告。

1998 年 2 月至 2003 年 1 月，阿克苏市第五届人大常委会组织召开全体会议 6 次、委员会议 31 次，听取和审议工作报告 75 个，其中有关政府工作的 50 个，有关人大常委会的 7 个，有关法院的 6 个，有关检察院的 6 个，做出重要决定、决议 16 项。听取和审议市政府、人大常委会、法院、检察院工作报告，国民经济和社会发展计划报告，财政预算执行和计划安排报告，审计工作报告，以及第十个计划纲要、农业产业结构调整、出租汽车出城登记、科教兴市、城市建设修编、党政机关机构改革、计划生育、劳动人事等报告，组织驻阿克苏市全国人大代表和自治区人大代表、市人大代表组成执法检查组检查 14 次，开展对《城市房地产管理法》《土地管理法》《环境保护法》《刑事诉讼法》《刑法》《食品卫生法》《传染病防治法》《义务教育法》《村民委员会组织法》《残疾人权益保障法》《人口与计划生育法》等的执法检查，对发现的问题，提出改进意见，并实行跟踪督察。

2003 年 1 月至 2007 年 11 月，阿克苏市第六届人大常委会组织召开全体会议 5 次、委员会议 25 次，听取和审议工作报告 64 个，其中有关政府工作的 43 个，有关人大常委会的 7 个，有关法院的 6 个，有关检察院的 6 个，做出重要决定、决议 13 项。主要听取和审议市政府、人大常委会、法院、检察院工作报告，国民经济和社会发展计划报告，财政预算执行和计划安排报告，审计工作报告，以及城市建设总体规划、重大项目建设、社会稳定情况、农业生产情况工作报告。组织驻阿克苏市全国人大代表和自治区人大代表、市人大代表组成执法检查组检查 38 次，开展对《环保法》《安全生产法》《老年人权益保障法》《村民委员会组织法》《审计法》《食品卫生法》等多部法律法规的执法检查。市人大常委会组织人大代表分别对水利局和市法院执行庭开展评议活动。

2007 年 11 月至 2011 年 8 月，阿克苏市第七届人大常委会组织召开全体会议 5 次、委员会议 20 次、主任会议 58 次，听取和审议工作报告 94 个，其中有关政府工作的 72 个，有关人大常委会的 8 个，有关法院的 7 个，有关检察院的 7 个，做出重要决定、决议 34 项。听取和审议市政府、人大常委会、法院、检察院工作报告，国民经济和社会发展计划报告，财政预算执行和计划安排报告，审计工作报告，以及建设项目列入财政预算、十二五规划、设立阿温大道街道办事处、阿克苏市城市总体规划、阿克苏市工业园区消防规划、市容市貌管理办法、阿依库勒镇巴扎日调整、设立柯柯牙街道办事处等报告。组织人大代表组成执法检查组，分别对《治安管理处罚法》《价格法》《安全生产法》《专利法》《自治区专利保护条例》《政府采购法》《宗教事务条例》《食品安全法》《清真食品管理条例》《中小企业促进法》《农民专业合作社法》《治安管理处罚法》《物业管理条例》

《民族团结教育条例》《社会治安综合治理条例》《禁毒法》等法律、法规进行执法大检查，对发现的问题，提出改进意见，并实行跟踪督察。

2011 年 8 月至 2016 年 9 月，阿克苏市第八届人大常委会组织召开全体会议 6 次、委员会议 36 次，听取和审议工作报告 63 个，其中有关政府工作的 36 个，有关人大常委会的 11 个，有关法院的 8 个，有关检察院的 8 个，做出重要决定、决议 18 项。听取和审议市政府、人大常委会、法院、检察院工作报告，国民经济和社会发展计划报告，财政预算执行和计划安排报告，审计工作报告，阿克苏市城镇居民社会养老保险实施办法，“六五”普法发展规划，成立多浪乡、乔格塔勒乡等报告。组织驻阿克苏市全国人大代表和自治区人大代表、市人大代表组成执法检查组，分别对《食品安全法》《法制宣传教育条例》《传染病防治法》《宗教事务条例》《道路交通安全法》《人口与计划生育》《民族团结教育条例》《宗教事务条例》《新疆维吾尔自治区民族团结进步工作条例》等法律、法规进行执法大检查，对发现的问题，提出改进意见，并实行跟踪督察。

2016 年 9 月至 2016 年 12 月，阿克苏市第九届人大常委会组织召开全体会议 1 次、委员会议 2 次，听取和审议工作报告 14 个，其中有关政府工作的 5 个，有关人大常委会的 5 个，有关法院的 2 个，有关检察院的 2 个，做出重要决定、决议 7 项。听取和审议市政府、人大常委会、法院、检察院工作报告，调整财政预算、项目支出列入财政预算、教育教学质量等报告，开展《食品安全法》执法检查。组织驻阿克苏市全国人大代表和自治区人大代表、市人大代表组成执法检查组，对《食品安全法》进行执法检查，对发现的问题，提出改进意见，并实行跟踪督察。

## 第三节　议案建议与办理

市第三届人民代表大会常务委员会共收集代表议案、建议、意见 248 件，其中归市直单位办理 225 件、地直单位办理 16 件、兵团农一师办理 1 件、市委办理 4 件、市法院办理 1 件、市人大办理 1 件。

市第四届人民代表大会常务委员会共收集代表议案、建议、意见 681 件，其中经济建设、行政管理方面 15 件，解决办事处办公地点方面 5 件，文教、卫生、计划生育方面 132 件，土地、房产方面 40 件，交通城市建设 92 件，农、林、牧、水利方面 180 件，社会治安方面 50 件，物价、工商、税务、财政方面 43 件，市场城市建设和市场管理方面 14 件，劳动人事工资方面 6 件，其他方面 106 件。

市第五届人民代表大会常务委员会共收集代表议案、建议、意见 574 件，其中农、牧、林、水、电方面 254 件，文教卫生方面 52 件，城市建设、环保方面 70 件，减轻农民负担方面 10 件，土地方面 18 件，居委会建设方面 5 件，供应生产资料方面 9 件，工商方面 2 件，民宗工作方面 3 件，民政审判方面 8 件，其他方面 143 件。

市第六届人民代表大会常务委员会共收集代表议案、建议、意见 402 件，其中行政管理、社区建设、再就业、土地补偿费等方面 54 件，农牧、水利方面 103 件，文教卫生方面 46 件，城市建设 91 件，民政方面 6 件，劳动人事和社会保障方面 4 件，宗教方面 3 件，公检法方面 4 件，其他方面 94 件。

市第七届人民代表大会常务委员会共收集代表议案、建议、意见 250 件，征集建议、批评、意见 510 件。

市第八届人民代表大会常务委员会共收集代表议案、建议、意见 368 件，其中水利工程 101

件，城乡建设、抗震房、土地管理、物业管理、社区建设方面104件，文化、教育、卫生、计划生育方面98件，其他方面65件。

2016年9月，市九届人大一次会议收集代表建议、批评、意见65件。

## 第四节　代表联络与交流

1990年后，阿克苏市人大常委会严格按照《代表法》的规定，重视代表，支持代表，服务代表，落实代表制度，丰富代表活动，使代表充分发挥作用。

2001年，市人大常委会组织代表学习宪法和法律、法规及上级人大常委会的决议、决定，组织代表向选民述职，邀请在阿克苏市的自治区人大代表列席市人大常委会会议、参加执法检查。

2002年，市人大常委会组织代表进行视察，听取有关职能部门的工作汇报，深入市有关部门、企事业单位进行视察。

2004年，市人大常委会采取多种形式，加强同人大代表的联系。组织代表学习宪法和法律、法规及上级人大常委会的决议、决定，邀请部分全国、自治区人大代表列席市人大常委会会议，参与视察、调查及执法检查活动。在自治区人代会召开前，组织代表进行视察，听取有关职能部门的工作汇报，深入市有关部门、企事业单位进行视察，搜集大量的素材。组织开展各项代表活动，定期不定期地组织代表向原选区选民进行述职，接受选民监督，充分发挥代表联系选民的桥梁纽带作用。

2008年，市人大常委会规范和活跃代表在闭会期间的活动，做好代表履行职责的服务和保障工作。落实常委会领导联系代表制度，举办代表培训班，组织代表学习宪法和法律、法规及上级人大常委会的决议、决定，增强代表的责任感和义务感。同时邀请在阿克苏的部分自治区人大代表列席工委委员会议和参与视察、调查及执法检查活动。督促乡（镇）人大开展代表活动，组织代表学习法律法规和党的路线方针政策，提高代表依法履行职责水平。组织代表开展向选民述职活动，接受选民监督，增强代表为选民服务、向选民负责的意识，发挥代表联系选民的桥梁纽带作用。

2010年，市人大常委会规范人大代表建议意见的交办、督办工作，督促“一府两院”切实解决人大代表和群众关心的实际问题。组织自治区人大代表集中视察。制定代表通讯录，建立QQ、微信群，方便代表管理和联系；开展代表培训，征订《新疆人大》，提高代表的法律水平和履职能力；发挥代表之家的作用，组织代表活动，增加代表之间的沟通；组织“三查（察）”活动，约见政府领导，跟踪议案、建议、意见办理，引导代表依法履职；开展评选“双先”（先进代表小组、优秀人大代表），激发代表履职热情。

2015 ~ 2016年，市人大常委会组织人大代表深入集中视察，协调市委党校开设主体培训班，分期分批对人大代表开展初任培训、履职培训、专题培训。引导代表参与宣传人民代表大会会议精神、开展视察和专题调研、旁听法院庭审案件、参加执法检查等9项活动，规范和丰富代表闭会期间活动载体和形式，建立代表履职的约束机制，通过评选优秀人大代表、代表向选民述职、代表联系选民等方式，强化代表履职约束，切实保障代表履职为民、心系群众。

## 第五节　视察与调研

### 一　视察

1990年后，阿克苏市三至九届常委会依法行使代表会议闭会期的代表的职责、权力，把代表视察当作代表人民管理本市各项事务，采取集中视察、专题视察和执证视察等形式进行，监督、协助政府和“两院”推动工作。重点对农业增效、农牧民增收、农业示范点建设、高效节水滴灌、设施农业、农民专业合作社、农村安全饮水、农村道路建设等方面工作进行视察调研，对工作中存在的不足提出建议和意见。先后组织代表视察义务教育、“双语”教学、妇女儿童发展纲要、就业再就业、安全生产、食品安全、宗教事务管理、平安创建、小区物业管理、流动人口与出租房屋管理等社会事业发展情况。市人大常委会组织代表连续多年开展关于市财政预决算和计划执行情况的集中视察。1992年，开展乡镇企业发展情况的集中视察。1998年和2000年，开展企业改制情况的视察。2002年，就非公有制经济发展、预算外资金管理、固定资产投资、工业经济运行、重点建设项目进展、招商引资、整顿市场经济秩序等情况进行集中视察。2005年，围绕人民群众关注的热点问题开展专项视察。分别开展水费的管理与使用、菜篮子工程专项视察。至2016年，组织开展视察和执法检查活动168次，撰写报告184份，针对存在的问题，提出意见和要求，促使“一府两院”和有关部门加大工作力度，改进工作方法，推动全市社会经济快速发展和社会稳定。

### 二　调研

1990年后，市人大系统组织代表，始终把“三农”问题作为调查的重点。1993年、1994年、1997年和2000年，市人大常委会组织开展关于减轻农牧民负担调查。1990年和1995年，开展乡镇企业发展调查。1996年和1999年，开展农业综合开发情况调查。1998年，开展扶贫开发、教育工作、卫生工作、计划生育工作等情况调查。1999年和2003年，开展农村电网改造方面的调查。1999年，开展粮油棉的收购现状调查。2000年，分别开展农业生产结构调整、特色农业种植存在的问题调查。2004年，开展旅游业发展、勤工俭学等情况的调查。2008年，市人大常委会结合生态环境和资源保护情况开展专项调查。2011年，市人大常委会组织人大代表调研中小学校建设、管理、双语教育、学前教育以及义务教育情况。2013～2015年，市人大常委会组织人大代表对《土地管理法》《义务教育法》《婚姻法》《劳动法》《行政处罚法》《行政诉讼法》《国家赔偿法》《食品安全法》《民事诉讼法》《未成年人保护法》《教育法》《新疆维吾尔自治区宗教事务管理条例》等法律法规的实施情况进行调研，并对执行情况进行监督。

## 第六节　人事任免

阿克苏市人大常委会任免干部一般采用举手表决的方式。干部任命程序中，市人大常委会对任命对象进行法律考试、座谈、民主评议，党组会议、主任会议分别研究讨论，拟任命人员介绍、委员提问、投票表决（全体常委会委员过半数通过）、发放任命书、表态发言、宪法宣誓。

第三届人大常委会至第九届人大常委会第一次会议期间，市人大常委会任免“一府两院”国家机关工作人员 1126 人，其中第三届人大常委会任免 68 人，第四届人大常委会共任免 149 人，第五届人大常委会任免 173 人，第六届人大常委会任免 200 人，第七届人大常委会任免 172 人，第八届人大常委会任免 334 人，第九届人大常委会第一次会议任免 30 人。

## 第七节　指导基层工作

阿克苏市基层人大包括红旗坡片区管委会、多浪片区管委会人大工委，依干其乡、拜什吐格曼乡、喀拉塔勒镇、托普鲁克乡、库木巴什乡、阿依库勒镇人大主席团，兰干街道、南城街道、新城街道、英巴扎街道、红桥街道人大工委，共 13 个基层人大机构。

1990 年后，市人大常委会对基层人大实行理论学习、知识培训、业务指导、工作督导、奖惩分明的多方面、深层次工作指导。邀请基层人大主席、工委专职副主任和人大干事参加市人大常委会党组理论学习，开展全市人大系统多样活动，安排列席市人大常委会会议，组织参加地区、市人大系统干部专题业务培训，要求参加人大代表执法检查、调研、视察活动，举办人大干部法律课堂工作交流会、座谈会、现场会，实行基层人大干事跟班学习制度，落实季度基层检查指导制度，实施奖励优秀、批评落后奖惩机制。通过多种方式的指导，基层人大在市人大常委会和基层人大党委的双重领导下，依法、有序、高效地发挥作用。

2000 年起，市人大常委会每年都组织人员定期、不定期地深入乡（镇）、街道人大主席团进行工作调研，加强与乡（镇）人大的联系，指导乡（镇）人大结合当地的实际情况全面落实自治区人大常委会的各项决议、决定。帮助乡（镇）人大主席团解决工作中存在的困难和问题。支持乡县（镇）人大依法行使各项职权，强化对执法情况的监督权和对重大事项的决定权。

2001 年，市人大常委会领导深入乡（镇）检查指导，按照“一岗三责”的要求，在检查了解人大工作的同时，了解生产、廉政、稳定等工作。

2002 ~2005 年，市人大常委会多次有计划、有目的地深入各乡（镇）调查研究，听取工作汇报，协调和督促乡（镇）党委、政府解决乡（镇）人大反映的主要问题和困难，指导乡（镇）人大紧紧围绕党委的中心任务开展工作。市人大常委会领导多次深入基层调查研究，听取工作汇报，协调和督促乡（镇）党委、政府解决乡（镇）反映的主要问题和困难。利用召开乡（镇）人大工作联席会议和深入乡（镇）人大指导工作的时机，重点督察指导，认真规范，提高乡（镇）人大工作程序化、制度化、规范化建设水平。

2006 ~2012 年，市人大常委会每年都组织人员定期、不定期地深入乡镇人大主席团进行工作调研，加强与乡镇人大的联系，指导乡镇人大结合当地的实际情况全面落实自治区人大常委会的各项决议、决定。帮助乡（镇）人大主席团解决工作中存在的困难和问题。

2013 ~2016 年，市人大常委会组织乡（镇）人大干部培训班，召开人大工作经验交流会，组织人大干部到外地视察学习，开展人大工作理论研讨会。

# 第二十三编　阿克苏市人民政府

1990年后，阿克苏市人民政府历经第三届、第四届、第五届、第六届、第七届、第八届、第九届任期，先后制定5个国民经济和社会发展五年计划，确定各个时期经济和社会发展的指导思想、发展思路和目标任务。紧紧围绕市委中心工作，按照市委决策和部署，充分发挥职能作用，坚持以发展为第一要务，以经济建设为中心，带领全市各族干部群众，不断推进改革开放、优化产业结构、转变增长方式、加快农业产业化进程及城乡基础设施的建设，有效改善广大人民群众的生活条件。

2000年后，抢抓西部大开发机遇，从改革政府机构、推进政府职能的转变入手，坚持依法行政，大力实施“农业奠基、工业立市、生态强市、民生惠市、平安固市”五大战略，主动适应经济发展新常态，全市综合经济实力显著提高。牢牢把握社会稳定和长治久安总目标，实行社会综合治理、深入开展“严打”斗争、抗震救灾、建设安居富民房，实施城乡居民最低生活保障制度，推进农村富余劳动力转移、旅游开放等，促进阿克苏市经济与社会快速发展。

# 第一章　机　构

## 第一节　领导机构

1990 年 3 月至 2016 年 12 月，阿克苏市历经第三届、第四届、第五届、第六届、第七届、第八届、第九届人民代表大会，市级政权组织先后换届 7 次。选举产生第三届、第四届、第五届、第六届、第七届、第八届、第九届政权组织领导机构。

### 一　市第二届人民政府（1987.6～1990.3）

1990 年 1～2 月，阿克苏市第二届人民政府为 1987 年 6 月第二届人民代表大会第一次会议选举产生的市人民政府，市长 1 名，副市长 4 名，任期 3 年。

### 二　市第三届人民政府（1990.3～1993.2）

1990 年 3 月 20～24 日，阿克苏市第三届人民代表大会第一次会议选举产生阿克苏市第三届人民政府，市长 1 名，副市长 5 名，任期 3 年。

### 三　市第四届人民政府（1993.2～1998.2）

1993 年 2 月 8～11 日，阿克苏市第四届人民代表大会第一次会议选举产生阿克苏市第四届人民政府，市长 1 名，副市长 5 名，任期 5 年。届中因人事变动，市人大常委会先后任命 3 名副市长。

### 四　市第五届人民政府（1998.2～2003.1）

1998 年 2 月 20～23 日，阿克苏市第五届人民代表大会第一次会议选举产生阿克苏市第五届人民政府，市长 1 名，副市长 8 名，任期 5 年。届中因人事变动，市人大常委会先后任命 2 名市长、5 名副市长。

### 五　市第六届人民政府（2003.1～2007.11）

2003 年 1 月 20～23 日，阿克苏市第六届人民代表大会第一次会议选举产生阿克苏市第六届人民政府，市长 1 名，副市长 7 名，任期 5 年。届中因人事变动，市人大常委会先后任命 2 名市长、6 名副市长。

### 六　市第七届人民政府（2007.11～2011.8）

2007 年 11 月 24～27 日，阿克苏市第七届人民代表大会第一次会议选举产生阿克苏市第七届人民政府，市长1名，副市长7名，任期5年。届中因人事变动，市人大常委会先后任命1名市长、9名副市长。

## 七 市第八届人民政府（2011.8～2016.9）

2011年8月17～20日，阿克苏市第八届人民代表大会第一次会议选举产生阿克苏市第八届人民政府，市长1名，副市长8名，任期5年。届中因人事变动，市人大常委会先后任命1名市长、8名副市长。

## 八 市第九届人民政府（2016.9～2016.12）

2016年9月6～10日，阿克苏市第九届人民代表大会第一次会议选举产生阿克苏市第九届人民政府，市长1名，副市长8名，任期5年。届中因人事变动，市人大常委会任命1名副市长。

**表23－1 1990～2016年阿克苏市人民政府领导名表**

| 届次 | 职务 | 姓名 | 性别 | 族别 | 籍贯 | 任职起止时间 | 备注 |
|---|---|---|---|---|---|---|---|
| 第三届 | 市长 | 尼牙孜·嘎依提 | 男 | 维吾尔 | 新疆阿瓦提 | 1990.3～1993.2 | |
| | 副市长 | 宁英奎 | 男 | 汉 | 吉林长春 | 1990.3～1993.2 | |
| | | 董志学 | 男 | 汉 | 甘肃张掖 | 1990.3～1993.2 | |
| | | 艾买提·艾来克 | 男 | 维吾尔 | 新疆阿克苏 | 1990.3～1993.2 | |
| | | 李安金 | 男 | 汉 | 四川成都 | 1990.3～1993.2 | |
| | | 李伟国 | 男 | 汉 | 上海 | 1990.3～1993.2 | 挂职 |
| 第四届 | 市长 | 巴赛提·毛拉买提 | 男 | 维吾尔 | 新疆阿克苏 | 1993.2～1997.11 | |
| | | 阿不力孜·阿不都热合曼 | 男 | 维吾尔 | 新疆温宿 | 1997.11～1998.2 | 代市长 |
| | 副市长 | 艾买提·艾来克 | 男 | 维吾尔 | 新疆阿克苏 | 1993.2～1996.5 | |
| | | 李安金 | 男 | 汉 | 四川成都 | 1993.2～1998.2 | |
| | | 杨文 | 男 | 汉 | 黑龙江依兰 | 1993.2～1998.2 | |
| | | 赵建强 | 男 | 汉 | 四川广元 | 1993.2～1997.11 | |
| | | 吾甫力·阿不拉 | 男 | 维吾尔 | 新疆新源 | 1993.2～1993.12 | 挂职 |
| | | 李俊 | 男 | 汉 | | 1993.9～1995.6 | 挂职 |
| | | 闫明英 | 男 | 汉 | 河北赵县 | 1993.12～1998.2 | |
| | | 盛伯荣 | 男 | 汉 | 江苏常州 | 1997.2～1998.2 | 援疆 |
| 第五届 | 市长 | 阿不力孜·阿不都热依木 | 男 | 维吾尔 | 新疆温宿 | 1998.2～1999.12 | |
| | | 艾克拜尔·吾甫尔 | 男 | 维吾尔 | 新疆阿克苏 | 1999.12～2001.1 | |
| | | 买买提江·阿不拉 | 男 | 维吾尔 | 新疆乌鲁木齐 | 2001.1～2003.1 | |
| | 副市长 | 李谦明 | 男 | 汉 | 陕西武功 | 1998.2～2000.1 | |
| | | 闫明英 | 男 | 汉 | 河北赵县 | 1998.2～2001.7 | |
| | | 盛伯荣 | 男 | 汉 | 江苏常州 | 1998.2～1999.2 | 援疆 |
| | | 李延恒 | 男 | 汉 | 新疆 | 1998.2～2000.4 | 挂职 |
| | | 李文刚 | 男 | 汉 | 山东牟平 | 1998.2～2000.4 | 挂职 |
| | | 买买提·毛来克 | 男 | 维吾尔 | 新疆阿克苏 | 1998.2～2002.3 | |
| | | 吐尔洪·艾买尔 | 男 | 维吾尔 | 新疆阿克苏 | 1998.2～2003.1 | |

续表

| 届次 | 职务 | 姓名 | 性别 | 族别 | 籍贯 | 任职起止时间 | 备注 |
|---|---|---|---|---|---|---|---|
| 第五届 | 副市长 | 申海涛 | 男 | 汉 | 河南郑平 | 1998.2 ~ 2003.1 | |
| | | 胡险峰 | 男 | 汉 | 安徽 | 1998.8 ~ 2002.7 | 援疆 |
| | | 刘卫江 | 男 | 汉 | 北京 | 1998.8 ~ 2003.1 | |
| | | 王武民 | 男 | 汉 | 陕西蓝田 | 2001.1 ~ 2003.1 | |
| | | 朱刚 | 男 | 汉 | | 2000.11 ~ 2001.12 | 挂职 |
| | | 高荣强 | 男 | 汉 | 江苏徐州 | 2002.9 ~ 2003.1 | 援疆 |
| 第六届 | 市长 | 买买提江·阿不拉 | 男 | 维吾尔 | 新疆乌鲁木齐 | 2003.1 ~ 2005.2 | |
| | | 艾尼瓦尔·赛依提 | 男 | 维吾尔 | 新疆新和 | 2005.2 ~ 2007.8 | |
| | | 穆塔里甫·肉孜 | 男 | 维吾尔 | 新疆温宿 | 2007.8 ~ 2007.11 | |
| | 副市长 | 刘卫江 | 男 | 汉 | 北京 | 2003.1 ~ 2005.10 | |
| | | 申海涛 | 男 | 汉 | 河南郑平 | 2003.1 ~ 2004.3 | |
| | | 高荣强 | 男 | 汉 | 江苏徐州 | 2003.1 ~ 2005.8 | 援疆 |
| | | 王武民 | 男 | 汉 | 陕西蓝田 | 2003.1 ~ 2006.6 | |
| | | 帕尔哈提·艾尼瓦尔 | 男 | 维吾尔 | 新疆阿克苏 | 2003.1 ~ 2005.12 | |
| | | 邹中亚 | 男 | 汉 | 河南许昌 | 2003.1 ~ 2007.11 | |
| | | 茹先古丽·吐尔地 | 女 | 维吾尔 | 新疆阿克苏 | 2003.1 ~ 2007.11 | |
| | | 常连科 | 男 | 汉 | 河南南阳 | 2004.3 ~ 2007.11 | |
| | | 吾斯曼·艾海提 | 男 | 维吾尔 | 乌鲁木齐 | 2005.4 ~ 2007.1 | 挂职 |
| | | 陆恒炯 | 男 | 汉 | 江苏扬州 | 2005.9 ~ 2007.11 | |
| | | 杨发森 | 男 | 汉 | 甘肃古浪 | 2005.10 ~ 2007.11 | |
| | | 艾买提·阿吾提 | 男 | 维吾尔 | 新疆库车 | 2005.12 ~ 2007.11 | |
| | | 张建和 | 男 | 汉 | 河南新蔡 | 2007.4 ~ 2007.11 | |
| 第七届 | 市长 | 穆塔里甫·肉孜 | 男 | 维吾尔 | 新疆温宿 | 2007.11 ~ 2011.7 | |
| | | 库尔班·吐逊 | 男 | 维吾尔 | 新疆疏勒 | 2011.7 ~ 2011.8 | |
| | 副市长 | 杨发森 | 男 | 汉 | 甘肃古浪 | 2007.11 ~ 2008.12 | |
| | | 邹中亚 | 男 | 汉 | 河南许昌 | 2007.11 ~ 2009.5 | |
| | | 陆恒炯 | 男 | 汉 | 江苏扬州 | 2007.11 ~ 2008.7 | |
| | | 艾买提·阿吾提 | 男 | 维吾尔 | 新疆库车 | 2007.11 ~ 2009.5 | |
| | | 茹先古丽·吐尔地 | 女 | 维吾尔 | 新疆阿克苏 | 2007.11 ~ 2011.4 | |
| | | 张建和 | 男 | 汉 | 河南新蔡 | 2007.11 ~ 2011.8 | |
| | | 周传金 | 男 | 汉 | 河南夏邑 | 2007.11 ~ 2009.5 | |
| | | 陈卫东 | 男 | 汉 | 上海 | 2008.9 ~ 2010.12 | 援疆 |
| | | 姚朝平 | 男 | 汉 | 重庆梁平 | 2009.5 ~ 2011.8 | |
| | | 孙承江 | 男 | 汉 | 江苏扬州 | 2009.7 ~ 2011.4 | |
| | | 吐尔逊·肉孜 | 男 | 维吾尔 | 新疆阿克苏 | 2009.7 ~ 2011.8 | |
| | | 穆合塔·吐尔地 | 男 | 维吾尔 | 新疆乌鲁木齐 | 2010.3 ~ 2011.8 | 挂职 |
| | | 周涛 | 男 | 汉 | 浙江杭州 | 2011.1 ~ 2011.8 | 援疆 |
| | | 周新平 | 男 | 汉 | 山西太原 | 2011.4 ~ 2011.8 | |
| | | 库尔班江·玉苏甫 | 男 | 维吾尔 | 新疆乌什 | 2011.4 ~ 2011.8 | |
| | | 郑莹 | 女 | 汉 | 江苏南京 | 2011.4 ~ 2011.8 | |

续表

| 届次 | 职务 | 姓名 | 性别 | 族别 | 籍贯 | 任职起止时间 | 备注 |
|---|---|---|---|---|---|---|---|
| 第八届 | 市长 | 库尔班·吐逊 | 男 | 维吾尔 | 新疆疏勒 | 2011.8～2013.6 | |
| | | 居来提.卡斯木 | 男 | 维吾尔 | 新疆喀什 | 2013.6～2016.9 | |
| | 副市长 | 张建和 | 男 | 汉 | 河南新蔡 | 2011.8～2013.10 | |
| | | 周涛 | 男 | 汉 | 浙江杭州 | 2011.8～2013.12 | 援疆 |
| | | 穆合塔·吐尔地 | 男 | 维吾尔 | 新疆乌鲁木齐 | 2011.8～2012.3 | 挂职 |
| | | 周新平 | 男 | 汉 | 山西太原 | 2011.8～2014.8 | |
| | | 库尔班江·玉苏甫 | 男 | 维吾尔 | 新疆乌什 | 2011.8～2016.2 | |
| | | 姚朝平 | 男 | 汉 | 重庆梁平 | 2011.8～2014.8 | |
| | | 艾斯卡尔·托乎提 | 男 | 维吾尔 | 新疆阿克苏 | 2011.8～2014.12 | |
| | | 郑莹 | 女 | 汉 | 江苏南京 | 2011.8～2016.9 | |
| | | 艾利亚·塞提尼亚孜 | 男 | 维吾尔 | 新疆鄯善 | 2012.4～2016.9 | |
| | | 刘勇 | 男 | 汉 | 重庆 | 2014.1～2016.6 | |
| | | 刘建 | 男 | 汉 | 安徽芜湖 | 2014.8～2016.9 | |
| | | 张振军 | 男 | 汉 | 河南唐河 | 2014.8～2016.2 | |
| | | 蔡德全 | 男 | 汉 | 浙江嘉善 | 2014.8～2016.9 | 援疆 |
| | | 赵欣 | 男 | 汉 | 甘肃武威 | 2016.2～2016.9 | |
| | | 马金才 | 男 | 回 | 新疆石河子 | 2016.5～2016.9 | |
| | | 陈彤 | 男 | 汉 | 四川云阳 | 2016.6～2016.9 | |
| 第九届 | 市长 | 居来提·卡斯木 | 男 | 维吾尔 | 新疆喀什 | 2016.9～ | |
| | 副市长 | 陈彤 | 男 | 汉 | 四川云阳 | 2016.9～ | |
| | | 艾利亚·塞提尼亚孜 | 男 | 维吾尔 | 新疆鄯善 | 2016.9～ | |
| | | 郑莹 | 女 | 汉 | 江苏南京 | 2016.9～ | |
| | | 蔡德全 | 男 | 汉 | 浙江嘉善 | 2016.9～ | 援疆 |
| | | 赵欣 | 男 | 汉 | 甘肃武威 | 2016.9～ | |
| | | 刘建 | 男 | 汉 | 安徽芜湖 | 2016.9～ | |
| | | 麦麦提·吐拉甫 | 男 | 维吾尔 | 新疆阿克苏 | 2016.9～ | |
| | | 马金才 | 男 | 回 | 新疆石河子 | 2016.9～ | 挂职 |
| | | 李永春 | 男 | 汉 | 河南郸城 | 2016.11～ | 挂职 |

## 第二节　政府组成部门

1990年，阿克苏市人民政府有工作部门35个。1998年，市政府实行机构改革，设有办公室、计划委员会、经济贸易委员会、农业局、水电局、畜牧局、农机管理局、财政局、民政局、信访局、公安局、司法局、卫生局、商业局、乡镇企业局、二轻工业局、教育局、文化体育局、广播电视局、税务局、工商行政管理局、统计局、审计局、交通局、人事局、劳动局、物价局、城乡建设局、土地管理局、监察局、标准计量局、劳动就业保障局、民族宗教事务管理局、计划生育委员会、科学技术委员会、编制委员会办公室36个工作机构。

2002年，机构改革后，市人民政府有27个行政部门，分别为办公室、发展和改革委员会（发改委）、经济贸易委员会（经贸委）、农业局、林业局、畜牧兽医局、农机管理局、财政局、民政局、公安局、司法局、卫生局、教育局、文化体育广播电视局（文体广电局）、工商行政管理局、统计局、审计局、交通局、人事劳动和社会保障局、城乡建设局、环境保护局、国土资源局、标准计量局、科学技术局、民族宗教事务管理局、人口与计划生育委员会、安全生产监督管理局。部门管理机构有信访局、法制办公室。

2010年，市人民政府有33个行政部门，分别为办公室、发改委、经贸委、农业局、林业局、畜牧兽医局、农机管理局、财政局、民政局、公安局、司法局、卫生局、教育局、文体广电局、统计局、审计局、交通局、人力资源和社会保障局、社会保险管理局、城乡建设局、环境保护局、国土资源局、科技局、民族宗教事务管理局、人口与计划生育委员会、安全生产监督管理局、食品药品监督管理局、招商服务局、旅游局、粮食局、农村经济管理局（农经局）、信访局、扶贫开发领导小组办公室（扶贫办），垂管工商行政管理局、国家税务局、地方税务局、气象局、质量技术监督局5个机构。

2016年，市人民政府有38个行政部门，分别为办公室、发改委（粮食局）、经信委（招商局）、农业局、林业局、畜牧局、财政局、民政局、公安局、司法局、教育局、文化体育广播影视局、水利局、商务局、统计局、审计局、交通局、人力资源和社会保障局、住房和城乡建设局、环保局、国土资源局、科技局、民宗委、卫计委、安全生产监督管理局、旅游局、食药局、质监局、人武部、爱委办、行政执法管理局、规划局、老龄委、农业综合开发办、行政服务中心、公共资源教育中心、代建中心、阿河项目办，垂管国家税务局、地方税务局、气象局、工商局4个机构。

# 第二章　政府体制改革

## 第一节　职能转变

1998年，市政府职能转变，按照政企分开的原则，加强统筹规划、信息引导、组织协调、提供服务和检查监督的职能。

2002年，开展定职能、定内设机构、定人员编制（“三定”）工作，全面落实机构改革。各部门根据党中央、国务院关于机构改革的方针、原则，转变职能，理顺各方面的关系，明确划分各部门职责范围，在职能分析的基础上提出本单位领导职数配备、内设机构的职责和职位，拟定出本单位的人员编制。

2011年，阿克苏市结合实际，推进政府职能转变：加快推进政企分开、政资分开、政事分开、政府与市场中介组织分开，把不该由政府管理的事项转移出去，进一步下放管理权限，深化行政审批制度改革，减少行政许可，从制度上更好地发挥市场在资源配置中的基础性作用，更好地发挥基层政府、公民和社会组织在社会公共事务管理中的作用。

2016 年，市政府注重处理好政府与市场、政府与社会、政府层级间的关系，减少行政审批事项，推进简政放权，改善政府管理方式，加强事中事后监管，坚持依法行政，规范行政权力运行。

## 第二节　依法行政

2002 年，阿克苏市成立政府法制科，主要负责审核政府规范性文件、行政执法监督、法制宣传、执法人员培训、清理涉及行政许可的规范性文件等工作。2006 年，制定《阿克苏市全面推进依法行政第一个五年规划（2006～2010 年）》，提出各行政机关及执法单位要符合“合法、合理、程序正当、高效便民、权责统一”的依法行政要求。2010 年，根据国务院《全面推进依法行政实施纲要》和《阿克苏地区全面推进依法行政第二个五年规划（2010～2014 年）》，结合阿克苏市依法行政实际，制定《阿克苏市全面推进依法行政第二个五年规划（2010～2014 年）》。

2003 年，阿克苏市建立错案追究制度，对“两错”（过错、错案）内容的界定、认定、责任划分、责任承担形式、责任追究做出规定，对因主观故意和重大过失办错案的公务人员，严肃追究、处理。2005 年，开展行政许可项目和实施主体的清理工作。根据《行政许可法》实施的需要，市政府法制办组织各行政执法单位对本部门、本系统执行或配合执行的法律、法规、规章和其他规范性文件进行全面认真梳理、上报、审批、公示。清理执法依据，规范执法主体。2006 年，市政府进一步加大对各行政执法部门执法依据的清理梳理工作，对市直 43 个行政执法部门的 57 个执法主体 1256 项依据进行认真细致的梳理、审查，对初审的执法依据结果分别致函各执法部门，由各执法部门自行确认无误后，最终以市政府名义予以确认、公开。推进行政执法责任制工作。2007 年，市委、市政府把行政执法责任制列入全市依法行政工作年度目标考核内容，严格进行评议考核，使行政执法责任制考核工作落到实处。

2010 年 12 月，成立行政服务中心，全市行政审批事项全部进驻服务中心，以“一站式”受理统一行使单位的行政审批职能，集中对外办理行政审批和服务业务，优化和简化程序，缩短办理时限，提高审批效率。

2016 年，阿克苏市政府法制办共审核、备案市政府及市政府办公室法制规范性文件 14 件，提出审查意见 26 条，严格规范文件审查制度，所有规范性文件均予以备案，备案率 100%。审查政府领导和上级部门批办各类涉法文件 3 件，提出审查意见 10 条，确保政令畅通。

## 第三节　政务公开

2008 年 5 月，国务院办公厅印发《关于施行〈中华人民共和国政府信息公开条例〉若干问题的意见》后，阿克苏市在全市范围内学习贯彻《条例》。初步建成以政府门户网站、政府信息公开查阅点（市档案馆、市图书馆）、政府公告栏等为载体的政府信息公开网络体系。对阿克苏市人民政府网站规划设置栏目，增加政务公开等方面的信息，搭建政府信息公开平台，拓宽公开渠道。

2009 年，阿克苏市政府研讨通过《阿克苏市电子政务项目可行性报告》、印发《〈阿克苏市政务公开实施细则〉等五项制度的通知》，包含政务公开实施细则、政务公开基本原则、政务公开的主要内容和范围、政务公开的方式和程序、政务公开考核制度。

2010 年，政务公开工作步入正轨，各行政执法部门根据本单位的实际，在办公场所显要位置设置政务公开栏，将本部门的执法依据、执法权限、执法程序和行政审批的办理程序、办理期限，涉及行政收费的收费项目、收费依据、收费标准以及监督举报电话张贴公布，方便群众办事，接受社会监督。

2016 年，根据政务公开工作要求，完成全市 27 个单位的审批事项 256 项（其中行政许可 198 项、非行政许可 58 项）的公示；受理转办市长信箱 677 件，公开领导信息 34 条、图片新闻 74 条、政务信息 142 条，公示通告 46 条、部门政务信息 273 条、工程建设领域信息 58 条，领导活动回复公众关注热点或重大舆情 12 次；全市各单位主动公开政府信息 1149 条，依申请公开政府信息 1281 条，主动公开率、依申请公开率和向政府信息公开查阅点移交、备案率均达到 100%；受理公众依法申请政府公开信息 46 件，均为当面咨询；在市档案馆、图书馆开设政府信息公开查阅点，对全市各单位编制的政府信息公开目录进行集中摆放，安排专职工作人员，方便群众查阅。

# 第三章　重要会议

## 第一节　政府党组会议

从 1990 年起，市人民政府党组组成人员有时由市长、副市长、办公室主任组成，有时增加经济口部门主要负责人。自 1997 年 1 月起，市武装部长成为政府党组成员。会议由党组书记或党组副书记主持。会议的主要任务是研究提请市委决定的重要事项，研究贯彻市委的重要指示，研究决定政府工作部门副职和政府办事机构、事业单位的人事任免和奖惩，研究市政府机关的思想、组织、作风问题和廉政建设、制度建设等工作。

1990 ~ 2000 年，阿克苏市政府党组召开会议 143 次，主要研究和讨论民政、扶贫工作、市财政预算调整、政府党组民主生活会、律师制度改革、调整农业特产税、制定政府工作报告、财政决算预算报告及计划工作报告、干部任免、建设工程招投标管理、国有企业改制情况、“菜篮子”建设优惠政策、市水利建设基金筹集使用管理、“科技兴市”战略等。

2001 ~ 2016 年，阿克苏市政府党组召开会议 237 次，研究和讨论落实环境保护法责任、减少供热工程建设费用、对社区委员会增加编制、城镇特困群体救助和就业、工业区筹建、利用国家开发银行贷款、加快阿克苏市新型工业化进程、供排水公司改制、多浪河景观带改造、多浪文化民俗村建设、西工业园区供水、工业园区管委会成立投资公司及扶持外经贸企业发展资金管理办法等事宜，讨论通过《关于阿克苏市市场开发中心等国有资产划入城市建设开发投资公司的请示》《阿克苏市新型农村社会养老保险试点实施方案（试行）》《阿克苏市扶贫助学基金管理办法（暂行）》《阿克苏市农村居民最低生活保障制度实施细则（试行）》《关于将开发区企业税收全额返还开发区的请示》《阿克苏市中小企业融资工作实施方案（试行）》《关于批准阿克苏经济技术开发区电力专项规划的报告》《阿克苏市政府采购不良行为记录和黑名单管理暂行办法（试行）》《阿克苏市政府采购评审专家管理办法（试行）》《阿克苏市建筑市场招投标不良行为记录和黑名单制度管理暂行办法》《阿克苏市人民政府全面推进依法行政加快建设法治政府重大任务（2015～2020）实施方案》《阿克苏市“两后生”培训流失学员费用追缴及管理暂行办法（送审稿）》《阿克苏市网络创业就业认定和创业扶持管理办法》《阿克苏市城乡劳动力就业技能培训中心组建方案》等相关制度、办法、方案。

## 第二节　常务会议

阿克苏市政府常务会议由市长、副市长和办公室主任组成，办公室副主任列席会议，根据需要安排政府有关部门负责人列席，会议由市长召集和主持，或由市长委托副市长召集和主持，会议议题主要包括：研究执行党的路线、方针、政策和重大决策，传达中央、自治区、地区和市委重要会议、重要文件、重要指示精神，根据阿克苏市实际和政府职责，提出贯彻落实意见；讨论通过向地区行署及上级有关部门请示、报告重要问题；组织实施市人民代表大会决定事项，研究国民经济和社会发展计划、财政预算、城乡建设规划、宏观调控和改革开放的政策措施、社会管理重要事务、大型项目建设等重大问题；讨论通过向市人大及其常委会所做工作报告和提请市人大常委会审议议案；讨论通过以市政府名义发布重要工作计划、决定和行政措施；讨论决定各乡（镇）街道和市政府各部门、直属单位请示解决重大问题以及需要市政府批准事项；讨论决定以市政府名义召开全市重要会议和举办重大活动；听取市长、副市长和各乡（镇）街道、市政府各部门、直属单位重要工作情况汇报，研究工作部署及其他需要讨论的重要问题。

1990～2016 年，阿克苏市共召开政府常务会议 93 次。

## 第三节　市长办公会议

阿克苏市市长、副市长对分管工作中涉及国民经济和社会发展、财政预算、城乡建设、宏观调控改革开放政策措施、社会事务管理、大型项目建设等的重大问题，需要进行决定、协调和部署的，由市长或分管副市长召集项目实行事项的乡（镇）、部门和单位领导。

1990～2016 年，阿克苏市共召开市长办公会议 121 次。

# 第四章　施政纪略

## 第一节　第二届市人民政府施政

阿克苏市第二届人民政府按照市委的决定，不断深化农村改革，稳定和完善以家庭联产承包为主的责任制和统分结合的双层经营体制，建立和完善农村社会化服务体系；推进科教兴农，增加对农业的投入，调整产业结构，开发新产品；以转换经营机制推行企业改革，实行承包责任制和厂长经理负责制。全市经济、科技、教育、文化、卫生事业得到快速发展。至 1989 年 12 月，阿克苏市国民生产总值（现价）12696 万元（市属），人均国民生产总值 854 元，固定资产投资 737 万元，农林牧渔业总产值（现价）8380. 8 万元，工业总产值 3919. 7 万元，财政收入 4176 万元，农民人均纯收入 584. 25 元。

## 第二节　第三届市人民政府施政

阿克苏市第三届人民政府按照市委的决定，抓住机遇，转变观念，加快改革开放的步伐，促进阿克苏市国民经济和社会事业的发展。不断强化农业基础地位，优化内部结构，主攻畜牧业，强化林果业，拓宽工业，实行农工商综合经营的经济工作方针，推动国民经济持续稳定发展。推进城市经济改革，1990 年 5 月，阿克苏市人民政府制定实施扶持大中型企业的 16 条政策措施。1991 年，重点抓好市属 5 个企业改革，增强企业活力，逐步推进计划、劳动、人事、工商、金融、价格、税收、保险各项改革，加快城市基础设施建设，完善城市功能。逐步形成农工商综合发展，多种经济成分并存，城市经济实力和综合服务功能不断提高，宏观调控能力增强的良好发展前景。至 1992 年 12 月，阿克苏市国民生产总值（现价）58528 万元，人均国民生产总值 1535 元，固定资产投资 3108 万元，农林牧渔业总产值（现价）24685. 54 万元，工业总产值 18905 万元，财政收入 5485 万元，农民人均纯收入 795. 53 元。

## 第三节　第四届市人民政府施政

阿克苏市第四届人民政府按照市委的决定，继续深化改革，促进阿克苏市科技、文化、教育、卫生等各项事业发展。1993 年 3 月，阿克苏市人民政府贯彻《教育法》，制定《阿克苏市义务教育实施办法》，全面推进义务教育；4 月，组成 9 个调查组，调查全市农村贯彻落实国务院《农民承担费用和劳动管理条例》和自治区人民政府的实施办法，并出台《关于减轻农民负担，发展农村经济的 10 条规定》和《阿克苏市农牧民承担费用和劳务管理实施细则》。1994 年 2 月，阿克苏市人民政府制定《阿克苏市关于加强教育工作，加快教育事业发展的决定》，从教育投入、师资力量等方面深化教育改革。实施星光计划和科技计划，安排科技项目 364 个，投入科技经费 1352 万元，推进科技进步。推进国有企业改革，对 17 家企业进行清产核资，6 家企业开展建立现代企业制度试点。文化事业稳步发展，全市 127 个行政村建立图书室、文化站、体育场、娱乐室等，广播、电视人口覆盖率为 85% 和 90% 。至 1997 年 12 月，阿克苏市国民生产总值（现价）173786 万元，人均国民生产总值 3610 元，固定资产投资 19343 万元，农林牧渔业总产值（现价）86493 万元，工业总产值 46189 万元，财政收入 11211 万元，农民人均纯收入 1854 元。

## 第四节　第五届市人民政府施政

阿克苏市第五届人民政府按照市委的决定，加强农业的基础地位不动摇，继续优化产业结构，强化基础设施，坚持增粮、控棉、管果、强畜、建大棚、扩大集体经济，强化农村第二、三产业，搞好劳务创收，推进农业发展。调整粮食面积、稳定棉花规模、积极发展特色经济作物，优化品种、提高单产，增强市场竞争力。以建设中国枣园、中国红富士苹果之乡为目标，培育红枣、红富士苹果、核桃、香梨等七大果品基地。狠抓牛、羊、猪、禽四大畜产品生产，推广“托牛所”“雏鸡供育”“果园养鸡”“庭院养禽”等养殖技术，加快畜牧业发展。优化品种，提高单产，建设无公害蔬菜基地和绿色有机食品基地，增强市场竞争力。逐步推进工业发展。坚持以市场为导向，以观念创新、体制创新、技术创新、管理创新为动力，以项目建设为载体，逐步推进工业化进程。举办科技之冬活动，加大教育投资，建设园林城市，搞好集中供热和防病改水工作，科技、教育、文化、卫生、体育等各项事业取得长足进步。至2002年12月，阿克苏市国民生产总值（现价）248145万元，人均国民生产总值4421元，固定资产投资150905万元，农林牧渔业总产值（现价）106649.8万元，工业总产值99500万元，财政收入25019万元，农民人均纯收入2552.98元。

## 第五节　第六届市人民政府施政

阿克苏市第六届人民政府按照市委的决定，坚持以经济建设为中心，积极推进全市国民经济和社会事业的协调发展。2006年，阿克苏市人民政府确定工业兴市和快速崛起、和谐发展的目标，继续实施以项目建设为载体，以观念创新、体制创新、技术创新和管理创新为动力，以加快工业园区建设为重点，以城市化建设为平台，以招商引资和人力资源开发利用为突破，重点建设出口产品加工制造基地、农副产品加工基地、棉产品综合加工利用基地、重化工基地、南疆电力支撑基地、建材及矿产品深加工基地、南疆最大的商贸集散地、南疆旅游目的地，推动阿克苏市域经济跨越式发展。坚持抓住机遇、深化改革、扩大开放、促进发展、保持稳定的基本方针，强化农业基础地位，优化种植结构。实施文化、教育、卫生、科技改革，全面发展战备，保持国民经济持续、快速、健康发展，综合经济实力、社会发展和人民生活水平再上新台阶。实施多浪河景观带建设工程。至2006年12月，阿克苏市国民生产总值（现价）418453万元，人均国民生产总值9628元，固定资产投资163072万元，农林牧渔业总产值（现价）152676.72万元，工业总产值177532万元，财政收入44406万元，农民人均纯收入4116元。

## 第六节　第七届市人民政府施政

阿克苏市第七届人民政府按照市委的决定，牢固树立“发展是第一要务”的思想，按照“全党抓经济、重点抓工业、关键抓招商、核心抓项目”的工作思路，积极实践“阿温联盟、合作发展”战略构想，取得经济建设、政治建设、文化建设、社会建设、生态建设新成就，在西部百强县市中的排名从2007年的第69位提升到2011年的第42位。继续坚持大农业发展不动摇，加快工业化进程，加大招商引资的工作力度。加快城市基础设施建设和新农村建设步伐，稳步实施抗震安居房建设，加大财政对民生的投入。2007～2011年，落实科技经费1920万元，5个乡（镇）获自治区科技进步先进乡（镇）称号。“两基”教育成果得以继续巩固，新建双语幼儿园18所1.8万平方米、中小学校2.5万平方米，续建高中校舍2.1万平方米，年均递增1.2%。农牧民业余文化生活不断丰富，安装卫星直播信号接收设备2339套、乡村大喇叭248套，农民人均果园0.2公顷，开展各类技能培训6.23万人次。阿克苏市先后获“国家森林城市”“全国双拥模范城”四连冠、自治区文明城市等称号。至2011年末，阿克苏市国民生产总值（现价）779103万元，人均国民生产总值16198元，固定资产投资431399万元，农林牧渔业总产值（现价）253572.7万元，工业总产值431132万元，财政收入122607万元，农民人均纯收入7253元。

### 第七节　第八届市人民政府施政

阿克苏市第八届人民政府按照市委的决定，紧紧围绕社会稳定和长治久安总目标，坚持“依法治疆、团结稳疆、长期建疆”总战略，经济发展进入新常态，转方式、调结构和深化改革新时期，集聚财力惠民生，主攻工业超百亿，扎实开展项目建设年活动，狠抓工业十大工程项目建设。调整农业产业结构，逐步实现粮食、林果业、畜牧业全面发展。以新农村建设为抓手，推进城镇化建设。继续深化改革，扩大开放，加快工业园区建设，完善基础设施，引进企业入园。推进科技、教育、文化、卫生和社会各项事业发展。至2015年12月，阿克苏市地方生产总值（现价）1727801万元，人均地方生产总值36505元，固定资产投资169.3亿元，农林牧渔业总产值（现价）491399万元，工业总产值1252744万元，财政收入267279万元，农民人均纯收入14637元。

### 第八节　第九届市人民政府施政

阿克苏市第九届人民政府按照市委的决定，至2016年12月，阿克苏市地方生产总值（现价）1800996万元，人均地方生产总值37756元，固定资产投资1901214万元，农林牧渔总产值（现价）572140万元，工业总产值904961万元，财政收入196785万元，农民人均纯收入15553.9元。

# 第五章　综合政务

### 第一节　市政府办公室工作

#### 一　机构

1990年，市政府办公室核定编制45名，其中领导职数4名，内设翻译科、行政办。

1994年7月，成立外事侨办，归政府办公室，核定编制2名。

2002年，成立法制办，核定编制2名，归政府办公室。

2004年4月，外事侨办下设侨联，核定参公编制2名，归政府办领导。

2008 年 1 月，成立市应急管理办，核定编制 2 名，归市政府办领导。7 月，侨联参公单位改为公务员性质，核定编制 2 名。9 月，成立阿克苏市电子政务管理办，核定事业编制 8 名，其中领导职数 1 人，相当于副科，全额预算管理。

2012 年，市政府办公室核定编制 65 名，领导职数 5 名（含机关党总支专职书记 1 名），行政编制 38 名，机关工勤人员 27 名。内设秘书科、翻译科、外事侨办、机关后勤事务管理办、法制办、应急管理办、扶贫开发办、电子政务办 8 个科室。

2016 年，市扶贫开发办、机关后勤事务管理办从政府办析出，成为独立核算单位。年末，市政府办公室核定编制 65 名，其中领导职数 5 名（含机关党总支专职书记 1 名），行政编制 38 名，机关工勤人员 27 名，内设科室有秘书科、翻译科、外事侨办、法制办、应急管理办、电子政务办。

## 二　办文办会

1990 ~ 2016 年，阿克苏市政府办公室年均完成政府工作报告、政府全体会议、经济运行分析会、调研汇报等综合性材料 600 篇，起草修订政府及办公室各类文件 400 件，翻译各类文件资料 450 份 80 余万字，年均组织各类会议 100 余次，会议年均下降 5%。2016 年，市人民政府办公室组织各类会议 134 场。

**表 23 - 2　1990 ~ 2016 年阿克苏市政府下发文件情况表**

单位：件

| 年份 | 办文数 | 政发 | 政字 | 政办 | 年份 | 办文数 | 政发 | 政字 | 政办 |
|---|---|---|---|---|---|---|---|---|---|
| 1990 | 118 | 97 | | 21 | 2004 | 335 | 50 | 168 | 117 |
| 1991 | 101 | 88 | 6 | 7 | 2005 | 380 | 58 | 175 | 147 |
| 1992 | 135 | 116 | 3 | 16 | 2006 | 676 | 42 | 460 | 174 |
| 1993 | 113 | 87 | 1 | 25 | 2007 | 525 | 56 | 270 | 199 |
| 1994 | 99 | 97 | 2 | | 2008 | 651 | 24 | 374 | 253 |
| 1995 | 125 | 92 | 11 | 13 | 2009 | 660 | 36 | 360 | 264 |
| 1996 | 92 | 41 | 4 | 47 | 2010 | 754 | 26 | 485 | 243 |
| 1997 | 101 | 89 | 13 | 2 | 2011 | 711 | 46 | 352 | 313 |
| 1998 | 118 | 89 | 29 | | 2012 | 922 | 38 | 474 | 410 |
| 1999 | 112 | 97 | 11 | 4 | 2013 | 633 | 35 | 310 | 288 |
| 2000 | 128 | 125 | | 3 | 2014 | 585 | 24 | 278 | 283 |
| 2001 | 165 | 31 | 13 | 121 | 2015 | 536 | 17 | 252 | 267 |
| 2002 | 235 | 28 | 75 | 132 | 2016 | 530 | 24 | 250 | 256 |
| 2003 | 331 | 51 | 157 | 123 | | | | | |

## 三　法制工作

2002 年，市人民政府法制办成立。

2003 ~ 2010 年，组织全市 48 个行政执法主体单位 368 名行政执法人员进行 15 次法律知识培训，368 人通过考试并取得行政执法资格证书。

2011 ~ 2016 年，组织全市 48 个行政执法主体单位 997 名行政执法人员进行 6 次法律知识培训，997 人通过考试并取得行政执法资格证书。

## 第二节　机关事务管理

### 一　机构

2005 年 12 月，阿克苏市政府成立接待办，属市政府办公室下辖二级部门，核定行政编制 5 名，其中领导职数 1 名。2013 年 5 月，按照机构改革设置有关规定，根据机构改革和实际工作需要，撤销市政府接待办，成立市委机关事务管理办公室，属正科级建制，隶属阿克苏市委管理，核定行政编制 5 名，其中领导职数 3 名，下设阿克苏市机关后勤服务中心，核定事业编制 4 名，其中领导职数 3 名。两个机构工作人员按照分工不分家的原则，有序开展各项后勤服务保障工作。2016 年 12 月，阿克苏市委机关事务管理办公室核定编制 5 名，实有 5 人；阿克苏市机关后勤服务中心核定编制 4 名，实有 5 人。

### 二　后勤服务保障

2005 ~2016 年，市委机关事务管理办公室主要负责市委、人大、政府、政协的公务接待、市级大型活动、各类大中型会议、会务和节日庆典的接待等后勤服务保障以及外出考察、招商引资等大型活动的保障工作。2016 年，共接待客商 80 批次 566 人次，接待检查、考察团 190 批次 2100 人次。

**表 23 -3　2005 ~2016 年阿克苏市委机关事务管理办公室接待人员表**

| 年份 | 接待客商(批次) | 人数(人次) | 接待检查、考察团(批次) | 人数(人次) |
|---|---|---|---|---|
| 2005 | 80 | 832 | 132 | 1300 |
| 2006 | 120 | 1140 | 150 | 1725 |
| 2007 | 160 | 2155 | 166 | 2351 |
| 2008 | 210 | 3000 | 1800 | 2566 |
| 2009 | 244 | 3468 | 177 | 3181 |
| 2010 | 355 | 4102 | 206 | 3455 |
| 2011 | 466 | 4988 | 280 | 3777 |
| 2012 | 580 | 9200 | 310 | 5600 |
| 2013 | 750 | 10860 | 388 | 6980 |
| 2014 | 344 | 3080 | 177 | 1980 |
| 2015 | 110 | 1355 | 120 | 1250 |
| 2016 | 80 | 566 | 190 | 2100 |

## 第三节　外事侨务

### 一　机构

1994 年 7 月，阿克苏市成立外事侨务办公室，隶属市政府办公室领导，副科级单位，核定编制 2 名，实有 2 人。2004 年 4 月下设侨联办公室。2016 年，实有 2 人。

## 二　主要工作

1994 年，市外事侨务办公室开展侨眷调查摸底工作，加强理论政策学习。

2000 年后，深入调研全市侨联工作，按照外事法律法规及侨务管理制度的规定，对全市公务护照进行全面核查，履行护照登记手续，定期清理护照，加强归侨侨眷服务工作。

2010～2016 年，加强同公安、民政、工商等部门之间的联系，严格执行“统一政策、统一制度、统一纪律”的外事原则，规范审批制度，使出国审批、管理走上规范化、法制化轨道。

# 第四节　电子政务

## 一　机构

2002 年 1 月 9 日，阿克苏市成立信息中心，事业单位，副科级建制，隶属阿克苏市发展计划委员会管理，核定编制 3 人，实有 3 人。2006 年 4 月 3 日，市委将市信息中心划归市委宣传部管理，连人带编整体移交市委宣传部。2007 年 1 月 11 日，市委决定将阿克苏市信息中心划归阿克苏市政府办公室管理，核定事业编制 4 名，实有 3 人。2008 年 9 月 25 日，更名为阿克苏市电子政务管理办公室，核定事业编制 8 名，副科级建制，全额预算管理。2016 年，实有 7 人。

## 二　主要工作

2002 年，阿克苏市人民政府门户网站建成并投入运行。至 2007 年，阿克苏市政府信息中心先后开发、制作、更新完成阿克苏市法制网、阿克苏市四城同创网、阿克苏市人口与计划生育网、阿克苏市招商网。先后经过 3 次改版，共发布信息 2.66 万条，图片信息 1500 余条。

2008 年后，阿克苏市政府先后投入 230 万元，对阿克苏市中心机房进行升级和改造。购置政府门户网站服务器、OA 协同办公服务器、邮件服务器、外网 VPN 和 FTP 数据传输服务器等基础网络设备。升级改造阿克苏地区内网公文传输线路，实现政府内网公文传输与政府互联两网的完全分离，建立阿克苏市政府与各乡镇（场）、街道办事处、市直各委办局（VPN）公文传输内网通道，实现政府公文传输纵向互通自治区、阿克苏地区，横向互通全市各乡镇（场）、街道办事处、市直各委办局的内网传输通道。

2009 年，市电子政务管理办公室对全市范围政府信息公开目录、指南编制工作进行健全和完善，规范报送格式。

2010 年，印发《阿克苏市政府门户网站“市长信箱”来信办理工作制度（试行）》的通知，开通“市长信箱”开展政民互动和网络问政工作。

至 2016 年，阿克苏市政府门户网站开通政府信息公开、办事大厅、便民服务、市长信箱、群众来信、投资指南、服务“三农”等 67 个栏目和 58 个政府部门子网站，自主开发投入应用政府网站群系统、政府信息公开发布系统、政府邮件系统、查阅点信息管理系统、市长信箱、群众来信回复系统等网站应用功能，阿克苏市维吾尔文政府网站开发工作正在进行。阿克苏市依托政府门户网站共发布信息26万余条，其中主动公开信息12.4万条、依申请公开信息3.83万条；主动公开信息公开率和依申请公开信息备案率均达到100%。市编办将行政审批制度改革工作纳入年度重点工作来抓，先后4次对全市政府各单位审批事项进行清理。全市共保留27个主体单位的审批事项共256项，其中行政许可198项、非行政许可58项，较2015年减少48项。2003年以来访问量达209.5万人次，日均访问量达5000余人次，平均每年更新政务要闻3500多条，公布行政审批项目、办事指南85个，全市政府系统各单位通过政府网站依法对主动公开的政府信息进行公开发布。

## 第五节　应急管理

### 一　机构

2008年1月，阿克苏市建立应急管理组织体系，按照自治区《关于地州市县市区应急管理办公室机构设置和编制使用的意见》文件精神，成立应急管理办公室，挂靠市人民政府办公室，主要职责是值守应急、预案管理、组织协调、统筹管理、宏观指导和信息汇总报送等。

### 二　主要工作

2008年，阿克苏市开展突发公共事件应急管理工作，按照自治区政府、地区行署总体要求和部署，编制应急预案，开展应急宣传和演练工作，提高应对和处置突发公共事件能力。

2009年，阿克苏市应急管理办公室不断完善预案体系，组织应急演练，结合全市实际，制定《阿克苏市人民政府突发公共事件总体应急预案》等18个专项应急预案，完善“一案三制”（“一案”为国家突发公共事件应急预案体系，“三制”为应急管理体制、运行体制和法制）为主体的应急体系建设，面对维稳新形势和流感疫情，成立阿克苏市处置突发事件指挥部和阿克苏市防控甲型H1N1流感应急指挥部，抓好应急宣传工作，累计发放宣传资料5万余份，现场接受群众咨询1900人次，举办培训班60余期，培训人员3600人次。

2010年后，市应急管理办公室履行值守应急、信息汇总和综合协调职能，发挥运转枢纽作用。组织编制修订市域突发公共事件总体应急预案，做好各类突发事件的应急处置工作；建立健全突发公共事件信息报送和监测预警机制，统筹做好全市应急平台体系建设和应急管理宣传、教育、培训等工作。

至2016年，市应急管理办公室按照市委、市政府关于应急预案工作决定和指示，及时调整应急工作领导小组，建立健全各类突发应急预案，制定《阿克苏市处置大规模恐怖袭击事件应急预案》《阿克苏市处置大规模群众性事件应急预案》《阿克苏市重、特大生产安全生产应急救援预案》《阿克苏市自然灾害救助应急预案》。做好地震应急科普宣教、培训工作，每年城区各机关事业单位、企业、重点部门、中小学校举行多次地震应急模拟演练，增强安全意识。加强对各乡（镇）场、各部门领导干部、基层干部和企业负责人应急指挥和处置能力的培训；加强对有关从业人员和应急救援队伍安全知识、处置技能和操作规程的培训；为给广大市民提供更加安全的应急避难场所，阿克苏市确定6处场地作为地震应急避难场所（多浪河水韵广场、多浪河国庆广场、人民路西广场、世纪广场、火车站前广场、解放中路儿童公园），并设置应急避难场所标识，方便群众疏散。

## 第六节　招商引资

### 一　机构

2002 年 9 月，阿克苏市成立招商局，将市经济协作办公室职能整体划转到市招商局，正科建制。在编 3 人。

2006 年，在编人数 13 人，下设办公室、矿产化工科、轻纺科、城市发展科。

2010 年 11 月，设立阿克苏市驻杭州市合作发展联络处，归属市招商局管理。在编 21 人，下设办公室、矿产化工科、轻纺科、城市发展科。

2012 年 7 月，市招商局设立党组。年末，实有 31 人。下设行政办公室、项目股、服务股。

2014 年 12 月，阿克苏市浙阿交流中心撤销，编制收回，将机构的职能任务划转到阿克苏市对口援市领导小组办公室。实有 27 人。

2016 年底，实有 23 人。

### 二　招商举措

2001 年 2 月 10 日，根据《阿克苏市关于发展城市经济的优惠政策》的规定，阿克苏市对引进资金在阿克苏市建起的第一家招商引资项目私营企业安利达果业储运中心，依照到位资金总额的 3% ~5% 给予个人奖励人民币 24 万元。

2002 年，阿克苏市以“实施优势资源转换战略，实现区域经济跨越式大发展”为主要目标，推进招商引资一号工程。

2003 ~2005 年，阿克苏市把招商引资作为工作重点，组建小分队实行专业招商，参与组团招商、产业招商、以商招商，通过召开座谈会和推介会，强化与客商的联系和沟通。投入人力物力，编制《阿克苏市投资指南》宣传画册。以专项招商推介会、展销会等大型会议为契机，开展招商活动；定期启动联合办公机制，开展上门办公等，为企业解决实际难题，增强阿克苏市招商引资的吸引力。在抓好一般项目的同时，集中精力，以商招商，抓一批规模大、效益高的好项目。同时，筑巢引凤，构造招商引资平台，进一步优化招商引资硬环境，快速推进园区基础设施建设，把全市各单位动员起来，参与招商。

2006 年后，采取以企招商、以商引商、项目招商和园区招商等；强化招商队伍，把招商引资工作的重心放在投资环境建设上，中心定位在优质服务上，不断改善软环境以促进招商。利用各类展会大平台，提高招商引资的水平；做好新项目的跟踪落实，促项目早日落户投产；着力加强全方位招商引资宣传，提升阿克苏市的知名度。

2008 ~2010 年，注重招商引资环境的建设与优化工作，建立招商引资工作服务小组，制定相应的配套服务措施，帮助企业做好协调和服务；做好签约项目的前期介入工作，在项目对接过程中，了解企业情况，有针对性地进行接洽，提高招商实效；规范招商引资工作制度，制定和出台《招商引资目标责任考核办法和评分标准》，从制度上规范招商引资工作。突出会展抓招商，先后组织招商分队赴江浙、山东等地就纺织、化工等项目对接，组织参加“西洽会”、“喀交会”、“乌洽会”、苏商大会、中国淄博建陶洽谈会、“西博会”、“上海—阿克苏宣传周”等重要对接洽谈会；搭建企业融资平台，为企业发展提供更优服务。

2011~2014 年，阿克苏市把抓项目、促进度作为重中之重的工作。参加各类投资贸易洽谈会，派出 5 个专业招商小分队，到江浙覆盖长三角地区走访棉纺织、天然气化工、农副产品加工、新能源、陶瓷等各类企业共计 161 家。借助杭州市对口援建阿克苏市的有利时机，把长江三角洲作为阿克苏市的重点招商区域，搭建面向浙江省辐射长三角地区的招商引资平台，建立产业推介及特色产品营销的招商网络，加强与长三角区域大企业、大集团、商会的联络与对接，实现资源共享、信息互通。聘请知名企业家和商会、协会领导做阿克苏市的顾问、智囊团，广建渠道、广搭平台，推进招商引资工作。

2015~2016 年，组成招商小分队采取常年招商、上门招商的形式，多次赴浙江、广州、福建、江苏、山东等地，走访纺织服装、农副产品加工、装备制造、商贸物流等各类企业共计 170 余家。依托杭州对口援疆优势，独特的区位、交通网络，富庶的农产品资源，把电子商务作为全市的重点产业加以推进；坚持以提高招商引资质量为核心，着力推动由招商为主向招商与服务并重转变。

## 三　招商活动

2000 年 9 月起，阿克苏市组织参加“乌洽会”，共签约 4 个项目，项目履约 4 个，履约率达 100%。至 2016 年，先后参加“西洽会”“浙洽会”“亚欧博览会”“夏洽会”“西博会”30 余次，共签约 300 余个项目。

表 23-4　2000~2016 年阿克苏市招商签约统计表

| 年份 | 乌洽会 | | | 西洽会 | | | 其　他 | | |
|---|---|---|---|---|---|---|---|---|---|
| | 签约项目（个） | 履约项目（个） | 履约率（%） | 签约项目（个） | 履约项目（个） | 履约率（%） | 签约项目（个） | 履约项目（个） | 履约率（%） |
| 2000 | 4 | 4 | 100 | | | | | | |
| 2001 | 11 | 11 | 100 | | | | | | |
| 2002 | 9 | 9 | 100 | | | | | | |
| 2003 | 15 | 15 | 100 | | | | | | |
| 2004 | 16 | 16 | 100 | | | | | | |
| 2005 | 24 | 24 | 100 | | | | | | |
| 2006 | 31 | 24 | 77 | | | | | | |
| 2007 | 29 | 15 | 52 | 2 | 2 | 100 | 1 | 1 | 100 |
| 2008 | 32 | 14 | 43 | | | | | | |
| 2009 | 22 | 17 | 77 | | | | | | |
| 2010 | 21 | 21 | 100 | | | | | | |
| 2011 | | | | 2 | 1 | 50 | 12 | 12 | 100 |
| 2012 | 16 | | | 2 | 2 | 100 | | | |
| 2013 | 14 | | | 3 | 3 | 100 | | | \ |

续表

| 年份 | 乌洽会 | | | 西洽会 | | | 其他 | | |
|---|---|---|---|---|---|---|---|---|---|
| | 签约项目（个） | 履约项目（个） | 履约率（%） | 签约项目（个） | 履约项目（个） | 履约率（%） | 签约项目（个） | 履约项目（个） | 履约率（%） |
| 2014 | | | | 2 | 2 | 100 | 12 | 9 | 75 |
| 2015 | | | | | | | 8 | 8 | 100 |
| 2016 | | | | 2 | 2 | 100 | 11 | 11 | 100 |

## 四 资金引进与管理

2002 年，阿克苏市以扩大有效投资为目标，由粗放型向质量效益型转变，由依赖廉价资源和优惠政策向提供高效服务和优质营商环境转变，由产业链中低端向中高端转变，由按产业找资金向引资引技引智一体化转变，抓龙头、补链条、聚集群，实现招商引资提质增效。至 2016 年，招商引资到位资金由 2002 年的 1.684 亿元增长到 66.07 亿元，新建项目到位资金由 2012 年的 0.67 亿元增长到 38.57 亿元，续建项目到位资金由 2012 年的 1.014 亿元增长到 27.5 亿元。

招商引资三次产业比例由 2002 年的 0∶37.64∶62.36 调整为 2006 年的 0∶49∶51、2010 年的 0∶77∶23、2012 年的 0∶86∶14、2016 年的 1.23∶36.23∶62.54，服务领域投资成为拉动投资增长的主要动力。2006 年引进投资总额 1 亿元以上重大项目 1 个、高新技术企业投资项目 2 个、行业龙头企业 1 家；2010 年引进国内 500 强企业投资项目 1 个、投资总额 1 亿元以上重大项目 14 个、高新技术企业投资项目 4 个、行业龙头企业 3 家、上市公司 3 家。

2016 年，阿克苏市引进国内 500 强企业投资项目 2 个、投资总额 1 亿元以上重大项目 45 个、高新技术企业投资项目 12 个、行业龙头企业 12 家、上市公司 15 家。

**表 23－5 2002～2016 年阿克苏市资金引进情况表**

| 年份 | 签约金额（亿元） | 当年到位资金（亿元） | 续建、新建项目（个） | 其中 | | | | | |
|---|---|---|---|---|---|---|---|---|---|
| | | | | 一产项目到位资金（亿元） | 占总投资资金比例（%） | 二产项目到位资金（亿元） | 占总投资资金比例（%） | 三产项目到位资金（亿元） | 占总投资资金比例（%） |
| 2002 | 5.282 | 1.68 | 9 | | | 0.63 | 37.64 | 1.05 | 62.36 |
| 2003 | 10.19 | 3.35 | 17 | | | 1.29 | 38.45 | 2.06 | 61.55 |
| 2004 | 13.12 | 4.81 | 23 | | | 2.02 | 42 | 2.79 | 58 |
| 2005 | 35.86 | 5.33 | 31 | | | 2.38 | 44.61 | 2.95 | 55.39 |
| 2006 | 38.39 | 9.54 | 61 | | | 4.67 | 49 | 4.87 | 51 |
| 2007 | 34.37 | 10.87 | 58 | 0.56 | 5.15 | 6.31 | 58 | 4.01 | 36.85 |
| 2008 | 43.26 | 11.60 | 42 | | | 7.19 | 62 | 4.41 | 35 |
| 2009 | 43.09 | 12.67 | 57 | | | 7.22 | 57 | 5.45 | 41 |
| 2010 | 131.32 | 15.93 | 60 | | | 12.26 | 77 | 3.66 | 23 |
| 2011 | 92.88 | 25.23 | 67 | | | 20.6886 | 82 | 4.54 | 18 |
| 2012 | 92.88 | 42.31 | 52 | | | 36.38 | 86 | 5.92 | 14 |
| 2013 | 175.09 | 59.82 | 55 | | | 40.08 | 67 | 19.74 | 33 |
| 2014 | 119.75 | 62.10 | 81 | 1.24 | 2 | 27.33 | 44 | 33.54 | 54 |
| 2015 | 141 | 64.80 | 93 | | | 18.14 | 28 | 46.65 | 72 |
| 2016 | 88.32 | 66.07 | 63 | 0.81 | 1.23 | 23.94 | 36.23 | 41.32 | 62.54 |

## 第七节　融资服务

### 一　机构

2013 年，阿克苏市设立金融工作办公室，为阿克苏市政府工作部门，核定事业编制 2 名，设专职副主任 1 名，承担协调推进地方金融业发展，引导金融和资本市场支持地方经济健康、快速发展的职责。2016 年有工作人员 3 人。

### 二　争取资金

2013 年，市金融工作办公室为辖区银行企业争取涉农贷款增量奖励资金及定向费补贴资金 1541 万元。协助完成金融业增加值 11.2 亿元。开展小额贷款公司及融资性担保公司监管信息平台试点运行工作。追缴市属企业违规财政性资金 113 万元。制定出台《阿克苏市企业申请专项补助资金汇审实施办法》。

2014 年，市金融工作办公室为辖区银行企业争取涉农贷款增量奖励资金及定向费补贴资金 1386 万元。为辖区企业争取并拨付上级各项补助扶持资金 3096 万元。协助完成金融业增加值 12.5 亿元。制定出台《阿克苏市防范与处置非法集资工作实施细则》。批准新成立小额贷款公司 2 家。

2015 年，为辖区企业争取并拨付上级各项补助扶持资金 4888 万元，争取涉农贷款增量奖励资金及定向费补贴资金 490 万元。申请政府性债券建设项目 4 个，新增政府债券 4 亿元；置换政府性债券五批，其中第一批一般债券资金 1710 万元，第二批政府置换债券资金 1.1 亿元，第三批政府置换债券资金 1711.85 万元，第四批政府置换债券资金 3000 万元，第五批政府置换债券资金 2.37 亿元。逐步建立政府、企业共同投资的多形式、多元化、多渠道城镇化建设投资体系，年发行企业债券 8 亿元，用于阿克苏城区热电联产集中供热工程项目及阿克苏市多浪河（二期）沿岸棚户区综合改造项目等基础设施建设。争取上级项目资金 2.55 亿元，其中市政基础设施补助资金 2 亿元，惠民生“一事一议”财政奖补资金 5500 万元。

2016 年，为辖区企业争取并拨付上级各项补助扶持资金 2783 万元。制定《阿克苏市扶贫小额信贷贴息资金及风险补偿金管理办法》。建立 1000 万元的风险准备金，确定农商银行为发放扶贫贷款银行。为辖区重点企业解决融资贷款 6.32 亿元。规范农业发展银行专项基金使用主体，指导水务集团、城投公司使用农业发展银行、国开行基金 3 亿元，确保阿克苏河项目的顺利实施及拆迁工作的资金保障。

# 第二十四编　政协阿克苏市地方组织

1990—2016年，政协阿克苏市委员会在第三届至第九届期间，团结各党派团体和各族各界委员，围绕团结和民主两大主题，通过召开全体委员会议、常务委员会议，提交提案，专题调研，考察等形式，对关系全市政治、经济、文化和社会发展的重大问题提出意见和建议，反映社情民意，履行“政治协商、民主监督、参政议政”职能。发挥人民政协联系面广的优势，组织政协委员赴基层进行考察调研，就维护社会稳定、推动经济发展、切实改善民生等重大问题，进行政治协商、民主监督和参政议政，为推动全市经济和社会发展做出积极贡献。至2016年，共办理提案1435件，开展考察和调研194次，形成考察、调研报告123篇。同时，不断加强自身建设，推进政协工作制度化、规范化建设，深入调查研究，把学习与实践、知情与出力结合起来，宏观献策，微观出力，发挥政协联系广泛的优势，征集、整理、出版文史资料11辑，积极推动全市政治文明、物质文明、精神文明建设。

# 第一章　政协委员政协会议

## 第一节　委员产生

1990年，政协阿克苏市第三届委员会委员推举工作按照《中国人民政治协商会议章程》规定程序，由市政协、市委组织部、统战部、纪检委综合考察推荐，市政协常务委员会（简称政协常委会）协商决定，报市委同意。以后每一届委员会委员均通过这一程序产生。

2016年，政协阿克苏市委员会按照新修订的《中国人民政治协商会议章程》推荐第九届委员会委员。政协委员中的中共党员由同级组织部提名，其他委员由同级统战部提名。各方面提名、推荐名单汇总后，经反复协商、征求各方面意见形成新一届政协委员建议名单，报送市委常委会研究通过。市委统一组织成立14个考察组，逐个考察拟提名委员候选人基本情况，广泛征询纪检、监察、政法、计生等部门意见，最终确定201名政协阿克苏市第九届委员会委员提名名单。由政协办公室分别通知推荐单位和个人，向委员发委员证书，通过新闻媒介向社会公布。

## 第二节　政协委员界别

### 一　政协阿克苏市第三届委员会委员界别

政协阿克苏市第三届委员会共有委员89人。共分12个界别，其中，中国共产党界别委员24名，占26.97%；中国国民党革命委员会界别委员3名，占3.37%；无党派人士界别委员2名，占2.25%；工青妇界别委员4名，占4.49%；宗教界委员5名，占5.62%；科学技术界委员2名，占2.25%；文化艺术界委员3名，占3.37%；医药卫生界委员3名，占3.37%；农业界委员5名，占5.62%；教育界委员4名，占4.49%；工商业联合会界委员15名，占16.85%；经济界委员19名，占21.35%。汉族委员66名，占74.16%；少数民族委员23名，占25.84%；女委员16名，占17.98%；非党委员28名，占31.46%。

### 二　政协阿克苏市第四届委员会委员界别

政协阿克苏市第四届委员会共有委员115人，比上届增加26人。共分12个界别，其中，中国共产党界别委员31名，占26.95%；中国国民党革命委员会界别委员4名，占3.47%；无党派人士界别委员2名，占1.74%；工青妇界别委员4名，占3.48%；宗教界委员7名，占6.09%；科学技术界委员4名，占3.48%；文化艺术界委员5名，占4.35%；医药卫生界委员6名，占5.22%；农业界委员8名，占6.96%；教育界委员5名，占4.35%；工商业联合会界委员17名，占14.78%；经济界委员22名，占19.13%。汉族委员85名，占73.91%；少数民族委员30名，占26.09%；女委员18名，占15.65%；非党委员35名，占30.43%。

## 三　政协阿克苏市第五届委员会委员界别

政协阿克苏市第五届委员会共有委员156人，比上届增加41人。共分12个界别，其中，中国共产党界别委员42名，占26.92%；中国国民党革命委员会界别委员5名，占3.2%；无党派人士界别委员3名，占1.92%；工青妇界别委员6名，占3.85%；宗教界委员8名，占5.13%；科学技术界委员5名，占3.2%；文化艺术界委员7名，占4.49%；医药卫生界委员8名，占5.13%；农业界委员8名，占5.13%；教育界委员8名，占5.13%；工商业联合会界委员24名，占15.38%；经济界委员32名，占20.51%。汉族委员114名，占73.08%；少数民族委员42名，占26.92%；女委员25名，占16.03%；非党委员48名，占30.77%。

## 四　政协阿克苏市第六届委员会委员界别

政协阿克苏市第六届委员会共有委员156人，与上届保持一致。共分12个界别，其中，中国共产党界别委员42名，占26.92%；中国国民党革命委员会界别委员5名，占3.2%；无党派人士界别委员3名，占1.92%；工青妇界别委员6名，占3.85%；宗教界委员8名，占5.13%；科学技术界委员5名，占3.2%；文化艺术界委员7名，占4.49%；医药卫生界委员8名，占5.13%；农业界委员8名，占5.13%；教育界委员8名，占5.13%；工商业联合会界委员24名，占15.38%；经济界委员32名，占20.51%。汉族委员114名，占73.08%；少数民族委员42名，占26.92%；女委员27名，占17.3%；非党委员48名，占30.77%。

## 五　政协阿克苏市第七届委员会委员界别

政协阿克苏市第七届委员会共有委员180人，比上届增加24人。共分12个界别，其中，中国共产党界别委员49名，占27.22%；中国国民党革命委员会界别委员5名，占2.78%；无党派人士界别委员5名，占2.78%；工青妇界别委员8名，占4.44%；宗教界委员9名，占5%；科学技术界委员6名，占3.33%；文化艺术界委员7名，占3.89%；医药卫生界委员10名，占5.56%；农业界委员10名，占5.56%；教育界委员8名，占4.44%；工商业联合会界委员26名，占14.44%；经济界委员37名，占20.56%。汉族委员130名，占72.22%；少数民族委员50名，占27.78%；女委员28名，占15.56%；非党委员54名，占30%。

## 六　政协阿克苏市第八届委员会委员界别

政协阿克苏市第八届委员会共有委员201名，比上届增加21人。共分14个界别，其中，中国共产党界别委员42名，占20.9%；中国国民党革命委员会界别委员4名，占1.99%；无党派人士界别委员5名，占2.49%；共青团界别委员3名，占1.49%；总工会界别委员3名，占1.49%；妇女联合会界别委员2名，占1%；宗教界委员11名，占5.47%；科学技术界委员4名，占1.99%；文化艺术界委员8名，占3.98%；医药卫生界委员9名，占4.48%；农业界委员10名，占4.98%；教育界委员8名，占3.98%；工商业联合会界委员46名，占22.89%；经济界委员46名，占22.89%。汉族委员148名，占73.64%；少数民族委员53名，占26.37%；女委员36名，占17.9%；非党委员55名，占27.36%。

### 七　政协阿克苏市第九届委员会委员界别

政协阿克苏市第九届委员会共201名委员，与上届保持一致。共分14个界别，其中，中国共产党界别委员42名，占20.9%；中国国民党革命委员会界别委员4名，占1.99%；无党派人士界别委员5名，占2.49%；共青团界别委员3名，占1.49%；总工会界别委员3名，占1.49%；妇女联合会界别委员2人，占1%；宗教界委员11名，占5.47%；科学技术界委员4名，占1.99%；文化艺术界委员8名，占3.98%；医药卫生界委员9名，占4.48%；农业界委员10名，占4.98%；教育界委员8名，占3.98%；工商业联合会界委员46名，占22.89%；经济界委员46名，占22.89%。汉族委员148名，占73.64%；少数民族委员53名，占26.37%；女委员37名，占18.4%；非党委员70名，占34.83%。

## 第三节　政协委员会议

1990~2016年，阿克苏市共召开7届30次政协委员会议。政协阿克苏市委员会在1990~1993年每届任期3年，1993年后每届任期改为5年。

### 一　政协阿克苏市第三届委员会

1990年3月至1993年2月，政协阿克苏市第三届委员会先后召开会议4次。

（一）第一次会议

1990年3月16~19日，政协阿克苏市第三届委员会第一次会议召开。市政协委员107人参加会议，其中女性17人，少数民族49人，宗教界人士16人，中共党员48人，大学学历31人。政协阿克苏市第二届委员会主席刘世钧代表政协市第二届委员会常务委员会作《工作报告》，听取和讨论阿克苏市人民政府、计划、财政、检察院、法院工作报告。会议通过《关于维护阿克苏市稳定》《关于开展向雷锋同志学习的决定》两个决议。通过刘世钧辞去政协主席职务的决定，选举辛普民为市政协主席。会议结束前，市委书记赵群讲话，政协主席辛普民对1989年政协工作作总结及1990年工作作具体安排。会议选举辛普民为主席，选举产生副主席4名。

（二）第二次会议

1991年1月9~11日，政协阿克苏市第三届委员会第二次会议在城区召开。会议总结1990年工作，安排1991年任务；学习中共中央总书记江泽民视察新疆时的讲话、全国统战工作会议上的讲话、自治区政协常委会上的讲话精神。补选买提尼牙孜·艾衣提为政协副主席。

（三）第三次会议

1991 年 3 月 25～28 日，政协阿克苏市第三届委员会第三次会议在城区召开，审议并讨论市人民政府、计划、财政、法院、检察院 5 个工作报告；学习自治区政协有关提案工作条例的文件；讨论通过《关于创建文明城市的决议》。补选赵文才为市政协副主席。

（四）第四次会议

1992 年 3 月 16～19 日，政协阿克苏市第三届委员会第四次会议在农一师招待所召开。市政协 85 名委员、政协联络组长参加会议，四套班子领导出席会议。副主席杨全发代表市政协第三届委员会作《工作报告》，传达贯彻中央民族工作会议和自治区政协六届五次会议精神。会议听取和讨论阿克苏市人民政府、财政、计划、检察院、法院 5 个工作报告，通过《关于贯彻市三届党代会和市委三届二次委员（扩大）会议精神的决定》《政协阿克苏市委员会三届三次全委会以来的工作报告的决议》，会议选举白振中为市政协主席。

## 二　政协阿克苏市第四届委员会

1993 年 2 月至 1998 年 2 月，政协阿克苏市第四届委员会先后召开会议 5 次。

（一）第一次会议

1993 年 2 月 7～10 日，政协阿克苏市第四届委员会第一次会议在城区召开。115 名政协委员、13 名政协联络组长、10 名特邀人员及 7 名历届离退休主席、副主席参加会议，四套班子领导出席会议。政协主席白振中代表市政协第三届委员会作《工作报告》；听取和审议副主席买买提·阿皮孜作的市政协第三届委员会提案审查情况的报告；传达贯彻自治区政协七届一次会议精神；委员列席市人民代表大会四届一次会议，听取和讨论市人民政府、计划、财政、法院、检察院 5 个工作报告。协商和选举产生市政协第四届委员会常务委员会，会议通过《阿克苏市四届一次全委会议政治决议》和致离任委员的一封信。会议选举白振中为主席，选举产生副主席 4 名。

（二）第二次会议

1994 年 1 月 28～30 日，政协阿克苏市第四届委员会第二次会议在政府三楼会议室召开。政协主席白振中代表市政协第四届委员会作《工作报告》；听取市委书记高烈卿通报全市工作情况，委员列席市人民代表大会四届二次会议，听取和讨论市人民政府、计划、财政、法院、检察院 5 个工作报告。补选买买提·沙衣提为政协副主席。

（三）第三次会议

1995 年 2 月 10～12 日，政协阿克苏市第四届委员会第三次会议在政府三楼会议室召开。118 名政协委员、15 名政协联络组长、15 名特邀人员参加会议。政协主席白振中作市政协第四届委员会《工作报告》；听取市委书记高烈卿通报全市的工作情况；委员列席市人民代表大会四届三次会议，听取和讨论市人民政府、计划、财政、法院、检察院 5 个工作报告。

（四）第四次会议

1996 年 2 月 1～2 日，政协阿克苏市第四届委员会第四次会议在市政协四楼会议室召开。122 名政协委员、20 名特邀领导参加会议。政协主席白振中代表市政协常务委员会作《工作报告》；听取和讨论市长巴塞提·毛拉买提作市政府工作报告的说明；听取和讨论闫明英副市长做“九五”计划和2010年远景目标的说明；听取市领导讲话；讨论市人民政府、计划、财政、法院、检察院5个工作报告。

（五）第五次会议

1997年1月28 ~ 29日，政协阿克苏市第四届委员会第五次会议在市政府三楼会议室召开。听取和审议政协主席白振中代表市政协常务委员会作《工作报告》；听取和讨论市长巴塞提·毛拉买提作政府工作报告的说明；讨论市人民政府、计划、财政、法院、检察院5个工作报告。会议补选章彦生为政协副主席，四届十五次常委会通过陶培根为副主席。

## 三　政协阿克苏市第五届委员会

1998年2月至2003年1月，政协阿克苏市第五届委员会先后召开会议5次。

（一）第一次会议

1998年2月18 ~ 20日，政协阿克苏市第五届委员会第一次会议在城区召开。市政协主席白振中代表第四届政协常务委员会作《工作报告》；副主席买提尼亚孜·艾衣提代表第四届政协提案委员会作提案办理情况报告；列席市人民代表大会五届一次会议，听取和讨论市人民政府、计划、财政、法院、检察院5个工作报告；协商选举产生政协第五届委员会，通过《市政协第四届常务委员工作报告的决议》、《市政协第四届提案委员会提案工作报告的决议》和《市政协第五届委员会第一次会议政治决议》，对1998年的政协工作作具体安排。会议通过白振中辞去政协主席职务的决定，选举戴宗科为主席，选举产生副主席6名。

（二）第二次会议

1999年2月25 ~ 27日，政协阿克苏市第五届委员会第二次会议在政府三楼会议室召开。四套班子领导出席会议。政协主席戴宗科代表第五届常务委员会作《工作报告》；听取和审议副主席买提尼牙孜·艾衣提代表第五届政协提案委员会作提案办理情况报告；委员列席市人民代表大会五届二次会议，听取和讨论阿克苏市人民政府、计划、财政、法院、检察院5个工作报告；通过《市政协第五届委员会提案委员会关于五届一次会议提案审查情况的报告》《市政协第五届委员会第二次会议政治决议》。市委书记高烈卿在会议结束时讲话。

（三）第三次会议

2000年1月18 ~ 19日，政协阿克苏市第五届委员会第三次会议在政协四楼会议室召开。四套班子领导出席会议。政协主席戴宗科代表第五届政协常务委员会作《工作报告》；听取和审议副主席买提尼牙孜·艾衣提作的第五届委员会提案委员会关于五届二次会议提案工作情况的报告；听取政府、计划、财政工作报告；讨论政府、计划、财政、法院、检察院5个工作报告；审议通过《市政协第五届委员会提案委员会关于五届二次会议提案审查情况的报告》《市政协第五届委员会第三次会议政治决议》。地区政协工委党组书记田希成、市委书记岳秀诚在会议结束时讲话。

（四）第四次会议

2001年2月12 ~ 13日，政协阿克苏市第五届委员会第四次会议在政协四楼会议室召开。150名政协委员出席会议，四套班子领导参加会议。政协主席戴宗科代表第五届政协常务委员会作《工作报告》；听取和审议副主席买提尼牙孜·艾衣提代表政协第五届委员会第三次会议以来提案工作情况报告；听取政府、计划、财政工作报告；讨论政府、计划、财政、检察院、法院5个工作报告；审议通过《市政协第五届委员会提案委员会关于五届四次会议提案审查情况的报告（草案）》；通过《市政协第五届委员会常务委员会工作报告的决议》《市政协第五届委员会提案委员会关于五届四次会议提案审查情况的报告》《市政协五届委员会第四次会议政治决议》。市委书记岳秀诚在会议结束时讲话。

（五）第五次会议

2002年3月13～14日，政协阿克苏市第五届委员会第五次会议在政协四楼会议室召开。四套班子领导出席会议。政协主席戴宗科代表五届政协常务委员会作《工作报告》；听取和审议副主席买提尼牙孜·艾衣提代表政协第五届委员会第四次会议以来提案工作情况报告；听取政府、计划、财政工作报告；讨论政府、计划、财政、检察院、法院5个工作报告；审议通过《市政协第五届委员会提案委员会关于五届四次会议提案审查情况的报告》；通过《市政协第五届委员会常务委员会工作报告的决议》《第五届委员会提案委员会关于五届五次会议提案审查情况的报告》《市政协五届委员会第五次会议政治决议》。市委书记岳秀诚在会议结束时讲话。

## 四　政协阿克苏市第六届委员会

2003年1月至2007年11月，政协阿克苏市第六届委员会先后召开会议5次。

（一）第一次会议

2003年1月19～21日，政协阿克苏市第六届委员会第一次会议在政协四楼会议室召开。156名政协委员参加会议。政协主席戴宗科代表第五届政协常务委员会作《工作报告》；听取和审议副主席吐尼亚孜·肉孜代表政协第五届委员会提案委员会作关于第五届一次会议以来提案工作情况的报告；列席市人大常委会六届一次会议，听取和讨论市人民政府、计划、财政、检察院、法院5个工作报告；选举产生新一届政协领导机构；审议通过《市六届政协第一次会议关于常务委员会工作报告的决议》《市六届政协第一次会议关于五届一次会议以来提案工作情况报告的决议》《市六届政协第一次会议政治决议》《市六届政协提案委员会关于六届一次会议提案审查情况的报告（草案）》。会议选举闫明英为主席，选举产生副主席5名。市委副书记、政协主席闫明英在政协会议闭幕前对2003年的政协工作作具体的安排。市委书记岳秀诚在会议结束时讲话。

（二）第二次会议

2004年2月16～18日，政协阿克苏市第六届委员会第二次会议在政协四楼会议室召开。156名政协委员参加会议。市委副书记、市政协主席闫明英代表第六届政协常务委员会作《工作报告》；听取和审议政协副主席吐尼亚孜·肉孜代表政协第六届委员会提案委员会作关于六届一次会议以来提案工作情况的报告；听取和讨论市人民政府、计划、财政、检察院、法院5个工作报告；审议通过《市六届政协第二次会议关于常务委员会工作报告的决议》《市六届政协第二次会议关于六届一次会议以来提案工作情况报告的决议》《市六届政协第二次会议政治决议》《市六届政协提案委员会关于六届二次会议提案审查情况的报告》。市委书记岳秀诚在会议结束时讲话。

（三）第三次会议

2005 年 4 月 19 ~ 21 日，政协阿克苏市第六届委员会第三次会议在地区宾馆召开。156 名政协委员参加会议。市委副书记、市政协主席闫明英代表第六届政协常务委员会作《工作报告》；听取和审议副主席吐尼亚孜·肉孜代表政协第六届委员会提案委员会作关于六届二次会议以来提案工作情况的报告；听取和讨论市人民政府、计划、财政、检察院、法院 5 个工作报告；审议通过《市六届政协第三次会议关于常务委员会工作报告的决议》《市六届政协第三次会议关于六届二次会议以来提案工作情况报告的决议》《市六届政协第三次会议政治决议》《市六届政协提案委员会关于六届三次会议提案审查情况的报告》。市委书记岳秀诚在会议结束时讲话。会议制定《政协阿克苏市委员会委员管理办法（试行）》《政协阿克苏市委员会优秀委员表彰奖励暂行办法（讨论稿）》《政协阿克苏市委员会提案工作表彰奖励办法》。首次表彰奖励 2004 年 3 个提案承办先进单位和 10 名优秀政协委员。

（四）第四次会议

2006 年 2 月 21 ~ 22 日，政协阿克苏市第六届委员会第四次会议在市政府三楼会议室召开。176 名政协委员参加会议。市委副书记、市政协主席闫明英代表第六届政协常务委员会作《工作报告》；听取和审议副主席吐尼亚孜·肉孜代表政协第六届委员会提案委员会关于六届三次会议以来提案工作情况的报告；委员列席市人大常委会六届四次会议，听取和讨论市人民政府、计划、财政、检察院、法院 5 个工作报告；审议通过《市六届政协第五次会议关于常务委员会工作报告的决议》《市六届政协第四次会议关于六届三次会议以来提案工作情况报告的决议》《市六届政协第四次会议政治决议》《市六届政协提案委员会关于六届四次会议提案审查情况的报告》。市委书记牛学兴在会议结束时讲话。

（五）第五次会议

2007 年 3 月 6 ~ 7 日，政协阿克苏市第六届委员会第五次会议在政府三楼会议室召开。176 名政协委员参加会议。市政协主席闫明英代表第六届政协常务委员会作《工作报告》；听取和审议副主席李长明代表政协第六届委员会提案委员会关于六届四次会议以来提案工作情况的报告；讨论市人民政府、计划、财政、检察院、法院 5 个工作报告；审议通过《市六届政协第五次会议关于常务委员会工作报告的决议》《市六届政协第五次会议关于六届四次会议以来提案工作情况报告的决议》《市六届政协第五次会议政治决议》《市六届政协提案委员会关于六届五次会议提案审查情况的报告》。市委书记牛学兴在会议结束时讲话。会议增选穆塔里甫·瓦依提为政协副主席（党组书记）。会议表彰奖励 2006 年 5 个提案承办先进单位和 16 名优秀政协委员。

## 五　政协阿克苏市第七届委员会

2007 年 11 月至 2011 年 7 月，政协阿克苏市第七届委员会先后召开 4 次全体委员会议。

（一）第一次会议

2007 年 11 月 23 ~ 25 日，政协阿克苏市第七届委员会第一次会议在行署后二楼会议室召开，180 名政协委员及 6 名离退休政协领导参加会议，38 名部、委、办、局领导列席会议。政协主席闫明英代表第六届政协常务委员会作《工作报告》；听取和审议副主席吐尼亚孜·肉孜代表政协第六届委员会提案委员会作关于六届一次会议以来提案工作情况的报告；委员列席市人大常委会六届一次会议，听取和讨论市人民政府、计划、财政、检察院、法院5个工作报告；选举产生新一届政协领导机构；审议通过《市七届政协第一次会议关于常务委员会工作报告的决议》《市六届政协第一次会议关于六届一次会议以来提案工作情况报告的决议》《市七届政协第一次会议政治决议及关于学习贯彻中共十七大精神的决议》《市七届政协提案委员会关于七届一次会议提案审查情况的报告（草案）》。市委书记牛学兴作重要讲话。会议选举闫明英为主席，选举产生副主席5名。

（二）第二次会议

2009年2月26～28日，政协阿克苏市第七届委员会第二次会议在地区宾馆3号楼会议室召开。200名政协委员及2名离退休政协领导参加会议，28名部、委、办、局领导列席会议。政协主席闫明英代表第七届政协常务委员会作《工作报告》；听取和审议副主席张明代表政协第七届委员会提案委员会作关于七届一次会议以来提案工作情况的报告；委员列席市人大常委会七届三次会议，听取和讨论市人民政府、计划、财政、检察院、法院5个工作报告；审议通过《市七届政协第一次会议关于常务委员会工作报告的决议》《市七届政协第二次会议关于七届一次会议以来提案工作情况报告的决议》《市七届政协第二次会议政治决议》《市七届政协提案委员会关于七届二次会议提案审查情况的报告（草案）》。市委书记牛学兴讲话。会议增补政协委员28名。制定《阿克苏市七届政协委员履职考核办法（讨论稿）》。表彰奖励2008年6个提案承办先进单位、12名优秀政协委员和6件优秀提案。

（三）第三次会议

2010年2月6～8日，政协阿克苏市第七届委员会第三次会议在地区宾馆召开。200名政协委员及5名离退休政协领导参加会议，28名部、委、办、局领导列席会议，在家的市领导出席会议。政协主席闫明英代表第七届政协常务委员会作《工作报告》；听取和审议副主席张明代表政协第七届委员会提案委员会作关于七届二次会议以来提案工作情况的报告；委员列席市人大常委会七届三次会议，听取和讨论市人民政府、计划、财政、检察院、法院5个工作报告；审议通过《市七届政协第二次会议关于常务委员会工作报告的决议》《市七届政协第三次会议关于七届二次会议以来提案工作情况报告的决议》《市七届政协第三次会议政治决议》《市七届政协提案委员会关于七届三次会议提案审查情况的报告（草案）》。

（四）第四次会议

2011年1月21～23日，政协阿克苏市第七届委员会第三次会议在地区宾馆召开。200名政协委员及3名离退休政协领导参加会议，28名部、委、办、局领导列席会议，四套班子领导出席会议。政协主席闫明英代表七届政协常务委员会作《工作报告》；听取和审议副主席张明代表政协第七届委员会提案委员会作关于七届三次会议以来提案工作情况的报告；委员列席市人大常委会七届四次会议，听取和讨论市人民政府、计划、财政、检察院、法院5个工作报告；审议通过《市七届政协第三次会议关于常务委员会工作报告的决议》《市七届政协第四次会议关于七届三次会议以来提案工作情况报告的决议》《市七届政协第四次会议政治决议》《市七届政协提案委员会关于七届四次会议提案审查情况的报告（草案)》。在闭幕会上表彰奖励5个提案承办先进单位、20名优秀政协委员、10件优秀提案及9个优秀提案人和5个先进委员活动小组。

## 六　政协阿克苏市第八届委员会

2011年8月至2016年9月，政协阿克苏市第八届委员会先后召开6次全体委员会议。

（一）第一次会议

2011年8月16~19日，政协阿克苏市第八届委员会第一次会议在地区宾馆召开。参加会议的政协委员198人。会议听取和审议政协主席闫明英代表政协阿克苏市第七届委员会常务委员会所作的工作报告、张明副主席所作的政协阿克苏市第七届委员会常务委员会关于七届一次会议以来提案工作情况的报告、列席市人大会议，听取并讨论政府工作报告及其他工作报告，审议通过阿克苏市第八届委员会第一次会议关于常务委员会工作报告的决议、政协阿克苏市第八届委员会第一次会议关于七届一次会议以来提案工作情况报告的决议、政协阿克苏市第八届委员会第一次会议政治决议、审议通过政协阿克苏市第八届委员会提案委员关于八届一次会议提案审查情况的报告。选举邹中亚为主席，选举产生副主席4名。

（二）第二次会议

2012年2月13~15日，政协阿克苏市第八届委员会第五次会议在地区宾馆召开。参加会议的政协委员187人。会议听取和审议市政协主席邹中亚代表第八届政协常务委员会所作的工作报告；听取和审议副主席张明代表政协第八届委员会提案委员会所作的关于八届一次会议以来提案工作情况的报告；列席市人大会议，听取和讨论市人民政府、计划、财政、检察院、法院5个工作报告；审议通过政协阿克苏市第八届委员会第二次会议关于常务委员会工作报告的决议、政协阿克苏市第八届委员会第二次会议关于八届一次会议以来提案工作情况报告的决议、政协阿克苏市第八届委员会提案委员会关于八届二次会议提案审查情况的报告；增选周建平为市政协副主席。

（三）第三次会议

2013年1月9~11日，政协阿克苏市第八届委员会第五次会议在地区宾馆召开。参加会议的政协委员202人。会议听取和审议市政协主席邹中亚代表第八届政协常务委员会所作的工作报告；听取和审议副主席张明代表政协第八届委员会提案委员会所作的关于八届二次会议以来提案工作情况的报告；列席市人大会议，听取和讨论市人民政府、计划、财政、检察院、法院5个工作报告；审议通过政协阿克苏市第八届委员会第三次会议关于常务委员会工作报告的决议、政协阿克苏市第八届委员会第三次会议关于八届二次会议以来提案工作情况报告的决议、政协阿克苏市第八届委员会提案委员会关于八届三次会议提案审查情况的报告；表彰优秀政协委员、先进联络组、界别组、优秀提案、提案承办先进单位和优秀调研课题。

（四）第四次会议

2014年2月20~21日，政协阿克苏市第八届委员会第四次会议在地区宾馆召开。会议听取和审议市政协主席邹中亚代表第八届政协常务委员会所作的工作报告；听取和审议副主席张明代表政协第八届委员会提案委员会所作的关于八届三次会议以来提案工作情况的报告；列席市人大会议，听取和讨论市人民政府、计划、财政、检察院、法院 5 个工作报告；审议通过政协阿克苏市第八届委员会第四次会议关于常务委员会工作报告的决议、政协阿克苏市第八届委员会第四次会议关于八届三次会议以来提案工作情况报告的决议、政协阿克苏市第八届委员会提案委员会关于八届五次会议提案审查情况的报告；表彰优秀政协委员、先进联络组、界别组、优秀提案、提案承办先进单位和优秀调研课题。

（五）第五次会议

2015 年 4 月 8～9 日，政协阿克苏市第八届委员会第五次会议在地区宾馆召开。参加会议的政协委员 237 人。会议听取和审议市政协主席邹中亚代表第八届政协常务委员会所作的工作报告；听取和审议副主席木塔力甫・吐尼亚孜代表政协第八届委员会提案委员会所作的关于八届四次会议以来提案工作情况的报告；列席市人大会议，听取和讨论市人民政府、计划、财政、检察院、法院 5 个工作报告；审议通过政协阿克苏市第八届委员会第五次会议关于常务委员会工作报告的决议、政协阿克苏市第八届委员会第五次会议关于八届四次会议以来提案工作情况报告的决议、政协阿克苏市第八届委员会提案委员会关于八届五次会议提案审查情况的报告；表彰优秀政协委员、先进联络组、界别组、优秀提案、提案承办先进单位和优秀调研课题。

（六）第六次会议

2016 年 1 月 14～15 日，政协阿克苏市第八届委员会第六次会议在地区宾馆召开。参加会议的政协委员 208 人。会议听取和审议市政协主席邹中亚代表第八届政协常务委员会所作的工作报告；听取和审议副主席木塔力甫・吐尼亚孜代表政协第八届委员会提案委员会所作的关于八届五次会议以来提案工作情况的报告；列席市人大会议，听取和讨论市人民政府、计划、财政、检察院、法院 5 个工作报告；审议通过政协阿克苏市第八届委员会第六次会议关于常务委员会工作报告的决议、政协阿克苏市第八届委员会第六次会议关于八届五次会议以来提案工作情况报告的决议、政协阿克苏市第八届委员会提案委员会关于八届六次会议提案审查情况的报告；表彰优秀政协委员、先进联络组、界别组、优秀提案、提案承办先进单位和优秀调研课题。

## 七　政协阿克苏市第九届委员会

2016 年 9 月至 2016 年 12 月，政协阿克苏市第九届委员会召开 1 次全体委员会议。

2016 年 9 月 6～9 日，政协阿克苏市第九届委员会第一次会议在地区宾馆召开。参加会议的政协委员 201 人。会议听取和审议市政协主席邹中亚代表政协阿克苏市第八届委员会常务委员会所作的工作报告、市政协党组书记姚朝平代表阿克苏市政协第八届委员会常务委员会所作的五年来提案工作情况的报告，听取和审议市委副书记、市政府常务副市长陈彤代表市委、市政府作的关于八届政协提案办理情况的报告。列席市人大会议，听取并讨论政府工作报告及其他工作报告，审议通过政协阿克苏市第九届委员会第一次会议关于八届政协常委会五年工作报告的决议，审议通过政协阿克苏市第九届委员会第一次会议关于八届政协常委会五年以来提案工作情况报告的决议，审议通过政协阿克苏市第九届委员会提案委员会关于九届一次会议提案审查情况的报告，审议通过政协阿克苏市第九届委员会第一次会议政治决议。选举阿依先木・阿布都热合曼为主席，选举产生副主席 4 名。

# 第二章　组织机构

## 第一节　领导机构

1990~2016年，政协阿克苏市常务委员会换届选举7次，产生第三届（1990~1992）、第四届（1993~1997）、第五届（1998~2002）、第六届（2003~2006）、第七届（2007~2010）、第八届（2011~2015）、第九届（2016~2020）政协阿克苏市常务委员会。每届委员会由主席、副主席、委员组成。

1990年，政协阿克苏市常务委员会核定编制17名，其中行政编制12名，实有17人。1999年，核定编制20名，其中行政编制10名，办公室编制6名，专门委员会工作科编制4名。2007年11月9日，市政协增加主席、副主席单列行政编制5名。2009年7月16日，增加后勤事业编制3名，实有23人。2016年，政协阿克苏市委员会实有23人。

表24-1　1990~2016年阿克苏市政协领导名表

| 届次 | 职务 | 姓名 | 性别 | 民族 | 籍贯 | 任职起止间 |
|---|---|---|---|---|---|---|
| 第三届 | 主席 | 辛普民 | 男 | 汉 | 山东聊城 | 1990.03~1992.03 |
| | | 白振中 | 男 | 汉 | 甘肃天水 | 1992.03~1993.02 |
| | 副主席 | 杨全发 | 男 | 汉 | 河南洛阳 | 1990.03~1993.02 |
| | | 买买提·阿皮孜 | 男 | 维吾尔 | 新疆阿克苏 | 1990.03~1993.02 |
| | | 尤努斯·库尔班 | 男 | 维吾尔 | 新疆阿克苏 | 1990.03~1993.02 |
| | | 尼亚孜·艾买提 | 男 | 维吾尔 | 新疆温宿 | 1990.03~1993.02 |
| | | 买提尼亚孜·艾衣提 | 男 | 维吾尔 | 新疆阿克苏 | 1991.01~1993.02 |
| | | 赵文才 | 男 | 汉 | 甘肃安西 | 1991.03~1993.02 |
| 第四届 | 主席 | 白振中 | 男 | 汉 | 甘肃天水 | 1993.02~1998.02 |
| | 副主席 | 买提尼亚孜·艾衣提 | 男 | 维吾尔 | 新疆阿克苏 | 1993.02~1998.02 |
| | | 尼亚孜·艾买提 | 男 | 维吾尔 | 新疆温宿 | 1993.02~1998.02 |
| | | 尤努斯·库尔班大毛拉 | 男 | 维吾尔 | 新疆阿克苏 | 1993.02~1998.02 |
| | | 赵文才 | 男 | 汉 | 甘肃安西 | 1993.02~1998.02 |
| | | 买买提·沙衣提 | 男 | 维吾尔 | 新疆阿克苏 | 1994.01~1998.02 |
| | | 陶培根 | 男 | 汉 | 重庆丰都 | 1997.02~1997.11 |
| | | 章彦生 | 男 | 汉 | 江苏沐阳 | 1997.01~1998.02 |
| 第五届 | 主席 | 戴宗科 | 男 | 汉 | 陕西勉县 | 1998.02~2003.01 |
| | 副主席 | 买提尼亚孜·艾衣提 | 男 | 维吾尔 | 新疆阿克苏 | 1998.02~2003.01 |
| | | 吐尼亚孜·肉孜 | 男 | 维吾尔 | 新疆阿克苏 | 1998.02~2003.01 |
| | | 吾布力哈斯木·艾买尔 | 男 | 维吾尔 | 新疆阿克苏 | 1998.02~2003.01 |
| | | 章彦生 | 男 | 汉 | 江苏沐阳 | 1998.02~2003.01 |
| | | 王毅 | 女 | 汉 | 北京市 | 1998.02~2002.11 |
| | | 尤努斯·库尔班大毛拉 | 男 | 维吾尔 | 新疆阿克苏 | 1998.02~2003.01 |

续表

| 届次 | 职务 | 姓名 | 性别 | 民族 | 籍贯 | 任职起止时间 |
|---|---|---|---|---|---|---|
| 第六届 | 主席 | 闫明英 | 男 | 汉 | 河北赵县 | 2003.01～2007.11 |
| | 副主席 | 穆塔里甫·瓦依提 | 男 | 维吾尔 | 新疆柯坪 | 2006.06～2007.11 |
| | | 吐尼亚孜·肉孜 | 男 | 维吾尔 | 新疆阿克苏 | 2003.01～2007.11 |
| | | 吾布力哈斯木·艾买尔 | 男 | 维吾尔 | 新疆阿克苏 | 2003.01～2007.03 |
| | | 李长明 | 男 | 汉 | 河南项城 | 2003.01～2007.11 |
| | | 阿不都威力·依明 | 男 | 维吾尔 | 新疆阿克苏 | 2003.01～2007.11 |
| | | 古力先·买买提 | 男 | 维吾尔 | 新疆阿克苏 | 2003.01～2007.11 |
| 第七届 | 主席 | 闫明英 | 男 | 汉 | 河北赵县 | 2007.11～2011.08 |
| | 副主席 | 布维尼牙孜汗·色提尼牙孜 | 女 | 维吾尔 | 新疆阿克苏 | 2007.11～2008.10 |
| | | 吐尼亚孜·肉孜 | 男 | 维吾尔 | 新疆阿克苏 | 2007.11～2010.05 |
| | | 张明 | 男 | 汉 | 新疆奇台 | 2007.11～2011.08 |
| | | 古力先·买买提 | 男 | 维吾尔 | 新疆阿克苏 | 2007.11～2011.08 |
| | | 穆塔里甫·瓦衣提 | 男 | 维吾尔 | 新疆柯坪 | 2007.11～2011.08 |
| | | 木塔里甫·吐尼亚孜 | 男 | 维吾尔 | 新疆阿克苏 | 2010.04～2011.08 |
| | | 邹中亚 | 男 | 汉 | 河南许昌 | 2010.09～2011.08 |
| 第八届 | 主席 | 邹中亚 | 男 | 汉 | 河南许昌 | 2011.08～2016.06 |
| | | 阿依先木·阿布都热合曼 | 女 | 维吾尔 | 新疆阿克苏 | 2016.06～2016.09 |
| | 副主席 | 穆塔里甫·瓦衣提 | 男 | 维吾尔 | 新疆柯坪 | 2011.08～2016.02 |
| | | 姚朝平 | 男 | 汉 | 重庆市 | 2016.02～2016.09 |
| | | 张明 | 男 | 汉 | 新疆奇台 | 2011.08～2015.03 |
| | | 木塔里甫·吐尼牙孜 | 男 | 维吾尔 | 新疆阿克苏 | 2011.08～2016.08 |
| | | 古力先·买买提 | 男 | 维吾尔 | 新疆阿克苏 | 2011.08～2016.09 |
| | | 周建平 | 男 | 汉 | 陕西长安 | 2012.02～2014.08 |
| 第九届 | 主席 | 阿依先木·阿布都热合曼 | 女 | 维吾尔 | 新疆阿克苏 | 2016.09～ |
| | 副主席 | 姚朝平 | 男 | 汉 | 重庆市 | 2016.09～ |
| | | 周力 | 男 | 汉 | 河南上蔡 | 2016.09～ |
| | | 阿布来提·阿布拉 | 男 | 维吾尔 | 新疆阿克苏 | 2016.09～ |
| | | 安尼瓦尔·哈迪尔 | 男 | 维吾尔 | 新疆阿克苏 | 2016.09～ |

## 第二节　工作机构

1990 年，政协阿克苏市第三届至第九届委员会下设办公室。办公室总体负责编制委员会工作计划、起草文件、筹备委员会会议等工作。1999 年，根据《自治区党委关于自治区地州市县人大机关、政协机关机构改革的意见》精神，市政协的内设机构调整为办公室、专门委员会工作科。至 2016 年，政协阿克苏市委员会下设办公室、专门委员工作科。

# 第三章　重要会议

## 第一节　常务委员会会议

市政协常委会一般每季度召开一次常委会议，每个年度根据工作实际召开次数多于或少于 4 次不定，原则上须有过半数以上常务委员参加。会议学习贯彻上级重要会议精神，听取市委、市政府及所属部门关于市内政治、经济、文化及社会生活中重大问题和有关政策通报，协商讨论阿克苏市重要政务及群众关心的重大问题，讨论决定市政协常委会工作和全体会议有关事项，听取和审议市政协重要调研报告和考察报告。

## 一　政协阿克苏市第三届委员会常委会会议

召开11次常委会会议，组织揭批《维吾尔人》等3本书座谈会，批判妄图篡改历史、颠倒是非、挑拨民族矛盾和分裂祖国的险恶阴谋。

## 二　政协阿克苏市第四届委员会常委会会议

召开18次常委会会议，学习党的十四届三中、四中全会精神、自治区四届七次全委（扩大）会议精神，明确新时期政协肩负的新使命、新任务。

## 三　政协阿克苏市第五届委员会常委会会议

召开20次常委会会议，传达学习中央西部大开发工作会议精神，并围绕市政协在西部大开发新的时期面临的新任务进行讨论。

## 四　政协阿克苏市第六届委员会常委会会议

召开26次常委会会议，会议协商通过《关于进一步加强同委员联系的意见》，进一步规范委员走访联系工作。2006年，市六届政协常委会召开会议协商通过《阿克苏市政协委员管理办法》《阿克苏市政协优秀委员表彰奖励暂行办法》《阿克苏市政协提案工作表彰奖励暂行办法》等制度，进一步推动政协工作的制度化、程序化发展。

## 五　政协阿克苏市第七届委员会常委会会议

召开31次常委会会议，专题部署市政协系统维护社会稳定相关工作，协商通过《关于发挥委员作用坚决维护团结稳定大局的决议》，号召全体委员坚决维护新疆稳定的决策部署。

## 六　政协阿克苏市第八届委员会常委会会议

召开42次常委会会议，协商通过《进一步发挥委员主体作用的意见》等办法，修订完善相关制度，推动阿克苏市政协规范化建设。2014年，市政协常委会召开会议，专题学习中央第二次新疆工作座谈会精神，明确提出要紧紧围绕社会稳定和长治久安总目标开展政协履职，主动维护党中央权威，始终同党中央和自治区党委政治上同心、思想上同向、行动上一致。2016年市八届政协召开常委会，学习党的十八届五中全会精神，协商讨论换届工作事宜，提出要在市委的集中统一领导下，顺利完成换届工作任务。

## 七　政协阿克苏市第九届委员会常委会会议

召开2次常委会会议，做出重要决定、决议4项。

## 第二节　主席会议

### 一　政协阿克苏市第三届委员会主席会议

1990 年 3 月至 1993 年 2 月，政协阿克苏市第三届委员会共召开 27 次主席会议。传达全国统战工作会议精神，通报市政协上半年工作和下半年工作情况。听取并讨论市纪委关于党风廉政建设情报通报；讨论修改市政协常委会工作规划。

### 二　政协阿克苏市第四届委员会主席会议

1993 年 2 月至 1998 年 2 月，政协阿克苏市第四届委员会共召开 46 次主席会议。商讨政协全委会工作报告；政协领导分工安排；政协工作先进委员及提案办理先进单位等事项。调查全市宗教人士情况等事项；通过政协机构改革事项。

### 三　政协阿克苏市第五届委员会主席会议

1998 年 2 月至 2003 年 1 月，政协阿克苏市第五届委员会共召开 54 次主席会议。研究政协工作要点等事项；研究召开政协文史资料工作座谈会事项。2002 年 6 月，第九届 46 次主席会议，研究第三辑文史资料出版；机关“三定”（定编、定岗、定责）方案等事项；研究市伊斯兰教协会换届事项。

### 四　政协阿克苏市第六届委员会主席会议

2003 年 1 月至 2007 年 11 月，政协阿克苏市第六届委员会共召开 49 次主席会议。研究政协领导分工；专门委员会组成；研究学习贯彻“三个代表”重要思想；研究走访委员事项；研究调研畜牧业发展、扶贫工作等事项；政协乡（镇）联络小组建设等事项。

### 五　政协阿克苏市第七届委员会主席会议

2007 年 11 月至 2011 年 7 月，政协阿克苏市第七届委员会共召开 37 次主席会议。研究为四川汶川地震捐款事项；听取民宗局工作报告；研究林果业、水利建设、畜牧业调研报告；商讨无党派人士学习问题；研究政协机关科学发展观学习活动事项；研究政协委员培训会议事项；研究招商引资、企业落户调研、重大项目建设调研等事项。

### 六　政协阿克苏市第八届委员会主席会议

2011 年 8 月至 2016 年 9 月，政协阿克苏市第八届委员会共召开 57 次主席会议。研究政协全委会、年度考核、干部作风、委员培训，学习中央新疆工作座谈会精神，确定涉及区域经济、新农村建设、富民安居、小微企业融资、社会稳定等调研视察工作。

### 七　政协阿克苏市第九届委员会主席会议

2016年9月至2016年12月，政协阿克苏市第九届委员会共召开3次主席会议。研究做好新形势下政协工作、贯彻十九大精神、生态工程建设、城市绿化建设等工作。

## 第三节　专题会议

政协阿克苏市第三届至第九届委员会常务委员会结合市委、市政府工作重心，发挥政协优势，召开多次专题会议，解决实际问题。政协第三届委员会常务委员会贯彻中央“稳定压倒一切”的指示精神，召开4次专题会议学习讨论，统一委员思想认识。政协第四届委员会常务委员会召开5次专题会议，政协第五届委员会常务委员会召开13次专题座谈会，政协第六届委员会常务委员会召开9次专题会议，政协第七届委员会常务委员会召开13次专题会议，政协第八届委员会常务委员会召开23次专题会议，政协第九届委员会常务委员会召开2次专题会议，围绕国民经济和社会发展计划主题，收集社会各界人士意见与建议142条，从发展战略、政策选项、结构调整、人口资源环境、精神文明建设等方面向市委、市政府、市人大建言献策。其中94条建议被市委采纳。

# 第四章　主要工作

## 第一节　政治协商

政协阿克苏市第三届至第九届委员会通过全体委员会议、常务委员会议、主席会议等方式，讨论、协商市委、市政府的重要决策。

### 一　政协阿克苏市第三届委员会

政协阿克苏市第三届委员会召开4次全体委员会、11次常委会、27次主席会议（不包括主席临时碰头会），从加强制度建设入手，致力于政治协商、民主监督的经常化、制度化。

### 二　政协阿克苏市第四届委员会

政协阿克苏市第四届委员会积极参与全市重大决策的制定、修改和实施，围绕全市的大政方针进行政治协商。参与制定实施阿克苏市“九五”计划和2010年远景目标纲要。提出可行性意见和建议。

### 三　政协阿克苏市第五届委员会

政协阿克苏市第五届委员会重视利用例会形式进行协商。召开5次全委会，20次常委会，54

次主席会议，13 次专题座谈会，就市经济建设、社会发展和政治生活中的重大问题在决策前进行协商，广泛听取意见。对如何推动 3 个文明建设、深化改革、发展文化教育事业、调整产业结构、实施国民经济“十五”规划、西部大开发等方面，提出协商意见和建议。

### 四　政协阿克苏市第六届委员会

政协阿克苏市第六届委员会围绕事关大局的热难点问题进行协商议政，政协领导和政协委员在多浪河改造、信访、招商引资等多个方面工作中主动参与、积极配合、出谋划策。就国民经济“十一五”规划、城市发展、红枣产业规划、退耕还林、农村新型合作医疗、民族团结工作、推动全市经济跨越式发展和长治久安等方面，提出协商意见和建议。

### 五　政协阿克苏市第七届委员会

政协阿克苏市第七届委员会注重政治协商质量提升，坚持全委会整体协商，常委会、主席会重点协商，专委会对口协商的协商议政格局，围绕事关全局的重大问题，在决策之前和决策执行过程中进行协商。利用全委会议组织好委员讨论，对“一府两院”工作报告及新型工业化建设、增强市域经济、维护团结稳定等一系列关系全局的重大问题，坦诚建言。同时，注重常委会协商的实效。召开政协常委、主席、专题协商会议共 80 余次，提出有价值的意见、建议百余条。通过开展多层次的协商，为市委、市政府科学决策，推动部门工作，解决实际问题，起到促进作用。

### 六　政协阿克苏市第八届委员会

政协阿克苏市第八届委员会重点围绕重大项目建设、市域经济运行、企业经营、城镇建设、教育医疗卫生、对口援阿、特色产业培育、社会事业发展、民生改善等 50 余个课题，先后组织 200 余名委员进行协商和座谈。召开主席会议、常委会议，就委员大会发言、政协考察调研进行认真协商，许多意见建议被市委、市政府采纳落实。同时，市政协主要领导还列席市委常委会，市政协领导和部分政协委员应邀参加市委、市政府重大决策、重要工作部署等座谈会、讨论会、听证会，就全市重大项目规划建设、拆迁安置、招商引资、产业发展、“十三五”规划制定等重大事项进行协商建言，全面有效地发挥政协政治协商的职能作用。

### 七　政协市第九届委员会

政协阿克苏市第九届委员会认真贯彻落实以习近平同志为核心的党中央的治疆方略，切实转变作风，确保党中央、自治区党委、地委、市委的各项决策部署落到实处，围绕总目标开展政治协商活动。组织政协委员召开“如何围绕总目标，做好新形势下的政协工作”等座谈会，呼吁各族各界干部群众认真落实总目标，促进阿克苏市社会稳定和长治久安。

## 第二节　民主监督

1990 年以来，政协阿克苏市常委会不断强化民主监督职能，使民主监督在广度和深度上逐步推进。利用政协领导参加党政会议、提案办理、调研考察等时机，选择群众关注的热点和难点问题，开展民主监督，诚恳地提出批评和意见建议。部分市政协委员通过政协推荐、单位部门聘请，担任政府创新发展环境、廉政勤政义务监督员和行风评议员，通过召开座谈会等形式，强化行风监督评议，为推进政府部门的廉政建设，改进工作作风发挥了积极作用。

1994 年，政协第四届第二次常委会议邀请市长巴赛提·毛拉买提通报全市上半年工作情况；四届三次常委会上，市委常委、市纪检委书记王运科通报全市反腐败斗争情况；市教育局局长宋大梁通报自治区、地区对阿克苏市教育督导的情况；在第四次常委会上，市农业局领导作减轻农民负担和 1993 年农业生产情况的通报。

2004 年，政协第六届组织政协委员认真参与开展的政协委员评议政府及部门工作等相关活动；参与“天山杯”竞赛等各类督导检查、纠风评议工作；推荐部分政协委员机关干部担任部门和行业的义务监督员，教育和引导委员认真履行职责，受到社会各界的一致好评。

2006 年，政协第六届组织开展针对“三农”、优化招商引资环境、民族宗教工作、非公有制经济发展情况的考察活动，通过考察开展监督，促进相关产业优惠政策的落实。

2008 年，市政协组织委员对阿克苏市经济和社会发展中的重大问题，群众关心的热点难点问题，党政机关及其工作人员履行职责、遵纪守法、勤政廉政等情况进行监督，并结合全市整顿机关作风、提高行政效能活动，确定对市环保局、卫生局、文化体育局进行民主评议，促进部门作风转变。选派 30 余名政协委员担任行风政风监督员。

2009 年，市政协组织部分委员对环保局、城建局、规划局政风行风工作进行民主评议，按照准备动员、调查研究、民主评议、分析总结四个阶段，采取座谈、查阅资料、明察暗访、问卷调查等形式帮其总结经验，查漏补缺，促进部门作风的转变。

2010 年，市政协有 70 余名委员参加市委、市政府班子“两讲一树”“创先争优”活动满意度座谈、测评，有 40 余名受聘于市直有关单位，形成对政府部门、各行政执法机关及基层窗口单位民主监督的全面覆盖。

2011 年以来，市政协探索民主监督的有效形式，对招商局、地税局、质量技术监督局进行民主评议，动员组织与被评议部门相关的企业界 60 余名委员按照评议动员、座谈走访、听取情况汇报、总结反馈四个步骤帮其总结经验，查漏补缺，有效地促进部门作风的转变。65 名委员受聘于市直有关单位担任特邀监督员。在 2012 年年初召开的八届二次会议上，到会的全体委员对政府 40 多个部委办局进行满意度测评。

2013~2015 年，市政协组织委员对市卫生局、计生委、农机局、执法局、文广局、林业局、司法局、住建局、国土局、人社局进行民主评议。有 50 余名委员担任自治区和地区纪委、监察局特邀监察员及地市单位政风、行风义务监督员和人民陪审员，参加陪审案件和信访听证 1200 余人次。

2016 年 10 月，市政协组织委员协同地区政协工委对阿克苏市重点工作开展情况展开考察，监督重点项目实施情况，提出改进意见。

## 第三节　提案办理

### 一　提案办理机制

1990～2016年，政协阿克苏市委员会委员提案一般在召开提案委员会会议前提交，最迟不晚于提案立案审查会议召开前，其后收到的提案一般转作委员建言处理。提案审查委员会审查立案的提案，经市政协常委会讨论通过后，转交市政府办理，市政府召开提案交办会，具体安排办理事宜。

### 二　提案办理内容

1990～2016年，政协阿克苏市委员会共收到委员提案2520件，立案和办理1435件。

政协阿克苏市第三届委员会收到提案275件，立案并转市政府办理109件，市政府答复105件，办复率96.3%。立案的提案中，农、林、牧52件，占47.7%；工业交通、能源、城市建设38件，占34.9%；政协、统战、民宗、法律法规等9件，占8.25%；科教文卫等10件，占9.17%。内容包括维护社会稳定、促进农业产业化发展、改善城乡交通条件、改进部门作风杜绝门难进、脸难看、事难办现象等方面。

政协阿克苏市第四届委员会收到提案278件，立案并转市政府办理78件，市政府答复75件，办复率96.15%。立案的提案中，涉及“三农”问题29件，占37.17%；涉及城市交通、居住环境、社会治安27件，占34.62%；涉及民宗、统战、法律法规等9件，占11.54%；科教文卫等13件，占16.67%。内容包括治理和规范市场经营、改善城乡交通条件、加强义务教育等方面。

政协阿克苏市第五届委员会收到提案369件，立案并转市政府办理119件，市政府答复119件，办复率100%。立案的提案中，农村综合治理31件，占26.05%；涉及城市交通、居住环境、社会治安42件，占35.29%；涉及民宗、统战、法律法规等14件，占11.76%；科教文卫等17件，占14.29%；就业、计生、社保等15件，占12.6%。内容包括农村综合治理、农村水、路、电设施建设、发展文化产业、完善社会保障、严格执法等方面。

政协阿克苏市第六届委员会收到提案539件，立案并转市政府办理357件，市政府答复357件，办复率100%。立案的提案中，村容村貌、农业产业化、农民增收等84件，占23.53%；涉及城市交通、供暖、用水、居住环境、社会治安、城市经济104件，占29.13%；涉及民宗、统战、法律法规等46件，占12.89%；科教文卫等69件，占19.33%；就业、计生、社保等54件，占15.13%。内容包括加强农村林果业发展、农村基础设施等硬件条件改善、加大劳动力教育培训、完善城乡社保体系、改善居住条件、改善素质教育等方面。

政协阿克苏市第七届委员会收到提案500件，立案并转市政府办理330件，市政府答复330件，办复率100%。立案的提案中，涉及农业、农村、农民71件，占21.52%；涉及城市交通、供暖、用水、居住环境45件，占13.64%；涉及社会治安30件，占9.09%；涉及城市经济发展、市场环境、经营环境、金融等44件，占13.33%；涉及民宗、统战、法律法规等31件，占9.39%；科教文卫等43件，占13.03%；就业、计生、社保等66件，占20%。内容包括加强农村林果业产业化发展、改善农村基础设施等硬件条件、加大劳动力教育培训、完善城乡社保体系、改善居住条件、改善素质教育、加强市场经济环境治理等方面。

政协阿克苏市第八届委员会收到提案827件，立案并转市政府办理350件，市政府答复330件，办复率100%。立案的提案中，涉及农业、农村71件，占21.52%；涉及城市交通、供暖、用水、居住环境45件，占13.64%；涉及社会治安30件，占9.09%；涉及城市经济发展、市场环境、经营环境、金融等44件，占13.33%；涉及民宗、统战、法律法规等31件，占9.39%；科教文卫等43件，占13.03%；就业、计生、社保等66件，占20%。内容包括加强农村林果业产业化发展、改善农村基础设施等硬件条件、加大劳动力教育培训、完善城乡社保体系、改善居住条件、改善素质教育、加强市场经济环境治理、大力发展电商产业、解放农村剩余劳动力、加强对物业公司管理、解决交通拥堵及停车难等方面。

政协阿克苏市第九届委员会一次会议期间收到提案50件，立案并转市政府办理31件，市政府答复31件，办复率100%。立案的提案中，关于农业、农村7件，占22.58%；关于城市交通、基础设施等6件，占19.35%；关于生态环境等3件，占9.68%；关于产业规划、经济发展8件，占25.8%；关于社会稳定、治安等5件，占16.13%；关于医疗卫生2件，占6.45%。内容包括淘汰落后产能，促进加气块产业发展、解决城区交通拥堵、加大治安管理工作力度、艾滋病防治、生态环境改善等方面。市政府办理且答复的委员提案，委员的满意度每届均在96%以上。

## 第四节　考察和调研

1990～2016年，政协阿克苏市委员会围绕市委中心工作，把握“三贴近”原则（贴近市委中心工作，贴近社会热点、难点，贴近事物发展趋势），开展调研194次，形成考察、调研报告123篇。

表24－2　1990～2016年政协阿克苏市第三届至第九届委员会调研与考察报告一览表

| 届次 | | 年份 | 考察、调研报告 |
|---|---|---|---|
| 第三届 | 二次 | 1991 | 《市政协组织自治区政协委员、市政协委员对托普鲁克乡糖农卖甜菜考察问题调研报告》 |
| | 三次 | 1992 | 《政协组织部分政协委员对社会治安综合治理的调研报告》 |
| | 四次 | 1992 | 《政协组织部分政协委员对社会治安综合治理的调研报告》 |
| 第四届 | 一次 | 1993 | 《政协组织部分委员对拜什吐格曼乡贫困村村民调研的调研报告》 |
| | 二次 | 1994 | 《阿克苏教育工作考察报告》 |
| | | | 《城市食品卫生考察报告》 |

续表

| 届次 | | 年份 | 考察、调研报告 |
|---|---|---|---|
| 第五届 | 二次 | 1999 | 《依干其乡园艺生产调查报告》 |
| | | | 《关于对城市初级卫生保健工作的调查报告》 |
| | 三次 | 2000 | 《阿克苏市非公有制经济发展现状调研》 |
| | | | 《阿克苏市法制环境调研报告》 |
| | | | 《西部大开发调研报告》 |
| 第六届 | 一次 | 2003 | 《阿克苏市政协委员关于坚持大力推进“工业强市”战略不动摇的考察报告》 |
| | 二次 | 2004 | 《关于阿克苏市非公有制经济发展情况的调研报告》 |
| | 三次 | 2005 | 《对阿克苏市林果业发展情况的调查》 |
| | | | 《阿克苏市林果业工作调研报告》 |
| | 四次 | 2006 | 《关于加快推动阿温联盟合作发展的调研报告》 |
| | 五次 | 2007 | 《阿克苏市节能降耗、污染减排与环境保护工作的基本情况》 |
| | | | 《对如何提高提案质量，发挥提案参政议政作用的调研》 |
| 第七届 | 一次 | 2007 | 《推进学校布局调整，优化教育资源配置》 |
| | | | 《如何进一步改善民营企业发展环境，加快民营企业发展的调研报告》 |
| | | | 《关于加强无公害畜产品产地认定和产品论证工作的调研》 |
| | | | 《关于加强基础设施建设，改善城市生态环境建设的调研》 |
| | | 2008 | 《关于对阿克苏市学前教育工作的调研考察报告》 |
| | | | 《关于加快推进重轻两个工业园区发展的调研报告》 |
| | | | 《关于对阿克苏市城镇医疗卫生基本公益事业运行情况的调研报告》 |
| | | | 《新型农村合作医疗有关政策落实情况的调研报告》 |
| | | | 《关于对阿克苏市贯彻落实〈中华人民共和国义务教育法〉情况的调研报告》 |
| | | | 《阿克苏市旅游业发展现状与思考》 |
| | | | 《对发挥政协委员参政议政职能作用的调研》 |
| | | | 《关于对“阿温联盟、合作发展”工作情况的调研报告》 |
| 第七届 | 二次 | 2009 | 《统筹城乡经济发展，促进农民持续稳定增收》 |
| | | | 《矮密早红枣栽培的现状与思考》 |
| | | | 《用科学发展观引领农业科技进步》 |
| | | | 《关于对“阿克苏市婚前专项传染病检查与计划生育质量问题”的调研》 |
| | 三次 | 2010 | 《抓住机遇，理清思路，推进县域经济又好又快发展》 |
| | | | 《对建立健全民族团结常效教育机制的调研》 |
| | | | 《对阿克苏市人口与计划生育管理服务问题的调研》 |
| | | | 《关于推进阿克苏市生态立市建设的调研》 |
| | | | 《对加快太阳能、新型节能产品（技术）的推广和利用的调研》 |
| | 四次 | 2011 | 《关于对引进五星级酒店项目的调研报告》 |
| | | | 《关于发展城市街道经济的调研报告》 |
| | | | 《如何建设风情小镇（农家乐）打造“西部庄园”的设想》 |
| | | | 《如何发展第三产业的建议和措施》 |
| | | | 《加大力度提升教学水平，全面提高高中升学率》 |
| 第八届 | 一次 | 2011 | 《关于南工业园区纺织企业等重点项目的考察报告》 |
| | | | 《政策保障多措并举积极扶持非公有制经济发展》 |
| | | | 《关于推进新十大市场及十大农贸市场建设工作调研及对策》 |
| | | | 《关于考察调研多浪河景观带一期工程建设情况的报告》 |
| | | | 《关于对阿克苏市餐饮业泔水回收处理问题的调研报告》 |

续表

| 届次 | | 年份 | 考察、调研报告 |
|---|---|---|---|
| 第八届 | 二次 | 2012 | 《关于2012年阿克苏市"社会事业十大工程"及"民生十大工程"落实情况的考察报告》 |
| | | | 《关于杭州援建项目的考察报告》 |
| | | | 《关于城市道路拓展情况考察报告》 |
| | | | 《阿克苏市街道经济发展工作的调查与思考》 |
| | | | 《关于进一步加强园区建设的思考》 |
| | | | 《关于"如何引导金融业更好为促进阿克苏市经济社会发展服务"的调研报告》 |
| | | | 《关于阿克苏市农村富余劳动力向非农产业转移的思考》 |
| | | | 《关于发展阿克苏市现代文明的调研报告》 |
| | | | 《关于改善城市环境建设绿色阿克苏的调研报告》 |
| | | | 《对加强城市建设与管理着力打造南疆中心城市的调研》 |
| | | | 《关于推进教育均衡发展的调研报告》 |
| | | | 《关于促进阿克苏市中小企业发展的对策与建议》 |
| | | | 《关于对中小微企业发展情况的调研报告》 |
| | | | 《关于阿克苏市乡镇工业园区发展的调研报告》 |
| | | | 《关于促进阿克苏市非公有制经济发展的对策与建议》 |
| 第八届 | 三次 | 2013 | 《关于2013年阿克苏市"安居富民工程"落实情况的考察报告》 |
| | | | 《关于2013年阿克苏市经济技术开发区基础设施和项目建设情况的考察报告》 |
| | | | 《关于市区食品安全卫生情况的考察报告》 |
| | | | 《关于2013年阿克苏市多浪新城及多浪河二期棚户区综合改造工程的考察报告》 |
| | | | 《关于市区公交车运行情况的调研报告》 |
| | | | 《合理利用国土资源促进阿克苏市科学发展——阿克苏市乡镇国土资源管理工作的调研报告》 |
| | | | 《阿克苏市灌溉用水和水利设施运行情况的调研报告》 |
| | | | 《关于阿克苏市城区乱搭乱建管理情况的调研报告》 |
| | | | 《关于加快柯柯牙街道经济发展的调研报告》 |
| 第八届 | 三次 | 2013 | 《阿克苏市工业强市的要素约束和对策研究》 |
| | | | 《关于做好房屋和谐征收工作的思考》 |
| | | | 《创新政协履职方式,开创政协工作新局面》 |
| | | | 《全方位提升社区服务管理水平的调研报告》 |
| | | | 《阿克苏市农村水资源利用及生态现状的调研》 |
| | | | 《加快多浪新城开发,推动魅力城市建设——关于多浪新城开发建设的调研报告》 |
| | | | 《关于规模以上民营企业发展情况的调研报告》 |
| | | | 《关于乡镇(街道)财政预算管理的调研报告》 |
| | | | 《对促进"和谐征收共建美好家园"的思考》 |
| | | | 《创造和谐生态环境建设最佳人居城市——关于建设生态文明城市的调研报告》 |
| | | | 《建设宜居城市改善人民生活——关于阿克苏市宜居城市建设的调研报告》 |
| | | | 《提高农村公共服务体系的几点思考——以依干其乡为例》 |
| | | | 《推进职工文化建设,构建和谐发展环境——阿克苏市企业职工文化建设调研报告》 |

续表

| 届次 | | 年份 | 考察、调研报告 |
|---|---|---|---|
| 第八届 | 四次 | 2014 | 《关于对西城区集中供热项目进展情况的考察报告》 |
| | | | 《关于对多浪河二期工程建设情况的考察报告》 |
| | | | 《关于对阿克苏市设施农业发展情况的考察报告》 |
| | | | 《关于对阿克苏市安居富民房建设情况的考察报告》 |
| | | | 《关于市政项目建设情况的考察报告》 |
| | | | 《关于对杭州援建项目的考察报告》 |
| | | | 《关于加快多浪新城建设，促进房地产业健康发展的调研报告》 |
| | | | 《关于对阿克苏市农产品流通体系建设情况的调研报告》 |
| | | | 《关于优化市域民营企业发展软环境的调研报告》 |
| | | | 《关于推进阿克苏市文明城市建设的调研报告》 |
| | | | 《关于推进社区“大党委制”建设的调研报告》 |
| | | | 《阿克苏市林果社会化有偿技术服务队伍建设调研报告》 |
| | | | 《关于促进阿克苏市民办教育的蓬勃发展的调研报告》 |
| | | | 《关于全面提高阿克苏市双语教育质量的调研报告》 |
| | | | 《关于加强和创新社会性管理的调研报告》 |
| 第八届 | 五次 | 2015 | 《关于阿克苏市城市建设情况的考察报告》 |
| | | | 《关于阿克苏市安居富民房建设情况的考察报告》 |
| | | | 《关于对“社区卫生服务机构作用发挥情况”专题协商报告》 |
| | | | 《关于阿克苏市企业发展运行情况的调研报告》 |
| | | | 《关于阿克苏市部分宗教人士两面性问题的调研报告》 |
| | | | 《推进双语教育在改革工作过程中的探索》 |
| | | | 《关于阿克苏市在丝绸之路经济带核心区建设中的定位及思考》 |
| | | | 《关于实施农业提质增效战略深化精细化管理的调研报告》 |
| | | | 《关于提升社区医疗机构服务能力和水平的调研报告》 |
| | | | 《关于加强科技创新促进农业和农村经济快速发展的调研报告》 |
| | | | 《关于医疗纠纷预警机制的调研报告》 |
| | | | 《关于阿克苏市农村实用人才队伍建设情况的调查与思考》 |
| | | | 《关于发挥乡镇文化站作用的调研报告》 |
| | | | 《关于中小学阳光体育落实情况的调研报告》 |
| | | | 《关于加强食品卫生安全监管的调研报告》 |
| | | | 《关于阿克苏市畜牧饲草料情况的调研报告》 |
| 第八届 | 五次 | 2015 | 《关于阿克苏市双语教育工作的调研报告》 |
| | | | 《关于基层人才队伍建设情况的调研报告》 |
| | | | 《关于建设生态阿克苏的调研报告》 |
| 第八届 | 六次 | 2016 | 《关于阿克苏市街道服务功能作用发挥情况的调研报告》 |
| | | | 《关于阿克苏市设施农业发展情况的考察报告》 |
| 第九届 | 一次 | 2016 | 《关于阿克苏市强制隔离戒毒工作情况的考察报告》 |

## 第五节　文史资料征编

1990年后，政协常委会把征编文史资料作为重要工作，2012年后每年出版一本，全面介绍阿克苏市的发展概况，其中《阿克苏市文史资料》（第八辑）被自治区评为精品文史资料图书，阿克苏市百年发展史——《阿克苏市文史资料》（第十一辑）在新华书店公开发行。1990 ~2016 年，市三届至八届政协共编辑文史资料 10 辑和《委员风采录》专辑。

表 24 -3　1990 ~2016 年市政协编辑文史资料一览表

<table>
<tr><th colspan="2">届次</th><th>时间</th><th>编辑出版文史资料</th></tr>
<tr><td rowspan="2">市三届</td><td>一次</td><td>1990 年 12 月</td><td>《文史资料(第四辑)》</td></tr>
<tr><td>二次</td><td>1991 年 12 月</td><td>《文史资料(第五辑)》</td></tr>
<tr><td>市四届</td><td>三次</td><td>1995 年 10 月</td><td>《文史资料(第六辑)》</td></tr>
<tr><td>市五届</td><td>二次</td><td>1999 年 12 月</td><td>《文史资料(第七辑)》</td></tr>
<tr><td rowspan="7">市八届</td><td>二次</td><td>2012 年 11 月</td><td>《文史资料(第八辑)》</td></tr>
<tr><td rowspan="3">三次</td><td>2013 年 03 月</td><td>《文史资料(第九辑)》</td></tr>
<tr><td>2013 年 12 月</td><td>《文史资料(第十辑)——成就与辉煌》</td></tr>
<tr><td>2013 年 12 月</td><td>《委员风采录——成功有道理》</td></tr>
<tr><td>四次</td><td>2014 年 10 月</td><td>《文史资料(第十一辑)——阿克苏市百年发展史》</td></tr>
<tr><td rowspan="2">五次</td><td>2015 年 07 月</td><td>《文史资料(第十二辑)——汉唐宋元明清专辑》</td></tr>
<tr><td>2015 年 12 月</td><td>《文史资料(第十三辑)——市政协志》</td></tr>
</table>

# 第二十五编　民主党派群众团体

1990年后，民革阿克苏市委员会、阿克苏市总工会、共青团、妇联、残疾人联合会、科协、红十字会、工商联、社科联等民主党派、群众团体组织在市委、市政府的领导下，立足做好本职工作，发挥与人民群众之间的“桥梁”和“纽带”作用，发扬群众团体的团结协作优良传统，组织和动员各族各界干部群众积极投身经济社会建设事业，为阿克苏市经济发展、政治稳定、社会和谐、民生改善、民族团结、科技进步发挥着不可替代的作用。

# 第一章　民革阿克苏市委员会

## 第一节　机　构

1990 年，民革阿克苏市筹委会是阿克苏市唯一的一个民主党派地方组织。县级单位，经费由财政保障。1993 年，更名为民革阿克苏市委员会。

2016 年，民革阿克苏市委员会办公场地设在新疆阿克苏市新华西路（王三街）11 号 4 楼，办公场地 332.3 平方米。下设综合科，有工作人员 3 人。

## 第二节　组织发展

### 一　换届选举

1993 年 5 月，按照《中共中央关于坚持和完善中国共产党领导的多党合作和政治协商制度的意见》的要求，民革阿克苏市委员会召开民革阿克苏市第一次委员会议，选举产生民革阿克苏市第一届委员会。

2002 年，召开民革阿克苏市第二次委员会，选举成立民革阿克苏市第二届委员会。

2006 年，召开民革阿克苏市第三次委员会，选举成立民革阿克苏市第三届委员会。

2012 年，召开民革阿克苏市第四次委员会，选举成立民革阿克苏市第四届委员会。

### 二　组织机构

1990 年，民革阿克苏市筹委会共有成员 86 人，有基层支部 3 个。

2009 年，根据《中国国民党革命委员会发展党员手续及审批办法》，民革党员发展不断规范化。

至 2016 年，民革阿克苏市委员会发展到 1 个县级委员会（民革阿克苏市委员会）、4 个基层支部（分别是第一、第二、第三、第四支部），在册民革党员 74 名。

## 第三节　主要工作

### 一　参政议政

1990 ~ 2016 年，民革阿克苏市委员会围绕阿克苏地区中心工作，先后向阿克苏政协提交建议和提案 300 多件，集体提案 30 件，个人提案 270 多件。建议和提案中，2008 年的《关于大力推进阿克苏市农产品商标战略、促进农民创品牌增收的提案》《关于完善民营企业职工保障体系的提案》、2009年的《关于加强对外来务工人员管理，维护社会稳定的建议》《关于出台优惠扶持政策、加强菜篮子工程建设的提案》《加大对畜牧业的投入力度平抑牛羊肉市场价格》、2010年的《关于加强阿克苏市环城公路综合治理的建议》《关于加强民主党派干部培养和使用的建议》、2012年的《关于修改库阿高速公路收费不合理的建议》等提案、建议被政府列为重点提案；2008年的《建设宜居城市，改善人民生活——关于阿克苏市宜居城市建设的调研报告》、2014年的《推进企业文化建设，构建和谐发展环境——阿克苏市企业文化建设调研报告》等调研报告，为阿克苏市委市政府的科学决策提供重要参考。

### 二　社会服务

1990年，民革阿克苏市委员会创办阿克苏地区唯一一所残疾人特殊教育学校——阿克苏地区中山聋哑人学校，招收阿克苏地区和农一师各团场以及周边地区的聋哑儿童。1992年10月，学校更名为地区启明学校，纳入九年制义务教育范畴，归地区教育局管理。

# 第二章　阿克苏市总工会

## 第一节　机　构

### 一　市总工会

1990年，阿克苏市总工会核定编制7名，其中行政编制6名，事业编制1名，实有7人。

1999年9月，阿克苏市总工会增设女职工委员会机构。

2016年5月，成立中共阿克苏市总工会党组。年末，市总工会实有5人。

### 二　基层工会

1994年，全市有基层工会组织106个，会员7000人，其中女职工会员2000余人。

2007年，全市4乡2镇1场5个街道办事处都建立工会组织。

2009年，全市有基层工会组织135个，职工人数2.23万人，工会会员2.19万人，职工入会率99%。

2016年，全市有基层工会组织264个，工会会员3万余人，职工入会率96%。

## 第二节　代表大会

1990～2016年，阿克苏市总工会共召开5次工会职工代表大会。

## 一　第二次工会职工代表大会

1992 年 9 月，阿克苏市召开第二次工会代表大会。出席大会正式代表 134 名，其中女性代表 39 人，少数民族代表 61 人，工人代表 12 名，老红军、英雄模范及解放军代表共 74 人列席会议。市总工会负责人代表第一届工会委员会作题为《全心全意依靠工人阶级、为振兴阿克苏经济而努力奋斗》的工作报告以及财务工作报告、经费审查工作报告。大会选举产生第二届委员会委员 23 人，常委 9 人。选举总工会主席 1 名，副主席 2 名，届中更迭主席 1 人。

## 二　第三次工会职工代表大会

1999 年 9 月，阿克苏市召开第三次工会代表大会。出席大会正式代表 150 人，其中女性代表 60 人，少数民族代表 73 人。市总工会负责人代表第二届工会委员会作题为《高举邓小平理论伟大旗帜团结依靠各族职工、为实现阿克苏市跨世纪发展宏伟目标而努力奋斗》的工作报告及财务工作报告。大会选举产生第三届工会委员会委员 26 人，常委 13 人。选举总工会主席 1 名，副主席 1 名。大会选举产生首届女职工委员会及女职工委员会主任。

## 三　第四次工会职工代表大会

2004 年 9 月，阿克苏市召开第四次工会代表大会。出席大会正式代表 260 人，其中女性代表 76 人，少数民族代表 128 人。市总工会负责人代表第三届工会委员会作题为《全面贯彻“三个代表”重要思想、团结带领各族职工为实现阿克苏市经济跨越总体目标而努力》的工作报告及财务工作报告。大会选举产生第四届工会委员会委员 33 人，常委 11 人。选举市总工会主席 1 名，副主席 1 名，女职工委员会主任 1 名。

## 四　第五次工会职工代表大会

2008 年 3 月，阿克苏市第五次工会代表大会在市政府四楼会议室召开。出席会议代表 166 人，其中女性代表 54 人，少数民族代表 80 人。市总工会负责人代表四届工会委员会作题为《团结和动员各族职工、为推动阿克苏市经济又快又好发展建功立业》的工作报告及财务工作报告。大会选举产生第五届工会委员会委员 22 人，常委 9 人。选举市总工会主席 1 名，副主席 1 名，女职工委员会主任 1 名。

## 五　第六次工会职工代表大会

2013 年 6 月，阿克苏市第六次工会代表大会在阿克苏市召开。参加会议代表 162 人。市总工会负责人代表第五届工会委员会作《凝聚智慧力量、服务科学发展，为实现阿克苏市“两个率先”宏伟目标建功立业》的工作报告。大会选举产生阿克苏市总工会第六届工会委员会委员 19 人，常委 9 人，主席 1 人，副主席 1 人。

## 第三节　主要工作与活动

### 一　职工教育

1990 年，市总工会围绕创建文明城市工作，先后开展“五讲、四美、三热爱”活动、开展职工道德教育、爱国主义教育等活动，重点学习《中华人民共和国工会法》《企业工会工作条例》《女职工工作条例》《集体合同》《职工代表大会条例》等工会法律法规。举办各类培训班、讲座 80 余期，发放各类宣传单 2 万余份。

1995 年，市总工会组织全市 2500 多名女职工参加全国统一组织的“迎‘9·5’世界妇女大会”。6 月宣传《中华人民共和国妇女权益保障法》《新疆维吾尔自治区实施妇女权益保障法办法》。

1999 年，市总工会下发《关于职工道德星级竞赛十佳职工、十佳活动先进集体的表彰决定》，对市建材厂、市托峰纺织有限公司、市中医院、市塑料厂、市石膏厂、市迎宾馆、市公园、市宏翔置业有限责任公司、市第七小学、市第五中学等十佳活动先进集体进行表彰。星级竞赛评出十佳个人 9 人。

2006 年底，市总工会累计培训下岗失业人员 1500 多人次，介绍下岗职工就业 110 人次。市委机关、市政府机关、市法院、市金石建业、市第二小学、市多浪有限责任公司等工会先后被评为争创学习型组织、争做知识型职工活动的示范典型单位。

2008 ~ 2010 年，市总工会举办基层工会干部培训班 3 期，300 余名基层工会干部和工会主席参加。举办农民工法律法规培训班，120 名农民工参加。组织开展外出培训、考察 4 次，工会干部培训率 95%。

2011 ~ 2013 年，市总工会举办基层工会干部培训班 2 期，培训基层工会干部和工会主席 230 余名。先后选派机关干部、基层工会干部外出培训、考察 7 次，工会干部培训率 90%。组织开展业务培训班 1 期，35 人参加。

2014 ~ 2016 年，市总工会举办 4 期基层工会干部政治理论暨业务知识培训班，400 余名基层工会干部和工会主席参加。选派参加自治区总工会、杭州市总工会干部培训班 16 人次。

### 二　慰问劳动模范

1990 ~ 2016 年，阿克苏市各行各业不断涌现出为经济社会发展做出突出贡献的劳动模范和先进工作者。2010 年，全市共有国家级劳动模范 2 人，自治区级劳动模范 10 人，地区级劳动模范 23 人。2016 年，全市共有国家级劳动模范 2 人，自治区级劳动模范 14 人，地区级劳动模范 26 人。市委、市政府每年春节、古尔邦节、元旦、五一国际劳动节等节日，对国家级、自治区级、地区级劳动模范和先进工作者开展走访慰问。

### 三　创建职工之家

1990 年，阿克苏市贯彻落实《阿克苏地区工会关于开展增强基层工会活力竞争活动的实施办法》文件精神，全市有29家基层工会获地区级先进单位。

1994年，全市有达标职工之家53家，其中自治区级模范职工之家2个、地区级6个、先进职工之家45个。

2006年，阿克苏市兰干街道办事处机关工会被授予全国模范职工之家称号，市人民医院工会被授予自治区模范职工之家标兵称号，市环境卫生管理处工会被评为保持自治区级模范职工之家，阿克苏市第七小学被授予自治区级模范职工小家称号，阿克苏市法院工会等6家工会被授予自治区级模范职工之家称号，阿克苏市广播电视局工会等31个单位被评为保持地区级模范职工之家标兵，阿克苏市环保局工会等14个单位被授予地区级模范职工之家标兵称号，阿克苏市建设局工会等13个单位被授予地区级模范职工之家称号。

2009年，市总工会加强职工之家的规范化建设，开展争创模范之家活动。各基层工会获全国模范职工之家2家，自治区模范职工之家13家，地区模范职工之家66家，地区先进职工之家标兵28家。开展以创一流工作、一流服务、一流管理、一流效益、和谐企业为主要内容的工人先锋号创建活动。天山多浪水泥有限责任公司、市公交公司获得地区级工人先锋号称号；市环境卫生管理处东大街环卫班获全国工人先锋号及自治区工人先锋号称号。

2016年，阿克苏友好医院工会被授予自治区模范职工之家红旗单位称号；阿克苏久鑫燃气有限责任公司工会被授予自治区模范职工小家称号；阿克苏市城市客运管理办公室工会、阿克苏世纪中天实业发展公司工会被授予自治区模范职工之家称号。

### 四　职工维权

1990年以来，阿克苏市建立健全工会各项制度和维权机制，广泛组建工会组织、吸纳工会会员，依法保障农民工会法权益。明确农民工工资和待遇。

1990年6月，市总工会组织全市工矿企业学习《中华人民共和国全民所有制工业企业法》《全民所有制工业企业厂长工作条例》《全民所有制工业企业承包经营责任暂行条例》等法规。

1992年4月，市总工会开展《中华人民共和国工会法》宣传活动，市属工会展出宣传板报15块，悬挂宣传标语8条，编写宣传黑板报80期，评选出一、二、三等奖。

2000年，利用双休日或节假日在农民工集中的地段、企业宣传《中华人民共和国劳动法》《中华人民共和国工会法》《企业工会工作条例》等法律法规。

2003年，共发放法律法规宣传册5000余份，宣传单5万多份，组织职工进行法律法规考试，职工参考率90%。

2007年，市总工会法律援助中心共接待外来务工人员法律咨询106人次，代理职工委托劳动争议案件19件，为农民工提供法律援助35件，为54名弱势群体免费提供法律援助。

2016年，市总工会贯彻落实《新疆维吾尔自治区企业工资集体协商条例》和《集体合同条例》，在全市企业中开展工资集体协商活动，覆盖率80%以上。

### 五　职工技能竞赛

1990年起，市总工会每年都组织开展职工岗位技术大练兵活动。

1998 年 4 月，市总工会在全市基层工会中开展市星级竞赛活动，市迎宾馆、市良种场、市园林处、市劳动就业保障局、市多浪公园、市农机修造厂、市一建、市委机关等单位被评为先进单位。

2001 年 4 ~5 月，由市总工会、环保局、中国联通公司阿克苏分公司、笑好车业有限责任公司联合举办庆五一联通杯一升汽油挑战极限活动，参赛选手 48 人，经过初赛、复赛、决赛，决出前三名。

2003 年，阿克苏市参加全国性以安全生产争创经济效益为主题的安康杯劳动竞赛，市金石建业责任有限公司获全国级安康杯殊荣。

2006 年 8 月，市总工会与市卫生局联合举办首届卫生系统医疗护理技能竞赛，市人民医院获一等奖，中医院、喀拉塔勒镇卫生院、友好医院获二等奖，依干其卫生院、阿依库勒镇卫生院、阳光医院、同和医院获三等奖。吕红霞、乌如兰木、哈尼克孜分获个人前三名。

2010 年，市总工会先后组织开展工人先锋号、学习型组织、五一文明示范岗等职工经济技术创新活动，“创争”活动面达 85%。参加竞赛活动企业 158 家，参赛班组 216 个，参赛职工达 2 万余名，竞赛面达 85%，职工参与面达 90% 以上。

2011 ~2012 年，市总工会组织全市纺织企业开展纺织职工技能竞赛活动，共有 200 余名纺织职工参加竞赛。在建筑行业中组织开展阿克苏市建筑工人技能竞赛，川盛建筑公司、阿克苏新伟建设工程承包有限责任公司、阿克苏宏翔建筑安装工程有限公司、阿克苏地区华通建筑安装工程有限责任公司等 12 家建筑企业 60 名建筑工人参加比赛。

2013 ~2014 年，市总工会组织全市叉车行业人员开展“统一杯”阿克苏市叉车技能大赛，由阿克苏统一企业有限公司、阿克苏娃哈哈饮料有限公司、阿克苏鸿运装卸搬运有限责任公司、乌鲁木齐正大畜牧有限公司阿克苏分公司、阿克苏世纪中天实业发展有限公司超市配送中心等企业的 40 多名叉车能手参加大赛。

2015 年，市总工会联合市客管办举办首届阿克苏市出租汽车行业从业人员职工职业技能竞赛，发展公司、五星一公司、五星二公司、凌翔一公司、凌翔二公司的 200 名出租汽车驾驶员参加知识竞赛和技能竞赛。

2016 年，市总工会和市卫计委联合举办阿克苏市“5・12”国际护士节医疗技能与知识竞赛，全市卫生系统的 60 余名医护人员参加竞赛。6 月，市总工会联合市人力资源和社会保障局、经信委等单位举办阿克苏市第五届职业技能大赛，全市各餐饮、服装制作和手绣作品行业的 100 余名从业人员参加大赛。

## 六　职工文体活动

1990 年，市总工会联合市体委、老干局等单位举办冬季中老年体育比赛，比赛项目有广播操、长跑、迪斯科等，参加比赛中老年体育代表队有市委机关、市政府机关、市政协机关、市人大机关、市税务局、工商银行阿克苏市支行、农业银行阿克苏市支行、市卫生系统、市政法系统、市商业局、市供销社、市农林水力系统、市粮食系统、市教育系统等 10 余队、260 余人。

1992 年，举办第一届职工体育运动会，运动会设篮球、排球、乒乓球、拔河、广播操等 5 个项目，参加代表队 52 个，运动员 600 余人。

1994 年 4 月，在市体育场举办城乡体育运动会，参加比赛体育代表队 36 个，运动员 500 多名，比赛项目有篮球、排球、扑克、象棋、拔河等 10 个项目。

1996 年 10 月，市总工会在市多浪公园、西广场组织国庆游园活动，市供销社、市托峰厂、市面粉厂、市第一小学、市第二小学、市第四小学、市一建、市二建、市委机关、政府机关、市修造厂、市饮食服务公司等单位工会参加演出活动。

1999 年，市总工会举办庆五一、庆十一“歌唱祖国、歌唱党”大型歌咏比赛。参赛单位 21 个，组织文艺节目 27 个，托峰厂获得特别奖，市第七小学获得一等奖，宏翔有限责任公司、市政府机关获得二等奖，市委机关、市医院获得三等奖。市广播局、市第二小学、市第五中学、市幼儿园获得优秀奖。

2000 年 4 月，市总工会举办庆五一职工篮球比赛，18 支代表队参加，其中男队 14 支、女队 4 支。市建委男队获得第一名、市液化气公司代表队获得第二名、市第三中学获得第三名；市政府机关女队获得第一名，市委机关女代表队获得第二名。

2001 ~2005 年，市总工会相继举办庆祝建党 80 周年歌咏比赛，组织百日文化广场活动、盛威杯文艺演出、庆五一卡拉 OK 大奖赛、职工美食大奖赛、庆五一公交杯职工健身操比赛等群众喜闻乐见的文体活动。

2006 ~2010 年，市总工会先后举行大型广播操比赛活动、开展万人长跑迎奥运、“庆佳节、迎奥运”灯展和大型社火活动、庆五一、迎奥运职工卡拉 OK 大奖赛、职工乒乓球比赛、元宵节灯展活动。在农民工较集中的企业免费放映爱国主义教育影片 30 场，观众 1. 5 万余人次。

2011 ~2016 年，市总工会先后组织举办庆五一、唱红歌、颂祖国职工卡拉 OK 赛、第九套职工广播操大赛、第三届百姓广场健身舞大赛、庆祝建国 65 周年“感恩祖国 · 共筑中国梦”职工大合唱比赛、“春暖阿克苏 · 共筑中国梦”春节联欢晚会、“丝路情缘 · 万和世家 · 幸福阿克苏”2015 首届婚博文化博览会暨春季房车交易会和第四届职工广场健身舞大赛等活动。

## 七　送温暖活动

1990 年，市总工会走访慰问困难职工 16 户，发放慰问金 4000 余元。

1994 年 2 月，市总工会、市经贸委等单位在春节期间慰问市属停产、半停产企业的困难职工，共走访困难企业 7 家，看望特困职工 22 户，发放生活补助金及慰问品共计 4400 余元。

1999 年 2 月，市总工会对市修造厂、市饮食服务公司、市供销社、市一建、市二建、市宏达建筑公司等 6 个困难企业 40 户特困职工进行慰问，每户发放慰问金 240 元。

2000 年 1 月，市总工会慰问全市 6 个困难企业、38 名特困职工，每户 200 元。

2008 年 4 月，市总工会建立特困职工帮扶中心。开展为农民工送清凉活动，发放慰问品价值 5000 元。发放中秋慰问品价值 20000 元。为 12 名考入大中专院校的特困职工子女发放金秋助学金 2. 4 万元。

2009 ~2010 年，市总工会定期对特困职工进行摸底调查，健全下岗困难（特困）职工档案，实行动态管理，对一些特别困难并且失去劳动能力的特困职工，与政府及民政部门协调，为特困职工争取享受低保，共有 105 名失去劳动能力的特困职工享受低保。开展春节慰问送温暖活动，为

190 名困难职工发放粮油补贴帮扶资金 12 万元。七一前，慰问困难职工党员 5 户，发放慰问金 1500 元。对全市 5 个街道办事处 190 户困难职工入户走访，对符合条件的 61 户困难职工进行慰问，每户发放 1000 千克优质无烟煤，价值 3.8 万余元。开展金秋助学帮扶活动，资助困难大学生 27 名，发放金秋助学金 5.4 万余元。

2011 ~ 2016 年，市总工会每年春节期间慰问困难职工 200 余户，为困难职工发放粮油补贴，共投入帮扶资金 100 余万元。开展关爱特困职工行动，为特困职工落实大病救助资金，开展生活帮扶。端午节、中秋节前夕，深入建筑工地开展慰问一线工人。2014 年新年前夕，共投入 26 万余元，为全市 241 名低收入特困职工家庭发放粮油补贴。举行首批金秋助学帮扶金发放仪式，向困难大学生每人发放助学金 2000 ~ 4000 元不等。组织开展心系困难职工·情暖严冬送温暖系列活动，为 240 余名困难职工发放冬季取暖费共 12.2 万元。启动"民族团结一家亲——2016 冬送温暖"活动，投入帮扶资金 9.3 万元，按照每户 500 元标准，为在册的 186 名特困职工家庭发放冬季取暖费。

## 八　女职工工作

1992 年 3 月，市总工会举办基层女职工委员会主任、委员培训班，参加培训人员 95 人。

1993 年 5 月，市召开第二届女职工代表大会，出席正式代表 104 人。选举产生第二届女职工委员 9 人，其中常委 4 人，组成市第二届女职工委员会。

1995 年 3 月，组织全市 2500 多名女职工参加全国统一组织的迎"九五"世界妇女大会大奖赛活动，

1996 年 3 月，市总工会与市妇联联合举办迎"三八"法律、法规知识竞赛。

2000 年 2 月，在全市女职工中开展体检活动，参检人数 1369 人。

2007 ~ 2009 年，在全市各企业单位推行女职工权益保护专项集体合同制度，全市签订专项女职工集体合同 64 份，覆盖企业 61 家。为全市 6000 余名女职工进行体检。

2010 年，市总工会逐步建立完善企业劳动保护监督检查委员会、劳动争议调解委员会和女职工委员会，做到企业工会委员会和劳动保护监督检查委员会、劳动争议调解委员会、女职工委员会同时组建、同时运作。全年成立非公有制企业工会中，女职工委员会建制率 100%。

2011 ~ 2013 年，每年"三八"妇女节组织 180 多家基层工会的 2800 余名女职工参加体检，特邀专家深入徐矿新疆阿克苏热电公司、天山多浪水泥厂、华孚纺织等企业开展健康知识讲座。

2014 ~ 2016 年，举办以关爱女性健康、绽放靓丽人生为主题的健康知识讲座，组织女职工开展家政服务（月嫂）技能培训班，不断增强女职工健康知识，提高职业技能。每年投入资金，为特困单亲女职工发放大米、清油等生活品和慰问金。

## 九　会费收支

1990 年后，市总工会把工会会费收缴作为重点来抓，采取一系列措施和办法，实现工会经费收入逐年递增。

1999 年，市总工会各项收入 286.21 万元，其中拨缴经费收入 230.72 万元、行政补助收入 30 万元、其他收入 25.48 万元。

1999~2004 年，市总工会经费总支出 250.9 万元，其中职工活动经费 45.1 万元、工会业务经费 45.55 万元、工会行政费 49.5 万元、补助下级工会支出 37.7 万元、其他支出 0.4 万元、上缴经费支出 72.7 万元，经费收支相抵结余 35.3 万元。5 年间，由于企业改制，职工人数大量减少，全市工会经费收缴增长幅度处于低谷，市总工会采取积极措施，扭转工会经费收缴下滑的局面，2004 年收缴会费比 1999 年增长 13.6%，达到 5 年来最高点，为阿克苏市工会工作的开展提供可靠的经费保障。

2005~2009 年，做好工会经费的收、管、用工作，发挥财务监督管理职能，建立和完善工会经费审查监督机制，争取政府财政，实行行政、事业财政统一划拨的办法，对非公有制经济、改制企业经费及时催缴，保证工会经费收缴的连续性。

2010 年，市总工会根据《自治区地税代收工会经费（或筹备金）工作》的通知，从 1 月起全面开展地税代征工会经费，把工会经费收缴纳入法制化轨道，解决工会经费收缴难题。到 2011 年 6 月征收工会经费 1224 万元。

2013~2016 年，市总工会各项收入 2291.11 万元。

## 十　民主管理

为加强民主政治建设，根据有关的法律法规和自治区《关于进一步加强和完善职工（代表）大会制度的意见》的要求，阿克苏市在机关、企业实行职工代表大会制度，实现民主管理、民主监督、民主决策的基本制度，维护职工合法权益，落实职工的知情权、参与权、监督权。

1990 年，全市有 21 个企业召开职工代表大会，占全市基层工会的 30%。

1997 年 11 月，基层工会与企业领导平等协商签订集体合同 30 个。

2003 年，阿克苏市总工会在坚持规范和完善国有及其控股企业厂务公开的基础上，抓好非公有企业的厂务公开，到 2007 年底，有 76 个单位、学校进行厂务（校务）公开，国有及其控制企业公务公开率达 100%，建立工会组织的非公有制企业公务公开率 80% 以上。召开职工代表大会的企业 34 个，征集职工提案 800 多件，其中经济建设 300 件、市政建设类 100 件、职工生活类 250 件、其他类 150 件，职代会落实率 80%。

2008 年，市总工会按照基层工会标准化、规范化建设的要求，制定《基层工会标准化、规范化建设考核标准》，做到组建与规范同行，组建与规范同验，166 家基层工会组织中，组织健全、制度完善、工作正常、管理规范的标准化、规范化工会 98 家，达标率 74%。新建工会组织 31 家，发展会员 1900 名，其中党政事业单位 1 个、非公有制企业 30 家、社区 1 个，农民工会员 520 名。

2010 年，市总工会把规模以上“两新”（新社会组织、新经济组织）组织作为工会组建的重点，配合党组织百日集中组建活动，推动工会组建工作。先后组建出租车公司行业工会联合会、摩托车行业工会联合会、步行街行业工会联合会。220 家基层工会组织中，组织健全、制度完善、工作正常、管理规范的标准化、规范化工会 176 家，达标率达 80%。加大集体合同、劳动合同、女职工特殊权益保护合同、工资协议签订、履行、续签各个环节工作指导力度，组织干部深入基层工会指导、监督，提高各项合同、协议签订率。非公有制企业集体合同签订率 85%，续签率 85%，国有及国有改制企业集体合同签订率 100%。工资集体协议签订率 85%。

2016 年，全市共有 264 家各类行政、事业、企业单位，其中召开职代会的 247 家，占全市基层工作的 93%；非公有制企业集体合同签订率 100%，续签率 100%，国有及国有改制企业集体合同签订率 100%。工资集体协议签订率 80%。

# 第三章　共青团阿克苏市委员会

## 第一节　机　构

### 一　团市委

1990 年，中国共产主义青年团阿克苏市委员会（以下简称团市委）有行政编制 5 名。1998 年，有行政编制 6 名，行政单位，正科级建制。2002 年，团市委行政编制 5 名，机关后勤事业编制 1 名。2008 年，团市委核定编制 10 名。2009 年成立少先队阿克苏市工作委员会。2010 年，团市委实有干部 8 人。2016 年，团市委有行政编制 7 名，事业编制 2 名，内设少先队阿克苏市工作委员会。

### 二　基层团组织

2002 年，全市有青年志愿者 8712 人，其中注册登记 4119 名，占志愿者总数的 30% 以上。2006 年，全市有团组织 190 个，其中乡（镇）团委 7 个、街道团工委 5 个、市直机关团工委 1 个、学校团委 18 个，团总支 3 个、团支部 156 个。

2009 年全市新发展团员 2190 名。2010 年，全市有基层团委 21 个、团总支 3 个、团支部 223 个；青年 53502 人、团员 17175 人、农村团员 13159 人；少工委 1 个，基层少先队组织 21 个，少先队员 37114 名，“两新”组织团支部 61 个，有专（兼）职团干部 214 名。

2016 年，全市有团员 23965 名，少先队员 32888 名。

## 第二节　代表大会

### 一　共青团阿克苏市第二次代表大会

1988 年 2 月 15 ~ 16 日，共青团阿克苏市第二次代表大会召开，出席会议代表 205 人，其中正式代表185人、列席代表20人。会议总结共青团阿克苏市第一届委员会3年工作，安排部署工作任务，选举产生团市委委员，组成共青团阿克苏市第二届委员会。在全委会上选举产生团市委书记1人、副书记2人。

## 二　共青团阿克苏市第三次代表大会

1995年4月27～28日，共青团阿克苏市第三次代表大会召开，出席会议代表202人，其中正式代表182人，列席代表20人。会议总结共青团阿克苏市第二届委员会7年工作，安排部署工作任务，选举产生团市委委员，组成共青团阿克苏市第三届委员会。在全委会上选举产生团市委书记1人、副书记3人。

## 三　共青团阿克苏市第四次代表大会

1999年1月26～27日，共青团阿克苏市第四次代表大会召开，出席会议代表201人，其中正式代表181人、列席代表20人。会议总结共青团阿克苏市第三届委员会4年工作，安排部署工作任务，选举产生团市委委员，组成共青团阿克苏市第四届委员会。在全委会上选举产生团市委书记1人、副书记2人。

## 四　共青团阿克苏市第五次代表大会

2002年1月22日，共青团阿克苏市第五次代表大会召开，出席会议代表165人，其中正式代表150人、列席代表15人。会议总结共青团阿克苏市第四届委员会3年工作，安排部署工作任务，选举产生团市委委员，组成共青团阿克苏市第五届委员会。在全委会上选举产生团市委书记1人、副书记1人。

## 五　共青团阿克苏市第六次代表大会

2007年10月30日，共青团阿克苏市第六次代表召开，出席会议代表171人，其中正式代表151人、列席代表20人。会议总结共青团阿克苏市第五届委员会5年工作，部署安排工作任务，选举产生团市委委员，组成共青团阿克苏市第六届委员会。在全委会上选举产生团市委书记1人、副书记2人。

## 六　共青团阿克苏市第七次代表大会

2012年5月4日，共青团阿克苏市第七次代表大会召开，出席会议代表207人，其中正式代表177人，列席代表30人。大会总结共青团阿克苏市第六届委员会3年工作，部署安排工作任务，选举产生共青团阿克苏市第七届委员会委员25名，在共青团阿克苏市七届一次会议上，选举产生书记1人、副书记2人。

## 七　共青团阿克苏市第八次代表大会

2016年12月17日，共青团阿克苏市第八次代表大会召开，出席会议代表243人，其中正式代

表183人，列席代表60人。会议总结共青团阿克苏市第七届委员会4年工作，部署安排工作任务，选举产生共青团阿克苏市第八届委员会委员25名，在共青团阿克苏市七届一次会议上，选举产生书记1人、副书记4人，其中兼职副书记2人。

## 第三节　主要工作与活动

### 一　青少年志愿者服务活动

2003年，团市委开始开展青少年志愿者服务活动。相继组织实施“爱心一角钱”捐助活动、弘扬雷锋精神万人签名仪式及纪念学习雷锋四十周年板报、手抄报比赛，组织3000名青年志愿者到社区开展社会公益劳动，组织2000余名青年志愿者开展以“共创环保城，奉献我力量”为主题的城市环境卫生大清扫志愿服务活动。

2011～2014年，团市委组织开展第五届青年文化节活动启动仪式。各级团干部、团员青年、青年志愿者等98人主动献血，采血总量达32000毫升。组织2000余名青年志愿者开展志愿服务活动，对城区主要街道护栏、公交站台进行擦洗并拾捡白色垃圾，宣传《新疆维吾尔自治区志愿服务条例》及相关法律。对14个社区志愿者工作站分别发放服务证和服务手册。全市注册登记志愿者400余名，提供扶贫济困、支教助学、医疗护理等13项便民服务，摸排登记青少年受助对象1050人，其中特困青少年110人。

2015～2016年，团市委组织各级团组织开展慰问孤寡残疾人、开展卫生清理、担任文明监督员等各类志愿服务活动60场，为100名贫困青少年捐赠书包、文具等学习用品。联合壹基金爱心公益的志愿者一行深入拜什吐格曼乡色盖艾日克村开展爱心温暖包发放活动，为村10名特困家庭的孩子们发放价值4000元的温暖包，包括羽绒衣服、帽子、围巾、手套等冬季保暖用品。

### 二　青少年教育

1990～1999年，团市委发动青少年参加“五小”（小发明、小革新、小改造、小设计、小建设）智能杯竞赛活动，组织青年开展“为重点建设献青春，争当新长征突击手”竞赛活动，在农村开展以勤劳致富和发展青年专业户、科技示范户为内容的竞赛活动。开展送图书下乡助青年成才活动，为喀拉塔勒镇等乡（镇）配送图书804册。

2003年3月，团市委为残疾儿童解决医疗费用捐款5500元。

2005年5月，团市委开展“团徽在我心中”主题教育。

2007～2008年，团市委开展青少年民族团结教育工程，加强青少年“五观”教育、无神论教育和党的民族宗教政策教育，开展学双语、结对子、手拉手和民族精神代代传等活动。在开展共青团服务青少年月活动中，共为贫困学生捐款2000余元，捐赠学习用品价值1000余元、学习图书366本、衣物220件。

2009年，团市委发放《中华人民共和国劳动合同法》3000余份，为贫困农村青年捐款捐物1.6万余元，处理危害青少年利益的事件6起。

2011～2013 年，团市委、市少工委在市委党校联合举办少先队辅导员培训班，80 余名少先队辅导员参加培训。市委党校联合在各乡（镇）场、街道办事处开展以“历史感恩、法律塑形、宗旨意识”为主要内容的大宣讲活动，全市 4000 余名团员青年参加。在乡（镇）场、街道开展 35 场宣讲，参加团员青年 5394 人次。

2014～2016 年，团市委重点开展青少年服务管理和帮扶教育工作。组织优秀创业青年代表开展奋斗的青春最美丽就业创业巡回宣讲活动 13 场。以村（社区）团支部为单位，开展各类活动 15 场；组织街道团工委开展青少年青春自护、平安春节法制宣传教育活动 18 场；举办阿克苏市青少年民族团结周末营，100 名青少年参加，收到良好效果，在全疆进行推广。

## 三　青年文明号创建

1995 年，团市委开始实施跨世纪青年文明工程和跨世纪青年人才工程。

1995～2010 年，团市委开展争创青年文明岗、青年岗位能手、明星杯十佳青工竞赛活动。先后授予青年文明号集体 98 个。

2011 年，全市争创自治区级青年文明号集体 2 个，争创地区级青年文明号集体 2 个。

2014～2016 年，争创地区级青年文明号 9 个，地区级五四红旗团委 3 个，地区级五四红旗团支部 35 个，地区级青年安全生产示范岗 4 个。

## 四　青少年维权

2000 年，团市委开始青少年维权工作，成立“12355”青少年维权中心，在地区第一中学、第二中学和阿克苏市第三中学挂牌成立 3 所“12355 青少年星光自护学校”。2007 年，在全疆首家开通 12355 青少年维权服务台。

2000～2010 年，提供法律援助 2560 人次，心理咨询 10876 人次，维护青少年合法权益 35 件，免费举办法律知识、心理健康教育知识讲座 600 余场，接受教育青少年 18 万余人。

2013 年，全面启动中央综治委预防青少年违法犯罪专项组办公室和团中央权益部关爱青少年彩虹行动示范项目，摸底排查确定 30 名重点青少年和 10 名人生导师，一对一开展救助帮扶工作，并组织人生导师定期走访帮助困难青少年解决生活、心理等方面的问题。争取到中央预青专项组和团中央权益部关爱青少年彩虹行动示范项目工作经费 7.5 万元，主要帮助 30 名青少年开展技能培训、帮扶救助工作。

2016 年，建立“一帮一、多帮一”帮教机制，开展每周 1 次家访、每月 1 次家庭聚餐、每月 1 堂法制教育课、每月 1 次心理辅导、每季度 1 次爱国观摩教育，对青少年进行多方面教育。

## 五　城镇青年就业工程

1998 年 5 月，团市委编印《青年创业致富信息专刊》，为青年提供政策咨询、技术服务等各类就业信息服务。

1999～2005 年，团市委以为青年提供政策咨询、技术服务、参加人才交流会等形式，解决青年就业工作。

2006 年，组织下岗待业青年和毕业大学生参加地、市两级人才交流会 3 次，实现就业 40 人。

2007～2010 年，组织 2100 余名农村青年参加抗震安居房建设，人均增收 1200 余元。通过就地转移和对外输出共转移青年劳动力 7662 人，其中向建筑业转移 2120 人，向纺织工业转移 320 人，向餐饮、服务行业转移 350 人，向棉花、水果采摘行业转移 4872 人。

2011～2014 年，团市委严格按照见习基地建立标准确定阿克苏聪英餐饮培训中心、阿克苏市友好医院、阿克苏市手工绣品有限责任公司、阿克苏市热瓦超市、中力劳务派遣有限公司、王子碗专业技术培训中心、旗满商贸有限公司等 7 家企业为青年就业创业见习基地，为青年提供 257 个创业见习岗位，为 92 名青年争取创业贷款 425.6 万元。

2016 年，团市委抓紧流动务工青年“2215”（两建两促一树五送）工作法，对全市流动务工青年进行不间断摸排，登记造册，完善服务管理方案，促进团组织对流动务工青年的有效覆盖。

## 六　农村青年培训工程

1998 年，团市委开展农村青年培训工程，依托市、乡（镇）场、村三级培训体系，采取独立办、联合办、参与办相结合的形式，举办各类培训班 23 期，培训农村青年 1821 人次。

1999～2010 年，多次组织举办基层团干部培训班，301 名团干部参加培训。举办纺织工岗前培训班 2 期，培训纺织工 165 人。举办农村双语培训班 34 期，培训农村青年 1984 人。举办各类农业种植、养殖等培训班 77 期，培训农村青年 7985 人。组织广大农村青年参加各类技能培训班，培训农村青年 146 名。共开展技能培训 8 期，培训青年 930 人次。

2011 年，团市委参与全市在城乡就业和职业技能培训中心联合举办的城乡就业和职业技能培训班，共培训农村青年 2081 名，转移就业 412 名。各乡（镇）场举办农村青年双语培训班 20 期，培训团员青年 4385 人。

2013 年，团市委联合市人社局主办首届青年创业大赛。有 7 个乡（镇）场创业培训班经地区人社局审批开班，培训完成 215 人，6 个街道团工委推报 126 名青年在“特别特”美容美发学校开展两期就业再就业技能培训。同时，各乡（镇）场利用科技之冬对有就业和培训意愿团员青年开展有针对性实用技能培训，培训团员青年 720 人次。

2014～2016 年，团市委与市科协联合举办农村青年实用技术培训班 2 期，主要以林果业、养殖业、设施农业等内容为主，共计培训农村青年 1400 人；开展科技播火专家行科技服务活动 14 场，主要以种植业、畜牧养殖业、林果培育与管理等知识为主，为农村青年现场解决技术难题 13 个，共计培训 1600 余人。

## 七　“两新”组织团建

2005 年，阿克苏市共有“两新”组织（新经济组织和新社会组织）638 个，其中非公有制企业 601 个，共有从业人员 15431 人。

2008 年，团市委在 2 个非公有制经济组织中建立团组织，新吸收团员 68 名。

2010 年，新建“两新”组织团组织 107 家。全市共有“两新”组织 489 个，其中非公有制企业 94 个。

2011～2016 年，团市委新建非公有制企业团组织 83 家，社会组织团组织 1 家。

### 八　青年劳务输出

2000 年后，团市委将青年劳务输出作为工作重点，做好青年劳务输出前的技能培训工作，先后组织青年到浙江、上海等内地企业开展劳务输出工作。全市通过就地转移和对外输出共转移青年 1 万余人。

2001～2016 年，全市通过就地转移和对外输出共转移青年 35074 人，其中向建筑业转移 22157 人，向纺织业转移 3320 人、向餐饮、服务行业转移 6350 人，向棉花、水果采摘转移 3247 人。

## 第四节　少先队工作

### 一　机构

1990 年 3 月 15 日，阿克苏市成立中国少年先锋队阿克苏市工作委员会（简称少工委）。少工委下设办公室，是团市委和教育部门指导少先队工作的职能部门。

### 二　代表大会

1990 年 3 月 30～31 日，阿克苏市召开首届少代会。至 2016 年，全市共召开三次少先队员代表大会。

### 三　主要活动和荣誉

1992 年 6 月 1 日，在自治区召开的第二次少代会上，阿克苏市少工委获"爱党学史"活动地、州县级最佳组织奖，市第一、第二、第三、第五、第九、第十一小学获少先大队组织奖，有 13 个中队获中队最佳组织奖，市第三小学总辅导员热西旦·玉山被授予自治区十佳辅导员，市第五小学五年级一班学生古力扎尔被授予自治区十佳少先队员。阿克苏市少工委获地、县级达标创优先进集体。是年，阿克苏少工委获国家教委、团中央、文化部和新闻出版署联合颁发的全国红领巾读书、读报先进集体称号。

1993～2005 年，市团委推进未成年人思想道德建设工作，广泛开展少年儿童理想信念教育、民族团结教育。

2009 年，开展雏鹰争章活动，为少先队员提供学习实践的空间。组织城区各学校利用学雷锋纪念日（校园小雷锋行动日活动）、"三八"妇女节（给女性长辈送温馨卡、打温馨电话活动）等契机，举行主题队会、队活动、雏鹰假日小队等活动。组织全市 35 所中小学校、21882 名少先队员统一启动争当"四好少年"活动。组织开展庆祝中国少年先锋队建队 61 周年暨"热爱伟大祖国、建设美好家园"鼓管乐队大检阅活动。

2010～2014 年，开展融情实践活动 300 余场，结成青少年融情对子 650 对。开展"牵手杭州、共话友谊情"手拉手活动，阿克苏市和杭州 300 余名少先队员参加。

2015～2016 年，开展浙阿、南北疆、城乡儿童"手拉手"活动，举办学校团队干部培训班暨阿克苏市第四届少先队辅导员专业技能大赛。全市大队室建设率达 90%，鼓号队配备率达 85%，少先队员红领巾、队干部标志佩戴率 100%。

# 第四章　阿克苏市妇女联合会

## 第一节　机　构

### 一　市妇女联合会

1990 年，阿克苏市妇女联合会（以下简称妇联）实有 6 人，下设 3 个科室。

2016 年，市妇联编制 8 名，实有在编人员 7 人，其中行政编制人员 5 人，事业编制人员 1 人，工勤编制人员 1 人。

### 二　基层妇联组织

1990 年，阿克苏市所有行政村、社区建有妇联组织。

2006 年，全市社区妇联组织由原来 50 个合并为 28 个。

2007 年，阿克苏市共有乡镇场级妇联组织 7 个，街道级妇联组织 5 个，村级妇联组织 122 个，社区级妇联组织 28 个。2009 年 3 月 5 日，市妇联被全国妇联授予全国首批妇联基层组织建设示范市称号。

2016 年，阿克苏市共有乡（镇）场级妇联组织 7 个，街道级妇联组织 5 个，村级妇联组织 122 个，社区级妇联组织 32 个。

## 第二节　代表大会

### 一　阿克苏市第一次妇女代表大会

1988 年 5 月 10 日，阿克苏市妇女第一次代表大会在市区召开。参加会议代表 102 人，其中市直单位妇女代表 43 人，其他行业妇女代表 59 人。大会通过妇联《工作报告》，选举产生阿克苏市妇联第一届执行委员会委员 19 人、常务委员 7 人，组成妇女联合会，选举主任 1 名、副主任 1 名。1990 年 3 月，妇联主任改称主席。

### 二　阿克苏市妇女第二次代表大会

1994 年 3 月 1～3 日，阿克苏市妇女第二次代表大会召开。参加大会代表 179 人，妇女代表 113 人，正式代表 92 人，其中少数民族代表 58 人，党员代表 55 人，特邀代表 21 人，列席代表 66 人，大会建立健全各项议事规则，建立妇联与执委定期联系制度，选举产生阿克苏市妇联第二届执行委员会委员23人、常务委员会委员12人，选举主席1名、副主席1名。

### 三　阿克苏市妇女第三次代表大会

2003年12月28~30日，阿克苏市妇女第三次代表大会在行署后二楼会议室召开。参加大会代表253人，其中少数民族代表156人，党员代表157人，团员代表7人，特邀代表14名，大会审议通过妇联《工作报告》，选举产生妇联执委28人，主席、副主席各1人。

### 四　阿克苏市妇女第四次代表大会

2013年7月20日，阿克苏市妇女第四次代表大会在市政府后四楼召开。参加大会代表196人，其中少数民族代表156人，党员代表150人，团员代表10人，特邀代表15名，大会审议通过妇联《工作报告》，选举产生妇联执委23人、主席、副主席各1人。

## 第三节　主要工作与活动

### 一　妇女权益保护与宣传

1990年，市妇联开展普法和妇女维权工作，举办普法学习班14期，参加妇女4780人，接待并处理来信来访57起。

1992年，开展《中华人民共和国妇女权益保障法》宣传活动，发放宣传资料1万余份。举办普法培训班12次，参加人员692人。接待并处理来信来访24起，解决婚姻家庭纠纷12起。

2004~2007年，组织举办《新疆维吾尔自治区妇女、儿童发展规划》《中华人民共和国妇女权益保障法》《中华人民共和国婚姻法》知识竞赛，开展法制宣传教育10次，接待并受理妇女信访案件491件。通过自办、转办，处理信访办结率达99%。

2010年，市妇联共接待并处理来信来访95起，自办84起，转办11起。开展《中华人民共和国妇女权益保障法》宣传活动20场，发放宣传资料3万份，举办普法培训班24场，举办《新疆维吾尔自治区妇女、儿童发展规划》《妇女权益保障法》《婚姻法》知识竞赛6场，受益妇女达3万人次。广播宣传累计达44次，听众达4.8万人。组织“巾帼志愿者”队伍35支2000名妇女干部群众深入大街小巷，开展普法宣传活动，取得实效。

2016年，市妇联深化妇女法治宣传，开展“建设法治阿克苏·巾帼在行动——送法到基层”系列活动，联合市司法局深入乡村开展创文明城市道德与法律法规知识宣讲活动10场、受益人群2900余人；推行一站式维权工作模式，引导妇女合理表达诉求，化解社会矛盾，12338热线接访56人，接待信访人数共224人，其中家庭暴力案件68件，向市公安局刑事科学技术室出具伤情鉴定委托书23人，调解婚姻家庭纠纷45件。

## 二　关爱儿童

1990 年，市妇联举办 2 天家庭教育培训班，参加妇女骨干 198 人。1993 年 6 月，组织开展“小能手”作品展评活动。1994 年 6 月，开展以“一切为了孩子献爱心”为主题的知识竞赛、文体比赛及作诗绘画比赛等，参加人员 3000 余人。1995 年，开展春蕾计划献爱心倡议活动，集资 1.68 万元，捐赠给和田策勒县春蕾女童班 1 万元，受到自治区妇联的表彰。

1996 年 3 月，市妇联举办家庭教育培训班，700 余人参加。1999 年，全市妇女干部集资 13057 元，让 215 名辍学女童重返校园。

2001 年，市妇联帮扶贫困女童 36 人，评选出 8 名优秀春蕾女童，颁发荣誉证书和奖学金各 100 元。2002 年 5 月，市妇联在拜什吐格曼乡召开助学现场会，表彰贫困优秀女童，并向贫困女童发放助学金总额达 5000 元。2003 年 5 月底，召开庆“六一”献爱心、救助贫困春蕾女童捐赠大会，将社会各界捐赠款 7500 元分发给 50 名贫困女童。

2004 年 5 月，市妇女儿童工作委员会召开成员单位救助贫困女童捐资助学大会，32 个成员单位共捐资 1.6 万元，救助 64 名贫困女童，并签订 3 年的救助协议。6 月，由全国注册会计协会捐资，在阿依库勒镇中心小学开办 1 所春蕾女童班，周期 3 年。9 月，由上海市嘉定区徐行镇人民政府，上海市黄浦区龙建实业有限责任公司党政领导、干部、职工捐资在市第七中学、第六小学分别开办 2 个春蕾女童班，周期 3 年。2006 年，市妇联组织 6 名私营企业家对 3 个“春蕾女童班”进行慰问，慰问金 1.5 万元。

2007 年“六一”儿童节期间，在世纪广场开展“关爱女童万人签名”活动，向 100 名贫困女童分别发放慰问金 100 元。组织 2 名私营女企业家慰问 2 个春蕾女童班的 100 名女童，带领 20 名女童到乌鲁木齐参观旅游。2008 年，“六一”儿童节期间，牵头组织迎春鸽子店、新星糕点房、五星汽车租赁公司的民营企业家到库木巴希乡中学春蕾女童班和市第三小学、市第十学校春蕾女童班慰问 114 名贫困女童，发放价值 14800 元的节日慰问品。2009 年，举办家庭教育培训班 3 场，培训家长 646 名。

2012 年 6 月，“六一”儿童节期间，市妇联组织 5 名女企业家在小学开展“六一”慰问活动，为 183 名流动、留守、困难、残疾女童，发放价值 15600 元的书包、服装、图书等学习用品。

2014 年，市妇联举办“春暖助学”活动，从“爱心一元捐”募捐中支取 11.4 万元发放给 57 名学生，向 70 名贫困妇女提供临时救助 42000 元。

2016 年，开展“恒爱行动，百万家庭一线牵”送毛衣活动，为 120 名贫困儿童发放 100 件毛衣、80 条围巾，共计 1.6 万元。开展“爱心一元捐·春暖助学”活动，为 49 名贫困女大学新生发放救助款 9.8 万元。“六一”儿童节期间，向 78 名贫困儿童发放慰问金和慰问品共计 2.3 万余元。

## 三　“三学三比”巾帼建功活动

1990 年 3 月，阿克苏市召开“三学三比”（学政治、学文化、学技术，比团结、比成绩、比贡献）表彰大会，表彰“三学三比”女能手 24 名，“三学三比”先进协调组织 37 个。9 月，在阜康市召开的自治区“三学三比”表彰大会上，阿克苏市获“三学三比”先进集体称号，有6人获得“三学三比”先进个人称号。

1994年，市调整充实“三学三比、巾帼建功”领导小组，召开表彰大会，表彰18个“三学三比、巾帼建功”先进集体，95名“三学三比”先进个人。8月，阿克苏市组织召开“三学三比、巾帼建功”现场经验交流会。

1995年3月，阿克苏市对113个“五好家庭”“巾帼能手”“三学三比”女能手进行表彰。1997年，市妇联命名表彰28名“巾帼标兵”。

2003年3月，市妇联被地区妇联评为“三学三比”先进集体。2005年，市妇联召开“三学三比”现场会9场，命名“巾帼科技示范户”380户。营造“三八”绿色基地92个，面积达259.87公顷。

2006年8月，在拜什吐格曼乡召开“三学三比、巾帼建功”现场经验交流会暨命名表彰大会。表彰致富女能手100名，命名“巾帼科技示范户”121个，命名巾帼科技示范基地9个。

2008年，实施“巾帼科技致富工程”活动，结成扶贫帮困对子2005对，使脱贫致富妇女达85%，创建“新农村巾帼示范乡”2个，“新农村巾帼示范村”3个。2009年，修订完善《阿克苏市“巾帼文明岗”管理办法》，在创建活动方式上变评为创。全市3名妇女干部分别获得自治区、地区“巾帼建功”标兵称号、3个市直单位获得地区级“巾帼文明示范岗”称号。

2010年，全市培养树立11户“妇字号”龙头大户、113名“女能手”、938名妇女致富带头人。创树新农村巾帼示范村2个、巾帼民族团结示范村1个、巾帼科技示范村2个、零家庭暴力示范村（社区）2个、“三学三比”示范基地1个、“三八绿色工程”示范基地2个，“美德在农家”基地2个，妇女文明一条街1个。

2014年，在阿依库勒镇举办首届“十大杰出女性”“致富能手”典型人、“巾帼建功行业”典型人、“教育光荣户”典型人、“好母亲”典型人、“五好”文明家庭典型人颁奖仪式。托普鲁克乡木日开旦村和兰干街道红光社区创建为地区级妇女之家示范点。

## 四　评先选优

1990年3月，阿克苏市召开庆“三八”表彰大会，表彰“三学三比”女能手24名，优秀妇女干部20名，先进协调组织37个。1992年3月，召开“三八”表彰大会，表彰“三学三比”女能手和“巾帼能手”90名，先进集体11个，好领导1名，好夫妻、好婆媳12名。1995年，评出14个先进“巾帼建功”“五好”妇代会集体。

1996年，阿克苏市妇联表彰14个先进集体，85名先进个人。1997年，开展美好家庭、好孩子、合格母亲的评选活动，并对10户美好家庭、10位好孩子、10位合格母亲进行表彰。6月，表彰“巾帼民族团结标兵”22名，“五好”文明家庭38户。

2001年，市妇联召开“三八”表彰大会，表彰39名市级“五好文明家庭”、16个先进集体、129名先进个人。同年，对38名养蚕、植棉女能手进行表彰奖励，同时开展“巾帼文明示范岗”创建活动，9个市直单位被评选为市级“巾帼文明示范岗”、52人获“巾帼标兵”称号、2人获自治区“十大女杰”称号、4人获自治区级维权先进个人称号；市地税局征收大厅获自治区级“巾帼文明示范岗”先进集体称号。

2002～2004 年，表彰 39 户“五好文明家庭”和 23 名民族团结先进个人，对 37 名先进个人、15 个先进集体进行表彰，对 50 个“三八”红旗集体、10 个“巾帼文明岗”、3 个“三学三比”先进集体、9 名“巾帼建功标兵”、14 名“致富女能手”进行表彰。

2006～2009 年，市妇联对 25 个“巾帼文明岗”、60 个“五好”村妇代会、3 个“三学三比”先进集体、10 个实施“春蕾计划”先进集体、31 名“三八红旗手”、18 名“巾帼科技致富带头人”29 名“巾帼建功”标兵、12 名“五好”文明家庭、10 个妇联先进集体、34 个“五好”村妇代会。9 个“三八红旗集体”、10 个妇联先进集体，命名 10 名妇字号龙头大户，100 名致富女能手进行表彰。

2010 年，阿克苏市分别获自治区妇联和全国妇联“妇联基层组织建设示范市”称号。

2011 年，市妇联在基层组织示范村（社区）建设中获得全国称号 1 个，自治区称号 7 个，市建设局获自治区级“巾帼文明岗位”称号。

# 第五章 残疾人联合会

## 第一节 机 构

1991 年 4 月前，阿克苏市残疾人工作由市民政部门管理。1991 年 4 月，阿克苏市成立残疾人联合会（以下简称市残联），副科级事业单位，编制 3 名，与市民政局合署办公。1993 年 5 月，市残联实行独立核算，属集体所有制性质，独立对外承担民事和经济责任。1994 年 3 月，市残联从市民政局析出，增加残疾人福利基金会事业编制 1 名。

2000 年 3 月，市残联升格为正科级事业单位。2007 年，市残联有事业编制 4 名。2009 年 4 月，阿克苏市残疾人用品用具供应服务站更名为市残疾人辅助器具资源中心。2016 年，市残联有编制 5 名，实有 5 人。

## 第二节 代表大会

### 一 第一次残疾人代表大会

1991 年 4 月 27 日，阿克苏市召开第一次残疾人代表大会。地区残联理事长陈鹤群参加会议。出席会议的代表共 80 名，其中聋哑人 31 名、盲人 10 名、肢残 21 名、健全人 31 名，残疾人代表占总代表数的 61.25%。选举主席 1 名，副主席 1 名。

### 二 第二次残疾人代表大会

2003 年 3 月，阿克苏市召开第二次残疾人代表大会。参加会议代表 101 人，其中正式代表 91

人，特邀列席代表10人，残疾人亲属51名，其中视力残疾3名，听力语言残疾10名，肢体残疾28人，智力、精神残疾亲属10人。选举主席1名，副主席1名。

### 三 第三次残疾人代表大会

2008年1月8日，阿克苏市召开第三次残疾人代表大会。出席代表大会的代表共133名，残疾人代表84名，占代表总人数的63.2%；其中肢体残疾37人，听力语言残疾25人，视力残疾17人，智力、精神残疾亲友5人。选举主席1名，副主席1名。

### 四 第四次残疾人代表大会

2013年3月12日，阿克苏市召开残疾人联合会第四次代表大会。参加大会正式代表140人，其中各乡（镇）场、街道办事处代表126名，市直单位代表14名。全体代表中，残疾人90人，占代表总人数的64.2%，其中视力残疾14人，听力语言残疾19人，智力、精神残疾及其亲属4人，肢体残疾52人，多重残疾1人。代表中有农民代表46人，党政机关干部代表39名，残疾人工作者代表22名。选举主席1名，副主席1名。

## 第三节 主要工作与活动

### 一 基本情况

1991年，阿克苏市有残疾人3821人，其中视力残疾542人，听力语言残疾1039人，肢体残疾840人，智力残疾276人，驼背96人，侏儒6人，其他34人。在残疾人分布上，城区847人，农牧区1974人。

1999年，全市有各类残疾人2839人，占总人口的1.2%。残疾人中视力残疾482人，听力语言残疾506人，肢体残疾1713人，智力残疾106人，精神病患者32人。在残疾人中，城镇884人，农村1955人。

2010年，阿克苏市有残疾人19236人，其中肢体残疾6569人，视力残疾2430人，听力语言残疾3958人，智力、精神残疾2663人，多重残疾3616人。

2012年，全市有领证残疾人5685人。

2016年，阿克苏市共有领证残疾人7041人。

### 二 培训教育

1994年，阿克苏市残联与市幼儿园首次开展学龄前智残儿童培训活动，在市幼儿园开办智力残疾儿童班，对智障儿童免收托儿费、教育费、保育费。制定《学龄前残疾儿童培训计划》，挑选工作能力过硬的教师授课。通过一个月培训，19名智力残疾儿童能够分辨一些常见的物体，会说一些日常用语，能分辨颜色及动物，进行一些简单的手工操作。教育部门把残疾少年儿童教育纳入普及九年义务教育工作中，采取残疾儿童和少年随班就读形式，解决残疾少年儿童的入学问题。1998 年，全市 7 ~ 16 岁残疾儿童有 173 名，入学的残疾学生 131 名，其中农村 108 名，城镇 23 名。

1999 年 10 月，阿克苏市成立残疾人劳动就业服务所，开展残疾人职业培训工作，培训残疾人 10 人。

2000 年，举办缝纫培训班、电脑培训班等残疾人培训班，30 名残疾人参加。在农村利用科技之冬活动，组织有劳动能力的残疾人参加农业科技培训班和扫盲班，培训的残疾人达 181 人次。

2001 年 10 月，阿克苏市成立残疾人职业技术培训学校，开办缝纫、烹调、家电和手机维修等 4 个班，学期 3 ~ 6 个月。对生活困难的残疾人，由政府资助培训，参加培训的残疾人 29 人。

2003 年，全市共有残疾少年儿童（7 ~ 15 岁）136 人，其中城区 41 人，农村 95 人，入学 113 人，三类残疾（盲、聋、智障）入学率达到 85.7%。12 月 18 日，市残联与市科协联合成立科技之冬残疾人培训领导小组，制定培训方案，对 156 名残疾农民进行种植、养殖和手工业技术培训。

2004 年，在市委党校举办残疾人职业技能培训班，35 名残疾人参加培训，其中参加摩托车维修培训 14 人，缝纫培训 11 人，家电培训 2 人，手机维修培训 3 人，烹饪培训 3 人，计算机培训 2 人。在冬闲时节，利用科技之冬活动，在农村对残疾人进行短期实用技术培训，培训农村残疾人 145 人。为加大对未成年残疾儿童的教育力度，对 16 名残疾儿童发放助学金 1.3 万元。

2006 年，市残联和市教育局继续加强残疾儿童少年的学习教育工作，当年全市共有残疾少年儿童 77 名，入学 64 名，其中小学和初中入学 60 名，高中入学 4 名。为使残疾学生不中途辍学，各学校对残疾学生进行登记建卡，与其家庭保持联系，并号召全体学生不歧视残疾学生，多给予关心和帮助，减免 60 名残疾学生课本费 4098 元、学杂费 2090 元，补助住宿费、伙食费等 3850 元。市残工委各成员单位为一名残疾大学生补助生活费 3000 元。

2007 年，共培训残疾人 232 人，其中城镇培训 98 人，农村培训 134 人。全市残疾儿童 76 人，已入学 63 人，适龄儿童入学率为 82.89%。在校 60 名残疾学生减免课本费 4302.9 元，减免杂费 2194 元，补助住宿费 2425 元，确保“两免一补”政策的落实到位，对有困难的残疾学生进行救助，救助认输 200 多人，救助金额达 5 万多元。

2008 ~ 2009 年，市残联在市大世界职业培训学校举办 2 期烹饪、裁剪、摩托车维修、农机维修、美容美发、计算机技术等培训班，来自各乡镇厂和城区的 170 名残疾人参加培训。在科技之冬活动中，开展农业、栽培、畜牧、家电维修、手工艺术、林业、裁剪等实用技术培训，农村残疾人参加培训 172 人。

2010 年，阿克苏市有 95 名残疾人参加职业技术培训，在“科技之冬”活动中培训农村残疾人 313 人。

2011 ~ 2013 年，共举办 3 期残疾人职业技能培训班，培训项目有家电维修、摩托车修理、小汽车修理、服装裁剪、手机维修、烹饪等，共计培训残疾人 330 人。2012 年阿克苏市有 3 名残疾考生参加高考被录取。

2016 年，依托社会民办企业举办残疾人职业技能培训班 4 期，培训残疾人 647 人，其中就业技能培训 140 人（岗位技能提升培训 10 人），创业培训 35 人，电子商务培训 15 人，其他培训 7 人。继续实行残疾人实用技术目标培训，农村残疾人实用技术培训与生产和扶贫工作相结合，了解贫困残疾人的实际情况，掌握 1 至 2 项实用技术，完成培训 450 人。申请享受“爱心天使”补助资金大学生 6 人，其中残疾人家庭子女 3 人，继续申请补助大学生 3 人。在全市共筛查出 65 名未入学适龄儿童。

### 三　就业与康复

1994 年 8 月，市残联开展残疾人就业普查工作。1995 年 4 月，阿克苏市被列入全国社区康复示范试点市。6 月，市政府办下发《关于在全市深入开展社区康复工作的通知》，并在全地区率先组建弱智儿童康复站。1997 年，阿克苏市开展残疾人就业工作试点。

2003 年，阿克苏市争取上级康复扶贫贷款资金 80 万元，用于残疾人扶贫。

2004 年，阿克苏市代征企事业单位和其他各类经济组织及个体工商户的残疾人就业保障金。

2006 年，阿克苏安排残疾人就业 298 人，其中按比例安排就业 133 人，集中就业 53 人，个体就业 106 人。投入康复经费 31 万余元，完成白内障手术 100 例，购低视力助视器 10 个，救助贫困聋儿 4 名，金额 6000 余元；安装假肢 6 例，总金额 9000 元；购买（轮椅）160 个，并对脑瘫儿 3 名，智残儿 8 名，落实康复金 5 万元。

2007 年，投入康复资金近 18 万元，发放残疾人用品用具 165 台（件），发放轮椅车 137 辆，安装助听器 5 个，安装假肢 7 个，肢体残疾人康复训练 12 人，脑瘫儿康复训练 5 人，智残儿童康复训练 3 人，安置残疾人就业 136 名，按比例安置残疾人 60 人。组织开展精神病防治康复培训班，50 名患者及家人参加。

2008 年 6 月，市残联新建综合服务大楼，建筑面积 3493.63 平方米，主要用于残疾人康复中心、就业中心以及残联的五个协会（盲人协会、聋人协会、精神协会、智力协会、肢体协会）等综合用楼，综合服务楼总投资 450 万元。

2009 年，市残联为各乡（镇）场和街道办事处配备计算机，用于残疾人康复工作。当年，全市残疾人康复机构达 20 个，其中市级康复中心 1 个，低视力康复站 1 个，乡（镇）场、街道办事处基层康复站 18 个。铺设盲道 28000 米，设立残疾人坡道 200 处。

2011 年 4 月，浙江杭州市投资 1500 万元援建阿克苏市残疾人康复中心大楼，大楼地上五层，框架结构，主体工程建筑面积 6196.35 平方米，拥有床位 200 张，设有民汉餐厅、理疗室等，配备呼叫、监控系统和康复训练设备，工程当年 11 月底竣工。

2012 年，投资 27 万元为市托普鲁克乡、库木巴什乡、阿依库勒镇、良种场和英巴扎、红桥、兰干、新城、南城街道办事处的 9 个康复站配备康复器材。

2013 年，投入 20 万元为依干其乡、阿依库勒镇、良种场、柯柯牙街道办事处的康复站配备康复器材，并要求各康复站要有 40 平方米左右的用房，配备专、兼职康复指导人员和管理人员，制定工作制度，正确使用康复器材，建立康复人员档案。

2015 年，全市共有残疾人康复组织机构 22 个，其中市级康复机构一个、基层康复站 21 个。建有康复中心 1 个，低视力康复站 1 个。

2016 年，完成 43 名肢体残疾人、5 名脑瘫患儿和 30 名盲人康复训练任务及 45 名 18 岁以下智力残疾儿童康复指导培训任务。向 35 名特困精神病患者各发放 500 元服药救助卡，向 10 名重度精神病患者各发放 4000 元住院救助金。

## 四　助残宣传

1991 年，阿克苏市各乡、场、街道办事处相继成立残疾人办事组织，做好残疾人事业的宣传、教育、贯彻工作。

1991～2003 年，全市共出动助残宣传车 54 辆次，悬挂横幅 941 条，板报（橱窗）622 块，张贴标语 7486 条，发放宣传单 21 万份，电台、电视台宣传报道 84 小时，报刊系列报道 8 次，设宣传咨询台（点）113 人次，出动医务人员 116 人次。

2004～2006 年，在全国助残日活动中，共发放宣传单 1 万份，设立咨询台 5 处。慰问贫困残疾人 531 人。

2007～2010 年，在爱耳日、爱眼日、碘缺乏病日、世界精神卫生日、全国助残日活动期间，发放宣传资料 1.32 万份，张贴海报 34 张，标语 725 份，制作横幅 30 条。

2011～2015 年，在世纪广场开展助残日活动，发放维护残疾人合法权益宣传单 6000 份，受理群众咨询 33 人次。为群众免费检测听力 114 人。在全国助残日、国际助残日、盲人节期间，出动宣传车 16 台次，宣传国家对残疾人的政策和法律等知识累计 64 小时，在城区张贴宣传标语 989 条，悬挂横幅 32 条，展出宣传版面 30 块，设立咨询台 20 个，发放宣传资料 2000 份。

2016 年，开展大型轮椅捐赠和慰问活动，参加活动人员 100 余人。对 15 户贫困重度残疾人家庭每户发放 500 元慰问金，向 85 名贫困重度肢体残疾人免费发放助行轮椅车。

## 五　扶贫助残

1991 年后，阿克苏市为城镇残疾人个体户实行减免工商管理费、营业税政策，对残疾人的摊位费给予减半优惠；对农村残疾人实行减免农业税、牧业税和农业特产税政策。

1993 年，阿克苏市残疾人服务中心成立，残疾人服务中心属集体所有制性质，具有法人资格，实行独立核算，自负盈亏，独立对外承担民事和经济责任。

1995 年 5 月，阿克苏市成立残疾人用具供应服务站。

2000 年 7 月，阿克苏市开展“爱心助残”专项募捐活动，共收到募捐款 29.5 万元。

2002 年，阿克苏市为 90 名白内障患者实施复明手术，年龄最大的 85 岁，最小的 5 岁。2004 年 8 月，上海“光明行动”到阿克苏市实施白内障复明手术，免费筛查人员 970 人，符合手术 186 人。

2004 年 9 月，开展抗震安居工程项目，为 77 户 227 名贫困残疾人解决新居，总面积达 3074 平方米，投入资金 887180 元，其中市出资 23.8 万元，乡出资 23.5 万元，村出资 23.5 万元。

2006 年，阿克苏市有 942 名残疾人享受最低生活保障，共发放低保金 9.42 万元。在财政、地税部门的支持配合下，市残联当年共收缴保障金 232 万元。

2007 年，阿克苏市开展农村贫困残疾人危房改造项目，总投资 150 万元，80 户贫困残疾人受益。8 月，“新疆三星爱之光行动”为阿克苏市贫困白内障患者开展免费复明手术 100 例，参加筛查人数800多人，实际手术为91人；“彭年光明行动”为阿克苏市白内障患者开展免费复明手术10例，实际手术7例，参加术前筛查人员80多人。

2008年，全市应纳入低保的残疾人应保尽保，有农村低保户814户，低保金共计73260元；城市低保户885户，低保金共计92925万元。总投入22.5万元，为残疾人提供就业岗位30个。总投资150多万元，为农村贫困残疾人危房改造80户。

2010年，阿克苏市被确定为自治区“阳光家园计划”试点市，确定兰干街道办事处30名机构托养对象、25名居家托养对象为先行试点对象。

2012年，阿克苏市对107户残疾人家庭危房进行改造，发放残疾人危房改造资金28.72万元。助残日期间，向100户残疾人发放慰问金2.5万元。5月，自治区下拨阿克苏市17万元“阳光家园计划”专项补助资金，用于残疾人托养补助，于6月全部下拨各乡（镇）场和街道办事处。至2013年，投入托养资金33.5万元，完成262名残疾人居家托养任务，机构托养30人。

2014年，阿克苏市在实施安居工程项目中，对残疾人重点照顾，向农村375名残疾人修建抗震安居房补助74.14万元。继续实施“阳光家园计划”项目工作，投入61.5万元，完成智力、精神病和重度残疾人居家托养507人，机构托养30人。当年，对446名肢体残疾人发放燃油补贴11.6万元。

2015年，阿克苏市纳入城乡低保的1、2级残疾人1466人，其中城市992人，发放低保金29.8万元；农村474人，发放低保金41万元。将15名重症精神病患者安排入院治疗，向精神病患者发放免费服药救助卡60份。在助残日期间，向21名孤独症儿童发放慰问金6300元；免费发放辅助器具450件，其中轮椅120辆、其他辅助器具330件。实施“阳光家园计划”，农村家庭托养残疾人386人，每人补助1000元；城市居家托养153人，每人补助1500元，机构托养30人，每人补助1500元，全年共补助65.05万元。

2016年，阿克苏市在做好低视力康复工作的同时，开展白内障手术治疗和眼病防治宣传教育，提高公众保健意识。对140名贫困白内障患者免费实施复明手术。发放残疾人辅具305件，安装普及型假肢7例、矫形器18只，其中成人大腿假肢5例、小腿假肢5例，儿童小腿假肢2例；儿童矫形器18只。

# 第六章　红十字会

## 第一节　机　构

1992年2月20日，阿克苏市成立红十字会，有事业编制2名，经费由卫生局内部调剂，会长由市领导兼任，专职副会长由市卫生局局长兼任，内部未设科室，办公地点设在市卫生局。有会员单位12个，个人会员687人。2002年12月，市红十字会为政府直属事业机构，正科级、全额预算管理，事业编制4名。2004年1月，会长由市领导兼任，部门设专职副会长，事业编制4名。2006年1月，办公地点搬迁至市南大街西一巷14号市计生委办公楼四楼。

2007年，市红十字会有编制4名，其中专职副会长1名，工作人员3名。下设行政财务科、事业发展部、赈济救护部。2016年末，阿克苏市红十字会有专职副会长、副会长各1人，工作人员3人，内设行政办、业务科。

## 第二节　代表大会

### 一　市红十字会第一届理事会

1993年3月，阿克苏市召开红十字会第一次会员代表大会，出席会议代表共58名，选举8人组成常务委员会，选出副会长3名，其中专职副会长1名、兼职会长1名。

### 二　市红十字会第二届理事会

2004年4月，阿克苏市召开红十字会第二次会员代表大会，出席会议代表87人，特邀代表12人，选举12人组成常务委员会，大会选举产生市红十字会会长1名、副会长1名。

### 三　市红十字会第三届理事会

2013年12月18日，阿克苏市召开红十字会第三次会员代表大会，出席会议代表110人，列席代表7人。会议听取并审议通过市红十字会第二届理事会的工作报告，选举产生由31名常务理事组成的第三届理事会，选举产生市红十字会会长1名、副会长1名。

## 第三节　主要工作与活动

### 一　宣传培训

1992年，阿克苏市红十字会着重对《中华人民共和国红十字会法》《中国红十字会章程》《红十字标志使用办法》等知识进行宣传，普及防灾防病、预防艾滋病、卫生救护等知识。

1996年5月，在世纪广场宣传急救护知识，设咨询台2个，发放宣传单5000份，受益群众6000人。

2002年5月，市红十字会在多浪河广场宣传预防控制艾滋病、应急救护知识，悬挂横幅2条，设咨询台1个，发放宣传单6000份，受益群众6000余人。

2007~2009年，市红十字会利用香港/新疆红十字会农牧民备灾机制培训项目，培训骨干人员300人、农牧民群众22352人，为1568名机动车驾驶员培训卫生救护知识。在阿克苏职业技术学院驾校、农一师驾校为86名新学员培训卫生救护知识。

2010年，市红十字会与阿克苏职业技术学院驾校、农一师驾校、技工驾校合作，全年共培训学员2425人。

2012 年，开展救护培训进校园师资培训工作，培训人员 295 人。发展学校红十字会志愿者 480 人，组建学校红十字会救援小分队 33 个。

2013 ~2016 年，市红十字会对学校应急救护师资进行培训，培训教师 100 人。在市第四中学开展地震应急救护演练，参加人员 3817 人；对市第八中学、第七小学 132 名教师、1400 名学生进行应急救护知识培训，免费发放急救包 260 个、应急救护培训教材 500 本。全市登记红十字志愿者 319 人，会员 1658 人，团体会员 42 个。共开展群众性应急自救、互救现场培训 5 次、地震应急演练 1 次，防灾备灾、避险知识宣传 3 次，受益干部群众 3000 余人。

### 二　救灾救助

1992 年，市红十字会在春节、古尔邦节、“5・8”世界红十字日期间向 5 个街道办事处的贫困居民发放 20 箱价值 6000 元的棉被、羽绒服、糖果等生活物资。

1996 年，向社会儿童福利院捐赠被子、大米、糖果、乒乓球等价值 1 万元的物资。

2004 ~2010 年，市红十字会开展博爱送万家活动，为群众发放生活物资价值 1.2 万元。号召市直机关、企业、事业单位为印度洋海啸灾区捐款 16 万余元。开展“博爱送万家”活动，为托普鲁克乡、5 个街道办事处特困户发放物资价值 7200 元。在世界红十字日，为 5 个街道办事处特困户、阿依库勒镇爱心超市、市教育局发放足球、圆珠笔、衣服、拖鞋等物品。在世界艾滋病日期间，为艾滋病患者发放衣服 26 件、帽子 23 顶、围巾 23 条。“5・12”汶川地震中，阿克苏各族群众捐款 177.73 万元，募捐服装 8000 件，网套 1 床（价值为 40 万余元），帮助灾区人民重建家园。

2011 ~2014 年，在春节、古尔邦节期间开展走访慰问贫困户、残疾人、孤寡老人、贫困学生、烈士家属活动。争取到浙江舟山市红十字会捐款 150 万元项目，援建依干其乡中心小学教学楼。在“5・8”世界红十字日，向社会儿童福利院捐赠被子、大米、糖果、乒乓球等价值 14.32 万元的物资。开展“博爱送万家”活动，向霍加买里社区、栏杆社区、市第八中学的 55 户贫困户和 20 名贫困学生，发放棉被、棉衣、绒衣、绒裤、大米、旅游鞋、糖、棉帽等价值 19500 元的生活用品。四川雅安发生 7.0 级地震后，市红十字会呼吁社会各界人士和单位累计捐款 28.76 万元。

2015 ~2016 年，市红十字会开展“博爱送万家”活动，为各族困难群众发放价值 5 万元的冬季物资 8918 件、博爱物资 264 箱，救助弱势群体 264 户 792 人。自筹资金 4 万元，发放大米、面粉、清油，发放“博爱”物资 40 箱，价值 1.2 万元，受益群众 8394 人。

# 第七章　工商业联合会（商会）

## 第一节　机　构

1990 年，阿克苏市工商业联合会（以下简称市工商联）有行政编制 5 名，实有 4 人。

1994 年 9 月，市工商联设立党组。1996 年 6 月，成立拜什吐格曼乡、哈拉塔乡工商联分会；1997 年 10 月，成立托普鲁克乡、库木巴什乡工商联分会。1998 年 7 月，市工商联配备 2 名专职工作人员，行政编制，挂靠市委统战部。2001 年 11 月，从市委统战部析出，市工商联成为市委正科级部门，并挂阿克苏市工商业联合会（商会）牌子，增加编制 2 名。2002 年 9 月，根据《阿克苏市工商业联合会（阿克苏市商会）职能配置和人员编制方案》，阿克苏市工商业联合会（阿克苏市商会）行政编制 3 名，机关后勤事业编制 1 人，全额预算管理。

2010 年 9 月，成立中共阿克苏市非公有制经济组织工作委员会，作为市委的派出机构，与市工商联合署办公，实行一个机构两块牌子。

至 2016 年 12 月，市工商联有行政编制 4 名，实有 5 人。领导职数 3 人，其中党组书记 1 人、副主席 1 人、副主任科员 1 人。有会员 385 家。

## 第二节　代表大会

自 1990 年至 2016 年，阿克苏市工商联共召开 5 次代表大会，其中第一届领导称为主任委员、副主任委员，从第二届开始，称为会长、副会长，第五届后称为主席、副主席。

### 一　第一次会员代表大会

1990 年 5 月 29～31 日，阿克苏市工商联召开第一次会员代表大会。91 名代表出席会议，大会决定设立常务委员会，选举产生市工商联第一届执行委员会委员 33 名，常委 11 名。选举副主任委员 2 名。

### 二　第二次会员代表大会

1996 年 1 月 11～12 日，阿克苏市工商联召开第二次会员代表大会。大会选举产生工商联第二届执行委员会委员 21 人，常委 11 人，会长 1 名，副会长 4 名。

### 三　第三次会员代表大会

2002 年 1 月 19～20 日，阿克苏市工商联召开第三次会员代表大会。大会选举产生工商联第三届执行委员会委员 26 人，常委 17 人，会长 1 名，副会长 2 名，10 人当选为兼职副会长。

### 四　第四次会员代表大会

2006 年 12 月 18～19 日，阿克苏市工商联（商会）召开第四次会员代表大会，120 名代表参加。选举产生第四届工商联执行委员会 29 名常务委员和 20 名执行委员，选举会长 1 名，副会长 2 名，兼职副会长 18 名。

### 五　第五次会员代表大会

2012 年 2 月 21～22 日，阿克苏市工商联（商会）召开第五次会员代表大会，大会共有 233 名代表参加。会议选举阿克苏市工商业联合会（商会）第五届执行委员会委员147人。在五届一次执委会上，选举主席1名，常务副主席1名，副主席2名，兼职副主席、常委47人。

## 第三节　主要工作

### 一　参政议政

1990年，阿克苏市工商联作为爱国统一战线的组成部分，团结带领全市非公有制企业人员围绕市域经济发展参政议政。撰写调查报告30余篇，部分意见和建议被有关部门采纳。

1995年，市工商联深入会员企业开展调研活动，与7家驻阿商（协）会进行对接，推荐16名企业家入选市政协委员。为多浪畜产等7家企业解决生产经营困难。完成《关于对阿克苏市民营企业发展情况的调研报告》。

2000年，随着经济工作重点转移，阿克苏市鼓励支持和引导个体私营等非公有制经济发展，市工商联先后向市委、市政府提交10余个关于阿克苏市非公有制经济发展可行性专题调研报告。

2008年，市工商联调研全市60家非公企业，形成《阿克苏市非公有制经济组织人才队伍建设调查报告》。

2010年，市工商联采取座谈、实地查看和发放征求意见卡等形式，面对面进行交流讨论，广泛征求社会意见和建议，全年开展各类调研活动2次。

2016年，市工商联推荐的天山多浪水泥有限责任公司范钟春、中立企鹏劳务派遣有限责任公司王永福当选为阿克苏市第八次党代会代表。世纪中天有限责任公司张民、宗宝园艺有限责任公司牟宗宝当选为阿克苏市第九届人大代表。43名企业家当选为第九届政协委员。

### 二　非公有制企业工作

1990年后，阿克苏市工商联组织非公有制企业参加乌鲁木齐“乌洽会”、西安“西洽会”、西安“9·8投洽会”、喀什“喀交会”等大型经济贸易交流活动30余场。

1992年，市工商联在乌鲁木齐贸易中心举办的首届科技新成果洽谈会上，共签订正式合同24份，协议133份，意向书209余份。

1995年，市工商联创办《阿克苏商情》，向会员企业提供市场行情和技术转让等信息。编印《阿克苏市流通》简报。组织全市190家企业的1200余名供销人员打破封闭局面，形成跨行业的联购联销、代购代销队伍，推销产品金额3800余万元。

1998年，市工商联围绕个体私营企业需求做好服务。全市建立党组织的独立法人企业34家，工会组织14个，团组织7个，妇女组织8个。

2000年，市工商联重视和关心支持个体私营协会的工作，帮助解决个私协会在工作中遇到的实际困难。全市非公有制经济企业1234家，从业人员13586人，非公有制经济总量占全市国民生产总值的19.25%。

2004年，市工商联与沿海地区9家工商联（商会）结成友好商会。2005年，市工商联支持非公有制企业走出去，加强同区内外工商社团的联系和交往，开展民间对外交往合作，组织 21 家企业、34 种产品参加喀什“喀交会”。贯彻充分尊重、广泛联系、加强团结、热情帮助、积极引导的方针，坚持服务会员宗旨，发展会员 4 家。

2006 年 7 月，市工商联邀请区内外 22 家工商联（商会）和 130 多家企业、200 多名商界代表参加第二届全国（城区）友好商会阿克苏市年会。并召开阿克苏经济合作项目推介会，其中 2 家企业与阿克苏市签订投资意向。到 2007 年，市工商联合会（商会）有会员 120 名，其中商业界会员 112 人，执行委员会有 69 名代表，有自治区人大代表 1 名，市政协委员 46 名，常委 2 名。至 2010 年，有会员 61 名，其中商业界会员 52 人，执行委员会有 41 名代表，有自治区人大代表 2 名，市政协委员 39 名，常委 2 名。至 2010 年，市工商（商会）与区内外工商联（商会、总商会）结为友好商会的有 34 家。全市非公有制经济企业 3687 家，从业人员 22009 人，规模以上工业实现增加值 8.63 亿元，占全市工业增加值的 67%，拉动工业增长 11 个百分点。

2011～2014 年，市工商联每年筹备和组织阿克苏市企业参加第六届“喀交会”。商会筹备和组织企业参加“乌恰会”。举行阿克苏市・杭州市工商联经济考察团经济合作座谈会，阿克苏市与 4 家企业签订总额 11.8 亿元投资合作协议。与市招商局一起赴浙江省进行企业考察，走访企业 10 余家，与杭州市工商联建立“友好工商联”关系。

2015～2016 年，市工商联组织阿克苏市非公企业参加“西洽会”“厦洽会”，恒鑫亚欧建材城签订 32.5 亿元的合同。

## 三　社会公益事业

1990 年后，阿克苏市企业每年都向困难群众、受灾地区捐款、捐物。

2005 年，市工商联动员非公有制企业开展扶贫帮困为主题的光彩事业和公益活动，组织非公有制企业为印尼海啸捐款 4 万元；为改善 314 国道绿化环境投资 20 万元；为乌什县地震灾区捐款 11.17 万元。累计全年捐款、捐物价值达 67.432 万元。

2006 年，华能实业有限责任公司出资 60 万元，在阿克苏市阿依库勒镇托万迈里村修建 24 套抗震安居房，至 2011 年，共修建抗震安居房 120 套。华能公司为地区消防支队捐赠消防车 1 辆，价值 20 多万元。

2008 年 5 月 12 日，四川省汶川县发生地震后，地、市工商联联合在阿克苏市举行阿克苏非公有制经济界向四川地震灾区捐款献爱心动员大会，全市各界非公经济人士共捐款 199.4 万元，其中市工商联执委、常委捐款 104.1 万元，所捐衣物折合人民币 40.9 万元，温州商会捐款 54.4 万元。

2009 年，世纪中天有限公司捐赠 8 万元支持托万买里村抗震安居建设，捐赠 2.3 万元为托万买里村购买农资。

2010 年 3 月，市工商联组织非公有制企业的政协委员开展扶贫帮困为主题的十字绣等工艺品义买活动，筹款 15 万余元。世纪中天实业公司和天润公司开展捐资助学活动，捐助贫困家庭青少年 25 名。4 月 22 日，组织企业为青海省玉树县地震灾区捐款，88 家企业捐款 95.14 万元。5 月，结合扶贫周活动，为阿依库勒镇托万买里村 13 户特困户发放价值 3500 元的米、面、清油等慰问品。

2015 年 6 月，市工商和河南商会等 7 家企业到阿依库勒镇托万买里村开展庆“七一”手拉手·心连心支援“三夏”活动，为47户“四老”人员、低保户发放二胺、尿素等生产饲料5吨。

2016年，市工商联动员阿克苏市湖南籍企业惠农机械向阿依库勒镇阔纳巴扎村捐献大型喷雾器100台，价值300万元。湖南商会向阿依库勒镇协合力村贫困户捐助现金1万元，用于支付学做豆腐的学费。浩源天然气有限责任公司为托普鲁克乡喀什贝希村一次性捐助5万元，用于建设文化大礼堂项目。

# 第八章　科学技术协会

## 第一节　机　构

1990年，阿克苏市科学技术协会（以下简称科协）编制9名。2002年，有行政编制6名，其中机关公勤编制1名。2010年，实有6人。2013年，市科协行政编制5名，工勤人员1名，实有6人。2016年，有行政编制6名，实有6人。

## 第二节　代表大会

### 一　第二次代表大会

1992年10月23~24日，阿克苏市召开科学技术协会第二次代表大会，出席会议的代表123人，特邀代表23人，列席代表5人，代表全市16个市级学（协）会、研究会和8个乡科普协会4733名会员。大会听取和审议市科协第一届委员会的工作报告，修改《阿克苏市科学技术章程》，选举产生阿克苏市科协第二届委员会，表彰科协工作先进集体6名，先进个人31名。大会选举主席1名，副主席2名，大会之后填补主席1名，副主席1名。

### 二　第三次代表大会

1997年9月22~23日，阿克苏市召开科学技术协会第三次代表大会。出席会议的正式代表130名，特邀代表8名，列席代表10名。代表全市16个市级学（协）会、研究会和8个乡（镇）场科普协会4757名会员。大会听取和审议市科协第二届委员会的工作报告，选举产生阿克苏市科协第三届委员会，授予4人为科协委员会名誉委员，表彰先进集体26名，先进个人58名。大会选举主席1名，副主席3名，大会后填补主席2名。

### 三　第四次代表大会

2003年9月2~3日，阿克苏市召开科学技术协会第四次代表大会。出席会议的正式代表128

名，特邀代表 7 名，列席代表 7 名，代表全市 15 个学（协）会、研究会和 8 个乡（镇）场科协 3098 名会员。大会听取和审议第三届委员会《与时俱进、开拓创新，为实现科教兴市战略而努力奋斗》工作报告，表彰奖励 36 个先进集体、45 名先进个人和 25 名致富能手。选举产生阿克苏市科学技术协会第四届委员会，产生委员 47 名，常务委员 15 人，选举产生主席 1 人，副主席 3 人。通过《致全市各族科技工作者倡议书》。

### 四　第五次代表大会

2010 年 12 月 30 日，阿克苏市召开科学技术协会第五次代表大会。出席会议的正式代表 112 名，特邀代表 5 名、列席代表 5 名，代表全市 11 个学（协）会、研究会和 8 个乡（镇）场科协 4298 名会员。大会听取和审议题为《坚持求实创新、促进科学发展，为实现"两个率先"目标建功立业》的工作报告，通过《阿克苏市科学技术协会实施〈中国科学技术协会章程〉细则》的决定；表彰奖励 35 个先进集体、29 名先进个人，选举产生阿克苏市科学技术协会第五届委员会。产生委员 25 名，常务委员 9 人，选举产生主席 1 人，副主席 3 人。大会后填补主席 1 名，副主席 1 人。

## 第三节　主要工作

### 一　科技普及

#### （一）科普培训

1990 年开始，阿克苏市结合农村技术进步和农牧民对农业技术的需要，每年大规模组织实施"科技之冬"活动，组织开展农牧区冬季科技培训。

1990 年，阿克苏市开展第一届"科技之冬"活动，成立市"科技之冬"活动领导小组，按照农村经济发展要求，利用农牧民冬闲期间，开展以农村先进实用技术为主的各类科技培训。

2005 年，以"科技、文化、卫生、法律"四下乡为契机，加大"科技下乡"和科普宣传力度，结合冬季培训，开展农业农村政策、三干会精神宣讲活动，推动农业农村各项工作。

2007 年，邀请区内外科研院所专家组织举办林果业、畜牧业等专题报告 7 场，结合科技培训年不断深化"科技之冬"，开展"科技之春""科技之夏"等系列活动，举办现场示范培训 171 场。开展职业技能培训达 3790 人，转移就业 3520 人，培训后稳定就业 2910 人，实现劳务创收 4142 万元。在地区第十八届"科技之冬"活动综合考核中排地区各县（市）第一。

2013 年，市、乡、村、各专业技术部门、农技协（农民合作社）及街道社区共投入培训专项经费 77 万元。开展技术示范现场培训 100 场、现场观摩 18070 人次，开展致富能手技术交流活动 35 场、参加人次 4531 人次。举办科技知识竞赛 5 场，科技大集及文艺演出 9 场，宣传资料 105615 份，播放科普电影 481 场，观众 2 万余人次；利用有线广播宣传科普知识 491 次，在阿克苏市电视台推出学习十八大精神访谈录 8 期，悬挂科普宣传横幅 345 条，展出科普板报 369 块。

2016 年，开展第二十七届"科技之冬"活动，共举办各级各类科普培训 955 期，累计培训

13.19万人。市科普大篷车开展活动69车次，发放科普资料43016册，组织开展国家、自治区、地区级“科普惠农兴村计划”和“科普惠民社区行动计划”项目申报工作，其中国家级项目1个，自治区级项目2个，地区级项目4个。

**表25－1　1990～2010年阿克苏市“科技之冬”培训人员情况表**

单位：期，人

| 年份 | 培训总数 | | 市级 | | 乡级 | | 村级 | |
|---|---|---|---|---|---|---|---|---|
| | 期数 | 人数 | 期数 | 人数 | 期数 | 人数 | 期数 | 人数 |
| 1990 | 130 | 24268 | | | 50 | 12130 | 80 | 12138 |
| 1991 | 299 | 57529 | | | 144 | 33270 | 155 | 24259 |
| 1992 | 278 | 35992 | 21 | 6207 | 257 | 35050 | | |
| 1993 | 383 | 37400 | 26 | 2080 | 105 | 1543 | 252 | 1989 |
| 1994 | 327 | 48811 | 6 | 490 | 130 | 22437 | 191 | 25884 |
| 1995 | 338 | 45422 | 9 | 40 | 145 | 14696 | 184 | 3032 |
| 1996 | 345 | 39180 | | | | | | |
| 1997 | 431 | 54371 | 32 | 5861 | 99 | 18107 | 300 | 305031 |
| 1998 | 576 | 57693 | | | | | | |
| 1999 | 515 | 66227 | 64 | 6449 | 98 | 20010 | 353 | 3947 |
| 2000 | 584 | 60661 | 4 | 386 | 104 | 15901 | 446 | 44374 |
| 2001 | 457 | 51326 | 26 | 14245 | 91 | 7053 | 340 | 42846 |
| 2002 | 721 | 81891 | 37 | 3796 | 188 | 28391 | 496 | 49704 |
| 2003 | 671 | 83418 | 2 | 391 | 116 | 15791 | 553 | 67236 |
| 2004 | 790 | 63380 | 4 | 515 | 117 | 19373 | 669 | 43492 |
| 2005 | 512 | 49988 | 4 | 553 | 100 | 15135 | 408 | 34300 |
| 2006 | 547 | 56773 | 4 | 506 | 119 | 18667 | 424 | 37600 |
| 2007 | 930 | 121000 | 60 | 5992 | 287 | 63479 | 583 | 51529 |
| 2008 | 832 | 115260 | 50 | 6833 | 295 | 65628 | 487 | 42799 |
| 2009 | 931 | 91000 | 159 | 13108 | 227 | 30789 | 545 | 46983 |
| 2010 | 999 | 104000 | 179 | 14436 | 322 | 43476 | 498 | 46088 |
| 2011 | 989 | 115000 | 195 | 20000 | 338 | 50000 | 456 | 40000 |
| 2012 | 1093 | 155700 | 179 | 20726 | 531 | 63630 | 283 | 71776 |
| 2013 | 1081 | 149385 | 281 | 29851 | 470 | 69571 | 330 | 49963 |
| 2014 | 1051 | 149000 | 247 | 23318 | 365 | 56295 | 364 | 35098 |
| 2015 | 1049 | 155700 | 65 | 6871 | 439 | 85505 | 5451 | 63279 |
| 2016 | 955 | 131900 | 183 | 16385 | 605 | 68981 | 163 | 46035 |

（二）编印发放科普资料

1990～1995年，市科协和各学协会先后编印《阿克苏市科技》《科技情报》《科技年汇》《科技论文集》《青少年科技报》《地膜植棉栽培技术》等资料，每期印发数千册，发至全市乡（镇、场）、企业以及全国各地相关部门或单位，进行科技信息和技术方面的交流。

1996～2010年，为适应农村科普和技术普及多样化的要求，市科协和各学协会先后编印各类实用技术手册、宣传单、录像带、VCD 光碟，满足农村科普培训需求。共编印各类资料 5000 余万份。

2005 年，发放各类科普教材 145 个种类，成套资料近 10 万册、自编教材 7929 册、电教资料 630 份，放映科教片 487 场，利用农村有线广播开展科普宣传 631 次，开展技术交流座谈会 54 次，举办科普专栏板报 75 期 120 块。

2006～2016 年，发放各类书籍（技术手册）72.66 万册，发放各类传单 90.58 万份，张贴讲解各类挂图 1 万余张。自编科技资料 1.62 万份，各类宣传挂图 2000 余张，播放科技致富电教片 2930 场，开展有线广播宣传 1717 次。

## 二　青少年科普活动

1990 年后，市科协不断开展青少年科普活动。2000 年，阿克苏市先后开展风筝大赛、科技夏令营、采集动植物标本等活动，青少年科技教育迅速发展。

2005 年起，青少年科普活动进入有组织地开展活动阶段，市科协先后制定《阿克苏市青少年科技教育工作规划》《阿克苏市未成年人思想道德建设主题教育活动方案》《阿克苏市青少年科技创新大赛特别奖励办法》。建立市第三中学、第六中学 2 座机器人实验室，在“新疆首届青少年机器人竞赛”暨“中国青少年机器人 2004～2005 分区联赛新疆赛区竞赛”中，取得 3 金 1 银 1 铜的成绩，并获得新疆首届青少年电脑机器人竞赛活动优秀组织奖。在第五届中国青少年机器人竞赛中获 1 银 2 铜。组织全市科技辅导员和部分中小学校举办大型科普报告讲座、青少年机器人和智力七巧板培训活动，并在校园内组织开展未成年人心理与生理知识、推动人类文明与进步的物理知识、《认识、关爱预防——青少年预防艾滋病知识》挂图展等科普宣传活动。组织开展阿克苏市第二十届青少年科技创新大赛活动，征集作品 83 件，评选优秀作品 59 件，报送地区参赛 53 件，有 21 件获奖，位于地区榜首。在自治区第二十届青少年科技创新大赛活动中，15 件作品被推荐参赛，分别获全国、自治区青少年科技创新大赛优秀组织奖。在第十三届全国青少年科技辅导员论文征集活动中，有 6 篇（二等奖 4 篇、三等奖 2 篇）论文在全国获奖，并先后参加在沈阳和乌鲁木齐市举办的学术交流活动，参加 2005 年中国科协学术年会——青少年科技教育与思想道德论坛中国青少年科技辅导员分会交流活动。举办第二届青少年“科技夏令营”活动。市第三中学被自治区科协、教育厅挂牌命名为自治区青少年科技特色学校。

2006～2007 年，市科协和教育局每年联合召开青少年科技教育工作会议，对在青少年科技创新大赛先进集体、个人和获奖作品进行表彰；举办阿克苏市青少年科技创新大赛评选活动，征集作品 202 件，有 109 件作品推荐参加地区创新大赛，有 32 件获奖，阿克苏市获优秀组织奖。2007 年，在新疆第三届青少年机器人竞赛暨中国青少年机器人 2006～2007 分区联赛新疆赛区竞赛中，获 3 金 2 银 3 铜成绩。其中市第三中学选手包揽高中组机器人登月采矿竞技、机器人设计成果展示、机器人足球 3 个项目的全部一等奖，并代表新疆参加第七届中国青少年机器人竞赛，获两银一铜。

2008 年，阿克苏市在代表队第八届全国青少年机器人竞赛中获得 1 金 1 银 6 铜，首次获得新疆青少年机器人全国参赛史上的金牌，被自治区科协通报表彰；举办首届青少年机器人活动成果展；联合组织开展市科普大篷车进校园活动，配合自治区少数民族科普工作队与地区联合开展“科普惠农，服务新农村建设”活动，为农村中小学生演示 15 件科普展品。

2009~2010年，阿克苏市举办青少年科技创新大赛中，共征集各类科技作品137件，获奖作品53件。选送作品参加地区青少年科技创新大赛，有39件获奖。在自治区青少年科技创新大赛中，阿克苏市选送的25件作品有13件获奖。2009年，阿克苏市青少年机器人活动获自治区人民政府首届科学技术普及奖。

2011年，阿克苏市参加自治区首届科技节暨第25届青少年科技创新大赛，推荐上报参赛作品8件，有4件获二等奖。4月22~24日，第11届全国青少年机器人（新疆赛区竞赛）中，阿克苏市代表队获3金2银2铜，其中初中组机器人足球、高中组机器人足球和高中组机器人基本技能3个项目代表新疆参加7月20日在郑州举办的第11届全国青少年机器人竞赛，均获铜牌。

2012~2016年，阿克苏市每年组织举办阿克苏市青少年科技创新大赛，共收到各中小学推荐的各类科技作品794件，经过评选，上报自治区青少年科技创新大赛，有324件优秀作品分别获大赛一、二、三等奖。阿克苏市高级中学获得第二十九届自治区青少年科技创新大赛优秀组织单位荣誉称号并在科技节上授牌命名为自治区级青少年科技活动特色学校。阿克苏市高级中学和阿克苏市第二小学代表新疆参加全国青少年机器人创新大赛，阿克苏市高级中学获机器人1个项目全国二等奖和1个三等奖，阿克苏市第二小学获大赛2个项目全国二等奖。2015年7月16日，阿克苏市第三中学参加在天津举办的第15届全国青少年机器人竞赛，市第三中学搭建的初中组机器人足球、高中组机器人足球两个项目（代表新疆）获一金一银的成绩。在校园内广泛开展“身边的科普——科普知识竞猜”等活动12次，受教育6000余人次，发放各类科普宣传资料6000余份。

## 三　科技服务

1990年，阿克苏市广泛扶持建立科技协会，普及科学知识，推广先进技术。在农村、厂矿、学校以及街道、社区相继成立各类科技、科普活动小组（研究会），全市有会员127人，有机电、医药卫生、农林、教育等4个学会。

1997年，全市有各类研究学（协）会7个，乡科协8个，会员4713名，科普覆盖率达81.23%。10月，市科协制定《跨入新世纪、团结全市各族科技工作者，实施科技兴市战略》科普五年规划，把科学普及和协会发展工作结合起来。年末，全市有各类学（协）会、研究会21个，乡（场）镇科协16个，会员4757名。

1998年3月，制定《阿克苏市“科技兴市”纲要》《阿克苏市全民科学素质行动计划纲要实施意见》，开展咨询论证活动85场，协（学）会组织管理实现由松散型向紧密型转变，在服务功能上由单一型向综合型转变。1999年，全市有学（协）会、研究会10个、乡（场）镇科协8个、会员4998名。

2004年，制定《阿克苏市关于进一步巩固和发展农村专业技术协会，积极推进农村专业合作组织创新的实施意见》，组织召开农技协经验交流与发展座谈会，推行“支部+协会”试点工作。

2007年，全市7个乡（镇）场和5个街道办事处均设立科普工作机构，配备科普专（兼）职干部43人，村村建立科普中心或科普工作站，村村配备科技副村长，建立科普示范村68个、科普示范基地67个、科普示范户4668户。开展科普示范创建活动，4个单位被命名为自治区级科普示范单位；市科协获全疆科协系统先进集体称号；市无公害蔬菜协会获全国科普惠农兴村计划先进集体称号。

2008～2010 年，广泛开展科普示范创建活动，27 个单位被命名为地区级科普示范单位，12 个单位被命名为自治区科普示范单位，40 个单位被命名为地区科普示范单位。2010 年，阿克苏市被命名为自治区科普示范县（市），并取得 2011～2015 年度全国科普示范县（市、区）创建单位资格，市科协获自治区 20 年“科技之冬”活动先进集体和地区科协工作先进集体称号，喀拉塔勒镇棉花协会获全国科普惠农兴村计划先进集体称号，兰干街道迎宾社区获自治区科普惠民社区行动计划先进单位。

2011 年，组织开展农村、城镇系列科普示范创建活动，确定兰干街道兰干社区、红旗坡社区，新城街道建设社区、康居社区、丽园社区，英巴扎街道巴格其社区、林园社区，红桥街道热斯特社区、托喀依社区和南城街道古勒阿瓦提社区 10 个单位，为 2011 年度市级（首批）科普示范社区创建单位。5 月 28～30 日，在中国科协第八次代表大会上，阿克苏市被中国科协命名为 2011～2015 年度全国科普示范县（市、区）。

2012 年，英巴扎街道西园社区、英巴扎社区和南城街道托万克巴扎巴格社区 3 个单位被命名为市级科普示范社区，良种场、新城街道办事处和英巴扎街道办事处 3 个单位被命名为地区级科普示范乡（镇）和地区科普示范街道。争取并获得国家级 1 个“科普惠农兴村计划”及 1 个“科普惠民社区行动”项目专项资金 40 万元，地区级 3 个“基层科普行动计划”项目专项资金 44.5 万元。

2014 年，柯柯牙街道、红桥街道办事处和南城街道办事处 3 个单位获地区级科普示范街道，柯柯牙街道红旗坡社区、依干其乡布隆克瑞克村和依尔玛村 3 个单位获市级科普示范创建单位。

2015～2016 年，申报国家级项目 4 个，获奖补资金 45 万元；自治区级项目 8 个，获奖补资金 8 万元；地区级项目 11 个，获奖补资金 6.5 万元。

## 四　科技示范

2009 年前，阿克苏市只开展科技成果、新品种、新技术的推广工作，从 2009 年开始，开展科技成果转化示范基地的创建工作。

2009～2011 年，建成科技成果转化示范基地 8 个，其中自治区级 1 个，地区级 2 个，市级 5 个。

2012 年，阿克苏疆南枣业农民专业合作社——林果业科技成果专业示范基地、阿克苏康源禽业科技有限责任公司——养殖业科技成果转化基地获阿克苏地区科技局命名。阿克苏市命名依干其乡矮密早红枣示范基地、良种场红富士苹果种植示范基地、康源禽业科技有限责任公司特色鸡现代化养殖创业示范基地为阿克苏市第一批科技成果转化示范基地。

2013 年，天山多浪有限责任公司、阿克苏利农农机有限责任公司被认定为阿克苏市第二批科技创新示范企业。红枣产业种植及加工成果转化示范基地（疆南枣业农民专业合作社）、红富士苹果种植示范基地（阿克苏市田园丰果业专业合作社）、核桃种植示范基地（阿克苏市丰硕果业农民专业合作社）被认定为阿克苏市第二批农业科技成果转化示范基地。

2014 年，为推进科技成果转化进程，培育美国大樱桃引进示范基地建设 1 个、肉羊养殖示范技术示范基地 1 个。培育科技型中小微示范创新企业 1 个——阿克苏市新兴科技农业机械有限公司。

2015 年开始，地区停止此项工作的审批。

## 第四节　学（协）会组织

### 一　各类学（协）会

市级学会、协会是市委领导下的科技群众团体，是市科协的组成部分，由市科协具体指导。至2016年，阿克苏市有各类专业学（协）会8个，会员993人。

表25－2　2016年阿克苏市级学（协）会组织状况一览表

| 学会名称 | 成立时间 | 理事长 | 副理事长 | 理事人数 | 会员人数 | 挂靠单位 |
|---|---|---|---|---|---|---|
| 市统计学会 | 1984.11 | 刘承文 | 艾买尔·塔瓦库里、胡彩珠 | 3 | 85 | 市统计局 |
| 市水产协会 | 1990.1 | 陶培根 | 陈文彦、薛恒泰 | 4 | 95 | 市渔场 |
| 市质量监督协会 | 2001.11 | 罗志文、潘江贵 | 林玉梅、刁春林、柳富国、唐海林、李志亮、王洪磊 | 27 | 61 | 市质量技术监督局 |
| 市计划生育协会 | 2002.7 | 郎新平 | 巴哈尔古丽 | | 47 | 市计生委 |
| 市农学会 | 2004.11 | 李劲松、周力 | 塔依尔·买木提力、宋卫 | 3 | 341 | 市农业局 |
| 市农机学会 | 2005.11 | 张兵、方真、邵艳英 | 尼加提·热西丁、李占林、崔付德、买买提·艾买提、张慧亭、唐岩 | 11 | 155 | 市农机局 |
| 市林学会 | 2005.11 | 陈煜、何传林 | 艾尼瓦尔·吾普尔、宋卫 | 11 | 115 | 市林业局 |
| 市反邪教协会 | 2007.9 | 阿布都外力·依明 | 赵鹏、夏云、李志富、哈里木拉提·司马依、马卫东 | 22 | 94 | 市科协 |

### 二　农村专业技术协会

2000年，阿克苏市组建成立各类农村专业技术协会18家，吸纳各类农民会员3618人，推动农业产业化的进程。2007年7月，随着《中华人民共和国农民专业合作社法》的颁布实施，部分农村专业技术协会转型兼并走向合作社发展之路，8家农村专业技术协会先后注销。至2016年底，通过清理整顿和整合规范后，全市累计组建并在民政部门登记注册保留下来的农村专业技术协会、俱乐部14家，会员3456人，有7家农村专业技术协会相继建立党支部。随着协会产业规模的不断发展，行业团体优势不断凸显，先进实用技术也得到较快普及。

#### （一）喀拉塔勒镇棉花协会

2000年7月成立，换届五届（每3年为一届、自2011年改为5年一届）理事会、监事会，至2016年拥有会员48人，会员来自喀拉塔勒镇植棉大户，有4个从事农资、农业技术服务的团体会员单位。协会主要从事棉花种植、组织会员开展技术交流观摩、科技培训、各类农资团购、良种引进繁育、推广测土配方施肥技术、组织开展棉花收购加工和销售等服务。2004年，协会成立联合党支部，发展会员党员11人。

#### （二）依干其乡果树协会

2000年7月成立，会员来自依干其乡果农，有2个从事果品收购流通的公司实体为团体会员单位。协会主要从事果树种植和管理、组织会员开展技术交流观摩、科技培训和果品销售信息服务。先后引进示范并大面积推广苹果套袋技术和早熟“嘎拉”苹果授粉树授粉技术，引进示范壁蜂授粉技术获得成功。至 2016 年，拥有会员 53 人。

（三）良种场无公害蔬菜协会

2002 年 3 月成立，会员来自良种场蔬菜基地广大菜农，有 2 个从事蔬菜流通服务的合作社为合作伙伴。协会主要从事设施农业（温室、大棚）蔬菜种植和管理、组织会员开展技术交流观摩、科技培训和蔬菜销售信息服务，开展反季节蔬菜生产，先后引进示范下挖式日光温室生产技术。至 2016 年，拥有会员 448 人。

（四）依干其乡西郊无公害蔬菜协会

2002 年 6 月成立，挂靠地区菜篮子办，有会员 2100 人，主要来自依干其乡西郊蔬菜基地广大菜农。协会主要从事设施农业（温室、大棚）蔬菜种植和管理、组织会员开展技术交流观摩、科技培训和蔬菜销售信息服务，开展反季节蔬菜生产，先后引进高产优质、耐储存的“加西亚”西红柿品种，生产的蔬菜远销全疆各地和吉尔吉斯等周边国家。2014 年 5 月由于城市改扩建，依干其乡西郊无公害蔬菜协会解散。

（五）市养猪协会

2003 年 5 月成立，有会员 127 人，会员来自城郊和周边养猪户，并建立“协会 + 农户 + 公司”的经营模式。2008 年 1 月吸收周边县、乡和农牧团场养猪户，在协会的基础上组建成立阿克苏众志生猪养殖专业合作社，发展社员 300 余人，注册资金 4255 万元。协会主要提供技术交流、科技培训和流通销售信息服务，协助动检部门开展口蹄疫、蓝耳病疫病防治等工作。2008 ~ 2010 年销售生猪 25 万头。2008 ~ 2011 年开展“迎新春、关注民生、回报社会”大型活动，以低于市场价格 3 ~ 8 元的价格销售鲜肉 300 余吨。2009 年被命名为地区“百强”农技协。至 2016 年，拥有会员 78 人。

（六）库木巴什乡核桃协会

2003 年 6 月成立，会员来自库木巴什乡果农，协会注册“可口可福”核桃品牌。协会主要从事核桃产业发展，提供技术指导与管理服务，组织会员开展技术交流观摩、科技培训和果品销售信息服务。2010 年被命名为地区“百强”农技协和农村科普示范基地。2016 年，拥有会员 73 人。

（七）依干其乡奶牛养殖协会

2003 年 6 月成立，会员来自城郊和依干其乡奶牛养殖户，协会以“托牛所”的形式，带动扶持周边养牛户，并注册“荣明”牌纯乳酸商标注册。协会主要从事奶牛产业发展，组织开展技术指导与管理服务，组织会员开展技术交流观摩和科技培训，与兵团农一师新农公司合作，在城区建立多个鲜奶、酸奶销售直销点，有效带动城镇居民就业创业。2009 年被地区命名为“百强”农技协。2016 年，拥有会员 60 人。

（八）拜什吐格曼乡香梨协会

2003 年 7 月成立，会员来自拜什吐格曼乡果农。协会主要从事香梨产业发展，组织开展果树种植技术指导与管理服务，组织会员开展技术交流观摩、科技培训和果品销售信息服务。2010 年被地区命名为“百强”农技协。2012 年获自治区“科普惠农兴村计划”先进单位。2016 年，拥有会员 39 人。

（九）阿依库勒镇红枣协会

2004 年 11 月成立，会员来自阿依库勒镇枣农。协会主要从事红枣产业发展，组织开展果树种植技术指导与管理服务，组织会员开展技术交流观摩、科技培训和果品销售信息服务。2016 年，拥有会员 98 人。

（十）阿克苏市蜂业协会

2006 年 5 月成立，会员来自城郊和周边地区的蜂农，协会主要从事蜂产品开发和直销，产品主要有蜂蜜、蜂王浆、蜂胶、花粉等。协会组织会员开展技术指导与管理服务、技术交流观摩、科技培训等活动，积极与果农合作开展授粉服务，实现互惠互利。2016 年被地区命名为地区先进农技协。获地区“科普惠农兴村计划”奖励。拥有会员 51 人。

（十一）托普鲁克乡红枣协会

2010 年 5 月成立，会员来自托普鲁克乡枣农。协会主要从事红枣产业发展，组织开展果树种植技术指导与管理服务，组织会员开展技术交流观摩、科技培训和果品销售信息服务。主要引进有灰枣、骏枣和金昌一号等优良品种，以矮化密植建园模式为主。2009 年被地区命名为农村科普示范基地。2016 年，拥有会员 74 人。

（十二）阿克苏市棉花高产俱乐部

2014 年 3 月成立，主要从事棉籽加工，棉花种子推广，棉花种植技术栽培，棉花病虫害防治，棉花科技培训等。2016 年，拥有会员 15 人。

（十三）阿克苏市甜源养蜂协会

2015 年 6 月成立，协会会员来自城郊和周边地区的蜂农，协会主要从事蜂产品开发和直销，产品主要有蜂蜜、蜂王浆、蜂胶、花粉等。协会组织会员开展技术指导与管理服务、技术交流观摩、科技培训等活动，与果农合作开展授粉服务。2016 年，拥有会员 25 人。

### 三　农民专业技术职称评定

1993 年，全市开始评聘农民专业技术职称。1994 ~ 1997 年，全市共评定农民技术职称 95 名，其中技师 3 名，助理技师 5 名，技术员 87 名。

2004 ~ 2010 年，评定农民专业技术员职称 4762 人，全市获证农牧民技术人员达 5602 人；

2011 ~ 2016 年，评定农牧民技术职称 3858 人。

# 第九章　社会科学联合会

## 第一节　机　构

2012 年 10 月 8 日，阿克苏市成立社会科学界联合会，编制 2 名，其中领导职数 1 名，实有 1 人。2013 年，阿克苏市社会科学界联合会新增编制 2 名，共有编制 4 名。2016 年，实有 2 人。

## 第二节　代表大会

2014 年 1 月 17 日，阿克苏市召开社会科学界联合会第一次会员代表大会暨成立大会，出席大会代表 89 人。大会选举产生由 43 人组成的阿克苏市社会科学界联合会第一届委员会。社科联第一届委员会全体会议选举产生常委 15 名，主席 1 名，副主席 4 名，秘书长 1 名。

## 第三节　主要工作

2014 年，阿克苏市社会科学界联合会对全市各学会、协会进行摸底调研。

2015 年，阿克苏市社会科学界联合会对 16 个职能单位、街道、乡镇场报送的 2014 年社科普及活动相关资料进行收集整理，完成阿克苏市社科联首次《社会科学年鉴》的编撰工作；组织首批自治区社会科学普及基地活动；动员社科职能单位、学会（协会）申报 2015 年新疆维吾尔自治区社会科学联合会资助重点社科活动项目，全市共有 7 个单位 7 项社科活动项目报送自治区审批。

2016 年，阿克苏市社会科学联合会开展理论下基层社科普及活动，受教育群众 8000 余人。开展人文社科大讲堂专题讲座 1 场，300 余人聆听讲座；89 名社科联委员发挥作用，对各类研讨会、讲座论坛严格审核把关，将《阿克苏市推行“小街道、大社区”夯实社会稳定和长治久安根基》《阿克苏市信访维稳工作的现状、问题及对策研究》决策咨询项目选题推荐到地区、自治区社科联评审。

# 第二十六编　法　治

1990年以来，阿克苏市公安、审判、检察和司法行政部门，以维护社会稳定和长治久安工作为己任，严格执法，分工负责，互相配合，互相制约，协同作战，各尽其职，共同构筑了阿克苏市社会稳定、经济发展的良好局面。

公安机关进一步完善有效打击违法犯罪、加强社会治安防控的警务运作机制，开展专项打击，连续组织“严打”战役，严厉打击严重经济犯罪活动，侦破重大刑事案件。深入扫黄禁毒，加强对娱乐场所的管理，处置突发事件，加强群防群治和治安服务工作，为阿克苏市的经济和社会全面发展创造持续稳定的社会治安环境。

检察机关围绕严厉打击刑事犯罪、维护社会稳定、促进经济发展改革这一主线，依法开展刑事检察、控告申诉检察、民事行政检察，审查批捕、起诉犯罪嫌疑人，查办贪污贿赂、渎职犯罪和职务犯罪。依法对侦查业务、审判业务进行法律监督，保障公民法人合法权益不受侵害。

审判机关坚持以事实为根据、以法律为准绳，依法开展刑事、民事、经济、行政审判工作，维护公民、法人、社会组织的合法权益，化解社会矛盾，加大执行力度，解决执行难题，使当事人权益得到最大化实现，为全市经济建设、社会发展、人民生活营造良好的社会法治环境。

司法行政部门履行法治宣传、法律服务职能，加强人民调解，化解基层矛盾，开展律师服务、公证、司法鉴定、法律援助。紧紧围绕经济建设，普及法律五年规划，在全市形成“法律进万家，人人学法律”的社会氛围。

# 第一章　公　安

## 第一节　机　构

### 一　市公安局

1990 年，市公安局有政工科、政保科、治安科、消防科、看守所、行政拘留所、刑警队、交通大队、户政科等内设科室。

1993 年 2 月 4 日，市公安局成立秘书政工纪检通信、政保外事内保法制消防、治安科治安队农村派出所、预审科户政科、刑警队、交警大队、看守所治安拘留所、红桥派出所、兰干派出所、新城派出所、英巴扎派出所、红旗坡派出所和依干其派出所 13 个党支部。2 月 11 日，成立市公安局交警大队第六中队，负责金银川辖区的交通管理工作。6 月，公安局撤销纪检组，成立中共阿克苏市公安局纪律检查委员会。

1997 年 12 月，撤销内保科，秘书科更名为办公室，外事科更名为出入境管理科，增设督察室、“110”报警指挥中心、巡警队。

1999 年 8 月，市公安局交警大队与刑警队合并，更名为交刑警大队。12 月 15 日，经市机构改革领导小组办公室审核，设纪律检查委员会、交刑警大队、政工科、办公室、政保科、治安科、刑侦科、出入境管理科、通讯科、户政管理科、法制科、消防科、督察室、“110”报警指挥中心、看守所、行政拘留所、巡警队 17 个科室。

2000 年 3 月，市公安局国内安全保卫队和刑事警察队分别更名为国内安全保卫大队和刑事警察大队。6 月，公安局成立经济犯罪侦察大队。当年，法制股更名为法制科。

2006 年 1 月，交巡警大队分设为交通警察大队、巡警大队。

2007 年 5 月，公安局成立缉毒大队，2008 年 11 月 15 日，改为禁毒大队。

2008 年 11 月 19 日，户政科与治安科合并，组成治安管理大队。12 月，交通警察大队更名为交通管理大队，法制科更名为法制室。

2009 年 4 月，公安局办公室撤销，成立警务保障室，刑警大队更名为刑事侦查大队，政工科更名为政工室，法制科更名为法制室，巡逻警察大队更名为巡逻防暴大队，缉毒大队更名为禁毒大队。6 月，公安局成立特警大队，巡警防暴大队更名为巡逻警察大队。

2010 年 11 月，市公安局交通管理大队设置车辆管理所。2011 年，市公安局设立经济侦查大队、网络安全大队。

2015 年，市公安局设立便衣大队。

2016 年 8 月，公安局设立合成作战室、技侦大队、特战大队。年末，市公安局设指挥中心、国保大队、经侦大队、刑侦大队、治安大队、交警大队、特巡警大队、禁毒大队、便衣大队、特战大队、网安大队、技侦大队、出入境大队、办公室、政工室、纪检监察室、法制大队、警务保障室、情报中心、保安公司、拘留所、看守所等科室。

## 二 基层派出所

1990 年，阿克苏市有 4 个城镇派出所，8 个农村派出所，3 个企业派出所。

1997 年 3 月，公安局增设托喀依派出所。1999 年 10 月，公安局增设南城派出所。

1999 年 12 月 15 日，经市机构改革领导小组办公室审核，设新城派出所、兰干派出所、英巴扎派出所、红桥派出所、红旗坡派出所、依干其派出所、拜什吐格曼派出所、喀拉塔勒派出所、托普鲁克派出所、库木巴什乡派出所、阿依库勒派出所、托喀依派出所 12 个公安派出所。

2000 年 5 月，建化厂、工程团两个企事业派出所转制为公安派出所，分别更名为阿克苏市公安局林园派出所、阿克苏市健康路派出所，健康路派出所后更名为晶水路派出所。

2004 年 11 月，托喀依派出所移交农一师阿拉尔市公安局。

2009 年 4 月，增设火车站派出所。

2015 年，增设纺织工业城派出所、西城派出所。哈拉塔派出所更名为喀拉塔勒派出所，阿音柯派出所更名为阿依库勒派出所，浑巴什派出所更名为库木巴什派出所。

2016 年，市公安局下设兰干派出所、英巴扎派出所、红旗坡派出所、新城派出所、晶水路派出所、南城派出所、林园派出所、西城派出所、纺织工业城派出所、拜什吐格曼派出所、喀拉塔勒派出所、托普鲁克派出所、库木巴什派出所、依干其派出所、阿依库勒派出所。

# 第二节 户政出入境管理

## 一 常住人口管理

1990 年，市公安机关户口管理工作实行分层次管理，突出掌握重点人口以及有可能危害治安的人员情况。按照自治区人民政府《关于解决部分干部职工家属子女城镇户粮关系的通知》文件精神，批准落户 1482 人。

1995 年 6 月，按照地区的要求，市公安局将户政管理工作归口到各乡、镇、公安派出所，没有成立派出所的乡镇，仍由乡（镇）政府办理户口登记。城镇人口的管理实行动态管理，农村人口的管理按照城市化管理的标准，在年底前完成户口本的发放。9 月，市托普鲁克乡、库木巴什乡实行农村户口城市化试点，年底在全市范围内展开。

1997 年 8 月，林园派出所作为全市试点单位，进行常住人口信息微机录入工作。9 月，城区新城、英巴扎、兰干、红桥、红旗坡 5 个派出所开展人口信息微机录入，实现单机办公。

1999 年，完成全市派出所人口信息微机化管理，单机办公。同时，全市基本做到凭出生证落户。

2001 年，全市对外县、市非农业户口人口迁入免收城市增容费。制定《关于贯彻落实自治区人民政府〈转发公安厅户籍改革工作的意见的通知〉的实施意见》，成立小城镇户籍制度改革工作领导小组，颁布《关于办理小城镇户口的通告》和《办理小城镇户口问题解答》。全市 14 个派出所完成人口信息联网工作（采取电话拨号上网）。户口业务主项变更需由市公安局户政科人口信息系统审批，派出所方可办理。

2005 年，人口信息系统由五代升级为六代，全市系统完成市级数据集中，建成暂住人口、重点人口、出租房屋管理系统。实现“三口一屋”微机化管理。全市内户口迁移采用一站式办公，极大方便群众。联网方式由拨号上网改为光纤。

2010 年下半年，阿克苏市开展第六次人口普查户口整顿工作，为人口普查提供翔实准确的人口数据做好准备。

2016 年，市公安局重点发现和解决存在的重户人员，通过系统查询、查阅档案、走访入户、核查比对以及发函调查等方式，将任务细化、量化，责任到每个村（社区）警务室。

**表 26 – 1　1990 ~ 2016 年阿克苏市农转非情况一览表**

单位：件

| 年份 | 合计 | 年份 | 合计 | 年份 | 合计 |
|---|---|---|---|---|---|
| 1990 | 279 | 1999 | 1193 | 2008 | 2400 |
| 1991 | 1920 | 2000 | 5033 | 2009 | 2026 |
| 1992 | 2623 | 2001 | 9508 | 2010 | 2061 |
| 1993 | 4296 | 2002 | 7471 | 2011 | 1617 |
| 1994 | 3869 | 2003 | 2424 | 2012 | 1238 |
| 1995 | 4548 | 2004 | 5045 | 2013 | 876 |
| 1996 | 4512 | 2005 | 10878 | 2014 | 841 |
| 1997 | 3939 | 2006 | 2927 | 2015 | 1306 |
| 1998 | 5040 | 2007 | 2800 | 2016 | 398 |

## 二　流动人口管理

1990 年，阿克苏市共登记暂（寄）住人口 1801 人。

1992 年，全市暂（寄）住人口增加到 30044 人。

1995 年 5 月，市公安局开展暂住人口基本情况调查。11 月，开展对跨县（市）外来暂住人员调查摸底。全年办理暂住证 36187 人。

2004 年 10 月，全市开始实行《新疆维吾尔自治区暂住人口治安管理办法》，实行属地管理。为便于管理和查找，对出租房屋进行编排专门的门牌，进行统一规范管理。

2007 年，市公安局将全市暂住人口、出租房屋的基本信息全部录入计算机管理系统，实行计算机操作与管理，实现暂住人口网上追逃系统自动查验比对，暂住证计算机操作打印，格式规范，字体工整，实现暂住人员办理暂住证随到随办，缩短办证时间，提高服务效率。

2009 年 1 月 1 日起，不再收取暂住证（卡）工本费，实行免费服务，只要暂住人员携带有效证件、一寸两张免冠照片，即可到所在地派出所申请办理暂住证。市公安局加强暂住人口服务管理，推行“以房管人”工作模式，实现暂住人口的动态管理。

2011 年 10 月 1 日，《新疆维吾尔自治区居住证申领办法（试行）》正式施行。市公安局在全市范围内开展居住证受理工作。

2013，市公安局建立社区乡村的综治工作站，完善对居住人口和出租房屋分层次管理制度。

**表 26－2　1992～2016 年阿克苏市暂住人口情况一览表**

单位：人

| 年份 | 暂住人口 | 年份 | 暂住人口 | 年份 | 暂住人口 |
|---|---|---|---|---|---|
| 1992 | 30044 | 2001 | 71982 | 2010 | 79884 |
| 1993 | 45793 | 2002 | 76830 | 2011 | 89039 |
| 1994 | 28805 | 2003 | 87058 | 2012 | 130621 |
| 1995 | 36187 | 2004 | 76602 | 2013 | 154918 |
| 1996 | 42438 | 2005 | 114078 | 2014 | 116982 |
| 1997 | 42174 | 2006 | 99082 | 2015 | 120449 |
| 1998 | 38745 | 2007 | 98654 | 2016 | 173224 |
| 1999 | 91743 | 2008 | 91023 | | |
| 2000 | 63697 | 2009 | 104875 | | |

说明：含兵团第一师所属团场。

2015～2016 年，市公安局建立健全加强流动人口和出租房屋管理长效工作机制。落实暂住地的户主或者本人在 3 个小时以内向户口登记地警务室申报，6 个小时以内警务室民警完成对流动人口登记核查，9 个小时以内警务室民警在警务人口管理平台上完成对流动人口信息录入工作。建立以公安为主体、基层党组织和“访惠聚”工作队配合的流动人口服务管理工作机制，实现流动人口动态化、精细化管理。

## 三　居民身份证管理

1990 年，阿克苏市全面开展第一代居民身份证发放工作。

1993 年 5 月，按照自治区公安厅《关于开办居民身份“快证”业务的通知》，全市实行居民身份证“快证”业务。

1995 年 7 月 1 日，全市启用新式防伪居民身份证。

2000 年，市公安局组织检查居民身份证号码编制工作，加强居民身份证“快证”的管理。全年居民身份证号码由 15 位升至 18 位。

2006 年 7 月，全市开始办理第二代居民身份证，并建立第二代居民身份证人像数码采集系统。

2007～2016 年，市公安局共办理居民身份证 55 万个。

## 四　出入境管理

1990 年，市公安局受理、审核中国公民出国（境）人员 42 人。

1994 年，大陆去港、澳、台探亲政策放宽，申请数量明显增加，市公安局加强对出入境政策的宣传，当年，受理、审核阿克苏市中国公民出国（境）人员 123 人。

表 26 –3　1990 ~ 2016 年部分年份阿克苏市受理审核出入境人员情况表

单位：人

| 年份 | 受理审核出境 | 接待外国人、华侨、港澳台人员 | 年份 | 受理审核出境 | 接待外国人、华侨、港澳台人员 |
|---|---|---|---|---|---|
| 1990 | 42 | 6335 | 2005 | 932 | 1483 |
| 1991 | 68 | 9100 | 2006 | 1064 | 913 |
| 1992 | 88 | 4804 | 2007 | 1264 | 528 |
| 1993 | 113 | 2112 | 2008 | 1052 | 1401 |
| 1994 | 123 | 962 | 2009 | 1128 | 1805 |
| 1995 | 34 | 1985 | 2010 | 2330 | 2939 |
| 1996 | 57 | 1662 | 2011 | 2461 | 2826 |
| 2000 | 114 | 1414 | 2012 | 3231 | 2407 |
| 2001 | 166 | 416 | 2013 | 4094 | 2176 |
| 2002 | 243 | 938 | 2014 | 5886 | 2359 |
| 2003 | 369 | 212 | 2015 | 14482 | 2056 |
| 2003 | 369 | 212 | 2016 | 21453 | 4129 |
| 2004 | 845 | 1085 | | | |

2010 年，受理、审核阿克苏市中国公民出国（境）人员增至 2330 人，全市接待外国人、华侨、港澳台人员 2939 人次。

2016 年，市公安局共受理、审核阿克苏市中国公民出国（境）人员 21453 人。

## 第三节　治安管理

### 一　公共娱乐场所管理

1990 年，阿克苏市共有娱乐场所 20 家，其中舞厅 4 家、游戏厅 4 家、放映厅 6 家、音像制品销售点 6 家。市公安局以舞厅、录像放映点、卡拉 OK 个体经营路边店、咖啡店、台球场为重点，对公共娱乐场所开展整顿，全年共查处违规经营娱乐场所 16 家。

1999 年，市公安局将原使用的《公共娱乐场所安全合格证》变更为《公共娱乐场所治安许可证》，对全市 170 个按摩服务、美容美发、桑拿、洗脚场所及附带经营项目的宾馆、度假村规范其经营，取缔非法经营活动，严格年审和换照制度，全年检查公共娱乐场所 120 家。

2003 年，市公安局组织辖区派出所每月对辖区内公共娱乐服务场所进行一次治安检查，清理检查娱乐场所及相关行业 736 家次，其中美容美发业 324 家，从业人员 659 人；桑拿洗浴业 25 家，从业人员 236 人；音像制品出租、出售、放映业 96 家，从业人员 98 人；网吧 47 家，从业人员 110 人；游戏厅 4 家，从业人员 6 人；茶园、酒吧 48 家，从业人员 199 人；其他娱乐场所（专营舞厅、保龄球、台球室、棋牌社、文化馆、青少年宫、游泳池等）19 家，从业人员 84 人。

2008 年，市公安局严格落实《娱乐场所治安管理办法》，逐步向信息化管理迈进，将全市娱乐场所全部录入系统管理。年底，全市共有舞厅 30 家、网吧 90 家、游戏厅 130 家、酒水吧 12 家、棋牌社 165 家、洗浴 20 家、美容美发 95 家。

2012 年，市公安局进一步加大对行业场所技防设施建设的管理力度，市辖区网吧已经全部安装电视监控等技防设施，旅馆业全部安装视频监控系统和旅馆业治安管理系统，旅客实时上传率达 80% 以上；辖区内歌舞娱乐场所全部安装电视监控等技防设施。

2016 年，阿克苏市共有旅店 256 家、娱乐场所 174 家，市旅店业、娱乐场所等均建立完善各项治安保卫制度，落实人防、物防、技防等“三防”措施，“三防”总体覆盖率达 100%，技防安装率达 100%。

## 二 特种行业管理

1990 年，阿克苏市有特种行业 35 家，从业人员 157 人，其中旅馆业 20 家，修理业 11 家，旧货业 4 家。特种行业内部建立治保小组 38 个，有治保人员 110 名。

1993 年，全市统一实行《特种行业许可证》，有效期为 3 年。

1994～1997 年，阿克苏市加强对废品收购站、点的整顿，对 18 家废旧金属收购业经清理整顿后签订责任合同，7 家责令停业整改。

1998 年，全市共检查旅社、路边店 51 家，进一步规范经营行为和各项制度的落实。并依据属地管理原则，把特种行业的管理列为民警的岗位目标内容，实行责任制管理。

2000 年 3 月 25 日至 4 月 25 日，全市开展“扫黄打非”专项活动，共检查特种行业 142 家，查处 16 家。9 月，市公安局根据公安部要求，会同工商、税务、文化等部门，对特种行业进行彻底清查，对不符合规定要求的经营单位、个体户，限期整改。经过整顿，全市有旅馆业 54 家，修理业 59 家，印铸业 18 家，旧货业 12 家。特种行业内部建立治保小组 72 个，有治安员、保安员 179 人。特种行业从业人员提供可疑线索 11 条，协助公安机关破案 3 起，抓获犯罪分子 2 人。

2003 年，阿克苏市特种行业进行换证审验工作，其中旅馆业 98 家，典当、拍卖业 3 家，刻字业 5 家，废旧金属收购业 18 家，印刷、打字复印业 79 家，机动车修理业 146 家。

2008 年，全市完成旅店业报警系统安装任务 100%。加强和对旅馆业的审查、管理，全年通过旅店业治安信息系统共抓获逃犯 16 名。同时，加强对废旧物品、废旧金属收购站、点的整治工作，查获违规收购站点 1 家，破获系列盗窃电缆线案件 7 起，追缴回被盗电缆线 81 米。

2009 年，阿克苏市共有旅馆业 203 家，印章刻制业 5 家、典当拍卖业 2 家；通过旅馆业治安管理信息系统抓获网上在逃人员 13 人。

2011～2015 年，通过旅馆业治安管理信息系统抓获网上在逃人员 99 人。

2016 年，阿克苏市辖区共有旅馆业 243 家，印章刻制业 6 家、典当拍卖业 4 家。通过旅馆业治安管理信息系统抓获网上在逃人员 16 人。

## 三 危险物品管理

1990 年，阿克苏市公安局结合整顿城乡治安秩序，对全市枪支、弹药和易燃、易爆物品进行多次整顿，逐步建立一整套安全管理、使用、储存和运输的制度。

1996 年，市公安机关根据地区的统一行动，深入开展收缴枪支弹药专项活动。

1997 年 3 月，市公安局成立清理收缴枪支、弹药及其他危险物品领导小组。至 2008 年底，先后进行 20 余次安全大检查和收缴枪支、弹药、爆炸物品专项行动。

2010 年，市公安局建成公务用枪管理信息系统，对所有枪支都纳入信息管理，对各部门枪支在使用、保管、装备上实现网上管理。录入涉枪单位 21 家，录入民用枪支单位 2 家。在民爆物品管理上，建成民爆物品管理系统，切实做到对民爆物品管得住、数量准确，实现网上审批、网上办公、网上管理、各类数据对比，录入涉爆单位 6 家，有效规范民爆物品的管理和使用，防止民爆物品的漏管、流失。

2012 年，市公安局先后整治治安乱点 32 处，排查整治重点部位 13 处；梳理排查社会矛盾隐患 37 起，调处化解 8 起。

2016 年，市公安局坚持做好民爆物品安全监管工作，对 7 家涉爆从业单位全部落实安装危爆物品管控平台，各爆破作业单位落实作业现场全时视频采集。同时，严格落实烟花爆竹销售、零售单位备案、审批、开证规定，对全市 2 家烟花爆竹批发企业和 2 个销售营业点全部落实视频监控和终端信息采集。

## 四 “110”警务

1997 年 8 月，市公安局指挥中心启用“110”接处警系统，接处群众的刑事（治安）案件、交通事故、社会救助等报警电话，并及时向基层派出所下达相关指令，实行全天候值班和接处警跟踪反馈制度。形成对接处警的综合调度，建立以派出所、刑警、消防、交警为主的联动机制。

1999 年，市公安局对“110”系统进行技术改造，完成接处警的交换、调度、排队机三合一，接警由 17 秒缩短到 3 秒，调度由原来的空白到直接和间接三方调度。同时增加完成“110”无线组网调度系统。

2000 年，市公安局“110”报警服务台实现对城区金融网点的语音智能联网报警。2001 年完成全城网点安装联网工作。

2004 年，新建的“110”指挥中心办公大楼开始启用。在城区主要道路安装道路监控和电子警察系统，指挥中心大厅增加电子警察监控席，能够通过电视墙对城区各道路治安情况进行实时监控。

2006 年，全面建设警务综合系统和办公自动化系统。

2008 年，完成全疆首家四级网视频会议系统建设，当年，共有效接警 2.94 万起。

2010 年，完成平安城市二期、三期、四期建设工作。

2014 ~ 2016 年，有效接警 15.51 万起。

表 26 – 4　1997 ~ 2016 年阿克苏市 110 接处警情况表

单位：起

| 年份 | 接处警 | 年份 | 接处警 | 年份 | 接处警 |
|---|---|---|---|---|---|
| 1997 | 979 | 2004 | 12207 | 2011 | 40525 |
| 1998 | 2500 | 2005 | 10590 | 2012 | 44841 |
| 1999 | 3840 | 2006 | 17870 | 2013 | 46212 |
| 2000 | 5086 | 2007 | 24426 | 2014 | 48601 |
| 2001 | 7537 | 2008 | 29420 | 2015 | 54452 |
| 2002 | 8067 | 2009 | 31646 | 2016 | 52013 |
| 2003 | 8974 | 2010 | 38605 | | |

**表 26－5　2007～2016 年阿克苏市 110 指挥中心各类报警案件汇总表**

单位：起

| 案件类型＼年份 | 2007 | 2008 | 2009 | 2010 | 2011 | 2012 | 2013 | 2014 | 2015 | 2016 |
|---|---|---|---|---|---|---|---|---|---|---|
| 治安类 | 20719 | 16978 | 14170 | 5996 | 1820 | 746 | 852 | 786 | 852 | 1077 |
| 交通类 | 5081 | 5333 | 5639 | 7735 | 9880 | 12023 | 12382 | 13454 | 14782 | 12694 |
| 群众求助 | 6339 | 6552 | 10840 | 23399 | 28037 | 31308 | 32370 | 33746 | 37938 | 36760 |
| 火灾 | 95 | 84 | 103 | 64 | 52 | 22 | 12 | 10 | 224 | 302 |

## 五　治安管理

### （一）治安处罚

1990 年，查处治安案件 639 起，查处违法人员 624 人。

1991～2008 年，共查处治安案件 2.08 万起，查处违法人员 2.08 万人。

**表 26－6　1990～2016 年阿克苏市查处治安案件一览表**

| 年份 | 发案（起） | 查处（起） | 查处率（%） | 处理人数（人） | 年份 | 发案（起） | 查处（起） | 查处率（%） | 处理人数（人） |
|---|---|---|---|---|---|---|---|---|---|
| 1990 | 639 | 639 | 100 | 624 | 2004 | 1550 | 1313 | 84.71 | 1432 |
| 1991 | 673 | 673 | 100 | 714 | 2005 | 2993 | 2056 | 68.69 | 2186 |
| 1992 | 801 | 774 | 96.63 | 699 | 2006 | 3964 | 2224 | 56.11 | 2963 |
| 1993 | 618 | 611 | 98.87 | 850 | 2007 | 3325 | 2249 | 67.64 | 2315 |
| 1994 | 821 | 788 | 95.98 | 727 | 2008 | 3242 | 2489 | 76.77 | 2523 |
| 1995 | 597 | 585 | 97.99 | 309 | 2009 | 3208 | 2572 | 80.17 | 2507 |
| 1996 | 762 | 759 | 99.61 | 395 | 2010 | 2936 | 2366 | 80.60 | 2980 |
| 1997 | 977 | 974 | 99.69 | 453 | 2011 | 2135 | 1663 | 77.89 | 1830 |
| 1998 | 804 | 804 | 100 | 498 | 2012 | 1784 | 1428 | 80.00 | 1811 |
| 1999 | 720 | 720 | 100 | 697 | 2013 | 1741 | 1271 | 73.00 | 1797 |
| 2000 | 721 | 721 | 100 | 648 | 2014 | 1131 | 790 | 69.85 | 1216 |
| 2001 | 844 | 844 | 100 | 721 | 2015 | 1362 | 1275 | 93.61 | 1726 |
| 2002 | 803 | 803 | 100 | 1115 | 2016 | 1235 | 1196 | 96.84 | 1687 |
| 2003 | 1572 | 1409 | 89.63 | 1522 | | | | | |

2010 年，市公安局共受理治安案件 2936 起，查处 2920 起，结案 2366 起，结案率达 80.60%。

2016 年，共受理治安案件 1235 起，查处 1196 起，结案率达 96.84%。

### （二）意外治安事故

1993 年 3 月 8 日，阿克苏市托海牧厂职工沙某用捡到的 6 枚震源弹带家人去炸鱼，炸死 2 人，炸伤 4 人。

1998 年 6 月 13 日下午，阿克苏市城建局清洁工艾某在地区粮食处院内垃圾箱中发现 2 枚手榴弹，打开手榴弹后盖后，拉开拉环，发现手榴弹冒烟，便扔在一边躲起来，手榴弹爆炸，炸伤行人 3 人。

2010 年 11 月 29 日，位于阿克苏市杭州大道的阿克苏第五小学发生踩踏事故。100 多名学生被送往医院救治，6 名学生伤势较重。

## 六　基层治安管理

（一）治保组织建设

1991 年，阿克苏市有治安联防组织 187 个，治安人员 883 人。

1992 年，全市继续加强治安联防队、护厂（校）队、治安巡逻队及保安服务公司建设，以街道办事处为单位组成治安联防队，推广住宅安装防盗门、防盗锁。

1993 年，全市加强建立防范措施，实行多层次防范机制，推行“谁主管，谁负责”的安全保卫责任制，实行人防和技防相结合，群防和巡逻相结合。

2012 年，全市共有重点单位内保组织 296 家，内保人员 1700 余人。市公安局及时督促全市重点企事业单位全部安装防盗门、防护栏、防盗窗等必要的物防设施，重点单位物防落实面达 100%；技防建设中，及时督促重点企事业单位安装技防设施，全市 296 个重点单位的 556 个重点部位安装红外报警器和电视监控等技防设施，安装率达 100%。

2013 年，阿克苏市共有治安保卫重点单位 296 家，要害部位 555 处。全市各企事业重点单位均建立完善各项治安保卫制度，关系国计民生的重点单位均全部落实人防、物防、技防等“三防”措施，“三防”总体覆盖率达 100%，技防安装达 88% 以上。

2016 年，全市重点单位治保组织 296 个，治保人员 1808 人。治保组织协助公安机关抓获犯罪嫌疑人 11 人，协助破案 12 起，调解民事纠纷 235 起。

（二）综合治安治理

1990 年开始，市公安局从上而下实行层层签订综合治安责任书。1991 年，市公安局强化治安管理措施，逐级健全综合治理领导机构，层层落实治安承包责任制，针对城区扒窃案件和自行车被窃案件上升状况，组织夜间巡逻检查。

1993 年，全市加强基层基础工作和信息网络建设，建立治安巡逻制度。对违法青少年开展摸底调查，以初高中、技工学校等为重点，成立帮教小组，由管区民警、学校、家长相互配合实施帮教，确定帮教对象 15 名。

1995 年，全市基层基础设施明显改善，75% 的派出所拥有固定的办公场所。

1999 年，市公安局以整治社会治安秩序和社会突出问题为重点，落实民警岗位责任制，依法加强和改革各项治安管理措施，开展整治农村集贸市场、城乡接合部、公路、铁路沿线的专项治理，坚决打击破坏选举，侵犯农民权利，坑农、害农，破坏农田水利、电力、农机设施，盗窃牲畜等违法犯罪活动。

2000 年后，市公安局围绕发案少、秩序好、信息灵、社会稳定、群众满意的工作目标，夯实公安基层基础工作，抓好综合治安工作。

2007 年，市公安局共查处盗窃自行车（电动自行车）案件 168 起，其中刑事案件 32 起，治安案件 136 起，抓获各类违法犯罪嫌疑人 44 人，其中刑事拘留 2 人、其他处理 42 人，打掉犯罪团伙 3 个，涉案人员 14 人。收缴各类自行车 170 辆、返还自行车 45 辆，捣毁非法销售自行车窝点 2 个。

印制、张贴《关于严厉打击盗窃自行车等违法犯罪活动的通告》维吾尔语、汉语共2000份，发放自行车防盗宣传资料5000余张，悬挂横幅10条。

2008年，市公安局组织全体民警放弃休息日在人员密集场所宣传防盗防火防抢常识宣传单8000余份，张贴通告2000余份，广泛宣传整治盗窃自行车违法犯罪活动的现实意义。全年共立自行车被盗案件174起，破47起，收缴自行车27辆，抓获嫌疑人37人，行政拘留20人，返还18辆。

2010年，市公安局先后整治红桥转盘等重点部位4处，组织全市治安大清查16次，实施军警民联合处突演练8次，完善各类预案26套，同时交警部门针对酒后驾驶、车辆超速等突出问题，开展道路交通秩序专项治理，共查处、纠正各类交通违法行为47733起，查处无证驾驶4665起，酒后驾驶177起，行政拘留34人。

2014年，市公安局狠抓“反恐严打斗争、社会矛盾化解、社会管理创新、农村（社区）警务战略”等重点工作，确保全市社会大局持续稳定，为人民群众安居乐业创造安定团结的政治局面。

2016年，市公安局以危爆物品管控、流动人口管理、社会面防控、双实摸排为工作重点，抓好综合治安工作。

（三）社会治安防控

1. 社会面巡逻防控

2011年，市公安局按照地区推进围栏、天眼地网、百岗千队万哨“三基工程”建设要求，依托20个治安岗亭，科学配置警力，建立24小时巡逻机制，覆盖全市重点单位、重点部位和复杂场所。

2012年，全疆“网格化”巡防暨农村（社区）警务工作推进会在地区召开。市公安局依干其派出所依干其村警务室、南城派出所托万克巴扎巴格社区警务室，作为推进会农村（社区）警务建设的观摩点进行展示，得到参会各级领导的好评和肯定。全市建一级网格1个，二级网格8个，三级网格33个，建立起新型全天候、全方位、无缝隙立体巡防网络。

2013年，整合交警、巡警职能，建立复合型的街面巡防机制，推进“网格化”巡防和“岗亭”“公安检查站”规范化建设。

2016年，加强人员密集场所管理，在复杂区域推行“庭院化”管理，形成以便民警务站为依托的社会治安防控体系。

2. 公安检查站

2011年，市公安局在红旗坡收费站、库勒收费站、阿塔公路68千米处设立3个公安检查站。

2012年，增设沙井子、西大桥、东立交公安检查站，阿塔公路68千米处检查站移交兵团第一师阿拉尔市公安局。

2016年，全市建成“四级护城河”公安检查站26个，全部安装视频专网，实现厅地县三级视频指挥调度。

3. 便民警务站

2012年，按照推进围栏、天眼地网、百岗千队万哨“三项工程”建设要求，建设28个治安岗亭，科学配置警力，全天候开展巡逻防控。

2014 年，全市治安岗亭更名为便民警务服务站。

2016 年，按照两个“1 分钟”和两个“30 秒”快速处置刚性要求，以城区 6 横 8 纵主干道为主线，以道路十字为基准点，以学校幼儿园、人员密集场所、重点复杂区域为覆盖点，科学布局，共建成 159 个便民警务站。

## 七　安全保卫

### （一）节假日安全保卫

1990 ~2007 年，市公安机关每年在“五一”、“十一”、春节、元宵节、肉孜节、古尔邦节等节假日期间，组织开展安全保卫工作。

2008 年，市公安机关以奥运安保工作为中心，完成“三节两会”“奥运火炬新疆传递”等安全保卫任务，确保警卫目标的绝对安全。

2013 年，市公安局将中小学和幼儿园安保作为一项重要工作，整改校园安全隐患 39 处。

2016 年，市公安局完成元宵节安保、“G20”、亚欧博览会、“两会”等安全保卫任务 300 余次。

### （二）巡警处警

2006 年，市公安局成立巡警大队。当年，共接处警 1. 47 万起，其中治安案件 6720 起，刑事案件 109 起，其他案件 7341 起。查破各类现行案件 84 起，抓获各类犯罪涉嫌人 229 人。

2013 年，交通管理大队与特巡警大队合并，交特巡警大队共接警 1. 53 万起，其中治安警情 1453 起，交通类 2054 起。

2016 年，交特巡警大队共接处警 2. 24 万起，其中治安警情 6216 起，交通类共接警 1. 62 万起。

表 26 －7　2006 ~2016 年阿克苏市交特巡警大队接处警一览表

单位：起

| 年份 | 共接处警 | 其中 | | | |
|---|---|---|---|---|---|
| | | 治安类 | 刑事类 | 交通类 | 其他 |
| 2006 | 14710 | 6720 | 109 | | 7341 |
| 2007 | 5303 | 2098 | 105 | | |
| 2008 | 2244 | 1084 | 234 | | |
| 2009 | 2902 | 546 | 182 | | |
| 2010 | 3679 | 788 | 142 | | |
| 2011 | 3945 | 963 | | | |
| 2012 | 4825 | 1024 | | | |
| 2013 | 15342 | 1453 | | 2054 | |
| 2014 | 20351 | 2048 | | 16632 | |
| 2015 | 21548 | 3188 | | 17262 | |
| 2016 | 22402 | 6216 | | 16186 | |

### （三）保安服务

1994 年 7 月 1 日，阿克苏市保安服务公司成立，下设办公室、财务室、人防部，有保安员 50

名，为40个单位提供保安有偿服务。翌年，增加到42个单位。

2000年，公司有保安员84人，为52个单位提供保安有偿服务。当年，公司三中队被自治区公安厅授予全疆“十佳”保安班组称号。

2006年，公司取得具有三级资质的安全技术防范工程设计、施工、维修资格证，成立技防部。有保安员374人，为89家单位提供保安有偿服务。全年，公司协助公安机关共破获各类案件17起，提供有价值线索29条，抓获犯罪嫌疑人47名，制止违法犯罪活动36起，消除安全隐患78起，调解各类民事纠纷321起，挽回经济损失30余万元。为社会提供无偿服务1220人次。

2010年，公司为53个单位和132个服务网点提供保安有偿服务，完成全地区8家银行65个营业网点及15个离行式ATM机的报警监控系统安装运作，通过旅馆业治安管理信息系统上传数据80万人次，抓获网上在逃人犯25人。为棉花加工企业、民用爆炸物品涉爆单位提供武装押运有偿服务，通过ISO9001：2008国际质量管理体系认证。

2014年7月，公司改制并报经自治区公安厅取得《保安服务许可证》，9月1日正式成立注册资本1000万元、由市国资委控股51%、民间资本占49%的阿克苏金盾保安服务有限责任公司。

2016年，公司注册资金增加到3000万元，通过招聘和整合，保安队伍扩大到1572人，为阿克苏市13大行业458家单位提供人防服务，为各类大型活动以及社会面巡逻防控提供无偿服务出动保安人员1.6万余人次，协助公安机关破获刑事犯罪案件13起，抓获拐卖儿童及盗窃嫌疑人7人，处理各类矛盾纠纷260余起，帮助寻找走失儿童9名，完成阿克苏市区内64个公共停车场的评估、接收、升级改造和管理运营工作，武装押运中心为阿克苏市各大银行114个网点和404台ATM机以及13家涉爆企业提供加款和武装守护押运服务，新增押运车16辆。

## 八　监所管理

### （一）看守所管理

1990年后，阿克苏市看守所每年修订演练预案。做好对在押人员的防病治病和防暑降温工作，组织安全检查。举行预防突发事件实地联合演练。1998年，对在押人员实现考核、奖惩制度。1999年设立“未成年人监室”。2001年，对在押人员实行分类关押、分别教育管理制度。2002年5月、2007年5月分别举办在押青少年现身说法演讲会，并与阿克苏地区艺校签订“所校共建”协议书，7月被阿克苏市教委、教育局确定为阿克苏市青少年法制教育基地。

至2010年，在押人员经教育感化，坦白检举各类违法犯罪线索1.07万条，破获各类隐、积案1841起，抓获犯罪嫌疑人352人。

2010年，市看守所向社会开放活动，全年向社会开放3次，并建立看守所对社会开放的长效机制，定期向社会开放。11月开始，所有犯罪嫌疑人、被告人、罪犯在羁押于阿克苏市看守所前，均需在阿克苏市中医院进行体检并确认无《看守所条例》规定的拒收情形后方可办理入所手续，从源头上杜绝监管场所涉案人员非正常死亡事故的发生。

2013年，确定阿克苏市中医院为新入所犯罪嫌疑人、被告人体检的指定医院，所有体检费用全部由阿克苏市财政负担；在两家医院开通被监管人员急病就医绿色通道，两家医院的内科、外科住院部、传染科给所在押人员救治预留4间特殊病房。由阿克苏市一家医院每月两次派两名医生对全体在押人员进行一次疾病筛查，以全面掌握在押人员身体健康状况，维护在押人员的人身权利、生命健康权益。

2016 年，市看守所设立在押人员投诉登记台账，建立在押人员投诉、调查、反馈制度，在接待大厅公布看守所电话和律师、办案单位预约电话，规范窗口服务工作，建立特邀监督员制度，定期邀请人大代表、政协委员以及召开法律界人士、社会群众、在押人员家属座谈会等形式，主动接受社会监督，不断改进监管工作。

（二）拘留所管理

2001 年 12 月，市拘留所被公安部监所管理局评为达标治安拘留所。2006 年 2 月，治安拘留所更名为阿克苏市拘留所。12 月，被定为三级拘留所。2008 年，投资 320 万元，新建拘留所，占地面积 3996 平方米，实现床位制。新建拘留所设施有医务室、图书室、集中学习室、大食堂、小食堂、拘留人员浴室、接待室、询问室、会见室、洗衣房、户外活动场地。

2010 年 7 月，投资 30 万元，安装监控系统、受虐报警系统。10 月，市拘留所被公安部评为全国推行拘留所管理教育新模式先进集体。12 月在等级达标考核中被评为二级拘留所。

2012 年，市拘留所被公安部评为一级拘留所。

2016 年 7 月，市拘留所花费 26 万余元完善整合监区内外原有视频监控系统，提高监所安全管理技防水平。10 月，市拘留所通过公安部一级拘留所达标验收，并受到自治区公安厅全疆表扬通报。

## 第四节　交通安全管理

### 一　车辆管理

（一）机动车管理

1990 年，阿克苏市公安局交通管理大队主要负责监督管理汽车、马车和人力车，检查机动车辆新车入户、过户、改型、车辆性能、车辆年检等。年内，全市拥有机动车 523 辆，其中大型载客汽车 6 辆，小型载客汽车 426 辆，大型载货汽车 24 辆，小型载货汽车 7 辆，挂车 4 辆，其他 56 辆。

2016 年 11 月 30 日，全市拥有机动车 133581 辆，其中大型载客汽车 2017 辆，小型载客汽车 86354 辆，大型载货汽车 9763 辆，小型载货汽车 15269 辆，摩托车 15120 辆，挂车 1493 辆，其他 3565 辆。

**表 26－8　1990～2016 年阿克苏市机动车辆分类一览表**

单位：辆

| 年份 | 大型载客汽车 | | 小型载客汽车 | | 大型载货汽车 | | 小型载货汽车 | | 摩托车 | 挂车 | 其他 |
|---|---|---|---|---|---|---|---|---|---|---|---|
| | 营运性 | 非营运性 | 营运性 | 非营运性 | 营运性 | 非营运性 | 营运性 | 非营运性 | | | |
| 1990 | 1 | 5 | 30 | 396 | 23 | 1 | 7 | | | 4 | 56 |
| 1991 | 6 | 7 | 42 | 490 | 47 | 2 | 11 | | | 32 | 95 |
| 1992 | 8 | 9 | 59 | 665 | 57 | 9 | 23 | 1 | | 45 | 148 |
| 1993 | 19 | 14 | 78 | 979 | 70 | 11 | 32 | 5 | 3 | 48 | 181 |

**续表**

| 年份 | 大型载客汽车 | | 小型载客汽车 | | 大型载货汽车 | | 小型载货汽车 | | 摩托车 | 挂车 | 其他 |
|---|---|---|---|---|---|---|---|---|---|---|---|
| | 营运性 | 非营运性 | 营运性 | 非营运性 | 营运性 | 非营运性 | 营运性 | 非营运性 | | | |
| 1994 | 49 | 28 | 155 | 1358 | 231 | 18 | 165 | 76 | 3 | 89 | 195 |
| 1995 | 81 | 40 | 2349 | 2083 | 634 | 23 | 361 | 201 | 3 | 154 | 273 |
| 1996 | 111 | 56 | 389 | 2881 | 1022 | 37 | 519 | 284 | 565 | 179 | 305 |
| 1997 | 137 | 71 | 467 | 3608 | 1421 | 41 | 703 | 364 | 6319 | 209 | 569 |
| 1998 | 154 | 86 | 563 | 4224 | 1723 | 43 | 989 | 455 | 12353 | 232 | 982 |
| 1999 | 209 | 97 | 638 | 4959 | 2074 | 47 | 1737 | 587 | 15752 | 238 | 1482 |
| 2000 | 280 | 126 | 686 | 5564 | 2279 | 52 | 1604 | 759 | 18675 | 250 | 1920 |
| 2001 | 380 | 149 | 741 | 6243 | 2547 | 54 | 1809 | 973 | 20530 | 260 | 2337 |
| 2002 | 543 | 164 | 723 | 7517 | 2994 | 69 | 2034 | 1316 | 21723 | 306 | 2715 |
| 2003 | 743 | 205 | 775 | 9518 | 3792 | 92 | 2427 | 1731 | 22658 | 425 | 3340 |
| 2004 | 918 | 245 | 928 | 11572 | 4372 | 109 | 2887 | 2066 | 24296 | 572 | 3761 |
| 2005 | 1074 | 281 | 1136 | 13630 | 4831 | 128 | 3191 | 2352 | 26826 | 716 | 4025 |
| 2006 | 1248 | 332 | 1422 | 16697 | 5101 | 131 | 3588 | 2675 | 29385 | 839 | 4352 |
| 2007 | 1447 | 376 | 1908 | 19737 | 5565 | 146 | 4075 | 2976 | 30903 | 974 | 4879 |
| 2008 | 1579 | 420 | 2701 | 23606 | 6127 | 154 | 4616 | 3208 | 32200 | 1080 | 5521 |
| 2009 | 2053 | 546 | 3511 | 30688 | 7965 | 200 | 6001 | 4170 | 41860 | 1404 | 7177 |
| 2010 | 2669 | 710 | 4565 | 39894 | 10355 | 260 | 7801 | 5422 | 54418 | 1825 | 9330 |
| 2011 | 1781 | 669 | 2583 | 42175 | 10695 | 137 | 8019 | 2970 | 26622 | 1773 | 4590 |
| 2012 | 1710 | 756 | 2600 | 50641 | 11694 | 146 | 9592 | 3282 | 23248 | 1858 | 5429 |
| 2013 | 1591 | 842 | 2353 | 64288 | 11980 | 159 | 4152 | 1206 | 23450 | 1982 | 5246 |
| 2014 | 1540 | 842 | 2252 | 68428 | 12038 | 205 | 11600 | 3968 | 23625 | 1841 | 4607 |
| 2015 | 1358 | 776 | 2143 | 74790 | 10101 | 195 | 10912 | 3787 | 16230 | 1575 | 3784 |
| 2016 | 1219 | 798 | 2200 | 84154 | 9571 | 192 | 11237 | 4032 | 15120 | 1493 | 3565 |

（二）机动车号牌管理

1989 年至 1994 年 6 月，阿克苏市机动车号牌牌面为双排结构，上排“新疆 43”，用汉字注明自治区名称，“43”为阿克苏市发牌机关代号，下排有 5 个阿拉伯数字代表车辆编号；号牌表面采用烤漆。“43”式号牌有效期至 1996 年 6 月。

1994 年 7 月，阿克苏市机动车号牌结构为一排“新－N××××”，第一位汉字代表新疆维吾尔自治区，第二位英文字母表示阿克苏地区，后 5 位阿拉伯数字表示阿克苏地区境内机动车辆的编号。小型车号牌表面采用发光漆，有极强的反光效应。

2007 年 10 月 10 日，公安部交管局印发《关于实施中华人民共和国机动车号牌行业标准的通知》要求，新标准调整大型汽车号牌的适用范围，取消“外籍车号牌”种类，增加防伪标识，号牌样式和规则不变。

2016 年 10 月 1 日，摩托车号牌由原来的 2 面改成 1 面（后面悬挂）。

（三）非机动车辆管理

1990 年，阿克苏市共有自行车 67893 辆，脚踏三轮车 34 辆，人力板车 7813 辆，畜力车 24573 辆。

1991 年，市公安局交警大队非机动车管理所对全市自行车、脚踏三轮车进行注册登记，1 车 1 档，发放号牌。

2000 年后，非机动车辆管理业务停办。共为自行车、三轮车打钢号 85600 辆。市公安局交通警察大队开展非机动车交通秩序整顿，查处非机动车违法行为353起。

2004年，市公安局交通警察大队开展非机动车、行人交通违法专项整治工作，对自行车闯信号、不分道行驶、载人等交通违法行为进行大力整治，共查处非机动车违法行为703起。

2005～2007年，市公安局交通警察大队进一步加大对非机动车的管理工作，共查处非机动车违法行为1738起。

2008～2010年，市公安局交通管理大队为有效遏制非机动车违法行为的多发态势，规范非机动车行车、停车秩序，维护广大人民群众切身利益，营造文明、安全、畅通、有序的道路交通环境，进一步加大对非机动车的管理力度。共查处非机动车违法行为5426起。

2012年，市公安局交通管理大队在每个路口安排一定数量的民警、协警、“4050”人员对路口非机动车交通违法行为进行纠正、警告教育，对屡教不改、态度恶劣、不服从管理的交通违法行为严格按照规定进行处理。

2015年，市公安局交通管理大队通过路口固定执勤、沿线道路巡逻的方式，形成密集管控网格化管理，对非机动车违反交通信号通行、不服从交警指挥、不在非机动车道内行驶等交通违法行为进行严查严管。全年登记非机动车31447辆。

2016年，市公安局交通管理大队将非机动车不戴安全头盔等交通违法行为列入整治工作重点，发挥十字路口执勤民警、协警和“4050”人员的职能作用，坚持教育为主、处罚为辅，对未配备安全头盔的驾乘人员进行现场批评教育或限时执勤，消除摩托车、电动车不戴安全头盔等交通违法行为。

## 二　驾驶员管理

1990年，阿克苏市主要采用技校或短期训练班（队）的形式培训驾驶员，教学内容有法制、职业道德、交通规则、汽车构造、驾驶操作、现场救护、维修保养等，时间为4～6个月。

1992～1993年，市公安局交警大队不断抓驾驶员安全学习，坚持每星期五下午进行安全教育，采取组织学习有关文件、放录像、考试等多种形式，丰富驾驶员的交通安全学习内容，增强交通安全意识，提高驾驶员学习的自觉性。

1996年后，市公安局交警大队针对摩托车无牌无证较为突出的情况，组织驾驶人员学习法律法规知识，召集观看宣传光碟警示教育片，做到警钟长鸣。定期对摩托车驾驶人员进行培训，强化管理，减少无牌无证驾车。

1998年，市公安局交警大队组织全市机动车驾驶员集中20天时间，学习道路交通安全法律法规，观看专题录像片《为了行路平安》、《车轮下的惨案》和《车轮下的死亡档案》等，提高驾驶员的交通安全意识。

2000年起，市公安局交警大队开始对机动车驾驶员交通违章实行记分管理。

2001～2005年，市公安局交警大队开展专项治理整顿，对违章驾驶员进行严查重罚，加强交通安全教育；对超载超速、无证驾驶人员进行交通安全知识和法规知识学习，增强驾驶员的交通安全意识。对全市三轮摩托车、电动车驾驶员进行专项整治，进一步加强全市交通秩序管理，消除事故隐患。

2007 年，市公安局交警大队在全市实行市直机关和企事业单位驾驶员的安全行驶与年终考核挂钩制度。

2009 年，市公安局交通管理大队进一步加大对出租车驾驶员和发生交通事故的驾驶员的培训力度，凡出租车违法、发生交通事故的驾驶人全部参加为期 3 ~ 5 天的安全教育培训。全年共开办驾驶员培训班 48 期。

2016 年，市公安局交通管理大队结合经常发生的出租车交通违法行为典型事故案例，分析事故的主要原因及各类违法行为的界定和处罚标准，使出租车司机充分了解道路交通事故发生原因及可能导致的后果。进一步加深对交通法规和交通事故的认识与理解，自觉抵制交通陋习，文明驾驶。

## 二　交通设施管理

1990 年，阿克苏市区设置安全标志牌 42 块，反光标志牌 85 块，安全标志标线 4989 米。是年，阿克苏市公安交通大队被评为自治区交通管理先进单位，奖励摩托车 2 辆。

1996 年 5 月，由于城市道路的改造和扩建，主要街道出现交通拥挤、道路不畅等现象，市公安局交通大队对市区主要街道采取分流、禁行、限时、限路、禁止左转弯、单向行驶等措施。

2006 年，市城区道路标志牌达 111 块。其中禁令标志 80 块、限速标志 12 块、提醒限速标志 10 块、禁止鸣号标志 9 块。

2007 年，市公安局深入贯彻实施《中华人民共和国道路交通安全法》，在全市范围内开展公路危险路段排查工作，排查出危险路段、事故黑点 18 处。

2016 年，随着阿克苏市机动车数量的大幅增长，全市完善各项交通设施，根据各道路口的实际条件合理设置红绿灯；及时设置交通标志标线，为市民提供完善、清晰的道路信息，保证交通畅通和行车安全。并在城区主路段设置隔离栅、隔离墩等，使行人和车辆更安全地出行。

## 四　交通秩序整顿

1993 年 5 月 1 日，市公安局发布对非机动车管理的通告。

1995 年 5 月，市公安交通大队投入全部警力，对阿克苏市区、市郊的交通秩序进行治理整顿，共纠正违章 13110 人次，其中批评教育 3716 人，处罚 9394 人次。11 月，阿克苏市交通大队为保证中小学生交通安全，经市人民政府批准，对团结路、健康路实行限制车辆通行。

2006 年，市公安局为进一步加强道路通行秩序管理，全力遏制机动车超速、客车超员、酒后驾驶等严重交通违法行为，预防和减少重特大道路交通事故，开展重点违法行为专项整治，查处各类违法行为为 23456 起。

2007 年 10 月，开展预防重特大道路交通事故百日行动集中整治，查处各类交通违法行为 2389 起。

2009 ~ 2010 年，市公安局交通管理大队加大事故预防工作力度，开展酒后驾驶整治、出租车整治、摩托车专项整治。共查处各类交通违法行为 18. 19 万起。

2016 年，市公安局交警大队坚持把“防事故、保安全、保畅通”作为推进社会稳定和长治久安总目标的第一要务，预防和减少重特大道路交通事故，共查处各类交通违法行为 18. 2 万起。

## 五　交通安全宣传教育

1990 ~ 1992 年，市公安局交警大队主要以配合交通部门结合车辆和驾驶员管理等工作，对交通秩序进行整顿，开展安全检查和驾驶员安全教育工作，加强行车安全管理。

1992 年，市公安局交警大队成立宣传办，开始对驾驶员每月有组织地进行集中宣传教育，所有驾驶员统一办理学习卡，学习完后加盖学习专用章。至 1998 年底，共教育驾驶员 55 万人次。

2016 年，市公安局通过各种方式开展交通安全教育，共进行宣传报道 225 次。

表 26 - 9　1990 ~ 2016 年阿克苏市交通安全宣传教育情况一览表

| 年份 | 宣传报道（次） | 张贴公告（次） | 布告（次） | 宣传单（份） | 年份 | 宣传报道（次） | 张贴公告（次） | 布告（次） | 宣传单（份） |
|---|---|---|---|---|---|---|---|---|---|
| 1990 | 32 | 17 | 12 | 6000 | 2004 | 126 | 91 | 80 | 45000 |
| 1991 | 36 | 19 | 15 | 7000 | 2005 | 135 | 95 | 85 | 49000 |
| 1992 | 42 | 23 | 20 | 9000 | 2006 | 140 | 99 | 88 | 51000 |
| 1993 | 48 | 32 | 28 | 11000 | 2007 | 145 | 101 | 92 | 53000 |
| 1994 | 56 | 45 | 58 | 13000 | 2008 | 153 | 119 | 105 | 55000 |
| 1995 | 60 | 51 | 45 | 15000 | 2009 | 161 | 123 | 111 | 57000 |
| 1996 | 65 | 55 | 50 | 17000 | 2010 | 168 | 131 | 123 | 60000 |
| 1997 | 72 | 64 | 57 | 21000 | 2011 | 175 | 140 | 130 | 63000 |
| 1998 | 84 | 69 | 61 | 23000 | 2012 | 187 | 153 | 142 | 66000 |
| 1999 | 90 | 72 | 65 | 29000 | 2013 | 196 | 160 | 149 | 69000 |
| 2000 | 96 | 76 | 68 | 32000 | 2014 | 203 | 164 | 153 | 71000 |
| 2001 | 102 | 80 | 72 | 35000 | 2015 | 211 | 169 | 157 | 73000 |
| 2002 | 112 | 84 | 76 | 38000 | 2016 | 225 | 173 | 160 | 75000 |
| 2003 | 120 | 87 | 75 | 42000 | | | | | |

## 六　违章处理

1999 年，市公安局交通管理大队开始对违法行为进行处理。共查纠各类交通违法行为 5.77 万起，其中对交通违法行为进行处罚 6890 起。处理交通事故 199 起，经济损失 36.60 万元。

2005 年，查纠各类交通违法行为 15.57 万起，处罚 8.23 万起，违法记分 5580 分，批评教育 7.3 万余人，暂扣残疾人摩托车 166 辆，依法取缔残疾人摩托车 31 辆，批评教育 3.02 万人次。处理交通事故 206 起。

2016 年，共查处各类交通违法行为 23 万余起，其中对交通违法行为进行处罚 18.47 万起，纠正违法 19.06 万人次。处理交通事故 265 起。

表 26 - 10　1990 ~ 2016 年阿克苏市交通事故统计一览表

| 年份 | 事故（起） | 死亡（人） | 受伤（人） | 经济损失（万元） | 年份 | 事故（起） | 死亡（人） | 受伤（人） | 经济损失（万元） |
|---|---|---|---|---|---|---|---|---|---|
| 1990 | 126 | 50 | 42 | 10.55 | 1994 | 202 | 40 | 74 | 37.42 |
| 1991 | 163 | 37 | 49 | 20.09 | 1995 | 201 | 40 | 73 | 36.25 |
| 1992 | 447 | 94 | 164 | 59.16 | 1996 | 200 | 40 | 72 | 36.05 |
| 1993 | 209 | 42 | 77 | 38.53 | 1997 | 200 | 65 | 71 | 35.70 |

续表

| 年份 | 事故（起） | 死亡（人） | 受伤（人） | 经济损失（万元） | 年份 | 事故（起） | 死亡（人） | 受伤（人） | 经济损失（万元） |
|---|---|---|---|---|---|---|---|---|---|
| 1998 | 198 | 64 | 70 | 35.64 | 2008 | 131 | 49 | 167 | 21.65 |
| 1999 | 199 | 63 | 69 | 36.60 | 2009 | 134 | 40 | 174 | 19.9 |
| 2000 | 218 | 73 | 93 | 29.23 | 2010 | 193 | 45 | 252 | 25.36 |
| 2001 | 295 | 63 | 155 | 29.20 | 2011 | 171 | 62 | 206 | 35.75 |
| 2002 | 318 | 76 | 181 | 55.29 | 2012 | 239 | 53 | 289 | 25.90 |
| 2003 | 318 | 77 | 176 | 54.90 | 2013 | 236 | 39 | 286 | 34.05 |
| 2004 | 274 | 61 | 174 | 41.20 | 2014 | 202 | 24 | 248 | 26.79 |
| 2005 | 206 | 69 | 188 | 42.02 | 2015 | 196 | 25 | 242 | 28.65 |
| 2006 | 215 | 57 | 252 | 29.71 | 2016 | 265 | 62 | 331 | 34.85 |
| 2007 | 125 | 54 | 158 | 23.49 | | | | | |

## 第五节 消防管理

### 一 机构

1990 年，市公安局消防科有人员 3 人，辖消防中队。1992 年，阿克苏市消防中队升为消防大队。

1999 年 12 月，经市机构改革领导小组办公室审核，设消防科（股级武警编制）。2016 年，阿克苏市公安消防大队新建多浪中队投入执勤，下辖水韵、多浪两个中队。

### 二 消防监督

（一）消防宣传

1990～1998 年，阿克苏市公安消防大队每年夏、秋收和入冬火灾高峰时节以及重大节日开展消防宣传周活动，编写消防宣传提纲，张贴防火布告、标语，印发防火通知，出动宣传车，召开报告会，举办讲座、出墙报，组织人员深入基层落实防火措施。同时，与广播站、电影院、电视台、报社相配合，宣传消防法规和消防常识。消防站对外开放 444 次，开展消防知识讨论 371 场，发放宣传册 6.4 万份，接受消防教育 24.7 万人次。

2000 年，阿克苏市消防大队利用“11·9”消防宣传日，开展消防安全宣传进万家活动，讲解火灾危险性和预防措施、如何报警、灭火器使用方法、家庭防火、用火用电用气常识、火场逃生基本常识。

2001～2016 年，阿克苏市消防大队以提升全民消防安全意识为己任，每年定时定点联系驻地报社、电视台、广播等单位开展消防知识宣传，利用重大节日、“11·9”等节点，在人员密集场所设置消防知识宣传平台，深入街道、社区、行政村手把手传授灭火器等防火器材使用程序等，有效提升驻地群众的防火灭火知识。

（二）行政执法

1990 年，阿克苏市公安消防大队共审核建筑图纸 35 份，并两次参加选址勘查，有效地控制新建工程在消防设施方面的先天性隐患。

1991 年，共检查重点单位 94 次，发现火灾隐患或违法行为 107 次，下发整改通知书 51 份，下发行政处罚决定书 7 份。

1995 年，阿克苏市吸取克拉玛依“12·8”特大火灾教训，开展公共娱乐场所、宾馆、酒店的拉网式大检查，发现火灾隐患 207 处，督促整改 211 次。

2000 年，全市大力整治违章违法建筑和火灾隐患，共检查单位 821 家次，下发限期改正通知书 407 份，提出整改意见 852 条，查封 7 家，停业整顿 3 家。

2002 ~2005 年，阿克苏市消防大队共检查单位 2062 家，发现火灾隐患 1832 处，下发限期改正通知书 1098 份，督促整改火灾隐患 1702 处，临时查封 14 家，责令“三停”（指停产停业、停止使用、停止施工）13 家，立案处罚 45 件，罚款 51.12 万元。

2006 ~2010 年，市消防大队共检查单位 5282 家，发现火灾隐患 5221 处，下发限期改正通知书 3043 份，督促整改火灾隐患 4997 处，临时查封 29 家，责令“三停”35 家，立案处罚 79 件，罚款 89.85 万元。

2011 ~2015 年，市消防大队共检查单位 13307 家，发现火灾隐患 26893 处，下发限期改正通知书 5650 份，督促整改火灾隐患 26561 处，临时查封 326 家，责令“三停”161 家，立案处罚 787 件，罚款 265.98 万元。

2016 年，市消防大队共检查单位 2574 家，发现火灾隐患 2657 处，下发限期改正通知书 1185 份，督促整改火灾隐患 2567 处，临时查封 15 家，责令“三停”26 家，立案处罚 114 件，罚款 89.32 万元。

## 三　灭火救援

### （一）火灾扑救

1990 年，阿克苏市公安消防大队接火警 187 次，出动消防车 343 台次、战斗员 1756 人次。

2016 年，阿克苏市公安消防大队共火灾出动 174 起，出动车辆 739 辆，出动警力 4235 人，抢救被困人员 40 人，疏散被困人员 92 人，抢救财产价值 205.1 万元。

**表 26 -11　1990 ~2016 年阿克苏市公安消防大队火灾扑救统计表**

| 年份 | 火灾扑救（起） | 出动车辆（辆） | 出动警力（人） | 抢救被困人员（人） | 疏散被困人员（人） | 抢救财产（万元） |
|---|---|---|---|---|---|---|
| 1990 | 187 | 343 | 1756 | 5 | | 357.1 |
| 1991 | 169 | 312 | 1411 | 2 | | 325.4 |
| 1992 | 144 | 265 | 1395 | 0 | | 223.4 |
| 1993 | 173 | 320 | 1635 | 5 | | 270.5 |
| 1994 | 157 | 289 | 1589 | 3 | | 395.8 |
| 1995 | 181 | 331 | 1703 | 7 | | 439.7 |
| 1996 | 164 | 301 | 1511 | 4 | | 642.3 |
| 1997 | 147 | 274 | 1411 | 5 | | 367.5 |
| 1998 | 136 | 271 | 1321 | 3 | | 521.4 |
| 1999 | 151 | 296 | 1643 | 7 | | 743.2 |
| 2000 | 70 | 149 | 817 | 0 | | 61.4 |

续表

| 年份 | 火灾扑救（起） | 出动车辆（辆） | 出动警力（人） | 抢救被困人员（人） | 疏散被困人员（人） | 抢救财产（万元） |
|---|---|---|---|---|---|---|
| 2001 | 131 | 264 | 1158 | 5 | | 322.1 |
| 2002 | 116 | 234 | 1278 | 6 | | 622.8 |
| 2003 | 96 | 195 | 1205 | 3 | | 189.1 |
| 2004 | 182 | 345 | 1999 | 6 | | 363.4 |
| 2005 | 216 | 404 | 2322 | 12 | | 441.5 |
| 2006 | 197 | 401 | 2141 | 3 | | 562.8 |
| 2007 | 251 | 563 | 3230 | 37 | 66 | 2218.63 |
| 2008 | 171 | 473 | 2555 | 29 | 90 | 1735 |
| 2009 | 248 | 860 | 4049 | 25 | 45 | 8143.6 |
| 2010 | 219 | 572 | 2859 | 14 | 77 | 1554.3 |
| 2011 | 221 | 701 | 3701 | 41 | 5 | 2379.5 |
| 2012 | 221 | 676 | 3720 | 46 | 346 | 316.6 |
| 2013 | 265 | 952 | 5111 | 78 | 914 | 542.8 |
| 2014 | 270 | 865 | 4955 | 59 | 812 | 761.5 |
| 2015 | 237 | 884 | 4892 | 46 | 150 | 302.6 |
| 2016 | 174 | 739 | 4235 | 40 | 92 | 205.1 |

（二）抢险救援

2001 年，阿克苏市消防大队抢险救援共 3 起，出动车辆 6 辆，出动警力 36 人，抢救被困人员 1 人。

2016 年，阿克苏市消防大队抢险救援 67 起，出动车辆 134 辆，出动警力 680 人，抢救被困人员 63 人，疏散被困人员 96 人。

**表 26－12　2001～2016 年阿克苏市公安消防大队参与抢险救援统计表**

| 年份 | 抢险救援(起) | 出动车辆(辆) | 出动警力(人) | 抢救被困人员(人) | 疏散被困人员(人) |
|---|---|---|---|---|---|
| 2001 | 3 | 6 | 36 | 1 | |
| 2002 | 3 | 5 | 32 | | |
| 2003 | 3 | 5 | 15 | 2 | |
| 2004 | 2 | 4 | 10 | 2 | |
| 2005 | 4 | 8 | 40 | 5 | |
| 2006 | 2 | 4 | 12 | 3 | |
| 2007 | 14 | 28 | 152 | 10 | 21 |
| 2008 | 25 | 52 | 262 | 29 | 63 |
| 2009 | 27 | 54 | 272 | 28 | 32 |
| 2010 | 16 | 32 | 165 | 10 | 36 |
| 2011 | 59 | 108 | 620 | 25 | 30 |
| 2012 | 88 | 176 | 902 | 52 | 96 |
| 2013 | 98 | 196 | 1026 | 96 | 201 |
| 2014 | 88 | 180 | 902 | 69 | 123 |
| 2015 | 109 | 225 | 1205 | 66 | 236 |
| 2016 | 67 | 134 | 680 | 63 | 96 |

## 第六节　刑事案件侦查

1990 ~1992 年，市公安局以多发案地段和城郊为突破口，侦查破案与守候巡逻并举，打击现行与预防犯罪同时抓的方法，及时侦破一批刑事案件。

1993 年 8 月，为确保首届龟兹文化艺术节取得成功，市公安机关开展为期 40 天的破案战役——夏季攻势，查破一批案件。

1996 年底至 1997 年初，阿克苏市先后发生 4 起抢劫出租车司机案件。市公安局经过密切配合、协调作战，在较短时间内相继破案。

1999 年，市公安局先后侦破较有影响的“1・24”大光棉纺织厂内残疾人被杀案、系列宾馆旅客财物被盗案、“3・21”地区桥工队故意杀人案等恶性案件。

2000 年，市公安局根据公安部、自治区公安厅的统一部署，开展“打拐”专项斗争，一手抓打击，一手抓解救。针对刑事案件发案有所上升的势头，先后侦破“2・29”入室盗窃杀人案、系列抢劫出租车司机案、“6・4”抢劫、轮奸案、“10・20”绑架杀人案等一系列重特大案件。

2001 年，全市召开“打黑除恶”暨“严打”整治公开处理大会，对涉黑涉恶犯罪嫌疑人进行公开逮捕和执行劳动教养。

2006 年后，市公安局围绕打击犯罪、维护稳定的中心任务，以提高打击效能，打好合成战、科技战、信息战、证据战为重点，坚持“打现行、破大案、挖团伙、抓逃犯”“命案必破、两抢必打、逃犯必追、黑恶必除”的方针，健全机制，强化刑侦基础，深入开展“打黑除恶”、打击“双抢”“打击多发性侵财犯罪”“命案破案攻坚”“网上追逃”等一系列专项行动。

2010 年，市公安局破获系列盗窃下水道井盖案、破获系列砸汽车玻璃盗窃车内财物案、破获抢劫、强奸、强迫妇女卖淫案，打掉一撬盗保险柜犯罪团伙、抓获 3 名团伙成员，查破保险柜被撬盗案件 7 起，涉案价值近 30 余万元。破获强奸杀人抛尸案、容留妇女卖淫案、非法拘禁案等，打掉一伪造国家机关公文印章证件犯罪团伙、破获“9・24”抢劫杀害出租车司机案、破获“神医”诈骗案件等一批有影响的刑事案件。

2011 年，市公安局以严防严打暴恐犯罪、严防严打非法宣传品、严打刑事犯罪等专项行动为契机，开展打击“盗抢骗”犯罪、网络贩枪制爆等专项行动，完善命案侦破工作机制。

2015 ~2016 年，市公安局开展“严厉打击盗抢骗犯罪”，围绕打击刑事犯罪、侦破严重暴力恐怖事件、盗窃案件。

## 第七节　经济犯罪案件侦查

2003 年前，市公安局经侦大队与刑事侦查大队合并在一起，未独立办案。

2004 年，市公安局共立经侦案件 46 起，破案 23 起，破案率达 60.5%，涉案金额 1028.62 万元，追回损失 198.84 万元，抓获犯罪嫌疑人 44 人，刑事拘留 36 人，取保候审 8 人。3 月起开展为期 3 个月的“百日破案”专项行动，6 月 25 日至 10 月 5 日开展“两个违规”专项治理工作，集中整治办理案件中存在的违反规定扣押、查封、冻结、没收财产、责令停业整顿、吊扣证照、私自处理、挪用、私分涉案财物等违反涉案财物管理问题。

2005 年，市公安局开展“两抢一盗”和“百日破案”专项行动，破获自治区公安厅督办的涉案 2.5 亿元的“10・14”特大非法制造、出售非法发票案，打掉犯罪团伙 8 个，捣毁开票窝点 8 个，藏贩票点 25 处，逮捕犯罪嫌疑人 21 人。同年 4 月，经公安厅批准，“10・14”专案组立集体二等功。

2010 年，市公安局依法开展打击假币、银行卡犯罪以及假发票犯罪 3 个专项行动，破获出售假币案 1 起，收缴假币 20.84 万元；破获 2 起非法出售非法制造发票案件，捣毁制假、售假发票窝点 1 个，缴获广告名片 2.45 万张，各类假发票 912 张，可开具金额 2128.82 余万元，查获伪造假公章 17 枚，设备一批。破获 2 起信用卡诈骗案件。

2011 年，市公安局开展“百日严打”专项行动中侦破阿曼超市诈骗案和大西北超市票据诈骗案。

2014 年，阿克苏市非法吸收公众存款和集资诈骗较为突出，阿克苏汇峰房地产开发有限责任公司非法吸收公众存款案，涉案金额近 3 亿元；曹某吸收公众存款案，涉案金额近 4000 万元；孟某涉嫌职务侵占、挪用资金，涉案值 3000 万元。

2016 年，市公安局共立经侦案件 45 起，破案 40 起，涉案金额 1.02 亿元，追回损失 3000 万元，抓获犯罪嫌疑人 105 人，刑事拘留 78 人，取保候审 39 人，移送起诉 86 人，逮捕 54 人，网上追逃 44 人。

## 第八节　专项斗争

### 一　禁毒

1990 年，市公安局深入开展“除六害”斗争，共打击处理违法人员 100 余人。

1994 年，市公安局在第二次战役严打斗争中，共缴获麻烟 15 千克，捣毁制贩毒团伙 7 个，铲除大麻原植物 11 万余株，罂粟原植物 150 余株，收缴麻烟 156 千克，麻烟种子 15 千克，海洛因 8 克，鸦片 7.02 千克。

1996 年后，市公安局每年在国际禁毒日之际，将收缴的海洛因、大麻等集中进行焚烧。加大禁毒宣传力度，悬挂横幅，张贴宣传图片，发放宣传资料，组织开展以“禁吸戒毒”“参与禁毒斗争、构建和谐社会”“倡导健康文明生活，做勤劳致富守法公民，共建平安和谐家园”为主题的面对面宣讲、演讲。

2010～2014 年，市公安局共为全市 32 个社区发放禁毒知识宣传资料 15.90 万余份、禁毒宣传教育挂图 89 份、禁毒知识宣传手册 5000 余份，对阿克苏市娱乐场所、宾馆、网吧发放禁毒宣传铝牌 1000 余块，在市电视台每日的黄金时段滚动播出《禁毒法》专题宣传公益广告，面向全社会开展《中华人民共和国禁毒法》宣传。

2014 年 5 月，在城区 5 个街道办事处、6 个社区建立社区戒毒（康复）工作站，开展社区戒毒试点工作。制定《社区戒毒（康复）工作规范》《社区戒毒（康复）工作流程》等制度，建立社区戒毒（康复）工作档案，把社区戒毒（康复）工作纳入制度化轨道。形成由社区干部、社区民警、禁毒志愿者和戒毒人员亲属共同参与的工作模式。

2015～2016年，市公安局民警深入社区、学校、村居，开展禁毒宣传30余次，受教育3万余人次，制作、发放宣传资料5万余份，并在乡镇（街道）所在地、村委会（居委会）及中、小学校张贴各种宣传标语500余条，设置知识宣传栏35个，禁毒宣传覆盖率达100%。

## 二　禁赌

1990～2000年，市公安局在取缔“六害”专项斗争中，查处赌博案件137起。

2001～2005年，市公安局在全市开展“扫黄打非”专项行动中，进一步加强禁赌工作，查破赌博案件98起。

2006年，市公安局深入开展集中打击赌博违法犯罪活动专项行动。共出动警力800余人次，清查重点公共场所380余处，查处赌博案件23起，罚款8.8万元，没收赌资4.04万元，对2处涉赌公共场所予以停业整顿。

2008～2010年，市公安局查处赌博案件74起，拘留133人，没收赌资5.58万元。

2011～2013年，市公安局查处赌博案件191起，行政拘留370人。

2014～2016年，市公安局共查处赌博案件96起，收缴赌资134万元，罚款37.1万元，销毁赌博游戏机367台。

## 三　扫黄

1990～1994年，市公安局以路边店、个体旅社、公共复杂场所为重点，开展打击卖淫嫖娼，查处卖淫案件15起。

1995年10月，市公安局对重点乡场、34个重点部位、15个重点路段重点整治，摧毁卖淫窝点3个。

1997年，市公安局在除“六害”斗争中查获卖淫嫖娼案件31起，取缔1家夜总会。

2000年，市公安局开展嫖娼专项整治，查处卖淫嫖娼案件17起。

2003年，阿克苏市强化场所（行业）动态管理，深入开展“扫黄”“打非”专项行动，市公安局进一步加强禁娼禁赌和打击非法出版活动工作，查处卖淫嫖娼（含介绍容留）案件21起。

2005～2010年，市公安局共查处卖淫嫖娼案件187起，清理文化场所以及相关行业200余处（家），并与相关行业、场所签订治安管理责任书730余份。

2011～2016年，市公安局查处卖淫、嫖娼249起。

## 四　查缴非法出版物

1990年后，市公安机关结合打击刑事犯罪、整治社会治安秩序，依照《治安处罚条例》予以查处贩卖、传播淫秽物品，播放淫秽录像活动。至2000年，共收缴淫秽录像带118盒、淫秽书刊197本。

2001～2010年，市公安局配合文化、工商等部门查缴盗版、淫秽光盘7399张、收缴非法出版物2180余册，清理文化场所以及相关行业200余处（家）。限期整改电子游艺场所2家，关停2家。联合文化部门对违反《娱乐场所管理条例》《互联网上网服务营业场所管理条例》的电子游艺场所进行清理整顿。

2011～2013 年，市公安局加强对本地及涉及本地的网站、贴吧、论坛及 IDC 用户的监控管理，进一步净化文化市场。共计清查相关行业场所 1210 余家次，审查计算机、游戏机、各类音像制品、手机、MP3、移动存储介质等 1.4 万余件；共查缴各类非法书籍 830 余本；非法光碟 121 张。

2014～2016 年，市公安局通过强化文化市场、手机市场、图书、音像制品零售市场、娱乐市场等管理力度，教育和引导群众主动上交各类非法出版物和反动宣传品，查缴非法书籍 3076 本。

## 第九节　公安法制

### 一　法制宣传

2001 年开始，市公安局每年 4 月 8 日、12 月 4 日定期组织各部门开展法律宣传教育工作。

2001～2005 年，现场提供法律咨询 2500 余人，发放法律宣传资料 5 万余份，张贴宣传图片 1000 余张，悬挂法制宣传横幅 150 余幅，共出动警力 3000 余人次，出动警车 300 余辆。

2006～2008 年，现场提供法律咨询 3000 余人，发放法律宣传资料 5.5 万余份，张贴宣传图片 1200 余张，悬挂法制宣传横幅 120 余幅，共出动警力 1500 余人次，出动警车 200 余辆。

2009 年，市公安局组织 14 个法律宣传队，采取管区民警进村、进社区入户送法、组织社区群众进行法制培训、出动法律宣传车上街宣传、在人员密集的公共场所发放宣传单、设置宣传台、张贴宣传挂图等多种形式，进行法律宣传。共组织法律宣传 10 次，出动警力 400 余人，散发宣传资料 1.6 万余份，悬挂法制横幅 100 余条，接待群众咨询 3000 余人次。

2011～2016 年，市公安局全面开展法律“六进”（进机关、进乡村、进社区、进学校、进企业、进单位）活动。以“12·4”全国法制宣传日系列活动为载体，组织大型法制宣传活动；以综合性法律教育为基础，以专业法律教育和提高工作法治化水平为重点，组织好普法依法治理。散发宣传资料 5.2 万余份，悬挂法制横幅 180 余条，接待群众咨询 6000 余人次。

### 二　行政复议、诉讼

1994 年，市公安局开始行政复议、诉讼工作。法制部门根据法律法规及案件审核评判标准，从案件的事实、证据、适用法律和执法程序上审核行政复议、诉讼案件。1994～2002 年，受理行政复议 134 起，行政复议变更 2 起，撤销 1 起。17 起行政诉讼，全部维持原裁决。

2003～2005 年，市公安局受理行政复议 20 起，诉讼案件 12 起；2006～2008 年，受理行政复议 32 起，诉讼案件 15 起，全部维持原裁决。2009～2010 年，受理行政复议案件 19 起，17 起维持，2 起被地区局撤销。

2010～2016 年，市公安局受理行政复议 13 起，行政诉讼 5 起，均维持原裁决。

### 三　审核劳动教养

1998 年，市公安局法制部门开始劳动教养审核工作。2003～2005 年，审查劳动教养案件 106 起，

2006 ~ 2008 年，审查劳动教养案件 131 起。2009 ~ 2010 年，审核报送劳动教养案件 45 起 45 人。

2011 ~ 2013 年，市公安局审核报送劳动教养案件 28 起 28 人。2014 年，国家取消劳动教养。

# 第二章 检 察

## 第一节 机 构

### 一 机构

1990 年，市检察院有批捕科、起诉科、法纪科、经济检察科、控告申诉检察科、控告申诉检察科、办公室 7 个内设科室。1992 年 8 月，成立政工科。

1993 年 5 月，设立民事行政检察科。

1993 年 5 月，全国检察机关实行“侦诉分开”，设立刑事检察一科和刑事检察二科。刑事检察一科办理所有公安机关移送审查批捕、审查起诉的刑事案件；刑事检察二科办理市检察院自行侦查案件和侵财类刑事案件的批捕、起诉工作。

1996 年 12 月，撤销刑事检察一科、刑事检察二科，恢复成立批捕科、起诉科，市检察院增设监所检察室和法警队。年末内设办公室、政工科、审查批捕科、审查起诉科、经济检察科、法纪检察科、控告申诉科、监所检察室、法警队、民事行政检察科 10 个科室。

1997 年 5 月，市检察院原经济检察科更名为反贪污贿赂侦查局（简称反贪污贿赂局），正科级建制，隶属于市检察院领导。7 月，设立法律政策研究室。

1998 年 10 月，成立纪检组。

2000 年 12 月，成立市检察院监察室，与纪检组合署办公，两块牌子、一套班子，市检察院共计 11 个内设科室。

2002 年 9 月，机构改革，市检察院内设办公室、政工科（内设法警大队）、公诉科（原审查起诉科更名为公诉科）、侦查监督科（即原审查批捕科更名为侦查监督科）、反贪污贿赂局、渎职侵权检察科（原法纪检察科更名为渎职侵权检察科）、监所检察科（原监所检察室更名为监所检察科）、民事行政检察科、控告申诉检察科、法律政策研究室、纪检组（监察室），同时增设检察技术科，共 12 个内设科室（局）。实有 65 人。

2006 年 5 月，市检察院渎职侵权检察科更名为反渎职侵权侦查局，简称反渎职侵权局。

2008 年 1 月，市检察院设立职务犯罪预防科，为副科级建制，内设科室增至 13 个科室。

2013 年 3 月，设立案件管理办公室。年末，编制 80 名，实有 68 人。

2014 年 9 月，增设司法警察大队、计划财务装备科；11 月，搬迁至阿克苏市乌喀路南侧府八路西（地区公安特警支队旁），占地 1.82 公顷，建筑面积 5917.61 平方米。

2016年，市检察院编制80名（行政编制76名，事业编制4名），实有73人。内设政工科、办公室、侦查监督科、公诉科、反贪污贿赂局、反渎职侵权局、案件管理办公室、监所监察科、民事行政检察科、控告申诉检察科（含举报中心、国家赔偿办公室）、职务犯罪预防科、法律政策研究室、检察技术科、司法警察大队、计划财务装备科、机关党委、纪检组（监察室）17个科室。

### 二　检察委员会

2008年，根据地区编办文件精神，阿克苏市人民检察院设置3名检察委员会专职委员，负责检察委员会（简称检委会）的日常工作，对提交检委会讨论案件的材料进行程序审查，对检察长交办案件进行实体审查；对讨论案件的相关问题进行分析论证，提出可参考性意见。

2009年，市检察院召开检委会36次，审议、讨论案件89件。

2011～2014年，进一步规范和完善检委会的制度建设，研究制定《检委会议事规则》《关于加强检察建议、纠正违法通知书工作规定》等规章制度。共召开检委会213次，参与审议各类案件595件。

2015年，市检察院为提升议案水平，邀请人大代表、政协委员听取意见和建议。召开检委会99次，审议案件468件。组织7名检委会委员听庭评议案件11件12人。检察长列席市法院审委会47次，参与审议案件584件。

2016年，市检察院检察委员会有成员10人，召开检委会43次，审议案件106件。检察长列席市法院审委会22次，参与审议案件90件。

## 第二节　审查批捕

### 一　批准逮捕

1990年，阿克苏市检察院开展严厉打击以各种形式进行反革命活动、分裂国家统一活动为重点的刑事犯罪活动和以贪污贿赂为重点的经济犯罪活动。审查批捕工作坚持“从重从快”的方针，对重大疑难案件提前介入侦查，无一案件超过法定办案时限。受理提请逮捕案件中，杀人、抢劫、强奸等案件的重大案犯占10%，盗窃案件占49%。

1991年，审查批捕工作抓住“准”字和“快”字，在办案中重证据，不轻信口供，做到不枉不纵。

1997年，《中华人民共和国刑事诉讼法》修改后，针对逮捕条件做出调整，审查批捕贯彻“一要坚决、二要慎重、务必搞准”的原则，严把证据关，确保案件质量。

2000年，把打击民族分裂和非法宗教、暴力恐怖等危害国家安全的犯罪活动摆在检察工作首位，从重从快打击危害社会稳定、危害社会治安的严重刑事犯罪活动，受案率比上年上升30%，人数比上年上升53%，提前介入公安机关侦查的案件15件27人。

2004年，坚持“严打”方针，依法严厉打击“三股势力”犯罪活动，严厉打击爆炸、杀人、“两抢一盗”等严重暴力犯罪。

2007年，贯彻落实《最高人民检察院关于在检察工作中贯彻宽严相济司法政策的若干意见》，提前介入公安机关侦查的案件4件。

2009年，市检察院提前介入“7·5”案件的侦查，引导侦查机关收集、固定证据方面提供引导，及时获取有价值的证据材料。

2012年，根据地委政法委的安排部署，配合“打拐”专项行动，市检察院办案人员前往库车、乌什、阿瓦提等地进行提审、调查和押解，共批准逮捕“打拐”案件5件15人。

2014年，开展“严打”专项斗争，批捕率100%。

2016年，继续深化“严打”专项工作，发挥法律监督职能，共受理各类提请逮捕案件511件755人，批准逮捕458件696人，不批准逮捕58人，公安机关撤回报捕案件1件1人。

表26－13　1990～2016年阿克苏市检察院审查批捕案件办理情况表

| 年份 | 受理案件 | | 审查批捕 | | 不批捕 | 退回补侦 | | 公安撤回 | |
|---|---|---|---|---|---|---|---|---|---|
| | 件 | 人 | 件 | 人 | 人 | 件 | 人 | 件 | 人 |
| 1990 | 168 | 238 | 153 | 219 | 19 | 5 | 9 | 0 | 0 |
| 1991 | 231 | 335 | 202 | 294 | 40 | 8 | 8 | 1 | 1 |
| 1992 | 204 | 302 | 174 | 252 | 36 | 11 | 14 | 0 | 0 |
| 1993 | 242 | 293 | 228 | 264 | 29 | 9 | 14 | 0 | 0 |
| 1994 | 251 | 299 | 231 | 275 | 20 | 0 | 0 | 4 | 4 |
| 1995 | 215 | 287 | 177 | 242 | 32 | 9 | 9 | 0 | 0 |
| 1996 | 166 | 228 | 149 | 205 | 10 | 7 | 13 | 0 | 0 |
| 1997 | 270 | 402 | 220 | 321 | 53 | 0 | 0 | 0 | 0 |
| 1998 | 220 | 335 | 197 | 291 | 44 | 0 | 0 | 0 | 0 |
| 1999 | 240 | 342 | 195 | 263 | 52 | 0 | 0 | 0 | 0 |
| 2000 | 311 | 520 | 265 | 421 | 73 | 0 | 0 | 0 | 0 |
| 2001 | 231 | 365 | 207 | 310 | 50 | 0 | 0 | 0 | 0 |
| 2002 | 359 | 587 | 350 | 531 | 94 | 0 | 0 | 0 | 0 |
| 2003 | 362 | 571 | 314 | 484 | 78 | 0 | 0 | 7 | 9 |
| 2004 | 433 | 581 | 364 | 478 | 81 | 0 | 0 | 12 | 13 |
| 2005 | 421 | 624 | 393 | 563 | 55 | 0 | 0 | 5 | 6 |
| 2006 | 366 | 554 | 340 | 511 | 42 | 0 | 0 | 0 | 0 |
| 2007 | 349 | 512 | 338 | 490 | 22 | 0 | 0 | 0 | 0 |
| 2008 | 417 | 602 | 400 | 579 | 22 | 0 | 0 | 0 | 0 |
| 2009 | 416 | 664 | 406 | 646 | 12 | 0 | 0 | 3 | 6 |
| 2010 | 381 | 551 | 353 | 516 | 21 | 0 | 0 | 10 | 12 |
| 2011 | 425 | 650 | 400 | 613 | 22 | 0 | 0 | 15 | 15 |
| 2012 | 435 | 626 | 413 | 599 | 27 | 0 | 0 | 0 | 0 |
| 2013 | 434 | 638 | 410 | 588 | 50 | 0 | 0 | 0 | 0 |
| 2014 | 976 | 1412 | 893 | 1284 | 120 | 0 | 0 | 9 | 10 |
| 2015 | 926 | 1699 | 849 | 1589 | 116 | 0 | 0 | 2 | 2 |
| 2016 | 511 | 755 | 458 | 696 | 58 | 0 | 0 | 1 | 1 |

## 二　立案监督

1990年，市检察院坚持以事实为根据，以法律为准绳的原则，既全力打击犯罪分子，又注意保护无罪的人不受追究，在案件审查过程中，对侦查机关移送的逮捕案件进行审查，发现漏罪、漏犯的，提出检察建议、纠正意见。

1991～1992年，在办案中加强侦查监督意识，纠正违法、漏捕等问题，共发出检察建议40余份，追捕公安机关漏报捕的犯罪嫌疑人17人，提前介入公安机关侦查预审25件。

1995年，市检察院在侦查监督工作中，坚持对有罪不究、有案不立、以罚代刑的案件，依法提出纠正意见，对提出意见后仍不纠正的，予以立案侦查。

1997年后，根据新修订《中华人民共和国刑事诉讼法》的规定，对公安机关的立案活动实行监督。对发现公安机关应当立案侦查而不立案侦查的案件或不应当立案侦查而立案侦查的案件，由审查批准逮捕部门经过调查、核实有关证据材料，要求公安机关书面说明理由并予以纠正。

2003年，开展深化“强化法律监督、维护公平正义”教育活动，加大侦查活动监督力度，对侦查机关应当立案而未立案的，依法向公安机关发出《说明不立案理由说明书》8份，通知公安机关立案8件8人，公安机关撤案2件2人，直接起诉1件1人。

2005～2008年，立案监督10件。2010年，对公安机关应当立案而不立案案件监督3件5人，公安机关立案2件。

2011～2013年，提前介入34件189人，立案监督19件21人。

2014年，监督公安撤回案件9件10人，受理公安机关提请复议案件8件16人，提前介入案件641件955人，立案监督1件1人，批捕准确率100%，结案率100%。

2016年，继续深化“严打”专项工作，提前介入案件152件227人，立案监督5件7人。

### 三 侦查监督

1990年后，市检察院坚持通过审查批捕、审查起诉以及提前介入刑事案件，对公安机关的侦查活动是否合法进行监督，发现违法情况，提出意见通知公安机关纠正；构成犯罪的，移送有关部门依法追究刑事责任；对发现的侦查过程中有违反法律规定的超期羁押现象和办案期限规定的，依法提出纠正意见。

1990年，在实行侦查监督过程中，对10件案件发出口头纠正违法通知，发书面检察建议文书5份。

1991年，加强侦查监督意识，对发现的公安机关侦查过程中存在的问题，发出书面检察建议40余份，追捕公安机关漏报人犯17名。

1993～1998年，追捕、追诉犯罪嫌疑人23人，发出纠正意见72份。

1998年，追诉1件3人，针对公安机关存在一般违法活动的案件发出书面检察建议85件。

2010～2014年，针对审查发现的不依法、不规范办案等问题发出书面检察建议纠正违法通知书145份，检察建议118次，追诉1人，提供法庭审判证据意见书23份。

2015～2016年，对侦查机关侦查活动进行监督，发出纠正违法通知书186份、检察建议125份，向公安机关发出逮捕案件继续侦查取证意见书26份、补充侦查提纲22份，不批准逮捕理由说明书51份，发出快速移送审查起诉意见书10份。

## 第三节 刑事案件检察

### 一 审查起诉

1990年后，市检察院围绕“稳定压倒一切”方针，加大审查起诉办案力度，适时参加各项专项斗争，全力维护社会稳定。在公诉工作中坚持“严、实、细”的工作作风，坚持 2 人以上审查办案，及“三定一保”制度（即定案、定时、定人、保质量）。坚持疑难案件集体讨论制，注意严格把握事实证据关和定性定罪关，在保证办案质量的前提下做到快审、快诉。

1991 年，市检察院把严重危害社会治安秩序和人民群众生命财产安全的犯罪作为打击重点，以经济建设保驾护航为指针，严把审查起诉工作。

1993 年，市检察院成立少年犯罪案件审查组，专门承办未成年人案件，对危害不大、恶性不深，易于教育的，帮助其入学接受教育，最大限度地挽救、教育未成年人。

1994 年，加强对强奸、奸淫幼女案件审理的指导，从刑法角度保护妇女儿童的合法权益。至 1995 年底，受理公安机关移送起诉人数比上年下降 11%。

1997 年，市检察院突出打击重点，坚持“从重从快”打击，适时介入重特大刑事犯罪案件，提前了解案情和证据，协助侦查机关研究侦查方向，参与调取、补充证据，参加案件讨论，提出完善意见和建议。在审查起诉工作中，取消免予起诉制度。

2002 年，市检察院制定“两人办案补充规定”和“跟庭、听庭”制度，提高公诉案件质量。全年，审查起诉 261 件 387 人。

2006 年，与市法院共同进行首次未成年人“圆桌审判”，将更好保护未成年被告人合法权益。

2010 年，实行不起诉案件公开审查制度和附条件不起诉制度，并每年坚持对所有不起诉案件进行全面回访，保证不起诉案件质量。2011 年，办理此类案件 5 件 5 人；共受理公安机关及本院自侦部门移送起诉案件 511 件 761 人，经审查起诉 393 件 602 人，不起诉 51 人。

2015 年，深入推进“阳光公诉”工作，举办观摩庭 14 次，人大代表、政协委员、社会群众代表 1800 余人应邀参加庭审观摩。着力提升量刑建议的准确性，审判机关采纳率达 98. 3%。

2016 年，共受理审查起诉案件 810 件 1201 人，经审查，向法院提起公诉案件 693 件 946 人，不起诉 78 人，公安机关撤案 13 件 25 人，移送地区检察分院 52 件 126 人，追诉 5 件 9 人，追罪 2 件 3 人，改变定性 12 件 12 人。

**表 26 - 14　1990 ~ 2016 年阿克苏市检察院审查起诉案件办理情况表**

| 年度 | 受案 | | 经审查起诉 | | 免予起诉 | | 不起诉 | 报分院 | | 公安机关撤案 | | 追诉 | | 抗诉 | | 出庭支持公诉 |
|---|---|---|---|---|---|---|---|---|---|---|---|---|---|---|---|---|
| | 件 | 人 | 件 | 人 | 件 | 人 | 人 | 件 | 人 | 件 | 人 | 件 | 人 | 件 | 人 | 件 |
| 1990 | 158 | 237 | 121 | 155 | 23 | 31 | 5 | 9 | 10 | 4 | 4 | 0 | 0 | 4 | 4 | 104 |
| 1991 | 192 | 322 | 139 | 220 | 17 | 25 | 3 | 16 | 39 | 5 | 7 | 0 | 0 | 0 | 0 | 119 |
| 1992 | 167 | 252 | 116 | 167 | 17 | 27 | 4 | 10 | 17 | 4 | 5 | 0 | 0 | 3 | 4 | 103 |
| 1993 | 174 | 302 | 107 | 157 | 14 | 22 | 2 | 20 | 51 | 0 | 0 | 0 | 0 | 2 | 2 | 82 |
| 1994 | 223 | 361 | 155 | 245 | 32 | 48 | 5 | 14 | 31 | 0 | 0 | 0 | 0 | 2 | 2 | 121 |
| 1995 | 198 | 263 | 140 | 195 | 34 | 39 | 2 | 5 | 7 | 5 | 7 | 0 | 0 | 0 | 0 | 113 |
| 1996 | 151 | 218 | 110 | 158 | 12 | 18 | 3 | 6 | 8 | 3 | 5 | 0 | 0 | 6 | 6 | 98 |
| 1997 | 230 | 315 | 123 | 150 | 0 | 0 | 12 | 6 | 12 | 2 | 4 | 3 | 3 | 1 | 1 | 97 |
| 1998 | 212 | 318 | 157 | 242 | 0 | 0 | 13 | 16 | 22 | 6 | 16 | 1 | 3 | 6 | 10 | 112 |
| 1999 | 213 | 330 | 151 | 211 | 0 | 0 | 10 | 14 | 17 | 5 | 10 | 0 | 0 | 3 | 7 | 116 |

续表

| 年度 | 受案 | | 经审查起诉 | | 免予起诉 | | 不起诉 | 报分院 | | 公安机关撤案 | | 追诉 | | 抗诉 | | 出庭支持公诉 |
|---|---|---|---|---|---|---|---|---|---|---|---|---|---|---|---|---|
| | 件 | 人 | 件 | 人 | 件 | 人 | 人 | 件 | 人 | 件 | 人 | 件 | 人 | 件 | 人 | 件 |
| 2000 | 302 | 460 | 162 | 217 | 0 | 0 | 41 | 28 | 41 | 31 | 32 | 0 | 0 | 5 | 5 | 123 |
| 2001 | 313 | 463 | 241 | 337 | 0 | 0 | 23 | 36 | 67 | 15 | 23 | 0 | 0 | 1 | 2 | 193 |
| 2002 | 363 | 577 | 261 | 387 | 0 | 0 | 25 | 27 | 93 | 12 | 20 | 3 | 3 | 5 | 8 | 221 |
| 2003 | 318 | 494 | 269 | 392 | 0 | 0 | 41 | 27 | 62 | 3 | 6 | 0 | 0 | 1 | 1 | 230 |
| 2004 | 394 | 546 | 332 | 441 | 0 | 0 | 15 | 29 | 42 | 3 | 7 | 0 | 0 | 2 | 2 | 259 |
| 2005 | 429 | 647 | 359 | 513 | 0 | 0 | 32 | 24 | 45 | 0 | 0 | 0 | 0 | 3 | 7 | 302 |
| 2006 | 395 | 582 | 321 | 457 | 0 | 0 | 42 | 26 | 74 | 9 | 15 | 0 | 7 | 4 | 4 | 287 |
| 2007 | 415 | 573 | 344 | 477 | 0 | 0 | 64 | 32 | 67 | 23 | 31 | 0 | 0 | 2 | 2 | 298 |
| 2008 | 517 | 795 | 401 | 593 | 0 | 0 | 61 | 37 | 89 | 17 | 28 | 0 | 7 | 0 | 0 | 312 |
| 2009 | 501 | 769 | 379 | 541 | 0 | 0 | 59 | 23 | 79 | 36 | 37 | 3 | 3 | 3 | 3 | 320 |
| 2010 | 490 | 757 | 338 | 522 | 0 | 0 | 36 | 31 | 64 | 22 | 24 | 2 | 2 | 0 | 0 | 290 |
| 2011 | 511 | 761 | 393 | 602 | 0 | 0 | 51 | 17 | 36 | 17 | 23 | 0 | 0 | 0 | 0 | 335 |
| 2012 | 627 | 900 | 516 | 702 | 0 | 0 | 59 | 26 | 41 | 4 | 5 | 0 | 0 | 2 | 2 | 458 |
| 2013 | 717 | 1017 | 569 | 757 | 0 | 0 | 102 | 43 | 75 | 0 | 0 | 4 | 5 | 7 | 9 | 526 |
| 2014 | 1087 | 1553 | 979 | 1350 | 0 | 0 | 76 | 35 | 92 | 20 | 28 | 13 | 13 | 1 | 1 | 914 |
| 2015 | 1266 | 2296 | 1106 | 1849 | 0 | 0 | 69 | 73 | 271 | 15 | 25 | 18 | 24 | 1 | 1 | 1018 |
| 2016 | 810 | 1201 | 693 | 946 | 0 | 0 | 78 | 52 | 126 | 13 | 25 | 5 | 9 | 0 | 0 | 628 |

## 二　出庭公诉

1990 年，市检察院突出打击反革命分子、杀人、抢劫、爆炸等严重犯罪分子，提前介入案件的预审工作，做到依法快捕快诉，保证在检察环节的畅通。

1992 年，配合有关部门参与“严打”、“扫黄”、反盗窃等专项斗争和重点治理、治乱行动。全年出庭支持公诉 116 件。

1994 年，市检察院加强出庭公诉工作。凡法院通知开庭的。市检察院都派员出庭，利用法庭阵地揭露和控诉犯罪，达到宣传法制、教育群众的目的。全年出庭支持公诉 155 件 245 人。

1997 年，修订后《中华人民共和国刑事诉讼法》开始实施，庭审方式发生重大变革，对检察机关出庭公诉提出更高要求。市检察院通过组织观摩庭等活动，在较短时间内掌握新的出庭模式和工作技巧。同时，探索实行庭前证据展示、普通程序简化审、多媒体示证等多项庭审改革措施，通过灵活综合运用，既充分保障被告人合法权益，又有效利用司法资源，提高出庭效率。

1998 年，市检察院对重大案件及时提前介入，配合法院及时审判。全年共向法院提请公诉案件 157 件 242 人。

1999 ~ 2007 年，市检察院出庭支持公诉 2440 件 3432 人。

2008 年，市检察院推动以证据为核心、以出庭公诉为中心观念，在起诉工作中确定促进公诉改革措施在出庭中的深入应用，提升出庭公诉水平和效果。

2010 年，市检察院推行量刑建议制度，庭前证据展示、普通程序简化审、量刑建议和多媒体示证等庭审改革措施应用更加普遍，多次在庭审中运用多媒体示证，使庭审举证方式更加直观，举证指控效果更加突出。

2011 年，探索不起诉案件的公开审查和附条件不起诉办案机制，共办理两类案件 5 件 5 人；追罪 3 人，追诉 5 人。

2012 年，强化简易程序案件办理，检察长、副检察长出庭支持公诉 63 件次；2013 年，追罪 2 件 2 人，追诉 4 件 5 人，改变定性 3 件 4 人。

2014 年，推进“阳光公诉”工作，举办观摩庭 20 次，人大代表、政协委员、社会群众代表 3000 余人应邀参加庭审观摩。检察长、副检察长出庭支持公诉 113 件次。深入开展“严打”专项斗争，快审快诉严打案件，确保“严打斗争”的威慑力。

2014～2016 年，在开展深化“严打”斗争工作中，追罪 61 件，改变定性 81 件，追诉 24 件 30 人。

2016 年，深入推进“阳光公诉”工作，举办观摩庭 10 次；快审快诉严打案件，改变定性 44 件 58 人，追罪 46 件 63 人，追诉 21 件 33 人。

### 三　审判监督

1990 年，市检察院加强对人民法院审判活动的监督，对人民法院确有错误的判决提出抗诉，全年提请抗诉案件 4 件 4 人。

1992～1996 年，提请抗诉案件 13 件 14 人。

1997 年，市检察院以新修定的《中华人民共和国刑事诉讼法》为指导，对实体上确有错误，量刑畸重畸轻的法院判决、裁定，果断提起抗诉，维护法律尊严。其间，通过不断总结实践，形成加大判决书审查力度，重视被害人提出抗诉请求案件的审查，检察机关相互支持、配合，加强抗诉工作的调研总结等切实有效的抗诉工作机制。1998～2000 年，提请抗诉案件 10 件 19 人。

2001 年开始，市检察院提出纠正审判活动中的违法情况意见，适度掌握抗诉条件，大胆行使抗诉权，对程序上有错误，但不影响案件整体审判的，以检察建议的方式启动审判监督程序，不做抗诉处理。2001～2014 年，提请抗诉案件 31 件 41 人。

2015 年，对生效裁判进行梳理，分析起诉书指控与法院裁定结果存在差异的原因，重点对法定量刑情节、故意犯罪形态认定是否准确，量刑是否得当等进行全面审查，提请抗诉案件 1 件 1 人。

2016 年，市检察院发挥量刑建议的引导规范作用。在提起公诉案件时，坚持提出量刑建议，确保量刑规范公正，在庭审中注重量刑辩论环节，促进刑事裁量权的公开、公正行使。建立沟通联系机制。与法院建立定期联席会议制度，及时通报案件情况，对量刑偏轻偏重、职务犯罪案件判处免刑和缓刑比例过高等问题加强监督。

## 第四节　反贪污、反渎职预防职务犯罪

### 一　反贪污贿赂检察

1990 年，市检察院在严厉打击经济犯罪的基础上，清理积案。共受理各类经济犯罪举报 44 件 45 人。立案 11 件 11 人，其中贪污 8 件 8 人、受贿 1 件 1 人、挪用公款 2 件 2 人，受理案件涉及犯

罪金额 69.56 万元。

1993 年，市检察院成立反腐惩贪领导小组，出动宣传车、设立举报箱、公布举报电话、张贴宣传提纲，发动群众积极检举揭发贪污腐败分子，开展为期 1 周的法制宣传活动。

1997 年 5 月，市检察院成立反贪污贿赂侦查局后，查处市公安局务某某贪污受贿案、地区托儿所王某某受贿案、市棉麻公司王某某受贿案。

2001 年，侦结原地区糖烟酒公司江南春商场出纳蔡某某贪污公款 14.4 万元一案，蔡某某被法院判处有期徒刑 13 年。

2003 年，开展预防职务犯罪工作，制定《2003 年阿克苏市预防职务犯罪工作安排意见》《市检察院预防职务犯罪工作细则》及《评价标准》，利用乡（镇）场广播站进行宣传 4 次，发放宣传材料 600 余份，筹措资金 1 万余元，制作预防职务犯罪宣传栏 13 块。

2005 年 9 月，阿克苏市召开预防职务犯罪工作会议，以新任职干部为对象在党校举办廉政讲座，以案说法，开展法制宣传教育，共发放《新疆维吾尔自治区预防职务犯罪条例》960 份。

2006 年，在市预防职务犯罪学校进行预防职务犯罪讲座 7 次，受教育人数 1000 余人次。开展为期 1 年的治理商业贿赂专项工作，深入地区工商银行、地区电信公司、市建设局、市人民医院、市教育局、市粮食局、水利局、电力公司等单位进行商业贿赂工作调研。

2007 年，制定《查办贪污贿赂等经济犯罪案件实行个案奖励的实施办法》，在市直各单位、各乡（镇）场和学校、医院等重点部门设置 60 个举报箱。购买 300 本《廉政日志》赠送给市四套班子领导和市直及乡（镇）场 72 个单位党政一把手。

2008～2012 年，相继开展查办涉农职务犯罪、工程建设领域突出问题专项治理、扣押冻结款物专项治理、新农合领域贪污贿赂犯罪案件专项侦查和反贪干警经商办企业专项治理工作，对反贪工作进行目标量化考核。

2016 年，密切与纪检监察机关和重点行业、领域的沟通联系，多渠道挖掘案源线索。共受理案件线索 20 件 22 人，初查 19 件 19 人，立案 19 件 19 人，移送审查起诉 10 件 10 人，撤案 7 件 7 人；挽回经济损失 466.50 万元。完成办案区改造并顺利通过自治区检察院的验收，成为阿克苏地区首个自治区检察院颁发牌照的办案区。

**表 26－15　1990～2016 年阿克苏市检察院反贪污贿赂案件情况表**

| 年份 | 受理 | | 转办 | | 立案 | | 不立案 | | 起诉 | | 不起诉 | | 涉案金额（万元） | 挽回经济损失（万元） |
|---|---|---|---|---|---|---|---|---|---|---|---|---|---|---|
| | 件 | 人 | 件 | 人 | 件 | 人 | 件 | 人 | 件 | 人 | 件 | 人 | | |
| 1990 | 44 | 45 | 0 | 0 | 11 | 11 | 33 | 34 | 11 | 11 | 0 | 0 | 69.56 | 51.97 |
| 1991 | 14 | 15 | 0 | 0 | 7 | 8 | 7 | 7 | 4 | 4 | 3 | 4 | 15.59 | 11.46 |
| 1992 | 22 | 24 | 6 | 6 | 10 | 11 | 12 | 13 | 6 | 7 | 4 | 4 | 13.30 | 12.80 |
| 1993 | 31 | 32 | 0 | 0 | 15 | 15 | 16 | 17 | 11 | 11 | 4 | 4 | 34.70 | 24.50 |
| 1994 | 29 | 32 | 0 | 0 | 8 | 8 | 21 | 24 | 7 | 7 | 1 | 1 | 162.99 | 109.86 |
| 1995 | 37 | 66 | 0 | 0 | 19 | 28 | 18 | 38 | 15 | 24 | 4 | 4 | 215.03 | 161.59 |
| 1996 | 69 | 96 | 11 | 11 | 25 | 42 | 33 | 43 | 11 | 27 | 14 | 15 | 93.00 | 83.85 |
| 1997 | 47 | 58 | 0 | 0 | 19 | 27 | 8 | 10 | 6 | 7 | 2 | 3 | 148.00 | 120.00 |
| 1998 | 43 | 46 | 0 | 0 | 9 | 10 | 34 | 36 | 6 | 6 | 3 | 4 | 62.23 | 54.00 |

续表

| 年份 | 受理 | | 转办 | | 立案 | | 不立案 | | 起诉 | | 不起诉 | | 涉案金额（万元） | 挽回经济损失（万元） |
|---|---|---|---|---|---|---|---|---|---|---|---|---|---|---|
| | 件 | 人 | 件 | 人 | 件 | 人 | 件 | 人 | 件 | 人 | 件 | 人 | | |
| 1999 | 11 | 12 | 0 | 0 | 7 | 7 | 4 | 5 | 1 | 1 | 6 | 6 | 38.50 | 34.00 |
| 2000 | 32 | 32 | 3 | 3 | 3 | 3 | 2 | 2 | 2 | 2 | 1 | 1 | 23.50 | 17.00 |
| 2001 | 25 | 27 | 0 | 0 | 3 | 3 | 1 | 1 | 3 | 3 | 2 | 2 | 40.20 | 25.00 |
| 2002 | 14 | 14 | 0 | 0 | 4 | 4 | 10 | 10 | 1 | 1 | 3 | 3 | 58.96 | 35.60 |
| 2003 | 16 | 21 | 0 | 0 | 6 | 8 | 10 | 13 | 6 | 8 | 0 | 0 | 46.53 | 30.00 |
| 2004 | 9 | 9 | 0 | 0 | 4 | 4 | 5 | 5 | 1 | 1 | 3 | 3 | 126.00 | 12.80 |
| 2005 | 9 | 11 | 0 | 0 | 5 | 7 | 4 | 4 | 4 | 6 | 1 | 1 | 86.54 | 45.30 |
| 2006 | 11 | 12 | 0 | 0 | 6 | 7 | 5 | 5 | 4 | 4 | 2 | 3 | 12.03 | 10.40 |
| 2007 | 10 | 10 | 0 | 0 | 5 | 5 | 5 | 5 | 5 | 5 | 0 | 0 | 36.40 | 20.00 |
| 2008 | 14 | 16 | 0 | 0 | 4 | 4 | 10 | 12 | 4 | 4 | 0 | 0 | 26.45 | 15.00 |
| 2009 | 9 | 10 | 0 | 0 | 5 | 6 | 4 | 4 | 5 | 6 | 0 | 0 | 19.58 | 11.85 |
| 2010 | 13 | 13 | 3 | 3 | 8 | 8 | 2 | 2 | 6 | 6 | 2 | 2 | 210.00 | 193.30 |
| 2011 | 18 | 20 | 0 | 0 | 7 | 7 | 11 | 13 | 3 | 3 | 4 | 4 | 70.00 | 48.95 |
| 2012 | 17 | 19 | 3 | 5 | 14 | 14 | 0 | 0 | 11 | 11 | 3 | 3 | 50.00 | 33.91 |
| 2013 | 12 | 12 | 0 | 0 | 12 | 12 | 0 | 0 | 9 | 9 | 3 | 3 | 264.86 | 137.99 |
| 2014 | 17 | 22 | 0 | 0 | 13 | 13 | 4 | 9 | 10 | 10 | 3 | 3 | 235.41 | 121.82 |
| 2015 | 11 | 15 | 0 | 0 | 11 | 15 | 0 | 0 | 6 | 6 | 5 | 9 | 750.00 | 50.00 |
| 2016 | 20 | 22 | 0 | 0 | 19 | 19 | 1 | 3 | 10 | 10 | 7 | 7 | 600.00 | 466.50 |

## 二　反渎职侵权检察

1990 年，市检察院在查处渎职案件的同时，加大对不构成犯罪案件的调查力度，对不构成犯罪的案件及时移送有关部门处理。全年办理渎职类案件 2 件 3 人。

1993 年，加大法纪检察的工作力度，重点突出保障公民的民主权利和人身权利，办理渎职类案件 4 件 7 人。

1997 年，在查办一般渎职案件的同时，还重点查办司法人员的徇私舞弊，对此类案件做到快侦快诉。

1999 年，狠抓各项制度建设，坚持依法办案、秉公执法的原则，以查办渎职侵权案件为重点，查处一批国家机关工作人员利用职权实施的玩忽职守及非法拘禁案件。

2008 年 5 月开始，市检察院开展为期一年半的查办危害能源资源及生态环境渎职犯罪专项工作，在市区人员集中的地区开展专项工作宣传，发放宣传材料 300 余份，并到阿克苏市环保局、土地局、草原站、林业局等单位开展调研，搜集案件线索，建立举报奖励制度。

2008 ~2010 年，共受理案件线索 18 件 19 人，其中滥用职权案 11 件 11 人、玩忽职守案 2 件 2 人、徇私枉法案 3 件 3 人、刑讯逼供案 1 件 1 人、非法拘禁案 1 件 2 人。立案 5 件 7 人，起诉 4 件 6 人，不起诉 1 件 1 人，转办 3 件。

2011 ~2016 年，受理案件线索 29 件 38 人，立案 15 件 24 人。

表 26－16　1990～2016 年阿克苏市检察院办理反渎职侵权案件表

| 年份 | 受理 | | 立案 | | 不立案 | | 起诉 | | 不起诉 | | 转办 |
|---|---|---|---|---|---|---|---|---|---|---|---|
| | 件 | 人 | 件 | 人 | 件 | 人 | 件 | 人 | 件 | 人 | 件 |
| 1990 | 10 | 16 | 2 | 3 | 1 | 1 | 2 | 3 | 0 | 0 | 5 |
| 1991 | 14 | 17 | 3 | 3 | 6 | 9 | 2 | 2 | 1 | 1 | 5 |
| 1992 | 15 | 15 | 5 | 5 | 10 | 10 | 2 | 2 | 3 | 3 | 0 |
| 1993 | 12 | 17 | 4 | 7 | 8 | 10 | 3 | 6 | 1 | 1 | 0 |
| 1994 | 11 | 12 | 8 | 9 | 3 | 3 | 6 | 7 | 2 | 2 | 0 |
| 1995 | 11 | 14 | 6 | 6 | 5 | 8 | 3 | 3 | 3 | 3 | 0 |
| 1996 | 17 | 23 | 6 | 6 | 11 | 17 | 3 | 3 | 3 | 3 | 0 |
| 1997 | 8 | 10 | 1 | 1 | 0 | 0 | 1 | 1 | 0 | 0 | 5 |
| 1998 | 9 | 10 | 1 | 1 | 0 | 0 | 1 | 1 | 0 | 0 | 2 |
| 1999 | 8 | 10 | 3 | 5 | 2 | 4 | 1 | 1 | 0 | 0 | 0 |
| 2000 | 10 | 16 | 2 | 5 | 0 | 0 | 2 | 5 | 0 | 0 | 0 |
| 2001 | 5 | 5 | 2 | 2 | 0 | 0 | 2 | 2 | 0 | 0 | 0 |
| 2002 | 0 | 0 | 0 | 0 | 0 | 0 | 0 | 0 | 0 | 0 | 0 |
| 2003 | 0 | 0 | 0 | 0 | 0 | 0 | 0 | 0 | 0 | 0 | 0 |
| 2004 | 4 | 4 | 2 | 2 | 1 | 1 | 2 | 2 | 0 | 0 | 1 |
| 2005 | 1 | 1 | 0 | 0 | 1 | 1 | 0 | 0 | 0 | 0 | 0 |
| 2006 | 4 | 4 | 1 | 1 | 0 | 0 | 0 | 0 | 1 | 1 | 1 |
| 2007 | 5 | 5 | 1 | 1 | 1 | 1 | 1 | 1 | 0 | 0 | 1 |
| 2008 | 5 | 6 | 2 | 4 | 0 | 0 | 2 | 4 | 0 | 0 | 0 |
| 2009 | 7 | 7 | 2 | 2 | 0 | 0 | 1 | 1 | 1 | 1 | 2 |
| 2010 | 6 | 6 | 1 | 1 | 4 | 4 | 1 | 1 | 0 | 0 | 1 |
| 2011 | 6 | 6 | 2 | 2 | 4 | 4 | 2 | 2 | 0 | 0 | 0 |
| 2012 | 7 | 7 | 3 | 3 | 4 | 4 | 3 | 3 | 0 | 0 | 0 |
| 2013 | 7 | 7 | 3 | 3 | 4 | 4 | 3 | 3 | 0 | 0 | 0 |
| 2014 | 3 | 3 | 3 | 3 | 0 | 0 | 3 | 3 | 0 | 0 | 0 |
| 2015 | 4 | 11 | 2 | 9 | 2 | 2 | 1 | 7 | 1 | 1 | 0 |
| 2016 | 2 | 4 | 2 | 4 | 1 | 1 | 1 | 3 | 1 | 1 | 0 |

## 三　预防职务犯罪

2008 年 1 月，市检察院成立职务犯罪预防科，主要负责分析职务犯罪的特点、规律，提出对贪污贿赂、渎职犯罪的预防对策，负责法制宣传、职务犯罪预防工作。

2009 年，市检察院选派干警在市区繁华地段开展检务公开、法律宣传、发送廉政挂图、印发宣传资料等活动 12 次，分发宣传资料 1.5 万份，接受群众咨询 2600 余人次。到各中小学校、市委党校、市工商局、市国税局、市直机关开展预防职务犯罪讲座 52 次，受教育人数 6.2 万人。

2011 年，坚持“打防并举、标本兼治”工作思路，开展涉农系统预防、扶贫开发、征地拆迁专项工程的预防和个案跟踪预防工作。

2012～2013 年，举办法制专题讲座，持续开展廉政法制宣传，群众咨询 600 余人。在市委党校为科级以上领导干部和新录用公务员开展法制专题讲座。将预防工作纳入全市目标考核范围，对全市 38 个预防成员单位进行检查考核，推进预防工作的深入开展。

2014 年，进一步完善预防网络建设，对 80 个成员单位实现网络覆盖。将全市重大固定资产建设项目纳入预防工作全过程。以提升预防能力为重点，与市公共资源交易中心、市住建局等单位联合制定出台《阿克苏市行贿犯罪查询办法》。开展预防职务犯罪警示教育讲座 11 场，开展预防法制教育宣传 9 场。全年共受理行贿犯罪档案查询 1173 次，涉及 1495 个单位 3852 人，开展预防调查 2 件，接受预防咨询 31 次，发放各类宣传资料 3600 余份，录入行贿、受贿案件 13 件 13 人。

2015 年，开展预防职务犯罪警示教育和法治讲座 7 场。开展预防职务犯罪“进乡村”和观摩庭活动，组织全市财会人员参加庭审观摩。开展涉农领域预防调查和职务犯罪案件分析，提出检察建议 5 份。全年，受理行贿犯罪档案查询 3747 次，涉及 3786 个单位 1.06 万人。发放各类宣传资料 2700 余份，发放警示标志提袋、纸杯 8700 个。

2016 年，强化对涉农、社保、扶贫资金等领域专项预防。启动职务犯罪风险预警平台建设和改革试点。以提升预防能力为重点，规范行贿犯罪档案查询，共受理行贿犯罪档案查询 2655 次，涉及 2659 个单位 6808 人。

## 第五节　专项检察

### 一　民事行政检察

1993 年 5 月，市检察院成立民事行政检察科，依法履行民事行政法律监督职责，对法院判决、裁定正确的申诉，做好说服教育工作。

1996 年，贯彻自治区检察院《关于贯彻部分省民事行政检察工作现场经验交流会议精神的意见》，摸索一套切实可行办案经验。贯彻最高检察院“敢抗、会抗、抗准”办案原则，坚持以“抗准”为核心，查办每一起民事行政案件。

2001 年，落实全国民事行政检察工作会议精神，开展民事行政检察工作更加规范。共受理民事、行政案件 22 件，提请抗诉 1 件。

2008 年，探索通过检察建议的方式，启动民事审判监督程序。

2013 年，受理民事申诉案件 12 件，立案 10 件，提起抗诉 5 件，息案 5 件。

2016 年，市检察院强化民事行政监督，受理各类民事行政申诉案件 25 件，经审查，立案 19 件，提起抗诉 3 件。

表 26－17　1995～2016 年阿克苏市检察院办理民事行政案件情况表

| 年份 | 受理（件） | 立案（件） | 转其他部门（件） | 息诉（件） | 检察建议提抗（件） | 提请抗诉（件） | 法院发回重审（件） | 法院改判（件） |
|---|---|---|---|---|---|---|---|---|
| 1995 | 8 | 6 | 2 | 6 | 0 | 0 | 0 | 0 |
| 1996 | 10 | 5 | 1 | 0 | 2 | 3 | 0 | 1 |
| 1997 | 8 | 6 | 1 | 3 | 1 | 4 | 0 | 0 |
| 1998 | 13 | 5 | 0 | 1 | 0 | 4 | 0 | 0 |

续表

| 年份 | 受理（件） | 立案（件） | 转其他部门（件） | 息诉（件） | 检察建议提抗（件） | 提请抗诉（件） | 法院发回重审（件） | 法院改判（件） |
|---|---|---|---|---|---|---|---|---|
| 1999 | 14 | 2 | 0 | 12 | 0 | 2 | 0 | 0 |
| 2000 | 18 | 4 | 2 | 4 | 0 | 1 | 0 | 0 |
| 2001 | 22 | 6 | 0 | 0 | 5 | 1 | 0 | 2 |
| 2002 | 24 | 9 | 0 | 2 | 3 | 4 | 0 | 0 |
| 2003 | 8 | 5 | 0 | 3 | 0 | 2 | 0 | 0 |
| 2004 | 8 | 5 | 1 | 3 | 0 | 2 | 0 | 0 |
| 2005 | 8 | 6 | 2 | 3 | 0 | 2 | 0 | 0 |
| 2006 | 12 | 7 | 2 | 3 | 0 | 4 | 0 | 0 |
| 2007 | 5 | 5 | 0 | 3 | 2 | 0 | 0 | 0 |
| 2008 | 8 | 3 | 0 | 5 | 0 | 3 | 0 | 0 |
| 2009 | 9 | 5 | 0 | 7 | 0 | 2 | 0 | 0 |
| 2010 | 12 | 4 | 0 | 6 | 3 | 3 | 0 | 0 |
| 2011 | 13 | 4 | 0 | 3 | 0 | 4 | 0 | 0 |
| 2012 | 15 | 5 | 0 | 2 | 0 | 2 | 1 | 1 |
| 2013 | 12 | 10 | 0 | 5 | 0 | 5 | 0 | 0 |
| 2014 | 21 | 21 | 0 | 20 | 0 | 1 | 0 | 0 |
| 2015 | 20 | 10 | 0 | 9 | 1 | 10 | 0 | 0 |
| 2016 | 25 | 19 | 0 | 6 | 0 | 3 | 0 | 0 |

## 二　控告申诉检察

1991～1992 年，市检察院共接待来信 11 件，接待来访 107 人，检察长接待日接待 45 人，受理举报案件线索 66 件，受理申诉案件 1 件。

1993 年，市检察院开展举报线索的初查和分流工作，为侦查工作及时提供案源，坚持领导接待重要来访，妥善处理告急信访案件，对可能引起矛盾激化的信访，及时采取措施，做好疏导缓解工作。共接待来信 10 件，接待来访 32 人，检察长接待日接待 25 人。

1994～1997 年，共接待来信 144 件，接待来访 231 人，检察长接待日接待 124 人。

1998 年，市检察院坚持文明接待，按文明接待室的要求布置来访接待室，使群众愿意来、满意去。全年共接待来信 21 件，接待来访 45 人，检察长接待日接待 20 人。1999 年，共接待来信 4 件，接待来访 92 人，检察长接待日接待 29 人，转办 44 件。

2000 年，市检察院开展文明接待、创文明接待室活动，对来访群众热情周到、耐心细致、化解矛盾，配合有关部门做好协调工作，坚持每周检察长接待日活动，解答来访者的疑问，每年开展法律咨询活动。共接待来信 98 件，接待来访 117 人，检察长接待日接待 192 人，转办 46 件。

2001～2002 年，共接待来信 153 件，接待来访 347 人，检察长接待日接待 484 人，受理举报线索 26 件。

2003 年，实行控申首办责任制，对不属于本院管辖的来信来访及时转办有关部门，接待率

100%，基本达到群众满意。2004年将控告申诉接待室设置在大门处，进行装修，改善环境，方便各族群众来访。2003～2004年接待来信9件，接待来访176人，检察长接待日接待267人，受理举报线索8件，受理申诉2件，转办7件。

2005年，以涉法信访案件调处工作为重点，完善控告申诉工作，制作接待来访示意图；落实信访案件承办责任制，集中力量协调解决初信初访问题。坚持检察长接待日制度，对重点疑难信访案件做到主管领导亲自督办，一抓到底。全年接待来信6件，接待来访164人，检察长接待日接待87人。

2010年，市检察院抽调干部到市信访部门参加全市的信访工作，利用业务优势向上访群众开展法律解释工作，化解矛盾纠纷。2006～2010年，共接待来信33件，接待来访773人，检察长接待日接待827人，受理举报57件，受理申诉12件，转办9件。

2012年，为排查化解矛盾纠纷，实行关口前移，采取定点接访、预约接访、带案下访和联合接访方式，全面落实首办责任制，适时聘请社会各界有代表性的政协委员作为义务调解员，对涉法涉诉案件的分析研判、舆情预警和矛盾纠纷化解起到积极作用。推行刑事被害人司法救助工作，为上访数年的受害人解决12万元的司法救助金。全年，接待来信来访群众156人次，检察长接待日接待68人次。

2014～2015年，深入各街道、乡镇开展举报宣传工作，继续全面落实首办责任制。共接待来信来访群众129人次，院领导接待日接待78人次，受理刑事赔偿案件1件1人，办结地区检察分院转办控申案件2件2人。

2016年，以排查化解矛盾纠纷为切入点，深入开展举报宣传周工作，发放各类宣传资料1500余份，接受群众咨询120次。共接待来信来访群众45人次，院领导接待日接待23人次，均息诉罢访。年内受理控告申诉案件8件13人，全部办结。

**表26－18　1990～2016年阿克苏市检察院控告申诉检察工作情况表**

| 年份 | 接待来信来访 | | | | 申诉(件) | 转办(件) |
|---|---|---|---|---|---|---|
| | 来信(件) | 来　访 | | | | |
| | | 控申接待(人) | 检察长接待(人) | 受理举报线索(件) | | |
| 1990 | 23 | 25 | 16 | 25 | 6 | 0 |
| 1991 | 4 | 89 | 22 | 66(初查17) | 1 | 0 |
| 1992 | 7 | 18 | 23 | 0 | 0 | 0 |
| 1993 | 10 | 32 | 25 | 0 | 0 | 0 |
| 1994 | 5 | 28 | 31 | 0 | 0 | 0 |
| 1995 | 6 | 25 | 28 | 0 | 0 | 0 |
| 1996 | 5 | 32 | 29 | 0 | 0 | 0 |
| 1997 | 128 | 146 | 36 | 0 | 0 | 0 |
| 1998 | 21 | 45 | 20 | 0 | 0 | 0 |
| 1999 | 4 | 92 | 29 | 0 | 0 | 44 |
| 2000 | 98 | 117 | 192 | 0 | 0 | 46 |
| 2001 | 71 | 91 | 226 | 0 | 0 | 38 |

续表

| 年份 | 接待来信来访 | | | | 申诉(件) | 转办(件) |
|---|---|---|---|---|---|---|
| | 来信(件) | 来　访 | | | | |
| | | 控申接待(人) | 检察长接待(人) | 受理举报线索(件) | | |
| 2002 | 82 | 256 | 258 | 26 | 0 | 199 |
| 2003 | 6 | 71 | 162 | 1(初查1) | 1 | 0 |
| 2004 | 3 | 105 | 105 | 7 | 1 | 7 |
| 2005 | 6 | 164 | 87 | 0 | 0 | 0 |
| 2006 | 5 | 126 | 299 | 7 | 0 | 0 |
| 2007 | 7 | 80 | 196 | 12 | 4 | 0 |
| 2008 | 9 | 224 | 192 | 14 | 4 | 0 |
| 2009 | 8 | 276 | 73 | 15 | 4 | 9 |
| 2010 | 4 | 67 | 67 | 9 | 0 | 0 |
| 2011 | 5 | 180 | 96 | 1 | 0 | 0 |
| 2012 | 8 | 148 | 68 | 0 | 0 | 0 |
| 2013 | 8 | 70 | 48 | 0 | 1 | 0 |
| 2014 | 9 | 68 | 45 | 0 | 1 | 0 |
| 2015 | 3 | 49 | 33 | 0 | 2 | 0 |
| 2016 | 5 | 40 | 23 | 0 | 8 | 0 |

### 三　监所检察

1990年，市检察院对监所实行规范化管理，驻所检察室每天清查监号，每月进行2次大检查。

1995年，市检察院制定《人民检察院监所检察工作条例》《监所检察人员八条纪律》《释放送劳改情况登记表》《执行判决裁定违法情况登记表》《在押人员登记表》等规范化制度，忠实履行监所检察职责。

1999年，看守所成立未成年犯监室，对未成年犯实施分押制度。

2012年，开展集中核查、清理超期羁押专项活动，对5人超期羁押现象进行清理纠正。对危重病在押人员的治疗进行监督，及时变更强制措施，避免在押人员死亡事故发生，实现监所检察“零”事故。

2014年，建立健全监外执行罪犯工作台账，实行定期或不定期地跟踪监督和考察。在监区开设检察官信箱，监控狱情动态，维护罪犯合法权益。

2016年，继续深入乡、镇和街道，开展社区矫正专项督察和跟踪考察，建立工作台账390余册。

## 第六节　检察业务

### 一　案件管理

2013年3月，市检察院设立案件管理办公室。按照全程管理、动态监督、案后评查、综合考评的运行机制，及时制定《案件管理与分流实施细则》等5项规则制度和21种案管台账。开展案件受理、分流、送达、数据上传、法律文书编号和涉案款物监管工作。全年，共对外送达案件682件，办理换押证401份，送达出庭通知书530份、判决裁定书322份，监管各类法律文书1251份，赃证物105件，涉案款91.2万元。

2014年，强力推进统一业务应用系统全员学习培训，统筹协调各业务条线齐抓共管，强化岗位操作技能，强化软硬件基础设施建设，持续开展操作测试和跟踪考核，把办案流程统筹并轨，有效杜绝“两张皮”和“体外循环”案件的发生，规范办案流程的监控、预警和查询，使统一业务应用系统运行工作取得显著成效。共对外送达案件2554件2773卷，办理换押证536份，送达出庭通知书974份、判决裁定书875份，监管赃证物75件、涉案款5.8万元。

2016年，强化对案件办理全程、同步、实时监控，及时开展季度案件评查和执法专项检查，及时接待辩护人、诉讼代理人阅卷，狠抓统一业务应用系统培训，致力提高应用软件操作技能和实行跟踪考评，全面规范涉案财物监管，积极开展案件信息公开和通报制度。接受外来案件1599件1771卷，对外送达案件1030件1200卷，送达出庭通知书760份、判决裁定书526份，公开程序性信息1035条、法律文书190份、重要案件信息56份，接待律师阅卷32次、案件信息查询91次，监管涉案物品143件、涉案款1.39万元。

## 二　法律政策研究

1997年7月，市检察院成立法律政策研究室。配备2名专职干警负责法律政策研究工作。针对民族分裂主义活动猖獗的社情，组织开展社会犯罪调查工作。针对《中华人民共和国检察官法》及4个配套规定的实施及新《中华人民共和国刑事诉讼法》的实施，组织检察干警深入学习，认真贯彻落实新法，对新法实施过程中出现的新情况和新问题及时调研，分析并撰写成调研报告并及时上报上级检察院。

1999年，市检察院围绕阿克苏市改革开放和经济建设大局，对严厉打击严重刑事犯罪斗争问题、严厉打击严重经济犯罪斗争问题及各项检察业务进行调查研究，共撰写上报各类调研文章40余篇。其中《市检察院信访工作的经验做法》等4篇文稿在市委《调研内参》上刊稿。

2002～2016年，市检察院积极参与调查、研究与检察工作有关的法律、法规、政策执行情况，向有关部门提出意见、建议；并对疑难案件和其他地区性重要问题进行调查研究，向上级院提供意见和建议。根据案件材料上报调研文章364篇。其中《检察长列席人民法院审判委员会制度研究》一文，在《新疆检察》2008年第4期上发表。《办理“7·5”事件相关案件的思考》被自治区检察院评为2009年度检察理论年会优秀论文三等奖。

# 第三章　审　判

## 第一节　机　构

### 一　管理机构

1990 年，阿克苏市人民法院有编制 96 名，实有 88 人。内设行政办公室、刑事审判庭、民事审判庭、经济审判庭、行政审判庭、告诉申诉庭、执行庭、4 个基层人民法庭（拜什吐格曼人民法庭、喀拉塔勒人民法庭、托普鲁克人民法庭、阿依库勒人民法庭）。

1992 年，阿克苏市人民法院增设政工科。

2000 年，市人民法院成立审判监督庭，撤销经济审判庭，撤销拜什吐格曼法庭，4 个基层人民法庭经合并撤销后为 3 个基层人民法庭。年末，编制 118 名，实有 111 人。

2002 年，机构改革成立监察室、研究室、书记官管理处、法警大队、执行局，执行局辖执行一庭、执行二庭，告诉申诉庭更名为立案庭。

2004 年，市人民法院民事审判庭分为民事审判一庭、民事审判二庭。

2007 年，阿克苏市人民法院有编制 115 名，实有 109 人，其中法官 53 人（助审员 10 人）。

2009 年，增设拜什吐格曼人民法庭和库木巴什人民法庭 2 个基层人民法庭。

2010 年，市人民法院编制 128 名，实有人数 122 人（工人 3 人），内设 14 个庭室。

2011 年，市人民法院增设机构审判管理办公室。

2012 年 7 月，市人民法院成立机关党委，下设 7 个支部。年末，内设行政办公室、刑事审判庭、民事审判一庭、民事审判二庭、行政审判庭、执行局（执行一庭，执行二庭）、立案庭（立案大庭，信访室，保全室，送达室）、审判监督庭、政工科、纪检（监察）室、研究室、审判管理办公室、书记官管理处、法警大队、5 个基层人民法庭。有干警 136 人。

2013 年，市人民法院有编制 141 名，实有 124 人。

2016 年，市人民法院内设行政办公室、政工科、机关党委、法律政策研究室、监察科、财务装备科、刑事审判庭、民事审判一庭、民事审判二庭、行政审判庭、立案庭、司法警察大队、执行一庭、执行二庭、审判监督庭、审判管理办公室、技术科 17 个科室，5 个基层人民法庭（喀拉塔勒人民法庭、托普普克人民法庭、阿依库勒人民法庭、库木巴什人民法庭、拜什土格曼人民法庭）。编制 141 名，实有 134 人。

### 二　审判委员会

1990～1994 年，市人民法院审判委员会由 9 人组成。1995～2001 年，市人民法院审判委员会由7人组成。2002～2006年，市人民法院审判委员会由5人组成。2007～2010年，市人民法院审判委员会由7人组成。2011～2016年，市人民法院审判委员会由11人组成。

### 三　基层人民法庭

1990年，市法院有基层人民法庭4个，分别是拜什吐格曼人民法庭、喀拉塔勒人民法庭、库木巴什人民法庭、阿依库勒人民法庭。库木巴什人民法庭有1名审判员、2名书记员，其余3个法庭，每个法庭均配备1名审判员、1名书记员，审判员均由庭长兼任。2000年，4个基层人民法庭经合并撤销后为3个基层人民法庭，分别是喀拉塔勒人民法庭、托普鲁克人民法庭、阿依库勒人民法庭，每个法庭配备1名审判员、1名书记员，审判员均由庭长兼任。2009年，增设拜什吐格曼人民法庭和库木巴什人民法庭2个基层人民法庭。

2016年，有基层人民法庭5个，分别是拜什吐格曼人民法庭、喀拉塔勒人民法庭、托普鲁克人民法庭、库木巴什人民法庭、阿依库勒人民法庭，每个法庭1名审判员、1名书记员，审判员均由庭长兼任。

## 第二节　案件审判

### 一　人民陪审员

1990年以来，阿克苏市人民法院认真执行人民陪审员制度的相关规定，为强化民主监督、提升司法公信，扩大任选范围，增强人民陪审员的广泛性和代表性；完善参审机制，提升陪审员参审质效；健全管理培训机制，提升陪审员履职专业水平；拓宽渠道，加大陪审员工作宣传力度，人民陪审员数量大幅增加，从各行各业中选出来并且全部通过培训后进入案件审理过程中。至2016年底，市法院人民陪审员73人，其中基层群众占总人数的58%；高中以上学历者占总人数的34%；女性陪审员占1/3。市法院严格按照一审一陪的标准，陪审员全程参与案件的审理和判决，一审案件陪审率达98%以上。

### 二　刑事案件审判

市法院在刑事审判工作中，严格执行宽严相济的刑事政策，坚持惩罚犯罪与保障人权并重原则，重点打击杀人、强奸、抢劫、贩毒等严重刑事犯罪和盗窃等多发性犯罪，严厉打击贪污、贿赂等经济犯罪，维护社会治安和正常的经济秩序。

1990年，共受理各类刑事案件169件，审结162件，结案率达95.85%。

1991～1995年，共受理各类刑事案件979件，结案803件，结案率达81.35%。1993年，召开3次公判大会宣判26件44人。在哈拉塔乡和地区立新棉纺厂先后召开公审大会，为阿克苏举办首届龟兹文化艺术节顺利召开打下良好基础。1994年受理216件355人，比1993年案件上升45%，人数上升49.79%。其中盗窃案84件，比1993年大幅上升80%。与中级法院联合召开3次公判大会，共宣判21件37人，参加群众1.2万人。

2011 年，审理涉及黑社会势力性质的艾某某等 9 名被告人强奸、寻衅滋事、故意伤害、赌博案和阿某某等 6 人抢劫团伙案；审理 11 件拐卖（骗）儿童犯罪，对阿某某等 36 名被告人依法判处有期徒刑 3 ~ 17 年；审理危险驾驶罪案件 6 件 6 人，对王某某等人判处拘役 2 ~ 4 个月。

2012 年，参与全国“打拐”、整治酒驾等专项活动，审理拐卖、收买妇女、儿童案件 11 件 52 人、危险驾驶罪案件 73 件 73 人。依法公开审判被告人吴某、刘某等 17 人组织、领导、参加黑社会性质组织罪等 5 件，被告人龙某、周某等 10 人非法吸收公众存款罪等多起社会影响大的案件。

2016 年，共审理各类刑事案件 810 件，结案 745 件，结案率达 91. 98%。

**表 26 - 19　1990 ~ 2016 年阿克苏市法院审理刑事案件统计表**

| 年度 | 收案（件） | 审结（件） | 审结率（%） | 类型（件） | | | | | |
|---|---|---|---|---|---|---|---|---|---|
| | | | | 盗窃 | 故意伤害 | 交通肇事 | 抢劫 | 强奸 | 其他 |
| 1990 | 169 | 162 | 95. 85 | 51 | 23 | 8 | 8 | 9 | 70 |
| 1991 | 206 | 163 | 79. 13 | 82 | 35 | 3 | 17 | 19 | 50 |
| 1992 | 170 | 129 | 75. 88 | 63 | 34 | 5 | 19 | 13 | 36 |
| 1993 | 162 | 124 | 76. 54 | 41 | 39 | 10 | 17 | 6 | 49 |
| 1994 | 216 | 171 | 79. 20 | 84 | 38 | 10 | 24 | 19 | 41 |
| 1995 | 225 | 216 | 96. 00 | 75 | 43 | 6 | 25 | 19 | 57 |
| 1996 | 245 | 198 | 80. 82 | 88 | 35 | 8 | 13 | 20 | 37 |
| 1997 | 235 | 233 | 91. 30 | 64 | 78 | 11 | 21 | 26 | 35 |
| 1998 | 295 | 290 | 88. 70 | 101 | 89 | 33 | 19 | 23 | 30 |
| 1999 | 260 | 252 | 91. 30 | 69 | 91 | 10 | 24 | 18 | 48 |
| 2000 | 276 | 270 | 98. 18 | 80 | 122 | 8 | 22 | 7 | 37 |
| 2001 | 334 | 333 | 98. 24 | 82 | 124 | 6 | 31 | 23 | 68 |
| 2002 | 419 | 402 | 95. 86 | 125 | 127 | 22 | 34 | 22 | 89 |
| 2003 | 383 | 370 | 97. 11 | 120 | 130 | 23 | 35 | 13 | 62 |
| 2004 | 377 | 372 | 97. 25 | 111 | 102 | 37 | 37 | 20 | 70 |
| 2005 | 493 | 483 | 95. 00 | 150 | 101 | 71 | 45 | 20 | 106 |
| 2006 | 405 | 393 | 95. 89 | 99 | 125 | 44 | 35 | 15 | 87 |
| 2007 | 379 | 379 | 94. 45 | 103 | 109 | 42 | 38 | 14 | 73 |
| 2008 | 423 | 423 | 95. 00 | 118 | 84 | 47 | 33 | 15 | 126 |
| 2009 | 435 | 432 | 90. 59 | 129 | 97 | 49 | 38 | 25 | 97 |
| 2010 | 350 | 347 | 89. 30 | 110 | 73 | 38 | 18 | 14 | 97 |
| 2011 | 440 | 396 | 90. 00 | 105 | 78 | 66 | 33 | 15 | 143 |
| 2012 | 541 | 524 | 96. 86 | 109 | 71 | 136 | 31 | 22 | 172 |
| 2013 | 586 | 535 | 91. 30 | 132 | 75 | 162 | 26 | 22 | 169 |
| 2014 | 1064 | 990 | 93. 05 | 195 | 78 | 138 | 18 | 16 | 619 |
| 2015 | 1275 | 1232 | 96. 63 | 225 | 56 | 167 | 29 | 17 | 781 |
| 2016 | 810 | 745 | 91. 98 | 215 | 32 | 167 | 17 | 20 | 359 |

## 三　民事案件审判

1990 年，市法院坚持调解优先、调判结合，加强民商事案件的审判工作。受理民商事案件 733 件，审结 577 件，审结率达 78. 72%。

2008 年，审理地区民政福利厂和市棉麻公司破产案件，做好做细企业职工思想工作，协助政府妥善安置下岗职工，防止职工上访；办案中坚持把企业破产与企业重组、职工妥善安置有机结合起来，收到既化解矛盾又促进发展的双赢效果。

2011 年，办理阿克苏沙河庄生态园艺公司涉及 500 余人的农业承包案、涉诉 36 人的喀拉塔勒镇吐某某农业承包侵权案。通过妥善处理，防止当事人群体越级上访事件的发生，体现出化解矛盾的社会效果。

2012 年，妥善处理林某某等人起诉地区抗震加固公司股权纠纷案、娄某某诉新华印务公司、王某某等人股权转让纠纷案，避免大规模的群体上访。

2016 年，市法院受理民商事案件 7701 件，审结 6557 件，审结率达 85.14%。落实《中华人民共和国反家暴法》，保护妇女合法权益。

**表 26－20　1990～2016 年阿克苏市法院审理民事案件统计表**

单位：件

| 年度 | 收案 | 审结 | 审结率（%） | 婚姻家庭案件 | 合同纠纷案件 | 民间借贷案件 | 人身损害案件 | 买卖纠纷案件 | 其他纠纷案件 |
|---|---|---|---|---|---|---|---|---|---|
| 1990 | 733 | 577 | 78.72 | 250 | | 78 | 32 | 40 | 177 |
| 1991 | 839 | 666 | 79.38 | 260 | 17 | 140 | 97 | 51 | 101 |
| 1992 | 918 | 764 | 83.22 | 310 | 16 | 200 | 100 | 18 | 120 |
| 1993 | 1005 | 895 | 89.05 | 546 | | 171 | 56 | | 122 |
| 1994 | 1112 | 1038 | 85.43 | 600 | 25 | 278 | 100 | 10 | 25 |
| 1995 | 1437 | 1268 | 88.23 | 782 | | 271 | 152 | | 63 |
| 1996 | 1688 | 1467 | 86.90 | 790 | 83 | 300 | 162 | 32 | 100 |
| 1997 | 1957 | 1768 | 90.34 | 671 | | 457 | 205 | 130 | 305 |
| 1998 | 2248 | 1926 | 85.67 | 920 | | 631 | 273 | | 102 |
| 1999 | 2652 | 2113 | 79.67 | 1003 | | 700 | 290 | | 120 |
| 2000 | 3467 | 3421 | 98.67 | 1170 | | 227 | 254 | 386 | 1384 |
| 2001 | 3502 | 3449 | 98.48 | 1271 | 30 | 273 | 233 | 306 | 1336 |
| 2002 | 3715 | 3560 | 95.83 | 818 | 547 | 332 | 174 | 351 | 1493 |
| 2003 | 3475 | 3374 | 97.09 | 906 | 522 | 314 | 183 | 379 | 1171 |
| 2004 | 2881 | 2799 | 97.15 | 1034 | 590 | 396 | 223 | 356 | 282 |
| 2005 | 3315 | 3125 | 94.27 | 1074 | 667 | 366 | 322 | 404 | 482 |
| 2006 | 3686 | 3523 | 95.58 | 1265 | 1008 | 357 | 366 | 455 | 235 |
| 2007 | 3909 | 3687 | 94.32 | 1229 | 1109 | 316 | 357 | 412 | 486 |
| 2008 | 3802 | 3563 | 93.71 | 1251 | 1003 | 342 | 415 | 414 | 377 |
| 2009 | 3591 | 3326 | 92.60 | 766 | 830 | 311 | 318 | 342 | 1024 |
| 2010 | 3679 | 3366 | 91.40 | 1239 | 673 | 446 | 506 | 380 | 435 |
| 2011 | 3468 | 3092 | 89.16 | 1291 | 430 | 328 | 426 | 304 | 689 |
| 2012 | 3295 | 3147 | 95.51 | 1219 | 488 | 257 | 458 | 311 | 562 |

续表

| 年度 | 收案 | 审结 | 审结率（%） | 婚姻家庭案件 | 合同纠纷案件 | 民间借贷案件 | 人身损害案件 | 买卖纠纷案件 | 其他纠纷案件 |
|---|---|---|---|---|---|---|---|---|---|
| 2013 | 3141 | 2777 | 88.41 | 1391 | 455 | 301 | 404 | 234 | 356 |
| 2014 | 4452 | 3896 | 87.51 | 1667 | 651 | 391 | 618 | 511 | 614 |
| 2015 | 6705 | 5514 | 82.24 | 1595 | 1366 | 1142 | 804 | 883 | 915 |
| 2016 | 7701 | 6557 | 85.14 | 1137 | 1240 | 1146 | 713 | 1025 | 2440 |

## 四　经济案件审判

1990 年，阿克苏市法院受理经济案件 132 件，审结 122 件，结案率 92.4%。

1991 年，阿克苏市人民法院成立经济调解中心，随告随收，随收随调，快速结案。成立服务小分队，下企业了解情况，指导工作。

2000 年，市法院系统体制改革，撤销经济审判庭。经济合同纠纷和其他经济纠纷案件回归民事审判庭。2001 年，受理经济案件 310 件，审结 297 件，结案率 95.8%。

表 26－21　1990～2001 年阿克苏市法院审理经济案件统计表

| 年份 | 收案数件（件） | 审结数件（件） | 审结率（%） | 年份 | 收案数件（件） | 审结数件（件） | 审结率（%） |
|---|---|---|---|---|---|---|---|
| 1990 | 132 | 122 | 92.42 | 1996 | 625 | 593 | 95.00 |
| 1991 | 152 | 132 | 87.00 | 1997 | 601 | 575 | 96.00 |
| 1992 | 276 | 214 | 77.53 | 1998 | 496 | 488 | 98.38 |
| 1993 | 324 | 261 | 81.00 | 1999 | 553 | 545 | 99.00 |
| 1994 | 322 | 253 | 78.60 | 2000 | 397 | 386 | 97.20 |
| 1995 | 511 | 425 | 83.20 | 2001 | 310 | 297 | 95.81 |

## 五　行政案件审判

1990 年 10 月，阿克苏市人民法院组建行政审判庭。受理行政案件 14 件，审结 14 件，审结率 100%。

2011 年，共受理行政案件 47 件，审结 40 件，审结率 85.11%。同时受理行政非诉强制执行、行政案件立案审查 67 件，全部办结。

2012 年，受理行政案件 54 件，审结 43 件。坚持官民平等、居中裁判的原则，既保护公民、法人和其他组织的合法权益，又监督和支持行政机关依法行政。除依法判决，引入沟通协调机制，化解一部分案件。落实《中华人民共和国行政强制法》新规，审查行政强制执行申请等非诉案件 75 件。

2013 年，市法院强化行政审判职能，认真审查行政行为的合法性，加大对行政机关依法行政的监督力度，保护行政相对人的合法权益，促进行政机关依法行政。全年共受理行政案件 62 件，审结 55 件，审结率为 88.70%。同时，受理行政非诉、强制执行等非行政案件 131 件，办结 131 件，办结率 100%。

2016 年，受理行政案件 77 件，审结 55 件，审结率 71.43%。

表 26－22　1990～2016 年阿克苏市法院审理行政案件统计表

| 年份 | 收行政案件（件） | 审结案件（件） | 审结率（%） | 年份 | 收行政案件（件） | 审结案件（件） | 审结率（%） |
|---|---|---|---|---|---|---|---|
| 1990 | 14 | 14 | 100 | 2004 | 16 | 16 | 100 |
| 1991 | 14 | 14 | 100 | 2005 | 25 | 25 | 100 |
| 1992 | 23 | 19 | 82. 60 | 2006 | 34 | 33 | 97. 05 |
| 1993 | 12 | 10 | 83. 30 | 2007 | 33 | 33 | 100 |
| 1994 | 11 | 11 | 100 | 2008 | 65 | 65 | 100 |
| 1995 | 13 | 12 | 92. 30 | 2009 | 54 | 48 | 89. 00 |
| 1996 | 11 | 11 | 100 | 2010 | 21 | 20 | 95. 24 |
| 1997 | 18 | 18 | 100 | 2011 | 47 | 40 | 85. 11 |
| 1998 | 13 | 13 | 100 | 2012 | 54 | 43 | 79. 63 |
| 1999 | 24 | 23 | 95. 80 | 2013 | 62 | 55 | 88. 70 |
| 2000 | 13 | 13 | 100 | 2014 | 55 | 51 | 85. 00 |
| 2001 | 25 | 24 | 96. 00 | 2015 | 70 | 55 | 78. 57 |
| 2002 | 20 | 19 | 95. 00 | 2016 | 77 | 55 | 71. 43 |
| 2003 | 22 | 21 | 95. 50 | | | | |

## 第三节　监督和执行

### 一　审判监督

2001 年 6 月，市法院成立审判监督庭。

2011～2015 年，建立健全查错、纠错、评错、罚错四位一体的案件质量评查机制，实现抽查式评查向制度化评查转换，事后监督向事前监督转移，开展“千件案件评查”和“两评查”活动，评查各类案件 24893 件，评查率 87. 48%。共受理当事人申诉、检察院抗诉、本院决定再审、上级法院指令再审案件 100 件，审结 84 件，办结率为 84%。

2016 年，评查各类案件 8974 件，评查率 91. 83%。共受理当事人申诉、检察院抗诉、本院决定再审、上级法院指令再审案件 34 件，审结 29 件，办结率为 85. 29%。

表 26－23　2001～2016 年阿克苏市法院审判监督案件统计表

单位：件

| 年份 | 收审判监督案件（申诉、再审案件） | 办结案件 | 办结率（%） | 年份 | 收审判监督案件（申诉、再审案件） | 办结案件 | 办结率（%） |
|---|---|---|---|---|---|---|---|
| 2001 | 66 | 63 | 95. 45 | 2009 | 23 | 21 | 91. 30 |
| 2002 | 124 | 122 | 98. 38 | 2010 | 9 | 7 | 77. 78 |
| 2003 | 97 | 97 | 100. 00 | 2011 | 28 | 22 | 78. 57 |
| 2004 | 60 | 53 | 88. 33 | 2012 | 13 | 13 | 100. 00 |
| 2005 | 87 | 74 | 85. 06 | 2013 | 32 | 26 | 81. 25 |
| 2006 | 70 | 63 | 90. 00 | 2014 | 6 | 6 | 100. 00 |
| 2007 | 76 | 74 | 97. 37 | 2015 | 21 | 17 | 80. 95 |
| 2008 | 31 | 19 | 61. 29 | 2016 | 34 | 29 | 85. 29 |

## 二　案件执行

1990 年 10 月，阿克苏市人民法院组建成立执行庭。

1991～1995 年，共受理执行案件 2367 件，执行结案 1295 件，平均结案率 54.71%。在执行工作中，市法院贯彻执行中央政法委和地委政法委关于解决人民法院执行难的有关文件精神，主动接受市委、市人大监督。

1996～2000 年，共受理执行案件 8811 件，执行结案 5585 件，平均结案率 63.39%。

2000 年，市法院成立执行局，加强执行队伍建设，规范执行行为。

2001～2005 年，共受理执行案件 9641 件，执行结案 8013 件，平均结案率 83.11%。重点开展以清理执行积案为主要内容的集中执行案件专项活动。

2006～2010 年，共受理执行案件 8629 件，执行结案 7061 件，平均结案率 81.83%。市法院把解决"执行难"问题作为一项重要任务来抓，强化执行工作的领导、创新执行机制，强化工作措施，使执行工作步入良性发展的轨道。

2011 年，市法院开展集中清理执行积案、"反规避执行"、被执行人信息录入管理等专项活动，加大对逃避执行、抗拒执行的失信被执行人制裁力度，公布失信黑名单 10 批次。

2011～2015 年，共受理执行案件 6845 件，执行结案 5914 件，平均结案率 86.39%。开展集中清理执行积案、反规避执行、执行大会战、被执行人信息录入管理等专项活动，加强与公安、工商、金融等部门的协作配合，采取查封、扣押等强制措施执结一批"骨头案"。加大对逃避执行、抗拒执行的失信被执行人制裁力度，先后十批次公布"失信黑名单"，有效打击一批"躲、逃、赖"等规避执行行为，执行威慑力进一步加强，司法公信力进一步提升。

**表 26－24　1991～2016 年阿克苏市法院执行案件统计表**

| 年份 | 收案数(件) | 执结数(件) | 执结率(%) | 年份 | 收案数(件) | 执结数(件) | 执结率(%) |
|---|---|---|---|---|---|---|---|
| 1991 | 233 | 128 | 54.94 | 2004 | 1693 | 1286 | 75.96 |
| 1992 | 324 | 292 | 90.12 | 2005 | 2011 | 1633 | 81.20 |
| 1993 | 497 | 222 | 44.67 | 2006 | 2062 | 1746 | 84.68 |
| 1994 | 680 | 267 | 39.26 | 2007 | 1902 | 1522 | 80.02 |
| 1995 | 633 | 386 | 61.98 | 2008 | 1576 | 1278 | 81.09 |
| 1996 | 998 | 494 | 49.50 | 2009 | 1483 | 1210 | 81.59 |
| 1997 | 1502 | 609 | 40.55 | 2010 | 1606 | 1305 | 81.26 |
| 1998 | 1507 | 739 | 49.04 | 2011 | 1437 | 1154 | 80.31 |
| 1999 | 1747 | 1084 | 62.05 | 2012 | 1151 | 1149 | 99.83 |
| 2000 | 3057 | 2659 | 86.98 | 2013 | 517 | 512 | 99.03 |
| 2001 | 2142 | 1940 | 90.57 | 2014 | 1618 | 1520 | 93.94 |
| 2002 | 1979 | 1698 | 85.80 | 2015 | 2122 | 1579 | 74.41 |
| 2003 | 1816 | 1456 | 80.18 | 2016 | 3145 | 2385 | 75.83 |

2016 年，市法院开展整治拒不履行生效裁判专项活动，与全国 21 家金融系统实现点对点对接，运行全国法院执行网络查控系统，建立运行执行指挥综合系统强化联动执行。受理执行案件 3145 件，执行结案 2385 件，结案率达 75.83%。

# 第四章 司法行政

## 第一节 机 构

### 一 管理机构

1990 年，阿克苏市司法局有编制 14 名，市普法领导小组办公室和普法办设在市司法局，负责全市普法工作。

1992 年，阿克苏市法律顾问处更名为律师事务所。

1994 年，市律师事务所改制，实行自收自支。

1998 年，阿克苏市司法局制定职能配置、内设机构和人员编制方案。市司法局（含普法办）行政编制 14 名，领导 3 名，设普法办专职副主任 1 名。

1999 年 3 月，成立“148”法律服务专线电话协调指挥中心及办公室。设事业编制 4 名，经费实行全额预算管理。

2001 年，市公证处实行改制为自收自支单位；4 月，阿克苏市法律援助中心成立，核定编制 4 名，为全额拨款事业单位，隶属市司法局管理。

2004 ~ 2007 年，市司法局核定编制 40 名，其中行政编制 36 名、事业编制 4 名。各乡镇（场）街道司法所为司法行政派出机构，乡镇、街道办事处司法助理员人员编制为行政编制 20 名、股级领导职数 7 名。司法局机关内设办公室、基层工作办公室，法制宣传办公室，有行政人员 36 名，工人 2 名，其中少数民族 19 人、副科级以上领导 6 人。

2009 年，市司法局编制 40 名，其中行政编制 36 名，领导职数 4 名、事业编制 4 名。2010 年，市司法局核定编制 40 人，实有 36 人。其中科级领导干部 4 人；行政编制 24 人；参照公务员管理 4 人；工人 2 人。2011 年 6 月，市司法局成立党组，党组成员 5 人。年内，市司法局行政编制 41 名，实有 37 人。其中局机关行政编制 17 名，乡（镇）街道办事处司法助理员 20 名，市法律援助中心编制 4 名。

2016 年，市司法局有编制 28 名，实有 24 人（含 1 名工勤人员）。局机关行政编制 17 名、实有 17 人，街道办事处司法助理员占行政编制 7 名、实有 5 人，市法律援助中心核定编制 4 人、实有 2 人。市教育矫治中心核定编制 20 人，实有人数 11 人。

### 二 乡镇街道司法所

1990 年 2 月，阿克苏市司法局开始配备人员，编制归属各乡镇、街道。10 月，阿克苏市阿依库勒镇、红桥办事处成立法律服务所。

1992 年，阿克苏市共有法律服务所 5 个、乡镇司法办 6 个，司法所实行市司法局和当地党委、政府管理。

1995 年，全市有乡镇司法办 5 个。司法办实行市司法局和当地党委、政府管理。

1999 年，阿克苏市共有法律服务所 5 个、乡镇司法办 5 个、街道司法办 5 个，司法所的人员编制收回归市司法局。

2000 年 4 月，市司法局根据自治区司法厅和地区司法局的要求，推行建立乡镇级司法调解中心的试点工作。全市有 154 个基层人民调解组织进行整顿，有调解人员 261 人。

2002 年，有各乡镇司法所 6 个、街道司法办 5 个。司法所实行市司法局和当地党委、政府双重管理。

2007 年，阿克苏市共有法律服务所 7 个、乡镇司法所 6 个、街道司法办 5 个。司法所和法律服务所实行一套班子、两块牌子。

2010 年，全市有 11 个司法所，司法助理员 28 名。

2012 年，全市 12 个司法所，有司法助理员 45 名（招聘 8 人，公益性 17 人）。

2016 年，全市有法律服务所 7 家，合伙法律服务所 1 家，乡镇法律服务所 6 家，在册执业人员 58 人。

## 第二节　法律服务

### 一　公证

1990 年，市公证处有工作人员 5 人。共办理各类公证 213 件，全年收取公证费 9173 元。

1993 年，市公证处办理大量与市场经济体制相关的公证事务。配合企业经营机制的转换，办理国有企业、乡镇企业、工商个体户承包经营、租赁、经营合同公证和企业招标、投标、联营、破产拍卖等公证业务。

1997～1999 年，市公证处共办理各类公证 3565 件。

2009 年，市公证处有人员 9 人，办理各类公证 2500 余件，提出司法建议 12 件，提供法律援助 38 件。

2012～2014 年，办理各类公证 12359 件，其中经济公证 3403 件，民事公证 7791 件，涉外公证 1157 件，涉港澳台公证 8 件；提出司法建议 18 件，提供法律援助 225 件，减免各类公证费用 51 万元。

2015～2016 年，办证总数达 9498 件，其中国内公证 8491 件，涉外公证 973 件，涉港澳台公证 34 件。国内公证中经济类公证 545 件，民事类公证 8515 件，公证收入约 410 万元。办理法律援助案件 648 件。

### 二　法律援助

2001 年 4 月，阿克苏市成立法律援助中心，核定编制 4 名，机构性质为全额拨款事业单位。法律援助案件涉及刑事辩护、婚姻家庭、赡养、劳资纠纷、工伤事故赔偿、交通事故、下岗职工权益保护、残疾人、妇女儿童权益保护等。

2002 年，办理法律援助案件 36 件。

2003～2005 年，办理法律援助案件 229 件，其中民事案件 68 件，刑事案件 161 件。

2006 年 4 月，阿克苏市政府下发《关于成立基层法律援助工作站的通知》，在全市乡（镇、场）、街道办事处、市民政局、市工会、市残联成立基层法律援助工作站共计 15 个。全年共办理法律援助案件 98 件，其中民事案件 36 件（代理索要劳动报酬的集团诉讼 12 件），刑事案件 52 件。

2007 年，市法律援助中心建立和完善法律援助联络员制度，形成市法律援助中心—乡镇（街道）法律援助工作站—村委会（社区）法律援助联络员三级法律援助网络。全年办理法律援助案件 111 件，其中民事案件 54 件，刑事案件 57 件。

2009 年，市法律援助中心不断扩展法律援助业务，由宣传、咨询扩展到代写法律文书、代理、辩护。全年共办理法律援助案件 148 件，举办法律援助培训班 24 期，法律讲座 30 次，咨询 15 场，发放宣传单 3.2 万余份，制作宣传版面 20 块。

2010～2011 年，市司法局建立法律援助案件质量监督机制，加强法律援助工作的规范和对案件质量的监督检查，开展夕阳幸福工程、法律援助在行动活动，发放法律援助联系卡和老年人便民联系卡，共办理援助案件 575 件。

2012～2016 年，市法律援助中心办理法律援助案件 2150 件，其中刑事案件 429 件、民事案件 1721 件，解答法律咨询来电来访 1.2 万人次。开展法律宣讲进社区、街道、机关活动 23 场，发放宣传资料 20.1 万余份。

## 三　律师服务

### （一）律师事务所

1990～2016 年，阿克苏市司法局先后管理国有律师事务所、个人合伙制律师事务所共 5 家，分别是阿克苏市律师事务所、新疆白水河律师事务所、新疆璟广谦律师事务所、新疆名顺律师事务所、新疆聚公律师事务所。

#### 1. 阿克苏市律师事务所

1990 年，阿克苏市律师事务所担任法律顾问 25 家，刑事辩护 103 件，民事代理 75 件，解答法律咨询 1015 件，代写法律文书 60 件，业务创收 49350 元。

1996 年，市律师事务所担任法律顾问 38 家，刑事辩护 145 件，民事代理 213 件，经济纠纷诉讼代理 58 件，行政诉讼案件代理 3 件，解答法律咨询 300 件。

#### 2. 新疆白水河律师事务所

1997 年，阿克苏市司法局按照司法部律师事务所实名制的要求，将阿克苏市律师事务所更名为新疆白水河律师事务所。

1997 年，新疆白水河律师事务所担任法律顾问 32 家，刑事辩护 129 件，民事代理 330 件，行政诉讼案件代理 6 件，解答法律咨询 210 件，业务创收 332630 元。

2001 年，阿克苏市司法局按照司法部对律师制度改制的文件要求，对白水河律师事务所进行体制改制，新疆白水河律师事务所由国资律师事务所改制为个人合伙制律师事务所。有执业律师7人。当年，担任法律顾问16家，刑事辩护47件，民事代理14件，经济纠纷诉讼代理100件，解答法律咨询186件。

2009年，律师事务所开展法律援助、涉法信访、扶贫助学、参政议政等公益活动。为贫困户捐赠物品、资金。

2011年，新疆白水河律师事务所有执业人员13名。年内，办理各类民事案件228件、刑事案件29件、法律援助案件64件，担任法律企事业单位顾问7家，政府法律顾问1家。解答法律咨询420次，业务创收80万元。全年接办市政府安排的各项合同审核、修改，涉法上访事件及协调等法律事务38起。

2013年，新疆白水河律师事务所共办理各类案件159件，其中民事案件101件，刑事案件15件、法律援助案件44件，律师担任法律顾问9家，承办市政府合同审核、修改等法律服务13起，参与“法治六进”宣讲20场。基层法律服务者担任企事业单位的法律顾问28家。代理诉讼事物337件，其中民事诉讼244件，经济诉讼93件，代理非诉讼事物55件，调解纠纷313件，代写文书1415件，解答咨询2504人次，办理法律援助案件41件，参与司法行政工作案件304件，挽回经济损失442万元。

2016年，新疆白水河律师事务所共办理刑事案件21件，民事代理112件，代写各种法律文书235件，接待群众来访的法律咨询718件人次。

3. 新疆璟广谦律师事务所

2013年11月，新疆璟广谦律师事务所成立。

2016年，共办理刑事案件1件，民事代理8件，非诉讼案件1件，代写各种法律文书12件，接待群众来访的法律咨询79人次。

4. 新疆名顺律师事务所

2013年11月，新疆名顺律师事务所成立。

2016年，名顺律师事务所办理民事案件156件，非诉讼案件2件，代写各类文书114次，接待当事人咨询628次。

5. 新疆聚公律师事务所

2014年9月，新疆聚公律师事务所成立。

2016年，聚公律师事务所共办理刑事案件3件，民事代理62件，代写各种法律文书25件，接待群众来访的法律咨询60人次。

### （二）律师管理

1990～2006年，市司法局以廉政建设和制度建设入手，对律师事务所从业人员进行经常性职业道德教育，注重社会效益，端正业务指导思想，对法律服务市场进行整顿。为管好法律服务市场，市律师事务所负责法律服务市场的管理。各乡镇司法助理员担任法律服务市场的监督员，负责管好本地的法律服务市场，律师发照（证）工作按上级部门的要求进行。

2007年，以律师诚信建设为抓手，严明办案纪律，公开办案范围和收费标准，建立律师诚信管理制度，制定考核项目，严格执行错案追究制，提高办案率。

2009年，出台《关于律师、法律工作者代理敏感性及群体性案件的管理办法（试行）》，进一步规范法律服务市场。

2012年以来，律师事务所和基层法律服务所积极拓展法律服务业务领域，当好政府参谋助手，并主动参与社会公益活动，加大法律服务力度，为服务对象代写法律文书，解答法律咨询，代理民、商、刑案件等。以民生项目合同审查为平台，拓宽法律服务领域，突破司法行政职能，建立大服务工作格局，围绕党委中心工作，律师主动参与市民生工程项目合同审查，规范工程项目领域依法依规管理。

2015～2016年，市司法局教育引导律师树立服务意识，自觉履行社会责任，以实际行动解决民生问题，为老百姓提供便捷、高效的法律服务。以"从优服务，严格把关，党政满意"为工作目标，强化培训，使工作人员熟练掌握《中华人民共和国建筑法》《中华人民共和国招投标法》等建筑领域法律法规，加强工程档案管理的微机录入，依法把好工程项目合同的审查关。

## 四　人民调解

1990年，阿克苏市司法局在整顿乡村调解组织的同时，狠抓厂矿企业调解组织的建设。全年调解各类纠纷1320件。

1992年，阿克苏市共有183名调解员，各级调解委员会55个，调解各类纠纷1582件，其中婚姻纠纷731起，调解成功1578件。

1994年10月，阿克苏市人民调解工作在农村和城市居民委员会全面展开。全年共调解民间纠纷1696件，调解成功有1582起，其中婚姻纠纷770件，继承纠纷40件，抚养费纠纷37件，邻里纠纷283件，住房纠纷186件，债务纠纷49件，赔偿纠纷99件生产营业纠纷75件，其他纠纷157件。

2007年，市司法局加强对人民调解工作的业务指导，强化人民调解在维护社会稳定中的"第一道防线"作用，构建市、乡镇场（街道）、村、组四级人民调解组织和信息网络，形成横向到边，纵向到底，遍布乡村，覆盖全市的调解网络。全市在册人民调解组织165个，其中乡镇场（街道）调委会13个，村（社区）调委会152个，行业（专业）调委会4个，共有调解员840名。全年调解民间纠纷2435件，调解成功2435件，调解成功率达100%。

2009年，市司法局以调解组织规范化建设为抓手，全面推进人民调解工作，构建大调解工作格局。探索人民调解、司法调解、行政调解的对接联动。加强人民调解与司法调解的衔接，确定依干其乡、喀拉塔勒镇、托普鲁克乡为衔接试点。制定《构建"大调解"格局的实施方案》，制定《关于进一步加强人民调解工作的意见》，形成党政领导、综治牵头，司法行政机关组织协调、各有关部门配合、依托基层、上下联动的大调解工作格局。加强人民调解组织网络建设，建立市、乡镇（街道）、村（居）三级矛盾纠纷调处中心；成立以市人民调解指导委员会为中心、乡镇（街道）调解委员会为主导、社区（村）人民调解委员会为基础、"十户"调解员为补充的四级调解网络，建立调委会169个，有调解员861名。落实人民调解工作经费保障机制。制定《阿克苏市人民调解员调解补贴经费发放管理办法》，发放2009年调解员补贴3.48万元。规范调委会建设，统一人民调解委员会的牌子、印章及调解文书格式。加强对人民调解员的培训，开展矛盾纠纷排查、调处活动。全市共举办培训班12期，共培训调解员867名。落实矛盾纠纷量化考核统计制度，定期开展矛盾纠纷排查工作。

至2016年，阿克苏市共建立各类人民调解组织177个，其中市级调委会1个，乡镇调委会7个、街道调委会5个、村（社区）调委会164个，有调解员932名。2016年共调解纠纷3942件，调解成功3934件，调解成功率达99.79%，履行3928件，履约率99.67%。

### 五 基层法律服务

1990年，市各乡镇（场）街道司法所（办）协助基层政府开展依法治理工作，共开展法制宣传148场，受教育人数达1.25万人次；打印装订《人民调解委员会组织条例》1500本，共有194人参加培训。

1991年后，市基层法律服务工作者面向基层，立足“三农”，不断拓展服务领域，提升服务层次，发挥扎根基层、贴近群众、便民利民、收费低廉等优势和特点，服务基层人民政府、农村人民群众和城镇低收入人群，满足不同层次人群对法律服务的需求，特别是广大低收入阶层、弱势群体的维权需要。缓解农村“请律师难，办公证难，打官司难”矛盾。

2002年，开展法制宣传、依法治理、人民调解、法律援助、基层法律服务和刑释解教人员安置帮教工作，当好基层政府的法律顾问。各乡镇（场）街道司法所（办）协助基层政府开展依法治理工作，开展法制宣传191场，受教育1.8万人次。

2004年，开展法制宣传178场，受教育1.7万人次；调解各类纠纷1882件。

2007年，共开展法制宣传293场，受教育22万人次；调解各类纠纷2435件；对刑释人员建立网络数据库，帮教刑释解教人员179人次。

2012~2016年，开展法制宣传884场，受教育24.56万人次。

### 六 “148”法律服务专线

“148”是司法行政机关设立和开通的法律服务专线电话号码，取名于“要司法”谐音，包含着需要法律服务请找司法行政机关的寓意。阿克苏市司法局法律援助中心电话号码2618148，法律援助热线“12348”。2000~2013年，阿克苏市司法局法律援助中心充分履行职能，解答法律咨询2300余次，在服务经济社会发展大局、维护人民群众合法权益和促进社会和谐稳定等方面发挥重要作用。2013~2016年，“12348”法律援助热线共接听解答咨询电话1765个，接待来访群众235人次。

### 七 网络学法考试

2016年12月2日，阿克苏市为推进国家工作人员无纸化学法用法考试工作，检验公职人员网上学法成效，组织全市公职人员网络学法考试。阿克苏市共参考130个单位，参考人数4860人，参考率为83.06%，及格率为83.01%，平均分为68.3分。

## 第三节 法治宣传和教育

### 一 “一五”普法

1990年，阿克苏市开办五期区级干部行政诉讼学习班，参加人数160余人。联合工商局、税务局举办 1 期行政诉讼讲座。市司法局通过法治短训班、法律知识讲座、确定学法日、集体学习、参加公判大会等形式宣传《中华人民共和国宪法》《中华人民共和国刑法》《中华人民共和国刑事诉讼法》《中华人民共和国婚姻法》《中华人民共和国民事诉讼法》等法律知识，在农村通过农民夜校、法治宣讲队、宣传栏、有线广播、文艺演唱等形式进行法制宣传。

1990 年 10 月，阿克苏市“一五”普法通过自治区及地区的验收，先后获自治区普法先进县（市）、地区普法先进县（市）称号。

## 二 “二五”普法

“二五”普法期间（1991 ~ 1995 年），阿克苏市着重学习并掌握《中华人民共和国宪法》《中华人民共和国民族区域自治法》《中华人民共和国行政诉讼法》《中华人民共和国土地管理法》《中华人民共和国义务教育法》《中华人民共和国婚姻法》《中华人民共和国集会游行示威法》《中华人民共和国国旗法》，全国人大常委会《关于禁毒的决定》《关于惩治走私制作贩卖淫秽物品的犯罪分子的决定》《新疆维吾尔自治区宗教活动管理暂行规定》《中华人民共和国森林法》《中华人民共和国草原法》《中华人民共和国水法》《中华人民共和国矿产资源法》《中华人民共和国环境保护法》《中华人民共和国文物保护法》《中华人民共和国军事设施保护法》《中华人民共和国食品卫生法》，计划生育和廉政建设等有关法律法规。1991 年 3 月，阿克苏市召开普法动员大会，市委、市政府下发《关于在阿克苏市公民中开展法制宣传教育的第二个五年规划》，市委书记与各单位签订《阿克苏市“二五”普法责任状》。市委调整充实阿克苏市普法领导小组，领导成员由原来的 11 人增加到 15 人，要求市直各单位调整和完善普法机构。全市征订普法教材 3900 册，共 7300 元。4 次上街设立法治宣传站，开展法律咨询、法治书刊阅览、挂图讲解，免费代写诉状等活动 4 场，两次下乡巡回宣讲，出动宣传车 13 次，78 天，共宣传 10 部法律法规。

1992 年，阿克苏市举办“二五”普法学习班共 5 期 10 个班次，参加学习人数 480 人次，合格率 95%，并把普法任务分解到各行各业。选择 4 个依法治理试点；全市共有普法对象 10 万余人，其中农村 8 万余人。

1993 年，阿克苏市对全市普法工作开展检查；检查、督促 36 天，为学习班辅导 91 人次、23 天，编印资料 1600 余份；参加自治区普法知识竞赛选拔赛，取得第二名。

1995 年，宣传《中华人民共和国税法》《中华人民共和国税管法》《中华人民共和国产品质量法》《中华人民共和国消费者权益保障法》《中华人民共和国反不正当竞争法》《中华人民共和国国家安全法》；举办科级干部考试 1 次，与广播电视局配合，通过调频广播、广播一周，每天播音 2 次。10 月底，阿克苏市“二五”普法工作通过地区普法领导小组检查验收，成绩列地区第一名。

## 三 “三五”普法

1996 年，阿克苏市制定“三五”普法规划，印发《干部普法知识问答》《工人普法知识问答》《学生普法知识问答》等 8 种不同的普法书籍。配合有关部门，先后 2 次深入办事处、为宗教人士上法治课，为配合严打，印发千余份严打宣传材料。市委书记与各单位签订《阿克苏市“三五”普法责任状》。“三五”普法期间，阿克苏市认真贯彻中共中央关于维护新疆稳定重要指示和自治区党委有关文件精神，维护社会稳定，运用法律武器同各种违法犯罪行为以及民族分裂主义和非法宗教活动作坚决斗争。

1997 年 10 月，阿克苏市分单位、分层次、分条块组织阿依库勒镇机关干部、村支部书记、村干部、治保主任举办为期 2 天的普法学习班，同时吸收一定比例的村民代表参加学习，听课人员达 312 人。

1998 年，阿克苏市完成自治区、地区普法办下达的 25 项法律法规普及学习任务，大部分单位都按系统完成自治区统一命题的“三五”普法试卷，市六大机关率先进行考试；3 月初拟定依法治市规划，并由政府报请人大审批；举办县处级干部法治讲座 2 期，参加市级领导 34 人；举办副科级以上领导普法学习班 1 期，并进行统一考试。

1999 年，宣传《宪法修正案》；制定依法治村、依法治市、依法管理企业等 3 个工作标准文件；组织市人大代表视察工商局、新城办事处、喀拉塔勒镇、阿依库勒镇普法依法治理工作；对全市 425 名县、科级领导干部进行统一普法考试，于 12 月底组织全市干部职工 4000 余人进行第二次普法考试。

2000 年，阿克苏市广泛开展法治宣传教育，普及学习“三五”普法应掌握的 23 个法律、法规，通过无线电波和有线广播宣传各种法律知识 688 条次；配合教育局开展教育系统法律法规宣传日活动，宣传义务《中华人民共和国教育法》《中华人民共和国教师法》。7 月，在市政府举办《中华人民共和国会计法》培训班。年内，通过地区普法依法治理领导小组验收。

## 四 “四五”普法

2001 年，阿克苏市委、市政府制定下发《阿克苏市全面推进普法依法治市工作第四个五年规划》，确定在一切有接受教育能力的公民，尤其是各级领导干部、行政执法和司法人员、青少年学生、企业经营管理人员、宗教人士、外来流动人口中全面启动“四五”普法宣传教育工作。严格落实普法依法治理工作第一责任人制度，调整充实“四五”普法依法治理领导机构，组成由市委书记担任组长，市长等四套班子相关领导担任副组长的领导小组，下设办公室，负责市普法依法治理日常工作。全市共建立普法依法治理领导机构 195 个，领导成员 1358 人，设立办公室 95 个，专职人员 351 人。11 月，召开法治工作会议和“四五”普法动员大会，市委书记与各单位签订《阿克苏市“四五”普法责任状》。

2002 年，阿克苏市制定试行《领导干部法制讲座实施意见》《“四五”普法依法治理工作实施细则》《干部学法用法考试考核办法》，规范各级干部学法用法行为。把“属地管理”原则引入普法、依法治理工作中，将市属单位普法、依法治理活动管理权下放乡镇和街道办事处统一管理和操作。在乡镇场和街道办事处建立普法联络员制度和法律知识考核考评制度，将普法工作任务细化到村组。全市设置乡镇级联络员 13 名，村（居）委会联络员 162 名。

2003 年，阿克苏市征订普法教材 6536 套。按照每个村（居）民小组一组一本的标准（城区增加汉文一本），组织编写《“四五”普法应知应会通俗读本》，以解决普法教材短缺的问题。举办普法培训班 2 期，培训全市副科级以上干部和企事业单位主管人员 455 人。组织“四五”普法知识考试，1200 人参加考试。

2004 年，阿克苏市以落实普法对象为重点，加强对青少年、“两劳”释放人员法治教育。为全市 43 所重点学校配备兼职法治副校长，制定年度法治教育教学计划，保证课时、教材和师资的四落实。针对青少年违法犯罪上升的实际，在市看守所连续举办 5 场在押犯罪青少年现身悔过演讲会，城区 7000 名师生聆听演讲。

2006 年 9 月，市委召开法治工作会议和“四五”普法总结表彰大会，表彰 32 个先进集体单位和 41 名先进个人。

## 五 “五五”普法

“五五”普法期间（2006～2010 年），阿克苏市以“法治六进”（进机关、进单位、进学校、进企业、进社区、进乡村）为抓手，以“一学三讲”（学法律、讲权利、讲义务、讲责任）为载体，以重点普法对象为突破口，以提高领导干部“科学执政，民主执政，依法执政”能力为先导，坚持法制宣传教育与法制实践相结合，进一步增强全市各族干部群众法律素质。

2007 年 3 月，市委、市政府批转《“五五”普法依法治理规划》和《2007 年普法依法治理要点》。市普法依法治市领导小组组长由市委书记担任，副组长由市长及四套班子主要领导担任，成员有各乡镇、场、街道办事处及各委、办、局的领导 62 人组成。全年投入经费 19 万元，抽调普法专职督导员 4 人，各类督导检查 5 次。

2008 年，阿克苏市组织开展普法宣传活动 10 次，出动普法宣传车 45 辆，组织全社会参与的普法知识竞赛 2 期，发放普法宣传单 5 万张，普法依法治市挂图 109 张，接受法律咨询人数 10.52 万人次。组织普法宣传板报 3 次，参赛板报 180 余张。举办普法骨干培训班 5 期，其中市普法办组织 1 期，乡镇场、街道举办 2 期，各系统举办 3 期，培训人员达 1050 人次。县处级领导撰写关于普法依法治市方面的调研报告 20 余篇，科级干部的撰写调研报告 60 余篇，80% 以上的干部完成规定的 40 小时以上的自学法律知识笔记，群众法律知识的普及率达 98% 以上，其中普法重点对象法律知识的普及率达 99% 以上。90% 以上的单位基本完成“一月一法、一法一考”目标，其中学习新颁布的法律知识达到 30% 左右。开展各级各类法制讲座 256 课时，培训人员达 1500 人次。

2009 年，阿克苏市组织专职人员编制 3 本普法专用手册，包括《五五普法依法治理工作手册》《五五普法先进典型材料》《五五普法知识问答》。全市各单位编印符合本单位本系统特点的《法律知识小手册》，公职人员基本达到每人一本法律知识读本的要求。

2010 年，阿克苏市注重加强试点、示范点建设，突出依法治理，立足抓两头促中间，全面推进法治建设。乡镇（场）、街道办事处和市直 80% 以上的单位都建立试点、示范点和领导干部联系点，其中示范点 4 个，试点单位 70 个，市级领导干部联系点 28 个，市直单位联系点 33 个，通过抓点带面，树先进典型，抓反面教育，不断总结和推广经验，达到整体推动作用。组织全市干部职工参加年度学法用法考试，参考率达 98.7%，合格率 100%。

## 六 “六五”普法

2011 年 8 月，阿克苏市启动“六五”普法工作，并确定市直机关工委、市委农办、市教育局、市人社局、市民政局、市经信委6家单位为“法治六进”牵头单位。制定《关于在阿克苏市各族公民中开展法制宣传教育推进依法治市工作的第六个五年规划（2011～2015）的通知》，确保“六五”普法向规范化深层次迈进。市财政把“六五”普法工作经费纳入预算，落实“六五”普法规划人均经费1～2元的标准，落实经费57万元。

2012年5月，阿克苏市召开“五五”普法总结表彰暨“六五”普法启动会议，表彰市直机关工委等28个先进集体和30个先进个人，激励各单位创新完善“六五”普法工作机制。认真开展自治区第九个“宪法法律宣传月”活动。通过法律进巴扎、法律进企业、法律进军营、法律进工地、法律宣传进社区、法律宣传进宗教场所、法律宣传进乡村，提高各族人民群众的法律意识。

2013年4月，阿克苏市开展以“弘扬宪法精神，推进依法治市”为主题的宪法法律宣传月活动，组织进行《中华人民共和国宪法》宣传、公职人员学法考试、“4·26”知识产权周宣传及考试等活动，共计出动宣传人员400余人，展出版面183块、悬挂横幅137条、设立法律咨询台78个，发放各类宣传资料95000余册（张），提供咨询700余人次。

2014年，阿克苏市组织普法宣讲组对全市4乡2镇1场，7个街道办事处进行宣讲，累计宣讲49场，受教育干部（职工）和群众约1.5万人。组织领导干部和国家公职人员集中学法考试2次，参加考试达2万余人次。6月，市普法办和教育局在阿克苏市第二小学联合举办“学法提升法律素质，用法确保合法权益”为主题的学法用法演讲比赛。举办法制书画摄影展，各街道、城区部分党政机关单位代表、全市各中小学校教务主任等共计98人600多件作品参加法制书画摄影展览。

2015年，阿克苏市开展领导干部和国家公职人员集中学法考试19场。地区审批、命名99个乡村、27个社区、68个党政机关、12个事业单位、73所中小学校、15个企业为地区级法治机关。各乡（镇）场、全市各单位、各部门共举办普法骨干培训班200余期（场），市领导亲自授课3场，培训基层干部21520人；培训“访民情惠民生聚民心”驻村干部560余人，入户5万余户，聆听宣讲12.5万人次；深入村组开展集中宣讲548场，聆听宣讲人数93760人次。

### 七 “七五”普法

2016年11月，阿克苏市印发“七五”普法规划。组织公职人员开展网上学法，132个单位开展网络学法平台活动。做好公职人员的学法工作，开展《中华人民共和国国家安全法》《中华人民共和国反恐怖主义法》《中华人民共和国知识产权法》等公职人员的法律法规考试。结合去极端化活动，面向农（居）民在全市所有村、社区开展法治宣讲，受教育人群达14万人。组织市直各单位开展国家宪法日、与法同行万人宣讲法制宣传活动，举办法律法规宣讲600场，受教育群众32.8万人次。

## 第四节 安置帮教和社区矫正

### 一 安置帮教

1990～1997年，阿克苏市刑释解教人员安置帮教工作由公安机关负责。

1998年，刑释解教人员安置帮教工作业务由公安机关移交司法行政机关负责。市司法局加强对全市“两劳”人员管理，开展经常性谈话教育，组织“两劳”人员开展集中培训教育76人次。

1999年，阿克苏市成立以分管政法工作的副市长为组长的安置帮教工作领导小组，办公室设在司法局。

2000年，市各乡镇（场）、街道陆续设立以司法所为依托的安置帮教工作站，并在各村、社区成立帮教小组，形成市、乡镇（街道）、村（社区）三级安置帮教工作组织网络。

2006年，市司法局组织开展全市刑释解教人员排查摸底工作，防止脱管、漏管。落实刑释解教人员衔接措施，建立刑释解教人员档案，做到一人一档。层层落实帮教责任制，实行分类帮教。协助落实刑释解教人员就业扶持政策，帮助解决落实责任田、社会保障等方面的实际困难。年内，共衔接刑释解教人员95人，其中刑满释放人员74人，解除劳教人员21人，帮教率100%，安置率90.7%，无一人重新犯罪。

2010年，市司法局加强“两劳”回归人员安置帮教，各基层司法所健全帮教管理档案，实行台账式分类管理。根据刑释解教人员的犯罪情节、狱中表现、家庭状况等，综合分析刑释解教人员的社会危害性和重新违法犯罪可能性，确定帮教等级。特别做好重点人员的稳控工作，实行个性化帮教措施，增强帮教工作的针对性和实效性。全市共建立帮教组织机构167个，有帮教工作人员899人，安置刑释解教人员就业25人次，帮助解决3人低保金。

2012年，建立阿克苏市刑释人员数据库和解教人员数据库。做好对刑释人员开展帮教、安置工作，成立帮教组织167个，帮教专兼职人员1278人。全年接收刑释解教人员102名，安置95人，其中从事个体经营17人，落实责任田46人，享受低保3人，提供就业岗位7人，社会企业安置1人，创建实体安置3人，其他安置18人，安置率93%，帮教率100%。

2013年后，阿克苏市重点抓好衔接登记、工作例会、档案管理、信息反馈制度落实，有效地促进帮教安置工作。市司法局落实帮教衔接管理工作，建立健全个人档案；及时进行家访，全面核实刑释解教人员本人及家庭实际情况，落实帮扶措施，帮助刑释解教人员勤劳致富。

2016年，阿克苏市为深入贯彻落实“善转化、重效果”总体部署，分别与23所监狱签订旨在教育、挽救、感化服刑人员及亲属的共建合作协议。全年累计接收刑满释放人员309人，安置人员299人，其中落实责任田123人、自主创业19人、个体经营59人、企业和经济实体吸纳就业98人，安置率达96.8%。刑满释放人员无重新犯罪。

## 二　社区矫正

2010年开始，阿克苏市按照“积极稳妥、依法规范、协调配合、质量为本”的工作原则，加强对社区矫正工作的组织领导，把社区矫正工作纳入社会管理创新的全局来谋划、部署。各有关部门积极协调配合，形成社区矫正工作的整体合力。社区矫正工作机构针对本辖区实际和社区服刑人员的特点，探索工作模式、创新工作方法，从多方面、多层次加强对社区服刑人员的矫正教育。

2012年，阿克苏市印发《社区矫正工作实施方案》，制定《阿克苏市社区矫正服刑人员规范接收程序（施行办法）》，加强与检察院、法院、公安等部门联动，制定应急处置预案，提高社区矫正工作人员处置突发事件能力。启动“司法e通”工作管理平台，为社区矫正人员发放GPS卫星定位手机140部。按照《社区矫正实施办法》严格做好社区服刑人员管控工作，确保日定位、周听声、月汇报、季评议、年考核，推行“三个一”制度，即对社区服刑人员每月一次谈话，每月组织一次公益劳动，每月进行一次法制教育。全年，接收社区服刑人员 153 人，实行一人一档，一人一方案，强化监督管理工作。

2015 年，阿克苏市落实社区矫正和安置帮教工作无缝衔接措施，对解除社区矫正的 127 名社区服刑人员及时纳入安置帮教对象。贯彻落实《社区矫正实施办法》，完善社区矫正工作机构。加强对社区矫正工作者教育，增强矫正工作人员的执法意识，严格落实社区矫正安全稳定各项监管措施。加强与社区矫正工作各成员单位的协调，整合社会及执法资源，形成加强社区矫正工作的合力。社区服刑人员建档率 100%，受理法院和监狱委托的审前调查、假释、暂予监外执行调查评估 52 件。年内，根据《全国人民代表大会常务委员会关于特赦部分服刑人员的决定》，对阿克苏市 7 名符合条件的社区服刑人员给予特赦，解除社区矫正。

2016 年，阿克苏市推进信息化建设，利用社区矫正信息管理平台，建成市级指挥控制中心和乡镇（街道）监管终端平台，形成网上监管、网上办公、网上审批、网上查询的四级社区矫正动态监管网络，实现人防与技防相结合的全天候、全方位、全覆盖的监管模式。加强对社区服刑人员进行警示教育，分批、分类、分层次对社区服刑人员开展形式多样的警示教育。

# 第二十七编　军　事

1990～2016年，中国人民解放军阿克苏市人民武装部、驻军、武警部队认真贯彻党中央、国务院、中央军委关于新形势下军事工作建设的方针政策，以政治合格、军事过硬、作风优良、纪律严明、保障有力为建设标准，团结奋斗，齐心协力，拥政爱民，军民共建，为民服务，打击犯罪，加强民族团结，维护社会稳定，积极参加公益事业和支援地方经济建设，共同开展兵地共建和拥政爱民，为阿克苏市社会稳定和长治久安做出了积极的贡献。

# 第一章　人民武装

## 第一节　机　构

### 一　市人民武装部

1990 年，阿克苏市人民武装部（以下简称人武部）属地方建制，受地方和军队双重领导，以军分区领导为主，主要负责兵役、民兵等工作。

1993 年 11 月，市人武部重归军队建制，更名为中国人民解放军阿克苏市人民武装部。市人武部党委隶属于阿克苏军分区党委建制领导。党委成员及其分工均经军分区党委批准。

### 二　乡（镇）武装部

1990 年，阿克苏市有依干其乡、拜什吐格曼乡、喀拉塔勒乡、托普鲁克乡、库木巴什乡、阿依库勒乡、托喀依乡 7 个基层武装部。

2005 年 5 月 20 日，由于托喀依乡移交兵团农一师管理，阿克苏市基层武装部相应减少为 6 个。

2016 年，阿克苏市有依干其乡、拜什吐格曼乡、喀拉塔勒镇、托普鲁克乡、库木巴什乡、阿依库勒镇 6 个基层武装部。

## 第二节　自身建设

### 一　党组织建设

1990 年，市人武部学习贯彻《关于加强党的建设的决定》，坚持民主集中制。2000 年，对全体党员进行党纪条规教育。加强以党支部为核心的组织建设。开展批评与自我批评，大事讲原则，小事讲风格，做到通气交心，协作互助，加强班子战斗力和凝聚力。2010 年后，严格落实党支部生活制度，坚持每月一次党课教育，每两个月利用党小组汇报一次思想，落实民主集中制，对事关士官战士切身利益的问题始终做到公平公正公开。重要事项集体酝酿决定，进一步净化部队风气，解决官兵的实际问题和合理需求，加强对团支部、军人委员会的指导力度，发挥党支部的战斗堡垒作用。

### 二　战备建设

1990 年，市人武部根据阿克苏军分区下达的年度训练计划开展业务技能训练。从 1997 年开始，主要进行参谋业务训练。

2009 年以来，以维护社会稳定为目标，完善应急反恐维稳机制，加强反恐技能训练和处突演练，战备训练水平得到有效提升。

## 三　后勤管理

1990 年，市人武部伙食、服装主要由阿克苏军分区后勤部统　下拨和供应。人武部对大项目坚持党委集体研究。每年 10 月，对固定资产进行一次全面清理，确保收支平衡，略有结余。1997 年，市人武部制定《营产营具管理规定》，实行计价挂账和押金制，做到账物相符，责任到人。生产营成立后，对配发营具进行登记造册，定期清查。2014 年，根据军委总部安排，成立后勤保障领导小组，安排专人对基本建设项目和房地产资源进行普查，完成实地测绘、资料装订、照片拍摄和数据录入等，通过军分区、新疆军区和兰州军区的检查。

## 四　拥政爱民

### （一）扶贫帮困

2003 年，市人武部成立扶贫帮困领导小组，制定扶贫帮困计划，对阿依库勒镇托万买力村、喀拉塔勒镇克地木阿依玛克村、依干其乡哈尼喀村 3 个扶贫点开展一部帮一村、一科帮一校、一班帮一户的“三帮一”活动。

2004 年，市人武部官兵累计向特困户和特困生捐款 6. 2 万元，捐物 200 余件，捐书 1860 本。人武部所帮扶的 3 个村先后被市委、市政府命名为“军民共建示范村”“先进村党支部”“文明村”。

2008 年，市人武部联系共建社区和共建村，自筹资金 1. 5 万元帮助贫困家庭学生。

2012 年，市人武部与喀拉塔勒镇托万克阿勒地尔村结成共建单位，投资 10 万余元帮助村修建党员文化活动室、党员图书室。

2016 年，市人武部协调阿克苏军分区拨款 150. 7 万元，为依干其乡尤勒滚鲁克村修建民兵活动阵地，并为该乡家庭困难群众修建安居富民房 7 套。

### （二）抢险救灾

1990 年以来，市人武部和驻地部队积极参加各类抗洪救灾活动。至 2016 年，市人武部和驻地部队累计参加抗洪救灾 40 余次，加固堤坝 126 千米，拉运沙石料 80 万余立方米，救出人民群众 1000 余人，为驻地挽回经济损失 1300 多万元。

### （三）维护社会稳定

1990 年以来，阿克苏市广大民兵积极参与护厂、护矿、护村、护路、守护重要目标任务，配合地方公安干警担负重要部门和重要地段巡逻执勤，为维护驻地社会稳定和长治久安贡献应有力量。

## 五　政治思想建设

1990 年起，每年 5 月，开展“民族团结教育月”主题教育活动。组织学习《马克思主义民族观》《革命导师关于民族问题的论述》《民族政策讲话材料》《新疆少数民族风俗习惯简介》等内容，提高官兵贯彻执行党的民族政策的认识。

1993 年，把学习《邓小平文选》第三卷作为思想政治建设的根本任务，与市场经济理论、优良传统教育和革命人生观教育相结合起来。

2000 年开始，重点学习“三个代表”重要思想，深刻领会“三个代表”的科学内涵和精神实质，紧紧抓住“三个代表”重要思想主线，推动教育活动的深入发展。

2003 年，围绕如何用科学发展观指导人武部建设为专题，学习贯彻科学发展观，提高思想认识。

2009 年，持续开展学习贯彻胡锦涛总书记科学发展观重要论述，扎实开展践行当代革命军人核心价值观主题教育。

2013 ~ 2016 年，开展学习习近平总书记系列重要讲话精神，围绕治国理政、政治建军和作风建设等方面，扎实开展党的群众路线学习教育活动和“三严三实”教育整顿活动，人武部作风建设逐年提高。

# 第二章　兵　役

## 第一节　现役制度

1990 年，阿克苏市实行以义务兵役制为主体的义务兵与志愿兵相结合、民兵与预备役相结合的兵役制度。凡超期服役满 5 年、已成为专业技术骨干的义务兵，根据部队需要和本人自愿可改为志愿兵，再服役 8 ~ 12 年，年龄一般不超过 35 岁。

1998 年，重新修订的《中华人民共和国兵役法》规定，志愿兵实行分期服现役制，即从改选之日起至少 3 年，一般不超过 30 年，年龄不超过 55 岁。志愿兵也可直接从非军事部门具有专业技能的公民中招收。18 ~ 22 岁的男性公民应服现役，女性公民根据军队需要及本人自愿也可被征集服现役。义务兵服现役的期限为 3 年，服役达一定年限后，根据部队需要和本人自愿，可转服志愿兵役。服现役期满后，按规定转入预备役，士兵预备役的年龄是 18 ~ 35 岁，战时遇有特殊情况，36 ~ 45 岁的男性公民也可被征集服现役。义务兵役制把公民服兵役作为公民应尽的义务，并以立法的形式予以确立。实行义务兵役制，士兵服现役时间短，利于常备兵员的更替和兵员的储备。同时，公民的兵役负担相对比较合理。

1999 年后，义务服现役的期限改为 2 年，从以农村青年、城镇待业青年为兵员主体，改为以各类院校应届毕业生为兵员主体。实行选取士官制度。士官服现役分为六期，第一期为下士（从服满二年的义务兵中选取）；第二期为中士（从服满第一期的士官中选取），每期服役期三年；第三期为上士（从服满第二期的士官中选取），每期服役期四年；第四期为四级军士长（从服满第三期的士官中选取），每期服役期四年。

## 第二节　预备役登记

1990年后，阿克苏市实行民兵与预备役相结合的兵役制度，年龄超过35岁的退出预备役。士兵预备役分为两类，编入基干民兵的人员和经过预备役登记的28岁以下退出现役的士兵，以及地方专业技术人员为第一类，编入普通民兵组织的人员和经过预备役登记的29岁至35岁和退出现役的士兵以及其他符合预备役条件的男性公民为第二类，两类预备役主要包括退伍军人预备役、民兵预备役、地方专业技术对口人员预备役。退伍军人回乡后，要前往市人武部进行预备役登记，退伍证上填写“服预备役”或“免服预备役”。

1996年，阿克苏首次在全市开展与军队专业对口的地方专业技术人员预备役登记。

2003年起，每年对未服过现役的预备役士兵组织30～40天的军事训练，并发放误工补贴。

2013～2016年，阿克苏市根据预备役登记情况，抽调部队复员班长成立训练教学培训组，采取轮流巡回教学的方式提高基层武装部专武干部组训任教能力。

## 第三节　征兵及退伍安置

### 一　征兵

1990年国家兵役法颁布后，每年义务兵的征集，根据征兵命令，由市人武部具体实施，一般每年进行一次，正常在冬季进行，有时一年征集两次，分春、冬两季。阿克苏市对应征公民进行兵役登记，按征兵任务的5～8倍确定预征对象，在乡镇征兵领导机构组织政审目测的初步审查后，按征兵任务的3倍确定上站体格检查人数。

1993年，阿克苏市提高征兵条件，农村户口的青年应具备初中以上文化程度，城镇征集户口的青年应具备高中以上文化程度。

2000年，阿克苏市重视征集高学历和有专业特长的青年入伍，大（中）院校毕业生年龄放宽到24岁，应届高中毕业生年龄放宽到17岁，高等学校（院）的在校生可参加应征，退伍后准其恢复学籍。

2007年，阿克苏市利用各种宣传媒体，广泛进行征兵宣传教育，市广播电视局和乡镇广播站在征兵期间，把征兵宣传提纲作为宣传主要内容进行播放，市人武部出动宣传车，开设征兵咨询站，进行征兵宣传教育。

2014年，开始进行征兵工作改革，实行秋季征兵，征集对象、范围、标准及方法均按国家统一规定，市征兵办公室对身体、政审合格的公民择优批准服现役。至2016年无变化。

### 二　退伍安置

1990年，阿克苏市退伍军人实行安置卡，城镇户籍的安置在城镇单位工作，农村户籍的介绍其回乡。1991年，取消安置卡。

1993年起，自治区对愿意留疆人员采取选拔考核制，每年从驻军单位服役期满的战士中选拔一批素质好、管理能力强的人员，经政审、文化考核合格后，送入各级党校学习培训后，充实到乡、镇党委、政府、机关。安置率100%。

1997～2005年，阿克苏市制定《现役义务兵优待及退伍义务兵安置办法》，高度重视转业干部、退伍军人安置工作。每年财政拨付27万元专款作为义务兵安置保障金，使城市和农村入伍义务兵同等享受优待金，同时采取政府安置就业和自谋职业补助相结合的方式，妥善安置退伍军人，部分优秀士兵被选拔充实到乡镇机关工作。

2005年，阿克苏市拨付义务兵安置保障金60万元，对自谋职业的城镇退伍士兵一次性发放补助金。

# 第三章　民　兵

## 第一节　民兵组织

1990年，阿克苏市深入对民兵组织进行整顿。按照“减少数量、提高质量、打好基础、突出重点”的要求，根据《中华人民共和国兵役法》和《民兵工作条例》的有关规定，把民兵组织建设成为一支正规化的、政治可靠的、军事素质过硬的、有顽强生命力的战斗队，成为维护社会政治稳定和发展经济的可靠的群众性武装。参加基干民兵的年龄为18～28岁的退伍军人，参加过军事训练和符合参加军事训练的适龄青年；参加普通民兵的为18～35岁的退伍军人，经过军事训练和符合参加军事训练的男性公民及没有参加基干民兵的适龄青年。基干民兵中的退伍军人和经过军事训练的人员，占民兵总数的90%以上。

1992年，按照党管武装的工作原则，民兵营教导员由乡党委书记兼任，营长由乡武装干部兼任，副教导员由村党支部书记兼任，连长由村委会副主任兼任，排长、班长从党员和退伍军人中选配。营、连干部由市委、市人民武装部审批任命，排干部由乡党委、人民武装部审批任命。在民兵集中点验时公布，官兵相识。欢迎欢送出入转队的基干民兵。

1994年后，在民兵整组工作中，民兵应急分队实行单独编组，严格审查民兵应急分队成员和全体基干民兵，逐人填写政审表，吸收民兵入队要“三清”（现实表现清，社会关系清，宗教信仰清）。民兵组织整顿以国有、集体企业和行政村为基础，消灭“无兵企业”和“空白村”。

## 第二节　军事训练

1990年后，民兵训练由各级人武部负责，主要采取集中上课、辅导与分散练习相结合的方式进行训练，一般分4～5次完成。第一阶段用8～10天完成军事理论、本级战术和手枪、步枪、冲锋枪、轻重机枪射击训练任务；第二阶段用8天左右时间完成民兵工作条令和民兵训练纲要的训练内容；第三阶段用14天左右时间分批集中学习业务上规定的内容。民兵训练内容由简单的军事常识到正规技战术，由单一步兵到多种技术兵训练，逐步迈入正规化、规范化轨道。

2001年6月18日至8月6日，阿克苏市人武部参加“西部—01”军地联合维稳演习，成立军地联合指挥所，统一指挥全市军、警、兵、民等维稳力量。

2002年，阿克苏市人武部狠抓指挥自动化和微机运用训练，多次组织人员参加军区、军分区的集训，突出抓抗震救灾、抗洪抢险、制乱平暴等非战争行动课目的训练，提高指挥民兵和预备役部队行动能力。

2005～2016年，重点围绕军事理论、战术标图、文书拟制、识图用图、轻武器操作、沙盘堆置、体能和综合演练等方面开展军事训练。

# 第四章　驻军和武警部队

## 第一节　阿克苏军分区

### 一　机构

1990～2016年，阿克苏军分区隶属新疆军区。军分区接受地方党委、政府领导，是地委的军事部门和行署的兵役机构。负责阿克苏地区的军事工作，领导边防部队，做好边防、民兵、兵役和动员工作。辖阿克苏地区8县1市人民武装部。地区各乡成立基层人民武装部。各县市人民武装部与军分区，除保持军事系统的垂直领导与隶属关系以外，同时受同级地方党委领导，是县市党委军事工作部门，并由县市党委书记兼人武部第一政治委员。各级人武部的任务是负责兵役工作，进行预备役登记统计、国防教育，组织民兵的军政教育训练，组织民兵维护社会治安、抢险救灾等。

### 二　自身建设

（一）党组织建设

1990～2016年，阿克苏军分区坚持中国共产党对人民军队的绝对领导。军分区党委以《中国共产党章程》和军队《政治工作条例》为指导，在指战员和职工中发展党（团）员，在部队中建立党的各级委员会、党支部和共青团组织。阿克苏地委书记兼任军分区党委第一书记。各级党组织不断加强组织建设和思想作风建设，充分发挥党委的核心领导作用、党支部的战斗堡垒作用、党员的先锋模范作用，保障党对军队的绝对领导，保证作战、训练、执勤、学习等各项任务的顺利完成。

（二）军事工作

1990年后，阿克苏军分区紧紧围绕“军事过硬”的总目标，坚持以提高部队战斗力为标准，以正规化训练为途径，以解决重点、难点问题为突破口，加大指导力度，在抓落实上用真功、求实效，军事训练水平明显提升，多次被军区表彰为军事训练一级单位。各级党委贯彻落实全军军事工作会议精神和两级军区指示精神，以军事训练为重点，坚持依法治军、依法治训、按纲施训，注重打基础、抓重点、求实效，新兵参训率达100%，完成各年度新兵训练。为适应部队发展形势，军分区把骨干队伍的培养放在工作的重点，通过举办预提班长集训、卫生员培训、驾驶员培训、新训骨干培训、教学法集训、训练尖子集训、新条令学习班等各类培训，骨干作用明显增强。着眼加强信息化建设，购买计算机等信息化设备，采取聘请专家、集中强化训练等方法，按照全面普训、集中自训、强化训练的步骤，加速部队信息化建设进程。各级主官经常深入训练一线，对重点科目组织示范教学。各级机关司、政、后部门主动协调，密切配合，齐心协力抓训练。多次组织正规化集训，通过学习条令法规、观摩示范、模拟训练，明确部队正规化训练内容、标准和要求。

（三）政治工作

1990年以来，阿克苏军分区党委始终把学习贯彻党的各项方针、路线、政策，坚持不懈地加强形势任务教育作为根本要求，确保部队政治上、思想上、行动上与党中央保持高度一致。各级党委坚持不懈地组织学习政治理论和科学文化知识，不断提高全体官兵的政治思想觉悟、认知能力和文化素养，保证部队战斗力的提高和各项任务的完成。以马克思主义、毛泽东思想、邓小平理论、“三个代表”重要思想和科学发展观为指导，以发扬人民解放军优良传统，努力培养“四有”新人为根本目标，落实教育制度，创新教育方法，运用现代化教学手段，为部队营造良好的教育环境，增强教育的针对性、科学性和实效性。根据国内外形势的发展变化，紧密结合部队实情，狠抓形势任务教育。针对国际形势的急剧变化，深入进行专题教育，打牢官兵的思想基础。适时开展中华民族的苦难史、斗争史、创业史和国情教育。广泛开展“学雷锋树新风，争做四有合格军人”活动，涌现出一大批先进模范。

（四）后勤与技术装备工作

1990年后，阿克苏军分区后勤保障与指挥手段由单一、传统走向综合、现代化，保障模式由部队自我保障发展为军民兼容，管理手段逐步走向法制化、精确化。各级后勤与技术装备部门发扬人民军队艰苦奋斗的光荣传统，坚持勤俭建军的方针，以“保障有力”为总目标，紧紧围绕保障部队稳定和提高战斗力的要求，面向基层、强化管理、为兵服务，提高后勤综合服务保障能力。为努力推进后勤建设创新发展，坚持以军事斗争后勤准备为龙头，加大战备训练力度，全面增强保障打赢能力。为强化后勤管理，坚持按标准供应、按制度管理、按规程操作，为边防、为基层办实事、解难题。为深化改革努力提高快速、高效、综合保障能力，部队保障基础更加牢固，生活条件日益改善，综合保障能力不断跃升，朝着建设完备的一体化目标迈进。

（五）拥政爱民

1. 扶贫帮困

1990年后，阿克苏军分区坚持把军政、军民、民族团结当作维护新疆社会稳定、促进民族地区经济发展、巩固国防建设的一项大事紧抓不放。以支援地方经济建设和西部大开发、全心全意为人民服务的宗旨，抓好警民共建和拥政爱民工作，开展“便民服务日”“学雷锋”和“民族团结月”活动，帮助驻地植树等义务劳动，及时为共建单位排忧解难，参加社会综合治理，妥善处理好军政、军民关系，与人民群众建立深厚的鱼水情谊。1996 年，共组成便民活动小组 541 个，开展活动 2872 次，得到帮助的群众 1.4 万余人次。2000 年 7 月，在地区“爱心助残”活动中，军分区部队共捐款 1.3 万元。军分区设立“救助贫困生基金”，官兵捐款 2.2 万元，对 9 个县（市）13 个乡村小学的 35 名因家庭经济困难失学的学生进行救助。军分区组织所属部队和协调驻阿部队、武警及动员民兵，开展以“积极支持大开发、建设保卫大西北”为内容的专题教育，使党中央实施“西部大开发”战略的意义和内容深入人心。1996 ~2000 年，先后开展“向灾区人民献爱心”“爱心助残”“捐资助学”等活动 14 次，军分区部队官兵捐资助学款 14.2 万元，先后支援 12 所学校改善教学环境，资助 365 名失学学生重返校园。

2001 ~2002 年，军分区部队累计投入 125 个劳动日、5000 多台次机械车辆，参加驻地基础设施、生态环境、扶贫开发、助学兴教等 15 个有社会影响的工程建设项目，得到驻地各级党委、政府的一致好评。在温宿、新和、库车、拜城、柯坪、乌什等县的城乡道路扩建和市政工程以及阿瓦提县农村水利工程、温宿县台兰河水利枢纽工程、柯坪县饮水改造工程建设中，先后出动官兵 3500 多人次、民兵 2 万多人次，修建军民团结路 32 段、爱民渠 3 段。协调驻地部队援建国家“西气东输”工程库车县的首站配套建设和阿克苏市幸福路扩建工程。军分区把参加环塔克拉玛干大沙漠和驻地绿化工程建设作为参加和支援西部大开发重中之重，开展“建千亩果园”“造百里绿色走廊”“营造民兵林、八一林”等活动。先后出动官兵 9600 多人次、民兵 1.2 万人次、车辆 620 台次，参加阿克苏柯柯牙绿化工程、温宿县万亩果园建设和台兰河绿化工程、阿瓦提县和田河两岸治理等 12 个生态环境工程建设，共计造林 253.3 公顷、植树 5.6 万余株。与驻地 13 个贫困村结成帮扶对子，捐款 62 万元、捐物 3600 多件、捐书 1860 本，救助贫困户 156 户，使 125 户走上致富之路。与驻地 13 所乡村学校签订帮扶协议，采取帮建校党支部、捐助教学用品、救助贫困学生、开展共建共育活动等办法，帮助学校改善教学条件和提高师生素质。尤其是以团以上干部“1 +1”助学为主的救助贫困生活动也初见成效。在官兵中开展第三次捐款活动，筹集救助贫困生基金 35 万元、使救助的贫困学生达到 125 人。广大官兵先后向受灾群众和困难群体捐款 5 万多元，捐物 562 件。

2003 年，阿克苏军分区部队建立 13 个扶贫点，捐款 13.5 万元帮助特困群众解决生活困难；投入资金 15 万元，培训人员 923 人，使 32 户贫困户摘掉贫穷帽子；组织团以上干部开展“1 +1”助学活动，资助 11 个乡村小学的 65 名贫困学生重返校园。分区部队投入 120 个劳动日，参与 12 项驻地城市建设和公益事业。

2004 年，阿克苏军分区部队累计投入 140 个劳动日，3000 多台次机械、车辆，参加驻地基础设施、生态环境、扶贫开发、助学兴教等 16 个有社会影响的工程建设项目。在温宿、新和、乌什等县的城乡道路扩建和市政工作以及“柯柯牙三北防风治沙林带工程”建设，先后出动官兵 3500 多人次，民兵 2 万多人次，修建军民团结路 22 处，爱民渠 5 段。全年共计造林 216.2 公顷，植树 5.6 万余棵。分区团以上干部落实“1 +1”助学扶贫计划，分区常委带领机关、直属队团以上干部给阿克苏市依干旗乡赛克帕其村小学 25 名贫困学生购买衣服、学习用品，给学校赠送 3 台电脑。军分区各团级单位与 13 个贫困村结成帮扶对子，广泛开展科技扶贫、文化扶贫，全年共计捐款 11.3 万余元，捐物 3600 多件，救助贫困户 118 户，受到驻地群众的广泛赞誉。

2007 年，阿克苏军分区协调驻军 3000 多名官兵参加柯柯牙四期绿化工程，与 15 个贫困村结成帮扶对子，捐资12万元助学帮困。

2011年，阿克苏军分区部队帮扶贫困户68户，资助贫困生157名，植树造林74公顷，援建林果业示范区34公顷，帮助群众抢收农作物8公顷，参建抗震安居房49户。

2012年后，阿克苏军分区每年帮助70余名困难群众解决实际困难，每年为贫困学生捐资助学。

2016年，阿克苏军分区组织连以上单位与驻地村（社区）党支部开展帮建支部、帮带干部、帮解难题活动。抽调屯垦人武部官兵和专武干部，成立9支访民情惠民生聚民心工作队，开展“1+1”助学、“扶一校、助一生”和“大手拉小手、兵心暖童心”捐资助学活动，引导各族群众自觉维护民族团结大局。

2. 抢险救灾

1990年后，阿克苏军分区危急时刻与各族人民一道，参加抢险救灾任务，为地方的经济建设做出贡献，每年都组织官兵昼夜巡查。

1998年8月，阿克苏市城南防洪坝被洪水冲断，下游4000余户居民的生命财产危在旦夕，军分区紧急出动官兵300多人组成抗洪抢险突击队，连续奋战47个小时，转移群众2300多人，装运沙袋4100余个，加固堤坝100多米，挽回经济损失2亿元。

2003年，阿克苏军分区和拜城人武部出动185名官兵及时扑灭乌什县顺来木材厂和拜城县布隆乡特大火灾，挽回经济损失20余万元，受到驻地各族群众赞誉。

2005年2月15日，乌什县发生里氏6.2级地震。灾情发生后，军分区带领150名官兵和200名民兵，在第一时间赶赴受灾最严重的2个村，先后转移群众2150人次，搭建帐篷80顶，清理废墟3万余立方米、危房800余间，派出医疗组接诊病人300多人次，给灾区捐赠大米、清油、衣物等物资价值6万余元。

2009年，阿克苏军分区部队先后参与柯坪县“2·20”抗震救援、沙雅县“3·16”灭火救援、乌宗图什河“9·10”“9·11”雪灾救援等抢险救灾行动10多次，累计出动部队兵力4380多人次、民兵10830人次、车辆537辆次，救助各族群众2440多人，牲畜13870多头（只），挽回经济损失350多万元，受到地方党委、政府和广大群众的赞誉。

3. 军民共建

1990年后，阿克苏军分区每年都利用“八一”建军节，开展军民共建活动，至2016年，与共建单位举办联谊联欢活动27次。义务为学生进行国防教育1.8万余人次，为敬老院义务劳动46次。

4. 拥军优属

1990年后，阿克苏军分区积极配合地方开展争创“双拥模范城（县）”活动。

2004年阿克苏市连续3年被命名为全国“双拥模范城”。2004年7月，自治区党委、人民政府，新疆军区做出《关于开展向阿克苏地区双拥工作学习的决定》，号召全疆学习阿克苏地区双拥工作经验。

2006年，阿克苏军分区党委先后与阿克苏地委、地区行署联合下发《关于进一步做好“双拥”工作的意见》《关于深入开展向卡德尔·巴克学习的实施意见》，推动“双拥”工作持续深入发展。在自治区开展的“双拥”模范城（县）检查评比活动中，地区2个县（市）申报国家级“双拥”

模范县（市）、4个县申报自治区级“双拥”模范城（县），居全疆各地（州）前列。

2010年，阿克苏军分区机关和基层分队与64个地方单位结成共建对子。阿克苏军分区被兰州军区表彰为支援地方经济社会建设先进单位。

2013年，阿克苏军分区以军民共建美好精神家园活动为载体，实施“联十村、帮百户、助千生”工程，开展扶贫帮困、捐资助学、军民联谊活动，投入60万余元完成10个村文化活动室建设。开展党的惠民政策宣讲试点工作，做法被新疆军区转发。军分区组建17支工作队深入8县1市13个重点乡（镇）宣讲。积极拓展军民共建新领域，联合阿克苏市工商联，与7家商会开展百家企业走边防进军营活动，为边防一线连队和军分区生产营捐资捐物20万余元，改善基层物质、文化生活，密切军政军民关系。

2015～2016年，阿克苏军分区协调部分基层组织观摩部队组织生活会10余场，选派党务经验丰富的党员干部兼任村支委，帮助建强支部、发挥作用。修建完善11个军民共建党员活动室，补充党务图书3000余册，帮助建好阵地、用好人才。先后投入75万元，为11个贫困村援建16项富民惠民利民项目，帮群众之所需。划拨360万元为阿克苏市拜什吐格曼乡托万克海力派艾日克村援建150套安居富民房。按照党政军警民五联（联边、联管、联训、联防、联战）的机制，加强军警兵民联防联管，完善军守边、警卡点、民管片，形成市、县、乡、村整体联防和“一线封、二线堵、三线防”的立体防控格局。

## 第二节　武警阿克苏地区支队

### 一　机构

1990～2016年，中国人民武装警察部队阿克苏地区支队（简称地区武警支队）隶属中国人民武装警察部队新疆维吾尔自治区总队领导。辖地区各县武警中队。主要担负阿克苏地区看守勤务和处置突发事件、反恐任务。

### 二　自身建设

（一）队伍建设

1990年后，地区武警支队注重加强军事行政工作，遵照各个时期部队的条令条例和规章制度以及军事训练大纲和年度训练计划，严格训练，严格管理，严格要求。从实战出发，从难从严摔打部队，部队的队列、体能、射击、擒拿、投弹、战术、刺杀、4×100米障碍、5千米等科目成绩均在良好以上，多次在自治区武警总队举行的军事比武中获得好名次。在部队管理上，以训促管，以管治训，训管结合，相互促进，相互检验，节假日要求警容风纪严整，正规化建设和正规化管理日趋规范，战斗力水平逐年提升。

（二）思想政治建设

1990年后，地区武警支队始终把思想政治工作放在各项建设的首位。在思想建设上，坚持把马列主义、毛泽东思想、邓小平理论和“三个代表”重要思想作为重点，使全体党员坚定共产主义理想，为现代条件下“打得赢”“不变质”提供保证。作风建设方面，每年在支队党委机关开展一次党风党纪教育，将党风党纪教育延伸到基层党组织和广大党员，对党员干部队伍进行一次等级评定。在政治教育工作中，始终坚持用党的路线、方针、政策教育官兵，始终在思想上、政治上、行动上与党中央保持高度一致，永远做党和人民的忠诚卫士。

2010 ~ 2016 年，武警新疆总队阿克苏地区支队抓好培育当代革命军人核心价值观主题教育，打牢官兵扎根边疆、建功警营的思想基础。按照专题部署、大课灌输、小课讨论、主题实践、检查评估“五步法”抓好主题教育，贯彻落实总部经常性思想工作座谈会精神，开展深知兵、真爱兵活动，为受灾官兵捐款捐物，部队内部关系融洽。

## 三　后勤保障

1990 ~ 2016 年，地区武警支队按照“战备保中心、供应保生活、服务保健康、管理保安全”的总体要求，坚持面向基层、服务官兵、加强管理、提高效益的工作思路，把保中心、保生活作为后勤保障的重点。结合形势任务，加强队伍素质建设，优化保障资源配置，探索创新保障模式和渠道，完善不同地区、不同条件下多样化任务后勤应急保障预案，针对性开展应急保障研究演练，挖掘和优化内外资源，延伸在特殊天候、特殊地域的保障功能，保中心能力明显提升。

## 四　执勤

1990 ~ 2016 年，武警地区支队党委认真贯彻“以人为本、信息主导、正规执勤、确保安全”的基本思路和总部、总队军事工作会议精神，坚持常议常抓。平时紧贴执勤处突和反恐任务需要，坚持按纲施训，依法治训，有效促进执勤水平的提高，完成各项执勤任务。支队担负的主要勤务有看守、临时警卫、临时守卫、武装巡逻等。支队始终坚持以执勤处突反恐为中心，紧紧围绕目标安全，创新手段、建强力量、严肃纪律、完善机制、落实制度、狠治隐患，尤其是坚持信息主导，科技强勤，大力加强执勤目标“四防一体化”建设，勤务质量和目标安全系数显著提高，固定执勤目标万无一失，支队战斗力得到全面提升。

## 五　抢险救灾

2009 年 2 月 3 日，新和县大十字家具商城发生火灾，武警新疆总队阿克苏地区支队新和县中队出动 20 人，经过 70 分钟的连续战斗，将火扑灭，并抢运出 60 多万元的商品。2 月 20 日 18 时 02 分，柯坪县境内发生里氏 5.2 级地震，武警阿克苏地区支队柯坪县中队由中队长耿红勇带领 6 名战士担负执行抢险救灾任务。经过连续 5 个小时奋战，拆迁危房 10 间，转移物资 15 吨，搭建帐篷 16 顶。4 月 16 日 14 时 20 分，306 省道 500 米处的露天棉花包堆放场 11 处堆放点发生大火，武警阿克苏地区支队出动 220 名官兵连续战斗 3 个多小时，抢运木材 2000 多立方米，棉花包 420 包，物资价值 300 多万元。8 月 19 日 17 时 25 分，柯坪县境内普降暴雨，遭受洪灾，武警阿克苏地区支队柯坪县中队派官兵参加抢险救灾。12 月 20 日 13 时，阿克苏市华能市场发生火灾，武警阿克苏地区支队迅速出动180多名官兵赶赴现场抢险救灾。经过官兵近5个小时的奋战，共抢运物资30多吨，价值600多万元。

2012年4月21日，武警沙雅县中队出动兵力参加沙雅县托依堡路清真寺灭火任务，受到县委、县政府和群众的好评。8月9日，柯坪县玉尔其乡突发洪水，武警阿克苏地区支队派柯坪县中队领导前往一线，加强组织指挥，成功解救被洪水围困群众，受到驻地各族群众的赞扬。

2016年7月31日夜间至8月1日凌晨，拜城县域普降大雨，流经县城的喀普斯浪河和台尔维丘克河两条河流水面大幅上涨并有漫堤趋势，部分岸堤出现垮塌。为确保人民群众生命财产安全，武警新疆总队阿克苏地区支队加固大堤3400米，搬运沙石744吨、沙袋1.24万个，制作三脚架9个，确保大堤的安全，受到阿克苏地委行署，拜城县委、县政府以及驻地人民群众的赞誉。

## 第三节　武警阿克苏地区边防支队

### 一　机构

1990年，中国人民武装警察部队阿克苏地区边防支队隶属武警新疆边防总队。主要担负边防保卫任务。部队坚持在上级边防机关和阿克苏地委、行署、公安机关的双重领导下，不断拓宽职能，担负着捍卫国家主权和尊严，维护边境地区安全稳定，处置突发事件，打击边境地区走私、偷渡、贩枪、贩毒及其他违法犯罪活动等公安边防任务。

### 二　自身建设

（一）队伍建设

1990年后，阿克苏地区边防支队始终重视对骨干队伍的培训，坚持把教学训练作为重点，采取随队培训和集中培训等方式，适时对骨干进行培训，不断提高骨干的管、训、教能力，使带兵干部和士兵骨干具备与本职工作相适应的军事素质。1990年至2016年，阿克苏地区边防支队共举办各类军事骨干培训班34期，培训官兵1136人。

（二）思想政治建设

1990～2000年，阿克苏地区边防支队着重加强军队性质、任务、宗旨教育，同时组织开展民族政策、边防政策和社会主义法制教育，进行组织纪律教育和革命人生观教育。组织官兵深入学习中共十三届四中、五中全会精神，自觉同党中央在思想和政治上保持高度一致。2002年，开展“做让党放心，让人民满意的边防卫士”系列教育，使全体官兵树立正确的人生观、价值观。

2005年后，着眼于改革开放新形势和边防自身特点，把加强党对军队的绝对领导和思想政治建设放在首位，坚持不懈地进行共产主义信念和党的基本路线教育，坚持用马列主义、毛泽东思想和邓小平理论武装官兵头脑，开展“三讲”教育、党员先进性教育、“让党放心、让人民满意”双让教育，组织官兵学习党的路线、方针、政策，真正把讲政治、讲大局、讲奉献的要求落到实处。

### 三　后勤保障

1990～2000年，阿克苏地区边防支队严格财务内控制制度，做到日清月结，定期对账。加强军需保障，严格军粮核算，保障基层的军粮足额供应，及时拉运发放冬夏季被装，被装发放准确率100%，适体率98%以上；坚持后勤管理人员会办和审计制度，提高后勤管理人员的业务水平。

2001 ~2010 年，推行《边防大队财务集中核算办法》，完成边防派出所经费统一由大队集中管理和基层单位新账建立工作。在经费投向上，加大宏观调控力度，经费坚持向条件艰苦、基础薄弱、执勤任务重的单位倾斜。坚持走“两少两高”，即用兵少、投入少，质量高、效益高的发展路子，结合所处地理环境、气候特点，大力发展农副业生产。支队投资5万元，对英阿特所、牙满苏所等单位的温室大棚、养殖场进行改建。

2011 年后，武警阿克苏地区边防支队完善办公设施，美化生活环境。开展打造节约警营、建设绿色家园活动，制定节约办公二十条措施，节约建设成本。发挥支队、大队、派出所三级力量，完成营建维修、附属工程建设任务30余处。支队完善基层单位软硬件建设。研究制作军需规范化建设图册，规范农副业生产规模、项目、分区搭配、各类设施等4类标准，组织召开支队应急保障专业技能竞赛，提高后勤保障服务中心工作水平。

## 四　执勤

1990 ~2016 年，武警阿克苏地区边防支队加强边境管控，破获多起走私案、贩卖枪支案、危害国家安全案。贯彻落实“预防为主、打防结合”的社会治安综合治理路线，建立“以辖区群众为基础，以治保、联防员、护边员和信息员为骨干，点面结合、专群结合”的边境治安防范网络。加强边境基础建设，清理非法边境前沿生产作业单位，树立边境管理标志牌、边境通道公告牌和警示牌，发放宣传手册。每年开展“边防政策法规宣传月”活动。加强人口管理，重点人口熟悉率、列管率、控制率分别达到100%。做好安全保卫工作，及时组织开展净边、清边、打击街面违法犯罪、民用爆炸和危险物品等专项整治工作。

## 五　爱民固边

1990 年后，武警阿克苏地区边防支队深入扎实地开展警民共建活动，同驻地各族人民同呼吸、共命运、心连心。支队和所属大队、所（站）与驻地学校、企事业单位、敬老院等40多家单位结成共建对子，与辖区群众开展共建共育活动，采取多种形式进行国防教育和边境法规宣传教育。共为群众做好事630余件，出动警力2650余人次，为驻地军训学生1500余人；捐送粮食和蔬菜1450余千克，捐物360件，捐款2.4万余元，帮助38户贫困户、五保户渡过难关，参加抢险救灾14起，挽回经济损失180余万元。

2000 年，共为群众做好事74件，并出动警力389人次，参加柯柯牙绿化工程建设。巴楚地区发生地震后，官兵捐款6.7万元，捐物860件。在春节等传统节假日前夕和纪念向雷锋同志学习40周年以及公民道德建设月活动中，组织部队开展拥政爱民和学雷锋活动。参加阿克苏地区“为了长治久安”文艺会演，取得一个一等奖，一个鼓励奖。

2005 年，武警阿克苏地区边防支队利用节日期间大力开展拥政爱民活动，警政、警民关系更加密切。共慰问贫困群众150余人，发送慰问金8000余元，为群众做好事60余件。2月15日，乌什县发生里氏6.2级地震，支队以最快的速度赶到灾区，全力投入抗震救灾斗争中，全体官兵连续奋战48个小时，搭建帐篷13顶，妥善安置受灾群众200多人，组织5000多名群众安全撤离，随后投入灾后重建工作中，为保护人民生命财产安全做出应有的贡献。7月15日，温宿县突发洪水，库玛力克河水暴涨，阿克苏边防支队温宿县边防大队接到抗洪求援电话后，立即组织45名官兵赶赴防洪大堤，参加县委、县政府组织的防洪堤修筑工作，拉运沙石20余立方米、修渠筑坝300多米，确保大堤万无一失，受到驻地党委、政府和群众的好评。

2006年2月19日，乌什县发生雪灾。乌什县武警边防大队出动官兵35人次、车辆9台次，救援36小时，运送粮草10余吨，运送大米、面粉、衣物等生活必需品4吨，解救被困群众310人、牲畜1万余头（只）。7～10月，博孜墩边防派出所先后3次救助57名游客。8月2日，库玛力克河突发洪水，温宿武警边防大队官兵转移群众220人，挽回经济损失200余万元。10月，支队发动群众，组成3支收棉服务队，帮助50多户农民采收棉花18.67公顷。全年，全支队共走访群众13568户48560人，建立扶贫帮扶对子264个、落实帮扶资金3万余元，参加抢险救灾36次。

2010年，武警阿克苏地区边防支队拓展边防内涵，丰富爱民行动，围绕爱民固边战略工程开展真学、真信、真实践、真坚持“四真”主题活动。创建爱民固边模范矿及爱民固边模范景区。阿克苏地委、行署联合将支队创建的4个行政村命名为爱民固边模范村；支队制定的《爱民固边模范村验收标准》被地委政法委纳入《新农村建设验收标准》。建立社会管理创新机制，联合地委、行署在地区博物馆开展爱民固边战略成果展，向地区各族群众展出支队开展爱民固边六大工程的18类532幅图片；协调阿克苏职业技术学院、博物馆等单位，在辖区栏杆村设置国旗文化馆和爱国主义教育基地。

2012年后，武警阿克苏地区边防支队下基层参与大走访活动，各级出动警力参与入户走访。以联建促创建、以共建谋发展，创建爱民固边模范乡1个、模范村12个，60名警官兼任村官。开展做小事一样有作为、爱民固边感恩故事征集等系列活动。支队博客、警民QQ参与率和关注度较高，地委、行署主要领导多次批示肯定支队爱民固边工作成效，地区《综治简报》刊发支队工作简报12期，新华网、人民网、法治网等主流媒体刊载支队先进事迹120余次。

## 第四节　武警新疆总队第三支队

### 一　机构

1997年3月，在阿克苏市组建机动支队，编为武警新疆总队第六支队，主要任务是维护阿克苏地区的安全和稳定，处置各种突发事件。2005年7月，武警新疆总队第六支队更名为武警新疆总队第三支队。

### 二　自身建设

#### （一）思想政治建设

1997年后，武警新疆总队第三支队学习中共十四届六中全会、十五大精神，围绕香港回归，坚持重点教育和随机教育相结合，突出有什么问题就解决什么问题，夯实官兵思想根基，坚定官兵政治立场。1999 年，以贯彻落实“三个代表”重要思想为指导，坚持把《关于改革开放和发展社会主义市场经济条件下军队思想政治建设若干问题的决定》贯穿学习始终。2002 年，进行法纪教育、尊干爱兵教育、军人道德教育和战备形势教育。在第 20 个民族教育月活动中，邀请地区党校教师为官兵授课，增强教育效果。

2006 ~ 2010 年，武警新疆总队第三支队相继开展永远做党和人民忠诚卫士、以“弘扬人民军队优良传统，忠实履行新的历史使命”为主题的忠诚卫士教育和理想信念、社会主义荣辱观、战斗精神等教育，开展以“坚定理想信念，忠实履行使命，永远做党和人民的忠诚卫士”为主题的经常性思想教育活动，着力抓好“我为奥运作贡献、我为祖国争光彩”专题教育。开展科学发展观学习实践，培育当代革命军人核心价值观，争做学习型党委机关、争当学习型领导干部，大练基本功。

2011 ~ 2016 年，武警新疆总队第三支队坚持把思想政治建设摆在首位，组织开展“五谈五变”（谈支队变化定信念，谈驻地变化赞成就，谈家乡变化颂党恩，谈待遇变化论发展，谈自身变化铸忠诚）。以总队《推进先进军事文化建设实施办法》为指导，发展警营特色文化，掀起学唱红歌热潮，传承更新支队“一歌七队”（核心价值我践行歌曲，礼仪军乐队、威风锣鼓队、安塞腰鼓队、警营快板队、民族舞蹈队、少林武术队、舞龙舞狮队），丰富官兵业余文化生活。紧扣“坚定信念铸牢军魂”主题，通过开展官兵到烈士陵园缅怀革命先烈、参观驻地企业、到看守所听课反思、举行授枪授衔仪式、歌咏比赛、演讲比赛、板报展评等活动，增强主题教育实效。采取专题教育常委大课辅导，基层细化讲好小课的方法，利用人文教育“四个一”（每月一星、每周一歌、每课一文、每日一言）和“一月收集一次官兵关注问题”强化教育针对性，激发官兵献身强军实践的主动性和自觉性。

#### （二）战备建设

1997 年以来，武警新疆总队第三支队坚守“打得赢、不变质”，忠实履行武警部队维护国家安全和社会稳定、保障人民安居乐业的职责使命，时刻准备处置突发事件，先后参与处置各类突发事件 600 起。落实“战备值班、战备检查、战备演练”制度，每年按照总队要求完成战备演练。2011 年，结合实际制定应急预案，训练快速集结、提高精确突击的能力。

2015 年，实施多样化任务的战术演练，以改革创新的思维，对新形势下战备工作能力要求、制度规定、建设标准、手段运用等方面进行系统研究，着眼前瞻设计对策措施。研究制定《战备工作规范》《战备行动编携配装基本标准》《部（分）队遂行任务战术基本标准》等规范性制度文件，形成系统配套、规范可行的战备法规制度体系，推动战备建设向更高水平发展。

### 三　后勤保障

1997 年后，武警新疆总队第三支队按照“自我保障为主、支援保障为辅”的保障原则，修订完善后勤保障计划，落实战勤编组，加强后勤战备训练，做好战备金和油料储备工作，完善警地联保联供机制，确保遇有情况，部队能“快运、快供、快救、快修”。严格财务管理制度。修订《支队财务管理细则》，坚持党委统管、“一支笔”审签，严格把住经费使用关。全年经费开支全部纳入预算管理，避免超预算开支的现象。完成抗洪抢险、首长机关带实兵演习等临时性保障任务。军械、运输、卫勤保障到位，保证完成处突、抢险等临时性任务的需要。

2005 年后，围绕保中心、保生活、保健康、保稳定的要求，开展节钱、节煤、节电、节油、节粮、节水活动，为基层中队安装节能阀和电表，制定《大宗物资采购实施办法》，堵塞漏洞，解决浪费问题。在后勤机关、直属分队开展强党性、正风气、促正规、创建节约型警营、后勤管理训练工作自查自纠教育整顿活动。严格落实“基层需要什么，服务中心提供什么”的保障制度，实行“阳光采购”供应，指导基层落实营养配餐，使官兵伙食由吃饱向吃好、有营养转变。

2010 ~ 2016 年，武警新疆总队第三支队修订完善后勤保障计划，落实战勤编组，加强后勤战备训练，做好战备金和油料储备工作，完善警地联保联供机制，确保遇有情况部队能“快运、快供、快救、快修”。

## 四　执勤

1997 年后，武警新疆总队第三支队以反恐维稳斗争任务为抓手，以提高应急处突能力为重点，以安全防范为突破口，狠抓军事训练和战备工作。每年在特殊时期、重大节日以及社会动态发生变化时，都出动兵力参与巡逻勤务。为有效防范恐怖破坏活动，提高履行民兵预备役部队职能，严格落实战备制度。至 2016 年，完成阿克苏地区各类大项活动的警戒和押解任务 200 余次，参与阿克苏各类大项活动的安保任务。

## 五　拥政爱民

### （一）扶贫帮困

1997 年后，武警新疆总队第三支队坚持把军政、军民、民族团结当作维护社会稳定、促进民族地区经济发展、巩固国防建设的一项大事紧抓不放。以支援地方经济建设和西部大开发、全心全意为人民服务的宗旨，抓好警民共建和拥政爱民工作，开展“便民服务日”“学雷锋”和“民族团结月”活动，帮助驻地植树等义务劳动，及时为共建单位排忧解难，参加社会综合治理，妥善处理好军政、军民关系，与人民群众建立深厚的鱼水情谊。支队常委带头捐款，并且每人资助 1 名贫困学生，至 2016 年，帮扶困难群众 247 户 700 余人。

### （二）抢险救灾

自 1997 年开始，武警新疆总队第三支队危急时刻与各族人民一道，参加抢险救灾任务，为地方的经济建设做出贡献，每年都组织官兵昼夜巡查。2003 年参加巴楚县“2・24”抗震救灾，官兵为灾区群众捐款 4.5 万多元，粮食 4000 千克，衣物 1500 余件，价值 5 万余元；支队出动 245 人、车辆 20 台，参加巴楚抗震救灾，出色地完成任务。2004 年 8 月 21 日，支队出动 200 多名官兵，赴柯坪参加抗洪抢险，加固堤坝 150 多米，搬运沙袋 5000 多个，抢救物资价值 10 余万元，解救围困群众 30 多人，保卫人民群众的生命财产安全。

### （三）军民共建

1997 年以来，武警新疆总队第三支队每年都利用“八一”建军节，开展军民共建活动，至 2016 年，与共建单位举办联谊联欢活动 20 次。定期开展走访困难群众，资助贫困生 174 人，义务为学生进行国防教育和军训 2.3 万余人次，为敬老院义务劳动 165 次。

# 第五章　国防动员

## 第一节　机　构

1990～1997年，阿克苏市设有人民武装部和人民武装委员会。

1998年，阿克苏市成立人民武装国防动员委员会，与人民武装委员会一套班子、两块牌子。第一主任由市委书记担任，主任由市委副书记或市长担任，副主任分别由市委副书记、政法委书记、政法委副书记、人武部政委、人武部部长担任。委员由市委、市政府相关部门负责人组成。下设国防动员综合办公室、武装动员办公室、经济动员办公室、交通战备办公室、人民防空办公室和国防教育办公室。

2014年10月，人民武装委员会和国防动员委员会新增信息动员办公室和装备动员办公室两个专业办公室。

各乡（镇）党委人民武装委员会主任由党委书记或乡（镇）长担任，副主任由1名副书记或副乡（镇）长、人武部部长担任。人民武装委员会和国防动员委员会下设国防动员综合办公室、人民武装动员办公室、经济动员办公室、交通战备办公室、人民防空办公室、国防教育办公室。

## 第二节　国防教育

1990年，阿克苏市人武部结合征兵、重要节日纪念活动，进行“牢记两个严密关注”重要指示和以“三维护、两反对”（维护祖国统一、民族团结、社会稳定，反对分裂主义、非法宗教活动）为主要内容的国防教育。

1993年，阿克苏市建立国防教育基地，开办“国防教育园地”和“双拥工作专栏”等电视广播栏目，大力宣传国防教育。

2001年，阿克苏市把国防教育纳入全民教育和部队教育范畴。2005年，阿克苏市深入开展国防战略方针、国防历史、国防法规和国家安全形势教育。自2010年开始，阿克苏市对所有初中、高中、大学生进行军训，使学生从小接受国防教育，将国防观念纳入全民思想教育中。

2016年，阿克苏市城区中小学生参与军训率90%，开展国防知识教育88次，受教育干部、群众和青少年学生25800人次。

# 第六章　人民防空

## 第一节　机　构

1990 年后，阿克苏市人防工程由地区人民防空办公室（以下简称人防办）管理，主任由地区主要领导担任，副主任由行署、军事部门的领导担任。人民防空办公室由地方和军队干部共同组成，为政府主管人民防空工作的常设机构，受政府和军事部门双重领导，在上级人民防空委员会指导下开展工作。

## 第二节　人防工程建设

1990 年后，阿克苏市人民防空工程设施主要集中在城区范围，工程设施分为临时型和永备型两类，由地区、农一师和阿克苏市共同实施。2002 年，阿克苏修建地下人防工程，战时可作为人防指挥所使用，平时可为社会服务，发挥较好的经济效益和社会效益。

## 第三节　通信警报

1990 年后，阿克苏城区配置警报音响设备，音响覆盖率达到 80%，基本可保证全市发生突发事件时的需要。2001 年，阿克苏地区防空办为全市安装无线、视听等通信警报系统，建立通信值班制度。每季度进行一次试鸣。

# 第二十八编　民　政

1990年后，阿克苏市进一步健全和完善城乡社会救助体系，组织开展救灾、救济活动，保障困难群体、特殊群体和优抚群体的基本生活；提高对退伍军人的安置补助标准，落实优抚政策。1998年，开始建立城市居民最低生活保障制度的探索，救助力度不断加强，最低生活保障制度覆盖城乡全体居民，农村五保供养落实到位。2000年以后，实施自然灾害三级应急响应制度。2001年，启动社区建设工作，加大城乡社会福利设施、社区建设、社会保障工作项目建设力度，不断提高民政公共服务基础设施建设水平。2005年，启动城乡医疗救助，保障农牧区特殊困难群众的基本医疗需求。在实施农村低保、危房改造和医疗救助工作中，向困难重点优抚对象倾斜。紧密结合城乡养老、社会救助、社区服务、殡葬事业和救灾救济工作实际，加大城乡社会福利设施、社区建设、社会保障项目建设力度，提高公共服务基础设施建设水平。2010年，建立城乡医疗救助制度，养老服务体系建设更加完善。至2016年，阿克苏市已形成以城乡低保救助为基础、专项救助为辅助、社会救助为补充的救助保障体系；社会福利事业快速发展，老年人、孤残儿童基本权益得到有效保障，社会服务管理日渐规范化、制度化、常态化。阿克苏市连续第6次获得全国双拥模范城称号。

# 第一章　机　构

## 第一节　行政机构

1990 年，阿克苏市民政局有编制 13 名。内设办公室、救灾救济股、优抚安置股 3 个股室。下属双拥办、地名办 2 个事业单位，下设殡葬所、军供站、社会福利院 3 个基层单位和 3 个婚姻登记点。

1996 年，市民政局增加社区办、社团和民办非企业单位登记管理工作办公室，下设殡葬所、军供站、婚姻登记管理中心、社会福利院 4 个基层单位。

2002 年，市民政局职能有所调整，划出农村养老保险工作和扶贫工作，划入低保工作。增加 7 名事业编制，新增市城镇居民最低生活保障办公室。

2007 年 3 月，市民政局挂双拥工作领导小组办公室牌子，同时增加 1 名事业编制，全额预算管理。

2008 年 4 月，经阿克苏地区机构编制委员会批准，阿克苏市成立最低生活保障工作管理办公室，隶属于市民政局管理的事业单位，副科级建制，核定全额事业编制 6 名，其中领导职数 1 名。

2012 年 7 月，成立阿克苏市社会组织工作委员会（简称市社会工作委员会），是阿克苏市政府派出机构，与市民政局（市双拥工作领导小组办公室）合署办公。市民政局实有 96 人，其中专职行政（事业）在编人员 22 人、兼职行政（事业）在编人员 11 人、聘用人员 63 名（兼职其他工作）。

2016 年，市民政局编制 32 名，其中领导职数 3 名。内设低保办、双拥办、社区办、地名办、社团民非办 5 个事业编制机构；下设单位殡葬所、军供站、婚姻登记处、社会福利院 4 个基层单位，增加社会事务科、民间组织管理股。

## 第二节　事业机构

### 一　阿克苏市婚姻登记管理处

1990～1996 年，阿克苏市结婚、离婚登记、发证工作主要由 3 个街道办事处和各乡（镇）民政办具体负责，市民政局对婚姻登记主要负责监督管理工作。1996 年 5 月，阿克苏市婚姻登记管理处成立，全市结、离婚登记、办证由其统一管理，配备工作人员 3 名，管理处履行政府职能，依法管理阿克苏市行政区域内的婚姻管理工作，负责办理市区和附近乡的婚姻登记与管理、收养登记、登记员培训、《中华人民共和国婚姻法》宣传等行政业务。

1999 年，由市民政局婚姻登记处主办的阿克苏婚姻介绍服务中心启动。

2009 年 4 月，阿克苏市婚姻登记管理中心经阿克苏市委办公室、市政府办公室批复，核定事业单位编制 5 名，其中领导职数 1 名，自收自支。

2014 年 3 月，阿克苏市设立喀拉塔勒镇、阿依库勒镇人民政府婚姻登记处。其中喀拉塔勒镇设在镇社会保障服务中心，阿依库勒镇设在行政服务大厅，两镇各配备 2 名工作人员。

2016 年，阿克苏市婚姻登记管理中心核定事业单位编制 5 名，实有 5 人。

### 二　阿克苏市社会福利院

1990 年，阿克苏市福利院核定编制 8 名，其中领导职数 1 名。供养孤寡老人 20 名。

1999 年，市社会福利院主办的阿克苏市托老所启动。

2009 年 4 月，阿克苏市社会福利院核定事业编制 29 名，专业技术岗位占总编制的 65% 以上，其中领导职数 3 名，全额预算管理。

2010 年 8 月，市社会福利院迁至阿克苏市社会福利园区，占地面积 10729. 26 平方米，其中办公和院民宿舍用地 2921 平方米。

2016 年，市社会福利院有人员 14 人。

### 三　阿克苏市军供站

2004 年 5 月，阿克苏军供站成立。隶属于市民政局，正科级建制。

2010 年，设食品检验科、业务科、财务科、军代室 4 个科室，实有职工 8 人。

2016 年，在编 6 人。

### 四　阿克苏市殡葬所

1990 年，殡葬管理所隶属于阿克苏市民政局，核定事业编制 6 名，全额预算管理。

1998 年，市殡仪馆建成，阿克苏市开始实行火葬。

1999 年，阿克苏市丧葬管理事务所成立“红白理事会”。

2004 年 6 月，市殡仪馆改制，实行公建民营的模式进行经营。

2009 年 3 月，阿克苏市殡葬管理所核定事业单位编制 10 名，其中领导职数 2 名，自收自支。

2016 年，市殡葬管理所核定事业单位编制 10 名。

# 第二章　基层政权建设

## 第一节　社区建设

1990 年，阿克苏市有 13 个居委会，推荐选出居委会主任及工作人员 39 人，主要组织社区成员进行自治管理，搞好社区保障、卫生、治安、文化等各项管理工作。

至2000年，阿克苏市有13个居委会，推荐选出居委会主任及工作人员39人，主要工作是组织社区群众开展便民利民的社区服务和为社区特殊群体提供福利性服务，开展以劳动就业保障为重点的社区事务性服务，为社区弱势群体提供保障救助服务。

2004年，市财政投入781万元新建、购置社区居委会办公场所22处，改扩建4处，有24个社区居委会的办公用房面积达到250平方米以上，最大的达到1400平方米。每个社区都配备微机、电话、电视等设备，部分社区购置了健身器材。

2006年，阿克苏市将原有的52个社区整合为28个社区。

2008年，阿克苏市建立起以市社区服务中心为龙头，街道、社区服务中心（站）为网络的社区服务体系。建立社区服务站32个、社区医疗卫生服务站26个、社区中介服务站12个、社区文体娱乐室89个，成立社区志愿者服务队伍210支。

2010年，阿克苏市共划分32个社区居委会，居委会设有社区服务站、劳动保障服务站、环境卫生服务站、救助服务站、计划生育服务站、医疗卫生服务站、文化体育工作站、流动人口管理服务站、司法警务室，每个社区居委会年办公经费8万元。全市共有社区工作人员862名，其中在编人员189名、聘用人员673名。

2014年，阿克苏市新成立3个社区。

2016年，全市有社区居委会65个，社区工作人员1366人，其中在编工作人员410人、聘用人员956人。

### 一　城市社区

2001年10月，阿克苏市全面启动城市社区建设，按照小于街道、大于居委会的原则对街道进行划分，共成立52个社区居委会。红桥街道办事处作为试点。

2007年底，阿克苏市根据城市发展的需要，在城乡接合部划分成立4个社区。

2013年，阿克苏市新城街道丽园社区、康居社区和兰干街道海江社区各新建1个社区日间照料中心。

### 二　农村社区

2011年，阿克苏市确定依干其乡多浪新村、喀拉塔勒镇喀拉喀什村为农村社区建设试点村，制定完善农村社区“七站一室”服务站所规章制度，通过地区社区建设领导小组的检查验收。

2013年，托普鲁克乡喀什贝希村、库木巴什乡尤卡克玉特其村、阿依库勒镇昆其买力村和良种场各新建1个农村社区服务中心。

## 第二节　村民自治

自1990年起，阿克苏市开始进行村委会换届选举工作。

1991～1994年，阿克苏市农村普遍实行村民自治制度，村民可通过召开村民代表大会，决议村级重大事项。43个村达到村民自治示范标准。

1996～1997 年，阿克苏市成立村务公开民主管理工作领导小组，对村民自治工作进行监督管理，确保落实民主选举、民主决策、民主管理、民主监督工作。

1999 年，阿克苏市有 115 个村通过村民自治示范验收，其中村民自治示范村 7 个、村民自治先进村 108 个。

2004 年，阿克苏市村务公开民主管理工作的组织领导力度进一步加强，村务公开的内容不断完善和细化，程序基本规范，对涉及村民切身利益的事项，均能够采取“一事一议”的形式，实行民主决策。

2010 年，阿克苏市农村开始落实“一事一议”筹资筹劳制度，筹资筹劳需经村民集体评议讨论、乡镇（场）审查把关后进行，杜绝筹资筹劳超标，农民不再无偿出工、出钱、出物。

2012 年，阿克苏市健全完善农村基层民主监督制约机制，对群众意见多、矛盾突出的村进行重点整治，提升村务公开和民主管理工作整体水平。

2016 年，开展村务公开民主管理“难点村”治理工作，建立健全村民代表会议、议事协商会议和一事一议、民主理财、村务公开、财务审计、评议干部等规章制度，实现由“公布什么群众看什么”向“群众想看什么就公布什么”转变。全市有村民自治示范单位 2 个。

# 第三章　拥军优抚

## 第一节　拥军工作

自 1990 年起，阿克苏市委、市政府每年都到驻地部队开展慰问活动，慰问驻阿军（警）部队，赠送慰问品及慰问金。

1992 年，市财政拨专款建设“两用人才培训基地”，根据部队实际需要先后举办园艺栽培、种养殖、职业技能培训班 3 期，培训军地两用人才 1200 人，开展“科技拥军、四进军营”活动，为部队送去科技、军事、文学、法律、种养殖等 10 余种图书 3500 册，价值达 10 余万元。

1996 年 7 月，阿克苏市财政投资 100 余万元建成双拥纪念碑，为驻地部队捐赠 240 万元建成住宅楼、俱乐部和 1 个民兵训练基地，改善民兵训练外环境。

1998 年，市政府根据部队实际，先后为部队举办计算机、电器维修、职业技能培训班 5 期，培训人才 1600 人；并捐赠大量通信指挥、微机处理、数字信息等科技装备。

2004 年，市委、市政府支持武警三支队“指导员之家”建设和办公场所建设；支持地区边防支队基层派出所警务用车购置；支持兵团一支队营房维修；支持军分区弹药库设施建设和光缆施工。支持国防建设，为驻地部队排忧解难，努力解决驻地部队战备训练、生产生活和营房建设困难。

2005～2009 年，在驻阿老兵退伍之际，阿克苏市委、政府领导每年带着全市人民的嘱托和期望到部队或火车站为阿克苏市稳定做出贡献的老兵送行，并为每个退伍老兵赠送一份纪念品。

2011 年，市委把双拥共建工作作为“平安城市”“文明城市”考评的重要内容。市筹措资金 348.78 万元，支援部队建设。驻地部队与各乡镇场、街道办事处和社区签订扶贫帮困责任书，做到“部包村、连包组、排包户、班包人”。

2013 年，市委、市政府深入开展“双拥共建”活动，驻地部队利用节假日和党团活动日，广泛开展拥政爱民活动，特别在拥政爱民日、学雷锋活动月和“周六服务日”，开展便民、利民、为民、助民活动。为支持社会主义新农村建设，驻地部队分别与市阿依库勒镇吉格代巴格村、栏杆村结成帮扶对子，为对口村扶贫帮困、修路建房。为加快多浪河景观带改造工程建设步伐，参与多浪河改造绿色环保行动，清除河道淤泥 73 吨、建筑垃圾 113 车。

2016 年，阿克苏市城区各单位组织辖区单位开展双拥慰问活动，为驻阿各部队送去计算机、电视机、洗衣机、空调及生活和文体用品等价值 400 万元的慰问品。市委、市政府在八一建军节来临之际，为驻阿部队送去慰问金 40 万元。

## 第二节　优抚与安置

自 1990 年起，阿克苏市十分重视对军人的优抚工作，对随军家属和子女给予特殊重点照顾，解决军人家属就业 20 人，安排军人子女入学、入托 23 人。1990 年，市民政局根据《军人抚恤优待条例》，进一步完善国家、社会、群众三结合的优抚优待机制，确保退伍军人得到妥善安置。全年，安置退伍义务兵 577 人，包括 530 名城镇退伍义务兵和 47 名农村退伍义务兵。

1994 年，民政局为优抚对象发放慰问金 7.44 万元。

1995 年，市财政拨专款 35 万元用于优抚对象，减免优抚对象医药费 10 余万元。春节期间，市领导深入部队等地，对部队、军烈属、革命伤残人员、战士伤病员进行慰问，发放慰问品 1000 余件，慰问金额 10 余万元。

1996 年，市民政局制定《阿克苏市关于贯彻执行〈军人抚恤优待条例〉实施办法》。

2000 年，阿克苏市开展优抚对象大普查活动，为摸清优抚对象提供底数。

2004 年，阿克苏市落实国家关于军属的优待抚恤政策，对军属就业、职业介绍、就业培训等实行优先照顾，安置退伍军人和军属 132 人，吸纳复员军人 65 人。

2005 年，市民政局采取政府安置就业和自谋职业补助相结合的办法，妥善安置城镇退役士兵，对自谋职业的退役士兵，市民政、教育、公安、人事、劳动保障、银行、工商、税务等部门落实国家、自治区有关社会保障、就业服务、个体经营、税收等方面优惠政策，维护退伍士兵的合法权益。是年，落实义务兵优待制度，市政府为 140 名老复员军人减免医疗费 20 万元，为 89 名老复员军人解决救济款 14 万元。

2007 年，市民政局制定双拥工作要点和《阿克苏市退伍军人安置方案》，开辟退役军人安置新途径，推行有偿转移安置办法，鼓励 98 名退役军人自谋职业，发放退伍军人一次性补偿金 153.6 万元。市民政局向烈属、现役军人家属、伤残军人、移交地方军队退休干部和无军籍退休职工发放节日慰问品 1533 份，价值 6.2 万元。8 月，阿依库勒镇的农民开着 28 辆小四轮拖拉机，载着80多头牛羊，看望慰问共建单位——武警兵指一支队官兵。全市各单位在拥军慰问活动中，向驻地部队共赠送计算机40台、电视机40台、冰柜27个、空调32台、洗衣机65个、消毒柜40个、羊600只，以及大批生活、文体用品等，价值达80余万元。市民政局为优抚对象修建抗震安居房。地区拨付优抚对象抗震安居资金37.5万元，为75名在乡老复员军人修建抗震安居房，市民政局落实优抚资金102.2万元，发放烈属抚恤金3.75万元、伤残金30.5万元、军休人员工资37.5万元、军休人员医保费0.86万元、军休人员福利费1.1万元、军休人员抚恤金2.7万元。

2009年，阿克苏市接受安置军队离退休干部8人，月发放离退休工资5.06万元，发放军休人员退休工资45.54万元。解决重点优抚对象医疗保障。市在乡老复员军人、带病回乡退伍军人共有141人，全部参加农村新型合作医疗，个人缴费部分由民政局资助；在城镇的在乡老复员军人、带病回乡退伍军人，参加城镇居民医疗保险，个人缴费部分由民政局承担。伤残抚恤金实行社会化发放。为及时足额发放参战、涉核、伤残人员抚恤金和生活补贴，对有行动能力的办理银行卡，对不能行走的由乡镇、街道民政干事发放到家中。

2011年，阿克苏市制定出台《阿克苏市城镇义务兵家属优待金发放管理办法》，及时发放城乡义务兵家属优待金。

2013年，阿克苏市落实优抚政策，及时发放优抚金。7月26日，开展散葬烈士墓就地修缮工作。全市共有散葬烈士墓14座，其中汉族烈士墓8座、少数民族烈士墓6座，分别安葬于塔北路少数民族墓地、市殡仪馆、西大桥汉族墓地和国防团陵园以及依干其乡布隆科瑞克村民族墓地等处。

2014年，阿克苏市把9月30日定为烈士纪念日，每年举行公祭活动。清明节期间，组织全市各委、办、局、驻地部队、学校、街道办事处等单位的党员干部职工、师生等4000多人到革命烈士墓前开展敬献花篮等凭吊活动。

2016年，阿克苏市有城乡在册优抚对象399人，发放优待抚恤金445.45万元。对无工作单位的41名退役人员，每人每月发放生活补助金560元，春节及国庆节发放慰问金每人1000元。

# 第四章　救灾救济

## 第一节　救　灾

阿克苏市每年都会发生不同程度的自然灾害，市委、市政府在组织群众抗灾自救的同时，主要依靠中央和自治区拨付的救灾款和救灾物资抵御自然灾害。民政部门根据受灾情况，通过发放赈灾救济款、救济物资、搭建房屋等各种形式开展赈灾救助。对五保户、特困户、重灾户等无自救能力的实行无偿救济，对有自救和半自救能力的实行有偿救济，有偿救济占20%，有偿资金回收后划入市救灾扶贫周转金账户，作为救灾扶贫资金。

1990 ~1994 年，阿克苏市筹集扶贫资金 232.63 万元，为受灾群众购买种子、化肥、地膜、大牲畜、毛驴车，解决粮食 199 万千克。发放被褥 1984 套、服装 13228 套，修缮房屋 241 间。

1999 年 8 月 24 日，市委、市政府组织进行抗洪救灾捐助活动，在市民政局设立捐赠办公室，组织专人负责对捐赠单位及个人捐赠的资金和物品进行收集、整理、登记、统计。从 8 月 25 日开始收集捐赠资金和物品，至 9 月 8 日，共收到捐赠资金 167682.30 元、衣物 890 件，3897 人参加捐赠活动。捐赠的物品和资金送往阿依库勒镇和托海乡用以解决灾区人民的生活及房屋修建。

2001 年 4 月，对特大风灾给予抗灾救灾救助。组织人员赶赴受灾最严重的地方，协助官兵把受灾群众转移至安全地带，为灾民发放现金 3.5 万元，购买衣物 250 件、球鞋 100 双、布鞋 50 双、面粉 500 袋、清油 1000 千克、馕饼 300 个、纯净水 20 箱、榨菜 100 袋、被子 132 床发放给灾民。

2004 年，通过协调整合民间公益力量开展针对少数民族贫困学生及农民工子女的“少儿广播”“绿孩子图书室”“经典诵读”“双语教育”“志愿者培训”、贫困生助学等工作。阿克苏市共享蓝天公益协会、北京中华儿慈会、社会公益组织和人士，救助贫困大病家庭儿童 16 人，争取救助金 80 万元。支持和宣传就近对接、群众互助的慈善活动，为 12 名贫困学生提供助学金。

2007 年，制定《阿克苏市自然灾害救助应急预案》，调整救灾救济领导机构，明确救灾救济工作人员的职责和要求。按照救灾救济分级负担的原则，市财政列入救灾救济资金 20 万元。全年发放面粉 95 吨、清油 10 吨，折合价值 25 万元。市民政局加强救灾、救助物资救助卡发放管理工作，发放救助卡 2455 户、7022 人。

2011 年，开展防灾减灾知识宣传，发放宣传单、宣传画 1 万余份。修订《阿克苏市自然灾害救助应急预案》。

2014 年，争取上级资金 50 万元，本级配套 113 万元。支付救灾款 136.95 万元。

2016 年，为特困户、三无户、五保户、低保户和贫困人员 3.2 万余人采购发放面粉 230 吨、清油 35 吨、大米 70 吨、毡子 1000 床，投入资金 222.6 万元。

## 第二节　社会救助

阿克苏市社会救助主要包括城市和农村低保救助以及临时救助。

### 一　城市和农村低保救助

城市和农村低保救助从 1998 年开始启动。1998 年，全市共有 1831 人次低保对象享受低保金，共发低保金 350 万元。

2001 年，开展困难群众生活救助，发放救灾救济款 120 余万元，救助 4.6 万人次。

2006 年，阿克苏市根据自治区人民政府印发的《关于实施农村医疗救助的意见的通知》和《阿克苏地区农牧区医疗救助实施细则（试行）的通知》精神，对符合救助条件的特困居民全年个人负担的医疗费用超过 1000 元，按当年发生医疗费实际个人负担部分的 50% 给予救助，全年累计救助额不超过 5000 元。农村医疗救助资金人均年补助 72 元，其中 30 元作为资助农村的五保户、孤儿及优抚对象参加新型合作医疗，42 元作为大病医疗救助。12 月，为解决农村特殊困难群众看病难、因病致贫问题，起草下发《关于进一步做好农村贫特困人员摸底上报通知》，通过各乡（镇）场摸底调查。

2009年，阿克苏市扩大救助范围，提高救助比例，从1年累计救助5000元提高到1万元。

2013年，阿克苏市制定《阿克苏市城乡低保对象医疗救助“一站式”即时结算服务工作实施方案（试行）》，住院报销人数和住院报销金额不断增长。22家定点医疗机构通过“一站式”结算平台，累计报销4060人，费用合计246.81万元。同时，取消病种限制，提高报销比例及限额，开展门诊救助、商业保险等多种医疗救助形式，使沉淀资金逐年减少。

2015年，进一步扩大医疗救助覆盖范围，全额资助城乡低保对象参加城市居民医疗保险和新型农村合作医疗。投入资金168.39万元，资助城市低保对象14324人参加城镇居民医疗保险；投入资金199.30万元，资助农村低保对象、特困户、五保户、孤儿、重点优抚对象18118人参加新型农村合作医疗。全年累计受理社会救助事项711件、转办198件，办结率达到93%以上。

2016年，投入资金168.39万元，资助城市低保对象参加城镇居民医疗保险；投入资金199.30万元，资助全市所有农村低保对象、特困户、五保户、孤儿、重点优抚对象参加新型农村合作医疗。城乡“一站式”即时结算服务人员6147人，报销城乡医疗救助资金679.3万元。对低保对象信息核查1826人次，清理虚报、隐瞒家庭财产收入、不符合救助条件的573人。

**表28－1　2006～2010年阿克苏市城乡医疗救助情况表**

| 年份 | 参加医疗保险低保对象（人） | 医疗救助 | | | |
|---|---|---|---|---|---|
| | | 城市 | | 农村 | |
| | | 人数（人） | 金额（元） | 人数（人） | 金额（元） |
| 2006 | 13074 | 123 | 39950 | 47 | 14723 |
| 2007 | 13167 | 129 | 351257.63 | 56 | 51000 |
| 2008 | 23734 | 213 | 191300 | 88 | 155400 |
| 2009 | 21983 | 140 | 551600 | 368 | 730000 |
| 2010 | 21193 | 393 | 668000 | 731 | 491000 |

### 二　临时救助

2003年，阿克苏市启动临时救助工作。2013～2015年，市民政局为大病医疗救治后仍有困难的贫困救助对象100人支付医疗费27.9万元。

2016年，为大病医疗救治后仍有困难的贫困救助对象564人支付医疗费270.52万元。

## 第三节　收容救助

1992年，阿克苏市收容各类人员28人次，其中外地来阿人员19人，经救助和教育后遣送。

1998年，阿克苏出动车辆70台次，参加收容的干部199人，共收容无家可归人员9次327人，其中男221人、女106人；本地人94人、外地来阿人员233人。其中流浪乞讨人员占收容人员的90%；算命、精神病患者占10%；男性占93%；女性占7%。

2014 年，市民政局在社会福利中心设置流浪未成年人救助保护站，设置床位 20 张，对未能找到家人或暂时无法送回家的流浪未成年人进行临时救助。市民政局对流浪儿童实行保护性救助。将家庭生活困难的流浪儿童全部纳入城乡低保或农村五保供养的范围，对无家可归的流浪儿童妥善安置在救助保护中心，切实保护流浪儿童合法权益。争取上级资金 143. 5 万元，支付 71 名分散供养孤儿基本生活保障金 50. 1 万元。办理收养福利院孤儿 2 起。

2015 ~2016 年，市民政局对每一个流浪未成年人进站有登记，出站有记录，护送有专人，交接有手续，并利用流浪乞讨人员救助管理信息系统进行实时登记。对有监护人的，积极与家庭沟通联系，共同帮助流浪儿童实现返校安置、重新入学，与社区、家长签订安置、监管协议书，建立流浪儿童定期回访制度，督导家庭依法履行扶养义务。同时采取街头流动救助、职业技能培训、家庭寄养、集中供养等多种形式，促进流浪未成年人返校就学或实现就业。

## 第四节　城乡居民最低生活保障

### 一　城市居民最低生活保障

1997 年 9 月，国务院发出《关于在全国建立城市居民最低生活保障制度》的通知。

阿克苏市于 1998 年 12 月全面启动城市居民最低生活保障工作，确定阿克苏市城市居民最低生活保障标准。

2007 年，市民政局建立健全低保工作管理体系，依据《城市居民最低生活保障条例》，制定低保工作评审制度，依法规范业务操作流程。依据《阿克苏市城市居民最低生活保障分类施保实施方案》，对低保人员的档案，按照类别进行分类建档，完成三级建档工作。

2008 年，市民政局对低保金实行社会化发放，杜绝低保资金的挪用、挤占和拖延等现象的发生。对低收入家庭进行核定。当年享受低保家庭 5496 户 11066 人。

2009 年，按照市、街道、社区“三级”低保管理体系，制定《城镇居民最低生活保障分类施保实施方案》，根据人员类别，进行分类施保、动态管理。组织街道、社区工作人员对低保对象进行入户排查。累计社会化发放低保资金 2184. 96 万元。市民政局按照《阿克苏地区城镇无收入困难老年居民生活补贴实施细则》的要求，按照标准及时拨付各乡（镇）场、街道办事处，妥善解决无收入生活困难城镇老年居民的生活困难问题。为年满 60 岁的城镇居民 1666 人发放生活补贴 57. 50 万元；为 411 名原国有企业老年“五七工”，发放生活补贴 20. 9 万元；为城市 722 名残疾人发放低保补助金 4. 99 万元；为农村残疾人 534 名发放低保补助金 1. 518 万元。

表 28 –2　1998 ~2016 年阿克苏市城市居民最低生活保障金发放情况表

| 年份 | 享受低保户数（户） | 享受低保人数（人） | 实发金额（万元） | 年份 | 享受低保户数（户） | 享受低保人数（人） | 实发金额（万元） |
|---|---|---|---|---|---|---|---|
| 1998 | 543 | 1162 | 87. 6 | 2001 | 2657 | 5994 | 255. 7 |
| 1999 | 654 | 1421 | 103. 4 | 2002 | 3950 | 9056 | 530. 9 |
| 2000 | 804 | 1745 | 116. 6 | 2003 | 4094 | 8970 | 611. 3 |

续表

| 年份 | 享受低保户数（户） | 享受低保人数（人） | 实发金额（万元） | 年份 | 享受低保户数（户） | 享受低保人数（人） | 实发金额（万元） |
|---|---|---|---|---|---|---|---|
| 2004 | 4234 | 9274 | 792.42 | 2011 | 6825 | 13489 | 2629.44 |
| 2005 | 4964 | 10627 | 873.35 | 2012 | 7599 | 16126 | 4524.27 |
| 2006 | 5291 | 10763 | 1043.21 | 2013 | 7144 | 15038 | 3165.01 |
| 2007 | 5240 | 10532 | 1239.53 | 2014 | 6470 | 14183 | 3518.91 |
| 2008 | 5496 | 11066 | 1856.33 | 2015 | 5809 | 12081 | 3133.88 |
| 2009 | 5786 | 11208 | 2184.96 | 2016 | 7206 | 17371 | 3579.28 |
| 2010 | 6408 | 12311 | 2341.5 | | | | |

2010 年，市民政局对低保户管理有进有出、补助水平有升有降，实行动态管理，做到不漏保、不错保。城乡低保金社会化发放率达 100%。通过调查，低保对象对低保全发放满意率达 100%。

2012 年，阿克苏市城市低保标准提高到每月 173 元，低保人均月补差提高到每月 182 元。全市有城市低保对象 7599 户 16126 人，月发放低保金 377 万元。

2015 年，阿克苏市对城乡低保对象进行全面排查、审核。取消城市低保对象 745 户 2297 人，新增符合城市低保条件的 84 户 195 人。

2016 年，阿克苏市有城市低保对象 17371 人，月发放低保金 298.3 万元，累计发放低保资金 3579.18 万元。

## 二　农村居民最低生活保障

2007 年 6 月，阿克苏市按照自治区农村低保工作会议精神，召开阿克苏市农村低保工作协调会议。7 月，制定下发《阿克苏市开展农村低保工作实施方案》，界定农村贫困家庭年人均纯收入低于 700 元的保障范围及标准。将符合条件的农村贫困居民纳入低保范围，实施分类施保，对“五保”对象和农村低保家庭中的重病重残人员给予重点保障，建立合理的补差标准体系。实现动态管理，应保尽保。对各乡（镇）场民政干事、红旗坡农场、实验林场、蚕种场负责民政工作的领导和工作人员以及各委、办、局抽调的工作人员进行农村低保业务知识培训，当年纳入低保对象 5929 户 14387 人。

2009 年，市民政局安排专人进行入户调查，按照贫困家庭年人均收入低于 700 元以下的标准进行调查核算。在农村低保工作排查中，减少农村低保对象 55 户 183 人。

2010 年 10 月，阿克苏市将农村居民最低生活保障标准由原来的每人每年 700 元提高到每人每年 750 元。

2016 年，共发放低保金 2200 余万元，享受低保共 9208 户，受益 21734 人。

**表 28－3　2007～2016 年阿克苏市农村居民最低生活保障金发放情况表**

| 年份 | 享受低保户数(户) | 享受低保人数(人) | 实发金额(万元) |
|---|---|---|---|
| 2007 | 5929 | 14387 | 186.39 |
| 2008 | 5619 | 13224 | 517.89 |
| 2009 | 5564 | 13041 | 741.05 |
| 2010 | 6481 | 14847 | 1138.6 |

续表

| 年份 | 享受低保户数(户) | 享受低保人数(人) | 实发金额(万元) |
| --- | --- | --- | --- |
| 2011 | 6462 | 14815 | 1240.99 |
| 2012 | 7972 | 19116 | 2021.73 |
| 2013 | 7654 | 18279 | 1864.83 |
| 2014 | 7634 | 18167 | 2203.29 |
| 2015 | 7051 | 15910 | 1716.58 |
| 2016 | 9208 | 21734 | 2247.33 |

# 第五章　社会福利

## 第一节　福利供养

### 一　福利院供养

1990 年，阿克苏市民政局福利院供养 52 人，其中少数民族 30 人，女性 21 人。11 月，民政局开展“十佳敬老院”达标评比活动，对市及乡镇敬老院进行达标验收工作。

1996 年，市民政局所属光荣院正式更名为社会福利院，58 名“五保”老人及优抚对象、12 名精神病人、14 名遗弃婴儿、16 名伤残儿童得到更好的救助。

1998 年 4 月 6 日，市福利院综合楼破土动工。8 月，建筑面积 1577 平方米的综合楼完工。

2004 年，新建 2 所集食堂、餐厅、健身房、男女卫生间、男女浴室、医务室、办公室等为一体的多功能乡镇敬老院，建筑面积 1253 平方米，修建房间 49 间，其中院民宿舍 32 间，总投资 178.27 万元。

2007 年，对敬老院“五保”人员实行集中供养，生活费纳入“低保”，从机制上保障五保人员的生活；将五保人员纳入新型农村合作医疗制度，并享受农村大病医疗救助的优惠政策，个人缴费部分由乡（镇）场代缴。“五保”供养人员在入院时，由本人和敬老院签订入院协议，实行集中供养。年末，市敬老院集中供养 47 人、分散供养 405 人，集中供养率为 11%。

2008 年，市民政局做好社会福利院（敬老院）的新建和改扩建工作。

2009 年 4 月，阿克苏市社会福利院核定事业单位编制 29 名，专业技术岗位占总编制的 65% 以上，全额预算管理。

2010 年 8 月，社会福利院迁至杭州市援建的阿克苏市社会福利园区，占地面积 10729.26 平方米，其中办公和院民宿舍用地 2921 平方米，主要有菜地、果园、道路、林带、花池等。集中供养 140 人、分散供养 358 人，其中集中供养年人均供养费 4800 元、分散供养年人均供养费 2556 元。建设老年社会福利院主体完工，总概算 1800 万元。设计床位 300 张，配有民汉餐厅、洗衣房、电梯、居室独立卫生间、呼叫系统等基本功能，规划设计医务室、多功能娱乐室、健身房、门球场、图书馆、阅览室等多种服务设施，为老人提供24小时优质便捷的生活护理服务。

2011年4月6日，市儿童福利院和残疾人康复中心及附属设施开工建设，11月20日主体完工。

2012年，阿克苏市有6所敬老院，有“五保”人员385名，其中集中供养109人、分散供养276人，集中供养率28.3%。为农村“五保”对象发放生活补助金13万元。

2013年，新建4个城市社区日间照料中心和1个居家养老服务中心。

2014年，阿克苏市新建老年养护中心，与社区老年人日间照料中心项目合建在一起。按照“政府主导、部门支持、社会参与、社会中介组织市场化运营”的老年人日间照料中心工作机制，初步建立起以日间照料为基础，社区为依托、机构养老为补充的养老服务体系，以解决孤寡老人、低保老人、优抚对象、困难残疾、空巢及高龄老年人群体的养老问题。

2016年，市社会福利院供养老人34名，孤儿33名。市民政局按照集中供养每人每月550元、分散供养每人每月330元的标准，将157.21万元的农村“五保”供养资金列入财政预算，实行专户管理，专款专用。各乡镇农村敬老院由民政部门统一管理，实现供养经费统一拨付，工作人员统一调配，管理服务统一标准，基本建设统一规划，生活物资和日常用品统一配发，年末，全市有五保人员243人，其中集中供养76名、分散供养167名，集中供养率为31%。

### 二 农村敬老院

1990年，阿克苏市有农村敬老院2个，分别为拜什吐格曼乡敬老院和喀拉塔勒镇敬老院，有工作人员12人，供养农村“五保”人员40人。

1995年，全市有拜什吐格曼乡、阿依库勒镇和喀拉塔勒镇3个农村敬老院，工作人员22人。

1999年，新建托普鲁克乡敬老院，农村敬老院增至4个，有工作人员30人。

2002~2004年，4个农村敬老院，有工作人员30人，供养农村“五保”人员66人。

2006年，修扩建拜什吐格曼乡、阿依库勒镇敬老院。4月，市政府制定出台《阿克苏市农村敬老院管理暂行办法》，规范“五保”供养的形式、标准、设施建设管理、生产经营和财产管理等，按照全市上年度农村人均纯收入的60%比例为供养经费，由市财政每月按定额进行补助。

2009年，修建托普鲁克乡敬老院。

2011年，新建喀拉塔勒镇敬老院。项目设计建筑面积600平方米，新增床位32张。

2014年，新建喀拉塔勒镇敬老院活动中心和库木巴什乡敬老院。

2016年，市4所农村敬老院获批为全额事业单位。各乡镇农村敬老院由民政部门统一管理，实现供养经费统一拨付，工作人员统一调配，管理服务统一标准，基本建设统一规划，生活物资和日常用品统一配发，使农村敬老院的管理服务水平得到显著提高，取得良好的社会效益。

## 第二节 “五保”户供养

阿克苏市对“五保”户供养一直采用分散供养和集中供养两种形式，以分散供养为主。“五保”户的供养标准包括吃衣被、住房、医疗、埋葬以及孤儿教育等，根据“五保”户的困难程度分别实行全部供给或者部分供给，保证生活不低于一般农民的生活水平。

1990 年，阿克苏市有乡级敬老院 2 所，集中供养“五保”户。

1991 年，根据《自治区农牧民救灾扶贫储粮（金）会章程》，依靠群众力量，开展发展互助储金扶贫新模式。成立农村灾害储金、储粮会，筹集资金 40 余万元、粮食 500 余吨，为受灾农民及时解决生活困难发挥作用。

1992 年，市民政局对全市“五保”户进行复查登记工作，在复查登记工作中，按照“五保”户标准审查，对年老、体弱，生活困难的夫妇给予“五保”，对年满 18 岁有独立生活能力的孤儿取消“五保”。全市共有“五保”户 87 户 126 人，其中男 86 人、女 40 人。

1994 年，市民政局扶持贫困户 611 户、脱贫 543 户，脱贫率达 89%。人均年收入由 1993 年底的 277. 9 元提高到 1994 年底的 574. 74 元。粮食由 1993 年底的 274 千克提高到 1994 年的 316 千克。

2007 年，市民政局宣传贯彻落实新修订的《农村五保供养工作条例》，结合实际，起草《阿克苏市农村五保供养暂行办法》。组织开展五保供养对象排查。市有乡（镇）敬老院 4 所，集中供养 47 人、分散供养 405 人，农村集中供养率为 10%，集中供养人均年供养费 1873 元/人，分散供养 1630 元/人。

2011 年，为农村“五保”对象拨付资金 21. 27 万元，年人均保障 5253. 60 元。全市有“五保”人员 385 名，其中集中供养 109 人、分散供养 276 人，集中供养率 28. 3%。

2014 年，阿克苏市有“五保”人员 313 人，其中集中供养 126 人、分散供养 187 人。市民政局争取上级资金 24. 57 万元，本级配套资金 44. 4 万元，累计支付“五保”供养资金 27. 95 万元，其中支付敬老院集中供养人员生活费 9. 34 万元，拨付分散供养人员生活费 18. 61 万元。

2016 年，农村五保供养按照集中供养每人每月 550 元，分散供养每人每月 330 元标准列入财政预算，实行专户管理、专款专用，全市共有分散供养人数 212 人。

## 第三节　福利企业

1990 年，阿克苏市有 1 家民政福利厂，职工 37 人，安置残疾人员 18 人。残疾职工占生产人员的 48%。

1993 年，阿克苏市民政福利厂由事业单位改为企业性质。主要生产冷拔丝，年销售 100 余万元。

2001 年，福利厂经营不善，亏损严重，资不抵债，进行清产核资。

2004 年 3 月，福利厂因城市扩建和市场经济的发展，无经营能力，宣布破产改制。

## 第四节　社会福利有奖募捐

1991 年，阿克苏市第一次销售福利彩票 20 万元。1992 年 2 月按照自治区《关于在全疆进行募捐助残的通知》精神，3 ~5 月销售福利彩票 40 万元，上缴提留款 25 万元。1994 年 12 月初，在阿克苏市体育广场 1 天半时间销售 240 万元福利彩券。2000 年销售福利彩票 20 万元。

1997 年，阿克苏市开始 600 万元福利彩票销售活动，募集到福利事业资金 104 万元。

1999 年，按照自治区《关于在全疆进行募捐助残的通知》精神，市民政局在时代广场举办 900 万元福利彩票销售活动。

1999～2006 年，阿克苏市组织销售福利彩票收入 1600 万元，募集福利资金 150 万元，解决社会救济、社会福利的部分资金问题。

# 第六章　老龄事业

## 第一节　机　构

1990 年，市老龄问题委员会（简称市老龄委）由 9 人组成，下设办公室，挂靠市人事局。1992 年 12 月 29 日，市老龄委与市人事局脱钩，成为市人民政府主管的独立工作部门。1995 年 7 月 21 日，市关心下一代工作委员会办公室和老龄委办公室合并，两块牌子，一套班子，简称市“两委”，核定事业编制 3 名。2002 年，市老龄问题委员会更名为市老龄工作委员会。同时，将市关心下一代工作委员会办公室移交市老干局管理。2004 年，市老龄委办公室升格为正科级单位，人员编制 4 名。2016 年，实有 4 人。

## 第二节　养老敬老

1990 年，市老龄委发挥综合协调作用，协调民政、人社、卫生、社保、财政等成员单位，各司其职，扎实推进“老有所养、老有所医”，努力满足老年人基本生活医疗需求。此后每年在老人节期间组成联合慰问组，开展爱老敬老送温暖活动，慰问老红军、老八路、百岁老人以及敬老院的老人。

1998 年后，阿克苏市每年组织新闻媒体深入开展敬老、爱老、助老主题教育宣传活动，慰问“五保”户、困难老人、空巢老人等。元旦、春节、清明节、端午节、国庆节、中秋节、老人节期间，开展走访慰问孤寡老人、空巢老人、贫困老人、特困老人、失能老人、老年公寓老年人等；通过座谈交流，为老人们解决遇到的实际困难。针对老年人家庭应急准备、居家安全指导、常见高血压、中风、心梗、脑梗等急救常识开办 36 期老年家庭应急救护知识培训班。

2003 年 4 月，阿克苏市在喀拉塔勒镇召开签订“家庭赡养协议”试点工作动员会。10 月，召开自治区签订“家庭赡养协议”试点工作现场会，会议代表实地参观喀拉塔勒镇签订“家庭赡养协议”试点工作。

2005 年，为百岁老人增加特殊生活补贴，95 岁以上老人每人每月享受 100 元补助金。

2006 年 12 月，阿克苏市红桥街道办事处副主任章华生获全国“孝亲敬老之星”称号；阿克苏市老龄工作委员会办公室被授予优秀组织奖。

2010年7月，市委办下发《关于开展村级养老示范基地建设试点工作的实施意见》，在依干其等4个乡镇试点开展村级养老示范基地建设工作。每个村划定1.33~3.33公顷土地作为养老示范基地，由村老年人协会经营管理，养老基地的收入纳入村养老基金账户，用于村老龄事业和老龄工作。年底，开设养老基金账户14个。8月，启动村级养老示范基地建设试点工作。

2011年，市委、市政府决定每年投入300余万元为全市农村1.1万余名60岁以上的老年人进行免费体检，每位老年人检查13个项目，体检标准为每人300元。按照80岁（含80岁）~89岁老人每人每月补助50元，90岁（含90岁）~99岁老人每人每月补助120元，100岁以上（含100岁）老人每人每月补助200元标准，发放高龄老人基本生活津贴。

2014年8月5日，阿克苏市启动80周岁以上高龄老人免费体检活动，采取对城区老年人集中定点体检和对农村老年人巡回到各乡镇体检的方式进行，全市1973名符合条件的老人享受12个项目的体检。

2015年，阿克苏市财政拨款96万元，用于老年人免费乘坐市内公交车补贴。3月，阿克苏市兰干街道获第六届“全国敬老模范单位”荣誉称号，库木巴什乡阔什艾日克村农民买买提·买提尼亚孜获“全国孝亲敬老之星”荣誉称号。

截至2016年，全市按照“以家庭为基础、社区为依托、专业服务为手段、志愿服务为补充”的模式，推进居家养老服务工作。

## 第三节　老年人权益保障

1998年，《中华人民共和国老年人权益保障法》公布实施后，市人民政府制定《关于对老年人实行社会优待服务的暂行规定》，年满65岁的老人可办理优待卡，享受免费乘坐公共汽车、优先服务等社会优待。

1999年6月，阿克苏市制定《阿克苏市对离休干部和70岁以上老年人实行社会化优先优待服务的暂行规定》，给离休干部和70岁以上老年人发放“敬老优待证”，凭证可享受免费乘坐公交车，免费进公园、入公厕等8项优先优待服务。截至2000年，办理《敬老优待证》2100个。

2001年，市委制定《关于落实农村“三老”人员政治生活待遇的暂行办法》，每年为农村“三老”人员发放生活补贴80万~100万元，年人均发放698元，并逐年增加。

2004年后，市老龄委每年制定开展敬老爱老助老主题教育活动的实施意见。把《老年人权益保障法》列入普法计划，利用法制宣传日，爱心公益活动，对老年人“一法一条例”、《新疆维吾尔自治区优待老年人规定》等法律法规进行宣传，对《新疆维吾尔自治区优待老年人规定》执行情况进行实地督察。开展以“回报父母养育之恩，为身边老人做一件有意义的事”“读一本敬老书，写一篇敬老文章”为主题的赠书活动和知识演讲比赛等。

2005年，阿克苏市办理老年优待证4378人、老年人优惠待遇证2037人。每年为百岁老人免费体检一次。当年，阿克苏市被评为全国老龄工作先进县（市），喀拉塔勒镇被评为全国老龄工作先进集体。

2007年3月，市公安巡逻警察大队、市人民法院民事庭等2个单位被评为全国老年维权示范岗，红桥街道办事处热斯特社区、喀拉塔勒镇尤喀克沙提村分别被评为全国、自治区敬老模范村居（社区）。

2008 年 12 月，阿克苏市成立老年人法律援助工作站。工作站设在市老龄办，业务上接受市法律援助中心的指导和监督。发放 2846 个老年人法律援助爱心联系卡。

2016 年，市老龄委推进老年人意外伤害保险工作，配合保险公司做好政策宣传和引导，全市参加保险的人数达到 480 人，保费 28830 元。

**表 28－4　2016 年阿克苏市老龄事业情况表（一）**

<table>
<tr><th colspan="2">老龄事业项目</th><th>单位</th><th>数量</th></tr>
<tr><td rowspan="6">节日慰问</td><td>慰问总人次</td><td>人次</td><td>223</td></tr>
<tr><td>其中:慰问百岁老人</td><td>人次</td><td>11</td></tr>
<tr><td>慰问贫困老人</td><td>人次</td><td>212</td></tr>
<tr><td>慰问总金额</td><td>万元</td><td>4.76</td></tr>
<tr><td>慰问金</td><td>万元</td><td>1.26</td></tr>
<tr><td>慰问物品折合金额</td><td>万元</td><td>3.5</td></tr>
<tr><td rowspan="2">老年艺术团体</td><td>总计</td><td>个</td><td>5</td></tr>
<tr><td>成员数</td><td>人</td><td>280</td></tr>
<tr><td rowspan="2">老年文体活动</td><td>举办大中型老年文艺演出</td><td>场</td><td>1</td></tr>
<tr><td>参加人数</td><td>人</td><td>520</td></tr>
<tr><td>老年优惠服务证</td><td>累计发放数</td><td>本</td><td>3660</td></tr>
<tr><td rowspan="2">老年优惠待遇证</td><td>年末发放数</td><td>本</td><td>554</td></tr>
<tr><td>累计发放数</td><td>本</td><td>22395</td></tr>
<tr><td rowspan="10">生活补贴</td><td>享受生活补贴的老年人数</td><td>人</td><td>2289</td></tr>
<tr><td>其中:80 岁以上老年人享受补贴的人数</td><td>人</td><td>2289</td></tr>
<tr><td>其中:城镇老年人数</td><td>人</td><td>1409</td></tr>
<tr><td>农村老年人数</td><td>人</td><td>880</td></tr>
<tr><td>80～89 岁享受补贴的人数</td><td>人</td><td>2053</td></tr>
<tr><td>80～89 岁老年人补贴金额</td><td>元/月</td><td>50</td></tr>
<tr><td>90～99 岁享受补贴的人数</td><td>人</td><td>225</td></tr>
<tr><td>90～99 岁老年人补贴金额</td><td>元/月</td><td>220</td></tr>
<tr><td>100 岁及以上享受补贴人数</td><td>人</td><td>11</td></tr>
<tr><td>100 岁及以上老年人补贴金额</td><td>元/月</td><td>300</td></tr>
<tr><td rowspan="3">老年维权机构</td><td>地州、县市区老年维权机构</td><td>个</td><td>1</td></tr>
<tr><td>其中:法律援助中心(站、点、处)数量</td><td>个</td><td>1</td></tr>
<tr><td>专兼职老年维权工作人员</td><td>人</td><td>1</td></tr>
<tr><td colspan="2">涉老法律援助案件</td><td>件</td><td>35</td></tr>
<tr><td colspan="2">涉老法律服务人次</td><td>人次</td><td>48</td></tr>
<tr><td colspan="2">老龄系统接待来信来访</td><td>次数</td><td>50</td></tr>
<tr><td rowspan="2">老年人意外伤害保险</td><td>购买老年人意外伤害保险的人数</td><td>人</td><td>480</td></tr>
<tr><td>其中:个人购买人数</td><td>人</td><td>480</td></tr>
</table>

表 28－5　2016 年阿克苏市老龄事业情况表（二）

| 项　目 | | 单位 | 数量 |
|---|---|---|---|
| 城镇居民社会养老保险 | 领取养老金老年人数 | 人 | 2777 |
| | 月人均领取养老金标准 | 元/月 | 125.97 |
| 新型农村社会养老保险 | 领取养老金老年人数 | 人 | 13737 |
| | 月人均领取养老金标准 | 元/月 | 121.91 |
| 城市最低生活保障 | 享受低保老年人数 | 人 | 2560 |
| | 低保平均标准 | 元/月 | 376.00 |
| 农村最低生活保障 | 享受低保老年人数 | 人 | 5950 |
| | 低保平均标准 | 元/年 | 238.00 |
| “五保”供养 | 供养老年人数 | 人 | 240 |
| | 其中：集中供养老年人数 | 人 | 84 |
| | 集中供养标准 | 元/年 | 6600 |
| | 分散供养老年人数 | 人 | 156 |
| | 分散供养标准 | 元/年 | 3960 |
| 城镇职工基本医疗保险 | 参加保险的老年人数 | 人 | 4642 |
| 城镇居民基本医疗保险 | 参加保险的老年人数 | 人 | 5741 |
| | 各级财政对老年人年人均补贴金额 | 元 | 460.00 |
| 新型农村合作医疗 | 参加的老年人数 | 人 | 16491 |
| | 人均筹资标准 | 元/年 | 570 |
| | 各级财政对老年人年人均补贴金额 | 元/年 | 420 |
| 城市医疗救助 | 救助老年人数 | 人 | 1035 |
| | 年救助金额 | 万元 | 150.05 |
| 农村医疗救助 | 救助老年人数 | 人 | 3101 |
| | 年救助金额 | 万元 | 211.61 |
| 享受计划生育奖励扶助的老年人数 | | 人 | 1704 |
| 社区为老服务 | 社区为老服务组织、机构 | 个 | 67 |
| | 其中：卫生服务机构 | 个 | 62 |
| | 生活服务机构 | 个 | 13 |
| | 其他服务机构 | 个 | 10 |
| | 社区为老服务专兼职人员 | 人 | 60 |
| | 为老服务志愿者人数 | 人 | 783 |
| 老龄信息 | 老龄内部信息刊物 | 个 | 1 |
| | 党政信息刊物采用老龄信息 | 条 | 12 |
| | 新闻媒体采用老龄信息 | 条 | 35 |

## 第四节　老年活动场所及老年文化体育活动

### 一　老年活动场所

1993 年，阿克苏市在市干休所修建 2 个门球场。

1996 年 11 月，在小南街新建阿克苏市老年活动中心，总投资 200 万元，建筑面积 3000 平方米，有门球场 2 个。2009 年停止使用并搬迁。

2008 年，位于阿克苏市多浪河景观带一期的阿克苏市老年老干部活动中心开工建设，2009 年 3 月竣工并投入使用。主体大楼为三层框架砌体结构，建筑面积 3200 平方米，总造价 600 余万元，有室外门球场 4 个。

截至 2016 年，阿克苏市城区有市老年活动场所 1 个，乡镇（场）、街道办事处老年活动场所 14 个，村（社区）老年活动室 166 个。

**表 28－6　2016 年阿克苏市老龄服务机构基础设施情况表**

<table>
<tr><th colspan="3">老龄服务机构</th><th>单位</th><th>数量</th></tr>
<tr><td rowspan="8">养老服务机构</td><td rowspan="3">总　计</td><td>机构数量</td><td>个</td><td>5</td></tr>
<tr><td>床位数</td><td>张</td><td>260</td></tr>
<tr><td>入住人数</td><td>人</td><td>139</td></tr>
<tr><td rowspan="3">公办养老服务机构</td><td>机构数量</td><td>个</td><td>5</td></tr>
<tr><td>床位数</td><td>张</td><td>260</td></tr>
<tr><td>年底累计入住老年人数</td><td>人</td><td>139</td></tr>
<tr><td rowspan="2">民办养老服务机构</td><td>机构数量</td><td>个</td><td>1</td></tr>
<tr><td>床位数</td><td>张</td><td>30</td></tr>
<tr><td colspan="2" rowspan="4">老年活动场所</td><td>老年活动场所数量</td><td>个</td><td>181</td></tr>
<tr><td>其中:县、市、区老年活动场所</td><td>个</td><td>1</td></tr>
<tr><td>乡镇、街道老年活动场所(中心、站、室)</td><td>个</td><td>14</td></tr>
<tr><td>村、居委会老年活动场所(中心、站、室)</td><td>个</td><td>166</td></tr>
<tr><td colspan="2" rowspan="2">敬老爱老助老教育基地</td><td>敬老爱老助老教育基地数</td><td>个</td><td>1</td></tr>
<tr><td>参加教育活动人数</td><td>人</td><td>600</td></tr>
<tr><td colspan="2" rowspan="4">老年大学(学校)</td><td>老年大学(学校)数量</td><td>个</td><td>1</td></tr>
<tr><td>在校学员</td><td>人</td><td>165</td></tr>
<tr><td>其中:县、市、区老年大学</td><td>个</td><td>1</td></tr>
<tr><td>在校学员</td><td>人</td><td>165</td></tr>
</table>

## 二　老年人文化体育活动

1990 年 9 月，阿克苏市在老干所举行第一届老年运动会，比赛项目有中国象棋、扑克、麻将、跳棋等项目，参赛运动员 40 多人。此后每 2 年举行 1 次。

1996 年，市老龄委组织百人老年合唱团，参加城区歌咏比赛获得特别奖。

1997 年，成立老年体育协会，并分设门球协会、太极拳（剑）协会。

自 2000 年起，市老龄委组织老年人在全市各乡村（社区）开展各类文化体育活动。每年组织开展春节文艺演出、“七一”书画展、“全民健身日”和“九九”重阳节活动。

2003 年 9 月 16 日，市老龄委、文体局、广电局、老干局联合举办首届老年秧歌、健身操比赛，城区 5 个街道办事处共 18 个队的 256 名老年人参加比赛。

2008 年，市老龄委举办中老年迎奥运健身操比赛活动。参赛项目包括健身操、中老年迪斯科、秧歌舞、麦西来甫等，共计 450 余人参加比赛。

2010 年后，市老龄委发组织老年人积极参加阿克苏市举办的中老年健身球、柔力球骨干培训、中老年红歌比赛、钓鱼比赛活、中老年人环多浪河徒步走活动、太极拳剑、健身气功运动会。2016年，举办阿克苏市龟兹杯第九届老年人运动会。

## 第五节　银龄行动

2003年，阿克苏市被定为全国“银龄行动”首批试点单位，由上海市对口支援阿克苏市。上海市“银龄行动”专家组6位专家在阿克苏市开展为期3个月的医疗援助。至2005年，第一期至第三期“银龄行动”专家组共有15位专家分别在市人民医院、市中医院、市第三中学进行医疗和教学援助，共举办讲座40余次，培训骨干1380人次，接诊病人2000余人次，2位畜牧专家到市畜牧局进行对口支援，开展调研，编写《动物防疫技术手册》《关于实验室工作的几点建议》《阿克苏市奶牛饲养管理技术规程》等建议性论题，诊断畜禽139头（只），动物防疫检查940头（只），大型学术讲座1次，参加高产奶牛养殖技术培训班三期，培训人数157人，培训养殖户43户，小型学术讲座11次，培训352人。

**表28－7　2016年阿克苏市老年人文化体育活动组织情况表**

| 老龄组织 | | 单位 | 数量 |
|---|---|---|---|
| 老年社团组织 | 老年协会数量 | 个 | 170 |
| | 会员 | 人 | 8349 |
| | 其中：乡镇老年协会 | 个 | 6 |
| | 会员 | 人 | 1168 |
| | 街道老年协会 | 个 | 7 |
| | 会员 | 人 | 149 |
| | 村老年协会 | 个 | 122 |
| | 会员 | 人 | 5450 |
| | 居委会老年协会 | 个 | 35 |
| | 会员 | 人 | 1582 |
| | 其他老年社团组织 | 个 | 2 |
| | 参加人数 | 人 | 200 |
| 老年志愿服务组织 | 老年志愿服务组织 | 个 | 82 |
| | “银龄行动”活动开展期数 | 期 | 1 |
| | 其中：老年志愿者参与人数 | 人 | 4 |
| 经费 | 年度合计 | 万元 | 312.55 |
| | 其中：老龄事业发展经费 | 万元 | 24.55 |
| | 专项经费 | 万元 | 288 |

2009～2010年，第四期至第八期“银龄行动”，12名老年志愿者对阿克苏市人民医院、中医院、疾控中心、农业局开展智力援助。医疗专家共接诊51次，接诊患者1088人，诊治疑难病例22例，进行专题讲座5次，培训209人。农业专家深入基地15次，指导农户320人次。

2013年5月17日，浙江—阿克苏首期“银龄行动”启动，杭州市选派杭州师范大学附属医院主任中医师黄远媛到阿克苏市人民医院开展为期2个月的智力援助活动，以带培技术骨干为主，培训授课和手把手传授经验相结合，开展新项目和常规检验相结合，主要通过坐诊、巡诊、学术讲座、骨干代培等方式老专家共接诊病人300余人次，开展大型学术讲座1次，培训人数100人；小型讲座6次，培训人数40余人，代培助手5人。

# 第七章　社会事务管理

## 第一节　勘界与地名普查

### 一　勘界

1990年后，阿克苏市按自治区要求，按规定时间完成勘界划分工作。

2001年，完成界桩埋设，调处界线争议，与邻里县、团场保持良好关系。

2009年，调整社区居委会的界线和区划。解决阿克苏市与温宿、阿克苏市与阿拉尔市的边界问题，调整地区糖业烟酒公司西郊农场改设为依干其乡的托万克巴格其村。

2011年，市民政局建立行政区域界线纠纷应急处理机制。组织阿依库勒镇与托普鲁克乡、托普鲁克乡与库木巴什乡行政区域界线联合检查，共检查界桩3个，检查界线43.5千米。完成阿克苏市与和田地区两县共79.6千米的行政界线联检工作任务。按照市政府第三次常务会议的要求，完成设立多浪乡的调查摸底，形成书面报告向自治区申报。根据自治区开展创建平安边界工作的要求，与各乡镇场签订《阿克苏市平安边界建设工作责任书》，界线毗邻乡镇也协商签订《睦邻友好公约》。制定《阿克苏市边界纠纷应急处理预案》《界桩管护员职责》等管理制度。

2015年，市民政局完成阿依库勒镇、托普鲁克乡与库木巴什乡行政区域界线联合检查，对边界线进行实地踏勘，及时化解行政界线纠纷，维护边界地区稳定和谐。阿克苏市两级行政界线有12线，总界线长926.51千米。

### 二　地名普查

2001年，完成《阿克苏地名图志》的印刷出版工作。

2007年，完成乡镇和部分城区的地名普查工作。其中4乡2镇的政府驻地主要道路的命名及121个行政村普查；城区51条道路的街、路牌设标摸底，沿街单位、门面房共登记6775个，巷道113条，居民区253个，813幢楼房，2314个单元，27111户。

2008年，制定《地名信息数据库管理制度》，并录入新增地名信息条目居住区入建筑物类20条、单位类9条、群众自治组织类4条，更名信息条目1条。

2014年8月，开展第二次全国地名普查工作，共录入系统地名1701条，与第一次全国地名普查的651条地名词条相比，增加1058条。通过普查，完成地名信息普查录入工作的100%。

2015年，市民政局完成普查登记11大类、41小类，地名信息1768条。其中行政区域类14条、非行政区域类10条、群众自治组织172条、居民点675个、交通运输设施类310条、水利电力设施18条、纪念风景区7条、建筑物名称4条、单位类548条、陆地水系类6条、陆地地形类4条，并全部录入国家地名数据库。

### 三　门牌编码

2006年，开始办理住宅小区地名命名及门牌编码审批业务，审批业务11件。

2008年，市民政局按照程序，办理住宅小区地名命名及门牌编码审批业务20件、居住点居民门牌编码审批业务131件，其中包括英巴格社区安置的多浪河沿岸拆迁户114户门牌编码。共计发放《门牌使用证》8844本、《建筑物标准名称使用证》677本。

2009年，完成依干其乡依干其村更名为多浪新村的审核、审批工作。

2011年，根据《阿克苏市地名命名规则》《阿克苏市地名命（更）名申报和审批程序》规定，审批单位门牌编码业务17件，共发放门牌使用证7972本、建筑物标准名称使用证281本。对阿克苏市城区新建、改（扩）建道路及破损路牌进行普查登记，对新增的15条道路安装144块地名标牌。

2014年，市民政局安装城市行政事业企业单位门牌62个，33个小区牌，安装大门牌49个、楼栋牌128个、单元牌367个，发放户牌使用证2786本户牌证6330个。

2016年，市民政局审批公开招标263个街路地名标志牌。其中乌喀路80个、英巴格路32个、阿温大道33个、友谊北路20个双杆、南昌东路8个双杆、新建道路（90个单杆）的263个地名标志牌。

### 四　档案

1993年，阿克苏市民政局完成地名设标、地名审批等档案资料共整理归档35卷。

1995年，地名补查更新档案共整理归档51卷。

1998年，完成文书、业务档案69卷，地名、勘界图纸4卷，地名、勘界照片档案4册。

2004年，完成地名设标、地名审批等档案资料共整理归档56卷。

2014年，按照地名变更年报工作制度的要求，及时收集、整理新生地名和变更地名，建立档案，确保地名数据库的准确性和现实性。

2016年，完成阿克苏市第二次全国地名普查登记表地名数据1746条，共录入系统地名1731条。

## 第二节　社团管理

1990年，市民政局举办社团登记管理干部培训班，系统学习《社会团体登记管理条例》《自治区实施社会团体登记管理实施细则》，为清理整顿社会团体工作奠定基础。

1992年初，阿克苏市成立社会团体登记管理办公室，办公室设在民政局。

1993年，市民政局登记社会团体15个，通过清理整顿，依法保留9个，其中换证属于法人社团5个、未换证社团非法人社团4个，清理4个，依法注销气功社团1个。

1995年，阿克苏市有社会团体31个，其中学术性协会有5个、行业性协会有3个、联合性协会有1个、专业性协会有4个、农村经济协会有18个。民办非企业单位15个，其中教育类有13个、中介服务类有1个、民政类有1个。

1998年，按照《社会团体登记管理条例》和《民办非企业单位登记管理条例》的规定，对28个社会团体和13个民办非企业单位进行检查。社会团体变更登记6个，民办非企业单位变更登记2个，撤销1个。规范社会团体档案管理。按照《中华人民共和国档案法》要求，严格按照社会组织单位的归档要求及时进行整理、装订、归档、立卷，做到档案材料齐全。

2002年，根据《社会团体登记管理条例》和《民办非企业单位登记管理暂行条例》要求，严把登记“入口”关，按照成熟一个批准一个的原则，保证登记合法率和年检合法率的100%。

2008年，对社团、民非社会组织依法进行年检。其中社会团体42个，民办非企业单位11个。社会团体受理登记1个，变更登记社会团体3个，撤销登记社会团体1个；民办非企业单位受理登记1个，撤销民办非企业单位1个。对个别造成恶劣社会影响的民间组织给予行政处罚、撤销，对违背宗旨、活动异常、财务混乱的单位给予限期整改。

2011年，全市登记在册的社会组织65家、社会团体42家，建立党组织22个。对所属40家社会团体开展治理“小金库”工作，签订“小金库”治理工作责任承诺书，治理率100%。配备新社会组织党工委专职副书记1名及2名工作人员，落实新社会组织党建工作经费，每个党组织一年不少于1000元。建立工作台账，做到对新社会组织经营状况清、从业人员清、党组织设置清、党员人数清、业主身份清等“五个清”。

2014年，重点发展行业协会、农村专业经济协会、社会服务类、公益慈善类社会组织，坚持培育发展与管理监督并重，在全疆率先下发《阿克苏市社会组织直接登记管理办法》，直接登记行业协会2家，公益类2家。全年新登记社会组织28家，使总数达到122家。

2016年，阿克苏市社会组织共135家，其中社会团体46家、民办非企业单位89家，直接登记4家，公益性4家、科技类8家。按照《关于做好2016年度社会组织年检工作的通知》的要求，对全市46家社会组织进行年检，对长期不活动的27家社会组织办理撤销注销手续。

## 第三节 婚姻登记管理

1990年，阿克苏市结婚、离婚登记和发证工作主要由3个街道办事处和各乡（镇）民政办具体负责，市民政局对婚姻登记管理主要负责监督管理工作。民政局开展《中华人民共和国婚姻法》宣传贯彻落实工作，在3个婚姻登记点发放《婚姻法》宣传手册1000册，同时，开始违法婚姻查处工作。

1993年，市民政局发放《婚姻法》宣传材料1648册，出动宣传车54辆，出板报38期，专栏60期，通过生动教育，有效地宣传《婚姻法》，使违法婚姻比率比上年下降95%。

1996年5月，阿克苏市婚姻登记管理处成立，全市结婚、离婚登记和办证由其统一管理，配备工作人员3名。

1997年6月，市婚姻登记管理处实行婚姻登记微机化管理。

2003 年，市民政局将婚姻登记暂行规范、婚姻登记机关的职责、结婚和离婚登记的程序及收费标准等项目上墙，依法开展婚姻登记工作。

自 2005 年起，开展结婚登记补办工作。

**表 28 – 8　1990 ~ 2016 年阿克苏市婚姻登记情况表**

| 年份 | 结婚(对) | 离婚(对) | 结婚补办(对) | 总数 | 年份 | 结婚(对) | 离婚(对) | 结婚补办(对) | 总数 |
|---|---|---|---|---|---|---|---|---|---|
| 1990 | 2198 | 667 | | 2865 | 2004 | 4795 | 1258 | | 6053 |
| 1991 | 2904 | 682 | | 3586 | 2005 | 2521 | 1400 | 117 | 4038 |
| 1992 | 2550 | 724 | | 3274 | 2006 | 3775 | 1330 | 149 | 5254 |
| 1993 | 3064 | 651 | | 3715 | 2007 | 4539 | 1485 | 298 | 6322 |
| 1994 | 2637 | 560 | | 3197 | 2008 | 3362 | 833 | 133 | 4328 |
| 1995 | 3238 | 584 | | 3822 | 2009 | 6316 | 1702 | 473 | 8491 |
| 1996 | 3112 | 729 | | 3841 | 2010 | 6540 | 1740 | 525 | 8805 |
| 1997 | 3540 | 708 | | 4248 | 2011 | 4501 | 1087 | 423 | 6011 |
| 1998 | 3440 | 638 | | 4078 | 2012 | 6218 | 1200 | 514 | 7932 |
| 1999 | 3720 | 561 | | 4281 | 2013 | 6457 | 2038 | 461 | 8956 |
| 2000 | 3420 | 437 | | 3857 | 2014 | 7771 | 1993 | 452 | 10216 |
| 2001 | 3320 | 572 | | 3892 | 2015 | 6558 | 1901 | 464 | 8923 |
| 2002 | 3580 | 742 | | 4322 | 2016 | 5120 | 1793 | 512 | 7425 |
| 2003 | 3982 | 844 | | 4826 | | | | | |

说明：2005 年以前没有结婚补办。

2008 年，市民政局婚姻登记管理处落实新的《婚姻登记条例》，实施依法登记和专项督察工作。全市依法办理结婚登记 3362 对，其中城区登记 3072 对、乡镇登记 290 对；离婚登记 833 对，其中城区登记 733 对、乡镇登记 100 对；补办结婚登记 133 对，出具婚姻状况证明 92 份，结离婚登记合法率 100%。

2014 年，为解决偏远乡镇农村居民办理婚姻登记难的问题，制定下发《阿克苏市设立喀拉塔勒镇、阿依库勒镇人民政府婚姻登记处的工作方案》。3 月，成立两镇婚姻登记处。其中喀拉塔勒镇设在镇社会保障服务中心，阿依库勒镇设在行政服务大厅，各镇按要求配备 2 名正式工作人员并参加婚姻登记员培训。

2015 ~ 2016 年，开展依法治理婚姻领域违法行为，保护婚姻当事人的合法权益，发挥广播、电视、行风热线等新闻媒体优势，宣传《婚姻法》《婚姻登记条例》等法律、法规，组织工作人员在世纪广场宣传婚姻登记有关法律法规，发放法律法规知识宣传单 1.5 万余份，向群众解答问题 510 件。

## 第四节　收养登记管理

1990 年，阿克苏市婚姻登记管理处负责收养登记管理，截至 1994 年全市收养孤儿、弃婴 10 人，其中市福利院收养 6 人。

2008 年，市民政局依法办理收养登记 4 起，其中收养社会福利院孤儿 3 名、社会弃婴 1 名。

2011 年，办理收养登记 4 起，其中 3 件为收养社会儿童福利院孤儿、1 件为社会弃婴。

2012～2016 年，全市办理收养登记 25 起。

## 第五节　殡葬管理

1990 年，阿克苏市殡葬管理所负责对全市殡葬实行统一管理。市政府正式规划两处公墓，少数民族公墓位于城东北卡坡，占地面积 467 公顷；汉族公墓位于老大河西岸乌喀公路西侧，占地面积 760 公顷，有管理人员 4 人，季节性临时工 15 人，主要从事墓坑、墓碑、棺木的制作与出售。居民的殡葬事宜，需先申请批准，按指定地点安葬。

1991～1996 年，市殡葬管理所土葬遗体 5197 具。

1998 年 9 月，阿克苏市殡仪馆建成，占地 49.67 公顷，总建筑面积 2524.8 平方米，其中火化间 695 平方米、悼念厅 277 平方米、礼厅 152 平方米、骨灰寄存室 157.5 平方米、休息室 20.4 平方米、办公接待及库房 1054.5 平方米、车库 68.4 平方米、绿化面积 34000 平方米、火化炉 2 座。殡仪馆集火化、悼念、休息、整容化妆、尸体冷藏、骨灰存放于一体，填补南疆 4 地州殡仪馆的空白。2000 年被确认为国家二级殡仪馆。

2001 年，市殡仪馆火化遗体 1080 具，其中无名遗体 56 具。接待大小型追思会 426 次，安全无事故接送遗体 620 具，杜绝乱葬乱埋现象。

2004 年 6 月，市殡仪馆改制，采取公建民营的模式进行经营。随着殡仪馆火化条件的改善和服务质量提高，火化率逐年提高。

自 2007 年起，市民政局开展殡葬法规的宣传，倡导火化，移风易俗，加强殡葬用品市场管理，每年在清明节前，会同有关部门对殡葬市场进行清理检查。2007 年，殡仪馆火化遗体 1243 具，其中无名尸 17 具，处理无名尸体和特困户共 39 具，召开告别仪式 418 场，化妆、整容 510 具，寄存骨灰 841 盒，销售公墓 454 套。车辆接运遗体 1019 具，送往外省 2 具。制作花圈 2450 个，为 225 家丧户提供守灵服务。

2008 年，新建库勒民族公墓 46.67 公顷，投资 470 余万元。

2011 年，市殡仪馆火化尸体 1727 具，公墓销售 740 套。

2013 年，市殡仪馆共办理骨灰寄存 1001 盒，骨灰取走 1103 盒，祭奠 4441 人次；共举行告别仪式 624 场，办理守灵业务 481 人次；特殊遗体整容 36 具；花圈租用 18521 次，花圈出售 1958 个；火化遗体 1742 具。市殡仪馆对火化班前廊进行扩建，5 个厅扩建总面积约为 300 平方米，对原花房加盖屋顶，并将 2 号休息厅改为一个小型告别厅。

2016 年，市殡仪馆遗体火化人数 1776 具，告别仪式举行 891 场，守灵间租用 582 次，礼炮使用 8066 响。

# 第二十九编　民族宗教事务管理

阿克苏市历来是多民族聚居、多种宗教信仰并存的地方。长期以来，各民族在此交往、交流、交融，共同开发建设阿克苏。1990～2016年，阿克苏市认真贯彻落实党的民族宗教政策，宗教事务管理坚持"保护合法、制止非法、遏制极端、抵御渗透、打击犯罪"基本原则；坚持民族平等、民族团结和各民族共同繁荣，实现各族人民和睦共处，相互尊重，团结协作，相互融合；依法加强宗教场所、宗教人士、宗教活动管理，广泛进行马克思主义民族观、宗教观和党的民族宗教政策宣传教育，着力构建平等、互助、团结、和谐的社会主义民族关系，全市上下呈现民族团结、政治稳定、经济发展、人民生活不断改善的良好局面。

# 第一章　机　构

## 第一节　行政机构

1990 年，阿克苏市宗教事务局有行政编制 5 名，正科级建制，实有 5 人。

1994 年，新增民族团结模范创建办公室。2001 年 1 月，新设语言文字科。

2002 年 9 月，阿克苏市宗教事务局更名为阿克苏市民族宗教事务管理局（简称阿克苏市民宗局），核定编制 8 名，其中领导职数 2 名、工勤 1 名，内设 4 个科室；实有 8 人。

2008 年 2 月，成立阿克苏市民族宗教监察大队。

2009 年 2 月，中共阿克苏市民宗局党支部成立，为独立支部，有中共党员 16 名。

2010 年 4 月，新增行政编制 6 名，总编制 14 名，实有 14 人。

2011 年 7 月，阿克苏市民族宗教事务管理局改称阿克苏市民族宗教事务委员会（简称阿克苏市民宗委），核定编制 14 名，实有 11 人。11 月，市民宗委成立党组，有中共党员 24 名，隶属市政府机关党总支管理。

2016 年 5 月，阿克苏市成立民族团结进步年活动领导小组办公室，办公室设在民宗委，日常管理归民宗委。10 月，成立阿克苏市民族团结一家亲活动领导小组办公室，办公室设在民宗委，日常管理归民宗委。截至 2016 年底，实有 14 人。

## 第二节　事业机构

### 一　市伊斯兰教协会

1990 年 8 月，阿克苏市伊斯兰教协会成立，为民宗委二级单位，参照公务员管理，编制 4 名，实有 4 人。

2009 年 2 月，核定编制 23 名，其中领导职数 3 名，参照公务员全额预算管理。2016 年，阿克苏市伊斯兰教协会编制 20 名，实有 20 人。

### 二　协会换届

#### （一）第一次代表大会

1990 年 4 月 9 日，阿克苏市在市政府会议室召开伊斯兰教协会第一次代表大会。会议审议并通过《阿克苏市伊斯兰教协会章程（修正案）》。选举产生阿克苏市伊斯兰教协会第一届委员会。同时选举产生会长1名，专职副会长1名（组织任命）。

（二）第二次代表大会

1995年5月2～3日，阿克苏市在市政府会议室召开伊斯兰教协会第二次代表大会。会议审议并通过《阿克苏市伊斯兰教协会第一届委员会工作报告》和《阿克苏市伊斯兰教协会章程（修正案）》。选举产生阿克苏市伊斯兰教协会第二届委员会，其中委员21名、常委9名。同时选举产生会长1名，专职副会长1名（组织任命），副会长2名。

（三）第三次代表大会

2004年10月10～11日，阿克苏市在市政协会议室召开伊斯兰教协会第三次代表大会。会议审议并通过《阿克苏市伊斯兰教协会第二届委员会工作报告》和《阿克苏市伊斯兰教协会章程（修止案）》。选举产生阿克苏市伊斯兰教协会第三届委员会，其中委员17名、常委9名。同时选举产生会长1名，专职副会长1名（组织任命），副会长2名，秘书长1名。

（四）第四次代表大会

2012年1月9日，阿克苏市在市迎宾馆召开伊斯兰教协会第四次代表大会。会议审议并通过《阿克苏市伊斯兰教协会第三届委员会工作报告》和《阿克苏市伊斯兰教协会章程（修正案）》。经过各单位的协商推荐产生101名代表，其中男性代表95名，占94%；女性代表6名，占6%；维吾尔族代表99名，占98%；回族代表2名，占2%；宗教人士代表92名，占91%；干部代表3名，占3%；群众代表6名，占6%。选举产生阿克苏市伊斯兰教协会第四届委员会，其中委员41名、常委21名。同时选举产生会长1名、专职副会长1名（组织任命）、副会长3名、秘书长1名。

# 第二章　民族事务管理

## 第一节　民族团结

### 一　民族团结教育月

1990年5月，阿克苏市召开以“大力弘扬民族团结精神，促进各民族互敬、互爱、互信”为主题的民族团结教育月活动，全市组织民族联谊会1740场、座谈会120场、演唱会170场、文艺演出65场、体育活动44场。

1993年5月，阿克苏市开展第11个民族团结教育月活动，广泛组织党的民族政策法规学习班及知识竞赛。

2000年5月，阿克苏市开展第18个民族团结教育月活动，举办各级培训班、报告会、座谈会及演讲比赛，深入开展马克思主义国家观、民族观、宗教观、历史观、文化观的宣传教育，深化民族团结教育。

2009 年 5 月，阿克苏市开展以“感恩伟大祖国、建设和谐新疆”为主题的民族团结教育月活动，广泛宣传中国特色社会主义教育、群众性爱国主义教育活动等民族团结教育内容，增强干部群众反对民族分裂、维护祖国统一和社会稳定的决心。

2016 年，阿克苏市开展第 34 个民族团结教育月，广泛学习《自治区民族团结进步工作条例》，将民族理论、民族知识纳入业务学习、支部学习、党课教育活动中。开展民族团结结对子活动，丰富民族团结进步活动的形式与内容。截至 2016 年，共表彰民族团结模范单位 203 个、民族团结模范个人 676 名。

### 二　民族团结进步年

2016 年 4 月 14 日，阿克苏市召开“民族团结进步年”动员大会，成立以市委书记为组长、四套领导班子为副组长的领导小组，编发《阿克苏市民族团结进步先进典型事迹汇编》《阿克苏市民族团结教育手册》，组织全市各族干部开展学习教育活动，组织知识竞赛 111 场、演讲比赛 141 场、集中学习 441 场、知识讲座 1512 场，开展宣讲活动 1193 场，受教育群众达 37 万余人次。

截至年底，阿克苏市创建民族团结教育基地 32 个，打造民族团结餐饮文化示范街 1 条、民族团结好楼栋 62 栋，创建命名民族团结进步模范单位 108 个、民族团结进步村（社区）33 个，涌现出以“全国民族团结进步模范”章华生为代表的民族团结进步模范个人 255 名。

### 三　民族团结一家亲

2016 年 10 月 21 日，阿克苏市组织召开“民族团结一家亲”活动动员大会，对全市“民族团结一家亲”活动进行动员部署。按照副科级以上领导干部每人结对认亲 3 户，一般干部每人结对认亲 1 户，组织各单位赴包联点与村“两委”班子、“访惠聚”工作组共同研究确定结对子群众。年末，全市共有 10978 名干部职工和 12674 名基层群众结成亲戚，其中 47 名县处级以上领导与 235 户群众结成亲戚，754 名乡科级领导与 2262 户群众结成亲戚。426 名宗教人士主动与不同民族群众结对认亲，252 名住村管寺干部与信教群众结对认亲。

## 第二节　少数民族地区经济发展项目

1990～2006 年，阿克苏市不断拓宽引资渠道，重点扶持农村种植、养殖及基础建设等项目。

从 2007 年开始，阿克苏市将少数民族地区经济发展工作纳入市委、市政府常规工作，将扶持重点转向工业、商业等领域。全年申报地区少数民族发展资金项目 5 个，拨付少数民族发展资金 20 万元，其中库木巴什乡 10 万元、托普鲁克乡 10 万元。

2008～2012 年，阿克苏市成功申报自治区少数民族发展资金项目 9 个，拨付少数民族发展资金 92.3 万元。其中拜什吐格曼乡 24 大队抗震安居工程建设项目、阿克苏戈星果品发展有限公司果汁加工项目核拨资金共 20 万元，阿依库勒镇红枣深加工项目、阿克苏市兄弟培训中心培训项目到位资金 20 万元，兰干街道办事处手工刺绣培训项目到位资金 10 万元，拜什吐格曼乡畜牧业发展项目和阿克苏地毯厂少数民族员工能力培训项目拨付资金 20 万元。

2013 年，阿克苏市审批少数民族发展资金项目 1 个，项目资金 14 万元。中央统战部为阿克苏市援建社会主义学院建设项目，项目资金 500 万元。

2016 年，成功申请自治区少数民族发展资金项目 1 个，项目内容是为阿依库勒镇镇托万买里村 50 户农民购买 500 只生产羊，每户 10 只，每只补助 1000 元，落实项目资金 51 万元。

## 第三节　少数民族干部培养使用

1990 年后，阿克苏市大力培养发展本地少数民族干部，经培训、锻炼，吸收优秀者为国家干部。

1992 年，全市有少数民族干部 2988 名，占全市干部总数 53. 29%。

2016 年，全市有少数民族干部 5345 名，占全市干部总数 51. 58%。市、乡镇、街道人民代表大会和人民政府的领导班子，正职基本由少数民族干部担任。

**表 29－1　1992～2016 年部分年份阿克苏市少数民族干部统计表**

| 年份 | 干部总人数（人） | 少数民族干部人数（人） | 占干部总数（%） | 年份 | 干部总人数（人） | 少数民族干部人数（人） | 占干部总数（%） |
|---|---|---|---|---|---|---|---|
| 1992 | 5607 | 2988 | 53. 29 | 2010 | 9148 | 4752 | 51. 94 |
| 1999 | 6957 | 3674 | 52. 81 | 2013 | 9739 | 5046 | 51. 81 |
| 2003 | 7759 | 4066 | 52. 40 | 2016 | 10369 | 5345 | 51. 58 |
| 2006 | 8362 | 4360 | 52. 14 | | | | |

## 第四节　语言文字工作

学习使用国家通用语言文字，是繁荣发展新疆各民族文化的历史经验。1990 年后，阿克苏市在机关单位中坚持使用汉、维吾尔两种文字行文，大小会议都安排翻译。所有牌匾、公章、信封、信笺都有汉、维吾尔两种文字，牌匾、信封、信笺上面为维吾尔文，下面为汉文；设民汉学校，采用汉语、维吾尔语 2 种语言授课。广播电视使用汉、维吾尔两种语言播音。

2001 年后，阿克苏市开展学习宣传《国家通用语言文字法》和《新疆维吾尔自治区语言文字工作条例》的活动，制定语言文字一条街活动 3 年规划，对语言文字使用情况进行严格整顿规范。全市各学校大力推行双语教学，实行民汉合校。同时狠抓少数民族适龄儿童学前双语教育，抓好语言基础工作。

2005 年 10 月，阿克苏市被自治区民族语言文字工作委员会评为语言文字工作评估合格城市。街道商铺牌匾两种语言文字率 85% 以上。

2007 年，阿克苏市民宗局获得中国语言文字使用情况（新疆地区）调查先进集体。

2010 年后，阿克苏市民宗局多次与成员单位对全市街道餐饮酒店等招牌使用汉、维吾尔两种文字情况抽查，对使用不规范的用字单位要求限期整改。同时规定，凡是招牌用字都要通过市语言文字工作委员会的审核才能使用。

2016 年，各单位根据自身特点开展互学语言活动，定期集中学习双语，同时民汉职工结对互学。针对农牧民群众，采取农牧民夜校来加强国家通用语言的学习。通过集中培训和个人自学，进一步强化各民族之间的交流交往交融，共同维护民族大团结的良好局面。

### 第五节　清真食品管理

2005 年 1 月，《新疆维吾尔自治区清真食品管理条例》颁布实施后，阿克苏市把《新疆维吾尔自治区清真食品管理条例》和《自治区宗教事务条例》列入全市普法学习内容。严格落实清真食品管理各项制度，严格界定“清真”概念范畴，依法加强对清真食品的管理，坚决防止“泛清真化”。市政府发布《阿克苏市清真饮食业管理暂行规定》。对全市清真食品生产、经营企业和个体经营户核实信息登记，建档成册。对经营业主擅自转让、出租、出卖“清真食品准营证”和清真标牌等问题，采取“对人、对证、对牌、对号”的方式，敦促换发新证。

2007 年，阿克苏市对清真饭店业主进行培训，颁发清真标志牌 40 家，依法登记清真饭店 79 家，办理清真食品生产加工企业 7 家。

2008 ~2009 年，做好清真餐饮登记证的换发、清真食品企业和清真餐饮店执法检查。

2010 年，重点对一些新开张的清真食品餐饮网点、加工网点、连锁店联合检查。对没有及时依法申请和办理“清真”标志牌的及“清真”标志牌悬挂和摆放不规范的、卫生不达标的、清真餐饮点招牌上语言文字使用与实际内容不相符的餐饮网点下发整改通知书。

2011 ~2014 年，严格对清真食品的界定，加强清真食品在屠宰、贮藏、流通、销售等环节的检查，查遗补漏。拓宽清真食品相关知识的宣传渠道，帮助广大群众掌握如何鉴别正宗清真食品。坚决禁止滥批、滥发、滥用清真标识行为。

2016 年，阿克苏市加大对清真食品管理力度，定期对餐饮饭馆进行清真食品安全检查，提高餐饮行业服务质量。检查清真生产企业 384 家次，检查超市、商店、农贸和批发市场 4800 余家，清真餐饮业 2700 余家次。

## 第三章　宗教事务管理

### 第一节　宗教场所管理

#### 一　审批

1990 ~1993 年，市宗教局依据国家宗教活动场所管理相关规定，对全市所有宗教活动场所每年进行定期或不定期检查，经过多次治理整顿，宗教活动场所日趋规范。

1994 ~1997 年，贯彻国务院颁布的《宗教活动场所管理条例》，依法开展宗教活动场所的登记、建档工作，使全市宗教活动管理更加法制化。

1998 年后，严格执行《宗教活动场所管理条例》，把宗教场所修建、重修、装修审批作为宗教场所管理重点。

1999～2000 年，重点依法加强对宗教活动场所基建的管理。坚持凡是修建、翻新、扩建寺院、教堂，实行县、乡、村三级管理，逐级审批制度。

2005 年后，阿克苏市严格按照《宗教场所登记办法》，规定申报宗教场所时自筹资金达不到 75% 以上、土地审批手续不全的、信教群众达不到一定数量的、未成立修建监督小组的、没有正式申报材料的不予批准建设。

2015 年 10 月，阿克苏市按照统筹规划、合理布局、抗震实用的要求，以优化布局、提高质量、完善功能、满足信教群众需求为基础，确保信教群众能在安全整洁、设施配套、功能齐全的宗教活动场所开展活动，参照《中华人民共和国土地法》和城乡总体规划要求，结合棚户区改造工程建设及路网拓宽工程，开展宗教活动场所优化提质工作。截至 2016 年底，全市共有清真寺 223 座，其中主玛寺 150 座、一般寺 73 座，城区清真寺 33 座（其中主玛寺 28 座、一般寺 5 座）、乡镇清真寺 190 座（其中主玛寺 122 座、一般寺 68 座）。

## 二 监督检查

1990 年后，阿克苏市民宗局每年要对宗教场所安全情况进行至少 2 次检查。

1996 年，阿克苏市民宗局按照《宗教场所年检办法》，对全市宗教场所进行年检，建立健全清真寺档案，分设寺管会主任和教务主持，加强相互监督制约，建立健全财务管理、寺务公开、民主议事等制度。

1999 年，在阿克苏市宗教活动场所年检中，98% 的宗教活动场所被评为合格。

2003 年，阿克苏市开始实施“两项制度”（民族领导联系清真寺、与宗教人士谈话制度）工作，并作为各单位年终考核的一项重要内容。

2011 年，阿克苏市开展宗教活动场所安全隐患摸排工作，对所有宗教活动场所的消防设施定期进行更换，确保宗教活动场所的安全。

2013 年，阿克苏市开展“平安宗教活动场所”创建活动，98% 的宗教活动场所被评为“平安宗教活动场所”。

2015 年，阿克苏市按照统筹规划、合理布局、抗震实用的要求，结合棚户区改造工程建设及路网拓宽工程，开展宗教活动场所优化提质工作，对 110 座清真寺进行提质优化。

2016 年，阿克苏市依法加强对宗教人士、宗教活动、宗教活动场所和执法行为的管理，广泛宣传社会主义核心价值观及《中华人民共和国宪法》内容，促进宗教活动场所走向现代文明化。

## 三 “双五好”评选活动

1991 年，阿克苏市开始开展“五好”宗教活动场所评选表彰活动。

2001 年，阿克苏市评选“五好”宗教人士 261 名。

2003 年，阿克苏市开展“双五好”评选表彰活动中，有国家级“五好”宗教活动场所 1 座，自治区级“五好”宗教活动场所2座，地区级“五好”宗教活动场所5座。

2008年，阿克苏市评选出48个“五好”宗教活动场所。

2013年后，阿克苏市主要开展“平安宗教活动场所”评选活动。

## 第二节　宗教人士管理

### 一　宗教人士资格认证

1990年后，阿克苏市依法加强宗教人士管理，经认定并备案的宗教教职人员，可以在规定的宗教活动场所从事宗教教务活动，但不得在宗教活动场所以外进行讲经、布道、传教及相关活动；未经认定、备案、聘任的人员或被解职的宗教教职人员，不得进行宗教教务活动。宗教人士实行聘任制，民宗部门每年都要对宗教教职人员进行考评，如连续3年评定不称职，取消教务主持资格。宗教人士聘任每3年进行一次，按严格的聘任程序进行，如考察合格，由市政府颁发聘任证书。

2000～2010年，阿克苏市严格执行《宗教人士年度考核制度》及《宗教人士生活补助费发放管理制度》。

2014年，阿克苏市进行资格认定的宗教教职人员569名，认定、聘任、备案率达100%。

2016年，阿克苏市进行资格认定的宗教教职人员426名，教职人员中毕业于自治区经文学院的有3人、毕业于地区经文学校的有7人。

### 二　宗教人士学习培训

1990年，阿克苏市制定宗教人士学习制度，广泛学习宣传《新疆维吾尔自治区宗教活动管理暂行规定》《新疆维吾尔自治区宗教职业人员管理暂行规定》。

1994年，阿克苏市首次举办宗教人士学习班，学习《中华人民共和国宗教活动管理规定》《宗教活动场所管理条例》《宗教事务管理规定》，教育引导宗教人士依法从事宗教活动。

1998～1999年，阿克苏市各乡镇场举办宗教人士政治培训班356期，培训宗教人士9382人次。选派15名宗教人士参加地区政治学校学习培训，1名去内地参观学习。

2002～2010年，阿克苏市举办爱国宗教人士培训班27期，每期7天，每年选派数十名至上百名宗教人士到外地参观学习，了解先进文化与思想。同时每周二、周四定为宗教人士政治学习日，由各乡镇、街道进行组织。

2012年，阿克苏市阿依库勒镇组织辖区16名宗教人士举行“感恩祖国北京行”活动，赴北京、天津考察学习，为期10天。5月，阿克苏市选派60名爱国宗教人士赴杭州学习。

2013年，阿克苏市建立宗教教职人员认定备案机制，全市进行资格认定的宗教教职人员567名。

2016年，阿克苏市举办爱国宗教人士培训班，深入学习党的民族宗教政策和各项惠民政策，教育引导宗教人士了解各项法律法规，树立正确的思想认识。

### 三　政治待遇

1990 年后，阿克苏市大力推荐宗教人士担任人大代表和政协委员，在第三届人民代表大会、政协阿克苏市第三届委员会上有 11 名市人大代表、5 名政协委员是宗教人士。同时推荐自治区人大代表 1 名、自治区伊斯兰教协会委员 4 名、市伊斯兰教协会委员 47 名。

截至 2016 年，阿克苏市在宗教人士中共推举出市人大代表 62 名、政协委员 59 名。

### 四　宗教人士生活补贴发放

1990 年，阿克苏市贯彻执行中央、自治区党委文件精神，加强对宗教人士、宗教活动场所的管理，执行党的宗教信仰自由政策。给有代表性的宗教人士发放生活补助费。

1991 年，阿克苏市为第一批 99 名宗教人士发放生活补助费，全额为 29185 元。

1993 年，为 84 名宗教人士发放生活补助费 66436 元。

从 2012 年开始，阿克苏市将宗教人士生活费纳入财政预算，至 2016 年 12 月，全市 426 名宗教教职人员每月享受最高 1000 元、最低 435 元不等的生活补助。

## 第三节　宗教活动管理

### 一　制度建设

2000 年，阿克苏市开展“两项制度”工作，即少数民族领导干部联系清真寺、联系宗教人士制度，副县级以上少数民族领导联系城区主要清真寺，副科级以上干部联系乡镇场主要清真寺，站所干部与村干部每人联系 1 座清真寺和 1 名伊玛目。当年召开“两项制度”领导小组协调会 3 次，开展调研 5 次。

2001 ~ 2002 年，全市有 667 人少数民族领导干部联系清真寺 13800 人次。

2009 年，阿克苏市召开统战宗教工作会议，7 名干部受到“两项制度”联系工作表彰。全年各级“两项制度”联系干部共联系宗教活动场所 42120 人次，与宗教人士谈话 14928 人次。

2014 年，阿克苏市强化“两项制度”活动，要求县级领导每月联系宗教场所不少于 1 次，每次在联系点召开不少于 30 人的座谈会，每次给联系点解决问题不少于 1 件。

2015 ~ 2016 年，阿克苏市对“两项制度”进行进一步完善，将“两项制度”深化为“两联系一教育”制度，即少数民族领导干部联系清真寺、联系宗教人士，教育信教群众。

### 二　宗教事务管理体系建设

1990 ~ 2016 年，阿克苏市依法管理宗教事务，组织宗教人士学习民族宗教法律知识，并及时向信教群众宣传，提高信教群众的法律意识及依法信教的自觉性。建立市、乡、村宗教事务管理三级网络，落实属地管理制、主要领导负责制、责任制追究制以及“两项制度”，严格采取“定人、定点、定讲”等措施，使宗教事务管理逐步达到依法规范管理的要求。

## 三　干部驻村管寺

2016年10月，阿克苏市贯彻落实自治区关于驻村管寺“规范化、常态化、科学化”的要求，成立4个清真寺管委会、43个片区管委会，并选派227名地、市、乡三级干部到清真寺管委会工作，实现清真寺管委会（片区管委会）、驻村管寺常态化、全覆盖。驻村管寺干部按照《阿克苏市清真寺和宗教活动教育管理服务管委会（片区管委会）成员职责》的要求，突出清真寺和宗教活动教育、管理和服务职能，开展形式多样的宣教活动，规范信教群众宗教行为，遏制极端宗教思想，宗教人士及信教群众法律意识明显增强。同时，为确保工作落到实处，阿克苏市对驻村管寺各项工作进行督察20次，专项调查3次，评比优秀管委会11个，优秀驻村管寺干部70人。

## 四　依法打击非法宗教活动

1990年后，阿克苏市为防止非法宗教活动，成立清理非法宗教活动领导小组。

1999年，阿克苏市成立打击邪教领导小组，举办涉教人员学习班，宣传党的宗教政策。

2010 ~ 2013年，阿克苏市大力开展制止非法宗教宣传活动，严肃查处非法教经活动。

2015 ~ 2016年，阿克苏市大力宣传社会主义核心价值观、民族团结、法律法规等内容，教育群众认清宗教极端思想危害，引导群众树立正确的宗教观。

## 五　规范讲经、解经

2002年后，阿克苏市进一步规范讲经内容，宣传《卧尔兹选编》和《新编卧尔兹演讲集》，明确宗教人士讲经内容。每年举办1次“卧尔兹”演讲比赛，提高宗教人士讲经解经能力。

2010 ~ 2016年，阿克苏市进一步规范讲解经内容，严格按照自治区、地区伊斯兰教协会编印的《卧尔兹演讲集》开展讲经活动。

## 六　朝觐管理

1990年后，阿克苏市坚持“公正、公平、公开”原则，有计划、有组织地做好伊斯兰教信教群众参加朝觐相关工作。截至1999年，全市参加组团朝觐的60人、零散朝觐22人。

2005年，阿克苏市成立制止零散朝觐组织活动领导小组，制定《阿克苏市朝觐工作管理暂行办法》《阿克苏市制止零散朝觐组织活动专项治理工作实施方案》，禁止零散朝觐。

2013 ~ 2016年，阿克苏市严格管理朝觐活动，对申请组团的朝觐人员进行严格筛查，并对返回人员进行培训，防止出现宗教极端思想。

# 第三十编　编制人力资源和社会保障

1990年后，随着改革进程的逐步深化，阿克苏市认真贯彻落实中央、自治区党委和地委机构编制管理的方针、政策，编制工作在改革中不断加强，制度不断完善。1998年以来，编制部门以深化党政机构、事业单位人事编制工作改革为导向，推进市乡机构改革，加强机构编制管理和监督检查，市乡党政机构先后经过3次机构改革，事业单位经过2008年编制清理规范和2013年分类改革，使全市机构精简，人员编制趋于合理。

20世纪末，人事劳动部门不断加大制度改革力度，坚持人才强市战略，注重人力资源开发，不断拓宽就业渠道。随着大中专院校毕业生停止统招统分，实行自主择业及国家公务员制度的全面推行，阿克苏市坚持"凡进必考""择优录用"的原则，严把人员"入口关"。注重对专业技术人才的培养和人才的引进，不断加强人才队伍建设，通过德、能、勤、绩、廉考核干部，对干部实行分级管理。规范机关事业单位工资收入分配制度，在教科文卫和党政机关专业技术人员中进行职称改革和专业技术职称评聘，引进竞争、激励机制。在就业安置上，对劳动市场进行全方位的建设管理，通过宣传、培训、职业介绍、劳务派遣、经纪人联络等途径，建立市场就业竞争机制，实现劳动力管理社会化。

21世纪初，社会保障机制不断完善，保障面不断扩大，阿克苏市先后推行城镇企业职工养老保险、失业保险、生育保险、工伤保险、城镇居民基本医疗保险、新农合医疗保险、农牧民养老保险、农村干部养老保险，实施城市和农村居民最低生活保障制度，切实保障和改善民生，为市域经济发展、社会稳定、人民和睦团结发挥了积极的保障作用。

# 第一章 编 制

## 第一节 机 构

### 一 行政机构

1990 年，阿克苏市编制委员会办公室（以下简称编办）为正科级，是政府管理编制的工作机构，配备专职副主任 1 名，核定编制 5 名。

1998 年 6 月，市编办设副主任 1 人，核定编制 5 名，既是市委的工作机构，又是政府的职能部门。

2002 年，阿克苏市编制委员会办公室更名为阿克苏市机构编制委员会办公室，正科级建制。核定行政编制 7 名，机关工勤编制 1 名。

2006 年 9 月，市机构编制委员会办公室列入党委部门序列，既是党委的工作部门，也是政府的工作部门，正科级建制。

2007 年 10 月，阿克苏市机构编制委员会办公室核定行政编制 9 名（含市事业单位登记管理局 2 名编制），机关工勤编制 1 名，其中领导职数 2 名（市机构编制委员会办公室主任兼市事业单位登记管理局局长）。实有 7 人。

2011 年 8 月，市机构编制委员会办公室更名为市委机构编制委员会办公室，列入党委机构序列。

2016 年，阿克苏市委编办核定行政编制 11 名，实有 11 人。

### 二 事业机构

2000 年 11 月，阿克苏市成立事业单位登记管理局，在市编制委员会办公室挂牌，为编办直属事业单位，参照公务员管理，副科级建制，核定行政编制 2 名。与编办“两块牌子、一套班子”。

2002 年，阿克苏市事业单位登记管理局作为阿克苏市机构编制委员会办公室的二级单位，核定行政编制 2 名。

## 第二节 编制管理

1990 ~ 1991 年，阿克苏市编办对全市各级党政群机关、事业单位人员编制实行结构、计划管理，科学确定各类人员的具体职位设置，实行人员卡片制度。

1993 年，阿克苏市 80% 的事业机构由原全额拨款划为差额补贴，由差额补贴划为自收自支。市水利施工队、市渔场、市招待所等自收自支事业单位过渡为企业。

1994 年，阿克苏市严格控制人员入编管理，增人入编由事后管理改为事前管理。

2003 年，阿克苏市根据乡镇人口分布和经济发展状况，对 4 乡 2 镇重新进行分类，确定内设机构及职责，把乡镇文化广播服务中心、农业综合服务站、农机管理服务站、乡镇林业工作站、乡镇畜牧兽医站等站所事权下放到乡镇。

2004 年，阿克苏市对中小学编制重新进行核定，中小学校由原来的 116 所减少到 66 所。地区 4 所中学和铁路子弟学校移交阿克苏市管理。对依照公务员制度管理的事业单位重新进行审核、甄别，29 个单位被定为依照公务员管理单位。

2009 年，阿克苏市对事业单位机构进行清理规范，减少事业机构 7 个，整合职能相近的机构 4 个，规范单位名称 32 个，收回事业编制 94 名。

2016 年，阿克苏市重新核定社区编制，按照重点社区配备 15 名干部、一般社区配备 10 名干部的标准，将良种场 150 名差额事业编制连人带编整体划转到社区。同时，收回部分事业单位人员编制，调整充实到社区。

**表 30－1　1990～2016 年阿克苏市机构编制一览表**

单位：名

| 年份 | 行政 | | | | | | | | | | | | 事业 | | | | | |
|---|---|---|---|---|---|---|---|---|---|---|---|---|---|---|---|---|---|---|
| | 编制 | | | | | | 人数 | | | | | | | | | | | |
| | 市直 | | | | 乡镇 | | 市直 | | | | 乡镇 | | 市直 | | 乡镇（街道） | | 人数 | |
| | 行政 | 街道 | 自定 | 工勤（街道） | 行政 | 工勤 | 行政 | 街道 | 自定 | 工勤（街道） | 行政 | 工勤 | 机构 | 编制 | 机构 | 编制 | 市直 | 乡镇（街道） |
| 1990 | 1244 | 90 | 110 | | 281 | | 1134 | 84 | | | 255 | | 84 | 2880 | 109 | 2263 | 2218 | 1505 |
| 1991 | 1341 | 90 | 122 | | 281 | | 1192 | 89 | | | 248 | | 92 | 2931 | 121 | 2287 | 2343 | 1588 |
| 1992 | 1347 | 90 | 117 | | 281 | | 1192 | 83 | | | 257 | | 99 | 3018 | 121 | 2358 | 2368 | 1760 |
| 1993 | 1331 | 90 | 126 | | 281 | | 1177 | 84 | | | 263 | | 101 | 3022 | 123 | 2378 | 2424 | 1745 |
| 1994 | 1334 | 90 | 127 | | 281 | | 1089 | 81 | | | 277 | | 103 | 3214 | 131 | 2419 | 2494 | 1873 |
| 1995 | 1341 | 90 | 79 | | 281 | | 1117 | 86 | | | 275 | | 110 | 3786 | 150 | 3306 | 2738 | 2019 |
| 1996 | 1349 | 90 | 79 | | 274 | | 1138 | 85 | | | 276 | | 119 | 3913 | 145 | 3306 | 2787 | 2184 |
| 1997 | 1401 | 90 | 71 | | 325 | | 1280 | 93 | | | 301 | | 130 | 3960 | 153 | 3352 | 2840 | 2276 |
| 1998 | 1440 | 90 | 71 | | 325 | | 1280 | 93 | | | 301 | | 130 | 3906 | 169 | 3448 | 2930 | 2396 |
| 1999 | 1461 | 109 | 13 | | 277 | | 1251 | 99 | | | 292 | | 154 | 3633 | 166 | 2642 | 2769 | 2517 |
| 2000 | 1742 | 109 | | | 289 | | 1663 | 100 | | | 303 | | 154 | 4243 | 166 | 3237 | 3032 | 2520 |
| 2001 | 1170 | 109 | 56 | 96 | 289 | 35 | 1266 | 106 | 158 | 45 | 308 | 37 | 157 | 4236 | 164 | 3218 | 3085 | 2646 |
| 2002 | 1222 | 99 | 259 | 93 | 259 | 35 | 1266 | 108 | 158 | 96 | 331 | 37 | 157 | 4172 | 164 | 3232 | 3114 | 2804 |
| 2003 | 1245 | 99 | 70 | 111 | 335 | 35 | 1153 | 78 | 69 | 86 | 275 | 37 | 161 | 4588 | 155 | 3730 | 3098 | 2686 |
| 2004 | 1243 | 99 | 147 | 112 | 373 | 35 | 1078 | 70 | 134 | 98 | 289 | 35 | 146 | 5692 | 203 | 3462 | 3903 | 2857 |
| 2005 | 1239 | 99 | 238 | 112 | 343 | 16 | 1108 | 85 | 163 | 104 | 267 | 28 | 199 | 8604 | 42 | 448 | 5946 | 664 |
| 2006 | 1248 | 99 | 238 | 112 | 343 | 16 | 1144 | 90 | 277 | 106 | 277 | 28 | 199 | 8637 | 42 | 448 | 6036 | 650 |
| 2007 | 1248 | 99 | | 10 | 343 | 16 | 1144 | 90 | | 12 | 277 | 28 | 199 | 8637 | 42 | 448 | 6036 | 650 |
| 2008 | 1478 | 109 | | 10 | 343 | 16 | 1360 | 106 | | 12 | 257 | 24 | 254 | 9030 | 40 | 271 | 6842 | 364 |
| 2009 | 1567 | 109 | | 10 | 359 | 16 | 1461 | 103 | | 11 | 285 | 23 | 255 | 9563 | 40 | 281 | 7983 | 354 |

续表

| 年份 | 行政 | | | | | | | | | | | | 事业 | | | | | |
|---|---|---|---|---|---|---|---|---|---|---|---|---|---|---|---|---|---|---|
| | 编制 | | | | | | 人数 | | | | | | | | | | | |
| | 市直 | | | | 乡镇 | | 市直 | | | | 乡镇 | | 市直 | | 乡镇(街道) | | 人数 | |
| | 行政 | 街道 | 自定 | 工勤(街道) | 行政 | 工勤 | 行政 | 街道 | 自定 | 工勤(街道) | 行政 | 工勤 | 机构 | 编制 | 机构 | 编制 | 市直 | 乡镇(街道) |
| 2010 | 1592 | 109 | | 10 | 359 | 16 | 1458 | 100 | | 11 | 309 | 22 | 271 | 9381 | 40 | 261 | 7583 | 344 |
| 2011 | 1613 | 171 | | 12 | 359 | 16 | 1474 | 102 | | 11 | 288 | 20 | 278 | 9369 | 40 | 281 | 7608 | 328 |
| 2012 | 1644 | 171 | | 12 | 404 | 16 | 1493 | 118 | | 11 | 273 | 20 | 308 | 9308 | 40 | 331 | 7822 | 378 |
| 2013 | 1777 | 171 | | 12 | 404 | 16 | 1446 | 125 | | 10 | 326 | 18 | 331 | 9870 | 40 | 383 | 8142 | 375 |
| 2014 | 1775 | 171 | | 12 | 404 | 16 | 1749 | 123 | | 9 | 346 | 17 | 386 | 9853 | 40 | 383 | 8777 | 407 |
| 2015 | 1984 | 171 | | 12 | 404 | 16 | 1952 | 133 | | 9 | 339 | 18 | 344 | 9329 | 119 | 898 | 8184 | 1001 |
| 2016 | 1999 | 141 | | 14 | 380 | 16 | 1910 | 115 | | 8 | 313 | 17 | 347 | 8834 | 136 | 1322 | 8413 | 971 |

## 第三节　机构改革

### 一　市直党政机构改革

1998 年，阿克苏市启动机构改革，经济工作部、商业局、外办、经济协作办、文化局、体育运动委员会等机构合并至其他部门。

2002 年，阿克苏市设置副科级以上机构 55 个，其中党委工作部门 7 个，议事协调机构的办事机构 1 个，部门管理机构 3 个；政府设置工作部门 24 个（不含监察局、民族宗教事务管理局 2 个不占限额机构）；人大机关部门 3 个，政协机关部门 1 个；民主党派机构 1 个；人民团体机构 5 个；法院 1 个，检察院 1 个；街道办事处 5 个。

2014～2016 年，阿克苏市深化行政审批制度改革，进一步简政放权，取消部分审批事项，保留 27 个主体单位的审批事项 256 项，纳入权责清单目录的事项 2067 项。

### 二　乡（镇）机构改革

1998 年 5 月，阿克苏市按照经济发展规模及管理范围将乡镇（场）分成三类，一类为喀拉塔勒镇、阿依库勒镇，二类为依干其乡、拜什吐格曼乡、托普鲁克乡、库木巴什乡，三类为托喀依乡，根据分类设定相应的编制数及内设机构。

2002 年 4 月，市编办对乡镇“七站八所”机构设置和职责任务进行调研。召开乡镇党政机构实施大会，下发《关于印发〈阿克苏市各乡（镇）职能配置内设机构和人员编制方案〉的通知》。

2016 年，阿克苏市制定《阿克苏市乡镇体制改革指导方案》，将乡镇站所整合为“一个平台、五大中心”（乡镇服务大厅，农业发展服务中心、村镇规划建设发展中心、文体广电服务中心、社会保障〈民政〉服务中心、乡镇财政所），实现“一站式”办结。乡镇司法所、食品药品监督管理站、中小学、农村双语幼儿园、卫生计生院统一由乡镇管理。

### 三　人员分流

2002 年，阿克苏市制定《阿克苏市党政机构改革期间人员定岗和分流问题的若干意见》，规定提前离岗或改任非领导职务的、即将达到退休年龄的人员一次性办理退休手续；部分机关工作人员可转入企事业单位工作；达到退休年龄人员经本人申请可提前退休；机关工作人员辞去公职自谋职业可享受一定的优惠政策。此次改革，阿克苏市提前离岗、改任非领导职务 38 人，提前办理退休手续的 139 人，机构撤并划转到新工作岗位报到的 43 人。通过分流，机关人员结构、知识结构更趋合理，编制仍保持总体平衡。

## 第四节　事业单位法人登记

1999 年后，阿克苏市编办开始对全市所有需法人登记的事业单位进行登记和年检。

2010 年，阿克苏市有事业单位法人登记单位 201 个，其中新设立登记单位 4 个、办理单位变更登记的 59 个、年检不合格的 16 个。

2016 年，阿克苏市进行年检的单位 194 个，年审单位 426 个，年检和年审率均为 100%。

**表 30－2　2002～2016 年阿克苏市事业单位法人登记情况统计表**

单位：个

| 年份 | 事业单位登记数 | 年份 | 事业单位登记数 | 年份 | 事业单位登记数 |
|---|---|---|---|---|---|
| 2002 | 116 | 2007 | 209 | 2012 | 220 |
| 2003 | 148 | 2008 | 201 | 2013 | 220 |
| 2004 | 188 | 2009 | 198 | 2014 | 226 |
| 2005 | 195 | 2010 | 201 | 2015 | 220 |
| 2006 | 198 | 2011 | 220 | 2016 | 194 |

# 第二章　人力资源和社会保障

## 第一节　机　构

1990 年，阿克苏市人事局和劳动局各为独立单位。1994 年，阿克苏市人事局和劳动局合并，成立阿克苏市劳动人事局。

1996 年 1 月，阿克苏市劳动人事局劳动监察大队成立，股级建制，为劳动人事局内设机构。1997 年 4 月，成立阿克苏市劳动鉴定委员会，下设办公室，办公室设在市劳动人事局。

1998 年 12 月，阿克苏市成立干部考核委员会，下设办公室，办公室设在市劳动人事局。1999 年 1 月，阿克苏市劳动人事局核定行政编制 23 名，其中领导职数 3 名，局内下设劳动监察股（劳动监察大队）。

2002 年，阿克苏市劳动人事局更名为阿克苏市人事劳动和社会保障局，编制 20 名。4 月，成立阿克苏市就业再就业工作领导小组，下设办公室。

2005 年 1 月，阿克苏市成立乡镇劳动保障事务所，负责城乡统筹就业工作。

2007 年 3 月，成立阿克苏市人事争议仲裁委员会；在市就业再就业工作领导小组办公室挂职业介绍培训中心牌子。

2008 年 2 月，阿克苏市职业介绍培训中心更名为阿克苏市人力资源服务中心。

2013 年 3 月，阿克苏市人事劳动和社会保障局更名为阿克苏市人力资源和社会保障局，内设办公室、规划财务股（社会保险基金监督股）、公务员管理股、事业单位管理股、工资福利股、人才管理股、就业再就业工作办公室、职业技能鉴定股、社会保险管理股、调解仲裁管理办公室（劳动人事争议仲裁委员会办公室）10 个机构，核定机关行政编制 24 名、机关工勤事业编制 2 名。

2016 年 6 月，成立阿克苏市公共就业服务局，隶属于由阿克苏市人社局管理的事业单位，核定全额事业编制 15 名。

## 第二节 干部队伍

### 一 干部基本情况

1990 年，阿克苏市有国家干部 4212 人，其中女性 1829 人；少数民族 2739 人；大专以上学历 1795 人，中专及高中文化 2417 人。2006 年，《中华人民共和国公务员法》颁布执行，阿克苏市有公务员 1649 人。2016 年，全市有公务员 2074 人，其中女性 569 人；少数民族 803 人；大专以上学历 1993 人，中专及高中文化 81 人。

表 30－3 1990 ~ 2016 年部分年份阿克苏市干部基本情况表

| 年份 | 干部总数 | 性别 | | 族别 | | 政治面貌 | | 文化程度 | | 年龄结构 | | | |
|---|---|---|---|---|---|---|---|---|---|---|---|---|---|
| | | 男 | 女 | 汉族 | 少数民族 | 党员 | 团员 | 大专以上 | 中专高中 | 30 岁以下 | 31 ~ 35 岁 | 36 ~ 45 岁 | 46 岁以上 |
| 1990 | 4212 | 2383 | 1829 | 1473 | 2739 | 1094 | 841 | 1795 | 2417 | 1694 | 631 | 1046 | 841 |
| 1995 | 5010 | 2855 | 2155 | 1917 | 3093 | 1477 | 1115 | 1253 | 3757 | 1953 | 857 | 1283 | 917 |
| 2000 | 5601 | 2807 | 2794 | 1676 | 3925 | 2025 | 3576 | 2286 | 3315 | 288 | 2875 | 1509 | 929 |
| 2005 | 2539 | 1657 | 882 | 1252 | 1287 | 1331 | 1208 | 1707 | 832 | 229 | 1065 | 884 | 361 |
| 2006 | 1649 | 1161 | 488 | 1014 | 635 | 883 | 766 | 1352 | 297 | 426 | 342 | 636 | 245 |
| 2007 | 1663 | 1175 | 488 | 1005 | 658 | 901 | 762 | 1413 | 250 | 452 | 341 | 611 | 259 |
| 2008 | 1843 | 1259 | 584 | 1222 | 621 | 921 | 922 | 1602 | 241 | 460 | 350 | 622 | 411 |
| 2009 | 1882 | 1300 | 582 | 1141 | 741 | 1010 | 848 | 1672 | 210 | 491 | 348 | 651 | 392 |
| 2010 | 1891 | 1312 | 579 | 1170 | 721 | 1034 | 857 | 1701 | 190 | 502 | 361 | 654 | 374 |
| 2011 | 1904 | 1322 | 582 | 1176 | 728 | 1056 | 848 | 1731 | 173 | 543 | 352 | 659 | 350 |
| 2012 | 1924 | 1331 | 593 | 1189 | 735 | 1100 | 824 | 1799 | 125 | 578 | 391 | 601 | 354 |
| 2013 | 1935 | 1381 | 554 | 1186 | 749 | 1151 | 784 | 1814 | 121 | 590 | 352 | 620 | 373 |
| 2014 | 1948 | 1418 | 530 | 1189 | 759 | 1199 | 749 | 1842 | 106 | 667 | 356 | 597 | 328 |
| 2015 | 2053 | 1511 | 542 | 1239 | 814 | 1244 | 809 | 1910 | 143 | 741 | 372 | 608 | 332 |
| 2016 | 2074 | 1505 | 569 | 1271 | 803 | 1292 | 782 | 1993 | 81 | 689 | 424 | 619 | 342 |

说明：2005 年后，仅统计公务员数量。

## 二　干部调配

1990 年，市人事局负责全市一般干部的调动，调配的范围是干部跨县调动、市内各系统间的调动，调配手续 255 人次，其中调入 255 人次，市内调整 24 人次，其他调入 50 人次。1995 年 12 月，阿克苏市实行国家机关补充工作人员考选制，通过笔试与面试、答辩与考核相结合的办法挑选干部，先后调配干部 238 人，其中调入 6 人次，市内调整 24 人次。

2000 年，阿克苏市制定《阿克苏市干部调配工作规定》，明确干部调配制度，先后调配干部 122 人，其中调入 93 人次、调出 18 人次、市内调整 11 人次。截至 2007 年，全市共调配干部 1427 人。

2014～2016 年，阿克苏市共调配干部 1069 人，其中调入 341 人、调出 345 人、市内调整 383 人。

## 三　干部离退休

1990 年，阿克苏市退休 278 人，离休 3 人；2000 年，阿克苏市退休 484 人，离休 6 人；2006 年，阿克苏市一般干部、工勤退休 264 人，离休 8 人。

2016 年，阿克苏市一般干部、工勤退休 260 人，累计离休 17 人。

## 四　公务员管理

1999～2000 年，阿克苏市开始开展公务员过渡工作，过渡公务员 1043 人。

2006 年，《中华人民共和国公务员法》施行后，阿克苏市开始对公务员进行登记，当年共登记公务员 1649 人。2016 年，有公务员 2074 人。

2010～2016 年，阿克苏市根据《中华人民共和国公务员法》规定，给予年度考核结果为优秀等次的公务员记嘉奖，连续三年考核结果为优秀的公务员记三等功，共授予个人嘉奖 931 人次、三等功 123 人次。

## 五　干部考核

1999 年，阿克苏市成立干部考核领导小组，办公室设在市人事局，对党政机关、事业单位职工进行年度考核。年内，共有 121 个单位 7604 人参加考核。2007 年 12 月，阿克苏市调整充实市干部考核领导小组，办公室设在市委组织部。

2016 年，阿克苏市共有 8753 名事业单位工作人员参加考核，其中优秀 1054 人、合格 7042 人、基本合格 16 人、不合格 123 人、不定等次 480 人、未参加考核 38 人。

## 六　军队转业干部安置

2001 年，阿克苏市接收军队转业干部安置 10 名，并开始实施自主择业军队转业干部安置、服务和管理工作。

2007 年 6 月，阿克苏市成立自主择业军队转业干部安置、服务和管理工作领导小组，在市人事劳动和社会保障局设立办公室。截至 2016 年，全市共接收军队转业干部安置 84 名，自主择业军队转业干部 401 人，（含 2014 年接管地区转交 42 人），其中副师级干部 4 人、正团职干部 31

人、副团职干部133人、正营职干部152人、副营职干部63人、专业技术干部18人。通过采取个人应聘和自办经济实体相结合的方式，使96名自主择业军队转业干部实现就业，其中自办经济实体23人，在非公有制企业就业67人。

**表30－4　2001~2016年阿克苏市接收军队转业干部情况表**

单位：人

| 年份 | 接收人数 | 安排行业 | 年份 | 接收人数 | 安排行业 |
|---|---|---|---|---|---|
| 2001 | 10 | 党政机关、事业单位、政法系统 | 2009 | 0 | |
| 2002 | 2 | 党政机关、事业单位、政法系统 | 2010 | 6 | 党政机关、事业单位、政法系统 |
| 2003 | 8 | 党政机关、事业单位、政法系统 | 2011 | 6 | 党政机关、事业单位、政法系统 |
| 2004 | 1 | 党政机关、事业单位、政法系统 | 2012 | 3 | 党政机关、事业单位、政法系统 |
| 2005 | 6 | 党政机关、事业单位、政法系统 | 2013 | 1 | 党政机关、事业单位、政法系统 |
| 2006 | 11 | 党政机关、事业单位、政法系统 | 2014 | 4 | 党政机关、事业单位、政法系统 |
| 2007 | 10 | 党政机关、事业单位、政法系统 | 2015 | 6 | 党政机关、事业单位、政法系统 |
| 2008 | 9 | 党政机关、事业单位、政法系统 | 2016 | 1 | 党政机关、事业单位、政法系统 |

**表30－5　2001~2016年阿克苏市接收自主择业军队转业干部情况表**

单位：人

| 年份 | 接收人数 | 年份 | 接收人数 | 年份 | 接收人数 | 年份 | 接收人数 |
|---|---|---|---|---|---|---|---|
| 2001 | 4 | 2005 | 25 | 2009 | 34 | 2013 | 22 |
| 2002 | 9 | 2006 | 23 | 2010 | 18 | 2014 | 31 |
| 2003 | 17 | 2007 | 14 | 2011 | 22 | 2015 | 33 |
| 2004 | 19 | 2008 | 27 | 2012 | 22 | 2016 | 39 |

## 七　专业技术人员管理

1990年，阿克苏市根据专业技术所涉及的系列需要，批准组建工程经济系列、教育系列、卫生系列、农林牧系列、会计系列、统计系列、少数民族语言翻译系列、新闻播音系列、文化图书档案系列等9个专业技术初级评审委员会。

截至2016年，全市在职专业技术人才总数10458人，其中事业单位8890人、企业单位1568人。全市专业技术人才中，教育系统6274人，占总数的60%；卫生技术人员1464人，占总数的14%；农业技术人员418人，占总数的4%；其他行业专业技术人员2302人，占总数的22%。高级职称314人（含正高级4人），占总数的3%；中级职称2259人，占总数的21.6%；初级职称5564人，占总数的53.2%；未取得职称2321人，占总数的22.2%。

**表30－6　1990~2016年阿克苏市专业技术人员情况表**

| 年份 | 专业技术人才总数 | 高级 | 副高级 | 中级 | 初级 |
|---|---|---|---|---|---|
| 1990 | 223 | 3 | | 51 | 169 |
| 1991 | 231 | 4 | | 55 | 172 |
| 1992 | 263 | 5 | | 58 | 200 |
| 1993 | 350 | 5 | | 75 | 270 |

续表

| 年份 | 专业技术人才总数 | 高级 | 副高级 | 中级 | 初级 |
|---|---|---|---|---|---|
| 1994 | 367 | 7 | | 89 | 271 |
| 1995 | 282 | 20 | | 49 | 213 |
| 1996 | 664 | 15 | | 121 | 528 |
| 1997 | 621 | 1 | 9 | 109 | 502 |
| 1998 | 633 | | 6 | 92 | 535 |
| 1999 | 625 | | 10 | 74 | 541 |
| 2000 | 331 | | | 22 | 309 |
| 2001 | 630 | 2 | 16 | 103 | 509 |
| 2002 | 636 | | 7 | 193 | 436 |
| 2003 | 298 | | 9 | 116 | 173 |
| 2004 | 233 | | 17 | 89 | 127 |
| 2005 | 580 | 1 | 33 | 106 | 440 |
| 2006 | 199 | | 26 | 71 | 102 |
| 2007 | 475 | | 42 | 148 | 285 |
| 2008 | 471 | 11 | 107 | 80 | 273 |
| 2009 | 668 | 2 | 30 | 90 | 546 |
| 2010 | 638 | 3 | 43 | 34 | 558 |
| 2011 | 219 | 3 | 24 | 72 | 120 |
| 2012 | 396 | 3 | 30 | 89 | 274 |
| 2013 | 483 | 3 | 31 | 37 | 412 |
| 2014 | 629 | 3 | 174 | 396 | 56 |
| 2015 | 372 | 1 | 66 | 102 | 203 |
| 2016 | 617 | | 38 | 259 | 320 |

## 第三节　劳动就业

### 一　就业

1990 年，阿克苏市所属企业实行合同制职工制、大集体职工制。

1995 年，开始签订劳动合同，主要是托峰厂每年招用 100 人左右的工人，签订劳动合同。

1998 年，开始国企改革，针对国有企业下岗职工实行再就业优惠政策。

2002 年，阿克苏市有下岗失业人员 1670 人、大中专毕业生 164 人、城镇新成长劳动力 117 人、复转军人 29 人、城镇其他失业人员 1520 人，实现就业总人数 3500 人。

2006 年 3 月，就业和再就业办公室安装“劳动 99”系统软件，实现信息微机化管理，促进各类人员就业。6 月，成立创建充分就业社区工作领导小组。

2016 年，全市有下岗失业人员 2411 人、大中专毕业生 1569 人、城镇新成长劳动力 129 人、复转军人 16 人、城镇其他失业人员 5247 人、实现就业总人数 9372 人，农村富余劳动力转移 1.96 万人。

表 30-7　2002~2016 年阿克苏市就业和再就业情况表

| 年份 | 下岗失业人员（人） | 大中专毕业生（人） | 城镇新成长劳动力(人) | 复转军人（人） | 城镇其他失业人员(人) | 就业总人次 | 农村富余劳动力转移(人数) |
|---|---|---|---|---|---|---|---|
| 2002 | 1670 | 164 | 117 | 29 | 1520 | 3500 | |
| 2003 | 3853 | 216 | 251 | 21 | 1189 | 5530 | |
| 2004 | 4460 | 365 | 136 | 26 | 2263 | 7250 | |
| 2005 | 3594 | 398 | 175 | 23 | 2980 | 7010 | 3562 |
| 2006 | 3880 | 493 | 210 | 25 | 2374 | 6983 | 2849 |
| 2007 | 3274 | 558 | 138 | 8 | 2269 | 6427 | 3507 |
| 2008 | 3705 | 436 | 105 | 13 | 2458 | 6717 | 10298 |
| 2009 | 2441 | 625 | 89 | 17 | 4136 | 7308 | 7794 |
| 2010 | 2434 | 706 | 209 | 25 | 4896 | 8270 | 7730 |
| 2011 | 3234 | 868 | 149 | 9 | 4636 | 8896 | 7700 |
| 2012 | 2210 | 861 | 234 | 19 | 5576 | 8900 | 9780 |
| 2013 | 3701 | 915 | 195 | 0 | 5689 | 10500 | 12283 |
| 2014 | 3444 | 1024 | 79 | 11 | 5863 | 10421 | 17021 |
| 2015 | 1751 | 1385 | 113 | 19 | 5932 | 9200 | 18126 |
| 2016 | 2411 | 1569 | 129 | 16 | 5247 | 9372 | 19600 |

## 二　工资管理

1990 年，阿克苏市行政机关专业技术人员的工资均为以职务工资为主，按不同的工资职能分为基础工资、职务工资、工龄工资、奖励工资 4 个部分；机关事业单位的工人的工资以岗位工资为主，分为基础工资、岗位工资、工龄补贴和奖励工资 4 个部分。

2006 年，阿克苏市事业单位实行岗位绩效工资制度，由岗位工资、薪级工资和津贴补贴 4 部分组成。

2009 年 4 月，阿克苏市实行低职务待遇，机关无职务或现任职务为副科级及以下的公务员，工作年限达到 30 年和 25 年及以上的（须扣除考核不称职的年限），可分别比照最低任职年限的乡科级正职和乡科级副职非领导职务套改工资；事业单位无岗位或现任岗位为八级及以下的管理人员，工作年限达到 30 年和 25 年及以上的（须扣除考核不称职的年限），可分别比照最低任职年限的七级岗位和八级岗位套改工资。

2015 年，阿克苏市实行职务与职级并行，干部晋升科员级须任办事员满 8 年，级别达到 25 级；晋升副科级须任科员级或科员满 12 年，级别达到 23 级；晋升正科级须任副科级或乡科级副职、副主任科员满 15 年，级别达到 20 级；晋升副处级须任正科级或乡科级正职、主任科员满 15 年，级别达到 19 级；晋升正处级须任副处级或县处级副职满 15 年，级别达到 17 级。南疆四地州的县以下公务员在执行职级晋升条件的基础上，在任职每满 1 年且年度考核为称职以上等次的，任职年限条件缩短半年。

2016 年，阿克苏市调整艰苦边远地区津贴标准，月人均 480 元，机关事业单位在职和退休共计 1.28 万人调整艰苦边远地区津贴，人均月增资 92.1 元。同时调整公务员、事业单位工作人员基本工资标准及机关工人技术等级（岗位）工资标准，将部分规范津贴补贴纳入基本工资（技术等级工资），涉及机关单位 2558 人、事业单位 8917 人，月增资 375 万元，人均增资 278 元/月。

## 三　工人考核

1995 年，阿克苏市成立机关事业单位工人技术考核委员会，具体负责全市机关事业单位工人技术等级培训考核工作。截至 2016 年，取得职业资格证人数中，高级技师 8 人、技师 99 人、高级工 591 人、中级工 484 人、初级工 298 人。

**表 30－8　1995～2016 年阿克苏市机关事业单位工人职业资格情况表**

单位：人

| 年份 | 高级技师 | 技师 | 高级工 | 中级工 | 初级工 | 年份 | 高级技师 | 技师 | 高级工 | 中级工 | 初级工 |
|---|---|---|---|---|---|---|---|---|---|---|---|
| 1995 | | | | 74 | 39 | 2006 | | 8 | 34 | 23 | 11 |
| 1996 | | | 239 | 83 | 22 | 2007 | 1 | 6 | 29 | 38 | 20 |
| 1997 | | | 4 | 8 | | 2008 | 2 | 5 | 13 | 7 | 3 |
| 1998 | | | 16 | 12 | 11 | 2009 | | 1 | 4 | 5 | 10 |
| 1999 | | | | | 11 | 2010 | | 1 | 21 | 40 | 31 |
| 2000 | | 5 | 34 | 1 | 1 | 2011 | | 3 | 18 | 4 | |
| 2001 | | 1 | 5 | 6 | 19 | 2012 | | 2 | 8 | 11 | 13 |
| 2002 | | | 32 | 57 | 28 | 2013 | | | 8 | 6 | 1 |
| 2003 | | 2 | 18 | 23 | 11 | 2014 | 3 | 1 | 10 | 2 | |
| 2004 | | 5 | 11 | 30 | 26 | 2015 | 2 | 21 | 30 | 32 | 32 |
| 2005 | | 11 | 8 | 18 | 6 | 2016 | | 17 | 49 | 4 | 3 |

## 四　人才交流与职业介绍

1991 年 7 月，阿克苏市成立职业介绍所，为国有企业安置待业青年 196 人。

2000 年，阿克苏市职业介绍所为各类失业人员开展职业介绍 318 人。

2005 年，市职业介绍所完成求职登记 925 人，安置就业 420 人，各岗位信息需求人数 3460 人，招聘单位 44 个，职业指导 1321 人，参加交流洽谈会人数达 2500 余人次。

2008～2012 年，阿克苏市人力资源服务中心累计开展求职登记 7284 人，推荐就业 4394 人，各岗位信息需求 1.81 万人，联系用人单位 768 家次，职业指导 7146 人次，参加交流洽谈会人数达 1.7 万余人次。

2015～2016 年，阿克苏市人力资源服务中心共为 7378 名失业人员免费进行职业指导、职业介绍、政策咨询，开展“春风行动”、民营企业招聘周、大中专毕业生秋季招聘会等大型专项招聘会 17 场，提供就业岗位 5712 个，达成就业意向 3464 人次。

## 五　职业培训

自 2003 年起，阿克苏市人事劳动和社会保障局开展职业培训工作，包括就业前培训、转业培训、学徒培训、在岗培训、转岗培训、农村富余劳动力转移培训及其他职业性技能培训；层次分为初级、中级培训。培训教学围绕生产实际，结合企业实际需求，突出技能操作方法，推动职业培训与使用相结合。

2007 年，阿克苏市建立农村富余劳动力转移实用技能培训基地，开设纺织、砌筑、缝纫、服装裁剪、美容、美发、电器维修、摩托车维修、餐厅服务员、客房服务员、西式面点、烹调、汉语等 14 个专业项目。同时开展种植和养殖技术培训，培训一批，转移就业一批，实现边培训边转移就业增收目的。全年共开办培训班 9 期，培训学员 1690 人。

2016 年，阿克苏市共培训各类学员 16705 人，其中在岗职工培训 4626 人，就业和再就业培训 4094 人，农村劳动力转移就业培训 7985 人，经培训后有 5815 人实现就业和再就业。其中，大中专免费培训少数民族 1265 人，为经济发展和社会长治久安提供智力支撑。

表 30－9　2003～2016 年阿克苏市职业培训情况表

单位：人

| 年份 | 在岗培训 | 就业再就业培训 | 农村富余劳动力培训 | 获得证书人数 | | | |
|---|---|---|---|---|---|---|---|
| | | | | 技师 | 高级 | 中级 | 初级 |
| 2003 | 1885 | 3807 | 148 | | 6 | 536 | 2383 |
| 2004 | 830 | 5796 | 2017 | 9 | 107 | 561 | 3180 |
| 2005 | 2045 | 4342 | 6720 | 17 | 19 | 878 | 2923 |
| 2006 | 2924 | 3258 | 5425 | 8 | 108 | 356 | 1243 |
| 2007 | 3210 | 3690 | 5610 | 6 | 32 | 1137 | 1235 |
| 2008 | 3650 | 3404 | 5806 | | | | 950 |
| 2009 | 3710 | 4055 | 5910 | | | | 498 |
| 2010 | 3808 | 4107 | 6065 | | | | 1220 |
| 2011 | 3922 | 4044 | 6210 | | | 14 | 2664 |
| 2012 | 4215 | 3855 | 6490 | | | | 3478 |
| 2013 | 4266 | 4084 | 6635 | | | 26 | 2038 |
| 2014 | 4880 | 4272 | 7830 | | | | 4544 |
| 2015 | 5316 | 4768 | 9610 | | | | 3373 |
| 2016 | 4626 | 4094 | 7985 | | | | 4544 |

## 六　劳动保护监察

2003 年，阿克苏市有 210 家单位参加劳动用工年审，受理投诉案件 47 起，解决拖欠工程款和农民工工资 230 余万元。

截至 2007 年，阿克苏市劳动保障监察大队累计下达《劳动保障监察询问通知书》2415 份，受理举报投诉案件共 540 件，结案 540 件，案件查处率 100%，案件按期结案率 100%，涉及金额 33.85 万元，涉及职工人数 745 人。共检查巡查用人单位 1.23 万户次，续签补签劳动合同 3.63 万份。解决拖欠工程款和农民工工资 1793.6 万元，涉及农民工人数 3100 人。

2009 年 1 月，阿克苏市被国家确定为劳动保障监察“两网化”管理工作试点城市。

2015～2016 年，共处理投诉 216 件，解决拖欠工程款和工资 5938.3 万元。

表 30-10　2003～2016 年阿克苏市劳动用工年审及处理投诉案件情况表

| 年份 | 参加劳动用工年审(家) | 处理投诉案件(起) | 追回拖欠工程款、工资及押金等(万元) | 年份 | 参加劳动用工年审(家) | 处理投诉案件(起) | 追回拖欠工程款、工资及押金等(万元) |
|---|---|---|---|---|---|---|---|
| 2003 | 210 | 47 | 230 | 2010 | 330 | 81 | 11.1 |
| 2004 | 440 | 85 | 520 | 2011 | 323 | 93 | 11.8 |
| 2005 | 320 | 150 | 1014 | 2012 | 461 | 83 | 70 |
| 2006 | 346 | 173 | 25.1 | 2013 | 341 | 96 | 255 |
| 2007 | 340 | 85 | 4.5 | 2014 | 1200 | 27 | 89 |
| 2008 | 381 | 141 | 15.4 | 2015 | 1452 | 109 | 2672.5 |
| 2009 | 352 | 126 | 56 | 2016 | 1261 | 107 | 3265.8 |

## 七　人才引进

2012 年后，阿克苏市加快实施人才强市战略，开展人才引进工作，引进一大批高层次、高学历、高技能人才，促进全市经济社会全面协调可持续发展。截至 2016 年，共引进人才 478 人，其中少数民族 365 人、研究生 58 人。

## 八　人事劳动仲裁

1992 年 7 月，阿克苏市成立劳动争议仲裁委员会，由市长任主任，常务副市长、劳动人事局长任副主任，主要负责处理劳动争议日常工作。

2000 年，阿克苏市成立劳动仲裁中心，受理仲裁案件 30 件，处理仲裁案件 30 件，处理率 100%，挽回经济损失 75 万元。截至 2016 年，阿克苏市共处理仲裁案件 960 件，为公民、法人挽回经济损失 2212.6 万元。

表 30-11　2000～2016 年阿克苏市劳动争议仲裁情况表

| 年份 | 受理仲裁案件数(件) | 已处理案件数(件) | 未处理案件数(件) | 处理率(%) | 挽回经济损失(万元) |
|---|---|---|---|---|---|
| 2000 | 30 | 30 | 0 | 100 | 75 |
| 2001 | 96 | 95 | 1 | 98 | 144 |
| 2002 | 75 | 75 | 0 | 100 | 215 |
| 2003 | 126 | 126 | 0 | 100 | 122.6 |
| 2004 | 45 | 45 | 0 | 100 | 80 |
| 2005 | 41 | 41 | 0 | 100 | 100 |
| 2006 | 39 | 39 | 0 | 100 | 97 |
| 2007 | 30 | 30 | 0 | 100 | 79 |
| 2008 | 50 | 50 | 0 | 100 | 102 |
| 2009 | 43 | 43 | 0 | 100 | 86 |
| 2010 | 45 | 45 | 0 | 100 | 78 |
| 2011 | 51 | 51 | 0 | 100 | 120 |

续表

| 年份 | 受理仲裁案件数(件) | 已处理案件数(件) | 未处理案件数(件) | 处理率(%) | 挽回经济损失(万元) |
|---|---|---|---|---|---|
| 2012 | 54 | 54 | 0 | 100 | 178 |
| 2013 | 55 | 55 | 0 | 100 | 211 |
| 2014 | 61 | 61 | 0 | 100 | 213 |
| 2015 | 59 | 59 | 0 | 100 | 189 |
| 2016 | 61 | 61 | 0 | 100 | 123 |

### 九 劳务输出

2005 年 1 月，阿克苏市各乡（镇）均成立劳动保障事务所，把劳务输出作为劳务保障所的重点工作之一。主要是将本乡（镇）富余劳动力就近就地转移，从事果树修剪、采摘、棉花采摘、抗震安居房建设等工作，增加农牧民收入。

表 30－12　2005 ~2016 年阿克苏市劳务输出情况表

单位：人次

| 年份 | 劳务输出 | 年份 | 劳务输出 | 年份 | 劳务输出 | 年份 | 劳务输出 |
|---|---|---|---|---|---|---|---|
| 2005 | 3562 | 2008 | 10298 | 2011 | 7700 | 2014 | 17021 |
| 2006 | 2849 | 2009 | 7797 | 2012 | 9780 | 2015 | 18126 |
| 2007 | 3507 | 2010 | 7730 | 2013 | 12283 | 2016 | 19600 |

# 第三章　社会保险

## 第一节　机　构

1991 年，成立市劳动就业保险管理局，管理全市机关、企事业单位社会保险工作和劳动就业工作。

1996 年 8 月，阿克苏市成立农村社会养老保险办公室，副科级建制，核定编制 11 名，其中副科级 4 名。

2005 年，市劳动就业保险管理局更名为阿克苏市社会保险管理局。内设行政办公室、社会保险办公室、征缴财务办公室。

2009 年，市社会保险管理局核定行政编制 57 名。内设行政办公室、财务股、社会保险征缴支付中心、信息网络股、稽核股、城镇居民医疗保险业务股、城镇居民医疗保险支付股。

2011 年，阿克苏市正式启动新型农村养老保险（简称新农保）和城镇居民养老保险，在原有基础上，增设新型农村养老保险管理中心。

2016 年 12 月，市社会保险管理局编制 54 名，其中领导职数 4 名。

## 第二节 养老保险

### 一 企业养老保险

1993 年，阿克苏市开始启动城镇职工养老保险，建立起养老保险体系。1997 年，阿克苏市基本养老金由基础养老金和个人账户养老金组成。

自 2004 年起，阿克苏市调整个体工商户、自由职业者和灵活就业人员基本养老保险缴费费率和缴费基数，对个体工商户、自由职业者和灵活就业人员的退休年龄做明确规定，男满 60 周岁、女满 55 周岁时，累计缴费年限（含视同缴费年限）满 15 年的，可按规定办理退休手续并按月领取基本养老金。累计缴费年限不足 15 年的，其个人账户储存额一次性支付给本人，同时终止养老保险关系。

2010 年，阿克苏市规定具有新疆城镇户口，累计工作满 3 年以上，本人自愿一次性补缴养老保险费后，可纳入城镇企业职工基本养老保险社会统筹范围。属农村户籍的，按政策规定纳入新型农村社会养老保险范围。

2014 年，阿克苏市规定未达到法定退休年龄且未参加过养老保险或下岗后未能接续养老保险的原国有企业职工，本人自愿要求参保补费的，可按照相关规定进行补费，补缴基数为历年自治区职工月平均工资的 60% 或 100%。

2016 年，阿克苏市对企业退休人员基本养老金进行调整。

**表 30－13 1993～2016 年阿克苏市企业职工养老统筹表**

| 年份 | 养老统筹单位(个) | | 职工人数（人） | 收缴养老金（万元） | 离退休人数（人） | 拨付养老金（万元） |
|---|---|---|---|---|---|---|
| | 国有 | 集体 | | | | |
| 1993 | 12 | 49 | 1709 | 175 | 69 | 109 |
| 1994 | 12 | 49 | 1704 | 207 | 78 | 190 |
| 1995 | 12 | 49 | 1669 | 407 | 94 | 315 |
| 1996 | 12 | 49 | 1685 | 351 | 101 | 308 |
| 1997 | 12 | 49 | 1687 | 406 | 116 | 362 |
| 1998 | 12 | 49 | 1662 | 457 | 142 | 443 |
| 1999 | 12 | 49 | 1669 | 718 | 165 | 478 |
| 2000 | 12 | 49 | 1667 | 876 | 198 | 588 |
| 2001 | 改制 | 231 | 4071 | 5316 | 228 | 637 |
| 2002 | 改制 | 308 | 4712 | 6218 | 265 | 1185 |
| 2003 | 改制 | 376 | 5351 | 7435 | 310 | 2016 |
| 2004 | 改制 | 412 | 5933 | 8134 | 341 | 2049 |
| 2005 | 改制 | 471 | 6846 | 8952 | 374 | 2388 |
| 2006 | 改制 | 502 | 8213 | 9875 | 393 | 2793 |

续表

| 年份 | 养老统筹单位(个) | | 职工人数（人） | 收缴养老金（万元） | 离退休人数（人） | 拨付养老金（万元） |
|---|---|---|---|---|---|---|
| | 国有 | 集体 | | | | |
| 2007 | 改制 | 549 | 9640 | 10011 | 421 | 3184 |
| 2008 | 改制 | 596 | 10098 | 10828 | 486 | 4155 |
| 2009 | 改制 | 652 | 11905 | 11654 | 506 | 9985 |
| 2010 | 改制 | 743 | 12808 | 12013 | 541 | 11465 |
| 2011 | 改制 | 814 | 13566 | 12842 | 578 | 11479 |
| 2012 | 改制 | 880 | 14105 | 13107 | 603 | 14013 |
| 2013 | 改制 | 923 | 14872 | 13875 | 642 | 16292 |
| 2014 | 改制 | 987 | 15211 | 14151 | 687 | 19974 |
| 2015 | 改制 | 1030 | 15989 | 14982 | 705 | 24078 |
| 2016 | 改制 | 1177 | 16396 | 15362 | 760 | 25553 |

## 二　农村社会养老保险

2005 年，阿克苏市开始实施农村社会养老保险，把在职村党支部书记、村委会主任纳入农村社会养老保险。全年收缴农村社会养老保险金 108 万元，发放退休金 20 万元。

截至 2011 年，阿克苏市收缴农村社会养老保险金共 945 万元，发放退休金共 382 万元。2012 年，农村社会养老保险与新型农村养老保险并轨，当年收入全部计入新型农村养老保险账户，支出 112 万元。

表 30－14　2005~2011 年阿克苏市农村社会养老保险收缴及退休金发放情况表

单位：万元

| 年份 | 农村社会养老保险金收缴 | 退休金发放 | 年份 | 农村社会养老保险金收缴 | 退休金发放 |
|---|---|---|---|---|---|
| 2005 | 108 | 20 | 2009 | 94 | 67 |
| 2006 | 86 | 55 | 2010 | 222 | 64 |
| 2007 | 131 | 59 | 2011 | 129 | 58 |
| 2008 | 175 | 59 | | | |

## 三　新型农村养老保险

2011 年 7 月，阿克苏市开始启动新型农村养老保险（以下简称新农保）。参保范围为年满 16 周岁（不含在校学生）、未参加城镇职工基本养老保险且有农村户籍的农牧民。新农保个人年缴费标准分为 10 个档次，参保人可根据本人及家庭经济状况，按年度自主选择，多缴多得。2015 年，合并为城乡居民养老保险。

## 四　城镇居民养老保险

2011 年 10 月，阿克苏市启动城镇居民养老保险，参保范围为年满 16 周岁（不含在校学生）、不符合职工基本养老保险参保条件的城镇非从业居民。城镇居民养老保险基金主要由个人缴费和政府补贴构成。缴费标准分别为每年 100 ~ 1000 元 10 个档次。参保人自主选择档次缴费，多缴多得。2015 年，合并为城乡居民养老保险。

**表 30 – 15　2011 ~ 2014 年阿克苏市新型农村养老保险征缴情况表**

| 年份 | 征缴人数（人） | 征缴基金金额（万元） | 待遇人数（人） | 待遇支付金额（万元） |
|---|---|---|---|---|
| 2011 | 66342 | 783. 17 | 10081 | 390. 77 |
| 2012 | 65780 | 743. 26 | 11402 | 970. 63 |
| 2013 | 57901 | 675. 46 | 12336 | 993. 55 |
| 2014 | 60192 | 775. 7 | 13180 | 1115. 38 |
| 2015 | 合并为城乡居民养老保险 | | | |

**表 30 – 16　2011 ~ 2014 年阿克苏市城镇居民养老保险征缴情况表**

| 年份 | 征缴人数（人） | 征缴基金金额（万元） | 待遇人数（人） | 待遇支付金额（万元） |
|---|---|---|---|---|
| 2011 | 5030 | 109. 64 | 1482 | 86. 02 |
| 2012 | 5636 | 140. 05 | 1864 | 256. 58 |
| 2013 | 5426 | 149. 41 | 2161 | 246. 44 |
| 2014 | 5724 | 152. 13 | 2611 | 298. 73 |
| 2015 | 合并为城乡居民养老保险 | | | |

## 五　城乡居民养老保险

自 2015 年 1 月起，阿克苏市将新型农村社会养老保险和城镇居民社会养老保险合并，建立统一的城乡居民基本养老保险（简称城乡居民养老保险）制度。参保范围为年满 16 周岁（不含在校学生），非国家机关和事业单位工作人员及不属于职工基本养老保险制度覆盖范围的具有阿克苏市户籍的城乡居民。城乡居民养老保险基金由个人缴费、集体补助、政府补贴构成。缴费标准设为每年 100 元、200 元、300 元、400 元、500 元、600 元、700 元、800 元、900 元、1000 元、1500 元、2000 元、2500 元、3000 元 14 个档次，参保人可根据本人及家庭经济状况，按年度自主选择缴费档次，逐年缴费，多缴多得。根据自治区人民政府统一部署，依据城乡居民收入增长等情况适时调整缴费档次标准。

**表 30 – 17　2015 ~ 2016 年阿克苏市城乡居民养老保险征缴情况表**

| 年份 | 征缴人数（人） | 征缴基金金额（万元） | 待遇人数（人） | 待遇支付金额（万元） |
|---|---|---|---|---|
| 2015 | 86081 | 1031. 35 | 15225 | 2388. 55 |
| 2016 | 89104 | 1069. 14 | 16514 | 2379. 01 |

## 六　机关事业单位养老保险

2016 年，阿克苏市开始启动机关事业单位养老保险，对 286 个机关事业单位、16145 人进行数据采集和职业年金清算，确保职业年金正常收缴以及机关事业单位退休人员待遇正常发放。

## 第三节　失业保险

1990 年至 1998 年 6 月，阿克苏市失业保险企业按上年度职工平均工资总额的 2% 缴纳失业保险金；1998 年 7 月至 2016 年 12 月，城镇企业事业单位按照本单位工资总额的 2%、职工按照本人工资的 1% 缴纳失业保险费。

2006 年，阿克苏市对失业保险金标准进行调整。

2011 年，阿克苏市规定不含“三险一金”的最低工资标准调整为 690 元，第 1 ~ 12 个月的失业保险金标准为 483 元，第 13 ~ 24 个月的失业保险金标准为 448. 5 元。

2015 年，阿克苏市规定单位招用的农民合同制工人失业后，领取一次性生活补助金标准，按照第 1 ~ 12 个月的失业保险金标准计发，不含“三险一金”的最低工资标准调整为 1048 元，第 1 ~ 12 个月的失业保险金标准为 838 元，第 13 ~ 24 个月的失业保险金标准为 786 元。

2016 年，阿克苏市投保单位 1032 个，投保职工 17450 人，收缴保险金 1440 万元，支付待遇 826 万元。

表 30 - 18　1990 ~ 2016 年阿克苏市企业职工失业保险表

| 年份 | 投保单位(个) | 投保职工人数(人) | 收缴保险金(万元) | 支付待遇(万元) |
|---|---|---|---|---|
| 1990 | 76 | 2095 | 3. 08 | 0 |
| 1991 | 76 | 2364 | 3. 53 | 0 |
| 1992 | 71 | 2359 | 3. 33 | 0 |
| 1993 | 54 | 2046 | 6. 27 | 0 |
| 1994 | 54 | 1936 | 2. 4 | 0 |
| 1995 | 90 | 3441 | 13. 18 | 0 |
| 1996 | 103 | 4028 | 20. 41 | 0 |
| 1997 | 71 | 3603 | 14. 46 | 0 |
| 1998 | 53 | 3624 | 26. 76 | 0 |
| 1999 | 214 | 4927 | 116 | 3 |
| 2000 | 341 | 6872 | 217 | 39 |
| 2001 | 308 | 6097 | 189 | 8 |
| 2002 | 457 | 6775 | 228 | 4 |
| 2003 | 535 | 9267 | 255 | 26 |
| 2004 | 721 | 9387 | 320 | 13 |
| 2005 | 754 | 10396 | 377 | 10 |
| 2006 | 132 | 10403 | 423 | 51 |
| 2007 | 651 | 11458 | 518 | 126 |
| 2008 | 785 | 11791 | 634 | 159 |
| 2009 | 805 | 12027 | 793 | 267 |
| 2010 | 832 | 12283 | 874 | 257 |
| 2011 | 887 | 12507 | 1028 | 224 |
| 2012 | 902 | 12790 | 1389 | 308 |
| 2013 | 933 | 13452 | 2051 | 374 |
| 2014 | 957 | 15691 | 2307 | 498 |
| 2015 | 996 | 16157 | 1826 | 631 |
| 2016 | 1032 | 17450 | 1440 | 826 |

## 第四节　医疗保险

### 一　职工医疗保险

2000 年 10 月，阿克苏市开始实施职工基本医疗保险，范围为城镇所有用人单位及其职工，基本医疗保险实行社会统筹与个人账户相结合的办法，费用由单位和职工共同承担。规定用人单位缴费率为工资总额的 6%，职工个人缴费比例一般为本人工资的 2%。

自 2010 年起，阿克苏市基本医疗保险可异地就医结算。

2016 年，阿克苏市所有定点医疗机构均实行按病种付费。

**表 30－19　2000～2016 年阿克苏市城镇职工基本医疗保险表**

| 年份 | 投保单位(个) | 投保人数(人) | 收缴医疗金(万元) | 支付医疗金(万元) |
|---|---|---|---|---|
| 2000 | 215 | | 108 | 1 |
| 2001 | 308 | 8139 | 381 | 392 |
| 2002 | 457 | 9044 | 517 | 535 |
| 2003 | 535 | 10238 | 636 | 703 |
| 2004 | 721 | 11845 | 804 | 806 |
| 2005 | 754 | 13542 | 883 | 899 |
| 2006 | 132 | 16631 | 1046 | 912 |
| 2007 | 715 | 19179 | 2503 | 2616 |
| 2008 | 785 | 25954 | 3189 | 2858 |
| 2009 | 805 | 21360 | 3876 | 2991 |
| 2010 | 832 | 22022 | 4716 | 3610 |
| 2011 | 887 | 22676 | 5685 | 4517 |
| 2012 | 902 | 26860 | 7798 | 4597 |
| 2013 | 933 | 28926 | 11262 | 6597 |
| 2014 | 957 | 32275 | 12788 | 7700 |
| 2015 | 996 | 33475 | 14200 | 9050 |
| 2016 | 1032 | 35935 | 15823 | 11255 |

### 二　城镇居民医疗保险

2007 年 10 月 1 日起，阿克苏市实施城镇居民医疗保险，范围为不属于城镇职工基本医疗保险覆盖范围的人员。规定：少年儿童、中小学阶段的学生每人每年缴费 60 元，其中，财政补助 40 元；属于低保对象的或重度残疾的学生和儿童每人每年缴费 60 元，其中，财政补助 50 元；非学生、儿童的低保对象、丧失劳动能力的重度残疾人、家庭人均收入低于当地最低工资标准年满 60 周岁的老年人等困难城镇居民每人每年缴费 160 元，其中，财政补助 100 元；其他非从业城镇居民每人每年缴费 160 元，其中，财政补助 40 元。年内，共参保 10718 人，征缴基金 30.96 万元，其中儿童、中小学生参保9240人，缴费18.48万元；中老年人833人、其他居民645人，缴费12.48万元。

自2014年起，阿克苏市正式实施城镇居民医疗大病保险。

表30－20　2007～2016年阿克苏市城镇居民医疗保险表

| 年份 | 征缴人数(人) | 征缴基金数(万元) | 年份 | 征缴人数(人) | 征缴基金数(万元) |
|---|---|---|---|---|---|
| 2007 | 10718 | 30.96 | 2012 | 89201 | 887.53 |
| 2008 | 76941 | 304.53 | 2013 | 90175 | 874.28 |
| 2009 | 82274 | 379.28 | 2014 | 79238 | 767.18 |
| 2010 | 86717 | 414.4 | 2015 | 97222 | 970.11 |
| 2011 | 88757 | 793.86 | 2016 | 106280 | 1074.5 |

## 第五节　工伤保险

2001年4月，阿克苏市实施工伤保险，范围为阿克苏市行政区域内的企业，有雇工的个体工商户应当参加工伤保险。工伤保险费按不同行业的工伤风险程度，实行不同的工伤保险行业差别缴费率。

2007年1月，阿克苏市启动事业单位工伤保险，工伤保险费由单位按职工工资总额的0.5%缴纳，职工个人不缴纳。2008年，阿克苏市将“老工伤”人员全部纳入工伤保险社会统筹管理。2013年，阿克苏市工亡补助金基数调整为24565元。2016年，阿克苏市对工伤（亡）职工工伤保险待遇进行调整。

表30－21　2001～2016年阿克苏市工伤保险表

| 年份 | 投保单位(个) | 投保人数(人) | 收缴工伤保险金(万元) | 支付工伤保险金(万元) |
|---|---|---|---|---|
| 2001 | 297 | 3726 | 11 | |
| 2002 | 308 | 1950 | 23 | 3 |
| 2003 | 457 | 2627 | 27 | 5 |
| 2004 | 535 | 3156 | 36 | 7 |
| 2005 | 721 | 4594 | 48 | 32 |
| 2006 | 754 | 5168 | 89 | 28 |
| 2007 | 132 | 12679 | 153 | 48 |
| 2008 | 785 | 10787 | 204 | 86 |
| 2009 | 805 | 12001 | 267 | 92 |
| 2010 | 832 | 12805 | 307 | 230 |
| 2011 | 887 | 13788 | 423 | 341 |
| 2012 | 902 | 14651 | 656 | 328 |
| 2013 | 933 | 15045 | 938 | 577 |
| 2014 | 957 | 17314 | 1007 | 630 |
| 2015 | 996 | 17472 | 934 | 637 |
| 2016 | 1032 | 19201 | 711 | 976 |

## 第六节　生育保险

2001 年 4 月，阿克苏市开始实行生育保险，范围为城镇企业及其职工，规定参保职工依法享受生育津贴和生育医疗服务。生育津贴按企业年度职工月平均工资计发，支付期限以法定产假为依据，多为 3 个月左右。生育医疗服务涵盖妊娠、分娩全过程，女职工生育出院后，因生育引起的医疗费用由生育保险基金支付。

2004 ~ 2014 年，阿克苏市正式实施生育保险报销政策，不断调整生育医疗费补助标准，顺产由 1500 元调整至 1800 元、2000 元、3000 元，剖宫产由 3000 元调整至 3500 元、4000 元、6000 元，助娩产由 2000 元调整至 2500 元、3500 元。

2016 年，阿克苏市再次对规范生育医疗费支付方式、规范生育津贴支付办法、确定生育保险定点医疗机构进行明确规定。

**表 30 – 22　2001 ~ 2016 年阿克苏市生育保险表**

| 年份 | 投保单位(个) | 投保人数(人) | 收缴生育金(万元) | 支付生育金(万元) |
|---|---|---|---|---|
| 2001 | 297 | 3726 | 11 | |
| 2002 | 308 | 1950 | 23 | 6 |
| 2003 | 457 | 2627 | 27 | 6 |
| 2004 | 535 | 3156 | 37 | 11 |
| 2005 | 721 | 11592 | 144 | 36 |
| 2006 | 754 | 11603 | 154 | 53 |
| 2007 | 779 | 10205 | 200 | 74 |
| 2008 | 785 | 13227 | 242 | 75 |
| 2009 | 805 | 14412 | 299 | 89 |
| 2010 | 832 | 14816 | 324 | 133 |
| 2011 | 887 | 15516 | 372 | 160 |
| 2012 | 902 | 16128 | 489 | 163 |
| 2013 | 933 | 17050 | 769 | 249 |
| 2014 | 957 | 17926 | 876 | 350 |
| 2015 | 996 | 18286 | 863 | 576 |
| 2016 | 1049 | 19385 | 484 | 658 |

**表 30 – 23　1993 ~ 2016 年阿克苏市社会保险缴费比例变化情况表**

单位：%

| 年份 | 养老金 | | 医疗保险金 | | 失业保险金 | | 工伤 | 生育 | 大病 | |
|---|---|---|---|---|---|---|---|---|---|---|
| | 单位 | 个人 | 单位 | 个人 | 单位 | 个人 | 单位 | 单位 | 单位 | 个人 |
| 1993 | 38. 5 | 2 | 0 | 0 | 2 | 1 | 0 | 0 | | |
| 1994 | 38. 5 | 2 | 0 | 0 | 2 | 1 | 0 | 0 | | |
| 1995 | 38. 5 | 2 | 0 | 0 | 2 | 1 | 0 | 0 | | |
| 1996 | 25 | 3 | 0 | 0 | 2 | 1 | 0 | 0 | | |
| 1997 | 25 | 3 | 0 | 0 | 2 | 1 | 0 | 0 | | |
| 1998 | 25 | 4 | 0 | 0 | 2 | 1 | 0 | 0 | | |

续表

| 年份 | 养老金 | | 医疗保险金 | | 失业保险金 | | 工伤 | 生育 | 大病 | |
|---|---|---|---|---|---|---|---|---|---|---|
| | 单位 | 个人 | 单位 | 个人 | 单位 | 个人 | 单位 | 单位 | 单位 | 个人 |
| 1999 | 25 | 4 | 0 | 0 | 2 | 1 | 0 | 0 | | |
| 2000 | 25 | 4 | 0 | 0 | 2 | 1 | 0 | 0 | | |
| 2001 | 26 | 5 | 0 | 0 | 2 | 1 | 0 | 0 | | |
| 2002 | 20 | 6 | 0 | 0 | 2 | 1 | 1 | 1 | | |
| 2003 | 20 | 7 | 6 | 2 | 2 | 1 | 1 | 1 | | |
| 2004 | 20 | 7 | 6 | 2 | 2 | 1 | 1 | 1 | | |
| 2005 | 20 | 7 | 6 | 2 | 2 | 1 | 1 | 1 | | |
| 2006 | 20 | 8 | 6 | 2 | 2 | 1 | 4 | 1 | | |
| 2007 | 20 | 8 | 6 | 2 | 2 | 1 | 4 | 1 | | |
| 2008 | 20 | 8 | 6 | 2 | 2 | 1 | 4 | 1 | | |
| 2009 | 20 | 8 | 6 | 2 | 2 | 1 | 0.38 | 1 | 5元 | 5元 |
| 2010 | 20 | 8 | 7 | 2 | 2 | 1 | 4 | 1 | 5元 | 5元 |
| 2011 | 20 | 8 | 7 | 2 | 2 | 1 | 4 | 1 | 10元 | 10元 |
| 2012 | 20 | 8 | 7 | 2 | 2 | 1 | 4 | 1 | 10元 | 10元 |
| 2013 | 20 | 8 | 7 | 2 | 2 | 1 | 4 | 1 | 10元 | 10元 |
| 2014 | 20 | 8 | 7 | 2 | 2 | 1 | 4 | 1 | 10元 | 10元 |
| 2015 | 20 | 8 | 7 | 2 | 1.5 | 1 | 1.3 | 0.5 | 10元 | 10元 |
| 2016 | 20%,10月后19% | 8% | 7% | 2% | 1.5%,5月后1% | 1%,5月后0.5% | 1.3% | 0.5% | 10元 | 10元 |

## 第七节　建立社会保障卡

2013年，阿克苏市正式发放社会保障卡，持卡人不仅可以凭卡就医进行医疗保险个人账户实时结算，还可以办理养老保险事务；办理求职登记和失业登记手续；申领失业保险金；申请参加就业培训；申请劳动能力鉴定和申领享受工伤保险待遇；在网上办理有关劳动和社会保障事务等。

2014年，阿克苏市正式发行具有电子凭证、信息记录、信息查询、金融服务四大功能的新型社保卡，参加新型农村养老保险的农民也可领用新型社保卡。

2015年，阿克苏市推出社保卡扫微信二维码服务，参保人通过关注社保卡微信公众号，就可以获取与社保卡相关的信息。

2016年，阿克苏市居民办理社会保障卡补换卡业务时，领卡时限从原来6个月变为当天就可领取。

2013~2016年，阿克苏市共发放社会保障卡9.26万张，提交制卡数据12.15万张。

# 第三十一编　教　育

1990年后，阿克苏市大力实施“科教兴市”战略，深化普及初等教育，强化学前教育、义务教育、高中及中等职业教育、国语教育等，实现各类教育均衡发展，教师队伍不断加强，教学管理更加规范，教育教学质量不断提高。2001年，阿克苏市被评为全国“两基”工作先进县市。2005年，阿克苏市普及九年义务教育工作通过自治区验收。2016年，阿克苏市共有86所中小学校及1所校外辅导机构（少年宫），其中小学58所，中学28所（含4所高中）；不计校数的教学点6所（四年级以下学生）；中小学在校生86563人（少数民族学生51333人），其中小学生55500人，初中生22214人，高中生8849人；教学班级1743个，其中小学教学班级1149个，初中教学班级437个，高中教学班级157个；义务教育阶段小学适龄儿童入学率为99.99%，巩固率为100%，辍学率为0.05%，毕业率为100%；初中学生入学率100.0%；初中辍学率控制在0.10%，15周岁儿童少年初等教育完成率为99.84%。

# 第一章　机　构

## 第一节　行政机构

1990 年，阿克苏市教育委员会核定行政编制 40 名，事业编制 26 名。

1997 年，阿克苏市教育委员会更名为阿克苏市教育局，有行政编制 46 名、事业编制 43 名。

1999 年 11 月 14 日，市教育局成立党委。

2009 年，市教育局成立政治教育办公室，编制 6 名；成立市教育工会，编制 2 名；成立市教学研究指导办公室，编制 10 名；成立市普教管理办公室，编制 7 名；成立市师资管理办公室，编制 6 名；成立市教育工程办公室，编制 3 名；成立市教学系统专业技术职务评审办公室，编制 2 名；成立市电化教育仪器管理站，编制 5 名；成立市招生委员会办公室，编制 6 名。

2010 年，成立市双语教学工作领导小组办公室，编制 2 名；成立市学生资助管理中心，编制 5 名。

2016 年 5 月，阿克苏市成立教育党（工）委。内设办公室、人事股、基础教育股、发展规划股、职业教育和成人教育股、纪检监察室（党办）等 6 个行政股室；下设教育系统专业技术职务评审办公室、政治教育办公室、勤工俭学办公室、教学研究指导办公室、电化教育仪器管理站、学生资助管理中心、教育工会、师资管理办公室、招生委员会办公室、普教管理办公室、双语教学工作领导小组办公室等 11 个事业机构。核定编制 66 名，其中行政编制 18 名、事业编制 48 名，实有 66 人。

## 第二节　督导机构

1990 年，阿克苏市人民政府教育督导办公室为市政府直属事业单位，委托市教育委员会管理，相当于科级，列事业编制，全额预算管理。

1999 年，教育督导室有编制 6 名，其中领导职数 2 名。

2009 年，教育督导室相当于副科级，核定事业编制 7 名，其中领导职数 2 名。全额预算管理。

2016 年，阿克苏市人民政府教育督导室正科级建制，参照公务员管理。

# 第二章　教育改革

## 第一节　管理体制改革

### 一　教育管理体制改革

1998 年，阿克苏市各中小学实行党支部领导下的校长负责制，校长队伍不断得到加强。

2002 年，为加强中小学法制教育，阿克苏市各中小学法治副校长由所在辖区派出所、司法所所长、副所长兼任。

2003 年，阿克苏市各中小学实行教职工全员聘任制，全面推行职务能上能下、人员能进能出的全员聘用制和岗位聘任制，从固定用工改成合同用工，促进人才流动，建立与社会主义市场经济相适应的人才流动机制。

2004 年，阿克苏市各中小学开始推行以岗位工资为主的多种分配制度，建立“重能力、重实绩、重贡献”的分配机制，实现多劳多得、优劳优酬，收入能高能低。同年，乡镇教育办撤销，由各乡镇中学校长兼任教育办主任，乡镇学校统一由市教育局管理，各乡镇不再管理乡镇学校。

2006 年，阿克苏市建立和完善城镇教师对农村学校支教制度。每年派城区各学校的优秀教师到农村学校支教，鼓励和促进城乡之间、发达与落后地区之间的教师流动，农村教育质量得到提升。

2008 年，阿克苏市建立市级领导联系学校制度，市委、人大、政府、政协、人武部、检察院、法院等市级领导联系城乡各学校，乡镇党政班子成员联系所在乡镇学校。

2016 年，阿克苏市开展“三进两联一交友”（各级领导和广大教师深入开展进班级、进宿舍、进食堂，联系学生、联系家长，与学生交朋友）活动，有 1271 名党员干部与 36 所学校 5035 名学生结成帮扶对子。

### 二　学校布局改革

1990 年，阿克苏市城乡共有各类学校 240 所，其中中专学校 13 所，教师 5117 人，在校学生 8.18 万人。

1998 年，阿克苏地区糖厂子弟学校移交地方管理合并到市第十一校，移交教师 10 人。

2004 年，按照事业单位“八定”方案要求，阿克苏市中小学编制重新进行核定，中小学校由原来 116 所减少到 66 所。地区四所中学（地区第四中学、第六中学、第八中学、第九中学）和铁路子弟学校移交阿克苏市管理。

2005 年 1 月，阿克苏市基本完成普及九年义务教育工作。当月，阿克苏地区第二中学初、高中分开，高中部迁到文化路，初中部移交给阿克苏市管理，成立阿克苏市第四中学。11 月，阿克苏地区红旗坡农场第二中学移交阿克苏市，更名为阿克苏市库木塔木第二中学。12 月，阿克苏地区第六中学划归阿克苏市，更名为阿克苏市第六中学。实验林场中小学校也移交阿克苏市管理。

2013 年 9 月，杭州市投资援建的重点民生工程之一——阿克苏市高级中学投入使用并开始招生，阿克苏市高级中学建设步入快速发展阶段。阿克苏市高级中学是阿克苏市唯一一所寄宿制、全封闭式管理的全日制普通高中，学校教师由杭州援疆专技人才、面向全国引进人才、全疆选调优秀骨干教师、市遴选优秀高中骨干教师、特岗教师组成。

2014 年，阿克苏地区实验中学移交到阿克苏市管理，更名为阿克苏市实验中学。

2015 年，阿克苏地区幼儿园移交到阿克苏市管理，更名为阿克苏市第一幼儿园。

2016 年 8 月，阿克苏市高中教育整合发展，将阿克苏市第三中学高中部、第六中学高中部、实验中学汉语部重组为阿克苏市实验中学，成为阿克苏市第二所汉语高级中学。9 月，阿克苏市第五中学新建高中部并开始招生。9 月，阿克苏市共有 86 所中小学校及 1 所校外辅导机构（少年宫）。其中小学 58 所，中学 28 所（含 4 所高中）；不计校数的教学点 6 所（只有四年级以下学生）。全市中小学在校生共 86563 人，其中民族学生 51333 人，占学生总数的 59. 3%；小学生 55500 人；初中生 22214 人，高中生 8849 人。全市共有教学班级 1743 个，其中小学教学班级 1149 个、初中班级 437 个、高中教学班级 157 个。

### 三　义务教育改革

1991 年，阿克苏市基础教育实行“分级办学、分级管理”的体制，在农村实行市、乡、村三级办学，市、乡两级管理，以市为主的管理体制，明确地、市、乡三级政府各自的职责和权限。

2002 年，市政府具体负责市中小学的规划、布局调整、建设和管理，负责中小学校长和教师的管理。乡镇人民政府继续承担农村义务教育的办学责任，按时足额征收农村教育费附加，多渠道筹措教育经费，改善办学条件，提高教师待遇。乡、村两级负责组织动员适龄儿童、少年入学。

2006 年，阿克苏市实施“两免一补”（农村义务教育阶段，免教科书费、免杂费、补助寄宿生生活费）政策，鼓励农村孩子上学，农村义务教育阶段适龄青少年入学率得到提高。同时进一步推进实施素质教育，强化学校体育、卫生、艺术和国防教育。

2016 年，为改善全市中小学生膳食营养，增强身体素质，促进青少年健康成长，提高国民综合素质，根据自治区、地区、市委精神和要求，阿克苏市实施农村义务教育学生营养改善计划。同时进一步规范学籍管理办法，明确中小学学籍异动办理流程，落实学生学籍实名注册制度。

## 第二节　招生制度改革

### 一　小学升初中

1990 年，随着初等义务教育的全面普及，阿克苏市开始规划普及九年制义务教育，逐渐扩大初中办学规模。

1991年，阿克苏市中学按照小学所属学区对应入学，市第二小学所属学区归地区第二中学，市第一小学所属学区归地区第一中学，市第四小学、第七小学所属学区归市第三中学。市第三小学、第五小学所属学区归市第五中学，兵团第一师附小及师属城区小学归农一师中学。

2000～2016年，阿克苏市实行小学和初中按学区免试就近入学。每年小学应届毕业生只在本校参加期末考试（又称毕业考试），其成绩只作为中学初一编班的参考，原则上初中按小学应届毕业生花名册人数全部录取。

**表31－1 1990～2016年阿克苏市中小学入学及辍学率统计表**

单位：%

| 年份 | 小学学龄儿童净入学率 | 小学学龄儿童辍学率 | 初中学生毛入学率 | 初中学生辍学率 |
|---|---|---|---|---|
| 1990 | 96.4 | 0.9 | 82.4 | 2.1 |
| 1991 | 97.1 | 0.81 | 84.8 | 2.0 |
| 1992 | 98.0 | 0.80 | 87.5 | 1.9 |
| 1993 | 98.2 | 0.77 | 89.7 | 1.87 |
| 1994 | 98.5 | 0.76 | 90.4 | 1.78 |
| 1995 | 98.7 | 0.73 | 93.7 | 1.69 |
| 1996 | 98.7 | 0.71 | 94.1 | 1.60 |
| 1997 | 98.8 | 0.69 | 95.9 | 1.58 |
| 1998 | 98.8 | 0.67 | 96.4 | 1.48 |
| 1999 | 98.9 | 0.67 | 96.2 | 1.36 |
| 2000 | 99.1 | 0.65 | 97.5 | 1.20 |
| 2001 | 99.3 | 0.65 | 97.1 | 1.14 |
| 2002 | 99.7 | 0.64 | 98.4 | 1.08 |
| 2003 | 99.9 | 0.63 | 98.9 | 1.01 |
| 2004 | 99.9 | 0.58 | 98.2 | 0.97 |
| 2005 | 100 | 0.44 | 100 | 0.88 |
| 2006 | 100 | 0.38 | 100 | 0.76 |
| 2007 | 100 | 0.36 | 100 | 0.62 |
| 2008 | 100 | 0.24 | 99.9 | 0.35 |
| 2009 | 100 | 0.13 | 97.4 | 0.18 |
| 2010 | 99.9 | 0.05 | 100 | 0.1 |
| 2011 | 99.9 | 0.05 | 100 | 0.1 |
| 2012 | 99.9 | 0.06 | 100 | 0.1 |
| 2013 | 99.9 | 0.08 | 100 | 0.2 |
| 2014 | 99.9 | 0.04 | 100 | 0.09 |
| 2015 | 99.9 | 0.02 | 100 | 0.06 |
| 2016 | 99.9 | 0.05 | 100 | 0.1 |

## 二 中考

阿克苏市初中毕业生升高中须经过考试，考试科目为语文、数学、英语、国语（少数民族学生考国语）、物理化学合卷、政治历史合卷7门，初中的毕业考试和升学考试合在一起进行。

1990年，初中毕业升高中考试由各招生学校自行命题、自行评卷录取。

自1991年起，阿克苏市统一组织初中毕业考试，考试科目不变，以全国初中统编教材为主要内容，按照先高中后中专、技工的招生顺序，按分数线进行一次性招生录取工作。

2000年秋季开始，阿克苏市开始中考改革。高中招生工作分批次进行。地区第一中学、第二中学为第一批次招生学校，阿克苏市第三中学为第二批次招生学校，其余高中为第三批次招生学校。考试科目以语文、数学、英语（国语）、政治+历史、化学+物理等科目为主，学生采取综合素质评价也列入中考项目中。

自2002年起，阿克苏市把体育考试列入中考必不可少的项目，所有中考学生均需体育达标。年内，中考学生445人，录取率100%。

2006年，中考成绩按百分制阅卷，以等级制呈现，等级设置为A、B、C、D、E、F、G七级。原则上A级占总考生人数的10%，B级占总考生人数的15%，C级占总考生人数的15%，D级占总考生人数的15%，E级占总考生人数的20%，F级占总考生人数的20%，G级严格控制在总考生人数的5%以内。

2015年，阿克苏市中考学生成绩由7个等级增加到20个等级，每个等级占全地区考生的5%。

2016年，阿克苏市参加中考学生7076人，升入普通高中4966人，普通高中升学率为70.18%（含内高班）。

## 三　高考

1990年，阿克苏市高考汉语言考生实行英语单科标准化考试，考前至少进行两次演习。此后，高考中民汉各科标准化考试全面铺开。

自1992年起，阿克苏市高考发生较大改革：取消高校预选制度，应届高中毕业生和具有同等学力的社会青年都可参加全国统一高考；考试采用“一卷二卡”，考卷考题分AB答案，所有考生考试时编入编排表；录取通知书发至考生本人。

1994年，阿克苏市开始实行普通高中毕业会考制度，普通高中毕业生持高中毕业证和《会考合格证》才能报名参加全国普通高等学校招生考试。当年，全市参加高考学生155名，考入高等院校85名，录取率为55%；被中专录取40名，录取率为26%。

2001年，汉语言考生全国普通高考首次实行网上录取，民语言考生高考开始进行报名信息和志愿信息档案制度改革。

2006年，阿克苏市内设置9个高考考点，336个考场，其中少数民族语言116个考场、汉语言220个考场。高考期间考点附近区域实行交通管制。

2008年，阿克苏市按照《自治区、兵团普通高中学生综合素质评价指导意见》，实施普通高中学生的综合素质评价，在评价方式上采取前五学期分别按等级评价赋分，最后对五个学期六个维度的赋分分别相加的办法，整个综合素质评价的内容均以电子档案的形式呈现。

2016年，阿克苏市有5所高中（第三中学、第六中学、第七中学、实验中学、高级中学），高考报考人数1945人，上线人数1887人，总上线率97.02%。其中：一本上线人数159人，上线率8.17%；二本上线人数471人，上线率24.2%；三本上线人数275人，上线率14.1%；大专上线人数1261人，上线率64.8%。

## 第三节　教学改革

### 一　教研工作

2003 年，阿克苏市被列为自治区基础教育课程改革实验区，是阿克苏地区首个民、汉学校开展基础教育课程改革实验（同时进入实验区）的县（市）。

2004 年，阿克苏市启动课改实验工作，投入 200 多万元进行课改实验教学研究、教师培训，改善学校办学条件和师资水平。2005 年，阿克苏市不断充实教研员力量，组建 75 名专兼职教研员队伍，被自治区列为新课程校本培训实验市，并成为自治区“以校为本”教研制度建设试验基地。

2006 年，阿克苏市创新教研工作方法，召开主题观摩课，研究教学方法，每月组织一次“课改开放日”活动，进行校校之间的会课，合作开展校本教研；开展课题研讨会，开设 76 个课题进行研究。

2011 年，阿克苏市开展“以校为本”研究国家子课题 12 项、自治区子课题 14 项、地区子课题 25 项、市级小课题 66 项，获得自治区基础教育改革工作先进集体、教育部国培计划新疆维吾尔自治区农村中小学远程培训优秀团队、阿克苏地区教育科研工作先进集体等称号及阿克苏地区实验教学能力竞赛优秀组织奖、阿克苏地区优秀课件竞赛优秀组织奖。

2016 年，阿克苏市教师在全国、自治区、地区评优课、论文、教案、课件评比中，获一等奖 255 人、二等奖 440 人、三等奖 608 人；11 名教师获自治区级教学能手称号。

### 二　教学方法改革

1990 年后，阿克苏市开始倡导素质教育，不断探索素质教育新路径。

1994 年，阿克苏市更加注重课堂教学质量，开展“注音识字、提前读写”的教改实验，并在 18 所小学推广“课堂目标教学”实验，促进中小学教学管理水平。

2008 年，阿克苏市课改实验取得阶段性成果。

2009 年，阿克苏市中、小学全面推行基础教育课程改革。

2016 年，阿克苏市更加注重创新课堂教学模式，引进先进教学方式，研究教学方法，课堂教学从单向授受式过渡到诱导启发式、参与讨论式、双向互动式，优质课程越来越多，教学质量得到提高。

## 第四节　现代远程教育

### 一　硬件建设

2003 年，阿克苏市开始分批实施开展西部中小学现代远程教育扶贫示范工程和农村中小学现代远程教育工程试点工作。

2003 ~ 2007 年，阿克苏市投入资金 150 万元，先后为 73 所学校配备远程教育必备设备。

2010 年 7 月，阿克苏市推进自治区中小学双语现代远程教育项目、自治区薄弱学校改造计划项目、自治区教学点数字教育资源全覆盖项目、义务教育学校标准化建设项目、科技计划项目等项目工程，提高和改善各中小学校的教育信息化硬件条件。

2013 ~ 2014 年，为 24 所城乡中小学校购置信息技术设备，主要包括语音室、计算机教室、多功能教室、“班班通”设备、专任教师用计算机、校园网等，大力推进远程教育工程。

2015 年，建成数字校园教育管理信息应用平台及网络视频直播课堂，配合移动通信公司建成教育行政四级专网。

2016 年底，阿克苏市中小学校基本实现互联网覆盖，各学校基本拥有多媒体教室。通过杭州援疆项目建设，建成远程高清视频互动课堂教室，形成以拥有较好课堂教学资源的 5 所城区学校 7 间远程视频互动教室为辐射中心点，以 26 所城乡教学质量薄弱的学校 35 间远程视频互动教室为辐射受益面的远程高清视频互动课堂网络教学系统。

### 二　教学运用

自 2003 年远程教育项目实施起，阿克苏市各中小学就开设电脑教育教学课程，引导学生学习并掌握电脑运用知识。

自 2004 年起，阿克苏市开始大规模利用远程教育，提高教师教学水平。

自 2010 年起，远程教育教学开始运用于标本培训及日常教学活动。

2016 年，阿克苏市启动教育标准化、信息化工程，建设学校信息化教学系统，实现跨校区、跨地区及教室之间、线上线下互动教学与教研。

## 第五节　双语教育

### 一　双语教学推广

自 2004 年起，阿克苏市全面学习推广国家通用语言文字（以下简称国语），着重加强国语教育，单设母语课，推进民汉合校、民汉混合编班、城乡学校结对互学互教，促进各学校之间均衡发展。

自 2005 年后，阿克苏市加强对教师的国语培训，每年组织民语言中小学下一年任非母语课的教师到汉语中小学进行为期一年的培训，对培训工作全程监控，实行“师徒结对”的培训模式，每位民族教师都有一位汉族教师进行辅导和帮助，与汉族教师同处于一个办公室工作，与汉族教师同堂上课，期中、期末考试这些双语教师都要和汉族学生一起参加所教年级、所教学科的考试。采取向全市教师公开竞聘的方式，为 2 所民语言学校各配备 1 名汉族校长，提高民语言学校的国语教学管理水平。

2007 年，阿克苏市加大双语教学指导工作力度，组织教研员定期到学校听课指导教学工作，举办全市中小学双语教学优质课大奖赛和全市少数民族中小学生汉语演讲比赛、少数民族汉语口语大赛。举办第一届民语言小学双语数学课堂教学优质课评选活动，15 名教师参加，评出一等奖 3 人、二等奖 4 人、三等奖 5 人；举办第一届“热爱祖国、热爱新疆、热爱阿克苏”少数民族少儿双语口语大赛，49 所中小学校 134 名选手参加比赛。参加中考的双语班学生有 738 人，其中市课改年级汉语学校中少数民族学生所占比例在城区小学达到 14.37%、农村小学达到 23.93%、城区中学达到 10.86%、农村中学达到 3.73%。2005 ~ 2007 年，全市有 131 名学生被区内初中班录取，有 109 名学生被新疆内地高中班录取。

2008 年，阿克苏市城区民语言小学及乡中心小学三年级以下全部为双语班，数学课用汉语授课；汉语开课时数由每周三节增加到每周五节。全市民汉合校 4 所，双语学前班有 54 个班，学生 2186 人；小学 1 ~ 3 年级有 151 个双语班，5784 名学生，数学课用汉语授课；7 ~ 9 年级有 73 个双语班，3156 名学生，数学、物理、化学课用汉语授课。

2010 年，阿克苏市开始采用新的双语教学模式，即双语班分为“模式一”（小学语文、数学、物理、化学、生物、信息技术课程使用国家通用语言文字授课，其他课程使用本民族语言文字授课）和“模式二”（各中小学全部课程使用国家通用语言文字授课，开设民语语文课程；不具备师资条件的学校，体育、音乐、美术课程可以使用本民族语言授课教学），全市城乡民语中学均开设双语班，数学、物理、化学课用汉语授课。当年，小学共开设双语教学班级数 262 个，在校学生 11956 名，其中采取双语“模式一”教学的班级 202 个，学生 8949 名，双语“模式二”教学的班级数 60 个，学生 3007 名；中学双语教学班级 64 个，在校学生 2652 名；普通高中双语教学班级 5 个，在校学生 167 名，初中、高中全部使用双语“模式一”方式进行教学。全市双语教师 451 名，其中少数民族教师 348 名、汉语学科教师 201 名。小学双语教师 291 名，其中少数民族教师 200 名、汉语学科教师 155 名；初中双语教师 142 名，其中少数民族教师 133 名、汉语学科教师 43 名；高中双语教师 18 名，其中少数民族教师 15 名、汉语学科教师 3 名。

2013 年，阿克苏市小学共开设 346 个双语教学班，在校学生 1.47 万人，其中双语“模式一”学生 9338 名，双语“模式二”学生 5412 名；初中双语教学班级 122 个，在校学生 4824 名；普通高中双语教学班级 4 个，在校学生 122 名，初中、高中全部使用双语“模式一”方式进行教学。当年参加中考的双语班学生 738 人。市课改年级汉族学校中民族学生所占比例，城区小学达到 14.37%、农村小学达到 23.93%、城区中学达到 10.86%、农村中学达到 3.73%。

2016 年，全市有 75 所公办小学，其中开展双语教学的学校 42 所，双语班 486 个（模式一班级 367 个、模式二班级 119 个），双语班学生总数 22543 人（模式一班级学生数 16642 人、模式二班级学生数 5901 人），民考汉学生 6673 名。小学阶段双语班和民考汉学生占少数民族在校学生比重为 82.29%。有 26 所公立初中，其中开展双语教学的学校 11 所，双语班总数 135 个（模式一班级 118 个、模式二班级 17 个），双语班学生总数 6650 人（模式一班级学生数 5767 人、模式二班级学生数 883 人），民考汉学生 2134 名。初中阶段双语班和民考汉学生占少数民族在校学生比重为 68.90%。有 4 所高中，其中开展双语教学的高中 3 所，双语班总数 19 个（模式一班级 14 个、模式二班级 5 个），1120 名学生，双语班学生总数 1120 人（模式一班级学生数 817 人、模式二班级学生数 303 人），民考汉学生 699 名。高中阶段双语班和民考汉学生占少数民族在校学生比重为 59.06%。

表 31－2 2003 ~ 2016 年阿克苏市少数民族教师参加双语培训情况表

单位：人

| 时间 | 小计 | 国家级 | 自治区级 | 地区级援疆 | | 地州级 | 自治区临边 | 市级 | 学前中短期培训 | | |
|---|---|---|---|---|---|---|---|---|---|---|---|
| | | | | 初中 | 小学 | | | | 小计 | 其中学前三个月 | 其中学前六个月 |
| 2003 ~ 2009 | 987 | 20 | 189 | | 202 | | | 576 | | | |
| 2010 | 103 | 13 | 31 | 24 | | | | | 35 | 21 | 14 |
| 2011 | 184 | 6 | 29 | 78 | | | 15 | | 56 | 35 | 21 |
| 2012 | 157 | 12 | 29 | 52 | | | 2 | | 62 | 30 | 32 |
| 2013 | 146 | 5 | 20 | 47 | 12 | 15 | 2 | | 62 | 30 | 32 |
| 2014 | 127 | 7 | 15 | 83 | | 22 | | | | | |
| 2015 | 151 | 9 | 12 | 119 | | 11 | | | | | |
| 2016 | 54 | 9 | 21 | | | 24 | | | | | |

### 二　干部农村双语支教

2016 年，阿克苏市落实自治区学前双语支教工作要求，成立学前双语教育工作领导小组，选调支教干部 294 人，其中自治区 80 名、地区 64 名、本市 150 名，11 月初全部到位，使 4 ~ 6 岁未入园 7725 名幼儿全部入园，入园率 100%。当地配备厨师、保育员 66 名。结合应急幼儿园的实际情况及农村少数民族幼儿的认知水平特点，统一设计印制教案本，并编印《阿克苏市农村双语幼儿园幼儿用书》。大量建设幼儿园，方便农村幼儿入学。投入专项经费 1535 万元，用于改善农村双语幼儿园的办园条件。投入资金 2 万余元，组织支教干部进行岗前培训。

# 第三章　基础教育

## 第一节　学前教育

### 一　教育师资

1990 年，阿克苏市有幼儿园（托儿所）2 所，其中公办 1 所、社会力量办 1 所。全市共有在园（所）幼儿 645 人，幼教人员 46 人。

2001 年，市幼儿教育实行政府负责、分级办园、分级管理、教育部门主管、有关部门分工协助的管理体制。成立幼儿教育工作委员会，市教育局均配备 1 名幼教专职干部，各乡教育办普教干事也兼职管理幼教工作。

2006 年 10 月，由上海市人民政府出资 60 万元修建的阿克苏市拜什吐格曼乡上海白玉兰幼儿园建成，2007 年 3 月正式开学招生，招收幼儿 49 人，有教职工 9 人。

2007 年，阿克苏市出台《关于加强对学前教育管理的通知》，规定民办幼儿园资格、设施、师资的标准，加强幼儿学前教育。阿克苏市共有幼儿园（托儿所）32 所，其中公办 1 所、社会力量办 31 所。全市共有在园（所）幼儿 3024 人、幼教人员 289 人。

2011 年，阿克苏市编制《阿克苏市少数民族学前和中小学双语教育发展规划》。阿克苏市城区 4 所公办独立幼儿园投入使用，农村 7 所公办独立双语幼儿园投入使用，公办独立学校附设双语学前班 23 所。共开设 144 个教学班，在园少数民族幼儿 7237 名。双语幼儿教师 97 人，其中少数民族教师 52 名、保育员 18 名。分期、分批安排双语幼儿园园长和学前双语教师参加各级各类培训。

2012 年，阿克苏市城区 5 所公办独立幼儿园，农村 23 所公办独立双语幼儿园全部开园招生。公办独立学校附设双语学前班 12 所。共开设 146 个双语教学班，在园少数民族幼儿 6505 名。招录学前双语特岗教师 51 名，学前双语教育岗位教师 115 人，其中少数民族教师 72 名，具备国家通用语言能力教师 56 名、保育员 9 名。完成规范双语幼儿园评估，7 所幼儿园被评为阿克苏市示范性幼儿园，3 所幼儿园被评为地区级示范性幼儿园。组织学前教师参加地区举办的首届学前双语教师技能大赛，阿克苏市获优秀组织奖，2 名选手获地区二等奖；组织参加地区第四届少儿口语大赛，2 名选手获地区幼儿组和小学民考汉组第一名，5 名选手分别获得地区第二、三名。

2013 年，阿克苏市城区有公办独立幼儿园 8 所，农村公办双语幼儿园 23 所，公办学校附设双语学前班 19 所。共开设 168 个双语教学班，在园少数民族幼儿 7138 名。开展双语教育评估工作，通过对 12 所未命名的双语幼儿园进行评估打分，评选 3 所双语幼儿园为市级示范双语幼儿园，至此，阿克苏市市级示范双语幼儿园达到 10 所。阿克苏市获得自治区城市公办幼儿园学前教育奖补资金 133 万元，城市普惠性民办幼儿园奖补资金 117 万元。

2015 年，地区幼儿园移交阿克苏市教育局管理，公办独立幼儿园达到 31 所（农村双语幼儿园 20 所、城区幼儿园 11 所），附设学前班 15 所。学前两年双语教育人数为 6924 人，班级总数 191 个，学前两年双语教育普及率为 90. 32%，幼小衔接率为 90. 41%。举办阿克苏市第三届学前教师专业技能大赛和评课研赛，4 人获一等奖、8 人获二等奖、12 人获三等奖。开展城乡幼儿园结对活动。完成学前幼儿学籍 11599 名的录入工作。在地区级示范性双语幼儿园复验评估中，复验优良幼儿园 1 所，评估优秀幼儿园 1 所，优良幼儿园 1 所，阿克苏市地区级示范性双语幼儿园已有 5 所。

2016 年，阿克苏市有公办独立幼儿园 39 所，其中农村双语幼儿园 27 所、城区幼儿园 12 所，附设学前班 16 所；学前双语教育人数为 9670 人，其中两年双语班教育人数 7050 人，附设学前班一年双语教育人数 802 人，民考汉学生 1818 人；班级总数 198 个。双语班和民考汉学生占少数民族在园学生比重为 102. 96%。按照《农村双语幼儿园评估指标体系》对全市学前机构进行培训、督导，阿克苏市有地区级示范性双语幼儿园 7 所，市级示范性双语幼儿园 12 所。在地区双语口语大赛晋级赛中，阿克苏市的 12 名选手获一等奖 2 名、二等奖 3 名、三等奖 2 名；在自治区双语口语晋级赛中，获二等奖 1 名、优秀奖 1 名。阿克苏市栏杆和新城街道两所双语幼儿园获地区级示范性农村双语幼儿园称号。

### 二　园所简介

**阿克苏市第一幼儿园**　位于阿克苏市北大街40号，2015年1月归阿克苏市教育局管理，更名为阿克苏市第一幼儿园。2016年，有18个教学班级，在园幼儿650名，在职教职员工68人，专职教师60人，其中本科学历27人、大专学历28人、中专学历4人，中级职称以上20人。教学楼总占地12210平方米，综合教学楼总建筑面积8122平方米。

**阿克苏市第二幼儿园**　阿克苏市幼儿园成立于1971年10月15日，2015年3月更名为阿克苏市第二幼儿园，隶属于阿克苏市教育局管理的全额预算事业单位。园区位于小南街8号，占地面积5054.98平方米。2016年，开设14个班（大班4个、中班5个、小班5个），入园幼儿570余名。有高级教师5人、一级教师14名、二级教师14名，教职工获得相关大专以上学历占教师总人数的96.1%。正式教职工50人，其中园长1人、副园长2人、教师38人、保育员7人、其他人员2名。

**阿克苏市红桥双语幼儿园**　成立于2011年，2012年3月开园，是一所自治区和地方共建项目的幼儿园，坐落在原前进路2号现西湖大道，与第五中学第六小学为临，是一所公办幼儿园。

2016年，园区占地面积3611.72平方米，由教学区和活动区两部分组成，幼儿户外活动场地1150平方米，绿化面积1283平方米，可容纳20个班，700名幼儿。全园大、中、小班共计6个班级，每班配有3名教师，三教轮保。在园幼儿数200多人，有教职员工19人，其中一级教师1名、二级教师15名、三级教师3名。

**阿克苏市康乐新村双语幼儿园**　成立于2014年5月，2016年9月正式开园。幼儿园位于阿克苏市西湖大道23号康乐新村小区内，园内为框架结构三层楼，总占地面积5632.65平方米，其中建筑面积为3280.65平方米、运动场地面积为1942平方米、绿化面积为410平方米。内设18个教室，可容纳540名幼儿。在职教职工11名，所有教师均为学前教育专业毕业。

**阿克苏市拜什吐格曼乡上海白玉兰幼儿园**　阿克苏市拜什吐格曼乡上海白玉兰幼儿园由上海市人民政府出资60万元，阿克苏市配套60万元，总投资120万元共同兴建。工程于2006年8月破土动工，2006年10月交付使用，总建筑面积750平方米。2007年3月，幼儿园正式开学招生。有教职工9人。

### 三　干部支教及应急幼儿园建设

2016年10月，阿克苏市贯彻落实自治区党委的教育惠民政策，筹措应急幼儿园55所，4 ~ 6岁未入园幼儿7725名全部入园，入园率100%。解决支教教师294人，其中自治区80名、地区64名，阿克苏市150名，全部到位，当地筹措保育员66名。

## 第二节　小学教育

### 一　教育师资

1990年，阿克苏市有小学83所，教学点21个，其中民语言小学78所，在校学生20743名；

有专职教师1247人，其中少数民族1023人、汉族224人。

1994年，全市有小学103所，教学点12个，在校学生33722名，其中民语言小学95所、在校学生29172名。

2002年，阿克苏市共有小学88所，其中乡（镇）中心小学7所、乡村小学69所、城镇小学12所。专职教师3980人，其中少数民族3108人、汉族872人。

2013年5月10日，市教育局、文体局举办市属小学"迎奥杯"天天体育小学生足球比赛。

自2015年9月起，为控制城区班额过大，市直各小学、红旗坡和实验林场各小学、市幼儿园从秋季新学期开始，所有汉语言小学一律不再举办学前班，民语言小学举办的学前班必须是双语教学的学前班。

2016年，阿克苏市共有小学58所，其中市直属小学18所。小学生总数65732人，少数民族占小学生总数的70%，适龄儿童入学率达到99%以上。专职教师3410人，其中少数民族2875人、汉族535人。

## 二　学制和课程

1990年，阿克苏市实行小学六年一贯制。2002年以后，小学阶段开设语文、数学、外语（3年级起）、品德与生活（1~2年级）、品德与社会（3~6年级）、音乐、美术、体育和综合实践课程。

2005年，按照自治区颁布义务教育课程设置方案，汉语言小学开设语文、数学、外语、科学、品德与社会、体育、音乐、美术、综合实践活动、地方与校本课程等11门课。民语言小学设语文、数学、汉语、科学、品德与社会、体育、音乐、美术、综合实践活动、地方与校本课程等11门课。2016年，按照自治区颁布民语言授课学校普通班课程设置方案，民语言小学汉语课在原有每周5课时（一、二年级4课时）基础上，新增3课时（一、二年级增加2课时）。

## 三　教材与教学

1990年，阿克苏市小学课程有思想品德、语文、数学、自然、地理、历史、体育、音乐、美术、劳动10门，及"两操"（课间操、眼保健操）、"一课"（课外活动）。

1991~2001年，市内小学使用人民教育出版社出版（简称人教版）的全日制六年制小学教科书。

1993年2月，修订课程计划，取消历史、地理课程，增设社会课程。

1998年，实行目标教学，全市小学实施素质教育。各学校根据实际，开设劳动技术教育课，建立"以学生为主体、教师为主导、操作训练为主线"的教学模式，让学生劳动实践，使学生动手动脑。开设音乐、绘画、手工制作、书法、舞蹈、写作、武术、珠算、心算等特色班（第二课堂），使学生找准自己发展努力的方向，培养学生的个性发展，挖掘学生的潜能，从而改变应试教育的片面性。取消升学考试，小学毕业生100%录入相应中学。

2002年9月，汉语小学增加英语和信息技术教育，英语以口语表达和视听为主，信息技术以操作为主。

2003年9月，根据自治区党委、自治区人民政府《关于大力推进双语教学工作的决定》，阿克苏市启动民语言小学双语教学试验。教学班开设小学教学大纲所规定的全部课程，除国语和数学用汉语授课外，其他科目全部使用双语授课。

从2005年开始，在开齐开好学科课程的同时，各学校结合本校实际开设课程。在课程内容设置上，加强课程内容与学生生活以及现代社会和科技发展的联系，关注学生的学习兴趣和经验，精选终身学习必备的基础知识和技能。在对学生评价上，发挥评价促进学生发展、教师提高和改进教学实践功能。在课程设置结构上，整体设置九年一贯的课程门类和课时比例，设置综合课程，体现课程结构的均衡性、综合性和选择性，改变学科本位、科目过多和缺乏整合的状况。教师在课堂语言运用上，以尊重学生为基础，态度和蔼，以激励性语言为主，让学生感到亲切，构建平等融洽的师生关系，使学生自信心与民主精神逐步得到体现。在教学评价上，注重考查学生的基础知识与基本技能以及运用所学知识分析和解决问题能力，开展“双轨”制课业评价模式，建立学生课堂表现、课后巩固、掌握基础知识、拓展创新等各方面多元化、全方位的评价机制。采取日常评价、阶段评价、期末评价相结合；教师评价、同学评价、自我评价、家长评价全面考虑，使评价科学、公正。在评价结果上淡化评价选拔功能，使评价成为激励学生学习的动力，综合评价结果不排名次，不设定等级，不给学生贴“不合格”“差生”等打击学生积极性的标签，使用欣赏、激励性语言和标志。在评价内容上既对基础知识和基本技能评价，也对学习态度、学习习惯和学习能力等因素评价（包括口头、书面表达，动手操作、解决实际问题能力等方面），综合评价学生各方面素质。

## 四　小学简介

**阿克苏市第一小学**　1950年成立阿克苏县第一小学，1983年为阿克苏市第一小学。位于阿克苏市健康路。校区面积26640平方米，校舍建筑面积2100平方米（不含职工宿舍）；有实验室、图书馆、音乐舞蹈室、科技美术室、2个机房、远程教育室、授课室、体育器材室、劳动室、医疗室等配套设施。2016年，学校有40个班级，双语教学模式一教学班29个，模式二教学班11个。在校学生人数2278人。在职教职员工113人，专职教师109人（其中本科学历42人、大专学历64人、中专学历3人、中级职称43人）。

**阿克苏市第二小学**　1952年成立阿克苏县第二小学，1983年为阿克苏市第二小学。位于阿克苏市团结东路4号。下设行政办公室、教务处、总务处、德育处；有实验室、计算机房、图书室、卫生室、音乐室、美术室、劳动室、多媒体室、会议室等教辅设施。学校占地面积23997平方米，绿化面积8637.3平方米，有标准篮球场2个，200米沥青环形运动场1个。三栋教学楼建筑面积共13991平方米，共有教室119间、办公室32间。2016年，学校有常规教学班级83个，学生4924人；全校教职工编制236名，在编人数218人，其中校级领导3人、专职教师208人、教辅人员6名；教师中，高级教师28人、一级教师49人、二级教师130人；本科学历119名、大专学历99人。

**阿克苏市第三小学**　1957年成立阿克苏县第三小学，1983年为阿克苏市第三小学。位于新华东路。学校占地面积10723平方米，教学楼建筑面积2242平方米，有教学楼、办公楼、教职工住房，操场面积2486.4平方米。有计算机教学室、图书室、标准化实验室等。2016年，有教学班14

个（两个学前班），在校生585余人，教职工33名，其中专任教师27名。

**阿克苏市第四小学**　阿克苏市第四小学始建于1961年9月，位于阿克苏市前进路4号。校区总面积26139平方米。1996年8月，香港人士邵逸夫捐款45万港元、市政府投资282万元人民币共同兴建“逸夫教学楼”，共5层，占地面积1425平方米，建筑面积4225平方米，楼内有36间教室，有实验室、仪器室、图书室、卫生室、音乐室、美术室、劳动室、微机室、多媒体室、党员电教室、会议室等。教学楼的东面有200米环形跑道、升旗台，校园内硬化面积16087平方米。绿化面积8513平方米。2016年，学校在校生3036名，51个教学班，在职教职工127名，专职教师122名，其中高级教师14人、一级教师38人、二级教师45人。

**阿克苏市第五小学**　阿克苏市第五小学的前身是阿克苏市汉语小学，成立于1965年。1995年，华侨为第五小学捐建1座教学大楼。1997年9月，成立第七小学，民、汉部分校，汉族师生陆续迁进第七小学。2000年，学校成立初中部，招收3个班的学生。学校总面积为26640平方米，教学大楼总建筑面积为7800平方米，住宅楼建筑面积为5480平方米。2016年，有教职工113人，专任教师108人，具有高级职称教师4人、中级职称教师33人、初级职称教师71人，其中本科35人、大专71人、中专2人。有教学班31个，学生1967名，其中模式二8个年级共484人。

**阿克苏市第六小学**　阿克苏市第六小学成立于1981年7月，1984年县改市后学校改名为阿克苏市第六小学，是民语言小学。学校位于阿克苏市的西南部，多浪河边。校园面积为18187.71平方米，建筑面积3420平方米，绿化面积5461平方米。2016年，有教职工44人，有13个班级，学生572人。

**阿克苏市第七小学**　1997年9月，将阿克苏市第五小学民、汉部分校，成立市第七小学。位于市友谊路15号，占地面积33300平方米，校舍面积4200平方米。2016年，有教职工82人，专任教师76名，地市级骨干教师4名。其中本科学历34人，大专学历42人，取得高级职称8人，中级职称17人。有教学班25个，在校学生1277人，少数民族学生455名，占学生总数的35.6%。辖区适龄儿童入学率达100%。

**阿克苏市第八小学**　阿克苏市第八小学前身是县良种场子校，始建于1983年3月，1985年3月移交阿克苏市，更名为阿克苏市第八小学，并成立初中部。1993年，初中部并入第三中学。1996年，学校成立分校库克瓦什林管站小学。属于汉语小学，位于滨河南路13号，占地面积51159平方米，校舍面积9249米，绿化用地面积16214平方米（包括良种场学校和林管站学校面积）。2016年，学校有教职工60人，专任教师58人，有20个教学班，在校学生778人。

**阿克苏市第九小学**　阿克苏市第九小学始建于1986年6月，是市教育局直接管理的一所全日制民语言小学，位于阿克苏市乌喀中路33号，建校初期为民语言小学，2008年增设汉语部，成为民汉语合校。学校占地面积19773.8平方米，建筑面积4209平方米，绿化面积7909平方米，硬化活动场地面积4000平方米。学校拥有标准化的教学楼1幢、食堂1幢。2016年，学校在编教职工总数30人，其中校长1人、副校长2人、工勤2人、校医1人、专任教师24人，高级职称2人、一级职称8人、二级职称18人。有18个教学班（民语班12个、汉语班6个），在校学生765人。

**阿克苏市第十小学**　阿克苏市第十小学又名阿克苏市上海医药希望学校，始建于1986年，位于英阿瓦提路 49 号。原为民语言小学，2001 年增设汉语部，成为民汉语合校。学校占地面积 31968 平方米，建筑面积 5048 平方米，绿化面积 12683 平方米，硬化面积 10680 平方米。2001 年，上海医药（集团）总公司援助 50 万元，阿克苏市投入 50 万元，建成 1258 平方米的综合教学楼。2016 年，学校共有 30 个教学班，其中民语班 6 个、汉语班 24 个，共有学生 1553 人。学校编制 106 个，在职教职工 98 人。

**阿克苏市第十一小学**　阿克苏市第十一小学位于迎宾路 22 号，是一所九年一贯制民汉语合校。学校始建于 1971 年 9 月，原属于二小分校。1973 年由自治区第五运输公司接管，更名为五公司子校。1987 年 1 月移交阿克苏市，改为阿克苏市第十一小学。1975 年增设初中班。1980 年增设一个一年级民语班。1992 年 9 月，初中部合并到地区第六中学。2012 年 9 月撤除民语部，为汉语言完全小学学校。2016 年，学校设置 1 ~6 年级 25 个教学班，在校学生 1586 人。教师编制 92 名，在编教师 85 人，其中 13 名少数民族教师。学校占地面积 48800 平方米，总建筑面积 10239 平方米，绿化面积 14724 平方米。学校有教学楼 2 幢，生均占地 31 平方米。有微机室、语音室、钢琴室各 1 间、班班通设备 25 套、200 米塑胶跑道。

**阿克苏市第十二小学**　阿克苏市第十二小学成立于 2000 年 8 月 28 日，系原阿克苏铁路职工子弟学校，2004 年 8 月 24 日，移交阿克苏市，更名为阿克苏市第十二小学，是一所以小学为主体的九年一贯制正科级学校。学校坐落在阿克苏东南约 4 千米处，火车站住宅区北侧，地处城乡接合部。学校占地总面积 32334. 4 平方米，学校教学楼建筑面积 7328. 12 平方米，实验楼建筑面积 3500. 23 平方米。2016 年，学校有教职工 85 人，其中专任教师 82 人，教学班 37 个，在校学生 2137 人。

## 第三节　中学教育

### 一　教育师资

1994 年，全市有中学 9 所，其中完全中学 2 所、高中 1 所，在校学生 6368 名，其中民语中学 8 所，在校学生 5970 名；职业中学 1 所，教师进修学校 1 所，职工文化学校 1 所，高中职业班 2 个，初中职业班 7 个，农牧民文化技术学校 12 所。

2000 年，全市各级中学实现告别危房的目标，城区和部分乡镇中学购进微机，开设微机课程；阿克苏市第三中学等中学开办远程教育网络。

2006 年，阿克苏市属公办普通高中 3 所、民办高中 3 所。其中阿克苏市第三中学共 20 个班 1734 人，市第六中学 12 个班 653 人，市第七中学 12 个班 503 人；民办高中华林学校 3 个班 88 人，旭日中学 3 个班 86 人，光明中学 2 个班 80 人。

2011 年，阿克苏市共有 23 所中学（市属公办普通高中 3 所、民办高中 3 所、初高中一贯制 17 所）、617 个教学班，其中高中班 110 个；在校生 33345 人，其中少数民族 21387 人，高中生 5735 人；专任教师 1782 人，其中少数民族 967 人。

2016 年，全市有初中 9 所，九年一贯制学校 15 所，完全中学 3 所；初中教学班级 420 个，教师2165人，在校生21155人；公办普通高中5所（杭州师范大学附属阿克苏市高级中学、实验高中、第三中学、第六中学、第七中学），其中市第七中学为民语言高中。高中教学班级140个，有教师436人，在校学生7110人。当年，阿克苏市1945名高三学生参加高考，文科报考826人，其中一本上线人数28人、二本上线人数189人、三本上线人数94人、大专上线480人；理科报考1119人，其中一本上线人数131人、二本上线人数282人、三本上线人数181人、大专上线781人；全市文理科总上线人数为1887人，总上线率为97.02%。

## 二　学制和课程设置

1990年，根据自治区要求，阿克苏市初中学制3年，高中学制3年，高中实行文理分科制。

2005年，按照自治区颁布义务教育课程设置方案，汉语言初中开设思想品德、历史、地理、生物、物理、化学、语文、数学、外语、体育与健康、音乐、美术、综合实践活动、地方与校本课程等14门课。民语言初中开设思想品德、历史、地理、生物、物理、化学、语文、数学、汉语、体育与健康、音乐、美术、综合实践活动、地方与校本课程等l4门课。

2000年，随着信息革命的兴起和发展，阿克苏市有条件的中学增设计算机课程。

2010年，按照自治区颁布全区民语言授课学校普通班课程设置方案，民语言初中汉语课在原有的每周5课时的基础上，新增3课时。民语言高中汉语课程增加4个模块，8个必修学分，研究性学习减少2个课题，计6个必修学分，社会实践减少1周，计2个必修学分。

2016年，阿克苏市各级中学开设的课程主要有语文、数学、外语（英语）、物理、化学、生物、政治、历史、地理、体育、音乐、美术、心理健康、信息技术和通用技术（包括生产常识）等学科，民语中学开设汉语课。

## 三　教材与教学

### （一）教材

1990～1993年，全市高中课程执行国家教委颁发的《高中课程（教学）计划》，高中每周总课时为高一年级31节、高二年级32节、高三年级33节；高中课程设有思想政治、语文、数学、英语、物理、化学、历史、地理、体育、劳动技术等学科。初中每周总课时为初一32节课、初二33节课、初三32节课；初中课程设有思想政治、语文、数学、英语、物理、化学、历史、地理、生物、生理卫生、体育、音乐、美术、劳动技术等学科。每周上课5天半。

1994年，国家教委调整课程（教学）计划，高中设政治、语文、数学、英语、物理、化学、生物、历史、地理、体育、艺术、社会实践等学科。每周总课时：高一年级29节、高二年级28节、高三年级29节。初中设思想政治、语文、数学、英语、历史、地理、物理、化学、生物、体育、音乐、美术、劳动技术等学科；每周总课时：初一29节课、初二29节课、初三25节课。民语中学数理化教材同汉语中学一样，均使用课改教材，汉语用的是新疆双语班汉语教材。初中每周汉语6节，数学5节，物理、化学、生物各2节。

1997年，国家实行新工时制，中学每周上课5天。

1998年，实行目标教学，全市中学实施素质教育。各学校根据实际，开设劳动技术教育，建立以学生为主体、教师为主导、操作训练为主线的教学模式，让学生劳动实践，使学生动手动脑。设有音乐、绘画、科技、书法、舞蹈、写作、英语等特色班（第二课堂），以利学生个性发展。

2002 年 9 月，全市中学增设信息技术教育，实际操作和理论基础知识相结合。

2003 年 9 月，根据自治区党委、自治区人民政府《关于大力推进双语教学工作的决定》，民语中学双语教学试验启动。中学双语班开设初级中学大纲所规定的全部课程，语文、数学、物理、化学用汉语授课，其余课程均用民语授课，数学、物理、汉语、英语由汉族教师授课。高中压缩历史、地理、生物课时数，增加理科及汉语课时数，开设英语，一周 6 天上课，数学设辅导教师。在语言环境创设上，实行民汉语合校、合班。

2003 年，阿克苏市汉语初中一年级进入课改实验，全市初中汉语全部使用课程改革实验教材，数学、历史使用北师大版教材，地理使用湘教版教材，其他学科使用人教版教材。

2006 年 3 月，语文、数学、历史、地理改为人教版教材。

（二）教学

20 世纪 90 年代，市各学校教学一直沿用讲授法、谈话法、演示法、实验法、参观法、练习法等传统方法和分析教材、了解学生、研究教法、学法为主要内容的“四环节”系列教研活动。教师是传授者、讲授者，以接受学习、死记硬背、机械训练为主，尤其对初中、高中毕业班学生，教师将所授知识反复讲解，演示各种类型的试题，实行“题海战术”，有些教师参阅大量有关中考高考辅导资料，然后讲给学生，或复印给学生复习练习，或购买名校试卷加强训练，有些教师甚至猜题押题，提高学生的考试分数，提高升学率。从 1996 年开始，市初中每学期参加阿克苏地区组织的联考。从 1997 年开始，高中教育教学质量有较大提高。

2001 年，中学进入课改后，教师在教学手段、课堂语言运用上和对学生的评价方面有所改变。课堂运用现代信息技术，直观引导学生学习，提高学生学习兴趣，使书本知识得以扩展，提高教学效果。绝大部分物理、化学、生物等科教师，都运用现代信息技术收集资料，组成课件，形成直观、通俗易懂的教学模式。在学生评价上，采取日常评价、阶段评价、期末评价和教师评价、同学评价、自我评价、家长评价相结合，但最终定性评价还是以考试分数为主。

从 2002 年以后，开始全面实施素质教育，加强教育教学改革。严格执行国家课程计划，保证学校的有效教学时间。

2007 年，市高中招生坚持多元评价、择优录取和终结性评价、形成性评价相结合的原则，为学生提供充分展示自我的机会。既依据学生的学业成绩，又关注学生的综合素质；既衡量学生发展的现有水平，又参考学生的成长过程；既重视学生的全面发展，又关注某一方面的突出才能和表现。

2010 年，开展普通高中通用技术设备配备工作。按照每所学校 40 万元的标准，配备 2 个必修模块和 1 个选修模块的教学设备。

2015 ~ 2016 年，阿克苏市把教育资源配置和学校工作的重点集中到强化教学环节和提高教学质量，深化课程教学改革，创新教学模式，整体提高中学教育教学质量。

## 四 中学简介

### （一）市直属中学

**阿克苏市高级中学** 阿克苏市高级中学是杭州市投资援建的重点民生工程之一。学校成立于2013年5月，位于阿克苏市西湖大道16号，占地面积13.87公顷，建筑面积6万平方米，绿化面积46%，是阿克苏市唯一一所寄宿制、全封闭式管理的全日制普通高中。2016年，学校有教师197人，其中研究生学历12人，全日制本科学历180人，杭州援疆校领导2人，学科带头人5人，教学骨干、教学能手18人；有天文社团、电脑机器人社、书法社、美术社、足球队、篮球队、合唱团、舞蹈社等33个学生社团。与杭州师范大学附属中学、杭州高级中学、杭州源清中学结为友好学校。学校建有远程互动教室、高中数学青蓝工作室、图书馆和科技创新工作室、微机教室等。

**阿克苏市实验中学** 阿克苏市实验中学原是阿克苏地区师范学校，创建于1934年。2004年9月，改制为地区实验中学，成为唯一一所直属地区教育局的全日寄宿制民汉语合校的高中，也是自治区教育厅确定的全疆具备疆内高中班办班资格的8所高中之一。2014年底，移交阿克苏市，改为阿克苏市实验中学。2016年8月，市第三中学、第六中学高中部、实验中学汉语部重组为阿克苏市实验中学，即阿克苏市第二所汉语高级中学。学校占地面积128984.6平方米，绿化面积达46%。2016年，学校有教职工252人，其中专任教师246人，管理人员和工勤人员共6人。有高一、高二、高三年级共计64个班，学生3507人。

**阿克苏市第三中学** 阿克苏市第三中学创建于1973年，1978年成为完全中学。1990年，重新划定校园范围，位于城区西广场西侧，占地面积18465平方米，有教学楼2幢，实验楼、宿舍楼各1幢，职工住宅楼3幢，总建筑面积达14576平方米。1991年，第一幢教学楼建成。1997年，实验楼竣工，并建起篮球场3个、排球场地2个。1998年，两间微机室建成，其中一间由上海格致中学投资15万元。2002年，利用国债投资第二幢4000平方米教学楼投入使用，高、初中分开管理，学校建成可使220人上课、听课的多功能厅。2016年7月，初高中分离之后，学校成为初级中学，有32个教学班，在编教师147人，学生1773人。

**阿克苏市第四中学** 1980年7月，地区第一中学汉语部与阿克苏县第二中学合并，更名为阿克苏地区第二中学，为阿克苏地区唯一的汉语重点普通中学。2004年10月，初、高中分开，高中部迁到文化路。2004年，开始承办新疆区内初中班。2005年1月，初中部移交给阿克苏市管理，成立阿克苏市第四中学，校址位于阿克苏市健康路8号。学校占地面积26640平方米，有教学楼2860平方米，办公楼2645平方米，实验楼1698平方米，学生宿舍楼1239平方米。2006年，新建综合教学楼6300平方米，学生食堂、浴室1300平方米，学生公寓楼2960平方米。2016年，学校办班规模为60个班，其中普通班45个，区内初中班15个，有在校学生3420人，学校教职工编制数310名，实有在编人员292人，其中专职教师281人、大专学历以上的专职教师281人、副高职称21人、中级职称19人。

**阿克苏市第五中学** 阿克苏市第五中学始建于1979年8月，是义务教育阶段的全日制民语中学。2011年9月，迁移新校区，坐落于西湖大道西11号。学校总面积77142.60平方米，其中高中部教学楼面积5552平方米，初中部教学楼、实验楼面积13295.8平方米，学生宿舍楼面积6634.1平方米，学生食堂1832平方米，400米跑道20394.5平方米，学生厕所与澡堂1595.1平方米，围墙1200米，值班室60平方米。2016年9月，新建高中部并正式招生。有学生2275人，教学班43个，其中初中生1341名，模式一16个班，模式二4个班，普通班5个班。高中部实验班7个，普通班11个。在编教职工78人，从实验中学来的高中部的教职工有82名，从各学校借调来的教师13名，总共173人。

**阿克苏市第六中学** 阿克苏市第六中学始建于1961年。2004年12月，划归阿克苏市，是一所初级中学，占地面积69472.6平方米，建筑面积13000多平方米，有教学楼，实验楼，学生宿舍、食堂及教职工住宿楼和400米标准跑道的运动场。第六中学是全国计算机等级考试考点，自治区现代教育技术实验学校，自治区青少年科技阿克苏辅导站，学校有计算机房3个、电脑180台和1座远程教育接收站。2016年，有教职工174人，其中专业教师164名，教辅人员及后勤人员共10人。占地面积达68545平方米，建筑面积18920平方米，设有三个初中年级，拥有40个初中教学班，在校学生2186名。

**阿克苏市第七中学** 阿克苏市第七中学原名为阿克苏市民语高中，1981年建校，原校址在阿克苏市西郊原五七中学（后又改为阿克苏县师范学校）处，1993年4月更名为阿克苏市第七中学。1995年7月，第七中学从老校区搬到新校区，地址在阿克苏市南大街65号。1996年春季，六层的教师住宅楼、两层标准化学生宿舍楼及学生食堂投入建设，学生宿舍（可容纳500名学生）、食堂竣工投入使用，1999年职工住宅楼竣工。学校占地面积25518平方米，建筑面积15228平方米，绿化面积8605平方米。2016年，有2688名学生，其中初中生1528名、高中生1160名。有44个教学班，其中初中班26个、高中班18个。有教师168名，其中专任教师157人，其中初中教师98人、高中教师59人；具有中教高级职称的18人、中级职称的44人、初级职称的95人。

**阿克苏市第八中学** 阿克苏市第八中学成立于1970年8月，原名为地区六厂子校，属企业单位性质。1986年3月，六厂子校归地区教育局管理，更名为阿克苏地区第八中学，并设立职业高中（一个学校、两块牌子）。1994年11月，职业高中从地区第八中学分离出去。2001年11月，地区第八中学新教学楼竣工，校址搬迁到晶水路二巷2号。2005年1月，地区第八中学移交给阿克苏市管理，更名为阿克苏市第八中学。2016年，有在校学生数1795人，38个教学班；有在职教职工118人，其中专任教师104人；高级职称3人，中级职称43人。

**阿克苏市第九中学** 阿克苏市第九中学成立于1964年7月，原是一所九年一贯制学校。前身为阿克苏地区桥工队子校，于1989年移交阿克苏地区教育局，更名为阿克苏地区第九中学。2005年1月，移交给阿克苏市教育局，更名为阿克苏市第九中学，地址在教育路30号。学校占地面积40626平方米。1997年，修建两层教学楼，面积1344平方米。2007年8月，修建建筑面积为5734.7平方米的四层教学楼。学校占地面积40667平方米，校舍总建筑面积13400平方米。2016年8月，学校75名教师及1267名学生分流到阿克苏市第六中学，学校改为小学学校。有教学班38个，2365名学生，教职工131人，其中高级教师15人、中级教师34人、初级教师75人、管理人员3人、后勤人员4人。

**阿克苏市第十中学** 阿克苏市第十中学位于阿克苏市解放北路20号，前身为地区柯尔克孜语中学，建于2000年。2001年3月，定名为阿克苏地区第十中学，属于寄宿制完全中学。2007年9月，实施民汉语合校，招收阿克苏市喀拉塔勒镇、托普鲁克乡、库木巴什乡的小学毕业生和地区各县的柯尔克孜族小学毕业生。2014年11月，移交阿克苏市教育局管理，更名为阿克苏市第十中学。2016年，学校园区面积为26835.9平方米，教学楼建筑面积3368.3平方米，绿化面积5525平方米。学生683人，16个班级，教师42人。

**阿克苏市第十一中学**　阿克苏市第十一中学地处阿克苏地区红旗坡农场，1960年成立，是一所由若干个教学点组成的民汉语合校的小学，校址在红旗坡农场园艺四分场，校名为红旗坡农场学校。1966年，学校建立初中，初步形成学校建制。1978年，搬至314国道989千米以西800米处；1982年设立两年制高中；1984年进行民汉语分校，民语部组成红旗坡农场第一中学，汉语部组成红旗坡农场第二中学。1992年，撤销高中部。2005年1月，学校移交阿克苏市人民政府，和一起移交的原红旗坡农场园艺二分场小学合并，更名为阿克苏市库木塔木第二中学，由国有企业办校转变为公办学校。2009年，与阿克苏市库木塔木第一中学合并为一所民汉语合校，更名为阿克苏市第十一中学，是一所九年一贯制双语学校。学校占地面积85470平方米，建筑面积12103平方米。2012年，建成综合面积5800平方米实验楼一幢。2014年，建设1492平方米的食堂（地上两层）。2016年，新建375平方米的水冲式厕所（地上2层），有43个教学班，在校学生2471人，其中小学1741人、中学730人；有教职工123人，其中维吾尔族教职工57人。

**阿克苏市第十二中学**　阿克苏市第十二中学原名库木塔木阔滚其中学，前身为红旗坡农场五队小学，1986年搬迁到国道314三角地处（红星路69号），2003年改为红旗坡第三中学。2005年，交给阿克苏市管理，改名库木塔木阔滚其中学。2009年，更名为阿克苏市第十二中学，为九年一贯制学校。校园面积15840平方米，校舍建筑面积11325平方米。2016年，学校有36个教学班级，其中1～6年级为24个班级，7～9年级为12个班级；学生总人数2004人，教职工人数121人。

**阿克苏市第十三中学**　阿克苏市第十三中学位于阿克苏市解放南路13号，始建于1964年，起初是一所汉语小学，1970年扩建为汉语初中部，1979年成立民语初中部，是一所民汉语中小学合一的学校。2000年9月，分为实验林场第一中学、实验林场第二中学。2005年，实验林场第二中学迁移到实验林场新场部隔壁，更名为实验林场第一中学，同时位于实验林场二队的分校教学点跟实验林场第一中学合并。2005年，更名为阿克苏市苏盖特艾日克中学。原为企业办学。2005年1月1日后，为公办全额事业单位，主要招收地区实验林场的少数民族学生。学校占地面积33941.7平方米，建筑面积12672.5平方米。2016年，拥有36个教学班，其中中学部12个、小学部24个，在校学生2069名（中学712人、小学1357人），在职教职工130人，教师学历达标率100%。

**阿克苏市第十四中学**　阿克苏市第十四中学创建于2000年10月，原名为实验林场第二中学。2005年划归阿克苏市管理，为公办事业单位，实行九年制义务教育。学校位于阿克苏市解放南路11号，占地面积34632平方米，校舍面积2360平方米。2016年度，有教职工25人，教学班10个，在校生308人。

**阿克苏纺城第一中学**　阿克苏纺城第一中学是阿克苏市教育局直属的九年一贯制公办学校，是阿克苏市迄今为止所有中小学中占地面积最大、建筑单体最多的设施一流的学校，位于纺织工业城广州路2号。学校总规划建筑面积6万多平方米，项目一期建筑总面积2.4万多平方米，总投资4811.5万元，包括中学部和小学部，建设有教学楼2栋、综合楼2栋、学生公寓1栋、食堂2个、门卫室2间、厕所2间及室外道路绿化等配套设施。2016年，学校有小学学生694人，设14个教学班；初中235人，4个教学班，其中有153名住校生，有专任教师21名，招聘代课教师31名。学校实行半走读半寄宿制管理。

**阿克苏市依尔玛中学** 阿克苏市依干其乡依尔玛中学位于阿克苏市城西英巴格社区对面，托万克巴里当路39号，多浪片区管委会巴里当社区，占地面积27333平方米。原为阿克苏市西郊民办光明学校，2015年8月，由阿克苏市教育局接管，更名为阿克苏市依干其乡依尔玛学校。2016年，有学生1077人，开设22个班级。维吾尔族占总学生的88%以上，其余为汉族、彝族、回族、土家族学生，生源来自多浪街道英巴格社区、依尔玛社区及巴里当社区辖区内的居民子女。学校有一幢3层的教学楼，一幢宿舍楼，有食堂、锅炉房、水房、旱厕等基本设施。

（二）乡镇中学

**阿克苏市依干其乡中学** 阿克苏市依干其乡中学建于1971年，原名五一中学，位于阿克苏市西城，距阿克苏市中心2千米处的依干其乡古勒巴格村一组。1975年附设高中班，1982年改为初级中学，更名依干其乡中学。2016年，学校占地面积17792.2平方米，校舍建筑面积8101平方米，生均校舍建筑面积13.9平方米；学校绿化面积5928平方米，生均绿化面积10.16平方米，绿化率33.3%。有教职工101名，男29名、女72名，专任教师90名，有教学班级18个，在校学生800人。

**阿克苏市拜什吐格曼乡中学** 阿克苏市拜什吐格曼乡中学建立于1959年，是一所民语言学校，位于拜什吐格曼乡。学校占地面积21501平方米，建筑面积8581平方米，绿环面积3786平方米。2016年，有教职工106名，其中专职教师101名、聘用教师2名。在校生1096名，有教学班23个。

**阿克苏市喀拉塔勒镇中学** 阿克苏市喀拉塔勒镇中学建于1958年7月，位于距阿克苏市47千米的喀拉塔勒镇，前身是哈拉塔勒公社农业中学。10月，改建为普通初级中学。1971年成立高中部，1980年高中部撤销。1998年，市政府出资、全体教职工和社会各界捐款建立四层配套教学楼。学校总面积28335平方米，其中建筑面积12348平方米，有配备83台电脑的三间电教室、实验室、诊疗室等。2016年，学校有教职员工140人，其中教师134名、工人6名。有高级教师11人，一级教师44名，二级教师79人。有29个教学班，在校学生1400人，其中住宿生400余名。

**阿克苏市托普鲁克乡中学** 阿克苏市托普鲁克乡中学建于1969年9月，为全日制寄宿制初级中学，位于阿克苏市托普鲁克乡吾斯塘博依村5组，离市中心18千米。学校占地面积43378平方米，建筑面积7956平方米，绿化面积8022平方米，运动场地面积8500平方米。2016年，有标准教室23间，其中标准物理实验室1间、数字实验室1间、化学实验室1间、生物实验室1间，各实验室仪器配置均达到国家标准；学校有音乐教室、图书室、电子阅览室、美术教室、多媒体教室、标准语音室、劳技室。每个教室都配备标准的多媒体教学设备，学校每个教师都能使用多媒体设备为学生上课；有一个200米环形跑道、2个篮球场、2个排球场，配套有相应的体育器材室及室外体育器材和室外教育教学辅助设施。学校有3.8公顷劳动基地。

**阿克苏市库木巴什乡中学**　阿克苏市库木巴什乡中学建立于 1957 年 4 月，位于 208 省道 24 千米处库木巴什乡中心，为全日制民语言初级中学。2016 年，学校占地面积 32773 平方米，校舍建筑面积 7938 平方米，学校绿化面积 11509.8 平方米，绿化率 35.12%。有教职工 85 名，其中专职教师 76 名，本科学历 43 人、大专学历 33 人。中学三级以上职称人数 69 人。有教学班 20 个，其中双语班 12 个，在校学生 976 人，其中模式一双语班学生 594 名。其他为母语授课，学生总数 396 人。

**阿克苏市阿依库勒镇中学**　全称阿依库勒镇上海光通信希望中学，始建于 1958 年，位于阿依库勒镇中心。1992 年 9 月，开办萨克萨克、萨依艾日克两个初中班，1999 年 9 月取消。1999 年，在上海光缆公司援助下，学校新建三层教学楼，更名为阿依库勒镇上海光通信希望中学。2016 年，学校占地面积 57641.6 平方米，绿化面积 25385 平方米，硬化面积 13161 平方米，校舍建筑面积 30882 平方米。在编教职工 177 人，在校学生 2118 名，其中男生 1083 人、女生 1035 人。分 42 个教学班。其中双语模式一 16 个，普通教学班 26 个。

# 第四章　专业教育

## 第一节　中等专业教育

1990 年，阿克苏地区在市境内先后有阿克苏地区师范学校、阿克苏地区农业学校、阿克苏地区卫生学校、阿克苏地区农业机械学校、阿克苏地区艺术学校、阿克苏地区财贸学校、阿克苏地区体育学校、阿克苏地区供销学校、阿克苏地区高级技工学校等 9 所中等专业技术学校。

1994 年，阿克苏地区供销学校撤销。

2002 年 3 月，地区调整教育布局，自治区人民政府批准，由阿克苏地区农业学校、农业机械学校、财贸学校、卫生学校、文化艺术学校和体育运动学校 6 所中等专业学校合并组建阿克苏职业技术学院。

2004 年 9 月，地区教育体制改革，地区行署将阿克苏地区师范学校改制为地区实验中学，是一所寄宿制民汉合一的双语实验高中学校，也是自治区教育厅确定的全疆具备疆内高中班办班资格的 8 所高中之一。

2010 年 10 月，阿克苏地区中等职业技术学校成立。

2016 年，阿克苏地区高级技工学校更名为阿克苏技师学院。

截至 2016 年 9 月，阿克苏地区在市境内有阿克苏地区中等职业技术学校和阿克苏技师学院 2 所中等专业学校。主要专业有农学、植保、园艺、农机制造与修理、农田水利、作物栽培、护士、医士、药剂、会计、统计、果品加工、税收、师范、体育、艺术等。学制 3 ~ 4 年。招生对象为本市和南疆各县以及农一师等各族应届、历届初、高中毕业生。

**表 31－3　1990 ~ 2016 年市辖区（非市属）中等专业学校校名表**

<table>
<tr><th>校名</th><th>建校时间</th><th>校址</th><th>备注</th></tr>
<tr><td>阿克苏地区师范学校</td><td>1934</td><td>市教育路</td><td>2007 年更名为阿克苏地区实验高中</td></tr>
<tr><td>阿克苏地区农业学校</td><td>1959</td><td>市迎宾路</td><td rowspan="7">2002 年合并为职业技术学院</td></tr>
<tr><td>阿克苏地区卫生学校</td><td>1959</td><td>市东大街</td></tr>
<tr><td>阿克苏地区农机学校</td><td>1974.9</td><td>市迎宾路</td></tr>
<tr><td>阿克苏地区艺术学校</td><td>1974.9</td><td>市天山路</td></tr>
<tr><td>阿克苏地区财贸学校</td><td>1979.7</td><td>市天山路</td></tr>
<tr><td>阿克苏地区体育学校</td><td>1988.9</td><td>市迎宾路</td></tr>
<tr><td>阿克苏地区供销学校</td><td>1984.6</td><td>市兰干路</td></tr>
<tr><td>阿克苏地区中等职业技术学校</td><td>2010.10</td><td>阿温大道</td><td></td></tr>
<tr><td>阿克苏技师学院</td><td>2016.9</td><td>市天山路</td><td></td></tr>
</table>

## 第二节　高等专业教育

2016 年底，阿克苏市城区共有 3 所高等教育学校，其中阿克苏地区教育学院和阿克苏地区广播电视大学为成人高等教育学校，阿克苏地区职业技术学院为普通高等教育学校。

### 一　阿克苏地区教育学院

阿克苏地区教育学院位于阿克苏市教育路 11 号，成立于 1986 年。1991 年 9 月，通过国家教委复查验收，被评为新疆合格的四所教育学院之一。学院开办有两年制成人大专和三年全日制学前双语中等师范学历教育，主要承担着地区教育行政管理干部、中小学教师的继续教育、地区 35 岁以下少数民族教师的双语培训及自治区国培项目的培训任务。与新疆师范大学、新疆幼儿高等师范专科学校、阿克苏职业技术学院等院校联合开办五年一贯制普通大专学历教育及函授本科的学历教育，开设有数学、物理、化学、生物、历史、地理、思政、汉语、体育、小教文科、学前教育、学前双语教育等专业课程。学校占地面积 122667 平方米，校舍建筑面积 19046 平方米。2002 年，上海市援建 500 万元，地区自筹 300 万元，新建 5000 平方米的培训中心综合大楼一座，绿化地面积 3696 平方米。

2016 年底，学院占地面积 130667 平方米，建筑面积 5.63 万平方米，绿化面积 6.28 万平方米。校外实习实训基地 15 所。有理化生实验室及小学自然科学实验室、音乐、舞蹈、美术专用教室、电子琴房、钢琴房、计算机教室、语音教室等共计 20 余间；教职工 209 人，其中少数民族教职工 123 人；专兼职教师 172 人，其中博士学历 1 人、硕士研究生学历 10 人、双学位 4 人、副高级职称 15 人、双师型教师 10 人，先后有 4 人获高等师范学校曾宪梓教育基金奖。在校学生 2500 人左右。

### 二　阿克苏地区广播电视大学

阿克苏地区广播电视大学（以下简称电大）位于阿克苏市栏杆路 51 号，是阿克苏地区唯一一所开展成人本、专科学历教育的高等学校，成立于 1982 年，占地面积 7240 平方米。学校有一栋综合教学楼，面积为 1984.5 平方米，一栋学生宿舍楼，面积为 1323 平方米。2015 年底，新建 1 座 4000 平方米教学楼投入使用。

阿克苏广播电视大学在地区 8 个县都设有电大分校。县级电大分校与本部采取合作办学。有 4 个县级分校设在党校，4 个设在教育局或县直学校。主要开展开放教育的学历教育、成人高考学历教育、奥鹏网络学院学历教育及社会化培训考试工作。开设本科专业 19 个，专科专业 21 个，开放教育招生人数稳步增长，2012 年招生 1824 人，2013 年招生 2662 人，2014 年招生 1846 人。截至 2016 年底，阿克苏电大共有在籍在读生 5529 人，其中校本部有 2259 人、县级电大分校有 2927 人在读。

### 三　阿克苏地区职业技术学院

阿克苏地区职业技术学院成立于 2002 年，是阿克苏地区唯一一所综合性普通高等职业技术院校，是教育部等国家六部委指定的西北五省唯一的护理专业技能型紧缺人才示范性培养培训基地、新疆第一职教园区特色林果业示范培训中心，国家第六职业技能鉴定所。2008 年，通过教育部高职高专人才培养工作水平评估，进入新疆 21 所高职高专院校行列。

2016 年，学院占地面积 133.33 公顷，建筑面积约 8.6 万平方米，有 3 个教学活动区。设有农学、畜牧兽医（牧医）、园艺、金融等 17 个全日制高职专业。有在职教职工 444 人。教师总数 281 人，其中专任教师 249 人。教师中副高职称 32 人、中级职称 144 人，具有研究生学历 11 人。专任教师中，高级职称 31 人、中级职称 107 人，具有研究生学历 9 人、本科学历 165 人。外聘教师 19 人，其中高级职称 3 人、中级职称 16 人。学院规划在校生规模 10000 人，其中全日制高职生 6000 人，普通中专生 2000 人，各类成人学历教育培训 2000 人。有在校生 3000 人，包括普通 3 年高职 310 人、五年制高职 740 人，有成人学生 1000 人、中专生 1400 人。

# 第五章　继续教育

## 第一节　成人扫盲

1990 年，阿克苏市青壮年人口非文盲率 98.7%，文盲、半文盲 7671 人，不懂老维吾尔文字的 5963 人。当年，将扫盲工作纳入各级领导干部任期目标责任制，作为考核任用干部重要内容。举办乡镇主要领导扫盲专干培训班。选派大中专毕业生、学校校长和优秀教师担任扫盲教师和辅导员。利用“科技之冬”培训班、农牧民文化技术学校、乡村文化室和各类文化夜校开展扫盲工作。举办扫盲班、脱盲人员巩固班、小学文化补习班，统一命题组织考试，脱盲人员须有脱盲证。

1990～1994 年，阿克苏市每年农闲时节开办扫盲班，改文字班，累计扫盲 6954 人，懂老文字 5867 人，非文盲率达到 99.2%。

1996 年 1 月，阿克苏市扫盲工作以 99.02 分的成绩顺利通过地区验收。8 月，通过自治区高标准基本扫除青壮年文盲抽查验收和自治区农村教育综合改革检查评估。年内，喀拉塔勒镇获中华扫盲奖先进集体称号。

1997 年 1 月，通过自治区高标准基本扫除青壮年文盲抽查验收和自治区农村教育综合改革检查评估。

1998 年，阿克苏市获全国扫盲工作先进（县）市称号。

1999 年 9 月，阿克苏市全面完成扫盲迎国检任务，被自治区授予扫盲工作先进集体称号。

2004 年，在对全市 2977 名脱盲人员进行摸底考试的基础上，根据考试成绩组织 1003 人分层次、分类别开办 35 个巩固班、29 个小学文化补习班，对其余 1974 名成绩较好的人员布置家庭作业，定期检查。同时，组织 68 名剩余文盲开办 4 个扫盲班。

2008 年，对全市 2599 名脱盲人员进行摸底考试，根据考试成绩组织 1052 人分层次、分类别开办 31 个巩固班、2 个小学文化补习班，对其余 1547 名成绩较好的人员布置家庭作业，定期检查。组织 5 名剩余文盲开办 2 个扫盲班。

2016 年，全市 1756 名脱盲人员进行摸底考试，根据考试成绩集中精力组织 556 名脱盲人员开办 19 个巩固班。

**表 31－4　2004～2016 年阿克苏市脱盲人员情况表**

| 年份 | 摸底考试（人） | 脱盲（人） | 开办脱盲班（个） | 开办巩固班、文化补习班（个） | 年份 | 摸底考试（人） | 脱盲（人） | 开办脱盲班（个） | 开办巩固班、文化补习班（个） |
|---|---|---|---|---|---|---|---|---|---|
| 2004 | 2977 | 1003 | 4 | 64 | 2011 | 2063 | 1782 | | 53 |
| 2005 | 2836 | 998 | 2 | 46 | 2012 | 2068 | 711 | | 26 |
| 2006 | 2901 | 632 | 1 | 20 | 2013 | 1947 | 668 | 3 | 21 |
| 2007 | 2730 | 1017 | 1 | 38 | 2014 | 1874 | 694 | | 18 |
| 2008 | 2599 | 1052 | 2 | 33 | 2015 | 1833 | 598 | | 18 |
| 2009 | 2599 | 2313 | | 53 | 2016 | 1756 | 556 | | 19 |
| 2010 | 2089 | 1571 | | 45 | | | | | |

## 第二节　农牧民技能培训

### 一　农牧民技术培训

1990～2016 年，阿克苏市为进一步发展农村文化教育，全面提高农牧民文化科学素质，深入农村教育综合改革，不断深入开展科普和农村实用技术培训。先后对 12581 名“三后生”（小学毕业、初中毕业、高中毕业）进行实用技术培训，开展实用技术培训主要内容有棉花田间管理、高密栽培技术、农作物病虫害防治、驾驶、农机具维修、养殖、林果业、庭院经济等。每年对农村初中应届毕业生进行“绿色证书”培训，培训时间为 40 天，授课时间为 200 课时；对 9626 名 18～22 周岁社会闲散青年进行政治思想教育、法治教育、科普知识教育和实用技术培训。

表 31－5　1990～2016 年阿克苏市农牧民技术培训人次情况

| 年份 | 培训人数(人) | 绿色证书(本) | 年份 | 培训人数(人) | 绿色证书(本) |
|---|---|---|---|---|---|
| 1990 | 5911 | 5911 | 2004 | 9425 | 9425 |
| 1991 | 6190 | 6190 | 2005 | 9520 | 9520 |
| 1992 | 6890 | 6890 | 2006 | 9652 | 9652 |
| 1993 | 7112 | 7112 | 2007 | 9741 | 9741 |
| 1994 | 7890 | 7890 | 2008 | 9852 | 9852 |
| 1995 | 8000 | 8000 | 2009 | 9632 | 9632 |
| 1996 | 8009 | 8009 | 2010 | 9714 | 9714 |
| 1997 | 8123 | 8123 | 2011 | 9878 | 9878 |
| 1998 | 8425 | 8425 | 2012 | 9910 | 9910 |
| 1999 | 8571 | 8571 | 2013 | 10123 | 10123 |
| 2000 | 8961 | 8961 | 2014 | 10867 | 10867 |
| 2001 | 8997 | 8997 | 2015 | 11493 | 11493 |
| 2002 | 9110 | 9110 | 2016 | 12561 | 12561 |
| 2003 | 9320 | 9320 | | | |

## 二　农村农牧民文化技术学校建设

自 1990 年起，阿克苏市各乡（镇）均成立农牧民文化技术学校，培训对象重点是青壮年农牧民，特别是具有初、高中文化程度的青年农牧民、基层干部、乡镇企业职工、专业户、科技户。主要开设文化班、普及班（短训班）、初级班。文化技术学校招生采取自愿报名形式。

2005 年，为进一步促进和完善文化技术学校的建设和管理，全市投入 2.8 万元，统一制作农牧民文化技术学校规章制度牌和校牌。

2006 年，阿克苏市拜什吐格曼乡、托普鲁克乡和库木巴什乡的农牧民文化技术学校被评为示范性乡（镇）农牧民文化技术学校。全市乡村两级农牧民文化技术学校办学面达到 100%。

截至 2016 年，阿克苏市农村农牧民文化技术学校共培训 24.38 万人，结业人数 24.38 万人，结业率 100%，有效促进和带动农村经济和社会发展。

表 31－6　1990～2016 年阿克苏市农村农牧民文化技术学校培训情况

单位：人

| 年份 | 培训人数 | 结业人数 | 年份 | 培训人数 | 结业人数 |
|---|---|---|---|---|---|
| 1990 | 5911 | 5911 | 2004 | 9425 | 9425 |
| 1991 | 6190 | 6190 | 2005 | 9520 | 9520 |
| 1992 | 6890 | 6890 | 2006 | 9652 | 9652 |
| 1993 | 7112 | 7112 | 2007 | 9741 | 9741 |
| 1994 | 7890 | 7890 | 2008 | 9852 | 9852 |
| 1995 | 8000 | 8000 | 2009 | 9632 | 9632 |
| 1996 | 8009 | 8009 | 2010 | 9714 | 9714 |
| 1997 | 8123 | 8123 | 2011 | 9878 | 9878 |
| 1998 | 8425 | 8425 | 2012 | 9910 | 9910 |
| 1999 | 8571 | 8571 | 2013 | 10123 | 10123 |
| 2000 | 8961 | 8961 | 2014 | 10867 | 10867 |
| 2001 | 8997 | 8997 | 2015 | 11493 | 11493 |
| 2002 | 9110 | 9110 | 2016 | 12561 | 12561 |
| 2003 | 9320 | 9320 | | | |

## 第三节　职业技术教育

### 一　职业教育

1994 年，阿克苏市职业技术教育起步，共有 4 个班，169 名学生，3 个专业。

2001 年 1 月，成立农村教育综合改革领导小组，在积极改善办学条件，狠抓教学质量和大力推进成人教育的基础上，更加重视发展农村职业技术教育，职业教育进入快速发展阶段。

2004 年，职业技术教育从起步之初的 3 个专业（裁缝、木工、农业技术）发展到裁缝、木工、园艺、农业技术、家电维修、理发、厨师、农机维修、会计、农药使用、养殖等 10 个专业。

2006 年，阿克苏市提出打造辐射南疆的职业教育城的目标，制定《职业教育实施方案》《职业教育"十一五"发展规划》，明确指导思想、任务目标和发展措施。发挥政府统筹作用，打破部门和学校类型界限，整合各类职业教育资源，优化职业学校布局，将全市所有职业教育资源纳入职业教育发展规划之中，切实做到统筹招生，统筹专业设计，统筹职教市场，实行优势互补、资源共享，形成整体合理。同时，加大办学体制改革力度，在坚持职业教育政府举办为主的前提下，鼓励引导社会各方面投资职业教育，逐步形成政府主导，行业、企业和社会力量共同发展的多元办学格局。

2007 年 6 月，阿克苏市社会各界人士自筹资金先后办起 14 所职业教育培训学校（培训中心），开办电工、电焊、汽车驾驶、烹饪、美容、美发、计算机、裁缝、摩托车维修等 10 余个专业培训班。

2008 ~2015 年，全市共有 10 所职业教育培训学校（培训中心），先后举办电工、电焊、汽车驾驶、烹饪、美容、美发、计算机、裁缝、摩托车维修、汽车维修、汽车电路等 12 个专业培训班。

2016 年，经过资源整合和市场竞争，阿克苏市共有 11 家民办职业培训机构（大世界职业培训中心、聪英职业培训中心、巨父职业培训学校、爱心缘职业培训中心、丝路之星职业培训中心、三合职业培训中心、南城建松职业培训中心、兴农建通职业培训中心、热瓦职业培训学校、城乡劳动力培训中心、世纪之星职业培训中心），开办电工、电焊、汽车驾驶、烹饪、美容、美发、计算机、摩托车维修、缝纫、家电维修、饮食、综合维修等 10 余个专业培训班。

**表 31 -7　2005 ~2016 年阿克苏市各类职业培训一览表**

单位：人

| 类别<br>年份 | 在岗职工培训 | 大中专毕业生培训 | 贫困家庭人口子女培训 | 棉纺技能培训 | 就业再就业培训 | 农村劳动力转移培训 | 初级职业资格 | 中级职业资格 | 高级职业资格 |
|---|---|---|---|---|---|---|---|---|---|
| 2005 | 2312 | 200 | 96 | 38 | 1017 | 4035 | 606 | 109 | 97 |
| 2006 | 2462 | 211 | 100 | 40 | 1066 | 4115 | 616 | 120 | 101 |
| 2007 | 2602 | 213 | 102 | 48 | 1111 | 4176 | 687 | 138 | 107 |
| 2008 | 2732 | 219 | 108 | 52 | 1200 | 4218 | 696 | 151 | 113 |
| 2009 | 2862 | 221 | 112 | 55 | 1234 | 4311 | 716 | 167 | 121 |
| 2010 | 2941 | 229 | 118 | 57 | 1298 | 4399 | 712 | 179 | 137 |
| 2011 | 2997 | 242 | 122 | 68 | 1317 | 4435 | 770 | 188 | 144 |

续表

| 年份＼类别 | 在岗职工培训 | 大中专毕业生培训 | 贫困家庭人口子女培训 | 棉纺技能培训 | 就业再就业培训 | 农村劳动力转移培训 | 初级职业资格 | 中级职业资格 | 高级职业资格 |
|---|---|---|---|---|---|---|---|---|---|
| 2012 | 3112 | 238 | 132 | 59 | 1312 | 4541 | 792 | 189 | 155 |
| 2013 | 3008 | 273 | 141 | 56 | 1391 | 4475 | 801 | 193 | 168 |
| 2014 | 3363 | 280 | 158 | 60 | 1426 | 4535 | 809 | 205 | 175 |
| 2015 | 3836 | 290 | 161 | 69 | 1458 | 4657 | 855 | 222 | 180 |
| 2016 | 3940 | 313 | 188 | 80 | 1512 | 4788 | 915 | 234 | 197 |

## 二　职业高中

1990 年，阿克苏地区第八中学为地区职业高中，挂两块牌子。

1994 年，学校微机应用专业高三年级和全国成人大专自学考试接轨，进行教学试验，有 25 名学生参加会计电算专业的大学语文、政治经济学、基础会计学三科考试，其中三科及格的有 15 人、两科及格的有 10 人，及格率达 86.6%。

1999 年 3 月，地区行署决定将地区职业高中与阿克苏地区第六中学合并，建成一所具有 24 个教学班规模，面积为 4000 平方米的示范性职业高中。

2005 年，地区行署决定将职业高中划转阿克苏市，定名阿克苏市第六中学、阿克苏市职业高中。

2007 年，学校由 4000 平方米的占用土地面积扩建到 6.67 万平方米，校舍面积为 7400 平方米，2007～2008 学年在校生 731 人，有 14 个教学班，所设专业为工艺美术。有教职工 75 人，其中高级教师 12 人、中级教师 31 人、初级教师 30 人、行政人员 2 名。

自 2012 年起，停止招收职高学生，只招收普通初中学生。先后设置过计算机、文秘、导游、酒店管理、财务、金融、企业管理、翻译等 15 个专业，培养 4620 名学生。

2016 年，学校仍然保留阿克苏市第六中学、阿克苏市职业高中两块牌子，有教学楼、实验楼、学生宿舍、食堂及教职工住宿楼和 400 米标准跑道的运动场。有教职工 174 人，其中专业教师 164 名，教辅人员及后勤人员共 10 人。占地面积 69472.6 平方米，建筑面积 18920 平方米，设有三个初中年级，拥有 40 个初中教学班，在校学生 2186 名。

## 三　初三分流职业技术班

自 1994 年起，阿克苏市开设初三分流职业班，即普通初中学生完成两年学业后，学校在学生自愿和家长同意的基础上，组织一部分学生，单独编班举办职业技术教育班，调整文化课学习要求，进行为期一年的职业教育和农村实用技术的培训，使学生毕业后“升学有基础，务农有技术，进城有本领”。

初三分流职业班专业课教师一部分由非师范院校毕业生、专业相同或相近的教师担任，一部分从市农广校、乡农口部门聘请或由农牧民文化技术学校的教师担任，或聘请当地农艺师、技师以及能工巧匠和致富能手等做兼职教师，同时选送一些中学教师到职业技术学院进行培训，扩充农牧民文化技术学校的师资力量，确保职业技术教育健康发展。

分流的职业班学生由于是在初三年级挑选的，还没有完成九年义务教育，因此在抓专业课教学的同时开设文化课。初三分流职业班把基础文化课科目定为4～5门，主要为语文、汉语、数学、政治，根据开设专业的需要增加物理、化学、生物。职业技术课按专业的要求开设科目，基础文化课与专业课的课时比定为4∶6，在专业课总的教学课时中专业理论课占三分之一，专业实践课占三分之二，考核的重点也是实践技能。文化课教材使用九年义务教育初中三年级的教材，专业课教材则采用自编和选用两种办法解决，自编教材是由各乡（镇、场）根据本地的实际和开设专业课的实际聘请有关专业人士编写乡土教材；选用教材主要是根据实际需要选用国家和自治区有关部门编写的农村科技致富实用技术培训教材。

对其他普通班的初三应届毕业生，利用暑假组织参加“绿色证书”培训，聘请市农广校专业教师授课，毕业时实行专业测试和参加统一毕业考试，同时给学生发放两证（毕业证和职业技术合格证）。

1994～2004年，开班10个，培训学生860名，有缝纫、园艺、农业技术、林果业等4个专业。

2004～2008年，开班19个，培训学生935人，有缝纫、园艺、农业技术、林果业、家电维修、摩托车维修、理发、饮食、综合维修、地毯编织、烹饪等10个专业。

2009～2011年，开班50个，共培训学生2069人，有小刀制作、民族乐器制作、地毯编织、计算机应用、缝纫刺绣、农机维修、装饰装潢、摩托车维修、美容美发、家电维修、林果业专业。

2012～2016年，开班15个，共招收学生1386名。开设有服装裁剪、刺绣、民族乐器制作、地毯编织、美发、计算机应用、林果业等7个专业。

## 第四节　学历教育

阿克苏市高等教育自学考试是经国家批准并承认学历的设专业、分学科、个人自学、社会助学和国家考试相结合的开放式自考大学。

1990年，阿克苏市自学考试开考语种有维吾尔、汉、蒙古等语种，分本科和专科。专科一般2～3年考完，本科课程4～5年考完。各族职工、干部不受年龄、学历限制均可自学报考。每年组织两次考试。每年考试日程提前半年在《新疆日报》公布，每科考试时间3小时，先后开考的学科包括哲学、经济学、法学、教育学、文学、理工学、农学和医学等学科在内的50多个专业。开考专业的公共课及某些专业的共同基础课作为统考科目，由自治区组织统一考试，其他科目按专业组织考试，考试成绩评定按百分制，60分为合格。

1993年，地区自学考试委员会委托市教育局成教股协助开展高等教育自学考试工作。

1993～1999年，阿克苏市考生信息录入工作采用纯手工操作。

2000年，开始使用电子照相、电脑输入考生档案等。

2001年12月至2004年12月，阿克苏地区开展烛光工程，为乡村教师参加自学考试小学教育专业提供资助。地区自学考试办公室在阿克苏市库木巴什乡设立辅导站，学员有15人，教育部考试中心为辅导站配备电视机、电脑等电教设备。

1992年前，阿克苏市每年报考自学考试的考生不足50人。1993～2007年，全市高等教育自学考试累计报考人数19782人次，累计报考科次达40598科次。从2007年以后，随着地区高中教育水平的不断提高，高考招生规模的不断扩大，自学考试报考人员规模开始缩小。

**表31-8 1993~2016年阿克苏市自学考试情况统计表**

单位：人

| 年份 | 报考人数 | 报考科次 | 毕业人数 | 年份 | 报考人数 | 报考科次 | 毕业人数 |
|---|---|---|---|---|---|---|---|
| 1993 | 265 | 647 | 6 | 2005 | 1651 | 3757 | 23 |
| 1994 | 456 | 1113 | 9 | 2006 | 1826 | 4044 | 35 |
| 1995 | 561 | 1369 | 12 | 2007 | 1606 | 3532 | 32 |
| 1996 | 854 | 2084 | 17 | 2008 | 1328 | 3162 | 26 |
| 1997 | 1156 | 2020 | 23 | 2009 | 1370 | 3064 | 27 |
| 1998 | 1345 | 3282 | 27 | 2010 | 1207 | 2857 | 20 |
| 1999 | 1489 | 3633 | 30 | 2011 | 1667 | 4281 | 33 |
| 2000 | 1552 | 3787 | 31 | 2012 | 1040 | 2276 | 20 |
| 2001 | 1625 | 3965 | 32 | 2013 | 1621 | 2541 | 12 |
| 2002 | 1725 | 4209 | 34 | 2014 | 1524 | 2987 | 30 |
| 2003 | 1620 | 3953 | 32 | 2015 | 1325 | 3154 | 26 |
| 2004 | 2051 | 4653 | 44 | 2016 | 2254 | 1097 | 45 |

## 第五节 职工教育

自1990年后，阿克苏市职工教育经历职工文化补习、职工文化教育、职工学历教育、岗位培训和继续教育等发展阶段。

1995年，全市参加职工岗位培训455人，结业276人；参加继续教育48人，结业24人；参加高中等学历教育483人，毕（结）业319人；参加文化基础（补习）教育93人，毕业93人。

2005年，全市参加职工岗位培训2305人；参加继续教育3606人；其他培训3198人；参加学历教育614人，毕（结）业138人。

2016年，全市参加职工岗位培训907人；参加继续教育578人；其他培训1590人；参加学历教育355人，毕（结）业123人。

**表31-9 1995~2016年阿克苏市部分年份职工教育情况表**

单位：人

| 年份 | 岗位培训 | 继续教育 | 其他培训 | 学历教育 | 年份 | 岗位培训 | 继续教育 | 其他培训 | 学历教育 |
|---|---|---|---|---|---|---|---|---|---|
| 1995 | 455 | 48 | 93 | 483 | 2010 | 1797 | 1797 | 1780 | 350 |
| 2005 | 2305 | 3606 | 3198 | 614 | 2011 | 820 | 481 | 1650 | 340 |
| 2007 | 3462 | 4320 | 2340 | 594 | 2012 | 781 | 480 | 2592 | 540 |
| 2008 | 3462 | 4320 | 2340 | 594 | 2013~2015 | 4837 | 2540 | 2678 | 780 |
| 2009 | 3356 | 1872 | 2410 | 450 | 2016 | 907 | 578 | 1590 | 355 |

# 第六章　特殊教育

## 第一节　残疾人教育

1990 年以来，阿克苏市贯彻落实《中华人民共和国义务教育法》和《中华人民共和国残疾人保障法》，完善以随班就读为主体、发展特殊教育学校的残疾儿童少年义务教育体系。做好适龄残疾儿童少年教育安置工作，确保残疾适龄儿童少年受教育权利。

自 2001 年起，全部免除特教学校学生学杂费、住宿费、医疗费；自 2005 年起，全免课本费。

2009 以来，通过中央投资、上海援建等方式，建成集教学、实验、图书、信息、语训、活动、职业教育、办公和生活用房于一体的盲校——阿克苏启明学校。

自 2010 年起，阿克苏市加强特教学校师资培训，提高业务水平。义务教育阶段残疾学生实现基础教育阶段残疾学生全免费教育，并全部纳入营养改善计划及“学生饮用奶计划”，住宿生享受国家生活补贴。开展特教学校学生职业教育，创新教育教学模式。

2014 年 9 月，为盲童开设视力障碍教育。

2016 年，阿克苏地区启明学校在校生 170 名。

## 第二节　教学活动

自1990 年始，阿克苏市开展特殊教育学校帮扶活动，加强对残疾学生的关心、关怀，课程设置上大力开展学校特色课程。学生在接受文化课的基础上，接受职业技能教育，高年级学生接受职业教育面达 95%，70% 以上学生毕业后都能熟练掌握 1 ~2 项专业技术。阿克苏地区启明学校 2011 年参加自治区首届特殊教育教师基本功大赛获一等奖 2 个、二等奖 4 个、三等奖 3 个、优秀奖 1 个；2012 年参加自治区首届特殊教育论文比赛，获一等奖 1 个、二等奖 2 个、三等奖 3 个、优秀奖 1 个；2013 年参加自治区中小学德育科研成果，获二等奖 2 个；2015 年参加第二届特殊教育论文比赛，获二等奖 1 个、优秀奖 4 个；2015 年参加自治区优秀视频展示课比赛，获一等奖 2 个、二等奖 1 个、三等奖 3 个；2016 年参加自治区微课比赛，获一等奖 4 个、二等奖 1 个、三等奖 1 个。

# 第七章　教师队伍

## 第一节　师资来源

1990 年，阿克苏市有中小学教师 1695 名，其中少数民族教师 1146 人、汉族教师 549 人；小学及幼儿教师 1102 人、中学教师 448 人、高中教师 110 人、职高教师 35 人；本科学历及以上学历的 339 人、大专学历的 508 人、中专学历（含高中）的 848 人；专任教师中 50 岁以上的 356 人、40 ~ 50 岁的 441 人、30 ~ 40 岁的 509 人、30 岁以下的 389 人。

自 1992 年起，阿克苏市教育部门停止吸收民办代课教师，注重加强对原有民办教师的审定和转公办工作。

1999 年，采取培训进修等形式，陆续转正 2000 多名民办教师。

2002 年，市政府对大中专院校毕业的师范院校毕业生实行统一分配制度。

自 2003 年起，阿克苏市招录的新教师必须参加自治区统一组织的招录考试方能入编。实行教师资格制度，取得教师资格的人员首次任教，试用期为 1 年。教师职务分为初级职务、中级职务和高级职务。学校和其他教育机构对教师每学年考核一次，考核结果是受聘任教、晋升职务和实施奖惩的依据。连续 2 年考核不合格的教师，调离教育教学岗位或者予以解聘。教育行政部门对教师的考核工作进行指导和监督。

2007 年，阿克苏市有教职工总数 3795 人，其中专任教师 3689 人、少数民族教师 2356 人；幼儿园教师 289 人、小学教师 1056 人、初中教师 1968 人、高中教师 376 人。

2016 年，阿克苏市教职工总数 5329 人，其中专任教师 5027 人、少数民族教师 2807 人；幼儿园教师 739 人、小学教师 1872 人、初中教师 1982 人、高中教师 432 人。

**表 31 - 10　1990 ~ 2016 年阿克苏市教师人数情况表**

| 年份 | 教职工人数（人） | 专任教师人数（人） | 其　中(人) | | | | | 教师学历合格率(%) | | |
|---|---|---|---|---|---|---|---|---|---|---|
| | | | 幼儿园教师人数 | 小学教师人数 | 初中教师人数 | 高中教师人数 | 特殊教育教师人数 | 小学 | 初中 | 高中 |
| 1990 | 1787 | 1695 | 46 | 1056 | 448 | 145 | 0 | 76 | 86 | 80 |
| 1991 | 1804 | 1721 | 46 | 785 | 735 | 155 | 0 | 76 | 86 | 85 |
| 1992 | 1868 | 1785 | 48 | 795 | 767 | 175 | 0 | 76 | 86 | 86 |
| 1993 | 1869 | 1786 | 49 | 802 | 749 | 186 | 0 | 77 | 86 | 86 |
| 1994 | 1908 | 1825 | 49 | 842 | 736 | 198 | 0 | 77 | 87 | 88 |
| 1995 | 1934 | 1834 | 49 | 851 | 734 | 200 | 0 | 77 | 87 | 88 |
| 1996 | 1998 | 1894 | 51 | 865 | 737 | 241 | 0 | 96 | 87 | 88 |
| 1997 | 2131 | 2009 | 54 | 898 | 812 | 245 | 0 | 78 | 87 | 89 |

续表

| 年份 | 教职工人数（人） | 专任教师人数（人） | 其 中(人) | | | | | 教师学历合格率(%) | | |
|---|---|---|---|---|---|---|---|---|---|---|
| | | | 幼儿园教师人数 | 小学教师人数 | 初中教师人数 | 高中教师人数 | 特殊教育教师人数 | 小学 | 初中 | 高中 |
| 1998 | 2168 | 2018 | 57 | 912 | 783 | 266 | 0 | 78 | 88 | 89 |
| 1999 | 2345 | 2243 | 61 | 963 | 921 | 298 | 0 | 79 | 88 | 91 |
| 2000 | 2415 | 2315 | 65 | 952 | 977 | 321 | 0 | 79 | 89 | 91 |
| 2001 | 2786 | 2643 | 71 | 956 | 1295 | 321 | 0 | 79 | 90 | 91 |
| 2002 | 3072 | 2968 | 76 | 987 | 1521 | 384 | 0 | 80 | 94 | 91 |
| 2003 | 3154 | 3082 | 85 | 1025 | 1604 | 368 | 0 | 80 | 94 | 91 |
| 2004 | 3392 | 3287 | 86 | 1036 | 1819 | 346 | 0 | 81 | 94 | 93 |
| 2005 | 3512 | 3399 | 91 | 1598 | 1389 | 351 | 0 | 83 | 94 | 93 |
| 2006 | 3615 | 3549 | 95 | 1189 | 1902 | 360 | 0 | 84 | 94 | 93 |
| 2007 | 3795 | 3689 | 289 | 1056 | 1968 | 376 | 0 | 85 | 94 | 93 |
| 2008 | 3997 | 3819 | 301 | 1025 | 2095 | 398 | 0 | 88 | 95 | 94 |
| 2009 | 4012 | 3949 | 365 | 1023 | 2161 | 400 | 0 | 87 | 95 | 94 |
| 2010 | 4200 | 4028 | 432 | 1126 | 2053 | 417 | 0 | 88 | 96 | 96 |
| 2011 | 4352 | 4084 | 496 | 1458 | 1715 | 415 | 0 | 89 | 95 | 96 |
| 2012 | 4451 | 4199 | 463 | 1652 | 1649 | 435 | 0 | 90 | 97 | 98 |
| 2013 | 4321 | 4095 | 563 | 1728 | 1362 | 412 | 30 | 91 | 97 | 98 |
| 2014 | 4621 | 4450 | 689 | 1826 | 1480 | 425 | 30 | 92 | 97 | 99 |
| 2015 | 5069 | 4923 | 712 | 1821 | 1793 | 566 | 31 | 93 | 98 | 99 |
| 2016 | 5329 | 5027 | 739 | 1872 | 1982 | 432 | 32 | 93 | 98 | 100 |

**表 31－11　1990 ~2016 年阿克苏市中小学教师管理学生情况表**

单位：人

| 年份 | 小学教师平均管理学生人数 | 中 学 | | 年份 | 小学教师平均管理学生人数 | 中 学 | |
|---|---|---|---|---|---|---|---|
| | | 初中教师平均管理学生人数 | 高中教师平均管理学生人数 | | | 初中教师平均管理学生人数 | 高中教师平均管理学生人数 |
| 1990 | 18 | 19 | 16 | 2004 | 17 | 19 | 17 |
| 1991 | 18 | 19 | 16 | 2005 | 16 | 19 | 16 |
| 1992 | 17 | 18 | 16 | 2006 | 16 | 18 | 15 |
| 1993 | 16 | 20 | 16 | 2007 | 16 | 17 | 16 |
| 1994 | 18 | 19 | 17 | 2008 | 15 | 18 | 17 |
| 1995 | 16 | 20 | 16 | 2009 | 15 | 19 | 18 |
| 1996 | 16 | 19 | 17 | 2010 | 16 | 18 | 16 |
| 1997 | 16 | 18 | 15 | 2011 | 15 | 17 | 17 |
| 1998 | 16 | 19 | 17 | 2012 | 15 | 18 | 16 |
| 1999 | 16 | 18 | 16 | 2013 | 15 | 20 | 15 |
| 2000 | 16 | 20 | 16 | 2014 | 15 | 17 | 16 |
| 2001 | 16 | 21 | 15 | 2015 | 16 | 20 | 16 |
| 2002 | 17 | 18 | 16 | 2016 | | 21 | 16 |
| 2003 | 17 | 19 | 17 | | | | |

## 第二节　教师培训

1990～1995 年，阿克苏市教师进修培训内容以教材教法过关为主，提高教师熟悉和驾驭教材的能力。5 年来，共有 10722 人次教师参加进修培训，有 8424 名教师参加业务进修，培训率92. 35%。

1996～2001 年，高中过关教师13 人，其中少数民族教师9 人，总过关率76. 47%，其中民族教师过关率69. 23%。初中过关教师总数95 人，其中民族教师73 人，初中教师总过关率79. 17%，其中民族教师过关率78. 35%。小学过关教师总数448 人，其中民族教师395 人，小学教师总过关率72. 14%。

2002～2006 年，以教师《专业合格证》考核和学历培训为主，重点培训农村学校教师。

2007～2016 年，阿克苏市启动中小学教师继续教育工程，以职务培训、岗位培训为重点，采取“疆内疆外统筹”“请进来、送出去”、远程教育、学历教育提升等多种形式，逐步形成干训、师训的系列工程。

**表 31－12　1990～2016 年阿克苏市教师进修培训一览表**

单位：人

| 年份 | 总计 | 性别 | | 培训种类 | | 疆内疆外 | | 培训率（%） |
|---|---|---|---|---|---|---|---|---|
| | | 男 | 女 | 业务进修 | 学历提升 | 疆内 | 疆外 | |
| 1990 | 1697 | 452 | 1245 | 1214 | 483 | 1312 | 385 | 91. 87 |
| 1991 | 1676 | 473 | 1203 | 1350 | 326 | 1325 | 351 | 92. 30 |
| 1992 | 1769 | 481 | 1288 | 1410 | 359 | 1448 | 321 | 93. 40 |
| 1993 | 1821 | 502 | 1319 | 1450 | 371 | 1470 | 351 | 91. 87 |
| 1994 | 1858 | 513 | 1345 | 1490 | 368 | 1477 | 381 | 92. 34 |
| 1995 | 1901 | 565 | 1336 | 1510 | 391 | 1503 | 398 | 93. 73 |
| 1996 | 1919 | 568 | 1351 | 1560 | 359 | 1558 | 361 | 93. 16 |
| 1997 | 1943 | 581 | 1362 | 1540 | 403 | 1546 | 397 | 93. 59 |
| 1998 | 2217 | 652 | 1565 | 1782 | 435 | 1794 | 423 | 94. 02 |
| 1999 | 2181 | 568 | 1613 | 1812 | 369 | 1802 | 379 | 93. 89 |
| 2000 | 2566 | 632 | 1934 | 2131 | 435 | 2143 | 423 | 94. 73 |
| 2001 | 2845 | 821 | 2024 | 2456 | 389 | 2474 | 371 | 93. 16 |
| 2002 | 3239 | 837 | 2402 | 2786 | 453 | 2816 | 423 | 93. 59 |
| 2003 | 3692 | 957 | 2735 | 3210 | 482 | 3217 | 475 | 94. 02 |
| 2004 | 4132 | 1354 | 2778 | 3741 | 391 | 3727 | 405 | 94. 45 |
| 2005 | 4016 | 1451 | 2565 | 3606 | 410 | 3581 | 435 | 94. 88 |
| 2006 | 4080 | 1395 | 2685 | 3546 | 534 | 3519 | 561 | 93. 59 |
| 2007 | 4662 | 1403 | 3259 | 4012 | 650 | 3989 | 673 | 94. 02 |
| 2008 | 4504 | 1536 | 2968 | 3910 | 594 | 3869 | 635 | 94. 61 |
| 2009 | 4430 | 1680 | 2750 | 3980 | 450 | 3927 | 503 | 94. 38 |
| 2010 | 4115 | 1638 | 2477 | 3765 | 350 | 3665 | 450 | 95. 31 |
| 2011 | 4181 | 1639 | 2542 | 3841 | 340 | 3716 | 465 | 95. 74 |

续表

| 年份 | 总计 | 性别 | | 培训种类 | | 疆内疆外 | | 培训率（%） |
|---|---|---|---|---|---|---|---|---|
| | | 男 | 女 | 业务进修 | 学历提升 | 疆内 | 疆外 | |
| 2012 | 4309 | 1578 | 2731 | 3769 | 540 | 3738 | 571 | 94.87 |
| 2013 | 4459 | 1721 | 2738 | 3679 | 780 | 3647 | 812 | 95.30 |
| 2014 | 4224 | 1532 | 2692 | 3814 | 410 | 3471 | 753 | 94.93 |
| 2015 | 5105 | 1713 | 3392 | 4735 | 370 | 4324 | 781 | 95.10 |
| 2016 | 5165 | 1753 | 3412 | 4810 | 355 | 4302 | 863 | 95.23 |

## 第三节　职称评聘

1990 年，阿克苏市教委根据自治区、地区教委职称改革工作的部署，开展空岗补缺评定工作。

1991 年，市教委对首次聘用的各级教师进行全面考核，任职的各级教师基本上合格。

1992 年，教育系统职称改革工作转入正常化、制度化阶段，对教师学历、业绩、外（汉）语考试成绩和能力都作明确的要求，并规定教师必须参加继续教育科目完成规定学时。

1999 年，拟评中级以上职务的人员围绕德、能、勤、绩、述职答辩、教学能力、业务能力和科研能力，进行量化考核。

2000 ~ 2016 年，阿克苏市严格按照《自治区专业技术职务任职资格管理暂行办法》，开展教师职称评审工作，拟评、参评以及晋升人员实行层层公示。

表 31 - 13　1990 ~ 2016 年阿克苏市教师职称评审一览表

单位：人

| 年份 | 人数 | 初级 | 中级 | 高级 | 正高 | 年份 | 人数 | 初级 | 中级 | 高级 | 正高 |
|---|---|---|---|---|---|---|---|---|---|---|---|
| 1990 | 34 | | 34 | | | 2004 | 132 | 65 | 59 | 8 | |
| 1991 | 307 | 287 | 20 | | | 2005 | 489 | 415 | 54 | 20 | |
| 1992 | 88 | | 88 | | | 2006 | 197 | 101 | 70 | 26 | |
| 1993 | 5 | | | 5 | | 2007 | 299 | 195 | 77 | 27 | |
| 1994 | 192 | 192 | | | | 2008 | 478 | 334 | 109 | 35 | |
| 1995 | 182 | 133 | 49 | | | 2009 | 637 | 546 | 76 | 15 | |
| 1996 | 396 | 336 | 56 | 4 | | 2010 | 638 | 582 | 41 | 15 | |
| 1997 | 398 | 325 | 69 | 4 | | 2011 | 199 | 120 | 64 | 15 | |
| 1998 | 296 | 239 | 57 | | | 2012 | 211 | 97 | 84 | 30 | |
| 1999 | 363 | 310 | 51 | 2 | | 2013 | 548 | 373 | 137 | 37 | 1 |
| 2000 | 31 | | 31 | | | 2014 | 577 | 172 | 238 | 167 | |
| 2001 | 377 | 323 | 54 | | | 2015 | 295 | 172 | 80 | 43 | |
| 2002 | 501 | 279 | 208 | 14 | | 2016 | 563 | 305 | 192 | 65 | 1 |
| 2003 | 166 | 64 | 12 | | | | | | | | |

## 第四节　教师待遇

### 一　教师工资

1990 年，阿克苏市教师工资分为基础工资、职务工资、工龄工资、奖励工资 4 个部分。

2008 年 12 月，阿克苏市实行事业单位岗位聘用制度。自 2009 年 11 月起施行义务教育学校绩效工资制度。

2006 年 11 月，阿克苏市落实《新疆维吾尔自治区人民政府关于印发自治区机关事业单位工资收入分配制度改革等四个实施意见的通知》后，实行新的工资制度和收入分配制度。

自 2014 年 10 月 1 日起，阿克苏市实施事业单位养老保险改革。实行社会统筹与个人账户相结合的基本养老保险制度，在参加基本养老保险的基础上，建立职业年金制度。

### 二　津贴补贴

2001 年，在职且本年度考核结果为优秀、称职（合格）的工作人员，发放年终一次性奖金，年终一次性奖金发放的标准为本人当年 12 月的基本工资。考核结果为基本合格、不称职（不合格）、考核不定等和不参加考核人员，不能发放年终一次性奖金。

2006 年 7 月 1 日后，被授予省部级以上劳动模范和先进工作者等荣誉称号，并在表彰奖励文件中明确享受省部级以上劳动模范和先进工作者待遇的人员，可高定工资档次或薪级工资（获得副省级城市人民政府授予的劳动模范和先进工作者等荣誉称号的人员，不能高定工资档次或薪级工资）。

自 2009 年起，阿克苏市教职工除享有公费医疗、病假和女工产假、探亲、退休和退职福利、病故抚恤金等福利待遇及书报费补贴外，还有教龄津贴、班主任津贴，边远农村学校教师同时享有边远艰苦补贴。

# 第八章　教育管理

## 第一节　教育经费

### 一　教育经费使用

1990 年，阿克苏市根据国家税收政策规定，开设征收教育事业附加税，税款全部用于教育。

1995 年后，根据中央和自治区人民政府关于扩大地方教育经费来源的政策，开征人民教育基金，弥补教育经费的不足。同时，中小学校校舍建设及教育经费支出的来源之一为社会捐赠和集资。

1996 年，阿克苏市开始征收人民教育基金，同时接受兄弟省市、单位、个人的捐赠和集资。

2006 年，全市财政对教育拨款 9034 万元，教育经费总支出 11509 万元，年生均教育事业费（财政拨款部分）小学 1580 元，初中 1653 元。2004 ~2006 年，累计投入集资金 29596 万元，新建、改扩建校舍 53293 万平方米，有效改善学校办学条件。

2008 年，阿克苏市对实行计划生育的贫困学生进行救助，确保每个计划生育特困家庭不因交不起学费而失学，免去杂费、住宿费、课本费累计达 56 万元，确保农村九年义务教育的实施。

2008 ~2010 年，分别落实农村义务保障机制公用经费 1821 万元、2526 万元、2894 万元，城市义务教育免除学杂费及中小学生累计 202427 人次；分别落实农村贫困寄宿生生活补助 403.4 万元、236.825 万元、272.925 万元，惠及贫困寄宿生累计 11733 人次。

自 2010 年开始，阿克苏市普通高中学生享受国家助学金，落实助学金 98 万元，发放标准为 1500 元/生/年。

自 2014 年秋季开始，阿克苏市高中学生开始享受南疆四地州“三免一补”政策，即“免学费、免课本费、免住宿费、补国家助学金”。2011 ~2016 年，普通高中国家助学金分别落实 211 万元、227.25 万元、216.8 万元、158.4 万元、1019 万元、1845.653 万元，惠及高中学生累计 21858 人；2014 ~2016 年，分别落实免学费资金 295 万元、711 万元、679 万元，补助标准为 1200 元/生/年。学生课本由自治区免费提供，学校提供免费住宿。

**表 31 –14　1998 ~2016 年阿克苏市教育经费使用情况**

| 年份 | 经费总支出（万元） | 财政拨款（万元） | 事业费（万元） | 生均事业费(元) | | 公用经费（万元） | 生均公用经费(元) | | 学生数(人) | |
|---|---|---|---|---|---|---|---|---|---|---|
| | | | | 中 | 小 | | 中 | 小 | 中 | 小 |
| 1998 | 3780 | 2968 | 2352 | 476 | 462 | 287 | 57 | 56 | 11121 | 39430 |
| 1999 | 3974 | 3051 | 2646 | 552 | 499 | 400 | 79 | 77 | 12832 | 38838 |
| 2000 | 4742 | 3879 | 2838 | 604 | 525 | 479 | 96 | 91 | 13894 | 38056 |
| 2001 | 5945 | 4704 | 3818 | 740 | 730 | 602 | 122 | 113 | 14985 | 37110 |
| 2002 | 6912 | 5918 | 4675 | 1012 | 891 | 615 | 141 | 118 | 15735 | 34587 |
| 2003 | 7463 | 6344 | 5597 | 1051 | 914 | 676 | 162 | 123 | 16650 | 33074 |
| 2004 | 8335 | 7469 | 6052 | 1198 | 1145 | 1056 | 226 | 191 | 17475 | 34550 |
| 2005 | 9752 | 7656 | 7079 | 1401 | 1339 | 1238 | 264 | 223 | 20120 | 44944 |
| 2006 | 11509 | 9034 | 8355 | 1653 | 1580 | 1461 | 311 | 263 | 22765 | 55338 |
| 2007 | 13475 | 10577 | 9782 | 1935 | 1850 | 1711 | 364 | 308 | 33345 | 65732 |
| 2008 | 19684 | 15747 | 11738 | 2283 | 2006 | 1821 | 393 | 361 | 23499 | 43740 |
| 2009 | 27033 | 22456 | 15696 | 3185 | 2877 | 2526 | 481 | 456 | 22383 | 45276 |
| 2010 | 36159 | 31263 | 17761 | 4896 | 3112 | 2894 | 521 | 489 | 21799 | 45730 |
| 2011 | 43016 | 37252 | 18210 | 5674 | 3752 | 3302 | 608 | 571 | 21982 | 46818 |
| 2012 | 51487 | 45636 | 19938 | 6123 | 4226 | 4118 | 886 | 810 | 21048 | 45862 |
| 2013 | 59125 | 50469 | 20805 | 6921 | 5031 | 4806 | 1017 | 955 | 21130 | 46377 |
| 2014 | 72840 | 78869 | 21216 | 7896 | 6023 | 5894 | 1533 | 1399 | 20448 | 48707 |
| 2015 | 88699 | 84275 | 31307 | 11763 | 6305 | 7691 | 2600 | 1613 | 21659 | 52583 |
| 2016 | 102809 | 98370 | 98141 | 13990 | 6977 | 9301 | 4904 | 1976 | 22214 | 55500 |

### 二 贫困生资助

2011 ~2014 年，市财政资助本市学校考上大学的贫困学生资金，分别落实 23.1 万元、22.9 万元、34.3 万元、16.5 万元，累计资助贫困大学生 281 人。

2013 年，陈丰干基金 1.5 万元、润雨基金 7.5 万元和荣盛基金 13 万元共资助阿克苏市 80 余名贫困学生。

2014 年，润雨计划资助大学生 53 人，落实资助金 4 万元。

2015 年，杭州援疆资金 62.4 万元，资助贫困大学生 104 人，市财政资金 2.4 万元，资助贫困大学生 6 人。

2016 年，杭州援疆资金 129 万元，资助贫困大学生 215 人；阿克苏地区信鸽协会资助金 1.485 万元，资助阿克苏市学校贫困学生 11 人。

## 第二节 设施建设

### 一 硬件建设

1990 年，阿克苏市属中小学校舍总面积 4.81 万平方米，其中农村中小学校舍面积 3.57 万平方米，城镇中小学校舍面积 1.25 万平方米。

自 1991 年起，市教育局筹集资金改造校舍，先后改建市第二小学、第三中学、第一小学、第四小学、第五小学、第七小学。

1994 年，阿克苏市属中小学校舍总面积 5.03 万平方米，其中农村中小学校舍面积 3.7 万平方米，城镇中小学校舍面积 1.33 万平方米。

2001 年，在上海市人民政府的援建下，重建第十小学。

2002 年，阿克苏市属中小学校舍建筑面积 23.88 万平方米，其中小学校舍建设面积 16.4 万平方米、中学校舍建设面积 7.47 万平方米。教学及其辅助用房 11.03 万平方米（小学 7.89 万平方米、中学 3.14 万平方米），行政办公用房 2.82 万平方米（小学 1.47 万平方米、中学 1.35 万平方米）。体育运动场 42.31 万平方米（小学 35.35 万平方米、中学 6.96 万平方米）。

2008 ~2011 年，阿克苏市中心小学校舍建设项目 48 个，总建筑面积 12 万平方米，总投资 1.55 亿元。

2012 ~2013 年，校舍建设项目总建筑面积 14.82 万平方米，总投资 3.19 亿元。

2014 年，校舍建设实施“52171”：指杭州援建 5 所双语幼儿园（阿依库勒镇墩买里村、尤卡克提根村、恰其村、萨依买力村、阿萨村）、2 个改扩建项目（第三小学、第十二小学）、1 个双语寄宿制学校（第五中学）、7 个食堂建设项目（市第五小学、第六小学、第八小学、第十小学、第十一小学、第十二小学、市第五中学）、1 个地区补助资金项目（第四小学）工程项目。总建筑面积为 3.84 万平方米，投资 7324.3 万元，覆盖 16 个项目学校。国家和自治区投资的阿克苏市“全面改薄”项目 57 个，投资资金 5636 万元，其中国家和自治区资金 5354 万元，市配套资金 282 万元；建设面积 1.88 万平方米。57 个项目全部竣工。阿克苏市划入南疆四地州后，国家加大对阿克苏市基本建设投入力度，极大地缓解本地财政压力，为阿克苏市的义务教育标准化建设和均衡发展奠定基础。

2015～2016 年，国家和自治区投资的阿克苏市“全面改薄”和“校舍维修”“初中工程”“南四寄宿制”“义务教育”项目共计 15 个项目，总建筑面积 7.6245 万平方米，总投资 1.4733 亿元，其中中央资金 10096 万元、自治区资金 4173 万元、地方资金 464 万元。

**表 31－15 1990～2016 年阿克苏市学校校舍改扩建情况**

| 年份 | 总投资(万元) | 建筑面积(平方米) | 年份 | 总投资(万元) | 建筑面积(平方米) |
|---|---|---|---|---|---|
| 1990 | 212 | 5426 | 2003 | 1012 | 11241 |
| 1991 | 224 | 6650 | 2004 | 924 | 10690 |
| 1992 | 297 | 6634 | 2005 | 1222 | 13939 |
| 1992 | 297 | 6634 | 2006 | 330 | 2329 |
| 1993 | 336 | 6790 | 2007 | 1362 | 12015 |
| 1994 | 670 | 14990 | 2008 | 7350 | 56064 |
| 1995 | 608 | 10547 | 2009 | 4946 | 38465 |
| 1996 | 676 | 11552 | 2010 | 3095 | 23346 |
| 1997 | 603 | 10050 | 2011 | 23224 | 101694 |
| 1998 | 1545.6 | 19406 | 2012 | 5499 | 39256 |
| 1999 | 1322.9 | 26789 | 2013 | 5349 | 27655 |
| 2000 | 1213.5 | 7298 | 2014 | 19056 | 79962 |
| 2001 | 1059 | 15176 | 2015 | 8526 | 43244 |
| 2002 | 1356.1 | 22304 | 2016 | 6207 | 33001 |

## 二 软件建设

1990 年，阿克苏市属普通中、小学图书、教学实验仪器和文体器材等，逐年由国家拨款和市财政补贴购置，市属各重点小学，各乡中心小学的各主要学科均备有教学实用挂图、模型和文娱、体育运动器材。

1993 年，市部分中学设有图书馆（室）、实验室或仪器室，备有图书、物理、化学实验仪器、化学试剂，教学用显微镜、幻灯机、电视机、手风琴、脚踏风琴、体育运动器具等。物理、化学、动物、植物等学科教学可进行国家教学大纲规定的大部分项目实验。

1998 年，电视形象化教学进入部分中学，提高课时利用率，减轻教师负担。

2002 年，全市有理化生实验室、语音室 184 座、计算机 1088 台，各校有图书室、阅览室藏书量 69.03 万册（片），其中图书藏量 68.84 万册、电子图书藏量 1900 片，固定资产总值 7424.68 万元。

2005 年，利用自治区薄弱学校改造项目，为全市 50 所中小学配备图书 25.25 万册（小学 12.42 万册、中学 12.83 万册），投资 338 万元。

2010 年，随着自治区中小学双语现代远程教育项目、自治区薄弱学校改造计划项目、自治区教学点数字教育资源全覆盖项目、义务教育学校标准化建设项目、科技计划等项目工程的顺利实施，为阿克苏市各级各类学校装配一大批各种教育信息化设备，共计约4700余万元，提高和改善各中小学校的教育信息化硬件条件。同年，建成数字校园教育管理信息应用平台。

2013年，阿克苏市对12所学校进行实验器材和体、音、美、卫、劳器材标准化配置，总资金投入2144.7万元。同年，建成第一个网络视频直播课堂。

2014年，对12所学校进行实验器材和体、音、美、卫、劳器材标准化配置，总资金投入1899.67万元。为7所中小学校购置中小学双人课桌椅1762套，价值45.2万元。投入952.7余万元，购置632台（套）教育技术信息化设备。

2015年，建成数字校园教育管理信息应用平台及网络视频直播课堂，积极配合移动通信公司建成教育行政四级专网。各中小学校基本实现互联网覆盖，基本实现每所中小学校拥有多媒体教室。

2016年，自治区在南疆四地州统一开展乡村学校教师教学信息化应用校本培训工作，使教师熟练掌握新疆基础教育资源公共服务平台和双语教育资源云服务平台等资源应用服务平台功能，通过远程教育提高课堂教学质量和效率。争取援疆资金185万元建设阿克苏市城乡部分中小学校远程高清视频互动课堂教室，形成以拥有较好课堂教学资源的5所城区学校7间远程视频互动教室为辐射中心点，以26所城乡教学质量薄弱的学校35间远程视频互动教室为辐射受益面的远程高清视频互动课堂网络教学系统。

## 第三节　教育督导

1992年，阿克苏市获得自治区教育先进市称号。

1993年，阿克苏市教育督导室落实教育工作督导评估的各项职责和任务，加强对学校教育的督促指导。

1998～2016年，阿克苏市教育督导工作围绕“两基”验收开展，严格控制辍学，把“控辍”问题列入乡（镇）场政府教育工作的重要指标，督促抓好扫盲工作，提高脱盲人员文化水平。“两基”工作通过自治区“两基”验收。

2007～2009年，阿克苏市督促整改“两基”工作问题，“控辍”工作取得明显成效，“两基”工作顺利通过“国检”验收。

2010年，市教育督导室对农村公办双语幼儿园的招生情况、双语教师的配备、幼儿生活费使用、教材到位情况、双语教学开展情况进行督察；对10所民办学校的安全工作、卫生工作、教职工管理、办学条件及教育教学管理工作进行督察；对城乡中小学（包括民办学校）、幼儿园（包括民办幼儿园）安全工作进行拉网式督察。进行5次教育督导，发现问题共81个，其中农村双语幼儿园有5个问题、民办学校有14个问题、安全有5个方面的问题。

2011年，市教育督导室划分责任区，明确责任区领导，安排责任区专、兼职督学。对阿克苏市6个乡（镇）场和5个街道办事处“控辍保学”工作进行专项督导，深入27所中、小学校实地查看，抽查301个班级学生到校情况。将督察情况向乡（镇）场和街道办事处领导进行反馈并提出整改意见和建议。

2012～2015年，阿克苏市对26所学校标准化建设情况进行评估验收，对薄弱学校进行跟踪督察和教育视导，实行督导负责制。定期对责任学校进行监督指导。

2016年，对18所学校义务教育标准化建设情况评估验收，开展控辍保学专项督导4次，劝返辍学学生58名；开展校园欺凌专项督察2次，调查问卷学生1514人；对12所幼儿园的发展规划、办园条件、队伍建设、园务管理、发展绩效等方面开展督导评估，促进阿克苏教育发展。

## 第四节 依法治校

1990~2016年，阿克苏市依法加强行政管理，坚持依法办事，做到依法行政、依法治校、依法治教、依法规范办学单位和公民个人办学行为，加强组织，把培养“德、智、体”全面发展合格人才作为推进教育根本出发点和着力点，突出青少年法治教育在全民普法中的位置，把青少年法治教育列为学校德育工作重要内容。在普法学习方面采取层层培训、分级普法方式，即市教育局工作人员接受市级普法培训；各学校对本校普法骨干教师进行培训；同时分三个方面进行普法教育，对全体教师进行普法宣传教育，对所有学生家长进行一定普法宣传教育，对学生进行普法宣传教育。学校团、队组织积极履行职能，结合自身优势，深入开展青少年法治教育工作，把法治教育纳入团课、组织生活和队日活动，利用双休日和节假日，通过黑板报、橱窗、案例学习以及参观青少年法治教育基地等形式和场所，对学生进行法治教育，进一步强化学校、家庭、社会三方面联动的青少年法治教育运行机制，充分利用广播、报刊等大众媒体和互联网的独特宣传优势，广泛深入地加强青少年法治教育工作。多管齐下，严格措施，分层次分阶段，通过专人辅导、普法培训、主题演讲、开展法律知识竞赛、组织法治教育征文、开办模拟法庭、看法治教育录像等方式，使青少年学生从小树立学习法律知识、遵法守规的良好习惯。领导干部学法制度化，推动全系统学法，建立局党委中心组学法制度、领导干部法制讲座制度、领导干部法律知识考试制度等多项普法制度。青少年学法经常化。各学校开设法律教育课，做到计划、课时、教材、师资“四落实”，倡导“学生带法回家”活动，做到人人都是法律宣传员，形成一人学法、全家学法良好氛围。

## 第五节 中小学德育管理

### 一 德育教育

1990年后，阿克苏市注重加强中小学德育教育，强化对《中小学生守则》《日常行为规范》的学习，规范青少年日常行为，增强中小学生法律意识和道德观念，德育教学作为学校教师考核的重要指标。加强思想品德课和政治课教学工作，部分学校聘请法治副校长，定期为学生讲授法治课和提供法律咨询。2000年9月11日，阿克苏市第十一小学被教育部授予全国中小学德育工作先进集体称号。截至2016年底，阿克苏市共创建自治区级德育示范学校5所、地区级德育示范校22所。

### 二 思想品德教育

1990年，阿克苏市各小学均开设思想品德教育课程，高中开设《科学人生观》《共产主义人生观》《辩证唯物主义常识》《政治常识》《经济常识》《社会发展史》《中国社会主义常识》等课程。

1993 年，各中学开设马列主义、毛泽东思想、邓小平理论等课程。

自 1999 年起，阿克苏市高三年级学生每年开展“成人仪式”活动，强化学生责任意识。

2005 年，阿克苏市禁止学生参加各种形式的宗教活动，加大对“五个认同”、新疆“三史”、党的民族宗教政策等的学习教育。

2006 年，法治进学校活动正式开始，法治教育成为阿克苏市各中小学学生必修课。

2007～2016 年，阿克苏市学校加强对国防教育、精神文明、爱国主义教育及普法教育，更加注重引导文明、绿色、健康的学习环境。共创建自治区级文明学校 3 所、自治区级绿色学校 3 所、地区级花园式学校 22 所、市级人民满意学校 25 所。

## 第六节　教育教学管理

1990～2000 年，阿克苏市教育局加强中小学教育教学管理，对中小学教学用书、学生用书征订单进行严格审查，防止乱订、滥订学生用书；对个别学校学生过重课业负担情况进行治理，有效控制教辅用书征订数量和学生家庭作业量。每年例行不少于 4 次检查、督察，每年检查覆盖面 100%。

2003 年，制定落实教学常规管理“1234”工程，即：每名教师每学期上 2 次公开课（一次校内公开课、一次校外公开课），教务室或教研室每月检查教师教案 3 次、学生作业 4 次。

2010～2016 年，市教育局制定教学教研“1132”工程，即：每位教研员每周集中 3 天在教育局教研中心对各学校教学常规管理工作中取得的成绩和存在的问题进行研讨，对负责片区学校教学常规管理及教研工作进行检查和指导。同时，加强对学生学籍管理，建立学生到校月报制度，严防学生流失和辍学。

## 第七节　勤工俭学

1990～2007 年，阿克苏市开展勤工俭学工作。1994 年，喀拉塔勒镇中心小学勤工俭学年纯收入 70.4 万元。2002 年，阿克苏市 86 所中小学开展勤工俭学，有学农基地 68 个，中小学有耕地 129 公顷，勤工俭学年收入 286 万元。

2001～2005 年，阿克苏市学校开展小学段、中学段拾棉花、摘红枣、收废纸酒瓶等勤工俭学活动，共收入 1425 万元，用以改善学校办学条件，提高学生勤俭节约意识。

2008 年，根据新疆维吾尔自治区《关于九年义务教育阶段学生不再参加拾棉花劳动活动的通知》，九年义务教育阶段的学生不再参加勤工俭学活动。

# 第三十二编　科学技术

1990年后，阿克苏市委、市政府确立并全面实施科技兴市战略，形成依靠科技进步促进市域经济快速发展的新格局。实行市党政领导科技进步目标责任制，开展“科技创先”工作，加强科技自身能力建设，建立创新型科技服务体系，形成市、乡（镇）、村三级科技领导网络，科技队伍不断发展壮大。不断增加科技投入，制定和完善相关政策措施，深化科技体制改革，科技管理机构得到加强。各级党政领导班子把科技工作纳入重要议事日程，党政一把手亲自抓“第一生产力”，科技工作步入健康、稳定、快速发展的轨道。多渠道增加科技投入，制定基础性研究、高新技术发展的政策措施，强化高新技术产业化及应用技术的开发与推广工作，推动科技服务体系建设。通过实施自治区可持续发展实验区建设项目，完成国家富民强县项目的验收。同时做好地震和气象灾害预防、应急演练和防震减灾等方面的知识宣传工作，人民群众防范意识得到提高。随着科技成果在全市全方位的转化使用推广，科技进步对经济发展的贡献率日益增加。至2016年，科技事业逐步发展壮大，在“科技兴市”战略的指引下，科学技术作为第一生产力，为全市经济和社会发展提供了强大的智力支撑。阿克苏市先后获得2001～2002年度、2007～2008年度、2011～2012年度“全国科技进步先进市”称号。

# 第一章　机构队伍

## 第一节　行政机构

### 一　科技局

1990 年，阿克苏市科学技术委员会（以下简称科委）核定编制 9 名。1993 年，市科委实有 9 人。

2002 年 7 月，阿克苏市科学技术委员会更名为阿克苏市科学技术局，核定行政编制 8 名（含科技兴市办 2 名编制），机关后勤编制 1 名，全额预算管理；成立科学技术局党支部，党支部工作归市政府党总支管理。

2004 年，市成立科技特派员工作领导小组，办公室设在市科技局，承担科技特派员工作。2005 年，市科技局承担知识产权工作职能，2008 年 8 月挂市知识产权局牌子。2009 年 11 月，承担地震工作职能，挂市地震局牌子，增加全额事业编制 2 名。

2012 年 5 月，单设阿克苏市“科技兴市”办公室，全额事业编制 3 名，其中领导职数 1 名，同时将地震局 2 名事业编制核销，人员划入科技兴市办，承担地震管理工作任务。年末，实有 12 人。

2016 年底，科技局、地震局、知识产权局、科技兴市办四块牌子一套班子，核定编制 12 名，实有 12 人。

### 二　气象局

1990 年，阿克苏市气象台隶属地区气象局。

1996 年 1 月，在市气象台的基础上成立市气象局，实行一套班子两块牌子（阿克苏地区气象局、阿克苏市气象局），由阿克苏地区气象局与阿克苏市人民政府领导。

1997 年 5 月，市气象局成立党支部。

2003 年，阿克苏市气象局从地区气象局析出，单独成立，正科级建制，核定行政编制 1 名，事业编制 13 名。

2005 年，阿克苏市气象局成立短信信息中心组。

2010 年，成立防灾减灾科。

2016 年，阿克苏市气象局内设综合管理科、防灾减灾科、预报服务组、农气观测组、短信信息中心组和通讯组 6 个科室。有行政编制 1 名、事业编制 13 名，实有 16 人。

## 第二节　科技队伍

### 一　科技特派员

2007 年，阿克苏市开始实行科技特派员制度，下派 30 名科技特派员到农牧业生产第一线进行技术指导。截至 2016 年，全市有 96 名科技特派员分驻在农业生产一线和企业。

### 二　专业技术人员

1990 年后，随着大、中专毕业生源源不断分配到阿克苏市工作，专业技术人员得到充实和加强，人才队伍不断发展壮大。1990 年，全市有专业技术人才 223 人，高级以上职称人才 3 人。

2000 年，全市有专业技术人才 4522 人，高级以上职称人才 47 人、农村人才总量 5000 人，地区级拔尖人才 8 人、市级拔尖人才 30 人。

2010 年，全市有专业技术人才 5413 人，高级以上职称人才 178 人、农村人才总量约有 8000 人，地区级拔尖人才 4 人、市级拔尖人才 12 人。

2016 年，全市新评定专业技术人才 617 人，其中高级以上职称人才 38 人、农村实用技术人才 5602 人，地区级拔尖人才 7 人、市级拔尖人才 26 人。

# 第二章　科技战略与规划

## 第一节　科技战略

阿克苏市坚定不移地贯彻“科学技术必须面向经济建设，经济建设必须依靠科学技术”方针，全面实施“科技兴阿”战略，依靠科技进步，促进市域经济快速发展。1990 年后，阿克苏市委、市政府先后制定《关于加速科学技术进步，推进阿克苏市经济社会全面发展的决定》《阿克苏市“科技兴市”领导小组各成员单位创建职责》《关于成立阿克苏市专家顾问团的通知》《阿克苏市科技兴市纲要》《关于依靠科技进步振兴阿克苏市的决定》《阿克苏市推进科技进步的实施意见》《阿克苏市科技进步奖励办法》等依靠科技进步发展市域经济的文件，确定科技工作奋斗目标和重点科技应用推广项目。

## 第二节　科技规划

1990～2016 年，中共阿克苏市委和市人民政府树立并全面贯彻“科学技术是第一生产力”的战略思想，坚持“经济建设必须依靠科学技术，科学技术工作必须面向经济建设”的科技工作基本方针，坚持把科技工作作为科教兴市战略的重要组成部分，把经济建设转移到依靠科技进步和提高劳动者素质的轨道上来。进一步深化科技体制改革，稳定和壮大科技队伍，大力发展优势科学技术，带动相关领域的科技进步和总体水平的提高，依靠科技进步，振兴全市国民经济。先后制定《阿克苏市科技发展“十五”规划和2005年远景规划》《阿克苏市科技发展十一五规划》《阿克苏市科技发展十二五规划》等。

2000年后，将“党政领导科技目标责任制”各项职责分解到各乡（镇）和有关部门，签订责任书，落实具体任务，制定考核办法，将考核成绩与各单位党政领导政绩挂钩，列入目标考核序列，每年表彰先进，增强各级党政领导科技意识和科技兴市责任感，有效地促进科技进步目标责任制落实，进一步促进科技创先工作。

2001年，制定《阿克苏市科技兴市纲要》和《关于依靠科技进步振兴阿克苏市的决定》。

2006~2010年，全面落实“十一五”科技发展规划。在市委、市政府的领导和各级各方的支持配合下，全市大力实施“科教兴市”战略，各级党政坚持把科技工作摆在突出位置，不断健全领导体制，完善工作机制，深入推进科技进步与发展，形成党政重视、部门配合、企业支持、社会参与的“四位一体”科技工作格局，为科技工作的健康发展营造良好的政策环境。将科技工作纳入乡镇党建经济目标责任制考核，市直20余个部门实施《党政部门领导科技进步目标责任制》。建立完善科学决策机制。设立专家顾问团，多次组织召开会议，就如何提高种植业、养殖业、城市经济和农业产业化等方面科技含量进行研究探讨，把领导决策和专家论证有机结合起来，做到决策民主、科学，为“十二五”科技发展奠定基础。2007年11月，出台《阿克苏市推进科技进步的实施意见》，结合支柱产业的发展，在6个乡镇开展党政一把手工程，由各乡镇党政一把手主抓一个红枣高效示范园，发挥示范园的引领、示范作用，在全市建立科技成果转化示范基地6个，其中自治区级1个、地区级2个、市级3个。2009年，出台《阿克苏市科技进步奖励办法》。

2012年，制定《阿克苏市科技发展十二五规划》，全市把保障和改善民生作为科技发展的出发点和落脚点，把推动体制机制改革作为科技发展的动力，以科技进步和创新支撑经济结构战略性调整，加快转变经济发展方式，为实现全市跨越式发展，构建社会主义和谐社会提供科技支撑。坚持“自主创新、重点跨越、支撑发展、引领未来”科技发展方针，加速推进新型工业化、农牧业现代化和新型城镇化，把提高自主创新能力摆在科技工作的突出位置，加强科技成果转化和应用，加快产业结构调整和经济增长方式转变，促进全市经济走上创新驱动、内生增长的发展轨道。

# 第三章　科　研

## 第一节　产业项目

### 一　畜牧产业项目

1991～1995年，阿克苏市在西门塔尔牛的推广应用中共实施改良品种46035头，其中冷冻精液、人工授精改良配种35064头，累计繁殖并成活改良牛3.05万头，其中西门塔尔牛2.44万头，使全市的养牛业发生深刻变革，至1995年8月，阿克苏市改良牛占存栏牛的71.4%，比1990年提高36.2个百分点，其中西门塔尔牛占改良牛的82.2%，使肉、奶增加产值725万元，成为阿克苏市养牛业的主要畜种。

1996～1998年，运用冷配技术在黄牛改良中。主要是利用优秀西门塔尔公牛的冷冻精液，采用人工授精技术，杂交改良本地黄牛，以提高本地黄牛的产肉量、产奶量和生长速度，提高全市黄牛良种化程度，提高养牛业的生产效益。冷配黄牛受胎率达72.9%，3年中农牧民直接增收573万元，达到全地区领先水平。项目的推广应用显著提高本地黄牛的生产力水平和黄牛品种的改良步伐，为农牧民增收奔小康起到促进作用。

2001～2002年，实施奶牛高效繁育饲养管理技术推广与产业化示范项目，以新疆畜科院为技术依托，以良种胚胎移植繁育为基础，以新农金牛公司为产业龙头，实现兵地资源的互补，拉动阿克苏市奶牛养殖业的快速发展。截至2003年，阿克苏市已拥有一定规模的养殖小区15个，养殖数量由2002年的5500头发展到1万头，初步形成奶牛繁育、养殖、奶品加工、销售的产业化经营格局。三江公司实施的无公害养殖与产业化项目，依托新疆畜科院的技术优势，推广应用无公害养殖和标准化养殖技术，促进项目向集养殖、饲料加工、肉食品深加工和生物有机肥于一体的产业化经营方向发展，2003年养殖规模达7万头，日屠宰生猪1000头，年产畜禽饲料6万吨，被确定为“国家生猪活体储备基地”和“国家三绿工程”示范单位。

### 二　农业产业项目

1992年，阿克苏市推广引进棉种泡沫酸脱绒及精选技术。产品应用于生产后，效果明显，1993年与1992年相比，出苗率提高10.23%，达89.99%，空穴率降低2.7%，仅有5.01%，每亩收获株数增加1041株，达9060株。当年创税利56.3万元，取得良好的经济效益、社会效益和生态效益，为阿克苏市棉花丰产奠定基础。

1996～1999年，全市推广配方施肥、测土配方施肥6.67万公顷。配方施肥、测土配方施肥是根据土地肥力，依照作物需肥规律和当地生产条件，制定适合当地土壤条件的施肥方案，做到以地定产、以产定肥，提出各种肥料的用量、配比、施肥方法、施肥时间，达到合理施肥、增收节支，提高肥料效益的目的。项目实施 3 年，显示出技术成熟、到位率高、措施得力，避免施肥的盲目性，使施肥由定性向半定量方向发展，促进生产技术的进步发展，是施肥技术上的一项革新，项目达到地区先进水平。项目与习惯施肥方法相比，可提高肥料的利用率 5% 左右，农作物单产可增加 5% ~10%，且对减少肥料流失造成环境污染也有一定作用，社会效益、经济效益和生态效益显著。

2003 ~ 2004 年，实施自治区科技成果转化项目标准化无公害蔬菜示范基地建设，通过协会 + 基地 + 农户的模式，推广新品种、新技术，引进布鲁斯特、卓越西红柿，耐博、顶峰 6 号黄瓜新品种，采用无土基质穴盘育苗新技术，建成集生产试验、示范、技术培训、销售等一体的科技产业化示范基地，有效带动城郊经济的发展和农民的增收。三江养殖公司实施的能源环保示范工程，利用生猪粪便和猪场污水，生产高附加值的再生资源有机肥。同时，年产沼气 19.53 万立方米，年发电 39.06 千瓦，项目的实施促进公司向集养殖、饲料加工、肉食品加工和生物有机肥生产沼气发电于一体的产业循环经济体系发展。

## 三　林果产业项目

1993 ~ 1995 年，阿克苏市实施低产果园改造综合技术推广。应用各项综合技术措施，改造 666.67 公顷低产果园，使老果园的公顷产量由改造前的 3401 千克增加到 9405 千克，新果园的公顷产量由改造前的 3675 千克增加到 6675 千克，经济效益明显。

1997 ~ 1998 年，开展千吨优质杏综合丰产技术示范。项目针对阿克苏市干鲜杏集中产区喀拉塔勒镇杏栽培管理粗放、生产水平不高、产出少等现状，通过科学土肥水管理，整枝修剪、病虫防治和高接换头等综合实用丰产技术的应用，把杏园培植成为优质丰产示范园，公顷新增产量 7770 千克，新增总产量 562 吨，新增总产值 84.3 万元。该技术便于推广，果农易于接受，“短、平、快”的效果较好，具有示范、带动作用。

2006 年 5 月至 2008 年 5 月，实施国家科技富民强县项目——《科技富民强市专项行动计划——红枣种植基地建设及系列产品深加工》项目。建成红枣示范基地 1.67 万公顷、红枣核心示范区 400 公顷、品种园 8 公顷、采穗圃 73.6 公顷、良种繁育基地 194.67 公顷，红枣保鲜能力达到 2.5 万吨，使鲜枣的保鲜时间达到 125 天，好果率达到 95%。健全完善科技服务体系和科技培训体系，林果科技 110、疆南枣业农民合作社及红枣协会等发挥服务作用。建立健全病虫害防治体系，至 2009 年 12 月红枣挂果面积 0.85 万公顷，实现项目区农民人均增收 741.9 元，红枣人均增收 719.6 元。基地示范面积从 2005 年的 0.3 万公顷增加到 2008 年的 1.67 万公顷，红枣效益逐年递增。通过实施“矮密早丰”高产栽培技术，使四年生示范枣园公顷产量达到 39.15 吨，为早产、早丰、早收益提供技术支撑，为南疆红枣产业的发展，起到示范推动作用。项目于 2009 年 3 月 31 日通过新疆维吾尔自治区科技厅验收。

2007 年，实施《优质红枣密植丰产栽培技术示范与推广——一把手示范工程》项目，建立 5 个高密度红枣种植基地，乡（镇）一把手均主抓一个高效示范园并签订目标责任书，编制项目实施方案，与自治区林科院、新疆农业大学联合开展枣营养诊断施肥技术、枣粮间作、红枣病虫害防治等新技术试验，建立以托普鲁克乡、喀勒塔勒镇为重点的示范基地，示范基地面积899.86公顷，结果面积325.8公顷；其中地区级红枣示范园2个、市级15个、乡级11个、村级70个，核心示范区面积46公顷，平均公顷产红枣4500千克，至2009年，市级配套资金35万元。实施自治区级科技成果转化示范基地——阿克苏市红富士苹果标准化示范基地，在自治区科技厅的支持下，与新疆农业大学园艺学院、塔里木大学植科院、自治区林科院开展技术合作，引进林科院选育的“新富1号”和“早富1号”优质新品种，利用摘叶、转果和铺反光膜技术，建成400公顷核心示范区，0.33万公顷生产基地，辐射带动面积0.73万公顷，一级果品率达90%以上。

2012年，实施的国家星火计划《阿克苏市特色林果业技术服务与开发》项目由科技部委托自治区科技厅组成专家组验收通过；实施的自治区科技创新基金《红枣素胶囊产业化》《年处理8万吨棉籽的脱酚棉蛋白生产工业性试验》2个项目通过自治区科技厅高新处专家组验收；实施的科技兴阿《高效种植甘草技术综合开发及生态环境保护》《微耕机生产技术引进和新产品开发》2个项目通过地区科技局组成的专家组验收。

2013年11月26日，实施的《新疆可持续发展实验区建设示范——阿克苏市可持续发展实验区建设示范》项目通过自治区科技厅专家组验收。实施的“国家富民强县专项行动——红枣种植及系列产品深加工项目”通过专家组验收。

### 四　水泥工艺改良项目

1994～1995年，市水泥厂进行LX－TDC微机控制生产配料系统。引进北京联想集团公司生产的LX－TDC微机配料系统，取代原有的斗式电子秤配料系统，采用动态计量百分比控制，微机自动修正偏差等先进工作方式，经过一年多的生产实践，使市水泥厂获得明显的经济效益。使出磨生料总体合格率上升15%以上；生料磨机台时产量提高20%；立窑台时产量提高1.7吨，煤耗降低70千克/吨熟料（煤为标准煤），提高熟料的抗压强度，降低粉尘污染；包装合格率提高到98%以上。

## 第二节　科技成果运用

1990年后，阿克苏市棉花生产快速发展，农业科技人员主要精力投入棉花高产研究和实践，发表一批植棉科技论文，产生一批提高棉花产量和品质的科技成果。2000年后，除棉花生产外，阿克苏市还重视发展林果业生产，水果以红枣、核桃、苹果为主，于是又产生一批关于果品生产的科研成果。

1993～1994年，运用计算机控制大型输液配制系统，完善国内输液配制设施功能，实现配制过程的自动化、机电化、一体化的全封闭生产，减少污染的同时，经济效益显著，日工时由原8小时缩短为6小时，产量由原来的4000瓶/日提高到5000瓶/日，抽查合格率由95%提高到98%以上，产品合格率100%，获自治区科技成果四等奖。

1994 年，实施“星火”“燎原”“丰收”计划 35 项，推广新技术项目 5 个。

1995 年，市水泥厂实施的年产 5 万吨高标号转窑水泥熟料生产线项目试产成功；一条日处理 200 吨等级粉生产线在市面粉厂投入运行。

1996 年 11 月至 1997 年 12 月，运用排水用硬聚氯乙烯填充管材，产品具有防腐、防燃、隔音、不结垢、质轻、安装施工方便等优点。可广泛用于建筑物排水及农业灌溉给排水，产品的生产采用国内先进技术，产品技术含量高，填补自治区塑料制品上的一项空白，具有显著的经济效益和社会效益，技术水平达到同类产品先进水平，产品计产量 1500 吨，年产值 1360 万元，年创利税 191 万元。

1997 年 10 月至 1998 年 6 月，完成立窑生产水泥消烟除尘技术应用。设备选型先进适用，吸收消化技术充分，数据、资料、图表完备，技术要点明确，通过改进操作方法和对部分设备、生产工艺的创新，解决除尘设备与生产设备之间的配套衔接，消烟除尘率达到 36% 以上。烟尘排放浓度低于水泥行业工业污染物料技术标准，每年增加利润 17.99 万元，达到经济、社会、生态效益的三统一，成果达到自治区先进水平，获自治区四等奖。

2013 年，阿克苏天山多浪水泥有限责任公司自主研发的旁路放风排碱生产低碱水泥熟料并利用其余热发电项目成功实施且运行稳定，熟料碱含量由系统投运前的 0.9% ~1.2% 降至 0.6% 以下，水泥品质大幅提高。同时，在不增加原煤消耗的情况下，每小时净增发电量 2400 千瓦时以上，年节约标准煤 2700 吨以上。

1990~2016 年，阿克苏市获自治区级奖励科研成果 8 项、地区级奖励科研成果奖共 49 项、市级奖励科研成果共 32 项。

**表 32-1　1990~2016 年阿克苏市获自治区级奖励科研成果表**

| 项目名称 | 获奖等级 | 成果性质 | 获奖时间 | 主持人(单位) |
|---|---|---|---|---|
| 软质塑料组装地板研制 | 自治区科技进步四等奖 | 建材技术科研成果 | 1990 | 阿克苏市建材厂 |
| 玉米自交系、C 型不育系及单交组合选育 | 自治区科技进步四等奖 | 农业科技成果 | 1990 | 阿克苏市区划办 |
| 排水用硬聚氯乙烯填充管材 | 自治区科技进步二等奖 | 建材、农垦科研成果 | 1998 | 崔德华、徐向东、侯玉、谢力、刘彦华 |
| 立窑生产水泥消烟除尘技术应用 | 自治区科技进步四等奖 | 建材科研成果 | 1998 | 杨兆祺、陈明辉、程建民、武应明、蒲锐、李健 |
| 计算机控制大型输液配制系统 | 自治区科技进步四等奖 | 医疗器械科研成果 | 2000 | 郭建军、彭义刚、王毅、卢海涛、胡三华、张聚仁 |
| 辊轮式棉花精量点播机研发与应用 | 自治区科技进步二等奖 | 农业成果 | 2009 | 崔福德、邵艳英、查新玲、赵红梅 |
| 《红枣机械化直播及采后加工关键技术与装备的研究与应用》 | 自治区科技进步二等奖 | 农业成果 | 2012 | 阿克苏市农机局 |
| 新型干法窑旁路放风排碱发电综合利用技术开发 | 自治区科技进步三等奖 | 工业成果 | 2013 | 杨兆祺、王振芳、史锁奎、李志旺、陈杰、肖建襄、米新疆、刘建生、朱晓明 |

表 32-2 1990～2016 年阿克苏市获地区级奖励科研成果表

| 项目名称 | 获奖等级 | 成果性质 | 授奖时间 | 主持人(单位) |
|---|---|---|---|---|
| 配合肥料的研制与开发 | 地区科技进步二等奖 | 农肥研制成果 | 1995 | 文荣威、陈德沧、韩疆、杨文卿、刘红霞、田建新 |
| 水稻旱育稀植技术推广 | 地区科技进步二等奖 | 农业技术推广成果 | 1995 | 亚生·巴克、吐尼牙孜、李长安、胡达拜地·阿合尼亚孜、宋汉成 |
| 农作物秸秆生物贮存机械技术 | 地区科技进步二等奖 | 农业技术推广成果 | 1995 | 邵艳英、查新玲、李健全、白生孝、伙加·阿皮孜 |
| 抗病棉花品种中"12"引进和推广应用 | 地区科技进步三等奖 | 农业技术推广成果 | 1995 | 丁素义、李海河、赵万新、张庭学、麻木提 |
| 冬小麦新品种引进、试验、示范、推广 | 地区科技进步三等奖 | 农业技术推广成果推广 | 1995 | 李海河、王卫清、胡达拜地·阿合尼亚孜、赵万新、李安金 |
| "3·21"科技示范乡——阿克苏市依干其乡 | 地区科技进步三等奖 | 农业科技推广成果 | 1995 | 巴塞提·毛拉买提、胡达拜地·阿合尼亚孜、刘卫江、艾力·嘎依木 |
| LX-TDC 微机控制生产配料系统 | 地区科技进步三等奖 | 建材科研成果 | 1995 | 武应明、周斌、蒲锐、梁胜军、李健 |
| 棉种泡沫脱绒及精选技术的推广 | 地区科技进步四等奖 | 农业技术推广 | 1995 | 丁素义、阿不来提、童明章、王树康、李义联 |
| 计算机控制大型输液配置系统 | 地区科技进步一等奖 | 医疗器材科研成果 | 1997 | 郭建军、彭义刚、王毅、卢海涛、胡三华、张聚仁 |
| 阿克苏市菜篮子工程建设 | 地区科技进步二等奖 | 菜篮子工程果成 | 1997 | 李安金、李雪玮、李海河、李劲松、罗绍先、孙玉平 |
| 排水用硬聚氯乙烯填充管材 | 地区科技进步二等奖 | 建材科研成果 | 1997 | 崔德华、徐向东、侯玉彬、谢力、刘彦华 |
| 科技奔小康示范乡 | 地区科技进步三等奖 | 科技奔小康推广成果 | 1997 | 常诚、王继江、艾拉·尼牙孜、吐松·艾力、吐逊·毛尼牙孜 |
| 顽癣浸泡济治手足癣临床应用 | 地区科技进步三等奖 | 医疗科技应用成果 | 1997 | 章彦生、史建平、张月庆、刘英 |
| 有色地膜开发应用 | 地区科技进步四等奖 | 推广成果 | 1997 | 白亚松、文荣威、吴忠义、肖晓峰、李海河 |
| 中小学生肠道寄生虫病的调查与防治研究 | 地区科技进步二等奖 | 医疗卫生防病科研成果 | 1999 | 张霞、李宝山、罗玉生、艾山、迪丽拜尔 |
| 中药治疗烧烫伤的临床研究 | 地区科技进步二等奖 | 医疗科研技术成果 | 1999 | 章彦生、史建萍、刘英、章启江、张月庆 |
| 棉花宽幅地膜覆盖机械化技术 | 地区科技进步二等奖 | 农机站长推广成果 | 1999 | 邵艳英、伙加·阿皮孜、郑国栋、魏娜、李海河、邱良王、买买提·艾买提 |
| 色织服装面料 | 地区科技进步三等奖 | 轻工业科研应用成果 | 1999 | 王宏磊、张建和、徐向东、向建军、邱勇 |
| 推广配方施肥、测土配方施肥 100 万亩 | 地区科技进步三等奖 | 农业土壤施肥推广成果 | 1999 | 李海河、王宏伟、刘红霞、海尼沙、章玲 |
| 血液稀释生物平衡疗法治疗心脑血管疾病的临床应用 | 地区科技进步三等奖 | 医疗科技应用推广成果 | 1999 | 周立英、郝广新、黎敏、刘晓莉、唐瑞玲 |
| 阿克苏地区 100 万亩棉花亩产皮棉 120 公斤综合栽培技术及优化栽培模式研究与示范 | 地区科技进步特等奖 | 农业科技成果 | 2001 | 李海河、王宏伟 |

续表

| 项目名称 | 获奖等级 | 成果性质 | 授奖时间 | 主持人(单位) |
|---|---|---|---|---|
| 城市污水水解——改进型 UNI - TANK 处理工艺示范工程 | 地区科技进步特等奖 | 工业成果 | 2001 | 吾理之、杨明、丁启平、姚向东、王强、李志强、陈超书、程毓泉、赵彩云 |
| 优质棉花种子包衣技术推广 | 地区科技进步二等奖 | 农业成果 | 2001 | 赵万新、吾守尔·艾买提、张玉华、王树康、丁金林、张良文 |
| 劣质、低产核桃园嫁接改造技术示范推广 | 地区科技进步二等奖 | 农业成果 | 2001 | 白克力·艾山、艾合买江、帕尔哈提、吐逊·玉山、热比亚·依明、阿依木·古丽 |
| 年产 1 万吨阿姆斯生物肥试验、示范、生产及推广 | 地区科技进步二等奖 | 农业成果 | 2001 | 陈又超、刘新民、沈跃华、曹明艳、张庆林、何爱梅 |
| 冬小麦新品种引进、试验、示范、推广 | 地区科技进步三等奖 | 农业成果 | 2001 | 王卫清、赵万新、张玉华、刘红霞、王烨 |
| 苗圃花卉产业开发 | 地区科技进步三等奖 | 农业成果 | 2001 | 丁东海、刘红霞、张凤成、丁友红、丁品贵 |
| 维、汉双语天气预报声像制作系统 | 地区科技进步三等奖 | 社会事业成果 | 2001 | 刘勇达、毛炜峰、张亚新、程卫星、白丽英 |
| 阿克苏市供排水地理信息系统 | 地区科技进步一等奖 | 社会事业成果 | 2004 | 赵彩云、丁鹤、周新荣、杨绍勇、李吉、吕延会 |
| 急支号冲剂治疗支气管炎的应用与研究 | 地区科技进步二等奖 | 医疗科技应用推广成果 | 2003 | 章彦生、章启明、章启江、张月庆、杨雪君、史建平 |
| 绿色植保素的研制、推广和应用 | 地区科技进步三等奖 | 农业成果 | 2002 | 王华、王恒源、王安江、王会议 |
| 棉花高密度栽培机械化技术 | 地区科技进步三等奖 | 农业成果 | 2002 | 邵艳英、伙加·阿皮孜、买买提·艾买提、邱良玉、艾买尔·尼扎克 |
| 超声介入囊肿硬化治疗术 | 地区科技进步三等奖 | 医疗科技应用推广成果 | 2002 | 牛德强、章启江、张驰东、张伟、何玉蓉 |
| 肝段切除术 | 地区科技进步三等奖 | 医疗科技应用推广成果 | 2002 | 艾开兴、王学新、徐明、卡哈曼·阿不都、蒋昊 |
| 阿克苏地区小麦亩产 500 千克高产技术示范与推广 | 地区科技进步二等奖 | 农业成果 | 2006 | 吾甫力·卡斯木 |
| 阿克苏地区测土配方施肥技术大面积推广应用 | 地区科技进步二等奖 | 农业成果 | 2006 | 刘红霞 |
| 阿克苏地区果树病虫害综合防治大面积推广应用 | 地区科技进步二等奖 | 农业成果 | 2006 | 阿依夏木·买买提 |
| 良种核桃大面积推广 | 地区科技进步二等奖 | 农业成果 | 2006 | 胡安鸿、艾合麦提·卡斯木、秦淑琴、热比亚·依明、吐尔逊·玉山、艾尼·吾甫力、阿依木古丽·尼亚孜、哈力旦·艾山、彭琴 |
| 果品气调贮藏技术的引进、推广和应用技术 | 地区科技进步三等奖 | 农业成果 | 2006 | 廖俊卿、顾宝民、李安綦、刘华、张天苍、王玉龙 |

续表

| 项目名称 | 获奖等级 | 成果性质 | 授奖时间 | 主持人(单位) |
| --- | --- | --- | --- | --- |
| 辊轮式棉花精量点播机研发与应用(自主产权) | 地区科技进步一等奖 | 农业成果 | 2006 | 崔福德、邵艳英、查新玲、赵红梅 |
| 利用可再生能源——地源热泵供暖制冷制取生活热水系统技术推广 | 地区科技进步二等奖 | 工业成果 | 2006 | 苏建军、王鹏、赵维誉、张卫东、董群 |
| 赞皇大枣密植园早期丰产栽培模式技术研究 | 地区科技进步三等奖 | 农业成果 | 2006 | 胡安鸿、衣斯热甫力・牙生、哈力量・艾山、木太力甫・衣地力斯、热比亚・依明、艾尼・吾布力、艾合买提・卡斯木 |
| 阿克苏地区设施农业标准化生产技术集成与示范推广 | 地区科技进步一等奖 | 农业成果 | 2007～2008 | 肖明、曹明惠、阿依夏木・毛拉 |
| 阿克苏地区林果业机械化示范 | 地区科技进步二等奖 | 农业成果 | 2007～2008 | 邵艳英、孙新野、克比尔・热合曼、李英 |
| 中棉 40 引进试验示范与推广 | 地区科技进步二等奖 | 农业成果 | 2007～2008 | 张希顺、张玉华、景晓萍、丁金林、先米西开米尔・吾守尔、岳霞、艾米达・热合曼 |
| 8 万吨棉籽脱酚棉蛋白加工及综合利用 | 地区科技进步三等奖 | 农业成果 | 2007～2008 | 李雷、黄荣、周新民、谭玉江、陈静、王永忠、曹琦忠 |
| 阿克苏市果树病虫害无公害防治研究 | 地区科技进步三等奖 | 农业成果 | 2007～2008 | 阿依夏木・麦麦提、富艳荣、刘燕、古扎丽努尔・乌麦尔、熊英、谷量、努尔古丽・吐尼亚孜、李明 |
| 气囊式果树授粉器转化与推广 | 地区科技进步三等奖 | 农业成果 | 2013 | 陈夕初、唐琴、何天明、张飞 |
| 新型干法水泥熟料生产线节电技术研究与应用 | 地区科技进步三等奖 | 工业成果 | 2014 | 杨兆祺、刘成、王振芳、史锁奎、丰若瑞、程建民 |

**表 32-3　1990～2016 年市级奖励科研成果表**

| 项目名称 | 获奖等级 | 成果性质 | 授奖时间 | 主持人(单位) |
| --- | --- | --- | --- | --- |
| 良种核桃大面积推广 | 市科技进步特等奖 | 农业成果 | 2003～2004 | 胡安鸿、艾合麦提・卡斯木、热比亚・依明、吐尔逊・玉山、艾尼・吾甫力、艾力・库尔班、吐尔洪・塞买提、阿依木古丽・买提尼亚孜、哈力旦・艾山 |
| 测土配方平衡施肥系列化服务 | 市科技进步一等奖 | 农业成果 | 2003～2004 | 王宏伟、刘红霞、吾布力・哈斯木、海尼沙・阿不来提、章玲、艾尔肯・那曼、阿孜古丽・沙吾尔、热汗古丽・马木提 |
| 阿克苏市棉花亩产 150 公斤大面积推广 | 市科技进步一等奖 | 农业成果 | 2003～2004 | 王宏伟、刘红霞、吾布力・哈斯木、艾合买提・买提尼牙孜、阿依夏木・买买提、李明、吐逊・莫尼亚孜、白玉琼 |
| 果品气调贮藏技术的引进、推广和应用技术 | 市科技进步二等奖 | 农业成果 | 2003～2004 | 廖俊卿、顾宝民、李安綦、刘华、张天仓、王玉龙 |
| 阿克苏市林果基地标准化建园及综合配套栽培技术推广 | 市科技进步二等奖 | 农业成果 | 2003～2004 | 宋卫、李新祥、胡安鸿、努尔尼沙・吾守尔、艾热提・吾斯曼、唐徐林、帕提古丽・阿布地尼牙孜 |

续表

| 项目名称 | 获奖等级 | 成果性质 | 授奖时间 | 主持人(单位) |
|---|---|---|---|---|
| 《阿克苏市 2001～2010 年科技兴市纲要》 | 市科技进步二等奖 | 社会事业成果 | 2003～2004 | 申海涛、刘卫江、焦少杰、胡达拜地·阿合尼牙孜、王素菊 |
| 农牧区科技素质工程 | 市科技进步二等奖 | 社会事业成果 | 2003～2004 | 赵鹏、李劲松、王宏伟、艾合买提·斯地克、何宗霖、胡达拜地·阿合尼牙孜、吕梅 |
| 公畜化学去势技术应用 | 市科技进步二等奖 | 农业成果 | 2003～2004 | 何宗霖、吐尔洪·阿木提、纪平、吐鲁洪·木沙克 |
| 阿克苏市城乡糖尿病筛查分析报告 | 市科技进步三等奖 | 医学成果 | 2003～2004 | 饶翠萍、周立英、张新龙、齐海凤、帕力达·买买提、艾山·依明 |
| 阿克苏市棉田频振式杀虫灯大面积推广应用 | 市科技进步三等奖 | 农业成果 | 2003～2004 | 阿依夏木·买买提、熊英、吐逊·莫尼牙孜、努尔曼、买买提、曹焕、富艳荣 |
| 阿克苏天山多浪水泥有限责任公司立窑技术改造 | 市科技进步三等奖 | 工业成果 | 2003～2004 | 王振芳、刘庆生、张宏儒、咸玉波、赵尚卿、马立军 |
| 利用可再生能源——地源热泵供暖制冷制取生活热水系统技术推广 | 市科技创新奖 | 工业成果 | 2005～2006 | 苏建军、王鹏、赵维誉、张卫东、董群 |
| 十万亩优质核桃基地建设 | 市科技进步一等奖 | 农业成果 | 2005～2006 | 胡安鸿、艾合买提·卡斯木、申海峰、艾尼·布力、热比亚·依明、哈丽旦·艾山、彭琴、毛拉买提·萨木萨克、艾力·库尔班 |
| 阿克苏市农业有害生物预警与控制区域站建设——在病虫害综合防治上的应用 | 市科技进步一等奖 | 农业成果 | 2005～2006 | 周力、王宏伟、阿依夏木·买买提、富艳荣、李明、刘燕、努尔曼·买买提、古扎力努尔·乌麦尔、努尔古丽·吐尼牙孜 |
| 新疆奶牛高效繁育、饲养管理技术推广与产业化示范 | 市科技进步二等奖 | 农业成果 | 2005～2006 | 常诚、胡达拜地·阿合尼牙孜、何宗霖、李新海、吐尔洪·萨木萨克、吐尔洪·阿木提、张军 |
| 特色养殖产业化示范 | 市科技进步二等奖 | 农业成果 | 2005～2006 | 陈永军、李志雄、焦少杰、王宏伟、蔡援军、羊依辉、曹寿 |
| 常见食物中毒快速检索 | 市科技进步二等奖 | 社会事业成果 | 2005～2006 | 徐世江、魏光静、李江 |
| 中西医结合治疗结核病临床疗效观察 | 市科技进步三等奖 | 医疗成果 | 2005～2006 | 孙业东、田亚兰、周立英、王学新、饶翠萍、杨雅林、殷秀兰 |
| 半封闭式物料输送 | 市科技进步三等奖 | 工业成果 | 2005～2006 | 王振芳、刘庆生、咸玉波、赵尚卿、张宏儒、米新疆、张晓斌 |
| 腰椎间盘髓核三氧分子消融术 | 市科技进步三等奖 | 医疗成果 | 2005～2006 | 腾万里、章启明、章启江、宋鹏、孙宏岗、吕凯丰、热汗古丽·麦提尼牙孜 |
| 配料、卸料、计量系统和特种车间收尘改造项目 | 市科技进步三等奖 | 工业成果 | 2005～2006 | 王振芳、刘庆生、咸玉波、赵尚卿 |
| 红枣示范园建设及新技术推广示范 | 市科技进步三等奖 | 农业成果 | 2005～2006 | 胡安鸿、帕尔哈提·麦合苏提、蒋元海、罗志新、彭琴、吐尔逊·艾则孜、依斯热甫力·牙生 |
| 中棉 40 引进试验示范与推广 | 市科技进步一等奖 | 农业成果 | 2007～2008 | 周力、张良文、张希顺、张玉华、景晓萍、艾米达·热合曼、先米西·开米尔、丁金林、岳霞 |

续表

| 项目名称 | 获奖等级 | 成果性质 | 授奖时间 | 主持人(单位) |
| --- | --- | --- | --- | --- |
| 特色林果业配套机械化技术示范推广 | 市科技进步一等奖 | 农业成果 | 2007～2008 | 邵艳英、查新玲、何传林、买买提·艾买提、张林桥、邱良玉、艾买尔·尼扎克、艾合买提·热买提、艾山江·艾沙 |
| 青少年科技专项活动 | 市科技进步二等奖 | 社会事业成果 | 2007～2008 | 赵鹏、张翠红、杨西方、李复兴、王斌、李仁涛、柏中华、黄晓成 |
| 8万吨棉籽脱酚棉蛋白加工及综合利用 | 市科技进步二等奖 | 工业成果 | 2007～2008 | 李雷、黄荣、周新民、陈静、谭玉江、王永忠、曹琦忠 |
| 果树病虫害无公害防治研究 | 市科技进步二等奖 | 农业成果 | 2007～2008 | 阿依夏木·麦麦提、富艳荣、刘燕、古扎力努尔·吾买尔、熊英、谷量、努尔古丽·吐尼亚孜、李明 |
| 慕萨莱斯制作地方标准和保质期工艺技术研究应用 | 市科技进步三等奖 | 工业成果 | 2007～2008 | 王保年、王峰、吴广才、劳于根、张刚、黄新德、李双全、孙学志 |
| 设施农业机械化技术引进与示范 | 市科技进步三等奖 | 农业成果 | 2007～2008 | 邵艳英、胡达拜提·阿合尼牙孜、陈林先、邱良玉、张林桥、张成义、艾肯·司坎旦 |
| 三维正脊仪配合穴位注射治疗腰椎间盘突出症的临床研究 | 市科技进步三等奖 | 医疗成果 | 2007～2008 | 唐军、赵燕、史建平、于素甫江·苏来曼、邓春丽、邵彦、赵航雷 |
| 红枣系列产品研究开发 | 市科技进步三等奖 | 农业成果 | 2007～2008 | 李志民、边宝林、李登科、孙宝玉、杨建东、杨国昌、许振丰 |
| 青少年气象科普教育基地 | 市科技进步三等奖 | 社会事业成果 | 2007～2008 | 张俊兰、张文洪、刘勇达、罗继、杨柳、刘进新、路学敏 |

# 第四章　科技普及

## 第一节　科普宣传

1990～2016年，阿克苏市科技宣传工作主要是围绕市委、市政府各项工作任务特别是农、林、畜、水、卫生等方面工作开展，通过悬挂宣传横幅、宣传挂图，设置咨询台，发放宣传单、书籍资料等方式，为百姓和农牧民送去政策、法律、文化等知识，普及科学技术知识，丰富群众科学文化生活。

2001年，是全国开展“科技活动周”的第一年，市科委组织开展专项科普宣传教育活动，借助“科技活动周”主题宣传活动，采取各种形式深入乡村、社区、学校开展科普活动，发放各类科普资料3.5万份册，播放科技录像188场。

2003年，是全国科普日实施的第一年，市科技局组织宣传、教育、农业等部门在城区、乡镇各学校联合开展各类科普宣传工作，营造科普活动的浓厚氛围。

2004～2007年，在“科技活动周”期间，全市各单位根据不同的活动主题，开展丰富多彩的科技活动。共发放宣传资料 53 万余份，制作宣传板报 426 块、挂图 6400 幅，悬挂横幅 422 条，咨询 23.2 万人次，赠送图书及宣传手册 4500 余册，制作宣传图板 230 块，发放科技光盘 2380 套，举办文艺演出 1295 场。

2008 ~ 2016 年，共组织开展“科技活动周”“全国科普日”“科技三下乡”等大型科普宣传活动 24 次，免费发放科普宣传资料、实用技术书籍 42 万余份。

## 第二节　科技培训

从 1990 年开始，阿克苏市结合农村技术进步和农牧民对农业技术的需要，每年大规模组织实施“科技之冬”活动，组织开展农牧区冬季科技培训。发挥各级科协组织的桥梁和纽带作用，组织动员广大科技工作者，开展各种科普活动和科技培训工作，调动广大农牧民群众学习、接受、利用科学技术知识的积极性，使一大批实用新技术、新成果、市场信息得到应用和宣传，培养众多农牧民技术人才、科技示范户和致富能手，建立各种农村专业技术协会和科普网络，达到弘扬科学精神，普及科学知识，传播科学思想和科学方法，提高农牧民科技素质的目的。在培训中主要采取学校培训、现场典型示范培训、外出参观考察培训、组织科技人员进村入户蹲点培训等形式，根据群众点题和基层实际需要，突出实用技能，确定授课内容。

1990 年，阿克苏市开展第一届“科技之冬”活动，成立市“科技之冬”活动领导小组，按照农村经济发展要求，利用农牧民冬闲期间，由科协、科技局、农业局、农技站等有关部门，开展以农村先进实用技术为主的各类科技培训。

2003 年，阿克苏市组织开展第十四届“科技之冬”活动。举办各类培训 671 期、培训 8.34 万人次，其中举办市级综合培训 2 期，培训 391 人次，举办乡级培训 116 期，培训乡村干部、基层党员、技术人员、农牧民 15791 人次，举办村级培训 553 期，培训农牧民 67236 人次，各专业技术单位开展培训 251 期、培训专业技术人员 35110 人次。

2006 年，以提高农民科技素质为切入点，以普及推广农业科技新技术、新成果为内容，面向“三农”组织开展第十七届“科技之冬”活动，举办各级各类培训 674 期，培训各类人员 7.5 万人次，促进林果业质量管理年和科技服务年活动的开展。

2008 年，组织开展第十九届“科技之冬”活动。全市共举办各级各类科技培训班 832 期，培训基层干部、技术人员、城镇居民、青少年和农牧民 11.5 万人次。结合“科技之春”开展技术示范现场培训 206 场，现场观摩 2.4 万人次。发挥“科普志愿者”队伍的作用，在全市范围内组织开展全国科普日、科技活动周、民族团结教育月、普法宣传月和“科技、文化、卫生、法律下乡”等活动。

2010 年，在各专业技术职能部门和乡（镇）场的配合下，累计举办各级各类科技培训班 999 期，培训基层干部、技术人员、城镇居民、妇女和农牧民 10.4 万人次。连续培训 7 天以上骨干技能培训 53 期、3667 人；连续培训一个月以上农民技术员培训 42 期、3685 人。开展技术示范现场培训 177 场、现场观摩 23976 人次，开展致富能手技术交流活动 43 场。在各乡（镇）场相继组织开展“科技、文化、卫生、法律下乡”活动。

2014年，开展第二十五届“科技之冬”活动。市、乡累计举办各级各类科技培训班1051期，培训基层干部、技术人员、城镇居民、妇女和农牧民14.9万人次，其中市级培训4期，培训人员432人次；乡级培训365期，培训人员56295人次；城区居民培训243期，培训人员22886人次；专业技术培训261期，培训人员24816人次。市、乡、村、各专业技术部门、农技协（农民合作社）及街道社区共投入培训专项经费58万元。开展技术示范现场培训68场、现场观摩6824人次，开展致富能手技术交流活动35场、参加3458人次。举办科技知识竞赛5场，文艺演出9场，发放各类科技书籍、宣传资料达77308份。播放科普电教片362场、观众25634人次，开展有线广播宣传412次，悬挂科普宣传横幅156条，展出科普板报234块。

2016年，在开展的第二十七届“科技之冬”活动中。全市共举办各级各类科普培训955期、完成培训计划的114%，累计培训13.19万人。其中市级培训4期，培训人员503人次；乡级培训605期，培训人员68981人次；城区居民培训199期，培训人员16430人次；专业技术培训147期，培训人员46035人次。市科普大篷车陆续开展活动69车次，发放科普资料43016册，直接受众120476人。组织征订自治区科协书刊（维吾尔文）《知识-力量》《科技与生活》6372份，科普挂图2600多幅，全部分发到各乡（镇）场（村）、街道（社区）、学校，推动基层科普知识的宣传和普及。组织开展国家、自治区、地区级“科普惠农兴村计划”和“科普惠民社区行动计划”项目申报工作，申报国家级项目1个、自治区级项目2个、地区级项目4个。

## 第三节　科技示范

1990年后，阿克苏市开展创建科技示范乡、科技奔小康示范乡和科普文明乡等创先活动，每年划拨一定资金进行表彰。1999年，创建完成自治区科技进步先进县市。

2001年，依干其乡获自治区科技进步先进乡，托普鲁克乡、良种场获地区科技进步先进乡。阿克苏市获自治区党政领导科技进步目标责任制先进单位和2001~2002年度全国科技进步先进县市区。

2005年，阿克苏市获2003~2004年度全国科技进步先进县市区、自治区党政领导科技进步目标责任制先进单位。2007年，阿克苏市获“2005~2006年度自治区党政领导科技进步目标责任制先进单位”称号。

2009年，阿克苏市获得2007~2008年度全国科技进步先进县市区、自治区党政领导科技进步目标责任制先进单位称号。实施自治区可持续发展实验区建设项目，完成国家富民强县项目的验收。“辊轮式棉花精量点播机研发与应用项目”获自治区科技进步二等奖。

2012年，以科技项目为依托，全年实施市级科技项目57项，落实科技三项经费2350万元。

2013年，阿克苏市全面落实科技进步工作目标的各项内容，获2011~2012年全国科技进步先进市称号，4个乡（镇）获得自治区科技进步先进乡镇、阿克苏市知识产权局获国家先进集体；阿克苏市获自治区第二批科技强警先进（县）市、地区2011~2012年度科技兴阿工作先进集体称号。

2015年，阿克苏市获自治区2013~2014年度党政领导科技进步目标责任制工作先进单位。

2016 年，申报创新型城市配套项目——阿克苏市电子商务产业公共创新平台建设，落实项目资金 100 万元，申报自治区科技进步先进乡镇 3 个，喀拉塔勒镇、库木巴什乡获 2014 ~ 2016 年度自治区科技进步先进乡镇。

# 第五章　知识产权保护

## 第一节　保护机制

2005 年，阿克苏市成立知识产权协调工作领导小组。2008 年 8 月，成立阿克苏市知识产权局，办公室设在市科技局，阿克苏市通过不断加强知识产权保护宣传，使全社会知识产权保护意识得到提高，知识产权保护更加规范有序。

### 一　试点工作

2007 年 3 月，申报自治区知识产权区域试点市，11 月，成立领导小组，制定知识产权试点工作方案，阿克苏市被自治区列为第二批自治区知识产权区域试点市。9 月，新疆恒丰糖业公司申报的“合成高脂化度蔗糖脂肪酸多脂新工艺”项目和天海绿洲公司申报的“从大枣中提取红枣素的生产工艺”项目被列为自治区专利实施转化项目。《从大枣中提取天枣素的生产工艺》《棉花精量播种机》《果树开沟、打埂、破埂机》《一步法脱酚棉蛋白技术》《合成高脂化度蔗糖脂肪酸多脂新工艺》等专利技术在阿克苏市推广、实施，并取得良好的经济效益和社会效益。

2009 年，阿克苏市出台《关于开展农机领域专利战略推进工程试点工作的实施意见》，阿克苏市的利农机械农机制造有限公司、新世纪机械、天合机械企业为第一批农机领域阿克苏市知识产权试点企业；由新疆天海绿洲农业科技有限公司实施的《从大枣中提取红枣素的生产工艺》、新疆恒丰糖业有限公司实施的《合成高酯化度蔗糖脂肪酸多酯的新工艺》2 项自治区级专利项目及试点企业通过验收；开展商业流通领域试点培育工作，将金都村、金桥 2 家超市确定为第一批商业企业专利保护试点单位；开展专利申请资助及专利实施转化项目工作，由利农机械制造有限公司实施的《棉花机械式精量播种新型机型的研发与示范》、天合机械制造有限公司实施的《联合整地机行走轮弹簧提升机构手推升降式挖穴机》项目，列入地区专利实施转化项目中，获得地区专利项目扶持资金 8 万元。

2011 年，建立自治区级知识产权试点学校 2 所（分别是市第二小学和市第十一小学）、地区级知识产权试点学校 1 所（市第八中学），3 所知识产权试点学校均通过地区知识产权局的检查、验收。

2015 年，加大中小学知识产权教育试点工作力度，将市第八中学推荐为全国中小知识产权试点学校，将其列入自治区第一批中小学校知识产权创新实验室。

## 二 专利执法与宣传

2008 年，市科技局（知识产权局）与地区知识产权局联合开展专利执法、宣传活动。在“两节”期间，到百家超市、神木药店、华能市场等进行假冒专利产品检查，对 220 件专利产品进行登记、检查，对 5 种涉嫌假冒专利和专利标注不规范产品，现场作出询问笔录。此后每年“3·15”“4·26”活动期间，地、市知识产权局联合开展知识产权便民咨询活动，发放各类宣传手册、宣传单。

2010 年，为 3 名专利权人补助专利资金 1835 元；开展知识产权进校园活动，在中小学举办产权知识培训讲座及万人签字活动，培训师生 300 余人；2 个专利转化项目列入地区专利资助项目中，项目到位经费 8 万元。

2011 ~ 2016 年，开展打击侵犯知识产权和制售假冒伪劣商品专利专项行动，开展 59 次执法检查，共检查专利产品 150 余件，其中专利权终止的产品 2 件、无法检索的产品 3 件。对查处的 2 件涉嫌假冒专利案件在调查取证后，下达限期改正通知书。举办 5 期培训，200 余人参加；开展企业专利“消零”工作，向地区申报 15 家企业；完成利农机械制造厂等 3 家地区专利项目验收工作。

# 第二节 专利管理

2003 年，阿克苏市申请专利 11 件，其中发明专利 2 件；授权 11 件，其中发明专利 2 件。

2010 年，阿克苏市申请专利 33 件，其中发明专利 5 件；授权 16 件，其中发明专利 3 件。

2016 年，申请专利 144 件，其中发明专利 35 件；授权 85 件，其中发明专利 5 件。

2003 ~ 2016 年，共申请专利 828 件，授权 430 件。

**表 32 – 4 2003 ~ 2016 年阿克苏市专利情况统计表**

单位：件

| 年份 | 申报数 | 其中发明专利数 | 授权数 | 其中发明专利数 | 年份 | 申报数 | 其中发明专利数 | 授权数 | 其中发明专利数 |
|---|---|---|---|---|---|---|---|---|---|
| 2003 | 11 | 2 | 11 | 2 | 2010 | 33 | 5 | 16 | 3 |
| 2004 | 12 | 2 | 12 | 2 | 2011 | 37 | 5 | 26 | 2 |
| 2005 | 26 | 3 | 8 | 2 | 2012 | 63 | 11 | 38 | 5 |
| 2006 | 29 |  | 24 | 2 | 2013 | 76 | 9 | 43 | 1 |
| 2007 | 84 |  | 27 | 6 | 2014 | 116 | 27 | 21 | 3 |
| 2008 | 35 |  | 34 | 6 | 2015 | 136 | 40 | 59 | 2 |
| 2009 | 26 | 2 | 26 | 1 | 2016 | 144 | 35 | 85 | 5 |

# 第六章　科技管理

## 第一节　管理体制

### 一　科技队伍建设

1990 年后，阿克苏市成立以市委书记为组长的科技兴市领导小组，办公室设在市科委。2000 年后，全市所有乡镇和 81 个行政村配备科技副职；建立以科技局、科协组成的科技群团服务体系。市人民政府配备科技副市长 1 名，乡（镇）配备科技副乡（镇）长和兼职科技副村长；制定《关于对下派挂职和科技副职管理及待遇问题暂行规定》，初步形成以科技副市长为龙头、科技副乡（镇）长为骨干、科技副村长具体负责的三级科技服务体系。

### 二　科技投入

市委、市政府明确提出财政投入、引进外资和自筹资金为主的科技投入体系，将科技三项经费列入市财政预算，科技三项经费由 1990 年的 156.7 万元增加到 2016 年的 4200 万元。

### 三　管理措施

2000 年后，将“党政领导科技目标责任制”各项职责分解到各乡（镇）和有关部门，签订责任书，落实具体任务，制定考核办法，将考核成绩与各单位党政领导政绩挂钩，列入目标考核序列，每年表彰先进，增强各级党政领导科技意识和科技兴市责任感，有效促进科技进步目标责任制落实，进一步促进科技创先工作。

2008 ~2016 年，每年对全市 7 个乡（镇）场、20 个委办局的科技进步目标责任进行分解，市长与科技兴市领导小组成员单位签订科技进步目标责任书。每年对全市 7 个乡（镇、场）、20 个市直单位的党政领导科技进步目标责任制落实情况进行考核。

## 第二节　科技项目管理

1990 年，市科委主要负责与农口配合做好新技术、新品种的引进、推广工作。

1999 年，开始实施自治区科技兴新考核工作，将市科技经费投入列入考核指标。至此，市财政每年按照市决算支出的比例安排一定项目资金进行扶持。

2000 ~2005 年，实施市级科技计划项目 113 项，实施自治区项目 6 项，地区项目 6 项。

2006～2008 年，围绕主导产业的发展，争取国家项目 4 项、自治区项目 16 项、地区科技项目 21 项，实施市级项目 109 项，落实科技“三项”经费 2116 万元，完成科技进步奖评审 11 项，其中 2 个项目获地区科技进步二等奖。

2009～2016 年，列入国家科技项目 3 项，到位项目资金 213 万元，其中星火计划项目 1 项、科技型中小企业技术创新基金项目 1 项，富民强县专项后续补助资金 1 项；实施国家创新专项资金项目 5 项，实施自治区科技计划项目 50 项，分别为《科技特派员农村创业服务中心建设》《复合酶法生产红枣多糖及原料综合利用关键技术研究》等；实施市级项目 679 项，落实项目经费 19594.5 万元。

## 第二节　科技人才管理

1990 年，市科委开展科技“双放”工作，即放活科技人员、放活科技政策，因成效不明显，随即停止。从 2007 年开始，科技系统开展科技特派员工作。

2007 年，市科学技术局根据科技特派员申报要求和各乡镇的需求，重点围绕阿克苏市蔬菜、林果业、棉花和畜牧业 4 大支柱产业，下派 30 名科技特派员到农牧业生产第一线进行技术指导。科技特派员以项目为依托，以示范基地为基础，加大技术培训服务力度，服务农户 7840 户，面积 1573.33 公顷，组织各类培训 50 期，达 6040 人次。依干其乡聘农民科技特派员陈林先等，重点推行蔬菜苗木嫁接技术更新，以白南瓜、黑南瓜苗木作砧木，以西瓜、黄瓜苗嫁接苗进行嫁接，成活率 80%～90%，共嫁接 7 万多棵蔬菜，为依干其乡的 40～50 户农民进行技术指导和服务，培育蔬菜苗木面积 1.33～2 公顷。

2009 年，下派 32 名科技特派员到农牧业生产一线进行技术指导、示范，服务种植、养殖农户 1500 户，面积 2080 公顷，为创新科技特派员机制起到示范作用。

2010 年，制定《阿克苏市科技特派员农村创业行动实施意见》，全市下派 52 名科技特派员到农牧业生产第一线进行技术指导、示范，对做出突出贡献的 10 名科技特派员在科技兴市大会上进行表彰。成立 5 个科技特派员农村创业服务工作站，启动科技特派员农村创新创业服务行动，配套项目创业资金 50 万元，实施自治区《红枣高密度示范》《红富士苹果标准化生产技术示范》等 3 个项目。聘用乡镇待业的大学生和有种养特长的农民技术员 30 人担任科技特派员，有 7 名聘请的科技特派员人均创收 7000～10000 元，农户在科技特派员的指导下，比上年增收 3000 元。农民技术员陈林先从上海引进种植的“申绿”水果黄瓜，0.1 公顷温室水果黄瓜单茬收入 5.8 万元。

2011 年 5 月，建立阿克苏市科技特派员创业服务中心，建成自治区级科技特派员创业产业链 1 个，市级科技特派员创业产业链 3 个、创业示范基地 5 个。实施自治区科技特派员项目《阿克苏市科技特派员创业服务中心建设》《特色果园鸡新品种引进、繁育及养殖技术示范推广》《科技特派员创业链——红枣》及科技特派员贷款贴息补助项目等，获得自治区项目支持经费 33 万元。实施市级《1000 吨红枣优质加工及 5000 亩红枣密植高产栽培技术示范》《特色果园鸡的示范推广》《奶牛性控冻精技术的示范应用》等 3 项科技特派员项目，倾斜科技项目经费支持 27 万元，专门安排科技特派员专项经费 15 万元，通过项目扶持，给予部分科技特派员创业行动项目经费补助，短期培训农牧民1.35万人次，长期培训农牧民5546人，带动一大批乡土技术人才。

2013年，下派84名科技特派员，其中2名科技特派员分别被评为自治区十佳科技特派员、优秀科技特派员；2名科技特派员被地区评为优秀科技特派员。实施自治区科技特派员项目3项、市级科技项目6项，培训农牧民2.3万人次。

2014年，下派90名科技特派员，实施自治区科技特派员项目9项、市级科技特派员项目6项，支持项目资金36万元。科技特派员采取多样方式培训农牧民3.1万人次，建成特色鸡养殖、红枣产业开发成果转化示范基地、肉羊养殖示范基地等9个科技特派员创业示范基地。

2016年，全市选派96名科技特派员，围绕阿克苏市农业、林业、畜牧业、设施农业、农副产品加工业等开展服务工作。开展现场实用技术指导12期，培训农牧民6200人次。科技特派员自发开展实用技术的培训，共培训农牧民16320人次。阿克苏市科技特派员实施自治区科技特派员《有机核桃高产示范园建设》《种植枣树当年嫁接试验示范项目》及科技特派员贷款贴息补贴项目等，获得自治区科技特派员项目资金9万元。科技特派员种植大樱桃示范带动作用显著，尤其是科技特派员侯娟在示范面积2.67公顷成功试种并进入盛果期的基础上，带动周边3户农户种植樱桃8.33公顷，并亲自指导实用技术，保证农户大樱桃种植的成活率。

### 第四节　民营科技管理

2007年，地区科技局下达关于开展民营科技企业审核的通知，市科技局对全市民营科技企业进行调研，开展审核工作。

2008年，市科技局对民营科技企业进行调研，完成9家民营科技企业的年度审验复核工作，本着“培育、扶持”的原则，做好民营科技企业认定的前期准备工作，完成2家民营科技企业的认定。

2009~2011年，对40家民营科技企业开展年度审验复核工作，新培育认定4家民营科技企业。

2012年，开展2011年度民营科技企业调查统计及企业复核工作，对16家民营科技企业进行复核认定和年报统计，新培育4家民营科技企业。

2013年，对16家民营科技企业进行复核认定和年报统计，并认定2家民营科技企业。

自2014年起，不再开展此项工作。

## 第七章　专项技术服务

### 第一节　地震监测

2008年，市科技局制定《阿克苏市地震前兆监测设施建设实施方案》，落实第一期建设经费

34.1 万元，通过政府招标，购置数字石英摆倾斜仪、地下流体全数字化无线地震观测数据监测系统及单台数字遥测监测系统。在全市设立 3 个宏观观察哨。同时，在全市开展 2 次大规模的防震减灾知识宣传，印发宣传资料 5 万份、发放 4 万份。台站建设全部完成。

2009 年，开展地震应急指挥系统数据库资料收集工作。投入资金 1 万元，建成阿克苏市防震减灾科普宣传一条街。

2010 年，做好地震仪器的维护，保证地震数据的正常传输。成立防震减灾领导小组，落实防震减灾工作经费 22 万元；完善地震监测体系网、灾情速报网、地震知识宣传网；建立包含 8 种动物的 10 个宏观观测点，其中地区级 1 个、市级 9 个，确定固定宏观观测员 10 名；制定《阿克苏市地震应急预案》，组建市、乡、村三级应急队伍 2643 人，建立固定的震情监测场所，定期检查仪器的运行，建立 6 处地震应急避难场所，制作地震应急避难场所指示牌；设立海江社区为防震减灾示范社区，开展“5·12”“7·28”防震减灾宣传日活动。此后每年坚持。

2011 年，落实地震经费 11 万元；建立地震科普示范社区 19 个，配备相应的办公设施；投入 74 万元建成南疆首个防震减灾科普教育基地。

2012 年，落实地震经费 23 万元；建立 1 个国家级Ⅲ级应急避难场所、16 个防震减灾科普示范社区；创建自治区级防震减灾示范学校、示范社区，推荐阿克苏市第十一小学、阿苏克社区、祥云社区创建自治区级示范点；完成国家地震社会服务工程新疆分项震害防御服务系统数据收集工作；建立地下流体监测系统 1 个，保证 24 小时及时为地区、自治区地震部门提供可靠、连续的观察数据。

2013 年，落实地震经费 17 万元；阿克苏市第十一小学、祥云社区被命名为自治区级防震减灾示范点；将建设工程抗震设防要求管理纳入基本建设审批程序，全年核发 28 个。

2014 年，投入 5800 余元，完成地下流体台站陈旧设备更新、升级工程，并对监测站点进行墙体加固、内墙粉刷、屋顶防漏处理，实现监测台站稳定可靠运行。投入 63 万元，建成地震模拟小屋，运行状况良好；完成地震应急基础数据更新与收集和安居工程数据收集工作。创建地震安全示范企业——新疆兴发化工有限公司，作为创建地震安全示范企业的示范试点企业。

2015 年，分别在 3 所中小学、社区和市委党校放映《地震应急避险与自救》和《地震灾害预防》等 6 部影片，1600 余名中小学师生及党员干部观看，开展阿克苏市应急桌面演练活动，25 个成员单位参加桌面演练。

2016 年 8 月，由市领导带队组织开展一次桌面演练，50 余人参加；组织开展地震科普夏令营活动。市地震局（科技局）联合市教育局，在阿克苏市第十一小学科普地震示范教育基地及柯坪县开展为期 3 天的地震科普夏令营活动，全地区师生及工作人员共 50 人参加活动。开展创建国家级地震安全示范社区工作。阿克苏市新城街道阿苏克社区获得国家级地震安全示范社区。

## 第二节　水文观测

2001～2016 年，阿克苏市水利局在阿克苏河定点闸口“供水到户”农作区内坚持各供水计量点的水量对口观测工作。每日北京时间 10 时、20 时观测水位两次；水位变化缓慢时，每日北京时间2时、8时、14时、20时观测水位4次，水位变化较大时，每日北京时间4时、8时、16时、20时、24时观测水位5次。流量测验按水文规范要求布置测流次数，每5天测流一次，然后根据测验成果点绘水位流量关系曲线，并以此来推求灌溉期间的引水量。

## 第三节　气象服务

1990年后，气象局每年为市党政部门指挥生产、防御灾害提供气象预报服务，为农业生产提供天气预报信息，为人工增雨、防霜提供专项预报服务。每天通过广播、报纸定时发布天气预报。

1993年，组建农村气象警报系统。1998年，联合电信开通12121电话天气预报答询系统。1999年，开播电视天气预报节目。2000年，开展高考天气新闻发布会，预测考点高考期间的天气情况。2004年增加手机短信。

2008～2016年，市气象局重点针对农业生产防灾减灾，做好大风、沙尘暴、冰雹、暴雨等灾害性天气的预警预报工作，通过阿克苏兴农网、决策服务网、腾讯微博、新浪微博等平台共发布各类气象服务信息1586期，发布公众气象服务短信420万人次，报刊转载引用气象信息310余篇，召开气象新闻发布会120余次。

2012年7月，市4乡2镇1场气象信息服务站挂牌成立，气象信息服务制度和气象预警信息传输流程逐步完善。

# 第三十三编　文化　体育

阿克苏市位于古丝绸之路的要冲，历来是多元文化荟萃、并存之地。1990年后，随着改革开放和经济社会的快速发展，阿克苏市的文化事业呈现出空前的发展与繁荣。2001年后，百日广场文化得到蓬勃发展。“村村通”、“两新”工程的实施，彻底解决农牧民看电视难的问题，全市城乡电视覆盖率达到100%。流动电影放映、东风图书等各项文化工程惠及各族群众。通过加快推进文化事业发展和文化体制改革，加强农村公共文化服务建设，文化产业日益繁荣，群众文化活动内容日益丰富、形式日益多样，优秀作品层出不穷，群众日益增长的精神文化需求得到最大限度地满足。2010年以来，借助“区域共建、融合发展”的平台，阿克苏市以常创常新的方式，开创文化事业百花齐放、百家争鸣的生动局面。注重继承和弘扬各民族优秀传统文化，切实保障各族人民群众的文化权益，以精神、文化的原动力，推动、促进阿克苏市经济社会的持续发展。

1990年后，阿克苏市的体育事业蓬勃发展。在地区及自治区各项体育赛事中，阿克苏市体育代表队多次取得好成绩。在学校体育方面，体育课程越来越受到重视，成为升学考试必不可少的内容之一。在社会群众体育方面，各类体育组织的覆盖面、体育活动的内容不断得到扩展，参与晨练、晚练和健身活动的群众越来越多。2000年以来，阿克苏市在加大农村体育设施建设的同时，大力举办各类农牧民运动会，体育健身活动的覆盖面越来越广。全民健身意识深入人心，全市基本形成每天有锻炼、每周有活动、每月有比赛、每年有表彰的好局面。

# 第一章　机构队伍

## 第一节　管理机构

### 一　市文化局

1990 年，阿克苏市文化局核定编制 13 名。

1996 年，市文化局成立文化稽查队，核定编制 4 名。

### 二　市体委

1990 年，阿克苏市体委核定编制 9 名。

### 三　市文体局

1998 年，机构改革，市文化局和市体委合并为阿克苏市文化体育局，核定行政编制 13 名、事业编制 9 名。

2002 年 12 月，阿克苏市文体局撤销文化市场稽查队，文化稽查工作由局机关工作人员兼职，在管理上形成地区主管打字复印、印刷、文艺演出、电子出版物，兵团第一师主管各团场文化市场，市文体局主管阿克苏市城区及 5 乡 2 镇 1 场文化市场的管理格局。

2005 年 7 月，阿克苏市文化体育局核定行政编制 13 名、事业编制 10 名。

2010 年，随着国家政策向西部的倾斜，到阿克苏投资的个体业主越来越多，使文化市场日趋扩大。阿克苏市重新成立文化稽查大队，核定编制 9 名，参照公务员管理。

2012 年 3 月，阿克苏市机构改革，市文化体育局和市广播电视局合并，挂牌成立阿克苏市文化体育广播影视局。

### 四　市广播电视局

1990 年，阿克苏市广播电视局下设电视转播台、市广播站，辖 7 个乡广播放大站，有在职干部职工 59 人，其中市广播电视局 33 人、乡广播放大站 26 人（包括 4 名临时工），大学本科 1 人、大专 3 人、中专 6 人；专业技术人员中，工程师 2 人、编辑 4 人（记者 3 人、助理工程师 1 人），助理记者 1 人、二级播音员 3 人、技术员 1 人、采编员 1 人、三级播音员 4 人。有独立院落一处，总面积 8000 平方米。

1995年，阿克苏市广播电视局内设技术科、宣传科、办公室，辖属单位有阿克苏人民广播电台、阿克苏市电视录像转播台、阿克苏广播电视器材公司、阿克苏市广播电视工程公司、阿克苏市广视达广告公司以及和地区合办的阿克苏有线电视台。全局实行“局台合一”的管理体制。有在职干部职工66人、广播电视台聘用专业技术人员23人，加上各公司工作人员共计170人。

1998年，阿克苏市广播电视局实有人员63人。

2002年，阿克苏市广播电视局下属办公室、技术科、宣传科、阿克苏人民广播电台、阿克苏市电视台，有人员83人。

2007年，阿克苏市广播电视局下辖阿克苏人民广播电台、阿克苏市电视台，全局核定编制89名，其中事业编制80名。共有专业技术职称人员51人，其中副高职称2人、中级职称19人、初级职称30人。有广播电视播音员、主持人21人。

自2008年7月1日起，阿克苏市电影放映管理工作由文体局移交到广电局管理。

2009年，阿克苏市广播电视局下辖阿克苏市广播电视台、阿克苏市农村电影放映管理中心2个事业单位，局机关核定行政编制9名，实有9人；广播电视台差额事业编制40名，实有34人；农村电影放映管理中心全额事业编制15名，实有11人。全局共有专业技术职称人员23人，其中副高职称2人、中级职称11人、初级职称10人，有电视播音员、主持人共8人。

2012年3月，阿克苏市广电局和阿克苏市文体局合并为阿克苏市文化体育广播影视局。

## 五　市文化体育广播影视局

2012年3月，阿克苏市文化体育局和阿克苏市广播电视局合并，成立阿克苏市文化体育广播影视局（以下简称市文广局），在市文化体育局的基础上，核定广播影视编制7名，属正科级行政单位。

2016年，阿克苏市文化体育广播影视局下设市广播电视台、业余体校、文化稽查大队、文化馆、图书馆、文工团、电影放映管理中心等7个事业单位，有行政编制21名，实有18人；有参照公务员管理的事业编制10名，实有6人；有事业编制116名，实有106人。

## 六　市档案局

1990年，阿克苏市档案局为政府编制序列，局（馆）合一，定编10名，其中档案局4名、档案馆6名。1999年1月，市档案局（馆）由市委办公室管理，全额预算管理。2002年，机构改革，档案局（馆）合一，事业机构，正科级单位，一个机构两块牌子。2006年12月，市档案局列入参照公务员法管理的事业单位。2009年3月，机构调整，市档案局核定事业编制12名，其中行政管理岗位11名、工勤1名。2016年，市档案局（馆）实有12人。

## 第二节　事业机构

### 一　市广播电视台

1990 年，阿克苏市广播站、市电视转播台与市广播电视局合署办公。阿克苏市广播站共有编制 34 名，其中领导 1 人、工程技术人员 6 人、编辑 8 人、记者 8 人、播音员 4 人。

1992 年，阿克苏市电视转播台改建为电视录像转播台。

1995 年，阿克苏市电视录像转播台聘用专业技术人员 23 人。市广播电台有编制 20 名，其中领导 1 人、工程技术人员 2 人、编辑 5 人、记者 7 人、播音员 5 人。

2005 年，市人民广播电台编制 40 人，实有 36 人。

2007 年，阿克苏人民广播电台拥有广播电视播音员主持人 21 人。

2008 年，市广播、电视事业部分从行政职能中剥离出来，行使其事业职能。12 月，国家广播电影电视总局批准设立阿克苏市广播电视台。

2009 年，阿克苏市广播电视台核定差额事业编制 40 名，实有 34 人。有专业技术职称人员 23 人，其中副高职称 2 人、中级职称 11 人、初级职称 10 人，有电视播音员、主持人共 8 人。自 4 月 1 日起，阿克苏人民广播电台由地区广播电视局管理。

2012 年 3 月，阿克苏市广播电视台成为市文广局的下属单位之一，核定编制 40 名，实有 32 人。

2016 年，阿克苏市广播电视台有编制 50 名，实有 38 人，其中专业技术职称人员 31 人、工勤人员 4 人；专业技术人员中，副高职称 6 人、中级职称 11 人、初级职称 14 人；采编人员 24 人，播音、主持人共 5 人，工程技术人员 6 人。

### 二　市文化馆

1990 年，市文化馆为股级建制，归口文化局管理，有职工 20 人，其中馆长 1 人、工作人员 19 人，馆址在北大街。

1996 年，由于城市扩建，迁到市南大街 35 号，人员编制 16 名，实有 16 人。

2008 年，搬迁至市心怡路 8 号，人员编制增加至 17 名，实有 16 人，合同制聘用人员 31 人、馆长 1 人。

2010 年 8 月，市文化馆与新成立的市文工团联合办公，一套班子，两块牌子。

2012 年，市文化馆与市文工团正式分开。

2016 年底，市文化馆搬迁至市少年宫办公楼，办公室面积 250 平方米。核定编制 17 名，实有 16 人。

### 三　市图书馆

1990 年，阿克苏市图书馆位于北大街，面积 650 平方米。有工作人员 7 人。

1998 年，搬迁至市南大街国土资源局楼内，为临时馆址。

2007 年，市图书馆办公区被列入搬迁范围，馆内 3 万余册图书、报刊暂时搬至地区图书馆。

2012 年，市图书馆搬迁至信合大厦 8 楼。总馆藏量 12 万册，其中图书 11 万册、报刊 6900 册。

2016 年底，市图书馆有编制 12 名，实有 12 人。

## 四　市文工团

2010 年 8 月，市文工团挂牌成立，与市文化馆一套班子，两块牌子，为阿克苏市文广局下属的非营利性事业机构，核定人员编制 20 名，其中专业技术岗 19 名、工人岗 1 名。

2012 年，市文工团与市文化馆分开，核定人员编制 20 名，实有 19 人。

2016 年，市文工团有编制 20 名，实有 14 人。

## 五　乡镇（场）、街道文化站

1990 年，全市共有乡镇场、街道文化站 12 个，其中街道办事处文化站 4 个，共有专职文化干部 11 人。

2000 年，全市有乡镇场、街道文化站 13 个，其中街道办事处文化站 5 个，共有专职文化干部 23 人。

2012 年，新增柯柯牙街道办事处文化站 1 个，全市有乡镇场、街道文化站 13 个，其中街道办事处文化站 6 个。

2014 年，新增多浪街道办事处文化站 1 个。

2016 年，市良种场文化站撤销，全市有乡镇、街道文化站 13 个，其中街道办事处（片区管委会）文化站 7 个。至年底，全市 122 个行政村都有村级文化室，每个村级文化室由 1 名村干部兼职管理，村文化室的活动室、活动场地、设备基本齐全，街道办事处（片区管委会）65 个社区居委会均有文化活动室、图书室、活动场地和活动设备。

## 六　市电影放映队

1990 年，全市有乡级放映队 7 个，放映员 16 人。

1991～2002 年，全市有乡级放映队 6 个，放映员 12 人。

2003～2013 年，全市有乡级放映队 6 个（个体放映队），放映员 6 人。

2016 年，全市有 12 个放映队，其中乡级放映队 6 个，放映员 16 人；市电影中心放映队 6 个，放映员 6 人。

## 七　乡镇（场）广播电视站

1990 年以后，阿克苏市多数乡镇建立电视收转站，安装有线电视的乡镇，改称乡镇广播电视站。

1999 年，全市 6 个乡镇场建起调频广播，4 个乡镇建起电视差转台，4 个乡镇建起有线电视网，村村建有广播室，配备 50 瓦以上功率的收扩音机。

2007 年，全市共有乡镇广播电视站 7 个，从业人员 35 人。

2016 年，全市共有乡镇广播电视站 6 个，从业人员 30 人。

### 八　市业余体校

1990 年，市业余体校核定编制 9 名，实有 9 人。主要负责实施国家体育锻炼标准的实施，完成对全市范围内青少年的体育培训、推荐，组织开展全市群众体育、竞技体育及与体育有关的活动。2016 年，实有 7 人。

## 第三节　体育协会

### 一　足球运动协会

2006 年 3 月，阿克苏市足球运动协会成立。至 2016 年，有会员 263 人。

### 二　信鸽协会

2009 年 5 月，阿克苏市信鸽协会成立。至 2016 年，有会员 23 人。

### 三　武术协会

2009 年 7 月，阿克苏市武术协会成立。至 2016 年，有会员 163 人。

### 四　太极拳协会

2010 年 5 月，阿克苏市太极拳协会成立。至 2016 年，有会员 158 人。

### 五　跆拳道协会

2010 年 9 月，阿克苏市跆拳道协会成立。至 2016 年，有会员 53 人。

### 六　游泳运动协会

2012 年 7 月，阿克苏市游泳运动协会成立。至 2016 年，有会员 123 人。

### 七　羽毛球俱乐部

2012 年 7 月，阿克苏市羽毛球俱乐部成立。至 2016 年，有会员 85 人。

### 八　自行车运动协会

2012 年 8 月，阿克苏市自行车运动协会成立。至 2016 年，有会员 85 人。

### 九　观赏鸽协会

2014 年 2 月，阿克苏市观赏鸽协会成立。至 2016 年，有会员 40 人。

### 十　阿克苏市棋友协会

2015 年 5 月，阿克苏市棋友协会成立。至 2016 年，有会员 50 人。

# 第二章　文化艺术

## 第一节　民间文艺活动

### 一　百日文体活动

2004 年，阿克苏市首次开展农牧民百日文体活动，此后从未间断。农牧民百日文体活动主要集中在冬闲时期，由乡、村表演队策划组织，主要有体育比赛、文艺表演、知识竞赛、宣讲等活动。至 2016 年，阿克苏市以村级为单位组织的百日文体活动逐渐增多，群众参与度逐渐提高，成为农牧民群众冬季必不可少的娱乐活动。

### 二　百日文化广场活动

自 2002 年 5 月 1 日起，阿克苏市首次启动“百日文化广场”活动，演出节目 164 场，节目由街道、社区职工自编、自排、自演。此后，阿克苏市每年举办一次百日文化广场活动，围绕不同的主题丰富城区居民的精神文化生活，节目形式有舞蹈、小品、歌曲、相声、器乐和诗朗诵等。截至 2016 年，阿克苏市文化广场活动已演出 2076 场。

### 三　游艺活动

阿克苏市群众游艺活动主要以打扑克、麻将，下象棋、军棋，玩克郎球为主。20 世纪 90 年代以后，城乡兴起台球热。2009 年，阿克苏市在多浪河景观带一期建成门球场、篮球场等文体设施，安装 100 余套健身器材，满足群众日常休闲娱乐需求。2010 年，成立太极拳、剑、扇子舞、健身操、健身舞、门球、台球、秧歌队、棋类等 20 多个文体团队。2016 年，阿克苏市共有棋牌室 400 余家、台球厅 20 余家、业余和营业性台球桌 200 余张。

### 四　秧歌社火活动

1990 ~ 2000 年，阿克苏市每年春节、元宵节都开展社火活动，社火表演中有骑毛驴、踩高跷、扭秧歌、跑旱船、舞龙舞狮等等，进行社火表演。2010 年后，增加威风锣鼓队、麦西热甫表演队、大头娃娃表演队、花棍队，并保留舞龙、舞狮、划旱船等传统社火节目。

### 五　麦西热甫

“麦西热甫”融维吾尔族民间音乐、舞蹈和游戏为一体，富有浓厚的民族生活气息。阿克苏市的维吾尔族群众常在婚礼庆典、日常聚会时进行表演。麦西热甫伴奏音乐主要是《多朗木卡姆》，乐器有手鼓、唢呐、热瓦甫、沙巴依等。

### 六　广场舞

2000 年左右，阿克苏市广场舞开始盛行。2014 年 3 月，阿克苏市广场舞协会成立，属民办非企业。

2016 年，全市广场舞协会一级社会体育指导员 9 人，会员 30 人。登记注册拉丁舞、广场舞、民族舞蹈等演出民营非企业 9 家。

### 七　戏曲

1990 年以来，戏曲在阿克苏市深受部分居民的喜爱，在世纪广场、体育馆随处可见群众自发组织的表演，演唱剧种主要有豫剧、秦腔、曲剧，也有少数京剧、黄梅戏等。2013 年，阿克苏市组织第一届戏迷大赛，有 150 余人参加，观众 1 万余人次。

## 第二节　文艺演出与创作

### 一　专业演出与创作

1990 ~ 2009 年，阿克苏市歌舞创作自由、随意，创作作品影响力较小。

2010 年，市文工团创编的《故乡欢歌》获得地区专业艺术团体文艺调演一等奖，合唱《一家人》获得三等奖。2011 年，市文工团代表新疆参演的《鼓舞塔河》节目在第十届中国民间文艺山花奖·民间艺术表演奖（民间鼓舞鼓乐）展演活动中获得金奖。2013 年，市文工团创作的《阿克苏欢歌》（集体舞）获地区第二届“之江杯”文艺创作年度奖。

2015 年，市文工团创编的五幕喜剧《欢乐农家》在全市巡演 20 场，观众 3 万余人次。市广场健身舞协会创作的《创造奇迹》获自治区“群星耀天山”广场舞比赛三等奖。2016 年，市文工团创编的《美丽阿克苏》《欢乐阿克苏》《党的政策暖民心》《九项惠民谱新篇》等歌曲，在全市进行巡演。至年底，市文工团共开展各类演出活动 350 余场，重大活动演出 29 场。

### 二　民间文艺演出

1990 ~ 2006 年，阿克苏市民间演出较少，多是群众自发开展的麦西热甫歌舞活动。

2005 年，喀拉塔勒镇组建民间艺术队和文艺演出团，开展民间巡演。此后，其他乡镇相继成立民间文艺演出团。

2007 年，阿克苏市参加自治区举办的新疆首届民间文化艺术节，获组织奖、金鼓奖两项集体奖，4 人被评为“民间艺人”。2013 年，阿克苏市举办第七届农牧民文艺汇演，民间文艺演出团开展歌舞表演和文体活动 465 场，2 万余群众参与，观众累计达 7 万人次。至 2016 年，村级民间演出队伍逐渐扩大，以模特秀、歌舞、小品为主体的民间演出越来越多，尤其在冬季农闲时节，农村每周至少有一次文艺演出。

## 第三节　却日库木麦西热甫

### 一　概况

却日库木麦西热甫是阿克苏市喀拉塔勒镇却日库木村和克地木阿依玛克村的维吾尔族群众在生产和生活的基础上形成的民间舞蹈资源，由歌曲、音乐（木卡姆）、舞蹈及各种幽默风趣的传统民间游戏等多种艺术形式组成。2008 年 3 月，被列入国家级非物质文化遗产项目名录。

### 二　传承

却日库木麦西热甫文化早年前多为口口相传，鲜少有史料记载研究，知晓和传播率较低。2005 年，为发扬传承却日库木麦西热甫文化，喀拉塔勒镇组建成立了民间艺术团，吸引了当地一大批爱好者加入。通过一对一学徒培养、定期集中排演等方式，不断丰富并创新却日库木麦西热甫文化内容，使却日库木麦西热甫文化得以保存并传承下去。在现代民间艺术空前发展的新时期，却日库木麦西热甫在阿克苏市广泛流传，喀拉塔勒镇尤为兴盛。

2006 年 9 月，却日库木麦西热甫表演首次登上自治区舞台，在首届新疆民间文化艺术节中，得到一致认可。当年，却日库木麦西热甫申报并被纳入了自治区级非物质文化遗产项目。2008 年，被列入第一批国家级非物质文化遗产扩展项目名录（民俗类 - 497 - X - 49）。

2014 年，喀拉塔勒镇文化站被列为非物质文化遗产保护和传承基地，是阿克苏地区唯一入选项目。

### 三　表演内容

（一）乐器

却日库木麦西热甫表演乐器分为弦乐器、膜鸣乐器和体鸣乐器等。弦乐器有多浪热瓦甫、多浪艾捷克琴、多浪卡龙琴；膜鸣乐器有手鼓；体鸣乐器有塔石片石、枣木勺。

（二）道具

表演却日库木麦西热甫的道具有骆驼、黄羊、鹅造型以及木碗、红布、腰带、铜币等。

（三）主要内容

却日库木麦西热甫歌舞包括多浪歌舞、木卡姆歌舞、麦西热甫歌舞，有歌舞乐曲 60 调、260 首、1070 行，共 13 章。木卡姆乐章曲牌有木卡姆（散板序唱）、赛乃姆、舞竹尔、丝儿丽麦等。

## 第四节　文物古迹

### 一　文物普查

2000 年后，阿克苏市开始开展文物普查工作。市文体局组织专业普查队伍对阿克苏老城遗址、阿克苏烽火台、索勒古城、阿音柯古城、阿沙遗址、雀赫遗址、喀拉塔格麻扎、协义和·加玛鲁丁麻扎等进行普查。

2006 年，阿克苏市进行第一次全国文物普查，先后组织 5 人，对阿克苏老城遗址等 10 处遗址进行普查，确定阿克苏老城遗址为清代建筑。

2008 年，阿克苏市进行第二次全国文物普查，先后组织 8 人，对协义和·加玛鲁丁麻扎等 13 处遗址进行普查，确定协义和·加玛鲁丁麻扎为明代建筑。

2011 年，阿克苏市进行第三次全国文物普查，先后组织 10 人，对阿克苏烽火台等 20 处遗址进行普查，确定阿沙遗址为唐代建筑。

至 2016 年，阿克苏市有地面文物 20 处，其中古城堡 10 处、烽燧 1 处、古建筑 3 处、墓地 6 处，无馆藏文物。

### 二　地面文物

（一）古城堡

**图地旦古城遗址**　古城堡位于阿依库勒镇图地旦村，建造年代无考。古城为黄灰土所筑。城周长 162 米，墙高 3 米，宽 4 米。东城墙根残留洞穴，高 1.3 米。附近可见残破陶片，有居住痕迹。遗址之北 2 千米处有数个大土墩。其西偏北约 4 ~5 千米处的土墩最高，约 30 米，周长约 84 米，黄灰土筑成。遗址后可见宅院痕迹，曾有丝绸残片出土。

**黄宫古城遗址**　位于阿依库勒镇黄宫村。年代无考。城墙长 426 米，墙高约 3 米。城中房屋尚存。遗址因当地农民掘土肥田，已被破坏。

**喀拉玛克沁古城**　喀拉玛克沁，汉译为“蒙古城”。位于阿依库勒镇政府南偏西约 4 千米处，北纬 40°55′16″，东经 80°08′0″；海拔 1063 米。民国 17 年（1928），黄文弼曾来此进行调查，著有《塔里木盆地考古记》。古城面积 13200 平方米。城四周地势开阔，东部地势较低，城址呈灰白色，含盐碱，地表长有骆驼刺、琵琶柴、野麻等植物。城西 120 米处有一南北向古道遗址。南面 50 米处有几户农舍，西墙外有宽约 10 米壕沟，沟中已积水，城内已辟为农田。古城平面略呈方形，城墙基宽约 10 ~14 米，顶宽 2.5 ~5 米，残高约 3 米。城门坐向朝南，宽约 3 米，城周长约 500 米，为胶泥土堆筑。北墙已被推平，上建有农舍。西墙南北两端均有马面，其中南端马面宽 4 米，向外伸出 3 米，高 2.5 米。北端马面宽 7 米，向外伸出 12 米。东墙中段已被人挖开宽约 7 米的缺口。城内原有文化堆积已被新辟农田所毁。西城墙北端的暴露层中见有红色的烧土，厚约 15 ~30 厘米，南墙偏东段表层有厚约 15 厘米的红色烧土，城周仅见有泥质红陶片。据黄文弼考证，该古城即是元代的“浑巴升”城。元史称“浑巴升城临浑水”。浑水即阿克苏河。

**图鲁克旦木古堡**　位于阿依库勒镇东北约 20 千米之干渠旁侧。民国 17 年（1928），黄文弼曾来此堡考察。古堡周长约 81 米。今残存墙基，四周散见红陶残片。年代无考。

**阿克苏旧城残墙遗址**　阿克苏旧城系光绪九年（1883）阿克苏道员罗长祜禀请核准修建。旧城周长 2877 米，上筑雉堞 752 个。东西南北开“朝阳”“挹爽”“迎薰”“承恩”4 门。1954 ~ 1971 年陆续拆毁。旧城残墙位于北纬 41°10′，东经 80°15′。残墙长 18 米、底宽约 12 米、顶宽 6 米、残高 5 ~ 7 米，面积 216 平方米。夯筑，夯层间距 60 厘米。

**索勒古城**　古城位于库木巴什乡索勒尕依村西南约 3 千米的农田中，北纬 40°54′42″，东经 80°13′56″。当地人称“喀拉玛克协海尔”，即蒙古旧城。据第二次普查资料记载，古城平面呈方形，边长 50 米，墙垣土筑，北墙有一缺口，似为城门，宽约 4 米。古城仅存一段北墙垣，残长 24 米、宽 5 ~ 9. 2 米、高 1. 8 ~ 4 米，地表上未见文化遗物。据第二次普查时推测，其时代属元代。古城大部分辟为农田，仅存一段高低不平的墙垣，墙垣上杂草丛生。

**阿音柯古城**　古城位于阿依库勒镇兰干村四组南约 200 米处的农田中，北纬 40°54′38″，东经 80°08′05″。城址平面略呈方形，东墙长约 130 米，南墙长约 120 米，西墙仅存一段墙垣，长约 70 米，北墙已无存，被民宅和林带占据。东墙中部有一缺口，宽约 3 米，似为门。墙垣为土筑，基宽约 14 米、顶宽约 5 米、残高约 6 米。城内已辟为农田，地表未见遗物。据第二次普查时推测，其时代属北朝至唐。古城破坏比较严重，除东、南墙垣较完整外，西墙仅存一段残垣，北墙则已无存，城内辟为农田。墙体周围荆棘丛生，古城原貌难以辨认。

**阿沙遗址**　遗址位于阿依库勒镇阿沙村西约 1 千米处的农田中，北纬 40°49′29″，东经 80°01′09″。地表未见古代建筑遗存。根据文化遗物分布，推测遗址东西长约 150 米，南北宽约 100 米。农田埂子上及灌溉小渠里可采集到炼渣、夹砂红陶、灰陶片等遗物。据第二次普查时推测，为唐代遗址。因遗址位于农田之中，破坏非常严重，原形制不详。

**雀赫遗址**　遗址位于阿依库勒镇雀赫塔村西南约 1 千米处的农田中，北纬 40°53′45″，东经 80°06′21″。据第二次普查记载，遗址已辟为农田，原貌不清，原形制无法得知。在此曾出土一件石臼，石臼为砂岩质，通高 45 厘米，呈圆柱状，直径 50 厘米、沿宽 50 厘米、深 20 ~ 25 厘米。时代不详。遗址已辟为农田，未见地表建筑物及文化遗物。

**克里雅河北方居址**　遗址为房屋居址，位于克里雅河下游的一条干枯河床东岸台地上，北纬 39°37′49″，东经 81°56′24″，地势较平坦。台地上有一些低矮的沙丘。居址东面有几间房屋大致呈东西向排列，存迹比较清楚的有 3 间。西面两间保存较差，仅存房屋墙基部分。东面一间屋顶尚存，已坍塌。墙壁用胡杨木柱并排栽立而成，其外横向绑一层芦苇，然后敷一层泥巴。屋内有几根顶部带叉的立柱承接横梁。南墙中部有几根长方形木板和一根顶部有榫头的木柱。屋顶最下面是并排平铺的一层木头，上面铺一层芦苇，最上面覆盖一层羊粪。房屋毁于火。木柱多被烧断，木炭和灰烬随处可见。在居址西、北面黄土地上有一些火烧的痕迹。南北两侧各有一条稍稍隆起的土埂呈弧形环绕在遗迹周围。土埂两侧有大量红烧土、炉渣和灰烬等。

居址四周地表散布大量遗物。主要有各色陶片，上面有刻划纹、压印纹等纹饰；玉石器，如石祖、石锥、石镞、玉斧、细石叶等。铜器有铜镞、匕首、铜针等。共采集文物 73 件。居址只存墙基部分，顶已倒塌，多数木构件被火烧毁。在居址上，有多处盗坑。居址约为青铜时代遗迹，木柱多已暴晒干裂；同时，此处经常有寻宝人光顾，盗挖现象严重。

（二）烽燧

古遗址位于阿克苏市东南卡坡上，北纬41°10′30″，东经80°11′10″。遗址处地势略高，洪积台地，黄色土质。烽燧呈梯状，平面为长方形，边长为3.7米×3.7米，高4.5米。系用长36~38厘米、宽27厘米、厚8厘米黄土坯筑成。顶部有砌筑的短墙，高约1.2~1.5米，四面有宽约60厘米的开口、与吐鲁番交河古城西区的一座佛塔建筑相似。烽燧底部有宽约1米、高1.3米、南北向甬道，顶部呈三角形。不见任何遗物。

## 第五节　文化产业

### 一　产业发展

1990年，阿克苏市陆续兴起录像放映、卡拉OK、电子游戏、录像带发行与出租、录音磁带销售等行业。

1995年后，在市场经济的推动下，阿克苏市文化消费的品种不断扩展，陆续出现桌球、报刊零售出租摊点等，并日渐形成规模。

1997年春节期间，阿克苏市组织开展文化一条街活动，对本土创作的各类书刊、绘画、书法、农民画、剪纸、各式工艺品进行展示、售卖，加速文化市场的发展。

2000年，阿克苏市兴起花鸟虫鱼、字画古玩、奇石根雕、邮品钱币等行业的经营热潮，旱冰场、网吧等市场渐渐繁荣，初步满足市民对文化消费的需求。

2002年，在市区的影响下，农村也先后出现台球、录像放映、舞厅等文化经营场所。

2005年后，涌现出业余培训、棋牌室、宠物交易、文体策划等新的文化行业。

2010年，全市已基本形成以私营、个体为主，门类相对齐全，档次有高有低，品种多样，基本满足城区各族群众精神需求的文化经营、消费市场。

截至2016年底，阿克苏市棋牌室共400余家、台球厅20余家、网吧68家、歌舞厅（卡拉OK厅、茶座）37家、电影放映场馆4个、出版物出租零售店25家、音像制品店（出租零售店）27家、打字复印店105家。

### 二　文化艺术培训行业

（一）小江艺术培训学校

1999年2月小江艺术团成立。2007年，发展为培训中心。2013年，成立小江艺术培训学校。2014年，成立邢亮首席小江文化艺术工作室。2016年，更名为小江精品艺术学校，并在青岛成立青岛邢亮小江文化艺术教育有限公司。

截至2016年，小江艺术团共为全国各大中专艺术学校输送学生101名，其中为国家重点院校（北京舞蹈学院、上海戏剧学院）输送优秀生29名，6名学生在国际舞蹈比赛中获奖，创编的9个节目在新疆版权局注册并在全国少儿舞蹈大赛中获得金奖。5次参加国际少儿艺术节，金奖节目三人舞《书包》走进人民大会堂展演，舞蹈《馕香万里》参加第八届小荷风采比赛获得四项大奖。

（二）尕藏艺术专修学校

尕藏艺术专修学校于2009年7月成立。2011年，尕藏艺术专修学校参加地区“童心向党”少儿舞蹈比赛，原创舞蹈《花儿朵朵向太阳》获专业类一等奖。2013年，代表地区参加自治区“群星耀天山”少儿舞蹈大赛，原创舞蹈《我们和祖国在一起》《舞动奇迹》《雨竹林》分获金、银、铜奖。

2016年，尕藏艺术专修学校扩展为6家校区，学生有上千人。

（三）红舞鞋拉丁舞培训中心

2016年10月12日，阿克苏市红舞鞋拉丁舞培训中心成立。2016年底，共有理事会成员5人。

（四）舞动空间舞蹈学校

2016年5月，舞动空间舞蹈学校登记备案。2016年舞动空间舞蹈学校参加2016西北五省第十二届拉丁舞锦标赛获得集体舞全疆第一名及162项荣誉。2016年底有固定从业人员3人。

（五）阿克苏姑墨艺术团

2016年12月，阿克苏姑墨艺术团登记备案，共有成员10人。

## 第六节　文化市场管理

### 一　文化娱乐场所

1990年，阿克苏市共有录像厅6家。

自1995年开始，阿克苏市录像厅逐年增多，达到53家。

2000年，阿克苏市录像厅逐渐消失，有网吧10家、游戏厅12家、KTV 8家。2000年以后，游戏厅逐渐减少。

2016年，阿克苏市有网吧68家、游戏厅2家、KTV22家。有影剧院4家，可播放2D、3D影片。其中太百影剧院共有观影厅5个，观看席500个；天百影剧院共有观影厅5个，观看席600个；盛威影院规模较小，地区文化艺术中心影院因设备陈旧，观看人数不多。4家影院可与全国同步进行热播影片上映。

### 二　执法检查

1996年，市文化稽查队成立后，阿克苏市加大执法力度，对全市文化娱乐场所进行联合执法大检查4次，检查经营单位123家次，取缔无证经营摊点3家，扣缴违禁音像制品323盘，扣缴麻将23副。

2005年后，每年对网吧、歌舞厅等文化娱乐场所从业人员开展法律、法规培训班。截至2010年，共依法扣缴非法录音、录像带7168盒，VCD影碟1.3万余盘，盗版口袋书1.5万余本，计算机主机466台，交换器146部，扣缴淫秽光碟8260张，扣缴麻将560余副，取缔黑网吧和电子游戏厅、啤酒乐园电脑游戏厅共5家，取缔无证销书地摊63家，关闭无证经营棋牌室18家。

2011～2013年，阿克苏市检查文化经营场所3728家次，查处违规网吧62家，取缔5家网吧、19家黑游戏厅，取缔售卖盗版音像制品地摊15家，收缴盗版音像制品4.66万张、盗版图书2370本，取缔无证经营棋牌室29家；查处擅自安装、使用卫星地面接收设施的窝点26个，监督强制拆除632套，清查非法销售商贩3家。

2014～2016年，市文化稽查队聘任160名文化市场义务监督员，形成政府职能部门与义务监督员共同监管的格局。检查各类文化经营场所7965家次，收缴盗版影碟44759张，取缔无证经营、售卖盗版光碟地摊38家，查处违规网吧45家，取缔4家网吧和3家无证照游戏厅。

# 第三章　广播影视

## 第一节　广　播

### 一　设施设备

1990年5月，阿克苏市建成功率为100瓦的调频立体声广播电台，有广播机2台，输出功率1000瓦。1994年，阿克苏人民广播电台建成开播，使用调频广播发射功率1000瓦，每天播出19个小时。

1995年，新装市广播电台高压线路，对城区主要街道的有线广播线路进行调整，高音喇叭全部换成音质好的低音音箱。1996年，阿克苏市广播覆盖率达92%。

2001年7月，国家新兴工程向阿克苏市调拨2台3000瓦调频广播发射机。2002年3月，阿克苏市投入14.8万元建成广播电台音频工作站，开始试播。

2003年7月，阿克苏市农村大喇叭覆盖工程全部竣工并交付使用，广播设备均得到更换，广播覆盖率大幅增加，广播电视实现“组组通”。2005年，市广播电台有汉、维吾尔2个调频频率。

2007年底，市广播电台有维吾尔、汉4个调频频率，其中2个为转播频率、2个为自办节目频率。截至2016年，阿克苏市一直使用3000瓦的调频广播发射机。

### 二　传输

（一）传输网络

1990～2000年，阿克苏市采取有线广播传输方式进行广播节目传播。2000年后，采用无线调频方式进行传播。

（二）设备变更

1990～2000年，用有线广播扩大机及有线传播方式。2000年后，采取无线调频设备进行传输。

（三）传输效果

1990～2000年，传输信号只能传输到乡（镇）一级放大站。2000年后，采用无线调频传输方式，传输信号可以传输到各乡（镇）及行政村所在地。

## 三　节目

（一）播音时间

1990 年，市人民广播电台用一套线路，汉语、维吾尔语两种语言穿插播出，每天早、中、晚 3 次播音，共 5 小时。1995 年 4 月，实现维吾尔语、汉语分频播出，覆盖人群 60 多万人。每天广播节目 17 小时，全年播出 6643 小时。2003 年，市广播电台延长播音时间，汉语节目从早上 7：30（北京时间）至凌晨 2：00 结束，维吾尔语节目从早上 7：30 至凌晨 1：00 结束，覆盖人群 60 多万人。

2006 年，阿克苏人民广播电台开办的《行风热线》直播节目，接听、记录、整理听众热线电话、短信 380 多个，现场答复 350 个，催办解决难点问题 20 个，听众满意率达 95%。全年播出 2.07 万小时。

2015 年 2 月 10 日，阿克苏市广播电台“多浪之声”节目开播。全年汉语播发《阿克苏市新闻》208 期、维吾尔语播发《阿克苏市新闻》190 期、《要闻 15 分》84 期。2016 年，共播出 2.54 万小时，播发《阿克苏市新闻》285 期，稿件 1478 条。

（二）转播节目

1990～1993 年，市广播电台每天汉、维吾尔语转播中央人民广播电台、新疆人民广播电台新闻节目各 130 分钟，其中转播中央台早、晚新闻节目各 30 分钟。

1994 年，市广播电台每天转播节目 280 分钟，其中转播中央台早、晚新闻节目 240 分钟。

2007 年，市广播电台外购播出《明星非常提示》《声音传记》《小鬼说大话》等 5 档专题节目，丰富节目内容。

2015 年，外购播出《法律大讲堂》208 期、《健康新概念》208 期、《低碳生活》416 期、《理财短剧》《声音传记》《只听好歌不说话》416 期、《故事里的歌》208 期，以及贴片节目《生活 D 时代》《欢乐谷》416 期、《小说剧场》208 期。

2016 年，市广播电台引进播出励志情景剧《那一年都在飘》、法制节目《寻找真相》、时尚生活节目《生活 E 时代》、儿童节目《童话传奇》、综艺节目《只听好歌不说话》《水煮娱乐》《亚洲音乐榜》、知识性节目《生活早提示》等，满足不同听众需求。安排播出《我和健康有约》1095 期，《魅力阿克苏》《低碳生活》《欢乐谷》《世界未解之谜》等专题栏目各 730 期，《寻找真相》《生活 E 时代》《爱国歌曲串串烧》等节目各 365 期。

（三）自办节目

市广播电台在开播初期的自办节目是阿克苏市新闻，记者每人配发采访录音机和自行车，在乡村企事业单位及委办局进行现场采访；带有音响的节目，如早晨播放广播体操节目；文艺节目，则录制一些专业、业余文艺团体和疆内外来阿克苏演出的专业文艺团体的曲目，如秦腔、豫剧、沪剧、快板等，自办节目的时间每天两小时。

1990 年，市广播电台自办节目的数量增加，质量逐步提升，清晰度提高。1994 年，阿克苏人民广播电台除开办新闻节目外，还开办《空中立交桥》《信息广角》《金秋乐园》《多彩人生》《青春年华》《相伴今宵》《时尚广场》《浪漫金曲》《小说长廊》等专栏节目。

1998 年，阿克苏市大力开展读书用志活动，市广播电台开辟《金秋史话》栏目，共 56 小时，112 讲。2000 年后，市广播电台自办节目的稿件数量和开办的栏目都有提高和增加。2005 年 1 月 17 日，市广播电台开办《行风热线》直播节目，并新增加《非常一对一》《开心十八点》《影视新视听》《音乐最动听》和《天气信息》等 5 档节目。

2015 年 2 月，阿克苏市重新成立阿克苏市广播电台——“多浪之声”。汉语广播节目先后开办自办节目《阿克苏市新闻》208 期、《魅力阿克苏》416 期、《红歌串串烧》208 期、《电影剧场》208 期、《喜看阿克苏新变化》12 期等节目。2016 年，市广播电台自办节目《魅力阿克苏》24 期、《民族团结花正红》43 期、《红歌串串烧》172 期、《健康新概念》24 期、《我们的歌曲》24 期、《青春之歌》24 期、《平安有约》14 期、《身边好人》20 期。

### 四　农村广播

1990 年，全市 78 个行政村有村民广播室，广播内容由村干部自行安排，主要发挥通知的作用。2006 年，农村大喇叭覆盖率 95%，电视覆盖率稳定在 98%。2007 年，阿克苏市有村民广播室 115 个、高音喇叭 518 只。

2016 年 10 月，阿克苏市开办村级自办广播节目，“村村通”“户户通”设备完好率 99%，农村大喇叭覆盖率 98%，有 1000 瓦调频发射机 6 部、农村大喇叭 576 套。

## 第二节　电　视

### 一　设施

1990 年 1 月 11 日，阿克苏市电视转播台建成试播，有 1000 瓦分米波彩色电视发射机 1 台，发射功率为 1000 瓦，使用 15 频道播出，覆盖范围半径约 20 千米。有 76 米高的电视发射塔 1 座、6 米卫星地面接收站 1 个、摄像机 1 台、监视器 4 台，电视转播台建筑面积 250 平方米，每天播出两次，合计约 6 小时。

1995 年，市电视录转台维吾尔语电视频道正式开播，结束没有维吾尔语电视节目的历史。1996 年，阿克苏市电视录像转播台购置非线性编辑设备和广播摄像编辑设备，拥有 5 千瓦发射机 2 台、1000 瓦备份机 2 台、非线性编辑设备 1 套、摄像设备 1 套、专业编辑制作设备 5 套、各类摄像机 8 台。

1999 年，全市所有乡（镇）均建立广播电视站，电视覆盖率 96%，农民家庭电视机拥有率 70%。

2000 年，阿克苏市城市开始安装有线电视，农村开始安装卫星接收设施。市电视台实现全台摄制设备数字化。2004 年 5 月，采编播设备全面实现数字化。2006 年，市广播电视台转播台有 UHF 发射机 1 台，发射功率 1000 瓦，高 72 米信号发射铁塔 1 座。

2010 年 6 月 13 日，市电视台购置 1 辆 8 讯道高清/标清数字系统电视转播车，集电视转播车、现场广播车、调频广播发射车、直播卫星接收车为一体，可在大型室内外活动、新闻现场、电视栏目采访以及突发事件应急广播等各种不同场合使用，做到一车多用。

2016 年，市广播电视台有卫星接收设施 2 万余个，覆盖阿克苏市农村所有乡镇、行政村农户，实现电视户户通，有 3000 瓦调频发射机 4 部、5000 瓦发射机 2 部、80 米高自立发射塔 1 座、8 讯道电视转播车 1 辆。

## 二 节目

### （一）自办节目

1993 年，阿克苏市电视录转台制作播出专题片 5 部，其中 2 部重大题材（《八一之歌》《永不消失的浪花》）社会反响较大，《永不消失的浪花》在 1995 年 4 月获得全国社会治安综合治理好新闻三等奖、铜亩新苗奖三等奖。1994 年以来，自办节目数量不断增加，质量不断提高。自办电视节目主要有《阿克苏市新闻》《阿克苏市场》《来自塔里木的报道》《今宵属于你》《下周屏幕》《天气预报》《丰收岁月》。

1999 年，市电视台共摄制各类电视专题片 16 部，新闻专题《播撒丰收的希望》在 1998 年度自治区“科技好新闻”评选中获一等奖。

2005 年，市电视台拍摄、制作反映争创中国优秀旅游城市、银龄行动、语言文字工作、农村农业经济发展等内容的专题片 15 部，新开办自办节目《一路平安》。播出 16164 小时。

2010 年，摄制播出《创先争优促发展》专题访谈节目 8 期；制作播出专题节目《一路平安》39 期；制作播出专题节目《平安和谐阿克苏》41 期。

2012 年，制作《阿克苏市创建全国文明城市知识问答》《阿克苏市城市环境综合整治治理知识问答》《关于开展城区环境卫生清扫日活动的通告》等小专题 19 个，在多个时段多次反复播出；制作《真情撒热土》《多浪河畔的歌声》《军民共建结硕果、携手并肩促发展》《阿克苏市网格化巡控体系建设》等 19 部专题片。

2013 年，策划制作《聚焦阿克苏市“两会”》《跨上新征程，再创新辉煌》《新成就，新跨越》《送温暖、献爱心》《巾帼风采》《身边的模范》《文明之星》《予人玫瑰、手有余香》《多浪河畔春来早》等节目和专题片。2014 年播出维吾尔语《意义人生》节目 6 期、《家有儿女》节目 10 期、《健康美丽阿克苏》节目 18 期、《综合播报》节目 15 期、《科学人才大家谈》节目 5 期。全年播出时间 2. 76 万小时。

2016 年，自办节目有《文明我先行》《身边人、身边事》《阿克苏警视》《综合播报》《健康美丽阿克苏》《快乐学双语》等，拍摄制作专题片 13 部；制作营造春节氛围公益宣传片 6 个。

### （二）自办栏目

1993 年，自办电视栏目主要有《阿克苏市新闻》《阿克苏市场》《下周屏幕》《点歌台》。

1999 年，《阿克苏市新闻》共播出 346 期（维吾尔、汉语合计），《纠风塑形》栏目共播出 22 期，《城市之光》共播出 52 期，《城建法规》栏目播出 46 期。

2001 年，对《阿克苏市新闻》进行全面的扩容和改版，节目由每周三期增至每周六期。

2003 年，自办电视栏目主要有《阿克苏市新闻》、新闻节目《晚间五分钟》、经济类节目《经济视野》。

2008 年，开办《深入学习十七大精神》《平安阿克苏》《迎奥运，我参与，我快乐，我奉献》《民族团结之歌》《魅力龟兹、神奇阿克苏》等专栏。10 月 1 日，自办栏目《多浪之花》开播，《多浪之花》栏目共分《借鉴》《遗产》《奉献者》《艺术摇篮》《新星》5 个板块，每周播出 1 期。

2009 年，开辟《携手奋进，共创辉煌——喜迎三干会》专栏；办好社教类专题栏目《平安和谐阿克苏》、文艺栏目《多浪之花》。

2012 年，办好《喜迎十八大、争创新业绩》《贯彻落实科学发展观、促进阿克苏更好更快发展》《十大绩效工程》和《快乐学双语》等专栏及《城市环境整治、共建美好家园》等小栏目。

2013 年，开办《学习十八大精神访谈》栏目，制作、播出《大爱援疆暖民心》栏目，做好《活在阿克苏》、《经济与生活》和《快乐学双语》节目。

2014 年 3 月，对《一路平安》栏目全面改版为《阿克苏警视》。在新闻节目中开办《党的群众路线教育实践活动》《访民情、惠民生、聚民心》两个专栏。新开办《意义人生》栏目；5 月 17 日新开办《家有儿女》栏目；开办《健康美丽阿克苏》栏目。

2015 年，在《阿克苏市新闻》《晚间五分钟》节目中开辟“迎国检”“严打进行时”“去极端化我们在行动”“访惠聚”等专栏；开办栏目《魅力阿克苏》，展示 60 年来发生的巨大变化；办好《阿克苏警视》《综合播报》《快乐学双语》等栏目。

2016 年，在新闻栏目上开辟《创建国家文明城市》《民族团结进步年》和《学习全国两会精神》《扶贫帮困》《两学一做》等专栏；开办《文明我先行》专栏；5 月开办《身边人、身边事》栏目。

（三）转播节目

2007 ~ 2010 年，市电视台转播新闻联播、焦点访谈、奥运会实况、阅兵式等相关节目，并转播《爱我中华》《祖国万岁》《复兴之路》《天山的祝福》《道德楷模颁奖晚会》等大型文艺晚会。

2012 年，市电视台转播阿克苏地区电视台制作播出的《法治阿克苏》节目 8 期，转播《舌尖上的中国》《活力中国》《健康锦囊》《养生堂》《从头练到脚》《中华医药》《快乐一点通》《逗你乐翻天》等相关节目。

2014 ~ 2016 年，转播《焦点访谈》《东方时空》《今日访谈》等节目 300 期次，播出电视剧 238 部 7240 集、故事片 2200 部、动画片 25 部 620 集。

## 三　农村广播电视

1990 年，全市有 5 个乡广播站基本上用高音喇叭代替入户小喇叭。

1991 年 6 月，喀拉塔勒乡首先建起乡电视收转站后，托普鲁克乡、托喀依乡、良种场相继建立电视收转站，收转中央电视台、新疆电视台汉语、维吾尔语电视节目，解决边远乡、场农村农牧民看不到电视的问题。拜什吐格曼、库木巴什、托普鲁克和阿依库勒 4 个乡建有调频广播电台，124 个村 95% 建有放大站，519 个村民小组 85% 有扩大器和喇叭，2. 34 万农户有 1. 77 万户安装播音喇叭，入户率 75. 4%。

2002 年，全市农村大喇叭覆盖工程施工任务基本完成，全市 7 个乡（镇）场共更新 7 台 2 × 275 瓦有线广播扩音机和 7 套 500 瓦控制桌，使每个乡（镇）场有线广播输出功率增加到 1050 瓦。有 6 个乡（镇）场更新 100 瓦调频发射机 6 台。全市农村新增 15 瓦以上功率的广播喇叭 944 只，新增野外型100瓦、50瓦调频收扩机231台，新增广播线路287千米，做到每个村民小组至少安装3个以上15瓦广播喇叭（或2个以上25瓦广播喇叭），全市农村广播覆盖率、音响率基本达到100%。

2010～2013年，完成472套大喇叭安装工作。

2015年，市文广局采购300个20W的调频音箱，每个音箱采用加装一个定时器，每天早、中、晚三次播音（早播音30分钟、中午播音60分钟、晚播音90分钟），转播阿克苏市广播电台维吾尔语频道节目，解决多浪街道市民听广播难的问题。

2016年，全市所有村委会大喇叭每天早、中、晚播音3次，每次播音半小时。

**表33－1　2016年阿克苏市乡镇广播电视设备基本情况表**

| 单位 | 调频广播 | | | | | 户户通卫星电视 | | |
|---|---|---|---|---|---|---|---|---|
| | 喇叭套数 | 喇叭数（只） | 功率（瓦） | 频率 | 开播时间 | 节目套数 | 户数（户） | 开播时间 |
| 依干其乡 | 126 | 504 | 100W | 97.6MHZ | 2002年 | 81套 | 11950 | 2009年 |
| 拜什吐格曼乡 | 146 | 584 | 100W | 106.5MHZ | 1994年 | 81套 | 11680 | 2009年 |
| 喀拉塔勒镇 | 141 | 564 | 100W | 87.6MHZ | 1992年 | 81套 | 13860 | 2009年 |
| 托普鲁克乡 | 105 | 420 | 100W | 91.8MHZ | 1994年 | 81套 | 8510 | 2009年 |
| 库木巴什乡 | 133 | 532 | 100W | 96MHZ | 1994年 | 81套 | 8960 | 2009年 |
| 阿依库勒镇 | 153 | 612 | 100W | 107.2MHZ | 1994年 | 81套 | 16380 | 2009年 |
| 合　计 | 804 | 3216 | | | | | 71340 | |

### 四　村村通广播电视工程

1999年，阿克苏市实施村村通广播电视工程，无偿发放广播电视设备，全市所有村均开通广播电视。市广播电视局被评为自治区、地区村村通广播电视工程建设先进集体。

2002年7月，阿克苏市实施农村大喇叭覆盖工程，至2003年，所有乡镇都建起调频广播，村村建有广播室，配备50瓦以上功率的收音机。实现“村村通”广播电视。

2011～2013年，对6.6万户“户户通”用户进行摸底造册工作，完成“村村通”用户信息采集5000户、录入上传3000户，直播卫星设备安装2000套，制作完成水泥底座3万个。建设“村村通”14033套、“户户通”66260套。

2016年，开展“村村通”“户户通”故障大排查2次，共维修“户户通”设备近1万套，“村村通”“户户通”设备完好率达99%。

## 第三节　电　影

### 一　发行、放映

1990年，阿克苏市城区有胜利电影院、工农兵电影院、人民电影院。2000年随着城市改造，胜利电影院拆迁。

2000年，机构改革，市电影发行放映公司撤销，原市电影发行放映公司电影院——工农兵电影院也随之拆迁，修建为阿克苏文化艺术中心。工作人员也随之被吸收。阿克苏文化艺术中心除承担大型文艺演出外，平均每晚放映电影20 场。

2003 年，为切实解决农牧民看电影难问题，市委、市政府每年下拨 15 万元，聘用个体电影队，每月轮流为4 乡2 镇1 场121 个行政村农牧民放映电影1 场。

2004 年，放映电影1549 场，2005 年放映电影1559 场，2006 年放映电影1550 场，2007 年放映电影1560 场，2008 年放映电影1590 场。

2010 年6 月20 日晚，阿克苏市广播电视局农村电影放映中心在全地区率先使用数字电影放映机，在库木巴什乡的6 个行政村同时开机放映数字电影，标志着数字电影放映工作正式拉开序幕。当年，共完成1532 场农村电影放映任务。

2011 ~2015 年，放映电影7782 场。2016 年，放映电影1432 场。

### 二　设施

2007 年2 月，自治区人民政府奖励阿克苏市一台价值10.9 万元的流动电影放映车。2008 年，电影放映工作由市文体局交由市广电局接管。

2012 年，市文广局投入23 万元购置两辆电影放映车，针对电影放映工作的需求，投入3.8 万元对新购买的两辆放映车进行改装，改善电影放映条件。

截至2016 年未购置新的电影放映设备。

# 第四章　图书报刊档案

## 第一节　图　书

### 一　图书借阅

1990 年，阿克苏市有2 个公共图书馆，公共图书馆总藏量15 万册，全部为图书。

1995 年，阿克苏市公共图书馆总藏量16 万册。

2000 年，市图书馆总藏书16.37 万册，报刊8354 份，发放借书证2525 个，外借书刊4.6 万册次。

2010 年，市图书馆设阅览室、维吾尔文、汉文图书外借部、期刊外借部、采编室、信息开发部，向市民提供阅览、借阅和资料免费查询服务。馆藏图书资料10.5 万册，报刊110 种，每周开放时间56 小时以上，接待读者4600 人次。开展送图书进军营、社区活动4 次。

2016 年，市图书馆内设阅览室、维文图书外借部、汉文图书外借部、期刊外借部、采编室、政府信息查询部，向广大市民提供阅览借阅，并将收集的信息资料提供免费查询。馆藏图书资料12.5

万册，发放借阅证715个。实现全年免费开放360天以上，接待读者11242人，外借书刊6874册次，阅览报刊5214册；开展“全民阅读”图书下基层活动47次，展出图书8147册，发放科普、民族团结宣传单8000余份。

### 二　图书发行

1990年，市境国营、集体、个体书店、图书代销点和报纸杂志出售亭达20余家。其中地区新华书店图书门市部1所、报纸杂志售书亭2间、个体书屋1间、乡供销社图书代销点6个、农一师团场书店12所。地区新华书店在城区设有汉文和维吾尔文两个图书门市部。汉文图书门市部在一楼设文学艺术、社会科学厅；二楼设自然科学、教育、图片厅；三楼设计划图书供应室。新华书店不断改进图书发行方向和服务态度，加强政治理论图书的征订发行工作，开展开架售书业务，年平均接待读者7万人次，售书40.57万册。

2016年，阿克苏市有书店共25家，大部分书店店面较小，书刊内容主要集中在学生教学辅导、幼儿教育、技术培训、故事类书籍等方面。

## 第二节　报纸刊物

### 一　报纸

1990年，在阿克苏市发行的本地报纸为中共阿克苏地委机关报《阿克苏报》。

2016年，阿克苏报社有在编人员56人（不包括聘用人员6人），其中汉族30人，占全社职工总数的53%；少数民族26人，占全社职工总数的47%。报社设维吾尔文编辑部、汉文编辑部、总编室、通联部、党办室、行办室、纪检委等7个部门。有编采人员41人，其中汉族21人，占编采人员总数的51%；少数民族20人，占采编人员总数的49%。

### 二　刊物

1990年，在阿克苏市发行的本地刊物《阿克苏文艺》停刊。2006年，《阿克苏文艺》复刊重新面世。每年出版4期。汉文版80页，内部发行；维吾尔文版112页，全疆公开发行。发行量2000～2300册。截至2016年，《阿克苏文艺》共发行94期。

## 第三节　档　案

### 一　档案业务培训

1990年，市档案局对科技档案工作进行规范化培训，14个立档单位参加培训。1992年，市档案局对市直单位85名档案干部重点围绕档案法律、法规进行系统的培训。1995年，市档案局针对专业档案工作，对12个行业系统单位进行专业档案规范化整理培训。1998年，面向市直单位举办业务培训班，主要围绕档案法律、法规、档案规范化整理工作进行系统培训。

2012 年，举办 1 期机关、事业单位档案业务培训班。86 名机关事业单位档案干部参加培训，培训主要围绕机关文件材料整理规范进行讲解。2013 年 3 月，市档案局在市委党校举办 1 期档案业务人员培训班，来自市直机关、团体、企事业单位、各乡镇场、街道办事处共计 118 名档案员参加培训。培训主要讲解国家档案局第 8 号令、第 9 号令、《电子文件归档与电子档案管理》《全国档案事业统计年报信息管理系统》《泰坦档案管理软件系统》的操作和使用等内容。2015 年，分别在市委党校、杭州市援阿指挥部举办 2 期档案业务培训班，重点对《档案信息化建设与电子文件归档》《机关文件材料归档范围和文书档案保管期限表》《新疆维吾尔自治区〈归档文件整理规则〉实施细则》《档案统计年报知识》《杭州市援疆项目档案》进行讲解，有 170 余名市直单位专兼职档案员参加培训。

2016 年，分别在市委党校、杭州市对口援阿指挥部、7 个街道办事处举办 3 期档案业务人员培训班，有 266 名市直单位专兼职档案员参加培训。

## 二　档案升级达标

自 1990 年起，阿克苏市开展全市各单位档案达标工作，升级指导市塑料厂建立综合档案室，率先晋升为自治区档案管理二级企业。1994 年，市政府办公室、市公安局晋升为自治区机关档案管理二级单位。

1996 ~ 2000 年，市档案局先后指导工商银行阿克苏市分行、农业银行阿克苏市分行、市财政局、良种场、托普鲁克乡、供电公司、市社保局、柯柯牙街道办事处晋升为自治区档案管理二级单位；市国税局、市农村合作信用社、市委、市检察院、市人大、市地税局晋升为自治区档案管理先进单位；市地税局、市工商局、市法院、市财政局、供电公司、良种场、拜什吐格曼乡、喀拉塔勒镇晋升为自治区档案管理一级单位；新城街道办事处阿苏克社区、丽园社区晋升为自治区社区档案管理工作先进社区。

2002 年，市档案局晋升为自治区一级档案馆。

2015 年 7 月，指导市社保局、市总工会分别晋升为自治区档案管理一级和二级单位。同年 11 月，市托普鲁克乡晋升为自治区档案管理一级单位和地区新农村建设示范乡，所辖 3 个村晋升为自治区档案管理示范村。2016 年，市地税局、市依干其乡分别晋升为自治区档案管理特级单位、自治区档案管理一级单位。

表 33 - 2　1990 ~ 2016 年阿克苏市档案升级达标情况表

| 年份 | 单位名称 | 升级达标称号 |
|---|---|---|
| 1990 | 市塑料厂 | 自治区档案管理二级企业 |
| 1994 | 市政府办公室、市公安局 | 自治区机关档案管理二级单位 |
| 1996 | 工商银行阿克苏市分行、农业银行阿克苏市分行 | 自治区档案管理二级单位 |
| 1997 | 市国税局、农村合作信用社 | 自治区档案管理先进单位 |
| 1998 | 市委办、市检察院 | 自治区档案管理先进单位 |
| 1999 | 市人大 | 自治区档案管理先进单位 |
| 2000 | 地税局、工商局 | 自治区档案管理一级单位 |

续表

| 年份 | 单位名称 | 升级达标称号 |
|---|---|---|
| 2001 | 财政局 | 自治区档案管理二级单位 |
| 2002 | 法院 | 自治区目标管理一级单位 |
| 2003 | 档案局 | 自治区一级档案馆 |
| 2004 | 良种场、托普鲁克乡 | 自治区档案管理二级单位 |
| 2006 | 财政局、供电公司 | 自治区档案管理一级单位 |
| 2007 | 供电公司 | 国家档案管理二级单位 |
| 2012 | 社保局 | 自治区档案管理二级单位 |
| 2013 | 新城街道办事处阿苏克社区、丽园社区 | 自治区社区档案管理工作先进社区 |
|  | 良种场、拜什吐格曼乡 | 自治区档案管理一级单位、地区级社会主义新农村建设档案管理示范乡 |
| 2014 | 柯柯牙街道办事处 | 自治区档案管理二级单位 |
|  | 喀拉塔勒镇 | 自治区档案管理一级单位、地区级档案管理示范镇 |
| 2015 | 社保局 | 自治区档案管理一级单位 |
|  | 总工会 | 自治区档案管理一级单位 |
|  | 托普鲁克乡 | 自治区档案管理一级单位、地区新农村建设示范乡 |
| 2016 | 地税局 | 自治区档案管理特级单位 |
|  | 依干其乡 | 自治区档案管理一级单位 |

## 三　档案利用

1990 年，市档案局为党政机关、团体、企事业单位和个人提供利用 52 人次，调卷 167 卷，资料 129 册。1993 年，督促指导全市 51 个单位完成 1992 年文书档案立卷归档工作，全年为 71 人次查阅档案资料 165 卷。1999 年，市档案局为社会各界提供档案资料利用 632 人次 1049 卷。2003 年，市档案局编制 2543 卷民国档案、3661 卷新中国成立后机关档案的开放目录。设计的归档文件“封套式”固定法通过自治区、地区专家的一致考评，被市科技局授予科技成果进步奖。2005 年，市档案局为机关、企事业单位和个人提供利用 56 人次，查阅 102 卷、245 件。2007 年，为社会各界提供利用 89 人次、259 卷、207 件。2009 年，社会各界利用档案 92 人次、349 卷、319 件。2012 年，为社会各界提供利用 102 人次、411 卷、398 件。2014 年，为机关事业单位和个人提供利用 121 人次、438 卷、429 件。

2016 年，为市直单位、企业、个人查阅档案 137 人次、448 卷、587 件。

## 四　档案管理

1990～1997 年，市档案局接收市法院、市委办公室、组织部、宣传部文书档案 641 卷；抢救复制工商银行阿克苏市分行、农业银行阿克苏市分行、国税局、市农村合作信用社褪变、破损档案资料 243 卷。

2005 年 5 月，阿克苏市建立现行公开文件阅览中心。

2008 年 9 月，阿克苏市成立政府信息公开查阅点。

2009 年，市档案局接收会计档案 2128 卷，文书档案 401 卷 1258 件；裱糊馆藏“中华民国”阿克苏地方法院档案 1497 卷 4785 张。

2016 年，阿克苏市档案新馆落成，数字化扫描馆藏档案 6922 卷、2.47 万件、85.93 万页，条目录入 8.23 万条。接收文书档案 499 卷、5380 件；专业档案 828 卷；重大建设项目档案 25 卷。

### 五　档案编研

1990 年，市档案局编写《档案馆指南》《全宗介绍》《全宗名册》《案卷目录》《全引目录》《资料目录》和其他专题卡片。1992 年，配合市委组织部、史志办完成《阿克苏市组织史资料》的编撰工作。1994 年，协助市政府办公室、市公安局等单位编写资料 3 本，检索工具 45 种 507 册及其他有关材料近 150 万字。1998 年，市档案局与市创卫办、精神文明办编研“创三城”文件汇编资料 2 本；与市史志办编研修订《阿克苏市历届党代会重要文件汇编》。

2000 年，市档案局与市史志办联合编研《中共阿克苏县委文献选集》。2002 年 6 月，市档案局为市史志办提供《阿克苏市历史大事记（1994 ~2001 年）》资料 3 万余字。2005 年，市档案局撰写反映阿克苏市档案工作 51 年来所取得的成就《档案志》初稿。

2014 年 5 月，市档案局编研整理《阿克苏市县处级领导干部任免通知文件汇编（1997 ~2013 年）》。2015 年 9 月，收集阿克苏市 1980 ~2014 年发生的重大事件资料，完成《阿克苏市重大事件资料汇编（1980 ~2014 年）》的编研工作。

# 第五章　体　育

## 第一节　民族传统体育

### 一　叼羊

叼羊是一种对抗性强、争夺激烈的运动，骑手不仅要有强健体魄、娴熟的马上功夫，还要与训练有素的骏马配合。参加叼羊比赛的骑手，平时都十分重视基本功训练，比赛时带着自己多年精心驯养的马，驰骋赛场，顽强拼搏。农牧民在劳动之余，自发地组织叼羊活动，由德高望重的长者或乡村干部任主裁判，把宰杀好的山羊羊身放在赛场，宣布叼羊开始。赛场上群雄跃马扬鞭，各显绝招，一会儿是前后追逐，一会儿是并马竞争，都力图抓住 1 只羊腿，你争我夺，各不相让。在反反复复多次较量中，最终坚持不住的骑手，将手中羊腿滑脱了，这时，谁先把羊抢到手并放到预先规定的地点或标志物处为胜方，并将羊只奖励给他，同时规定本次胜方在下次叼羊时拿出 1 只山羊进行比赛。

### 二　赛马

赛马比赛规定距离有 1000 米、3000 米、5000 米、1 万米，先到终点者获胜。一般在草场上或戈壁和荒地上进行。参赛者以乡、村和户为队，骑术好的11～12岁少年儿童或成人均可乘骑参赛。各乡（镇）场在节日里，常举行群众性赛马大会。穿着盛装的农牧民从四面八方涌向赛马场，各队选拔最好马匹参加竞赛，骑手们把各自的坐骑打扮得非常漂亮。比赛开始后，骑手扬鞭催马，风驰电掣般争夺冠军。赛场四周群众欢呼雀跃，喝彩声和“冬不拉”急骤琴声混成一片，气氛十分热烈。优秀的骑手受到奖赏，优秀马匹受赞扬，获奖马匹常被人高价买走。

### 三　民族式摔跤

摔跤古称“抵角”“角力”。千百年来，相沿成习，摔跤发展为民间节日、喜庆日助兴节目。摔跤比赛方法简单，只要有1块10平方米沙滩地或松软土地就可进行比赛。参赛者体重相等，每人腰间系1条布带，双方用手抓紧对方腰带比赛即开始，以摔倒对方者获胜。库木巴什乡、阿依库勒镇等乡镇维吾尔族人最为喜好。每逢节假日和巴扎天，远近青壮年乡民聚集街头树下或空旷沙滩之上，拼力摔拉，斗力、斗勇、斗智，结对手者常多达十数对以上。围观助兴者常多达百人乃至数百人。民族式摔跤不受级量、体重、场地等限制。参赛运动员腰束腰带，由德高望重的长者或摔跤宿将当裁判，以摔倒对方者为胜。除地面上徒手摔跤外，还有马背上摔跤，也叫马上角力。比赛时，骑手以1只手执髻持鞭，或者把髻压在鞍下，把鞭叼在嘴中，当两马相交之际，双方交手较量，都力图将对方拉下马来，此时两马左右盘旋，骑手扭在一起，拼力摔拉，斗智斗勇，险状迭出。

### 四　恰合皮来克（空中转轮秋千）

恰合皮来克是维吾尔族青少年特别是妇女喜爱的一种运动。在活动场地中央栽一根直径约25厘米、长10米左右的立木，在立木下端离地面1米左右处套一2.5米左右长横木，顶端平装一能转动的轮子（多似大轮马车车轮），轮周系2～8根落地粗绳，其中两根绳子系在横木两端。游戏者将其他绳头相接，攀绳踩在绳套上，推动横木，牵动顶端的轮子，带动游戏者旋转。横木推得越快，顶上轮子也转得越快，在惯性和离心力作用下，游戏者越荡越高。身着艳丽服装的姑娘们随轮子转动速度加快，越转越高，并在空中翻转，做各种精彩表演，鲜艳裙子和头巾在空中飞舞。

其他项目还有马上拾银、斗羊、斗鸡、民族式棒球等。

## 第二节　农牧民运动会

### 一　第一届农牧民运动会

1992年3月，阿克苏市在喀拉塔勒乡举行第一届农牧民运动会，共设置11个比赛项目，有排球、篮球、切里西（民族式摔跤）、叼羊、赛马、拔河、田径、斗羊、斗狗、斗鸡等10个项目，阿克苏市7乡1场组队参加比赛。参赛运动员、教练员500余人，观看农牧民达12万余人次。运动会共评选出体育道德风尚奖1个、优秀组织奖3个、团体奖若干。

## 二　第二届农牧民运动会

1996 年 3 月，阿克苏市在托普鲁克乡举行第二届农牧民运动会，比赛项目主要有拔河、摔跤、赛马、叼羊、斗鸡、斗羊、斗狗等 7 项，比赛共开展 36 场，1200 余名各族农牧民群众参与活动，各族观众达 14.5 万人次。评选出 3 个优秀组织奖、1 个体育道德风尚奖、3 个团体总分奖、个人奖项等 69 个奖项。

## 三　第三届农牧民运动会

1998 年 3 月，阿克苏市举办第三届农牧民运动会。比赛项目主要有田径、排球、拔河、摔跤、赛马、叼羊、自行车慢赛、斗鸡、斗羊等 9 项，共开展比赛活动 63 场，1750 余名各族农牧民群众参与体育活动，观众达 15.3 万人次。

## 四　第四届农牧民运动会

2001 年 10 月，阿克苏市举办第四届农牧民运动会，比赛项目主要有拔河、摔跤、赛马、叼羊、斗鸡、斗羊等 6 项，共开展比赛活动 46 场，1500 余名各族农牧民群众参与活动，各族观众达 15 万人次。

## 五　第五届农牧民运动会

2003 年 5 月，阿克苏市在托普鲁克乡设主会场，举办第五届农牧民运动会，开展麦西热甫文艺节目演出、拔河、摔跤、赛马、叼羊、自行车慢赛等体育比赛活动，2000 余名各族群众参与文体活动，各族观众达 25 万人次。评出 3 个优秀组织奖、1 个体育道德风尚奖、3 个团体总分奖、个人奖项等 69 个奖项。

## 六　第六届农牧民运动会

2006 年 8 月 11 ~ 28 日，阿克苏市举办第六届农牧民体育运动会。主会场设在托普鲁克乡，分会场设在阿克苏市城区，共设 11 个比赛项目，有排球、篮球、切里西（民族式摔跤）、叼羊、速度赛马、自行车公路赛、拔河、田径、斗羊、斗狗、斗鸡等。参赛运动员、教练员近千人，观看农牧民 18 万余人次。共评选出体育道德风尚奖 2 个、精神文明奖 2 个、优秀组织奖 3 个、优秀裁判员 6 个。

## 七　第七届农牧民运动会

2011 年 5 月，阿克苏市在金桥南疆农产品综合交易市场举行以“庆祝建党九十周年”为主题的阿克苏市第七届“金桥杯”农牧民少数民族传统体育运动会。来自全市 7 个乡（镇）场的 600 余名运动员参赛，1.5 万群众观看比赛。共设斗羊、斗鸡、斗狗、拔河、押架、切里西（民族式摔跤）、翻滚轮胎、负重接力跑等 8 个运动项目。评出 3 个优秀组织奖、1 个体育道德风尚奖、3 个团体总分奖、个人奖项等 69 个奖项。

### 八　第八届农牧民运动会

2014 年 3 月，阿克苏市举办第八届农牧民传统体育运动会，共分 8 个项目进行比赛。此后，市农牧民运动会由 4 年举办一届改为 1 年举办一届。

### 九　第九届农牧民运动会

2015 年 3 月，阿克苏市举办第九届农牧民传统体育运动会，共 7 个乡（镇）场参加 6 个项目的比赛，比赛设立一、二、三等奖及道德风尚奖、优秀组织奖等奖项。

### 十　第十届农牧民运动会

2016 年 3 月，阿克苏市举办第十届农牧民传统体育运动会。设斗羊、斗鸡、斗狗、拔河、押架、切里西（民族式摔跤）、翻滚轮胎、负重接力跑等 8 个运动项目。评选出优秀组织奖 3 个、体育道德风尚奖 1 个、团体总分奖 3 个、个人奖项等 28 个奖项。

## 第三节　体育比赛

2000 年后，阿克苏市经常性组织开展中小学生田径、篮球、足球、排球比赛以及学生运动会，开设篮球、排球、小学足球、摔跤、田径等业余训练项目，为地区田径、摔跤、足球、篮球、排球等 9 项传统体育项目培养大批体育竞技后备人才。

2004 年，阿克苏市摔跤手在地区中学生国际自由式摔跤比赛中获得团体赛冠军；“小足球”、篮球赛获地区比赛中第一名；在地区新世纪首届农牧民运动会中，阿克苏市赛马、叼羊、押架、负重跑 4 个项目均获团体总分第一名。

2007 年，参加地区 5 项指令性比赛，阿克苏市摔跤、足球、篮球获得地区第一名，田径获得比赛第二名。

2008 年，在地区 5 项指令性体育比赛中，摔跤代表队获地区第一名，篮球获团体第一名，田径获团体第二名，足球获团体第三名，排球获团体第五名。

2009 年，市文体局在组织参加地区 5 项指令性比赛的同时，承办篮球、排球比赛，摔跤、足球比赛获得第一名，田径、篮球获得第二名，排球获第四名。

2010 年，阿克苏市组队参加地区青少年 5 项指令性体育比赛。篮球，足球，田径甲、乙组获得四项团体第一名，摔跤比赛获团体第二名。

2011 年，参加地区 3 项指令性比赛，获得自治区青少年足球选拔小学组第一名；摔跤 12 个级别中获得 61、77 公斤级 2 个级别的冠军，61、77、78、45 公斤级第二名，54 公斤级第三名，团体总分第二名；田径 13 个单项比赛中获得 10 个单项冠军，团体总分第二名。

2012 年，阿克苏市组队参加地区举办的各类竞技体育赛事，获得全地区总分第二名。

2013 年，参加地区青少年摔跤、田径、足球、排球等体育赛事，获得田径和自由式摔跤团体总分第一名、足球第二名的成绩。

2014 年，参加地区青少年 5 项体育比赛，取得自由式摔跤、足球、篮球比赛第一的成绩，团体总分位列地区第一，获地区竞技体育先进县市荣誉称号。

2015 年，参加地区青少年 7 项体育比赛活动，取得篮球第一名、足球第二名、摔跤第二名的成绩。组队参加“未来之星”南疆四地州青少年篮球、排球、足球比赛。

2016 年，参加地区青少年 5 项指令性体育竞技比赛，获得自由式摔跤、足球（小学组）第一名，篮球、田径、足球（初中组）第二名，男子排球第三名的成绩。

## 第四节　全民健身运动

### 一　单位组织

1990～2002 年，阿克苏市每年都举办干部职工广播体操比赛和冬季长跑活动。

2003 年后，阿克苏市每年还举办门球、篮球、太极拳剑、游泳比赛，并派体育指导员深入农村开展全民健身活动指导。

2012 年后，阿克苏市开展市级群众性全民健身活动 7 次，开展民族传统体育活动 20 场，开展农村全民健身活动 14 次。

2015 年，阿克苏市开展第 38 届万人冬季长跑、职工广播操比赛、百姓广场健身舞大赛、阿克苏市第十届老年运动会、宗教界运动会、“同心杯”农牧民运动会等体育健身活动 6 场。

2016 年，开展老年太极拳剑比赛、健身操比赛和职工运动会、“宏达杯”游泳比赛、老年门球比赛等体育活动。

### 二　群众自发

1990～2000 年，阿克苏市群众自发性健身活动较少，以老年人晨练为主。

2003 年后，阿克苏市建成世纪广场后，各类健身活动越来越多，广场舞逐渐兴起。

2008 年后，阿克苏市在广场、公园、小区内经常有中老年人交谊舞、自由健身操、太极拳剑等健身活动。

2014～2016 年，阿克苏市群众性自发健身活动越来越多，夜跑、骑游组织队伍日益壮大，随着广场的大量建设，广场舞、健身操等健身活动随处可见，参与群众范围也越来越广。

### 三　学校体育

1990～2003 年，阿克苏市中小学每年都要举办运动会，中、小学每周体育课时为 2 节。

自 2002 年起，阿克苏市对体育课程越来越重视，体育考试列为升学考试必不可少的项目之一。2004～2016 年，阿克苏市贯彻落实《义务教育课程设置实验方案》的规定，1～2 年级体育课每周 4 课时，3～6 年级体育课和 7～9 年级体育与健康课每周 3 课时。

# 第三十四编　卫　生

1990年后，阿克苏市着力加强医疗卫生基础设施建设和医疗环境改善，在公共卫生建设、突发公共卫生事件应急反应机制、新型农村合作医疗试点、医疗卫生体制改革以及卫生监督执法等方面取得明显成效。2010年，阿克苏市启动医疗卫生体制改革，重点抓基本医疗保障制度、国家基本药物制度、基层医疗卫生服务体系、基本公共卫生服务逐步均等化和公立医疗机构改革试点五项改革，实现公共医疗卫生服务全覆盖。2014年，建立基本药物制度，实现基本药物零差率销售，药品安全保障得到加强，取消“以药补医”；市级综合医院、基层医疗卫生机构得到改造完善，中医药服务能力逐步增强。启动全科医生制度建设，10类国家基本公共卫生服务面向城乡居民免费提供。实施重大公共卫生服务项目，解决公共卫生和农村、社区医疗卫生工作薄弱、城乡和区域医疗卫生事业发展不平衡、资源配置不合理等问题。职工基本医疗保险、城镇居民基本医疗保险和新型农村合作医疗全面实施，筹资和保障水平显著提高，保障范围从大病延伸到门诊小病，基本实现小病不出乡、大病不出市、疑难重症再转诊的医疗目标，新时期卫生工作方针在全市得到贯彻落实。截至2016年，全市有2所公办医院、6所乡镇卫生院、17家民营医院、122个村卫生室、7个社区卫生服务中心和154家个体诊所。全市医疗卫生技术人员增至1819人，其中副主任医师以上的高级技术人员37人，中级技术人员274人，初级技术人员652人。床位950张。全市参保农牧民17.15万人，参合率99.81%，其中民政救助对象参合人数1.68万人，参合率100%。同年9月，根据自治区党委、人民政府的统一部署，在全市开展全民免费健康体检，年末共有343277人参加体检。

1990年以来，阿克苏市贯彻计划生育基本国策，重点抓《中华人民共和国人口和计划生育法》《中共中央国务院关于加强人口与计划生育工作稳定低生育水平的决定》等的宣传教育和实施，实现人口从高出生、低死亡、高增长型到低出生、低死亡、低增长型的历史性转变，人口发展步入良性循环的轨道。

# 第一章　机　构

## 第一节　行政机构

### 一　市卫生局

1990 年，阿克苏市卫生局为阿克苏市主管医疗卫生工作的职能部门。

1998 年 5 月，机构改革，市卫生局核定编制 16 名，内设中共阿克苏市委地方病办公室，市红十字会办公室，医政、药政办公室。7 月，根据《关于印发阿克苏市卫生局职能配置和人员编制方案的通知》精神，阿克苏市卫生局核定编制 14 名。

2000 年 11 月，市卫生局办公地址由市政府迁至南大街 77 号。

2002 年 7 月，机构改革，市卫生局内设办公室、医政股、疾病控制股，核定行政编制 11 名，其中领导职数 3 名、机关后勤事业编制 1 名，全额预算管理。市爱国卫生运动委员会办公室行政编制 6 名、机关后勤事业编制 1 名，全额预算管理。

2008 年，市卫生局核定行政编制 12 名，内设行政办公室、疾病预防控制科、医政管理科、财务科。

2011 年 6 月，根据市委印发的《关于市卫生局等单位成立党委（党组）的通知》，成立阿克苏市卫生局党委，隶属于市委，班子成员 7 人；卫生局机关、爱卫办、卫生监督所、疾控中心、人民医院、中医院、妇幼保健站、苏盖特艾日克卫生院、库木塔木卫生院、传染病医院等 10 个单位党支部属市卫生局党委管理。

2012 年 7 月，阿克苏市卫生局挂阿克苏市爱国卫生运动委员会办公室牌子，内设办公室、医政股（干部保健办）、疾病控制股、人事教育股、计划财务股（项目办）。行政编制 17 名，其中领导职数 4 名。机关工勤事业编制 2 名。

2016 年 3 月，阿克苏市卫生局和阿克苏市人口和计划生育委员会合并为阿克苏市卫生和计划生育委员会。

### 二　市计划生育委员会

1990 年，阿克苏市计划生育委员会（以下简称市计生委）是市人民政府主管全市计划生育工作的组成部门，正科级建制。辖市计划生育基层工作管理办公室。1995 年，有干部职工 10 人，内设办公室和综合科。1999 年，行政编制 10 名，其中领导职数 2 名、工勤人员 1 名、事业 1 名。

2002 年 9 月核定行政编制 9 名，其中领导职数 2 名、机关后勤事业编制 1 名，全额预算管理。2007 年 3 月 13 日，市计划生育委员会更名为市人口和计划生育委员会，为政府工作部门，行政编制 9 名，其中领导职数 2 名、机关后勤事业编制 1 名，全额预算管理。内设综合规划统计科和业务科（行政事项服务科）。计划生育基层工作管理办公室更名为计划生育协会。

2009 年 4 月，根据自治区机构编制委员会办公室《关于乡镇人口和计划生育机构设置和编制配备及有关问题的通知》，人口和计划生育办公室在各乡（镇）社会事务办公室挂牌，乡（镇）卫生院挂人口和计划生育生殖健康服务站的牌子。市人口和计划生育办公室新增参照公务员编制 1 名，事业编制 8 名。年末，共有行政编制 10 名，参公编制 3 名，事业编制 79 名。

2012 年，设立行政办公室、综合科、规统科、药具科 4 个科室。2013 年，成立阿克苏市流动人口计划生育服务管理办公室，相当于股级，核定事业编制 2 名。2016 年，内设行政办公室、综合业务科、规划统计科、药具管理科、信息化建设、流动人口管理办公室。

### 三　市卫生和计划生育委员会

2016 年 3 月，阿克苏市卫生局和阿克苏市人口和计划生育委员会合并为阿克苏市卫生和计划生育委员会（以下简称卫计委）。内设党政办公室、医政办公室（科教办公室）、疾控办公室（基层卫生与妇幼保健办公室）、规划财务股、综合规划统计股（计划生育基层工作股）、计划生育综合业务股（行政事项服务股）6 个股室。市卫计委机关行政编制 23 名，其中领导职数 4 名、机关工勤事业编制 2 名。下含二级单位 18 个，其中市直单位 5 个（市人民医院、市疾病预防控制中心、市妇幼保健计划生育服务中心、市传染病医院、市卫生监督所）；社区卫生服务中心 5 个（英巴扎街道办事处社区卫生服务中心、红桥街道办事处社区卫生服务中心、南城街道办事处社区卫生服务中心、兰干街道办事处社区卫生服务中心、新城街道办事处社区卫生服务中心）；卫生院 8 个（苏盖特艾日克卫生院、库木塔木卫生院、依干其乡卫生院、拜什吐格曼乡卫生院、喀拉塔勒镇卫生院、托普鲁克乡卫生院、库木巴什乡卫生院、阿依库勒镇卫生院）。柯柯牙社区卫生服务中心核定编制 36 名，多浪社区卫生服务中心核定编制 29 名，正在建设中。

### 四　市爱国卫生运动委员会办公室

1990 年至 2002 年 5 月，市爱国卫生运动委员会办公室为独立机构，编制、人员、经费纳入行政机构。2002 年 5 ~9 月，市爱卫办合并到市卫生局。2002 年 9 月机构改革，市爱国卫生运动委员会办公室从卫生局析出，核定行政编制 7 名，实有 7 人。至 2016 年，市爱卫办设行政科和业务科。

## 第二节　事业机构

### 一　市新型农村合作医疗管理委员会办公室

2005 年 7 月，阿克苏市成立新型农村合作医疗管理委员会办公室（以下简称合管办），核定事业编制5名，其中领导职数1名。各乡（镇）相应成立合管办，共核定全额事业编制13名，具体负责本乡（镇）农村合作医疗的管理工作。

截至2016年，核定事业编制5名，其中领导职数1名。各乡（镇）合管办共核定全额事业编制13名，具体负责本乡（镇）农村合作医疗的管理工作。

## 二 市卫生监督所

1998年前，市卫生监督管理与监测工作由市卫生防疫站实施执法，履行行政业务管理、技术服务和技术指导等职能。1998年由市卫生局实施执法，履行卫生监督行政业务管理职能。

1997年9月20日，经市政府批复，成立阿克苏市新城街道办事处、英巴扎街道办事处、兰干街道办事处和红桥街道办事处公共场所食品卫生监督所，隶属市卫生局管理。

1999年9月，成立阿克苏市南城公共场所食品卫生监督所。

2004年12月，撤销各街道办事处公共场所食品卫生监督所，成立阿克苏市卫生监督所，隶属市卫生局，机构规格为副科级，核定事业编制35名，其中领导职数2名，全额预算管理。内设综合管理办公室、医疗保健卫生监督科、公共卫生监督科。

2007年8月，在市委、市政府及上海援疆联络组共同支持下，投资120万元与市残联联合建造综合业务办公楼，使用面积1500平方米。2009年2月，核定编制35名。内设综合管理办公室、医疗保健卫生监督科、公共卫生监督一科、公共卫生监督二科、公共卫生监督三科。

2010年3月，市卫生监督所增加2名全额事业编制，增编后总编制37名。

2012年6月，阿克苏市食品药品监督局成立，从卫生监督所划出编制7名。年末，卫生监督所核定编制30名，实有23人。内设行政办公室、医疗卫生监督科、公共卫生监督科、业务稽查科、办证审核科5个科室。

2016年，内设行政办公室、医疗卫生监督科、公共卫生监督科、业务稽查科、办证审核科。实有23人。

## 三 市妇幼保健计划生育服务中心

1990年，市计划生育宣传技术指导站核定编制8名。副科级建制，全额预算管理事业单位，隶属市人口和计划生育委员会；内设办公室、技术科、宣传科；承担避孕和节育的医学检查、计划生育手术并发症和药具不良反应的诊断及治疗、实行避孕节育手术和输卵管复通手术、围绕生育、节育、不育开展的其他生殖保健项目等与计划生育有关的临床医疗服务的职责，及对基层技术人员的业务指导、教育培训和对群众的宣传咨询、药具发放管理工作。

2002年，市计划生育服务站事业编制20名，其中领导职数2名，全额预算管理。根据《计划生育技术服务机构执业管理办法》的要求，阿克苏市计划生育宣传技术指导站名称规范为阿克苏市计划生育服务站。

2007年3月，核定事业编制19名，其中领导职数2名，相当于副科级。

2009年4月，阿克苏市计划生育服务站更名为阿克苏市人口和计划生育生殖健康服务站，隶属于阿克苏市人口和计划生育委员会管理的事业单位。核定事业编制19名，其中领导职数3名，专业技术岗位比例占总编制的 80% 以上。

2012 年，市人口和计划生育生殖健康服务站设有门诊部、住院部、护理部、检验科、心电 B 超室、手术室、药房等技术服务科室以及收费室、财务室、咨询室、宣教室等职能部门，主要开展计划生育免费技术服务，包括放环、取环、人流、药流、引产、皮埋、输卵管结扎术和输精管结扎术。并正式启动第一批国家免费孕前优生健康检查项目。截至 2015 年，达到甲级县站的标准。

2016 年 6 月，市人口和计划生育生殖健康服务站与市妇幼保健院合并，更名为阿克苏市妇幼保健计划生育服务中心，隶属于阿克苏市卫计委，相当于正科级，全额预算管理事业单位。核定编制 38 名，其中领导职数 4 名。

## 四　计划生育协会

1991 年 10 月 8 日，阿克苏市计划生育协会成立，同时召开第一届会员代表大会，选举产生第一届理事会，理事 65 人、常务理事 20 人。选举产生理事长和副理事长各 1 人。会议审议并通过第一届《阿克苏市计划生育协会章程》。

1992 年 3 月，市各乡、村也相应成立计划生育协会，主要吸收老党员、老干部、劳动模范、宗教人士以及拥护党的计划生育政策的积极分子和有志于计划生育事业的各界人士入会。

1995 年底，全市有会员 4.21 万人，占总人口的 10.1%。协会每年召开 2 次理事会，研究计划生育协会工作。

1998 年 10 月，阿克苏市计划生育协会召开第二届会员代表大会。换届选举产生第二届理事会，理事 56 人、常务理事 17 人。选举产生理事会会长。会议审议并通过修改《阿克苏市计划生育协会章程》《阿克苏市计划生育协会民主参与和民主监督实施细则》《阿克苏市计划生育协会发展战略》、年度计划及中长期发展规划。阿克苏市计生协从 1998 年开始在阿克苏市民政局注册，接受市民政局的管理和监督。

2002 年，市计划生育协会事业编制 1 名，全额预算管理。

2007 年 3 月，市计划生育协会核定事业编制 2 名，全额预算管理。

2009 年 4 月，阿克苏市计划生育协会为阿克苏市委、市人民政府领导的群众团体组织，业务受阿克苏市人口和计划生育委员会管理和指导。核定事业编制 3 名，领导职数 1 名，全额预算管理。

2009 年 7 月 3 日，市计划生育协会召开第三届会员代表大会，共计 76 人参加会议。选举产生新一届理事会理事 62 名，常务理事 14 名，选举产生协会会长和常务副会长。

2016 年底，市、乡（镇）、村有协会会员 25182 人，协会每年召开一次理事会，研究计划生育工作，开展计划生育宣传和计划生育技术培训指导，宣传计划生育和生殖健康知识，负责“贫困母亲救助”“农牧民生殖健康”项目，依法参与计划生育基层群众自治，依法维护群众在计划生育、生殖健康等方面的合法权利。

## 第三节 专业机构

### 一 疾病预防控制中心

1990 年，阿克苏市卫生防疫站有编制 97 名，下设行政办公室、防疫科、结核病防治科、地方病防治科、食品检验所、公共卫生科及检验科 7 个科室，主要承担阿克苏市城区及 7 乡 1 场的传染病防治、计划免疫、结核病防治、地方病防治、食品及公共场所、学校卫生监督检测任务。

1993 年，市卫生防疫站有编制 93 名，位于阿克苏市西大街 7 号。

2002 年，机构改制，市卫生防疫站核定编制 71 人，内设行办、业务办、卫生科、防疫科、计划免疫科、结核病防治科、检验科、体检办证科。

2005 年 1 月，阿克苏市卫生防疫站改名为阿克苏市疾病预防控制中心，人员由原阿克苏市卫生防疫站人员组成，定编 37 名，实有 56 人，其中专业技术人员 39 人，高级职称 1 人、中级职称 12 人、初级职称 26 人。地址搬迁至阿克苏市文化路 12 号。

2008 年，市疾病预防控制中心内设行政办、业务办、疾控科、性艾科、结防科、地病科、综合卫生科、中心实验室、体检办证室。

2010 年，编制 52 人，实有 46 人，内设科室无变化。

2013 年，编制 37 人，实有 38 人，其中专业技术人员 27 人、行政管理人员 8 人、工勤 3 人。

2016 年，市疾病预防控制中心下设行政办公室、质量控制科、疾控科、艾滋病防治科、结核病防治科、地方病防治科、综合卫生科、职业卫生科、慢性病防治科、检验科。实有 31 人，其中专业技术人员 24 人，高级职称 6 人、中级职称 5 人、初级职称 13 人。中心建筑面积 3000 平方米，实验用房面积 980 平方米。承担传染病预防控制、免疫规划的实施、慢性病管理、地方病防治、突发公共卫生事件的应急处置、健康教育与健康促进、健康及健康相关因素信息管理、健康危害因素监测与控制、实验室检测检验与评价等工作。

### 二 市妇幼保健院

1990 年，阿克苏市妇幼保健站为正科级建制，核定编制 15 名，有妇幼保健员 8 人，内设妇保、儿保、检验室、办公室。

2014 年，阿克苏市妇幼保健站更名为阿克苏市妇幼保健院。

2016 年，阿克苏市人口和计划生育生殖健康服务站与市妇幼保健院整合，成立市妇幼保健计划生育服务中心，保留市妇幼保健院牌子，隶属于市卫计委，机构规格为正科级，机构类别为公益一类事业单位（全额），核定全额事业编制 38 名，内设孕产保健部、儿童保健部、妇女保健部、计划生育服务部、医技科、信息科、党政办、财务室。

## 第四节　医疗机构

### 一　市人民医院

1990 年，阿克苏市人民医院是正科级差额拨款事业单位，隶属阿克苏市卫生局；内设医院办公室、医务科、护理部、财务科、总务科、内儿科、外妇科、传染科、药剂科、中医科、一门诊和二门诊 12 个科室，全院有职工 165 人，编制床位 134 张。

1993 年 2 月 8 日，医院建筑面积 5228 平方米的四层病房大楼开始启用，人员编制增至 230 名。

1995 年 11 月，通过二级医院的评审，正式授牌市医院为县市级二级甲等医院。

1998 年 9 月 10 日，爱婴医院挂牌成立。12 月，儿科撤销并入内科，设 6 张儿科床；传染科撤销。

2000 年 4 月 18 日，成立老年医疗养护中心，中医科并入养护中心，设床位 20 张。8 月，医院服务中心经资产评估，实行股份制改革，与医院彻底剥离。截至 2001 年底，设临床科 9 个、辅助科 4 个、职能科 6 个，床位开放 150 张，有职工 221 人。

2003 年，撤销养护中心，改为中医康复科。

2010 年 10 月，阿克苏市人民医院被确定为公立医院改革试点单位。

2014 年 5 月，医院整体搬迁异地重建一期项目工程破土动工；12 月 30 日“爱婴医院”复审达标。

2016 年，设办公室、护理部、财务科、总务科、信息设备科、放射科、检验科、功能科、呼吸内科、心血管神经内科、内分泌消化科、外科、急诊科、手麻科、五官科、体检科、医患关系部、院感办等。编制床位 360 张，编制人数 306 人。全院共有职工 402 人，占地 3 公顷，有业务用房、办公用房 12471.4 平方米。

### 二　市传染病医院

2003 年 9 月，根据自治区人民政府《关于在全疆部分县市建设防治非典型肺炎传染病医院的通知》精神，阿克苏市成立传染病医院，为福利性全额事业单位，设床位 60 张。根据业务需要暂定人员编制 48 名。

2006 年，医院有在职职工 9 人，其中专业技术人员 4 名、行政工勤人员 5 名；医院除应对 H5N1 甲型流感和禽流感等疫情开展防控演练外，未开展其他传染病防治工作。

2010 年，实有职工 9 人，其中专业技术人员 4 名、行政工勤人员 5 名；卫生专业人员 3 名，中级职称 1 人、初级职称 2 人。

2015 年 1 月，医院接收美沙酮治疗门诊和抗病毒治疗门诊。

2016 年，有在编人员 21 人，其中行政工勤人员 4 人、专业技术人员 15 人。内设行政办公室、后勤、医务科、护理部、B 超、心电图、X 光室、化验室、药房、抗病毒门诊、美沙酮门诊等科室。

## 三　乡（镇）场医疗机构

1990 年，阿克苏市有乡卫生院 7 所，至 2016 年，全市有乡镇卫生院 8 所，承担实施农村基本医疗、防疫、妇幼、健康教育、卫生监督协管、基本公共卫生服务等基层医疗卫生工作。各乡卫生院配备国家基本药物 248 种，用于开展常见病、多发病的诊疗工作。

### （一）库木塔木卫生院

1990 年，库木塔木卫生院（红旗坡农场职工医院）为全额预算事业单位，核定编制 28 名，核定床位 60 张，实际开放 24 张床位，实有在职人员 39 人，其中领导 1 人、卫生专业技术人员 27 人、其他专业技术人员 4 人、工勤人员 7 人。

2001 年，实有 39 人。设有门诊部、住院部、手术室、后勤组、职工及病员食堂、办公室，开展内科、外科、儿科、助产、防疫、手术、心电图、放射、化验等医疗服务。

2005 年 1 月，移交阿克苏市管理，因医院院址位于库木塔木村范围内，将原红旗坡农场职工医院更名为库木塔木卫生院，属全额事业单位，资金来源为财政拨款，有在职人员 39 人。卫生院增设计划生育办公室，增加计划生育人员 3 人。

2016 年 3 月，根据自治区人民政府印发的《关于新疆维吾尔自治区乡镇卫生院和村卫生室标准化建设实施方案的通知》和地区行署印发的《关于阿克苏地区乡镇卫生院和村卫生室标准化建设实施细则（试行）的通知》精神，将库木塔木卫生院与正在建设中的柯柯牙社区卫生服务中心统一划入红旗坡片区管委会，成立红旗坡片区管委会社区卫生计生服务中心，原苏盖特艾日克卫生院及库木塔木卫生院人员留置待用。2016 年 12 月库木塔木卫生院实有在职人员 23 人，其中卫生专业技术人员 16 人、工勤人员 7 人。院内设有门诊部、药房、护理部，检验室、防保科，开展内科、外科等医疗服务。

### （二）苏盖特艾日克卫生院

1990 年，苏盖特艾日克卫生院（实验林场职工医院）有医务人员 12 人，有住院病床 25 张，担负着实验林场辖区的医疗救治防疫工作。2000 年 4 月，场部办公室搬迁后，医院搬至原场部大院，人员增加至 33 人。2004 年 3 月，设立门诊 1 个。2005 年 1 月，医院移交阿克苏市管理，因医院院址位于苏盖特艾日克村范围内，故将实验林场职工医院更名为苏盖特艾日克卫生院，属全额事业单位，资金来源为财政拨款，核定人员编制为 36 名，实有人员 24 人。内设急诊室、内儿科、外科、预防保健科、医学检验室。2016 年 3 月，将苏盖特艾日克卫生院移交温宿县。

### （三）依干其乡卫生院

1990 年，依干其乡卫生院有在职职工 30 人，退休职工 5 人，编制床位 18 个，其中医护人员 20 人、财务人员 1 人。2008 年更名为阿克苏市依干其乡中心卫生院。2010 年，设卫生防疫科、妇幼保健科、卫生检验科、放射科、门诊和住院部等。2016 年，有在职职工 53 人，编制床位 30 个，其中医护人员 49 人、财务人员 2 人、其他人员 2 人，有副主任医师 1 人、中级 1 人、初级 24 人。有执业医师 7 人，执业助理医师 4 人，执业护士 16 人，中级工 1 人，初级药剂师 1 人。全院总面积 4999.5 平方米，其中办公楼 2258 平方米，该乡 21 个行政村有村医 48 名。

（四）拜什吐格曼乡卫生院

1990 年，拜什吐格曼乡卫生院设预防保健、内科、普通外科、妇科、产科、儿科等。2016 年，有床位 37 张。有人员 40 人，其中卫生专业技术人员 36 人。

（五）喀拉塔勒镇卫生院

1990 年，喀拉塔勒镇卫生院有在职职工 19 人，编制床位 40 个，其中医护人员 16 人，工勤人员 1 人，财务人员 2 人。2009 年更名为阿克苏市喀拉塔勒镇中心卫生院。2010 年，设卫生防疫科、妇幼保健科、卫生检验科、放射科、门诊和住院部等。2011 年，浙江杭州援建 1857 平方米业务楼。2016 年，有在职职工 58 人，退休职工 16 人，编制床位 49 个，其中医护人员 56 人，财务人员 2 人；副主任医师 1 人，执业医师 1 名，执业助理医师 12 人，执业护士 15 人，检验师 1 人，助产师 1 人，无职称 27 人。占地面积 11302 平方米，业务用房面积 4072 平方米。

（六）托普鲁克乡卫生院

1990 年，托普鲁克乡卫生院有在职职工 14 人。2003 年，上海市徐汇区投资 100 余万元新建三层占地 1500 平方米，集门诊、病房和办公为一体的托普鲁克乡卫生院上海综合楼。2008 年，更名为阿克苏市托普鲁克乡中心卫生院。截至 2016 年，编制床位 49 张，人员编制 33 名。实有 57 人，其中在编人员 37 名，医护人员 22 名，财务人员 2 名，工勤人员 2 名，非专业人员 11 名，聘用人员 20 人；执业医师 2 人，执业助理医师 6 人，执业护士 9 人，检验士 2 人，助产士 3 人，药剂师 1 人，无职称 14 人。设预防保健科、内科、儿科、妇产科、维吾尔医科、检验科、放射科等科室。该乡 12 个行政村有村医 22 名。

（七）库木巴什乡卫生院

1990 年，库木巴什乡卫生院有在职职工 21 人，编制床位 25 个，其中医护人员 19 人。2008 年，更名为阿克苏市库木巴什乡中心卫生院。2010 年，设卫生防疫科、妇幼保健科、卫生检验科、放射科、门诊和住院部、公共卫生管理办公室、超声波检查诊断室。2011 年，浙江杭州援建 2400 平方米业务楼，捐赠一批检验设备。截至 2016 年，有在职职工 35 人，编制床位 39 个，其中医护人员 30 人；执业医师 1 人，执业助理医师 3 人，执业护士 10 人，检验师 1 人，中级工 2 人，初级工 1 人，助产师 1 人。全院总面积 10518 平方米，其中办公楼 4210 平方米，14 个行政村，有村医31 名。

（八）阿依库勒镇卫生院

1990 年，阿依库勒镇卫生院有在职职工 15 人，退休职工 3 人，编制床位 18 个，其中医护人员 10 人，工勤人员 2 人，财务人员 3 人。2008 年，更名为阿依库勒中心卫生院。2010 年，设卫生防疫科、妇幼保健科、卫生检验科、放射科等。2016 年，有在职职工 44 人，编制床位 32 个，其中医护人员 42 人；执业医师 1 人，执业助理医师 2 人，执业护士 12 人，检验师 1 人，中级工 1 人，初级工 1 人，助产师 1 人，药剂师 1 人。全院总面积 8568 平方米，其中办公楼 2258 平方米，辖 21 个行政村有村医 42 名。

（九）良种场卫生所

1994 年，市良种场各村建立初级卫生保健站。1995 年 2 月市政府研究决定成立良种场卫生所，编制 6 名。卫生所建筑面积 332. 6 平方米。2003 年 5 月，卫生所实行上划管理，人、财、物由市卫生局垂直管理。内设预防保健科、门诊部、住院部、合作医疗、医疗保险管理办公室。2016年3月，由于阿克苏市良种场撤销，良种场卫生所随之撤销，其管辖区域移交依干其乡。

## 四　街道医疗机构

2009年，地区机构编制委员会办公室印发《关于为阿克苏市社区卫生服务中心核定事业编制有关问题的通知》，核定阿克苏市5个社区卫生服务中心全额事业编制330名、阿克苏市卫生局社区卫生服务管理办公室全额事业编制3名。

### （一）新城街道办事处社区卫生计生服务中心

2012年10月，阿克苏市新城街道社区卫生服务中心成立，位于市文化路18号，占地面积2000平方米。共有职工58人，其中专业技术人员51人，非专业技术人员7人。预设床位40张。2016年6月，新城街道办事处人口和计划生育生殖健康服务站与社区卫生服务中心进行整合，成立新城街道办事处社区卫生计生服务中心。

### （二）南城街道办事处社区卫生计生服务中心

2011年，阿克苏市南城街道社区卫生服务中心成立，位于市中原路47号，占地面积3305平方米。共有职工41人，其中专业技术人员38人、非专业技术人员4人。预设床位40张。2016年6月，南城街道办事处人口和计划生育生殖健康服务站与社区卫生服务中心进行整合，成立南城街道办事处社区卫生计生服务中心。

### （三）红桥街道办事处社区卫生计生服务中心

2012年7月，阿克苏市红桥街道办事处社区卫生服务中心成立，位于市多浪街道努尔巴格社区英巴格路18号，有职工53人，其中在编职工53人，聘用职工9人，卫生专业技术人员45人，其中初级职称31人，中级职称3人，取得执业医师资格7人，取得执业助理医师资格1人，取得护士资格23人。2016年6月，红桥街道办事处人口和计划生育生殖健康服务站与社区卫生服务中心进行整合，成立红桥街道办事处社区卫生计生服务中心。

### （四）兰干街道办事处社区卫生计生服务中心

2011年，阿克苏市兰干街道办事处社区卫生服务中心成立，位于市解放北路41号，非营利性医疗单位，中心业务用房面积2400平方米，主体建筑为上海援建，拥有正式在编职工39人，拥有床位40张，主要设预防保健科、全科医疗科、医学检验科、医学影像科。2016年6月，兰干街道办事处人口和计划生育生殖健康服务站与社区卫生服务中心进行整合，成立兰干街道办事处社区卫生计生服务中心。

### （五）英巴扎街道办事处社区卫生计生服务中心

2009年，阿克苏市英巴扎社区卫生服务中心成立，位于市托万克巴里当路36号（老飞机场），是一所集计划免疫、健康教育、慢病管理、老年人管理、儿童管理、孕产妇管理、传染病防治、精神病管理、健康档案管理的非营利性卫生机构，于2016年新增全科诊室。中心共有职工42人，其中专业医护技术人员38人，核定床位40张。2016年6月，英巴扎街道办事处人口和计划生育生殖健康服务站与社区卫生服务中心进行整合，成立英巴扎街道办事处社区卫生计生服务中心。

## 五　乡（镇）场、街道计划生育服务站

2001 年，市各乡（镇）场、街道办事处先后成立计划生育办公室，并配备计划生育专职干部，负责本辖区的计划生育工作。乡级计划生育工作领导小组，由主管计划生育工作的领导担任组长、副组长，成员由计生、民政、武装、团委、妇联等办公室负责人担任，计生办主任由乡级领导研究决定。城镇社区、各机关企事业单位及行政村均配有计划生育专（兼）职人员，到 2007 年底，全市各乡级计划生育机构共有计划生育专干 84 人，村级计划生育宣传人员 121 人，市区 5 个街道办事处辖区内有计划生育专职人员 10 人。

2002 年，市政府办下发《阿克苏市计划生育委员会职能配置和人员编制规定》的通知，阿克苏市 5 个街道办事处均设计划生育服务站，事业编制共 10 名，每个街道办事处各 2 名（为计划生育助理员编制），全额预算管理。阿克苏市各乡镇计划生育服务站，相当于股级，事业编制共 43 名，全额预算管理。其中依干其乡计划生育服务站事业编制 6 名（含计生助理员编制 2 名）；拜什吐格曼乡计划生育服务站事业编制 6 名（含计生助理员编制 2 名）；喀拉塔勒镇计划生育服务站事业编制 9 名（含计生助理员编制 4 名）；托普鲁克乡计划生育服务站事业编制 6 名（含计生助理员编制 2 名）；库木巴什乡计划生育服务站事业编制 6 名（含计生助理员编制 2 名）；阿依库勒镇计划生育服务站事业编制 9 名（含计生助理员编制 4 名）；托喀依乡不单设计划生育服务站，配计生助理员编制 1 名。2007 年 3 月，取消托喀依乡计生助理员编制 1 名。

2009 年 4 月，市机构编制委员会下发文件《关于下达阿克苏市人口和计划生育委员会所属事业单位机构编制方案批复的通知》，将原"计划生育服务站"更名为"人口和计划生育生殖健康服务站"，6 个乡镇、5 个街道办事处人口和计划生育生殖健康服务站共计核定全额事业编制 60 名。

2016 年 6 月，决定在各乡镇片区管委会和街道办事处社会事务办公室挂卫生和计划生育管理室牌子。在原职责任务的基础上，增加辖区内卫生和计划生育工作管理职能。

## 六　民营医疗机构

### （一）宝科达医院

位于市西大街 9 号，1998 年 11 月 18 日成立阿克苏博格达门诊部。2000 年 8 月 21 日，更名为阿克苏宝科达医院，有床位 50 张。设内科、外科、妇产科、预防保健科等。2016 年，全院面积 4153 平方米，人员 48 人，医师 10 人，其中主任医师 1 人，副主任 1 人，主治医师 2 人，护师 3 人，护士 11 人，专业技术人员 8 人。

### （二）友好医院

位于阿克苏市杭州大道，2002 年 10 月 8 日成立。医院总面积 2680 平方米，其中医疗用房面积 1680 平方米，批准床位 30 张。有工作人员 25 人，其中医务人员 22 人，行政后勤人员 3 人；副主任医师 1 人，医师 4 人，医士 17 人。医院设门诊部、外妇科、内儿科。2003 年，更名为阿克苏友好医院有限公司。2014 年，新增康复科。2016 年底，医院总面积 7800 平方米，床位 45 张，全院人员 58 人，医师人数 17 人，其中主任医师 1 人，副主任 4 人，主治医师 8 人，住院医师 4 人，护师 2 人，护士 23 人，专业技术人员 10 人。

（三）博爱医院

位于阿克苏市迎宾路21号，2002年6月16日成立。占地面积3000平方米，床位50张。基本医疗设备按卫生部指定标准设置。有医护人员27人，设内科、外科、妇科、儿科、皮肤科、预防保健科、检验科等诊疗科目。截至2016年底，有工作人员28人，医师10人，其中主治医师6人，护师1人，护士10人，专业技术人员3人。

（四）同和医院

位于阿克苏市塔北路17号，2004年成立。有床位20张。诊疗项目有内科、外科、妇产科、皮肤病、五官科、检验科等。截至2016年底，有工作人员60人，医师16人，其中副主任医师1人，主治医师6人，护师1人，护士14人，专业技术人员4人。

（五）多浪泉医院

位于阿克苏市人民北路2号，2004年成立，总面积1500平方米，有床位30张。开展的诊疗科目有预防保健科、妇科、内科、儿科、皮肤科、外科、医学影像科、医学检验科等。至2016年底，有工作人员21人，医师6人，其中副主任1人，主治医师5人，护师1人，护士11人，专业技术人员2人。

（六）玛丽亚妇科医院

位于阿克苏市健康路15号，2004年成立仁爱妇科医院，2011年更名为玛丽亚妇科医院。总面积3400平方米，有床位49张。开展的诊疗科目有预防保健科、内科、妇产科、医学美容科、美容外科（限作双眼皮）、麻醉科、超声诊断科。截至2016年底，有工作人员58人，医师人数12人，其中副主任医师2人，主治医师2人，主管护师2人，护士14人，专业技术人员4人。

（七）红十字医院

位于阿克苏市解放中路5号，2005年成立。总面积1300平方米，有床位30张，开展的诊疗科目有预防保健、内科、妇科、医学检验科、医学影像科。2014年开展新增的诊疗科目中医科、皮肤科。至2016年底，有工作人员35人，医师7人，其中主任医师1人，副主任医师3人，主治医师3人，护师2人，护士5人，专业技术人员25人。

（八）西北医院

位于阿克苏市世纪广场旁，2005年成立西北联合医院，2007年更名为西北医院。总面积3000平方米，有床位60张，开展的诊疗科目有预防保健科、内科、外科、妇科医学影像科、中医科、肛肠科等。至2016年底，有工作人员45人，医师18人，其中主治医师2人，执业医师16人，护师1人，护士10人，专业技术人员4人。

（九）现代女子医院

位于阿克苏市东大街36号，2008年成立。总面积600平方米，有床位20张，开展的诊疗科目有预防保健科、妇科、麻醉科、医学检验科、医学影像科。至2016年底，有工作人员41人，医师11人，其中副主任1人，主治医师2人，护师1人，护士13人，专业技术人员27人。

（十）法腊碧维吾尔医医院

位于阿克苏市友好路7号。2016年5月7日成立，总面积2000平方米，批准床位30张。截至

2016 年底，有工作人员 25 人，其中专业技术人员占全院职工的 75%，专业技术人员中执业医师 5 人，主治医师 3 人，医师 2 人，执业药师 1 人，执业护士 4 人，检验师 1 人。

（十一）丽人妇科医院

位于阿克苏市南大街 18 号，2013 年 5 月成立。总面积 2524 平方米，床位 49 张，开展的诊疗科目有内科、妇科、检验科、中医科、医学影像科等。2016 年开展新增的诊疗科目有外科（限止血、包扎、清创、缝合、骨折固定）、儿科。至 2016 年底，有工作人员 41 人，卫生专业技术人员 33 人，其中副主任医师 1 人，主治医师 4 人，医师 2 人，助理医师 2 人，主管护师 2 人，护士 10 人，其他专业技术人员 12 人。

（十二）同仁眼科医院

位于阿克苏市小南街 17 号，2013 年成立，总面积 1980 平方米，床位 30 张，开展的诊疗科目有预防保健科、眼科、内科、麻醉科、医学影像科（超声诊断专业、心电诊断专业、X 线诊断专业）、医学检验科。至 2016 年底，有工作人员 35 人，医师 4 人，其中主任医师 1 人、副主任医师 1 人、主治医师 2 人，护士 8 人，专业技术人员 2 人。

（十三）五洲男科医院

位于阿克苏市环南路 1 号，2013 年成立。总面积 2800 平方米，有床位 30 张，开展的诊疗科目有预防保健科、内科、外科、泌尿外科、皮肤科、检验科、医学影像科、中医科、泌尿外科等。至 2016 年底，有工作人员 34 人，医师 8 人，其中副主任医师 2 人，主治医师 6 人，护士 11 人，专业技术人员 2 人。

（十四）塔力木医院

位于多浪片区巴里当社区 1－1－14 号，2014 年 12 月成立，总面积 4200 平方米，有床位 30 张，开展的诊疗科目有预防健康科、内科、普通外科、儿科、妇科、医学检验科、康复科等。至 2016 年底，有工作人员 52 人，医师人数 14 人，其中副主任医师 1 人，主治医师 6 人，护师 4 人，护士 14 人，专业技术人员 7 人。

（十五）华康医院

位于阿克苏市南大街 30 号，2015 年 12 月 28 日成立，总面积 1200 平方米，有床位 30 张。开展的诊疗科目有预防保健科、内科、外科、妇产科、妇科、麻醉科、医学检验科、医学影像科。至 2016 年底，有工作人员 20 人，医师人数 3 人，其中副主任医师 1 人，主治医师 2 人，护师 2 人，护士 6 人，专业技术人员 3 人。

（十六）惠民医院

位于阿克苏市喀拉塔勒镇巴扎，2016 年 8 月成立，总面积 1500 平方米，有床位 29 张。开展的诊疗科目有预防保健科、内科、外科（止血、包扎、清创、缝合、骨折固定）、妇科、儿科、口腔科、急诊医学科、医学检验科、医学影像科、中医科。至 2016 年底，有工作人员 28 人，医师 8 人，其中主任医师 1 人，副主任医师 1 人，主治医师 1 人，住院医师 5 人，护师 2 人，护士 11 人，专业技术人员 3 人，后勤 5 人。

（十七）民生医院

位于阿克苏市西大街 33 号，2016 年 3 月成立，总面积 1750 平方米，有床位 49 张，开展的诊疗科目有预防保健、内科、外科（清创、缝合、止血、包扎、骨折固定）、妇产科、儿科、康复医学、医学检验、医学影像、民族医学（维吾尔医学）。至2016年底，有工作人员34人，医师9人，其中主任医师2人，副主任医师1人、主治医师6人，护师3人，护士15人，专业技术人员29人。

### 七　个体诊所

1990年后，阿克苏市允许私人行医，私人诊所先后成立，私人诊所为解决群众就医起到一定作用。至2016年，阿克苏市辖区共有私立医院和个体诊所154家。

# 第二章　医疗卫生体制改革

## 第一节　基本医疗保障制度建设

### 一　公费医疗

1990～2000年，阿克苏市公费医疗仍然实行国家、单位、个人共同负担的办法，由市公费医疗管理委员会按照享受公费医疗人数及标准，将经费直接拨至享受单位管理使用，年终节余归单位使用，超支部分单位自行解决，财政不予补贴。公费医疗经费标准分为3个档次，离休人员每年每人1200元，退休人员每人每年400元，在职人员每月270元。具体比例为：新中国成立前参加革命工作的离休人员医药费不与个人挂钩，享受100%，每年人均1200元；获得正高级专业技术职务人员其公费医疗国家负担95%，个人负担5%，每年人均600元；工龄30年（含30年）以上人员其公费医疗国家负担90%，个人负担10%；工龄20年（含20年）以上人员其公费医疗国家负担85%，个人负担15%；工龄10年（含10年）以上的人员其公费医疗国家负担80%，个人负担20%；工龄10年以下人员其公费医疗国家负担75%，个人负担25%。原则上享受公费医疗当年增人不增公费医疗款，减人不扣回公费医疗款。异地安置的离退休人员（必须是办理异地安置户口迁移手续的）医疗费按离休人均1200元、退休人员人均600元的数额由市公管会拨原单位。享受公费医疗的单位，原则上按就近划区医疗，即市人民医院。其他医院、个体诊所、医药公司等单据一律不得在公费医疗中报销。享受公费医疗单位与医疗单位签订医疗合同，经费结算办法可采用记账、合同（记账）单和交现金等办法，共同参与管理。各医疗单位必须实行“双处方制度”。无论采取何种结算办法，无划价处方者，单位不予报销。

## 二　基本医疗保险

1990～2000年，市公费医疗管理工作实行财政、医改办、卫生局3个部门共同把关，实行一次性审批，一次性集体办证，只要是财政工资档案在册人员及离退休人员都可以享受医疗报销。

2000年，阿克苏市贯彻执行地区行署印发的《阿克苏地区基本医疗保险制度改革实施方案》和《阿克苏地区基本医疗保险制度改革实施细则》。城镇职工基本医疗保险制度的覆盖范围为城镇所有用人单位，包括企业（国有企业、集体企业、股份制企业、股份合作制企业、外商投资企业、私营企业等）、机关、事业单位、社会团体、民办非企业单位及其职工以及城镇个体经济组织业主及其从业人员。城镇职工基本医疗保险费由用人单位和职工共同缴纳。全市用人单位的缴费率为职工工资总额（含退休职工退休金和退职职工生活费）的6%，职工个人缴费按本人工资收入2%缴纳；个体经济组织业主及其从业人员缴费基数按不低于全市上年度社会平均工资为基数进行缴纳。全市建立基本医疗保险统筹基金和个人账户，从用人单位缴纳的医疗保险费中2/3作为基本医疗保险统筹基金，由全体参保人员共同享有；职工个人账户按本人工资收入的2%缴纳，医疗保险经办机构将用人单位缴费中的1/3按不同年龄段划入个人账户，由以上两部分组成个人账户基金。职工个人账户本金和利息个人所有，可以结转和继承。职工调离本市时，其结余的个人医疗保险基金随同转移或一次性发还本人。

2001年底，全市有8408名职工和1764名退休人员参加基本医疗保险。

自2002年4月1日起，阿克苏市基本医疗保险和国家公务员医疗补助部分政策有所调整，起付线标准由原来的600元调整为二级以上医院400元，一级以下医院300元；年最高支付限额由原来的24000元调整为35000元。参保人员二级以上医院的普通床位费由原来的8元调整为20元；参保人员住院期间或特殊病种门诊及住院期间进行特殊检查、特殊治疗或使用目录内的乙类药品时，将先自付的20%调整为10%，异地安置的退休、退职人员，其个人医疗账户资金，每年年底可发给本人（由医疗保险经办机构办理此项业务）。正县级实职领导干部不受年龄限制，每天床位费最高限额为40元（超基本医疗保险支付部分，由公务员医疗补助支付）。

2003年，在全市实施城镇职工大病医疗救助保险。大病医疗救助保险费由参加基本医疗保险的职工个人缴纳，每人每月5元（全年60元），并在每年3月底前一次缴清一年的费用。对不能按时足额缴费者，停止享受大病医疗救助保险待遇。凡参保者住院医疗费用和特殊病种门诊医疗费用，当年累计超过基本医疗保险统筹基金最高支付限额80000元的部分，大病医疗救助金负担85%，个人负担15%。住院费用（含特殊病种门诊）在基本医疗保险最高支付限额以下，个人自付超过本人年工资20%以上的部分和超过8万元以上的医疗费用，从公务员医疗补助或商业医疗保险以及社会救助等途径解决。年末，全市医疗保险参保11164人，医疗基金收缴率100%。

自2004年11月1日起，全市参加城镇基本医疗保险的人员到医院就医，可享受新增加的1318个诊疗项目。完善城镇职工基本医疗保险制度，保障参保人员基本医疗需求。参保人员涉及使用诊疗项目费用时，属于基本医疗保险基金支付部分费用的，先由参保人员按规定比例自付后，再按基本医疗保险规定支付。使用诊疗项目低于规定支付标准的，以实际费用按基本医疗保险的规定支付；高于规定支付标准的，在支付标准以内的费用，按基本医疗保险的规定支付，超过部分由参保人支付。

2016 年，全市城镇职工医疗保险参保 35935 人，城镇居民医疗保险参保 106280 人。

### 三　农村合作医疗

2001 年，阿克苏市恢复和建立农村合作医疗制度，乡镇覆盖人口达到 90% 以上。

2003 年 6 月 26 日，阿克苏地区卫生局、财政局、农业局印发《新疆维吾尔自治区新型农牧区合作医疗管理办法》后，阿克苏市建立政府组织、引导、支持，农民自愿参加，个人、集体和政府多方筹资，以大病统筹为主的新型农牧区合作医疗制度（以下简称新农合），使参加合作医疗的农牧民群众得到基本医疗服务，缓解农牧民看病难和因病致贫、因病返贫的现象，提高农牧民健康水平。

2008 年，阿克苏市实现新型农牧区合作医疗全覆盖的目标，全市农业人口参合 143640 人，参合率 96%。对新农合基金实行专户管理，保证专款专用和基金安全，参合农牧民人均筹资标准为 100 元。对新农合政策进行调整，中央、地方财政补贴均由 20 元增至 40 元，最高支付标准由原来的 1.5 万元提高到 2 万元，病种、药品的报销范围扩大，住院门槛费降低。同时，启动新农合补充大病医疗保险，参保人最高可获 15 万元的大病医保，使参保的农牧民有更多的医疗保障。严格执行单病种最高限价，合作医疗目录外药品总费用不得超过 30%，使用目录外药品实行告知签字制度，门诊及住院各项检查费用减免 30%，对民政代缴参合费的特困群体免收挂号费、诊疗费、诊断费；手术费、护理费按 50% 收取，药品加成不高于进价的 3%。

2009 年，全市共筹集新型农牧区合作医疗资金 1251.33 万元，人均筹资标准达 105 元。全面落实新型农牧区合作医疗各项优惠政策。对取得计划生育光荣证、65 岁以上老人、使用适宜中医药技术治疗者，报销比例提高 5 个百分点，贫困人口住院费用零起付。全市贫困人口由政府垫付资金 100% 参加合作医疗，贫困人口给予大病医疗救助，参合受益面 50%，新型农牧区合作医疗基金使用率达 92%，在各级医疗机构住院实际补偿费用达 50%。将孕产妇住院分娩纳入合作医疗补偿范围，每名产妇新型农牧区合作医疗补助 300 元，农村孕产妇住院分娩项目直补 400 元。

2010 年，全市新型农牧区合作医疗人均筹资标准达 150 元，新农合覆盖农牧业人口 138025 人，参合率 98.63%，各级财政到位新农合资金 1664 万元（不含个人 414.07 万元）。

2011 年，全市参加新型农牧区合作医疗人口参合率 99.5%，年人均筹资 231 元，共筹资 3354.85 万元。新农合资助贫困人口参合范围扩大到重度残疾人及低收入重病患者。以门诊统筹 + 住院统筹补偿模式统一实行新农合补偿制度，建立慢性病门诊补偿。逐步提高农牧民就诊补偿比例，最高支付限额 5 万元。新农合参保人员在乡镇级定点医疗机构住院治疗，住院费用报销 95%。

2012 年，调整新型农村合作医疗相关政策及补偿标准，人均筹资标准 340 元，增长 47.8%，全年筹资 5174.15 万元。参合农民医疗保障水平得到提高，门诊慢病封顶线提高到 4000 元，增长

100%，执行一般诊疗费补助政策；参合农民受益水平持续提高，住院报销实际补偿比例提高 4.8 个百分点，达到 58.8%；人均住院补偿 1806 元，人均处方补偿 32.2 元。

2013 年，实施农村孕产妇住院分娩补助、孕龄妇女增补叶酸预防神经管缺陷、预防艾滋病母婴传播、农村妇女“两癌”（宫颈癌、乳腺癌）检查、新生儿疾病等重大公共卫生服务项目。

2016 年，全市参合农牧民 171455 人，参合率 99.81%，人均筹资标准 570 元。全年共补偿 51.85 万人次 9123.72 万元。其中住院受益 3.94 万人次，门诊受益 47.91 万人次。

## 第二节 国家基本药物制度实施

1993 ~ 2009 年，阿克苏市按照国家施行的基本药物目录，实施药品供应保障体系，保障人民群众的安全用药。

2010 年 7 月，阿克苏市为加强对卫生系统医药卫生体制改革工作的领导，成立药物政策与基本药物管理科。在乡镇卫生院开展基本药物制度和药品零差率销售试点。

自 2011 年开始，在乡镇卫生院及社区卫生服务中心全面实行网上药品集中招标采购，每年组织乡镇卫生院院长、药品网采、验收人员、乡村医生进行不少于两次的以村卫生室合理用药、基层医疗卫生机构落实国家基本药物制度为内容的培训班，各单位安排专人负责基本药物制度的采购与管理，严格按照自治区医疗机构药品采购管理网公布的药品品规、采购价格进行采购和销售，卫生局对各单位实施情况进行季度考核，对基本药物使用、入库、采购工作进行网上监控，并按时审核上报基本药物月报表，严禁采购和使用目录外药品。

2012 年，市医疗卫生部门巩固和扩大国家基本药物制度实施范围，市 6 个乡（镇）卫生院、5 个社区卫生服务中心全部实施国家基本药物网上集中采购、统一配送和药品零差率销售制度，落实一般诊疗费补偿政策。

2014 年，全市 121 个村卫生室和 6 个乡（镇）卫生院全面实施国家基本药物制度且实现 100% 零差率销售。市级医疗机构全部配备并优先使用基本药物，切实减轻群众用药负担。2015 年，市人民医院实施药品零差率销售。

2016 年，坚持基本药物“六统一”（统一配备和使用基本药物、统一实行药品零差率销售、统一网上集中采购、统一集中配送、统一组织结算。统一实行基本医疗保险优惠政策）工作机制，基本药物采购配送率 90%。明确基本药物目录，乡镇卫生院配备使用 832 种药品，包括《国家基本药物目录（2010 年版）》（307 种药品）、《新疆维吾尔自治区新型农牧区合作医疗基本药品目录（2010 年版）》（302 种药品）以及《新疆维吾尔自治区基本药物增补目录（2011 年版）》（223 种药品）。村卫生室配备使用 577 种药品，包括《国家基本药物目录（2010 年版）》（307 种药品）、《新疆维吾尔自治区新型农牧区合作医疗基本药品目录（2010 年版）》（47 个民族药品）以及《新疆维吾尔自治区基本药物增补目录（2011 年版）》（223 种药品）。城市社区卫生服务中心（站）配备使用 530 种药品，包括《国家基本药物目录（2010 年版）》（307 种药品）和《新疆维吾尔自治区基本药物增补目录（2011 年版）》（223 种药品）。

表 34 -1　2011 ~ 2016 年阿克苏市基本药物实施情况表

| 年份 | 销售基本药品（万元） | 让利广大群众（万元） | 平均配备药品品种（种） | 上网集中采购率（%） | 零差率销售率（%） |
|---|---|---|---|---|---|
| 2011 | 859.43 | 128.91 | 208 | 100 | 100 |
| 2012 | 616.95 | 92.51 | 136 | 100 | 100 |
| 2013 | 651.26 | 97.68 | 150 | 100 | 100 |
| 2014 | 953.68 | 143.05 | 156 | 100 | 100 |
| 2015 | 1020.14 | 153.02 | 160 | 100 | 100 |
| 2016 | 831.6 | 124.74 | 187 | 100 | 100 |

## 第三节　基本公共卫生服务均等化

2009 年，阿克苏市按照卫生部、财政部、人口计生委联合印发的《关于促进基本公共卫生服务逐步均等化的意见》，卫生部《国家基本公共卫生服务规范（2009 年版）》与自治区卫生厅《自治区基本公共卫生服务工作实施方案（试行）》的规定，免费开展 0 ~ 6 岁儿童保健服务、孕产妇保健服务、老年保健服务，提供预防接种、传染病防治、慢性病管理、重性精神病管理等基本公共卫生服务。

2010 年，在全市建立居民健康档案，重点对 65 岁以上老年人、高血压、糖尿病、精神病人进行管理。2011 年，引导乡镇卫生院转变服务职能，推动乡镇卫生院工作由重医疗服务向重基本公共卫生服务转变。

2015 ~ 2016 年，对基本公共卫生服务实行绩效管理，定岗定责，细化量化指标任务。推行分级诊疗，方便群众就近及时就医。市医院制定《分级诊疗工作实施方案》《双向转诊工作管理办法》《双向转诊激励政策》，以及双向转诊流程、高血压和糖尿病等慢性病转诊制度，与各卫生院签订双向转诊协议。实行定期考核，考核结果与工作人员工资薪酬挂钩，调动乡、村两级医疗技术人员积极性。

## 第四节　公立医院改革

1990 年，阿克苏市人民医院推行不完全承包。市人民政府批准成立阿克苏市卫生用品保健用品服务中心，为全民所有制集体企业，隶属阿克苏市人民医院。

1992 年，医院职工集资 20 万元建病房楼，职工个人集资部分定期分红。

1995 年，医院对部分不能胜任本职工作的人员进行分流，医院发 60% 工资，自谋出路。

2002 年，医院按二级医院收费标准，将大型设备检查及其他相关检查费用下浮 5%，使就诊患者得到实惠。同时开展合理用药、合理检查，降低患者就医成本，能用国产药治好的病不用进口药，能用价格低廉药品治好的病不用昂贵药，不重复检查，无指征检查，对同级医院检查结果互认，缓解群众“看病贵”问题。

2005 年，人事制度改革，实行院领导竞聘上岗。

2008 年，医院实行全员岗位聘用制，制定岗位聘用说明书和岗位聘用要求，对不符合岗位要求的在编人员进行分流或提前退休，事业单位首次全员聘用在医院得到全面落实。

2011 年，医院被地区卫生局列为阿克苏地区公立医院改革试点单位之一，医院按照公立医院改革要求，成立公立医院改革领导小组，制定阿克苏市人民医院公立医院改革实施方案和一系列惠民利民措施，为卫生体制改革奠定基础。

2014 年，市医院围绕破除以药补医、创新体制机制、调动医务人员积极性 3 个关键环节，落实政府责任，强化公益性，形成科学合理的补偿机制和上下贯通的运行新机制。

2016 年 4 月 1 日，根据公立医院改革要求，全院执行新的医疗服务价格，部分服务费用提升，检验、设备等检查项目价格下调。破除以药补医，对所有药品（中药饮片除外）全部取消加成，实行零差率销售。药品零差率工作分两段进行，政府每年补贴 300 万元。

# 第三章　卫生管理

## 第一节　卫生行政管理

1990 年，阿克苏市卫生局贯彻执行党和国家关于卫生工作的法律、法规和方针、政策，研究、制定全市卫生规划，推动阿克苏市卫生工作。制定并实施疾病预防控制规划、免疫规划、严重危害人民健康的公共卫生问题干预措施。根据国家检疫传染病和监测传染病目录，制定市卫生应急和紧急医学救援预案、突发公共卫生事件监测和风险评估计划，组织和指导市突发公共卫生事件预防控制和各类突发公共事件的医疗卫生救援，发布法定报告传染病疫情信息、突发公共卫生事件应急处置信息。

1992 年，制定阿克苏市职责范围内的职业卫生、放射卫生、环境卫生、学校卫生、公共场所卫生、饮用水卫生管理规范和政策措施，组织开展相关监测、调查、评估和监督，负责传染病防治监督。组织实施食品安全风险监测、评估；拟订并实施基层卫生和计划生育服务、妇幼卫生发展规划和政策措施，指导基层卫生、妇幼卫生服务体系建设，推进基本公共卫生和计划生育服务均等化，完善基层运行机制和乡村、社区医生管理制度。

1995 年，制定阿克苏市医疗机构和医疗服务全行业管理办法并监督实施。制定和实施医疗机构及其医疗服务、医疗技术、医疗质量、医疗安全以及采供血机构管理规范，贯彻执行国家卫生专业技术人员准入、资格标准，制定和实施卫生专业技术人员执业规则和服务规范，建立医疗服务评价和监督管理体系。

1998 年，阿克苏市推进公立医院改革，建立公益性为导向的绩效考核和评价运行机制，建设和谐医患关系；贯彻落实国家药物政策和国家基本药物制度，执行国家药品法典和国家基本药物目录，制定市药物政策和市基本药物采购、配送、使用的监管制度。贯彻落实国家基本药物优先和合理使用制度。

2001 年，市卫生局围绕抓制度落实、抓基础医疗、促医疗质量提高，先后 2 次对全市医院医疗质量进行检查，通过检查促进医疗临床水平的提高，增强医院门诊、急诊技术力量。

2009 年，卫生人才发展规划和卫生人员职业道德规范，加强卫生人才队伍建设。贯彻落实国家住院医师和专科医师规范化培训制度，加强全科医生等急需紧缺专业人才培养。

2011 年，卫生发展规划。和医学教育发展规划，市卫生局协同指导院校医学教育，组织指导实施毕业后医学教育和继续医学教育；监督检查法律法规和政策措施的落实，组织查处重大违法行为。

2013 年，市卫生局指导制定市中医民族医药中长期发展规划，并纳入卫生事业发展总体规划和战略目标；贯彻自治区、地区保健委员会干部保健工作的政策、指示和决定，承办市委、市政府以及市保健委员会委托或指定的保健任务；负责市保健对象重要医疗保健任务的协调和指导。

2016 年，市卫生局先后 4 次对市医院医疗质量进行检查，通过检查促进医疗临床水平的提高，增强医院门诊、急诊技术力量。

## 第二节　卫生监督管理

### 一　卫生监督

2006 年开始，市卫生监督所逐步完善制度，加强管理，落实岗位责任制、首问负责制、一次性告知制，提高办事效率，主要卫生监督单位逐年增多。

2010 年后，对未取得有效资质的托幼机构予以取缔。加强食品卫生监督执法和食品安全及食品添加剂专项整治，防止公共卫生突发事件发生。

2012 年 6 月，阿克苏市食药局成立后，餐饮经营单位的监督管理权限划拨归阿克苏市食药局。市卫生监督所在全市 11 个乡镇（场）、社区卫生服务中心开展卫生协管工作。

2013 年，全市 11 个乡镇、社区卫生服务中心正式成立卫生监督分所，聘任协管员 33 人。

2016 年，实行“一抽查一通报”制度。10 月正式使用新疆卫生计生综合监督业务应用平台和手持执法终端进行监督执法。

**表 34 -2　2006 ~2016 年阿克苏市主要卫生监督单位统计表**

单位：户

| 年份 | 被监督单位数 | | | | | | | |
|---|---|---|---|---|---|---|---|---|
| | 食品卫生 | 公共场所卫生 | 医疗卫生 | 生活饮用水卫生 | 学校卫生 | 传染病防治 | 职业和放射卫生 | 消毒产品 |
| 2006 | 1024 | 301 | 76 | 41 | 127 | 203 | 16 | 15 |
| 2007 | 1103 | 345 | 79 | 38 | 127 | 206 | 16 | 15 |
| 2008 | 1187 | 392 | 82 | 35 | 125 | 207 | 16 | 17 |
| 2009 | 1228 | 425 | 93 | 31 | 125 | 218 | 16 | 18 |
| 2010 | 1344 | 506 | 104 | 28 | 53 | 157 | 18 | 20 |
| 2011 | 1402 | 598 | 119 | 26 | 50 | 169 | 19 | 20 |
| 2012 | 职责移交 | 666 | 148 | 25 | 46 | 194 | 19 | 21 |
| 2013 | | 684 | 168 | 27 | 42 | 210 | 13 | 24 |
| 2014 | | 624 | 142 | 23 | 43 | 185 | 14 | 24 |
| 2015 | | 724 | 275 | 15 | 43 | 318 | 15 | 23 |
| 2016 | | 727 | 340 | 24 | 52 | 392 | 13 | 22 |

## 二　行政执法

2006 年，阿克苏市卫生监督所开始行政执法检查工作，大力打击非法行医，并对外公布 24 小时投诉举报电话。

2009 年，加强内部管理，完善各项规章制度，注重卫生执法队伍业务培训，规范卫生监督执法行为，树立卫生监督新形象，实现医疗卫生行业监管与社会公共卫生监督并重、事先审批发证与事后监管并重、依法管理与业务管理并重。在把好卫生许可准入关同时，加强食品安全及食品添加剂专项整治工作；开展打击非法行医及整顿规范医疗服务市场和职业病防治摸底工作，防止公共卫生突发事件。

2012 年，加大公共场所环境卫生专项整治，加强学校卫生专项检查和农村学校自建水专项检查工作和二次供水单位监督检查工作。

2014 年，开展《中华人民共和国执业医师法》《中华人民共和国母婴保健法》等法律法规落实情况监督检查。

2016 年，开展打击无证行医行动和传染病防治、消毒产品、职业卫生及放射诊疗等工作，规范执业行为。

## 三　监督检查

2006 ~ 2016 年，市卫生监督所对各行业进行监督检查，覆盖率每年均达到 100%，2012 年 6 月食品卫生监督职责移交，公共场所及医疗卫生监督单位逐年增加。

**表 34 - 3　2006 ~ 2016 年阿克苏市打击非法行医统计表**

| 年份 | 查处情况 | | | 年份 | 查处情况 | | |
|---|---|---|---|---|---|---|---|
| | 查处非法行医案件数（件） | 没收药品数（箱） | 没收器械数（件） | | 查处非法行医案件数（件） | 没收药品数（箱） | 没收器械数（件） |
| 2006 | 40 | 108 | 18 | 2012 | 33 | 104 | 4 |
| 2007 | 42 | 142 | 33 | 2013 | 44 | 141 | 42 |
| 2008 | 53 | 296 | 54 | 2014 | 34 | 210 | 13 |
| 2009 | 186 | 384 | 289 | 2015 | 62 | 165 | 80 |
| 2010 | 42 | 269 | 2 | 2016 | 18 | 143 | 20 |
| 2011 | 82 | 158 | 80 | | | | |

**表 34 - 4　2006 ~ 2016 年阿克苏市主要卫生监督单位监督检查情况表**

| 年份 | 监督检查数(户次) | | | | | | | |
|---|---|---|---|---|---|---|---|---|
| | 食品卫生 | 公共场所卫生 | 医疗卫生 | 生活饮用水卫生 | 学校卫生 | 传染病防治 | 职业和放射卫生 | 消毒产品 |
| 2006 | 6121 | 705 | 168 | 124 | 260 | 441 | 48 | 32 |
| 2007 | 6345 | 778 | 177 | 112 | 254 | 452 | 45 | 34 |
| 2008 | 6410 | 825 | 184 | 102 | 252 | 439 | 48 | 42 |
| 2009 | 6739 | 995 | 210 | 94 | 260 | 498 | 42 | 46 |
| 2010 | 6157 | 1098 | 259 | 87 | 110 | 374 | 56 | 42 |
| 2011 | 6063 | 1103 | 302 | 92 | 106 | 410 | 60 | 43 |
| 2012 | 职责移交 | 1224 | 345 | 89 | 103 | 448 | 64 | 48 |
| 2013 | | 1332 | 267 | 66 | 79 | 327 | 34 | 52 |
| 2014 | | 1691 | 378 | 87 | 128 | 491 | 26 | 50 |
| 2015 | | 1945 | 552 | 67 | 80 | 631 | 51 | 48 |
| 2016 | | 1583 | 912 | 87 | 107 | 1043 | 49 | 52 |

## 四　卫生行政处罚

2006～2016 年，市卫生监督所行政处罚多集中在食品卫生和医疗卫生。2012 年食品卫生监督职责移交阿克苏市食药局。

表 34－5　2006～2016 年阿克苏市主要卫生监督单位行政处罚情况表

单位：件

| 年份 | 行政处罚数 | | | | | | |
|---|---|---|---|---|---|---|---|
| | 食品卫生 | 公共场所卫生 | 医疗卫生 | 生活饮用水卫生 | 传染病防治 | 职业和放射卫生 | 消毒产品 |
| 2006 | 182 | 7 | 20 | 0 | 0 | 0 | 0 |
| 2007 | 202 | 5 | 19 | 0 | 0 | 0 | 1 |
| 2008 | 84 | 4 | 13 | 0 | 0 | 0 | 1 |
| 2009 | 12 | 2 | 25 | 0 | 0 | 0 | 1 |
| 2010 | 30 | 2 | 13 | 0 | 0 | 0 | 1 |
| 2011 | 6 | 4 | 14 | 0 | 0 | 0 | 0 |
| 2012 | 职责移交 | 33 | 20 | 0 | 12 | 0 | 0 |
| 2013 | | 24 | 24 | 1 | 18 | 1 | 0 |
| 2014 | | 28 | 47 | 0 | 7 | 3 | 0 |
| 2015 | | 37 | 41 | 1 | 10 | 4 | 0 |
| 2016 | | 30 | 29 | 2 | 9 | 3 | 5 |

## 五　行政许可

2006～2016 年，市卫生监督所主要卫生监督单位按程序进行审核受理，2012 年食品卫生监督职责移交。

表 34－6　2006～2016 年阿克苏市主要卫生监督单位行政许可情况表

单位：户，人

| 年份 | 行政许可数及办理健康证 | | | | |
|---|---|---|---|---|---|
| | 食品卫生 | 公共场所卫生 | 生活饮用水卫生 | 职业和放射卫生 | 发放健康证 |
| 2006 | 998 | 254 | 15 | 7 | 6025 |
| 2007 | 845 | 246 | 7 | 8 | 7135 |
| 2008 | 920 | 316 | 18 | 6 | 7580 |
| 2009 | 1068 | 390 | 0 | 0 | 8210 |
| 2010 | 1032 | 454 | 0 | 0 | 8918 |
| 2011 | 1263 | 487 | 7 | 10 | 7897 |
| 2012 | 职责移交 | 337 | 25 | 5 | 8280 |
| 2013 | | 276 | 8 | 1 | 3882 |
| 2014 | | 225 | 5 | 0 | 3941 |
| 2015 | | 428 | 8 | 0 | 3854 |
| 2016 | | 266 | 6 | 0 | 3922 |

### 六　卫生信誉度量化分级

2006～2016 年，市卫生监督所对卫生监督单位进行量化分级管理。2012 年食品卫生监督职责移交。

表 34－7　2006～2016 年阿克苏市食品卫生及公共场所卫生量化分级统计表

单位：户

| 年份 | 量化分级户数 | | | 年份 | 量化分级户数 | | |
|---|---|---|---|---|---|---|---|
| | A 级 | B 级 | C 级 | | A 级 | B 级 | C 级 |
| 2006 | 3 | 1 | 801 | 2012 | 10 | 15 | 556 |
| 2007 | 3 | 1 | 825 | 2013 | 4 | 5 | 586 |
| 2008 | 4 | 2 | 847 | 2014 | 7 | 11 | 537 |
| 2009 | 5 | 5 | 866 | 2015 | 4 | 6 | 645 |
| 2010 | 9 | 8 | 874 | 2016 | 8 | 16 | 662 |
| 2011 | 13 | 13 | 887 | | | | |

# 第四章　医疗服务

## 第一节　医疗队伍

1990 年，阿克苏市有卫生技术人员 411 人。2000 年后，医疗卫生队伍从学历、专业结构及人员数量都发生显著变化，医疗卫生人员的学历层次显著提升，专业技术结构分布日趋合理，人员数量稳步增加。至 2016 年底，全市有卫生专业技术人员 1819 人，其中副主任医师以上的高级技术人员 37 人、中级技术人员 274 人、初级技术人员 652 人。

## 第二节　医疗设备

### 一　市人民医院

1990 年后，阿克苏市人民医院设备有国产 500mAX 光机、心电图机、心电监护仪、西门子中狮王彩超、西门子麻醉机、进口高频电刀、玻璃体切割机、经颅多普勒、西门子 CT 机、全自动生化仪、动态心电图机、手术器械等。2002 年，医院新增进口大型设备飞利浦 CT 机、加拿大 DR 机、柯达 CR、奥利巴斯全自动生化分析仪、日本五分类血球仪、德国西门子彩超等先进的大型设备。2009 年，引进医院管理计算机软件（HIS）医院信息管理系统，LIS 检验管理系统和电子病历管理系统。2011 年，医院投入 100 多万元建立信息网络管理系统。2015 年，医院通过招标采购购进美国柯达 DR 机一台。

## 二　宝科达医院

1998年后，先后引进X光机、大生化、性功能治疗仪、血球分析仪、消毒器、阴道镜、生物反馈仪、血凝仪、体外多波治疗仪、B超机、心电图机、洗胃机、吸痰器、胃肠减压器、麻醉机、显微镜、纬力精子分析仪、半自动生化仪、吸引器等男科、妇科使用的一些简单设备。随着业务量的增加，先后购买进口彩超、全自动心电图分析仪、全自动生化仪、精液分析仪、体外短波治疗仪、细菌测定仪、酶标仪、血凝仪、尿十项分析仪、心电监护仪、手术设备、微波治疗仪、英国生产的PK型等离子前列腺电切镜、救护车等设备。

## 三　博爱医院

至2016年，配有自动生化分析仪、呼吸机、B型彩色超声诊断仪、500mAx线诊断仪、多参数监护仪、尿液分析仪等。

## 四　多浪泉医院

至2016年，配有DR机、B超、心电图、全自动生化仪、全自动血液分析仪、尿液分析仪、盆疗仪、红光治疗仪、肛肠综合治疗仪、短波治疗仪等。

## 五　法腊碧维吾尔医医院

至2016年，配有彩色B超、十二导心电图机、呼吸机、心电监护仪、全自动生化分析仪、半自动生化分析仪、血球分析仪、尿液分析仪，离子分析仪、光学显微镜、血糖仪、氧气瓶、4套制氧器、紫外线灯、消毒柜、消毒桶、血压计等。

## 六　红十字医院

至2016年，配有308激光、红蓝光、311治疗仪、点阵激光等。

## 七　华康医院

至2016年，配有脉冲导融光能治疗机、全血液细胞分析仪、ZD血液分析仪、RT－9200半自动生化分析仪、台式低速离心机、电热恒温培养箱、尿液分析仪、TCT自动制片机、全自动生化分析仪、彩色多普勒超声系统等。

## 八　惠民医院

至2016年，配有医疗设备DRX线、四维彩超、黑白B超、心电图机、心电监护机、大生化分析机、血常规机、尿常规机、恒温箱、利普刀机、阴道镜、电动吸引器、手术床、无影灯、妇科治疗床、红光治疗仪、电子视力表等。

## 九　丽人妇科医院

至2016年，配有彩色多普勒成像仪、自动生化分析仪、环氧乙烷消毒设备、YT－99利普刀、电子阴道镜（80 万像素）、PM－700 心电监护仪、ECG－912A12 导心电图机、1002 普通光乳房扫描仪、臭氧治疗仪、微米治疗仪 08 普及型、乳腺治疗仪 SW－3101、体外超短波治疗机、麻醉喉镜、手术室全套设备、综合产床 KL－2C、产科检查床、普通 B 超机、TCT 细胞制片机、RT－7200 全自动血细胞分析仪、显微镜（三星）、电解质分析仪、血凝仪（双通道）、180－尿液分析仪、电热恒温箱、离心机 80－1、DRX 光摄片机等。

## 十　玛丽亚妇科医院

至 2016 年，配有美国 GE 动态四维腹部彩超、心脏彩超、唐氏筛查仪、陶氏筛查仪、内配远程诊疗仪的重症监护救护车、婴儿呼吸机、婴儿蓝光箱、旋磁光子热疗仪、CT 式短波治疗仪、全自动大生化分析仪、光热治疗仪、数码电子阴道镜、中西医结合熏蒸机等。

## 十一　民生医院

至 2016 年，配有 B 超机、全自动生化分析仪、心电图仪、X 光机、远红外康复治疗仪、微量泵、医用氧气瓶、雾化吸入设备、抢救柜、血压计等。

## 十二　塔力木医院

至 2016 年，配有全细胞计数仪、全自动生化分析仪、半自动分析仪、全自动尿分析仪、彩色 B 超、黑白 B 超、呼吸机、吸痰机、麻醉机等。

## 十三　同和医院

至 2016 年，配有飞利浦双层螺旋 CT 机、DR 数字机、美国 GE 动态四维腹部彩超、心脏彩超、成人呼吸机、CT 式短波治疗仪、旋磁光子热疗仪、全自动大生化分析仪、光热治疗仪、数码电子阴道镜、中西医结合熏蒸机等。

## 十四　同仁眼科医院

至 2016 年，配有美国超声乳化仪、德国蔡司显微镜、532 眼底激光、YAG 激光、OCT（相干断层扫描仪）、日本 NIDEK 非接触眼压计、全自动电脑验光仪、角膜曲率计、眼科超声诊断仪（AB 超）、角膜内皮镜仪、地形图仪、数字眼底造影仪、电脑视野检查仪等。

## 十五　五洲男科医院

至 2016 年，配有显微镜、血细胞分析仪、光谱治疗仪、多功能监护仪、心电图机、尿液分析仪、凝血仪、性功能检测仪、彩色多普勒成像仪、半自动生化分析仪等。

## 十六　西北联合医院

至 2016 年，配有迪瑞 CS3800 生化仪、迈瑞血球仪、尿液分析仪，离心机 K980－2 型、TCT 细胞制片机、血 HCG 机、保宫治疗仪、阴道微波机、臭氧治疗仪、红外线治疗仪、CT 短波治疗仪、阴道镜、B 超机、心脏彩超机、心电监护仪、DRX 光摄片机等。

### 十七　现代女子医院

至 2016 年，配有彩色 B 超、500 毫安 X 光机、宫腔镜系统、心电图机、血细胞分析仪、双目光学显微镜、麻醉机、心电监护仪、尿分析仪、台式血压计等。

### 十八　友好医院

至 2016 年，配有 64 层螺旋 CT、1.5T 磁共振、10M 直线加速器、骨密度检测仪和柯达 DR 系统，电子胃肠镜系统、彩超诊疗和各类呼吸机、监护仪等。

## 第三节　医疗护理

1990 年以来，阿克苏市各医疗机构都相继对护理人员开展有计划的标准化专业培训，按照自治区卫生厅医政处编印的《实用护理手册》，对所有护理人员进行经常性的练兵和评比，护理“三基”岗位技术操作练兵活动成为市医院年年开展的评比项目之一，各医疗机构护理技术操作整体水平不断上升，尤其是实行医院分级管理、医疗机构执业审评及开展医院管理年、医疗质量安全年等一系列活动中，对护理工作的高标准要求，使医院的护理文书写作能力及水平有显著提高，责任制护理及心理护理工作全面推广。

2007 年，市医院完善和修订护理工作制度、各类应急预案、规范护理操作规程、护士长护士质量考核标准。组织全院护理人员进行心肺复苏术等项目的培训和考核，坚持护士长每日（夜）查房制度和每月召开护士长例会制度，保证护理服务质量。全年护理表格合格率为 99.8%。参加各类学习培训班共计 90 人次，达标率为 100%。医院各科基础护理合格率达到 100%，健康教育覆盖率为 99.8%，病人满意度 98.4%。

2010 年开始，市卫生局在医院多数科室开展“优质护理服务示范工程”活动，着重强化医院临床护理工作，规范护理行为，落实基础护理，改善护理服务，保证护理质量。围绕“以病人为中心”主题，为病人提供全方位的优质服务。持续开展“优质护理服务示范病房”创建活动，不断完善护理管理模式，保证临床护士配备，合理调配护理人力，完善护理绩效考核，加强重点环节的监控，保证各项护理工作的有效落实。加强导医咨询服务，为患者免费提供开水，免费测血压，免费提供平车，指引病人就医。公开药品销售价格及各项检查收费标准，实行住院病人费用清单制，让患者明明白白看病、清清楚楚消费。开展下基层农村巡回医疗工作。设立行风建设意见箱、意见簿、监督电话、公开服务承诺，置医院工作于患者和社会监督之下。利用黑板报、宣传橱窗等形式，进行宣传健康知识让来院诊疗的群众都能受到健康教育。

2012 年，市医疗机构在 70% 以上的病房推行优质护理服务，充实临床一线护理队伍，依据护理工作量和患者病情配置护士数量。实施责任制整体护理工作模式，强化护理责任，为患者提供全程、全面、规范的分级、分层次护理服务。加大护士薪酬分配倾斜力度，将收入与工作质量挂钩，调动护士工作积极性。

2016年，市医院在坚持护士长夜巡查房制度及护士长节日值班制度的同时，成立护理质量专项督导组，不定时对各项护理工作质量进行督导检查，强调过程控制，注重护理工作实效，建立目标跟进、过程监控和信息回馈机制，全面提高护理质量，确保护理安全。医院全年基础护理合格率98.8%，护理文书合格率98.9%，急救物品完好率99.6%，一人一针一管一带合格率100%，健康宣教合格率99%，健康宣教覆盖率100%，消毒隔离合格率97.8%，病房管理合格率98.8%，访视率100%，事故率为零。

# 第五章 医政管理

## 第一节 医疗质量管理

20世纪90年代以来，市医院成立质控科室，配备专（兼）职质控人员，建立健全医院三级质量控制保障体系，并成为医院质量管理的常设机构。2005年以来，市卫生系统在各医疗机构开展“管理年”活动。2006年4月，市卫生局组织包括乡镇卫生院在内的医院管理年活动督察，重点检查各级医疗机构的依法执业状况、新设科室是否符合准入要求和标准、医疗广告是否合法、有无租赁科室、卫技人员执业资格是否合法等，重点解决医疗机构及卫技人员准入审批不严、程序不规范、医疗机构管理松懈等问题，从法制方面规范医疗机构依法执业。2010年后，医疗管理遵循首诊负责制度、三级医师查房制度、疑难病例讨论制度、会诊制度、急诊会诊制度、危重患者抢救制度、手术分级管理制度、术前讨论制度、死亡病例讨论制度、查对制度、医生交接班制度、新技术准入制度、病历管理制度、分级护理等制度。

## 第二节 医疗事故处理

2010年以前，医疗机构医疗纠纷、事故处理主要由各医院业务科和分管领导负责。由于市级医院病人数量少，病种单一，医疗纠纷、差错、事故极少发生。

2002年9月1日，国务院颁布《医疗事故处理条例》（以下简称《条例》）。医疗事故技术鉴定工作由医学会组织实施。市卫生局建立专家库，对委托医学会进行医疗事故技术鉴定事项均按规定程序予以受理。所受理的案件，均达到《条例》的要求。

2003年，市卫生局指定专人做好医疗纠纷的受理、登记和医疗纠纷的处理。

2011年，参加医疗责任保险后，凡发生医疗纠纷、事故，医疗机构积极与第三方调解机构沟通联系，通过第三方调解的方式使患者及家属和解。

2012年后，制定《医疗（安全）不良事件报告制度》，并配套下发相应报告流程与登记表，该制度的实行，降低医院医疗纠纷、差错、事故的发生率。对发生医疗事故而产生医疗纠纷的，患者向卫生行政部门投诉的，由卫生局医政科、卫生监督所联合负责核查和调解。

## 第三节　血液管理

2001 年前，市医院临床用血由地区血站供应，少部分采取医院自行采血（输新鲜血），在家人以及亲属之间进行采输血。

2002 年，医院临床用血全部由地区血站供应。至 2016 年，输血主要是进行血站取血和交叉配血，为临床用血提供服务。

## 第四节　医疗急救

### 一　市医院急救

2001 年以前，市医院没有单独的急诊科，急诊科和内科在一起，叫大内科。2001 年成立急诊科，配备专业急诊急救设备若干，凡急诊科医师、护士均派到上级专业机构进行培训学习。2016 年，成立重症医学科，各类大型急救设备一应俱全，科内医师、护士均被外派到上级专业机构进行重症专业专项学习。

### 二　乡卫生院急救

1990 年各乡卫生院医疗设备只有血压计、听诊仪、显微镜等极为简单的小型仪器，技术水平也相当有限，只能开展常见小病最基本的诊断、治疗，开展医疗急救水平有限。2000 年后，各级党委、政府通过加大财政投入和争取援助资金，为全市乡镇卫生院购置新的医疗设备，各乡卫生院能够开展内科、外科、五官科、妇科、儿科等相应业务工作，医疗急救能力提升。至 2016 年，全市所有的乡镇卫生院均配备救护车。

# 第六章　计划生育

## 第一节　政策法规与宣传

### 一　政策法规

1990 年，阿克苏市依据《自治区少数民族计划生育暂行规定》，在少数民族中全面实行计划生育。

1993年10月19日，市人民政府制定《贯彻〈自治区计划生育办法〉的实施办法》，规定晚婚晚育年龄，按法定年龄推迟3年，即汉族公民男25周岁、女23周岁，少数民族公民男23周岁、女21周岁结婚为晚婚，达到晚婚年龄结婚的女性按计划生育的为晚育。

2000年3月，中共中央、国务院颁布《关于加强人口与计划生育工作稳定低生育水平的决定》后，阿克苏市委、市政府印发《关于贯彻落实中央〈决定〉的实施意见》。8月30日，阿克苏市政府下发《关于认真执行贯彻流动人口计划生育“一证否办”制度的通知》。

2002年9月5日，阿克苏市计生委下发《阿克苏市计划生育行政执法错案追究执行办法》和《阿克苏市计划生育行政执法责任制》。

2003年后，执行《中华人民共和国人口与计划生育法》《计划生育技术服务条例》《社会扶养费征收管理办法》《流动人口计划生育管理办法》等“ 法二规”和《自治区人口与计划生育条例》，初步形成以《中华人民共和国人口与计划生育法》为核心，以行政法规和地方性法规为主体，与相关法律、法规相衔接的人口和计划生育法制体系，人口和计划生育工作全面进入依法行政、依法管理的轨道。

2006～2010年，自治区人大常委会先后三次对《新疆维吾尔自治区人口和计划生育条例》部分内容进行增加和修正。阿克苏市及时制定下发贯彻意见，保障群众合法权益。自2012年5月1日起，南疆四地州（即和田地区、喀什地区、克孜勒苏柯尔克孜自治州、阿克苏地区）城镇夫妻普遍允许生育2个子女。其他地、州、市城镇夫妻中一方为独生子女的允许生育2个子女。

2016年，阿克苏市认真做好《中共中央国务院关于实施全面两孩政策、改革完善计划生育服务管理的决定》及自治区卫计委《关于做好实施全面两孩政策相关工作的通知》的贯彻落实，全面准确解读中央决策和全面两孩政策，做好政策宣传。落实各项法定计生家庭奖励扶助政策，做好全面两孩政策实施后的政策衔接。至2016年9月30日，共发放生育服务证6173户，其中年内发放汉族二孩生育服务证611户。进一步规范运用行政审批管理系统，市、乡、村三级运用率100%。

## 二　宣传教育

1990～1991年，市委宣传部、卫生局、计生委相互配合，排练文艺节目、张贴标语、悬挂横幅、办黑板报、印发宣传材料，开展计划生育宣传工作。市计生委深入农牧区进行宣传，教育农牧民算好人口、社会、经济、土地资源账。宣传避孕药具使用知识。此后，每年利用重大节假日、纪念日，采用群众喜闻乐见的多种形式，开展生育政策、避孕节育、优生优育、生殖保健知识的宣传教育活动。

1995年5月，市计生委在全市开展计划生育宣传教育一条街活动。

1998年，开展“婚育新风进万家活动”和“关爱女孩行动”。市计生委与妇联、民政、团委联合举行集体婚礼，提倡婚事新办简办，特别是农村的少数民族青年参加集体婚礼，男到女家落户。

2002年10月28日，开展《人口与计划生育法》知识竞赛。各乡（镇）场、街道办事处9个代表队参加。

2004 年 5 月，市计生委相继组织开展“婚育新风新风尚、男性参与是保障”“预防艾滋病，造福全人类”宣传活动。举办婚育新风知识竞赛和文艺演出。开展纪念“7·11”世界人口日等一系列活动。

2005～2008 年，阿克苏市计生委计生服务工作队免费为各族群众发放宣传资料、避孕药具，做 B 超检查、称体重、测量血压、提供咨询服务。每年以悬挂横幅、设咨询台、发放宣传品的形式开展宣传教育活动，唤起全社会和广大群众对人口问题的关注。利用电视、广播共播放、播出计划生育政策知识近千小时，张贴标语口号近 2 万余条；以婚育新风进万家、关爱女孩、少生优生等为主要内容的文艺节目巡演，覆盖 90% 以上的行政村；开展以计划生育科普知识、奖励优惠政策等为主要内容的知识竞赛和婚育新风伴我行签名活动，参与群众 20 余万人。

2009 年，市人口和计划生育委员会推进新型生育文化建设。开展以“十个起来”（动员声音响起来，宣传标语立起来，文艺节目演起来，奖励兑现热起来，知识竞赛比起来，典型人物树起来，计生栏目办起来，人口学校开起来，优质服务热起来，需求调研搞起来）为主题的计划生育宣传教育活动。开展计划生育典型人物宣讲 130 场，受教育 8 万人次；讲解人口与计划生育政策和知识 500 余课时，受教育 2 万人次。在校青少年均接受生育文化和生殖保健基础知识教育。

2013 年，市人口计生委以“人口素质与独生子女教育”为主线，开展人口形势、计划生育法律法规、优生优育、避孕节育、生殖保健、少生快富等方面的宣传教育活动。引导各族群众正确树立科学、文明、进步的婚育观念，建立新型生育观，促进低水平生育的稳定发展，全面提高人口素质，建立文明幸福和谐家庭。分别在托普鲁克乡、兰干街道办事处、市良种场开展计划生育婚育新风进万家文艺活动及婚育新风典型家庭评比表彰活动，参加人员 2370 人次，投入 2.5 万元经费，奖励 496 人，为 12 户困难女童家庭发放慰问金，现场解答咨询 100 余人次，发放宣传折页 500 余份，免费避孕药具 100 盒。

2014～2016 年，市人口和计生部门制作维吾尔语、汉语两种文字的生殖保健知识宣传手册。开展计生知识竞赛、计生知识手工艺品展示、医药下乡免费义诊、计划生育奖励金发放等活动，在活动过程中发放《计划生育明白卡》《计划生育优质服务指南》《青春期知识》《预防艾滋病》等宣传资料，开展宣传教育活动 512 场，参与群众达 36 万余人次；发放宣传单 4.4 万份；展出宣传版面 273 块；制作宣传架 472 块。建设新文化屋 57 个，文化大院 27 个。举办全市流动人口计划生育知识竞赛活动；举办以倡导文明新风为主题的少数民族集体婚礼 10 场，开展婚育新风进万家文艺活动 102 次，引导广大群众树立科学、文明、进步的婚育观和健康、积极、向上的生活观。

## 第二节　计划生育奖惩

### 一　奖惩制度

自 1990 年起，阿克苏市启动人口与计划生育目标管理责任制，年初签订目标责任书，年终进行考核，并严格兑现奖惩。

2002 年，阿克苏市制定《阿克苏市计划生育奖励优惠政策》和《阿克苏市计划生育“三结合”优惠政策》。对实行计划生育的夫妻，可享受晚婚、晚育有关工资、奖金、增加产假的待遇，领取“两证”的夫妻可享受独生子女每月 10 元保健费，退休时可增加 5% 奖励工资以及免费实施计划生育手术。城市特困人群免费救助的对象，凭民政部门发给的“特困救助证”可在计划生育技术服务部门免费就诊。

2003 年 4 月 1 日，阿克苏市开始实施计划生育奖励优惠政策，按照《自治区人口与计划生育条例》规定，对实行晚婚的国家机关工作人员和社会团体、企业事业单位职工中初婚青年，除国家规定的婚假 3 天外，增加婚假 20 天。女职工晚育的，除国家规定的产假 90 天外，增加 30 天产假，给予男方护理假 15 天。婚假、产假、护理假期间，工资、奖金照发；夫妻自愿终身只生育一个子女或者终身只收养一个子女不再生育的，在子女满十六周岁前可以申请领取《独生子女父母光荣证》。城镇居民领取《光荣证》的家庭，可以享受自领证之月起至子女 16 周岁止，每月发给不低于 10 元的保健费。少数民族享受保健费合计不超过 16 周年；对领取《光荣证》的退休夫妻，由所在单位各给予加发本人工资 5% 的奖励金，从办理审批手续批准之月起计发奖励金。行政、事业单位和群众团体退休人员的计划生育奖励金在职工所在单位事业经费内开支，列入职工福利项目；企业单位退休人员的计划生育奖励金从职工所在单位福利基金或税后提留资金中解决；或者各给予不低于 2000 元的一次性奖励。对列入社会救济对象的家庭，优先发给社会救济金和生活困难补助费。农牧民领取《光荣证》的家庭，可以享受由人民政府给予不低于 2000 元的一次奖励；免去夫妻双方一年的集体生产、公益事业劳务；承包土地和划分宅基地，给予优先优惠；领证家庭子女伤残或者死亡，夫妻不再生育或者收养子女，且无生活来源或者丧失劳动能力的，由其所在地的乡（镇）人民政府列为“五保户”家庭，优先列为重点扶持对象，在技术、信息、农业生产资料等方面优先提供服务；对贫困家庭优先发放各类扶贫资金和贷款，优先安排扶贫项目和科技实用技术培训，优先享受其他扶贫优惠政策。至 2016 年底，全市农牧民领取《光荣证》、一次性奖励 2000 元的家庭共有 2355 户。

## 二　奖励扶助

### （一）农村部分计划生育家庭奖励

2005 年，阿克苏市开始实施农村部分计划生育家庭奖励扶助制度，凡本人及配偶现存一个子女或两个女孩或子女死亡现无子女的年满 60 周岁农业户口的，每人每年可领取 600 元的奖扶金。至 2008 年底，全市共有 1455 人享受计划生育家庭奖励扶助。

自 2009 年开始，农村奖励扶助金额标准提高到每人每年 720 元，至 2010 年，享受农村部分计划生育家庭奖励扶助制度奖励对象共 1586 人。

自 2011 年开始，将一方为农村居民、一方为城镇居民的夫妇（以下简称“半边户”）中符合条件的农村居民一方，纳入农村奖励扶助制度。全年，享受农村部分计划生育家庭奖励扶助制度奖励对象 921 人，每人每年领取奖励扶助金 720 元。

自 2012 年开始，农村奖励扶助金额标准提高到每人每年 960 元，全市享受农村部分计划生育家庭奖励扶助制度奖励对象963人。

2013年，享受农村部分计划生育家庭奖励扶助制度奖励对象1020人，每人每年领取奖励扶助金960元。至2016年，享受农村部分计划生育家庭奖励扶助制度奖励对象共5064人。

表34－8　2008～2016年阿克苏市农村部分计划生育家庭奖励扶助情况表

| 年份 | 奖励对象（人） | 奖励扶助金（元/年/人） | 年份 | 奖励对象（人） | 奖励扶助金（元/年/人） | 年份 | 奖励对象（人） | 奖励扶助金（元/年/人） |
|---|---|---|---|---|---|---|---|---|
| 2008 | 758 | 600 | 2011 | 921 | 720 | 2014 | 1032 | 960 |
| 2009 | 745 | 720 | 2012 | 963 | 960 | 2015 | 1050 | 960 |
| 2010 | 841 | 720 | 2013 | 1020 | 960 | 2016 | 999 | 960 |

（二）农村独生子女死亡伤残家庭扶助

2006年，阿克苏市开始实施农村独生子女死亡伤残家庭扶助制度，凡本人及配偶终身只生育过一个子女，且子女已死亡、伤残、患重大疾病，未再生育或收养子女的年满45周岁至59周岁农业户口的，每人每月按50元的标准发放扶助金。扶助对象年满60周岁时，享受国家规定的农村部分计划生育家庭奖励扶助政策。至2007年底，全市共有13人。

2008年，享受自治区特扶农村计划生育独生子女死亡伤残家庭扶助制度奖励对象4人，独生子女死亡家庭每人每年享受1200元扶助金，独生子女伤残家庭每人每年享受960元扶助金。

2011年，享受自治区特扶农村计划生育独生子女死亡伤残家庭扶助制度对象13人。

2012年，独生子女死亡家庭标准提高到每人每年享受1620元扶助金，独生子女伤残家庭每人每年享受1320元扶助金。阿克苏市享受自治区特扶农村计划生育独生子女死亡伤残家庭扶助制度奖励对象5人。

2014年，农村独生子女死亡家庭每人每年享受2040元扶助金，农村独生子女伤残家庭每人每年享受1800元扶助金。

2016年，农村特别扶助奖励标准与城镇统一。

（三）城镇计划生育家庭独生子女死亡伤残扶助

2006年，自治区计划生育家庭特别扶助制度实施，自治区计划生育特别扶助家庭农村计划生育独生子女死亡伤残家庭扶助制度奖励对象年满49周岁转入国家计划生育特别扶助制度，申报确认录入国家奖励平台系统。

2008年，阿克苏市享受国家特扶计划生育家庭独生子女死亡伤残扶助制度奖励对象88人，独生子女死亡家庭每人每年享受1200元扶助金，独生子女伤残家庭每人每年享受960元扶助金。

2012年，独生子女死亡家庭标准提高每人每年享受1620元扶助金，独生子女伤残家庭每人每年享受1320元扶助金。

2014年，城镇独生子女死亡家庭每人每年享受4080元扶助金，城镇独生子女伤残家庭每人每年享受3240元扶助金。

2016年，享受国家特扶计划生育家庭独生子女死亡伤残扶助制度奖励对象244人。

表 34－9　2008～2016 年阿克苏市城镇计划生育家庭奖励扶助情况表

| 年份 | 奖励对象（人） | 独生子女死亡家庭享受扶助金（元/年/人） | 独生子女伤残家庭享受扶助金（元/年/人） | 年份 | 奖励对象（人） | 独生子女死亡家庭享受扶助金（元/年/人） | 独生子女伤残家庭享受扶助金（元/年/人） |
|---|---|---|---|---|---|---|---|
| 2008 | 88 | 1200 | 960 | 2013 | 182 | 1620 | 1320 |
| 2009 | 105 | 1200 | 960 | 2014 | 198 | 4080 | 3240 |
| 2010 | 128 | 1200 | 960 | 2015 | 217 | 4080 | 3240 |
| 2011 | 150 | 1200 | 960 | 2016 | 244 | 4080 | 3240 |
| 2012 | 179 | 1620 | 1320 | | | | |

（四）城镇计划生育家庭奖励

2010 年，阿克苏市对符合城镇计划生育家庭奖励制度条件的对象给予一次性 3000 元奖励金。至 2016 年，享受城镇计划生育家庭奖励制度对象共 1627 人。

表 34－10　2010～2016 年阿克苏市城镇计划生育家庭一次性奖励情况表

| 年份 | 奖励对象（人） | 奖励（元/人） | 年份 | 奖励对象（人） | 奖励（元/人） | 年份 | 奖励对象（人） | 奖励（元/人） |
|---|---|---|---|---|---|---|---|---|
| 2010 | 142 | 3000 | 2013 | 226 | 3000 | 2016 | 361 | 3000 |
| 2011 | 154 | 3000 | 2014 | 254 | 3000 | | | |
| 2012 | 219 | 3000 | 2015 | 271 | 3000 | | | |

（五）少生快富工程

2006 年，阿克苏市开始实施少生快富工程项目。有两个子女，自愿放弃生育第三个孩子，并采取长效节育措施（上环、皮埋）、女方年龄在 49 周岁以内（含 49 岁）农业户口的少数民族夫妻，一次性奖励 3000 元。当年，符合享受“少生快富”政策 650 户，发放一次性奖励金 3000 元，离婚家庭发放一次性奖励金 1500 元。

2007～2016 年，全市共 4489 户符合享受少生快富政策的家庭领取一次性奖励金。

表 34－11　2006～2016 年阿克苏市少生快富工程一次性奖励情况表

| 年份 | 奖励对象（户） | 年份 | 奖励对象（户） | 年份 | 奖励对象（户） | 年份 | 奖励对象（户） |
|---|---|---|---|---|---|---|---|
| 2006 | 650 | 2009 | 890 | 2012 | 705 | 2015 | 144 |
| 2007 | 422 | 2010 | 395 | 2013 | 389 | 2016 | 146 |
| 2008 | 520 | 2011 | 533 | 2014 | 345 | | |

（六）南疆三地州特殊奖励政策

2011 年，阿克苏市纳入“南疆三地州特殊奖励政策扩面至农村少数民族人口占 50% 县（市）奖励制度”，奖励制度对象具备本人及配偶均为县（市）行政区域的农业户口或界定为农村居民户口；按照《新疆维吾尔自治区人口与计划生育条例》规定，可生育三个子女政策的农村少数民族夫妻；按生育政策自愿少生育一个孩子，并领取《计划生育父母光荣证》，或自愿少生育两个孩子，并领取《独生子女父母光荣证》的夫妻；女方年龄在 49 周岁以内；自愿采取一项长效节育措施；离婚、丧偶，有两个子女已领取《计划生育父母光荣证》或有一个子女已领取《独生子女父母光荣证》，且年龄在 40 至 49 周岁的农村少数民族女性可纳入特殊奖励范围。当年，全市符合享受条件的共 1939 户，发放奖励金每人 720 元，一户 1440 元。

2012 ~ 2014 年，符合享受“南疆三地州特殊奖励政策扩面至农村少数民族人口占 50% 县（市）奖励制度”的家庭 7732 户。

2015 年，自治区将享受“南疆三地州特殊奖励政策扩面至农村少数民族人口占 50% 县（市）奖励制度”人群转入“南疆四地州”特殊奖励制度。阿克苏市开始实施“南疆四地州”特殊奖励制度。农村少数民族领证夫妻，自愿少生一个子女或两个子女并采取长效节育措施；农村女方年龄在 49 周岁以内的计划生育家庭，以家庭为单位，首次发放 6000 元，下一年度开始每年每户 3600 元；2015 年之前转入的离婚、丧偶家庭每人每年领取 1800 元；2015 年以后离婚、丧偶的家庭将不再纳入此项政策；自治区将扩面政策享受人员自动转入“南疆四地州”特殊奖励制度。

2015 ~ 2016 年，符合享受“南疆四地州”特殊奖励制度的家庭共 6691 户。

**表 34 - 12　2011 ~ 2016 年阿克苏市符合“南疆四地州”特殊奖励制度情况表**

| 年份 | 奖励对象(户) | 年份 | 奖励对象(户) | 年份 | 奖励对象(户) |
|---|---|---|---|---|---|
| 2011 | 1939 | 2013 | 2632 | 2015 | 3250 |
| 2012 | 2134 | 2014 | 2966 | 2016 | 3441 |

（七）农村领取《光荣证》家庭子女报考区内高校和内地新疆高中班及区内初中班考生加分政策

2007 年，阿克苏市开始实施农村领取《光荣证》家庭子女报考区内高校和内地新疆高中班及区内初中班考生加分政策。报考内地新疆高中班、区内初中班的农村领取《光荣证》家庭的子女，在考试总分上加 5 分；报考区内高校的农村领取《光荣证》家庭的子女，在考试总分上加 10 分。当年，享受符合农村领取《光荣证》家庭子女报考区内高校和内地新疆高中班及区内初中班考生加分政策的有 7 名学生。

2008 ~ 2016 年，享受符合农村领取《光荣证》家庭子女报考区内高校和内地新疆高中班及区内初中班考生加分政策的学生共有 593 名。

**表 34 - 13　2007 ~ 2016 年阿克苏市农村符合计划生育加分政策的学生情况表**

| 年份 | 奖励对象(名) | 年份 | 奖励对象(名) | 年份 | 奖励对象(名) | 年份 | 奖励对象(名) |
|---|---|---|---|---|---|---|---|
| 2007 | 7 | 2010 | 39 | 2013 | 112 | 2016 | 100 |
| 2008 | 15 | 2011 | 45 | 2014 | 87 | | |
| 2009 | 28 | 2012 | 58 | 2015 | 109 | | |

## 第三节　生育服务与管理

### 一　节育措施

1990 年后，市计划生育服务站计划生育节育手术主要采取放置宫内节育器（IUD）、口服避孕药、打针、外用避孕套、皮下埋植剂等方式。根据《中华人民共和国人口与计划生育法》《计划生育技术服务管理条例》及自治区、地区《关于全面推进计划生育优质服务》精神，市计生服务站按照依法管理、村民自治、优质服务、政策推动、综合治理的要求，形成以群众需求为导向、寓管理于服务之中的工作机制，每年实施各项手术6000余例。

2007年，市计划生育服务站共接诊门诊病人2400多人次，住院病人85例，抢救危重病人2例，抢救成功率100%，施行各类手术1670例，其中结扎42例，无一例并发症和后遗症发生。各乡（镇）施行各类手术4242例。护理门诊、手术室、消毒供应室质量标准达到标准要求，护理技术操作合格率≥85%，急救药品准备完好率100%，常用物品消毒无菌合格率100%，一人、一针、一管执行率100%，护理事故发生率为零。

2010年，市、乡两级计划生育服务站在开展四项手术工作中，无一例手术并发症的发生，无一例医疗事故的发生，出生人流比控制在0.3以下，计划生育免费技术服务落实率达到98%。

2016年，全市已婚育龄妇女综合节育率85.1%；长效节育率为82.2%。

## 二　避孕药具管理

1990年后，计划生育技术服务“三为主”（宣传教育为主、避孕为主、经常性工作为主）工作法被广泛推广和使用，避孕药具管理工作在“三为主”工作中占重要位置。市计划生育指导站内设药具室，有专职药具管理员，并有独立的药具库房。

2001年，为落实中共中央、国务院关于稳定低生育水平，统筹解决人口问题的有关指示精神，进行药具工作改革，实行规范化管理。市乡两级均配备避孕药具管理人员，村、组配备药具发放员，实现三级管理、条块结合、计划供应、定量发放的工作格局。为扩大全市药具发放点，在边远地区增设药具发放点，满足边远地区农牧民对避孕药具的需求。同时，在全市开展避孕节育知识宣传工作，更好地为已婚育龄妇女提供服务。全市药具应用率100%，有效率98%。

2003~2004年，为加强避孕药具管理，防治“非卖品”流入市场，市计生委下发《关于做好免费避孕药具管理工作的通知》，在全市试行避孕药具编码登记制度。2009~2010年，市人口计生委开展药具规范化达标工作，宣传推广药具新品种，以新技术、新产品推动避孕节育效果的提升。在全市6个乡镇制作标有温馨提示语的药具架、领药标示牌、宣传版面和药具免费供应自取箱。

2011年，市人口和计生委在流动人口密集地增加避孕药具免费发放点，推进服务均等化，实行免费药具“一卡通”。2012年由市人口和计生委牵头，各乡镇计生办负责，对各乡镇的商店、药店、诊所、村委会免费药具流入市场情况进行清理清查，在全市村级单位设置避孕药具免费自取箱，设立安全套免费发放点。

2013~2016年，市人口和计生委为做好药具的调拨、发放、存储、管理和服务工作，采取送药具上门与群众领取相结合、设固定发放点与临时发放点相结合、主动式发放和需求式发放相结合的方式，拓宽避孕药具的发放途径和免费药具的发放面。避孕药具执行率达100%，药具库存率≤50%。

## 三 优生优育

### （一）优质服务

1990 ~2016 年，市计划生育服务站在全市各乡（镇）场、街道办事处计划生育服务站开展技术服务，B 超查环、查孕；放取环、皮埋等节育手术，优生优育咨询和指导、生殖保健服务共计 770364 次。2003 年，计生服务站开展放心在站、室，满意给群众，手拉手承诺、心贴心服务、心连心教育活动。2010 年，根据中央新增投资项目计划，批准在依干其乡、阿依库勒镇建设计划生育服务站，总面积为 889.4 平方米，总投资 68 万元。自 2011 年开始，市、乡两级计生服务站深入全市 7 个街道所辖 39 个社区及良种场、蚕种场、各村（组）开展“三查一治”工作，共普查 38 万人，普查率达 95% 以上。至 2016 年，依干其乡、阿依库勒镇、喀拉塔勒镇计划生育服务站达到标准化、规范化服务站要求，达标率为 57.14%。

### （二）生殖健康档案

1998 年后，按照自治区计生委的要求，由乡（镇）计生服务站为本乡（镇）的已婚育龄妇女建立生殖健康档案，档案由乡（镇）计生服务站保管，育龄妇女生殖健康手册由育龄妇女自行保管。生殖健康档案记录育龄妇女的婚育、采取避孕节育的基本情况以及“三查一治”（查环、查孕、查体、治疗生殖道疾病）情况。至 2016 年底，共建育龄妇女生殖健康档案 6.7 万份，建档率达 95% 以上，育龄群众接受基本生殖健康服务率达到 95% 以上。

## 四 “三大干预”工程

### （一）生殖道感染干预工程

1990 ~2016 年，市计划生育结合查孕查环，普及防病知识，开展妇女生殖道疾病和其他常见妇女病的普查和防病工作。在确保避孕节育措施落实的基础上，减少各种妇女病对育龄妇女健康的不良影响。同时，开展青春期与性知识教育和不孕不育症诊治，做好艾滋病、性病防治的宣传教育、咨询和技术服务。

2011 年，市计划生育服务站对依干其乡的已婚育龄妇女开展农牧民生殖健康普查活动，共普查 769 人，生殖健康检查率达 100%，普查对象满意率达 100%，做到早发现、早诊断、早治疗。至 2016 年，全市妇科病普查人数共计 39179 人，查出疾病人群占 58%，对查出疾病人员都及时进行相应治疗。

### （二）出生缺陷干预工程

2001 年，阿克苏市开展出生缺陷干预工程。开展妇女孕前增补叶酸的宣传工作，动员每个妇女孕前主动增补叶酸，叶酸由市计划生育指导站免费负责供应。建立 0 ~5 岁出生缺陷调查档案 1000 余份，以及增补叶酸随访表等。

2008 年，市政府投资 15 万元为各乡镇孕妇购买斯利安片 1.6 万瓶，当年发放 1.38 万瓶，其余的次年发放完毕。至 2010 年，出生缺陷干预工作目标人群叶酸知识知晓率达到 70%，叶酸服用率 70%，叶酸服用依从率 40%。

2010 年，贯彻落实《新疆维吾尔自治区增补叶酸预防神经管缺陷项目管理方案》，有序、有效推进农村新婚期、孕产期妇女增补叶酸神经管项目的实施，制定《阿克苏市农村妇女增补叶酸预防神经管缺陷项目管理方案》，成立领导小组，召开启动大会，分层次举办项目内容及增补叶酸相关知识的培训，全市孕前增补叶酸率明显提高。

2012 年，全市普及优生优育知识，全面实施出生缺陷干预工程，强化婴幼儿抚育。市人口计生委利用人口学校和下乡巡回服务举办出生缺陷干预培训班，开展优生优育和生殖健康知识的宣传、教育和普及服务。在全市开展远离出生缺陷科普知识大讲堂活动，强化预防出生缺陷知识的宣传普及工作。与各乡镇服务站联合，设立预防出生缺陷干预点，为符合政策怀孕的妇女建立保健档案，开展出生缺陷一级预防、宣传、咨询，实施妇女孕前和怀孕早期补服“斯利安”等出生缺陷早期干预措施，全市新出生婴儿缺陷呈下降趋势。市计生服务站为做好出生缺陷的一级干预工程，运用出生缺陷生物芯片仪对 206 名孕妇进行四项病毒监测。未发现一例病残儿患者。

2016 年，在实施出生缺陷干预过程中，抓关口前移，构筑干预屏障，取得一定的成绩。

（三）避孕节育随访服务工程

1990 ~ 2016 年，市计划生育以群众需求为导向，开展婚孕育全程服务，抓好青春期、新婚期、孕产期、育儿期、更年期“五期”教育，宣传科学的避孕节育知识，倡导以长效避孕措施为主的安全、有效、知情的避孕方法，避孕节育有效率为 98%。维护公民的避孕方法知情选择权，指导广大育龄群众在掌握 3 种避孕方法基础上知情选择，知情选择率为 100%。为群众提供优质的计划生育技术服务与咨询、随访，随访率达到 95% 以上。做好每一例节育手术，保证手术者的安全。依靠科技进步，推进应用计划生育避孕节育新方法，不断提高计划生育技术服务水平，计划生育手术并发症为零。

## 五 国家免费孕前优生健康检查项目

2011 年，为预防和降低出生缺陷，确保优生优育，根据地区人口和计生委《关于开展免费孕前优生健康检查项目工作》精神，阿克苏市被确定为地区级项目县后，先后投入 40 万元用于检验室、消毒室和护士站的改扩建和医疗设备的配备，10 月 14 日正式启动，为依干其乡 321 对待孕夫妇进行检查，育龄群众满意度达到 98% 以上。

2012 年，自治区人口和计生委全面推进免费孕前优生健康检查项目工作，阿克苏市被列为国家项目试点县（市）。市计生服务站工作人员深入 4 乡 2 镇 1 场，利用宣传车、展板、宣传资料等形式向农民宣传健康体检项目实施政策与知识，与各乡（镇）签订《目标责任书》，制定项目《实施方案》，市政府投入项目启动资金 27 万元，新购置化学发光仪、恒温箱等设备，并先后选派 4 名技术人员到自治区计生科研所进修，充实技术队伍。4 月，采用以市计划生育服务站直接服务的“一站式”服务流程，正式启动国家免费孕前优生健康检查工作。

2015 年 1 月，阿克苏市推进实现孕前优生项目城镇计划怀孕夫妇全覆盖工作，出台相关文件，分配 7 个街道办事处的目标人群数，并对相关人员进行培训，城区共完成目标人群数 994 对。至年底，项目实施 5 年中，阿克苏市共完成检查 15155 对，其中高风险人群 2801 人，占已完成目标人群数的 9.24%，早孕随访 2495 人，妊娠结局随访 2171 人。2016 年，目标任务完成率达 110.90%，检测人群准确率达 100%，随访率达 100%。

## 六　数字化服务站业务管理系统应用

2012 年，阿克苏市作为地区第一阶段的数字化服务站推广县市，采购配备价值 10 万余元的硬件设备（服务器 1 台、计算机 8 台、打印机 6 台），自数字化服务站管理系统软件投入使用后，实现挂号、诊疗、缴费信息化一条龙服务，使计划生育技术服务工作的相关文书档案资料实现计算机化，信息数据的交流和统计实现网上传输，不但减少重复劳动，也提高工作效率，同时为群众提供更加优质、便捷、高效的服务。至 2016 年，数字化服务站应用率达 100%。

**表 34－14　1999～2016 年阿克苏市计划生育管辖人口节育措施及领证情况表**

单位：人

| 年份 | 已婚育龄妇女人数 | 采取各种节育措施人数 | 其中 | | | | | | 领取独生子女父母光荣证人数 | 领取计划生育父母光荣证人数 |
|---|---|---|---|---|---|---|---|---|---|---|
| | | | 上环 | 皮埋 | 口服药及注射针 | 避孕套 | 外用药 | 其他 | | |
| 1999 | 49573 | 40090 | 31156 | 318 | 1108 | 749 | 411 | 1000 | 6437 | 2389 |
| 2000 | 50881 | 42413 | 32678 | 324 | 848 | 882 | 349 | 1965 | 6549 | 2545 |
| 2001 | 54582 | 43927 | 34735 | 396 | 683 | 788 | 286 | 1053 | 5844 | 2793 |
| 2002 | 62525 | 50898 | 34050 | 419 | 790 | 1154 | 445 | 1127 | 7589 | 3407 |
| 2003 | 66742 | 53458 | 43224 | 477 | 653 | 995 | 326 | 653 | 8610 | 3311 |
| 2004 | 70048 | 57040 | 46394 | 366 | 554 | 1019 | 202 | 1486 | 9363 | 3744 |
| 2005 | 73275 | 58295 | 48294 | 425 | 784 | 991 | 409 | 245 | 9476 | 3991 |
| 2006 | 76374 | 59615 | 49498 | 278 | 711 | 939 | 240 | 253 | 11176 | 4766 |
| 2007 | 77633 | 58094 | 48594 | 187 | 829 | 1203 | 258 | 378 | 14274 | 6366 |
| 2008 | 85088 | 67439 | 55608 | 139 | 668 | 2993 | 512 | 191 | 12203 | 4476 |
| 2009 | 93858 | 75316 | 63903 | 103 | 560 | 2320 | 441 | 181 | 12556 | 4476 |
| 2010 | 97730 | 76732 | 64502 | 77 | 554 | 2414 | 228 | 95 | 14575 | 7982 |
| 2011 | 109322 | 85930 | 74184 | 98 | 386 | 2722 | 334 | 0 | 16196 | 9832 |
| 2012 | 104762 | 82158 | 71743 | 79 | 305 | 2413 | 201 | 1 | 14242 | 12929 |
| 2013 | 106530 | 84989 | 75587 | 70 | 221 | 1625 | 122 | 1 | 16784 | 16055 |
| 2014 | 107313 | 85652 | 78864 | 32 | 105 | 1356 | 105 | 206 | 15987 | 17824 |
| 2015 | 108541 | 90760 | 83951 | 53 | 130 | 1558 | 70 | 152 | 15941 | 19014 |
| 2016 | 113132 | 95108 | 87217 | 22 | 307 | 1990 | 102 | 272 | 16243 | 19171 |

**表 34－15　1994～2016 年阿克苏市计划生育出生、死亡、人口自然增长率统计表**

| 年份 | 年底总人口（人） | 人口出生率（‰） | 人口死亡率（‰） | 人口自然增长率（‰） | 年份 | 年底总人口（人） | 人口出生率（‰） | 人口死亡率（‰） | 人口自然增长率（‰） |
|---|---|---|---|---|---|---|---|---|---|
| 1994 | 224507 | 14.47 | 6.37 | 8.1 | 2006 | 397524 | 12.85 | 2.79 | 10.06 |
| 1995 | 233226 | 13.18 | 5.53 | 7.65 | 2007 | 415946 | 15.61 | 2.87 | 12.73 |
| 1996 | 238296 | 13.89 | 5.69 | 8.2 | 2008 | 429894 | 16.59 | 2.77 | 13.83 |
| 1997 | 242604 | 14.27 | 5.25 | 9.02 | 2009 | 457007 | 15.60 | 2.64 | 12.96 |
| 1998 | 248648 | 13.45 | 7.99 | 5.46 | 2010 | 444184 | 14.97 | 2.43 | 12.55 |
| 1999 | 254718 | 13.27 | 4.64 | 8.63 | 2011 | 452307 | 15.14 | 2.81 | 12.34 |
| 2000 | 259434 | 14.42 | 4.53 | 9.89 | 2012 | 435700 | 16.59 | 2.60 | 13.99 |
| 2001 | 281376 | 13.3 | 3.4 | 9.9 | 2013 | 446826 | 16.19 | 3.6 | 12.59 |
| 2002 | 305489 | 13.76 | 3.93 | 9.83 | 2014 | 471195 | 15.54 | 3.04 | 12.5 |
| 2003 | 321399 | 12.89 | 3.63 | 9.26 | 2015 | 485547 | 15.24 | 3.35 | 11.89 |
| 2004 | 326714 | 14.41 | 3.71 | 10.7 | 2016 | 496391 | 13.29 | 2.79 | 11.89 |
| 2005 | 382296 | 13.29 | 2.94 | 10.35 | | | | | |

表 34－16　1991～2016 年阿克苏市计划生育管辖人口使用药具人数统计表

单位：人

| 年份 | 应使用药具人数 | 实际使用药具人数 | 其中 | | | | 应用率（%） | 随访人数 | 随访率（%） | 失败人数 | 有效人数 | 有效率(%) |
|---|---|---|---|---|---|---|---|---|---|---|---|---|
| | | | 口服短效药 | 长效药 | 外用药 | 避孕套 | | | | | | |
| 1991 | 8862 | 4723 | 1744 | 1886 | 513 | 580 | 53.30 | 4072 | 86.22 | 112 | 4611 | 97.63 |
| 1992 | 11001 | 5981 | 2019 | 2291 | 734 | 937 | 54.37 | 5412 | 90.50 | 162 | 5819 | 97.29 |
| 1993 | 8678 | 6534 | 1728 | 2974 | 962 | 870 | 75.29 | 6534 | 100.00 | 86 | 6448 | 98.68 |
| 1994 | 5553 | 4877 | 1464 | 1706 | 870 | 837 | 87.82 | 4877 | 100.00 | 0 | 4877 | 100.00 |
| 1995 | 4856 | 4389 | 1757 | 838 | 1011 | 1179 | 90.38 | 4389 | 100.00 | 0 | 4389 | 100.00 |
| 1996 | 4708 | 4369 | 1471 | 611 | 1095 | 1192 | 92.79 | 4369 | 100.00 | 0 | 4369 | 100.00 |
| 1997 | 4953 | 4746 | 1142 | 558 | 1719 | 1327 | 95.8 | 4746 | 100.00 | 0 | 4746 | 100.00 |
| 1998 | 3605 | 3603 | 989 | 578 | 649 | 1387 | 99.94 | 3603 | 100.00 | 0 | 3603 | 100.00 |
| 1999 | 2213 | 2181 | 524 | 427 | 388 | 842 | 98.55 | 2181 | 100.00 | | 2181 | 100.00 |
| 2000 | 1966 | 1912 | 601 | 198 | 298 | 824 | 97.25 | 1912 | 100.00 | | 1912 | 100.00 |
| 2001 | 1520 | 1494 | 334 | 250 | 252 | 658 | 98.28 | 1494 | 100.00 | | 1494 | 100.00 |
| 2002 | 2866 | 2847 | 337 | 491 | 421 | 1598 | 99.33 | 2847 | 100.00 | | 2847 | 100.00 |
| 2003 | 2005 | 1976 | 234 | 437 | 349 | 956 | 98.55 | 1976 | 100.00 | 3 | 1973 | 99.84 |
| 2004 | 1863 | 1848 | 180 | 429 | 253 | 986 | 99.19 | 1848 | 100.00 | 3 | 1845 | 99.83 |
| 2005 | 1582 | 1572 | 130 | 386 | 220 | 836 | 99.36 | 1572 | 100.00 | 3 | 1569 | 99.81 |
| 2006 | 1711 | 1695 | 130 | 470 | 225 | 870 | 99.06 | 1695 | 100.00 | 6 | 1689 | 99.64 |
| 2007 | 1850 | 1833 | 118 | 482 | 245 | 988 | 99.08 | 1833 | 100.00 | 7 | 1826 | 99.61 |
| 2008 | 3471 | 3438 | 115 | 449 | 426 | 2448 | 99.04 | 3438 | 100.00 | 23 | 3415 | 99.33 |
| 2009 | 2682 | 2655 | 95 | 324 | | 2236 | 98.99 | 2655 | 100.00 | 22 | 2633 | 99.17 |
| 2010 | 2281 | 2259 | 91 | 250 | 215 | 1703 | 99.03 | 2259 | 100.00 | 7 | 2252 | 99.69 |
| 2011 | 2139 | 2122 | 97 | 81 | 323 | 1621 | 99.20 | 2122 | 100.00 | 0 | 2122 | 100.00 |
| 2012 | 1635 | 1627 | 68 | 67 | 154 | 1338 | 99.50 | 1627 | 100.00 | 0 | 1627 | 100.00 |
| 2013 | 1289 | 1287 | 55 | 40 | 119 | 1073 | 99.84 | 1287 | 100.00 | 0 | 1287 | 100.00 |
| 2014 | 1102 | 1102 | 36 | 0 | 73 | 993 | 100.00 | 1102 | 100.00 | 0 | 1102 | 100.00 |
| 2015 | 1311 | 1311 | 26 | 0 | 55 | 1230 | 100.00 | 1311 | 100.00 | 0 | 1311 | 100.00 |
| 2016 | 1090 | 1090 | 25 | 0 | 43 | 1022 | 100.00 | 1090 | 100.00 | 0 | 1090 | 100.00 |

## 第四节　流动人口计划生育服务与管理

### 一　管理

1990 年以来，阿克苏市不断完善对流动人口计划生育管理的办法，为流动人口办理暂住证，从经商、租赁房屋、生育奖惩等方面作明确规定，实行目标管理。

1991 年 3 月，阿克苏市成立流动人员计划生育综合治理领导小组，制定《关于加强对个体从业人员和流动人员计划生育管理的措施》。

1992 年 3 月，阿克苏市计生委、公安局、工商行政管理局、劳动就业保险管理局、房地产管理局联合下发《关于加强对个体从业人员和流动人员计划生育管理的措施》。

1997 年，把流动人口计划生育管理工作纳入《阿克苏市人口与计划生育目标管理责任制》中进行同步考核，形成齐抓共管、综合管理人口问题的新机制。1993 年，自治区制定《自治区流动人口计划生育管理办法》。

2000~2003年，阿克苏市先后下发《关于认真执行贯彻流动人口计划生育“一证否办”制度的通知》《阿克苏市流动人口计划生育管理办法》《阿克苏市流动人口与计划生育管理实施方案》《对流动人口管理实施齐抓共管、综合治理是社会治安根本好转的有力保障》等，对流动人口的计划生育工作进行安排部署。

2004年，阿克苏市作为地区城市流动人口管理试点市，从3月起，启动国家流动人口计划生育信息平台的运作，流动人口计划生育管理逐步纳入计算机管理范畴。

2005年，阿克苏市坚持流入地与流出地共同管理，以流入地管理为主的原则。

2012年，加强流动人口计划生育管理工作，规范流动人口出租房屋管理秩序，下发《阿克苏市关于开展出租房屋星级管理工作的通知》。强化流动人口服务管理创新工作机制，整合资源，发挥各行政村“一村一警”的作用，把一名协警员作为流动人口计生协管员，协助计生干部开展政策宣传、督促房主与所属村（社区）签订流动人口计生服务管理合同、采集登记信息等工作，每月定期向计生部门通报流动已婚育龄妇女信息以及其他流动人口信息。加强与流动人口户籍地的信息通报协查，建立完善信息交互制度和服务管理制度，全面摸清流动人口底数。

2013年，阿克苏市成立流动人口计划生育服务管理办公室，全面落实“同宣传、同管理、同服务、同考核”的要求，坚持公平对待、服务至上、合理引导、完善管理的原则，健全流动人口计划生育服务管理机制。市流动人口计划生育统计建卡在册录入流动人口计划生育服务管理系统85305人。

2015年，建立流动人口“一月一督察、一月一通报”机制，不断提升流动人口基础信息综合应用水平，形成“源头互动、管理互补、信息互通、合作共赢”的工作局面。流动人口计划生育统计建卡在册录入流动人口计划生育服务管理系统98900人。

2016年，阿克苏市建立流动人口平台月通报制，确保市级平台应用率100%，乡级平台应用率达95%以上，信息协查、网络化协作反馈率100%以上。流动人口计划生育统计建卡在册录入流动人口计划生育服务管理系统101038人。

## 二　服务

2007年，按照“教育、服务、管理、维权”工作思路，完善流动人口公共服务和保障体系，建立以财政投入为主体的流动人口管理服务工作经费保障机制，以流动人口管理服务试点为基础，建立健全流动人口计划生育管理机构和服务网络。在各个社区为流动人口开办避孕药具免费发放窗口，为育龄群众提供生育、婚姻方面等咨询指导服务。制作启用全市统一的流动人口（农民工）基础信息卡和阿克苏市流动人口育龄妇女免费技术服务证。

2010年，完善流动人口公共服务和保障体系，为流动人口编印便民服务卡，提高流动人口综合信息数据库和网络系统的利用率，基础信息采集率、准确率100%，变更信息采集率、准确率99%。

2012年，全市创建流动人口计划生育均等化服务试点2个，为流动人口提供计划生育“一条龙”“一站式”服务，免费为符合条件的流动人口提供生殖健康检查、宣传、避孕药品发放服务，维护他们的合法权益。

2013年，阿克苏市以抓流动人口免费计划生育技术服务为突破口，在完善服务管理网络、落实服务管理人员、经费和优质服务上下功夫、抓落实，全市流动人口计划生育基本公共服务均等化工作取得明显成效。阿克苏市创建自治区级计划生育基本公共服务均等化示范点，召开地区级流动人口计划生育基本公共服务均等化现场推进会。

2016 年，开展流动人口服务管理示范乡、村创建活动，在街道、社区建立流动人口一站式服务中心，开展就业、就学、救助等项目一站式服务。

## 第五节　计划生育信访工作

1990 年，市计生委按照国家计生委下发的《计划生育信访工作细则》开展信访工作，主任负责处理重大来信来访工作。

1993 年，市计生委把计划生育信访工作纳入法制化、规范化、科学化管理的轨道，做到经常过问、定期检查、发现问题及时处理。

2000～2002 年，相继建立《计划生育信访工作领导小组制度》《领导干部群众接待日制度》《领导干部信访工作责任追究制度》《首办责任制》《双向承诺制》《信访回复制》等工作制度，并将信访工作纳入目标管理考核。

2003 年 2 月，市计生委制定《计划生育信访干部职责》和《计划生育信访工作程序》。

2006 年，共接待信访案件 200 余起，处理率达 100%。

2008～2010 年，市人口计生系统共受理群众来信 4613 件。

2011 年，共受理群众来信来访 1148 件次。其中求决类信访 644 件次。

2012～2016 年，市受理各类信访案件 5081 件次，结案率达 100%，群众满意率达到 98% 以上。

# 第七章　卫生防疫

## 第一节　公共卫生管理

### 一　食品卫生监督

1990 年，阿克苏市卫生防疫站为 1210 名从业人员进行健康体检，调整从业禁忌疾病人员 46 人。开展健康检查 3323 人，其中 52 人调离直接为顾客服务岗位，发放健康合格证 2825 人，审发卫生许可证 386 户。

1993 年，市卫生检测监督工作由单一性执法监督转换为既监督又服务的双向职能。

1995 年，加强对食品卫生工作的领导，健全监督机构，稳定监督队伍，并定时、定点、定岗、定人、定标准地实施依法监督管理，保证食品卫生质量。

1997 年，加强市区保健食品市场督察及餐饮业的日常卫生监督，严肃处理违法行政，没收销毁过期变质食品 3.6 吨。

2000 年以来，市防疫站在依法对食品生产、经营企业监督检查的同时，对企业负责人及从事一线服务人员进行食品卫生知识培训和健康检查。对辖区内生产的食品、经营的各类产品、商品多次采样检验，及时查处变质、过期的食品，从源头上严把食品安全关。

2006 年，市卫生监督所严格履行《中华人民共和国食品卫生法》赋予的监督职责，开展以预防食物中毒为重点的监督管理，成立食物中毒应急处理领导小组和现场调查处理小组，制定食物中毒突发事件应急处理预案。开展食品安全风险监测、评估、预警和日常监管工作。

2007 年，市卫生监督所对辖区的能承办宴席的餐饮企业实施严格监管，要求将婚丧宴席的凉菜留样，对大型宴席的桌数要提前报告，监督所实行 8 桌以上的宴席派监督人员到现场监督检查的制度，确保餐饮安全。是年 5 月，按照自治区卫生厅《关于查处不合格奶粉的紧急通知》精神，监督所在全市各大商场、集贸市场、医院、学校、专卖店、城乡接合部及农村进行拉网式专项大检查。

2010 年，市疾控中心与卫生监督所配合，完成市区直管餐饮单位餐具消毒效果监测工作任务，抽检餐饮单位 100 余家。

2012 年，市食品药品监督管理局成立后，食品安全监管工作交由食药局负责。

## 二 环境卫生监督

1990 年，市卫生防疫站建立每周三、五环境卫生检查制度，规范市区各大公共场所消毒制度。重点对车站、机场、旅馆、理发、浴池等容易造成公共健康危害的因素进行监测。1992 年，健全公共场所从业人员健康档案。加强生活饮用水卫生监测，对市政供水即阿克苏市供排水公司自来水厂，每月一次（夏季 5 ~ 10 月腹泻病监测期每月两次）对 9 个采样点的出厂水、末梢水进行常规采样监测，对水源水每年两次水质全项监测。1995 年，市卫生防疫站对所辖的舞厅、商场、宾馆进行空气检测，合格率 80.75%。1996 ~ 2000 年，开展公共场所环境卫生监测和公共用品消毒效果监测的项目有：温度、相对湿度、风速、噪声、照度、床位占有面积、甲醛、一氧化碳、二氧化碳、可吸入颗粒物、空气细菌总数、大肠菌群、金黄色葡萄球菌等。每年都抽检公共场所 50 余家，检测 300 余份样品，对环境卫生工作实施常规的动态监测。

2001 年起，市疾病预防控制部门与环境保护、爱国卫生、农、林、牧、水利、技术质量监督、城乡建设等部门通力协作，在水源保护、生态保护、食品安全、环境监测等方面，共同承担国家赋予的各自职责。

2008 年，市疾控中心启动农村改水工程水质卫生监测项目，对新建改水工程的出厂水、末梢水在丰水期、枯水期按项目要求开展监测工作，依据《生活饮用水卫生标准》及《生活饮用水标准检验方法》检测微生物指标、毒理学指标、感官性状和一般化学指标、消毒剂指标，共有 30 余项指标。2013 年开始，启动二次供水监测工作。农村主要对各水厂及供水点（涝坝水、压井水、水塔水）的出厂水、末梢水、井水每年采样监测一至两次，检测指标主要为微生物指标。同时，加大公共场所卫生监测力度，由以往的抽查监测到常规监测，依据《公共场所卫生管理条例》要求，对所有公共场所的空气质量及公共用品用具每年监测检验一次，以保证公共场所人群活动健康与安全。

## 三　劳动卫生监督

自1990年起，市卫生防疫站对市内厂矿企业职工的体检作为常态化进行，有针对性地对触尘、触毒人员进行专门体检、复检，以减少毒物的危害。每年配合工会、劳动等部门在厂矿企业开展劳动安全和劳动保护工作，落实保健措施，改善劳动条件，向职工进行劳动卫生教育。1993年，向各厂矿企业单位发放劳动卫生与职业病防治法规手册，提高单位和职工对职业病的自我防护意识及能力。1995年，进行各类职业体检2474人，发放健康证1700个。

2001年，市卫生防疫站落实《中华人民共和国劳动法》《中华人民共和国尘肺病防治条例》和《新疆维吾尔自治区职业性健康检查管理办法》的有关规定，对阿克苏公路养路段工作在一线的养护工进行职业性健康检查。

2005年，启动职业病监测工作，完成9所私营企业职业危害因素摸底调查。2006年，市疾病预防控制中心对市内多家厂矿企业的2200名职工进行上岗前、在岗期间、离岗时的职业健康检查，对48名职工进行尘肺病检查。

2012年5月，取得职业健康监护资质。2013年开始每年对职业场所从业人员开展职业病健康体检。

2014～2016年，市疾控中心与卫生监督所联合对市工业园区企业进行职业卫生宣传工作，发放《中华人民共和国职业病防治法》宣传资料8000余份。

## 四　学校卫生监督与监测

（一）中小学生体质监测

1990年，市卫生防疫站根据学校卫生工作计划，每年都对2所中小学学生常见病、多发病进行健康体检和督导，主要为内科常规检查、眼科检查、口腔科检查、外科检查、形体指标检查、生理功能指标检查、机能指标、实验室检查等，包括身高、体重、胸围、视力低下、沙眼、龋齿、血压、肺活量等项目的定期体质监测，帮助学校建立学生健康档案，对校医或保健老师开展学校卫生知识培训，给学生上以卫生防病为重点的健康教育课等。为全市中小学生健康成长和发育变化，确定防治重点提供依据和保障。也对辖区学校学生的常见病、多发病进行体检和督导，覆盖率达到100%。2001年以来，实现学生体检数据的计算机统计录入管理，及时将体检结果和健康指导意见反馈给学校。对寄宿学生进行甲肝、乙肝检测。根据《中华人民共和国传染病防治法》《突发公共卫生事件应急条例》《学校卫生工作条例》等，建立学生因病缺课监测系统。市防疫站对中小学校膳食进行调查。每年为学生体检时对营养状况进行调查与分析，并将分析结果及指导意见即时反馈给学校，由学校向学生及其家长反馈，以便纠正不良饮食习惯，使学生的营养不良状况得到改善。

（二）中小学生健康监测

1995年，市卫生防疫站开展阿克苏市小学生寄生虫病抽样调查，并对全市小学生进行口服阿苯达唑集体驱虫治疗。1997年在对全市中小学生进行口服阿苯达唑集体驱虫治疗肠道寄生虫病的基础上，1998年对城区第四小学、第五小学、第七小学、第三中学、第五中学7～14岁学生176名肠道寄生虫病感染者进行驱虫效果复查，检出感染各种肠道寄生虫病5人，驱虫治疗效果明显。

### 五　从业人员预防性健康体检

1990年后，市卫生防疫站为体检合格者发放健康合格证，凡发现病毒性传染性肝炎、伤寒、痢疾、肺结核、渗出性和化脓性皮肤病的均不得从事服务性行业，并令其及时隔离治疗和调换工作岗位，以防止传染病传播，避免对社会人群带来潜在危害。1998年，成立独立的体检办证科，与检验科、结防科共同承担体检、检验和X光胸透业务。随着经济快速发展，年体检量逐年增加，体检人数由20世纪90年代的几千人上升至2016年的2万余人。

### 六　国家基本公共卫生服务项目

2009年，阿克苏市开始实施国家基本公共卫生服务项目。在英巴扎、红桥、新城3个社区卫生服务中心建设面积分别为1400平方米、1400平方米、2000平方米。2010年，中央扩大内需项目为南城社区卫生服务中心，建设面积1500平方米，上海对口援建项目为兰干社区卫生服务中心，建设面积2000平方米。2016年扩大内需项目为柯柯牙社区卫生服务中心，建设面积为1400平方米。

2011年前，根据阿克苏市街道办事处、社区居委会实际设置情况，阿克苏市设5个社区卫生服务中心和28个社区卫生服务站。2012年，阿克苏市设立柯柯牙街道办事处后，阿克苏市规划设立社区卫生服务中心6家、社区卫生服务站32家。2016年，阿克苏市设立多浪片区管委会和红旗坡片区管委会后，阿克苏规划设立社区卫生服务中心7家、社区卫生服务站62家。其中，英巴扎、兰干、新城、南城、红桥5家社区卫生服务中心，具备独立的《医疗机构执业许可证》，具备办公阵地的社区卫生服务站38家。5家社区服务中心均配备有DR设备、尿常规、血常规、全自动生化分析仪、血红蛋白仪、血压计、听诊器、身高体重秤、腕式血压计等常规辅助检查仪器。

2009年，国家基本公共卫生服务规范、服务项目为城乡居民健康档案、健康教育、预防接种、0～36个月儿童健康管理、孕产妇健康管理、老年人健康管理、高血压患者健康管理、Ⅱ型糖尿病患者健康管理、重症精神病患者管理、传染病及突发公共卫生事件报告和处理10项。2011年国家基本公共卫生服务规范、服务项目，由原来的10项增加到11项，新增卫生监督协管，同时0～36个月儿童健康管理扩大服务对象变更为0～6岁儿童健康管理。2016年，国家基本公共卫生服务规范、服务项目新增肺结核患者健康管理、中医药健康管理服务，由2011年的11项增加到13项。随着每年服务项目的增加，基本公共卫生服务经费由最初的每人15元增加到每人45元。

## 第二节　疫病防疫

### 一　计划免疫与预防接种

#### （一）常规免疫

1990年，阿克苏市已规范开展计划免疫工作，主要针对7岁以下儿童，以四苗防六病，分别为卡介苗预防肺结核病，脊髓灰质炎三价疫苗预防脊髓灰质炎（俗称“小儿麻痹症”），百白破预防百日咳、白喉、破伤风，麻疹疫苗预防麻疹。1997 年，通过计划免疫以乡为单位的第三个 85% 指标任务的验收。2002 年国家将乙肝疫苗纳入免疫规划管理，2008 年国家实施扩大免疫规划，又将甲肝疫苗、流脑疫苗、麻风疫苗、麻腮风疫苗等 4 种疫苗纳入免疫规划管理，全市所有 0 ~ 6 岁儿童均可享受国家免费的 9 种疫苗预防 11 种传染病。自 2016 年 5 月 1 日起，由脊灰二价疫苗替代脊灰三价疫苗。到 2016 年底，基础免疫各种疫苗接种率均达到 90% 以上，扩大免疫规划疫苗接种率达到 85%，大大降低免疫规划针对疾病的发病率，白喉自 1990 年再无新发病例报告，有效保护儿童的身心健康。

自 1996 年开始，阿克苏市为巩固计划免疫的成果，保证疫苗的接种率及有效接种，降低疫苗针对疾病的发病率，每年对接种率组织一次抽样调查，常年开展 AFP、麻疹、新生儿破伤风、流脑和入学入托儿童预防接种证查验工作。2014 年启动免疫规划专项整治行动，制定《阿克苏市免疫规划专项整治活动实施方案》，成立阿克苏市免疫规划专项整治活动领导小组，明确各部门和相关人员职责，层层签订免疫规划规范化管理专项整治目标责任书。在全市范围对 56961 名 0 ~ 6 岁儿童入户摸底登记和查漏补种，其中在卡儿童 5. 18 万名、未上卡儿童 5161 名，对未上卡儿童及时开展补卡工作，对漏种儿童进行常规免疫疫苗补种，共补种疫苗 11517 针次。2015 年对 0 ~ 6 岁儿童开展脊灰、麻疹、白喉、甲肝、流脑 A 型 B 型等 6 种疾病的抗体监测工作。

（二）强化免疫

**脊髓灰质炎强化免疫**　自 1993 年起，阿克苏市开展针对 4 岁以下儿童每年两轮的脊髓灰质炎强化免疫活动，或“扫荡式”免疫，或查漏补种，至 2016 年，已连续 24 年开展脊髓灰质炎疫苗强化免疫活动，每年脊灰疫苗接种率均达 98% 以上。2011 年 8 月，阿克苏市因发生脊髓灰质炎病例，全市立即启动对 40 岁以下人群开展脊髓灰质炎疫苗应急接种，其中 0 ~ 15 岁人群应种 146112 人，实种 145985 人，接种率为 99. 91%；15 ~ 39 岁人群应种 256700 人，实种 256278 人，接种率为 99. 83%。

**麻疹强化免疫**　为有效控制麻疹的暴发流行，降低及消除麻疹的发生，阿克苏市分别于 2004 年、2008 年、2010 年、2013 年（麻风疫苗）对 0 ~ 6 岁儿童开展麻疹疫苗强化免疫活动，接种率均达 99%。2008 年对 18 个月龄至 6 岁儿童开展甲肝疫苗强化免疫，2010 年对 15 岁以下人群开展乙肝疫苗第一针接种。

（三）冷链及信息化建设

20 世纪 90 年代，阿克苏市卫生防疫站用冰箱贮存疫苗，县级以下乡镇、村用冷藏箱和冷藏包运输和贮存疫苗，2006 年乡卫生院及村卫生室配备疫苗专用冰箱，2009 年阿克苏市疾病预防控制中心修建冷库，2016 年配备疫苗冷藏运输车后，疫苗冷链系统装备完善，疫苗从出厂到接种的所有环节均有保障。

2015 年 7 月，阿克苏市启动儿童预防接种信息化工作，将 2008 年 1 月 1 日以后出生儿童预防接种信息全部录入进行信息化管理，自 2016 年 1 月 1 日开始，由各助产医疗机构完成新生儿基本信息录入和乙肝疫苗和卡介苗接种。阿克苏市 0 ~ 6 岁儿童建卡率达 99% 以上，辖区内儿童预防接种管理已进入信息化管理时代。

## 二　传染病防治

（一）常见传染病防治

1990年以来，阿克苏市按照自治区、地区要求及各类文件精神，制定阿克苏市各类传染病监测方案，完成当年监测任务，按时完成年度内传染病疫情报告管理和分析，及时报告传染病发病情况。2004年，开展疾病监测信息网络直报工作，建立传染病疫情及突发公共卫生事件常规报告制度，开展网络媒体信息搜索工作，将重点传染病疫情与突发公共卫生事件预测分析及专题分析纳入常规工作内容，并开展风险评估工作。

从2001年起，阿克苏市所报告的乙类和丙类传染病总发病率总体趋于平稳。2004~2016年，阿克苏市法定报告传染病发病率在500/10万以上，曾发生2次发病高峰，分别是2008年发病率为1303.08/10万，2015年发病率为1143.05/10万，发病率较低的是2011年为528.65/10万。甲类传染病曾发生过霍乱，乙类传染病发病数占前五位的分别为病毒性肝炎、肺结核、细菌性痢疾、梅毒、麻疹；丙类传染病发病数占前三位的分别为流行性感冒、流行性腮腺炎、其他感染性腹泻。控制传染病发生的防治原则是管理传染源，切断传播途径，保护易感染人群。通过健全突发公共卫生事件应急预案和重大传染病应急预案，及时处置传染病预警信息，加强传染病流行病学调查处理，有效控制传染病的发生蔓延。

（二）非典型肺炎防治

2003年，阿克苏市委、政府全面部署非典型肺炎防治工作。成立领导小组，下设办公室和业务组、后勤保障组、宣传培训组、综合监督组、农村防非组，办公室设在市卫生局。市卫生局、卫生防疫站和广大医务人员有针对性地做好疫情预防、控制宣传工作；加强疫情监测，做好医护人员的培训，市、乡两级卫生部门做出预防、接治预案，全民参与搞好环境卫生，彻底清理公共场所卫生，定期消毒，营造健康的、生产、生活环境。

2003年4~5月，全市共召开非典防治动员大会650场，形成从城市到农村，全员动员，齐抓共管的非典防治工作格局。制定《阿克苏市防非典预案》和《阿克苏市农村防非典方案》。全市举办各级各类卫生技术人员非典型肺炎防治知识培训班21期，培训1269人。组织模拟演练观摩会1次，专项及综合应急模拟演练13次。开展城乡居民、重点人群非典型肺炎防治知识宣传咨询活动，发放维吾尔语、汉语宣传材料22.98万份，制作宣传板105块，悬挂宣传横幅30条，提供咨询服务2.04万人次，组织宣讲团宣传非典预防知识19场，受教育人员2298人次。对来自疫区和返阿的5189人进行流行病学调查，其中在家隔离观察1541人、住院观察8人，累计报告发热病人312人。在民航、铁路、公路设置3个监测站，抽调卫生、防疫专业人员对外来8.56万名乘客进行体温测试，对查出的92例发热病人及时送定点医院进行隔离观察；对14854辆车辆进行消毒。通过采取各种防范措施，有效控制和防止非典型肺炎的发生。

市党政部门和各医疗卫生单位严格实行24小时值班制，领导带队值班。抽调大批卫生防疫人员，在市出入境交通要道分设交通检疫站，民航、铁路、公路交通站、点设留观室和留验站，不分昼夜对过往旅客进行测温和消毒，对可疑患者进行跟踪监测和管理；对体温高和从疫区进入阿克苏的旅客进行留观，严把疫情输入关。市卫生局组织专业人员对民航、车站、宾馆、旅社、集贸市场、公园、电影院、建筑工地等人员聚居区实行严格消毒。各中小学校、幼儿园建立晨检制度和学生家长联系卡制度，每日定期测量学生和幼儿体温，同时对教室、食堂、实验室、图书馆、宿舍、办公室、公厕每天进行消毒，并加强对学生和幼儿饮用水的管理。

2003 年 9 月，为应对非典疫情反弹，市卫生局制定《2003 ~ 2004 年阿克苏市传染性非典型肺炎防治工作方案》和《阿克苏市传染性非典型肺炎疫情监测报告实施方案》，市各级非典防治机构启动防治机制。坚持非典疫情日报告、紧急报告和 24 小时值班制度。从 11 月 1 日起，按照全国和自治区非典防治工作电话会议要求，市非典型肺炎防治工作进入预警状态。各级医疗机构恢复发热呼吸道疾病门诊，开始对发热病人开展预检，并设立体温检测台、预检分诊室、留置观察室等。阿克苏市未发现疑似非典病例。

## 三　甲型 H1N1 流感防控

2009 年 9 月 18 日，阿克苏市报告首例甲型 H1N1 流感病例，至疫情结束共发生病例 140 例，其中确诊病例 44 例、疑似病例 96 例，病例主要集中在人员密集的中小学校及托幼机构。为控制甲型 H1N1 流感疫情的蔓延和暴发，从 9 月 18 日起市立即启动《突发公共卫生事件应急预案》，按照市政府统一部署，抽调专人组成甲型 H1N1 流感防控指挥部。在学校、托幼机构甲型 H1N1 流感防控工作中，采取停课、防控知识培训、晨检、测体温、缺课登记、校舍清洁通风、疫情报告等主要防控措施，配合好卫生部门开展流行病学调查。做好暴发疫情的调查、处理等工作。对全市 140 例甲型 H1N1 流感病例和密切接触者及时开展流行病学调查及疫点疫区的处理、指导性消毒，同时按时上报各项报表和疫情分析；为促进学校甲型 H1N1 流感防控工作，市疾控中心派选 24 名业务人员指导学校开展防控技术工作；组成 2 个督察组，每日对各学校甲型 H1N1 流感防控工作进行督导检查；对三类人群开展甲型 H1N1 流感疫苗接种工作，共接种 4696 人。卫生部门按照分级分类救治的原则，对甲型 H1N1 流感病例实行临床分类管理，重点加强重症病例救治工作。加强对医务人员特别是基层医院医务人员的培训和演练。同时，按照《社区甲型 H1N1 流感暴发流行控制工作方案（试行）》要求，建立联防联控机制，通过对疫情的调查处理，使相关人员掌握防控措施。利用各种媒体，采取群众喜闻乐见的方式，广泛宣传甲型 H1N1 流感防控知识，让广大群众了解并掌握有关防控知识，消除社会公众不必要的恐慌心理和焦躁情绪，提高大众的防病意识和自我保护能力。做好物资储备，保障经费支持，包括防护用品、应急预防性药物、抗病毒治疗和对症治疗药品、消杀药械、救护车辆、检测试剂等物资支出费用和接受医学观察人员食宿、体检等支出。重点对全市学校、托幼机构等人群聚集的单位，以及医疗机构预检分诊、院感控制，疾病控制等专业机构应对疫情的准备和应急队伍建设及物资储备等方面开展督导检查。

## 四　人感染高致病性禽流感防控

2006 年 7 月 12 日，阿克苏市发生不明原因家禽（鸡）大批死亡，于 7 月 14 日和 17 日经自治区和国家确认为 H5N1 高致病性禽流感暴发流行疫情。阿克苏市立即成立防控人感染高致病性禽流感工作领导小组，各乡镇场、街道办事处及有关部门也相继成立领导小组。市卫生局组织成立医疗救护技术专家指导小组和预防控制技术专家指导小组。制定《阿克苏市人感染高致病性禽流感控制应急处理预案》，向全市各医疗卫生单位下发人感染高致病性禽流感疫情的处理和报告程序，加强疫情监测及报告管理。聘请地、市流行病学及临床医学专家，采用全集中和分散培训的方式，举办全市各级各类人感染高致病性禽流感防控知识和技能培训 4 期，共培训 743 人次。与畜牧部门联合举办人感染高致病性禽流感防控实战演练 2 次。对全市食品从业单位进行禽流感防治知识培训，培训 3210 人次。向全市印发宣传单 10 万余份。在全市范围启动 32 个发热门诊，对发热门诊、隔离病房和呼吸道传染病的预检、分诊工作进行规范管理。开展流行病学调查及密切接触者管理。以疫点为中心，半径 3 千米范围内共 278 户 772 人，及两个疫点 34 户养殖户 102 人连续 7 天进行现场流行病学调查，对密切接触者 488 人进行 5 轮次的现场流行病学调查及医学观察 7 天，预防性服药 3 天，对出现异常临床表现者及时隔离，共计入户调查 1946 户次、5404 人次。对禽流感密切接触的五类 509 名（养殖、扑杀人员等）高危人群进行医学观察 7 天。消毒小组分队对疫点疫区 1685 户进行全面彻底的药物消毒，总面积达 2161632 平方米，共出动人员 260 人次。抽调各医疗机构人员 100 余人参与疫点疫区家禽的捕杀、消毒、焚烧等无害化处理。抽调医务人员 150 余人对疫点疫区 782 户养禽户内鸡、鸭、鹅、鸽子 31262 只进行禽流感疫苗注射。抽调卫生监督员 20 余人，对食品从业单位禽流感防治工作进行全面的监督检查，对 59 家市场、693 家各类食品从业单位、15 家公共服务场所和各乡镇场的食品卫生及禽流感防治工作情况进行检查。648 名工作参与人员，进行医学观察。市医院安排 6 名医务人员在疫点疫区设立临时医疗救护点，免费为疫区居民 70 余人和消毒喷洒工作人员提供 1005 元的药品。通过采取各种防范措施，有效控制和防止禽流感疫情的扩散和蔓延，未发现人疑似禽流感病例。

## 五　结核病防治

1990 年，在市托普鲁克乡尤库日客拉客力村和托普鲁克村两个全国流调点，在自治区专家指导下，地区流调队调查 1956 人，发现肺结核 25 人，患病率 1280/10 万，其中涂阳病人 12 人，涂阳患病率 613. 5/10 万。1992 年，市政府成立以主管卫生的副市长为组长的结核病项目领导小组。1993 年 11 月，《世界银行贷款结核病控制项目（简称卫 V 项目）》在阿克苏启动，2001 年 12 月 31 日结束。项目覆盖所有乡镇、场，项目覆盖率为 100%，人口覆盖率为 100%。项目实施 9 年中，共接诊可疑肺结核病人 8060 例，胸透 7489 例，查痰 9991 人次，共发现活动性肺结核病人 2710 例，其中初治涂阳病人 1196 例，复治涂阳病人 423 例，新发涂阴病人 1091 例，免费治疗 1676 例，治愈率 97. 5%，保护 32380 名健康人群。2000 年，在市红桥办事处莱巴扎、幸福路居委会两个全国流调点，自治区、地区和市组成联合调查队，实查 1572 人，发现肺结核 22 例，患病率 1363/10 万，其中涂阳病人 5 人，涂阳患病率 309. 8%。

2002 年，阿克苏市开始启动新一轮世行贷款/英国赠款结核病控制项目继续防治结核病，项目实施 6 年中，共接诊可疑肺结核病人 8902 例，胸透 5819 例，查痰 9167 人次，共发现活动性肺结核病人 2108 例，其中初治涂阳病人 1417 例，复治涂阳病人 345 例，新发涂阴病人 346 例，共免费治疗 2108 例。

2007 年，启动全球基金第五轮双感项目工作，重点在结核病人中监测 HIV，和在 HIV 初筛阳性者中发现结核病人，对发现的双感病例符合治疗条件的进行 CPT 治疗，并建立病案，强化管理。

2013 年，启动由定点医疗机构、基层医疗卫生机构、疾病预防控制机构构建的阿克苏市结核病新型服务体系，有效提高结核病防治工作质量和效果。同年，根据《初治涂阴肺结核患者免费治疗管理指南》对全市初治涂阴肺结核患者落实免费治疗。通过加大病人的发现力度，督促综合医疗机构的转诊，加强病人的追踪，规范病人的治疗管理，强化病人督导访视，落实病人的免费治疗，及对涂阳病人密切接触者筛查，阿克苏市结核病防治发现任务数、新涂阳肺结核患者的治愈率（考核指标≥90%）、涂阳肺结核患者密切接触者筛查率（考核指标≥95%）、报告肺结核患者和疑似肺结核患者的总体到位率（考核指标≥90%）、以县（市）为单位抗结核固定剂量复合制剂使用覆盖率达到 100%，综合医疗机构结核病人转诊率、系统管理率、督导访视率、艾滋病病毒感染者结核病的筛查率（考核指标≥90%）、结核病患者艾滋病病毒的筛查率（考核指标 100%）均达到指标要求，并对复治涂阳肺结核病人开展痰培养工作，为广大患者解除病痛，减轻经济负担，加速结核病例控制进程。

### 六　霍乱防控

1993 年在哈拉塔乡、托普鲁克乡、库木巴什乡发病 11 例，全部治愈。1995 年在阿依库勒、哈拉塔、托普鲁克、库木巴什等乡共发病 44 例，其中阿依库勒乡发病 33 例，全部治愈无死亡。1996 年在库木巴什乡发病 1 例，经治疗痊愈。1998 年在托普鲁克乡发病 6 例、阿依库勒乡发病 4 例，全部治愈无死亡。1999 年在拜什吐格曼乡发病 2 例，经治疗痊愈。2000 年后，阿克苏市无发病病例。

### 七　甲型肝炎防控

2015 年，阿克苏市报告甲肝病例 45 例。2016 年 10 月 1 日至 12 月 14 日，阿克苏市报告甲肝病例 57 例，报告发病率为 10.44/10 万，无死亡病例报告。发病最小年龄 11 个月，最大年龄 79 岁。城区发病 33 例，占发病总数的 57.89%；农村发病 24 例，占发病总数的 42.1%，病例呈散在分布，学龄前儿童发病所占比例较高，占 43.86%。针对疫情主要采取医疗机构做好住院病例的管理和院感工作，隔离治疗甲肝病人，对甲肝病人接触过的餐具、衣物等日常用品严格消毒，被甲肝病人排泄物污染的卫生纸等一次性物品及时丢弃，或做焚烧处理；加强甲肝疫情信息报告；加强 1.5～6 岁儿童甲肝减毒活疫苗的常规接种和查漏补种工作，提高甲肝疫苗及时接种率；加大甲肝防治知识宣传力度，普及健康教育知识，提高群众保护能力；卫生监督部门加大对饮食服务行业和生活饮用水的监管力度，有效控制疾病的传播及蔓延。

## 第三节　地方病防治

### 一　碘缺乏病防治

2005 年，阿克苏市碘缺乏病已达到国家消除目标，2016 年为碘缺乏病轻病区。阿克苏市根据《新疆维吾尔自治区碘盐监测方案》，结合实际制定《阿克苏市碘盐监测方案》，开展碘盐监测工作，2000～2016 年每年对 300 户（份）居民食用盐进行碘盐监测，合格碘盐食用率达 98%。2006

年，对农村5个乡（镇）250名8～10岁儿童甲状腺触诊检查及尿碘监测，甲状腺Ⅰ度肿大29名，肿大率为11.6%，尿碘中位数为每升119.65微克；对154户居民食用盐监测，合格105户，合格碘盐食用率为68.2%；抽查502名五年级学生及183名家庭主妇进行碘缺乏病防治知识知晓率调查，其知晓率分别为91.5%和89.1%。5乡（镇）属于轻病区。2007～2016年特需人群补碘中，共8次对新婚育龄妇女、领取生育指标妇女、妊娠3个月内孕妇、哺乳期妇女等四类人群开展补碘工作，补碘率99%。2016年，对农村5个乡（镇）200名8～10岁儿童甲状腺触诊检查及尿碘监测，有7名甲状腺肿大，肿大率为3.5%，尿碘中位数为每升300微克以上；对300户（份）居民食用盐进行碘盐监测。在300户（份）居民食用盐样中，现场进行半定量检测，同时进行采样，进行全定量检测，其中合格碘盐294户、不合格碘盐5户、石头盐1户，合格碘盐食用率98%，5份不合格碘盐；抽查180名五年级学生及180名家庭主妇碘缺乏病防治知识，知晓率分别为97%和97%。

### 二　棘球蚴病防治

2012年，阿克苏市启动棘球蚴病流行病学调查。2016年3月，阿克苏市被自治区列为棘球蚴病防治项目县市，全面开展棘球蚴病防治健康教育培训、业务督导和技术指导，提高目标人群对棘球蚴病防治知识知晓率。同年对650名6～12岁儿童及6500名高危人群开展棘球蚴病患病与感染情况调查；完成500条犬粪便监测及3500条犬管理及每月一次驱虫治疗；对屠宰场500只2岁以下羊开展家畜棘球蚴病感染状况调查；对20名包虫病患者进行治疗。

### 三　氟中毒监测

2005年，阿克苏市根据农村饮水水质监测项目要求，完成510份水样砷、氟、碘含量检测。2007年根据《阿克苏市饮茶型氟中毒流行现状调查技术方案》，开展氟中毒流行现状调查，对400名8～12岁小学生氟斑牙、尿，400份15岁以上成人尿、103份砖茶水、8份饮用水进行氟含量检测。

### 四　病媒生物监测

2006年，阿克苏市被列为病媒生物国家级监测哨点。每年在城市居民点、农村自然村及粮油、副食、肉、面粉、饲料加工等特殊行业，设置不同行业的环境166处4360个监测点，开展鼠、蟑螂、蚊、蝇等四种生物密度监测及种类鉴别，长期、连续、系统地收集鼠类、蚊类、蝇类和蟑螂等病媒生物的种类、数量、分布和季节变化，对监测资料进行整理分析并对结果进行解释和反馈，为卫生行政部门和疾病预防控制机构制定、实施、评价和调整病媒生物控制的策略和措施提供科学依据。

## 第四节　慢性病防治

1990年以来，随着阿克苏市经济社会的发展，居民生活水平不断提高，人口老龄化程度的加剧以及居民生活方式的改变，高血压、糖尿病、心脑血管病和恶性肿瘤等慢性非传染性疾病（以下简称慢性病）的发病率和死亡率逐年上升。2013年，阿克苏市疾病预防控制中心成立慢性病防治科，主要承担死因监测、慢性病防治、控烟工作。根据阿克苏市慢性病流行和防治情况，按照《中国慢性病防治工作规划（2012～2015年）》和地区卫生局安排，市人民政府将慢性病预防治疗提到议事日程。2015年，启动慢性病防治示范区创建工作，至2016年仍在创建中。

# 第八章　卫生保健

## 第一节　妇幼保健

### 一　妇女保健

1990年以来，市妇幼保健站每年定期下派妇幼卫生专业技术人员到7乡1场、5个街道办事处卫生服务中心对妇幼专干进行妇女保健工作督促、培训指导；利用各种宣传日和卫生下乡等形式，对农村妇女开展青春期、经期、孕期、产期、更年期的保健知识宣传教育工作；向门诊病人宣传妇科常见疾病防治知识及科学育儿知识。科学接生、住院分娩率稳步上升。至1995年，阿克苏市新法接生率达到90%。

1996年，市妇幼保健站相继在街道、乡镇开展孕产妇系统管理。门诊每年做好已婚育龄妇女的早孕检查工作；对孕期妇女建立孕产妇保健手册，并进行孕期保健等方面的知识宣传教育，指导其定期进行产前检查，倡导住院分娩、产后访视、产后康复健康检查等；定期到基层开展培训及宣传教育工作；及时统计相关数据并准确上报。

1999年，市妇幼保健站在农村全面铺开孕产妇系统保健管理工作，加强高危孕产妇的监测，保健人员经常深入农村开展妇幼保健宣传工作和孕期检查，定期召开村妇幼专干会议，听取工作汇报，结合实际解答疑难问题，组织学习妇幼保健知识，交流经验。乡村医生都具有中专以上文化水平，有一定的专业知识和业务管理能力，经过专业培训、技术指导，基层专干业务水平和操作能力都提升较快。阿克苏市新法接生率95%，90%育龄妇女得到孕期保健，100%的婚前夫妇得到婚前检查和有关知识教育，乡镇级妇幼保健专业人员配备齐全。

2001年后，开展妇女婚前检查及孕产妇保健，降低孕产妇死亡率。农村以普及新法接生、提高产妇质量及住院分娩率为主，对孕产妇及婴幼儿进行系统管理，防治孕产妇和婴幼儿常见病多发病。城市以优生优育为重点，开展婚前保健、围产保健、婴幼儿系统保健，围绕防治妇女儿童的主要疾病进行调查和科研，探索适合民族地区妇幼保健站服务的有效方法，提高保健管理水平。

2003～2005年，市妇幼保健所开展“母婴安全年”活动，对“两个系统管理”（孕产妇系统管理、儿童系统管理）及高危孕产妇管理进行督导检查及指导工作。2007年，进一步落实《妇女、儿童发展纲要》提出的各项任务，健全和完善妇幼卫生监督网络，完成《妇女、儿童发展纲要》的中期评估工作。至2016年，新法接生率中，住院分娩率由2001年的71.63%逐步上升到2016年的99.51%，孕产妇死亡率从2000年的124.48/10万降至2016年的20.98/10万，婴儿死亡率由2000年的45.64‰下降到2016年9.96‰。孕产妇建卡自2000年开始全面实施，孕产妇建卡率从2000年的92.65%，上升到2016年的95.6%。

### 二　儿童保健

1990 ~ 2000年，市妇幼保健站做好辖区内7岁以下儿童保健管理和3岁以下婴幼儿的生长发育监测工作；开设规范化的儿童保健门诊，全工作日开诊；及时收集辖区内儿童保健相关信息数据资料，进行数据统计、分析、及时上报和信息反馈。

2001年后，市妇幼保健站每年通过对儿童的生长发育进行定期、动态、系统的观察和了解，及早发现儿童常见疾病，及早治疗和指导，达到降低儿童常见病的发病率和婴儿死亡率，保证儿童健康成长。逐步建立完善市、乡、村“三级”联动妇幼保健网络，覆盖到各社区和5乡2镇。

2005年，开始办理由国家卫生与计划生育委员会统一印制、自治区统一编号的《出生医学证明》。

2009年，开展“新生儿疾病免费筛查项目”工作。使新生儿先天性遗传代谢性疾病得到早期诊断、早期治疗，避免宝宝因脑、肝、肾等损害导致智力、体力发育障碍甚至死亡。

2010 ~ 2016年，儿童保健主要是做好儿童“4 - 2 - 1”（1岁之内每3个月检查1次，3岁以内每半年检查1次，6岁之内每年检查1次）检查，积极防治儿童常见病、多发病；对全市范围内所有幼儿教育机构进行业务指导、卫生保健指导和体格检查。

## 第二节　婚前保健

1990年，阿克苏市主要在城区及农村群众中开展婚前保健工作。

1993年，市妇幼保健站被指定为婚前医学检查的定点单位后，专门选派人员前往自治区学习培训，以规范婚前医学检查服务，提高婚前保健水平。新的婚姻登记条例取消婚前医学检查的规定。

2003年10月，停止强制性婚前医学检查工作。

2009年，政府出资恢复婚前医学检查工作，城乡参与婚前检查的人员逐年增多，2009 ~ 2016年共检查100124人。

2013年，市妇幼保健站接受婚前保健人数14160人，接受HIV梅毒和乙肝咨询检测人数为14160人，咨询检测率为100%。

2016年，婚前保健人数为9872人，HIV梅毒和乙肝咨询检测率为100%。

## 第三节　老年人保健

1990年，市卫生局与组织部发动多部门共同关注老年人保健工作，印发老年人健康知识宣传材料，举办老年人健康知识讲座，组织老年人健康体检，使社会对老年人保健工作的认识逐步提高。2000 年后，城镇社区卫生服务迅速发展，将康复医学的功能列入社区卫生服务中，各社区都为老年人建立健康档案，定期上门服务和举办老年保健知识讲座。

2002 年，市妇幼保健站与社区卫生服务站制定多项便民、利民的服务措施，深入居民家中了解家庭成员的健康状况，免费建立家庭健康档案，为从中筛选出的老年慢性病患者、行动不便者、妇女、儿童等，依据个人意愿签订保健合同，社区卫生服务站按约定进行健康体检和巡诊，对老年高危人群和慢性病患者实行四级预防保健（一级为病因预防，二级为临床前期预防保健，三级为临床期预防保健，四级为临终关怀服务）。组成老年人健康教育组，组织社区老年人进行健康教育学习。

2010 年，城市居民、农村居民和城乡 65 岁以上老年人健康档案建档率分别达到 72. 12%、64. 73% 和 62. 5%。

至 2016 年，市医疗卫生机构不断拓宽为老年人提供优质服务的项目和范围，降低各项医疗检查费，免收挂号费，实行单病种限价，开通“120”急救中心绿色紧急救护通道，各医疗卫生单位都在挂号室、就诊室、收费处、药房、住院处的窗口设置老年人优先的标志，对老年人实施优先照顾。市妇幼保健院临床医疗组门诊实行 24 小时昼夜服务，免收挂号费，常备用药 200 余种，开设专家门诊，进行健康咨询、就医指导、双向转诊、出诊服务、家庭诊疗、随诊、巡回医疗等，年就诊万余人次。全面落实城乡基层医疗卫生机构提供的 9 类基本公共卫生服务项目，全市 75% 的 60 岁以上老人当年接受健康体检。

# 第九章　爱国卫生

## 第一节　健康教育

1990 年，市爱国卫生运动委员会办公室负责全市全民健康教育活动，向群众输送卫生知识，提升全民卫生健康意识。各乡（镇）场街道、市直各单位、学校、社区都配备兼职健康教育宣传员，形成一个基础宣传教育网络。

1994 年，阿克苏市成立健康教育所，市财政专款为健教所配备电视机、照相机、录音机等设备，城区各系统、各单位也相应形成以健康教育所为中心的组织网络。

2001 年后，市爱国卫生运动委员会办公室在每年“3・3”爱耳日、“3・24”世界防治结核病日、“4・7”世界卫生日、“11・19”世界厕所日、“4・25”计划免疫宣传日、“5・8”红十字宣传日、“5・15”全国碘缺乏病宣传日、“5・19”助残日、“5・31”世界无烟日、“6・6”爱眼日、“10・8”全国高血压宣传日和“12・1”世界艾滋病宣传日，采取多种宣传形式，广泛深入开展健康教育和防病知识宣传教育。全市学校健康教育开课率达 100%，中小学健康知识知晓率与健康和行为形成率分别为95%、85%。

自2005年起，市爱卫办每年结合世界卫生日、春季爱国卫生月、春季植树造林等各类主题活动，采取多种形式广泛宣传、层层发动，营造浓厚的春季爱国卫生运动氛围，利用健康教育宣传栏、黑板报进行宣传。教育部门利用校园广播、黑板报等形式进行宣传，对广大师生、幼儿及家长进行专题教育，使卫生健康知识深入人心，帮助培养广大学生和幼儿养成良好卫生习惯。

自2009年起，市爱卫办每年都组织市人民医院、疾控中心等相关专业工作人员对全市乡村卫生室医务人员开展“科技之冬”健康教育活动。对全市各中、小学校、托幼机构分管卫生工作的领导和负责健康教育工作的相关人员进行健康教育知识培训。在全市范围内全面推进无烟医疗卫生系统创建，加强无烟医疗卫生机构督导检查，实现卫生行政部门和医疗卫生机构全面禁烟，并结合创建无烟医院、无烟单位、无烟机关、无烟学校活动，倡导各事业单位、机关、学校开展戒烟活动。征订健康宣传教育片、杂志、健康生活报、疾病控制、妇幼保健图册及卫生知识等读本，发放至各乡（镇）场、社区、村卫生室、中小学校和农牧民手中，通过广播电视播放除四害宣传片和卫生公益广告，让群众更深入地了解并掌握卫生基本常识，提高人们的自我保健意识，从而树立“讲卫生光荣，不讲卫生可耻”的新风尚。

2011年，对全市已达标的110个无烟单位进行一次全面督察，并将创建无烟单位作为创建三级卫生红旗单位审核的前置条件。以“艾滋病防治日”“结核病防治日”“爱眼日”“爱耳日”“地方病加碘病防治”等主题活动对全市各族群众开展健康教育。发放各类宣传单1.2万余份。

2012年，市爱卫办牵头，组织各街道办事处、相关单位在世纪广场开展以“健康相伴，活力常在”为主题的专场文艺表演，500名中小学生代表在广场开展“清扫保洁世纪广场”实践活动，发放宣传资料500余份，宣传版面80块，悬挂横幅40条，为360名群众进行免费义诊。

2014～2016年，市爱卫办组织全市各街道办事处、社区、职能单位、医疗机构等单位，广泛开展以“病媒传播的疾病——小生物、大危害”为主题的宣传活动。围绕“清垃圾、保洁净”的活动主题，全面开展城乡环境卫生整治活动。开展各种形式的健康“进单位、进机关、进学校、进家庭”等健康教育活动。

## 第二节 爱国卫生月

1990年，市爱卫会在全国第二个爱国卫生月活动期间，组织各乡镇场、街道办事处落实卫生达标任务，根据实际情况，解决城乡卫生的难点、热点问题，提高全民的科学健康卫生意识。

1991～1995年，市爱卫会在每年爱国卫生月，组织开展全民性爱国卫生运动。每年对全市街道林带、饮食服务场所、公共厕所投药消毒面积在5000平方米以上，发放老鼠药6000包以上、灭蟑药2万包左右。

1996～2000年，市爱卫会每年组织各街道办事处、卫生、工商、环卫、城建、防疫等部门组成联合检查组，以治理脏、乱、差为活动主题，清理卫生死角为中心工作，使街道、巷道、居民院落、农贸市场面貌得到较大的改观。1998年，市爱卫会举办“三竞赛”（创“全国卫生城市”活动板报竞赛、爱国卫生知识竞赛、健康教育百题答卷竞赛）活动，出动干部、群众、学生达1.79万人次，发放宣传单2.7万份，组织义务劳动8215人次，彻底清运积存垃圾、污物300多立方米，加大卫生管理力度，对所有垃圾桶箱进行清理、消毒。

2001～2004年，市爱卫会对薄弱环节进行专项治理，强化卫生长效管理机制，清理卫生死角586处，清运垃圾5000余吨，改造旱厕93座，治理居民区200余个、城乡接合部卫生难点15处。举办灭鼠培训班5期，培训人员492人，发放灭鼠药品2400千克、毒饵盒3800个。举办“同和杯”健康教育有奖知识竞赛，在金桥文化广场举办阿克苏市首届健康教育有奖竞赛颁奖文艺晚会，开展“亿万农民健康教育”活动，发放抗灾防病知识、基本卫生知识内容的宣传单、书籍等达1.3万份。

2009～2010年，市爱卫会以“清洁城乡、保护健康”为主题，开展以城乡接合部、314国道沿线、城区拆迁区域及居民区生活垃圾清除、楼房屋顶乱堆乱放杂物为重点的环境卫生治理。发动全市各行各业和家庭住户人人动手，清洁环境、清洁单位、清洁家庭，消灭“四害”。全市各族群众参加爱国卫生月活动2.07万人次，开展健康教育出动人员516人次、受教育人员2.69万人次，发放健康教育材料1.06万份，悬挂宣传横幅216条、宣传展板208个，卫生单位设置健康专栏167块，清理卫生死角285个、清理垃圾234吨、治理背街小巷506条，治理居民住宅区187个、治理城乡接合部18处、拆除旱厕5处。

2011～2013年，组织学生擦拭沿街公共设施，组织各街道社区、单位、医疗机构在爱国卫生月活动期间发放卫生宣传单5万份，展出健康知识板报150面，悬挂世界卫生日横幅80条，接受医疗咨询2000多人。共动用铲车60余车次，清除垃圾500余吨，治理卫生死角200余处，清理不合格广告牌20余处。

2014～2015年，动员全市机关企事业单位职工、社区居民、中小学生、青年志愿者、个体私营业主等自觉参与到讲卫生、爱清洁、治脏乱、防疾病的行动中，共计发动50180余人次参与到爱国卫生月活动中来。

2016年，发挥各级党团组织和青年志愿者的表率作用，动员全市机关企事业单位职工、社区居民、中小学生、青年志愿者、个体私营业主等自觉参与，在全市营造浓厚的大搞城乡环境卫生整治氛围，共发动8万余人次参与到爱国卫生月环境卫生整治活动。同时把背街小巷、居民巷道、城乡接合部、进出城出入口、314国道沿线等作为重点整治区域，治理积存暴露垃圾和卫生死角，清洁居民巷道，共清理卫生死角509个、清理垃圾600余吨、治理背街小巷318条，治理居民住宅区211个、治理城乡接合部23处。

## 第三节　卫生达标治理

1990年后，阿克苏市不断加大爱国卫生工作力度，加强城市基础设施建设，在城乡广泛开展全民健康教育、除“四害”、改水改厕、环境卫生治理等群众性爱国卫生运动，使爱国卫生工作逐步走入正规化。

1996年，阿克苏市对市区垃圾、粪便实行统一管理制度，做到日产日清、密闭运输、无害化处理。垃圾场专人管理，集中消杀、覆盖、填埋，无害化处理率达100%。

1997 年，市政府制定阿克苏市民“十不准”行为规范，市爱卫会颁布《阿克苏爱国卫生公约》，使阿克苏市的创卫制度更加健全、更趋于合理。

2001 年 9 月，阿克苏市实现创建国家卫生城市，跨入国家卫生城市的先进行列，名列全国第 42 位，西北五省第 2 位。

2002 ~2005 年，市爱卫会深入开展巩固国家卫生城市成果活动，大搞环境卫生综合治理，检查城区单位 435 个、治理背街小巷 12 条、清运垃圾 400 余吨。

2011 年，阿克苏市全力做好国家卫生城市复审及城乡环境卫生整洁行动工作，大力整治城乡环境。根据《国家卫生城市》标准及 2011 年城乡环境整洁行动考核指标，按照严格标准、分类指导、重点突破、全面推进的原则，坚持行业管理与群众监督相结合、专项治理与全面推动相结合，分阶段、分步骤组织实施市容市貌专项整治、集贸市场卫生专项整治、食品安全专项整治、工业园区企业环境卫生整治、环境保护专项整治、单位卫生专项整治、城中村城乡接合部、进出城区交通沿线卫生专项整治、物业小区卫生专项整治和病媒生物防治专项整治等 11 项专项整治活动。成立由市长任组长的迎检工作督察组、宣传报道组和文秘档案组，建立阿克苏市创建国家卫生城市复审专刊。爱卫会各成单位按照职责任务要求分别成立市容市貌卫生、食品安全卫生、市场卫生、物业小区卫生、社区卫生、乡村卫生、网吧娱乐场所卫生、公共服务场所卫生、旅游景点卫生等 9 大行业为主的城乡环境卫生整治督察小组，开展行业环境卫生集中整治活动。

2012 年，阿克苏市爱卫办督促全市各单位、街道（社区）、乡镇开展 20 多次环境卫生整治活动。至 2016 年，阿克苏市通过经常性工作与专项治理相结合的办法，着力解决环境卫生“脏、乱、差”问题，定期开展卫生达标和卫生评比活动。全市城乡环境卫生状况明显改变。

## 第四节　创建卫生城市

1990 年 8 月，阿克苏市成立创建国家卫生城市指挥部，由市长任指挥长，城区各大系统、各街道办事处都成立创建国家卫生城市领导小组。从 1990 开始，阿克苏市连续三年被自治区评为“自治区最佳卫生城市”，1996 年 1 月，阿克苏市被自治区授予“最佳卫生城市”。

1996 年后，阿克苏市每年 4 月的爱国卫生月都举行大型主题活动，表彰奖励一批城乡创卫先进典型，推广介绍好的工作经验。1998 年阿克苏市以 96.15 分成绩居自治区先进卫生地州县（市）第一名，获得卫生红旗城市。1998 年 8 月，阿克苏市获全疆城市“天山杯”竞赛“四个单项杯”和城市建设最高荣誉“天山杯”，市爱卫办被授予自治区级先进爱卫办。1999 年 2 月，阿克苏市被授予自治区级卫生红旗单位。是年 3 月，阿克苏市召开创建“国家卫生城市”和“园林城市”动员大会，安排部署创建国家卫生城市和自治区园林城市各项工作任务。

1997 ~1999 年，在自治区城市卫生检查评比中，连续三年名列受检城市第一名，获得自治区卫生红旗单位称号。

2000 年，阿克苏市在第四次全国卫生城市检查评比中，受到全国爱卫会的表彰。2001 年，阿克苏市被自治区爱卫会授予自治区卫生红旗城市，2002 年，阿克苏市被正式命名为国家卫生城市。

2003 ~2006 年，自治区专家组对阿克苏市巩固国家卫生城市成果进行复查，阿克苏市顺利通过自治区国家卫生城市专家组的复查验收。2007 年，地区行署授予阿克苏市爱国卫生先进（县）市。是年，全国爱卫会对阿克苏市国家卫生城市称号给予重新确认。

2011 年 11 月，国家卫生部对阿克苏市麻疹强化免疫进行检查，对阿克苏市国家卫生城市进行复审并再次给予确认命名。

2015 年，成立迎接国家卫生城市复审指挥部，分别成立健康教育与健康促进、市容环境卫生、环境保护、重点场所卫生等 8 个工作组，实行国家卫生城市复审工作"一把手"负责制，细化任务指标，明确标准和工作完成时限要求，健全四级联动督察机制。

2016 年 2 月，全国爱卫会再次授予阿克苏市国家卫生城市荣誉称号。

## 第五节　除"四害"

1990 年后，阿克苏市每年利用春、冬季节开展集中灭鼠活动，主要方法是粘鼠板、毒饵盒、老鼠夹，至 1993 年，鼠密度已控制在室内 0.5 只/100 平方米。1994～1995 年，开展市区"四害"消杀工作和"三管一灭"（管环境卫生、管公共饮食、管厕所、灭苍蝇）工作。城市每年清理市境多浪河两岸污物，改造和增设市区公共厕所，组织居民灭鼠灭蝇，组建专职的消毒员队伍在城市街道和单位院落喷洒消毒液累计 29.5 吨、投放诱饵盒 3.25 万个、苍蝇彩带 11.46 万条、张贴爱卫宣传标语 22.13 条，发放宣传单 31 万份，投入人力 4.3 万人次，达到灭蝇、灭鼠、灭蟑螂、灭蚊子的效果，进一步美化、净化、生活环境。

1996～2001 年，全市共投入灭鼠药品 78 吨，灭蝇、灭蟑、灭蚊药水剂 10.2 吨，灭蟑粉笔 4.2 万支，灭蝇彩带 10.6 万条，粘鼠板 1.3 万，设置毒饵盒 1 万个，投入人力 3 万人次，总价值人民币 200 余万元。

2002～2003 年，全市召开除"四害"动员大会 4 场，举办灭鼠、灭蟑培训班 10 余场，培训各类专兼职人员 1900 余人。

2005 年，市爱卫会严格统一使用自治区爱卫会和地区爱卫会指定的高效、低毒、慢性消杀药剂。依法加强对除"四害"药品的管理，开展除"四害"药品市场的清理整顿工作，对销毁、使用急性剧毒鼠药、蟑药、蝇药和蚊药行为进行严厉打击，有效预防人畜中毒事件发生。

2008 年，市爱卫会采取"块块领导，条条保证"的原则，实行条块结合，以块为主，分级负责的办法，层层签订责任书，落实除"四害"任务。严格按要求使用全国爱卫会推荐的产品，在除"四害"工作中坚持科学用药、合理用药，不使用国家明令禁用的药品。在开展大面积灭鼠、大面积灭蟑工作时，市爱卫会都要组织人员进行现场督察，各街道办事处（乡镇）、社区及辖区单位除"四害"工作人员和投药员分片包干、统一投药，投药到位率、饱和率达 95% 以上。先后组织 6 场除"四害"知识培训班，培训人数达 1200 余人，投放灭鼠药品 2100 千克（不含专业公司销售数量）、灭蟑药品 2.23 万盒，配制灭蚊、灭蝇药水约 26 吨，对城区公共区域进行全面消杀。阿克苏市鼠、蚊、蝇、蟑螂等病媒生物得到有效控制。

2013 年，组织市疾控中心专业监测人员进行灭前灭后"四害"密度监测，为有针对性、高效率的"除四害"活动提供第一手资料。全年开展大规模春、秋季"除四害"活动 2 次，各街道办事处（乡镇）、社区及辖区单位除“四害”工作人员和投药员，投药到位率、饱和率达95%以上。活动中共投放灭鼠药品2894千克、灭蟑药品2513盒、毒饵盒707个，设立毒饵站175个。

2016年，以创建全国文明城市为目标，以环境卫生综合整治为重点，坚持环境治理与药物消杀并重，清除垃圾和卫生死角，治理各类积水、污水，消灭“四害”滋生场所，确保灭“四害”药饵投放有效，控制病媒生物传染病的发生。根据“四害”特性和季节的变化，组织开展春季和秋冬季2次全市统一的灭“四害”活动，有效降低“四害”的密度。对3个农贸市场、6家商场超市、12家宾馆、60家餐饮店、3家医院、3个居民区、8个村、3个机场和车站、6所学校、30个机关单位的1260个房间和部分室外区域进行灭前灭后的两次监测，全面掌握全市“四害”密度情况，推动全市的病媒生物防治工作。

# 第三十五编　精神文明建设

1990年后，阿克苏市精神文明建设工作在机关、企事业单位全面展开并形成高潮。2002年，自治区人民政府将每年3月定为“公民道德建设月”以后，阿克苏市以《公民道德建设实施纲要》为指针，以践行“爱国守法、明礼诚信、团结友善、勤俭自强、敬业奉献”20字基本道德规范和社会公德、职业道德和家庭美德规范为主要内容，开展“爱我中华，爱我阿克苏，艰苦奋斗，建设小康”为主题的全社会公民道德建设的教育活动，涌现出一大批道德模范人物和“双拥”共建的先进典型。阿克苏市精神文明建设始终紧跟经济社会发展的步伐，先后开展迎接十六大、十七大、十八大、香港、澳门回归祖国主题系列活动和“热爱伟大祖国建设美好家园”活动，开展“八荣八耻”、社会主义核心价值观教育学习，以宣传共产党好、社会主义好、改革开放好为内容的“三好”宣传教育为契机，结合重大节庆活动和各行各业的业务工作开展形式多样的“讲文明树新风”活动。通过精神文明创建活动，社会环境得到净化，群众思想道德素质得到提高，推动阿克苏市经济社会的全面发展进步。至2016年，阿克苏市共有自治区级文明单位66个，自治区最佳文明单位13个，地区级文明单位134个，市级文明单位93个。

# 第一章　机构和考核管理

## 第一节　机　构

### 一　精神文明建设活动委员会

1990 年，阿克苏市精神文明建设活动委员会（简称市文明委）担负全市精神文明建设指导、协调和推动的责任。委员会主任由市委书记担任，副主任由市人大、政府、政协主要领导担任，委员会成员由相关单位负责人组成，每年至少召开 1 ~ 2 次成员会议，研究全市精神文明建设问题，制定指导性方案，布置阶段性任务。

### 二　精神文明建设活动委员会办公室

1990 年，阿克苏市精神文明建设活动委员会办公室（简称市文明办）机构设在宣传部，股级建制，核定事业编制 3 名，其中领导职数 1 名，全额预算管理。2004 年，阿克苏市文明办升格为副科级，编制 4 名，其中领导职数 1 名。2016 年，阿克苏市文明办编制 5 名，其中领导职数 1 名。

## 第二节　考核管理

### 一　规划管理

1990 年后，市文明办按照《文明单位管理办法》和《文明村镇管理办法》相关规定，为全面提升文明单位、村镇创建质量，推进各级文明单位、村镇创建工作规范化、制度化和科学化，有效杜绝“文明牌匾到手、创建工作到头”的问题，对各级文明单位、村镇实行动态管理，明确提出文明单位届期制，每三年为一届，做到三年一大评、一年一小评，各项日常工作情况纳入文明单位、村镇动态管理范围，对于不落实、完成工作不得力的单位、村镇，视情节轻重，给予或建议上级文明委给予单位、村镇批评、末位淘汰、限期整改、撤销文明单位称号，停发精神文明建设奖励工资的处理，营造出优胜劣汰、不进则退的竞争氛围，将被动保牌变为主动提升，提高文明单位、村镇的“含金量”。

2003 年，制定《关于深化“三大创建”活动，推进精神文明建设工作的实施意见》及《阿克苏市“三大创建”规划》，明确牵头单位、成员单位工作职责，整体推进创建工作，健全完善工作例会、汇报、考核制度。

### 二　考核评比

1990～1992 年，市委、市人民政府与各单位签订物质、精神文明建设责任书，指标分党政机关、企事业单位、学校、乡镇场 4 类。年底检查按考评分数分出优秀、良好、一般、差 4 个档次，按单位人数的多少在次年 1 月对评出的优秀单位进行奖励，优秀单位和良好单位评为市级文明单位。1992 年启动奖惩机制，对出现综治问题的单位进行通报批评、扣奖励金、撤销文明单位称号等惩罚。

1994 年，市委、市人民政府不再与各单位签订精神文明建设责任状，各单位精神文明建设活动按市文明委印发的《文明单位标准》进行考核评议。考核结果由市委发文，优秀单位给予物质奖励，计划生育、综合治理出现问题的罚款或实行一票否决。

1998 年，市文明委确定具体考核内容为党风建设、综合治理、计划生育、环境保护、科技文化、创建与管理、理论宣传、教育“普九”、体育卫生、工会工作、青年工作、妇女工作、普法工作、档案管理，每项由各主管单位制定考核细则，年终由文明委牵头组织考核。此后，一直到 2006 年，市文明委每年依据市委当年的中心工作和各考核单位的要求确定当年的考核项目，每年任务不同，项目不同。每项 100 分，年底由文明办牵头抽调考核单位成员组成检查组，每组由 1 名市领导带队进行考核，分数由检查组打分与各主管单位打分相结合，评出优秀单位报市委审批，优秀单位次年在市三干会上由市委发文进行表彰并给予物质奖励。不合格单位给予取消荣誉称号、罚款的处罚。

2007～2016 年，按照精神文明建设目标管理责任制，对各级文明单位采取“双考一验收”的办法进行考核（“双考一验收”即年度考核、日常考核和检查验收）。对年度考核合格且成绩突出的作为下届申报优先考虑；对年度考核不合格的，给予整改处理，并予以通报批评；把落实市文明办的各项日常工作情况纳入文明单位、村镇考核范围，对于不落实、完成工作不得力的单位、村镇给予或建议上级文明委给予年度考核不合格，并给予或建议上级文明委给予批评、限期整改，并按照相关规定做出处理。在检查验收时，运用被检单位年度考核、日常考核结果，对存在不合格的单位予以通报，并撤销文明单位称号。

# 第二章　文明创建活动

## 第一节　文明城市创建

1990 年，阿克苏市开展以优质服务、优良秩序、优美环境、学雷锋学先进为内容的“三优一学”创建文明城市竞赛活动，提出“抓一学、促三优、争先进、创一流，三年创建文明市”的奋斗目标。

1992 年，阿克苏市获 1991～1992 年度自治区精神文明建设先进城市称号和全疆十六城市“三优一学”创建文明城市竞赛南疆片优胜奖。

1993 年，阿克苏市获得自治区级精神文明建设活动先进城市称号。

1996 年，阿克苏市连续第五次在自治区“三优一学”精神文明建设检查评比中进入优秀档次。

1996 ~2004 年，阿克苏市获得自治区文明城市五连冠。

2007 年，阿克苏市召开宣传思想工作暨“四城同创”动员大会，确定以争创自治区文明城市六连冠为龙头，成立阿克苏市文明城市创建办公室，对各项创建目标进一步分解、细化，协调各职能小组开展工作。从 5 月 30 日起，全面开展文明城市创建督察工作，设计印发 1000 份《阿克苏市争创“自治区文明城市”六连冠暨推进全国文明城市创建工作社会调查问卷》，是年，荣获自治区文明城市六连冠荣誉称号。

2011 年，阿克苏市组织开展整治出租车不文明驾驶、治理客运秩序、交警与司机换位体验等宣传实践活动，营造创建文明城市的氛围。是年，获得自治区文明城市八连冠，并获全国文明城市提名资格。

2012 年，召开阿克苏市精神文明建设工作表彰暨创建全国文明城市推进大会，全市各级文明单位和职能单位 1100 人参会，下发《阿克苏市争创全国文明城市职责任务分解表》，对阿克苏市争创全国文明城市做出具体部署。开展阿克苏市文明素质提升工程、城市环境卫生和交通秩序整治活动，使城区达到平均 100 ~400 米配备保洁员，交通高峰时段每个十字路口 4 ~8 名交通秩序协管员。

2013 年，持续开展城市环境综合整治，抽调地、市、兵团第一师各单位 600 余名干部、职工从城市环境综合整治工作转至迎接自治区文明城市测评工作中。

2015 年，将创建全国文明城市的目标任务列入年度阿克苏市国民经济和社会发展目标，落实创建全国文明城市宣传报道方案，城乡联动，营造浓郁的创建氛围。推进现代文化引领，在城乡建设、公共设施、文化体育、餐饮服务等各个领域中注入核心价值观和地域特色文化元素，打造积极向上的人文环境。

2016 年，下发《2016 年度阿克苏市创建“全国文明城市”工作实施方案》《创建全国文明城市项目操作书》等创建纲领，开展绿化亮化整治、物业服务整治、乱搭乱建整治、环境卫生整治、文明交通整治、宣传氛围营造、市民素质提升等 7 个专项行动，开展“文明餐桌、文明上网、文明旅游、文明出行”四大文明活动、“环球中心杯”公益广告大赛等活动，在全市范围内组织开展“阿克苏好门店”“小手拉大手、文明齐步走”“文明志愿劝导服务”等群众性活动，形成全民参与，同建共创的浓厚氛围。

## 第二节　文明村镇社区创建

1990 年，阿克苏市有市级文明乡 3 个、文明村 8 个。

1992 年，新增喀拉塔勒乡为市级文明乡。

1998 年，阿克苏市有文明村 77 个、文明乡镇企业 18 个、文明示范村 24 个。依干其乡、喀拉塔勒镇、良种场获“精神文明建设先进乡镇”称号。

1999 年，阿克苏市开展创建文明村镇、卫生村镇活动，将北大街和前进路建成“文明示范街”和“军民共建示范街”，建成自治区级文明小区示范典型 4 个、文明示范村镇 1 个、文明街道 1 个、卫生示范小区 10 个。全市共有文明村 76 个、文明示范村 29 个、卫生乡镇 5 个。喀拉塔勒镇获得“创建文明村镇工作先进乡镇”称号，受到中央文明委的表彰。

2001 年，阿克苏市有文明小区 10 个、文明街道 4 个、文明示范街道 4 条。文明村镇 91 个，其中自治区文明示范村镇 5 个、地区级文明村镇 10 个、市级文明村镇 76 个。

2012 年，阿克苏市举办社区“邻里节”活动，开展“心连心”交流会、“党群结对”扶贫济困、“寻找社区文明”等道德实践活动，积极构建和谐社区。

2014 年，阿克苏市文明村镇实行零基启动，对届满的市级文明村（镇）进行复验并重新命名。创建自治区级文明村 12 个、地区级文明乡镇 2 个、地区级文明村 23 个、市级文明乡镇 2 个、市级文明村 37 个。

2016 年，阿克苏市文明村镇创建以“美丽乡村”建设为主题，开展评选星级文明户和身边好人、好儿女、好婆媳、好夫妻、好邻居等评选表彰活动；认真做好文明村届满复验工作，撤销 30 个因计划生育、领导班子违纪及精神文明创建滞后等情况一票否决的文明村，新创建自治区级文明村 4 个、地区级文明村 7 个。

## 第三节　文明单位创建

1990 年，阿克苏市文明单位创建活动在自建基础上向行业共建、联片共建、区域共建方向发展，建成一批文明单位，涌现一大批优质服务示范点。共有自治区级文明单位 9 个、地区级文明单位 42 个、市级文明单位 138 个。

1992 年，建成各级文明单位 243 个，其中自治区级文明单位 18 个、地区级文明单位 57 个、市级文明单位 168 个。

1995 年，阿克苏市共有三级文明单位 254 个，其中自治区级文明单位 23 个、地区级文明单位 65 个、市级文明单位 166 个，占城区总数的 72%。

1999 年，阿克苏市抓文明单位创建工作的同时，把卫生创建纳入文明单位复查验收，年内有三级文明单位 310 个，其中自治区级 62 个、地区级 75 个、市级 173 个，占单位总数的 85%。建成卫生达标单位 237 个、花园式单位 66 个、绿化合格单位 150 个、自治区级文明小区示范典型 4 个、文明服务示范窗口单位 6 个。

2002 年，阿克苏市有文明单位 275 个，其中自治区级文明单位 76 个、地区级文明单位 92 个、市级文明单位 107 个，双模范单位 356 个。275 个文明单位资助贫困学生完成九年义务教育达 6500 人次。

2008 年，组织各乡镇场、街道办事处、政法委、绿委办、环保局、计生委、爱卫办、文体局、民政局骨干人员组成检查组对全市 145 个届满文明单位（村、示范窗口）进行复查，新创建自治区级文明单位 5 个、地区级文明单位 5 个、市级文明单位 11 个、市级文明示范窗口 11 个、市级爱国主义教育基地 1 个。

2010 年，提高文明单位创建质量和水平，推进精神文明创建管理科学化、规范化。成功创建自治区级文明单位（村、社区）6 个，创建地区级文明单位（村、示范窗口）7 个，市级文明单位（村、社区、示范窗口）18 个。

2012 年，阿克苏市落实《阿克苏市文明单位建设动态管理办法》，创建自治区级文明单位 3 个、地区级文明单位 8 个、市级文明单位 8 个，对届满的 175 个单位进行检查复验。

2013 年，首次实行自治区级文明单位零基启动，将原有的 108 个自治区级文明单位减为 76 个，并对党委政府联合办公楼内共享荣誉的情况进行清理，推荐 4 个自治区最佳文明单位。

2014 年，地区级文明单位实行零基启动，将原有的 167 个地区级文明单位减为 134 个，全市共有全国文明单位 3 个、自治区级文明单位 76 个、地区级文明单位 134 个、市级文明单位 91 个。

2016 年，阿克苏市共有自治区级文明单位 66 个、自治区最佳文明单位 13 个、地区级文明单位 134 个、市级文明单位 93 个。

## 第四节　文明家庭创建

1990 年，阿克苏市组织家家学科学文化、家家树文明新风、家家美化家庭环境、家家开展文体活动，“五好家庭”评选活动不断深入化、制度化、规范化。

1991 年 5 月，经自治区决定，阿克苏市率先在依干其乡哈尼喀村和良种场乔格塔村开展十星级文明农户试点工作，制定《关于在农牧区开展争创“十星级文明农户活动”的安排意见》，5 星级以上农户发挂牌匾，5 星级以下进行座谈再教育。最终 2 个村共评选出 5 星级以上文明户 247 户，占总户数 82%，村民精神面貌发生明显变化，法纪观念有所增强。

1992 年，阿克苏市扩大十星级文明户评选活动范围，通过以点带面总结经验。全市共有 46 个村 7645 户参加评选。

1993 年，阿克苏市把评选“十星级文明户”活动作为农村开展精神文明建设活动的主要形式，广泛开展优化社会细胞工程。共有 94 个村 17608 户参加十星级文明户评选活动，15859 户获得 5 星级以上。库木巴什乡、托喀依乡被评为评选十星级文明户活动先进乡。

1996 年，阿克苏市农村“十星级文明户”评选活动中，参评率 95%，其中 22641 户获得 5 星级以上，占参评户总数的 96%，城乡文明程度得到普遍提高。

1998 年，阿克苏市倡导夫妻恩爱、敬老爱幼、勤劳节约、家庭和睦、邻里团结、优生优育的传统美德，深入开展移风易俗、婚事新办活动，并逐步向农村延伸，逐步形成健康文明的新家风和科学的生活方式。

2000 年，全市评选“十星级文明农户”成效显著，乡级普及率 97%，村级普及率 80%。“十星级文明户”占总参评户数的 41.2%。有 13 个村镇评选为地区级文明村镇、3 个村镇评选为自治区级文明村镇。

2001 年，26993 户农牧民家庭挂上文明户星级牌，占农牧民总户的 90.3%。

2003 年，阿克苏市开展“百万家庭承诺”活动，为拜什吐格曼乡 5 对新人举办“讲文明、树新风”婚事简办集体婚礼。

2004 年，阿克苏市开展“三德教育”（社会公德、家庭美德、职业道德），以家庭美德为重点，评选并表彰 286 户“五好家庭”、32 对“好婆媳”、21 位“好妻子好儿女”、10 位优秀家长。

2014 ~2016 年，阿克苏市开展评选星级文明户和身边好人、好儿女、好婆媳、好夫妻、好邻居等评选表彰活动。开展“寻找最美家庭”活动，评选出“最美家庭”20 个。

# 第三章　思想道德教育

## 第一节　文明市民教育

1990 年以来，阿克苏市加强对“讲文明、树新风”的宣传教育，不断规范市民文明行为。1992 年 5 月，阿克苏市成立文明市民学校，按照“条块结合、属地管理”的原则，建立市、乡二级办学机构，对城区所有市民进行系统的社会主义思想道德和文明礼貌常识教育。开办各级文明市民学校 208 所，培训骨干 485 人，举办学习班 838 期，受训学员 4 万余人，市民教育面达 46%。

1994 年，阿克苏市全面开展创办文明市民学校，将开办文明市民学校和广泛开展的争做“文明市民”“文明职工”“文明学生”的活动以及“评选十佳标兵，树立行业新风”活动结合起来，实行两个文明一起考核。开办文明市民学校 265 所，培训骨干 840 名，举办学习班 989 期，培训学员 5 万多人，8000 余名市民获得文明市民证书。

1995 年，阿克苏市规范市民文明行为，对全市居民进行社会主义道德与文明行为规范教育，开展“一日生活三文明”活动，曝光批评不文明行为。

1999 年，阿克苏市编印阿克苏市文明市民教育读本、订发《社会主义道德与文明行为规范》，在广播电台和电视台设立“文明市民教育专题讲座”，广泛宣传十不准行为规范。

2006 年，阿克苏市编印下发《阿克苏市文明市民教育百题问答》2500 余册。全市各单位利用文明市民（村民）学校，以专题宣讲、讲座、座谈会、报告会、文艺演出等形式，进行公民道德规范专题授课 278 场，参加 42.85 万人次。

2008 年，阿克苏市以专题讲座、座谈会、报告会等形式开展“四德”教育，平均开展十七大精神、公民基本道德规范等专题学习 4 课时/单位，单位参加人员达 95% 以上。组织开展“迎奥运秩序文明行动”，260 名青年志愿者组成文明劝导行动小组，宣传阿克苏市文明市民公约，劝阻不文明行为。

2010 年，阿克苏市开展“美化家园我先行、我为家乡做贡献”活动，清洁环境卫生，清除垃圾死角、小广告 500 余处，清扫街巷、绿化带 7000 米。开展文明交通行动，进行十大不文明行为和十大文明行为评选活动，提高市民文明意识。

2016 年，阿克苏市开展“文明餐桌、文明上网、文明旅游、文明出行”四大文明活动、“环球中心杯”公益广告大赛及“我为阿克苏代言”城市形象大使评选等活动，提高市民行为文明度。

## 第二节　爱国主义教育

1990～1993 年，阿克苏市开展“基本国情与基本路线教育”（以下简称“双基教育”）。按照 3 年完成目标任务，印发《关于开展基本国情与基本路线教育的通知》，设立双基教育办公室并购进一批双基教育专用教材，通过学习、讨论、座谈、报告会、演讲会、知识竞赛等形式，在全市掀起学习的高潮。

1994 年，阿克苏市开展“新疆区情知识竞赛”活动，重点学习新疆的地理资源、新疆的历史、新疆的民族与宗教、新疆的经济、新疆的改革发展和优惠政策、新疆的精神文明建设、新疆的人民生活和新疆的生产建设兵团等内容。全市结合新疆区情知识教育，开展爱我阿克苏、建设阿克苏的学习教育活动。

1995 年，阿克苏市组织全民性国旗法教育，增强国旗意识，各单位插挂国旗。做好抗日战争胜利 50 周年纪念活动，广泛开展爱国主义教育系列活动，实施“42311”（每人观看 4 部爱国主义影片，每人读 2 本爱国主义书籍，每人学唱 3 首爱国主义歌曲，每人参加 1 次爱国主义宣传，每人听 1 次爱国主义报告会）爱国主义教育系列活动，参与面达到 75% 以上。

1999 年，阿克苏市深入开展向吴登云学习的宣传活动，学习吴登云扎根边疆，奉献社会的高尚品质。

2003 年，阿克苏市开展反邪教宣讲 8 场，举办 4 期副科级及中青年后备干部培训班，组织全市 219 名后备干部及 300 余名副科以上干部进行 15 天的封闭学习，系统学习两个《条例》《中华人民共和国宪法》《新疆地方史》等 13 门理论课程。组织观看《良心》《永不消逝的电波》《董存瑞》《冰山上的来客》等 10 部爱国影片，使上千人次的电影观众受到一次民族主义精神和爱国主义精神的教育。

2006 年，阿克苏市投入资金 722.26 万元，对爱国主义教育基地基础设施进行维护和重建。

2007 年，阿克苏市号召 2165 名“五老”（老干部、老战士、老专家、老教师、老模范）人员配合做好文化市场监督和少年宫、爱国主义教育基地等文化教育设施辅导员工作，开展 9 场革命传统、民族团结和预防未成年人违法犯罪宣讲。

2008 年，阿克苏市制定《爱国主义教育基地创建管理办法》，对市内 10 个爱国主义教育基地建设、使用和管理情况进行调查和指导，落实各级各类爱国主义教育基地、公益性文化设施对未成年人免费开放工作。

2009 年，阿克苏市把爱国主义教育作为文明市民教育的重点，广泛开展迎国庆爱国主义教育，组织群众观看《团结奋进，共铸辉煌》电教片，进行国情知识教育，积极参加“祖国在我心中”知识竞赛，收集答题卡 5 万余份。

2010 年，阿克苏市加大对未成年人爱国主义教育，发挥 16 个爱国主义教育基地的阵地作用，大力推进“爱国主义教育基地”创建活动。利用寒暑假期集中播出爱国主义“红色经典”影片，同时大力开展优秀爱国主义影片、歌曲、书籍进校园、进社区、进村镇活动。

2011 年，阿克苏市向地区推荐申报 1 个未成年人思想道德建设教育基地、1 个自治区爱国主义教育基地和 1 个自治区爱国主义教育先进单位。举办纪念中国人民抗日战争胜利 65 周年国防教育知识竞赛、红色电影周展演、人防建设成就图片展、“勿忘历史、珍爱和平”观影活动、“走进纪念馆，感受革命历史”、开展“回顾历史·弘扬精神·争做新时代先锋”“爱祖国、爱家乡”征文等活动，在全社会大力唱响共产党好、社会主义好、改革开放好、伟大祖国好、各族人民好的时代主旋律。

2012年，阿克苏市在电视台开设专栏，宣传党的十七大以来尤其是中央新疆工作座谈会以来，阿克苏市经济建设、政治建设、文化建设、社会建设以及生态文明建设和党的建设取得的巨大成就和历史性变化，大力宣传各级党委、政府实施惠民工程和为各族群众办的实事好事。组织展播《元帅的童年》《建国大业》《黎明行动》《超强台风》《澳门1949》《阿克苏的馕》《塔里木河的呼唤》《马背电影队》《拾花妹》等弘扬爱国主义精神的优秀影视片。组织市图书馆开展“民族团结”、新疆“三史”、“爱我家园”优秀图书、图片展示活动。

2014年，阿克苏市发放“热爱伟大祖国、建设美好家园”连环画出版物8726套。在“十一”前夕举办“迎国庆、古尔邦节”大型麦西来甫比赛，丰富群众文化生活。组织20余支合唱队参加庆祝建国65周年迎国庆暨“颂祖国、促和谐、共筑中国梦”歌咏比赛活动，展示全市广大干部群众的爱国爱疆情怀。

2015年，阿克苏市组织各单位开展学习贯彻习近平总书记重要讲话精神、中国特色社会主义和中国梦的教育、社会主义核心价值观和新疆精神的教育等主题教育。围绕自治区成立60周年举办“水韵森林之城·美丽阿克苏”全国摄影大赛活动，评选出116幅获奖作品；制作《行进中的城市建设》《辉煌60周年成就展》画册；开展自治区成立60周年成就展、“去极端化”展、摄影展、史实展，图文并茂地展现出阿克苏市城市建设、农业、经济、民生等各方面的巨变。

2016年，阿克苏市在城乡主次干道营造国旗一条街、文明城市创建一条街、民族团结一条街、爱国将领一条街、历史名人一条街等“七类红街”；改造、扩建、新建基层文化礼堂、巴扎大舞台、文化大院，出动流动宣传车，大力开展爱国爱疆教育活动。

## 第三节 公民道德教育

1990年，阿克苏市以文明创建活动为抓手，广泛调动全社会所有力量，不断提高公民道德素质。1996年，阿克苏市广泛开展学习、宣传、推广张家港经验活动，塑造并弘扬“团结拼搏、艰苦创业、负重加压、争先创优”的阿克苏市精神。

2002年，阿克苏市拉开第一个“公民道德建设月”活动序幕，广泛开展公民道德建设月周六义务奉献日、城市卫生日、医疗健康义诊日、金融、工商、税务便民服务日、公民道德大家谈等活动。

2003年3月，阿克苏市以公民道德建设月为契机，开展《公民道德建设实施纲要》宣传学习、教育系列活动，举办学雷锋活动40周年板报、手抄报比赛，城区60多个单位制作板报；组织开展“公民道德建设月”义务奉献日活动，10654名青年志愿者和2000余名学生参加活动。

2004年，阿克苏市广泛开展“诚信”教育，悬挂《纲要》宣传横幅1191条；并出墙报、板报、宣传栏、阅报栏、学习园地2426期，宣传《纲要》内容。把加强公民道德建设宣传活动与

“爱卫护卫”活动有机结合起来，开展大型宣传活动4次，向群众发放宣传资料2万份，播放录音带70小时，受教育群众6万余人次。

2006年，阿克苏市编印下发《公民道德建设百题问答》《十六届五中全会学习读本》，开展“共铸诚信，爱我阿克苏”活动周和公民道德建设实践日。举办首届社区“邻里节”，为构建和谐阿克苏市提供思想保障。

2010年，阿克苏市突出科学发展观和社会主义核心价值体系的学习宣传主题，深入开展思想政治教育、形势政策教育、民主法制教育和社会主义荣辱观宣传教育，开展“四德”（社会公德、职业道德、家庭美德、个人品德）教育。在乡镇广泛开展“学科学文化、讲诚信文明、促生产增收”主题教育活动，倡导“诚信光荣”推进“乡风文明”。

2012年，阿克苏市开展第11个公民道德建设月活动，组织开展“弘扬雷锋精神，深入推动公民道德建设”系列宣传演出活动，开展道德模范评选和公民道德建设示范岗创建活动，评选出2个先进集体和2名先进个人。

2014年，阿克苏市全面启动道德领域突出问题治理活动暨消费市场专项整治活动，包括食品安全检验、屠宰企业开放日、餐饮服务大家看、无公害蔬菜展示、以案说法警示教育、消费维权知识进校园等系列项目，参与活动市民1100多人次。

2016年，阿克苏市以创建十星级文明户、文明村镇活动为载体，开展爱国家、爱集体、爱社会主义教育；开展社会公德、职业道德、家庭美德、个人品德教育；改善农村服务功能，活跃村镇文化活动；制定乡规民约，破除陈规陋习。

## 第四节　未成年人思想道德建设

1990年，阿克苏市对中小学主要进行“五爱”（爱祖国、爱人民、爱劳动、爱科学、爱社会主义）、“四有”（有理想、有道德、有文化、有纪律）及“两个团结”（民族团结、军民团结）教育，组织未成年人开展学雷锋和学赖宁活动，加强对未成年人的思想道德教育。

2004年，按照《中共中央国务院关于进一步加强未成年人思想道德建设的若干意见》的精神，阿克苏市制定《加强和改进未成年人思想道德建设实施办法》，推动未成年人思想道德建设工作走上科学化、制度化和规范化轨道。

2008年，阿克苏市组织开展未成年人思想道德建设工作创新案例征集活动及迎奥运讲文明树新风知识竞赛活动，对流浪儿童教育管理情况进行深入调研，大力宣传抗震救灾英雄少年英模事迹。对照《全国未成年人思想道德建设工作测评体系》开展测评工作，对218个受检单位开展未成年人思想道德建设工作情况进行具体督促和检查。

2009年11月，阿克苏市被中央文明委授予全国未成年人思想道德建设先进城市称号。

2010年，阿克苏市加大对未成年人职业技能培训和“两基”投入力度，落实《中华人民共和国未成年人保护法》，开通青少年维权热线，建立少年法庭、青少年法制教育基地，开展爱心一元捐活动、首届青少年艺术节、经典红歌大赛、环保知识大赛、民族团结好少年评选等主题教育活动。

2012年，阿克苏市对学校周边环境开展整治活动，在主要公共场所设立宣传未成年人思想道德建设的公益广告牌，对学校周边从事非法经营活动的游商和无证照摊点进行严格查处，净化社会文化环境。

2016 年，阿克苏市组织未成年人开展“清明祭英烈”“奔跑吧青春・微马拉松公益跑活动”“文明交通我参与”“向国旗敬礼”网上签名寄语等多种文化活动，丰富未成年人课余生活。新建依干其乡依尔玛中学、拜什吐格曼乡中学 2 个乡村学校少年宫，推进未成年人活动阵地建设。组织开展“争做合格父母，培养合格人才”家长教育工程、家庭助廉教育读书活动、“美在社区、美在家庭”等活动，完善学校、家庭、社会“三结合”教育网络、为未成年人打造温暖的成长环境。

## 第五节　学雷锋志愿服务

1990 年以后，阿克苏市掀起学雷锋做贡献的高潮，上千个学雷锋、学赖宁小组上街为民服务，形成 3 月全民学雷锋和“六一”节前后少年儿童开展学雷锋做赖宁式好少年的氛围。

1992 年 3 月，阿克苏市开展奉献日活动，开展志愿服务活动 60 余次。

1994 年，阿克苏市广泛开展学雷锋、学徐洪刚和学努尔买买提・肉孜活动，促进社会风气好转。

2003 年，阿克苏市开展“爱心一角钱”“红领巾助残”道德实践等活动；开展“倡导公德新风、绿化美化家园”活动，城区干部职工、中小学生、部队指战员近 2000 人参加宣传日活动，出动宣传车 60 辆次，发放宣传倡议书 3 万份。组织 40 支巾帼志愿者服务队，2000 余名志愿者深入各社区开展义诊、补衣服等 10 多项便民、利民活动，受益群众达万余人。

2005 年，阿克苏市 7338 名青年志愿者在市区主要街道开展清理卫生死角、环境卫生整治社会公益活动 2659 次；开展“扶贫帮困”活动，全市受助人次 887 人（户），捐助金额 330 万元。

2010 年，阿克苏市开展送温暖、献爱心、扶贫济困活动，筹集帮扶物品、资金 50 余万元，扶助 1500 余户；组织志愿者定期走访孤寡老人、残疾人，为构建和谐阿克苏市夯实基础。

2011 年，阿克苏市开展“美化家园我先行”“为多浪河洗把脸”活动，志愿者清除垃圾死角、小广告 400 余处，清扫街巷、绿化带 6000 余米；与孤寡老人、残疾人结对子，捐赠书籍 776 本，慰问贫困户 203 户，发放面粉、大米和清油价值 59520 元；开展“爱心一元捐”活动，捐赠书籍 776 本，发放生活用品等价值 1.29 万元。

2012～2013 年，把弘扬雷锋精神作为校园文化建设的重要内容，开展“珍惜自然资源”倡节俭活动、“爱心小天使”“农村小义工”“文明小使者”等活动，推动学雷锋实践活动常态化。开展“五星志愿者”评选活动，评选出 8 个优秀志愿者和志愿者组织。

2014 年，阿克苏市注册志愿者人数达 46760 人。组织“做一个有道德的人——我为城市除癣”志愿服务活动、“博爱家园——红十字应急救护志愿服务进社区”活动、“平安交通我维护”“创建全国文明城市、做文明市民”志愿服务活动共 30 余次。

2015～2016 年，阿克苏市开展“学雷锋、送温暖”志愿者服务活动，组织志愿者在扶贫帮困、社区服务、生态环保、抢险救灾、法律援助等重点领域开展学雷锋志愿服务活动。

# 第四章　民族团结教育、军民共建

## 第一节　民族团结教育

### 一　民族团结政策

1990 年后，阿克苏市按照国家制定出台的民族平等和民族团结政策、民族区域自治政策、大力培养和使用少数民族干部政策、加快发展少数民族地区经济建设政策、发展少数民族教育文化事业政策、保障各民族使用发展语言文字政策、尊重少数民族风俗习惯政策、宗教信仰自由政策等一系列政策，对促进民族平等、加强民族团结、推动民族互助、促进民族和谐起到重要的作用。

### 二　民族团结教育月活动

1990 年后，阿克苏市为进一步提高各族干部群众贯彻执行党的民族政策和增强民族团结的自觉性，深入开展民族团结教育月活动，每年 5 月定为民族团结教育月，进一步增强领导干部抓民族团结的自觉性。1997 年，开展第 15 个民族团结教育月，市广播电台、电视台开办《民族团结访谈》专题，加强民族团结宣传教育。

2000 年，阿克苏市深化民族团结教育，深入开展马克思主义国家观、民族观、宗教观、历史观、文化观的宣传教育，广泛学习马克思主义民族理论和党的民族政策，学习中央关于新疆工作的重要指示精神及自治区党委的有关决定及江泽民总书记关于新疆历史的重要讲话和视察新疆时的重要指示精神。

2008 年，在第 26 个民族团结教育月活动中，采取召开座谈会、观看电教片、举办民族团结联谊会、知识竞赛、演讲比赛、学唱民族团结歌曲等形式，以纪念改革开放 30 周年宣传教育活动、“畅谈辉煌成就 · 携手团结奋进”主题报告会、“双语教育成果巡回展示”“迎奥运、民族团结帮扶送温暖”、“第 6 个扶贫周”“民族团结、军民团结电影放映周”、“巾帼建功、共创和谐”主题教育、少年儿童民族团结“结对子 · 手拉手”八大活动为载体，认真开展民族团结教育月系列活动。

2009 年 5 月，阿克苏市以抓好“感恩伟大祖国、建设和谐新疆”为主题教育，把中国特色社会主义教育、群众性爱国主义教育活动和“三个不忘”（不忘党的恩情、不忘祖国的温暖、不忘各族人民团结奋斗的历程）、马克思主义“五观”（国家观、民族观、宗教观、历史观、文化观）、“四个认同”（对祖国的认同，对中华民族的认同，对中华文化的认同，对社会主义道路的认同）、“三个离不开”（汉族离不开少数民族、少数民族离不开汉族、各少数民族之间也互相离不开）等作为民族团结宣传教育内容，增强全体市民反对民族分裂、维护祖国统一、维护社会稳定的自觉性和坚定性。

2011 年 5 月，第 29 个民族团结教育月活动中，以开展党领导人民的奋斗史、创业史、改革开放史和新疆历史、民族发展史、宗教演变史的“六史”为学习内容，进行宣传教育，引导广大干部群众牢固树立马克思主义“五观”和“三个离不开”、“四个认同”的思想，自觉践行新疆精神。

2012 年 5 月，深入开展自治区第 31 个民族团结教育月活动，开展“民族团结好少年”评选活动，推选出 10 名“民族团结好少年”，并推荐 2 名好少年参加自治区第二届“民族团结好少年”表彰评选活动。

2015 ~ 2016 年，组织全市各单位学习《自治区民族团结进步工作条例》，将民族理论、民族知识纳入业务学习、支部学习、党课教育。宣讲党的恩情、国家的政策，宣讲自治区成立 60 年来的辉煌成就，宣讲党和国家的援疆政策，宣讲爱国主义、社会主义核心价值观、新疆精神、“三个离不开”“五个认同”，宣讲民族团结先进典型，宣讲新疆民族团结进步事业的巨大成就。开展融情实践活动。开展不同民族互帮互学互助结对子，不断丰富民族团结进步活动的形式与内容。

### 三　表彰先进

1992 年，召开全市第 3 次民族团结双先表彰大会，对 15 个先进集体和 70 名先进个人进行表彰奖励。

至 2016 年，共表彰民族团结模范单位 141 个，民族团结模范个人 325 名。

**表 35 -1　1992 ~ 2016 年阿克苏市民族团结表彰统计表**

| 表彰届次 | 时间 | 表彰民族团结模范个人(名) | 表彰民族团结模范单位(个) |
|---|---|---|---|
| 第三次 | 1992 年 7 月 | 70 | 15 |
| 第四次 | 1995 年 6 月 | 67 | 15 |
| 第五次 | 1999 年 9 月 | 89 | 22 |
| 第六次 | 2006 年 4 月 | 37 | 23 |
| 第七次 | 2013 年 11 月 | 34 | 36 |
| 第八次 | 2016 年 4 月 | 28 | 30 |

## 第二节　军民共建

自 1990 年起，阿克苏市把军地共建活动作为双拥工作的主要内容来抓，开展“互献爱心、互办实事、互育人才、互解难题、互学经验”活动，部队与部分单位共建文明单位，签订“军民共建协议书”，并开展共建单位联谊活动。

自 1992 年起，逢年过节及部队野营拉练回归时，阿克苏市城区各单位纷纷自发组织干部、居民慰问部队，为部队官兵缝补衣服、理发、表演文艺节目，共同联欢。1997 年 1 月，阿克苏市全国双拥模范城纪念碑在西广场落成，数万名群众、官兵和地方党政领导参加落成剪彩活动，共享荣誉喜悦。

1998 年 8 月 12 日，阿克苏市暴发特大山洪，兰干街道办事处、新城街道办事处、依干其乡、地区红旗坡农场、实验林场等辖区居民的生产生活受到严重影响，驻军部队紧急出动官兵 2300 多人组成抗洪抢险突击队，连续奋战 47 个小时，转移群众 12300 多人，装运沙袋 24100 余个，加固堤坝 1100 多米，挽回经济损失 8 亿元。

1999 年 8 月 18 日，阿克苏市举行驻训部队胜利归来万人欢迎活动，数万群众手持鲜花，向驻地训练部队表达敬意，使“无军不安、无军不稳”的观念更加深入人心。

2006 年，阿克苏市在红桥街道多浪社区麦子街修建“军民共建路”，表达各族群众与驻扎官兵的深厚情谊。2010 年，阿克苏市上演大型情景歌舞剧《不平凡的日记》，展示驻地官兵与各族群众同呼吸、共命运的感人故事，城区各单位 565 名工作人员和近 1500 名学生观看演出，取得热烈反响。

2012～2014 年，阿克苏市加强军民联防，签订军民共建维稳协议，驻阿部队深入开展扶贫帮困活动，帮助 217 户 946 人实现脱贫。1997～2016 年，阿克苏市连续 6 次获得全国双拥模范城称号。

# 第三十六编　人民生活

1990年后，阿克苏市人民生活从封闭转为开放，人民的物质生活水平不断提高，衣、食、住、行等方面都发生了显著变化。城乡居民消费水平和观念发生深刻变化。长期以吃、穿为主的生存型消费所占的比重大幅度下降，衣着和基本生活用品支出和体现人民对美好生活需求的住房、交通、通信、医疗保健、文教娱乐、休闲旅游等项支出的比重迅速上升。2000年后，居住环境从简陋的平房变为设备齐全舒适的楼房；道路设施、城市交通路网四通八达，百姓出行方便快捷；生活方式品质从单一到丰富多彩，文化生活活跃多样。家用电器等耐用消费品、固定电话、移动电话已在城乡普及，私人小轿车进入千家万户，人民群众的生活质量大幅提升。至2016年，阿克苏市城镇居民可支配收入27673元，在岗职工平均工资64822元，农牧民人均纯收入达到15554元。

# 第一章　城镇居民生活

## 第一节　职工收入与支出

### 一　收入

20 世纪 90 年代初，城镇职工收入主要来源于工资性收入。随着经济发展和物价上涨，工资以较快的速度增加。1990 年，阿克苏市职工年平均货币工资 2028 元，1995 年达到 4528 元，2001 年，突破万元大关，达到 11097 元，2010 年达到 28690 元，2016 年阿克苏市单位从业人员（指在各级国家机关、党政机关、社会团体及企业、事业单位中工作，取得工资或其他形式的劳动报酬的全部人员）年平均工资达 64822 元。

表 36－1　1990～2016 年阿克苏市单位从业人员年平均工资表

| 年份 | 工资(元) | 年份 | 工资(元) |
|---|---|---|---|
| 1990 | 2028 | 2004 | 12869 |
| 1991 | 2136 | 2005 | 13369 |
| 1992 | 2688 | 2006 | 14171 |
| 1993 | 2890 | 2007 | 17217 |
| 1994 | 3870 | 2008 | 20258 |
| 1995 | 4528 | 2009 | 23628 |
| 1996 | 5274 | 2010 | 28690 |
| 1997 | 5532 | 2011 | 36310 |
| 1998 | 6522 | 2012 | 41953 |
| 1999 | 7477 | 2013 | 45855 |
| 2000 | 8543 | 2014 | 48754 |
| 2001 | 11097 | 2015 | 59124 |
| 2002 | 12032 | 2016 | 64822 |
| 2003 | 12338 | | |

表 36－2　2006～2016 年阿克苏市城镇居民可支配收入表

| 年份 | 人均可支配收入(元) | 年份 | 人均可支配收入(元) |
|---|---|---|---|
| 2006 | 8534.86 | 2012 | 18946.60 |
| 2007 | 10334.40 | 2013 | 21487.82 |
| 2008 | 12302.17 | 2014 | 22907.69 |
| 2009 | 13179.69 | 2015 | 25325.2 |
| 2010 | 14781.14 | 2016 | 27673 |
| 2011 | 16398.16 | | |

## 二　支出

1990～2000 年，城镇居民生活水平不高，消费水平增长缓慢。2000 年后，随着收入的大幅提高，消费能力快速提升。

1990 年，城镇居民消费总额 7320 万元。1995 年，城镇居民人均消费 2032 元。2001 年，城镇居民人均消费水平为 4411 元。

2010 年，阿克苏市城镇居民人均总支出 11529.21 元，其中食品支出 3898.38 元、衣着支出 1344.32 元。

至 2016 年，城镇居民人均消费性支出 16084.35 元，其中食品烟酒 5692.00 元、衣着支出 1742.15 元、居住 2808.79 元、生活用品及服务 1216.27 元。社会消费品零售总额是 1993 年的 43.87 倍，人均消费额是 1993 年的 36.42 倍。随着居民收入水平的持续增长，居民消费结构发生变化，衣食住行等基础性消费占比逐年下降，用于教育文化、医疗保险及服务性质等其他消费支出则逐年增加。

**表 36－3　1993～2016 年阿克苏市部分年份城镇居民消费性支出表**

| 年份 | 城镇居民人均消费额(元) | 年份 | 城镇居民人均消费额(元) |
|---|---|---|---|
| 1993 | 2775 | 2007 | 6835.98 |
| 1994 | 2277 | 2008 | 7956.81 |
| 1995 | 2032 | 2009 | 8195.62 |
| 1996 | 3032 | 2010 | 9402.48 |
| 1997 | 3908.1 | 2011 | 9801.67 |
| 1998 | 3909.0 | 2012 | 9942.49 |
| 1999 | 3666.0 | 2013 | 13448.43 |
| 2001 | 4411.0 | 2014 | 14773.85 |
| 2003 | 4786.0 | 2015 | 14027.6 |
| 2006 | 6689.64 | 2016 | 16084.35 |

说明：按当年价计算。

# 第二节　城镇居民生活水平

20 世纪 90 年代初，阿克苏市区各单位职工宿舍集中建于一处，分栋排列，每栋一般两户，每户两三间房屋，面积约 60 平方米。前后两栋之间约隔 10 米，一栋两户中间修矮墙连接前栋，两头围墙上开院门，中间形成一小院，可种少数蔬菜或花草。房顶和内外房墙及屋内顶棚均抹草泥，房墙内外均喷石灰浆，屋内地面铺砖。冬季烧煤通火墙取暖，同时供做饭。夏季土坯墙房屋内较凉爽。一般家庭有两间卧室一间客厅，无卫生间，有集体公共厕所，但公厕卫生条件较差。通自来水，但无下水道，废水泼于空旷处，利用干燥气候自然蒸发。垃圾集中堆放，清洁工一周清运一次，夏季蝇虫较多。家中有木工制作的桌椅、衣柜、床铺等物，时尚器具为“三大件”（自行车、缝纫机、手表），部分家庭有电视机。建成区面积小，职工上下班或步行或骑自行车。经商居民多居于城镇老居民区，富裕人家院大房多，院内多种植花卉。

20世纪90年代中后期，开始修建职工住宅楼，钢筋混凝土结构，均为6层，无电梯。50%城镇居民住进楼房，每户住房面积60～100平方米，除卧室、客厅外，还有厨房、餐厅、卫生间（厕所、洗浴间），家具从商店购买，"席梦思"软床、沙发及电冰箱、洗衣机已成普通家具。职工居住区集中供热（暖气），家庭做饭烧石油液化气：楼房有自来水管道和下水管道，还有电话线和电视线管道，一般职工家庭已安装有线电话机。经商居民多住于老居民区，多为平房或小二楼，其他条件与职工相同。

2000年以后，城市建设日新月异，高楼拔地而起，多数城镇居民搬进楼房，住宅配置冷空调，厨房有抽油烟机，做饭半数家庭用上了天然气，并配有微波炉、电磁炉。家庭人口2～3人的住房面积在80平方米左右，4～6人的多在120平方米以上。室内装饰成为时尚，且越来越豪华，与高档家具色调配合，形成富有个性特征的生活情趣。

2016年，城市住宅基本上为楼房，水、电、暖齐备。多数家庭有小轿车，移动电话、计算机网络在生活中得到普及。城区面积扩大，公交车和出租车遍布城乡，居民出行极为方便。经商居民的住宅也日趋豪华。

市区有供居民休闲、健身、娱乐、文艺演出的广场，有室内文艺演出、开会的大型文化艺术中心，有医院、学校、幼儿园和妇幼保健站、疾病控制中心，还有各类购物商场、餐馆、车站、机场。城镇人口出行和就医、上学、购物非常便利。

# 第二章　农村居民生活

## 第一节　农村居民收入与支出

### 一　收入

1990年，由于阿克苏市农村基础薄弱，生产力不发达，农民家庭收入来源单一，农民家庭纯收入仍处于较低水平。是年，农民家庭人均纯收入642.97元。随后，阿克苏市不断深化农业体制改革，完善家庭联产承包责任制，农村经济总收入逐年提高。至2000年，阿克苏市农村居民人均纯收入达到1892元。

2000年以后，随着农民生产经营自主权的放开，极大地调动农民生产积极性，粮食和主要经济作物价格遵行市场规律，实行市场化管理。2003年，阿克苏市取消"三提五统"，2005年取消农业税和农业税附加。一系列惠农政策的实施，使农民的生产积极性进一步提高。2010年，阿克苏市农村经济总收入262398.71万元，农村居民人均纯收入7253.75元。

2011～2016年，阿克苏市依靠丰富的水土光热资源，发展特色农业，打造特色农业品牌，组建一批农民专业合作社。现代农业的兴起，为农民增收带来动力。短短6年时间，农民人均纯收入由8508.83元增长至15553.9元。

表36－4　1990～2016年阿克苏市农村居民人均纯收入情况表

| 年份 | 人均纯收入(元) | 年份 | 人均纯收入(元) |
|---|---|---|---|
| 1990 | 642.97 | 2004 | 2649.67 |
| 1991 | 757.67 | 2005 | 3627.41 |
| 1992 | 790.02 | 2006 | 4111.90 |
| 1993 | 865.21 | 2007 | 4643.72 |
| 1994 | 1058.04 | 2008 | 5175.02 |
| 1995 | 1415 | 2009 | 5785.89 |
| 1996 | 1414.37 | 2010 | 7253.75 |
| 1997 | 1623 | 2011 | 8508.83 |
| 1998 | 1854 | 2012 | 10141.96 |
| 1999 | 1350 | 2013 | 11833.85 |
| 2000 | 1892 | 2014 | 13278.07 |
| 2001 | 2226.25 | 2015 | 14407.29 |
| 2002 | 2580.60 | 2016 | 15553.9 |
| 2003 | 2765 | | |

## 二　支出

农村经济的不断发展，使农村居民收入逐年提高，生活水平也随之得到提高，农村居民消费支出，尤其是家庭经营费用支出呈逐年上升趋势。

2003年，阿克苏市农村居民生活消费支出为1815元，其中用于家庭经营费用支出1289元。

2005年，农村居民生活消费支出1916.7元，其中家庭经营费用支出2906.51元。

2016年，阿克苏市农村居民生活消费支出7981.25元。

# 第二节　农村居民生活水平

1990年以来，阿克苏市为提高农民生活质量，方便群众用水，开始修建农村供水设施。随着农民收入的增加，卫生意识的增强，农村卫生状况明显好转，卫生设施得到普及。农村居民生活水平逐步提高，汽车等高档消费品逐渐走进人们的日常生活。

2002年，阿克苏市农村卫生厕所普及率达到52%。

自2006年7月起，阿克苏市正式开展新农村建设试点工作，农村基础设施逐步完善。2006年，农村消费品零售额5751.7万元。2011年，农村消费品零售额81093万元。农村房屋由以前的土木结构大部分被改建成宽敞明亮、安全舒适的砖混结构住房。

随着收入增加，农村居民生活水平逐步提高。2014年，全市农村消费品零售额60691万元。

2016年，全市农村食品类零售额51854.9万元，实现农村供水管网覆盖122个行政村。全市各乡镇行政村的供水管网覆盖率为83%，农村自来水入户达29620户，入户率85%。自来水受益人口16.59万人。全市按照统一规划、合理布局、设施配套、安全适用的原则，建设安居富民示范点32个，新建安居富民房6941户，庭院改造6941户，发展太阳能、沼气等新能源的农户2458户，农村居民的居住环境得到明显改善。

# 第三章　居民消费

## 第一节　恩格尔系数

2005年，阿克苏市开始统计恩格尔系数。当年，恩格尔系数为0.3742，2016年恩格尔系数为0.43。

表36-5　2005~2016年阿克苏市恩格尔系数变化情况表

| 年份 | 恩格尔系数 | 年份 | 恩格尔系数 |
| --- | --- | --- | --- |
| 2005 | 0.3742 | 2011 | 0.413 |
| 2006 | 0.3668 | 2012 | 0.466 |
| 2007 | 0.358 | 2013 | 0.469 |
| 2008 | 0.398 | 2014 | 0.419 |
| 2009 | 0.398 | 2015 | 0.44 |
| 2010 | 0.396 | 2016 | 0.43 |

## 第二节　基尼系数

1990~2016年，阿克苏市在经济增长的同时，贫富差距逐步拉大，1990年基尼系数为0.287。2009年，阿克苏市的基尼系数跨过0.4，突出表现在城乡居民收入差距进一步拉大、高低收入群体贫富悬殊等方面。基尼系数的差距，也影响到居民消费的水平。

## 第三节　居民生活消费

1990年，阿克苏市居民人均年生活消费603.56元。2016年，人均年生活消费14068.08元。

表 36－6　1990～2016 年部分年份阿克苏市居民生活消费情况统计表

| 年份 | 人均生活消费额(元) | 年份 | 人均生活消费额(元) |
|---|---|---|---|
| 1990 | 603.56 | 2002 | 3093.0 |
| 1991 | 657.28 | 2006 | 6689.64 |
| 1992 | 712.33 | 2007 | 6835.98 |
| 1993 | 1429.9 | 2008 | 7956.81 |
| 1994 | 1525.9 | 2009 | 8195.62 |
| 1995 | 1887.8 | 2010 | 9104.33 |
| 1996 | 1863.9 | 2011 | 9801.67 |
| 1997 | 2616.7 | 2012 | 9942.49 |
| 1998 | 2648.0 | 2013 | 10842.54 |
| 1999 | 2403.0 | 2014 | 11891.84 |
| 2000 | 2720.0 | 2015 | 12577.64 |
| 2001 | 2997.0 | 2016 | 14068.08 |

## 第四节　物价指数

20 世纪 90 年代起，阿克苏市随着经济的飞速发展，价格指数呈现较快增长趋势，物价起伏较大。1994 年，阿克苏市全社会零售物价总指数为 128%，居民生活消费价格指数为 128%。

2000 年左右，通胀逐步放缓，物价指数趋于稳定。

2004 年，物价指数基本平稳。全社会零售价总指数为 101.8%；居民生活消费价格指数为 102.2%。

2007 年，居民生活消费价格指数（CPI）达到 106.5%，其中服务项目价格上涨 0.2%，工业品价格上涨 1.4%。

2010 年，居民生活消费价格比上年上涨 4.7%。其中食品价格上涨幅度较大；服务项目价格上涨 0.9%；城市商品零售价格上涨 1.0%。全市 CPI 平均涨幅 4.5%～4.6%，总体上属于温和通胀。

2016 年，居民消费价格与上年基本持平。其中食品、烟酒及用品价格上涨不大，衣着价格下降 0.5%，家庭设备用品及服务价格下降 1.1%，医疗保健及个人用品价格变化不大，交通和通信方面价格上涨 0.3%，娱乐教育文化方面价格下降 1.8%，居住价格下降 1.1%。

表 36－7　1993～2009 年阿克苏市居民生活费用物价指数统计表

| 年份 | 食品类 | 衣着类 | 日用品类 | 医疗及药品类 | 服务价格 | 居民生活消费价格指数(%) |
|---|---|---|---|---|---|---|
| 1993 | 123.0 | 107.6 | 109.3 | 124.1 | 117.0 | 115.8 |
| 1994 | 137.4 | 121.5 | 117.1 | 115.2 | 129.5 | 128 |
| 1995 | 124.3 | 116.9 | 109.5 | 112.7 | 115.8 | 119.6 |
| 1996 | 105.9 | 111.0 | 104 | 102.2 | 108.8 | 106.6 |
| 1997 | 100.7 | 100.1 | 100.5 | 98.6 | 105.7 | 100.9 |
| 1998 | 98.8 | 82.4 | 92.7 | 100 | 105.5 | 95.9 |
| 1999 | 98.1 | 94.7 | 93.6 | 101.4 | 108.2 | 99.8 |
| 2000 | 92.2 | 100.8 | 98.5 | 100.7 | 100.8 | 96.1 |

续表

| 年份 | 食品类 | 衣着类 | 日用品类 | 医疗及药品类 | 服务价格 | 居民生活消费价格指数（%） |
|---|---|---|---|---|---|---|
| 2001 | 102.5 | 98.6 | 100.5 | 98 | | 102.1 |
| 2002 | 93.8 | 101.7 | 99.8 | 104.1 | | 99.3 |
| 2003 | 105.9 | 100.2 | 99.4 | 104.6 | 100 | 102.2 |
| 2004 | 105.9 | 100.9 | 95.8 | 103.8 | 100.3 | 102.2 |
| 2005 | 95.9 | 101.5 | 97.8 | 106.7 | 102.4 | 99.7 |
| 2006 | 104.5 | 99.6 | 99 | 102.1 | 103.5 | 102.3 |
| 2007 | 115 | 100.9 | 102 | 101.3 | 103.7 | 106.5 |
| 2008 | 117.2 | 99.7 | 106.4 | 102.3 | 101.7 | 107.6 |
| 2009 | 102.6 | 103 | 103.1 | 100.6 | 101.6 | 101.7 |

**表 36－8　2010～2016 年阿克苏市居民生活费用物价指数统计表**

| 年份 | 食品 | 烟酒及用品 | 衣着 | 家庭设备用品及服务 | 医疗保健及个人用品 | 交通和通信 | 娱乐教育文化用品及服务 | 居住 |
|---|---|---|---|---|---|---|---|---|
| 2010 | 110.4 | 106.4 | 106.1 | 102.7 | 102.7 | 101.2 | 101.6 | 106.4 |
| 2011 | 113.0 | 102.2 | 104.5 | 106.1 | 101.0 | 102.4 | 99 | 106.0 |
| 2012 | 103.8 | 103.6 | 102.4 | 101.3 | 100.1 | 100.8 | 99.8 | 101.4 |
| 2013 | 107.7 | 102.7 | 102.5 | 97.6 | 98.6 | 101.8 | 99.8 | 103.8 |
| 2014 | 104.0 | 101.3 | 98.9 | 100.3 | 100.0 | 101.6 | 100.3 | 104.5 |
| 2015 | 97.8 | 104.6 | 100.3 | 101.0 | 100.4 | 99.2 | 103.3 | 101.5 |
| 2016 | 101.3 | | 99.8 | 99.9 | 100 | 99.5 | 101.5 | 100.4 |

说明：本表中每年的物价指数均以上年度为100。

# 第三十七编　人　物

1990年后，阿克苏市各族干部群众在党中央自治区党委和地委的领导下，充分发挥聪明才智，呕心沥血，挥汗苦干，涌现出一大批勤政务实、爱岗敬业、忠于职守、任劳任怨、无私奉献、见义勇为、全心全意为人民服务的人物，为维护阿克苏市社会稳定和开发建设阿克苏，鞠躬尽瘁，尽其一生；他们在各自岗位上尽职尽责、人勤业精，在维护社会稳定、推动改革开放、促进经济社会发展、维护民族团结、弘扬社会主义核心价值观等方面做出了不可磨灭的突出贡献，受到国家、自治区有关部门的表彰奖励，在各族人民心中留下深刻记忆。为彰显其业绩，记述其对阿克苏市社会稳定和政治、经济、社会、文化建设的贡献与影响，让后人学习效仿，本编采用人物传和人物名表予以收录。

# 第一章　人物传

## 赵　群

赵群（1943.1—1992.10），男，汉族，甘肃武威人。1967 年 7 月毕业于新疆八一农学院（今新疆农业大学），1979 年 7 月加入中国共产党。曾历任技术员、厂长、县经委主任、中共阿克苏市委委员、常委、副书记、书记、市人武部党委第一书记、武委会主任、农一师九团党委第一书记、第一政委等职务。

1967 年，赵群大学毕业分配到阿克苏县工作。从当技术员开始，下过乡，插过队，当过修理工，开过拖拉机、汽车，办过工厂，直到走上市委领导岗位。赵群长期患胃病，经常胃痛得吃不下饭，却仍坚守在工作岗位。后期即使患有肝硬化，仍然操心着阿克苏市的工业、农业，从不休息，直到实在无法工作住进医院。在他的带领下，阿克苏市的工农业生产以及其他各项工作都在全地区名列前茅，为阿克苏市的社会主义建设事业献出了毕生精力和智慧。1992 年 10 月 29 日，赵群在任阿克苏市委书记期间逝世，终年 50 岁。

## 努尔买买提·肉孜

努尔买买提·肉孜（1981—1994.6），男，维吾尔族，阿克苏市喀拉塔勒乡人。1994 年 6 月 27 日傍晚，阿克苏市喀拉塔勒乡洪水暴发，4 名小学生被急流卷进了河里。阿得日小学六年级学生努尔买买提·肉孜在回家途中听到呼救声，先后 3 次跳进河里，救出了 3 名落水儿童。

努尔买买提·肉孜相继被阿克苏市委、市政府，阿克苏地委、行署和新疆维吾尔自治区团委、少工委授予“赖宁式英雄少年”称号。为表彰努尔买买提·肉孜的英雄模范事迹，阿克苏市委、市政府将这一事迹拍摄成电视专题片《永不消逝的浪花》，并组织努尔买买提·肉孜事迹报告团进行巡回宣讲。

## 曹世强

曹世强（1968.12—1996.2），男，汉族，中共党员，出生于甘肃省清水县郭川乡宁川村。1985 年 10 月应征入伍，1991 年 1 月被批准为一级专业警士，生前系温宿县公安局博孜墩边防派出所专业警士，有着助人为乐的优秀品德。1985 年 8 月，他帮助所在的天水火柴厂抢救火灾，及时扑灭大火营救被围困的职工，挽回了国家财产损失；1993 年春天，他帮助丢失的小孩寻回家人；1994 年夏天，他把亟待临产的产妇及时送去医院；1994 年冬天，他又把 1 名喝农药的妇女及时送去医院，挽回了 1 条生命。自 1986 年 10 月起，曹世强先后 4 次受到嘉奖。

1996 年 2 月 10 日，曹世强和派出所指导员接到牧民报案，在追捕犯罪分子时，与暴徒英勇搏斗，背、前胸、头部、胳膊等处被捅 20 余刀，壮烈牺牲。

1996 年 7 月 8 日，中国人民武装警察部队政治部批准曹世强为革命烈士。1996 年 10 月 4 日，自治区公安厅追记曹世强一等功。

## 麦麦提·阿布拉

麦麦提·阿布拉（1964. 11—1997. 7），男，维吾尔族，1964 年 11 月 14 日出生于阿克苏市依干其乡依干其村第五村民小组的一个农民家庭。1980 年初中毕业回乡务农。1987 年，麦麦提·阿布拉加入中国共产主义青年团。1990 年至 1992 年，经群众推举任依干其乡第五村民小组组长。麦麦提·阿布拉为人朴实、忠厚，经常为群众办好事，尤其是对孤寡老人照顾得无微不至，主动帮助劈柴、担水、干农活，给“五保户”送衣送药。1997 年 7 月 5 日凌晨 2 点 30 分，麦麦提·阿布拉与同村村民牙生·依地力斯在前往水闸为村组放水途中，遭遇 6 名冒充公安人员的持刀歹徒，麦麦提·阿布拉将个人生死置之度外，及时向公安派出所报案，并主动带路，围捕罪犯时临危不惧，与 6 名穷凶极恶的持刀歹徒勇敢搏斗，被歹徒刺伤多处，仍然死死抓住歹徒，防止歹徒逃跑，在生死关头仍然惦念不忘抓捕歹徒。最终因伤势过重，壮烈牺牲，英年 33 岁。1998 年 7 月 8 日，被自治区人民政府批准为革命烈士。

## 吐尼沙汗·吐尔地

吐尼沙汗·吐尔地（1945—2014. 4），女，维吾尔族，生前系阿克苏市英巴扎街道萨孜勒克社区的一位“五保户”。她 10 岁那年失去双亲，成为一名孤儿。但在基层党组织、社区干部群众的关爱与温暖中长大成人的吐尼沙汗·吐尔地，对社会、对他人始终怀抱一颗感恩之心，坦然面对生活的不幸和困难，勤劳而幸福地工作和生活。1993 年，吐尼沙汗·吐尔地捡到一个汉族弃婴。当时孤身一人、没有固定工作、仅靠给人当保姆、在市场当保洁员的微薄收入生活的吐尼沙汗·吐尔地毅然收养这名弃婴，此后，又先后收养一名汉族残疾儿童和一名维吾尔族残疾儿童，用无私的爱支撑起这个特殊的家庭。

1997 年，吐尼沙汗·吐尔地被评为阿克苏地区民族团结先进个人；1999 年被评为阿克苏市民族团结先进个人；2000 年被评为自治区民族团结进步模范、自治区“志愿者助残先进个人”；2000 年、2003 年先后两次获“全国志愿者助残先进个人”称号；2003 年获地区精神文明建设“十个一”亮点工程“一个好典型暨 2003 年度十佳个人”称号。2008 年，根据吐尼沙汗·吐尔地事迹改编的电影《阿克苏的馕》在阿克苏上映。2014 年 4 月 19 日，吐尼沙汗·吐尔地因病去世。

## 买买提江·托乎尼牙孜

买买提江·托乎尼牙孜（1964.11—2015.10），男，维吾尔族，新疆温宿县人，1982年7月参加工作，1988年12月加入中国共产党，生前系阿克苏地区公安局党委委员、副局长，一级警督警衔。2015年10月13日14时许，根据牧民提供的线索和指挥部的安排，买买提江·托乎尼牙孜带领4名民警和5名牧民进入拜城县布隆乡乌斯坎木村后山区域进行搜索，与密林中潜伏的暴恐分子突然遭遇，面对危难关头，买买提江·托乎尼牙孜用自己的生命换回牧民，最后被暴徒残忍地杀害。2015年12月8日，他被公安部授予全国公安系统一级英模称号，2015年12月11日，被自治区人民政府评定为烈士。

## 丁汉卿

丁汉卿（1941.4—1993.6），男，汉族，生于1941年4月，四川长宁人，于1993年6月8日因抢救白热病患者，感染病逝。次年被追认为革命烈士。同年，阿克苏地委、行署、市委、市政府领导对其家属进行慰问，并在全市范围掀起向丁汉卿学习的热潮。

## 郭　双

郭双（1968.2—1996.7），男，汉族，1968年出生于河南禹县，1987年11月参加工作，1990年9月加入中国共产党。生前系阿克苏地区公安局刑侦科侦察员。1996年7月15日，沙雅县境内塔里木监狱发生暴狱事件，在平暴中，郭双不幸中弹牺牲。1997年5月22日，被自治区人民政府批准为革命烈士。

## 麦麦江·沙迪克

麦麦江·沙迪克（1942.12—1997.3），男，维吾尔族，1942年12月出生于阿克苏市。1962年8月参加工作，1981年9月加入中国共产党。生前系沙井子民族农场党委书记。从1989年起，一直担任基层领导干部，多次配合公安机关调查、侦破民族分裂主义分子、宗教极端分子和暴力恐怖分子的刑事案件。1997年3月23日晚，被民族分裂主义分子和暴力恐怖分子报复杀害。2000年2月18日，被自治区人民政府批准为革命烈士。

## 艾克拜尔·依明

艾克拜尔·依明（1994.4—2014.5），男，维吾尔族，新疆阿克苏市人，2013年3月参加工作，生前系阿克苏市公安局特巡警大队西城中队协警员。2014年5月8日，艾克拜尔·依明在阿克苏市大十字执行缉查涉暴车辆任务中，遭到暴徒持刀斧袭击，身受重伤，经抢救无效，不幸壮烈牺牲。2014 年 9 月，被自治区人民政府评定为烈士。

## 石　磊

石磊（1978. 3—2014. 5），男，汉族，甘肃高台人，1997 年 10 月参加公安工作，先后任新和县公安局通信股办事员、阿克苏地区公安局防暴支队科员、办公室科员、技侦支队科员，三级警督警衔。2014 年 5 月 28 日，在新和县依其艾日克乡喀拉塔什村侦办一起涉恐案件时，突然遭到暴徒持刀袭击，在身受重伤的情况下坚持与暴徒展开殊死搏斗，与战友密切配合，当场击毙暴徒 2 人、击伤 1 人，终因伤势过重，抢救无效，不幸壮烈牺牲。2014 年 9 月，被公安部授予全国公安系统二级英模称号，被自治区人民政府评定为烈士。

## 吐尼牙孜·玉山

吐尼牙孜·玉山（1962. 2—2015. 7），男，维吾尔族，出生于 1962 年 2 月 14 日，生前系阿克苏市阿依库勒镇治保主任，2015 年 7 月 28 日凌晨 4：40 分许，以麦某为首的暴恐团伙 5 人冲进其家中，吐尼牙孜·玉山和妻子古力尼萨汗·吐尼牙孜在与暴恐分子进行生死搏斗中，双双遇害。2016 年 11 月 22 日，吐尼牙孜·玉山被自治区人民政府评定为烈士。

## 罗天勇

罗天勇（1992. 11—2015. 9），男，汉族，贵州遵义县人，1992 年 11 月 8 日出生，2012 年 12 月参加工作，生前系阿克苏地区公安局特警支队处突一大队民警，未授警衔。2015 年拜城县“9·18”案件发生后，罗天勇主动请缨与 30 名战友一起参加战斗。连续搜索的第 5 天，9 月 22 日 20 时许，与暴恐分子遭遇，罗天勇为掩护战友撤退，在与暴徒搏斗中，年仅 22 岁的罗天勇献出了年轻的生命。2015 年 12 月，被公安部授予全国公安系统二级英模称号，2015 年 12 月 11 日，被自治区人民政府评定为烈士。

# 第二章　人物名表

## 第一节　烈士名表

表 37 -1　1990 ~2016 年阿克苏市烈士名表

| 姓名 | 民族 | 籍贯 | 出生年月 | 生前单位及职务 | 牺牲原因 | 牺牲时间 | 授予时间 | 批准单位 |
|---|---|---|---|---|---|---|---|---|
| 丁汉卿 | 汉 | 四川长宁 | 1941. 4 | 阿克苏地区防疫站干部 | 因抢救患者感染 | 1993. 6 | 1994 | 民政部 |
| 郭双 | 汉 | 河南禹县 | 1968. 2 | 地区公安局侦察员 | 平暴 | 1996. 7 | 1997. 5 | 自治区人民政府 |
| 曹世强 | 汉 | 甘肃清水 | 1968. 12 | 温宿县公安局博孜墩边防派出所专业警士 | 平暴 | 1996. 2 | 1996. 7 | 中国人民武装警察部队政治部 |
| 麦麦江・沙迪克 | 维吾尔 | 新疆阿克苏 | 1942. 12 | 沙井子农场书记 | 被暴恐分子报复杀害 | 1997. 3 | 2000. 2 | 自治区人民政府 |
| 麦麦提・阿布拉 | 维吾尔 | 新疆阿克苏 | 1964. 11 | 阿克苏市依干其乡农民 | 平暴 | 1997. 7 | 1998. 7 | 自治区人民政府 |
| 梁树民 | 汉 | 河南驻马店 | 1962. 10 | 阿克苏市南城街道群众 | 抢救沼气中毒群众牺牲 | 2001. 7 | 2002 | 民政部 |
| 龙建民 | 汉 | 四川成都 | 1968. 8 | 阿克苏市新城街道群众 | 抢救沼气中毒群众牺牲 | 2001. 7 | 2002 | 民政部 |
| 刘福 | 汉 | 四川达州 | 1992. 10 | 阿克苏市第三中学学生 | 救落水儿童牺牲 | 2010. 5 | 2011. 1 | 民政部 |
| 库尔班・吐尼亚孜 | 维吾尔 | 新疆阿克苏 | 1989. 6 | 依干其乡派出所协警员 | 执行任务遇袭 | 2010. 8 | 2011 | 民政部 |
| 艾则麦提・麦合木提 | 维吾尔 | 新疆阿克苏 | 1992. 5 | 依干其乡派出所协警员 | 执行任务遇袭 | 2010. 8 | 2011 | 民政部 |
| 阿布都克然木・艾麦提 | 维吾尔 | 新疆阿克苏 | 1983. 12 | 依干其乡派出所协警员 | 执行任务遇袭 | 2010. 8 | 2011 | 民政部 |
| 石磊 | 汉 | 甘肃高台 | 1978. 3 | 阿克苏地区公安局科员 | 侦办涉恐案件时遇袭 | 2014. 5 | 2014. 9 | 自治区人民政府 |
| 艾克拜尔・依明 | 维吾尔 | 新疆阿克苏 | 1994. 4 | 阿克苏市公安局协警员 | 执行缉查任务时遇袭 | 2014. 5 | 2014. 9 | 民政部 |
| 孙超 | 汉 | | | 新疆巴楚县公安局科员 | 侦办涉恐案件时遇袭 | 2014. 5 | 2014. 12 | 民政部 |
| 吐尼牙孜・玉山 | 维吾尔 | 新疆阿克苏 | 1962. 2 | 阿克苏市阿依库勒镇治保主任 | 被暴恐分子杀害 | 2015. 7 | 2016. 11 | 自治区人民政府 |
| 买买提江・托乎尼牙孜 | 维吾尔 | 新疆阿克苏 | 1964. 11 | 阿克苏地区公安局党委委员、副局长 | 平暴 | 2015. 10 | 2015. 12 | 自治区人民政府 |
| 罗天勇 | 汉 | 贵州遵义 | 1992. 11 | 阿克苏地区公安局特警支队民警 | 平暴 | 2015. 9 | 2015. 12 | 自治区人民政府 |

## 第二节　离休干部名表

表 37－2　2016 年阿克苏市在世离休干部名表

| 姓名 | 性别 | 族别 | 籍贯 | 参加工作时间 | 离休时间 | 工作单位 |
|---|---|---|---|---|---|---|
| 沈富礼 | 男 | 汉 | 江苏仪征 | 1944.6 | 1983.1 | 阿克苏市纪检委 |
| 齐东升 | 男 | 汉 | 山东昌邑 | 1945.8 | 1984.4 | 阿克苏市粮食局 |
| 张忠琪 | 男 | 汉 | 陕西 | 1948.2 | 1986.12 | 阿克苏市农机局 |
| 王均华 | 女 | 汉 | 山东 | 1948.2 | 1988.1 | 阿克苏市粮食局 |
| 陈什瀛 | 男 | 汉 | 四川 | 1949.5 | 1989.2 | 阿克苏市政公司 |
| 王文发 | 男 | 汉 | 陕西 | 1949.11 | 1989.8 | 阿克苏市公安局 |
| 凌明星 | 男 | 汉 | 江苏 | 1948.11 | 1990.6 | 阿克苏市公安局 |
| 韩守祥 | 男 | 汉 | 江苏赣榆 | 1947.7 | 1990.6 | 阿克苏市水利局 |
| 赵后光 | 男 | 汉 | 四川大竹 | 1946.10 | 1990.11 | 阿克苏市防疫站 |
| 李自强 | 男 | 汉 | 山西 | 1949.8 | 1991.3 | 阿克苏市委员会 |
| 单玉梅 | 女 | 汉 | 山东潍坊 | 1947.3 | 1992.3 | 阿克苏市档案局 |
| 刘胜昌 | 男 | 汉 | 山东文登 | 1949.9 | 1992.8 | 阿克苏市面粉厂 |
| 田　信 | 男 | 汉 | 甘肃 | 1949.9 | 1992.8 | 阿克苏市棉麻公司 |
| 张兴瑞 | 男 | 汉 | 陕西咸阳 | 1949.9 | 1994.6 | 阿克苏市工商局 |

## 第三节　获得国家、自治区先进集体名表

表 37－3　1990～2016 年阿克苏市获得国家、自治区先进集体名表

| 单位名称 | 授予单位 | 荣誉称号 | 授予时间 |
|---|---|---|---|
| 阿克苏市公安局 | 中共中央 | 全国先进基层党组织 | 2016.7 |
| 阿克苏市人民医院 | 中央精神文明建设指导委员会 | 全国精神文明单位 | 1990.7 |
| 阿克苏市 | 自治区人民政府 | “双拥”先进集体 | 1991.8 |
| 阿克苏市 | 国家土地管理局 | 全国土地开发先进市 | 1991.10 |
| 阿克苏市少工委 | 国家教委、团中央、文化部和新闻出版署 | 全国红领巾读书、读报先进集体 | 1992 |
| 阿克苏市农机局 | 农业部 | 全国铁牛杯竞赛优胜奖 | 1992 |
| 阿克苏市委史志办公室 | 自治区人民政府 | 修志工作先进集体 | 1993.4 |
| 阿克苏市防疫站 | 卫生部、铁道部、中国人民解放军后勤卫生部 | 全国卫生防疫防治工作先进集体 | 1993.11 |
| 阿克苏市 | 自治区党委、政府，新疆军区 | 双拥模范城 | 1993 |
| 阿克苏市农业局能源办 | 国家计委、农业部 | 全国省柴节煤先进集体 | 1994.3 |
| 阿克苏市喀拉塔勒镇 | 国家教委 | 燎原计划示范先进乡 | 1994 |
| 阿克苏市喀拉塔勒镇 | 建设部 | 全面小城镇建设试点镇 | 1995.3 |
| 阿克苏市喀拉塔勒乡阿克日克村 | 全国绿化委员会 | 全国绿化“千佳村” | 1995.11 |

续表

| 单位名称 | 授予单位 | 荣誉称号 | 授予时间 |
| --- | --- | --- | --- |
| 阿克苏市良种场乔格塔勒村 | 全国绿化委员会 | 全国绿化“千佳村” | 1995.11 |
| 阿克苏市喀拉塔勒镇农机站 | 农业部 | 1992～1995年全国先进农机服务管理站 | 1995 |
| 阿克苏市喀拉塔勒镇 | 自治区党委 | 自治区先进基层党组织 | 1996.6 |
| 阿克苏市喀拉塔勒镇 | 国家教委 | 中华扫盲奖先进集体 | 1996 |
| 阿克苏市 | 民政部、总政治部 | 全国双拥模范城 | 1997.1 |
| 阿克苏市喀拉塔勒镇 | 民政部 | 全国民政工作全优乡镇（街道） | 1997 |
| 阿克苏市农机局 | 自治区人民政府 | 科技兴农二等奖 | 1997 |
| 阿克苏市第九中学 | 国家体委 | 全国群众体育先进集体 | 1997 |
| 民革阿克苏市委员会 | 国家民委 | 民族团结进步模范单位 | 1998.10 |
| 阿克苏市农机局 | 自治区人民政府 | 科技兴农二等奖 | 1998 |
| 阿克苏市 | 国家教委 | “两基”教育先进市 | 1998 |
| 阿克苏市教委 | 教育部、财政部 | “两基”教育先进单位 | 1998 |
| 阿克苏市教委 | 教育部、财政部 | 全国扫盲工作获奖单位 | 1998 |
| 阿克苏市教委教研室 | 国家教委 | 劳动技术教育先进单位 | 1998 |
| 阿克苏市喀拉塔勒镇 | 中央精神文明建设指导委员会 | 全面创建文明村镇工作先进单位 | 1999.9 |
| 阿克苏市喀拉塔勒镇 | 建设部 | 全国村镇建设先进镇 | 1999.12 |
| 阿克苏市农机局 | 自治区人民政府 | 科技兴农二等奖 | 1999 |
| 阿克苏市 | 全国双拥工作领导小组、民政部 | 全国爱心献功臣先进（县）市 | 1999 |
| 阿克苏市第九中学 | 国家教委 | 全国劳动技能先进学校 | 1999 |
| 阿克苏市教委教研室 | 国家教委 | 劳动技术教育先进单位 | 1999 |
| 阿克苏市喀拉塔勒镇中学 | 国家教委 | 体育卫生工作先进单位 | 1999 |
| 阿克苏市第九中学 | 国家体委 | 全国先进体育学校 | 1999 |
| 阿克苏市第十一小学 | 教育部 | 全国中小学德育工作先进集体 | 2000.9 |
| 阿克苏市农机局 | 自治区人民政府 | 科技进步二等奖、三等奖 | 2000 |
| 阿克苏市第九中学 | 教育部 | 全国艺术教育先进单位 | 2000 |
| 阿克苏市第十一小学 | 教育部 | 中小学德育工作先进集体 | 2000 |
| 阿克苏市工商局新城工商所 | 国家工商总局 | 全国工商系统优秀“青少年维权岗” | 2001.8 |
| 阿克苏市第八中学 | 全国妇联 | 全国优秀（示范）家长学校 | 2001 |
| 阿克苏市 | 建设部 | 中国人居环境范例奖 | 2002.2 |
| 阿克苏市喀拉塔勒镇 | 自治区人民政府 | 民政工作全优镇 | 2002.3 |
| 阿克苏市喀拉塔勒镇 | 共青团中央组织部 | 全国五四红旗团委创建单位 | 2002.6 |
| 阿克苏市消协 | 中国消协 | 全国保护消费者权益先进集体 | 2003.5 |
| 阿克苏市 | 建设部 | 2002年全国园林绿化先进城市 | 2003.10 |
| 阿克苏市兰干办事处机关工会 | 中华全国总工会 | 全国模范职工之家 | 2003.11 |
| 阿克苏市计生委 | 国家计生委 | 全国计划生育优质服务先进市 | 2003.12 |
| 阿克苏市人民法院 | 全国妇联、国家体育总局 | 全国亿万妇女健身活动巾帼文明健身队 | 2003 |

续表

| 单位名称 | 授予单位 | 荣誉称号 | 授予时间 |
| --- | --- | --- | --- |
| 阿克苏市 | 自治区人民政府 | 自治区社区建设先进城市 | 2003 |
| 阿克苏市第三中学 | 国家科委 | 第十八届全国青少年优秀科技实践活动二等奖 | 2003 |
| 阿克苏市委、市人民政府 | 自治区党委 | 自治区 2001 ~ 2002 年度县(市、区)党政领导科技进步目标责任制先进单位 | 2003 |
| 阿克苏市计生委 | 自治区人民政府 | 自治区计划生育优质服务先进市 | 2004.1 |
| 阿克苏市民政局 | 民政部 | 全国先进婚姻登记机关 | 2004.6 |
| 阿克苏市库木巴什工商所 | 国家工商总局 | 全国先进工商所 | 2004.12 |
| 阿克苏市农机局 | 自治区人民政府 | 科技兴粮行动计划先进县(市) | 2004 |
| 阿克苏市农机局 | 自治区人民政府 | 科技进步特等奖 | 2004 |
| 阿克苏市人民法院 | 最高人民法院 | 全国行政审判先进集体(行政审判庭) | 2004 |
| 阿克苏市第七小学 | 教育部中央电教馆 | 全国教育网络系统示范单位 | 2004 |
| 阿克苏市 | 科技部 | 2001 ~ 2002 年度全国科技进步先进市 | 2004 |
| 阿克苏市 | 民政部、解放军总政治部 | 全国双拥模范城 | 2005.1 |
| 阿克苏市红桥街道办事处多浪社区居委会 | 中央文明办、民政部、国家新闻出版署、国家广播电影电视总局 | 全国百家学习型社区 | 2005.5 |
| 阿克苏市民政局 | 民政部 | 全国先进婚姻登记机关 | 2005.6 |
| 阿克苏市 | 全国老龄工作委员会 | 全国老龄工作先进县(市) | 2005.6 |
| 阿克苏市喀拉塔勒镇 | 全国老龄工作委员会 | 全国老龄工作先进单位 | 2005.6 |
| 阿克苏市参赛队 | 中国科协 | 第五届青少年机器人 1 银 2 铜 | 2005.7 |
| 阿克苏市民政局 | 全国双拥工作领导小组、中共中央宣传部、民政部、解放军总政治部 | 全国军民共建社会主义精神文明先进单位 | 2005.8 |
| 阿克苏市喀拉塔勒镇 | 国家环境保护总局 | 全面环境优美镇 | 2005.10 |
| 阿克苏市喀拉塔勒镇 | 中央精神文明建设指导委员会 | 全国创建文明村镇工作先进村镇 | 2005.10 |
| 阿克苏市广播电视局 | 全国亿万农民健康促进行动领导小组 | 全国“乡村健康金话筒”优秀台站 | 2005.10 |
| 阿克苏市兰干街道 | 劳动和社会保障部 | 优质服务窗口 | 2005.11 |
| 民革阿克苏市委员会 | 民革中央 | 社会办学先进集体 | 2005.12 |
| 民革阿克苏市委员会 | 民革中央 | 社会服务先进集体 | 2005.12 |
| 阿克苏市驻军某部队 | 民政部、解放军总政治部 | 拥政爱民先进单位 | 2005 |
| 阿克苏市步兵某部五连 | 中宣部、解放军总政治部 | 军民共建精神文明先进单位 | 2005 |
| 阿克苏市第三中学 | 中教院科研计划管理小组 | 中国特色教育理论与实验调研基地学校 | 2005 |
| 阿克苏市第二小学 | 全国少工委国防教育办 | 少年军校示范校 | 2005 |
| 阿克苏市幼儿园 | 中国教育协会 | 素质先进幼儿园 | 2005 |
| 阿克苏市 | 科技部 | 2003 ~ 2004 年度全国科技进步先进市 | 2005 |
| 阿克苏市委、市人民政府 | 自治区党委 | 自治区 2003 ~ 2004 年度县(市、区)党政领导科技进步目标责任制先进单位 | 2005 |

续表

| 单位名称 | 授予单位 | 荣誉称号 | 授予时间 |
|---|---|---|---|
| 阿克苏市南城街道办事处铁热克买里社区 | 全国妇联、民政部、文化部、国家环保总局、国家广电总局 | 全国学习型家庭创建示范社区 | 2006.8 |
| 民革阿克苏市委员会 | 中共中央统战部 | 建设小康社会先进集体 | 2006.9 |
| 阿克苏市 | 科技部 | 2003 ~ 2004 年全国市（县、区）科技进步工作先进县市 | 2006 |
| 阿克苏市红桥街道办事处 | 中国社工协会 | 全国首批和谐社区建设示范街道 | 2006 |
| 阿克苏市红桥街道办事处 | 中国社工协会 | 第二届全国和谐社区建设自主创新先进单位 | 2006 |
| 阿克苏市红桥街道办事处 | 全国老龄工作委员会 | 全国敬老模范村居（社区） | 2006 |
| 中共阿克苏市委统战部 | 中央统战部 | 全国统战系统先进集体 | 2006 |
| 阿克苏市农业局 | 农业部办公厅 | 县级物价工作先进单位 | 2006 |
| 阿克苏市统计局 | 国家统计局 | 全国第五次 1% 人口抽样调查先进集体 | 2006 |
| 阿克苏市人民法院民事一庭 | 全国老龄委 | 全国老年维权示范岗 | 2006 |
| 阿克苏市农广校 | 中央农业广播电视学校领导小组 | 全国农业广播电视教育先进集体 | 2006 |
| 阿克苏市农业局 | 中国科学技术协会、财政部 | 2006 年国家级农村科普示范基地 | 2006 |
| 阿克苏市农业局 | 农业部办公厅 | 农业物价监测和成本调查先进单位 | 2006 |
| 阿克苏市农机局 | 农业部办公厅 | 2006 年农业物价监测和成本调查先进单位 | 2006 |
| 阿克苏市公安局巡逻警察大队 | 全国老龄办 | 全国老年维权示范岗 | 2006 |
| 阿克苏市幼儿园 | 国家幼教中心 | 爱国启蒙教育示范幼儿园 | 2006 |
| 阿克苏市 | 自治区人民政府 | 首届新疆民间文化艺术节优秀民间艺术会演金手鼓奖 | 2006 |
| 阿克苏市民政局 | 自治区党委 | 爱国拥军模范单位 | 2006 |
| 阿克苏市委统战部 | 中共中央统战部 | 全国统战系统先进集体 | 2007.1 |
| 阿克苏市文体局 | 自治区人民政府 | 首届新疆民间文化艺术节优秀民间艺术会演组织奖 | 2006 |
| 阿克苏市老龄办 | 全国老龄委 | 敬老爱老助老主题教育活动优秀组织奖 | 2007.1 |
| 阿克苏市招商局 | 自治区人民政府 | 2006 年度自治区招商引资先进集体 | 2007.1 |
| 阿克苏市兰干街道 | 中华全国总工会 | 模范职工小家 | 2007.2 |
| 阿克苏市司法局 | 司法部 | 全国人民调解工作先进集体 | 2007.3 |
| 阿克苏市农机局 | 农业部办公厅 | 全国农机化信息宣传工作先进集体 | 2007.4 |
| 阿克苏市南城街道办事处火车站社区 | 国家环保总局 | 国家级绿色社区 | 2007.6 |
| 阿克苏市粮食局 | 国家粮食局办公厅 | 县市级粮食行政管理依法行政先进集体 | 2007.8 |
| 阿克苏市良种场 | 中国科协财政部 | 2007 度全国科普惠农兴村先进单位 | 2007.9 |
| 阿克苏市文体局 | 国家第八届少数民族传统体育组委会 | 体育道德风尚奖 | 2007.11 |
| 阿克苏市 | 全国双拥工作领导小组、民政部、解放军总政治部 | 全国双拥模范城 | 2007.12 |
| 阿克苏市依干其乡尤勒滚鲁克村 | 国家计划生育协会 | 全国计生协会工作先进单位 | 2007.12 |

续表

| 单位名称 | 授予单位 | 荣誉称号 | 授予时间 |
|---|---|---|---|
| 阿克苏市兰干街道 | 劳动和社会保障部 | 优质服务窗口 | 2007.12 |
| 阿克苏市 | 自治区党委、自治区人民政府 | 自治区双拥模范城 | 2007 |
| 阿克苏市 | 自治区党委、自治区人民政府 | 自治区新农村建设示范市 | 2007 |
| 阿克苏市 | 自治区党委、自治区人民政府 | 全疆工会先进市(县) | 2007 |
| 阿克苏市农机局 | 农业部 | 农机化先进单位 | 2007 |
| 阿克苏市人民法院 | 公安部、司法部、老龄委、最高人民法院 | 全国老年人维权示范岗(民事审判一庭) | 2007 |
| 阿克苏市人民法院 | 最高人民法院 | 全国审判监督工作先进集体 | 2007 |
| 阿克苏市委、市人民政府 | 自治区党委 | 自治区2005～2006年度县(市、区)党政领导科技进步目标责任制先进单位 | 2007 |
| 阿克苏市依干其乡赛克帕其村 | 司法部 | 全国民主法治示范村 | 2008.1 |
| 阿克苏市文化体育局 | 文化部 | 2007年全国文化市场行政执法先进单位 | 2008.2 |
| 阿克苏工业园区管理委员会 | 自治区人民政府 | 2007年度自治区招商引资先进集体 | 2008.2 |
| 阿克苏市喀拉塔勒镇 | 环境保护部 | 全国环境优美乡镇 | 2008.4 |
| 阿克苏市托普鲁克乡人民政府 | 全国妇联 | 全国“美德在农家”活动示范点 | 2008.4 |
| 阿克苏市统计局 | 国家统计局 | 第二次全国农业普查国家级先进集体 | 2008.4 |
| 阿克苏市公安局 | 公安部 | 全国一级示范刑事科学技术室 | 2008.4 |
| 阿克苏市司法局 | 司法部 | 第三届全国法律援助先进单位 | 2008.5 |
| 阿克苏市依干其乡 | 国家统计局 | 国务院第二次农业经济普查先进集体 | 2008.5 |
| 阿克苏市民政局婚姻登记处 | 民政部 | 全国2008年奥运期间先进婚姻登记机关 | 2008.8 |
| 阿克苏市喀拉塔勒镇 | 自治区人民政府、新疆军区 | 民兵预备服役部队基层建设先进乡(镇) | 2008.10 |
| 阿克苏市红桥街道办事处 | 中国社会工作协会城区工作委员会 | 全国和谐社区建设自主创新先进街道 | 2008.11 |
| 阿克苏市英巴扎街道办事处 | 中国社会工作协会城区工作委员会 | 全国和谐社区建设自主创新先进街道 | 2008.11 |
| 阿克苏市 | 国家林业局、全国绿化委员会 | 国家森林城市 | 2008.11 |
| 阿克苏市 | 自治区人民政府 | 2008年度自治区城乡抗震安居工程先进县(市) | 2008.11 |
| 阿克苏市计生委 | 自治区人民政府 | 自治区计划生育“三为主”工作合格县 | 1999.1 |
| 阿克苏市 | 全国妇联 | 首批全国妇联基层组织建设示范市 | 2009.2 |
| 阿克苏市 | 中国民(私)营经济研究会、中国城市经济学会 | 中国民营经济最佳投资县(市、区) | 2009.2 |
| 阿克苏市人民检察院 | 最高人民检察院 | 全国先进基层检察院 | 2009.2 |
| 阿克苏市喀拉塔勒镇 | 文化部 | 中国民间文化艺术之乡 | 2009.2 |
| 阿克苏市公安消防一中队 | 团中央 | 中国少年儿童平安行动体验教育基地 | 2009.2 |
| 阿克苏市环境卫生管理处东大街环卫班 | 中华全国总工会 | 全国工人先锋号 | 2009.3 |

续表

| 单位名称 | 授予单位 | 荣誉称号 | 授予时间 |
|---|---|---|---|
| 阿克苏市托普鲁克乡喀拉库勒村 | 自治区人民政府 | 自治区第七届村委会换届选举先进单位 | 2009.3 |
| 阿克苏市民政局婚姻登记处 | 民政部 | 全国婚姻登记规范化单位 | 2009.3 |
| 阿克苏市 | 2009 苏商投资中国博览会组织委员会 | 2009 年度苏商投资中国首选城市（最具投资潜力城市） | 2009.4 |
| 阿克苏市科学技术协会 | 自治区人民政府 | 自治区首届科学技术普及奖 | 2009.4 |
| 阿克苏市司法局 | 司法部 | 全国法律援助先进集体 | 2009.6 |
| 阿克苏市文体局 | 国家体育总局 | 全国群众体育先进单位 | 2009.9 |
| 阿克苏市广播电视局 | 中国广播电视协会 | 全国城市县级广播电视系统百家先进局（台） | 2009.9 |
| 阿克苏市 | 中央精神文明建设指导委员会 | 第二届全国未成年人思想道德建设工作先进城市 | 2009.11 |
| 阿克苏市南城街道办事处古勒阿瓦提社区居委会 | 国家减灾委员会、民政部 | 第三批全国综合减灾示范社区 | 2009.11 |
| 阿克苏市 | 科技部 | 2007 ~2008 年度全国科技进步先进县（市） | 2009.12 |
| 阿克苏市委、市人民政府 | 自治区党委 | 2007 ~2008 年度县（市、区）党政领导科技进步目标责任制先进单位 | 2009.12 |
| 阿克苏市兰干街道 | 民政部 | 全国和谐邻里建设示范街道 | 2009.12 |
| 阿克苏市 | 国家老龄委 | 全国老龄工作先进（县）市 | 2009 |
| 阿克苏市 | 农业部办公厅 | 全国无公害农产品（种植业）生产示范基地创建县年审合格单位 | 2010.1 |
| 阿克苏市统计局 | 国务院第二次全国经济普查领导小组办公室 | 第二次全国经济普查先进集体 | 2010.1 |
| 阿克苏市公安局打击假币犯罪 09 行动办公室 | 公安部 | 全国公安机关打击假币犯罪“09 行动”先进集体 | 2010.1 |
| 阿克苏市 | 自治区人民政府 | “十一五”期间自治区农田水利基本建设“天山杯”机电井建设管理先进县（市） | 2010.1 |
| 阿克苏市第八中学 | 全国妇联、教育部等 8 部委 | 全国示范家长学校 | 2010.3 |
| 阿克苏市 | 中国中小城市科学发展评价委员会 | 2010 年度中国最具有区域带动力中小城市百强县 | 2010.10 |
| 阿克苏市 | 国家国防动员委员会 | 全国人民防空先进城市 | 2010.10 |
| 阿克苏市公安局拘留所 | 公安部监所管理局 | 全国推行拘留所管理教育新模式先进单位 | 2010.10 |
| 阿克苏市公安局新城派出所 | 公安部 | 2009 年度全国一级公安派出所 | 2010.10 |
| 阿克苏市公安局新城派出所 | 公安部 | 全国公安机关执法示范单位 | 2010.10 |
| 阿克苏市依干其乡 | 自治区党委、自治区人民政府 | 自治区民族团结进步模范单位 | 2010.10 |
| 阿克苏市依干其乡 | 国家人口和计划生育委员会、中国计划生育协会 | 人口和计划生育基层群众自治示范村居 | 2010.12 |

续表

| 单位名称 | 授予单位 | 荣誉称号 | 授予时间 |
|---|---|---|---|
| 阿克苏市妇联 | 全国妇联 | 妇联基层组织建设示范市 | 2010 |
| 阿克苏市依干其乡巴格其村 | 国家人口计生委、中国计划生育协会联合 | 人口和计划生育基层群众自治示范村(居) | 2011.1 |
| 阿克苏市热斯特清真寺 | 国家宗教事务局 | 首届全国创建和谐寺观教堂先进集体 | 2011.1 |
| 阿克苏市 | 自治区人民政府 | 自治区农产品品牌建设先进县(市) | 2011.1 |
| 阿克苏市 | 自治区人民政府 | 2010年度自治区农田水利基本建设"天山杯"竞赛高效节水建设管理先进县(市) | 2011.1 |
| 阿克苏市人民检察院 | 最高人民检察院 | 全国检察机关文明接待室 | 2011.2 |
| 阿克苏市文广局 | 文化部 | 全国文化市场重大案件及办案先进单位 | 2011.2 |
| 阿克苏市第十一中学 | 教育部 | 全国教育科学规划课题实验学校 | 2011.3 |
| 阿克苏市教育局 | 教育部 | 国培计划(2010)——新疆维吾尔自治区农村中小学教师远程培训优秀团队 | 2011.4 |
| 阿克苏市歌舞团《鼓舞塔河》节目 | 中国民间文艺家协会 | 庆祝建党九十周年全国鼓舞乐展演金奖 | 2011.5 |
| 阿克苏市统计局 | 第二次全国R&D清查领导小组 | 先进集体 | 2011.5 |
| 阿克苏市第四小学 | 中国地理学会 | 全国环保教育科普基地 | 2011.5 |
| 阿克苏市 | 中国科协 | 2011~2015年度全国科普示范县(市、区) | 2011.5 |
| 阿克苏市多浪河国家湿地公园 | 国家林业局 | 国家湿地公园试点 | 2011.5 |
| 阿克苏市公安局新城派出所 | 公安部三局 | 全国公安机关治安系统大走访开门评警活动表现突出集体 | 2011.8 |
| 阿克苏市兰干街道办事处 | 中国社工协会社区工作委员会 | 全国城市基层社会工作示范单位 | 2011.10 |
| 阿克苏市公安局新城派出所 | 公安部消防局 | 清剿火患战役动员部署阶段成绩突出单位 | 2011.10 |
| 阿克苏市第三中学 | 教育部基础教育一司、公安部消防局 | 全国消防安全教育示范学校 | 2011.10 |
| 阿克苏市公安局治安拘留所 | 公安部监所管理局 | 全国拘留所收容教育所教育工作社会化先进单位 | 2011.11 |
| 阿克苏市 | 2011世界休闲博览会组委会 | 2011年世界休闲博览会最佳展示奖 | 2011.11 |
| 阿克苏市 | 2011世界休闲博览会组委会 | 2011年世界休闲博览会最佳观众满意奖 | 2011.11 |
| 阿克苏市第三中学 | 中国教科文卫体工会委员会 | 全国科教文卫体系统模范职工之家 | 2011.12 |
| 阿克苏市 | 科技部 | 2009~2010年度全国科技进步先进市 | 2011 |
| 阿克苏市第三中学 | "和谐校园先进学校"评委会 | 第五届和谐校园先进学校 | 2012.1 |
| 阿克苏市 | 全国双拥工作领导小组办公室 | 全国双拥模范城(县) | 2012.2 |
| 阿克苏市 | 中国科协 | 2011~2015全国科普示范县(市、区) | 2012.2 |
| 阿克苏市兰干街道迎宾社区 | 中国科协、财政部联合 | 2012年基层科普行动计划先进单位 | 2012.6 |
| 阿克苏市兰干街道海江社区 | 民政部 | 全国综合减灾示范社区 | 2012.5 |

续表

| 单位名称 | 授予单位 | 荣誉称号 | 授予时间 |
|---|---|---|---|
| 阿克苏市公安局看守所 | 公安部 | 2011 年度一级看守所 | 2012. 2 |
| 阿克苏市文广局 | 文化部 | 全国文化市场重大案件及办案先进单位 | 2012. 2 |
| 阿克苏市畜牧兽医 | 农业部畜牧业司 | 2011 年度畜牧业统计监测工作先进单位 | 2012. 2 |
| 阿克苏市水利局 | 自治区人民政府 | 2011 年度自治区农田水利基本建设“天山杯”竞赛“服务体系建设”先进单位 | 2012. 2 |
| 阿克苏市 | 自治区人民政府 | 2011 年度自治区农田水利基本建设“天山杯”竞赛先进县(市) | 2012. 2 |
| 阿克苏市委、市人民政府 | 自治区党委、自治区人民政府 | 2009 ~ 2010 年度县市区党政领导科技进步目标责任制先进单位 | 2012. 3 |
| 阿克苏市公安局经侦大队 | 公安部经侦局 | 全国公安机关经侦部门“清网行动”成绩突出集体 | 2012. 5 |
| 阿克苏行政服务中心党支部 | 中共中央组织部 | 全国创先争优先进基层党组织 | 2012. 6 |
| 阿克苏市喀拉塔勒镇党委 | 自治区党委 | 创先争优基层党组织 | 2012. 7 |
| 阿克苏市兰干街道办事处 | 自治区党委、自治区人民政府、新疆军区 | 自治区双拥模范单位 | 2012. 7 |
| 阿克苏市新城街道阿苏克社区党支部 | 自治区党委 | 创先争优先进基层党组织 | 2012. 7 |
| 阿克苏市公安局看守所 | 公安部监所管理局 | 管理机制创新先进单位 | 2012. 7 |
| 阿克苏市民政局 | 自治区党委 | “热爱伟大祖国、建设美好家园”主题教育活动先进单位 | 2012. 10 |
| 阿克苏市公安局新城派出所 | 公安部 | “清剿火患”战役动员部署阶段成绩突出单位 | 2012. 10 |
| 阿克苏市公安局新城派出所 | 公安部 | 全国公安机关拟法示范单位 | 2012. 10 |
| 阿克苏市科协 | 中国科协办公厅 | 2012 年全国科普日活动优秀组织单位 | 2012. 12 |
| 阿克苏市依干其乡 | 中华全国妇女联合会全国农村妇女双学双比活动领导小组 | 全国城乡妇女岗位建功先进集体 | 2013. 3 |
| 阿克苏市英巴扎街道办事处 | 国家卫生和计划生育委员会 | 第二批全国人口和计划生育依法行政示范乡镇(街道) | 2013. 3 |
| 阿克苏市疾病预防控制中心 | 卫生部办公厅 | 新疆脊灰疫情防控工作先进单位 | 2013. 3 |
| 阿克苏市公安局看守所 | 公安部 | 2012 年度一级看守所 | 2013. 3 |
| 阿克苏市拜什吐格曼乡 | 中国科协、财政部 | 全国科普惠农兴村先进单位 | 2013. 6 |
| 阿克苏市新城街道办事处人民调解委员会驻法院调解室 | 司法部 | 全国模范人民调解委员会 | 2013. 8 |
| 阿克苏市总工会 | 中华全国总工会 | 第三批全国工会职工法律援助维权服务示范单位 | 2013. 10 |
| 阿克苏市知识产权局 | 国家知识产权局办公室 | 全国知识产权系统人才工作先进集体 | 2013. 10 |
| 阿克苏市公安局治安拘留所 | 公安部 | 全国一级拘留所 | 2013. 10 |
| 阿克苏市 | 科技部 | 全国县(市)科技进步考核先进县(市) | 2013. 11 |
| 阿克苏市 | 科技部 | 2011 ~ 2012 年度全国科技进步先进市 | 2013 |

续表

| 单位名称 | 授予单位 | 荣誉称号 | 授予时间 |
| --- | --- | --- | --- |
| 阿克苏市看守所 | 公安部 | 一级看守所 | 2014. 3 |
| 阿克苏市公安局刑侦大队 | 公安部装备财务局 | 公安部“210 工程”示范单位 | 2014. 4 |
| 阿克苏市公安警务保障室 | 公安部装备财务局 | 公安部“210 工程”示范单位 | 2014. 4 |
| 阿克苏市公安局 | 公安部 | 2013 年度追逃工作先进单位 | 2014. 7 |
| 阿克苏市第三中学 | 中国关心下一代工作委员会 | 全国青少年五好小公民“美丽中国我的中国梦”主题教育活动示范学校 | 2014. 7 |
| 阿克苏市新城街道阿苏克社区 | 民政部 | 全国和谐社区建设示范单位 | 2014. 11 |
| 阿克苏市新城街道阿苏克社区 | 中国科协、财政部 | 全国科普示范社区 | 2014 |
| 阿克苏市人民检察院 | 最高人民检察院 | 全国检察机关文明接待室 | 2014 |
| 阿克苏市人民检察院 | 最高人民检察院 | 《腐烂从心开始》获最高人民检察院摄影作品三等奖、“群众最喜爱奖” | 2014 |
| 阿克苏市栏杆街道栏杆社区 | 全国老龄办 | 第六届全国敬老模范单位 | 2014 |
| 阿克苏市供销社 | 中华全国供销合作总社 | 2014 年度信息报送工作先进单位 | 2015. 1 |
| 阿克苏经济技术开发区管委会 | 自治区党委 | 自治区各级干部深入基层“访民情惠民生聚民心”活动 2014 年度先进工作组 | 2015. 1 |
| 阿克苏市国土资源局 | 自治区党委 | “访民情、惠民生、聚民心”活动 2014 年度先进集体 | 2015. 1 |
| 阿克苏市工商行政管理局 | 自治区党委 | “访民情、惠民生、聚民心”活动 2014 年度先进集体 | 2015. 1 |
| 阿克苏市新城街道办事处党工委 | 自治区党委 | 先进基层党组织 | 2015. 1 |
| 阿克苏市兰干街道兰干社区 | 全国老龄办、民政部、教育部等 | 全国敬老模范单位 | 2015. 1 |
| 阿克苏市拘留所 | 公安部 | 一级拘留所 | 2015. 4 |
| 阿克苏市看守所 | 公安部 | 一级看守所 | 2015. 4 |
| 阿克苏市兰干街道办事处英阿瓦提社区 | 自治区党委、自治区人民政府 | 自治区民族团结进步模范单位 | 2015. 5 |
| 阿克苏市 | 自治区党委、自治区人民政府、新疆军区 | 自治区双拥模范城市 | 2015. 7 |
| 阿克苏市工商局 | 国家工商总局 | 人力资源劳动力市场整顿先进单位 | 2015. 8 |
| 阿克苏市国土资源局 | 国土资源部 | 全国国土资源管理系统先进集体 | 2015. 12 |
| 阿克苏市兰干街道 | 国务院防范和处理邪教办公室 | 全国无邪教创建示范街道 | 2015. 12 |
| 阿克苏市兰干街道兰干社区 | 国务院防范和处理邪教办公室 | 全国无邪教创建示范街道 | 2015. 12 |
| 阿克苏市兰干街道海江社区 | 国务院防范和处理邪教办公室 | 全国无邪教创建示范街道 | 2015. 12 |
| 阿克苏市兰干街道迎宾社区 | 国务院防范和处理邪教办公室 | 全国无邪教创建示范街道 | 2015. 12 |
| 阿克苏市 | 全国爱卫会 | 国家卫生城市 | 2016. 1 |
| 阿克苏市托普鲁克乡卫生院 | 国家卫生和计划生育委员会 | 2014～2015 年度群众满意的乡镇卫生院 | 2016. 1 |
| 阿克苏市国家安全领导小组办公室 | 安全部 | 一级国安办 | 2016. 1 |
| 中共阿克苏市委办公室 | 自治区党委 | “访民情、惠民生、聚民心”活动 2015 年度先进工作组 | 2016. 2 |
| 阿克苏市规划局驻喀拉塔勒镇托万乔纳克村工作组 | 自治区党委 | “访民情、惠民生、聚民心”活动 2015 年度先进工作组 | 2016. 2 |

续表

| 单位名称 | 授予单位 | 荣誉称号 | 授予时间 |
| --- | --- | --- | --- |
| 阿克苏市农业局 | 自治区党委 | “访民情、惠民生、聚民心”活动 2015 年度先进工作组 | 2016.2 |
| 阿克苏市工商联 | 全国工商联 | 全国“五好”县级工商联 | 2016.5 |
| 阿克苏市公安局 | 自治区党委 | 自治区民族团结进步先进基层党组织 | 2016.6 |
| 阿克苏市招商局 | 自治区党委 | “访民情、惠民生、聚民心”活动 2015 年度先进工作组 | 2016.6 |
| 阿克苏市工商局 | 自治区党委 | “访民情、惠民生、聚民心”活动 2015 年度先进工作组 | 2016.6 |
| 阿克苏市 | 全国双拥工作领导小组、中华人民共和国民政部、中央军委政治工作部 | 双拥模范城 | 2016.7 |
| 阿克苏市新城街道阿苏克社区居委会 | 中国地震局 | 国家地震安全示范社区 | 2016.7 |
| 阿克苏市多浪河国家湿地公园 | 国家林业局 | 2016 年试点国家湿地公园 | 2016.8 |
| 阿克苏市英巴扎街道霍加买里社区 | 全国老龄办 | 全国第二届敬老文明号 | 2016 |

## 第四节　获得国家级、自治区级先进个人名表

**表 37－4　1990～2016 年阿克苏市获得国家级、自治区级先进个人名表**

| 姓名 | 工作单位 | 授予单位 | 荣誉称号 | 授予时间 |
| --- | --- | --- | --- | --- |
| 艾麦尔·依明 | 阿克苏市委组织部 | 国务院 | 全国先进工作者 | 2005 |
| 章华生 | 阿克苏市红桥街道 | 国务院 | 全国第五次民族团结进步模范个人 | 2009.9 |
| 陈光荣 | 阿克苏市依干其乡奶牛协会 | 国务院 | 全国劳模 | 2010 |
| 麦吐尔迪·库尔班 | 阿克苏市依干其乡中心小学 | 国务院 | 全国“两基”工作先进个人 | 2012.9 |
| 吾布力·艾买尔 | 阿克苏市依干其乡艾热喀勒服装公司 | 国务院 | 全国就业创业优秀个人 | 2012.7 |
| 王永福 | 新疆中力企鹏劳务派遣公司 | 中华全国总工会 | 全国五一劳动奖章 | 2013 |
| 帕夏·买买提 | 阿克苏市人民医院 | 自治区人民政府 | 自治区先进工作者 | 1990 |
| 海米提·玉素甫 | 阿克苏市第一小学 | 国家民委 | 民族团结先进个人 | 1990 |
| 艾尔肯·依马木尼牙孜 | 阿克苏市公安局 | 公安部 | 全国优秀民警 | 1992.1 |
| 赵恒书 | 阿克苏市委史志办公室 | 自治区人民政府 | 修志先进工作者 | 1993.4 |
| 童喜房 | 阿克苏市农业局能源办 | 国家计委、农业部 | 全国省柴节煤先进工作者 | 1994.3 |
| 艾尼瓦·依明 | 阿克苏市农业局能源办 | 国家计委、农业部 | 全国省柴节煤先进工作者 | 1994.3 |
| 邵艳英 | 阿克苏市农机局 | 农业部 | 1992～1995 年全国先进农机管理工作者 | 1995 |
| 依明·努尔东 | 喀拉塔勒镇农机站 | 农业部 | 1992～1995 年全国先进农机管理站站长 | 1995 |
| 艾莫热汗·托合提 | 阿克苏市喀拉塔勒镇 9 大队孢子齐村 | 自治区人民政府 | 自治区劳模 | 1995 |

续表

| 姓名 | 工作单位 | 授予单位 | 荣誉称号 | 授予时间 |
|---|---|---|---|---|
| 杨兆祺 | 阿克苏天山多浪水泥有限责任公司 | 自治区人民政府 | 自治区劳模 | 1995 |
| 艾则孜·吾斯曼 | 阿克苏市阿依库勒镇尤喀克提根村1组9号 | 自治区人民政府 | 自治区劳模 | 1995 |
| 李自强 | 阿克苏市委 | 国家关工委 | 全国关心下一代先进个人 | 1996 |
| 王宏磊 | 阿克苏巨鹰棉业有限责任公司 | 自治区人民政府 | 自治区劳模 | 2000 |
| 潘先平 | 阿克苏市英巴扎街道办事处 | 自治区人民政府 | 先进个人 | 2002.3 |
| 黄新民 | 阿克苏市人民法院 | 最高人民法院 | 全国立案信访先进个人 | 2002 |
| 陈艳 | 阿克苏市人民法院 | 最高人民法院 | 人民法院优秀通讯员 | 2002 |
| 依明马木提 | 阿克苏市教育局 | 教育部 | 两基先进个人 | 2002 |
| 孙传英 | 阿克苏市南城办事处托万克巴格社区 | 民政部 | 全国优秀社区工作者 | 2003.10 |
| 张林桥 | 阿克苏市农机局 | 农业部 | 全国推广先进个人 | 2003 |
| 岳秀诚 | 阿克苏市委 | 自治区党委 | 自治区2001～2002年度县（市、区）党政领导科技进步目标责任制先进个人 | 2003 |
| 买买提·阿不拉 | 阿克苏市委 | 自治区党委 | 自治区2001～2002年度县（市、区）党政领导科技进步目标责任制先进个人 | 2003 |
| 李丽萍 | 阿克苏市委组织部 | 中共中央组织部 | 《组工干部要始终保持甘为人梯的精神》征文获三等奖 | 2004.1 |
| 艾买尔·依明 | 阿克苏市阿依库勒镇 | 中共中央组织部 | 全国优秀组工干部 | 2004.11 |
| 岳秀诚 | 阿克苏市委 | 科技部 | 2001～2002年全国市（县）科技进步先进个人 | 2004 |
| 买买提·阿不拉 | 阿克苏市委 | 科技部 | 2001～2002年全国市（县）科技进步先进个人 | 2004 |
| 胡达拜地·阿合尼牙孜 | 阿克苏市科技局 | 科技部和人事部 | 全国科技管理系统先进个人 | 2004 |
| 屈丽萍 | 民革阿克苏市委员会 | 民革中央委员会 | 民革全国优秀宣传干部 | 2005.5 |
| 李　玲 | 阿克苏市大发化妆品 | 自治区人民政府 | 自治区劳模 | 2005 |
| 申海涛 | 阿克苏市委 | 科技部 | 2003～2004年全国市（县）科技进步先进个人 | 2005 |
| 刘卫江 | 阿克苏市委 | 科技部 | 2003～2004年全国市（县）科技进步先进个人 | 2005 |
| 岳秀诚 | 阿克苏市委 | 自治区党委 | 自治区2003～2004年度县（市、区）党政领导科技进步目标责任制先进个人 | 2005 |
| 艾买尔·依明 | 阿克苏市阿依库勒镇 | 中共中央组织部 | 全国优秀党务工作者 | 2006.6 |
| 屈丽萍 | 民革阿克苏市委员会 | 民革中央委员会 | 民革全国参政议政先进个人 | 2006.12 |
| 章华生 | 红桥街道办事处 | 全国“敬老爱老助老”主题教育活动组委会 | 全国“孝亲敬老之星” | 2006 |
| 岳琴 | 阿克苏市第三中学 | 全国科普协会 | 优秀辅导员 | 2006 |

续表

| 姓名 | 工作单位 | 授予单位 | 荣誉称号 | 授予时间 |
| --- | --- | --- | --- | --- |
| 王合胜 | 阿克苏市残联 | 国务院残疾人委员会、第二次全国残疾人抽样调查领导小组 | 第二次全国残疾人抽样调查工作先进个人 | 2007.4 |
| 徐虹 | 阿克苏市教育局 | 教育部课程教研研究所 | 义务教育课程小学评议实验工作总结优秀教研员 | 2007.5 |
| 王翠萍 | 阿克苏市南城街道办事处火车站社区 | 国家环保总局 | 全国绿色社区创建活动先进个人 | 2007.6 |
| 章华生 | 阿克苏市红桥街道办事处 | 中国社工协会 | 全国好邻居标兵 | 2007.11 |
| 牛凌 | 阿克苏市老龄办 | 中国老龄科学研究中心 | 中国城乡老年人口状况追踪调查优秀调查员 | 2007 |
| 张小惠 | 阿克苏市四校 | 团中央少工委 | 优秀辅导员 | 2007 |
| 梅峰 | 阿克苏市工商局 | 国家工商总局 | 全国工商系统先进个人 | 2008.2 |
| 艾尼·阿吾提 | 阿克苏市拜什吐格曼乡 | 国家统计局 | 全国农业普查先进个人 | 2008.6 |
| 吐尼沙汗·吐尔地 | 阿克苏市英巴扎街道办事处 | 自治区党委 | 首届道德模范助人为乐模范 | 2008.6 |
| 章华生 | 阿克苏市红桥街道办事处 | 自治区党委、自治区人民政府 | 自治区民族团结进步模范个人 | 2008.9 |
| 吐尼沙汗·吐尔地 | 阿克苏市英巴扎街道办事处 | 自治区党委 | 自治区第五次民族团结先进个人 | 2008.9 |
| 陈国庆 | 阿克苏市广播电视局 | 中国广播电视协会 | 在“辉煌30年”中被评为优秀局台长 | 2008.10 |
| 王平 | 阿克苏人民广播电台 | 中国广播电视协会 | 在“辉煌30年”中被评为优秀播音员主持人 | 2008.10 |
| 王新刚 | 阿克苏市房地产管理局 | 自治区人民政府 | 2008年度自治区城乡抗震安居工程先进个人 | 2008.11 |
| 阿不来提·亚库甫 | 阿克苏市托普鲁克乡 | 自治区人民政府 | 2008年度自治区城乡抗震安居工程先进个人 | 2008.11 |
| 穆塔里甫·肉孜 | 阿克苏市人民政府 | 自治区人民政府 | 2008年度自治区城乡抗震安居工程先进个人 | 2008.11 |
| 胡慧宁 | 阿克苏市超英学校 | 全国“敬老爱老助老”主题教育活动组委会 | 全国“孝亲敬老之星” | 2008 |
| 胡达拜地·阿合尼牙孜 | 阿克苏市科技局 | 自治区党委 | 自治区2003～2007年度自治区科技兴新工作先进个人 | 2008 |
| 吴奇芳 | 阿克苏市建设局 | 自治区人民政府 | 自治区第五次先进会计工作者 | 2009.1 |
| 胥晓荣 | 阿克苏市第七小学 | 中国教育学会小学专业委员会 | 西北地区课堂教学大赛语文组二等奖 | 2009.7 |
| 麦麦江·麦提尼牙孜 | 阿克苏市红桥街道办事处 | 国家人口计生委 | 计划生育工作贡献奖 | 2009.11 |
| 艾合麦提·麦麦提 | 阿克苏市红桥街道办事处 | 中国社会工作协会城区工作委员会 | 第二届全国街道工作杰出贡献奖 | 2009.12 |
| 章华生 | 阿克苏市红桥街道 | 自治区党委、人民政府 | 自治区人民满意公务员 | 2009.12 |
| 穆塔里甫·肉孜 | 阿克苏市人民政府 | 科技部 | 2007～2008年度全国县市科技进步考核先进个人 | 2009 |

续表

| 姓名 | 工作单位 | 授予单位 | 荣誉称号 | 授予时间 |
|---|---|---|---|---|
| 胡达拜地·阿合尼牙孜 | 阿克苏市科技局 | 科技部 | 2007～2008年度全国县市科技进步考核先进个人 | 2009 |
| 王洪全 | 阿克苏市安监局 | 国家安全生产监督管理总局、国家煤矿安全监察局 | 安全生产监管监察先进个人 | 2010.1 |
| 肖春林 | 阿克苏市农经局 | 农业部 | 农村土地承包纠纷仲裁试点先进个人 | 2010.1 |
| 闫晓光 | 阿克苏市统计局 | 第二次全国经济普查领导小组 | 第二次全国经济普查国家级先进个人 | 2010.1 |
| 刘建 | 阿克苏市水利局 | 自治区人民政府 | “十一五”期间自治区农田水利基本建设“天山杯”竞赛农村水利建设与管理先进个人 | 2010.1 |
| 陈欣耀 | 阿克苏市统计局 | 第二次全国经济普查领导小组 | 第二次全国经济普查国家级先进个人 | 2010.1 |
| 马瑞新 | 阿克苏市公安局 | 公安部 | 严厉惩治酒后驾驶违法行为专项行动成绩突出个人 | 2010.3 |
| 马丽娜 | 英巴扎街道办事处英巴扎社区 | 全国五好文明家庭创建活动协调小组 | 第七届全国五好文明家庭 | 2010.5 |
| 李翠 | 阿克苏市委农办 | 中共中央政策研究室、农业部农村固定观察点办公室 | 模范调查员 | 2010.8 |
| 阿依努尔·毛拉买提 | 阿克苏市农广校 | 中国农业广播电视学校 | 全国农业广播电视学校教学能手 | 2010.9 |
| 俞浩 | 阿克苏市委 | 自治区党委 | 第六批省市优秀援疆干部 | 2010.11 |
| 李宏明 | 阿克苏市环保局 | 环保部、统计局、农业部 | “第一次全国污染源普查”先进个人 | 2010 |
| 王永福 | 新疆中力企鹏劳务派遣公司 | 自治区人民政府 | 自治区劳模 | 2010 |
| 阿依孜木古力·努尔 | 阿克苏市实验中学 | 自治区人民政府 | 自治区先进工作者 | 2010 |
| 张俊兰 | 阿克苏市气象局 | 国家气象局 | 2010年度全国重大气象服务先进个人 | 2011.1 |
| 奇曼古力·亚森 | 阿克苏市人口计生协会 | 中国计划生育协会 | 全国计划生育协会先进个人 | 2011.1 |
| 武贵郎 | 阿克苏市公安局 | 全国老龄委 | 全国孝亲敬老之星 | 2011.2 |
| 刘福 | 阿克苏市第三中学 | 民政部 | 革命烈士 | 2011.5 |
| 连周继 | 阿克苏市国土资源局 | 国土资源部 | 全国矿业权实施核查先进个人 | 2011.6 |
| 董成忠 | 阿克苏市兰干街道办事处红光社区 | 全国城市街道社区创先争优活动指导小组 | “创先争优在社区”有奖作品征集活动优秀奖 | 2011.6 |
| 李建军、张荣辉、王丽娜、李宏 | 阿克苏市广播电视台 | 合作专题《爱在玉树》，中国广播电视协会 | 2010年度全国县级广播电视节目一等奖 | 2011.7 |
| 阿孜古力·阿布都 | 阿克苏市南城街道办事处库木巴扎社区 | 自治区党委 | 自治区优秀党务工作 | 2011.7 |
| 买合木提·买买、热米拉·艾合买提 | 阿克苏市广播电视台 | 中国广播电视协会少数民族节目工作委员会 | 第十三届全国少数民族语言（维、哈、柯语）优秀广播电视奖 | 2011.8 |

续表

| 姓名 | 工作单位 | 授予单位 | 荣誉称号 | 授予时间 |
| --- | --- | --- | --- | --- |
| 阿依努尔·外力 | 阿克苏市文体局 | 全国第九届少数民族传统体育运动会组织委员会 | 中华人民共和国第九届少数民族传统体育运动会《沙哈尔地》一等奖 | 2011.9 |
| 阿依努尔·外力 | 阿克苏市文体局 | 全国第九届少数民族传统体育运动会组织委员会 | 中华人民共和国第九届少数民族传统体育运动会运动员体育道德风尚奖 | 2011.9 |
| 吐逊尼牙孜·阿木提 | 阿克苏市看守所 | 公安部 | 全国公安监管部门"清网行动"先进个人 | 2011.12 |
| 穆合塔尔·吐尔地 | 阿克苏市人民政府 | 科技部 | 2009～2010 年度全国县市科技进步考核先进个人 | 2011 |
| 康志华 | 阿克苏市科技局 | 科技部 | 2009～2010 年度全国县市科技进步考核先进个人 | 2011 |
| 麦吾兰·米拉吾东 | 阿克苏市畜牧兽医局 | 农业部畜牧业司 | 2011 年度畜牧业统计监测工作先进个人 | 2012.2 |
| 余军 | 阿克苏市看守所 | 公安部 | 全国公安监管部门推进"两防一退"工作先进个人 | 2012.2 |
| 章华生 | 阿克苏市民政局 | 民政部 | 全国民政工作先进工作者 | 2012.3 |
| 胡达拜地·阿合尼牙孜 | 阿克苏市科技局 | 自治区党委、人民政府 | 2007～2011 年度自治区科技兴新先进个人 | 2012.3 |
| 罗继 | 阿克苏市气象局 | 中国气象局 | 2011 年度全国气象优秀值班预报员 | 2012.5 |
| 刘金辉 | 阿克苏市委组织部 | 中国组织人事报社 | 2012 年中国组织人事报优秀通讯员 | 2012.9 |
| 吐尔洪·麦麦提 | 阿克苏市老龄办 | 全国老龄办 | 第三次中国城乡老年人口状况追踪调查工作优秀访问员 | 2012.10 |
| 杨丽青 | 民革阿克苏市委员会 | 民革中央委员会 | 民革全国优秀宣传干部 | 2012.12 |
| 俱强 | 阿克苏市卫生局 | 卫生部办公厅 | 新疆脊灰疫情防控工作先进个人 | 2013.6 |
| 鲁萍 | 阿克苏市红桥街道办事处 | 司法部 | 全国模范人民调解员 | 2013.8 |
| 高国飞 | 阿克苏市委 | 科技部 | 全国县（市）科技进步考核先进个人 | 2013.11 |
| 艾利亚·塞提尼亚孜 | 阿克苏市人民政府 | 科技部 | 全国县（市）科技进步考核先进个人 | 2013.11 |
| 肖春林 | 阿克苏市农经局 | 农业部农村合作经济经营管理总站 | 2012～2013 年度农业部农村土地承包经营纠纷调解仲裁工作先进个人 | 2013.11 |
| 康志华 | 阿克苏市科技局 | 科技部 | 全国县（市）科技进步考核先进个人 | 2013.11 |
| 程军 | 阿克苏市公安局看守所 | 公安部监管局 | 全国公安监管新闻宣传工作先进个人 | 2014.1 |

续表

| 姓名 | 工作单位 | 授予单位 | 荣誉称号 | 授予时间 |
|---|---|---|---|---|
| 程军 | 阿克苏市公安局看守所 | 公安部监管局 | 法治文明窗口建设年活动成绩突出个人 | 2014.7 |
| 江长庆 | 阿克苏市法院 | 最高人民法院 | 全国法院系统枪支技能培训考核新疆队员第二名，全国队员第十八名 | 2014 |
| 买买提·买提尼牙孜 | 阿克苏市库木巴什阔什艾日克村 | 全国“敬老爱老助老”主题教育活动组委会 | 全国“孝亲敬老之星” | 2014 |
| 侯广亮 | 阿克苏市供销社 | 中华全国供销合作总社 | 2014年度信息报送工作先进个人 | 2015.1 |
| 白云 | 阿克苏市督查考评办 | 自治区党委 | 2014年度访民情惠民生聚民心活动先进个人 | 2015.1 |
| 赵峰 | 阿克苏市国土资源局 | 自治区党委 | 2014年度访民情惠民生聚民心活动先进个人 | 2015.1 |
| 朱宏 | 阿克苏市工商行政管理局 | 自治区党委 | 2014年度访民情惠民生聚民心活动先进个人 | 2015.1 |
| 罗敏 | 阿克苏市卫生监督所 | 自治区党委 | 2014年度访民情惠民生聚民心活动先进个人 | 2015.1 |
| 米热古丽·麦麦提 | 阿克苏市爱卫办 | 自治区党委 | 2014年度访民情惠民生聚民心活动先进个人 | 2015.1 |
| 杨武 | 阿克苏市国土资源局 | 自治区党委 | 2014年度访民情惠民生聚民心活动先进个人 | 2015.1 |
| 吐尔逊·吐地 | 阿克苏市国土资源局 | 自治区党委 | 2014年度访民情惠民生聚民心活动先进个人 | 2015.1 |
| 吐尔逊·依不拉音木 | 阿克苏市国土资源局 | 自治区党委 | 2014年度访民情惠民生聚民心活动先进个人 | 2015.1 |
| 陈星妍 | 阿克苏市国土资源局 | 自治区党委 | 2014年度访民情惠民生聚民心活动先进个人 | 2015.1 |
| 李朝阳 | 阿克苏市质量技术监督局 | 自治区党委 | 2014年度访民情惠民生聚民心活动先进个人 | 2015.1 |
| 吐尔洪·吐尔逊 | 阿克苏市公安局 | 自治区党委 | 优秀共产党员 | 2015.7 |
| 艾尼宛尔·艾麦提 | 阿克苏市人民检察院 | 最高人民检察院 | 个人一等功 | 2016.1 |
| 阿米娜·托乎提 | 阿克苏市农牧业机械管理局 | 自治区党委 | 2015年度访民情惠民生聚民心活动先进个人 | 2016.2 |
| 席云 | 阿克苏市民宗委 | 自治区党委 | 2015年度访民情惠民生聚民心活动先进个人 | 2016.2 |
| 范玉萍 | 阿克苏市疾控中心 | 自治区党委 | 2015年度访民情惠民生聚民心活动先进个人 | 2016.2 |
| 刘革 | 阿克苏市规划局 | 自治区党委 | 2015年度访民情惠民生聚民心活动先进个人 | 2016.2 |
| 季玉华 | 阿克苏市规划局 | 自治区党委 | 2015年度访民情惠民生聚民心活动先进个人 | 2016.2 |
| 张伟伟 | 阿克苏市食品药品监督管理局 | 自治区党委 | 2015年度访民情惠民生聚民心活动先进个人 | 2016.2 |

续表

| 姓名 | 工作单位 | 授予单位 | 荣誉称号 | 授予时间 |
|---|---|---|---|---|
| 排孜来提・亚生 | 阿克苏市库木巴什乡 | 国家老龄委 | 敬老爱老助老模范人物 | 2016. 7 |
| 杨丽青 | 民革阿克苏市委员会 | 民革中央委员会 | 民革全国优秀机关干部 | 2016. 12 |
| 居热提・居曼 | 阿克苏市世纪中天发展有限公司 | 自治区人民政府 | 自治区劳模 | 2016 |
| 古扎丽克孜・阿不都热合曼 | 阿克苏市巨鹰棉业有限责任公司 | 自治区人民政府 | 自治区劳模 | 2016 |
| 艾力江・努尔 | 阿克苏市公安局 | 自治区人民政府 | 自治区先进工作者 | 2016 |
| 董军 | 阿克苏市人民法院 | 最高人民法院 | 荣誉天平奖章 | 2016 |
| 阿布都沙拉木・阿哈尼牙孜 | 阿克苏市人民法院 | 最高人民法院 | 荣誉天平奖章 | 2016 |
| 买买提・依马木提牙孜 | 阿克苏市人民法院 | 最高人民法院 | 荣誉天平奖章 | 2016 |
| 拍日代木・尼牙孜 | 阿克苏市人民法院 | 最高人民法院 | 荣誉天平奖章 | 2016 |
| 时更生 | 阿克苏市人民法院 | 最高人民法院 | 荣誉天平奖章 | 2016 |
| 陈平彪 | 阿克苏市人民法院 | 最高人民法院 | 荣誉天平奖章 | 2016 |

# 附　　录

# 一　2017～2018年大事记

## 2017年大事记

**1月3日**　阿克苏市首次试运行定制公交线路。

**1月7日**　浙江杭州市第九批援疆干部到阿克苏市，与第八批援疆干部完成压茬交接。

**1月9日**　阿克苏市至乌鲁木齐市新增K9784/1次快速旅客列车，阿克苏站至乌鲁木齐南站列车增至每日7列。

**1月10日**　阿克苏市举办第三届小品大赛，全市40多名选手参加比赛。

**1月16日**　阿克苏市监察委员会挂牌成立。

**1月20日**　阿克苏市召开市委八届二次全委（扩大）会议。地委委员、市委书记马国强作《高举旗帜、树牢目标、真抓实干，为实现社会稳定和长治久安而团结奋斗》的主题报告。

**1月20～21日**　政协阿克苏市第九届委员会召开第二次会议，201名政协委员出席会议。

**1月20～22日**　阿克苏市召开第九届人民代表大会第二次会议。听取审议市政府工作报告、市2016年国民经济和社会发展计划执行情况与2017年计划草案、2016年预算执行情况与2017年预算草案，法院、检察院工作报告，补选刘琛为阿克苏市第九届人大常委会委员。

**1月21日**　自治区党委副书记、秘书长、自治区教育工委书记李鹏新到阿克苏市开展民族团结一家亲活动。

**1月26日**　阿克苏市举行各界人士迎新春茶话会。

**2月10日**　阿克苏市委成立网络信息办公室。

**2月14日**　阿克苏市召开第八届纪律委员会二次全委（扩大）会议。

**是日**　阿克苏市召开“学讲话、转作风、促落实”专项活动动员大会。

**2月21日**　阿克苏市启动一村（社区）一法律顾问试点工作，试点范围为阿依库勒镇、依干其乡。

**3月1日**　1时3分，阿克苏市（北纬39.92度，东经81.34度）发生3.9级地震，震源深度6千米。未发生人员伤亡和财产损失报告。

**3月8日**　阿克苏市召开2017年农村工作会议。

**3月22日**　阿克苏市全面取消政府各部门非行政许可审批事项58项，并将行政许可审批事项全部纳入行政服务中心统一办理。

**3月23日**　阿克苏市在经济技术开发区举行29个固定资产投资项目集中开工仪式。

**3月24日**　阿克苏市在地区影剧院召开创建全国文明城市动员大会。地市领导及市直各单位、乡镇、街道主要负责人、个体商户代表共900余人参加会议。

**3月25日**　阿克苏市在托普鲁克乡中学举行“民族团结一家亲”农民传统体育运动会，全市6个乡镇700余名农民运动员参赛。

**是日**　阿克苏市在阿克苏河开展植树造林活动，地、市四套班子在家领导及各级干部群众参与植树。

**是日**　阿克苏市举办首届残疾人专场就业招聘会，200余名残疾人参加招聘。

**是日**　阿克苏市召开2017年杭州市对口援建项目推进会。

**4月7日**　阿克苏市召开2017年人大代表建议暨政协委员提案交办会议。

**4月12日**　阿克苏地区在市第四小学举行“中华优秀传统文化进校园”活动启动仪式。

**4月20日**　阿克苏市举行慈善协会成立暨捐赠仪式。地委委员、市委书记马国强出席仪式并为“阿克苏市慈善协会”“上海东方智慧十分孝心文化发展基金会－新疆分会”揭牌。

**是日**　自治区党委副书记、政法委书记朱海仑，调研阿克苏市基层基础工作。

**4月28日**　阿克苏市在市就业培训中心举办“2017年春风行动暨民营企业招聘周”专场招聘会，32家企业提供就业岗位3500余个，初步达成就业意向266人。

**4月29日至5月1日**　第十三届阿克苏“多浪·龟兹”文化旅游节开幕式在阿克苏市多浪河二期郁金香广场举行。

**5月6日**　阿克苏市心理援助中心正式挂牌成立。

**5月11日**　阿克苏市新增400个公交车站便民凳，为广大市民出行提供便利。

**5月17日**　阿克苏市人民医院举行新院址落成剪彩仪式。新址占地面积6.43公顷，使用面积6.96万平方米。

**5月18日**　自治区家庭教育工作推进会在阿克苏市召开。自治区教育厅、教育关工委领导及全疆各地、州、县（市）家庭教育委员会代表一行60余人，先后对阿克苏市第八中学、第二幼儿园、第四小学家庭教育示范工作展示活动进行观摩。

**5月22日**　阿克苏市召开全市“理清两笔账，感恩共产党”专题活动现场推进会。

**5月25日**　阿克苏市在南城街道库木巴扎社区启动主题为“建设美丽阿克苏，共圆祖国梦想”的第十六次百日广场文化活动。

**5月26日**　阿克苏市召开庆祝自治区第十五届“环卫工人节”暨表彰大会。

**5月31日**　阿克苏市被自治区乡村百日文体活动竞赛领导小组办公室授予自治区第九次乡村百日文体活动竞赛先进县市称号。

**6月29日**　阿克苏市举行庆祝建党96周年暨“一先双优”表彰大会。

**是日**　阿克苏市召开庆祝建党96周年离退休老干部座谈会。

**7月2日**　阿克苏市与北京石恒金投资管理有限公司考察团举行座谈会，就推进项目合作进行交流洽谈。

**7月16日**　阿克苏市电商产业协会成立，全市31家大型电商企业成为首批协会会员。

**7月20日**　阿克苏市召开推进农业产业化“十城百店”工程建设工作会议。

**7月29日**　阿克苏市在拜什吐格曼乡开展“喜迎十九大·民族团结一家亲”暨农牧民文艺汇

演优秀节目专场演出，2000多名村民观看演出。

**8月8日** 阿克苏市为环卫工人分配新民家园小区首批288套环卫公寓廉租房。

**8月25日** 国家发改委价格监测中心在阿克苏市举行新疆棉花市场价格监测南疆片区培训会。巴州、阿克苏地区、和田地区、喀什地区、克州的价格主管部门和棉花价格定点监测企业负责人120人参加会议。

**8月26日** 丝路阿克苏易货贸易国际研究院成立仪式在阿克苏市举行。地委委员、市委书记马国强为研究院揭牌。

**8月27日** 阿克苏市举行妇女创业“星火项目”资金发放仪式，6家企业获得扶持资金170万元。

**8月28日** 自治区中小学教育工作观摩座谈会在阿克苏市召开。自治区党委副书记、教育工委书记李鹏新出席会议并讲话。

**是日** 阿克苏市第三小学竣工投入使用。

**是日** 阿克苏市多浪街道第一幼儿园建设项目投入使用。该项目为杭州市对口援阿重点援疆项目，项目总投资2041万元，建设资金由杭州市援疆指挥部全额资助。

**9月1日** 阿克苏市第十五中学竣工投入使用。

**9月10日** 阿克苏市召开双语教育工作暨第三十三个教师节庆祝表彰大会。

**9月14日** 经中央文明办公示，阿克苏市入选第五届全国文明城市参评城市。

**9月16日** 阿克苏市在托普鲁克乡举行2017年全国科普活动日启动仪式。

**9月17日** 阿克苏市召开农村扶贫对象建档立卡再复核工作现场推进会。

**9月18日** 阿克苏市举办第31届青少年科技创新大赛开幕仪式。

**9月23日** 阿克苏市召开2017年秋季农业生产重点工作现场推进会。

**9月24日** 阿克苏市举行第二小学教育集团校级名师工作室成立仪式。

**9月26日** 阿克苏市公交集团有限责任公司由阿克苏姑墨交通投资有限责任公司整体收购，市公交集团有限责任公司实现国有独资。

**9月27～29日** 阿克苏市举办2017年中学生运动会。全市23所中学25支代表队460名运动员参加。

**9月29日** 阿克苏市喀拉塔勒镇博斯坦村被中央精神文明建设指导委员会办公室评为第五届全国文明村镇。

**9月30日** 阿克苏地区在市多浪河二期乐舞广场人民英雄纪念碑前举行烈士纪念日公祭活动。

**10月18日** 阿克苏市人民医院与新城、红旗坡、兰干、南城、红桥、英巴扎6个街道办事处、片区管委会基层卫生服务机构签订医疗服务共同体合作协议。

**11月10日** 阿克苏市人民医院与杭州市富阳中医骨伤医院举行“张玉柱全国知名老中医药专家传承工作室”阿克苏工作站揭牌仪式。

**11月16日** 兵团一师医院与喀拉塔勒镇中心卫生院举行医联体对口帮扶建设揭牌签约仪式。

**11月22日** 阿克苏市在新城街道百合园社区揭牌成立地区首个互联网络领域党建工作指导站。

**11月26日** 阿克苏市召开学习宣传党的十九大精神暨贯彻落实总目标常态化发声亮剑活动会

议。市领导及各单位负责同志、群众500余人参加会议。

**11月28日**　阿克苏市2017年安居富民工程全部竣工，项目总投资26400万元，新建、改扩建安居富民房2200户。

**12月19日**　自治区党委副书记、教育工委书记李鹏新到阿克苏市调研扶贫工作。

**12月26日**　阿克苏市老干部局举行迎元旦暨老年大学毕业典礼，100多名学员参加活动。

## 2018年大事记

**1月1日**　地区在阿克苏市多浪河二期景观带乐舞广场举行2018年元旦升国旗仪式。地、市机关各族干部职工、驻军官兵、学生代表、各族居民、社会各界人士代表等上千人参加升国旗仪式。

**是日**　阿克苏市2018年扶贫暖心惠民工程物资发放仪式在阿依库勒镇举行。为阿依库勒镇1691户贫困村民发放棉被、被褥、床单、被套、枕头等生活用品。市各乡镇、街道办同时发放扶贫暖心惠民工程物资。全市为建档立卡贫困户发放3190份生活用品大礼包，价值159.5万元。

**1月3~9日**　阿克苏市举办科级干部"学习贯彻党的十九大精神"培训班。市直各单位科级干部170人参加培训。

**1月4日**　中共阿克苏市委召开八届三次全委（扩大）会议。

**1月9日**　阿克苏市举办基层党支部书记"学习宣传贯彻党的十九大精神"专题培训班。市直机关党支部书记150人参加培训。

**1月12日**　阿克苏市召开市直机关党支部书记工作座谈会。

**1月12~14日**　召开政协阿克苏市第九届委员会第三次会议。会议听取和审议政协工作报告，审议通过提案审查情况的报告。来自各行各业的185名政协委员出席会议。

**1月12~15日**　召开第九届人民代表大会第三次会议。听取审议市政府和市人大常委会工作报告、2017年国民经济和社会发展计划执行情况与2018年计划草案，法院、检察院工作报告等。

**1月19日**　杭阿两地师德师风"空中丝路课堂"启动仪式暨首期宣讲活动在阿克苏市第二小学和杭州市采荷第二小学举行。

**1月31日**　阿克苏市召开残疾人联合会第五届代表大会。

**2月1日**　阿克苏市举办第二十九届"科技之冬"培训班，各乡镇基层干部和农业技术骨干参加培训。

**2月8~13日**　阿克苏市举办市直单位党组织书记学习贯彻党的十九大精神专题研讨班。

**2月9日**　阿克苏市喀拉塔勒镇卫生院和兰干街道兰干社区卫生服务中心被国家卫计委评为2016~2017年度群众满意的乡镇卫生院和优质服务示范社区卫生服务中心。

**2月10日**　阿克苏市举办"欢歌新时代"2018年迎新春文艺晚会。市四套班子领导以及近千名观众观看演出。

**2月11日**　阿克苏市总工会为全市165名在册的特困职工发放节日慰问金15.23万元以及米、面、油等生活物资，让各族困难职工过一个欢乐祥和的春节。

**2月27日**　阿克苏市召开2018年房地产项目推进会，对全市51个房地产项目进行部署。

**3 月 1 日** 阿克苏市召开迎接“国家卫生城市”复审暨“健康城市”建设工作动员大会，做好 2018 年“国家卫生城市”的复审工作，推动“健康阿克苏”建设。

**是日** 阿克苏市开展“红盾护农保春耕”专项整治行动，打击非法销售假劣农资行为，确保农民用上放心农资。

**3 月 24 日** 阿克苏市召开 2018 年扶贫工作会议。

**3 月 25 日** 自治区党委副书记、教育工委书记李鹏新到阿克苏市喀拉塔勒镇中学、喀拉塔勒镇托吾热其村、尤喀克博孜其村考察脱贫攻坚工作、调研特色林果业发展、了解国家通用语言文字教学情况。

**3 月 31 日** 阿克苏空台里克百万亩荒漠绿化工程全面启动。阿克苏地委书记窦万贵，地委委员、阿克苏市委书记马国强等地区及阿克苏市四套班子领导与地、市的 2 万余名干部职工及各族群众一道参加植树活动。

**4 月 2 日** 中共中央政治局委员、自治区党委书记陈全国到阿克苏市兰干街道朝阳社区、阿克苏市大十字便民警务站看望慰问各族干部群众。

**4 月 4 日** 阿克苏市召开迎接国家卫生城市复审推进会。

**4 月 10 ~ 14 日** 中共中央政治局常委、全国政协主席汪洋先后到和田、阿克苏、乌鲁木齐等地，深入基层和一线开展调研。

**4 月 15 日** 阿克苏市召开“访惠聚”驻村工作 2017 年度总结表彰暨动员会议。

**4 月 16 日** 自治区保障农民工工资支付工作核查组到阿克苏市对 2017 年度保障农民工工资支付工作开展情况进行实地核查。

**4 月 25 日** 阿克苏地区知识产权局组成联合工作组对阿克苏市流通领域开展“打击侵犯知识产权和制售假冒伪劣商品”专项执法活动。

**4 月 26 日** 阿克苏地区知识产权局联合阿克苏创物者创客空间团队到阿克苏市第八中学，与 500 余名师生共同开展地区首届青少年知识产权实践活动。

**4 月 29 日** 由阿克苏市教育工作委员会、阿克苏市教育局、新疆电视台等多家单位联合承办的阿克苏市支教风采演讲大赛在阿克苏活动中心进行，1000 余名幼教老师参加。

**4 月 29 ~ 30 日** 杭州师范大学附属阿克苏市高级中学举行“筑梦杭高，感恩随行，牢记使命，继往开来——五年发展教育教学成果展”活动。

**5 月 8 日** 阿克苏市召开 2018 年度扶贫攻坚工作档案规范管理现场观摩培训推进会。

**5 月 11 ~ 12 日** 浙江省杭州市富阳区党政代表团到阿克苏市考察交流，先后到阿克苏市多浪第一幼儿园、阿克苏市高级中学等地进行考察。

**5 月 12 日** 阿克苏市举行首批 52 名城乡富余劳动力赴杭州有组织转移就业仪式。

**5 月 14 日** 阿克苏市召开 2018 年政府系统廉政工作会议。

**5 月 18 日** 阿克苏市人民医院首次承担国家“十三五”重大课题项目“H 型高血压精准医学与脑卒中防控”项目在阿克苏市人民医院启动。

**5 月 19 日** 阿克苏市第四届健身气功展表演赛在阿克苏市老干部局活动中心举办，共有 12 支集体参赛队和 65 名个人参加比赛。

**5月26日**　阿克苏市召开庆祝自治区第十六届“环卫工人节”暨表彰大会。

**6月12日**　阿克苏市第十二届中小学教师基本功技能大赛在阿克苏市高级中学开赛，来自全市126名中小学教师参加比赛。

**6月18日**　“全城热恋白水城”千人相亲大会在阿克苏市阿依库勒镇月亮湖畔举行，来自企事业单位2000余名单身男女青年报名参加活动。

**6月23日**　阿克苏市举行东城棚户区改造工程项目开工仪式。

**6月26日**　阿克苏森林公园举行开园仪式，正式对市民开放。

**6月27日**　阿克苏市召开“三夏”工作现场推进会。

**6月29日**　阿克苏市举行庆祝建党97周年暨“一先双优”表彰大会，对全市涌现出的50个先进基层党组织、100名优秀共产党员和50名优秀党务工作者进行表彰。

**7月2日**　地委书记窦万贵到阿克苏市实地调研商贸物流产业园规划建设情况。

**7月4日**　阿克苏市召开八届市委第五轮巡察工作动员部署会。

**7月9日**　阿克苏市阿依库勒镇在协合力村举办首届“弘扬中华优秀传统文化　爱我中华”乡村文化节。

**7月10日**　阿克苏市举办以“聚焦总目标，讲好阿克苏市全面从严治党故事”为主题的第20个党风廉政教育月演讲比赛。来自各行各业的23名选手，以讲故事的形式讲述身边勤政廉政典型人物的先进事迹。

**7月11日**　阿克苏市举办计划生育家庭特别扶助金发放仪式，共有55户符合条件的独生子女伤残、特殊家庭领取扶助金。

**7月12日**　阿克苏市人大常委会组织部分人大代表对全市一村（社区）一法律顾问工作进行视察。

**7月14日**　阿克苏市在新城街道卫生服务中心启动残疾人精准康复服务暨残疾人家庭医生签约服务仪式。

**7月17日**　阿克苏市召开农村集体资产清产核资暨土地确权登记颁证工作现场会，对农村集体资产清产核资暨土地确权工作再动员、再部署。

**7月21日**　阿克苏市举办第20个党风廉政教育月专题党课。地委委员、市委书记马国强围绕“讲政治、守纪律、敢担当、为贯彻落实总目标提供坚强纪律保障”主题，为全市各级党组织的广大党员干部上廉政党课。

**7月23日**　阿克苏市召开“养成好家风、做好贤内助”领导干部家风建设座谈会。

**是日**　阿克苏市在市委党校举办为期3天的《中华人民共和国宪法》学习教育夜校培训班。市直各单位党政主要负责人98人参加培训。

**7月28日**　阿克苏市召开全民健康体检暨结核病防治规范化管理现场会。

**7月30日**　阿克苏市四套班子领导走访慰问驻阿部队官兵、公安干警以及部分烈属、退伍军人。

**是日**　阿克苏市第七届创新创业大赛总决赛在环球中心广场举行。有11家企业入围总决赛，阿克苏盈利农产品农民专业合作社获得一等奖。

**8月3日** 阿克苏市第十五中学援疆支教教师公寓楼装修改造项目完成竣工验收，为58名杭州援疆支教教师提供良好的工作生活环境。

**8月4日** 阿克苏市依干其乡依尔玛村举行杭州市援疆指挥部助力脱贫攻坚“211行动”结对帮扶捐赠仪式。13家杭州市强镇、强村、强企、商会与阿克苏市的8个贫困村、1所幼儿园和兵团一师的4个困难连队签订脱贫攻坚结对帮扶协议。

**8月11日** 受高温、降雨量大的影响，阿克苏河水位急剧上升，阿克苏河汛情首次突增到1440立方米/秒，达到全年入汛以来最高值。同时，阿克苏市监测与预防措施全面启动。

**8月15~16日** 国务院大督察自治区督察组到阿克苏市，就阿克苏市贯彻落实党中央、国务院重大决策部署、重大政策措施及自治区党委工作部署情况进行督察。

**8月19日** 阿克苏市召开首届医师节文艺汇演暨“优秀医生”表彰大会。

**8月24日** 浙江省委教育工委书记、教育厅厅长郭华巍一行到阿克苏市考察杭州师范大学附属阿克苏市高级中学、阿克苏市多浪第一幼儿园、阿克苏市第十六中学、杭州市支教教师公寓等杭州教育援疆项目。

**8月25日** 经自治区旅游景区质量等级评定委员会批复，阿克苏市多浪河景区正式挂牌国家4A级旅游景区，成为阿克苏市首家国家4A级旅游景区。

**是日** 阿克苏市在电影小镇举办中俄泰拳王争霸赛。此为阿克苏市第一场综合性散打搏击类项目比赛，来自中俄泰国家的8对拳王进行拳击较量。

**8月29日** 阿克苏市举行2018年首批大学生助学金发放仪式，为全市95名品学兼优贫困大学生发放共计44.6万元助学金。

**9月3~4日** 国家卫生城市复审专家组对阿克苏市国家卫生城市巩固工作进行实地检查，同意阿克苏市通过国家卫生城市复审。

**9月4日** 阿克苏市以“我们的中国梦”“庆祝改革开放40周年”“浙江援疆情”“民族团结一家亲”等为主题，举办首届诗词朗诵（演讲）大赛。

**9月8日** 阿克苏市举办“天山南麓　西域古国　神奇阿克苏”文旅音乐会。

**9月16日** 阿克苏市应邀在北京人民大会堂参加“践行‘两山’理论发展生态文化旅游”主题推介会。

**9月18日** 阿克苏市开展“2018春雨工程杭州·阿克苏一家亲”文艺演出。市四套班子在家领导、杭州市文广新局相关人、杭州旅游专列800余名游客和全市各单位各部门干部职工观看演出。

**9月20日** 阿克苏市举办第32届青少年科技创新大赛。

**9月22日** 阿克苏市召开《阿克苏市志（1990~2016）》评审会。来自浙江省杭州市萧山区、全疆各地州市史志系统专家、学者40余人共同参加评审会。

**9月23日** 阿克苏苹果在全国首届“中国农民丰收节”中，与库尔勒香梨、和田御枣、石河子鲜食葡萄一同入选“100个品牌农产品”。

**9月30日** 阿克苏各界人士在市多浪河二期乐舞广场人民英雄纪念碑前举行向人民英雄敬献花篮仪式。

**10 月 1 日** 阿克苏市举行风泉河公园（多浪河三期）开园仪式暨为祖国加油马拉松活动。600 多名运动爱好者参加马拉松比赛。

**10 月 6 日** 阿克苏市在电影小镇举办首届旅游特色美食大赛，56 家知名餐饮企业参加比赛。

**10 月 9 日** 阿克苏市召开慈善协会第一届会员大会。大会表决通过《阿克苏市慈善协会章程》《阿克苏市慈善协会第一届会员大会选举办法》。

**10 月 10 日** 《阿克苏市—温宿县同城规划（2018～2035）》经地区四套班子联席会议和地委委员（扩大）会议审议通过。

**10 月 12 日** 阿克苏市和苏宁易购联合签署产地直供战略合作协议。

**10 月 16 日** 由新疆互联网信息办公室主办的“达人西游”第二季网络主题传播活动在阿克苏站拉开帷幕，全国媒体界专家、学者及网络知名博主一行 12 人到柯柯牙原始地貌、温宿县十万亩生态园、阿克苏国家湿地公园等地进行旅游体验活动。

**10 月 19 日** 阿克苏市召开“聚焦总目标 作风再整顿”专项活动大会。

**10 月 25 日** 阿克苏市委机关组织举行“不忘入党初心，强化作风建设”演讲比赛，阿克苏市委机关各党支部的 19 名党员代表参加比赛。

**10 月 26 日** 在第二届中国医院人文建设大会上，阿克苏市人民医院被中国生命关怀协会授予“医院人文建设实践基地”，是地区医疗系统唯一获此殊荣的医院。

**10 月 27 日** 2018 中国（阿克苏）体育旅游国际发展峰会在阿克苏迎宾馆召开。

**是日** 地委书记窦万贵等地区及市四套班子在家领导与地、市直单位干部共同参加空台里克区域百万亩荒漠绿化工程秋季义务植树造林活动。

**10 月 28 日** 阿克苏市举办首届中国月亮泊（阿克苏）生态徒步大会，来自疆内外近万名运动爱好者参与。

**11 月 6 日** 阿克苏市东城区水系工程实现试通水，标志着东城区景观水系基本建成。

**11 月 7 日** 阿里巴巴集团在阿克苏市依干其乡依尔玛村建立阿克苏苹果“未来农场”，作为新疆首个“未来农场”示范基地，通过物联网和“互联网＋”技术，提高苹果亩产量以及商品果率，并让消费者在互联网上实时看到“未来农场”的种植状态，实现全新的管理和销售模式。

**11 月 13 日** 阿克苏市与兵团第一师阿拉尔市举行青松建化、西大桥电厂区域土地管理职权移交签字仪式。

**11 月 17 日** 阿克苏市举办餐饮行业美食大赛，39 名厨师参加比赛。

**是日** 阿克苏市喀拉塔勒镇乔纳克村召开村集体经济股份合作社理事会、监事会选举大会，150 余名股东代表听取村产权制度改革小组对集体资产清产核资结果、成员身份界定、股权设置、量化资产的公告和章程草案，选举产生本村即将成立的经济股份合作社的理事会、监事会成员。拉开喀拉塔勒镇农村集体产权制度改革建章立制、成立机构的序幕。

**12 月 1 日** 阿克苏市人民医院床边结算业务正式开通，出院患者可以通过现金结算、自助机支付、床边结算等方式付费。

**12 月 5 日** 自治区中小学校党的建设工作现场推进会在阿克苏市召开。

**12 月 14 日** 阿克苏市召开 2019 年贫困户订单蔬菜种植生产技术研讨会，研究部署阿克苏市贫困户蔬菜种植工作。

**12 月 20 日** 阿克苏市举办首届酒店客房部职工服务技能竞赛，来自全市 10 余家酒店的 50 余名员工参加比赛。

**12 月 24 日** 阿克苏市举行中国环塔国际拉力赛阿克苏赛区战略合作签约仪式。

**12 月 26 日** 阿克苏纺织大桥建成并试通车，打通阿克苏市城区至阿克苏纺织工业城（开发区）的快速通道，距离比原来缩短约 2 千米。

**是日** 阿克苏市首个地埋式智能垃圾收集站投入使用。

**12 月 28～30 日** 阿克苏市在阿依库勒镇月亮泊景区举办 2018 年首届新疆阿克苏场地越野锦标赛，赛道全程 4.8 千米，来自全国 20 支车队的 100 余名赛车手参加比赛。最终评选出专业组和非专业组 27 个奖项。

**12 月 30 日** 阿克苏市召开中共阿克苏市委八届四次全委（扩大）会议。地委委员、市委书记马国强作了题为《聚焦总目标、抢抓新机遇、为建设平安和谐富裕美丽阿克苏市而努力奋斗》的报告。

# 二 文献辑存

## 抢抓机遇敢于担当真抓实干 为全面建成小康社会而努力奋斗(摘要)

——在中国共产党阿克苏市第八次代表大会上的报告

中共阿克苏地委委员、阿克苏市委书记马国强

（2016 年 9 月 28 日）

同志们：

现在，我代表中国共产党阿克苏市第七届委员会向大会作报告。

中国共产党阿克苏市第八次代表大会，是在全市经济发展进入新常态、“十三五”规划开局起步、全面建成小康社会决胜阶段，召开的一次十分重要的会议。大会的主题是：高举中国特色社会主义伟大旗帜，以马克思列宁主义、毛泽东思想、邓小平理论、“三个代表”重要思想、科学发展观为指导，深入贯彻习近平总书记系列重要讲话精神，全面落实自治区党委、地委各项决策部署，动员全市各级党组织和广大党员干部，抢抓机遇、敢于担当、真抓实干，为实现全市社会稳定和长治久安、全面建成小康社会而努力奋斗！

**过去五年的工作**

（略）

**今后五年的工作**

今后五年，是全面建成小康社会的决胜阶段，我们既面临着难得的重大历史机遇，也面临着严峻挑战。全市各级党组织和广大党员干部，务必要认清形势，切实增强加快发展的危机感、紧迫感和责任感。

今后五年，是建成小康社会的严峻挑战期。当前，世界经济进入了弱复苏、慢增长、多风险为特征的新阶段，短期内难以改变。我国发展进入了从高速转向中高速增长的新常态。我们面临着两个“三期叠加”的影响更加深刻，诸多矛盾叠加、风险隐患增多，增速调整、结构优化、动力转化压力巨大，反恐维稳形势依然极其严峻复杂，改善民生、推进改革、从严治党、全面建成小康社会的各项任务十分繁重，正处于爬坡过坎、滚石上山的关键阶段。我们必须准确研判新形势、积极应对新挑战。

今后五年，是建成小康社会的重大机遇期。党的十八届五中全会、第二次中央新疆工作座谈会、自治区党委八届十次全委（扩大）会议，为我们全面建成小康社会、做好“十三五”各项工作指明了方向、提供了遵循。自治区党委南疆工作会议，对南疆工作给予前所未有的重视和支持。阿克苏纳入南疆四地州，作为集中连片推进扶贫攻坚的特殊困难地区，将会享受到一系列的重大政

策支持。丝绸之路经济带核心区和中巴经济走廊建设的纵深推进，以及东部产业的转移，为我们扩大开放提供了千载难逢的历史机遇。我们必须抢占先机，赢得主动。

今后五年，是建成小康社会的冲刺攻坚期。近年来，我们通过深入开展党的群众路线、“三严三实”和“两学一做”专题教育，营造了风清气正的政治生态，全市上下思稳定、求发展、谋富裕、盼和谐成为主旋律，各项事业欣欣向荣、各族群众团结奋进、各级组织活力无限，呈现出前所未有的奋发势头，这是我们实现全面建成小康社会的动力之源和底气所在。到2020年，实现全面建成小康社会，已经到了最后冲刺阶段，我们必须敢于担当，真抓实干。

**今后五年工作的指导思想**

高举中国特色社会主义伟大旗帜，以马克思列宁主义、毛泽东思想、邓小平理论、“三个代表”重要思想、科学发展观为指导，深入学习贯彻习近平总书记系列重要讲话精神，全面落实自治区党委、地委的各项决策部署，坚持“四个全面”战略布局，牢固树立创新、协调、绿色、开放、共享发展理念，紧紧围绕社会稳定和长治久安总目标，着力实施“335”战略（实施“三大战略”：产业强市、生态立市、科教兴市；打造“三大中心”：区域性交通枢纽中心、商贸物流中心、金融服务中心；壮大“五大基地”：纺织工业基地、装备制造业基地、农副产品精深加工基地、现代物流产业基地、国家电子商务示范基地），统筹推进经济、政治、文化、社会、生态文明建设和党的建设，努力把阿克苏市建设成为团结和谐、繁荣富裕、文明进步、安居乐业的南疆宜居宜业中心城市和文化休闲旅游生态城市。

**奋斗目标**

——发展更加协调。地方生产总值年均增长8%以上；公共财政预算收入年均增长5%以上；全社会固定资产投资年均增长11%以上；社会消费品零售总额年均增长10%以上。综合实力进一步提升，竞争力明显增强。

——社会更加和谐。民主法治建设扎实推进，社会治理体系更加健全，宗教事务依法有序开展，民族团结进一步加强，社会稳定基础不断巩固。社会主义核心价值观深入人心，现代文化引领作用显著增强。群众思想道德素质、科学文化素质、健康素质进一步提升。

——产业更加合理。坚持一产上水平、二产抓重点、三产大发展，推动优势产业做大做强，经济发展质量和效益明显提升，中心城市功能齐备，“龙头”地位提升巩固。

——人民更加幸福。就业、教育、文化、社保、医疗、住房、出行等公共服务体系更加健全，群众精神文化生活更加丰富，让各族群众对美好生活的向往变成现实，生活得更加幸福、更有尊严、更有获得感。

——生态更加文明。自然资源得到有效保护，环境污染得到有效治理和控制，城乡生态系统不断优化，循环经济模式加快延伸拓展，让阿克苏天更蓝、地更绿、水更净、空气更清新。

——政治更加清明。党的建设科学化水平明显提高，各级领导班子和领导干部推动科学发展、促进社会和谐的能力进一步增强，基层组织凝聚力、战斗力、号召力普遍增强，风清气正的政治生态进一步巩固。

今后五年的重点工作

## 一　坚持综合施策，坚决维护社会稳定

坚持稳定压倒一切，把维护稳定放在各项工作的首位，按照自治区党委树牢“一个总目标”、贯穿“一条生命线”、把握“两个关键点”、健全“一套好机制”、做到“四个努力实现”、营造“一个良好局面”的要求，一手抓凝聚人心、一手抓依法打击，坚决落实好自治区党委明确的九个方面的维稳措施，坚决把稳定工作责任落细、落实，确保社会大局和谐稳定。

（一）保持严打高压

坚持主动出击，盯人盯案盯线索、打早打小打苗头，坚决打掉暴恐分子的嚣张气焰，力争实现“一年稳住、两年巩固、三年常态”的目标。严格执行国家反恐怖主义法，对分裂祖国统一、危害国家安全、破坏民族团结的暴恐分子和非法组织，坚定坚决依法打击。发挥党委领导下的统一指挥、合成作战、反应敏捷、协调高效“一体化联合作战平台”作用。政法机关要继续开展大练兵、大培训、大比武活动，进一步强化战场战斗意识；坚持“网格化”巡控，实现“2 分钟、1 分钟行动圈”的目标，确保第一力量在第一时间将突发事件处置在第一现场。坚持反恐维稳“党政同责、一岗双责、失职追责”，按照《自治区维护稳定工作奖惩办法》，严格落实维稳工作主体责任和第一责任。广泛发动群众，打好反恐维稳人民战争，构筑起维护社会稳定和长治久安的钢铁长城。

（二）深化教育疏导

深入开展反分裂斗争教育，采取理论揭批、舆论驳斥、政策宣讲、现身说法等形式，旗帜鲜明地批判“泛突厥主义”“泛伊斯兰主义”错误思潮，揭批“三股势力”的暴行，引导各族群众擦亮眼睛、明辨是非，认清动乱遭殃、稳定安康的道理，自觉抵制民族分裂主义和宗教极端思想的渗透，有效推进去极端化。牢牢坚持正确舆论导向，弘扬主旋律、传播正能量、打好主动仗，确保意识形态领域绝对安全。综合运用群众喜闻乐见、易于接受的方式，不断扩大宣传教育覆盖面，增强教育的针对性和实效性，用群众身边人、身边事教育引导群众，用城乡变化、惠民政策、民生建设的巨大成就来教育和引导群众，让各族群众知党恩、感党恩。

（三）增进民族团结

“民族团结是新疆各族人民的生命线。”要高举各民族大团结的旗帜，全面贯彻党的民族政策，始终围绕“两个共同”主题，积极开展民族团结进步年活动，实现常态化、制度化。加强“五个认同”、“三个离不开”、新疆“三史”和党的民族理论政策的宣传教育，引导各族群众牢固树立国家意识、公民意识、中华民族共同体意识，促进各民族精神相依、人心归聚。全面实施民族团结“宣教工程、连心工程、细胞工程、基础工程、系统工程、民心工程”等“六大工程”，最大限度地赢得人心、凝聚民心。创新民族团结宣传教育载体和方式，推动党的民族理论、民族政策、法律法规、民族知识和民族团结典型人物事迹，进机关、进单位、进学校、进企业、进社区、进村、进军营。加强各民族交往交流交融，引导各族干部群众相互尊重、相互理解、相互信任、相互包容、相互关爱、相互帮助，推动建立各民族相互嵌入式的社会结构和社区环境，多层次、多方式、多形式交往互动，共同学习在一起、生活在一起、工作在一起、融合在一起，形成你中有我、我中有你，各族人民一家亲的浓厚氛围。努力打造一批民族团结示范单位，积极争创国家、自治区级民族团结

进步教育基地，全面完成民族团结进步村（社区）创建任务。

（四）促进宗教和谐

认真贯彻落实党的宗教工作基本方针、自治区“两文件一条例”精神，坚持“保护合法、制止非法、遏制极端、抵御渗透、打击犯罪”基本原则，坚持依法管理、疏堵结合、综合施策，依法加强宗教场所、宗教人士、宗教活动和执法行为“四项管理”，积极引导宗教与社会主义社会相适应。加强和创新对清真寺的教育管理服务，实现“三个覆盖”。以开展“双五好”创建活动为载体，广泛开展和谐清真寺和先进爱国宗教人士创建评选活动，健全“两联系一教育”和宗教人士培养培训、考核评议、聘任解聘和激励机制，不断推进规范化、制度化、精细化管理。切实培养保护关爱爱国宗教人士，发挥“爱国宗教人士之家”作用，用宗教正信正本清源，驳斥邪说谬论。依法打击非法宗教活动，坚决取缔地下讲经活动，坚决打击“三非”传播，坚决切断宗教极端思想的传播渠道。

（五）加强社会治理

围绕平安阿克苏、法治阿克苏建设，改进社会治理方式，最大限度地消除风险隐患，最大限度地增加和谐因素。加强流动人口轨迹化管理，严格落实“两头抓、双向管”等机制措施，全面推行出租房屋委托式、物业式、酒店式管理，做到“来有登记、住有服务、走有注销、全程掌握”。突出重点要素，实行源头管控、实名登记、定点经销、流向管控。严格重点行业排查整治，坚决消除安全隐患。创新保安队伍建设，全面实施国有化管理、规范化建设、专业化培训、市场化运作、社会化服务工作机制，充分发挥保安队伍维护社会稳定的作用。继续推行城镇网格化管理，推进警务综合化、防控全时化、警力街面化、覆盖网格化、服务便捷化。视频监控全面向基层延伸。持续开展重点区域集中整治工作。继续强化安全生产责任落实，及时排查安全隐患，坚决遏制重特大安全事故发生，确保群众生命财产安全。完善“阳光信访、责任信访、法治信访”工作机制，广泛开展“民声大走访、矛盾大调处、隐患大整治”活动，真正把矛盾化解在基层、消除在萌芽状态。

## 二　坚持产业强市，提升市域经济综合实力

紧紧围绕“335”战略定位，做大做强中心城市的产业基础，抢占产业链和价值链的高端环节，加快打造一批具有综合竞争优势的产业集群。

（一）加快推进新型工业化进程，抢占发展制高点

1. 加速产业集聚，做强纺织服装产业

用好国家、自治区纺织服装综合支持政策，扶持纺织服装企业实体经济发展，支持华孚、联发、胜达等一批规上纺织企业扩产提效。加大棉花资源就地转化率，延长下游产业链，注重发展针织、服装、家纺、刺绣等后续产业，提升乡镇袜业园承载能力，推进纺织服装产业规模化、集群化发展，努力把阿克苏市打造成为辐射南疆吸纳就业的纺织服装产业基地。

做活装备制造产业。牢牢把握“中国制造2025”行动计划，加快实施农机装备制造产业园、电子仪表生产加工、纺织机械加工等制造项目，规划发展新能源汽车及零部件研发生产项目，构建新能源汽车制造上下游一体化产业链。依托丰富矿产资源，引进更多金属镁、钒项目和绿色制造企业，重点发展PVC及异型管材、塑料门窗、绿色建材和新型墙材产业，加快建成区域性装备制造业基地。

做大农副产品精深加工业。充分发挥农业五大基地和原料供应优势，挖掘精深加工企业内在潜力，瞄准中高端，延长产业链，提升竞争力，推进农副产品精深加工产业化、市场化、规模化，支持饮料和果品加工项目扩大再生产，推动有机粮油、牛羊肉深加工和特色奶制品等产业集群发展，努力建成南疆地区最大的农副产品精深加工基地。

做实现代物流产业。充分发挥500千米经济圈优势，抓住丝绸之路经济带核心区和中巴经济走廊建设有利契机，加快推动铁路、公路、航空、电信、电网互联互通建设，着力把阿克苏市打造成为连南接北的区域性交通枢纽中心。依托地缘、区位优势和开发区、特色产业园等物流聚集平台，全力抓好恒鑫物流、华疆物流、江南国际商贸城等城区专业市场建设，努力构建布局合理、技术先进、便捷高效的现代物流综合运输体系，创建“国家智慧物流配送示范城市”，努力把阿克苏市建成南疆区域性商贸物流中心和商贸物流基地。

做强电子商务产业。依托“疆果东送”战略和杭州电商产业优势，加快发展电商产业园，多渠道培育电商产业链，扶持壮大一批龙头企业。拓展疆外网货分拣配送中心和市乡村三级物流配送服务，降低物流成本，实现电商物流规范化、规模化、集约化发展。积极探索多种电商服务模式，逐步实现电子商务进农村和进社区全覆盖，成功创建国家电子商务示范基地。

做优现代服务业。加快金融中心建设，健全金融组织体系，拓展金融市场功能，凝聚金融人才，创新金融产品，引进一批金融租赁、资产管理等非银行金融机构，优先支持涉农、小微企业、市域企业票据融资，加快发展科技保险、专利保险、信用保证保险，形成金融创新链、产业链和资本链无缝对接，全方位打造南疆区域性金融服务中心。加快经济综合体建设，鼓励餐饮娱乐、养老托幼、体育健身等现代新兴服务业发展，着力在第三产业培育新的经济增长点。做精生态旅游业和文化创意产业，以“多浪文化”为依托，全力打造特色文化旅游品牌和旅游线路。做好阿克苏河百万亩生态工程、多浪河湿地公园旅游开发文章，力争将多浪河、阿克苏河打造成国家4A级景区。“十三五”期间，实现旅游总收入35亿元，年均递增8%以上。

2. 打造优势平台

园区和招商引资是工业发展的“两翼”，凡招商引资的企业，都必须向园区集中，最大限度地发挥园区的规模效应、辐射带动效应。提升园区功能定位。强化开发区、特色产业园区经济建设主战场作用，开发区着重以天然气精细化工、装备制造等大项目为主；特色产业园主要以高新技术、电子商务、现代物流和农副产品精深加工等项目为主；乡镇袜业园重点解决农村富余劳动力就地就近就业。努力形成定位鲜明、错位发展、产业集聚度高的一流园区。加快园区设施配套。坚持环保先行，着力提升项目承载能力。统筹完善园区道路交通、供水供电、排污管网等基础设施建设，推进园区空间整合、产业整合、资源整合。不断完善园区生产性、生活性服务配套设施，搭建各类发展平台，打造创业新环境。创新园区经营理念。积极探索科学的管理体制和运行机制，提升园区经营管理水平。加强园区用地集约管理。建立企业引进评估机制，从投资强度、税收贡献、科技含量、用地指标等方面对项目进行综合评估，确保项目数量与质量双提升。力争到“十三五”末，开发区主体功能基本具备，工业总产值超过100亿元。

3. 招引优质项目

优质项目是加快区域发展，实现转型升级的重要支撑，要抢抓国内经济复苏升温、产业集聚加快的机遇，准确把握资本流动和产业转移的方向，围绕国家、自治区相关扶持政策和重点投向，突出重大项目和“短平快”项目培育，力争更多项目纳入国家和自治区计划盘子。加大招商引资力度，强化产业招商、专业招商、以商引商，握指成拳，集中力量，全力攻坚，打破招商引资举步维艰的局面，着力形成签约开工一批、洽谈落地一批、谋划储备一批的良性格局。全力营造亲商爱商的发展环境，继续落实项目责任制，领导包联、一企一策，千方百计破解土地、资金、用工等难题，努力做到在建项目促投产，投产项目抓达产，骨干企业保运行。

（二）加快推进新型城镇化进程，着力打造宜居宜业中心城市

按照“中心城市、宜居宜业、生态休闲”的功能定位和“东优、南扩、北联、重点向西”的思路，完善功能配套，提升城市品位，努力把阿克苏市建设成为南疆宜居宜业中心城市和文化休闲旅游生态城市。

1. 高起点规划

抢抓地区打造“三座区域性中心城市”和加快“阿温同城”步伐的机遇，推进经济社会发展规划、城市总体规划、土地利用总体规划和各类专项规划“多规合一”。严格规划空间管治，进一步明确优化开发、重点开发、适度开发、限制开发等主体功能区，统筹产业、居住、生态、基础设施等布局，促进城市功能完善、产城融合、民生改善。更加注重规划的层次和水平，把自然环境、文化元素融入城乡规划设计，做到城区控制性详细规划全覆盖，加强对重点区域、重要建筑的城市设计，坚持规划的刚性执行，使规划更具科学性、指导性和权威性。

2. 高标准建设

完善城市基础设施和公共服务设施建设，大力实施城市建设“五大工程”，增强城市功能和可持续发展能力。实施“畅通工程”。新建、改（扩）建道路87公里，打通断头路，疏通骨干路网之间的“毛细血管”，改善中心城区“微循环”。加快发展便捷公交系统，最大限度缓解交通拥堵，方便市民出行。实施“美化工程”。加大街头绿地、城市小游园和城区主要道路绿化建设，提升美化、绿化、亮化效果。“十三五”末，新增绿地50公顷，绿地率达到41.8%。实施“温暖工程”。加快浙能电厂余热利用项目和备用调峰热源项目建设进程，基本消除城区分散燃煤小锅炉，彻底解决供热难、供热差的现状。实施“利民工程”。加大地下停车场、机械式立体停车库等公共设施建设。完善多浪河二期景观带功能配套，加快多浪河二期、“四馆一中心”和体育公园建设。继续实施城市供排水改扩建工程，加快老城区自来水管网改造，努力做到更加便民、利民，使各族群众生活更加舒心。实施“棚改工程”。加大资金、土地、规划等政策支持，稳步推进老旧社区改造，实施集中连片和非成片棚户区改造工程，努力改善居民居住条件。

3. 高水平管理

以巩固“国家卫生城市”复审成果和创建“全国文明城市”为契机，深入开展群众性文明示范教育活动。创新管理方式，实行市政建设重大事项公示、听证，确保广大市民知情权、建议权。树立经营城市理念，拓宽城市建设融资渠道，采取PPP等多种模式，对城市土地、城市空间、城市有形资产和城市无形资源进行市场化运作，增强城市承载和服务功能。加大智慧城市建设步伐，提升精细化、精准化、精致化管理水平，努力提升城市品位和文明形象。

（三）加快推进农业现代化进程，构建现代农业新体系

坚持农业的重要基础地位，以提高农业经济效益和增加农民收入为核心，加快转变农业发展方式，优化农业结构，打好绿色、生态、有机牌，构建高产、优质、高效、生态、安全的现代农业产业体系。

1. 优化农业结构

按照“稳粮、调棉、优果、兴畜”的发展思路，继续实施“棉花优质高产、林果提质增效、畜牧养殖增收”三大工程。严格落实粮食安全行政首长责任制，提升单产和品质，总面积稳定在22万亩以上。巩固棉花产业优势地位，稳定棉花面积90万亩左右。林果业要在精品上做文章，提质增效、稳步发展，确保总面积达到80万亩，实现林果纯收入占农民纯收入的50%。持续优化畜禽养殖结构，壮大畜牧业，带动种植业调整，促进现代畜牧快速发展。依托“全国无公害农产品（蔬菜）生产示范基地县市”建设，调整优化设施农业种植结构，提高设施农业市场化、标准化水平，稳定设施农业面积4万亩左右。力争到“十三五”末，全市农村经济总收入实现90亿元以上，农民人均纯收入实现2.3万元以上，年均分别增长8%以上。

2. 夯实农村基础

坚持统筹城乡一体化发展，加快以水、电、路、房为重点的农村基础设施建设，加快喀拉塔勒镇、阿依库勒镇等重点示范小城镇建设，全面实施“美丽乡村”工程，培育一个中国最美休闲乡村和一个全国休闲农业与乡村旅游示范点，推进新农村建设再上新台阶。抓好高效节水、防汛、农田水利建设，进一步增强农业可持续发展能力。“十三五”期间，计划新建农村公路2000余公里。大力开展乡村环境综合整治，促进农村生产生活条件改善。

3. 促进农民增收

加大农业产业化龙头企业培育工程，完善“企业＋基地＋农户”产业化模式，完善企业与农民利益联结机制。加强农产品质量监管体系和品牌建设，加大特色优质产品的追溯防伪监管力度，提升阿克苏市特色农产品知名度和市场占有率。扶持农民专业合作组织，推进专业合作社规范化建设，注重市场开拓，解决好“重产轻销”问题。鼓励发展股份合作、订单农业，采取“保底收益＋按股分红”等方式，让农民分享产业链增值收益。实施农产品“走出去”战略，采取“农户＋协会＋电商”模式，进一步拓宽农产品销售渠道。健全农业技术服务体系，完善动植物疫病防控体系，强化现代农牧业技术支撑。大力发展休闲观光农业，推动庭院经济、林下经济发展。狠抓劳务创收，加强农村富余劳动力向城镇转移、向二三产业转移，不断增加农民收入。

## 三　坚持科教兴市，提升保障和改善民生的能力和水平

坚持“民生优先、民生先动”理念，加大民生工程实施力度，推动社会事业全面发展，让人民群众有更多的获得感。

（一）优先发展教育事业

全面贯彻党的教育方针，坚持社会主义办学方向，加大教育投入力度，完善教育教学设施，加强教师队伍建设，积极争做“四好教师”。实施“农村学校校长助力工程”，推动城乡教育均衡优质发展。坚持质量为本、德育为先，着力抓好基础教育、双语教育、职业教育，推动教育改革创

新，持续实施教育质量提升计划，办好人民满意教育，确保到2020年少数民族学生基本掌握和使用国家通用语言文字。科学规划学校布局，高效整合教育资源，实现基本普及14年免费教育，到2018年力争完成义务教育学校标准化建设，2020年实现义务教育均衡发展。

（二）提升科技创新能力

全面开展新疆创新型城市建设试点工作，提升全民科技素质。实施农业科技创新工程，加快农业生态科技示范园建设，深化科技特派员农村创业专项行动。实施新型工业化科技引领工程，提升特色优势产业技术水平，加强科技型中小企业技术研发，加快高新技术企业培育引进。强化科技创新能力提升工程，加强科技人才队伍建设，推进科技创新和科技成果转化，力争在重点产业的核心技术上实现突破。

（三）大力促进就业创业

坚持“产业带动、创业助推、就地就近、援疆促进”，落实自治区百万人就业行动计划，扶持发展劳动密集型产业、服务业、中小微企业和电商产业，深入推进大众创业、万众创新，争取每年新增城镇就业6000人，城镇登记失业率控制在4%以内。实施好发展纺织服装产业带动就业工程，进一步扩大“短平快”项目就业效应，力促就地就近就业。继续做好农村富余劳动力、大中专毕业生、“两后生”等就业技能培训，确保零就业家庭24小时动态“清零”。

（四）全面发展社会事业

坚持社会主义先进文化前进方向，加强精神文明建设，创建全国文明城市。大力实施“新新工程”“东风工程”“天山工程”“春雨工程”等“文化惠民”工程，不断丰富群众精神文化生活。积极开展各类全民健身活动，促进体育产业健康发展。坚持医疗惠民，落实全民健康工程，从今年开始每年对所有本市户籍城乡居民进行一次免费健康体检。持续深化公立医院改革，全面落实分级诊疗制度，加快乡镇卫生院、村卫生室、社区卫生服务中心标准化建设，加强医务人员技能培训，不断提升城乡医疗卫生水平。深入开展爱国卫生运动，全面提升群众健康水平。坚持计划生育基本国策，确保人口自然增长率控制在14.90‰以内。加强食品药品监管体系建设，确保“四有两责”落实到位。完善社保体系建设，扩大社会保险覆盖范围。加强新型社会救助体系建设，创新救助机制，规范救助程序，切实保障困难群众基本生活。

（五）精准实施脱贫攻坚

把扶贫开发作为建成小康社会的重要突破口，严格按照“四个切实”“五个一批”“六个精准”的要求，实施精准扶贫、精准脱贫，做到一村一法、一户一策。全面实施脱贫攻坚10大专项行动，通过“乡村建设、产业扶持、岗位开发、搭帮联营、土地流转、教育保障、技能提升、劳务输出、金融脱贫、政府供养”等脱贫措施，确保现行标准下全市1479户4742名扶贫对象一年脱贫，两年巩固提高，坚决打赢脱贫攻坚战。

## 四　深化改革开放，释放发展新活力

改革是经济社会发展最大的动力源。我们要把改革贯穿于经济社会发展的各个领域、各个环节，用改革的精神、法治的思维和手段，破解发展难题，为稳定和发展创造良好环境。

（一）抓好供给侧结构性改革

突出“三去一降一补”五大任务，夯实实体经济根基。积极帮助企业化解过剩产能，支持产能过剩企业实施重组、转型转产、结构调整。积极争取政策推进“电化阿克苏”进程，培育用电大户，增强电力消纳能力。运用好房地产市场调控政策，千方百计做好去库存工作。加大企业解危帮困、协调保障和金融支持力度，帮助企业降低成本，减轻企业负担。支持民营企业、中小微企业发展壮大，推动企业“个升企、企升规、规上市”。

（二）深化行政管理体制改革

推进简政放权、审管分离、放管结合、优化服务，完善政府权力、市场准入、政府责任“三个清单”，全面推行并联审批和“一站式”服务，大力推行“互联网＋政务服务”，努力实现“审批事项最少、效率最高、服务最优”。完成政府机构改革，进一步精减政府机构数量，提高效能，用政府权力的“减法”，换取市场活力的“乘法”。加快乡镇站所管理体制改革，理顺市乡权责关系，提升乡镇党委维护稳定、促进发展的能力。严格落实社区减负长效机制，努力把社区建设成为管理有序、服务完善、和谐稳定的社会共同体。

（三）加快投融资体制改革

创新公共基础设施投融资体制，推行政府购买公共服务和 PPP 投融资模式，鼓励社会资本投向公共基础设施建设。深化财税体制改革，构建全面规范、公开透明的预算管理制度，出台优先使用创新产品、绿色产品的政府采购政策。加快推进国有资产、国有企业和混合所有制企业重组整合，增强国有企业活力和市场竞争力。加快国地税征管体制改革，着力推进企业属地注册。

（四）强化农业农村改革

加快构建新型农业经营体系，坚持培育发展新型农业经营主体，形成农民家庭经营、合作经营、集体经营、企业经营等新格局。继续推进供销系统综合改革，发挥供销社服务“三农”的主导作用。深化农村土地承包经营权确权登记颁证工作，稳步推进农村土地清理改革试点工作，实施农村土地所有权、承包权、经营权分置办法，推进土地经营权依法有序流转。

（五）加快对内对外开放

开放是阿克苏市发展的最大潜力。各级党组织要牢固树立开放的思维，加快推动对内对外开放，让各种生产要素在阿克苏聚焦、让各种发展活力竞相迸发。坚持以民生援疆为龙头，以产业援疆、智力援疆为两翼，更加注重扩大就业、抓好教育、人才援疆、向农村倾斜、促进民族团结、支持反恐维稳能力建设等重点工作，全力以赴推动“十三五”期间对口援疆工作落实。主动对接、深度合作、加强交流，全方位做好结对帮教、人才培养工程，确保留下一支永不走的工作队。加强兵地融合发展，拓展融合发展的广度和深度，以周边团场为纽带，形成区域经济发展的集成优势。大力支持国防事业和驻阿军（警）部队政治、军事及正规化建设，切实做好新时期“双拥”共建工作。

## 五　坚持生态立市，不断加强生态建设和环境保护

坚持“环保优先、生态立市、绿色发展”理念，坚定不移走“两个可持续”发展道路，建设洁净阿克苏，让绿色生态成为阿克苏市最具核心的公共资源和最普惠的民生。

（一）加快生态工程建设

坚持保护优先、自然恢复为主，实施重大生态治理和修复工程，加快阿克苏河百万亩生态建设工程，对阿克苏河两岸进行系统修复、整体保护、综合治理，争取五年完成生态造林3.2万公顷，努力让阿克苏河两岸绿起来、美起来，成为水清、路畅、岸绿、景美的生态建设示范区。加快实施多浪河湿地恢复保护工程、导流渠两岸绿化和艾西曼湖湿地群保护工程，全面提升生态环境质量，全市森林覆盖率达到4.5%。

（二）加强环境综合治理

坚持生态保护第一，把发展建立在生态安全的基础上，严格项目准入门槛。严格控制水污染、大气污染等污染物排放量，重点抓好大气、水、土壤等污染防治。加大白色污染、农药残留等治理力度，综合防治农业面源污染。加强废弃污染防治和固废体综合利用。大力实施节能减排，坚决淘汰落后产能。落实最严格的耕地保护制度和节约用地制度，坚决制止非法开荒。落实生态环境保护责任，确保生态环境安全。

（三）加强资源高效利用

严守水资源利用“三条红线”，以水定产、以水定地、以水定城，建设节水型社会。大力推广应用低碳技术，引导更多企业推行循环经济、发展清洁生产，提高资源利用效率。大力发展高技术、高效益、低消耗、低排放产业，积极推进绿色增长，用最少的资源投入、最小的能源消耗，实现经济、社会和生态效益最大化。

## 六　坚持全面从严治党，着力提升党的建设科学化水平

决胜全面建成小康社会，关键在党。履行新使命，实现新目标，必须充分发挥党在阿克苏市各项事业中的领导核心作用，不断提高党的建设科学化水平。

（一）切实抓好思想政治建设

坚持不懈地进行思想政治理论培训，完善党委（党组）中心组学习制度和理论学习的领导责任制。重点抓好党章党规和习近平总书记系列讲话精神的学习教育，自觉用贯穿其中的立场观点方法武装头脑、指导实践、推动工作。坚持把严肃党内政治生活作为锤炼党性的主要平台，严格遵守党内政治生活基本规范，严格执行党内政治生活各项制度。坚持把严守政治纪律和政治规矩视为生命、放在首位、贯穿始终，牢固树立政治意识、大局意识、核心意识、看齐意识，对以习近平同志为总书记的党中央绝对忠诚。严肃反分裂斗争纪律，坚决查处党员干部里的“两面人”。坚持推进学习型党组织建设，开展大规模培训干部工作，优化干部知识结构，强化干部实践锻炼，不断推动提升维护社会稳定、领导经济社会发展的能力和水平。

（二）着力培养选拔各项事业发展需要的好干部

坚持“20字”好干部标准，严格执行干部任用条例，树立公平公正的选人用人导向。坚持党管干部原则，发挥党组织领导和把关作用，坚持重党性、重品行、重实绩、重基层、重公认，注重在复杂环境和反分裂斗争一线考察和识别干部，真正将好干部选出来、用起来。加强各级领导班子建设，优化班子结构，大胆培养和使用少数民族干部、女干部，建立健全领导班子综合分析研判制度，畅通干部能上能下渠道，打造坚强有力的高素质执政骨干队伍，构筑基层基础重要力量支撑。

严格干部日常监督管理，健全干部谈心谈话、函询诫勉等制度，严格执行领导干部有关事项报告、干部档案核查及违规追究责任制度。坚持从严管理干部与正向激励相结合，建立健全“有为激励、无为问责”制度体系。牢固树立人才是第一资源理念，用开阔视野、系统观点看人才、选人才、聚人才，制定激励的具体办法，统筹推进各类人才队伍建设。

（三）下大力气推进基层组织建设

贯彻“两个坚定不移”的要求，坚持把抓好党建作为最大政绩，切实落实党建工作责任制，不断巩固和发展齐抓共管的党建工作格局。建立完善市、乡镇（街道）、村（社区）“三级联动”的组织、责任、制度体系，研究制定党建责任清单，确保每个领域、每个环节的党建工作都有人抓、有人管。建立健全考核评价及追究问责机制，对未完成党建工作目标或管党治党不严的要严格问责。全面推进社区“四化”建设、村级组织星级化管理、“45678”工作机制等有效措施，确保基层组织规范运行。持续整顿软弱涣散基层党组织，每年按照倒排不少于10%的村（社区）党组织进行集中整顿。深入推进服务型党组织建设，用三年时间实现村（社区）阵地服务环境全面改善，大力推进乡镇（街道）职能整合和功能优化，实现从“向上对口”到“向下对应”。建强基层党员干部队伍，选好用好管好村（社区）党组织书记，建立村（社区）后备干部库。深化“访惠聚”活动，坚持好人让基层干部当，好事让基层组织办，进一步增强基层党组织的向心力、感召力。严格发展党员和党员教育管理，提高党员发展质量，及时处置不合格党员，始终保持党员队伍的纯洁性、先进性。主动关心关爱老干部，落实各项待遇，调动和发挥好他们的积极作用。

（四）以钉钉子精神推进党员干部队伍作风建设

深刻认识“我们最大的敌人是干部作风问题”的内涵要义，牢固树立作风建设永远在路上的思想，在抓常、抓细、抓长上下功夫，狠狠地抓，一天不放松地抓，从具体事情抓起，锲而不舍、驰而不息地推进作风建设。强化宗旨意识，自觉贯彻党的群众路线，结合“两学一做”专题教育等活动，倡导践行党的优良作风，切实解决“四风”问题，密切同群众的血肉联系。健全联系服务群众制度，坚持求真务实、真抓实干，讲实话、鼓实劲、出实招、干实事，少说多干、说了就干、干就干成、干就干好，坚决杜绝政策棚架、浮在面上，确保上级党委各项决策落地见效。从领导机关、领导班子、领导干部抓起，形成领导带头、一级带一级的示范效应。各级党员干部要始终坚持为民、务实、清廉，安下心、扑下身、扎下根，攻坚克难、奋发有为，在全市各族党员干部群众中形成人人争先进、人人学先进、人人赶先进，干事创业、争做贡献的浓厚氛围。

（五）加强反腐倡廉建设

牢固树立新疆虽然处于反分裂斗争一线、反恐维稳任务重，但在党风廉政建设和反腐败斗争问题上没有特殊性的思想。坚持全面从严治党、依规治党，落实党风廉政建设主体责任，完善监督问责机制，推动责任落实。坚持纪在法前、纪严于法，认真贯彻落实《条例》《准则》，教育引导党员干部自觉把纪律和规矩挺在前面，用纪律“管住大多数”。严格执行廉政约谈、“一案双查”等制度，综合运用“四种形态”开展纪律审查，深化巡察工作，将党风廉政建设纳入制度化、法治化轨道。支持纪委依纪依法加强纪律审查，严肃查处违反“六大纪律”的行为。扎实推进惩防体系建设，着力构建不敢腐、不能腐、不想腐的体制机制，实现干部清正、政府清廉、政治清明，为全面建成小康社会营造良好的政治生态。

（六）大力发展民主政治

发挥党的领导核心作用，健全党委总揽全局、协调各方工作机制，完善党委议事决策规则和程序，深入推进党务、政务公开，完善重大事项专家咨询、风险评估、公开听证和民主决策机制，提高科学执政、民主执政、依法执政水平。支持人大及其常委会依法履行职能、加强自身建设，保障人大代表依法行使职权。进一步转变政府职能，坚持依法决策、依法行政、依法办事，深入推进法治政府和人民满意政府建设。支持人民政协围绕团结和民主两大主题履行职能，推进政治协商、民主监督、参政议政制度建设。注重发挥工会、共青团、妇联等群团组织联系群众的桥梁纽带作用。坚持党管武装，巩固军政军民团结。支持法院和检察院依法独立公正行使审判权和检察权，确保司法公正高效，维护法律尊严权威。

同志们，辉煌成就振奋人心，宏伟蓝图催人奋进。未来五年，我们肩负的使命光荣、责任重大，让我们紧密团结在以习近平同志为总书记的党中央周围，在自治区党委和地委的坚强领导下，抢抓机遇、敢于担当、真抓实干，为全面建成小康社会而努力奋斗！

# 三　文件选录

## 阿克苏市关于加快发展特色民俗旅游的意见

阿克苏市人民政府

（2005 年 7 月 19 日）

为深入贯彻地、市三干会精神，遵循地委、行署挖掘与发展特色民俗旅游和推动地区旅游业发展的思想，挖掘与发展阿克苏市的特色民俗旅游，推动阿克苏市旅游产业发展，现就加快阿克苏市特色民俗旅游发展提出如下意见：

### 一　阿克苏市民俗旅游发展现状

阿克苏市是一个少数民族聚居较为集中的地区，也是一个农牧业大区，民俗旅游资源和农牧业资源极其丰富，四季分明，果品种类繁多，乡土民俗独具特色，为开发民俗旅游提供了丰富的资源基础。经过市委、市政府多年来的鼓励、扶持，现已初步建成了几处供国内外游客游览的民俗旅游产品，主要有：齐曼扎杏园、良种场昆旦巴哈尔民俗旅游村、姑墨农家乐、多浪度假村、祥龙湖风景区等。

### 二　充分认识发展民俗旅游的重要性，促进农业和农村经济发展，增加农民收入

民俗旅游是近年来新兴的旅游项目，是在我市郊区和旅游景区周边逐渐发展起来的、以庭院和田园为依托，以展示民族风情和民俗农事为特色，以提供休闲度假和餐饮娱乐为活动内容的民俗特色旅游。从发展的角度看，民俗旅游大部分是由农民利用闲置的房屋和生产资料进行的经营活动，具有投资小、风险小、经营灵活等特点，有利于农牧民开发经营，有利于发展城市周边一日游、二日游，拥有巨大的市场潜力和广阔的发展前景。市委、市政府基于我市农牧民增收渠道少的现状，从经济发展的高度，在将旅游业确定为经济发展支柱产业的同时，把发展民俗旅游作为我市旅游业发展的重中之重，这将有力推动阿克苏市旅游业发展，也必将带动其他经济和行业的全面发展。

### 三　阿克苏市民俗旅游发展的基本思路、发展目标和主要任务

2005 年和今后一个时期，阿克苏市民俗旅游发展的基本思路和目标是：以“三个代表”重要思想为指导，树立科学的发展观，认真贯彻《地委、行署关于进一步加快旅游业发展的决定》、《关于加快发展地区特色民俗旅游的意见》和《阿克苏市关于进一步加快旅游业发展的决定》精神，以地区“三干会”提出的“6122”工程为目标，全面提升阿克苏市民俗旅游基础设施水平，努力打造“龟兹故地，西域精萃”旅游形象和“龟兹文化”“多浪文化”品牌，把阿克苏市建成新疆乃至

中国西部地区重要的旅游目的地。以帮助农牧民脱贫致富奔小康为中心，科学引导，大力扶持，改善服务，总结提高，促进民俗旅游快速健康发展，全面推进农村三个文明建设，为全面建设小康社会而努力奋斗。

## 四　发展阿克苏市民俗旅游的举措

（一）坚持发展特色旅游业，提升旅游知名度

1. 加强对民俗文化的发掘、整理和提高，打出响亮的民俗旅游品牌。通过招商引资、市场多元化运作等渠道，重点挖掘多浪文化，将文化产业融入旅游发展主题概念，为重点打造黄金旅游走廊打下基础。突出历史文化特别是“多浪文化”的挖掘与发展，突出“水韵之城、人居最佳”和特色休闲度假建设，加快城郊民族风情园、农家乐的建设与发展，做大“点”与“面”的文章，重点开发周末休闲度假、农业观光等旅游产品，开发出响亮的民俗旅游品牌。

2. 科学引导，保证民俗旅游健康有序发展。

一是要规划建设 2～3 个经营规范、上档次的、民族特色浓郁的民俗旅游接待点，发挥其示范引导作用；规划建设民族手工艺品、旅游纪念品、民族餐饮、特色民居一条街。

二是要帮助指导农牧民充分利用已有资源，提升民俗旅游的品位，从一家一户做起，以点带线，以线带面，形成各具特色的民俗旅游接待户、民俗旅游村和民俗旅游乡。

3. 加强协调服务，不断完善民俗旅游的基础设施。对相对集中、有发展前景的项目，统筹安排供排水、电、道路、通信、厕所等基础设施建设，尤其要加强对旅游厕所建设的指导和管理，不断改善民俗旅游的软硬环境。各有关部门要为民俗旅游项目推介搭好平台，做好牵头、协调、服务工作，积极鼓励和推动农牧民联合开发经营以及招商引资，引导和促进民俗旅游快速发展。

4. 强化特色意识，进一步突出民俗旅游的特色。深度挖掘人文、民俗、历史内涵，认真总结地方民俗文化和风土人情，坚持因地制宜、因户制宜、百花齐放，用“特色”树立起民俗旅游的良好形象，注入旺盛的生命力。要耐心帮助农牧民认识、理解民俗旅游区别于传统大众旅游，追求的不是豪华舒适的饭店设施，而是彻底融入当地居民生活，感受特定文化氛围的性质特点。让农牧民树立起“民俗文化、民族文化就是资源”的思想。

5. 抓好培训，努力提高服务质量和水平。由于民俗旅游发起于农户、牧民，从业人员整体素质参差不齐，做好培训工作是提高民俗旅游整体素质的必然要求，也是促进民俗旅游健康有序发展的前提保障。一是要加强对民俗旅游从业人员旅游知识、经济知识、管理知识的培训，帮助从业人员更好地了解当前旅游业发展的趋势，进一步抓好日常管理和经营。二是要强化服务规范的培训。民俗旅游要形成自身的个性和风格，以“特色”来吸引人，更要针对实际情况，加强接待服务方面的培训，不断提高接待水平和服务质量，引导和促进民俗旅游健康发展。三是要加强对本地民俗文化和风土人情方面的培训，提高其文化品位和服务档次。

（二）加大民俗旅游宣传促销力度

1. 摄制一部介绍阿克苏民俗旅游风光和产品的电视宣传片。

2. 提出一个叫得响的宣传口号。

3. 编写出版介绍阿克苏市民俗旅游景点、线路、综合服务和人文风情的旅游画册和指南。

4. 在影响面较大的报刊上发表介绍阿克苏市民俗旅游综合情况的专版。

5. 编演一组艺术精湛，特色浓郁，突出龟兹、多浪文化和民族风情的文艺节目，在旅游旺季到旅游景点、宾馆和演出厅表演。

6. 建立一支高素质的宣传促销队伍。

（三）不断改善民俗旅游环境，拓展民俗旅游发展的空间

1. 市计划、财政、旅游、交通、建设、林业、文化等部门要积极争取国债和中央预算内基本建设资金用于我市民俗旅游基础设施和旅游文化产业建设。

2. 市政府为投资商协调解决通往民俗旅游景区（点）的“三通”（水、电、路）问题。各有关部门要积极解决民俗旅游投资者在项目开发建设中遇到的困难。

3. 鼓励本地及外地客商来阿投资建设民俗旅游项目，对投资兴建或承包经营民俗旅游项目的投资商，均比照享受西部大开发投资优惠政策和市政府制定的支持旅游业发展的相关优惠政策。

## 五　加强领导，密切配合，为推进民俗旅游发展提供有力保障

建立由阿克苏市旅游协调领导小组直接领导、市旅游局行业管理、旅游企业专业经营、有关部门密切配合、各行各业共同参与的民俗旅游发展工作机制。通过各级政府各有关部门的共同努力，形成“政府引导、需求拉动、政策推动、部门联动、全社会参与”的格局，加快我市民俗旅游的发展。

# 阿克苏市爱国卫生长效管理办法

阿克苏市人民政府

（2006 年 4 月 18 日）

### 第一章　总　则

**第一条**　为提高城市综合管理水平，不断改善城市工作、生活和投资环境，促进我市经济和社会全面进步，依照《国家卫生城市考核标准》、《全国城市卫生检查评比标准》和国务院第 101 号令《城市市容和环境卫生管理条例》，新疆维吾尔自治区《爱国卫生工作条例》特制定本办法。

**第二条**　本办法所称的爱国卫生长效管理，指对市容市貌、环境保护、公共场所、饮用水卫生、食品卫生、传染病防治、除四害、窗口单位卫生、单位和社区卫生等诸多方面的卫生管理。

**第三条**　本市行政区域范围内的一切单位和个人均应遵守本办法，并承担应尽的社会责任和社会义务。

**第四条**　爱国卫生长效管理坚持“专业队伍与发动群众相结合”“社会参与、单位负责”的原则，采取专业保洁、总体覆盖、群众动手、社会治理的办法，抓好专业化，促进规范化。

**第五条**　公民应当爱护公共环境卫生，公共设施，维护建筑物的整洁美观。机关、团体、部队、企事业单位和公民个人，应当按照市容环境卫生管理部门划分的责任区域，履行清扫保洁和冬季冰雪清除义务。

**第六条**　各级宣传、教育、新闻媒体以多种形式大力宣传，发挥社会监督作用。各职能部门、

社会团体有责任把宣传和培养公民文明卫生行为、社会公德，提高公民卫生素质，倡导讲文明、讲卫生、讲科学、爱清洁、树新风良好风尚，把“三讲一树”活动作为公民素质教育和思想文化建设的重要任务落到实处，促进社会主义精神文明建设。

**第七条** 本市范围内的机关、团体、企事业单位成立爱卫组织，由党政主要领导总负责，在市爱卫会的协调指导下，开展本辖区、本单位的爱国卫生工作。

**第八条** 各街道办事处设爱国卫生监督员，社区居委会设爱国卫生检查员。

爱国卫生检查员负责开展街道、社区爱国卫生工作，检查本办法在本辖区或本社区的执行情况，负责本辖区、本社区居民或单位开展群众性爱国卫生活动及检查评比活动，并对本辖区环境卫生质量、疾病预防、健康教育、“除四害”和单位、居民住户环境卫生质量负责，接受街道办事处及市爱卫办的工作指导和监督检查。

**第二章 市容环境卫生管理**

**第九条** 市爱国卫生运动委员会办公室（以下简称市爱卫办）负责对相关机构、相关职能部门履行本办法，开展民意测验、专业评价，及时向市委、市政府报告，并提出改进措施和奖惩意见。

**第十条** 市文明办深入开展精神文明创建活动，搞好文明城市、文明单位、文明社区、文明村镇、文明窗口、十星级文明户、文明市民评选和文明市民学校建设，把卫生达标作为开展市民素质教育和各项文明创建活动的重要内容，落到实处。

**第十一条** 城市市容环境卫生和市容市貌管理由市建设局统一组织实施，并依照有关规定负责城市道路巷道和公共场所的清扫保洁，实施有效监督管理。城管、环卫、园林绿化、客管等部门按照分工负责和相互协作的原则，加强城市道路和公共场所清扫保洁管理工作。

**第十二条** （一）市建设局及其所属的市环卫处、市环卫处车队、具体负责城市建成区内的机动车道、人行道、地下通道、广场、停车场、公共绿地、街道社区居民区、城中村巷道环境卫生的清扫、保洁、垃圾清运工作。垃圾清运实行有偿服务，做到日产日清；做好对垃圾、粪便的管理和无害化处理，负责城区公共厕所的环境卫生管理及设施的维护。

（二）市建设局负责市容市貌的管理工作，对城市市容市貌负主要责任，工作重点是整治乱停乱放、乱堆乱倒、乱贴乱画以及占道经营、流动摊贩、店外店、摊外摊、乱拉乱挂等行为，督促并搞好沿街单位建筑物体的外观维修、清洗、保洁工作，杜绝畜力车进入市区，及时治理并取缔有碍市容观瞻的现象。

（三）市建设局负责对城市区域内灯箱广告、路灯、亮化、绿化、美化、道路硬化等，做好公共设施的维修保洁工作。

（四）市建设局客管办负责公交车场、站、调度室以及站台、站棚建设、维护、保洁和卫生督查工作；负责城市公交车辆、出租车辆的定点停放、停靠以及车容车貌卫生管理工作；规范货运三轮车的停放和行驶秩序；开展控烟教育工作。

**第十三条** （一）市工商局在审批市场开办资格时，严格按照国家卫生城市集贸市场卫生达标条件进行审查。负责市场的卫生检查工作，督促市场开办单位完善市场卫生基础设施建设，建立卫生保洁机制，提高市场卫生质量和管理水平。

（二）市工商局负责全市的（早）夜市管理工作。

**第十四条**　市环保局依法加强城市噪声烟尘治理工作，加强对沿街影响市容卫生的洗车场所监督检查力度，做好“绿色社区”规划建设工作。

**第十五条**　市卫生局负责对城市公共场所（酒店、宾馆、旅店、理发、洗浴）、餐饮业室内外卫生、食品卫生、“除四害”等工作的监督管理，定期对经营单位负责人进行卫生防病知识的培训和卫生法律法规的宣传教育，确保各项工作达到国家卫生城市考核要求。

**第十六条**　市文体局要抓好歌舞厅、网吧、棋牌社等文化娱乐场所的室内卫生，督促主办单位搞好“除四害”、室内通风、室内消毒和控烟等工作。

**第十七条**　市公安局交巡警大队、市建设局客管办对全市交通秩序管理负责，对客货三轮车限定数量、限定行驶路线；负责城区机动车辆有序停放，确保城市交通文明有序运行。

**第十八条**　市房产局加强对全市物业公司的管理，督促物业公司加强物业小区环境卫生的管理。

**第十九条**　市畜牧局、屠宰办负责全市活畜禽、水产品出售点及家禽屠宰摊点的办证工作，督促畜禽、水产品经营户做好室内外卫生，确保地面、台面和墙壁洁净，室内杂物放置有序。

**第二十条**　各乡（镇）场、各街道办事处积极做好辖区单位卫生、居民、村民家庭卫生监督管理，抓好居民、村民健康教育工作，负责辖区“除四害”工作，督促社区居民、村民提高自产垃圾的袋装化率，经常性地开展群众性的卫生治理活动，搞好社区、村组环境卫生，督促辖区单位开展拆旱厕建水厕、村民家庭改建卫生厕所工作。

**第二十一条**　城区机关、企事业单位的工作区、生活区、生产区和物业管理小区、各类车站、停车场、飞机场、体育及文化娱乐等公共场所的规定用地范围和卫生责任区、公园由产权单位和主管单位按照有关卫生标准自行负责清扫、保洁，积极参与辖区居委会组织的“除四害”等病媒生物及其孳生地的专项治理活动，自觉接受辖区街道办事处及市爱卫办的监督检查。

## 第三章　垃圾清运与垃圾容器管理

**第二十二条**　市建设局环卫处车队负责城区生活垃圾的专业清运工作，做到垃圾日产日清，实行有偿服务，并按照相关职责做好环境卫生工作。

**第二十三条**　市建设局环卫处车队依照垃圾容器配置数量和清运标准，负责城区相关巷道的垃圾清运工作。

**第二十四条**　市建设局环卫处车队在垃圾清运过程中，必须做到垃圾日产日清、密闭运输、定点堆放及卫生处理的要求。

**第二十五条**　市建设局环卫处车队负责垃圾容器的合理配置、维修、消毒等工作，并保持垃圾容器整洁、干净。

**第二十六条**　经市建设行政主管部门批准，自行清运垃圾的单位，应当按照市容环境卫生管理部门指定的路线、时间、地点及卫生处理要求倾倒垃圾。

**第二十七条**　各乡（镇）场结合实际，建立本乡（镇）场辖区环境卫生日常清扫保洁、生活垃圾集中清运有偿服务机制，配置垃圾清运工具及垃圾桶箱，生活垃圾实行统一无害化处理。

## 第四章　管理与收费

**第二十八条**　各机关、企事业单位的工作区、生活区、生产区、物业管理小区相关卫生收费标准按照物价部门规定，市建设局环卫处车队统一收取垃圾清运费。

**第二十九条** 各街道办事处负责社区居民、社区流动人口卫生费的收取；依干其乡负责本乡城中村辖区住户及出租房中流动人口卫生费的收取；根据市财政核定的年定额数，按季度统一上缴市财政，实行统一管理。

**第三十条** 市财政根据市爱卫办、各街道办事处、市建设局及其所属的环卫处、环卫处车队共同认定的社区居民区、城中村居民巷道清扫面积数和垃圾桶箱摆放数，认真核定所需清扫保洁费和垃圾清运费，按季度拨付给市建设局环卫处、市环卫处车队。

**第五章 评比与考核**

**第三十一条** 市爱卫办负责组织对各街道、乡（镇）场开展爱国卫生活动季评制度的考核；各街道、乡（镇）场负责对本辖区社区、村组开展卫生季评、卫生流动红旗月评制度的考核，具体活动由社区、村组实施。

**第三十二条** 市爱卫办按照本办法规定，不定期对各职能部门履行本办法情况进行抽查评价，并将抽查结果上报市委、市政府作为对各职能部门履行本办法奖罚的依据。

**第六章 奖励与处罚**

**第三十三条** 市爱卫办代表市爱国卫生运动委员会对本办法执行情况进行动态监督、检查，对不履行本办法规定职责的乡镇场、街道办事处、相关职能部门，报请市委、市政府给予表彰奖励或通报批评和限期改正。

**第三十四条** 街道办事处负责辖区机关、部队、企事业单位环境卫生的日常检查，对辖区机关、部队、企事业单位违反《城市市容和环境卫生管理条例》的行为，由街道办事处提出整改意见，整改措施不到位，由市建设局依照自治区《城市市容和环境卫生管理条例》行政处罚办法，给予行政处罚。

**第三十五条** 市建设局依据国务院第101号令《城市市容和环境卫生管理条例》，管制随地吐痰，乱扔果皮纸屑，乱涂写刻画，乱倒垃圾、污水、粪便，违法张贴标语广告等影响市容和环境卫生的不文明行为，并依据有关规定，予以经济处罚，责令其纠正违法行为。

**第三十六条** 凡属实行物业管理的住宅小区，因环境卫生引起的业主投诉、举报案件由市房产局督促物业管理公司限期整改。

**第七章 附 则**

**第三十七条** 本办法由市爱国卫生运动委员会办公室负责解释。

**第三十八条** 本办法自颁布之日起施行。

## 关于进一步推行政务公开的实施意见

阿克苏市人民政府

（2006年3月28日）

阿克苏工业园区管委会、各乡（镇）场、街道办事处，各委、办、局、市直各企事业单位：

为全面推行依法行政，努力建设法治政府，按照公开、公正、公平的法律原则和构建社会主义和谐社会的方针实施并监督行政权力，保障人民群众对政府行为的知情权、参与权、批评和建议权等民主权利，根据国务院《全面推进依法行政实施纲要》和中共中央办公厅、国务院办公厅《关于进一步推行政务公开的意见》（中办发〔2005〕12 号）以及自治区人民政府《关于进一步推行政务公开的实施意见》（新政发〔2005〕97 号），结合阿克苏市实际，制定本实施意见。

## 一 指导思想和基本原则

（一）进一步推行政务公开的指导思想是：

坚持以邓小平理论和“三个代表”重要思想为指针，树立和落实科学发展观，深入贯彻国务院《全面推进依法行政实施纲要》和中共中央办公厅、国务院办公厅《关于进一步推行政务公开的意见》，自治区人民政府《关于进一步推行政务公开的实施意见》，切实保障人民群众的民主权利、维护人民群众的根本利益，建成行为规范、运转协调、公正透明、廉洁高效的行政管理体制和运行机制，创新行政管理方式，提高依法行政水平，更好地为我市改革发展稳定大局服务。

（二）推行政务公开应当坚持下列基本原则：

1. 普遍公开原则。即对各类行政管理和公共服务事项，无论实施抽象行政行为或者具体行政行为，除涉及国家秘密和依法受到保护的商业秘密、个人隐私之外，均应当向社会予以公开。

2. 真实准确原则。即政务公开的内容应当真实可信，规范准确，既符合行政主体职能运作的具体情况，又反映人民群众普遍关心、涉及人民群众切身利益的问题。

3. 及时效能原则。即政务公开的内容应当注重及时性、针对性和有效性，务求政务公开取得实效。

4. 方便群众原则。即政务公开的形式应当方便群众办事，便于群众知情，有利于群众行使监督权。

推行政务公开要坚持统筹规划、突出重点、切合实际、稳步实施，努力使之与经济社会发展和民主法制建设的要求相适应。

## 二 工作目标和职责任务

（三）推行政务公开的工作目标是推进政治文明建设，强化权力监督，提高工作效率，要与深化行政管理体制改革和全面推进依法行政、建设法治政府的目标任务相一致。在贯彻落实国务院《全面推进依法行政实施纲要》的第一个五年规划内，力争使政务公开成为我市市、乡两级人民政府施政的一项基本制度。

具体表现在：政府与群众沟通的渠道更加畅通，人民群众的知情权、参与权、监督权等民主权利得到切实保障，人民群众的根本利益得到切实维护；政务公开内容规范、形式完善、程序严密、工作机制健全，政府工作透明度不断提高；行政权力得到有效监督，依法行政能力不断增强。

（四）市政府统一部署、规划政务公开的内容和形式，组织、指导、协调、监督各乡镇人民政府、市直各部门、各单位推行政务公开。

各乡镇人民政府要抓好政务公开工作的巩固和提高，认真贯彻中共中央办公厅、国务院办公厅《关于在全国乡镇政权机关全面推行政务公开制度的通知》（中办发〔2000〕25 号）精神，切实把各项要求落到实处。

市人民政府工作部门和法律、法规授权或者行政机关依法委托行使行政权力的组织，以及实行垂直领导和双重领导的行政部门、机构，在市政府的领导下开展政务公开工作。

（五）市、乡两级人民政府根据职责权限，对学校、医院、公交和供水、供暖、供电、供气等公共事务部门、单位全面实行政务公开制度，加强规划、指导、监督。

（六）各级行政机关对本机关内部管理事务，应当按照民主、公开的法治精神，不断拓宽办事、决策的公开范围，健全制度，明确措施，提高内部管理事务的透明度和公开性。

## 三　应当公开的重点事项、主要内容和适用形式

（七）市政府本级重点公开城乡发展规划，财政预决算报告，重大投资建设项目审批和实施，行政许可事项办理，政府采购，征地拆迁，经营性土地使用权出让，矿产资源开发利用，税费征收和减免政策的执行，突发公共事件的预报、发生和处置，重要人事任免、公务员选拔录用等事项。

各乡镇人民政府重点公开贯彻落实自治区和地区有关农村工作的政策，财政、财务收支，各类专项资金、财政转移支付资金使用，筹资筹劳等事项。

市人民政府工作部门、直属机构重点公开自然资源开发利用、社会公共资源配置、特定行业市场准入和有关资质、资格、技能的确认或者授予，实施行政处罚、行政许可、行政收费、行政强制措施和其他涉及行政相对人、第三人权利义务的事项。

**市政府各行政机关政务公开的主要内容：**

1. 对群众、企事业单位公开的主要内容

本机关的职能、职责、职权、机构、编制、职位、权限、承办人，主要领导成员的分工；制定的行政法规、规章和政策、决议、决定等规范性文件，以及制定过程中形成的报告、咨询意见等；制定的发展战略、规划、政策，以及制定过程中形成的报告、咨询意见等；做出的涉及不特定对象的命令、决定、通告、通知、通报、意见、解释等；做出的行政行为及其依据、种类、权限、程序、时限、承诺、救济途径和其他事项；财政预算及其执行情况；收费项目、依据和标准；重大专项经费的分配、使用情况；组织的招标投标、政府采购及公务员招录情况，组织的公益性事业和活动的经费收支情况；形成的统计信息及统计方法组织的科研项目及其成果；掌握的、直接威胁公众生命健康和财产安全的信息；办事指南和纪律监督；政务公开指南、目录和目录体系；办公地址、办公时间、电话、传真、互联网址、电子邮箱和其他联系方式；政务公开服务机构的名称、办公地址、办公时间、电话、传真、互联网地址、电子邮箱与其他联系方式；认为应当主动公开的其他信息和法规规定应当主动公开的信息。

2. 对本机关干部职工公开的主要内容

领导干部廉洁自律情况；机关内部财务收支情况；招待费、差旅费的开支使用情况；干部交流、考核、奖惩情况以及机关干部职工关心的其他重要事项。

**乡镇人民政府政务公开的主要内容：**

1. 对群众、企事业单位公开的主要内容

乡镇人民政府行政管理、经济管理活动的事项。包括乡镇人民政府及有关部门的年度工作目标

及执行情况，乡镇年度财政预算及执行情况，上级人民政府或政府部门下拨的专项经费及使用情况，乡镇的债权债务情况，乡镇集体企业及其他经济实体承发包、租赁、拍卖等情况，承包土地承包费、年限等，乡镇工程项目招标及社会公益性事业建设情况等。

与村务公开相对应的事项。包括费的收缴、土地承包年限使用情况；计划生育情况；征用土地及土地补偿、安置补助费的发放、使用情况；各村宅基地审批情况；救灾救济款物发放、优待抚恤情况；水电费的收缴和一事一议情况等。

乡镇政府各部门和派驻站所公开事项。主要包括工作职责、办事依据、办事条件、办事程序、办事纪律、办事期限、监督办法和办事结果、执收执罚部门的收费、罚款标准和收缴情况，上级主管部门明确要求必须公开的其他事项。

2. 乡镇政府对本机关干部职工公开的主要内容

领导干部廉洁自律情况；机关内部财务收支情况；招待费、差旅费的开支使用情况；干部交流、考核、奖惩情况以及机关干部职工关心的其他重要事项。

**事业单位办事公开的内容：**

事业单位指政府部门所属的各类事业单位（含企业代管理的事业单位）；具有独立性质的事业单位以及公用事业单位（包括学校、医院等）。

1. 对外公开的内容

事业单位的职能权限、服务范围、工作标准及工作人员岗位职责、行为规范；办事依据、时限、流程和结果；收费依据、项目和标准；向社会承诺的服务事项、标准、违诺责任及处理办法；法律、法规、规章规定的有关行政许可的事项、依据、条件、数量、期限以及需要提交的全部材料的目录和申请书示范文本；对工作人员违规、违纪、违法的处理规定；便民服务电话、监督部门电话等。

2. 对内公开的内容

领导班子廉洁自律情况、机关内部财务收支情况、干部人事的有关情况、本单位重要基建项目的审批过程，物资采购以及职工的社会保障、劳动条件、奖金、福利、住房、职称评定等情况以及职工关心的其他重要事项。

（八）各级行政机关应当编制本机关政务公开事项目录索引，向社会或者在本机关办事场所予以公开。

（九）要进一步规范政务公开栏、公开电话、公开办事指南等形式，积极探索免费发放政府公报、政务信息资料，规范利用报刊、广播、电视、计算机信息网络等媒体公开政务信息。大力发展电子政务，加强政府网站的建设与管理，重视利用互联网推进政务公开。

## 四　加强制度建设，保障政务公开规范运行

（十）抓紧组织研究制定规范政务公开行为规章或者法规。要以规范性文件方式对政务公开行为进行规范和约束。各级行政机关通过加强保障政务公开规范运行的制度建设，逐步把政务公开纳入法制化轨道。

（十一）要建立健全重大事项集体讨论决定制度。对经济和社会发展的重大决策、重要建设项

目安排、大额度资金使用、城市规划、改造、拆迁等事项，以及涉及人民群众直接利益的筹资筹劳、行政事业性收费、物价调整等事项，应当由行政机关领导集体讨论；并在广泛征求意见的基础上，按照规定的权限和程序做出决定。

（十二）要建立健全公示制度。法律、法规、规章规定应当先公示、再议决的事项，以及涉及人民群众直接利益的其他事项，在做出决定或者实施、办理前，必须先把方案向社会进行公示。

公示期限内收到的反馈意见，应当认真听取、阅研、建议、批评或者反对性意见，有理、有益或者合法、合理、科学的，应当充分予以采纳。

（十三）要建立健全新闻发布制度。积极推行政府新闻发布会形式体现政务公开。逐步实行定期举行新闻发布会，由相对固定的新闻发言人向媒体披露可以公开报道的政务信息，通报一个阶段或者一个时期的工作重点、拟采取的主要措施。重大疫情、抢险救灾、突发事件等事项的发生、进展、处置情况的政务信息，应当及时、准确地向媒体和社会发布。

（十四）要建立健全社会民主评议制度。通过设立批评建议、投诉举报信箱、专线电话等方式，拓展政务公开监督渠道；把行风评议活动与组织开展社会评议活动有机地结合起来，更加广泛地接受人民群众的民主评议、社会监督。

对人民群众反映的问题，要及时予以解决；暂时难以解决的，要做好说明解释工作。对投诉举报的问题，要及时调查处理。

（十五）要建立健全考核奖惩制度。由上一级政府对下一级政府，各级政府对所属部门政务公开进展情况、主要做法和存在的问题等实施定期检查、考核。

（十六）要建立健全责任追究制度。对在推行政务公开中的形式主义、走过场、工作不力或者不称职的领导和主要责任人，要严厉批评教育，责令限期纠正。对公然搞虚假公开、树虚假典型、欺上瞒下、侵犯人民群众民主权利的，要公开曝光，坚决纠正；造成恶劣影响的，要追究主要领导和有关责任人员的行政责任。

## 五　强化责任和监督机制

（十七）各乡镇人民政府及其工作部门的领导班子特别是主要领导，必须把政务公开工作列为重要职责，并纳入目标管理考核，确定工作目标，分工协作，认真履行，抓好落实。

（十八）有下列情形之一的，应当根据事实、情节和后果，追究有关领导和直接责任人的行政责任。

1. 未将政务公开工作纳入本单位、本部门重要议事日程，组织领导不力或者避重就轻，只公开一般事项，不公开重要事项，致使公开的内容不全面、不到位，搞形式、走过场的；

2. 未按规定的内容、时限、程序进行政务公开，不在限定的时间内进行改正的；

3. 故意隐瞒重要信息，应公开而不公开或经责令限期公开仍拒不公开的；

4. 弄虚作假、欺骗群众和上级组织，逃避监督或者骗取荣誉的；

5. 授意、指使或者怂恿他人干扰实行政务公开或者设置障碍，抵制政务公开监督检查的；

6. 因不履行或者不正确履行职责，或者违反政务公开有关规定，致使矛盾激化，发生危害社会稳定的群体性事件、重大恶性事件及其他严重后果的；

7. 对投诉单位或者个人进行打击报复的。

（十九）要按照《建立健全教育、制度、监督并重的惩治和预防腐败体系实施纲要》的规定，针对政务公开工作与完善社会主义市场经济体制、推进社会主义民主法制建设还不能完全适应的问题，深入教育、健全制度、强化监督，重点解决对政务公开的认识不足、意识淡薄、力度不够、水平不高，以及政务公开的范围不明确、制度不健全、程序不规范、责任不落实等突出问题。

（二十）必须强化乡镇人民政府对所属工作部门、上级行政机关对下级行政机关的内部层级监督。乡镇行政机关的法制工作机构要依法履行层级监督职责，按照建设法治政府的要求，促进政务公开工作，形成“行为规范、运转协调、公正透明、廉洁高效”的法治化体制和运行机制。

（二十一）要严格执行信访、行政监察和行政复议方面的法律、法规，依法强化行政监督，依法化解社会矛盾。要加大审计、财政监督工作力度，着力解决权力与利益不分，甚至“权力”与“权利”驱动问题，监督并保障权力与利益彻底脱钩、权力与责任紧密挂钩。

（二十二）市、乡两级人民政府应当主动、及时、全面地向本级人大及其常委会报告政务公开工作的有关情况，接受权力机关依法实施的监督。

各行政机关应当主动、认真地听取政协和其他社会团体改进政务公开工作提出的意见、建议，积极接受民主监督。要不断拓展舆论监督的范围，把政务公开工作与打造“阳光政府”紧密结合起来。要从切实体现“情为民所系，权为民所用，利为民所谋”的政治标准和权力本质上，充分发挥人民群众监督的主渠道作用，建立、施行并不断完善始终自觉接受人民群众监督的长效机制。

（二十三）市人民政府行政监察机关要把对政务公开工作的监督检查，纳入行政监察体系，组织实施专项检查、定期检查和不定期抽查。要进一步完善政务公开考核量化标准和考核方式，把公开考核与随时检查、进行“暗访”结合起来；可以邀请人大代表、政协委员参加，增强考核的透明度。考核结果应当向社会公开。

## 六　切实加强组织领导

（二十四）各乡镇、各部门、各单位要提高认识，统一思想，切实从实践“三个代表”重要思想、建设社会主义政治文明、构建社会主义和谐社会的高度，充分认识进一步推行政务公开的重大意义。要在以往工作成绩的基础上，寻找薄弱环节，查摆工作差距，以与时俱进、求真务实精神，把工作抓实抓好。

（二十五）各行政机关要建立健全政务公开工作领导机构及其办事机构，规划、指导、协调本部门、本单位政务公开工作。要为政务公开工作顺利推进提供经费、设施、人力等方面的保障。要切实将政务公开工作列入重要议事日程，与其他各项工作统一研究、统一部署、统一推进。

（二十六）要坚持实施并不断完善党委领导、政府主抓、部门负责、纪检监察机关监督检查的工作机制。

各行政机关的行政首长为政务公开工作第一责任人；法律、法规授权或者行政机关委托行使行政职权的组织，作为进一步推进政务公开的主体，实行行政首长负责制。要切实加强领导，统筹安排，分级负责，狠抓落实。

（二十七）要把政务公开与贯彻落实国务院《全面推进依法行政实施纲要》，与财政、投资、人事、招标投标体制改革，与扩大基层民主，与实施党风廉政建设责任制结合起来，形成政务公开的综合效应。

（二十八）要多层次、多形式、培育政务公开高标准示范单位，发挥典型示范带动作用，支持典型的创新实践，通过典型带动，提升政务公开整体工作水平。

（二十九）各部门、各单位要加强政务公开工作的宣传、培训工作。要在抓好行政机关自身政务公开工作的同时，充分调动社会各界的积极性，营造推行政务公开的社会氛围，引导人民群众参与政务公开的实践活动。

## 中共阿克苏市委办公室　阿克苏市人民政府办公室<br>关于进一步加强人民调解规范化建设构建大调解工作格局的意见

（2007 年 11 月 1 日）

阿克苏工业园区管委会，各乡镇（场）党委、政府，各街道办事处，各部、委、办、局，市直各单位，各群团组织：

为切实加强市人民调解工作，充分发挥人民调解工作在化解社会矛盾纠纷、维护社会稳定工作中的作用，根据自治区政法工作、司法行政工作会议精神，结合我市实际，制定如下意见。

### 一　充分认识人民调解工作的重要性和紧迫性

人民调解是一项社会主义法律制度，对维护社会稳定、促进社会和谐具有重要作用。近年来，我市司法行政系统以司法所建设为依托，以开展人民调解规范化建设为契机，建立健全了基层人民调解组织，调解了大量的民间纠纷，发挥了维护社会稳定的职能作用。当前，随着社会主义市场经济不断发展以及各种利益关系的调整，出现了许多新的社会矛盾纠纷，这些矛盾纠纷如果不能及时化解，将严重影响全市社会稳定。有效化解社会矛盾纠纷已成为构建社会和谐的一项突出任务，各乡（镇）场、街道办事处和司法行政机关要进一步提高对加强新形势下人民调解工作重要性、紧迫性的认识，筑牢化解矛盾纠纷的“第一道防线”，促进阿克苏市的改革发展稳定。

### 二　围绕中心，突出重点，创新机制，整合资源，建立和完善大调解工作格局

（一）大力加强人民调解组织网络建设。要建立起由各级党委、政府领导，政法综治部门协调，司法行政机关牵头组织，公安、检察、法院、工商、劳动、城建、土地、环保、卫生、民政、教育、工青妇、老龄、残联、经贸委等单位密切配合、各负其责、齐抓共管的领导机制。司法行政机关要整合资源，动员组织普法办、公证、律师、基层法律服务、法律援助共同参与。要不断加强市、乡镇（街道）、村（社区）、组四级调解网络建设，抓好厂矿企业调解组织建设，探索建立行业性调解组织，要有专用调解室（公议庭），面积得不少于 50 平方米。要通过加强网络建设实现调解工作由个别人承担向多数人承担转变，由个别部门唱独角戏向全社会共同参与转变，真正使人民调解工作形成横向到边、纵向到底的“大调解”格局。

（二）进一步加强人民调解队伍建设。各乡（镇）场、街道办事处、村（社区）和相关单位要选好、配齐调解主任和调解员，着力优化调解队伍的知识结构、年龄结构，提高调解队伍的专业水准。切实加强培训工作，重点抓好调委会主任和调解小组长的培训，培养选拔一批有威信、有能力、公信力高的调解员，不断提高调解员的政治业务素质，打造一批精品调委会，以适应大调解形势。

（三）建立健全人民调解工作机制，拓宽人民调解工作领域。各级调解组织要积极参与城市建设、土地流转、环境保护、劳动争议、医疗保险、教育等社会“难点、热点”问题的调解，主动预防和妥善处置由人民内部矛盾引发的群体性事件。从实际出发，建立健全矛盾纠纷预警排查调处制度、重大社情报告制度、社会矛盾信息反馈机制和群体性事件快速反应机制，对社会矛盾纠纷做到早发现、早调处、早解决。着力构建在党委领导下，以人民调解为基础，充分发挥行政调解和司法调解作用，三种调解手段相互衔接配合的大调解工作体系。

1. 建立矛盾纠纷联排联调机制。整合政法综治、法院、人民调解与信访的有效资源，明确纠纷信息排查快报体系。各乡（镇）场、街道办事处人民调解委员会要制定联合排查例会制度和复杂疑难纠纷分析讨论、联合调处制度。

2. 建立人民调解诉讼前置和行政机关纠纷处理移交制度。在人民法院受理民事案件过程中，立案部门对案由进行初步分析，对那些事实清楚、法律关系简单、证据确凿，可以由人民调解委员会调解解决的民事争议，告知当事人可选择到人民调解组织申请调解解决。公安、信访等行政部门处理治安案件或属于民事争议类的来信来访时，可将案件移交到人民调解委员会调解解决。

3. 完善人民调解工作指导机制。人民法院要不断加强对人民调解工作的具体业务指导，成立人民调解工作指导办公室；主动配合司法行政部门做好对人民调解员的业务培训，现场指导或亲自参加一些具体纠纷事项的调解活动；增加基层人民调解员担任人民陪审员的比例，通过具体的庭审实践锻炼和提高人民调解员对各类纠纷的调解能力。

4. 建立调解协议书确认制度。认真贯彻执行最高人民法院2002年颁布的《关于审理涉及人民调解协议民事案件的若干规定》，对人民调解协议书性质进行界定。一是人民法院在审理涉及人民调解协议民事案件过程中，应当按照最高人民法院的规定，对调解协议书予以审核确认；二是根据司法调解、行政调解、人民调解有机衔接的要求和对调解工作的分类，乡镇（街道）、村（社区）、企事业单位、妇联、残联等群众团体以及消协、个私协等行业协会所设立的调委会均属人民调解委员会，其按工作程序要求依法调解达成的调解协议书，均为人民调解协议书。

5. 落实各项工作责任制。各人民调解委员会对当事人提出的属本调委会受理范围的调解申请均应受理调解，对不属于受理范围的，应当告知当事人到相关调委会申请解决，要对当事人将去申请纠纷调解的调委会、部门履行通告义务；市调解指导委员会办公室对所受理的调解申请，经初审登记后，指派或分流给某具体调委会或部门予以调处，对需要联动联调的纠纷事项进行协调和部署；市调解指导委员会办公室每年要对大调解格局中各相关部门的纠纷调处情况、有关衔接机制落实情况进行一次全面的检查考核。对不能完成调解工作目标或因用法不当致使矛盾纠纷激化，造成重大影响的，要追究相关责任部门及直接责任人的责任，对工作成绩突出的给予表彰和奖励。

6. 建立人民调解工作经费保障机制。根据《人民调解委员会组织条例》第13、14条以及财政部、司法部财行〔2007〕179号《关于进一步加强人民调解工作经费保障的意见》，市财政要将人民调解工作经费纳入市财政预算，各乡镇（街道）、村（社区）人民调解员的办案补贴由市司法局根据调解纠纷的数量、质量、纠纷的难易程度、社会影响大小与财政部门协商解决（具体标准和发放办法由市司法局与市财政局共同制定方案并组织实施）。乡镇（街道）、村（社区）人民调解委员会要认真建立台账，做好档案和记载，司法行政机关要认真做好检查、考核、审定工作。乡镇（街道）、村（社区）、企事业单位等设立人民调解委员会和人民调解员的机构应继续在各方面对其提供支持。

7. 大力推进人民调解法制化、制度化、规范化建设。各乡（镇）场、街道办事处要大力加强人民调解组织基础设施建设，做到“五有、六落实、六统一”（有调委会标识牌、有调解工作场所、有调委会印章、有调解及回访记录、有统计台账；组织、制度、工作、场所、经费、报酬六落实；标牌、印章、标识、程序、制度、文书六统一）。要根据当地的人口数量、信访案件、治安案件、刑事案件、民事案件的发案率来确定人民调解的工作指标，采取强有力措施，全面完成上级司法行政机关下达的民间纠纷调处指标。用指标来衡量各调委会的工作水平，以此推动人民调解工作的发展。

8. 大力加强农牧区矛盾纠纷调解工作。当前，广大农村的矛盾纠纷类型多、范围广，涉及群众生产、生活的方方面面，特别是合同纠纷、侵权纠纷等在社会矛盾纠纷中所占的比重逐渐加大，矛盾纠纷内容趋于复杂、易于激化，物质利益矛盾已成为现阶段农村矛盾纠纷的主要根源，利益群体之间的矛盾越来越突出。市司法局要针对农村矛盾纠纷的新特点，不断创新工作方法，做好矛盾纠纷源头预防，全面加强农牧区矛盾纠纷排查调处工作，做好农牧区刑释解教人员的安置帮教工作，促进社会主义新农村建设。

## 三　加强领导，狠抓落实，进一步抓好基层规范化建设

各乡（镇）场、街道办事处要把加强人民调解规范化建设，构建大调解工作格局作为民主与法制建设的一项重要内容，加强领导，加大对人民调解工作协调指导力度，解决大调解工作中遇到的实际困难和问题，为构建社会化大调解工作格局提供强有力的组织保障，各单位在工作中要深入调查研究，大胆实践，勇于探索，积极推进人民调解、行政调解、司法调解的相互衔接配合，充分发挥人民调解在大调解工作体系中的基础作用，要进一步推动“基层工作规范年”活动的深入开展，坚持建设、管理和工作并重，“软硬件”齐抓，通过达标活动进一步健全和完善各项制度，规范工作程序，做好人民调解试点工作，不断探索工作新思路、新机制，抓典型，树样板，加大宣传力度，抓好季度、年度督查工作，为评选达标司法所、模范调委会提供依据。要通过扎实有效的工作，筑牢“第一道防线”，最大限度地化解矛盾纠纷，最大限度地减少不和谐因素，为构建和谐社会做出贡献。

# 阿克苏市廉租住房管理办法（试行）实施细则

阿克苏市人民政府办公室

（2008 年 1 月 4 日）

根据地区行署《印发〈阿克苏地区廉租住房管理暂行办法〉的通知》（阿行署发〔2007〕149号）文件规定，结合实际，就阿克苏市低收入家庭廉租住房管理工作制定如下实施意见：

## 一　申请登记

（一）申请条件

申请享受本市廉租住房保障的最低收入家庭应当同时符合以下条件：

1. 符合阿克苏市城市低收入家庭认定标准的家庭；

2. 家庭无房或人均住房建筑面积不超过 13 平方米（含 13 平方米）；

3. 具有本市常住户口，家庭人数为两人或两人以上，家庭成员之间应具有法定的赡养、扶养或抚养关系。

申请家庭由户主向户籍所在地社区居民委员会提出书面申请，如实填报家庭的基本情况，并提交下列相关材料：

1. 廉租住房保障申请表；

2. 本市民政部门印制盖章的《阿克苏市城市低收入家庭证明》；

3. 户主的身份证明；

4. 居民户口簿；

5. 现住房证明材料（房屋产权证、直管公房租赁证、租赁合同，尚未办理房屋产权证的提供购房合同及购房发票、收据，无房户提供由社区居委会认定的无房证明，自建无证房屋提供由社区居委会经现场核定的房屋平面图及自建无证房屋证明）。

（二）资格确认

1. 户的计算

（1）以本市公安部门核发的常住户口簿为标准，一簿一户。

（2）已婚而户口未迁出，且无住房的，按分户对待。

（3）无配偶、父母和子女的单身家庭，按一人一户计算。

2. 人口计算

（1）以本市公安部门核发的常住户口簿登记的人口数为准。

（2）因入托、求学等原因，将未成年子女户口登记在他处的，在其父母处计算人口数。

（3）家庭成员因工作原因将户口登记在他地的，不计算人口数；因学习原因将成年子女户口登记在他地的，可计算人口。

（4）已婚或未婚户口未迁出，在他处有（常住）住房的，不计算人口。

3. 面积计算

（1）以房屋产权证记载面积为准。尚未取得房屋产权证或预购商品房的，以购房合同及购房发票、收据记载面积为准。自建无证房屋由申请人出示自建无证房屋证明及房屋平面图，写（标）明四界及房屋尺寸、面积（以米计算），经两名以上社区居委会工作人员现场勘查，并在自建无证房屋证明及房屋平面图上签字确认后，记载面积。

（2）房屋产权证或房屋租赁合同对应房屋中，居住两户或两户以上持有本市常住户口簿家庭的，按实际居住及分摊共用面积计算面积，并由街道办事处实地测量、核实。

（3）已列入拆迁范围，但超过一年未实施拆迁的，按房屋产权证或房屋租赁证记载面积计算。

正在实施或已经实施拆迁的房屋，实行产权交换的，按拆迁补偿安置协议书约定的安置、补偿面积计算面积。

4. 无房户认定

（1）已婚无住房与父母同住或借住亲友房屋；

（2）居住自建无证房屋；

（3）按市场租金租住住房的；

（4）实施拆迁后实行货币补偿而未购买房屋的不能作为无房户；

（5）将房屋出售或出租，造成无处居住的，不能作为无房户。

## 二　审核程序

（一）申请廉租住房保障的家庭，应当由户主向户口所在地街道办事处提出书面申请。

（二）街道办事处收到材料后应当及时做出是否受理的决定，并向申请人出具书面凭证。申请资料不全或者不符合法定形式的应当在5日内书面告知申请人需要补齐的全部内容，受理时间从申请人补齐资料的次日计算；逾期不告知的，自收到申请材料之日起为受理。街道办事处应当自受理申请之日起30日内，就申请人的家庭收入、家庭住房状况是否符合规定条件进行审核，提出初审意见并张榜公布，将初审意见和申请材料一并报送市住房保障管理办公室。

（三）市住房保障管理办公室自收到申请材料之日起15日内，就申请人的家庭住房状况是否符合规定条件提出审核意见，并将符合条件的申请人的申请材料转市民政局。

（四）民政局应当自收到申请材料之日起15日内，就申请人的家庭收入是否符合规定条件提出审核意见，并反馈市住房保障管理办公室。

（五）经审核，家庭收入、家庭住房状况符合规定条件的，由市住房保障管理办公室予以公示，公示期限为15日；对经公示无异议或者异议不成立的，作为廉租住房保障对象予以登记，书面通知申请人，并向社会公开登记结果。

经审核，不符合规定条件的，市住房保障管理办公室应当书面通知申请人，说明理由。申请人对审核结果有异议的，可以向市住房保障管理办公室申诉。

（六）市住房保障管理办公室、市民政局以及街道办事处、通过入户调查、邻里访问以及信函索证等方式对申请人的家庭收入和住房状况等进行核实。申请人及有关单位和个人应当予以配合，如实提供有关情况。

（七）市住房保障管理办公室根据以核准登记家庭的实际情况，确定住房保障方式。实行租赁住房补贴和实物配租的家庭由市住房保障办公室按照登记时间的先后顺序排队轮候。

## 三　轮候

已登记备案的家庭，市住房保障管理办公室按照登记时间和困难程度进行轮候。

（一）按照登记时间先后顺序确定轮候顺序。

（二）同时登记的，按以下困难程度排序：

1. 伤残军人、军烈属及其他优抚对象；

2. 孤寡老人、残疾人及其他特殊困难家庭；

3. 一般困难家庭。

（三）市住房保障管理办公室根据轮候顺序，对申请人发放租金补贴或者配租廉租住房，并将发放租金补贴和配租廉租住房的结果予以公布。

在轮候期间，申请人基本情况发生变化的，申请人应当及时向有关部门申报；经审核不符合申请条件的，取消轮候。

## 四 廉租住房保障标准

1. 住房保障面积标准

根据我市最低收入家庭住房困难界定标准为人均住房建筑面积13平方米以下（含13平方米）家庭的规定，我市廉租住房保障面积标准暂定为人均住房建筑面积13平方米（包括原住房面积）。

2. 住房租金标准

廉租住房租金标准由政府价格主管部门按照房屋的维修费和管理费两项构成因素，并结合我市实际情况予以制定。我市廉租住房租金标准暂定为0.97元/平方米·月。

3. 租金补贴标准

根据我市目前市场平均租金的基本情况，暂定廉租住房租金补贴标准为2.57元/平方米。

## 五 廉租住房保障方式

（一）租金补贴

租金补贴标准为2.57元/平方米（建筑面积）每人每月，由经确认可获得租金补贴的申请家庭自行到住房市场租赁房屋，市住房保障管理办公室也可提供部分合适房源供其选择。

1. 获得租金补贴的无房家庭按住房保障面积标准乘以租金补贴标准计算租金补贴；未达到住房保障面积标准的家庭按住房保障面积标准减去现住房面积后乘以租金补贴标准计算租金补贴。

2. 获得租金补贴的家庭租赁住房面积超出住房保障面积标准，或租住房屋租金超出租金补贴标准而产生的租金，由其自行承担；如低于标准，则按实际发生的租金结算租金补贴。

3. 未达到住房保障面积标准的家庭，可将现住房出租，以租金和保障面积标准不足部分的租金补贴另行租住房屋。

4. 获得租金补贴的家庭，在与出租人达成初步租赁意向后，报市住房保障管理办公室审查；经审查同意后，市住房保障管理办公室与房屋出租人、承租家庭三方共同签订廉租住房租赁合同。

5. 市住房保障管理办公室于每季度第一个月按规定将承租家庭的租金补贴资金转入指定银行专用账户，由出租人凭市住房保障管理办公室出具的《阿克苏市低收入家庭廉租住房租金补贴发放通知书》领取租金，不足部分由承租家庭自付。

（二）实物配租

实物配租的廉租住房主要来源于政府出资收购的住房、社会捐赠的住房、腾空的公有住房、政府出资建设的廉租住房及其他渠道筹集的住房。实物配租以收购现有旧住房为住，限制集中兴建廉租住房。实物配租主要面向伤残军人、军烈属、孤寡老人、残疾人等特殊困难家庭及其他急需救助的家庭，按廉租住房租金标准收取租金。这些家庭也可以选择租金补贴的保障方式。

实物配租的廉租住房由市住房保障管理办公室统一管理，并根据各街道办事处、社区居委会获得实物配租家庭的具体情况进行分配。市住房保障管理办公室与承租家庭签订廉租住房租赁合同，并负责日常的租赁管理工作。

## 六　廉租住房管理

（一）市住房保障管理办公室负责组织实施本市廉租住房的发展规划、年度廉租住房保障计划、资金计划及有关政策，负责廉租住房申请家庭的登记备案和公示工作，统一调配全市廉租住房租金补贴资金和实物配租的廉租住房，指导各街道办事处的廉租住房管理工作。

街道办事处按照户籍管理的原则，对廉租住房申请家庭进行资格审核、公示，确定住房保障方式、签订租赁合同、发放租金补贴；进行廉租住房档案管理及其他日常管理工作。

（二）配租管理

1. 申请家庭无正当理由拒绝接受市住房保障管理办公室提供的廉租住房保障的，应当重新轮候；再次拒绝的，取消其廉租住房保障资格，并在一年内不得重新申请。

2. 享受廉租住房保障的家庭应按租赁合同的约定按时交纳租金、水电暖费及物业管理费，违反合同约定的，应承担违约责任。

3. 申请家庭不如实申报家庭收入、家庭人口及住房状况的，由街道办事处取消其申请资格；已骗取廉租住房保障的，由街道办事处报市住房保障管理办公室审核同意后，责令其退还已领取的租金补贴，或者退出廉租住房并补交市场平均租金与廉租房标准租金的差额，或者补交核减的租金，情节恶劣的，并可处以1000元以下的罚款，三年内不得申请廉租住房保障。

4. 享受廉租住房保障的家庭将房屋转借、转租、擅自改变用途或连续6个月以上未居住的，由市住房保障管理办公室收回廉租住房，或停止发放租金补贴。

5. 应退出廉租住房而未在规定期限退出的，按同等地段市场租金结算超期居住期间的资金；拒不补交租金又不退出的，房屋产权人可向人民法院提起诉讼。

6. 享受廉租住房的家庭，应于每年11月30日之前向市住房保障管理办公室出具民政部门核发的继续享受低生活保障证明。

（三）年度复核

阿克苏市住房保障管理办公室应当会同财政、民政、公安、劳动和社会保障等部门及街道办事处对享受廉租住房家庭的收入、人口及住房状况进行年度复核。

1. 家庭收入连续一年以上超出规定收入标准的，应当取消其廉租住房保障资格，停发租金补贴，或在规定期限内收回廉租住房，或停止租金核减。

2. 家庭人口增加或减少，应增加或减少住房保障面积的，应当重新提出申请，按程序进行审核、登记，并由市住房保障管理办公室对原住房保障进行调整。

本办法由阿克苏市房产局负责解释。

本办法自印发之日起执行。

# 阿克苏市农村居民最低生活保障制度实施细则(试行)

## 第一章　总　则

**第一条**　为保障农村居民的基本生活权益，维护社会稳定，促进农村经济和社会发展，根据《阿克苏地区农村最低生活保障制度暂行办法》，结合我市实际，制定本细则。

**第二条**　本细则所称农村居民最低生活保障（以下称农村低保），是指对低于农村最低生活水平，持有农业户口的农村困难居民予以适当救助的农村社会救济制度。

**第三条**　实施农村低保制度应遵循卜列原则：

（一）坚持“以土地收入、子女赡养为主，辅之以政府救济、社会互助”的原则；

（二）坚持“公开、公平、公正”的原则，合理确定救助对象，突出重点；

（三）坚持低标准起步，逐步拓展的原则；

（四）坚持“属地管理”原则，切实保障农村困难群众的基本生活。

## 第二章　保障标准

**第四条**　农村低保标准以年人均纯收入 700 元为限，年人均纯收入低于 700 元的，实行差额救助。农村低保标准将根据本地经济社会发展、人民生活水平提高以及物价指数变化适时调整。

## 第三章　保障范围

**第五条**　凡在我市行政区域内，持有本市农业户口、共同生活的家庭成员年人均收入和实际生活水平低于农村低保标准的农村困难居民，均可申请享受农村低保待遇。

**第六条**　共同生活的家庭成员是指具有法定的赡养和扶（抚）养关系、户口在一起并长期共同生活的下列成员：

（一）配偶；

（二）父母与未成年或丧失劳动能力的子女、养子女、继子女、非婚生子女；祖父母、外祖父母与父母双亡的未成年孙子女、外孙子女；

（三）子女与无生活来源的父母、继父母；孙子女、外孙子女与子女双亡的祖父母、外祖父母；

（四）兄、姐与父母双亡或父母无力抚养的未成年的弟、妹；

（五）其他经市民政部门认定长期共同生活的成员。

**第六条**　下列人员虽人均纯收入达不到当地农村最低生活保障标准，但不予纳入保障范围：

（一）有正常劳动能力，在法定劳动年龄内（男 18 周岁至 60 周岁、女 18 周岁至 55 周岁）（在读学生除外），无正当理由不参加劳动而造成家庭生活困难的；

（二）不如实申报家庭收入，隐瞒家庭实际耕地、果园、牲畜及家庭实际收入，造成核算家庭实际收入困难的；

（三）离开户籍所在地，举家迁往外地 1 年以上的；

（四）法定赡养、扶养、抚养义务人有能力但不履行义务的；

（五）参与各种形式赌博、吸（贩）毒、卖淫、嫖娼经教育不思悔改的；

（六）参与政府明令禁止的非法组织且从事影响社会稳定活动的居民；

（七）符合农村五保条件，并已纳入五保供养范围的人员；

（八）家中购买高档非生活用品价值超过800元以上的，并有高值收藏或投资有价证券行为的；

（九）违反国家婚姻法、计划生育政策的；

（十）在法定劳动年龄内，连续三次无正当理由拒绝参加村委会或村民小组组织公益性劳动的；

（十一）三年内购买商品房或新建房屋（扶贫帮困建房除外）及高标准装修现有住房的；

（十二）正在服刑、劳教的；

（十三）自费安排子女择校就读、出国留学的家庭；

（十四）夫妻一方持有本市农业户口，其配偶及子女为外省市（县）的，家庭人均收入低于当地农村低保标准的一方可享受，其配偶及子女不能享受当地农村低保；

（十五）有耕地、果园、畜牧，但不参加劳动，变卖、废弃耕地、果园造成生活困难的。

## 第四章　保障资金的筹集与管理

**第七条**　农村居民最低生活保障资金的筹集按照分级负责、按比例分级负担的原则，自治区承担70%，县（市）承担30%。市民政部门负责编制年度农村低保资金需求计划，经财政部门审核后，按当年所需资金的30%纳入财政预算。

**第八条**　市财政部门要将上级的农村低保资金连同本级的配套资金及时足额划拨到市财政低保专户，财政部门根据民政部门报送的季度用款计划，将资金拨付到市民政局，由民政部门拨付到乡（镇）场，由乡（镇）场民政机构按季以货币形式发放。

**第九条**　每月的20日至25日为农村低保金的发放时间。市民政部门在每季度最后一个月的10日前将农村低保金用款计划报市财政部门，财政部门对上报的用款计划进行审核，并及时足额的拨付低保资金。

**第十条**　农村低保资金实行单独核算，专户管理，专款专用，不得挤占挪用。

## 第五章　家庭收入的核定与计算

**第十一条**　家庭收入是指共同生活的家庭成员通过农副业生产及其他合法劳动经营，全年所获得的纯收入的总和。包括下列内容：

（一）家庭所有成员从事种植、林业、养殖等农副业（计算标准以市农经局提供数字为准）生产劳动获得的纯收入总和；

（二）家庭成员就业及在外从事建筑、运输、加工、服务业等经营收入和劳务收入获得的工资、奖金、津贴、补贴、退休金和各种劳动收入等；

（三）家庭成员的储蓄存款、有价证券等；

（四）参加各类养老保险领取的养老保险金；

（五）法定赡养人、扶养人或者抚养人应当支付的赡养、扶养或者抚养费；

（六）继承的遗产、遗赠等；

（七）出租或者变卖家庭资产所得的收入；

（八）其他应当计入的家庭收入。

**第十二条**　家庭年人均纯收入，根据申请人家庭前12个月家庭年纯收入总和及家庭人口确定。

计算公式为：农业户口家庭成员年人均纯收入 = 家庭上年纯收入 ÷ 家庭人口。

（一）有劳动能力的家庭成员，因特殊原因（如妇女哺乳期、照顾重病亲属等）而确系无法劳动或就业的，按实际收入计算；

（二）长期在外务工的家庭成员，如提供不出相关的收入证明，按本村劳动力上年度人均纯收入的平均值计算；

（三）已婚且有独立生活能力的子女因某种原因（离婚或丧偶等）而与父母同住的，其收入按分户原则与父母分开计算；

（四）原系本市农业户口，现在外地就读的学生及超过 16 周岁的在校学生视为家庭抚养人口；

（五）在计算农村低保家庭人员时，长期在外打工人员的子女（留守儿童）不能计入托管亲属家庭成员而享受低保。子女已婚，其儿女与祖父母、外祖父母共同生活的，在计算农村低保家庭人员时，孙子女、外孙子女不能列为祖父母、外祖父母家庭成员，应列入其父母家庭成员；

（六）在农村长期居住没有办理农村户口的老年人，如符合农村低保条件的，应先办理农业户口，再享受农村低保。

**第十三条**　户口混合家庭：在农村定居、非农业户口与农业户口混合家庭，合并计算家庭收入，分别享受城市低保待遇或农村低保待遇；

计算公式为：家庭成员年人均纯收入 = 家庭上年纯收入 ÷ 家庭人口。

**第十四条**　不在一起共同生活的家庭成员的赡养费、扶养费或者扶养费按下列计算。

（1）赡养费和扶（抚）养费，有协议、裁决或判决的，按照协议、裁决或判决的数额计算。

（2）没有协议、裁决或判决的赡养费，按照被赡养人子女家庭年人均收入减去当地农村低保标准后剩余部分的 50%，除以被赡养人数计算。

（3）扶（抚）养费按照给付方收入的 25% 计算，有多个被扶（抚）养人的，其给付额最高不超过其收入的 50%。实际支付赡养费、扶（抚）养费高于上述规定的，按照实际支付的数额计算。

（4）赡养人、扶（抚）养家庭人均收入未达到最低生活保障标准的，视为无力提供赡养费、扶（抚）养费。

**第十五条**　申请享受农村居民最低生活保障待遇时，下列收入不计入家庭收入：

（一）优抚对象享受的抚恤金、护理费、保健金和义务兵家属优待金；

（二）政府和社会给予的奖学金、助学金、科技成果奖、见义勇为奖、独生子女费、农村计划生育政策奖励扶助金；

（三）因公负伤人员的工伤医疗费、护理费、一次性伤残补助金、残疾辅助器具以及因工死亡人员丧葬补助费，死亡后一次性抚恤费；

（四）农村特困医疗救助金；

（五）政府、社会或个人给予的临时性生活慰问金；

（六）其他不应计入的家庭收入；

（七）政府给予的生产性补助资金。

## 第六章　保障金申请审批程序

**第十六条**　申请农村低保待遇按照个人申请、村（居）民委员会初审，乡（镇）场人民政府审核，市民政局审批，乡（镇）场和村委会张榜公示的程序办理。

（一）村委会初审。村委会受乡（镇）场人民政府委托，承担受理本村农村低保待遇的申请、日常管理及服务工作。村委会在接到申请人提交的申请书和所需材料后，在7个工作日内进行入户调查完毕，调查工作一般由两个以上的工作人员进行入户调查，主要核实家庭人口、收入、查看家庭财产、核实赡养、扶养、抚养费，审查有关证明材料等。对认为符合条件的申请家庭，调查人签字后提交村委会评议小组评审，经评审无意见后，进行张榜公布，公布时间为5天，对没有异议的，填写《阿克苏市农村最低生活保障待遇审批表》一式三份，并签署意见，将申请材料上报乡（镇）场人民政府审核。

（二）乡（镇）场审核。乡（镇）场人民政府接到村（居）民委员会上报的材料后，在15个工作日内进行逐户调查核实，召开乡（镇）场评议小组会议进行民主评议。并将调查核实情况在村公示5天，无异议的，在《阿克苏市农村低保待遇申请审批表》上签署意见，连同其他证明材料一起报市民政局审批。

（三）市民政局审批。市民政局接到乡（镇）场上报材料后，在15个工作日内，按不低于各乡（镇）场上报申请人数20%的比例进行抽查，抽查和审核后，召开评审领导小组会议，进行集中审批，并将审批结果以书面通知各乡（镇、场），同时要求各乡（镇）场和村委会进行张榜公布5天。

**第十七条**　申请人申请农村低保待遇时，应提交下列证件或证明材料：

1. 申请书（内容包括家庭成员就业、就学状况、家庭收入、致贫原因等情况）；
2. 家庭成员户口簿、身份证；
3. 重点优抚对象提供《在乡老复员军人定期定量救济领取证》《伤残军人证》《烈属抚恤证》；
4. 大学学生的在校就读证明、残疾证明或患病证明（由相应部门出具）；
5. 离婚人员应提供离婚证或法院判决证明等材料；
6. 在外务工人员的收入证明。

### 第七章　保障对象的管理

**第十八条**　农村低保工作实行分类施保下的动态管理。对无劳动能力、无生活来源、无法定赡养人和扶（抚）养人的保障对象，每年要核查一次；丧失部分劳动能力的保障对象，每半年核查一次；有劳动能力的保障对象，每季核查一次。

对符合增发、减发、停发低保金条件的，由村委会填写《调整低保待遇呈报审批表》，由乡（镇）政府审核，报市民政部门批准，调整后的低保金标准从下一季度起执行。其中，减发、停发低保金的，应委托村委会以书面形式告知当事人。停发低保金的（取消低保待遇的），还应收回低保金领取证（或银行卡等有关领取低保金证件）。对符合低保条件的困难居民，履行申请审批手续，及时纳入保障范围。

**第十九条**　建立低保对象续保申请制度。低保对象在每季领取低保金的同时，要向乡（镇）场报告家庭收入变化情况，同时提出续保申请。乡（镇）场要建立低保对象续保登记制度，对连续两次不按规定报告家庭收入变化情况、不提出续保申请的，视为自动放弃低保待遇。

**第二十条**　保障对象在本市行政区域内迁移的，由乡（镇）政府办理保障待遇迁移手续，并报市民政部门备案，不再履行申请审批手续；跨县（市）区迁移的，持市民政部门出具的证明，到迁入地重新履行申请手续。

**第二十一条**　经批准享受农村居民最低生活保障待遇的家庭由申请人本人持《阿克苏市农村最低生活保障金领取证》按季到户籍所在的乡（镇）场或当地的村委会领取低保金。无故在两个季度之内不领取低保金的取消低保资格。

**第二十二条**　低保对象家庭在享受农村低保待遇期间，当家庭收入情况发生变化时，应及时告知村委会或管理审批机关，办理停发、减发或者增发保障待遇的手续。如家庭收入情况发生变化而未告知村委会或管理审批机关，有弄虚作假的现象，管理审批机关有权终止享受农村低保待遇，并收回《阿克苏市农村最低生活保障金领取证》。

### 第八章　农村低保工作机构的职责

**第二十三条**　市民政局在农村低保工作中的主要职责是：

（一）制定农村低保的方案、工作计划并组织实施；

（二）按上级民政部门的要求做好农村低保标准的调整工作；

（三）与有关部门协调，制定与农村低保有关的辅助政策，并对落实情况实施监督检查；

（四）编制农村低保年度资金需求计划向同级财政部门报送农村低保年终决算；

（五）负责农村低保待遇的审核、审批工作，指导农村低保工作，做好低保统计和上报工作；

（六）负责有关农村低保举报事项的查处工作；

（七）开展农村低保业务知识的培训工作；

（八）管理低保对象档案；

（九）负责农村低保信息化建设的管理工作等。

**第二十四条**　乡（镇）场在农村低保工作中的主要职责是：

（一）负责申请农村低保待遇对象的审核工作；

（二）负责低保金的管理、发放工作；

（三）负责农村低保对象家庭收入的定期核查工作；

（四）管理低保对象档案。

**第二十五条**　村委会受乡（镇）政府委托，承担农村低保对象的日常管理和服务工作，其主要职责是：

（一）对申请人的家庭收入情况进行核查，填报《农村低保待遇申请审批表》，并组织居民代表对申请人家庭收入和实际生活水平进行评估；

（二）在指定地点公布保障对象、保障政策、保障标准，接受村民监督；

（三）负责低保对象家庭收入的定期核查工作，并提出调整保障待遇以及清退低保对象的意见；

（四）保管低保对象原始材料（申请书、低保对象花名册、村民代表大会评议等）。

**第二十六条**　财政部门应认真落实农村低保资金，制定农村低保资金管理制度，定期督查、检查农村低保资金的拨付和使用情况，并将低保工作经费列入本级年度财政预算，为落实农村低保制度提供必要的工作经费保证。

**第二十七条**　审计、监察部门要依法监督农村低保资金的使用情况，定期进行审计、督察，对违反本细则的单位和个人依法进行查处。

农业、扶贫等部门应配合民政部门共同做好农村居民最低生活保障工作，并在其职责范围内落实农村困难群众的各项优惠扶持政策。

### 第九章　监督与处罚

**第二十八条**　市民政部门要将农村低保政策、办事程序、保障对象和低保金发放情况向社会公开，设立举报箱、举报电话，受理居民的举报、投诉和咨询，接受社会和群众监督。

**第二十九条**　乡（镇）场要对有劳动能力的低保对象进行季度检查，设立举报箱、举报电话，受理居民的举报、投诉和咨询。村委会要设立公示栏，将享受农村低保待遇家庭的有关情况，在其享受低保待遇期间向居民公开。

**第三十条**　民政、财政、监察、审计等部门在各自职权范围内，对农村低保金发放情况经常进行检查，严肃处理违法、违纪行为。

**第三十一条**　从事农村低保管理和审批工作的人员应依法办事，接受社会监督。有下列行为之一并造成严重后果的，给予相应的行政处分，对触犯法律的依法追究其刑事责任：

1. 对符合条件的家庭，拒不签署同意享受农村低保待遇意见的；或者对不符合条件的家庭，擅自签署同意享受农村低保待遇意见的；

2. 工作不负责任，审查不严，导致低保金发放错误，造成不良影响的；

3. 滥用职权、徇私舞弊、优亲厚友，擅自改变农村低保范围和保障标准的；

4. 贪污、挪用、扣押、拖欠、截留、挤占农村低保金的；

5. 干扰管理机关正常工作秩序及侵犯农村低保工作人员人身权利、构成治安管理处罚的低保对象，由公安部门依法处罚；

6. 对申请享受农村低保待遇对象出假证的有关单位人员，单位和上级主管部门要给予批评教育或纪律处分。

**第三十二条**　享受农村低保待遇的家庭有下列行为之一的，民政部门按有关规定予以教育、警告直至追回保障金，两年内不得重新申请享受低保待遇，并视情节轻重，予以处罚：

1. 采取虚报、隐瞒、伪造等手段，骗取农村低保待遇的；

2. 因家庭经济状况好转，不按规定告知户口所在地村委会或乡镇人民政府办理变更手续，继续享受农村低保待遇的。

### 第十章　附　则

**第三十三条**　本细则由市民政局负责解释。

**第三十四条**　本细则自2008年1月1日起施行。

## 阿克苏市城镇困难居民医疗救助管理办法（试行）

### 第一章　总　则

**第一条**　为进一步完善城乡社会救助体系，切实保障城市居民最低生活保障对象中患病人员的基本医疗需求，根据自治区人民政府《关于建立城市医疗救助制度实施意见通知》（新政办发

〔2005〕120 号）和《阿克苏地区城镇居民基本医疗保险实施办法的通知（试行）》精神，结合阿克苏市实际，制定本办法。

**第二条** 城市医疗救助制度是由政府组织，社会参与，低保对象自愿参加，个人和政府多方筹资，以大病统筹为主的医疗救助制度。

**第三条** 坚持政府救助与社会帮扶相结合、医疗救助能力与救助资金统筹水平相适应，以收定支、分类救助、保障重点、科学管理、民主监督的原则，确保医疗救助制度平稳运行。

## 第二章　医疗救助范围

**第四条** 医疗救助范围是指在我市行政区域内居住，具有本市常住非农业户口的城市居民最低生活保障对象（以下简称低保救助对象），凡符合下列条件的低保救助对象均可得到医疗救助。

第一类：“三无”人员、孤儿、重残人员的低保户家庭；[“三无”人员是指无生活来源、无劳动能力、无法定赡养人，即男满65 周岁以上、女满60 岁以上的人员；孤儿是指父母双亡未满18 岁以下的人员；重残指低保户家庭成员中因先天性生理缺陷或后天性原因造成身体残疾且残疾等次在二级（含二级）以上、丧失劳动能力、生活自理有困难的人员]。

第二类：老年人、重病人、子女上学困难、单亲家庭的低保户家庭。老年人指低保家庭中无劳动能力的老年人（男 60 周岁、女 55 周岁以上）且独立生活、子女无赡养能力的或不能同子女共同居住生活的特困家庭；重病人是指低保户家庭成员中因患有：（1）心功能不全Ⅱ级以上，（2）恶性肿瘤，（3）各种原因引起的瘫痪，（4）重症肺结核，（5）慢性肾衰竭，（6）意外严重烧伤，（7）肝硬化，（8）帕金森氏病，（9）重大器官移植手术，（10）主动脉疾病手术等重大疾病，完全丧失劳动能力的特困家庭；子女上学困难的低保户指低保户家庭中，子女在接受义务教育、中等教育，尤其是高等教育阶段期间上学确有困难的特困家庭；单亲家庭指低保户家庭中因离异、丧偶、一方失踪 2 年（含 2 年）以上的特困家庭。

第三类：离岗、下岗、失业、无业有劳动能力的低保户。

生产建设兵团的城市居民最低生活保障对象不适用本办法。

## 第三章　医疗保险缴费方式

**第五条** 医疗保险名称：城镇居民基本医疗保险。

**第六条** 医疗保险费的缴费比例：未成年人属于低保对象的或重度残疾的学生和儿童每人每年缴费 60 元［其中个人缴费 10 元，财政补贴 50 元（即中央财政补助 25 元，地方财政补助 25 元）］；成年人非学生、儿童的低保对象，丧失劳动能力的重度残疾人，家庭人均收入低于当地最低工资标准年满60 周岁的老人等困难城镇居民每人每年缴费 160 元［其中个人缴费 60 元，财政补贴 100 元，（即中央财政补助 50 元，地方财政补助 50 元）］。

**第七条** 医疗救助时限：医疗救助金的发放范围只为本人本年度内发生的医疗费用。

**第八条** 医疗保险缴费方式：经审核，符合参保条件的城镇居民，按年缴纳参保费用，并于次月开始享受城镇基本医疗保险待遇。

## 第四章　管　理

**第九条** 市民政局和市社保局作为城镇低保人员医疗保险救助的经办机构，具体负责城镇医疗救助工作的组织实施。按照自愿参加的原则对已交费的低保人员办理《阿克苏市城镇困难居民医疗救助证》《阿克苏市城镇居民基本医疗保险证》，对参加城镇医疗保险的低保人员门诊、住院费用的审核、结算、报销，拨付、发放医疗救助等工作，为城镇低保人员提供咨询服务。

**第十条** 定点医疗机构按照城镇居民基本医疗保险机构指定的定点医疗机构住院就医（市人民医院、市中医院、民族医院、地区人民医院、地区第二人民医院）。

**第十一条** 凡参加城镇居民医疗保险的低保人员须持市民政局、市社保局核发的《阿克苏市城镇居民基本医疗保险证》《阿克苏市城镇困难居民医疗救助证》到定点医疗机构住院诊疗疾病，按照标准报销有关费用。在本市外就学的大中专学生除外。

**第十二条** 自愿参加城镇医疗保险的城市居民最低生活保障对象应享有下列权利和义务：

（一）以个人为单位自愿申请参加城镇居民基本医疗保险，并按照本管理办法按时交纳医疗保险统筹金。

（二）参加城镇居民基本医疗保险的低保对象，按规定在定点医疗机构住院、就诊，医疗费报销按照《阿克苏地区城镇居民基本医疗保险实施办法》执行。对低保对象中患有大病住院人员，先由城镇基本医疗保险支付医疗费，剩余的医疗费民政局按救助比例给予大病医疗救助。

（三）药品和诊疗项目依照自治区下发的《诊疗项目目录》《医疗服务设施目录》《基本药品目录》的药品及诊疗项目执行。超出目录范围的医疗费用自理。

（四）实行逐级转诊制度。患病的低保救助对象应先到定点医疗机构就诊、住院。因病情需要转往上级医院就诊、住院的病人，须经定点医疗机构按照逐级转诊转院制度，办理转诊转院手续。待病情稳定进行康复性治疗时，应立即转回其指定的市级定点医疗机构。因病情需转外地就诊的人员，必须按照逐级转诊转院的办法就诊住院。否则，其住院医疗费用由个人自理。

（五）急危重症不能赴指定定点医疗机构就医的，可在就近一家公立定点医疗机构就医，但应在入院抢救其过后，由病人或其家属凭急诊证明转入指定的市级医疗机构就诊住院。否则，其住院医疗费用由个人自理。

（六）对城市医疗救助统筹资金的使用、管理有知情权和监督权。

**第十三条** 市民政局每年向城镇医疗保险机构提供低保对象花名册和增减人员变更表，城镇医疗保险机构依据民政部门提供的城市低保对象花名册或低保对象动态管理变更表对低保人员办理《阿克苏市城镇居民基本医疗保险证》，对退出低保范围的人员，由各街道民政办收回其《阿克苏市城镇困难居民医疗救助证》和《阿克苏市城镇居民基本医疗保险证》予以作废。

**第十四条** 在城镇医疗救助年度内新增加的低保对象，当年不参加城镇医疗保险，下年度可自愿参加。

**第十五条** 《城镇困难居民医疗救助证》实行年审制度，对次年未进行年审的不能继续使用。

**第十六条** 各定点医疗机构要建立健全各项规章制度，并严格按照制度规定对参加城镇医疗保险的低保人员就诊情况统一建档、设账，做到规范运行、严格管理。

**第五章 医疗救助资金的筹集与分配**

**第十七条** 城镇医疗救助实行个人缴费和上级财政拨入、政府补贴相结合的筹资机制。

（一）上级财政拨入医疗救助的资金

（二）市财政预算安排医疗救助资金的比例

1. 对本办法中的“一类”救助对象进行全额救助，按100%的比例，每人每月财政补助5元，成年人全年60元，未成年孤儿每人每年10元的标准列入财政预算；

2. 对办法中的“二类”救助对象进行差额救助，按1∶1的比例，每人每月财政补助2.5元，全年30元的标准列入财政预算；低保对象个人全年承担30元。

（三）低保对象个人缴纳的比例

对办法中“三类”低保对象的基本医疗保险费由个人全部承担，成年人全年60元，未成年人10元。

## 第六章　医疗救助资金的使用

**第十八条**　由市财政部门按季拨入市民政部门的城市医疗救助资金使用。

资助城市低保对象参加当地城镇居民基本医疗保险。城镇低保对象个人缴纳的医疗保险费，由民政局负责按人筹集，按月从低保金中代扣。并与低保对象签订《低保对象医疗救助金代扣协议书》，筹集的资金由民政部门统一交到市财政局医疗救助基金专户。由市财政局将个人缴纳和本级财政补助的资金按季拨入市民政局设立的“城市医疗救助基金”支出专户。由市民政局定期向市社保局缴纳城镇居民基本医疗保险金。

**第十九条**　市民政局实施大病医疗救助。

（一）重大疾病救助范围

（1）恶性肿瘤，血液病（白血病、再生障碍性贫血）；（2）尿毒症门诊透析；（3）组织器官移植出院后使用的抗排斥免疫调节剂；（4）肝硬化、肝腹水、慢性病毒肝炎；（5）结核病；（6）心脏病；（7）I型、II型糖尿病；（8）脑出血及脑梗塞恢复期，老年性痴呆症；（9）艾滋病患者；（10）严重烧伤；（11）高危孕妇分娩；（12）其他经特殊病种鉴定委员会认定的罕见其他特殊疾病。

（二）大病救助标准

对患有以上重大疾病的医疗救助对象分为全额救助和差额救助两种。

1. 全额救助：对本办法中的“一类”人员因病须入院治疗，不设起付线，实行病前救助，因病需住院时，持身份证、《阿克苏市城镇居民基本医疗保险证》和《阿克苏市城镇困难居民医疗救助证》到定点医疗救助机构就诊、治疗，病愈出院后，先由城镇基本医疗保险支付医疗费，剩余的大病医疗费用由市民政局全额给予救助。全年个人累计享受医疗救助额原则上不得超过5000元。

2. 差额救助：对本办法中的“二类、三类”人员因病须入院治疗的，按照城镇居民基本医疗保险的规定执行，病愈出院后，先由城镇基本医疗保险支付医疗费，剩余的大病医疗费按以下比例报销：

（1）医疗费在1000～2000元（扣出起付线），救助55%；

（2）医疗费在2001～3000元（扣出起付线），救助50%；

（3）医疗费在3001～4000元（扣出起付线），救助45%；

（4）医疗费在4001元以上的（扣出起付线），救助40%。

但在一个年度对患有重大疾病的救助对象，个人享受大病医疗救助一年累计不超过5000元。

（三）医疗费用简化报账程序

1. 城市低保对象因患病住院时，须持本人身份证、《城市居民最低生活保障金领取证》和《城镇困难居民医疗救助证》到定点医疗机构住院，在定点医院患病住院的1类城市低保对象，住院费用按城镇居民医疗保险的用药规定执行，医疗费用由定点医院先行垫付，出院后，定点医疗机构于次月10日前将低保对象的住院医疗费，报市社会保险经办机构审核汇总报市财政局，由市财政将医疗费拨付到定点医院的账户。市社会保险经办机构报销剩余的医疗费，由定点医疗机构每月持相关医疗费报销凭证到市民政局结账。

2. 在市级定点医院患病住院的2～3类城市低保对象，起付线和床位费标准暂按阿克苏地区职工基本医疗保险有关规定执行。

3. 经批准转入上级指定的医疗机构就诊、就医的低保对象，住院的医疗费用，由本人先行垫付，出院后10日内将《城镇困难居民医疗救助证》《城镇居民基本医疗保险证》、转院证明、身份证、住院发票、诊断证明等有效票据到社会保险经办机构办理报销事宜。

4. 定点医疗机构、市社会保险经办机构要引导患大病的城市低保对象到市民政局办理大病救助，并按要求提供相关手续。

## 第七章　监　督

**第二十条**　成立由纪检委、人大、政协及有关部门组成的城镇医疗救助监督委员会，对城镇医疗救助工作进行监督。

**第二十一条**　市民政局、市社保局每月将医疗救助基金具体收支、使用情况张榜公布，保障低保对象知情权，确保医疗救助制度公开、公平、公正。市民政局、市社保局每季向城镇医疗救助领导小组汇报一次医疗救助制度运行和资金使用情况。

**第二十二条**　成立由民政、财政、监察、审计、卫生、社保局等部门联合组成的城镇医疗基金管理使用审计小组，每年对基金的管理与使用情况进行一次审计。

**第二十三条**　对参加城镇医疗保险的人员将医疗证出借他人，伪造、涂改医药费票据等行为者，一经查实，给予吊销《医疗证》，追回违规报销的医药费，取消该户当年享受医疗的待遇，并追究有关责任人的责任。

## 第八章　定点医疗机构的职责

**第二十四条**　定点医疗机构应本着方便群众，为城市困难的低保对象建立绿色通道，制定出台医疗救助优惠减免政策。对低保对象在住院期间的床位费、护理费、大型设备检查费、手术项目等按照有关规定给予落实。

**第二十五条**　低保对象在定点医疗机构住院治疗，定点医疗机构要按照阿克苏地区城镇居民基本医疗保险“三个目录”规定的范围用药，自付药品控制在药品的10%以内，保证服务质量，遵守医规医德。

**第二十六条**　定点医疗机构要设立医疗救助管理办公室，安排专人负责处方、病历审核，转院和结算工作；定期公布医疗费用兑现情况，接受群众监督；严格执行合作医疗的有关规定，制定本单位管理办法、办事制度、办事程序、收费标准等；对本单位执行合作医疗有关规定的情况进行检查，切实为参加城镇医疗救助的人员提供高疗效、低成本的医疗服务。

## 第九章　排外责任

**第二十七条**　凡参加城镇医疗救助的人员就诊时发生的非医疗服务费用、交通事故及意外伤害等非正常原因引起疾病的医药费用、到非定点或非指定医疗机构发生的医药费用等不列入报销范围。

**第二十八条**　下列情况属排外责任：

（一）参加城镇医疗救助的人员在药品批发企业或零售店自购药品的费用；

（二）手术矫形、镶牙、医疗美容、整容、假肢、计划生育、超生分娩、脏器移植、配镜、自购药品、按摩、婚前检查、安装心脏起搏器、康复医疗等费用；

（三）因交通事故、自杀、吸毒、酗酒、性病、服毒、工伤事故（如职业病）及打架斗殴发生的医疗费用；

（四）住院期间的陪住费、伙食费、陪护费（特级护理费、危重病人监护费例外）、营养费、会诊交通费、冷暖气费、婴儿费、保温箱费、煎药费、救护车费等费用；

（五）住院期间未经住院医师允许到其他医疗机构做各种检查和治疗的一切费用；

（六）超出《诊疗项目目录》《医疗服务设施目录》《基本药品目录》以外的药品及诊疗项目；

（七）因突发公共卫生事件、集体暴发性中毒事件、流行性传染病造成大面积人群患病等所产生的应急医疗费用；

（八）因不接受预防接种或计划免疫造成的费用。

## 第十章　医疗救助工作的职责和分工

**第二十九条**　市民政局负责城市低保对象的医疗救助的管理和组织实施工作。认真调查研究，会同卫生、财政、劳动和社会保障等部门拟订城市医疗救助政策，积极做好综合协调工作，同时针对医疗救助政策性、业务性强的特点抓好工作人员的业务培训，做好政策的宣传和解释工作，要按照公开、公平、公正的原则，接受社会和群众的监督。

**第三十条**　市卫生局要加强对提供医疗救助服务的定点医疗机构济困病房的监督和管理，全面落实各项医疗费用减免措施。制定医疗救助机构的医务人员管理办法，规范医疗救助行为，保证医疗救助政策的落实。

**第三十一条**　市劳动人事和社会保障局要指导好城镇居民基本医疗保险工作，每年及时准确地向民政部门提供申请医疗救助对象享受基本医疗保险、补充医疗保险、医疗待遇的报销凭证及相关证明材料，保证医疗救助政策的落实。

**第三十二条**　市财政局要积极会同民政部门制定医疗救助资金管理办法，并根据民政部门审核确定的救助对象和用款计划筹集医疗救助资金，做到专账管理，专款专用。同时为保证医疗救助工作的顺利实施，按我市医疗救助对象基数提供必要的工作经费。

**第三十三条**　市审计局和监察局应制定城市医疗救助资金的监督管理办法，加强对城市医疗救助资金的财务监督审计力度，确保城市医疗救助资金的拨付渠道畅通，杜绝挤占挪用等现象的发生。

**第三十四条**　各街道办事处在职责范围内做好低保对象申请、申报和医疗救助的管理工作，并组织开展好多种形式的社会帮扶活动。

### 第十一章　附　则

**第三十五条**　本办法自2008年9月1日起施行。同时《阿克苏城镇困难居民医疗救助管理办法（试行）》（阿市政发〔2007〕27号）中的有关医疗救助条款废止。

## 阿克苏市农村医疗救助实施细则（修订）

阿克苏市人民政府

（2008年6月6日）

### 第一章　总　则

**第一条**　为了进一步建立健全社会救助体系，切实解决农村五保户、贫（特）困群众因病致贫、因病返贫、看不起病的问题，根据《新疆维吾尔自治区农牧区医疗救助实施方案》及《阿克苏地区农牧区医疗救助实施细则（试行）》（阿行署发〔2005〕135号）精神，结合阿克苏市实际制定本细则。

**第二条**　农村医疗救助制度是由政府组织、引导、支持、农民自愿参加，以大病统筹为主的医疗互助共济制度。

**第三条**　农村医疗救助坚持政府救助与社会帮扶相结合、医疗救助能力与救助资金统筹水平相适应，以收定支，科学管理民主监督的原则，确保医疗救助制度平稳运行。

### 第二章　医疗救助对象

**第四条**　医疗救助对象主要包括以下三类人员：

（一）农村五保户、孤儿；

（二）革命烈属、革命伤残军人、在乡老复员军人、带病回乡退伍军人等特殊优抚对象；

（三）其他农村贫（特）困家庭成员（指家庭年人均纯收入在700元以下）。

### 第三章　管　理

**第五条**　阿克苏市城乡医疗救助办公室设在民政局，负责制定相关制度和实施方案并组织实施、协调城乡医疗救助工作，按照自愿参加的原则对已缴费医疗救助对象办理《阿克苏市农村特困户享受合作医疗救助证》，负责对医疗救助人员住院医疗费的审核、结算、报销、汇总、编制报表等工作。

**第六条**　对符合条件的农村医疗救助对象，民政部门发给《农村医疗救助证》，凭证享受农村医疗救助，《农村医疗救助证》发放到乡（镇）场，由乡（镇）场民政干事发放到村委会及个人。

**第七条**　参加医疗救助人员的权利和义务：

（一）以户为单位自愿申请参加，并按照本细则规定及时缴纳新型合作医疗资金。

（二）医疗救助对象要自觉遵守各项管理制度。

（三）因病到定点或指定的医疗机构就诊，享受规定的医药费用补偿。

（四）对大病医疗救助资金的使用、管理有知情权和监督权。

**第八条**　实行《医疗救助证》制度，凡参加农村合作医疗的贫特困人员须持市民政部门核发的

《低保金领取证》《阿克苏市农村特困户享受合作医疗救助证》到定点医疗机构诊疗疾病，按照标准报销有关费用。

**第九条**　各乡（镇）场要在每年10月份将参加新型合作医疗的五保户、贫特困人员名单上报市民政局，市民政局进行汇总上报市财政部门，市财政部门将根据民政局上报的汇总报表做下年度农村医疗救助资金的预算。

**第十条**　对在本年度内新增的人员，本年度不参加新型合作医疗，到下年度方可自愿参加。

**第十一条**　提供医疗救助服务的医疗卫生机构，按规定为农村医疗救助对象提供医疗服务。按照本地医疗管理、服务机构制定的用药目录、诊疗项目及服务设施目录，为救助对象提供服务。遇到疑难重症需要转到非指定的医疗机构就诊时，应按农牧区新型合作医疗管理机构的有关规定，办理转院手续。

**第十二条**　实行逐级转诊制度，患病的医疗救助对象应先到定点医疗机构就诊、住院，因病情需要转诊的病人，经合管办批准后方可转诊，急危重症者可直接到市级定点医疗机构就诊，但须在三日内补办转诊手续。

## 第四章　医疗救助资金筹集与使用

**第十三条**　农村医疗救助基金来源实行个人缴费和政府补助相结合的筹资机制。（一）上级资金；（二）财政部门根据民政部门审核的农村医疗救助对象人均年补助72元，列入财政预算。其中15元作为资助五保户、贫特困户参加新型合作医疗个人承担部分；15元作为市财政补贴资金；42元作为大病救助资金。

**第十四条**　农村医疗救助资金建立预决算制度，民政部门负责编制农村医疗救助资金需求计划，经同级财政部门审核列入年度财政预算；财政部门根据预算，实行农村医疗救助资金按季预拨制度。

**第十五条**　农村医疗救助基金用于资助医疗救助对象参加当地新型农村合作医疗或补助救助对象的大病医疗费用，以及符合国家规定的特种传染病救治费用。基金必须专款专用，不得提取管理费或列支其他任何费用。

**第十六条**　财政部门要将医疗救助基金纳入财政专户，实行专账核算，专项管理，专款专用。经财政部门批准，市民政部门建立“农村医疗救助基金支出专户”。

**第十七条**　市财政部门应当将本级预算安排的资金、上级财政补助的资金、提取资金和社会捐助资金按时划入“农村医疗救助基金财政专户”进行管理。

**第十八条**　市民政部门应当根据医疗救助工作的进展情况，按季向财政部门报送救助资金支出发生金额，救助人数及其他财政所需的有关数据报表及补助资金用款计划。财政部门在对民政部门提交的用款计划进行审核后，及时足额将资金拨入民政部门开设的“农村医疗救助基金支出专户”。其中，用于资助医疗救助对象参加当地新型农村合作医疗的资金，由市民政部门核准后报市财政部门，由财政部门审核后将资助农村五保户、孤儿等特困人员资金从财政农村医疗救助专户转拨至财政农村合作医疗基金专户，作为农村特困人员参加农村合作医疗所发生的医疗费用。对于农村特困人员患有大病医疗救助所列重大疾病所发生的医疗费用的资金，由财政部门将农村医疗救助资金按季预拨到民政局“农村医疗救助基金支出专户”，民政部门经审查、汇总直接支付给定点医疗机构。

农村医疗救助基金当年结余部分，不得平衡财政、截留或挪作他用，结转下年继续使用。

## 第五章　农村大病医疗救助范围

**第十九条**　医疗救助对象患有下列重大疾病的可给予大病医疗救助：

（1）恶性肿瘤，血液病（白血病、再生障碍性贫血）；（2）尿毒症门诊透析；（3）组织器官移植出院后使用的抗排斥免疫调节剂；（4）肝硬化、肝腹水、慢性病毒肝炎；（5）结核病；（6）心脏病；（7）I型、II型糖尿病；（8）脑出血及脑梗塞恢复期，老年性痴呆症；（9）艾滋病患者（10）胆结石、肾结石；（11）其他经特殊病种鉴定委员会认定的罕见特殊疾病。

**第二十条**　农村大病医疗救助采取全额救助和差额救助的方式：

1. 全额救助：本《细则》救助对象中的一、二类人员由财政全额资助其参加农村新型合作医疗。对身患大病一、二类救助对象，在扣除农村合作医疗应报销的部分后，剩余个人应承担的医疗费，在规定范围内（按照自治区下发的《药品目录》《诊疗目录》《服务设施目录》下同），民政部门给予全额救助。

2. 差额救助：本《细则》救助对象中的三类人员可根据其家庭收入情况，先以户为单位由个人缴纳部分参加农村新型合作医疗个人应承担的资金，不足部分给予差额救助。对身患大病三类人员，在扣除农村合作医疗应报销部分后，民政部门给予差额救助。救助标准为在乡定点医疗机构住院，医疗费按有关规定救助70%；在市定点医疗机构住院，医疗费按有关规定救助55%；市级以上（不含市级）医疗机构住院的按有关规定救助50%。参加合作医疗的救助对象实行市级和乡级定点医疗机构“零起付”。

每人每年最高累计救助10000元。

**第二十一条**　医疗救助对象发生下列情况的医疗费用不予救助：

（一）在药品批发企业或零售店自购药品的费用；

（二）手术矫形、镶牙、医疗美容、整容、假肢、计划生育、超生分娩、脏器移植、配镜、自购药品、按摩、婚前检查、康复医疗等费用；打架斗殴致伤就医的费用；

（三）CT、核磁共振检查等高收费项目的特殊检查费用；

（四）因交通事故、自杀、吸毒、酗酒、性病、服毒、工伤事故（如职业病）及打架斗殴发生的医疗费用；

（五）住院期间的陪住费、输血费、伙食费、陪护费（特级护理费、危重病人监护费例外）、营养费、会诊费、会诊交通费、冷暖气费、婴儿费、保温箱费、煎药费、救护车费等费用；

（六）住院期间未经住院医师允许到其他医疗机构做各种检查和治疗的一切费用；

（七）超出《诊疗项目目录》《医疗服务设施目录》《基本药品目录》以外的药品及诊疗项目费用；

（八）因突发公共卫生事件、集体暴发性中毒事件、流行性传染病造成大面积人群患病等所产生的应急医疗费用；

（九）因不接受预防接种或计划免疫造成的费用；

（十）救助对象就诊时发生的非医疗服务费用、交通事故及意外伤害等非正常原因引起疾病的医药费用、到非定点或非指定医疗机构发生的医药费用等不列入救助范围。

## 第六章　救助申请、审批程序

**第二十二条**　对农村医疗救助对象实施医疗救助申请、审批制度。凡符合本《细则》第四条的农村特困人口均可申请参加农村新型合作医疗资助和申请大病救助。

1. 申请程序：申请参加农村新型合作医疗和申请大病救助的特困人员，每年年初，按户口所在地申请或由村民小组提名，经村民委员会评议后，申请人填写《农村大病医疗救助申请表》一式二份，报乡（镇）场人民政府审核。同时申请人要提供以下材料：

（1）申请人的书面报告；

（2）户口本，居民身份证复印件，3 张 2 寸免冠近期照；

（3）医院诊断证明及医疗费支出复印件，必要的病史材料；

（4）农村五保户、孤儿需提供五保供养证，如没有发放孤儿证的可有村委会出具证明，证明其身份并由负责人签字，证明方可有效；

（5）革命烈士、革命伤残军人、在乡老复员军人、带病回乡退伍军人需提供民政部门发放的退伍军人优待证；

（6）其他特困户需提供由农经站出具的家庭年人均纯收入证明。

2. 审核程序：乡（镇）场人民政府应在接到申请 10 个工作日内完成审核，对情况不明的申请材料或材料不全的，要退还给村委会重新调查核实。对手续齐全，在上报市民政局的同时，乡（镇）场人民政府要在明显的位置张榜公布，公布期限不少于 5 日。如有群众举报，经查实不符合条件的取消其救助资格。

3. 审批程序：市民政局接到乡（镇）场申报材料后，要在 15 日内办结审批手续。对不符合条件的，市民政局要在规定的时间内将有关材料退回乡（镇）场，书面说明理由，并按照“谁调查，谁负责”的工作原则，进行责任追究。

## 第七章　医疗救助档案的管理

**第二十三条**　建立农村医疗救助档案管理制度，医疗救助档案包括：农牧区合作医疗救助审批表或农牧区大病医疗救助申请审批表，及相关附件复印件，一式二份，市、乡（镇）场民政部门各存一份。

**第二十四条**　各级管理机构对每次开展的救助工作，要建立专门工作台账和记录，对每次的调查、复查、抽查、公示、走访群众都要做好记录，作为档案备查。

## 第八章　组织机构及职责

**第二十五条**　农村医疗救助工作在市委、政府的统一领导下，由民政部门归口管理。各乡（镇）场应当加强领导，做好医疗救助的宣传工作，做好相关部门的协调工作。医疗救助要按照公开、公平、公正的原则，实行医疗救助公示制，公布咨询电话，接受社会和群众监督。

**第二十六条**　市卫生部门负责确定定点医疗机构的业务范围，建立年审制度，实行动态管理。

**第二十七条**　各定点医疗机构应按照自治区下发的《药品目录》《诊疗目录》《服务设施目录》提供服务，市、乡两级定点医疗机构自费药品和诊疗费用控制在总费用的 10% 以内，市级以上定点医疗机构应控制在 30% 以内。

**第二十八条**　财政部门负责医疗救助资金的筹集、核定和拨付。审查批准民政部门报送的医疗救助资金年度决算报表，加强财务监督。

**第二十九条** 审计部门对农村医疗救助资金的使用和救助情况实施审计监督，确保医疗救助资金的合理使用，杜绝挤占挪用等现象的发生。

**第三十条** 有关单位、组织和个人，应当接受有关部门医疗救助工作的走访和调查，如实反映情况，提供所需材料。

### 第九章 监督与处罚

**第三十一条** 农村医疗救助管理机构、定点医疗卫生机构和医务人员、医疗救助对象，必须接受社会和群众的监督。

**第三十二条** 合作医疗的定点医疗卫生机构和医务人员，如在医疗救助的诊断、治疗、处方等医疗环节中，有弄虚作假、徇私舞弊等行为的，由卫生行政部门取消定点资格，违法的依法追究当事人的相应责任。

**第三十三条** 对侵占、挪用农村医疗救助资金的机构，对责任人由所在单位或主管机关严肃处理；造成损失的，应予赔偿；构成犯罪的，依法追究刑事责任。

**第三十四条** 医疗救助经办机构及经办人员因工作失职或徇私舞弊、滥用职权造成农村医疗救助资金流失的，应当追究有关部门和有关人员的责任；构成犯罪的，依法追究刑事责任。

**第三十五条** 农村医疗救助基金的筹集、管理和使用情况，以及救助对象、救助金额等情况应当通过张榜公布和新闻媒体等方式定期向社会公布，接受社会监督。农村医疗救助基金必须全部用于医疗救助对象的医疗救助，任何单位和个人不得截留、挤占、挪用。

### 第十章 附 则

**第三十六条** 本实施细则自公布之日起施行。同时原《阿克苏市农村医疗救助实施细则（试行）》（阿市政发〔2006〕1号）终止。

## 阿克苏市科学技术进步奖励办法

（2009年9月1日）

### 第一章 总 则

**第一条** 为奖励在推动阿克苏市科技进步工作中做出突出贡献的公民和组织，充分调动阿克苏市各级科技工作者的积极性和创造性，促进科学技术为经济建设和社会发展服务，根据《阿克苏地区科学技术进步奖励办法》的有关规定，结合本市实际，特制定本办法。

**第二条** 阿克苏市人民政府设立科学技术进步奖。市科学技术进步奖发为市科学技术进步特等奖和市科学技术进步一、二、三等奖。

**第三条** 市科学技术进步奖的推荐、受理、评审、授予，坚持科学、民主、客观，注重质量和效益，实行公开、公正、公平的原则，保证推荐工作的严肃性、科学性。任何组织和个人不得干预。

**第四条** 市科学技术行政部门负责市科学技术进步奖评审组织工作。市科学技术进步奖评审委员会负责市科学技术进步奖的综合评审工作。

**第五条**　市科学技术进步奖评审委员会由市科学技术领域的专家、学者组成，委员由专家、学者所在单位推荐，经市科学技术行政部门审核，报市人民政府批准，每届任期两年。

## 第二章　奖励范围及奖金额度

**第六条**　市科学技术进步特等奖授予在当代科技前沿取得重大突破或者在知识创新、技术创新、科技成果转化和高新技术产业化中创造出巨大经济效益和社会效益的组织、公民。

**第七条**　市科技进步一、二、三等奖授予以下组织、公民：

（一）在基础研究、应用基础研究中对阐明自然现象、原理、机理、特征和规律做出重要贡献的；

（二）运用科学技术知识、高新技术、专利、先进适用技术，在产品、工艺、材料、节能、降耗、环保等方面做出重大技术发明和重要贡献的；

（三）在实施科学技术成果转化、创新技术产业化、新技术、新产品推广、重大科学技术项目等方面做出突出贡献的；

（四）在实施社会公益项目中，长期从事科学技术基础性工作和社会公益性科学技术事业，经过实践检验，创造显著效益的。

**第八条**　市科学技术进步特等、一、二、三等奖每两年评审一次。市科学技术进步特等奖只设一项，如果没有符合条件可以空缺。奖金：市科学技术进步特等奖 3 万元、一等奖 2 万元、二等奖 1.5 万元、三等奖 1 万元。

## 第三章　申报与评审

**第九条**　市科技进步奖项目由以下单位推荐和申报：

（一）各乡、（镇）场人民政府；

（二）市人民政府组成部门；

（三）经市人民政府认定的符合国家规定条件的其他单位；

（四）符合申报条件的公民。

**第十条**　推荐和申报市科技进步奖的项目，必须在项目验收的基础上，通过各级科技行政管理部门组织评价的项目（自治区科技成果鉴定、地区、市级科技成果评价）；各业务主管部门要进行初评并提出推荐意见及其等级和授奖人选，向市科技行政部门推荐。

**第十一条**　市科技行政部门对申报科技进步奖项目的申报书和附件进行审查。经审查符合申报要求的，组成专家组进行复评，根据复评结果提出获奖候选项目及获奖等级的建议；将专家复审建议报市科技进步奖评审委员会。

获奖等级和数量指标：按照一等奖占全部获奖项目的 20%、二等奖占 30%、三等奖占 50% 的原则来确定，获奖项目要注重质量，宁缺毋滥。

**第十二条**　市科技进步奖评审委员会对候选项目和等级进行综合评审，并将评审结果送市科技行政部门。

市科技行政部门应将评审结果向社会公告，公告期为 30 天。对市科技进步奖候选人、候选单位和项目有异议的，应当在公告期限内向市科技行政部门提出；经公告无异议或者经调查处理已无异议的，由市科技行政部门复核后，报市人民政府批准。

### 第四章　获奖项目发布及颁奖

**第十三条**　市科学技术进步特等奖由市人民政府市长签署并颁发证书和奖金。其他等级奖由市人民政府颁发证书和奖金。

**第十四条**　市科学技术进步奖的奖励经费由市财政列支。

### 第五章　纪　律

**第十五条**　剽窃、侵夺他人发明、发现或其他科技成果，以及用其他不正当手段骗取市科技进步奖的，由市科技行政部门报市人民政府批准撤销奖励，追回证书和奖金，并追究相关人员责任。

**第十六条**　推荐单位和个人以及科技成果应用单位和个人提供虚假数据、材料，协助他人骗取市科技进步奖的，由市科技行政部门给予通报批评；情节严重的，暂停或取消其推荐资格；对直接责任人员，由有关主管部门给予行政处分。

**第十七条**　参与市科技进步奖评审工作的有关人员，在评审活动中弄虚作假、徇私舞弊的，由主管部门给予行政处分。

### 第六章　附　则

**第十八条**　市科技进步奖不重复奖励，凡已获地区以上行业部门或系统奖励的科技成果，本市不再奖励。

**第十九条**　市科技行政部门对获市科技进步奖一、二等奖的项目，依据地区有关规定，负责向地区、自治区推荐申报地区级和自治区级的科技进步奖候选项目。

**第二十条**　获市科技进步奖的个人有关材料，应当装入本人档案，作为考核、晋升和评选各级拔尖人才及优秀专家学者的重要依据。

**第二十一条**　市科技行政部门根据本办法制定实施细则。

**第二十二条**　本办法自批准之日起执行。市人民政府2002年10月22日发布的《阿克苏市科学技术进步奖励办法》（阿市政发〔2002〕25号文件）同时废止。

## 阿克苏市市容市貌和环境卫生管理办法(暂行)

（2009年6月23日）

依据国务院第101号令《城市市容市貌和环境卫生管理条例》及国务院第198号令《城市道路管理条例》、建设部第139号令《城市建筑垃圾管理规定》、建设部第157号令《城市生活垃圾管理办法》和新疆维吾尔自治区人民政府第97号令《新疆维吾尔自治区实施〈城市市容市貌和环境卫生管理条例〉行政处罚办法》，结合阿克苏市市容市貌和环境卫生管理工作实际，特制定本《阿克苏市市容市貌和环境卫生管理办法（暂行）》。

### 第一章　总　则

**第一条**　为加强阿克苏市市容市貌和环境卫生管理，创造清洁、优美的城市卫生环境，根据国务院和自治区相关文件规定，结合本市实际，制定本办法。

**第二条**　适用范围：凡在阿克苏市城市规划内违反《阿克苏市市容市貌和环境卫生管理办法》

（以下简称《办法》）的，适用本办法。

**第三条** 阿克苏市人民政府建设行政主管部门负责全市城区内市容市貌和环境卫生管理工作。市人民政府负责管理市容市貌和环境卫生管理工作的部门（以下简称市容环境卫生管理部门），依照《办法》，行使区域内市容市貌和环境卫生管理的行政执法职责。

**第四条** 城市市容市貌和环境卫生工作实行统一管理与分级负责相结合，专业人员管理与群众管理相结合的原则。

**第五条** 一切单位和个人应尊重市容环境卫生工作人员的劳动，不得妨碍、阻挠市容环境卫生工作人员履行职责。

**第六条** 城市市容市貌和环境卫生监察人员执行公务时，应佩戴标志、持证上岗。

**第七条** 城市市容市貌和环境卫生管理部门应加强宣传教育，提高广大市民的市容环境卫生意识。对在城市市容环境卫生工作中成绩显著的单位和个人，给予表彰和奖励。对违反本《办法》的行为有权进行监督和处罚。

## 第二章 城市市容和环境卫生管理

**第八条** 城市中的建筑物和设施，应当符合国家规定的城市容貌标准。不符合国家城市容貌标准的建筑物和设施，产权单位和个人应当及时修整、改造或者责令拆除。

**第九条** 一切单位和个人都应当保持建筑物的整洁、美观。在街道的临街建筑物的阳台和窗外，禁止吊挂、堆放有碍市容的物品。

**第十条** 经批准设置的户外广告应当外形美观，符合市容市貌的规定。

**第十一条** 户外广告及标志：

（一）设置彩旗、彩条、充气物、布幅、霓虹灯、电子显示广告牌、灯箱、橱窗或发布户外广告，张挂宣传标语，不得占用城市道路、桥梁、广场、街道游园、建（构）筑物等户外空间；

（二）禁止在建（构）筑物、树木和设施上乱贴、乱写、乱画、乱刻、乱喷涂；

（三）禁止在街头散发广告；

（四）经批准设置的商招、店招、路名牌、招牌、指示牌、标志、标牌及宣传牌等，应设置牢固，制作精美，图案清晰、完整；

（五）商招、店招应设置在适当的地方，同一条街或同一幢房屋设置的商招、店招下沿，距地面高度应一致，风格、体量与周围环境相适应。

**第十二条** 沿街单位及新建单位必须设置景观灯和轮廓灯，且主题鲜明、明亮、美观大方：

（一）大中型建（构）筑物、标志性建筑物，城市道路、桥梁、河道、广场、街道游园、园林绿地及公共场所，城市道路两侧临街的机关、社会团体、企事业单位和商店、餐饮、娱乐场所等，应按城市规划设置夜景灯饰；

（二）夜景灯饰应按规定时间启闭；

（三）夜景灯饰应保持完好无损，保持整洁美观，不得以强光直射居民住宅，不得妨碍交通和消防通道畅通，不得影响建（构）筑物的施工。

**第十三条** 任何单位和个人不得占用城市道路摆摊设点或从事其他活动。确需临时占用人行道和公共场地的，必须征得建设行政管理部门的同意，并依法到有关部门办理审批手续。

**第十四条** 禁止在城市建筑物、设施以及树木上涂写、刻画或者乱贴、乱挂。

**第十五条** 在市区行驶的各种车辆，应当保持车容整洁，不得抛撒物品。运输液体、散装物料的车辆，应封盖严密，不得遗撒、滴漏。

**第十六条** 城市环境卫生清扫保洁，按下列规定分工负责：

（一）城市主、次干道，由市容环境卫生专业管理部门负责清扫、保洁；

（二）巷道由所在街道办事处、居委会组织的保洁队伍清扫、保洁；

（三）实行自主管理的居民住宅区、单位院落，由管理单位负责清扫保洁；

（四）集贸市场由市场开办者设专人清扫、保洁，摊点经营者负责占用地段的清扫、保洁；

（五）机场、车站、停车场、体育场、公园、绿化带等公共场所，由该单位负责清扫保洁。

**第十七条** 因修建房屋、疏通排水设施或进行园林绿化及水、电、通信等施工作业产生的废弃物，责任单位应在规定的期限内清除，不得积存：

（一）施工、拆迁、待建工地应设置不低于 2 米的硬质实体护围作业；围墙应设夜间照明装置，外墙应作美化装饰；

（二）拆除建（构）筑物，应采取隔离或封闭措施，实行湿法作业环境；

（三）实施道路和各类管线等基础设施施工的，应对施工区域实行硬质实体隔离或封闭，装置不低于 1.5 米，并设置安全标志和警示灯具；

（四）新建、改建、扩建或装修、装饰等工程竣工投入使用时，应同时进行拆除各种临时施工设施，做到工完料尽场地清；

（五）施工、拆迁等产生的垃圾和其他废弃物应及时清除，待建工地不得乱搭乱建，不得积存垃圾。

**第十八条** 城区商场（店）、餐馆、公共场所门廊整齐、橱窗明亮、清洁，周边卫生良好：

（一）住宅楼不得新开设餐馆，已开设但未达到要求的应限期改造，转向经营或停业；

（二）经营餐饮或食品生产、加工、销售的，应使用清洁能源，符合食品卫生和环保要求，不得对周围造成污染；

（三）不得越门占道经营；

（四）商场（店）、餐馆应保持店容店貌整洁，商品陈设有序，橱窗要美观，不得在门、橱窗、玻璃上乱贴、乱画、乱吊挂。

**第十九条** 公民应当爱护公共卫生环境，不得随地吐痰、便溺，不得乱扔果皮、纸屑和烟头等废弃物。在临街店面经营饮食服务和其他商业活动的，应具备上下水或其他环境卫生设施。严禁乱倒污水，严禁将垃圾等物品堆放在门口或随处乱扔。

**第二十条** 城市市容环境卫生管理实行门前承包责任制，沿街单位或个体应按规定缴纳门前三包费。

**第二十一条** 经批准建设的环境卫生设施，任何单位和个人不得阻碍施工，不得擅自拆除、移动或占用。因建设需要必须拆除的，须经市容环境卫生管理部门同意。

**第二十二条** 人行道、公共广场的果皮箱，由市容环境卫生行政管理部门统一设置、管理。集贸市场、公园、体育场、机场、车站、风景旅游点的果皮箱，由管理单位按规定标准设置、管理。

**第二十三条**　任何单位和个人不得任意处置城市生活垃圾。

**第二十四条**　住宅小区开发建设的单位以及机场、车站、公园、商店等公共设施、场所的经营管理单位及早夜市应当按照城市生活垃圾治理规划和环境卫生设施的设置标准，配套建设城市生活垃圾收集设施。

**第二十五条**　医院、化工部门等单位所产生的有害垃圾，必须隔离封闭存放，不得与其他垃圾混放。

## 第三章　城市市容和环境卫生行政处罚

**第二十六条**　违反本《办法》，有下列行为之一的，由市容环境卫生管理主管部门责令其改正、采取补救措施，并可按下列规定予以处罚，情节严重的限期责令拆除：

（一）随地吐痰、乱扔果皮、纸屑和烟头等废弃物的，处以5元罚款；随地便溺和乱倒污水的，处以10元以上20元以下罚款；

（二）在人行道、绿化带堆放杂物的，处以10元以上50元以下罚款；

（三）在城市建筑物、设施以及树木上涂写、刻画或者乱贴、乱挂的，每处处以50元以上500元以下罚款；

（四）在城市人民政府规定的主要街道临街建筑物的阳台和窗外，堆放、吊挂有碍市容物品的，处以10元以上50元以下的罚款；

（五）不按规定时间对影响市容市貌残墙断壁进行拆除或改建的，责令有关单位和个人限期拆除，限期未拆除的，经市政府批准强拆并处以设施总造价的5%以下罚款；

（六）对破损、破旧影响市容的广告、灯箱、牌匾责令限期整改，逾期不整改的由市容环境卫生管理部门强行拆除，所产生的费用由相关责任单位和个人承担；

（七）未经市容环境卫生管理部门同意，擅自设置户外广告，影响市容的，处以1000元以上5000元以下罚款。

**第二十七条**　有下列不符城市市容市貌标准行为之一的，由市容环境卫生管理主管部门责令改正，拒不改正的，按照设置设施造价5%处罚，并强行拆除：

（一）临街建筑物的落水管、污水管、空调排水管未与地下排水管接通的；

（二）窗台、观景台安装外置式防护栏（网）的；

（三）临街单位、商场、店铺设置遮雨（阳）篷不符合规定的。

**第二十八条**　有下列行为之一的，由市容环境卫生管理主管部门责令改正，对个人经营性违法行为处200元以下罚款；对非个人经营性违法行为处2000元以上5000元以下罚款，并予以取缔：

（一）擅自占用城市道路、桥梁、广场、街道游园进行宣传、咨询、募捐及其他经营活动的；

（二）擅自占用广场、街道游园进行麻将、棋牌等其他经营性活动的；

（三）擅自占用道路、桥梁、广场、街道游园从事维修活动的；

（四）临时占道停车场（点）未设规范设施，车辆停放无序的。

**第二十九条**　有下列行为之一的，由市容环境卫生管理主管部门责令改正违法行为，并按下列规定处罚：

（一）设置彩旗、条幅、霓虹灯、电子显示屏（牌）、标志、标牌、灯箱、橱窗，或发布户外广告、张挂宣传栏，占用城市道路、桥梁、广场、河堤、绿地、街道游园、建（构）筑物等户外空间，影响市容的，处以1000元以上5000元以下罚款。

（二）新建、改建、扩建或装修、装饰等工程竣工投入使用，未同时拆除各种临时施工设施的，未做到工完料尽场地清的，处以200元以上2000元以下罚款。

**第三十条** 扩建临街阳台、窗台、观景台搭建建筑物及构筑物的，在住宅楼新开设餐馆及破墙开店的，凡不符合城市容貌标准，由市容环境卫生管理主管部门责令有关单位和个人限期改造或者拆除。

**第三十一条** 有下列行为之一的，由市容环境卫生管理主管部门责令改正，采取补救措施并可按下列规定处罚：

（一）沿街各单位景观灯、轮廓灯亮化率应达到98%以上，对不达标者在规定时间内不整改、不维修的，处以设施造价5%以下的罚款；

（二）不按规定完成卫生责任区清扫保洁和冰雪清除义务的，按面积以每平方米5元以上10元以下罚款；

（三）对机动车辆占用人行道者处以200元以上3000元以下罚款，机动车损坏道路设施者，责令恢复其设施；

（四）自行负责清扫保洁的单位、个人，卫生质量必须符合城市市容环境卫生管理标准，对不达标者，根据情况按每平方米5元以上10元以下罚款；

（五）经营性活动场所，不按时将垃圾清扫、收集入箱（桶）影响环境卫生的，对个人处以200元以下罚款，对单位处以5000元以上5万元以下罚款；

（六）垃圾必须入箱（桶），对随意或在垃圾容器焚烧树叶垃圾者处以50元以上200元以下罚款，并赔偿损坏垃圾容器；

（七）不按规定配置生活垃圾收集设施及时收集的，致使垃圾存放影响市容和环境卫生的，处以1万元以下罚款；

（八）不按规定地点倾倒生活垃圾，影响市容环境卫生的，对个人处以10元以上30元以下的罚款；对单位处以500元以上2000元以下罚款；

（九）未经市容环境卫生主管部门批准而擅自从事清运、处置建筑垃圾渣土的，对施工单位处以1万元以上10万元以下罚款；对建设单位、运输建筑垃圾单位处以5000元以上3万元以下罚款；清运车辆未按指定路线行驶或乱倾倒的，处以5000元以上3万元以下罚款；

（十）擅自在人行道和公共场地临时堆放物料，摆放其他设施，影响市容的，处以500元以上3000元以下罚款；

（十一）运输液体、散装货物不作密封、包扎、覆盖，或者密封、包扎、覆盖不严，而造成泄漏遗撒，机动车带泥在市区行驶污染城市道路的，处以300元以上3000元以下罚款；

（十二）沿街工地不设置护墙，不做遮挡，不设置安全栏，设置围墙而未设置夜间照明装置者或停工场地不及时清理并做好覆盖的，未按规定时间清除建筑垃圾及渣土、污水造成环境污染的，处以200元以上2000元以下罚款；

（十三）未经批准擅自拆除环境卫生设施的，由市容环境卫生管理主管部门责令停止违法行为，恢复原状并处以1000元以上1万元以下罚款；未按批准的拆迁方案进行拆迁的，由市容环境卫生管理主管部门责令限期整改，采取补救措施，情节严重的，处以500元以上5000元以下罚款。

**第三十二条** 凡不符合城市容貌标准、环境卫生标准违章建设的建筑物或者设施，由市容环境卫生管理部门会同城市规划行政管理部门，责令有关单位和个人限期改造或者拆除；逾期未改造或者未拆除的，由市容环境卫生管理部门会同城市规划管理部门组织强制拆除，并处以违章建筑物或者设施总造价5%以下的罚款。

**第三十三条** 损坏环境卫生设施的，由市容环境卫生管理部门责令其恢复原状或者赔偿损失，并可处以200元以上2000元以下罚款；盗窃、故意损坏环境卫生设施的，由公安机关依照《中华人民共和国治安管理处罚条例》的规定处罚；构成犯罪的，依法追究刑事责任。

**第三十四条** 违反本《办法》，应当给予行政处罚的其他行为，依照有关法律法规予以处罚。

**第三十五条** 侮辱、殴打市容环境卫生工作人员或者阻挠其执行公务的，由公安机关依照《中华人民共和国治安管理处罚条例》的规定处罚；构成犯罪的，依法追究刑事责任。

**第三十六条** 市容环境卫生管理部门工作人员玩忽职守、滥用职权、徇私舞弊的，由其所在单位或者上级主管部门给予行政处分；构成犯罪的，依法追究刑事责任。

**第三十七条** 本《办法》由阿克苏市建设局负责解释。

### 第四章 附 则

**第三十八条** 本《办法》于2009年8月1日起执行。

## 中共阿克苏市委员会 阿克苏市人民政府<br>阿克苏市国有建设用地使用权出让办法(试行)

(2011年3月31日)

### 第一章 总 则

**第一条** 为优化国有土地的合理配置，规范交易行为，建立公开、公平、公正的国有土地使用权使用制度，保护交易双方的合法权益，根据《中华人民共和国土地管理法》《招标拍卖挂牌出让国有建设用地使用规定》（国土资源部39号令）等法律法规，结合本市实际，制定本办法。

**第二条** 本办法适用于阿克苏市行政区域内国有建设用地使用权的出让，法律法规另有规定的从其规定。

**第三条** 商业、旅游、娱乐、商品住宅等各类国有建设用地使用权，以拍卖、挂牌方式公开出让。

本办法所称拍卖、挂牌，是指市国土资源管理部门（以下简称出让人）发布拍卖、挂牌公告，由竞买人在指定的时间、地点进行公开竞价，根据竞价结果确定土地使用者的行为。

**第四条** 国有建设用地使用权出让，应当遵循公开、公平、公正和诚实信用的原则。

**第五条** 任何单位和个人不得限制或排斥符合条件的竞买人、不得以任何方式干涉和破坏国有建设用地使用权出让活动。

**第六条** 土地使用权出让后，土地所有权仍属于国有。

地下的各类自然资源、矿产以及埋藏物等，不在出让的土地使用权范围内。

## 第二章　出让管理与规定

**第七条**　土地储备交易管理委员会对全市所有拟出让土地进行综合审查。委员会下设办公室，办公室负责全市国有建设用地使用权出让活动的综合协调，受理出让投诉，协同纪检委调查处理交易活动中的违法违规行为。

**第八条**　国土资源局是全市国有建设用地使用权出让的组织实施部门，根据经济社会发展规划、产业政策、土地利用总体规划、土地利用年度计划、城市规划和土地市场状况，会同有关部门共同编制国有土地使用权出让计划，由市人民政府审核土地年度出让计划，宗地出让需经土地储备交易管理委员会批准后，向社会公开发布。

**第九条**　出让人应当按照出让计划，会同规划部门拟定出让地块的空间范围、用途、年限、出让方式及其他规定条件，主要指规划方案规定的条件，报土地储备交易管理委员会批准后，由出让人实施具体的出让项目。

**第十条**　为规范交易行为，成立国有土地使用权出让交易中心（以下简称交易中心）。交易中心设在国土资源局，对市土地储备交易管理委员会负责。交易中心是全市集中统一的国有建设用地使用权出让活动的有形市场，为土地交易提供固定场所的同时提供信息咨询服务。土地交易活动由交易中心负责组织实施。

**第十一条**　市交易中心的组织机构应本着服务的原则简化设置。

**第十二条**　凡是以拍卖、挂牌方式出让国有建设用地使用权的地块必须完成出让地块前期的征地拆迁及相关土地报批工作，产权明晰；规划设计条件必须确定；出让地块的城市基础配套设施基本到位。

**第十三条**　拍卖、挂牌的土地价格由国土资源局委托具有土地评估资质的机构，根据出让宗地规划设计条件进行综合评估，评估结果由国土资源局初审后报土地储备交易管理委员会批准。拍卖、挂牌的土地起始价格不能低于出让地块周边同期出让的同类型的土地交易价格。

**第十四条**　出让人应当根据出让地块的基本情况编制出让文件。出让文件应当包括出让公告、竞买人资格条件、竞买须知、宗地图、土地规划设计条件，拍卖、挂牌底价、保证金、竞买申请书、报价单、成交确认书、国有建设用地使用权合同文本（中国土地市场网上全国统一出让合同）等内容。

**第十五条**　出让人应当至少在拍卖、挂牌开始前20日在中国土地市场网站及法律法规认可的相关媒体上发布公告。出让公告及相关文件应提交土地储备交易管理委员会批准同意后，方可对外发布。

**第十六条**　出让（拍卖、挂牌）公告应当包括下列内容：

（一）出让人的名称和地址；

（二）出让宗地的位置、现状、面积、使用年限、用途、规划设计条件、拍卖、挂牌起始价、竞价阶梯；

（三）竞买人的资格要求及申请取得竞买资格的办法；

（四）获取拍卖、挂牌出让文件的时间、地点、方式及报名地点；

（五）拍卖、挂牌时间、地点、期限和竞价方式等；

（六）确定竞得人的标准和方法；

（七）竞买保证金（不得低于出让地价的50%）；

（八）其他需要公告的事项。

**第十七条**　出让人应对竞买申请人进行资格初审并报土地储备交易管理委员会批准。对符合出让（拍卖、挂牌）公告规定条件的，应通知其参加竞买活动。竞拍活动必须有 3 家以上符合条件的单位报名方可进行。

## 第三章　出让方式及程序

**第十八条**　国有建设用地使用权通过拍卖、挂牌方式出让的，其主要程序为：

（一）由出让人在中国土地市场网站及法律法规认可的相关媒体上发布拍卖、挂牌公告；

（二）拍卖、挂牌按出让公告确定的时间、地点进行拍卖、挂牌；

（三）主持人点算竞买人；

（四）主持人介绍拍卖、挂牌宗地的位置、面积、用途、使用年限、规划设计条件和其他有关事项；

（五）主持人宣布起始价和增价规则及增价幅度；

（六）主持人报出起叫价；

（七）竞买人提交竞价单；

（八）主持人确认应价后继续竞价；

（九）主持人连续 3 次宣布同一应价而没有再应价的，主持人落锤表示拍卖、挂牌成交；

（十）主持人宣布最高应价者为竞得人。

拍卖、挂牌主持人在拍卖、挂牌中可根据竞买人竞价情况调整拍卖、挂牌增价幅度。

**第十九条**　以拍卖、挂牌方式确认竞得人后，出让人应当与竞得人签订成交确认书。竞得人支付的竞买保证金转为受让地块的定金抵冲土地出让金；若竞得人在竞得后不按约定时间缴纳出让金的，竞买保证金首先抵冲滞纳金。未竞得的，在出让活动结束 3 个工作日后退还保证金（不计利息）。

成交确认书对出让人和竞得人具有法律效力。出让人擅自改变竞得结果的，应当依法承担相应法律责任；竞得人未经市人民政府批准擅自转让的，出让人有权收回该宗地的国有土地使用权并依法进行处置。

**第二十条**　竞得人应当按照成交确认书约定的时间，备齐有关资料后与出让人签订《国有建设用地使用权出让合同》，申请办理《建设用地许可证》；受让人逾期不签订合同的，终止供地，不得退还定金；土地出让金未按《国有建设用地使用权出让合同》规定缴纳完毕，国土部门不得供地；未换发《国有土地使用证》的，建设部门不得办理施工许可证。

**第二十一条**　竞得人应当严格履行《国有建设用地使用权出让合同》约定的条件，未达到合同约定条件的，应当依法承担法律责任。

**第二十二条**　对土地使用者取得土地使用权后有以下情形的视为闲置土地：

（一）国有土地有偿使用合同或者建设用地批准书未规定动工开发建设日期，自国有土地有偿使用合同生效或者土地行政主管部门建设用地批准书颁发之日起满 1 年未动工开发建设的；

（二）已动工开发建设但开发建设的面积占应动工开发建设总面积不足三分之一或者已投资额占总投资额不足 25% 且未经批准擅自中止开发建设连续满 1 年的；

（三）因不可抗力或者政府、政府有关部门的行为或者动工开发必需的前期工作造成动工开发迟延的除外。

对国土资源局认定的闲置土地，按《中华人民共和国土地管理法》和《闲置土地处理办法》及相关法律法规进行处置，处置方案可选择下列方式：

（一）超出合同约定的动工开发日期满 1 年未动工开发的，征收相当于土地使用权出让金 20% 的土地闲置费；

（二）满 2 年未动工开发的，按当时取得土地的地价给予补偿后收回国有土地使用权。

**第二十三条** 拍卖、挂牌活动结束后，出让人应在 5 个工作日内将拍卖、挂牌出让结果在市交易中心和中国土地市场网上公布。

## 第四章 监督管理和责任追究

**第二十四条** 交易中心向土地储备交易管理委员会提出土地收储方案，经批准后实施相关的土地收储和出让程序。土地储备交易管理委员会办公室对国有建设用地收储出让过程进行综合协调，监察局对国有建设用地收储出让过程监督。

**第二十五条** 出让公告或出让文件发布后，出让人按规定需要对出让文件进行澄清或更改的，应当在拍卖、挂牌开始 15 日前把需要澄清或更改的内容送土地储备交易管理委员会办公室审查备案。未经审查，出让人不得擅自对出让文件的内容进行澄清或修改。

**第二十六条** 出让人在出让合同签订后 7 个工作日内将出让过程记录、成交确认书、出让合同等文本复印件送市交易中心存档备案。

**第二十七条** 对出让活动中的违法违规单位或个人，土地储备交易管理委员会办公室会同国土资源局在调查核实的基础上，根据其违反法规的情节和性质，做出处理或移送司法机关处理。

有关部门对土地储备交易管理委员会办公室移送的事项应当及时受理，并在规定的时间反馈处理结果。

**第二十八条** 任何单位和个人认为国有建设用地使用权的出让活动违反《中华人民共和国土地管理法》《中华人民共和国招标投标法》《招标拍卖、挂牌出让国有建设用地使用权规定》等有关法律法规和本办法规定的，可以向土地储备交易管理委员会办公室投诉，土地储备交易管理委员会办公室应当在 5 日内提出是否受理的意见。受理后一般应在 30 日内对投诉事项进行调查并做出处理，情况特别复杂的，可作适当延长。查实后对违反法律法规的行为，土地储备交易管理委员会办公室应当责令有关单位予以纠正，或移交有关部门依法处理。

**第二十九条** 应当以拍卖、挂牌方式出让国有建设用地使用权而擅自采用协议方式出让的，对直接负责的主管人员和其他直接负责人员依法予以处理。

**第三十条** 竞得人有下列行为之一的，竞得结果无效，造成损失的，应当依法承担赔偿责任。

（一）提供虚假文件隐瞒事实的；

（二）采用行贿、串通等非法手段竞得的。

**第三十一条** 土地储备交易管理委员会办公室、国土资源局、交易中心、中介机构及其他有关部门、单位的工作人员在拍卖、挂牌出让国有建设用地使用权活动中玩忽职守、滥用职权、徇私舞弊、泄露机密的，给予行政处分；构成犯罪的，追究刑事责任。

## 第五章　附　则

**第三十二条**　对于重大招商引资项目的配套商住用地，由土地储备交易管理委员会研究后，依据招商引资合同，可采用附带招商引资条件的挂牌程序，具体办法另行制定。

**第三十三条**　本办法由土地储备交易管理委员会办公室负责解释和修订。

**第三十四条**　本办法自公布之日起施行。

### 附：阿克苏市国有建设用地使用权拍卖、挂牌流程表

**阿克苏市国有建设用地使用权拍卖、挂牌流程表**

<table>
<tr><td colspan="2" rowspan="5">准备阶段</td><td>1. 土地开发达到净地出让条件</td></tr>
<tr><td>2. 规划部门出具出让地块规划设计条件</td></tr>
<tr><td>3. 委托有资质的土地评估中介机构进行综合评估</td></tr>
<tr><td>4. 拍卖、挂牌底价(包括土地征地补偿、拆迁整理费用、土地出让宗地最低净地价)由市国土资源局初审后，办公室呈报土地储备交易管理委员会批准，拍卖、挂牌起始价不得低于周边同类型土地出让价格</td></tr>
<tr><td>5. 意向型的招商引资方案已初步签订</td></tr>
<tr><td rowspan="6">交易阶段</td><td>编制国有土地使用权出让文件</td><td>根据出让地块的基本情况，编制出让文件由办公室呈报土地储备交易管理委员会批准。出让文件包括：①出让公告；②竞买须知、竞买人资格；③宗地图；④土地规划设计条件；⑤竞买申请书；⑥报价单；⑦成交确认书；⑧国有建设用地使用权出让合同文本</td></tr>
<tr><td>发布拍卖、挂牌公告</td><td>出让人应当至少在拍卖、挂牌开始前20日在中国土地市场网站及法律法规认可的相关媒体上发布公告。出让公告及相关文件应报市土地储备交易管理委员会批准，方可对外发布</td></tr>
<tr><td>公告内容</td><td>出让(拍卖、挂牌)公告应当包括下列内容：<br>①出让人的名称和地址；②出让宗地的位置、现状、面积、使用年限、用途、规划设计条件、拟建配套设施、开竣工时间、违约责任处理及竞买底价；③竞买人的资格要求及申请取得竞买资格的办法；④获取拍卖、挂牌出让文件的时间、地点及方式；⑤拍卖、挂牌的时间、地点、期限和竞价方式等；⑥确定竞得人的标准和方法；⑦竞买保证金；⑧报名地点、联系人、联系方式；⑨其他需要公告的事项</td></tr>
<tr><td>报　名</td><td>竞买人在规定时间内到市国土局(或交易中心)进行报名并踏看现场，市国土局(或交易中心)进行资格初审，由办公室呈报市土地储备交易管理委员会批准。符合条件的报名单位必须达到三家以上并在规定的时间内缴纳竞买保证金，方可进行竞拍活动</td></tr>
<tr><td>组织竞买交易</td><td>拍卖、挂牌按出让公告确定的时间、地点进行拍卖、挂牌。①主持人点算竞买人；②主持人介绍拍卖、挂牌宗地的位置、面积、用途、使用年限、规划设计条件和其他有关事项；③主持人宣布起始价和增价规则及增价幅度；④主持人报出起叫价；⑤竞买人提交竞价单；⑥主持人确认应价后继续竞价；⑦主持人连续3次宣布同一应价而没有再应价的，主持人落锤表示拍卖、挂牌成交；⑧主持人宣布最高应价者为竞得人</td></tr>
<tr><td>签订成交确认书</td><td>确定竞得人后，现场签订成交确认书，竞得人支付的竞买保证金转为受让地块的定金。成交确认书应当明确出让标的的成交时间、地点、价款、付款时间、付款方式等内容</td></tr>
<tr><td rowspan="3">确认阶段</td><td rowspan="3">办理土地出让手续</td><td>1. 竞得人应当按照成交确认书约定的时间、备齐有关资料后与出让人签订《国有建设用地使用权出让合同》，按规定交付国有建设用地使用权出让金后，下发建设用地许可证</td></tr>
<tr><td>2. 竞得人支付的竞买保证金在竞得后抵冲土地出让金，不按约定时间缴纳出让金的，竞买保证金首先抵冲滞纳金。未竞得的，竞买保证金在出让活动结束5个工作日后退还(不计利息)</td></tr>
<tr><td>3. 拍卖、挂牌活动结束后，出让人应在5个工作日内将拍卖出让结果在市交易中心和中国土地市场网上公布</td></tr>
</table>

# 阿克苏市民族团结进步模范单位和模范个人创建表彰管理办法(试行)

（2012 年 4 月 16 日）

## 第一章 总 则

**第一条** 为推动阿克苏市民族团结进步事业的发展和繁荣，促进创建表彰民族团结进步模范单位和模范个人活动规范化、制度化，不断提升创建工作水平，充分发挥民族团结进步模范单位、模范个人在社会主义物质文明、精神文明和民族团结进步事业中的示范带头作用，依据《新疆维吾尔自治区民族团结教育条例》、《自治区民族团结进步模范单位和模范个人创建表彰管理办法（试行)》和《阿克苏地区民族团结进步模范单位和模范个人创建表彰管理办法（试行)》，结合阿克苏市实际，制定本管理办法（试行）。

**第二条** 民族团结进步模范单位和模范个人创建表彰活动，要坚持以邓小平理论和“三个代表”重要思想为指导，坚持实事求是、真实可信、群众认可、特点突出和兼顾全面的工作原则，紧紧围绕各民族“共同团结奋斗、共同繁荣发展”的主题，全面贯彻落实科学发展观、党的民族政策和自治区《关于进一步加强民族工作的意见》，巩固和发展平等、团结、互助、和谐的社会主义民族关系，把促进全市经济社会发展和保障改善民生作为主要内容，维护民族团结、维护社会稳定、实现跨越式发展和长治久安。

**第三条** 各单位、各部门要充分认识进一步开展民族团结进步模范单位和模范个人创建表彰活动的重要性、紧迫性，加强创新，完善领导机制，明确具体工作责任人，做到活动有人抓、事情有人管。要制定长远规划和阶段性计划，把民族团结进步模范单位和模范个人创建表彰活动纳入社会建设总体规划，纳入精神文明建设全过程，纳入公民道德建设全过程，使民族团结进步模范单位和模范个人创建表彰活动“进机关、进单位、进企业、进学校、进村（社区）、进宗教活动场所”，努力形成形式上群众喜闻乐见、内容上和群众息息相关、成果上由群众共建共享的良好局面。要把创建活动纳入目标管理考核体系，纳入干部任期目标责任制，作为考核领导班子政绩的一项重要内容。

**第四条** 民族团结进步模范单位和模范个人是在政治文明、物质文明、精神文明和公民道德建设中做出突出成绩，能够发挥先进典型示范作用的单位和个人。民族团结进步模范单位和模范个人，分为国家级、自治区级、地区级、市级四级。

**第五条** 市委宣传部、统战部负责创建表彰活动的指导协调，市民宗委负责创建表彰活动的组织实施和日常工作；各乡（镇）场、街道、市直各单位（部门）配备专（兼）职工作人员负责此项工作。

**第六条** 创建表彰活动经费纳入财政预算。全市创建表彰活动经费，由市财政按全市总人口每人每年 0.5 元标准划拨，并随全市财政收入的增长而递增。阿克苏市创建表彰活动经费由市民宗委设立专门账户，专款专用，用于全市民族团结进步模范单位和模范个人创建、表彰、慰问、参观考察和先进事迹宣传教育等工作。

设立阿克苏市民族团结进步模范个人救助金。经费来源由市财政按全市总人口每人每年 0.1 元标准划拨，并随市财政收入的增长而递增。阿克苏市民族团结进步模范个人救助金由市民宗委设立专门账户，专款专用，用于困难民族团结进步模范个人生产、生活、就医和就学等方面的救助。

## 第二章 创 建

**第七条** 申报民族团结进步模范单位应提交以下材料：

（一）申请报告。

（二）申请登记表。

（三）创建规划、实施方案、工作汇报和创建工作大事记。

（四）上级主管单位意见。

（五）乡（镇、街道）、村（社区）等基层党组织意见。

（六）市、乡（镇、街道）民族团结进步模范单位和模范个人创建表彰工作领导小组办公室（以下简称民模创建办）审核意见。

（七）要求提供的其他材料。

**第八条** 对申报民族团结进步模范单位的考核验收实行日常考核与年度考核验收相结合的办法进行。日常考核主要以重点考核、抽查考核为主；年度考核为全面考核，考核验收与文明单位检查验收同步进行，考核验收程序为申报单位自查自评、考核组检查和定等，检查采取听汇报、召开座谈会、审查档案资料、实地查看和征求有关部门意见等方式进行。

考核分值为 100 分，加分封顶分值为 10 分。考核结果分为优秀、合格、不合格三个等次。年度考核得分在 70 分以下为不合格单位，70～89 分为合格单位，90 分（含 90 分）以上为优秀单位。

申报单位有下列情形之一的，给予创新加分：

（一）民族团结先进经验被市级以上单位推广的。

（二）民族团结先进事迹受到市级以上单位表彰奖励的。

（三）民族团结先进事迹被地区级以上新闻媒体作为典型宣传报道的。

**第九条** 民族团结进步模范单位的命名，必须坚持实事求是、依据标准严格考核、群众公认的原则，按照自愿申报、逐级推荐、择优评选、公示命名的程序进行。

（一）自愿申报。具有申报资格的单位按照属地管理原则自愿向所属乡（镇、街道）民模创建办提出创建申请，由乡（镇、街道）民模创建办初步审核后向市级民模创建办提出申请。

（二）逐级推荐。各级民模创建办按照评选条件和考核验收标准进行审核，坚持好中选优，逐级向上进行推荐、审批。

（三）择优评选。民族团结进步模范单位考核验收成绩必须达到优秀等级。

（四）公示命名。市民模创建办在评选出民族团结进步模范单位后，要在新闻媒体或以适当的方式进行公示，公示无异议的，由市委、政府予以命名。被命名的民族团结进步模范单位，除悬挂“民族团结进步模范单位”牌匾外，还要悬挂公示监督牌，广泛接受群众监督。

**第十条** 民族团结进步模范单位创建活动是一项日常性、基础性工作。创建工作实行逐级申报、逐级创建、逐级命名的制度。

市级民族团结进步模范单位由市民模创建办检查验收。验收达标后，由市民模创建办报市委、政府批准后，下发命名文件、发放奖牌和证书。考核验收民族团结进步模范单位的标准由市民模创建办另行下发。

民族团结进步模范单位的申报、验收、命名每年进行一次，特殊情况可不受此限。

**第十一条** 地区级民族团结进步模范单位从连续两年以上保持市级民族团结进步模范单位荣誉的单位中产生。事迹特别突出的可不受此限。

**第十二条** 创建民族团结进步模范单位是评选文明单位的前提条件，文明单位必须是民族团结进步模范单位。阿克苏市实行文明单位和民族团结进步模范单位同步检查验收。

## 第三章 评 选

**第十三条** 模范单位评选表彰条件：

（一）高举中国特色社会主义伟大旗帜，以邓小平理论和“三个代表”重要思想为指导，认真贯彻落实科学发展观，加快经济发展，不断推动民族团结进步事业，围绕“共同团结奋斗、共同繁荣发展”民族工作主题，坚决贯彻执行中央、自治区及地、市关于发展和稳定的总体部署，大力实施“稳疆兴疆、富民固边”战略，坚决维护民族团结，维护祖国统一和国家安全。

（二）用马克思主义立场、观点和方法分析民族问题和宗教问题，全面正确地贯彻执行党的民族政策和宗教政策，按照党的方针、政策及时妥善处理民族关系中出现的各种问题。教育引导各族干部群众牢固树立“汉族离不开少数民族，少数民族离不开汉族，各少数民族之间互相离不开”的思想，推进各民族共同发展和繁荣。

（三）带领各族干部群众在增进民族团结，维护祖国统一，维护社会稳定，反对“暴力恐怖势力、民族分裂势力和宗教极端势力”斗争中做出显著贡献。

（四）不断巩固和发展平等、团结、互助、和谐的社会主义民族关系，在促进少数民族教育、科技、文化、体育、卫生等各项社会事业发展中成绩显著。

（五）坚持党的群众路线，为各族群众办实事、办好事，在帮助各族群众脱贫致富方面成绩突出。

（六）在培养、选拔、使用少数民族人才方面成效显著。

（七）在拥军爱民、军民共建、兵地共建等共建活动中成效显著。

（八）大力推进民族团结进步事业，在民族团结进步创建活动中不断创新教育载体，丰富创建内容，提升创建层次，建立民族团结进步创建工作常态化的管理机制，大力开展内容新颖、形式多样的创建活动。

**第十四条** 模范个人评选表彰条件：

（一）认真学习邓小平理论和“三个代表”重要思想，深入贯彻落实科学发展观，思想上、政治上、行动上始终同党中央保持高度一致，牢固树立“五观”、“四个认同”和“三个离不开”思想，加强民族团结，巩固和发展平等、团结、互助、和谐社会主义民族关系，推进各民族共同发展繁荣成绩突出。

（二）认真学习、广泛宣传和模范执行党的民族宗教政策，热爱祖国，热爱边疆，热爱家乡，热爱各族人民，在促进民族团结进步事业发展中成绩突出。

（三）坚决维护民族团结、祖国统一和社会稳定，立场坚定、旗帜鲜明地同“三股势力”做坚决斗争。

（四）忠于职守、爱岗敬业、坚持原则、公道正派，能妥善处理不同民族之间的矛盾纠纷，敢于同各种破坏民族团结、分裂祖国的言行做坚决斗争。

（五）在援弱救助、扶贫济困、抢险救灾、处置突发事件等现实重大活动中能够发扬各民族团结、互助、友爱精神，工作积极，表现特别突出。

**第十五条**　评选表彰民族团结进步模范单位应提交以下材料：

（一）模范单位登记表。

（二）事迹材料。

（三）上级主管单位的意见。

（四）乡（镇、街道）、村（社区）等基层党组织意见。

（五）市、乡（镇、街道）民模创建办审核意见。

（六）市纪检、组织、审计、人口与计生、综治、公安、信访等部门审查意见。

（七）市委、政府审批意见。

（八）要求提供的其他材料。

**第十六条**　评选表彰民族团结进步模范个人应提交以下材料：

（一）模范个人登记表。

（二）事迹材料。

（三）本单位或所属村（社区）、乡（镇、街道）推荐意见。

（四）上级主管单位意见。

（五）市纪检、组织、审计、人口和计生、综治、公安、信访等部门审查意见。

（六）市民模创建办审核意见。

（七）市委、政府审批意见。

（八）要求提供的其他材料。

**第十七条**　评选表彰民族团结进步模范单位和模范个人采取自下而上、逐级推荐、好中选优、综合平衡、公示命名的办法。各级民模创建办在推荐和上报模范单位、模范个人前，应当充分听取群众和相关部门意见，注重考察核实模范单位和个人先进事迹。在推荐上报前必须在新闻媒体或以适当方式进行为期 7 日的公示。

上一级民族团结进步模范单位和模范个人一般应从下一级民族团结进步模范单位和模范个人中产生，事迹特别突出的可不受此限。受表彰的民族团结进步模范单位必须是受同级党委、政府命名的民族团结进步模范单位。

## 第四章　表　彰

**第十八条**　市委、政府每两年对市级民族团结进步模范单位和模范个人表彰一次，特殊情况可不受此限。

**第十九条**　民族团结进步模范单位和模范个人的表彰，实行限额表彰和逐级评选表彰制度。

市级民族团结进步模范单位和模范个人由市民模创建办审核同意后，报市委、政府审批，给予表彰或继续向上级推荐。

表彰名额由市民模创建办提出分配方案，报市委、政府审批后，予以下达。

## 第五章 监督管理

**第二十条** 对民族团结进步模范单位和模范个人实行属地管理、分级管理、动态管理相结合的办法。对民族团结进步模范单位和模范个人，建立科学管理制度，坚持日常化管理。

**第二十一条** 对民族团结进步模范单位和模范个人的日常管理由市、乡（镇、街道）民模创建办负责。管理内容如下：

（一）建立民族团结进步模范单位和模范个人档案。

（二）指导、督促申报单位制定创建活动规划、年度计划和实施方案等。

（三）指导、检查、验收民族团结进步模范单位和模范个人评选创建工作，对民族团结进步模范单位进行年度考核。

（四）总结推广民族团结进步模范创建工作先进经验，定期评选表彰民族团结进步模范，组织开展民族团结进步模范巡回报告、理论研讨和宣传报道等活动。组织新闻媒体大力宣传民族团结进步模范单位和模范个人的先进事迹，弘扬先进，激励典型，促进全社会形成崇尚民族团结、珍惜民族团结、加强民族团结的良好风尚。

**第二十二条** 民族团结进步模范单位若合并、分立，改变名称或者隶属关系的，应及时报相应级民模创建办重新确认。

**第二十三条** 各级党政要关心爱护民族团结进步模范单位和模范个人。逢重大节日，要走访慰问，发放慰问金，慰问活动要形成制度，慰问金标准根据当地生活水平确定；阿克苏市每年组织1次市级以上（含市级）民族团结进步模范个人和模范单位代表参观考察，进一步发挥他们的典型示范作用。

**第二十四条** 民族团结进步模范单位、模范个人要珍惜荣誉，发扬成绩，不断提升创建活动水平，自觉接受社会和群众监督，主动听取、收集群众意见，针对存在的问题积极主动采取有效措施，及时认真整改，不断改进工作。

## 第六章 奖 惩

**第二十五条** 对民族团结进步模范单位和模范个人，坚持精神奖励为主、物质奖励为辅的原则。对民族团结进步模范单位，颁发荣誉证书和“民族团结进步模范单位”奖牌；对民族团结进步模范个人颁发荣誉证书、“民族团结进步模范个人”奖章和奖牌。对受表彰的模范个人，给予一次性物质奖励。

**第二十六条** 民族团结进步模范单位的干部职工可享受一定的福利待遇。从命名第二年起，国家级民族团结进步模范单位，每年发给单位在册职工人均1.5个月标准工资的奖金：自治区级民族团结进步模范单位，每年发给单位在册职工人均1个月标准工资的奖金；地区级民族团结进步模范单位，每年发给单位在册职工人均0.5个月标准工资的奖金；市级民族团结进步模范单位，每年发给单位在册职工人均0.3个月标准工资的奖金。奖金发放由市民模创建办审核。逐级创建并获得市级以上级别民族团结进步模范单位职工的奖金按高级别标准执行，不能重复发放。奖金列入市财政预算。

**第二十七条** 自治区级及以上级别的民族团结进步模范个人，享受同等级别劳动模范待遇。

**第二十八条** 民族团结进步模范单位质量下降，考核不达标的，应由相应级民模创建办责令其限期整改，整改不合格或造成严重不良影响的，由相应级民模创建办报同级党委、政府批准后，降级或撤销其荣誉称号，收回奖牌和证书。

**第二十九条** 民族团结进步模范个人模范作用不强或起不到示范作用的，由相应级民模创建办教育引导，使其限期整改，整改不合格或有违法违纪行为，给民族团结进步事业造成不良影响的，由相应级民模创建办报同级党委、政府批准后，撤销其荣誉称号，收回奖章、奖牌和证书，取消其相应待遇。

**第三十条** 弄虚作假取得民族团结进步模范单位、模范个人荣誉称号的，一经查实，撤销其荣誉称号、收回奖章、奖牌和证书，取消相应待遇，并依法依纪追究相关责任人责任。

### 第七章 附 则

**第三十一条** 驻阿克苏市部队和企业可参照本管理办法（试行）执行。

**第三十二条** 本管理办法（试行）由市民模创建办负责解释。

**第三十三条** 本管理办法（试行）自公布之日起施行

## 中共阿克苏市委员会 阿克苏市人民政府<br>关于进一步做好新形势下未成年人思想道德建设工作的意见

（2012 年 11 月 22 日）

为进一步贯彻落实《中共中央、国务院关于进一步加强和改进未成年人思想道德建设的若干意见》（中发〔2004〕8 号）、《中共阿克苏地委、阿克苏地区行署关于进一步做好新形势下未成年人思想道德建设工作的意见》（阿地党发〔2012〕39 号）文件要求，切实把阿克苏市未成年人思想道德建设工作提高到一个新水平，开创我市未成年人思想道德建设工作新局面，带动全市精神文明建设蓬勃发展，结合近年来我市未成年人思想道德建设工作，现提出新形势下进一步加强我市未成年人思想道德建设工作意见。

### 一 当前未成年人思想道德建设工作面临形势

近年来，市委、市政府始终把未成年人思想道德建设作为一项战略工程、希望工程，以多种形式、多种方式狠抓落实。特别是 2010 年 4 月，自治区未成年人思想道德建设现场会在我市召开以来，以培养稳疆兴疆、富民固边生力军、中国特色社会主义事业合格建设者和可靠接班人为目标；以建立健全统筹协调、职责明确的领导体制和工作机制，构建培育民族精神、体现时代特征的学校德育体系，倡导重德善教、温馨和睦的家庭教育，充实专兼结合、言传身教的工作队伍为着力点；以保障未成年人合法权益，促进未成年人全面发展为核心，搭建平台、健全网络，优化环境、强抓教育，创新载体、注重实践，有力推动了未成年人思想道德建设在改进中加强、在创新中发展，并取得了初步成效。

但是，随着改革的深入，社会思潮的多元多变，全市未成年人思想道德建设工作面临诸多新情况、新问题。尤其在推进工作中还存在一些不足，主要表现在：机制体制不能适应工作要求，个别部门领导思想认识不足、重视不够，受社会大气候、家庭等因素影响，未成年人思想道德建设工作面临挑战，一些未成年人信教和参与非法宗教活动时有发生，个别未成年人甚至走上了犯罪道路；校外活动场所难以满足未成年人精神文化需求，个别校园周边环境依然存在不容忽视的问题，虽然经常性开展社会文化环境集中整治，但互联网及其他传媒中一些腐朽落后文化和有害信息仍然对未成年人成长产生了不良影响，一些还出现了隐蔽化、分散化的新动向，推进未成年人素质教育的任务还非常艰巨。

加强和改进未成年人思想道德建设，事关国家前途、民族命运，事关人民利益、社会和谐。阿克苏市作为反分裂、反渗透斗争的前沿阵地，肩负着自治区、地区赋予的“两大使命”、发挥着“两大作用”，要实现“两个率先”，就必须充分认识未成年思想道德建设在我市发展总体战略中的重要地位，全面贯彻落实党的十七届六中全会和自治区、地区文化工作会议精神，以建设社会主义核心价值体系为核心，进一步统一思想、提高认识，改革创新、扎实工作，持之以恒、常抓不懈，奋力推进我市未成年人思想道德建设工作再上新台阶。

## 二　做好未成年人思想道德建设工作的主要任务

1. 进一步健全领导体制和工作机制

加强和改进未成年人思想道德建设是一项利在当代、功在千秋的伟大工程，是当前我市精神文明建设工作的重中之重，任务艰巨、责任重大。全市各级党委、政府要把加强和改进未成人思想道德建设作为一项事关全局的战略任务，纳入经济社会发展的总体规划，列入重要议事日程，作为精神文明建设的重中之重。要形成党委统一领导、党政群齐抓共管、市文明委组织协调、相关部门各负其责、全社会积极参与的领导体制和工作机制。市文明委将切实担负起责任，组织协调各有关部门和社会各方面共同做好未成年人思想道德建设工作；宣传、教育、文体广电、科技、民政、公安、财政、国税、地税等部门，共青团、工会、妇联等群团组织，在加强和改进未成年人思想道德建设中担负着重要责任，要结合业务工作，发挥各自优势，明确职责，密切配合，形成合力；各级党委、政府主要负责同志要切实增强政治意识、大局意识和责任意识，经常分析未成年人思想道德状况，及时了解未成年人思想道德建设情况，认真研究解决重大问题，狠抓措施的落实；财政部门要给予必要的财力支持，并随着财政收入的增长逐步加大支持力度。

2. 进一步完善“学校、家庭、社会”三结合教育体系

要以突出学校教育、强化家庭教育、深化社会教育为重点，不断完善学校、家庭、社会“三结合”教育体系。把建设社会主义核心价值体系纳入教育教学全过程，推动社会主义核心价值体系进校园、进教材、进课堂，推动“做一个有道德的人”主题宣教活动在全市广泛开展。要大力加强“新疆精神”教育、爱国主义教育、感恩教育、“融情”教育和双语教育，帮助未成年人树立科学精神、筑牢民族团结观念，增强自我防范和抵御能力；要注重实践活动、加强心理教育、健康教育、法制教育和减轻过重的课业负担等教育内容，深入开展“争做合格家长、培养合格人才”的双合格家庭道德教育实践活动，加大对家长先进的家庭教育理念和个体服务指导的力度，引导各家长树立正确的教育观念，掌握科学的家庭教育方法，担负起教育的责任，宣传普及家庭教育知识。要以社区活动场所为依

托，整合社会资源，大力推动学校、机关、企事业单位的文化体育设施向未成年人开放，进一步拓展未成年人校外活动空间，组织开展富有吸引力的校外活动。加强未成年人心理健康教育，依托阿克苏市 12355 青少年服务台，由团市委、教育局组织开展未成年人心理辅导教育工作。

3. 进一步丰富文化产品和文化服务

强化文化服务，优化社会环境，不断加强文化产品供给，面向未成年人推荐优秀作品。加大“新疆新童谣”、少儿百科全书、新华字典及本地教材等少儿读物的宣传普及，文体广电部门要组织各体育活动场所经常开展未成年人乐于参与的群众性体育活动，开展优秀影片进校园活动，电视台要充分发挥少儿栏目的作用，播放适合和吸引未成年人的优秀影视片。教育、共青团、妇联、关工委等单位要广泛发动机关、企事业单位开展“为中小学生捐书”等活动。图书馆要坚持开展未成年人读书节活动，满足未成年人文化需求。市歌舞团要加强少儿文艺创作和表演队伍建设，注重培养少儿文艺骨干力量，大力繁荣和发展少儿文化艺术。

4. 进一步净化社会文化环境

根据《中共中央办公厅、国务院办公厅关于进一步净化社会文化环境促进未成年人健康成长的若干意见》（中办发〔2009〕6 号）文件精神，市直各有关部门要大力开展整治互联网低俗之风专项行动、网吧集中整治专项行动、荧屏声频净化专项行动、校园周边环境综合治理专项行动，将教育引导、日常监管与社会监督有机结合起来，将整顿提高与坚决取缔结合起来，着力建立净化社会文化环境工作长效机制。确保群众反映强烈的突出问题得到有效解决，使全市社会文化环境得到明显改善。

5. 进一步加强对未成年人特殊群体的教育管理

高度重视流浪、孤残、艾滋病儿童、边缘儿童等特殊未成年人的思想道德教育，要采取各种形式的帮扶、教育和管理，积极引导特殊未成年人群体健康成长。充分利用农村现有的文化活动设施，进一步加快“乡村少年宫”等校外活动场所建设，丰富农村未成年人的假期生活。重视对留守儿童的管理，以学校为单位，建立留守儿童档案和联系卡，组织教师定期家访、谈心；要保障流动儿童受教育的权力，重点解决好他们的义务教育问题；要关爱流浪、孤残儿童，帮扶边缘儿童，动员社会各界的力量，通过“春蕾计划”爱心工程、“民族团结手拉手”“城乡少年手拉手”等帮护工程，为留守儿童健康成长营造良好的社会舆论氛围；要扎实做好“绿色”电脑进西部活动，广泛开展“民族团结好少年”评选和“五心”教育活动，促进广大青少年快乐、健康成长。

## 三 保障措施

1. 加强领导

市直各相关单位要切实加强领导，进一步充实领导力量，健全工作机制，建立相应的组织机构，形成一级抓一级，一级对一级负责，层层抓落实的工作局面，确保组织到位、领导到位、人员到位、制度到位、经费到位，切实抓紧、抓实、抓好、抓出成效。

2. 周密部署

各单位要根据市委、市政府的统一部署和要求，紧密结合实际，进一步制定具体的工作方案，对相关责任进行再分解、再细化，落实具体责任人，确保工作有条不紊推进。特别要针对工作中的薄弱环节和存在的突出问题，集中财力、物力，选调精兵强将，采取有效措施予以解决，全面提高未成年人思想道德建设整体水平。

3. 狠抓落实

要按照“党委统一领导、党政群齐抓共管、文明委组织协调、有关部门各负其责、全社会积极参与”的领导体制和工作机制，对照所规定的责任分工抓好落实。市未成年人思想道德建设工作领导小组将加强检查督办，并将督查结果列入市目标管理考核内容，作为创建全国文明城市的前置条件。

4. 强化宣传

要发挥新闻媒体的宣传主渠道作用，进一步加大对未成年人思想道德建设工作的新闻宣传力度和公益宣传力度，扩大宣传覆盖面，营造全社会关心支持未成年人思想道德建设工作氛围。

## 阿克苏市关于建设文化强市的实施意见

（2012 年 11 月 22 日）

为深入贯彻落实党的十七届六中全会和党的十八大会议精神，着力发挥先进文化的引领作用，全面实施文化强市战略，加快阿克苏市文化发展步伐，实现文化与经济社会的协调发展，促进现代化中心城市、文明城市和高品位文化城市建设，推动阿克苏市文化大发展大繁荣，特制定如下实施意见。

### 一　指导思想

高举中国特色社会主义伟大旗帜，以马列主义、毛泽东思想、邓小平理论和“三个代表”重要思想为指导，认真贯彻落实党的十七届六中全会、党的十八大和自治区、地区宣传思想文化工作会议精神，坚持以现代文化为引领，以建设社会主义核心价值体系为根本任务，以完善城乡公共文化体系为基础，以繁荣文艺创作为亮点，以满足人民精神文化需求为出发点和落脚点，依托多浪文化资源优势，着力提升品牌知名度，争当推动文化大发展、大繁荣的排头兵，切实增强文化凝聚引领能力、文化惠民服务能力、文艺创作生产能力、文化改革创新能力、文化队伍建设能力，为建设“经济繁荣、生活富裕、科教发达、环境优美、法制健全、社会文明”的和谐宜居阿克苏市提供强大的精神动力和文化支撑，促进全市文化与经济社会的同步发展、共同繁荣。

### 二　总体目标

围绕建设文化强市这一目标，一手抓公益文化事业，一手抓经营性文化事业，推动文化大发展大繁荣，兴起文化建设新高潮，全市建设社会主义核心价值体系成效显著，市民思想道德素质和城乡文明程度全面提高；形成功能完善、布局合理、城乡协调发展的公共文化服务体系；形成结构优化、竞争力强、具有集聚效应和区域特色的文化产业体系；形成传输快捷、覆盖广泛、保障有力的文化传播体系；形成全民重视、专群结合、依法保护的文物和非物质文化遗产保护体系；形成开放活跃、繁荣健康、规范有序的文化市场体系。到 2015 年，广播电视电影硬件条件明显改善，舆论引导能力进一步提升；现代传播体系基本形成，文化传播力、凝聚力和影响力明显提升，建成一批特色综合文化休闲区（每个社区、村组、居民小区至少有 1 个综合文化休闲区），培育一批文化产品消费市场（每个街道、乡镇至少有 1 个文化产品消费市场）；建成一批文化馆、美术馆、乡镇文化站、文化广场、农家书屋，并投入使用；培育推出一批多浪文化传承人，充实一支百人以上的专业演出团队，组建一批特色鲜明的民间演艺队伍和文艺组织；培养一批文化名人，创作一批具有代表性的文化精品，文化产品的数量和质量基本满足人民群众的精神文化需求；实现人均各项文化建设超过自治区平均水平，文化产业规模明显壮大，文化繁荣发展的人才保障更加有力，文化产业增加值持续提高。到 2015 年，全市文化大发展大繁荣取得阶段性成效，为建设文化强市打下坚实基础。

## 三 主要任务

### （一）建设社会主义核心价值体系，打牢建设文化强市的根基

1. 推进理论武装建设

在全市范围内，广泛开展面对面宣讲，不断坚定广大党员干部群众理想信念，深化对中国特色社会主义理论体系的认识。每年阿克苏市至少创建 2 ~ 3 个自治区级文化工作先进集体，6 ~ 8 个地区级文化工作先进集体。加强各级领导干部特别是宣传文化系统干部培训工作。大力推进双语教育，提高各族群众的交流沟通能力。强化“四个认同”、理想信念教育和思想政治工作，推荐、评选道德模范和“身边好人”，广泛开展向全国及自治区道德模范学习活动，在全市倡导“爱国爱疆、团结奉献、勤劳互助、开放进取”的价值取向。

2. 提炼弘扬阿克苏精神

坚持以“新疆精神”为主线，围绕“黄牛精神 + 袋鼠步伐”，深入开展阿克苏精神大讨论活动，着力提炼、培育和弘扬阿克苏精神。

3. 加强意识形态领域工作

把意识形态工作和经济工作、政法工作放在同等地位同安排、同部署、同落实。深入持久地开展“热爱伟大祖国 建设美好家园”主题教育活动、新疆“三史”、马克思主义“五观”、意识形态反分裂斗争再教育活动。坚持谁主管、谁负责，谁审批、谁负责，谁主办、谁负责和属地管理原则，做到守土有责、守好阵地、管好队伍。进一步加大对政治性、宗教类非法出版物和反动宣传品的查禁力度，净化文化市场。

4. 大力开展精神文明创建活动

以创建全国文明城市活动为抓手，完善城市基础设施建设，植入文化内涵。大力开展城市环境整治活动，发展和完善城市、城镇公共交通体系，搞好城镇绿地、公园和公共空间规划建设，加强医疗、文化、科技、体育等服务设施建设，改善市民的工作生活休闲环境。大力推进“讲文明树新风”活动，推动学雷锋活动常态化。大力加强爱国主义教育基地建设和管理，发挥爱国主义教育基地功能。突出抓好行业文化建设，紧密联系各行业实际，制定行业文化建设规划。

5. 加快农村精神文明建设步伐

把农村精神文明建设纳入新农村建设总体规划，以“安居富民”“定居兴牧”等民心工程为依

托，以文明村镇、文化村镇、星级文明户、文明集贸市场等创建活动为抓手，加大文化站（室）、乡镇精神文明活动中心示范点建设力度。根据农村文化工作需要，组建集图书、宣传教育、文艺演出、科普培训、体育和青少年校外活动等于一体的综合性文化站所。

6. 加强未成年人思想道德建设

重视加强对未成年人的理论教育，建立健全以学校为龙头、家庭为基础、社区为平台的未成年人思想道德建设网络。积极开展净化校园周边环境专项整治行动，为未成年人健康成长创造良好的文化环境。关注农村和特殊未成年人群体，切实保障孤残儿童、农村留守儿童、外来务工人员子女、城市困难家庭未成年人的权益。

（二）实施精品文化战略、重点文化设施建设工程

1. 重点打造多浪、龟兹旅游文化品牌

深入挖掘多浪、龟兹旅游文化品牌，融入歌舞、民间文学艺术、传统历史文化、非物质文化遗产等精品文化元素；加快多浪河等景区的建设步伐；加大地域特色文化、文学艺术刊物的创作和出版，充分发挥阿克苏市文化、艺术、社会文化组织的作用；加大优秀艺术作品创作力度，设立文学艺术作品创作立项、评审、签约、奖励、扶持制度和政策。

2. 着力打造果品文化品牌

以阿克苏冰糖心苹果、阿克苏红枣、阿克苏核桃等知名品牌为依托，加大品牌管理、包装美化、营销策划等重点环节建设力度，扩大阿克苏果品对外知名度。重点抓好果品市场、果品展示厅等基础设施建设，通过举办展销会、果品文化节、交易会、博览会等形式，扩大果品影响力。

3. 努力打造饮食文化品牌

以具有一定知名度的文化饮食品牌为依托，积极开展具有特色的农业观光、农（牧）家体验旅游活动，争取2015年末阿克苏市新增4星级“农家乐”3家；建成民俗特色饮食一条街。

4. 设立“哲学社会科学创新奖”

成立市社科联机构，解决人员编制和经费。每年安排部分资金对重要学术著作、重大理论课题和学术新人新作进行奖励；对于原创阿克苏题材的影视作品、新闻作品、文艺文学作品、社科类作品和工艺美术类作品、动画影视原创作品在自治区和国家级评选中获奖的，给予不低于2000元的奖励。

（三）加强对外文化交流合作，形成“引进来，走出去”的文化交流格局

1. 实施文化“引进来”工程

积极创造有利于文化引进的政策环境、人文环境和经济环境，制定和完善文化引进的政策优惠制度，加大对引进文化产业在土地、行政审批、税收等方面的优惠力度，鼓励国内外著名文化企业、大型文化工程、高新文化技术产业项目落户阿克苏市，促进我市文化建设总体水平提高和总量增加。

2. 实施文化“走出去”战略

每年由市财政安排专项经费，设立文化交流基金，用于统筹开展对外文化交流活动。建立完善的外宣阵地，加大外宣精品的制作和发送力度，坚持以民间为主体，市场为杠杆，组织演出团体、文化企业等赴区内外演出，提升文化对外传播能力。积极参与国家、自治区、地区组织的文化艺术

节、主题文化周、文艺表演等活动。

（四）提高舆论引导能力

1. 坚持正确的舆论导向

进一步建立和完善新闻发布制度、重大突发事件报道工作机制、社会舆情快速反应机制和重大舆情专报制度，充分发挥党报党刊、广播电视、党委政府新闻网站、政府微博等主流媒体在舆论引导中的核心作用。加强网络媒体、手机媒体等新兴社会性媒体的引导和监管，巩固和发展健康向上的主流舆论，牢牢把握舆论主导权，形成全媒体、全方位强势舆论引导。推进网络问政，构建充满活力、和谐有序、全民监督的网络民议平台。

2. 提升广播电视影响力

积极开办自办节目，扩大广播电视台的覆盖面和影响力。争取与杭州文广集团的合作，加强交流运作，提升我市广播电视的整体水平。加大对广播电视台的扶持力度，每年安排专项资金，改造升级硬件设备，探索事业与产业分离、制作与播出分离机制，提高节目制作水平。到 2015 年末，实现全市广播电视节目的制作及播出数字化、网络化。

3. 培育扶持属地核心传媒，构建完善的基础网络

支持市电视台主动开展对外新闻业务合作、经营合作、技术合作和业内资产重组，并借助自身优势向本地各区域延伸新闻触角、发展经营。鼓励和支持电视台以资产和业务为纽带，建立节目制作基地和跨媒体发展。

4. 积极发展网络、手机媒体等新兴媒体

鼓励和扶持我市主要媒体积极发展报业（含手机报）、LED 户外公共媒体、手机及电脑网络媒体推送等新兴传播载体，加大与内地成熟、有实力、有经验的企业合作，建设一批完全具备本地门户性质的新媒体优质品牌，促进传统媒体和新兴媒体的融合发展。

（五）不断完善公共文化服务体系建设

1. 完善基础文化服务设施建设

按照自治区、地区要求，到 2015 年，力争各乡镇综合文化站、行政村（社区）文化室 100% 建成，图书馆、文化馆达到国家现行规范标准，乡镇综合文化站、行政村（社区）文化室达到自治区规范标准，实现公共基础文化服务设施 100% 全覆盖。

2. 新建和改造一批文化服务设施

到 2015 年，在城区各街道分别建立群众大舞台；建设集数字电影、歌舞表演、文化展览等于一体的阿克苏市文化中心；改造和整合我市目前已有文化服务设施，将分散、孤立的文化设施整合起来，形成区域特色一体化格局。

3. 大力实施文化惠民工程

依据地区《关于深入贯彻落实党的十七届六中全会精神，率先在全疆建设文化名区的实施意见》，大力实施广播电视“村村通”“户户通”工程、文化信息资源共享工程、农家书屋建设、东风工程、农村电影放映工程、乡镇综合文化站和基层文化阵地建设等文化惠民工程，广播电视“村村通”和“户户通”覆盖率达到 99% 以上，每个乡镇有 1 套以上数字电影放映机；进一步建设完善流动图书馆（室）、文化大篷车等公共文化服务网络；在百户以上居民小区、百人以上企业和行

政村建成具有文化、体育、娱乐、休闲功能的综合文化场所；积极创办农村频率频道，广泛开展“文化四送”活动（送书、送科技、送电影、送戏），深入贯彻“文化六进”工程（进社区、进企业、进农村、进学校、进军营、进重点工程）；实现每个行政村有农家书屋、有综合文化活动室、确保乡镇文化站周周有1场文化活动，每村每年有1场演出、放映12部以上电影，农民可免费观看电视节目50套以上。专业艺术团体下乡演出总量达到“一村一年一场”；文化信息资源共享工程着重加强新疆少数民族语言文字资源建设；“一乡一队宣传文化工程”实现农牧区乡镇（街道）全覆盖。

4. 加大对公共文化服务的支持

根据中宣部、中组部印发的《关于加强地方县级和城乡基层宣传文化队伍建设的若干意见》（中宣发〔2010〕14号），每个乡镇综合文化站（中心）应有专职文化干部；各社区应有专职文化干事负责组织开展宣传文化服务工作，农村各行政村要明确相应人员负责组织协调宣传文化方面的工作。公共文化机构要完善功能定位，明确服务目标、任务和责任，建立考核、激励和约束机制，提高使用效益。鼓励和引导社会资金兴办国家允许的各类公共文化设施，形成政府主办、社会参与、功能互补、运转协调的公共文化服务体系和责任明确、行为规范、富有效率的运行机制。加强社会艺术培训教育的扶持和基层文化设施的规范化管理，提高服务水平。

5. 创新公共文化服务形式

引进社会力量参与公益性文化场馆的管理，推动大型公共文化场馆运营社会化，推动经营性文化场馆实行连锁经营和联盟合作。市财政每年安排足额经费，保障图书馆、文化馆、文化站（室）的“两馆一站”面向社会免费开放工作。推动电影院等经营性文化场馆定期提供免费或低票价服务，扩大文化馆、图书馆等免费服务项目的功能，积极探索文化馆、图书馆等文化资源向社会免费开放的新路子。

6. 注重培育文化消费环境和消费对象

不断完善政府补贴向社会提供免费或优惠的文化产品机制。探索建立面向最终消费者的文化消费补贴机制，降低文化消费门槛，努力提高文化消费在城乡居民日常消费中的比重。培育网络消费等新型文化消费模式。拓展教育培训、健身、旅游、休闲等与文化相结合的服务性消费。大力培育农村文化市场，制定鼓励和支持农村文化消费的优惠政策。

（六）全面加强文化遗产保护

1. 加强重点文物保护利用

坚持实施“文化遗产保护”战略，加大对文物的保护、传承和利用。利用第三次全国文物普查的成果，加强古村落遗址的保护，加强革命史迹、名人遗址、考古遗址、宗教文物、历史文物、古墓葬等文化遗产的保护利用；对我市辖区内已探明的文物点设立保护标志牌，公布文物保护单位名单及做好文物保护工作；对现有的馆藏文物进行评级；到2015年末，完成阿克苏市文物和文化遗址保护工作；发掘和抢救散落在民间的珍贵古籍文献，对具有文物价值和历史研究价值的古籍善本进行征集和抢救。积极响应地区开展“民族民间艺术之乡”申报评选。加大对农民画的创作，培育一批民间工艺品牌。

2. 加强非物质文化遗产传承保护

继续深入开展非物质文化遗产普查工作，不断完善文化遗产数据库管理系统；加强对非物质文化遗产项目代表性传承人的激励机制，鼓励培养后继人才；制定阿克苏市非物质文化遗产保护和传承工作总体规划；加强对非物质文化遗产项目申报工作和非物质文化遗产传承人确认工作。建立民间艺人档案，对民间老艺人的传统技艺进行抢救性保护，对其技艺传承和展示活动给予必要资助；落实全市已备案120位民间艺人和4名自治区级非物质文化遗产保护项目传承人自治区级和市级补助标准。建立阿克苏市非物质文化遗产生态保护区，重点对活动场所、人文、艺术表现形式和活动仪式等进行原生态保护。

## 四 保障措施

（一）强化组织保障机制

1. 健全组织领导机制

全市各单位要把文化建设摆在更加突出的位置，落实党政“一把手”工程，始终掌握对文化工作方针政策和重大事项的决策权，对精神文化产品和服务的审核权，对文化资产配置的控制权，为文化强市提供有力的组织保障。成立阿克苏市文化强市领导机构，建立文化强市联席会议制度，对文化强市工作进行统一领导、组织和协调。各乡（镇）场、街道要成立相应的领导和工作机构。市委党校要将文化建设的内容纳入党政干部培训的重要课程。人大、政协每年要组织对文化强市建设工作的专题调研，并对工作落实情况进行全程督促检查。

2. 完善文化建设综合评价指标体系

建立健全文化强市工作考核机制，从2012年开始实行年度专项考评，纳入各级单位目标管理考核中；考核结果与各级机关单位党政领导班子政绩考核、绩效考核挂钩。全市各单位要将文化强市工作列入重要议事日程，纳入经济社会发展的总体规划，要按照本《纲要》的要求，分解年度工作目标任务，确保各项工作落实到位。

（二）落实财政保障机制

1. 逐步落实“两个1%”文化发展资金

一是关于发展文化事业，各级财政的文化事业经费，应不低于当地财政总支出的1%；二是社区公共文化设施建设要落实从城市住房开发投资中提取1%，确保文化发展资金。

2. 逐步提高专业性强、技术水平高的专业技术人员的待遇

随着未来财政的增长，按“以奖代补”的方式适度提高公益性文化事业单位，包括图书馆、文化馆、乡镇文化站、社区文化室专业技术人员待遇，以提高工作积极性，发挥创造性。同时，制定专业技术人员的培训、教育经费指标，留住人才、培养人才。

3. 整合文化投入专项资金资源

从2013年起，市财政每年安排一定资金用于支持文化强市工作，以后随经济社会发展逐年增加。建立健全扶持文化产业发展政策，实行重大文化产业项目财政补贴政策，对经审核批准立项的重大文化产业项目，给予一次性项目启动补贴。

4. 大力吸引重点文化企业落户阿克苏

对新落户并认定为重点文化企业，且其主营业务属于我市文化产业重点扶持领域的企业，可给予落户补贴。鼓励文化企业自主创新，以文化创意产品开发为主营业务且经有关部门认定为我市重点文化企业的，通过已有知识产权进行原创研发的，可申请项目研发补贴。

（三）完善人才保障机制

积极实施文化人才战略，加快建设队伍结构优化、年龄梯次合理、专业分布均衡、整体素质优良、具有竞争实力的文化艺术人才群体，使我市成为富有吸引力、竞争力和创造力的文化人才聚集地。

1. 建立科学的人才培养机制

将文化人才的培养纳入我市人才培养规划，定期开展岗位知识和能力培训，推行文化从业人员岗位任职制；设立文艺人才培养的重要基地；将文化建设的内容纳入干部培训计划，每年举办一期文化强市建设领导干部专题培训班和宣传文化干部培训班，培养一批中青年文艺和社科工作者。建立文化创意产业人才培养基地。充分发挥群众性文化艺术团体的作用，组织各种文化艺术展览、培训、比赛，挖掘、培养一批优秀民间文化人才。

2. 健全文化人才引进机制

建立和健全文化专业人才引进渠道，有计划、有针对性地吸引区内外优秀文化名人和文化经营人才。鼓励和支持通过以文化、体育、新闻出版、广播电视等重点项目吸引人才，以合作方式招揽人才，以核心人才带动人才群体引进，以签约、兼职、聘请等方式引进高层次文化艺术人才和文化经营管理人才，建立起与文化生产规律和市场经济规律相适应的培养选拔制度、津补贴制度，努力形成一支结构合理、素质优良、实力雄厚的文化人才队伍。

3. 完善人才激励评价机制

建立以创新能力，创作、研究成果和经营管理实绩为主要衡量标准的文化人才评价机制。由财政每年拿出20万元经费，建立健全人才奖励和激励机制，健全以政府奖励为导向、用人单位和社会力量奖励为主体的人才奖励体系，对为阿克苏市文化发展做出突出贡献和取得重大文化成果的人员进行奖励。

（四）建立健全社会保障机制

1. 推进文化公益单位改革

要本着“改出效率、改出活力、改出生产力”的原则，通过创新体制机制，着眼于突出公益属性、强化服务功能、增强内生发展活力，不断推进文化事业单位人事、收入分配、社会保障制度改革，明确服务规范，加强绩效评估考核。创新公共文化服务设施运行机制，吸纳有代表性的社会人士、专业人士、基层群众参与管理。

2. 创新文化管理体制机制

深化文化行政管理体制改革，加快政府职能转变，强化政策调节、市场监管、社会管理、公共服务职能，推动政企分开、政事分开，理顺政府和文化企事业单位关系。进一步提高依法行政水平，认真贯彻“一手抓繁荣、一手抓管理”的工作方针，坚持把平安建设和社会治安综合治理同整顿规范文化市场经营秩序相结合，严厉打击政治性、宗教类非法出版物和宣传品，净化社会文化环境。全面提高文化执法队伍的执法管理能力，把提高监管技术水平、开展专项治理和加强日常监管结合起来，建立健全文化市场监管长效机制。严厉打击网络违法犯罪，维护公共利益和国家信息安全。深入开展“扫黄打非”工作，完善文化市场管理，坚决扫除毒害人们心灵的腐朽文化垃圾，切实营造确保国家文化安全的市场秩序。

3. 推进文化产业发展

按照眼光远、视野宽、层次高、理念新的思路，以设计创意、广告会展、文化旅游和文化用品制造为重点，以做实做大文化产业为依托，以扶优扶强文化企业和领军人物为手段，以促进文化产业与旅游、科技、金融紧密结合为突破。

4. 加大文化产业招商引资力度

制定切实可行的优惠政策，吸引更多有战略眼光的投资者共同繁荣阿克苏市文化产业。充分利用现有招商渠道，以参加国内大型展会为契机，组织人员赴北京、上海、长沙、西安等文化产业发展较为成熟的地区，加大全市文化产业招商力度，努力引进一批有实力的大型文化企业。优化文化产业发展环境，争取自治区、地区相关部门支持，适时建设文化产业示范园，给予税收、金融等多方面的扶持，促进产业聚集，提高文化影响力，增强经济竞争力。积极鼓励文化经营实体向外展示阿克苏民族风情及地方特色，经营特色名优产品、民族工艺品、装饰品、旅游用品等。

5. 营造全民参与文化建设氛围

进一步建立健全党委统一领导、党委宣传部门组织协调、行政主管部门具体实施、有关部门各负其责、社会力量和人民群众积极参与的文化建设领导体制和工作机制，形成齐抓共管、各方参与的文化发展新格局。宣传、文化部门要进一步增强责任感使命感，实行工作目标责任考核制度，形成干事创业的浓厚氛围。要充分调动广大文化工作者的积极性，崇尚文化、尊重人才、激发文化创造力，发挥文化建设主力军作用。各有关职能部门要把文化强市建设与本部门工作结合起来，积极支持文化建设。要调动广大人民群众参与文化建设的积极性，建立文化事业和文化重大项目社会听证和咨询制度，鼓励和支持群众团体和社会组织各展所长，发挥社会各界人士的独特作用，共同推进文化建设。

# 撰稿人员名单

《阿克苏市志（1990～2016）》撰稿人员

| 序号 | 单　位 | 撰稿人员 | 序号 | 单　位 | 撰稿人员 | 序号 | 单　位 | 撰稿人员 |
|---|---|---|---|---|---|---|---|---|
| 01 | 依干其乡 | 汪女杰 | 30 | 安居办 | 秦建辉 | 59 | 政法委 | 马永超 |
| 02 | 良种场 | 边　娟 | 31 | 拆迁办 | 孔令雄 | 60 | 公安局 | 向　超 |
| 03 | 拜什吐格曼乡 | 吴小平 | 32 | 商务局 | 张天勇 | 61 | 检察院 | 倪志刚 |
| 04 | 喀拉塔勒镇 | 彭　维 | 33 | 行政执法局 | 王　军 | 62 | 法　院 | 周忠峰 |
| 05 | 托普鲁克乡 | 余　辉 | 34 | 统计局 | 曹　燕 | 63 | 统战部 | 庞建涛 |
| 06 | 库木巴什乡 | 谭茹萍 | 35 | 审计局 | 龚　英 | 64 | 民宗委 | 佐福军 |
| 07 | 阿依库勒镇 | 郑新疆 | 36 | 国土资源局 | 吴晓聊 | 65 | 司法局 | 王莉萍 |
| 08 | 红桥街道 | 张英吾 | 37 | 交通运输局 | 严雪芳 | 66 | 群工部（信访局） | 周　玲 |
| 09 | 兰干街道 | 王红岩 | 38 | 环保局 | 苏超荣 | 67 | 纪检委（监察局） | 王宇博 |
| 10 | 英巴扎街道 | 李建国 | 39 | 安监局 | 刘　强 | 68 | 组织部（老干局） | 乔　琦 |
| 11 | 新城街道 | 牛志奇 | 40 | 旅游局 | 刘玉婷 | 69 | 机关工委 | 段向友 |
| 12 | 南城街道 | 陈作风 | 41 | 规划局 | 安德民 | 70 | 编委办 | 李　娟 |
| 13 | 多浪管委会 | 陈　欣 | 42 | 工商联 | 向　悦 | 71 | 总工会 | 崔　桐 |
| 14 | 红旗坡管委会 | 徐斌昌 | 43 | 公共资源中心 | 李新记 | 72 | 团市委 | 鄢晶晶 |
| 15 | 市委办 | 周晗文 | 44 | 地税局 | 王　浩 | 73 | 妇　联 | 努尔尼沙・阿吾里 |
| 16 | 督查考评办 | 陈学凡 | 45 | 国税局 | 孔铁鹏 | 74 | 老龄办 | 牛　玲 |
| 17 | 档案局 | 刘　红 | 46 | 市场监督局 | 夏利惠、朱宏、王璐 | 75 | 史志办 | 张　平 |
| 18 | 人大办 | 李秀春 | 47 | 行政服务中心 | 叶　晨 | 76 | 党　校 | 张梅莉 |
| 19 | 政府办 | 李　杰 | 48 | 代建中心 | 黄　玲 | 77 | 科　协 | 高建红 |
| 20 | 机关事务办 | 李　娟 | 49 | 农　办 | 张艳梅 | 78 | 宣传部 | 李　俊 |
| 21 | 政协办 | 窦志良 | 50 | 扶贫办 | 徐雪里 | 79 | 人社局 | 秦慧娟、刘晓燕 |
| 22 | 人武部 | 张　建 | 51 | 农业局 | 张高志 | 80 | 科技局 | 康志华 |
| 23 | 经济开发区 | 钱海燕 | 52 | 林业局 | 叶　静 | 81 | 教育局 | 周正军 |
| 24 | 发改委 | 胡海荣 | 53 | 水利局 | 徐胜利 | 82 | 文广局 | 赵艳春、张艳涛 |
| 25 | 经信委 | 张　译 | 54 | 畜牧兽医局 | 张思萍 | 83 | 卫计委 | 谭淑惠 |
| 26 | 招商局 | 杨　哲 | 55 | 农机局 | 郑　丽 | 84 | 爱卫办 | 米热古丽・买买提 |
| 27 | 财政局 | 徐良龙 | 56 | 农业综合办 | 江　涛 | 85 | 民政局 | 肖　华 |
| 28 | 金融办 | 陈　晨 | 57 | 供销合作联社 | 史毅莎 | 86 | 红十字会 | 徐　晶 |
| 29 | 住建局 | 姜巧燕 | 58 | 气象局 | 李江川 | 87 | 残　联 | 谢雪花 |

《阿克苏市志（1990～2016）》照片部分摄影者名单：于洪亚、柳田兴、马光义、王越飞、李泉福、叶尔潘・艾则孜等。

# 编　后　记

《阿克苏市志（1990～2016）》历10余年风雨，经几多波折，在阿克苏市委、市政府的领导支持下，在自治区、地区地方志部门的关怀指导下，即将印刷出版，虽然过程艰辛，但结果欣慰。

2007年4月，根据自治区地方志编纂委员会的安排，阿克苏市委、市政府启动第二轮《阿克苏市志》编修工作。市委成立编纂委员会，市委史志办制订编纂计划，专职负责史志的编纂出版工作。《阿克苏市志》二轮续志编修工作启动后，时任史志办副主任王军带领人员进行资料搜集工作。2009年12月，李剑平接任主任后，根据搜集的部分资料，开始零散编纂部分内容。但由于地方志办公室工作人员大换血，一批有经验、有能力的人员陆续退休，《阿克苏市志》续编工作一再延误。

2017年初，阿克苏市委、市政府加大对地方志工作的领导和支持力度，调整市志编纂委员会，由地委委员、阿克苏市委书记马国强任名誉主任，市长居来提·卡斯木任主任，市委常委、市委组织部部长秦研科任常务副主任，制定《阿克苏市贯彻落实〈阿克苏地区地方志事业发展规划纲要（2017～2020年）〉实施方案》，确定编撰《阿克苏市志（1990～2016）》，将地方志工作纳入国民经济和社会发展规划、各级政府工作任务之中，做到了认识到位、领导到位、机构到位、编制到位、经费到位、设施到位、规划到位、工作到位。市委书记、市长多次过问《阿克苏市志（1990～2016）》续编工作；市委组织部部长逢会必谈、逢人必讲地方志工作的重要性，多次主持召开专题会、动员会、协调会、个别谈话等，敦促各单位按要求组织分纂工作；积极协调，把续志工作纳入全市各单位2017年目标考评体系，并在经费上给予充分保障支持；科学配置队伍结构，调整白云为史志办主任，王家才为副主任。2017年5月4日，市委常委、市委组织部部长潘万峰召开协调会，要求各单位务必按时限完成志稿上报任务。

在市委、市政府的领导和大力支持下，阿克苏市地方志办公室力求为贯彻以习近平同志为核心的党中央的治疆方略、社会稳定和长治久安总目标提供历史证据和智力支持，制定“围绕大局、突出续志、接力年鉴、搞好党史、稳住全盘”的工作思路，发挥“老同志勇于作为、中青年迅速跟进、新人边干边学”的组合优势。根据《新疆维吾尔自治区第二轮地（州、市）县（市、区）志基本篇目要点（试行）》篇目要求，重新修订完善《阿克苏市志（1990～2016）》篇目大纲，制订编纂方案。同时，确立地方志工作中坚决“三个慢不得、快不得”，即：目标制定慢不得、志稿撰写快不得；督促落实慢不得、组稿审核快不得；人才储备慢不得、审校完善快不得。及时下发志稿资料分纂通知，动员全市各单位、各行业本着“管什么、做什么、编什么”的原则，开始分纂志稿资料。阿克苏市地方志办公室建立日审核、周催报、月点评、季通报制度，加快推进志稿资料的报审。阿克苏市各单位、各行业高度重视志稿资料的撰稿工作，迅速确立分管领导指定专人负责，查档案、调资料、走访当事人、核情况等等，克服重重困难，各单位主要领导还对志稿撰写亲自审核、指导。阿克苏市委组织部、市档案局、统计局等部门对各单位凡是因编纂志稿查阅档案资料，无论多忙，都积极予以大力配合。市委史志办从2017年9月起，开始初稿编纂，经过6个月的时间，完成了由概述、大事记、37编专志及附录组成的初稿。初稿形成后，得到地委史志办、自治区地方志编委会和杭州市萧山区地方志办公室的大力指导和支持，根据两地三方专家的意见，我们组织有经验、懂专业的人员对初稿从篇目到内容、体例逐字逐句开展修改完善工作，按照国家新方志规定对初稿进行通篇修改、调整、补缺，统一体例文风，处理交叉重复，核实史料，2018年6月完成编纂，形成评审稿，历经几上几下，于同年9月顺利通过自治区评审。嗣后，根据评审会上专家的评审意见，我们用2个多月时间完成修改，形成送审稿，2018年12月至2019年3月经自治区地方志编委会初审、复审，最终于4月通过自治区终审，得以付梓出版。

《阿克苏市志（1990～2016）》续编工作贯彻“党委领导、政府主持、地方志机构组织实施、社会各界广泛参与”的工作机制，得到了社会各界的广泛关注和鼎力支持。自治区地方志编委会党组书记、副主任廖运建高度重视阿克苏市二轮修志工作，多次过问，实地调研，亲自审核评审稿并派员指导，地县志工作处调研员殷红梅、副处长杨志虎对篇目大纲、初稿、评审稿进行指导，阿克苏地委地方志办公室主任于洪亚多次到阿克苏市指导修志工作，杭州市萧山区地方志办公室副主任汪志华也给予最大限度的支持。在志稿编纂过程中，阿克苏市各族干部群众纷纷建言献策，向编纂者提供亲历资料。在此，我们谨向所有关心、支持《阿克苏市志（1990～2016）》编修工作的各界人士表示诚挚的感谢和崇高的敬意！

志书出版之即，再次向所有资料提供者深致谢忱。需要说明的是，由于书中图片均由各机关事业单位提供，难免会涉及部分版权作品，受客观条件所限，我们难以确定摄影者，故未能全部署名，现仅对已知作者名单予以公布以表感谢。对未能公布的作者深表歉意。若作者本人见到本书，可与我们联系，我们将给予妥善处理，并在后续修志时予以修正。

因时间仓促，史料有限，资料收集和考证不易，加之编者水平有限，难免存在错谬疏漏之处，恳请读者批评指正。

编　者

2019年7月

图书在版编目(CIP)数据

阿克苏市志.1990—2016/阿克苏市地方志编纂委员会编.--北京:社会科学文献出版社,2019.10
ISBN 978-7-5201-5038-5

Ⅰ.①阿… Ⅱ.①阿… Ⅲ.①阿克苏-地方志-1990-2016 Ⅳ.①K294.53

中国版本图书馆CIP数据核字(2019)第115695号

阿克苏市志(1990~2016)

编　　者/阿克苏市地方志编纂委员会

出 版 人/谢寿光
责任编辑/陈　颖
文稿编辑/陈　颖　桂　芳　薛铭洁

出　　版/社会科学文献出版社·皮书出版分社(010)59367127
地址:北京市北三环中路甲29号院华龙大厦　邮编:100029
网址:www.ssap.com.cn
发　　行/市场营销中心(010)59367081　59367083
印　　装/北京盛通印刷股份有限公司

规　　格/开 本:889mm×1194mm　1/16
印 张:79.25　插 页:3.25　字 数:1936千字
版　　次/2019年10月第1版　2019年10月第1次印刷
书　　号/ISBN 978-7-5201-5038-5
定　　价/980.00元